BROCKHAUS · DIE ENZYKLOPÄDIE

1796

Zweihundert Jahre
Brockhaus-Lexika

1996

BROCKHAUS
DIE ENZYKLOPÄDIE

in vierundzwanzig Bänden

Zwanzigste, überarbeitete und
aktualisierte Auflage

Zwanzigster Band
SEIF – STAL

F. A. Brockhaus Leipzig · Mannheim

Dieser Band enthält die Schlüsselbegriffe
Selbstbestimmungsrecht
Selbstverwirklichung
Sexismus
Sicherheit
Sinn
Solidarität
Sonnenenergie
sozialer Wandel
Sozialstaat
Spiel
Sprachpolitik
Staat und Kirche

Die Deutsche Bibliothek – CIP-Einheitsaufnahme
Brockhaus – Die Enzyklopädie: in 24 Bänden. –
20., überarb. und aktualisierte Aufl. –
Leipzig; Mannheim: Brockhaus.
  19. Aufl. u. d. T.: Brockhaus-Enzyklopädie
  ISBN 3-7653-3100-7
  Bd. 20. SEIF–STAL. – 1998
  ISBN 3-7653-3120-1

Namen und Kennzeichen, die als Marken
bekannt sind und entsprechenden Schutz genießen,
sind beim fett gedruckten Stichwort durch das
Zeichen ® gekennzeichnet.
Handelsnamen ohne Markencharakter sind
nicht gekennzeichnet. Aus dem Fehlen des
Zeichens ® darf im Einzelfall nicht geschlossen
werden, dass ein Name oder Zeichen frei ist.
Eine Haftung für ein etwaiges Fehlen des Zeichens ®
wird ausgeschlossen.
Das Wort BROCKHAUS ist für den Verlag
F. A. Brockhaus GmbH als Marke geschützt.
Das Werk wurde in neuer Rechtschreibung verfasst.

Das Werk einschließlich aller seiner Teile ist
urheberrechtlich geschützt. Jede Verwertung
außerhalb der Grenzen des Urheberrechtsgesetzes ist
ohne Zustimmung des Verlages unzulässig und
strafbar. Das gilt insbesondere für Vervielfältigungen,
Übersetzungen, Mikroverfilmungen und die
Speicherung und Verarbeitung in elektronischen
Systemen.

© F. A. Brockhaus GmbH, Leipzig – Mannheim 1998
ISBN für das Gesamtwerk: 3-7653-3100-7
Band 20: 3-7653-3120-1
Typographische Beratung: Hans Peter Willberg,
Eppstein, und Friedrich Forssman, Kassel,
unter Mitwirkung von Raphaela Mäntele, Heidelberg
Satz: Bibliographisches Institut & F. A. Brockhaus AG
(PageOne Siemens Nixdorf) und Mannheimer Morgen
Großdruckerei und Verlag GmbH
Druck: ColorDruck, Leimen
Papier: 120 g/m² holzfreies, alterungsbeständiges
und chlorfrei gebleichtes Offsetpapier der Papeteries
Smurfit-Condat, Paris
Einband: Großbuchbindereien Lachenmaier,
Reutlingen, und Sigloch, Künzelsau
Printed in Germany

SEIF

Seifen, 1) *Chemie:* Gemische fester oder halbfester, in Wasser lösl. Alkalisalze höherer Fettsäuren mit vorwiegend 8–18 Kohlenstoffatomen. S. sind preiswerte anion. →Tenside.

Zur Herstellung von **Grund-S.** werden Fette (z. B. Rindertalg, Kokosöl) bei 80–100 °C mit Natronlauge (für pastöse Schmierseifen mit Kalilauge) verseift (Neutralölverseifung) oder destillierte Fettsäuren mit Natronlauge oder Sodalösung neutralisiert (Fettsäureverseifung). Der Siedeprozess in offenen Kesseln spielt auch heute neben kontinuierl. Verfahren noch eine Rolle. Die bei der Verseifung entstehende homogene Masse (**S.-Leim**) wird durch Zusatz von Kochsalz in einen **S.-Kern** geringerer Dichte und eine wässrige Lösung von Kochsalz, Natronlauge und – bei der Neutralölverseifung – Glycerin (Unterlauge) gespalten. Der flüssige S.-Kern wird mit Kochsalzlösung gewaschen und durch ›Schleifen‹ mit Kochsalz, Natronlauge und Wasser gereinigt und getrocknet. **Fein-S. (Toiletten-S.)** sind die wichtigsten Körperpflegemittel. Zu ihrer Herstellung wird helle, geruchsneutrale Grund-S. mit ca. 80 % Fettsäure und höchstens 0,03 % Natriumhydroxid und 0,5 % Natriumchlorid mit Antioxidantien, Parfümölen, Farbstoffen, Rückfettern und/oder Deodorantien versetzt. Die Bez. **Haushalts-S.** umfasst **Kern-S.** (Natrium-S. aus Rohfetten geringer Qualität und Zusätzen von Parfümölen) und **Schmier-S.** (Kalium-S. mit Zusätzen von Kaliumcarbonat, Celluloseäthern u. a.). S. sind empfindlich gegenüber →Wasserhärte (Ausfällung von **Kalk-S.** und dadurch bedingt ein hoher S.-Verbrauch). Durch die alkal. Reaktion von S.-Lösungen kann der schützende Säuremantel der Haut geschädigt werden (S.-Allergien). Diese Nachteile lassen sich durch synthet. Tenside (**Syndets**, von engl. **syn**thetic **det**ergents) vermeiden. **Medizinische S.** enthalten versch. Zusätze, z. B. Schwefel, Ichthyol, Teer. Sie sollten aber nur auf ärztl. Rat angewendet werden. (→Metallseifen)

Geschichte: S. wurden schon im 3. Jt. v. Chr. von den Sumerern u. a. zum Waschen von Textilien sowie als salbenartige Medizin verwendet und gehören damit zu den ältesten chem. Produkten. Der röm. Arzt GALEN vermerkt, dass S. nicht nur als Heilmittel, sondern auch zum Reinigen der Wäsche und des Körpers zu verwenden sei. Die german. S. wurde nach röm. Zeugnis aus Talg, Asche und Pflanzensäften bereitet und diente v. a. zum rituellen Rotfärben der Haare vor dem Kampf. Im 9. Jh. n. Chr. war Marseille, im 15. und 16. Jh. waren die oberital. Städte, v. a. Savona, Venedig und Genua, führend in Produktion und Handel.

2) *Lagerstättenkunde:* **Schwermineral-S.**, natürl. abbauwürdige Anreicherungen von spezifisch schweren oder/und schwer verwitternden Mineralen (Gold, Diamanten, Platin, Zinnstein, Monazit, Rutil, Ilmenit, Magnetit, Zirkon u. a.). S. sind sekundäre Lagerstätten, die sich durch Verwitterung und Abtragung gebildet haben. Wird das diese Minerale primär enthaltende (leichter verwitternde) Gestein ausgespült, reichern sich die Minerale zu **eluvialen S.** an; die durch Verwitterung, ohne Transport, an Ort und Stelle entstandenen Lagerstätten nennt man **residuale S.**; durch Ausblasung sind auch **äolische S.** möglich. Werden die Minerale mit abtransportiert, können sie, da schwerer als die anderen Schwebstoffe, später in einem Fluss (**fluviatile** oder **alluviale S.**), See (**limnische S.**) oder (unter Mithilfe von Gezeiten oder Meeresströmungen) an der Küste (**marine, Küsten-, Brandungs-, Strand-S.**) abgelagert werden.

Seifenbaum, 1) Quillaja, Gattung der Rosengewächse mit vier Arten im gemäßigten Südamerika; immergrüne kleine Bäume oder Sträucher mit ledrigen Blättern. Die →Quillajarinde wird v. a. vom weiß blühenden Chilenischen S. (*Quillaja saponaria*) gewonnen.

2) Sapindus, Gattung der S.-Gewächse mit etwa zehn Arten in den trop. und warmen Gebieten; mittelgroße Bäume mit meist gefiederten Blättern und in Rispen angeordneten, meist kleinen Blüten und Beerenfrüchten. Bekannt ist der von Mexiko bis Argentinien vorkommende **Echte S.** (*Sapindus saponaria*), dessen saponinhaltiges Fruchtfleisch von den Einheimischen als Seife verwendet wird. Die Samen einiger anderer Arten liefern ein technisch verwertbares Öl.

Seifenbaumgewächse, 1) Sapindaceae, Familie der zweikeimblättrigen Pflanzen mit etwa 1 325 Arten in 145 Gattungen in den Tropen und Subtropen, nur wenige Arten in den gemäßigten Gebieten; Bäume und Sträucher, z. T. mit Sprossranken und von lianenartigem Wuchs; mit gefiederten oder einfachen Blättern; vorwiegend mit milchsaftartigen oder harzigen, saponinhaltigen Sekreten; Blüten klein, meist in rispigen Blütenständen, selten einzeln und blattachselständig. Zu den S. gehören zahlr. Nutzpflanzen, u. a. →Litschi, →Paullinia, →Rambutan. Versch. Arten liefern Öle, Seifenersatz (→Seifenbaum 2) oder Gifte zum Fischfang.

2) Sapotaceae, Familie der zweikeimblättrigen Pflanzen mit etwa 1 100 Arten in 116 Gattungen in den Tropen und Subtropen, mit nur wenigen Arten in den gemäßigten Gebieten; Milchsaft führende, immergrüne Bäume und Sträucher mit ungeteilten, wechselständigen Blättern. Die verwachsenkronblättrigen, radiärsymmetr. Blüten stehen meist in zymösen Blütenständen. Zu den S. gehören wichtige Nutzpflanzen, z. B. →Guttaperchabaum, →Sapotillbaum, →Sheabutterbaum, →Sapote 1) und →Sternapfel.

Seifenhautmodell, physikal. Realisierung von →Minimalflächen. Man erhält eine solche durch Eintauchen und Herausziehen eines gebogenen Drahtes in Seifenlösung, da aus physikal. Gründen die Oberflächenenergie der Seifenhaut minimiert wird und diese deren Flächeninhalt proportional ist. – S. wurden erstmals systematisch von dem belg. Physiker JOSEPH ANTOINE FERDINAND PLATEAU (* 1801, † 1883) untersucht.

Seifenkistenrennen, bis 1973 Rennwettbewerbe für Jugendliche mit motorlosen, selbst gebastelten Kleinfahrzeugen (›Seifenkisten‹) auf leicht abfallenden Strecken; in Dtl. erstmals 1904 in Oberursel (Taunus) ausgetragen; später vom →Minicar abgelöst.

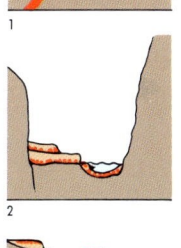

Seifen 2): 1 eluviale Seifen, von Erzgängen ausgehend; 2 fluviatile Seifen, in rezenten Sedimenten und in höheren Terrassen; 3 marine Seifen, in Mündungsrinnen, am Strand und in gehobenen Strandterrassen

Seif Seifenkraut – Seihō

Seifenkraut:
Gemeines Seifenkraut
(Höhe 30–70 cm)

Jaroslav Seifert

Seifenkraut, Saponaria, Gattung der Nelkengewächse mit etwa 30 Arten im temperierten Eurasien; einjährige oder ausdauernde Kräuter. In Dtl. heimisch sind drei Arten: das v.a. an Wegrändern, auf Schutt und an Ufern wachsende **Gemeine S. (Echtes S.,** Saponaria officinalis), mit 30–70 cm hohen Stängeln, länglich lanzettl. Blättern und blass rosafarbenen bis weißen Blüten in büscheligen Blütenständen. In den östl. Zentralalpen wächst das **Niedrige S.** (Saponaria pumila), niedrige Polster bildend, mit großen roten Blüten, und in den Gebirgen SW-Europas und in den Alpen das **Rote S.** (Saponaria ocimoides), bis 20 cm hoch, mit ästigen, ausgebreitet niederliegenden Stängeln und hellpurpurfarbenen Blüten.

Seifen|oper, →Soapopera.
Seifenrinde, die →Quillajarinde.
Seifenstein, 1) *Chemie:* der →Laugenstein.
2) das *Mineral* →Saponit.
Seifenstuhl, Kalkseifenstuhl, krankhafte Stuhlveränderung, die v.a. bei Säuglingen infolge chron. Fehlernährung auftritt (→Milchnährschaden); die aus der Milch stammenden Fettsäuren bilden mit Magnesium und Calcium Seifen.
Seifenzinn, →Zinnstein.
Seifert, Jaroslav, tschech. Lyriker, * Prag 23. 9. 1901, † ebd. 10. 1. 1986; Redakteur verschr. kommunist. Zeitschriften; bereiste zw. 1924 und 1928 Frankreich (›Na vlnách TSF‹, 1925; dt. ›Auf den Wellen von TSF‹) und die Sowjetunion (›Slavík zpívá špatně‹, 1926); 1929 Austritt aus der KPČ. S., der sich in seinem Frühwerk zur proletar. Dichtung bekannte (revolutionäre Lyrik: ›Město v slzách‹, 1921; ›Samá láska‹, 1923), war Mitbegründer der dem Futurismus nahe stehenden Künstlergruppe ›Devětsil‹ und Vertreter der spontanen Dichtung →Poetismus. In der gefühlvollen, lebendigen Stimmungslyrik der späten Zeit schlug er z.T. melanchol. Töne an und verwendete knappe, liedhafte Versformen; schrieb auch Reportagen, Feuilletons und Gedichte für Kinder; übersetzte aus dem Russischen und Französischen (A. A. Blok, G. Apollinaire). 1968 wandte er sich gegen die Invasion seines Landes durch Truppen des Warschauer Pakts. Als Mitunterzeichner des ›Manifests der 2000 Worte‹ (1968) und der ›Charta 77‹ bekam er in den 70er-Jahren Publikationsverbot. 1984 erhielt er den Nobelpreis für Literatur.
Weitere Werke: Zhasněte světla (1938); Kamenný most (1944); Mozart v Praze (1948; dt. Mozart in Prag); Maminka (1954; dt. Was einmal Liebe war); Halleyova kometa (1967; dt. Der Halleysche Komet); Morový sloup (1977; dt. Die Pestsäule); Deštník z Picadilly (1981; dt. Der Regenschirm vom Picadilly); Všecky krásy světa: Příběhy a vzpomínky (1981; dt. in Einzelausgg. u.d.T. Alle Schönheit dieser Welt, 1985, u. Ein Himmel voller Raben, 1986); Býti básníkem (1983; dt. Gewitter der Welt).
Ausgaben: Dílo, 7 Bde. (1953–70); Im Spiegel hat er das Dunkel. Gedichte, hg. v. R. T. Hlawatsch u. a. (1982).
P. Drews: Devětsil u. Poetismus. Künstler. Theorie u. Praxis der tschech. literar. Avantgarde am Beispiel Vítězslav Nezvals, J. S.s u. Jiří Wolkers (1975); D. Loewy: The early poetry of J. S. (Los Angeles, Calif., 1995).

Seiffen/Erzgeb., Kurort S., Gem. im Mittleren Erzgebirgskreis, Sa., im Osterzgebirge, 640 m ü. M., am Fuß des Schwartenberges (788 m ü. M.), nahe der Grenze zur Tschech. Rep., 3000 Ew.; Kur-, Erholungs- und Wintersportort; Zentrum der erzgebirg. Spielwarenherstellung und des Holzkunstgewerbes (v.a. Schnitzkunst) mit Schauwerkstatt und Erzgebirg. Spielzeug- und Freilichtmuseum; Herstellung von Kleinmöbeln. – Dorfkirche (1779; erneuert im 19. und 20. Jh.) mit achteckigem Grundriss, hohem Zeltdach und Glockentürmchen.

Seifhennersdorf, Stadt im Landkreis Löbau-Zittau, Sa., 360 m ü. M., in der Oberlausitz, im Oberlausitzer Bergland, 5500 Ew.; Karasekmuseum (ehem. Stadtmuseum; benannt nach dem Räuberhauptmann Karasek im 18. Jh.), Puppenausstellung; Ferienort; nach Wegbruch der traditionellen Textil- und Schuhindustrie blieben eine Piano- und Konfektionsfabrik erhalten; zwei Grenzübergänge zur Tschech. Rep. – Das nach 1250 entstandene, 1402 erstmals erwähnte Örtchen **Hennersdorf** wuchs rasch mit dem nahe gelegenen Dorf **Seifen** zu einer Gemeinde zusammen. 1974 wurde S. Stadt.

Seifried Helbling, satirisch-didakt. Dichtung eines unbekannten österr. Autors aus dem ausgehenden 13. Jh. Der Titel bezieht sich auf eine in der Dichtung genannte Gestalt; dass diese der Verfasser des Werkes sei, ist eine längst aufgegebene Vermutung. Der ›S. H.‹ enthält 15 Gedichte sehr unterschiedl. Umfangs (50 bis über 1500 Verse) und ganz unterschiedl. Thematik (geistl. und weltl.). Am interessantesten sind die polit. Position und die zeit- und gesellschaftskrit. Äußerungen des Autors, die eine einige Jahrzehnte zurückliegende Zeit der Babenberger verklärt und, offenbar aus der Perspektive der Landherrenfamilien, gegen die habsburg. Herzöge (Landesherren in Österreich und Steiermark seit 1282) polemisiert.
I. Glier: In: Die dt. Lit. des MA. Verfasser-Lex., begr. v. W. Stammler, hg. v. K. von Ruh u.a., Bd. 3 (²1981); U. Liebertz-Grün: S. H. Satiren kontra Habsburg (1981); R. Hangler: S. H. (1995).

seiger, *Geologie:* →Lagerung.
Seigern, Saigern, im MA. das Auswiegen einzelner Münzen mit der Feinwaage (Seiger), um die schwereren von den leichteren Stücken zu trennen. Da mit dem S. ein Gewinn auf Kosten des Münzherrn erzielt werden konnte, war der Privatbesitz einer Feinwaage verboten.
Seigerriss, *Bergbau:* ein Riss der Lagerstätte und des Grubengebäudes, der durch orthogonale Parallelprojektion auf eine Vertikalebene entsteht. Die Spur der Vertikalebene folgt dem Generalstreichen der Lagerstätte.
Seigerung, 1) *Metallkunde:* Entmischungsvorgang während der Erstarrung von Gussstücken, der zu örtl. makroskop. **(Block-S.)** oder mikroskop. **(Korn- oder Kristall-S.)** Konzentrationsunterschieden der Legierungskomponenten und Verunreinigungen führt.
2) *Metallurgie* und *Hüttentechnik:* das Herausschmelzen leichter schmelzender Metalle aus einem Gemenge von Metallen oder Metallverbindungen, ausgeführt in **Seigeröfen,** z. B. zum Ausscheiden von Hartzink aus eisenhaltigem Zink oder zur Reinigung von Rohzinn. Als S. bezeichnet man außerdem die bei der Erstarrung von Metallen aufgrund physikal. und thermodynam. Vorgänge auftretenden Entmischungen bzw. Zusammensetzungsschwankungen, die Eigenschaften des Metalls nachteilig beeinflussen können.

Seignette-Elektrizität [zɛnˈjɛt-; nach dem frz. Apotheker Pierre Seignette, * 1660, † 1719], ältere Bez. für →Ferroelektrizität.
Seignette-Salz [zɛnˈjɛt-; nach dem frz. Apotheker Pierre Seignette, * 1660, † 1719], →Weinsäure.
Seigneur [sɛˈnœːr; frz., von lat. senior ‹älter›] *der, -s/-s,* **Sieur** [sjœːr], in Frankreich früher der Lehnsherr (im Ggs. zum Vasallen) und der Grundherr (im Ggs. zum Hintersassen). – **Seigneurie** [sɛnœˈri], die Grundherrschaft, der Bezirk, in dem der S. seine Rechte ausübte. – **S. justicier** [-ʒystisˈje, ›Gerichtsherr‹] war ein Baron, der die hohe oder niedere Gerichtsbarkeit in einem ebenfalls ›Seigneurie‹ genannten Bezirk ausübte, der auch andere Grundherrschaften umfassen konnte. Die Kurzform **Sire** [siːr] wurde zur Anrede souveräner Fürsten. (→Monseigneur)
Seignosse [sɛˈɲɔs], Badeort im Dép. Landes, Frankreich, an der Atlantikküste, 1600 Einwohner.
Seihō, Takeuchi, jap. Maler, →Takeuchi, Seihō.

Seihwasser, →Uferfiltration.

Seijun, Stadt in Hadramaut, →Saiun.

Seikantunnel, Eisenbahntunnel in Japan, unter der Tsugarustraße, verbindet die Inseln Honshū und Hokkaidō; insgesamt 53,85 km lang, davon 23,3 km unter Wasser (bis 240 m u. M.); erbaut 1971–88. Gegenüber dem Fährverkehr verkürzt sich die Reisezeit der Züge zw. Tokio und Sapporo von 22 auf 15 Stunden.

Seil, biegeelastisches Faser- oder Drahterzeugnis (→Drahtseil) zum Übertragen von Zugkräften, gewonnen durch Zusammendrehen (Zwirnen) und Verseilen oder durch Verflechten. **Faser-S.** bestehen aus Hartfasern (Manilafaser, Sisal u. Ä.), Hanf, Baumwolle oder Synthesefasern (bes. reißfest), verwendet z. B. als Förder-, Treib-, Berg-, Kletter-, Abschlepp-S. Breite **Flach-S. (Band-S.)** entstehen durch Zusammennähen mehrerer nebeneinander gelegter Rund- oder Quadrat-S. Ohne scharfe Abgrenzung heißen dünne S. **Schnüre** oder **Leinen,** dicke S. **Taue** oder **Trossen.**

Seilbahn, Beförderungsmittel für Personen oder Güter mit Seilbetrieb (→Bergbahnen). Die Wagen von **Stand-S.** fahren auf Schienen, die Kabinen von **Seilschwebebahnen** am Seil hängend. Bei **Pendelbahnen** schweben die Kabinen wechselweise berg- und talwärts; die Fahrwerke rollen auf dem Tragseil, das Zugseil sorgt für die Bewegung. Bei **Umlaufbahnen** genügt ein ständig laufendes Seil, an dem die Kabinen oder Sessel befestigt oder angekuppelt sein können. **Schlepplifte** sind einfache S., die zur Überwindung von Höhenunterschieden, aber auch von Entfernungen (auf Messen, Ausstellungen und in Vergnügungsparks) sowie zum Materialtransport dienen.

Seil|eck, Seilpolygon, *Statik:* geometr. Konstruktion zur Ermittlung der resultierenden Kraft und des resultierenden Kräftepaares für ein ebenes Kraftsystem.

Seiler, Hansjakob, Sprachwissenschaftler, *München 16. 12. 1920; Prof. in Hamburg und Köln; wandte sich nach Arbeiten zum Griechischen allgemeinen linguist. Fragen, der Erforschung von Indianersprachen sowie dem Problem sprachl. Universalien zu.
Werke: Die primären griech. Steigerungsformen (1950); L'aspect et le temps dans le verbe néo-grec (1952); Relativsatz, Attribut u. Apposition (1960); Cahuilla texts with an introduction (1970); Das linguist. Universalienproblem in neuer Sicht (1975); Cahuilla grammar (1977); Sprache u. Sprachen (1977); Cahuilla dictionary (1979, mit K. HIOKI). – Hg.: Apprehension, 3 Bde. (1982–86, mit C. LEHMANN).

Seilerei, die Herstellung von Seilerwaren aus Fasern. Durch Zusammendrehen (Litzenausreiben) mehrerer Fäden entsteht die **Litze (Duchte):** Drei oder vier Litzen werden zum Seil zusammengedreht (Seilschlagen). Drei Seile werden als ›Kardeelen‹ durch Linksschlagen (sehr selten) im ›Kabelschlag‹, durch Rechtsschlagen im ›Trossenschlag‹, vier Seile im ›Wantschlag‹ vereinigt. Aus acht Litzen kann ein **Quadratseil** geflochten werden. – Zur manuellen S. dient der **Seiler-** oder **Reeperbahn-** Seile stärkeren Durchmessers werden durch ›Austreiben‹ auf der Bahn (300 m lang für 220 m Seillänge) hergestellt. Hierzu werden die Garne von ihren Spulen durch konzentrisch angeordnete Lochreihen der **Loch-** oder **Registerplatte** hindurchgezogen, gemeinsam durch eine konische Büchse gepresst und durch den sich drehenden Verseilhaken des auf Schienen ausfahrenden ›Austreibwagens‹ zur Litze zusammengedreht. Drei oder vier derartig hergestellte Litzen werden auf derselben Bahn zum Seil geschlagen. Für größere Seillängen gängiger Seilarten werden Litzen- und Schlagmaschinen verwendet. – Abgepasste Seillängen mit nicht ausfransenden Enden lassen sich am besten durch Handarbeit herstellen. Die Enden von Chemiefaserseilen können gegen Ausfransen verschweißt werden.

Seilgetriebe, Seiltrieb, ein →Zugmittelgetriebe zur Kraftübertragung mit einem Seil. Als S. bezeichnet man i. e. S. solche Konstruktionen, bei denen mithilfe von Seiltrommel, Seil und Anordnungen aus losen und festen Rollen Lasten gehoben werden können. Sind sie mit dem entsprechenden Antrieb ausgerüstet, spricht man auch von →Hubwerken.

Seilgras, Restio, Gattung der →Restiogewächse mit etwa 90 Arten im südl. und trop. Afrika und auf Madagaskar; grasähnl. Kräuter mit oft meterhohen Halmen. Die Blütenstände einiger Arten werden in Europa als Trockensträuße angeboten.

Seiliger-Prozess [nach dem Ingenieur MYRON SEILIGER, 20. Jh.], in die idealen →Kreisprozesse für Otto- und Dieselmotor (→Ottoprozess, →Dieselprozess) zusammenfassender idealer Kreisprozess, bestehend aus einer adiabat. Verdichtung (1–2), einer isochoren Zufuhr einer Wärmemenge Q_1 (2–3), einer isobaren Zufuhr einer Wärmemenge Q_2 (3–4), einer adiabat. Ausdehnung (4–5) und einer isochoren Abfuhr einer Wärmemenge Q_3 (5–1) bis zum Erreichen des Anfangszustands. Sein therm. Wirkungsgrad interpoliert die Wirkungsgrade der beiden Prozesse und hängt wie diese vom Verdichtungsverhältnis $\varepsilon = (V_H + V_C)/V_C$ und Volldruckverhältnis $\varrho V_4/V_3$, außerdem aber vom Drucksteigerungsverhältnis $\vartheta = p_3/p_2$ ab ($\vartheta = 1$ für den Dieselprozess).

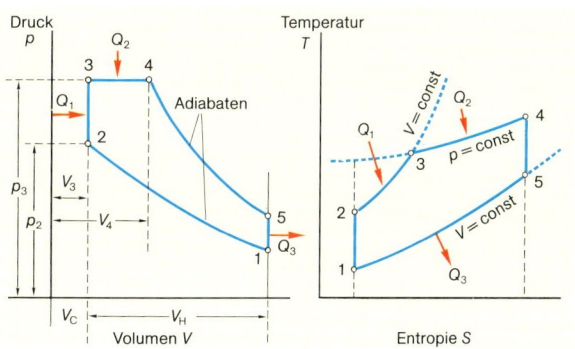

Seiliger-Prozess: links Druck-Volumen-Diagramm; rechts Temperatur-Entropie-Diagramm; Q_1, Q_2 zugeführte Wärmemengen, Q_3 abgeführte Wärmemenge, V_H Hubvolumen, V_C Kompressionsvolumen

Seilschaft, *Bergsteigen:* durch ein Sicherungsseil verbundene Bergsteiger, vorwiegend als Zweier-S. im Fels und als Dreier-S. auf Gletschern; *übertragen:* Gruppe von Personen, die (z. B. in der Politik) eng zusammenarbeiten und sich gegenseitig begünstigen.

Seilscheibe, Rad mit einer oder mehreren Seilrillen zur Führung von Seilen, z. B. in der Spitze eines Fördergerüstes über einem Schacht (Bergbau) oder bei Seilbahnen. Wichtig für die Lebensdauer des Seils ist das Rillenprofil der S. Die Rillenflanken müssen der Seitenablenkung angepasst sein.

Seiltänzer, Artist, der auf gespannten Seilen Balanceakte vorführen. S. gab es bereits in der Antike; über Rom und Frankreich kam der Seiltanz nach Dtl., wo er im 14. Jh. zur Hauptattraktion der Jahrmärkte wurde.

Seiltragwerke, Dachkonstruktionen, bei denen vorgespannte Seilnetze die Belastung aus Eigengewicht, Schnee und Wind aufnehmen. Bei frei überdachten Hallen werden die Einzelseile an ihren Enden in den Abschlussbauten verankert (Speichenradkonstruktion). Großflächige Dächer erfordern Masten

Seil Seilzug–Sein

Seiltragwerke: Flughafen Denver

und Stützen, so z. B. die Zeltdachkonstruktion des internat. Flughafens Denver (nach Entwürfen des Architektenbüros Fentress, Brandurn & Ass., 1994 fertig gestellt). Weitere BILDER →Djidda, →München, →Otto, Frei.

Seilzug, 1) ein →Hebezeug, bei dem das lasttragende Seil von einer durch Elektromotor angetriebenen Seiltrommel abläuft; 2) die in einem Seil wirkende Zugkraft oder eine Vorrichtung zu ihrer Übertragung (z. B. bei einer Seilzugbremse wie der Feststellbremse eines Kraftfahrzeugs).

Sein, griech. **On,** lat. **Esse,** zentraler Begriff der →Ontologie und →Metaphysik (Metaphysica generalis) seit der Antike wie auch der Existenzphilosophie und Fundamentalontologie des 20. Jh., Gegenbegriff zum Nichts; er bestimmt entsprechend seiner idealist. oder materialist. Auslegung die Hauptrichtungen und großen Einzelsysteme der Philosophiegeschichte. Dem Begriff des nichtgegenständl. S. steht der des Seienden als konkretes Dasein eines Gegenstandes in der Zeit gegenüber.

Für ARISTOTELES ist die Frage nach dem Wesen des Seienden wie die nach dem ›S. des Seienden‹ (der Substanz, griech. ›usia‹) gleichbedeutend mit der Grundfrage der Philosophie. ›Die Frage, die immer schon und auch heute noch und immer wieder gestellt wird und ein Gegenstand der Ratlosigkeit bleiben wird, ist nämlich die, was das Seiende sei ...‹ Ähnlich argumentiert im 20. Jh. M. HEIDEGGER: ›Das Denken ist das Denken des S.‹ Er wirft dem abendländ. Philosophie ›Seinsvergessenheit‹ vor, d. h., dass sie nicht den Sinn des S. selbst (Seinsverständnis), sondern immer nur das Seiende thematisiert habe. Für ihn wie für J.-P. SARTRE erschließt sich der Zugang zum S. nur über das menschl. Dasein (→Existenz).

S. ist der mit Abstand umfassendste, aber auch unbestimmteste aller philosoph. Begriffe. Dies hat die sprachanalyt. Philosophie des 20. Jh., deren Analysen viel zur Differenzierung und Präzisierung des S.-Begriffs beigetragen haben, zu der Auffassung des S. als ›sein‹ geführt; alle metaphys. und ontolog. S.-Probleme der traditionellen Philosophie sind demzufolge auf die unterschiedl. Verwendungsweisen des ›sein‹ (›ist‹) zurückführbar. Bereits ARISTOTELES stellte fest, dass das Seiende ›in vielfachen Bedeutungen‹ ausgesagt werde. Die S.-Problematik wird bei ihm in sprachlog. Hinsicht analysiert. Er nennt die klass. S.-Arten Wirklichsein, Möglichsein und Notwendigkeit, die Bedeutungen Wahrsein und Falschsein sowie die zehn kategorialen Aussageweisen (Substanz, Quantität, Qualität usw.), die bei ihm zugleich ontolog. Bestimmungen sind. – Den sprachanalyt. Untersuchungen des 20. Jh. zufolge dient ›sein‹ u. a. zur Aussage der Existenz, von Eigenschaften oder Zusammenhängen der Gleichheit (Mathematik) und der Identität.

Die Seinsfrage

Insgesamt steht der Begriff S. für jenen absolut selbstverständl. Zustand, aus dem heraus wir beständig in die Welt hineinleben. S. besagt, dass die Gegenstände der Außenwelt, die wir sehen, hören, tasten usw., ebenso wie unsere immanenten Sinnesdaten, dass das, worüber wir sprechen, wie die Sprache selbst, dass unsere Handlungsweisen, Ideen, Fiktionen usw., kurz: dass all das uns Umgebende (Welt, Natur, Kultur) mitsamt unserem je eigenen Ich (Bewusstseinsleistungen) schlicht ›ist‹. – S. ist ein nicht mehr zu hinterfragender, universaler Boden, von dem her sich alles begreift. In diesem Sinne ist S. selbst noch dem Nichts vorgeordnet; denn das Nichts lässt sich nur definieren als ein Nicht-Sein oder ein ›Ausfall‹ des S. Da der denkende Mensch selbst Bestandteil des S. ist, ist in einem umfassenden Sinne alle Philosophie S.-Philosophie. S. ist dann der Grund und gleichzeitig der Logos des Denkens. Der klass. ›Nichts‹-Standpunkt, der →Nihilismus, leugnet demnach nicht das S. schlechthin, sondern bestreitet i. d. R. nur die philosophisch überkommenen Wertvorstellungen hinsichtlich des Seienden, z. B. F. NIETZSCHE, der Gott als Inbegriff allen S. für tot erklärt, oder SARTRE, der im menschl. Dasein allenfalls eine fragwürdige, jegl. Beständigkeit ermangelnde Existenz sieht.

Geschichte des Seinsbegriffs

Die Geschichte der Philosophie hat im Rahmen des traditionellen Gegensatzpaares ›Sein–Nichts‹ bisher nur zwei mögl. ›Lösungen‹ geboten: Entweder das S. wird *ausschließlich* gedacht, wie es dem stat. S.-Begriff des PARMENIDES entspricht, oder das S. wird mit dem Nichts *dialektisch* zu einem ewigen Prozess von Werden und Vergehen verspannt, wie es zuerst das dynam. Weltprinzip HERAKLITS behauptet hat und insbesondere der Philosophie G. W. F. HEGELS zugrunde liegt. Die Dialektik von S. und Nichts gründet in der rational wohl kaum zu beantwortenden Frage nach der ersten Ursache bzw. dem Anfang allen Seins.

PLATON hat unterschieden zw. einem idealen und einem realen S.: Ideal ist das einzig wahre, sich selbst gleich bleibende und immer währende S. (die Idee), während das reale Seiende vieles, unbeständig und unvollkommen, nur der Schein des idealen S. (Höhlengleichnis) ist, vermöge seiner Teilhabe an diesem ›ist‹. Das S. selbst können wir uns nur mithilfe eines idealen Grenzwertes verdeutlichen. Der ontolog. Begriff für diesen Grenzwert ist die Vollkommenheit, der auf der Erkenntnisebene Denken, Erkenntnis und Wahrheit entsprechen. Auf der Grundlage der Vorstellung einer graduellen Abstufung des S. im Seienden hat ähnlich wie schon PLATON im 20. Jh. N. HARTMANN eine ontolog. Schichtenlehre entwickelt. – ARISTOTELES suchte der Frage der Ursache des S. theologisch, mit dem Bild eines ›unbewegten Bewegers‹ zu begegnen. Im Neuplatonismus befindet sich das Eine als die höchste Ursache noch ›über dem S.‹; aus ihm gehen die S.-Stufen des Kosmos hervor. Für das MA., so THOMAS VON AQUINO, steht das göttl. S. (causa essendi) an der Spitze der Natur als geschaffener S.-Ordnung. Während Vertreter einer ›negativen Theologie‹ Gott sogar als das sich sprachl. Bestimmung entziehende ›Überseiende‹, als absolute Transzendenz, verstehen, sucht ANSELM VON CANTERBURY die Existenz Gottes aus dem Gedanken des vollkommensten Wesens, dem folglich auch S. zukommen müsse, zu beweisen (ontolog. Gottesbeweis).

Anders als ARISTOTELES, bei dem Substanz ein jedes in seinem ›Was‹ bezeichnete, sieht THOMAS VON AQUINO (in ›De ente et essentia‹) jedes Seiende als ein aus S. (Existenz) und Wesen (Form, Washeit) Zusammengesetztes an. Da eine grundlegende ontolog. Differenz zw. dem reinen göttl. S. (ipsum esse subsistens) und dem kreatürl. Seienden besteht, lässt dessen ›Sein‹ sich nur in der Weise einer Analogie (analogia entis) begreifen. Während die Metaphysik des MA. S. mit Wirklichkeit identifiziert und Gott als reiner Wirklichkeit (actus purus) das Seiende als ein aus Wirklichkeit und Möglichkeit Zusammengesetztes gegenüberstellt, entwickelt im 15. Jh. NIKOLAUS VON KUES einen dynam. S.-Begriff. Das Seiende wird von ihm unter dem Aspekt des Könnens-Seins (posse esse) im Sinne von Möglichkeit gefasst, um damit Grade der S.-Fülle zu bezeichnen. In der Neuzeit leitet R. DESCARTES das S. von der subjektiven Selbstgewissheit (›Ich denke, also bin ich‹) ab und trifft die Unterscheidung zwischen körperl. und rein geistigem S. Die Empiristen und Sensualisten suchen einen solchen Dualismus zu vermeiden und sehen das sinnlich gegebene Seiende als Grundlage der Erkenntnis an. Für HEGEL ist S. der zunächst abstrakteste und leerste aller Begriffe, als reines S. äquivalent dem Nichts; er durchzieht aber in einer Dialektik von S. und Nichts die Reihe aller Begriffsbestimmungen bis zur ›absoluten Idee‹. Im 20. Jh. wird von M. HEIDEGGER im Rahmen seiner ›Fundamentalontologie‹ die Frage nach dem Sinn von S. neu gestellt. Dabei fasst er menschl. Dasein als das Seiende auf, dem es ›in seinem S. um dieses‹ S. selbst geht‹. Das In-der-Welt-S. ist dabei Grundverfassung des Daseins, dessen konkreter S.-Ausdruck die Sorge und dessen innerster S.-Sinn die Zeitlichkeit (das S. zum Tode) ist.

Ein ausschließl. Bestimmungsversuch des S. als S. mündet zwangsläufig in eine Tautologie, da über das S. allein nichts weiter ausgesagt werden kann als ›Sein ist!‹ Dies würde gemäß der Behauptung von ARISTOTELES bedeuten, dass das S. als Seiendes ›Eines‹ ist. Eine nähere Bestimmung des S. muss so zwangsläufig auf ein konkretes Seiendes rekurrieren, wobei aber jedes Seiende nur einen bestimmten Teil (Perspektive, Abschattung) des universalen S. repräsentiert oder dieses nur in einer bestimmten Hinsicht bezeichnet. Dies hat die philosoph. Diskussion der Gegenwart dazu geführt, den Begriff des S. weitgehend zu vermeiden (mit Ausnahme etwa neuthomist. Ansätze) und die mit dem S. verbundenen Fragen unter versch. Hinsichten benennenden Begriffen zu behandeln.

THOMAS VON AQUIN: Über das S. u. das Wesen (a. d. Lat., ²1953, Nachdr. 1991); J. SEIFERT: Die versch. Bedeutungen von ›S.‹, in: Wahrheit, Welt u. S., hg. v. B. SCHWARZ (1970); K. ALBERT: Das gemeinsame S. (1981); PARMENIDES: Über das S. (Neuausg. 1981, griech. u. dt.); N. HARTMANN: Die Erkenntnis im Lichte der Ontologie (1982); W. KÜHNE: Abstrakte Gegenstände (1983); J. M. DEMSKE: S., Mensch u. Tod (³1984); G. KEIL: Grundr. der Ontologie (²1984); R. B. SCHMITZ: S., Wahrheit, Wort (1984); G. W. F. HEGEL: Wiss. der Logik, 2 Bde. (Neuausg. 1986); B. MIKULIĆ: S., Physis, Aletheia (1987); E. SCHÖNLEBEN: Wahrheit u. Existenz (1987); S. DANGELMAYR: Der Riß im S. oder die Unmöglichkeit des Menschen (1988); J. KOCH: Abschied von der Realität (1988); J.-P. LOTZ: Die Grundbestimmungen des S. – vollzogen als transzendentale Erfahrung (Innsbruck 1988); J. H. GANZ: Begrenztes S. Der metaphys. Determinismus (1990); M. HEIDEGGER: S. u. Zeit (¹⁷1993); M. THEUNISSEN: S. u. Schein (Neuausg. ²1994); J.-P. SARTRE: Das S. u. das Nichts (a. d. Frz., Neuausg. 15.–18. Tsd. 1995); J. SEIFERT: S. u. Wesen (1996).

Seine ['zɛ:nə, frz. sɛn], 1) ehem. Dép. in Frankreich, durch Gesetz von 1964 (seit 1968 in Kraft) aufgelöst und in die Dép. Paris, Hauts-de-Seine, Seine-Saint-Denis und Val-de-Marne aufgeteilt.

2) *die,* Fluss im Pariser Becken, Frankreich, 776 km lang; entspringt bei Saint-Seine-l'Abbaye auf dem Plateau von Langres in 471 m ü. M.; quert das südöstl. Pariser Becken; aufgrund der geringen Meereshöhe von nur 47 m rd. 400 km vor der Mündung (Vereinigung mit der Yonne) beginnt im Raum von Paris die bis zur Mündung in den Ärmelkanal (S.-Bucht) unterhalb von Rouen (Ästuar zw. Le Havre und Trouville) reichende Mäanderstrecke der S. Ihr Einzugsgebiet (78 600 km²) ist im Wesentlichen auf das Pariser Becken und das nördliche Zentralmassiv (Yonne) beschränkt. Zum Schutz vor Überschwemmungen wurden Speicherbecken in einem Seitental der S. östlich von Troyes und im Tal der Yonne bei Pannecière-Chaumard angelegt.

Die S. ist ein wichtiger Schifffahrtsweg (Haupthäfen Paris, Rouen, Le Havre). Von der Mündung der Aube bis Corbeil-Essonnes können Kähne bis 250 t verkehren, die untere S. ist für Schiffe bis 3 000 t befahrbar; Rouen kann dank einer Tiefwasserfahrrinne auch von größeren Seeschiffen angelaufen werden (Güterumschlag 1994: 21,4 Mio. t). Querverbindungen bestehen über die Marne zum Rhein-Marne- und Marne-Saône-Kanal, über Yonne und Burgundkanal zur Saône bzw. zum Rhein-Rhône-Kanal, über Loing und Loire-Seitenkanal sowie den Canal du Centre zur Saône, über Oise und Canal du Nord zur Scarpe und Schelde bzw. über Aisne und Ardennenkanal zur Maas. Gegen die starke Verschmutzung der S. v. a. aus dem Pariser Raum wurden zahlr. Kläranlagen gebaut; in den Sommermonaten wird in Paris Sauerstoff in die S. eingeleitet. Bedeutende Industrieanlagen (bes. chem. und petrochem. Industrie) am Unterlauf zw. Rouen und Le Havre. Die ›Brücke der Normandie‹ überspannt die S.-Mündung bei Le Havre (2,141 km lang; 1995 eröffnet).

Seine-et-Marne [sɛnɛ'marn], Dép. in Frankreich, östlich von Paris, im Pariser Becken, Region Île-de-France, 5 915 km², 1,2 Mio. Ew.; Verw.-Sitz: Melun.

Seine-et-Oise [sɛnɛ'wa:z], ehem. Dép. in Frankreich, durch Gesetz von 1964 (seit 1968 in Kraft) in die Dép. Essonne, Val-d'Oise und Yvelines aufgeteilt.

Seine-Maritime [sɛnmari'tim], früher **Seine-Inférieure** [-ɛ̃feʁ'jœːʁ], Dép. in NW-Frankreich, zw. unterer Seine und Ärmelkanal, in der Region Haute-Normandie, 6 278 km², 1,2 Mio. Ew.; Verw.-Sitz: Rouen.

Seine-Oise-Marne-Kultur [sɛnwaz'marn-], Kulturgruppe der späten Jungsteinzeit Frankreichs, eng verwandt mit der Horgener Kultur der Schweiz. Kennzeichnend sind eine schlichte Keramik mit flachen Standböden, Feuersteinbeile (z. T. geschliffen) und Totenbestattung in natürl. oder künstl. Höhlen (→Marnegrotten) und in unterird. Gängen (→Allée couverte). Schematische weibl. Figuren an den Wänden der Hypogäen bezeugen, dass die Träger der S.-O.-M.-K. eine Muttergottheit verehrten.

Seine-Saint-Denis [sɛnsɛ̃'dni], Dép. in Frankreich, im nordöstl. Vorortbereich von Paris, Region Île-de-France, 236 km², 1,4 Mio. Ew.; Verw.-Sitz: Bobigny.

Šeinius [ʃ-], Ignas, eigtl. **I. Jurkūnas**, litauischer Schriftsteller und Diplomat, *Šeiniūnai (Kr. Ukmergė) 3. 4. 1889, †Stockholm 11. 5. 1959; schrieb impressionist. Erzählungen und Romane (auch in schwed. Sprache), in denen er die Helden durch die Wiedergabe ihrer flüchtigen Eindrücke, Gedanken, Gefühle und Stimmungen psychologisch gekonnt charakterisiert.

Werke: *Erzählungen:* Kuprelis (1913); Banges siaučia (1914); Aš dar karta grįžtu (1937). – *Roman:* Siegfried Immerselbe atsijuanina (1934). – *Erinnerungen:* Raudonasis tvanas (1954).

Seipel, Ignaz, österr. Politiker, *Wien 19. 7. 1876, †Pernitz (NÖ) 2. 8. 1932; kath. Priester, seit 1921 Prälat, wurde 1909 Prof. für Moraltheologie in Salzburg, 1917 in Wien. In der letzten kaiserl. Reg. unter Min.-Präs. H. LAMMASCH (27. 10.–11. 11. 1918) war er Min. für Soziale Fürsorge. Danach beteiligte er sich führend am Aufbau des neuen österr. Staates und der

Ignaz Seipel

Ausgestaltung seiner Verf. 1919 wurde S. Mitgl. des Nationalrates, 1921 Obmann der Christlichsozialen Partei (CP), die er bis 1929 leitete. Vom 31. 5. 1922 bis zum 8. 11. 1924 sowie vom 20. 10. 1926 bis zum 3. 4. 1929 war S. Bundeskanzler. Gegen die Zusage eines Verzichts Österreichs auf den ›Anschluss‹ an das Dt. Reich und die Zustimmung zu einer vierjährigen Kontrolle der österr. Staatsfinanzen durch den Völkerbund erwirkte er in den Genfer Protokollen vom 4. 10. 1922 eine Völkerbund-Anleihe von 650 Mio. Goldkronen, mit deren Hilfe er den Verfall der Währung stoppte und den Staatshaushalt sanierte. In wachsender Konfrontation mit der Sozialdemokratie verfolgte S. einen an berufständ. Vorstellungen orientierten gesellschaftspolit. Kurs. Am 1. 6. 1924 wurde er durch ein Attentat schwer verletzt. Im Zuge der parteipolit. Polarisierung zw. ›Austromarxisten‹ und ›Antimarxisten‹ schloss er Christlichsoziale, Großdeutsche und Landbund 1927 zu einer ›Bürgerblock-Reg.‹ zusammen. Um die Sozialdemokratie innenpolitisch zu schwächen, förderte er – v.a. nach der Julirevolte von 1927 in Wien – die Heimwehren. Nach seinem Rücktritt als Bundeskanzler und CP-Obmann forderte er eine Verf.-Reform nach ständestaatl. Muster. Vom 30. 9. bis zum 29. 11. 1930 war S. Außenminister.

Schriften: Die wirtschaftseth. Lehren der Kirchenväter (1907); Nation u. Staat (1916); Wesen u. Aufgaben der Politik u. der gegenwärtige Stand der Weltpolitik (1930).

A. DIAMANT: Die österr. Katholiken u. die Erste Rep. (Wien 1960); G. LADNER: S. als Überwinder der Staatskrise vom Sommer 1922 (ebd. 1964); K. KLEMPERER: I. S. Staatsmann einer Krisenzeit (a. d. Engl., Neuausg. Graz 1976).

Jakob Seisenegger: Bildnis Kaiser Karls V.; 1532 (Wien, Kunsthistorisches Museum)

Seisenegger, Zeysznegger [z-], Jakob, Maler, *1505, †Linz 1567; war ab 1531 Hofmaler FERDINANDS I., als Porträtmaler von den Habsburgern geschätzt, auch auf dem Reichstag in Regensburg, in Wien, Prag, Nürnberg, Bologna sowie in Spanien und den Niederlanden tätig. Seine Bildnisse zeigen den Einfluss der Donauschule und der oberital. Kunst. Seine ganzfigurigen Porträts wirkten vorbildhaft; das Bildnis Kaiser KARLS V. (1532; Wien, Kunsthistor. Museum) benutzte TIZIAN als Vorlage für ein eigenes Porträt des Kaisers (1532-33; Madrid, Prado).

Seiser Alm, Seiser Alpe, ital. **Alpe di Siusi,** Hochfläche in den Südtiroler Dolomiten, Italien, südlich vom Grödner Tal, 1 800–2 100 m ü. M.; Erholungs- und Wintersportgebiet. Der S-Teil gehört zum Naturpark Schlern.

Seishi [seɪʃi], **Daiseishi,** *jap. Kunst:* in Triasdarstellungen des Amida-Buddha dessen Begleiter zur Rechten, die Weisheit verkörpernd.

Sei Shōnagon [seɪ ʃo-], jap. Hofdame aus der Gelehrtenfamilie Kiyohara, *um 966, †um 1016 (?); stand im Dienst der kaiserl. Gemahlin FUJIWARA NO SADAKO und verfasste die Miszellensammlung (→Zuihitsu) Makura-no-sōshi (Kopfkissenbuch; um 1000), in der sich scharfe Beobachtungsgabe mit literar. Bildung und krit. Geist verbindet.

Ausgabe: Das Kopfkissenbuch der Hofdame S. S., übers. v. M. WATANABE (1952); The pillow book of S. S., übers. v. I. MORRIS, 2 Bde. (1967).

seism..., Wortbildungselement, →seismo...

Seismik *die, -,* **1)** Erdbebenkunde, Seismologie, Wiss. von der Entstehung, Ausbreitung und Auswirkung von →Erdbeben. Die **Makro-S.** befasst sich mit den Erdbeben i. Allg., ihren geolog. Ursachen und Wirkungen sowie ihrer geograph. Verbreitung, die **Mikro-S.** mit den physikal. Fragen der Entstehung, der Aufzeichnung der Erdbebenwellen und den Aufzeichnungsgeräten (→Seismograph).

2) angewandte **S.,** geophysikal. Verfahren zur Untersuchung des geolog. Aufbaus des Erdinnern (→Erde), bes. zur Lagerstätten- und Baugrundforschung, auch für wiss. Vorhaben. Dazu werden elast. seism. Wellen künstlich erzeugt (z. B. durch Sprengung, Fallgewichte oder Vibratoren), die sich in den versch. Gesteinen verschieden schnell ausbreiten und an den Schicht- oder Verwerfungsgrenzen gebrochen (Refraktions-S.) oder zurückgeworfen (Reflexions-S.) werden (→Sprengseismik). Von →Geophonen oder Hydrophonen werden die gebrochenen oder reflektierten Wellen in Seismogrammen aufgezeichnet, aus denen Rückschlüsse auf Gesteinsart und -beschaffenheit, Lagerung und Mächtigkeit gezogen werden können.

G. DOHR: Applied geophysics (Stuttgart ²1981); Angewandte Geophysik, hg. v. H. MILITZER u. a., Bd. 3: S. (Wien 1987).

seismisch, 1) die Seismik betreffend; 2) Erdbeben betreffend.

seismischer Array [-ɔˈreɪ, engl.], Erdbebenregistrieranlage aus vielen Seismographen, die in bestimmter Anordnung über ein größeres Areal (in einer Linie bis etwa 100 km Länge) verteilt sind und deren Signale zentral ausgewertet werden. Durch Korrelation der Signale können der Störpegel (Bodenunruhe) unterdrückt und die Richtung der Wellenfronten bestimmt werden. Dtl. besitzt einen s. A. bei Gräfenberg im Fränk. Jura (13 mit digitalen Datenerfassungsanlagen ausgerüstete Stationen, Zentrale in Erlangen). S. A. erfassen alle Erdbeben der Erde etwa ab der Magnitude 4.

seismische Wellen, Erdbebenwellen, elast. Wellen, die von Sprengungen oder sonstigen Erschütterungen im Gestein, v.a. aber von →Erdbeben erzeugt werden.

Seismizität, die Erdbebentätigkeit, ihre räuml., zeitl. und energet. Verteilung; quantitativ angegeben durch Anzahl oder Energie der Beben pro Flächen- und Zeiteinheit.

seismo... [griech. seismós ›(Erd)erschütterung‹, zu seiein ›erschüttern‹], vor Vokalen verkürzt zu **seism...,** Wortbildungselement mit der Bedeutung: Erschütterung, Erdbeben, z. B. Seismograph, Seismik.

Seismograph *der, -en/-en,* **Seismometer,** Gerät zur Messung und fortlaufenden Aufzeichnung seism. Wellen für Zwecke der Erdbebenbeobachtung sowie der reinen und der angewandten Geophysik (z. B. →Sprengseismik). Aus den Aufzeichnungen, den **Seismogrammen,** können Art und Stärke der Bodenbewegungen, Laufzeiten der Wellen und Entfernung der Quelle des Bebens vom Messort (Herdentfernung) ermittelt werden.

Die meisten S. arbeiten nach dem Prinzip des Pendels, d.h. mit einer beweglich an einem Tragsystem aufgehängten und elastisch schwach an ihre Ruheposition gekoppelten Masse. Wenn sich das fest mit dem Boden verbundene Tragsystem bewegt, kann die aufgehängte Masse aufgrund ihrer Trägheit dieser Bewegung nur mit einer je nach Stärke von Kopplung und Dämpfung mehr oder weniger großen Verzögerung folgen. Die hierdurch gegebene Relativbewegung zw. Tragsystem und aufgehängter Masse ist ein Maß für die Bewegung des Bodens; sie wird verstärkt und aufgezeichnet.

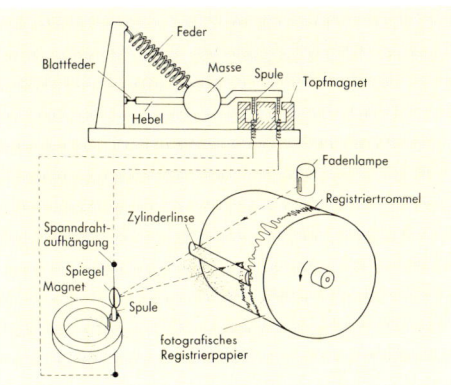

Seismograph: Schematische Darstellung eines Vertikalseismographen mit Galvanometer (unten links) und Registriertrommel für fotografische Aufzeichnung; die in der Spule des Seismographen induzierte elektrische Spannung wird der Spule des Galvanometers zugeführt

Die Bodenverschiebung und ihre Ableitungen nach der Zeit (Geschwindigkeit und Beschleunigung) sind gerichtete Größen, also Vektoren, für deren Angabe je drei voneinander unabhängige Komponenten erforderlich sind, die drei versch. Richtungen im Raum entsprechen. Die drei Bewegungskomponenten werden in drei voneinander unabhängigen S. gemessen, und zwar in Vertikalrichtung (**Vertikal-S.**) sowie in zwei aufeinander senkrecht stehenden Richtungen (z.B. in Nord-Süd- und in Ost-West-Richtung) in der Horizontalebene (**Horizontal-S.**). Bei jedem dieser S. kann die aufgehängte Masse nur in einer Richtung bzw. um eine auf dieser senkrecht stehenden Achse schwingen. Die Achse liegt beim Vertikal-S. in der Horizontalebene (die Masse wird durch eine Feder in der

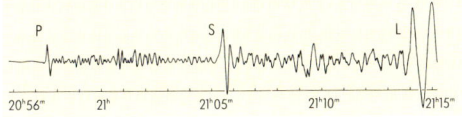

Seismograph: Seismogramm eines Bebens auf dem Mittelatlantischen Rücken, registriert in Stuttgart am 17. 3. 1962; P Einsatz der Kompressionswelle, S Einsatz der Scherungswelle, L Beginn der Oberflächenwellen

Ruhelage gehalten), bei den Horizontal-S. ist sie um einen kleinen Winkel gegen die Vertikale geneigt (→Horizontalpendel). Die aufgehängten Massen der S. betragen je nach Konstruktion wenige Gramm bis einige Kilogramm; ältere, vollmechanisch registrierende Geräte hatten Massen bis zu etwa 20 t. Die durch die Relativbewegung der Pendelmassen gegebe-

nen Signale werden optisch, elektromagnetisch oder mittels spezieller mechanisch-elektr. Wandler vergrößert bzw. verstärkt und fotografisch, mit Tintenschreibern oder auf Magnetband in analoger oder digitaler Form aufgezeichnet (früher auf berußtem Papier). Weit verbreitet sind Geräte, bei denen eine am Pendel befestigte Induktionsspule in das Feld eines fest mit dem Tragsystem verbundenen Permanentmagneten eintaucht und durch die Pendelbewegung eine elektr. Spannung induziert wird. Meist wird diese Spannung einem Spiegelgalvanometer zugeführt und fotografisch aufgezeichnet; bei einem solchen System handelt es sich um zwei mehr oder weniger stark gekoppelte schwingungsfähige Systeme.

Da seism. Wellen sowohl in ihrer Periodendauer (etwa 0,01 bis 3 000 s) als auch in ihrer Amplitude (Amplitudenverhältnisse bis etwa 10^8) sehr verschieden sind, werden die seism. Messungen und Aufzeichnungen mit unterschiedl. S. durchgeführt, deren Schwingungseigenschaften (Eigenfrequenz) gewissen Bereichen der Periodendauer (Frequenzbänder) und deren Vergrößerungen bzw. Verstärkungen (zw. etwa 1 000fach und 100 000fach) den Amplitudengrößen der Wellen angepasst sind. Die S. sind meist so bedämpft, dass die Pendelbewegung dem Kriechfall und die Galvanometerbewegung dem aperiod. Grenzfall entspricht (→Galvanometer).

Die S. zur weltweiten Erdbebenüberwachung sind genormt. Mit solchen Geräten ausgestattete Erdbebenwarten werten die Seismogramme nach einheitl. Verfahren aus und teilen ihre Ergebnisse den übrigen Warten mit. Erst dieser Datenaustausch ermöglicht die genaue Analyse von Erdbeben, darunter die Bestimmung des Entstehungsorts (in günstigen Fällen bis auf etwa 10 km genau) und der durch ein Beben freigesetzten (seism.) Energie.

Die in der Technik verwendeten Erschütterungsmesser sind grundsätzlich ähnlich gebaut. Auf einem ganz anderen Prinzip beruht der **Strain-S.:** Durch fortlaufende Präzisionsmessung der Abstandsänderungen zweier in einem unterird. Stollen einzementierter Pfeiler (Abstand etwa 20 bis 50 m), an deren einem ein Quarzrohr befestigt ist, das bis kurz vor den andern reicht, werden Verformungen des Gesteins registriert, die beim Durchgang von Erdbebenwellen auftreten. Solche S. sind wichtig für die Aufzeichnung von Erdbebenwellen mit sehr langer Periode (Mantelwellen, Eigenschwingungen der Erde).

Seismologie die, -, die →Seismik.
seismologische Station, die →Erdbebenwarte.
Seismonastie, bei Pflanzen eine durch Erschütterung verursachte Krümmungsbewegung (→Nastien).
Seismophon das, -s/-e, das →Geophon.
Seismo|reaktion, verändertes Verhalten (Unruhe bis Flucht) von Tieren vor Beginn eines Erdbebens.
Seismotektonik, Bez. für die Zusammenhänge zw. Erdbebentätigkeit und tekton. Strukturen oder Bewegungen. Diese sind bes. deutlich bei jungen, aktiven Verwerfungen (z.B. San Andreas Fault) und Gräben (z.B. Oberrheingraben).
Seistan, Becken in iran. Hochland, →Sistan.
Seite, engl. **Page** [peɪdʒ], *Informatik:* jeder der Bereiche einheitl. Größe, in den der virtuelle Adressraum (→virtueller Speicher) eines Computers unterteilt ist. S. werden im Arbeitsspeicher im entsprechende **Rahmen** (S.-Rahmen, engl. frame) gleicher Größe abgebildet. – Im Unterschied zur →Segmentierung werden jedoch in einer S. keine vollständig logisch zusammenhängende Informationen abgebildet,

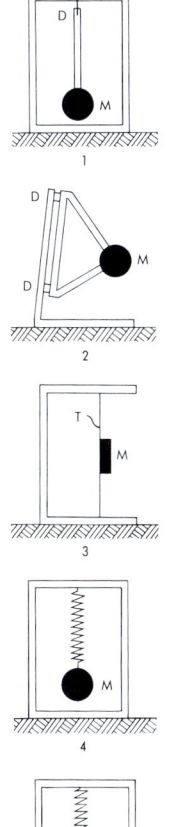

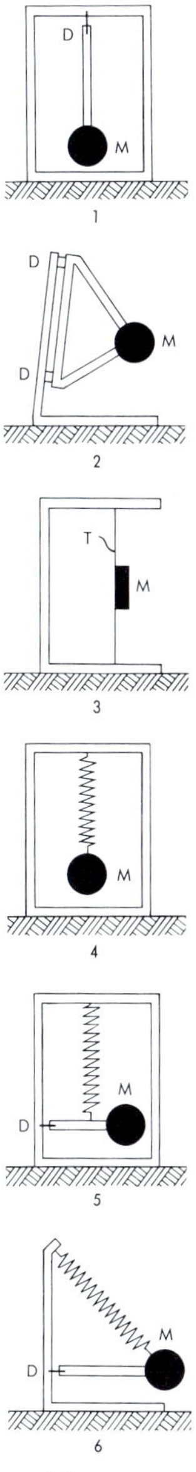

Seismograph: Verschiedene Arten der Pendelaufhängung;
Horizontalseismographen: 1 Vertikal-, 2 Horizontal-, 3 Torsionspendel;
Vertikalseismographen: 4 und 5 kurzperiodische Pendel, 6 langperiodisches Pendel;
D Drehpunkt (Blattfedergelenk), M Masse, T Torsionsdraht

sondern nur Teile davon. Dadurch ist es möglich, die von einem Programm (bzw. Prozess) aktuell im Arbeitsspeicher benötigten Teile des Programmcodes bzw. der Daten gering zu halten, womit eine bessere Nutzung des Arbeitsspeichers erreicht wird. Außerdem kann der Austausch nicht mehr benötigter S. durch aktuelle S. effizienter erfolgen, da die Bewegung kleinerer Einheiten schneller vonstatten gehen kann. Der Austausch von S. erfolgt nach versch. Ersetzungsstrategien, bei denen u. a. Prioritäten und das Zugriffsverhalten berücksichtigt werden. – Um einerseits Segmente als log. Einheiten verwalten und andererseits diese in kleineren Einheiten, den S., transportieren und speichern zu können, werden die Vorteile der Segmentierung und der S.-Verwaltung kombiniert angewandt.

Berndt Seite

Se̱ite, Berndt, Politiker, *Hahnswalde (bei Trebnitz) 22. 4. 1940; Tierarzt; im Herbst 1989 im Neuen Forum aktiv; schloss sich 1990 der CDU an und war 1991/92 Gen.-Sekr. in Mecklenburg-Vorpommern; seit März 1992 Min.-Präs. seines Landes, leitet S. seit Oktober 1994 eine Koalitions-Reg. aus CDU und SPD.

Seiten|altar, der →Nebenaltar.

Seiten|aufprallschutz, zur Verstärkung seitlich in die →Karosserie von Kraftwagen integrierte Stahlrohre, -profile o. Ä., die die Steifigkeit erhöhen und bei seitl. Zusammenstößen durch größere Energieaufnahme den Schutz der Fahrzeuginsassen verbessern.

Seitenband, *Nachrichtentechnik:* →Modulation, →Restseitenbandverfahren.

Seitenbewegung, 1) *Flugmechanik:* Sonderfall der freien (allgemeinen) Flugbewegung eines Flugzeugs, bei der die durch dessen Längs- und Hochachse bestimmte Symmetrieebene ihre Lage im Raum verändert. Bei der S. werden folglich nur Bewegungen quer zur Bahnrichtung (Schieben) sowie Drehungen um die Längsachse (Rollen) und um die Hochachse (Gieren) betrachtet.
2) *Musik:* lat. **Motus obliquus,** Begriff aus der Satzlehre, bezeichnet das Liegenbleiben einer Stimme, während eine andere auf- oder absteigt, im Unterschied zur Parallelbewegung (→Parallelen, →Gegenbewegung).

Seitengewehr, kurze Seitenwaffe für den Nahkampf (→Bajonett). **Offizier-S.** nannte man früher den Säbel oder Degen der Offiziere.

Seitengleitflug, *Flugtechnik:* →Slip.

Seitengrifflader, *Bergbau:* mittels Raupenfahrwerk verfahrbare Lademaschine mit Ladetisch, auf dem zwei rotierende, exzentrisch gelagerte Greifarme das Haufwerk vor dem Ladetisch auflockern und durch Schwenken einem Förderer zur Übergabe auf ein nachgeschaltetes Fördermittel zuführen.

Seitenhalbierende, *Geometrie:* die Verbindungsstrecken der Seitenmitten eines →Dreiecks mit den gegenüberliegenden Ecken. Die drei S. schneiden sich im **Schwerpunkt** des Dreiecks; sie teilen einander im Verhältnis 2 : 1. (→Ceva-Satz)

Seitenkanalpumpe, eine →Verdrängerpumpe.

Seitenkettentheorie, Ehrlich-S., histor. Theorie von P. EHRLICH über die Antikörperbildung, die besagt, dass die Antikörper bildenden Zellen Seitenketten besitzen, die zu den chem. Gruppen der eingedrungenen Antigene (z. B. von Toxinen) passen. Durch das Reagieren miteinander sollen jeweils vermehrt diese Seitenketten (Antitoxine) gebildet und aus den Zellen in die Blutflüssigkeit abgegeben werden. Die S. ist ein erstaunlich korrekter Vorläufer der heutigen Erkenntnis, dass B-Lymphozyten als Rezeptoren membranständige Immunglobuline tragen, die nach Bindung ihres Antigens die Bildung von Antikörpern (Immunglobuline) auslösen.

Seitenkipplader, mittels Raupen- oder Radfahrwerk verfahrbare Lademaschine mit einer an einem Ladearm heb- und senkbaren und seitlich kippbaren Ladeschaufel mit einem Schaufelvolumen von 0,5 bis 5 m³; Einsatz v. a. im Bergbau und in Kiestagebauen.

Seitenlage, stabile S., Maßnahme der →ersten Hilfe.

Seitenlini|e, *Genealogie:* die →Nebenlinie.

Seitenlini|en|organe, Seiten|organe, der Wahrnehmung von Geschwindigkeit und Richtung in Wasserströmungen dienende Hautsinnesorgane bei wasserbewohnenden Wirbeltieren (Fische, Amphibienlarven, ständig im Wasser lebende Amphibien); sie setzen sich aus knospenartigen Gruppen von sekundären Sinneszellen zusammen **(Neuromasten),** die von Hirnzellen innerviert werden und deren haartiger Fortsatz (Sinneshaar) in einen Gallertkegel (Cupula) hineinragt, der durch Wasserströmungen oder Wasserwellenbewegungen in seiner Stellung verändert wird. Die S. liegen meist hintereinandergereiht in Rinnen oder in unter der Haut gelegenen, durch kurze Röhren mit dem umgebenden Wasser in Verbindung stehenden Kanälen am Kopf und Rumpf. Auf jeder Körperseite tritt ein vom Kopf bis zum Schwanz zw. Rücken- und Bauchmuskulatur verlaufender einzelner Sinnesstrang, die **Seitenlinie,** bes. in Erscheinung.

Seitenrichter, *Rugby:* Assistent des Schiedsrichters, der (Spielfeld-)Linien zu überwachen und Foulspiel anzuzeigen hat, nicht aber (im Ggs. zum Fußball) Abseitsstellungen; es amtieren zwei Seitenrichter.

Seitenriss, *darstellende Geometrie:* →Zweitafelprojektion.

Seitenruder, steuerbare Klappe des Seitenleitwerks eines Flugzeugs zur Einleitung von Drehbewegungen um die Hochachse oder zum Momentenausgleich. (→Leitwerk)

Seitensatz, Seitenthema, *Musik:* Bez. für das zweite Thema bzw. die zweite Themengruppe in der →Sonatensatzform. Der S. steht (im Normalfall) innerhalb der →Exposition in der Dominante oder, wenn das Stück in Moll steht, in der Tonikaparallele; bei der Wiederkehr innerhalb der →Reprise dann in der Haupttonart. In Sinfonien und Sonatensätzen des 19. Jh. steht der S. häufig auch in anderen, oft weit entfernten Tonarten.

Seitenschiff, *Kirchenbau:* ein Teil des →Langhauses. Bei mehrschiffigen Bauten wird das Mittelschiff von je einem oder je zwei beiderseits parallel laufenden S. begleitet, die bei der Basilika niedriger als das Mittelschiff, bei der Hallenkirche von zumindest annähernd gleicher Höhe wie dieses sind.

Seitenschneider, ein →Drahtschneidewerkzeug.

Seitensichtradar, Radargerät zur Luftaufklärung, das Energie quer zur Flugrichtung abstrahlt, wodurch eine Radarkarte eines Geländestreifens beiderseits des Flugweges aufgezeichnet werden kann. Im Ggs. zu in Flugrichtung abstrahlenden Geräten **(Vorwärtssichtradar)** braucht das aufzuklärende Gebiet nicht überflogen zu werden.

Seitenstechen, bei starker körperl. Belastung (z. B. rasches Gehen, Dauerlauf) bes. bei Jugendlichen anfallartig auftretende stechende Schmerzen unterhalb des linken Rippenbogens (seltener rechtsseitig), die bei Einlegen einer Ruhepause spontan verschwinden; die Ursache ist nicht eindeutig geklärt, möglicherweise wird es durch eine Kontraktion der Milz-(Leber-)Kapsel zur Kompensation des veränderten Sauerstoff- und Blutbedarfs hervorgerufen.

Seitenstetten, Markt-Gem. im Bez. Amstetten im westl. Niederösterreich, 424 m ü. M., 3 100 Ew. – 1112 gegründete Benediktinerabtei, deren um 1300 vollendete Kirche 1677 barockisiert wurde; Ritterkapelle (Mitte des 12. Jh., 1254–61 erneuert); Stiftsgebäude aus dem 17. und 18. Jh. (im reich stuckierten Treppenhaus Deckenfresko von B. ALTOMONTE, 1744).

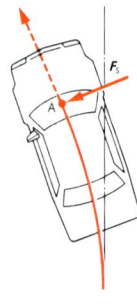

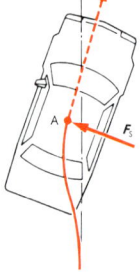

Seitenwind: Abdrehendes (oben) und eindrehendes Verhalten (unten) eines Kraftfahrzeugs bei Seitenwind; A Angriffspunkt, F_S Seitenwindkraft

Seitenstrang, *Anatomie:* 1) Teil des →Rückenmarks; 2) Bez. für die lymphat. Gewebestränge in der seitl. Rachenwand. Wenn die Mandeln entfernt sind, können sich die S. entzünden (›S.-Angina‹).

Seitenstreifen, Teil des Straßenquerschnittes in gleicher Höhe neben der Fahrbahn oder dem äußeren Randstreifen, im unbefestigten Zustand als →Bankett bezeichnet; steht im befestigten Zustand dem Verkehr zur Verfügung (z. B. als **Standspur** zum Halten in Notfällen oder für Pannenfahrzeuge).

Seitentrawler [-trɔːlər], →Fischereifahrzeuge.

Seitenwaffen, die an der linken Seite getragenen blanken Waffen: Degen, Säbel, Seitengewehr.

Seitenwagen, Beiwagen, beim →Kraftrad ein am Rahmen seitlich angebrachtes, als Wanne oder Kasten ausgebildetes Zusatzfahrzeug mit einer nicht angetriebenen, bremsbaren Achse für Personen, Gepäck oder Güter. Der S. muss an mindestens drei Punkten an das Kraftrad angeschlossen werden. Zur besseren Lenkbarkeit müssen Kraftrad und S. →Radsturz haben, die S.-Achse muss der Hinterachse voreilen (Vorspur). In Dtl. werden S. wegen des Rechtsverkehrs meist an der rechten Seite angeschlossen. – *Sport:* →Motorradsport, →Motocross.

Seitenwiderstand, *Segeln:* der Widerstand des Schiffs gegen eine durch den Winddruck auf die Segel bewirkte seitl. Kraft. Die Optimierung des S. erfolgt auf großen Segelschiffen durch einen großen Lateralplan (die unter Wasser liegende Querschnittsfläche), auf Kieljachten durch die Formgebung des Kiels und auf Jollen durch das →Schwert.

Franz Wilhelm Seiwert: Stadt und Land; 1932 (Köln, Museum Ludwig)

Seitenwind, starker seitl. Windeinfall, der ein Fahrzeug bes. bei höherer Geschwindigkeit aus seiner Fahrtrichtung ablenkt. Die S.-Empfindlichkeit hängt von der Karosserieform, dem Fahrzeuggewicht und der Lage des Fahrzeugschwerpunkts ab. Der Angriffspunkt des Resultierenden aus Fahrtwind und S. (Druckpunkt) ändert sich mit dem Anströmwinkel, liegt aber i. Allg. in der vorderen Hälfte des Fahrzeugs, sodass dieses ein abdrehendes Fahrverhalten zeigt.

Seitenwinden, Seitwinden, Fortbewegungsart versch. wüstenbewohnender Vipern und Grubenottern, z. B. Hornvipern, Seitenwinder-Klapperschlange oder Sandrasselottern, die sich mit s-förmigen Windungen in seitl. Richtung bewegen; der Körper hat jeweils nur teilweise Bodenkontakt, was bei dem meist heißen Untergrund von Vorteil ist.

Seitenwurzel, *Botanik:* seitliche Verzweigung 1. Ordnung der Hauptwurzel und deren weitere Verzweigungen.

Seiters, Rudolf, Politiker, *Osnabrück 13. 10. 1937; Jurist; seit 1969 MdB (CDU), 1984–89 Erster Parlamentar. Geschäftsführer der CDU/CSU-Fraktion im Bundestag, hatte als Bundes-Min. für besondere Aufgaben und Chef des Bundeskanzleramtes (1989–91) wesentlichen Anteil an der Gestaltung der Deutschlandpolitik der Bundes-Reg.; 1991–93 (Rücktritt) war S. Bundesinnenminister.

Seitling, Pleurotus, Gattung großer bis mittelgroßer Lamellenpilze mit weißen Sporen und seitenständigem Stiel; bekannt ist der essbare →Austernseitling.

Seitpferd, *Kunstturnen:* das →Pauschenpferd.

Seitz, 1) Gustav, Bildhauer und Zeichner, *Mannheim 11. 9. 1906, †Hamburg 26. 10. 1969; Schüler von W. GERSTEL, H. LEDERER und G. KOLBE. 1947 Prof. an der Hochschule für Bildende Künste Berlin-Charlottenburg, 1958 in Hamburg. Beherrschende Motive seiner Plastiken und seiner Zeichnungen sind der weibl. und der männl. Akt (meist als Torso); einen weiteren Schwerpunkt bilden Porträtköpfe (u. a. von B. BRECHT, 1960; Mannheim, Kunsthalle). Wichtige Impulse erhielt S. u. a. von den Werken A. MAILLOLS. In seiner späten Schaffenszeit verarbeitete er auch Einflüsse von H. MOORE.

G. S. Das plast. Werk, bearb. v. U. GROHN (1980); G. S., bearb. v. G. SCHÜLER (1992); DERS.: Wertstruktur u. Leiblichkeit. Eine kunstsoziolog. Studie zum Werk des Bildhauers G. S. 1906–1969 (1992).

2) Johannes, auch **J. Seiz,** Baumeister, *Wiesentheid (bei Kitzingen) 10. 7. 1717, †Ehrenbreitstein (heute zu Koblenz) 23. 11. 1779; bedeutendster Schüler, später Mitarbeiter von B. NEUMANN; leitete bis 1768 das kurtrier. Bauwesen (seit 1750 kurtrier. Hofwerkmeister). Er schuf zahlr. Entwürfe für Kirchen und Profanbauten (u. a. für das Koblenzer Schloss).

Werke: Südflügel der Residenz in Trier (1756–61); Schloss Engers (1758–62; heute zu Neuwied).

3) Karl, österr. Politiker, *Wien 4. 9. 1869, †ebd. 3. 2. 1950; Lehrer, Mitgl. der Sozialdemokrat. Partei (SPÖ), 1901–18 Abg. im Reichsrat, war nach dem Zusammenbruch Österreich-Ungarns (Oktober 1918) bis Februar 1919 einer der drei gleichberechtigten Präs. der Provisor. Nationalversammlung, von Februar 1919 bis Dezember 1920 Erster Präs. der Konstituierenden Nationalversammlung und damit Staatsoberhaupt der Rep.; 1920–34 leitete S. als Obmann seine Partei. Als Bürgermeister und Landeshauptmann von Wien (1923–34) forcierte er den Wohnungsbau und baute das Fürsorgewesen aus. Im Zuge des sozialdemokrat. Februaraufstandes von 1934 setzte ihn die Reg. Dollfuß ab und inhaftierte ihn zeitweilig. Wegen seiner Verbindung zur dt. Widerstandsbewegung im Zweiten Weltkrieg, v. a. zu C. F. GOERDELER, W. LEUSCHNER und J. KAISER, inhaftierte ihn das natsoz. Regime 1944 und verschleppte ihn in das KZ Ravensbrück. Nach Wiedererrichtung der Rep. Österreich war er seit 1945 Mitgl. des Nationalrates und Ehren-Vors. der SPÖ.

Schriften: Volksschule oder Pfaffenschule? (1902); Die Schmach von Genf u. die Rep. (1922, mit K. RENNER).

A. TESAREK: K. S., in: Werk u. Widerhall. Große Gestalten des österr. Sozialismus, hg. v. N. LESER (Wien 1964).

Seiwal, Art der →Furchenwale.

Seiwert, Franz Wilhelm, Maler, *Köln 9. 3. 1894, †ebd. 3. 7. 1933; malte konstruktiv-abstrakte Bilder, ohne sich ganz vom Figürlichen zu lösen; führendes Mitgl. der ›Gruppe progressiver Künstler Köln‹.

C. O. JATHO: F. W. S. (1964); F. W. S. 1894–1933. Leben u. Werk, hg. v. U. BOHNEN, Ausst.-Kat. Köln. Kunstverein (1978).

Seixal [sejˈʃal], Industrieort im S der Bucht von Lissabon, Portugal, im Distrikt Setúbal, mit dazugehörigem Verwaltungsgebiet 130 000 Ew.; größtes Stahlwerk Portugals in der Gemeinde Paio Pires (Aldeia de P. P.), Ökomuseum in einer ehem. Gezeitenmühle in der Gemeinde Corroios.

Rudolf Seiters

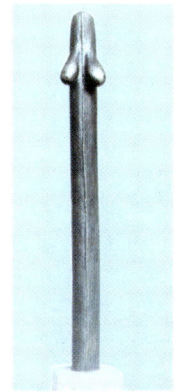

Gustav Seitz: Liebesidol; Bronze, 1969 (Mannheim, Städtische Kunsthalle)

Karl Seitz

Katja Seizinger

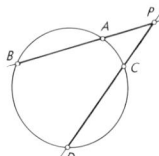

Sekantensatz

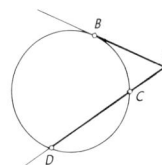

Sekanten-Tangenten-Satz

Seiyūkai, Rikken S. [jap. ›Freunde konstitutioneller Regierung‹], jap. Partei, gegr. 1900 von ITŌ HIROBUMI, stand für eine stärkere Teilnahme des Parlaments an der Regierung; sie wurde v. a. gestützt vom Großgrundbesitz und den Großkonzernen (›zaibatsu‹). Im Vergleich zur rivalisierenden Minseitō (jap. ›Demokrat. Partei‹) war sie konservativer ausgerichtet. In den 30er-Jahren verloren beide Parteien ihre Selbstständigkeit an die herrschende Militärgruppe und mussten sich 1940 auflösen (→Japan, Geschichte). Neben ITŌ HIROBUMI waren SAIONJI KIMMOCHI, HARA TAKASHI, TANAKA GIICHI und INUKAI TSUYOSHI führende Repräsentanten der S. Nach dem Zweiten Weltkrieg beteiligten sich frühere Mitgl. der S. am Aufbau der Liberalen Partei.

Seizinger, Katja, alpine Skiläuferin, *Recklinghausen 10. 5. 1972; Weltmeisterin 1993 (Super-G), Olympiasiegerin 1994 (Abfahrtslauf) und 1998 (Abfahrtslauf, alpine Kombination); gewann seit 1992 zahlr. Weltcuprennen sowie 1996 und 1998 den →Alpinen Weltpokal.

Seja, Zeja [z-] *die*, linker Nebenfluss des Amur im Fernen Osten Russlands, 1 242 km lang, entspringt im östl. Stanowojgebirge, durchbricht im Mittellauf bei der Stadt Seja die Kette von Tukuringra- und Soktachangebirge (**S.-Pforte**), durchfließt im stark versumpften Unterlauf, von breiten Terrassen eingefasst, die fruchtbare **S.-Bureja-Ebene** und mündet in Blagoweschtschensk; bei Seja vom **S.-Staudamm** (115 m hoch; erbaut 1964–80 mit Wasserkraftwerk, installierte Leistung 1 290 MW) gestaut zu dem bis weit in Nebentäler reichenden **S.-Stausee** (225 km lang, 2 740 km^2, maximaler Stauinhalt 68,4 Mrd. m^3); von unterhalb der Talsperre an schiffbar.

Sejan, lat. eigtl. **Lucius Aelius Seianus**, röm. Prätorianerpräfekt (seit 14 n. Chr.), *Volsinii (Etrurien) um 20 v. Chr., †(hingerichtet) Rom 18. 10. 31 n. Chr.; Günstling des Kaisers TIBERIUS, den er zur Übersiedlung nach Capri bewegte; nutzte seine Machtposition gegen die Familie des GERMANICUS aus, wurde aber dann selbst der Intrigen, Giftmorde und des Strebens nach Herrschaft bezichtigt und vom Senat zum Tod verurteilt.

Sejfullina, Lidija Nikolajewna, russ. Schriftstellerin, *Werchneuwelskij (Gebiet Tscheljabinsk) 3. 4. 1899, †Moskau 25. 4. 1954; Tochter eines orth. Geistlichen tatar. Herkunft, Lehrerin, Schauspielerin, seit 1923 Journalistin in Moskau. S. schildert in ihrer Kurzprosa realistisch die Auswirkungen der Revolution auf das Leben der einfachen Leute in ihrer Heimat W-Sibirien; erlag den Dramatisierungen eigener Werke (›Virineja‹, 1925; dt. u. a. als ›Das Herz auf der Zunge‹) sowie publizist. Arbeiten.

Weitere Werke: Erzählungen: Peregnoj (1923; dt. Humus); Pravonarušiteli (1924; dt. Der Ausreißer).
Ausgabe: Sočinenija, 2 Bde. (1980).

Sejjid, arab. Titel, →Saijid.

Sejm *der, -s,* seit dem 15. Jh. der poln. Reichstag. Im Kampf mit der Krone um die Erweiterung seiner Privilegien konnte der polnisch-litauische Adel nach der regelmäßigen Einberufung von Landschaftsversammlungen (Sejmiki) 1493 die Konstituierung eines S. als oberstes gesetzgebendes Organ erzwingen. Dieser bestand aus der von den Landtagen beschickten Landbotenstube (etwa 170 Deputierte) und aus dem aus Episkopat sowie den höchsten Kron- und Landesbeamten gebildeten Senat (etwa 140 Mitgl.). Da nach 1652 schon der Einspruch eines einzigen Abgeordneten die Beratungen unterbrach (→Liberum veto), führten ausländ. Mächte im Interesse einer Schwächung der Adelsrepublik immer häufiger Beschlussunfähigkeit herbei. – In der Rep. Polen (1919–39) war der S. zunächst ein Einkammerparlament und bildete ab 1922 die zweite Kammer (444 Abg.) neben dem Senat (111 Mitgl.). Nach Abschaffung des Senats (1947) war der S. in der ›Volksrepublik Polen‹ (1952–89) erneut ein Einkammerparlament. Seit 1989 besteht das Parlament wieder aus S. und Senat. Parlaments-Präs. ist der S.-Marschall. (→Polen, Verfassung)

Sejm *der*, linker Nebenfluss des Desna, in Russland und in der Ukraine, 748 km lang; entspringt auf der Mittelruss. Platte und mündet oberhalb von Tschernigow; im Unterlauf schiffbar; nahe Kursk Kernkraftwerk.

Sejma-Turbino-Kultur, bronzezeitliche Kulturgruppe in Russland, benannt nach dem Gräberfeld von Sejma an der Oka und der Fundstelle Turbino in Perm; typisch sind Waffen und Geräte aus Kupfer, Bronze und Silber (Äxte, Lanzenspitzen, Tüllenbeile, Messer). Die größtenteils im Fundgebiet hergestellten Geräte lassen auf eine bodenständige Metallindustrie schließen, deren Schwerpunkt in der Zeit von 1400 bis 900 v. Chr. im mittleren Ural lag.

T. SULIMIRSKI: Prehistoric Russia (London 1970).

Sekans [lat.] *der, -/...'kanten,* **Secans**, Funktionszeichen **sec**, eine →Winkelfunktion.

Sekante [zu lat. secare ›schneiden‹] *die, -/-n,* Geometrie: eine Gerade, die eine Kurve (speziell einen →Kreis) schneidet. Das zw. den Schnittpunkten gelegene Stück der S. ist die Sehne.

Sekantensatz, Lehrsatz der ebenen *Geometrie:* Schneiden zwei durch einen außerhalb eines Kreises gelegenen Punkt *P* gehende Geraden den Kreis in den Punkten *A* und *B* bzw. *C* und *D*, so gilt für die Abschnitte: $\overline{PA} : \overline{PC} = \overline{PD} : \overline{PB}$.

Sekanten-Tangenten-Satz, Lehrsatz der ebenen *Geometrie:* Schneiden eine Sekante und eine Tangente eines Kreises einander in einem Punkt *P*, so ist der Tangentenabschnitt mittlere Proportionale von *P* aus gemessenen Sekantenabschnitten, d. h., es gilt $\overline{PC} : \overline{PB} = \overline{PB} : \overline{PD}$ oder $\overline{PC} \cdot \overline{PD} = \overline{PB}^2$.

Sekantenverfahren, *Mathematik:* →Regula Falsi.

Seki, Takakazu, jap. Mathematiker, *Huzioka um 1642, †Edo (heute Tokio) 24. 10. 1708; vermutlich Verwaltungsbeamter in Edo, bedeutendster Vertreter der jap. Mathematik vor dem Eindringen der europ. Auffassungen. S. entwickelte im Anschluss an traditionelle chin. Verfahren Lösungsalgorithmen für Gleichungen bis zum 5. Grad (etwa dem Horner-Schema entsprechend) sowie für lineare Gleichungssysteme. Er beschäftigte sich auch mit Rektifikationen und Volumenbestimmung sowie mit der näherungsweisen Berechnung der Kreiszahl π (auf zehn Stellen genau).

Šeki [ʃ-], Stadt in Aserbaidschan, →Scheki.

Sekler, die →Szekler.

Sekondi-Takoradi, Hafenstadt in Ghana, Verw.-Sitz der Westregion, am Golf von Guinea, 103 600 Ew.; kath. Bischofssitz; Technikum; Handelszentrum und Industriestandort (Zement, Textilien, Nahrungsmittel, Holz, Tabak u. a.) und wichtigster Exporthafen des Landes (Manganerz, Bauxit, Holz, Kakao); Flugplatz in Takoradi. – Die im 19. Jh. entstandene Stadt **Sekondi** wurde als Haupthafen der Kolonie Goldküste vom Tiefwasserhafen **Takoradi** (1928 vollendet) abgelöst; Zusammenschluss 1946.

Sékou Touré [sɔˈku tuˈre], Ahmed, Politiker in Guinea, →Touré, Ahmed Sékou.

Sekretär [frz. secrétaire, von mlat. secretarius ›(Geheim)schreiber‹] *der, -s/-e,* **1)** *Beruf:* im Beamtenrecht Dienst-Bez. von Beamten des mittleren Dienstes bei Bund, Ländern und Gemeinden. – Davon zu unterscheiden sind S. und **Sekretärin** als qualifizierte Angestellte in allen Zweigen der Wirtschaft und Verwaltung, häufig organisator. Mitarbeiter (Assistenten) leitender Persönlichkeiten. Sie erledigen alle vorkommenden Büro- und Verwaltungsarbeiten.

2) *Möbel:* der →Schreibschrank.

3) *Politik:* häufige Bez. für leitende Funktionäre in Parteien, Gewerkschaften oder anderen Organisationen. (→Generalsekretär)

Sekretäre [die schwarzen Schmuckfedern am Hinterkopf erinnern an einen früheren Schreiber, der seine Schreibfeder hinters Ohr gesteckt hat], **Sagittariidae,** Familie der Greifvögel mit der einzigen Art **Sekretär** (Sagittarius serpentarius), einem im Stand etwa 1 m hohen, bis 2 m spannenden, vorwiegend grauen Vogel in den Steppen Afrikas. Der S. ernährt sich v.a. von Schlangen und Eidechsen. Schwingen und Unterschenkel sind schwarz, die Füße gelblich. S. errichten ihren Horst auf Bäumen oder Dornbüschen.

Sekretäre: Sekretär (Standhöhe etwa 1 m, Spannweite bis 2 m)

Sekretariate [mlat. secretariatus ›Amt des Geheimschreibers‹, Sg. **Sekretariat** *das, -(e)s, röm. Kurie:* drei den Kurienkongregationen ähnl. Gremien, die die äußeren Beziehungen der kath. Kirche in Sachen des Glaubens wahrnahmen und dabei durch den Dialog wirken sollten. 1982 und bei der Kurienreform 1988 wurden sie unter Aufrechterhaltung ihrer Aufgabenbereiche in →Päpstliche Räte umgewandelt.

Das ›S. zur Förderung der Einheit der Christen‹ war im Zuge der Vorbereitungen zum 2. Vatikan. Konzil 1960 von Papst JOHANNES XXIII. zur Herstellung des Kontaktes zwischen den getrennten Kirchen gegründet worden; 1974 wurde ihm eine Kommission für die religiösen Beziehungen zum Judentum angegliedert. Das ›S. für die Nichtchristen‹ (seit 1988 ›Päpstl. Rat für den interreligiösen Dialog‹) hatte PAUL VI. 1964 errichtet; 1974 wurde ihm die Kommission für religiöse Beziehungen zum Islam zugeordnet. Aufgabe des ›S. für die nicht Glaubenden‹ (gegr. 1965; 1982–93 ›Päpstl. Rat für den Dialog mit den nicht Glaubenden‹) war zunächst vorrangig die Auseinandersetzung mit dem zeitgenöss. Atheismus; der 1993 aus ihm hervorgegangene ›Päpstl. Rat für die Kultur‹ widmet sich im Dialog mit ihren Vertretern Fragen der modernen Kultur.

Sekretarie [kirchenlat.] *die, -/...'ri|en, röm. Kurie:* das →Staatssekretariat.

Sekrete [zu lat. secernere, secretum ›absondern‹, ›ausscheiden‹], Sg. **Sekret** *das, -(e)s,* die bei Tieren, beim Menschen und bei Pflanzen bei der Sekretion v.a. von Drüsen oder einzelnen Drüsenzellen (**Sekretzellen**), ferner von neurosekretor. Neuronen (→Neurosekretion) oder auch von Epidermiszellen (wenn sie eine Kutikula abscheiden) abgesonderten Produkte, die im Unterschied zu den Exkreten (→Exkretion) i.d.R. noch bestimmte Aufgaben für das Lebewesen erfüllen. S. i.e. S. sind u.a. Hormone (Inkrete), Verdauungsenzyme, Schutz-, Abwehr-, Duft- und Farbstoffe, Schleimstoffe, Nährsubstanzen (z. B. die Milch aus den Milchdrüsen), bei Pflanzen z. B. Zucker, äther. Öle, Harze, Wachse, Enzyme. – Bildungsstätten der S. sind die Dictyosomen des →Golgi-Apparats. – Als S. i.w. S., mit teils exkretor. Funktionen, können der Schweiß und die von Pflanzen in Zellvakuolen gespeicherten, nicht mehr benötigten oder verwertbaren Stoffe bezeichnet werden.

Sekretin [zu Sekrete] *das, -s,* von den Schleimhautzellen des Zwölffingerdarms gebildetes, zu den Gewebshormonen zählendes Peptidhormon, das bei Übertritt des sauren Mageninhalts in den Darm ausgeschüttet wird. S. erreicht über die Blutbahn die Bauchspeicheldrüse und regt diese zur Sekretion von enzymarmem, aber bas. (hydrogencarbonathaltigem) Pankreassaft an, durch den der Speisebrei neutralisiert wird.

Sekretion [lat. ›Absonderung‹, ›Trennung‹] *die, -/-en,* 1) *Geologie:* teilweise oder gänzl. Ausfüllung von Gesteinshohlräumen durch chem. Ausscheidung von Stoffen aus eingewanderten Lösungen von der Wandung her; z. B. Drusen, Geoden, Gänge.

2) *Physiologie:* **Absonderung,** bei Zellen (Sekret- oder Drüsenzellen) die Produktion bestimmter Stoffe (→Sekrete), die dann entweder ins Körperinnere (innere S.) oder nach außen (äußere S.) abgegeben werden. (→Drüsen)

Sekretions|phase, →Menstruation.

Sekretolytikum [zu Sekrete und griech. lýein ›(auf)lösen‹] *das, -s/...ka,* Hustenmittel, →Expektorans.

Sekretomotorikum [zu Sekrete und lat. motor ›Beweger‹] *das, -s/...ka,* Hustenmittel, →Expektorans.

Sekt [gekürzt aus frz. vin sec ›trockener Wein‹], in Dtl. Bez. für Qualitätsschaumwein, in Österreich allgemein für →Schaumwein.

Sekte [mhd. secte, von spätlat. secta ›philosoph. Lehre‹, ›Richtung‹, ›Schule‹, ›befolgter Grundsatz‹, zu lat. sequi, ›nachfolgen‹], urspr. neutrale Bez. einer (philosoph., religiösen oder polit.) Richtung oder ›Gefolgschaft‹, heute meist negativ wertende Bez. einer Gemeinschaft. Die Problematik des S.-Begriffs liegt darin, dass er auf zwei unterschiedl. Ebenen benutzt wird. Im *theolog.* Sprachgebrauch (v. a. der christl. Großkirchen) beschreibt er die Abspaltung von einer Mutterreligion; aufgrund neuer Offenbarungsquellen oder der Überbewertung einzelner Glaubensaspekte beansprucht eine Gruppe für sich, den einzig wahren Weg zum Heil, zur Erlösung oder zum Glück des Menschen zu kennen. In der *Umgangssprache* wird als Sekte i. d. R. eine Gruppe bezeichnet, deren Mitgl. ›fanatisch‹, d. h. in einem sehr hohen Grad ideologisiert, allein die eigene Weltsicht gelten lassen, womit allerdings auch nichtreligiöse Gruppierungen in den S.-Begriff einbezogen werden. Für die Definition des mit dem Phänomen S. verbundenen Sachverhaltes hilfreicher ist die Verwendung von **sektiererisch,** das Haltungen beschreibt, die eine Gemeinschaft zur S. werden lassen: die kompromisslose Fixierung auf das eigene religiöse bzw. ideolog. Lehrsystem (Fanatismus), darauf aufbauend die Postulierung religiöser bzw. ideolog. Absolutheitsansprüche mit universellem Geltungsanspruch, damit einhergehend die Unfähigkeit und der Unwille, anders Denkenden und ›Abtrünnigen‹ (Aussteigern, Dissidenten) wahrheitsrelevante Erkenntnisse zuzubilligen (Intoleranz) und i. d. R. ein ausgeprägter, Nicht-Mitgl. strikt ausgrenzender Gruppenegoismus.

Wegen seines negativen Beiklangs hat man (v. a. in der Religionswiss.) das Wort ›S.‹ durch neutrale Bezeichnungen ersetzt (→religiöse Sondergemeinschaften, →neue Religionen).

H. STAMM: Sekten. Im Bann von Sucht u. Macht (Zürich 1995); H. HEMMINGER: Was ist eine S.? (²1996).

Sektierertum, im kommunist. Sprachgebrauch eine ›linke‹ Abweichung von der Parteilinie; z. B. die Auffassung, die die (zuerst von LENIN geforderte) Zu-

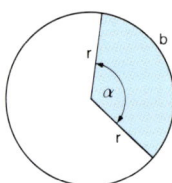

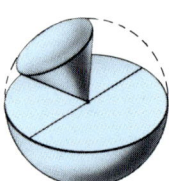

Sektor 3):
oben Kreissektor;
b Kreisbogen, *r* Radius,
α Winkel;
unten Kugelsektor auf
einer Halbkugel

sammenarbeit des Proletariats mit den Bauern, der Intelligenz und anderen ›fortschrittl.‹ bürgerl. Gruppen ablehnt.

Sektion [lat. sectio ›das Schneiden‹, ›Abschnitt‹] *die, -/-en,* **1)** *allg.:* Abteilung, Gruppe, Fachbereich innerhalb einer Behörde, Institution, Organisation.
2) in *Österreich* Bez. der obersten Organisationseinheiten der Bundesministerien und des Bundeskanzleramtes, die weiter in Abteilungen gegliedert sind. Die Zahl der S. und ihr Aufgabenbereich sind in der Geschäftseinteilung jedes Bundesministeriums vom Min. festzusetzen und zur öffentl. Einsicht aufzulegen. Der S. steht der **S.-Leiter** (früher S.-Chef) vor.
3) *Pathologie:* **Autopsie, Obduktion, Nekropsie,** Öffnung einer Leiche zur Krankheits- und Todesursachendiagnostik, die in patholog. Abteilungen von Krankenhäusern oder patholog. Instituten der Univ.-Kliniken durchgeführt wird; die im Rahmen der medizin. Ausbildung erfolgen S. auch zu Lehr- oder Forschungszwecken (anatom. Praktikum). Die S. erfordert grundsätzlich die Einwilligung des Verstorbenen zu Lebzeiten oder der nächsten Angehörigen bei Fehlen einer Willenserklärung. Gesetzlich vorgeschrieben ist die S. bei Verdacht auf eine unnatürl. Todesursache auf richterl. Veranlassung (§§ 87 ff. StPO, ähnl. Bestimmungen in *Österreich*, §§ 127 ff. StPO und kantonal in der *Schweiz*) im Beisein der Staatsanwaltschaft, auf deren Antrag eines Richters und zweier Ärzte, von denen einer ein Rechtsmediziner sein muss, als Voraussetzung zur Erteilung der Genehmigung für eine Feuerbestattung und zur Klärung des Verdachts auf eine ansteckende Krankheit im Rahmen des Bundes-Seuchengesetzes (§ 32). Die Ergebnisse sind protokollarisch festzuhalten. Ein weiterer Anlass ist die versicherungsmedizin. Abklärung der Todesursache (z.B. bei Unfällen).
4) *Schiffbau:* →Sektionsbau.

Sektionalismus *der, -,* engl. **Sectionalism** [ˈsekʃənəlɪzm], Bez. für die Herausbildung von Regionen in den USA mit spezif. Interessen, die sich in wirtschaftl., polit., sozialer und kultureller Hinsicht unterschieden und v.a. seit Beginn des 19. Jh. in wachsende Gegensätze traten: der NO (gewerblich-kommerziell; industriell), der NW (später: Mittlerer Westen; v.a. Lebensmittelproduktion) und der S (Erzeugung agrar. Handelsgüter, bes. Baumwolle, Tabak, Reis; Plantagenwirtschaft), der zudem durch die Sklaverei als Fundament seiner aristokratisch-patriarchal. Gesellschaftsform gekennzeichnet war; später noch der Ferne Westen. Die Spannungen, die sich aus Regionalinteressen und verschärftem regionalem Selbstbewusstsein ergaben, gefährdeten die nat. Einheit und leben in der States'-Rights-Bewegung fort. Der Regionalismus, der die amerikan. Gesellschaft nachhaltig prägte, wurde bes. ab den 1980er-Jahren neu belebt.

Sektionsbau, eine Schiffbauweise, bei der man größere Bauteile **(Sektionen),** die in der Werkstatt oder auf einem besonderen Bauplatz zusammengebaut werden, als Ganzes auf der Helling oder im Baudock in den Schiffskörper einsetzt. Beim Serienbau kleinerer Schiffe werden ganze Abschnitte als Sektionen außerhalb der Werft gefertigt. Sektionen von flächenhafter Ausdehnung heißen **Flachsektionen** (Teile der Decks, der Außenhaut, Schotte usw.), Sektionen von räuml. Gestalt **Volumensektionen.** Der S. hat sich erst mit der Verbreitung der elektr. Schweißung zum heutigen Umfang entwickelt. (→Schiffbau)

Sektor [lat., eigtl. ›(Ab)schneider‹] *der, -s/...toren,* **1)** *allg.:* Bereich, (Sach-)Gebiet.
2) *Datenverarbeitung:* bei einem →Magnetplattenspeicher ein für alle Magnetplatten(seiten) gleicher Bereich, der geometrisch einem Kreisausschnitt, bei einem Plattenstapel einem Zylinderausschnitt entspricht. Die Einteilung in feste, hinsichtlich der Speicherkapazität auf allen Spuren gleich große S. (Blöcke) erfolgt durch das →Formatieren der Magnetplatten. Der kleinste adressierbare Bereich eines Plattenspeichers wird durch Angabe von Plattenseite, Spur und S. spezifiziert. Im Ggs. zu sektorformatierten Platten können bei freiformatierten Platten die Blöcke auf einer Spur verschieden lang sein.
3) *Geometrie:* 1) die von zwei Strahlen und einer Kurve begrenzte Fläche (ebener S., z.B. **Kreis-S.**); 2) der von einer Fläche und einem Kegelmantel begrenzte Raumteil (räuml. S., z.B. **Kugel-S.**).
4) *Wirtschaftstheorie* und *volkswirtschaftl. Gesamtrechnung:* Zusammenfassung wirtschaftl. Institutionen (Wirtschaftssubjekte, Wirtschaftseinheiten) zur kontenmäßigen Darstellung ihrer wirtschaftl. Tätigkeit. S. werden v.a. nach institutionellen und funktionalen Kriterien gebildet; die Einteilung in Unternehmen, private Haushalte/private Organisationen ohne Erwerbszweck und öffentl. Haushalte (Staat) ist die gebräuchlichste S.-Gliederung. (→Wirtschaftssektor)

sektorale Wirtschaftspolitik, Teilbereich der →Strukturpolitik.

Sektorspinnen, Zygiella, Gruppe der Radnetzspinnen mit fünf Arten von 4–13 mm Länge in Mitteleuropa, deren Radnetze einen von Fangfäden freien Sektor haben; durch diesen führt ein Signalfaden zum nahe gelegenen Schlupfwinkel, in dem die S. lauern.

Sekunda [nlat. secunda (classis) ›zweite (Klasse)‹] *die, -/...den,* Schulwesen: →Prima.

Sekund|akkord, die dritte Umkehrung des →Septimenakkords, bei der die Septime im Bass liegt. Besondere Bedeutung hat die S. des Dominantseptakkords (in C-Dur f-g-h-d), der sich regulär in den →Sextakkord der Tonika (e-g-c) auflöst.

Sekundant [zu lat. secundare ›beistehen‹] *der, -en/-en,* **1)** *allg.:* früher Zeuge oder Berater bei einem Duell oder einer Mensur.
2) *Sport:* persönl. Berater und Betreuer bei einem Wettkampf (v.a. beim Boxen und beim Schach).

sekundär [frz. secondaire, von lat. secundarius ›(der Reihe nach) folgend‹] **1)** *allg.:* 1) untergeordnet, zweitrangig, in zweiter Linie in Betracht kommend; 2) nachträglich hinzukommend, nicht ursprünglich.
2) *Chemie:* Abk. **sek.-,** in mehrfacher Bedeutung gebrauchtes Adjektiv zur Kennzeichnung von Verbindungen: **sekundäre Salze** z.B. sind Salze mehrbasiger Säuren, in denen zwei Wasserstoffatome durch Metallatome ersetzt sind (z.B. Na_2HPO_4). Als **sekundäre Kohlenstoff-** und **sekundäre Stickstoffatome** bezeichnet man C- bzw. N-Atome, die mit zwei weiteren C-Atomen verbunden sind, z.B. bei:

$CH_3-CH_2-CH_3$ und $CH_3-NH-CH_3$.

Bei **sekundären Alkoholen** ersetzt die Hydroxylgruppe ein an ein s. C-Atom gebundenes H-Atom.

Sekundär *das, -s,* Geologie: früherer Name für das →Mesozoikum.

sekundäre Botenstoffe, engl. **Second Messengers** [ˈsekənd ˈmesɪndʒəz], Mittler für die Wirkung extrazellulärer Signale auf Zellen. Sie bestehen aus niedermolekularen Verbindungen oder Ionen, deren

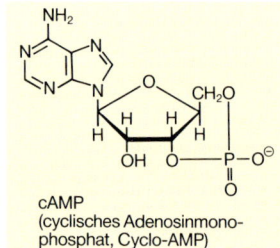

cAMP
(cyclisches Adenosinmonophosphat, Cyclo-AMP)

sekundäre Botenstoffe

Konzentration nach Einwirken eines primären Boten (z. B. Hormon, Neurotransmitter oder Sinnesreiz) auf membranständige Rezeptoren in einer Zelle verändert wird und die dadurch eine Folge von Reaktionen auslösen, die zu einer Funktionsänderung führen. Die Konzentrationsänderung wird durch die Regulation von Enzymen oder Ionenkanälen bewirkt, die an Rezeptoren (v. a. durch →G-Proteine) gekoppelt sind. Wichtige s. B. sind z. B. zykl. Adenosinmonophosphat (cAMP, →Adenosin) oder Calciumionen (Ca^{2+}).

sekundäre Gewebe, *Botanik:* Gewebe, die nach dem primären Wachstum durch sekundäres Bildungsgewebe (→Kork, →Kambium) gebildet werden.

sekundäre Lagerstätte, *Geologie:* durch Verwitterung und anschließende Umlagerung entstandene Lagerstätte, v. a. →Seifen.

sekundäre Lagerung, durch tektonische oder Schwerkraftbewegungen veränderte Lagerung eines geolog. Körpers.

Sekundärelektronen, beim Beschuss eines Festkörpers mit Elektronen (Primärelektronen) unter Überwindung der →Austrittsarbeit aus diesem ausgelöste Elektronen (**S.-Emission, Sekundäremission**). Die Verstärkung durch S.-Emission wird z. B. im →Elektronenvervielfacher genutzt; in Elektronenröhren sind S. eine Störerscheinung.

Sekundärelektronenvervielfacher, Abk. **SEV,** der →Elektronenvervielfacher.

Sekundärelement, *Elektrotechnik:* →Akkumulator.

sekundäre Markstrahlen, *Botanik:* während des sekundären Dickenwachstums entstehende, beiderseits im Leitgewebe endende Markstrahlen.

Sekundäremission, das Austreten von Teilchen oder Strahlung (**Sekundärstrahlung**), das durch gleichartige primäre Teilchen oder Strahlung verursacht wird; z. B. die Emission von →Sekundärelektronen oder sekundären Röntgenstrahlen (→Laue-Gleichungen).

Sekundärenergie, →Energie.

sekundäre Rinde, *Botanik:* der →Bast.

sekundärer Sektor, einer der →Wirtschaftssektoren.

sekundäres Dickenwachstum, *Botanik:* bei Sprossachsen und Wurzeln durch Kambium bewirktes →Wachstum.

sekundäres Spektrum, *Optik:* das Restspektrum, das nach der Korrektion des Farbortsfehlers (→Farbabweichungen) eines opt. Systems für zwei Wellenlängen (z. B. die fraunhoferschen Linien C [Wasserstoff, rot] und F [Wasserstoff, blaugrün]) verbleibt. Dem s. S. entspricht ein Restfehler des Farborts.

Sekundärforschung, *Sozialwissenschaften:* andere Bez. für →Deskresearch. (→Marktforschung)

Sekundärgruppe, von C. H. COOLEY geprägter Begriff zur Kennzeichnung aller Vereinigungen, deren Zusammenhalt nicht auf persönl. Bindungen (→Primärgruppe), sondern vertraglichen Grundlagen und Zweckorientierungen beruht. S. dienen der Durchsetzung spezif. Ziele und verfügen zumeist über eine formale, rationale Organisation. COOLEYS Unterscheidung von Primär- und S. steht in einer sozialphilosoph. Tradition, die von einer zunehmenden Substitution natürl. (primärer) durch unnatürl. (sekundäre) soziale Beziehungen ausgeht.

Sekundärinfektion, Zweitinfektion eines Organismus durch einen weiteren, andersartigen Erreger, dessen Ansiedlung und Ausbreitung durch die bestehende Infektion begünstigt wird.

Sekundärliteratur, Forschungsliteratur, wiss. Untersuchungen und Kommentare zur Primärliteratur, den Werken aus den verschiedensten Gebieten des literar. Schaffens.

Sekundärmarkt, Umlaufmarkt, Markt für bereits umlaufende Wertpapiere (Effekten), überwiegend über Wertpapierbörsen (→Kapitalmarkt). Ggs.: Primärmarkt (→Emission).

Sekundärradar, Zusatzgerät und -verfahren zum Primärradar (→Radar), wobei die Pulsfolgefrequenz bei beiden Geräten gleich gewählt wird, sodass die S.-Antwortsignale den einzelnen Zielen am Rundsichtgerät zugeordnet werden können. Die militär. Freund-Feind-Kennung (→IFF-Gerät) und das von der ICAO standardisierte SSR (engl. secondary surveillance radar) für die zivile Flugsicherung arbeiten nach diesem Prinzip. SSR-Transpondergeräte sind in Dtl. bei Flügen im kontrollierten Luftraum vorgeschrieben.

Sekundärrohstoff, durch Aufarbeitung von Abfällen gewonnener Rohstoff im Unterschied zum ursprüngl. (primären) →Rohstoff.

Sekundarschule, 1) nach internat. Sprachgebrauch (UNESCO, UNO) auf die Primarschule aufbauende Schule, wobei nach den vorgesehenen Abschlüssen oft die Abfolge S. I und S. II unterschieden wird. Faktisch handelt es sich um versch., kaum vergleichbare Schularten, wie sie die unterschiedl. Schulsysteme anbieten. In Dtl., Österreich und der Schweiz wird der Begriff **Sekundarstufe I** und **II** verwendet (→Schulstufen); in einigen neuen Bundesländern Bez. für eine Haupt- und Realschule zusammenfassende Schule (auch Mittel- oder Regelschule genannt). 2) In der *Schweiz* wird, abgesehen von der Nomenklatur der Sekundarstufe I und II, unter S. in fast allen Kantonen ein anspruchsvoller Schultyp der Volksschuloberstufe (5./7.–8./9. Schuljahr) verstanden.

Sekundärspannung, *Elektrotechnik:* →Sekundärwicklung.

Sekundärstrahlung, 1) *Astronomie:* →kosmische Strahlung.
2) *Physik:* →Sekundäremission.

Sekundärstrom, *Elektrotechnik:* →Sekundärwicklung.

Sekundärströmung, *Wasserbau:* die →Querströmung.

Sekundärstruktur, zusammenfassende Bez. für Strukturmerkmale von Polymeren, die über die Reihenfolge der Atome in der Molekülkette (Primärstruktur) hinausgehen. Zur S. gehören Kettenlänge (wichtig für die Beschaffenheit von Kunststoffen), Kettenform (z. B. schraubenförmige Anordnung von Proteinmolekülen, →Helix) und Kettenbeweglichkeit.

Sekundarstufe, Begriff für die auf die Primarstufe (Primarschule) folgende Stufe, untergliedert in S. I und S. II (→Schulstufen); die Schularten dieser Stufen sind in Dtl. Hauptschule, Realschule, Gesamtschule, Gymnasium, im berufl. Schulwesen u. a. Fachoberschule, Berufsfachschule, Berufsaufbauschule, Berufsakademie. In der *Schweiz* gibt es neben der Realschule die →Sekundarschule.

Sekundärtektogenese, *Geologie:* →Oszillationstheorie.

Sekundärvegetation, unter dem verändernden Einfluss des Menschen (z. B. Zerstörung der ursprüngl. Vegetation durch Rodung) entstandene, sich selbst überlassene und meist artenarme Vegetation.

Sekundärverteilung, personelle Einkommensverteilung, die sich (nach der Primärverteilung) ergibt, wenn Umverteilungswirkungen durch staatl. Einkommenspolitik berücksichtigt werden (→Einkommensverteilung).

Sekundärwald, nach Eingriff des Menschen (z. B. Rodung) oder Naturkatastrophen entstandener Wald, der v. a. aus schnellwüchsigen Arten besteht.

Sekundärwicklung, bei Transformatoren und Induktionsmotoren jene Wicklung, in die von der →Primärwicklung auf induktivem Weg elektr. Energie übertragen wird. Die in der S. induzierte Spannung wird **Sekundärspannung,** der durch sie fließende Strom **Sekundärstrom** genannt. An die S. von Transformatoren werden die Verbraucher angeschlossen, bei Induktionsmotoren befindet sich die S. im Läufer.

Sekundärzelle, *Elektrotechnik:* →Akkumulator.

Sekunde [verkürzt aus spätlat. pars minuta secunda ›zweiter verminderter Teil‹ (der erste verminderte Teil entsteht durch die Teilung der Stunde in 60 Minuten), zu secundus ›der Reihe nach folgend‹, ›Zweiter‹] *die, -/-n,* **1)** *Buchherstellung:* →Bogensignatur.

2) *Musik:* **Sekund,** das →Intervall, das ein Ton mit seinem diaton. Nachbarton bildet. Man unterscheidet große S. (z. B. c–d), entsprechend einem Ganzton, und kleine S. (z. B. c–des), entsprechend einem Halbton. Die übermäßige S. (z. B. c–dis) klingt, enharmonisch umgedeutet, wie die kleine Terz (c–es), die verminderte S. (z. B. cis–des) wie die Prime. Die S. gilt in der Harmonie- und Kontrapunktlehre als auflösungsbedürftige Dissonanz.

3) *Winkelmessung:* **Bogen-S.,** gesetzl., SI-fremde Einheit des ebenen Winkels, Einheitenzeichen ″; der 3 600. Teil eines Grads, der 60. Teil einer Bogenminute:

$$1'' = 1'/60 = 1°/3600 = (\pi/648\,000)\text{ rad.}$$

Die S. wurde früher auch als Alt-S. bezeichnet im Ggs. zur Neu-S. (→Gon).

4) *Zeitmessung:* gesetzl. Zeiteinheit und Basiseinheit der Zeit im →Internationalen Einheitensystem (SI); Einheitenzeichen **s** (früher auch **sec,** bei Angabe einer Uhrzeit auch in der Astronomie auch hochgestellt ⁵). Nach der 1967 auf der 13. Generalkonferenz für Maß und Gewicht angenommenen Definition ist die S. das 9 192 631 770fache der Periodendauer derjenigen elektromagnet. Strahlung (eine Infrarotstrahlung der Frequenz 9 192 631 770 Hz), die beim Übergang zw. den beiden Hyperfeinstrukturniveaus des Grundzustands von Atomen des Nuklids (Cäsiumisotops) ^{133}Cs emittiert wird. Diese **Atom-S.** lässt sich durch eine als primäres Frequenznormal dienende Cäsiumuhr (→Atomuhr) realisieren. Dezimale Teile der S. können durch Voranstellen eines Vorsatzes gebildet werden: 1 Milli-S. = 1 ms = 10^{-3} s = 0,001 s, 1 Mikro-S. = 1 μs = 10^{-6} s = 0,001 ms usw.

Geschichte: Die S. war urspr. als der 86 400. Teil des mittleren Sonnentags definiert. 1956 wurde sie dann als der 31 556 925, 9747. Teil des trop. Jahres für 1900 als **Ephemeriden-S.** festgesetzt. Mit der Definition von 1967 konnte die S. auf eine Naturkonstante zurückgeführt und die Messgenauigkeit auf 10^{-12} verbessert werden, wobei die Atom-S. in etwa dieselbe Dauer wie die Ephemeriden-S. besitzt. Auf der 14. Versammlung der Internat. Astronom. Union (1971) wurde bestimmt, dass bei einem Unterschied von mehr als 0,7 s zw. Erdstellung und Atomzeit eine ›Schalt-S.‹ einzuschieben ist.

Sekundenherztod, durch plötzl. →Herzstillstand innerhalb von Sekunden eintretender Tod (›Herzschlag‹); häufigste Ursache ist das Kammerflimmern (→Herzrhythmusstörungen), zu unmittelbarem Ausbleiben der Herzkontraktion (Asystolie) kann es v. a. bei Herzoperationen oder nach Herzverletzungen, seltener infolge eines Herzinfarkts kommen, auch durch Schock infolge reflektor. Vagusreizung (Schlag in die Bauchgegend beim Boxsport) oder Herzblock (→Adams-Stokes-Syndrom).

Sekundenphänomen, von dem Mediziner FERDINAND HUNEKE (* 1891, † 1960) beschriebener, sofort auftretender Behandlungserfolg bei der von ihm propagierten →Neuraltherapie. Danach sollen chron. Schmerzen von Störfeldern ausgehen, die z. B. in den Mandeln, Zahnwurzeln oder Narben gesucht werden. Nach ›Umspritzen‹ dieser Herde mit einem Lokalanästhetikum sollen die Beschwerden unmittelbar für 20 Stunden (bei Zähnen für acht Stunden) verschwinden. Die Lehre von der Wirksamkeit der Neuraltherapie ist von schulmedizin. Seite umstritten.

Sekundenstil, eine v. a. von A. HOLZ entwickelte, im Naturalismus erstmals realisierte literar. Technik, die eine vollkommene Deckungsgleichheit von Erzählzeit und erzählter Zeit anstrebt. Der Begriff S. wurde von ADALBERT VON HANSTEIN (* 1861, † 1904) in seiner Literaturgeschichte ›Das jüngste Deutschland‹ (1900) geprägt. Die mit dem S. erreichte Parzellierung und Atomisierung von Wirklichkeit zeigt als Pointillismusphänomen Übergänge zu Impressionismus und Symbolismus. Der S. wurde auch nach dem Naturalismus als Extremmöglichkeit kopist. Schreibens angewendet, z. B. in den Collagen ›Der Schatten des Körpers des Kutschers‹ von P. WEISS (1960).

Sekundenvolumen, die vom Herzen in 1 s in den Körperkreislauf ausgeworfene Blutmenge.

Sekundogenitur [zu lat. secundo ›zweitens‹ und genitura ›Geburt‹] *die, -/-en,* in fürstl. Häusern oder bei fideikommissar. Stiftungen eine anderen Abkömmlingen als dem Erstgeborenen (→Primogenitur) zustehende Erb- oder Vermögensfolge sowie die Anwartschaft der Zweitgeborenen auf bestimmte Herrschafts- oder Amtsstellungen, z. B. der Habsburger in der Toskana. Die Anwartschaft der Drittgeborenen heißt **Tertiogenitur** (z. B. der Habsburger in Modena).

Sekurit® [Kw., zu lat. securitas ›Sicherheit‹] *das, -s,* spezielles, nicht splitterndes →Verbundglas.

Sela [hebr.] *das, -s/-s,* eingefügtes Wort in vielen hebr. Psalmtexten, das vermutlich die Stelle für ein instrumentales Zwischenspiel oder für den Einschub eines Refrains beim Psalmenvortrag bezeichnet.

SELA, Abk. für Sistema Económico Latinoamericano, →Lateinamerikanisches Wirtschaftssystem.

Selachimorpha [zu griech. sélachos ›Hai‹ und morphē ›Gestalt‹], die, →Haie.

Seladon: Gefäß mit Seladonglasur aus Südchina; 13. Jh.

Seladon [ˈzeːladɔn, ˈzɛ-, zelaˈdõ; wohl nach dem graugrünen Gewand des Céladon im Schäferroman ›L'Astrée‹ von H. D'URFÉ] *das, -s/-s,* **Celadon,** ostasiat. Porzellan mit olivgrüner, wegen ihrer Ähnlichkeit mit Jade bes. beliebter Glasur, die durch Reduktion von Eisenoxid während des Brennens entsteht. Das seit dem 3. Jh. hergestellte Yue Yao (die Bez. ist abgeleitet vom alten Namen der Stadt Shaoxing [ehem. Yuezhou], Prov. Zhejiang) gilt als Proto-S. In der Songzeit (960–1279) erlebte das u. a. in der Nähe Kaifengs produzierte S. einen künstler. Höhepunkt; häufig mit einem Reliefdekor aus in den Scherben eingepressten oder eingeschnittenen floralen oder zoomorphen Motiven; die Gefäße zeichnen sich durch ausgewogene Proportionen und klass. Formvollendung aus. Die in Korea im 11. Jh. begonnene S.-Herstellung erlebte während der Koryŏdynastie im 12. und 13. Jh. ihre Blütezeit (Koryŏ-S.). Das S. der Qingdynastie (1644–1911/12) mit auf weißem Porzellan aufgetragenen Glasuren wirkt einheitlicher und weniger opak als seine songezeitl. Vorbilder.

Seladon [ˈzeːladɔn, ˈzɛ-, zelaˈdɔ̃], **Celadon,** Ordensname des Dichters Georg →Greflinger.

Seladonit [zu dem Porzellan Seladon] *der, -s/-e,* hell-, gelb-, blau- bis dunkelgrünes monoklines Mineral, chem. Zusammensetzung $KMgFe[(OH)_2/Si_4O_{10}]$; Härte nach MOHS 1–2, Dichte $2,8–2,9 \text{ g/cm}^3$; blättrige **(Grünerde)** oder erdig-pulvrige Aggregate; hydrothermales Zersetzungsprodukt, auch Ausfüllung von Klüften oder Hohlräumen im Mandelstein. S. dient als lichtechter Farbstoff für Fresko-, Aquarell-, Tempera- und Ölmalerei **(Veroneser Grün, Böhmische Erde).**

Selaginella [lat.], die Pflanzengattung →Moosfarn.

Selamlık [türk.] *der, -s/-s,* Empfangsraum im oriental. Haus.

Selangor, Gliedstaat (Sultanat) Malaysias, im W der Malaiischen Halbinsel, 7956 km², (1993) 1,981 Mio. Ew. (Malaien, Chinesen, Inder), Hauptstadt ist Shah Alam. S. erstreckt sich von der Küstenebene an der Malakkastraße bis zur zentralen Gebirgskette (bis über 1 700 m ü. M.) im Innern. Wirtschaftl. und Siedlungsschwerpunkt ist das Tal des Kelang: Zinnerzabbau (v. a. durch Chinesen) und Industriebetriebe, von Kuala Lumpur (Bundesterritorium innerhalb von S.) über Petaling Jaya, Sungai Way, Batu Tiga und Shah Alam bis Kelang (mit dem Hafen Port Kelang). Landwirtschaftl. Produkte sind v. a. Reis, Kautschuk, Kakao, Ölpalmfrüchte, Kokosnüsse, Ananas, Tee; Braunkohlevorkommen.
Geschichte: Ein unabhängiges Sultanat S. entstand im 18. Jh. Als in der 2. Hälfte des 19. Jh. unter den eingewanderten chin. Bergleuten Unruhen aufkamen, griffen die Briten ein. Das Protektorat S. (seit 1874) schloss sich 1896 den Federated Malay States (→Malaiische Halbinsel, Geschichte) an; es war 1942–45 von Japanern besetzt; 1948 wurde S. Teil des Malaiischen Bundes (Federation of Malaya) und 1963 Teil Malaysias.

Selb, Große Kreisstadt im Landkreis Wunsiedel i. Fichtelgebirge, Bayern, 550 m ü. M., im nordöstl. Fichtelgebirge, an der Grenze zur Tschech. Rep., 19 500 Ew.; staatl. Berufsbildungszentrum für Keramik mit Berufsschulen für keram. Berufe; Dt. Porzellan Museum, Hutschenreuther-Eissporthalle, Städt. Rosenthal-Theater; Mittelpunkt der S. Porzellanindustrie, ferner Maschinen- und Gerätebau, Messgeräte- und Anlagenbau, Elektronikindustrie; Internat. Grenzlandfilmtage (jährlich). – Das im 12. Jh. zum stauf. Reichsterritorium gehörende S. wurde 1229 den Vögten von Plauen übertragen. 1836 wurde S. Stadt.

selbdritt, →Anna selbdritt.

Selbert, Elisabeth, Politikerin, * Kassel 22. 9. 1896, † 9. 6. 1986; Juristin; seit 1918 Mitgl. der SPD, 1945/46 Mitgl. der Verfassungberatenden Versammlung in Groß-Hessen, 1946–58 MdL in Hessen; hatte als Mitgl. des Parlamentar. Rates (1948/49) entscheidenden Anteil an der Verankerung des Gleichberechtigungsgrundsatzes im GG (Art. 3, Abs. 2).

Selbitz, Stadt im Landkreis Hof, Bayern, 505–640 m ü. M., im Frankenwald, 5 000 Ew.; Textil- und Bekleidungs-, chem. und elektrotechn. Industrie. – Die 1367 erstmals erwähnte Ortschaft S. erhielt 1783 Marktrecht und wurde 1954 Stadt.

Selbst, ein in der heutigen Psychologie in unterschiedl. Bedeutungen verwendetes hypothet. Konstrukt; das S. bezeichnet in diesem Sinne keine psych. Instanz, sondern ist Ausdruck dafür, dass das Subjekt sich seiner selbst bewusst und zugleich sich selbst Objekt wird, und somit auch für die Kontinuität der Persönlichkeit. Der Begriff ist 1) Bez. für das System von bewusstem und unbewusstem Wissen einer Person darüber, wer sie zu sein glaubt, bezogen auf die Bereiche des eigenen Körpers (Körper-S.), der eigenen Handlungen (Handlungs-S.), Beziehungen (Beziehungs-S.) und Wertvorstellungen (psych. S.; W. JAMES, G. H. MEAD). Die ontogenet. Entwicklung des S.-Bewusstseins erfolgt nach dieser Einteilung über die Entwicklung eines Körperschemas, das Erleben, Wirkungen auf die Umwelt auslösen zu können, in der sozialen Gruppe bestimmte Rollen einzunehmen bis zur bewussten Annahme oder Ablehnung von Werten. – 2) Bez. für die koordinierte Steuerung dieser Wissensprozesse, oft auch ›Ich‹ genannt (so bei S. FREUD). Zu diesen Wissensprozessen gehören die affektive und kognitive Aufnahme der selbstrelevanten Handlungen und Affekte anderer Personen, wobei das S. in wesentl. Bereichen durch Erleben der Handlungen anderer Personen gegenüber dem S. gestaltet wird (z. B. erfinden ungeliebte Kinder oft Ursachen an sich selbst, um sich mangelnde Liebe anderer zu erklären). Das S. ist dabei im Sinne einer möglichst optimalen Umweltanpassung und der Persönlichkeitsidentität bestrebt, das Wissen so zu organisieren, dass es widerspruchsfrei und kontinuierlich ist und ein möglichst hohes Maß an S.-Achtung gewährleistet ist. Diesen Zwecken dienen auch die ›narzisstisch‹ genannten Abwehrmechanismen (wie Projektion), die unerträgl. S.-Anteile auf andere Personen verschieben, und den S.-Wert bestätigende Strategien der Informationsverarbeitung, z. B. die Zuweisung von Misserfolg an ›unglückliche Umstände‹. – 3) Bez. für ein der Person inhärentes Entwicklungsprinzip, wobei das S. den Grund und das Ziel einer Reifung und Differenzierung der Persönlichkeit im Sinne der →Selbstverwirklichung darstellt (C. G. JUNG, C. R. ROGERS u. a.). Störungen der Kontinuität des S. im synchronen oder diachronen Bereich gehen i. Allg. mit schweren psych. Störungen einher. Im synchronen Bereich können z. B. S.-Anteile als fremd erlebt werden (Gedanken hören), im diachron-biographischen kann es zu scheinbar vollständigem Identitätswechsel in der Zeit kommen (multiple Persönlichkeit).

Was das S. erlebnismäßig ausmacht, ist stark kulturabhängig. Die Einengung auf das einzelne Individuum als Kern-S. ist kennzeichnend für die abendländ. Zivilisation. Andere Kulturen definieren Gruppen oder die Landschaftszugehörigkeit als selbstrelevant (u. a. G. DEVEREUX).

Selbst|achtung, mit dem Bewusstsein des Wertes und der Würde der eigenen Person verbundene, dem Ehrgefühl verwandte sittl. Haltung, die aus der Anerkennung hervorgeht, mit der der Einzelne seine persönl. Integrität bejaht. Davon zu unterscheiden sind die Formen einer übersteigerten Bezogenheit auf die eigene Person, wie sie z. B. in Egoismus, Selbstgerechtigkeit, Selbstüberschätzung zum Ausdruck kommen.

selbst|adjungiert, *Mathematik* und *Physik:* gleichbedeutend zu **hermitesch,** z. B. →hermitesche Matrix, →hermitescher Operator.

Selbst|ähnlichkeit, Skalen|invarianz, die Invarianz gewisser Strukturen im Raum oder in der Zeit gegenüber bestimmten Maßstabstransformationen; gleichbedeutend mit der Eigenschaft, dass bei einer Vergrößerung ein Teil der betrachteten Struktur in das ursprüngl. Ganze und bei einer Verkleinerung das Ganze in einem seiner ursprüngl. Teile übergeht. Die S. ist bei gewissen geometr. Konstruktionen idealerweise identisch (d. h. als Abbildung in sich selbst) und ohne Begrenzung der Vergrößerung bzw. der Verkleinerung; damit ist sie gleichbedeutend mit dem Fehlen eines natürl. Maßstabs in dem betrachteten Phänomen. Elementare Beispiele sind die endl. Gerade und das Quadrat: Eine Teilstrecke hat die gleiche Struktur wie die Gesamtstrecke, und jedes der Quadrate, in das ein größeres Quadrat unterteilt werden kann, weist die gleiche Struktur auf wie dieses; Vergleichbares gilt z. B. auch für die →Koch-Kurve. Reale Beispiele sind Küstenlinien, Wirbelfelder, die brownsche Bewegung, Rauschvorgänge oder die Kristallbildung. Dabei besteht S. jedoch nur innerhalb gewisser Grenzen und bezüglich bestimmter Merkmale (gleichartige Muster); beispielsweise können Pflanzen auf mehreren Ebenen (z. B. Wurzeln-Äste-Zweige) selbstähnlich sein (die Zelle bildet jedoch die untere Grenze). – S. ist ein charakterist. Merkmal der Fraktale und steht in engem Zusammenhang mit dem Begriff der fraktalen Dimension (→Fraktalgeometrie).

Selbständige Evangelisch-Lutherische Kirche, Abk. **SELK,** ev.-luther. Freikirche in Dtl.; 1972 durch den Zusammenschluss von drei bis dahin organisatorisch eigenständigen ev.-luther. Freikirchen unter einer Grundordnung (in Kraft getreten am 25. 6. 1972) entstanden: der ›Ev.-Luther. (altluth.) Kirche‹, der ›Ev.-Luther. Freikirche‹ und der ›Selbständigen Ev.-Luther. Kirche‹. 1976 trat die ›Ev.-Luther. Bekenntniskirche‹ der SELK bei, 1991 die ›Ev.-luther. (altluth.) Kirche‹ auf dem Gebiet der ehem. DDR (→Altlutheraner). Gegenwärtig (1998) zählt die SELK rd. 40 000 Mitgl. und rd. 150 Pfarrer. Die 200 Gemeinden sind elf Kirchenbezirken zugeordnet, die von Superintendenten geleitet werden. Theologinnen können in der SELK als Pastoralreferentinnen, nicht jedoch als Pfarrerinnen tätig sein.

Grundlage und Norm des kirchl. Selbstverständnisses sind die Bibel (als das unfehlbare Wort Gottes) und die luther. Bekenntnisschriften (als die Bezeugungen der schriftgemäßen Lehre). Geleitet wird die SELK von einem Bischof (seit 1996 DIETHARDT ROTH, *1941) gemeinsam mit der Kirchenleitung und dem Kollegium der Superintendenten. Gesetzgebendes Organ ist die (alle vier Jahre tagende) Kirchensynode. Sitz der Kirchenleitung: Hannover. Die SELK unterhält die Luther. Theolog. Hochschule in Oberursel (Taunus) und ein Missions- und Diakoniewerk. Kirchengemeinschaft mit anderen Kirchen, die z. B. mit der →Missouri-Synode besteht, wird (nur) auf der Basis gegenseitiger Lehrübereinstimmung geübt.

Selbst|anzeige, im Steuerstrafrecht eine Form tätiger Reue, die auch bei vollendeter Tat (Steuerziehung oder -verkürzung) Straffreiheit verschaffen kann, wenn als Folge der S. durch zutreffende Angaben die richtige Steuer festgesetzt und fristgerecht bezahlt wird. Straffreiheit tritt nicht ein, wenn bereits vor der S. Amtsträger als Prüfungs- oder Ermittlungspersonen erschienen waren oder bekannt war, dass Straf- oder Bußgeldverfahren eingeleitet worden waren oder die Tat entdeckt war und der Täter dies wusste oder damit hätte rechnen müssen (§§ 370 f. Abgabenordnung).

Selbst|auslöser, Vorlaufwerk an fotograf. Aufnahmegeräten, das nach einer bestimmten einstellbaren Zeit (meist ca. 10 s) selbsttätig den Verschluss auslöst. Dadurch kann man z. B. sich selbst aufnehmen. Elektron. Verschlüsse steuern die Vorlaufzeit direkt.

Selbstbedienung, Abk. **SB,** Verkaufsprinzip (v. a. im Einzelhandel), bei dem der Kunde die Ware ohne Mitwirkung des Verkaufspersonals aus dem ausgestellten Sortiment auswählt, entnimmt und zu den Kassenstellen transportiert. Im Großhandel wird die S. als Cash-and-carry-Großhandel bezeichnet. Die extremste Form der S. ist der Automatenverkauf. Die S. steht im Ggs. zur traditionellen **Bedienung (Fremdbedienung)** im Facheinzelhandel, bei der das Verkaufspersonal die Waren präsentiert, den Kunden berät sowie Rechnungstellung, Verpacken der Ware, Inkasso u. Ä. übernimmt. S.-Geschäfte sind z. B. Supermärkte, S.-Warenhäuser (SB-Warenhäuser) und Verbrauchermärkte. In der Praxis herrscht oft die partielle S. vor. So können Teile des Sortiments (z. B. Frischwaren) in Fremdbedienung, andere in S. angeboten werden. Beim **Vorwahlsystem (Selbstauswahl, Teil-S.)** kann sich der Kunde entweder selbst bedienen oder versch. Dienste des Verkaufspersonals in Anspruch nehmen (z. B. fakultative Bedienung).

Die S. rationalisiert die Verkaufsprozesse im Handel durch Wegfall oder erhebl. Verringerung von Personalkosten (Personal ist nur noch für Aufsicht, Auskunft, Kassenführung und Auffüllen der Regale notwendig) und erhöht die Ungezwungenheit des Kaufes aufseiten des Käufers. Andererseits erfordert sie vom Kunden erhöhte Kaufanstrengungen und verführt auch zu Impulskäufen. Darüber hinaus steigen die Diebstahlgefahr und die damit verbundenen Kosten der Warensicherung (z. B. durch Produktsicherungssysteme). Das S.-Prinzip erfordert zudem eine besondere Produktgestaltung und Verpackung (z. B. wenig erklärungsbedürftige Waren mit aufgedruckten Verwendungshinweisen, bekannte Markenartikel).

Das S.-Prinzip wurde 1917 in den USA eingeführt; 1939 wurde das erste S.-Geschäft in Dtl. eröffnet. Bes. aufgrund der zunehmenden Standardisierung der Produkte, techn. Fortschritte v. a. im Vertrieb (z. B. Warenwirtschaftssystem, POS-Systeme, SB-Tankstellen), steigender Motorisierung, des rationelleren Konsumentenverhaltens (z. B. möglichst zeitsparender Einkauf von Lebensmitteln) ist die moderne Massendistribution ohne S. kaum denkbar, wobei sich das S.-Prinzip auch auf andere Bereiche wie Gastronomie (z. B. Fast-Food-Unternehmen) und Banken (Electronic Banking) ausgeweitet hat. Andererseits gibt es in bestimmten (z. B. höherwertigen) Warenbereichen und Marktsegmenten auch Entwicklungen zurück zum Bedienungsprinzip.

Selbstbefreiung, →Gefangenenbefreiung.

Selbstbefriedigung, *Sexualität:* →Masturbation.

Selbstbehalt, *Versicherungswesen:* bei der Rückversicherung der Teil eines Risikos, der nicht von einem Versicherer auf einen anderen Versicherer transferiert, sondern für eigene Rechnung gehalten wird; z. T. Synonym für →Selbstbeteiligung.

Selbstbehandlung, *Medizin:* die →Selbstmedikation.

Selbstbehauptung, →Selbstsicherheit.

Selbstbeherrschung, die Fähigkeit, Bereitschaft und Haltung des Individuums, die Äußerung eigener Triebe, Gefühle und Begierden zugunsten der Beachtung oder Erfüllung innerer oder äußerer Zwecke – wie eth. Normen, sozialer Forderungen – zurückzustellen oder einzuschränken. S. ist eng verbunden mit dem Vermögen der Vernunft, eine Rangordnung handlungsleitender Werte und Ziele festzustellen, und bildet im Sinne einer Zurückstellung momentaner zugunsten langfristiger oder übergeordneter Interessen eine Voraussetzung für die Realisierung von Handlungszielen. Der S., im Sinne des Maßhaltens eine Tugend, wird in der eth. Diskussion seit der Antike eine hohe Bedeutung für die Bildung der Persönlichkeit und für das ›gute Leben‹ beigemessen (→Apathie, →Ataraxie, →Besonnenheit).

Selbstbeobachtung, Wahrnehmung und Erforschung eigener sowohl verdeckter als auch äußerlich feststellbarer Vorgänge. Gegenstände der S. sind v. a. Gedanken, Affekte, Emotionen, Stimmungen, Antriebe (Introspektion, Innenschau) sowie das eigene offen beobachtbare Verhalten. Die S. ist eine wesentliche diagnost. und Forschungsmethode der Psychologie und Medizin; sie unterliegt jedoch auch der Kritik wegen Subjektivität und mögl. Selbsttäuschung. In der Psychotherapie gilt sie allg. als Grundlage für die Selbstreflexion; in Selbsthilfeansätzen ist sie die Voraussetzung, um Veränderungsprozesse zu ermöglichen, und wird etwa in der Verhaltenstherapie in den Verfahren der Selbstkontrolle und in der Psychoanalyse in der Methode der Selbstanalyse angewendet. Die S. kann aber auch (als Ausdruck neurot. Störungen) zwanghaft sein. Überängstl. S. einerseits und Krankheits- und Herzphobien, Hypochondrie und Panikanfälle andererseits fördern sich wechselseitig: An sich selbst beobachtete körperl. ›Angst-‹Symptome (z. B. stärkerer Pulsschlag) geben Anlass zu den schlimmsten Erwartungsängsten, die ihrerseits diese Symptome und die empfundene Angst in die Höhe treiben, was wiederum die Befürchtungen zu rechtfertigen scheint. Bei zu schwacher S. kann auf wichtige körperl., emotionale oder Stress-Signale nicht mit dem erforderl. Verhalten reagiert werden, wodurch ebenfalls psychosoziale, psychosomat. oder neurot. Störungen entstehen können.

Selbstbeschränkungs|abkommen, 1) *Außenwirtschaft:* Handelsabkommen zw. Einfuhr- und Ausfuhrländern, in dem sich die Exporteure bereit erklären, die Ausfuhr bestimmter Waren in das Bestimmungsland mengen- oder wertmäßig zu reduzieren bzw. nicht über eine bestimmte Menge oder einen bestimmten Wert (Ausfuhrkontingente) hinaus zu steigern. Formal basieren S. auf freiwilligen Vereinbarungen zw. den Vertragsländern, die i. d. R. nur unter massivem Druck des Einfuhrlandes (auf das Exportland), andernfalls stärkere Abwehrmaßnahmen zu ergreifen, zustande kommen. S. zählen zu den ›Grauzonenmaßnahmen‹, die im Rahmen der →WTO seit dem 1. 1. 1995 ausdrücklich untersagt sind. Danach müssen alle bestehenden Grauzonenmaßnahmen innerhalb von vier Jahren nach In-Kraft-Treten des WTO-Abkommens auslaufen oder mit den weiter geltenden GATT-Bestimmungen in Einklang gebracht werden. Hierzu wurde das Schutzklauselabkommen (Art. 19 GATT-Vertrag) reformiert, das eine zeitlich begrenzte Aussetzung, Rücknahme oder Korrektur eingegangener Verpflichtungen (einschließlich Zollzugeständnisse) erlaubt, sofern heim. Industrien durch eine unvorhergesehene Zunahme von Einfuhren ernsthaften Schaden erleiden bzw. zukünftig erleiden werden. Die Attraktivität der Schutzklausel wurde durch eine dreijährige Vergeltungsfreiheit und die Möglichkeit einer selektiven Anwendung von Schutzmaßnahmen erhöht. Kritiker wenden ein, dass die Reform des Art. 19 auf eine Legitimierung von Schutzmaßnahmen mit gleicher Wirkung wie S. hinausläuft. **2)** *Marketing:* →Wettbewerbsregeln.

Selbstbestäubung, Form der Blütenbestäubung bzw. -befruchtung, die (z. T. regelmäßig) entweder innerhalb einer Zwitterblüte durch ihre eigenen Pollen erfolgt (Autogamie; z. B. bei der Erdnuss) oder, bei Einhäusigkeit, durch Pollen von männl. Blüten, die auf die Narben der weibl. Blüten desselben Pflanzenindividuums übertragen werden (Nachbarbestäubung, Geitonogamie; z. B. bei der Walnuss). Die S. und Selbstbefruchtung bietet den Pflanzen bei der Besiedlung neuer Gebiete einen Evolutionsvorteil, v. a. dann, wenn nur wenige Pflanzen in den neuen Raum gelangt sind. Bei eventueller Unverträglichkeit der Geschlechtspartner (Keimzellen) kann es jedoch nicht zur Verwicklung entwicklungsfähiger Samen kommen. – Selbstbestäuber sind für Kreuzungsversuche in der Genetik hervorragend geeignet, da kein fremdes Genom durch den Pollen bei der Fortpflanzung eingeschleust wird.

Selbstbestimmung, die Möglichkeit und Fähigkeit des Individuums, der Gesellschaft oder des Staates, frei dem eigenen Willen gemäß zu handeln und die Gesetze, Normen und Regeln des Handelns selbstverantwortlich zu entwerfen (und so gleichbedeutend mit Autonomie). Bei L. FEUERBACH beginnt die Infragestellung der S. bzw. der von I. KANT noch für möglich gehaltenen absoluten Autonomie. S. FREUD hält sie für eine Selbsttäuschung des bürgerl. Ich und erkennt in ihr das Ergebnis einer nicht gelungenen Verdrängung fakt. Fremdbestimmung. Die Folge dieser Selbsttäuschung ist für FREUD Krankheit, für FEUERBACH Verlust des Du, für K. MARX des wahren gesellschaftl. Seins, für S. KIERKEGAARD der Verlust Gottes und für M. HEIDEGGER der Geschichte als Tradition. Trotz dieser allg. anerkannten Relativierung der Möglichkeit absoluter S. durch innere und äußere Einflüsse (z. B. Triebe, Begierden, gesellschaftliche Bedingungen) wird der Begriff der S. bis heute als krit. Leitidee gegen die Beeinträchtigung der Freiheit von Individuen, gesellschaftliche Gruppen und Staaten (Heteronomie) in Anspruch genommen.

Selbstbestimmungsrecht, das Recht des Einzelnen oder von Gruppen, die eigenen Angelegenheiten frei und eigenverantwortlich zu gestalten.

Schlüsselbegriff

Das Selbstbestimmungsrecht des Einzelnen

Die Idee des S. nahm auf innerstaatl. wie auf internat. Ebene zuerst in der Forderung nach religiös-individueller Selbstbestimmung Gestalt an. Sie fand bes. deutl. Ausdruck im Kalvinismus und im engl. Protestantismus (Puritanismus). Auf dem europ. Kontinent zeigten sich erste Anzeichen in dem Ringen um die Gleichberechtigung der Konfessionen nach der Reformation. Der Grundsatz ›cuius regio, eius religio‹, der im Westfäl. Frieden (1648) bestätigt wurde, garantierte nur den Landesherren, nicht aber ihren Untertanen, das S. und die Religionsfreiheit. Trotzdem profitierten auch die Untertanen mittelbar von dieser Errungenschaft; denn ihnen wurde das Recht der Auswanderung für den Fall zugestanden, dass sie die Konfession des Landesherrn nicht annehmen wollten. So gehören Ausreise- und Religionsfreiheit zu den am frühesten verbürgten Menschenrechten. Auf dieser Grundlage vollzog sich auch die Auswanderung engl. Puritaner nach Nordamerika, wo das individuelle, religiöse S. in die Organisation des polit. Gemeinwesens einfloss.

Neuen und entscheidenden Auftrieb erfuhr die Selbstbestimmungsidee durch die Philosophie der Aufklärung im 18. Jh., die das Schlagwort ›Bestimme dich wie du selbst‹ prägte. Obwohl die Aufforderung mit eth. Postulaten verknüpft war, die sich an den Einzelnen richteten, hatte sie dennoch auch einen polit. Aspekt; denn aus ihr ergab sich zwangsläufig die an den Staat gerichtete Forderung, die freie Entfaltung der Persönlichkeit des Einzelnen – unter Beachtung der durch das Gemeinwohl gesetzten Schranken – nicht nur zu dulden, sondern auch zu garantieren.

In diesem Sinne garantiert Art. 2 Abs. 1 GG das Recht eines jeden Menschen ›auf die freie Entfaltung seiner Persönlichkeit, soweit er nicht die Rechte anderer verletzt und nicht gegen die verfassungsmäßige Ordnung oder das Sittengesetz verstößt‹. Mithilfe dieser Formel versucht das GG, wie jede andere freiheitlich-rechtsstaatliche Verf., die Spannung zw. individueller Autonomie und äußeren Bindungen zu lösen. Das Ringen um diese Problemlösung steht aber schon seit dem 19. Jh. nicht mehr unter dem Zeichen eines ›individuellen S.‹, sondern unter demjenigen des →Persönlichkeitsrechts. Erst in jüngster Zeit ist der Ausdruck ›S.‹ erneut auch im Bereich der individuellen Grundrechte verwendet worden, und zwar im Begriff des Rechts auf →informationelle Selbstbestimmung.

Das Selbstbestimmungsrecht der Völker

Auf internat. Ebene tritt die Selbstbestimmungsidee in der Form des ›S. der Völker‹ in Erscheinung. Der Name lässt erkennen, dass in diesem Zusammenhang die Selbstbestimmungsidee nicht auf den Einzelnen, sondern auf Gruppen von Menschen angewendet wird. Trotzdem ist die Idee der individuellen Selbstbestimmung nicht ohne Belang für das S. der Völker. Der Übergang vom Einzelrecht zum Gruppenrecht zeigte sich bereits in dem Ringen um die Religionsfreiheit. Die eigentl. Geschichte des S. konnte jedoch erst nach der Herausbildung des polit. Volksbegriffs beginnen.

Der polit. Volksbegriff entstand im 19. Jh. Die mittelalterl. Herrschaftsverbände waren so organisiert, dass das Volk darin als polit. Größe nicht erschien. In der Neuzeit trat der moderne Staat zunächst in der Form der absoluten Monarchie auf, in der das Untertanenverhältnis im Vordergrund stand. Die Monarchen erwarben Gebietsteile ohne Rücksicht auf die Nationalität der darin lebenden Menschen. Erst zu Beginn des 19. Jh. begannen sich die Zuordnungen zu verschieben. Das Untertanenverhältnis wurde vom Staatsangehörigkeitsverhältnis verdrängt. Nach der Revolution von 1848 setzte sich der polit. Volksbegriff durch, als dessen erster Theoretiker der Italiener PASQUALE STANISLAO MANCINI (* 1817, † 1888) gilt (›Die Nationalität als Grundlage des Völkerrechts‹, 1851 gehaltene Vorlesung an der Univ. Turin). Dem danach entwickelten ›Nationalitätsprinzip‹ gab der schweizer. Staatsrechtler J. C. BLUNTSCHLI eine präzise Form: ›Jede Nation ein Staat. Jeder Staat ein nat. Wesen.‹

Von Anfang an war klar, dass sich die Stoßrichtung des Nationalitätsprinzips v. a. gegen die Vielvölkerstaaten wandte. Schon deshalb ist es nicht verwunderlich, dass der erste Theoretiker des S., K. RENNER, in dem Vielvölkerstaat Österreich-Ungarn wirkte. Sein Buch über den ›Kampf der österr. Nationen um ihren Staat‹ (1908 unter dem Pseud. RUDOLF SPRINGER erschienen) trug in der 2. Auflage (1918) den Titel ›Das S. der Völker‹. Ein weiterer früher Theoretiker des S. der Völker war der Österreicher O. BAUER. Ihre Schriften veranlassten die russ. Sozialisten, den jungen STALIN 1913 nach Wien zu senden, um die Selbstbestimmungsfrage zu studieren. Daraus entstand STALINS Werk ›Marxismus und die nat. Frage‹.

Auf die internat. Ebene gelangte die Idee des S. der Völker aber erst durch den amerikan. Präs. W. WILSON, wesentlich befördert durch seine Friedensbotschaft vom 22. 1. 1918 und seine Kongressbotschaft vom 11. 2. 1918, in der er erklärte: ›Das S. ist nicht eine bloße Phrase, es ist ein gebieter. Grundsatz des Handelns, den die Staatsmänner künftig nur auf ihre eigene Gefahr missachten werden.‹

In den Friedensschlüssen nach dem Ersten Weltkrieg wurde das S. jedoch keineswegs ausnahmslos verwirklicht. Denjenigen Nationalitäten, die zu den Siegern gezählt wurden, gestatteten die Siegermächte die Gründung von (Pseudo-)Nationalstaaten unter Berufung auf das S. Da diese Staaten aber gleichzeitig die histor. Grenzen der alten Vielvölkerstaaten für sich beanspruchten, wurden sie selbst zu Vielvölkerstaaten, die denjenigen Nationalitäten, die nicht zu den Staatsnationen gehörten, das S. verweigerten. Nur in einigen Gebieten (Oberschlesien, Masuren, Kärnten) wurden 1920 und 1921 Abstimmungen aufgrund der Friedensverträge von Versailles und Saint-Germain-en-Laye durchgeführt. Die daran anschließende Grenzziehung durch die Siegermächte entsprach allerdings nicht ganz dem Ergebnis dieser Abstimmungen.

Das Erbe der Völkerbundsära

Der im 19. Jh. entstandene Nationalismus fand in den Nachfolgestaaten der österreichisch-ungar. Monarchie gerade deshalb einen guten Nährboden, weil diese Staaten (v. a. Jugoslawien, Tschechoslowakei, Polen) die Probleme eines Vielvölkerstaates auf kleinerem Raum unter ungünstigeren wirtschaftl., sozialen und polit. Grundbedingungen zu lösen hatten. In allen diesen Staaten standen neben einer ›Staatsnation‹ weitere Volksgruppen, die infolge der Friedensverträge plötzlich zu →Minderheiten geworden waren. Der Versuch des Völkerbunds, gestützt auf entsprechende Bestimmungen in den Friedensverträgen sowie eine Reihe von Spezialverträgen, welche die Hauptsiegermächte des Ersten Weltkriegs mit den Nachfolgestaaten geschlossen hatten, ein wirksames Minderheitenschutzsystem zu errichten, scheiterte. Obwohl eine eigens dafür eingerichtete Abteilung des Völkerbunds eine große Zahl von Beschwerden (Petitionen) behandelte und obwohl auch der Ständige Internat. Gerichtshof wiederholt mit Minderheitenfragen beschäftigt war und mehrere Entscheidungen zugunsten geschützter Minderheiten (in Polen, Rumänien und Albanien) erließ, konnte der Völkerbund nicht erreichen, dass die bestehenden Minderheitenschutzverträge loyal erfüllt wurden. Die Nachfolgestaaten, denen die Minderheitenschutzbestimmungen von den Hauptsiegermächten des Ersten Weltkriegs aufgezwungen worden waren, betrachteten diese Bestimmungen als Beschränkungen ihrer Souveränität und bemühten sich um die Assimilation der Minderheiten.

Nur im Fall der →Ålandinseln gelang es, das S. der Völker bereits in der Völkerbundsära wirksam ins Spiel zu bringen.

Das Selbstbestimmungsrecht im geltenden Völkerrecht

Im Ggs. zur Völkerbundssatzung erwähnt die Satzung (Charta) der UNO das S. der Völker ausdrücklich, und zwar in Art. 1 Abs. 2 und in Art. 55. An beiden Stellen wird das S. der Völker als eine Grundlage der Beziehungen zw. den Staaten bezeichnet. Die anfängl. Unsicherheit bezüglich der jurist. Bedeutung dieser Satzungsbestimmungen (der frz. Text verwendet ausdrücklich den Ausdruck ›Recht‹, während der engl. sich mit dem Wort ›Prinzip‹ begnügt) ist überwunden. Durch die langjährige Praxis der Vereinten Nationen ist Klarheit in dem Sinne geschaffen worden, dass das S. der Völker eine echte Norm des Völkerrechts ist. Die Völkerrechtslehre gesteht ihm die Rechtsqualität einer zwingenden Norm (ius cogens) zu, d. h. einer Rechtsnorm, von der auch Verträge unter keinen Umständen abweichen dürfen.

Eine starke Bekräftigung erhielt das S. der Völker durch die beiden internat. Menschenrechtspakte von 1966 (→Menschenrechte). Sie erklären in ihrem Art. 1 übereinstimmend: ›Alle Völker haben das Recht auf Selbstbestimmung.‹ In den Durchführungsabkommen zu diesen Menschenrechtspakten wird das S. definiert als Recht der Völker, ›frei über ihren polit. Status zu bestimmen und frei ihre wirtschaftl., gesellschaftl. und kulturelle Entwicklung zu verfolgen‹.

Die ›Prinzipienerklärung‹ der UNO-Generalversammlung vom 24. 10. 1970 hat diese Definition noch verfeinert. Danach haben kraft der Selbstbestimmung ›alle Völker das Recht, ohne Eingriff von außen über ihren polit. Status zu entscheiden und ihre wirtschaftl., gesellschaftl. und kulturelle Entwicklung frei zu verfolgen, und jeder Staat ist verpflichtet, dieses Recht in Übereinstimmung mit den Satzungsvorschriften zu achten‹. Ferner heißt es in der Erklärung: ›Die Errichtung eines souveränen und unabhängigen Staates, die freie Vereinigung oder Verschmelzung mit einem unabhängigen Staat oder der Übergang zu irgendeinem anderen, vom Volk frei bestimmten polit. Status stellen Verwirklichungen des S. durch das betreffende Volk dar. Jeder Staat ist verpflichtet, von Gewaltmaßnahmen Abstand zu nehmen, die vorerwähnte Völker daran hindern, den hier in Rede stehenden Grundsatz ihres Rechts auf Selbstbestimmung, Freiheit und Unabhängigkeit zu verwirklichen. Solche Völker sind, wenn sie dergleichen Gewaltmaßnahmen in Verfolgung der Ausübung ihres S. Widerstand leisten, berechtigt, in Übereinstimmung mit den Ziel- und Grundbestimmungen der Satzung Unterstützung zu erbitten und zu erhalten.‹

Konsequenzen des Selbstbestimmungsrechts

Schon 1921 prophezeite der amerikan. Politiker R. LANSING, die Verwirklichung des S. werde Ströme von Blut fließen lassen. Auch später haben die Kritiker des S. der Völker stets vor der Explosivkraft dieser Völkerrechtsnorm gewarnt. Dem ist aber zu entgegnen, dass das S. der Völker seiner Definition nach nur ein Formalprinzip ist, das Völkern und Volksgruppen das Recht gibt, in bestimmten Situationen über ihre Zugehörigkeit zu einem bestimmten Staatsverband zu entscheiden, eine Entscheidung, die auch positiv ausfallen kann: Die Verwirklichung des S. muss also nicht zwangsläufig zur Zerstörung eines Vielvölkerstaates führen; sie kann auch den Verbleib eines Volkes oder einer Volksgruppe in einem Vielvölkerstaat rechtlich fixieren. Allerdings besteht eine solche Hoffnung nur dort, wo die Existenz des Volkes bzw. der Volksgruppe, ihre wirtschaftl. Sicherung und die Erhaltung ihrer Sprache und Kultur mit oder ohne völkerrechtl. Absicherung durch die Verf. und die Gesetze des Gesamtstaates gewährleistet sind. Dies kann durch die Gewährung einer Autonomie oder durch föderalen Aufbau des Staatsgebiets entsprechend den Siedlungsgebieten seiner Völker und Volksgruppen erreicht werden.

Das S. der Völker darf daher nicht einfach mit dem Recht auf Sezession gleichgesetzt werden. Das bedeutet auch, dass das S. der Völker (das nach heute geltendem Völkerrecht auch Volksgruppen zusteht, sodass jeder Streit über die Berechtigung einer Bevölkerungsgruppe, die Bez. ›Volk‹ für sich in Anspruch zu nehmen, sinnlos ist) nicht wie ein ständiges Damoklesschwert über jedem souveränen Staat schwebt.

Das jurist. Hauptproblem liegt in der Frage beschlossen, in welcher Situation die Berufung auf das S. der Völker zu einem Rechtsanspruch eines Volkes oder einer Volksgruppe auf Sezession von einem Gesamtstaatsverband, dem dieses Volk oder diese Volksgruppe bisher angehört hat, führen kann, und wie sich die Staatengemeinschaft im Konflikt zw. Gesamtstaatsverband und Volk bzw. Volksgruppe zu verhalten hat. Die ›Prinzipienerklärung‹ vom 24. 10. 1970, die zwar keinen Rechtsnormcharakter besitzt, aber von der Völkerrechtslehre als Inhaltsbestimmung des S. der Völker anerkannt wird, sagt hierzu: ›Nichts in den vorhergehenden Absätzen darf dahin ausgelegt werden, als solle dadurch irgendeine Handlung gerechtfertigt oder begünstigt werden, welche die Unversehrtheit des Gebietes oder die polit. Einheit souveräner oder unabhängiger Staaten gänzlich oder teilweise zerstören oder antasten würde, wenn diese Staaten sich dem Grundsatz der Gleichberechtigung und Selbstbestimmung der Völker entsprechend verhalten und dementsprechend über eine Regierung verfügen, die das gesamte zum Gebiet gehörige Volk ohne Unterschied der Rasse, des Glaubens oder der Hautfarbe vertritt.‹ Das bedeutet: Solange in einem Vielvölkerstaat das S. der Völker beachtet wird und das Verlangen eines Volkes oder einer Volksgruppe nach Autonomie oder Selbstregierung im Rahmen eines Föderalismus oder Regionalismus nicht gewaltsam unterdrückt oder eine formell gewährte Autonomie oder Föderalismusstruktur auf subtile Weise von der Zentralregierung unterlaufen wird, kann das S. nicht in ein Recht auf Sezession münden. Vielmehr ist das Recht auf Sezession eine Konsequenz der Verweigerung des Selbstbestimmungsrechts.

Zu beachten ist jedoch, dass das S. eines Volkes oder einer Volksgruppe nicht durch die Gewährung eines Autonomiestatus oder einer föderalen Struktur ein für alle Mal konsumiert werden kann. Diejenige Situation, die nach geltendem Völkerrecht die Ausübung des S. auch zur Sezession vom Gesamtstaat berechtigt, kann jederzeit durch repressive Maßnahmen des Gesamtstaates herbeigeführt werden. In einer solchen Situation ist es dem Gesamtstaat nicht erlaubt, auf den ›Verbrauch‹ des S. durch frühere verfassungsrechtl. Akte hinzuweisen.

Das größte, in der Praxis noch immer schwer zu lösende Problem bei der Verwirklichung des S. der Völker ist, trotz aller auch in dieser Frage erreichten theoret. Klarheit, das Verhältnis zw. S. und Gewaltverbot. Auch das Gewaltverbot, das in Art. 2 Ziff. 4 der Charta der UNO ausdrücklich bekräftigt wird, ist zwingendes Recht, Bestandteil des allgemeinen Völkerrechts und ein Eckpfeiler der Völkerrechtsordnung. Art. 2 Ziff. 4 der UN-Charta erfasst jede Form der zwischenstaatl. Gewalt, gilt universell und kennt nur zwei Ausnahmen: Zwangsmaßnahmen des Sicherheitsrates (Art. 39 ff. der UN-Charta) und das individuelle bzw. kollektive Selbstverteidigungsrecht (Art. 51). Das Selbstverteidigungsrecht setzt einen bewaffneten Angriff voraus; es ist das ›naturgegebene‹ Notwehrrecht des souveränen Staates. Die Resolution der UN-Generalversammlung Nr. 3314 (XXIX) vom 14. 12. 1974 definiert den Begriff ›Angriff‹ und regelt in Art. 7: ›Keine Bestimmung dieser Definition ... kann in irgendeiner Weise das aus der Charta hergeleitete Recht auf S., Freiheit und Unabhängigkeit von Völkern, denen dieses Recht gewaltsam entzogen wurde und auf die in der Erklärung über die Grundsätze des Völkerrechts für freundschaftl. Beziehungen und Zusammenarbeit zw. den Staaten gemäß der Charta der Vereinten Nationen Bezug genommen wird, insbesondere Völker unter Kolonial- und Rassenherrschaft oder anderen Formen der Fremdherrschaft; auch nicht das Recht dieser Völker, zu diesem Zweck zu kämpfen und zu versuchen, Unterstützung zu erhalten, im Einklang mit den Grundsätzen der Charta in Übereinstimmung mit der oben erwähnten Erklärung.‹ Dieser Regelung ist die Rechtfertigung des ›Befreiungskampfes‹ und seiner Unterstützung durch dritte Staaten entnommen worden, die zu einer empfindl. Relativierung des Gewaltverbots und des ebenfalls im Völkerrecht fest verankerten Interventionsverbots (→Intervention) geführt hat. Die Gegenmeinung betont, dass ein Volk oder eine Volksgruppe im gerechten Befreiungskampf nur ›im Einklang mit den Grundsätzen der Charta‹ von außen Unterstützung erlangen kann, d. h., der UN-Sicherheitsrat behält sein Gewaltanwendungsmonopol; das Veto einer Großmacht (Art. 27 Abs. 3 der UN-Charta) gegen die gewaltsame Durchsetzung des S. wäre zu respektieren.

Das S. beschränkt sich nicht auf klass. Entkolonialisierung; heute werden nur noch wenig bedeutsame Territorien als Gebiete ohne volle Selbstverwaltung geführt und bleiben in der Diskussion der UN-Gremien. Die Wiederherstellung der Einheit

Dtl.s wird als ein weiterer Anwendungsfall angesehen. Entsprechendes gilt für den Zerfall der Sowjetunion, der ČSSR und Jugoslawiens.

G. DECKER: Das S. der Nationen (1955); Sowjetunion u. S., hg. v. B. MEISSNER (1962); P. KLUKE: Selbstbestimmung. Vom Wege einer Idee durch die Gesch. (1963); Beitr. zu einem System des S., bearb. v. H. KLOSS (Wien 1970); W. HEIDELMEYER: Das S. der Völker (1973); K. RABL: Das S. der Völker (²1973); A. RIGO SUREDA: The evolution of the right of self-determination (Leiden 1973); F. ERMACORA: Die Selbstbestimmungsidee. Ihre Entwicklung von 1918 bis 1974 (Wien 1974); D. THÜRER: Das S. der Völker (Bern 1976); L. C. BUCHHEIT: Secession. The legitimacy of self-determination (New Haven, Conn., 1978); H. GROS ESPIELL: The right to self-determination (New York 1980); A. CRISTESCU: The right to self-determination (New York 1981); M. POMERANCE: Self-determination in law and practice (Den Haag 1982); F. GUBER: Das S. in der Theorie Karl Renners (1986); W. WENGLER: Das S. der Völker als Menschenrecht (1986); Nationalism, self-determination and political geography, hg. v. R. J. JOHNSTON (London 1988); J. MAYALL: Non-intervention, self-determination and the ›New World Order‹, in: International Affairs, Jg. 67 (ebd. 1991); E. W. BORNTRÄGER: Grenzen u. S., in: Ztschr. für Politik, Jg. 39 (1992); O. KIMMINICH: Das S. der Völker (1992); Modern law of self-determination, hg. v. C. TOMUSCHAT (Dordrecht 1993); S. BAER: Der Zerfall Jugoslawiens im Lichte des Völkerrechts (1995); Grenzen des S. Die Neuordnung Europas u. das S. der Völker, hg. v. E. REITER (Graz 1996); REINHARD MÜLLER: Der ›2+4‹-Vertrag u. das S. der Völker (1997); S. der Völker – Herausforderung der Staatenwelt, hg. v. H.-J. HEINTZE (1997).

Selbstbeteiligung, 1) *gesetzl. Krankenversicherung:* die Eigenbeteiligung (Zuzahlung) der Versicherten bei Inanspruchnahme bestimmter Leistungen (→Krankenversicherung). Auch in der gesetzl. Rentenversicherung sind für medizin. und sonstige Leistungen zur Rehabilitation Zuzahlungen zu leisten (§ 32 SGB VI).
2) *Versicherungswesen:* **Selbstbehalt,** beim Versicherungsnehmer verbleibender Teil eines Risikos, i. d. R. mit Prämiennachlass verbunden. Formen der S. sind: 1) Festlegung von Entschädigungshöchstgrenzen (Versicherungssummen, Deckungshöchstgrenzen), 2) proportionale S., 3) Festlegung von Beträgen, bis zu denen der Versicherungsnehmer Schäden selbst trägt (→Franchise).

Selbstbewusstsein, 1) das kognitiv und emotional wirksame Bewusstsein des Menschen von der Einheit, Kontinuität und Identität der eigenen Person in den unterschiedl. Prozessen des Wahrnehmens, Denkens, Fühlens, ungeachtet eigener, situativer und Umweltveränderungen (Störung des S.: Depersonalisation); **2)** die emotionale und kognitive Überzeugung vom positiven eigenen Wert (→Selbstwertgefühl; Ggs.: Minderwertigkeitskomplex). Das S. steht in enger Wechselwirkung mit der Wertschätzung durch die soziale Umwelt und wichtige Bezugspersonen. Diese Wechselwirkung wird in der Verhaltenstherapie genutzt, um bei mangelndem S. durch neu gelerntes ›selbstbewussteres‹, d. h. sozial kompetentes Verhalten die positive Wertschätzung der sozialen Umwelt zu erringen und infolge dieser Wertschätzung selbstbewusst zu werden (→Selbstsicherheitstraining).

In der *Philosophie* bezeichnet S. die Rückwendung des Bewusstseins zu sich selbst (Reflexion), bei der das individuelle Ich seine Gegenwart und Selbsttätigkeit erfasst und sich zugleich von der Welt (Nicht-Ich) unterscheidet. Mit der von R. DESCARTES eingeleiteten systemat. Hinwendung des Denkens zum eigenen Subjekt wird das S. zum Fundament rationaler Methode, insofern sie von der Selbstgewissheit des Ich ausgeht. Für I. KANT ist das empir. S. Ausdruck eines denkenden Subjekts überhaupt, eines rein formalen, ursprüngl. und stets identischen S.: das alles Vorstellen und Begreifen a priori bedingende Bewusstsein des ›Ich denke‹ (transzendentale Einheit der Apperzeption). J. G. FICHTES subjektiver Idealismus leitet alle Erkenntnisse aus der absolut verstandenen Tätigkeit des reinen S. ab, während G. W. F. HEGEL das S. des einzelnen Menschen als Instrument überindividueller Sichselbstfindung des absoluten Wissens begreift. Bei S. KIERKEGAARD erfasst sich das individuelle S. in Zusammenhang mit existenziellen Erfahrungen der Angst und Verzweiflung, bei M. HEIDEGGER als Bewusstsein zum Tode. J.-P. SARTRES Begriff des S. ist der eines Bewusstseins für sich (Für-sich-Sein), das sich wesentlich als schöpfer. Intentionalität erfüllt. Demgegenüber beziehen K. R. POPPER und J. C. ECCLES für ihre Hypothese vom selbstbewussten Geist als funktionale Leib-Seele-Beziehung wissenschaftstheoret. sowie neurophysiolog. Ansätze ein.

U. ROHR-DIETSCHI: Zur Genese des S. (1974); M. BARTELS: S. u. Unbewußtes (1976); E. DÜSING: Intersubjektivität u. S. (1986); W. HINSCH: Erfahrung u. S. (1986); Zur Theorie des S. von Fichte bis Sartre, hg. v. M. FRANK (1991); J. C. ECCLES: Die Evolution des Gehirns – die Erschaffung des Selbst (a. d. Engl., ³1994); Das Ich u. sein Gehirn, Beitrr. v. K. R. POPPER u. J. C. ECCLES (a. d. Engl., Neuausg. ⁵1996).

Selbstbild, *Psychologie:* das →Selbstkonzept.

Selbstbindung der Verwaltung, die bei behördl. Ermessensentscheidungen zu beachtende Auswirkung des Gebots der Rechtsanwendungsgleichheit. Eine Behörde darf von einer mehrmals in gleicher Weise ausgeübten Ermessenshandhabung oder einer Verwaltungsvorschrift nur abweichen, wenn sie für die versch. Behandlung einen sachl. Grund vorweisen kann. Dies ist z. B. dann der Fall, wenn die bisherige Praxis rechtswidrig war (keine Gleichheit im Unrecht), wenn neue Tatsachen vorliegen, wenn sich die Rechtslage geändert oder die bisherige Praxis sich als unzweckmäßig herausgestellt hat.

Selbstbiographie, andere Bez. für →Autobiographie.

Selbstblock, →Eisenbahnblock.

Selbstbuchen, *Postwesen:* das Versandfertigmachen von Einschreib- und Nachnahmebriefen (Voraussetzung mindestens zehn Sendungen pro Einlieferung) sowie Paketen (Voraussetzung mindestens 500 Pakete pro Jahr) durch den Absender.

Selbstdefokussierung, →nichtlineare Optik.

Selbstdifferenzierung, *Biologie:* die unabhängig von der Umgebung und von äußeren stimulierenden Einflüssen erfolgende Differenzierung von Zellen oder Zellverbänden, im Unterschied zur nichtautonomen Differenzierung, die z. B. durch angrenzendes Gewebe erst stimuliert wird.

Selbst|eintritt, 1) *Handelsrecht:* im Kommissionshandel die Übernahme der zu verkaufenden oder die Lieferung der zu kaufenden Waren oder Wertpapiere durch den Kommissionär selbst (§§ 400 ff. HGB). Eine Bank führt alle Aufträge zum Kauf und Verkauf von Wertpapieren, die an der Börse zum amtl. Handel zugelassen sind, als Kommissionär durch S. aus, ohne dass es einer ausdrückl. Anzeige gemäß § 405 HGB bedarf. Im Recht der Spedition ist auch der Spediteur zum S. berechtigt, also dazu, den Transport nicht nur zu organisieren, sondern selbst auszuführen; in diesem Fall hat er die Rechte und Pflichten eines Frachtführers (§ 412 HGB).
2) in *anderen Rechtsgebieten:* →Eintrittsrecht.

Selbst|energie, *Physik:* die durch die Wechselwirkung eines Teilchens mit dem von ihm selbst erzeugten →Feld (**Selbstwechselwirkung**) bedingte Energie des Teilchens. In der *Quantenfeldtheorie* wird die Entstehung der S. durch die Wechselwirkung der Materieteilchen mit den Quanten der ankoppelnden Felder beschrieben. Ein Elektron z. B. besitzt eine S. aufgrund der Rückkopplung mit dem von seiner Ladung erzeugten elektromagnet. Strahlungsfeld bzw. den zugehörigen Feldquanten, den Photonen. In Festkörpern spielt außerdem die S. von Quasiteilchen, z. B. eines Bandelektrons (oder Defektelektrons) bezüglich der Quanten der Gitterschwingungen, den Phononen, eine Rolle (→Polaron); die zugehörigen Energieeigenwerte verschieben sich dabei um den Betrag der Selbstenergie.

In der *klass. Elektrodynamik* ergibt sich die S. eines ruhenden, punktförmigen Elektrons oder eines anderen geladenen Teilchens aus dem coulombschen Gesetz und ist unendlich. Diese Schwierigkeit wird erst in der *Quantenelektrodynamik* aufgehoben, in der eine zu endl. Werten führende →Renormierung von Masse und Ladung vorgenommen wird.

Selbst|entladewagen, offener Güterwagen (→Eisenbahnwagen) für den Transport von Schüttgütern (Erz, Kohle, Sand, Kies u. Ä.), bei dem das Transportgut nach Öffnen einer Seiten- oder Bodenklappe aufgrund der eigenen Schwere herausrutscht.

Selbst|entladung, bei →Akkumulatoren auftretende Entladung ohne äußere Belastung; zunehmend bei geringsten Verunreinigungen des Elektrolyts und bei hoher Temperatur.

Selbst|entzündung, Entflammung (Entzündung) eines brennbaren Stoffes ohne Wärmezufuhr von außen durch spontane chem. Reaktionen oder physikal. Vorgänge (z. B. Reibung), die in oder an der Oberfläche der Brandstoffe die erforderl. Wärmeenergie erzeugen. Selbstentzündl. Stoffe sind z. B. weißer Phosphor, Gemische aus brennbarem Material und starken Oxidationsmitteln wie Perchlorat und Peroxide, frisch geglühte Holzkohle, feuchtes Heu und ölgetränkte Stoffreste. Die Temperatur, bei der es zur S. kommt **(S.-Temperatur),** ist umso niedriger, je größer das Volumen des Stoffes ist, z. B. für Korkmehl 130 °C bei 10 l, 200 °C bei 10 ml.

Selbst|erfahrungsgruppe, *Psychotherapie:* meist in regelmäßigen Abständen über einen gewissen Zeitraum hinweg zusammentretende Gruppe, in der den Teilnehmern systematisch (z. B. durch Einbeziehung von Rollenspielen) vermittelt wird, wie sie sich (ihre Person und ihr Verhalten) emotional wahrnehmen und wie sie selbst von anderen wahrgenommen werden. S. werden (in unterschiedl. Form) u. a. im Rahmen der Gruppentherapie sowie der Fortbildung von Ärzten (M.→BALINT) und der Ausbildung und Supervision von Psychotherapeuten gebildet.

Selbst|erhaltungstrieb, die Gesamtheit der Antriebe, die für die Lebenserhaltung eines Individuums zweckmäßig sind (z. B. Nahrungs-, Schutztrieb).

In der *Ethik* wird der S. nur in seiner übersteigerten Form (Egoismus, Habsucht, Aggression) verworfen; der S. rechnet als solcher zu den Pflichten der Person gegen sich selbst. Dies schließt aber den Konflikt mit anderen Pflichten nicht aus. Er wird dadurch möglich, dass die Befolgung des S. wie der aller Triebe beim Menschen der Kontrolle der Vernunft und eines von ihr geleiteten Willens unterliegen kann. Dies erlaubt eine Sublimierung von Triebwünschen, die dem S. entgegengesetzt sein kann.

In allgemeiner Form wurde der S. schon von B. DE SPINOZA (›Ethik‹ III, 1677) als Streben (›conatus‹) eines jeden Dinges definiert, in seinem Sein zu verharren. Nach I. KANT hat das Individuum sich selbst gegenüber die moral. Pflicht der Selbsterhaltung. Nach G. W. F. HEGEL unterliegt die organ. Natur (gegen alles Unorganische) einem Prozess der Selbsterhaltung. In darwinist. Sicht hat H. SPENCER den Begriff ›self-preservation‹ popularisiert. Auch in die physiolog. Theorie (Prinzip der →Homöostase; W. B. CANNON) und in die kybernet. Betrachtungsweise organ. Systeme (N. WIENER) hat dieses Prinzip Eingang gefunden. Ältere Versionen finden sich in der Lehre von der Selbstheilkraft der Natur (›vis medicatrix naturae‹).

Die neuere Verhaltensforschung unterscheidet eine Reihe anlagebedingter (instinktiver) Mechanismen, die dem Ziel der Selbsterhaltung dienen.

Die Motivation des menschl. Handelns, hg. v. T. THOMAE (⁹1976); I. EIBL-EIBESFELDT: Grundr. der vergleichenden Verhaltensforschung (⁷1987).

Selbst|erkenntnis, das Auffinden und Kennenlernen der eigenen Persönlichkeitsstrukturen, meist verstanden als ein rückgewendeter Prozess der Selbstfindung oder Selbstbesinnung; das Wissen um die Bewusstseinsinhalte und Ichzustände des erkennenden Subjekts ist allerdings immer nur eingeschränkt möglich. In der *Philosophie* wird der Begriff einerseits im ethischen Sinne verwendet, und zwar in Anknüpfung an die Inschrift über dem Tempel von Delphi ›gnothi seauton‹ (griech. ›erkenne dich selbst‹). So stellte SOKRATES die S. des Menschen, nicht wissend zu sein und des Nachdenkens zu bedürfen, um wissender zu werden, und das sittl. Gutsein in den Mittelpunkt seiner Philosophie; in der Aufklärung sollte die Aufforderung ›sapere aude‹ (lat. ›habe Mut, dich deines eigenen Verstandes zu bedienen‹) das menschl. Denken von der Bindung an Traditionen und Autorität befreien und zur Eigenständigkeit führen. Darüber hinaus kann jedes philosoph. Fragen zugleich der S. dienen, insofern zum Nachdenken auch ein Wissen über das sich zu sich selbst verhaltende Subjekt gehört. Andererseits diente der Begriff S. im erkenntnistheoret. Sinne aufgefasst als Rückwendung auf das eigene Ich erstmals bei R. DESCARTES (›Ich denke, also bin ich‹) dazu, eine sichere Basis für das menschl. Wissen zu konstituieren. Daneben kann S. zuweilen als der für das menschl. Erkennen einzig gangbare Weg zu Gott angesehen werden (AUGUSTINUS, Mystik).

In der *Psychotherapie* wird die Bereitschaft zur S., d. h. zur Hinterfragung vorherrschender individueller Orientierungen, oft als Voraussetzung für eine Änderung der eigenen Verhaltensweisen und damit für einen Therapieerfolg angesehen. In anderer Hinsicht wird S. aber von der Psychoanalyse und den Sozialwissenschaften kritisch betrachtet, da das Prinzip der Erkenntnissicherung durch die S. ein autonomes, ausschließlich aus sich selbst heraus urteilendes Subjekt voraussetzt, dieses aber immer schon gesellschaftlich vermittelt ist.

Selbst|erregung, →dynamoelektrisches Prinzip.

Selbstfahrer, 1) *Landtechnik:* Abk. **SF,** landwirtschaftl. Maschine, i. d. R. Erntemaschine, die mithilfe eines eigenen Fahrwerks selbstständig fahren kann, wie SF-Mähdrescher, SF-Feldhäcksler, SF-Rübenerntemaschine. S. sind wendiger als vom Schlepper gezogene Maschinen, sie haben sich v. a. bei Mähdreschern durchgesetzt.

2) *Recht:* Mieter eines Kfz, das von ihm selbst gesteuert wird. Wer an S. vermietet, muss seinen Gewerbebetrieb der Gewerbeaufsichtsbehörde melden; die Fahrzeugpapiere tragen den Vermerk ›S.-Vermietfahrzeug‹ (§ 14 Gewerbeordnung; Überwachungs-VO vom 4. 4. 1955, mit Änderungen).

3) *Schifffahrt:* Güterschiff der Binnenschifffahrt mit eigener Antriebskraft.

Selbstfahrlafette, i. d. R. Vollkettenfahrzeug mit fest aufmontiertem, meist aber gegen Geschoss- und Splitterwirkung nicht geschütztem Raketenwerfer oder Geschütz.

Selbstfertilität, Selbstkompatibilität, Selbstfruchtbarkeit, 1) *Botanik:* die Eigenschaft von Pflanzen, nach einer →Selbstbestäubung bzw. Selbstbefruchtung keimfähige Samen hervorzubringen.

2) *Obstbau:* die Fruchtbarkeit innerhalb einer Sorte.

Selbstfinanzierung, die Finanzierung aus einbehaltenen Gewinnen (Gewinnthesaurierung); Teil der Innenfinanzierung. Die **offene** S. umfasst diejenigen Umsatzüberschüsse, die im Jahresabschluss als Ein-

Selb Selbstfokussierung – Selbsthilfe

stellung in die Gewinnrücklagen ausgewiesen werden oder bei Einzelfirmen und Personengesellschaften auf dem Kapitalkonto stehen bleiben. Unter *stille S.* subsumiert man den Teil des erwirtschafteten Gewinns, der aufgrund der Bilanzierungsvorschriften und -wahlrechte nicht bilanziert wurde. Einbehaltene Gewinne stärken die Eigenkapitalbasis und sind deshalb vom Gesetzgeber durch gesetzl. Rücklagen und vorsichtige Wertansätze in der Bilanz teilweise erzwungen. Das Unternehmen kann die stille S. durch Bilanzpolitik und die offene S. über die Ausschüttungspolitik beeinflussen. Die S. stellt eine wichtige und v. a. für kleinere und mittlere Unternehmen oft die einzige Quelle der Eigenfinanzierung dar.

Ein Finanzierungsproblem ist bei der S. nur in der Ausschüttungsentscheidung des Unternehmens zu sehen, da die Gewinne über die Umsatzerlöse dem Unternehmen vor der Gewinnfeststellung zufließen und nicht durch Vereinbarungen mit Kapitalgebern beschafft werden. Ihre Höhe hängt ausschließlich vom unternehmer. Erfolg ab. Die Finanzierungstheorie behandelt die optimale S. deshalb unter dem Begriff der optimalen Dividendenpolitik.

Selbstfokussierung, →nichtlineare Optik.

Selbsthemmung, die Eigenschaft einer Maschine, eines Maschinen- oder Verbindungselementes, aufgrund innerer Kräfteverhältnisse einen Antrieb nur von der Antriebsseite her zuzulassen. Bei abtriebsseitigem Antrieb blockiert das System von selbst, z. B. durch Umkehr der Wirkungsrichtung von Reibungskräften und damit verbundener Vergrößerung der Reibung. S. tritt v. a. bei Keilen und Schrauben auf, wenn der Keil- bzw. Steigungswinkel kleiner ist als der wirksame Reibungswinkel, d. h., wenn der eingeschlagene Keil nicht aus der Kerbe herausspringt und die Schraube festsitzt. Alle kraftschlüssigen Freiläufe nutzen die S. Schnecken- und Umlaufrädergetriebe mit großem Übersetzungsverhältnis sind selbsthemmend, nicht dagegen Maschinen mit eingebauter Rücklaufsperre.

Selbstherrscher, russ. **Samoderschez, Samoderžec** [-ʒets], dem griech. Autokrator nachgebildetes Herrscherepitheton in Russland, v. a. nach der Beendigung der tatar. Oberherrschaft (1480) seit Anfang der 1490er-Jahre; als Bestandteil der offiziellen Titulatur der Moskauer Herrscher erst ab 1589 im Verkehr mit dem Ausland, seit der Mitte des 17. Jh. auch im Innern regelmäßig verwendet; wurde bes. im 19. Jh. in Russland zum Zentralbegriff der Ideologie absoluter Herrschaft (Autokratie).

Selbsthilfe, 1) *Recht:* der eigenmächtige Eingriff in einen fremden Rechtsbereich zur Sicherung oder Befriedigung eines Anspruchs. Die S. ist, da der Rechtsschutz grundsätzlich Sache der Behörden und Gerichte ist, grundsätzlich unzulässig, im *bürgerl. Recht* (§ 229 BGB) aber erlaubt in Form von Wegnahme, Beschädigung oder Zerstörung einer fremden Sache sowie Festnahme eines fluchtverdächtigen Schuldners, wenn obrigkeitl. Hilfe nicht rechtzeitig zu erlangen ist und ohne sofortiges Eingreifen die Verwirklichung des Anspruchs vereitelt oder wesentlich erschwert würde. Die S. darf nicht weiter gehen, als zur Abwendung dieser Gefahr erforderlich ist, die weitere Durchsetzung des Anspruchs hat mithilfe der Gerichte zu erfolgen (§ 230 BGB). Wer eine S.-Handlung in der irrigen Annahme vornimmt, dass die für deren Rechtmäßigkeit erforderl. Voraussetzungen vorliegen, macht sich, auch wenn der Irrtum unverschuldet war, schadensersatzpflichtig (§ 231 BGB). S.-Recht ist auch das Recht des Besitzers, sich verbotener Eigenmacht mit Gewalt zu erwehren und eine weggenommene bewegl. Sache dem verfolgten Täter wieder abzunehmen (§ 859 BGB), ferner das Recht des Grundstücksvermieters (-verpächters) und des Gastwirts, die Entfernung der ihrem gesetzl. Pfandrecht unterliegenden Sachen zu verhindern (§§ 561, 581, 704 BGB). – Über S. im *Strafrecht* →Notwehr.

Ähnlich geregelt ist die S. im österr. (in §§ 19, 344 ABGB) und im *schweizer.* Recht (in Art. 52 Abs. 3 OR; Art. 926 ZGB).

Im *Völkerrecht* bedeutet S. Maßnahmen der Rechtswahrung eines Staates gegenüber einem anderen Staat im Fall einer Rechtsverletzung und mangels einer regulären Möglichkeit der Abhilfe. Die S. kann in der Selbstverteidigung gegen einen Angriff oder eine sonstige Rechtsbeeinträchtigung und in der gewaltlosen Rechtsdurchsetzung, bes. durch →Repressalien, bestehen.

2) *Sozialpädagogik* und *Sozialpolitik:* Begriff, der die auf Eigeninitiative, Selbstorganisation und Selbstbestimmung beruhende Arbeit von Personen und Gruppen bezeichnet und diese v. a. gegenüber (sozial-)staatl. Hilfsangeboten und Interventionen absetzt. Indem sich S. auf ein überindividuelles, auf soziale Erscheinungen und auch fremden Bedarf gerichtetes Handeln bezieht, unterscheidet sie sich von Eigenarbeit (zur Selbstversorgung). In dem Maß, wie sie nicht primär an Erwerbszielen, sondern an ›gemeinschaftl. Wohlfahrtsproduktion‹ (F. Schulz-Nieswandt) orientiert bzw. auf gegenseitige Hilfe ausgerichtet ist, kann S. auch von Bereichen wie Alternativökonomie (→alternative Unternehmen) und →Schattenwirtschaft unterschieden werden, wenngleich sich in der Wirklichkeit zahlr. Überschneidungen finden.

Historisch bildeten nichtstaatl. Hilfeformen und Unterstützungssysteme in Europa vor der industriellen Revolution die Grundlage gemeinschaftl. und individueller Nothilfe und Sicherungssysteme. Sowohl in den ländl. Gemeinschaften als auch in den Städten Alteuropas, ebenso noch heute in vor- oder wenig industrialisierten Gesellschaften dienten vielfältige Nachbarschafts-, Verwandtschafts-, Berufs-, Genossenschafts- und Altersgruppen der gegenseitigen Nothilfe und stellten ein – freilich löchriges – Netz sozialer Sicherungen dar, das aber durch die Auflösung altständ. Ordnungen im Übergang zur Industriegesellschaft funktionsunfähig wurde. Öffentl. und private Träger der Wohlfahrt wurden sozialstaatl. Einrichtungen und Interessenorganisationen (Gewerkschaften, Genossenschaften, Konsumvereine) traten an die Stelle der S. Lange Zeit ließ sich die Idee der S. nur noch in der Vorstellung ›ehrenamtl. Tätigkeiten‹ wiederfinden und trat erst im Laufe der 1960er- und 70er-Jahre wieder stärker in Erscheinung. Den Anfang machten →Selbsthilfegruppen, die ein spezif. Problem in dezentraler, individuellen Bedürfnissen entsprechender Weise angehen wollten und damit zugleich auf Lücken im staatl. Angebot sozialer Hilfen reagierten. Die S.-Idee fand darüber hinaus im Umfeld der Studentenbewegung und der aufkommenden Alternativbewegung Widerhall, zumal sich hier auch polit. Ideen der selbstbestimmten Arbeit, der Selbstorganisation von Betroffenen und der unmittelbaren Befriedigung konkreter Bedürfnisse sowie antistaatl. Impulse realisieren ließen. Von hier aus führte der Weg sowohl zu den Bürgerinitiativen der 70er-Jahre als auch zur entwicklungspolit. Diskussion der 80er-Jahre (›Hilfe zur S.‹) sowie zu den Projektkonzeptionen der →neuen sozialen Bewegungen, bes. der Frauenbewegung. In der Folge dieser auf gesellschaftl. Selbstorganisation bezogenen Entwicklungen haben sich die mit dem Konzept der S. verbundenen gruppenspezif., dezentralen und flexiblen Organisationsformen noch ausgeweitet und erfahren z. B. auch im Rahmen kommunitarist. Sozialphilosophie Wertschätzung. Damit erstreckt sich S. nicht nur auf den (sozial-)therapeut. und karitativen Bereich, sondern umfasst neben den Bereichen des Zusammenlebens (z. B. Männer-Frauen-Gruppen), der Ökologie und der Arbeitswelt auch die Bereiche Kultur und Bildung (freie Schulen, freie Theater), Politik und Verwaltung (selbst verwaltete Kultur- und Jugendzentren, Frauenhäuser, Dritte-Welt-Initiativen), Gesundheit (z. B. Gesundheitsläden) und Medien (freie Radios, Stadtteilzeitungen).

In der aktuellen Diskussion um die Finanzierungsprobleme der öffentl. Hilfesysteme wird den Möglichkeiten der S. verstärkt Aufmerksamkeit geschenkt. Gestützt wird diese Tendenz durch die Einsicht, dass viele gerade im zwischenmenschl. Bereich notwendigen Hilfeleistungen, z. B. die Begleitung Sterbender, nicht oder nicht primär durch öffentl. Einrichtungen geleistet werden können, allerdings sehr wohl staatl. Unterstützung bedürfen. Auch zeigen Untersuchungen, dass S. keineswegs durchgängig als Gegensatz zu Professionalität und institutionalisierter Hilfe aufzufassen ist, sondern vielfach in Wechselbeziehung zu vorhandenen Institutionen und in einem Komplementaritätsverhältnis zu den Möglichkeiten des Sozialstaats steht (→Subsidiarität). Die Einschätzungen der gesamtgesellschaftl. Effekte der S. und ihrer Bedeutung für die Zukunft sind widersprüchlich: Sie reichen von der positiven Würdigung der S., die in modernen Gesellschaften ›die Entwicklung und Ausbreitung freiheitlich-demokrat. und solidarisch-kooperativer Einstellungen, Verhaltensweisen und Lebensformen‹ begünstige (K.-H. HILLMANN), über die grundsätzl. Einschränkung, S. sei »keineswegs denkbar als umfassende Ordnungsidee für Wirtschaft und Gesellschaft, eher als situationsgebundenes ›Kind der Not‹« (SCHULZ-NIESWANDT), bis hin zur Kritik der S. als Kompensation mangelnder Sozialpolitik und neoliberaler Zerstörung sozialstaatl. Sicherungen.

⇨ *Alternativkultur · Partizipation · Solidarität · Sozialstaat*

B. RUNGE u. F. VILMAR: Hb. S. (Neuausg. 1988); K.-H. HILLMANN: Wertwandel. Zur Frage soziokultureller Voraussetzungen alternativer Lebensformen (²1989); F. SCHULZ-NIESWANDT: Wirkungen von S. u. freiwilliger Fremdhilfe auf öffentl. Leistungssysteme (1989); Formen der Eigenarbeit, hg. v. R. G. HEINZE u. C. OFFE (1990); L. BÖHNISCH: Gespaltene Normalität. Lebensbewältigung u. Sozialpädagogik an den Grenzen der Wohlfahrtsgesellschaft (1994).

Selbsthilfegruppen, eine zunächst in den USA, seit den 1970er-Jahren auch in Westeuropa verbreitete Form des freiwilligen Zusammenschlusses von Menschen, die durch ein gleich gelagertes Problem (z. B. Drogenabhängigkeit, Alkoholkrankheit, psych. Probleme, chron. Krankheit, Tod eines nahen Angehörigen, Behinderung, soziale Randlage oder Benachteiligung) verbunden sind und sich ohne professionelle Ausbildung, oft auch ohne staatlich-gesellschaftl. Abstützung und Förderung, gegenseitig helfen. Das Ziel kann sowohl in der individuellen (Selbst-)Hilfe als auch in der Ausbildung von Gruppenidentität und in der Wirkung nach außen (Problembewusstsein in der Öffentlichkeit, Interessenvertretung) bestehen. Da staatl. Hilfe oft sehr spät einsetzt und häufig langwierige Genehmigungsverfahren voraussetzt, stellen S. die aktive →Selbsthilfe in den Vordergrund. Während in den 1970er- und 80er-Jahren mit der Idee der S. auch gesellschaftsverändernde Ansprüche verbunden waren, stellen S. inzwischen ein vielgestaltiges Netz der individuellen und gruppenbezogenen Hilfen und Orientierungen dar, ohne dass dabei auch polit. Perspektiven entwickelt werden. Mehrheitlich sind die S. im Gesundheitsbereich angesiedelt. – Die Zahl der S. in Dtl. wird gegenwärtig auf etwa 70 000 mit annähernd 3 Mio. Mitgl. geschätzt. In derzeit mehr als 250 dt. Städten finden S. und interessierte Betroffene spezielle Kontaktstellen zur Anregung und Unterstützung der S.-Arbeit.

M. L. MOELLER: S. Anleitungen u. Hintergründe (Neuausg. 1996); J. MATZAT: Wegweiser S. (1997).

Selbsthilfeverkauf, Notverkauf, *Zivilrecht:* der anderweitige Verkauf geschuldeter Waren durch den Lieferanten, wenn der Besteller in Annahmeverzug (Gläubigerverzug) und die Ware zur Hinterlegung nicht geeignet ist. Beim Handelskauf ist der S. auch von hinterlegungsfähigen Sachen zulässig. Der S. muss vorher angedroht (es sei denn, dies ist nicht sinnvoll, z. B. bei leicht verderbl. Ware) und durch öffentl. Versteigerung oder einen öffentlich ermächtigten Handelsmakler vorgenommen werden. Hat die Sache einen Börsen- oder Marktpreis, so kann sie auch durch freihändigen Verkauf veräußert werden. In jedem Fall tritt der Erlös an die Stelle des ursprüngl. Leistungsgegenstandes. Die Kosten des S. fallen grundsätzlich dem Besteller (Gläubiger) zur Last (§§ 383 ff. BGB, 373 HGB).

Selbsthypnose, die →Autohypnose.

Selbst|induktion, Eigen|induktion, die magnet. Rückwirkung eines sich ändernden elektr. Stroms auf den eigenen Leiterkreis (→Induktivität).

Selbst|induktionsko|effizi|ent, Selbst|induktivität, →Induktivität.

Selbstklebefoli|en, transparente oder undurchsichtige, auch bedruckte Folien mit integrierter Klebeschicht (auf der Basis von Polyisobuten, Polyvinyläther oder Kautschuk), die durch eine oberflächlich mit Siliconen behandelte Papierbahn, die vor Gebrauch abgezogen wird, geschützt ist. S. werden zum Kaschieren von Holzflächen, Wänden u. a. eingesetzt. Als Träger dienen Zellglas, Polyvinylchlorid, Polyäthylen und Polyäthylenterephthalat (→Polyester).

Selbstklinger, *Musik:* svw. →Idiophone.

selbstkonsistent, *Physik:* →Hartree-Fock-Methode.

Selbstkontrahieren, der Abschluss eines Rechtsgeschäfts, das jemand als Vertreter eines anderen entweder mit sich selbst im eigenen Namen oder mit sich als Vertreter eines Dritten (Doppel- oder Mehrfachvertretung) vornimmt **(Insichgeschäft);** Beispiel: Der Vormund verkauft einen Gegenstand, der dem Mündel gehört, an sich selbst. § 181 BGB verbietet das S. mit Ausnahme der Fälle, in denen es dem Vertreter durch Gesetz oder durch Rechtsgeschäft (z. B. in der Vollmacht) gestattet ist, oder das Rechtsgeschäft ausschließlich in der Erfüllung einer wirksam bestehenden Verbindlichkeit besteht. Darüber hinaus ist im Hinblick auf den Schutzzweck des § 181 BGB ein Insichgeschäft auch dann zulässig, wenn es für den Vertretenen rechtlich vorteilhaft ist. Ein Verstoß gegen das Selbstkontrahierungsverbot hat nicht die Nichtigkeit des Rechtsgeschäfts zur Folge, es ist vielmehr schwebend unwirksam, d. h., der Vertretene kann es durch seine Genehmigung wirksam werden lassen.

Selbstkontrolle, 1) die Fähigkeit, die Befriedigung aktueller Bedürfnisse wertorientiert aufgeben oder zurückstellen zu können; 2) im Rahmen einer Verhaltenstherapie absichtlich und planmäßig durchgeführte Verhaltensänderungen mit wesentl. Anteilen der Selbststeuerung (Selbstregulation, Selbstmanagement, Selbsthilfeverfahren). Der Prozess der S. wird untergliedert in Phasen der Selbstbeobachtung, der Selbstbewertung und der Selbstverstärkung. S. als Methode verlässt sich nicht auf die ›Willensstärke‹ eines Menschen, sondern sukzessive lernt er, mit einem Verhaltenssystem (dem kontrollierenden Verhalten) ein anderes Verhaltenssystem (das kontrollierte Verhalten) zu steuern. Eingesetzt wird die S. v. a. zur Suchtbewältigung, Depressions- und Angsttherapie wie auch bei Konzentrations- und Arbeitsstörungen. (→Selbstbeherrschung)

Selbstkonzept, Selbstbild, ein relativ konsistentes, aber änderbares System von Erwartungen, Beurteilungen, Überzeugungen, Gefühlen und Wunschvorstellungen bezüglich der eigenen körperl., psycholog., sozialen und Verhaltensmerkmale (Fähigkeiten, Aussehen, Interessen, Gefühle, Werte u. a.). Es ist damit einerseits ein wesentl. Teil der Persönlichkeit, aus dem heraus die Person spontan und kreativ handelt, andererseits ist es auch Gegenstand der Betrachtung (das ›Ich‹ und das ›Mich‹ bei W. JAMES). Die Überschneidung mit verwandten Begriffen wie Persönlichkeit, Selbst und Ich ist groß. Das S. entsteht (auch ohne direkte Selbstbefragung) in Auseinandersetzung mit der sozialen Umwelt, mit deren Erwartungen und deren Reaktionen auf die eigene Person, sowie aus der Selbstbeobachtung des eigenen Verhaltens und der eigenen inneren (kognitiven und körperlich-emotionalen) Prozesse. Wegen der Vielfalt der Aspekte, die im S. enthalten sind, wird es auch in (je nach Autor unterschiedl.) S. aufgeteilt, z. B. in das reale S. (das der Wirklichkeit entspricht), das ideale S. (das Idealbild dafür, wie eine Person sein möchte) und das soziale S. (das der anderen vermutete Bild von der eigenen Person und das bei anderen vermuteten [Rollen-]Erwartungen an die eigene Person).

I. M. DEUSINGER: Frankfurter S.-Skalen (1986); S.-Forschung, hg. v. S.-H. FILIPP (^{3}1993).

Selbstkosten, die Summe aller Kosten, die in einem Betrieb durch Produktion und Absatz von Erzeugnissen insgesamt oder je Mengeneinheit des Erzeugnisses entstehen. Die S. umfassen Material-, Fertigungs-, Verwaltungs- und Vertriebskosten und können im Rahmen von Vor- und Nachkalkulationen berechnet werden. Bei öffentl. Aufträgen kann der S.-Preis in Rechnung gestellt werden (→öffentliche Auftragsvergabe).

Selbstkritik, kritische Prüfung, Bewertung und Infragestellung (→Kritik) des eigenen Denkens und Handelns, in konstruktiver Form ein wichtiges Mittel zur geistigen und sittl. Vervollkommnung der eigenen Persönlichkeit. Als philosoph. Wahrheitssuche entspricht die S. der Forderung nach Selbsterkenntnis.

In diktatorisch regierten, von einer vorherrschenden Ideologie bestimmten Staaten spielt die methodisch (oft unter Druck) eingesetzte S. eine besondere Rolle als Mittel der Propaganda und Indoktrination im Sinne der herrschenden Lehre und polit. Linie. Im Extremfall üben wirkl. oder vermeintl. Regimegegner in Schauprozessen S. in Form von öffentlich abgelegten, durch Gehirnwäsche erzwungenen ›Geständnissen‹.

Selbstladewaffen, Selbstlader, mehrschüssige Waffen, bei denen nach dem Schuss das Öffnen des Verschlusses, das Auswerfen der Hülse, das Spannen des Schlosses, das Einführen einer neuen Patrone in das Lager und das Schließen des Verschlusses automatisch erfolgen (Ggs. →Mehrlader). Die erforderl. Energie hierzu wird entweder den Pulvergasen oder dem Rückstoß entnommen. I. e. S. zählen zu den S. nur diejenigen Waffen (v. a. Pistolen), bei denen vor jedem Schuss der Abzug erneut durchgezogen werden muss **(halbautomatische Waffen).** I. w. S. können darüber hinaus vom Grundprinzip her auch die für Dauerfeuer geeigneten vollautomat. Waffen (→Maschinenwaffen) als S. bezeichnet werden. – Im *Schießsport* zählen zu den S. Schnellfeuerpistole und Sportpistole.

D. HEINRICH: Die Selbstlade- u. automat. Handfeuerwaffen (1986); Gesch. u. Technik der Selbstladepistole, Beitrr. v. W. MOOTZ u. a. (1989).

Selbstlaut, der →Vokal.

selbstlenzende Plicht, das Cockpit einer Segeljacht, das bei Vollschlagen mit Wasser durch ein mit einem Rückschlagventil versehenes Abflussrohr wieder leer läuft.

Selbstliebe, aus der Antike stammender Begriff (griech. philautia, lat. amor sui), der zwei versch. Bedeutungen mit gegensätzl. Bewertungen umschließt. Einerseits meint er das (zunächst triebhafte) Verlangen nach Befriedigung der eigenen Bedürfnisse, das bes. der Selbsterhaltung (→Selbsterhaltungstrieb) dient. Andererseits wird S. als auf Bildung und Ausbildung der Persönlichkeit gerichtet verstanden, bes. auf die Gewinnung und Stärkung von sittlich als positiv geschätzten Haltungen, zu denen auch Rücksicht und Hilfsbereitschaft gegen andere gehören. In dieser Hinsicht umfasst S. auch die Fähigkeit der Selbstbehauptung und der Wahrnehmung zustehender Rechte zur Erhaltung und Entfaltung der eigenen Persönlichkeit. Formen der S., die diese eth. Perspektiven vermissen lassen, treten in Egoismus, übersteigertem Geltungsbedürfnis, Eitelkeit, Hochmut u. ä. Haltungen zutage. – Der Zwiespalt zw. diesen beiden Auffassungen der S. durchzieht die ganze Geschichte der abendländ. Ethik, oft ohne genügende Begriffsklärung oder unter Hervortreten nur einer Seite. Im Französischen hat sich seit der Moralistik im 17. Jh. bes. durch J.-J. ROUSSEAU eine Unterscheidung von ›amour de soi(-même)‹ als Selbsterhaltungstrieb des unschuldigen Naturmenschen und ›amour propre‹ als negativ bewerteter Geltungs- und Eigensucht ergeben. Wurde aus christlicher Sicht die S. oft als der Gottes- und Nächstenliebe entgegenstehend angesehen, wird heute darauf hingewiesen, dass S. im Sinne des verantwortl. Sorgetragens für die eigenen Bedürfnisse und der Persönlichkeitsentfaltung die Basis dafür bildet, aus Verantwortlichkeit und Liebe für den Nächsten sorgen zu können.

Selbstmedikation, eigenverantwortl. Behandlung von geringfügigen Gesundheitsstörungen (z. B. Kopfschmerzen, Erkältungskrankheiten, Magen-Darm-Störungen, kleine Verletzungen) ohne Einschaltung eines Arztes mit nicht verschreibungspflichtigen Arzneimitteln oder durch Naturheilverfahren.

Die S. in Ergänzung der ärztl. Behandlung gilt als notwendiger Bestandteil und sinnvolle Entlastung des Gesundheitswesens und der Krankenversicherung; Gefahren werden v. a. darin gesehen, dass schwerwiegende Erkrankungen verschleppt und durch zu spätes Erkennen die Heilungschancen beeinträchtigt werden; zudem können auch durch rezeptfreie Arzneimittel bei langfristiger Anwendung oder falscher Dosierung sowie durch Wechselwirkung zw. versch. Arzneimitteln und durch zu lange gelagerte, v. a. angebrochene Packungen Schäden hervorgerufen werden. Eine besondere Gefährdung wird in der unkontrollierten Anwendung von Schmerzmitteln gesehen, die bei der S. an erster Stelle stehen.

Selbstmord, Selbst|tötung, Suizịd, die selbst herbeigeführte Beendigung des eigenen Lebens, im Unterschied zu S.-Handlungen, die nicht mit dem Tod enden, den S.-Versuch. Der Begriff S. ist zwar noch weit verbreitet, er wird aber seit Beginn der 1980er-Jahre von vielen Wissenschaftlern abgelehnt, weil mit dieser Bez. ablehnende Vorstellungen verbunden sein können. Es wird der Gebrauch der Bez. Suizid oder Selbsttötung vorgeschlagen.

Als *indirekter* S. (maskierter bzw. versteckter S.) wird eine Form suizidalen Verhaltens bezeichnet, die häufig zu finden ist, wenn in bestimmten Gesellschaftsgruppen suizidales Verhalten abgelehnt wird. Die Person verhält sich meist so, dass aufgrund des Arrangements der Handlung eine große Wahrscheinlichkeit besteht, getötet zu werden. Unter *indirekten suizidalen Handlungen* werden aktive oder passive Unterlassungshandlungen, die letztlich zu einem vorgezogenen Tod führen können (z. B. Nichtbefolgen ärztl. Anweisungen, Verweigern von Nahrungsaufnahme), verstanden. Als *erweiterter* S. wird ein S. bezeichnet, dem die Tötung meist naher Familienangehöriger vorangeht. Der S. wird überwiegend als Endpunkt einer Entwicklung angesehen, die zu einer Krise geführt hat, in der eine Person keine Lösung ihrer Probleme mehr erwartet und hoffnungslos ist. Aufgrund dieses Entwicklungsprozesses werden auch Ursachen und Motive für einen S. unterschieden. Zu den Ursachen gehören ererbte Anlagen und die während der Entwicklungsphase erworbenen psychopatholog. Merkmale der Persönlichkeit, die das Verhalten beeinflussen. Die Motive für den S. liegen meist in einer für unüberwindbar gehaltenen Diskrepanz zw. Lebensanspruch und Realität, in einem subjektiven und objektiven Scheitern oder einem schicksalhaft als unerträglich eingeschätzten Leidensdruck. Der Anlass für einen S. ist oft klar erkennbar, aber erst nach genauer Kenntnis der individuellen Lebenssituation zu verstehen.

Die Intention, die mit einer S.-Handlung verbunden ist, kann unterschiedlich sein, z. B. der Wunsch nach Ruhe, das Ausweichen vor einer drohenden Katastrophe, Rache für eine massive Kränkung. In unterschiedl. Anteilen enthält jede S.-Handlung sowohl einen Appell an die Umwelt, den Wunsch nach einer entlastenden Ruhepause und eine gewisse Selbstaggression. Eingebunden in gesellschaftl. Untergruppen mit eigenen Zielvorstellungen kann der S. auch im Sinne eines Selbstopfers als Mittel zur Verwirklichung von Zielen dienen (z. B. öffentl. S. als polit. Appell). In den versch. Kulturen hat der S. über Jahrhunderte hinweg recht unterschiedl. Einschätzungen erfahren, von der tabuisierten Einzelhandlung bis hin zu einem regelhaften, normativ verankerten Sozialverhalten (→Sati, →Seppuku).

Häufigkeit, Entstehung, Verhütung

S.-Statistiken unterschätzen insofern meist die tatsächl. Zahl der S., als sie noch immer weitgehend tabuisiert werden und bei bestimmten S.-Methoden (v. a. den so genannten ›weichen‹ Formen, z. B. Vergiftungen) nur aufgrund positiver Hinweise eine Klassifikation als S. möglich ist. Dies gilt umso mehr für die S.-Versuche. Die **Suizidrate** (S. je 100 000 Ew. und Jahr) ist in den einzelnen Ländern unterschiedlich, aber im jeweiligen Land relativ konstant. Im europ. Vergleich (18/100 000) liegt Dtl. etwa im Mittelbereich. Es nehmen sich im jährl. Durchschnitt etwa 15 Personen je 100 000 Ew. das Leben (Männer: 22/100 000; Frauen: 8/100 000).

Die Zahl der S.-Handlungen, die nicht zum Tod führen, liegt bei Männern etwa 5-, bei Frauen etwa 15-mal so hoch. 1996 haben sich in Dtl. insgesamt 3 497 Frauen und 8 728 Männer das Leben genommen. Die Zahl der S. nimmt mit dem Alter zu. So begehen von den mehr als 80 Jahre alten Menschen im Mittel etwa viermal so viele einen S. wie Dreißigjährige.

Ab wann man im Kindesalter von S. sprechen kann, ist umstritten, da sich erst in der Präpubertät die Erfahrung der Unausweichlichkeit und Endgültigkeit des Todes einstellt. Die Motive der relativ seltenen S. bei Kindern sind neben unklaren Todeswünschen aufgrund untragbarer Situationen (›unerwünschtes Kind‹) oft auch Vereinigungswünsche (nach dem Tod eines Elternteils). Bei Jugendlichen stellen S. dagegen neben Unfällen eine der häufigsten Todesursachen dar. Die Gründe liegen neben psych. Erkrankungen meist im zwischenmenschl. Bereich (z. B. Probleme mit den Eltern oder in der Partnerschaft) bzw. sind aus einem Umbruch im Lebenssinn und dem ambivalenten Wunsch nach schützender Geborgenheit einerseits und gesicherter Autonomie und Ablösung andererseits zu verstehen.

Zu den Risikogruppen zählen: 1) Depressive aller Art, 2) Alkohol-, Medikamenten- und Drogenabhängige, 3) alte und einsame Menschen, 4) Personen mit schweren, unheilbaren und meist tödlich endenden Erkrankungen, 5) Menschen, die einen S. ankündigen,

Selbstmord- und Selbstmordversuchsmethoden in Deutschland (1996; in %)				
	Männer		Frauen	
	Selbstmorde	Selbstmordversuche	Selbstmorde	Selbstmordversuche
Erhängen	55,96	4,4	41,58	1,8
Ertrinken	2,12	1,3	7,21	1,8
Feuerwaffen	10,21	1,1	1,63	0,2
Schneiden	2,69	24,0	2,4	17,1
Sturz	7,25	5,4	13,41	3,1
Vergiftungen	12,4	57,8	22,68	73,5
vor ein bewegtes Objekt legen	6,26	2,1	5,95	0,9
nicht näher bezeichnet	3,11	3,9	5,14	1,6

und 6) Menschen, die bereits einen S.-Versuch unternommen haben. Letztere tragen ein 50- bis 100fach höheres S.-Risiko als die Allgemeinbevölkerung, wobei die Wahrscheinlichkeit einer Wiederholung im ersten Halbjahr am größten ist. S. sind nicht immer nur ein Einzelereignis, sondern können auch im Zusammenhang mit anderen S. auftreten, z. B. mehrere S. in der Familie oder im Freundeskreis hintereinander, gehäufte S. an bestimmten Orten (z. B. Brücken) oder nach Darstellung von S. in den Massenmedien (so genannter Werther-Effekt). Eine besondere Form ist der Massen-S., bei dem eine soziale Gruppe gleichzeitig S. begeht, z. B. die Selbsttötung von 1 000 Juden auf der Festung Masada 70 n. Chr. oder von Sektenmitgliedern (Volkstempler, 1978 in Guyana; Sonnentempler, 1994 in Kanada und der Schweiz und 1995 in Frankreich; Heaven's Gate Sekte, 1997 in San Diego).

Die **S.-Prävention** hat eine fast hundertjährige Tradition: 1895 entstand die erste Telefonseelsorge in New York. In Dtl. gibt es mittlerweile in vielen größeren Städten institutionalisierte Hilfsangebote mit ununterbrochen erreichbaren Ansprech- und Anlaufstellen (z. B. Telefonseelsorge, Beratungsstellen, Kriseninterventionsdienste), die entweder den Schwerpunkt auf die präsuizidale Phase oder die Nachsorge von S.-Handlungen legen.

Die S.-Verhütung gehört zu den wichtigsten Aufgaben der Dt. Gesellschaft für Suizidprävention (DGS), auf internat. Ebene der International Association for Suicide Prevention (IASP) und der International Academy for Suicide Research (IASR).

Zur Entwicklung suizidaler Krisen gibt es versch. Modelle: In der Psychoanalyse ging S. Freud den unbewussten Motiven des S. nach (›Trauer und Melancholie‹, 1916) und entwickelte die Ansicht, dass eine

Selbstmord: Suizidraten in Deutschland 1996 je 100 000 Einwohner (nach Altersgruppen)

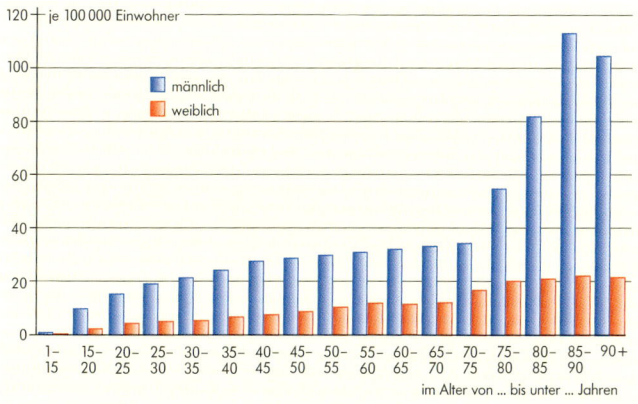

Selb   Selbstmord

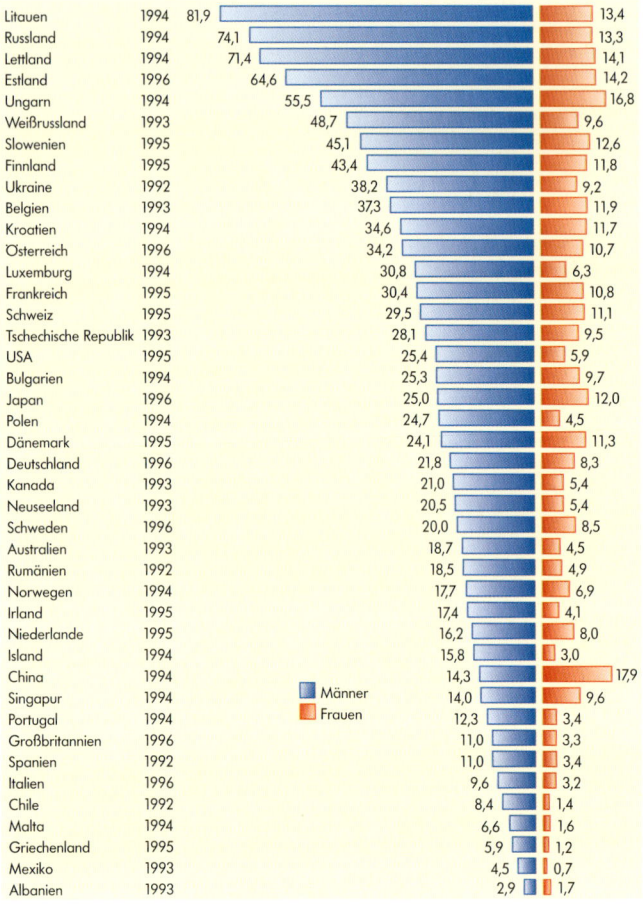

Selbstmord: Suizidraten je 100 000 Einwohner in ausgewählten Staaten

ambivalente Identifikation mit einer geliebten Person stattfindet, die im S. eigentlich getötet wird. Später sah FREUD im S. einen Abkömmling des Todestriebes. Die meisten späteren psychoanalyt. Autoren vertreten die Auffassung, dass der S. 1) eine Reaktion auf den Verlust eines Objektes (etwa den Verlust des Partners) ist, das 2) als unverzichtbar erlebt wird, wobei 3) der Verlust als bedrohl. Vorgang verstanden wird. Aufbauend auf FREUDS Todestriebtheorie, besteht nach KARL MENNINGER Suizidalität aus dem Wunsch zu töten, aus dem Wunsch, getötet zu werden, und aus dem Wunsch zu sterben. Nach HANS HENSELER schließlich liegt bei den meisten S. eine narzisst. Problematik vor, bei der sich die gefährdete Person dauernd bedroht fühlt, in einen Zustand von Lächerlichkeit, Hilflosigkeit oder Verlassenheit zu geraten, aus dem sie sich nicht mehr zu retten können glaubt. Die Gefährdung tritt dann ein, wenn aufgrund einer aktuellen Kränkung die Kompensationsmechanismen zur Stabilisierung des narzisst. Gleichgewichts nicht mehr ausreichen. Im S. wird dann weniger die Selbsttötung intendiert als vielmehr eine narzisst. Katastrophe vorweggenommen und ein Rettungsversuch durch Rückzug in einen Ruhezustand unternommen. Biologisch orientierte Theorien nehmen für suizidales Verhalten auch eine Prädisposition an. Neben Zwillingsstudien, die bei eineiigen Zwillingen eine signifikant höhere konkordante S.-Belastung zeigen, belegen viele Studien auch eine Störung des Serotoninstoffwechsels. Diese Störung wird mit einer erhöhten Impulsivität in Verbindung gebracht, die möglicherweise in Krisensituationen zu einem schnellen unüberlegten (suizidalen) Handeln führen kann. Nach ERWIN RINGEL besteht das präsuizidale Syndrom aus 1) der zunehmenden Einengung des Erlebnisspektrums, 2) der gehemmten und so gegen die eigene Person gerichteten Aggression und 3) zunehmend konkreter werdenden und schließlich sich passiv aufdrängenden S.-Fantasien. Nach WALTER PÖLDINGER vollzieht sich die suizidale Entwicklung in drei Phasen: 1) Erwägung: Der S. wird zunächst als eine von mehreren Möglichkeiten in Betracht gezogen. Bei gehemmter Aggression, d. h. Unfähigkeit, die eigenen Aggressionen nach außen zu richten, und sozialer Isolation erhöht sich die Suizidalität. 2) Ambivalenz: Es kommt zum inneren Hin- und Hergerissensein des ›Soll-ich-oder-soll-ich-nicht?‹. In dieser Phase werden S.-Ankündigungen zur Entlastung, als Hilferuf und als Kontaktversuch unternommen. Suggestive Momente wie S. im Lebensumfeld oder S.-Berichte in den Medien steigern die Suizidalität. 3) Entschluss: Die Entscheidung für die S.-Handlung wird gefällt, die innere Zerrissenheit endet zumindest vorerst, und die Umgebung ist damit meist trügerisch beruhigt. Da bei der Entwicklung einer suizidalen Krise die psych. Selbststeuerung mehr und mehr wegfällt und die Entwicklung zunehmend automatisch abläuft, ist es problematisch, in diesem Zusammenhang von ›Freitod‹ zu sprechen. Im Extremfall ergibt sich in der S.-Verhütung in rechtl. Hinsicht ein Konflikt zw. dem Selbstbestimmungsrecht der suizidalen Person und der Garantenpflicht des Behandlers, d. h. Freiheitsberaubung versus unterlassener Hilfeleistung bzw. Totschlag durch Unterlassen. Hilfe kann zu folgenden Zeitpunkten erfolgen: vor der S.-Handlung, speziell in der Phase der Ambivalenz, durch leicht zugängl. Hilfsangebote (v. a. psychotherapeut. Unterstützung), möglichst früh im Anschluss an eine nicht tödlich verlaufene S.-Handlung, gegebenenfalls noch während eines Krankenhausaufenthaltes oder auch nach einem S. durch Unterstützung der Hinterbliebenen bei der Verarbeitung zur Vermeidung von Folgesuiziden.

É. DURKHEIM hat erstmals die soziale Betrachtungsweise des S. eingeführt. Soziologisch sind nach DURKHEIM (›Le suicide‹, 1897; dt. 1983) drei Formen des S. zu unterscheiden, in denen sich die jeweilige Stellung des Individuums zur Gesellschaft widerspiegelt: 1) der altruist. S., den das Individuum zugunsten seiner gesellschaftl. Bezugsgruppe vollzieht, 2) der egoist. S., bei dem das Individuum durch die Gesellschaft in einem Maße ausgegrenzt ist, dass sich ihm keine sinnvolle Lebensperspektive mehr zu bieten scheint, und 3) der anomische S. als Reaktion des Individuums auf Normlosigkeit und soziale oder gesellschaftl. Umbruchsituationen (z. B. wirtschaftl. Abstieg eines vorher wohlhabenden Menschen).

Normative Bewertung

Philosophie: Die Antike stand dem S. großenteils ohne entscheidende Stellungnahme gegenüber; in ihrer Philosophie wurde er (wie von PLATON und ARISTOTELES) abgelehnt; die Stoiker und Epikureer bejahten dagegen den S. für Fälle, in denen der Lebenssinn unerfüllbar scheint, als letzten Weg der Freiheit. Auch im alten Rom wurde S. aus edlen Beweggründen und aus zwingender Notwendigkeit vielfach als Kennzeichen einer heldenmütigen Seele empfunden (CATO MINOR, SENECA D. J.). Die christl. Tradition lehnte, bes. seit AUGUSTINUS, den S. als unzulässigen Eingriff in die göttl. Schöpfungsordnung und Verletzung des sechsten Gebotes scharf ab, im MA. war er nach staatl. und kirchl. Recht strafbar; der Selbstmörder verfiel unehrenhaftem Begräbnis (in England noch bis

1822). Seit der Renaissance und bes. seit der Aufklärung traten Verteidiger des S. auf: T. MORE, VOLTAIRE, D. HUME, später A. SCHOPENHAUER, während I. KANT seine Verurteilung neu aus dem kategor. Imperativ ableitete (Pflicht zur Achtung der menschl. Würde aus der eigenen Person). F. NIETZSCHE schließlich verstand den S. durch ZARATHUSTRA als ›den freien Tod, der nicht heranschleicht, sondern kommt, weil ich es will‹. Die Frage nach dem Freitod ist in der Philosophie gebunden an die Frage nach der Willensfreiheit. Im frz. Existenzialismus hat A. CAMUS den S. als Grundfrage der Philosophie überhaupt bezeichnet, da es angesichts der Absurdität unseres menschl. Daseins das Dringlichste sei, zu wissen, warum wir darin verbleiben.

In den *Religionen,* in denen das körperl. Dasein als wertlos angesehen wird, wie im Jainismus, gilt das Hungern zum Tode als verdienstvoll. Der Hinduismus verlangte bis zum Verbot dieser Sitte den S. der Witwe auf dem Scheiterhaufen ihres verstorbenen Gatten. Obwohl der Buddhismus das individuelle Leben verneint, verurteilt er dennoch den S. als unheilvolle Affekthandlung. Die kath. Moraltheologie betrachtet den S. als schwere Sünde gegen die Liebe zu Gott, den Nächsten und sich selbst. Das auf dem Konzil von Braga (563) erlassene Verbot, einen Selbstmörder kirchlich zu bestatten, wurde im Codex Iuris Canonici von 1983 aufgehoben. Der ev. Lehre zufolge ist das letzte Wort über einen Suizidanten ausdrücklich Gott überlassen, während die Gemeinde selbst gemahnt ist, eine mögl. Mitschuld an dem S. zu überprüfen.

Im *Strafrecht* der Bundesrepublik Dtl. ist der S. straflos, ebenso der S.-Versuch sowie die Anstiftung und Beihilfe zum S. Dagegen kann es als Tötung in mittelbarer Täterschaft strafbar sein, wenn Kinder oder Willenlose zum S. bestimmt werden oder ein S. durch Drohungen erzwungen wird. Die unterlassene Hinderung eines S. kann nach der sehr umstrittenen Rechtsprechung strafbar sein als Totschlag durch Unterlassen, wenn eine Garantenpflicht (etwa aus der Ehegattenbeziehung oder aus dem Arzt-Patienten-Verhältnis) bestand. Bei Fehlen einer Garantenpflicht bestraft die Rechtsprechung die Nichtbehinderung eines S. als unterlassene Hilfeleistung (§ 323 c StGB) oder Unterlassungsstraftat. – In *Österreich* wird die Mitwirkung am S. als Verbrechen bestraft (§ 78 StGB); Nötigung, Drohung und Erpressung sind mit höherer Strafe bedroht, wenn sie zumindest fahrlässig der S. oder S.-Versuch des Opfers veranlasst wurde (§§ 106, 107, 145). – Das *schweizer.* StGB (Art. 115) bedroht den, der aus selbstsüchtigen Beweggründen jemanden zum S. verleitet oder ihm Hilfe dazu leistet, mit Zuchthaus bis zu 5 Jahren oder mit Gefängnis, wenn der S. ausgeführt oder versucht wurde.

A. ALVAREZ: Der grausame Gott. Eine Studie über den S. (a. d. Engl., Neuausg. 1985); S.-Verhütung, hg. v. E. RINGEL (⁴1987); A. FINZEN: Suizidprophylaxe bei psych. Störungen (1989); A. J. L. VAN HOOFF: From autothanasia to suicide. Self-killing in classical antiquity (a. d. Niederländ., London 1990); C. LINDNER-BRAUN: Soziologie des S. (1990); Hb. der Suizidprävention, hg. v. H. WEDLER u. a. (1993); J. AMÉRY: Hand an sich legen (Neuausg. ⁷1994); Suizid zw. Medizin u. Recht, v. H. POHLMEIER u. a. (1996); A. SCHMIDTKE u. a.: Epidemiologie von Suizid u. Suizidversuch (1996).

Selbstmordklausel, Klausel in der Lebensversicherung, wonach bei Selbsttötung des Versicherten innerhalb eines bestimmten Zeitraums nach Vertragsabschluss nur das vorhandene Deckungskapital der Versicherung ausgezahlt wird, sofern der Selbstmord nicht in einem die freie Willensbestimmung ausschließenden Zustand krankhafter Störung der Geistestätigkeit verübt worden ist, was die Zahlung der vollen Versicherungssumme bewirkt. Die S. ist geregelt in § 169 Versicherungsvertrags-Ges. sowie § 10 der ›Allgemeinen Versicherungsbedingungen für die Kapital bildende Lebensversicherung‹ (ALB 96).

Selbst|organisation, *Naturwissenschaften:* das spontane Entstehen von (neuen) räuml. und zeitl. Strukturen in dynam. Systemen (→komplexe Systeme), das auf das kooperative Wirken von Teilsystemen zurückgeht. Beispiele für S. finden sich bei atmosphär. Vorgängen (z. B. Wolkenbildung, Wirbel), in der Flüssigkeitsdynamik (z. B. beim →Bénard-Effekt), beim Strahlungsfeld eines →Lasers, bei →neuronalen Netzen, der Selbsterregung von Schwingungen, bestimmten chem. Reaktionen oder bei der spontan erfolgenden Umorganisation von Zellen oder Zellverbänden während der Gestaltbildung lebender Organismen (Morphogenese). Die S. erweist sich dabei als Vorgang zur Entstehung von Ordnung und Komplexität aus einem System selbst heraus. In diesem Sinne können auch die versch. Stufen der →Evolution der Materie von der Entwicklung des Universums bis zur Bildung biol. Makromoleküle und zur Entstehung des Lebens als eine Verkettung elementarer Prozesse der S. verstanden werden (M. EIGEN; →Hyperzyklus).

Physikalisch gesehen kann S. in →offenen Systemen auftreten, die sich in einem Zustand weitab vom thermodynam. Gleichgewicht befinden (jenseits einer spezifischen krit. Grenze) und denen aus der Umgebung Energie zugeführt wird. Die nichtlineare innere Systemdynamik nutzt diese Energie in irreversiblen Prozessen zur Ausbildung von Strukturen höherer Ordnung. Dies ist mit der Umwandlung der zugeführten ›höherwertigen‹ Energie (z. B. Wärme hoher Temperatur, mechan. Arbeit) in ›niederwertigere‹ Energie (z. B. Wärme geringer Temperatur, chem. Bindungsenergie) und einem Export von →Entropie in die Umgebung verbunden. Der neue Ordnungszustand entsteht dabei meist spontan, d. h. durch einen diskreten, symmetriebrechenden Übergang, und lässt sich durch einen charakterist. Ordnungsparameter beschreiben. Dabei bestehen Analogien zu den →Phasenübergängen in Gleichgewichtssystemen.

Zu den verschiedenen theoret. Konzeptionen von S. gehören die Theorie der →dissipativen Strukturen (I. PRIGOGINE), die phänomenologisch im Rahmen der Thermodynamik irreversibler Prozesse vorgeht, die →Synergetik (H. HAKEN), die die Bedeutung von Ordnungsparametern als Bindeglied zw. mikroskopisch kooperativem Verhalten und makroskop. Strukturbildung betont, sowie das Konzept der →Autopoiese (H. MATURANA), nach dem es in einer autopoiet. Organisation keine Trennung zw. Erzeuger und Erzeugnis gibt. – Das Erklärungsprinzip der S. wird auch in der Wirtschaftswiss. und den Sozialwiss.en (N. LUHMANN) angewendet, um kooperative Phänomene wie die Entstehung von wirtschaftl. Zyklen oder von Sozialstrukturen zumindest qualitativ zu erfassen oder erkenntnistheoret. Fragen neu zu beantworten. Auch die Philosophie u. a. Geisteswiss.en bemühen sich um die Anwendung von S.-Modellen.

G. NICOLIS u. I. PRIGOGINE: Die Erforschung des Komplexen. Auf dem Weg zu einem neuen Verständnis der Naturwiss.en (a. d. Engl., 1987); W. EBELING: Chaos, Ordnung, Information. S. in Natur u. Technik (Thun ²1991); H. R. MATURANA u. F. J. VARELA: Der Baum der Erkenntnis. Die biol. Wurzeln des menschl. Erkennens (a. d. Span., Neuausg. 1991); E. JANTSCH: Die S. des Universums (Neuausg. 1992).

Selbstporträt [-ˈtrɛː, auch -ˈtreːt], Selbstdarstellung eines Künstlers in Bildhauerkunst, Malerei, Zeichnung, Druckgrafik und Fotografie. Literarisch bezeugt für Antike und Hellenismus, erscheint das S. anscheinend schon dort in einem für alle frühen S. kennzeichnenden engen Zusammenhang mit dem Werk des Künstlers (PHIDIAS auf dem Schild seiner Athena Parthenos, 438 v. Chr. geweiht), vergleichbar der Signatur und – v. a. in Italien – häufig mit Inschrift

Selb Selbstreferenz – Selbstreinigung

Selbstporträt: links Rembrandt, um 1656/58 (Wien, Kunsthistorisches Museum); rechts Paul Cézanne, um 1879/81 (München, Neue Pinakothek)

auftretend. Noch fern von porträtierender Absicht stellt sich der Künstler bis zur Renaissance meist typisiert innerhalb einer Devotionsformel dar, mit der er sich der göttl. oder weltl. Hierarchie anempfiehlt, gekennzeichnet durch sein Arbeitsgerät, unter Anspielung auf antike Vorbilder (frz. Kathedralbaumeister des 13. Jh.) oder seit dem 13.–14. Jh. in Gestalt des Schutzpatrons der jeweiligen Zunft (hl. LUKAS für Maler). Bei Zunahme individualisierender Tendenzen bleibt das S. durch Format und Demutsgeste (Atlantenfiguren dt. Bildhauer bis zum 16. Jh.) noch lange ohne besonderen Anspruch. Im ›Assistenzbild‹ (→Assistenzfiguren) tritt der Künstler selbstbewusster, doch noch in Verkleidung als zur Szene gehörige Figur auf. Nach der Emanzipation des S. als Bildthema dient die Verkleidung einer bewussten, anspielungsreichen Identifikation (MICHELANGELO, CARAVAGGIO, REMBRANDT, später J. ENSOR). Mit der Anhebung des sozialen Ansehens des Künstlers in der Renaissance setzt sich das ganz aus sich selbst motivierte S. durch (J. FOUQUET, um 1450; Paris, Louvre). Es entstanden von nun an auch Doppel- oder Gruppenporträts, die den Künstler mit seiner Frau, mit einem Modell, im Kreis seiner Familie oder mit Freunden zeigen (I. VAN MECKENEM, REMBRANDT, P. P. RUBENS, H. FANTIN-LATOUR, später M. ERNST). V. a. bei A. DÜRER bekommt das S., den Lebenslauf begleitend, den Charakter verbindl. Selbstaussage (ähnlich später u. a. bei REMBRANDT, P. CÉZANNE, M. BECKMANN). Typisch für die gesellschaftl. Bezogenheit des barocken S. ist eine Fülle literar. Anspielungen, eine bühnenhafte Selbstinszenierung, z. B. im Werkstattbild, bei der nicht selten eine Art Gefolge zur Erhöhung des Dargestellten beiträgt (RUBENS, D. VELÁZQUEZ). Auch im 19. und 20. Jh. blieb das S. über sein Anliegen der Persönlichkeitsaussage hinaus gesellschaftlich motiviert; es kann die Individualität der Künstlerpersönlichkeit betonen und von einem gesteigerten Selbstbewusstsein zeugen (E. DELACROIX, A. BÖCKLIN), sowohl Anpassung als auch Auflehnung, Verzweiflung und Skepsis (G. COURBET, V. VAN GOGH, O. DIX) zum Ausdruck bringen. In der zeitgenöss. Kunst hat es oft experimentellen Charakter (A. RAINER, J. KLAUKE). Neben der Selbstinszenierung spielt der Aspekt der Selbstverfremdung eine wichtige Rolle.

M. GASSER: Das Selbstbildnis. Gemälde großer Meister (1979); Selbstbild u. Selbstfindung, hg. v. H. DANDTNER (1984); Das S. im Zeitalter der Photographie. Maler u. Photographen im Dialog mit sich selbst, hg. v. E. BILLETER, Ausst.-Kat. (1985); Der Künstler über sich u. sein Werk, hg. v. M. WINNER (1992); Künstlerbildnisse. Porträts von Tischbein bis Beuys, bearb. v. S. HERAEUS u. S. TIPTON, Ausst.-Kat.

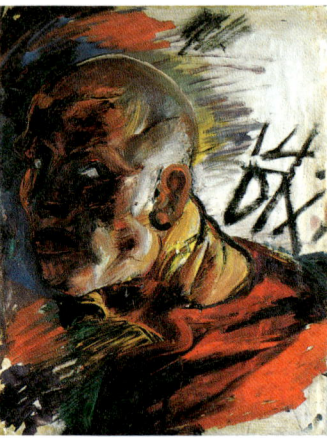

Selbstporträt: Otto Dix, ›Selbstbildnis als Soldat‹; 1914/15 (Stuttgart, Galerie der Stadt)

Staatl. Museen, Kassel (1996); Ansichten vom Ich, bearb. v. T. DÖRING u. a., Ausst.-Kat. Herzog-Anton-Ulrich-Museum, Braunschweig (1997).

Selbstreferenz, Selbstbezogenheit, Begriff zur Beschreibung von Systemen, deren Zustände wesentlich durch die Interaktion ihrer Komponenten und nicht wesentlich durch die Beeinflussung ihrer Umwelt bestimmt werden. – In der *Soziologie* und *Wissenschaftstheorie* bezeichnet der im Rahmen der Systemtheorie N. LUHMANNS entwickelte Begriff die Fähigkeit eines Systems, in Form einer Selbstbeobachtung Elemente, Funktionsabläufe und Steuerungsimpulse innerhalb des eigenen Systems gegen seine Außenbeziehungen abzusetzen. Durch diese Art der Differenzierung können Systeme mit einer spezif. Leistungsfähigkeit und einem bestimmten Reflexionsgrad gesondert herausgehoben werden. – In der *Mathematik* und *Logik* versteht man unter S. insbesondere die Eigenschaft von Sätzen, sich in ihrer Aussage auf sich selbst zu beziehen. Formal wird S. meist über geeignete Codierungen realisiert; sie dient u. a. dem Studium der Selbstanwendung von Programmen auf sich und dem Verständnis philosoph. Probleme u. a. beim Wahrheitsbegriff (z. B. in der ›Lügnerantinomie‹, d. h. dem Satz, der seine eigene Falschheit besagt).

Selbstreinigung, biologische S., die Reinigung von fäulnisfähigen Schmutzstoffen (z. B. eingeleitete

Selbstporträt: Albrecht Dürer, ›Selbstbildnis mit der Binde‹; um 1492 (Erlangen, Graphische Sammlung der Universitätsbibliothek Erlangen-Nürnberg)

gereinigte oder ungereinigte Abwässer) bei unbelasteten Gewässern nach einer gewissen Fließzeit und Fließstärke durch biolog. Tätigkeit. Mikroorganismen nehmen fein verteilte organ. (teils auch anorgan.) Stoffe auf, die sie zum Aufbau der eigenen Körpersubstanz nutzen oder zur Energiegewinnung zu Wasser und Kohlendioxid bzw. einfachen chem. Stoffen abbauen (→Mineralisation). Den Bakterien, Algen und Pilzen folgen in der S.-Kette Protozoen, Krebse, Muscheln, Würmer, Insektenlarven und Schnecken, schließlich Fische und Wasservögel. Wasserpflanzen liefern den für die aeroben Mikroorganismen notwendigen Sauerstoff und nutzen die abgebauten Mineralstoffe als Nahrung. Diese biolog. S. wird von chem. Prozessen (v. a. Oxidations- und Reduktionsvorgänge) begleitet und durch physikal. Faktoren (wie Fließgeschwindigkeit, Turbulenz, Wassertiefe, Wassertemperatur, Intensität der Sonneneinstrahlung) unterstützt. Ungünstige Veränderungen eines einzigen Faktors können die S. empfindlich stören oder gar verhindern; v. a. sinkender Sauerstoffgehalt des Wassers, z. B. durch →Eutrophierung oder Vernichtung der Wasserpflanzen (infolge übermäßiger Verschmutzung), verschlechtert die Lebensbedingungen der Mikroorganismen. Fäulnisprozesse nehmen dann überhand: Es kommt zum ›Umkippen‹ des Gewässers.

Selbstrekrutierung, *Soziologie:* die Besetzung von Stellen in einer sozialen Gruppe, Schicht oder Organisation mit Angehörigen bzw. Nachkommen von Angehörigen eben dieser sozialen Gruppen selbst. S. kann empirisch durch die Erforschung der intergenerativen →Mobilität (z. B. den Vergleich der Berufskarrieren von Vätern und Söhnen) festgestellt werden und wird v. a. in den Bereichen sozialer Eliten beobachtet. Ein hoher Grad von S. innerhalb einer Gesellschaft zeigt an, dass in ihr soziale Aufstiegschancen beschränkt sind.

Selbstschalter, elektr. Schaltgerät, das einen Stromkreis bei Überlastung selbsttätig abschaltet; kann magnetisch, thermisch (auch beide kombiniert) oder elektronisch ausgelöst werden.

Selbstschuldner, ein Bürge, der bei Fälligkeit der von ihm gesicherten Schuld vom Gläubiger in Anspruch genommen werden kann, ohne dass es einer vorherigen Klage gegen den Hauptschuldner bedarf (§ 773 Abs. 1 Ziffer 1 BGB). →Bürgschaft.

Selbstschutz, Vorsorgemaßnahmen der Bev. sowie der Behörden und Betriebe gegen die besonderen Gefahren, die im Verteidigungsfall drohen. S. ist Teil des Zivilschutzes. Aufbau, Förderung und Leitung des S. obliegen den Gemeinden. Der Bundesverband für den S. wurde mit Wirkung vom 1. 1. 1997 aufgelöst.

Selbstsicherheit, zusammenfassender Begriff für unterschiedl. Fähigkeiten und Kompetenzen, im sozialen Umgang eigene Positionen wahrnehmen, ausdrücken und durchhalten, d. h. sich darin in seiner Persönlichkeit behaupten zu können. Anstelle von ›S.‹ werden manchmal Begriffe wie ›soziale Kompetenz‹, ›soziale Geschicklichkeit‹, ›Selbstbehauptung‹ verwendet. Die S. äußert sich im Verhalten, in Gedanken und Vorstellungen sowie im emotionalen Erleben (Selbstvertrauen). Einzelkomponenten sind u. a.: Neinsagen, Ablehnen unberechtigter Forderungen, Anmelden von Forderungen und Wünschen, Ausdrücken von positiven und negativen Gefühlen und Herstellen von Kontakten. Die S. ist abhängig von gesellschaftl. Normen und Gepflogenheiten; sie ist bereichsspezifisch ausgeprägt, also kein einheitl. Persönlichkeitszug. In engem Zusammenhang steht das von A. BANDURA entwickelte Konzept der Selbstwirksamkeit (engl. self-efficacy), das die generelle Überzeugung von den eigenen Fähigkeiten ausdrückt, schwierige Situationen bewältigen zu können.

Selbstporträt: links Paula Modersohn-Becker, ›Selbstbildnis mit Kamelienzweig‹, 1907 (Essen, Museum Folkwang); rechts Käthe Kollwitz, ›Klage‹, 1938 (Köln, Museum Ludwig)

Selbstsicherheitstraining [-trɛːnɪŋ], **Selbstbehauptungstraining,** engl. **Assertiveness-Training** [əˈsəːtɪvnes ˈtreɪnɪŋ], verhaltenstherapeutisch ausgerichtetes Einzel- oder Gruppentraining zur Förderung der Selbstsicherheit. Das S. zielt auf einen Abbau von Ängsten, Schüchternheit und Hemmungen im Umgang mit Mitmenschen und auf ein Erlernen sozialer Kompetenzen hin. Dabei soll das Individuum eine situationsangemessene Fähigkeit entwickeln, seine eigenen Wünsche und Bedürfnisse erkennen, artikulieren und in Handlungen umsetzen zu können. Dazu wird im S. nach einer diagnost. Analyse der Defizite eine Vielzahl von Einzeltechniken eingesetzt, vorwiegend Rollenspiele, Entscheidungs- und Konfliktsimulationen, Verhaltensübungen, Angstbewältigungstechniken, Entwicklung und Einübung sozialer Fertigkeiten, kognitive Restrukturierungen. Besonderer Wert

Selbstreinigung: Schematische Darstellung der Selbstreinigung von Gewässern

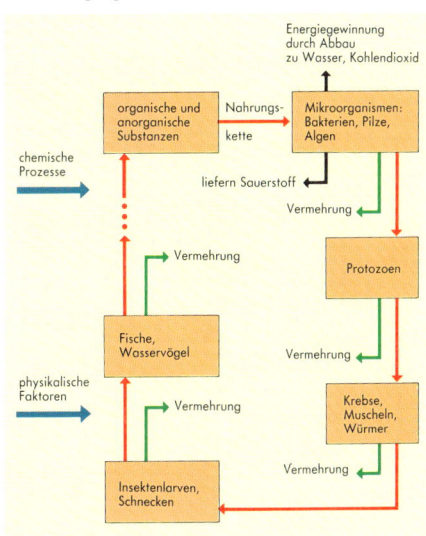

wird auf therapeut. Modellvorgaben, auf positives Feed-back und die Übertragung des Gelernten in den Alltag gelegt. – Das S. basiert auf nach dem Zweiten Weltkrieg u. a. von J. WOLPE erarbeiteten Konzepten und wurde in Dtl. v. a. durch RITA ULLRICH DE MUYNCK und RÜDIGER ULLRICH weiterentwickelt. Eine spezielle Bedeutung gewann es auch in der emanzipator. Frauenbewegung.

R. ULLRICH DE MUYNCK u. R. ULLRICH: Das Assertiveness-Training-Programm ATP, 8 Tle. (1976–77).

Selbstspinner, der →Selfaktor.

Selbstständige, Erwerbstätige, die einen Betrieb oder eine Arbeitsstätte wirtschaftlich und organisatorisch als Eigentümer oder Pächter führen (z. B. Landwirte, Handwerker, Freiberufler, Unternehmer im gewerbl. und Dienstleistungssektor). Die S. stellen eine zentrale, innovative Gruppe im marktwirtschaftl. System mit i. d. R. hoher Berufsqualifikation dar. In Dtl. werden von der amtl. Statistik nach ihrer Stellung im Beruf (1997) 3,53 Mio. Erwerbstätige (das sind 9,9 % aller Erwerbstätigen) als S. ausgewiesen. (→Mittelstand, →Mittelstandspolitik).

selbstständiges Beweisverfahren, zivilprozessuales Sonderverfahren, in dem v. a. vor Anhängigkeit eines Rechtsstreites die Klärung bestimmter Tatsachen durch Vorwegnahme einer Beweisaufnahme mit den Beweismitteln der ZPO erfolgen kann (§§ 485 ff. ZPO). Zum Zwecke der Beweissicherung kann auf Antrag einer Partei Augenscheins-, Zeugen- und Sachverständigenbeweis erhoben werden, wenn der Gegner zustimmt oder die Benutzung des Beweismittels gefährdet ist; außerdem kann bei rechtl. Interesse (bes. zur Prozessvermeidung) eine Begutachtung von Sachen oder Personenschäden durch Sachverständige angeordnet werden. Aufgrund gerichtl. Beschlusses erfolgt Beweiserhebung nach den allgemeinen Vorschriften mit vollwertiger Beweiswirkung in einem eventuellen späteren Prozess.

Selbststerilität, Autosterilität, *Botanik:* die Erscheinung, dass die Bestäubung mit eigenem bzw. genotypisch gleichen Pollen nicht zur Bildung von Samen führt; Grund hierfür ist eine Selbstinkompatibilität (Selbstunverträglichkeit) von Pollen und Narben. S. kann als das Normalverhalten betrachtet werden, bei dem innerhalb einer Population die Durchmischung des Erbmaterials gewährleistet ist.

Selbststeuerung, *Schiff:* der Ersatz eines Rudergängers beim Einhalten eines vorgewählten Kurses durch eine Selbststeueranlage, die z. B. durch einen Kreiselkompass (→Kompass) automatisch kontrolliert wird. Besondere Einstellungen ermöglichen die Berücksichtigung der Manövriereigenschaften des Schiffes und der jeweiligen Einflüsse des Seegangs auf die Kursbeständigkeit.

Selbstsucht, der →Egoismus.

Selbstsuggestion, andere Bez. für die →Autosuggestion.

Selbst|tätigkeit, urspr. in den didakt. Konzepten von der Reformpädagogik, speziell der →Arbeitsschule, gefordertes Unterrichts- und Erziehungsprinzip: Der Schüler soll an unterrichtl. Aufgaben im Lernprozess möglichst aktiv mitwirken, Ziele und Wege selbst auffinden helfen, Arbeitsmittel und -techniken auswählen lernen. Das Prinzip der S. liegt bes. auch der Pädagogik der Montessori-Kindergärten und -Schulen zugrunde und wurde in vielen Landerziehungsheimen erprobt. Seitens der Erzieher und Lehrer tragen das Einfühlen in Lebenswelt und Problemkreise der Schüler, provozierende Fragen und die Bereitstellung geeigneter Arbeitsmittel dazu bei, S. zu wecken. Durch experimentierende S. wird method. Vorgehen und Denken gelernt (Lernen gelernt), wobei Selbstständigkeit und Kreativität der Schüler gefordert werden und damit die Lernmotivation wächst.

Die Formulierung der S. gehört zu den Voraussetzungen der neueren pädagog. Konzepte vom Lernen in einer kommunikativen Situation und vom handlungsorientierten Projektunterricht.

Selbst|täuschung, *Psychologie:* Vorgang und Ergebnis einer unbewussten Fehleinschätzung (Über- oder Unterschätzung) der Wirklichkeit (der eigenen Person oder anderer Personen oder von Situationen); nach psychoanalyt. Auffassung Wirklichkeitsflucht mithilfe neurot. →Abwehrmechanismen.

Selbst|tötung, der →Selbstmord.

Selbst|tränke, Vorrichtung, aus der Tiere selbstständig Wasser entnehmen können; sobald sie mit der Schnauze gegen eine Blechplatte drücken, wird ein Ventil geöffnet, das Wasser in ein Becken fließen lässt.

Selbst|trimmer, ein Spezialschiff für Schüttgutladung (Bulkcarrier, z. B. für Getreide), dessen Laderäume durch schräge Verkleidungen von den Bordwänden und Querschotten zum Laderaumboden und zu den Lukensüllen so gestaltet sind, dass die gleichmäßige Ladungsverteilung (Trimmen) beim Be- und Entladen entfällt.

Selbstung, in der gärtner. bzw. züchter. Praxis die Erzeugung von Samen durch →Selbstbestäubung.

Selbstvergiftung, *Medizin:* die →Autointoxikation.

Selbstverlag, Verlag, bei dem die Funktion der berufsmäßigen Verleger und Buchhändler durch den Autor bzw. eine Autorengemeinschaft übernommen wird, u. a. um das Erscheinen der Publikation zu ermöglichen. Eine bedeutende Rolle spielte der S. im 18. Jh. bei den Bestrebungen bekannter Autoren, sich vom Buchhandel zu emanzipieren, sowie in der Exilliteratur. (→Samisdat)

Selbstversicherung, *Individualversicherung:* bewusster Verzicht auf eine Versicherungsnahme, d. h. den Abschluss eines Versicherungsvertrages; anfallende Schäden trägt der Betroffene selbst; kann sinnvoll sein, wenn erfahrungsgemäß geringfügige Schäden auftreten bzw. der Gesamtschadenaufwand überschaubar und finanzierbar erscheint.

Selbstversorgung, *Wirtschaft:* Bez. für alle Waren und Dienstleistungen, die ein privater Haushalt, ein Unternehmen oder eine sonstige Organisation selbst erstellt bzw. erbringt, um die eigenen Bedürfnisse zu befriedigen, ohne auf Märkten als Nachfrager zu handeln. Nur der über die S. z. B. aufgrund von hauswirtschaftl. oder natürl. Eigenproduktion hinausgehende Bedarf wird zur effektiven Nachfrage am Markt. Die S. beeinflusst auch die Angebotsseite: Nur die in landwirtschaftl. Betrieben im Rahmen der Subsistenzwirtschaft über die S. hinausgehende Produktionsmenge wird zum Marktangebot.

Der Begriff S. spielt auch für ganze Volkswirtschaften eine Rolle (→Autarkie). So werden v. a. für Agrarprodukte S.-Grade berechnet, die angeben, inwieweit die inländ. Produktionsmenge ausreicht, um die Inlandsnachfrage zu befriedigen.

selbstverstärkende Kunststoffe, engl. **Self resist plastics** [self rɪˈsɪst ˈplæstɪks], Abk. **SRP,** Kunststoffe, deren erhöhte Festigkeit durch bei der Verarbeitung (z. B. Spritzgießen, Strangpressen) auftretende Orientierungsphänomene der Makromoleküle erreicht wird (anders als bei faserverstärkten Kunststoffen). Der s. K. ist bereits in der Schmelze in hoher Ordnung kristallin (**flüssigkristalline Polymere,** Abk. **LCP,** von engl. **l**iquid **c**rystal **p**olymers), d. h. thermotrop, und richtet sich dann in Verarbeitungsrichtung aus, wobei die Orientierung den selbstverstärkenden Effekt ausmacht. Zum Beispiel haben Polyacrylate im amorphen Zustand eine Zugfestigkeit von 65 N/mm^2 und einen Elastizitätsmodul von 2,2 kN/mm^2; im flüssigkristallinen Zustand hingegen 180 N/mm^2 bzw. 15 kN/mm^2.

Selbstverstümmelung, die Beschädigung des eigenen Körpers. S. kommt z. B. bei Haftpsychose, abnormen seel. Entwicklungen oder Psychosen vor.

Strafrecht: Grundsätzlich ist die S. straflos, es sei denn, der Täter hat die Absicht, einen Versicherungsbetrug zu begehen oder sich wehrdienstuntauglich zu machen. Im letzteren Fall werden Wehrpflichtige nach § 109 StGB, Soldaten nach § 17 Wehrstraf-Ges. regelmäßig mit einer Freiheitsstrafe bis zu fünf Jahren bedroht.

Ähnl. Bestimmungen gelten in *Österreich* (§ 10 Militärstraf-Ges. 1970), wobei der Versicherungsmissbrauch durch S. – im Ggs. zum dt. Recht – in § 151 StGB speziell erfasst ist; in der *Schweiz* ist Art. 95 Militär-StGB 1927 einschlägig.

Selbstverteidigung, allg. jede (rechtlich erlaubte) unmittelbare Abwehr eines rechtswidrigen Angriffs oder einer drohenden Gefahr (→Notwehr, →Notstand). Als waffenlose S. bildeten sich v. a. in O-Asien Formen der körperl. Verteidigung aus, die fast alle Gliedmaßen des Körpers als Waffe einsetzen (z. B. Karate, Kung-Fu, Taekwondo) oder die die Energie eines Angriffs ausnutzen und gegen den Angreifenden richten (z. B. Aikido). Aus diesen Kampfkünsten entwickelten sich die Budosportarten (→Budo).

Selbstverwaltung, allg. die meist ehrenamtl. Mitwirkung der Bürger bei der Wahrnehmung öffentl. Aufgaben im Sinne einer Selbstverantwortung oder Selbstbestimmung (auch **politische** oder **staatsbürgerliche** S. gen., deren Gegenpol die Verwaltung öffentl. Angelegenheiten durch beamtete Fachleute bildet).

S. im Rechtssinn (**juristische S.**) ist dagegen die selbstständige Wahrnehmung von Verwaltungsaufgaben durch Träger der mittelbaren Staatsverwaltung im Ggs. zur unmittelbaren Staatsverwaltung durch bundes- und landeseigene Behörden. Träger der S. sind bes. die Körperschaften des öffentl. Rechts (S.-Körperschaften), in geringerem Maß z. T. auch Anstalten. Zu den Grundgedanken der S. im Bereich der öffentl. Verwaltung gehören die Dezentralisierung, die Sachnähe und die zusätzl. demokrat. Legitimation (Wahrnehmung der eigenen Aufgaben durch eine dazu in enger Beziehung stehende Personengruppe). Zugleich steht die S., v. a. die wirtschaftl. und die berufsständ., in einer Spannung zur Freiheit des Einzelnen und zur allgemeinen demokrat. Legitimation des Staates.

Verfassungsrechtlich ist den Gemeinden und Gemeindeverbänden das Recht der S. in Art. 28 Abs. 2 GG gewährleistet. Sie regeln alle Angelegenheiten der örtl. Gemeinschaft im Rahmen der Gesetze in eigener Verantwortung. Der Kreis der ›Angelegenheiten der örtl. Gemeinschaft‹ wird überwiegend historisch bestimmt, unterliegt aber Veränderungen. Hauptsächlich werden hierzu die Gebiets-, Organisations-, Personal-, Finanz- und Planungshoheit gerechnet. Allerdings vermischen sich auf diesen Gebieten im modernen Staat die örtl. und die überörtl. Angelegenheiten, was gesetzl. Beschränkungen der S. zur Folge hat. Ein Kernbereich muss den Gemeinden erhalten bleiben. Die gemeindl. Aufgaben werden unterschieden in solche, der Träger freiwillig übernehmen (freiwillige S.-Angelegenheiten), und solche, zu deren Übernahme er gesetzlich verpflichtet ist (Pflichtaufgaben), wobei teilweise den Aufsichtsbehörden ein Weisungsrecht eingeräumt ist. Darüber hinaus kann ein gesetzlich ›übertragener Wirkungskreis‹ bestehen, in dem der S.-Träger Angelegenheiten im Auftrag des Staates unter Weisung seiner Fachbehörden erfüllt. Zur S. gehört auch die Befugnis, im eigenen Zuständigkeitsbereich Rechtsnormen (Satzungen) zu erlassen (→Autonomie). Die Träger der S. unterliegen immer der Rechtsaufsicht einer unmittelbar staatl. Behörde.

Nach dem Sachgebiet sind zu unterscheiden: die **kommunale S.** der Gemeinden, die insofern eine Sonderstellung einnimmt, als sie alle Aufgaben der örtl. Gemeinschaft umfasst; die **wirtschaftliche S.** bes. in der Tätigkeit der Wirtschaftskammern, der Industrie- und Handelskammern, der Handwerkskammern und Innungen, der Landwirtschaftskammern, der öffentlich-rechtl. Kredit- und Siedlungskörperschaften; die **berufsständische S.** in den Kammern der Ärzte, Zahnärzte, Apotheker, Rechtsanwälte, Architekten usw.; die **soziale S.** bes. in der Tätigkeit der genossenschaftlich organisierten Sozialversicherungsträger; die **kulturelle S.** in der Form meist körperschaftlich organisierter Kulturinstitutionen, bes. der Universitäten. – In der DDR war jegl. S. als dem Prinzip des ›demokrat. Zentralismus‹ widersprechend beseitigt.

In *Österreich* versteht man unter S. die Tätigkeit von jurist. Personen (meist Körperschaften) des öffentl. Rechts mit (zumeist) obligator. Mitgliedschaft, deren Organe (unmittelbar oder mittelbar) von den Mitgl. bestellt werden, mit Befehls- und Zwangsgewalt ausgestattet sind und in relativer Unabhängigkeit von den staatl. Organen (weisungsfrei, aber aufsichtsunterworfen) öffentl. Aufgaben besorgen. Unterschieden wird traditionell zw. territorialer S. (durch Gemeinden und Gemeindeverbände), wirtschaftl. und berufl. S. (durch Kammern), sozialer S. (durch Sozialversicherungsträger) und student. S. (durch die Österr. Hochschülerschaft). Zur S. zählen aber z. B. auch die zur Besorgung wasserwirtschaftl. Aufgaben eingerichteten Wasserverbände und -genossenschaften.

Im Verwaltungsrecht der *Schweiz* kommt die S. in der Dezentralisation der Verwaltung zum Ausdruck, wobei Staatsaufgaben auf autonome, jedoch unter der Aufsicht der Zentralverwaltung stehende Institutionen übertragen werden können, die sowohl dem öffentl. als auch dem Privatrecht unterstehen können. Daneben ist die wichtigste Ausprägung der S. die Gemeindeautonomie.

Geschichte: Schon in german. Zeit vereinigten sich Glieder eines gemeinsamen Lebensbereichs zur Wahrnehmung der eigenen Angelegenheiten in Verbänden (Genossenschaften). Zur Blüte kam die S. im MA. in den Zünften, Gilden, Deichverbänden usw., v. a. aber in den Städten. Im Zeitalter des Absolutismus erfuhr die S. eine erhebl. Einschränkung; nur in England blieb die Idee des →Selfgovernment lebendig. Zu Beginn des 19. Jh. gewann der Gedanke der S. in den stein-hardenbergschen Reformen für Preußen wieder große Bedeutung. In der Folgezeit fand der Gedanke der S. nicht nur Eingang in die Neuordnung der Landgemeinden, Kreise und Provinzen, sondern auch in den Bereich des Kammerwesens und der Sozialversicherungsträger. Unter der NS-Herrschaft (1933–45) wurde die S. in Dtl. abgeschafft oder durch Einführung des Führerprinzips ihres Sinns beraubt; die Verkammerung zahlr. Berufe diente der Disziplinierung. In der Nachkriegszeit wurde insbesondere die gemeindl. S. als Element der freiheitl. Demokratie erneut gefördert. Im kommunist. Jugoslawien erlangte das Prinzip der Arbeiter-S. von 1952 bis Ende der 1980er-Jahre (→Titoismus) partielle polit. Bedeutung.

R. HENDLER: S. als Ordnungsprinzip (1984); K. VOGELGESANG u. a.: Kommunale S. Rechtsgrundlagen – Organisation – Aufgaben (^{2}1997).

Selbstverwirklichung [zu engl. ›self-realization‹ und ›self-actualization‹], die erstrebte Entfaltung und Ausschöpfung persönl. Möglichkeiten, ein Begriff, der den Menschen in seinem Selbstverständnis und seiner Zielorientierung im Hinblick auf sein Menschsein und seine Individualität bezeichnet, wobei die prozesshafte Erweiterung des individuellen Entfaltungsspielraums der Person einerseits hinsichtlich eigener Potenziale, anderer-

Schlüsselbegriff

seits in Spannung zu Fremdbestimmungen im Blickfeld steht. Die damit verbundenen Vorstellungen ordnen sich ein in die neuzeitl. Bewegung der Individualisierung und des mit ihr korrespondierenden Strebens nach Emanzipation von Abhängigkeiten natürl., ökonom., moral. sowie metaphysisch-religiöser Art. Daneben formuliert in zur Modeformel verkürzter Begriff der S. häufig einen subjektiven Anspruch, der aus der bloßen Gegebenheit individueller Bedürfnisse die Legitimation ihrer Befriedigung ableitet und dadurch betont einseitig die Rechte des Einzelnen hervorhebt.

Nicht zuletzt mit der Entstehung und Verbreitung der humanist. Psychologie seit den 1960er-Jahren, in der die S. eine zentrale Rolle einnimmt, ist S. als Programm zu großer Popularität gelangt. Diese erklärt sich aber weniger aus den philosoph. und psycholog. Bedeutungsgehalten des Begriffs als aus seiner Eignung, sowohl einem verbreiteten Lebensgefühl Ausdruck zu verleihen als auch eine (gleichermaßen vage wie provisorisch bleibende) Lebensorientierung zu bieten. Der Wunsch nach ›Echtheit‹ (Authentizität) gehört ebenso dazu wie der Wille zur Selbstbestimmung (Autonomie) und die Suche nach Kreativität. Einem Konglomerat von personbezogenen Zielvorstellungen und Bedürfnissen korrelieren Entfremdungen in der kulturellen Lebenswelt. Der Wandel zur modernen Industriegesellschaft hat dem Einzelnen zwar einerseits einen Freiraum für seine eigene Lebensgestaltung verschafft, der historisch wohl ohne Parallelen sein dürfte, ihn damit aber andererseits in einen unübersichtlich großen Markt versetzt mit unzähligen und äußerst widersprüchl. Angeboten an Gütern, Sinnorientierungen, Lebensstilen, moral. u. a. Werten, zw. denen er wählen muss.

Weil sein Leben immer weniger durch Familie, Zugehörigkeit zu einem Stand, einer sozialen Schicht, Religion, Geschlecht und Nationalität endgültig definiert, begleitet und gedeutet wird, bleibt das Individuum in wichtigen Lebensentscheidungen (z. B. in der Berufswahl, in der Bindung an einen Partner) und in krit. Situationen (z. B. bei Krankheit, beim Verlust von Angehörigen) immer stärker auf sich selbst angewiesen. Die Kehrseite der Erweiterung individueller Freiheiten ist der Verlust einer Einbettung in stützende und in ihrer Wertsetzung übereinstimmende soziale Geflechte sowie eine damit einhergehende Vereinzelung. Die zeitgenöss. Wertschätzung des Begriffs der S. spiegelt somit auch das Bewusstsein von Defiziten, wie sie hervorgerufen werden z. B. durch soziale Fremdbestimmung, durch eine umfassende Funktionalisierung in der Berufs- und Arbeitswelt, durch die Verkürzung des Menschlichen auf kontrollierbare Leistung und des Lebendigen auf wiss. Rationalität sowie durch den Verlust glaubwürdiger Sinnstiftung in einer Zeit fortschreitender Säkularisierung.

Philosophiegeschichte

Problemgeschichtl. ›Vorläufer‹ der S. sind insbesondere die Lehre vom ›wahren Glück‹ (griech. eudaimonia) und die Vorstellung von der Vervollkommnung des Menschen. Beide reichen in die griech. Antike zurück; sie stimmen darin überein, dass sie von einer vorgegebenen Bestimmung und Fähigkeit des Menschen ausgehen, sich in seinem Wissen, in seiner Selbststeuerung, in seinem Ausdruck, in den Werken von Kunst, Arbeit, Sprache, Technik und schließlich auch in seinen Beziehungen zu anderen Menschen sowie zu der Gemeinschaft, der er angehört, zu entfalten; unter Voraussetzung einer Freiheit zu wählen kann das Bestimmtwerden durch den jeweiligen Augenblick, durch die spontanen Regungen der eigenen Subjektivität und das nur materiell Konsumierbare grundsätzlich aufgebrochen werden. Was das ›gute Leben‹ im Sinne der klass. Ethik ausmacht, ist nicht rekonstruierbar als verfügbares Objekt des individuellen Bedürfnisses oder als punktuelle Handlung, sondern nur als Verhalten des Einzelnen zu seinem Leben insgesamt und zu sich als einem sozialen Wesen mit der Fähigkeit, über sich selbst hinauszuwachsen (Selbsttranszendenz). In der klass. ethischen Tradition von ARISTOTELES über AUGUSTINUS und THOMAS VON AQUINO (hier v. a. in einer Theorie der Selbstliebe) bis hin zu C. WOLFF, in modifizierter Gestalt noch bis zu I. KANT und G. W. F. HEGEL galt wahres Glück als das eigentl. Ziel der Entfaltung des vollendbaren Menschen. V. a. KANT hielt dieser Traditionslinie das Prinzip der Universalisierbarkeit der subjektiven Maxime (kategor. Imperativ) entgegen und erklärte damit den Menschen und zugleich die ganze Menschheit als Zwecke an sich selbst.

Liegt in der Lehre vom wahren Glück der Akzent stärker auf dem Ziel und dessen Erkenntnis, so lenkt die Idee der Vervollkommnung des Menschen (griech. entelecheia, lat. perfectio) die Aufmerksamkeit stärker auf den Weg, der dazu beschritten werden muss. Mittels Erziehung, Bildung, lebensgeschichtlich in wachsendem Maß auch durch Beachtung der Pflichten sich selbst und anderen gegenüber kann sich jeder Mensch der Gestalt annähern, die er als höchste und beste Möglichkeit in sich findet. S. ist aus dieser Sicht aber weder ein Prozess, der die Realisierung eines rein subjektiven Zieles bedeutet, noch eine Bewegung, die von der Gesellschaft ausgeht und von ihr allererst ermöglicht wird; sie liegt primär in der Bestimmung des Menschen begründet. Für W. VON HUMBOLDT, der im 18./19. Jh. an die griech. Antike und das humanist. Ideal freier Persönlichkeitsentfaltung anknüpfte, stellt die S. des Menschen, der ein autonomes Ganzes ist, immer zugleich einen Beitrag zur Verwirklichung der gesamten Menschheit dar.

Die Aufforderung, diese Möglichkeit in sich wahrzunehmen, begleitet das europ. Denken vom ›Erkenne dich selbst!‹ des delph. Orakels über das stoische Ideal der Selbsterhaltung und -entfaltung, die antik-mittelalterl. Tugendlehren sowie die christl. Tradition der Gewissensforschung bis hin zu der in der dt. Klassik viel zitierten antiken Sentenz ›Werde, der du bist!‹. In der neuzeitl. Fassung dieses Gedankens der Selbststeigerung durch Selbsterziehung kommt die Schlüsselrolle allerdings der Aktivierung der individuellen Autonomie zu (in je anderer Weise etwa bei G. W. LEIBNIZ, G. E. LESSING, J.-J. ROUSSEAU).

Der idealist. Gedanke von Selbst, Selbstsein und Selbstwerden, wie er v. a. in der Philosophie nach HEGEL eine zentrale Rolle erhielt und um 20. Jh. durch die Existenzphilosophie erneut Relevanz gewann, hebt sich von früheren anthropolog. Konzeptionen dadurch ab, dass er die Realisierung des Selbst nicht als fakt. Einholen einer naturhaft vorgegebenen Struktur versteht, sondern als etwas, das sich im Entwerfen, Begreifen und Aneignen eigener Möglichkeiten erst konstituiert. Dies ist v. a. in J. G. FICHTES Ichphilosophie ausgeprägt, insofern dort selbst noch das Bewusstsein als reine Tathandlung, als völliger Akt der Freiheit, gedacht ist; das Ich ist darin vorhanden, dass es sich selbst setzt. S. KIERKEGAARD wendet diese Selbsterzeugung des Ich ganz ins Existenzielle und gelangt zu einer wirkungsgeschichtlich bedeutsamen Selbstwerdungsethik: Der Mensch ist umso mehr Selbst, je mehr er angesichts seiner durch Abgrund, Tod, Zerrissenheit und Angst gekennzeichneten Existenz Freiheit und Selbsterkenntnis verwirklichen kann. Im Vollzug der Selbstwerdung durch ein Sich-selbst-Wählen und durch Entscheidung sieht KIERKEGAARD gleichermaßen einen Grundvollzug menschl. Daseins und die eth. Grundaufgabe des Menschen.

Auch bei K. MARX spielt der Gedanke der Selbstrealisation eine wichtige Rolle. Während aber KIERKEGAARD bereits im Noch-nicht-selbst-Sein des Einzelnen die grundlegende Herausforderung menschl. Existierens sieht, deren Entdeckung, Annahme und Lösung dem. Entscheidungen obliegt, deutet MARX die Nichtübereinstimmung im Menschen oder – idealistisch ausgedrückt – die Differenz zw. Notwendigkeit und Freiheit als Widerstreit zw. individuellem Dasein und gattungsmäßigem Wesen und analysiert sie als durch die sozioökonom. Verhältnisse bedingte Entfremdung. Vor diesem Hintergrund besagt S. v.a. gesellschaftlich-strukturelle Befreiung der menschl. Grundkräfte und der individuellen Fähigkeiten und deren Aneignung in der Arbeit. Die S. der gesellschaftl. Individuen kann folglich erst dann eintreten, wenn ökonom. Abhängigkeitsverhältnisse (v.a. Arbeitsteilung und Privateigentum an Produktionsmitteln) aufgehoben sind und die Klassenherrschaft überwunden ist. Der Kommunismus sei – so MARX in den frühen ›Ökonomisch-Philosoph. Manuskripten‹ – die ›Reintegration oder Rückkehr des Menschen in sich, als Aufhebung der menschl. Selbstentfremdung‹.

Demgegenüber geht die sozialwiss. Diskussion bereits von den hegelschen Frühschriften aus, in denen sich der Anspruch auf S. des gesellschaftl. Menschen sowohl begründet als auch im Konkurrenzkampf und in der Absetzung zum Postulat der S. der jeweils anderen formuliert findet (J. HABERMAS). MICHAEL THEUNISSENS (* 1932) Unterscheidung zw. einem traditionell ›teleolog.‹ und einem gängig gewordenen ›experimentellen‹ Verständnis von S. macht den vollzogenen Bedeutungs- und Bewusstseinswandel deutlich. Während im modernen experimentellen Sinne S. lediglich eine subjektivist. und damit willkürl. Bedeutung hat, kommt THEUNISSEN zu der Behauptung, dass ›die Forderung, uns selbst zu verwirklichen, allein als Postulat einer Realisierung von Allgemeinheit eth. Verbindlichkeit hat‹. Zugrunde liegt dabei eine Idee der Freiheit, der gemäß ein Mensch wirklich frei zusammen mit allen anderen sein könnte. Die heute geforderte S. konkretisiert sich nach THEUNISSEN daher ›in der Bekümmerung um die weltweite Ausbeutung der Natur, in der Betroffenheit vom Hunger in der Welt, in der Sorge um den Weltfrieden‹.

Ein ganz anderes Verständnis wird den Begriffen des Selbst und der S. in der Mystik und in den spirituellen Lehren des Ostens zugrunde gelegt. Begriffe wie Selbst, Selbsterfahrung, Selbsterkenntnis S. weisen hier auf den Ort der Gotteserfahrung oder -erkenntnis im Menschen, worin sich dieser zugleich in seinem eigentl. Wesen realisiert. S. ist hier vielfach (etwa bei J. TAULER, in anderer Weise im Buddhismus und Hinduismus) als ein Weg der Selbstentäußerung oder -entsagung beschrieben.

›Selbstverwirklichung‹ in der Psychologie

Eine zentrale Kategorie stellt S. in jenen psycholog. Positionen dar, die als →humanistische Psychologie zusammengefasst werden (CHARLOTTE BÜHLER, A. H. MASLOW u.a.). Ihre Gemeinsamkeit besteht weniger in einem einheitl. theoret. Fundament als in dem Ziel, die Vorherrschaft des deterministisch-mechanist. Menschenbildes in der psycholog. Forschung zu korrigieren, indem sie den Menschen in seiner Personwürde und das individuelle Erleben in den Mittelpunkt ihrer Forschungen rücken. Viele Autoren berufen sich ausdrücklich auf KIERKEGAARD und die Existenzphilosophie (M. HEIDEGGER, K. JASPERS, J.-P. SARTRE). S. meint infolgedessen das Bestreben, das eigene Potenzial an Begabungen, Kräften, Gefühlen, Hoffnungen, auch an spezif. Besonderheit zu verwirklichen (MASLOW spricht deshalb auch von ›Selbstaktualisierung‹), und zwar nicht primär als Erreichen punktueller Ziele und bloß momentan, sondern im individuellen Lebenslauf als Ganzem.

In den Persönlichkeitstheorien der humanist. Psychologie erscheint S. als Vollzug einer inneren Wachstumstendenz, die als Motivationsbasis sämtl. Aktivitäten beeinflusst. Im Ggs. zur klass. Psychoanalyse und zum Behaviorismus gehen die humanist. Psychologen von der Auffassung aus, dass der Mensch zwar von →Bedürfnissen bestimmt ist (MASLOW z.B. unterscheidet zw. physiolog. Grundbedürfnissen und psych. Wachstumsbedürfnissen), aber immer in einem schöpfer. Spannungsfeld zur Umwelt steht, als ein aus Leib, Seele und Geist bestehender, ganzheitl. Organismus nicht losgelöst von seiner gesamten Lebenssituation (seinem Verhältnis zum Universum als Ganzem) begriffen werden kann. Dieser menschl. Grundsituation entspricht als Zielvorstellung eine Selbstfindung, die durch Befreiung von Zwängen der heteronomen Übernahme und Erfüllung gesellschaftl. Erwartungen und Rollen wie auch von dem bloßen Drang, anderen Menschen zu gefallen, gekennzeichnet ist und damit eine Entwicklung von Selbstbestimmung, Offenheit anderen Menschen sowie neuen Erfahrungen gegenüber ermöglichen soll. C. R. ROGERS und E. FROMM zufolge kann das humanist. Konzept der S. die Basis für eine Gesellschaft ›neuer Menschen‹ bilden, die durch Qualitäten wie zwischenmenschl. Wertschätzung, Kreativität und Gerechtigkeit geprägt ist.

Bereits vor der humanist. Psychologie, die wegen ihrer Brauchbarkeit als Grundlage therapeut. Beratung (Gestalttherapie, Gesprächstherapie, themenzentrierte Interaktion u.a.) Anerkennung gefunden hat, der aber auch Individualismus, anthropolog. Optimismus und ein Zug zur Irrationalität vorgeworfen werden, hat C. G. JUNG 1928 den Begriff der S. im Sinne der Individuation in die psycholog. Diskussion eingeführt. Eine unvergleichbare Individualität, die durch das ›Selbst‹ vorgegeben ist, entsteht JUNG zufolge erst dadurch, dass die bewusste Persönlichkeit (das Ich) Inhalte des Unbewussten akzeptiert und assimiliert. Während das Selbst in der humanist. Psychologie, etwa bei ROGERS, v.a. die (bewusste) Persönlichkeit eines Menschen meint, besagt ›Selbst‹ bei JUNG den Gesamtumfang aller bewussten und unbewussten psych. Phänomene. Insofern aber immer nur Teile des Unbewussten bewusst gemacht werden können, stellt das Selbst ein nicht endgültig einholbares Postulat dar. S., wie sie meistens durch einen Leidensdruck im Sinne eines Prozesses psych. Selbstregulierung in Gang gesetzt wird, zielt auf ein ›weiteres Bewusstsein‹; es tritt nach JUNG als eine Beziehungsfunktion zutage, welche die Persönlichkeit in eine verpflichtende und unauflösbare Gemeinschaft mit der Welt versetzt.

V. FRANKL, der Begründer der Existenzanalyse, sieht den Menschen nicht wie S. FREUD durch das Lustprinzip noch wie A. ADLER durch ein Geltungsstreben, sondern durch den Willen, Sinn zu erfüllen und Werte zu verwirklichen, bestimmt. S. ist dabei nach FRANKL Wirkung der Sinnerfüllung und dieser gegenüber sekundär; in dem Maße, in dem der Mensch etwa in der Hingabe an eine Sache oder in der Liebe zu einem Menschen Sinn erfüllt, verwirklicht er auch sich selbst; in einem Streben nach S., das rein selbstbezogen ist und tatsächlich oft als Alibi für egoist. oder egozentr. Verhalten dient, hat er diese wie auch sich selbst schon verfehlt.

Chancen und Grenzen der Selbstverwirklichung

Die versch. Konzepte der S. gehen gemeinhin davon aus, dass der Mensch nicht schon durch die Tatsache seines Daseins das ist, was er sein kann; sein Selbst erst hervorzubringen, gehört vielmehr zu seiner existenziellen Grundbefindlichkeit. Die Fähigkeit und der innere Drang zur Selbstbildung wird nicht als mechan. Entwicklung aufgefasst, in der ein festgelegtes allgemeines Muster oder ein von Anfang an fertiges individuelles Programm fortschreitend expliziert würde. Vielmehr richtet sie sich auf ein konkretes, individuelles Personbild, das aus der Offenheit der eigenen Anlagen und Möglichkeiten und in wechselseitigem Austausch mit Bezugspersonen, Erziehern und Umwelt nach und nach ausgeformt wird. Demnach erfolgt Selbstbildung im Lebenslauf mit unterschiedl. Geschwindigkeiten in verschiedenen Lebensphasen und mit Neuorientierungen in Übergängen, wobei krisenhafte Zuspitzungen, auch ein Stillstand im Selbstwerden oder ein Scheitern darin, die eigenen Kräfte zur Darstellung zu bringen, nicht ausgeschlossen sind.

Die Thematisierung des Aufbaus und der Entfaltung der Persönlichkeit unter dem Stichwort S. ist allerdings nie gegen die Möglichkeit geschützt, als Legitimation oder sogar Aufforderung zur Zentrierung der Wirklichkeitsbezüge auf die eigene Person missverstanden zu werden. Gerade die Eingängigkeit dieses Begriffs und seine Ausrichtung nach innen erlauben es, die Idee der S. als Rechtfertigung und gar eth. Verbrämung für narzisst. Ichbezogenheit zu benutzen. Insoweit stellt auch das sozialwiss. Konzept der Individualisierung ein durchaus zwiespältiges Muster für die Realisierungschancen von S. dar. Gerade angesichts zunehmend vernetzter Risiken und Gefahren (U. BECK) bleiben den Individuen – eben im Zusammenhang gewachsener Ansprüche auf S. – politisch und sozial immer weniger Chancen zur Verwirklichung des Anspruchs. In diesem Maße kann ›S.‹ dann zum Thema ideolog. Besetzungen oder zum Etikett für Produktwerbung und vermeintlich individuelle Konsumstile werden.

Wo der Maßstab einer nur auf sich selbst bezogenen und in Selbstbehauptung aufgehenden S. verabsolutiert wird, können Begrenztheit, Misserfolg, Versagen, Krankheit, Leid und Sterben nur noch als Scheitern des Selbstprojekts und somit als Selbstverlust beurteilt und verarbeitet werden. Nicht zuletzt von Theologen wird deshalb kritisiert, dass mit einem solchen Verständnis von S. etwa die Möglichkeit von Schuld, die Erfahrung, trotz Schuld zur Hoffnung und Liebe berechtigt zu sein, und das Angewiesensein auf die Gnade Gottes weitgehend ausgeblendet werden (E. JÜNGEL, W. PANNENBERG).

S. steht in einem dialog. Spannungsverhältnis zu den Erwartungen anderer, zu den wechselseitigen Abhängigkeiten und der sozialen Vernetztheit des einzelnen Lebens. Die Einsicht nicht nur in die einengenden und beschränkenden Funktionen von Gesellschaft, sondern auch die Anerkennung ihrer produktiven Kräfte und im positiven Sinn regulativen Momente kann die S. einem Egozentrismus entziehen. Als Voraussetzung für S. als humanen Grundsatz erscheint dabei die Anerkennung der prinzipiellen Kontingenz des menschl. Daseins (und seiner negativen Möglichkeiten) sowie des Grundsatzes der Solidarität.

⇨ *Alternativkultur · Anthropologie · Autonomie · Bildung · Emanzipation · Eudämonismus · Existenz-*
philosophie · Freiheit · Glück · Individuation · Individuum · Lebensqualität · New Age · Risikogesellschaft · Säkularisierung · Selbst · Selbstbestimmungsrecht · Sinn · Solidarität · Verantwortung

H. KRÄMER: S., in: Die Frage nach dem Glück, hg. v. G. BIEN (1978); C. G. JUNG: Die Beziehungen zw. dem Ich u. dem Unbewußten (^{12}1980); H. BARZ: Stichwort: S. (1981); R. HUBER: Zur Psychologie der S. (Diss. Zürich 1981); E. TUGENDHAT: Selbstbewußtsein u. Selbstbestimmung (^{3}1981); M. THEUNISSEN: S. u. Allgemeinheit (1982); J. FUCHS: S. u. Selbstentfremdung, in: Stimmen der Zeit, Bd. 202 (1984); M. EISENSTEIN: S. u. Existenz – eth. Perspektiven pastoralpsycholog. Beratung unter besonderer Berücksichtigung S. Kierkegaards (1986); Kreativität u. Leistung – Wege u. Irrwege der S., hg. v. K. ADAM (1986); S. Chancen, Grenzen, Wege, hg. v. K. HILPERT (1987); G. GERHARDT: Kritik des Moralverständnisses (1989); P. PAULUS: S. u. psych. Gesundheit (1994); H. QUITMANN: Humanist. Psychologie (^{3}1996); C. R. ROGERS: Entwicklung der Persönlichkeit (a. d. Engl., ^{11}1997).

Selbstwählverkehr, Fernsprech- u. a. Nachrichtenverkehr, bei dem im Ggs. zur Handvermittlung die gewünschte Verbindung vom Teilnehmer durch Wählen selbst hergestellt wird (→Vermittlungstechnik). Im Ortsverkehr schon seit der Jahrhundertwende eingeführt, wurde der S. seit den 1950er-Jahren zum **Selbstwählferndienst** (Bezirks- und Landesferndienst) und später zum weltweiten S. ausgebaut.

Selbstwahrnehmung, →Selbst, →Selbstbeobachtung, →Selbstkonzept.

Selbstwechselwirkung, *Physik:* →Selbstenergie.

Selbstwertgefühl, Bez. für die gefühlsbezogene Seite des Selbstbewusstseins bzw. der Selbsteinschätzung. Das S. entsteht als Reaktion auf die in Sozialisation und frühkindl. Entwicklung erfahrenen sozialen Beziehungen und kann je nach Form und Qualität dieser Erfahrungen eine übersteigerte (Selbstüberschätzung), eine positive (Selbstachtung) oder negative (Minderwertigkeitsgefühl) Vorstellung gegenüber dem eigenen Ich ausbilden. Neben den tatsächlich erfahrenen frühkindl. Einflüssen (Eltern, Über-Ich, Ich-Ideal; Aufbau von Vertrauen und Selbstvertrauen) spielen für die Ausbildung des S. auch weiter gehende soziale Faktoren (Status, Prestige) und die jeweiligen Bezugsgruppen (Familie, Freundeskreis, Arbeitswelt) eine wichtige Rolle. Zu wenig entwickeltes S. führt zu Verhaltensunsicherheit und belastet so die psych. Stabilität eines Menschen ebenso wie seine sozialen Beziehungen. Das Streben nach einer Erhöhung des S. kann allerdings auch als Motor sozialer Handlungen, z. B. als Arbeitsmotivation, wirken. Angesichts von Krisenerfahrungen kann ein ausgeprägtes S. stabilisieren, macht aber auch gegenüber Impulsen aus der Umwelt (Kritik, Lob, Orientierungshilfen) mitunter unempfindlich. (→Selbstbewusstsein)

L. KRAPPMANN: Soziolog. Dimensionen der Identität (1971); E. H. ERIKSON: Identität u. Lebenszyklus (a. d. Engl., ^{16}1997); H.-E. RICHTER: Flüchten oder Standhalten (Neuausg. 1997).

Selbstzündung, das selbsttätige Entzünden des Kraftstoff-Luft-Gemischs beim →Dieselmotor.

Selby [ˈselbɪ], Stadt in der Cty. North Yorkshire, N-England, am Ouse, 15 300 Ew.; Kohlenbergbau (seit 1983). – Die Klosterkirche, seit 1100 an der Stelle eines Vorgängerbaues von ¹056 errichtet (Chor 1280–1340), wurde nach Einsturz des Zentralturms (1690) wieder aufgebaut; nach Brandschäden (1906) Restaurierung (1909).

Selby [ˈselbɪ], Hubert, amerikan. Schriftsteller, * New York 23. 7. 1928; wuchs in Brooklyn auf. In seinem z. T. auf eigenen Erfahrungen beruhenden Roman ›Last exit to Brooklyn‹ (1964; dt. ›Letzte Ausfahrt Brooklyn‹) schildert er naturalistisch die von Brutalität und Ohnmacht geprägte, ausweglose Existenz gesellschaftl. Außenseiter in den Slums von Brooklyn. Auch seine weiteren Romane und Erzählungen zielen auf die schockierende Konfrontation mit einer von Gewalt, Drogen und sexueller Perversion bestimmten Alltagsrealität.

Weitere Werke: *Romane:* The room (1971; dt. Mauern); The demon (1977; dt. Der Dämon); Requiem for a dream (1978; dt. Requiem für einen Traum); Soldier of fortune (1990). – *Erzählungen:* Song of the silent snow (1986; dt. Lied vom stillen Schnee).

Selden [ˈseldən], John, engl. Politiker, Jurist und Orientalist, * Salvington (Cty. West Sussex) 16. 12. 1584, † London 30. 11. 1654; als Mitgl. des Unterhauses (seit 1623) Gegner des Absolutismus und im Langen Parlament Gegner der Presbyterianer. Mit seiner Schrift ›Mare clausum ...‹ (entstanden 1618/19, veröffentlicht 1635), in der er für England die alleinige Herrschaft über die umgebenden Meere beanspruchte, antwortete er auf H. GROTIUS' Werk ›Mare liberum‹ (1609).

Seldschuken, alttürk. Herrschergeschlecht (um 1040–1157, in Anatolien bis 1308), stammte von SELDSCHUK (um 1000) ab, einem Häuptling der Ogusen in Turkestan, der mit seinem Stammesverband im islam. Glauben angenommen und sich im Dienst der pers. Samaniden in Transoxanien niedergelassen hatte. SELDSCHUKS Enkel TSCHAGRIBEG († 1059) und TOGRILBEG († 1063) besiegten 1040 bei Dandankan (westlich von Merw) den Ghasnawidenherrscher MASUD I. (1030–41). TSCHAGRIBEG wurde Herrscher in O-Iran (Khorasan), während TOGRILBEG sich nach Westen wandte. 1055 zog er in Bagdad ein und befreite den Kalifen von der Herrschaft der schiit. Bujiden. Wenig später verlieh ihm der Kalif den Titel Sultan. TSCHAGRIBEGS Sohn ALP ARSLAN (1063–72) erbte beide Reichsteile. Unter ihm und seinem Sohn MELIKSCHAH (1072–92) erreichte das **Reich der Groß-S.** seine größte Ausdehnung und wurde zum mächtigsten Staat im Vorderen Orient. Maßgebl. Anteil an Wiedererstarken des sunnit. Islam hatte dabei der Wesir NISAM AL-MULK, v. a. durch die Gründung von Hochschulen, an denen die bedeutendsten Gelehrten der damaligen Zeit lehrten. Die türk. Nomadenstämme, denen die Dynastie ihre Siege verdankte, die aber immer mehr die innere Sicherheit bedrohten, wurden zu neuen Aufgaben an die Grenze zum Byzantin. Reich verwiesen. ALP ARSLANS Sieg über Byzanz bei Mantzikert (1071) öffnete den S. den Weg nach Anatolien und zeitweise bis nach Syrien und Mesopotamien. Das großseldschuk. Reich zerfiel seit 1092 unter rivalisierenden Prinzen, obwohl MELIKSCHAHS Sohn MOHAMMED (1105–18) noch einmal kraftvoll regierte. Sein Bruder SANDSCHAR (1118–57) konnte sich jedoch nur noch in Khorasan behaupten. Das Reich löste sich in Kleinfurstenümer unter verschiedenen seldschuk. Linien auf, von denen die der anatol. S. oder Rum-S. (→Rum) die wichtigste war.

In Kleinasien begründete ein entfernter Verwandter ALP ARSLANS, der S.-Prinz SÜLEIMAN († 1086), in den 70er-Jahren des 11. Jh. eine Herrschaft, aus der **das Sultanat der anatolischen S.** oder **Rum-S.** (Hauptstadt Konya) entstand. Die Rum-S. drängten das Byzantin. Reich mehr und mehr zurück (1176 Sieg bei Myriokephalon). Sie entfalteten eine blühende Bautätigkeit, von der heute z. B. Konya und Kayseri zeugen, und brachten viele neue Elemente in die →islamische Kunst ein. Auch die Literatur, lange in pers. Sprache (→DJALAL OD-DIN RUMI), seit etwa 1277 auch in türkischer, gelangte zu hoher Blüte. Zu den türk. Dichtern dieser Zeit gehören u. a. SULTAN VELED und JUNUS EMRE. Die wichtigsten Herrscher der Rum-S. waren KILIDSCH ARSLAN II. (1156–92), KAIKAWUS I. (1210–19) und v. a. KAIKOBAD I. (1219–36), unter dem das Reich seine größte Ausdehnung erreichte (von O-Anatolien bis weit in den Westen Kleinasiens hinein). Sie legten den Grund zur Türkisierung Anatoliens. 1243 eroberten die Mongolen das Land. Sie duldeten die Rum-S. als Vasallen bis etwa 1308.

T. T. RICE: Die S. (a. d. Engl., 1963); H. HORST: Die Staatsverwaltung der Großselğūqen u. Ḫōrazmšāhs, 1038–1231 (1964); C. CAHEN: Pre-Ottoman Turkey (London 1968); M. STROHMEIER: Seldschuk. Gesch. u. türk. Geschichtswiss. (1984); S. G. AGADSHANOW: Der Staat der Seldschukiden u. Mittelasien im 11.–12. Jh. (1994).

Seldte, Franz, Politiker, * Magdeburg 29. 6. 1882, † Fürth 1. 4. 1947; Fabrikant, war 1914–16 im Fronteinsatz; gründete im Dezember 1918 den deutschnat. Frontkämpferbund ›Stahlhelm‹, dessen Agitation gegen den Versailler Vertrag (1919) und die Verf.-Ordnung der Weimarer Rep. gerichtet war. Seit der gemeinsamen Opposition gegen den Youngplan 1929 näherte sich S. der NSDAP und bildete mit HITLER und A. HUGENBERG im Oktober 1931 die ›Harzburger Front‹. 1933–45 war S. Reichsarbeits-Min., 1933/34 auch Reichskommissar für den Arbeitsdienst; wurde in Nürnberg angeklagt und starb in der Haft.

Sele der, im Altertum **Silarius, Silarus,** Fluss in Kampanien, Italien, 63 km lang, entspringt auf dem Apennin, mündet nördlich von Paestum in den Golf von Salerno; dient in der Küstenebene der Bewässerung. (→Foce del Sele)

Selebi-Phikwe, Bergbaustadt in O-Botswana, 55 400 Ew.; Abbau von Kupfer- und Nickelerzen (seit 1974); Erzschmelze, Kohlekraftwerk (60 MW), Industriezone mit Textil- u. a. Betrieben; Endpunkt einer Stichbahn, Flugplatz.

Selected Areas [sɪˈlektɪd ˈeərɪəz; engl., ›ausgewählte Gebiete‹], **Eichfelder, kapteynsche Eichfelder** [kapˈtɛin-], *Astronomie:* von J. C. KAPTEYN für stellarstatist. Zwecke vorgeschlagenes System von Feldern der Größe 75×75 Bogenminuten am Himmel. Es gibt 206 gleichmäßig und symmetrisch zum galakt. Äquator verteilte Eichfelder sowie 46 weitere, in besonderen Gebieten der Milchstraße gelegene. Die in diesen Feldern ermittelte Anzahl an Sternen sowie deren mit großer Genauigkeit bestimmten scheinbaren Helligkeiten, Spektral- und Leuchtkraftklassen gelten als repräsentativ für den ganzen Himmel. Sie bilden die Grundlage der modernen →Stellarstatistik.

Selektion [engl., von lat. selectio ›das Auslesen‹] die, -/-en, **1)** *bildungssprachlich* für: Auswahl.
2) *Biologie:* das Phänomen, dass sich unterschiedl. Merkmalsausprägung (Phänotyp) Individuen, die den herrschenden Umweltbedingungen gut angepasst sind, zu höherem Fortpflanzungserfolg kommen als weniger angepasste und somit in der Folgegeneration stärker vertreten sind. C. DARWIN hat die S. oder natürl. Auslese als wesentl. Evolutionsfaktor erkannt (→Darwinismus). →Evolution.
3) *Saatgut-* und *Pflanzenvermehrung:* die vorgeschriebene Reinigung eines Bestands von art- und sortenfremden sowie kranken Pflanzen.
4) *Soziologie:* zunächst im Sozialdarwinismus verwendeter Begriff zur Bezeichnung der →Auslese. In neuerer Zeit weiter im Zusammenhang der Systemtheorie N. LUHMANNS und T. PARSONS in Gebrauch gekommen, bezeichnet er die Handlungen bzw. Operationen sozialer Systeme, angesichts der Unendlichkeit der in den Systemumwelten angebotenen Informationen und Optionen diejenigen auszuwählen, die dem Systemaufbau und -erhalt dienen.

N. LUHMANN: Soziale Systeme. Grundr. einer allg. Theorie (⁴1991).

5) *Sprachwissenschaft:* 1) von der Bedeutung gesteuerte Auswahl von sprachl. Ausdrücken auf paradigmat. Ebene (im Sinne eines syntakt. →Paradigmas 4); 2) in der generativen Grammatik die durch semantisch-syntakt. Eigenschaften bestimmte Verträglichkeit zw. sprachl. Ausdrücken auf syntagmat. Ebene, →Selektionsbeschränkung.

Selektionsbeschränkung, *Sprachwissenschaft:* Mittel der generativen Grammatik zur Angabe der Kombinierbarkeit oder Verträglichkeit von lexikal. Einheiten im Rahmen eines Satzes; z. B. lässt sich das Verb ›beraten‹ nicht mit einem Subjekt mit dem semant. →Merkmal ›nicht-menschlich‹ verbinden, ein Satz ›das Haus berät den Käufer‹ wäre also ungrammatisch.

selektiv, *allg.:* auf Auswahl, Auslese beruhend, auswählend.

selektive Wahrnehmung, in unterschiedl. Sinne auf die menschl. Wahrnehmung und Informationsverarbeitung bezogener Begriff dafür, dass 1) nach Kriterien der →Aufmerksamkeit und des Interesses immer nur ein Teil gleichzeitig gegebener Reize beachtet wird; dass 2) aufgrund der Enge unseres Bewusstseins immer nur ein Millionstel der aufgenommenen Informationen bewusst verarbeitet wird; dass 3) die jeweils bei einem Individuum vorherrschenden Einstellungen die Wahrnehmung selektiv in eine bestimmte Richtung lenken und diese daher der Realität gegenüber mehr oder weniger verzerrt ausfällt. (→Verdrängung)

selektive Zuwendung, engl. **Selective Exposure** [sɪˈlektɪv ɪksˈpəʊʒə], sozialpsycholog. Theorie, nach der sich Personen v. a. den ihre eigenen Einstellungen und Überzeugungen stützenden Informationen oder Medien zuwenden und solche meiden, die diese nicht stützen oder schwächen.

Selektivität, 1) *Chemie:* 1) bei chem. Reaktionen Anteil der durch Substanzen (z. B. Reagenzien, Katalysatoren) oder auch Organismen zu einem gewünschten Produkt umgesetzten Stoffmenge im Verhältnis zur insgesamt umgesetzten Stoffmenge; 2) Maß für den Trennaufwand bei therm. Trennverfahren mit einem Hilfsstoff (z. B. Extraktivdestillation).
2) *Nachrichtentechnik:* die →Trennschärfe.

Selektivruf, Einrichtung in einem beweg. Funkdienst zum gezielten Anruf eines unter vielen an die gleiche Frequenz angeschlossenen Teilnehmers, ohne Belästigung der anderen. Jeder Teilnehmer erhält eine codierte Rufinformation, die aus mehreren Tonfrequenzen, Impulsreihen oder anderen Codesignalen bestehen kann und auf die nur der gerufene Empfänger anspricht. Der S. kann mit einer Mithörsperre für alle unbeteiligten Teilnehmer verbunden werden.

Selektivschutz, Schutzeinrichtungen zur selektiven Abschaltung defekter Leitungen oder Teile in elektr. Anlagen, z. B. Zeitstaffel-, Differenzial- und Distanzschutz.

Selektor|gene, bei der Fruchtfliege (Drosophila melanogaster) entdeckte Gene, die in der Entwicklung (Ontogenese) die Aktivität bestimmter weiterer Gene regeln und damit die Entwicklung steuern.

Selektorkanal, *Datenverarbeitung:* Kanal, über den jeweils nur ein Datenübertragungsvorgang zw. der Zentraleinheit eines Computers und der Peripherie stattfindet (Ggs.: →Multiplexkanal). S. eignen sich bes. für Anschlussgeräte mit großer Datenübertragungsgeschwindigkeit, z. B. Magnetplattenspeicher. An einen S. können zwar mehrere Geräte angeschlossen sein, jedoch findet immer nur mit einem von ihnen eine Datenübertragungsoperation statt.

s-Elektron, ein Elektron in der Hülle eines Atoms, das sich in einem Zustand mit der Bahndrehimpuls-Quantenzahl $l = 0$ (s-Zustand) befindet.

Selemiye, Stadt in Syrien, →Salamija.

Selen [zu griech. selḗnē ›Mond‹ (so benannt wegen der Verwandtschaft mit dem Element Tellur, zu lat. tellus ›Erde‹)] *das, -s,* chem. Symbol **Se,** ein →chemisches Element aus der sechsten Hauptgruppe des Periodensystems der chem. Elemente. Ähnlich wie der in der gleichen Gruppe über ihm stehende Schwefel kommt S. in mehreren Modifikationen vor. Die thermodynamisch stabilste Form ist das hexagonal kristallisierende, in Schwefelkohlenstoff unlösl. **graue S. (metallische S.).** Dieses zeigt die Eigenschaften eines Halbleiters; es leitet im Dunkeln den elektr. Strom nur sehr wenig, doch nimmt die Leitfähigkeit bei Belichtung auf etwa das Tausendfache zu. Neben der grauen S. sind mehrere rote und schwarze, nichtmetall., nicht leitende Modifikationen des S. bekannt. Bei der Gewinnung des S. durch Reduktion der selenigen Säure mit Schwefeldioxid fällt in der Kälte **rotes amorphes S.,** in der Hitze **schwarzes amorphes S.** aus. Aus der Lösung des roten amorphen S. in Schwefelkohlenstoff lassen sich zwei rote, monoklin kristallisierende Formen unterschied. kristallisieren (α-S., Dichte $4{,}48\,\text{g/cm}^3$, und β-S., Dichte $4{,}40\,\text{g/cm}^3$; daneben ist eine weitere kristalline Modifikation, γ-S., bekannt). Durch rasches Abkühlen von geschmolzenem S. wird (dunkelbraunes bis) **schwarzes glasiges S.** gewonnen; dieses beginnt beim Erhitzen bei etwa 50 °C zu erweichen, es wird zunächst elastisch, bei höherer Temperatur plastisch. Alle Modifikationen gehen beim Erhitzen in die stabile graue Form über. Während alle metastabilen Modifikationen des S. (ähnlich wie die Tieftemperaturformen des Schwefels) aus Se_8-Ringmolekülen bestehen, liegen beim grauen S. lange, parallele, schraubenförmige Ketten mit jeweils mehreren hundert Se-Atomen in einer Kette vor. In der Dampfphase spalten sich diese Moleküle zu immer kleineren Molekülaggregaten auf; oberhalb 900 °C liegen fast nur noch Se_2-Moleküle, oberhalb 2000 °C Se-Atome vor. Auch in seinen chem. Reaktionen verhält sich S. ähnlich wie Schwefel. An der Luft und im Sauerstoffstrom verbrennt S. mit bläul. Flamme zu S.-Dioxid, SeO_2.

Vorkommen und *Gewinnung:* S. kommt in der Natur nur sehr selten in Form reiner Selenidminerale vor, z. B. als Kupferselenid (Berzelianit) und Quecksilberselenid (→Tiemannit). Daneben finden sich Selenide als geringe Beimengungen in vielen sulfid. Schwermetallerzen; das S. reichert sich daher bei deren Verarbeitung in mehreren Nebenprodukten an, u. a. in den beim Abrösten von Metallsulfiden entstehenden Flugstäuben, in dem bei der Schwefelsäuregewinnung anfallenden Bleikammerschlamm sowie bes. in dem bei der Erzeugung von Elektrolytkupfer (→Kupfer) anfallenden Anodenschlamm. Zur Isolierung wird das aus dem Anodenschlamm in Form von Seleniden vorliegende S. zunächst z. B. durch Erwärmen mit Salpetersäure zu seleniger Säure, H_2SeO_3, oxidiert und dann durch Einleiten von Schwefeldioxid, SO_2, wieder zu elementarem S. reduziert. Beim Abrösten der Metallsulfide werden die darin enthaltenen

Selen		
chem. Symbol: **Se**	Ordnungszahl	34
	relative Atommasse	78,96
	Häufigkeit in der Erdkruste	$8 \cdot 10^{-5}$ %
	natürliche Isotope (mit Anteil in %)	^{74}Se (0,89), ^{76}Se (9,36), ^{77}Se (7,63), ^{78}Se (23,77), ^{80}Se (49,61), ^{82}Se (8,74)
	insgesamt bekannte Isotope	^{68}Se bis ^{91}Se
	längste Halbwertszeit (^{79}Se)	$6{,}5 \cdot 10^4$ Jahre
	Dichte (bei 20 °C) (graues Selen)	$4{,}81\,\text{g/cm}^3$
	(rotes amorphes Selen)	$4{,}26\,\text{g/cm}^3$
	(schwarzes glasiges Selen)	$4{,}28\,\text{g/cm}^3$
	Schmelzpunkt (graues Selen)	221 °C
	Siedepunkt (graues Selen)	685 °C
	spezifische Wärmekapazität (bei 25 °C)	$0{,}321\,\text{J/(g·K)}$
	elektrische Leitfähigkeit (bei 0 °C) (kristallines Selen)	100 S/m
	Wärmeleitfähigkeit (bei 25 °C) (amorphes Selen)	$0{,}519\,\text{W/(m·K)}$

Selenide durch den Luftsauerstoff in S.-Dioxid übergeführt, das durch das gleichzeitig gebildete Schwefeldioxid zu elementarem S. reduziert wird. Dieses wird mit dem Flugstaub abgeschieden und durch chem. Reinigungsverfahren in gediegener Form gewonnen.

Verwendung findet graues S. wegen seiner Halbleitereigenschaften u. a. in der Elektrofotografie, zur Herstellung von Photozellen, Gleichrichtern, photoelektr. Belichtungsmessern und elektron. Bauteilen. In geringen Mengen dient S. als korrosionsvermindernder Legierungszusatz, z. B. bei Chromstählen. In der Glas- und Keramikindustrie werden S. und S.-Verbindungen als Färbemittel verwendet; mit S. dotierte Gläser sind leuchtend rosa bis rubinrot gefärbt und eignen sich für Warnlichter und Signalanlagen. Das Radionuklid ^{75}Se, ein Gammastrahler, dient der zerstörungsfreien Werkstoffprüfung.

Wirtschaft: Weltweit wurden (1996) 2050 t S. produziert. Haupterzeugerländer waren Japan (550t), Kanada (550t), die USA (350t) und Belgien (250t). Da mehr als ein Drittel des gewonnenen S. im wachsenden Fotokopierbereich eingesetzt werden, ist trotz technolog. Verbesserungen mit einer steigenden Nachfrage zu rechnen. S. wird zunehmend in der Röntgentechnologie und der Glasherstellung verwendet.

Physiologie: S. ist ein unentbehrl. Spurenelement für Mensch und Tier. Es ist Bestandteil des Glutathionperoxidase und trägt dadurch zur Inaktivierung gefährl. so genannter reaktiver Sauerstoffarten (z. B. Hydroxylradikale, Peroxide) bei. Als tägl. Aufnahmemenge werden 75 µg empfohlen. Die in einigen Regionen Chinas mit ausgeprägtem S.-Mangel auftretende charakterist. Form der Herzmuskelinsuffizienz **(Keshan-Krankheit)** und eine in jungen Jahren verzeichnete Entzündung der Kniegelenke **(Kaschin-Beck-Syndrom)** können durch S.-Gabe gebessert werden. Erniedrigte S.-Konzentrationen werden auch bei Tumorpatienten gefunden. – S. wurde 1817 von J. J. BERZELIUS im Bleikammerschlamm der Schwefelsäureherstellung entdeckt.

Selene, *griech. Mythos:* die Mondgöttin, Schwester des Helios und der Eos; sie wurde auch als Zaubergöttin angesehen, besaß jedoch keinen eigenen Kult. Aufgrund der Verschiedenheit der Mondphasen wurde S. im Volksglauben mit Werden und Vergehen der Lebewesen in Verbindung gebracht. Der Mythos berichtet von ihrer Liebe zu →Endymion. Der griech. S. entspricht der röm. Göttin →Luna. – In der griech. Kunst erscheint S. mit Mondscheibe oder -sichel, Nimbus oder Schleier, reitend oder mit dem Wagen fahrend, z. B. am Parthenon (O-Giebel und Metope von der N-Seite) und einer berliner Schale des BRYGOSMALERS (5. Jh. v. Chr.). Röm. Sarkophage und Wandbilder zeigen sie, wie sie den schlafenden Geliebten besucht, ein Motiv, das die europ. Kunst der Neuzeit wieder aufgriff.

Selenga *die,* mongol. **Selenge,** Fluss in der Mongolei und in Burjatien, Russ. Föderation, 1024 km lang (davon 615 km in der Mongolei); entsteht aus den Quellflüssen **Iderin** (452 km; aus dem Changaigebirge) und **Delger** (445 km; vom Ulaan-Tajga), mündet mit einem Delta (680 km^2) in den Baikalsee; von der Mündung des Orchon an schiffbar. Ihre starke Verschmutzung durch industrielle Abwässer im Unterlauf (u. a. durch ein Zellstoffwerk in Selenginsk) führte zur ökolog. Schädigung des →Baikalsees.

Selenić [-nitɕ], Slobodan, serb. Schriftsteller, *Pakrac (Rep. Kroatien) 7. 6. 1933; setzt sich in seinen Romanen mit der eth. Deformation der zeitgenöss. Gesellschaft auseinander; auch Dramen (›Kosančićev venac 7‹, 1982); Theaterkritiker.

Weitere Werke: *Romane:* Prijatelji (1980); Pismo-glava (1982); Očevi i oci (1985); Memoari Pere Bogalja (1986); Ubistvo s predumišljajem (1993).

Selenicereus [zu griech. selēnē ›Mond‹ (wegen der kreisrunden Samen)], die Pflanzengattung →Schlangenkaktus.

Selenit [griech. líthos selēnítes, eigtl. ›mondartiger Stein‹ (nach der blassen Farbe)] *der, -s/-e,* andere Bez. für das Mineral →Gips.

Selenodolsk, Zelenodol'sk [zɛlɛnɔˈdɔljsk], Stadt in der Rep. Tatarstan, Russ. Föderation, am N-Ufer des Samaraer Stausees der Wolga, 84 900 Ew.; Schiffs- und Maschinenbau, Herstellung von Möbeln, Bekleidungswerk.

Selenograd, Zelenograd [z-], Stadt im Gebiet Moskau, Russland, der Moskauer Stadtverwaltung unterstellt, an der Schodnja, 50 km nordwestlich von Moskau, 191 000 Ew.; Moskauer Hochschule für Elektronik; Hochschulen für Business, Management und Handel; Computerherstellung. Bei S. in der Siedlung **Mendelejewo** physikalisch-techn. und radiotechn. Forschungsinstitute. – S. wurde ab 1960 als Satellitenstadt Moskaus erbaut (Erstbezeichnung Krjukowo) und ist seit 1963 Stadt.

Selenogradsk, Stadt im Gebiet Kaliningrad (Königsberg), Russland, →Cranz.

Selenographie [griech.] *die, -,* Teilgebiet der Astronomie, das die kartograph. Erfassung und Beschreibung der Mondoberfläche beinhaltet.

Selenquecksilber, das Mineral →Tiemannit.

Selenter See, Grundmoränensee im Kr. Plön, im Ostholstein. Hügelland, Schlesw.-Holst., 22,4 km^2, 37 m ü. M. und bis 34 m tief. See und Randgebiet stehen unter Landschaftsschutz.

Selentschuk-Observatorium, astrophysikal. Spezialobservatorium der Russ. Akad. der Wiss.en, in der Rep. Karatschaio-Tscherkessien, Russ. Föderation, im nördl. Großen Kaukasus auf dem Berg Pastuchow, 2070 m ü. M. gelegen; besitzt ein Spiegelteleskop mit dem derzeit weltweit größten monolith. Hauptspiegel (Durchmesser 6 m). Das Instrument hat eine computergesteuerte azimutale Montierung, seine Brennweite beträgt im Primärfokus 24 m.

Selenverbindungen. Selen tritt in seinen Verbindungen v. a. mit den Oxidationszahlen $-2, +2, +4$ und $+6$ auf; formal sind die S. den entsprechenden Schwefelverbindungen gleich. **Selenwasserstoff,** H_2Se, ist ein unangenehm (nach faulem Rettich) riechendes, äußerst giftiges Gas, das bei der Umsetzung von Seleniden mit Salzsäure entsteht und sich in Wasser zur schwachen **Selenwasserstoffsäure** löst. Die Salze des Selenwasserstoffs (der Selenwasserstoffsäure) werden **Selenide** genannt. Sie ähneln in ihren Eigenschaften den Sulfiden und kommen mit diesen in der Natur meist zusammen vor. Metallsulfide für Halbleiterzwecke werden durch Zusammenschmelzen der Komponenten hergestellt.

Selendioxid, Selen(IV)-oxid, SeO_2, ist eine weiße, kristalline, ab 315 °C sublimierbare Substanz, die beim Verbrennen von Selen an der Luft oder im Sauerstoffstrom entsteht; sie bildet in Wasser die schwache **selenige Säure,** H_2SeO_3; ihre Salze heißen **Selenite.** Die **Selensäure,** H_2SeO_4, ist eine farblose, hygroskop., bei 59,9 °C schmelzende Substanz, die durch Einwirkung starker Oxidationsmittel (Chlor, Brom, Wasserstoffperoxid) auf selenige Säure hergestellt wird. Sie wirkt selbst äußerst stark oxidierend; ihre Salze heißen **Selenate.** Durch Umsetzen von Kaliumselenat, K_2SeO_4, mit Schwefeltrioxid kann **Selentrioxid, Selen(VI)-oxid,** SeO_3, eine farblose, stark hygroskop. Substanz, gewonnen werden.

Selenzelle, der älteste bekannte Photoleitfähigkeitsdetektor (→Photoleitung), mit einer Selenschicht als Photowiderstand. Die Lichtempfindlichkeit der S. beruht auf dem inneren →Photoeffekt.

Seler, Eduard Georg, Ethnologe und Amerikanist, *Crossen (Oder) 5. 12. 1849, †Berlin 23. 11.

Selene:
Römische Kopie einer griechischen Statue; 4. Jh. v. Chr. (Florenz, Uffizien)

Seleukos I. Nikator
(römische Kopie einer griechischen Herme, um 300 v. Chr.; Neapel, Museo Archeologico Nazionale)

1922; ab 1884 Mitarbeiter des Museums für Völkerkunde in Berlin, ab 1899 Prof. ebd., erforschte zw. 1887 und 1911 auf mehreren Reisen die vorkolumb. Kulturen in Mexiko, bes. die der Maya.
Werk: Ges. Abhh. zur amerikan. Sprach- u. Altertumskunde, 5 Bde. (1902–23).

Sélestat [selɛsˈta], Stadt im Elsass, Frankreich, →Schlettstadt.

Seleukeia, griech. **Seleukeia,** lat. **Seleucia,** Name mehrerer von den Seleukiden gegründeter Städte: **1) Seleukeia am Euphrat, Zeugma,** seleukid. Festung am westl. Ufer des Euphrat, nordöstlich von Aleppo, heute Balkis, Syrien; später Grenzfestung des Röm. Reiches gegen die Parther, dann gegen die Sassaniden; 637 von den Arabern erobert. – In der Nähe Nekropolen und Mosaikböden (heute in Museen in Berlin und Sankt Petersburg).
J. Wagner: S. am Euphrat, Zeugma (1976).

2) Seleukeia am Kalykadnos, antiker Name des heutigen →Silifke, Türkei.

3) Seleukeia am Tigris, heute Tall Umar, 32 km südlich von Bagdad, Irak. 312/311 v. Chr. von Seleukos I. Nikator nahe dem 312 eroberten Babylon als Residenz angelegt, erblühte schnell zum mächtigsten Handelsplatz Mesopotamiens. S. gegenüber, jenseits des Tigris, schlugen die Parther ihr Heerlager auf, das spätere →Ktesiphon; in arab. Quellen wird die parth. Hauptstadt als Doppelstadt bezeichnet, d. h., S. bestand (auch nach der parth. Eroberung 141 v. Chr.) neben Ktesiphon weiter; erst nach Zerstörung von S. durch die Römer (164 n. Chr.) verlagerte sich der Schwerpunkt auf Ktesiphon. Ausgrabungen in S. erbrachten Zeugnisse hellenist. Kultur, z. B. Terrakottafigürchen (u. a. Kopf des Silenus), wie auch parth. Kunsthandwerks (z. B. Keramik); bedeutend war die Münzprägung in S. Von der ursprüngl. Bausubstanz sind v. a. noch unterird. Anlagen (Grabstätten unter den Häusern) erhalten.

4) Seleukeia Pieria [-pjɛ-], um 300 v. Chr. gegründete Handelsstadt in der nordsyr. Landschaft Pierien, am Mittelmeer, Hafen von →Antiochia am Orontes.

Seleukiden, makedon. Dynastie, die, begründet von Seleukos I., 312–64 v. Chr. in Vorderasien herrschte.

Seleukidenreich, eines der drei Großreiche der hellenist. Staatenwelt, 312 v. Chr. von Seleukos I. Nikator östlich des Euphrat begründet, bestand bis 64 v. Chr. Es umfasste beim Tod Seleukos' I. (281 v. Chr.) fast ganz Vorderasien und reichte im Osten beinahe bis zum Indus (Karten →hellenistische Staatenwelt); aber schon im 3. Jh. gingen große Teile Irans an die Parther und durch den Abfall Baktriens verloren. Kernland des S. war N-Syrien (Hauptstadt seit etwa 300 v. Chr. Antiochia am Orontes). Antiochos III., d. Gr. (223–187 v. Chr.), stellte noch einmal für kurze Zeit den ganzen Umfang des Reiches wieder her; doch schon mit seinem Krieg gegen Rom begann der Niedergang (Schlacht bei Magnesia am Sipylos, heute Manisa, 190 v. Chr.). Den letzten Seleukiden, Philipp II. (65/64 v. Chr.), setzte Pompeius ab, der Syrien zur röm. Prov. machte.

Die Einteilung des S. in Satrapien nach pers. Vorbild konnte wegen der Heterogenität der Reichsteile nicht auf lange Sicht zu einer funktionierenden Staatsverwaltung führen; sie förderte im Gegenteil die Selbstständigkeit von Statthaltern und Lokaldynasten. Die Sonderstellung einzelner Stadtstaaten, von Tempelstaaten und von Dynasten, die von der direkten Beherrschung durch den Statthalter ausgenommen waren, komplizierte den Staatsaufbau weiter. Energ. Bemühungen der Seleukiden um Ausbreitung griech. Zivilisation und Kultur (bes. Neu- und Wiedergründung von Städten im Mittelmeerraum, z. B. Antiochia und Apameia am Orontes, Dura-Europos, Latakia, Seleukeia am Tigris, Antiochia in Pisidien) machten ihre Epoche trotz deutl. Spuren von einheim. Opposition zu einer Zeit des allgemeinen Fortschritts für die betroffenen Länder. Auch in anderen Städten förderten sie die Bautätigkeit (z. B. in Sardes, Artemis-Kybele-Tempel). Unter den Seleukiden breitete sich hellenist. Kultur nach O aus, ihr Einfluss reichte (über die Seidenstraße) bis Zentralasien sowie nach NW-Indien, wo er in der Kunst fassbar wird (→Gandharakunst; Kunst in →Turfan).

Seleukos, griech. **Seleukos,** Name hellenist. Könige aus der Dynastie der Seleukiden. – Bedeutende Vertreter:

1) Seleukos I. Nikator [›Sieger‹], Begründer der Seleukidendynastie, König (seit 305/304 v. Chr.), * um 358 v. Chr., † (ermordet) 281 v. Chr.; nahm am Indienfeldzug Alexanders d. Gr. teil. Bei der Aufteilung des Alexanderreiches durch die Diadochen 321 erhielt er die Satrapie Babylonien, konnte sie aber erst 312 mithilfe von Ptolemaios I. gegen Antigonos I. Monophthalmos endgültig gewinnen. Als Hauptstadt gründete er bald darauf Seleukeia am Tigris. Seit 311 dehnte er seine Herrschaft nach Osten bis zum Indus aus, musste aber einen Teil der eroberten Gebiete an den ind. König Candragupta Maurya abtreten. 305/304 nahm er den Königstitel an. Nach der Schlacht bei Ipsos (301) gewann er Teile Syriens, nach der Schlacht bei Kurupedion (281) auch Kleinasien. Unter S. hatte das Seleukidenreich, dessen Schwerpunkt nun im Westen lag (Hauptstadt seit etwa 300 Antiochia am Orontes, mit dem Mittelmeerhafen Seleukeia Pieria), seine größte Ausdehnung.

2) Seleukos II. Kallinikos [›ruhmvoller Sieger‹], König (seit 246 v. Chr.), * um 265 v. Chr., † 225 v. Chr.; älterer Sohn Antiochos' II.; behauptete sich im 3. Syr. Krieg (246–241) trotz ägypt. Erfolge. Unter seiner Herrschaft kam es zum Abfall der Parther und zum endgültigen Verlust Baktriens, zeitweilig auch zum Verlust Kleinasiens.

3) Seleukos IV. Philopator [›Vaterliebender‹], König (Mitregent seit 189, Alleinherrscher seit 187 v. Chr.), * nach 220 v. Chr., † (ermordet) 175 v. Chr.; war um gute Beziehungen zu Rom, Makedonien und Ägypten bemüht.

Selfaktor [selˈfæktə, engl.] *der*, -s/-s, **Selbstspinner, Wagenspinner,** Spinnmaschine (noch in der Streichgarnspinnerei), die im Ggs. zur →Ringspinnmaschine intermittierend verzieht und dreht, dann aufwindet.

Self-consistent-Field-Verfahren [self kɔnˈsɪstəntˈfiːld -], *Physik:* →Hartree-Fock-Methode.

Selffulfilling Prophecy [ˈselffʊlfɪlɪŋ ˈprɒfɪsɪ; engl. ›sich selbst erfüllende Voraussage‹] *die*, - -, von R. K. Merton eingeführte Bez. für die Beobachtung, dass Prognosen über durch menschl. Handeln beeinflussbare zukünftige Ereignisse nach ihrem Bekanntwerden das Eintreten der vorhergesagten Entwicklung beschleunigen und bestärken. Die **Selfdefeating Prophecy** (›sich selbst bekämpfende Voraussage‹) bewirkt dagegen nach Bekanntwerden eine zur Vorhersage gegenläufige Entwicklung (z. B. Ausbleiben einer vorhergesagten ungünstigen Entwicklung aufgrund veränderter Verhaltensweisen).

Selfgovernment [selfˈgʌvənmənt, engl.] *das*, -s/-s, das in Großbritannien seit dem 14. Jh. entwickelte, später von den USA und den brit. Dominions übernommene System der örtl. Selbstverwaltung in städt. und ländl. Gemeinden, bes. im Kirchen-, Schul-, Gesundheits-, Polizeiwesen und Strafvollzug. Seit dem 19. Jh. ist S. im Sprachgebrauch durch →Local Government ersetzt worden. In den Dominions bedeutete S. Autonomie auf Regierungsebene; in der Charta der UNO ist damit staatl. Souveränität gemeint (Art. 73).

Selfkant, 1) landwirtschaftl. Gem. im Kr. Heinsberg, NRW, 45 m ü. M., an der Grenze zu den Niederlanden, 9000 Einwohner.
2) *der,* Landschaft und Naherholungsgebiet in NRW, westlich der unteren Rur bis zur niederländ. Grenze; auf der Geilenkirchener Lehmplatte Anbau von Hafer, Roggen, Futterpflanzen und Hülsenfrüchten. Das Gangelter Bruch und die Niederungen an Wurm und Rur sind Wiesenauen und Bruchmoore, während die Teverner Heide mit Eichen-Birken-Wald bestanden ist. – 1945 kam das Gebiet von S. unter niederländ. Verwaltung; 1963 im Rahmen des Dt.-Niederländ. Ausgleichsvertrags der BRD angegliedert.

Selfmademan ['sɛlfmeɪd'mæn; engl., eigtl. ›selbst gemachter Mann‹] *der, -s/...men,* jemand, der sich aus eigener Kraft emporgearbeitet hat.

Selfreliance [sɛlfrɪ'laɪəns; engl., eigtl. ›Selbstsicherheit‹, ›Selbstvertrauen‹] *die, -,* entwicklungspolit. Konzept, das in krit. Auseinandersetzung mit marktwirtschaftlichen Entwicklungsstrategien Anfang der 1970er-Jahre im Zusammenhang mit den Dependencia-Theorien entstand und seither in der entwicklungspolit. Diskussion als ›alternative Entwicklungsstrategie‹ gilt. S. bedeutet eine Abkehr von den wachstums- und weltmarktorientierten Entwicklungstheorien: Die Mobilisierung der eigenen Kräfte, Fähigkeiten und Ressourcen seitens der Entwicklungsländer unter Berücksichtigung der eigenen Traditionen und der kulturellen Identität wird als die entscheidende Antriebsquelle für den Entwicklungsprozess angesehen und soll vorrangig der Befriedigung der menschl. Grundbedürfnisse im Sinne der →Grundbedürfnisstrategie dienen. Als Voraussetzung für die Durchsetzung dieser Entwicklungsstrategie wird eine grundlegende Umorientierung der Wirtschafts- und Gesellschaftspolitik in den Entwicklungsländern gefordert im Sinne einer ›Entwicklung nach innen‹ durch die Abkehr vom Weltmarkt hin zu den eigenen Binnenmärkten (autozentrierte Entwicklung) und durch die Beteiligung der Bev. am polit. Entscheidungsprozess.

Seit den 70er-Jahren wird das Konzept bes. von der →Gruppe der 77 vertreten und im Sinne einer kollektiven Eigenständigkeit **(Collective S.)** weiterentwickelt. In den Vordergrund rückte dabei das Ziel einer Intensivierung der polit. und wirtschaftl. Zusammenarbeit der Entwicklungsländer untereinander (→Süd-Süd-Kooperation).

J. GALTUNG: S. Beitrr. zu einer alternativen Entwicklungsstrategie (a.d. Engl., 1983); Kulturelle Eigenentwicklung. Perspektiven einer neuen Entwicklungspolitik, hg. v. P. ATTESLANDER (1993).

Selge, Ruinenstätte einer v. a. in röm. Zeit blühenden Stadt östlich von Antalya, am Oberlauf des Köprüırmağı (griech. Eurymedon), an dem →Aspendos lag, bei der Ortschaft Zerk, Türkei. Nach der Überlieferung vom Seher Kalchas gegr. und von Spartanern besiedelt. S. begegnete ALEXANDER D. GR. freundlich. Aus röm. Zeit sind gut erhalten die für die Stadt wichtige Brücke über den Eurymedon (auf dem Weg nach S.), die Mauern um die Oberstadt, das bei der Unterstadt (Zerk) gelegene Theater (45 Sitzreihen) sowie das Stadion, oberhalb dessen das Gymnasion. Eine Säulenstraße führte von einem im N gelegenen Podiumtempel (im 5. Jh. in eine Basilika umgebaut) zur oberen Agora im S; über dieser die Reste einer Basilika des 5. Jh. (wohl mit Bischofspalast). Im W lagen zwei ion. Tempel (für Zeus und Artemis).

A. MACHATCHEK u. M. SCHWARZ: Bauforsch. in S. (Wien 1981).

Seli *der,* Zufluss des Atlantiks in Sierra Leone; Staudämme sind zur Energiegewinnung geplant; Bumbuna-Wasserkraftwerk im Bau.

Selichah [hebr. səlīḥā ›Vergebung‹] *die, -/...'chot,* jüdisch-synagogales (hebr.) Bußgedicht für die Tage

Selge: Blick auf die Ruinenstätte mit dem Theater aus römischer Zeit

um Neujahr und den Versöhnungstag (Zehn Bußtage), für Fasttage oder die persönl. Andacht. Die S. der regionalen Riten wechseln ebenso wie ihre Melodien.

Selichovgolf [ˈʃelixov-], Bucht des Ochotsk. Meeres, →Schelichowgolf.

Selige [ahd. sālig, eigtl. ›wohlgeartet‹, ›gut‹], *kath. Kirche:* durch →Seligsprechung als herausragende ›Diener Gottes‹ anerkannte Verstorbene, die in der Kirche liturg. Verehrung (im Unterschied zu den →Heiligen jedoch nach Bereich und Form eingeschränkt) erfahren. Die Unterscheidung zw. S. und Heiligen kam im MA. auf. Als S. wurden jene Verstorbenen bezeichnet, deren liturg. Verehrung die Bischöfe für den Bereich ihrer Diözesen gestatteten, als Heilige jene, die vom Papst als verehrungswürdig für die Gesamtkirche erklärt wurden. Seit dem 17. Jh. erfolgt auch die →Seligsprechung durch den Papst.

Seligenstadt: Abteigebäude und ›Einhardsbasilika‹ der ehemaligen Benediktinerabtei (um 830–840)

Seligenstadt, Stadt im Landkreis Offenbach, Hessen, 110 m ü. M., am linken Ufer einer Mainschleife, 19 000 Ew.; Museen; Textilindustrie, Kunststoff- und Lederverarbeitung, Brauerei und elektrotechn. Industrie. – Die Kirche der ehem. Benediktinerabtei (›Einhardsbasilika‹) ist die größte karoling. Basilika nördlich der Alpen (um 830–840 erbaut); spätroman. Ostteile (1240–53), Doppelturmfront (1868–78). Der barocke Hochaltar (um 1714/15 nach Plan von M. VON WELSCH) stammt aus der Mainzer Kartäuserkirche. Abteigebäude überwiegend Ende 17. Jh.; in der Prälatur Museum (barocke Wohnappartements, Bibliothek, Kaisersaal). Zus. mit dem Konventgarten bietet S. das vollständigste Ensemble barocker Klosterbaukunst in Hessen. Vom stauf. Palatium Kaiser FRIEDRICHS II. (um 1235) sind die Mauern des Palas (›Rotes Schloss‹) erhalten. Roman. Steinhaus (1187) und got. Steinhaus (zum Gasthaus ›Zur Mainlust‹ gehörend) sowie zahlr. Fachwerkhäuser (15.–18. Jh.). – Spuren vorgeschichtl. Siedlung; westlich der Abtei Limeskastell der 2. Hälfte des 1. Jh. n. Chr. nachgewiesen. EINHARD gründete nach der Übertragung der Gebeine der Heiligen MARCELLINUS und PETRUS die Benediktinerabtei (828), bei der eine Siedlung entstand, die seit 1175 als Stadt bezeugt ist.

Seligersee, russ. **Seliger,** weit verzweigter Glazialsee mit etwa 160 Inseln im NW der Waldaihöhen, in den Gebieten Twer und Nowgorod, Russland, 205 m ü. M., 212 km² groß, bis 24 m tief (durchschnittl. Tiefe 5,8 m); von über 100 Zuflüssen gespeist, Abfluss über die Selischarowka zur Wolga; Tourismus; Fischfang.

Seligkeit, himmlische S., *christl. Theologie:* das völlige Umfasstsein von der Liebe Gottes, das mit der unmittelbaren, für immer fortdauernden (ewigen) Gottesschau gegeben ist; nach *kath. Glaubenslehre* im Jenseits die Existenzweise der sündlos Gestorbenen und jener, die ihre Sündenstrafen im Fegefeuer verbüßt haben; nach *ev. Verständnis* der durch die →Rechtfertigung erreichte Zustand des Glaubenden.

Seligmann [ˈseligmən], Kurt, amerikan. Maler, Grafiker und Schriftsteller schweizer. Herkunft, * Basel 20. 7. 1900, † Middletown (N. Y.) 2. 1. 1961; lebte seit 1939 in den USA. Im Mittelpunkt seines Werks stehen surrealistisch verfremdete figürl. Bilder aus mag. Bereichen. In seinen Schriften befasste er sich mit Okkultismus (›The mirror of magic‹, 1948).

R. M. MASON: K. S., œuvre gravé (Genf 1982); S. E. HAUSER: K. S. (Basel 1997).

Seligmannit [nach dem Mineralogen GUSTAV SELIGMANN, * 1849, † 1920] *der, -s/-e,* zu den →Spießglanzen gehörendes grauschwarzes rhomb. Mineral der chem. Zusammensetzung PbCuAsS₃; stängelige Aggregate; Härte nach MOHS 3, Dichte 5,5 g/cm³.

Šeligo [ˈʃɛ-], Rudi, slowen. Schriftsteller, * Sušak (heute zu Rijeka) 14. 5. 1935; vom frz. Nouveau Roman beeinflusst; führte die phänomenolog. Beschreibung und den Antipsychologismus in die slowen. Literatur ein und bemüht sich in seinem anspruchsvollen Werk um eine Synthese von gesellschaftl. und kosm. Motiven; auch publizistisch tätig.

Werke: *Romane:* Triptih Agate Schwarzkobler (1968); Rahel stik (1975). – *Novellen:* Ali naj t z listjem posujem (1971, auch dramatisiert); Poganstvo (1973). – *Dramen:* Lepa Vida (1978); Svatba (1980).

Seligpreisungen, im N. T. die im Stil der →Makarismen gehaltenen eschatolog. Verheißungen der →Bergpredigt.

Seligsprechung, Beatifikation, *kath. Kirchenrecht:* die feierliche päpstl. Erklärung nach einem entsprechenden Prüfungsverfahren, dass ein verstorbenes Glied der Kirche von Gott in die Zahl der →Seligen (›beati‹) aufgenommen worden ist; eine der Voraussetzungen für die →Heiligsprechung.

Selim, osman. Herrscher:

1) **Selim I. Yavuz** [-vuz; ›der Grausame‹], Sultan (seit 1512), * Amasya 1467 oder 1468, † bei Çorlu (in der Nähe von Tekirdağ) 20. oder 22. 9. 1520; setzte die Abdankung seines Vaters BAJASID II. durch und ließ alle potenziellen Thronanwärter beseitigen. S. begründete die Vormachtstellung des Osman. Reiches im Vorderen Orient; er zwang als scharfer Feind der Schiiten die iran. Safawiden 1514 zur Abtretung eines Teils von Aserbaidschan und unterwarf Syrien, Libanon und Palästina (1516) sowie Ägypten (1517), wodurch er die heiligen Stätten des Islam unter seinen Schutz nahm. S. zeichnete sich auch als Dichter in pers. Sprache aus.

A. UĞUR: The reign of Sultan Selīm I. in the light of the Selīm-nāme literature (Berlin 1985); J.-L. BACQUÉ-GRAMMONT: Les Ottomans, les Safavides et leurs voisins (Istanbul 1987).

2) **Selim II. Mest** [›der Trunkene‹], Sultan (seit 1566), * Konstantinopel 30. 5. 1524, † ebd. 12. 12. 1574; ließ 1569/70 in Jemen einen Aufstand niederschlagen, 1570/71 Zypern erobern; die Reg. überließ er seinem Großwesir MEHMED SOKOLLU. Durch die Schlacht bei →Lepanto (1571) wurde der osman. Einfluss im Mittelmeer zurückgedrängt. S. trat auch als türk. Dichter (Pseud. **Selimi**) hervor.

3) **Selim III.,** Sultan (1789–1807), * Konstantinopel 24. 12. 1761, † ebd. 28. 7. 1808; wurde nach Abschluss (1791/92) des erfolglosen Krieges gegen Österreich und Russland in die Koalitionskriege gegen NAPOLEON hineingezogen (→ägyptische Expedition) und leitete 1792/93 eine Reihe von innenpolit. Reformen ein (›Nizam-ı cedit‹, dt. ›Neue Ordnung‹) zur Stabilisierung des Osman. Reiches, v. a. nach westl. Muster; deshalb von den →Janitscharen entthront und 14 Monate später beim Versuch einer Wiedereinsetzung auf Befehl seines Nachfolgers MUSTAFA IV. ermordet, der jedoch am selben Tag gestürzt und von MAHMUD II. abgelöst wurde (→BAIRAKTAR). S. schrieb Gedichte unter dem Decknamen **Ilhami** und förderte die Musik.

S. J. SHAW: Between old and new. The Ottoman Empire under Sultan Selim III, 1789–1807 (Cambridge, Mass., 1971).

Selimović [sɛˈliːmɔvitɕ], Meša, serb. Schriftsteller, * Tuzla 26. 4. 1910, † Belgrad 11. 7. 1982; Partisan im Zweiten Weltkrieg, ab 1947 Prof. für Pädagogik und Direktor des Nationaltheaters in Zagreb; neben I. ANDRIĆ einer der bedeutendsten Autoren der serb. Nachkriegsliteratur. Sein Hauptwerk, der in die orientalisch-islam. Strukturen der Vergangenheit eingebettete Roman ›Derviš i smrt‹ (1966; dt. ›Der Derwisch und der Tod‹), ist eine meisterhafte Analyse der existenziellen Gefährdung des Menschen durch den Missbrauch der Macht.

Weitere Werke: *Romane:* Tišine (1961); Tvrdava (1970; dt. Die Festung; Krug (hg. 1983, unvollendet). – *Erzählungen:* Prva četa (1951); Tuda zemlja (1962). – *Erinnerungen:* Uspomene (1976).

Ausgabe: Sabrana djela, 10 Bde. (1983).

R. POPOVIĆ: Život M. S. (Belgrad 1988).

Selinko [seˈliŋgo], Annemarie, verh. **Kristiansen,** österr.-dän. Schriftstellerin, * Wien 1. 9. 1914, † Kopenhagen 28. 7. 1986; lebte seit 1938 in Kopenhagen; wurde v. a. bekannt durch ihren Roman ›Désirée‹ (1951), der den Aufstieg der Marseiller Seidenhändlerstochter DÉSIRÉE CLARY zur Königin von Schweden beschreibt.

Weitere Werke: *Romane:* Ich war ein häßl. Mädchen (1937); Morgen ist alles besser (1938); Heut heiratet mein Mann (1940).

Selinunt, ital. **Selinunte,** in der Antike als **Selinus** westlichste griech. Kolonie an der S-Küste Siziliens, 628 (651?) v. Chr. von Dorern aus dem sizil. Megara (Megara Hyblaia) gegr., eine der reichsten Städte Siziliens. Nach Eroberung und Zerstörung durch Karthago 409 v. Chr. wurde die Stadt von Griechen und Puniern wieder aufgebaut; im 1. Pun. Krieg 250 v. Chr. endgültig von den Karthagern zerstört. – Erhalten sind die Reste von 12 Tempeln aus dem 6. und 5. Jh. v. Chr. sowie ein Tempel aus hellenist. Zeit, darunter einer der größten griech. Tempel (Tempel G, etwa 50 × 110 m, um 520 v. Chr. begonnen; unvollendet), der wie Tempel E und F auf einem Hügel im O der Stadt liegt, einst der am dichtesten besiedelte Hügel der Stadt. Tempel E (um 460–450 v. Chr.) wurde wieder aufgerichtet und restauriert als dor. Peripteros (6 × 15 Säulen). Er steht über zwei Vorläuferbauten;

vermutlich war er Hera geweiht. Auf der Akropolis (gut erhaltene Terrassierungen und Befestigungen des 4. Jh. v. Chr.) lagen vier Tempel, darunter der Tempel C (6 × 17 Säulen; Mitte des 6. Jh. v. Chr.), dessen Säulen der nördl. Peristase wieder aufgerichtet wurden,

Selinunt: Tempel E, vermutlich der Göttin Hera geweiht; um 460–450 v. Chr.

und der hellenist. Tempel (Tempel B). Auf der Akropolis sind Reste pun. Wohnbebauung freigelegt, die ältere griech. Schichten überlagerten. Außer Bauplastik, v. a. mehreren skulptierten Metopen von Tempel G (um 465–450) und Tempel C, befinden sich eine Bronzeplastik (Ephebe von S., um 480–460) sowie Vasen, Terrakotten, v. a. aus dem westlich vor der Stadt gelegenen archaischen Heiligtum der Demeter Malophoros (Bauphasen des 7., 6. und 5. Jh. v. Chr.) und der angrenzenden Nekropole, im Museo Nazionale Archeologico von Palermo. Weitere BILDER →Aktaion, →Hieros Gamos
 V. TUSCA: La scultura in pietra di Selinunte (Palermo 1984).

Seliṣchtschew, Seliščev [-ʃtʃ-], Afanassij Matwejewitsch, russ. Sprachwissenschaftler und Slawist, * Wolowo (Gebiet Orel) 23. 1. 1886, † Moskau 6. 12. 1942; ab 1921 Prof. in Moskau; zahlr. Arbeiten zur russ. Sprachgeschichte, Dialektologie, Slawistik und Balkanologie.
 Ausgabe: Izbrannye trudy (1968).
 S. B. BERNŠTEJN: A. M. Seliščev – Slavist-balkanist (Moskau 1987).

Selke die, rechter Nebenfluss der Bode, Sa.-Anh., mündet bei Quedlinburg, 70 km lang; durchfließt im Unterharz ein bis 80 m tief eingeschnittenes, landschaftlich reizvolles Tal, das größtenteils von der **Selketalbahn** (Kleinbahn von Gernrode über die Harzgeroder Ortsteile Mägdesprung und Alexisbad nach Stiege; 35,7 km) benutzt wird.

Selkirk [ˈselkəːk], ehem. County in SO-Schottland, gehört seit 1975 zur Borders Region.

Selkirk [ˈselkəːk], Alexander, schott. Seemann, * Largo (Verw.-Distr. Fife) 1676, † auf See 12. 12. 1721; wurde im September 1704 auf eigenen Wunsch auf der unbewohnten Juan-Fernández-Insel Más a Tierra (heute Isla Róbinson Crusoe) ausgesetzt und im Februar 1709 von Kapitän WOODES ROGERS († 1732) gerettet, der darüber in ›A cruising voyage round the world‹ (1712) berichtete. Die Geschichte wurde auch von R. STEELE 1713 in der Zeitschrift ›The Englishman‹ geschildert und regte D. DEFOE zu seinem Roman ›The life and strange surprising adventures of Robinson Crusoe ...‹ (3 Tle., 1719–20) an.

selkische Phase, *Geologie:* Faltungsphase im Unterkarbon, v. a. im Harz, Teil der breton. Phase (→Faltungsphasen, ÜBERSICHT).

Selknam, Indianer auf Feuerland, →Ona.

Selkupen, früher **Ostjak-Samojeden,** kleines samojed. Volk in Westsibirien (→Samojeden), zw. Ob und mittlerem Jenissej über ein riesiges Gebiet verstreut. Die wegen starken russ. Assimilationsdrucks nur noch 3 600 S. gliedern sich in die Bewohner der Tundra (Rentierzucht) und der Taiga (Jagd, Fischerei, Pelztierzucht). Schamanistisch-animist. Praktiken sind bis heute lebendig.

Sella [ital., eigtl. ›Sattel‹], Frauenhaube der ital. Mode, etwa 1450–70, mit seitl. Erhöhungen links und rechts der Stirn dem Typus der Hörnerhaube entsprechend.

Sellafield [ˈselafiːld], bis 1983 **Windscale** [ˈwindskeɪl], kerntechn. Komplex an der Küste von Cumbria in NW-England; Kernforschungszentrum, Wiederaufarbeitungsanlage, Kernkraftwerk Calder Hall. Neben der Aufarbeitungsanlage für Natururan enthaltende Magnox-Brennelemente ist seit 1994 eine weitere Anlage zur →Wiederaufarbeitung von oxid. Brennelementen (THORP) in Betrieb. Die Wiederaufarbeitung von Brennelementen in S. wird von Kernkraftgegnern v. a. wegen des Ablassens radioaktiven Abwassers in die Irische See kritisiert.

Sella|gruppe, ital. **Gruppo di Sella,** Teil der Südtiroler Dolomiten, Italien; zw. den Pässen Grödner Joch, Pordoi- und Sellajoch (2 214 m ü. M.), in der Boèspitze (Piz di Boè) 3 151 m ü. M.

Sellars [ˈseləz], Peter, amerikan. Regisseur, * Pittsburgh (Pa.) 27. 9. 1957; seit 1980 Theatertätigkeit; 1983/84 Leiter der Boston Shakespeare Company; 1984–86 Direktor und Schauspielleiter des American National Theater am J. F. Kennedy Center in Washington (D. C.). S. ist mit seinen provozierenden Inszenierungen ein international erfolgreicher Opern- (W. A. MOZART) und Schauspielregisseur; auch Filmregie (›The cabinet of Dr. Ramirez‹, 1991); 1990 Mitbegründer des Boston Opera Theater.

Selle, Thomas, Komponist, * Zörbig 23. 3. 1599, † Hamburg 2. 7. 1663; tätig u. a. in Wesselburen und Itzehoe, 1641 Kantor am Johanneum in Hamburg und Musikdirektor der Hauptkirchen. Seine Kompositionen, beeinflusst von S. CALVISIUS und J. H. SCHEIN, sind von Bedeutung für die Geschichte des Liedes (u. a. Vertonungen von Gedichten von J. VON RIST) und der Passion (zwei Johannespassionen, 1641 und 1643; Matthäuspassion, 1642).

Sellerie [ital. (lombard.) selleri, Pl. von sellero, dies über spätlat. selinon von gleichbedeutend griech. sélinon] *der, -s/-(s)* (österr. nur) *die, -/-* und (österr.) *-n,* **Apium,** Gattung der Doldenblütler mit etwa 20 Arten in den gemäßigten Gebieten der Nordhalbkugel sowie in den trop. Gebirgen, nur eine Art auf der Südhalbkugel; einjährige, zweijährige oder ausdauernde Kräuter mit wechselständigen, einfach gefiederten Blättern und grünlich weißen Blüten. Eine seit langer Zeit als Nutz- und Heilpflanze bekannte, fast über die ganze Erde verbreitete Art ist der **Echte S.** (Apium graveolens), eine v. a. auf Salzböden vorkommende, zweijährige Pflanze mit 0,6–1 m hohen Stängeln, lang gestielten, gefiederten Grund- und dreizähligen Stängelblättern mit rauten- oder keilförmigen Blattfiedern und sechs- bis zwölfstrahligen Doppeldolden aus gelblich weißen oder grünl. Blüten. Alle Teile des Echten S. enthalten ein stark aromatisch duftendes und schmeckendes äther. Öl (das aus S.-Samen gewonnene **S.-Samenöl** enthält neben mehreren speziellen Aroma gebenden Substanzen bis 60 % D-Limonen; es wird v. a. in der Nahrungsmittelindustrie verwendet). Echter S. wird in zahlr. Sorten angebaut: **Schnitt-S.** (Apium graveolens var. secalinum; mit krausen Blättern; für Suppengrün), **Bleich-S.** (**Stiel-S., Stangen-S.,** Apium graveolens var. dulce; mit verlängerten, fleischigen Blattstielen, die als Salat und Gemüse gegessen werden) und v. a. **Knollen-S.** (**Wurzel-S.,** Apium graveolens var. rapaceum), mit bis rd. 20 cm

Sellerie: oben Bleichsellerie; unten Knollensellerie

dicker, essbarer, knollenartiger Wurzel; diese wird für Salate, Gemüse sowie als Suppengewürz verwendet.

Kulturgeschichte: Im alten Ägypten wurden Verstorbenen Blätter und Blüten von wild wachsendem S. beigegeben. Als Wildpflanze erwähnt ihn u. a. HOMERS ›Odyssee‹. Von den Griechen ›selinon‹ (THEOPHRAST, DIOSKURIDES u. a.), den Römern ›apium‹ (COLUMELLA, PLINIUS D. Ä. u. a.) gen., war er dem Gott der Unterwelt geweiht. Grabhügel wurden oft mit S. bepflanzt, Grabmäler mit S.-Blättern bekränzt. Die nach dem S. benannte Stadt Selinunt führte schon um 480 v. Chr. ein S.-Blatt als Münzbild. Dem spanisch-arab. Gelehrten IBN ALAWAM (Ende 12. Jh.) zufolge war er im 3.–2. Jh. v. Chr. eine Kulturpflanze der Nabatäer. Als Kulturpflanze gelangte der S. im frühen MA. nach Mitteleuropa. Im ›Capitulare de villis‹ KARLS D. GR. (um 794) und im Klosterplan von St. Gallen (um 800) ist er als ›apium‹ erwähnt. Nach L. FUCHS (1534) wurden Blätter und Blüten arzneilich verwendet. In den meisten Kräuterbüchern des 16. Jh. erwähnt, blieb sein Anbau jedoch auf Gärten von Klöstern und Edelhöfen beschränkt. Allgemein angepflanzt wurde er seit dem 18. Jh. Im Volksglauben galt der Genuss von S. als Aphrodisiakum für den Mann.

Selleriefliege, Pilophylla heracleli, 6 mm lange Fruchtfliege mit dunkel gezeichneten Flügeln. Die Larve miniert in Blättern versch. Doldenblütler wie z. B. Anis, Petersilie, Sellerie.

Sellers ['seləz], **1)** Peter, brit. Filmschauspieler, * Southsea (heute zu Portsmouth) 8. 9. 1925, † London 24. 7. 1980; wandlungsfähiger Komiker; erfolgreich in den Filmen ›Ladykillers‹ (1955), ›Die Maus, die brüllte‹ (1959), ›Dr. Seltsam oder Wie ich lernte, die Bombe zu lieben‹ (1963), ›Der rosarote Panther‹ (1963), ›Der Partyschreck‹ (1967), ›Ein Mädchen in der Suppe‹ (1970), ›Der rosarote Panther kehrt zurück‹ (1974), ›Willkommen, Mr. Chance‹ (›Being there‹, 1979).

D. SYLVESTER: P. S. (London 1981).

2) William, amerikan. Ingenieur und Industrieller, * Upper Darby (Pa.) 19. 9. 1824, † Philadelphia (Pa.) 24. 1. 1905; gründete 1856 die Firma **W. S. & Co.** für Werkzeugmaschinenbau, 1868 die **Edgmoor Iron Co.**; er lieferte für die Brooklynbrücke in New York das gesamte Eisenmaterial. S. erfand viele Werkzeugmaschinen (zahlr. Patente) und führte 1864 das **S.-Normalgewinde** ein. S. gilt als einer der bedeutendsten amerikan. Ingenieure seiner Zeit.

Sellheim, Carl Gerhardt Rudolf, Orientalist, * Halle/Saale 15. 1. 1928; seit 1958 Prof. in Frankfurt am Main, arbeitet bes. auf dem Gebiet der klassisch-arab. Lit., ihrer Quellen- und Überlieferungsanalyse.

Werke: Die klassisch-arab. Sprichwörter-Slgg. ... (1954); Prophet, Chalif u. Gesch., in: Oriens, Jg. 18/19 (1965/66); Der zweite Bürgerkrieg im Islam (1970); Materialien zur arab. Literaturgesch., 2 Bde. (1976–87). – **Hg.:** Oriens. Ztschr. der internat. Gesellschaft zur Orientforschung, Jg. 9 ff. (1956 ff.); Die Gelehrtenbiographien des Abu' Ubaidallah al-Marzubani (1964).

Sellin, Ostseebad S., Gem. im O der Insel (des Landkreises) Rügen, Meckl.-Vorp., im Biosphärenreservat SO-Rügen, 2 700 Ew.; Ostseebad; Seebrücke (394 m lang).

Sellingcenter ['selɪŋsentə, engl.], **Verkaufsgremium,** die Gesamtheit der Personen (v. a. die Entscheidungsträger), die am Verkauf eines Produkts beteiligt sind. Ein S. auf Anbieterseite wird als Form des persönl. Verkaufs im Rahmen des Investitionsgütermarketing entsprechend dem Buyingcenter auf Nachfrageseite gebildet.

Sellner, Gustav Rudolf, Regisseur und Theaterleiter, * Traunstein 25. 5. 1905, † Königsfeld im Schwarzwald 8. 5. 1990; 1951–61 Intendant des Landestheaters Darmstadt, 1961–63 Intendant, dann bis 1972 Generalintendant der Dt. Oper Berlin; daneben Regisseur u. a. am Berliner Schiller-Theater, am Wiener Burgtheater, an der Hamburg. Staatsoper und bei den Salzburger Festspielen. Bekannt wurde er v. a. durch Inszenierungen altgriech. Tragödien und frz. avantgardist. Stücke sowie moderner Opern. Er veröffentlichte mit W. WIEN ›Theatral. Landschaft‹ (1962).

G. HENSEL: Kritiken. Ein Jahrzehnt S.-Theater in Darmstadt (1962).

Sell-out [selaʊt; engl. to sell out ›ausverkaufen‹] *das,* -, *Börsenwesen:* panikartige Verkäufe von Wertpapieren mit der Folge stark abfallender Kurse.

Sellraintal, Talschaft in den nördl. Stubaier Alpen, Tirol, Österreich, vom Melachbach durchflossen (mündet westlich von Innsbruck in den Inn); Hauptort ist **Sellrain** (1 400 Ew.); Fremdenverkehr; über den Kühtaisattel Straße ins Ötztal.

Selm, Stadt im Kr. Unna, NRW, 100 m ü. M., zw. Lippe und Dortmund-Ems-Kanal, 27 000 Ew.; Sitz des Polizeiausbildungsinstituts; Papiererzeugung und -verarbeitung, Fahrzeugbau, Filtertechnik u. a. Industrie. Im Ortsteil →Cappenberg Schloss mit Museum und Freiherr-vom-Stein-Archiv. – Im Zuge der kommunalen Neugliederung entstand die Gemeinde S. zum 1. 1. 1975 durch Zusammenschluss von S., Bork und Cappenberg; seit 1977 Stadt.

Selmi, Francesco, ital. Apotheker und Chemiker, * Vignola (Prov. Modena) 7. 4. 1817, † Bologna 13. 8. 1881; Prof. in Turin und Bologna; gehört mit seinen Untersuchungen an feinen Suspensionen von Berliner Blau und an kolloidalem Schwefel zu den Begründern der Kolloidchemie.

Selnecker, Nikolaus, ev. Theologe, * Hersbruck 5. 12. 1530, † Leipzig 24. 5. 1592; Schüler P. MELANCHTHONS. S. wurde in den innerreformator. theolog. Auseinandersetzungen nach M. LUTHERS Tod als →Philippist angegriffen und musste 1565 seine Anstellung als zweiter Hofprediger in Dresden wie die später als Prof. in Jena verlassen. 1568 wurde er Prof. in Leipzig, 1571 Generalsuperintendent in Wolfenbüttel, 1574 erneut Prof., 1576 auch Superintendent in Leipzig, 1589 Superintendent in Hildesheim und kehrte 1592 auf seine Leipziger Professur zurück. S. wirkte an der Abfassung der →Konkordienformel mit; auch Kirchenlieddichter.

Selon, birman. Name für die →Moken.

Selous-Wildreservat [sə'luː-], Wildschutzgebiet in S-Tansania, 50 000 km², vom Rufiji durchflossen; wurde als größtes Wildreservat Afrikas zum UNESCO-Weltnaturerbe erklärt; beherbergt etwa 1 Mio. Wildtiere, u. a. Elefanten, Nashörner, Büffel, Elenantilopen, Giraffen, Zebras.

Selten, Reinhard, Mathematiker und Volkswirtschaftler, * Breslau 5. 10. 1930; Prof. in Berlin (1969–72), Bielefeld (1972–84) und Bonn (seit 1984); Vertreter der Spieltheorie und der experimentellen Wirtschaftsforschung. S. analysiert u. a. Theorien nichtkooperativer Spiele und zieht daraus Rückschlüsse auf das strateg. Verhalten von Marktteilnehmern (z. B. im Oligopol). Insbesondere modifizierte S. das nach J. F. NASH benannte Nash-Gleichgewicht, wonach Handlungsstrategien des Einzelnen rational sein können, ohne dass sie für die Gesamtheit der Spiel- oder Marktteilnehmer optimal sein müssen. In seinem Konzept der ›teilspielperfekten Gleichgewichts‹ werden alle ökonomisch sinnlosen Gleichgewichtslösungen ausgeschaltet, beim zweiten Konzept (›Gleichgewicht der zitternden Hand‹) führen kleinere strateg. Fehler nicht automatisch zu einer Destabilisierung. S. erhielt 1994 als erster Deutscher zus. mit NASH und J. C. HARSANYI den Nobelpreis für Wirtschaftswissenschaften.

Werke: Preispolitik der Mehrproduktenunternehmung (1970); General equilibrium with price-making firms (1974, mit T. A. MARSCHAK); A general theory of equilibrium selection in games (1988, mit J. C. HARSANYI); Models strategic rationality (1988).

seltene Erden, Selten|erden, histor., aber irreführende Bez. für die Seltenerdmetalle; heute auch zusammenfassende Bez. für die Oxide dieser Metalle.

Selten|erdmetalle, Metalle der seltenen Erden, Bez. für die chem. Elemente Scandium, Yttrium und Lanthan, die in der dritten Nebengruppe des Periodensystems der chem. Elemente stehen, sowie die auf das Lanthan (in der Reihe der Lanthanoide) folgenden Elemente Cer bis Lutetium. In der Natur kommen diese Metalle in Form ihrer Oxide (auch seltene Erden genannt) stets vergesellschaftet vor. Sie wurden zunächst in einigen seltenen Mineralen gefunden, z. B. in den 1794 von J. GADOLIN entdeckten →Yttererden und den 1803 von M. H. KLAPROTH und (unabhängig davon) von J. J. BERZELIUS entdeckten →Ceriterden, und deshalb selbst als selten angesehen, sie gehören jedoch in Wirklichkeit nicht zu den ausgesprochen seltenen chem. Elementen.

Selters, Name von geographischen Objekten:
1) **Selters (Taunus),** Gem. im Landkreis Limburg-Weilburg, Hessen, 152 m ü. M., nördlich von Bad Camberg, 8 000 Ew.; Förderung und Versand des **Selterswassers** (alkalisch-muriat. Säuerling) in Niederselters.
2) **Selters (Westerwald),** Gem. im Westerwaldkreis, Rheinl.-Pf., 242 m ü. M., auf der Westerwälder Seenplatte, 2 800 Ew.; Herstellung von Containern, Verpackungen und Tanks.

seltsame Teilchen, *Elementarteilchenphysik:* die →Strange Particles.

Seltsamkeit, *Elementarteilchenphysik:* →Strangeness.

Selukwe, Bergbauort in Simbabwe, →Shurugwi.

Selung, birman. Name für die →Moken.

Selvagens, Ilhas S. [ˈiʎaʃ sɛlˈvaʒãiʃ], Vulkaninseln im Atlant. Ozean, bis 157 m ü. M.; gehören zum port. Distrikt Madeira. Sie werden nur zeitweilig von kanar. Fischern aufgesucht; sonst unbewohnt.

Selvas [port.], die trop. Regenwälder Amazoniens.

Selvini Palazzoli, Mara, ital. Psychoanalytikerin, *Mailand 15. 8. 1917; erhielt eine psychoanalyt. Ausbildung, orientierte sich später jedoch mehr an der Kybernetik und der Kommunikationstheorie. Stark beeinflusst wurde sie durch P. WATZLAWICK und G. BATESON. 1967 gründete S. P. in Mailand das Zentrum für Familienforschung, wo sie sich bes. Familien mit schizophrenen, später v. a. mit magersüchtigen Mitgl. widmete. Als wichtiges Instrument der therapeut. Intervention verwendet S. P. paradoxe Verhaltensverschreibungen.
Werk: L'anoressia mentale (1981; dt. Magersucht. Von der Behandlung einzelner zur Familientherapie).

Selvon [ˈsɛlvən], Samuel Dickson, trinidad. Schriftsteller, *S-Trinidad 20. 5. 1923; Journalist, seit 1954 freier Schriftsteller; lebte ab 1950 in England, seit 1978 in Kanada. In seinen Romanen, deren Protagonisten humorvolle Lebensweisheit als Überlebensstrategie einsetzen, schildert er kulturelle und soziale Probleme der Karibik (›A brighter sun‹, 1952) sowie karib. Immigranten in England (›The lonely Londoners‹, 1956). Seine Verwendung einer modifizierten karib. Kreolsprache weist ihn als Vorläufer gegenwärtiger Tendenzen der karib. Literatur aus.
Weitere Werke: Romane: Ways of sunlight (1957); Turn again Tiger (1958); The plains of Caroni (1970); Moses ascending (1975); Moses migrating (1983). – *Sonstige Prosa:* Foreday morning. Selected prose 1946-1986 (1989).
Critical perspectives on S. S., hg. v. S. NASTA (Washington, D. C., 1988).

Selwinskij, Selvinskij, Ilja Lwowitsch, russ. Schriftsteller, *Simferopol 24. 10. 1899, †Moskau 22. 3. 1968; mit eigenwilligen, sprachexperimentellen und zugleich oft satir. Poemen, Versromanen und Dramen führender Vertreter des Konstruktivismus; wandte sich später der Gedankenlyrik und dem histor. Drama zu; auch erzählende Prosa mit Verseinschüben.
Werke: Poem: Uljalaevščina (1927, überarbeitet 1956). – *Dramen:* Pao-Pao (1932); Rycar' Ioann (1939; dt. Der Bauernzar); Čitaja Fausta (1947). – *Dramat. Trilogie:* Rossija (1944-57).
Ausgabe: Sobranie sočinenij, 6 Bde. (1971-74).

Selye, Hans, österr.-kanad. Mediziner, *Wien 26. 1. 1907, †Montreal 16. 10. 1982; ab 1934 Prof. in Montreal. Im Rahmen von Hormonforschungen begründete S. die Lehre vom Anpassungs- oder Adaptationssyndrom für durch →Stress hervorgerufene Reaktionen des Körpers; er erschloss neue therapeut. Möglichkeiten und gab der allgemeinen Pathologie neue Impulse.
Werke: The story of the adaptation syndrome (1952; dt. Einf. in die Lehre vom Adaptationssyndrom); The stress of life (1956; dt. Streß beherrscht unser Leben); The chemical prevention of cardiac necroses (1958; dt. Elektrolyte, Streß u. Herznekrose); Hormones and resistance, 2 Bde. (1971); Stress without distress (1974). – *Autobiographisches:* From dream to discovery. On being a scientist (1964; dt. Vom Traum zur Entdeckung); The stress of my life. A scientist's memoirs (1979).

Selz, Otto, Psychologe, *München 14. 2. 1881, †(ermordet) Konzentrationslager Auschwitz (26. 8. ?) 1943; war 1923-33 Prof. für Philosophie, Psychologie und Pädagogik an der Handelshochschule Mannheim. Er befasste sich v. a. mit der Denkpsychologie und wird als Schüler O. KÜLPES häufig der Würzburger Schule zugerechnet, über deren Methodik und Annahmen er jedoch hinausgeht. S. sieht im Denken das zielgerichtete, auf eine Aufgabenlösung bezogene Handeln, wobei ein antizipiertes Schema so lange ausdifferenziert wird, bis sich die Lösung einstellt. Die Arbeiten von S. haben grundlegende Bedeutung für die Gestalttheorie, für moderne Kognitionstheorien und die Computerentwicklung (künstl. Intelligenz).

Selznick [ˈsɛlznɪk], David O. (Oliver), amerikan. Filmproduzent, *Pittsburgh (Pa.) 10. 5. 1902, †Los Angeles (Calif.) 22. 6. 1965; arbeitete ab 1926 bei Metro-Goldwyn-Mayer (MGM) in Hollywood, ab 1927 bei Paramount, ab 1931 Vize-Präs. der RKO Studios, ab 1933 von MGM; 1936 Gründung einer eigenen Produktionsgesellschaft ›S. International‹. S., der bis 1957 tätig war, produzierte kommerziell sehr erfolgreiche Filme von hohem künstler. Wert, bes. vor dem Zweiten Weltkrieg, z. B. ›Vom Winde verweht‹ (1939).
D. THOMSON: Showman. The life of D. O. S. (Neuausg. London 1993).

Sem [von griech. sēma ›Zeichen‹, ›Merkmal‹] *das, -s/-e, Sprachwissenschaft:* kleinste semant. Einheit, in die ein sprachl. Zeichen zerlegt werden kann, z. B. die Bedeutung von ›Kater‹ in die S. ›konkret‹, ›belebt‹, ›männlich‹.

Sem, Gestalt des A. T.; der älteste Sohn Noahs (1. Mos. 5,32); gilt nach 1. Mos. 10,21 ff. als Ahnherr der →Semiten. In Lk. 3,36 wird S. als Ahnherr des Volkes Israel (über Arpachschad; vgl. 1. Mos. 11,10 ff.) im Stammbaum JESU aufgeführt.

Sema, einer der großen Stämme der →Naga in Nagaland, Indien.

Šemacha [ʃ-], Stadt in Aserbaidschan, →Schemacha.

Semadeni, Jon, unterengadin. Schriftsteller, *Vnà (heute zu Ramosch, Kt. Graubünden) 30. 5. 1910, †Samedan 24. 2. 1981; versuchte in histor. Stücken (›Il pövel cumanda‹, 1945; ›La s-chürdüm dal sulai‹, 1953) die Bedrohung der Freiheit des Individuums durch äußere Zwänge zu gestalten. Seine Komödien und später v. a. die Hörspiele belegen, dass auch Themen des 20. Jh. in engadin. Sprache angemessen dargestellt werden können. Große Beachtung fand das Fernseh-

spiel ›Il chapè‹ (1974), das auch in dt. Übersetzung gesendet wurde.
Ausgabe: Ouvras dramaticas (1980).

Seman *der,* Fluss in Albanien, 121 km lang; entsteht aus dem Zusammenfluss von **Osum** (110 km) und **Devoll** (160 km), die im nördl. Pindos entspringen, mündet mit einem Delta nordöstlich von Fier in das Adriat. Meer.

Semang, Eigen-Bez. **Mendi, Menik,** kleinwüchsige, dunkelhäutige und kraushaarige, zu den →Negritos gehörende Volksgruppen auf der Malaiischen Halbinsel. Die etwa 2 300 S. in Malaysia und etwa 300 S. in Thailand (hier **Ngok** oder **Ngo** genannt) sprechen eine austroasiat. Sprache. Sie lebten früher ausschließlich als Wildbeuter (Jagd auf Kleinwild, Sammeln von Knollen und Früchten), heute sind sie vielfach zum Anbau (Bergreis, Mais u. a.) übergegangen. Als Behausung dienen Höhlen, Felsüberhänge und Windschirme; als Waffen benutzten sie urspr. Pfeil und Bogen, heute verwenden sie Blasrohr und Giftpfeil. Sie haben eine vaterrechtl. monogame Sozialordnung und leben in autonomen Lokalgruppen. Schamanen wirken als Heiler.
U. SCHWARZ: Interethn. Beziehungen der S., Senoi u. Jakun (Malaya 1971).

Semantem [zu Semantik gebildet] *das, -s/-e, Sprachwissenschaft:* der Teil des Wortes, der die lexikal. Bedeutung trägt, im Unterschied zum Morphem.

Semantik [zu griech. sēmantikós ›bezeichnend‹, zu sēmainein ›bezeichnen‹, zu sēma, vgl. Sem] *die, -,* **1)** Bez. für die wiss. Beschäftigung mit der Bedeutung sprachl. Ausdrücke bzw. von Zeichen allgemein. Eingeführt wurde der Begriff S. zwar erst 1897 von dem frz. Sprachwissenschaftler MICHEL BRÉAL (* 1832, † 1915) in seinem ›Essai de sémantique‹, doch haben Fragen der S. auch schon früher eine wichtige Rolle gespielt, in erster Linie – beginnend bereits in der griech. Antike – in der Philosophie. Darüber hinaus waren semant. Fragen auch in der →Lexikographie und →Grammatik von Bedeutung. Die sprachwiss. Bedeutungsforschung im eigentl. Sinne setzt – unter der Bez. **Semasiologie** – um 1825 mit KARL CHRISTIAN REISIG (* 1792, † 1829) ein.

Den unterschiedl. Zielsetzungen von Philosophie und Sprachwiss. entsprechend unterscheidet man zw. der **philosophischen S.,** der es um die Klärung des Bedeutungsbegriffs sowie anderer zentraler Begriffe und – in der log. S. – um die Bedeutungen der Ausdrücke künstl. Sprachen in der formalen Logik geht, und der **linguistischen (sprachwissenschaftlichen) S.,** die die Bedeutungen der Ausdrücke natürl. Sprachen untersucht. Seit den 1970er-Jahren ist es zu einer Annäherung zw. philosoph. und linguist. S. gekommen, indem sich die linguist. S. in zunehmendem Maße der Methoden der log. S. bedient, sodass eine klare Grenzziehung heute in vielen Fällen nicht mehr möglich ist. In einem weiteren Sinn wird S. in der →Semiotik verstanden (C. S. PEIRCE, C. W. MORRIS), die die Beziehungen von (sprachl. wie nichtsprachl.) Zeichen zu den Objekten, die sie bezeichnen bzw. bezeichnen können, untersucht. Mehr ideologisch bzw. auf therapeut. Anwendung ausgerichtet ist die **allgemeine S. (General Semantics),** die davon ausgeht, dass Menschen durch die Struktur ihrer Sprache immer ein ganz bestimmtes Bild von der Welt haben, also die objektive Realität nicht zu erfassen vermögen. Dementsprechend geht es ihr darum, dass die Sprecher die Verzerrungen der Realität durch ihre Sprache durchschauen.

Die für die **philosophische S.** zentrale Frage, was es heißt, dass ein sprachl. Ausdruck eine Bedeutung hat, ist im Laufe der Philosophiegeschichte z. T. sehr unterschiedlich beantwortet worden. Eine dominierende Position nehmen die versch. **realistischen Bedeutungstheorien** (Abbildtheorien) ein, für die die Bedeutungen sprachl. Ausdrücke in ihrer Beziehung zu den Gegenständen der Welt begründet sind: Während in den Referenztheorien die Beziehung zw. sprachl. Ausdruck und bezeichnetem Gegenstand als Bedeutung verstanden wird (ein sprachl. Ausdruck hat eine Bedeutung, weil er ›für etwas steht‹), nimmt man in Vorstellungstheorien an, dass sprachl. Ausdrücke nicht die Gegenstände direkt, sondern nur Vorstellungen von ihnen bezeichnen, dass Bedeutungen also Vorstellungen von Gegenständen seien. Die zweite große Gruppe von Bedeutungstheorien bilden die seit dem Ende des 19. Jh. vertretenen **pragmatischen Bedeutungstheorien,** denen gemeinsam ist, dass sie den Verwendungszusammenhang sprachl. Ausdrücke als konstitutiv für deren Bedeutung betrachten. Wichtige Vertreter sind die behaviorist. Bedeutungstheorien (L. BLOOMFIELD, C. W. MORRIS, B. F. SKINNER, in gewisser Weise auch W. V. O. QUINE), die Bedeutung auf beobachtbare Aspekte der Äußerungssituation zurückführen und die Bedeutung eines sprachl. Ausdrucks darin sehen, dass er regelmäßig bestimmte Reaktionen hervorruft. Noch relevanter ist die Gebrauchstheorie der Bedeutung, die auf L. WITTGENSTEIN (›Philosoph. Untersuchungen‹, 1953) zurückgeht und auch in der Ordinary language philosophy vertreten wird. Danach besteht die Bedeutung eines sprachl. Ausdrucks darin, dass er auf bestimmte Art und Weise verwendet wird bzw. verwendet werden kann.

Von den zentralen Begriffen, um deren Klärung sich die philosoph. S. bemüht hat und bemüht, seien die Begriffspaare **Sinn** (Bedeutung) und **Referenz** (Referent) bzw. **Intension** und **Extension** genannt, die auf G. FREGE (›Über Sinn und Bedeutung‹, 1892) zurückgehen. Beide Unterscheidungen nehmen darauf Bezug, dass Ausdrücke mit unterschiedl. Bedeutung den gleichen Gegenstand bezeichnen (auf ihn referieren) können: so haben ›Morgenstern‹ und ›Abendstern‹ unterschiedl. Bedeutungen, aber den gleichen Referenten, nämlich den Planeten ›Venus‹. Da nach neueren sprachphilosoph. Auffassungen nicht die Zeichen selbst, sondern die Sprecher bei Äußerungen mithilfe von Zeichen referieren, wird teilweise streng zwischen Referenz (bzw. Referent) und Extension unterschieden. Mit Referenz wird die Bezugnahme eines Sprechers mithilfe eines bestimmten Ausdrucks auf einen bestimmten Gegenstand (den Referenten) bezeichnet, mit Extension der Gegenstandsbezug des Ausdrucks selbst, d. h. die Klasse der unter den Begriff fallenden Gegenstände (Begriffsumfang): die Extension von ›Tisch‹ beispielsweise ist die Menge aller Tische, die Extension von ›grün‹ die Menge aller grünen Gegenstände, die Extension von Sätzen ihr Wahrheitswert; Intension (Begriffsinhalt) entspricht dagegen den Begriffen ›Sinn‹ und/oder ›Bedeutung‹.

Die Begriffe ›Intension‹ und ›Extension‹ spielen auch in der **logischen S.** eine zentrale Rolle, deren Aufgabe darin besteht, Regeln zu formulieren, durch die auch Ausdrücke und Sätze künstl. (log.) Sprachen interpretiert werden können. Je nachdem, ob dabei Extensionen oder Intensionen (Individualbegriffe, Prädikatsbegriffe, Propositionen) zugeordnet werden, spricht man von extensionaler oder intensionaler Logik. Mit Intensionen muss dann gearbeitet werden, wenn Kontexte vorliegen, bei denen die Wahrheitsbedingungen nicht mehr allein von den Extensionen abhängen, extensionsgleiche Ausdrücke also nicht ohne weiteres füreinander ersetzt werden können. ›Fritz glaubt, dass der Sieger von Austerlitz auf Korsika geboren wurde‹ kann z. B. einen anderen Wahrheitswert haben als ›Fritz glaubt, dass der Verlierer von Waterloo auf Korsika geboren wurde‹, wenn Fritz nicht weiß, dass der ›Sieger von Austerlitz‹ und der ›Verlierer von Waterloo‹ die gleiche Extension, nämlich ›Napoleon‹, haben. Andere intensionale Kontexte sind durch modale Ausdrücke wie ›es ist möglich‹, ›es ist notwendig‹, durch deont. Ausrücke wie ›es ist gefordert‹ o. Ä. bedingt (epistem., modale, deont. Logik). Von besonderer Bedeutung ist in diesem Zusammenhang ist die Mögliche-Welten-S. (u. a. R. MONTAGUE), in der die Intension eines Ausdrucks als Funktion verstanden wird, die jeder mögl. Welt seine Extension in dieser Welt zuordnet (modelltheoret. S.). Eine wichtige Alternative ist die Situations-S., die nicht mögl. Welten, sondern Situationen als Bezugspunkte annimmt. Ein grundlegendes Prinzip jegl. Version von log. S. ist das auf FREGE zurückgehende Kompositionalitätsprinzip (Frege-Prinzip), nach dem sich die Bedeutung komplexer Ausdrücke aus den Bedeutungen ihrer Teile sowie der Art und Weise ihrer Kombination ergibt.

Sprachwissenschaftliche S. war zunächst (oft noch unter der Bez. ›Semasiologie‹) fast ausschließlich historisch (diachronisch) orientiert: Sie beschäftigte sich mit dem Bedeutungswandel einzelner Wörter, ihrer Klassifikation sowie den Ursachen des Bedeutungswandels, der Erforschung histor. Verwandtschaften zw. Wörtern (Etymologie). In der Dialektforschung wurden darüber hinaus geograph. Unterschiede von Wörtern und ihren Bedeutungen untersucht. Ausgangspunkt waren einzelne Wörter oder sprachl. Ausdrücke (Semasiologie i. e. S., Bedeutungslehre), teilweise (insbesondere in der Dialektologie) auch der Weg von den Inhalten zu den Wörtern oder Ausdrücken (Onomasiologie, Bezeichnungslehre).

Seit dem Beginn der 30er-Jahre des 20. Jh. trat jedoch (unter dem Einfluss des linguist. →Strukturalismus) eine neue Konzeption von S. hervor, ohne die traditionelle S. gänzlich zu verdrängen (in Dtl. hielt sich die traditionelle S. noch sehr lange). Das entscheidende Charakteristikum dieser **strukturellen S.** (u. a. J. LYONS, E. COSERIU) ist ihre Abkehr von der Untersuchung einzelner Wörter hin zur Erfassung der Strukturen im Wortschatz einer Sprache. Darüber hinaus verlagerte sich die strukturelle S. eindeutig auf die Erforschung von Sprachzuständen (synchrone S.), insbesondere der Gegenwartssprache, ohne jedoch Fragen des Bedeutungswandels (diachrone S.) ganz aus dem Blickfeld zu verlieren. Charakteristisch für die strukturelle S. ist die so genannte Komponentenanalyse (Merkmals-S.), bei der die Bedeutung von Wörtern durch ihre semant. Merkmale beschrieben wird, die sich (beeinflusst durch die strukturalist. →Phonologie) aus Oppositionen zu anderen Wörtern ergeben. Die Bedeutung von ›Bach‹ ergibt sich u. a. durch die Merkmale [+ Gewässer; – groß; + fließend; + natürlich]: [+ Gewässer] unterscheidet ›Bach‹ von ›Berg‹ oder ›Wiese‹, [– groß] von ›Fluss‹ oder ›See‹, [+ fließend] von ›Teich‹ oder ›Tümpel‹, [+ natürlich] von ›Kanal‹ oder ›Stausee‹. Ziel ist es, durch eine Merkmalmenge ein Wort eindeutig von allen anderen Wörtern der betreffenden Sprache abzugrenzen, dem damit nur durch sein Verhältnis zu allen anderen Wörtern seine Bedeutung, sein ›Wert‹ zukommt. Mithilfe der Komponentenanalyse, die zahlr. linguist. Modelle, u. a. →generative Grammatik und →kognitive Linguistik, verwenden, lassen sich auch die Beziehungen von inhaltlich verwandten Wörtern zueinander in der Form von Wortfeldern darstellen. Ein zweites wichtiges Verfahren der strukturellen S. ist die Beschreibung der Beziehungen von Wörtern durch Angabe von Sinnrelationen (semant. Relationen) wie Synonymie, Antonymie, Hyponymie, Inkompatibilität u. a., wobei dieses Verfahren auch außerhalb der strukturellen S. häufig genutzt wird.

Da die Komponentenanalyse nur in bestimmten Bereichen des Wortschatzes anwendbar ist (Probleme bereiten Funktionswörter wie Präpositionen, Konjunktionen, Artikel, Abstrakta wie Liebe, Trauer, Freiheit und Farbwörter), gibt es zahlr. alternative Beschreibungsansätze wie etwa die Gebrauchs-S. und die Prototypen- bzw. Stereotypen-S., die Bedeutungen als Liste der typischerweise mit einem Wort verbundenen Bedeutungsassoziationen beschreiben. Ein zentrales Problem der linguist. S. ist seit jeher das Verhältnis zw. sprachl. Bedeutungs- und Weltwissen (begriffl. Wissen). Die kognitive Linguistik versucht derzeit, semant. Wissen ganz auf begriffl. Wissen zu reduzieren. Im kognitiven Rahmen lassen sich auch Fragen der Mehrdeutigkeit von Wörtern (Polysemie, Homonymie) auf neue Weise erfassen und einer Lösung zuführen.

War die linguist. S. bis um 1970 fast ausschließlich an Wörtern oder lexikal. Einheiten interessiert (Wort-S., lexikal. S.), wird seither in zunehmendem Maße (unter dem Einfluss der Logik) die Bedeutung von Sätzen Gegenstand intensiver Untersuchungen (Satz-S., oft auch formale oder log. S. genannt). Ausgangspunkt war die Annahme von MONTAGUE, dass zw. natürl. und formalen Sprachen kein prinzipieller Unterschied bestehe. Er entwickelte mit der →Montague-Grammatik einen formalen Apparat, der es gestattet, die Bedeutung von Sätzen aus den Bedeutungen der Teile sowie der Art und Weise ihrer Kombination zu erfassen. Mithilfe der →Kategorialgrammatik werden syntakt. Strukturen zugeordnet, dann die Ausdrücke der natürl. Sprache mithilfe von Übersetzungsregeln in eine intensionallog. Sprache übersetzt, die dann schließlich auf modelltheoret. Basis interpretiert wird: Jedem bedeutungsvollen Ausdruck wird genau eine Intension zugeordnet, die in Abhängigkeit von mögl. Welten eine Extension liefert. So können die Bedeutungen von Sätzen auch natürl. Sprachen durch die kompositionelle erfolgte Angabe ihrer Wahrheitsbedingungen explizitert werden. MONTAGUES Einfluss ist auch in den Versionen der formalen S. deutlich zu spüren, die z. T. andere Auffassungen vertreten bzw. sein Konzept mehr oder weniger modifiziert haben (Situations-S., Diskursrepräsentationstheorie); auch innerhalb der generativen Grammatik bedient man sich bei Untersuchungen zur log. Form (LF) teilweise der Montague-Semantik.

Darüber hinaus gibt es auch Versuche, die Bedeutungsaspekte von Sätzen zu erfassen, die über die Wahrheitsbedingungen hinausgehen (z. B. den Unterschied zw. versch. Satzarten). Allerdings werden hier sehr unterschiedl. Auffassungen darüber vertreten, was als der Semantik und was als der →Pragmatik zugehörig anzusehen ist. Einigkeit besteht allerdings darüber, dass strikt zw. der Bedeutung sprachl. Ausdrücke (Wörter, Sätze) und den Bedeutungen von Verwendungen dieser Ausdrücke zu unterscheiden ist (ebenso auch zw. wörtl. und nichtwörtl. Bedeutung).

K. BALDINGER: Die Semasiologie (Berlin-Ost 1957); H. KRONASSER: Hb. der Semasiologie (²1968); R. MONTAGUE u. H. SCHNELLE: Universale Gramm. (a. d. Engl., 1972); E. COSERIU: Einf. in die strukturelle Betrachtung des Wortschatzes (a. d. Frz., ²1973); H. E. BREKLE: (²1974, Nachdr. 1991); F. VON KUTSCHERA: Sprachphilosophie (²1975, Nachdr. 1993); S. ULLMANN: Grundzüge der S. (a. d. Engl., ²1975); Einf. in die prakt. S., bearb. v. H. J. HERINGER u. a. (1977); R. M. KEMPSON: Semantic theory (Cambridge 1977, Nachdr. ebd. 1995); H. GEBAUER: Montague-Gramm. (1978); Strukturelle Bedeutungslehre, hg. v. H. GECKELER (1978); H. PUTNAM: Die Bedeutung von ›Bedeutung‹ (a. d. Engl., 1979); J. LYONS: S., 2 Bde. (a. d. Engl., 1980–83); P. R. LUTZEIER: Linguist. S. (1985); K. ALLAN: Linguistic meaning, 2 Bde. (London 1986); G. LEECH: Semantics (Neudr. London 1990); S. Ein internat. Hb. der zeitgenöss. Forschung, hg. v. A. VON STECHOW u. D. WUNDERLICH (1991); R. CANN: Formal semantics (Cambridge 1993, Nachdr. ebd. 1994); S. I. HAYAKAWA: Sprache im Denken u. Handeln (a. d. Amerikan., ⁹1993); R. S. JACKENDOFF: Semantics and cognition (Neudr. Cambridge, Mass., 1993); G. KLEIBER: Prototypensemantik (a. d. Frz., 1993); Kognitive S., hg. v. M. SCHWARZ (1994); The handbook of contemporary semantic theory, hg. v. S. LAPPIN (Oxford 1996);

Sema semantisches Differenzial – Sémillon

R. S. JACKENDOFF: Patterns in the mind (Neudr. New York 1996); S. Ein Arbeitsbuch, Beitrr. v. M. SCHWARZ u. J. CHUR (²1996).

2) *Informatik:* die Bedeutung syntaktisch korrekter Anweisungen einer Programmiersprache (→Syntax). Die exakte Beschreibung der S. ist zur eindeutigen Interpretation von Programmen erforderlich. Unmittelbar damit verbunden ist das Problem der Entwicklung sicherer Software (Verifikation).

semantisches Differenzial, das →Polaritätsprofil.

semantisches Merkmal, *Sprachwissenschaft:* →Merkmal.

Semaphor [zu griech. sēma ›Zeichen‹ und phorós ›tragend‹] *der, -s/-e, Schifffahrt:* ein Signalmast mit mehreren bewegl. Armen, über deren Winkelstellung signalisiert werden kann.

Semarang, Provinzhauptstadt an der N-Küste Mitteljavas, Indonesien, 1,005 Mio. Ew.; kath. Erzbischofssitz; Univ.; Werft, Textil-, Nahrungs- und Genussmittel-, Fahrzeug- u. a. Industrie; Hafen (vor dem W-Monsun ungeschützte Reede), Flugplatz; Eisenbahnverbindung nach W-, O- und S-Java.

Semasiologie [zu griech. sēmasía ›das Bezeichnen‹] *die, -,* →Semantik.

Sembène [sã'bɛ:n], Ousmane, senegales. Schriftsteller und Filmemacher, →Ousmane, Sembène.

Semele, griech. **Semele,** *griech. Mythos:* Tochter des Kadmos, in die sich Zeus verliebte. Auf Anstiften der eifersüchtigen Hera äußerte S. den Wunsch, Zeus in seiner vollen Majestät zu sehen, und wurde bei seinem Anblick von der Glut seiner Blitze getötet. Ihr ungeborenes Kind →Dionysos wurde von Zeus gerettet, indem er die Leibesfrucht in seinen Schenkel einnähte. Später führte Dionysos S. aus der Unterwelt als Thyone in den Olymp. Urspr. war S. wohl eine thrakisch-phryg. Erdgöttin.

Semem [zu griech. sēma ›Zeichen‹, ›Merkmal‹ in Analogie zu Morphem gebildet] *das, -s/-e, Sprachwissenschaft:* Bedeutung des sprachl. Zeichens, die durch Noeme (Bedeutungskomponenten) beschrieben wird.

Semen [lat. ›Samen‹] *das, -s/...mina,* **1)** beim *Menschen* und bei *Tieren* →Sperma.

2) bei *Pflanzen* →Samen.

3) in der *Pharma*zie Bez. für Pflanzensamen, Samendroge; z. B. S. Lini (Leinsamen).

Semen, Zemen [z-], Dorf in Bulgarien, im Konjawskagebirge bei Sofia. In der Nähe das **S.-Kloster** (Zemenski manastir) mit der Ende des 9. Jh. erbauten, im 11. Jh. zerstörten, im letzten Drittel des 13. Jh. wieder aufgebauten und mit neuen Fresken ausgestatteten Johanneskirche, einer Kreuzkuppelkirche (Fragmente von Wandmalereien des 10. Jh.). Nach umfangreicher Restaurierung (1965–74) ist das Kloster heute Museum.

Semendria, Stadt in Serbien, →Smederevo.

Semeru *der,* Vulkan und höchster Berg (3 676 m ü. M.) auf Java, Indonesien, südöstlich von Surabaja; Kraterdurchmesser 500–600 m, 200 m tief.

Semester [zu lat. semestris ›sechsmonatig‹, zu sex ›sechs‹ und mensis ›Monat‹] *das, -s/-,* akadem. Studienhalbjahr, untergliedert in **Sommer-S.** (April bis September) und **Winter-S.** (Oktober bis März); innerhalb der S. liegen vorlesungsfreie Zeiten. Viele Bildungssysteme kennen nur das Studienjahr.

Semey, Stadt in Kasachstan, →Semipalatinsk.

Semgallen, lett. **Zemgale** [ˈzɛmgale], histor. Landschaft in Lettland, südlich der Düna. – S., von den ostbalt. Semgalen (Semgaller) bewohnt, war Teil des alten Livland; im 13. Jh. vom Dt. Orden unterworfen; fiel 1561 an das Herzogtum Kurland, kam 1795 mit diesem in russ. Besitz; bildete nach der Entstehung der Rep. Lettland bis 1940 die gleichnamige südl. Prov. des Landes mit der Hauptstadt Mitau (Jelgava).

semi... [lat. semis ›halb‹], Wortbildungselement mit den Bedeutungen 1) halb, z. B. Semifinale; 2) fast, teilweise, z. B. semiarid.

semi|arid, *Klimatologie:* →arid.

Semi-Bantu, älterer sprachklassifikator. Terminus, der von ADOLF WALTER SCHLEICHER (* 1854, † 1894) für afrikan. Sprachen verwendet wurde, in denen der Typus der Klassensprachen entstanden sein soll und daher dort noch unvollkommen entwickelt ist; von Sir HARRY HAMILTON JOHNSTON (* 1858, † 1927) wurde die Bez. auf afrikan. Sprachen angewendet, die zwar nominale Klassenpräfixe besitzen, deren Konkordanzsysteme aber nur rudimentär oder gar nicht ausgebildet sind. Nach heutiger Klassifikation werden die S.-B.-Sprachen den Benue-Kongo-Sprachen zugerechnet.

Semibrevis [lat. ›halbe Brevis‹], *Musik:* Notenwert der →Mensuralnotation, der die Hälfte der Brevis darstellt; bis zum 15. Jh. mit dem Zeichen ◆, danach ◇ geschrieben; semibreve ist auch die engl. und ital. Bez. für die aus der S. hervorgegangene ganze Note.

Semicarbazid, Aminoharnstoff, das Amidhydrazid der Kohlensäure; farblose, kristalline, basisch reagierende und stark reduzierend wirkende Substanz. S. wird in der organ. Chemie zum Nachweis von Verbindungen mit Carbonylgruppen (Aldehyde, Ketone) verwendet, mit denen es unter Bildung gut kristallisierender **Semicarbazone** reagiert; diese lassen sich durch verdünnte Säuren leicht wieder in die Ausgangsstoffe zerlegen und eignen sich deshalb zur Isolierung und Reinigung der Carbonylverbindungen.

Semien [sɛmen], **Simen, Samen,** höchster Teil des Amharenhochlands, stark zerschluchtet, mit dem Ras Daschan (4 620 m ü. M.), der höchsten Erhebung Äthiopiens; Wohngebiet der Agau und (bis in jüngste Zeit) der Falascha; Nationalpark S. (165 km²; UNESCO-Weltnaturerbe).

semihumid, *Klimatologie:* →humid.

Semikolon, Strichpunkt, Zeichen der Interpunktion, das zw. Sätzen oder Wortgruppen steht und eine geringere Trennung als Punkt, jedoch eine stärkere als das Komma bewirkt.

semikubische Parabel, *Mathematik:* die →neilsche Parabel.

Sémillon [semiˈjɔ̃], **S. blanc** [-blã], nach Ugni blanc zweitwichtigste Weißweinrebe Frankreichs (auf rd. 25 000 ha), v. a. im SW vertreten; gedeiht weltweit

O=C⟨NH₂ / NH–NH₂⟩
Semicarbazid

O=C⟨NH₂ / NH–N=C⟨CH₃ / CH₃⟩⟩
(mit Aceton gebildetes) Semicarbazon
Semicarbazid

Semen: Fresken in der Johanneskirche des Semenklosters; 13./14. Jh.

auf sehr unterschiedl. Böden, jedoch recht wärmeliebend; ist z. T. sehr ertragreich (in Kalifornien bis 130 hl/ha) und liefert durchschnittl. Weine; z. T. – nach lokal bedingtem Botrytisbefall – ertragsarm, hat dann aber hohe Oechslegrade bei mittlerem Säuregehalt, daher Hauptbestandteil des →Sauternes. Zweitwichtigstes Anbauland ist Australien (auf 2 500 ha).

Seminar [lat. seminarium ›Pflanzschule‹, ›Baumschule‹, zu semen ›Samen‹, ›Setzling‹] *das, -s/-e* und (österr. und schweizer.) *...ri|en,* **1)** *allg.:* Ausbildungsstätte, Lehrgang.

2) *christl. Kirchen:* in der kath. *Kirche* die Ausbildungsstätte des Weltklerus; seit 1563 (Konzil von Trient) verpflichtend vorgeschrieben. In Dtl. erfolgt die wiss. Ausbildung (laut Reichskonkordat) an der katholisch-theolog. Fakultät (Fachbereich) einer staatl. Univ. oder an philosophisch-theolog. Hochschulen; die Studierenden wohnen i. d. R. in Konvikten; die abschließende Ausbildung und Vorbereitung auf die Priesterweihe findet in einem **Priester-S.** statt. – *Ev. Kirchen:* →Predigerseminar.

3) *Hochschulwesen:* Fachinstitut; größere Fach-S. heißen auch Institut (z. B. histor. S., histor. Institut); auch Lehrveranstaltung mit entsprechend dem Wissensstand der Studierenden gestaffeltem Anspruchsniveau **(Pro-, Mittel-, Haupt-, Ober-S.).**

4) *Lehrerbildung:* in der Schweiz Einrichtung für die Ausbildung von Lehrern der Primarschule (fünf Jahre; **Lehrer-S.**), von Arbeits- und Hauswirtschaftslehrerinnen **(Arbeits-S.)** und von Erzieherinnen **(Kindergärtnerinnen-S.)**. – **Studien-S.** sind Einrichtungen in Verbindung mit höheren Schulen zur didakt. Ausbildung der Anwärter auf die Laufbahn des höheren Schuldienstes.

Seminarium praeceptorum [lat. ›Pflanzschule für Lehrer‹], von A. H. FRANCKE 1696 in Halle/Saale gegründete Einrichtung zur Ausbildung von Theologiestudenten für das Lehramt an den Franckeschen Stiftungen; erster Ansatz zu einer geordneten pädagog. Ausbildung der Lehrer.

Seminolen, Stamm nordamerikan. Indianer der Muskogean-Sprachfamilie, entstanden seit dem 18. Jh., als vom N Creek u. a. Gruppen nach Florida eindrangen und sich mit den dort ansässigen (stark dezimierten) Appalachee, Timukua und Calusa mischten.

In mehreren krieger. Auseinandersetzungen wehrten sich die S. gegen das Vordringen weißer Siedler. Der **1. S.-Krieg** (1817/18), ausgelöst durch den Versuch amerikan. Truppen unter General A. JACKSON, unter den S. lebende entflohene schwarze Sklaven aus dem span. Florida zurückzuholen, trug zur Abtretung Floridas an die USA (1819) bei. Im **2. S.-Krieg** (1835–42) versuchten die S., sich der Vertreibung aus Florida zu widersetzen. Nach ihrer Kapitulation akzeptierte die Mehrzahl die Umsiedlung in das Gebiet westlich des Mississippi (heutiger Staat Oklahoma), eine verbliebene Minderheit folgte nach dem **3. S.-Krieg** (1855–58), sodass im heutigen Staat Oklahoma 8 000 S. leben. Schwarze S.-Gruppen (Maskoga) gelangten bis nach Texas (Brackettville), ins mexikan. Coahuilla (Nascimiento) und auf die Bahamas (Andros).

Ein Teil der in Florida verbliebenen S. (1985: 1 800 Stammes-Mitgl.) akzeptierte ab 1935 kleine Reservationen. Teile der weiterhin ungebunden in den Everglades lebenden **Miccosukee** organisierten sich 1961 (1989: 525 Stammes-Mitgl.), weitere sind noch ohne Vertrag mit der amerikan. Reg. Wichtigster Wirtschaftszweig für alle drei Gruppen ist heute der Tourismus.

M. N. GARBARINO: Big Cypress (New York 1972); J. H. HOWARD: Oklahoma Seminoles (Norman, Okla., 1984); B. R. WEISMAN: Like beads on a string (Tuscaloosa, Ala., 1989).

Seminom [zu Semen] *das, -s/-e,* ein Hodentumor (→Hoden).

Semiotik [zu griech. sēmeiōtikós ›zum (Be)zeichnen gehörend‹, zu sēmeîon ›Zeichen‹] *die, -,* **Semiologie,** *Sprachphilosophie* und *Sprachwissenschaft:* die Lehre von den Zeichen. Sie untersucht Strukturen und Funktionen aller Zeichenprozesse. Als Zeichenprozesse **(Semiosen)** gelten (i. e. S.) alle sprachl., (i. w. S.) auch alle nichtsprachl. Prozesse der Kommunikation, schließlich auch das Entstehen und Interpretieren natürl. Zeichen (medizin. Symptomatologie). Daher bleibt eine präzise Disziplinenabgrenzung umstritten; nach Gegenständen unterscheidet z. B. THOMAS ALBERT SEBEOK (* 1920) zw. Anthropo-S. (Zeichensysteme menschl. Wesen), Zoo-S. (Zeichensysteme nichtmenschl. Lebewesen) und der die kybernet. Systeme untersuchenden Endo-S. Selbst die Differenz zw. theoret. S. (allgemeine Zeichentheorie) und angewandter S. (v. a. in Gestalt der Text-S. als Nachfolgewiss. der Hermeneutik und als neues Paradigma der Kunstwiss.: S. der Architektur, des Films usw.) bleibt angesichts der sich gegenwärtig vollziehenden Erweiterung des Zeichenbegriffs ein Notbehelf der Forschungsorganisation. S. präsentiert sich eher als ein Feld verwandter Untersuchungen denn als eine selbstständige Disziplin mit eigener Methode und präzisem Gegenstand.

Unterschiedl. Richtungen ergeben sich aufgrund von Methodenkombinationen klass. Forschungsrichtungen mit semiot. Fragestellungen: behaviorist. S. (C. W. MORRIS), funktionalist. S. (ERIC BUYSSENS und JEANNE MARTINET), marxist. S. (G. KLAUS), phänomenolog. S. (ELMAR HOLENSTEIN, * 1937), psychoanalyt. S. (JULIA KRISTEVA); durch Schulbindungen: in Dtl. als Stuttgarter (M. BENSE und ELISABETH WALTHER, * 1922), Bochumer (WALTER ALFRED KOCH, * 1934) oder Hamburger (KLAUS OEHLER, * 1928) Schule; v. a. aber durch die unterschiedl. Rolle, welche die Klassiker einer eher philosophisch-zeichentheoretisch (C. S. PEIRCE) oder linguistisch-strukturalistisch (F. DE SAUSSURE) ausgerichteten S. spielen.

Die S. hat vor ihrer erweiterten Neudefinition im 20. Jh. bereits eine in die Antike zurückreichende Tradition, wobei sie der Lösung prakt. Fragen diente (z. B. Medizin, Mantik). Im Anschluss an J. LOCKE, der unter Verwendung des Begriffs ›semeiotike‹ die Zeichenlehre als dritten Zweig seiner Wissenschaftsklassifikation vorgestellt und mit allgemeiner Logik identifiziert hatte, entwarf PEIRCE eine universale Zeichentheorie, die durch Auszeichnung dreier (relationslogisch begründeter und phänomenologisch aufgewiesener) Zeichenuniversalkategorien die Grundlage einer neuen Metaphysik enthält. Die klass. Deutung der Zeichenrelation (›aliquid stat pro aliquo‹, dt. ›irgendetwas steht für irgendetwas‹) wird durch die Kategorie genuiner, d. h. nicht auf zweistellige Relationen reduzierbarer Drittheit abgelöst: Ein Zeichen ist ›etwas, das für jemanden in gewisser Hinsicht für etwas steht‹. Es bringt etwas von ihm Unterschiedenes (seinen Interpretanten) dazu, ›sich auf einen Gegenstand (sein Objekt) zu beziehen, auf den es sich selbst auf dieselbe Weise bezieht, sodass der Interpretant seinerseits zu einem Zeichen wird – und so weiter ad infinitum‹. Diese Definition ist umfassend: Sie erklärt es nicht zur Bedingung eines Zeichens, von einem Sender absichtlich emittiert zu sein, und sie überschreitet mit dem von ihr implizierten Kontinuum unendlich sich interpretierender Zeichen die Alternative von Nominalismus und Realismus. Die Abhängigkeit der Erkenntnis von der Zeichenrepräsentation begründet bei PEIRCE geradezu die objektive Geltung der Allgemeinbegriffe (Universalien). PEIRCE zufolge lassen sich Zeichen durch drei Trichotomien gliedern: ›unter dem Gesichtspunkt, ob das Zeichen selbst eine bloße Qualität (Qualizeichen), ein aktual Existierendes (Sinzeichen) oder ein allgemeines Gesetz (Legizeichen) ist; ... danach, ob die Relation des Zeichens zu seinem Objekt darin besteht, dass das Zeichen an sich selbst eine bestimmte Beschaffenheit hat (ein Ikon), oder ob sie in einer existenziellen Relation des Zeichens zu jenem Objekt besteht (ein Index) oder in seiner Relation zu einem Interpretanten (ein Symbol); ... danach, ob sein Interpretant es als Zeichen der Möglichkeit (Rhema), als ein Zeichen des Tatsächlichen (Dicent) oder als ein Zeichen der Vernunft (Argument) darstellt‹. Diese Unterscheidungen bilden die Grundlagen der modernen Semiotik.

Als zweite Quelle der S. gilt DE SAUSSURES Semeologie bzw. Semiologie (so terminologisch im frz. Sprachraum): ›eine Wissenschaft, welche das Leben der Zeichen im Rahmen des sozialen Lebens untersucht‹. Das Zeichen ist definiert als eine Vereinigung von ›signifiant‹ (Signifikant, Bezeichnendes, Zeichenvehikel, Lautbild) und ›signifié‹ (Signifikat, Bezeichnetes, Bedeutung). Es ist also allein an sprachl. Zeichen, an konventionalistisch interpretierte Systeme künstl. Zeichen, gedacht. SAUSSURES Unterscheidungen zw. ›langue‹ (allgemeines Regelsystem) und ›parole‹ (individualisierte Realisierung als Rede), zusammengefasst im Oberbegriff ›langage‹, und zw. diachron. und synchron. Untersuchungsebenen sind grundlegende Begriffe des sprachwiss. Strukturalismus.

U. ECO unterscheidet zw. Signifikationssystemen (Theorie der Codes) und Kommunikationsvorgängen (Theorie der Zeichenerzeugung) und entwirft eine Kulturtheorie auf der Basis der Semiotik.

F. DE SAUSSURE: Grundfragen der allg. Sprachwiss. (a. d. Frz., ²1967, Nachdr. 1986); Wb. der S., hg. v. M. BENSE u. a. (1973); G. KLAUS: S. u. Erkenntnistheorie (Berlin-Ost 1973); T. A. SEBEOK: Theorie u. Gesch. der S. (a. d. Amerikan., 1979); Encyclopedic dictionary of semiotics, hg. v. DEMS. u. a., 3 Bde. (Berlin ²1994); E. WALTHER: Allg. Zeichenlehre (²1979); Die Welt als Zeichen. Klassiker der modernen S., hg. v. M. KRAMPEN u. a. (1981); W. NÖTH: Hb. der S. (1985); C. S. PEIRCE: Semiot. Schriften, 3 Bde. (a. d. Engl., 1986–93); J. SIMON: Philosophie des Zeichens (1989); U. ECO: Einf. in die S. (a. d. Ital., ⁸1994); H. J. SOTTONG u. MICHAEL MÜLLER: Zw. Sender u. Empfänger. Eine Einf. in die S. der Kommunikationsgesellschaft (1998); Zeichen über Zeichen. Texte zur S. ..., hg. v. D. MERSCH (1998).

Semipalatinsk, Semey, Gebietshauptstadt im NO von Kasachstan, auf der Kasach. Schwelle, 207 m ü. M., am Irtysch, 320 200 Ew.; vier Hochschulen, Dostojewskij-, Abaj-Kunanbajew-Museum, zwei Theater; Nahrungsmittel- (bes. Fleischverarbeitung), Textil- und Bekleidungs- sowie Schuhindustrie, Armaturen- und Kabelwerk; Verkehrsknoten an der Turkestan-Sibir. Eisenbahn mit Hafen am Irtysch und Flughafen. Oberhalb von S. liegt das Schulba-Wasserkraftwerk (→Irtysch). – S. wurde unter PETER D. GR. 1718 als Festung 18 km unterhalb der heutigen Stadt gegr. und 1776 wegen Hochwassergefahr an die heutige Stelle verlegt. – Kernwaffenversuche 1949–91 (bis 1962 oberirdisch) im Gebiet S. mit etwa 500 nuklearen Explosionen führten in und um S. zu einer gesundheitsschädigenden radioaktiven Verstrahlung.

Semipelagianismus, *Theologie-* und *Kirchengeschichte:* →Pelagianismus.

semipermeabel, halbdurchlässig, z. B. semipermeable →Membran.

Semiramis, griech. Name einer legendären Königin von Assyrien. Nach der Überlieferung regierte sie nach dem Tod ihres Gatten Ninos allein, errichtete in Babylon und Ekbatana (heute Hamadan) gewaltige Bauten und führte Kriege bis nach Baktrien. Sie erscheint als machtgierige, kluge und kühne Frau, die nach Ninos' Tod zahlr. Liebhaber hatte, die sie ermorden ließ, wenn sie ihrer überdrüssig wurde. Nach ihrer Abdankung soll sie als Taube entrückt worden sein. In die umfangreichen Legenden von S. (darunter auch die von den →hängenden Gärten in Babylon, die in der Bibel erwähnt werden, deren archäolog. Identifizierung aber nicht gesichert ist) ist Volksüberlieferung über SAMMU-RAMAT eingegangen, die Gemahlin des assyr. Königs SCHAMSCHI-ADAD V., die bestimmenden Einfluss auf die Reg. ihres Sohnes ADAD-NERARI III. (810–782 v. Chr.) ausübte.

W. EILERS: S. Entstehung u. Nachhall einer altoriental. Sage (Wien 1971); G. PETTINATO: S. Herrin über Assur u. Babylon (a. d. Ital., Neuausg. 1991).

Semiretschje, Semireč'e [sɛmi'retʃje] *das,* Ebene in Kasachstan, →Siebenstromland.

Semis [lat. ›Hälfte‹] *der, -/-, altröm. Gewicht* und *Münze:* ein halber →As.

semisch, *Sprachwissenschaft:* das Sem betreffend.

Semiseria, *Musik:* →Opera semiseria.

Semissis [zu Semis] *der, -/-, Numismatik:* 1) spätröm. und byzantin. Halbstück des Solidus; 2) Kleinsilbermünze der Reichsstadt Straßburg bis in das 17. Jh., 1 S. = ½ Assis = 3 Kreuzer.

Semiten, von A. L. VON SCHLÖZER 1771 geprägter und 1787 von J. G. EICHHORN in die Sprachwissenschaft eingeführter Begriff, der aufgrund der bibl. →Völkertafel eine Reihe von Völkern als Träger einer gemeinsamen Sprache (›semitisch‹) bezeichnet. Nach der Völkertafel gingen von SEM, dem ältesten Sohn NOAHS, 26 Völker aus, u. a. Elamiter, Assyrer, Babylonier und Aramäer. Die Völkertafel ist aber im Wesentlichen geographisch orientiert (das Siedlungsgebiet der S. reicht hier von Westanatolien bis Persien und von Armenien bis zum Roten Meer), und die in ihr genannten Völker bilden keine geschlossene Gruppe im Sinn der Völkerkunde. Nicht alle Söhne SEMS sind tatsächlich ›semitischsprachig‹ (Elamiter); andererseits werden die Semitisch sprechenden Kanaanäer und arab. Stämme unter die Söhne HAMS (→Hamiten) gezählt. Der Begriff ist daher ethnographisch untauglich und zudem durch seinen wertenden Missbrauch in Rassentheorien des 19. und 20. Jh. (→Antisemitismus, →Rassismus) diskreditiert. Als wiss. Terminus kann er nur sprachwiss. und eingeschränkt auf die →semitische Sprachen Sprechenden angewendet werden.

semiterrestrische Böden, die →Grundwasserböden.

semitische Schriften, die unterschiedl. Schriftsysteme der →semitischen Sprachen. In Mesopotamien übernahmen die Ostsemiten von den Sumerern die →Keilschrift. Die westsemit. Buchstabenschriften wurden wohl aus Silbenschriften des östl. Mittelmeerraums entwickelt; ihre Vokallosigkeit dürfte auf den Einfluss der ägypt. Hieroglyphen zurückzuführen sein (→Sinai-Inschriften). Die Reihenfolge der Buchstaben lässt sich bereits für das Keilschriftalphabet von Ras Schamra (SW-Syrien) um 1400 v. Chr. bezeugen. Die aramäische Schrift hat sich in der Weiterbildung zum syr. und zum arab. Alphabet bis in die Mandschurei und nach W-Afrika (Hausa) verbreitet, während die phönik. Schrift zur Grundlage aller europ. Schriften wurde.

G. R. DRIVER: Semitic writing. From pictograph to alphabet (Neuausg. London 1976).

semitische Sprachen, mit dem Altägyptischen, dem Koptischen, den Berbersprachen und den Kuschitensprachen und den tschad. Sprachen zum hamitosemit. Sprachstamm gehörige Sprachen. Die s. S. stehen bei aller Verschiedenheit einander näher als die indogerman. Sprachen; der Grad ihrer Ähnlichkeit entspricht etwa dem der german. oder slaw. Sprachen. Dem Akkadischen (Assyrisch-Babylonischen) als dem **Ostsemitischen** steht die Gruppe des Kanaanäisch-Hebräisch-Moabitisch-Phönikisch-Punischen, des Amoritisch-Ugaritischen, des Eblischen (oder Eblai-

tischen, →Ebla), des Aramäischen (Reichsaramäisch, Palmyrenisch, Nabatäisch, Palästinensisch, Samaritanisch, Mandäisch) und des Syrischen (Jakobitisch, Nestorianisch) sowie neuaramäischer Volkssprachen (Malula, Turoyo) als das **Nordsemitische (Nordwestsemitische)** gegenüber; das Nordarabische (ältere Schicht: Safatenisch, Lihjanisch, Thamudisch; jüngere Schicht: Klassisch-Arabisch) bildet mit dem Südarabischen und Äthiopischen die Gruppe der **südsemitischen (südwestsemitischen) Sprachen**. Charakteristisch für die s. S. sind die dreikonsonant. Wurzeln, mit denen durch Veränderung der Vokale sowie durch Prä-, In- und Suffixe Verben und Nomina in Grundformen und Ableitungen samt ihren Flexionen gebildet werden; die Kehl- und Rachenlaute, die einzelne Sprachen in späteren Sprachstufen z. T. aufgaben; die späte Herausbildung eines Tempussystems beim Verb, mit dem urspr. nur der vollendete oder unvollendete Aspekt bezeichnet wurde; der ›status constructus‹ (Bez. der verkürzten Form eines Nomens infolge seiner Determination durch ein anderes, den Haupton erhaltendes Nomen); die drei Numeri: Singular, Dual und Plural, die drei Kasus: Nominativ, Genitiv und Akkusativ (später stark reduziert), die beiden grammat. Geschlechter: Maskulinum und Femininum; die versch. Aktionsarten beim Verb, z. B. Intensivum, Reflexivum und Kausativum; die Tendenz zur Parataxe im Satzbau und die Konsonantenschrift ohne Vokalbezeichnung, wo ein alphabet. System verwendet wird (mit Ausnahme der äthiop. Sprachen). Einzelne Sprachen weichen gelegentlich unter dem Einfluss von nichtsemit. Sprachen gelegentlich von diesem Typ ab, z. B. das Neuhebräische durch den Einfluss europ. Sprachen.
Literatur →Semitistik.

Semitistik die, -, Zweig der →Orientalistik, der sich mit den Sprachen, Kulturen und der Geschichte der semit. Völker befasst, die seit über 4000 Jahren im Vorderen Orient durch Texte bezeugt sind und von den Akkadern bis zu den heutigen Arabern reichen. Unter S. versteht man im Besonderen die Philologie und Linguistik der semit. Sprachen, die über einzelsprachl. Untersuchungen hinaus die geschichtl. Entwicklung der semit. Sprachen in ihren Gemeinsamkeiten, Besonderheiten und Beziehungen untereinander sowie ihre Stellung im größeren Rahmen der hamitosemit. Sprachen erforschen. Die S. ist zu Beginn des 19. Jh. aus dem sprachl. Teilbereich der alttestamentl. Wissenschaft hervorgegangen und hat wesentl. Impulse von der historisch-komparativen Methode der Indogermanistik erhalten. Seit den Ende des 19. und Anfang des 20. Jh. entstandenen Standardwerken zur S. hat sich das Fach durch Entdeckung bis dahin unbekannter und durch Vermehrung und Erschließung des Textmaterials ausgestorbener semit. Sprachen sowie durch Aufnahme und Auswertung heute noch gesprochener semit. Sprachen und Dialekte beträchtlich erweitert. Urspr. Disziplinen der S. haben sich z. T. verselbstständigt, wie die →Hebraistik, →Arabistik und →Assyriologie. Als bedeutende Semitisten des 20. Jh. sind zu nennen T. NÖLDEKE, C. BROCKELMANN, G. BERGSTRÄSSER, H. BAUER, MARCEL COHEN (*1884, †1974), H. J. POLOTSKY, OTTO RÖSSLER (*1907, †1991), WOLF LESLAU (*1906), W. VON SODEN, ANTON SPITALER (*1910), IGOR MICHAJLOWITSCH DIAKONOW (*1914) und EDWARD ULLENDORFF (*1920). In Dtl. wird die S. bes. an den Univ. München, Heidelberg, Berlin und Marburg gepflegt.

T. NÖLDEKE: Beitr. u. neue Beitrr. zur semit. Sprachwiss., 2 Bde. (Straßburg 1904–10, Nachdr. Amsterdam 1982, 1 Bd.); C. BROCKELMANN: Grundr. der vergleichenden Gramm. der semit. Sprachen, 2 Bde. (1908–13, Nachdr. 1982); Hb. der Orientalistik, hg. v. B. SPULER u. a., 1. Abt., Bd. 3: S. (Leiden 1954, Nachdr. ebd. 1964); Linguistica semitica ... Semit. Sprachwiss., hg. v. G. LEVI DELLA VIDA (Rom 1961; Beitrr. in dt., engl., frz. u. ital. Sprache); J. H. HOSPERS: A basic bibliography for the study of the Semitic languages, 2 Bde. (Leiden 1973–74); An introduction to the comparative grammar of the Semitic languages, hg. v. S. MOSCATI u. a. (Wiesbaden ³1980); G. GARBINI: Le lingue semitiche. Studi di storia linguistica (Neapel ²1984); I. M. DIAKONOW: Afrasian languages (a. d. Russ., Moskau 1988); Les langues dans le monde ancien et moderne, hg. v. J. PERROT, Bd. 3: Les langues chamito-sémitiques, hg. v. D. COHEN (Paris 1988); G. BERGSTRÄSSER: Einf. in die semit. Sprachen (⁵1993); R. ALTHANN: Studies in Northwest semitic (Rom 1997); E. LIPIŃSKI: Semitic languages (Löwen 1997).

Semjonow, Semenov [sem'jɔnɔf], **1)** Julian Semjonowitsch, russ. Schriftsteller, * Moskau 8. 10. 1931; Verfasser von Abenteuer- und Kriminalromanen.
Werke: Romane: Petrovka, 38 (1964; dt. u. a. als: Auftrag: Mord); Brillianty dlja diktatury proletariata (1971); Al'ternativa, 4 Bde. (1975–78; dt. Die Alternative); TASS upolnomočen zajavit' ... (1979; dt. u. a. u. d. T. Die Würfel fallen in Moskau); Reporter (1988).

2) Nikolaj Nikolajewitsch, sowjet. Chemiker, * Saratow 15. 4. 1896, † Moskau 25. 9. 1986; war 1931–44 Prof. in Leningrad, seit 1944 Direktor des physikalisch-chem. Instituts der Akad. der Wiss.en in Moskau. S. arbeitete seit 1924 über die Vorgänge bei der Oxidation des Phosphors und klärte anschließend Einleitung und Abbruch von Kettenreaktionen bei Verbrennungsvorgängen auf. Für diese Untersuchungen erhielt er (mit C. N. HINSHELWOOD) 1956 den Nobelpreis für Chemie.

3) Sergej Aleksandrowitsch, russ. Schriftsteller, * Naumowo-Potschinok (Gebiet Kostroma) 19. 10. 1893, † (gefallen) am Wolchow 12. 1. 1942; entstammte dem Industrieproletariat, wurde 1918 Mitgl.

Nikolaj Nikolajewitsch Semjonow

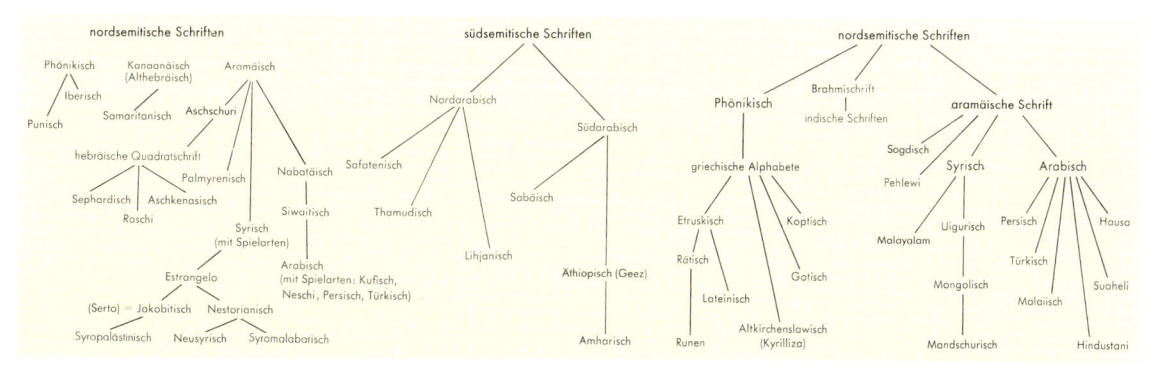

semitische Schriften: links und Mitte Buchstabenschriften des westsemitischen Sprachenkreises, d. h. der nord(west)semitischen und der süd(west)semitischen Sprachen (im Gegensatz zu den Keilschriften der ostsemitischen Sprachen); rechts Verbreitung der semitischen Buchstabenschriften bei nichtsemitischen Völkern

der KP; schildert in dem dokumentar. Roman ›Golod‹ (1922) die Hungersnot 1919 in Petrograd, in ›Natal'ja Tarpova‹ (2 Bde., 1927/28) psychologisch einfühlsam den sowjet. Alltag nach der Revolution zw. Fabrikarbeit, Familie und Parteiorganisationen.

Semjonowgebirge, Teil des →Nanshan, China.

Semjonow-Tjan-Schanski, Semenov-Tjan-**Šanskij** [sem'jɔnɔf-, 'ʃanski], Pjotr Petrowitsch, bis 1906 **P. P. Semjonow,** russ. Geograph, *Urussowo (Gebiet Lipezk) 14. 1. 1827, †Sankt Petersburg 11. 3. 1914; erforschte 1856/57 als Erster den Tienschan (russ. Tjan-Schan) und organisierte zahlr. weitere Expeditionen (u. a. nach Zentralasien). 1897 leitete er die erste Volkszählung in Russland.

Semkow, Jerzy, eigtl. **Georg S.,** poln. Dirigent, *Radomsko 12. 10. 1928; wirkte am Moskauer Bolschoi-Theater, an der Warschauer Oper und der Königl. Oper in Kopenhagen, dirigierte 1970/71 das Cleveland Orchestra und leitete 1975–79 das Saint Louis Symphony Orchestra, 1979–82 das Orchestra Sinfonica della RAI in Rom und wurde 1985 Leiter des Rochester Philharmonic Orchestra. Er ist bes. als Interpret der Spätromantik bekannt geworden.

Semler, Johann Salomo, ev. Theologe, *Saalfeld/Saale 18. 12. 1725, †Halle (Saale) 14. 3. 1791; war ab 1753 Prof. in Halle. S. untersuchte die Bibel und ihre Entstehung erstmals nach histor. Gesichtspunkten (›Abhandlung von freier Untersuchung des Canons‹, 4 Tle., 1771–75), womit er der bis dahin vorherrschenden Lehre von der →Verbalinspiration der Bibel die Grundlage entzog und bahnbrechend für die Entwicklung der historisch-krit. →Exegese wirkte. Mit seiner theolog. Unterscheidung zw. der Bibel als dem geschichtlich gewordenen Zeugnis der Offenbarung, die allein die Erkenntnis Gottes ermöglicht, und dem Wort Gottes selbst formulierte er einen maßgebl. Grundsatz der modernen bibl. Hermeneutik.
G. Hornig: Die Anfänge der historisch-krit. Theologie (1961); H.-E. Hess: Theologie u. Religion bei J. S. S. (Diss. Berlin 1974); G. Hornig: J. S. S. Studien zu Leben u. Werk des Hallenser Aufklärungstheologen (1996).

Semliki der, Fluss im Zentralafrikan. Graben, rd. 250 km lang, entfließt dem Rutanzigesee in der Demokrat. Rep. Kongo, umfließt den Ruwenzori im W, ist dann Grenzfluss zu Uganda und mündet in den Albertsee.

Semlin, serb. **Zemun,** Stadtteil von →Belgrad.

Semmelporling, Polyporus confluens, Scutiger confluens, auf sandigen Nadelwaldböden im Herbst in Gruppen (z. T. mit miteinander verwachsenen Fruchtkörpern von 15–35 cm Durchmesser) verstreut vorkommender Pilz; Hut jung semmelfarben, später matt ziegelorangefarben, kurz gestielt; jung essbar.

Semmelstoppelpilz, Semmelgelber Stacheling, Semmelpilz, Hydnum repandum, in Laubund Nadelwäldern von Juli bis November vorkommender blassgelber →Stachelpilz; Hut 5–12 cm breit, buckelig, oft mit den Nachbarfruchtkörpern verwachsend; Unterseite mit zahlr. leicht abbrechenden Stacheln besetzt; jung guter Speisepilz.

Semmelweis, Ignaz Philipp, ungar. Geburtshelfer, *Ofen (heute als Pest zu Budapest) 1. 7. 1818, †Döbling (heute zu Wien) 13. 8. 1865; war 1846–49 Assistent an der ersten Gebärklinik in Wien, wurde 1850 in Pest Primararzt am Rochuskrankenhaus und 1855 Prof. der Geburtshilfe an der Univ. Pest. Er erkannte die Kontaktinfektion als Ursache des →Wochenbettfiebers und entwickelte die ersten erfolgreichen Desinfektionsmethoden. Das Unverständnis angesehener zeitgenöss. Ärzte verzögerte jedoch die allgemeine Anerkennung seiner Lehre.
Werk: Die Aetiologie, der Begriff u. die Prophylaxis des Kindbettfiebers (1861).

E. Lesky: I. P. S. u. die Wiener medizin. Schule (Wien 1964).

Semmering der, Pass in den östl. Ostalpen, Österreich, auf der Grenze zw. NÖ und der Steiermark; der 985 m ü. M. liegende Sattel zw. dem Tal des Auebaches (rechter Nebenfluss der Schwarza) und dem Tal der Fröschnitz (linker Nebenfluss der Mürz) ist der günstigste Übergang vom Wiener Becken in die inneralpine Mur-Mürz-Furche. Der Weg über den S. wird seit dem MA. benutzt, die erste Straße wurde 1728, die neue 1842 angelegt. Die 1848–54 von K. Ritter von Ghega erbaute **S.-Bahn (Ghega-Bahn),** die erste Gebirgsbahn Europas (eine reine Adhäsionsbahn mit max. 2,5 % Steigung; auf der N-Rampe mit zahlr. Viadukten und Tunneln), unterfährt den Pass auf 897 m ü. M. in einem 1,4 km langen Tunnel (zweite Tunnelröhre seit 1952). Ein Basistunnel zw. Gloggnitz und Mürzzuschlag ist in Planung. Auf niederösterr. Seite liegt **S.-Kurort** (1 000 m ü. M., 700 Ew.), Sommerfrische und Wintersportort.

Semmyō, in altjap. Sprache und rituellem Stil verfasste Erlasse der jap. Kaiser des Altertums (Ōmikotonori ›große erlauchte Worte‹), in spezieller Verwendungsweise der chin. Schrift (Semmyōgaki) aufgezeichnet und in altjap. Annalenwerken 797–901 überliefert. Die 62 ältesten der Jahre 697–789 sind enthalten im Shoku-Nihongi (797, übersetzt von H. Zachert: ›S. Die kaiserl. Erlasse des Shoku-Nihongi‹, 1950).

Semnan, Samnan, Provinzhauptstadt in Iran, 1 220 m ü. M., Gebirgsfußoase am Elbursgebirge und am N-Rand der iran. Binnenwüsten, wichtiger Rastort des Verkehrs nach NO-Iran, 55 000 Ew.; Baumwollanbau und -weberei, Tabakanbau, Obst- und Pistaziengärten.

Semnonen, lat. **Semnones,** elbgerman. Stamm, wohnte nach Tacitus östlich der Elbe im heutigen Brandenburg und südl. Mecklenburg. In ihrem Gebiet lag das Hauptheiligtum der →Sweben, ein hl. Hain. Teile der S., die zuletzt 178 n. Chr. bezeugt sind, wanderten nach SW ab und gingen in den →Alemannen auf. Eine Restbevölkerung verblieb bis ins 6. Jh. in ihren Stammessitzen.

Semonides, S. von Amorgos, griech. Dichter, urspr. aus Samos, verfasste um 600 v. Chr. jamb. Gedichte und Elegien, die von einer pessimist. Lebensauffassung künden. Neben Fragmenten ist eine Schmährede auf die Frauen (›Weiberspiegel‹) fast vollständig erhalten.
Ausgabe: Iambi et elegi Graeci ante Alexandrum cantati, hg. v. M. L. West, Bd. 2 (1972).
H. Lloyd-Jones: Females of the species. S. on women (London 1975).

Sempach, Gem. im Kt. Luzern, Schweiz, 512 m ü. M., 3 200 Ew.; am südl. O-Ufer des **Sempacher Sees** (14,5 km^2, bis 87 m tief) gelegen; Schweizer. Vogelwarte, erhaltene Altstadt; auf dem Kirchbühl St.-Martins-Kirche, gilt als älteste luzern. Kirche (begonnen um 1000, erweitert 1. Hälfte des 13. Jh., Chor 1585), u. a. mit hochgot. Wandmalereien (Ende 13. Jh.). – S. wurde um 1120 von den Habsburgern zur Sicherung der Zufahrt zum Sankt Gotthard angelegt. – In der **Schlacht bei S.** besiegten am 9. 7. 1386 luzernisch-eidgenöss. Fußtruppen das Ritterheer Herzog Leopolds III. von Österreich, der fiel (legendär: →Winkelried). Mit dieser Niederlage begann das Ende der Habsburgerherrschaft in der Schweiz (Schlachtkapelle St. Jakob, 1387, erweitert 15. und 17. Jh.; jährl. Schlachtjahrzeit zum Gedenken).

Sempé [sɑ̃'pe], Jean Jacques, frz. Zeichner und Cartoonist, *Bordeaux 17. 8. 1932; zeichnet Cartoons (meist Alltagsszenen) mit leiser Ironie, die er u. a. in ›L'Express‹ und ›Paris Match‹ veröffentlicht. Seine

Semmelporling
(verwachsene Fruchtkörper mit einem Durchmesser von 15 bis 35 cm)

Semmelstoppelpilz
(Hutbreite 5–12 cm)

Ignaz Semmelweis

Strichführung zeichnet sich durch große Sensibilität aus; Verfasser und Illustrator von Kinderbüchern (›Marcellin Caillou‹, 1969; dt. ›Carlino Caramel‹).

Weitere Werke: L'information, consommation (1968; dt. Die manipulierte Gesellschaft); Saint-Tropez (1968; dt.); Comme par hasard (1981; dt. So ein Zufall); Vaguement compétitif (1985; dt. Halb gewonnen); Luxe, calme et volupté (1987; dt. Stille, Sinnenlust u. Pracht).

S.: Zeichnungen, Aquarelle, Ausst.-Kat. (1985).

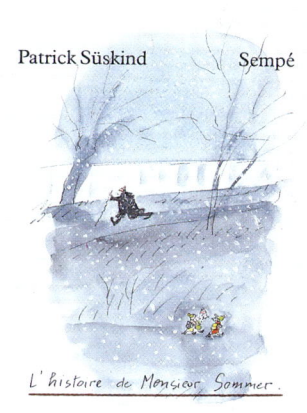

Jacques Sempé: Titelillustration zu ›L'histoire de Monsieur Sommer‹ (Die Geschichte von Herrn Sommer) von Patrick Süskind; 1991

Semper, Gottfried, Architekt und Kunsttheoretiker, * Hamburg 29. 11. 1803, † Rom 15. 5. 1879; wurde nach Studien in Göttingen, München (bei F. VON GÄRTNER) und Paris (u. a. bei J. I. HITTORF) und längeren Reisen nach Italien und Griechenland 1834 Leiter der Bauschule an der Dresdner Kunstakademie. 1849 emigrierte S. aus polit. Gründen (Teilnahme an der Märzrevolution) nach Paris, 1851 nach London, wo er u. a. als Berater bei der Gründung des ersten Kunstgewerbemuseums (1852), des späteren Victoria and Albert Museum, tätig war. Ab 1855 lehrte er am Polytechnikum in Zürich, ab 1869 arbeitete er zus. mit C. VON HASENAUER an den Plänen für die Ringstraße in Wien, wohin er 1871 berufen wurde. – S. war der bedeutendste dt. Architekt seiner Zeit. An die Stelle der klassizist. Antikenrezeption setzte er als Ideal den Stil der ital. Renaissance. Sein Hauptwerk ist das Dresdner Opernhaus (1838–41, 1869 abgebrannt; 1871–78 Neuaufbau, 1945 ausgebrannt, 1976–85 rekonstruiert), dessen Außenbaugestaltung der inneren Anlage entsprechen sollte. Durch seine Grundrisslösung wirkte der Bau richtungweisend. Die Überprüfung der Form auf Zweckmäßigkeit und künstler. Gestalt verband S. mit einem außerordentl. Proportionsgefühl und einer taktvoll ausgewogenen Verwendung histor. Stilformen. Zusammen mit R. WAGNER konzipierte S. das Projekt eines Bühnenfestspielhauses in Form eines Amphitheaters für München (1864–66). Eine freiere und stärker barocke Gliederung und Fassadengestaltung kennzeichnen S.s späte Werke in Wien (Zusammenarbeit mit C. VON HASENAUER): Neubau der Hofburg (Entwurf 1871, Ausführung 1881–94), Naturhistor. und Kunsthistor. Museum (1871–91, BILD →Neurenaissance) und Burgtheater (1874–88). In seinen Schriften entwickelte er die künstler. Gesetze aus der Geschichte und forderte Materialgerechtigkeit. Weiteres BILD →Architekturzeichnung

Weitere Werke: *Bauten:* Synagoge, Dresden (1838–40, 1938 zerstört); Gemäldegalerie, Dresden (1847–54, 1945 ausgebrannt, bis 1960 wiederhergestellt, 1989–92 umfassend saniert, rekonstruiert und restauriert); ETH, Zürich (1858–64, mit J. C. WOLFF); Sternwarte, Zürich (1861–64); Stadthaus, Winterthur (1865–69).

Schriften: Vorläufige Bemerkungen über bemalte Architektur u. Plastik bei den Alten (1834); Wiss., Industrie u. Kunst (1852); Der Stil in den techn. u. tekton. Künsten, 2 Bde. (1860–63).

G. S. 1803–1879, Baumeister zw. Revolution u. Historismus, Ausst.-Kat. (²1980); H. MAGIRIUS: G. S.s zweites Dresdner Hoftheater (Wien 1985); Die S.-Oper, bearb. v. W. HÄNSCH (Berlin-Ost ³1990); M. FRÖHLICH: G. S. (Zürich 1991); H. LAUDEL: Architektur u. Stil. Zum theoret. Werk G. S.s (1991); Architekten – G. S., bearb. v. T. N. DAHLE (²1994).

semper aliquid haeret [lat.], *bildungssprachlich* für: irgendetwas bleibt immer hängen (auf Verleumdung und üble Nachrede bezogen; erstmals von F. BACON 1623 in seiner Schrift ›De dignitate et augmentis scientiarum‹ als sprichwörtlich angeführt).

Semperfreie, Sendbarfreie, im mittelalterl. Standesrecht die der Jurisdiktion des Bischofs als Gerichtsherrn unterliegenden Stände, urspr. der gesamte Adel, später vorzugsweise die Fürsten und Freiherren, die dem von anderen als dem Bischof geleiteten →Sendgericht nicht unterlagen.

semper idem [lat.], *bildungssprachlich* für: immer derselbe (Ausspruch CICEROS über den Gleichmut des SOKRATES in ›Tusculanae disputationes‹, 3, 15, 31).

Sempervivum [lat. ›Immergrün‹, eigtl. ›immer lebend‹], die Pflanzengattung →Hauswurz.

Sempione, ital. Name des →Simplon.

sempre [ital. ›immer‹], musikal. Vortrags-Bez.: wird in Zusammensetzungen gebraucht, z. B. **s. legato,** immer gebunden.

Sempronius, Name eines altrömischen Plebejergeschlechts. Ihm entstammten neben den Gracchen (→Gracchus) der Geschichtsschreiber **Sempronius Asellio** (* um 160 v. Chr., † 90 v. Chr.), der erstmals eine gegenwartsbezogene pragmat. Geschichte Roms (›Res Gestae‹, mindestens 14 Bücher, nicht erhalten) schrieb, die den Zeitraum von etwa 146 bis 91 v. Chr. umfasste.

Gottfried Semper: Oberes Vestibül der Semperoper in Dresden; 1838–41, 1976–85 rekonstruiert

Semprún [span.], **Semprun** [sã'prœ̃, frz.], Jorge, span. Schriftsteller, schreibt überwiegend in frz. Sprache, * Madrid 10. 12. 1923; aus liberaler, großbürgerl. Familie, lebte seit dem Span. Bürgerkrieg in Frankreich, war aktiv in der Résistance tätig, wurde 1943 in das KZ Buchenwald deportiert (1945 Rückkehr nach

Jorge Semprún

Paris). Ab 1953 war er Funktionär der verbotenen KP Spaniens (unter dem Decknamen **Federico Sánchez**), aus der er 1964 jedoch aus ideolog. Gründen ausgeschlossen wurde. 1988–91 war er in der Reg. González span. Kulturminister. In seinen in sachl. Stil geschriebenen Romanen gestaltet er Erinnerungen (z. B. an die Résistance), Begegnungen, persönl. und kollektive Tragödien (u. a. Deportation und Gefangenschaft) mit großer Authentizität und psycholog. Eindringlichkeit. Er verfasste auch Filmdrehbücher (z. B. zu ›Stavisky‹ von A. RESNAIS). 1994 erhielt er den Friedenspreis des Dt. Buchhandels.

Werke: *Romane:* Le grand voyage (1963; dt. Die große Reise); La guerre est finie (1966); L'évanouissement (1967); La deuxième mort de Ramón Mercader (1969; dt. Der zweite Tod des Ramón Mercader); Quel beau dimanche (1980; dt. Was für ein schöner Sonntag); L'algarabie (1981; dt. Algarabia oder die neuen Geheimnisse von Paris); La montagne blanche (1986; dt. Der weiße Berg); Netchaïev est de retour (1987; dt. Netschajew kehrt zurück). – *Stück.* Bleiche Mutter, zarte Schwester (UA dt. 1995). – *Erinnerungen:* Autobiografia de Federico Sánchez (1977; dt. Federico Sánchez. Eine Autobiographie); Montand. La vie continue (1983; dt. Yves Montand. Das Leben geht weiter); Federico Sanchez vous salue bien (1993; dt. Federico Sánchez verabschiedet sich).

Semskij sobọr [russ. ›Reichsversammlung‹] *der, -, Zemskij sobọr* [z-], von K. S. AKSAKOW geprägter Begriff für die im Moskauer Staat 1549–1653 von den Zaren einberufenen beratenden Versammlungen (russ. sobory, in Anlehnung an die Bez. für die Kirchensynoden) aus Vertretern von Bojaren, Städtern der Provinz, Geistlichen und Dienstadligen. Die Art der Vertretung und der Termin der Einberufung waren nicht genau festgelegt. Die mit einzelnen Bevölkerungsgruppen (z. B. den Kaufleuten) durchgeführten Beratungen (in der Forschung ›Kommissionen‹ genannt im Unterschied zu den ›vollständigen Versammlungen‹) fanden noch bis 1684 statt.

Sẹmstwo [russ. ›Landstand‹, ›Landschaftsvertretung‹] *das, -s/-s,* **Zẹmstvo** [z-], die im kaiserl. Russland am 1. 1. 1864 eingeführte ständ. Selbstverwaltung auf Kreis- und Gouvernementsebene unter dem Vorsitz des Adelsmarschalls aus Vertretern von Großgrundbesitz, Stadtbevölkerung und Bauern, mit eigenen Verwaltungsorganen und Verordnungs-, Besteuerungs-, Anleihe- und Petitionsrecht. 1890 wurden die staatl. Aufsichts- und Eingriffsbefugnisse verstärkt. Dank ihrem hohen eigenen Steueraufkommen hat die S.-Verwaltung mit zahlr. eigenen Fachkräften (dem ›Dritten Element‹) das Volksbildungs-, Gesundheits- und Verkehrswesen, die Wohlfahrtspflege und Armenfürsorge in Russland auf eine neue Stufe gehoben, wobei die großen S.-Kongresse seit 1904 den Reformwillen der S.-Bewegung ausdrückten. Der 1914 entstandene Gesamttruss. S.-Bund beteiligte sich unter dem Vorsitz von Fürst G. J. Lwow mit dem Städtebund an der Heeresversorgung.

The Zemstvo in Russia. An experiment in local self-government, hg. v. T. EMMONS u. a. (Cambridge 1982).

Semzọw, Zemcọv [z-], Michail Grigorjewitsch, russ. Baumeister, *Moskau zw. 1686 und 1688, †Sankt Petersburg 9. 10. 1743; ab 1709 in Sankt Petersburg tätig, Mitarbeiter von D. TREZZINI. Sein Hauptwerk ist die Simeon-und-Anna-Kirche in Sankt Petersburg (1731–34).

Sen *der, -(s)/-(s),* kleine Währungseinheit in Japan (100 S. = 1 Yen), Kambodscha (100 S. = 10 Kak = 1 Riel), Indonesien (100 S. = 1 Rupiah) und Malaysia (100 S. = 1 Ringgit).

Sẹn *das, -(s),* Holzart: helles, eschenähnl. Ausstattungsholz der Araliengewächsart Kalopanax septemlobus aus Japan und China.

Sẹn, 1) Amartya K., ind. Volkswirtschaftler, *Santiniketan (West Bengal) 3. 11. 1933; seit 1956 Prof., u. a. an den Universitäten Kalkutta, Delhi, Oxford, Harvard und Cambridge (seit 1998). Bekannt wurde er v. a. durch Arbeiten zur Wohlfahrtsökonomik und zur Theorie der wirtschaftl. Entwicklung. S. erhielt 1998 den Nobelpreis für Wirtschaftswissenschaften.

Werke: Collective choice and social welfare (1970); On economic inequality. The Radcliffe lectures delivered in the University of Warwick 1972 (1973); Choice, welfare and measurement (1982); Resources, values and development (1984); On ethics and economics (1987). – **Hg.:** The quality of life (1993, mit M. NUSSBAUM).

2) Mrinal, ind. Filmregisseur, *Faridpur (Bangladesh) 14. 5. 1923; Journalist, Filmkritiker, Regieassistent; drehte (ab 1955) realist. sozialkrit. Filme; initiierte Ende der 60er-Jahre eine unabhängige Filmbewegung.

Filme: Bhuvan Shome (1969); Calcutta 71 (1972); Chorus (1974); Die königl. Jagd (1976); Ein ganz gewöhnl. Tag (1980); Die Suche nach der Hungersnot (1980); Träume in Kalkutta (1981); Genesis (1986); Innenwelt, Außenwelt (1991).

sen., Abk. für →senior.

Sẹna, Stadt in Moçambique, am unteren Sambesi (Brücke der Bahnlinie Beira–Malawi). – S. war Stützpunkt der port. Kolonisation (seit dem 16. Jh.).

Sẹna, Jorge de, port. Schriftsteller, *Lissabon 2. 11. 1919, †Santa Barbara (Calif.) 4. 6. 1978; emigrierte 1959 nach Brasilien, ab 1967 Prof. für Literaturwiss. an der University of Wisconsin; schrieb u. a. von Surrealismus und Neorealismus beeinflusste, mit verschiedenen poet. Formen experimentierende Lyrik (u. a. ›Perseguição‹, 1942; ›Coroa da terra‹, 1946; ›Pedra filosofal‹, 1950; ›As evidências‹, 1955; ›Metamorfoses‹, 1963; ›Exorcismos‹, 1972), ferner Erzählungen (›Andanças do demónio‹, 1960; ›Novas andanças do demónio‹, 1966, darin enthalten die fantast. Novelle ›O fisico prodigioso‹, 1977 einzeln erschienen, dt. ›Der wundertätige Physicus‹; ›Os Grão-Capitães‹, 1976), den realistischen zeitgenöss. Roman ›Sinais de fogo‹ (hg. 1978; unvollendet) sowie Theaterstücke (›O indesejado‹, 1949) und zahlreiche literar. Studien.

Senancour [sənã'ku:r], Étienne **Pivert de** [pi'vɛ:r də], frz. Schriftsteller, *Paris 5. oder 6. 11. 1770, †Saint-Cloud 10. 1. 1846; wurde u. a. durch seinen stark autobiographisch gefärbten Briefroman ›Oberman‹ (2 Bde., 1804; dt. ›Obermann‹) bekannt, der in der Art sensibler Selbstreflexion das Leiden des einsamen Ich und dessen Flucht in Innerlichkeit und Resignation gestaltet, wobei sich das eigene Erleben in der Schilderung der Natur gespiegelt findet. Das Werk gilt als eines der bedeutendsten der frz. ›Préromance‹. Seine von J.-J. ROUSSEAU beeinflussten ›Rêveries sur la nature primitive de l'homme‹ (1799) sind von einer kulturpessimist. Haltung geprägt.

Weitere Werke: *Philosoph. Studien:* De l'amour (1806); Libres méditations d'un solitaire inconnu, sur le détachement du monde et sur d'autres objets de la morale religieuse (1819).

Senạr [lat. senarius, zu seni ›je sechs‹] *der, -s/-e,* dem griech. →Trimeter entsprechender lat. Vers mit sechs jamb. Versfüßen, der als ein Metrum behandelt wurde.

Senarmontịt [nach dem frz. Mineralogen HENRI HUREAU DE SÉNARMONT, *1808, †1862] *der, -s/-e,* farbloses, weißes oder graues, durchsichtiges bis durchscheinendes, kub. Mineral der chem. Zusammensetzung Sb_2O_3; Härte nach MOHS 2–2,5, Dichte 5,5 g/cm³. S. bildet derbe oder krustenförmige Aggregate und kommt in antimonithaltigen Gängen vor; es wird bes. in Algerien als Antimonerz abgebaut.

Senạt [lat. senatus, eigtl. ›Rat der Alten‹, zu senex ›alt‹] *der, -(e)s/-e,* **1)** im *antiken Rom* offizielles Beratungsgremium des röm. Staates. Er bestand in der Königszeit aus den Häuptern der patriz. Geschlechter (patres), wohl vom 5. Jh. v. Chr. an kamen minderberechtigte angesehene Plebejer hinzu (als conscripti ›Zugeschriebene‹, daher Anrede ›patres conscripti‹). Die Gesamtzahl der Mitglieder betrug seitdem 300 (unter SULLA 600, CAESAR 900, AUGUSTUS wieder 600) Personen; sie wurden zunächst vom König, dann von den Konsuln, wohl ab 312 v. Chr. von den Zensoren berufen; seit dem 2.–1. Jh. v. Chr. hatten ehemalige Magistrate Anspruch auf Aufnahme; die Zugehörigkeit zum S. war lebenslänglich. Abzeichen der senator. Würde waren der rote Senatorenschuh (calceus senatorius) und der breite Purpurstreifen (latus clavus) an Toga und Tunika. Die **Senatoren** (lat. **senatores**) mussten Grundbesitz in Italien und seit AUGUSTUS ein Mindestvermögen von 1 Mio. Sesterzen nachweisen. Die Ausübung eines Handelsgeschäfts, eines Handwerks oder Gewerbes war ihnen verboten (seit 218 v. Chr.; Lex Claudia).

Die Einberufung des S. in die Curia (angeblich von König TULLUS HOSTILIUS gestiftet, deshalb Curia Hostilia genannt) oder in einen Tempel Roms oblag Magistraten mit Imperium, ab 287 v. Chr. auch Volkstribunen. Der S. besaß keine durch die Verfassung garantierten Rechte, seine Machtstellung beruhte auf der Autorität (auctoritas) der ihm angehörenden früheren Obermagistrate, den Mitgliedern der Nobilität. Er hatte die Aufsicht über Gesetzgebung, Magistrate und Finanzen und leitete die Außenpolitik. Ein Senatsbeschluss (**senatus consultum,** Abk. **S. C.**) war eine bindende Weisung an die ausführenden Beamten, bei Einspruch der Volkstribunen ein Willenserklärung, Empfehlung ohne Rechtskraft (**senatus auctoritas**). Im 1. Jh. v. Chr. gewannen die Volksversammlungen (Komitien) größeres Gewicht, doch besaß der S. das Recht, den Staatsnotstand zu proklamieren (**senatus consultum ultimum**). Die Kaiser behandelten den S. i. d. R. mit Rücksicht, um die Fiktion der Verfassungskontinuität aufrechtzuerhalten. Zwar verlor der S. seine polit. Kompetenzen, doch erhielt er mit der Übertragung der Beamtenwahlen und als Standesgerichtshof neue Aufgaben. Bis ins 3. Jh. n. Chr. blieben dem Senatorenstand, der erblich geworden war (Aufnahme von Senatorensöhnen) und vom Kaiser auch aus dem Ritterstand ergänzt wurde, zivile und militär. Spitzenpositionen in der Reichsverwaltung vorbehalten. Als Rom aufhörte, Kaiserresidenz zu sein, schwand die Bedeutung des S. rasch, doch bildeten die Senatoren (viri clarissimi) weiterhin die oberste Gesellschaftsschicht und einen privilegierten Grundadel. 580 n. Chr. wird der röm. S. letztmals erwähnt. – KONSTANTIN D. GR. richtete 330 in Konstantinopel einen S. nach röm. Vorbild ein (seit 359 dem röm. S. gleichrangig), der bis 1453 bestand, aber politisch bedeutungslos war.

ERNST MEYER: Röm. Staat u. Staatsgedanke (Zürich ⁴1975); J. BLEICKEN: Die Verf. der Röm. Rep. (⁷1995).

2) *Gerichtsverfassung:* die kollegialen Spruchkörper höherer Gerichte, so beim Bundesverfassungsgericht, bei den obersten Gerichtshöfen des Bundes, den OLG (bzw. dem Kammergericht), Oberverwaltungsgerichten (Verwaltungsgerichtshöfen), Finanzgerichten, Landessozialgerichten sowie dem Bundespatentgericht.

3) *Hochschulwesen:* **großer S., Hochschulkonvent, Hochschulkonzil,** oberstes kollegiales Selbstverwaltungsorgan der wiss. Hochschulen in Dtl. und der Schweiz (in Österreich **Universitätsversammlung**). Ihm gehören i. d. R. an: der Rektor (Präs.), sein (seine) Stellvertreter sowie gewählte Vertreter der versch. Mitgliedergruppen der Hochschule (Ordinarien; sonstige Dozenten; Studenten) entsprechend dem in der betreffenden Hochschulverfassung festgelegten Verhältnis. In Dtl. sind die Zuständigkeiten des S. im Hochschulrahmen-Ges. des Bundes geregelt; in Angelegenheiten der Forschung, Berufung und (weitgehend) der Lehre ist (nach Urteil des Bundesverfassungsgerichts) Drittelparität ausgeschlossen, den Professoren (Ordinarien), meist die Dekane der Fakultäten (bzw. Leiter der Fachbereiche), ist Stimmenmehrheit einzuräumen. Dem S. arbeiten gewählte Ständige Ausschüsse zu.

4) *Recht:* im *Staatsrecht* höchstes Regierungsorgan (mit der Bedeutung einer ›Landesregierung‹) in Bremen, Hamburg und (seit 1950) in Berlin (West) bzw. (seit 1991) in ganz Berlin. Während die Chefs der S. versch. Bezeichnungen führen (S.-Präsident, Erster Bürgermeister, Regierender Bürgermeister), werden die übrigen S.-Mitglieder **Senatoren** genannt.

Im *Verfassungsrecht* in einigen Staaten mit parlamentar. Zweikammersystem die erste Kammer des Parlaments, in Bundesstaaten die Kammer der gliedstaatl. Vertretung (Austral. Bund, USA), sonst zumeist die Kammer der Vertretung der Provinzen, Départements oder Regionen (Belgien, Frankreich, Italien, Kanada). In Dtl. gibt es nur in Bayern einen S. mit ständ. Zusammensetzung und beratender Funktion bei der Gesetzgebung. Im Volksentscheid vom 8. 2. 1998 wurde für dessen Abschaffung gestimmt.

Senạta, Großgruppe von Berberstämmen, →Zenata.

Senạtor *der, -s/... 'toren,* Mitglied eines →Senats.

Senạtus Populụsque Romạnus [lat. ›Senat und Volk von Rom‹], in der Abk. **SPQR, S. P. Q. R.** die offizielle Bez. der röm. Republik auf Feldzeichen, Gebäuden u. a.; sie betonte bes. fremden Völkern gegenüber das Zusammenwirken von Senat und Volk.

Senchus Már [-xus-; irisch ›große Überlieferung‹] *das, - -,* bruchstückhaft erhaltene irische Rechtstexte des 7. und 8. Jh., deren Kerne älteres, mündlich überliefertes ›fénechus‹ (›Irenrecht‹; Rechtsmaximen und -aphorismen in metr. oder rhythm. Form) bilden. In den Handschriften des 14. Jh. sind die wegen ihrer archaischen Formen sprachgeschichtlich bedeutsamen Traktate von Glossen und Kommentaren überwuchert. Themen der drei ›Drittel‹ (Bände) sind u. a. Pfändung, Bürgschaft, nichtelterl. Erziehung, Nachbarschaftsrecht. Da Irland bis zur Wikingerzeit von der Einwirkung fremder Völker und Institutionen frei blieb und die Rechtsschulen christl. Einflüsse abwehren, gibt das S. M. Aufschluss über ›indogerman.‹ Institutionen und Bräuche, z. B. Fasten als Zwangsmittel, sowie über die Sippengemeinschaft.

F. KELLY: A guide to early Irish law (Dublin 1988).

Sẹnckenbergische Naturforschende Gesellschaft, Abk. **SNG,** in Erinnerung an den Arzt und Stifter JOHANN CHRISTIAN SENCKENBERG (* 1707, † 1772) 1817 in Frankfurt am Main gegründete Gesellschaft. Die SNG ist Träger des Forschungsinstituts (mit den Forschungsstationen in Wilhelmshaven, Messel und Biebergemünd/Spessart) und des Naturmuseums Senckenberg. Neben den Forschungen über vergangene Epochen der Erdgeschichte, ihre Flora und Fauna, widmet das Institut breiten Raum der Erforschung des Lebens auf der Erde.

Send, kirchl. Rechtsgeschichte: →Sendgericht.

Sendai, Hauptstadt der Präfektur Miyagi, Japan, in der S.-Ebene auf Honshū, 928 000 Ew.; kath. Bischofssitz; wirtschaftl. und kulturelles Zentrum von N-Honshū; Tōhoku-Univ. (gegr. 1907), private Univ. (gegr. 1886), Stadt-, Kunst-, Wissenschafts- und Naturkundemuseum, archäolog. Sammlung; Nahrungsmittel-, Metall-, petrochem., Elektro-, Druckindustrie; Frühjahrs- und Augustfest mit Prozessionen. – Miyagi-Kunstmuseum (1981) von MAEKAWA KUNIO. 4 km nordwestlich liegt der Ōsaki-Hachimangū-Schrein, dessen Hauptgebäude (1607, Momoyamazeit) eine mausoleumsartige Architektur (wie der Tōshōgūschrein in Nikkō) aufweist. – Ehem. Burgstadt, 1602 erbaut, im Zweiten Weltkrieg vollständig zerstört. (BILD S. 58)

Sẹndak, Maurice Bernard, amerikan. Kinderbuchautor und Zeichner, * New York 10. 6. 1928; ver-

Send Sendeaufruf – Sendersuchlauf

öffentlichte zahlr., von ihm selbst illustrierte Bücher für Kinder, die Aufsehen erregten, weil in ihnen auf jede Verharmlosung kindl. Probleme verzichtet wird; internat. bekannt wurde u. a. sein Bilderbuch ›Where the wild things are‹ (1963; dt. ›Wo die wilden Kerle wohnen‹); S. gilt als einer der weltweit anerkanntesten Kinderbuchillustratoren.

Weitere Werke: Higglety pigglety pop! (1967; dt. Higgelti, Piggelti Pop!); Outside over there (1981; dt. Als Papa fort war); We are all in dumps with Jack and Guy (1993).

Sendai: Hauptbau des Ōsaki-Hachimangū-Schreins; 1607

Sende|aufruf, *Datenverarbeitung:* das →Polling.

Sendelbinde, nach dem Seidenstoff Zendel benannter langer Streifen, der seitlich von der turbanartigen Kopfbedeckung der Männer in der 1. Hälfte des 15. Jh. herabhing und um Kopf und Kinn gewickelt werden konnte.

Senden, 1) Stadt im Landkreis Neu-Ulm, Bayern, 500 m ü. M., an der Iller, 21 400 Ew. – S. wurde 1955 Markt und 1975 Stadt.
2) Gem. im Kreis Coesfeld, NRW, 57 m ü. M., im Münsterland am Dortmund-Ems-Kanal, 19 200 Ew.; Schiffs- und Marinemuseum; Betonwerk; Naturschutzgebiet ›Venner Moor‹. – Wasserschloss (15.–19. Jh.). Nordwestlich von S. die Herrenhäuser Groß- und Klein-Schonebeck (16. bis 18. Jh.).

Sendenhorst, Stadt im Kreis Warendorf, NRW, 70 m ü. M., im Münsterland, 12 500 Ew.; Rheuma-Fachklinik; Herstellung von Kunststoffprofilen, Metallverarbeitung und Kornbrennereien; Landwirtschaft. – Im Ortsteil Albersloh die kath. Pfarrkirche St. Ludgerus, eine spätroman. Hallenkirche. – Das um 900 erwähnte S. wurde nach Zerstörung 1323 planmäßig neu errichtet, das Stadtrecht 1490 bestätigt.

Sender, Gerät oder Anlage zur Aussendung von Schallwellen oder elektromagnet. Wellen zum Zweck der Nachrichtenübertragung oder Richtungsbestimmung. In der **Funktechnik** werden die S. mit Transistoren, für größere Leistungen auch mit Elektronenröhren (Röhrengeneratoren) betrieben. Ein S. erzeugt Hochfrequenzschwingungen, die mit der Nachricht moduliert und über eine Sendeantenne in Form von elektromagnet. Wellen abgestrahlt werden, um von einem Empfänger aufgenommen werden zu können.

Sender [sɛnˈdɛr], Ramón José, span. Schriftsteller, * Alcolea de Cinca (Prov. Huesca) 3. 2. 1901, † San Diego (Calif.) 15. 1. 1982. Jurastudium, dann Tätigkeit als Journalist; nahm am Span. Bürgerkrieg auf republikan. Seite teil; ab 1939 im Exil in Mexiko, ab 1942 in den USA (1946 naturalisiert), dort 1947–63 Prof. für span. Literatur. Sein umfangreiches, thematisch stark ineinander verkettetes Werk umfasst über 40 Romane, Biographien (u. a. über THERESIA VON ÁVILA, H. CORTÉS), Dramen, Essayistik und Lyrik. S. begann mit zeitkrit. Romanen (›Imán‹, 1930, gegen den Krieg in Marokko, dt.; ›Orden público‹, 1931, gegen Diktatur und Polizeistaat; ›Siete domingos rojos‹, 1932, Darstellung eines Streiks der Anarchisten) und wandte sich dann im Gefolge von R. PÉREZ GALDÓS und P. BAROJA dem histor. Roman zu (›Mr. Witt en el cantón‹, 1936). Die Erfahrung des Bürgerkriegs steht im Zentrum seiner bekanntesten Werke, der stark autobiograph. ›Crónica del alba‹ (9 Hefte, 1942–66), der Erzählungen ›Epitalamio del prieto Trinidad‹ (1942; dt. ›Die Brautnacht des schwarzen Trinidad‹) und ›Mosén Millán‹ (1953, 1961 u. d. T. ›Réquiem por un campesino español‹; dt. ›Requiem für einen span. Landmann‹) sowie des Romans ›El rey y la reina‹ (1949; dt. ›Der König und die Königin‹). In seinem stark verschlüsselten, z. T. sehr düsteren Spätwerk verbindet S. histor. Geschehen mit myth., mag. und fantast. Elementen, die die irrationalen, primitiv-gewalttätigen Wurzeln von Mensch und Gesellschaft offen legen (›Las criaturas saturnianas‹, 1968, Roman).

Ausgabe: Obra completa, 3 Bde. (1976–81).

C. L. KING: R. J. S. (New York 1974); E. WEITZDÖRFER: Die histor. Romane J. R. S.s (1983); Homenaje a R. J. S., hg. v. M. S. VÁSQUEZ (Newark, Del., 1987).

Sende|recht, das dem Urheber eines Werkes der Literatur, Wiss. oder Kunst zustehende Recht, sein Werk durch Funk (Ton- und Fernsehrundfunk, Satellitenrundfunk, Kabelfunk o. ä. techn. Mittel) der Öffentlichkeit zugänglich zu machen und es hierdurch urheberrechtlich zu verwerten (§ 15 Abs. 2 Nr. 2, § 20 Urheberrechts-Ges.; →Urheberrecht). Die Ausstrahlung von Funksendungen bedarf demnach der Zustimmung des Urhebers, während der Empfang der Sendung nicht dem S. unterliegt. Für die erneute Wiedergabe von Funksendungen bedarf es einer weiteren Genehmigung des Urhebers. Im Zuge der Harmonisierung des Rechts der EU-Mitgliedsstaaten wurden in das Urheberrechts-Ges. auch Bestimmungen zum S. für europ. Satellitensendungen und die Fälle der Kabelweitersendung aufgenommen (§§ 20 a, b Urheberrechts-Ges.).

Sender Freies Berlin, Abk. **SFB,** Rundfunkanstalt des öffentl. Rechts für das Land Berlin. Vorläufer waren die zunächst private, dann halbstaatl. ›Funkstunde AG Berlin‹ (gegr. 1923), der ›Reichssender Berlin‹ (1934–45) und das ›Funkhaus Berlin‹ (1946–53) des →Nordwestdeutschen Rundfunks; seit 1954 Mitgl. der ARD. Der SFB strahlt vier Hörfunkprogramme (z. T. gemeinsam mit dem Ostdt. Rundfunk Brandenburg) sowie das dritte Fernsehprogramm ›B 1‹ aus, trägt mit 5,5 % zum Gemeinschaftsprogramm des Ersten Dt. Fernsehens bei und ist an den Kulturprogrammen 3sat und ARTE beteiligt.

Sendero Luminoso [span.], dt. **Leuchtender Pfad,** peruan. Guerillaorganisation, gegr. um 1980 von dem Philosophie-Prof. ABIMAEL GUZMÁN (* 1934) im Zeichen radikaler maoist. Ideologie; gewann in den folgenden Jahren in den Andendörfern viele Anhänger (bis 1992 etwa 25 000), ist stark am Kokaanbau und -handel beteiligt. Ziel des S. L. ist die Weltrevolution, die mit terrorist. Mitteln erreicht werden soll. Der massive Einsatz des Militärs unter Präs. A. FUJIMORI, die Verhaftung GUZMÁNS 1992 schwächten zwar die Organisation, konnten sie aber nicht endgültig zerschlagen.

Sendersuchlauf, elektron. Schaltung in Funkempfängern (bes. in Autoradios), die einen bestimmten Frequenzbereich selbsttätig absucht und den Suchvorgang unterbricht, wenn ein Sender gefunden ist. Einer Kapazitätsdiode im Abstimmkreis des Empfängers wird eine allmählich steigende Abstimmspannung zugeführt. Dadurch ändert sich die Kapazität

SFB Sender Freies Berlin

Ramón José Sender

der Diode, und die Resonanzfrequenz des betroffenen Schwingkreises verschiebt sich über das für den Empfang von Rundfunksendern vorgesehene Frequenzband. Der Suchlauf wird abgebrochen, wenn die S.-Schaltung zu einer Frequenz gelangt, bei der die Eingangswechselspannung im Empfangskreis einen genügend hohen Wert erreicht (bei einem ›empfangswürdigen‹ Sender). Auf Tastendruck kann die Suche fortgesetzt werden. Der S. ist so erweiterbar, dass er wahlweise anspricht, z. B. nur auf Stereosendungen oder auf Sender mit Verkehrsfunk-Kennfrequenzen.

Sende Rud, Fluss in Iran, →Sajend-e Rud.

Sendgericht, Send, *kirchl. Rechtsgeschichte:* das kirchl. Sittengericht, das öffentl. Verstöße der Laien gegen kirchl. Gesetze erforschte und mit Kirchenbußen ahndete. Das S. war vorwiegend in Dtl. (bes. West-Dtl.) heimisch. Es entstand im 9. Jh. aus der bischöfl. Visitation; als Handbuch dienten die zwei Bücher ›De synodalibus causis et disciplinis ecclesiasticis‹ des REGINO VON PRÜM. Als seit dem 11. Jh. die Sendgewalt vom Bischof auf die Archidiakone und später auch auf die Pfarrer überging, erlebte das S. seine Hochblüte. Nachdem das Konzil von Trient den Bischöfen wieder die alleinige richterl. Gewalt zugesprochen hatte, verschwand es allmählich, obwohl es zunächst auch manche prot. Landesherren beibehielten. Seit Anfang des 19. Jh. gibt es das S. nicht mehr.

A. M. KOENIGER: Die S. in Dtl. (1907); Quellen zur Gesch. der S. in Dtl., hg. v. DEMS. (1910); G. SCHMITZ in: Ztschr. der Savigny-Stiftung für Rechtsgesch., Kanonist. Abt., Jg. 74 (1988).

Sendgrafen, die →Königsboten.

Sendschan, Stadt in Iran, →Sandjan.

Sendschirli [zin'dʒirli], Dorf und Ruinenstätte in der Türkei, →Zincirli.

Sendungsbewusstsein, die in einer Einzelperson, einer Nation oder einer weltanschaul. Gemeinschaft wirksame Überzeugung, dass die eigenen Wertvorstellungen, die eigene politisch-soziale Ordnung oder der im eigenen Raum ausgebildete Lebensstil auch für andere Menschen, Gruppen oder Völker verbindlich sei. S. ist vielfach ein konstitutiver Bestandteil einer Ideologie und eine starke Triebkraft krieger. Auseinandersetzungen; über ein starkes S. verfügen messian. Führergestalten.

Seit dem MA. waren die Machtansprüche der Kaiser von einem religiös und politisch beeinflussten S. motiviert. In der Neuzeit entwickelte sich dieses u. a. in Russland (die Idee des →Dritten Rom), England (die Ausdehnung des brit. Weltreiches als eine ›Bürde des weißen Mannes‹), Frankreich (die ›zivilisator. Mission‹ der frz. Kultur) und Dtl. (›am dt. Wesen soll die Welt genesen‹). In der Epoche des Imperialismus und Kolonialismus diente das S. den Kolonialmächten der Legitimation territorialer Expansion, wirtschaftl. Ausbeutung und kultureller Assimilation. Unter den Ideologien des 20. Jh. entwickelte bes. der Marxismus-Leninismus mit der Idee der Weltrevolution ein starkes S. (Hinführung der Menschheit in den Zustand einer klassenlosen Gesellschaft).

Sene, Volk in Westafrika, →Senufo.

Senebier [sən'bje], Jean, schweizer. Naturforscher, *Genf 6. 5. 1742, †ebd. 22. 7. 1809; ab 1765 kalvinist. Geistlicher, ab 1773 Oberbibliothekar in Genf. S. untersuchte bei Arbeiten zur Pflanzenphysiologie v. a. den Einfluss des Sonnenlichts auf die Pflanzen.

Seneca, nordamerikan. Indianerstamm im NO des USA (→Irokesen).

Seneca, 1) Lucius **Annaeus,** d. Ä., röm. Schriftsteller, *Corduba (heute Córdoba) um 55 v. Chr., † um 40 n. Chr., Vater von 2); verfasste gegen Ende seines Lebens ein nur in Auszügen erhaltenes Erinnerungsbuch an seinen Besuch der röm. Rhetorenschulen spätrepublikan. Zeit. Es umfasst 10 Bücher Gerichtsreden (›Controversiae‹) und ein Buch Beratungsreden (›Suasoriae‹) und vermittelt eine Vorstellung der Schulpraxis der ausgehenden Republik und der frühen Kaiserzeit.

Ausgaben: Scripta quae manserunt, hg. v. HERMANN J. MÜLLER (1887, Nachdr. 1963); Oratorum et rhetorum sententiae, divisiones, colores, hg. v. L. HÅKANSON (1989). – Declamations, übers. v. M. WINTERBOTTOM, 2 Bde. (1974).

L. A. SUSSMAN: The elder S. (Leiden 1978); J. FAIRWEATHER: S. the elder (Cambridge 1981).

2) Lucius **Annaeus,** d. J., röm. Dichter und philosoph. Schriftsteller, *Corduba (heute Córdoba) um 4 v. Chr., †(Selbstmord) Rom April 65 n. Chr., Sohn von 1). Sein Vater ermöglichte ihm in Rom eine rhetor. Ausbildung, während sein Interesse an der Philosophie vermutlich von seiner Mutter HELVIA gefördert wurde. Er beschritt in Rom die Ämterlaufbahn und gelangte zunächst als Advokat, Quästor und Senator zu hohem Ansehen. 41 n. Chr. verbannte ihn Kaiser CLAUDIUS nach Korsika; auf Betreiben von dessen Frau AGRIPPINA D. J. wurde er im Jahre 49 n. Chr. zurückgerufen und mit der Erziehung des Prinzen NERO beauftragt. 50 n. Chr. erfolgte seine Ernennung zum Prätor und 54 n. Chr. nach dem Regierungsantritt NEROS die zum Konsul. NERO ließ sich zunächst von S. führen, entzog sich jedoch nach der Ermordung seiner Mutter (59 n. Chr.) mehr und mehr dessen Einfluss. 62 n. Chr. verließ S. den Hof. 65 n. Chr. fälschlich der Teilnahme an der Pison. Verschwörung beschuldigt, wurde er von NERO zum Selbstmord gezwungen.

S.s Denken ist v. a. von der stoischen Philosophie bestimmt; dabei ging es ihm weniger um die systemat. Grundlegung einer Theorie als um die konkrete Lebensbewältigung mithilfe prakt. Philosophie: Das Ziel des Weisen liege darin, als Vernunftwesen in Entsprechung mit den Gesetzen der Natur zu leben. Auf diesem Weg, der allmählich von den alltägl. Dingen befreit, kann ein Leben glücklich werden und der Geist in Autarkie Ruhe und Gelassenheit (→Ataraxie, →Apathie) erlangen.

Von S. sind Schriften aus der Zeit von 40 bis 65 erhalten, zehn von ihnen vereint in der Sammlung der ›Dialogi‹; daneben stehen der Fürstenspiegel für den achtzehnjährigen NERO ›De clementia‹, 55), die sieben Bücher umfassende Schrift über Wohltaten (›De beneficiis‹) sowie die beiden Hauptwerke, die ›Epistulae morales ad Lucilium‹ und die ›Naturales quaestiones‹ (62–65). Die bissige Satire ›Apocolocyntosis‹ stellt S.s schonungslose Abrechnung mit Kaiser CLAUDIUS nach dessen Tod dar. In seinen an Grausamkeiten reichen Tragödien (u. a. ›Medea‹, ›Phaedra‹, ›Oedipus‹, ›Hercules‹), die bekannte Stoffe als Tragiker behandeln, will S. v. a. die verhängnisvolle Wirkung menschl. Leidenschaften vorführen und Verhaltensweisen der Seele in Grenzsituationen aufzeigen. Sicherlich ist die unter seinem Namen überlieferte →Praetexta ›Octavia‹, ein Trauerspiel über das Schicksal der Gattin NEROS. Die Tragödien S.s haben, obwohl sie Lesedramen waren, seit dem Humanismus die Entwicklung des abendländ. Schauspiels, bes. in Frankreich, stark beeinflusst. Seine Prosa gehörte bis zum 18. Jh. zu der am meisten gelesenen philosoph. Literatur. Während des MA. galt S. als Christ (ein fingierter Briefwechsel mit PAULUS ist erhalten).

Ausgaben: Lettres à Lucilius. Epistulae morales, hg. v. F. PRÉCHAC u. a., 5 Bde. ($^{1-4}$1958-91, lat. u. frz.); De clementia, hg. v. K. BÜCHNER (1970); Dialogues, hg. v. A. BOURGERY u. a., 4 Bde. ($^{5-7}$1970–75); Apocolocyntosis divi Claudii, hg. v. O. SCHÖNBERGER (1990). – Sämtl. Tragödien, hg. v. T. THOMANN, 2 Bde. ($^{1-2}$1969–78, lat. u. dt.); Philosoph. Schr., hg. v. M. ROSENBACH, 4 Bde. ($^{1-2}$1971–84).

K. ABEL: Bauformen in S.s Dialogen (1967); H. CANCIK: Unters. zu S.s Epistulae morales (1967); S.s Tragödien, hg. v. E. LEFÈVRE (1972); J. DINGEL: S. u. die Dichtung (1974); M. T.

Lucius Annaeus Seneca

Séné Sénéchaussée – Senegal

GRIFFIN: S. A philosopher in politics (Oxford 1976); P. GRIMAL: S. (a. d. Frz., 1978); V. SØRENSEN: S. Ein Humanist an Neros Hof (a. d. Dän., ²1985); O. ZWIERLEIN: Krit. Komm. zu den Tragödien S.s (1986); S. als Philosoph, hg. v. G. MAURACH (²1987); G. MAURACH: S. Leben u. Werk (1991); M. GIEBEL: S. (1997); M. FUHRMANN: S. u. Kaiser Nero (1997).

Sénéchaussée [seneʃoˈse], Verwaltungsbezirk des →Seneschalls.

Senecio [lat.], die Pflanzengattung →Greiskraut.

Senefelder, Alois, Erfinder der Lithographie, * Prag 6. 11. 1771, † München 26. 2. 1834; entdeckte bei Vervielfältigungsversuchen 1796–98, dass geschliffener Solnhofener Plattenkalk, mit Fettkreide oder -tusche beschrieben und mit saurer Gummiarabicumlösung geätzt, nur an den beschriebenen Stellen Druckfarbe annimmt. 1797 baute er eine Steindruckpresse, 1816 erfand er den →Zinkdruck, und 1817 entwickelte er eine kleine Handpresse, bei der Metallplatten anstelle des Steins vorgesehen waren.

Alois Senefelder

Senegal

Fläche 196 722 km²
Einwohner (1996) 8,5 Mio. Ew.
Hauptstadt Dakar
Amtssprache Französisch
Nationalfeiertag 4.4.
Währung 1 CFA-Franc = 100 Centimes (c)
Uhrzeit 11⁰⁰ Dakar = 12⁰⁰ MEZ

Staatswappen

Staatsflagge

SN Internationales Kfz-Kennzeichen

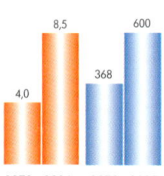

1970 1996 Bevölkerung (in Mio.): 4,0 / 8,5
1970 1995 Bruttosozialprodukt je Ew. (in US-$): 368 / 600
☐ Stadt ☐ Land

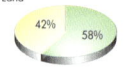

Bevölkerungsverteilung 1995: 42% / 58%

☐ Industrie ☐ Landwirtschaft ☐ Dienstleistung

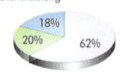

Bruttoinlandsprodukt 1995: 18% / 20% / 62%

Senegal, amtlich frz. **République du Sénégal** [repyˈblik dy seneˈgal], Staat in Westafrika, am Atlant. Ozean, grenzt im N und NO an Mauretanien, im O an Mali, im S an Guinea und Guinea-Bissau, 196 722 km², (1996) 8,5 Mio. Ew.; Hauptstadt ist Dakar, Amtssprache Französisch, Verkehrssprache Wolof. Währung: 1 CFA-Franc = 100 Centimes (c). Zeitzone: Westeurop. Zeit (11⁰⁰ Dakar = 12⁰⁰ MEZ).

STAAT · RECHT

Verfassung: Nach der Verf. vom 7. 3. 1963 (mehrfach, zuletzt 1992, revidiert) ist S. eine präsidiale Republik. Staatsoberhaupt, oberster Inhaber der Exekutivegewalt und Oberbefehlshaber der Streitkräfte ist der auf sieben Jahre direkt gewählte Präs. (einmalige Wiederwahl möglich). Er ernennt den Premier-Min. und kann den Ausnahmezustand ausrufen. Die Legislative liegt bei der Nationalversammlung, deren 120 für fünf Jahre gewählte Abg. je zur Hälfte nach dem Mehrheits- und dem Verhältniswahlsystem bestimmt werden. Seit 1992 existiert ein Verf.-Gericht. 1996 wurden per Ges. bestimmte zentralstaatl. Kompetenzen (z. B. Gesundheit, Bildung, Kultur, Raumordnung, Ökologie) auf die Regionen übertragen und damit eine Dezentralisierung eingeleitet.

Parteien: Im Rahmen des seit 1976 verfassungsrechtlich verankerten Mehrparteiensystems ist der sozialdemokratisch orientierte Parti Socialiste (PS, hervorgegangen 1976 aus der Union Progressiste Sénégalaise, UPS) stärkste polit. Kraft. Daneben spielen v. a. der liberaldemokrat. Parti Démocratique Sénégalais (PDS, gegr. 1974), die Ligue Démocratique-Mouvement pour le Parti du Travail (LD–MPT) und der Parti de l'Indépendance et du Travail (PIT) eine Rolle.

Wappen: Das Wappen zeigt in der roten Hälfte des Schildes einen Löwen, in der gelben einen Affenbrotbaum sowie einen grünen Wellenbalken, der den Senegalstrom symbolisiert. Um den Schild schlingt sich ein Kranz aus silbernen Palmzweigen, die durch ein Band mit dem Wahlspruch ›Un peuple, un but, une foi‹ ›ein Volk, ein Ziel, ein Glaube‹ zusammengehalten werden. In der Mitte des Schild hängt an einem grünen Band das Abzeichen des senegales. Nationalordens.

Nationalfeiertag: Nationalfeiertag ist der 4. 4., der an die Gründung der Föderation Mali 1959 erinnert.

Verwaltung: Gliederung in zehn Regionen (jeweils verwaltet von einem ernannten Gouv. und einer gewählten Regionalversammlung), die in 30 Départements und 99 Arrondissements untergliedert sind.

Recht: Das Recht entstammt zum einen den traditionellen, zunehmend islamisch geprägten Bräuchen, zum anderen dem frz. Kolonialrecht. Nach der Unabhängigkeit (1960) sind viele Rechtsbereiche vereinheitlichend neu kodifiziert worden, insbesondere Zivil- und Handelsgesetzbuch (1963–85), Bodenrecht (1964), Strafgesetzbuch (1965), Familiengesetzbuch einschließlich Personen- und Erbrecht (1972). Das Handels- und Wirtschaftsrecht soll zw. den frz.-sprachigen Ländern harmonisiert werden. – Für Familiensachen sowie kleinere Zivil-, Handels- und Strafsachen sind Départementsgerichte zuständig, im Übrigen Regionsgerichte, diese außerdem allgemein für Verwaltungs- und Steuersachen. Daneben bestehen Arbeits- und Schwurgerichte, darüber ein Oberlandesgericht, an der Spitze Kassationshof für Revisionen, Staatsrat für bestimmte Verwaltungssachen und Verfassungsrat für die Verfassungsprüfung von Gesetzen und Staatsverträgen.

Streitkräfte: Die Gesamtstärke der Wehrpflichtarmee (Dienstzeit zwei Jahre; selektiv gehandhabt) beträgt rd. 13 400, die der paramilitär. Einheiten (u. a. Gendarmerie) etwa 5 000 Mann. Beim Heer, hauptsächlich in sechs Infanteriebataillone und ein gepanzertes Bataillon gegliedert, dienen rd. 12 000, bei Luftwaffe und Marine je etwa 700 Soldaten. Die Ausrüstung umfasst neben etwa 100 leichten Panzern und gepanzerten Fahrzeugen, einigen Kampfflugzeugen und Patrouillenbooten im Wesentlichen leichte Waffen. Frankreich hat etwa 1 500 Soldaten in S. stationiert.

LANDESNATUR · BEVÖLKERUNG

S. liegt in der Sudan- und (im N und NO) in der Sahelzone. Es umfasst den Großteil des Küstentieflandes an den Flüssen Senegal und Gambia, eine Aufschüttungsebene mariner und terrestr. Sedimente, die landeinwärts bis 40 m ü. M. ansteigt. Im SO (bis 400 m ü. M.) reichen Ausläufer des Tafelgebirgslandes Fouta-Djalon nach S. hinein. Die 500 km lange Küste ist flach und z. T. versumpft, nordöstlich des →Kap Verde auch dünenbesetzt, lediglich am Kap Verde ist eine Steilküste ausgebildet (Gesteine des tertiären und quartären Vulkanismus). Der Djoudj-Nationalpark (160 km², v. a. Vogelschutzgebiet) im Deltagebiet des Senegal und der Niokolo-Koba-Nationalpark (8 500 km², Elefanten, Büffel, Antilopen u. a. afrikan. Großtiere) an der oberen Casamance wurden von der UNESCO zum Weltnaturerbe erklärt.

Klima: Der S hat randtrop. Klima mit einer Regenzeit von April bis November, der N Trockenklima mit einer Regenzeit von Ende Juli bis Oktober. Die Jahresniederschlagsmenge sinkt von 1 200 mm im SW auf 300 mm im N. Die mittleren Januartemperaturen liegen zw. 22 °C im NW und 24 °C im O, die mittleren Maitemperaturen zw. 28 °C an der Küste und 34 °C im NO. Die relative Luftfeuchtigkeit beträgt an der Küste im Januar 50 %, im August 75 %, im O dagegen im Januar 20 %, im August 65 %.

Vegetation: In der Region Casamance (südlich von Gambia) wächst Feuchtwald, weiter nördlich folgt Feuchtsavanne mit dem Afrikan. Affenbrotbaum (Nationalsymbol S.s), anschließend Trockensavanne und im äußersten N Dornstrauchsavanne.

Bevölkerung: Die größte ethn. Gruppe sind die Wolof (43 %, im NW); ihre Sprache ist als Verkehrsspra-

Größte Städte (Ew. 1994)			
Dakar	1 869 300	Ziguinchor	161 700
Thiès	216 400	Rufisque	138 800
Kaolack	193 100	Saint-Louis	132 500

che (auch als Unterrichtssprache) bedeutend und wird von 70% der Bev. gesprochen. Sie gehört wie die der Serer (15%, im zentralen W) und die der Diola (5%) zur Gruppe der Westatlant. Klassensprachen. Die Tukulor (9%) leben neben halbnomad. Mauren und Soninke am Senegal, nomad. und halbsesshafte Fulbe (14%) in den Trockengebieten. Unter den etwa 350 000 Ausländern befinden sich v.a. Kapverdier, Libanesen, Syrer, Mauretanier und Franzosen. Am dichtesten besiedelt ist die Halbinsel Kap Verde mit der Hauptstadt und der daran anschließende mittlere W. Im Großraum Dakar (einschließlich Rufisque) leben 23% der Bev.; die Ostregion ist dünn besiedelt. Der Anteil der städt. Bev. beträgt 42% und nimmt ständig zu. Das durchschnittliche jährl. Bev.-Wachstum beträgt (1985–95) 2,8%. Etwa 200 000 Senegalesen leben im Ausland, die meisten in Frankreich.

Religion: Es besteht Religionsfreiheit. Dominierend ist der Islam, in S. traditionell stark durch sufit. Bruderschaften (Tidjaniten, Mouriden, Quadiriten) geprägt. Über 90% der Bev. sind sunnit. Muslime der malikit. Rechtsschule. Mit →Touba befindet sich einer der bedeutendsten Wallfahrtsorte der schwarzafrikan. Muslime in S. – Rd. 4,6% der Bev. gehören der kath. Kirche an (Erzbistum Dakar mit fünf Suffraganbistümern), die damit fast alle Christen in S. (rd. 4,7%) umfasst. – Die Zahl der Anhänger traditioneller afrikan. Religionen ist durch die islam. Mission im Abnehmen begriffen und beträgt maximal noch 3% der Bev. Eine weitere religiöse Minderheit bilden die Bahais.

Bildungswesen: Neben Französisch ist auch Wolof Unterrichtssprache. Trotz allgemeiner Schulpflicht zw. dem siebten und dreizehnten Lebensjahr besuchen nur 58% der Kinder die Schule. 16% der Primarschulabsolventen traten in die vier- oder sechsjährigen allgemein bildenden Sekundarschulen über. Die Analphabetenquote liegt bei etwa 67%. S. besitzt je eine Univ. in Dakar (gegr. 1949, Univ. seit 1957) und in Saint-Louis (gegr. 1990).

Publizistik: Trotz verfassungsrechtlich garantierter Freiheit stehen oppositionelle Medien, bes. der polit. Linken und des Islamismus, unter staatl. Druck. Folgende Tageszeitungen erscheinen: ›Le Soleil‹ (Organ des PS; Auflage rd. 45 000), ›Sud au Quotidien‹ (unabhängig; 30 000), ›Wal Fadjiri‹ (islamisch; 15 000) und ›Réveil de l'Afrique Noire‹ (gegr. 1986). Neben der staatl. Nachrichtenagentur ›Agence de Presse Sénégalaise‹ (APS, gegr. 1959) befindet sich in Dakar die ›Pan-African News Agency‹ (PANA; gegr. 1979, 1992/93 umstrukturiert), die 38 afrikan. Staaten mit Nachrichten versorgt. Die staatl. ›Société Nationale de Radiodiffusion Télévision Sénégalaise‹ (RTS) betreibt in Kooperation mit ›Radio France Internationale‹ (RFI) zwei Hörfunksender; 1994 wurde der kommerzielle Sender ›Sud FM‹ gegründet. Fernsehprogramme werden von der privaten Fernsehanstalt ›Canal Horizons Sénégal‹, an der RTS zu 18,8% beteiligt ist, sowie über Satellit von TV 5 Afrique (betrieben vom frz. Sender TV 5) verbreitet. Der 1991 gegründete ›Haut Conseil de la Radio Télévision‹ soll für mehr Pluralität in den bislang vom PS beherrschten elektron. Medien sorgen.

Klimadaten von Dakar (25 m ü. M.)

Monat	Mittleres tägl. Temperaturmaximum in °C	Mittlere Niederschlagsmenge in mm	Mittlere Anzahl der Tage mit Niederschlag	Mittlere tägl. Sonnenscheindauer in Stunden	Relative Luftfeuchtigkeit nachmittags in %
I	25	0,1	0,1	7,9	56
II	24,5	2	0,4	8,5	61
III	25	0,2	0,1	9,6	63
IV	25	0,1	0,1	10,1	67
V	26,5	0,1	0,1	9,7	69
VI	29	15	2,4	8,4	69
VII	30	88	8,9	7,1	72
VIII	30	249	15,3	5,9	75
IX	30,5	163	12,6	7,7	75
X	30	49	4,3	8,2	72
XI	29	5	0,8	8,6	62
XII	26,5	6	0,4	7,7	52
I–XII	27,5	578	45,5	8,3	66

WIRTSCHAFT · VERKEHR

Die ökonom. Grundlagen S.s sind Landwirtschaft, Fischerei und Tourismus. Gemessen am Bruttosozialprodukt je Ew. von (1995) 600 US-$ gehört S. zu den Ländern mit niedrigem Einkommen. Ein Hauptziel der Wirtschaftspolitik ist die Unabhängigkeit von Nahrungsmittelimporten (1993: 573 000 t, v.a. Getreide).

Landwirtschaft: Im Agrarsektor (einschließlich Forstwirtschaft und Fischerei) erwirtschaften (1995) 74% der Erwerbstätigen 20% des Bruttoinlandsprodukts (BIP). Landwirtschaftlich genutzt werden 5,45 Mio. ha, davon sind 2,35 Mio. ha als Ackerland und 3,1 Mio. ha als Dauergrünland ausgewiesen. Durch Dürreperioden wird die landwirtschaftl. Produktion stark beeinträchtigt. Wichtig für den Export sind Erdnuss- (Erntemenge 1994: 606 000 t; weltweit 6. Rang) und Baumwollanbau. An Grundnahrungsmitteln werden v.a. Hirse, Reis, Mais und Gemüse angebaut. Viehhaltung wird v.a. von Nomaden im N des Landes betrieben (Viehbestände 1995: 2,9 Mio. Rinder, 4,8 Mio. Schafe, 3,3 Mio. Ziegen).

Forstwirtschaft: Als Wald werden (1991) 10,5 Mio. ha ausgewiesen; 86% des Holzeinschlags (1994: 5 Mio. m^3) dienen als Brennholz.

Fischerei: Die Gewässer vor der senegales. Küste sind sehr fischreich. Seit Mitte der 80er-Jahre sind Fisch und Fischprodukte die wichtigsten Exportgüter. Rd. 55% der Fangmenge von (1994) 388 000 t sind Sardinen. Jedoch reduzieren ausländ. Fischereiflotten die Fischgründe S.s erheblich.

Bodenschätze: Abgebaut werden Vorkommen an Calciumphosphat (seit 1960) und Aluminiumphos-

Senegal: Übersichtskarte

phat (1994: 1,7 Mio. t Phosphate), ferner werden Meersalz und Bleicherde gewonnen. Im äußersten SO sind große Eisenerzvorkommen nachgewiesen, im äußersten O Kupfererzvorkommen, im Offshorebereich der Region Casamance Erdöl.

Industrie: Der Anteil des industriellen Sektors (einschließlich Bergbau, Energiewirtschaft und Baugewerbe) am BIP liegt bei 18%. Industrielle Zentren sind die Hauptstadt Dakar und das 60 km östlich gelegene Thiès. Die wichtigsten Industriezweige sind Nahrungsmittelindustrie (Fischverarbeitung, Ölmühlen zur Weiterverarbeitung von Erdnüssen), Textilindustrie (einschließlich Baumwollentkernung), Metallverarbeitung und chem. Industrie. In Dakar wird importiertes Erdöl verarbeitet.

Tourismus: Landschaftlich reizvolle Küsten mit schönen Stränden, fünf Nationalparks und andere Sehenswürdigkeiten zogen 1995 über 387 000 ausländ. Gäste nach S., davon 50% aus Frankreich.

Außenwirtschaft: Die Außenhandelsbilanz ist seit 1970 negativ (Einfuhrwert 1995: 704 Mio. US-$, Ausfuhrwert: 340 Mio. US-$). Exportiert werden v. a. Fisch und Fischprodukte (1994: 26% der Gesamtausfuhr), Erdnüsse und Erdnussprodukte (16%), chem. Erzeugnisse, Phosphate und Erdölprodukte. Haupthandelspartner sind die frühere Kolonialmacht Frankreich (30% des Außenhandelsvolumens), Italien und Nigeria. Der Schuldendienst für die (1995) 3,8 Mrd. US-$ Auslandsschulden beansprucht 18,7% der Exporterlöse.

Verkehr: S. ist ein wichtiger Verkehrsknotenpunkt Afrikas. Zu den Nachbarstaaten bestehen gute Straßen- und Flugverbindungen. Hauptachsen des (1993) 1225 km langen Eisenbahnnetzes sind die von S nach N verlaufende Linie Dakar–Saint-Louis und die West-Ost-Verbindung Dakar–Kidira, die nach Bamako (Mali) und nach Niger weiterführt. Hauptverkehrsträger ist die Straße, ein Drittel des (1995) 14 580 km langen Straßennetzes, dessen Knotenpunkt Dakar bildet, ist asphaltiert; der dünn besiedelte NO ist nur wenig erschlossen. Die Flüsse Senegal, Saloum und Casamance werden z. T. als Binnenwasserstraßen genutzt. Dakar hat nach Abidjan (Elfenbeinküste) den zweitgrößten Hafen Westafrikas (Güterumschlag 1994: 6 Mio. t). Fast der gesamte Außenhandel S.s und Mauretaniens wird hier abgewickelt. Der internat. Flughafen Dakar-Yoff ist eine Drehscheibe des Luftverkehrs zw. Europa und Südamerika sowie zw. Afrika und Nordamerika. Die nat. Fluggesellschaft Air Sénégal fliegt zahlr. inländ. Orte an. S. ist an der Luftverkehrsgesellschaft Air Afrique beteiligt.

GESCHICHTE

Seit urgeschichtl. Zeit besiedelt, stand das Gebiet des heutigen S. seit dem 9. Jh. v. a. im Einflussbereich der Tukulor, Wolof und Fulbe sowie der Reiche Gana und Mali. An der wahrscheinlich schon im Altertum von phönik. Seefahrern besuchten Mündung des Senegal setzten sich ab 1446 Portugiesen fest, im 16. Jh. gefolgt von Niederländern, an die die port. Besitzungen verloren gingen. Seit dem 17. Jh. ließen sich Franzosen in diesem Gebiet nieder (1659 Gründung von Saint-Louis, später Eroberung von Rufisque und der Insel Gorée). Bis 1854 hatten sie ihren Einfluss so weit gestärkt, dass sie die Kolonie S. ausrufen konnten. Unter Gouv. L. L. C. FAIDHERBE dehnte sich bis 1865 die frz. Herrschaft flussaufwärts aus; wirtschaftl. Schwerpunkt wurde das 1857 gegründete Dakar. 1879–90 war die Eroberung S.s in seinen heutigen Grenzen vollendet, 1895 wurde die Kolonie S. Teil von →Französisch-Westafrika. 1848–51 und ab 1871 entsandte die Kolonie einen Abg. in die frz. Nationalversammlung; 1904 erhielt sie eine eigene Verwaltung.

1920 wurde ein Kolonialrat mit einigen legislativen Befugnissen eingerichtet. Im Zweiten Weltkrieg blieb die Kolonialverwaltung bis 1943 gegenüber der Vichy-Reg. loyal. 1946 bekam S. den Status eines frz. Überseeterritoriums; 1957 gewährte Frankreich die innere Autonomie. 1958 wurde S. autonome Rep. innerhalb der →Französischen Gemeinschaft. 1959 verband sich Senegal mit Frz.-Sudan zur Föderation Mali, die am 20. 6. 1960 die Unabhängigkeit erhielt, jedoch am 20. 8. 1960 auseinander brach. Am 5. 9. 1960 wurde S. eine unabhängige Rep. unter Präs. L. S. SENGHOR.

Führende polit. Kraft in S. war seit 1958 die ›Union Progressiste Sénégalaise‹ (UPS). Programmat. Spannungen zw. Staatspräs. SENGHOR, zugleich Gen.-Sekr. der UPS, und Premier-Min. MAMADOU DIA (* 1910) erreichten im Dezember 1962 einen Höhepunkt. Während SENGHOR unter dem Leitgedanken eines ›demokrat. afrikan. Sozialismus‹ Traditionen der afrikan. Kultur und Geschichte mit einem modernen Gesellschaftskonzept verbinden wollte, hatte sich DIA stark sozialist. Positionen nach dem Vorbild der kommunist. Staaten genähert. Nach einem Staatsstreichversuch wurde DIA abgesetzt und verhaftet (1974 aus der Haft entlassen). SENGHOR, 1962–70 auch Premier-Min., wandelte S. 1966 auf der Basis der UPS in einen Einparteienstaat um, in dem jedoch bürgerl. Freiheiten in Ansätzen erhalten blieben. Zeichen für eine allmähl. Rückkehr zum demokrat. Pluralismus war die Zulassung weiterer Parteien seit 1974, so des ›Parti Démocratique Sénégalais‹ (PDS) unter Gen.-Sekr. ABOULAYE WADE (* 1926). 1976 benannte sich die UPS in ›Parti Socialiste‹ (PS) um. Außenpolitisch lehnte sich S. unter SENGHOR eng an Frankreich an.

Nach viermaliger Wiederwahl (1963, 1968, 1973, 1978) trat SENGHOR 1980 als Staatspräs. zurück; sein Nachfolger wurde der ehem. Premier-Min. ABDOU DIOUF. Als Staatspräs. (1983, 1988 und 1993 wiedergewählt), 1983–91 zugleich als Premier-Min., suchte DIOUF mit der ungehinderten Zulassung von Parteien, einem Dialog mit oppositionellen Kräften und der Reform des Genossenschaftswesens eine neue innenpolit. Entwicklung einzuleiten. Außenpolitisch bemühte er sich um verbesserte Beziehungen zu kommunist. Staaten Afrikas (u. a. Angola, Äthiopien). Nachdem senegales. Truppen 1981 einen Putschversuch in Gambia auf Bitten des gamb. Staatspräs. DAWDA KAIRABA JAWARA (* 1924) niedergeschlagen hatten, bildeten S. und Gambia 1982 die Konföderation →Senegambia, die jedoch 1989 einvernehmlich aufgelöst wurde. Vor dem Hintergrund wirtschaftl. und sozialer Spannungen kam es 1989 im Grenzbereich von S. und Mauretanien zu Pogromen, in deren Verlauf Schwarzafrikaner aus Mauretanien und Mauren aus S. vertrieben wurden. In dem seit Beginn der 1980er-Jahre latent andauernden, auch ethnisch fundierten Konflikt um die Unabhängigkeit der Südprovinz Casamance kam es seit 1990 wiederholt zu blutigen Auseinandersetzungen zw. Reg.-Truppen und der Rebellenbewegung MFDC (Mouvement des Forces Démocratiques de Casamance).

H. LÖSER: Wanderarbeit u. soziale Mobilisierung. Das Beispiel des S. (1979); Atlas du Sénégal, bearb. v. P. PÉLISSIER u. a. (Paris 1980); C. COULON: Le marabout et le prince (ebd. 1981); M. WEICKER: Die Beziehungen zw. Nomaden u. Bauern im senegales. Sahel (1982); K. ZIEMER: Demokratisierung in Westafrika? (1984); F. FATTON JR.: The making of a liberal democracy (London 1987); F. ZUCCARELLI: La vie politique sénégalaise 1789–1940 (Paris 1987); DERS.: La vie politique sénégalaise 1940–1988 (ebd. 1988); P. FRANKENBERG u. D. ANHUF: Zeitl. Vegetations- u. Klimawandel im südl. S. (1989); T. KRINGS: Sahel. S., Mauretanien, Mali, Niger (³1990); R. SEESEMANN: Ahmadu Bamba u. die Entstehung der Muridiya (1993); A. WODTCKE: S., Gambia (1993); A. F. CLARK u. L. C. PHILLIPS: Historical dictionary of S. (Metuchen, N. J.,

²1994); B. Wiese: S. Gambia. Länder der Sahel-Sudan-Zone (1995); A. Adams u. J. So: A claim to land by the river. A household in S. 1720–1994 (Oxford 1996).

Senegal *der,* frz. **Sénégal** [seneˈgal], Fluss in Westafrika, einschließlich des linken Quellflusses **Bafing** 1430 km lang. Dieser vereinigt sich mit dem **Bakoye** (beide entspringen im Fouta-Djalon in Guinea) bei Bafoulabé in Mali. Der S., von da ab 1050 km lang, bildet nach der Einmündung des Falémé die Grenze zw. Mauretanien und Senegal und mündet (ab Dagana, 260 km flussaufwärts, mehrere Arme bildend) bei Saint-Louis in den Atlantik. Der S. ist ab Bakel ein Tieflandfluss, der bereits bei Kayes (925 km flussaufwärts) nur 38 m ü. M. fließt, die Gezeiten sind deshalb 440 km landeinwärts bemerkbar. Schiffbar ist der S. ab Kayes nur bei Hochwasser (August–Oktober), ab Matam (625 km flussaufwärts) von Juli bis Dezember, ab Podor (270 km flussaufwärts) ganzjährig. Sein Becken ist ein wichtiges Landwirtschaftsgebiet. Zur wirtschaftl. Entwicklung des S.-Gebiets haben Senegal, Mauretanien und Mali die OMVS (Organisation pour la Mise en Valeur du Fleuve Sénégal; Sitz: Dakar) gegründet (Guinea hat Beobachterstatus). Zwei Staudämme sind inzwischen fertig gestellt: Der Diamadam 30 km vor der Mündung verhindert das Eindringen des Meerwassers ins Delta. Der 68 m hohe Staudamm (Kraftwerk mit 60–70 MW im Bau) im Bafing bei Manantali (Mali) soll der Wasserregulierung zur ganzjährigen Schiffbarkeit des S. bis Kayes und der Energiegewinnung dienen sowie die Bewässerung von 375 000 ha Land ermöglichen. Im Deltagebiet liegt der Djoudj-Nationalpark (Vogelschutzgebiet; UNESCO-Weltnaturerbe).

W. Reichhold: Der S.-Strom, Lebensader dreier Nationen (1978).

Senegambia, vom 1. 2. 1982 bis 23. 8. 1989 bestehende Konföderation zw. →Gambia und →Senegal. Beide Staaten behielten trotz gemeinsamer Institutionen (u. a. Parlament) formal ihre Souveränität, verfolgten aber gemeinsame Ziele in Wirtschaft, Außenpolitik, Verteidigung und Bildung. Präs. der einvernehmlich aufgelösten Konföderation war der senegales. Staatspräs. A. Diouf.

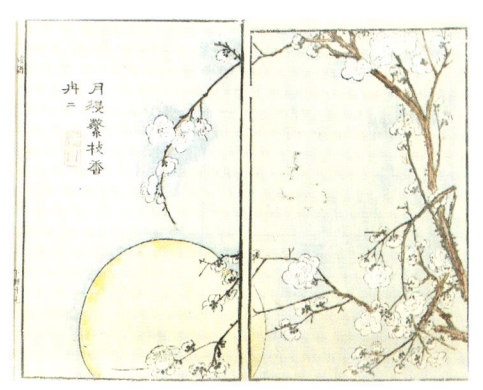

Seneschall [ahd. senescalh, eigtl. ›Altknecht‹, zu lat. senex ›alt‹ und ahd. scalc ›Diener‹] *der, -s/-s,* **Seneschalk,** frz. **Sénéchal** [seneˈʃal], an den fränk. Königshöfen der Merowingerzeit ein Beamter mit urspr. gleichen Funktionen wie Hausmeier und Truchsess, seit dem Ende des 7. Jh. unter den Hausmeiern für die Verpflegung des Hofes (die königl. Tafel) zuständig. Im Ostfränk. Reich wurde für dieses Amt der Begriff →Truchsess üblich, in Frankreich stieg der S. unter den Kapetingern zum mächtigsten Kronbeamten auf, der auch gerichtl. Befugnisse hatte. Seit 1194 wurde dieses Amt nicht mehr besetzt; der S. blieb der Verwalter einer **Sénéchaussée,** eines königl. Verwaltungsbezirks in S-Frankreich, der dem nordfrz. Baillage (→Bailli) entsprach.

Literatur →Bailli.

Senestrey [-stre], Ignatius von, kath. Bischof von Regensburg (seit 1858), * Bärnau 13. 7. 1818, † Regensburg 16. 8. 1906; war neben H. E. Manning der Hauptbefürworter des Dogmas der päpstl. Unfehlbarkeit auf dem 1. Vatikan. Konzil.

Ausgabe: Wie es zur Definition der päpstl. Unfehlbarkeit kam. Tageb. vom 1. Vatikan. Konzil, hg. v. K. Schatz (1977).

P. Mai, in: Die Bischöfe der dt.-sprachigen Länder. 1785/1803 bis 1945, hg. v. E. Gatz (1983).

Seneszenz [zu lat. senescere ›alt werden‹] *die, -,* durch das →Altern bedingter körperl. und geistiger Leistungsverfall.

Seneziose, die →Schweinsberger Krankheit.

Senf [ahd. senef, über lat. sinapi(s) von gleichbedeutend griech. sinapi], **1) Sinapis,** Gattung der Kreuzblütler mit etwa zehn Arten in Europa und im Mittelmeerraum; einjährige oder ausdauernde Kräuter mit ungeteilten oder leierförmig-fiederspaltigen bis fiederteiligen Blättern und meist gelben Blüten. Bekannte Arten sind: **Acker-S.** (Sinapis arvensis), bis 80 cm hoch, gelb blühend; v. a. auf Äckern, Schuttplätzen und an Wegrändern; **Weißer S.** (Sinapis alba), 30–60 cm hoch; häufig verwilderte Kulturpflanze, deren kugelrunde, etwa 2 mm große, weißlich bis gelb gefärbte Samen (S.-Körner, mit dem darin enthaltenen Senfölglykosid Sinalbin) als Gewürz und zur Herstellung von Tafel-S. verwendet werden. – Im Altertum scheinen S.-Samen zunächst als Gewürz, später auch als Heilmittel verwendet worden zu sein. Das erste Rezept zur Bereitung von Speise-S. stammt von Columella. Im MA. breitete sich der S.-Pflanzenanbau über arab. Pflanzungen in Spanien und Westund Mitteleuropa aus. Die aus gemahlenen S.-Körnern und Essig hergestellte Würzpaste (**Tafel-S.,** je nach Zutaten süß bis sehr scharf) wird regional auch **Mostrich** genannt.

2) allg. Bez. für einige Arten der Gattung Kohl (Brassica), z. B. →Schwarzer Senf, →Indischer Senf, aus deren Samen Tafel- und Speise-S. hergestellt wird.

Senfgas, der chem. Kampfstoff →Lost.

Senfgurken, in Essig mit Senfkörnern, Zucker, Salz und Kräutern eingekochte Gurkenstücke.

Senfklapper, Pillenbaum, Spinnenblume, Cleome, Gattung der Kapernstrauchgewächse mit etwa 150 Arten in den trop. und warmgemäßigten Gebieten; einjährige Kräuter oder Halbsträucher mit einfachen Blättern und weißen, gelben oder purpurfarbenen Blüten in Trauben oder einzeln stehend; schotenartige Kapselfrüchte. Die nierenförmigen Samen bleiben nach dem Abfallen der Fruchtklappen am Rahmen und werden z. T. wie Senfsamen verwendet. Die bekannteste Art ist die 1,2 m hohe **Spinnenpflanze** (Cleome spinosa) im trop. und subtrop. Amerika; mit weicher, klebriger Behaarung und zahlr. lang gestielten, purpur-, rosafarbenen oder weißen Blüten; beliebte, in vielen Sorten kultivierte Gartenzierpflanze.

Senfkohl, der →Schwarze Senf.

Senfkorngarten, eines der frühesten chin. Lehrbücher der Malerei mit Farbdrucken. Der S. ist eine von Wang Gai (tätig etwa zw. 1677 und 1705) und seinen Brüdern zusammengestellte Sammlung klass. Maltheorien aller Zeiten mit Bildvorlagen und Erklärungen der Maltechniken. Drei Folgen: Architektur- und Landschaftsmalerei (1679), Pflanzen- und Vogelmalerei (beide 1701).

Ausgaben: Blumen aus dem S., übers. v. R. Goepper (1960); Der S., übers. v. Yang En-Lin (1966); Der S., hg. v. H. Daucher, 2 Bde. (1987).

Senf 1): Ackersenf (Höhe bis 80 cm)

Senfklapper: Spinnenpflanze (Höhe bis 1,2 m)

Senfkorngarten: Holzschnitt aus dem Senfkorngarten; Ende des 17. Jh.

Senf Senfl – Senghor

Ludwig Senfl

Senfl, Senfli, Sennfl, Ludwig, dt.-schweizer. Komponist, *Basel um 1486, †München zw. dem 2. 12. 1542 und dem 10. 8. 1543; kam um 1496 in die Hofkapelle Kaiser MAXIMILIANS I., war dort Sänger, später Notist und nach dem Tod seines Lehrers H. ISAAC (1517) dessen Nachfolger als Hofkomponist. Nach dem Tod MAXIMILIANS trat er 1523 in die Münchner Hofkapelle Herzog WILHELMS IV. ein, die durch ihn hohes Ansehen gewann und der er bis zu seinem Tode angehörte. – Wichtigster Vertreter der dt. Vokalpolyphonie in der 1. Hälfte des 16. Jh. Er schrieb etwa 240 geistl. lat. Motetten, die die ihm von ISAAC vermittelte frankofläm. Tradition weiterführen, sieben Messen und etwa 250 mehrstimmige dt. Lieder, die einen großen Reichtum an Formen und Inhalten zeigen und in Sammeldrucken überliefert sind.

Ausgabe: Sämtl. Werke, auf zahlr. Bde. ber. (1937ff., Nachdr. 1962, Bd. 1–4).

T. KROYER: L. S. u. sein Motettenstil (1902); W. SEIDEL: Die Lieder L. S.s (Bern 1969).

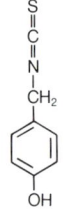

Senf|öle, 1) *Chemie:* äther. Öle mit stechendem Geruch und scharfem, senfähnl. Geschmack; chemisch Isothiocyanate (Ester der Isothiocyansäure, →Thiocyansäure) mit der allgemeinen Formel R–N=C=S (R organ. Rest). S. entstehen bei der enzymat. Spaltung von schwefelhaltigen Glykosiden (Glucosinolaten), die in vielen Kreuzblütlern v. a. der Gattungen Senf (z. B. im Weißen Senf) und Kohl (u. a. im Schwarzen Senf und im Raps) sowie auch in Kaperngewächsen vorkommen. Bei der Spaltung des im Schwarzen Senf enthaltenen Glykosids Sinigrin entsteht z. B. das Allylisothiocyanat (Allylsenföl).

2) *Lebensmittel:* fette Öle, die aus den Samen des Schwarzen und des Weißen Senfs durch Pressen gewonnen werden; enthalten Öl-, Linol-, Linolen- und Erucasäure; werden ähnlich wie Rüböl und als Speiseöle verwendet.

p-Hydroxybenzyl-isothiocyanat (p-Hydroxybenzyl-senföl)

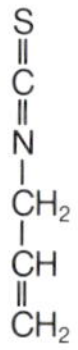

Allylisothiocyanat (Allylsenföl)

Senföle 1)

Senftenberg, sorbisch **Zły Komorow** [cʉy komɔˈrɔf], Kreisstadt des Landkreises Oberspreewald-Lausitz, Bbg., 100 m ü. M., südlich des Lausitzer Grenzwalls, an der Schwarzen Elster, nahe der Grenze zu Sa., 27 500 Ew.; FH ›Lausitz‹, Kreismuseum (im Schloss), Theater; Mittelpunkt des im Strukturwandel begriffenen Niederlausitzer Braunkohlengebiets, Sitz der Hauptverwaltung der Lausitzer Braunkohle AG (Laubag) mit Braunkohlenabbau (Tagebau; auch in Sachsen) und -verarbeitung (Brikettfabriken); Eisenbahnknoten (großer Güterbahnhof). Am südl. Stadtrand entstand 1965–74 in einem ehem. Tagebau das Hochwasserrückhaltebecken Niemtsch (17,8 km^2, davon 5,3 km^2 Inselfläche mit 3 km^2 großem Vogelschutzgebiet), heute **Senftenberger See** genannt, Zentrum eines Naherholungsgebietes. – Die mittelalterl. Burg wurde Anfang des 16. Jh. zum Renaissanceschloss umgebaut und mit hohem Wall und Bastionen befestigt, spätgot. Pfarrkirche (um 1400). – Im Anschluss an eine dt. Burg des 12. Jh. entstand planmäßig die 1279 erstmals genannte Stadt S. Der um 1850 einsetzende Braunkohlenabbau machte S. zu einem wichtigen Industriestandort.

Senftenberg Stadtwappen

Sengai, jap. Zenpriester und -maler, *Taniguchi (Prov. Mino, heute Präfektur Gifu) 1750, †1837; trug mit seinen Tuschzeichnungen (auch abstrakt-geometr. Kompositionen) zur Verbreitung des Zen-Buddhismus in allen Bevölkerungsschichten Japans bei (über 1 000 Bilder im Idemitsu Museum of Arts, Tokio).

Sengen, *Textiltechnik:* das →Gasieren.

Senger und Etterlin, Ferdinand Maria von, Offizier und Militärschriftsteller, *Tübingen 8. 6. 1923, †Koblenz 10. 1. 1987; trat 1956 in die Bundeswehr ein; 1979–83 Oberbefehlshaber der Alliierten Streitkräfte Europa-Mitte. Er verfasste zahlr. militärhistor. sowie wehrtechn. Werke, u. a. das ›Taschenbuch der Panzer ...‹ (1954).

Dieter Senghaas

Senghaas, Dieter, Politikwissenschaftler, *Geislingen an der Steige 27. 8. 1940; 1970–78 bei der Hess. Stiftung für Friedens- und Konfliktforschung tätig, 1972–78 Prof. für internat. Beziehungen in Frankfurt am Main, seit 1978 Prof. für Friedens-, Konflikt- und Entwicklungsforschung an der Univ. Bremen.

Werke: Abschreckung u. Frieden (1969); Aggressivität u. kollektive Gewalt (1971); Rüstung u. Militarismus (1972); Die Zukunft Europas (1986); Europa 2000 (1990); Wohin driftet die Welt? (1994).

Sengai: Zeichen der Leere; Kalligraphie (Tokio, Idemitsu Museum of Arts)

Senghor [sɛ̃ˈgɔːr, sãˈgɔːr], Léopold Sédar, senegales. Politiker, Philosoph und Schriftsteller frz. Sprache, *Joal (W-Senegal) 9. 10. 1906 (Eintrag im Geburtsregister; tatsächlich wahrscheinlich etwa zwei Monate früher); besuchte die kath. Missionsschule, studierte klass. Philologie in Paris, seit 1933 frz. Staatsbürger; 1933–39 Gymnasiallehrer in Tours, gründete mit anderen schwarzen Intellektuellen die kulturphilosoph. und literar. Bewegung der →Négritude, geriet im Zweiten Weltkrieg in dt. Kriegsgefangenschaft. 1945/46 war er Mitgl. beider Verfassunggebenden Versammlungen Frankreichs, 1946–59 Abg. in der frz. Nationalversammlung und 1955/56 Staatssekr. für Wiss., 1948–58 Lehrer an der École Nationale de la France d'Outremer.

1948 gründete S. den Bloc Démocratique Sénégalais (BDS), aus dem 1958 unter seiner Führung die Union Progressiste Sénégalaise (UPS) hervorging. Gestützt auf diese Gruppierung wurde S. die führende polit. Figur der schwarzafrikan. Unabhängigkeitsbewegung in Senegal. S. setzte sich dort für die Mitgliedschaft in der Frz. Gemeinschaft im Rahmen der Verfassung der Fünften Republik ein. 1959/60 war S. Präs. der Föderation Mali, 1960–80 Staatspräs. Senegals, 1962–70 auch Premier-Min. Außenpolitisch führte er sein Land in enger Bindung an Frankreich, innenpolitisch versuchte er, Erfahrungen und Traditionen der afrikan. Geschichte mit europ. Ideen zu verbinden. Auf der Grundlage der UPS suchte S. 1966–74 dieses Konzept im Rahmen einer Einparteienherrschaft verwirklichen, öffnete dann sein Land jedoch wieder dem Mehrparteiensystem. Nach viermaliger Wiederwahl (1963, 1968, 1973 und 1978) trat er zum Jahresende 1980 als Staatspräs. zurück.

Als Schriftsteller ist S. v. a. als Lyriker hervorgetreten. Beeinflusst von der Dichtung P. CLAUDELS und SAINT-JOHN PERSES und in Reaktion auf die persönl. wie allgemeine afrikan. kulturelle Entwurzelung, besang er die Schönheit der afrikan. Frau, die Harmonie der Landschaft Afrikas sowie die Eigenart seiner Kulturen (›Chants d'ombre‹, 1945). Ausgehend von seinen Erfahrungen im Zweiten Weltkrieg, verlieh er seinem Zorn über die vielen den Afrikanern abverlangten Opfer Ausdruck (›Hosties noires‹, 1948). Diese Themen wurden in späteren Sammlungen aufgenommen und ergänzt; die Sprechhaltung des Dichters schwankt dabei zw. lyr. Ich und epischer Distanz, die Sprache integriert Elemente afrikan. Oraldichtung in ein subtil nuanciertes Französisch. In der Essaysammlung ›Liberté‹ (5 Bde., 1964–93, Bd. 1 dt. u. d. T. Négritude und Humanismus) setzt sich der Philosoph S. vielfältig mit seinem Begriff von Négritude auseinander und plädiert für einen ›Métissage culturel‹, die Verbindung der europ. und afrikan. kulturellen Werte. Dieses Konzept wurde v. a. von jüngeren afrikan. Intellektuellen häufig als Form der Überanpassung kritisiert. 1968 wurde ihm der Friedenspreis des Dt. Buchhandels verliehen, 1983 wurde er als erster Afrikaner in die Académie française gewählt.

Ausgaben: Poèmes (Neuausg. 1984). – Botschaft u. Anruf. Sämtl. Gedichte, hg. v. J. JAHN (Neuausg. 1966).

J. L. HYMANS: L. S. S. An intellectual biography (Edinburgh 1971); I. HANF: L. S. S. Ein afrikan. Dichter frz. Prägung (1972); G. SARAVAYA: Langage et poésie chez S. (Paris 1989); W. KLUBACK: L. S. S. From politics to poetry (New York 1997).

Sengi, Zengi [z-], Imad ad-Din, Atabeg von Mosul, *Aleppo 1087, †(ermordet) 14. 9. 1146; Sohn eines türk. Sklaven in der Armee des Seldschukensultans MELIKSCHAH (1072–92), eroberte seit 1127 Mesopotamien und N-Syrien und trat den Kreuzfahrern entgegen. Seine Nachfahren, die **Sengiden (Zengiden),** herrschten in Mosul bis 1234. In Syrien folgte ihm sein Sohn NUR AD-DIN (* 1118, † 1174), der 1154 Damaskus einnahm und SALADIN nach Ägypten sandte, wo dieser 1169 Wesir des letzten Fatimidensultans wurde.

Sengle, Friedrich, Germanist, *Tellicherry (Kerala, Indien) 14. 11. 1909, †Seefeld (Landkreis Starnberg) 14. 3. 1994; ab 1952 Prof. in Marburg, ab 1959 in Heidelberg und ab 1965 in München. Arbeiten zur dt. Literatur des 18. und 19. Jh. sowie zur Theorie der literar. Gattungen; Mitherausgeber der ›Dt. Vierteljahrsschrift für Literaturwiss. und Geistesgesch.‹ (1956–61) und des ›Internat. Archivs für Sozialgesch. der dt. Literatur‹ (1976–82).

Werke: Wieland (1949); Das dt. Geschichtsdrama (1952, ²1969 u. d. T. Das histor. Drama in Dtl.); Arb. zur dt. Lit. 1750–1850 (1965); Die literar. Formenlehre (1967); Biedermeierzeit. Dt. Lit. im Spannungsfeld zw. Restauration u. Revolution 1815–1848, 3 Bde. (1971–80); Literaturgeschichtsschreibung ohne Schulungsauftrag (1980).

Sengsen|gebirge, Gebirgszug in den Nördl. Kalkalpen, OÖ, östlich der Steyr und ihres Nebenflusses Teichl, im Hohen Nock 1963 m ü. M.; bewaldet.

Senhor [sɪ'ɲor; port., von lat. senior ›älter‹] der, -s/-es, in Portugal Bez. und Anrede eines Herrn; dazu entsprechend: **Senhora** [sɪ'ɲora] die, -/-s, Frau; Dame; **Senhorita** [sɪɲo'rita] die, -/-s, Fräulein.

Seni, Giovanni Battista, ital. Astrologe, *Padua 1600, †Genua 1656; studierte in Padua; seit 1629 Sterndeuter WALLENSTEINS.

Senigallia, Sinigallia, Stadt und Seebad am Adriat. Meer, in den Marken, Prov. Ancona, Italien, 41 500 Ew.; Bischofssitz; Textil-, Nahrungsmittel- u. a. Industrie; Fischereihafen. – S., im Altertum **Sena Gallica (Senagallia),** auf zunächst umbr. Gebiet von den kelt. Senonen gegründet, war seit 283 v. Chr. röm. Bürgerkolonie; im 2. Pun. Krieg Standquartier der Römer vor der Schlacht am Metaurus (nördlich von S.) gegen HASDRUBAL, der hier sein Leben verlor (207 v. Chr.). Im frühen MA. gehörte S. zur Pentapolis. Im 15. bis 19. Jh. war es viel besuchte Messestadt.

senil [lat.], alt, greisenhaft, altersschwach, in hohem Lebensalter auftretend.

senior [lat. ›älter‹, Komparativ von senex ›alt‹], Abk. **sen.,** der Ältere (hinter Personennamen zur Bez. des Vaters, v. a. wenn Vor- und Zuname mit denen des Sohnes übereinstimmen).

Senior der, -s/...ni'oren, 1) allg.: 1) meist Pl., älterer Mensch (im Rentenalter); 2) der Älteste (eines Kreises, einer Versammlung); 3) Pl. selten, oft scherzhaft für: Vater.
2) ohne Pl., Kaufmannssprache: älterer Teilhaber oder Geschäftspartner.
3) Sport: →Altersklasse.
4) student. Verbindungswesen: erster Chargierter eines Corps.

Senior ['sɪnjə], 1) Nassau William, engl. Volkswirtschaftler, *Uffington (Cty. Berkshire) 26. 9. 1790, †Kensington (heute zu London) 4. 6. 1864; Prof. in Oxford (1825–30, 1847–52). S., Vertreter der klass. Nationalökonomie und Gegner des Malthusianismus, entwickelte u. a. die Abstinenztheorie des Zinses.

Werke: An outline of the science of political economy (1836); Historical and philosophical essays, 2 Bde. (hg. 1865).

2) Olive, jamaikan. Schriftstellerin, *Jamaika 1941; ihr erzähler. Werk wendet sich v. a. der Situation der Frauen, Kinder und Jugendlichen zu; Themen ihrer die Gegenwartsrealität der Karibik spiegelnden, z. T. in Kreol verfassten Kurzgeschichten sind der Zerfall der Familien, der Ggs. zw. Stadt und Land, die Konflikte zw. den Generationen, den Geschlechtern sowie den in der Karibik aufeinander treffenden Ethnien. Sie verfasste auch Lyrik, ein Drama und Studien zur Gesch. und Kultur Jamaikas.

Werke: Kurzgeschichten: Summer lightning and other stories (1986); Arrival of the snake-woman and other stories (1989; dt. Das Erscheinen der Schlangenfrau). – Lyrik: Talking of trees (1985). – Studien: A–Z of Jamaican heritage (1983); Working miracles. Women of the English-speaking Caribbean (1991).

Seniorat [lat.] das, -(e)s/-e, 1) allg.: Bez. für institutionell abgesicherte Befugnisse einer oder mehrerer (durch Alter) herausgehobener Personen; Ältestenrechte.
2) Rechtsgeschichte: mehrschichtiger Begriff, bes. für das Verhältnis zw. Lehnsherr (frz. seigneur) und Vasall im mittelalterl. Recht; ferner ein (z. T. noch heute, beim Benediktinerorden) nach Klosterrecht einzurichtendes Ratskollegium erfahrener Mönche; auch kann ein privatrechtl. Erbfolgeordnung, die ohne Rücksicht auf Linie und Grad der Verwandtschaft die Erbschaft dem ältesten Familienmitglied zuweist.

Senioren-Convent, Abk. **S. C.,** aus den Vors. (Senioren) der einzelnen →Corps an einer Hochschule gebildeter Zusammenschluss.

Seniorenheime, die →Altenheime.

Seniorenkonvent, im Verfassungsrecht der →Ältestenrat.

Seniorensport, i. e. S. sportl. Betätigung älterer Menschen ab etwa 60–65 Jahre, in der R. als Freizeitgestaltung, Eigenbeitrag zur Gesunderhaltung und Rehabilitation. Wesentlich sind altersspezif. Übungen, Bewegungsangebote und Spiele, möglichst unter Mitwirkung eines medizinisch und psychologisch entsprechend ausgebildeten Sportpädagogen. S. ist teilweise deckungsgleich mit **Alterssport,** mit dem jedoch i. Allg. die sportl. Betätigung von Menschen ab dem 40. Lebensjahr bezeichnet wird. Die Abgrenzung des Alters nach unten ist darin begründet, dass zu Beginn des fünften Lebensjahrzehnts der natürl. Rückgang der körperl. Leistungsfähigkeit klinisch fassbar wird und bei der Gestaltung der sportl. Betätigung (bes. ehemaliger Nichtsportler) berücksichtigt werden muss. Allerdings beteiligen sich zunehmend mehr ältere Menschen auch am Wettkampfsport und bringen vereinzelt bis Mitte des fünften Lebensjahrzehnts bes. in Ausdauerdisziplinen (z. B. Marathonlauf) noch Spitzenleistungen. In den meisten Sportarten (z. B.

Léopold Sédar Senghor

Giovanni Battista Seni

Seni Seniorenstudium – Senkrechtstartflugzeug

Senj: Blick über den Hafen auf die Stadt; im Hintergrund die Burg Nehaj (1558)

Kunstturnen, Schwimmen) schlagen sich jedoch gerade im Hochleistungsbereich altersbedingte Defizite gegenüber der jüngeren Konkurrenz schon relativ früh nieder. Daher werden Seniorenklassen normalerweise bereits ab dem 30. Lebensjahr angesetzt.

Seniorenstudium, i. w. S. Lernaktivitäten im fortgeschrittenen Lebensalter nach Erreichen des Ruhestands, z. B. als Vollstudent oder Gasthörer an Univ. (Teilnahme an Vorlesungen), als privat durchgeführte Selbstbildung mit (unregelmäßiger) Teilnahme an Bildungsveranstaltungen; i. e. S. Bez. der →Altenbildung bei Akzentuierung der Weiterbildung im wiss. Rahmen. Seit einigen Jahren entstehen internat. zunehmend institutionalisierte Formen dieser Tätigkeiten an Univ., wo sie als S., Alten-Akad., Akad. für Ältere, Alters-Univ. (Schweiz), Zentrum für wiss. Weiterbildung (nicht nur S.) u. Ä. eingerichtet sind und für deren Bildungsprogramme sich Hochschuldozenten und -professoren zur Verfügung stellen.

Senioritätsprinzip, *Soziologie:* der Grundsatz, nach dem das Dienst- bzw. Zugehörigkeitsalter und/oder das Lebensalter das maßgebliche Kriterium für den Aufstieg in einer Organisation bilden. Das S. ist (als soziales und z. T. auch arbeitsrechtlich fixiertes Prinzip) v. a. im öffentl. Dienst (Laufbahnprinzip der Beamten), in Parteien und Verbänden (so genannte ›Ochsentour‹) aber auch in Hierarchien von (Groß-)Unternehmen etabliert, gerät allerdings zunehmend in die öffentl. Kritik.

Senjti, Abk. **s,** kleine Währungseinheit von Tonga, 100 S. = 1 Pa'anga.

Senium praecox [lat.] *das,* --, vorzeitige Entwicklung der für das Greisenalter typ. seelisch-geistigen Veränderungen (Vergreisung).

Senj, Hafenstadt in Kroatien, am Adriat. Meer, 5 900 Ew.; städt. Museum; Textil-, Holz-, Nahrungsmittelindustrie; Fischerei; Fremdenverkehr; Fährverbindung mit den Inseln Krk und Rab. – Die Kirche (ehem. Dom) aus dem 12./13. Jh. wurde später umgebaut und 1947 restauriert; Glockenturm (1900); über der Stadt die Burg Nehaj (1558). – S., das antike **Senia,** war schon in vorröm. Zeit ein bedeutender Handelsplatz.

Senkaku|inseln, jap. **Senkaku-shotō** [-ʃoto:], chin. **Diaoyudao,** westlichste Gruppe der Ryūkyūinseln, in der Präfektur Okinawa, Japan, 180 km nordöstlich von Taiwan, 6,32 km²; die kleinen Inseln und Riffe im Ostchin. Meer sind unbewohnt. V. a. wegen der Fischereirechte und der vor den S. vermuteten Erdölvorkommen erheben sowohl Taiwan als auch China Anspruch auf die Inseln.

Senkblei, Senk|lot, das →Lot 1); auch Bez. für das Bleigewicht eines Handlots (→Lot 5).

Senke, 1) *Elektronik:* **Drain** [dreɪn, engl.], einer der Anschlüsse des →Feldeffekttransistors.
2) *Geowissenschaften:* andere Bez. für Becken, Depression, Graben.
3) *Nachrichtentechnik:* die Nachrichten-S. in einem Nachrichtensystem (→Nachrichtenverarbeitung).
4) *Physik:* der Ort in einem Quellenfeld (→Feld), in dem die Feldlinien enden (Ggs.: Quelle).

Senken, 1) *Fertigungstechnik:* 1) funkerosives S., →Elektroerosion; 2) spanendes Fertigungsverfahren der Hauptgruppe Trennen, mit mehrschneidigem Werkzeug **(Senker),** dessen geometrisch bestimmte Schneiden ständig im Eingriff sind. Das S. dient zur Nachbearbeitung von Bohrungen, d. h., es wird nicht ins volle Material gearbeitet. Der Spanungsvorgang wird durch eine kreisförmige Schnitt- und eine geradlinige Vorschubbewegung realisiert. Das **Einsenken** zum Versenken von Schrauben- oder Nietköpfen erfolgt mit zylindr. oder kegelförmigen Zapfensenkern (mit auswechselbarem Zapfen; Kopf- oder Halssenker, wenn mit festem Zapfen) oder mit dem kegeligen Spitzsenker (Krauskopf). Ebene Auflageflächen für Schraubenköpfe, Muttern, Unterlegscheiben usw. werden durch **Ansenken (Anplanen)** mit dem Plansenker (Flachsenker) oder Zapfensenker hergestellt. Die Spiralsenker (Dreischneider) oder Aufstecksenker (Vierschneider, für große Bohrungen) dienen zum **Aufsenken,** d. h. zum Vergrößern vorhandener Bohrungen. Spitzsenker dienen zum Zentrieren (z. B. für das Drehen zwischen Spitzen). Darüber hinaus gibt es zahlr. Spezialsenker, z. B. Stufensenker zum Herstellen abgesetzter Bohrungen.
2) *Glasverarbeitung:* →Glasbiegen.

Senkere, Ruinenstätte in Irak, →Larsa.
Senkfuß, →Fußdeformitäten.
Senkkasten, der →Caisson.
Senkniere, →Wanderniere.

senkrecht, rechtwinklig, orthogonal, *Geometrie:* Bez. für zwei Geraden oder Ebenen, die miteinander einen Winkel von 90° bilden, bei denen also die Nebenwinkel gleich sind. Senkrechte Geraden gehen bei Achsenspiegelungen an der jeweils anderen in sich über.

Senkrechthebewerk, ein →Schiffshebewerk.
Senkrechtstartflugzeug, Senkrechtstarter, Lotrechtstarter, Vertikalstartflugzeug, Vertikalstarter, VTOL-Flugzeug [VTOL Abk. für engl. vertical take-off and landing ›Senkrechtstart und -landung‹], Flugzeug, das aufgrund besonderer Bauart in senkrechter Richtung starten und landen kann. Wegen der fehlenden Horizontalbewegung kann der erforderl. Auftrieb nicht durch starre Tragflächen erzeugt werden, sondern durch überdimensionierte und in eine horizontale Drehebene gebrachte Luftschrauben sowie durch Strahltriebwerke. Daraus ergeben sich unterschiedl. Arten von Senkrechtstartflugzeugen.

Bauarten: Bei den **Drehflügflugzeugen** wird der Auftrieb sowohl im Vertikal- wie im Horizontalflug überwiegend durch langsam drehende Rotoren großen Durchmessers erzeugt; Bauarten →Flugschrauber, →Hubschrauber, →Tragschrauber (im strengen Sinn aber kein S.) und →Verwandlungshubschrauber. Bei S. mit Hubkrafterzeugung durch Luftschrauben liefern diese nur im Vertikalflug die Hubkraft, während der Auftrieb im Horizontalflug durch eine starre Tragfläche erzeugt wird. Zur Hubkrafterzeugung wird entweder die Rumpflängsachse in die senkrechte Lage gebracht **(Heckstartflugzeug, Heckstarter),** oder es wird bei waagerechter Rumpflage der Luftschrauben-

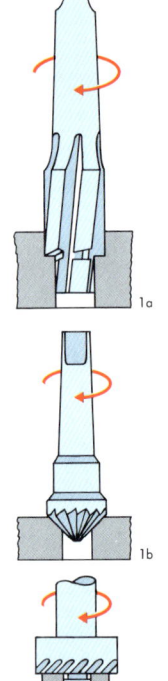

Senken 1): 1 Einsenken mit Kopfsenker (1 a) und mit Spitzsenker (1 b); 2 Ansenken mit Flachsenker

schub durch Schwenken der Luftschrauben (**Kipprotorflugzeug**), der Triebwerke einschließlich der Luftschrauben (**Kipptriebwerkflugzeug**), des gesamten Tragflügels einschließlich der Triebwerke und der Luftschrauben (**Kippflügelflugzeug**) oder durch Umlenkung des Luftschraubenstrahls mit Klappensystemen in die Senkrechte umgelenkt. Hubkrafterzeugung durch Strahltriebwerke ist möglich mit dem Schubtriebwerk durch Heckstartaufstellung oder durch Schwenken von Schubtriebwerken, durch Schwenken der Austrittsdüsen von →Hub-Schub-Triebwerken oder durch gesonderte →Hubtriebwerke oder Hubgebläse, die, im Rumpf oder Tragflügel eingebaut, einen Luftstrom vertikal abwärts beschleunigen. Im Horizontalflug wird der Auftrieb überwiegend durch eine starre Tragfläche geliefert, seltener durch Hubtriebwerke (→Hubstrahler).

Senkrechtstartflugzeug: McDonnell Douglas AV-8 B

Da während des Start- und Landevorgangs wegen der fehlenden Horizontalbewegung die aerodynam. Ruder unwirksam sind, müssen die zur Lagehaltung und Steuerung erforderl. Drehmomente durch besondere Steuerelemente oder -verfahren aufgebracht werden (Steuerdüsen, Steuerluftschrauben oder -gebläse, Richtungsänderung der Hubkraft, Änderung der Größe der Hubkraft verteilter Hub-Einzeltriebwerke). Zur Überführung des S. aus der senkrechten in die waagerechte Bewegungsrichtung (**Transitionsphase**) werden ebenfalls die Richtung der Hubkraft geändert und/oder Schubtriebwerke zugeschaltet. Da beim Start- und Landevorgang alle Drehbewegungen um die Flugzeughauptachsen ungedämpft sind, reagiert das S. auf Steuerkommandos anders als flächengetragene Flugzeuge, was die Flugführung erschwert und Stabilisierung sowie Steuerung durch spezielle Flugregler verlangt, die auch für die Transitionsphase notwendig sind.

Flugeigenschaften, Flugleistungen: Flugzeuge mit geringer Strahlflächenbelastung (Hubkrafterzeugung durch geringe Beschleunigung einer großen Luftmasse, z. B. Hubschrauber) haben im Schwebeflug geringeren Kraftstoffverbrauch als Flugzeuge mit hoher Strahlflächenbelastung und eignen sich deshalb bes. für längere Schwebeflugdauer; ihre Horizontalgeschwindigkeit und Reichweite sind jedoch meist unbefriedigend. Flugzeuge mit hoher Strahlflächenbelastung (Hubkrafterzeugung durch starke Beschleunigung einer geringeren Luftmasse) sind hingegen für ausgesprochene Schwebeflugaufgaben kaum geeignet, erreichen aber höhere Horizontalgeschwindigkeiten und Reichweiten.

Vorteile von S.: Unabhängigkeit von langen, ausgebauten und damit auch verletzl. Start- und Landebahnen; geringere Annäherungsgeschwindigkeit an den Boden (erleichtert Schlechtwetterlandung); Schwebeflugfähigkeit macht besondere Flugaufgaben erfüllbar und bietet Vorteile bei Luftkampfmanövern. – Nachteile: hohe Anschaffungs- und Betriebskosten, hoher Kraftstoffverbrauch und starke Lärmentwicklung bei Start und Landung, Wartungs- und Versorgungsprobleme bei militär. Einsatz in unvorbereitetem Gelände.

Obwohl Versuchsflugzeuge mit nahezu allen mögl. Arten der Hubkrafterzeugung erfolgreich erprobt wurden, konnte sich bislang nur der Hubschrauber als S. durchsetzen. Hubkrafterzeugung mit Strahltriebwerken wurde bisher nur bei zwei bei Streitkräften eingeführten Serienmustern angewendet, dem brit. Kampfflugzeug Hawker Siddeley ›Harrier‹ bzw. dessen Weiterentwicklung McDonnell Douglas AV-8 B und dem sowjet. Kampfflugzeug Jakowlew Jak-36 (Weiterentwicklung Jak-38).

X. HAFER u. G. SACHS: Senkrechtstart-Technik (1982); O. E. PABST: Kurzstarter u. Senkrechtstarter (1984).

Senk|ruder, *Segeln:* bei Jollen übl. heb- und senkbares Ruder zum Optimieren der Steuerfähigkeit unter versch. Segelbedingungen.

Senkung, 1) *Geologie:* Abwärtsbewegung von Erdkrustenteilen durch Bruchtektonik (Verschiebung an Verwerfungen, Grabenbildung), weiträumige Niveauveränderungen (→Epirogenese), bei der Orogenese (→Geosynklinale) oder beim Vulkanismus (→Caldera). Ggs. →Hebung. – **S.-Feld:** von Verwerfungen begrenzte Hohlform der Erdoberfläche.

2) *Literaturwissenschaft:* in der akzentuierenden Metrik Bez. für eine nicht betonte, druckschwache (leichte) Silbe eines Verses, im Unterschied zur →Hebung. In der quantitierenden Metrik entspricht ihr die →Kürze. ›S.‹ ist die Übersetzung des griech. Begriffes →Thesis. (→Arsis)

3) *Medizin:* andere Bez. für →Deszensus.

Senkungs|abszess, Eiteransammlung, die sich entfernt von einem lokalen Entzündungsherd durch Absenkung des Eiters entlang natürl. Gewebespalten (Muskelfaszien, Nervenbahnen, Sehnen) bildet und sich bei Druchbruch nach außen entleeren kann. S. treten z. B. bei Knochentuberkulose der Wirbelsäule auf.

Senkungslini|e, Senkungskurve, Wasserspiegel im Längsschnitt bei einer Gerinneströmung mit beschleunigtem Abfluss.

Senkwaage, Senkspindel, das →Aräometer.

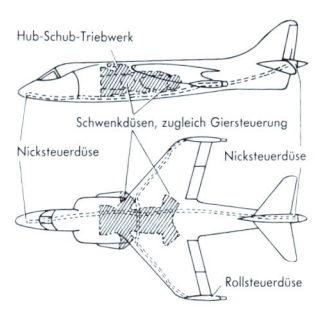

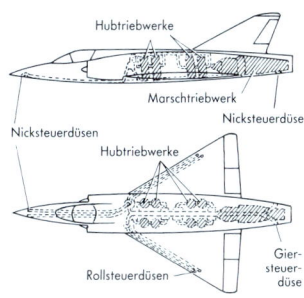

Senkrechtstartflugzeug: Schematische Darstellung des Schwenkdüsenflugzeugs (links) und des Hubstrahltriebwerkflugzeugs (rechts)

Senlis [sã´lis], Stadt im Dép. Oise, Frankreich, an der Nonette, 14 400 Ew.; technolog. Forschungsinstitut; Maschinenbau (u. a. Landmaschinen), Holzindustrie. – Malerisches mittelalterl. Stadtbild; die frühgot. Kathedrale Notre-Dame (1153 begonnen, 1191 geweiht) mit Doppelturmfassade (S-Turm im 13. Jh. erhöht) erhielt um 1240 ein Querhaus mit Vierung und wurde nach einem Brand 1504 z. T. erneuert, Obergaden und südl. Querhausfassade im Flamboyantstil (1530–34). Am W-Portal reiche Bauplastik mit Szenen aus dem Marienleben (um 1170). Weitere Bauten des MA. sind Saint-Pierre (heute Kulturzentrum),

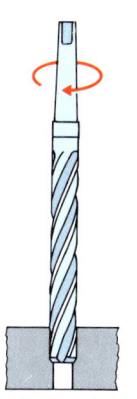

Senken 1): Aufsenken mit Spiralsenker

Senn   Senna-Šenoa

Senlis: Westportal (um 1170) der Kathedrale Notre-Dame

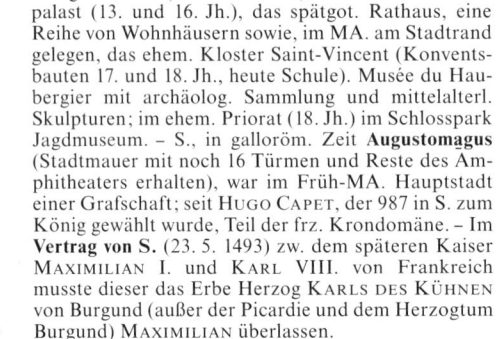

Ayrton Senna

königl. Schloss (heute Museum), der ehem. Bischofspalast (13. und 16. Jh.), das spätgot. Rathaus, eine Reihe von Wohnhäusern sowie, im MA. am Stadtrand gelegen, das ehem. Kloster Saint-Vincent (Konventsbauten 17. und 18. Jh., heute Schule). Musée du Haubergier mit archäolog. Sammlung und mittelalterl. Skulpturen; im ehem. Priorat (18. Jh.) ein Schlosspark Jagdmuseum. – S., in galloröm. Zeit **Augustomagus** (Stadtmauer mit noch 16 Türmen und Reste des Amphitheaters erhalten), war im Früh-MA. Hauptstadt einer Grafschaft; seit HUGO CAPET, der 987 in S. zum König gewählt wurde, Teil der frz. Krondomäne. – Im **Vertrag von S.** (23. 5. 1493) zw. dem späteren Kaiser MAXIMILIAN I. und KARL VIII. von Frankreich musste dieser das Erbe Herzog KARLS DES KÜHNEN von Burgund (außer der Picardie und dem Herzogtum Burgund) MAXIMILIAN überlassen.

Senna, Ayrton, brasilian. Automobilrennfahrer, * São Paulo 21. 5. 1960, † Bologna 1. 5. 1994; Formel-1-Fahrer seit 1984 (Weltmeister 1988, 1990 und 1991), 161 Grand-Prix-Rennen (614 Punkte, 41 Siege); verunglückte tödlich beim ›Großen Preis von San Marino‹ in Imola.

Sennar, Sannar, Industrie- und Handelsstadt in der Rep. Sudan, am linken Ufer des Blauen Nil, etwa 10 000 Ew.; Verkehrsknotenpunkt. Bei S. 3 km langer und 36 m hoher Staudamm (gleichzeitig Eisenbahn- und Straßenbrücke), der das Hochwasser des Blauen Nil von Ende Oktober (nach der Flutspitze) bis Ende November staut (maximal 980 Mio. m³), das dann bis in den März zur Bewässerung der Gesira dient. Der 1925 errichtete Damm erhielt 1963 ein Kraftwerk (15 MW). – S. war Hauptstadt des Reiches →Fung.

Senne, 1) *die,* Landschaft im O der Westfäl. Bucht, NRW, besteht v. a. aus mächtigen aufgewehten, durch einzelne Lehmplatten unterbrochenen Sanden. Im Luv des Teutoburger Waldes erhält sie reiche Niederschläge, die sich im Untergrund speichern und viele Quellen (Ems, Lippe u. a.) speisen. Im nördl. Teil Truppenübungsplatz **Sennelager.**
2) [sɛn], frz. Name des Flusses →Zenne, in Belgien.

Senneh-Knoten, persischer Knoten, Knüpftechnik bei Orientteppichen, bei der man auf dem florbildenden Fäden um einen Kettfaden führt und die Verlängerung des Fadens um den nächsten Kettfaden schlingt, sodass der Flor zw. jeder Kettreihe sichtbar wird.

Sennenhunde, urspr. in der Schweiz beim Almauftrieb und -abtrieb der Viehherden sowie zum Hüten auf den Almen eingesetzte Treibhunde: **Großer Schweizer S.** (Stockhaar; Schulterhöhe 60–70 cm), **Berner S.** (Langhaar; Schulterhöhe 60–65 cm), **Entlebucher S.** (Kurzhaar; Schulterhöhe 44–48 cm), **Appenzeller S.** (Kurzhaar; Schulterhöhe 48–58 cm).

Sennerei, sommerl. Milchwirtschaft in den Alpen, ähnlich in Skandinavien und Island. – **Sennhütte,** Unterkunft für **Senn** und **Sennerin** und Arbeitsraum zur Butter- und Käsebereitung. – **Sennzeit,** Zeit zwischen Auf- und Abtrieb. (→Alm)

Sennert, Daniel, Arzt und Chemiker, * Breslau 25. 11. 1572, † Wittenberg 21. 7. 1637; nach Studium der Philosophie, Medizin und Naturwiss. ab 1602 Prof. der Medizin in Wittenberg; ab 1628 Leibarzt des Kurfürsten GEORG von Sachsen; bedeutender Vertreter der Iatrochemie und der Atomistik.

Sennesblätter [mhd. sene ›Sennespflanze‹, von gleichbedeutend arab. sannā], getrocknete, durch ihren Gehalt an **Sennosiden** (Glucoside eines dimeren Anthrachinonderivats) als Abführmittel (S.-Tee, Sennestee) verwendete Blätter von zwei Cassiaarten: **indische S.** (von Cassia angustifolia; heimisch in O-Afrika und auf der Arab. Halbinsel; angebaut im östl. und südl. Vorderindien) und **Alexandriner S.** (von Cassia senna; heimisch im trop. Afrika, im Nilgebiet und in Indien). – S. wurden als Abführmittel schon im alten Ägypten verwendet. Durch arab. Ärzte wurden sie im MA. in Europa bekannt.

Sennestadt, seit 1956 nach Gesichtspunkten moderner Stadt- und Verkehrsplanung aufgebaute Stadt, ebenso wie die Gem. Senne I seit 1973 Stadtteil von Bielefeld, NRW. – Christuskirche von D. OESTERLEN (1962/63).

Sennett [ˈsɛnɪt], **1)** Mack, eigtl. **Michael Sinnott** [ˈsɪnət], amerikan. Filmregisseur und -produzent, * Richmond (Prov. Quebec, Kanada) 17. 1. 1880, † Los Angeles (Calif.) 5. 11. 1960; gründete 1912 die Produktionsgesellschaft ›Keystone‹, 1915 mit D. W. GRIFFITH und THOMAS HARPER INCE (* 1882, † 1924) die ›Triangle Film Corporation‹. S. produzierte über 1 000 Filme. Er gilt als Begründer der Slapstick-Comedy und Entdecker (1913) von C. CHAPLIN.

K. C. LAHNE: M. S.s Keystone (South Brunswick, N. J., 1971).

2) Richard, amerikan. Soziologe, * Chicago (Ill.) 1. 1. 1943; seit 1973 Prof. für Sozialwiss.en an der New York University. S. übt scharfe Kritik sowohl an traditionellen konservativen Vorstellungen als auch am modernen Wohlfahrtsstaat und an der Massenkultur. Er verweist dagegen auf die in der Geschichte der bürgerl. Kultur enthaltenen humanist. Potenziale und schrieb Aufsehen erregende Studien über die Zerstörung des öffentl. Raums durch den wachsenden Anspruch auf Intimität und Authentizität, über die Zwiespältigkeit und Notwendigkeit von Autorität sowie über die moderne Großstadt.

Werke: Families against the city (1970); The hidden injuries of class (1972); The fall of public man (1977; dt. Verfall u. Ende des öffentl. Lebens); Authority (1980; dt. Autorität); The conscience of the eye (1990; dt. Civitas. Die Großstadt u. die Kultur des Unterschieds); The corrosion of character (1998; dt. Der flexible Mensch).

Šenoa [ˈʃɛnɔa], August, kroat. Schriftsteller, * Zagreb 14. 11. 1838, † ebd. 13. 12. 1881; war 1870–73 Dramaturg am Nationaltheater in Zagreb, dann Chefredakteur der damals führenden kroat. Literaturzeitschrift ›Vijenac‹; übte als Kritiker und Schriftsteller bedeutenden Einfluss auf die kroat. Literatur aus; schrieb neben Gedichten, patriot. Balladen und Komödien Erzählungen und Romane über Themen aus der kroat. Vergangenheit.

Werke: *Romane:* Zlatarovo zlato (1871; dt. Das Goldkind); Seljačka buna (1877); Diogenes (1878; dt.); Branka (1881). – *Erzählungen:* Čuvaj se senjske ruke (1875; dt. Der Judas von Zengg); Pruski kralj (1878; dt. Der König von Preußen).

Ausgabe: Sabrana djela, 12 Bde. (1963/64).

G. DIPPE: A. Š.s histor. Romane (1972); D. JELČIĆ: S. (Zagreb 1984).

Senoi, früher (abwertend) **Sakai,** weddide Bevölkerungsgruppen im Innern von W-Malaysia. Die etwa 40 000 S. sprechen austroasiat. Sprachen. Urspr. Wildbeuter, betreiben sie heute Brandrodungsfeldbau (Reis, Hirse, Maniok, Bananen) und halten Schweine und Hühner.

Senon [nach den Senonen] *das, -s,* Stufe der Oberkreide, →Kreide.

Senonen, lat. **Senones,** kelt. Volksstamm an der oberen Seine (Hauptort Agedincum, heute Sens), von CAESAR 54–52 v. Chr. unterworfen. Ein Teil der S. war um 400 v. Chr. in die Gegend zw. Ariminum (heute Rimini) und Ancona gezogen. Dieses Gebiet wurde 283 v. Chr. von den Römern besetzt und durch eine Bürgerkolonie (→Senigallia) gesichert.

Señor [se'ɲor; span., von lat. senior ›älter‹] *der, -s/-es,* in Spanien Bez. und Anrede eines Herrn; dazu entsprechend: **Señora** [se'ɲora] *die, -/-s,* Frau, Dame; **Señorita** [seɲo'rita] *die, -/-s,* Fräulein.

Senryū *das, -/-,* formal dem →Haiku gleichendes jap. Spottgedicht, das inhaltlich von der Situationskomik bis zur Gesellschaftssatire reicht und im 18. Jh. populär wurde.

Ausgabe: S. Jap. Lebensweisheit, Heiterkeit u. Besinnlichkeit im Gedicht, übers. v. G. COUDENHOVE-KALERGI (1966).
R. H. BLYTH: S. Japanese satirical verses (Tokio 1949).

Sens [sɑ̃s], Stadt im Dép. Yonne, Frankreich, 27 100 Ew.; Sitz eines Erzbischofs; Museen; Gerbereien, Elektro-, Metall verarbeitende und Holzindustrie, Herstellung von Kunststoffwaren. – S. besitzt röm. Baureste (Stadtmauer, Theater, Bäder). Die frühgot. Kathedrale Saint-Étienne (um 1140 begonnen; W-Fassade um 1200, später erneuert) besitzt mit den teilweise erhaltenen Portalskulpturen der W-Fassade (teilweise Zerstörung in der Frz. Revolution) bedeutende Zeugnisse frz. Bildhauerkunst des späten 12. Jh.; Glasfenster vom 12. bis 17. Jh., reicher Kirchenschatz (u. a. fläm. Wandteppiche). Im Palais Synodal (auch Officialité gen., 13. Jh.) u. a. galloröm. Mosaiken, mittelalterl. Skulpturen. Der Kirche Saint-Pierre-le-Rond (13.–15. Jh.) ist das Städt. Museum (galloröm. Funde) angeschlossen. – S. war als **Agedincum** Hauptort der kelt. Senonen, nach denen die Stadt seit der Römerzeit heißt; erhielt 1189 Stadtrecht.

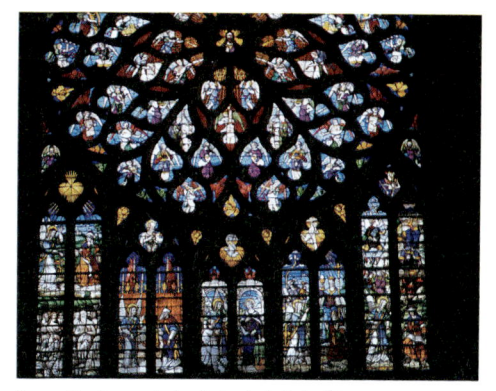

Sens: Glasfenster in der Kathedrale Saint-Étienne

Sennenhunde: oben Entlebucher Sennenhund (Schulterhöhe 44–48 cm); unten Berner Sennenhund (Schulterhöhe 60–65 cm)

Sensal [ital., von arab. simsār, aus dem Pers.] *der, -s/-e,* in Österreich der Kursmakler (→Makler).

Sensation [frz., eigtl. ›Empfindung‹] *die, -/-en,* 1) *allg.:* Aufsehen erregendes Ereignis.
2) *Philosophie:* bezeichnet bei den engl. Philosophen (z. B. bei J. LOCKE) den Sinneseindruck, die (äußere) Sinneswahrnehmung. Im Empirismus und Sensualismus wird S. (im Ggs. zur nichtsinnl. Reflexion) als Ursprung aller Erkenntnis angesehen. Zw. der Wahrnehmung (engl. perception) und der Empfindung (engl. sensation) hat wohl erstmals T. REID ausdrücklich unterschieden. G. RYLE, der den philosoph. Begriff der S. kritisiert, weist (ebenso wie etwa L. WITTGENSTEIN) die traditionelle These ›Wahrnehmung = Sinnesempfindung + Denken‹ zurück.

Sensburg, poln. **Mrągowo** [mrɔŋ'gɔvɔ], Stadt in der Wwschaft Olsztyn (Allenstein), Polen, 102 m ü. M., auf der Masur. Seenplatte, 22 000 Ew.; Erholungsort; Regionalmuseum; Holz-, Nahrungsmittel-, Metall-, Textilindustrie. – S. wurde um 1400 vom Dt. Orden als Stadt angelegt. Die Stadt kam 1945 unter poln. Verwaltung, die Zugehörigkeit zu Polen wurde durch den Dt.-Poln. Grenzvertrag vom 14. 11. 1990 anerkannt.

Sense, landwirtschaftl. Handgerät zum Mähen, ein etwa armlanges, schwach gebogenes Stahlmesser **(Blatt)** an langem Stiel **(S.-Baum)** mit Handhaben. An der Getreide-S. ist zum Beiseiteraffen der Halme zu Schwaden ein Korb **(Gestell, Reff)** angebracht. Das Schärfen des Blattes geschieht durch Dengeln (Hämmern), Schleifen und mit dem Wetzstein. – Die S. ist ein Symbol der Landwirtschaft, in der christl. Kunst das Attribut des Todes (der Tod als **Sensenmann**).

Älteste Nachweise der S. stammen aus dem kelt. Kulturraum, u. a. aus La Tène am Neuenburger See (3. Jh. v. Chr.). Wahrscheinlich für Gras- und Schilfmahd entwickelt, wurde die S. wohl erst später zum Kornmähen benutzt.

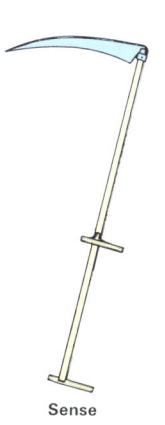

Sense

Sens Sense – Sensitivitätstraining

Sense, frz. **Singine** [sɛ̃ˈʒin], **1)** Bez. im O des Kt. Freiburg, Schweiz, 265 km², 37 300 Ew., Hauptort ist Tafers.
2) *die,* rechter Nebenfluss der Saane bei Laupen, Schweiz, entsteht aus der Warmen S. (Abfluss des Schwarzsees) und der Kalten S., die im bernischen Gantrischgebiet entspringt, bildet weitgehend die Grenze zw. den Kt. Freiburg und Bern, 42 km lang; im Tal der Kalten S., 1 400 m ü. M., Kurhaus Schwefelbergbad (dank Schwefelquelle und natürl. Fango).

Sensenschmidt, Johann, Inkunabeldrucker, * Eger(?), † Bamberg 1491(?). S. erlernte vermutlich in Mainz den Buchdruck und begann um 1469/70 – etwa gleichzeitig mit A. KOBERGER – in Nürnberg zu drucken. Der Konkurrenz KOBERGERS nicht standhaltend, siedelte er 1478 nach Bamberg über. S. produzierte, zumeist in Verbindung mit anderen Druckern (u.a. HEINRICH KEFFER, † 1473 oder 1474), v.a. liturg. (›Missale Benedictinum‹, 1481; ›Missale Bambergense‹, 1490) und jurist. Werke; als sein bedeutendstes Druckwerk gilt die um 1476/78 in Nürnberg erschienene fünfte dt. Bibel (**S.-Bibel**).
  K. SIEGL in: Mitt. des Vereins für Gesch. der Deutschen in Böhmen, Jg. 48 (Prag 1909/10); F. GELDNER: Die dt. Inkunabeldrucker, Bd. 1 (1968).

sensibel [frz. sensible, von lat. sensibilis ›der Empfindung fähig‹], **1)** *allg.:* von besonderer Feinfühligkeit, empfindsam.
2) *Medizin:* schmerzempfindlich.

sensibilisieren, bildungssprachlich für: empfindlich, sensibel machen (für die Aufnahme von Reizen und Eindrücken).

Sensibilisierung, 1) *Fotografie:* die Erhöhung der Empfindlichkeit fotograf. Emulsionen, und zwar der Allgemeinempfindlichkeit durch Zusatz von Reifungsgelatine und bestimmten Fremdsubstanzen bei der Emulsionierung. Dabei werden v.a. Ionen von Schwermetallen (z.B. Gold, Silber, Quecksilber) in die Silberhalogenidkristalle eingebaut, was zur Ausbildung von Gitterfehlstellen führt (**chemische S.**). Die Erhöhung der Farbempfindlichkeit erreicht man durch die Zugabe von Sensibilisatoren, die das Silberhalogenid auch für den längerwelligen Spektralbereich (Grün, Gelb, Rot, Infrarot) empfindlich machen (**optische S.**).
2) *Medizin:* 1) durch ein Antigen ausgelöste Immunreaktion, die zu einer verstärkten Antigenbildung bei erneutem Kontakt mit demselben Antigen führt, ggf. auch als Überempfindlichkeitsreaktion; 2) →Photosensibilisierung.

Sensibilität [spätlat. sensibilitas ›Empfindsamkeit‹], **1)** *Physiologie:* die Fähigkeit, Sinnesreize zu empfangen und zu verarbeiten. Hierbei wird zw. einer **Oberflächen-S.** (Berührungs-, Druck-, Temperatur-, Schmerzempfindung) und einer **Tiefen-S.** (Empfindung der Lage, Bewegung, Muskelspannung) unterschieden. Als **epikritische** S. wird die feine, als **protopathische** S. die diffuse Empfindungsfähigkeit für Schmerz, Druck und Temperatur bezeichnet (nach dem itl. Neurologen HENRY HEAD, * 1861, † 1940). S.-Störungen (anatomisch oder psychisch bedingt) treten v.a. in Form einer fehlenden (**Anästhesie**), übersteigerten (**Hyperästhesie**) oder herabgesetzten (**Hypästhesie**) S. auf.
2) *Psychologie:* das Vermögen, auf äußere Reize mit seel. Vorgängen zu reagieren (Gefühlsansprechbarkeit, Empfindsamkeit, Feinfühligkeit).

Sensibilitäts|analyse, *Operations-Research:* Verfahren, das insbesondere bei Modellen der linearen Programmierung (→mathematische Programmierung) untersucht, wie groß Änderungen von Ausgangsparametern sein können, ohne dass sich die urspr. optimale Lösung verändert. Diese Information ist v.a. dann bedeutsam, wenn die Ausgangsparameter ungewisse Planungsdaten sind. Mit der weiter gehenden Frage, welche neuen Optimallösungen bei Überschreitung des durch die S. ermittelten Toleranzbereichs gelten, gehen S. in Szenarienrechnungen über.

sensible Phase, *Verhaltensforschung:* →Prägung.

Sensillen [Verkleinerung von lat. sensus ›Sinn‹, ›Wahrnehmung‹], *Sg.* **Sensille** *die,* -, **Sensilla,** bei *Gliederfüßern* einfache Sinnesorgane, die aus mehreren Zellelementen zusammengesetzt sind und meist zusätzl. Hilfsstrukturen aufweisen; S. gehen durch differenzielle Teilungen aus einer Stammzelle der Epidermis hervor.
  Man unterscheidet Haar-S. und (ohne Hilfsstrukturen) stiftführende S. (→Skolopidien) als mechanooder chemorezeptor. S. sowie opt. S. (**Sehzellen**) in Form der Retinulazellen in den Ommatidien (Einzelaugen) des Facettenauges. Die **Haar-S.** (Sinneshaare) setzen sich aus drei teleskopartig ineinander steckenden Zellarten zus., der (primären) Sinneszelle (es können auch mehrere sein, in der Tiefe der Epidermis, der Haarbildungszelle (**Schaftzelle,** trichogene Zelle) und der **Balgbildungszelle** (tormogene Zelle, Membranzelle; bildet die Haargelenkhaut und den Basalring am Haar aus), zu denen dann das über eine Gelenkmembran eingelenkte (hohle) Chitinhaar als Hilfsvorrichtung hinzukommt, wie es v.a. bei den **Riechhaaren** der Fall ist; deren Wandung ist dünn und mit zahlr. Poren für die Duftmoleküle durchsetzt; das flüssigkeitserfüllte Lumen bis zur Haarspitze ist von einem Bündel terminaler Sinneszellenfortsätze, Dendriten, durchzogen. Durch Umbildung des Haars (z.B. zu einer Borste) sind die meisten übrigen S.-Typen der Gliederfüßer entstanden, z.B. die **Sinneskegel** als nach außen kegelartig vorragende (v.a. **Riechkegel**) oder als in eine Grube eingesenkte dick- (als Tast- und Vibrationsrezeptoren) oder (als Chemorezeptoren) dünnwandige (kegelförmige) **Grubenkegel.** Bei Schmetterlingsflügeln treten fein zugespitzte **Sinnesschuppen** auf, die v.a. den Flügeladern aufsitzen. – Die **Riechplatten** (Sinnes-, Porenplatten), die größtenteils der Gelenkmembran eines Sinneshaars entsprechen, bestehen aus einer flachen oder gewölbten, runden oder ovalen, oft mit besonderen Verdünnungszonen ausgestatteten, sklerotisierten oder membranösen Chitinplatte, die bis 4000 Poren für das Eindringen der Duftmoleküle aufweisen kann. (→Trichobothrien)
  Durch den Zusammenschluss mehrerer bis zahlreicher S. entstehen zusammengesetzte Sinnesorgane. Bei den Wirbeltieren sind die Dermal-S. einfache →Hautsinnesorgane.

sensitiv [frz. sensitif, von mlat. sensitivus, zu lat. sentire ›fühlen‹, ›empfinden‹], bildungssprachlich für: leicht reizbar, überempfindlich, feinnervig.

sensitiver Charakter, *Psychologie:* nach E. KRETSCHMER der →Schizoidie nahe stehende Persönlichkeit, die durch Selbstunsicherheit, Verletzlichkeit, Neigung zur Selbstentwertung, bei übermäßigem Ehrgeiz, auch zu Beziehungsideen (sensitiver →Beziehungswahn) und Zwangsneurosen gekennzeichnet ist.

Sensitivitätstraining, Sensitivity-Training [sensɪˈtɪvɪtɪ ˈtreɪnɪŋ, engl.], in den USA entwickelte Form der psychotherapeut. Gruppentherapie, die der Vertiefung der Selbst- und Fremdwahrnehmung und der Verbesserung von Kommunikation und Interaktion dient. Das in versch. Formen (u.a. als Encountergruppe, gruppendynam. Übung) praktizierte S.

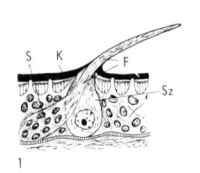

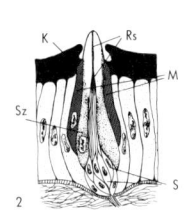

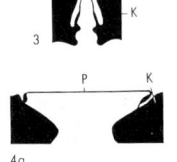

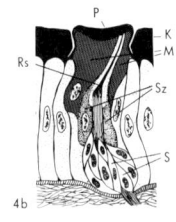

Sensillen: Riechsensillen der Insekten; 1 Riechhaar; 2 Riechkegel; 3 Grubenkegel; 4 Riechplatte als Membran (4a) und als sklerotisierte Platte mit peripherer Verdünnungszone (4b); S Geruchssinneszellenkomplex, K Chitinkutikula, F Fortsätze der Sinneszellen, Sz Schaftzelle (Haarbildungszelle), Rs Riechstäbchen, M Membranzelle (Balgbildungszelle), P Platte

wird von einem Leiter nichtdirektiv (d. h. nach dem Modell der Gesprächstherapie) geführt; Anwendung v. a. in der Erwachsenenbildung, in Betrieben und im Rahmen der Schulung von Führungskräften.

Sensitometrie [zu lat. sensus ›Sinn‹, ›Wahrnehmung‹] *die*, -, Sammel-Bez. für die Messverfahren zur Bestimmung der Eigenschaften fotograf. Materialien: Schwärzungsmessung (Densitometrie, Bestimmung der Dichte), Bestimmung der allgemeinen und spektralen Empfindlichkeit und der Gradation, der Sensibilisierung und des Entwicklungsverhaltens; auch die Untersuchung des Einflusses fotograf. Effekte auf die Schichten. Das Gerät, mit dessen Hilfe sich die Empfindlichkeit einer fotograf. Schicht bestimmen lässt, bezeichnet man dementsprechend als **Sensitometer**. Es ermöglicht eine genau abgestufte Belichtung des zu untersuchenden Materials, indem durch einen Graukeil hindurch mit einer definierten Lichtquelle eine bestimmte Zeit exponiert wird. Beim **Scheiner-Sensitometer** entstehen diese Grauabstufungen durch variable Belichtungszeiten, die eine rotierende Sektorenscheibe erzeugt, hinter der die fotograf. Schicht belichtet wird. Die Ausschnitte der Scheibe geben die versch. Stellen des Probestreifens mehr oder weniger lange für die Belichtung frei.

Sensomotorik, *die*, →Sensumotorik.

Sensor [engl. zu lat. sensus ›Sinn‹, ›Wahrnehmung‹] *der*, -s/...'soren, allg. ein Funktions- oder Bauelement, das mittels physikal. oder chem. Effekte zur Erfassung physikal., chem. oder elektrochem. Größen und deren Umwandlung in elektr. Signale dient; in diesem Sinn bedeutet S. svw. →Messgrößenaufnehmer. I. e. S. unterscheidet man S. von Messgrößenaufnehmern einerseits nach Baugröße und Fertigungstechnik sowie andererseits nach Einsatz- und Verwendungszweck. In diesem Sinn handelt es sich bei S. um kleine bis miniaturisierte Funktions- oder Bauelemente, die nach Verfahren der Mikroelektronik und Mikrosystemtechnik in großen Stückzahlen mit hoher Zuverlässigkeit zu niedrigem Preis hergestellt (Massenfertigung) und bes. für Zwecke der Steuerung und Regelung eingesetzt werden. Zu den Anwendungen gehören u. a. automat. Türöffner und -schließer, Bewegungsmelder zur Sicherung von Liegenschaften, Verkehrsampelsteuerungen durch den Verkehr, die Temperaturregelung in der Wohnung und im Kühlschrank, die Kennfeldzündung und die Lambdasonde im Auto; sie reichen bis zu komplexen Systemen, Anlagen und Prozessen, bei denen Tausende von S. eingesetzt werden. Hierbei wird ein weiteres wichtiges Merkmal erkennbar: die Weiterverarbeitung der von S. (als ›Gebern‹) gelieferten Signale und Daten in DVA und Rechnern und die große Bedeutung, die deren Programmierung zukommt.

Zu den Anforderungen, die an S. gestellt werden, gehören ein großer Dynamikbereich, Reproduzierbarkeit und Linearität der von ihnen gelieferten Signale, kurze Messzeit, geringer Leistungsbedarf, Stabilität, Zuverlässigkeit, lange Lebensdauer und Störsicherheit, d. h. Unabhängigkeit von unerwünschten Umgebungseinflüssen wie Temperatur, Strahlung und Erschütterung, sowie eine leichte Austauschbarkeit. Aus der Widersprüchlichkeit und schwierigen Vereinbarkeit mancher dieser Anforderungen ergeben sich die besonderen Anforderungen, die an die von der S.-Technik (Sensorik) zu erbringenden Leistungen gestellt werden. S. umfassen ein weites Spektrum von Vorrichtungen, ihre Vielfalt ist nahezu unüberschaubar, und es ist fast unmöglich, eine Systematik zu schaffen, nach der alle S. eingeteilt werden könnten. Es finden sich immer neue ausgefallene Anwendungen, die in keine Systematik passen. Nach den zu erfassenden Messgrößen sind die Merkmale Temperatur und geometr. Größen (z. B. Abstand, Kontur, Form) vorherrschend; über zwei Drittel der jährlich installierten S. fallen in diese Kategorien. Die meisten davon sind einfache und daher billige Vorrichtungen, die lediglich eine Ein-Aus-Funktion steuern. Zu den zu erfassenden Größen gehören darüber hinaus Druck,

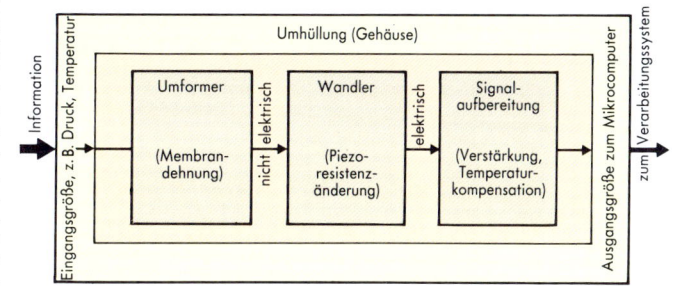

Sensor: Blockdiagramm eines Sensorbausteins mit den Funktionselementen Umformer, Wandler und Signalaufbereitung

Geschwindigkeit und Beschleunigung, Magnetfelder, chem. Größen (z. B. stoffl. Zusammensetzung von Gasen und Flüssigkeiten sowie Aktivitäten), opt. Größen sowie allg. elektromagnet. Strahlung. Die Ausführungen und Leistungen reichen z. B. bis zu einem Druck-S., bei welchem neben der eigentl. S.-Funktion auf einem einzigen Siliciumelement auch eine mikroelektron. Schaltung integriert ist, die das entstandene Signal mit einer Temperaturkompensation versieht, digitalisiert und in einer buskompatiblen Form (z. B. Feldbus) abgibt. Nach den Anwendungsgebieten entfallen mehr als zwei Drittel aller S. auf Kraftfahrzeuge und Haushaltsgeräte. Daneben finden sie Einsatz u. a. in sonstigen elektr. Geräten, im Maschinenbau, in der Unterhaltungselektronik, der Büro- und Datentechnik, der Robotik sowie in der Medizintechnik.

Zu den Gebieten, deren Ergebnisse und Leistungen in der Sensorik Anwendung finden, gehören neben der Mikroelektronik und allg. der Mikrosystemtechnik v. a. die Optoelektronik einschließlich der Infrarottechnik und die Ultraschalltechnik. Zu den ausgenutzten Effekten und Mechanismen gehören der piezoelektrische und der pyroelektrische Effekt, induktive und kapazitive Beeinflussung, die Abhängigkeit der elektr. Leitfähigkeit von versch. Größen wie Temperatur und Feuchtigkeit und die Wärmeleitung. Seit einiger Zeit erlangen auch →Biosensoren immer größere Bedeutung. Als Beispiele für die Verwendung als S. seien genannt: Photodiode, Phototransistor und Photowiderstand zur Messung der Beleuchtungsstärke und der Lichtdurchlässigkeit; CCD zur opt. Bildabtastung; Thermistor und Kaltleiter als Temperaturfühler; Feuchtigkeitsfühler in Hygrometern; Infrarotdetektoren, ferner Dehnungsmessstreifen (Aufnahme von mechan. Veränderungen), Magnetdiode und Hall-Generator (Magnetfelder), Piezodiode, Piezotransistor sowie andere Drucksensoren, schließlich S. versch. Art in Feuermeldeanlagen.

Sensorfeld, *Datenverarbeitung:* Berührungsstelle eines **Kontaktbildschirms** (**Sensorbildschirm**, **Touchscreen** [zu engl. touch ›Berührung‹ und screen ›Bildschirm‹]), die mit dem Finger oder einem Stift angetippt werden kann, um bestimmte Aktionen, wie die Auswahl von Kommandos oder die Eingabe von angezeigten Daten aus einem Menü, auszulösen. Das S. ist ein Raster von vertikal und horizontal vor dem Bildschirm und parallel zu diesem angeordneten Lichtschranken und dient zur Feststellung der Koordinaten der Berührungsstelle. – Das Berühren eines S. hat die gleiche Funktion wie das Markieren der entsprechenden Stellen mithilfe einer Maus.

Sensorik *die,* -, **Sensortechnik,** wissenschaftlichtechn. Disziplin, die sich als Teilgebiet der Messtechnik mit Entwicklung und Einsatz von →Sensoren befasst.

sensorisch [zu lat. sensus ›Sinn‹, ›Wahrnehmung‹], *Physiologie:* zu den Sinnesorganen gehörig; Empfindungen, die von den einzelnen Sinnesorganen ausgehen, wie Geschmacks-, Geruchs-, Gehör- und Gesichtssinn, im Unterschied zu den sensiblen Empfindungen, die über den ganzen Körper wahrgenommen werden (Berührung, Temperatur, Schmerz). →Nerven.

sensorische Prüfung, organoleptische Prüfung, die Beurteilung des Geruchs und Geschmacks nach weitgehend messbaren und reproduzierbaren Maßstäben, die bei d. Weinen Voraussetzung für die Zuteilung der amtl. Prüfungsnummer ist.

Sensorium [spätlat. ›Sitz der Empfindung‹] *das, -s/...rien,* Empfindungsvermögen; auch Bez. für Sinnesorgane mit speziellen Repräsentationszonen im Großhirn (z. B. opt. Sinn im Hinterhauptlappen).

Sensortaste, Schaltelement ohne mechanisch bewegte Teile, das durch Berühren einer Kontaktfläche (bzw. benachbarter Kontaktstreifen) Schaltvorgänge auslöst. Die Funktion beruht auf dem Körperwiderstand gegenüber Erde, dem Hautwiderstand des Fingers oder einer Kapazitätsänderung an der Kontaktfläche. S. werden v. a. für Bedienfelder elektron. Geräte (Computer, Kameraauslöser u. a.) verwendet.

Sensualismus [zu spätlat. sensualis ›sinnlich‹] *der, -,* erkenntnistheoret. Richtung der Philosophie, in der alle Erkenntnis auf Sinneswahrnehmung – letztlich auf die Empfindung physiolog. Reize – zurückgeführt wird. Der S. ist eine besondere Form des Empirismus, die mit dem Empiriokritizismus und dem Positivismus verwandt ist. Kennzeichnend für den S. ist die Formel J. LOCKES: ›Nihil est in intellectu, quod non ante fuerit in sensu‹ (lat. ›Nichts ist im Verstand, was nicht vorher im Sinn [in den Sinnen] gewesen ist‹). In der Frage nach dem Anfang der Erkenntnis stellt der S. somit eine radikale Position dar, welche die reine sinnl. Erfahrung (ohne begriffl. Hilfsmittel) verabsolutiert. Das Gegebene wird dabei weitgehend mit der Summe der einzelnen Sinnesdaten identifiziert.

In der Antike leugnete bereits ANTISTHENES den Wahrheitsanspruch von Ideen und Allgemeinbegriffen, sofern sie nicht anhand von Sinneswahrnehmungen ausreichend bestimmt werden können. Auch für EPIKUR und seine Schule war alles Erkennen reine Sinneswahrnehmung, wobei die ästhet. Sinneslust zu einer hedonist. Ethik erweitert wurde. – Im engl. Empirismus traten T. HOBBES, LOCKE und D. HUME als Hauptvertreter des S. hervor, unter Vollzug eines radikalen Bruchs mit der Tradition der platonisch-aristotel. Metaphysik: Alle Erfahrung der Welt ist Sinneserfahrung, aus der sich allein bestimmt, was Wahrheit, moral. Ideal und religiöse Werte sind. Das Denken wird als Funktion der Verknüpfung von Vorstellungen erklärt, die Verknüpfungsgesetze selbst werden auf eine ›Welterfahrung als Gewohnheit‹ zurückgeführt.

Im 17.–18. Jh. entwickelte sich der S. zu einer materialist. Deutung menschl. Bewusstseinsphänomene, u. a. bei J. PRIESTLEY, der von der Identität psych. und physiolog. Prozesse ausging, und in der frz. Aufklärung bei D. DIDEROT, C. A. HELVÉTIUS und P. H. T. d'HOLBACH, der alles Denken nur als eine spezif. Form der allgemeinen Bewegung der Materie erklärte. É. B. DE CONDILLAC legte mit seiner Ableitung der geistigen Fähigkeiten aus Sinneswahrnehmungen und -empfindungen das theoret. Fundament des naturwiss. Materialismus (L. BÜCHNER; HEINRICH CZOLBE, *1819, †1873), der die Welt und alles Sein nur aus Kraft und (sinnl.) Stoff bestimmt sieht.

H. CZOLBE: Neue Darst. des S. (1855); L. BÜCHNER: Kraft u. Stoff (Neuausg. Leipzig ⁸1964); C. A. HELVÉTIUS: Vom Menschen, seinen geistigen Fähigkeiten u. seiner Erziehung (a. d. Frz., 1972); J. BOREK: S. u. Sensation (Wien 1983); É. B. DE CONDILLAC: Abh. über die Empfindung (a. d. Frz., 1983); D. HUME: Eine Unters. über den menschl. Verstand (a. d. Engl., Neuausg. 1994).

Sensumotorik [zu lat. sensus ›Sinn‹], **Sensomotorik,** die Gesamtheit der mit dem Zusammenspiel von Sinnesorganen (Rezeptoren) und Muskeln (Effektoren) zusammenhängenden Vorgänge, die durch ein komplexes System von Rückkopplungsvorgängen (→Reafferenzprinzip) gekennzeichnet sind. Die S. ist Gegenstandsbereich der z. T. behavioristisch, inzwischen aber mehr kybernetisch orientierten Forschungsgebiete.

Sensus communis [lat.] *der,* - -, der →Commonsense.

Sent *der, -(s)/-ti,* kleine Währungseinheit in Estland, 100 S. = 1 Estn. Krone (ekr).

Senta, ungar. **Zenta** [ˈzɛntɔ], Stadt in der Wojwodina, Serbien, Jugoslawien, in der Batschka, 83 m ü. M., am rechten Ufer der Theiß, 22 800 Ew.; Stadtmuseum, Kunstsammlung; Marktzentrum; Textil- (bes. Hanfverarbeitung), Möbel-, Nahrungsmittelindustrie. – S., erstmals 1216 erwähnt, wurde 1516 Freistadt und entwickelte sich zum Handels- und Handwerkerzentrum des Theißgebiets. – Bei S. besiegte am 11. 9. 1697 Prinz EUGEN von Savoyen-Carignan das osman. Heer unter Sultan MUSTAFA II. und verhinderte so dessen Versuch, die Theiß zu überschreiten.

Sentenriss, *Schiffbau:* →Linienriss.

Sentenz [lat. sententia ›Meinung‹, ›Urteil‹, ›Sinnspruch‹] *die, -/-en,* treffend geprägter Ausspruch, Sinnspruch (auch richterl. Urteil); seit dem 8. Jh. zu Lehrzwecken aus der Hl. Schrift, den Kirchenvätern und -schriftstellern, den Kanones der Konzilien für philosophisch-theolog. Lehrzwecke gesammelt. In der Frühscholastik wurden die S. dann systematisch zu Lehrbüchern geordnet (S.-Bücher). bes. bekannt wurden die des PETRUS LOMBARDUS; →Summa. **Sententiarius** hieß im MA. der Bakkalaureus, der zu den S. einen Kommentar zu verfassen hatte. Meisterwerke verfassten u. a. auch BONAVENTURA, THOMAS VON AQUINO und J. DUNS SCOTUS.

In der Literatur berührt sich die S. als Sinnspruch mit dem →Aphorismus; der Begriff steht meist für sehr bekannte, dem Sprichwort nahe stehende Aussprüche.

Sentiment [sãtiˈmã; frz., von mlat. sentimentum, zu lat. sentire ›fühlen‹, ›empfinden‹] *das, -s/-s, bildungssprachlich* für: Empfindung, Gefühl.

sentimental [engl., zu Sentiment], gefühlsbetont, (übertrieben) empfindsam, rührselig.

Sentimentale, *Theater:* weibl. Rollenfach; gefühlvolles, empfindsames Mädchen mit intellektueller, bewusster Ausstrahlung.

Sentimentalität, *Psychologie:* unverhältnismäßige affektive Erregbarkeit und Gefühlsbestimmtheit der Reaktionen mit Neigung zu Unechtheit in den Gefühlen und kokettierendem Verhalten. Bei seel. Störungen kann S. als hyster. Symptom auftreten. – Der Begriff ist im Sinne von →Empfindsamkeit seit dem 18. Jh. in Dtl. gebräuchlich.

Sentinelkette [ˈsɛntɪnl-], Gebirge im →Ellsworthhochland der Westantarktis.

Senufo, Sene, Eigen-Bez. **Syenamana,** großes altnigrit. Volk mit zahlr. Untergruppen, die z. T. als eigenständige Völker gelten (Minianka, Guin u. a.), insgesamt etwa 4 Mio. Angehörige (N-Elfenbeinküste 2,1 Mio., S-Mali 1,3 Mio., im SW von Burkina Faso

Senufo: Kultfigur aus Holz, als Rhythmus-Stampfer bei Tänzen eines Geheimbundes verwendet; Höhe 95 cm (Zürich, Museum Rietberg)

600 000). Die S. wohnen in von Lehmmauern und Palisaden umgebenen lehmburgartigen Dörfern und betreiben v. a. Feldbau in der Savanne und Viehhaltung; ihre angestammte Religion (Ahnenkult) konnte sich gegenüber dem Islam (25% sind Muslime) und dem Christentum gut behaupten. Ihr religiöses und soziales Leben ist z.T. bis heute dem Geheimbundwesen untergeordnet. Die Aktivität der S.-Künstler konzentriert sich v. a. auf Masken, Figuren und Gerätschaften für den Geheimbund, heute auch für den Verkauf hergestellt und künstlich gealtert. – Die S.-Sprachen bilden die westlichste Gruppe der →Gur-Sprachen. Im gesamten S.-Sprachraum ist die Sprache der →Dyula als Verkehrs- und Handelssprache verbreitet.

G. CHÉRON: Le dialecte Sénoufo du Minianka. Grammaire, textes et lexiques (Paris 1925); R. GOLDWATER: S. sculpture from West Africa (Greenwich, Conn., 1964); R. P. A. PROST: Contribution à l'étude des langues voltaïques (Dakar 1964); G. MANESSY: Les langues Oti-Volta (Paris 1975); DERS.: Les langues voltaïques, in: Les langues du monde, hg. v. A. MEILLET u.a. (Neuausg. ebd. 1984); T. FÖRSTER: Glänzend wie Gold. Gelbguß bei den S., Elfenbeinküste (1987); Die Kunst der S., Elfenbeinküste, hg. v. H.-J. KOLOSS, Ausst.-Kat. (²1990).

Senussi, arab. **Snussi, Sanusi,** Mitgl. der islam. Bruderschaft Sanusiya; benannt nach ihrem Gründer MOHAMMED IBN ALI AS-SENUSSI (*1787, †1859); von ihm 1833 während einer Mekkapilgerfahrt gegründet. Die S. berufen sich unmittelbar auf MOHAMMED und die Prophetengefährten (→Sahaba) und wollen den Islam auf seine ursprüngl. Form zurückführen. Im Unterschied zu den ihnen theologisch verwandten →Wahhabiten folgen sie jedoch einer eigenen Rechtstradition, in der sie das Beste aus allen islam. Rechtsschulen repräsentiert sehen. Die Mitgl. verbinden myst. Gebet und prakt. Tätigkeit (Landwirtschaft, Förderung von Handwerk und Handel). Seit 1843 breiteten sich die S. in der Cyrenaika aus, wo zunächst →Djaghbub, 1895 →Kufra ihr Zentrum wurde, brachten den Karawanenhandel unter ihre Kontrolle und gründeten vom Mittelmeer bis in den Sudan (politisch z.T. einflussreiche) Ordenshäuser. – Zur Geschichte der S. im 20.Jh.: →Libyen (Geschichte), →Idris as-Senussi.

senza [ital. ›ohne‹], musikal. Vortrags-Bez.: wird in Zusammensetzungen gebraucht, **s. tempo,** ohne bestimmtes Zeitmaß; **s. sordino,** ohne Dämpfer.

Seo de Urgel [-ðe ur'xɛl], katalan. **La Seu d'Urgell** [-dur'dʒɛl], Stadt in der Prov. Lérida, NO-Spanien, 691 m ü. M., in einem weiten Talbecken des oberen Segre in den katalan. Pyrenäen, 10 300 Ew.; kath. Bischofssitz; Milchwirtschaft, Textilindustrie, Fremdenverkehr; Hauptort des Wintersportgebiets Alt Urgell. – Festungsartige roman. Kathedrale Santa Maria (von oberital. Meistern Anfang des 12. Jh. über Vorgängerbau begonnen), mittelalterl. Altstadt (Barrio Medieval). – Der Ort stand zw. 714 und 839 zeitweise unter arab. Herrschaft, wurde von Franken endgültig rückerobert. Zurückgehend auf den Paréage-Vertrag von 1278 vertreten heute der Bischof von S. de U. und das Staatsoberhaupt von Frankreich →Andorra nach außen.

Seoul [se'ul], korean. **Sŏul** [sʌul], Hauptstadt von Süd-Korea, am Hangang, nahe der W-Küste der Halbinsel Korea, (1995) 10,23 Mio. Ew. (1970: 5,5 Mio. Ew.); die Stadt S. steht im Rang einer Prov. (605 km²), sie ist Verw.-, Kultur- und Wirtschaftsmittelpunkt des Landes; kath. Erzbischofssitz; Nationalakademie der Künste und der Wissenschaften, 22 Univ. und Hochschulen, Nationalbibliothek, Nationalmuseen und weitere Museen und Galerien; Waggon- und Kraftfahrzeugbau, chem., Textil-, elektrotechn. und Elektronik-, Glas-, Papier-, Leder- und Nahrungsmittelindustrie, Druckereien und Verlage; Seehafen für S. ist Inch'ŏn, internat. Flughafen ist

Seoul: Blick auf die von Granitbergketten umgebene Metropole

Kimp'o; U-Bahn (seit 1974). S. war Austragungsort der Olymp. Sommerspiele 1988. – Die Stadt bewahrt drei Paläste, darunter den gut erhaltenen Changdŏkpalast (1405, erneuert 1611) in einem Garten und den Kyŏngbokpalast (1394; 1592 zerstört, 1867 wieder aufgebaut; urspr. etwa 100 Gebäude) mit Thronhalle und Pagodengarten (Steinpagode, 14. Jh.); Südtor (1396) und weitere Tore (15.–16. Jh.), konfuzian. Altar (1601). Der gut erhaltene Chongmyo-Ahnenschrein (gegr. 1396, heutiger Bau um 1600) südöstlich vom Changdŏkpalast gehört zum UNESCO-Weltkulturerbe. Heute bestimmen moderne Bauten (u. a. des korean. Architekten KIM SOON GEUN) das Stadtbild. – Stadtgründung im 11. Jh. Unter dem Namen **Hanyang** (die Stadt wechselte ihren Namen mehrmals) neben Pjöngjang im N und Kyŏngju im O eine der drei regionalen Hauptstädte, die Kaesŏng untergeordnet waren. Ab 1394 Hauptstadt der Chosŏn-(Yi-)Dynastie (1392–1910); 1592 durch die Japaner zerstört. Nach der Annexion Koreas durch Japan 1910–45 Sitz des Generalgouverneurs. Die Stadt, deren Namen man nach der Befreiung 1945 in S. änderte, wurde 1948 Hauptstadt von Süd-Korea.

Sepalen [nlat.], Sg. **Sepalum** das, -s, Botanik: Kelchblätter, äußere Blütenhüllblätter (→Blüte).

Sepaloide [zu Sepalen und griech. -eidḗs ›gestaltet‹, ›ähnlich‹], Sg. **Sepaloid** das, -(e)s, Botanik: zu zusätzl. Kelchblättern umgebildete Laubblätter.

Sepamla, Sidney Sipho, südafrikan. Schriftsteller, *Krügersdorp 1932; Lyriker, Erzähler, Herausgeber und Leiter der Künstlergewerkschaft FUBA; verwendet häufig Sprachmuster aus dem Alltag der Townships. International bekannt wurde sein Gedichtband ›The Soweto I love‹ (1977; dt. ›Soweto, das ich liebe‹), der wie seine beiden Romane ›The root is one‹ (1979) und ›A ride on the whirlwind‹ (1981) aus der Perspektive eines Augenzeugen über die blutige Unterdrückung der Protestbewegung in Soweto berichtet.

Ausgabe: Selected poems (1984).

separable Körper|erweiterung, Algebra: ein Erweiterungskörper L des →Körpers K, in dem jedes Element $a \in K$ separabel ist (→separables Element).

separabler topologischer Raum, Topologie: ein →topologischer Raum, der eine abzählbare dichte Teilmenge enthält. So ist der topolog. Raum $\mathbb{R}$ separabel, weil er die abzählbare dichte Teilmenge $\mathbb{Q}$ enthält.

separables Element, Algebra: Ein Element a eines Körpers K heißt bezüglich eines Erweiterungskörpers

---

Seoul

Hauptstadt von Süd-Korea

·

nahe der W-Küste

·

10,23 Mio. Ew.

·

Industriezentrum

·

22 Universitäten und Hochschulen

·

U-Bahn

·

Olympische Sommerspiele 1988

·

gegründet im 11. Jh.

L von K separabel, wenn a Nullstelle eines separablen Polynoms mit Koeffizienten in L ist.

separables Polynom, *Algebra:* ein über einem Körper K irreduzibles nichtkonstantes Polynom, das in keinem Erweiterungskörper von K mehrfache Nullstellen besitzt.

Separanda [zu lat. separare ›absondern‹, ›trennen‹], *Sg.* **Separandum** *das, -s,* in *Apotheken* gesondert aufzubewahrende, stark wirksame Arzneistoffe.

separat [lat. separare, separatum ›absondern‹, ›trennen‹], abgesondert, einzeln, getrennt.

Separatfriede, der Sonderfriede (→Friedensvertrag).

Separation [lat.] *die, -/-en,* 1) *allg.:* Absonderung, Trennung (veraltend).
2) *Agrargeschichte:* die Auflösung der genossenschaftl. Wirtschaftsweise, in Dtl. im 18. und frühen 19. Jh. bes. die Aufteilung der Allmende an die bisher Nutzungsberechtigten. Die S. ermöglichten bessere Nutzung, führten jedoch zur Verarmung der unterbäuerl. Schichten, die mangels privaten Besitzes an Boden auf Eigenwirtschaft verzichten mussten.
3) *Biogeographie:* räuml. Sonderung (geograph. Isolation) von Populationen, wodurch die zufallsmäßige Paarung eingeschränkt oder unterbunden wird (›allopatrische Artbildung‹).
4) *Politik:* →Separatismus.

Separation der Variablen, Mathematik: Verfahren zur Ermittlung spezieller Lösungen von partiellen Differenzialgleichungen (DGL), insbesondere 2. Ordnung, das von dem Ansatz der gesuchten Funktion als Produkt, $u(x_1, ..., x_n) = v(x_1) \cdot w(x_2, ..., x_n)$, bzw. als Summe, $u(x_1, ..., x_n) = v(x_1) + w(x_2, ..., x_n)$, ausgeht (n Anzahl der unabhängigen Variablen). Führt dieser Ansatz dazu, dass sich die partielle DGL in der Form

$$G\left(x_1, v, \frac{dv}{dx_1}, ...\right) = H\left(x_2, ..., x_n, \omega, \frac{\partial \omega}{\partial x_2}, ..., \frac{\partial \omega}{\partial x_n}, ...\right)$$

schreiben lässt, d.h. x_1 **separierbar** ist, so sind beide Seiten dieser Gleichung gleich einer Konstanten, weil sie nicht von den gleichen Variablen abhängen. Für v erhält man in diesem Fall eine gewöhnl. DGL, für w lässt sich das Verfahren ggf. wiederholen. – Die S. d. V. spielt insbesondere für die Lösung solcher partieller DGL in der mathemat. Physik eine wichtige Rolle, für die keine allgemeine Lösung bekannt ist; Voraussetzung ist, dass zw. den entsprechenden physikal. Größen keine Kopplung besteht.

Separations|energie, *Kernphysik:* die Energie, die erforderlich ist, um einen Teil eines →Kerns, insbesondere eines seiner Nukleonen, von dem übrigen Teil zu trennen. Die S. ist gleich der Energie, mit der der entsprechende Teil oder das Nukleon in dem jeweiligen Kern gebunden ist. Sie ist zu unterscheiden von der →Kernbindungsenergie. Letztere muss aufgebracht werden, um sämtl. Nukleonen eines Kerns voneinander zu trennen.

Separatismus *der, -s,* abwertende Bez. für polit. Bestrebungen, ein bestimmtes Gebiet aus seinem bisherigen Staatsverband herauszulösen, um es staatlich zu verselbstständigen oder einem anderen Staat anzuschließen. Die Träger der Bewegung werden – meist von ihren polit. Gegnern – **Separatisten** genannt. Der Begriff **Separation** ist inhaltlich dem Begriff →Sezession verwandt. – Separatist. Bestrebungen haben oft ihre Wurzeln in zentralist. Regierungsstrukturen und/oder ungelösten →Nationalitätenfragen. (→ethnische Konflikte, →Regionalismus)

Separator [lat. ›Trenner‹] *der, -s/...'toren,* →Zentrifuge.

separieren, *Technik, Chemie:* Flüssigkeiten versch. Dichte durch Zentrifugieren voneinander trennen.

Sephardim, Sefardim, von dem bibl. Ortsnamen →Sefarad abgeleitete Bez. für die Nachkommen der spanisch-port. Juden.

Sephardisch, →Ladino.

Sepia [lat., von griech. sēpía ›Tintenfisch‹] *die, -,* braun- bis grauschwarzes Pigment, das aus dem getrockneten Sekret des Tintenbeutels einiger Kopffüßer, v.a. der Gattung Sepia, durch Lösen mit Kaliumhydroxid und Fällen mit Salzsäure gewonnen wird. Seit etwa 1775 wird S. zur Herstellung von Tuschen für Feder- und Pinselzeichnungen verwendet.

Sepien [lat. sepia, von griech. sēpía ›Tintenfisch‹], *Sg.* **Sepia, Sepie** *die, -,* **Tintenschnecken,** zu den Zehnarmern (Decabrachia) gehörende Tintenfische mit über 80 Arten in allen Weltmeeren, wo sie sich meist in Bodennähe aufhalten, z. T. im Sand eingegraben; mit relativ kleinem, massigem Körper, z. T. noch mit Gehäuse, jedoch ist die Schale meist reduziert oder auch völlig rückgebildet. Alle Arten besitzen einen Tintenbeutel, einige auch Leuchtorgane. Im O-Atlantik und Mittelmeer lebt die **Gemeine Tintenschnecke** (**Gemeiner Tintenfisch,** Sepia officinalis; Gesamtlänge bis 65 cm). Mithilfe der Fangarme, die in Taschen zurückgezogen werden können, werden v.a. Krebse und Fische gefangen, die im Mund mit den schnabelartigen Kiefern aufgebissen werden; intensiver Farbwechsel bei Erregung (z. B. ausgelöst durch Bedrohung); die Augen sind sehr leistungsfähig, Gedächtnis und Lernfähigkeit sind bemerkenswert (Lernen durch Nachahmung von Artgenossen). – Das Fleisch der Gemeinen Tintenschnecke ist ein geschätztes Nahrungsmittel, die Rückenschale (→Schulp) kommt als Wetzkalk für Stubenvögel (Sepiaknochen) in den Handel.

Sepik, 1) *der,* während der dt. Kolonialzeit **Kaiserin-Augusta-Fluss,** größter Fluss NO-Neuguineas, rd. 1 200 km lang, entspringt im westl. Zentralgebirge auf indones. Gebiet und entwässert die westl. Senke zw. Zentralkette und nördl. Küstengebirge, mündet nach stark gewundenem, durch weite Sumpfgebiete führendem Lauf bei Watam, Papua-Neuguinea, in die Bismarcksee.
2) Kunstregion in Melanesien, die neben dem Flussgebiet des S. auch die benachbarten Regionen von der W-Grenze Papua-Neuguineas (N-Küste) über das Küstengebirge und das Tal des Ramu bis zur NO-Küste umfasst. Weder Formen und Motive noch Materialien und Techniken der S.-Kunst sind durchgehend einheitlich, doch sind Gemeinsamkeiten unverkennbar, z. B. die Betonung kurvilinearer Muster in der Ornamentierung von Flächen (z. B. auf den Kampfschilden). Im S.-Gebiet gibt es kaum einen sakralen oder profanen Gegenstand, der nicht mit einer reichen Ornamentik versehen wäre. Als Regionalstile werden unterschieden: Küstenzone, unterer S., mittlerer S. (→Iatmül), Hügelgebiete (z. B. Kwoma), Berg-

Sepien: Gemeine Tintenschnecke (Gesamtlänge bis 65 cm)

Sepik 2): Malerei aus einem Kulthaus am unteren Sepik (Basel, Museum für Völkerkunde)

zone südlich des S. (Hakenstil, →Korewori), oberer S., das Quellgebiet und das Küstengebirge (v. a. →Abelam). Bes. reichhaltig hat sich im S.-Gebiet die Keramiktradition entwickelt. Herstellung und Verzierung der Keramik haben sich zur Kunstform verselbstständigt, bes. im Produktionszentrum Aibom (Mittel-S.), wo Frauen auch das plast. Verzieren der großen bauchigen Sagovorratsgefäße sowie der weiten Feuerschalen besorgen, sowie bei den Kwoma, deren Zeremonialkeramik von Männern hergestellt wird: kerbschnittverzierte Speisenäpfe, spitzbodig, mit reicher Kurven- und Spiralornamentik, durchmischt mit abbildend-figürl. Elementen, sowie aus Gefäßen entwickelte Tonplastiken. Als Gebrauchskeramik, durch Handel weit verbreitet, wurden die konischen Esschalen aus bes. feinem Ton in den Sawos-Dörfern Kwaiwut und Kamanggaui hergestellt. (Weiteres BILD →Schild)

Sepiolith [zu Sepia und griech. lithos ›Stein‹] *der, -s und -en/-e(n),* das Mineral →Meerschaum.

Sepoy [ˈsiːpɔɪ; engl., von türk. sipahi ›Reitersoldat‹, aus dem Pers.] *der, -s/-s,* der einheim. Soldat im früheren britisch-ind. Heer.

Seppänen, Unto Kalervo, finn. Schriftsteller, *Helsinki 15. 5. 1904, †ebd. 22. 3. 1955; schrieb fantasie- und humorvolle Schilderungen aus Karelien, meist unter Verwendung volkstüml. Umgangssprache. Als sein reifstes Werk gilt der den Krieg 1939–40 und dessen Folgen thematisierende Dokumentarroman ›Evakuierte‹ (finn. 1954).

Seppelt, Franz Xaver, kath. Theologe, *Breslau 13. 1. 1883, †München 25. 7. 1956; war ab 1915 Prof. für Kirchengeschichte in Breslau, ab 1946 in München; 1929–33 Mitgl. des Preuß. Staatsrats; sein Lebenswerk ist die auf krit. Studien beruhende Erforschung der Papstgeschichte: ›Geschichte des Papsttums‹ (Bd. 1 u. 2, 4 u. 5, 1931–41; im Rahmen der erweiterten 2. Aufl. u. d. T.: ›Geschichte der Päpste‹ erschien 1956 erstmals der 3. Band).

Sepphoris, Ort in Galiläa, 6 km nördlich von Nazareth; eine der hellenist. Städte Palästinas. Seit 56 v. Chr. im Zuge der Neuordnung der röm. Provinz Syrien Bezirkshauptort, 3 v. Chr. zerstört. Wiederaufbau unter HERODES ANTIPAS (zeitweilig Residenz); im 2. Jh. n. Chr. rabbin. Zentrum, in byzantin. Zeit Bischofssitz; heute **Saffurije** (Zippori).

Seppuku *das, -(s)/-,* außerhalb Japans auch **Harakiri** [beide ›Bauchaufschneiden‹], eine in Japan urspr. dem Kriegerstand (Samurai) vorbehaltene Art des Selbstmordes; war zugleich Beweis für den Mut, die Selbstbeherrschung und die Reinheit der Gesinnung. Seit dem 12. Jh. bezeugt, konnte das freiwillig begangene S. der Rettung der eigenen Ehre (z. B. Bewahrung vor Gefangenschaft oder Strafe, Loyalitätsbeweis gegenüber dem eigenen Herrn oder Widerstand gegen polit. Herrschaft) dienen. Unter der Herrschaft der Tokugawa (17.–19. Jh.) wurde S. als eine nicht entehrende Form der Todesstrafe praktiziert. Unter Einhaltung eines zeremoniellen Rituals schnitt sich der S. Begehende mit einem Schwert von links nach rechts den Leib auf, bevor ein Helfer auch ihm ein Gefährte mit dem Kopf abschlug. 1873 wurde das zwangsmäßige S. abgeschafft, das freiwillige kam danach noch gelegentlich vor.

Sepsis [griech. ›Fäulnis‹] *die, -/...sen,* **Septikämie,** umgangssprachlich auch als **Blutvergiftung** bezeichnete Allgemeininfektion, die durch laufende oder period. Einschwemmung von Krankheitserregern aus einem Infektionsherd in die Blutbahn hervorgerufen wird. Eine S. kann von Wundinfektionen, Bindegewebe-, Blutgefäß- oder Lymphknotenentzündungen, Mittelohr-, Mandel-, Nierenbecken-, Gallenblasen- oder anderen Lokalinfektionen des Urogenitalbereichs (auch in Form des Wochenbettfiebers), bei Neugeborenen von einer Nabelentzündung ausgehen.

Häufigste Erreger sind Staphylokokken, Escherichia coli u. a. Enterobakterien, Pseudomonas, Streptokokken und Pneumokokken, selten ist eine Pilzinfektion die Ursache. Virale Infektionen können keine S. bewirken, da Viren intrazellulär leben. Begünstigend wirken primäre und sekundäre Immundefekte.

Die *Symptome* bestehen in rasch ansteigendem, intermittierendem hohem Fieber mit Schüttelfrost, starker Beeinträchtigung des Allgemeinbefindens mit grau-blasser Hautverfärbung, Milz- und Leberschwellung. Durch Absiedelung von Erregern in Organen kann es zur Bildung von Tochterherden (sept. Metastasen) in Gehirn, Lunge, Gelenken, Knochenmark (Blutbildungsstörungen) mit der Gefahr eines septisch-tox. Schocks kommen.

Die *Diagnose* wird durch Bestimmung der Erreger über mehrere Blutkulturen gestellt. Die *Behandlung* erfordert einen raschen, gezielten Einsatz von Antibiotika, ggf. Schockbehandlung und Intensivtherapie mit Zufuhr von Gammaglobulinen, Antitoxinen, Plasma- oder Bluttransfusionen und chirurg. Herdsanierung.

Sepsiszentgyörgy [ˈʃɛpʃisɛntdjørdj], Stadt in Rumänien, →Sfântu Gheorghe.

Sept|akkord, *Musik:* →Septimenakkord.

Septari|e [zu lat. saeptum ›Umzäunung‹] *die, -/-n,* durch Anreicherung mit Calciumcarbonat gebildete linsenförmige oder rundlich-knollige Konkretion in Tonen und Mergeln, von radialen oder tangentialen Schrumpfungsrissen durchzogen. S. entstehen bei der Zersetzung organ. Substanz, wobei Ammoniak den im Porenwasser gelösten Kalk ausfällt.

September [lat. (mensis) September ›siebter Monat‹ (des röm. Kalenders), zu septem ›sieben‹], im altröm. Kalender der 7., im julian. und gregorian. Kalender der 9. Monat des Jahres; er hat 30 Tage; frühere dt. Namen: **Herbstmond,** da am 23. S. der Herbst beginnt, **Scheiding.**

Septembermorde, Bez. für die während der Frz. Revolution u. a. durch J. P. MARAT veranlassten Massenmorde (etwa 1 100 Tote) vom 2. bis 6. 9. 1792, die der Bergpartei im Nationalkonvent zum Wahlsieg verhalfen.

Septemberprogramm, im August 1914 von Reichskanzler T. VON BETHMANN HOLLWEG dem Staatssekretär des Innern C. VON DELBRÜCK übermittelte Richtlinien für eventuelle Verhandlungen über eine Beendigung des Ersten Weltkriegs. Das S., eine lose Zusammenfügung einander z. T. widersprechender Kriegsziele, sah die Errichtung einer dt. Hegemonialstellung in Europa vor. Russland sollte durch die Bildung osteurop. Pufferstaaten zurückgedrängt und Frankreich durch wirtschaftl. Maßnahmen, v. a. hohe Reparationen, niedergehalten werden.

Septembertestament, M. LUTHERS Erstausgabe des N. T. vom September 1522 (→Bibel, Übersetzungen).

September|unruhen, Bez. für die im September 1848 in der zweiten Phase der →Märzrevolution ausgebrochenen Aufstände (**Septemberrevolution**), u. a. in Berlin, Wien und Ungarn, sowie für die zweite Erhebung der radikalliberalen Freischärler um G. VON STRUVE in Baden (21.–25. 9.); Proklamation der Rep. in Lörrach. Die S. in Dtl. flammten auf aus der nat. Empörung über den Waffenstillstand von Malmö (26. 8.) zur Beendigung des (ersten) Deutsch-Dän. Krieges, zu dessen Annahme sich die →Frankfurter Nationalversammlung, die erste frei gewählte Repräsentativgewalt, gezwungen sah (5. bzw. 16. 9.). Nach Massenversammlungen u. a. in Worringen (17. 9.), Frankfurt am Main (17. 9.; Aufstand und Ermordung der konservativen, den Waffenstillstand bejahenden Abgeordneten F. Fürst LICHNOWSKY und H. VON AUERSWALD am 18. 9.) und Köln (20., 25. 9.) konnte die

Sept Septemtrio – Septimius-Severus-Bogen

Frankfurter Nationalversammlung die S. nur mithilfe einzelstaatl., v. a. preuß. und österr. Truppen niederwerfen (ab 26. 9.). Der dadurch bedingte Autoritätsverlust der Nationalversammlung zeigte einen der Wendepunkte der Revolution von 1848/49 an.

Septemtrio, Septentrio, antike lat. Bez. des Sternbilds Großer Bär; wegen dessen Ort am Himmel auch übertragen auf den Norden und den Nordwind.

Septenar [lat. septenarius, zu septeni ›je sieben‹] *der, -s/-e,* dem griech. →Tetrameter entsprechendes lat. Versmaß aus sieben Versfüßen (Jamben, Trochäen, seltener Anapästen). Jede lange Silbe kann durch zwei kurze und jede kurze Silbe (jeweils mit Ausnahme der letzten) durch eine lange oder durch zwei kurze Silben ersetzt werden; beim trochäischen S. muss allerdings die siebte Kürze unverändert bleiben.

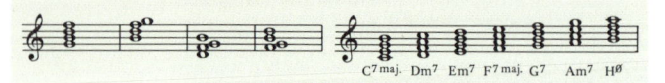

Septimenakkord: links Dominantseptakkord in C-Dur mit Umkehrungen; rechts Die leitereigenen Septakkorde der Jazzharmonik auf dem Ton C (I.–VII. Stufe mit Akkordsymbolen)

Septennat [zu lat. sept(u)ennis ›siebenjährig‹] *das, -(e)s/-e,* 1) *allg.:* Zeitraum von sieben Jahren. 2) *Geschichte:* im Dt. Reich die vom Reichstag auf Antrag O. VON BISMARCKS wiederholt (1874, 1880, 1887) beschlossene siebenjährige Geltungsdauer des Militäretats und der Friedenspräsenzstärke des Heeres, 1893 durch ein **Quinquennat** (fünfjährige Laufzeit, Dauer einer Legislaturperiode) ersetzt.

Septett [in Anlehnung an lat. septem ›sieben‹ zu ital. settetto, zu sette ›sieben‹] *das, -(e)s/-e,* Bez. für ein Ensemble aus sieben Instrumentalsolisten oder Sängern bzw. für die von ihnen auszuführende Komposition. Das Instrumental-S. ist i. d. R. aus Streich- und Blasinstrumenten zusammengesetzt, oft auch mit Klavier. Als Vorbild gilt L. VAN BEETHOVENS S. Es-Dur op. 20 (1800) für Violine, Viola, Klarinette, Horn, Fagott, Violoncello, Kontrabass. Ein reines Bläser-S. schrieb P. HINDEMITH (1948), ein reines Streich-S. D. MILHAUD (1964). Vokal-S. finden sich u. a. als Aktfinali in Opern (z. B. W. A. MOZART, ›Die Hochzeit des Figaro‹, 1786, Ende 2. Akt).

Septiklämie [griech.] *die, -/...'miˌen,* die →Sepsis.

Sept-Îles [sɛ'tiːl; frz. ›sieben Inseln‹], 1) **Les Sept-Îles** [lɛ-], Inselgruppe vor der N-Küste der Bretagne, Frankreich; ornitholog. Reservat. 2) engl. **Seven Islands** [ˈsevn ˈaɪləndz], Stadt in der Prov. Quebec, Kanada, am N-Ufer des Mündungstrichters des Sankt-Lorenz-Stroms, 27 300 Ew.; Museum; Erzaufbereitungsanlagen; als Endpunkt der Erzbahn von Labrador (seit 1954) wichtiger Seehafen Kanadas.

Septimanien, im frühen MA. Name der Landschaft zw. O-Pyrenäen und Rhônemündung, der sich vermutlich von der röm. Kolonie Baeterrae (Colonia Iulia Septimanorum Baeterrae, heute Béziers) herleitet. S. blieb bei der Eroberung S-Galliens durch die Franken 507–534 westgotisch (daher auch **Gothien**), wurde im frühen 8. Jh. von den Arabern erobert, 759 dem Fränk. Reich einverleibt. Unter den Karolingern war das Gebiet Teil der Span. Mark und kam im 10. Jh. an die Grafen von Toulouse, die den Titel Markgraf von Gothien, später Herzog von Narbonne führten.

Septime [lat. septima ›die Siebente‹] *die, -/-n,* **Septim,** *Musik:* Bez. für das →Intervall, das ein Ton mit einem sieben diaton. Stufen entfernt gelegenen Ton bildet. Man unterscheidet die große (z. B. c–h), die kleine (c–b), die übermäßige (c–his, klanglich gleich der Oktave) und die verminderte S. (cis–b, klanglich gleich der großen Sexte). In der Harmonie- und Kontrapunktlehre gilt die S. als auflösungsbedürftige Dissonanz. Die so genannte **Natur-S.,** die der siebente Ton der Obertonreihe (→Obertöne) erzeugt, ist etwas kleiner als die kleine S., d. h. in unserem Tonsystem nicht brauchbar.

Septimenakkord, Septakkord, ein aus Grundton, Terz, Quinte und Septime bestehender dissonanter Vierklang. Er kommt in acht versch. Gestalten vor, je nachdem, wie seine Töne untereinander im Abstand kleiner oder großer Terzen stehen (z. B. c–e–g–h, c–e–g–b, c–es–g–b, c–es–ges–b usw.). Seine Umkehrungen heißen →Quintsextakkord, →Terzquartakkord und →Sekundakkord. Besondere Bedeutung für die klassisch-romant. Harmonik hat der Dominantseptakkord (in C-Dur g–h–d–f), v. a. in der Kadenz. Septakkordparallelen markieren v. a. im Impressionismus die Loslösung von der funktionalen Tonalität. In der harmon. Stufentheorie des Jazz bilden die leitereigenen S. jeder Stufe die Ausgangsklänge für die gesamte Jazzharmonik.

Septimer *der,* bündnerromanisch **Pass da Sett,** Pass in den Graubündner Alpen, nordwestlich vom Malojapass, Schweiz, 2 311 m ü. M., verbindet das Oberhalbstein mit dem Bergell; früher sehr bedeutend (→Alpen, ÜBERSICHT Alpenstraßen, Alpenbahnen, Alpenpässe).

Septimius Severus, eigtl. **Lucius S. S. Pertinax,** röm. Kaiser (seit 193), *Leptis Magna 11. 4. 146, †Eburacum (heute York) 4. 2. 211. Am 13. 4. 193 von den Truppen in Carnuntum zum Kaiser ausgerufen, am 9. 6. 193 vom Senat anerkannt, erlangte er bis 197 die Alleinherrschaft. Im Kampf gegen die Parther eroberte S. S. 198 u. a. Ktesiphon und richtete eine Prov. Mesopotamia ein. In Rom ersetzte S. S. die Prätorianerkohorten durch eine Garde aus Elitesoldaten der Provinztruppen und förderte die Rechtspflege. Durch vermehrte Verwendung von Rittern in der zentralisierten Verwaltung und durch zahlr. Vergütigungen für die Soldaten stärkte er die Herrschaft seines Hauses und förderte die Vereinheitlichung des Reiches. Das Heer wurde zu einem entscheidenden Machtfaktor. 208 zog S. S. nach Britannien, wo er die Grenze nach Kaledonien sicherte. Nachfolger wurden seine Söhne aus zweiter Ehe mit JULIA DOMNA, CARACALLA und GETA, die S. S. schon zu Lebzeiten zu Mitregenten ernannt hatte.

Septimius Severus (Kopf einer Porträtbüste; Marmor, zw. 193 und 203, Neapel, Museo Archeologico Nazionale)

Septimius-Severus-Bogen auf der Westseite des Forum Romanum in Rom; 203 n. Chr.

Septimius-Severus-Bogen, dreitoriger Bogen an der W-Seite des Forum Romanum in Rom, 203 zu Ehren des Kaisers SEPTIMIUS SEVERUS und seiner Söhne CARACALLA und GETA errichtet; Reliefschmuck mit Szenen aus dem Krieg gegen die Parther. Auf dem

S.-S.-B. stand urspr. eine Quadriga des Kaisers und seiner Söhne.

Septimontium [lat. ›Siebenhügel(fest)‹] *das, -s/...tien*, altröm., am 11. 12. begangenes Fest, an dem den sieben Hügeln Roms Opfer dargebracht wurden.

septisch [griech. sēptikós ›Fäulnis bewirkend‹], *Medizin*: die Sepsis betreffend, auf Sepsis beruhend; mit Keimen behaftet.

Septizonium [lat., zu septem ›sieben‹ und zona ›Gürtel‹] *das, -s*, eine unter Kaiser SEPTIMIUS SEVERUS 203 als Teil der Domus Augustana errichtete Prachtfassade am Südfuß des Palatin; Reste 1588/89 abgetragen.

Septole [zu lat. septem ›sieben‹, Analogiebildung zu Triole] *die, -/-n*, **Septimole**, eine Folge von sieben Noten, die für vier, sechs oder acht Noten der gleichen Gestalt bei gleicher Zeitdauer eintreten; angezeigt meist durch eine Klammer und die Ziffer 7.

Septuagesima [mlat., eigtl. ›der siebzigste (Tag vor Ostern)‹] *die, -*, der 3. Sonntag vor Aschermittwoch; in den ev. Kirchen der 3. Sonntag vor der Passionszeit (›Sonntag S.‹). Die kath. Kirche hat die Bez. 1969 im Zuge der Liturgiereform aufgegeben und zählt den ehem. ›Sonntag S.‹ seither als einen Sonntag im →Jahreskreis.

Septuaginta [lat. ›siebzig‹] *die, -*, wiss. Abk. **LXX** (›70‹ in röm. Ziffern), die älteste und wichtigste griech. Version des A.T. Nach der Legende des pseudepigraph. Aristeasbriefes wurde sie in der 1. Hälfte des 3. Jh. v. Chr. unter PTOLEMAIOS II. PHILADELPHOS von 72 jüd. Gelehrten innerhalb von 72 Tagen nach einer Thorahandschrift aus Jerusalem übersetzt und von der jüd. Gemeinde Alexandrias anerkannt. Unterschiedl. Stilistik, Technik und Qualität in der Übersetzung der einzelnen Schriften des A. T., z. T. erhebl. Textvarianten (es fehlen rd. 2 700 Wörter gegenüber dem hebr. Text) und der Einschluss von urspr. griechisch geschriebenen (→Apokryphen) oder unter anderen Umständen übersetzten Schriften (z. B. Jesus Sirach) weisen die S. jedoch als über einen langen Zeitraum hinweg für die Bedürfnisse des antiken Diasporajudentums entstandene Übersetzungssammlung aus, von deren hohem Ansehen der Aristeasbrief zeugt (→ARISTEAS). Für die neutestamentl. und frühchristl. Autoren war das A. T. in Gestalt der S. Hl. Schrift und Grundlage des Schriftbeweises. Die S. wurde seit dem 2. Jh. n. Chr. von den hellenist. Juden aufgegeben und durch neue griech. Übersetzungen (v. a. die Übersetzungen von AQUILA, SYMMACHOS und THEODOTION; alle aus dem 2. Jh. n. Chr.) ersetzt. Die S. liegt in zahlreichen, meist christl. Handschriften bzw. -fragmenten und in einigen Haupttypen vor (Hexapla des ORIGENES, hesychian. und lukian. Rezension); in offizieller kirchl. Geltung ist sie nur noch in der orth. Kirche, in der kath. Kirche wurde sie durch die →Vulgata ersetzt. Die S. ist ein bedeutendes Zeugnis der Geisteswelt des antiken, hellenist. Judentums. Die Übertragung des A.T. aus einer hebräisch-orientalischen in eine griechisch-hellenist. Sprach- und Geisteswelt hat u. a. zur Zurückdrängung der alttestamentl. Anthropomorphismen, zu einem teilweise philosophischeren Gottes- und Sündenbegriff und zum Ersatz des hebr. Gottesnamens Jahwe durch →Kyrios geführt. Wissenschaftlich ist die S. v. a. in der Textkritik zur Rekonstruktion mögl. Vorformen oder verlorengegangener Rezensionen des überlieferten hebr. Textes und zur Erforschung der Wirkungsgeschichte des A. T. in den ersten Jahrhunderten n. Chr. von Bedeutung. Nach den ersten Drucken im 16. Jh. (›Complutenser Polyglotte‹, 1514–17; ›Aldina‹, Venedig 1518; ›Sixtina‹, Rom 1587) und einer Phase ihrer textkrit. Überbewertung im 19. Jh. bemüht sich die moderne S.-Forschung (bes. in Cambridge und Göttingen), angeregt u. a. von P. A. DE LAGARDE, P. KAHLE, JOSEF ZIEGLER (* 1902, † 1988) und ALFRED RAHLFS (* 1865, † 1935), um die Erstellung eines gesicherten Textes und die Erarbeitung umfassender krit. Gesamtausgaben.

Ausgaben: The Old Testament in Greek, hg. v. A. E. BROOKE u. a., 9 Tle. (1906–40, unvollständig); S. Vetus testamentum Graecum, begr. v. A. RAHLFS, hg. v. R. HANHART u. a., auf zahlr. Bde. ber. (1931 ff.); S., hg. v. A. RAHLFS, 2 Bde. (⁹1982).

E. HATCH u. H. A. REDPATH: A concordance to the Septuagint ..., 3 Bde. (Oxford 1897–1906, Nachdr. Grand Rapids, Mich., 1983–84); S. JELLICOE: The Septuagint and modern study (Oxford 1968, Nachdr. Winona Lake, Ind., 1993); S. P. BROCK: Bibelübers., in: TRE, Bd. 6 (1980); H. HÜBNER in: Jb. für bibl. Theologie, Bd. 3 (1988); E. WÜRTHWEIN: Der Text des A. T. (⁵1988); F. REHKOPF: S.-Vokabular (1989); Studien zur S., hg. v. D. FRAENKEL u. a. (1990); Die S. zw. Judentum u. Christentum, hg. v. M. HENGEL u. A. M. SCHWEMER (1994); P. S. RUCKMAN: The mythological Septnagint (Pensacola, Fla., 1996); D. E. HEATH: The Orthodox Septnagint (Lake City, Fla., 1997); E. TOV: The text-critical use of the Septuagint in biblical research (Jerusalem ²1997).

Septole: a regelmäßige Bildungen, b Septolen

Septum [lat., Nebenform von saeptum ›Umzäunung‹, ›Scheidewand‹] *das, -s/...ta* und *...ten*, meist dünne und häutige (z. B. die Herzscheidewand) oder auch feste (durch Knorpel, Knochen; z. B. beim Nasen-S.) oder durch Einlagerungen (z. B. von Kalk, wie bei den Sklerosepten des Kalkskeletts der Korallen) verfestigte Scheidewand bei Tieren und beim Menschen sowie bei Pflanzen (z. B. in vielen Fruchtknoten). Septenbildung kann bei Tier und Mensch im Prinzip von jedem Keimblatt ausgehen; häufig jedoch sind Ento- und Mesoderm beteiligt, um Organe funktionell zu unterteilen bzw. ihre innere (z. B. resorbierende oder respirator.) Oberfläche zu vergrößern.

Septumdefekt, durch Verletzungen oder Krankheitsprozesse hervorgerufene Lücke in der Nasen- oder (meist angeboren) in der Vorhof- oder Kammerscheidewand des Herzens (→Fallot-Kardiopathien).

Septumdeviation, die Nasenscheidewandverbiegung (→Nase).

Sepultur [lat. sepultura ›Beisetzung‹] *die, -/-en*, in der spätgot. *Baukunst* ein Begräbnisraum (**Mortuarium**) für Äbte, Prälaten, auch Bischöfe und Fürsten innerhalb von Kloster und Stift, da die traditionellen Bestattungsräume (Krypta, Kreuzgang, Kapitelsaal) nicht mehr ausreichten (Magdeburg, 1405 ff.; Bamberg, 15. Jh.; Eichstätt, 1487).

Sepúlveda [se'pulβeða], Juan Ginés de, span. Humanist und Theologe, * Pozoblanco 1489 (?), † ebd. 17. 11. 1573; lebte 1523–29 am päpstl. Hof; ab 1529 Chronist, Hofkaplan und polit. Publizist KARLS V.; 1557 Kanonikus in Salamanca. S. verteidigte gegenüber der Theologie die Beschäftigung mit der profanen antiken Literatur (übersetzte ARISTOTELES), trat aber als entschiedener Vertreter der Imperiumsidee dem humanist. Friedensgedanken, insbesondere bei ERASMUS VON ROTTERDAM, entgegen. Er propagierte in ›Democrates primus‹ (1535) die Vereinbarkeit von Christentum und Krieg und rechtfertigte in ›Democrates alter, sive de justis belli causis apud Indos‹ (hg. 1892) das krieger. Vorgehen der Spanier in Amerika. Er wurde dadurch zum Gegner von B. DE LAS CASAS, der im Streitgespräch von Valladolid (1550) S.s These zurückwies, die Indios seien zur Herrschaft unfähig und dürften gewaltsam missioniert werden. Moralisch verlor S. diesen Disput, faktisch blieben seine Auffassungen für die span. Politik bestimmend.

Sequaner, lat. **Sequani,** kelt. Volksstamm zw. westl. Schweizer Jura und Saône mit dem stark befestigten Hauptort Vesontio (heute Besançon). Um 71 v.Chr. riefen die S. ARIOVIST gegen die Äduer zu Hilfe, später waren sie an CAESARS Kriegen in Gallien beteiligt. Seit AUGUSTUS gehörten die S. zur Prov. Gallia Belgica, seit DIOKLETIAN bildeten sie mit Raurikern und Helvetiern eine besondere Prov. **Sequania** oder **Maxima Sequanorum.**

Sequeira [se'keira], Domingos António de, port. Maler, Radierer und Lithograph, *Belém 10. 3. 1768, †Rom 7. 3. 1837; Hauptmeister der port. Kunst an der Wende zum 19. Jh. (v. a. religiöse Werke und Porträts). Nach Studium in Rom (1788–96) trat S. als Laienbruder in das Kloster Buçaco (bei Coimbra) ein, wurde 1802 Hofmaler; lebte seit 1826 in Rom.

M. A. BEAUMONT: D. A. de S. Desenhos (Lissabon 1975).

Sequel ['si:kwl; engl. ›Folge‹, ›Fortsetzung‹] *das, -s/-s,* →Fortsetzungsfilm.

Sequencer ['si:kwənsə, engl.] *der, -s/-,* **Sequenzer,** eine Steuereinheit beim Synthesizer, mit der eingegebene Klangsignale bzw. Tonfolgen (Sequenzen) aufgezeichnet und gespeichert werden und sich nach einem separat festzulegenden Zeittakt (Steuerimpuls) automatisch und ständig wiederholbar abspielen lassen. Während bei früheren analogen S. sowohl jeder Ton als auch die Abfolge der Töne nacheinander mithilfe eines aufwendigen manuellen Einzelreglersystems Schritt für Schritt eingegeben werden mussten, erfolgt bei digitalen Systemen die Aufzeichnung unmittelbar über ein Keyboard. Durch →Sampler und →MIDI ist es möglich geworden, auch mehrspurig gespeicherte Klangaufzeichnungen zu wiederholen. Die über ein Computerprogramm laufenden Software-S. ermöglichen ein vielfältiges Bearbeiten der eingegebenen Sequenzen bis hin zum Erstellen eines fertigen Arrangements, das auch in Notenschrift ausgedruckt werden kann. S. werden v. a. von Rock- und Popmusikern zur Erzeugung wiederholbarer Background-Arrangements genutzt. Eine Spezialausführung des S. ist der Drumcomputer zur Wiedergabe durchgängiger Schlagzeugrhythmen.

sequens [lat.], Abk. **seq.,** *veraltet* für: folgend. – **sequentes,** Abk. **seqq.,** die Folgenden.

Sequenz [spätlat. sequentia ›(Reihen)folge‹, zu sequi ›folgen‹] *die, -/-en,* **1)** *Biochemie, Chemie:* die Aufeinanderfolge der zahlr. gleichartigen Bausteine bes. in biolog. Makromolekülen, z. B. die Aminosäure-S. in Proteinmolekülen und die Nukleotid-S. in Nukleinsäuremolekülen.

2) *Film:* Folge von Bildeinstellungen, ohne dass der Handlungsablauf unterbrochen wird.

3) *Kartenspiel:* **Folge,** eine Reihe von drei oder mehr im Wert aufeinander folgenden Karten gleicher Farbe (z. B. bei Pikett); auch die aufeinander folgenden Augen beim Würfelspiel.

4) *lat. Liturgie:* für das MA. charakterist. Dichtungsgattung, ein Sonderfall des →Tropus. Sie wurde vermutlich in der 1. Hälfte des 9. Jh. im N des Westfränk. Reiches ausgebildet, um in der Messliturgie der komplizierten Notenfolge über dem auslautenden ›a‹ auf das ›Graduale 1) folgenden Alleluja (Halleluja) einen Text zu unterlegen, zunächst in ungebundener Form (deshalb auch ›prosa‹ genannt). Im Unterschied zum Hymnus (→Hymne), in dessen Bau jede Strophe der anderen gleicht und dieselbe Melodie besitzt, stimmt bei der S. nur je ein Strophenpaar in Vers- und Silbenzahl sowie in der Melodie überein; die erste und letzte Strophe können ohne Entsprechung bleiben (Schema: a bb cc dd usw.). In der Gestaltung der Strophenpaare war der Dichter von S. an kein vorgegebenes Versmaß gebunden. Zwei Halbchöre trugen die einander entsprechenden Strophen im Wechsel vor, um sich zu Anfangs- und Schlussstrophe zu vereinigen. Die ganz unantike Formungsart der S., die schließlich auch für weltl. Stoffe verwendet wurde (→Carmina Cantabrigiensia), konnte aber für jedes Gedicht in besonderer Weise abgewandelt werden und wirkte vermutlich auch auf die volkssprachigen Literaturen (mittelhochdt. Leich, altfrz. Lai).

Im Bemühen um die Einheit von Wort und Melodie führte NOTKER BALBULUS von St. Gallen in seinem ›Liber Ymnorum‹ (um 884) die S., über deren Entstehung er im Vorwort wichtige Hinweise gibt, zu hoher künstler. Vollendung. Bes. in Süd-Dtl. fand er zunächst viele Nachfolger; zu nennen ist v. a. HERMANN VON REICHENAU. In der weiteren Entwicklung wurden die Zeilen in Angleichung an die Hymnenform völlig durchrhythmisiert zum regelmäßigen Wechsel einsilbiger Hebung und Senkung hin und mit Endreim versehen. Im Übergang zu dieser Form wurde beides erst z. T. erreicht, so in WIPOS dramatisch gestalteter Oster-S. ›Victimae paschali laudes‹. Als Vollender der jüngeren S.-Form gilt ADAM VON SANKT VIKTOR. Über 4000 S. sind aus dem MA. überliefert; 1570 beschränkte Papst PIUS V. ihre Zahl in der Messe auf vier. Seit 1970 sind nur noch Oster- und Pfingst-S. verbindlich; fakultativ sind die S. zu Fronleichnam und zum Fest ›Gedächtnis der Schmerzen Mariä‹.

H. HUSMANN: Tropen- u. S.-Handschriften (1964); A. HAUG: Gesungene u. schriftlich dargestellte S. Beobachtungen zum Schriftbild der ältesten ostfränk. S.-Handschriften (1987); J. SZÖVÉRFFY: Latin hymns (Turnhout 1989).

5) *Musik:* die auf- oder absteigende Wiederholung einer Ton- oder Harmoniefolge auf verschied. Tonstufen. Sie ist in fast allen Epochen der Musikgeschichte wie auch in außereurop. Musik und v. a. in der Unterhaltungsmusik ein allg. angewendetes melodie- und satzbildendes Element, bes. in der Musik des Barock und der Klassik, wurde aber bereits im 18. Jh. bei missbräuchl. Verwendung (zu häufige Wiederholung) mit Spottnamen (Rosalie, Schusterfleck, Vetter Michel) bedacht.

6) *Nachrichtentechnik:* Bez. für den halben Mittelwert der Nulldurchgänge pro Sekunde bei der Darstellung von Nachrichtensignalen durch ein vollständiges System orthogonaler Funktionen. Nur bei der Darstellung durch Winkelfunktionen stimmt die S. mit der Frequenz überein. Die S. ist eine charakterist. Größe bei der Darstellung und Analyse von Nachrichtensignalen.

Sequenz|analyse, 1) Sequenzierung, *Biochemie, Chemie:* die Ermittlung der Reihenfolge der versch. molekularen Bausteine in Makromolekülen, bes. in Proteinen und Nukleinsäuren.

Bereits 1935 konnte durch F. SANGER die Primärstruktur eines Proteins, des Insulins, aufgeklärt werden. In der Folge wurde die erforderl. Methodik zunehmend verbessert und erweitert, sodass heute automatisch arbeitende Sequenatoren zur Verfügung stehen. Das zugrunde liegende Prinzip ist der Edman-Abbau, der darauf beruht, schrittweise ein Peptid von einem Ende ausgehend zu verkürzen und die abgespaltenen Aminosäuren zu identifizieren. Auch enzymatisch ist ein schrittweiser Abbau von Peptiden durch Aminopeptidasen (spalten Aminosäuren vom N-Terminus ab) und Carboxypeptidasen (spalten Aminosäuren vom C-Terminus ab) möglich.

Die S. von Nukleinsäuren gelang erst später (Ribonukleinsäuren Mitte der 60er-, Desoxyribonukleinsäuren Mitte der 70er-Jahre). Auch hier sind chem. und enzymat. Verfahren entwickelt worden, die mit der Möglichkeit des Klonens von Nukleinsäuren zu allgemeinen Labormethoden reiften. Bedeutsam sind für die DNA-S. die Maxam-Gilbert-Methode (che-

misch) und die Kettenabbruch-Methode (enzymatisch), die ebenfalls von F. SANGER entwickelt wurde. Bei Letzterer erfolgt kein Abbau von DNA, sondern einsträngige DNA wird als Matrize benutzt, um komplementäre Stränge mithilfe der DNA-Polymerase zu synthetisieren. Dabei wird an jedem Nukleotid der Matrize ein Teil der neu synthetisierten Nukleotidketten von der weiteren Verlängerung ausgeschlossen (daher Kettenabbruch-Methode), indem ein Didesoxyribonukleotid eingebaut wird. Der Kettenabbruch erfolgt in vier versch. Ansätzen spezifisch an den vier Nukleotiden A, C, G und T, sodass nach einer elektrophoret. Trennung der entstandenen Ketten die DNA-Sequenz des Matrizenstrangs ersichtlich wird. Diese Methode hat auch für die RNA-S. die größte Bedeutung erlangt, da sich RNA mittels Revertase in cDNA umschreiben lässt, die anschließend sequenziert wird. Im Zusammenhang mit internat. Projekten zur Totalsequenzierung ganzer Genome (einschließlich das des Menschen) hat sich die Entwicklung der DNA-S. beschleunigt und zur Entwicklung von leistungsfähigen Sequenzierautomaten geführt. – In jüngster Zeit hat auch die S. von Oligosacchariden eine zunehmende Verbreitung gefunden, die vor allem zur Aufklärung der Aufeinanderfolge und Verknüpfungsart der Zucker in den verzweigten Oligosaccharidanteilen von Glykoproteinen dient.
2) *Wirtschaftstheorie:* **Verlaufs|analyse,** in der dynam. Analyse angewendetes Verfahren zur Darstellung und Erklärung zeitabhängiger ökonom. Vorgänge. Angenommen werden zeitlich verzögerte Beziehungen (→Lag) zw. bestimmten ökonom. Variablen (z. B. dem Volkseinkommen und dem privaten Verbrauch). Diese Beziehungen erlauben, den Zeitablauf der ökonom. Größen in Tabellen- oder Gleichungsform abzuleiten.

Sequenzial|analyse, *mathemat. Statistik:* von A. WALD begründetes Verfahren zur sequenziellen (schrittweisen) Gewinnung statist. Entscheidungen; diese erfolgt aufgrund von Stichproben, deren Umfang nicht von vornherein festgelegt wird, sondern bei denen nach jeder Beobachtung in Abhängigkeit von den vorangegangenen Stichproben entschieden wird, ob eine weitere Beobachtung erfolgen soll oder nicht. So wird z. B. bei den sequenziellen Tests nach jedem Schritt eine der folgenden Alternativen gewählt: 1) Annahme bzw. 2) Ablehnung einer Hypothese oder 3) weitere Prüfung. Die S. wird in Industrie und Technik (z. B. zur Qualitätskontrolle) angewendet.
A. IRLE: Sequentialanalyse (1990).

sequenziell, *Datenverarbeitung:* allg. aufeinander folgend (→seriell). 1) Bei der Kennzeichnung von Datenträgern und -strukturen Bez. für die Eigenschaft, dass Daten nur in einer vorgegebenen (festen) Reihenfolge gelesen oder geschrieben werden können. Ein Beispiel für sequenzielle Datenträger ist der →Magnetbandspeicher, für eine sequenzielle Datenstruktur die sequenzielle →Datei. 2) Bei der Kennzeichnung des Zugriffs nach bestimmten Datenelementen in solchen Speichern oder Strukturen bedeutet s., dass zum Suchen zunächst alle oder eine gewisse Anzahl von vorhergehenden Daten untersucht werden.

Sequenzpräparate, Hormonkombinationspräparate, die vorwiegend zur →Empfängnisverhütung angewendet werden.

Sequester [zu spätlat. sequestrare ›absondern‹, ›trennen‹] *das, -s/-,* abgestorbener, von der gesunden Umgebung abgegrenzter (demarkierter) Gewebebezirk, z. B. in Form des **Knochen-S.** bei Knochenmarkentzündung.

Sequestration [spätlat., zu lat. sequester ›vermittelnd‹, zu sequi ›folgen‹] *die, -/-en,* gerichtlich angeordnete Übergabe einer Sache an einen Dritten, den **Sequester,** zum Zwecke der einstweiligen treuhänder. Verwahrung und Verwaltung. Die S. findet, v. a. im Zwangsvollstreckungsrecht, regelmäßig bei Grundstücken statt (z. B. Zwangsverwaltung nach §§ 848, 855 ZPO), oft auch aufgrund einstweiliger Verfügung zur Sicherung bewegl. Sachen. Das private Amt des Sequesters wird meist einem Gerichtsvollzieher übertragen. Im Staats- und Völkerrecht heißt S. auch die Zwangsverwaltung eines Staates oder Staatsteils, dessen Regierung ihrer Funktion enthoben ist, so bei der Bundesexekution (nach dem GG: Bundeszwang) die S. eines Gliedstaates (Landes) durch einen Exekutionskommissar oder die S. eroberter Gebiete.

Sequoia, Gattung der Sumpfzypressengewächse mit der einzigen Art →Küstenmammutbaum.

Sequoiadendron, die Pflanzengattung →Mammutbaum.

Sequoia National Park [sɪˈkwɔɪə ˈnæʃnl ˈpɑːk], Nationalpark in Kalifornien, USA, im S der Sierra Nevada, 1629 km²; mit dem Mount Whitney (4419 m ü. M.), dem höchsten Berg der USA (außer Alaska); zahlreiche bes. große Mammutbäume (General Sherman Tree: Höhe 83,8 m, Durchmesser am Fuß 11,1 m, Alter 3000–4000 Jahre). Der S. N. P. wurde 1890 eingerichtet. Er grenzt im N an den **Kings Canyon National Park** (1870 km²).

Sequoyah [sɪˈkwɔɪə], Indianer aus dem Stamm der Cherokee, *im östl. Tennessee 1760, †bei San Fernando (Mexiko) August 1843; entwickelte ab 1809 eine Schrift für die Cherokee-Sprache; schuf eine Silbenschrift mit urspr. etwa 200 Zeichen, die er später auf 86 reduzierte. Grundlage waren z. T. die Zeichen der Lateinschrift.

Ser, *Chemie:* Abk. für →Serin.

Šěrachow [ˈʃyraxɔf], sorb. Name der Stadt →Schirgiswalde.

Séracs [seˈraks; frz., eigtl. mundartlich ›fester, weißer Käse‹], *Sg.* **Sérac** *der, -s,* **Seraks, Serracs,** Eis- und Firnzacken, -nadeln oder -türme, bes. an Gletscherbrüchen (→Gletscher).

Seraf*i*m [auch -ˈfiːm] *Pl.,* →Seraph.

Serafim, S. von Sarow, eigtl. **Prochor Moschin,** russisch-orth. Starez, *Kursk 19. 7. 1754, †Sarow (Gouv. Tambow) 2. 1. 1833; trat 1778 in die Einsiedelei von Sarow ein, lebte aber v. a. als Eremit, auch nach seiner Mönchs-, Diakonats- und Priesterweihe (1785, 1786 bzw. 1793). 1810 kehrte er in sein Kloster zurück, wo er als Seelsorger und Ratgeber wirkte und das Nonnenkloster von Diwejewo (bei Arsamas) gründete. Bes. durch die gedruckten Aufzeichnungen seiner Unterredungen mit dem Gutsbesitzer NIKOLAJ MOTOWILOW (*1809, †1871) in ganz Russland bekannt geworden, wurde S. 1903 auf Initiative von Kaiser NIKOLAUS II. von der russisch-orth. Kirche kanonisiert (Fest: 2. 1.). Bereits zu seinen Lebzeiten als Starez hoch verehrt, verband S. hesychastisch geprägte Frömmigkeit und prakt. Seelsorge und wurde nach seinem Tod zu einem der am meisten verehrten Heiligen Russlands. Seine nach der Oktoberrevolution profanisierten Reliquien wurden 1991 aus dem ehem. Atheismusmuseum in Sankt Petersburg über Moskau in das neu begründete Kloster in Diwejewo zurückgebracht.

V. ZANDER: Seraphim von Sarow. Ein Heiliger der orth. Christenheit (a. d. frz. Manuskript, 1965); V. ROCHAU: Saint Séraphim, Sarov et Divéyevo (Bégrolles-en-Mauges 1987); N. ESSER: Seraphim von Sarow. Der russ. Heilige (1994).

Serafimowitsch, Serafimovič [-vitʃ], Aleksandr, eigtl. **A. Serafimowitsch Popow,** russ. Schriftsteller, *Staniza Nischnekurmojarskaja (Dongebiet) 19. 1. 1863, †Moskau 19. 1. 1949; studierte in Sankt Petersburg, stand dem revolutionären Kreis um LENINS Bruder A. I. ULJANOW nahe, 1887–90 verbannt. S. gilt neben M. GORKIJ als Hauptrepräsentant der vorrevolutionären, sozialistisch-proletar. Literatur (Roman

›Gorod v stepi‹, 1912; dt. ›Die Stadt in der Steppe‹); schrieb später Erzählungen über soziale Probleme, u. a. über Klassenkonflikte. Sein Roman ›Železnyj potok‹ (1924; dt. ›Der eiserne Strom‹) behandelt den Rückzug von Soldaten, Frauen und Kindern aus dem Kaukasus und die Veränderung desorganisierter in disziplinierte Massen durch die bolschewist. Führung.

Ausgaben: Sobranie sočinenij, 4 Bde. (1980). – Ausgew. Werke, 2 Bde. (1956).

Serafin, Tullio, ital. Dirigent, * Rottanova (heute zu Cavarzere, Prov. Venedig) 1. 9. 1878, † Rom 2. 2. 1968; wirkte ab 1909 an der Mailänder Scala, ab 1924 an der Metropolitan Opera in New York, seit 1934 wieder in Italien, v. a. an der Röm. Oper (bis 1943 Chefdirigent) und an der Mailänder Scala. S. war ein hervorragender Interpret der ital. Oper und galt als internat. anerkannte Autorität in Fragen der Gesangstechnik.

Serafschan der, Fluss in Mittelasien, →Serawschan.

Serail [zeˈrai(l), auch seˈraːj; frz., über ital. serraglio und türk. saray von pers. sarāy ›Palast‹] das, -s/-s, i. w. S. (großes, mehrräumiges) Haus, Unterkunft, Lager-, Wohnhaus, i. e. S. Palast, z. B. der osman. Sultanspalast (Topkapı-S. in Istanbul), der auch Regierungs- und Verwaltungssitz war. Das Wort ist auch in Karawanserei enthalten; es bezeichnet heute v. a. einen Teil des Basars (→Saray).

Seraing [səˈrɛ̃], Stadt in der Prov. Lüttich, Belgien, an der Maas, 61 100 Ew.; Inst. für Arbeitsmedizin; Eisenhüttenwerk, Maschinenbau, Herstellung von Rüstungsbedarf, Freiformschmiedeteilen, Motoren und Betonwaren, Kristallglashütte. – Die heutige Stadt S. entstand 1977 durch Zusammenschluss der Stadt S. (entstanden im Anschluss an eine 1202 gegründete Zisterzienserabtei) mit vier weiteren Gemeinden.

Seram, Ceram, größte Insel der Molukken, Indonesien, mit Nebeninseln rd. 18 600 km², etwa 200 000 Ew.; besteht überwiegend aus stark zerschnittenem und dicht bewaldetem Gebirgsland, bis 3 019 m ü. M. (Gunung Binaiya). Aus tertiären Schichten des NO wird Erdöl gefördert. In den teils sumpfigen Küstenebenen wachsen Sagopalmen (Sago ist Hauptnahrungsmittel); Anbau von Kokospalmen und Gewürznelkenbäumen. Hauptort: Masohi an der SW-Küste.

Matilde Serao

Serao, Matilde, ital. Journalistin und Schriftstellerin, * Patras (Griechenland) 7. 3. 1856, † Neapel 25. 7. 1927; verbrachte die Kindheit in Neapel, arbeitete nach einer Lehrerausbildung in einem Telegrafenamt, daneben für neapolitan. und röm. Zeitungen; 1882–88 lebte sie in Rom, 1884–1904 ∞ mit E. Scarfoglio, mit dem sie u. a. die Zeitung ›Il Corriere di Roma‹ gründete. Nach der Trennung von Scarfoglio gab sie die Zeitung ›Il giorno‹ heraus. Ihre realist. Romane und Novellen, die zu den besten Werken des →Verismus gehören, schildern farbig das neapolitan. Volksleben und zeugen von glänzender Beobachtungsgabe und psycholog. Einfühlungsvermögen (so ›Il paese di cuccagna‹, Roman, 1891; dt. ›Schlaraffenland‹, 1926).

Weitere Werke: *Romane:* Fantasia (1883); Piccole anime (1883); Il romanzo della fanciulla (1886); La ballerina, 2 Bde. (1899); Mors tua ... (1926).

M. G. Martin-Gistucci: L'œuvre romanesque de M. S. (Grenoble 1973); W. De Nunzio Schilardi: M. S. giornalista (Lecce 1986); V. Pascale: Sulla prosa narrativa di M. S. (Neapel 1989).

Serapeum das, -s/...ˈpe|en, griech. **Serapeion** das, -s/...ˈpeia, Heiligtum für den Gott →Sarapis; S. wurden an vielen Orten, auch außerhalb Ägyptens, errichtet. Das S. von Alexandria wurde erst 391 unter Theodosius I. zerstört, die Statue des Sarapis von Alexandria (Kopie in Rom, Vatikan. Sammlungen) trägt eine Getreidekrone und ist von Kerberos begleitet. Als S. wird auch die Begräbnisstätte der Apisstiere in Sakkara bezeichnet. Diese Anlage bestand aus unterird., in den Fels gehauenen Grüften, deren älteste Kammern auf die Zeit von Amenophis III. (um 1400 v. Chr.) zurückgehen; die einbalsamierten Stiere wurden zuerst in Holzsärgen, seit Amasis in Sarkophagen aus rotem und schwarzem Granit beigesetzt; Angaben über ihr Lebensalter und ihre Bestattung geben Stelen.

Seraph der, -s/-im auch ...ˈphim, **Seraf,** in der Berufungsvision des Propheten Jesaja (Jes. 6) himml. Wesen mit sechs Flügeln, Händen und menschl. Stimmen, das Jahwes Thron umgibt und ihn mit dem dreimaligen Heiligruf (→Sanctus) lobpreist. Da S. in Jes. 14,29 und 4. Mos. 21,6–9 auch ›Schlange‹ bedeutet, wurden die S. wohl als Mischwesen mit Schlangenleib gedacht. Im äthiop. Henochbuch werden sie neben den →Cherubim in der Engelhierarchie erwähnt.

Séraphine [seraˈfiːn], eigtl. S. Louis [lwi], frz. Malerin, * Arsy (Dép. Oise) 2. 9. 1864, † Clermont (Dép. Oise) 11. 12. 1942; von W. Uhde 1911 entdeckt. Ihre mystisch-religiös bestimmten Bilder, meist Pflanzen, Bäume oder Blumen, offenbaren eine suggestive Fantastik; neben H. Rousseau einflussreichste Vertreterin der naiven Malerei in Frankreich.

Séraphine: Der rote Baum; um 1927/28 (Paris, Musée National d'Art Moderne)

Seraphinen|orden, auch **Seraphimen|orden,** höchster (einklassiger) schwed. Ritterorden, genannt das ›Blaue Band‹; als Erneuerung eines auf das 14. Jh. zurückgehenden Ordens 1748 gestiftet.

Seraphonstimmen, bei der Orgel ein Starktonregister (Hochdruckregister) mit flachlippigen Pfeifen.

Serapion, Bischof von Thmuis in Unterägypten (seit 339?), † nach 362; war befreundet mit Antonius d. Gr. und Athanasios und gehörte wie diese zu den Förderern der monast. Bewegung. Im Arian. Streit bezog er Position für Athanasios. Bekannt ist S. v. a. als theolog. Autor (verfasste u. a. eine Schrift gegen die Manichäer). – Heiliger (Tag: 21. 3.; in der kopt. Kirche 7. 3.).

Serapion, S. von Alexandreia, altgriech. Arzt um 200 v. Chr.; gilt neben Philinos von Kos († 250 v. Chr.) als einer der Stifter der so genannten Empirikerschule, die in der Medizin nur Beobachtung und Empirie gelten ließen.

Serapionsbrüder, russ. **Serapionowy bratja,** russische literar. ›Bruderschaft‹, 1921 in Petrograd nach dem Vorbild der ›S.‹ bei E. T. A. Hoffmann gebildet. Orientiert an der Prosatheorie W. B. Schklowskijs und der Erzählprosa J. I. Samjatins, traten die S. für eine experimentierfreudige, neues

Material in neuen Formen gestaltende, ideologisch nicht festgelegte, handlungsstarke Literatur ein und betonten die individuelle Kreativität des Künstlers. Von der offiziellen Kritik heftig angegriffen, war die Gruppe, die sich Ende der 1920er-Jahre auflöste, ein wesentl. Faktor der frühen Sowjetliteratur. Mitgl. waren u. a. K. A. FEDIN, W. W. IWANOW, W. A. KAWERIN, L. N. LUNZ, M. L. SLONIMSKIJ, M. M. SOSCHTSCHENKO und N. S. TICHONOW.

Ausgabe: Die S. von Petrograd, übers. u. hg. v. G. DROHLA (Neuausg. 1982).

H. OULANOFF: The Serapion brothers. Theory and practice (Den Haag 1966).

Serapis, ägypt. Gott, →Sarapis.

Serau *der, -s/-e,* **Capricornis sumatraensis,** etwa ziegengroße Art der Ziegenartigen (Caprinae) mit 14 Unterarten in Asien, von denen sieben im Bestand gefährdet sind. S. leben v. a. in der Strauchregion oberhalb der Waldgrenze.

Serawschan *der,* **Zeravšan** [zɪrafˈʃan], pers. **Serafschan** [›Goldfluss‹], Fluss in Mittelasien, in Tadschikistan und Usbekistan, 877 km lang, entfließt dem S.-Gletscher im O der Turkestankette, versiegt (Binnendelta) in der Sandwüste Kysylkum, 20–25 km vor Erreichen des Amudarja. Der Oberlauf (auch **Mattscha** gen.) fließt in einem engen Tal zw. Turkestankette (im N) und **S.-Kette** (370 km O-W-Erstreckung, mit kleinen Gletschern, im Tschimtarga 5 489 m ü. M.); der Mittellauf (in mehrere Arme geteilt, u. a. Akdarja und Karadarja) bewässert die Oase von Samarkand (Stausee bei Kattakurgan, 65 km²), der Unterlauf die von Buchara (Stausee bei Kujumarsar, 6 km²). Vom Amudarja reicht der 400 km lange, der Bewässerung dienende **Amu-Buchara-Kanal** zum S. bei Nawoi.

Serben, serb. **Srbi,** südslaw. Volk (→Slawen), mit etwa 9 Mio. Menschen die stärkste ethn. Gruppe in Jugoslawien in seiner 1918–92 bestehenden Form, heute v. a. in Serbien, wo sie (mit Ausnahme von Kosovo und Wojwodina) etwa 66 % der Bev. stellten, daneben auch in Bosnien und Herzegowina (etwa 32 %; **bosnische S.**), Kroatien (etwa 12 %; **kroatische S.**), Montenegro (etwa 3 %), Makedonien (etwa 2 %) und Slowenien (etwa 2 %); heute v. a. serbisch-orth. Christen. – Die Urheimat der S. soll nach den byzantin. Historikern PROKOPIOS und JORDANES Ostgalizien (heute: Westukraine) gewesen sein. Nach KONSTANTIN VII. PORPHYROGENNETOS gelangten sie zu Beginn des 7. Jh. in ihre neue Heimat mit der Kernlandschaft Raszien. Ihr Name ist erstmals 822 in den Fränk. Annalen überliefert; im 9. Jh. wurden sie durch Schüler METHODIOS' missioniert. Die starke geograph. Gliederung begünstigte die Ausbildung von Sondergruppen. Während der türk. Unterwerfung (14./15.–19. Jh.) veränderten sich die vorrangigen serb. Siedlungsräume (→Serbien, Geschichte); aus Flüchtlingsgruppen gingen Bunjewzen, im 15. Jh. →Uskoken, im 17. Jh. →Schokzen hervor. Im 19. Jh. entstand in Abkehr von der Dorfgemeinschaft, auch im Zusammenhang mit sprachl. Entwicklungen, ein serb. Nationalbewusstsein; bei den Montenegrinern, die sich seit 1990 wieder großenteils als S. verstehen, verliefen ähnl. Prozesse über die Aufgabe der Stammesbindungen. – Nach den Bürgerkriegen um die serb. Siedlungsräume im zerfallenden Jugoslawien (1991–95) erhielten die bosn. S. mit dem Abkommen von Dayton (1995) ihre eigene Staatlichkeit in einer ›Serb. Rep.‹ innerhalb von Bosnien und Herzegowina bestätigt. (→Zadruga)

Serbien, serb. **Srbija,** amtlich serb. **Republika Srbija,** Teil-Rep. von →Jugoslawien, 88 361 km², (1995) 9,9 Mio. Ew., Hauptstadt ist Belgrad; ohne die Provinzen →Kosovo und →Wojwodina, deren Autonomiestatus 1990 aufgehoben worden ist, umfasst S. 55 968 km² mit (1995) 5,8 Mio. Ew. (Engeres Serbien).

Landesnatur: Im N (im Wesentlichen in der Wojwodina) hat S. Anteil am Großen Ungar. Tiefland (mit Batschka, Sirmien und westl. Banat), das von dem isolierten Gebirgsstock Fruška gora überragt wird und von der Donau und ihrem Zufluss Theiß durchflossen wird. Südlich von Save und Donau schließt sich ein Hügel- und Gebirgsland mit der fruchtbaren Šumadija (südlich von Belgrad), dem erzreichen Kopaonikgebirge (bis 2 017 m ü. M.) und anderen Höhenzügen des Dinar. Gebirges, dem Serb. Erzgebirge und den Ausläufern des Westl. Balkan (bis 2 168 m ü. M.) an. Dieses Gebirgsland wird von der Südl. Morava und (anschließend) der Großen Morava annähernd in S-N-Richtung durchflossen. Das Tal bildet eine wichtige Verkehrsleitlinie (Teil der Morava-Vadar-Furche). Die höchsten Erhebungen liegen an der Grenze zu Albanien (Đaravica, 2 656 m ü. M.), Montenegro und zur Rep. Makedonien. Den SW S.s (das Kosovo) bestimmen die intramontanen Beckenlandschaften Amselfeld und Metohija. – Das Klima ist gemäßigt kontinental und trägt im S mediterrane Züge. Etwa ein Drittel des Landes ist bewaldet.

Bevölkerung: Nach der Volkszählung 1991 sind 66 % der Bewohner Serben, die v. a. der serbisch-orth. Kirche angehören (im Engeren S. beträgt der Serbenanteil 88 %). 5 % der Bev. bezeichnen sich als Jugoslawen. Größte Minderheiten sind mit 17 % die Albaner (im Kosovo) und mit 3,5 % die Ungarn (in der Wojwodina). Etwa 8,5 % der Bev. gehören anderen Volksgruppen (u. a. Muslime, Montenegriner, Slowaken, Rumänen, Bulgaren) an. Als Folge des Krieges in Kroatien sowie in Bosnien und Herzegowina sind zahlr. Kroaten und Muslime in benachbarte Staaten geflohen; 607 000 serb. Flüchtlinge kamen aus den umkämpften Gebieten nach Serbien.

Wirtschaft: Im ehem. Jugoslawien war S. mit etwa 36 % am gesamten Bruttoinlandsprodukt beteiligt. Hauptwirtschaftsbereiche sind Landwirtschaft und Industrie. Die wichtigsten Landwirtschaftsgebiete sind die Wojwodina und das Moravatal; angebaut werden Getreide (Weizen, Mais, Roggen), Zuckerrüben, Hanf, Sonnenblumen sowie im S Tabak; Obstbau ist weit verbreitet (bes. Pflaumen für die Slibowitzherstellung), im Moravatal und im NO auch Weinbau. In den Ackerbaugebieten herrscht Schweine- und Rinderzucht, in den Gebirgen Schafhaltung vor. S. ist reich an Bodenschätzen. Es werden Kupfer-, Zink-, Antimon- und Eisenerze, bes. im Serb. Erzgebirge und im Kopaonikgebirge, daneben Braunkohle und in geringem Maße Steinkohle und Erdöl gefördert (Eisenerzverhüttung in Smederovo, Buntmetallhütten in Bor und Trepča). Die verarbeitende Industrie umfasst Maschinen- und Fahrzeugbau, chem. und petrochem., elektrotechnisch-elektron., Leder- und Schuh- sowie Textil- und Nahrungsmittelindustrie; ihre wichtigsten Standorte sind Belgrad, Smederovo, Kragujevac, Kraljevo, Kruševac, Niš und Subotica. Die Energieerzeugung basiert auf dem Donaukraftwerk am Eisernen Tor und zahlr. Braunkohlenkraftwerken.

Geschichte: Die ersten ethnisch fassbaren Bewohner waren illyr., thrak. und kelt. Stämme. Im 3. Jh. v. Chr. begannen die Römer von der Küste her die Unterwerfung der späteren Prov. Dalmatia (→Dalmatien) und Moesia superior (→Mösien). Im 7. Jh. n. Chr. wanderten aus dem NO die südslaw. Serben ein, die vom 8. bis 12. Jh. fast ununterbrochen unter bulgar. oder byzantin. Herrschaft, seit 1123 unter der der Nemanjiden standen. Großžupan STEPHAN NEMANJA (1168–96) erreichte nach 1180 die Unabhängigkeit seines Fürstentums Raszien, das er mit Zeta (Montenegro) vereinigte. Sein Sohn STEPHAN PRVOVENČANI (1196 bis um 1228) erhielt 1217 von Papst HONORIUS III. die Kö-

Serb Serbien

nigskrone; 1219 wurde ein von Konstantinopel unabhängiges Erzbistum geschaffen (→Sava). Unter Stephan IV. Dušan (1331–55) erreichte dieses **altserbische Reich** (Hauptstadt: Skopje) seine größte Ausdehnung; er gewann Makedonien, Thessalien, Albanien sowie Epirus und nahm 1346 den Zarentitel an. Nach Stephans Tod (1355) verfiel dieses Reich rasch. Nach der serb. Niederlage in der Schlacht auf dem Amselfeld unter Fürst Lazar I. Hrebeljanović (›Widowdan‹ 1389) unterwarfen die Türken S. (seit 1459 osman. Paschalik), endgültig 1521 (Eroberung Belgrads). Die serb. Oberschicht wurde vernichtet bzw. islamisiert. Der Unabhängigkeitswille lebte fort in den Uskoken, in den seit- u. Bergstämmen Montenegros und in der serbisch-orth. Kirche. Seit dem 17. Jh. regte sich Widerstand in der Form des Räuberkriegertums der →Heiducken. Ab 1690 wanderten viele Serben aufgrund osman. Repressalien nach S-Ungarn und (schon seit dem 16. Jh.) in Gebiete der österr. Militärgrenze (spätere Krajina) aus; in die frei gewordenen serb. Kerngebiete (Alt-S., Engeres S.) rückten Albaner nach (Ursprung des heutigen Kosovo-Problems). Nord-S. war 1718–39 unter österr. Herrschaft; danach wurde die Save-Donau-Linie zur Grenze zw. S. und dem osman. Reich. In der zuvor entvölkerten Šumadija (Nord-S.; Paschalik Belgrad) siedelten sich im 1750 Serben aus dem S an.

Der Freiheitskampf gegen die Türken begann 1804–06 mit einem ersten Aufstand des Heiducken Karađorđe in Belgrad. Die durch den russisch-türk. Frieden von Bukarest (1812) gewonnene Autonomie nahm der Sultan wieder zurück. Nach der zweiten Erhebung unter dem Bauernführer (Knez) Miloš Obrenović (1815) wurde S. 1817 tributpflichtiges Fürstentum mit eingeschränkter Selbstverwaltung und Religionsfreiheit (ab 1830 vollautonomes Erbfürstentum unter osman. Oberhoheit); Hauptort war 1818–39 Kragujevac. Beide Fürstenhäuser, Karađorđević und Obrenović, rivalisierten noch bis 1903 um die Herrschaft in S. (bei wechselnder Anlehnung an Russland oder Österreich).

Miloš, der 1817 von der Volksvertretung, der Skupschtina, zum erbl. Fürsten gewählt wurde, regierte trotz der Verf. von 1835 autoritär und musste 1839 abdanken. Nach kurzer Reg. seiner Söhne Milan und Michael wählte die Skupschtina 1842 Karađorđes Sohn Alexander (Karađorđević) zum Fürsten. Unter ihm erhielt S., das 1833 nach SW erweitert worden war, 1844 ein bürgerl. Gesetzbuch nach österr. Vorbild. Gleichzeitig entwarf Innen-Min. I. Garašanin mit der Denkschrift ›Načertanje‹ (1844; erst 1906 in S. öffentlich gemacht) die Vision einer Vereinigung aller Südslawen innerhalb der Donaumonarchie in einem Reich unter serb. Führung, die später zum ›großserb. Programm‹ erhoben und einer der Grundbausteine zur jugoslaw. Staatsidee des 20. Jh. wurde. 1858 setzte die Skupschtina Alexander ab und rief Miloš zurück. Ihm folgte sein Sohn Michael, der 1867 den Abzug der türk. Garnisonen aus S. erreichte. Nach seiner Ermordung durch einen Anhänger der →Karađorđević folgte 1868 sein Neffe Milan I. Obrenović.

Der Berliner Kongress (1878) sprach S. die volle Unabhängigkeit und eine Gebietserweiterung nach S (11 000 km², die Gebiete von Pirot, Niš, Vranje) zu. Bosnien, die Herzegowina und Novi Pazar wurden jedoch von Österreich-Ungarn besetzt. 1882 wurde S. zum Königreich erhoben. Die Vereinigung der türk. autonomen Prov. Ostrumelien mit Bulgarien veranlasste Milan 1885 zur Annexion Ostrumeliens und damit zum Angriff gegen Bulgarien **(Serbisch-Bulgarischer Krieg)**. Nach dem bulgar. Sieg bei Sliwniza nahe Sofia (17.–19. 11. 1885) verhinderte nur das Eingreifen Österreich-Ungarns im Frieden von Bukarest (3. 3. 1886) Gebietsverluste der unterlegenen Serben. 1889 dankte Milan zugunsten seines Sohnes Alexander (Alexander I. Obrenović) ab, der mit seiner Frau Draga durch eine Offiziersverschwörung (die spätere →Schwarze Hand) ermordet wurde. Unter seinem Nachfolger Petar Karađorđević (König Peter I., 1903–18) kehrte N. Pašić zu einer gegen Österreich-Ungarn gerichteten Außenpolitik im Sinne der großserb. Idee zurück (→Omladina). Der österr.-serb. Gegensatz vertiefte sich durch die österr.-ungar. Annexion Bosniens und der Herzegowina (1908) sowie durch die serb. Erfolge in den →Balkankriegen (1912/13; Zugewinn Makedoniens als ›Süd-S.‹ und des Kosovo). Das ›Attentat von Sarajevo‹ (28. 6.; Schwarze Hand) führte am 28. 7. 1914 zur Kriegserklärung Österreich-Ungarns an S. und damit zum Ausbruch des Ersten Weltkriegs. Nach schweren Abwehrkämpfen wurde S. 1915–16 von den Mittelmächten besetzt. Am 1. 12. 1918 kam es zur Bildung eines S. (seit 1919/20 mit der Wojwodina), Montenegro und alle südslaw. Gebiete Österreich-Ungarns umfassenden Königreichs der Serben, Kroaten und Slowenen. Dieser Staat, der sich seit 1929 ›Jugoslawien‹ nannte, blieb belastet durch die Hegemonie S.s sowie Spannungen v. a. zw. Serben und Kroaten; die Verständigung (›sporazum‹) vom 26. 8. 1939 kam zu spät. Nach der Zerschlagung und Aufteilung Jugoslawiens (April 1941) durch die Achsenmächte wurde Rest-S. deutscher Militärverwaltung und einer Reg. unter General M. Nedić unterstellt (bis 1944; Judenverfolgung, Widerstand kommunist. Partisanen und nationalist. Četnici). Mit der Wiedererrichtung Jugoslawiens (1945) wurde S. 1946 (mit der Wojwodina und dem Kosovo) größte Teil-Rep., 1963 ›Sozialist. Rep.‹. Mit den Unruhen im Kosovo 1981 begannen die Versuche nichtserb. Bev.-Gruppen, die serb. Vorherrschaft in Jugoslawien zu beenden. Gleichzeitig wuchs ein serb. Nationalismus, an dessen Spitze sich KP-Chef S. Milošević (1986–89) stellte: u. a. Erneuerung der ›Načertanje‹ durch ein ›Memorandum‹ der Akad. der Wiss.en und Künste (1986; D. Ćosić u. a.), 600-Jahr-Feier der Schlacht auf dem Amselfeld (Vidovdan 1989). Unter Präs. Milošević (1989–97) kam es zur Aufhebung der Autonomie im Kosovo und der Wojwodina (bis Juli 1990). Damit trug S. hohe Mitverantwortung am Aufbrechen der nat. Gegensätze.

S., das sowohl das Staatspräsidium als auch die jugoslaw. Armee (JVA) dominierte, die seit 1989/90 zunehmenden Bestrebungen von Kroatien und Slowenien nach nat. Selbstständigkeit wachsenden – auch militär. – Druck entgegen. In den v. a. von Serben bewohnten kroat. Gebieten förderte S. 1990/91 Bestrebungen zum Anschluss an S. (→Krajina). Bei den ersten freien Wahlen am 9. 12. 1990 siegte die Sozialist. Partei S.s (SPS; Juli 1990 aus dem Bund der Kommunisten S.s hervorgegangen); sie stellte seitdem den Präs. und die Reg. (bis 1997). Ab 1990 verstärkte das an der jugoslaw. Staatsidee festhaltende S. seine Politik der ethn. ›Entflechtung‹ und Homogenisierung: Zunächst auch mithilfe der JVA sowie unterstützt von Freiwilligenverbänden serb. Nationalisten ([Neo-]Četnici) beginnen im Juli 1991 ein erster blutiger Krieg zum ›Schutz der serb. Siedlungsräume‹ in Kroatien, Anfang April 1992 ein zweiter in Bosnien und Herzegowina (beide endgültig 1995 beendet). Am 27. 4. 1992 proklamierte S. gemeinsam mit Montenegro die neue Bundesrepublik Jugoslawien; ihre internat. Anerkennung erfolgte erst 1996. Unterdrückung der Opposition, v. a. der ›Serb. Erneuerungsbewegung‹ (SPO) unter Vuk Drašković, und der nat. Minderheiten, v. a. der Kosovo-Albaner, kennzeichneten bis zu den von November 1996 bis Februar 1997 täglich stattfindenden Massenprotesten die innenpolit. Lage. Nach den Wahlen vom September 1997 versuchte die SPS die

Opposition, v. a. die SPO, z. T. in die Reg. einzubinden (Februar 1998). Ende 1997 wurde MILAN MILUTINOVIĆ neuer serb. Präs. (Kandidat der SPS gegen den oppositionellen Radikalen VOJISLAV SESELJ). Im März/April 1998 brachen die nat. Gegensätze im Kosovo verschärft auf, was zu neuen Spannungen zw. S. und Montenegro führte; im Mai/Juni 1998 eskalierten sie zu einer internat. Krise (drohender NATO-Einsatz; Flucht der Zivil-Bev.; Kämpfe zw. serb. Armee und der ›Befreiungsarmee Kosovo‹, Abk. UCK).

F. P. KANITZ: Das Königreich S. u. das Serbenvolk von der Römerzeit bis zur Gegenwart, 3 Bde. (1904–14); C. JIREČEK: Staat u. Gesellschaft im mittelalterl. S., 4 Bde. (Wien 1912–19, Nachdr. Leipzig 1974, 1 Bd.); M. MLADENOVIĆ: L'état serbe au moyen âge (Paris 1931); M. B. PETROVICH: A history of modern Serbia 1804–1918, 2 Bde. (New York 1976); W. D. BEHSCHNITT: Nationalismus bei Serben u. Kroaten. 1830–1914 (1980); Istorija srpskog naroda, hg. v. S. GAVRILOVIĆ u. a., 6 Bde. (Belgrad 1981–93); M.-J. CALIC: Sozialgesch. S.s 1815–1941. Der aufhaltsame Fortschritt während der Industrialisierung (1994); VIKTOR MEIER: Wie Jugoslawien verspielt wurde (²1996); S.s Weg in den Krieg, hg. v. T. BREMER u. a. (1998).

Serbisch-Bulgarischer Krieg (1885–86), →Serbien, Geschichte.

serbische Kunst. Die s. K. begann mit der Christianisierung der Serben durch östl. Missionare (9. Jh.). So hatte sie von Anfang an ein religiöses und östl. Gepräge. Mitbestimmend wurde der Einfluss noch vorhandener frühchristl. und frühbyzantin. Denkmäler. Die Blütezeit der s. K. im MA. war bedingt durch die im O an Byzanz angrenzende, im W bis zur Adria reichende Lage des serb. Reiches und dessen staatl. Entwicklung. Sie erreichte wie der Staat ihren Höhepunkt im 14. Jahrhundert.

Seit der Unabhängigkeit von Byzanz 1180 begünstigte die Nemanjidendynastie eine höf. und klösterl. *Baukunst*, in der zunächst westlich-roman. Einflüsse die vorherrschende byzantin. Tradition überlagerten. STEPHAN NEMANJA, der Begründer des serb. Staates, ließ 1183–96 die Kirche und das Kloster in Studenica erbauen, wo er und seine Nachfolger beigesetzt wurden. Die zunächst aus einem einschiffigen Langhaus mit einer Kuppel über quadrat. Tambour bestehenden Kirchen wurden schon in Raszien, dem Kernland, weiter ausgebildet durch zwei kleine Apsiden zu beiden Seiten der Hauptapsis und niedrige Vorhallen (so in Studenica). Zu dieser Gruppe gehören die Klosterkirchen in Žiča bei Kraljevo (1208 geweiht; Sitz des ersten serb. Erzbistums), in Sopoćani (vor 1263), die Apostelkirche des Patriarchenklosters in Peć (Mitte 13. Jh.), an die im 14. Jh. zwei seitl. Kirchen angebaut wurden (BILD →Peć), und, als vollendetste dieses Typus, die Klosterkirche in Dečani (zw. 1327 und 1335), die ein dreischiffiges Presbyterium mit drei Apsiden, ein fünfschiffiges Langhaus mit hoher Kuppel und ein dreischiffiges Atrium aufweist; die am Außenbau wechselnden Schichten von hellerem und dunklerem Stein sowie die Blendarkaden unter dem Dachansatz erinnern an roman. Bauten; der Hauptarchitekt FRA VITA war ein Franziskaner aus Kotor. Eine zweite Gruppe bilden die Kirchen in S-Serbien, dem Zentrum der Staats-Verw. seit König STEPHAN UROŠ II. MILUTIN (1282–1321). Bei ihnen verstärkte sich die byzantin. Komponente. Ihren Grundplan bildet das Kreuz, manchmal mit einem verlängerten Arm; um die Hauptkuppel gliedern sich vier niedrigere, so bei der Kirche des Klosters Gračanica bei Priština (zw. 1311/12 und 1321) und der Kirche des Erzengels Michael in Lesnovo (um 1341). Den Kirchen der dritten Gruppe, im Moravatal (Moravaschule), im frühen 15. Jh. das letzte selbstständige serb. Gebiet, ist bei aller Verschiedenheit eine Dreikonchenanlage gemeinsam (Kirche des 1381 gegründeten Klosters Ravanica bei Ćuprija; Kirche des Klosters Manasija in Resava,

serbische Kunst: Klosterkirche Kalenić; Anfang 15. Jh.

1407–18; Klosterkirche von Kalenić, Anfang 15. Jh.). Sie zeichnen sich zudem durch farbigen Ziegelschmuck und bauplast. Dekor in Flachrelieftechnik aus. (Weiteres BILD →Kalenić)

Die serb. *Malerei* entwickelte sich unter dem dominierenden Einfluss der byzantin. Malerei. Noch rein byzantinisch sind die Fresken in Ohrid (v. a. Sophienkirche und Muttergotteskirche) und in Nerezi (Klosterkirche des hl. Pantaleon, 1164; BILD →Nerezi). Die ersten serb. Fresken mit großfigurigen Kompositionen entstanden 1208/09 in der Muttergotteskirche in Studenica. In der Folgezeit entwickelten sich zwei Malweisen, die in der Dreifaltigkeitskirche in Mileševo nebeneinander auftraten: ein antikisierender, mit Goldgrund prunkender höf. und monast. Stil mit blauen Gründen, der sich am reinsten in der Apostelkirche des ehem. Patriarchenklosters in Peć (um 1250) zeigt. Ihren Höhepunkt erreichte die serb. Malerei in der Dreifaltigkeitskirche des Klosters Sopoćani (1263–68) mit großfigurigen freien Monumentalkompositionen. Die palaiolog. Renaissance fand durch die beiden Hofmaler König STEPHAN UROŠ II. MILUTINS, MICHAIL ASTRAPAS und EUTYCHIOS, Eingang in die serb. Malerei. Sie waren u. a. in Prizren (Metropolitankirche Bogorodica Ljeviška, 1310–13), im Kloster Studenica (Königskirche, 1314) und im Kloster Staro Nagoričane (bei Kumanovo, zw. 1316 und 1318) tätig; sie bedeckten die Wände mit vielen kleinen Szenen voll bewegter Figuren und erweiterten die Ikonographie. Dieser Stil, der in den Wandmalereien der Klosterkirche von Gračanica (1321 vollendet) gipfelt, uferte danach zu überladenen Darstellungen aus, wie in Partien des von griechisch-dalmatin. Meistern ausgeführten Freskenprogramms in der Kirche von Dečani (1335–50). Während sich in den Fresken des Marko-Klosters bei Skopje (nach 1371) italienisch-byzantin. Einflüsse bemerkbar machen, nähert sich die wieder übersichtlichere Malerei der Moravaschule im frühen 15. Jh. zunehmend dem westlichen internat. Stil der Gotik. – Unter der Osmanenherrschaft blühte die Malerei nach der Wiedereinsetzung des Patriarchats von Peć (1557) noch einmal auf, etwa in den Kirchenvorhallen von Peć (1561) und Studenica (1568). – Die Ikonenmalerei ist in der s. K. nur von untergeordneter Bedeutung. Im 14. Jh. lassen sich eine vergleichsweise realistische dalmatin. und eine streng byzantin. Richtung unterscheiden. Die Miniaturmalerei wurde in den serb. Klöstern, bes. auf dem Athos, gepflegt, wo die Traditionen byzantin. Malerei bis heute

Serb serbische Literatur

weitergeführt werden. – Im 18. Jh. breitete sich der europ. Barock in versch. Gebieten des ehem. großserb. Reiches aus, am ausgeprägtesten in Slowenien, aber auch im Donauraum, in der Wojwodina. Im 19. Jh. entfaltete sich neben einer frühbürgerl. klassizist. Porträtmalerei die Historienmalerei mit nat. Thematik. In der Architektur, die seit dem 16. Jh. zahlr. Bauten nach türk. Vorbild hervorbrachte (u. a. Moscheen), entstanden seit Mitte des 19. Jh. Bauten im Stil des Klassizismus und Historismus bes. Wiener Prägung, später spielte auch der Wiener Jugendstil eine Rolle. In der modernen Architektur und Kunst des 20. Jh. wurden neben nat. Traditionen v. a. westeurop. Einflüsse wichtig.

R. HAMANN-MACLEAN u. H. HALLENSLEBEN: Die Monumentalmalerei in Serbien u. Makedonien vom 11. bis zum frühen 14. Jh., 4 Bde. (1963–76); S. RADOJČIĆ: Gesch. der s. K. (a. d. serbokroat. Manuskript, 1969); V. J. DURIĆ: Byzantin. Fresken in Jugoslawien (a. d. Serbokroat., 1976); Kunstdenkmäler in Jugoslawien. Ein Bild-Hb., hg. v. L. TRIFUNOVIĆ, 2 Bde. (a. d. Serbokroat., Leipzig 1981); D. MEDAKOVIĆ: Serb. Barock. Sakrale Kunst im Donauraum (a. d. Serbokroat., Wien 1991).

serbische Kunst: Maria mit Christus zwischen zwei Serafim in der Lünette eines Zwillingsfensters der Vorhallen-Südwand der Klosterkirche Kalenić; Anfang 15. Jh.

serbische Literatur. Die Anfänge der s. L. stehen in enger Verbindung mit der Herausbildung des altserb. Reiches der Nemanjiden: Im Bereich der →serbisch-orthodoxen Kirche entfaltete sich ein umfangreiches Schrifttum in kirchenslaw. Sprache serbischer Redaktion. Es stand unter dem Einfluss der byzantin. Literatur, aus der religiöse und theolog. Werke übersetzt wurden. Auch weltl. erzählende Gattungen (Alexander-, Trojaroman) oriental. und westl. Ursprungs wurden adaptiert. Als eigenständige Werke ragen die altserb. Herrscherbiographien des 13. und 14. Jh. hervor, die hagiograph. und historiograph. Elemente vereinigen: die Vita STEPHAN NEMANJAS von SAVA, die Sava-Viten von DOMENTIJAN (* um 1210, † nach 1264) und TEODOSIJE (* um 1246, † um 1328) sowie die ›Viten der Könige und Erzbischöfe Serbiens‹ des Erzbischofs DANILO. Fortgesetzt wurde diese Tradition im 15. Jh. durch die bulgar. Emigranten GRIGORIJE CAMBLAK (* um 1365, † 1419) und KONSTANTIN VON KOSTENEC (* um 1380, † 1431). Als bedeutender Rechtskodex ist das Gesetzbuch (Zakonik, 1349/54) des Zaren STEPHAN IV. Dušan zu erwähnen. Die osman. Eroberung Serbiens (von der Schlacht auf dem Amselfeld, 1389, bis zum Fall Belgrads, 1521) führte zu einem Niedergang der s. L. und isolierte sie – im Ggs. zur kroat. Literatur – von den europ. Entwicklungen. Die schriftl. Tradition, v. a. liturg. Gebrauchsliteratur, konnte nur in den Klöstern, so u. a. im Athoskloster Chiliandariu (Hilandar), fortgesetzt werden. Parallel dazu schuf die im Volk tradierte Heldenepik (v. a. der Kosovo-Zyklus um die Schlacht auf dem Amselfeld und die Lieder um den beliebtesten serb. Helden, →KRALJEVIĆ MARKO) eine reiche, mündlich überlieferte Liedtradition. J. G. HERDER, GOETHE und die Brüder GRIMM entdeckten diese originelle und lebendig gebliebene serb. Volksdichtung für die westeurop. Kultur und machten sie durch Übersetzungen bekannt.

Im 18. Jh. entstand im Zuge des orth. Bildungseinflusses aus Russland und der Ukraine eine künstl. Mischsprache aus russisch-kirchenslaw. und serb. Elementen (Slawenoserbisch), die sich jedoch als Grundlage für die serb. Literatursprache nicht durchsetzen konnte. Die weltl. Literatur ist geprägt vom Geist der Barockpoetiken, v. a. des Predigers GAVRIL S. VENCLOVIĆ (* um 1680, † 1749?) und des Historiographen ZAHARIJA ORFELIN (* 1726, † 1785).

Der bedeutendste Vertreter der *Aufklärung* in Serbien, D. OBRADOVIĆ, weist in seinem Kampf für die Volksbildung und in seinem literar. Werk bereits ins 19. Jh., in dem das eigentliche literar. Schaffen begann. Voraussetzung war die Schaffung einer auf der Volkssprache basierenden Schriftsprache, die von Serben und Kroaten gleichermaßen akzeptiert wurde. Die Kodifizierung dieser gemeinsamen Schriftsprache mit den Varianten Serbisch und Kroatisch im Wiener Sprachabkommen (1850) durch V. S. KARADŽIĆ und die Kroaten L. GAJ und I. MAŽURANIĆ steht am Anfang der v. a. national geprägten *Romantik*, die die Volksdichtung zu einer Quelle literar. Anregung machte. Bedeutendste Vertreter sind der Lyriker B. RADIČEVIĆ und der montenegrin. Fürstbischof PETER II. PETROVIĆ NJEGOŠ mit dem Epos ›Gorski vijenac‹ (1847), denen Đ. JAKŠIĆ, J. JOVANOVIĆ und L. KOSTIĆ folgten. Am Anfang der serb. Komödie steht J. S. POPOVIĆ, der ›serb. Molière‹. Von der Romantik zum Realismus verweisen schon die Werke des wojwodin. Romanciers JAKOV IGNJATOVIĆ (* 1822, † 1889).

In den 70er-Jahren des 19. Jh. wandte sich die s. L. unter dem Einfluss der russ. Realisten und der Führung des Sozialisten S. MARKOVIĆ immer mehr einem krit. *Realismus* zu, als dessen bedeutendste Autoren L. LAZAREVIĆ, MILOVAN GLIŠIĆ (* 1847, † 1908), S. RANKOVIĆ, S. SREMAC und JANKO VESELINOVIĆ (* 1862, † 1905), v. a. mit dörfl. Erzählungen aus dem Leben des einfachen Volkes, gelten. Der Dalmatiner S. MATAVULJ brachte neben Stoffen aus der heimatl. Küstenbereich auch montenegrin. und Belgrader Themen ein. Als Meister der für die s. L. typ. Gattung der Satire sind RADOJE DOMANOVIĆ (* 1873, † 1908) und P. KOČIĆ zu nennen. Bereits an der Schwelle zur Moderne steht die psychologisch vertiefte, subtile Prosa von BORISAV STANKOVIĆ (* 1876, † 1927). Auch in der feinfühligen und formvollendeten Lyrik von V. ILIĆ bahnte sich gegen Ende des 19. Jh. der Übergang zu modernist. Strömungen an.

Unter dem Einfluss der frz. Symbolisten (C. BAUDELAIRE, P. VERLAINE) überwand die serb. Lyrik ihre bisher nahezu ausschließl. Ausrichtung an der Volksdichtung und konnte so inhaltlich und formal neue Wege beschreiten. Die serb. *Moderne*, die avantgardist. Impulse (Futurismus, Expressionismus) verarbeitete, setzte sich bis in die Zwischenkriegszeit fort. Zentrale Persönlichkeit der Belgrader Modernisten war M. CRNJANSKI, daneben sind v. a. J. DUČIĆ, SIMA PANDUROVIĆ (* 1883, † 1960), M. RAKIĆ, ISIDORA SEKULIĆ, TODOR MANOJLOVIĆ (* 1883, † 1968), R. PET-

ROVIĆ und S. VINAVER zu nennen. Eine eigenständige Variante des serb. Surrealismus (›Nadrealizam‹) schufen in den 30er-Jahren M. RISTIĆ, O. DAVIČO und A. VUČO. Daneben konnte sich in vollem Umfang die traditionelle Prosa behaupten, in deren Mittelpunkt nach wie vor die Erzählung aus dem Volksleben stand, wobei aber der Themenbestand durch vertiefte soziale und kulturelle Problemstellung erweitert und die Darstellung formal und psychologisch verfeinert wurde. Zahlr. Vertreter dieser Richtung (u.a. B. ĆOPIĆ, D. ĆOSIĆ, DESANKA MAKSIMOVIĆ, I. SAMOKOVLIJA) trugen die zw. den Weltkriegen erarbeitete Tradition in die Nachkriegszeit hinüber, ebenso wie die großen Altmeister CRNJANSKI und I. ANDRIĆ.

Die gesellschaftl. Umwandlung nach dem Zweiten Weltkrieg übte starken Einfluss auf die Literatur aus. Neben bereits früher linksorientierten Autoren (DAVIČO, M. LALIĆ u.a.) traten auch Vertreter traditioneller Auffassungen (ĆOPIĆ, A. ISAKOVIĆ, DESANKA MAKSIMOVIĆ) für die sozialist. Neugestaltung ein. Dominantes Thema der ersten Nachkriegsjahre war der Krieg, v. a. die Partisanenkämpfe als nat. Befreiungskampf. Nach dem polit. Bruch mit dem Kominform (1948) fiel die überwiegende Orientierung am sozialist. Realismus weg, und das literar. Leben wurde progressiv, kritisch und v. a. polemisch gegen jedweden Dogmatismus in Kunst und Ästhetik. Als fruchtbarste Gattung erwies sich der Roman, der bis heute in der s. L. eine dominierende Rolle spielt. In der Auseinandersetzung mit dem dogmatischen sozialist. Realismus gaben v. a. die Surrealisten DUŠAN MATIĆ (* 1898, † 1980) und DAVIČO sowie die von der engl. und frz. Literatur inspirierten Lyriker V. POPA und M. PAVLOVIĆ entscheidende Impulse. In der Prosa bildeten sich zwei konträre Richtungen aus, von denen die eine den traditionellen Literaturmodell vertrat, während die andere eine Erneuerung der Avantgarde der Vorkriegszeit anstrebte. Als Antwort auf den sozialist. Realismus entstand zw. 1950 und 1955 der so genannte sozialist. Ästhetizismus, der bis in die Mitte der 60er-Jahre vorherrschte und Anregungen aus dem Expressionismus der Zwischenkriegszeit und dem Surrealismus, aber auch von ausländ. Autoren empfing. So entwickelte sich eine reiche Vielfalt an künstler. Verfahren und Themen: eine universell-philosoph. und existenzielle Richtung mit zeitkrit. Bezügen (ANDRIĆ, CRNJANSKI, M. SELIMOVIĆ), monumentale Erzähltradition und Identitätssuche (ĆOSIĆ, ISAKOVIĆ, ĆOPIĆ), experimentelle Verfahren (RADOMIR KONSTANTINOVIĆ, * 1928) sowie fantastisch-groteske Erzählverfahren (M. BULATOVIĆ, Frühwerk von M. DJILAS) oder naive Darstellung (BORA ĆOSIĆ, * 1932). Zunehmend fanden aber auch die Probleme der Gegenwart Eingang in die s. L.: Mit der menschl. Entfremdung und der Bedrohung durch die Technik setzte sich u. a. SVETA LUKIĆ (* 1931) auseinander, den Alltag schilderte GROZDANA OLUJIĆ.

Mitte der 60er-Jahre setzte eine neue Autorengeneration (D. KIŠ, M. KOVAČ, B. PEKIĆ, R. SMILJANIĆ, BRANIMIR ŠĆEPANOVIĆ, * 1937; DAVID FILIP, * 1949) diese Richtungen fort, wobei sie universelle Themen gestaltete und einen ästhet. Konstruktivismus pflegte. Ein ›erneuerter Realismus‹ dominiert bei ŽIVOJIN PAVLOVIĆ (* 1933), S. SELENIĆ und D. MIHAILOVIĆ. Auch charakterist. Regionalismen und Dialektismen belebten das Erzählen, das sich am dörfl. und kleinstädt. Leben, aber auch an Randgruppen mit ihrer spezif. Sprache orientierte.

Die sachl. Prosa überwog in den 70er- und 80er-Jahren. Parallel dazu traten auch andere Orientierungen auf wie die beim jungen Lesepublikum beliebte ›Jeansprosa‹ (MOMO KAPOR, * 1937). Eine Ausweitung erfuhren die histor. Roman und die Auseinandersetzung mit der eigenen nat. Vergangenheit (D. ĆOSIĆ, PEKIĆ, SELENIĆ, VOJISLAV LUBARDA, * 1930). Dazu tritt in jüngster Zeit Prosa vom Typ J. L. BORGES' mit Betonung des Tragisch-Grotesken oder Parodistischen und Fantastischen (M. PAVIĆ; VUK STEVANOVIĆ, * 1942). Auch Techniken aus anderen Medien ergänzen die vielfältigen Verfahren der Prosa. – Die Lyrik reicht vom subjektiven Lyrismus, vom Neosymbolismus, vom ›Signalismus‹ mit visuellen und gest. Elementen und vom ›Klokotrismus‹, einer antipoet. Variante des Surrealismus, bis zur ›Poesie des Schocks‹ mit dämon. und diabol. Zügen; zu nennen sind v. a. STEVAN RAIČKOVIĆ (* 1928), BRANKO MILJKOVIĆ (* 1934, † 1961), MILOVAN DANOJLIĆ (* 1937), MATIJA BEĆKOVIĆ (* 1939), GOJKO ĐOGO (* 1940), MILOVAN VITEZOVIĆ (* 1944) und RAJKO PETROV NOGO (* 1945). – Im Drama, der am schwächsten vertretenen Gattung, wurden erfolgreiche Romane dramatisiert (u. a. von ANDRIĆ, CRNJANSKI, SELIMOVIĆ, PAVIĆ). ĐORĐE LEBOVIĆ (* 1928) demonstriert die Idee des Tragisch-Absurden. Eine freie Interpretation antiker Mythen versuchte JOVAN HRSTIĆ (* 1933). VELIMIR LUKIĆ (* 1936) entwickelte die allegor. Farce. Eine radikale Hinwendung zum Alltag mit krit. und komödienhaften Akzenten gelingt ALEXANDER POPOVIĆ (* 1929). Erfolgreiche Bühnenwerke schufen auch KAPOR, JOVAN CIRILOV (* 1931) und DUŠAN KOVAČEVIĆ (* 1940), Prosa von euopäischem Rang D. VELIKIĆ.

In der jugoslaw. Literaturgeschichtsschreibung wurden montenegrin. Autoren (NJEGOŠ, DJILAS, BULATOVIĆ u. a.) der s. L. zugeordnet. Bei Autoren aus dem bosnisch-herzegowin. Raum erfolgte die Einordnung nach dem Zugehörigkeitsgefühl des jeweiligen Autors. Als ›jugoslaw.‹ Schriftsteller fühlten sich v. a. Autoren, die eine nat. Einengung vermeiden wollten.

J. SKERLIĆ: Istorija nove srpske književnosti (Belgrad ⁴1967); M. PAVIĆ: Istorija srpske književnosti baroknog doba. XVII i XVIII vek (ebd. 1970); DERS.: Istorija srpske književnosti klasicizma i predromantičarizma, klasicizam (ebd. 1979); DERS.: Rađane nove srpske književnosti (ebd. 1983); P. PALAVESTRA: Posleratna srpska književnost. 1945–1970 (ebd. 1972); DERS.: Istorija moderne srpske književnosti (ebd. 1986); M. KAŠANIN: Srpska književnost u srednjem veku (ebd. 1975); A. BARAC: Gesch. der jugoslav. Literaturen von den Anfängen bis zur Gegenwart (a.d. Serbokroat., Neuausgabe 1977); P. u. G. KERSCHE: Bibliogr. der Literaturen Jugoslaviens in dt. Übers. 1775–1977 (1978); D. BOGDANOVIĆ: Istorija stare srpske književnosti (Belgrad 1980); J. DERETIĆ: Istorija srpske književnosti (ebd. 1983); R. KONSTANTINOVIĆ: Biće i jezik u iskustva pesnika srpske kulture dvadesetog veka, 6 Bde. (ebd. 1983); Jugoslovenski književni leksikon, hg. v. Ž. MILISAVAC u. a. (Novi Sad ²1984); BI-Lex. Literaturen Ost- u. Südosteuropas, hg. v. L. RICHTER u. a. (Leipzig 1990); A. RICHTER: Serb. Prosa nach 1945 (1991); Serbokroat. Autoren in dt. Übers., 2 Tle., hg. v. R. LAUER (1995).

Serbische Republik, →Bosnien und Herzegowina.

Serbisches Erzgebirge, serb. **Srpsko rudogorje** [ˈsrpskɔ: -], stark gegliedertes Gebirge im O von Serbien, zw. Morava im W, Donau im N, der Flussniederung des Timok im O und den Ausläufern des Rhodopegebirges im S, geologisch die südl. Fortsetzung des Karpatenbogens; höchster Teil ist der **Rtanj** (1 560 m ü. M.); größtenteils bewaldet (v. a. Buchen). Der Erzreichtum ist an Andesitzonen, Quarz- und Pyritgänge der geolog. Bruchzonen gebunden. Neben Kupfererz (um Bor und Majdanpek) werden auch Blei-, Eisenerz und Gold abgebaut. Am S-Fuß des Rtanj liegt das Heilbad Sokobanja.

serbische Sprache, offizielle Bez. der in der Bundesrepublik Jugoslawien verwendeten Amts- und Standardsprache, die z. T. auch von den Serben in Bosnien und Herzegowina sowie in Kroatien gesprochen wird. Die ekavische Variante wird in Serbien, die ijekavische (nach dem Reflex für altslaw. ě als e oder ije) in Montenegro und den westl. Gebieten gespro-

Serb serbisch-orthodoxe Kirche – serbokroatische Sprache

chen. Für die in Montenegro gesprochene Sprache ist die Bez. s. S. nicht unumstritten. – Die s. S. unterscheidet sich von der →kroatischen Sprache v. a. im lautlichen, bes. jedoch im lexikalischen Bereich. (→serbokroatische Sprache)

A. SCHMAUS: Lb. der s. S., bearb. v. V. BOJIČ, auf mehrere Bde. ber. (Neuausg. 1994ff.); U. u. L. HINRICHS: Serb. Umgangssprache (1995).

serbisch-orthodoxe Kirche, die autokephale orth. Kirche des **Serbischen Patriarchats;** ihr Oberhaupt ist der ›Erzbischof von Peć, Metropolit von Belgrad und Karlovici und Patriarch der Serben‹ (seit 1990 Patriarch PAVLE, eigtl. GOJKO STOJČEVIĆ, *1914), Sitz des Patriarchen ist Belgrad; liturg. Sprachen sind Kirchenslawisch, Serbisch und in der englischsprachigen Diaspora Englisch. Der Jurisdiktionsbereich des Serb. Patriarchats umfasst 39 Diözesen in Jugoslawien, in Bosnien und Herzegowina, Kroatien, Slowenien, Ungarn, Rumänien, Westeuropa, Mitteleuropa, Nordeuropa (Großbritannien und Skandinavien), Nordamerika (USA, Kanada) und Australien. Die Zahl der Gläubigen wird kirchlicherseits mit rd. 12 Mio. angegeben. Zur ›Serbisch-Orth. Diözese für Mitteleuropa‹ (Sitz: Hildesheim-Himmelsthür) gehören rd. 200 000 serbisch-orth. Christen in Dtl.

Die Anfänge vereinzelter christl. Mission unter den Serben reichen ins 7. Jh. zurück, die Wurzeln der serb. Kirchenorganisation in die Zeit des Fürsten MUTIMIR († 891) von Raszien, der 891 endgültig den orth. Glauben annahm. Eine eigenständige s.-o. K. entstand allerdings erst im 13. Jh. unter →SAVA als erstem Erzbischof, der 1219 vom Ökumen. Patriarchen die Autokephalie des serb. Erzbistums erlangte. 1346 erhob STEPHAN IV. DUŠAN dieses zum Patriarchat (Sitz in Peć; 1375 vom Ökumen. Patriarchat anerkannt). Unter der türk. Herrschaft wurde das serb. Patriarchat Peć 1459 aufgehoben und dem Erzbistum Ohrid unterstellt, 1557 neu errichtet und 1766 wiederum aufgehoben. Nach dem Zerfall Altserbiens und der Auswanderung vieler Serben nach Slawonien und S-Ungarn kam es zur Bildung eigenständiger serb. Jurisdiktionen in Montenegro (Metropolie Cetinje), Dalmatien und Sirmien. Im Fürstentum Serbien erlangten die Metropoliten von Belgrad 1831 die Autonomie und 1877/79 die Autokephalie. 1918 schlossen sich die serb. Teilkirchen in dem neu entstandenen ›Königreich der Serben, Kroaten und Slowenen‹ zur s.-o. K. zus., die 1920 vom Ökumen. Patriarchat die Anerkennung als Serb. Patriarchat erlangte. Die Zerschlagung des jugoslaw. Staates 1941 führte auch zur zeitweiligen Zerstörung der Kirchenstruktur und im Einflussbereich des Staates Kroatien zu einer Fülle antiorth. Maßnahmen (Morde, Zwangsbekehrungen, Vertreibungen, Zerstörungen von Kirchen und Klöstern). In den krieger. Auseinandersetzungen nach dem Zerfall der Sozialist. Föderativen Rep. Jugoslawien (1991–95) stand das Handeln der s.-o. K. im Spannungsfeld zw. der Wahrung berechtigter serb. Interessen und dem Bemühen um einen gerechten Ausgleich zw. den Kriegsparteien.

Zum Jurisdiktionsbereich des Serb. Patriarchats gehört nach gesamtorth. Rechtsauffassung auch die **Makedonische Orth. Kirche.** Diese hatte 1958 von der s.-o. K. den Status der Autonomie in Fragen der inneren Verw. verliehen bekommen, 1967 aber einseitig ihre Autokephalie erklärt. Sie umfasst sieben Eparchien (Bistümer) in der Rep. Makedonien und je eine Eparchie in Amerika und in Australien. Sitz des Oberhauptes der Makedon. Orth. Kirche (seit 1993 Erzbischof MICHAIL [GOGOV, *1912]) ist Skopje (→Makedonien, Religion). Einer künftigen gesamtorth. Anerkennung ihrer Autokephalie stimmte die vom Ökumen. Patriarchen 1997 einberufene orth. Kirchengipfel im Grundsatz zu. – Zu kirchl. Separationsbestrebungen in Montenegro: →Jugoslawien (Religion).

V. POSPISCHIL: Der Patriarch in der s.-o. K. (Wien 1966); B. SLIJEPČEVIĆ: Istorija srpske Pravoslavne crkve, 2 Bde. (München 1966–78).

serbokroatische Sprache, dt. sprachwiss. Bez. für die Sprache, die in Serbien, Kroatien, Montenegro sowie in Bosnien und Herzegowina gesprochen wird, daneben u. a. (in modifizierter Form) von Kroaten in SO-Österreich, der Slowakei und Ungarn (burgenländ. Kroaten), in Rumänien (rumän. Banat), in der ital. Region Molise sowie von Serben in Ungarn und Rumänien. Die s. S. gehört im sprachwiss. Sinn mit der slowen. Sprache zur westl. Untergruppe der südslaw. Sprachen (→slawische Sprachen) und existiert in den regionalen Varianten der serb. und kroat. Sprache; eine gegenseitige Verständigung ist jedoch aufgrund der geringen Differenzierungen gegeben.

Phonetik und *Phonologie:* Die Schriftsprache verfügt über ein Phonemsystem mit 25 Konsonanten- und sechs Vokalphonemen (einschließlich eines silbischen r). Die Vokale können kurz oder lang sein, der Wortakzent ist frei und beweglich und wird in zwei Tonverlaufsweisen (Intonationen) – steigend oder fallend – realisiert. Dabei gelten folgende Beschränkungen: Vortonsilben sind immer kurz, letzte Silben immer unbetont, nichterste Silben immer steigend, einzige Silben immer fallend intoniert. Diese Intonationen werden nur in Lehr- und Wörterbüchern durch diakrit. Zeichen notiert: fallend kurz à, fallend lang ȃ, steigend kurz à, steigend lang á, unbetont kurz a, unbetont lang ā. – Bei den Konsonanten ist die Stimmtonkorrelation am stärksten ausgeprägt, die Palatalitätskorrelation jedoch nur auf einige Paare beschränkt: n – nj, l – lj, t – ć, d – đ. Stimmhafte und stimmlose Konsonanten werden auch im Auslaut unterschieden, sonst findet – mit wenigen Ausnahmen – Stimmtonassimilation statt, die meistens auch orthographisch berücksichtigt wird. Doppelkonsonanz wird i. d. R. vereinfacht. Silbenschließendes -l hat -o, silbisches ļ hat u ergeben.

Kyrillisch		Lateinisch		Aussprache	Kyrillisch		Lateinisch		Aussprache
А	а	A	a	a	Н	н	N	n	n
Б	б	B	b	b	Њ	њ	Nj	nj	ɲ
В	в	V	v	v	О	о	O	o	o
Г	г	G	g	g	П	п	P	p	p
Д	д	D	d	d	Р	р	R	r	r
Ђ	ђ	Đ	đ	dz	С	с	S	s	s
Е	е	E	e	e	Т	т	T	t	t
Ж	ж	Ž	ž	ʒ	Ћ	ћ	Ć	ć	tɕ
З	з	Z	z	z	У	у	U	u	u
И	и	I	i	i	Ф	ф	F	f	f
Ј	ј	J	j	j	Х	х	H	h	h
К	к	K	k	k	Ц	ц	C	c	ts
Л	л	L	l	l	Ч	ч	Č	č	tʃ
Љ	љ	Lj	lj	ʎ	Џ	џ	Dž	dž	dʒ
М	м	M	m	m	Ш	ш	Š	š	ʃ

Schrift: Die s. S. verwendet zwei Alphabete: die serb. Variante eine von V. S. KARADŽIĆ adaptierte kyrill. Schrift (→Kyrilliza), die kroat. Variante eine lat. Schrift, die nach tschech. Vorbild durch diakrit. Zeichen ergänzt wurde. Die Orthographie beider Systeme folgt dem phonetisch-phonolog. Prinzip, wobei die kyrill. Schrift mit nur einem Buchstaben für jedes Phonem auskommt, während die lat. Schrift für dž, lj und nj auf Graphemkombinationen angewiesen ist.

Morphologie und *Syntax:* Die nominale Flexion hat drei Genera (Maskulinum, Femininum, Neutrum), zwei Numeri (Sg., Pl.) und sieben Kasus. Die Beseeltheitskategorie, d. h. die Verwendung des Genitivs für den Akkusativ zur Bezeichnung direkter belebter Objekte, findet sich nur im Sg. der maskulinen Stämme. Dativ, Instrumental und Lokativ Plural fallen in einer Form zusammen. – Das Adjektiv weist bestimmte, pronominal flektierte und unbestimmte, substantivisch flektierte Formen auf. Pronominaladjektive und -adverbien sind durch eine dreifache Gliederung des Zeigefeldes gekennzeichnet: ovaj ›dieser hier‹, taj ›dieser‹, onaj ›dieser dort‹. – Das Verbalsystem ist durch die Kategorien Aspekt, Modus und Tempus bestimmt. Das Futur wird wie in den anderen →Balkansprachen mit dem Hilfszeitwort ›wollen‹ (+ Infinitiv oder Infinitivsatz) gebildet. Aorist und Imperfektiv erfüllen neben den als Präteritum generalisierten Perfektperiphrase (präterіtales l-Partizip + Kopula ›sein‹) nur stilist. Funktion und sind aus der Umgangssprache weitgehend verdrängt. – Die Satzgliedfolge ist bei grundsätzlich freier Wortstellung im Aussagesatz vorwiegend: Subjekt – Prädikat – indirektes Objekt – direktes Objekt.

Die *Lexik* zeigt neben dem slawischen ererbten, einen neologistisch erweiterten Wortbestand mit Lehnwörtern aus der griech., türk., dt., russ., ungar., tschech., frz. und ital. Sprache. Türk. Lehnwörter sind stärker bei den Serben und Muslimen, dt. und ital. mehr bei den Kroaten verbreitet. In jüngster Zeit dringen Internationalismen und Lehnwörter v.a. aus dem Englischen auf dem gesamten Sprachgebiet vor.

Die *Dialekte* der s. S. werden in drei Gruppen eingeteilt, die nach der jeweiligen Form des Fragepronomens ›was‹ (što, ja, ča) benannt sind. Die größte Gruppe ist das Štokavische (Serbien, Bosnien, Herzegowina, Montenegro, S- und O-Kroatien), das nach dem Innovationsgrad wiederum in die alt- und die neuštokav. Dialekte unterteilt wird. Letztere zeichnen sich gegenüber den altštokav. Dialekten durch Akzentzurückziehung um eine Silbe, die Entstehung neuer Intonationen sowie morpholog. Neuerungen aus und liegen der Standardform der s. S. zugrunde. Die kajkavischen (Zagreb, N- und W-Kroatien) und čakavischen (Istrien, Hinterland von Rijeka, Teile des Kvarner und Dalmatiens mit den vorgelagerten Inseln, Burgenland) Dialekte sind durch Archaizität in Phonetik, Akzentuierung und Morphologie geprägt. Das Kajkavische zeigt Gemeinsamkeiten mit dem Slowenischen, das Čakavische ist durch die adriatischroman. Nachbarschaft geprägt. Von den štokav. Dialekten werden häufig noch die Prizren-Timok-Dialekte (auch Torlakisch) ausgesondert, die eine Reihe von Balkanismen aufweisen und so einen Übergang zum Bulgarischen und Makedonischen darstellen. Innerhalb der Hauptgruppen werden die Dialekte noch nach dem Reflex des urslaw. ě als e, (i)je und i in ekavische, (i)jekavische und ikavische Dialekte eingeteilt.

Geschichte: Die ersten Inschriften in glagolit. und kyrill. Schrift stammen aus dem 11.–12. Jh. (→kroatische Literatur, →serbische Literatur). Bei den Serben entwickelte sich eine religiöse und weltl. Literatur in einer kirchenslaw. Sprache (→Kirchenslawisch) serbischer Redaktion, die in den 30er-Jahren des 18. Jh. durch eine am Russisch-Kirchenslawischen orientierte offizielle Kirchensprache abgelöst wurde. Daneben entwickelte sich aus einer Mischung aus Russisch-Kirchenslawisch und serb. Volkssprache das so genannte Slawenoserbische. Erst Anfang des 19. Jh. wurde mit den Reformen V. S. KARADŽIĆS die Volkssprache zur Schriftsprache erhoben und die Orthographie der gesprochenen Sprache angepasst. Die Kroaten benutzten im kirchl. Bereich die glagolit. Schrift bis ins 19. Jh. Daneben existierten die čakav. Literatursprache Dalmatiens (15.–17. Jh.), die štokav. Sprache der bedeutenden ragusäischen Literatur (15.–17. Jh.) und eine kajkavische Literatursprache (16.–19. Jh.) in Zagreb und N-Kroatien. In den 30er-Jahren des 19. Jh. wurde dann im Zuge des →Illyrismus v.a. durch L. GAJ der Versuch unternommen, eine einheitl. Literatursprache aller Südslawen zu schaffen. Im Wiener Sprachabkommen 1850 einigten sich Serben und Kroaten auf den neuštokavisch-ijekav. Dialekt der O-Herzegowina als gemeinsame Schriftsprache, die sich jedoch erst allmählich durchsetzte. Seit der Vereinbarung von Novi Sad (1954) sprach man von einer bizentrischen (Belgrad und Zagreb) serbokroat./kroatoserb. Standardsprache in zwei Varianten. In der Verf. der Sozialist. Rep. Kroatien von 1974 wird nur noch von der kroat. Literatursprache gesprochen (mit dem Zusatz ›Standardsprache der Kroaten und Serben in Kroatien, die Kroatisch oder Serbisch genannt wird‹), sodass danach die Bez. ›kroat. oder serb. Sprache‹ bzw. ›serb. oder kroat. Sprache‹ in Gebrauch war. – Die neuen Verf. der Rep. Kroatien und der Bundesrepublik Jugoslawien bezeichnen ihre jeweilige Amtssprache als →kroatische Sprache bzw. als →serbische Sprache.

Wörterbücher: Rječnik hrvatskoga ili srpskoga jezika, hg. v. Đ. DANIČIĆ, 23 Bde. (Zagreb 1880–1976); Rečnik srpskohrvatskog književnog i narodnog jezika, bearb. v. A. BELIĆ u.a., auf mehrere Bde. ber. (Belgrad 1959ff.); P. SKOK: Etimologijski rječnik hrvatskoga ili srpskoga jezika, 4 Bde. (Zagreb 1971–74); V. KARADŽIĆ: Srpski rječnik (Neuausg. Belgrad 1972); P. MRAZOVIĆ u. R. PRIMORAC: Dt.-serbokroat. phraseolog. Wb. (ebd. 1981); Hrvatsko-njemački frazeološki rječnik, bearb. v. R. HANSEN u. J. MATEŠIĆ (Zagreb 1988); A. HURM: Njemačko-hrvatski ili srpski rječnik (⁹1989); V. ANIĆ u. J. SILIĆ: Pravopisni priručnik hrvatski ili srpskoga jezika (ebd. ³1990); V. ANIĆ: Rječnik hrvatskoga jezika (ebd. 1991); V. BRODNJAK: Razlikovni rječnik srpskog i hrvatskog jezika (ebd. 1991); B. JAKIĆ u. A. HURM: Hrvatsko-njemački rječnik (ebd. ⁷1991).

Grammatiken: T. MARETIĆ: Gramatika hrvatskoga ili srpskoga književnog jezika (Zagreb ³1963); A. LESKIEN: Gramm. der serbo-kroat. Sprache (²1976); J. HAMM: Gramm. der s. S. (³1981); Kontrastive Gramm. dt.-serbokroat., hg. v. U. ENGEL u.a., 2 Tle. (1986); M. STEVANOVIĆ: Savremeni srpskohrvatski jezik, 2 Bde. (Belgrad ⁵⁻⁶1991); S. TEŽAK u. S. BABIĆ: Gramatika hrvatskoga jezika (Zagreb ¹⁰1994).

Sprachwissenschaft: P. IVIĆ: Die serbokroat. Dialekte (Den Haag 1958); I. POPOVIĆ: Gesch. der serbo-kroat. Sprache (1960); A. BELIĆ: Istorija srpskohrvatskoga jezika, 2 Bde. (Belgrad ⁴1969); J. MATEŠIĆ: Der Wortakzent in der serbokroat. Schriftsprache (1970); Bibliogr. von Arbeiten zur linguist. Beschreibung der serbokroat. Gegenwartssprache, bearb. v. G. JAKOB (²1983); S. BABIĆ: Tvorba riječi u hrvatskom književnom jeziku (Zagreb 1986); R. KATIČIĆ: Sintaksa hrvatskoga književnog jezika (ebd. 1986); D. BROZOVIĆ u. P. IVIĆ: Jezik srpskohrvatski/hrvatsrpski, hrvatski ili srpski (ebd. 1988); Z. VINCE: Putovima hrvatskoga književnoga jezika (ebd. ²1990); Povijesni pregled glasovi i oblici hrvatskoga književnog jezika, hg. v. S. BABIĆ u.a. (ebd. 1991).

Sercq [sɛrk], frz. Name der Insel →Sark.

Serdab, in ägypt. Gräbern sowie (im Alten Reich) in Totentempeln abgeschlossener (zugemauerter), mit Sehschlitzen versehener Raum für die Statue des Grabinhabers; später z.T. ersetzt durch (offene) Räume mit mehreren Statuennischen.

Serdica, Serdika, antiker Name der Stadt →Sofia.

Serebrjakowa, Galina Iossifowna, russ. Schriftstellerin, *Kiew 20. 12. 1905; war als Journalistin in Genf und Paris tätig. Ihr Hauptwerk ist eine dreiteilige Marx-Biographie im Sinne der offiziellen Parteilinie (der sie trotz Haft und Verbannung, 1936–56, treu blieb): ›Prometej. Romantičeskaja trilogija‹, Bd. 1: ›Junost' Marksa‹ (1935; dt. ›Sturm der Gedanken‹, Bd. 2: ›Pochiščenie ognja‹ (1961; dt. ›Raub des Feuers‹, Bd. 3: ›Veršiny žizni‹ (1962; dt. ›Gipfel des Lebens‹). Das Leben von F. ENGELS behandelt der Roman ›Predšestvie‹ (1966).

Ausgabe: Sobranie sočinenij, 6 Bde. (1977–80).

Seregi [ʃɛ-], László, ungar. Tänzer und Choreograph, *Budapest 12. 12. 1929; war seit 1958 Charaktertänzer und Choreograph an der Budapester Staatsoper, 1977–83 deren Direktor.

Choreographien: Spartakus (1968); Der wunderbare Mandarin (1970); Der holzgeschnitzte Prinz (1970); Sylvia (1972); Die Zeder (1975); Cats (1984); Romeo und Julia (1985).

Seremban, Hauptstadt des Gliedstaates Negri Sembilan, West-Malaysia, 60 km südlich von Kuala Lumpur, 182 600 Ew.; Kautschukverarbeitung, Maschinenbau, Elektro-, Textil- und Bekleidungs-, Kunststoff-, Holzindustrie; Bahnverbindung mit dem Hafen Port Dickson.

Serena, La S., 1) Stadt in Chile, →La Serena.
2) Hochfläche in SW-Spanien, in der Extremadura, Prov. Badajoz, zw. mittlerem Guadiana im N und Sierra Morena im S; aufgebaut aus Graniten, Tonschiefern, Quarziten; fruchtbares Weideland für Schafe und Schweine, Getreideanbau. Hauptorte sind Don Benito und Villanueva de la Serena.

Serenade [frz.-ital., zu lat. serenus ›heiter‹, in der Bedeutung beeinflusst von ital. sera ›Abend‹] *die, -/-n,* gattungsmäßig nicht festgelegte Komposition ständchenhaften Charakters für kleinere instrumentale, vokale oder gemischte Besetzungen, oft mit Bläsern. Die S. gehört zur höf. bzw. bürgerl. Gesellschaftsmusik und diente je nach Anlass als Huldigungs-, Freiluft-, Tafel-, Abend- oder Nachtmusik. Die Bez. S. wurde im 18. Jh. nicht streng von Divertimento, Kassation, Notturno unterschieden. Divertimento weist häufig auf kammermusikal. Besetzung (Einzelbesetzung), S. auf orchestrale Besetzung der Stimmen (mit Ausnahme der solist. Bläser-S.). **Serenata** und S. wurden im 18. Jh. gleichbedeutend gebraucht. Heute bezeichnet man, um versch. Typen abzugrenzen, als S. v. a. Instrumentalkompositionen, als Serenata eine Festmusik mit Gesang und oft szen. Aktion, wie sie unter versch. Bez. (Serenata teatrale, Serenata drammatica, Azione teatrale u. a.) an den Höfen des 17. und 18. Jh. gepflegt wurde (u. a. von A. STRADELLA, G. F. HÄNDEL, J. A. HASSE, C. W. GLUCK). Zwischen szen. Serenata und Huldigungs-Cantata (ohne szen. Darstellung), wie sie J. S. BACH z. B. als Gratulationskantate oft komponierte, ist nicht generell zu unterscheiden.

Vereinzelt wurden schon im 16. Jh. Vokalsätze (A. STRIGGIO, O. VECCHI), im 17. Jh. Suiten (H. I. F. BIBER, J. J. FUX) S. genannt. Die Instrumental-S. des 18. Jh. besteht aus einer lockeren Folge von oft fünf bis sieben Einzelsätzen, wie Variationen, Sonaten, Konzert- und v. a. Tanzsätzen (Menuette), die häufig von einem Eingangs- und einem Schlussmarsch umrahmt sind. S. schrieben österr., süddt. und böhm. Komponisten im Vorfeld der Wiener Klassik und bes. kunstvoll W. A. MOZART (z. B. ›Serenata notturna‹ KV 239, 1776; ›Haffner-S.‹ KV 250, 1776; ›Posthorn-S.‹ KV 320, 1779; ›Eine kleine Nachtmusik‹ KV 525, 1787). Im 19. Jh. wurden oft ständchenhafte Lieder, auch innerhalb der Oper, als S. bezeichnet. Instrumental-S. komponierten seit dem späten 18. Jh. L. VAN BEETHOVEN, J. BRAHMS (op. 11, 1858; op. 16, 1860), P. I. Tschaikowsky, A. DVOŘÁK, H. WOLF, M. REGER, A. SCHÖNBERG und I. STRAWINSKY.

G. HAUSSWALD: Die Orchester-S. (1970).

Serengeti *die,* baumarme, ebene Savanne in Tansania (mit größerer Kurzgrassteppe im SO und offenen Langgrasarealen im W), im Hochland östlich des Victoriasees, 1 500–1 800 m ü. M.; Kerngebiet des **S.-Nationalparks** (rd. 15 000 km²; UNESCO-Weltnaturerbe; setzt sich im →Masai-Mara-Wildreservat fort), eines der wildreichsten Gebiete der Erde: v. a. Gnus, Gazellen und Zebras, die die S. und angrenzende Gebiete in jahreszeitl. Rhythmus durchwandern, daneben Kaffernbüffel, Topi-, Kongoni- und Elenantilopen, Giraffen, Löwen, Hyänen, Leoparden, Flusspferde, Nashörner, Hyänenhunde u. a., aber auch Elefanten, die hier nicht heimisch sind (ab 1957 eingewandert) und große Schäden an Bäumen verursachen.

Serenissimus [lat. ›Durchlauchtigster‹] *der, -/...mi,* 1) bis ins 19. Jh. Anrede für einen regierenden Fürsten; 2) *scherzhaft:* Fürst eines Kleinstaates, Duodezfürst.

Serenus, Quintus, lat. Schriftsteller; verfasste in der 2. Hälfte des 4. Jh. unter Benutzung von Materialien aus dem Werk PLINIUS' D. Ä. ein medizin. Lehrgedicht (›Liber medicinalis‹, 64 Kapitel, 1 107 Hexameter), in dem er die Symptome von etwa 80 Krankheiten beschreibt und Heilmittel und Maßnahmen (u. a. den Zauberspruch ›Abrakadabra‹ gegen Fieber) empfiehlt. Das auf Weisung KARLS D. GR. abgeschriebene medizin. Hausbuch wurde im frühen MA. und v. a. bei humanist. Ärzten populär (Erstdruck um 1474).

Ausgabe: Liber medicinalis, hg. v. R. PÉPIN (1950).
Hb. der lat. Lit. der Antike, hg. v. R. HERZOG, Bd. 5: Restauration u. Erneuerung (1989).

Serer, negrides Volk (mit Untergruppen), v. a. in W-Senegal. Urspr. meist am Senegal sesshaft, wichen die S. vor dem Druck islam. Völker in das Gebiet östlich und südöstlich von Dakar aus. Die rd. 1 Mio. S. (etwa 10 000 in Gambia) betreiben v. a. Landwirtschaft und Viehhaltung, z. T. auch Fischerei. Trotz zeitweiliger polit. Abhängigkeit von den verwandten Wolof widersetzten sie sich lange der Islamisierung (heute etwa 82 % Muslime, die Übrigen Anhänger traditioneller Religion und Christen). – Die Sprache der S., das **Serer,** gehört zum nördl. Zweig der →Westatlantischen Klassensprachen. Hauptdialekte sind Serer-Sin (Kegem) und Serer-Non. Das Serer besitzt eine dreistufige Anlautpermutation (→Permutation).

Wolof und S. Études de phonétique et de grammaire descriptive, hg. v. G. MANESSY u. a. (Dakar 1963); J. D. SAPIR: West Atlantic. An inventory of the languages, their noun systems and consonant alternation, in: Current trends in linguistics, hg. v. T. A. SEBEOK, Bd. 7: Linguistics in the Sub-Saharan Africa (Den Haag 1971).

Seressi, ausgedehntes röm. Ruinenfeld in Zentraltunesien um den heutigen Weiler Oum el-Aboued, 89 km nordwestlich von Kairouan, mit zwei gut erhaltenen Triumphbögen, Resten großer Tempel, Theater, Amphitheater, Mausoleen, Zisternen sowie frühchristl. Basilika und zwei byzantin. Mauerwällen.

Sereth *der,* rumän. **Siret,** russ. **Seret,** linker Nebenfluss der unteren Donau, 706 km lang, entspringt mit den Quellflüssen **Großer S.** und **Kleiner S.** in den Waldkarpaten der Ukraine, durchfließt dann auf 615 km Rumänien, zunächst als Hauptstrom der Moldau das Ostkarpatenvorland (hier viele Nebenflüsse, fast nur von rechts), u. a. Suceava, Moldova, Buzău und Bistritz), danach das Donautiefland (linker Nebenfluss Bârlad) und mündet südlich von Galatz; wegen stark schwankender Wasserführung nicht schiffbar; im Kreis Bacău zur Energiegewinnung genutzt.

Serfaus, Fremdenverkehrsort im Bez. Landeck, Tirol, Österreich, 1 427 m ü. M. auf einer Terrasse über dem Inntal, 1 100 Ew.; Straßenendpunkt, im Winter weitgehend autofrei, Dorf-U-Bahn (Luftkissenbahn, 1,3 km; seit 1986), Seilbahnen zur Komperdell (1 980 m ü. M.). – Alte Pfarrkirche (um 1400; Freskenfragmente); über dem Inn (bei Untertösens) Kirche zum hl. Georg, mit Fresken von 1482 vollständig ausgemalt.

Serge [sɛrʒ; frz., von lat. serica ›seidene Stoffe‹] *die,* österr. auch *der, -/-n,* Gewebe in Schusskörperbindung (→Köper), v. a. als glatte, glänzende Futterstoffe, auch als Kamm- oder Streichgarnstoffe für Anzüge.

Sergeant [zɛrˈʒant, engl. ˈsaːdʒənt; engl., von mlat. serjantus, sergantus ›Diener‹, zu lat. servire ›dienen‹] *der, -en/-en,* bei engl. Aussprache *-s/-s,* frz. **Sergent** [sɛrˈʒɑ̃], seit Beginn des 17. Jh. nachgewiesene Dienstgrad-Bez. für ältere Unteroffiziere (Feldwebel) in den Streitkräften europ. Staaten, später auch in den USA; z. T. auch untergeordneter Polizeidienstgrad. – In der preuß. Armee stand der Dienstgrad des S. bis 1920 zw. Unteroffizier und Vizefeldwebel, zus. mit Letzterem wurde er 1921 in der Reichswehr durch die neue Rang-Bez. ›Unterfeldwebel‹ ersetzt.

Sergejew, Sergeev [-ˈgejef], Konstantin Michajlowitsch, russ. Tänzer, Choreograph und Ballettdirektor, *Sankt Petersburg 20. 2. 1910, †ebd. 1. 4. 1992; studierte an der Leningrader Ballettschule, war von 1930 an einer der besten Tänzer des Leningrader Kirow-Balletts, dessen Leitung er 1951–56 und 1960–70 innehatte. Seit 1974 Leiter des Choreograph. Instituts Agrippina Waganowa. Als Choreograph konzentrierte er sich auf das klass. Repertoire, ohne auf eigene, auch umstrittene Kreationen zu verzichten.

Choreographien: Der Pfad des Donners (1958); Der ferne Planet (1963); Hamlet (1970).

Sergejew-Zenskij, Sergeev-Censkij [-ˈgejef ts-], Sergej Nikolajewitsch, russ. Schriftsteller, *Preobraschenskoje (Gebiet Tambow) 30. 9. 1875, †Aluschta (Gebiet Krim) 2. 12. 1958; begann mit Romanen und Erzählungen in der Tradition der psycholog. Erzählprosa der Jahrhundertwende (›Babaev‹, 1908; dt. ›Leutnant Babajew. Roman eines verlorenen Lebens‹) und wandte sich dann dem histor. Roman zu (›Sevastopol'skaja strada‹, 3 Bde., 1936–38; dt. ›Die heißen Tage von Sewastopol‹). Ein mit dem Roman ›Val'ja‹ (1914; dt. ›Transfiguration‹) begonnener Zyklus ›Preobraženie Rossii‹, der sich mit den gesellschaftl. ›Wandlungen Russlands‹ in der Zeit vor der Revolution, während des Ersten Weltkrieges und bis zum Ende des Bürgerkrieges befasst, blieb Fragment.

Weitere Werke: *Erzählung:* Sad (1905; dt. Der Obstgarten). – *Roman:* Brussilovskij proryv, 2 Bde. (1943–44).

Ausgabe: Sobranie sočinenij, 12 Bde. (1967).

M.-J. Vajsberg u. E. S. Tatkovskaja: Sergeev-chudožnik (Taschkent 1977).

Sergel, Johan Tobias, schwed. Bildhauer, *Stockholm 28. 8. 1740, †ebd. 26. 2. 1814; führender Vertreter des Klassizismus in Schweden, ausgebildet in Stockholm und Paris, lebte 1767–78 in Rom. Ab 1780 lehrte er an der königl. Kunstakademie in Stockholm. Sein Werk umfasst Statuen, Figurengruppen, Denkmäler, Porträtbüsten und meisterhafte, bes. auch humoristisch-satirische Zeichnungen. Weiteres BILD →schwedische Kunst.

J. T. S., hg. v. W. Hofmann, Ausst.-Kat. Hamburger Kunsthalle (1975); J. T. S., Ausst.-Kat. Nationalgalerie Oslo (Oslo 1993).

Johan Tobias Sergel: Entflammtes Liebespaar; lavierte Federzeichnung (Stockholm, Nationalmuseum)

Sergi [ˈsɛrdʒi], Giuseppe, ital. Anthropologe, *Messina 20. 3. 1841, †Rom 12. 10. 1936; erhielt 1880 den ersten ital. Lehrstuhl für Anthropologie in Bologna, war ab 1884 Prof. in Rom. S. führte die naturwiss. Anthropologie in Italien ein; er betonte bes. die Formbetrachtung (z. B. Schädelformtypen) neben der messenden Schädellehre.

Sergij, eigtl. **Iwan Nikolajewitsch Stragorodskij,** Patriarch von Moskau und der ganzen Rus, *Arsamas 23. 1. 1867, †Moskau 15. 5. 1944; wurde 1890 Priestermönch. 1901 zum Bischof geweiht, wurde S. Rektor der Sankt Petersburger Geistl. Akademie, 1905 Erzbischof von Finnland, 1917 Metropolit von Wladimir, 1924 von Nischnij Nowgorod und nach dem Tod Patriarch Tichons (1925) und der Verhaftung des Patriarchenstatthalters dessen Stellvertreter. Als solcher leitete er, getragen von der Sorge um die Existenz der Kirche, eine Politik der Koexistenz mit dem sowjet. Staat ein, deren Positionen er 1927 in der ›Loyalitätserklärung‹ niederlegte (›Über die Haltung der hl. Kirche zur existierenden bürgerl. Macht‹), die dennoch aber weitere Kirchenverfolgungen nicht verhindern konnte. 1934 wurde S. Metropolit von Moskau, nach der Umorientierung der staatl. Kirchenpolitik 1943 Patriarch. Die Tätigkeit S.s bildet einen der wichtigsten Abschnitt der neueren russ. Kirchengeschichte und ist heute in Russland Gegenstand wiss. Auseinandersetzungen geworden, die um eine historisch gerechte Würdigung S.s bemüht sind.

D. V. Pospielovsky: The Russian church under the Soviet regime, 1917–1982, 2 Tle. (Crestwood, N. Y., 1984); E. S. Polistschuk: Kapitulation oder Kompromiß? Eine Würdigung des Metropoliten Sergi (Stragorodski) und seiner kirchenpolit. Position, in: Stimme der Orthodoxie (1993), Heft 4.

Sergij, S. von Radonesch, eigtl. **Warfolomej,** russ.-orth. Mönch, *bei Rostow 3. 5. 1314, †Troize-Sergijewa Lawra (im heutigen Sergijew Possad) 25. 9. 1392. Aus einem Bojarengeschlecht stammend, wurde S. mit seinem Bruder Stefan Einsiedler und errichtete zu Ehren der Trinität eine Kirche. 1337 empfing er die Mönchsweihe; bald schlossen sich ihm Gefährten an, und es entstand eine Klostergemeinschaft, die spätere →Troize-Sergijewa Lawra. 1344 wurde S. zum Priester und Abt geweiht. 1354 wurde – entgegen dem damaligen Brauch – endgültig das Koinobitentum eingeführt. Politisch einflussreich wurde S. durch seine Unterstützung des russ. Befreiungskampfes gegen die Tataren, v. a. im Zusammenhang mit der Schlacht auf dem Kulikowo pole (Schnepfenfeld) am 8. 9. 1380. Die ihm 1378 von Moskau angetragene Metropolitenwürde lehnte er ab. Nicht zuletzt wegen der zahlr. Tochtergründungen (acht weitere Klöster stiftete S. noch selbst, 25 andere seine Schüler bereits zu seinen Lebzeiten) begann bereits unmittelbar nach seinem Tod die Verehrung S.s. Wertvolle Einzelheiten über das Leben S.s finden sich in der Vita, die sein Schüler Epifanij der Weise († 1422) verfasst hat. – S. ist der am meisten verehrte Heilige der russisch-orth. Kirche (Tag: 25. 9.).

A. A. Hackel: S. von Radonesh (1956); O. Appel: Die Vita des hl. S. von Radonež. Unterss. zur Textgesch. (1972); Altruss. Heiligenleben, hg. v. K. Onasch (Neuausg. Wien 1978).

Sergij von Radonesch (Porträt auf seinem Bahrtuch in der Troize-Sergijewa Lawra in Sergijew Possad)

Sergijew Possad, 1919–30 **Sergijew,** 1930–91 **Sagorsk, Zagorsk** [z-], Stadt im Gebiet Moskau, Russland, 71 km nordöstlich von Moskau, in den Moskauer Höhen, 114 000 Ew.; geistl. Zentrum der russisch-orth. Kirche mit Moskauer Geistl. Akademie und Seminar; russ. Zentrum des Kunsthandwerks und der Spielwarenherstellung mit Forschungsinstitut für Spielwaren und Spielwarenmuseum; ferner elektromechan. und optisch-mechan. Werkstätten, Maschinen-, Gerätebau, Lackfarben-, Möbel-, Trikotagenherstellung; Fremdenverkehr; nahebei Kraftwerk (Pumpspeicherwerk, nach Endausbau 1 200 MW). –

Sergijew Possad: Befestigungsmauern des Klosters Troize-Sergijewa Lawra; 15. Jh., 1540–50 verstärkt

Sericit auf Sericitgneisfläche

Das Kloster (→Troize-Sergijewa Lawra), um 1340 von SERGIJ VON RADONESCH gegründet, gehört zum UNESCO-Weltkulturerbe. Es wurde Mitte des 15. Jh. ummauert (Ziegelmauer mit Wehrgang); 1540–50 verstärkte man die Befestigungen (Ecktürme), sodass es zwei poln. Belagerungen (1608/09, 1618) standhalten konnte. Im Kloster befinden sich u. a.: Dreifaltigkeitskirche (1422/23; mit Grab des hl. SERGIJ; Ikonostase mit Ikonen von DANIIL TSCHORNYJ und A. RUBLJOW [Urheberschaft von der jüngsten Forschung in Frage gestellt], 1427), Heiliggeistkirche (1476–77), Uspenskijkathedrale (1559–85; Modell war die Uspenskijkathedrale im Moskauer Kreml; im Innern Fresken von 1684; Ikonostase aus dem 18. Jh.; Grab des Zaren BORIS GODUNOW), Glockenturm (1741–70, von B. F. RASTRELLI) und Refektorium (1686–92). – Um das Kloster entstanden im 14. Jh. mehrere Siedlungen, die 1782 als S. P. zusammengefasst wurden; 1919 wurde der Ort als Sergijew Stadt, 1930 nach dem bolschewist. Revolutionär WLADIMIR MICHAJLOWITSCH SAGORSKIJ (* 1883, † 1919) umbenannt.

Sergiopolis, Sergiupolis, frühchristl. Wallfahrtsort, die heutige Ruinenstätte →Rusafa, Syrien.

Sergipe [sɛrˈʒipə], Küstenstaat im nordöstl. Brasilien, 22 050 km², (1993) 1,551 Mio. Ew.; Hauptstadt ist Aracajú. Das Hochland des Inneren (Sertão mit Caatingavegetation) wird als Weideland genutzt, aber häufig von Dürren heimgesucht; im fruchtbaren Küstentiefland (z. T. noch mit trop. Regenwald) Anbau von Baumwolle, Zuckerrohr, Reis, Mais, Maniok, Obst (Orangen, Maracuja), Kokospalmen; vor der Küste Erdöl- und Erdgasförderung. Die Industrie beruht v. a. auf den Bergbau- (auch Kalisalze, Kalkstein; chem., Zementindustrie) und Agrarprodukten (Textilindustrie, Herstellung von Alkohol als Treibstoff). Einzige größere Stadt ist Aracajú.

Sergius, Päpste:
1) **Sergius I.** (687–701), * Palermo, † Rom 8. 9. 701; Syrer, setzte sich bei der Papstwahl 687 gegen THEODOR und PASCHALIS durch. Er verweigerte die Zustimmung zu den Beschlüssen der von Kaiser JUSTINIAN II. einberufenen →Trullanischen Synode (691/92). Die darauf folgenden Konflikte trugen maßgeblich zum kirchl. und polit. Ablösungsprozess des Westens vom Osten bei. In die Messliturgie fügte S. das Agnus Dei ein, in das Kirchenjahr mehrere Marienfeste sowie das Fest Kreuzerhöhung. – Heiliger (Tag: 8. 9.).
2) **Sergius II.** (844–847), * Rom, † ebd. 27. 1. 847; setzte sich schnell gegen seinen Gegenkandidaten →JOHANNES (VIII.) durch und ließ sich, ohne Kaiser LOTHAR I. den von der Constitutio Romana (824) geforderten Treueid zu leisten, konsekrieren. S. musste den Treueid nachholen und krönte LOTHARS I. Sohn LUDWIG II. zum König von Italien.
3) **Sergius III.** (904–911), * Rom, † ebd. 14. 4. 911; von den Feinden des Papstes FORMOSUS 897 zum Papst erhoben, konnte er sich nicht gegen JOHANNES IX. durchsetzen, erlangte jedoch mit Unterstützung der Familie des röm. Konsuls THEOPHYLAKT 904 (nach der gewaltsamen Beseitigung des Gegenpapstes CHRISTOPHORUS) das Papstamt. S. ließ die Weihen des Papstes FORMOSUS für ungültig erklären. Unter seinem Pontifikat gelangte das Papsttum endgültig in die Abhängigkeit von der röm. Grundherrenaristokratie. S. baute die von einem Erdbeben schwer getroffene Lateranbasilika wieder auf.
4) **Sergius IV.** (1009–12), früher **Petrus Buccaporci** [-ˈpɔrtʃi], * Luni (heute zu Ortonovo, Prov. La Spezia), † Rom 12. 5. 1012; war Kardinalbischof von Albano, wurde unter dem Einfluss der Familie der Crescentier gewählt und blieb von ihr abhängig.

Seri, Eigen-Bez. **Konkáak,** indian. Fischer, Schildkrötenfänger und Sammler an der Küste von Sonora, NW-Mexiko, 560 Personen. Die S. führten bis 1904 einen erbitterten Kleinkrieg gegen mexikan. Rancher. Zahlenmäßig stark reduziert, wurden sie in den 1920er-Jahren von der Insel Tiburón, wo sie Zuflucht gefunden hatten, auf das Festland umgesiedelt. 1961 begannen sie mit dem Schnitzen von Eisenholzplastiken, der nun wichtigsten Erwerbsmöglichkeit für sie.

Seria, größtes Erdölfeld Borneos, im Sultanat Brunei; 1929 entdeckt; Verarbeitung des Erdöls v. a. in der Raffinerie der gleichnamigen Stadt (21 100 Ew.). Das ebenfalls geförderte Erdgas wird zur Verflüssigungsanlage bei Lumut transportiert (Export vorwiegend nach Japan).

Serial [ˈsɪərɪəl; engl., von lat. series ›Serie‹] *das, -s/-s,* der →Fortsetzungsfilm.

Scheriat [ʃ-, türk.], →islamisches Recht.

Sericin [zu lat. sericus ›seiden‹] *das, -s,* **Seidenbast, Seidenleim,** leimartige Eiweißsubstanz, die im Rohseidenfaden (→Seide) die beiden Fibroinfäden umhüllt. Beim Entbasten der Seide durch heiße Seifenlösung wird das S. gelöst. Chemisch hat S. keine einheitl. Struktur; nach Hydrolyse können bis zu 15 Aminosäuren nachgewiesen werden (bis zu 37 % Serin). Verwendet werden kann S. für Bakteriennährböden und als Emulgator.

Sericit [zu lat. sericus ›seiden‹] *der, -s/-e,* **Serizit,** feinschuppige, seidenglänzende Aggregate des Minerals →Muskovit. **S.-Gneis** und **S.-Schiefer** sind metamorphe Gesteine der Epizone, meist grünlich, bestehend aus S., Quarz und z. T. Albit.

Serie [mhd. serje, von lat. series ›Reihe‹, ›Reihenfolge‹] *die, -/-n,* **1)** *allg.:* eine bestimmte Anzahl zueinander passender Dinge, die eine zusammenhängende Folge, ein Ganzes, bilden (z. B. eine Briefmarken-S.); aber auch im Sinne einer auffälligen (zufälligen) Reihung gebraucht (z. B. eine S. von Anschlägen).
2) *Betriebswirtschaftslehre:* →Serienfertigung.
3) *Börsenwesen:* Kennzeichnung von Wertpapieren, die derselbe Emittent zu unterschiedl. Zeitpunkten und mit unterschiedl. Konditionen emittiert hat.
4) *Geologie:* andere Bez. für →Abteilung.
5) *Publizistik:* in regelmäßigen zeitl. Abständen erfolgende Veröffentlichung in einer Zeitung oder Zeitschrift, im Hörfunk oder Fernsehen (→Fernsehserie), die meist eine gleich bleibende Thematik aufweist, dadurch beim Rezipienten eine Erwartung aufbaut und eine Bindung an das Medium erzeugt.

Serie A, *Fußball:* höchste ital. Spielklasse; zählt zu den spielstärksten europ. Ligen.

seriell, 1) *allg.:* in einer Serie (erscheinend, herstellbar, gefertigt).

2) *Datenverarbeitung:* im Zusammenhang mit dem Übertragen, Speichern und Verarbeiten von Informationselementen allgemeine Bez. für: in zeitlich aufeinander folgenden Schritten (im Ggs. zu gleichzeitig oder →parallel); in diesem Sinn wird s. häufig synonym zu **sequenziell** verwendet. – Im seriellen oder **Serienbetrieb** bearbeitet eine Funktionseinheit mehrere Aufgaben, indem sie eine nach der andern ausführt.

serielle Kunst, Methode der zeitgenöss. Kunst, Strukturprogramme zu entwickeln, die in Form serienmäßiger Reihungen, Verdoppelungen oder Wiederholungen und Variationen eine ästhet. Wirkung erzielen sowie mit moderner Technik realisiert werden. Die Ursprünge liegen im Konstruktivismus und in der konkreten Kunst. Die s. K. ist ein häufig auftretendes Prinzip der Op-Art und der kinet. Kunst, wird aber auch in der Minimalart (C. ANDRE), der Pop-Art (A. WARHOL) sowie von Künstlern wie D. BUREN und J. DIBBETS angewendet.

serielle Musik, Kompositionstechnik und Stilphase innerhalb der Neuen Musik seit etwa 1950, die in konsequenter Weiterentwicklung der Reihentechnik der Zwölftonmusik (v. a. A. WEBERN) darauf abzielt, alle musikal. Strukturelemente (→Parameter) eines Werkes nach vorher festgelegten Gesetzmäßigkeiten (Zahlen-, Proportionsreihe) zu ordnen, sodass jeder Ton mit möglichst allen seinen Eigenschaften (z. B. Tonhöhe, Oktavlage, Tondauer, Klangfarbe, Lautstärke, Artikulation) sich aus dem einmal gewählten rationalen Ordnungsprinzip ergibt. Allerdings kann die Reihentechnik, die A. SCHÖNBERG nur zur Regelung von Tonhöhen- bzw. Intervallfolgen vorsah, nicht ohne weiteres sinnvoll auf alle anderen Parameter eines Tones übertragen werden. So ist es unmöglich, z. B. für Tondauern und Tonstärken oder gar für Klangfarben und Artikulationsarten Reihenprinzipien aufzustellen, die sich zwingend aus einer der chromat. (zwölfstufigen) Tonleiter vergleichbaren Skala ergeben. Anzahl und Stufenfolge solcher Elemente sowie ihre Zuordnung zu den Elementen der übrigen Parameterreihen müssen daher willkürlich bestimmt werden, wie das folgende Beispiel einer Reihenordnung zeigt, in welchem die Tondauern leicht vermehrt werden könnten, die Tonstärkegrade akustisch kaum noch unterscheidbar sind und die Anschlagsarten ohnehin nur zehn Stufen enthalten:

serielle Musik: Pierre Boulez, ›Structure Ia‹ für zwei Klaviere; 1952

Die Frage der Ausführbarkeit s. M. ist somit ein fast unlösbares Problem, das nur im Rahmen der elektron. Musik entfällt. Daher entwickelte sich nach frühen radikalen Versuchen der so genannten →punktuellen Musik, bei der jedem einzelnen Ton eine gleichwertige Bedeutung zukommt und der Tonsatz entsprechend dem gewählten Ordnungsprinzip mehr oder weniger automatisch durch das Zusammenspiel der Reihen entsteht (z. B. P. BOULEZ, ›Structure Ia‹, 1952; K. STOCKHAUSEN, ›Kontra-Punkte‹, 1953), eine großflächiger angelegte serielle Kompositionsweise (so genannte **statistische Musik**), in der die einzelnen Töne zugunsten von Tongruppen (Tonmenge, Gruppendauer, Dichte, Umfang usw.) zurücktreten und nur die übergeordneten Eigenschaften des Tonsatzes im Voraus festgelegt sind, während die Beziehungen der Einzeltöne dem Reihenzwang entzogen sind, d. h. im Detail freie Ausgestaltung zulassen (STOCKHAUSEN, ›Gruppen für drei Orchester‹, 1957).

Die ersten Versuche serieller Komponisten (STOCKHAUSEN, BOULEZ, H. POUSSEUR, L. NONO) wurden angeregt durch das Klavierstück ›Mode de valeurs et d'intensités‹ (1949/50) von O. MESSIAEN, das jeder Tonhöhe eine bestimmte Dauer, Stärke und Anschlagsart zuordnet, ohne damit reihenmäßig zu verfahren. Als extremes Ergebnis einer fortschreitenden Durchorganisation des musikal. Materials zeigte die s. M. alsbald einen Umschlag in ihr absolutes Gegenteil. Denn im hörbaren klangl. Ergebnis ist total determinierte Musik von total undeterminierter nicht zu unterscheiden. Das ließ die streng serielle Phase rasch abklingen und förderte seit dem Ende der 1950er-Jahre neuartige Kompositionsexperimente, für die der Begriff **postserielle Musik** eingeführt wurde und die etwa dem Zufall (→Aleatorik), der Collage und dem spontanen Einfall der Interpreten wieder breiteren Raum gewähren.

K. STOCKHAUSEN: Texte zur Musik, 6 Bde. (¹⁻³1963–89); H. EIMERT: Grundlagen der musikal. Reihentechnik (Wien 1964); Karlheinz Stockhausen, wie die Zeit verging, hg. v. H.-K. METZGER u. a. (1981); Die Musik der fünfziger Jahre, hg. v. C. DAHLHAUS (1985); Y. HÖLLER: Fortschritt oder Sackgasse? Krit. Betrachtungen zum frühen Serialismus (1994); G. NAUCK: Musik im Raum – Raum in der Musik. Ein Beitr. zur Gesch. der s. M. (1997). – Weitere Literatur →Neue Musik.

Seriemas [indian.], **Schlangenstörche, Cariamidae,** Familie der Kranichvögel; im Tertiär sehr artenreich und weit verbreitet, heute nur noch mit zwei Arten in Südamerika: **Seriema** (Cariama cristata), Standhöhe etwa 70 cm; vorwiegend graubraun, Augenumgebung hellblau, Stirnfederschopf, Schnabel und Beine orangefarben; **Tschunja** (Chunga burmeisteri), etwa 60 cm Standhöhe, mit Ausnahme des weißen Bauchs braun befiedert. S. sind Bodenvögel mit langen Beinen und kurzem, etwa greifvogelartigem Schnabel; sie brüten auf Bäumen oder in Büschen.

Seri|enfertigung, Seri|enproduktion, Typ der industriellen Fertigung, bei dem konstruktiv und technologisch gleichartige oder ähnl. Erzeugnisse, Baugruppen oder Einzelteile zeitlich zusammenhängend im Wechsel mit anderen Produkten auf den gleichen Produktionsanlagen in begrenzten Stückzahlen **(Serien)** hergestellt werden. Je nach Seriengröße, d. h. entsprechend der zu fertigenden Stückzahl, unterscheidet man Klein-, Mittel- und Groß-S. Der Stückzahlbereich der Klein-S. nähert sich der →Einzelfertigung, der der Groß-S. der →Massenfertigung. Bevorzugtes Prinzip der S. ist die Reihenfertigung (→Fließfertigung). Oft wird bei dem jeweiligen Produkt eine Grundausführung festgelegt, sodass in gewissen Grenzen entsprechend den Kundenwünschen produziert werden kann. Werden verschiedenartige Produkte mit den gleichen Betriebsmitteln hergestellt, müssen die jeweils →optimale Losgröße und die Losfolge bestimmt werden.

Seri|enformel, *Atomphysik:* →Serienspektrum.

Seri|enhandlung, *Psychologie:* aus aufeinander bezogenen Einzelakten zusammengesetzte Gesamtheit einer Handlung; i. e. S. Gewohnheitshandlungen, überlegungs- und entscheidungsfreie (automatisierte) Tätigkeiten. Die notwendige Abfolge der die Gesamthandlung ermöglichenden Teilhandlungen und ihre Beachtung werden v. a. in der Arbeitsanalyse und bei Eignungsuntersuchungen erfasst.

Seri|en-parall|el-Umsetzer, *Digitaltechnik:* →Parallel-Serien-Umsetzer.

Seri|enschaltung, *Elektrotechnik:* die →Reihenschaltung.

Seriemas: Cariama cristata (Standhöhe etwa 70 cm)

Serien|enspektrum, *Atomphysik:* optisches →Atomspektrum, dessen Linien sich ähnlich wie beim Spektrum des →Wasserstoffatoms nach einer **Serienformel** zu **Spektralserien** zusammenfassen lassen. Eine Serienformel $\tilde{v} = T_m - T_n$ gibt die →Wellenzahlen $\tilde{v}$ von Emissionslinien als Differenzen zw. einem jeweils festen Term T_m und dem Laufterm T_n an, die Übergängen eines Elektrons von höheren Energieniveaus n in das jeweils gleiche, niedrigere Endniveau m entsprechen. Für das jeweilige Absorptionsspektrum gilt die gleiche Serienformel, aber mit umgekehrtem Vorzeichen; sie entspricht dann der Anregung aus dem gleichen Grundniveau. Die Terme der Serienformel haben allg. die Form $T_n = R/[n - \alpha(l)]^2$. Sie hängen außer von der Hauptquantenzahl n über den **Quantendefekt** $\alpha(l)$, eine kleine positive Zahl, auch von der Bahndrehimpuls-Quantenzahl l ab; die Zahl $n^* = n - \alpha(l)$ wird als **effektive Quantenzahl** bezeichnet. $T_n \to 0$, d. h. $n \to \infty$, entspricht der **Seriengrenze.** – Der Seriencharakter ist bei den Elementen der ersten drei Gruppen des Periodensystems vorherrschend, d. h. bei Atomen mit bis zu drei Elektronen (Leucht- oder Valenzelektronen) außerhalb der bes. stabilen Edelgaskonfiguration, und unter diesen v. a. bei denen der ersten Gruppe, den Alkalimetallen. – Ein Seriencharakter ist auch bei den Spektren der charakterist. Röntgenstrahlung zu beobachten. (→Moseley-Gesetz)

Serifen [engl., wohl zu niederländ. schreef ›Strich‹, ›Linie‹], *Sg.* **Serife** *die,* -, bei den Antiquaschriften die kleinen Abschluss- oder Begrenzungsstriche am Fuß und Kopf der Buchstaben. Ihre Entstehung ist auf den Meißelschlag bei der Herstellung röm. Steininschriften zurückzuführen. (→Groteskschriften)

Serigraphie [zu lat. sericus ›seiden‹ und griech. gráphein ›schreiben‹] *die,* -/...ˈphien, →Siebdruck.

Serin [zu lat. sericus ›seiden‹] *das,* -s, Abk. **Ser,** aliphat., nichtessenzielle Aminosäure (chemisch die α-Amino-β-hydroxypropionsäure), die als Bestandteil von Proteinen (v. a. Keratinen), Kephalinen und Mukopolysacchariden vorkommt; wichtiges Zwischenprodukt im intermediären Stoffwechsel.

Serinette [Kw.] *die,* -/-n, mechan. Musikwerk, die →Vogelorgel.

seriös [frz. sérieux, zu lat. serius ›ernsthaft‹], solide, gediegen; vertrauenswürdig, zuverlässig.

Seripando, Girolamo, ital. kath. Theologe, * Neapel 6. 10. 1492, † Trient 17. 3. 1563; seit 1507 Augustinereremit; wurde 1524 Leiter der neapolitan. Kongregation, 1539 Ordensgeneral, 1554 Erzbischof von Salerno, 1561 Kardinal; gehörte der humanist. Reformbewegung an und war Anhänger eines christl. Platonismus. Seine biblisch-augustinisch geprägte Rechtfertigungslehre floss in das Rechtfertigungsdekret des Konzils von Trient ein, dessen Legat er ab 1561 war.
Ausgaben: Concilium Tridentinum, Bd. 2 u. 12 (1911–30, Nachdr. 1965–66); Diarium de vita sua, hg. v. D. GUTIÉRREZ, in: Analecta Augustiniana, Jg. 26 (1963); Registrum generalatus, Bd. 1–5 (1982–88).
H. JEDIN: G. S., 2 Bde. (²1984).

Seriphos, Insel der westl. Kykladen, Griechenland, bis 585 m ü. M., 73 km², 1 100 Ew.; seit der Antike Eisenerztagebau.

Serir [arab.] *die,* -/-e, Geomorphologie: im arab. Sprachgebiet Bez. für eine weite, flache Aufschüttungssenke in der ariden Zone mit Feinsedimentbedeckung (Ton, Sand, auch Kies); bei Kiesbedeckung wird die S. häufig mit Kies- oder Geröllwüste (→Reg) gleichgesetzt.

Serizit, Mineral, der →Sericit.

Serkin, Rudolf, amerikan. Pianist russ. Herkunft, * Eger (heute Cheb) 28. 3. 1903, † Guilford (Vt.) 8. 5. 1991; studierte u. a. bei A. SCHÖNBERG und lehrte seit 1939 am Curtis Institute of Music in Philadelphia, Pa. (1968–76 dessen Direktor). Er trat bes. mit Interpretationen der Werke J. S. BACHS sowie klass. und romant. Musik hervor und wurde auch als Triopartner von A. und H. BUSCH (Busch-S.-Trio) bekannt. Sein Sohn PETER S. (* 1947), als Pianist u. a. Schüler seines Vaters, wurde bes. durch Interpretationen von Werken J. S. BACHS, W. A. MOZARTS und L. VAN BEETHOVENS sowie zeitgenöss. Musik bekannt.

Serliana [nach S. SERLIO] *die,* -, Baukunst: das →Palladiomotiv.

Sebastiano Serlio: Entwurf eines Tores (1551); Holzschnitt aus ›Tutte l'opere d'architettura, et prospetiva‹, Venedig, 1619

Serlio, Sebastiano, ital. Baumeister und Bühnenbildner, * Bologna 6. 9. 1475, † Fontainebleau oder Lyon 1554 oder 1555; war um 1514 in Rom Schüler und Mitarbeiter B. PERUZZIS. Verließ Rom 1527 und kam 1528 nach Venedig, seit 1541 am frz. Königshof in Fontainebleau. Von seinen manierist. Werken ist nur der Portalvorbau des von ihm errichteten Hôtel ›Grand Ferrare‹ (1544–46) in Fontainebleau erhalten, das für das frz. Stadtpalais (Hôtel) prägend wurde. Ferner entwarf er Schloss Ancy-le-Franc bei Tonnerre (Dép. Yonne; erbaut 1546 ff.). S. gewann durch seine architekturtheoret. Schriften weit reichenden Einfluss. Seine in Frankreich erschienene Baulehre (›L'architettura‹, 6 Bde., 1537–51; ²1575 mit Zeichnungen, die auch durch Wiedergaben von Entwürfen seiner Zeitgenossen wichtig ist (u. a. wurde Material von PERUZZI benutzt), ist ein reiches Musterbuch antiker und neuer Baukunst und Dekoration. S. begründete das System der Renaissancebühne mit perspektivisch gegliedertem Bildaufbau (drehbare Seitenkulissen auf Winkelrahmen) und schuf Stereotypen für die trag. und kom. Bühne (Einblick in Straßen) sowie für das Satyrspiel (Wald und Fels).
Ausgaben: Tutte l'opere d'architettura, et prospetiva (1619, Nachdr. 1964). – On domestic architecture, bearb. v. M. N. ROSENFELD (1978).

Serlo, S. von Bayeux [-baˈjø], mittellat. Dichter aus Frankreich, * um 1050, † um 1120; Sohn eines norman. Priesters, fand nach Verlust seines Erbes an das Stephanskloster in Caen Schutz bei Bischof ODO VON BAYEUX († 1097) und Aufnahme in dessen Domkapitel; er war 1105 Augenzeuge der Zerstörung der Stadt durch König HEINRICH I. von England. Seinen Unmut über erlittenes Unrecht und kirchl. Missstände drückte der Dichter in scharfen Verssatiren aus (bes. gegen den Abt und die Mönche von Caen), womit er zum Wiederbegründer dieser Gattung im MA. wurde.

Serlo, S. von Wilton [-wiltn], mittellat. Dichter aus England, * Wilton (bei Salisbury) um 1110, † Aumône (Dép. Loir-et-Cher) 1181; Magister der Gram-

CH_2OH
H_2N-C-H
$COOH$
Serin

Rudolf Serkin

matik und Rhetorik. S., in den engl. Thronwirren seit 1139 Anhänger Graf ROBERTS VON GLOUCESTER, lebte nach dessen Tod 1147 in Antibes im Exil, lehrte um 1160 in Paris und ab 1167 auf Wunsch König HEINRICHS II. von England in Oxford. Nach einem Bekehrungserlebnis, das in der mittelalterl. Exemplarischliteratur weiterlebt, wurde er Zisterzienser und 1171 Abt des Klosters Aumône. Laszive Jugendgedichte, didakt. Vers- und Reimspielereien sowie lateinisch versifizierte Sprichwörter (insgesamt rd. 1 200 Verse, reich überliefert) machten ihn für Zeitgenossen und Nachwelt zu einer literar. Figur vom Rang seines poet. Konkurrenten HUGO VON ORLÉANS.

Ausgabe: Poèmes latins, hg. v. J. ÖBERG (1965).

Sermisy [sɛrmiˈzi], Claudin de, frz. Komponist, * um 1490, † Paris 13. 9. 1562; wurde nach Aufenthalten in Italien und England 1532 Sous-maître, 1547 Kapellmeister der Sainte-Chapelle du Palais in Paris. Neben zahlr. Messen und Motetten schrieb er v. a. Chansons, mit denen er zu einem der bedeutendsten Nachfolger C. JANEQUINS wurde.

Sermon (lat. sermo, sermonis ›Vortrag‹) *der, -s/-e, veraltet* für: Rede, Predigt; heute *umgangssprachlich* für: langatmiges, langweiliges Gerede.

Serner, Walter, urspr. (bis 1909) **W. Seligmann,** österr. Schriftsteller, * Karlsbad 15. 1. 1889, † (nach Deportation in das KZ Theresienstadt 20. 8.) 1942; schrieb ab 1912 kunstkrit. und philosoph. Essays für die expressionist. Zeitschrift ›Die Aktion‹; emigrierte 1915 in die Schweiz und gehörte zum Kreis der Züricher Dadaisten (›Letzte Lockerung, manifest dada‹, 1920); ein unstetes Leben führte ihn in den 20er-Jahren durch ganz Europa; von 1938 bis zur Deportation lebte er in Prag. S. schrieb neben Essays seinerzeit viel beachtete kühle, hintergründig-böse Kriminalgeschichten und erot. Erzählungen und den Roman ›Die Tigerin‹ (1925).

Ausgabe: Ges. Werke, hg. v. T. MILCH, 10 Bde. (Neuausg. 1988).
R. SCHROTT: W. S. (1889–1942) u. Dada (1989).

Sernftal, Talschaft im Kt. Glarus, Schweiz, von der Sernf durchflossen (rechter Nebenfluss der Linth), 22 km lang, 2 000 Bewohner; bei Elm Mineralquelle; früher Schieferabbau, der 1881 einen gewaltigen Bergsturz auslöste.

Serocki [sɛˈrɔtski], Kazimierz, poln. Komponist, * Thorn 3. 3. 1922, † Warschau 9. 1. 1981; war Schüler von K. SIKORSKI und NADIA BOULANGER, konzertierender Pianist, Mitbegründer des ›Warschauer Herbstes‹ (1956); einer der stilistisch vielseitigsten Komponisten der poln. Avantgarde.

Werke: *Orchesterwerke:* 2 Sinfonien (1952, 1953); ›Sinfonietta‹ für 2 Streichorchester (1956); ›Epizody‹ für Streichorchester u. 3 Schlagzeuggruppen (1959); ›Sinfon. Fresken‹ (1964); ›Niobe‹ für 2 Sprecher, Chor u. Orchester (1966); ›Swinging music‹ (1970); ›Concerto alla cadenza‹ für Blockflöte u. Orchester (1974); ›Pianophonie‹ für Klavier, Orchester u. Live-Elektronik (1978).

Serodiagnostik, Serumdiagnostik, Gesamtheit der Verfahrensweisen zur Diagnose von Krankheitsprozessen, v. a. von Infektions- und Autoimmun- sowie Stoffwechselkrankheiten, durch Nachweis meist spezif. Bestandteile des Blutserums oder der Gehirn-Rückenmark-Flüssigkeit. Die S. bedient sich in erster Linie immunolog., auf dem Prinzip der Antigen-Antikörper-Reaktion beruhender, zu Agglutination, Präzipitation oder Komplementbindungsreaktion führender Methoden, die z. B. mit Radioimmunassays auch Verfahren der Isotopendiagnostik einbeziehen. Zur S. gehören die physikalisch-chem. Methoden wie Elektrophorese, Serumlabilitätsproben, Enzymdiagnostik und auch die Blutgruppenbestimmung.

Serodine, Giovanni, ital. Maler, * Ascona um 1594 (um 1600 ?), † Rom vor dem 10. 6. 1631; schloss sich in Rom (um 1615) den Caravaggisten an, lockerte jedoch deren klare, geschlossene Formgebung zunehmend auf; zu seinen Hauptwerken gehört die monumentale ›Krönung Mariä‹ (um 1630; Ascona, Pfarrkirche Santi Pietro e Paolo).

Serologie [zu Serum] *die, -,* Teilgebiet der Immunologie, das sich mit Erforschung und Diagnose der physiolog. Eigenschaften des Blutserums und seinen krankhaften Veränderungen unter dem Einfluss von Krankheitserregern oder allerg. Prozessen (→Serodiagnostik) befasst.

serös, Serum enthaltend oder absondernd.

Serosa [zu Serum] *die, -/...sen,* äußere Embryonalhülle im Ei landlebender Wirbeltiere und des Menschen; auch Bez. für die äußere Keimhülle in bestimmten Phasen der Embryonalentwicklung von Insekten.

Serosem [-ˈsjɔm; russ. ›graue Erde‹] *der, -s/-e,* **Serosiom,** Bodentyp, der →Sierosem.

Serote, Mongane Wally, südafrikan. Schriftsteller, * Johannesburg 1944; war 1969 neun Monate lang inhaftiert, danach zeitweise im Exil in New York (Kunststudium an der Columbia University) und in Botswana. S. gilt als führender Vertreter der jungen Lyrikergeneration, die sich nach den Unruhen in Soweto formierte; er verbindet Elemente des südafrikan. Jazz und der oralen Tradition mit der intensiv-sozialkrit. Aussage der Black-Consciousness-Bewegung.

Werke: *Roman:* To every birth its blood (1981; dt. Neues Leben, im Blut geboren). – *Lyrik:* Yakhal'inkomo (1972); Behold Mama, flowers (1978); The nights keep winking (1982); A tough tale (1987); Come and hope with me (1994). – Third world express (1992).

Serotonin [zu Serum und Tonus gebildet] *das, -s/-e,* **Enteramin, 5-Hydroxytryptamin,** Abk. **5-HT,** biogenes Amin und Gewebshormon, das aus der Aminosäure Tryptophan gebildet wird und als Neurotransmitter im Zentralnervensystem, in der Dünndarmschleimhaut und in den Blutplättchen vorkommt. Es wirkt kontrahierend auf die glatte Muskulatur des Magen-Darm-Kanals und verengt die Blutgefäße. Im Zentralnervensystem besitzt S. Neurotransmitterfunktion und nimmt u. a. Einfluss auf Stimmung, Nahrungsaufnahme, Schlaf-wach-Rhythmus und Schmerzempfindung. S.-Mangel wird als wichtiger Faktor bei der Entstehung von Depressionen diskutiert.

Serow, 1926–34 und 1937–39 **Nadeschdinsk, Nadeždinsk** [-ʒ-], 1934–37 **Kabakowsk,** Stadt im Gebiet Swerdlowsk, Russland, im Übergangsbereich vom östl. Vorland des Ural zum Westsibir. Tiefland, am linken Ufer der Kakwa, 103 400 Ew.; Fakultät der Uraler TH von Jekaterinburg, Regionalmuseum; Edelstahlwerk (1894 als Schienenlieferant für die im Bau befindl. Transsibir. Eisenbahn in Betrieb genommen), Baustoffindustrie, Holzverarbeitung (bes. Möbelbau); Eisenbahnknotenpunkt. – S. wurde 1894–96 angelegt und ist seit 1926 Stadt.

Serow, Walentin Aleksandrowitsch, russ. Maler, * Sankt Petersburg 19. 1. 1865, † Moskau 5. 12. 1911; Schüler von I. J. REPIN. S. gehörte zum Künstlerkreis von Abramzewo, war Mitgl. der Peredwischniki und der Künstlervereinigung Mir Iskusstwa. Er entwickelte eine realist., in ihrer lichten Farbigkeit zum Impressionismus neigende Malweise und schuf v. a. Porträts (›Mädchen mit Pfirsichen‹, 1887; Moskau, Tretjakow-Galerie), aber auch Landschafts-, Genre- und Historienbilder. Nach 1900 veränderte sich seine maler. Auffassung zu großflächiger, dekorativer, z. T. fast monochromer Farbigkeit und stilisierten Formen. S. schuf auch Theaterdekorationen, Buchillustrationen sowie Lithographien und Radierungen. (BILD S. 94)

Serowe, Stadt in O-Botswana, Handels- und Verwaltungszentrum, 46 600 Ew.; Residenz des Staatspräs.; Diamantenverarbeitung. Südöstlich von S., in **Morupule,** die größte Steinkohlenmine des Landes.

Walter Serner
(Holzschnitt von Christian Schad; 1915)

Serp Serpan – Serpulit

Serpan [sɛrˈpã], Jaroslav, eigtl. **J. Sossountzov** [sɔsunˈtsɔf], frz. Maler und Biologe russ. Abkunft, * Prag 4. 6. 1922, im Mai 1976 in den frz. Pyrenäen verschollen; lebte ab 1927 in Frankreich und wurde 1964 Prof. für statist. Biologie an der Sorbonne. S. begann 1940 zu malen und entwickelte sich zu einem der wichtigsten Vertreter der informellen Malerei innerhalb der École de Paris. Bezeichnend für seine Kompositionen ist eine von Mikroformen abgeleitete, dynam. Strukturierung der Bildfläche.

Walentin Aleksandrowitsch Serow: Die Entführung der Europa; 1910 (Moskau, Tretjakow-Galerie)

Serpens [lat.], das Sternbild →Schlange.
Serpent [frz.-ital., zu lat. serpens, serpentis ›Schlange‹] *der, -(e)s/-e,* um 1590 aus dem →Zink entwickeltes, weit mensuriertes Horninstrument in Basslage, bestehend aus einer schlangenförmig gewundenen und mit Leder umwickelten, 180–240 cm langen Holzröhre, die sich kontinuierlich erweitert (ohne Stürze), mit sechs Grifflöchern, einem abgebogenen Anblasrohr aus Metall und halbkugeligem Mundstück; Umfang zunächst etwa D–e^1, später $_1$B–b^1. Ab 1800 erhielt der S. einige Klappen und wurde auch in Fagottform und aus Metall gebaut. Verwendet wurde er v. a. in der frz. Kirchenmusik und in der Militärmusik. An seine Stelle trat ab den 1820er-Jahren die →Ophikleide, später die →Tuba.

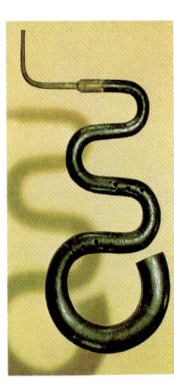

Serpent: Französische Arbeit ohne Mundstück (Brüssel, Musée Instrumental du Conservatoire Royal)

Serpentes [lat.], die →Schlangen.
Serpentin [zu lat. serpens, serpentis ›Schlange‹ (nach der schlangenhautartigen Musterung)] *der, -s/-e,* **1) Schlangenstein,** meist grünes bis grünlich schwarzes, monoklines Mineral der chem. Zusammensetzung $Mg_3[(OH)_4Si_2O_5]$, Magnesium kann durch Eisen, Mangan, Nickel, Chrom oder Aluminium ersetzt sein; Härte nach MOHS 2,5–3,5, Dichte 2,5–2,7 g/cm^3. Hauptvarietäten sind der blättrige **Antigorit (Blätter-S.)** und der feinfaserige, seidenglänzende **Chrysotil (Faser-S., S.-Asbest).** Letzterer tritt nicht nur als dunkler **gemeiner S.,** sondern auch als zartgelber bis lichtgrüner, feinkörniger bis dichter, durchscheinender **edler S.** auf. Feinfaserige Varietäten des Chrysotils werden als Bergflachs, -kork oder -leder bezeichnet. S. wird kunstgewerblich verarbeitet. Es gibt auch eine feinblättrige Varietät, **Lizardit** (oft als röllchenähnl. Blättchen).
2) techn. Bez. für das Gestein →Serpentinit.
Serpentine [zu spätlat. serpentinus ›schlangenartig‹] *die, -/-n,* in vielen Kehren (Haarnadelkurven) an steilen Berghängen ansteigende Straße; i. e. S. die Haarnadelkurve.
Serpentinisierung, durch Metasomatose (hydrothermale Zersetzung) verursachte Umwandlung von Olivin (in olivinreichen bas. bis ultrabas. magmat. Gesteinen wie Gabbro und Peridotit) in Serpentin; geht von Klüften und Mineralrändern aus, oft nur saumhaft ausgebildet. Das bei der Hydratisierung frei werdende Eisen wird meist als Magnetit ausgeschieden.
Serpentinit *der, -s/-e,* **Serpentin,** feinkörniges bis dichtes, massiges oder schiefriges metamorphes Gestein, grün bis grünlich schwarz (durch Eisen auch bunt), mit mattem Glanz, auch fleckig, streifig oder geädert (durch Klüfte netzartig gegliedert), durch Verwitterung dunkelbraun bis gelb. S. besteht vorwiegend aus Serpentinmineralen, daneben u. a. aus Granat, Spinell, Amphibolen, Talk, Chlorit und Carbonaten. Er entstand durch →Serpentinisierung und kommt u. a. in Ophiolithen und Peridotiten vor. Er enthält z. T. nutzbare Nickel- und Chromerze, Magnesit-, Asbest- oder Talkvorkommen. Wegen geringer Härte und guter Polierfähigkeit wird er zu Dekorationszwecken (u. a. Wandplatten) und als Material für Kunstgegenstände verwendet. Aus ital. S. (fälschlich ›Gabbro‹) wurden neben Gefäßen und Säulen Figuren hergestellt, in Sachsen fertigten (im 16. Jh. bis etwa 1750) S.-Drechsler Hausgerätschaften, Kleinmöbel mit S.-Mosaik und Wärmesteine.
Serpentinmarmor, andere Bez. für →Ophicalcit.
Serpotta, Giacomo, ital. Stuckateur und Bildhauer, * Palermo 10. 3. 1656, † ebd. 26. 2. 1732. Vom Spätwerk G. L. BERNINIS beeinflusst, schuf er bewegte spätbarocke Dekorationen und Einzelfiguren.
Werke: in Agrigent: plast. Schmuck von Santo Spirito (um 1695); in Palermo: Ausschmückung des Oratorio del Rosario hinter Santa Zita (1686–88 und 1717/18), des Oratorio di San Lorenzo (1699–1707) hinter San Francesco und des Oratorio del Rosario hinter San Domenico (1710–17); acht Statuen in San Francesco d'Assisi (1723).
D. GARSTANG: G. S. and the stuccatori of Palermo (London 1984).
Serpuchow, Stadt im Gebiet Moskau, Russland, an der Nara nahe ihrer Mündung in die Oka, 140 700 Ew.; kunsthistor. Museum; Baumwollverarbeitung, Bau von Textilmaschinen, Erdölapparaturen und Motoren, Leichtindustrie; Hafen an der Oka. Bei S. liegen wichtige Einrichtungen der Russ. Akademie der Wissenschaften: In **Protwino** Forschungs-Inst. für Hochenergiephysik mit Protonensynchrotron (→Beschleuniger, ÜBERSICHT), in **Puschtschino** radioastronom. Observatorium und Forschungs-Inst. für Biophysik. Links der Oka befindet sich das Okaterrassen-Biosphärenreservat (48 km^2; Naturkundemuseum im Dorf Danki). – S., 1328, nach anderen Quellen 1339 erstmals erwähnt, war 1341–1456 Zentrum (1374 durch einen hölzernen Kreml befestigt) des Teilfürstentums S. Seit 1462 bei Moskau, war S. nach dem Bau eines steinernen Kreml (um 1556) eine wichtige Festung an der S-Grenze des Moskauer Staates und ein bedeutendes Handels- und Handwerkerzentrum.

Serpentinit

Serpulit [zu lat. serpula ›kleine Schlange‹] *der, -s/-e,* ein Kalkstein, der im Wesentlichen aus den röhrenförmigen Gehäusen der Serpuliden (Serpulidae; zu den Vielborstern gehörende Ringelwürmer) besteht; kommt im Malm Nord-Dtl.s vor.

Richard A. Serra: Prop; 1968 (New York, Whitney Museum of American Art)

Serra *die, -/-s,* port. und brasilian. Bez. für Gebirgskette.

Serra, 1) Jaime (Jaume), katalan. Maler, 1361–94 in Katalonien nachweisbar, Bruder von 2); schuf, in der Nachfolge von F. BASSA, v. a. Mariendarstellungen und -altäre. Einziges gesichertes Werk ist das Retabel des Fray MARTÍN DE ALPARTIL für dessen Grabkapelle im Kloster San Sepulcro in Saragossa (1361; heute Museo Provincial de Bellas Artes).

2) Pedro (Pere), katalan. Maler, um 1343–1405 in Katalonien nachweisbar, Bruder von 1); arbeitete zunächst bei seinem Bruder, bevor er etwa 1368 eine eigene Werkstatt gründete. Sein Hauptwerk, der Heilig-Geist-Altar in der Basilika Santa María (auch La Seu gen.) in Manresa (1393–94), gehört zu den frühen Zeugnissen des internat. Stils der Gotik in Katalonien.

3) Renato, ital. Literaturkritiker und Schriftsteller, *Cesena 5. 12. 1884, † (gefallen) am Podgora bei Görz 20. 7. 1915; Lehrer, ab 1909 Direktor der Biblioteca Malatestiana in Cesena; Mitarbeiter der Zeitschrift ›La Voce‹; steht als Literaturkritiker zw. seinem Lehrer G. CARDUCCI und B. CROCE. Eine breite Wirkung hatte seine postum erschienene Schrift ›Esame di coscienza di un letterato‹ (hg. 1915), in der er den Sinn des Krieges infrage stellte, zugleich aber die durch ihn auferlegten moral. Pflichten bejahte.

Ausgaben: Scritti letterari, morali e politici, hg. v. M. ISNENGHI (1974); Edizione nazionale degli scritti, auf mehrere Bde. ber. (1990 ff.).

R. S. Il critico e la responsabilità delle parole, hg. v. P. LUCCHI (Ravenna 1985).

4) [ˈsɛrə], Richard Anthony, amerikan. Bildhauer, *San Francisco (Calif.) 2. 11. 1939; einer der bedeutendsten zeitgenöss. Bildhauer. Seine meist monumentalen Skulpturen aus Stahl, in der Mehrzahl in Bezug zur Landschaft oder zu sie umgebenden Architektur konzipiert, basieren auf der rauminterpretierenden Gruppierung geometr. Elemente; dazu Zeichnungen und Druckgrafik. drehte auch Kunstfilme.

Ausgabe: Schriften, Interviews 1970–1989 (1990).

R. S., hg. v. E.-G. GÜSE, Ausst.-Kat. (1987); R. S. Drawings, Zeichnungen 1969–1990, hg. v. H. JANSSEN (Bern 1990); R. S., 3 Bde., Ausst.-Kat. (1993, dt. u. engl.); R. S., Intersection, hg. v. M. SCHWANDER (1996, dt. u. engl.).

Serrä, Serres, Hauptstadt des Verw.-Bez. (Nomos) S. in Makedonien, Griechenland, am Rand des fruchtbaren Beckens von S., 49 400 Ew.; orth. Bischofssitz; archäol. Sammlungen; wirtschaftl. Zentrum O-Makedoniens mit Textil-, Tabakindustrie, Zuckerfabrik. – Regelmäßige neue Stadtanlage (nach Brand von 1913), in der nach 1922 Flüchtlinge aus Kleinasien angesiedelt wurden.

Serra-d'Alto-Kultur, nach der Fundstelle bei Matera, Italien, benannte Kulturgruppe der mittleren Jungsteinzeit im südl. Italien; gekennzeichnet durch eine feine, farbig bemalte Tonware, die Ähnlichkeit mit Keramik v. a. der frühen →Diminikultur aufweist; nachgewiesen wurden zahlr. befestigte Siedlungen mit leicht gebauten Rundhütten.

Serradella [katalan., von lat. serratula ›die Gezackte‹ (nach der Blattform), zu serra ›Säge‹] *die, -/...len,* **Vogelfuß, Krallenklee, Klauenschote, Ornithopus,** Gattung der Schmetterlingsblütler mit wenigen Arten im temperierten Südamerika, auf den Inseln im Atlantik und in Europa, im Mittelmeerraum und in W-Asien. In Dtl. kommt u. a. der auf Sandböden als Futter- und Gründüngungspflanze in mehreren Kultursorten angebaute **Große Vogelfuß** (S. im engeren Sinne, Ornithopus sativus) vor, der selten auf mageren Böden verwildert; etwa 30–60 cm hoch; mit langen, schmalen, gefiederten Blättern und bis 8 mm langen, blass rosafarbenen, oft gelb gefleckten Blüten in Trauben; Früchte als Gliederhülsen ausgebildet.

Serranidae [zu lat. serra ›Säge‹], die →Zackenbarsche.

Serrano y Domínguez [-i ðoˈmiŋɡεθ], Francisco Herzog de la Torre (seit 1862), span. General und Politiker, *Insel León (bei Cádiz) 17. 12. 1810, † Madrid 26. 11. 1885; zeichnete sich im 1. Karlistenkrieg aus, wandte sich dann der Politik zu (u. a. 1862/63 Außen-Min., 1865–67 Senats-Präs., ab 1867 Führer der Liberalen Union); war an den meisten Militärputschen zw. 1840 und 1868 beteiligt. Aus einem Vertrauten Königin ISABELLAS II. wurde er zu ihrem polit. Gegner. An der Revolution von 1868, die zum Sturz der Königin führte, war er entscheidend beteiligt. Er wurde vorläufig, 1869 von den Cortes gewählter Regent. Unter König AMADEUS war er zweimal Min.-Präs. (1871/72), in der letzten Phase der Republik Präs. (1874). Nach dem Militärputsch von A. MARTÍNEZ DE CAMPOS (1874) zugunsten ALFONS' XII. zog er sich aus der Politik zurück. 1881 gründete er die Partei der dynast. Linken, die aber erfolglos blieb.

Serratia [zu lat. serrare ›sägen‹], Gattung der Enterobakterien, im Boden und in Gewässern weit verbreitet. **S. marcescens** (frühere Bez. Bacterium prodigiosum) entwickelt auf kohlenhydrathaltigen Nährsubstraten durch die Bildung von Prodigiosin tiefrot gefärbte Kolonien. Sein Pigment ist im Grundgerüst aus drei Pyrrolringen aufgebaut. Wegen seiner spontanen Entwicklung auf feucht gelagerten Oblaten ist das Bakterium früher als ›Hostienpilz‹ (→Blutwunder) bezeichnet worden.

Serratula [lat. ›die Gezackte‹], die Pflanzengattung Scharte (→Färberscharte).

Serrault [sɛˈro], Michel, frz. Schauspieler, *Brunoy (Dép. Seine-et-Oise) 24. 1. 1928; erster Bühnenauftritt 1946; gestaltet seit den 50er-Jahren auch Filmrollen; wurde als Komiker bekannt, entwickelte sich dann zum differenzierten Charakterdarsteller.

Filme: Ein Käfig voller Narren (1978); Das Verhör (1981); Die Fantome des Hutmachers (1982); Das Auge (1982); Dr. Petiot (1989); Die Dame, die im Meer spazierte (1992); Nelly & Monsieur Arnaud (1995); Das Leben ist ein Spiel (1997).

Serreau [sɛˈro], Jean-Marie, frz. Schauspieler und Regisseur, *Poitiers 28. 4. 1915, † Paris 22. 5. 1973; setzte sich für das Theater der Moderne ein. Mit großem Erfolg inszenierte er Dramen von B. BRECHT, S. BECKETT, J. GENET, E. IONESCO. Besonderes Auf-

Serradella: Großer Vogelfuß (Höhe 30–60 cm)

Jean-Marie Serreau

José Luis Sert: Gebäude der Fundación Joan Miró in Barcelona; 1972–75

Michel Serres

Friedrich Sertürner

sehen erregte er mit den Aufführungen von A. CÉSAIRES Stücken ›Die Tragödie von König Christoph‹ (Salzburg 1964) und ›Im Kongo‹ (1967).

Serre-Ponçon [sɛrpɔ̃'sɔ̃], Talsperre in den frz. Westalpen, staut die obere Durance (an der Ubayemündung) zu einem 20 km langen und bis 3 km breiten Stausee, mit einer Fläche von 30 km² und 1,27 Mrd. m³ Stauinhalt; unterird. Kraftwerk (erzeugt jährlich rd. 700 Mio. kWh); weitere Kraftwerke flussabwärts. Ein Staudamm zur Regulierung der Hochwässer war seit 1856 geplant, wurde jedoch erst 1955–61 gebaut.

Serres, Stadt in Griechenland, →Serrä.

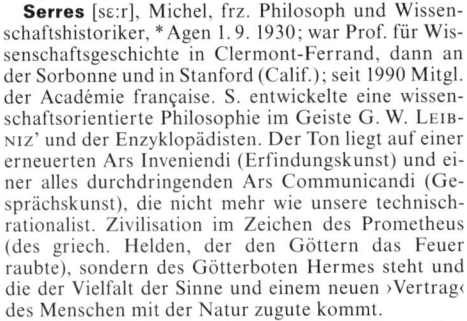

Serres [sɛːr], Michel, frz. Philosoph und Wissenschaftshistoriker, * Agen 1.9.1930; war Prof. für Wissenschaftsgeschichte in Clermont-Ferrand, dann an der Sorbonne und in Stanford (Calif.); seit 1990 Mitgl. der Académie française. S. entwickelte eine wissenschaftsorientierte Philosophie im Geiste G. W. LEIBNIZ' und der Enzyklopädisten. Der Ton liegt auf einer erneuerten Ars Inveniendi (Erfindungskunst) und einer alles durchdringenden Ars Communicandi (Gesprächskunst), die nicht mehr wie unsere technikrationalist. Zivilisation im Zeichen des Prometheus (des griech. Helden, der den Göttern das Feuer raubte), sondern des Götterboten Hermes steht und die der Vielfalt der Sinne und einem neuen ›Vertrag‹ des Menschen mit der Natur zugute kommt.

Werke: Hermès, 5 Bde. (1968–80; dt. Hermes); Le système de Leibniz et ses modèles mathématiques, 2 Bde. (1968); Esthétiques sur Carpaccio (1975; dt. Carpaccio); Le parasite (1980; dt. Der Parasit); Détachement (1983; dt. Ablösung); Les cinq sens (1985; dt. Die fünf Sinne); L'Hermaphrodite (1987; dt. Der Hermaphrodit); Le contrat naturel (1990; dt. Der Naturvertrag).

Sert [span. und katalan. sɛrt, engl. sɜət], José Luis (Josep Lluís S. i Lopez), amerikan. Architekt und Stadtplaner katalan. Herkunft, * Barcelona 1.7.1902, † ebd. 16.3.1983; 1929–31 Mitarbeiter von LE CORBUSIER; 1939 emigrierte er in die USA, wurde 1953 an der Harvard University Nachfolger von W. GROPIUS. Seine bekanntesten Bauten sind der span. Pavillon für die Weltausstellung in Paris (1937), das Museum der Fondation Maeght in Saint-Paul-de-Vence (Dép. Alpes-Maritimes, 1959–64), die Studentenwohnheime der Harvard University (1963–65) und das Gebäude der Fundación Joan Miró in Barcelona (1972–75). Er entwarf Bebauungspläne u. a. für Medellín (1949–51) und Havanna (1955–58).

K. BASTLUND: J. L. S. (Zürich 1967); J. FREIXA: Josep Lluís S. (a. d. Span., ebd. ²1984); Josep Lluis Sert – La Fondazione Miro di Barcellona, bearb. v. G. DENTI u. A. ZILIOLI (Florenz 1992).

Sertão [ser'tãu; port. ›das Innere des Landes‹] der, die trop. Trockengebiete NO-Brasiliens mit Trockenwald, Dorngehölzen und Sukkulentenwäldern (→Caatinga), z. T. Halbwüste. Die Gesch. des S. ist bis ins 20. Jh. vom Banditentum (port. cangaceiros, jagunços) geprägt, das eine reiche Lit. voll populärer Mythen hervorbrachte, die im Werk von J. GUIMARÃES →ROSA zu hohem literar. Rang verdichtet wurden.

Serto, eine →syrische Schrift.

Sertoli-Zellen, nach dem ital. Physiologen ENRICO SERTOLI (* 1842, † 1910) benannte Stützzellen in den Hodenkanälchen der Säugetiere. Sie umschließen in lokal erweiterten Interzellularräumen die versch. Bildungsstadien der Samenzellen. S.-Z. dienen dem Schutz der sich entwickelnden Samenzellen, versorgen diese mit Nährsubstanzen, scheiden eine stark kalium- und eiweißhaltige Samenflüssigkeit ab und sind zur Phagozytose befähigt. – Bei Schnecken übernehmen die Basalzellen der Zwitterdrüse, bei Lurchen die Spermatozystenzellen die Funktion der Stütz- und Nährzellen für die Samenzellen.

Sertorius, Quintus, röm. Politiker, * Nursia um 123 v. Chr., † 72 v. Chr.; Anhänger des MARIUS, seit 83 v. Chr. Statthalter in Spanien, das er in der Zeit des SULLA von Rom unabhängig zu machen suchte. Den Krieg um Spanien konnte POMPEIUS erst beenden, als S. ermordet worden war.

Sertürner, Friedrich Wilhelm Adam, Pharmazeut, * Schloss Neuhaus (heute zu Paderborn) 19.6.1783, † Hameln 20.2.1841; Apotheker in Hameln; untersuchte u. a. das Opium und erkannte 1806 als dessen wichtigsten Stoff das →Morphin, das er 1817 näher beschrieb. – 1928 stiftete die Dt. Pharmazeut. Gesellschaft die (1950 erneuerte) S.-Medaille zur Auszeichnung der wiss. Arbeit prakt. Apotheker.

Serubbabel [wohl von akkadisch zēr-bābili ›Spross Babels‹ (weil im Exil geboren)], in Septuaginta und Vulgata **Zorobabel,** nach 1. Chron. 3,19 Enkel des Königs JOJACHIN von Juda. Vom Perserkönig (KAMBYSES II. oder DAREIOS I.) mit umfassenden Vollmachten ausgestatteter Repatriierungskommissar, der in Juda neben dem Hohen Priester JOSUA wirkte (Hag. 1, 14). Nach Esra 2,2 und Neh. 7,7 soll S. eine Heimkehrerschar angeführt haben, unter ihm wurde auch mit dem Wiederaufbau des Jerusalemer Tempels begonnen (um 520 v. Chr.). Die Propheten HAGGAI und SACHARJA knüpften an S. messian. Hoffnungen (Hag. 2, 21 ff.; Sach. 4, 6 ff.).

Serum [lat. ›wässriger Teil der geronnenen Milch‹, ›Molke‹] das, -s/...ren und ...ra, **Blutserum,** die nach der →Blutgerinnung und Zentrifugation resultierende, von Zellbestandteilen freie gelbl. Flüssigkeit, der gegenüber dem Blutplasma nur die an der Gerinnung beteiligten Proteine fehlen. Es ist eine wässrige Lösung und enthält eine Vielzahl von Verbindungen, die sich folgenden Substanzklassen zuordnen lassen: 1) Proteine, 2) anorgan. und niedermolekulare Bestandteile, 3) stickstoffhaltige Nicht-Protein-Verbindungen, 4) Kohlenhydrate und 5) Lipide. Mit klinischchem. und biochem. Analyseverfahren werden S.-Bestandteile quantitativ bestimmt und aus Abweichungen vom Normbereich Krankheiten diagnostiziert. Blut-S. kann zur **S.-Behandlung** (S.-Therapie) oder Vorbeugung von Infektionskrankheiten verwendet werden, wenn es mit spezif. Antikörpern angereichert ist (→Heilserum, →Serumkrankheit).

Serumaga, Robert, ugand. Schriftsteller, * 1939, † Nairobi 1980; studierte Volkswirtschaft in Irland; gründete Ende der 60er-Jahre ›Theatre Limited‹, eine der ersten professionellen Theatergruppen in O-Afrika, arbeitete später als Journalist und Verleger und schloss sich Ende der 70er-Jahre dem bewaffneten Widerstand gegen das Regime I. AMIN DADAS an.

Seine in O-Afrika äußerst erfolgreichen Stücke greifen Stilmittel der traditionellen Oralkultur auf, beschäftigen sich aber mit der psycholog. Problematik des modernen afrikan. Menschen am Schnittpunkt versch. Kulturen.

Werke: Roman: Return to the shadows (1969). – *Theaterstücke:* Elephants (1971); Majangwa (1974).

Serumdiagnostik, die →Serodiagnostik.
Serumhepatitis, →Hepatitis.

Paul Sérusier: Der Talisman; 1888 (Privatbesitz)

Serumkrankheit, durch parenterale Zufuhr (Injektion) von artfremdem Eiweiß (tier. Heilserum oder Antikörper), Arzneimitteln (Penicillin, Sulfonamide) oder von anderen antigenen Substanzen hervorgerufene, zu den Immunopathien gehörende allerg. Reaktion (→Allergie), die v. a. bei wiederholter Arzneimittelanwendung in hohen Dosen auftritt. Hierbei kommt es zu einer Antigen-Antikörper-Reaktion mit Bildung von Immunkomplexen und Aktivierung von Komplement, die zu entzündl. Reaktionen und Organschäden führt. Die *Symptome* treten nach sechs bis zwölf Tagen auf und bestehen in Fieber, Nesselsucht, Ödembildung, Lymphknotenschwellung, Gelenkschmerzen und Glomerulonephritis; sie bilden sich bei Weglassen des Antigens meist nach etwa einer Woche zurück. Bei Sofortreaktion kann innerhalb von 24 Stunden ein lebensbedrohlicher anaphylakt. Schock (Serumschock) auftreten. – Die *Behandlung* wird symptomatisch mit Antihistaminika und Glucocorticoiden durchgeführt. Vorbeugend muss dauerhaft der auslösende Stoff vermieden werden (Allergiepass).

Serumlabilitätsproben, die →Eiweißlabilitätsproben.

Serumproteine, die im Blutserum und in der Lymphe enthaltenen Albumine (**Serumalbumine**) und Globuline (**Serumglobuline**), die phylogenetisch sehr alt sind und bei allen Säugetieren sowie den meisten Vögeln und Fischen vorkommen. Die →Albumine stellen rd. 50–60% des Gesamteiweißes; die Globuline werden in α_1-, α_2-, β- und γ-Globuline (→Immunglobuline) eingeteilt. Weitere S. sind u. a. Lipoproteine, Metallproteine (z. B. Coeruloplasmin und Transferrin) und Enzyme (z. B. Cholinesterase).

Serumtherapie, passive Immunisierung durch ein →Heilserum zur (häufig vorbeugenden) Behandlung von Infektionskrankheiten oder Vergiftungen (z. B. Schlangenbissen).

Sérusier [sery'zje], Paul, frz. Maler, * Paris 1864, † Morlaix (Dép. Finistère) 6. 10. 1927; lernte 1888 in Pont-Aven P. GAUGUIN kennen, unter dessen Anleitung er ein Landschaftsbild (Privatbesitz) malte; es hatte für die →Nabis, deren Leitfigur S. wurde, programmat. Charakter und erhielt von ihnen die Benennung ›Talisman‹. S. entwickelte einen Malstil, der auf die Ursprünglichkeit und symbolhafte Ausdruckskraft von Farbe und Fläche zielt. 1921 erschien seine kunsttheoret. Schrift ›L'abc de la peinture‹.

C. BOYLE-TURNER: P. S. (Ann Arbor, Mich., 1983); P. S., bearb. v. F. DANIEL, Ausst.-Kat. (Morlaix 1987); S. et la Bretagne, bearb. v. C. BOYLE-TURNER (a. d. Engl., Douarnenez 1995).

Servaes [sɛr'va:s], Albert, eigtl. **Albertus Paulus Leo S.,** belg. Maler und Zeichner, * Gent 4. 4. 1883, † Luzern 19. 4. 1966; ließ sich 1904 in der Künstlerkolonie von Sint-Martens-Latem bei Gent nieder, wo er sich zu einem der ersten und bedeutendsten belg. Expressionisten entwickelte. Neben Landschaften und Porträts schuf er v. a. Werke mit religiöser Thematik. Ab 1944 lebte er in der Schweiz.

Serval [frz., von port. cerval ›Luder‹, eigtl. ›Hirschkatze‹, zu lat. cervus ›Hirsch‹] *der, -s/-e* und *-s,* **Afrikanische Buschkatze, Leptailurus serval,** hochbeinige, schlanke Kleinkatze (→Katzen), die v. a. in Steppen und Savannen Afrikas südlich der Sahara lebt; 0,7 bis 1 m körperlang, mit Schwanz bis 1,4 m Länge; mit relativ kleinem Kopf und großen Ohren; das Fell ist gelblich bis orangebräunlich mit z. T. in Reihen angeordneten schwarzen Flecken; eine Ausnahme ist die fast ungefleckte Unterart **S.-Katze** (Leptailurus serval lipostictal). – Die Felle und Pelze des S. sind unter der Bez. S. im Handel, werden gelegentlich jedoch auch unter der Bez. **Afrikanische Tigerkatze** gehandelt. – S. ist darüber hinaus eine irreführende Bez. für das Fell von asiat. Zibetkatzen, von Ginsterkatzen und von der Fischkatze.

Servandoni, Giovanni Niccolò (frz. Jean-Nicolas), ital. Baumeister und Bühnenbildner, * Florenz 2. 5. 1695, † Paris 19. 1. 1766; Schüler von G. P. PANNINI in Rom, seit 1724 in Paris. In Lissabon (1743), London (1749), Dresden (1754) und Wien (1760) schuf er illusionistisch-raumhafte, perspektivisch konstruierte Bühnenbilder. Sein architekton. Hauptwerk ist die klassizist. Fassade von Saint-Sulpice in Paris (1733–45).

Servan-Schreiber [sɛrvɑ̃ʃrɛ'bɛːr], Jean-Jacques, frz. Publizist und Politiker, * Paris 13. 2. 1924; war 1953 Mitbegründer und bis 1970 Direktor der linksliberalen Wochenzeitschrift ›L'Express‹, die v. a. die Politik von P. MENDÈS-FRANCE unterstützte. Ab 1969 Gen.-Sekr., 1971–75 und 1977–79 Präs. der Radikalsozialist. Partei, bemühte sich S.-S. um deren (bürgerlich-liberale) Erneuerung und führte sie unter Abspaltung ihres linken Flügels (1972) in den Mouvement

Jean-Jacques Servan-Schreiber

Serval (Körperlänge 0,7–1 m, Schwanzlänge etwa 40 cm)

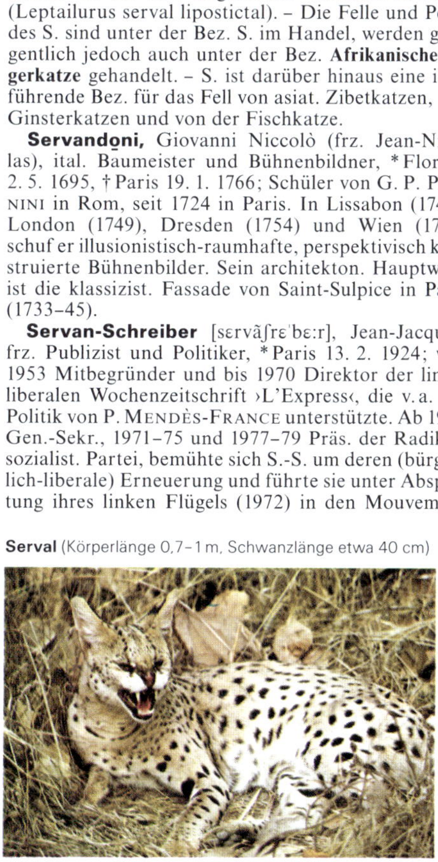

Réformateur mit den Christdemokraten um J. LECANUET; 1970–78 Abg. in der Nationalversammlung. Im Mai 1974 wurde S.-S. Min. für Reformen im ersten Kabinett von Präs. V. GISCARD D'ESTAING, musste aber wegen seines Protests gegen die Fortsetzung der frz. Atombombentests im Pazifik schon nach drei Wochen wieder zurücktreten. 1976–78 war er Präs. des Regionalrats von Lothringen.

Schriften: Le défi américain (1967; dt. Die amerikan. Herausforderung); Le réveil de la France (1968; dt. Frankreich steht auf); Ciel et terre, manifeste radical (1970; dt. Die befreite Gesellschaft); Le pouvoir régional (1971; dt. Die föderale Macht oder Wie unterentwickelt ist Frankreich?); Le défi mondial (1980; dt. Die totale Herausforderung); Le choix des juifs (1988; dt. Die Herausforderung der Juden); Passions, 2 Bde. (1991–93).

serva padrona, La, dt. ›Die Magd als Herrin‹, Zwischenspiel (Intermezzo) zu der Opera seria ›Il prigionier superbo‹ (dt. ›Der berühmte Gefangene‹) von G. B. PERGOLESI; Uraufführung 5. 9. 1733 in Neapel. Die Aufführung des Werkes 1752 in Paris löste den Buffonistenstreit aus.

Servatius, nach der Legende Bischof von Tongern, † Maastricht 13. 5. 384; nahm als einer der Hauptgegner des Arianismus an den Synoden von Serdica (heute Sofia; 342) und Rimini (359) teil; einer der →Eisheiligen (Tag: 13. 5.).

Serve-and-Volley [sɜːv ənd ˈvɒlɪ; engl. serve ›Aufschlag‹ und vgl. volley] *das, -s, Tennis:* Aufschlag und sofortiger Netzangriff, um den vom Gegner zurückgeschlagenen Ball ohne weiteren Bodenkontakt direkt zu nehmen.

Server [ˈsɜːvə; engl., zu to serve ›dienen‹] *der, -s/-, Datenverarbeitung:* eine Funktionseinheit, die für andere Dienstleistungen erbringt, im Unterschied zum Client, der diese in Anspruch nimmt (→Client-Server-Modell). Bei dieser Form der kooperativen Informationsverarbeitung werden die Aufgaben zw. Programmen auf verbundenen Rechnern (z. B. über ein lokales →Rechnernetz) aufgeteilt. S.-Rechner können z. B. umfangreiche Programm- und Datenbestände verwalten **(Applikations-S., File-S.),** komplexe Druckaufträge ausführen **(Print-S.)** oder den Zugriff auf Informationssysteme ermöglichen **(Datenbank-S.).**

Servet [frz. sɛrˈvɛ], Michel, eigtl. **Miguel Serveto,** span. Arzt und Theologe, * Villanueva de Sigena (Prov. Huesca) 29. 9. 1511 (?), † Genf 27. 10. 1553; krit. Humanist, Antitrinitarier im Sinne des →Monarchianismus. S. studierte zuerst Rechtswiss. und Theologie, dann Medizin und war ab 1540 Arzt in Vienne. 1553 veröffentlichte er unter einem Pseud. als Kritik an J. CALVINS ›Christianae Religionis Institutio‹ (›Unterricht in der christl. Religion‹) sein Hauptwerk ›De restitutione christianismi‹ (›Die Wiederherstellung des Christentums‹), in dem er u. a. seine antitrinitar. Auffassungen darlegte. Daraufhin von der Inquisition in Vienne verhaftet, konnte er nach Genf entkommen. Hier wurde er unter aktiver Teilnahme CALVINS der Leugnung der Trinität angeklagt, als Gotteslästerer zum Tode verurteilt und verbrannt.

J. FRIEDMAN: M. S., Anwalt totaler Häresie, in: Radikale Reformatoren, hg. v. H.-J. GOERTZ (1978).

Servianische Mauer, Befestigungsmauer in Rom, von der Reste noch an vielen Stellen sichtbar sind; wird auf SERVIUS TULLIUS zurückgeführt, ist aber erst ab 378 v. Chr. nach der Zerstörung Roms durch die Kelten (387 v. Chr.) entstanden, folgt jedoch einer mehrfach nachweisbaren älteren Mauer.

Service [ˈsɜːvɪs; engl. ›Dienst‹, ›Bedienung‹, von lat. servitium ›Sklavendienst‹] *der, -/-s,* **1)** ohne *Pl., allg.:* Dienstleistung, Kundendienst.
2) *Tennis:* der →Aufschlag.

Service [zɛrˈviːs; frz., eigtl. ›Dienstleistung‹] *das, - und -s/-,* mehrteiliges Tafelgeschirr mit einheitlichem Design.

Serviceklub-Organisationen [ˈsɜːvɪs-], Abk. **SCO,** überwiegend im karitativen Bereich wirkende, weltweit organisierte Vereinigungen, z. B. Kiwanis, Lions, Rotary International.

Serviceprogramm [ˈsɜːvɪs-], Rundfunksendung mit rein informativem, aktuellem Charakter, z. B. halbstündlich gesendete Verkehrsmeldungen, Wetterbericht oder Veranstaltungskalender.

Serviette [frz. ›Mundtuch‹, ›Handtuch‹] *die, -/-n,* meist quadrat. Tuch aus Leinen, Damast o. Ä., auch aus Papier, das beim Essen zum Abwischen des Mundes und zum Schutz der Kleidung benutzt wird. – Schon die Römer benutzten S. (mappa); in Dtl. sind sie seit dem ausgehenden MA. in Gebrauch.

Serviettenringtäuschung, *Psychologie:* geometrisch-opt. Täuschung (W. WUNDT): Ein gezeichneter kurzer Zylinder (Serviettenring) mit vollständiger Grund- und Deckfläche kann von unten und von oben gesehen werden. Bei längerer Betrachtung wechseln die Auffassungen (›Reversionsfigur‹). →optische Täuschungen.

servil [lat. servilis, zu servus ›Sklave‹], *bildungssprachlich* für: untertänige Beflissenheit zeigend, kriecherisch schmeichelnd.

Serviten, lat. **Ordo Servorum Mariae** [›Orden der Diener Mariens‹], Abk. **OSM,** kath. Orden; 1233 aus dem Zusammenschluss von sieben Brüdern aus Florenz entstanden. Die S. nahmen die Augustinusregel an und folgten in Organisation und Tätigkeit den Bettelorden. Heute gehören dem Orden über (1997) 1 000 Mitgl. in 28 Ländern an. Tätigkeitsschwerpunkte sind Seelsorge und Erziehung sowie die Lehrtätigkeit an der päpstl. theolog. Fakultät ›Marianum‹ in Rom. – Die Ende des 13. Jh. entstandenen **Servitinnen** sind in Erziehung und Karitas tätig; Niederlassungen bestehen (1997) in über 30 Ländern.

Servitien [lat. servitium ›Sklavendienst‹] *Pl.,* im MA. übliche Abgaben für Papst und Kardinäle (›servitia communia‹) sowie für das päpstl. Kanzleipersonal (›servitia minuta‹), die für die Verleihung einer Diözese oder Abtei aus den ersten Jahreseinnahmen vom Bischof bzw. Abt zu zahlen waren; später zu den →Annaten gezählt.

Servitium Regis [lat. ›Königsdienst‹], im MA. Bez. für 1) Natural- und Geldabgaben der Königsgüter, Bistümer und Abteien an den Hof; 2) dem König als Grundherr geschuldete Dienste; 3) sonstige Rechte des Königs, z. B. Beherbergungs- und Beköstigungsrecht, die die Untertanen gewähren mussten.

Servitut [lat. servitus, servitutis ›Verbindlichkeit‹] *das, -(e)s/-e,* **1)** *Sachenrecht:* die →Dienstbarkeit (v. a. in Österreich gebräuchlich).
2) Im *Völkerrecht* spricht man von S., wenn die Ausübung der Gebietshoheit durch Vertrag teilweise auf einen anderen Staat übertragen wird, z. B. bei Zollanschlussgebieten, in denen die Währung und das Zollrecht des Nachbarstaates gelten.

Servius Tullius, der Sage nach der sechste röm. König (578–534 v. Chr.), Schwiegersohn und Nachfolger des TARQUINIUS PRISCUS; ihm werden die ›Servianische Verfassung‹ (Gliederung der Bürgerschaft nach Zensusklassen und Zenturien) und die →Servianische Mauer zugeschrieben; beide gehörten jedoch späterer Zeit an. S. T. soll von seiner Tochter TULLIA und deren Gatten TARQUINIUS SUPERBUS ermordet worden sein.

Servobremse, Mechanismus zur Bremskraftverstärkung bei der Trommelbremse (nicht bei der Scheibenbremse), bei der die Abstützkraft einer hydraulisch betätigten Bremsbacke (Primärbacke) nicht in die Ankerplatte der Bremse eingeleitet wird, sondern als Spannkraft für die zweite Bremsbacke (Sekundärbacke) dient. Mit der **Duo-S.** ist diese Selbstverstärkung in beiden Drehrichtungen möglich, d. h. beide Backen können Primär- und Sekundärbacke sein, da beide hydraulisch betätigt werden (doppelt wirkender Radbremszylinder). Die Servowirkung verringert die benötigte Pedalkraft, es kann aber bei therm. Belastung eine ungleichmäßige Bremswirkung auftreten. Auch auf weitere Veränderungen des Reibwertes, z. B. infolge Verschmutzung oder Feuchtigkeit, reagiert die Bremse mit überproportionaler Verringerung der Bremswirkung. S. sind v. a. in größeren Transportern und leichten Lastkraftwagen verbreitet. – Auch Bremsen mit einer Hilfskraftbremsanlage (›Bremskraftverstärker‹) werden häufig als S. bezeichnet.

Servolenkung, eine →Lenkung mit hydraulisch verstärkter Betätigungskraft.

Servomechanismen, mechan., elektr., magnet., pneumat. oder hydraul. Kraftverstärker als Hilfsgeräte, bes. bei der Betätigung von Bremsen (→Servobremse), Lenkungen (→Servolenkung), Steuerungen (→Stellmotor, →Servoventil).

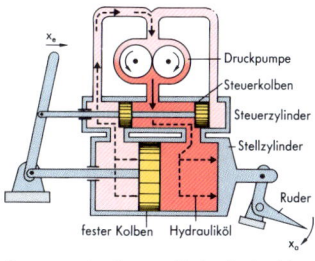

Servomechanismen: Hydraulischer Verstärker am Beispiel einer Rudermaschine: die Eingangsgröße x_e verschiebt die Steuerkolben, das einströmende Öl drückt den Stellzylinder so lange nach rechts, bis die Steuerzylinder den Strom wieder unterbrechen; die entstandene Ausgangsgröße x_a ist der Winkel, um den das Ruder geschwenkt wird

Servoventil, mechanisch oder elektrisch betätigtes Ventil in Hydraulik- und Pneumatikanlagen zur feinfühligen und schnellen Steuerung großer Leistungen durch geringe Steuerleistungen dank der unterstützenden Wirkung des durchströmenden Mediums (Servowirkung). S. dienen z. B. in Werkzeugmaschinen zu Positionierungsaufgaben.

Servranckx [ˈsɛrvrəŋks], Victor, belg. Maler, Bildhauer und Designer, *Diegem (bei Brüssel) 26. 6. 1897, †Vilvoorde 11. 12. 1965; einer der Pioniere der abstrakten Kunst in Belgien. Er nahm kubist., futurist. und konstruktivist. Formelemente in seine Kompositionen auf. Ab 1925 war er vorwiegend als Industriedesigner tätig. Daneben entstanden surrealistisch-fantast. Bilder, nach 1945 realist. Landschaften und Dadaobjekte. 1947 kehrte er wieder zu abstrakt-geometr. Formen zurück.
V. S., bearb. v. A. Adriaens-Pannier u. a., Ausst.-Kat. (Brüssel 1989).

Servus [lat. ›(dein) Diener!‹], v. a. in Süd-Dtl. und Österreich freundschaftl. Gruß beim Abschied; oft auch zur Begrüßung.

SES, Abk. für →Surface-Effect-Schiff.

Sesam [lat. sesamum, von griech. sḗsamon, aus dem Semit.] der, -s/-s, **Sesamum,** Gattung der S.-Gewächse mit 15 Arten in den altweltl. Tropen und im südl. Afrika; ausdauernde oder einjährige Kräuter mit ganzen oder geteilten Blättern und einzeln stehenden, weißen bis purpurfarbenen Blüten und Kapselfrüchten. Eine seit langer Zeit bekannte Kulturpflanze ist der **Indische S.** (Sesamum indicum), der seinen Ursprung in den Ländern um den Ind. Ozean hat und heute bes. in Indien, China und Birma, aber auch in der Türkei, im Sudan und im nördl. Südamerika angebaut wird. Die an den Fingerhut erinnernde, einjährige Pflanze bildet 2 mm lange Samen, die etwa

45–63 % fettes Öl, etwa 17–32 % Eiweiß und rd. 7 % Kohlenhydrate enthalten. Durch Pressen der Samen wird das hellgelbe, geruchlose und fast geschmacklose **S.-Öl** gewonnen, das als Speiseöl und bei der Margarineherstellung verwendet wird (zur Fettsäurezusammensetzung →Fette, Übersicht). Die eiweißreichen Pressrückstände (S.-Kuchen) dienen als Viehfutter.

Sesambeine, Ossa sesamoidea, bei Wirbeltieren (einschließlich des Menschen) v. a. im Verlauf von Sehnen und Bändern einzeln vorkommende, zuerst knorpelig angelegte, meist kleine, rundl. akzessor. Knochen, die die Zugwirkung des betreffenden Muskels und, v. a. bei zusätzlicher seitl. Beanspruchung, der Sehne (zu deren Führung oder als Stützelement) verbessern. Ein bes. großes S. ist die Kniescheibe.

Sesamgewächse, Pedaliaceae, Pflanzenfamilie aus dem Umkreis der Rachenblütler mit etwa 95 Arten in 18 Gattungen in den Tropen und Subtropen, bes. in den Küstenregionen und in trockeneren Gebieten; behaarte Kräuter und Sträucher mit ungeteilten Blättern und langröhrigen, verwachsenkronblättrigen Blüten. Wichtigste Gattung ist →Sesam.

Sesam, öffne dich!, Zauberformel in dem Märchen →Ali Baba und die 40 Räuber.

Sesamstraße, dt. Titel der synchronisierten bzw. (zunächst teilweise, jetzt überwiegend) neu gedrehten Fassung der seit 1969 in den USA vom ›Children's Television Workshop‹ ausgestrahlten und in 90 Länder (1997) verkauften Fernsehserie für Kinder im Vorschulalter ›Sesame Street‹, deren Rechte von einigen Anstalten der ARD erworben wurden. In der Bundesrepublik Dtl. wird die S. seit 1973 gesendet. Es wird versucht, kreative und kognitive Fähigkeiten und soziales Lernen zu fördern.
A. Scherell u. B. Jacobi: 10 Jahre S., was ist aus dieser Sendung geworden? (1980).

Sesamum [lat.], die Pflanzengattung →Sesam.

Sesbania [pers.-arab.], Gattung der Schmetterlingsblütler mit etwa 50 Arten in den warmfeuchten Tropen; Kräuter, Sträucher oder rasch wachsende Bäume; teils wegen ihrer Bastfasern, teils als Holzlieferanten oder als Schatten- und Zierbäume angepflanzt. Der in SO-Asien beheimatete **Turibaum** (S. grandiflora) zeigt z. B. einen jährl. Zuwachs von 4–5 m.

Seschellen, veraltete dt. Schreibung für die Seychellen.

Sesel [von lat. seselis, griech. séselis], **Bergfenchel, Seseli,** Gattung der Doldenblütler mit etwa 65 Arten, verbreitet von Europa bis Zentralasien; niedrige bis mittelhohe Stauden mit vielstrahligen Doppeldolden und eiförmigen oder verkehrt eiförmigen Früchten. Eine einheim. Art ist der vereinzelt auf Trockenwiesen vorkommende **Steppenfenchel** (Seseli annuum), eine mehrjährige Pflanze mit flaumig behaartem Stängel und zwei- bis dreifach fiederteiligen Blättern; Blütenkronblätter weiß oder leicht rötlich.

Sesenheim, frz. **Sessenheim** [sɛsəˈnɛm], Gem. im Unterelsass, Dép. Bas-Rhin, Frankreich, zw. Rhein und Hagenauer Forst, 1 500 Ew. – In S. lebte Friederike →Brion. Die ›Alte Wache‹ ist Goethe-Gedächtnisstätte. Ferner hat S. ein Goethe-Friederike-Museum.

Sese-Seko, →Mobutu Sese-Seko.

Sesklokultur, Kultur der Jungsteinzeit um 4000 v. Chr., benannt nach dem Ort **Sesklo** bei Volos in S-Thessalien, Griechenland, in dessen Nähe eine vorgeschichtl. Magula (Wohnhügel) ausgegraben wurde. Die S. ist gekennzeichnet durch 1) monochrome, rot polierte, 2) ritzverzierte, 3) weiße, rot bemalte, 4) rote, weiß bemalte, 5) hellrote, rot bemalte Keramik, realistisch geformte weibl. Statuetten und Rechteckhäuser mit Steinsockel und Lehmaufbau.

Sesleria [nach dem Arzt Leonhard Sesler, 18. Jh.], die Pflanzengattung →Blaugras.

Sesam:
Indischer Sesam
(Höhe 0,3–2 m)

Sesel:
Steppenfenchel
(Höhe 15–50 cm)

Sesostris, altägypt. **Senwosret,** Name von drei ägypt. Königen der 12. Dynastie; bedeutend waren:
1) **Sesostris I.,** König (1971–1926 v. Chr.); Sohn und Mitregent AMENEMHETS I.; eroberte Nubien bis zum 2. Nilkatarakt. Seine Pyramide steht bei Lischt.
2) **Sesostris III.,** König (1878–1840 v. Chr.); erweiterte das Reich bis ans Südende des 2. Nilkataraktes. Er unternahm einen Feldzug nach S-Palästina zum Schutz Verbündeter gegen Nomaden. Seine Ziegelpyramide steht bei Dahschur.

Sesostris I.:
Statue aus einem Grab in Lischt; 12. Dynastie (New York, Metropolitan Museum of Art)

Sesostris III.:
(um 1850 v. Chr.; Kopie; Berlin, Ägyptisches Museum)

Sessa Aurunca, Stadt in der Prov. Caserta, Italien, in Kampanien, 203 m ü. M., 23 600 Ew.; Bischofssitz. – Von dem röm. **Suessa** sind Ruinen der Stadtmauer und eines großen Kryptoportikus erhalten sowie in 2 km Entfernung die einundzwanzigbogige ›Brücke der Aurunker‹. Der Dom (1103 begonnen), eine dreischiffige Basilika mit Vorhalle (13. Jh.), wurde aus dem Material antiker Bauten errichtet und im Barock durchgreifend erneuert.

Sessel, ein meist gepolstertes Sitzmöbel mit Seitenteilen (mit Armlehnen) und Rückenlehne.

Sessel|lift, →Bergbahnen.

Sesselrad, Liegerad, Sonderbauform des Fahrrads; der niedrig angeordnete Sitz mit Rückenlehne ist bei einem Radstand von etwa 1,5 m auf nahezu gleicher Höhe mit den Pedalen, die Lenkung erfolgt gewöhnlich über ein unter dem Sitz angebrachtes, parallel zum Rahmen nach vorn geführtes Gestänge.

Sesshaftigkeit, Lebensform des Menschen, die auf ortsgebundenem Wohnen und Arbeiten gegründet ist. Die S. trat historisch i. Allg. mit dem Übergang zu Ackerbau und Viehhaltung zu Beginn der Jungsteinzeit (›neolith. Revolution‹) ein. Der mit Nicht-S. verbundene Nomadismus hat sich später aus dem sesshaften Bauerntum entwickelt.
Soziologisch bezeichnet S. eine durch einen festen Wohnsitz und ein soziales Umfeld bestimmte Form sozialer Integration, deren aktuelle Bedeutung erst durch den Ggs., die **Nicht-S.** (z. B. der Obdachlosigkeit), deutlich hervortritt. S. ist daher v. a. Ausdruck sozialer Integration, während Nicht-S. v. a. als Form individueller oder gruppenspezif. Ausgeschlossenheit und als Krisen- bzw. Katastrophenfolge in Erscheinung tritt. (→Nichtsesshafte, →Obdachlose)

Sesshū [ʃeʃʃuː], eigtl. **Sesshū Tōyō,** jap. Maler, Zenpriester und Gartendesigner, * Akahama (Präfektur Okayama) 1420, † Masuda (Präfektur Shimane) 26. 8. 1506; gilt als genialster Künstler der jap. Tuschmalerei und Schüler des SHŪBUN. S. studierte während seiner Chinareise 1467–69 die akadem. Kunst der Zheschule, übertrifft aber in seinen impressionistisch wirkenden ›Skizzen‹ in Hatsuboku-Technik (›gespritzte Tusche‹) mit bewusst gewählten ›Formfragmenten‹ seine chin. Vorbilder an Ausdruckskraft. Seine Landschaftsbilder dienten Gärtnern als Vorlagen. In Yamaguchi existieren noch heute die Gärten Joeiji und Unkokuan (in Letzterem sein Atelier und Alterssitz nach 1469). S. setzte als erster jap. Maler Signatur und Siegel bewusst auf die Bildfläche.

sessil [lat. sessilis ›aufsitzend‹], *Biologie:* festsitzend, festgewachsen; gesagt von Organismen, die keine freie Ortsbewegung ausführen können.

Sessilia [zu lat. sessilis], mit dem Hinterende oder einem Stiel festsitzende Wimpertierchen (Ciliata) der Ordnung Peritricha. Zu den S. gehören u. a. die →Glockentierchen.

Session [lat. sessio, eigtl. ›das Sitzen‹] *die, -/-en,* sich über einen längeren Zeitraum erstreckende Sitzung, Sitzungsperiode.

Session [ˈseʃən, engl.] *die, -/-s,* Kurz-Bez. für →Jamsession.

Sessions [ˈseʃnz], Roger Huntington, amerikan. Komponist, * Brooklyn (heute zu New York) 28. 12. 1896, † Princeton (N. J.) 16. 3. 1985; war Kompositionslehrer an der University of California, an der Princeton University und an der Juilliard School of Music in New York. Charakteristisch für seine Werke sind rhythm. Prägnanz und klare Formmuster. Er schrieb Opern, u. a. ›The trial of Lucullus‹ (1947, nach B. BRECHT), ›Emperor's new clothes‹ (1984, nach H. C. ANDERSEN), Sinfonien, Violin- und Klavierkonzert, Kammermusik, Lieder und Chorwerke.

Seßlach, Stadt im Landkreis Coburg, Bayern, 273 m ü. M., 4000 Ew.; Heimatmuseum. – Mittelalterliches Stadtbild, vollkommen erhaltene Wehrmauer. – Das um 800 gegründete S. wurde 1335 Stadt.

Sesson, eigtl. **Sesson Shūkei** [-ʃuːkei], jap. Maler und Zenpriester, * Ōita um 1504, † Tamura (Präf. Fukushima), erwähnt bis 1589; lebte v. a. in den ländl. Gegenden von N-Honshū, wo er bes. für den Adel tätig war; malte im Stil des SESSHŪ, den er als Vorbild verehrte. Neben monochromer Tuschmalerei schuf er auch genau komponierte farbige Gemälde und Stellschirmbilder. Er bevorzugte die Darstellung von Naturgewalten. Sein kraftvoll-breiter Pinselstrich und sein unkonventionell lockerer Stil mit dekorativen Tendenzen beeinflusste stark die nachfolgende Künstlergeneration.

Sestao, Industriestadt in der Prov. Vizcaya, N-Spanien, im Mündungsgebiet des Nervión, 35 900 Ew.; Eisenerzverhüttung, Metall verarbeitende, chem. und Nahrungsmittelindustrie; Werften. S. bildet mit Baracaldo, Portugalete und Santurce den lang gestreckten Industrievorortstreifen von Bilbao auf dem linken Ufer der →Ria des Nervión.

Sesshū: Herbstlandschaft; 2. Hälfte des 15. Jh. (Privatbesitz)

Sester [aus lat. sextarius, ›der sechste Teil‹] *der, -s/-,* frühere Volumeneinheit in Dtl. und der Schweiz, 1 S. = $\frac{1}{10}$ Malter = 15,01 (Baden), 1 S. = $\frac{1}{4}$ Meste = 6,488 l (Marburg), 1 S. = 10 Immi = 15,0 l (Schweiz).

Sesterz [lat.] *der, -es/-e,* urspr. Silbermünze der röm. Republik zu 2 $\frac{1}{2}$ Asses = $\frac{1}{4}$ Denar. Unter Kaiser

AUGUSTUS wurde der S. zur Messing- bzw. Bronzemünze im Wert von 4 Asses, 100 S. = 1 Aureus. Der S. war zugleich Rechnungseinheit, in der auch große Beträge angegeben wurden.

Sestigers [ˈsestəɔrs, afrikaans], Bez. für eine Gruppe südafrikan. Autoren, die seit den 1960er-Jahren die afrikaanse Literatur grundlegend verändert und sie den richtungweisenden literar. Entwicklungen in Europa und den USA geöffnet haben. Die S. schufen eine noch heute wirksamen eigenen südafrikan. Realismus und stellten die südafrikan. Gesellschaft mit ihrer Rassenproblematik sowie das Thema der Sexualität in den Mittelpunkt ihrer literar. Aussage. Die Werke von A. BRINK und JAN SEBASTIAN RABIE (* 1920) sind deutlich vom frz. Existenzialismus geprägt (beide hatten zuvor mehrere Jahre in Frankreich gelebt), É. LEROUX führte psychoanalyt. Elemente (bes. von C. G. JUNG beeinflusst) in die Prosa ein, und B. BREYTENBACH erneuerte radikal Form und Inhalt der zeitgenöss. afrikaansen Lyrik. Die Werke der S., zu denen auch DOLF VAN NIEKERK (* 1929), C. BARNARD und der Dramatiker BARTHOLOMEUS JACOBUS SMIT (* 1924) zählen, hatten weitgehende Konsequenzen für die soziale Position der afrikaansen Literatur und für deren Rezeption. Sie wurden häufig angegriffen (u. a. von A. TREURNICHT) und waren z. T. zeitweise verboten. (→südafrikanische Literaturen)

Sestine [ital., zu sesto ›sechster‹, von gleichbedeutend lat. sextus] *die, -/-n,* 1) Gedichtform, bei der durch sechs reimlose sechszeilige Strophen und eine dreizeilige Schlussstrophe dieselben sechs Schlussworte der Verse stets in anderer, streng vorgeschriebener Reihenfolge wiederkehren, z. B.

I: a b c d e f, II: f a e b d c, III: c f d a b e usw.

Die dreizeilige Schlussstrophe bringt alle sechs Versendwörter, in jeder Zeile zwei, in der Reihenfolge der ersten Strophe. Die Form erfand der Provenzale ARNAUT DANIEL; sie findet sich in der Renaissancedichtung, in Dtl. auch bei den Barockdichtern (M. OPITZ, A. GRYPHIUS), den Romantikern und besonders bei F. RÜCKERT. 2) In der ital. Literatur wird als S. bisweilen auch eine Strophe bezeichnet, die sich aus sechs Versen zusammensetzt, die ersten vier in Kreuzreim, die letzten beiden in einfachem Reim. 3) S. kann aber auch eine Gedichtform sein, die aus sechs Strophen zu jeweils sechs Elfsilbern (ital. endecasillabi) besteht. 4) Nach ital. Vorbild wird auch allg. eine sechszeilige Strophe S. genannt.

Seston [zu griech. sēstós ›gesiebt‹, Analogiebildung zu Plankton] *das, -s,* Gesamtheit der im Wasser schwebenden lebenden (Plankton) und leblosen (Tripton) filtrierbaren Teilchen.

Sesto San Giovanni [-dʒoˈvanni], Industriestadt nördlich von Mailand, Prov. Mailand, Italien, 137 m ü. M., 84 200 Ew.; Metall- (u. a. Roheisen, Stahl), Elektro- u. a. Industrie.

Sestriere, Ort in der Prov. Turin, Piemont, Italien, 2 033 m ü. M., in den Cottischen Alpen, zw. dem Tal der Chisone und der Dora Riparia, 850 Ew.; bedeutender Wintersportplatz und Sommerfrische.

Sestri Levante, Winterkurort und Seebad in der Prov. Genua, Ligurien, Italien, an der Riviera di Levante, 20 200 Einwohner.

Sestri Ponente, westlicher Teil von Genua, Italien, mit Werften, Röhrenfabrik, Elektrostahlwerk, Maschinenbau u. a. Industrie.

Šešupė [ʃɛˈʃupeː], Fluss in Litauen, →Scheschuppe.

Sesvennagruppe, Münstertaler Alpen, Teil der Rät. Alpen zw. Unterengadin, Obervintschgau und dem Münstertal, v. a. in der Schweiz, Kt. Graubünden, O-Teil in Südtirol, Italien, im Piz Sesvenna 3 204 m ü. M.; ein Teil nordwestlich vom Ofenpass gehört zum Schweizer. Nationalpark; am Reschenpass Skigebiet.

Set [engl., zu to set ›setzen‹] *das,* auch *der, -(s)/-s,* 1) *allg.:* mehrere zusammengehörende gleichartige oder sich ergänzende Dinge.

2) *Film und Fernsehen:* Drehort einer Szene, meist künstlich im Atelier errichtet (im Unterschied zu Außenaufnahmen bzw. dem Drehen an Originalschauplätzen).

3) *Informatik:* Datentyp zur Darstellung einer Menge von Elementen in manchen Programmiersprachen.

4) *Psychologie:* vorübergehend wirksame oder in bestimmten Situationen aktualisierte Disposition (z. B. Wahrnehmungs-, Verhaltens-, motor. S.), die das Erleben und Verhalten eines Individuums in einer bestimmten Richtung beeinflusst; im Unterschied zur ›Attitude‹ als eher überdauernder Einstellung und Haltung.

Seta [lat., Nebenform von saeta ›Borste‹] *die, -/...ten,* 1) *Botanik:* **Kapselstiel,** stielartiger, in das Gewebe der Moospflanze eingesenkter Teil der Mooskapsel. Die S. hebt die Mooskapsel an und erleichtert die Verbreitung der Sporen durch den Wind.

2) *Zoologie:* **Borste,** steifes und kräftiges Haar in der Haut von Säugetieren (z. B. bei Schweinen); bei Ringelwürmern kutikulare Bildung **(Chaeta),** die z. B. beim Regenwurm die Fortbewegung unterstützt.

Setar *der, -(s)/-(s),* pers. Langhalslaute mit urspr. drei, seit Mitte des 19. Jh. vier Saiten, aus der die ind. →Sitar hervorging.

Setaria [zu lat. seta, Nebenform von saeta ›Borste‹], die Pflanzengattung →Borstgras 3).

Sète [sɛːt], früher **Cette** [sɛt], Hafenstadt und Seebad am Mittelmeer (Golfe du Lion), im Dép. Hérault, Frankreich, 41 500 Ew.; Paul-Valéry-Museum. S. liegt am Fuß einer die Küstenniederung überragenden Kalkklippe (Saint-Clair, 175 m ü. M.), am N-Ende der Nehrung, die den Étang de Thau vom Meer trennt, Endpunkt des Canal du Midi. Der Hafen ist mit einem Umschlag von (1994) 3,8 Mio. t nach Marseille der bedeutendste Mittelmeerhafen Frankreichs; Ausfuhr von Wein, Bauxit u. a. Produkten; Fischfang; chem. (Düngemittel), Textil- und Nahrungsmittelindustrie, Zementfabrik; Salinen. – S. entstand, als J.-B. COLBERT 1666–77 einen Hafen als Endpunkt des Canal du Midi bauen ließ.

Sete Quedas [ˈseti ˈkeðɐs], **Salto das S. Q.** [ˈsaltu-], ehemalige Wasserfälle im Paraná, →Itaipú.

Setesdal, Gebirgstal der oberen Otra in der Prov. (Fylke) Aust-Agder, S-Norwegen, erstreckt sich vom See Byglandsfjord nach N; im S. haben sich alte Bauernhäuser, Brauchtum (Trachten) und die bäuerl. Mundart erhalten; mehrere Wasserfälle; mit dem Bau

Sète: Blick auf die Häuser am Canal du Rhône à Sète

Sesterz (Rom, 80/81 n. Chr.; Durchmesser 33 mm)

Vorderseite

Rückseite

Seth

Seth

Seth, Setech, Sutech, ägypt. Gott, dessen Hauptkultort Ombos südlich des heutigen Kena in Oberägypten war. Das heilige Tier, in dessen Gestalt er verehrt wurde, ist zoologisch nicht bestimmt. Neben Horus war S. der Schutzgott des ägypt. Königs (z. B. der Ramessiden, daher auch der Königsname Sethos) und in diesem gegenwärtig. Als Gott der Wüste und Dürre, der Stürme und des Unwetters hat er ein unholdes, gewalttätiges Wesen; sein Herrschaftsgebiet liegt außerhalb Ägyptens. Im Bruderstreit des S. mit →Osiris verkörpert sind die ewige Werden und Vergehen in der Welt. Da er im Mythos Osiris ermordete, verfemte ihn die Spätzeit als Verkörperung des Bösen, sodass ihn die Griechen dem Typhon gleichsetzten. – In der Kunst wird S. in Menschengestalt mit dem Kopf eines Fantasietieres, auch mit Doppelkrone dargestellt.

H. TE VELDE: S., god of confusion (Neuausg. Leiden 1977).

Seth [hebr. ›Ersatz‹], Gestalt der Bibel; nach 1. Mos. 4, 25 f. der dritte Sohn Adams und Evas, der ihnen geboren wurde, nachdem Abel von Kain erschlagen worden war; nach 1. Mos. 5, 3–8 ihr erster Sohn, der die ›Sethitenliste‹ anführt, ein Stammbaum über zehn Generationen von Adam bis Noah; Vater des →Enos. Die Gestalt des S. spielte in den gnost. Mythen (z. B. Adamapokalypse, Ägypterevangelium) eine große Rolle; auch die Haggada befasst sich mit ihm. Die **Sethianer,** eine nach S. benannte gnost. Gemeinschaft des 2.–4. Jh., die bes. in Ägypten verbreitet war und über die die Funde von Nag Hammadi Aufschluss geben, sahen in S. den Garanten einer reinen Erlösertradition.

A. F. J. KLIJN: S. in Jewish, Christian and Gnostic literature (Leiden 1977).

Sethe, Kurt, Ägyptologe, *Berlin 30. 9. 1869, †ebd. 6. 7. 1934; Prof. in Göttingen und Berlin, trat durch seine Herausgabe der altägypt. Pyramidentexte (4 Bde., 1908–22) und zahlr. Arbeiten zu Religion, Geschichte und Sprache Altägyptens hervor.

Werke: Das ägypt. Verbum im Altägyptischen, Neuägyptischen u. Koptischen, 3 Bde. (1899–1902); Dramat. Texte zu altaegypt. Mysterienspielen, 2 Bde. (1928); Urgesch. u. älteste Religion der Ägypter (1930); Das hierogyph. Schriftsystem (1935); Übersetzung u. Komm. zu den altägypt. Pyramidentexten, 6 Bde. (1935–62); Vom Bilde zum Buchstaben. Die Entstehungsgesch. der Schrift (1939).

Sethos I., ägypt. König (etwa 1304–1290 v. Chr., nach anderer Chronologie 1293–1279 v. Chr.) der 19. Dynastie, Vater RAMSES' II.; festigte in Kämpfen gegen Hethiter und Libyer die ägypt. Herrschaft. Er ließ einen großen, gut erhaltenen Tempel in Abydos und einen kleineren, der für seinen Totenkult bestimmten auf dem W-Ufer von Theben erbauen. Der Schmuck seines Grabes im Tal der Könige zählt zu den Höhepunkten ägypt. Reliefkunst. BILD →Abydos 1)

H. BURTON u. a.: The tomb of Pharaoh Seti I. Das Grab S.' I. (Zürich 1991).

SETI [Abk. für engl. **s**earch for **e**xtra**t**errestrial **i**ntelligence], ein NASA-Forschungsprogramm zur Suche nach Radiosignalen, die von außerird. Zivilisationen stammen könnten (→außerirdisches Leben). Es umfasst die Überwachung der Radiofrequenzstrahlung aus der Umgebung sonnennaher (bis etwa 80 Lichtjahre entfernter) Sterne mithilfe der größten verfügbaren →Radioteleskope (darunter des von Arecibo) und eine vollständige Durchmusterung des Himmels mit kleineren Radioteleskopen. Dabei werden bis zu 20 Mio. einer Frequenzbänder gleichzeitig auf Signale untersucht, die künstl. Ursprungs zu sein scheinen. Die Untersuchung soll praktisch in Echtzeit erfolgen, was es erlaubt, eine auffällige Quelle kontinuierlich weiterzubeobachten.

Sétif [frz. se'tif], arab. **Stif,** Stadt in N-Algerien, 1 074 m ü. M., in der Kleinen Kabylei, 200 000 Ew.; Bez.-Verwaltung; Univ. (gegr. 1978); Garnisonstadt; Landwirtschaftszentrum; bedeutende Kunststoffindustrie, Schuh-, Nahrungsmittel-, Düngemittel-, Batterien- und Akkumulatorenproduktion; Kunsthandwerk (Goldbrokate); Straßenknotenpunkt an der Eisenbahn Algier-Constantine. – Moderner Stadtkern im frz. Kolonialstil; Große Moschee (1845); archäolog. Museum (Funde aus einer christl. Nekropole des 2. und 3. Jh.); Freilichtmuseum (u. a. röm. Bäder mit Mosaiken, röm. Mausoleum, Zisterne 11 × 10 m); Reste der islam. Stadt aus dem 10.–12. Jh.; Kirche Sainte-Monique (Mitte 19. Jh., mit Zwiebeltürmen; heute Moschee). – S., urspr. die vorröm. Berberstadt **Esedif,** ging aus der röm. Veteranenkolonie **Sitifis** (gegr. 97 n. Chr.) hervor, die im 3. Jh. Hauptstadt der Prov. Mauretania Sitifensis war, aber 419 durch Erdbeben und 429 von den Wandalen zerstört wurde; 540 wurde S. von den Byzantinern neu angelegt. Die Franzosen bauten S. ab 1848 zur bedeutenden Garnisonstadt (bis 1962) aus.

Seto, Stadt in der Präfektur Aichi, Japan, auf Honshū, nordöstlich von Nagoya, 124 000 Ew.; Keramikmuseum, Stadtmuseum; Zentrum der Keramik- und Porzellanherstellung in Japan (über 900 Fabriken, zahlr. Handwerksbetriebe), die hier ihren Ursprung hatte (→Seto-yaki).

Seton [siːtn], Ernest Thompson, eigtl. **E. S. Thompson** [ˈtɔmsn], kanad. Schriftsteller engl. Herkunft, *South Shields 14. 8. 1860, †Santa Fe (N. Mex.) 23. 10. 1946; kam 1866 mit seinen Eltern nach Kanada; erhielt eine zeichner. Ausbildung am Ontario College of Art; lebte als Naturforscher in den nordamerikan. Wäldern, zeitweise aber auch als Maler in Paris und London; war 1910–16 Leiter der amerikan. Pfadfinderbewegung, wurde 1931 Staatsbürger der USA. Er verfasste erfolgreiche Tiergeschichten (›Wild animals I have known‹, 1898; dt. ›Bingo und andere Tiergeschichten‹), die er selbst illustrierte und die ihn als führenden Autor dieser Gattung etablierten; verfasste auch Werke über die nordamerikan. Indianer und naturkundl. Werke (›Lives of the game animals‹, 4 Bde., 1925–28).

Weitere Werke: *Erzählungen:* Lives of the hunted (1901; dt. Prärietiere u. ihr Schicksal); Animal heroes (1906; dt. Tierhelden); Wild animals at home (1913; dt. Wilde Tiere zu Hause). – *Autobiographie:* The trail of an artist-naturalist (1940).

Ausgabe: Selected stories, hg. v. P. MORLEY (1977).

The worlds of E. T. S., hg. v. J. G. SAMSON (New York 1976); J. H. WADLAND: E. T. S. Man in nature and the progressive era, 1880–1915 (ebd. 1978).

Seton-Watson [ˈsiːtn ˈwɔtsn], Robert William, brit. Historiker, *London 20. 8. 1879, †auf Skye 25. 7. 1951; ab 1922 Prof. in London, 1945–49 in Oxford. Hauptforschungsgebiet war die osteurop. und südosteurop. Geschichte, bes. die Nationalitätenfrage in der Habsburgermonarchie; beeinflusste als Berater des Foreign Office die brit. Südosteuropapolitik.

Werke: The rise of nationality in the Balkans (1917); A history of the Roumanians (1934); A history of the Czechs and Slovaks (1943).

Seto-yaki, Keramikwaren aus Seto, die schon seit dem 13. Jh. mit Glasuren versehen wurden. In der Edo-Zeit war gelbes S.-y. mit feinporig-rauer Oberfläche beliebt. Setomono (Dinge aus Seto) ist ein jap. Ausdruck für Keramik.

Setschenow, Sečenov [-tʃ-], Iwan Michajlowitsch, russ. Physiologe, *Tjoplyj Stan (heute Setschenowo, Gebiet Nischnij Nowgorod) 13. 8. 1829, †Moskau 15. 11. 1905; besuchte nach Abschluss seines Studiums bedeutende Forschungszentren in Dtl. und Frankreich; lehrte Physiologie an den Univ. Odessa, Sankt Petersburg und Moskau. Er entdeckte die reflexhemmende Wirkung bestimmter Hirnzentren und gilt als Begründer der ›objektiven Psychologie‹. Durch sein Werk übte er großen Einfluss auf I. P. PAWLOW aus.

Setschuan, Prov. in China, →Sichuan.

Settat [frz. sɛˈtat], arab. **Sattāt,** Stadt in Marokko, 361 m ü. M., 68 km südlich von Casablanca, 65 000 Ew.; Prov.-Verwaltung, Wirtschafts- und Handelszentrum der Region Chaouia; Getreidemühlen, Obstkonserven-, Seifenindustrie; Straßenknotenpunkt an der Eisenbahnlinie Marrakesch–Casablanca. – Moderne Stadtanlage mit Ruine einer Kasba (im 17. Jh. von MULAY ISMAIL errichtet).

Settecento [setteˈtʃɛnto; ital., eigtl. ›700‹, kurz für ›1700‹ (= 18. Jh.)] *das, -(s),* ital. Bez. für das 18. Jh.; i. e. S. als Stilbegriff der Kunstgeschichte Bez. für die Epoche des ital. Spätbarock im Übergang (im letzten Drittel) zum Klassizismus. Repräsentativ für die Baukunst sind die Superga auf einem Hügel oberhalb Turins von F. JUVARRA (1717 ff.) und der Palazzo Reale in Caserta von L. VANVITELLI (1752–54). Das Zentrum der Malerei des S. war Venedig mit G. B. TIEPOLO. In Rom und Venedig wirkte der Kupferstecher G. B. PIRANESI.

Sette Comuni [ital.], →Sieben Gemeinden.

Settembrini, Luigi, ital. Schriftsteller und Politiker, * Neapel 17. 4. 1813, † ebd. 3. 11. 1876; Lehrer; gründete als Feind der Bourbonen 1835 den Geheimbund der ›Figliuoli della Giovane Italia‹; war 1839–42 inhaftiert und gehörte später zu den Mitgl. der ›Grande Società dell'Unità italiana‹. S. veröffentlichte anonym das polit. Pamphlet ›Protesta del popolo delle Due Sicilie‹ (1847), das große Resonanz fand; aufgrund weiterer Manifeste wurde er 1849 zum Tode verurteilt, dann zu lebensläng. Haft begnadigt; 1859 floh er nach Großbritannien (Rückkehr 1860). Von 1861 an lehrte er zunächst an der Univ. Bologna und war dann Prof. für ital. Literatur in Neapel; 1872 wurde er Senator. S. strebte in seinem Schaffen nach stilist. Klarheit und Verständlichkeit. Zu den eindrucksvollsten publizist. Leistungen gehören seine Lebenserinnerungen (›Ricordanze della mia vita‹, 2 Bde., hg. 1879–80; dt. ›Erinnerungen aus meinem Leben‹) und die Interpretationen zur ital. Literatur (›Lezioni di letteratura italiana‹, 3 Bde., 1866–72).

Ausgabe: Opuscoli politici editi e inediti, hg. v. M. THEMELLY (1969).

M. THEMELLY: L. S. nel centenario della morte (Neapel 1977).

Setter: Irischer Setter (Schulterhöhe 54–64 cm)

Setter [engl., zu to set ›setzen‹, in der jägersprachl. Bedeutung ›vorstehen‹] *der, -s/-,* versch. brit. Jagdhunde: Der **Englische S.** hat langes seidiges, gewelltes Haar, schwarz und weiß, rotbraun und weiß oder dreifarbig (schwarz, weiß, gelbbraun); Schulterhöhe 61–70 cm. Der **Irische S.** hat kurze feine Haare am Kopf, an der Vorderseite der Läufe und an den Ohrenspitzen; längere glatte, nicht gewellte Haare an den übrigen Körperstellen; seine Farbe ist braun, gelegentlich auch weiß am Brustkorb, an der Kehle und an den Zehen; Schulterhöhe 54–64 cm. Über den Schott. S. →Gordon Setter.

Settignano [-ˈɲaːno], Desiderio da, ital. Bildhauer, →Desiderio, D. da Settignano.

Setúbal 1): Innenansicht der Igreja de Jesus, dreischiffige Hallenkirche des Convento do Jesus; 1490 gegründet

Setting [engl. ›Schauplatz‹, ›Rahmen‹] *das, -s/-s,* Gesamtheit der Umgebungsmerkmale, in deren Rahmen therapeut. Prozesse oder auch bestimmte Erlebnisse (z. B von Drogensüchtigen) stattfinden.

Settlement [ˈsɛtlmənt; engl. ›Niederlassung‹] *das, -s,* eine soziale Bewegung, die Ende des 19. Jh. von Großbritannien ausging; zunächst v. a. getragen von jungen Menschen bürgerl. Schichten, deren Ziel die Entwicklung gemeinnütziger Einrichtungen (Nachbarschaftsheime) in großstädt. Bezirken war. So entstand 1884 in London Toynbee Hall. In den USA, wo 1886 STANTON COIT (* 1857, † 1944) erstmals den S.-Gedanken mit der Schaffung der Neighbourhood Guild (heute University Settlement) in New York verwirklichte, wurde die S.-Arbeit (hier Social S. gen.) v. a. von J. ADDAMS (Gründung von Hull House 1889 in Chicago) und E. G. BALCH getragen.

Set-Top-Box [engl.], *Telekommunikation:* Zusatzgerät zum Fernseher, das die Nutzung digital ausgestrahlter Programme auch mit einem analogen Fernsehgerät ermöglicht. Eine S.-T.-B. realisiert die Dekompression der gesendeten Daten, die Umwandlung der digitalen in analoge Signale, ggf. die Entschlüsselung der Signale und die Steuerung des Rückkanals. Die Bez. beruht auf dem Aufsetzen des Geräts an den vorhandenen Fernseher. Im Fernsehbereich ermöglicht die S.-T.-B. dem Empfänger z. B. die Teilnahme an interaktiven Programmen und die Nutzung von elektron. Programmführern sowie Video-on-Demand, dem Sender erlaubt sie z. B. die Abrechnung der empfangenen Programme beim Pay-TV sowie die Erhebung von Daten über das Nutzerverhalten.

Setúbal [səˈtuβal], **1)** Industrie- und Handelsstadt in der Estremadura, Portugal, an der S-Küste der Halbinsel von S., an der Sadomündung, 103 200 Ew.; Verw.-Sitz des Distrikts S.; kath. Bischofssitz; städt. Museum; Fischereihafen mit Konservenfabriken; Superphosphat-, Zement- und Papierfabrik, Automobilmontage, Schiffbau, elektrotechn. Industrie, Korkverarbeitung, Weinkellereien (Moscatel de S., ein meist weißer Likörwein); nahebei Salinen; Ausfuhr von Pyrit (aus dem Alentejo), Salz, Kork, Orangen, Wein und Trauben. – Südlich der Stadt auf einer Nehrung der neue Badeort Troia. – Der Convento do Jesus (1490 gegr.) wurde von D. BOYTAC im Emanuelstil errichtet, in der dreischiffigen Hallenkirche erhöhter quadrat. Chor mit Sterngewölbe; im Kloster Museum mit Gemälden von J. AFONSO. Kirche São Julião (ursprüngl. Bau 1755 durch Erdbeben zerstört) mit emanuelin. Hauptportal (1516). – S. geht auf das am gegenüberliegenden Sadoufer errichtete röm. **Cetobriga** zurück; im 15. Jh. königl. Residenz. Die Stadt wurde mehrfach, v. a. 1755, durch Erdbeben zerstört.

2) Distr. in Portugal, südwestlich der Tejomündung, in der Estremadura, 5 064 km^2, 715 200 Einwohner.

3) Halbinsel von S., Halbinsel zw. den Mündungen von Tejo und Sado, Portugal, der südlichste Teil des unteren Tejobeckens; außer im S (v. a. Orangenhaine und Weinbau) geringe landwirtschaftl. Nutzung. Die N-Küste gehört zum industriellen Vorortbereich von Lissabon, Zentrum der S-Küste (Fischerei, Badeorte) ist Setúbal.

Setz|arbeit, *Aufbereitung:* →Setzmaschine.

Setzbord, Waschbord, der erhöhte Rand des Cockpits einer Segeljacht, schützt gegen überkommendes Wasser.

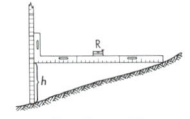

Setzen, 1) *Aufbereitung:* die Arbeit einer →Setzmaschine.

2) *graf. Technik:* Aneinanderreihen von Drucktypen, Matrizen oder Schriftzeichen von Hand oder maschinell zur Herstellung von →Druckformen.

3) *Jägersprache:* Bez. für das Gebären beim Haarnutzwild (außer beim Schwarzwild: Frischen).

4) *Sport:* System der Paarung von Wettkämpfern und Mannschaften durch den (wertenden) Veranstalter, der eine Setzliste (meist mit Gruppen) erstellt; soll von den Zufälligkeiten des Loses unabhängig machen und verhindern, dass die vermeintlich stärksten Wettkämpfer zu Beginn eines Wettbewerbs aufeinander treffen. Üblich ist das S. v. a. bei Zweikampfsportarten wie Tennis, Tischtennis, Ringen und (Amateur-)Boxen, aber auch bei Turnieren in Mannschaftssportarten wie Fußball und Handball.

5) *Teppichweberei:* das mustergemäße Ziehen der Kettfäden von Hand bei der mechan. Herstellung von kettgemusterten Teppichen.

Setzerei: Handsatz, bei dem die Zeilen aus Einzelbuchstaben im Winkelhaken zusammengestellt werden

Setzerei, Teil eines graf. Betriebes, der sich mit der Herstellung des Schriftsatzes befasst. In S., die noch mit Bleisatz, d. h. mit in Blei gegossenen Lettern arbeiten, umfasst der Arbeitsbereich der S. den Handsatz und den Maschinensatz. Beim **Handsatz** (manueller Satz) entnimmt der Setzer am Satzregal aus dem Setzkasten die Drucktypen (→Letter) und führt sie in den auf Satzbreite eingestellten Winkelhaken. Wenn eine Zeile vollständig ist, wird sie durch Verringern oder Erweitern der Zwischenräume (Ausschluss) zw. den Wörtern auf die eingestellte Zeilenbreite gebracht (sie wird ausgeschlossen). Im **Maschinensatz** mit Zeilensetz- und Zeilengießmaschinen schlägt der Setzer die Tasten einer Klaviatur an, die weiteren Abläufe erfolgen dann automatisch. Beim lochbandgesteuerten Einzelbuchstaben-Maschinensatz werden getrennte Maschinen für Tasten und Gießen verwendet. Der Setzer stellt mit dem →Perforator das Lochband her, das die Setzmaschine steuert. Der gesetzte Text (Rohsatz) kann zur Korrektur auf lange, schmale Papierblätter abgezogen werden (Fahnenabzug). Nach der Korrektur wird der Satz zu Druckseiten umbrochen. Der umbrochene Satz dient entweder direkt als Druckform, als Vorlage für Duplikatdruckformen für den Buchdruck oder für Herstellung von Kopiervorlagen für den Offset-, Tief- oder Siebdruck. Der Bleisatz wurde vom →Fotosatz abgelöst.

Setzfische, die →Satzfische.

Setzhase, *Jägersprache:* Häsin, weibl. Hase.

Setzkasten, 1) *Aufbereitung:* Teil der →Setzmaschine.

2) *graf. Technik:* meist hölzerner Kasten mit 125 oder 116 Fächern (abhängig von der →Schriftenklassifikation) zur Aufnahme des gesamten Buchstaben- und Zeichensatzes sowie des Ausschlussmaterials eines →Schriftgrades beim Handsatz.

Setzkopf, der vor dem Nieten vorhandene Kopf eines →Niets.

Setzlatte, 1) *Bautechnik:* das →Richtscheit.

2) *Vermessungskunde:* Gerät zur Aufmessung von Querprofilen in steilem Gelände: Die S. wird mittels Röhrenlibelle horizontal an einen vertikalen Peilstab angelegt, sodass der Höhenunterschied daran abzulesen ist.

Setzlatte 2): R Röhrenlibelle, *h* Höhenunterschied

Setzmaschine, 1) *Aufbereitung:* Vorrichtung zur Trennung der Komponenten eines gröberen Mineralgemisches mit genügend engem Korngrößenbereich (Setzarbeit, Setzen). S. bestehen aus dem **Setzkasten** mit einem **Setzgutträger** (Lochbleche, Siebgewebe, Roste) für das Setzgut. Der Setzvorgang erfolgt durch pulsierende Wasser- oder Luftströmungen, die durch ihre hydrodynam. Kraftwirkung das Gut auflockern, sodass sich eine Schichtung nach der Dichte vollziehen kann. Die Sortierung mittels S. ist nicht ganz so trennscharf wie das →Schwertrübeverfahren, hat sich aber v. a. in der Steinkohlenaufbereitung bewährt.

2) *graf. Technik:* Anlage zur Herstellung des Schriftsatzes. Man unterscheidet Setz-Gießmaschinen für Einzelbuchstabensatz (**Monotype**) und Zeilensatz. Das gebräuchlichste System der Zeilen-S. (**Linotype**) enthält in einem Magazin in senkrecht nebeneinander liegenden Kanälen die Gussformen (Matrizen), schlanke Messingplättchen, die auf der Schmalseite die vertiefte Form des Buchstabens tragen. Durch Tastenanschlag werden die gewünschten Matrizen und die Spatienkeile für die Wortzwischenräume abgerufen; sie fallen sofort auf einen umlaufenden Sammelriemen, der sie zum Sammler leitet. Die genaue Zeilenlänge wird hergestellt, indem die Spatienkeile mechanisch von unten ausgetrieben werden. Die Matrizenzeile gelangt automatisch vor den Gießmund und wird abgegossen (→Schriftmetalle). Nach dem Guss wird die fertige Zeile selbsttätig ausgestoßen und dabei beschnitten, die Matrizen werden durch einen kleinen Aufzug in ihre jeweiligen Kanäle zurückbefördert. Die Einzelbuchstaben-Blei-S. liefert Einzellettern; Setzen und Gießen sind zwei auch maschinell getrennte Arbeitsgänge. Auf dem Taster werden Lochstreifen gestanzt, deren Codierungen den jeweils gewünschten Typen entsprechen. Der Lochstreifen steuert in der Gießmaschine den Gießvorgang. Die Matrizen befinden sich im Matrizenrahmen, der die von der Lochstreifencodierung angeforderte Matrize über der Gießform positioniert. Das flüssige Gießmetall wird eingespritzt, der verfestigte Buchstabe anschließend automatisch ausgestoßen, und die einzelnen Lettern werden zu Zeilen aneinander gereiht. Die Weiterentwicklung führte zur Foto-S. (→Fotosatz).

Setzstangen, *Forstwirtschaft:* →Steckling.
Setzstufe, *Bautechnik:* →Treppe.
Setzung, *Bautechnik:* innerhalb frisch aufgeschütteter Erdkörper oder unter Bauwerkslasten auftretende lotrechte, abwärts gerichtete Bewegung infolge Verdichtung durch Eigengewicht oder äußere stat. und dynam. Belastungen.
Setzungsfuge, *Bautechnik:* planmäßig angelegte Fuge zw. Bauteilen, die unterschiedl. Setzungen erwarten lassen. Die S. verhindert die Kraftübertragung und damit die Rissbildung zw. diesen Bauteilen. S. sind von →Dehnungsfugen zu unterscheiden.
Setzwaage, *Technik:* die →Wasserwaage.
Setz|zeit, *Jägersprache:* die Zeit, in der das weibl. Haarwild Junge bringt.
Seuche, Infektionskrankheit, die infolge ihrer großen Verbreitung und der Schwere des Verlaufs eine Gefahr für die Allgemeinheit darstellt (z. B. Pest, gegenwärtig Malaria, Aids oder Tuberkulose). Ihre Verhütung und Bekämpfung ist Aufgabe des öffentl. Gesundheitsdienstes (→Epidemie, →Infektionskrankheiten). Die den Menschen betreffenden Maßnahmen zur S.-Verhütung und zur Eindämmung bereits bestehender S. sind bundeseinheitlich im Bundes-Seuchengesetz geregelt. (→meldepflichtige Krankheiten, →Tierseuchen)

Der internat. S.-Bekämpfung dienen v. a. die ›Internat. Gesundheitsvorschriften‹ aufgrund Art. 21 f. der Satzung der Weltgesundheitsorganisation; die BRD trat ihnen durch Ges. vom 21. 12. 1955 bei.

In *Österreich* sind maßgeblich: das Epidemie-Ges. vom 8. 8. 1950, das Bazillenausscheider-Ges. vom 22. 8. 1945, das Tuberkulose-Ges. vom 14. 3. 1968, das AIDS-Ges. vom 20. 10. 1993, einige Impfgesetze und mehrere hygienerechtl. und lebensmittelpolizeil. Vorschriften. – In der *Schweiz* ist die Bekämpfung übertragbarer Krankheiten Sache des Bundes. Die Durchführung der in versch. Bundesgesetzen (Epidemie-Ges. vom 18. 12. 1970, Tuberkulose-Ges. vom 13. 6. 1928) vorgesehenen Maßnahmen obliegt den Kantonen.

Seufzer|atmung, mehrfaches vertieftes Atemholen mit dem zwanghaften Impuls zum Durchatmen, i. d. R. harmlose, oft psychisch bedingte Erscheinung; führt zu verbesserter Füllung schlecht belüfteter Lungenbezirke. In der Agonie wird S. durch Ausfall höherer Atemzentren verursacht.

Seulingswald, Sillingswald, Süllingswald, dicht bewaldete Buntsandsteintafel im Hess. Bergland, nordöstlich von Bad Hersfeld, bis 483 m ü. M. Am O-Rand bis zum Werratal Abbau reicher Kalisalzlager (Zechstein). Die Siedlungen sind meist Arbeiterbauerndörfer mit hohem Pendleranteil. Zentrum: Friedewald.

Seume, Johann Gottfried, Schriftsteller, * Poserna (Landkreis Weißenfels) 29. 1. 1763, † Teplitz 13. 6. 1810. Nach dem frühen Tod des Vaters, eines verarmten Bauern, ermöglichte ihm PETER GRAF VON HOHENTHAL (* 1726, † 1794) den Besuch des Gymnasiums und der Univ. in Leipzig mit der Verpflichtung, Pfarrer zu werden. Schon 1781 floh S. jedoch aus der Stadt; auf dem Weg nach Paris wurde er von hess. Werbern aufgegriffen und mit den von Landgraf FRIEDRICH II. an Großbritannien verdingten Soldaten nach Amerika verschifft. 1784 auf der Rückreise desertiert, fiel er preuß. Werbern in die Hände; nach vergebl. Fluchtversuchen erhielt er Urlaub gegen Kaution. 1787 Privatlehrer in Leipzig, daneben Übersetzer aus dem Englischen. 1789–92 jurist. und philolog. Studium (1792 Habilitation). 1793 Sekretär eines

Georges Seurat: Port-en-Bessin bei Flut; 1888 (Paris, Musée d'Orsay)

russ. Generals in Warschau; bei der poln. Revolution russ. Leutnant. 1796 als Sprachlehrer wieder in Leipzig, ab 1797 Korrektor in Grimma bei der Göschen'schen Verlagsbuchhandlung. 1801/02 reiste er, meist zu Fuß, bis nach Sizilien; literar. Ergebnis war der berühmte ›Spaziergang nach Syrakus im Jahre 1802‹ (1803), eine lebendige Reisebeschreibung in Form fiktiver Briefe. 1805 reiste er nach Russland, Finnland und Schweden, seinen Lebensunterhalt verdiente er als Hauslehrer. S.s Autobiographie blieb unvollendet, erst 1813 erschien ›Mein Leben‹ mit Ergänzungen von CHRISTIAN AUGUST HINRICH CLODIUS (* 1772, † 1836). Postum erschienen auch die von S. u. d. T. ›Apokryphen‹ (1811) gesammelten Reflexionen und Aphorismen, die er wegen ihrer polit. Brisanz nicht veröffentlichen konnte. S.s kulturhistorisch bedeutende Memoiren und Reiseberichte sind in klarer und sachl. Prosa abgefasst und stellen die sozialen, wirtschaftl., polit. und kulturellen Verhältnisse der jeweiligen Länder vor. Er steht in der Tradition der dt. Spätaufklärung und war Vorläufer von C. SEALSFIELD und F. GERSTÄCKER. S. schrieb auch Gedichte sowie die klassizist. Tragödie ›Miltiades‹ (1808).

Weitere Werke: Einige Nachrichten über die Vorfälle in Polen im Jahre 1794 (1796); Obolen, 2 Bde. (1796–98); Gedichte (1801); Mein Sommer 1805 (1806); Ein Nachlaß moralisch-religiösen Inhalts (1811).

Ausgaben: Prosaschriften (Neuausg. 1974); Werke, hg. v. A. KLINGENBERG u. a., 2 Bde. (⁵1990).

Wo man aufgehört hat zu handeln, fängt man gewöhnlich an zu schreiben. J. G. S. in seiner Zeit, hg. v. J. DREWS (1991).

Seurat [sœˈra], Georges, frz. Maler, * Paris 2. 12. 1859, † ebd. 29. 3. 1891; entwickelte nach eingehendem Studium der Farbentechnik von E. DELACROIX und der wiss. Farbenlehre in log. Weiterbildung des Impressionismus seit etwa 1885 den Pointillismus (→Neoimpressionismus). Gleichzeitig überwand er den Illusionismus durch seinen strengen, geometrisierenden Bildaufbau und schuf damit grundlegende Voraussetzungen für die weitere Entwicklung der modernen Kunst. S. malte große Figurenkompositionen und Landschaften, bes. der Meeresküste.

Werke: Badeplatz in Asnières (1883–84; London, National Gallery); Ein Sonntagnachmittag auf der Île de la Grande Jatte (1884–86; Chicago, Ill., Art Institute); Bec du Hoc (1885; London, Tate Gallery); Brücke von Courbevoie (1886–87; London, Courtauld Institute Galleries); Le Chahut (1889–90; Otterlo,

Johann Gottfried Seume

Rijksmuseum Kröller-Müller); Der Zirkus (1891, unvollendet; Paris, Musée d'Orsay).

G. S. Zeichnungen, hg. v. E. FRANZ u.a., Ausst.-Kat. (²1984); A. MADELEINE-PERDRILLAT: S. (Genf 1990); P. COURTHION: G. S. (a.d. Frz., Neuausg. 1991); G. S. 1858-1891, hg. v. R. L. HERBERT, Ausst.-Kat. (New York 1991); M. F. ZIMMERMANN: S. Sein Werk u. die kunsttheoret. Debatte seiner Zeit (1991); Pointillismus. Auf den Spuren von G. S., hg. v. R. BUDDE, Ausst.-Kat. Wallraf-Richartz-Museum, Köln u. a. (1997).

Seuse, Heinrich, latinisiert **Henricus Suso**, Mystiker, * Konstanz 21. 3. 1295 (?),† Ulm 25. 1. 1366; Dominikaner; war um 1324 Schüler ECKHARTS am Kölner Studium generale des Ordens und danach in Konstanz Lektor der Theologie, wo er um 1326 das ›Büchlein der Wahrheit‹ verfasste, in dem er ECKHART verteidigte. Daraufhin von seinem Orden der Häresie verdächtigt und gemaßregelt, gab S. nach 1330 die Lehrtätigkeit auf und wirkte fortan, u. a. in Diessenhofen (1339-46) und seit 1348 in Ulm, als Seelsorger, wobei er bes. Dominikanerinnenklöster und Laien betreute. S.s Mystik ist stark vom Motiv einer asketisch gelebten Nachfolge CHRISTI bestimmt. Sein in Dialogform verfasstes ›Büchlein der ewigen Weisheit‹ (um 1330; um 1334 als ›Horologium sapientiae‹ auch in einer lat. Fassung) war eines der beliebtesten mittelalterl. Andachtsbücher. S.s ›Vita‹ ist die erste geistl. Selbstbiographie in dt. Sprache; sie geht auf Aufzeichnungen von Gesprächen S.s mit seiner ›geistl. Tochter‹, der Dominikanerin ELSBETH STAGEL (* 1300, † um 1360), zurück. (→Mystik)

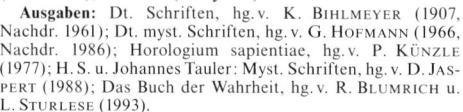

Ausgaben: Dt. Schriften, hg. v. K. BIHLMEYER (1907, Nachdr. 1961); Dt. myst. Schriften, hg. v. G. HOFMANN (1966, Nachdr. 1986); Horologium sapientiae, hg. v. P. KÜNZLE (1977); H. S. u. Johannes Tauler: Myst. Schriften, hg. v. D. JASPERT (1988); Das Buch der Wahrheit, hg. v. R. BLUMRICH u. L. STURLESE (1993).

C. GRÖBER: Der Mystiker H. S. (1941); G. MISCH: H. S. (1967); A. WALZ: Bibliographiae susoniae conatus, in: Angelicum, Jg. 46 (Rom 1969); U. JOERESSEN: Die Terminologie der Innerlichkeit in den dt. Werken H. S.s (1983); W. NIGG: Das myst. Dreigestirn. Meister Eckhart, Johannes Tauler, H. S. (Neuausg. Zürich 1990); H. S.s Philosophia spiritualis. Quellen, Konzept, Formen u. Rezeption, hg. v. R. BLUMRICH u. P. KAISER (1994).

Seuter, Senter, Bartholomäus, Kupferstecher, Porzellan- und Fayencemaler, * Augsburg Januar 1678, † begraben 15. 9. 1754; stammte aus einer Augsburger Stecherfamilie. S. betätigte sich v. a. als Hausmaler und entwickelte in seiner Werkstatt Muster aus zarten Blumen, Insekten und Vögeln, mit denen vorwiegend Porzellane aus Meißen dekoriert wurden.

Seutter, Georg Matthäus, d. Ä., Geograph und Kartograph, * Augsburg 1678, † ebd. 1757; gründete 1707 eine bedeutende kartograph. Anstalt; schuf Globen und zahlreiche Atlanten.

SEV, Abk. für Sekundärelektronenvervielfacher, →Elektronenvervielfacher.

Sevansee, See in Armenien, →Sewansee.

Sevastopol', Stadt auf der Krim, →Sewastopol.

Ševčenko [ʃɛfˈtʃɛnkɔ], 1964-91 Name der kasach. Stadt →Àktau.

Ševčík [ˈʃɛftʃiːk] Otakar, tschech. Violinist, * Horažd'ovice (bei Strakonitz) 22. 3. 1852, † Pisek 18. 1. 1934; war zunächst als Konzertmeister tätig und reiste als Violinvirtuose; ab 1875 widmete er sich ausschließlich seiner Arbeit als Violinpädagoge (v. a. in Kiew, Prag, Wien und in den USA). S. entwickelte eine eigene Übungstechnik (›Halbtonmethode‹) und eine spezielle Art der Bogenhaltung.

Sevelingen, Meinloh von, mittelhochdt. Lyriker, →Meinloh, M. von Sevelingen.

Seven Islands [sevn ˈaɪləndz], engl. Name der kanad. Stadt →Sept-Îles.

Severi, Francesco Buonaccorso Gherardo, ital. Mathematiker, * Arezzo 13. 4. 1879, † Rom 8. 12. 1961; Prof. in Parma (1904), Padua (1905) und Rom (1922), einer der wichtigsten Vertreter der klass. Schule der algebraischen Geometrie.

Severin, Bischof von Köln (um 400) und Stadtpatron; Zeitgenosse MARTINS VON TOURS. Darüber hinaus lässt sich seine Gestalt historisch nicht fassen. Seine Verehrung in Köln geht bis an den Anfang des 9. Jh., möglicherweise bis in die Merowingerzeit zurück. Seine Reliquien befanden sich seit Ende des 11. Jh. im S.-Schrein, der jedoch (bis auf eine Emailplatte) im Gefolge der Frz. Revolution eingeschmolzen wurde. – Heiliger (Tag: 23. 10.).

Severin, S. von Noricum, Mönch unbekannter (röm.?) Herkunft, † Favianis (heute Mautern an der Donau) 8. 1. 482; lebte zuerst im Orient, seit Mitte des 5. Jh. in Favianis und wirkte im Gebiet zw. Passau und Wien, wo er als die führende Persönlichkeit der kath. Bevölkerungsminderheit diese gegenüber der Bevölkerungsmehrheit der arian. Rugier vertrat. Einflussreich wurde S. durch seine Bemühungen um ein friedl. Zusammenleben von Ariern und Katholiken, aber auch durch karitative Tätigkeit und die Gründung von Klöstern in Favianis und Boiotro (heute Passau). Die 511 verfasste ›Vita Severini‹ ist eine wichtige Quelle für das Frühmittelalter. – Heiliger (Tag: 8. 1.).

Ausgabe: Eugippii vita Severini, hg. v. T. MOMMSEN (1898, Nachdr. 1978).

S. Zw. Römerzeit u. Völkerwanderung, hg. v. D. STRAUB, Ausst.-Kat. (Linz 1982); K. KNAPP-MENZL: Mönchtum an Donau u. Nil. S. von Norikum u. Schenute von Atripe. Zwei Mönchsväter des fünften Jh. (1997).

Severing, Carl, Politiker, * Herford 1. 6. 1875, † Bielefeld 23. 7. 1952; Schlosser; Mitgl. der SPD, zunächst Gewerkschaftssekretär, dann Redakteur der sozialdemokrat. ›Volkswacht‹, 1907-12 und 1920-33 MdR, 1919-20 Abg. in der Nationalversammlung, 1921-33 MdL von Preußen, bemühte sich 1919 und 1920 als preuß. Staatskommissar für Westfalen erfolgreich um die friedl. Beilegung von Unruhen im Ruhrgebiet. Als preuß. Innen-Min. (1920-26, mit kurzer Unterbrechung 1921) baute er anstelle der alten königl. eine stärker republikanisch orientierte Polizei auf. Von Juli 1928 bis März 1930 war S. Reichsinnen-Min. in der Reg. der großen Koalition unter Reichskanzler H. MÜLLER, mit dem er gemeinsam in der Krise dieser Reg. eine vermittelnde ›staatspolit. Linie‹ einnahm, um – wie befürchtet – ein Ende des parlamentar. Systems in Dtl. zu verhindern. Ab Oktober 1930 wieder preuß. Innen-Min., lehnte S. nach der staatsstreichartigen Absetzung der preuß. Reg. durch Reichskanzler F. VON PAPEN im Juli 1932 die formelle Übergabe seines Amtes im kommissar. Nachfolger ab. – Nach 1945 beteiligte sich S. am Wiederaufbau der SPD; 1947 wurde er MdL in NRW. – Autobiographie: ›Mein Lebensweg‹ (2 Bde., 1950).

Severini, Gino, ital. Maler, * Cortona 7. 4. 1883, † Paris 26. 2. 1966; bildete sich in Rom, lebte seit 1906 v. a. in Paris, wo er mit dem Kreis um P. PICASSO und G. APOLLINAIRE in Verbindung stand. S. gilt als wichtiger Vermittler zw. dem frz. Kubismus und dem ital. Futurismus, dem er sich, durch U. BOCCIONI angeregt, 1910 anschloss. Seine 1914/15 gemalten Kriegsbilder spiegeln die futurist. Bejahung der als faszinierend und bedrohlich zugleich empfundenen Technik. Bereits 1916 arbeitete er vereinzelt auch in neoklassizist. Stil, der seine Bilder, Mosaiken und Wandmalereien der 20er- und 30er-Jahre bestimmt. (BILD →Futurismus)

G. S. Tutta l'opera grafica, bearb. v. F. MELONI (Mailand 1982); P. PACINI: Gli autoritratti di G. S. (Cortona 1986).

Severinus, Papst (640), † Rom 2. 8. 640; Römer; obwohl bereits am 12. 10. 638 gewählt, ließ S. sich erst nach seiner Bestätigung durch Kaiser HERAKLEIOS am 28. 5. 640 weihen. In die Zeit des Pontifikats S. fallen die Anfänge (in Zusammenhang mit den Auseinandersetzungen um die →Ekthesis) des Kampfes der lat. Kirche gegen den →Monotheletismus.

Severn [ˈsevən] *der,* Fluss in Wales und England, 354 km lang, entspringt in der Cty. Powys in den Cambrian Mountains, mündet in den Bristolkanal; im 80 km langen Mündungstrichter machen sich die Meeresgezeiten fast bis Gloucester bemerkbar; die maximalen mittleren Springtidenhube der halbtägigen Gezeiten an der S.-Mündung betragen 11 m. (BILD →Eisenarchitektur)

Severneja Zemlja [-zem-], →Sewernaja Semlja.

Severočeský kraj [ˈsɛvɛrɔtʃɛskiːˈkraj], Verw.-Gebiet in der Tschech. Rep., →Nordböhmisches Gebiet.

Severodoneck [-tsk], **Sěverodoneč'k** [sjɛvɛrɔdɔˈnjɛtsk], Stadt in der Ukraine, →Sewerodonezk.

Severomoravský kraj [ˈsɛvɛrɔmɔrafskiːˈkraj], Verw.-Gebiet in der Tschech. Rep., →Nordmährisches Gebiet.

Severus, Lucius Septimius S. Pertinax, röm. Kaiser, →Septimius Severus.

Severus Alexander, Marcus Aurelius, als röm. Kaiser **Alexander Severus,** →Alexander (Herrscher, Römisches Reich).

Severus Sulpicius, lat. Kirchenschriftsteller, →Sulpicius Severus.

Seveso, Gem. in der Prov. Mailand, Lombardei, Italien, zw. Mailand und Como, 18 000 Ew. – 1976 gerieten bei einem Chemieunternehmen im Nachbarort Meda Giftstoffe (→Dioxine, bes. TCDD) als ›Staubwolke‹ ins Freie und verseuchten die Umgebung, bes. Seveso.

Sévigné [seviˈɲe], Marie de Rabutin-Chantal [rabyˈtɛ̃ ʃɑ̃ˈtal], Marquise de, frz. Schriftstellerin, * Paris 5. 2. 1626, † Schloss Grignan (Dép. Drôme) 16. 4. 1696, Enkelin JEANNE DE CHANTALS; hatte enge Kontakte zur preziösen Pariser Salonkultur (u. a. G. MÉNAGE, J. CHAPELAIN, Madame DE LA FAYETTE, F. DE LA ROCHEFOUCAULD, Hôtel de Rambouillet) und war geprägt von Fronde und Jansenismus. In über 1 500 Briefen, zumeist (1671–94) an FRANÇOISE MARGUERITE DE GRIGNAN (* 1646, † 1705), die in der Provence lebende Tochter, gerichtet, führt sie das von V. VOITURE und G. DE BALZAC lancierte Genre der geistreich-geselligen Briefliteratur auf seinen Höhepunkt. In lockerem Plauderton verbinden sich Sentiment und Satire, Hofreport und Kulturkritik, Naturschilderung und Meditation, Lektürenotiz und Charakterporträt zu scheinbar zwanglos-unterhaltsamer Synthese: die ›Briefe‹, bedeutsam für die Geschichte femininer Selbsterfahrung und Selbstdarstellung wie zentrales kulturhistor. Dokument ihrer Zeit, sind vollendeter Ausdruck jener aristokrat. Salonästhetik, die in Opposition zum absolutist. Repräsentationsgestus das Stilideal der Spontaneität vertrat, in kunstvoller Absichtslosigkeit Pointen setzte, die Fesseln traditioneller Rhetorik sprengte und so den Weg für die moderne Prosa ebnete; zu den größten Bewunderern des ›impressionist.‹ Stils der ›Briefe‹ gehörte M. PROUST.

Ausgaben: Correspondance, hg. v. R. DUCHÊNE, 3 Bde. (1972–78). – Briefe, hg. v. T. VON DER MÜHLL (Neuausg. 1986).
 J. CORDELIER: Madame de S. par elle-même... (Paris 1967); F. NIES: Gattungspoetik u. Publikumsstruktur. Zur Gesch. der S.-Briefe (1972); J. A. M. RECKER: ›Appelle-moi Pierrot‹. Wit and irony in the ›Lettres‹ of Madame de S. (Amsterdam 1988); R. DUCHÊNE: Madame de S., ou la chance d'être femme (Neuausg. Paris 1996); DERS.: Naissances d'un écrivain: Madame de S. (Neuausg. ebd. 1997).

Sevilla [seˈβiʎa], 1) Prov.-Hauptstadt in SW-Spanien, 10 m ü. M., am Guadalquivir, 87 km vor dessen Mündung, 719 600 Ew.; wirtschaftl., kulturelles und polit. Zentrum Andalusiens mit Erzbischofssitz, Univ. (gegr. 1502/05), versch. Hochschulen (Musik, Kunst, Architektur), Priesterseminar, ältester nautischer Schule der Erde (gegr. 1552), Archivo General de Indias, Bibliotheken und Museen. Die Wirtschaft umfasst Flugzeugwerke, Werft, Textil-, chem., Nahrungsmittelindustrie, Maschinenbau, Porzellan-, Keramik-, Konserven-, Seifen-, Parfümindustrie und Korkverarbeitung. Der Handelshafen ist bei Flut für Seeschiffe bis 9 m Tiefgang zugänglich; Jachthafen, Fährverkehr zu den Kanar. Inseln (über Cádiz), bedeutender Fremdenverkehr. S. ist wichtiger Verkehrsknotenpunkt (u. a. Eisenbahnhochgeschwindigkeitsstrasse über Córdoba nach Madrid; Autobahnen nach Cádiz, Huelva und Granada); internat. Flughafen San Pablo 11 km nordöstlich, Flughafen Tablada im SW. 9 km nordwestlich liegen die Reste des röm. →Italica (Funde im archäolog. Museum von S.). Berühmte Veranstaltungen in S. sind Semana Santa (Karwoche, seit dem 16. Jh.), Feria de Abril (Messe, seit dem 19. Jh.) sowie Wallfahrten (bes. Romería del Rocío, im Mai). 1992 war S. Austragungsort der Weltausstellung ›EXPO 92‹.

Stadtbild: Aus maur. Zeit blieben von der ehem. Hauptmoschee v. a. das Minarett (›La Giralda‹, 1184–96, mit almohad. Baudekor; oberstes Geschoss und Laterne 16. Jh.) und der Orangenbaumhof (Patio de los Naranjos, 12. Jh.) erhalten. Die spätgot. fünfschiffige Kathedrale, die 1402 an der Stelle der maur. Moschee begonnen wurde, ist eine der größten Kirchen des Abendlandes (reiche Ausstattung: u. a. Königsgrabmäler in der plateresken Capilla Real, 1551–75; Glasfenster und weitere Kunstwerke in Sakristei und Kapitelsaal). Der urspr. almohadische Alcázar (erhalten blieb der Innenhof ›Patio del Yeso‹) wurde im 14. Jh. im Mudéjarstil umgebaut; die unter KARL V. angelegten Gärten gehören zu den besten Leistungen mudéjarischer Künstler in Spanien. Die UNESCO erklärte die Kathedrale und den Alcázar sowie das Archivo General de Indias zum Weltkulturerbe. Zahlr. Kirchen S.s wurden im 17. Jh. im Inneren barockisiert und reich dekoriert. Unter den Profanbauten ragt die 1520 im Mudéjarstil fertig gestellte Casa Pilatos (Palast der Herzöge von Medinaceli) heraus, die als Vorbild der andalus. Paläste gilt (Innenhof mit zweistöckigen Arkaden und Azulejos), sowie die ehem. Börse, die Casa Lonja (erbaut 1583–98), in der sich heute das Archivo General de Indias befindet, das umfassendste Archiv der Kolonialgeschichte, v. a. zur Eroberung Amerikas. Im Stadtteil Santa Cruz (in

Sevilla 1): Palacio Central (1929) an der halbkreisförmigen Plaza de España

Marie de Rabutin-Chantal, Marquise de Sévigné

Sèvr Sèvres – Sèvresporzellan

Sevilla 1)
Stadtwappen

Hauptstadt von Andalusien

am Guadalquivir, 10 m ü. M.

719 600 Ew.

Universität (gegründet 1502/05)

aus maurischer Zeit ›La Giralda‹ und Orangenbaumhof sowie Alcázar

reich ausgestattete spätgotische Kathedrale

Gelände der EXPO '92 ›La Cartuja‹

in römischer Zeit befestigte Kolonie

Hauptstadt der Wandalen und der Westgoten

lange Blütezeit als Zentrum maurischer Kultur in Spanien

Sevilla 1): Minarett ›La Giralda‹; 1184–96

arab. Zeit das Judenviertel) liegt der barocke Hospitalbau de los Venerables Sacerdotes (1675); aus der Mitte des 17. Jh. stammt das Hospital de la Caridad. Am Flussufer der Torre del Oro, ein maur. Befestigungsturm (1220), der mit dem Alcázar verbunden war. Im S der Stadt der Park María Luisa mit Bauten, die zur Ibero-Amerikan. Ausstellung 1929/30 errichtet wurden, u. a. Palacio Central an der halbkreisförmigen Plaza de España. Südlich der Altstadt die ehem. Fabrica de Tabacos (18. Jh., heute Teil der Univ.).

Eine der sieben neuen Brücken über den Guadalquivir, der Puente de la Barqueta (1992), verbindet die Altstadt mit dem Gelände der Weltausstellung ›EXPO 92‹ (Ausstellungsbauten von international bedeutenden Architekten) auf der Isla de la Cartuja (durch einen neuen Arm des Guadalquivir künstlich geschaffen), dem Gelände, auf dem sich auch das Kartäuserkloster (seit 1401, davor Franziskaner-Einsiedelei) María de las Cuevas befand (barg in der 1. Hälfte des 16. Jh. u. a. das Grab von C. KOLUMBUS), das nach der Säkularisation (1835) in Anknüpfung an die ursprüngl. Funktion des Geländes (Cuevas bezieht sich auf von den Arabern genutzte Tongruben) zur Keramikfabrik umgestaltet wurde (1982 stillgelegt; umfassend saniert und restauriert, jetzt Museum mit Restauratorenschule und Kunstinstitut). Im Zusammenhang mit der Weltausstellung fanden tief greifende städtebaul. Veränderungen statt; neben zahlr. Wohnanlagen entstanden u. a. das 1991 eingeweihte Opernhaus (La Maestranza), der Bahnhof Santa Justa (1989–91) von ANTONIO CRUZ und ANTONIO ORTIZ, das Schifffahrtsmuseum (1988–92) von GUILLERMO VÁZQUEZ CONSUEGRA sowie der neue Flughafen San Pablo (1987–91) nach Plänen von J. R. MONEO.

Neben den Kirchen S.s bietet das Museum der Schönen Künste im ehem. Kloster de la Merced eine Fülle von Werken span. Barockbildhauer (P. ROLDÁN, A. CANO und v. a. J. MARTÍNEZ MONTAÑÉS), daneben auch eine Gemäldesammlung (B. E. MURILLO, J. DE VALDÉS LEAL, F. DE ZURBARÁN).

Geschichte: S., urspr. der phöniz. Brückenort **Sephala** (›Niederung‹) am letzten Übergang über den Guadalquivir, unter den Iberern **Hispalis** genannt, wurde 45 v. Chr. von CAESAR erobert und war dann als Festung **Colonia Iulia Romula** Hauptstadt der röm. Prov. Baetica. 411 wurde S. Hauptstadt des Wandalenreichs und war im 6. Jh. zeitweise Hauptstadt des Westgotenreichs; Erzbischof ISIDOR VON SEVILLA bekämpfte von hier aus den Arianismus; 590 und 619 war S. Tagungsort wichtiger Konzile. Mit der arab. Eroberung 712 begann die lange Blütezeit des maur. **Ichbilija**, das wirtschaftlich und kulturell bald mit Córdoba konkurrierte, 913 von den Omaijaden mit einer neuen, weitläufigen Mauer umgeben wurde, unter der Lokaldynastie der Abbadiden 1023–91 Taifahauptstadt war, dann als Hauptstadt des Almoravidenreichs (bis 1146) und des Almohadenreichs mit prächtigen Bauten ausgestattet wurde. 1248 wurde S. von FERDINAND III. von Kastilien rückerobert. Weltpolit. Bedeutung erlangte die Stadt nach der Entdeckung Amerikas als zunächst einziger Umschlagplatz des Überseehandels; seit 1503 Sitz der Casa de la Contratación (staatl. Handelshaus), wurde S. eine der reichsten Städte der damaligen Welt. In der Casa de la Moneda (Münzstätte) wurde fast das ganze Gold aus den amerikan. Kolonien umgeschmolzen. Die Verlegung des staatl. Handelsmonopols nach Cádiz (1717) und die allmähl. Versandung des Guadalquivirs führten zu einem Bedeutungsrückgang von S., doch war es am Ende des 18. Jh. mit rd. 96 000 Ew. noch immer eine der größten Städte Europas. Im 19. Jh. erlebte S. durch Kanalisierung (mit Schleusenbau) des Guadalquivir sowie durch Hafenausbau einen neuen Aufstieg und überstand die Invasion der Franzosen (1810), den Verlust der Überseekolonien (bis 1898) und den Span. Bürgerkrieg (1936–39) relativ unbeschadet.

2) Prov. in Niederandalusien, SW-Spanien, 14 036 km², 1,72 Mio Ew.; erstreckt sich vom Kamm der mittleren Sierra Morena nach S über das untere Guadalquivirbecken bis zu den westl. Ausläufern der Betischen Kordilleren und umfasst den größten Teil der →Marismas an der Guadalquivirmündung. Jahresniederschläge im Beckenbereich 500 mm, an den Gebirgsrändern 800 mm. Bedeutende Landwirtschaft. Im Trockenfeldbau (Getreide, Sonnenblumen, Baumwolle, Oliven, Weine) dominieren Großbetriebe, heute stark mechanisiert und nach modernsten betriebswirtschaftl. Methoden zu 80 % von den Eigentümern (meist Kollektive, GmbHs, AGs) selbst bewirtschaftet; die landlosen Landarbeiter und Pächter leben in weit auseinander liegenden Stadtdörfern (20 000–40 000 Ew.). In den Bewässerungsgebieten Kleinbesitz mit intensiver Nutzung (v. a. Wintergemüse für den Export); an der Küste bedeutender Fischfang (Sardinen, Thunfisch); wenig Industrie; starke Landflucht. Die Prov. S. hat die höchste Arbeitslosen- und Analphabetenquote sowie die niedrigste Erwerbsquote Spaniens, die Sozialstruktur der ländl. Gebiete ist durch das Fehlen der Mittelschicht gekennzeichnet.

Sèvres [sɛ:vr], Stadt im Dép. Hauts-de-Seine, Frankreich, südwestlich von Paris an der Seine, 22 000 Ew.; FH für Industriekeramik; pädagog. Inst., Keramikmuseum; Porzellanmanufaktur (S.-Porzellan), Herstellung von chirurg. Instrumenten und von Sprengstoffen, Brauerei. Beim Bureau International des Poids et Mesures (→Meterkonvention) im Pavillon de Breteuil werden das Urkilogramm und das Urmeter aufbewahrt. – Am 10. 8. 1920 schlossen die Siegermächte des Ersten Weltkriegs in S. mit dem Osman. Reich einen Friedensvertrag (→Pariser Vorortverträge 5).

Sèvresporzellan [ˈsɛ:vr-], in der Manufaktur von Sèvres hergestelltes Porzellan. Die als Privatunternehmen 1738 im Schloss von Vincennes gegründete Manufaktur durfte sich ab 1753 als ›Manufacture royale des porcelaines de

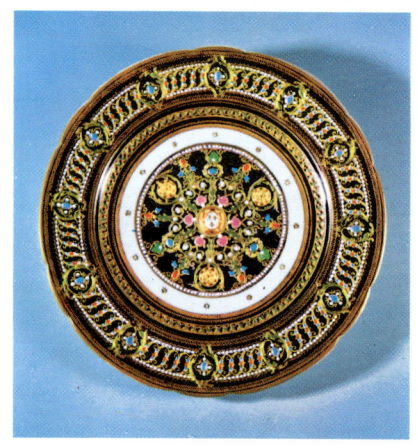

Sèvresporzellan: Dessertteller mit so genanntem Juwelendekor; 1779 (Mannheim, Städtisches Reiß-Museum)

France‹ bezeichnen und hatte das Monopol für Buntmalerei (1780 aufgehoben). 1756 wurde sie auf Wunsch der Madame POMPADOUR nach Sèvres verlegt und ging 1759 in königl. Besitz über. Zunächst wurde nur Weichporzellan (pâte tendre) hergestellt, für das u. a. die Fondfarben ›bleu du roi‹ und ›rose Pompadour‹ entwickelt wurden. Nach der Entdeckung größerer Kaolinvorkommen in Frankreich

Sewastopol

(1768) wurde das Weichporzellan allmählich durch Hartporzellan (pâte dure) mit dunklen Fondfarben verdrängt. Neben künstl. Blumen und Figuren in Biskuitporzellan (z. B. von É.-M. FALCONET, der 1757–66 künstler. Leiter der Manufaktur war) wurden v. a. Prunkgeschirre für königl. und fürstl. Häuser hergestellt, die mit Ornamenten, Blumen, Früchten und Figuren (u. a. nach Entwürfen von F. BOUCHER) dekoriert wurden. Einen Höhepunkt bildete das →Juwelenporzellan. 1793 ging die Manufaktur in Staatseigentum über. Nach einem Rückgang der künstler. Produktion begann in napoleon. Zeit ein neuer Aufschwung, u. a. mit der Herstellung großer Prunkvasen. Als Marken dienten im 18. Jh. zwei gekreuzte L (bei Hartporzellan mit königl. Krone), im 19. Jh. der Namenszug ›Sèvres‹ (auch ›Sevres‹, z. Z. der Republik mit dem Zusatz ›R. F.‹ für République Française), die Initialen des jeweils regierenden Königs bzw. ein gekrönter Adler, im 20. Jh. der Namenszug. Weiteres BILD →Schatulle.

M. BRUNET u. T. PRÉAUD: Sèvres. Des origines à nos jours (Freiburg 1978); Sèvres. La manufacture au XXème siècle, bearb. v. J. P. MIDANT (Paris 1992).

Sewall [ˈsjuːəl], Samuel, amerikan. Richter und Schriftsteller, *Bishopstoke (bei Southampton, England) 28. 3. 1652, †Boston (Mass.) 1. 1. 1730; Studium an der Harvard University, ab 1679 Kolonialbeamter und Richter. S. widerrief als Einziger der an den Salemer Hexenprozessen (1692) beteiligten Richter sein Urteil. Seine humane und liberale Haltung zeigt sich in seinen religiösen und polit. Schriften, die für die Rechte der Sklaven (›The selling of Joseph‹, 1700), der Indianer (›A memorial relating to the Kennebek Indians‹, 1721) und der Frauen (›Talitha Cumi‹, hg. 1873) eintreten. Sein Tagebuch ist eines der aufschlussreichsten Dokumente über das polit. und gesellschaftl. Leben der Kolonialzeit in Neuengland (›The diary, 1674–1729‹, 3 Bde., hg. 1878–82).

O. E. WINSLOW: S. S. of Boston (New York 1964); T. B. STRANDNESS: S. S. A puritan portrait (East Lansing, Mich., 1967).

Sewanee Review [səˈwɒnɪ rɪˈvjuː], vierteljährlich erscheinende Literaturzeitschrift, die seit 1892 an der University of the South (Sewanee, Tenn.) herausgegeben wird. Veröffentlicht v. a. Literaturkritik, aber auch Gedichte und Prosa; zeitweise eng mit dem →New Criticism verbunden.

Sewansee, Sevansee, armen. **Sew-Wank** [›Schwarzes Kloster‹], russ. **Sewan, Sevan,** aserbaidschan. **Göktschá,** See in der Rep. Armenien, in einem tekton. Becken des Armen. Hochlands, 1 905 m ü. M., (1989) 1 244 km², bis 83 m tief (mittlere Tiefe 28 m); durch zwei Halbinseln in den nordwestl. Kleinen S. und den südöstl. Großen S. (bis 37 m tief) geteilt. Die Flussbettverbreiterung des Rasdan, seines Abflusses, für umfangreiche Bewässerungsanlagen und für den Bau von Wasserkraftwerken führte seit 1934 zu einem hohen Wasserverlust des S.s (bis 1990 etwa 24 Mrd. m³), seine Fläche verkleinerte sich um 672 km², die Wasseroberfläche sank um 19 m ab. Von seinen 28 Zuflüssen versiegt im Sommer ein großer Teil als Folge von Wasserraubbau. Die Wasserzufuhr von der Arpa (Nebenfluss des Araks) über einen 48 km langen Wasserstollen unter der Wardeniskette (1964–81 erbaut) brachte keine Wende. Der S. und das Ufergebiet sind Teil des **S.-Nationalparks** (1 501 km²).

Seward [ˈsjuːəd], Stadt in S-Alaska, USA, auf der Kenaihalbinsel, 1 800 Ew.; Museum; ganzjährig eisfreier Hafen, Endpunkt der Eisenbahnlinie von Fairbanks (756 km; erbaut 1915–23). – 1903 gegr.; 1964 starke Schäden durch Erdbeben mit katastrophaler Flutwelle.

Seward [ˈsjuːəd], William Henry, amerikan. Politiker, *Florida (N. Y.) 16. 5. 1801, †Auburn (N. Y.) 10. 10. 1872; Anwalt, als Whig 1839–43 Gouv. von New York, 1849–61 Senator. Ab 1855 als entschiedener Sklavereigegner Mitgl. der Republikan. Partei, bemühte er sich 1856 und 1860 vergeblich um die Präsidentschaftskandidatur. Als Außen-Min. (1861–69) konnte er im Sezessionskrieg die Neutralität der europ. Mächte erhalten; 1866 bewegte er durch diplomat. Druck NAPOLEON III. zur Aufgabe der frz. Eingreifens in Mexiko. Als überzeugter Expansionist setzte er 1867 den Kauf Alaskas von Russland durch. Zur Verwirklichung seiner Idee eines amerikan. Handelsimperiums (Informal Empire) annektierte er die Midway-Inseln, vertrat eine ›open door policy‹ gegenüber China und dem Orient, befürwortete die Annexion der Hawaii-Inseln, scheiterte aber mit seinen Plänen zum Kauf der dän. Westind. Inseln (ein Teil der →Virgin Islands) am Widerstand des Senats. – Auf S. geht die regelmäßige Veröffentlichung der diplomat. Korrespondenz der USA zurück (seit 1932 ›Foreign Relations of the United States‹, Abk. FRUS).

G. G. VAN DEUSEN: W. H. S. (New York 1967).

Sewardhalbinsel [ˈsjuːəd-], engl. **Seward Peninsula** [ˈsjuːəd pɪˈnɪnsjʊlə], bergige Halbinsel (bis 1 437 m ü. M.) in W-Alaska, USA, durch die Beringstraße von Asien getrennt, 290 km lang, 210 km breit; wichtigste Siedlung ist →Nome.

Sewastopol, Sevastopol', früher **Sebastopol,** 1797–1801 **Achtiar,** Stadt mit Sonderstatus in der Autonomen Teil-Rep. Krim, Ukraine, im SW, terrassenförmig an einer Bucht des Schwarzen Meeres ange-

Samuel Sewall

William H. Seward

legt, 360 000 Ew. (davon etwa 75% Russen); Hochschule für Gerätebau, Seeobservatorium, Museen und Gedenkstätten (zur Erinnerung an die Verteidigung im Krimkrieg und die Rückeroberung im Zweiten Weltkrieg), Gemäldegalerie, zwei Theater; Bau von Schiffsausrüstungen, Reparaturwerft, Textil-, Holz-, Nahrungsmittelindustrie, Weinkellereien; Hauptmarinebasis der Krim, von Russland (auf der Grundlage eines 1996 für 20 Jahre abgeschlossenen Pachtvertrages für drei Hafenbuchten) und der Ukraine für ihren jeweiligen Teil der Schwarzmeerflotte gemeinsam genutzt; Handels- und Fischereihafen; Flughafen. – S. wurde unmittelbar nach der Annexion der Krim durch Russland (1783) in der Nähe der Ruinen des griech. Chersones als Festung und Kriegshafen angelegt und war seit 1804 zentraler Flottenstützpunkt am Schwarzen Meer. Während der Belagerung (25. 9. 1854 – 8. 9. 1855) im Krimkrieg wurde die Stadt stark zerstört; im russ. Bürgerkrieg war sie letzter Verteidigungsort General P. N. Wrangels gegen die Rote Armee. Im Zweiten Weltkrieg war S. vom 4. 7. 1942 bis 9. 5. 1944 durch dt. Truppen besetzt.

Sewerjanen, ostslaw. Stammesbund, der im 9. und 10. Jh. im Flussgebiet der Desna lebte; Zentrum: Tschernigow.

Sewerjanin, Severjanin, Igor, eigtl. **I. Wassiljewitsch Lotarjow,** russ. Lyriker, *Sankt Petersburg 16. 5. 1887, †Reval 20. 12. 1941; fand als Lyriker des nachsymbolist. Modernismus Beachtung durch seine effektreiche, provokativ-experimentelle Gedichtsammlung ›Gromokipjaščij kubok‹ (1913), in der er überraschende sprachliche Neologismen verwendete; war 1911–14 Initiator des stark exzentr. ›Ego-Futurismus‹ (→Futurismus). 1918 emigrierte er nach Estland, wo er weitere Gedichte, Versromane und Dramen sowie Übersetzungen estn. Poesie veröffentlichte.
   Ausgaben: Sobranie poez, 4 Bde. (Neuausg. 1966–70); Stichotvorenija (²1988); Pis'ma v Avguste Baranovoj 1916–1938, hg. v. B. Jangfel'dt u. a. (1988). – Ananas in Champagner. Poesen, hg. v. A. Nitzberg (1996).

Sewernaja Dwina, Fluss in Russland, →Dwina.

Sewernaja Semlja, Severnaja Zemlja [-zem-], **Nordland, Nikolaus-II.-Land,** unbesiedelte russ. Inselgruppe im Nordpolarmeer, nördlich des Polarkreises, zw. Kara- und Laptewsee, von der Halbinsel Taimyr durch die 60–90 km breite Wilkizkijstraße getrennt, 37 000 km² (47% von bis 400 m mächtigen Gletschern bedeckt); besteht aus den vier Hauptinseln **Oktoberrevolution** (14 170 km², bis 965 m ü. M.; 300 m hohe Steilküste), **Bolschewik** (11 500 km²), **Komsomolez** (9 006 km²) und **Pionier** (1 550 km²) sowie mehreren kleineren Inseln. Die Inselgruppe ist aus Schiefern, Diabasen, Graniten, Kalk- und Sandsteinen aufgebaut, charakteristisch sind weite, flachwellige Hoch- (200–600 m ü. M.) und Tiefebenen, die in breiten Terrassen zur Küste abfallen. Die Hälfte der eisfreien Fläche ist von arkt. Tundra bedeckt; Hauptvertreter der Tierwelt sind Ren, Polarfuchs, Lemming, Eisbär und Meeressäuger sowie Seevögel, im Sommer nisten mehrere Zugvogelarten. – S. S. wurde 1913 von einer russ. Expedition unter B. A. Wilkizkij entdeckt und 1930–32 von einer Expedition unter G. A. Uschakow und N. N. Urwanzew erforscht und vermessen.

Sewernyje Uwaly, Höhenzug in Russland, →Nordrussischer Landrücken.

Severodoneck, Severodoneck [-tsk], ukrain. **Sjeverodoneck, Sêverodonec'k** [sjevərɔ-ˈnjɛtsk], Stadt im Gebiet Lugansk, Ukraine, im Donez-Steinkohlenbecken, 130 000 Ew.; mehrere industrielle Forschungsinstitute; Chemiewerk, Maschinen- und Gerätebau, Holzindustrie.

Sewerodwinsk, 1938–57 **Molotowsk, Molotovsk,** Stadt im Gebiet Archangelsk, Russland, am Weißen Meer im Mündungsdelta der Dwina, 241 000 Ew.; Bau von atombetriebenen U-Booten, Straßenbaumaschinenbau, Holzverarbeitung, Nahrungsmittelindustrie; Hafen.

Sewerskij Donez, Nebenfluss des Don, →Donez.

Sewu, Candi S. [tç-], buddhist. Heiligtum in Zentraljava aus dem 9. Jh., bestehend aus einem Haupttempel, umgeben von rd. 150 Nebentempeln in vier Reihen. Der Candi S. hat wie Borobudur einen mandalaförmigen Grundriss, ist jedoch durchweg ebenerdig erbaut. Die Anlage war fast ganz zerstört und konnte durch Anastylose wieder aufgebaut werden.

Sex [engl., von lat. sexus ›Geschlecht‹] der, -(es), umgangssprachlich für: 1) Geschlechtlichkeit, Sexualität; 2) Geschlechtsverkehr; 3) Sexappeal.

Sexagesima [mlat., eigtl. ›der sechzigste (Tag vor Ostern)‹] die, -, der 2. Sonntag vor Aschermittwoch; in der ev. Kirchen der 2. Sonntag vor der Passionszeit (›Sonntag S.‹). Die kath. Kirche hat die Bez. 1969 im Zuge der Liturgiereform aufgegeben und zählt den ehem. ›Sonntag S.‹ seither als einen Sonntag im →Jahreskreis.

Sexagesimalsystem, ein Stellenwertsystem zur Darstellung von Zahlen, das auf der Basis 60 beruht, in dem es also 59 versch. Ziffern sowie ein Zeichen für die Null gibt. Das S. ist das älteste Zahlensystem überhaupt; es war schon in der babylon. Mathematik und Astronomie geläufig, wurde aber später bei natürl. Zahlen durch das →Dezimalsystem verdrängt. Mit Sexagesimalbrüchen wurde aber noch bis weit in die Neuzeit (v. a. in der Astronomie) gerechnet. Bis heute erhalten hat sich das S. bei Winkel- und Zeitmaßen.

Sexappeal [-əpi:l, engl.], erot., sexuelle Anziehungskraft (bes. einer Frau).

Sexfilm, Bez. für Filme, die Geschlechtsteile und -akte nicht, wie der pornograph. Film, im Detail zeigen, aber auch – im Rahmen gesellschaftl. Normen, nicht immer geschmackvoll und häufig ›selbstzweckhaft‹ – sexueller Stimulation dienen. Gesetzl. Vorbehalte gelten nur für ihre seltenen pornograph. Elemente; Vorführungen finden in normalen Kinos statt.

Sexismus [von lat. sexus ›Geschlecht‹; der Begriff reflektiert aber auch die im angelsächs. Sprachgebrauch mögliche Unterscheidung von sex ›biologisch-natürl.‹ Geschlecht‹ und gender ›sozial und historisch bestimmte Geschlechtseigenschaft‹] der, -, Bez. für jede Art der Diskriminierung, Unterdrückung, Verachtung und Benachteiligung von Menschen aufgrund ihres Geschlechts sowie für die Ideologie, die dem zugrunde liegt. S. beruht auf der Vorstellung, dass die durch die Natur den Menschen gegebenen Geschlechtseigenschaften zugleich soziale Wertunterschiede darstellen, die eine Minderung der Lebenschancen bestimmter Menschen rechtfertigen.

Begriffsentstehung und Begriffsinhalt

Der Begriff S. wurde in den 1960er-Jahren in den USA im Zuge der Formierung einer neuen →Frauenbewegung mit der Entsprechung zum Begriff Rassismus gebildet. Eingang in den dt. Sprachgebrauch fand er durch die Veröffentlichung der Studie ›S.‹ von Marianne Janssen-Jurreit (*1941) und die feminist. Diskussion der 1970er-Jahre (→Feminismus). Mit dem Begriff Rassismus teilt S. die krit. Intention, einen gesellschaftl. Missstand zu benennen, ins Bewusstsein zu rufen und auf dessen Beseitigung hinzuwirken.

Da es zum Grundbestand patriarchal. Gesellschaftsordnungen, Denksysteme, Religionen und Praxisformen gehört, Frauen in Abhängigkeit von Männern und ihnen gegenüber als zweitrangig darzustellen (wobei die Dominanz der Männer mit Verweis auf die ›Natur‹ gerechtfertigt wird), richtet sich der Vorwurf des S. bes. gegen Formen geschlechtsspezif. Benachteiligungen von Frauen; der in der Gesellschaft (bislang) seltene umgekehrte Fall, die geschlechtsspezif. Diskriminierung von Männern, kann jedoch ebenfalls mit diesem Begriff bezeichnet werden.

Zu den Faktoren, die der Begriff S. berücksichtigt, gehören zunächst all diejenigen, die die Einstellungen, das Bewusstsein, die Gefühle, die Normen und Werte der Menschen in einer frauendiskriminierenden Weise bestimmen. Diese werden durch Traditionen, Erziehungsstile, Leitbilder und weltanschauliche sowie religiöse Vorstellungen geformt.

Des Weiteren steht der S. im unmittelbaren Zusammenhang mit gesellschaftl. Strukturen und Bedingungen, die die soziale, polit., rechtl. und ökonom. Gleichstellung von Frauen mit dem Hinweis auf ihre Geschlechtszugehörigkeit verhindern oder die vorhandene Ungleichheiten rechtfertigen. S. findet sich in psych. Dispositionen, in Vorurteilen und Weltanschauungen ebenso wie in sozialen, rechtl. und wirtschaftl. Regelungen, schließlich auch in der Form fakt. Gewalttätigkeit im Verhältnis der Geschlechter und in der Rechtfertigung dieser Gewaltstrukturen durch den Verweis auf eine ›naturgegebene‹ Geschlechterdifferenz.

Bei der Betrachtung der Formen von S. lassen sich in Analogie zur Friedens- und Konfliktforschung, die zw. personaler und struktureller Gewalt unterscheidet, ein in den Gesellschaftsstrukturen und in in der Geschichte begründeter struktureller (institutioneller) S. ausmachen.

Um Unterdrückung und Diskriminierung von Menschen aufgrund ihrer Geschlechtszugehörigkeit überhaupt als gesellschaftl. Skandal wahrnehmen zu können, bedurfte es eines Maßstabes, dem zufolge das Streben nach individuellem Glück und die von ›Natur‹ gegebene Gleichheit der Menschen zu den universalen und unveräußerl. Menschenrechten zu zählen sind. Dieser Maßstab entstand erst allmählich in der europ. Neuzeit im Zuge von Aufklärung, Frz. Revolution, Liberalismus und Arbeiterbewegung und beinhaltete zunächst jedoch keinesfalls die Gleichberechtigung der Frauen im heutigen Sinn. Vorläuferinnen der Frauenbewegung riskierten ihr Leben, z. B. OLYMPE DE GOUGES (* 1748, † 1793), die wegen ihres Eintretens für die völlige rechtl., polit. und soziale Gleichstellung der Frauen auf dem Schafott endete.

Kulturhistorische Aspekte

Die Annahme, es habe in der Geschichte sozialer Evolution durchgängig auch eine Stufe matriarchaler Gesellschaftsorganisation gegeben, ist das Thema weit reichender Kontroversen. Nach dem gegenwärtigen Stand der Forschung lässt sich die Annahme eines →Matriarchats sowohl als generelles Stadium der menschl. Familienentwicklung wie auch als universale Kulturstufe empirisch nicht nachweisen. Unbestritten dagegen ist die Existenz matrilinearer Organisationen, die jedoch keine Rangordnung der Geschlechter im Sinne von S. begründeten. Sie könnten im Gegenteil eher als ein Beispiel für die Möglichkeit stehen, dass ungleiche Tätigkeitsbereiche nicht zwangsläufig ungleiche Wertigkeiten nach sich ziehen müssen.

Für die unter S. gefassten sozialen, rechtl., polit. und ökonom. Benachteiligungen von Frauen können verschiedene histor. Faktoren genannt werden, deren Gewichtung im Einzelnen umstritten ist. Zu den maßgebl. Faktoren gehören die Ausbildung einer androzentr. Macht- und Herrschaftskonzentration sowie die Durchsetzung einer Männerdominanz in Fragen der Eigentumsordnung, der Erbfolge und der Familienhierarchie. Diese Entwicklung spiegelt sich nicht zuletzt in zentralen Vorstellungen einiger Weltreligionen (Judentum, Christentum, Islam).

Verachtung und Unterdrückung der Frauen lassen sich auch in den Mythen und Erzählungen der Völker sowie in der spätmittelalterl. Schwankliteratur finden, deren sexist. Pointen z. T. heute noch in Witzen weiterleben und so den Fortbestand der darin geäußerten sexist. Vorstellungen belegen. Ebenso ist im Zusammenhang sexist. Denkens die Vorstellung der Scholastiker zu nennen, Frauen seien in der Schöpfung missratene oder unfertige Männer, sowie der bis heute praktizierte Ausschluss der Frauen vom Priesteramt in der kath. Kirche.

In der Kunst- und Kulturgeschichte steht der bei der Darstellung des Weiblichen oft anzutreffenden Verklärung der Frauen durch Idealisierung die Dämonisierung bzw. Verächtlichmachung in Form myth. und literar. Gestalten gegenüber (z. B. Lilith, Lulu, Pandora, Medusa, Kassandra, Xanthippe, Hekabe, Salome). Sowohl Idealisierung wie Dämonisierung gipfeln in der Ansicht, dass die Frau als das vermeintl. Naturwesen dem Mann als dem Kulturheros gegenübersteht und an ihm gemessen als gefährlich, unsittlich, unerziehbar und wertlos anzusehen sei.

Ähnlich wie beim Rassismus, der den ›Wilden‹ eine entsprechende Stelle anweist, wurde im 19. Jh. auch für den S. ein Diskurs der Deformation, Verachtung und Ausgrenzung von Frauen entwickelt und mit wiss. Anspruch geschichtsphilosophisch, naturwiss. oder anthropologisch ›abgesichert‹. Das Spektrum dieser Schriften reicht von Pamphleten wie P. J. MÖBIUS' ›Über den physiologischen Schwachsinn des Weibes‹ (1900) bis zu scheinbar wiss., kulturkrit. und medizin. Abhandlungen, die es unternehmen, die Zweitrangigkeit der Frauen zu begründen, tatsächlich aber aus der Perspektive der Männer die ›Krankheit Frau‹ (E. FISCHER-HOMBERGER) ›therapieren‹ wollen. Den fragwürdigen Höhepunkt stellt hier OTTO WEININGERS Schrift ›Geschlecht und Charakter‹ (1903) dar.

Eine zweitrangige Stellung nahmen die Frauen auch in der Gesellschaftstheorie und im Menschenbild der Aufklärung und des Liberalismus ein, indem sie bis ins 20. Jh. hinein weitgehend rechtlich und politisch entmündigt blieben. Wenn überhaupt respektiert, erschienen sie in idealisierender Weise beschränkt auf die Existenz einer ›schönen Seele‹, während ihnen körperl. Selbstbestimmung oder die Wahrnehmung bürgerl. Rechte vorenthalten wurden. Noch die sozialist. Arbeiterbewegung der 1920er-Jahre propagierte das Ideal der ›sauberen Mädels und starken Genossen‹ (MICHAEL ROHRWASSER) und setzte insoweit den S. der bürgerl. Gesellschaft fort.

Ausdruck des S. in der Geschichte der menschl. Gesellschaft sind v. a. eine Fülle von speziell oder überwiegend gegen Frauen gerichteten Unterdrückungsmaßnahmen wie Hexenprozesse, Massenvergewaltigungen, Witwenverbrennungen und gesellschaftlich erzwungene körperl. Eingriffe von der Art des Einbindens der Füße, des Entfernens der Klitoris und der Infibulation sowie das Aussetzen und Vernachlässigen speziell der weibl. Säuglinge und in neuerer Zeit auch das gezielte Abtreiben weibl. Feten. – Zur Stellung der Frau in der Geschichte: →Frau.

Aktuelle Erscheinungsformen des Sexismus

Die Erscheinungsformen des S. lassen sich auf drei Ebenen lokalisieren: Die *erste Ebene* ist die der Einstellungen, Vorurteile und psychisch-emotionalen Dispositionen, in denen Angst vor der Gleichstellung der Frauen mit Abwehr, Schuldgefühlen, Verachtung und Idealisierung ein im Einzelfall unauflösl. Konglomerat bilden können, das wie bei ähnlichen psych. Reaktionsbildungen rationaler Argumentation und Durchschaubarkeit nur wenig zugänglich ist. Auf einer *zweiten Ebene* finden sich die vielfältigen, diskriminierenden Formen eines zumeist durch Verachtung und Gewaltbereitschaft bestimmten Umgangs mit Frauen im Alltag, angefangen bei respektlosen Formen der Kontaktaufnahme (›Anmache‹) über sexuelle Übergriffe am Arbeitsplatz bis hin zu Vergewaltigung und erzwungener Prostitution. Eine Frauen verachtende oder ausgrenzende Sprache gehört ebenso wie die Reduktion der Frauen auf Sexualobjekte in Witzen, Werbung und Pornographie zu den sexist. Erscheinungsformen im Alltag. Verbreitet ist auch die ›zivilisiertere‹ Variante des S., indem Frauen auf ihre vermeintlich spezifisch weibl. Eigenschaften der Passivität, des Helfens und der Pflegebereitschaft verpflichtet und ausgenutzt werden. Auf einer *dritten Ebene* finden sich schließlich die Formen des strukturellen (institutionellen) S., das heißt die organisierte, von gesellschaftl. Institutionen wahrgenommene oder ausgeführte Benachteiligung von Frauen. Diese besteht auch in modernen Gesellschaften in fast allen Bereichen (Wirtschaft, Verwaltung, Justiz, Bildungsbereiche, Politik, religiöse und soziale Organisationen) weiter, bes. im Bereich der Elitenrekrutierung. So zeigen die Stellenkegel nahezu aller gesellschaftlich wichtigen Institutionen Verzerrungen zuungunsten der Frauen.

Gesamtgesellschaftlich zeigt sich S. im Unvermögen und in den kulturell vermittelten Vorbehalten im Umgang mit gesellschaftl. Problemstellungen, die Frauen bes. betreffen, z. B. in der lange zögerlich geführten Diskussion über die Strafbarkeit einer Vergewaltigung in der Ehe, an der von Unverständnis, Skepsis und Überforderung geprägten Haltung, mit der die Opfer in Vergewaltigungsprozessen häufig konfrontiert werden, und nicht zuletzt an den Argumenten, mit denen vonseiten der Befürworter der Strafbewehrung eines Abtreibungsverbots gegen die Vorstellung angegangen wird, die Verantwortung für diese Entscheidung den Frauen selbst zu überlassen.

Ausdruck von S. in der Gesellschaft ist ebenfalls die traditionelle Rollenzuweisung der Frauen in der Arbeitswelt. So sind diese in vermeintlich ›männl.‹ Berufen sowie in Führungspositionen deutlich unterrepräsentiert und üben immer noch solche Tätigkeiten aus, die größere Empathie, Emotionalität, Passivität und Pflegeverhalten erfordern (z. B. als Krankenschwester oder Sekretärin). Allerdings hat hier seit den 1970er-Jahren ein Umdenken stattgefunden, als dessen Resultat so genannte ›Männerberufe‹ zunehmend für Frauen geöffnet worden sind und die Zahl von Frauen mit weiterführenden Bildungsabschlüssen deutlich angestiegen ist. Ungeachtet dieser Entwicklung wird in neueren Untersuchungen darauf hingewiesen, dass Bildungsabschlüsse nicht zwangsläufig zu entsprechenden berufl. Positionen führen, dass Frauen in gering entlohnten Berufen und Tätigkeiten überrepräsentiert sind und dass sie stärker als Männer von Arbeitslosigkeit betroffen sind.

Untersuchungen bezüglich der gesellschaftl. Leitbilder, der Verteilung von Hausarbeit und der Planung von Lebensläufen in Lebensgemeinschaften weisen die Fortdauer der traditionellen Abhängigkeiten von Frauen nach. Fraglich ist, ob der vorhandene Trend zur Veränderung dieser herkömml. Strukturen und Vorstellungen anhält, zumal entsprechende Veränderungen der Arbeitswelt, die z. B. speziell die Doppelbelastungen der Frauen durch Beruf und Familie berücksichtigen, noch weitgehend ausbleiben.

Die Auswirkungen sexist. Verhaltensweisen potenzieren sich, wenn S. gemeinsam mit anderen sozialen Diskriminierungen (z. B. Rassismus) und besonderen polit. oder gesellschaftl. Problemlagen (Krieg, Armut, Obdachlosigkeit, Ausbeutung, Vertreibung, Völkermord) auftritt.

Auch auf der psych. Ebene bleibt S. nicht folgenlos. So können sich die Lebenserfahrungen in einer durch S. bestimmten Gesellschaft bei Frauen in Selbsthass und Minderwertigkeitsgefühlen, im Unterwerfungsverhalten (Identifikation mit dem Aggressor), im Rückzug aus der Gesellschaft, in der (Selbst-)Stigmatisierung und in Krankheitsreaktionen niederschlagen. In diesem Zusammenhang steht auch das so genannte ›Bienenköniginnensyndrom‹, dem zufolge Frauen, die in einen gesellschaftlich hoch bewerteten Männerberuf arbeiten, dort geradezu gezwungen sind, sich als Ausnahmen darzustellen und männl. Normen im besonderen Maße zu übernehmen. Es sind jedoch nicht allein Frauen, die unter sexist. Einstellungen leiden: Auch Männer werden aufgrund der sexist. Differenzierung reglementiert, indem sie unter dem gesellschaftl. Druck stehen, die als spezifisch ›weiblich‹ identifizierten und diskriminierten Eigenschaften bei sich selbst und bei anderen ablehnen zu müssen. Hierzu werden gemeinhin Freiheiten im verbalen und nonverbalen Kommunikationsverhalten, Sensibilität und Verletzbarkeit gerechnet sowie die Bereitschaft, Ängste oder Schmerzen einzugestehen und erlittene Niederlagen und Misserfolge als solche anzunehmen.

In den modernen westl. Gesellschaften wird der eingetretene Wandel der Geschlechterbeziehungen durch polit. Maßnahmen flankiert, die die reale Gleichberechtigung aller Menschen zum Ziel haben. Allerdings werden diese Maßnahmen nicht selten dadurch konterkariert, dass entsprechende Regelungen umgangen werden oder ihre Wirksamkeit durch zu geringe Einflussmöglichkeiten begrenzt ist, so z. B. wenn der polit. Status kommunaler Frauenbeauftragter auf den bloßer Ratgeber(innen) in ›Frauenfragen‹ beschränkt bleibt.

In dem Bemühen um den Abbau von S. in der Gesellschaft sind allerdings vereinzelt auch Vorstellungen erkennbar, die in die Richtung eines S. mit umgekehrtem Vorzeichen weisen. Dieser ›umgekehrte S.‹ reicht von der Tatsache, dass Männern bestimmte Fähigkeiten abgesprochen werden, bis dahin, dass Frauen im Rahmen der Frauenemanzipation errungene (und von der Gesamtgesellschaft anerkannte) Erfolge benutzen, sich gegenüber Männern ungerechtfertigte Vorteile zu verschaffen. Solcherart extreme Verhaltensweisen müssen als Begleiterscheinungen eines mühsamen und keinesfalls geradlinig verlaufenden gesellschaftl. Aushandlungs- und Wandlungsprozesses angesehen werden und stehen den Bemühungen um den Abbau von S. in der Gesellschaft diametral entgegen.

Erklärungsmodelle

Die feminist. Theoriebildung hat seit den 1970er-Jahren im Wesentlichen drei Erklärungsansätze für die Ausbildung einer spezif. Ideologie und Praxis des S. entwickelt: Der *sozialhistor. Ansatz* sieht S. v. a. als Ergebnis der Herausbildung zentralstaatl. Herrschaftsstrukturen in bestimmten histor. Kontexten und zieht auch den Aspekt der geschlechtshierarch. Arbeitsteilung als Erklärungsgrund heran.

Ergänzungen hat dieser Ansatz durch ethnolog. Forschungen erfahren, die zeigen, dass sich geschlechtsspezif. Arbeitsteilung und die Ausbildung von Herrschafts- und Unterdrückungsverhältnissen nicht notwendig bedingen; vielmehr finden sich auch funktionale Gründe, die eine Verteilung der Arbeiten geboten erscheinen lassen, so die Gefährlichkeit des Jagens für schwangere oder stillende Frauen, ohne dass diese Differenzierung zur Ausbildung einer Geschlechterhierarchie führen muss.

Der *soziolog. Ansatz* berücksichtigt v. a. die Entwicklung spezif. Formen der Benachteiligung von Frauen im Zusammenhang der Industriegesellschaften seit dem 19. Jh., insbesondere die in den bürgerl. Familienvorstellungen vorhandene Festlegung der Frauen auf Haushalts- und Konsumentinnenrollen, während die Befähigung zur Berufsausübung weitgehend vernachlässigt oder diskriminiert wurde. Die Beschreibung der traditionellen Hausfrauenehe als ›institutionalisierter S.‹ bezieht sich v. a. auf die strukturellen Einschränkungen in Lebensplanung und -führung, denen im Wesentlichen Ehefrauen und Mütter unterworfen sind, und stellt so ein Modell dar, an dem sich auch zeitgenöss. Verhältnisse abbilden lassen.

Sozialpsycholog. und psychoanalyt. Erklärungsversuche betonen dagegen die Bedeutung der kulturell vorgegebenen Leitbilder von ›Männlichkeit‹ und ›Weiblichkeit‹ für die Aufrechterhaltung des S. Einen weiteren Aspekt sehen diese Ansätze in der Existenz destruktiven Familienstrukturen mit den dazugehörenden Konflikten. Dabei wird betont, dass die Betroffenen den Mechanismen jener Strukturen i. d. R. nicht durchschauen, die ihm entspringenden Konflikte also auch nicht verarbeiten können und sich in Reaktion auf diese von sexist. Handlungsmustern leiten lassen.

Woman in sexist society, hg. v. V. GORNICK u. a. (New York 1971); I. K. BROVERMAN u. a.: Sex-role stereotypes. A current appraisal, in: Journal of social issues, Jg. 28 (ebd. 1972); Men and masculinity, hg. v. J. H. PLECK u. a. (Englewood Cliffs, N. J., 1974); V. MCRAE: Frauen. Eine Mehrheit als Minderheit (1975); The forty-nine percent majority. The male sex role, hg. v. D. S. DAVID u. a. (New York 1976); E. FISCHER-HOMBERGER: Krankheit Frau u. a. Arb. zur Medizingesch. der Frau (Bern 1979); Ein Mädchen ist fast so gut wie ein Junge, hg. v. DAGMAR SCHULTZ, 2 Bde. ($^{1-2}$1979–80); E. E. MACCOBY u. C. N. JACKLIN: The psychology of Sex differences, 2 Tle. (Neuausg. Stanford, Calif., 1980–86); E. B. LEACOCK: Myths of male dominance (New York 1981); S. in der Schule, hg. v. I. BREHMER (1981); A. Y. DAVIS: Rassismus u. S. Schwarze Frauen u. Klassenkampf in den USA (a. d. Engl., 1982); M. JANSSEN-JURREIT: S. Über die Abtreibung der Frauenfrage (Neuausg. 27.–29. Tsd. 1987); C. SCHMERL: Frauenfeindl. Werbung. S. als heiml. Lehrplan (Neuausg. 16.–18. Tsd. 1987); L. FRIED: S. im Kindergarten? (1989); D. SPENDER: Frauen kommen nicht vor. S. im Bildungswesen (a. d. Engl., Neuausg. 1989); Feminismus. Inspektion der Herrenkultur. Ein Hb., hg. v. L. F. PUSCH (^{4}1990); Frauenmacht ohne Herrschaft, hg. v. I. LENZ u. a. (a. d. Amerikan., 1990); R. R. RUETHER: S. u. die Rede von Gott (a. d. Engl., ^{2}1990); S. BROWNMILLER: Gegen unseren Willen (a. d. Amerikan., 37.–38. Tsd. 1991); W. HOLLSTEIN: Nicht Herrscher, aber kräftig. Die Zukunft der Männer (Neuausg. 1991); Frauen, die letzte Kolonie, Beitrr. v. M. MIES u. a. (Neuausg. Zürich 16.–17. Tsd. 1992); E. BECK-GERNSHEIM: Das halbierte Leben. Männerwelt Beruf, Frauenwelt Familie (28.–29. Tsd. 1993); A. MEULENBELT: Scheidelinien. Über S., Rassismus u. Klassismus (a. d. Niederländ., 1993); R. KÖPPEN: Armut u. S. (1994); A. SCHWARZER: Der ›kleine Unterschied‹ u. seine großen Folgen (Neuausg. 137.–139. Tsd. 1994); Frauen in der Defensive? Zur Backlash-Debatte in Dtl., hg. v. M. M. JANSEN u. a. (1995); S. BOVENSCHEN: Die imaginierte Weiblichkeit. Exemplar. Unterss. zu kulturgeschichtl. u. literar. Präsentationsformen des Weiblichen (Neuausg. ^{8}1997); Gewalt durch Sprache, hg. v. S. TRÖMEL-PLÖTZ (77.–78. Tsd. 1997); G. LERNER: Die Entstehung des Patriarchats (a. d. Engl., 1997). – *Zeitschrift:* Beitrr. zur feminist. Theorie u. Praxis (1978 ff.).

Sexl, Roman, österr. Physiker, *Wien 19. 10. 1939, †ebd. 10. 7. 1986; ab 1970 Prof. in Wien; arbeitete v. a. auf den Gebieten der Relativitätstheorie, Kosmologie und Quantenphysik, war bes. in der Didaktik der Physik tätig.

Werke: Gravitation u. Kosmologie (1975, mit H. K. URBANTKE); Weiße Zwerge – Schwarze Löcher (1975, mit H. SEXL); Raum, Zeit, Relativität (1978, mit HERBERT K. SCHMIDT); Die Deutungen der Quantentheorie (1984, mit K. BAUMANN).

Sexpol [Kw. aus Sexual**pol**itik], bezeichnet eine in der 2. Hälfte der 1920er-Jahre v. a. in Dtl. im Rahmen der Arbeiterbewegung und der kommunist. und sozialist. Parteien unter dem Einfluss des Psychoanalytikers W. →REICH stehende polit. gesellschaftsrevolutionäre Bewegung, die v. a. für eine Befreiung des Sexuallebens eintrat. Organisator. Grundlage bildete der 1930 gegründete ›Dt. Reichsverband für proletar. Sexualpolitik‹. Wurde in den herkömml. Arbeiterparteien die Sexualität der Ökonomie untergeordnet, so betonten die Vertreter der S.-Bewegung die Bedeutung der sexuellen Repression zur Sicherung der Klassenherrschaft und zur Unterdrückung revolutionärer Energien und vertraten eine ›revolutionäre‹ Sexualpolitik, die sich u. a. für die Freigabe der Abtreibung, für Sexualberatung, sexuelle Freiheit und die Resozialisierung von Prostituierten einsetzte.

Marxismus, Psychoanalyse, S., hg. v. H.-P. GENTE, 2 Bde. (1972–73).

Sext [aus lat. sexta (hora) ›die sechste (Stunde)‹] *die, -/-en,* die für Mittag angesetzte Gebetszeit (Mittagshore) des →Stundengebets; wird im monast. Stundengebet der kath. Kirche um 12 Uhr gebetet.

Sexta [nlat. sexta classis ›sechste Klasse‹] *die, -/...ten, Schulwesen:* →Prima.

Sext|akkord, ein aus Grundton, Terz und Sext bestehender Akkord (Generalbass-Bez. 6, gelegentlich $^6_3$). Urspr. als selbstständiger Klang angesehen, wird er in der Harmonielehre seit J.-P. RAMEAU als erste Umkehrung des Dreiklangs mit der Terz im Bass erklärt (z. B. e-g-c^1, entstanden aus c-e-g). (→neapolitanischer Sextakkord)

Sextant, Sextans, Abk. **Sex,** ein sehr kleines, unscheinbares Sternbild der Äquatorzone, zw. den Sternbildern Löwe und Wasserschlange; in unseren Breiten im Frühjahr am Abendhimmel sichtbar.

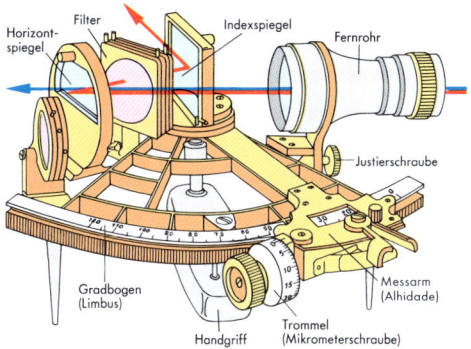

Sextant: Trommelsextant

Sextant [nlat. ›sechster Teil‹ (da sein Teilkreis ein Sechstel des Kreisumfangs aufweist), zu lat. sextus ›sechster‹] *der, -en/-en,* Winkelmessinstrument für Navigation und Geodäsie. Der S. wird v. a. zum Messen des Elevations- bzw. Höhenwinkels benutzt, den ein Himmelskörper (Sonne, Stern, Planet, Mond) mit dem Horizont bildet. Mit mehreren solcher Messwerte ist die Standortbestimmung möglich. Das v. a. in der Seefahrt verwendete, bekannteste dieser Geräte ist der **Spiegel-S.** Er besteht aus einem mit einem Handgriff versehenen Sechstelkreis-Gradbogen (Limbus von etwa 60°), aber mit einer Teilung von 0 bis 120° ($^1/_2$°-Intervall), an dem ein zur Hälfte verspiegeltes und zur anderen Hälfte durchsichtiges Glas (Horizontspiegel) und das Fernrohr fest montiert sind. Über das Fernrohr wird durch den Horizontspiegel hindurch geradlinig ein Objekt oder der Horizont anvisiert. Um den Winkel zu einem zweiten Objekt (z. B. Unterrand der Sonne) zu bestimmen, wird der Messarm (Alhidade) mit dem vollverspiegelten Indexspiegel so lange geschwenkt, bis das zweite Objekt, das nach Reflexion am Indexspiegel über den Horizontspiegel in den Strahlengang des Fernrohrs eingeblendet wird, in diesem mit dem ersten Objekt zur Deckung kommt. Aufgrund der doppelten Spiegelreflexion muss die Alhidade nur um die Hälfte des Winkels geschwenkt werden, den die Objekte eigentlich einnehmen. Durch die auf dem Sechstelkreis angegebene 120°-Einteilung lässt sich jedoch gleich der richtige Winkel ablesen. Zur Schonung der Augen und zum Ausgleich der Helligkeitsunterschiede zw. den anvisierten Objekten können Blendgläser in den Strahlengang gedreht werden. An der Außenkante des Gradbogens beim heute allg. verwendeten **Trommel-S.** ist ein Zahnkranz eingefräst, in den eine mit einer Zahlentrommel verbundene Messschraube eingreift. Eine volle Umdrehung der Trommel verdreht den Messarm um ein halbes Grad (auf der Teilung 1°). Die Genauigkeit, mit der dadurch ein Winkel gemessen werden kann, liegt bei etwa einer zehntel Winkelminute. Als Ersatz für den sichtbaren Horizont kann mithilfe eines Zusatzgerätes ein künstl. Horizont verwendet werden, bei dem wie bei der Libelle einer Wasserwaage eine Blase erzeugt wird und in das Sichtfeld des Fernrohrs eingeblendet wird. Dies ist für die in der Luftfahrt nicht eingesetzten **Periskop-S.** wichtig, weil eine Beobachtung des sichtbaren Horizontes vom Flugzeug aus entweder zu ungenau oder gar nicht möglich ist.

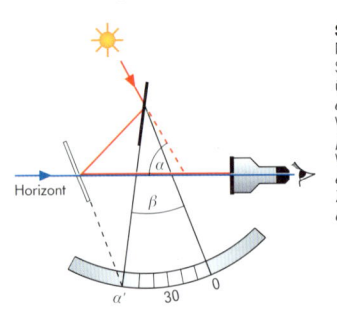

Sextant: Messung des Sonnenstandes über dem Horizont; α tatsächlicher Winkel, β eingestellter Winkel, α' abgelesener Zahlenwert; $\alpha = 2\beta$

Sexte [mlat. sexta vox ›sechster Ton‹] *die, -/-n,* **Sext,** *Musik:* Bez. für das →Intervall, das mit einem sechs diaton. Stufen entfernt gelegenen Ton bildet. Man unterscheidet die große (z. B. c–a), die kleine (c–as), die übermäßige (c–ais, klanglich gleich der kleinen Septime) und die verminderte S. (cis–as, klanglich gleich der Quinte). Die S. galt, wie die Terz, in der frühen Mehrstimmigkeit als auflösungsbedürftige Dissonanz. Erst im 15./16. Jh. wurde sie als selbstständige und schlussfähige Konsonanz anerkannt. (→Sixte ajoutée)

Sextett [in Anlehnung an lat. sex ›sechs‹, zu ital. sestetto, zu sei ›sechs‹] *das, -(e)s/-e,* Musikstück für sechs Instrumente (Streicher oder Bläser; seltener gemischt) oder die Gruppe der Ausführenden eines solchen Stücks. Im 18. Jh. beliebt waren die Bläser-S. mit je zwei Oboen, Hörnern und Fagotten (J. HAYDN, W. A. MOZART), daneben auch die Besetzung Streichquartett mit zwei Hörnern. Im 19. Jh. wurde das reine Streich-S. mit je zwei Violinen, Bratschen und Violoncelli bevorzugt (J. BRAHMS, A. DVOŘÁK, P. I. TSCHAIKOWSKY, A. SCHÖNBERG, M. REGER). Das Vokal-S. findet sich häufig an Aktschlüssen in Opern (z. B. MOZART, Don Giovanni, 1787, Ende 2. Akt).

Sextilis [lat.], *altröm. Kalender:* →August.

Sextilliarde [zu lat. sexta ›sechste‹, Analogiebildung zu Milliarde] *die, -/-n,* nur im Deutschen gebräuchl. Bez. für die Zahl $10^{39} = 10^{6 \cdot 6 + 3}$.

Sextillion [zu lat. sexta ›sechste‹, Analogiebildung zu Million] *die, -/-en,* die Zahl $10^{36} = 10^{6 \cdot 6}$; in den USA u. a. Ländern die Zahl $10^{21} = 10^{(6+1) \cdot 3}$.

Sextilschein [zu lat. sextilis ›der Sechste‹], *Astronomie:* →Konstellation.

Sextole [zu lat. sex ›sechs‹, Analogiebildung zu Triole] *die, -/-n,* eine Folge von sechs Noten, die für vier oder acht Noten gleicher Gestalt bei gleicher Zeitdauer eintreten; angezeigt meist durch eine Klammer und die Ziffer 6.

Sexton [ˈsekstn], Anne, amerikan. Lyrikerin, *Newton (Mass.) 9. 11. 1928, †(Selbstmord) Weston (Mass.) 4. 10. 1974; Tochter einer wohlhabenden Familie aus Neuengland. Zeitlebens psychisch labil, begann sie auf Rat ihres Psychiaters zu schreiben. Ihre in der Tradition von A. RIMBAUD und F. KAFKA sowie ihrer Lehrer R. LOWELL und W. D. SNODGRASS stehende subjektiv geprägte, bekenntnishafte Lyrik legt in klarer, unsentimentaler Sprache und präzisen Bildern die eigene Innenwelt bloß, doch erforscht sie in der Darstellung von Formen persönl. Leidens (Depressionen, Krisen, Einsamkeit) universale Erfahrungen in der als entfremdet erlebten modernen Welt. Ihre späten Gedichte behandeln religiöse Fragen.

Werke: *Lyrik:* To Bedlam and part way back (1960); All my pretty ones (1962); Live or die (1966); Love poems (1969); Transformations (1971); The death notebooks (1974); The awful rowing toward God (hg. 1975); 45 Mercer Street (hg. 1976).

Ausgaben: The heart of A. S.'s poetry, 3 Bde. (1977); A self-portrait in letters, hg. v. L. G. SEXTON u. a. (1977); Words for Dr. Y. Uncollected poems with three stories, hg. v. DERS. (1978); The complete poems, Einf. v. M. KUMIN (1981); No evil star. Selected essays, interviews and prose, hg. v. S. COLBURN (1985); Selected poems, hg. v. D. W. MIDDLEBROOK (1988); Werkedition, hg. v. E. BRONFEN, auf mehrere Bde. ber. (1995 ff.).

D. H. GEORGE: Oedipus Anne. The poetry of A. S. (Urbana, Ill., 1987); Critical essays on A. S., hg. v. L. WAGNER-MARTIN (Boston, Mass., 1989); C. K. B. Hall: A. S. (ebd. 1989) M. SOCHA: Die Todesthematik im lyr. Werk A. S.s (1991); D. W. MIDDLEBROOK: Zauber u. Zeichen. Das Leben der Dichterin A. S. (a. d. Amerikan., Neuausg. 1995).

Sextourismus [-tu-], →Prostitution.

Sextus Empiricus, griech. Philosoph und Arzt des 2./3. Jh. n. Chr. Der Ort seines Wirkens ist nicht bekannt. Der Beiname ›Empiricus‹ beruht vermutlich auf einer Zuweisung zur ›empir.‹ Ärzteschule. S. E. stützt sich v. a. auf ÄNESIDEMUS VON KNOSSOS (1. Jh. v. Chr.) und auf PYRRHON VON ELIS, dessen Skepsis er auf alle Wissensgebiete anwendet. Die Skepsis des S. E. richtet sich gegen den Dogmatismus bes. der Stoa, aber auch gegen die radikale Skepsis des mittleren Platonismus, der er vorwirft, die Unmöglichkeit jegl. Erkenntnis dogmatisch zu behaupten. Er kritisiert v. a. (nicht durch Beobachtung begründbare) metaphys. und wertende Urteile. Sein Werk hatte großen Einfluss auf die Wissenschaftskritik des 17. und 18. Jh. Von seinen Werken sind der ›Grundriß der Pyrrhon. Skepsis‹ und ›Gegen die Gelehrten‹ erhalten.

Ausgaben: The works, übers. v. R. G. BURY, 4 Bde. (1967–71, griech. u. engl.); Grundriß der pyrrhon. Skepsis, übers. v. M. HOSSENFELDER (Neuausg. 1985).

sexual [lat. sexualis ›zum Geschlecht gehörig‹, zu lat. sexus ›Geschlecht‹], *selten* für: sexuell.

Sexualbehaarung, Terminalbehaarung, die sich unter dem Einfluss bestimmter Hormone im Zusammenhang mit der Geschlechtskonstitution an bestimmten Stellen des menschl. Körpers stärker ausgeprägt und u. U. eine von der übrigen Haarpigmentierung abweichende Farbe annimmt. S. ist bei beiden Geschlechtern bes. in der Scham- (Schambehaarung) und Achselgegend, beim Mann auch an Kinn, Wangen, Lippen (→Bart) und Brustpartie, bei der Frau im Bereich um die Brustwarzen verbreitet.

Sexualdelikte, Sittlichkeitsdelikte, die im 13. Abschnitt des StGB behandelten Straftaten gegen die sexuelle Selbstbestimmung. Geschütztes Rechtsgut ist nicht mehr die allg. Sittlichkeit, sondern die Freiheit der Entscheidung über die geschlechtl. Betätigung sowie die ungestörte sexuelle Entwicklung junger Menschen und der Schutz vor schwerwiegenden sexuellen Belästigungen. Das Ges. zur Bekämpfung von S. und anderen gefährl. Straftaten vom 26. 1. 1998 soll bes. dem Schutz der Kinder vor S. dienen sowie dem Rückfall von Sexualstraftätern vorbeugen. Hierzu sieht es u. a. vor: die stärkere Berücksichtigung des Sicherheitsinteresses der Allgemeinheit bei der Entscheidung über die Strafaussetzung zur Bewährung, die Anordnung der Sicherungsverwahrung unter bestimmten Voraussetzungen bereits nach der ersten Wiederholungstat, die verstärkte Nutzung von therapeut. Mitteln (→sozialtherapeutische Anstalt), Verlängerung von Tilgungsfristen im Bundeszentralregister. Durch das 6. Strafrechtsrefom-Ges. vom 26. 1. 1998 wurde u. a. der Strafrahmen bei versch. S. erhöht. Mit Strafe sind v. a. bedroht: sexueller Missbrauch von Schutzbefohlenen (§174), Gefangenen, Kranken und Hilfsbedürftigen in Einrichtungen (§174a), unter Ausnutzung einer Amtsstellung (§174b) sowie eines Beratungs-, Behandlungs- oder Betreuungsverhältnisses (§174c), sexueller Missbrauch von Kindern (§§176, 176a, b), sexuelle Nötigung, Vergewaltigung (§§177, 178), sexueller Missbrauch widerstandsunfähiger Personen (§179; →Schändung), Förderung sexueller Handlungen Minderjähriger (§180), Förderung der Prostitution (§180a), Menschenhandel zu sexuellen Zwecken (§§180b, 181; →Frauenhandel), Zuhälterei (§181a), sexueller Missbrauch von Jugendlichen (§182), exhibitionist. Handlungen (§183), Erregung öffentl. Ärgernisses (§183a), bestimmte Fälle der Verbreitung pornograph. Schriften und Darstellungen (§184) sowie die Ausübung verbotener oder jugendgefährdender Prostitution (§§184a, b). - S. werden im *österr.* StGB in den §§201–220a (strafbare Handlungen gegen die Sittlichkeit), im *schweizer.* StGB in den Art. 187–200 (strafbare Handlungen gegen die sexuelle Integrität) mit Strafe bedroht.

Sexuales *Pl.,* im Generationswechsel der →Blattläuse auftretende Generation.

Sexual|ethik, die eth. Reflexion, die sich mit den Sinngehalten, Äußerungsformen, Folgen und Normen sexuellen Verhaltens von Mann und Frau beschäftigt, wie sie in Zusammenhang gesellschaftl. Lebens in Form einer bestimmten Sexualkultur und -moral zum Ausdruck kommen. Sie stützt sich dabei auf die Bedeutungsbreite, die der →Sexualität im Zusammenhang individuellen und gesellschaftl. Lebens zukommt. Dabei wird bes. ihre unterschiedl. Bedeutung in den versch. Phasen des Lebens (Kindheit, Jugend, Reife, Alter) hervorgehoben. Gegenstand der sexualeth. Betrachtung sind aber auch Sinnesreize und symbol. Bedeutungen, die Objekten und Handlungen beigemessen werden, wie auch das sexuelle Verhalten im Sinne eines komplexen Sprachgeschehens. - Grundlage der **christlichen S.** bilden die schöpfungstheol. Aussagen der Bibel, nach denen Gott den Menschen als Mann und Frau erschaffen hat (1. Mos. 1,27), angelegt auf die geschlechtl. Gemeinschaft von Mann und Frau (1. Mos. 2,24). Geschlechtlichkeit (Sexualität) ist damit theologisch als Schöpfung Gottes qualifiziert, deren von Gott gesetzter Zweck die ganzheitliche (leibseelische) Gemeinschaft von Mann und Frau ist, verbunden mit dem unter dem besonderen Segen Gottes stehenden Auftrag zur Zeugung von Nachkommenschaft (1. Mos. 1,28). Die Liebe zw. Mann und Frau – als der ureigenste Ausdruck dieser Gemeinschaft – wird im A.T. auch als Abbild der Beziehung zw. Gott und Mensch angesehen. Die relativ wenigen Aussagen des N.T. zur Sexualität beziehen sich (u. a. unter Bezugnahme auf sexuellen Libertinismus in der hellenist. Umwelt, v. a. aber mit Hinweis auf die Heiligung des Menschen als Gottes Geschöpf) bes. auf die Unauflöslichkeit der Ehe und stellen Sexualität unter die Forderung bedingungsloser Liebe und Treue der Partner zueinander (so 1. Kor 6, 12–7, 40). Kennzeichnend für die spätere abendländisch-christl. Tradition war bis in das 20. Jh. hinein, maßgeblich beeinflusst durch in die Patristik eingeflossene neuplaton. und auch gnost. Denkansätze, eine weithin leibfeindl. Betrachtungsweise, wobei Sexualität v. a. unter dem Aspekt der Zeugung verstanden wurde und (zumindest die unkontrollierte) Lust als sündhaft galt. Erst im 20. Jh. fasst die christl. Theologie Sexualität stärker unter dem Gesichtspunkt der personalen Begegnung zw. Mann und Frau, die an die Liebe und Verantwortung der Partner füreinander gebunden sein muss, aber vielfältige Ausdrucksformen haben kann. Einen wesentl. Streitpunkt innerhalb der christl. S. bildet allerdings nach wie vor die theologisch-eth. Bewertung der →Homosexualität; in jüngster Zeit bes. im Zusammenhang mit der 1996 veröffentlichten Orientierungshilfe der EKD ›Mit Spannungen leben‹ zum kirchl. Umgang mit Homosexualität. – Themen der gegenwärtigen sexualeth. Diskussion in Kirche und Gesellschaft sind darüber hinaus Geburtenkontrolle, Empfängnisverhütung, Schwangerschaftsabbruch, aber auch Themen wie die (zunehmende) Bedeutung nichtehel. Lebensgemeinschaften in der Gesellschaft und der gesellschaftl. Umgang mit in sexuellen Beziehungen praktizierter Gewalt.

Sexual|hormone, die →Geschlechtshormone.
Sexual|index, das →Geschlechtsverhältnis.
Sexual|inversion, die →Homosexualität.
Sexualität, Geschlechtlichkeit, allg. die Unterscheidung männl. und weibl. Individuen aufgrund ihrer Geschlechtsmerkmale sowie – bei Eukaryonten – die Gesamtheit der Phänomene, die der genet. Rekombination dienen (→Fortpflanzung, →Geschlecht); beim Menschen die Gesamtheit der geschlechtl. Lebensäußerungen; in einem engeren Sinne die auf dem Geschlechtstrieb, einem auf geschlechtl. Beziehung und Befriedigung zielenden Trieb, beruhenden Lebensäußerungen.

Der Begriff S. wurde wissenschaftlich vermutlich zuerst von dem Botaniker AUGUST HENSCHEL (*1790, †1856) in einer Arbeit ›Von der S. der Pflanzen‹ 1820 verwendet und dort ausschließlich unter dem Fortpflanzungsaspekt thematisiert. Die folgende wiss. Verwendung des Begriffs S. umfasste dann bald die bis dahin als Trieb, Wollust, Geschlechtslust usw. beschriebenen motivationalen Aspekte der S. Die gegen Ende des 19. Jh. sich entwickelnde Sexualwiss. konzentrierte sich anfangs vorwiegend auf die als abweichend und ungewöhnlich aufgefassten Erscheinungsformen dieses begrifflich neu gefassten Feldes. Die Psychiatrie versuchte, das Augenmerk auf das Exotische der sexuellen Phänomene unter einer psychopatholog. Perspektive zu fassen. Programmatisch kommt dies im Titel der ›Psychopathia sexualis‹ des Wiener Psychiaters R. VON KRAFFT-EBING (1886) zum Ausdruck. Nach der ausschließlich ethisch-moral. Perspektive, unter der die Kirche sexuelle Phänomene bewertet hatte, gewann das medizin. Modell in der Folge an Einfluss.

Sexu Sexualität

Kulturhistorische Aspekte

Nicht nur sexuelle Normen, sondern auch die Manifestationen sexuellen Verhaltens zeigen im Lauf der abendländ. Geschichte große Veränderungen. Die angemessene Beschreibung dieses histor. Wandels ist dadurch erschwert, dass die schriftl. und bildl. Quellen sich vorwiegend auf die privilegierten sozialen Klassen beziehen. Sie geben also kaum Aufschluss über den größten Teil der Bevölkerung. Auch lässt sich oft nicht einschätzen, wieweit die erhaltenen Dokumente als Realbeschreibungen oder als künstler. Produktionen zu bewerten sind. Schließlich stammen viele Informationen über sexuelle Vorschriften und Verbote aus kirchl. Quellen. Sie sind als Hinweise auf die jeweiligen Normen brauchbar, lassen aber nur begrenzte Schlüsse auf das sexuelle Verhalten in einer Epoche zu. Diese Einschränkungen erlauben einigermaßen zuverlässige Aussagen erst für das ausgehende MA. und den Beginn der Neuzeit.

Die offizielle christl. Moral des MA. war nicht nur asketisch-antisexuell i. e. S., sondern verurteilte auch die individuellen Liebesgefühle, vertrat also eine instrumentelle, reproduktionsorientierte Sexualnorm. Die Detailliertheit und Ausführlichkeit, mit der die Kirche ihre Verbote des Ehebruchs, der Hurerei, der Masturbation, der Homosexualität und die entsprechenden Sanktionen formulierte, lassen sich als Hinweise auf das Ausmaß eines tatsächlich wenig kontrollierten und normativ zensierten Sexuallebens interpretieren. So waren z. B. Prostitution, vor- und außerehel. S. sehr weit verbreitet. Insgesamt scheint das MA. von einem fantasievollen Sexualleben gekennzeichnet gewesen zu sein, das sich aber gleichwohl nicht einfach als freizügig beschreiben lässt. Vielmehr war es auch geprägt durch Gewalt, durch sexuelle Privilegien des Adels und entsprechende Entrechtung der bäuerl. Bevölkerung sowie durch die mit den damals unheilbaren Geschlechtskrankheiten verbundenen Gefahren. Die Kirche stellte dem sexuellen Ausschweifungen ein asket. Ideal gegenüber, das durch teilweise strengste Sanktionen gestützt war. Die christl. Moral wurde aber bereits in der Renaissance heftig kritisiert, wobei der Antagonismus von (verachteter) Körperlichkeit und (geläuterter) Geistigkeit abgelehnt wurde. Es wurden jedoch weiterhin vonseiten der Kirchen sexualfeindl. Reglementierungen erlassen.

Vor dem Hintergrund der sozioökonom. Umwälzungen der industriellen Revolution und des zunehmenden Einflusses des Bürgertums lassen sich zwei Entwicklungslinien erkennen, die zur Herausbildung der modernen S. führten: Die für die agrar. Lebensform charakterist. Einheit von Produktion und Reproduktion löst sich auf. Die Funktion der Familie reduziert sich damit auf die Reproduktion; die Bindungen der Familienmitglieder zueinander werden weniger funktionell als affektiv geprägt; es kommt zu einer ›Emotionalisierung des familiären Binnenklimas‹ (GUNTER SCHMIDT). Dies verändert maßgeblich die Motive der Gattenwahl, die nun weniger von ökonomischen als von romantisch-emotionalen Motiven bestimmt ist. S. wird so zunehmend intimer, affektiver, individueller und enger an die Institution Ehe gebunden als zuvor. Parallel damit geht der christl. Asketismus des MA. in der bürgerl. Moral der Selbstbeschränkung über. N. ELIAS beschreibt eine Erniedrigung der Scham- und Peinlichkeitsschwelle und eine Verlagerung der sozialen Kontrolle von ›äußeren‹ Verboten zu ›inneren‹ Moralvorstellungen und damit eine Verinnerlichung der sexuellen Kontrolle. Nicht die Angst vor Strafe, sondern vor dem eigenen Gewissen wird zur Handlungsmaxime, auch für das sexuelle Verhalten. Damit einher geht eine Pädagogisierung und Problematisierung der kindl. S. mit einer gesteigerten Aufmerksamkeit auf die kindl. Masturbation. Die viktorian. Moral in der 2. Hälfte des 19. Jh. ist der Höhepunkt des ›antisexuellen Syndroms‹ (JOS VAN USSEL), das durch die extreme Kontrolle der S. diese zugleich ständig thematisiert. Die Ausläufer dieser Moral sind bis weit in die Mitte des 20. Jh. wirksam.

Der (nach W. REICH) oft als ›sexuelle Revolution‹ bezeichnete Liberalisierungsprozess der 1960er-Jahre brachte dieses Spannungsfeld in Bewegung. Eine zunehmende Freizügigkeit und Individualisierung sexueller Wertvorstellungen drückte sich v. a. in einer Relativierung der drei sexualmoral. Grundpfeiler Monogamie, Heterosexualität und Dauerhaftigkeit aus. Die ersten sexuellen Erfahrungen werden in einem früheren Lebensalter gemacht und sie werden unabhängiger von partnerschaftl. Bindung. Dass der Liberalisierungsprozess für Frauen größere Veränderungen als für Männer brachte, lässt sich auf die früher stärker verbreitete ›Doppelmoral‹ (unterschiedl. Normvorstellungen für die beiden Geschlechter im Sinne stärkerer Restriktion, Moralvorschriften und Verhaltensregeln für die Frauen) zurückführen.

Die Veränderungen im öffentl. Bewusstsein haben auch in der Rechtsprechung ihren Niederschlag gefunden. So lag der Reform des Sexualstrafrechts 1973 die rechtseth. Maxime zugrunde, dass nicht mehr die allgemeine Sittlichkeit, sondern die sexuelle Selbstbestimmung das zu schützende Rechtsgut sei.

Die leitende Vorstellung der durch die Studentenbewegung mitinitiierten Diskussion war die Repressionsthese, der zufolge die S. in der bürgerl. Gesellschaft zur Wahrung gesellschaftl. Macht unterdrückt werde. Demgegenüber sah später v. a. M. FOUCAULT gerade in der Entfaltung und Differenzierung der Sexualverbote einen Prozess der Sexualisierung, in dem S. als das Geheimnis schlechthin geltend gemacht wird, gerade daher aber ständig darüber gesprochen wird. FOUCAULT zufolge wird eine bestimmte Art, über S. zu sprechen, die ›Diskursivierung des Sexes‹, zu einem Machtmechanismus.

Biologische Voraussetzungen sexueller Erregbarkeit

Männl. (Androgene) und weibl. (Östrogene und Progesterone) Sexualhormone kommen bei beiden Geschlechtern vor, jedoch in unterschiedlicher, geschlechtsspezif. Konzentration. Sie beeinflussen die pränatale Geschlechtsdifferenzierung und den Pubertätsbeginn. Bis zu einem gewissen Maß sind sie auch Voraussetzungen für das sexuelle Verhalten.

Das für das sexuelle Verhalten und für die Fortpflanzung wichtigste endokrine System ist das Hypothalamus-Hypophysenvorderlappen-Gonaden-System. Der Hypothalamus bewirkt, dass im Hypophysenvorderlappen das FSH (follikelstimulierendes Hormon) und das LH (luteinisierendes Hormon) freigesetzt werden. Das FSH stimuliert beim Mann die Spermiogenese, bei der Frau das Wachstum der Follikel im Eierstock. Das LH regt beim Mann die Produktion von Testosteron, dem wichtigsten Androgen (männl. Geschlechtshormon), bei der Frau die Produktion der weibl. Hormone Östrogen und Progesteron.

Der Androgenspiegel beim Mann ist im Regelfall weitaus höher, als für die Erektion und Ejakulation erforderl. ist. Über das für die sexuelle Funktionsfähigkeit erforderl. Minimum hinausgehende Androgengaben erhöhen die Erektionsfähigkeit und Appetenz nicht. Bei der Frau ist die Lubrikationsfähigkeit der Scheide von einem Östrogenminimum abhängig. (→sexueller Reaktionszyklus)

Sexuelle Entwicklung des Menschen

Bereits Säuglinge zeigen Verhaltensweisen, die sich als sexuell bezeichnen lassen, insbesondere in Form masturbationsähnl. Handlungen. Auch orgasmusähnl. Äußerungen sind beobachtet worden. Wieweit diesem Verhalten bei den Kindern auch ein sexuelles Erlebniskorrelat entspricht, lässt sich nicht beurteilen. Masturbationen bei Kindern im Alter von 4 bis 5 Jahren sind keine Seltenheit. In diesem Alter spielt auch die Unterscheidung der Geschlechter für die Kinder eine große Rolle. Die von der Psychoanalyse vertretene These, dass Mädchen in diesem Alter unter der Vorstellung litten, dass sie keinen Penis hätten (Penisneid), und Jungen ihre sexuellen Wünsche aus Angst vor der Kastration durch den Vater verdrängten (Kastrationskomplex), konnte durch die interkulturelle Forschung nicht bestätigt werden.

Empirisch widerlegt ist das psychoanalyt. Postulat einer ›Latenzzeit‹, also eines Zurücktretens sexueller Interessen, zw. der frühen Kindheit und der Pubertät. Vielmehr sind Kuss- und Doktorspiele in dieser Phase in der abendländ. Kultur sehr verbreitet.

Der Beginn der Pubertät wird bei Mädchen durch die Menarche (erste Menstruation), bei den Jungen durch die erste Ejakulation definiert und ist nicht nur durch die körperl. Reifungsvorgänge, sondern auch durch die oft konflikthafte Übernahme der männl. und weibl. Rolle geprägt, die von J.-J. ROUSSEAU als ›zweite Geburt‹ bezeichnet wurde. Erste Masturbationserfahrungen werden von den meisten Jungen, aber nur einem Teil der Mädchen in dieser Zeit gemacht. Homosexuelle Erfahrungen, die später nicht zu einer manifesten homosexuellen Orientierung führen müssen, sind in der Adoleszenzzeit nicht ungewöhnlich.

Bei Erwachsenen hat die Unterscheidung zw. ehel. und nichtehel. S. heute insofern an Bedeutung verloren, als neben der Ehe auch die feste Partnerschaft eine gesellschaftlich relevante Organisationsform der Erwachsenen-S. geworden ist.

Das Nachlassen des sexuellen Verlangens im Alter variiert individuell. Frauen brechen stark ihre der sexuellen Aktivität im mittleren Lebensalter ab. Im Alter zunehmende Stoffwechselkrankheiten können das sexuelle Verlangen beeinträchtigen; von Bedeutung ist auch die soziale Billigung der sexuellen Bedürfnisse und Interessen älterer Menschen.

Theorien sexueller Motivation

Zu Beginn der wiss. Beschreibung der S. dominierten die biogenet. Degenerationsvorstellungen, welche auf alle Aspekte der S. angewandt wurden, die nicht ehelich institutionalisiert waren, also auf kindl. und jugendl. S. ebenso wie auf Masturbation und Homosexualität. Anfang des 20. Jh. nahm das Interesse der Sexualwissenschaft an der ›normalen‹ Entwicklung der S. zu und begann, sich von dem pathologisierenden Blick auf sexuelle Phänomene zu befreien (HAVELOCK ELLIS, I. BLOCH, ALBERT MOLL), parallel mit einer scharfen Gegnerschaft zur Pathologisierung der Homosexualität (KARL HEINRICH ULRICHS, M. HIRSCHFELD). Die um diese Zeit entstandene S.-Theorie der Psychoanalyse S. FREUDS gab das Degenerationsmodell des 19. Jh. völlig auf und sah in der S. ein zentrales Motiv menschl. Erlebens.

Damit trat auch das theoret. Verständnis sexueller Motivation in eine neue Phase. Das klass. Modell geht von einem Sexualtrieb aus, der sich aus einer biologischen, im Wesentlichen hormonellen Quelle speist und zur Abfuhr durch sexuelle Aktivität drängt. Dieses Triebdruckmodell variiert von der einfachsten Vorstellung, die Sexualsekrete erzeugten einen mechan. Druck in den Genitalien, bis zu dem differenzierteren Modell der frühen Psychoanalyse. In den ›Drei Abhandlungen zur Sexualtheorie‹ (1905) unterscheidet FREUD eine somat. Trieb*quelle,* die einen inneren Spannungszustand erzeugt, der durch eine sexuelle Aktivität (das Trieb*ziel*) mit einem Trieb*objekt* abgeführt wird und so zur Befriedigung führt. Sexuelle Motivation wird in diesem Modell durch die angestrebte Reduzierung dieser inneren Spannung erklärt, ähnlich wie bei Hunger und Durst. Diese Vorstellung wurde als ›psychohydraulisch‹ kritisiert (GUNTER SCHMIDT). Die verhaltenswiss. Forschung belegte die starke Abhängigkeit der sexuellen Erregung von Außenreizen und zeigte, dass sich auch bei langer sexueller Enthaltsamkeit keine Hinweise auf unentladene Sexualspannung finden lassen. Die bei Menschen zentrale Funktion der sexuellen Fantasie, die hinsichtlich Triebobjekt und Triebziel sehr variabel ist, kann im Rahmen des psychohydraul. Modells nur als Reaktion auf die andrängenden und nicht abführbaren physiol. Impulse verstanden werden. Dies ist die Essenz des freudschen Satzes ›Der Glückliche fantasiert nie, nur der Unbefriedigte‹. Er enthält die Vorstellung der sexuellen Fantasie als einer Kompensation unerfüllter Wünsche. Demgegenüber haben sexualwiss. und psychoanalyt. Untersuchungen den antizipator. Charakter der Fantasie hervorgehoben, die eine innere Gegenwelt der Sehnsüchte ermöglicht.

Neuere psychoanalyt. Überlegungen fragen, welche biographisch begründeten Konflikte und Affekte sich in sexueller Aktivität und Fantasie niederschlagen. Nach der von klin. Untersuchungen sexueller Perversionen ausgehenden Theorie des amerikan. Psychoanalytikers ROBERT J. STOLLER fließen in die sexuelle Erregung unbewusste kindl. oder adoleszente Traumata und Niederlagen ein, v. a. in Bezug auf die Geschlechtsidentität, die dann im erwachsenen S.-Erleben reaktualisiert werden. Sexuelle Aktivität und die sie begleitenden Fantasien werden so inszeniert, dass das frühe Trauma ichstabilisierend gewendet und symbolisch überwunden wird in einem erregenden Erlebnis des Triumphes über diese früheren psych. Verletzungen. Sexuelles Handeln und Erleben dient damit auch der Überwindung von Angst und Schwäche. In dieser Hinsicht ist der Orgasmus nicht nur Triebabfuhr oder Lustbefriedigung, sondern ein ›megalomaner Ausbruch der Freiheit‹ (STOLLER).

Anderen Überlegungen zufolge werden im gegenwärtigen sexuellen Erleben nicht nur schmerzl. und demütigende Erlebnisse der Kindheit wieder lebendig, sondern ebenso kindl. Glückszustände, Hochgefühle und symbiot. Verschmelzungserlebnisse. In der sexuellen Erregung und im Orgasmus verdichten sich Gefühle narzisst. Großartigkeit mit Gefühlen der Auflösung von Ichgrenzen, die kurzfristig wiedererlebbar sind. Diese weit gefassten Vorstellungen sexueller Motivation sind von verhaltensbiol. Seite kritisiert worden, weil sie nicht zw. unterschiedl. Qualitäten zwischenmenschl. Anziehung unterscheiden. Ein biologisch begründetes Modell (NORBERT BISCHOF) unterscheidet zwei Komponenten: Die Bindung an primär vertrauten Partnern bietet Sicherheit, aber wenig Erregung; dagegen kann sich sexuelle Motivation i. e. S. nur auf Partner richten, die zunächst fremd sind und erst sekundär vertraut werden.

Die mit rd. 20 000 Befragten bis heute umfangreichste empir. Erforschung der menschl. S. führte die Arbeitsgruppe von A. C. KINSEY (Kinsey-Report) in den USA zw. 1938 und 1953 durch. Mit einer deskriptiven und primär taxonom. Absicht wurde die Häufigkeit einzelner sexueller Verhaltensweisen erfasst. Die für eine wiss. Studie ungewöhnlich heftige öffentl. Rezeption entzündete sich v. a. an der großen Diskrepanz zw. sexuellen Normvorstellungen und sexuellem Verhalten. Insbesondere die empirisch belegte Häufigkeit homosexueller Erfahrungen, der Masturbation und außerehel. Beziehungen offenbarten die große Spanne zw. Norm und Verhalten.

Sexuelle Störungen

Beeinträchtigungen eines befriedigenden Sexuallebens lassen sich in drei Kategorien einteilen:

Bei *funktionellen Störungen* der S. ist der Geschlechtsverkehr nicht möglich oder die Erlebnisfähigkeit erheblich gemindert. Bei Frauen ist das beim Vaginismus (unwillkürl. Scheidenkrampf) und bei den erheblich häufigeren Erregungs- und Orgasmusstörungen der Fall. Bei Männern können Erektionsstörungen, Ejaculatio praecox (frühzeitiger Samenerguss) und, seltener, ausbleibender Samenerguss die sexuelle Funktions- und Erlebnisfähigkeit beeinträchtigen. I. w. S. kann auch eine allgemeine sexuelle Lustlosigkeit zu den funktionellen S.-Störungen gerechnet werden. Diese zum größten Teil psychisch verursachten Störungen lassen sich heute relativ gut psychotherapeutisch behandeln.

Sexuelle Perversionen (Deviationen, Paraphilien) sind definiert durch sexuelle Wünsche, die entweder vom genitalen Sexualverkehr abweichen (z. B. Exhibitionismus, Fetischismus, Voyeurismus, Varianten des Sadomasochismus) oder die sich nicht auf einen erwachsenen Partner richten (Pädophilie, Sodomie). Sexuelle Perversionen sind immer psych. Symptombilder. Sie können sehr unterschiedlich in die Gesamtpersönlichkeit integriert sein, d. h., sie können als fremd und bedrohlich empfunden werden, können aber auch ein bewusst akzeptierter Teil einer stabilen Persönlichkeit sein. Die Frage einer Behandlung stellt sich häufig erst im Zusammenhang mit strafbaren Handlungen. Die verbreitetste medizin. Behandlung mit Antiandrogenen kann zwar in Einzelfällen zu einer vorübergehenden psych. Stabilisierung beitragen, an der Grundproblematik aber nichts ändern. Psychotherapeut. Behandlungen zielen weniger auf die Beseitigung der Symptome als auf eine Stabilisierung der Persönlichkeit und den Aufbau alternativer Verhaltensweisen, die das Individuum weniger gefährden.

Sexuelle Identitätsstörungen sind in ihrer ausgeprägtesten Form, der Transsexualität, relativ selten. Transsexuelle Menschen fühlen sich nicht ihrem biolog. Geschlecht, sondern dem Gegengeschlecht zugehörig. Sie erstreben neben einer sozialen und jurist. Anerkennung ihres Wunsches meist eine hormonelle und operative Umwandlung ihres körperl. Geschlechts. Da eine medizin. oder psychotherapeut. Behandlung (im Sinne einer Versöhnung mit dem biolog. Geschlecht) in den meisten Fällen nicht möglich ist, liegt der Schwerpunkt auf einer medizinisch-psychotherapeut. Begleitung der gewünschten Lebensform.

⇨ *Erotik · Geschlechtshormone · Geschlechtsorgane · Homosexualität · Lesbierinnen · Liebe · Sexualethik · Sexualpädagogik · Sexualwissenschaft*

A. C. KINSEY u. a.: Das sexuelle Verhalten der Frau (a. d. Amerikan., Neuausg. 1970); DERS. u. a.: Das sexuelle Verhalten des Mannes (a. d. Amerikan., Neuausg. 1970); E. SCHORSCH: Die Stellung der S. in der psych. Organisation des Menschen, in: Nervenarzt, Jg. 49 (1978); R. J. STOLLER: Perversion (a. d. Engl., 1979); M. POHLEN u. L. WITTMANN: Die Unterwelt bewegen (1980); V. SIGUSCH: Vom Trieb u. von der Liebe (1984); Perversion als Straftat, bearb. v. E. SCHORSCH u. a. (1985, Nachdr. 1990); U. CLEMENT: S. im sozialen Wandel (1986); GUNTER SCHMIDT: Das große Der Die Das. Über das Sexuelle (1986); W. H. MASTERS u. V. E. JOHNSON: Die sexuelle Reaktion (a. d. Engl., Neuausg. 63.–65. Tsd. 1987); W. BRÄUTIGAM u. U. CLEMENT: Sexualmedizin im Grundr. ([3]1989); Sexuell gestörte Beziehungen, hg. v. G. ARENTEWICZ u. a. ([3]1993); M. FOUCAULT: S. u. Wahrheit, 3 Bde. (a. d. Frz., [4-9]1995–97); S. FREUD: Drei Abhh. zur Sexualtheorie (Neuausg. 13.–14. Tsd. 1996); N. BISCHOF: Das Rätsel Ödipus (Neuausg. [4]1997).

Sexua∥llockstoffe, Sexualduftstoffe, Sexualpheromone, Gruppe leichtflüchtiger Duftstoffe, die, von einem Geschlecht abgegeben, der Anlockung und sexuellen Erregung des Partners dienen. S. sind im Tierreich sowohl bei Wirbellosen (z. B. das →Bombykol des Seidenspinners) als auch bei Wirbeltieren (Säuger bilden S. z. B. während der Brunst) weit verbreitet. S. werden auch im Rahmen der biotechn. →Schädlingsbekämpfung eingesetzt.

Sexualmerkmale, die →Geschlechtsmerkmale.

Sexualpädagogik, Teilbereich der Erziehungswiss. und der Sexualwiss.en, der sich um die theoret. und method. Fundierung der gezielten Entwicklungsförderung und -begleitung sexueller Einstellungen und Verhaltensweisen von Kindern und Jugendlichen sowie der Prävention von Fehlentwicklungen und Traumatisierungen bemüht. Als Teil der Sexualwiss. versucht die S., das Wissen über die psychosexuelle Entwicklung und die sexuelle Sozialisation in die schul., familiäre und mediale Erziehungspraxis einzugliedern.

Vorstellungen über entwicklungsgerechtes Sexualverhalten spielen in jeder Gesellschaft eine wichtige Rolle. Systematisch durchdachte Sexualerziehung entstand jedoch auf breiterer Basis erst im 18. Jh. Mit der Entwicklung des Bürgertums wurde auch der Sexualbereich nachdrücklich in die Erziehung aufgenommen (J. B. BASEDOW, C. G. SALZMANN, P. VILLAUME). Gefördert durch die Sexualwiss. und Psychoanalyse (R. VON KRAFFT-EBING, S. FREUD) und unterstützt durch die reformpädagog. Bewegung, setzten im 1. Drittel des 20. Jh. verbreitet Aktivitäten zur sexuellen Aufklärung und Erziehung ein (MAX HODANN, M. HIRSCHFELD, W. REICH). Diese Ansätze wurden vom Nationalsozialismus gewaltsam unterdrückt; Vererbungslehre und Rassenhygiene verdrängten sexuelle Erziehung und Aufklärung. Auch nach 1945 herrschte noch lange eine rigide Tabuierung der Sexualität vor, die durch autoritative Erziehungsmaßnahmen aufrechterhalten werden. Vorrangiges Ziel blieb bis in die 60er-Jahre die Verhinderung sexueller Aktivitäten von Kindern und Jugendlichen. Charakter- und Willenserziehung, verbunden mit systemat. Informationsentzug, waren die Erziehungsprinzipien (F. W. FOERSTER). Sexualwiss., Psychiatrie und Psychoanalyse haben das strenge Sexualtabu als Ursache tief greifender Persönlichkeitsstörungen erforscht (FREUD, A. MITSCHERLICH, H. GIESE). Auch in erziehungswiss. Analysen wurde die sexualverneinende Pädagogik begründet kritisiert (HELMUT KENTLER, FRIEDRICH KOCH) und ein Konzept nicht repressiver emanzipator. S. entwickelt.

Eine moderne, ganzheitl. und entwicklungsfördernde Sexualerziehung beginnt bereits beim Umgang der Eltern/Bezugspersonen mit dem Neugeborenen und dem Kleinkind. Wichtige Voraussetzungen für die Einstellung des Kindes zu seinem Körper und zu seiner Sexualität sind: emotionale Wärme, die Förderung des Hautkontaktes beim Stillen, der Verzicht auf eine zu frühe Sauberkeitserziehung, eine verständnisvolle Reaktion auf kindl. ›Doktorspiele‹ und andere Erkundungen des Körpers sowie die freimütige Beantwortung aller kindl. Fragen. Zur S. gehören altersgemäße Informationen über die körperl. Veränderungen in der Pubertät (Menstruation, Pollution), über Masturbation, Geschlechtsverkehr und Empfängnisverhütung, über Necking und Petting, partnerschaftl. Umgang, Verantwortung und Solidarität.

Sexualerziehung in der Schule und in der außerschul. Kinder- und Jugendarbeit erweitert die Fragestellungen und beantwortet sie wiss. fundiert. Die Schüler können Einsicht in sexolog. Gegebenheiten gewinnen und das Fachwissen mit eth. Einstellungen verbinden. Neben dem biolog. Wissen hat das soziale Problematik der Sexualität besonderen Vorrang. Normenprobleme, polit., religiöse, rechtl., soziolog. und medizin. Fragen erweitern das Grundwissen. Bedeutung gewann in der Sexualerziehung auch eine offenere Auseinandersetzung mit der Homosexualität, die in früheren Konzeptionen einseitig negativ abgehandelt wurde, und mit allen Aspekten von Aids.

Mit der Einrichtung der schul. Sexualerziehung reagierten die Kultusminister der BRD 1968 auf die Forderungen der Schüler- und Studentenbewegung. Sexualerziehung soll kein eigenes Unterrichtsfach sein, sondern als Unterrichtsprinzip in den versch. Fächern wahrgenommen werden (Sozialkunde, Religion, Deutsch, Biologie u.a.). Die Empfehlungen und Richtlinien blieben lange umstritten. Gegner sahen in ihnen einen Konflikt zw. dem elterl. und dem staatl. Erziehungsauftrag (Art. 6 und 7 GG). 1977 bestätigte das Bundesverfassungsgericht die Rechtmäßigkeit der schul. Sexualerziehung. Als fächerübergreifender Unterricht ist sie nicht von der Zustimmung der Eltern abhängig. 1992 wurde mit dem Schwangeren- und Familienhilfe-Ges. (SFHG) erstmals das Recht auf Sexualaufklärung, Verhütung und Familienplanung festgeschrieben. Die Bundeszentrale für gesundheitl. Aufklärung (BZgA) wurde beauftragt, ›Konzepte zur Sexualaufklärung, jeweils abgestimmt auf die versch. Alters- und Personengruppen‹, zu erarbeiten. Seitdem erleben die sexualpädagog. Forschung sowie die Aus-, Weiterbildung und Praxis einen Aufschwung.

G. GLÜCK u.a.: Heiße Eisen in der Sexualerziehung (²1992); Sexualerziehung u. Aids. Das Ende der Emanzipation?, hg. v. F. KOCH (1992); Rahmenkonzept zur Sexualaufklärung, hg. v. der Bundeszentrale für gesundheitl. Aufklärung (⁴1996); Sexualpädagog. Aus- u. Fortbildung in der Bundesrep. Dtl. Wegweiser, hg. v. der Bundeszentrale für gesundheitl. Aufklärung (²1997).

Sexualproportion, das →Geschlechtsverhältnis.

Sexualpsychologie, Teilgebiet der Psychologie, das sich mit den psych. Vorgängen, dem Erleben und Verhalten im Zusammenhang mit der Sexualität beschäftigt. Forschungsbereiche sind die Entwicklung der kindl. und jugendl. Sexualität und die Alterssexualität; die individual- und geschlechtsspezif. Unterschiede im Sexualverhalten; Fragen der Partnerwahl und Ehe; die Beziehungen zw. physiolog. und psych. Vorgängen im Sexualbereich (z.B. Menstruationszyklus, Klimakterium), Abweichungen im Sexualverhalten und sexuelle Dysfunktionen (Sexualneurosen, Perversionen); die tiefenpsycholog. Bedeutung v.a. der frühkindl. Sexualität in diesem Zusammenhang und allg. für psych. Störungen. Weiterhin befasst sich die S. mit den psycholog. Aspekten der Sexualerziehung und -aufklärung innerhalb der Sexualpädagogik.

Sexualsoziologie, spezielle Soziologie, die sich zum einen mit dem gesellschaftl. Anteil an den Vorstellungen über die menschl. Sexualität, ihren Erscheinungsformen und Normen (die ›Abweichungen‹ einschließend) beschäftigt und zum anderen die sozialen Bedeutungen und Folgen menschl. Sexualverhaltens für die Gesellschaft insgesamt oder gesellschaftl. Teilbereiche untersucht. In der Perspektive der S. erscheint menschl. Sexualität nicht als primär biolog. oder anthropolog. Gegebenheit, sondern gewinnt ihre konkrete Gestalt erst als Folge sozialer Organisation und durch die Vermittlung entsprechend sozial vorgegebener Beziehungen und Muster. Im Einzelnen untersucht die S.: 1) die Bedeutung der sozialen Rollen (z.B. Geschlechterrollen), der Sozialisation (Sexualerziehung) und der gesellschaftl. Leitbilder (Moralvorstellungen) für die Ausbildung individueller oder gruppenspezif. sexueller Verhaltensweisen; 2) die Wechselbeziehungen zw. sozialer Zugehörigkeit (Geschlecht, Alter, soziale Gruppen- bzw. Schichtenzugehörigkeit) und sexuellen Vorstellungen und Verhaltensweisen; 3) die Wirkung bzw. Wirkungslosigkeit bestehender sexueller Normen.

Erste Impulse erhielt die S. aus den psychoanalyt. und sexualwiss. Arbeiten von S. FREUD, M. HIRSCHFELD und I. BLOCH. Von besonderer Bedeutung waren die Untersuchungen A. C. KINSEYS (→Kinsey-Report), die in den 1950er-Jahren breite Diskussionen auslösten, da sie auf die bestehenden Diskrepanzen zw. herrschenden Moralvorstellungen und sexuellen Verhaltensweisen aufmerksam machten. Das Werk KINSEYS fortgesetzt haben in den 1960er-Jahren bes. W. H. MASTERS und VIRGINIA ESHELMAN JOHNSON und seit den 1970er-Jahren SHERE DIANE HITE (→Hite-Reports). Heute haben sexualwiss. Befragungen einen festen Platz in der sexualwiss. Forschung. Wie andere Ergebnisse soziolog. Forschung fließen auch ihre Ergebnisse in die öffentl. Meinungsbildung ein und haben (indem in ihnen sexuelle Verhaltensweisen und deren Motivationen transparent werden) u.a. zu Korrekturen des Sexualstrafrechts sowie zu veränderten gesellschaftl. Einstellungen gegenüber der Sexualität bzw. einzelnen sexuellen Verhaltensweisen geführt.

Texte zur Sozio-Sexualität, hg. v. H. KENTLER (1973); Ergebnisse zur Sexualforschung, hg. v. E. SCHORSCH u.a. (Neuausg. 1976); H. SCHELSKY: Soziologie der Sexualität (Neuausg. 1983); U. CLEMENT: Sexualität im sozialen Wandel (1986); Sexualitäten in unserer Gesellschaft, hg. v. R. GINDORF u. E. J. HAEBERLE (1989); V. SIGUSCH: Anti-Moralia. Sexualpolit. Komm. (1990); P. HERTOFT: Sexolog. Wb. (a.d. Dän., 1993); G. HAWKES: A sociology of sex and sexuality (Buckingham 1996).

Sexualtherapie, Form der Therapie, bei der es um die Beseitigung von psych. Barrieren geht, durch die befriedigende Sexualbeziehungen zw. Partnern beeinträchtigt werden. Dazu zählen Dysfunktionen des Mannes und der Frau, die ihre Ursache entweder in aktuellen oder in tiefer liegenden psych. Konflikten haben. Die gezielte Therapie, die mit einzelnen Klienten, i.d.R. aber mit beiden Partnern oder auch in Gruppen von Paaren erfolgt, soll, ausgehend von einer Analyse des zugrunde liegenden Problems und durch entsprechende Verhaltensanweisungen, die Interaktionsmuster der Partner verändern helfen. (→Sexualwissenschaft)

Sexualverhalten, *Verhaltensforschung:* bei Tieren das artspezif., der geschlechtl. Fortpflanzung dienende Verhalten der Geschlechter zueinander. Es umfasst alle Verhaltensabläufe, die der Herbeiführung der Paarung dienen **(Paarungsverhalten).** In der systemat. Reihe der Tiere ist eine kontinuierl. Höherentwicklung des S. zu beobachten. Viele zwittrige, festsitzende und im Wasser lebende Tiere (Schwämme, Hohltiere, Stachelhäuter, Muscheln) sowie Endoparasiten zeigen keinerlei Formen des Sexualverhaltens. Es kommt zur Selbstbefruchtung, oder die Geschlechtsprodukte werden ins Wasser abgegeben. Hoch entwickelte Formen des S. treten bei Weichtieren, Krebstieren, Spinnen, Insekten und Wirbeltieren auf. Es findet meist eine mit oft komplizierten Ritualen verbundene Werbung oder ein Kampf um den Partner statt. Aber auch bei relativ hoch entwickelten Tieren (Libellen, manchen Vögeln, Nagetieren) kann es zu einer Paarung ohne vorherige Einstimmung der Partner kommen.

Während bei den meisten Tieren Promiskuität (Bindungslosigkeit der Partner) vorherrscht, kommt es bei vielen Vögeln und Säugetieren zur Bindung an einen oder mehrere Partner (Haremsbildung bei Paarhufern und Robben) über eine Fortpflanzungsperiode hinweg. Die über mehrere Fortpflanzungsperioden dauernde oder lebenslange Bindung an einen Partner (Monogamie) ist ziemlich selten und kommt bes. bei Vögeln (Papageien, Enten-, Raben-, Greifvögeln) vor.

Sexualwissenschaft, Sexologie, zu Anfang des 20. Jh. konzipierte und seither ständig weiterentwickelte, interdisziplinär arbeitende eigenständige Wiss. zur Erforschung des menschl. Sexualverhaltens. Die S. setzt sowohl natur- als auch sozialwiss. Methoden ein. In den USA und einigen europ. Ländern ist sie Univ.-Fach mit eigenen Abschlüssen (Diplom, Magister- und Doktorgrad). Dabei sind drei Schwerpunkte erkennbar: 1. Sexualpädagogik, 2. empir. (qualitative und quantitative) Sexualverhaltensforschung und 3. (medizin. und nichtmedizin.) Sexualtherapie. Die theoret. und prakt. Grundlagen der S. (Zeitschriften, Handbücher, wiss. Gesellschaften, internat. Kongresse) wurden von I. BLOCH, M. HIRSCHFELD u. a. Berliner Ärzten geschaffen. Spätere bedeutende Beiträge wurden v. a. in den USA von A. C. KINSEY, W. H. MASTERS, VIRGINIA ESHELMAN JOHNSON, JOHN MONEY u. a. geliefert. An dt. Univ. ist die S. als eigenes Fach bisher nicht vertreten; es gibt aber sexolog. Abteilungen an einigen medizin. Fakultäten, und in Berlin existiert seit 1994 ein öffentlich zugängl. Archiv für S. beim Robert Koch-Institut. Die Dt. Gesellschaft für Sexualforschung e. V. wurde 1950, die Dt. Gesellschaft für sozialwiss. Sexualforschung 1970 gegründet.

sexuell [frz., von lat. sexualis ›zum Geschlecht gehörend‹, zu sexus ›Geschlecht‹], selten **sexual,** die Sexualität betreffend, geschlechtlich.

sexuelle Belästigung, nach dem Beschäftigtenschutz-Ges. vom 24. 6. 1994 jedes vorsätzliche, sexuell bestimmte Verhalten, das die Würde von Beschäftigten an Arbeitsplatz verletzt. Dazu gehören neben dem Strafrecht verbotenen Handlungen auch sexuell bestimmte körperl. Berührungen, Bemerkungen sexuellen Inhalts sowie das Verbreiten von pornograph. Darstellungen, die der Betroffene erkennbar ablehnt. Das Ges. verpflichtet Arbeitgeber und Dienstvorgesetzte, Beschäftigte vor s. B. am Arbeitsplatz, auch durch vorbeugende Maßnahmen, zu schützen. Der Betroffene hat u. a. ein Beschwerderecht, das Arbeitgeber und Dienstvorgesetzte den zur Prüfung und zum Ergreifen geeigneter Maßnahmen (z. B. Abmahnung, Umsetzung, Versetzung, Kündigung) verpflichtet. Geschieht dies nicht oder in offensichtlich ungeeigneter Weise, haben die betroffenen Beschäftigten das Recht, ihre Tätigkeit am Arbeitsplatz ohne Verlust des Arbeitsentgelts einzustellen, soweit dies zu ihrem Schutz erforderlich ist.

sexuelle Nötigung, →Vergewaltigung.

sexuelle Reaktion, genitale Erregung durch (reale oder vorgestellte) sexuelle Reize; s. R. sind beim Menschen bereits in der Säuglingszeit sowie noch bis ins hohe Alter möglich.

sexueller Missbrauch von Jugendlichen, Straftat, die begeht, wer als Erwachsener an einer Person unter 16 Jahren unter Ausnutzung einer Zwangslage oder gegen Entgelt sexuelle Handlungen vornimmt oder an sich von ihr vornehmen lässt oder sie unter Ausnutzung einer Zwangslage dazu bestimmt, sexuelle Handlungen an Dritten vorzunehmen oder an sich durch Dritte vornehmen zu lassen (§ 182 Abs. 1 StGB, Freiheitsstrafe bis zu fünf Jahren oder Geldstrafe). Gemäß § 182 Abs. 2 StGB sind diese Handlungen (ohne Zwangslage oder Entgeltzahlung) auch strafbar, wenn eine Person über 21 Jahre sie an einer Person unter 16 Jahren unter Ausnutzung der fehlenden Fähigkeit des Opfers zur sexuellen Selbstbestimmung begeht (Antragsdelikt, Freiheitsstrafe bis zu drei Jahren oder Geldstrafe). Das Gericht kann bei geringer Schuld von Strafe absehen. (→Homosexualität, Rechtliches)

sexueller Missbrauch von Kindern, Straftat, die begeht, wer sexuelle Handlungen an einer Person unter 14 Jahren (Kind) vornimmt oder an sich von einem Kind vornehmen lässt, des Weiteren, wer ein Kind dazu bestimmt, sexuelle Handlungen an einem Dritten vornimmt oder von einem Dritten an sich vornehmen lässt (§ 176 Abs. 1 und 2 StGB, Freiheitsstrafe bis zu fünf Jahren oder Geldstrafe). Das 6. Strafrechtsreform-Ges. vom 26. 1. 1998 brachte folgende Neuregelungen: Ebenfalls mit Freiheitsstrafe bis zu fünf Jahren oder Geldstrafe wird bestraft, wer 1) sexuelle Handlungen vor einem Kind vornimmt, 2) ein Kind dazu bestimmt, dass es sexuelle Handlungen an sich vornimmt, 3) auf ein Kind durch Vorzeigen pornograph. Abbildungen, durch Abspielen von Tonträgern pornograph. Inhalts oder durch entsprechende Reden einwirkt (§ 176 Abs. 3 StGB). Der schwere s. M. v. K. ist nach § 176 a mit höherer Strafe bedroht. Verursacht der Täter durch den sexuellen Missbrauch wenigstens leichtfertig den Tod des Kindes, ist lebenslange oder Freiheitsstrafe nicht unter zehn Jahren vorgesehen (§ 176 b StGB).

sexueller Reaktionszyklus, auf die sexualphysiolog. Untersuchungen von W. H. MASTERS und VIRGINIA ESHELMAN JOHNSON zurückgehende schemat. Einteilung der sexuellen Reaktion in vier Phasen: Durch phys. und/oder psych. sexuell-erot. Stimulierung kann die erste oder **Erregungsphase** hervorgerufen werden. Bei wirksamer sexueller (insbesondere genitaler) Reizung geht die Erregungsphase in die **Plateauphase** über, eine (mehr oder weniger) längere – z. T. willkürlich beeinflussbare – Zeitspanne gleichmäßig starker Erregung, in der sich die sexuellen Spannungen bis zu jener Höhe summieren, auf der die dritte oder **Orgasmusphase** eintritt. Diese Phase läuft weitgehend unwillkürlich, d. h. reflektorisch ab (→Orgasmus). In der auf den Orgasmus folgenden vierten oder **Rückbildungsphase** (auch **Refraktärphase**) klingt die sexuelle Erregung ab. Bei Männern erfolgt die Rückkehr zur physiolog. Ausgangslage i. d. R. relativ schnell, bei Frauen kann dies länger dauern.

W. H. MASTERS u. V. E. JOHNSON: Die sexuelle Reaktion (a. d. Amerikan., Neuausg. 66.–68. Tsd. 1989).

sexuelles Trauma, mit tiefer emotionaler Erschütterung verbundenes, oft Angst erzeugendes Erlebnis im Sexualbereich (z. B. Erlebnis der Vergewaltigung, des Versagens beim Geschlechtsakt, Strafandrohung bei Onanie); kann zu psych. Störungen oder Erkrankungen führen.

sexuell übertragene Krankheiten, →Geschlechtskrankheiten.

Seybold, 1) August, Botaniker, * Heidenheim an der Brenz 7. 12. 1901, † Heidelberg 11. 12. 1965; ab 1934 Prof. in Heidelberg; Forschungen auf dem Gebiet der Pflanzenphysiologie, v. a. über Chlorophylle; ab der 50. Auflage (1940) Bearbeiter von O. SCHMEILS ›Lehrbuch der Botanik‹.

2) Christian, Maler, * Mainz 1697(?), † Wien 28. oder 29. 9. 1768; Mitgl. der Akademie und kaiserl. Kammermaler (1749 erstmals erwähnt) in Wien. Er schuf hervorragende Porträts (auch Selbstbildnisse) in der Art von B. DENNER.

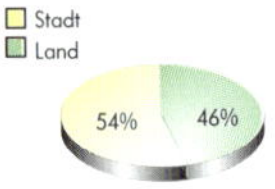

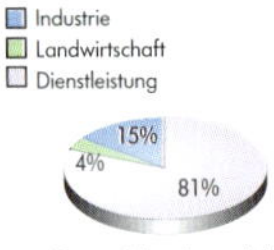

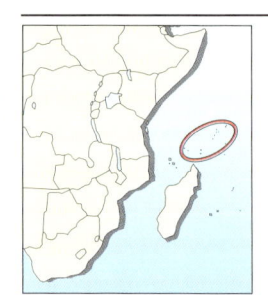

Seychellen

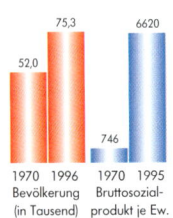

Fläche 454 km²
Einwohner (1996) 75 300
Hauptstadt Victoria
Amtssprache Kreolisch
Nationalfeiertag 29. 6.
Währung 1 S.-Rupie (SR) = 100 Cents
Uhrzeit 15:00 Victoria = 12:00 MEZ

Seychellen [zɛʃ-], **Seschellen,** engl. und frz. **Seychelles** [engl. seɪˈʃel, frz. sɛˈʃɛl], amtlich kreolisch **Repiblik Sesel,** dt. **Republik S.,** Inselstaat im Ind. Ozean, umfasst die S.-Inselgruppe sowie die Amiranten, die Aldabra- und Farquhar-Inseln, Assumption,

Astove, Cosmoledo, Providence, Curieuse, Cerf, Coëtivi und Plate, insgesamt 454 km² (443 km² Landfläche), (1996) 75 300 Ew.; Hauptstadt ist Victoria (auf Mahé); Amtssprache: Kreolisch (auf frz. Grundlage). Währung: 1 S.-Rupie (SR) = 100 Cents. Uhrzeit: 15⁰⁰ Victoria = 12⁰⁰ MEZ.

STAAT · RECHT

Verfassung: Gemäß der Verf. vom 18. 6. 1993 (durch Referendum gebilligt) sind die S. eine unabhängige Rep. im Commonwealth mit Präsidialsystem. Staatsoberhaupt und Inhaber der Exekutive (Reg.-Chef) ist der auf fünf Jahre direkt gewählte Präs. (maximal drei Amtszeiten möglich). Er ernennt die übrigen Mitgl. des Kabinetts. Die Legislative liegt beim Einkammerparlament (National Assembly; 33 Abg., für fünf Jahre gewählt).
Parteien: Einflussreichste Parteien im Rahmen des seit 1993 verfassungsrechtlich verankerten Mehrparteiensystems sind die frühere Einheitspartei Seychelles People's Progressive Front (SPPF, gegr. 1978), die New Democratic Party (NDP, gegr. 1992) und die aus drei Parteien bestehende Allianz United Opposition (UO, gegr. 1993).
Wappen: Das Wappen zeigt im Schild die typ. Darstellung einer trop. Inselwelt (zwei Inseln, Kokospalme, Schildkröte, Segelschiff). Als Schildhalter dienen zwei Fische aus den die S. umgebenden Gewässern. Das Oberwappen wird von einem Helm gebildet, der mit Wulst (auf diesem blauweiße Wellen) und Helmdecken versehen ist; über dem Helm ein einheim. Vogel. Unter dem Schild befindet sich ein Band mit dem Wahlspruch ›Finis Coronat Opus‹ (›Das Ende krönt das Werk‹).
Nationalfeiertag: Nationalfeiertag ist der 29. 6., der an die Erlangung der Unabhängigkeit 1976 erinnert.
Recht: Die Rechtsprechung folgt brit. Vorbild. Der dreistufige Gerichtsaufbau besteht aus dem Obersten Gerichtshof, dem Appellationsgerichtshof sowie Amts-(Magistrats-)Gerichten.
Streitkräfte: Die Gesamtstärke der Streitkräfte beträgt rd. 1 200, die der paramilitär. Kräfte (›Volksmiliz‹) etwa 900 Mann. Die Heerestruppen (rd. 1 000 Soldaten) bestehen im Wesentlichen aus einem leichten Waffen ausgestatteten Infanteriebataillon, unterstützt durch die Küstenwache, die über einige Luftfahrzeuge und Wachboote verfügt.

LANDESNATUR · BEVÖLKERUNG

Der Staat der S. besteht aus über 100 Inseln. Die **S.-Inselgruppe,** etwa 1 000 km östlich der Küste Kenias, umfasst 32 Inseln (zus. 234 km² Landfläche). Die 17 höheren Inseln, aus Granit (z. T. mit Karrenbildung) und Syenit, haben schroffe Steilküsten und ein bewegtes Relief. Sie sind der Rest einer kontinentalen Scholle, die beim Zerbrechen und Auseinanderdriften des Urkontinents Gondwana isoliert wurde. Zu ihnen gehören die Hauptinsel Mahé (148 km²; im Morne Seychellois bis 912 m ü. M.), Praslin (39 km²), Silhouette (21 km²) und La Digue (10 km²). Die übrigen Inseln sind niedrige Korallenriffe bzw. Atolle; ihre Entstehung hängt mit untermeer. Vulkanismus zusammen.
Klima: Das Klima ist tropisch-ozeanisch mit gleich bleibend hohen Temperaturen und hoher Luftfeuchtigkeit (Mitteltemperaturen zw. 25 und 29 °C). Einer regenarmen, relativ kühlen Jahreszeit von Mai bis September (Südostpassat) folgt eine regenreiche und heiße Jahreszeit von Dezember bis März (Nordwestmonsun). Die Jahresniederschlagsmengen auf den hohen Inseln betragen 1 800 bis 3 400 mm.
Vegetation und Tierwelt: Die urspr. üppige Vegetation, gekennzeichnet durch sechs eigene Palmenarten u. a. Endemiten, ist größtenteils durch Plantagen verdrängt. Für die →Seychellennusspalme besteht ein Schutzgebiet auf Praslin. Für die Tierwelt sind große Land- und Seeschildkröten charakteristisch. Das streng geschützte Aldabra-Atoll mit endem. Tier- und Pflanzenarten und das Mai-Tal-Naturreservat auf Praslin wurden von der UNESCO zum Weltnaturerbe erklärt.
Bevölkerung: Die Bewohner sind überwiegend Kreolen, Nachkommen von frz. Siedlern, ehemaligen afrikan. Sklaven, freigelassenen Sklaven aus brit. Gebieten und Seeräubern des 17. Jh. sowie Zuwanderern, die im 19. Jh. von Mauritius, aus Indien und China kamen. Ihre Sprache (Kreolisch, von 95 % der Bev. gesprochen) basiert auf dem Französischen mit indischen, engl. und Bantu-Bestandteilen. Als Bildungssprachen dienen Englisch und Französisch. Fast 90 % der Bev. leben auf Mahé mit der Hauptstadt Victoria (25 000 Ew.); viele der kleinen Inseln sind unbewohnt und werden nur zur Kokosnussernte besucht. Das durchschnittliche jährliche Bev.-Wachstum beträgt (1985–95) 1,2 %, der Anteil der städt. Bev. 54 %.
Religion: Es besteht Religionsfreiheit. Über 98 % der Bev. sind Christen: Rd. 90 % gehören der kath. Kirche (exemtes Bistum Port Victoria o Seychelles) an, rd. 7 % der anglikan. Kirche (Prov. Ind. Ozean), rd. 1 % prot. Kirchen (Pfingstler, Adventisten). Sehr kleine religiöse Minderheiten bilden die Hindus, Muslime und Bahais.
Bildungswesen: 1980 wurde ein an der brit. →Comprehensive School orientiertes Schulsystem eingerichtet. Es besteht bei unentgeltl. Unterricht eine neunjährige Schulpflicht vom 6. bis 15. Lebensjahr; Unterrichtssprache der Eingangsstufe ist Kreolisch, im weiteren Verlauf sind Englisch und Französisch obligatorisch. Die Analphabetenquote beträgt 40 %.
Publizistik: Die Einführung des Mehrparteiensystems sorgte auch im Pressewesen für mehr Pluralität und Unabhängigkeit. Dennoch bleibt die Regierungspublikation ›Seychelles Nation‹ einzige Tageszeitung. Daneben erscheinen u. a. eine Wochenzeitung der Opposition (›Regar‹) und eine Monatszeitung der SPPF (›The People‹). Nachrichtenagentur ist die staatl. ›Seychelles Agence de Presse‹ (SAP). Die ›Seychelles Broadcasting Corporation‹ (SBC), gegr. 1983, reorganisiert 1992 als unabhängige Gesellschaft, strahlt Hörfunk- und Fernsehprogramme in Kreolisch, Englisch und Französisch aus, ein christlich orientiertes Hörfunkprogramm verbreitet die ›Far East Broadcasting Association‹ (FEBA).

WIRTSCHAFT · VERKEHR

Gemessen am Bruttosozialprodukt (BSP) je Ew. von (1995) 6 620 US-$, sind die S. nach Libyen das wohlhabendste Land Afrikas. Wirtschaftl. Basis sind Fischerei und Tourismus.
Landwirtschaft: In Landwirtschaft und Fischerei erwirtschaften (1994) 9 % der Erwerbstätigen 4 % des Bruttoinlandsprodukts (BIP). Eine Selbstversorgung mit Agrarprodukten ist nicht möglich; das Ackerland umfasst nur rd. 1 000 ha, auf Dauerkulturen (Kokospalm-, Zimt-, Vanille- und Teepflanzungen) entfallen 4 000 ha. Für den Eigenbedarf werden v. a. Bataten, Jamswurzeln, Zuckerrohr, Mangos, Avocados, Bananen angebaut und Schweine gehalten. Getreideanbau gibt es nicht. Das Grundnahrungsmittel Reis sowie Milch und Milchprodukte müssen eingeführt werden. Erhebl. Importe sind außerdem zur Versorgung der Touristen notwendig.
Fischerei: Die Fischerei spielt für die Ernährung der Bev. und auch für den Export eine wichtige Rolle (Fangmenge 1994: 5 400 t). Mit der Errichtung (1978) einer 200-Seemeilen-Zone entstand durch die räumlich weit auseinander liegenden Inseln eine Wirtschaftszone von über 1 Mio. km². Fischereilizenzen werden auch an ausländ. Unternehmen verkauft.

Friedrich Wilhelm von Seydlitz

Bodenschätze: Einziges mineral. Exportprodukt ist Guano (Fördermenge 1994: 4 500 t).
Industrie: Die verarbeitende Industrie beschränkt sich im Wesentlichen auf die Herstellung von Getränken (Bier) und Zigaretten sowie auf die Verarbeitung der landwirtschaftl. Exportprodukte, auf Thunfischverarbeitung und Garnelenfarm.
Tourismus: Der Fremdenverkehr entwickelte sich seit Eröffnung des Flughafens 1971 rasch zum wichtigsten Wirtschaftszweig (1971: 3 175, 1994: 110 000 Auslandsgäste). Er konzentriert sich auf die Inseln Mahé, Praslin und La Digue.
Außenwirtschaft: Nur ein geringer Teil der Einfuhren wird durch die Ausfuhr von Kopra, Thunfisch, Zimtrinde und Guano abgedeckt. Das Handelsbilanzdefizit (1993: Einfuhrwert 242 Mio. US-$, Ausfuhrwert 52 Mio. US-$) wird aber durch die Einnahmen aus dem Fremdenverkehr (1994: 510 Mio. SR) und Kapitalzuflüsse aus dem Ausland ausgeglichen.
Verkehr: Ein Straßennetz (1995: 330 km) hat v. a. die Hauptinsel Mahé. Schiffsverkehr besteht zw. den Inseln. Der Außenhandel wird v. a. über den Tiefwasserhafen Port Victoria auf Mahé abgewickelt. Nach Mombasa (Kenia) besteht eine regelmäßige Schiffsverbindung. Der internat. Flughafen nahe der Hauptstadt Victoria hat große Bedeutung für den Reiseverkehr. Auf einigen Inseln gibt es kleine Flugplätze.

GESCHICHTE

Anfang des 16. Jh. erreichten port. Seefahrer als erste Europäer die S., die 1743 von Frankreich in Besitz genommen und nach dem Generalkontrolleur der Finanzen unter LUDWIG XV., JEAN MOREAU DE SÉCHELLES (* 1690, † 1760), benannt wurden; um 1770 setzte die Besiedlung mit frz. Kolonisten und afrikan. Sklaven ein. Seit Ende des 18. Jh. begann Großbritannien, seine Herrschaft auf den S. zu etablieren; 1814 wurden sie endgültig britisch; seit 1903 bildeten sie mit anderen Inseln die brit. Kronkolonie S. Am 1. 10. 1975 erhielten sie die innere Autonomie und am 29. 6. 1976 als Rep. S. unter dem prowestlich eingestelltem Staatspräs. JAMES R. M. MANCHAM die staatl. Unabhängigkeit innerhalb des Commonwealth of Nations.
Am 5. 6. 1977 gelangte FRANCE ALBERT RENÉ, der Führer der Seychelles People's United Party (SPUP), an die Macht und übernahm die Funktion des Staatspräs. Gestützt auf die SPUP, 1978 in Seychelles People's Progressive Front (SPPF) umbenannt, baute RENÉ eine Einparteienherrschaft mit sozialist. Orientierung auf und wurde als einziger Kandidat 1979, 1984 und 1989 sowie (nach Wiederzulassung polit. Parteien) bei den freien Wahlen 1993 und 1998 im Amt bestätigt. Mit einer polit. Demokratisierung seit Beginn der 90er-Jahre ging die Liberalisierung der Wirtschaft einher.

J.-F. DUPON: Contraintes insulaires et fait colonial aux Mascareignes et aux Seychelles, 4Tle. (Paris 1977); M. FRANDA: The Seychelles – unquiet islands (London 1982); H. D. WOLF: Tourismus u. Verkehr auf den S. (1983); Biogeography and ecology of the Seychelles Islands, hg. v. D. R. STODDART (Den Haag 1984); R. HOFMEIER: S., in: Polit. Lex. Afrika, hg. v. DEMS. u. a. (³1987).

Seychellen|nuss [zɛʃ-], **Doppelkokosnuss**, **Malediven|nuss**, bis 20 kg schwere, einen von dicker Faser- und Fleischhülle umgebenen Steinkern enthaltende einsamige Frucht (von der Form einer Doppelkokosnuss) der S.-Palme; größte Baumfrucht der Erde; benötigt bis zur Reife etwa zehn Jahre; das Nährgewebe schmeckt wie das der Kokosnuss.

Seychellen|nusspalme [zɛʃ-], **Lodoicea**, Palmengattung mit der einzigen Art Lodoicea sechellarum auf den Seychellen; Stamm über 30 m hoch, säulenförmig; Blätter mächtig, fächerförmig; Blütenkolben auf armdicken Stielen; Frucht →Seychellennuss.

Seychellenriesenschildkröte [ʒɛʃ-], →Riesenschildkröten.

Seyda, Stadt im Landkreis Wittenberg, Sa.-Anh., 80 m ü. M., zw. dem Niederen Fläming und der Niederung der Schwarzen Elster, 1 200 Ew.; Land- und Bauwirtschaft. – Das im späten 12. Jh. entstandene Dorf S. behielt mit einer 1235 erstmals genannten Burg (1576 abgetragen) trotz seiner Nennung als Stadt (1506) bis ins 19. Jh. seinen dörfl. Charakter.

Seyðisfjörður [ˈsɛiðisfjœrðyr], Stadt an der O-Küste Islands, Hafen im Innern des Seyðisfjords, 800 Ew.; Verw.-Zentrum der östl. Island; Fischfang und -verarbeitung; Flugplatz. – Stadtrecht seit 1894.

Seydlitz, 1) Friedrich Wilhelm von, preuß. General (seit 1757), * Kalkar 3. 2. 1721, † Ohlau 8. 11. 1773; trug im Siebenjährigen Krieg 1757–63 als Oberbefehlshaber der gesamten preuß. Kavallerie entscheidend zu den Siegen bei Roßbach (5. 11. 1757) und Zorndorf (25. 7. 1758) bei. S. ersetzte die Einzelausbildung des Reiters durch Geländeübungen der ganzen Reiterei und machte diese damit zum schlachtentscheidenden Truppenteil.
2) Walther von S.-Kurzbach, General, * Hamburg 22. 8. 1888, † Bremen 28. 4. 1976; im Zweiten Weltkrieg ab 1942 Kommandierender General des LI. (51.) Armeekorps, mit dem er in Stalingrad kämpfte; forderte schon Ende November 1942 den Ausbruch, später die Kapitulation der dt. Truppen; wurde in sowjet. Kriegsgefangenschaft (ab 31. 1. 1943) Vors. des Bundes Deutscher Offiziere (BDO) und Vize-Präs. des Nationalkomitees ›Freies Deutschland‹. 1944 in Dtl. in Abwesenheit zum Tode verurteilt, geriet er nach Kriegsende mit der sowjet. Politik in Konflikt und wurde 1950 von einem sowjet. Gericht ebenfalls zum Tode verurteilt (später Umwandlung der Strafe in 25 Jahre Haft); 1955 in die BRD entlassen.

Seychellennuss: Von der Faserschicht befreite Steinkerne

Seydoux Fournier de Clausonne [sɛdufurnjedkloˈzɔn], François Louis Auguste, frz. Diplomat, * Berlin 15. 2. 1905, † Paris 30. 8. 1981; ab 1928 im diplomat. Dienst, war ab 1942 in der Résistance aktiv; 1949–55 Leiter der Europa-Abteilung im Außenministerium, 1955–58 Botschafter in Wien, 1958–62 und 1965–70 in Bonn, 1962–64 bei der NATO; machte sich bes. verdient um die dt.-frz. Verständigung. 1970 erhielt er den Internat. Karlspreis der Stadt Aachen.
Schriften: Mémoires d'Outre-Rhin (1975; dt. Beiderseits des Rheins); Dans l'intimité franco-allemande (1977; dt. Botschafter in Dtl.); Le métier de diplomate (1980).

Seyfer, Syfer, Hans, Bildhauer, * um 1460, † Heilbronn März 1509; ab 1502 als Bürger von Heilbronn nachweisbar. Sein Stil wurzelt in der spätgot. Kunst des Oberrheins.

Hans Seyfer: Figuren der Heiligen Gregor und Hieronymus am Hochaltar der Kilianskirche in Heilbronn; vollendet 1498

Werke: Figuren im Mittelschrein des Hochaltars der Kilianskirche in Heilbronn (1498 vollendet); Kreuzigungsgruppe hinter dem Chor der Leonhardskirche in Stuttgart (1501; durch Kopie ersetzt, Original in der Hospitalkirche); Ölberg beim Dom in Speyer (1506–09; 1689 zerstört, Fragmente im Histor. Museum der Pfalz in Speyer).

Seyfert, Richard Hermann, Pädagoge und Kulturpolitiker, *Dresden 20. 4. 1862, †ebd. 23. 8. 1940; war Volksschullehrer, ab 1903 an Lehrerseminaren tätig, 1919–20 Kultus-Min. in Sachsen, 1923–31 Prof. und Direktor des pädagog. Instituts der TH Dresden. Setzte sich im Sinne der Arbeitsschulbewegung für ›schaffendes Lernen‹ und für die akadem. Volksschullehrerbildung ein.
Werke: Die Arbeitskunde in der Volks- u. allg. Fortbildungsschule (1895); Allg. prakt. Bildungslehre, 3 Tle. (1930); Volkstüml. Bildung als Aufgabe der Volksschule (1931); Vom schaffenden Lernen (1933).

Seyfert-Galaxi|en [nach dem amerikan. Astrophysiker CARL K. SEYFERT, *1911, †1960], zu den aktiven Galaxien gehörende Sternsysteme, meist Spiralsysteme, mit sehr hellen, optisch nicht aufgelösten Kernen, von denen eine starke Synchrotronstrahlung ausgeht. Aus der Umgebung des Kerns empfängt man Strahlung mit ausgeprägten breiten Emissionslinien. S.-G. emittieren stark im ultravioletten und im infraroten Spektralbereich, einige zeigen kurzzeitige Helligkeitsschwankungen. Die meisten S.-G. besitzen eine relativ starke zentrale Radioquelle. Insgesamt ähneln sie in vielen Eigenschaften den Quasaren. Man nimmt an, dass von allen absolut hellen Galaxien etwa 10% zu den S.-G. gehören; gegenwärtig sind einige Tausend bekannt.

Seyfettin [sɛjf-], Ömer, türk. Schriftsteller, →Ömer Seyfettin.

Seyffert, 1) Dietmar, Tänzer, Choreograph und Pädagoge, *Reichenberg 7. 4. 1943; studierte an der Palucca Schule Dresden, in Leipzig und Leningrad, war 1962–85 Tänzer und Choreograph an der Dt. Staatsoper in Berlin (Ost), 1979–88 auch Chefchoreograph und künstler. Leiter des Balletts am Opernhaus Leipzig; wurde 1988 Prof. für Choreographie und Bewegungspädagogik an der Hochschule für Schauspielkunst ›Ernst Busch‹ in Berlin.
Choreographien: Des Königs neue Kleider (1971); Die drei Musketiere (1975); Le Sacre du printemps (1981); Der Clown Gottes (1990); Kleistiana (1993).

2) Rudolf, Betriebswirtschaftler, *Leipzig 15. 3. 1893, †Köln 16. 2. 1971; ab 1924 Prof. in Köln, gründete dort 1928 das Inst. für Handelsforschung; beschäftigte sich bes. mit der Gesch. der Betriebswirtschaftslehre sowie mit Handelsbetriebslehre und Werbung.
Werke: Über Begriff, Aufgaben u. Entwicklung der Betriebswirtschaftslehre (1925); Wirtschaftslehre des Handels (1951); Werbelehre, 2 Bde. (1966).

Seyhan [ˈsɛjhan] der, in der Antike **Sarus,** Fluss in der S-Türkei, 560 km lang, entspringt in den Tahtalı Dağları (Innerer Osttaurus), heißt bis zur Mündung des Göksu (von links) **Zamantı Irmağı** und **Yenice Irmak.** Die S.-Talsperre (Stauraum 1 680 Mio. m³, Fläche 68 km²; Inbetriebnahme 1955) unmittelbar nördlich von Adana dient der Bewässerung in der →Çukurova, die der S. anschließend bis zur Mündung ins Mittelmeer durchfließt.

Seyler, Abel, Theaterleiter, *Liestal (Schweiz) 23. 8. 1730, †Rellingen 25. 4. 1800; spielte mit seiner Truppe in vielen Städten; war an der Errichtung der Nationaltheater in Hamburg und Mannheim (1779–81 als Schauspieldirektor) wesentlich beteiligt; trug zur Durchsetzung SHAKESPEARES in Dtl. bei.

Seymour [ˈsiːmɔː], spätere Schreibung von **Saint-Maur** [sɛ̃ˈmɔːr], dem Familiensitz in der Normandie; engl. Adelsfamilie, die mit WILHELM DEM EROBERER nach England gekommen sein soll; 1547–52 und seit 1660 Herzöge von Somerset. JANE S. war die dritte Gemahlin König HEINRICHS VIII. (→JOHANNA, Herrscherinnen, England).

Seymour [ˈsiːmɔː], 1) David, gen. **Chim** [tʃim], amerikan. Fotojournalist poln. Herkunft, *Warschau 20. 11. 1911, †am Suezkanal 10. 11. 1956: ging 1939 in die USA. 1947 war er Mitbegründer der Fotoagentur Magnum. S. arbeitete als Kriegsberichterstatter und wurde v. a. durch seine Bilder von Kindern als Betroffenen und Opfern der Kriege bekannt. Er kam bei einem Einsatz im Suezkrieg ums Leben.
D. S. – ›Chim‹, 1911–1956 (London 1974).

2) Lynn, eigtl. **L. Springbett** [ˈsprɪŋ-], kanad. Tänzerin und Choreographin, *Wainwright (Prov. Alberta) 8. 3. 1939; kreierte als Solistin des Londoner Royal Ballet Hauptrollen in Balletten von K. MACMILLAN, folgte 1966 MACMILLAN an die Dt. Oper Berlin und kehrte 1970 zum Royal Ballet zurück; war 1978–80 Ballettdirektorin der Bayer. Staatsoper in München, danach Gastchoreographin.
Choreographien: Rashomon (1976); The court of love (1977); Intimate letters (1978); Wolfi (1987).

Seymouria [siːˈmɔː-; nach Seymour, Texas, USA], zu den Anthracosauria (→Labyrinthodontia) gehörende fossile Gattung der Amphibien aus dem Unterperm von Texas und Utah (USA); ein über 1 m langer räuber. Fleischfresser, galt früher als Verbindungsglied zw. Amphibien und Reptilien; dagegen spricht jedoch u. a. das geolog. Alter.

Seyppel, Joachim, Schriftsteller, *Berlin 3. 11. 1919; war 1949–60 Dozent in den USA; übersiedelte 1973 in die DDR, deren Schriftstellerverband ihn 1979 wegen seiner Kritik an der Kulturpolitik der SED ausschloss, 1982 ausgebürgert; seit 1979 lebt er v. a. in Hamburg. S. verarbeitet in seinen zeitkrit. Wer-

Dietmar Seyffert

Rudolf Seyffert

Lynn Seymour

David Seymour: Aufnahme von Terezka, einem verhaltensgestörten polnischen Kind in einem Waisenhaus, das auf der Tafel sein ›Zuhause‹ gemalt hat; 1948

ken (Erzählungen, Romane, Theaterstücke und dokumentarische Berichte) seine Erfahrungen mit den gegensätzl. polit. Systemen, wobei immer sein Misstrauen gegen jede etablierte Macht deutlich wird.

Werke: *Romane:* columbus bluejeans oder Das Reich der falschen Bilder (1965); Die Mauer oder Das Café am Hackeschen Markt (1981); Eurydike oder Die Grenzenlosigkeit des Balkans (1989); Die Streusandbüchse (1990). – *Stück:* Die Unperson oder Schwitzbad und Tod Majakowskis (1979). – *Reisebücher, Reportagen, Autobiographisches:* Ein Yankee in der Mark. Wanderungen nach Fontane (1969); Hinten weit in der Türkei (1983, mit T. RILSKY); Ich bin ein kaputter Typ (1982); Ahnengalerie (1984); Trottoir & Asphalt. Erinnerungen an Literatur in Berlin 1945–1990 (1994).

Sezession 1): Plakat zur ersten Kunstausstellung der Münchener Sezession von Franz von Stuck; 1893 (München, Stadtmuseum)

Seyrig [sɛˈriːg], Delphine, frz. Schauspielerin, * Beirut 10. 4. 1932, † Paris 15. 10. 1990; begann 1952 ihre Bühnenkarriere in Paris; 1956–59 in den USA; ab 1958 Filmrollen; wandlungsfähige Darstellerin, die Rätselhaftigkeit ausstrahlte.
Filme: Letztes Jahr in Marienbad (1961); Muriel oder Die Zeit der Wiederkehr (1963); India Song (1975); Freak Orlando (1981); Johanna d'Arc of Mongolia (1989).

Seyssel [sɛˈsɛl], Gem. in Savoyen, am linken Ufer der Rhône, Dép. Haute-Savoie, Frankreich, 1 600 Ew.; Zentrum eines kleinen Weinbaugebietes (A. C.), in dem v. a. frische, trockene Weißweine (aus Roussettetrauben) erzeugt werden.

Seyß-Inquart, Arthur, österr. Politiker, * Stonařov (bei Iglau) 22. 7. 1892, † (hingerichtet) Nürnberg 16. 10. 1946; ab 1918 Rechtsanwalt in Wien, Mitgl. völkisch-nationalist. Verbände, ab 1931 in Verbindung mit der österr. NSDAP, der er 1938 beitrat. Ab 1937 Staatsrat im Kabinett unter K. VON SCHUSCHNIGG, diente S.-I. als Mittelsmann zur ›nat. Opposition‹ und zum natsoz. Dtl. Mit dem bei einem Treffen mit SCHUSCHNIGG in Berchtesgaden erzwungenen Abkommen (12. 2. 1938) setzte HITLER die Ernennung von S.-I. zum österr. Innen-Min. (16. 2. 1938) durch, wodurch dieser die Verfügungsgewalt über die Sicherheitskräfte erlangte. Das dt. natsoz. Regime bediente sich seiner bei der Vorbereitung und Durchführung des Anschlusses von Österreich an das Dt. Reich und erreichte ultimativ die Ernennung S.-I.s zum Bundeskanzler (11. 3. 1938). Vom 13. 3. 1938 bis 30. 4. 1939 war er Reichsstatthalter der ›Ostmark‹, vom 1. 5. 1939 bis 30. 4. 1945 Reichs-Min. ohne Geschäftsbereich, ab 19. 5. 1940 zugleich Reichskommissar für die besetzten Niederlande. Dort war er für die Ausbeutung der Wirtschaft, Unterdrückungsmaßnahmen, die Deportation von Arbeitskräften nach Dtl. und von rd. 117 000 Juden in die Vernichtungslager verantwortlich. In seinem Testament ernannte HITLER ihn zum Außen-Min.; 1946 wurde er vom Internat. Militärgerichtshof in Nürnberg zum Tode verurteilt.

K. KWIET: Reichskommissariat Niederlande (1968); H. J. NEUMAN: A. S.-I. (a. d. Niederländ., Graz 1970); W. ROSAR: Dt. Gemeinschaft. S.-I. u. der Anschluß (1971); G. BOTZ: Die Eingliederung Österreichs in das Dt. Reich (1972).

Seyun, Stadt in Hadramaut, Jemen, →Saiun.

sezernieren [lat. secernere ›absondern‹, ›ausscheiden‹], *Biologie, Medizin:* ein Sekret absondern (von Drüsen, auch von Wunden gesagt).

Sezession [lat. ›Absonderung‹, ›Trennung‹] *die, -/-en,* **1)** *Kunst:* **Secession,** die bewusste und programmat. Abspaltung von Künstlergruppen von herkömml., oft offiziellen Künstlervereinigungen wie auch der Zusammenschluss von Künstlern mit neuen Zielen. S.-Bewegungen entwickelten sich in verschiedenen europ. Kunstzentren fast gleichzeitig seit Ende des 19. Jh., bes. in Dtl. und Österreich; sie wandten sich gegen die akadem. Malerei. 1892 wurde die Münchener S. von L. DILL, F. VON STUCK, F. VON UHDE und W. TRÜBNER gegründet; aus ihr ging u. a. die Neue S. (1913) hervor. Die Berliner S. entstand 1898 aus der Gruppe der Elf (gegr. 1892 von M. LIEBERMANN und W. LEISTIKOW) und der Freien Künstlervereinigung (gegr. 1893). Von ihr spalteten sich 1910 die Neue S. (der ein Teil der ›Brücke‹-Maler angehörte) und 1914 die Freie S. ab. Die wichtigste S. wurde die 1897 gegründete Wiener S., die der österr. Variante des Jugendstils den Namen **Secessionsstil** gab. Hauptvertreter waren G. KLIMT, K. MOSER, J. M. OLBRICH. OLBRICH war auch der Architekt des Gebäudes der Wiener S. (1897–98); 1905 spaltete sich der Hagenbund ab. 1919–23 bestand die Dresdner S. 1927 wurde die Badische S. gegründet (u. a. mit A. KANOLDT, K. HOFER), die noch heute besteht. Die 1919–23 bestehende Darmstädter S. wurde 1945 als Neue Darmstädter S. wieder gegründet (u. a. mit M. BECKMANN, W. BAUMEISTER, O. ZADKINE, HAP GRIESHABER, O. RITSCHL, G. MEISTERMANN). Nach dem Zweiten Weltkrieg entstand die Neue Rhein. S. (u. a. mit E. MATARÉ und E. W. NAY).

R. WAISSENBERGER: Die Wiener Secession (Wien 1971); R. PFEFFERKORN: Die Berliner Secession (1972); Die Wiener Secession der Wiener Secession, hg. v. Vereinigung Bildender Künstler, Bd. 2 (Wien 1986); M. MAKELA: The Munich Secession (Princeton, N. J., 1990); M. HARZENETTER: Zur Münchner Secession. Genese, Ursachen u. Zielsetzungen dieser intentionell neuartigen Münchner Künstlervereinigung (1992); Jugendstil in Budapest. Die S. in Ungarns Metropole um die Jahrhundertwende, Beitrr. v. H. A. JAHN u. A. SZÉKELY (1995); Secession. Die Wiener Secession – vom Kunsttempel zum Ausstellungshaus, bearb. v. E. LOUIS (1997).

2) *Völkerrecht:* die Abtrennung eines Gebietsteiles eines Staates gegen dessen Willen durch die dort ansässige Bevölkerung mit dem Ziel, einen neuen selbstständigen Staat zu bilden oder sich einem bestehenden anderen Staat anzuschließen.

Sezessionskrieg, Amerikanischer Bürgerkrieg, War between the States [wɔː bɪˈtwiːn ðə ˈsteɪts], der Krieg 1861–65 zw. den Nordstaaten der USA und elf aus der Union ausgetretenen Südstaaten. Die Ursachen, bis in die jüngste Zeit kontrovers diskutiert, liegen in der jahrzehntelang zunehmenden ökonom., soziokulturellen und polit. Auseinanderentwicklung von industrialisiertem N und agrar. S und den daraus resultierenden Spannungen. Die damit aufs Engste verbundene (moral. und ökonom.) Auseinandersetzung um die Sklaverei war dabei nur ein,

Arthur Seyß-Inquart

wenn auch zunehmend wichtiges Motiv unter mehreren (z. B. Frage der →States' Rights, Schutzzölle). Die Wahl A. LINCOLNS, des Kandidaten der Republikan. Partei, die sich v. a. gegen die Ausbreitung der Sklaverei wandte, zum Präs. veranlaßte den Austritt (Sezession) South Carolinas (20. 12. 1860) und sechs anderer Südstaaten aus der Union. Im Februar 1861 schlossen sie sich in Montgomery (Ala.) unter Präs. J. DAVIS zu den →Konföderierten Staaten von Amerika zusammen, während die Unionsstaaten das Recht zum Austritt bestritten und die Verteidigung ihres Eigentums ankündigten. Nach Ausbruch der Kampfhandlungen (12. 4. 1861 südstaatl. Angriff auf das Bundesfort Sumter in Charleston, S. C.) schlossen sich vier weitere Staaten den Konföderierten an; vier Border States (›Grenzstaaten‹) mit Sklaverei (Delaware, Kentucky, Maryland, Missouri) und das westl. Virginia, das 1863 ein eigener Staat wurde, blieben bei der Union, die die Wahrung der nat. Einheit zum primären Kriegsziel machte. Während der S sich v. a. auf den Kampfeswillen seiner weißen Bevölkerung, den strateg. Vorteil der inneren Linie und seine internat. bedeutenden Baumwollexporte stützte, war der N an Menschen, Material und Wirtschaftskapazität weit überlegen. Seine gewaltigen Ressourcen konnte der N jedoch erst allmählich zur Geltung bringen. Die immer wirksamere Seeblockade, das Fehlen eigener Ressourcen und das Schwinden der Finanzierungs- und Ernährungsgrundlage führten schließlich zur völligen Zermürbung der Südstaaten.

Der S. konzentrierte sich auf einen östl. Schauplatz zw. Washington (D. C.) und Richmond (Va.), der Hauptstadt der Konföderierten, einen westl. im Mississippital (ab Herbst 1863 verlagert ins Grenzgebiet zw. Tennessee und Georgia) und das Meer. Während sich die Südstaaten unter General R. LEE im O bis Sommer 1863 gegen die Versuche der Unionstruppen, nach Richmond vorzudringen, behaupteten (Siege: Juli 1861 und August 1862 am Bull Run River, Juni/ Juli 1862 Siebentageschlacht bei Richmond, Dezember 1862 bei Fredericksburg, Va., Mai 1863 Chancellorsville, Va.) und auch auf nordstaatl. Gebiet vordrangen (August 1862 Einmarsch in Maryland, Mai 1863 in Pennsylvania), waren die Nordstaaten ab 1862 mit der Einnahme von New Orleans (29. 4.) durch Admiral D. FARRAGUT und mit dem Vormarsch General U. GRANTS (April 1862 Sieg bei Shiloh, Tenn., Juni 1862 Einnahme von Memphis, Tenn.) im W erfolgreich. Die Proklamation der Emanzipation der Sklaven in den aufständ. Gebieten (1. 1. 1863) wirkte sich für die Union außenpolitisch günstig aus, da Großbritannien – entgegen den Erwartungen der Südstaaten – trotz seiner Abhängigkeit von Baumwollimporten neutral blieb. Die eigentl. Wende im S. zugunsten der Nordstaaten erfolgte durch den Sieg der Unionstruppen bei Gettysburg, Pa. (1.–3. 7. 1863), und die Einnahme von Vicksburg, Miss. (4. 7. 1863). Aufgrund der hierdurch ermöglichten Kontrolle des Mississippitals durch die Unionstruppen wurde das Gebiet der Südstaaten zweigeteilt, die Nachschublinien der Konföderierten wurden unterbrochen; die Vollendung der Seeblockade unterband die im S benötigte Rohstoff- und Lebensmittelzufuhr. Nach der Festigung der Macht der Unionstruppen im W (Sieg bei Chattanooga, Tenn., November 1863) gelang es GRANT (ab März 1864 Oberbefehlshaber der Unionsarmee) 1864 in einer Reihe verlustreicher Schlachten im O, LEES Armee aufzureiben. Durch Verwüstungszüge der Uni-

Sezessionskrieg 1861–65: Übersichtskarte

Sfax: Ein Teil der Stadtmauer mit dem Haupttor Bab Diwan (1944 erneuert), dahinter die Medina

onstruppen (P. Sheridan im Shenandoah Valley, Herbst 1864; W. T. Sherman in Georgia, November/Dezember 1864) zusätzlich geschwächt, kapitulierten die Konföderierten schließlich (Lee in Appomattox, Va., 9. 4. 1865; Joseph Eggleston Johnston, * 1807, † 1891, in Durham, N. C., 26. 4. 1865).

Der Kriegsaufwand umfasste (nach Schätzungen) im N rd. 1,5 Mio. Soldaten (rd. 360 000 Tote, 275 000 Verwundete), im S rd. 800 000 bis 1 Mio. Soldaten (rd. 260 000 Tote, 225 000 Verwundete), die Zahl der beträchtl. zivilen Opfer ist unbekannt; die Kosten betrugen insgesamt rd. 10 bis 15 Mrd. US-$. Der S., in dem erstmals militärtechn. Neuerungen (z. B. gepanzerte Schiffe, Maschinengewehre), Eisenbahn und Telegraf eine bedeutende Rolle spielten, beschleunigte im N das wirtschaftl. Wachstum, vernichtete aber weitgehend die Wirtschaftskraft der Südstaaten. Mit der Emanzipation der rd. 4 Mio. Sklaven (13. Verf.-Zusatz 1865: Sklaverei insgesamt verboten) war die Wirtschafts- und Sozialstruktur des S zerstört, eine Aussöhnung in der Zeit der →Reconstruction infolge tiefer Verbitterung und wachsenden Rassismus in S und Rachegefühlen im N erschwert. Der S. stellt einen wesentl. Einschnitt in der amerikan. Geschichte dar, da die nat. Einheit der USA gesichert und in der Folge die Zentralgewalt gestärkt wurde.

A. Nevins: Ordeal of the Union, 8 Bde. (New York 1947–71); The official atlas of the Civil War, bearb. v. H. S. Commager u. a. (Washington, D. C., 1958); M. M. Boatner III: The Civil War dictionary (New York 1959); B. Catton: The centennial history of the Civil War, 3 Bde. (Garden City, N. Y., 1961–65); The West Point atlas of the Civil War, hg. v. V. J. Esposito (New York 1962); J. G. Randall u. D. Donald: The Civil War and reconstruction (Neuausg. Lexington, Mass., 1969); K. M. Stampp: The causes of the Civil War (Neuausg. Englewood Cliffs, N. J., 1974); P. J. Parish: The American Civil War (New York 1975); E. M. Thomas: The Confederate Nation, 1861–1865 (ebd. 1979); J. M. McPherson: Für die Freiheit sterben. Die Gesch. des amerikan. Bürgerkrieges (a. d. Amerikan., 1992); The American Civil War. A handbook ..., hg. v. S. E. Woodworth (Westport, Conn., 1996). – *Zeitschrift:* Civil War history (New York 1955 ff.).

Sezgin [-z-], Fuat, türk. Islamist, * Bitlis 24. 10. 1924; wurde 1968 Prof. für Geschichte der Naturwissenschaften in Frankfurt am Main. Seine ›Geschichte des arab. Schrifttums‹ bis etwa 430 [1038] (9 Bde., 1967–84) im Anschluss an C. Brockelmanns ›Geschichte der arab. Litteratur‹ (2 Bde., 1898–1902, Neuausgabe 5 Bde., 1937–49) stellt eine umfassende Kompilation der arab. Handschriften, ihrer Ausgaben und der dazugehörigen Sekundärliteratur (einschließlich biograph. Angaben zu den Autoren) dar.

Sezieren [von lat. *secare* ›(zer)schneiden‹, ›zerlegen‹], kunstgerechtes Öffnen einer Leiche.

sf, *Musik:* Abk. für →sforzato.

Sfântu Gheorghe ['sfintu 'george], Schreibweise bis 1992 **Sfîntu Gheorghe,** ungar. **Sepsiszentgyörgy** [ˈʃɛpʃisɛntdjørdj], dt. **Sankt Georgen,** Stadt im Kr. Covasna, Rumänien, 550 m ü. M., im südöstl. Siebenbürgen, am Alt, 67 700 Ew.; kulturelles Zentrum der Szekler; Regionalmuseum (mit archäolog. Funden), ungarischsprachiges Theater; Werkzeugmaschinen- und Elektrogerätebau, Fahrzeugteilfertigung, Baumwollverarbeitung, Möbel-, Kunststoff- und Nahrungsmittelindustrie; Straßenknotenpunkt. – S. G., an der Stelle einer dakisch-röm. Niederlassung im 12.–13. Jh. als Siedlung der Szekler entstanden, wurde 1332 erstmals urkundlich erwähnt.

Sfax, arab. **Safakis,** Hafen- und Industriestadt mit Seebad an der O-Küste Tunesiens, 230 900 Ew.; Univ. (gegr. 1986); Wirtschaftszentrum S-Tunesiens; Phosphatexport und -verarbeitung (größtes Phosphatwerk Tunesiens; Phosphatbahn zu →Metlaoui); chem., Textil- (v. a. Seide), Nahrungsmittelindustrie, Öl-, Getreidemühlen, Metallverarbeitung, Produktion von Schuhen, opt. Gläsern, Parfüm, Seife, Kunsthandwerk, Fischverarbeitung, Meersalz- und Schwammgewinnung; Fremdenverkehr; Handels-, Fischerei- und Jachthafen, Fährverkehr zu den Kerkennainseln, Schiffsverkehr mit Djerba, Gabès, Malta; Eisenbahn- und Straßenknotenpunkt; Flughafen (10 km westlich). – Die rechteckige Medina ist umgeben von den mehrfach erneuerten zinnenbekrönten aghlabid. Stadtmauern (9. Jh.) mit vielen Türmen und zwei Kasbas (12. und 17. Jh.); im SO das 1944 erneuerte Haupttor Bab Diwan (vom 1306 erbauten Tor ein Bogen erhalten); im Zentrum die neunschiffige Große Moschee (849 gegr.; im 10./11. Jh. von den Fatimiden erneuert, 1748 erweitert) mit dreistöckigem quadrat. Minarett (im 10./11. Jh. im Stil des Minaretts der Großen Moschee von Kairouan erbaut); im ehem. Palast Dar Djellouli (17. Jh.) das Kunstgewerbemuseum. In der von den Franzosen schachbrettartig angelegten Neustadt das neomaur. Rathaus mit archäol. Museum (u. a. Funde aus dem röm. Thaenae, 12 km südwestlich, sowie aus pun. und byzantin. Zeit). – S. wurde von den Aghlabiden im 9. Jh. über dem altlibyschen und röm. **Taparura** neu gegründet und kam im 9. und 10. Jh. einen raschen Aufschwung durch Export von Olivenöl, Fischen und feinen Tuchen (bes. nach Italien). 1881 wurde S. von den Franzosen eingenommen. 1942–43 wurden bes. die Neustadt und der Hafen durch brit. Luftangriffe fast völlig zerstört, der Wiederaufbau dauerte bis in die 60er-Jahre.

SFB, Abk. für →Sender Freies Berlin.
Sfîntu Gheorghe ['sfintu 'george], bis 1992 Schreibweise für die rumän. Stadt →Sfântu Gheorghe.
SFIO, Abk. für die frz. Partei →Section Française de l'Internationale Ouvrière.
s-Flächen, *Petrologie:* in der Gefügekunde Bez. für alle mechanisch ausgezeichneten Parallelflächen eines Gesteins; v. a. Schicht-, Schieferungs- und Scherflächen.
SFOR [Abk. für engl. Stabilization Force, ›Stabilisierungstruppe‹], internat. Friedenstruppe zur militär. Absicherung und Umsetzung der für Bosnien und Herzegowina beschlossenen Friedensvereinbarung von Dayton vom 21. 11. 1995 und in Rechtsnachfolge des am 20. 12. 1996 beendeten Einsatzes der →IFOR. Nach einer Entscheidung der NATO vom 18. 11. 1996 zur Fortführung der Friedensmission stimmte der UN-Sicherheitsrat (Resolution 1088 vom 12. 12. 1996) einem auf zunächst 18 Monate befristeten Mandat zu. Die rd. 34 000 SFOR-Soldaten (hauptsächlich Heerestruppen) wurden von über 30 Staaten gestellt (stärkstes Kontingent: etwa 8 000 US-Soldaten; nach Zustimmung des Dt. Bundestages vom 13. 12. 1996 auch etwa 3 000 Bundeswehrsoldaten).

Mit UN-Mandat und unter polit. Kontrolle des NATO-Rates (in Absprache mit den nicht zur NATO gehörenden Staaten) sowie unter militär. Oberbefehl des Obersten Alliierten NATO-Befehlshabers für Europa (SACEUR) sollte SFOR einen erneuten Ausbruch von Feindseligkeiten verhindern und Maßnahmen ergreifen (einschließlich – falls erforderlich – des Einsatzes von Gewalt), um das Sicherheitsumfeld für die Friedenskonsolidierung zu schaffen, sowie im Notfall die UN-Übergangsverwaltung in Ostslawonien (Kroatien) unterstützen. Im Juli 1997 ging SFOR auch erstmals gegen vom →Kriegsverbrechertribunal in Den Haag Gesuchte vor.

Um den Friedensprozess weiter zu sichern und zu polit. Stabilität zu sorgen, wurde SFOR auch nach 1998 fortgeführt. Die auf ein Jahr befristete **SFOR-Folgeoperation** wurde vom NATO-Rat am 20. 2. 1998 beschlossen und vom UN-Sicherheitsrat am 15. 6. 1998 gebilligt (Resolution 1174). Nach Zustimmung des Dt. Bundestages vom 19. 6. 1998 beteiligten sich daran auch etwa 3 000 Bundeswehrsoldaten.

Sforza, ital. Adelsfamilie, stammt von MUZIO ATTENDOLO (* 1369, † 1424) ab, der als Condottiere u. a. im Dienst von Perugia, Mailand und Florenz sowie der Könige von Neapel den Beinamen S. (›Bezwinger‹) erwarb. Von 1450 bis zum Erlöschen der Hauptlinie (1535) herrschten die S. als Herzöge über Mailand. – Bedeutende Vertreter:

1) **Carlo Graf,** ital. Politiker, * Montignoso (Prov. Massa-Carrara) 25. 9. 1872, † Rom 4. 9. 1952; 1920–21 Außen-Min., 1921–22 Botschafter in Paris, Liberaler und entschiedener Gegner des Faschismus, lebte 1926–43 in der Emigration. 1947–51 erneut Außen-Min., förderte er den Gedanken der europ. Einigung.

2) **Francesco (Franz) I.,** Condottiere, Herzog von Mailand (seit 1450), * San Miniato 23. 7. 1401, † Mailand 6. 3. 1466, illegitimer Sohn des MUZIO ATTENDOLO, Vater von 3). Seit 1441 ⚭ mit der natürl. Tochter FILIPPO MARIAS, des letzten Herzogs von Mailand aus dem Haus VISCONTI, BIANCA MARIA (* um 1424, † 1468), beanspruchte er nach dem Tod seines Schwiegervaters (1447) die Herzogswürde, die er 1450 im Staatsstreich gewann. Im Frieden von Lodi (1454) erreichte er die Anerkennung seiner Herrschaft durch die ital. Mächte (v. a. Venedig) und Frankreich.

3) **Ludovico (Ludwig),** gen. **il Moro** (›der Dunkle‹, ›der Mohr‹), Herzog von Mailand (1494–99/1500), * Vigevano 27. 7. 1452, † Loches (Frankreich) 27. 5. 1508, jüngerer Sohn von 2); riss 1480 die Vormundschaft für seinen Neffen GIAN GALEAZZO (* 1469, † 1494) an sich. Seit 1491 ⚭ mit BEATRICE D'→ESTE, erhielt er 1494 vom späteren Kaiser MAXIMILIAN I., dem er seine Nichte BIANCA MARIA S. (* 1472, † 1510) zur Ehe gab, Mailand als ein Lehen des Reiches. Er rief den frz. König KARL VIII. über die Alpen, nahm aber bald für die Gegner Frankreichs Partei. 1499 wurde er von KARLS Nachfolger LUDWIG XII. vertrieben, nach kurzer Rückkehr 1500 nach Frankreich verbracht, wo er in der Haft starb.

sforzato [ital.], seltener **sforzando,** auch **forzato, forzando,** Abk. **sf, sfz, fz,** musikal. Vortrags-Bez.: stark betont, hervorgehoben. Die Bez. gilt nur für jeweils einen Ton oder Akkord. Auch als **sforzatissimo, forzatissimo,** Abk. **sffz, ffz,** ganz stark betont; **sforzato piano,** Abk. **sfp,** sf mit darauf folgendem piano. Für sf gibt es versch. Zeichen, meist > oder ∧; seit dem 19. Jh. häufig gleichgesetzt mit rinforzato.

sfumato [ital., zu sfumare ›abtönen‹, zu fumo ›Rauch‹], *Malerei:* mit verschwimmenden Umrissen in gedämpfter Farbigkeit gemalt (bes. bei LEONARDO DA VINCI, CORREGGIO).

Sg, chem. Symbol für Seaborgium (→Element 106).

Sgambati, Giovanni, ital. Pianist und Komponist, * Rom 28. 5. 1841, † ebd. 14. 12. 1914; gefördert von F. LISZT; hatte früh als Klaviervirtuose und Dirigent Erfolg; 1877 Mitbegründer und Lehrer des Liceo Musicale der Accademia di Santa Cecilia in Rom. Komponierte überwiegend Instrumentalmusik, u. a. zwei Sinfonien, ein Klavierkonzert, Kammer- und Klaviermusik sowie ein viel beachtetes Requiem (1896).

Sganarelle [sganaˈrɛl], Possenfigur bei MOLIÈRE, z. B. in der Verskomödie ›S. ou le cocu imaginaire‹ (1660) und der Diener Don Juans in der Komödie ›Dom Juan ou le festin de pierre‹ (Uraufführung 1665).

SGB, Abk. für →**Sozialgesetzbuch.**

S-Gerät [Abk. für Sondergerät], dt. Bez. für das im Zweiten Weltkrieg von der brit. Marine zur U-Boot-Suche eingesetzte Schallortungsgerät ASDIC; auf der Anzeige von Ultraschallechos beruhendes Horizontallot, das aus dem Echolot hervorging.

SGML [Abk. für engl. **s**tandard **g**eneralized **m**arkup **l**anguage], *Informatik:* normierte Auszeichnungssprache zur Beschreibung strukturierter Texte, die es ermöglicht, Dokumente unabhängig von der Form ihres späteren Ausdrucks (Lay-out) archivieren, weitergeben und in andere Dokumentstrukturen umwandeln zu können. Dazu wird für jeden verwendeten Dokumenttyp eine inhaltsbezogene Struktur definiert (**DTD,** engl. **d**ocument **t**yp **d**efinition), deren einzelne Elemente durch →Tags markiert werden. Bei der Verarbeitung eines SGML-Dokuments überprüft in einem ersten Schritt ein →Parser die syntakt. Korrektheit der Dokumentstruktur und erzeugt einen Zwischencode, auf dem aufbauend in einem zweiten Schritt ein Formatierer das eigentl. Ausgabeformat erzeugt. – Das Format, in dem die Daten im →World Wide Web gespeichert sind, ist die SGML-verwandte Sprache **HTML** (**h**ypertext **m**arkup **l**anguage).

W. RIEGER: SGML für die Praxis (1995, mit Diskette); H. SZILLAT: SGML. Eine prakt. Einf. (1995, mit Diskette); C. MUSCIANO u. B. KENNEDY: HTML. Das umfassende Referenzwerk (a. d. Engl., 1997); S. J. DEROSE: The SGML FAQ book. Understanding the foundation of HTML and XML (Boston, Mass., 1997).

SGP, Nationalitätszeichen für Singapur.

SGPT [Abk. für **S**erum-**G**lutamat-**P**yruvat-Transaminase], neuere Bez. **Alanin|aminotransferase,** v. a. in der Leber vorkommendes Enzym, das die Umwandlung von Glutamat und Pyruvat zu L-Alanin und α-Ketoglutarat reversibel katalysiert. Die SGPT tritt bei Krankheiten, die mit Zellschädigung verbunden sind, ins Blut über; ihre Anwesenheit im Serum wird daher v. a. zur Diagnose und Beurteilung von Lebererkrankungen herangezogen.

Sgraffiato [ital., zu graffiare ›kratzen‹] *der, -s/...ti,* **Graffiato,** Verzierungstechnik in der Tonwarenherstellung: Aus einer aufgetragenen farbigen Schicht wird ein Muster herausgekratzt.

Sgraffito [ital., zu graffiare ›kratzen‹] *der,* auch *das, -(s)/...ti,* **Graffito,** Technik zur dekorativen Fassadengestaltung. Auf Rauputz wird Kratzputz aufgetragen, zuerst der Kratzgrund, darauf die dünnere Kratzschicht. Bevor diese hart geworden ist, wird die gewünschte Darstellung oder ein Muster herausgekratzt, sodass hier der meist gefärbte Kratzgrund sichtbar wird. An norditalien. Renaissancebauten war S. bes. beliebt, in der Folge auch in Böhmen, Schlesien und Sachsen. (BILD S. 128)

G. u. C. THIEM: Toskan. Fassaden-Dekoration in S. u. Fresko (1964); M. STOCKEBRAND: Fassadendekorationen in S. in Florenz im 19. u. 20. Jh. (1983).

's-Gravenhage [sxraːvənˈhaːxə], →Den Haag.

SGZ-Bank, Südwestdeutsche Genossenschafts-Zentralbank AG, zentrales Kreditinstitut genossenschaftl. Unternehmen (v. a. Volks- und Raiffeisenbanken in Baden, Hessen, Rheinl.-Pf. und im

Saarland) und internat. ausgerichtete Geschäftsbank, gegr. 1883; Sitz: Frankfurt am Main und Karlsruhe.

Shaanxi [ʃaːnçiː], **Shenxi** [ʃənçiː], **Shensi, Schensi,** Prov. in NW-China, im O größtenteils vom Hwangho begrenzt, 205 600 km^2, (1995) 35,14 Mio. Ew.; Hauptstadt ist Xi'an. S. umfasst im N ein 1 000–2 000 m ü. M. gelegenes Lössplateau, das vom Bergland Baiyu Shan (mit tief eingeschnittenen Tälern) überragt wird. Nach S schließt sich die Wei-He-Ebene an (O-W-Erstreckung 300 km bei einer Breite von 30–80 km), das Hauptsiedlungs- und Wirtschaftsgebiet der Prov., das die ältesten Ackerbaugebiete Chinas umfasst, wo sich die frühesten chin. Staatsbildungen vollzogen; sie wird im S vom Qinling Shan (bis 3 767 m ü. M.) begrenzt, der nach S zum Tal des Han Shui steil abfällt und das gemäßigte, steppenhafte Klima im N vom trockenen, subtrop. im S trennt. Die S-Grenze der Prov. verläuft über die Gebirge Micang Shan und Daba Shan (bis 2 708 m ü. M.), die das Becken von Sichuan im NO umrahmen. In der Wei-He-Ebene werden Weizen und Baumwolle angebaut, im S Reis, Mais und Hülsenfrüchte, außerdem gibt es dort Orangen-, Mandarinen-, Tee- und Tungölbaumkulturen. Etwa ein Drittel der Anbaufläche wird bewässert. Bergbau erfolgt auf Steinkohle (in Tongchuan und Hanzhong), in geringem Umfang auf Eisenerz, Erdöl, Gold und Salz. Wichtigste Industriezweige sind Baumwollverarbeitung und Maschinenbau, daneben Kohle- und Erdölverarbeitung, Eisenmetallurgie, chem., Baustoff- und elektron. Industrie. Der Energiegewinnung dienen Wärme- (Qinling, 800 MW) und Wasserkraftwerke am Han Shui (Ankang, 800 MW; Shiquan, 135 MW). Hauptindustriestandorte sind Xi'an, Baoji und Tongchuan. S. wird von O nach W von der Longhaibahn durchquert; Flussschifffahrt auf dem Han Shui (ab Hanzhong schiffbar).

Sgraffito: Entstehung eines Porträts in Kratzputztechnik

Shaba [ʃ-; Suaheli ›Kupfer‹], bis 1971 **Katanga,** Region in der Demokrat. Rep. Kongo, 496 965 km^2, 5,6 Mio. Ew.; Hauptstadt ist Lubumbashi. S. ist ein Savannenhochland (1 000 m ü. M.) zw. Kasai im W und Tanganjikasee im O, das sich von der Lundaschwelle im S (mit der Mitumba-Kette) nach N bis über den Lukuga senkt und v. a. vom Lualaba, im W von Nebenflüssen des Kasai entwässert wird. Im Zentrum finden sich Papyrussümpfe (um den Upembasee). Ober-S. (Katanga-Revier) ist eines der reichsten Bergbaugebiete der Erde (Kupfer, Kobalt, Uran, Zinn, Mangan, Steinkohle) und das wichtigste Industriegebiet des Landes; Verhüttung, chem. und Nahrungsmittelindustrie, bes. in Lubumbashi; weitere Zentren sind Kolwezi und Likasi, die ebenfalls an der Benguelabahn liegen, sowie Kipushi und Manono.

Im heutigen S. errichtete um 1870 M<small>SIRI</small> (* um 1820, † 1891), ein Kaufmann aus dem Volk der Nyamwezi, einen Militärstaat, der den Fernhandel (Salz, Kupfer, Elfenbein) kontrollierte. 1891 wurde M<small>SIRI</small> im Kampf gegen Truppen des ›Unabhängigen Kongostaates‹, den sich der belg. König L<small>EOPOLD</small> II. geschaffen hatte, entmachtet. 1906 wurde mit dem modernen Kupferbergbau begonnen; 1908 übernahm der belg. Staat die Herrschaft über den Kongostaat. Als Belgisch-Kongo am 30. 6. 1960 unter dem Namen Demokrat. Rep. →Kongo unabhängig wurde, erklärte M. T<small>SHOMBÉ</small>, Min.-Präs. Katangas, am 11. 7. 1960 die Sezession seiner Provinz. Um deren Unabhängigkeit zu begegnen, rief die Zentral-Reg. die Vereinten Nationen zu Hilfe. Der am 15. 7. 1960 begonnene Einsatz von UN-Truppen (etwa 20 000 Mann bis zum 30. 6. 1964) beendete im Januar 1963 gewaltsam die Abspaltung Katangas. Anfang 1961 wurde in Katanga der kongoles. Politiker P. L<small>UMUMBA</small> unter ungeklärten Umständen ermordet. Aufstände in S. (v. a. 1977–79) wurden mithilfe belg. und frz. Truppen niedergeschlagen.

Shabani [ʃa-], Stadt in Simbabwe, →Zvishavane.

Shache [ʃatʃe], chin. Name für die Stadt →Yarkand.

Shackleton [ˈʃækltən], Sir (seit 1909) E r n e s t Henry, brit. Südpolarforscher, * Kilkee (Cty. Clare, Irland) 15. 2. 1874, † auf Südgeorgien (Antarktis) 5. 1. 1922; beteiligte sich 1903 an der ›Discovery‹-Expedition (1901–04) von R. F. S<small>COTT</small>; unternahm 1908/09 von Süd-Victoria-Land aus einen ersten Vorstoß zum Südpol (erreichte 88° 23′ s. Br.) und führte 1914–16 eine Expedition in das Weddellmeer; begann 1921 mit einer Umfahrung der Antarktis.

Shackletongebirge [ˈʃækltən-], Gebirge in der Antarktis, östlich des Filchnerschelfeises, erstreckt sich zw. 80° und 81° s. Br. und zw. 19° und 31° w. L. Von der geolog. Erforschung des S. werden Erkenntnisse über die Entwicklung von →Gondwana erwartet.

Shadbolt [ˈʃædbɔlt], M a u r i c e Francis Richard, neuseeländ. Schriftsteller, * Auckland 4. 6. 1932; arbeitet als Journalist, Publizist und Drehbuchautor. In seinen Romanen untersucht er, mithilfe iron. Umsetzung konventioneller realist. Erzählmuster, Alltagsmythen und Ereignisse aus der neuseeländ. Geschichte sowie die Wertorientierung in einer zunehmend materialistisch ausgerichteten Gesellschaft.

Werke: *Romane und Kurzgeschichten:* The New Zealanders (1959); Among the cinders (1965); Strangers and journeys (1972); A touch of clay (1974); The lovelock version (1980); Monday's warriors (1990); The house of strife (1993); One of Ben's. A New Zealand medley (1993); Dove on the waters (1996; dt. Mr. Dove über den Wassern).

Shadwell [ˈʃædwəl], Thomas, engl. Dramatiker, * Santon Hall (Cty. Norfolk) um 1641, † London 19. 11. 1692. S. verstand sich als Nachfolger B. J<small>ONSONS</small> und schrieb Lustspiele, die im Stil der Comedy of Humours gesellschaftl. Phänomene karikieren (›Empson Wells‹, 1673; ›The virtuoso‹, 1676, Satire auf die Royal Society; ›Bury fair‹, 1689). Er verfasste 1674 eine Adaptation von S<small>HAKESPEARES</small> ›The tempest‹ und war in eine literar. Kontroverse mit J. D<small>RYDEN</small> verwickelt. Nach der Revolution von 1689 löste er D<small>RYDEN</small> im Amt des →Poet laureate ab.

Ausgabe: The complete works, hg. v. M. S<small>UMMERS</small>, 5 Bde. (1927, Nachdr. 1968).

M. W. A<small>LSSID</small>: T. S. (New York 1967); J. M. A<small>RMISTEAD</small>: Four Restoration playwrights. A reference guide to T. S., ... (Boston, Mass., 1984).

Shaffer [ˈʃæfə], P e t e r Levin, engl. Dramatiker, * Liverpool 15. 5. 1926; schrieb anfangs zus. mit seinem Zwillingsbruder A<small>NTHONY</small> Kriminalromane (unter dem gemeinsamen Pseud. **Peter Anthony**) und verfasste Fernsehspiele. Nach dem realist. Familienstück ›Five finger exercise‹ (1958; dt. ›Fünffingerübung‹) wandte er sich myth., histor. und psycholog. Stoffen zu, die er mit den Mitteln des ep. und des totalen Theaters (A. ARTAUD) zur dramat. Auseinandersetzung mit Leitfiguren im polit., religiösen und künstler. Bereich gestaltete (›Equus‹, 1973, dt.; ›Amadeus‹, 1980, dt., verfilmt nach einem Drehbuch des Autors u. a.).

Weitere Werke: *Dramen:* The private ear (1962; dt. Hören Sie zu!); The public eye (1962; dt. Geben Sie acht!); The royal hunt of the sun (1964; dt. Die Jagd auf die Sonne); Black comedy (1967; dt. Komödie im Dunkeln); Yonandab (1985); Lettice and lovage (1987; dt. Lettice u. Liebstöckel); The gift of the Gorgon (1993).

D. A. KLEIN: P. and Anthony S. A reference guide (Boston, Mass., 1982); C. J. GIAŃAKARIS: P. S. (Basingstoke 1992); S. BACH: Grenzsituationen in den Werken P. S.s (1992).

Shaftesbury [ˈʃɑːftsbəri], **1)** Anthony **Ashley Cooper** [ˈæʃli ˈkuːpə], 1. Earl of (seit 1672), engl. Politiker, *Wimborne Saint Giles (Cty. Dorset) 22. 7. 1621, †Amsterdam 21. 1. 1683, Großvater von 2); diente zunächst O. CROMWELL, dann KARL II. Seit 1661 Baron Ashley, wurde er 1667 Mitgl. des Cabalministeriums. 1672–73 Lordkanzler, dann Führer der Parlamentsopposition; 1677–78 und 1681 in Haft. 1679 setzte er die →Habeas-Corpus-Akte durch; floh 1682 nach Holland.

2) Anthony **Ashley Cooper** [ˈæʃli ˈkuːpə], 3. Earl of (seit 1699), engl. Philosoph, *London 26. 2. 1671, †Neapel 4. 2. 1713, Enkel von 1); einer der bedeutendsten Vertreter der engl. Aufklärung. Nach Reisen in Europa 1686–89 kehrte er nach England zurück und war 1695–98 Mitgl. des Parlaments, ab 1699 Mitgl. des Oberhauses. Ab 1711 lebte er in Italien. S.s Philosophie steht unter dem Einfluss J. LOCKES und des Cambridger Platonismus (→Cambridger Schule), später auch P. BAYLES. Ein zentrales Problem seines Denkens ist die Begründung der Sittlichkeit im ›moral sense‹ (›moral. Sinn‹). Die gesuchte Autonomie des moral. Bewusstseins gründet auf der Trennung von Religiosität und Moralität, deren ›natürl.‹ Ursprung S. gegen LOCKE betont. Die Überzeugung, dass die Sittlichkeit ebenso wie die ästhet. Erfahrung zur naturgegebenen Ausstattung des Menschen gehöre und unabhängig von den Ansprüchen einer Offenbarungsreligion begründet werden könne, führt zu der These, dass Religion Sittlichkeit bereits voraussetzt. Sittlichkeit besteht dabei für S. in der harmon. Entfaltung der natürl. Anlagen des Menschen und hat als letztes Ziel die Erhaltung des zweckvoll geordneten kosm. Ganzen, von dem das Individuum ein Teil ist. Tugend erweist sich als ›Liebe zur Ordnung und Schönheit im Gesellschaftlichen‹; Religiosität erhält eine deist. Grundlage (→Deismus). Die Auszeichnung des Gefühls und die Verbindung von ästhet. mit moral. Kategorien im ›moral sense‹ machen den bedeutenden Einfluss verständlich, den die Philosophie S.s bes. auf A. POPE, J. G. HERDER, SCHILLER, GOETHE, VOLTAIRE und J.-J. ROUSSEAU hatte. Die Vorstellung des aus ›Enthusiasmus‹ schaffenden Genies wurde zur Kernidee des Sturm und Drang.

Werke: An inquiry concerning virtue in two discourses (1699; dt. Unters. über die Tugend); A letter concerning enthusiasm (1708; dt. Ein Brief über den Enthusiasmus); The moralists, a philosophical rhapsody (1709; dt. Die Moralisten); Soliloquy. Or advice to an author (1710, 1711 u. d. T. Characteristicks of men, manners, opinions, times, 3 Bde.; dt. Charakteristicks, oder Schilderungen von Menschen, Sitten, Meynungen u. Zeiten).
Ausgaben: Standard-Edition. Sämtl. Werke, ausgew. Briefe u. nachgelassene Schriften, hg. v. G. HEMMERICH u. W. BENDA, auf mehrere Bde. ber. (1981 ff.); Der gesellige Enthusiast. Philosoph. Essays, hg. v. K.-H. SCHWABE (1990).

E. WOLFF: S. u. seine Bedeutung für die engl. Lit. des 18. Jh. (1960); S. GREAN: S.'s philosophy of religion and ethics (Athens, Oh., 1967); C. F. WEISER: S. u. das dt. Geistesleben

(²1969); W. H. SCHRADER: Ethik u. Anthropologie in der engl. Aufklärung. Der Wandel der moral-sense-Theorie von S. bis Hume (1984); R. VOITLE: The third Earl of S., 1671–1713 (Baton Rouge, La., 1984); T. FRIES: Dialog der Aufklärung. S., Rousseau, Solger (1993).

Shag [ʃɛk, engl. ʃæg; engl., eigtl. ›Zottel‹] *der,* -s/-s, Sorte fein geschnittenen, bes. gesoßten Rauchtabaks.

Shah Alam [ʃa-], Hauptstadt des Gliedstaates Selangor, Westmalaysia, 102 000 Ew.; Industrieforschungsinstitut, Technikum; Fahrzeug-, Maschinenbau, Elektro-, chem., Nahrungsmittel- u. a. Industrie. – 1970–80 planmäßig angelegte Wohn- und Verwaltungsstadt in der Kelang Valley Conurbation.

Shahdad [ʃa-], **Schahdad,** Stadt in O-Iran, etwa 60 km östlich von Kerman am Rande der Wüste Lut. – Am O-Rand der Stadt ein ausgedehntes Gräberfeld mit reichen Funden aus der Zeit um 2000 v. Chr.: bemalte Keramik, einige der Tongefäße mit Besitzermarken, Steingefäße, bes. Steatitbüchsen, Terrakottastatuetten, Lapislazuliperlen und Bronzearbeiten. Die zugehörige ehem. Stadt umfasste 25 ha. Fund einer Inschrift u. a. mit Elementen der Indusschrift.

Shah Jahan [ʃɑː dʒʌˈhɑːn, pers. ›Weltkönig‹], **Schah Dschahan, Schahdschahan,** ind. Großmogul (1628–58), *Lahore 5. 1. 1592, †Agra 22. 1. 1666, Sohn und Nachfolger JAHANGIRS; erweiterte das Mogulreich v. a. im Süden. S. J. ließ den Pfauenthron (→Pfauen, Kulturgeschichte) anfertigen und als Grabmal für seine Lieblingsfrau MUMTAZ-MAHAL († 1631) →Taj Mahal in Agra errichten. 1658 wurde er von seinem Sohn AURANGSEB, der ihn bis zu seinem Tod gefangen hielt, gestürzt.

Shahjahanpur [ʃɑːdʒəˈhɑːnpʊə], Stadt im Bundesstaat Uttar Pradesh, Indien, in der oberen Gangesebene, 237 700 Ew.; Zucker- und Seidenindustrie.

Peter Shaffer

Anthony Ashley Cooper, 3. Earl of Shaftesbury

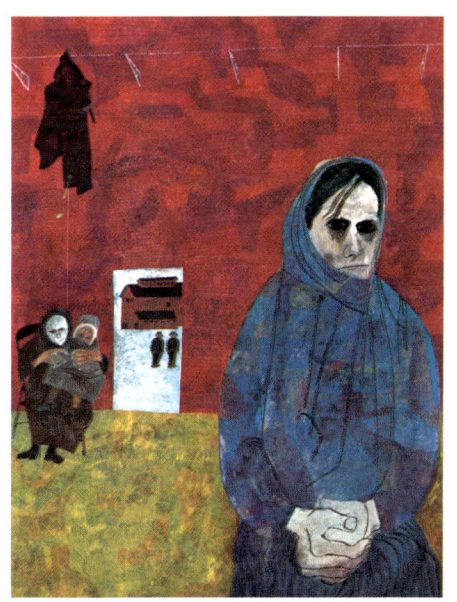

Ben Shahn: Bergarbeiterwitwen; 1948 (Philadelphia, Pa., Museum of Art)

Shahn [ʃɑːn], Ben, amerikan. Maler, Grafiker und Fotograf litauischer Herkunft, *Kaunas 12. 9. 1898, †New York 14. 3. 1969; lebte ab 1906 in den USA. In seinen sozialkrit. Zeichnungen, Drucken, Bildern und Wandfresken verbindet sich eine eigenwillige Stilisierung mit einer distanziert-realist. Malweise. Er verwendete für seine Malerei auch fotograf. Vorlagen.

1935–38 arbeitete er als Fotograf für die FSA (Farm Security Administration).

B. S., photographer, hg. v. M. R. WEISS (New York 1973); F. K. POHL: B. S. New Deal artist in a cold war climate 1947–54 (Austin, Tex., 1989).

Shailendra [ʃ-; ›Herren der Berge‹], altindones. Dynastie, herrschte seit der Mitte des 8. Jh. auf Zentraljava und erlangte im späten 9. Jh., nach der Vertreibung aus Java (um 856), die Herrschaft über das Reich Srivijaya auf Sumatra. (→Indonesien, Geschichte)

Shaka [ʃ-], Zuluherrscher, →Chaka.

Shake [ʃeːk, engl. ʃeɪk; engl., zu to shake ›schütteln‹] *der, -s/-s,* alkoholfreies Mixgetränk. – **Shaker** [ˈʃeːkər, engl. ˈʃeɪkə], verschließbarer Mix-, Mischbecher.

Shakers [ˈʃeɪkəz; engl. ›Zitterer‹], **Alethianer,** eigtl. **United Society of Believers in Christ's Second Appearance** [juːˈnaɪtɪd səˈsaɪətɪ əv bɪˈliːvəz ɪn kraɪsts ˈsekənd əˈpɪərəns], Bez. für die Anhänger einer im 18. Jh. aus den Quäkern hervorgegangenen amerikan. Religionsgemeinschaft, die von der Engländerin ANN LEE (* 1736, † 1784) im Staat New York gegründet worden war; LEE verkündete den Anbruch des in der Johannes-Apokalypse angekündigten tausendjährigen Reiches (→Chiliasmus). Die S., die keine Sakramente und geistl. Ämter kennen, waren v. a. Mitte des 19. Jh. (etwa 6 000 Mitgl.) in den USA von Bedeutung und lebten in eigenen Siedlungen als ›Brüder und Schwestern‹ in Ehelosigkeit und Gütergemeinschaft; der Bestand der Gemeinschaft wurde v. a. durch die Adoption von Waisenkindern gewährleistet. Den Gottesdienst kennzeichnen ekstat. Formen wie Tänze und Händeklatschen. – Bis heute geschätzt ist ihr kunsthandwerkl. Stil (v. a. Möbel).

William Shakespeare (Ausschnitt aus dem so genannten ›Chandos-Porträt‹, das dem Maler John Taylor zugeordnet wird, um 1610, London, National Portrait Gallery)

Shakespeare [ˈʃeːkspiːr, engl. ˈʃeɪkspɪə], William, engl. Dramatiker, Schauspieler und Dichter, * Stratford-upon-Avon 23. 4. (getauft 26. 4.) 1564, † ebd. 23. 4. 1616. S. selbst unterschrieb mit Shak(e)spere oder Shak(e)speare; die Versepen sowie fast alle zeitgenöss. Drucke der Dramen haben die Schreibung Shakespeare. Außer sechs Unterschriften und den zwei Worten ›by me‹ vor der letzten Unterschrift unter dem Testament ist nichts Handschriftliches überliefert. Ob eine aus drei Manuskriptseiten bestehende Szene in dem von ANTHONY MUNDAY (* 1560, † 1633) u. a. verfassten Drama ›Sir Thomas More‹ (um 1595) von S. stammt, ist nicht geklärt.

Leben

Nur wenige Dokumente, die biograph. Auskunft über S. geben, sind überliefert. Fest steht jedoch, dass S.s Vater JOHN, Sohn eines Pächters aus der Nähe von Stratford-upon-Avon, es als Zunft-Mitgl. der Handschuhmacher in Stratford zu relativem Wohlstand brachte und dass er öffentl. Ämter bekleidete. Seine Heirat mit MARY ARDEN, Tochter eines zu den ältesten Landadelsfamilien Warwickshires gehörenden Grundbesitzers, bedeutete gesellschaftl. Aufstieg (1556/1558?). Ab 1575 zog sich S.s Vater (wegen finanzieller oder religiöser Schwierigkeiten?) aus dem öffentl. Leben zurück. S. besuchte vermutlich die örtl. Lateinschule (bis 1579?), heiratete 1582 die acht Jahre ältere Tochter eines Farmers aus dem benachbarten Shottery, ANN HATHAWAY († 6. 8. 1623); 1583 wurde die Tochter SUSANNA geboren, 1585 die Zwillinge HAMNET († 1596) und JUDITH. Über die ›verlorenen Jahre‹ bis 1592 ist nichts bekannt, doch dürfte sich S. ab 1589 in London aufgehalten haben. 1592 wird er erstmals dort erwähnt und von R. GREENE als Blankverse schreibender krähenhafter Emporkömmling geschmäht, der sich mit anderer Autoren Federn schmücke, wofür sich der Drucker HENRY CHETTLE wenig später entschuldigte. S. gehörte zumindest ab 1594 zur Theatertruppe der Chamberlain's Men (ab 1603 King's Men), bei der er während seiner gesamten Theaterkarriere blieb. 1598 deuten der Druck der Komödie ›Love's labour's lost‹ (entst. 1594/95, gedr. 1598) sowie das Lob des Literaten FRANCIS MERES (* 1565, † 1647) auf das hohe Ansehen des Autors hin. Ab 1599 war S. Teilhaber am →Globe Theatre, ab 1608 am Blackfriars Theatre. Da er 1597 in Stratford ein großes Haus kaufte (New Place) und sein Geld in Grundbesitz investierte, zog er möglicherweise 1610, sicher aber 1612 wieder in seinen Geburtsort und dürfte sich ab 1613 aus dem Theaterleben zurückgezogen haben. Das im Januar 1616 angefertigte Testament wurde am 25. 3. in modifizierter Form von S. gezeichnet. Er wurde in der Trinity Church in Stratford beigesetzt; die Büste des Grabmals (von G. JANNSEN; vor 1623) sowie der Kupferstich in der ersten Folioausgabe (1623, von M. DROESHOUT) sind die einzigen Bildnisse S.s, die eine gewisse Authentizität beanspruchen können, da sie wohl von der Familie und Freunden akzeptiert wurden.

Werke

Versdichtung: Die seinem langjährigen Mäzen HENRY WRIOTHESLEY, 3. EARL OF SOUTHAMPTON (* 1573, † 1624), gewidmeten, wohl während der pestbedingten Schließung der Theater entstandenen Versepen ›Venus and Adonis‹ (1593; dt.) und ›The rape of Lucrece‹ (1594; dt. ›Die Vergewaltigung der Lukrezia‹) stellen Versuche dar, den Anforderungen der Renaissancepoetik zu genügen. Wegen ihrer Konventionalität bleiben sie jedoch hinter den wohl zw. 1592 und 1598 entstandenen 154 Sonetten zurück, die die Freundschaft bzw. Liebe zu einem jungen Mann (1–126) und zu einer ›dunklen Dame‹ (127–154) sowie das Wirken der Zeit zum Thema haben, die petrarkist. Sonettmode der Zeit zu einem Höhepunkt führten und die ›engl. Form‹ (drei kreuzweise gereimte Quartette und ein Couplet) populär machten. Ob die 1609 als Zyklus gedruckten Sonette autobiograph. Natur sind, ist nicht geklärt.

S.s *dramat. Werk* umfasst neben drei Titeln, an denen S. als Teilautor mitgewirkt hat, 35 Stücke, von denen es aber keine Manuskripte gibt. Neben Fassungen, die lediglich auf Arbeitspapieren, Regiebüchern (z. B. ›Macbeth‹) oder Gedächtnisrekonstruktionen (›Hamlet‹, Druck 1603) beruhen, gibt es unter den 20 zu S.s Lebzeiten erschienenen Einzeldrucken (›Quartos‹) offensichtlich autorisierte Ausgaben (z. B. Hamlet-Drucke von 1604 und 1611). Die von zwei Schauspielerkollegen sorgfältig vorbereitete ›Folio‹-Ausgabe der Werke (1623) enthält 36 Titel, die im Sinne des zeitgenöss. Gattungsverständnisses als Komödien, Historien und Tragödien klassifiziert werden. Die Entstehungszeiten und die Chronologie der Werke lassen sich nur indirekt und annäherungsweise erschließen. Über die wichtigsten Daten besteht jedoch in der Forschung weitgehend Übereinstimmung.

Historien oder ›*Königsdramen*‹: Die nach dem Sieg über die span. Armada (1588), einer Zeit nat. Hochgefühls und wirtschaftl. Aufschwungs unter der Regentschaft ELISABETHS I., populären Dramatisierungen engl. Geschichte, stellen, abgesehen von HEINRICH V. und HEINRICH VIII., schwache oder schurk. Herrscher vor, deren unheilvolles Wirken die Probleme Usurpation und polit. Legitimität von Gegengewalt, Intrigen der Mächtigen sowie Notwendigkeit nationaler Einheit in den Vordergrund rückt. Sie lassen den Kreislauf von Schuld (Usurpation HEINRICHS IV.), Sühne (polit. Wirren der Rosenkriege zw. den Häusern York und Lancaster) und Erlösung (Befriedung Englands durch HENRY TUDOR, den späteren HEINRICH VII.) deutlich werden. Insofern huldigen sie einerseits der Tudormonarchie, warnen aber auch vor der Gefahr polit. Instabilität (angesichts der ungeklärten Nachfolge ELISABETHS I.) und diskutieren die Elemente eines harmon. Staatsgefüges. Die zehn teilweise als breit angelegte Geschichtspanoramen konzipierten Historien setzen sich zusammen aus der Lancaster-Tetralogie (›Richard II‹, entst. 1595, gedr. 1597; ›Henry IV‹, 2 Tle., entst. 1596–98, gedr. 1598; ›Henry V‹, entst. 1599, gedr. 1600) und der York-Tetralogie (›Henry VI‹, 3 Tle., entst. 1589–91, gedr. 1595; ›Richard III‹, entst. 1592/93, gedr. 1597) sowie ›King John‹ (entst. 1594/96?, gedr. 1623) und ›Henry VIII‹ (entst. 1612/13, gedr. 1623). S.s Originalität besteht darin, sprachlich-stilist. Kontraste und Parallelhandlungen eingefügt (Falstaff in ›Henry IV‹ als parodist. Gegenbild zur Kriegshandlung) und Historie in zusammenhängenden Zyklen präsentiert zu haben. Die Publikumswirksamkeit hat bis heute angehalten und das Vergangenheitsbewusstsein der Engländer nachhaltig geprägt. Die Stücke über die Regierungszeit HEINRICHS VI. wurden verschiedentlich auch als Zyklus auf dem Theater dargeboten, so von P. HALL (1963–64), P. PALITZSCH (1967) und G. STREHLER (1965/73).

Tragödien: Die zehn Tragödien entstanden in S.s mittlerer Schaffensperiode. Das Grundmuster liefert das aus dem MA. tradierte Konzept eines durch das Wirken der Fortuna bewirkten Aufstiegs und Falls der Mächtigen, das S. jedoch unter dem Einfluss der Senecatragödie und T. KYDS neuem Typ der Rachetragödie im melodramat. Drama ›Titus Andronicus‹ (entst. 1593/94, gedr. 1594) variiert. ›Romeo and Juliet‹ (entst. 1595, gedr. 1597; dt. ›Romeo und Julia‹) gestaltet das Motiv der reinen, der Fortuna unterworfenen Liebe. In den Römerdramen ›Julius Caesar‹ (entst. 1599, gedr. 1604), ›Antony and Cleopatra‹ (entst. 1606/07, gedr. 1623) und ›Coriolanus‹ (entst. 1607/08, gedr. 1623) nutzt S. antike Stoffe, um verdeckt sonst nicht erlaubte Themen und Figuren zu dramatisieren: das Scheitern des Revolutionärs (Brutus), die privaten Beziehungen zw. der (ägypt.) Herrscherin und dem (röm.) Feldherrn sowie Landesverrat und Bedrohung durch das wankelmütige Volk (Coriolan). ›Timon of Athens‹ (entst. 1607/08, gedr. 1623) gestaltet das Thema des durch den Undank der Welt zum Menschenfeind Gewordenen. Die ›großen Tragödien‹ – ›Hamlet‹ (entst. 1600/01, gedr. 1608), ›Othello‹ (entst. 1604, gedr. 1622), ›King Lear‹ (entst. 1605, gedr. 1608) und ›Macbeth‹ (entst. 1606, gedr. 1623) – bringen überzeitlich relevante Gestalten und Geschehen auf die Bühne und gehören zu den unbestrittenen Meisterwerken S.s. Sie dramatisieren das Wirken des Bösen in der Welt und siedeln den Konflikt im einzelnen Menschen selbst an, anhand von Themen wie dem des polit. Verbrechens aus Ehrgeiz und Verblendung, der unüberlegten Machtabgabe und des Generationenkonflikts, der privaten Rache, des Intrigenspiels und der Täuschung der Liebenden. Hervorstehende stilist. Merkmale der großen Tragödien sind: unterschiedlichste sprachl. Mittel der Dialogführung, funktionelle Vielfalt der Monologe, leitmotivisch Szenen und Akte strukturierende Bildlichkeit, Konzentration

William Shakespeare: Titelblatt der ersten Gesamtausgabe von 1623 mit einem Porträtstich von Martin Droeshout

der dramat. Handlung, schließlich die bis in seel. Tiefendimensionen reichende Zeichnung der Hauptfiguren, die häufig an den Rand des Wahnsinns getrieben werden, aber durch den subtilen Einsatz der dramat. Sympathielenkung den Zuschauer dann noch als zutiefst menschlich anrühren, wenn sie zum Bösen und Verwerflichen neigen; während die Historienfigur des Richard III. entsprechend der stat. Figurenzeichnung der mittelalterl. →Moralitäten als Stellvertreter des Bösen erscheint, fesseln Gestalten wie Macbeth oder Lear gerade wegen ihrer Komplexität.

Komödien: Mit seinen Komödien knüpft S. an mittelalterl. Traditionen des Volksschauspiels, an antike Muster der Situationskomik (PLAUTUS) sowie an die erfolgreichen höf. Komödien J. LYLYS an, variiert jedoch bes. in den Spätwerken auf meisterhafte Weise die vorgefundenen Strukturmuster und Motive. Die frühen Komödien ›The comedy of errors‹ (entst. 1592/94, gedr. 1623; dt. ›Die Komödie der Irrungen‹), ›The taming of the shrew‹ (entst. 1593/94, gedr. 1594; dt. ›Der Widerspenstigen Zähmung‹), ›The two gentlemen of Verona‹ (entst. 1594, gedr. 1623; dt. ›Die beiden Veroneser‹) und ›Love's labour's lost‹ (entst. 1594/95, gedr. 1598; dt. ›Verlorene Liebesmüh‹) sind noch einfacher konstruiert. Ihre verwickelten Handlungen um Liebe und Freundschaft bedienen sich vielfältiger farcenhaft-kom. Mittel, weisen jedoch auch zunehmend reflexive Züge auf. Zu den Komödien der mittleren Schaffenszeit gehören ›A midsommer night's dreame‹ (entst. 1595/96, gedr. 1600; dt. ›Ein Sommernachtstraum‹), ›Much ado about nothing‹ (entst. 1598/1599, gedr. 1600; dt. ›Viel Lärm um nichts‹), ›As you like it‹ (entst. 1599, gedr. 1623; dt. ›Wie es euch gefällt‹) und ›Twelfth night‹ (entst. 1601/02, gedr. 1623; dt. ›Was ihr wollt‹). Sie beschäftigen sich feinsinnig mit den ernsten und heiteren Seiten der Liebe (in den Nebenhandlungen vielfach bis ins Derbe oder Verstiegene abgewandelt), die mit ernsten Themen wie der polit. Herrschaft verknüpft und zur Darstellung menschl. Vervollkommnung durch Selbsterkenntnis und Herzensbildung geführt werden. Zu den so genannten Problemkomödien gehören ›The merchant of Venice‹ (entst. 1596/97, gedr. 1600; dt. ›Der Kaufmann von Venedig‹), ›Troilus and Cressida‹ (entst. 1601/02, gedr. 1609), ›All's well that ends well‹ (entst. 1602/03, gedr. 1623; dt. ›Ende gut, alles gut‹) und ›Measure for measure‹ (entst. 1604, gedr. 1623; dt. ›Maß für Maß‹), in denen Themen grundsätzlicher durchgespielt und um Aspekte wie Gnade und Gerechtigkeit erweitert werden; die Behandlung des antiken Troilus-Stoffes steht den Tragödien nahe. Die späteren, häufig als ›romant. Komödien‹ oder ›Romanzen‹ bezeichneten Stücke ›Pericles‹ (entst. 1607/08, gedr. 1609), ›Cymbeline‹ (entst. 1609/10, gedr. 1623), ›The winter's tale‹ (entst. 1610/11, gedr. 1623; dt. ›Ein Wintermärchen‹) und ›The tempest‹ (entst. 1611, gedr. 1623; dt. ›Der Sturm‹) greifen auf spätgriech. und mittelalterl. Romanzenstoffe und Motive wie Schiffbruch, Trennung und Wiedervereinigung zurück, wobei trag. Geschehen z. T. durch mag. Kräfte zu einem glückl. Ende gewendet wird.

Gesamtcharakteristik

Inwiefern persönl. Erleben das Werk S.s bestimmt hat, lässt sich nicht mehr ermitteln. Jedenfalls entstammen die Stoffe seiner Stücke in den wenigsten Fällen eigener Erfindung. S. bediente sich z. T. wohl bekannter Vorlagen (G. BOCCACCIO, G. CHAUCER, PLUTARCH, R. HOLINSHED). Zweifellos deutet das Werk jedoch auf die Fähigkeit, diesen Stoffen unterschiedlichste Erfahrungen und Erlebnisse, Gefühle und Fantasien unter Einsatz vielfältiger sprachl. Mittel von der holprigen Prosa der niederen Figuren bis zum Blankverspathos der politisch Mächtigen abzugewinnen und sie so zu gestalten, dass ein fast unbegrenzter Facettenreichtum von Personen und Haltungen entsteht. Deshalb lässt sich zu Recht sagen, dass die dichter. Einbildungskraft für S. die Quelle des künstler. Schaffens dargestellt haben muss. Wenn sich P. SIDNEY in ›The defense of poesie‹ (hg. 1595) angesichts der konstatierbaren Regelverstöße engl. Dramatiker, die sich nicht an die Normen der Gattungsreinheit vorschreibende Renaissancepoetik halten, besorgt über den Zustand des engl. Theaters äußert, dann deutet S.s Werk angesichts der Fülle von gegensätzl. Figuren, miteinander kontrastierenden Handlungen und der Vermischung des Komischen mit dem Tragischen, des Derben mit dem Sentimentalen, dem Pathetischen, Grotesken und Satirischen auf eine als realistisch zu bezeichnende multiperspektiv. Weltabbildung hin, die das Leben, die Menschen und die Gesellschaft in ihrer Breite und Vielschichtigkeit darstellt. Das Frühwerk weist sicherlich Texte auf, deren literar. Vorbilder (C. MARLOWE, LYLY, GREENE) ebenso erkennbar sind, wie Figurenzeichnung und Handlungsführung noch eher konventionellen Mustern entsprechen. Das ab 1595 zu verzeichnende Nebeneinander von nat. Optimismus und Sorge vor der staatl. Desintegration (in den Historien und ›Julius Caesar‹) wird kompensiert durch die spieler. Heiterkeit der Komödien, die etwa in der Judendarstellung des ›Merchant of Venice‹ auch düstere Facetten aufweist, so wie sich in ›Twelfth night‹ die Probleme von Sein und Schein, Identitätsverlust und Desorientierung andeuten, ohne dominant zu werden. Die Schaffensphase nach 1601 ist zunächst einmal geprägt vom Geist der bitteren Komödie und der düsteren Tragik, die sich am eindrucksvollsten in den verzweifelten Figuren des König Lear und Macbeth niederschlägt. Demgegenüber zeichnen sich die märchenspielhaften Romanzen des Spätwerks ab 1607 durch das Element der Versöhnung aus, wie sich in S.s letztem Drama ›The tempest‹ ausdrückt; allerdings bleibt S. mit der Kritik an utop. Schwelgereien des Höflings und an den gesellschaftl. Umsturzfantasien des ›wilden‹ Caliban in ›The tempest‹ seiner prinzipiellen Orientierung am polit. und sozialen, wesentlich hierarch. Ordnungsgefüge der Zeit treu. Wenn er einerseits häufig auf Techniken und Figuren des Volkstheaters zurückgreift und Gestalten aus dem Volk (z. B. die Totengräber in ›Hamlet‹) oder die Narren überraschende Einsichten formulieren lässt, schreibt er andererseits auch für das gebildete Publikum der Londoner Juristenschulen oder für den Hof JAKOBS I. Der überständ. Rezeption in seiner eigenen Zeit entspricht die überzeitl. Aussagekraft von S.s Werk, die in der Ausweitung seiner Stoffe auf universell-philosoph. Fragen und das gesamte Spektrum menschl. Empfindungen begründet ist und seine bis heute anhaltende internat. Wirksamkeit zu einer weltliterar. Ausnahmeerscheinung hat werden lassen.

Nachleben

Schon zu seinen Lebzeiten galt S. als der führende Dramatiker Englands. Sein Ansehen stieg in der Folgezeit zusehends, auch wenn mit Beginn der Restaurationszeit nach Wiedereröffnung der während der Puritanerherrschaft geschlossenen Theater (1660) die ›barock‹ scheinenden Regelverstöße seiner Dramen kritisiert wurden. Mit der Werkausgabe N. ROWES (6 Bde., 1709) begann eine S.-Philologie, die bereits Ende des 17. Jh. in E. MALONES Ausgabe von 1790 (überarbeitet 1821) einen Höhepunkt fand. Gleichzeitig wurde S. v. a. in Dtl. zum dramat. Paradigma (G. E. LESSING, H. W. GERSTENBERG) und Inbegriff des Originalgenies (J. G. HERDER, GOETHE); die Wirkungen zeigen sich bei den Autoren des Sturm und Drang sowie in der Versübertragung von A. W. SCHLEGEL und L. TIECK, fortgeführt von DOROTHEA TIECK und W. H. VON BAUDISSIN (9 Bde., 1825–33). Nachhaltig ist das S.-Bild immer wieder auch durch die wechselnden Zielsetzungen der Aufführungspraxis geprägt worden: während im 19. Jh. durch die historist. Detailtreue ebenso wie durch die Rekonstruktion der S.-Bühne und den Anti-Illusionismus des modernen Theaters zu Beginn des 20. Jh. (E. G. CRAIG, H. GRANVILLE-BARKER). In den 1960er-Jahren wurden v. a. die Inszenierungen der Royal Shakespeare Company durch die Regisseure P. BROOK und P. HALL wegweisend, ebenso wie das Buch des Polen J. KOTT (›Szekspir współczesny‹, 1961; dt. ›S. heute‹) nachhaltig auf S.-Bearbeitungen von E. IONESCO (›Macbett‹, 1972), HEINER MÜLLER (›Macbeth‹, 1971) oder R. POLANSKI (›Macbeth‹, Film 1971) gewirkt hat. Autoren wie B. BRECHT (›Coriolan von S.‹, hg. 1959), P. USTINOV (›Romanoff and Juliet‹, 1957), G. GRASS (›Die Plebejer proben den Aufstand‹, 1966), T. STOPPARD (›Rosencrantz and Guildenstern are dead‹, 1967, Film 1990), F. DÜRRENMATT (›König Johann‹, 1968; ›Titus Andronicus‹, 1970), E. BOND (›Lear‹, 1972) oder B. STRAUSS (›Der Park‹, 1983) schrieben S.-Stücke um. S.-Titel waren häufig auch Vorlagen für Opernkomponisten wie G. VERDI (›Macbetto‹, 1847; ›Otello‹, 1887; ›Falstaff‹, 1893), F. MARTIN (›Der Sturm‹, 1956), B. BRITTEN (›A midsummer night's dream‹, 1960) und A. REIMANN (›Lear‹, 1978) oder Ballett- (S. S. PROKOFJEW, ›Romeo und Julia‹, 1938) und Musicalbearbeitungen (C. PORTER, ›Kiss me, Kate‹, 1948; L. BERNSTEIN, ›West side story‹, 1957). Die Popularität der S.-Dramen zeigt sich auch in den zahlr. Verfilmungen bis hin zu F. ZEFFIRELLIS ›Romeo und Julia‹ (1967), K. BRANAGHS Filmen, u. a. ›Henry V.‹ (1989), P. GREENAWAYS ›Tempest‹-Version (›Prosperos Bücher‹, 1991), BAZ LUHRMANNS ›W. s Romeo & Julia‹ (1996) und A. PACINOS ›Looking for Richard‹ (1996).

Ausgaben: A new variorum edition of the works, hg. v. H. H. FURNESS u. a., 11 Bde. (1873–98); The Arden edition of the works, hg. v. U. ELLIS-FERMOR u. a., auf zahlr. Bde. ber. (Neuausg. 1951 ff.); New Penguin S., hg. v. T. J. B. SPENCER, auf zahlr. Bde. ber. (1967 ff.); The Riverside S., hg. v. G. B. EVANS, 2 Bde. (1974); Sonnets, hg. v. S. BOOTH (1977); The Oxford S., hg. v. S. WELLS u. a., auf zahlr. Bde. ber. (1982 ff.); The new Cambridge S., hg. v. P. BROCKBANK u. a., auf zahlr. Bde. ber. (1984 ff.). – Werke, hg. v. L. L. SCHÜCKING, 12 Bde. (1970, engl. u. dt.); Sämtl. Werke in 4 Bänden ($^{3-7}$1983–91); Sonette, Epen u. die kleineren Dichtungen, übers. v. T. ROBINSON (Neuausg. 1983, dt. u. engl.); Die Sonette, übers. v. H. HELBLING (^{2}1986, dt. u. engl.); 27 Stücke, übers. v. E. FRIED, hg. v. F. APEL, 4 Tle. (1989).

Bibliographien: W. EBISCH u. L. L. SCHÜCKING: A S. bibliography (Oxford 1931, Nachdr. New York 1968); World S. bibliography, jährl. in: The S. quarterly (New York 1950 ff.); GORDON R. SMITH: A classified S. bibliography 1936–1958 (University Park, Pa., 1963, Nachdr. ebd. 1968); R. BERMAN: A reader's guide to S.'s plays (Neuausg. Glenview, Ill., 1973); K. S. ROTHWELL u. A. H. MELZER: S. on screen. An international filmography and videography (London 1990); H. BLINN: Der dt. S. (1993).

Quellen: Narrative and dramatic sources of S., hg. v. G. BULLOUGH, 8 Bde. (London 1957–75); K. MUIR: The sources of S.'s plays (Neuausg. New Haven, Conn., 1978).

Handbücher: M. SPEVACK: A complete and systematic concordance to the works of S., 9 Bde. (Hildesheim 1964–80); The Cambridge companion to S. studies, hg. v. S. WELLS (Cambridge 1986); C. T. ONIONS: A S. glossary (Oxford 1986); C. BOYCE: S. A–Z (New York 1990); B. N. S. GOOCH u. D. THATCHER: A S. music catalogue, 5 Bde. (Oxford 1991); S. Hb., hg. v. I. SCHABERT (^{3}1992).

Biographien: E. K. CHAMBERS: W. S. A study of facts and problems, 2 Bde. (Oxford 1930, Nachdr. ebd. 1966); F. E. HALLIDAY: S. Eine Bildbiogr. (a.d. Engl., 1961); G. E. BENTLEY: S. A biographical handbook (Neuausg. New Haven, Conn., 1974); S. SCHOENBAUM: W. S. (a.d. Engl., New York 1990); DERS.: S.'s lives (Neuausg. Oxford 1993); S. WELLS: S. A dramatic life (London 1994); A. POSENER: S. (10.–13. Tsd. 1996).

Überlieferung: W. W. GREG: The editorial problem in S. (Oxford 1939, Nachdr. ebd. 1967); C. HINMAN: The printing and proof-reading of the first folio of S., 2 Bde. (ebd. 1963); F. BOWERS: On editing S. (Charlottesville, Va., 1966); The first folio of S., hg. v. C. HINMAN (New York 1968).

Kritische Würdigungen: T. SPENCER: S. and the nature of man (Neuausg. New York 1951); M. M. REESE: The cease of majesty. A study of S.'s history plays (London 1961, Nachdr. ebd. 1968); A. RIGHTER: S. and the idea of the play (ebd. 1962); R. G. HUNTER: S. and the comedy of forgiveness (New York 1965); E. M. W. TILLYARD: S.'s early comedies (London 1965, Nachdr. Atlantic Highlands, N. J., 1983); B. BECKERMAN: S. at the Globe 1599–1609 (New York ^{6}1967); J. L. STYAN: S.'s stagecraft (Cambridge 1967, Nachdr. ebd. 1975); L. KIRSCHBAUM: Character and characterization in S. (Detroit, Mich., ^{2}1970); K. MUIR: W. S. The great tragedies (Neuausg. Harlow 1970); K. KLEIN: Wege der S.-Forschung (1971); J. R. BROWN: S.'s dramatic style (Neuausg. London 1972, Nachdr. ebd. 1980); R. ORNSTEIN: A kingdom for a stage. The achievement of S.'s history plays (Cambridge, Mass., 1972); B. MCELROY: S.'s mature tragedies (Princeton, N. J., 1973); R. WEIMANN: S. u. die Tradition des Volkstheaters (^{2}1975); G. L. BROOK: The language of S. (London 1976); D. TRAVERSI: S. The Roman plays (ebd. ^{6}1976); W. CLEMEN: The development of S.'s imagery (Neuaufl. ebd. 1977); Sympathielenkung in den Dramen S.s, hg. v. W. HABICHT u. a. (1978); The woman's part. Feminist criticism of S., hg. v. C. R. S. LENZ u. a. (Urbana, Ill., 1980); W. S. DRAMEN Hb., hg. v. R. AHRENS, 3 Bde. (1982); D. MEHL: Die Tragödien S.s (1983); A. C. BRADLEY: Shakespearean tragedy (Neuausg. Basingstoke 1985); S. J. GREENBLATT: Shakespearean negotiations (Berkeley, Calif., 1988); J. KOTT: S. heute (a.d. Poln., Neuausg. 1989); J. PARIS: W. S. mit Selbstzeugnissen u. Bilddokumenten (a.d. Frz., 112.–115. Tsd. 1990); The appropriation of S. Post-renaissance reconstructions of the works and the myth, hg. v. J. I. MARSDEN (New York 1991); G. HOLDERNESS: S. recycled. The making of historical drama (ebd. 1992); U. SUERBAUM: S.s Dramen (Neuausg. 1996); W. RIEHLE: S.s Trilogie ›King Henry VI‹ u. die Anfänge seiner dramat. Kunst (1997).

Nachleben: J. C. TREWIN: S. on the English stage 1900–1964 (London 1964); S. in music, hg. v. P. HARTNOLL (Neuausg. New York 1967); R. SPEAIGHT: S. on the stage (Boston, Mass., 1973); J. J. JORGENS: S. on film (Bloomington, Ind., 1977); Anglo-amerikan. S.-Bearbeitungen des 20. Jh., hg. v. H. PRIESSNITZ (1980); S.-Rezeption. Die Diskussion um S. in Dtl., hg. v. H. BLINN, 2 Bde. (1982–88); K. P. STEIGER: Moderne S.-Bearbeitungen (1990); S. WILLIAMS: W. S. on the German stage, auf mehrere Bde. ber. (Cambridge 1990 ff.); T. METSCHER: S.s Spiegel. Gesch. u. literar. Idee, auf 4 Bde. ber. (1995 ff.).

Zeitschriften: S. Studies (Cincinnati, Oh., 1965 ff.); S.-Jb., Jg. 131 ff. (1995 ff., früher u. a. T.).

Shakespearebühne des 1595 gebauten Swan Theatre in London mit typischer, in den Zuschauerraum hineinragender Bühnenplattform; zeitgenössische Zeichnung

Shakespearebühne [ˈʃeːkspiːr-], die für das volkstümliche engl. Theater des ausgehenden 16. und beginnenden 17. Jh. charakterist. Bühnenform, die aus zeitgenöss. Abbildungen, Schilderungen sowie den 1989 entdeckten Fundamentüberresten des Londoner ›Rose Theatre‹ und des ›Globe Theatre‹ erkennbar ist. (→Globe Theatre, →Theater)

G. WICKHAM: Early English stages 1300 to 1660, 4 Tle. (London $^{1-2}$1971–81); E. K. CHAMBERS: The Elizabethan stage, 4 Bde. (Neuausg. Oxford 1974); C. ECCLES: The Rose Theatre (London 1990); A. GURR: The Shakespearean stage 1574–1642 (Cambridge ^{3}1992, Nachdr. ebd. 1995).

Shakespeare-Erzählungen [ˈʃeːkspiːr-], engl. ›Tales from Shakespeare‹, Prosaerzählungen von C. und MARY LAMB nach Dramen SHAKESPEARES; engl. 1807.

Shakespeare-Gesellschaft [ˈʃeːkspiːr-], →Deutsche Shakespeare-Gesellschaft.

Shakespeare-Preis [ˈʃeːkspiːr-], Preis der →Alfred Toepfer Stiftung F. V. S.; 1935 geschaffener und nach Unterbrechung seit 1967 alljährlich verliehener, mit 40 000 DM (1997) dotierter Preis ›zur Auszeichnung von Persönlichkeiten aus dem engl. Sprachraum Europas auf den Gebieten der Geisteswiss. und der Künste‹. Mit dem Preis verbunden ist die Vergabe eines Stipendiums für ein einjähriges Studium in Dtl. an eine vom Preisträger zu benennende Nachwuchskraft. Bisherige Preisträger u. a.: Sir PETER HALL (1967), G. GREENE (1968), H. PINTER (1970), P. BROOK (1973), P. LARKIN (1976), Dame MARGOT FONTEYN (1977), T. STOPPARD (1979), DORIS LESSING (1982), D. HOCKNEY (1983), Sir COLIN DAVIS (1984), A. GUINNESS (1985), HAROLD JENKINS (1986), Dame GWYNETH JONES (1987), Dame IRIS MURDOCH (1988), P. SHAFFER (1989), Sir NEVILLE MARRINER (1990), Sir RICHARD ATTENBOROUGH (1992), J. BARNES (1993), ROBERT W. BURCHFIELD (* 1923; 1994), Sir GEORGE CHRISTIE (* 1934; 1995), Sir SIMON RATTLE (1996), Sir HOWARD HODGKIN (1997), SIR DERECK JACOBI (* 1938).

Shakti [ʃ-; Sanskrit ›Energie‹, ›Kraft‹] die, -, eigentlich die Urkraft, von der Kosmos und Götter abhängig sind. In einigen ind. Religionen wird die Gattin eines

Shakuhachi:
Japanische Kerbflöte;
Ende 19. Jh. (München,
Deutsches Museum)

Shamisen:
Japanische Spießlaute;
um 1900 (München,
Deutsches Museum)

Ntozake Shange

Gottes als seine S. verehrt. Sie kann als ›göttl. Mutter‹ auch über den Gott selbst erhoben werden. Im Hinduismus steht meist →Durga im Mittelpunkt shakt. Kulte, die, dem →Tantrismus eng verwandt, wohl im ausgehenden 1. Jt. in NO Indiens entstanden.

Shaktịsmus [ʃ-] *der, -,* neben →Shivaismus und →Vishnuismus eine der drei großen Richtungen der Gottesverehrung im Hinduismus. Grundlage des S. bildet die Verehrung der →Shakti. Nach der dem S. zugrunde liegenden Philosophie manifestiert sich in ihr die Kraft des Brahman; zur Erlösung führen im S. mag., nur dem Eingeweihten (Shakta) zugängl., orgiast. Riten, die auch Weingenuss, sexuelle Praktiken und blutige Opfer kennen.

Shakuhachi [ʃakuhatʃi] *das, -/-,* jap. Kerbflöte aus Bambus, deren Standardform (54,5 cm Länge) vier Grifflöcher und ein Daumenloch aufweist und in d^1-f^1-g^1-a^1-c^2 gestimmt ist. Das S. kam vermutlich im 8. Jh. aus China nach Japan und wurde im 16. Jh. zum Wahrzeichen eines Ordens von Bettelmönchen (genannt Fuke; nach dem chin. Zen-Meister PUGE, † 850), die das S. ausschließlich zu meditativen Atemübungen benutzten. Nach dem Zerfall der Fuke-Sekte im 19. Jh. wurde das S. ins Ensemblespiel integriert und als Instrument der modernen Kunst- und Popularmusik aufgewertet.

Shakyamuni [ʃaːk-; Sanskrit ›der Weise aus dem Geschlecht der Shakyas‹], Beiname des Begründers des Buddhismus, →Buddha.

Shalabhanjika [ʃala'bandʒika, Sanskrit], ind. Baumgöttin, seit der frühen buddhist. Kunst dargestellt als schöne Frau an Pfeilern und Konsolen von Toren und Steinzäunen des Stupa. BILD →Bharhut

Shamisen [ʃa-] *die, -/-,* **Samisen,** jap. Spießlaute mit langem Hals und kleinem, annähernd quadrat. Resonanzkörper mit Holzzargen, die seit dem 16. Jh. in der jap. Musik als Ensemble-Instrument eine dominierende Rolle spielt. Decke und Boden des Korpus sind mit Katzen- oder Hundeleder bespannt. An seitl. Wirbeln sind drei Saiten aus Seide oder Nylon befestigt, die mit einem großen, spatelförmigen Plektron geschlagen werden. Das S. kennt drei Standardstimmungen: h-e^1-h^1, h-fis^1-h^1, h-e^1-a^1. Die S. ist v. a. mit der jap. Erzähltradition verbunden und begleitet u. a. im Kabuki Gesang und Rezitation.

Shamo [ʃa-], chin. Name der Gobi.

Shampoo [ʃam'puː, ʃɛm'puː, engl. ʃæmˈpuː; engl., zu to shampoo ›das Haar waschen‹, eigtl. ›massieren‹, von Hindi chhāmpō ›knete!‹] *das, -s/-s,* das →Haarwaschmittel; i. w. S. auch Bez. für schäumendes Reinigungsmittel (z. B. Teppich-S.).

Shan [ʃ-], **Schan,** große, Tai sprechende Volksgruppe in SO-Asien, etwa 4 Mio. Menschen, v. a. in N- und NO-Birma (rd. 3,8 Mio., v. a. im →Shanstaat), wo sie um größere Autonomie kämpfen und deshalb Verfolgungen durch die Militärjunta ausgesetzt sind, daneben in NW-Thailand (etwa 100 000). In China werden die in Grenzbezirken der Prov. Yunnan lebenden S. amtlich nicht von anderen Tai (chin. Dai) unterschieden. Mehrere Zweige der S. gelangten nach NO-Indien und wurden dort, mit Ausnahme der Khamti (rd. 4000), hinduisiert (→Ahom). Die S. sind vorwiegend Ackerbauern der Ebenen und Täler; ihre Religion ist der Theravada-(Hinayana-)Buddhismus.

Shandong [ʃan-], **Schantung, Shantung** [ʃ-], Prov. an der NO-Küste von China, 153 300 km², (1995) 87,05 Mio. Ew., Hauptstadt ist Jinan. S. umfasst im O die buchtenreiche **Halbinsel S.** (chin. **S. Bandao**), die die Bucht Bo Hai (im N) vom Gelben Meer trennt; sie ist überwiegend Hügel-, nur stellenweise ein höheres Bergland (Laoshan, bis 1 087 m ü. M.). Der W liegt im Bereich der Schwemmlandebene des unteren Hwangho (Teil der →Großen Ebene). Im zentralen Teil erhebt sich das aus mehreren Bergketten bestehende **S.-Gebirge** mit dem Tai Shan (1 545 m ü. M.). Es herrscht subtrop. Monsunklima mit regenreichen heißen Sommern und sonnenreichen milden Wintern. Günstige Naturbedingungen und reiche Bodenschätze führten zur Entwicklung einer umfangreichen Landwirtschaft (bes. nachdem die ständigen Hochwasser des Hwangho durch seine Eindämmung und Regulierung gebannt werden konnten) und Industrie, die den größeren Anteil an der Bruttoproduktion hat. Angebaut werden Weizen, Mais, Hirse, Erdnüsse, Bataten, Tabak, Baumwolle und Obst. Eine wichtige Rolle spielen Seidenraupenzucht, Geflügelhaltung und Viehzucht sowie Binnen- und Hochseefischerei. Große Bedeutung haben die Förderung von Kohle (im SW um Yanzhou, auf der Halbinsel S. und bei Anhui), Erdöl (Shengli-Feld vor der Küste im Bo Hai), Eisenerz (bei Zibo und Laiwu) und Bauxit (bei Zibo und Zaozhuang) sowie die Graphitgewinnung (Laixi). Neben der dominierenden Nahrungsmittel- und Textilindustrie (Baumwollverarbeitung) entstanden seit Anfang der 1960er-Jahre Eisen- und Stahlindustrie als Zulieferer für den Werkzeugmaschinen-, Kraftfahrzeug-, Lokomotiven- und Waggonbau sowie Erdölverarbeitung und chem. Industrie. Die wichtigsten Industriezentren sind Tsingtau, Jinan, Zibo, Dezhou und Weifang. Die für Auslandsinvestitionen offenen Städte Tsingtau und Yantai mit den zugehörigen ökonom. Entwicklungszonen Xuejiadao und Fuleishan besitzen auch die wichtigsten Hochseehäfen. Für die Binnenschifffahrt ist v. a. der →Kaiserkanal im W von Bedeutung.

Shandongreliefs [ʃ-], Reliefquader zur Auskleidung unterird. Grabanlagen, die sich in der chin. Prov. Shandong bes. häufig finden. Die Steinreliefs zeigen Friese mit konfuzian., taoist. und mytholog. Thematik, die eine Anschauung von der fast völlig verlorenen Malerei der Hanzeit geben, aber auch histor. Ereignisse, Kriegsszenen, Alltagsleben u. a. darstellen. Die Figuren erscheinen als Silhouetten, in die Details der Gesichter und Gewänder linear eingeritzt sind.

Shang [ʃ-], später **Yin,** älteste historisch belegte chin. Dynastie, herrschte etwa vom 16. Jh. bis ca. 1050 v. Chr.; ihr Kerngebiet lag am Mittelabschnitt des Hwangho. Unter den S. blühte eine hoch entwickelte Bronzekunst, sie entwickelten Frühformen der Schrift auf Bronze und verwendeten Tierknochen als Orakel. (→China, Geschichte)

Shanga [ʃ-], Ruinenstätte auf der Insel Pate, Kenia. Die zum Suaheli-Kulturkreis gehörende Hafen- und Handelsstadt S. war vom 8. bis 15. Jh. bewohnt und wurde seit dem 9. Jh. islamisiert. Bei den seit 1980 ausgegrabenen Gebäuden (etwa 150 Häuser, drei Moscheen und monumentale Grabanlagen) wurden Ton-, Perlen- und Glasarbeiten sowie Keramik (auch aus China) gefunden.

Shangaan [ʃ-], **Schangaan,** Bantuvolk in Südafrika, →Tsonga.

Shange [ʃeɪndʒ], Ntozake, eigtl. **Paulette Williams** [ˈwɪljəmz], amerikan. Schriftstellerin, * Trenton (N. J.) 18. 10. 1948; auch Schauspielerin, Tänzerin und Dozentin. Ihre aus lyr. Gedichten sowie surrealist. und expressionist. Stilelementen bestehenden Sing-Tanz-Theaterstücke, z. B. ›For colored girls who have considered suicide/When the rainbow is enuf‹ (Uraufführung 1975), ihre Gedichte und Prosa entwerfen eine feminist. Perspektive, die der Befreiung schwarzer Frauen dienen soll. Das Ringen zweier schwarzer Frauen um Emanzipation schildert der Roman ›Sassafras, cypress, and indigo‹ (1982; dt. ›Schwarze Schwestern‹).

Weitere Werke: Lyrik: Nappy edges (1978); A daughter's geography (1983); Ridin' the moon in Texas. Word paintings (1987). – *Romane:* Betsey Brown (1985); The love space demands (1991). – *Theaterstücke:* From okra to greens (1985); Three views of Mt. Fuji (1987).

C. TATE: Black woman writers at work (New York 1983).

Shanghai [ʃaŋxai], →Schanghai.

Shango [ʃ-], Volk in Afrika, →Sango.

Shang Yang [ʃaŋ-], chin. Philosoph und Politiker, †338 v.Chr.; frühester Vertreter der ›Legalistenschule‹; empfahl in dem sich seit dem 8. Jh. v. Chr. auflösenden chin. Feudalreich im Ggs. zu den auf Ritualvorschriften aufbauenden Konfuzianern eine Staatsführung durch rigoroseste Strafgesetze. Er konnte seine Lehre in dem noch weniger an die Kulturtradition angebundenen Teilstaat Qin durchsetzen, der 221 v.Chr. das Reich wieder einte. S. Y. wurde, in Ungnade gefallen, mit seiner Familie hingerichtet.

Ausgabe: The book of Lord Shang, hg. v. J. J. L. DUYVENDAK (Neuausg. 1963).

Shanidar [ʃ-], Höhle im Shanidartal, N-Irak, die eine vorgeschichtl. Fundstätte mit Kulturschichten der Alt- und Mittelsteinzeit barg. Die unteren Schichten (Moustérien) enthielten neun Menschenskelette des Neandertaltypus aus der Zeit von vor 60 000 bis 40 000 Jahren. Die oberen Schichten umfassten Kulturreste des jungpaläolith. Baradostien (Baradostkultur) und des mesolith. Zarzien, das auch in der nahe gelegenen Freilandsiedlung von Zawi Chemi angetroffen wurde.

Shankar [ʃ-], 1) Ravi, ind. Sitarspieler und Komponist, *Varanasi 7. 4. 1920, Bruder von 2); gründete 1949 bei All-India-Radio das Indian National Orchestra, 1962 die Kinnara School of Music in Bombay und 1967 eine Dependance in Los Angeles (Calif.). Auftritte bei Popkonzerten (u.a. Woodstock-Festival 1969) und Schallplattenaufnahmen mit den Beatles bzw. G. HARRISON machten ihn weltweit bekannt; Aufnahmen daneben mit dem Violinisten Y. MENUHIN u.a. (›West meets East‹, 1967, 1976). Komponierte u.a. zwei Konzerte für Sitar und Orchester (1971, 1976) und das Tanzdrama ›Gharashyam‹ (1989); schrieb ›My music, my life‹ (1968; dt. ›Meine Musik, mein Leben‹).

2) Uday, ind. Tänzer und Choreograph, *Udaipur 8. 12. 1900, †Kalkutta 29. 9. 1977, Bruder von 1); tanzte im Ensemble von ANNA PAWLOWA in London und leitete dann ein eigenes Ensemble (bis 1938) und eine Schule für Musik und Tanz in N-Indien; entwickelte eine eigene Tanzstil, der Elemente des klass. und folkloristischen ind. Tanzes beibehielt.

Shankara [ʃ-], ind. Philosoph und Heiliger, *Kaladi (Kerala) 788, †Kedarnath (Uttar Pradesh) 820; einer der bedeutendsten Vertreter des Advaita-Vedanta und Erneuerer des Hinduismus, galt in Indien als eine Inkarnation Shivas. S. gründete in ganz Indien zahlr. teilweise noch heute bestehende Klöster (Hauptkloster in Shringeri). Seine Philosophie legte er in Kommentaren zu den ›Upanishaden‹, der ›Bhagavadgita‹ und v.a. dem ›Vedantasutra‹ (oder ›Brahmasutra‹) dar. Eine Einführung in sein Denken gibt die ›Upadeshasahasri‹ (1 000 Verse der Unterweisung).

Ausgabe: Upadeshasahasri. Unterweisung in die All-Einheits-Lehre der Inder, übers. u. hg. v. P. HACKER (1949).

Shankha [ʃ-, Sanskrit], ind. Schneckengehäuse, urspr. Kriegstrompete und Ritualinstrument, Attribut des hinduist. Gottes Vishnu.

Shannon [ʃænən] *der,* längster Fluss (370 km) Irlands, entspringt am Cuilcagh in der histor. Provinz Leitrim, durchfließt einige Seen (Lough Allen, Lough Ree, Lough Derg u.a.) und Moore; bildet als Limerick einen 113 km langen Mündungstrichter zum Atlantik. (→Grand Canal)

Shannon [ʃænən], 1) Charles Haslewood, brit. Grafiker und Maler, *Quarrington (Cty. Lincolnshire) 26. 4. 1863, †Kew (heute zu London) 18. 3. 1937; Schüler von C. RICKETTS, mit dem er 1889–97 die Zeitschrift ›The Dial‹ herausgab, in dessen seine Lithographien erschienen. Bekannt wurde S. durch die mit RICKETTS geschaffenen Holzschnitte für die Bücher ›Daphnis und Chloe‹ (1893) und ›Hero und Leander‹ (1894; von C. MARLOWE). Von der venezian. Malerei (v.a. TIZIAN) beeinflusst, malte er Porträts, allegor. Darstellungen und Landschaftsbilder.

P. DELANEY: The lithographs of C. S. (London 1978).

2) Claude Elwood, amerik. Ingenieur und Mathematiker, *Gaylord (Mich.) 30. 4. 1916; ab 1941 Mitarbeiter der Bell Telephone Laboratories, ab 1956 Prof. am MIT (Cambridge). S. trug wesentlich zur Entwicklung der →Schaltalgebra und ihrer Anwendung beim Rechnerentwurf bei, er lieferte wichtige Beiträge zur Kryptologie (Verschlüsselungssysteme) u.a. Aspekten der Kybernetik (z. B. diskrete Automaten und allgemeiner geregelte Systeme). 1948/49 begründete er mit seiner Publikation ›A mathematical theory of communication‹, in der erstmals das Bit als Einheit einer Informationsmenge definiert wird, die →Informationstheorie.

Shannon Airport [ʃænən 'ɛəpɔːt], internat. Flughafen in der Rep. Irland, westlich von Limerick; ehem. wichtiger Zwischenlandeplatz für Transatlantikflüge; Industriepark seit 1958, zollfreie Zone mit Instrumentenbau, pharmazeut., chem., Computer-, Elektronik-, Fahrzeugzubehör- u.a. Leichtindustrie; überwiegend ausländ. Unternehmen; neue Wohnsiedlung Shannon Town.

Shansi [ʃ-], Prov. in China, →Shanxi.

Shanstaat [ʃ-], **Schanstaat,** Gliedstaat in O-Birma, an der Grenze zu China, Laos und Thailand, 155 801 km², (1993) 4,34 Mio Ew.; Hauptstadt ist Taunggyi. Der S. umfasst das 600–1 200 m ü. M. gelegene, z.T. verkarstete Shanhochland und seine bis über 2 500 m hohen Gebirgsränder. Die Täler der Zuflüsse von Irawadi, Saluen und Mekong sind z.T. bis über 300 m tief eingeschnitten. Die Niederschläge (Monsunklima) liegen zw. 1 100 und 1 300 mm/Jahr, die Temperaturen sinken infolge der Höhenlage im Winter bis unter 0°C. Außer den vorherrschenden Shan besteht die Bev. aus zahlr. Bergstämmen. Neben Nassreis werden u.a. Obst, Gemüse, Tabak angebaut, im NO Mohn für die Opiumgewinnung (Goldenes Dreieck). Abbau von Blei-, Zink-, Silber-, Eisen- u.a. Erzen (Zentrum Bawdwin).

Geschichte: Die →Shan drangen um die Mitte des 13. Jh. von Yunnan (in S-China) nach Oberbirma ein, das sie von Ava aus bis ins 16. Jh. beherrschten. Ihr Reich bestand aus mehreren Fürstentümern (Shanstaaten), über die der ranghöchste Fürst die Oberherrschaft hatte. Im 16. Jh. gerieten die Fürstentümer in Abhängigkeit von den Birmanen, behielten aber ihre innere Selbstständigkeit. Im 19. Jh. wurden sie von Großbritannien erobert und verwaltungsmäßig mit Birma Britisch-Indien angegliedert.

Shanti [ʃ-; Sanskrit ›Friede‹] *die, -,* im *Hinduismus* Bez. für den inneren Frieden aufgrund der spirituellen Erkenntnis, dass die Person nicht mit dem sterbl. Körper, sondern mit dem unvergängl. Bewusstsein identisch ist.

Shantou [ʃantɔu], **Schantou, Swatow,** Stadt und Verw.-Bez. (8 931 km², 3,96 Mio. Ew.) in der Prov. Guangdong, China, am Südchin. Meer am S-Rand des Deltas des Han Jiang, 1 Mio. Ew.; Bekleidungs-, Textil-, Nahrungsmittel-, pharmazeut. Industrie, Kunststoffproduktion. Im östl. Vorort der Hafenstadt S. liegt die 234 km² große Sonderwirtschaftszone, die bedeutend für den Warentransport von Textilien und Bekleidung nach Hongkong ist.

Shantung [ʃ-], Prov. in China, →Shandong.

Shanty [ʃænti; engl., zu frz. chanter ›singen‹] *das, -s/-s,* **Chanty** [ʃænti, 'tʃænti], Seemannslied aus der Zeit der Segelschiffe, das die gemeinsamen Arbeiten

Claude E. Shannon

Ravi Shankar

(Ankerhieven, Segelhissen) der Matrosen begleitete und den Arbeitsrhythmus erleichterte; oft im Wechsel zw. Vorsänger und chorisch antwortender Mannschaft.

R. D. ABRAHAMS: Deep the water, shallow the shore (Austin, Tex., 1974); Shanties, hg. v. G. OBERMAIR (1983).

Shanty-Towns [ˈʃæntɪ ˈtaʊnz; shanty ›(armselige) Hütte‹], im engl. Sprachraum z. T. verwendete Bez. für die armseligen Hüttensiedlungen am Rand großer Städte. (→Slum)

Shanxi [ʃançiː], **Schansi, Shansi,** Prov. in N-China, im W und SW vom mittleren Hwangho, im N von der Chin. Mauer begrenzt, 156 300 km², (1995) 30,77 Mio. Ew. (darunter kleine nat. Minderheiten, v. a. Hui, Mandschu, Koreaner, Uiguren), Hauptstadt ist Taiyuan. Das Hochland von S. (S.-Plateau), größtenteils über 1 000 m ü. M. gelegen und von etwa 100 m mächtigen Lössschichten bedeckt, hat nur im W-Teil als stark zerschluchtetes Tafelland Plateaucharakter, sonst ist es durch mehrere Gebirgszüge (Wutai Shan, 3 058 m ü. M.; Lüliang Shan, 2 831 m ü. M.; Zhongtia Shan, 2 359 m ü. M.; Taiyue Shan, 2 347 m ü. M.; Heng Shan, 2 017 m ü. M.) und Becken (z. T. nur um 300 m ü. M.) stark gegliedert und wird vom Fen He in einem z. T. beckenartig erweiterten Tal von N nach S durchflossen. Im O liegen die westl. Bergketten des Taihang Shan (1 500–1 850 m ü. M.). Das Klima ist semiarid. Der Ackerbau (bes. im Tal des Fen He, im mittleren S.-Becken und im Xin-Xian-Becken betrieben) bringt nur bei künstl. Bewässerung der wegen der Erosionsgefahr vielfach in Terrassen angelegten Felder gesicherte Erträge; angebaut werden Getreide (Weizen, Hirse, Mais), Sojabohnen, Baumwolle, Hanf, Zuckerrüben, Tabak und Erdnüsse; als Zugtiere werden Rinder, Esel und Maultiere gehalten. S. ist die führende chin. Prov. im Kohlenbergbau (um Datong, Taiyuan, Xishan, Yangquan, Fenxi u. a.); außerdem werden Eisenerze (Zentral-S.), Titan- und Vanadiumerze (bei Fenxi) sowie Silber-, Zink- und Kupfererze abgebaut. Wichtigste Industriezweige sind neben der Eisenerzverhüttung Maschinenbau, Baumwollverarbeitung, chem. und Nahrungsmittelindustrie; ihre Hauptzentren sind Taiyuan und Datong. Größte Verkehrsbedeutung hat die Eisenbahn, deren Hauptstrecke durch das Tal des Fen He verläuft. Vom Kohlegebiet um Datong im äußersten N ist eine 653 km lange reine Güterstrecke (Daqing-Linie) zum Exporthafen von Qinhuangdao an der Bucht Bo Hai (Gelbes Meer) im Bau.

Shaoguan [ʃa-], **Shaokwan,** früher **Kükong,** Stadt im N der Prov. Guangdong, S-China, am Bei Jiang (der ab hier schiffbar ist), als Verw.-Bez. 2,92 Mio. Ew. (einschl. Landbev. rd. 1,9 Mio. Ew.); Eisen- und Stahlwerk u. a. metallurg. Industrie, Maschinenbau, Metallverarbeitung; nahebei Kohlenbergbau; liegt an der Bahnlinie Kanton–Wuhan.

Shaolin [chin. ›junger Wald‹], buddhist. Kloster in der chin. Provinz Henan, im Kreis Dengfeng; gegr. 495 am westl. Fuß des Berges Songshan während der Nördl. Wei-Dynastie. Der aus öffentl. Mitteln finanzierte Bau diente zunächst als Unterkunft des nach China gereisten ind. buddhist. Mönchs BHADRA (chin. BATUO), der erster Abt des Klosters war. Auch BODHIDHARMA, erster Patriarch des Chan-Buddhismus (jap. Zen), hielt sich 527–536 hier auf. Als erstes chan-buddhist. Kloster nahm S. eine herausragende Stellung ein. Der Status eines offiziellen Klosters sicherte ihm eine stabile wirtschaftl. Existenz über Jahrhunderte. Kaiserl. Landschenkungen, Steuerbegünstigungen, umfassende Restaurationen u. a. großzügige Zuwendungen, wie z. B. während der Sui-Dynastie (581–618) oder unter dem Herrscherhaus der Tang (618–907), ließen das Kloster rasch erstarken; Ausdruck dafür war u. a. die Gründung versch. Zweigklöster zu Beginn der Yuan-Dynastie (1271–1368). Das Kloster wurde aber auch mehrmals zerstört; z. B. 574 nach einem Verbot des Buddhismus durch Kaiser WUDI der Nördl. Zhou-Dynastie, angeblich auch im Rahmen der großen Buddhistenverfolgung unter Kaiser WUZONG (841–846) und am Ende der Yuan-Dynastie. In der Warlord-Periode (1916–28) geriet S. unfreiwillig zw. die Fronten und brannte 1928 vollständig nieder. Nach Gründung der VR China wurde das Kloster allmählich wieder aufgebaut und zw. 1981 und 1985 mit staatl. Mitteln umfassend restauriert.

Neben der Lehre des Chan-Buddhismus pflegte man in S. die traditionellen chin. Kampfkünste (Wushu). Aufgrund der Ausbildung von Kriegermönchen und der engen Beziehungen des Klosters zum Kaiserhof unterstützte S. häufig imperiale Machtpolitik. Als Soldaten oder Ausbilder in der Armee halfen die Mönche nicht nur im Kampf gegen jap. Piraten im 16. Jh., sondern beteiligten sich auch an der Niederschlagung von Aufständen. Die kontinuierl. Praxis und die intensive Erforschung von Kampfkunst in S. führten zur Entstehung einer eigenständigen Schule des Wushu, die unter dem Namen Shaolinquan (Shaolinwushu) bzw. Äußere Schule bekannt wurde. Neben vielfältigen Formen mit und ohne Waffen zeichnet sie sich durch ein umfangreiches Repertoire an Übungen zur Erhöhung der körperl. Kraft, Ausdauer und Widerstandsfähigkeit aus. Im Zuge der Rückbesinnung auf die traditionellen Kampfkünste und der zunehmenden Popularisierung und Kommerzialisierung der S.-Kampfkunst wurde 1986 nahe dem Kloster ein Kampfsportzentrum speziell für Ausländer errichtet. – Um das Kloster ranken sich zahlr. Legenden, die sich in Spielfilmen und Romanen, z. T. auch in (Fach-)Büchern über Kampfkünste niederschlugen, für die aber keine histor. Quellen auffindbar sind.

Shaoxing [ʃauçɪŋ], **Shaohsing, Schauhing,** Stadt in der Prov. Zhejiang, O-China, in der Küstenebene südlich der Hangzhou-Bucht, 265 000 Ew.; Lu-Xun-Museum; Seiden-, Baumwoll-, keram. Industrie, Reisweinherstellung (S.-Wein), Stahlwerk. – Sechsstöckige Pagode aus dem 11. Jh. (37 m hoch).

Shapcott [ˈʃæpkɔt], Thomas, austral. Schriftsteller, * Ipswich (Queensland) 21. 3. 1935; publiziert seit 1961 autobiographisch geprägte Gedichte sowie Lyrik, die universale Themen wie die menschliche Natur und die Vergänglichkeit alles Lebenden in z. T. experimentellen Formen aufgreift. ›Shabbytown calendar‹ (1975) ist ein mit Ironie und Präzision gestaltetes Porträt seiner Heimatstadt. S. edierte wichtige Anthologien junger austral. Lyrik und war 1983–89 Direktor der Australian Literature Board; verfasst auch Literaturkritik sowie mit Formen diskontinuierl. Erzählens experimentierende Romane.

Weitere Werke: Lyrik: Selected poems, 1956–76 (1978); Welcome (1983). – Romane: The birthday gift (1982); White stag of exile (1984).

SHAPE [ʃeɪp, engl.], Abk. für **Supreme Headquarters Allied Powers Europe** [suˈpriːm ˈhedkwɔːtəz ˈælaɪd ˈpaʊəz ˈjʊərəp; engl. ›Oberstes Hauptquartier der Alliierten Streitkräfte in Europa‹], höchste militärische Kommandobehörde der nordatlant. Allianz in Europa (→NATO), vom →SACEUR geführt. – Aufgestellt durch General D. D. EISENHOWER am 2. 4. 1951, hatte der von Anfang an international besetzte Stab seinen Sitz zunächst in Frankreich, seit dem 31. 3. 1967 befindet er sich in Belgien 5 km nördlich von Mons in der Nähe der Ortschaft Casteau. SHAPE bildet einen weitläufigen Komplex mit einigen Hundert Militär- und Wohngebäuden.

Shapiro [ʃəˈpɪrəʊ], **1)** Joel, amerikan. Bildhauer, * New York 27. 9. 1941. Bei seinen kleinen, aus Bronze oder Eisen gegossenen oder aus Holzteilen zusammengesetzten Plastiken in einfachen, kompakten oder raumgreifenden Formen ist die Auseinandersetzung

Joel Shapiro: Ohne Titel; 1980/81 (Privatbesitz)

mit Gleichgewicht und Schwerkraft von grundlegender gestalter. Bedeutung; auch Zeichnungen.
J. S., Ausst.-Kat. (Zürich 1990); J. S. – Skulpturen 1993–1997, Ausst.-Kat. Haus der Kunst, München (1997, Text dt. u. engl.).

2) Karl Jay, amerikan. Lyriker und Literaturkritiker, * Baltimore (Md.) 10. 11. 1913; 1950–56 Herausgeber der Zeitschrift ›Poetry‹. In seinen frühen, von eigenen Erfahrungen geprägten Gedichten äußert sich S. in präziser, bildhafter Sprache v. a. zu den Themen Liebe und Krieg (›Person, place and thing‹, 1942; ›V-letter and other poems‹, 1944). In den 50er-Jahren fand eine Neuorientierung statt, die sich auch in seinen literaturkrit. Arbeiten und Essays spiegelt: Sie ist gekennzeichnet von der Betonung seiner Identität als Jude (›Poems of a Jew‹, 1958) und der Abwendung von intellektbetonten Lyriktraditionen (W. H. AUDEN, T. S. ELIOT) zugunsten einer die menschl. Natur und Emotionalität zum Ausdruck bringenden Dichtungsauffassung (›The bourgeois poet‹, 1964).

Weitere Werke: Lyrik: Collected poems, 1940–1978 (1978); Love and war, art and God. The poems (1984); The old horsefly (1992). – Essays: In defense of ignorance (1960); To abolish children and other essays (1968); The poetry wreck (1975). – *Autobiographien:* The younger son (1988); Reports of my death (1990).
D. WILSKE: K. S. Ein jüdisch-amerikan. Dichter (Diss. München 1970); J. REINO: K. S. (Boston, Mass., 1981).

Shapiro-Experiment [ʃəˈpɪrəʊ-], von dem amerikan. Physiker und Astronomen IRWIN IRA SHAPIRO (* 1929) 1964 vorgeschlagenes und erstmals 1968 durchgeführtes Experiment zur Überprüfung der Raumgeometrie in der Sonnenumgebung: Von der Erde werden Radarsignale nahe an der Sonne vorbei zur Venus gesandt, von dieser reflektiert und auf der Erde wieder empfangen. Nach der allgemeinen →Relativitätstheorie erfährt das Signal aufgrund der Raumkrümmung in Sonnennähe eine Laufzeitverlängerung gegenüber dem nach der newtonschen Theorie erwarteten Wert. Dazu trägt außerdem die Zeitdilatation im Schwerefeld der Sonne bei. Der Wert der um rund 10^{-4} s verlängerten Laufzeit stimmt bei steigender Präzision der Versuchsanordnungen mit der Vorhersage der Relativitätstheorie bestens überein und gilt als deren Bestätigung.

Shapley [ˈʃeɪplɪ], Harlow, amerikan. Astronom, * Nashville (Mo.) 2. 11. 1885, † Boulder (Colo.) 20. 10. 1972; ab 1914 am Mount-Wilson-Observatorium in Cambridge (Mass.) tätig, ab 1921 Direktor des Observatoriums der Harvard University. S. arbeitete v. a. über veränderl. Sterne und Sternhaufen und führte Untersuchungen über die Struktur des Milchstraßensystems durch.

Sharaku [ʃ-], eigtl. **Tōshūsai S.** [-ʃu:-], Meister des jap. Farbholzschnitts, 1794/95 in Edo (heute Tokio) tätig; schuf etwa 140 aggressiv-satir. Schauspielerporträts, v. a. Brustbilder mit großen, breit ins Bild gesetzten Köpfen (Ōkubi-e) in bizarren Farben auf dunklem Glimmerhintergrund (meist aus Silber).

Share [ˈʃeə; engl. ›Anteil‹] der, -/-s, angloamerikan. Recht: das Anteilsrecht an einer Kapitalgesellschaft. Der S. wird (im Unterschied zur dt. Aktie) nicht in einer Urkunde verbrieft. Der **S.-Holder** erwirbt ihn durch Eintragung in das Mitgliedsregister der Gesellschaft, die über die Beteiligung ein beglaubigtes Zertifikat (**S.-Certificate**) ausstellt. Die Übertragung des S. geschieht durch Übergabe des S.-Certificate und Registerumtragung. S. werden in versch. Klassen ausgegeben: **Preference-S.**, Vorzugsaktien, gewähren meist eine feste Dividende (bestimmter Prozentsatz des eingezahlten oder des Nennkapitals); auf **Ordinary S.**, Stammaktien, wird eine Dividende erst nach Bedienung der Preference-S. gezahlt; die seltenen **Deferred S.**, Nachzugsaktien, sind nur berechtigt, wenn vor Ordinary S. eine Mindestdividende ausgeschüttet wurde; **S.-Warrants,** Inhaberaktien, gelten als Wertpapiere und werden durch bloße Übergabe übertragen. Als **Golden-S.** werden besondere Anteilsrechte bei der Privatisierung von Staatsunternehmen bezeichnet. Sie verbleiben im Staatsbesitz und beinhalten spezielle Rechte zur Wahrnehmung und Durchsetzung nat. Interessen.

Shar-e Bahlol [ʃ-], buddhist. Klosteranlage, →Sahr-e Bahlol.

Sharecroppers [ˈʃeəkrɔpəz], bes. im S der USA seit dem Ende des Sezessionskrieges mittellose (oft schwarze) Kleinpächter, die den Pachtzins für die zur Verfügung gestellte Farm durch einen bestimmten Teil der Ernte entrichten mussten. S. lebten i. d. R. durch Verpfändung der nächsten Ernte von Krediten der Ladenbesitzer und waren ökonomisch meist völlig von den Pachtherren abhängig.

Shareholder-Value [ˈʃeəhəʊldəˈvælju:, engl.] das, -, (Markt-)Wert des Eigenkapitals, basierend auf dem Grundgedanken, dass der Unternehmenserfolg nicht verlässlich mit dem (buchhalter.) Gewinn verbunden ist, sondern an den zukünftigen →Cashflows als finan-

Sharaku: Der Schauspieler Ichikawa Omezō als Ringkämpfer Tsurunosuke und Otani Tobei als Ukijo Tobei; Farbholzschnitt, um 1794

Shar Shareware – Sharp

Sharja 1): Postmodernes Einkaufszentrum (Suk) mit arabisch-persischen Elementen

zielle Wertschöpfung gemessen werden sollte. Hierzu werden die für künftige Perioden (i. d. R. die nächsten 5 bis 10 Jahre) zu prognostizierenden Cashflows des Unternehmens mit einem gewichteten Mittelwert aus Eigen- und Fremdkapitalkosten diskontiert. Von dem so als Barwert künftiger Überschüsse ermittelten Gesamtwert des Unternehmens kommt man nach Abzug des Marktwertes des Fremdkapitals (i. d. R. Summe der entsprechenden Fremdkapitalbuchwerte) zum S.-V. als Marktwert des Eigenkapitals. Investitionen, die eine höhere (niedrigere) interne Verzinsung als den Diskontierungszinssatz erreichen, steigern (verringern) das Shareholder-Value.

Die (ganzheitl.) Ausrichtung der Unternehmensführung auf die Maximierung des Marktwertes des Eigenkapitals im Interesse der Aktionäre (Eigenkapitalgeber bzw. Shareholder) wird als S.-V.-Konzept, -Politik oder -Management bezeichnet. Aus der Sicht der Aktionäre geht es v. a. um dauerhafte Dividenden und Kurssteigerungen. Im Ggs. dazu steht die Berücksichtigung anderer mit dem Unternehmen verbundener Anspruchsgruppen (Stakeholder), darunter v. a. Fremdkapitalgeber, Arbeitnehmer, Fiskus. Die Besonderheit des S.-V.-Konzeptes liegt in der Herausarbeitung der für die zu berücksichtigenden Cashflows wertbestimmenden Faktoren, den ›Werttreibern‹ (bes. Umsatzwachstum, Cash-Flow-Rendite, durchschnittl. Betrag für Erweiterungsinvestitionen und Ertragsteuersatz). Zur Steigerung des S.-V. gilt es, diese Werttreiber möglichst positiv zu beeinflussen.

J. BISCHOFF: Das S.-V.-Konzept. Darstellung, Probleme, Handhabungsmöglichkeiten (1994, Nachdr. 1995); A. RAPPAPORT: Shareholder value. Wertsteigerung als Maßstab für die Unternehmensführung (a. d. Amerikan., 1995).

Shareware [ˈʃeəweə; engl. ›gemeinsam genutzte Ware‹], *Informatik:* zu einem geringen Preis erhältl. (meist nicht vollständige) Version eines Computerprogramms, die für einen festgelegten Zeitraum benutzt und getestet, nicht aber verändert werden darf, im Unterschied zur frei verfügbaren, nicht durch Copyright geschützten ›Public-Domain-Software‹. Nach Ablauf der Testphase kann der Benutzer die S. weitergeben oder erwerben, indem er die Registrierung beim Programmersteller beantragt. Als Ausgleich für die bei der Registrierung anfallenden Gebühren erhält der Benutzer i. Allg. die vollständige Programmversion und ein Handbuch sowie oft weitergehende techn. Unterstützung vom Autor. Die Nutzung der Programme nach Ablauf der Testfrist ohne Registrierung stellt eine Rechtsverletzung dar.

Sharif [ʃa-], Omar, **Umar Scharif**, eigtl. **Michael Chalhoub**, ägypt. Schauspieler, * Alexandria 10. 4. 1932; übernahm 1953 seine erste Filmrolle; wurde Anfang der 60er-Jahre zum romant. Star des internat. Films.

Omar Sharif

Shankar Dayal Sharma

Filme: Lawrence von Arabien (1962); Doktor Schiwago (1965); Funny Girl (1967); Der Coup (1971); 18 Stunden bis zur Ewigkeit (1974); Palast der Winde (1984; Fernsehfilm); Die Dämonen (1987); Das Gesetz der Wüste (1990; Fernsehfilm); Heaven before I die (1997).

Sharja [ˈʃardʒa], **Schardja** [-dʒa], **Schardscha**, **Ash-Sharika** [aʃʃa-], **1)** Hauptstadt des gleichnamigen Teilstaates der Vereinigten Arab. Emirate (VAE), an einem Meeresarm des Pers. Golfs, östlich an die Stadt Dubai anschließend, 200 000 Ew.; die Leichtindustriezone (250 Betriebe) versorgt die VAE mit Baumaterialien, Textilien und Haushaltwaren; Tiefseehafen Mina Khaled, internat. Flughafen. – Modernes, überdachtes Einkaufszentrum (Zentralmarkt [Suk], 1979; mehr als 600 Läden), dessen Hallenarchitektur arabisch-pers. Elemente zeigt (Windtürme u. a.).

2) Teilstaat der Vereinigten Arabischen Emirate (VAE), am Pers. Golf und am Golf von Oman, 2 500 km², (1995) 400 300 Ew.; Hauptstadt ist Sharja. (KARTE →Vereinigte Arabische Emirate). Das Scheichtum erstreckt sich von der Küste (20 km Länge) ins Hinterland und umfasst mehrere Exklaven: die Oase Daid im Inland sowie am Golf von Oman die Küstenorte Khor Fakkan mit Containerhafen und port. Fort (16. Jh.), Khalba mit Resten eines port. Forts (ebenfalls 16. Jh.) und Mangrovewäldern sowie Diba mit geschütztem Naturhafen (Fischereihafen, geteilt mit Fujaira und Oman). Während die Erdölwirtschaft stagniert (Mubarak-Feld bei der seit 1971 von Iran besetzten Insel Abu Masa [zur Hälfte iranisch, Produktion 0,3 Mio. t/Jahr, Reserven etwa 200 Mio. t]), sind die festländ. Erdgasfelder Sajaa (seit 1982) und Kahaif (seit 1994) mit einer Produktion von 10 Mrd. m³/Jahr bedeutend für den Export nach Dubai sowie Energielieferant für die einheim. Industrie.

Geschichte: S. kam im 19. Jh. unter brit. Herrschaft (Protektorat; 1940 bedeutender Flugstützpunkt der Alliierten im Zweiten Weltkrieg, bis um 1968 wichtigster brit. Militärstützpunkt in der Golfregion); war 1971 Gründungs-Mitgl. der →Vereinigten Arabischen Emirate. Seit 1972 ist Scheich SULTAN IBN MOHAMMED AL-KASIMI Staatsoberhaupt.

Shark Bay [ˈʃaːk ˈbeɪ], Bucht des Ind. Ozeans an der W-Küste Australiens; Fischerei und Salzgewinnung; im NO die Hafenstadt →Carnarvon.

Sharma [ʃa-], Shankar Dayal, ind. Politiker, * Bhopal 19. 8. 1918; entstammt der Kaste der Brahmanen; Jurist und Philologe; 1952–56 Chef-Min. des (ehem.) Staates Bhopal, danach bis 1967 in der Reg. des Staates Madhya Pradesh; 1968–72 Gen.-Sekr. des ind. Nationalkongresses, danach bis 1974 dessen Präs.; mehrfach Gouv., gehörte 1971–77 und 1980–84 dem Unterhaus der Union (Lok Sabha) an. 1987–92 Vize-Präs. Indiens, 1992–97 Staatspräsident.

Sharon [ʃ-], eine aus Israel stammende Kulturform der →Kakipflaume.

sharp [ʃaːp; engl., eigtl. ›scharf‹, ›spitz‹], *Musik:* engl. Bez. für das Erhöhungszeichen ♯ (›Kreuz‹); als Zusatz bei Tonnamen bezeichnet s. die Erhöhung um einen Halbton (z. B. F sharp = Fis). Fis-Dur heißt im Englischen F sharp major, fis-Moll F sharp minor. (→flat)

Sharp [ʃaːp], **1)** Margery, engl. Schriftstellerin, * Salisbury 1905, † 14. 3. 1991; schrieb ab 1930 humorvolle, spannende Unterhaltungsromane mit psycholog. Hintergrund sowie Erzählungen und Kinderbücher. U. a. die von W. DISNEY verfilmten Geschichten um Bernard und Bianca.

Werke: *Romane:* The nutmeg tree (1937; dt. Die vollkommene Lady); Cluny Brown (1944; dt. Das Mädchen Cluny Brown); Something light (1960; dt. Liebe auf den letzten Blick); In pious memory (1967; dt. Witwe bis auf Widerruf); Summer visits (1978; dt. Cotton Hall hat immer Gäste).

2) Phillip Allen, amerikan. Molekularbiologe, * Falmouth (Ky.) 6. 6. 1944; seit 1974 Prof. am Center for Cancer Research des Department of Biology am Massachusetts Institute of Technology in Cambridge (Mass.); erhielt für die unabhängig von R. J. →ROBERTS gemachte Entdeckung des mosaikartigen Aufbaus der Gene, die aus codierenden, d. h. in Eiweiß übersetzten Bereichen (Exons) und dazwischenliegenden, nicht codierenden Bereichen (Introns) bestehen, gemeinsam mit diesem 1993 den Nobelpreis für Physiologie oder Medizin.

3) **William**, schott. Schriftsteller, * Paisley 12. 9. 1855, † Castello Maniace (Sizilien) 14. 12. 1905; Literaturkritiker; verfaßte unter seinem Namen Naturlyrik (›Romantic ballads and poems of phantasy‹, 1888), Romane und Biographien (›Dante Gabriel Rossetti‹, 1882; ›Life of Percy Bysshe Shelley‹, 1887; ›Life of Heinrich Heine‹, 1888; ›Life of Robert Browning‹, 1890). Unter dem Pseud. **Fiona MacLeod**, das erst nach seinem Tod enthüllt wurde, schrieb er ab 1893 romantisch-myst. Prosa (›The sin eater‹, 1895; ›Wind and wave‹, 1902, dt. ›Wind und Woge‹), Dramen (›The immortal hour‹, 1900) und epische Gedichte über irisch-kelt. Themen.

Ausgaben: F. MACLEOD: The writings, hg. v. W. SHARP, 8 Bde. (1909-27); Selected writings (1912). – F. MACLEOD: Das ferne Land des Glanzes u. des Schreckens (1986, Ausw.).

F. ALAYA: W. S., ›Fiona MacLeod‹. 1855-1905 (Cambridge, Mass., 1970).

Sharpe [ʃɑːp], **William Forsyth**, amerikan. Volkswirtschaftler, * Cambridge (Mass.) 16. 6. 1934; Prof. an der University of Washington (1961-68), der University of California (1968-70) und der Stanford University (1970-89). S. erhielt 1990 mit M. H. MILLER und H. M. MARKOWITZ den Nobelpreis für Wirtschaftswissenschaften für seinen Beitrag zur Preisbildungstheorie von Finanzvermögen. Aufbauend auf der mikroökonom. Portfoliotheorie (→Portfolio-Selection) entwickelte S. ein Kapitalmarktmodell (Capital asset pricing model), das die Grundlage für die moderne Kapitalmarkttheorie bildet.

Werke: Portfolio theory and capital markets (1970); Investments (1978); Fundamentals of investments (1989, mit G. J. ALEXANDER).

Sharpeville [ʃɑːpvɪl], Wohnstadt für Schwarze bei Vereeniging, Rep. Südafrika. – Am 21. 3. 1960 organisierte der Pan-African Congress (PAC) in S. und anderen Orten Südafrikas friedl. Demonstrationen gegen die Paßbestimmungen der Apartheidgesetzgebung. Bei einer Konfrontation von 300 Polizisten und etwa 5 000 Demonstranten wurden durch die Polizei 69 Menschen (darunter zehn Kinder) getötet und 180 Personen verwundet. Dieser Zwischenfall führte zum Verbot (1990 aufgehoben) des African National Congress (ANC) und des PAC, zum Austritt Südafrikas aus dem Commonwealth of Nations (1994 Wiederaufnahme) und zu ersten weltweiten Sanktionsforderungen gegen Südafrika. Am 10. 12. 1996 wurde in einem Stadion von S. die neue Verf. der Rep. Südafrika unterzeichnet.

Sharp-Syndrom [ʃɑːp-; nach dem amerikan. Internisten GUSTAV C. SHARP, * 1932], seltene, überwiegend bei Frauen auftretende Autoimmunkrankheit mit dem Mischbild mehrerer →Kollagenkrankheiten. Es kommt zu Eiweißablagerungen in versch. Organen, Muskeln, Gefäßen und in der Haut. Hauptsymptome sind Fieber, Gelenk- und Muskelschmerzen, Durchblutungsstörungen, Hautveränderungen sowie Entzündungen innerer Organe. Die *Behandlung* erfolgt medikamentös mit Antirheumatika und Glucocorticoiden.

Shashi [ʃaʃi], **Shasi** [ʃ-], **Schaschi**, Stadt in der Prov. Hubei, China, westlich von Wuhan, in der seenund sumpfreichen Luang-Hu-Ebene, nahe dem linken Ufer des Jangtsekiang, 261 000 Ew.; Handelszentrum mit einem wichtigen Umschlaghafen, in der Bedeutung die westlich benachbarte Handelsstadt **Jiangling** (Kiangling, Jingzhou) übertreffend; Baumwollverarbeitung, Bekleidungs-, chem., Verpackungsmittel-, Glas- und Papierindustrie.

Shasta, Mount S. [maʊnt ˈʃæstə], ruhender Vulkan in N-Kalifornien, USA, in der Cascade Range, 4 317 m ü. M.; heiße Schwefelquellen in Gipfelnähe; mehrere Gletscher.

Shastra [ˈʃastra; Sanskrit ›Theorie‹, ›Belehrung‹, ›Lehrbuch‹] *das, -/-s,* Bez. für eine Vielzahl z. T. als heilig geltender Lehrwerke der ind. Literatur, die mit den Inhalten der Veden übereinstimmen und diese erläutern. Die S. behandeln Fragen der Religion und Moral, der Rechtspflege und Politik, Kastenvorschriften und allgemeine Lebensregeln wie auch Fragen der Wiss. und Kunst. Zu den S. zählen z. B. die für Religion, Recht und Sitte wegweisenden →Dharmashastras, deren bekanntestes Werk das Gesetzbuch des Manu ist, fernerhin etwa das →Arthashastra, das →Alamkarashastra, das →Natyashastra.

Shattercones [ˈʃætəkəʊnz, engl.], **Strahlenkalke,** bis dezimetergroße, kegelförmige, in dünne Lamellen gegliederte Gesteinsgebilde (v. a. in Kalkstein), durch den extrem hohen Druck (Stoßwelle von 20 000 bis 100 000 bar) bei Meteoriteneinschlägen (→Impakt) entstanden; außer von Meteoritenkratern auch von unterird. Kernwaffenversuchen bekannt.

Shavante [ʃ-], die →Xavante.

Shaw [ʃɔː], 1) Artie, eigtl. **Arthur Jacob Arshawsky**, amerikan. Jazzklarinettist, * New York 23. 5. 1910; erfolgreicher Big-Band-Leader des Swingstils, Konkurrent B. GOODMANS; Hits mit ›Begin the beguine‹ (1937), ›Frenesi‹ (1940). Trat in den 40er-Jahren nur noch sporadisch mit eigenen Bigbands oder kleinen Besetzungen (›Gramercy five‹) auf, oft mit Streicherensembles; nach 1955 kaum noch als Musiker aktiv.

2) **George Bernard**, irischer Schriftsteller, * Dublin 26. 7. 1856, † Ayot Saint Lawrence (Cty. Hertfordshire) 2. 11. 1950. Nach der Lehrzeit in einem Maklerbüro in Dublin folgte S. 1876 seiner Mutter, die den alkoholsüchtigen Vater verlassen hatte, nach London. Er versuchte dort als Schriftsteller Fuß zu fassen, schrieb fünf Romane, die ohne Erfolg blieben (z. B. ›Cashel Byron's profession‹, 1886; dt. ›Cashel Byrons Beruf‹), und lebte in finanzieller Not. Im Selbststudium machte er sich mit den Schriften von K. MARX vertraut und wurde zum kämpfer. Sozialisten; 1884 schloss er sich der →Fabian Society an, trat als Redner und Pamphletist hervor und setzte sich u. a. für die Rechte der Frauen, die Reform des Wahlrechts und die Abschaffung des Privateigentums ein. 1885-98 als Literatur-, Musik- und Theaterkritiker tätig, wurde er nachhaltig von den Werken H. IBSENS und R. WAGNERS beeindruckt (›The quintessence of Ibsenism‹, 1891, dt. ›Ein Ibsenbrevier‹; ›The perfect Wagnerite‹, 1898, dt. ›Ein Wagnerbrevier‹). Er begann gesellschaftskritisch-provozierende Stücke zu schreiben, die an zeitgenöss. Formtraditionen anknüpften (›well made play‹, Melodrama, Farce), aber mithilfe von Diskussion, Ironie und Paradoxon soziale Missstände aufzeigen sowie die Illusionen von Figuren wie Publikum zerstören (u. a. ›Widowers' houses‹, 1893, dt. ›Die Häuser des Herrn Sartorius‹, über Mietwucher und Spekulation; ›Mrs. Warren's profession‹, entst. 1894, gedr. 1898, dt. ›Frau Warrens Gewerbe‹, über Prostitution, zunächst vom Zensor verboten). Auf diese ›plays unpleasant‹ (unerquickl. Stücke) folgten die mehr auf Witz und Unterhaltung angelegten ›plays pleasant‹ (u. a. ›Arms and the man‹, 1898, dt. ›Helden‹; ›Candida‹, Uraufführung 1895, gedr. 1898, dt.) sowie die ›plays for puritans‹ (z. B. ›Caesar and Cleopatra‹, entst. 1901, gedr. 1905, dt. ›Cäsar und Cleopatra‹), die verbrauchte Illusionen von Heldentum und romant. Liebe infrage stellen. Seither veröffentlichte

Phillip A. Sharp

William F. Sharpe

Shattercones aus dem Steinheimer Becken

George Bernard Shaw

S. seine Stücke mit ausführl. essayistisch-polem. Einleitungen. Während der 90er-Jahre entwickelte er unter dem Einfluss von F. NIETZSCHE und H. BERGSON die Hypothese einer kreativen Evolution, die als biolog. Urkraft (›life force‹) in der Natur wirkt und den Menschen zu steter Höherentwicklung antreibt; sie liegt seinen folgenden Dramen zugrunde (›Man and superman‹, 1903, dt. ›Mensch und Übermensch‹; ›Pygmalion‹, 1912, dt., als Musical u. d. T. ›My fair Lady‹; ›Heartbreak House‹, 1919, dt. ›Haus Herzenstod‹, eine bittere Kulturkritik am Vorabend des Ersten Weltkriegs; ›Back to Methuselah‹, 1921, dt. ›Zurück zu Methusalem‹, eine fünfteilige Menschheitsutopie; ›Saint Joan‹, 1923, dt. ›Die Heilige Johanna‹). Formal entwickelte S., der die Bühne als ›moral. Anstalt‹ ansah, das zu einem offenen Schluss führende Ideendrama weiter. Seine späten Stücke tendieren verstärkt zur polit. Satire und zu groteskem Komik; sein Ton wurde resignativer (›The apple cart‹, 1929, dt. ›Der Kaiser von Amerika‹; ›Geneva‹, 1938, dt. ›Genf‹). – Mit seinen über 50 Stücken trug S. zur Erneuerung des europ. Theaters um die Jahrhundertwende bei; sein wachsendes Ansehen fand Niederschlag in vielen Ehrungen. 1925 erhielt S. den Nobelpreis für Literatur.

Weitere Werke: *Dramen:* The devil's disciple (UA 1897, gedr. 1901; dt. Der Teufelsschüler); John Bull's other island (UA 1904, gedr. 1907; dt. John Bulls andere Insel); Major Barbara (UA 1905, gedr. 1907; dt.); The doctor's dilemma (UA 1906, gedr. 1911; dt. Der Arzt am Scheideweg); Androcles and the lion (UA 1912, gedr. 1913; dt. Androklus u. der Löwe); Too true to be good (UA 1932, gedr. 1934; dt. Zu wahr, um schön zu sein). – *Polit. Schriften:* Fabian essays in socialism (1889, mit anderen); The intelligent woman's guide to socialism and capitalism (1928; dt. Wegweiser für die intelligente Frau zu Socialismus u. Kapitalismus). – *Theaterkritiken:* Our theatres in the nineties, 3 Bde. (1931).
Ausgaben: The standard edition of the works, 37 Bde. (Neuausg. 1931-51); Collected letters, hg. v. D. H. LAURENCE, 4 Bde. (1965-88); The Bodley Head B. S. collected plays, hg. v. DEMS., 7 Bde. (1970-74); The diaries, 1885-1897, hg. v. S. WEINTRAUB, 2 Bde. (1986). – Romane, 4 Bde. (1974); Ges. dramat. Werke, hg. v. S. TREBITSCH, 12 Bde. (1946-48); Die wundersame Rache u. andere Geschichten, übers. v. U. MICHELS-WENZ (1996).
A. HENDERSON: G. B. S., man of the century, 2 Bde. (Neuausg. New York 1965, Nachdr. ebd. 1972); E. BENTLEY: B. S. (London ²1967); G. B. S., hg. v. K. OTTEN u. a. (1978); D. H. LAURENCE: B. S. A bibliography, 2 Bde. (Oxford 1983); G. B. S., hg. v. H. BLOOM (New York 1987); S. WEINTRAUB: B. S. A guide to research (University Park, Pa., 1992); H. STRESAU: G. B. S. (52.-54. Tsd. 1993); M. HOLROYD: B. S., Magier der Vernunft. Eine Biogr. (a. d. Engl., 1995). – S. The annual of B. S. studies (University Park, Pa., 1981 ff.).

3) Irwin, amerikan. Schriftsteller, * New York 27. 2. 1913, † Davos (Schweiz) 16. 5. 1984; Studium am Brooklyn College, Soldat im Zweiten Weltkrieg; lebte ab 1950 meist in der Schweiz. S. verfasste erfolgreiche Dramen, die seine pazifist. Einstellung zum Ausdruck bringen (›Bury the dead‹, 1936, dt. ›Begrabt die Toten‹, Bühnenmanuskript; ›The gentle people‹, 1939, dt. ›Gangster‹), sowie realist., oft sozialkrit. Erzählungen und wurde u. a. durch seinen antimilitarist. Kriegsroman ›The young lions‹ (1948; dt. ›Die jungen Löwen‹) auch zum populären Romancier.

Weitere Werke: *Romane:* The troubled air (1951; dt. Die Verschwörung); Lucy Crown (1956; dt.); Rich man, poor man (1970; dt. Aller Reichtum dieser Welt); Nightwork (1975; dt. Den Seinen gibt's der Herr im Schlaf); Bread upon the waters (1981; dt. Der Wohltäter); Acceptable losses (1982; dt. Auf Leben u. Tod).
Ausgaben: Short stories. Five decades (1978). – Im Rückblick u. 26 andere Ges. Erz., übers. v. P. MOTRAM u. a. (1983, Ausw.); Abreise u. Heimkehr, übers. v. J. CZERNICKY u. a. (1985).
J. R. GILES: I. S. (Boston, Mass., 1983); M. SHNAYERSON: I. S. A biography (New York 1989).

4) Richard Norman, brit. Architekt, * Edinburgh 7. 5. 1831, † London 17. 11. 1912; ausgehend von der Neugotik, entwickelte S. einen Mischstil, der auch Elemente anderer histor. Stile einbezieht. Er baute v. a. Kirchen (Holy Trinity Church in Bingley, bei Bradford, 1864-68; zerstört), Villen und Landhäuser (Glen Andred in Sussex, 1866-68; Adcote, bei Shrewsbury, 1876-80) sowie Stadthäuser (Cheyne House und Swan House in London, 1875-77; dort ferner u. a. New Scotland Yard (1888-90) und das Piccadilly Hotel (1905-08). Er war maßgeblich beteiligt im Entwurf der ersten Gartenvorstadt Bedford Park (1878) in London.
A. SAINT: R. N. S. (New Haven, Conn., ²1977).

Richard Shaw: Entwurfsskizze für die Börse von Bradford, West Yorkshire; 1864

5) Robert, engl. Schauspieler und Schriftsteller, * Westhoughton (Cty. Lancashire) 9. 8. 1927, † Tourmakeady (Cty. Mayo, Irland) 28. 8. 1978; Shakespearedarsteller in Stratford-upon-Avon und in London am Old Vic (1951/52); übernahm ab 1955 zeitgenöss. Rollen; beliebter Filmdarsteller (ab 1954); auch bekannt als Romancier (›The man in the glass booth‹, 1967, dramatisiert 1967; verfilmt 1975) und Dramatiker (›Off the mainland‹, 1956).
Filme: Der Clou (1973); Der weiße Hai (1974); Der scharlachrote Pirat (1976).

6) Sir (seit 1915) **William Napier**, brit. Meteorologe und Physiker, * Birmingham 4. 3. 1854, † London 23. 3. 1945; 1905-20 Direktor des Meteorological Office; arbeitete bes. über synopt. Meteorologie, Thermodynamik und aerolog. Messmethoden.
Werk: Manual of meteorology, 4 Bde. (1919-31).
Ausgabe: Selected meteorological papers, hg. v. R. G. K. LEMPFERT u. a. (1955).

7) Woody, eigtl. **Hermann S.**, amerikan. Jazztrompeter, * Laurinburg (N. C.) 24. 12. 1944, † New York 9. 5. 1989; spielte u. a. mit E. DOLPHY, H. SILVER, A. MCCOY TYNER und A. BLAKEY, in den 70er- und 80er-Jahren v. a. mit eigenen Bands. Neben F. HUBBARD einer der bedeutendsten Hardbop-Trompeter der 60er- und 70er-Jahre.

Shawn [ʃɔːn], **Ted**, amerikan. Tänzer, Choreograph und Pädagoge, * Kansas City (Mo.) 21. 10. 1891, † Orlando (Fla.) 9. 1. 1972; gründete 1915 zus. mit seiner Frau RUTH SAINT DENIS in Los Angeles (Calif.) die ›Denishawn‹, die als Schule und Tanzensemble den Moderndance nachhaltig beeinflusste, sowie nach 1933 das amerikan. Tanzfestival in Jacob's Pillow (Mass.) und eine ausschließlich männlich ausgerichtete Tanzkompanie.
W. TERRY: T. S., father of American dance (New York 1976).

Shawnee [ʃɔːniː], nordamerikan. Indianerstamm aus der Algonkin-Sprachfamilie. Nach Kämpfen (unter Häuptling TECUMSEH) gegen die vordringenden

Irwin Shaw

weißen Siedler aus dem Tal des mittleren Ohio vertrieben, zunächst in Missouri und Kansas, später in drei Gruppen in Oklahoma angesiedelt: Absentee S. (2300) und Eastern S. (1400) sowie der Hauptzweig (1100), der 1869 mit den Cherokee fusionierte.

J. H. HOWARD: S. (Athens, Oh., 1981).

Shays' Rebellion [ˈʃeɪz rɪˈbeljən], im westl. Massachusetts 1786/87 ein von DANIEL SHAYS (*1747, †1825) geführter Aufstand verschuldeter Farmer, die die Aussetzung der Schuldzahlungen, Erschwerung von Zwangsvollstreckungen und Steuererleichterungen forderten. Die Rebellion, die im Februar 1787 von der Miliz des Staates Massachusetts niedergeschlagen wurde, diente Befürwortern einer stärkeren Zentralgewalt, die in der S.' R. die Gefahr von Anarchie und polit. Instabilität sahen, als Argument für eine einschneidende Verf.-Reform.

D. SZATMARY: S.'R. The making of an agrarian insurrection (Amherst, Mass., 1980).

SHB, Abk. für Sozialistischer Hochschulbund (→Sozialdemokratischer Hochschulbund).

Sheabutter [ˈʃiː-, engl.], **Schibutter, Karité, Karitéfett,** aus den Samen des S.-Baums gewonnenes Fett, das in Eigenschaften und Fettsäurezusammensetzung der Kakaobutter ähnelt; enthält Stearinsäure (41%), Ölsäure (49%), Palmitinsäure und Linolsäure. Es hat lokal als Speisefett Bedeutung.

Sheabutterbaum [ˈʃiː-], **Schibutterbaum, Butyrospermum parkili,** im trop. Afrika beheimatete Art der Seifenbaumgewächse; bis 20 m hoher Baum von knorrigem, eichenähnl. Wuchs mit an den Zweigenden büschelig stehenden, ledrigen Blättern und gelbl. Blüten. Die pflaumenähnl. Früchte (Beeren) haben ein weiches, essbares Fruchtfleisch und meist nur ein großen, runden, glänzend braunen Samen. Die Samen werden zu →Sheabutter verarbeitet. Das Holz wird für Möbel und im Schiffbau verwendet.

Shearer [ˈʃɪərə], Moira, schott. Tänzerin, *Dunfermline 17. 1. 1926; gehörte 1942–52 dem Sadler's Wells Ballet an. Weltruhm erlangte sie durch den Ballettfilm ›Die roten Schuhe‹ (1948), dem mit ›Hoffmanns Erzählungen‹ (1951), ›Peeping Tom‹ (1959; dt. ›Augen der Angst‹) und ›Un, deux, trois, quatre‹ (1960; dt. ›Carmen '62‹) weitere Filme folgten.

Shearing [ˈʃɪərɪŋ], George Albert, brit. Jazzpianist, *London 13. 8. 1919; von Geburt an blind; ging 1947 in die USA, wo er bald mit einem Quintett großen Erfolg hatte, das in der Besetzung mit Vibraphon und Gitarre kommerziell gefälligen Bebop spielte. Seit den 70er-Jahren tritt S. oft als Solist auf. Von bedeutenden Jazzpianisten des Swing und Bebop beeinflusst; benutzt auch häufig parallele Blockakkorde beider Hände; Komponist des Standards ›Lullaby of birdland‹.

Shebele [ʃ-] *der,* Fluss in O-Afrika, →Webe Shebele.

Sheehan-Syndrom [ˈʃiːhən-; nach dem amerikan. Pathologen HAROLD SHEEHAN, *1900, †1964], durch Schädigung des Hypophysenvorderlappens infolge eines Schockgeschehens nach schwerer Geburt mit Blutverlusten auftretender →Hypopituitarismus mit Leistungsschwäche, Amenorrhö, Anämie, Haar- und Pigmentschwund und Hauttrockenheit als Symptomen. Die *Behandlung* erfolgt mit Hormonpräparaten.

Sheeler [ˈʃiːlə], Charles, amerikan. Maler und Fotograf, *Philadelphia (Pa.) 16. 7. 1883, †Dobbs Ferry (N. Y.) 7. 5. 1965; Vertreter des →Präzisionismus, ausgebildet in Philadelphia u. a. bei W. M. CHASE. Auf einer Parisreise (1909) erhielt er wichtige Anregungen vom Kubismus. 1913 nahm er an der Armory Show teil. Ab 1912 setzte er sich intensiv mit der Fotografie auseinander (Aufnahmen für Zeitschriften und Werbeagenturen).

C. TROYEN u. T. E. STEBBINS: C. S., 2 Bde. (Boston, Mass., 1987); K. LUCIC: C. S. and the cult of the machine (London 1991).

Sheffield: Rathaus (1890–97) mit 70 m hohem Turm

Sheet [ʃiːt, engl.], *Geologie:* engl. Bez. für einen Lagergang (→Gang).

Sheet-Erosion [ˈʃiːtɪˌrəʊʒn, engl.], →Bodenerosion.

Sheffer-Strich [ˈʃefə-; nach dem amerikan. Logiker H. M. SHEFFER, *1901, †1964], in der Aussagenlogik der Junktor für die →Exklusion, dargestellt durch das Zeichen |, in der Bedeutung ›nicht beide‹. – Angewendet auf zwei Aussagen A und B gilt $A|B \leftrightarrow \neg(A \land B)$; das bedeutet, dass $A|B$ nur dann falsch ist, wenn beide Aussagen A und B wahr sind. In der Schaltalgebra wird der S.-S. durch ein NAND-Glied realisiert.

Sheffield [ˈʃefiːld], Industriestadt in der Metrop. Cty. South Yorkshire, England, am O-Rand des Pen-

Charles Sheeler: Church Street El; 1920 (Cleveland, Oh., Museum of Art)

Shel Sheldon–Shelley

Sheffield Stadtwappen

Industriestadt in England

am Penninischen Gebirge

529 000 Ew.

Universitäten (seit 1905 und seit 1992)

bedeutende Messerwarenfabrikation

Kathedrale (14./15. Jh.)

im Domesday Book erwähnt

Percy Bysshe Shelley

nin. Gebirges und am Don, 529 000 Ew.; anglikan. Bischofssitz; Univ. (seit 1905), Univ. (seit 1992, ehem. Polytechnic), Forschungsinstitut für Molekularbiologie; Stadtmuseum (mit Sammlung von in S. hergestellten Tafelgeschirren und -bestecken), Industriemuseum, Kunstgalerien; Hauptzentrum der brit. Messerwarenfabrikation: Stahlindustrie, Eisen-, Messing- und Letterngießereien, Instrumentenherstellung, Maschinenbau, chem., Bekleidungs- und Papierindustrie; Wissenschafts- und Technologiepark (Elektronik, Biotechnologie); Flughafen. – Kathedrale (seit 1914; erbaut v. a. im 14./15. Jh.); Rathaus (1890–97) mit 70 m hohem Turm. – S., dessen Keimzelle zur Zeit des Domesday Book als **Escafeld** Teil eines großen Rittergutes war, entwickelte sich im 12. Jh. bei einer Burg und einer Pfarrkirche. Die Medizinschule (gegr. 1828), das Firth College (gegr. 1879) und die Technikerschule (gegr. 1886) wurden 1897 zum University College (seit 1905 Univ.) zusammengeschlossen.

Sheldon [ˈʃeldən], **1)** Sidney, amerikan. Schriftsteller, * Chicago (Ill.) 11. 2. 1917; bekannt v. a. als Autor von Fernsehskripten, Filmdrehbüchern und Broadwayshows (›Annie get your gun‹); seit den 70er-Jahren auch durch spannende Unterhaltungsromane.

Werke: *Romane:* The other side of midnight (1974; dt. Jenseits von Mitternacht); If tomorrow comes (1985; dt. Kalte Glut); Windmills of the gods (1987; dt. Im Schatten der Götter); Memories of midnight (1990; dt. Schatten der Macht); The doomsday conspiracy (1991; dt. Die letzte Verschwörung); Morning, noon and night (1995; dt. Das Erbe).

2) William Herbert, amerikan. Arzt und Psychologe, * Warwick (R. I.) 19. 11. 1898, † Cambridge (Mass.) 16. 10. 1977; lehrte ab 1923 Psychologie an versch. Univ., ab 1936 an der Harvard University, wurde 1946 Direktor des Constitution Laboratory an der Columbia University. S. widmete sich bes. der Erforschung menschl. →Konstitutionstypen und ihrer Beziehung zu bestimmten Temperamentsformen. Er unterschied zw. ekto-, endo- und mesomorphem Typ. Endo- und ektomorpher Typ entsprechen physisch wie psychisch dem Pykniker bzw. Leptosomen, der mesomorphe Typ stellt eine ausgewogene Mittelform zw. den beiden dar.

Werke: The varieties of human physique (1940, mit S. S. Stevens u. W. B. Tucker); The varieties of temperament (1942, mit S. S. Stevens).

Shell [ʃel], →Royal Dutch/Shell-Gruppe.

Shell [ʃel; engl. ›Schale‹] *die, -/-s, Informatik:* 1) unter dem Betriebssystem →UNIX ein Programm (auch als Kommandointerpreter bezeichnet), das Benutzerkommandos liest, analysiert und ausführt; 2) ein leeres, d. h. nicht mit Fakten und Regeln eines bestimmten Fachgebiets gefülltes →Expertensystem.

Shelley [ˈʃeli], **1)** Mary Wollstonecraft, engl. Schriftstellerin, * London 30. 8. 1797, † ebd. 1. 2. 1851, Tochter von William und Mary Godwin, ab 1816 ⚭ mit P. B. Shelley, dessen Werke sie nach seinem Tod herausgab. Sie selbst verfasste Romane, Biographien und Erzählungen, oft in kontinentaler Szenerie mit histor. Hintergrund, mit Anklängen an Sciencefiction und mit den Mitteln des Schauerromans. Ihr bekanntestes Werk ist der Schauerroman ›Frankenstein, or The modern Prometheus‹ (3 Bde., 1818; dt. ›Frankenstein, oder der moderne Prometheus‹). ›The last man‹ (1806; dt. ›Verney, der letzte Mensch‹) ist eine bis ins Jahr 2100 reichende Antiutopie.

Weitere Werke: *Romane:* Valperga, 3 Bde. (1823); Lodore (1835). – *Reisebuch:* Rambles in Germany and Italy in 1840, 1842 and 1843 (1844).

Ausgaben: Collected tales and stories, hg. v. C. E. Robinson (1976); The journals 1814–1844, hg. v. P. R. Feldman u. D. Scott-Kilvert, 2 Bde. (1987); The novels and selected works, hg. v. N. Crook u. P. Clemit, 8 Bde. (1996).

A. K. Mellor: M. S. Her life, her fiction, her monsters (New York 1989); E. Sunstein: M. S. Romance and reality (Neuausg. Baltimore, Md., 1991).

2) Percy Bysshe, engl. Dichter, * Field Place (bei Horsham, Cty. West Sussex) 4. 8. 1792, † (bei einem Segelunfall) bei Viareggio 8. 7. 1822; entstammte einer begüterten Adelsfamilie, schrieb bereits während der Schulzeit in Eton (1804–10) u. a. Gedichte und einen Schauerroman. Die zus. mit Thomas Jefferson Hogg (* 1792, † 1862) verfasste Streitschrift ›The necessity of atheism‹ (1811) führte zur Relegation von der Universität Oxford. Kurz darauf brannte S. mit der Gastwirtstochter Harriet Westbrook durch und heiratete sie in Schottland, was zum endgültigen Bruch mit seiner Familie führte. Von Jugend an erfüllt von Abneigung gegen jede Art der Einengung des Individuums und auf der Suche nach einer besseren Welt der Freiheit und des spirituellen Einsseins mit der Natur, wurde S. zunächst beeinflusst von der anarchistisch-atheist. Philosophie W. Godwins, die in sein politisch-philosoph. Lehrgedicht ›Queen Mab‹ (1813; dt. ›Königin Mab‹, auch u. d. T. ›Feenkönigin‹), seine polit. Agitationsschriften (›An address to the Irish people‹, 1812), die Dichtung ›Alastor‹ (1816; dt.) sowie in das Epos ›Laon and Cythna‹ (1817, erw. Fassung 1818 u. d. T. ›The revolt of Islam‹; dt. ›Die Empörung des Islam‹) Eingang fand, das für geistige Schönheit und ein von Liebe gelenktes Gemeinwesen eintritt. Später fand S., ausgehend von Platons Ideenlehre, zu einem eigenen pantheist. Weltbild. – Nachdem S. seine Frau wegen Mary, der Tochter Godwins, verlassen hatte (bereits 1814 reisten sie u. a. in die Schweiz, wo sie mit G. G. Lord Byron zusammentrafen; Heirat 1816), übersiedelte er 1818 endgültig mit seiner Familie nach Italien. Dort entstand sein Hauptwerk, das lyrisch-philosoph. Drama ›Prometheus unbound‹ (1820; dt. ›Der entfesselte Prometheus‹), dessen Handlungsverlauf die Fabel des Aischylos unter dem utop. Thema der Befreiung der Menschheit durch Selbstvollendung mittels Hoffnung und Liebe umkehrt; in Italien schrieb er ferner polit. Protestgesänge (›The mask of anarchy‹, 1819, gedr. 1832; Nachdichtung von B. Brecht 1938 u. d. T. ›Maskenzug der Anarchie‹), die gewaltloses Aufbegehren gegen polit. Unterdrückung fordern; dort verfasste er auch die pantheist. Naturgedichte ›Ode to the west wind‹ und ›To a skylark‹ (beide 1820), die melodramat. Renaissancetragödie ›The Cenci‹ (1819; dt. ›Die Cenci‹) und die an P. Sidney anknüpfende dichtungstheoret. Abhandlung ›The defense of poetry‹ (hg. 1840) über die schöpfer. und erlösende Macht der dichter. Imagination. Die pastorale Elegie ›Adonais‹ (1821; dt.) auf den Tod von J. Keats verleiht S.s Glauben an die unsterblich in die kosm. Ganzheit eingehende menschl. Seele Ausdruck; ›Epipsychidion‹ (1821) ist ein autobiograph. Gedicht über die Suche nach der idealen Schönheit in Gestalt des Weiblichen. – Sein poetischphilosoph. Werk gehört zu den bedeutendsten Leistungen der engl. Romantik.

Ausgaben: Essays, letters from abroad, translations and fragments, hg. v. M. Shelley (1840); The complete works, hg. v. R. Ingpen u. a., 10 Bde. (1926–30, Nachdr. 1965); The letters, hg. v. F. L. Jones, 2 Bde. (1964); Posthumous poems, hg. v. I. Massey (Neuausg. 1969); Poetry and prose, hg. v. D. H. Reiman u. a. (1977); Poetical works, hg. v. T. Hutchinson (Neuausg. 1988); The prose works, hg. v. E. B. Murray, auf mehrere Bde. ber. (1993 ff.). – Dichtungen, hg. v. A. Wolfenstein (1922); Ausgew. Werke, hg. v. H. Höhne (1985).

N. I. White: S., 2 Bde. (New York 1940, Nachdr. ebd 1972); C. H. Baker: S.'s major poetry (London 1948, Nachdr. New York 1961); E. Blunden: S. (a. d. Engl., 1948); A. Maurois: Ariel oder das Leben S.s (a. d. Frz., Neuausg. Leipzig 1954); E. R. Wassermann: S. A critical reading (Baltimore, Md., 1971); J. Chernaik: The lyrics of S. (Cleveland, Oh., 1972); P. M. S. Dawson: The unacknowledged legislator. S. and politics (Oxford 1980); M. H. Scrivener: Radical S. The philosophical anarchism and utopian thought of P. B. S. (Princeton, N. J., 1982); R. Tetreault: The poetry of life. S. and literary form (Toronto 1987); M. O'Neill: P. B. S. (London 1989);

D. H. Reiman: P. B. S. (Neuausg. Boston, Mass., 1990); J. Wallace: S. and Greece (Basingstoke 1997).

Shelterdeck [ˈʃeltər-, engl.], das →Schutzdeck.

Sheltie [ˈʃelti] *der, -/-s,* **Shetland Sheepdog** [ˈʃetlənd ˈʃiːpdɔg], engl. Haushunderasse; langhaarig, meist dreifarbig (schwarz, rotbraun, weiß), einem kleinen Collie ähnlich. S. werden als Hütehunde eingesetzt. Schulterhöhe: 35,5 cm.

Sheltie (Schulterhöhe 35,5 cm)

Shenandoah National Park [ʃenənˈdəʊə ˈnæʃnl ˈpɑːk], Nationalpark in Virginia, USA, in der Blue Ridge am O-Rand des Shenandoah Valley (Teil des Großen Appalachentals), 789 km², eingerichtet 1935.

Shen Chou [ʃɛn dʒəʊ], chin. Maler, →Shen Zhou.

Shen Congwen [ʃɛn tsʊŋ-], **Shen Ts'ungwen,** chin. Schriftsteller, * Fenhuang (Prov. Hunan) 29. 11. 1903, † Peking 10. 5. 1988; aus einer der nichtchin. Minoritätengruppe der Tujia zugehörigen Offiziersfamilie stammend, besaß er in seiner Jugend als Mitgl. einer Milizeinheit enge Beziehungen zu einfachen Menschen in Süd- und Westchina. Sie wurden meist auch das Thema seiner seit 1926 erschienenen zahlr. Romane, Erzählungen und Essays, die in ihrem Sprachreichtum Einflüsse der klass. Literatur zeigen. Das Fehlen eindeutiger sozialkrit. Aussagen trug ihm nach der Gründung der VR China 1949 Kritik ein, weshalb er sich seither (auch nach seiner Rehabilitierung 1978) nur noch mit archäolog. Arbeiten beschäftigte.

Werk: Türme über der Stadt. Eine Autobiographie aus den ersten Jahren des chin. Rep. (1994; dt.).

Ausgaben: Erz. aus China, übers. v. U. Richter (1985); Grenzstadt, übers. v. ders. (1985).

Sheng [ʃɛŋ], chin. Bez. für →Mundorgel.

Shensi [ʃ-], Provinz in China, →Shaanxi.

Shenstone [ˈʃenstən], William, engl. Dichter, * Halesowen 13. 11. 1714, † ebd. 11. 2. 1763; studierte zus. mit S. Johnson, war befreundet mit vielen Dichtern seiner Zeit; schrieb v. a. pastorale Lyrik von z. T. vorromant. Schlichtheit. Bekannt wurde seine humorvolle autobiograph. Dichtung ›The schoolmistress‹ (1742). Er unterstützte R. Dodsley bei der Edition der ›Collection of poems by several hands‹ (6 Bde., 1748–70) sowie Bischof T. Percy bei der Herausgabe der ›Reliques of ancient English poetry‹ (3 Bde., 1765). Ab 1743 wandelte er sein Gut Leasowes in einen der ersten Landschaftsgärten um.

Ausgaben: Poetical works, hg. v. G. Filfillan (1854, Nachdr. 1968); The letters, hg. v. M. Williams (1939).

A. R. Humphreys: W. S. (Cambridge 1937, Nachdr. New York 1976).

Shen Ts'ung-wen [ʃɛn-], chin. Schriftsteller, →Shen Congwen.

Shenxi [ʃɛnçiː], Prov. in China, →Shaanxi.

Shenyang [ʃɛnjaŋ], **Schenjang,** früher **Shengking** [ʃ-], **Fengtien, Mukden,** Hauptstadt der Prov. Liaoning, im NO Chinas, im S der mandschur. Ebene, am rechten Ufer des Hun He (Nebenfluss des Liao He), (1993) 4,648 Mio. Ew. (Agglomeration 6,577 Mio. Ew.); bedeutendstes nordostchin. Wirtschafts-, Wissenschafts- und Kulturzentrum mit Liaoning-Univ., Nordostchin. TU, Hochschulen für Energie, Finanzen und Ökonomie, Medizin, Musik und Kunst, Nordostmuseum, Nordmausoleum sowie mehreren Bibliotheken und Theatern. Auf der Grundlage naher Kohle- und Erzvorkommen entwickelte sich seit Anfang des 20. Jh. unter jap. Einfluss eine vielseitige Industrie, die nach 1950 bedeutend ausgebaut wurde. Hauptindustriezweig ist der Maschinenbau (bes. Werkzeugmaschinen); daneben Lokomotiv-, Traktoren-, Waggon- und Flugzeugbau, Buntmetallerzverhüttung, elektrotechn. und elektron., chem. und pharmazeut., Nahrungsmittel-, Textil-, Leder-, Papier- und Glasindustrie; zweitgrößter (nach Peking) Bahnknotenpunkt Chinas, Flusshafen, Flughafen; U-Bahn im Aufbau. – Die Palastanlage (Gugong) ist der Verbotenen Stadt in Peking ähnlich (17. und 18. Jh.); zwei Palasthallen dienen heute z. T. als Museum. Im N der Stadt das Kaisergrab (Beiling), das für den Begründer der Qingdynastie, Abahai († 1643), angelegt wurde, eine axiale Anlage mit Ehrenpforten und von Tierskulpturen flankierter Allee, ›viereckiger Stadt‹, Turmbauten und Grabhügel; heute zu einem großen öffentl. Park mit Seen und Pavillons erweitert. – S. war Hauptstadt der Qingdynastie (Mandschukaiser), bevor diese das chin. Reich eroberte. Auch nach Verlegung der Regierungszentrale nach Peking (1644) behielt S., seit 1658 Prov.-Hauptstadt, große Bedeutung als kaiserl. Kaiserstadt. 1901–11 war es Sitz des Vizekönigs der mandschur. Provinzen. 1931 übernahmen die Japaner die Macht (bis 1945).

Shen Yanping [ʃɛn-], **Shen Yen-p'ing,** chin. Schriftsteller, →Mao Dun.

Shenyang: Tierskulptur an der Geisterallee der Kaisergrabanlage Beiling

Shenzhen [ʃɛndʒən], **Shumchun** [ʃumtʃun], Stadt und Verw.-Bez. 2 036 km², offiziell 0,94 Mio. Ew., geschätzt 2 Mio. Ew. (einschl. ländl. Migranten) in der Prov. Guangdong, S-China, an der Grenze zu Hongkong, an der Dapeng-Wan- und Lhujiang-Kou-Bucht des Südchin. Meeres. Die Stadt entwickelte sich ab 1980 aus einem Grenzort (1979: 23 000 Ew.) an der Bahnlinie Kanton–Hongkong zu einem modernen urbanen Zentrum der 1979 gegründeten 327,5 km² großen Sonderwirtschaftszone (identisch mit dem Stadtgebiet) für ausländ. Investoren mit Freihandelszonen und eigenem Hafen. Sehr bedeutend als Produktions-, Handels- und Dienstleistungszentrum in enger Kooperation mit und als verlängerte Werkbank von Hongkong, erbrachte 1994 rd. 12 % des Exports der Prov. Guangdong. 1995 wurde eine neue Industriezone (Stadtbezirk Longgang) für die Computer- und Softwareherstellung, für Telekommunikation und Mikroelektronik gegründet, um den Strukturwandel S.s von bisher einfacher verarbeitender Industrie zu einem Hightechstandort zu vollziehen. Aktienbörse

---

Shenyang

Hauptstadt der Prov. Liaoning, China

·

am rechten Ufer des Hun He

·

4,648 Mio. Ew.

·

wirtschaftliches und kulturelles Zentrum NO-Chinas

·

Park mit Kaisergrab Beiling

·

bis 1644 Hauptstadt der Qingdynastie

Shen Shen Zhou – Sheridan

Shen Zhou: Bei der Gartenarbeit; Ende des 15. Jh. (Kansas City, Mo., Nelson-Atkins Museum of Art)

(erste Chinas), Internat. Handelsgebäude (52 Stockwerke); Fremdenverkehr; Flughafen.

Shen Zhou [ʃɛn dʒoʊ], **Shen Chou,** chin. Dichter, Maler und Kalligraph, * Suzhou 1427, † ebd. 1509; entstammte einer Literatenfamilie und führte ein unabhängiges Gelehrtendasein. S. Z. gilt als ein Hauptmeister des Kreises der Literatenmaler von Suzhou (Wu-Schule). Sein Stil ist durch Vereinfachung und Schematisierung der Naturformen gekennzeichnet.

Shepard [ˈʃepəd], **1)** Sam, eigtl. **Samuel S. Rogers** [ˈrɔdʒəz], amerikan. Schriftsteller und Schauspieler, * Fort Sheridan (Ill.) 5. 11. 1943; gilt als einer der produktivsten und originellsten jüngeren amerikan. Dramatiker; auch Schauspieler (z. B. in den Filmen ›Der Stoff, aus dem die Helden sind‹, 1983; ›Homo faber‹, 1991; ›Die Akte‹, 1993; ›The Only Thrill‹, 1997). Seine experimentellen Theaterstücke greifen Elemente einer mythisierten amerikan. Vergangenheit, der das Bewusstsein steuernden Massenmedien sowie amerikan. Alltagskultur auf und verbinden sie zu einer fiktionalen Welt, deren Personen aufgrund moral. Orientierungslosigkeit und zerstörter menschl. Beziehungen unerfüllbaren und pervertierten Sehnsüchten, Gewalt und neurot. Zwängen ausgeliefert sind. Mit seinen Stücken ›Curse of the starving class‹ (1976; dt. ›Fluch der verhungernden Klasse‹), ›Buried child‹ (1979; dt. ›Vergrabenes Kind‹) und ›True West‹ (1981; dt. ›Goldener Westen‹) schuf S. eine Familientrilogie in der Tradition E. O'NEILLS; er verfasste auch Drehbücher (u. a. zu M. ANTONIONIS ›Zabriskie Point‹, 1965, und W. WENDERS' ›Paris, Texas‹, 1984), Erzählungen und Gedichte (›Hawk moon‹, 1973; dt. ›Habichtsmond‹).

Weitere Werke: *Theaterstücke:* Operation sidewinder (1970); Mad dog blues and other plays (1972); The unseen hand and other plays (1972); The tooth of crime (1974); Angel City and other plays (1976); Fool for love (1983; dt. Liebestoll); A lie of the mind (1986; dt. Lügengespinst). – *Erzählungen:* Cruising paradise (1996; dt. Spencer Tracy ist nicht tot). – *Berichte:* Rolling Thunder logbook (1977; dt. Das Rolling-Thunder-logbook. Mit Bob Dylan auf Tournee); Motel chronicles (1982; dt.).

L. HART: S. S.'s metaphysical stages (Westport, Conn., 1987); S. S. A casebook, hg. v. K. KING (New York 1988); U. ADOLPHS: Die Tyrannei der Bilder. S. S.s Dramen (1990).

2) Thomas, amerikan. prot. Theologe und Schriftsteller, * Towcester (bei Northampton, England) 5. 11. 1605, † Newton (heute zu Cambridge, Mass.) 25. 8. 1649; war ab 1627 puritan. Geistlicher. 1635 emigrierte S. nach Neuengland, wo er einer der maßgebl. Organisatoren des kirchl. Lebens war und die →Harvard University mitbegründete. S.s Schriften (›The sincere convert‹, 1640) und Predigten (›The parable of the ten virgins opened and applied‹, hg. 1660) sowie seine Autobiographie (zuletzt hg. 1972 u. d. T. ›God's plot ...‹) sind wichtige Quellen zur Geschichte der frühen nordamerikan. Theologie und der (von S. mit initiierten) Mission unter den Indianern.

Ausgabe: The works, hg. v. J. A. ALBRO, 3 Bde. (1853, Nachdr. 1967).

A. WHYTE: T. S. Pilgrim father and founder of Harvard (London 1909); PERRY MILLER: Errand into the wilderness (Neuausg. Cambridge, Mass., 1981).

Shepp [ʃep], Archie, eigtl. **Vernon S.,** amerikan. Tenorsaxophonist, * Fort Lauderdale (Fla.) 24. 5. 1937; einer der (auch politisch) engagierten Exponenten des schwarzen Freejazz. Spielte in den 60er-Jahren mit C. TAYLOR, J. COLTRANE sowie eigenen Gruppen (New York Contemporary Five). In den 70er-Jahren bewusste Rückwendung zu älteren Spielweisen des Jazz (Blues, Bebop), dabei Vermischung der Traditionen.

Sherardisieren [ʃ-; nach dem brit. Erfinder SHERARD O. COWPER-COLES, † 1936], Verfahren zum Verzinken von Werkstücken aus niedriglegiertem Stahl oder Gusseisen. Die thermochem. Behandlung erfolgt in einem Pulver aus Zinkoxid-Zink-Gemischen bei einer Temperatur von rd. 400 °C. Innerhalb einer Behandlungsdauer von 2 bis 3 h bilden sich im nahen Oberflächenbereich des Werkstücks bis zu 25 μm dicke Eisen-Zink-Legierungsschichten aus. Sherardisierte Oberflächen können als Haftgrund für Anstriche oder als Korrosionsschutz dienen.

Sheraton [ˈʃerətn], Thomas, engl. Kunstschreiner und Möbelzeichner, * Stockton-on-Tees 1751, † London 22. 10. 1806; veröffentlichte 1791–94 das zweibändige Vorlagenwerk ›The cabinet-maker and upholsterer's drawing-book‹ für Innendekorationen und Mobiliar. Seine Entwürfe feingliedriger, eleganter Möbel mit Einlegearbeiten und Malereien hatten großen Einfluss auf die Möbelherstellung Englands, N-Europas und Amerikas. Traditionelle religiöse Möbel sind nicht bekannt. Nach S. wurde der Stil des engl. Mobiliars Ende des 18. Jh. benannt.

F. L. HINCKLEY: Hepplewhite, S. and Regency furniture (New York 1987).

Sherbro [ʃ-], **Scherbro, Mampua,** Sudanvolk auf Sherbro Island und dem benachbarten Festland in Sierra Leone. Die etwa 130 000 S. sprechen eine →Westatlantische Klassensprache. Traditionelle religiöse Vorstellungen herrschen vor, 40 % der S. sind Anhänger des Islam. – Im 16. Jh. wurden von den S. Elfenbeinarbeiten für europ. Höfe (→afroportugiesische Elfenbeinkunst) hergestellt. Ihnen werden auch die zur Zeit der Königreiche Bullom und Temne (15. und 16. Jh.) entstandenen →Nomoli zugeschrieben.

Sherbro, S. Island [ʃ- ˈaɪlənd], Insel vor der Küste W-Afrikas, 51 km lang, 25 km breit; Reisanbau. Handels- und Hafenstadt ist Bonthe. – Gehört seit 1861 zu Sierra Leone.

Sherbrooke [ˈʃəːbrʊk], Stadt in der Prov. Quebec, Kanada, an der Rivière Saint-François, 160 km östl. von Montreal, 76 400 Ew. (94 % Frankokanadier); kath. Erzbischofssitz; kath. Univ. (gegr. 1954); Textil-, Nahrungsmittelindustrie, Maschinenbau.

Shergottite [ʃ-; nach dem Meteorit von Shergati, Indien], *Sg.* **Shergottit** *der, -s,* Steinmeteorite, die v. a. aus Pyroxen und Plagioklas (in isotropes Glas umgewandelt) bestehen und wahrscheinlich vom Mars stammen.

Sheridan [ˈʃerɪdən], **1)** Philip Henry, amerikan. General, * Albany (N. Y.) 6. 3. 1831, † Nonquitt (Mass.) 5. 8. 1888. Als Kavalleriekommandeur der

Sam Shepard

Thomas Sheraton: Beinformen für Wandtische, aus ›The cabinet-maker and upholsterer's drawing-book‹; 1791–94

Unionsarmee deckte er im Sezessionskrieg am Potomac River 1864 bei General U. GRANTS Vormarsch nach S die Flanken; als Befehlshaber der Unionsarmee im Shenandoah Valley (ab August 1864) besiegte er die Truppen der Konföderierten unter General JUBAL ANDERSON EARLY (* 1816, † 1894) und unternahm einen Verwüstungszug durch das Tal. Anfang 1865 schnitt er General R. LEES rückwärtige Verbindungen und im April bei Appomattox dessen letzte Rückzugsmöglichkeit ab. Nach der Kapitulation der Konföderierten 1865 kommandierte S. die Truppen an der mexikan. Grenze. Als Militärkommandant von Louisiana und Texas (ab März 1867) vertrat er einen scharfen Kurs der »Reconstruction«, weshalb ihn Präs. A. JOHNSON im September 1867 seines Postens enthob; führte danach ein Kommando gegen Indianer im W. 1870-71 war S. Beobachter bei den dt. Truppen in Frankreich. 1883 erhielt er (ab 1888 als General) den Oberbefehl über die Armee.

2) Richard Brinsley, engl. Dramatiker und Politiker irischer Herkunft, * Dublin 30. 10. 1751, † London 7. 7. 1816; erzogen in Harrow (1762-68), lebte in Bath und ab 1773 in London. 1775 hatte er mit der farcenhaften Satire auf die feine Gesellschaft des mondänen Kurorts Bath, ›The rivals‹ (dt. ›Die Nebenbuhler‹), einen ersten Erfolg. Er kaufte Anteile am Londoner Drury Lane Theatre und verfasste weitere Stücke, die an die Comedy of Manners der Restaurationszeit anknüpfen und ein Gegengewicht zum sentimentalen Lustspiel darstellen. Wegen der kunstvollen Handlungsführung und des witzig sprudelnden Dialogs gilt ›The school for scandal‹ (1777; dt. ›Die Lästerschule‹) als Meisterwerk der Gattung. Später wandte S. sich der Politik zu und war 1780-1812 Parlamentsabgeordneter (aufseiten der Whigs) sowie zeitweise polit. Berater des Prince of Wales und glänzte als polit. Redner.

Weitere Werke: *Komödien:* The critic (UA 1779, gedr. 1781; dt. Der Kritiker); St. Patrick's Day (UA 1775, gedr. 1788; dt. Der Sankt Patricks-Tag).

Ausgaben: Speeches, 3 Bde. (²1842, Nachdr. 1969); The letters, hg. v. C. J. L. PRICE, 3 Bde. (1966); The dramatic works, hg. v. DEMS., 2 Bde. (1973). – Dramat. Werke, 8 Bde. (1832).

M. BINGHAM: S. (London 1972); M. S. AUBURN: S.'s comedies (Lincoln, Nebr., 1977); J. D. DURANT: R. B. S. A reference guide (Boston, Mass., 1981); J. MORWOOD: The life and works of R. B. S. (Edinburgh 1985).

Sheriff [ʃerif; engl., von altengl. scīrgerēfa ›Grafschaftsvogt‹] *der, -s/-s,* in England urspr. hoher königl. Beamter mit richterl. und administrativen Funktionen, der im MA. den Earl verdrängte und höchster Richter und Verwaltungsbeamter einer Grafschaft wurde. Heute ist der S. in England und Nordirland Verwaltungsbeamter einer County sowie Exekutivorgan der hohen Gerichte; er treibt fällige Abgaben und Bußen ein, lädt die Geschworenen und ist für den sicheren Gewahrsam von Gefangenen verantwortlich; ferner ist er als Wahlkommissar für die Organisation der Unterhauswahlen in seinem Bezirk verantwortlich. In Schottland ist der S. Zivilrichter mit fest umschriebener Zuständigkeit. – In den USA ist der S. der oberste auf Zeit gewählte Vollzugsbeamte eines Verw.-Bez. (County) mit polizeil. und begrenzten richterl. Aufgaben.

Sherlock Holmes [ʃəːlɔk ˈhəumz], meisterhaft scharfsinniger Privatdetektiv in den Kurzgeschichten und Romanen von A. C. DOYLE.

Sherman [ʃəːmən], 1) Cindy, amerikan. Fotografin, * Glen Ridge (N. J.) 19. 1. 1954; befasst sich in ihren großformatigen Arbeiten, in denen sie selbst als Modell für die Großaufnahmen fungiert, mit Klischeevorstellungen über die Frau. In der Personalunion von Künstlerin und Modell inszeniert sie den männl. Blick und verfolgt seine fast unmerkl. Transformation vom Voyeur zum Dompteur. Seit Mitte der 80er-Jahre arbeitete sie mit drast. Verfremdungseffekten bis hin zu Horrorszenarien. In den frühen 90er-Jahren kehrte sie zur Porträtfotografie zurück, indem sie sich mit Bildnissen berühmter Maler auseinandersetzte.

C. S., hg. v. T. KELLEIN, Ausst.-Kat. (1991); C. S. 1975-93, Beitrr. v. R. KRAUSS u. N. BRYSON (a. d. Amerikan., 1993); C. S. Photoarbeiten 1975-1995, hg. v. Z. FELIX u. a., Ausst.-Kat. Deichtorhallen, Hamburg (1995).

2) John, amerikan. Politiker, * Lancaster (Oh.) 10. 5. 1823, † Washington (D. C.) 22. 10. 1900, Bruder von 3); Rechtsanwalt; als Whig 1855-61 im Repräsentantenhaus, als Republikaner 1861-77 und 1881-97 im Senat, 1877-81 Finanz-Min. S. spielte eine führende Rolle bei der Einrichtung des nat. Bankensystems (1863), bei der Reduzierung des im Sezessionskrieg wichtigstes Zahlungsmittel gewordenen Papiergeldes zugunsten des Hartgeldes und bei der Durchsetzung des Goldstandards. 1890 befürwortete er den **S. Antitrust Act,** einen ersten, noch sehr zögerl. Versuch gesetzl. Vorgehens gegen Monopolbildung und Beschränkungen des Wettbewerbs, und billigte den **S. Silver Purchase Act,** der die Reg. zum Ankauf von monatlich 4,5 Mio. Unzen Silber verpflichtete (scheiterte im November 1893 am Haushaltsdefizit). 1880, 1884 und 1888 bewarb sich S. vergeblich um die republikan. Präsidentschaftskandidatur. Ab 1897 Außen-Min., trat S. aus Protest gegen die Expansionspolitik Präs. W. MCKINLEYS im April 1898 zurück.

3) William Tecumseh, amerikan. General, * Lancaster (Oh.) 8. 2. 1820, † New York 14. 2. 1891, Bruder von 2); diente 1840-53 in der Armee, betätigte sich danach im Bankgeschäft, als Rechtsanwalt und als Lehrer an einer Militärakademie in Louisiana. Nach Ausbruch des Sezessionskrieges mithilfe seines Bruders JOHN im Mai 1861 zum Colonel der Unionsarmee ernannt, zeichnete sich S. auf dem westl. Schauplatz aus (Shiloh, Tenn., April 1862; Vicksburg, Miss., Mai-Juli 1863; Chattanooga, Tenn., November 1863) und wurde dort als Nachfolger General U. GRANTS im März 1864 Oberbefehlshaber. Auf seinem ›Marsch zur See‹ durch Georgia von Atlanta (2. 9. eingenommen, 15. 11. 1864 niedergebrannt) nach Savannah (Einnahme 21. 12. 1864) ließ er einen rd. 100 km breiten Streifen verwüsten, um der Südstaaten vom Nachschub abzuschneiden und den Kampfeswillen der Zivil-Bev. und der Konföderierten Armee zu brechen. Unter noch größerer Verwüstung des Landes wandte er sich dann nach N und nahm am 26. 4. 1865 bei Durham (N. C.) die Kapitulation der letzten Konföderierten Armee unter General JOSEPH EGGLESTON JOHNSTON (* 1807, † 1891) entgegen. 1869-84 war S. Oberkommandierender der amerikan. Armee.

Ausgaben: Memoirs (1875, Nachdr. 1957); The S. letters. Correspondence between General and Senator S. from 1837 to 1891, hg. v. R. S. THORNDIKE (1894, Nachdr. 1969).

L. LEWIS: S., fighting prophet (New York 1932, Nachdr. ebd. 1958); J. G. BARRETT: S.'s march through the Carolinas (Chapel Hill, N. C., 1956); T. H. WILLIAMS: McClellan, S. and Grant (New Brunswick, N. J., 1962); J. M. MERILL: W. T. S. (Chicago, Ill., 1971); J. T. GLATTHAAS: The march to the sea and beyond. S.'s troops in the Savannah and Carolina campaigns (New York 1985); C. ROYSTER: The destructive war. W. T. S., Stonewall Jackson, and the Americans (ebd. 1991).

Sherpa [ʃ-; tibet. sher-pa ›die aus dem Osten‹, d. h. O-Nepal], **Scherpa,** Bergbevölkerung mit tibet. Sprache im nördl. Grenzraum von Nepal, bes. im Mount-Everest-Gebiet des Himalaja, und in Katmandu; im 15. oder 16. Jh. aus Tibet eingewandert. Die etwa 90 000 S. leben v. a. als Bauern (Kartoffel- und Getreideanbau, Yakhaltung). Ihre festen Siedlungen liegen zw. 2 200 und 4 000 m, ihre Sommerbehausungen bis 5 200 m und ihre Weidegebiete bis über 6 000 m ü. M. Sie sind in etwa 20 Klane gegliedert. – Die S. praktizieren eine archaische Form des Lamaismus. Ihr Kult enthält, bes. in ihrer Kernlandschaft Solu, viele Riten der vorlamaist. Bon-Religion Tibets, z. B. Opferzere-

Richard B. Sheridan (nach einem Gemälde von Joshua Reynolds)

John Sherman

William T. Sherman

monien für Busch- und Fruchtbarkeitsgeister (Lu). An die Stelle des BUDDHA tritt bei den S. der tibet. Tantriker PADMASAMBHAVA. Eine das Geistesleben beherrschende Rolle spielt die Verehrung mütterl. Berggottheiten, bes. des Gaurisankar und des Mount Everest. In jüngerer Zeit wurden S. v. a. als Träger und Bergführer bei internat. Forschungs- und Bergsteigerexpeditionen bekannt. Manche Bergführer, wie TENZING NORGAY (* 1914, † 1986), sind jedoch keine echten S., sondern aus Tibet eingewanderte Khamba oder auch Angehörige von Mittelgebirgsstämmen (Tamang, Magar, Gurung, Rai).

F. W. FUNKE: Die S. u. ihre Nachbarvölker im Himalaya (1978); R. BAUMGARTNER: Trekking u. Entwicklung im Himalaya. Die Rolwaling-S. in Ost-Nepal im Dilemma zw. Tourismus u. Tradition (1980); M. MÜHLICH: Traditionelle Opposition. Individualität u. Weltbild der S. (1996).

Sherriff [ˈʃerɪf], Robert Cedric, engl. Schriftsteller, * Kingston upon Thames (heute zu London) 6. 6. 1896, † Esher (bei London) 13. 11. 1975; nahm am Ersten Weltkrieg teil und schrieb das international Aufsehen erregende realist. Antikriegsstück ›Journey's end‹ (1929, Romanfassung 1930, mit VERNON BARTLETT; beide dt. u. d. T. ›Die andere Seite‹); verfaßte danach weitere Dramen, Unterhaltungsromane, Drehbücher sowie eine Autobiographie (›No leading lady‹, 1968).

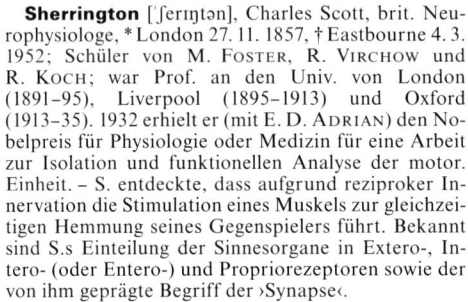

Sherrington [ˈʃerɪŋtən], Charles Scott, brit. Neurophysiologe, * London 27. 11. 1857, † Eastbourne 4. 3. 1952; Schüler von M. FOSTER, R. VIRCHOW und R. KOCH; war Prof. an den Univ. von London (1891–95), Liverpool (1895–1913) und Oxford (1913–35). 1932 erhielt er (mit E. D. ADRIAN) den Nobelpreis für Physiologie oder Medizin für eine Arbeit zur Isolation und funktionellen Analyse der motor. Einheit. – S. entdeckte, dass aufgrund reziproker Innervation die Stimulation eines Muskels zur gleichzeitigen Hemmung seines Gegenspielers führt. Bekannt sind S.s Einteilung der Sinnesorgane in Extero-, Intero- (oder Entero-) und Proprioreceptoren sowie der von ihm geprägte Begriff der ›Synapse‹.

Werk: The integrative action of the nervous system (1906).

Sherry [ʃ–, engl.], span. **Vino de Jerez** [- xeˈreð], **Jerez,** daher dt. auch **Jerezwein,** frz. **Xérès** [sɛˈrɛs], span. Likörwein (mit 15,5 bis 20 Vol.-% Alkohol) aus der Umgebung der Stadt Jerez de la Frontera, dessen durchgegorene Grundweine (v. a. aus Palominotrauben; 13 Vol.-% Alkohol aufgespritet (mit 96%igem Alkohol) und in etwa 500 l fassenden Fässern, die nur zu etwa drei Vierteln gefüllt sind, in großen ebenerdigen Hallen (Bodegas) über mehrere Jahre (mindestens drei) im Criadera-Solera-Verfahren zu einem der beiden Grundtypen, Fino (in Sanlúcar de Barrameda →Manzanilla) und Oloroso, oder einem der Untertypen verschnitten werden. Beim **Fino,** der nur auf 15,5 Vol.-% aufgespritet wird, entwickelt sich auf der Weinoberfläche (im Fass) der Flor aus heféähnl. Pilzen, der sich auf dem fertigen Grundwein gebildet hat, weiter; er schützt den Wein vor Sauerstoffkontakt (der Wein bleibt hell); der Flor zerfällt zweimal im Jahr, integriert sich mit dem Wein, und es bildet sich neuer Flor. Bildet sich ein dünnerer Flor, oxidiert der Wein etwas, es entsteht der **Amontillado** (für den Export meist leicht gesüßt). Für **Oloroso** wird Grundwein mit wenig oder fehlendem Flor ausgewählt; er wird bis zu 18 Vol.-% Alkohol aufgespritet, und es bildet sich daher auch kein neuer Flor, der Wein oxidiert und wird dadurch dunkler. Bildet sich im Laufe der Zeit doch ein dünner Flor, der die Entwicklung dämpft, entsteht **Palo Cortado.** Beide Grundtypen sind urspr. trockene Weine (Fino erscheint so in Großbritannien als **Pale Dry**), für den Export werden aber auch süße (und halbsüße: Medium dry) Typen hergestellt: **Cream S.** aus Oloroso durch Zusatz von süßen Weinen aus Pedro-Ximenez-Trauben (oder aus Mistella, süßem Most), **Pale Cream** aus Fino durch Zusatz von hellem Most.

Das **Criadera-Solera-Verfahren** besteht darin, dass von den meist in vier Reihen übereinander liegenden Fässern nur aus der untersten Reihe, der Solera, Wein zum Abfüllen in Flaschen oder Versandfässer entnommen wird (zweimal jährlich), und zwar maximal ein Drittel, und die Fässer dann mit Wein aus der jeweils darüber liegenden Reihe nachgefüllt werden (sowie z. T. mit weiteren Alkoholzugaben); der Wein der jüngsten Jahrgänge lagert also in der obersten Reihe. S. ist daher stets ein Verschnitt aus Weinen mehrerer Jahrgänge. Die jährl. Produktion liegt bei 1,4 Mio. hl, die zu 85 % exportiert werden (rd. 35 % nach Großbritannien, 28 % in die Niederlande, 20 % nach Dtl.). In den knapp 300 Bodegas (auf die größten 30 entfallen 70 % der Produktion) lagern weitere 4,5 Mio. hl in etwa 900 000 Fässern. – S. wird aus schmalen, hohen, sich nach oben verjüngenden S.-Gläsern (Copitas) getrunken. Aus Fässern wird der Wein bei feierl. Anlässen mittels der **Venencia,** einem kleinen Zylinder aus Silber oder Bambus an einer langen Gerte aus Walbein, durch den Venenciador in hohem Bogen in die Gläser gegossen.

F. P. FREUDENBERG: S. (1987); P. HILGARD: S. (1988).

Sher Shah [ʃɛr ʃaː], **S. S. Sur,** ind. Herrscher afghan. Herkunft, * um 1486, † Kalinjar (Madhya Pradesh) 22. 5. 1545; stieg vom kleinen Landadligen zum Herrn über N-Indien auf (1540 Vertreibung des Mogulherrschers HUMAYUN). Sein besonderes Verdienst war die Einrichtung einer zentralen Staatsverwaltung. Nach seinem Tod zerfiel sein Reich schnell und wurde von den Mogulen zurückgewonnen. BILD →Sasaram

's-Hertogenbosch [sɦɛrtoːxənˈbɔs], Stadt in den Niederlanden, →Herzogenbusch.

Sherwood [ˈʃəːwʊd], Robert Emmet, amerikan. Schriftsteller, * New Rochelle (N. Y.) 4. 4. 1896, † New York 14. 11. 1955; Studium an der Harvard University; wurde als Angehöriger der kanad. Armee im Ersten Weltkrieg verwundet. S. begann seine literar. Karriere als Literatur- und Filmkritiker sowie Herausgeber der Zeitschriften ›Life‹ (1924–28) und ›Scribner's‹ (1928–30). Seine frühen Theaterstücke spiegeln seine pazifist. Einstellung (›The road to Rome‹, 1927), doch wandelte sich diese unter dem Eindruck des europ. Faschismus in den 30er-Jahren zu einem krit. Engagement für die Alliierten; er verfasste neben Lustspielen aktuelle Problemstücke (›Idiot's delight‹, 1936; ›There shall be no night‹, 1940). 1939–45 war er Mitarbeiter des Verteidigungsministeriums und schrieb Reden für Präs. F. D. ROOSEVELT. Nach dem Krieg trat er v. a. als Drehbuchautor hervor (›The best years of our lives‹, 1946).

Weitere Werke: Dramen: The petrified forest (1935; dt. Der versteinerte Wald); Abe Lincoln in Illinois (1939). – Biographie: Roosevelt and Hopkins, an intimate history (1948; dt. Roosevelt u. Hopkins).

R. B. SHUMAN: R. E. S. (New York 1964); W. J. MESERVE: R. E. S. The reluctant moralist (ebd. 1970).

Sherwood Forest [ˈʃəːwʊd ˈfɔrɪst], Waldgebiet in der Cty. Nottinghamshire, Mittelengland, erstreckt sich von Nottingham rd. 30 km nach N; der Sage nach versteckte sich dort →ROBIN HOOD.

Shesha [ˈʃeːʃa], in der ind. Mythologie die Schlange, auf der die Welt ruht. S. ist König der Nagas (Schlangen); unter dem Namen Ananta ist S. Symbol für die Ewigkeit. BILD →hinduistische Kunst

Sheshashayin [ʃeʃaˈʃajin, Sanskrit], der hinduist. Gott Vishnu auf der Schlange Shesha, in den Urwassern ruhend. In Darstellungen seit dem 6. Jh. (Reliefs in Deogarh und Mahabalipuram) steigt aus seinem Nabel der auf einem Lotos sitzende Schöpfergott Brahma, zu seinen Füßen sitzt Lakshmi, begleitet von Garuda.

Shetland [ˈʃetlənd; engl., nach den Shetlandinseln] *der, -(s)/-s,* urspr. Gewebe und Gestricke aus den sehr weichen Wollsorten der Shetlandinseln, jetzt auch grobfädige und melierte Kostüm-, Sport- und Mantelstoffe aus Wollkammgarn oder -streichgarn, in Köper- oder Fantasiebindung gewebt, mit stark verfilztem Faserflor bei kaum noch erkennbarem Bindungsbild, sowie Gewirke und Gestricke (Pullover, Westen u. a.) aus den gleichen Materialien.

Shetland|inseln [ˈʃetlənd-], engl. **Shetland Islands** [ˈʃetlənd ˈaɪləndz], **Zetland** [ˈzetlənd], Gruppe der Brit. Inseln, nördlich von Schottland und den Orkneyinseln; die S. bilden das Verw.-Gebiet Shetland mit 1 438 km² Landfläche und 22 800 Ew.; von den rd. 100 Inseln sind nur 12 bewohnt. Größere Inseln sind Mainland (970 km²), die Hauptinsel, Yell, Unst, Fetlar, Bressay und Whalsay. Die aus Sandstein, Schiefer und Gneisen aufgebauten Inseln haben felsige, durch fjordartige Einschnitte gegliederte Küsten. Das ozean. Klima ist regen- und nebelreich, es ist durch den Einfluss des Nordatlant. Stroms milder, als nach der geograph. Breite (60° 25′ n. Br.) zu erwarten wäre. Häufige Stürme lassen Baumbewuchs nur in bes. geschützten Lagen zu. Ödland und Naturweiden bedecken 90 % der Bodenfläche. Auf Fair Isle gibt es eine Vogelwarte. Haupterwerbszweige sind Fischerei, Viehhaltung, Wollverarbeitung (Strick- und Tweedwaren). Auf Mainland befinden sich der Hauptort und Verw.-Sitz Lerwick (7 300 Ew.), der Versorgungsbasis für die Nordsee-Erdölwirtschaft ist, der Erdölhafen Sullom Voe (Endpunkt von Pipelines aus den Nordseefeldern) und der Flughafen Sumburgh.

J. R. Nicolson: Shetland (Newton Abbot ⁴1984); W. Schlick: Die Orkney- u. S. (1989).

Shetlandpony [ˈʃetlant-, engl. ˈʃetlənd-], **Shetty** [ˈʃeti], auf den Shetland- und Orkneyinseln gezüchtete Rasse etwa 65–107 cm schulterhoher, anspruchsloser, tief und gedrungen gebauter Ponys mit relativ großem Kopf, kleinen, spitzen Ohren, kräftigem Rücken und stämmigen Extremitäten; glattes, langes, im Winter sehr dichtes Haar in allen Farben (v. a. Rappen und Braune). Das S. dient als Kinderpony und als Zugtier, in den USA (**Amerikanisches S.;** mit verfeinertem Exterieur) auch als Traber. Es wurde in fast alle Staaten der Erde ausgeführt und dort akklimatisiert.

Shetlandpony (Schulterhöhe 65–107 cm)

Shetland Sheepdog [ˈʃetlənd ˈʃiːpdɔg, engl.], der →Sheltie.

Shewa [ˈʃəʊə], Gebiet in Äthiopien, →Schoa.

SHF [Abk. für engl. **s**uper **h**igh **f**requency ›sehr hohe Frequenz‹], der Frequenzbereich von 3 bis 30 GHz, entsprechend Wellenlängen zw. 10 und 1 cm (**Zentimeterwellen**). →elektromagnetische Wellen (Übersicht).

Shiatsu [ʃ-], Druckmassage als jap. Variation der chin. Akupressur, sowohl auf Punkten an Meridianen als auch auf sonstigen Schmerzpunkten mit Fingerkuppen, Knöcheln, manchmal auch mit Fingernagel und Ellbogen durchgeführte Massage mit statisch drückenden oder kreisenden Bewegungen; je Punkt 5–120 Sekunden. Eine Behandlung dauert etwa 30 Minuten. Ihre Wirkung wird von der Schulmedizin bezweifelt. Die Massagereize wirken über die Hautzonen auf das vegetative Nervensystem (z. B. gegen Schmerzen in den Bereichen Gesicht, Kopf, Nacken und Rücken).

Shiba [ʃ-], Ryōtarō, eigtl. **Fukuda Teiichi,** jap. Schriftsteller, * Ōsaka 7. 8. 1923, † Tokio 12. 2. 1996; arbeitete zunächst als Journalist, bevor er Zeitungsromane zu veröffentlichen begann. Im Mittelpunkt seiner Werke, denen detaillierte Recherchen zugrunde liegen, stehen histor. Figuren und Begebenheiten.

Werke (jap.): *Romane:* Von einem, der auszog, ein König zu gewinnen, 4 Bde. (1963–66); Wolken über einem Hügel, 6 Bde. (1969–72).

Shiba Inu [ʃ-; jap. ›kleiner Hund‹], jap. Haushunderasse mit leicht nach vorn geneigten, dreieckigen Ohren und harten Haaren (meist rötlich, schwärzlich oder weiß); guter Wach- und Jagdhund; Schulterhöhe 35–41 cm.

Shibarghan [ʃibarˈgaːn], **Schibarghan,** engl. **Sheberghan** [ʃibəˈgaːn], Stadt in N-Afghanistan, 330 m ü. M., am N-Fuß des Hindukusch, etwa 20 000 Ew.; Teppichknüpferei, Karakulschafzucht. Südöstlich von S. Erdgasfeld.

Shibata-Nadel [ʃ-, jap.], für Schallplattenquadrophonie entwickelte Schallplattenabtastnadel, mit einem den Rillenflanken angepassten biellipt. Schliff.

Shichi-fukujin [ʃitʃi fukudʒin], die jap. ›sieben Glücksgottheiten‹: →Ebisu, →Benten, →Bishamon, →Fukurokuju, →Hotei sowie Daikoku und Jurojin, die im Volksglauben fest verwurzelt sind und deren Verehrung Glück, Reichtum und langes Leben verheißt. Religionsgeschichtlich wurzeln die S.-f. in myth. Vorstellungen des chin. und ind. Kulturraums.

K. S. Ehrich: Shichifukujin (1991).

Shicoff [ˈʃaɪkɔf], Neil, amerikan. Sänger (Tenor), * New York 2. 6. 1949; debütierte 1975 am Kennedy Center in Washington (D. C.) und wurde 1976 an die Metropolitan Opera in New York berufen; auch Gast an den bedeutenden Opernbühnen Europas und bei Festspielen (Aix-en-Provence); gefeierter Sänger v. a. des frz. und ital. Opernrepertoires (u. a. als Werther in J. Massenets gleichnamiger Oper; als Hoffmann in J. Offenbachs ›Hoffmanns Erzählungen‹).

Shifting Cultivation [ˈʃɪftɪŋ kʌltɪˈveɪʃn], engl. ›sich verschiebender Feldbau‹, der →Wanderfeldbau.

Shift-Objektiv [ʃɪft-], →fotografische Objektive.

Shiga [ʃ-], Präfektur (Ken) in Japan, auf Honshū rings um den Biwasee, 4016 km², (1994) 1,27 Mio. Ew.; Hauptstadt ist Ōtsu.

Shiga [ʃ-], 1) Kiyoshi, jap. Bakteriologe, * Sendai 18. 12. 1870, † ebd. 25. 1. 1957; wurde 1919 Prof. an der Regierungs-Univ. in Seoul (Korea); entdeckte 1898 das zur Gruppe Shigella dysenteriae gehörende Shiga-Kruse-Bakterium, einen Erreger der Bakterienruhr (→Ruhr).

2) Naoya, jap. Schriftsteller, * Ishinomaki 20. 2. 1883, † Tokio 21. 10. 1971; Mitbegründer der Shirakaba-Gruppe (›Weiße Birke‹), die einen von L. N. Tolstoj inspirierten idealist. Humanismus vertrat. In seinen Werken verarbeitete er häufig autobiograph. Erfahrungen, u. a. die Beziehung zu seinem Vater. Aufgrund seines meisterhaften realist. Stils erhielt er den Beinamen ›Gott der Prosa‹.

Werke (jap.): *Erzählungen:* Aschfahler Mond (1946; dt.); In Kinosaki (1951; dt.). – *Roman:* Der Weg durch dunkle Nacht, 2 Bde. (1921–37).

Shigaraki-yaki [ʃ-], Töpferwaren aus dem jap. Dorf Shigaraki (Präfektur Shiga). Sie zeichnen sich aus durch ihren schweren, sandhaltigen Scherben mit rötlich brauner Unterglasur und grünlicher unregelmäßiger Überglasur, in der sich winzige Quarzstückchen befinden; tritt seit Beginn der Kamakurazeit (1192–1333) auf; wurde u. a. für die Teezeremonie verwendet. (Bild S. 148)

Shig Shigatse – Shikoku

Shigatse [ʃ-], **Schigatse,** amtlich chin. in lat. Buchstaben **Xigazê** [sjigadzə], Stadt im autonomen Gebiet Tibet, SW-China, 3600 m ü. M., im Tal des Tsangpo (Oberlauf des Brahmaputra), etwa 30000 Ew.; kleine Betriebe der Textil- und Lederindustrie. – Bei S. liegt das lamaist. Kloster Tashilumpo.

Shigaraki-yaki: Teebehälter; 16.Jh. (Privatbesitz)

Shigella [ʃ-; nach K. SHIGA], Gattung der Enterobakterien, gramnegative, kleine unbewegl. Stäbchen, die die Bakterienruhr (→Ruhr) hervorrufen.

Shigemasa [ʃ-], eigtl. **Kitao S.,** jap. Meister des Farbholzschnitts, *1739, †Edo (heute Tokio) 8. 3. 1820; arbeitete zuerst im Stil seines Mitschülers HARUNOBU. Mit SHUNSHŌ schuf er Entwürfe zu Buchillustrationen, z. B. die Kurtisanendarstellungen im ›Spiegel der Schönen aus den Freudenhäusern‹ (1776), aber auch Surimonos, Plakate und Kalenderblätter. Seine weibl. Figuren auf neutralem Grund sind durch schöne Kleidung, natürl. Anmut und schlängenartige Bewegungen gekennzeichnet.

Shigemitsu [ʃ-], Mamoru, jap. Politiker, *in der Präfektur Ōita 29. 7. 1887, †Kanagawa (bei Tokio) 26. 1. 1957; 1936–38 Botschafter in Moskau, 1938–41 in London, 1941–43 Sonderbotschafter bei der japanfreundl. Regierung in Nanking, 1945 Außen-Min., unterzeichnete am 2. 9. 1945 die jap. Kapitulation. Vom Internat. Militärgericht wurde er 1948 als Kriegsverbrecher verurteilt; 1950 entlassen. 1954–56 war er stellv. Min.-Präs. und erneut Außenminister.

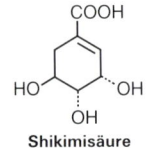

Shih-ch'i [ʃitʃi], chin. Maler, →Shiqi.

Shihchiachuang [ʃidʒja:ʒwaŋ], Stadt in China, →Shijiazhuang.

Shih-ching [ʃidʒiŋ], konfuzian. Lyriksammlung, →Shi-jing.

Shihezi [ʃ-], **Shihotzu** [ʃ-], Stadt im autonomen Gebiet Sinkiang, NW-China, nordwestlich von Ürümqi, am N-Rand des Tienschan, 543 000 Ew.; Verarbeitung landwirtschaftl. Produkte, Papierindustrie, Landmaschinenbau. – S. entstand in den 1950er-Jahren und hat einen Bev.-Anteil von 96% Hanchinesen, die überwiegend in staatl. Farmen arbeiten.

Shih-Tzu [ʃi-], aus Tibet stammender Zwerghund, bis über 25 cm schulterhoch, mit langen Hängeohren, Ringelrute und auffällig langer und dichter Behaarung in allen Farben.

Shiitakepilz [ʃ-, jap.], **Schiitakepilz, Pasaniapilz, Tricholompsis edodes,** den Ritterlingen nahe stehender, auf morschem Laubholz wachsender, mittelgroßer Pilz mit rötlich braunem, bis 10 cm breitem, oft dunkel beschupptem Hut; Stiel hellocker, mit dünnem, weißem Ring; Lamellen weiß bis hellocker, dicht gedrängt stehend, gegabelt; Fleisch weißlich und fest; begehrter Speisepilz, der seit über 2000 Jahren in Japan und China an Stämmen von Bambus und Hodoghi-Eichen (Quercus pasania) kultiviert wird.

Shikimisäure

Shiitakepilz (Hutbreite bis 10 cm)

Shijak, Stadt im Bez. Durrës, Mittelalbanien, am Erzen, 9800 Ew.; Leicht- und Nahrungsmittelindustrie, Landwirtschaftszentrum.

Shijiazhuang [ʃidʒja:ʒwaŋ], **Shihchiachuang, Schihkiachwang,** früher **Schihmenschi,** Hauptstadt der Prov. Hebei, N-China, am W-Rand der Großen Ebene vor der O-Abdachung des Taihang Shan, südlich des Hutuo He (Quellfluss des Ziya He, der in den Hai He mündet), (1993) 1,386 Mio. Ew. (1926: etwa 20000 Ew.); Zentrum der chin. Textilindustrie (Baumwollspinnereien, -webereien, Textildruckereien und -färbereien), daneben Werkzeugmaschinen- und Diesellokomotivenbau, Herstellung von Traktorenzubehör, chem., Tabak- und Glasindustrie; Verkehrsknotenpunkt, Flughafen.

Shi-jing [ʃidʒiŋ, ›Buch der Lieder‹], **Shih-ching,** älteste, im Konfuzianismus zu einem der ›Fünf Klassiker‹ erhobene Sammlung chin. Lyrik mit über 300 Volks-, Kunst- und Sakralliedern aus der 1. Hälfte des 1. Jt. v. Chr. Sie wurden schon früh moralisch-lehrhaft interpretiert und mit künstlich unterlegten Bedeutungen zitiert, um eigenen Argumenten Gewicht zu verleihen.

Ausgaben: Schi-king, übers. v. V. VON STRAUSS (1880); The book of odes, übers. v. B. KARLGREN (1950); Altchin. Hymnen, übers. v. P. WEBER-SCHÄFER (1967).

M. GRANET: Fêtes et chansons anciennes de la Chine (Paris 1919, Nachdr. ebd. 1982).

Shijōschule [ʃidʒo-], im unmittelbaren Anschluss an die Maruyamaschule (→japanische Kunst) gegründete jap. Malerschule des 18. und 19. Jh. in Kyōto.

Shikhara [ʃ-, Sanskrit] *der, -/-,* der Turm über der Cella (Garbhagriha) ind. Tempel; mythologisch gilt er als Weltberg Meru, der Erde und Himmel verbindet. Die äußere Form des S. im Nagarastil ist durch gegliederte vertikale Risalite und durch den breiten Deckstein (Amalaka) mit aufgesetztem steinernem Kalasha gekennzeichnet (Tempel von Khajuraho, Bhubaneswar u. a.). S. im Dravidastil türmen sich pyramidenartig in mehreren, mit Miniaturtempeln versehenen Geschossen und werden von einem oktogonalen Schlussstein bedeckt (Rathas von Mahabalipuram, Tempel von Kanchipuram u. a.).

Shikimibaum [ʃ-, jap.], Art der Gattung →Sternanis.

Shikimisäure [ʃ-], **Schikimisäure,** in Pflanzen (u. a. in den Früchten des Japan. Sternanis, in Fichten- und Kiefernadeln sowie Ginkgoblättern) weit verbreitet vorkommende Carbonsäure (chemisch die 3,4,5-Trihydroxy-1-cyclohexencarbonsäure); sie ist ein wichtiges Zwischenprodukt in der Biosynthese der für den Menschen essenziellen aromat. Aminosäuren Phenylalanin, Tyrosin und Tryptophan bei Pflanzen und Mikroorganismen.

Shikishi [ʃikiʃi, jap.], getöntes Papier (meist 17 × 20 cm) mit dekorativ bemaltem Untergrund für Gedichtniederschriften; bereits im 11./12. Jh. als Briefpapier beliebt, wurde es im 17. Jh. durch den Kalligraphen KŌETSU neu entdeckt. S. waren in Gold und Silber bemalt. Zeichnung, Kalligraphie und Dichtung sollten eine Einheit bilden.

Shikoku [ʃ-; jap. ›Vierlande‹], die kleinste der vier Hauptinseln Japans, 18 780 km²; verwaltungsmäßig untergliedert in die Präfekturen Ehime, Kagawa, Kōchi und Tokushima, zus. (einschließlich Nebeninseln) 18 782 km² und (1994) 4,177 Mio. Ew. Die Bev. konzentriert sich an den Küsten der größtenteils gebirgigen Insel (bis 1982 m ü. M.). Die durchschnittl. Jahrestemperatur beträgt in Takamatsu (an der N-Küste) 15,2 °C und in Kōchi (an der S-Küste) 16,3 °C, die durchschnittl. Jahresniederschlagsmenge 1 199 mm (Takamatsu) bzw. 2 666 mm (Kōchi); regenreichster Monat ist der August. In den Küstenebenen werden v. a. Reis und Obst angebaut sowie Viehzucht betrieben. Eine Erwerbsgrundlage ist auch die Fischerei. Größte Städte und Zentren der Industrie (Maschinenbau, Herstellung von Metallwaren, Nahrungsmitteln, Chemikalien und Chemiefasern) sind Matsuyama, Takamatsu, Kōchi, Tokushima, Niihama und Imabari. Zur weiteren wirtschaftl. Entwicklung der Insel sollen drei Brückenverbindungen zur Insel Honshū beitragen. Davon ist bereits 1988 die Seto-Ohashi-Brücke für den Auto- und Eisenbahnverkehr (9,4 km lang, zweistöckig) zw. Honshū (Kojima) und S. (Sakaide) freigegeben; sie führt über Inseln der Inlandsee und besteht aus insgesamt sechs Brückenbauwerken, davon drei Hängebrücken (darunter die Minami-Biso-Seto-Brücke mit 1 723 m Spannweite). Einer zweiten Querung dient die Akashi-Kaikyo-Brücke (Spannweite 1990 m; 1998 fertig gestellt) vor Kōbe (Honshū) zur Awaji-Insel im O der Inlandsee (von dort bereits seit 1985 1629 m lange Hängebrücke nach S. (Naruto).

Shikotan [ʃ-], russ. **Schikotan, Šikotan** [ʃi-], Insel im Pazifik, östlich der Kurileninsel Kunaschir (Kunashiri), 255 km^2, bis 412 m ü. M.; wie die Habomai-Inseln nicht vulkan. Ursprungs. Die Vegetation bilden Laubwälder (Lärche, Eiche, Ahorn), in den höchsten Teilen Bambus und Wacholder, an der Küste Wiesen. Wirtschaftsgrundlage der Bewohner ist der Fisch- und Meerestierfang. – S. ist von Russland seit 1945 besetzt, Japan fordert die Rückgabe (→Kurilen).

Shikotsu-Tōya-Nationalpark [ʃ-], Nationalpark im SW der Insel Hokkaidō, Japan, 987 km^2; umfasst eine Vulkanlandschaft mit Kraterseen Shikotsu- (77 km^2) und Tōyasee (69 km^2) sowie Thermalquellen; eingerichtet 1949.

Shilh [ʃɪl], **Schlöh, Schluh,** frz. **Chleuh** [ʃlø], Volksgruppe der Berber in Marokko. Die S. stammen von der alten marokkan. Berbergruppe der Masmuda ab und sprechen den Dialekt Taschilhait. Die über 2 Mio. S. leben in festen Siedlungen (Stampflehmhäuser, Kasbas, Speicherburgen) im zentralen Marokko (westl. Hoher Atlas bis zur Atlantikküste, Antiatlas, Djebel Siroua, Täler des Draa und des Dadès) und betreiben Ackerbau (v. a. Getreideanbau, häufig auf bewässerten Hangterrassen); sie sind in viele Stämme gegliedert, die größten sind die der Glaoua, Goundafa und M'tougoui. Sie sind sunnit. Muslime.

Shilling [ʃ-] *der, -s/-s* und - (in Verbindung mit Zahlen), früheres engl. bzw. brit. Münznominal, das urspr. nur eine Rechnungseinheit war (→Schilling), 1 S. = 12 Pence, 20 S. = 1 Pound. Ausgeprägt wurde der S. als Silbermünze erstmals unter König EDUARD VI. Durch die Einführung des dezimalen Währungsaufbaus in Großbritannien (1971) wurde der S. abgeschafft, letztes Prägejahr war 1966.

Shillong [ˈʃilɔŋ], Hauptstadt des Bundesstaates Meghalaya, NO-Indien, 1 500 m ü. M., in den Khasibergen, 131 700 Ew.; kath. Erzbischofssitz; Univ. (gegr. 1973), Pasteur-Inst., seismolog. Observatorium, Zentralmuseum von Meghalaya, botan. Garten; pharmazeut., Nahrungsmittelindustrie; Höhenkurort.

Shillongplateau [ˈʃilɔŋplato], Hochland in NO-Indien, nimmt große Teile des Bundesstaates Meghalaya ein, höchste Erhebung ist der Shillong Peak (1 961 m ü. M.) in den Khasibergen. Geologisch gehört das S. zum Dekhan, obwohl es durch die Stromebenen von Brahmaputra und Ganges von diesem getrennt ist. Abgebaut wird Kohle. Wichtige Erzeugnisse der Landwirtschaft sind Kartoffeln und Apfelsinen. Das weithin bewaldete S. ist Wohngebiet der Khasi, Sinteng (Jaintia) und Garo.

Shilluk [ˈʃ-], **Schilluk,** Volk der Niloten am Nilbogen um Malakal und Kodok, Rep. Sudan. Die etwa 350 000 S. betreiben Ackerbau und Viehhaltung. Ihr

Shikoku: Seto-Ohashi-Brücke zwischen Honshū und Shikoku; Länge 9,4 km, eröffnet 1988

sakrales Königtum (früher mit rituellem Königsmord; →König) hat sich bis in jüngste Zeit erhalten; der Priesterkönig (›Reth‹) gilt als Inkarnation von Nyikang (Nationalheros, Urvater). Ihre Sprache, das **Shilluk,** ist eine westnilot. Sprache (→nilotische Sprachen), eine Tonsprache mit vier Tonklassen für Verben und Nomina.

D. WESTERMANN: The S. people, their language and folklore (Berlin 1912, Nachdr. Nendeln 1974); DERS.: A short grammar of the S. language (ebd. 1912, Nachdr. ebd. 1974); B. KOHNEN: S. grammar, with a little English–S. dictionary (Verona 1933).

Shimabara [ʃ-], Hafenstadt in der Präfektur Nagasaki, Japan, im W von Kyūshū, an der O-Küste der **S.-Halbinsel** zw. Nagasaki und Kumamoto, 46 000 Ew. Nur 8 km von S. entfernt liegt der Vulkan →Unzen (zuletzt 1990, 1991, 1992 und 1993 aktiv). – Die Burg wurde im Christenaufstand zerstört; im 1964 rekonstruierten Turm Museum. Gut erhaltene Samuraiquartiere mit einigen Museumshäusern. – S. war Schauplatz der letzten christl. Erhebung (1637/38) gegen die Verfolgungen während des Tokugawashogunats. Der Aufstand, den keiner der etwa 20 000 Rebellierenden überlebte, trug zur Verschärfung der fremden- und christenfeindl. Politik bei, die in der Abschließung des Landes seit 1640/41 gipfelte.

Shimane [ʃ-], Präfektur (Ken) in Japan, auf Honshū, nördlich von Hiroshima, 6 629 km^2, (1994) 770 000 Ew.; Hauptstadt ist Matsue.

Shimazaki [ʃimazaki], Tōson, eigtl. **S. Haruki,** jap. Schriftsteller, *Kamisaka (Präfektur Nagano) 17. 2. 1872, † Tokio 22. 8. 1943; in seinem Werk spiegeln sich die Entwicklungsepochen der zeitgenöss. jap. Literatur: in seiner Lyrik die Romantik und in seinen Romanen der Naturalismus (shizenshugi), bei dem der Schilderung autobiograph. Erfahrungen eine zentrale Rolle zukommt. In ›Ausgestoßen‹ (1906; dt.) gestaltete er die Problematik der auf der untersten (geächteten) sozialen Stufe stehenden Schicht, der Burakumin.

Shim Shimba Hills – Shinn

Weitere Werke (jap.): *Lyrik:* Junges Grün (1897). – *Romane* (jeweils in Fortsetzungen erschienen): Frühling (1908); Die Familie (1910–11); Vor Tagesanbruch (1929–35).

Shimba Hills [ˈʃ-], hügelige Landschaft mit weiten Grasflächen in SO-Kenia, südlich von Mombasa, 350–400 m ü. M.; teilweise Tierreservat (100 km^2) mit Elefanten, Rappen- und Pferdeantilopen.

Shimizu [ʃimizu], Stadt in der Präfektur Shizuoka, Japan, auf Honshū, an der Surugabucht, 240 200 Ew.; Maschinenbau, Elektro-, Metallwaren-, chem. und Fisch verarbeitende Industrie; Hafen.

Shimmy [ˈʃimɪ; amerikan., eigtl. ›Hemdchen‹] *der*, -s/-s, beliebter, aus Amerika stammender Gesellschaftstanz der 1920er-Jahre im schnellen Zweiertakt; ist musikalisch dem Foxtrott verwandt und u. a. vom Ragtime beeinflusst. Seinen Namen erhielt er nach den Schüttelbewegungen, bes. der Schultern, der Tänzer.

Shimonoseki [ʃ-], Stadt in der Präfektur Yamaguchi, Japan, am W-Ende der Insel Honshū, durch die **Kammonmeerenge** (auch **Straße von S.** genannt; geringste Breite 545 m) von der Insel Kyūshū getrennt, 259 800 Ew.; Schiffbau, Fischverarbeitung, Metallwarenindustrie; Hafen, Fährverbindung mit Pusan (Süd-Korea). Mit Kitakyūshū auf Kyūshū ist S. durch zwei untermeer. Eisenbahntunnel und einen Straßentunnel (→Kammontunnel) sowie eine Straßenbrücke (1973 fertig gestellt) verbunden. – In der Bucht bei S. (vor Dannoura) schlugen in einer Seeschlacht 1185 die Truppen der Minamoto die der Taira vernichtend; damit endete der Bürgerkrieg (Gempeikrieg, →Japan, Geschichte). 1864 wurde S. von einer alliierten Flotte (USA, Großbritannien, Niederlande, Frankreich) als Vergeltung für Beschießungen frz., niederländ. und brit. Schiffe in der Meerenge von S. (1863) durch Küstenbatterien des Daimyōs von Chōsu angegriffen. Am 17. 4. 1895 beendete der Vertrag von S. den 1. Chinesisch-Jap. Krieg.

Shimose [ʃiˈmose], Pedro, bolivian. Lyriker, * Riberalto (Dep. Beni) 30. 3. 1940; Sohn jap. Einwanderer, lebt im Exil in Spanien. Nach individualistisch-religiös orientierten Anfängen wandelte sich seine Lyrik mit ›Poemas para un pueblo‹ (1968) zum Medium von Machtkritik, sozialer Anklage und Reflexion über das Exil.

Weitere Werke: *Lyrik:* Triludio en el exilio (1961); Sardonia (1967); Quiero escribir, pero me sale espuma (1972); Caducidad del fuego (1975); Reflexiones maquiavélicas (1980); Bolero de caballería (1985; dt. Bolero der Chevalerie).

Shinanο [ʃ-] *der*, längster Fluss Japans, auf Honshū; 367 km lang, entspringt als Chikuma-gawa am Fuß des Kobushi, an der Mündung ins Jap. Meer liegt Niigata.

Shindenstil [ʃ-], jap. **Shinden-zukuri** [-zu-], typ. Bauform jap. Adelspaläste der Heianzeit (9.–12. Jh.): In einem Garten sind einzelne Hallen (versch. Größe; auf niedrigen Pfählen), die von offenen Verandagängen unter den vorspringenden Dächern umgeben sind, mit überdeckten Galerien untereinander verbunden und symmetrisch um einen Teich angelegt. Das Hauptgebäude war nach S gerichtet. Einziges erhaltenes Beispiel ist die Phönixhalle des Byōdōin in Uji bei Kyōto (1053; BILD →japanische Kunst); sonst ist der S. nur aus Querrollen bekannt.

Shindō [ʃ-], Kaneto, jap. Filmregisseur, * Hiroshima 22. (28.?) 4. 1912; Drehbuchautor, ab 1951 Regisseur; stellte das harte Leben der Bauern dar. In seinen Filmen finden sich tiefer Ernst, Sentimentalität, Gewalt und Sensation.

Filme: Die Kinder von Hiroshima (1952); Die nackte Insel (1960); Onibaba – Die Töterinnen (1965); Das Leben des Chikuzan (1977).

Shingaku [ʃ-; jap. ›Lehre vom Herzen‹], jap. philosophische Schule, begründet in der Tokugawazeit von ISHIDA BAIGAN (* 1685, † 1744), vertritt einen Synkretismus von Shintō, Konfuzianismus, Buddhismus und Taoismus. Ihr Ziel war, Volkserziehung und -aufklärung zu betreiben; sie versuchte daher, ihre Moralphilosophie durch leicht verständl. Lehrschriften und -vorträge sowie Übungen zu vermitteln.

H. HAMMITZSCH: S. Eine Bewegung der Volksaufklärung u. Volkserziehung in der Tokugawazeit, in: Monumenta Nipponica, Jg. 4 (Tokio 1941).

Shingle-Style [ˈʃɪŋglstaɪl; engl. ›Schindelstil‹] *der*, -, amerikan. Landhausstil (um 1870–90), dessen Bauten mit Holzschindeln oder Flachziegeln verkleidet sind. Charakteristisch ist auch, dass die Innenräume zueinander oder auch nach außen geöffnet sind. Häuser im S.-S. errichteten u. a. H. H. RICHARDSON und McKim, Mead & White.

Shingon-Schule [ʃ-; jap. ›Schule des wahren Wortes‹], buddhist. Schulrichtung in Japan, begr. 816 von →KŪKAI, der die Lehren und Praktiken des esoter. Buddhismus (exklusive Weitergabe der Lehre in der Lehrer-Schüler-Sukzession) in Japan verbreitete. (→Vajrayana)

Shinkansen [ʃ-; jap. ›neue Strecke‹], jap. Eisenbahnstrecke für hohe Geschwindigkeit, gebaut mit europ. Normalspur (im Ggs. zur landesübl. Kapspur, →Eisenbahn); Geschwindigkeit anfangs 210 km/h, heute bis 300 km/h.

Shinkokinshū [ʃinkɔkinʃu; jap. ›neue Sammlung jap. Gedichte von einst und jetzt‹], **Shinkokinwakashū** [-ʃu], die achte von 21 offiziellen Anthologien Altjapans, die 1205 von einer Dichtergruppe (u. a. mit FUJIWARA NO SADAIE) kompiliert wurde; sie enthält rd. 1980 nach Art des →Kokinshū thematisch geordnete →Tanka. Es überwiegt die zeitgenöss. Dichtung, die Ausdruck der dichter. Ideale der jap. Literatur höfisch-aristokrat. Tradition ist.

Ausgabe: Shinkokinwakashū, hg. u. übers. v. H. HAMMITZSCH u. a. (1964).

R. H. BROWER u. E. MINER: Japanese court poetry (London 1962); The Shin Kokinshū, hg. v. H. H. HONDA (Tokio 1970).

Shinkō-shūkyō [ʃinko:ʃu:kjo:; jap. ›neu aufgekommene Religionen‹], heute bevorzugt **Shin-shūkyō** [jap. ›neue Religionen‹], vorwiegend religiöse, stark diesseitsorientierten Bewegungen, die seit dem 19. Jh. in Japan um die Person eines charismat. Gründers und dessen Lehren entstanden sind. (→japanische Religionen)

Shinn [ʃin], Everett, amerikan. Maler, * Woodstown (N. J.) 6. 11. 1876, † New York 2. 1. 1953; gehörte zur Ashcan School; schuf sozialkrit. Darstellungen.

Shinkansen

Eröffnung	Strecke	Länge in km	Linie
1. 10. 1964	Tokio–Ōsaka	552,6	Tōkaidō
15. 3. 1972	Ōsaka–Okayama	180,3	Sanyō
10. 3. 1975	Okayama–Hakata (auf Kyūshū)	447,4	Sanyō
23. 6. 1982	Ōmiya–Fukushima–Morioka	505,0	Tōhoku
15. 11. 1982	Ōmiya–Niigata	303,6	Jōetsu
14. 3. 1985	Ōmiya–Ueno	26,7	–
20. 6. 1991	Ueno–Tokio Central	3,6	–
1. 7. 1992	Fukushima–Yamagata	87,1	–*)
22. 3. 1997	Morioka–Akita	127,3	–*)
1. 10. 1997	Takasaki–Nagano	117,4	Hokuriku (Nagano)

*) durch Umbau bestehender Strecken von Kap- auf Normalspur entstandene Tōhoku-Zweiglinien

Shims [ʃimz, engl.], kleine Bleche oder bes. geformte Stücke aus magnet. Material zur Beeinflussung des magnet. Feldes am Rande der Polschuhe (Randfeld) von Magneten zur Ablenkung oder Fokussierung von Teilchenstrahlen (z. B. Elektronen- oder Protonenstrahlen).

Shino-yaki [ʃ-] *das, -(s),* jap. Keramik aus Ogaya, Prov. Mino (heute Präfektur Gifu), seit Mitte des 16. Jh. v. a. für die Teezeremonie hergestellt; mit grobkörnigem, sandfarbenem, im Brand rötlich verfärbtem Scherben und opakweißer Feldspatglasur. **E-shino** (›Bild‹-Shino) hat Unterglasurmalerei mit einfachsten Strichzeichnungen (Berge, Zaun) in rotem oder braunschwarzem Eisenpigment oberhalb einer mit dem Spachtel gezogenen Hüftlinie, die oft als Bergweg (yamamichi) bezeichnet wird. **Nezumi-shino** (›graues‹ Shino) weist einen ausgeprägteren, in dunklen Anguss eingeschnittenen, weißen Dekor unter der Glasur auf.

Shino-yaki: Nezumi-shino, Keramikplatte; 17. Jh. (Privatbesitz)

Shinran Shōnin [ʃinran ʃo:nin], buddhist. Mönch in Japan, *1173, †1262; studierte zunächst an der Tendai-Schule, schloss sich jedoch später dem Schülerkreis um HŌNEN SHŌNIN (*1133, †1212) an. Mit seiner 1224 in seinem Hauptwerk niedergelegten Aussage (die er als Zusammenfassung der Lehre HŌNEN SHŌNINS verstand), nach der allein das gläubige Vertrauen auf den Buddha →Amitabha, nicht jedoch das Bemühen aufgrund eigener Kraft zur Erlösung führt, wurde S. S. zum Begründer der buddhist. Schule →Jōdoshinshū.
A. BLOOM: The life of S. S. (Leiden 1968).

Shintō [ʃ-, sinojap.] *der, -,* **Shintoismus, Schintoismus, Kami no michi** [-mitʃi; jap. ›Weg der Kami (Gottheiten)‹], die Gesamtheit der ursprüngl., wesentlich aus dem bewussten Erleben der Natur hervorgegangenen religiösen Vorstellungen der Japaner. Der S. bildet die autochthone Religion Japans und ist durch die Verehrung der Natur, der Ahnen und der den Klanen gemeinsamen Klan-Gottheiten (Ujigami) gekennzeichnet; dabei werden einzelne (besonders eindrucksvolle) Naturerscheinungen als Wohnsitze bestimmter Götter angesehen und die Ahnen als allzeit existent und in ihren Gemeinschaften (Familie, Klan) weiterlebend verehrt. Natur, Ahnen und Göttern kommt der (numinose) Charakter des **Kami** zu, d. h. positiv stimulierenden, schöpferischen Energien des Lebens. Die Zahl der Kami ist außerordentlich groß. Als Schöpfer des Meeres, der Gebirge und Pflanzen sowie auch Japans gelten der Gott Isanagi und die Göttin Isanami. Isanagi übergab die Herrschaft über den Himmel der Sonnengöttin Amaterasu, diejenige über die Nacht dem Mondgott Tsukijomi; zum Herrn des Meeres bestimmte er den Sturmgott Susano-ō. Aus dem Streit dieser Gottheiten ging Amaterasu siegreich hervor. Sie ernannte ihren Enkel Ninigi zum Herrscher über Japan. Er gilt als göttl. Ahnherr der bis heute herrschenden Dynastie. Ihr jeweiliges Oberhaupt ist der →Tenno (›Himmelsherrscher‹). – Allgemein lassen sich drei Arten des S. unterscheiden: der *Schrein-S.* als offizielle Verehrung der Kami an Schreinen, der *Sekten-S.* seit dem 19. Jh. (→Shintō-Sekten), dessen Mitgl. sich i. d. R. in Kirchen versammeln, und der auf religiöse Reinigungs- u. a. Bräuche und die Verehrung von Haus- und Feldgottheiten gestützte *Volks-S.* Der schlichte, betont ästhet. Kult des S. (Matsuri) besteht vornehmlich aus der Darbringung von Zweigen des Kirschbaumes und in Speiseopfern sowie rituellen Gebeten (→Norito) und einer Reihe von Festen. Die Priester (Kannushi) sind verheiratet; oft vererben sie ihr Amt. Ihre Sakralkleidung besteht aus weißem Gewand und schwarzer Mütze.

Nicht im Sinne eines theolog. Systems, sondern in Form von Werten, Verhaltens- und Denkmustern hat der S. das jap. Volk prägend beeinflusst. Viele Japaner praktizieren sowohl den S. als auch den buddhist. Glauben. Die Ethik fordert Pflichttreue, Ehrlichkeit, Selbstbeherrschung; sie ist zusammengefasst im Ideal des Magokoro (›lauteres Herz‹), d. h. einer reinen, aufrichtigen und humanen Gesinnung, und findet ihren Ausdruck bes. im →Bushidō.

Geschichte: Quellen für den alten S. sind die Berichte der ältesten Annalenwerke →Kojiki, →Nihongi und die →Fudoki seit dem 8. Jh. In seiner Geschichte erlebte der S. manche Wandlung. So gewannen mit der Übernahme des Konfuzianismus gewisse Idealvorstellungen des Tennotums festere Gestalt, hiermit verbunden war wohl auch die Übernahme des chin. Begriffs Shendao (jap. Shintō) im 6. Jh. zur Unterscheidung von dem in Japan eingeführten Buddhismus (Butsudo ›Weg des Buddha‹). Nach dem Eindringen des Buddhismus entstand im Verlauf des 8. und 9. Jh. der →Ryōbu-shintō, der die S.-Gottheiten als Erscheinungsformen buddhist. Gottheiten in Japan ansah. Im 13. Jh. suchte YOSHIDA KANETOMO mit seinem Yuiitsu-shintō (›alleiniger S.‹) den S. wieder von buddhist. Elementen zu reinigen; auf dieser Grundlage konnte die Rückbesinnung der Kokugaku-Gelehrten des 18. Jh. aufbauen. In der Folge wurde 1868 der S. zum Staatskult erhoben (Kokka- oder Jinja-S.), neben dem die versch. S.-Sekten als rein religiöse Institutionen bestehen blieben. Nach dem Zweiten Weltkrieg wurde auf alliierten Befehl vom 15. 12. 1945 der S. als Staatskult (v. a. wegen totalitär-chauvinist. Gedanken, die mit ihm verbunden worden waren) und damit auch seine Förderung durch den jap. Staat verboten.

W. G. ASTON: S., the way of the gods (London 1905); D. C. HOLTOM: The political philosophy of modern S. (Chicago, Ill., 1922, Nachdr. New York 1984); DERS.: The national faith of Japan (London 1938); G. KATŌ: A historical study of the religious development of S. (a.d. Jap., Tokio 1973); E. LOKOWANDT: Die rechtl. Entwicklung des Staats-S. in der ersten Hälfte der Meiji-Zeit, 1868–1890 (1978); A. SCHWADE: S. bibliography in western languages (Leiden 1986); N. NAUMANN: Die einheim. Religion Japans, Bd. 1 (ebd. 1988).

Shintō-Kunst: Torii des Itsukushima-Schreins vor der Insel Miyajima; 1875

Shintō-Kunst [ʃ-], an den Shintō-Kult gebundene Kunst in Japan; anfangs umfasste sie nur Kultbauten, u. a. Schreine in Ise, Izumo, Nara und Tokio, mit Haupthallen (Honden) oder Götterhallen (Shinden) und vorgelagerter Kulthalle (Haiden) als hölzerner Ständerbau mit Satteldächern und Portalen (Torii). Seit dem 9. Jh. gibt es auch Kultplastik vergöttlichter Heroen und bildl. Darstellungen, aus der Verschmelzung mit buddhist. Glaubensformen entstanden.

Shin Shintō-Schrein – Shiva

Shintō-Schrein [ʃ-], Kultstätte des Shintō, →Schrein.

Shintō-Sekten [ʃ-], die aus dem →Shintō erwachsenen Sondergemeinschaften. Bis zum Ende des Zweiten Weltkrieges waren in Japan 13 Sekten (Shintōjūsanpa) zugelassen. Nach dem Verbot des Staats-Shintō stieg die Zahl der Sekten stark an (auf über 200), nahm aber dann wieder ab. Sie weisen alle einen starken Synkretismus auf. Zu den bedeutendsten zählen die Konkō-kyō (erstmals anerkannt 1900), die →Tenri-kyō und die →Omoto-kyō.

Shinzokukokinshū [ʃinzo-, -ʃu; jap. ›neueste Sammlung von Gedichten alter und neuer Zeit‹], 1438 entstandene, letzte von insgesamt 21 auf kaiserl. Befehl zusammengestellten Anthologien jap. Lyrik (meist in Form des Tanka), v. a. über die Liebe und die vier Jahreszeiten. Die Autoren waren Aristokraten oder gehörten der Hofgesellschaft an.

Shipibo-Conibo [ʃ-], Eigen-Bez. **Kaibo,** indian. Bevölkerungsgruppen (Honikobo, Konibo) am Río Ucayali in O-Peru, die sich im 19./20. Jh. infolge Außendrucks (Missionierung, Kautschukboom) neu formierten. Die etwa 15 000 S.-C. leben als Pflanzer, Fischer und Jäger. Sie stellen reich dekorierte, hochwertige Keramik her, deren Ornamente ihre Vorstellung von der kosm. Seinsordnung ausdrücken.

Shiqi [ʃitʃi], **Shih-ch'i** [ʃitʃi], Mönchsname **Kuncan, K'unts'an,** chin. Maler, Dichter und Kalligraph, *Wuling (Prov. Henan) um 1610, †1693; führte als Mönch ein Wanderleben. Seine Landschaften zeigen dezente Farbigkeit und dichte Pinseltechnik, die zw. kreidigem und nassfeuchtem Tuschauftrag variiert.

Shiraz [ʃ-], Rebsorte, →Syrah.

Shire [ˈʃaɪə, in Zusammensetzungen ˈʃɪə, engl.], früher svw. Grafschaft, County. Bei einigen geograph. Namen Großbritanniens wird S. dem Eigennamen angehängt, z. B. Derbyshire.

Shire [ˈʃi-] *der,* **Schire,** port. **Chire** [ˈʃi-], linker Nebenfluss des Sambesi, wichtigster Fluss Malawis, rd. 600 km lang. Der S. entfließt dem Malawisee (am Südende). Nach 19 km Lauflänge durchquert er den **Lake Malombe** (420 km², 2–2,5 m tief). In seinem Mittellauf durchfließt er die Njassagraben (→Ostafrikanisches Grabensystem) und ist durch Schluchten und Katarakte geprägt; er verliert dort auf einer 80 km langen Strecke 384 m an Höhe und wird zur Energiegewinnung genutzt; an den **Nkulafällen** liegen die Kraftwerke Nkula A (24 MW) und Nkula B (100 MW; Inbetriebnahme 1981), an den **Tedzanifällen** ein Kraftwerk mit 48 MW Leistung. Das Tal des unteren S. ist im malaw. Teil ein Landwirtschaftsgebiet mit Reis- und Baumwollanbau; die Mündung liegt in Moçambique.

Östlich des S. erstreckt sich das **S.-Hochland,** überragt von den Inselbergmassiven Zomba Mountains (im N, bis 2 086 m ü. M.) und →Mlanje (bis 3 000 m ü. M.). Es gehört zu den dichtestbesiedelten Gebieten Malawis; städt. Zentren sind Blantyre und Zomba. Die landwirtschaftl. Nutzung umfasst Tabak-, Erdnussanbau, Teepflanzungen und Tungbaumkulturen.

Shirley [ˈʃəːlɪ], James, engl. Dramatiker und Lyriker, *London 18. 9. 1596, beerdigt ebd. 29. 10. 1666; anglikan. Geistlicher, konvertierte später zum Katholizismus; von 1625 bis zur Schließung der Theater durch die Puritaner 1642 als Bühnenautor tätig. Seine rd. 40 Stücke, die dem Geschmack eines höf. Publikums entgegenkamen, umfassen handlungsbetonte Sittenkomödien, die in ihrer Darstellung des Geschlechterkampfes auf die Restaurationskomödien vorausweisen (›The wittie faire one‹, 1633; ›Hide Parke‹, 1637; ›The lady of pleasure‹, 1637), Tragikomödien in der Nachfolge J. FLETCHERS (›The Royall master‹, 1638; dt. ›Der königl. Meister‹), Tragödien (›The cardinal‹, 1641) sowie aufwendige höf. Maskenspiele (›The triumph of peace‹, 1633). Nach 1642 wurde S. Lehrer, verfasste Gedichte (›Poems‹, 1646) und Schulbücher.

Ausgabe: Dramatic works and poems, hg. v. A. DYCE, 6 Bde. (1833, Nachdr. 1966).

B. LUCOW: J. S. (Boston, Mass., 1981); R. FRICKER: Das ältere engl. Schauspiel, Bd. 3 (Bern 1987); S. A. BURNER: J. S. (Lanham, Md., 1988).

Shiroro [ʃ-], Schlucht und Talsperre in Nigeria, am →Kaduna.

Shirt [ʃəːt, engl.] *das, -s/-s,* meist kurzärmeliges Baumwollhemd, z. B. Sweatshirt, T-Shirt.

Shirting [ˈʃəːtɪŋ, engl.], der →Schirting.

Shisha Pangma [ʃiʃa-, tibet.], Berg im Himalaja, →Xixabangma.

Shitao [ʃi-], **Shih-t'ao,** Mönchsname **Daoji** [-dʒi], **Tao-chi,** chin. Maler, Kalligraph und Dichter, *1641, †um 1717; Mitgl. der kaiserl. Mingdynastie, führte als Mönch ein freies Wanderleben. Er setzte Natureindrücke (Landschaften, Pflanzen) mit virtuoser, expressiver Pinseltechnik um.

Shitenno [ʃ-; jap. ›vier Himmelskönige‹], in Japan die mit dem Buddhismus aus Indien übernommenen Beschützer der vier Weltgegenden; ihre Standbilder stehen oft vor Tempeleingängen, um Dämonen und Unheil abzuwehren.

Shiva [ʃ-; Sanskrit ›der Gütige‹], ind. Gott; verkörpert innerhalb der hinduist. Dreiheit der obersten Götter (→Trimurti) den Aspekt der Auflösung und Zerstörung; trägt als höchster Gott den Namen Mahadeva (›der große Gott‹) und soll als Asket und Herr der Yogis mit seiner Gattin Parvati und seinen Söhnen Skanda und Ganesha auf dem Berg →Kailas im Transhimalaja leben. Die Entstehung der sehr komplexen Gestalt des S., die in der Furcht erregendes Wesen ebenso einschließt wie ein freundliches, liegt weitgehend im Dunkeln. Neben Wurzeln in der Gestalt des ved. Rudra sind nichtarische Ursprünge wahrscheinlich. Erste Abbildungen von S., seinem Reittier, dem Zebu mit Namen Nandi, und seinem Attribut, dem Dreizack (Trishula), erscheinen auf Münzen des 1. Jh. n. Chr. Sein Symbol ist der →Linga. S. tritt oft in Vereinigung mit seiner Gattin auf, die als Shakti, Parvati, Durga oder Kali erscheinen kann. Verehrt und dargestellt wird S. v. a. als Nataraja (›Herr der Tänzer‹), dessen kosm. Tanz die Zerstörung der Welt symbolisiert, in seinem zerstörer. Aspekt auch als Mahakala oder als Gayasura-Samharamurti (die Darstellungs-

Shiva und Durga; Bronzeskulptur aus Thanjavur; 11./12. Jh.

Shiva mit Parvati auf seinem Reittier Nandi; Skulptur an einem Gopura des großen Tempels in Madurai; 17. Jh.

weise in der Skulptur zeigt ihn hier meist nach dem Sieg über den Elefantendämon auf dem Elefantenschädel tanzend), weiterhin als Ardhanarishvara (als androgynes Wesen), Gangadhara-S. (›Träger des Ganges‹), Bhairava (›der Furchtbare‹), Somaskanda (mit Uma und Skanda) oder in Gestalt menschl. Inkarnationen, z. B. als ›Lakulisha‹. Weitere BILDER →hinduistische Kunst, →indische Kunst

Shivaismus [ʃ-] *der, -,* **Shaivismus,** Hauptrichtung des →Hinduismus, in der →Shiva als höchster Gott verehrt wird. Das genaue Alter des S., dessen Spuren sich bis in das 2. Jh. v. Chr. zurückverfolgen lassen, bleibt im Dunkeln. Er entwickelte sich in vielfacher Analogie zu dem älteren →Vishnuismus, von dem er sich im Kult durch Yogapraktiken und Riten des →Tantrismus unterscheidet. Seine Zentren liegen in Kaschmir, Bengalen und Südindien. Auch nach Nepal, Hinterindien und Indonesien hat sich der S. ausgebreitet. – Früheste Quellen für den S. sind die überwiegend vishnuit. Puranas und das Mahabharata, in dem die von dem legendären Hindu-Asketen LAKULISHA begründete shivait. Schule der *Pashupatas* zuerst erwähnt wird. Diese am Ende des MA. untergegangene Richtung verehrte Shiva als ›Herrn der Tiere‹. Nach ihrer Lehre muss die ›Tier‹ (Sanskrit pashu) genannte Seele aus den Fesseln der Materie durch Yoga auf den ›Herrn‹ (Sanskrit pati), d. h. Shiva, hin erlöst werden. – Wenig bekannt ist die *Kapalikas,* ›Schädelträger‹, eine ebenfalls untergegangene, seit dem 6. Jh. nachweisbare shivait. Schule, die sich durch bes. extreme Askese und durch ungewöhnl. Handlungen wie den Verzehr von Exkrementen als Weg zur Erlösung auszeichnete. – Die Schule der *Natha-Shaivas,* deren Lehrer ›Schützer‹ (Sanskrit natha) genannt werden, entstand gegen Ende des 1. Jh. in Bengalen. Die Natha-Shaivas streben durch den von ihnen entwickelten Hatha-Yoga nach Überwindung des Todes. Ihr hervorragendster Vertreter, GORAKHNAT, hat heute sein Hauptheiligtum in Gorakhpur. Zu seinen Anhängern zählen die nach ihren aufgespaltenen Ohrläppchen *Kanphata* (›Ohrspalter‹) genannten Yogis. – Die *Raseshvaras* suchen ein Leben nach dem Tode durch die Konservierung ihres Körpers mithilfe von Quecksilber zu sichern. – Der im 8./9. Jh. in Kaschmir entstandene, unter den Namen *Trika* (›Dreiheit‹) oder *Pratyabhijna* (›Wiedererkennung‹) bekannte S. lehrt ein streng monist. System, in dem Shiva mit der Allseele gleichgesetzt wird. Als größter Denker dieser Schule gilt →ABHINAVAGUPTA. – Der S. des Südens gründet sich auf die 28 ›Traditionstexte‹, die wohl seit dem 8. Jh. entstanden sind und auch dem kaschmir. S. zugrunde liegen. Etwa in dieselbe Zeit gehören die ›Herren‹ (Tamil nayanar), deren Werke erst seit dem 10./11. Jh. gesammelt vorliegen. Diese Gruppe von Heiligen, zu denen SAMBANDAR und APPAR (beide im 7. Jh.) zählen, legte zus. mit der Lehre der Traditionstexte die Grundlage des im 13. Jh. von MEYKANDADEVA ausgeformten *Shaivasiddhanta,* der ›endgültigen Lehrmeinung der Shaivas‹. Nach dieser dualist. Lehre sind neben Shiva und seiner Shakti auch die Existenz der Welt und die Seelen ewig, die sich aber einem langen Weg der stufenweise Läuterung zu Shiva emporsteigen können. – Die von BASAVA wohl im 12. Jh. in Karnataka gegründete shivait. Schule der *Virashaivas* oder *Lingayatas* verwirft brahman. Traditionen wie das Kastenwesen und die Autorität des Veda. Auch sie lehrt ein dualist. System, in dem die →Bhakti zur Erlösung führt. – Eine sehr späte Schule sind die *Siddhas,* ›die Vollkommenen‹, die sich im 17./18. Jh. entwickelten und einen puritan. Monotheismus verfolgen.
H. W. SCHOMERUS: Der Çaiva-Siddhānta, eine Mystik Indiens (1912); FRIEDRICH A. SCHULTZ: Die philosophisch-theolog. Lehren des Pāśupata-Systems nach dem Pañcārtha-bhāṣya u. der Ratnaḳīkā (1958); E. FRAUWALLNER: Aus der Philosophie der śivait. Systeme (Berlin-Ost 1962); R. G. BHANDARKAR: Vaiṣṇavism, Saivism and minor religious systems (Neuausg. Varanasi 1965); M. DHAVAMONY: Love of god according to Śaiva Siddhānta (Oxford 1971).

Shivananda [ʃi-], **Sarasvati,** hinduist. Mönch und Lehrer (Swami), * 1887, † 1963; entstammte einer südind. Familie von Gelehrten und Asketen; gab 1923 seinen Beruf als Arzt auf, zog als Bettelmönch durch Indien und gründete 1936 die ›Divine Life Society‹ (›Gesellschaft des göttl. Lebens‹), eine der vedantisch-asket. und Yogatradition verpflichtete und für Angehörige aller Kasten und Religionen offene Gemeinschaft, deren Ziele die Unterweisung in geistiger Erkenntnis, Philosophie und Erziehung sind.

Shizuoka [ʃiz-], Präfekturhauptstadt in Japan, auf Honshū, an der Surugabucht, 474 100 Ew.; Univ. (gegr. 1949), nat. Forschungsinstitut für Pflanzen; archäolog. Museum; Zentrum des jap. Teehandels; Elektroindustrie, Maschinenbau, Papier- und Möbelindustrie. In der Umgebung Anbau von Tee, Erdbeeren und Mandarinen. – TOKUGAWA IEYASU ließ beim 1570 eine gewaltige Festung in S. anlegen, deren Reste noch erhalten sind. – 1943 entdeckte, seit 1947 systematisch erforschte Überreste einer Siedlung der Yayoizeit geben gute Eindrücke vom Leben im frühchristl. Japan des 2.–3. Jh. n. Chr. – S., urspr. **Sumpu** gen., war während des Tokugawashogunats als östl. Außenposten Edos von Bedeutung; wirtschaftl. Blüte als 20. Station der Überlandstraße Tōkaidō.

Shkodër [ˈʃkodər], ital. **Scutari,** dt. **Skutari,** Bezirkshauptstadt in Albanien, in der Ebene am SO-Ende des Skutarisees, am Ausfluss des Bunë, 81 800 Ew.; größte Stadt sowie wirtschaftl. und kulturelles Zentrum N-Albaniens; kath. Bischofssitz; landwirtschaftl. Forschungs-Inst., Museen, Theater; Kupferkabelwerk, Maschinenbau, Baustoff-, Textil-, Tabak-, Nahrungsmittel-, Leder-, Holz- und Papierindustrie; südöstlich von S. Wasserkraftwerk. Mit Eröffnung der Bahnlinie zw. S. und Podgorica in Montenegro (1986) erhielt Albanien Anschluss an das europ. Eisenbahnnetz. – Antike und mittelalterl. Stadt (weitgehend verfallen) mit Burgberg Rosafa oberhalb des Zusammenflusses von Drin und Bunë; große mittelalterl. Festungsanlage, die Khamia-e Plumbit (Blei-Moschee; 2. Hälfte 18. Jh.) ist im Stil der klassischen osman. Moschee erbaut mit rechteckigem Hof und Portikus. Seit etwa 1770 Entstehung der Neustadt, Zentrum des heutigen S., auf dem SO-Ufer des Skutarisees mit muslim. Viertel im N und Katholikenviertel im S (Kathedrale, Jesuitenkolleg). – Das antike **Skodra** (lat. **Scodra**), seit Mitte des 3. Jh. v. Chr. Hauptort eines illyr. Reiches, fiel 168 v. Chr. an Rom und war unter DIOKLETIAN Hauptstadt der röm. Provinz Praevalitana. Seit 395 byzantinisch, vom 11. bis 13. Jh. zw. Zeta, Serbien und Byzanz umstritten, wurde 1360 Hauptstadt der Balsići und kam 1396 als Scutari an Venedig. 1479–1913 gehörte S. zum Osman. Reich (Hauptstadt des Sandschaks Albanien; 1760–1831 Sitz der Paschadynastie Bushati).

Shkumbin [ʃ-] *der,* Fluss im mittleren Albanien, 181 km lang, entspringt nahe dem Ohridsee, mündet südlich von Durrës in das Adriat. Meer; sein Tal ist die günstigste und wichtigste W-O-Verbindung durch Albanien (Eisenbahn und Straße). Der S. markiert die Sprachgrenze zw. den alban. Dialektgruppen Gegisch und Toskisch (→albanische Sprache).

Shō [ʃo; jap. ›Schrift‹], **1)** häufiger **Shōdō** [›Weg der Schrift‹], kalligraph. Kunstwerke von frei interpretierten Schriftzeichen oder unabhängigen Pinsellinien. Moderne Hauptmeister sind MORITA SHIRYŪ (* 1912) und HIDAI NANKOKU (* 1912).

2) jap. Bez. für →Mundorgel.

Shoa [ʃ-], die →Schoah.

William B. Shockley

Shockley [´ʃɔklı], William Bradford, amerikan. Physiker brit. Herkunft, * London 13. 2. 1910, † Stanford (Calif.) 12. 8. 1989; nach Tätigkeit in der Industrie (u. a. bei den Bell Laboratories) ab 1963 Prof. an der Stanford University. S.s wichtigstes Arbeitsgebiet war die Halbleiterphysik. In Zusammenarbeit mit J. BARDEEN und W. H. BRATTAIN entdeckte er 1948 den Transistoreffekt, der zur Entwicklung des Spitzen- und des Flächentransistors auf Germaniumbasis führte; 1956 wurden die drei Wissenschaftler für diese Leistung mit dem Nobelpreis für Physik ausgezeichnet.

Shockley-Diode [´ʃɔklı-; nach W. B. SHOCKLEY], *Halbleitertechnik:* nicht steuerbare Vierschichtdiode mit Kontakten an den beiden äußeren Schichten. Die S.-D. geht, wenn eine krit. Spannung überschritten wird, sehr schnell in den leitenden Zustand über; im Sperrzustand ist ihr Widerstand sehr hoch.

Shoemaker-Levy 9 [´ʃu:meɪkə-, nach den Entdeckern EUGENE und CAROLYN SHOEMAKER und DAVID H. LEVY], 1993 entdeckter Komet, dessen Kern bei einem nahen Vorübergang (1992) in rd. 20 Fragmente zerbrochen war; diese stürzten ab dem 16. und 22. 7. 1994 auf den Planeten →Jupiter.

Shofman [ʃ-], Gershon, hebr. Schriftsteller, →Schoffmann, Gerschon.

Shōgun [ʃo-; jap. ›Feldherr‹] *der, -s/-e,* **Schogun,** eigtl. **Seii Taishōgun** [jap. ›Großmarschall zur Unterwerfung der Barbaren‹], in Japan urspr. ein im 8. Jh. erstmals verliehener militär. Titel für den Oberbefehlshaber der Truppen im Kampf mit den Ainu. Der seit dem 9. Jh. in Vergessenheit geratene Titel lebte im 12. Jh. wieder auf (u. a. 1184 vom Kaiser verliehen an MINAMOTO YOSHINAKA (* 1154, † 1184, nach der Besetzung Kyōtos). 1192 wurde er vom Kaiser auf MINAMOTO NO YORITOMO, den Begründer der Militärregierung von Kamakura, übertragen. Fortan übte der S. im Namen des Kaisers, der nominell Staatsoberhaupt blieb, die Regierung (**Shōgunat,** →Bakufu) aus. Bis zur Auflösung des Shogunats 1867/68 verblieb der Titel beim Haus Minamoto, dem auch die regierenden Ashikaga (1338–1573) und Tokugawa (1603–1867/68) entstammten.

Shona: John Takawira, ›Dona‹; 1987 (Frankfurt am Main, Museum für Völkerkunde)

Sho|instil [ʃ-], jap. **Shoin-zukuri** [-zuk-], jap. Wohn- und Teehausstil, für den der im Priesterhaus entstandene, als Erker auf die umlaufende Veranda vorspringende Studierplatz typisch ist: ein Schreibpult mit Schiebefenster darüber, meist rechtwinklig zu einer raumhohen Bildernische (Tokonoma) und daneben liegender Regalnische (Tana oder Chigai-dana) angeordnet.

Sholapur [´ʃəʊlə-], Stadt in Indien, →Solapur.

Sholes [ʃəʊlz], Christopher Latham, amerikan. Drucker, Journalist und Erfinder, * Mooresburg (Pa.) 14. 2. 1819, † Milwaukee (Wis.) 17. 2. 1890; entwickelte ab 1867 eine Schreibmaschine (versch. Patente), die in verbesserter Form ab 1873/74 von der Firma Remington fabrikmäßig hergestellt wurde.

Shona [ʃ-], **Schona, Maschona,** von der brit. Kolonialverwaltung eingeführter Sammelname für verwandte Bantuvölker im zentralen, nördl. und östl. Simbabwe sowie in Moçambique (zw. Save und Pungoe), darunter die Karanga, Korekore, Manyika, Ndau, Tawara und Zezuru (jeweils mit zahlr. Untergruppen); die durch den Vorstoß der →Ndebele 1) vom geschlossenen Block der S. getrennten Karanga leben im W von Simbabwe, z. T. auch in Botswana. Die etwa 8,5 Mio. S. (6,8 Mio. in Simbabwe, 1,5 Mio. in Moçambique und 150 000 in Botswana) betreiben in der Savanne traditionell Feldbau (Mais, Hirse) und Viehhaltung. In manchen Gruppen gehören über 50 % der traditionellen Religion an, die Übrigen sind Anhänger christl. Kirchen.

Die Karanga beherrschten seit dem 14. Jh. den Raum zw. Sambesi und Limpopo (u. a. Gründung der Stadt Simbabwe); der Karanga-Klan der Rozwe errichtete Mitte des 15. Jh. das Reich des Monomotapa.

Unter den S. entstand eine bedeutende Richtung der zeitgenössischen afrikan. Kunst. Die **S.-Kunst** umfasst expressive Skulpturen aus Stein (bes. Serpentin); sie zeigen Mensch, Tier und Fabelwesen in unterschiedlichstem Abstraktionsgrad. Ihre Entwicklung und weltweite Vermarktung wurde um 1960 von FRANK MCEWEN (Direktor der Rhodes National Gallery) in Salisbury (heute Harare) angeregt. Bekannteste Künstler sind u. a.: PAUL GWICHIRI (* 1924), THOMAS MUKAROBGWA (* 1924), JAMES BECHAN (* 1940), NICHOLAS MUKOMBERANWA (* 1940), SYLVESTER MOBAGY (* 1942), JOHN TAKAWIRA (* 1938, † 1989).

Die Sprache der S., das **Shona,** ist eine Tonsprache mit starken morphonolog. Veränderungen bei der Bildung der Nominalklassen. Das Shona besitzt eine Oral Poetry, die u. a. die für die südl. Bantuvölker typ. Lobgesangdichtung umfasst.

G. FORTUNE: An analytical grammar of S. (London 1955); DERS.: A guide to S. spelling (Salisbury ³1980); S. basic course, hg. v. E. W. STEVICK (Washington, D. C., 1965); W. MURPHREE: Christianity and the S. (London 1969); M. HANNAN: Standard S. dictionary (Salisbury ²1974); M. GELFAND: Growing up in S. society (Gwelo 1979); D. N. BEACH: S. and Zimbabwe. 900–1850. An outline of S. history (ebd. 1980); B. KLEINE-GUNK: S.-Skulptur. Zehn Bildhauer aus Zimbabwe (1993).

Shonkinịt [ʃ-; nach dem Vorkommen bei Shonkin, Mont., USA] *der, -s/-e,* dunkelgraues bis schwarzes Tiefengestein der Syenitgruppe, v. a. aus Augit, Kalifeldspat und Nephelin sowie Olivin, Biotit, Magnetit und Apatit bestehend; Vorkommen z. B. am Katzenbuckel (Odenwald).

Shopping-Goods [´ʃɔpɪŋgʊdz, engl.], Güter des nicht alltägl. Bedarfs, bei deren Einkauf der Konsument sorgfältig auswählt (Qualitäts- und Preisvergleiche). Zu den S. gehören v. a. Gebrauchsgüter und Güter des gehobenen Bedarfs. – Ggs. Convenience-Goods.

Shop-Stewards [ʃɔp ´stjʊədz, engl.], informelle betriebsbezogene Interessenvertreter der Arbeitnehmer in der brit. Gewerkschaftsbewegung seit Anfang des 20. Jh., entstanden neben den Gewerkschaften als Folge der Multigewerkschaftssituation in den Betrieben. Sie sind direkt von den organisierten Beschäftigten einer Gewerkschaft gewählte, jederzeit mit Mehrheit abwählbare Sprecher für bestimmte Arbeitsplatz- und Betriebsbereiche, die sowohl Interessenvertreter der organisierten Beschäftigten als auch Repräsentanten der Gewerkschaft im Betrieb sind. S.-S. haben weder die rechtl. Möglichkeiten eines Betriebsrates noch die bloße Vermittlungsfunktion gewerkschaftl. Vertrauensleute in Dtl. Ihre Handlungsbedingungen sind gesetzlich nicht geregelt, sondern werden durch betriebl. Vereinbarungen und die jeweils übl. Praxis bestimmt und hängen von der Konfliktbereitschaft der vertretenen Beschäftigten, letztlich vom gewerkschaftl. Organisationsgrad ab.

SHORAN [ʃ-; Abk. für engl. **sho**rt **ra**nge **n**avigation ›Kurzstreckennavigation‹], ein →Hyperbelnavigationsverfahren, bei dem zur Standlinienbestimmung Laufzeitdifferenzen von impulsförmigen Signalen ausgewertet werden; bes. für die präzise funktechn. Küstenvorfeldvermessung geeignet.

Shorea [ʃ-; Herkunft unsicher], Gattung der Flügelfruchtgewächse mit etwa 360 Arten von Sri Lanka bis nach S-China, den Molukken und den Kleinen Sundainseln (in Indomalesien fast 170 Arten); große Regenwaldbäume, wichtigste Nutzholzlieferanten der asiat. Tropen, deren Bestände z.T. durch extensive Nutzung bedroht sind; andere Arten liefern Harze.

Shorehärte [ˈʃɔː-], *Werkstoffprüfung:* →Härteprüfung.

S-Horizont, *Bodenkunde:* →Bodenhorizont.

Shōrō [ʃ-], Glockenturm buddhist. Tempel in Japan, mit offenem Glockenstuhl unter geschwungenem Dach, dessen große Glocke mit einem schwingenden Balken angeschlagen wird.

short [ʃɔːt; engl. ›kurz‹], Bez. für eine Verkaufsposition am Terminmarkt, bei der der Verkäufer die Lieferung zu einem späteren Termin vertraglich zusagt, ohne die Ware bereits zu besitzen (Leerverkauf), und hofft, sie bis zum Liefertermin zu einem günstigeren Preis kaufen zu können (Baisse-Position); Ggs.: long.

Shortenings [ˈʃɔːtnɪŋz, engl.], *Sg.* **Shortening** *das, -s,* bes. geschmeidige, wasserfreie Fette oder Fettgemische, die v.a. als Back-, z.T. auch als Brat- und Frittierfette verwendet werden.

Shorter [ˈʃɔːtə], Wayne, amerikan. Tenor- und Sopransaxophonist, *Newark (N. J.) 25. 8. 1933; spielte mit A. BLAKEY (1959–63), M. DAVIS (1964–70), der Gruppe Weather Report (1970–86) sowie eigenen Gruppen; von J. COLTRANE beeinflusster Hardbop-Saxophonist, hatte mit Weather Report große Wirkung auf den Jazzrock.

Shorthornrind: Mastshorthorn (Schulterhöhe bis 1,4 m)

Shorthornrind [ˈʃɔːt-], alte engl. Rasse mittelschwerer, rotbrauner bis weißer (auch geschimmelter) Hausrinder mit kleinem Kopf und kurzem Hals. Man unterscheidet **Mast-** oder **Fleisch-S.** und **Milch-** oder **Dairy-S.** Das S. war die erste weltweit verbreitete Rinderrasse; in Dtl. v.a. in Schlesw.-Holst. heimisch.

Shorthouse [ˈʃɔːthaʊs], John Henry, engl. Schriftsteller, *Birmingham 9. 9. 1834, †ebd. 4. 3. 1903. Bedeutend ist v.a. sein histor. Roman ›John Inglesant‹ (1880), der in der Darstellung der Glaubenskämpfe des 17. Jh. die Gedanken der →Oxfordbewegung widerspiegelt.

Shortie [ˈʃɔːtɪə; nach dem amerikan. Arzt und Botaniker CHARLES WILKINS SHORT, *1794, †1863], **Winterblume, Shortia** [ʃ-], Gattung der Diapensiengewächse (den Heidekrautgewächsen nahe stehend) mit nur wenigen Arten in den Gebirgen Ostasiens sowie im atlant. Nordamerika; Ausläufer bildende Stauden mit lang gestielten, rundl., lederartigen Blättern und glockenförmiger Blütenkrone. Einige weiß blühende Arten (z. B. Shortia galacifolia und Shortia uniflora) sind schöne, aber schwer zu kultivierende Gartenzierpflanzen.

Shorts [ʃɔrts, engl. ʃɔːts; engl., zu short ›kurz‹] *Pl.,* kurze Sport- und Freizeithose beider Geschlechter mit oberschenkellangen Beinen, um 1932 als Tenniskleidung aufgekommen. Mod. Varianten sind die knapp knielangen Bermudas und die gesäßkurzen Hotpants.

Shortstory [ˈʃɔːtˌstɔːrɪ; engl. ›Kurzgeschichte‹] *die, -/-s,* **Short Story,** Gattung der amerikan. und engl. Literatur, die sich im 19. Jh. v.a. in den USA herausbildete, formal und inhaltlich weniger eng definiert als die dt. →Kurzgeschichte, mit der sie jedoch wesentl. Merkmale teilt. Kurzformen des Erzählens sind seit den Anfängen der Literaturgeschichte bekannt, z.B. Märchen, Fabel, Anekdote, Skizze, Essay, Novelle, Kurzroman; sie wurden zum konstitutiven Bestandteil von Zyklen (G. CHAUCER, ›The Canterbury tales‹, entst. 1387–1400) und später in den im angelsächs. Sprachraum bis ins 19. Jh. dominierenden Roman integriert (D. DEFOE, L. STERNE). Als Begründer der eigenständigen Gattung S. gelten v.a. W. IRVING, E. A. POE und N. HAWTHORNE; zu ihrer raschen Beliebtheit führte auch die durch den hohen Entwicklungsstand des Zeitschriftenwesens in den USA bedingte Rezeption durch ein Massenpublikum. Die erste Theorie der neuen Gattung lieferte POE in seiner Besprechung von HAWTHORNES ›Twice-told tales‹ (erw. Fassung 1842), in der er forderte, die S. müsse alle Details einem zentralen Effekt unterordnen und mittels des Besonderen das Alltägliche erhellen; auch müsse ihre Lektüre in begrenzter Zeit abschließbar sein. Nach POES ›Tales of the grotesque and arabesque‹ (2 Bde., 1840) haben die meisten bedeutenden amerikan. Autoren des 19. Jh. S. geschrieben, so H. MELVILLE, MARK TWAIN, H. JAMES, S. CRANE, O. HENRY. In der Folge spiegelten sich die Entwicklungen der Literaturgeschichte auch in dieser Gattung, z.B. bei S. ANDERSON, E. HEMINGWAY, W. FAULKNER und F. S. FITZGERALD in den USA, bei J. CONRAD, R. KIPLING, VIRGINIA WOOLF und D. H. LAWRENCE in England sowie bei J. JOYCE. In jüngerer Zeit fanden ethn. Perspektiven Ausdruck in den S. der jüdisch-amerikan. Autoren (B. MALAMUD, S. BELLOW, P. ROTH, auch I. B. SINGER), in der afroamerikan. Literatur (R. WRIGHT, J. BALDWIN, R. W. ELLISON, ALICE WALKER) sowie im Literaturschaffen von Autoren indian. Herkunft (N. S. MOMADAY, L. M. SILKO). Die in allen Bereichen der Literatur verstärkt Darstellung findende ›weibl. Sicht‹ (CARSON MCCULLERS, FLANNERY O'CONNOR, JOYCE CAROL OATES) hat in die Gattung ebenso Eingang gefunden wie postmoderne Erzählformen (J. BARTH, D. BARTHELME, R. COOVER, T. PYNCHON); daneben lebt die realistisch erzählte S. fort (J. UPDIKE; R. CARVER; J. CHEEVER).

Überaus häufig wird die Gattung seit Mitte des 20. Jh. auch in England (G. GREENE, A. SILLITOE, DORIS LESSING, V. S. PRITCHETT) und Irland (S. O'FAOLÁIN, L. O'FLAHERTY, F. O'CONNOR) sowie in den sich etablierenden Literaturen engl. Sprache in Australien, Neuseeland, Kanada, der Karibik, Indien und Afrika verwendet. – V. a. unter dem Einfluss POES hatte die S. große Wirkung auch in Frankreich (G. DE MAUPASSANT, H. DE BALZAC), Russland (A. P. TSCHECHOW) und Italien (C. PAVESE, A. MORAVIA).

R. B. WEST: The short story in America: 1900–1950 (Chicago, Ill., 1952, Nachdr. New York 1979); Die amerikan. Kurzgeschichte, hg. v. K. H. GÖLLER u. a. (1972, Nachdr. 1981); Die amerikan. Short Story. Theorie u. Entwicklung, hg. v. H. BUN-

GERT (1972); P. FREESE: Die amerikan. Kurzgeschichte nach 1945 (1974); S. O'FAOLÁIN: The short story (Old Greenwich, Conn., ⁴1974); H. BONHEIM: The narrative modes. Techniques of the short story (Cambridge 1982); K. LUBBERS: Typologie der Short story (²1989); Die engl. u. amerikan. Kurzgeschichte, hg. v. DEMS. (1990); The African American short story 1970 to 1990, hg. v. W. KARRER u. a. (Trier 1993); V. SHAW: The short story. A critical introduction (Neudr. (London 1995); G. AHRENDS: Die amerikan. Kurzgeschichte (³1996).

Short Ton [ʃɔːt tʌn, engl.] *die, --/--s,* **Net Ton** [net tʌn], Einheitenzeichen **sh tn**, in den USA Masseneinheit: 1 sh tn = 2 000 pounds = 907,184 86 kg. Die S. T. ist zu unterscheiden von der →Long Ton.

Shorttrack [ˈʃɔːttræk; zu →short und →Track], **Short Track**, Kurzbahn-Eisschnelllauf auf einer 111,12 m langen und 3 m breiten (meist Hallen-)Rundbahn. Die Streckenlängen betragen – bei gleichzeitigem Start von je nach Distanz vier bis sechs Läufern oder Läuferinnen – 500, 1 000, 1 500 und 3 000 m. Beim Staffelwettbewerb lösen sich jeweils vier Läufer rundenweise durch Körperberührung ab, wobei die letzten beiden Runden von ein und demselben Läufer absolviert werden müssen. – Weltmeisterschaften werden seit 1981 ausgetragen, olympisch ist die Disziplin seit 1992. – *Organisationen:* →Eisschnelllauf.

Shoshone [ʃoʊˈʃoʊnɪ, engl.], **Schoschonen**, **1)** sprachverwandte Indianergruppen im Großen Becken (Ute, Paiute, eigentliche S. u. a., im SW (Hopi) und den Prärien (Comanche) Nordamerikas sowie in Kalifornien (Cahuilla, Gabrieleno, Luiseno u. a.), etwa 9 900 Menschen. Ihre Sprache, das **Shoshone**, zählt zu den utoaztek. Sprachen (→Utoaztekisch). **2)** mehrere Indianergruppen, nach kulturellen Gesichtspunkten gegliedert in: **Wind River S.** oder **Östliche S.** (3 000) in Wyoming; **Nördliche S.** in Idaho und Montana (3 900); **Westliche S.** (3 000), auf vielen kleinen Reservationen in Nevada, Kalifornien und Utah (z. T. mit den Nördl. Paiute); weitere kleine Gruppen sind ohne Vertrag mit der amerikan. Regierung.

Shōsōin [ʃ-; jap. ›Hauptspeicher‹], errichtet um 752 n. Chr. aus Holz gebaute Schatzhaus des Tempels Tōdaiji in Nara, Japan; es enthält Gegenstände (aus Holz, Elfenbein u. a.) aus dem persönl. Besitz des Kaisers SHŌMU (724–748), die seine Gattin KŌMYŌ 756 dem ›Großen Buddha‹ von Nara gestiftet hatte.

Shōtoku-taishi [ʃotɔkutaiʃi], eigtl. **Umayado**, jap. Staatsmann, * 574, † 622; Prinz; war seit 593 Regent unter Kaiserin SUIKO († 628). S.-t. trat für die Übernahme der chin. Festlandskultur und die Bildung eines zentral geführten Beamtenstaates nach chin. Vorbild ein. Er legte den Grundstein für die →Taikareform und förderte den 594 zur Staatsreligion erhobenen Buddhismus. Seine ›Verfassung in 17 Artikeln‹ von 604 war konfuzianisch ausgerichtet und legte die absolute Herrschaftsgewalt des Kaisers fest.

Shou [ʃoʊ], chin. Schriftzeichen für ›langes Leben‹, erscheint auf Porzellan, in der Textilkunst u. a. in versch. Schriftformen; es hat Glück verheißende Bedeutung.

Shout [ʃaʊt, engl. ›Schrei‹, ›Ruf‹] *der, -s,* **Shouting** [ˈʃaʊtɪŋ] *das, -/-s,* Ausdrucksart im afrikan. Kultgesang; wurde mit der Sklaverei in die afroamerikan. Musik (Blues, Negrospiritual, Worksong, Jazz) überführt. Der S. ist ein emphatisch vorgetragener Ausruf, meist auf einem Haupt- und Halteton mit einem oder mehreren Nebentönen. Der vokale S. wurde auch auf die instrumentale Stilbildung übertragen und findet sich z. B. in der Hot Intonation des frühen Jazz wieder.

Show [ʃoʊ; engl., zu to show ›zeigen‹] *die, -/-s,* bunte, aufwendig inszenierte Unterhaltungsdarbietung (früher →Revue); meist im Fernsehen als Unterhaltungsprogramm mit Gesang, Musik, Spiel, Sketchen, Ballett und Artistik von einem **Showmaster** präsentiert. Eine S., in deren Mittelpunkt ein Star steht, heißt **Personalityshow**.

Showboat [ˈʃoʊbəʊt, engl.] *das, -(s)/-s,* Unterhaltungsschiff mit Schauspielern und Requisiten für Shows und Theateraufführungen (Melodramen, Märchenstücke); beliebt im 19. Jh. auf großen Flüssen im W der USA, v. a. auf dem Mississippi. Die Bedeutung der S. ließ ab 1861 (Beginn des Sezessionskriegs) merklich nach.

Showdown [ˈʃoʊdaʊn; engl., eigtl. ›das Aufdecken der Karten beim Poker‹] *der* oder *das, -(s)/-s,* Kraftprobe, Entscheidungskampf (im Film).

Show|view® [ˈʃoʊvjuː; engl.] *das, -s, Videotechnik:* aus bis zu neun Ziffern bestehender Zahlencode zum Vorprogrammieren eines Videorekorders. Der S.-Zahlencode – in Programmzeitschriften bei der jeweiligen Sendung ausgedruckt – ist i. d. R. über die Fernbedienung einzugeben. (→VPS)

Shqipëri [ʃkijpəˈri], alban. Name für →Albanien.

Shqiptar [ˈʃkjiptar], die, →Albaner.

Shravakayana [ʃ-; Sanskrit ›Laufbahn‹ oder ›Fahrzeug der Schüler‹] *das, -,* Bez. für die Schulen des frühen Buddhismus (→Hinayana). Das S. umfasste urspr. 18 Schulen, darunter die der Sarvastivadins und die →Theravada-Schule.

Shredder [ʃ-; engl. ›Reißwolf‹, von to shred ›zerfetzen‹], **Schredder,** eine Anlage, mit der sperrige Gegenstände, wie Holz, Altautos, Haushaltsgeräte durch rotierende Hämmer stark zerkleinert werden; eingesetzt z. B. bei Autoverwertungsanlagen. Handelt es sich bei den zu zerkleinernden Stoffen um Schrott (v. a. um Autowracks), ist der nach der Sortierung in Eisen- und Nichteisenmetalle zurückbleibende **S.-Abfall** ein bes. mit Kunststoffen durchmischter Abfall (außerdem v. a. mit Glas, Gummi, Textilien, Pappe), der überwiegend deponiert wird. Der Anteil des gut zu recycelnden Stahls an der Gesamtmasse eines Fahrzeugs (1985: 870 kg, 1997: 920 kg) ist von rd. 80% 1980 auf weniger als 70% (1990) gesunken. S.-Abfälle enthalten Schadstoffe (v. a. PCB und Mineralöle) und werden als Sonderabfall eingestuft. Durch einheitl. Anforderungen an die Ablagerung und durch Rücknahmeverpflichtungen der Kfz-Hersteller oder -Importeure sollen die Schadstoffe verringert werden (→TA Abfall). – S. zur Zerkleinerung von Textil- und Papierabfällen werden auch **Reißwolf** genannt.

Shreveport [ˈʃriːvpɔːt], Stadt in NW-Louisiana, USA, am Red River, 198 500 Ew.; kath. Bischofssitz; Zweige der Louisiana State University und der Southern University, College, Museen; Erdöl- und Erdgasförderzentrum, Erdölraffinerie, Metall-, Baumwoll-, Holzindustrie. – Ab 1836 besiedelt, benannt nach HENRY MILLER SHREVE (* 1785, † 1851), der 1835 von dort aus den Red River schiffbar machte. Im Sezessionskrieg war S. die letzte Bastion der Konföderierten.

Shrewsbury [ˈʃruːzbəri], Hauptstadt der Cty. Shropshire, England, am oberen Severn, 64 200 Ew.; kath. Bischofssitz; Museen; Eisenbahnwerkstätten, Maschinenbau, elektrotechn. und Bekleidungsindustrie. – In der auf drei Seiten vom Severn umschlossenen Altstadt u. a. die nach der norman. Eroberung gegründete Abteikirche Holy Cross (11.–14. Jh.); in der südlich der Burg gelegenen frühgot. Kirche Saint Mary spätgot. Glasmälde; Fachwerkhäuser, v. a. im Tudorstil; Markthalle von 1595. – Das heutige S., im 5./6. Jh. als **Pengwern** Residenz der Fürsten von Powys, kam Ende des 8. Jh. zum Königreich Mercia und hieß nun **Scrobbesbyrig;** im Domesday Book erstmals als City genannt.

Shrewsbury [ˈʃruːzbəri], einer der ältesten engl. Earlstitel, aus normann. Zeit; seit 1442 im Besitz der normannisch-engl. Adelsfamilie Talbot. – Bedeutende Vertreter:

1) Charles **Talbot** [ˈtɔːlbət], 12. Earl und (seit 1694) Herzog von, brit. Staatsmann, * 24. 7. 1660, † Isleworth (heute zu London) 1. 2. 1718; gehörte zu den Lords, die 1688 WILHELM III. von Oranien nach England riefen; 1689–90 und 1694–99 Minister. S., der urspr. den Whigs angehörte, schloss sich 1710 den Tories an; wurde von Königin ANNA 1714 zum Ersten Lord des Schatzamtes ernannt, war maßgeblich am Übergang der Krone an das Haus Hannover beteiligt.

2) John **Talbot** [ˈtɔːlbət], 1. Earl of (seit 1442), engl. Heerführer im Hundertjährigen Krieg, *1384, †(gefallen) Castillon-la-Bataille (bei Bordeaux) 17. 7. 1453; 1414–19 und 1445–47 Lord Lieutenant von Irland. Ab 1419 nahm er am Krieg gegen Frankreich teil, siegte 1424 bei Verneuil und kämpfte 1428 bei der Belagerung von Orléans. Im Juni 1429 wurde er bei Patay (nahe Orléans) von JEANNE D'ARC geschlagen und gefangen gesetzt. 1433 wurde S. freigelassen, 1436 von HEINRICH VI. zum Marschall, 1439 zum Gouverneur und Lieutenant-General von Frankreich und der Normandie ernannt. Mit seinem Tod endete Englands Machtstellung in Frankreich.

Shri [ʃ-; Sanskrit ›Pracht‹, ›Schönheit‹; ›Wohlstand‹; ›Majestät‹], im Hinduismus 1) ehrender Beiname von Göttern und Menschen; 2) ein anderer Name für die Göttin →Lakshmi, v. a. insofern sie als Gattin Vishnus verehrt wird.

Shrimps [ʃrɪmps; engl., zu altengl. scrimman ›sich winden‹], Sg. **Shrimp** *der, -s,* Handels-Bez. für kleine, unter 5 g wiegende →Garnelen.

Shrivatsa [ʃ-, Sanskrit], ind. Glückszeichen aus zwei gegeneinander gestellten S-Linien, häufig dargestellt auf der Brust von Götterfiguren wie Vishnu und v. a. der jainist. Tirthankaras (→Jaina).

Shropshire [ˈʃrɒpʃɪə], 1974–80 **Salop** [ˈsælɒp], County in England, an Wales angrenzend, 3 490 km², 419 900 Ew.; Verw.-Sitz ist Shrewsbury. Die County gehört zur Wirtschaftsplanungsregion West Midlands (→Midlands). Im N (Tiefland) wird Milchwirtschaft betrieben, im S (Hügel- und Bergland mit Wäldern) Rinderaufzucht und Schafhaltung. Der Industriesektor umfasst v. a. Metallverarbeitung, Elektronik-, Textil- und Nahrungsmittelindustrie. Größte Städte sind Telford (eine der →New Towns) und Shrewsbury. – Die Grafschaft wurde Anfang des 10. Jh. gebildet.

Shruti [ʃ-; Sanskrit ›Hören‹] *die, -,* in der ind. Religionsgeschichte und Mythologie Bez. für die mündlich überlieferte, von →Rishis in der Vorzeit ›gehörte‹ ewige Wahrheit. Zur S. zählen alle auf göttl. Offenbarung zurückgeführten Schriften, v. a. große Teile des Veda.

sh tn, Einheitenzeichen für →Short Ton.

Shūbun [ʃ-], eigtl. **Tenshō Shūbun** [tɛnʃoː-], jap. Maler, Priester und Abt in Kyōto in der 1. Hälfte des 15. Jh. Da er die unter MINCHŌ eingeführte chin. Landschaftsmalerei im Stil der vergangenen Südsongzeit dem jap. Geschmack anpasste, gilt er als Wegbereiter der buddhist. Tuschmalerei (Suiboku-ga) in Japan. Anders als sein Schüler SESSHŪ malte S. zarte, meist nebelverhangene Tuschlandschaften mit einsamen Bergklausen oder Küstenansichten, bei denen sich der Blick ins Unendliche verliert. Seine Architekturdarstellungen im Vordergrund sind jedoch immer detailliert und exakt. Viele unsignierte Werke werden ihm zugeschrieben.

Shu-ching [ʃudʒɪŋ], konfuzianischer Klassiker, →Shu-jing.

Shuddhodana [ʃ-; Sanskrit], Fürst von Kapilavastu im 6. Jh. v. Chr., der Vater →BUDDHAS.

Shudra [ʃ-, Sanskrit] *der, -(s)/-s,* im Hinduismus Angehöriger der untersten der vier Kasten; er durfte nur die traditionell als unrein geltenden Berufe (Diener, Schauspieler, Handwerker) ausüben und den Veda nicht studieren, er war auch vom ved. Ritual und von direktem Kontakt mit Angehörigen höherer Kasten ausgeschlossen. Heute unterliegt die gesellschaftl.

Shrewsbury: Abteikirche Holy Cross; 11.–14. Jh.

Stellung des S. erhebl. Änderungen, da Indien vor dem Gesetz kein Kastensystem mehr kennt.

Shuffle [ʃʌfl; engl., zu to shuffle ›schlurfen‹, ›schleifen lassen‹] *der, -,* aus der irischen Folklore übernommene Bez. für einen afroamerikan. Tanz. Der S. ist durch weit ausholende, schaufelnde Bewegungen der Beine gekennzeichnet; im Jazztanz hatte er v. a. auf Tanzstile der Swingära Einfluss.

Shuffle-Rhythmus [ˈʃʌfl-], gleichförmige, punktiert notierte und trioliert gespielte vorwärts treibende Rhythmik im Jazz (Chicago-Stil, Swing) und der populären afroamerikan. Musik (z. B. Begleitfiguren des Boogie-Woogie).

Shugendō [ʃ-, jap. ›der Weg, sich durch Üben übernatürl. Kräfte zu verschaffen‹], eine Form synkretist. Volksglaubens in Japan. Die Träger dieser Kräfte, die ›Bergasketen‹ (Yamabushi, Shugenja), besteigen heute wie früher zu period. Zeitpunkten hl. Berge zu religiösen Übungen, um die so gewonnenen Kräfte etwa als Exorzisten oder Wahrsager im Volk einzusetzen.

H. O. ROTERMUND: Die Yamabushi. Aspekte ihres Glaubens, Lebens u. ihrer sozialen Funktion im jap. MA. (1968).

Shui [ʃ-], **Schui,** nationale Minderheit in China, im Autonomen Gebiet Guangxi Zhuang und in der Prov. Guizhou. Die etwa 350 000 S. leben als Ackerbauern. Mittelpunkt ihrer traditionellen Religion waren Erdgottheiten und Naturkreislauf. Sie stehen unter starkem Anpassungsdruck durch die Hanchinesen. Ihre Sprache gehört zu den sinotibet. Sprachen.

Shuihu Zhuan [ʃ-; chin. ›Geschichte vom Flussufer‹], **Shui-hu chuan,** populärer chin. Roman mit unklarer Autorenschaft (meist SHI NAIAN, 14. Jh., zugeschrieben) und vielschichtiger, bis ins 16. Jh. zurückverfolgbarer Texttradition. Er erzählt das Schicksal einer wahrscheinlich histor., am Unterlauf des Hwangho verschanzten Räuberbande aus dem 12. Jh., die sich gegen den Staat zur Wehr setzte, die Interessen der unteren Schichten vertrat, sich am Ende aber der Reg. unterstellte, um am Verteidigungskampf gegen die im N einfallenden Fremdvölker teilzunehmen. Der (in dt. Übersetzung u. d. T. ›Die Räuber vom Liang-Schan-Moor‹ bekannte) Roman, der auch MAO ZEDONG in seiner Jugend begeisterte, wurde in der

VR China zuerst als gültige Verherrlichung des ›Bauernaufstandes‹ schlechthin (und damit der kommunist. Bewegung) gelobt, zw. 1975 und 1976 (Tod MAOS) aber im Zuge einer eigenen Kampagne als Glorifizierung des Kapitalantentums angeprangert.

Ausgabe: NAI-AN SHIH: Die Räuber vom Liang-Schan-Moor, übers. v. F. KUHN, 2 Tle. (Neuausg. 1975).

R. G. IRWIN: The evolution of a Chinese novel. Shui-hu-chuan (Cambridge, Mass., 1953); A. PLAKS: Shui-hu zhuan and the 16th century novel-form, in: Chinese Literature. Essays, articles, reviews, Jg. 2 (Madison, Wis., 1980).

Shunshō: Der Schauspieler Ishikawa Danjuro; Holzschnitte, 18. Jh.

Shu-jing [ʃudʒiŋ; chin. ›Kanon. Buch der Urkunden‹], **Shu-ching,** einer der konfuzian. ›Fünf Klassiker‹ mit politisch-moralisierenden Ansprachen, die Königen und Würdenträgern des späten 2. Jt. v. Chr. in den Mund gelegt sind. Der Text wurde wiederholt durch spätere Hinzufügungen verändert und wegen dieser ›Fälschungen‹ bis in die Neuzeit aus philolog., aber auch aus ideolog. Gründen stark diskutiert.

Ausgabe: The book of odes, übers. v. B. KARLGREN (1950).

Shukasaptati [ʃu-; Sanskrit ›Die 70 Erzählungen des Papageis‹] *die, -,* das →Papageienbuch.

Shull [ʃʌl], Clifford Glenwood, amerikan. Physiker, * Pittsburgh (Pa.) 23. 9. 1915; gehörte ab 1946 zu einer Forschungsgruppe, die am Graphitreaktor des Oak Ridge National Laboratory Neutronenquerschnitte untersuchte. 1955–86 war er Prof. am Massachusetts Institute of Technology. S. erhielt 1994 zus. mit B. N. BROCKHOUSE den Nobelpreis für Physik für die Entwicklung von Neutronenstreuungstechniken zur Untersuchung kondensierter Materie. Der Schwerpunkt seiner Forschung lag auf dem Gebiet der elast. Streuung therm. Neutronen, bes. unter Berücksichtigung der magnet. Eigenschaften des Neutrons.

Shultz [ʃʊlts], George Pratt, amerikan. Politiker, * New York 13. 12. 1920; Wirtschaftswissenschaftler; beriet die Administrationen Eisenhower, Kennedy und Johnson in Fragen der Arbeitspolitik. Unter Präs. R. NIXON war S. 1969–70 Arbeits-Min., 1970–72 Direktor des Office of Management and Budget. Ab 1972 Finanz-Min., distanzierte er sich von den Vorkommnissen der Watergate-Affäre und trat 1974 zurück. Als Außen-Min. (1982–89) vertrat er Präs. R. REAGANS Politik der Stärke gegenüber der Sowjetunion und der Abwehr kommunist. Bewegungen in Mittelamerika.

Shumchun [ʃumtʃun], Stadt in China, →Shenzhen.

Shun [ʃun], einer der chin. Urkaiser des 3. Jt. v. Chr. (→China, Geschichte)

Shunga [ʃ-; jap. ›Frühlingsbilder‹], erot. Darstellungen in Malerei und Grafik, bes. in Farbholzschnitten des Ukiyo-e, aber auch schon in mittelalterl. Querrollen. S. wurden von fast allen großen jap. Malern in natürl. Unbefangenheit geschaffen; ihre Veröffentlichung unterliegt heute der Zensur.

C. GROSBOIS: Jap. Studie über die erot. Darst. in der jap. Kunst. S. (a. d. Frz., Neuausg. 1979).

Shunshō [ʃunʃo], eigtl. **Katsukawa S.,** jap. Maler und Holzschnittmeister, * 1726, † Edo (heute Tokio) 1792; entwarf für den Farbholzschnitt des Ukiyo-e die ersten realist. und identifizierbaren Schauspielerporträts. Ebenso berühmt wurden seine Darstellungen schöner Frauen, seine Buchillustrationen (etwa 16 Bücher, mit SHIGEMASA und BUNCHŌ TANI) und Druckserien (z. B. über die Seidenraupenzucht).

Shunt [ʃʌnt; engl., eigtl. ›(Zusammen)stoß‹] *der, -s/-s,* **1)** *elektr. Messtechnik:* →Nebenschluss.

2) *Medizin:* krankhafte oder zu therapeut. Zwecken chirurgisch hergestellte Verbindung (Anastomose) zw. arteriellen und venösen Blutgefäßen oder zw. dem großen und kleinen Blutkreislauf. Bei angeborenen Herzfehlern, z. B. Vorhof- oder Kammerscheidewanddefekt, kommt es bei einem **Rechts-links-S.** zur Vermischung von venösem mit arteriellem, beim **Links-rechts-S.** zu der von arteriellem mit venösem Blut; das Mischblut wird auch als ›S.-Blut‹ bezeichnet. **S.-Umkehr** ist die Änderung der S.-Richtung meist von einem Links-rechts-S. zu einem Rechts-links-S. – Eine **S.-Operation** wird z. B. bei Pfortaderhochdruck durch entlastende Anlegung eines **portosystemischen** S. zw. Pfortader und unterer Hohlvene (**portokavaler S.**) oder der Nierenvene (**splenorenaler S.**) durchgeführt. Eine meist als interner S. angelegte Verbindung zw. einer Arterie (Arteria radialis) und einer Vene (Vena cephalica antebrachii) am Unterarm durch Gefäßanastomose oder Überbrückung mittels eines Transplantats oder einer Gefäßprothese dient dem Anschluss einer künstl. Niere bei Dialysepatienten.

Shunyata [ʃ-, Sanskrit] *die, -,* die ›Leere‹, ein zentraler Begriff des *Buddhismus:* im älteren Buddhismus Bez. dafür, dass die Dinge unbeständig, nichtwesenhaft und daher leidvoll sind. Im Mahayana-Buddhismus bezeichnet S. die Wesensnatur *aller* Dinge, insofern auch die als dauerhaft wahrgenommenen Dinge in Wirklichkeit einer Selbstnatur entbehren und substanzlos, d. h. ›Leerheit‹ sind.

Shurugwi [ʃ-], früher **Selukwe,** Bergbauort in Simbabwe, 1458 m ü. M., am Rand des zentralen Hochvelds, 13400 Ew.; Abbau von Chromerzen; Schmalspurbahn nach Gweru; Fremdenverkehr.

Shushigaku [ʃuʃi-], jap. Philosophenschule des Neokonfuzianismus, die auf den Lehren des chin. Philosophen ZHU XI aufbaut; im 18. Jh. (→japanische Philosophie) die orthodoxe Staatslehre der Tokugawashōgune.

Shute [ʃu:t], Nevil, eigtl. **N. S. Norway** [ˈnɔːweɪ], engl. Schriftsteller und Ingenieur, * Ealing (heute zu London) 17. 1. 1899, † Melbourne 12. 1. 1960; war als Flugzeugingenieur in der Forschung tätig; lebte ab 1950 in Australien. Er verfasste Flieger- und Kriegsromane (›The chequer board‹, 1947, dt. ›Schach dem Schicksal‹; ›A town like Alice‹, auch als ›The legacy‹, 1950, dt. ›Eine Stadt wie Alice‹) sowie den Zukunftsroman über die Folgen eines Atomkrieges ›On the beach‹ (1957; dt. ›Das letzte Ufer‹; verfilmt).

Weitere Werke: *Romane:* So disdained (1928, auch als The mysterious aviator; dt. In fremdem Auftrag); Trustee from the toolroom (1960; dt. Diamanten im Meer).

Shuttle [ˈʃʌtl; engl. ›im Pendelverkehr eingesetztes Fahrzeug‹, eigtl. ›Weberschiffchen‹] *der, -s/-s, Raumfahrt:* Kurz-Bez. für **Space-S.** (→Raumtransporter).

Shvetambara [ʃ-; Sanskrit ›der weiß Gekleidete‹], Angehöriger der in ihren asket. Forderungen und Ausdrucksformen weniger strengen Richtung des Jainismus (→Jaina). Die S. tragen im Ggs. zu den nackt gehenden →Digambaras weiße Gewänder. Die Unterschiede in Lehre und Kult sind nur gering.

SHV Holdings NV [-ˈhəʊldɪŋz-], niederländ. Großhandelsunternehmen, gegr. 1896 als Steenkolen Handels-Vereniging; Sitz: Utrecht. Kernaktivitäten sind Handel und Produktion von Energie und Rohstoffen (v. a. Flüssiggas) sowie Großhandel mit Konsumgütern (u. a. 172 Cash-and-carry-Großmärkte in 19 Ländern); Umsatz (1996): 29,96 Mrd. hfl, Beschäftigte: 66 900.

Shylock [ˈʃaɪlɔk], jüd. Wucherer in SHAKESPEARES Drama ›The merchant of Venice‹ (1600; dt. ›Der Kaufmann von Venedig‹). S. besteht unnachgiebig auf der Erfüllung seines Anspruchs auf ein Pfund Fleisch vom Leib eines Schuldners, wird aber überlistet. Neuere Bearbeitungen von S. J. G. ERVINE (›The lady of Belmont‹, 1923), ALAN DRURY (›Antonio‹, 1975) und A. WESKER (›The merchant‹, 1977) versuchen die antijüd. Tendenz SHAKESPEARES zu unterlaufen.

si, die siebente Tonsilbe der →Solmisation; in den roman. Sprachen Bez. für den Ton H.

Si, chem. Symbol für das Element →Silicium.

SI, Abk. für frz. Système International d'Unités, das →Internationale Einheitensystem, das von den →SI-Einheiten gebildet wird.

Siachengletscher [-tʃ-], Gletscher im Karakorum, im pakistan. Teil Kaschmirs (die Grenzziehung zum ind. Teil ist strittig), 75 km lang (einer der längsten Talgletscher der Erde), 1 180 km². An seinem SO-Ende entsteht die Nutra, die im ind. Ladakh in den Shyok mündet, der zum Indus fließt.

Siad Barre, Mohammed, Offizier und Politiker in Somalia, →Mohammed Siad Barre.

sial..., Wortbildungselement, →sialo...

Sial [Kw. aus Silicium und Aluminium] *das, -(s)*, **Sal**, *Geologie:* die obere, silicium- und aluminiumreiche Zone der kontinentalen Erdkruste. (→Erde)

Sialidae, die Wasserflorfliegen (→Schlammfliegen).

Sialinsäuren, **Acylneuraminsäuren**, Derivate der →Neuraminsäure, die Acylgruppen an der Aminogruppe oder an einer Hydroxylgruppe gebunden enthalten. Die S. kommen (meist in Form von Glykosiden) in tier. Geweben vor. S. enthaltende Glykoproteine (›Sialoglycoproteide‹) sind z. B. wesentl. Bestandteile der Schleimstoffe sowie der Oberfläche von Zellmembranen. S. enthaltende Glykolipide (›Sialoglykolipide‹) finden sich in tieferen Schichten der Zellmembranen und in den Gangliosiden der grauen Hirnsubstanz.

Sialkot [ˈsjɑːlkəʊt], Stadt in der Prov. Punjab, NO-Pakistan, nahe der Grenze zu Indien, 302 000 Ew.; Herstellung von Maschinen, chirurg. Instrumenten, Sportartikeln, Musikinstrumenten, Teppichen.

siallitisch, Bez. für die Verwitterungsart im humiden Klima, bei der der Humusgehalt des Bodens die Abfuhr von Kieselsäure und Aluminium verhindert und damit die Bildung silikat. Tonminerale fördert.

sialo... [griech. *síalon* ›Speichel‹], vor Vokalen verkürzt zu **sial...**, Wortbildungselement mit der Bedeutung: Speichel, z. B. Sialographie.

Sialo|adenitis *die, -/...tiden*, die →Speicheldrüsenentzündung.

Sialographie *die, -/...phi|en*, Röntgenkontrastuntersuchung der Ausführgänge der Unterkiefer- und Ohrspeicheldrüse zur Diagnose von chron. Entzündungen, Steinbildungen und Tumoren.

Sialsima, *Geologie:* das →Sima.

Siam, siames. **Sayam**, bis 1939 und 1946–49 Name von →Thailand.

Siamangs [malaiisch], Sg. **Siamang** *der, -s*, Gattung der →Gibbons.

Siamesen, älterer Name für die →Thai, i. e. S. Bez. für die Khon-Thai (→Tai) der zentralen Menamebene (Nachfahren der thaiisierten Vorbevölkerung).

siamesische Kunst, →thailändische Kunst.

siamesische Sprache, frühere Bez. für die →thailändische Sprache.

siamesische Zwillinge, volkstüml. Bez. für ein lebensfähiges eineiiges Zwillingspaar, das durch Gewebebrücken am Kopf oder Rumpf verwachsen ist und durch eine zusammenhängende Doppelbildung des Embryos entsteht, bei der lebenswichtige Organe auch nur bei einem Teil ausgebildet sein können; benannt nach einem Zwillingspaar aus Siam (CHANG und ENG BUNKES, * 1811, † 1874), das durch eine Verwachsung an der Brust verbunden war.

Siamkatzen, exot. Kurzhaarkatzen, mittelgroß, meist hellfarbig mit leuchtend blauen Augen; Ohren- und Schwanzspitze sowie Nasenspiegel sind dunkler; mit keilförmigem Kopf, steil aufgestellten Ohren, langem Körper; die Hinterbeine sind länger als die Vorderbeine; z. B. **Siam Seal-Point** mit schwarzbraunen, **Siam Blue-Point** mit blauen, **Siam Red-Point** mit roten, **Siam Tabby-Point** mit gestreiften Abzeichen.

Siamkatzen: Siam Seal-Point

Sian [ci-], Hauptstadt der Prov. Shaanxi, China, →Xi'an.

Siangkiang [ciaŋdʒaŋ], Fluss in China, →Xiang Jiang.

Siangtan [ci-], Stadt in China, →Xiangtan.

Šiauliai [ʃæuˈlɛi], Stadt in Litauen, →Schaulen.

Sibawaih, Amr Ibn Othman, arab. Philologe, * bei Schiras um 755, † ebd. 796 (?); verfasste die erste systemat. arab. Grammatik, bekannt u. d. T. ›al-Kitab‹ (das Buch), die von G. JAHN ins Deutsche übersetzt wurde (›Sibawaihi's Buch über die Grammatik‹, 4 Bde., 1895–1900).

Sibelius, Jean, eigtl. **Johan Julius Christian S.**, finn. Komponist, * Hämeenlinna 8. 12. 1865, † Järvenpää (Prov. Uusimaa) 20. 9. 1957; studierte in Helsinki (u. a. bei MARTIN WEGELIUS, * 1846, † 1906), Berlin und Wien (bei R. FUCHS und K. GOLDMARK) und trat ab 1892 mit eigenen Kompositionen an die Öffentlichkeit. V. a. die sinfon. Dichtung ›Kullervo‹ (1892), die stoffl. Motive aus dem Kalevala-Epos aufgreift, wurde als Beginn eines nationalromantisch geprägten Musikstils Finnlands begeistert aufgenommen. In einer zweiten Schaffensperiode (u. a. Violinkonzert, 3. Sinfonie) wandelte sich seine Musiksprache zu einer klassizist., autonom musikal. Gestaltung mit einer Tendenz zur Einfachheit und Sparsamkeit der Mittel. Nach der kühnen, für die Zeit (1911) relativ modernen 4. Sinfonie erreichte er mit der 5.–7. Sinfonie und der Tondichtung ›Tapiola‹ (1926) einen Reifestil von starker Ausdrucksintensität und meisterhafter struktureller Formung oft aus wenigen motiv. Kerngedanken heraus. S., der seit 1897 eine staatl. Pension erhielt und von 1904 an in Järvenpää lebte, fand schon vor dem Ersten Weltkrieg in Europa und Amerika unge-

Jean Sibelius

teilte Anerkennung. Dennoch hat er, aus kaum ersichtl. Gründen, nach 1929 nichts mehr komponiert.

Werke: *Oper:* Die Jungfrau im Turme (1896). – *Bühnenmusik:* Kuolema (1903; darin ›Valse triste‹ und ›Kranich-Szene‹). – *Sinfonien:* Nr. 1 e-Moll (1899); Nr. 2 D-Dur (1902); Nr. 3 C-Dur (1907); Nr. 4 a-Moll (1911); Nr. 5 Es-Dur (1915, revidiert 1919); Nr. 6 d-Moll (1923); Nr. 7 C-Dur (1924). – *Sinfonische Dichtungen:* Eine Sage (1892, revidiert 1901); Lemminkäinen-Suite (1893–95; Nr. 3 ›Der Schwan von Tuonela‹); Frühlingslied (1894); Finlandia (1899, revidiert 1900); Der Barde (1913); Die Okeaniden (1914). – *Orchestersuiten:* Karelia (1893); Scènes historiques I (1899) und II (1912); Suite caractéristique (1922). – *Violinkonzert:* d-Moll (1903, revidiert 1905). – *Streichquartett:* Voces intimae (1909). Klaviermusik, Chorwerke, Lieder.

I. KROHN: Der Formenbau in den Symphonien von J. S. (Helsinki 1942); E. TANZBERGER: J. S. Eine Monographie (1962); DERS.: Werk-Verz. J. S. (1962); E. TAWASTSTJERNA: S., 2 Bde. (London 1976–86); B. JAMES: The music of J. S. (Rutherford, N. J., 1983); R. LAYTON: S. (Neuausg. New York 1993).

Šibenik [ˈʃibeniːk], ital. **Sebenico**, Stadt in Kroatien, an der dalmatin. Küste, an der Mündung der Krka in das Adriat. Meer gelegen, 41 000 Ew.; kath. Bischofssitz; Städt. Museum; Ferrolegierungswerk, Textil- und Nahrungsmittelindustrie, Reparaturwerft; Handelshafen und Flottenstützpunkt; Fremdenverkehr. Nördlich von Š., in **Lozovac**, Aluminiumhütte, die auf der Grundlage lokaler Bauxitvorkommen und Wasserkraft Aluminium für das Walzwerk in **Ražine**, südöstlich von Š., erzeugt. – Die Stadt wird von drei Forts überragt; zahlr. Bauten aus Gotik und Renaissance, v. a. der Dom Sveti Jakov (1431–1555; reicher Skulpturenschmuck an den Portalen und den Chorapsiden); Rathaus mit Loggia (1. Hälfte 16. Jh.); Foscolo-Palast (15. Jh.). – Š., im 10. Jh. von slaw. Zuwanderern gegr. (1066 erstmals erwähnt), gehörte zunächst zu Byzanz und war im 11. Jh. Residenz der kroat. Könige. Ab 1180 war es als weitgehend freie Stadt meist unter ungar. Oberherrschaft (seit 1298 kath. Bischofssitz) und kam 1412 an Venedig, 1797 an Frankreich, 1815 an Österreich und 1918 an Italien. Durch den Rapallovertrag fiel es 1922 an das Königreich der Serben, Kroaten und Slowenen.

Šibenik: Löwenskulptur am Nordportal des Doms Sveti Jakov

Siberechts [ˈsiːbərɛxts], Jan, fläm. Maler, getauft Antwerpen 29. 1. 1627, † London zw. 1700 und 1703; war ab 1672 in London ansässig. S. malte, anfangs unter dem Einfluss der holländ. Landschaftsmalerei des 17. Jh. (J. BOTH u. a.), v. a. Landschaften in meist nur begrenzten Ausschnitten mit bäuerl. Figuren und Schlossansichten für engl. Auftraggeber.

Siberian Husky [saɪˈbɪərɪən ˈhʌskɪ], der, →Husky.

Siberit der, -s/-e, Mineral, Bez. für rötlich bis bläulich violetten →Turmalin.

Siberut, eine der →Mentawaiinseln, Indonesien.

Sibilant [zu lat. sibilare ›zischen‹] der, -en/-en, *Phonetik:* Zischlaut, →Laut.

Sibiride [nlat.], **sibiride Menschenrasse,** typolog. Kategorie v. a. für die indigenen Bewohner des sibir. Tundrengebiets. Sie sollen eine Übergangsform zw. →Mongoliden und →Europiden sein; kennzeichnend seien u. a. mittellanger Kopf, mittelbreites Gesicht und gering ausgeprägte Mongolenfalte.

Sibirien, russ. **Sibir, Sibir',** Großlandschaft in N-Asien, umfasst den größten Teil des asiat. Territoriums von Russland, reicht im SW bis in den N von Kasachstan, etwa 10 Mio. km², (1996) 24,3 Mio. Ew. (1961: 17,8 Mio. Ew.); erstreckt sich vom Ural im W bis zu den Gebirgen der pazif. Wasserscheide im O (7 000 km), von der Küste des Nordpolarmeers im N zur Kasach. Schwelle und den S-Hängen der südsibir. Gebirge an den Grenzen zur Mongolei und zu China im S (3 500 km). Neben der Untergliederung in **West-S.** (vom Ural bis zum Jenissej) und **Ost-S.** (vom Jenissej bis zur pazif. Wasserscheide) ist auch eine Dreiteilung mit **Mittel-S.** (vom Jenissej bis zur Lena) üblich.

Landesnatur

S. gliedert sich in mehrere natürl. Großräume. Zw. Ural und Jenissej breitet sich als eines der größten Tiefländer der Erde das →Westsibirische Tiefland aus, dem sich nach O zw. Jenissej und Lena das →Mittelsibirische Bergland anschließt. Zw. ihm und dem Byrrangagebirge auf der Halbinsel Taimyr (BILD →Russland) liegt das →Nordsibirische Tiefland. Östlich der mittleren und unteren Lena erstreckt sich bis zur pazif. Wasserscheide das bis 3 147 m ü. M. aufragende **Nordostsibirische Gebirgsland.** Es umfasst den mächtigen Bogen des Werchojansker und Kolymagebirges. Das Innere des Gebirgsbogens wird v. a. von Hoch- (bes. Tscherskigebirge) und Mittelgebirgen (Jana-Ojmjakon-Bergland u. a.) eingenommen, die aus mesozoischen Gesteinen aufgebaut sind und von Erz führenden Granit- und Diabasintrusionen durchzogen werden. Im N schließen vermoorte, von Seen durchsetzte Aufschüttungsebenen (Jana-Indigirka-Tiefebene, Kolymatiefebene) an. Die Gebirge Süd-S.s bilden mit Altai, Sajangebirge, Tannu-Ola, Tuwabergland und den Bergländern Baikaliens und Transbaikaliens eine hohe Barriere, die S. von Zentralasien trennt. An die →Sibirische Tafel bogenförmig angefaltet, später abgetragen und erneut gehoben, besteht dieser Raum aus Mittelgebirgen, alten Denudationsebenen (1 500–2 500 m ü. M.) und Hochgebirgen mit alpinen Formen (3 000–4 500 m ü. M.). Ein- und vorgelagerte Senken (Kusnezker und Minussinsker Becken, Tuwabecken) bergen Kohle und Erze.

Gewässer: S. wird von den großen Strömen Ob (mit Irtysch), Jenissej (mit Angara), Lena, Aldan, Kolyma und Indigirka durchflossen, die in das Nordpolarmeer münden. Sie sind im S fünf, im N acht Monate zugefroren; ihr Abfluss erfolgt zu 80–90 % in den Sommermonaten. Zahlr. Seen prägen das Gebiet. In der Tundra liegen viele meist kleinere, flache Seen, in den breiten Flussauen des Westsibir. Tieflands sind Altwässer, im Vorland der Gebirge Gebirgsrandseen, in den Gebirgen Karseen und im S Steppenseen (Tschanysee) typisch; größter See ist der →Baikalsee.

Klima: S. gehört zur gemäßigten und zur subpolaren Klimazone. Charakteristisch ist eine extreme Kontinentalität, die sich von W nach O verstärkt. Die mittlere Jahrestemperatur liegt nahezu in ganz S. unter 0 °C, im NO sogar bei −18 °C, wobei sich die Temperaturmittel der wärmsten und kältesten Monate um 35–68 Grade unterscheiden. Die Juliisothermen verlaufen breitenparallel (23 °C im S, 5 °C im N), die Januarisothermen umschließen dagegen den Kern des Hochs in Nordost-S. (−16 bis −20 °C im S, −40 bis

Sibirien: Wasjugansümpfe in Westsibirien, Russland (Gebiet Tjumen)

−48 °C im NO), wo in Werchojansk und Ojmjakon die Temperaturen bis −67,8 °C bzw. bis −70 °C fallen (→Kältepole). An Niederschlägen erhält der N im Jahr 100–250 mm, die westl. Waldzone 500–600 mm, die Gebirge im S 1 000–2 000 mm, überwiegend als Sommerregen, weshalb die 170–300 Tage bestehende Schneedecke nur 40–60 cm, lediglich am mittleren Jenissej bis 90 cm mächtig ist. Dauerfrostböden (etwa 200–500 m mächtig) sind in ganz Ost-S. sowie in West-S. nördlich des 62. Breitengrades verbreitet (etwa 6 Mio. km²).

Die *Vegetationszonen* verlaufen entsprechend den sich von N nach S ändernden klimat. Gegebenheiten annähernd breitenparallel. Die Abfolge Tundra, Taiga, Waldsteppe, Steppe ist bes. im Westsibir. Tiefland gut ausgeprägt. Östlich des Altai grenzen Taiga und Gebirgswälder dicht aneinander, sodass Waldsteppe und Steppe im O nur noch inselhaft auftreten (z. B. das Minussinsker Becken, das Tuwin. Becken, das Gebiet um Ulan-Ude, Tschita). Die Taiga Mittel- und Ost-S.s ist das größte flächenhaft zusammenhängende Waldgebiet der Erde (heute schon zum Teil durch wilden Kahlschlag abgeholzt); die boreale Nadelwaldzone erstreckt sich hier von der nördl. Waldgrenze (am Jenissej bei etwa 70° n. Br., an der Chatanga bei 72° n. Br., östlich der Lena im Mittel bei etwa 70° n. Br., im Gebiet des Anadyr bei etwa 65° n. Br.) über 20–25 Breitengrade; vorherrschende Baumart ist die Dahur. Lärche. Am Amur und am Ussuri kommen infolge des Monsuneinflusses Mischwälder vor.

Die *Tierwelt* umfasst viele Arten mit paläarkt. Verbreitung, die auch in Europa vorkommen. Unter den Großsäugern der Taiga sind am zahlreichsten der Braunbär und der Elch vertreten. Zu den Raubtieren gehören begehrte Pelztiere wie Zobel und Sibir. Feuerwiesel. Eine einzigartige, zu drei Vierteln endem. Fauna (z. B. Ölfische, Baikalgroppen und die Baikalrobbe) weist der Baikalsee auf. Zur Fauna der nördl. Regionen →Tundra.

Bevölkerung

Etwa 85 % der in S. lebenden Menschen sind Russen sowie 5 % Ukrainer und Weißrussen (zus. als **Sibirier** oder **Sibirjaken** bezeichnet). Außerdem leben in S. viele kleine Völker unterschiedl. Sprachzugehörigkeit (›kleine Völker des Nordens‹): →Paläosibirier, →Samojeden, Ob-Ugrier (Chanten, Mansen), Tungusen (Ewenken, Ewenen, Negidalen, Nanai, Oltscha, Oroken, Orotschen, Udehe). Dazu kommen Völker mit Turksprache (Jakuten, Tuwinen, Tofalaren, Dolganen, Altaier, Chakassen, Schoren, Westsibir. Tataren) und mongol. Sprache (Burjaten) sowie →Sibiriendeutsche. Die Bev. ist äußerst ungleichmäßig verteilt (90 % konzentrieren sich auf 10 % der Fläche): Am dichtesten ist der S von West-S. entlang der Transsibir. Eisenbahn und ihren Zweigstrecken besiedelt. Seit 1990 ist die Bev.-Zahl S.s, v. a. des Hohen Nordens, stark rückläufig. Zwei Drittel der Bewohner leben in Städten, deren größte Nowosibirsk (1997: 1,37 Mio. Ew.), Omsk (1,16 Mio.), Krasnojarsk (1995: 869 000), Barnaul (596 000), Irkutsk (585 000) und Nowokusnezk (572 000) sind.

Wirtschaft · Verkehr

Die Wirtschaft S.s ist einseitig auf die Rohstoffgewinnung und -verarbeitung ausgerichtet, die Konsumgüterindustrie ist ungenügend ausgebaut. Nach 1945, bes. aber nach 1971 erfolgte eine intensive Erschließung S.s durch die Schaffung großer Produktionskomplexe, z. B. Bratsk/Ust-Ilimsk, im südl. Jakutien, im Sajangebirge und an der Baikal-Amur-Magistrale. Die in großem Maßstab durchgeführte Ausbeutung der Naturschätze ohne Rücksicht auf die vorher weithin unberührte Natur führte zu großen Umweltschäden durch die Bergbau-, Energie- und Industriebetriebe. Hauptwirtschaftszweig ist die Förderung fossiler Brennstoffe (Erdgas auf der Halbinsel →Jamal, bei Urengoj, Jamburg, Medweschje, Messojacha, Berjosowo, Igrim, Punga; Erdöl bei Samotlor, Ust-Balyk, Sowjetskoje u. a.; Kohle im Kusnezker Steinkohlenbecken, im Kansk-Atschinsker, Irkutsker und Südjakut. Kohlenbecken) und ihre Verarbeitung in der petrochem. Industrie (u. a. in Tomsk) und in Wärmekraftwerken zur Gewinnung elektr. Energie. Diese – ergänzt durch Strom aus den Wasserkraftwerken (v. a. an Angara, Jenissej, Kolyma, Ob) – bilden zus. mit den reichen Erzvorkommen (Eisenerz im Kusnezker Alatau und im Schorijabergland, Kupfer-, Nickel-, Bleierz, Bauxit, Gold, Silber; Förderzentren Norilsk, Salair, Transbaikalien) die Grundlage für Eisen- (Kusnezk), Bunt- (Norilsk) und Leichtmetallurgie (Schelechow südlich von Irkutsk, Bratsk, Krasnojarsk) sowie den Maschinenbau. Dazu kommen dank der ausgedehnten Wälder die Holz- sowie in den Ballungsgebieten der Bev. die Nahrungsmittel- und Konsumgüterindustrie. S. erzeugt etwa 15% der Industrieproduktion Russlands. Der Anteil an der gesamtruss. Wirtschaft beträgt bei Erdöl 66%, Erdgas 75%, Kohle 60%, Eisen und Stahl 25% und Elektroenergie 25%; Jakutien ist wichtig für die Diamantengewinnung. Die ungünstigen natürl. Verhältnisse lassen nur im S West-S.s (etwa auf 26,7 Mio. ha, also 2,7% der sibir. Gesamtfläche) in größerem Umfang Ackerbau zu. Angebaut werden Sommerweizen, Zuckerrüben, Flachs und Kartoffeln sowie Futtermittel für die Rinder- und Schweinezucht; in einigen Gebieten ist auch die Schafzucht, in Nord-S. die Rentierhaltung sowie die Pelztierzucht und -jagd entwickelt.

Verkehr: Neben der Transsibir. Eisenbahn sind die Baikal-Amur-Magistrale (BAM) sowie die Süd-, Mittel- und Nordsibir. Eisenbahn die wichtigsten Verkehrswege. Im Bau befindet sich die Bahnstrecke Amur-Jakutsk, die Jakutsk mit der BAM und der Transsibir. Eisenbahn verbindet. Autofernstraßen führen vom Ural über Tschita (5 000 km) an die Grenze zu China und von Jakutsk nach Magadan im Fernen Osten (1 180 km). Weite Gebiete sind aber nur auf dem Luftweg oder im Winter auf den als Autostraßen genutzten zugefrorenen Flüssen erreichbar. Die Flussschifffahrt auf Ob, Jenissej und Lena verbindet einige Wirtschaftsgebiete Süd-S.s mit dem Seeverkehr auf der Nordostpassage; Seehäfen haben Dikson, Dudinka und Igarka. Die Schifffahrt wird jedoch durch den langen Eisgang stark behindert. Von den Erdöl- und Erdgasfördergebieten führen Pipelines zu den Verarbeitungs- und Verbrauchszentren im Ural, in Kasachstan, im europ. Teil Russlands sowie in mehreren europ. Staaten.

Vorgeschichte

Altsteinzeitl. Fundstätten im Hochaltai (Kisyl-Osek) und am Amur (Komary) zeigen die frühesten Spuren menschl. Besiedlung in S. Während Fundstätten des Jungpaläolithikums bisher auf Süd-S. beschränkt waren, haben die seit 1963 durchgeführten Untersuchungen der ›Archäolog. Lena-Expedition‹ den Nachweis für das Auftreten eiszeitl. Jägergruppen in ganz Nordost-S. erbracht. Bes. aufschlussreiche Fundstellen wurden im Aldantal entdeckt. Es handelt sich dabei um Kulturreste der mittleren und jüngeren Altsteinzeit, die durch Radiokarbonmessungen auf die Zeit von 33000 bis 8000 v. Chr. datiert werden konnten. Die nördlichste Grabungsstelle liegt am Fluss Berelech bei etwa 71° n. Br. Hier wurden mit den Überresten eines im Bodeneis konservierten Mammuts altsteinzeitl. Geräte gefunden.

Die regionale Gliederung der jungsteinzeitl. Funde lässt folgende Gruppen erkennen: 1) die Schigirkultur im Uralgebiet, 2) die Obkultur am Unterlauf des Ob und westlich des mittleren Jenissej, 3) die Baikalkultur zw. dem oberen Jenissej und dem Amurknie, 4) die Amurkultur, die Sachalinkultur und die Primorjekultur an der Küste des Jap. Meeres, 5) die Kultur des mittleren Lenagebiets, 6) die Kultur des unteren Lenagebiets, die sich östlich bis zur Tschuktschenhalbinsel ausgedehnt hat. Die jungsteinzeitl. und bronzezeitl. Jäger- und Fischerkulturen des Baikalgebiets geben durch gut erhaltene Grabbeigaben wertvolle Aufschlüsse über Wirtschaft, Kunst und Religion des 3. und 2. Jt. v. Chr. in diesem Gebiet. Am deutlichsten zeichnet sich der Ablauf der sibir. Vorgeschichte im Gebiet des oberen Jenissej ab; die hier ermittelte Kulturfolge ist die Grundlage für die Chronologie des gesamten nordasiat. Raumes.

Die →Afanasjewokultur bildet den Übergang zur Bronzezeit. Die Träger der Kultur gehören zur europiden Rassengruppe. In dieser Zeit (2. Jt. v. Chr.) wurde S. bis zu den Ufern des Nordpolarmeers besiedelt. Die bronzezeitl. Glaskowokultur des Angaratals ist durch sinnfällige Belege für das Auftreten des Schamanismus (Gräber mit Kultfiguren und Zubehör der Schamanenkleidung) bemerkenswert.

Anfang des 1. Jt. v. Chr. bildete die →Andronowokultur einen einheitl. Formenkreis vom Altai bis zum südruss. Steppengebiet. In ihrem Bereich wurde neben Viehzucht auch Ackerbau (Weizen) betrieben. Die →Karassukkultur am oberen Jenissej (Minussinsk) scheint auf eine Einwanderung aus N-China zurückzugehen, kulturelle Beziehungen weisen außerdem zur Mongolei. Seit 700 v. Chr. bestanden in S. versch. Kulturen der Eisenzeit, von denen die →Tagarkultur am oberen Jenissej als Zweig der skyth. Kultur die bedeutendste ist. Durch die Ausgrabungen der Kurgane im →Pasyryk im Altaigebiet, wo viele Zeugnisse der →Steppenkunst gefunden wurden, ist diese Kultur bes. bekannt. Um Christi Geburt entwickelte sich als Fortsetzung der Tagarkultur die →Taschtykkultur. – Im N von S. verblieb die Bev. auf der Stufe der Jäger, Fischer und einfachen Viehzüchter.

Geschichte

S. hieß Ende des 15. Jh. ein Khanat im unteren Irtyschtal östlich des Ural; seit dem 17. Jh. wird das gesamte nordasiat. Gebiet bis zum Pazif. Ozean als S. bezeichnet; der östl. Teil erhielt in sowjet. Zeit die Bez. ›Fernostgebiet‹.

Schon im 11./12. Jh. geriet Nordwest-S. (›Jugra‹) in den Einflussbereich Nowgorods, das mit den dort lebenden Völkern Pelzhandel betrieb bzw. von diesen Tribut einzog. Im 13. Jh. wurde S. mit Ausnahme des N von den Mongolen unterworfen; West-S. gehörte zur Goldenen Horde, nach deren Zerfall sich im 15. Jh. das Khanat S. bildete. Im Auftrag der Kaufmannsfamilie STROGANOW drang 1581 (oder schon 1579) von der Kama aus eine Kosakenabteilung unter JERMAK TIMOFEJEWITSCH bis zum Irtysch vor und eroberte das Khanat (Einnahme der Hauptstadt Isker 1582). 1586 wurde Tjumen als erste russ. Stadt in S. gegr.; 1604 entstand Tomsk. Bei der weiteren Erschließung im 17. Jh. folgten Kosaken und ›Dienstleute‹ des Zaren den großen Flusssystemen; 1639 war das Ochotsk. Meer erreicht, um 1644/45 die Amurmündung. In Ost-S. entstanden u. a. die Stützpunkte Jenissejsk (1619), Krasnojarsk (1628), Jakutsk (1632) und Irkutsk (1652/61). Die einheim., kulturell und ethnisch sehr unterschiedl. Bev. (Mitte des 17. Jh. etwa 200 000 Menschen) wurde zur Entrichtung von Steuern (›Jasak‹, zumeist in Form von Fellen) gezwungen. Nachdem China im Vertrag von Nertschinsk (1689) den Verzicht Russlands auf das Amurgebiet erreicht hatte, musste es 1858/60 alle Ansprüche auf die Gebiete am Amur und Ussuri aufgeben. S. wurde zunächst direkt von Moskau aus verwaltet; erst 1708 wurde das Gouv. S. (Zentrum Tobolsk) errichtet. 1822 entstanden die Gen.-Gouv. West-S. (Zentrum Tobolsk, seit 1839 Omsk) und Ost-S. (Irkutsk); weitere administrativterritoriale Neugliederungen im 19. und 20. Jh. schlossen sich an (u. a. 1925/26 Bildung der Sibir. und der Fernöstl. Region, 1922 Gründung der Jakut. ASSR, 1923 der Burjat-Mongol. ASSR, 1930 Schaffung nat. Kreise für die kleinen Völkerschaften).

Seit dem 18. Jh. gewann der Bergbau an Bedeutung (ab dem 19. Jh. bes. die Goldförderung). Im 19. Jh. nahm die Verbannung von Verbrechern und polit. Gegnern des Zarismus nach S. stark zu. 1891 begann der Bau der Transsibir. Eisenbahn (1916 fertig gestellt); 1896–1914 wurden etwa 4 Mio. Bauern aus Zentralrussland nach S. umgesiedelt. Im Bürgerkrieg beherrschte 1918/19 Admiral A. W. KOLTSCHAK West-S. (Reg.-Sitz Omsk). Als Pufferstaat zu dem 1918–22 von Japan besetzten Ost-S. existierte 1920–22 die ›Fernöstl. Rep.‹. Bis Dezember 1922 eroberten die

Bolschewiki ganz S. In den 30er-Jahren entstand eine schwerindustrielle Basis (Kohle, Metallurgie; bes. Ural-Kusnezker Kombinat). Im Zweiten Weltkrieg verlagerte die sowjet. Reg. zahlr. Industriebetriebe aus dem europ. Teil Russlands nach S. – Unter der Herrschaft STALINS, insbesondere zur Zeit der Großen →Tschistka, wurden zahlr. Zwangsarbeits- und Internierungslager in S. errichtet (1947 nach Angaben ehem. Häftlinge zw. 4 und 6 Mio. Verbannte und Kriegsgefangene. Die nach 1945 verstärkt betriebene wirtschaftl. Entwicklung, die sich jedoch v. a. auf eine Erschließung und die Nutzung neuer Rohstofflager (z. B. Erdgas) konzentrierte, ging einher mit einer weiteren verkehrstechn. Erschließung (u. a. Errichtung der BAM), führte jedoch auch aufgrund der rigorosen Ausnutzung der natürl. Ressourcen zur ökolog. Schädigung großer Gebiete.

Istorija Sibiri s drevnejšich vremen do našich dnej, 5 Bde. (Leningrad 1968–69); A. P. OKLADNIKOW: Der Hirsch mit dem goldenen Geweih. Vorgeschichtl. Felsbilder S.s (a.d. Russ., 1972); DERS.: Der Mensch kam aus S. (a.d. Russ., Wien 1974); J. A. MOCANOV: Drevnejšie ėtapy zaselenija čelovekom Severo-Vostočnoj Azii (Nowosibirsk 1977); W. FAUST: Rußlands goldener Boden. Der sibir. Regionalismus in der zweiten Hälfte des 19. Jh. (Wien 1980); L. THOMAS: Gesch. S.s (Berlin-Ost 1982); S., ein russ. u. sowjet. Entwicklungsproblem, hg. v. G. LEPTIN (1986); L. DINES: Soviet Asia. Economic development and national policy choices (Boulder, Colo., 1987); Siberia and the Soviet Far East. Strategic dimensions in multinational perspective, hg. v. R. SWEARINGEN (Stanford, Calif., 1987); Siberia. Problems and prospects for regional development, hg. v. A. WOOD (London 1987); The development of Siberia. People and resources, hg. v. DEMS. (Basingstoke 1989); The history of Siberia. From Russian conquest to revolution, hg. v. DEMS. (London 1991); Die Erschließung S.s u. des Fernen Ostens, hg. v. V. V. VOROB'ÉV u.a. (a.d. Russ., Gotha 1988); H. KLÜTER: Die territorialen Produktionskomplexe in S. Ein Beitrag zur Perestrojka der regionalen Investitionspolitik in der Sowjetunion (1991).

Sibiri|endeutsche, die dt. Siedler, die bis zum 19. Jh. vereinzelt, seit 1881 in planmäßiger Kolonisation sowie nach dem Ersten und bes. dem Zweiten Weltkrieg in Zwangsverbannung im südwestl. Sibirien in den Räumen Omsk und Nowosibirsk, weit verstreut auch bis Irkutsk, Jakutsk und Kamtschatka lebten und leben. (→Russlanddeutsche)

Sibiri|er, Sibirjaken, die Russisch sprechende Bev. in →Sibirien, i. e. S. die Nachkommen der von Ende des 16. Jh. bis zum Beginn der sowjet. Herrschaft eingewanderten Russen, Ukrainer und Weißrussen.

Sibirische Lärche, Larix sibirica, Art der Lärche, verbreitet von NW des europ. Russland bis W-Sibirien; bis 30 m hoher Baum mit schlankem Stamm und schmaler, kegelförmiger Krone; Kurztriebe sehr dicht zusammenstehend, mit fast fadenförmigen, schmalen, 2,5–5 cm langen Nadeln in Büscheln; in Dtl. selten als Zierbaum kultiviert.

Sibirische Tafel, das asiat. Gegenstück zur Russ. Tafel im Bereich des Mittelsibir. Berglands. Der bereits im Präkambrium intensiv gefaltete kristalline Sockel wird vor zumeist flach und ungestört lagernden paläozoischen und mesozoischen Sedimenten bedeckt. Zutage tritt der präkambr. Untergrund im Jenissejrücken, Östl. Sajan, Aldanbergland und Witimplateau. Im gesamten NW der S. T. kam es während des Oberperms und der Unteren Trias zu ausgedehnter vulkan. Tätigkeit; die entstandenen Trappdecken überragen ihre Umgebung z. T. um mehrere Hundert Meter. Die S. T. wird von den paläozoischen Orogengürteln der Halbinsel Taimyr im N und der Angarageosynklinale im S und SW sowie den mesozoisch-tertiären Faltengebirgen im O und SO umrahmt.

Sibirische Tataren, die →Westsibirischen Tataren.

Sibirjaken, die →Sibirier.

Sibiu, Stadt in Rumänien, →Hermannstadt.

Sibley ['sɪblɪ], Antoinette, brit. Tänzerin, * Bromley (heute zu London) 27. 2. 1939; war 1956–79 Mitgl. (1959 Solistin) des Londoner Royal Ballet, danach gelegentlich als Gastballerina tätig; erfolgreich mit lyr. Mädchenpartien; Partnerin von A. DOWELL.

Sibu, zweitgrößte Stadt in Sarawak, Ostmalaysia, 126 400 Ew. (meist Chinesen); Hafen am Rajang (für kleine Seeschiffe zugänglich), 130 km landeinwärts; Ausfuhr von Holz, Kautschuk, Pfeffer; Holzindustrie; Flugplatz.

Sibylle:
Die Sibylle von Cumae; Detail des Deckenfreskos von Michelangelo in der Sixtinischen Kapelle in Rom; um 1510; Zustand vor der Restaurierung 1980 ff.

Sibylle, im Altertum Name weissagender Frauen, so der S. von Erythrai (W-Kleinasien) oder von Tibur (heute Tivoli). Der S. von →Cumae wurden die (83 v. Chr. verbrannten) ›Sibyllin. Bücher‹ in Rom zugeschrieben, eine Sammlung von Kultvorschriften und Weissagungen, die im Keller des kapitolin. Jupitertempels aufbewahrt wurde und nur von dem Priesterkollegium der Decemviri sacris faciundis in Notzeiten zurate gezogen werden durfte. Von den Sibyllin. Büchern sind die Sibyllin. Orakel (›Oracula Sibyllina‹) zu unterscheiden, eine z. T. bis ins 2. Jh. v. Chr. zurückreichende, 14 Bücher umfassende Sammlung sibyllin. Weissagungen in griech. Hexametern (Bücher 9–10 nicht erhalten); sie ist die christl. Überarbeitung jüd. Orakel, die ihrerseits wieder auf heidn. beruhen. Die Orakel enthalten Bußmahnungen und Weissagungen über den kommenden Messias und das Weltende.

In der *bildenden Kunst* deuten Darstellungen von S. deren Weissagungen als Hinweise auf die Menschwerdung CHRISTI, ausgehend von der aus Byzanz stammenden Legende, die S. von Tibur habe Kaiser AUGUSTUS die Ankunft CHRISTI vorhergesagt. Abgesehen von frühen Beispielen in der armen. werden S. – in Gruppen mit wechselnder Anzahl oder als Einzelfigur (Fresko in Sant' Angelo in Formis bei Capua mit der erythräischen S.) – seit dem 11. Jh. dargestellt. Fresken im Limburger Dom (13. Jh.) stellen vier S. vier Philosophen gegenüber. An den Kanzeln von G. PISANO in Pistoia (1301) und Pisa (1302–12) finden sich sechs S., zehn S. z. B. am Ulmer Chorgestühl (von J. SYRLIN D. Ä.), wo sie ebenfalls heidn. Philosophen gegenübergestellt sind. MICHELANGELO malte in den fünf S. der Sixtin. Kapelle (1508–12) große eigenständige Charaktere. Seit dem letzten Viertel des 15. Jh. ist – in Parallele zu den Aposteln – die Anzahl von zwölf S. z. B. in Blockbüchern belegt; zwölf S. zeigt auch der Huldigungssaal im Goslarer Rathaus. Als Einzelfigur wird nun bevorzugt die tiburtin. S. dargestellt, wie sie dem Kaiser AUGUSTUS am Himmel MARIA mit dem Kind zeigt (Miniatur der ›Très riches

heures‹ des JEAN DE FRANCE, Herzog VON BERRY; Bladelin-Altar ROGIERS VAN DER WEYDEN).
Ausgaben: Die Oracula Sibyllina, hg. v. J. GEFFCKEN (1902, Nachdr. 1967); Sibyllin. Weissagungen, übers. v. A. KURFESS (1951).

Sibyllenmeister, Maler, →Meister der Goslarer Sibyllen.

Sica, Vittorio De, ital. Bühnen-, dann Filmschauspieler und Regisseur, →De Sica, Vittorio.

Siccard von Siccardsburg, August, österr. Architekt, *Wien 6. 12. 1813, †ebd. 11. 6. 1868; ab 1843 Prof. an der Akademie in Wien und Mitarbeiter von E. VAN DER →NÜLL.

sic et non [lat. ›so und nicht so‹, ›ja und nein‹], Formel für das die scholast. Philosophie kennzeichnende method. Schema der Quaestiones und Disputationen. Bei jeder Frage werden zuerst die dafür-, dann die dagegensprechenden Autoritäten gehört und dann die Lösungen gegeben. – Ein Hauptförderer dieser Methode war P. ABAELARDUS.
M. GRABMANN: Gesch. der scholast. Methode, 2 Bde. (1909-11, Nachdr. 1961).

Sichel [ahd. zihhila, wohl von lat. secula ›kleine Sichel‹], 1) *Botanik:* →Blütenstand.

2) *Landwirtschaft, Gartenbau:* ein einfaches Gerät zum Abschneiden von Gras, Futterpflanzen, Getreide u. Ä., besteht aus einem kurzen Holzstiel und einer halbmondförmigen spitzen Stahlklinge.

Die ältesten S. der Jungsteinzeit bestanden aus einem gebogenen oder geraden Griff aus Holz oder Knochen, deren Vorderteil durch Feuersteinklingen zur Schneide gestaltet wurde. Seit der mittleren Bronzezeit (um 1500 v. Chr.) wurden in Europa aus Bronze gegossene S. mit Holzstiel verwendet. Ihr häufiges Vorkommen in Hortfunden lässt vermuten, dass sie auch als Zahlungsmittel dienten. Eiserne S. wurden erst in der La-Tène-Zeit verwendet. Im vorgeschichtl. China dienten S. auch als Sakralgeräte. Die erste mechanisierte S., eine zweirädrige Mähmaschine, stammt aus galloröm. Zeit (1. Jh. n. Chr.). Durch an einer waagerechten Leiste befestigte Zähne wurde das Getreide abgeschnitten; es fiel in einen Kasten. Die Maschine wurde von Maultieren oder Ochsen geschoben. – Zur Symbolik →Hammer und Sichel.

Sichelbein, Os falciforme, bei Maulwürfen auf der ›Daumenseite‹ der Grabhand gelegener, sichelförmig gebogener, zusätzl. Knochen, der die Grabfläche verbreitert.

Sichel des Archimedes, *Geometrie:* der →Arbelos.

Sicheldüne, der →Barchan.

Sichelflügel, ein Pfeilflügel (→Flugzeug) mit vom Rumpf zu den Flügelspitzen hin abnehmender Pfeilstellung der Flügelvorderkante, wodurch der Flügel eine sichelförmige Grundrissform erhält; bietet gegenüber dem normal gepfeilten Flügel baul. Vorteile sowie bessere Wirksamkeit der Querruder.

Sichelflügler, Drepanidae, Familie der Schmetterlinge mit 400 Arten (in Mitteleuropa sieben), bes. in der Alten Welt und Nordamerika, ähnlich den Spannern; der Außenrand der Vorderflügel ist sichelartig ausgezogen.

Sichelkeime, Sporenform der Malariaerreger (→Malaria).

Sichelmöhre, Falcaria, Gattung der Doldenblütler mit nur wenigen Arten in Mitteleuropa und im Mittelmeerraum bis Zentralasien; zweijährige bis ausdauernde Kräuter mit dreizählig fiederschnittigen Blättern und weißen Blüten in Doppeldolden. Heimisch ist an trockeneren Stellen und an Rainen die 20-90 cm hohe **Gemeine S.** (Falcaria vulgaris).

Sichelmoose, Drepanocladus, Gattung der Laubmoose mit rd. 40 Arten; häufige Braunmoosarten in den Feuchtgebieten Mitteleuropas. Die Arten der Gattung sind durch ihre amphib. Lebensweise sehr variabel, da sie extreme Wasserstandsschwankungen tolerieren; in tiefen Sümpfen können einige Arten Braunmoostorfe bilden.

Sichelschrecken, Phaneropteridae, Familie der Langfühlerschrecken mit 1600 v. a. trop. Arten (in Mitteleuropa 18), 12–48 mm lang; der Legebohrer ist sichelförmig nach oben gebogen, die Flügel sind oft verkürzt. Die Larven einiger S. ähneln Ameisen, andere Käfern.

Sichelstock, der →Phakolith.

Sicheltanne, die Pflanzengattung →Japanzeder.

Sicheltimali|en, die →Säbler.

Sichelwanzen, Nabidae, Familie der Landwanzen mit 320 Arten (in Mitteleuropa 15), 4–12 mm lang, schlank, oft stummelflügelig, Rüssel sichelartig nach unten gebogen; flink, leben räuberisch von Milben, kleinen Insekten und deren Eiern.

Sichelwespe, Exochilum circumflexum, Therion circumflexum, rötlich gelbe Schlupfwespenart, deren Larve in Raupen des Kiefernspinners parasitiert.

Sichelzellen|anämie, Sichelzell|anämie, Drepanozytose, zu den häufigsten →Hämoglobinopathien gehörende, rezessiv erbl., durch Punktmutation auf Chromosom 11 verursachte qualitative Anomalie des Eiweißanteils des Hämoglobins; hierbei kommt es zur Substitution einer Aminosäure (Glutaminsäure) in Position 6 der β-Ketten durch eine andere (Valin). Dadurch wird die Löslichkeit des Hämoglobins bei Sauerstoffmangel herabgesetzt, sodass sich ein halbfestes Gel bildet, wodurch die roten Blutkörperchen sichelförmig deformiert werden (Sichelzellen oder Drepanozyten). Die hierdurch bewirkte Zähflüssigkeit des Blutes führt zu Verstopfung der Kapillargefäße mit Organschäden und den für die Hämoglobinopathien typ. Symptomen sowie zu einem Zugrundegehen der roten Blutkörperchen (hämolyt. Anämie).

Bei homozygoter Ausprägung beträgt der Anteil der abnormen Blutkörperchen 70–99%; bei heterozygoter Ausprägung < 50%). Die S. tritt v. a. in gegenwärtigen oder früheren Endemiegebieten der Malaria auf, so bes. bei Negriden in W- und O-Afrika, jedoch auch in N-Griechenland, der N-Türkei und S-Indien, da bei Trägern der Sichelzellenanlage die Malaria tropica leichter und niemals tödlich verläuft (Selektionsvorteil bei heterozygoter Ausprägung). Die homozygote S. führt häufig bereits im Kindesalter zum Tod. Symptomat. Behandlungsmaßnahmen bestehen in Bluttransfusionen und Flüssigkeitszufuhr (Blutverdünnung).

Sichem [hebr. šᵉḥæm ›Nacken‹], in vorhellenist. Zeit bedeutendste Stadt Mittelpalästinas, heute Ruinenhügel **Tell Balata,** 1,5 km südöstlich von Nablus. Durch die verkehrstechnisch und strategisch günstige Lage im Pass zw. den Bergen Ebal und Garizim, zw. Jordangraben und Mittelmeer, war S. zur Vorherrschaft über Mittelpalästina prädestiniert. Als bedeutende Kanaanäerstadt wird S. schon in den ägypt. Ächtungstexten (19. Jh. v. Chr.) erwähnt. Die bibl. Überlieferung lokalisiert in S. den ersten Rastplatz Abrahams im verheißenen Land (1. Mos. 12, 6 f.); JAKOB erwirbt dort ein Grundstück (1. Mos. 33, 19), das nach Josua 24, 32 als Grabstätte für JOSEPH dient. Der bibl. Bericht über den so genannten ›Landtag von S.‹ (Josua 24, 1 – 28) weist auf die zentrale kult. und polit. Bedeutung S.s für den israelit. Stämmeverband hin. Besiedlungsspuren reichen bis ins 4. Jt. v. Chr. zurück. Befestigungsanlagen sind aus der Hyksoszeit (etwa 1700–1550) erhalten (Kyklopenmauer, Palastanlage, Tor, Festungstempel). Aus den Amarnabriefen (14. Jh. v. Chr.) ist LABAYA, der Stadtkönig von S., bekannt, der das gesamte mittelpalästin. Bergland kontrollierte, dann aber gestürzt wurde. Ähnlich versuchte ABIMELECH als Stadtkönig von S.

Sichelmöhre:
Gemeine Sichelmöhre
(Höhe 20-90 cm)

Sichem: Ausgrabungen am Ruinenhügel Tell Balata

im 12. Jh. v. Chr. seine Macht auszuweiten, scheiterte aber ebenfalls, was zur Zerstörung S.s führte (Ri. 9). Nachdem S. israelitisch geworden war, wurde es unter SALOMO wieder aufgebaut. Die Bedeutung S.s für Israel noch in der Königszeit spiegelt 1. Kön. 12: REHABEAM musste nach S. gehen, um sein Königtum bestätigen zu lassen, und JEROBEAM I., nach der Reichsteilung König des Nordreiches, machte S. zur Hauptstadt, nachdem er dort zum König gewählt worden war. Erst als die Hauptstadt Israels nach Tirza verlegt wurde, verlor S. seine Vorrangstellung. Feldzüge der Ägypter (10. Jh. v. Chr.) und Assyrer (722 v. Chr.) zerstörten die Stadt. Im 4. Jh. v. Chr. nahm S. noch einmal einen Aufschwung, bevor HYRKANOS I. im Jahr 128 v. Chr. die Stadt endgültig zerstörte. (→Nablus)

G. E. WRIGHT: Shechem. The biography of a biblical city (London 1965); H. WEIPPERT: Palästina in vorhellenist. Zeit (1988).

Sicherheit [zu lat. securus ›sicher‹], Begriff, der zunächst – bei CICERO und LUKREZ belegt –, einen Seelenzustand der Freiheit von Sorge und Schmerz bezeichnete und somit auf die Verfassung des Individuums beschränkt war. Im Zusammenhang mit der Vorstellung einer ›Pax Romana‹ wurde S. im 1. Jh. n. Chr. zu einer polit. Leitidee. Daneben wurde der Begriff ebenfalls bereits im Lateinischen als Terminus technicus in einer wirtschaftl. und finanztechn. Bedeutung als ›Schuldensicherung‹, ›Quittung‹ oder ›Bürgschaft‹ verwendet, eine Variante, die auch heute noch unter dem Begriff S. angesprochen wird. Der Vieldeutigkeit der Begriffsverwendung entspricht die Verschiedenheit der Rahmenbedingungen und der Dimensionen der S.-Vorstellungen; sie können bei unterschiedl. Menschen, Themenbereichen, gesellschaftl. Konventionen und historisch sich wandelnden Umständen so weit auseinander liegen, ›dass S. als individuelle und gesellschaftlich-polit. Wertvorstellung keine eigenständige inhaltl. Bedeutung aufweist, sondern stets auf spezifische persönl. und gesellschaftl. Wert- und Bedürfnisvorstellungen und deren Verwirklichung bezogen ist‹ (R. GÜNTHER/B. MEYER).

Indem S. einerseits mit der Individualität bzw. Personalität des Menschen, andererseits mit der Geltung gesellschaftl. Vorstellungen, Konventionen, Standards und Normen in Verbindung gebracht wird, drückt sich ein spezifisch neuzeitl., genauer seit dem frühen 19. Jh. belegbarer Begriffsumfang aus, dessen Bedeutung als gesellschaftl. Leitidee im 20. Jh. noch deutlich zugenommen hat.

So lässt sich heute von S. als einem gesellschaftl. ›Wertbegriff‹ und ›Wertsymbol‹ sprechen (F.-X. KAUFMANN), und zwar in der Bedeutung, die anderen ›großen Worten‹ der Neuzeit wie Freiheit, Gleichheit, Gerechtigkeit, Wissenschaft oder Ordnung zukommt. S. bezeichnet in diesem Sinne weniger einen Zustand oder eine eindeutig fassbare soziale Situation, wenngleich sich im Alltag auch dieser Wortgebrauch feststellen lässt, sondern ein Programm, eine Zielbestimmung, die sich in sozialem Handeln, in polit. Aktionen, in psych. Reaktionen, techn. Vorkehrungen, wiss. Berechnungen, moral. Appellen, gesetzl. Regelungen und gesellschaftl. Institutionen ausdrücken kann. Trotz seiner Unschärfe ist der Begriff im Alltagswissen der Menschen fest verankert und kann nahezu voraussetzungslos verstanden werden. In diesem Verständnis wird die Vorstellung von S. mit den Begriffen Geborgenheit, Schutz, Risikolosigkeit, Gewissheit, Verlässlichkeit, aber auch mit Selbstbewusstsein, Vertrauen und Geschicklichkeit und nicht zuletzt mit Verfügbarkeit, Garantiertheit, Voraussehbarkeit, Berechenbarkeit und Haltbarkeit verbunden. Als Gegenbegriff verweist S. auf Gefahr, Risiko, Unordnung und v. a. Angst.

Bezogen auf dieses Alltagsverständnis von S. lassen sich eine *innere*, von psych. Faktoren ebenso wie von Selbstbewusstsein und biograph. Erfahrung und Vorstellung abhängige Seite der S. und eine *äußere*, kollektiv oder gleichsam objektiv gegebene, auf Risikominimierung, Planung, techn. Handhabbarkeit und Schutzgewährung zielende Seite unterscheiden. Dabei besteht die Wirksamkeit sicherheitsbezogener Regelungen, Handlungen und Programme in der Ansprache beider Seiten: Sozialversicherungen sind ebenso wie Reisekostensicherungen und Garantiekarten, Sicherheitstechnik und Sicherheitspolitik auf die gesellschaftl. Regelung unsicherer Sachverhalte, die Minimierung eines Risikos oder die Absicherung eines wertvollen Gutes im Hinblick auf die Zukunft angelegt, wie sie gegenüber den tatsächlich eintretenden Wechselfällen des Lebens kontingent bleiben müssen. Ihre Wirkung beruht in der Ansprache der ›inneren‹ Dimension durch die Organisation der äußeren Aspekte und umgekehrt.

Die historische Dimension des Begriffs

War der in der röm. Geschichte verankerte antike Begriff der S. zunächst auf den Bereich der philosoph., polit. und jurist. Sprache beschränkt, wozu das Christentum noch die Vorstellung von S. als Folge des Gottvertrauens sowie der Gnade und der Erlösung hinzufügte, so findet sich der Begriff in der mittelalterl. Welt v. a. als Bestandteil der zw. Personen bestehenden Rechtsverhältnisse (Lehnswesen) und im späten MA. im Zusammenhang mit Fragen der heute so bezeichneten ›inneren S.‹, also z. B. bezüglich des Schutzes von Pilgerwegen und Handelsstraßen sowie der Eindämmung des Fehdewesens. Damit findet sich eine Vorform für den Begriff der S., der in der frühen Neuzeit das polit. Handeln der Staaten und Fürsten bestimmte, wobei nun die Garantie der S. nach innen und außen Aufgabe staatl. Obrigkeit wurde. Die neuzeitlich-polit. Bedeutung von S. entstand im Zusammenhang mit der frühneuzeitl. Territorialstaatsbildung. Die persönl. S. der Fürsten war von der Sicherung des öffentl. wohls nicht immer zu trennen. Über diesen Vorgang wurde S. aber auch zum Thema jener mit der europ. Neuzeit in Gang gesetzten ›Fundamentalpolitisierung‹ (K. MANNHEIM), in deren Zusammenhang nicht nur die Welt- und Gesellschaftsordnung ihrer gottgegebenen Legitimation verlustig

Schlüsselbegriff

Sich Sicherheit

ging, sondern auch die Maßnahmen der politisch Mächtigen zum Thema kontrovers geführter Auseinandersetzungen wurden. Auch in der Perspektive der Individuen wurde damit S. zu einem Ziel, das zu verwirklichen dem einzelnen Menschen selbst aufgegeben war, wobei das Vertrauen auf religiös gebundene S.-Versprechen ein möglicher, keineswegs aber mehr der kollektiv akzeptierte Weg sein konnte. War in einem altständ. Sinne die Gewährung von S. die Voraussetzung für die je nach Ständen wahrnehmbaren Möglichkeiten von Freiheit, so wird nun S. auch als Gegenbegriff von Freiheit erkennbar: Staatl. Maßnahmen, die dem Fürsten zur Sicherung seiner Macht zur Verfügung stehen, können zugleich die Freiheit und damit die S.-Bedürfnisse der Untertanen verletzen. Im 17. Jh. gehört der Begriff zu den staats- und völkerrechtlich anerkannten Zielvorstellungen und findet sich namentlich im Zusammenhang mit Religionsfriedensschlüssen, mit der Kriegs- und Friedenspolitik und im Bereich der Legitimierung von militär. Optionen und Operationen.

In dem Maße, in dem S. in der Staatsphilosophie des 17. und 18. Jh. zu einer öffentl. Frage wird, die zunächst den Fürsten, dann den Staaten, schließlich der Bürgergesellschaft selbst als Organisationsaufgabe zufällt, spiegelt diese Abfolge den Gang der Staats- und Legitimitätsvorstellungen von der Apologie des Absolutismus über die Naturrechtsdiskussion bis zur Frz. Revolution wider. Daraus erklärt sich, dass in der bürgerl. Philosophie des 17. Jh., so bei T. HOBBES, S. PUFENDORF und J. LOCKE, unter S. v.a. auch die S. des Eigentums gefasste und dass in der weiteren Diskussion, so bei C. WOLFF, der Anspruch auf Rechts-S. als ein ›angeborenes Recht‹ formuliert wurde. Insoweit damit S. als Aufgabe staatl., öffentl. und auch gesellschaftl. Handelns in den Vordergrund tritt, findet die bereits von G. W. LEIBNIZ 1697 vorgeschlagene Idee des Aufbaus von Versicherungseinrichtungen Anwendung, zunächst bei Seetransporten, später auch für andere Wechselfälle des Lebens. Diese Form der Herstellung von S. war an die Entwicklung der Wahrscheinlichkeitsrechnung, der Sozialstatistik und nicht zuletzt an ein sprunghaft ansteigendes Wissen über Verkehrswege, Witterungen und andere geograph. und soziale Faktoren geknüpft. Mit dem 18. und 19. Jh. trat – zum einen als Folge der Erschütterungen und Anstöße des mit der Frz. Revolution zutage getretenen Umbruchs, zum anderen im Zusammenhang des techn. und industriellen Fortschritts mit seinen bis dahin nicht beachteten sozialen Folgen – jene ambivalente, sich gleichwohl ständig steigernde Leitidee von gesellschaftl., polit., wirtschaftl. und individueller S. in ihren teils widersprüchl. Dimensionen in Erscheinung.

Wurde in diesem Zusammenhang der Begriff der Rechts-S. bereits in den 1830er-Jahren zur Bez. einer öffentl., institutionalisierbaren Aufgabe benutzt, so traten im Fortgang des 19. Jh. erweiterte S.-Vorstellungen auf: Die Industriegesellschaft schuf nicht nur nachhaltig neue Situationen von Unsicherheit, z.B. in den als ›soziale Frage‹ gebündelten Erscheinungen des industriellen Umbruchs (großstädt. Massenelend, fehlende Tarif- und Vertragssicherheit, mangelnde Alters- und Gesundheitsversorgung), sondern löste gerade im Vorausgang zu diesen Problemen die traditionellen S.-Reservoire der ländl. Gesellschaften (Stände, Familien, religiöse Bindungen, Traditionen, Rituale) auf. Insoweit stellt die Industriegesellschaft nach dem Zerfall der mittelalterl. Glaubens- und Weltordnung und der anschließenden Säkularisierung die zweite Stufe einer Verlagerung der S.-Vorstellungen von äußerlichen, gesetzten auf innergesellschaftlich zu entwerfende Sicherheiten dar. Für das Zusammenleben in modernen Industriegesellschaften ist daher der Anspruch auf ›soziale S.‹ zentral geworden. Diese Vorstellung fand erstmals im Zusammenhang des New-Deal-Programms des amerikan. Präs. F. D. ROOSEVELT in den 1930er-Jahren weiter gehende Beachtung und ist als Artikel 22 der UN-Menschenrechtserklärung von 1948 inzwischen zu einem wichtigen Maßstab für die Leistungsbewertung polit. Systeme geworden.

Im 20. Jh. sind neue Faktoren aufgetreten, die zugleich Unsicherheit erzeugen und S.-Bedürfnisse wecken. Dazu gehört in erster Linie die mit der atomaren Hochrüstung verbundene Gefahr eines Krieges, der zum Tod der Gattung Mensch führen kann. Von ebenso globaler und letztlich die Vorstellungskraft der Einzelnen vielfach übersteigernder Art sind die Risiken durch Umweltzerstörung, Ressourcenerschöpfung, Gesundheitsgefährdung durch Großtechniken, wiss. Fortschritte von der Art der Gentechnik und industrielles Gewinnstreben. Dadurch hervorgerufene neue S.-Vorstellungen gewinnen in der polit. Diskussion Einfluss, so bei der Frage, ob die Mehrheitsregel als Entscheidungskriterium gelten kann, wenn über Dinge (z.B. die Entsorgung von Atommüll) entschieden wird, von denen die derzeit Entscheidenden wenig wissen, die aber nachfolgende Generationen auf Jahrtausende hin binden (B. GUGGENBERGER, C. OFFE). Auch im Bereich des Rechts finden sich Ansätze veränderter S.-Vorstellungen, etwa dann, wenn die Beweislast für die S. (im Sinne von Ungefährlichkeit) eines Produkts vom Hersteller gefordert wird, während bisher die Geschädigten die Unsicherheit nachweisen müssen.

Schließlich sind für die Ausweitung und Veränderung der S.-Vorstellungen der Menschen in den westl. Industriestaaten die seit den 1960er-Jahren verstärkt einsetzenden ›Individualisierungsschübe‹ (U. BECK) und andere Verschiebungen im Wertgefüge zu nennen, in deren Zusammenhang es immer mehr den Einzelnen aufgetragen wird, selbstverantwortlich und ohne ›sicheren‹ Rückhalt die eigene Lebensführung zu gestalten. Dies bringt neben den Möglichkeiten, eigene S.- und Unsicherheitskompetenzen und -toleranzen zu entwickeln, auch die Erfahrung mit sich, gegenüber subjektiv undurchschaubaren Unsicherheiten an einem Mangel an S. zu leiden und hierfür Ersatz zu suchen (Ideologien, neue Religionen, ethn. oder sonstige Heilsorientierungen, Konsumstile). In Konsequenz der ›Fundamentalpolitisierung‹ wird S. damit zu einem zentralen Leitbegriff, zugleich aber auch zu einem Spielball in den polit. und sozialen Auseinandersetzungen moderner Gesellschaften.

⇨ Grundwerte · Konfliktregelung · Risiko · Risikogesellschaft · Technikfolgenabschätzung · Tradition · Verantwortung

D. CLAESSENS: Instinkt, Psyche, Geltung. Zur Legitimation menschl. Verhaltens. Eine soziolog. Anthropologie (^{2}1970); F.-X. KAUFMANN: S. als soziolog. u. sozialpolit. Problem (^{2}1973); An den Grenzen der Mehrheitsdemokratie. Politik u. Soziologie der Mehrheitsregel, hg. v. B. GUGGENBERGER u.a. (1984); W. CONZE: S., Schutz, in: Geschichtl. Grundbegriffe, hg. v. O. BRUNNER u.a., Bd. 5 (1984); W. WEBER: Technik u. S. in der dt. Industriegesellschaft 1850–1930 (1986); A. EVERS u. H. NOWOTNY: Über den Umgang mit Unsicherheit (1987); Freiheitssicherung durch Datenschutz, hg. v. H. HOHMANN (1987); Technik u. sozialer Wandel, hg. v. B. LUTZ (1987); U. BECK: Gegengifte. Die organisierte Unverantwortlichkeit (^{3}1990); N. LUHMANN: Soziologie des Risikos (1991); S. als Fehlerfreundlichkeit, hg. v. T. WEHNER (1992); H. JONAS: Das Prinzip Verantwortung. Versuch einer Ethik für die technolog. Zivilisation (Neuausg. ^{12}1995).

Sicherheitsbeauftragter, gemäß §22 SGB VII vom Arbeitgeber unter Mitwirkung des Betriebsrats in Betrieben mit i. d. R. mehr als 20 Beschäftigten zu bestellende Person. Die S. haben den Unternehmer bei der Durchführung von Maßnahmen zur Verhütung von Arbeitsunfällen und Berufskrankheiten zu unterstützen, sich v. a. vom Vorhandensein und der ordnungsgemäßen Benutzung der vorgeschriebenen Schutzeinrichtungen und persönl. Schutzausrüstungen zu überzeugen und auf Unfall- und Gesundheitsgefahren für die Versicherten aufmerksam zu machen. Die Anzahl der S. ist von der Beschäftigtenzahl sowie dem branchenspezif. Unfallrisiko abhängig und wird in den Unfallverhütungsvorschriften geregelt. Die erforderl. Kenntnisse vermitteln Lehrgänge der Berufsgenossenschaften u. a. Institutionen; ggf. arbeiten S. mit Fachkräften für Arbeitssicherheit (→Sicherheitsingenieur) zusammen.

Sicherheitsbehälter, *Kerntechnik:* eine der Barrieren zum Einschluss radioaktiver Stoffe bei Kernreaktoren und →Kernkraftwerken in Form eines Großbehälters aus Stahl oder Spannbeton (→Containment).

Sicherheitsbestand, eiserner Bestand, Mindestbestand, Reservebestand, *Betriebswirtschaftslehre:* dispositive Bestandsgröße in der Materialwirtschaft, die der Abdeckung von Abweichungen zw. geplantem und ungeplantem Bedarf, von Liefertermin- und Mengenabweichungen (z. B. Fehlmengen) sowie von Fehlern in der Bestandsrechnung dient. Bestimmungsgrößen des S. sind v. a. der verlangte Service- bzw. Lieferbereitschaftsgrad, der Grad der Bedarfsschwankungen, der Verbrauchswert der Artikel (→ABC-Analyse) sowie die Wiederbeschaffungszeit. Bei manueller Disposition wird der S. i. d. R. nur pauschal und bedarfsunabhängig festgelegt (z. B. S. für einen Quartalsbedarf). Wirtschaftlich sinnvoller ist die Ermittlung einer **Sicherheitszeit,** mit der der durchschnittl. Verbrauch je Arbeitstag multipliziert wird; sie bestimmt sich aus den erwähnten Abweichungen. Die Sicherheitszeit ist nur bei Änderung der gewünschten Lieferbereitschaft neu zu berechnen, aber nicht bei sich ändernden Verbrauchsmengen. Der S. wird damit automatisch an Bedarfsänderungen angepasst.

Sicherheitsdienst, S. des Reichsführers SS, Abk. **SD,** als Teil der SS unter H. HIMMLER 1931 gegründeter Nachrichtendienst unter Leitung von R. HEYDRICH, ab September 1932 unter der Bez. SD; diente zunächst der Beschaffung von Informationen über polit. Gegner und Oppositionelle innerhalb der NSDAP, ab 1933 zielte er, als Zentralamt mit eigener Organisation im gesamten Reichsgebiet, auf die polit. Kontrolle der Bev.; übernahm 1934 den gesamten Nachrichten- und Abwehrdienst der NSDAP. Der S., der nach HEYDRICHS Vorstellungen die staatl. Sicherheitspolizei verdrängen sollte, wurde, nachdem HIMMLER und HEYDRICH die Verfügungsgewalt über die polit. Polizeibehörden der dt. Länder erlangt hatten, als eigtl. überflüssig auf allgemeine nachrichtendienstl. Aufgaben wie Berichte über die Verhältnisse auf versch. Gebieten des öffentl. Lebens beschränkt (›Meldungen aus dem Reich‹, ›Sonderberichte‹); die Trennung der Funktionen von S. und polit. Polizei wurde jedoch oft nicht eingehalten. Zunehmend zog der S. auch die militär. Spionageabwehr an sich. Die Ernennung HIMMLERS zum Chef der Dt. Polizei und HEYDRICHS zum Chef der Sicherheitspolizei (Sipo) und des SD (1936), dessen Tätigkeit 1938 auch staatlich sanktioniert wurde, trieb die institutionelle Verschmelzung beider Einrichtungen voran; 1939 erfolgte der Zusammenschluss von Sipo und S. im →Reichssicherheitshauptamt (RSHA). Aus dem S. rekrutierten sich Führungskräfte der Sipo, die im Zweiten Weltkrieg als Führer von Einsatzgruppen in den besetzten Gebieten (in der Sowjetunion u. a. verantwortlich für die Ermordung von Juden und polit. Gegnern) und in maßgebenden Positionen des RSHA tätig waren. Ab Januar 1943 leitete E. KALTENBRUNNER den S. Der Internat. Militärgerichtshof in Nürnberg erklärte 1946 den S. zur verbrecher. Organisation.

S. ARONSON: Reinhard Heydrich u. die Frühgesch. von Gestapo u. SD (1971); Meldungen aus dem Reich. Die geheimen Lageberichte des S. der SS 1938–1945, hg. v. H. BOBERACH, 17 Bde. u. Reg.-Bd. (1984/85); G. C. BROWDER: Foundations of the Nazi police state. The formation of Sipo and SD (Lexington, Ky., 1989); H.-H. WILHELM: Die Einsatzgruppe A der Sicherheitspolizei u. des SD 1941/42 (1996); J. BANACH: Heydrichs Elite. Das Führerkorps der Sicherheitspolizei u. des SD 1936–1945 (1998).

Sicherheitsdirektion, in Österreich die der Generaldirektion für die öffentl. Sicherheit (einer Sektion des Bundesministeriums für Inneres) unterstellte, in jeder Landeshauptstadt für das jeweilige Bundesland eingerichtete Bundesbehörde zur Wahrnehmung der Angelegenheiten der allgemeinen Sicherheitspolizei. An ihrer Spitze steht der vom Bundes-Min. für Inneres ernannte Sicherheitsdirektor (in Wien, wo Polizeidirektion und S. identisch sind, der Polizei-Präs.). Neben verwaltungspolizeil. und kriminalpolizeil. sind bei den S. auch staatspolizeil. Abteilungen eingerichtet.

Sicherheitsfaden, bes. in Banknotenpapieren eingebetteter Spezialfaden, der das Fälschen erschweren soll (→Banknote).

Sicherheitsfahrschaltung, Abk. **Sifa,** *Eisenbahn:* Einrichtung in Triebfahrzeugen, um bei Einmannbetrieb die Dienstfähigkeit des Fahrzeugführers zu überwachen. Während der Fahrt muss er eine Taste oder einen Fußkontakt drücken und in bestimmten Zeitabständen kurz loslassen. Geschieht dies nicht, erinnert ihn ein Leuchtmelder, dann ein akust. Signal (beim ICE in Sprachform ›Sifa‹) an die Betätigung. Bleibt sie dennoch aus, wird der Antrieb abgeschaltet und der Zug selbsttätig angehalten.

Sicherheitsfaktor, *Technik:* eine Zahl, die das Verhältnis einer Grenzfestigkeit (bei der Zerstörung oder Unbrauchbarkeit eintritt) zur maximal zulässigen Beanspruchung ausdrückt. Die Größe des S. richtet sich einerseits nach den Unsicherheiten, die z. B. durch Werkstoffabweichungen, Kräfte aus Schwingungen, Bauteilfehler oder Lastannahmen bedingt sein können. Zum anderen ist das Ausmaß des mögl. Schadens bei Versagen ein Kriterium für die Wahl eines ausreichenden S. Der S. ist in den meisten Fällen größer als 1.

Sicherheitsglas, Sammel-Bez. für Gläser mit erhöhter Bruchfestigkeit und verringerter Splitterwirkung: →Drahtglas, →Verbundglas, thermisch oder chemisch →vorgespanntes Glas; Verwendung in der Bautechnik und in Verkehrsmitteln. Augenschutzgläser sind meist thermisch oder chemisch vorgespannte Sicherheitsgläser.

Sicherheitsgurt, Anschnallgurt, in Kraftfahrzeugen und Flugzeugen verwendetes Gurtband aus unelastisch dehnbarem, hochfestem Material (spezielle Gewebe aus synthet. Fasern), das bei Unfällen (in Flugzeugen auch bei Turbulenzen) Personen auf dem Sitz festhalten und so Verletzungen durch Aufprall auf Fahrzeuginnenteile verhindern soll. Das **Gurtschloss** eines S. wird am Sitz oder am Fahrzeugboden befestigt und ist i. Allg. als Einsteck- und Drucktastenschloss ausgebildet. Eine automat. Öffnung nach einem Aufprall kann vorgesehen werden.

In Kraftfahrzeugen wird überwiegend der **Dreipunktgurt** verwendet; er ist an drei Punkten der Karosserie verankert und verläuft als Schrägschulter-Beckengurt über Brust- und Beckenbereich. Als Automatikgurt ausgelegt, erlaubt er weitgehende Bewegungsfreiheit durch die langsame Freigabe von Gurtband, das auf einer Rückholspule aufgerollt ist. Bei

Sicherheitsgurt:
Von oben Beckengurt; Dreipunkt-Automatikgurt; Hosenträgergurt

ruckartiger Belastung (z. B. bei scharfem Bremsen oder bei Kollisionen) wird das Gurtband durch eine mechan. Automatik arretiert und der Insasse wie mit einem starren Dreipunktgurt gesichert. Eine Verminderung des Gurtwegs bis zur Arretierung lässt sich

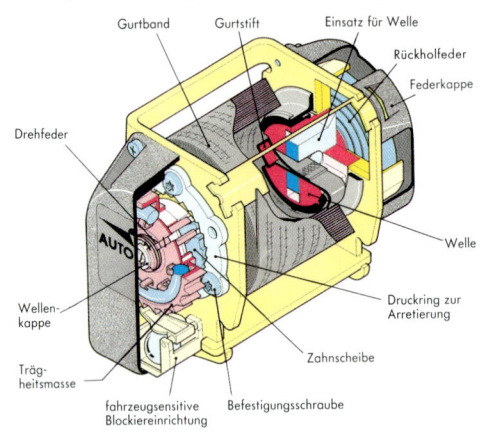

Sicherheitsgurt: Aufrollvorrichtung eines Automatikgurts; bei ruckartiger Belastung wird die Zahnscheibe in den Druckring gezogen und die Welle arretiert; die fahrzeugsensitive Blockiereinrichtung reagiert auf Lageveränderungen und Beschleunigung des Fahrzeugs

durch einen zusätzl. **Gurtstraffer** erzielen. Dieser wird durch ein elektron. oder mechan. Auslösesystem bei einem Frontalaufprall aktiviert (Auslöseschwelle 18–25 km/h) und strafft den S. mittels eines pyrotechn. Treibsatzes, einer vorgespannten Feder oder über Seilzüge (unter Ausnutzung der Aufprallenergie). **Zweipunktgurte** (Verankerung an zwei Punkten der Karosserie) werden heute als Beckengurte für Mittelsitze in Pkw, für Rücksitze in Bussen und in Flugzeugen allg. für Passagiersitze verwendet. An vier Punkten verankerte **Hosenträger-** oder **Rucksackgurte** werden v. a. im Motorsport und von Flugzeugpiloten benutzt. Die Prüfung von S. und ihren Verankerungen erfolgt nach internat. Regeln.

Straßenverkehrsrechtlich besteht die Pflicht zum Anlegen von S. während der Fahrt nach § 21 a Straßenverkehrsordnung (StVO). Von der Gurtpflicht ausgenommen sind Taxi- und Mietwagenfahrer bei der Fahrgastbeförderung, Lieferanten beim Haus-zu-Haus-Verkehr im Auslieferungsbezirk, auch bei Fahrten mit Schrittgeschwindigkeit (wie Rückwärtsfahren, Fahrten auf Parkplätzen) besteht keine Gurtpflicht. Kinder bis zum vollendeten 12. Lebensjahr, die kleiner als 150 cm sind, dürfen in Kfz auf Sitzen, für die S. vorgeschrieben sind, nur mitgenommen werden, wenn amtlich genehmigte Rückhalteeinrichtungen für Kinder benutzt werden. Ferner können (§ 46 StVO) die Straßenverkehrsbehörden der Länder Ausnahmen von der Gurtpflicht genehmigen (z. B. bei kleinwüchsigen Personen oder bei Personen, die durch Befolgen der Gurtpflicht gesundheitlich beeinträchtigt würden). Die Straßenverkehrs-Zulassungs-Ordnung (§ 35 a nebst Anlage) enthält die der techn. Beschaffenheit von S. betreffenden Bestimmungen (teilweise Neuregelungen gültig seit 1. 1. 1992).

Das Nichtanlegen von S. gilt als Ordnungswidrigkeit (§ 49 Abs. 1 Nr. 20a StVO); im Regelfall wird ein Verwarnungsgeld erhoben. Der Fahrzeugführer ist im Grundsatz nicht verpflichtet, die Mitfahrer zum Anlegen von S. anzuhalten, es sei denn, ihn treffe eine Garantenpflicht. Ist jemand durch das Nichtanlegen des S. zu Schaden gekommen, trifft diesen ein Mitverschulden, wenn durch Befolgen der Gurtpflicht der Schaden nicht oder in geringerem Umfang eingetreten wäre (so die Rechtsprechung). Auch kann ein Verlust von Versicherungsansprüchen eintreten.

In *Österreich* beruht die – von Ausnahmen durchbrochene – Gurtanlegepflicht auf einem eigenen Bundesgesetz. Fahrer und Beifahrer, die ihrer Pflicht nicht nachkommen, begehen jeweils für sich eine Verwaltungsübertretung. Weiter sind Kürzungen unfallbedingter Schmerzensgeldansprüche vorgesehen.

Auch in der *Schweiz* besteht die Pflicht zum Tragen von S. (›Gurtenobligatorium‹, Art. 3 a Verkehrsregelverordnung, 1980 durch Volksabstimmung bestätigt). Ausnahmebestimmungen gelten, ähnlich wie in Dtl., u. a. für gesundheitlich beeinträchtigte Personen, denen das Anlegen von S. nicht zugemutet werden kann.

Sicherheits|ingenieur [-ɪnʒenjøːr], eine in Abhängigkeit von Betriebsgröße und Betriebsart vom Arbeitgeber zu bestellende Fachkraft für Arbeitssicherheit (auch Sicherheitstechniker, -meister), die folgende Aufgaben hat: 1) Beratung des Arbeitgebers und anderer für den Arbeitsschutz und die Unfallverhütung verantwortl. Personen (auch in der Planungsphase); 2) sicherheitstechn. Überprüfung von Betriebsanlagen und techn. Arbeitsmitteln; 3) Beobachtung der Durchführung des Arbeitsschutzes und der Unfallverhütung; 4) Belehrung aller Beschäftigten in den für die Arbeitssicherheit relevanten Fragen, Mitwirkung bei der Schulung der →Sicherheitsbeauftragten (§ 6 Ges. über Betriebsärzte, S. u. a. Fachkräfte für Arbeitssicherheit vom 12. 12. 1973).

Sicherheitslampe, *Bergbau:* eine heute nur noch wenig verwendete, als Schlagwetteranzeiger benutzte →Wetterlampe.

Sicherheitsleistung, Maßnahme, die einen anderen vor künftigen Rechtsnachteilen schützen soll. Die S. kann auch dazu dienen, die Durchsetzung eines eigenen Rechts zu ermöglichen oder die Geltendmachung eines fremden Rechts abzuwenden. Die Pflicht zur S. kann auf Gesetz, richterl. Anordnung oder rechtsgeschäftl. Vereinbarung beruhen. Die Art der S. ist in § 232 BGB geregelt; sie erfolgt danach z. B. durch Hinterlegung von Geld und Wertpapieren, Verpfändung bewegl. Sachen oder durch Hypothekenbestellung, nur ausnahmsweise durch tauglich. Bürgen. Häufig vereinbaren die Parteien aber eine davon abweichende Art der S., z. B. eine →Sicherungsübereignung oder eine Bankbürgschaft. Die vertraglich vereinbarte S. des Mieters (§ 550 b BGB) sowie die strafprozessuale S. werden i. d. R. →Kaution genannt. – Im Zivilprozess ist die S. z. B. bei der vorläufigen Vollstreckbarkeit von Urteilen (§§ 709, 711 ZPO), beim Arrest (§ 921 ZPO) und bei der einstweiligen Verfügung (§ 936 ZPO) vorgesehen. Art und Höhe der Sicherheit richten sich hier nach § 108 ZPO. Sinn der zivilprozessualen S. ist es, u. U. einen Schadensersatzanspruch (z. B. wenn aufgrund eines nur für vorläufig vollstreckbar erklärten Urteils vollstreckt und das Urteil später abgeändert wurde) oder einen Kostenerstattungsanspruch materiell abzusichern.

Sicherheitsleitung, Bestandteil einer Zentralheizungsanlage, verbindet als Sicherheitsvor- und -rücklaufleitung den Heizkessel unabsperrbar mit dem Ausdehnungsgefäß.

Sicherheitspapier, *Wertzeichenpapier,* durch →Wasserzeichen und Chemikalien (Verfärbung bei chem. Entfernen von Schrift u. a.) gegen Fälschungen geschütztes Papier für Aktien, Banknoten, Schecks, Pässe u. a. aus Zellstoff und/oder Hadern. Zusätzl. Sicherheit kann durch Aufdruck von Feinrastern (Guillochen) erreicht werden, die bei mechan. Schriftradierung zerstört werden. Spezielle Sicherheitsfarben ändern bei Betupfen mit bestimmten Chemikalien ihren Farbton und geben so Aufschluss über die Echtheit des Wertpapiers.

Sicherheitspolitik, die Bemühungen der polit. Willensträger eines Staates, dessen polit. Selbstbestimmung (Souveränität) und territoriale Unversehrtheit zu bewahren sowie seine Bevölkerung vor Schaden durch äußere Beeinflussung zu schützen. Sie umfasst damit sowohl die innere wie die äußere Sicherheit.

Gegenstand der **inneren Sicherheit** ist die Wahrung der →öffentlichen Sicherheit und Ordnung. Der Staat handelt in diesem Bereich v. a. durch Polizei und Staatsanwaltschaft, in Fragen des Staatsschutzes in Dtl. durch den →Verfassungsschutz. In Staaten, die sich dem Prinzip des demokrat. →Rechtsstaates verpflichtet haben, ist die S. an bestimmte, dem staatl. Handeln vorgegebene Rechte seiner Bürger (bes. an die →Grundrechte) und an rechtl. Normen gebunden. In autoritären Staaten, v. a. Diktaturen, hat der Schutz des Staates (und der ihn tragenden Kräfte) absoluten Vorrang vor dem des einzelnen Bürgers. Infolgedessen instrumentalisieren solche Staaten Polizei und Staatsanwaltschaft – in enger Verknüpfung mit speziellen Staatsschutzinstitutionen – zur Disziplinierung der Bürger sowie zur Einschüchterung und Unterdrückung der Opposition. Besondere Ziele innerer S. sind heute der Kampf gegen die →organisierte Kriminalität und den →Terrorismus, während andere staatl. Tätigkeiten zur Sicherung der Lebensverhältnisse der Bevölkerung nicht mehr der S., sondern der Sozial-, Gesundheits-, Verkehrs-, Wirtschafts-, Energie- und Umweltpolitik zugerechnet werden.

V. a. im Bereich der polit. Wiss. wird der Begriff der S. überwiegend für die **äußere Sicherheit** gebraucht. Diese umfasst alle Maßnahmen und Konzepte, die darauf ausgerichtet sind, äußere Einwirkungen auf das Staatsgebiet, die darin lebenden Menschen und ihre polit. und soziale Ordnung abzuwehren. Hierfür setzte sich der Begriff S. in der BRD in den 1960er-Jahren anstelle von Wehr- oder Verteidigungspolitik durch, nachdem erkannt worden war, dass Krieg im Rahmen des →Ost-West-Konflikts aufgrund des Risikos einer nuklearen Eskalation und der daraus resultierenden Selbstvernichtung nicht mehr führbar, sondern möglichst zu verhindern war. Das Instrumentarium der äußeren S. ist breit gefächert. Es umfasst vorbeugende (von der Spionageabwehr und Auslandsspionage über die Rüstung zum Zwecke der Abschreckung bis hin zur klass. Bündnispolitik), vorsorgende (z. B. Bevorratung von Lebensmitteln sowie Schutzraumbau) und direkte Abwehrmaßnahmen (durch Einsatz von Streitkräften und Grenzschutz, aber auch durch techn. Mittel wie Minengürtel oder andere Grenzsicherungsanlagen) sowie eine positive Gestaltung der Außenbeziehungen (Entspannungs-, Kooperations- und Vertragspolitik bis zur Einbindung in ein System kollektiver Sicherheit). Bestimmungsfaktoren für die Effektivität der S. eines Landes sind der Stand seiner Rüstung, die Struktur und die räuml. Verteilung (Dislozierung) seiner Streitkräfte und die gewählte Verteidigungsdoktrin sowie sein außenpolit. Auftreten, das über seinen weltpolit. Status und die internat. Einschätzung seiner Zuverlässigkeit mitentscheidet. Dieses kann wie im Fall Dtl.s gekennzeichnet sein durch die dauerhafte Einbettung in und Selbstbindung durch ein Bündnissystem, das sich als kollektives Verteidigungssystem versteht, oder wie im Fall der Schweiz im Verzicht auf die Teilhabe an einem solchen System und eine Politik der (bewaffneten) →Neutralität.

Es gibt drei Grundmuster internat. S., die in versch. Abwandlungen und Mitschformen auftreten oder angestrebt werden: 1) die Idee der Balance of Power, d. h. die ständige Aufrechterhaltung oder das Bemühen um Wiederherstellung des Gleichgewichts der Mächte. Dieses Konzept hat bes. im 19. Jh. die Beziehungen der europ. Staaten untereinander bestimmt (→Europäisches Konzert). Dagegen entwickelten sich nach 1945 zwei einander feindlich gegenüberstehende Bündnissysteme, die von den USA geführte →NATO und der von der Sowjetunion beherrschte →Warschauer Pakt; ihr wachsendes nukleares Waffenpotenzial führte zu einem Gleichgewicht des Schreckens. 2) die Idee der Schaffung →kollektiver Sicherheit. Mit der Gründung des →Völkerbundes und der →Vereinten Nationen sollte die Idee der kollektiven Sicherheit verwirklicht werden, allerdings scheiterte sie im Völkerbund v. a. an der Abwesenheit der USA, während sie in den Vereinten Nationen bis zum Ende des Ost-West-Konflikts durch die Paralysierung des UN-Sicherheitsrates verhindert wurde. Das Konzept funktionierte ansatzweise in dem von den Vereinten Nationen legitimierten 2. Golfkrieg (1991) gegen den Irak. 3) die (als Utopie oft diskutierte) Bildung eines Weltstaates oder einer Weltregierung.

Die BRD verfolgte seit ihrer Gründung zwei außen- und sicherheitspolit. Ziele. Zum einen wollte sie den Status eines Objekts der Siegermächte des Zweiten Weltkrieges überwinden und wieder zu einem gleichberechtigten Subjekt im Rahmen der internat. Beziehungen werden. Zum anderen musste sie ihre geostrategisch gefährdete Lage an der Nahtstelle des Ost-West-Konflikts mit West-Berlin als einem politisch dem Bundesgebiet verbundenen Territorium inmitten des gegner. Machtbereichs sicherer machen. Dies bedeutete, entweder die Abtrennung der DDR vom eigenen Staatsgebiet wie auch deren von der Sowjetunion oktroyierte Gesellschaftsordnung zu überwinden oder, sofern und solange dies nicht möglich war, die Beziehungen zur gegner. Seite so weit zu stabilisieren, dass ein Krieg vermieden wurde, der aufgrund beider Grenzlage immer dt. Territorium und seine Bewohner getroffen hätte. Die Erfahrung der Abhängigkeit von den Westalliierten wie auch der gefährdeten Lage an der Grenze der beiden unterschiedlichen polit. Systeme verhalf den Politikern der BRD früh zu der Einsicht, dass Sicherheit künftig nicht mehr in nationalem Alleingang zu verwirklichen sein würde. Da der →Kalte Krieg das in der Präambel des GG hervorgehobene gesamteurop. Friedensziel verstellt hatte, wurde die Westintegration handlungsbestimmend. Ob es zu jener Zeit möglich gewesen wäre, durch Akezptanz der Neutralität die von STALIN 1952 angebotene Wiedervereinigung zu realisieren, ist historisch nicht geklärt. Die westdt. S. richtete sich Anfang der 50er-Jahre auf die Gründung einer →Europäischen Verteidigungsgemeinschaft (EVG). Nachdem deren Zustandekommen 1954 gescheitert war, wurde die BRD in die NATO und in die →Westeuropäische Union (WEU) aufgenommen. Dabei verpflichtete sich, auf die Herstellung von →ABC-Waffen zu verzichten und die →Bundeswehr dem NATO-Oberbefehl zu unterstellen. Damit wurde die Verteidigungsstrategie der NATO für sie verbindlich.

Trotz der Einschränkungen ihrer Souveränität gelang es der BRD durch eine aktive Bündnispolitik, die westl. S. zunehmend mitzugestalten. Dies begann 1967 mit der Beteiligung an der Neudefinition der S. der NATO, indem die Funktion der militär. Verteidigung um die der polit. Entspannung ergänzt wurde (→Harmel-Bericht). Durch die im Bündnis abgestimmte ›neue Ostpolitik‹ gewann die BRD ab 1969 auch Handlungsspielraum gegenüber der Sowjetunion und ihren Verbündeten. Die daraus hervorgegangenen Ostverträge waren eine wichtige Voraussetzung für den KSZE-Prozess (→Konferenz über Sicherheit und Zusammenarbeit in Europa), der maßgeblich dazu beitrug, den Ost-West-Gegensatz abzumildern. Auch das im →NATO-Doppelbeschluss von 1979 zum Ausdruck gebrachte Interesse an einer Fortsetzung des Rüstungskontrolldialogs trotz der damaligen neuerl. Ost-West-Konfrontation belegt das größer gewordene bundesdt. Gewicht im Bündnis. Obwohl die BRD an den Verhandlungen über atomare Mittelstreckenwaffen nicht direkt beteiligt war, beharrte sie auf einer beiderseitigen doppelten Nulllösung, was sich letztlich im INF-Vertrag von 1987 (→INF) niederschlug.

Die Aufnahme der BRD in die NATO hatte die UdSSR 1955 mit der Gründung des Warschauer Paktes unter Einschluss der DDR beantwortet. Dieser wurde bis in die 80er-Jahre von der Sowjetunion beherrscht, sodass es der DDR nicht möglich war, ein eigenes sicherheitspolit. Profil zu entwickeln. Die DDR bemühte sich hierum erstmals, als im Zusammenhang mit der neuerl. Ost-West-Konfrontation Anfang der 80er-Jahre die Aufstellung von sowjet. Raketen auch als Gefahr für die Existenz der DDR wahrgenommen wurde. Dies führte 1984 zu einer gemeinsamen Erklärung von DDR und BRD, dass von dt. Boden kein Krieg mehr ausgehen dürfe.

Das Ende des Ost-West-Konflikts und die 1990 erfolgte dt. Einheit haben die Rahmenbedingungen der dt. S. verändert. Aus der doppelten Randlage von BRD und DDR als Mitgliedern feindl. Militärbündnisse wurde nach der Selbstauflösung des Warschauer Paktes eine geostrategisch günstige Lage inmitten von Staaten, die mit der ›Charta von Paris für ein neues Europa‹ des KSZE-Gipfels vom November 1990 einander die ›Hand der Freundschaft‹ gereicht haben. Da im gleichzeitig verabschiedeten KSE-Vertrag (→VKSE) eine Reduzierung der konventionellen Streitkräfte beschlossen worden war, konnte die Gefahr eines größeren Krieges längerfristig gebannt werden.

Dessen ungeachtet ist die relative Stabilität des Ost-West-Gleichgewichts einer schwer kalkulierbaren europ. Sicherheitslage gewichen. Auf der einen Seite eröffnen sich Möglichkeiten einer friedl. Entwicklung, in deren Rahmen NATO, WEU, EU und OSZE einander als Sicherheitsfaktoren gegenseitig unterstützen können. Auf der anderen Seite ist die innere Situation zahlreicher, nach 1991 entstandener neuer Staaten in Mittel- und Osteuropa von Spannungen bis hin zu Bürgerkriegen gekennzeichnet, die über ihre Grenzen hinaus Unsicherheit ausstrahlen. Hierbei verbinden sich ethn. Unterschiede mit Problemen des Übergangs von Diktaturen zu parlamentar. Demokratien, von Plan- zu Marktwirtschaften, von Einparteienherrschaft zu pluralist. Gesellschaften zu brisanten Mischungen und stellen die Staaten Europas vor neue Probleme in der S. Die NATO versucht dieser vielschichtigen Problematik durch das Programm ›Partnerschaft für den Frieden‹ (ab 1994), die Einrichtung des Euro-Atlant. Partnerschaftsrates (1997), die so genannte NATO-Russland-Grundakte (1997) sowie die schrittweise Erweiterung um ehem. Warschauer-Pakt-Staaten (1999: Polen, Ungarn, Tschechien) Rechnung zu tragen. Gleichzeitig bemüht sich die OSZE um Gewaltprävention und Krisenmanagement, während die EU mit Förderungsprogrammen diesen Ländern beim wirtschaftl. Wiederaufbau unterstützt.

Die USA haben nach der Auflösung der Sowjetunion als Weltmacht noch keine einheitliche und in sich schlüssige globale sicherheitspolit. Strategie gefunden, sondern bewegen sich in einem Spannungsfeld zw. den Positionen Neoisolationismus, selektives Engagement, kooperative Sicherheit und Vorherrschaft (pax americana). Ihr Bemühen, nach dem 2. Golfkrieg bei der Wahrnehmung sicherheitspolit. Aufgaben in Europa stärker zurückzutreten, wich 1995 einem starken militär. Engagement im Verbund mit der NATO auf dem Balkan, das zum Friedensvertrag von Dayton führte. Auch die Friedensbemühungen in Nordirland wären 1998 ohne den diplomat. Einsatz der USA nicht vorangekommen. Demgegenüber zeigen sich die USA im Nahostkonflikt nur beschränkt handlungsfähig.

1982 wurde im Bericht der Palme-Kommission betont, Sicherheit könne nicht mehr gegeneinander, sondern nur noch gemeinsam erreicht werden. Dieses partnerschaftl. Sicherheitsverständnis bezog sich zunächst auf die im Ost-West-Konflikt verstrickten Parteien. Für eine Erweiterung dieses Konzepts in die Nord-Süd-Dimension traten die Brandt- (1980) und die Brundtland-Kommission (1987) ein. In deren Bericht heißt es zusammenfassend, Sicherheit sei grundlegend sowohl für Abrüstung als auch für Entwicklung und bestehe nicht nur aus militär., sondern auch aus polit., ökonom., sozialen, humanitären und Menschenrechts- sowie ökolog. Aspekten. Auch wenn diese Aufzählung sehr vage bleibt, so relativiert sie doch augenfällig den Anteil des Militärischen an der Sicherheitspolitik.

D. FREI: Sicherheit. Grundfragen der Weltpolitik (1977); Das Überleben sichern, Einf. v. W. BRANDT (a. d. Engl., 1980); Gemeinsame Sicherheit, hg. v. E. BAHR u. a., 6 Bde. (1986–91); Friedensgutachten, hg. v. der Hess. Stiftung Friedens- u. Konfliktforschung u. a. (1987ff., jährlich); E. O. ZEMPICKI: Weltpolitik im Umbruch (1991); Globale Trends, hg. v. der Stiftung Entwicklung u. Frieden (1991ff.); Eine Welt ohne Chaos?, hg. v. B. MEYER (1996); N. ELIAS: Über den Prozeß der Zivilisation. Soziogenet. u. psychogenet. Unterss., 2 Bde. (Neuausg. 1997).

Sicherheitspolizei, Abk. **Sipo,** die nach der Ernennung H. HIMMLERS zum Chef der Dt. Polizei 1936 geschaffene Organisation, die als Hauptamt unter Leitung von R. HEYDRICH die Geheime Staatspolizei (Gestapo) und die Kriminalpolizei vereinigte. Damit wurde die polit. Polizei als selbstständiger Zweig der Polizei konstituiert und die Kriminalpolizei in den Bereich der polit. Polizei einbezogen. Die Bildung der S. bedeutete eine entscheidende Zäsur auf dem Weg zur Entstaatlichung der Polizei durch das natsoz. Regime und zur Eingliederung in die SS, die 1939 mit dem Zusammenschluss von S. und Sicherheitsdienst (SD) zum →Reichssicherheitshauptamt abgeschlossen wurde. Während die ebenfalls 1936 eingerichtete Ordnungspolizei (Gendarmerie, Gemeinde-, Schutzpolizei) mehr reaktiv der inneren Ordnung diente, bestand die Aufgabe der S. in der präventiven Gegnerbekämpfung im Sinne des natsoz. Ideologie. In den ab 1941 besetzten sowjet. Gebieten wurden Hunderttausende, v. a. Juden und polit. Gegner, von den Einsatzgruppen der S. ermordet.

Sicherheitsrat, der Weltsicherheitsrat, das Hauptorgan der →Vereinten Nationen.

Sicherheits|systeme, 1) *allg.:* Vorrichtungen und Maßnahmen, die der Erfüllung sicherheitstechn. Anforderungen dienen; man unterscheidet zw. aktiven, d. h. ständig arbeitenden, und passiven S., die erst im Bedarfsfall aktiviert werden. Ein wichtiger Aspekt bei der Auslegung von S. ist die Berücksichtigung ausreichender →Redundanz.
2) *Kerntechnik:* →Kernkraftwerk (Sicherheit).
3) *Kraftfahrzeugtechnik:* Einrichtungen zur Unfallverhütung und zum Insassenschutz bei Unfällen. Besondere Schutzeinrichtungen sind z. B. der →Airbag, →Sicherheitsgurte, spezielle Kindersitze oder ein Überschlagschutz für Kabrios (ausklappbarer, elektronisch ausgelöster Überrollbügel). Zu den konstruktiven Maßnahmen gehören v. a. ausreichende Knautschzonen und eine verformungssteife Sicherheitsfahrgastzelle (→Karosserie), aber auch der Einbau einer Sicherheitslenkung (→Lenkung) oder eines →Seitenaufprallschutzes. Zur Erhöhung der Fahrsicherheit und zur Unfallverhütung können zusätzlich →Antiblockiersysteme, →Antriebsschlupfregelungen oder elektron. Reifenkontrollsysteme (Warnung vor Druckverlust) eingesetzt werden.

Sicherheitstechnik, die Umsetzung von Erkenntnissen über Unfallverhütung und Arbeitsschutz in Industrie- und Handwerksbetrieben, im Verkehr, im

Haushalt, aber auch bei Freizeitbeschäftigungen in Gestalt von techn. Maßnahmen und Einrichtungen zur Erhöhung der Betriebssicherheit, Zuverlässigkeit und Lebensdauer von Geräten, Maschinen und Anlagen und zur Schadenseindämmung in Notsituationen. (→Sicherheitswissenschaft).

Sicherheitsventil, Spezialventil, das in Rohrleitungen und Behältern das Überschreiten zulässiger Druckwerte durch Freigabe eines Strömungsquerschnitts verhindert (meist in die Umgebung oder in ein Sammelsystem); Druckbegrenzung erfolgt durch Feder- oder durch Gewichtsbelastung. Bei Dampfturbinenanlagen bewirken Schnellschluss-S. das Stillsetzen des Turbosatzes bei krit. Betriebszuständen.

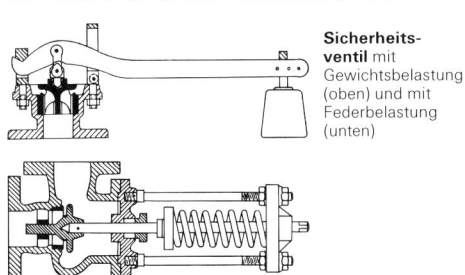

Sicherheitsventil mit Gewichtsbelastung (oben) und mit Federbelastung (unten)

Sicherheitswissenschaft, Disziplin zur Forschung und Lehre der method. und systemat. Analyse und Kontrolle von Risiken zwecks Verringerung der Häufigkeit und Schwere von (v. a. unfallartigen) Schäden und Verlusten. Ein praxisorientiertes Teilgebiet der S. ist die →Sicherheitstechnik.

Objekte der S. sind der →Unfall und der Schaden (→Schadensersatz). Untersuchungsgegenstand bei der Erforschung von Unfallursachen und -faktoren sowie der Schadensprävention ist das **Unfallrisiko.** Die sicherheitswiss. **Risikologie** befasst sich mit ihm als Phänomen (Wesen, Art, Qualifizierung; Größe, Verbreitung, Quantifizierung) jeweils systembezogen und strategieorientiert, mit der Bedeutung von →Risiko als Produkt aus Eintrittshäufigkeit und Auswirkungsschwere, bes. bei unwägbaren Faktoren (z. B. geringste Eintrittswahrscheinlichkeit für schwerste Auswirkung) wie auch in seiner Relation zur risikokontrāren Chance. Die **Risikoanalyse** ermittelt Art und Größe eines Risikos (oder mehrerer Risiken) methodisch durch Feststellung von Risikotyp (bestimmte Merkmalskonstellation), -diagnose (Untersuchung der Merkmalskonstellation) und -epidemie (gehäuftes Auftreten eines Risikotyps), um es so zu qualifizieren und zu quantifizieren. Dies ist Voraussetzung für eine planmäßige, wirksame und wirtschaftl. **Risikokontrolle.** Diese wirkt in den dreigestuften Aufgaben der Risikolimitierung (Setzung und Einhaltung von Risikohöchstgrenzen für Energie, Stoffmengen u. Ä., z. B. Tempolimit), der Risikoreduzierung (Absenkung von Risikofaktoren, z. B. durch Knautschzonen in Pkw) und der Risikoeliminierung (Annullieren der Möglichkeit bzw. Wahrscheinlichkeit für Unfalleintritt oder -schwere, z. B. durch Verwendung von Ersatzverfahren und Ersatzstoffen).

Die mehrfache Zielsetzung der S. zeigt sich in ihrem interdisziplinären Charakter und ihren vielseitigen Anwendungen mit individual- und sozialeth., ökonom. sowie ökolog. Interesse. Pragmatisch-strategisch orientiert an einer rationalen und effektiven Schadensprävention und/oder -limitation wirkt sie in Forschung und Lehre z. B. für Verkehrssicherheit, Brand- und Explosionsschutz, Umweltschutz, Korrosionsschutz, Kernreaktorschutz, Schadensverhütung in der Privatsphäre (Haus, Freizeit, Sport, Hobby, Heimwerken usw.), in Industrie (z. B. Produkte und Fertigungsprozesse in Erst- und Umgestaltung), Verbraucherschutz u. a. – Der internat. erste unversitäre Fachbereich mit interdisziplinärer sicherheitswiss. Konzeption besteht seit 1975 an der Bergischen Univ. in Wuppertal. 1978 wurde dort die Gesellschaft für S. (GfS) als Fachvereinigung gegründet, die internat. an der Entwicklung der S., Durchführung von Tagungen, sicherheitswiss. Publikationen u. a. arbeitet.

U. HAUPTMANNS u. a.: Techn. Risiken (1987); P. C. COMPES: Zur sicherheitswiss. Risikologie, in: Risiko – subjektiv u. objektiv, hg. v. DEMS. (1989); DERS.: Schutzziele – Konzeption u. Pragmatik auf der Basis sicherheitswiss. Terminologie u. Methodologie, in: VDI-Berichte, Bd. 884 (1991); U. FRANKE: Das Phänomen ›Schaden‹ sicherheitstechnisch. Ein Beitr. zur Begriffserklärung (1993); Was ist ein Schaden? Zur normativen Dimension des Schadensbegriffs in der Risikowiss., hg. v. M. BERG u. a. (Zürich 1994); A. KUHLMANN: Einf. in die S. (²1995); Risikoforschung zw. Disziplinarität u. Interdisziplinarität. Von der Illusion der Sicherheit zum Umgang mit Unsicherheit, hg. v. G. BANSE (1996); G. BANSE u. G. BECHMANN: Interdisziplinäre Risikoforschung. Eine Bibliogr. (1998).

Sicherheitszone, →Schutzzone.

Sichern, *Jägersprache:* das aufmerksame Beobachten der Umgebung durch das Wild mit allen Sinnesorganen.

Sicherstellung, S. von Gegenständen, strafprozessuale Zwangsmaßnahme, die v. a. zur Sicherung von Beweismitteln dient. Zu diesem Zweck kann die S. durch schlichtes Inverwahrungnehmen (§ 94 Abs. 1 StPO), durch →Beschlagnahme (§ 94 Abs. 2 StPO) und ggf. durch Erzwingung der Herausgabe mittels Ordnungsgeld oder Ordnungshaft (§ 95 StPO) erfolgen. Auch Führerscheine, die der Einziehung unterliegen, können sichergestellt werden (§§ 94 Abs. 3, 111a StPO). Im Übrigen gilt ein besonderes Verfahren für die S. von Gegenständen, die dem Verfall oder der Einziehung unterliegen (§§ 111b ff. StPO). Daneben kann die S. von Gegenständen auch nach den Polizei-Ges. der Länder erfolgen, wenn dies polizeirechtlich zur Gefahrenabwehr geboten ist.

Sicherstellungsgesetze, die einfachen Notstandsgesetze (→Notstandsverfassung), die die Sicherstellung der für Zwecke der Verteidigung erforderl. lebenswichtigen Leistungen bezwecken, bes. zur Versorgung der Zivilbevölkerung und der Streitkräfte, nämlich das Wirtschafts-S. i. d. F. v. 3. 10. 1968, das Ernährungs-S. i. d. F. v. 27. 8. 1990, das Verkehrs-S. i. d. F. v. 8. 10. 1968, das Wasser-S. vom 24. 8. 1965 sowie das Arbeits-S. vom 9. 7. 1968. Die S. ermächtigen die Bundes-Reg., für den Spannungs- und Verteidigungsfall Rechts-VO zu erlassen, durch die u. a. eine bestimmte Art der Gewinnung und Verwendung von Erzeugnissen der Land- und Forstwirtschaft vorgeschrieben, Verkehrsmittel, Wehr- und Dienstleistungen in Anspruch genommen u. a. Pflichten auferlegt werden können. – Hiervon getrennt zu sehen sind staatl. Vorsorgemaßnahmen für wirtschaftl. Krisenzeiten, z. B. die Erdölbevorratung.

Sicherung, Schmelzsicherung, selbsttätig wirkendes Schaltgerät zum einmaligen Unterbrechen von Strompfaden bei Kurzschluss oder Überlastung. Prinzipiell ist die S. ein dünner Draht, der als kurzes Leitungsstück in einen elektr. Stromkreis eingefügt wird. Wenn der hindurchfließende Strom über eine bestimmte Zeit einen zulässigen Wert überschreitet, schmilzt der Draht unter der Wirkung der Stromwärme und unterbricht dadurch den Stromkreis, bevor die Hauptleitungen (z. B. an der Isolierung) oder das angeschlossene Gerät beschädigt werden.

Der Schmelzdraht ist in einer geschlossenen, mit einem Löschmittel (meist Quarzsand) gefüllten Patrone (S.-Patrone, S.-Einsatz, Schmelzeinsatz) eingebettet. Schraub-S. bestehen aus (Keramik-)Sockel, Passschraube, S.-Einsatz und Schraubkappe mit Glasfenster. Die S.-Einsätze enthalten einen oder mehrere

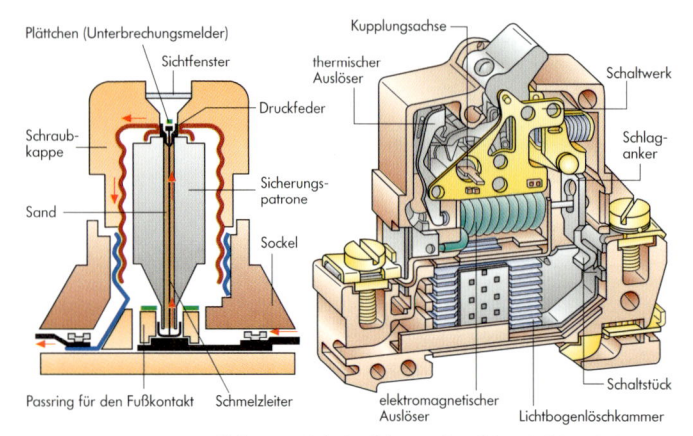

Sicherung: Schnittzeichnung einer Schraub-Schmelzsicherung (links) und eines Sicherungsautomaten (rechts)

Schmelzleiter und einen Haltedraht, an dem ein für jede Nennstromstärke anders gefärbtes Plättchen, der Unterbrechungsmelder, befestigt ist. Schmilzt der Schmelzleiter, wird auch der Haltedraht unterbrochen und das farbige Plättchen abgeworfen. Die Fußkontakte der S.-Einsätze haben je nach Nennstrom verschieden große Durchmesser, die auf den Passring im Sockel abgestimmt sein müssen. Schmelz-S. werden für Stromstärken von 0,5 mA bis 3 500 A gefertigt. Sie sind für Nennspannungen von 2 V (Niederspannungs-S.) bis 30 kV (Hochspannungs-S.) ausgelegt. Bei den v.a. im Haushalt verwendeten **Leitungsschutz-S. (LS-S.)** unterscheidet man nach dem Verhalten bei stoßartiger Belastung zw. **flinken S.** (schalten bei fünffachem Nennstrom nach etwa 0,1 s ab) und **trägen S.** (schalten nach 1 s ab). Diese Niederspannungs-S. werden oft durch einen Leitungsschutzschalter ›Sicherungsautomat‹ ersetzt, der definitionsgemäß nicht zu den S. zählt, da er beliebig oft betätigt werden kann. ›Sicherungsautomaten‹ arbeiten mit elektromagnet. Auslöser. Auslöser, die einen bestimmten Überstrom das Schaltwerk unverzögert betätigt; im Bereich niedriger Überströme wirkt ein therm. Bimetallauslöser verzögert, damit nicht bereits eine kurzzeitige, vorübergehend zulässige Überlastung zu unnötiger Betriebsunterbrechung führt. Als **Geräte-S. (Fein-S.)** dienen G-S. (Glasröhrchen-S.), bei denen sich der Schmelzleiter in einem Glasröhrchen befindet, das an den Stirnseiten mit Kontaktklappen abgeschlossen ist. (→Fehlerstromschutzschalter)

Sicherungs|eigentum, eine der Formen des Eigentums; es hat fiduziar. Charakter und entsteht bei →Sicherungsübereignung.

Sicherungsgeschäfte, Rechtsgeschäfte zur Sicherung – nicht Befriedigung – eines Gläubigers wegen seiner Forderung durch Übernahme persönl. Haftung (Bürgschaft, Schuldbeitritt) oder durch Sachsicherheit (Hypothek, Pfandrecht, Sicherungsübereignung, Sicherungsabtretung, Eigentumsvorbehalt). →Sicherheitsleistung.

Sicherungsleuchten, Kennzeichen für haltende und liegen gebliebene Fahrzeuge, wenn sie den Verkehr gefährden. S. sind die Warnblinklichter der →Warnblinkanlage, mit der jedes mehrspurige Kraftfahrzeug ausgestattet sein muss, und tragbare Warnleuchten; auch zur Absicherung anderer Verkehrshindernisse (z. B. Baustellen).

Sicherungs|übereignung, die Übertragung des Eigentums an einer bewegl. Sache mit der Abrede, dass die Eigentumsübertragung nur zur Sicherung einer Forderung des Erwerbers, dieser gegen den Veräußerer besitzt, erfolgt und nur so lange, wie die Forderung besteht. Die S. dient als Ersatz für das ohne Besitzübertragung nicht zulässige Pfandrecht. Sie geschieht durch Übereignung nach § 930 BGB (Einigung und Begründung eines →Besitzmittlungsverhältnisses); der Veräußerer bleibt also im unmittelbaren Besitz der Sache. Möglich ist auch die S. erst künftig zu erwerbender Sachen im Wege eines vorweggenommenen (antizipierten) Besitzmittlungsverhältnisses. In jedem Fall müssen die übereigneten Sachen hinreichend bestimmt sein. Unter diesen Voraussetzungen ist auch die S. an einem Warenlager mit wechselndem Bestand zulässig. Nach Befriedigung des Gläubigers hat der ursprüngl. Eigentümer einen Anspruch auf Rückübereignung. Die S. kann auch von vornherein unter der auflösenden Bedingung des Erlöschens der gesicherten Forderung erfolgen.

Es kann vereinbart werden, dass der Schuldner im Rahmen eines ordnungsgemäßen Geschäftsbetriebes im eigenen Namen über die Waren verfügen kann; der Gläubiger lässt sich dann regelmäßig die daraus resultierenden Forderungen des Schuldners abtreten. Die S. dient in der Praxis v. a. der Sicherung von Bankkrediten, bei deren Ausfall der Gläubiger das Sicherungsgut verwerten darf. Im Insolvenzverfahren ist er zur abgesonderten Befriedigung berechtigt (§§ 50, 51 Insolvenzordnung, InsO). Außerdem kann die S. nach §§ 129 ff. InsO oder nach dem mit Einführung der InsO neu gefassten Anfechtungs-Ges. anfechtbar sein. Zudem kann eine S. wegen Sittenwidrigkeit nichtig sein, z. B. bei erhebl. Übersicherung des Gläubigers oder unzulässiger Knebelung des Schuldners.

Auch in *Österreich* ist die S. anerkannt; gesetzlich geregelt ist sie nach § 10 österr. KO und § 10 Ausgleichsordnung. – Allerdings gilt anders als nach it. Recht auch für die S. das Gültigkeitserfordernis der Besitzübertragung (Faustpfandprinzip); daher hat die S. in Österreich geringe Bedeutung. – Da in der *Schweiz* der Eigentumsübergang Dritten gegenüber dann unwirksam ist, wenn die Sache im unmittelbaren Besitz des Veräußerers bleibt und damit eine Benachteiligung des Dritten oder eine Umgehung der Bestimmungen über das Faustpfand (Art. 884 Abs. 3 ZGB) beabsichtigt worden ist, spielt die S. keine derart große Rolle wie in Deutschland.

Sicherungsverfahren, 1) *Informatik:* Bez. für versch. Verfahren, die, je nach Auslegung, zur Erkennung und Korrektur von Fehlern geeignet sind, die bei der Speicherung, Verarbeitung und Übertragung von Daten auftreten können. (→Datensicherung)

2) *Recht:* das auf Antrag der Staatsanwaltschaft zu betreibende Verfahren zur selbstständige Anordnung von →Maßregeln der Besserung und Sicherung (z. B. Einweisung in eine psychiatr. Klinik), wenn ein Strafverfahren wegen Schuldunfähigkeit oder Verhandlungsunfähigkeit des Täters nicht durchgeführt werden kann. Für das S. (als ein →objektives Verfahren) gelten mit Abweichungen sinngemäß die Vorschriften über das Strafverfahren (§§ 413–416 StPO). Allerdings kann die Hauptverhandlung ohne den Straftäter durchgeführt werden, wenn sein Erscheinen wegen seines Zustandes nicht möglich oder aus Gründen der öffentl. Sicherheit oder Ordnung unangebracht ist. Stets ist jedoch die Vertretung durch einen Verteidiger vorgeschrieben (§ 140 Abs. 1 Nr. 7 StPO).

Sicherungsverfilmung, Maßnahme zum Schutz von Kulturgut bei bewaffneten Konflikten, in Dtl. von den Ländern im Auftrag des Bundes durchgeführt. Alle Staaten, die der Haager ›Konvention zum Schutz von Kulturgut bei bewaffneten Konflikten‹ vom 14. 5. 1954 beigetreten sind, haben sich gesetzlich zur gegenseitigen Respektierung ihres Kulturguts verpflichtet.

In Dtl. unterhalten alle Bundesländer, das Bundesarchiv und das Geheime Staatsarchiv Preuß. Kulturbesitz insgesamt 13 Verfilmungsstellen; in der DDR war die S. bis zur Wiedervereinigung zentralisiert. Von 1961–97 wurden in Dtl. im Rahmen der S. etwa 700 Mio. Aufnahmen von Archivalien angefertigt. Die Auswahl der zur Verfilmung vorgesehenen Archivalien treffen die Archive der Länder selbst. Die in Dtl. hergestellten Filme werden – auf Großrollen gespult und in Edelstahlbehältern luftdicht verschlossen – in einem Sicherungsstollen im Schwarzwald eingelagert. Dorthin gelangen auch die Sicherungsfilme der DDR in unkopierter Form. Eine Einbeziehung von Handschriftenbeständen der Bibliotheken in das S.-Programm ist beabsichtigt.

Sicherungsverwahrung, eine der strafrechtl. →Maßregeln der Besserung und Sicherung, die vom Gericht neben der Strafe von mindestens zwei Jahren anzuordnen ist, wenn der Täter wegen vorsätzl. Straftaten, die er vor der neu abgeurteilten Tat begangen hat, schon zweimal jeweils zu einer Freiheitsstrafe von mindestens einem Jahr verurteilt worden ist, wenn er deswegen schon mindestens zwei Jahre im Freiheitsentzug verbracht hat und wenn eine Gesamtwürdigung ergibt, dass er infolge eines Hanges zu erhebl. Straftaten (→Hangtäter) für die Allgemeinheit gefährlich ist (§ 66 Abs. 1 StGB). Die S. kann gemäß § 66 Abs. 2 StGB auch ohne frühere Verurteilung oder Freiheitsentziehung angeordnet werden, wenn der Täter als gefährlich im Sinne des § 66 Abs. 1 Nr. 3 StGB eingestuft wird, drei vorsätzl. Straftaten begangen hat und deswegen zu zeitiger Freiheitsstrafe von mindestens drei Jahren verurteilt wird. Wird jemand wegen eines Verbrechens oder wegen einer Straftat nach §§ 174–174c, 176, 179 Abs. 1–3, 180, 182 (Sexualdelikte), 224, 225 Abs. 1 oder 2 oder 323a zu einer Freiheitsstrafe von mindestens zwei Jahren verurteilt, kann das Gericht S. anordnen, wenn der Täter wegen einer oder mehrerer solcher Straftaten schon einmal zu einer Freiheitsstrafe von mindestens drei Jahren verurteilt worden war. Das Gericht kann jederzeit prüfen, ob die S. zur Bewährung auszusetzen ist; diese Prüfung muss spätestens vor Ablauf von zwei Jahren erfolgen (§ 67e StGB). Dabei hat eine Aussetzung zu erfolgen, sobald verantwortet werden kann zu erproben, ob der Untergebrachte außerhalb des Maßregelvollzugs keine rechtswidrigen Taten mehr begehen wird.

Sind zehn Jahre S. vollzogen worden, erklärt das Gericht die Maßregel für erledigt, wenn nicht die Gefahr besteht, dass der Untergebrachte infolge seines Hanges erhebl. Straftaten begehen wird, durch welche die Opfer seelisch und körperlich schwer geschädigt werden (§ 67d Abs. 3 StGB i.d.F. des Ges. zur Bekämpfung von Sexualdelikten u. a. gefährl. Straftaten vom 26. 1. 1998). Gegen Jugendliche und Heranwachsende darf die S. nicht angeordnet werden (§§ 7, 106 Abs. 2 Jugendgerichts-Ges.). Im Vollzug der S. soll dem Untergebrachten geholfen werden, sich in das künftige Leben in Freiheit einzugliedern. Seinen persönl. Bedürfnissen ist nach Möglichkeit Rechnung zu tragen; er darf i.d.R. eigene Wäsche benutzen und sich gegen Entgelt selbst beschäftigen, wenn dies dem Ziel dient, Fähigkeiten für eine Erwerbstätigkeit nach der Entlassung zu vermitteln, zu erhalten oder zu fördern. Zur Vorbereitung der Entlassung kann Sonderurlaub bis zu einem Monat gewährt werden (§§ 129–135 Strafvollzugsgesetz).

Das *österr.* StGB kennt eine entsprechende Maßregel in Form der Unterbringung in einer Anstalt für gefährl. Rückfalltäter (§ 23 StGB). – Das *schweizer.* Recht lässt in Art. 42 StGB die Verwahrung von Gewohnheitsverbrechern zu, die aber an die Stelle einer verwirkten Freiheitsstrafe tritt.

Sichler, Threskiornithinae, Unterfamilie bis 1 m großer Ibisse, v. a. in sumpfigen und gewässerreichen Landschaften der Tropen und Subtropen; S. stochern mit ihrem langen, sichelförmig nach unten gebogenen Schnabel in Böden und Schlamm nach Nahrung (bes. Insekten, Würmer); Koloniebrüter, die ihre Nester vorwiegend auf Bäumen bauen; etwa 20 Arten, darun-

Sichler: Roter Sichler (Größe etwa 65 cm)

ter u. a.: **Roter S. (Scharlach-S.,** Eudocimus ruber), etwa 65 cm groß; leuchtend rot; an der Nordostküste Südamerikas; **Brauner S.** (Plegadis falcinellus), etwa 55 cm groß; Gefieder dunkelbraun mit metallisch grün schimmernden Flügeln; in S-Eurasien, Australien, Afrika und auf den Westind. Inseln; die einzige noch in Europa (bes. Donaudelta, S-Spanien) brütende Art der S.; **Waldrapp (Schopfibis,** Geronticus eremita), etwa 75 cm groß; mit Ausnahme des nackten, roten Kopfes und des roten Schnabels schwarz mit grünem Metallschimmer; v. a. in SW-Asien, vereinzelt auch in Marokko; schopfförmig verlängerte Schmuckfedern am Hinterkopf; Bestände stark bedroht; **Hagedasch** (Hagedashia hagedash), etwa 70 cm groß; in Afrika südlich der Sahara; Gefieder vorwiegend braun, Rücken und Flügeldecken metallisch schillernd; **Heiliger Ibis** (Threskiornis aethiopica), etwa 75 cm groß; in Afrika südlich der Sahara und in Arabien; weiß, Schwungfedern mit schwarzen Spitzen; Schnabel, Kopf und Hals nackt und schwarz. Der Heilige Ibis wurde im alten Ägypten als Verkörperung des Gottes Thot verehrt und war Vorbild für ein Zeichen der Hieroglyphenschrift (BILD →Ibisse).

Sichote-Alịn *der,* Gebirgssystem im Fernen Osten Russlands, S-Teil in der Region Primorje, N-Teil in der Region Chabarowsk, zw. Ussuri und unterem Amur im W, zw. Jap. Meer und Tatarensund im O, von der Amurmündung im N bis zur Peter-der-Große-Bucht im S etwa 1200 km lang, 200–250 km breit, durchschnittlich 800–1000, im Tardoki-Jani bis 2077 m ü. M. Der S.-A. besteht aus mehreren, NO-SW streichenden, durch tiefe Täler getrennten Mittelgebirgsketten, die aus Sandsteinen, kristallinen Schiefern, Graniten und Basaltdecken, die häufig Tafelberge bilden, aufgebaut sind. Die Hänge werden von dichten Wäldern bedeckt. Auf der O-Abdachung liegt der **S.-A.-Nationalpark** (3470 km^2). Es werden Nichteisenerze, Gold sowie Braun- und Steinkohle abgebaut. In die westl. Ausläufer schlug am 12. 2. 1947 der **S.-A.-Meteorit** ein, ein Eisenmeteorit, der mit etwa 70 t Festmasse die Erdatmosphäre erreichte und auf etwa 3 km^2 Fläche über 100 Einschlagskrater entstehen ließ (größtes Einzelteil 17,5 t, Gesamtmasse aller Teile 27 t).

Sichowsky, Richard von, Schrift- und Buchkünstler, * Hamburg 28. 5. 1911, † ebd. 28. 1. 1975; ab 1946

Sichler:
Heiliger Ibis
(Größe etwa 75 cm)

Lehrer der Fachklasse für Typographie an der Akad. für bildende Künste in Hamburg; gründete 1949 die Grillen-Presse, die durch zum größten Teil mit Holzschnitten des Bildhauers G. MARCKS illustrierte Bücher bekannt wurde.

Sicht, Sichtweite, komplexe meteorolog. Größe, in Bodennähe die größte horizontale Entfernung, in der am Tage ein dunkler Gegenstand im Gelände vor hellem Horizont **(meteorologische S.)** oder in der Nacht das weiße Licht einer normalen Lampe (nicht Scheinwerfer) von einem Beobachter gerade noch erkannt wird **(Feuer-, Nacht-S.).** Die S. wird vermindert bei Überstrahlung der S.-Marke (ein festes Objekt in bekannter Entfernung vom Beobachter) durch gestreutes Sonnen- oder Mondlicht (Umfeldhelligkeit), das an Luftmolekülen, Aerosolen und Tröpfchen entsteht, die gleichzeitig die vom betrachteten Objekt ausgehende Strahlung schwächen. Bei einer S. von über 50 km spricht man von **Fern-S.** Die (idealisierte) **Norm-S.** ist ausschließlich von der Trübung der Atmosphäre am Tag abhängig. – In der *Seefahrt* bezeichnet man als S. auch diejenige Entfernung, in der ein Seezeichen, Leuchtfeuer oder anderes Sichtziel gerade noch an der Horizontlinie sichtbar ist **(geographische S.);** sie hängt von der Höhe des Ziels oder der Lichtquelle und der Augenhöhe des Beobachters ab (z. B. befindet sich die Horizontlinie für einen am Strand stehenden Beobachter in etwa 5 km Entfernung).

Sicht|einlagen, Sichtdepositen, täglich abrufbare Guthaben von Nichtbanken (Bankkunden) bei Kreditinstituten, die als Kundeneinlagen gering- oder unverzinslich sind, im Wesentlichen dem bargeldlosen Zahlungsverkehr (Giroverkehr) dienen und Buchgeld darstellen **(Sichtguthaben).** S. von Banken im Rahmen der Interbankbeziehungen entstehen aufgrund des Verrechnungsverkehrs des Geldhandels und werden den Bankeinlagen zugerechnet. Die S. der Nichtbanken sind aus Sicht der Kreditinstitute täglich fällige Verbindlichkeiten **(Sichtverbindlichkeiten),** die der Mindestreservepflicht unterliegen (→Mindestreserve). Keine S. sind Termin- und Spareinlagen.

Sichten, Verfahren zum Trennen (Klassieren; →Klassierung) disperser Feststoffe. Das S. wird v. a. in der Müllerei und Landwirtschaft in Getreidereinigungsmaschinen u. a. mit →Plansichtern, →Siebsichtern und zu den Windsichtern gehörenden →Steigsichtern durchgeführt. In der Brennstofftechnik werden Sichter hinter Kohlemühlen geschaltet, um unzureichend gemahlenen Kohlenstaub zurückzuführen.

Sichtfeld, *Optik:* das →Gesichtsfeld.

Sichtflug, die Führung eines Luftfahrzeugs nach Sicht des Piloten, d. h. im Unterschied zum →Instrumentenflug ohne Überwachung und Lenkung durch den Flugsicherungs-Kontrolldienst, wobei die Vorschriften der S.-Regeln (engl. visual flight rules, Abk. **VFR)** zu beachten sind. Diese legen in Abhängigkeit von der Art des beflogenen Luftraums Mindestwerte für die Flug- und Bodensicht und für den Abstand von Wolken sowie Sicherheitsmindestflughöhen und eine kursabhängige Höhenstaffelung fest. Beim S. sind die Luftfahrzeugführer für die Vermeidung von Zusammenstößen nach dem Prinzip ›sehen und gesehen werden‹ selbst verantwortlich. Zum Schutz des Instrumentenflugverkehrs ist in Dtl. der S. oberhalb der Flugfläche 100 (rd. 3000 m Höhe) sowie in besonderen S.-Beschränkungsgebieten (Verkehrsflughäfen mit hohem Verkehrsaufkommen) verboten. Durch Einführung neuer Regeln für vom Flugsicherungs-Kontrolldienst überwachte S. (engl. controlled **VFR,** Abk. **CVFR)** wurden diese Beschränkungsgebiete seit 1977 wieder begrenzt für die allgemeine Luftfahrt nutzbar gemacht. In diesen Regeln werden eine Mindestausrüstung des Luftfahrzeugs mit Navigations- und Nachrichtengeräten sowie eine durch Prüfung zu erwerbende Berechtigung des Luftfahrzeugführers als Voraussetzung für die Durchführung kontrollierter S. vorgeschrieben.

Sichtkurs, Devisenkurs für kurzfristig fällige Auslandszahlungsmittel (v. a. Schecks), in dem die Zinsverluste durch den Postlauf berücksichtigt sind.

Sichtlini|e, *Astronomie:* die →Gesichtslinie.

Sichtprüfung, direktestes und am weitesten verbreitetes Verfahren der zerstörungsfreien Werkstoffprüfung auf Oberflächenfehler. Die Oberfläche eines Prüfkörpers wird manuell, mit einer Videokamera oder einem Videoendoskop (insbesondere bei schwer zugängl. oder Innenoberflächen) nach Fehlern (Risse, Lochfraß usw.) abgesucht. Dabei kommt der Beleuchtung des Prüfkörpers große Bedeutung zu.

Sichtvermerk, Visum, in einen Pass eingefügte amtl. Bestätigung, dass Einreise (Einreisevisum), Durchreise oder Aufenthalt in einem fremden Land erlaubt werden. In Dtl. richtet sich die Erteilung von Aufenthaltsgenehmigungen nach dem Ausländer-Ges. vom 9. 7. 1990. Danach bedarf jeder Ausländer, der nicht Staatsangehöriger eines EG-Mitgliedsstaates ist, eines Visums. Durch VO vom 18. 12. 1990 wurden für zahlr. Staaten Befreiungen von der Visumspflicht vorgesehen. Zuständige Behörden sind die Ausländerbehörde, im Ausland die Auslandsvertretungen. Auch die Verlängerung einer Aufenthaltsgenehmigung kann in Form eines S. erteilt werden. In fast allen europ. Staaten ist für einen kurzfristigen Aufenthalt kein S. erforderlich.

Ähnliches gilt für *Österreich*; Fremde unterliegen gemäß §5 Fremden-Ges. 1997 bei der Einreise in das Bundesgebiet sowie während des Aufenthaltes der S.-Pflicht, soweit nicht bundesgesetzlich oder durch zwischenstaatl. Vereinbarungen anderes bestimmt wird. Gemäß §46 Abs. 1 Fremden-Ges. 1997 genießen EWR-Bürger S.- und Niederlassungsfreiheit.

In der *Schweiz* richtet sich die Visumspflicht nach der VO über Einreise und Anmeldung der Ausländer vom 10. 4. 1946 sowie nach versch. bilateralen und multilateralen Abkommen. Ausländer brauchen grundsätzlich ein Visum, welches von den schweizer. Auslandsvertretungen oder anderen vom EJPD bezeichneten Stellen für i. d. R. höchstens sechs Monate erteilt wird, wobei die Visumspflicht für Bürger vieler ausländ. Staaten (v. a. Europas) abgeschafft wurde.

Sichtweite, *Meteorologie:* die →Sicht.

Sichuan [-tʃüan], **Szechwan, Szetschuan, Setschuan,** Prov. im südl. Zentralchina, am Jinsha Jiang (Oberlauf des Jangtsekiang), 570 000 km², mit (1994) 112,14 Mio. Ew. die bevölkerungsreichste Prov. (etwa 2,5% Angehörige nat. Minderheiten im W-Teil: Yi, Tibeter, Miao, Qiang, Hui u. a.). Hauptstadt ist Chengdu. Den O nimmt das etwa 220 000 km² große **Becken von S.** ein (wegen des hier verbreiteten roten Sandsteins auch **Rotes Becken** gen.), das allseitig von hohen Gebirgen (bis 3100 m ü. M.) umgeben wird: im S und SO vom Yunnan-Guizhou-Plateau, im NO vom Daba Shan, im O vom Wu Shan und im W von den Randgebirgen des Qinghai-Hochlandes. Es ist ein 400–800 m ü. M. gelegenes Hügelland mit eingesenkten Ebenen (bes. Chengdu-Ebene im W). Fruchtbare Böden und mildes subtrop. Klima sowie reiche Bodenschätze (wichtigstes Gebiet der chin. Erdgasgewinnung bei Nanchong, Förderung von Kohle, Erdöl, Salz, Mangan, Schwefel und Eisenerzen) ließen hier den Hauptwirtschaftsraum von S. entstehen. Angebaut werden Reis, Mais, Weizen, Hirse, Bataten, Zuckerrohr, Tee, Sojabohnen und Erdnüsse. Außerdem sind Seidenraupenzucht (wichtigste Region Chinas), Schweine- und Geflügelhaltung von Bedeutung. Die Industrialisierung begann mit der Verlagerung von Betrieben aus O-China nach Ausbruch des 2. Chinesisch-Jap. Krieges 1937 und wurde nach 1950 intensi-

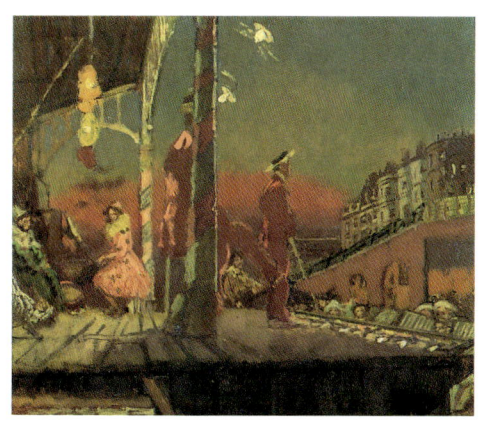

Walter Sickert: Die Harlekine von Brighton; 1915 (Privatbesitz)

viert. Eisenerzverhüttung, Maschinen- und Fahrzeugbau, chem., Baumwoll- und Nahrungsmittelindustrie, bes. in Chengdu, Chongqing und Zigong, haben die größte Bedeutung. Den W-Teil der Prov. nehmen Hochgebirgsketten und -plateaus mit kühlem Höhenklima ein: im S die 4000–5000 m ü. M. aufragenden nördl. Gebirgsketten des Sinotibet. Gebirges (chin. Hengduan Shan), die nach W das 1000–2000 m ü. M. gelegene Yunnan-Guizhou-Plateau (vorwiegend aus Kalkstein aufgebaut) begrenzen, und im nördl. und mittleren Gebiet randl. Teile des aus Sand- und Kalkstein, Quarziten, Tonschiefern, Graniten und Gneisen bestehenden Qinghai-Hochlands (Gongga Shan, 7556 m ü.M.), die Heimat der Pandabären. Im W spielen hier Schaf- und Yakzucht die größte Rolle. Dukou im äußersten S ist ein Zentrum der Eisenindustrie. Die bis 1950 weitgehend isolierte Prov. wurde durch den Bau von Eisenbahnlinien und Straßen erschlossen; dennoch spielt die Binnenschifffahrt auf dem Jinsha Jiang weiterhin eine große Rolle. Bedeutung erlangte der internat. Fremdenverkehr.

Sicilia [-'tʃi:-], Insel und Region Italiens, →Sizilien.

Siciliano [-tʃi-, ital.] *der, -s/-s* und *...ni,* auch **Siciliana** [-tʃi-], **Sicilienne** [sisil'jɛn, frz.], ital. Volkstanz des 17./18. Jh. in zunächst schnellem, ab 1700 langsamerem $^6/_8$- oder $^{12}/_8$-Takt, oft mit einer lyr. Melodie in punktiertem Rhythmus, einer Begleitung aus gebrochenen Akkorden und in Moll stehend. Die Herkunft aus Sizilien ist nicht gesichert, doch weist der häufige Gebrauch des neapolitan. Sextakkords auf eine Verbindung zum sizilian. Volksgesang hin. Als Vokal- oder Instrumentalstück begegnet der S. zunächst als ›Aria alla siciliana‹ in Opern, Oratorien und Kantaten (A. SCARLATTI, G. F. HÄNDEL), im 18. Jh. in der Klavier-, Kammer- und Orchestermusik (A. CORELLI, HÄNDEL, J. S. BACH, G. B. MARTINI, W. F. BACH).

Sicken, *Fertigungstechnik:* Umformverfahren zur Herstellung rinnenartiger und bauchiger Vertiefungen in Blechteilen geringer Dicke, um diese zu versteifen oder zu verzieren; gehört wie das Hohlprägen zu den Verfahren des Tiefens. Eine **Sicke** kann durch Biegen, Hohlprägen oder durch Walzen zw. profilierten Rollen auf der S.-Maschine hergestellt werden. Das S. von Hand wird absatzweise mit einem S.-Hammer durch Einschlagen des Bleches in die sickenförmige Vertiefung eines S.-Stockes vorgenommen.

Sicker|anlage, Anlage aus Gruben, Gräben, Schächten, Rohren o. Ä. mit wasserdurchlässigen Wandungen, z. T. gefüllt mit verwitterungsbeständigem, filterstabilem Material; dient zum beschleunigten Versickern von Niederschlags- und Abwasser im Boden sowie zum Entzug von Grundwasser.

Sickert ['sɪkət], Walter Richard, engl. Maler dänisch-brit. Herkunft. *München 31. 5. 1860, †Bath 22. 1. 1942; lebte ab 1868 in London. Er war Schüler von J. WHISTLER und ging 1883 nach Paris, war mit E. DEGAS befreundet. 1899–1905 lebte er in Dieppe, dann in London. S. vermittelte den frz. Impressionismus nach England. Er verband Einflüsse von WHISTLER und den frz. Impressionisten und malte Theater-, Varietee- und Großstadtszenen, Architekturmotive, Porträts und Figurendarstellungen (auch Akte).

W. BARON: S. (London 1973); D. SUTTON: W. S. (ebd. 1976); Late S. Paintings 1927 to 1942, Ausst.-Kat. (ebd. 1981); S. Paintings, hg. v. W. BARON u. a., Ausst.-Kat. Royal Academy of Arts, London, u. a. (New Haven, Conn., 1992).

Sickerwasser, das im Untergrund zum →Grundwasser absinkende Niederschlags- und Oberflächenwasser (in Mitteleuropa etwa 20 % der Niederschlagsmenge). Die Gesteinszone, in die das Wasser versickert, ist der **S.-Bereich.** – Problemat. S. entsteht v. a. in →Deponien. Ein Teil des anfallenden Niederschlags versickert und durchfließt dabei die abgelagerten Abfälle, wobei das S. lösl. (schadstoffhaltige) Substanzen aufnimmt und mit Deponiewasser aus der Restentwässerung der abgelagerten Abfälle angereichert wird. Es muss deshalb durch ein Drainagesystem aufgefangen und gereinigt werden.

Sickingen, Franz von, Reichsritter, *Ebernburg (heute zu Bad Münster am Stein-Ebernburg) 2. 3. 1481, †Burg Nanstein (oberhalb Landstuhl) 7. 5. 1523; schuf sich durch zahlr. Fehden eine starke Stellung am Mittelrhein, wurde 1515 wegen einer Fehde gegen Worms geächtet, trat 1516 zunächst in frz., danach in kaiserl. Dienste und war seit 1517 Feldhauptmann Kaiser MAXIMILIANS I., dann KARLS V., dessen Wahl er 1519 unterstützt hatte und für die er 1519 gegen Herzog ULRICH von Württemberg und 1521 gegen Frankreich zog. Durch U. VON HUTTEN für die Reformation gewonnen, gewährte er den Anhängern der neuen Lehre Zuflucht auf der Ebernburg. Als Hauptmann der oberrhein. Ritterschaft (Landauer Bund) begann er den Kampf gegen Trier, wohl um selbst Fürst des (säkularisierten) Kurfürstentums zu werden, wurde von den verbündeten Fürsten von Trier, Hessen und der Pfalz in seiner Burg eingeschlossen und belagert. Er starb, schwer verwundet, am Tag der Übergabe.

V. PRESS: F. v. S. Wortführer des Adels, Vorkämpfer der Reformation u. Freund Huttens, in: Ulrich von Hutten, bearb. v. P. LAUB, Ausst.-Kat. (1988); H.-W. LANGBRANDTNER: Die Sickingische Herrschaft Landstuhl (1991).

Sickinger, Josef Anton, Schulreformer, *Harpolingen (heute zu Bad Säckingen) 21. 9. 1858, †Oberstdorf 3. 8. 1930; 1895–1925 Stadtschulrat in Mannheim, schuf das →Mannheimer Schulsystem.

Werk: Arbeitsunterricht, Einheitsschule, Mannheimer Schulsystem (1920).

Sickinger Höhe, nördl. Teil des Westrichs, in Rheinl.-Pf., 400–455 m ü. M., Steilabfall (mehr als 100 m hohe Buntsandsteinstufe) zum Pfälzer Gebrüch zw. Landstuhl und Homburg.

sic transit gloria mundi [lat. ›so vergeht die Herrlichkeit der Welt‹], der von der Verbrennung eines Büschels Werg (als symbol. Erläuterung) begleitete Zuruf an einen neu gewählten Papst beim Einzug zu seiner Krönung. Kirchengeschichtlich seit dem 12. Jh. belegt, ist der (dem altröm. Triumphzeremoniell entstammende) Zuruf heute nicht mehr üblich.

Sicyos [griech.], die Pflanzengattung →Haargurke.

SID [Abk. für engl. Sudden **i**onospheric **d**isturbance ›plötzl. ionosphär. Störung‹], engl. Bez. für den Mögel-Dellinger-Effekt, →Ionosphäre.

Sidamo, Gruppe von äthiopiden Stämmen in S-Äthiopien, östlich des Abajasees am Rand des Amharenhochlands. Die etwa 1 Mio. S. leben in Einzelge-

Franz von Sickingen

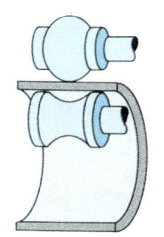

Sickwalzen

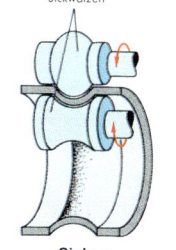

Sicken eines Blechrohrs

Side: Nordöstliches Stadttor mit Resten von Wehrtürmen

höften in Kegeldachhäusern (mit Mittelpfosten) und treiben Terrassenfeldbau (Bananen) mit Bewässerung und Viehhaltung; üblich sind Polygamie, Brautpreis, Patrilokalität. Ihre Sprache, das S., gehört zu den →Kuschitensprachen.

Siddhanta [Sanskrit ›Lehrmeinung‹] *der, -,* 1) Bez. für eine Schule des →Shivaismus; 2) im tibet. Buddhismus die auf schriftl. Überlieferung gestützte philosoph. oder religiöse Lehrmeinung.

Siddhattha [Pali], Sanskrit **Siddhartha** [›der sein Ziel erreicht hat‹], Name des Begründers des Buddhismus (S. Gotama), →Buddha.

Siddhi [Sanskrit ›Gelingen‹, ›Vollkommenheit‹] *die, -,* in ind. Religionen Bez. für durch Yoga und Askese auf dem spirituellen Weg zur Erlösung gewonnene übernatürl. Fähigkeiten, z. B. Levitation, Hellsehen, Unsichtbarmachung, gottgleiche Macht über alle Wesen.

Siddons [ˈsɪdənz], Sarah, geb. **Kemble** [kembl], engl. Schauspielerin, * Brecon (Cty. Powys) 5. 7. 1755, † London 8. 6. 1831; Schwester von C. und J. P. KEMBLE. Sie zählte zu den berühmtesten Tragödinnen ihrer Zeit. Bes. erfolgreich war sie mit Rollen in Dramen SHAKESPEARES, v. a. als Lady Macbeth.

Y. FFRENCH: Mrs. S. Tragic actress (London 1954, Nachdr. Westport, Conn., 1981).

Side [irisch, Pl. von sid ›Feenhügel‹], *irische Mythologie:* übernatürl. Wesen (Elfen, Feen), als deren Wohnsitz (sid) man prähistor. Hügelgräber oder natürl. Hügel ansah; auch gleichgesetzt mit den Tuatha Dé Danann des ›Mytholog. Zyklus‹ (→irische Sprache und Literatur).

Side, Seebad an der Türk. Riviera, östlich von Antalya, Türkei; entwickelte sich seit den 1970er-Jahren aus dem ehem. Fischerdorf **Selimiye.** – Die antike Stadt S., angelegt auf einer in den Golf von Antalya vorspringenden kleinen Halbinsel, wurde von griech. Kolonisten gegründet und entwickelte sich in röm. Zeit zu einer wichtigen Hafen- und Handelsstadt Pamphyliens. – Freigelegt wurden meist Bauten aus röm. Zeit (2. Jh. n. Chr.), die Stadtmauer geht bis auf hellenist. Zeit zurück (2. Jh. v. Chr.), die Seemauer ist v. a. römisch, die Landmauer mit dem Haupttor bewahrt den hellenist. Zustand. Vor dem Tor liegt das röm. Nymphäum (3. Jh. n. Chr.), vom Tor aus führen zwei Säulenstraßen in die Stadt; Theater für 15 000 Zuschauer (mit 6 m breitem Proszenium, 3 m über der Orchestra gelegen) und Agora (ihre Größe von 91 × 94 m erlaubt Rückschlüsse auf den Umfang des von Piraten beliebten Sklavenmarkts) mit rundem Tyche- oder Fortunatempel. Die Staatsagora war eine repräsentative Anlage mit ›Kaisersaal‹ und Flügelsälen. Im 4. Jh. n. Chr. wurde zw. Theater und Staatsagora eine innere Stadtmauer gebaut. Ferner Reste des Aquädukts, mehrerer Tempel und Thermen, u. a. die Agorathermen (5. Jh. n. Chr., heute Museum) und die Thermen am Hafen (2. Jh. n. Chr.), wo auch drei Tempel und eine große (unvollendete) frühchristl. Basilika lagen, in die im 8. oder 9. Jh. eine kleine byzantin. Kirche eingebaut wurde. Auch an der östl. Säulenstraße lag eine große frühchristl. Basilika (5./6. Jh.).

A. M. MANSEL: Die Ruinen von S. (1963); J. NOLLÉ: S., in: Antike Welt, Jg. 21, H. 4 (1990).

Sideboard [ˈsaɪdbɔːd; engl., eigtl. ›Seitenbrett‹] *das, -s/-s,* urspr. engl. Möbeltyp (frühe Beispiele im 16. Jh.), heute Bez. für die Anrichte.

Sider, Es-S., Hafen in Libyen, →Sidr.

sider..., Wortbildungselement, →sidero...

siderisch, auf die Sterne bezogen, z. B. **siderisches Jahr** (→Jahr), **siderischer Monat** (→Monat), **siderische Umlaufzeit** (→synodische Umlaufzeit).

siderisches Eisen, das →Meteoreisen.

siderisches Pendel, *Okkultismus:* ein an einem Faden befestigter Metallgegenstand, der medial begabten Personen ähnlich wie die Wünschelrute zur Auffindung verborgener Informationen dienen soll, wobei der Gegenstand frei pendelnd gehalten wird.

Siderit *der, -s/-e,* **Eisenspat, Spat|eisenstein,** gelbes bis gelblich braunes, trigonales Mineral der chem. Zusammensetzung $FeCO_3$, meist Mangan und Calcium enthaltend; durch Verwitterung werdend (›Reifen‹ des S.); Härte nach MOHS 4–4,5, Dichte 3,7–3,9 g/cm³; Kristalle oft linsen- oder sattelförmig gekrümmt. Wichtiges Eisenerz, meist derb, in grobkörnigen Aggregaten oder in Konkretionen mit Ton vermengt, in Sedimenten auch kugelig oder wulstig **(Sphäro-S.),** auch oolithisch, in Seen und Torfen als weiche, gelartige Massen **(Weißeisenerze).** S. entsteht v. a. hydrothermal, in S.-Gängen (z. B. im Siegerland) oder durch Metasomatose (Verdrängung von Kalkstein und Dolomit, z. B. Erzberg, Steiermark), außerdem sedimentär (Knollen, Konkretionen, Linsen, flözartig, auch in Kohlelagerstätten (als ›Kohleneisensteine‹), aber stets unter Sauerstoffabschluss. Durch Oxidation an der Erdoberfläche können eiserne Hüte (Limonit) gebildet werden.

sidero... [griech. sídēros ›Eisen‹], vor Vokalen verkürzt zu **sider...,** Wortbildungselement mit der Bedeutung: Eisen, Stahl, z. B. Siderochrome, Siderit.

Siderochrome [zu griech. chrõma ›Farbe‹], **Siderophore,** von Mikroorganismen (bes. Pilzen und Bakterien) gebildete niedermolekulare eisenhaltige Naturstoffe, die Eisen zu transportieren vermögen. Zu den S., die rötlich braune, wasserlösl. Eisen(III)-Hydroxamsäure-Komplexe oder Chelate mit Brenzcatechinderivaten sind, gehören die wachstumsfördernden **Sideramine** sowie deren antibiotisch wirkende Antagonisten, die **Sideromycine.**

Siderolithe [zu griech. líthos ›Stein‹], Sg. **Siderolith** *der, -s* und *-en,* →Meteorite.

Sideromelan [zu griech. mélas ›schwarz‹] *der, -s/-e, Petrologie:* →Palagonit.

siderophil [zu griech. phileĩn ›lieben‹], bezeichnet in der Geochemie solche chem. Elemente, die bei ihrer Verteilung im Erdinnern die Tendenz besitzen, in Verbindung mit metall. Eisen aufzutreten, bes. Nickel, Kobalt, Kupfer, Gallium, Germanium, Arsen, Zinn, Gold und die Platinmetalle Ruthenium, Rhodium, Palladium, Osmium, Iridium und Platin.

Siderophilie *die, -/...'li|en, Medizin:* die →Hämochromatose.

Siderophiline, Sg. **Siderophilin** *das, -s,* bei Tier und Mensch vorkommende hämfreie, Eisen bindende Glykoproteine, die dem Transport von Eisen im Organismus dienen (Kohlenhydratanteil 6%). Bes. gut untersucht ist das im Blut der Wirbeltiere enthaltene →Transferrin (Siderophilin); daneben zählen zu den S. auch das in der Säugetiermilch enthaltene **Lactoferrin**

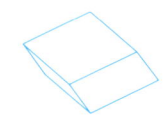

Siderit: Kristallform

Siderit: Kristallaggregat

sowie das im Hühnereiweiß vorkommende **Ovotransferrin (Conalbumin).**

Siderophore [zu griech. phoreīn ›tragen‹], die →Siderochrome.

Siderose *die, -/-n,* **Siderosis,** Ablagerung von Eisen oder Eisenverbindungen im Gewebe. In generalisierter Form tritt eine S. bei Störungen des Eisenstoffwechsels auf (→Hämosiderose). Bei der **Augen-S.** (Siderosis bulbi) kommt es durch Eindringen von Eisensplittern in den Augapfel bei Verletzungen ohne Behandlung (Entfernung) zu einer bräunl. Verfärbung der Regenbogenhaut und der Linse und zunehmender Erblindung durch Eisenablagerung in der Netzhaut. Die **Lungen-S.** (Eisenlunge, Schweißerlunge, Siderosis pulmonum) stellt eine gutartige, rückbildungsfähige Staubinhalationskrankheit als Folge einer mehrjährigen, i. d. R. berufsbedingten Einatmung von Eisen- oder Eisenoxidstäuben ohne Beeinträchtigung der Lungenfunktion dar (z. B. bei Elektroschweißern).

Siderosphäre, Bez. für den Erdkern (→Erde).

Siderostat [zu griech. statós ›stehend‹] *der, -(e)s und -en/-en,* Planspiegel, der das Licht eines Himmelskörpers unabhängig von der Erddrehung ununterbrochen in ein festliegendes astronom. Fernrohr wirft; auch Bez. für das ganze mit einem solchen Spiegel ausgestattete Gerät. S. für die Untersuchung der Sonne bezeichnet man als **Heliostaten.** Die mit S. gewonnenen Bilder drehen sich wegen der Erdrotation um ihren Mittelpunkt. Um dies zu vermeiden, verwendet man Anordnungen mit zwei Spiegeln (→Zölostat).

Siders, frz. **Sierre** [sjɛːr], 1) Bezirksstadt im Kt. Wallis, Schweiz, 534 m ü. M., im Rhonetal, unmittelbar an der deutsch-frz. Sprachgrenze, 13 900 Ew.; Walliser Reb- und Weinbaumuseum (z. T. im Nachbarort Salgesch), im ehem. Hotel Château-Bellevue Rilkezimmer und Zinnsammlung; Aluminium-Walz- und -Presswerk, im südl. Nachbarort **Chippis** Aluminiumhütte mit Gießerei u. a. Werken. – An der W-Fassade der Kirche Notre-Dame-des-Marais (1422; 1524 erweitert) Fresken vom Anfang des 16. Jh.; Schloss der Viztume (Wohnturm aus dem 15. Jh.); stattl. Bürgerhäuser (17. und 18. Jh.). – Das im 6. Jh. erstmals erwähnte S. wurde im 13. Jh. Stadt.
2) Bez. im Zentrum des Kt. Wallis, Schweiz, 418 km², 40 200 Ew.; umfasst das Gebiet um 1) und das Val d'Anniviers.

Sideslip [ˈsaɪdslɪp, engl.] *der, -s/-s, Luftfahrt:* →Slip.

Sidetisch, mindestens bis ins 13. Jh. v. Chr. gesprochene nichtgriech. Sprache der Stadt →Side; sie ist durch einige noch nicht voll entschlüsselte Steinschriften bezeugt, die eine eigene Buchstabenschrift aufweisen. Das S. gehört vermutlich zur →anatolischen Sprachgruppe.

Sidewinder [ˈsaɪdwaɪndə, engl.] *der, -s/-,* seit Ende der 1950er-Jahre in zahlr. Versionen produzierter Luft-Luft-Lenkflugkörper (Feststoffrakete) für Kampfflugzeuge.

Sidgwick [ˈsɪdʒwɪk], 1) Henry, brit. Philosoph, *Skipton (Cty. North Yorkshire) 31. 5. 1838, †Cambridge 28. 8. 1900; ab 1883 Prof. in Cambridge; 1882 Mitbegründer der Society for Psychical Research. Ausgehend von der Moralphilosophie des Commonsense, unterscheidet S. in seinem Werk ›The methods of ethics‹ (1874; dt. ›Die Methoden der Ethik‹) drei ›Methoden‹: den Intuitionismus mit seiner Maxime individueller und gesellschaftl. Vervollkommnung, den Utilitarismus als Streben nach größtmögl. Glück der Allgemeinheit und den Egoismus als solches nach größtmögl. individuellem Glück. S. sucht Intuitionismus und Utilitarismus zu verbinden. Die obersten Prinzipien der Ethik sind nur ›intuitiv‹ zugänglich. – S. setzte sich für akadem. Frauenbildung ein.
2) Nevil Vincent, brit. Chemiker, *Oxford 8. 5. 1873, †ebd. 15. 3. 1952; war 1934–45 Prof. in Oxford, 1935–37 Präs. der brit. Chemical Society; er gestaltete den Begriff der chem. Valenz auf der Grundlage der neuen Atomtheorie um und arbeitete u. a. über Molekülstruktur und Tautomerie.

Sidi, Sayyid [arab.], in NW-Afrika Anrede: ›mein Herr‹.

Sidi-Bel-Abbès [frz. sidibɛlaˈbɛs], **Bel Abbès,** arab. **Sidi Bil Abbas,** Stadt in NW-Algerien, 470 m ü. M., 82 km südlich von Oran, am N-Hang des westl. Tellatlas, am Oued Mekerra, 157 700 Ew.; Bez.-Verwaltung; Garnisonsstadt; Landwirtschaftszentrum eines fruchtbaren Gebiets (Getreide, Weintrauben, Obst, Rinder); Landwirtschafts-, Polizeischule; Nahrungsmittel-, Schuh-, Landmaschinen-, Elektroindustrie; Straßenknotenpunkt an der Eisenbahnlinie Oran–Tlemcen; Flugplatz. – Entstand nach geometr. Plan aus einer 1843 von den Franzosen angelegten Festung; bis 1962 Hauptgarnison der Fremdenlegion.

Siders 1): Schloss der Viztume; 15. Jh.

Sidi Bou Médine [-bu meˈdiːn], Grabheiligtum des gleichnamigen Volksheiligen in →El-Eubbad, Algerien.

Sidi Ifni, Hafen- und Garnisonsstadt an der Atlantikküste S-Marokkos, 50 m ü. M., ehem. Hauptstadt der span. Enklave →Ifni, 73 km südlich von Tiznit auf einem Küstenplateau, 20 000 Ew.; Herstellung von Fisch- und Hummerkonserven, Bekleidung, Teppichen. – 1476 gründeten die Spanier hier die Festung Santa Cruz de Mar Pequeña zur Sicherung der Seewege zu den Kanaren; 1524 wurden sie von den Sadiern vertrieben. 1860 wurde S. I. erneut span. Territorium (Vertrag von Tetuán), aber erst 1936 konnten sich die Spanier hier wieder niederlassen. 1969 fiel S. I. wieder an Marokko (damals Prov. Agadir) und gehört seit 1985 zur neu geschaffenen Prov. Tiznit.

Sidi Kacem [frz. -kaˈsɛm], arab. **Sidi Qasim** [-kaː-], Stadt in Marokko, 70 m ü. M., 46 km nordwestlich von Meknès, am SO-Rand der Ebene Rharb, 67 600 Ew.; Prov.-Verw.; Landwirtschaftszentrum (Getreide, Wolle, Vieh); Baumwollentkernung, Erdölraffinerie (Versorgung durch die Pipeline Casablanca–Mohammédia); Eisenbahn- und Straßenknotenpunkt.

Sidi Krir, Sidi Kerir, Erdölhafen und Badeort 35 km westlich von Alexandria, Ägypten; Endpunkt der Sumed-Pipeline von Ain Suchna (→Suchna) am Golf von Suez. – Die Fertigstellung des Kernkraftwerks (600 MW) wurde auf unbestimmte Zeit ausgesetzt.

Siding Spring Mountain [ˈsaɪdɪŋ ˈsprɪŋ ˈmaʊntɪn], Berg in der Warrumbungle Range der Great Dividing Range, New South Wales, Australien, 1164 m ü. M.; auf dem Gipfel das **Siding-Spring-Observatorium**, das größte astronom. Observatorium Australiens, 1965 als Außenstation des Mount-Stromlo-Observatoriums gegründet. Von den größeren dort befindl. Teleskopen werden ein 1-m- und ein 2,3-m-Spiegelteleskop von der Australian National University betrieben (verwendet u. a. für photometr. und Polarisationsmessungen), während ein Schmidt-Spiegel mit 1,2 m freier Öffnung und ein 3,9-m-Spiegelteleskop unter der gemeinsamen Verwaltung von Australien und Großbritannien stehen. Mit dem Schmidt-Spiegel erfolgte u. a. eine Durchmusterung des gesamten südl. Sternhimmels im blauen Spektralbereich (parallel zu einer Durchmusterung durch die Europ. Südsternwarte in Chile im roten Spektralbereich).

Sidjilmassa [sidʒ-], Ruinenstadt in SO-Marokko, 2 km westlich von Rissani; ehem. Hauptstadt der Tafilalt-Oasen, war im MA. bedeutendstes Handelszentrum (Karawanenhandel) NW-Afrikas. Um 757 von Berbern gegr., Blüte unter den Almoraviden, Almohaden und Meriniden (vom 11.–15. Jh. hatte S. mehr als 100 000 Ew., war von einer starken Mauer und mehr als 600 Kasbas umgeben). Nachdem 1666 die noch heute herrschende Hasanidendynastie von hier aus Marokko erobert hatte, verlor S. an Bedeutung, wurde seit MULAI ISMAIL (1672–1727) allmählich von →Rissani abgelöst und ist heute weitgehend von Sanddünen bedeckt. Bei archäolog. Ausgrabungen wurden Münzen, Schmuck, Keramik u. a. entdeckt.

Sidmouth [ˈsɪdməθ], 1. Viscount, brit. Politiker, →Addington, Henry, Lord, 1. Viscount Sidmouth.

Sidney [ˈsɪdnɪ], Sir Philip, engl. Dichter, * Penshurst (bei Royal Tunbridge Wells) 30. 11. 1554, † Arnheim 17. 10. 1586; entstammte dem Hochadel; studierte in Oxford, bereiste u. a. Frankreich, Dtl. und Italien; ab 1575 im Dienst am Hof ELISABETHS I., jedoch nur in zeremoniellen Ämtern. S. stand in Verbindung mit zahlr. Dichtern, Gelehrten und Entdeckungsreisenden seiner Zeit und galt als Ideal des elisabethan. Edelmannes. 1583 zum Ritter geschlagen, wurde er 1586 in militär. Mission gegen die Spanier in die Niederlande entsandt und starb dort an einer Verwundung. – S.s literar. Werke vereinen platon. u. aristotel. Gedankengut. Seine dichtungstheoret. Schrift ›An apologie for poetrie‹ (hg. 1595; auch u. d. T. ›The defence of poesie‹) tritt für die gesellschaftsordnende Kraft der dichter. Imagination ein und stellt den Beginn der systemat. Diskussion über die Rolle der Lit. dar. Der Sonettzyklus ›Astrophel and Stella‹ (entst. 1581–83, hg. 1591; dt. ›Astrophel und Stella‹), dessen Thema S.s platon. Liebe zu einer adligen Dame ist, steht in der Tradition petrarkist. Liebesdichtung und löste die Sonettmode der Zeit aus. Die Prosaromanze ›The countesse of Pembrokes Arcadia‹ (1. Fassung um 1580, unvollendete 2. Fassung hg. 1590; dt. ›Arcadia der Gräfin von Pembrock‹, übers. von M. OPITZ), eine Untersuchung des vielfältigen Wirkens der Liebe, verbindet Elemente der pastoralen und der polit. Dichtung und rückt die bukol. Idylle ins Licht der gesellschaftl. Realität.

Ausgabe: The complete works, hg. v. A. FEUILLERAT, 4 Bde. (1590–93, Nachdr. 1922–39).

L. CERNY: Beautie and the use thereof. Eine Interpretation von Sir P. S.s Arcadia (1984); Essential articles for the study of Sir P. S., hg. v. A. F. KINNEY (Hamden, Conn., 1986); K. DUNCAN-JONES: Sir P. S. Courtier poet (London 1991); D. V. STUMP u. a.: Sir P. S. An annotated bibliography of texts and criticism (1554–1984) (New York 1994); H. R. WOUDHUYSEN: Sir P. S. and the circulation of manuscripts, 1558–1640 (Oxford 1996).

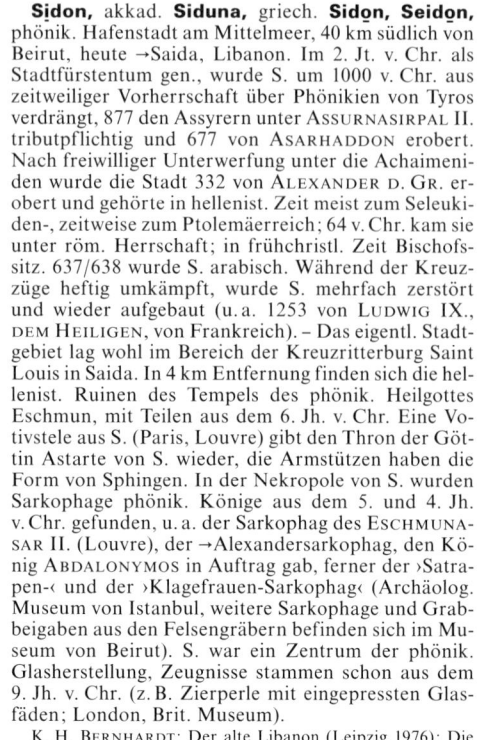

Sir Philip Sidney

Sidon, akkad. **Siduna,** griech. **Sidōn, Seidōn,** phönik. Hafenstadt am Mittelmeer, 40 km südlich von Beirut, heute →Saida, Libanon. Im 2. Jt. v. Chr. als Stadtfürstentum gen., wurde S. um 1000 v. Chr. aus zeitweiliger Vorherrschaft über Phönikien von Tyros verdrängt, 877 den Assyrern unter ASSURNASIRPAL II. tributpflichtig und 677 von ASARHADDON erobert. Nach freiwilliger Unterwerfung unter die Achaimeniden wurde die Stadt 332 von ALEXANDER D. GR. erobert und gehörte in hellenist. Zeit meist zum Seleukiden-, zeitweise zum Ptolemäerreich; 64 v. Chr. kam sie unter röm. Herrschaft; in frühchristl. Zeit Bischofssitz. 637/638 wurde S. arabisch. Während der Kreuzzüge heftig umkämpft, wurde S. mehrfach zerstört und wieder aufgebaut (u. a. 1253 von LUDWIG IX., DEM HEILIGEN, von Frankreich). – Das eigentl. Stadtgebiet lag wohl im Bereich der Kreuzritterburg Saint Louis in Saida. In 4 km Entfernung finden sich die hellenist. Ruinen des Tempels des phönik. Heilgottes Eschmun, mit Teilen aus dem 6. Jh. v. Chr. Eine Votivstele aus S. (Paris, Louvre) gibt den Thron der Göttin Astarte von S. wieder, die Armstützen haben die Form von Sphingen. In der Nekropole von S. wurden Sarkophage phönik. Könige aus dem 5. und 4. Jh. v. Chr. gefunden, u. a. der Sarkophag des ESCHMUNASAR II. (Louvre), der ›Alexandersarkophag‹, den König ABDALONYMOS in Auftrag gab, ferner der ›Satrapen-‹ und der ›Klagefrauen-Sarkophag‹ (Archäolog. Museum von Istanbul, weitere Sarkophage und Grabbeigaben aus den Felsengräbern befinden sich im Museum von Beirut). S. war ein Zentrum der phönik. Glasherstellung, Zeugnisse stammen schon aus dem 9. Jh. v. Chr. (z. B. Zierperle mit eingepressten Glasfäden; London, Brit. Museum).

K. H. BERNHARDT: Der alte Libanon (Leipzig 1976); Die Skulpturen aus dem Eschmun-Heiligtum bei S. (Basel 1993).

Sidonius Apollinaris, Gaius Sollius Modestus, röm. Gelehrter und Dichter, * Lyon um 430, † Clermont-Ferrand um 480; war zunächst Politiker und hoher röm. Beamter, seit 469/470 Bischof von Clermont. Seine der röm. Tradition stark verpflichteten Gedichte (u. a. Panegyriken, Epithalamien) und Briefe sind eine wertvolle kulturgeschichtl. Quelle. – Heiliger (Tag: 23. 8.).

Ausgaben: S. A., hg. v. P. MOHR (1895); Sidoine Apollinaire, hg. v. A. LOYEN, 3 Bde. (1960–70).

C. WITKE: Numen litterarum (Leiden 1971); F.-M. KAUFMANN: Studien zu S. A. (1995).

Sidr, Sider, Sidra, Es-S., Erdölexporthafen in Libyen, an der Großen Syrte, Endpunkt von Pipelines (bis 560 km lang) aus dem Syrtebecken.

SIDS, Abk. für Sudden infant death syndrome, →plötzlicher Kindstod.

Sieb, Vorrichtung zum Abtrennen fester Substanzen aus festflüssigen Gemischen (z. B. bei der Herstellung von Papier) oder zum Trennen körniger Stoffe nach Korngrößen (→Siebsichter). Die eigentl. Arbeitsfläche, der **S.-Boden**, kann z. B. aus Lochblechen (mit gestanzten oder gebohrten S.-Öffnungen bestimmter Weite), aus S.-Drahtgewebe (aus sich kreuzenden Metall- oder Kunststoffdrähten) oder aus gewellten Längsdrähten mit in bestimmtem Abstand eingewebten Querdrähten (**Harfen-S.**) bestehen. Einfache S. sind die **Wurf-S.,** bei denen das zu trennende Material gegen den meist schräg gestellten S.-Boden geworfen wird. Bei techn. S.-Vorrichtungen unterscheidet man feste S., bei denen sich das S.-Gut über den festen S.-Boden bewegt (z. B. geneigte S.-Rinnen), und bewegl. S., bei denen die S.-Fläche als Ganzes bewegt wird (u. a. Schwing-S., Rätter).

Sieb|analyse, 1) *Aufbereitung, Verfahrenstechnik:* Verfahren zur Beurteilung von Zerkleinerungs- und Siebvorgängen. Das auf ein Sieb mit definierter Maschenweite gegebene Haufwerk wird in zwei Korngrößenbereiche getrennt. Der durch das Sieb gefallene Anteil des Haufwerks wird auf ein feineres Sieb gegeben und nochmals in zwei Kornklassen getrennt. Dies wird mit einer festgelegten Folge immer feinerer Siebe mehrmals wiederholt. Die bei jedem Durchgang angefallene Menge (ober- oder unterhalb des Siebes) wird gewogen und zur Erstellung der →Siebkurve als Prozentsatz der Gesamtmenge berechnet.

2) *Petrographie:* Bestimmung der Korngrößenverteilung eines körnigen Bodens (Sand, Kies) oder Lockersediments durch Siebung. Verwendet werden Siebe mit unterschiedl. Maschenweiten im Bereich von 6,0 bis 0,063 mm.

Sieb|bein, Os ethmo|idale, Riechbein, der zentral im Gesichtsschädel an das Nasenskelett, die Kiefer- und Stirnhöhlen angrenzende Knochenbereich, der normalerweise gut ›pneumatisiert‹ ist, also aus zahlr., von Knochenlamellen umkleideten kleinen Hohlräumen, den **Siebbeinzellen** (Cellulae ethmoidales), besteht. Aus den feinen Öffnungen der waagerechten, siebartig durchlöcherten **Siebplatte** treten die Fäden des Riechnervs zur Schädelhöhle aus.

Sieb|boden, *chem. Technik:* →Kolonne.

Sieb des Eratosthenes, ein auf ERATOSTHENES VON KYRENE zurückgehender Algorithmus zur Ermittlung aller Primzahlen, die kleiner oder gleich einer vorgegebenen Grenze n sind. Hierzu schreibt man die Zahlen 2 bis n auf und streicht nacheinander die Vielfachen von 2, 3, 5, 7 usw.; dabei braucht man nur bis zu den Vielfachen von $\sqrt{n}$ zu gehen. Das S. d. E. ist bes. für kleine n von prakt. Bedeutung, da der mit ihm verbundene Rechenaufwand sehr hoch ist.

Siebdruck, Schablonendruck, Filmdruck, ein Durchdruckverfahren, bei dem die Druckfarbe durch ein feinmaschiges Sieb aus Textil- oder Kunststofffasern (Gaze, Seide beim Seiden-S.) oder ein Drahtgeflecht gedrückt wird. Die bildfreien Stellen sind auf

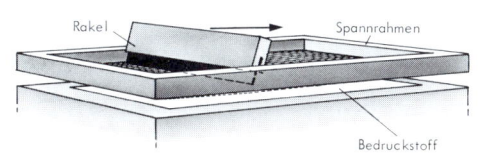

Siebdruck: Flächendruck mit ruhender Form und bewegter Rakel

dem Sieb bei industrieller Fertigung mit einer auf photomechan. Weg hergestellten Schablone abgedeckt, die einen Farbdurchtritt verhindert. Zur Anfertigung der Schablone wird eine aufgebrachte fotosensibilisierte Schicht durch die Vorlage hindurch belichtet. Dabei werden die vom Licht getroffenen bildfreien Stellen gehärtet (Lichthärtung), während die nicht gehärteten Partien (Bildstellen) ausgewaschen werden.

Beim Druckvorgang wird die pastöse Farbe mit einer Gummirakel in Reib- und Streichbewegungen durch die offenen Stellen des Siebes gedrückt. Da der S. einen dicken Farbauftrag ermöglicht (gute Deckkraft), durchlaufen die Bedruckstoffe nach dem Druckvorgang Trockenkanäle (Jet-Dryer), damit die Farbschichten nicht verschmieren. Im S. können auch nicht saugende Materialien (z. B. Glas, Porzellan, Metall, Holz, Kunststoffe) bedruckt werden, wobei sich das Sieb gewölbten Oberflächen anpassen kann.

Beim künstler. S. **(Serigraphie)** verwendet man geschnittene Schablonen oder zeichnet das Bild mit Fetttusche, Lithographiekreide oder gelösten Druckfarben auf das Sieb. Anschließend wird eine Leimlösung aufgetragen und nach deren Trocknung das aufgezeichnete Bild mit Benzin ausgewaschen.

Siebeck, Paul, Verleger, *Tübingen 7. 3. 1855, †Heilbronn 20. 11. 1920; baute den 1877 von seinem Vater übernommenen Verlag der H. Lauppschen Buchhandlung in Tübingen und den 1878 erworbenen Heidelberger Verlag J. C. B. Mohr (→Mohr [Paul Siebeck], J. C. B.) zu einem bedeutenden wiss. Verlag aus. 1886 war er Mitbegründer des Dt. Verlegervereins.

Siebdruck: Sonia Delaunay, ›Kreise‹, 1957 (Wien, Graphische Sammlung Albertina)

sieben, Primzahl; gilt seit alters als die heilige Zahl schlechthin, kann aber auch widersprüchl. Züge aufweisen wie in JOSEPHS Traum von den s. fetten und s. mageren Kühen, die ›bösen S.‹, eine Dämonengruppe in der babylon. Religion, und das ›verflixte siebente Jahr‹. Die Babylonier sahen in den ›s. Planeten‹ (das waren Sonne, Mond und die damals bekannten fünf Planeten) als Äußerungen göttl. Wesen ein Zeichen der Gesamtordnung des Kosmos und ordneten ihnen je s. Himmelszonen, Flüsse, Winde, Farben und Töne zu. Um 1600 v. Chr. verdrängte die siebentägige Woche die bei ihnen früher gebräuchl. fünftägige. Im antiken Griechenland gab es im Kultus seit ältester Zeit siebentägige Fristen; bekannt wurden weiterhin die s. Weltwunder, die s. Weisen und die s. Tore Thebens. Die jüd. Religion kennt s. Schöpfungstage, der siebente Tag ist der geheiligte Tag der Gottesruhe, die Sprüche SALOMOS (9,1) preisen die ›s. Säulen der Weisheit‹, der siebenarmige Leuchter (→Menora) ist eines ihrer häufigsten Symbole. Im christl. Glauben bewahrte die S. als Zahl der Vollständigkeit und Vollkommenheit ihre Bedeutung, z. B. die s. Gaben des Heiligen Geistes, die s. Tugenden und s. Todsünden sowie CHRISTI s. Worte am Kreuz. Im Späthellenismus bildeten die s. →Artes liberales die Gesamtheit der damaligen Wissenschaft. Bedeutung erlangte die S. dann auch im dt. Recht (s. Zeugen, amtl. Kollegien, Kurfürsten, Ratsherren) sowie im Volksglauben

Sieb des Eratosthenes: Die nicht ausgestrichenen Zahlen sind die Primzahlen kleiner als 102, weil $\sqrt{102}$ kleiner ist als 11, müssen nur die Vielfachen der eingekreisten Zahlen ausgestrichen werden

	⑦	13	19	25	31	37	43	49	55	61	67	73	79	85	91	97
②	8	14	20	26	32	38	44	50	56	62	68	74	80	86	92	98
③	9	15	21	27	33	39	45	51	57	63	69	75	81	87	93	99
	4	10	16	22	28	34	40	46	52	58	64	70	76	82	88	94	100
⑤	11	17	23	29	35	41	47	53	59	65	71	77	83	89	95	101
	6	12	18	24	30	36	42	48	54	60	66	72	78	84	90	96	102

Sieb siebenarmiger Leuchter – Siebenbürgen

Siebenbürgen: Siebenbürger Hochland

(s. Speisen an Festtagen) und im Märchen (s. Raben, s. Geißlein, s. Zwerge).

F. C. Endres u. A. Schimmel: Das Mysterium der Zahl (⁷1993).

sieben|armiger Leuchter, jüd. Kultgerät, →Menora.

Sieben Berge, Schichtkammlandschaft in Ndsachs., nördlich von Alfeld (Leine), bis 395 m ü. M.; Steilabfall (gebildet aus Flammenmergel) nach SW; bewaldet.

Siebenbürgen, rumän. **Transilvania, Ardeal,** ungar. **Erdély** [ˈɛrdeːj], histor. Landschaft in Rumänien, im Innern des Karpatenbogens, etwa 80 000 km², 6,4 Mio. Ew.; umfasst v. a. das von den Ost- und Südkarpaten im N, O und S und vom Westsiebenbürg. Gebirge (mit Bihorgebirge) im W umschlossene, 300–800 m ü. M. gelegene **Siebenbürger Hochland,** ein lössbedecktes, ehem. stark bewaldetes Hügelland, das durch Maros (Hauptfluss von S.), Alt, Großer und Kleiner Kokel, Szamos u. a. Flüsse gegliedert wird. Durch tekton. Bewegungen entstanden kleine Teilbecken und Senken am Innenrand der Ostkarpaten (Burzenland, Gheorgheni-, Ciucbecken) sowie am Südkarpatenrand und östlich vom Bihorgebirge (Fogarasch-, Turdasenke). Außerdem gehören im NW das Szamoshochland sowie große Teile des Westsiebenbürg. Gebirges, i. w. S. auch noch →Marmarosch im N und →Crișana im W zu S., wodurch die Gesamtfläche 98 000 km² erreicht. Gegen W ist S. durch die Täler von Maros und Szamos zum Großen Ungar. Tiefland geöffnet. Das Klima ist gemäßigt kontinental und im N niederschlagsarm. Im S herrschen Eichenwälder vor, in den Randgebirgen Buchen- und Fichtenwälder.

Der Anteil der Rumänen an der Bev. stieg bis heute auf 76% an (vor zehn Jahren bei etwa 65%), der Anteil der Ungarn (Szekler), die im O-Teil leben, verminderte sich entspr. auf 24%. Das Gebiet zw. Großer Kokel und Alt, das Burzenland und der NO-Teil sind Siedlungsgebiete der →Siebenbürger Sachsen. Haupterwerbszweig ist die Landwirtschaft mit Anbau von Mais, Weizen, Kartoffeln, Zuckerrüben, Wein- (im Gebiet der Großen und Kleinen Kokel) und Obstbau sowie Schweine- (bes. im S), Rinder- und Schafzucht. In den angrenzenden Gebirgen ist die Waldwirtschaft von Bedeutung. Die Industrie umfasst Eisenmetallurgie, Maschinenbau, chem., Textil-, Leder-, Nahrungsmittel-, keram. und Papierindustrie sowie Druckereien; größte Industriestandorte sind Klausenburg, Kronstadt, Hermannstadt und Neumarkt. Neben Erdgas- und Salzgewinnung sind Braunkohle- und Bauxitförderung wichtig.

Geschichte: Das seit dem Altpaläolithikum kontinuierlich besiedelte S. wurde seit dem 2. Jt. v. Chr. von den nordthrak. Dakern bewohnt; es war das Kernland ihrer Reiche sowie Zentrum der 106 n. Chr. von Kaiser Trajan errrichteten röm. Provinz →Dakien. Nach dem Rückzug der Römer (270/271; Nachkommen: Dakoromanen) von Sarmaten, Goten und Hunnen beherrscht, gehörte S. zu den Reichen der Gepiden (bis 567), Awaren (bis Ende des 7. Jh.) und Bulgaren, bevor es zw. 895/896 und 955 von Magyaren besetzt wurde, die bis Ende des 12. Jh. noch ansässige slaw. Bev.-Gruppen assimilierten. In dem von König Stephan I. unterworfenen und bis 1526 zu Ungarn gehörenden autonomen S. wurden zur Grenzverteidigung im 10. Jh. Szekler (1213 erstmals erwähnt) und ab etwa 1150 dt. Bauern und Handwerker (→Siebenbürger Sachsen; zunächst nur etwa 3000) angesiedelt; 1211-25 breitete sich im Burzenland der Dt. Orden aus. Eine rumän. Bev. gilt seit etwa 1210 sicher bezeugt, als walach. Wanderhirten in den Karpaten unter eigenen Knesen (Fürsten) sesshaft wurden; mögl. früheres Auftreten in waldreichen Bergregionen ist umstritten. 1437 schlossen sich ungar. Adel, Szekler und Siebenbürger Sachsen zur ›Union der drei Nationen‹ zusammen, die der Verteidigung ihrer ständ. Privilegien gegen die Rumänen sowie der Abwehr der 1432, 1438 und 1442 vordringenden Türken diente; sie führte aber auch die älteren Bestrebungen der Woiwoden von S. (u. a. J. Hunyadi, 1441–56) nach größerer Unabhängigkeit von Ungarn fort.

Nach dem Sieg der Türken bei Mohács (1526) konnte sich der Habsburger König Ferdinand I. in S. nicht gegen den von den Osmanen unterstützten J. Zápolya durchsetzen. Unter dessen Nachfolgern wurde S. nach 1541 ein der Hohen Pforte tributäres, aber weitgehend autonomes Fürstentum mit eigenem Landtag der drei ›Nationen‹ und von diesem gewählten Fürsten, meist aus den ungar. Familien Báthory und Rákóczi. Unter Stephan IV. Báthory (1571–83) und G. Bethlen von Iktár (1613–29) erreichte S. seine wirtschaftl. und kulturelle Blüte. Die vier nach der Reformation vertretenen Konfessionen (Katholiken, Lutheraner, Kalvinisten, Unitarier) beachteten seit 1557 eine beispielhafte religiöse Toleranz und ›duldeten‹ die Orthodoxie der Rumänen. Seit Mitte des 17. Jh. setzte ein durch schwache Fürsten, Aufstände und die österr. Erfolge gegen die Türken bedingter Niedergang ein, sodass Fürst Mihály I. Apafi († 1690) die Oberhoheit des Kaisers anerkannte (1686). Durch das Leopoldin. Diplom (1691) und endgültig im Frieden von Karlowitz (1699) wurde S. mit dem Habsburgerreich verbunden und als eigenes ›Großfürstentum‹ (seit 1765) von einem Gubernium in Hermannstadt und in der ›Siebenbürger Hofkanzlei‹ in Wien verwaltet. Gegenreformator. Maßnahmen scheiterten am Widerstand der Stände. Seit Mitte des 18. Jh. forderten die Rumänen, nun die absolute Mehrheit der Bev., unter der Führung der unierten Geistlichkeit, den Trägern des rumän. Nationalgedankens, ihre Gleichstellung mit den drei anderen ›Nationen‹. Die 1766 eingerichtete siebenbürgische Militärgrenze wurde 1851 aufgehoben. Ein Aufstand leibeigener rumän. Bauern unter Horia (1784/85) führte zur Aufhebung der Leibeigenschaft durch Kaiser Joseph II. (1785).

In den Revolutionsjahren 1848/49 kurz eins mit Ungarn, wurde S. nach dem Österr.-Ungar. Ausgleich 1867 unter Verlust der Autonomie wieder mit Ungarn vereinigt. Die starke Magyarisierungspolitik (u. a. Auflösung der Ständevertretung, 1876 Einführung der ungar. Komitats-Verf.) stieß auf den entschiedenen Widerstand der Rumänen und Siebenbürger Sachsen.

Die Rumänen sprachen sich am 1. 12. 1918 in Karlsburg, die Siebenbürger Sachsen und Rumänienungarn am 28. 12. 1918/ 8. 1. 1919 in Mediasch für den Anschluss S.s an Rumänien aus, dem Ungarn 1920 im Frieden von Trianon zustimmen musste. Die nach dem 2. Wiener Schiedsspruch 1940 erfolgte Angliederung des nördl. und südöstl. S. (mit Nösner- und Szeklerland) an Ungarn wurde im Pariser Frieden von 1947 zurückgenommen.

Kunst: Die Kunst S.s ist stark von mittel- und westeurop. Einflüssen geprägt. Das hervorragendste mittelalterl. Bauwerk, die Kathedrale in Karlsburg (erbaut zw. 1241 und 1356), ist von den Domen Mittel-Dtl.s, v.a. dem Magdeburgs, geprägt. Im Spät-MA. entstanden unter dem Einfluss der Prager Parlerhütte bedeutende Hallenkirchen, St. Michael in Klausenburg (um 1350ff., BILD →Klausenburg) und die Schwarze Kirche in Kronstadt (um 1385–1477). Die Bedrohung durch die Türken führte nach 1493 bis etwa 1530 zum Um- und Ausbau der Kirchen zu Kirchenburgen, z.B. in Tartlau (rumän. Prejmer; bei Kronstadt; 13.–16. Jh.) oder Schönberg (rumän. Dealu Frumos) westlich von Fogarasch, Mediasch, Wurmloch (rumän. Valea Viilor) oder Bussd (rumän. Buzd) bei Mediasch und Bussd (rumän. Boz) östlich von Sebeş. Die Wandmalerei des 14. Jh. zeigt Beziehungen zur byzantin. und serb. Kunst, vermittelt über die Walachei, später über Klausenburg, das bes. für die Plastik des Spät-MA., mit Prag durch die Straße über Kaschau verbunden, das Zentrum gewesen zu sein scheint (Erzgießer MARTIN und GEORG VON KLAUSENBURG, tätig 1470–90). Berührungen mit dem islam. Kunstkreis während der Türkenzeit haben sich v.a. im Kunsthandwerk ausgewirkt. Seit dem 18. Jh. wurde die Kunst S.s v.a. von Österreich her bestimmt; die Eigenart der Nationalitäten (Siebenbürger Sachsen, Rumänen, Ungarn) tritt bes. in der Volkskunst (Stickerei, Weberei, Spitzenarbeit, Holzschnitzereien) hervor.

Geschichte: E. HORVÁTH: Die Gesch. S.s (Budapest 1943); K. HOREDT: Unterss. zur Frühgesch. S.s (Bukarest 1958); DERS.: S. im Früh-MA. (1986); O. MITTELSTRASS: Beitrr. zur Siedlungsgesch. S.s im MA., 2 Tle. (1961); Brève histoire de la Transylvanie, hg. v. C. DAICOVICIU u.a. (Bukarest 1965); A. MATTHIAE: S. (⁴1967); K. HITCHINS: Studien zur modernen Gesch. Transsilvaniens (a.d.Rumän., Klausenburg 1971); C. BODEA u. V. CÂNDEA: Transylvania in the history of the Romanians (Boulder, Colo., 1982); S. PASCU: A history of Transylvania (a.d.Rumän., Detroit, Mich., 1982); Transylvania. The roots of ethnic conflict, hg. v. J. F. CADZOW u.a. (Kent, Ohio, 1983); Wege landeskundl. Forschung. 25 Jahre Arbeitskreis für Siebenbürgen. Landeskunde 1962–1987, bearb. v. K.G. GÜNDISCH (1988); Kurze Gesch. S.s, hg. v. B. KÖPECZI (a.d.Ungar., Budapest 1990); Histor.-Landeskundl. Atlas von S., bearb. v. HELLER u.a., 3 Tle. (1992–93); H. ROTH: Kleine Gesch. S.s (1996); S. im Flug, bearb. v. G. GERSTER u. M. RILL (1997). – *Kunst:* G. TREIBER: Mittelalterl. Kirchen in S. (1971); Studien zur siebenbürg. Kunstgesch., bearb. v. G. GÜNDISCH u.a. (1976); Kirchenburgen in S., Beitrr. v. H. FABINI u.a. (²1991); W. MYSS: Kunst in S. (Thaur 1991).

Siebenbürger Erzgebirge, Siebenbürgisches Erzgebirge, südl. Teil des Westsiebenbürg. Gebirges in Rumänien, erstreckt sich in einem nach NW offenen Bogen zw. Maros im S und O und Weißer Körös und Arieş im N durch das westl. Siebenbürgen. Durch den Maroszufluss Ampoi wird das S. E. gegliedert in die **Munţii Metaliferi** (**Munţii Metalici**, bis 1080 m ü. M.) im W, die hauptsächlich aus Ergussgesteinen mit Intrusionen gold- und silberhaltiger Erze bestehen (im ›Goldenen Viereck‹ bei Săcărâmb, Vorţa und Băiţa-Crăciuneşti abgebaut), und die **Munţii Trascău** (bis 1437 m ü. M.) im O, die aus tertiären Vulkanen, Jurakalkschollen und Kreideschichten aufgebaut sind. Das S. E. ist bes. im O noch dicht bewaldet.

Siebenbürger Sachsen, die dt. Volksgruppe in →Siebenbürgen, nach neueren Angaben nur noch zw. 20000 und 70000 (1919–44: um 250000, 1977: 171000); größte Gruppe der Rumäniendeutschen. – Die S. S. sind Nachkommen von dt. Kolonisten, die der ungar. König GÉZA II. und seine Nachfolger seit 1150 ins Land riefen. Sie siedelten sich auf ›Königsboden‹, v.a. im Gebiet um den oberen Alt (Zentrum: Hermannstadt), im Nösnerland (Zentrum: Bistritz) und 1211–25 mithilfe des Dt. Ordens im Burzenland (Zentrum: Kronstadt) an. Es waren zunächst überwiegend Moselfranken (in frühen Urkunden ›Flandreses‹ gen.) aus dem Gebiet zw. Mosel, Maas und Niederrhein, später auch aus anderen Gebieten Dtl.s (dt. Ostsiedlung). Der sich bildende Neustamm erhielt von der ungar. Kanzlei den Namen ›Saxones‹ (Sachsen). – Die S. S. legten eine Reihe von Städten an und gründeten etwa 250 Dörfer. Das 1224 von König ANDREAS II. erlassene ›Privilegium Andreanum‹ (›Goldener Freibrief‹) legte ihre polit. und rechtl. Sonderstellung fest. Das Gebiet des ›Königsbodens‹, auf den sich das Privileg bezog, unterstand seit der Mitte des 14. Jh. einem (seit 1477) gewählten ›Sachsengrafen‹; die rechtl. Einheit der S. S. erhielt im 15. Jh. den Namen ›Sächs. Nationsuniversität‹. 1437 verbanden sich die S. S. mit den Szeklern und dem ungar. Adel zur Verteidigung ihrer ständ. Rechte in der ›Union der drei Nationen‹. Die durch J. HONTERUS eingeführte luther. Reformation mündete 1547 in die Entstehung einer selbstständigen Landeskirche mit eigenem Bischof (ab 1553); das 1583 im ›Sächs. Statut‹ zusammengefasste Landrecht der Nationsuniversität blieb bis 1853 in Kraft. Unter Kaiser JOSEPH II. begann ein Abbau der Privilegien; die luth. Landeskirche wurde das Eigenbewusstsein der seit 1848/49 der Magyarisierung widerstehenden S. S. Dennoch kam es 1876 zur Auflösung des ›Königsbodens‹ und zur Aufhebung der Autonomie. Gegen Ende des 19. Jh. begann die Auswanderung nach Übersee. – Obwohl sich die S. S. und der ›Dt.-sächs. Nationalrat für Siebenbürgen‹ 1919 für den Anschluss an Rumänien aussprachen, verloren die S. S. in einer Bodenreform (1921) mit dem Grundbesitz der Nationsuniversität (die 1937 aufgelöst wurde) die Hauptstütze ihrer kulturellen Einrichtungen; die ev. Kirche ging 55% ihres Grundbesitzes verlustig. Aus dem im 2. Wiener Schiedsspruch 1940 Ungarn zugeteilten Nösnerland wurden 1944 fast alle dt. Bewohner evakuiert. Etwa 25000 S. S. wurden Ende des Zweiten Weltkrieges und danach in die UdSSR zur Zwangsarbeit verschleppt. Durch die rumän. Bodenreform von 1945 verloren sie ihren gesamten Grundbesitz, der kirchl. Besitz wurde 1948 verstaatlicht. Seitdem, v.a. unter N. CEAUŞESCU, immer rigoroser beschränkt, sank ihre Zahl durch Abwanderung, hauptsächlich nach Dtl. (verstärkt ab 1977), ständig (bes. 1989/90); inzwischen leben etwa 220000 (ehem.) S. S. in Dtl., um 15000 in Österreich, 25000 in den USA und etwa 8000 in Kanada.

Volkskunde: Dt. Sprache und ev.-luther. Religion definieren v.a. die Identität der S. S.; entscheidend für deren Wahrung blieben neben dem Schulunterricht dt. (Wochen-)Zeitungen sowie die Ev. Akademie in Hermannstadt. – Hausbau und Siedlungsformen lassen oft den Charakter geplanter Kolonisation erkennen. Geschlossene Anlagen, Angerdörfer mit Kirchenburgen gelten als typisch. Die giebelseitigen Häuser wechseln mit Torbögen zur Straße hin ab. Die Bewahrung des Kulturerbes der S. S. gilt als dringl. (europ.) Aufgabe.

G. D. u. F. TEUTSCH: Gesch. der S. S. für das sächs. Volk, 4 Bde. (Hermannstadt ¹⁻⁴1907–26, Nachdr. 1984); Gesch. der Deutschen auf dem Gebiete Rumäniens, hg. v. C. GÖLLNER (Bukarest 1979); T. NÄGLER: Die Ansiedlung der S. S. (ebd. 1979); E. WAGNER: Gesch. der S. S. (Thaur ⁶1990); Dorfleben der S. S. Tradition u. Brauchtum, bearb. v. O. SCOLA u.a. (1991); A. SCHENK: Deutsche in Siebenbürgen. Ihre Gesch. u. Kultur (1992); Die S. S. Lex., hg. v. W. MYSS (1993); Die S. S. in Gesch. u. Gegenwart, hg. v. H. ROTHE (1994).

Siebengebirge mit dem Petersberg (links), der Drachenburg (Mitte) und dem Drachenfels (rechts)

Siebenbürger Tracht, Tracht der deutschsprachigen Bevölkerung Siebenbürgens, entwickelt in Anlehnung an südosteurop. Formen. Die Frauentracht besteht aus langärmligem Hemd, besticktem schwarzem oder farbigem Mieder (Laibel), knöchellangem dunklem Wollrock (Kreddel, Kerl) und weißer, verzierter Schürze. Eine Leinenhaube, sonntags eine Spitzenhaube, darüber ein buntes Kopftuch (Knäppdach) sind die Kopfbedeckung. Zum Kirchgang gibt es ein gestärktes weißes Kopftuch, einen kurzen ärmellosen Mantel mit steifem Kragen, im Winter aus Schaffell (Kürschen), außerdem einen dreiviertellangen Pelzmantel. Zur Festtracht gehört eine komplizierte Kopfbedeckung: Bockelkranz, Haube mit bunten und um den Kopf gewundenen Bändern, darüber ein über Stirn und Rücken fallender Schleier; die Mädchen tragen eine hohe zylindr. Haube. – Die Männertracht besteht v. a. aus hohen Stiefeln, engen Hosen, kittelartigem Hemd, breitem Gürtel über dem Hemd, weiter Jacke und breitkrempigem, schwarzem Hut. Im Winter schützen eine spitze Lammfellmütze und eine ärmellose bestickte Schafwolljacke.

L. Treiber-Netoliczka: Die Trachtenlandschaften der Siebenbürger Sachsen (1968); O. Scola u. a.: Die Festtracht der Siebenbürger Sachsen (1987).

Siebenbürgische Schule, rumän. Școala ardeleană [ʃk-, -leˈanə], Gruppe von rumän. Gelehrten, die im 18./19. Jh. in Siebenbürgen (Zentrum war Blaj) mit histor. und philolog. Arbeiten hervortrat. Begründer waren die in Wien und Rom als Priester ausgebildeten Samuil Micu (* 1745, † 1806), Gheorghe Șincai (* 1754, † 1816) und Petru Maior (* 1760 [?], † 1821), die die Latinität der rumän. Sprache sowie die rein lat. Herkunft des rumän. Volkes und seine Kontinuität nördlich der Donau systematisch beweisen wollten. Vom emanzipator. Geist des Josephinismus beflügelt, waren sie bestrebt, anhand der Sprache die Würde der im Habsburgerreich nicht offiziell anerkannten Rumänen wieder herzustellen. Sie setzten sich für die Einführung des lat. Alphabets ein, übertrieben aber, indem sie die Ersetzung der nichtlat. Elemente durch Latinismen und eine stark etymologisierende Orthographie befürworteten.

siebenbürgisch-sächsische Literatur, →rumäniendeutsche Literatur.

Sieben Dörfer, Siebendörfer, Stadt in Rumänien, →Săcele.

sieben freie Künste, die →Artes liberales.

Siebengebirge [von mhd. sife ›Tal mit einem langsam fließenden, sumpfartigen Bach‹], tief zertaltes kleines Vulkangebirge zw. Kölner Bucht und Westerwald auf dem rechten Rheinufer südöstlich von Bonn, NRW. Die vielen Kegel und Kuppen aus Trachyt, Latit, Basalt (als höchster Berg der Große Ölberg mit 460 m ü. M.; ferner →Drachenfels, →Petersberg) sind die herauspräparierten harten Gang- und Schlotfüllungen eines Vulkankomplexes aus dem Tertiär (→Quellkuppe). Das S. hat Laubmischwald, an den unteren rheinzugewandten W-Hängen Weinbau. Naturpark (42 km²); Fremdenverkehr; im S auf dem Petersberg Gästehaus der Dt. Bundesregierung und im Margarethen-Hof Sitz der Friedrich-Naumann-Stiftung; in Königswinter S.-Museum.

J. Frechen: S. am Rhein, Laacher Vulkangebiet, Maargebiet der Westeifel (³1976); O. Burghardt: S. Landschaft im Wandel (1979); F. Berres: Gesteine des S.s. Entstehung – Gewinnung – Verwendung (1996).

Sieben gegen Theben, griech. Mythos: die sieben Helden Adrastos, Polyneikes, Tydeus, Amphiaraos, Kapaneus, Hippomedon und Parthenopaios, die gegen Theben zogen, um →Eteokles die Herrschaft zu entreißen und sie dessen Bruder Polyneikes zu übertragen. Obwohl sie auf ihrem Zug viele warnende Zeichen erhielten, belagerten sie die Stadt, konnten sie aber nicht erobern; in der entscheidenden Schlacht töteten sich Eteokles und Polyneikes gegenseitig (→Antigone), der Seher Amphiaraos wurde von der Erde verschlungen, Adrastos konnte entkommen, alle anderen fielen. Zehn Jahre später eroberten ihre Söhne, die →Epigonen, die Stadt. Von den antiken Bearbeitungen des Stoffes haben sich an Dramen die ›S. g. T.‹ des Aischylos und die ›Phoenissen‹ (›Phönikerinnen‹) des Euripides sowie das Epos ›Thebais‹ des röm. Dichters Statius erhalten. Darstellungen des Zuges der S. g. T. sind v. a. auf griech. Vasen (Lakonien, Attika) zu finden.

Sieben Gemeinden, ital. Sette Comuni, sieben ehem. dt.-sprachige Gemeinden um deren Hauptort Asiago (6 600 Ew.), auf einer verkehrsentlegenen Karsthochfläche am S-Rand der Alpen in der Prov. Vicenza, Venetien, Italien. Sie gehören mit den ›Dreizehn Gemeinden‹ (bei Verona) zu einem alten südbair. Siedlungsgebiet, dessen Ausläufer im W bis Trient, im S bis Verona–Vicenza zu finden waren. Die S. G. sind heute fast vollständig romanisiert: Nur wenige der insgesamt 21 700 Ew. sprechen noch Deutsch; nur noch bair. Hausformen, Flureinteilung und Familiennamen haben sich erhalten (Heimatmuseum im Ort Roana).

B. Wurzer: Die dt. Sprachinseln in Oberitalien (Bozen ⁵1983).

Siebengestirn, die →Plejaden.

Siebenjähriger Krieg, der Krieg, den Österreich 1756–63 im Bündnis mit den meisten europ. Mächten um Schlesien gegen Preußen führte (**3. Schlesischer Krieg**), gleichzeitig der See- und Kolonialkrieg zw. Großbritannien und Frankreich.

Die seit 1754 zunehmenden brit.-frz. Spannungen in Nordamerika und Indien veranlassten Großbritannien zur Westminster-Konvention (16. 1. 1756) mit Preußen, um das mit London verbundene Hannover vor einem frz. Angriff zu schützen. Dadurch entfremdete sich Preußen Frankreich, das bereit gewesen war, das Bündnis mit Friedrich II., d. Gr., zu erneuern, nun aber am 1. 5. 1756 mit dem Vertrag von Versailles ein Defensivbündnis mit Österreich schloss (›Umsturz der Bündnisse‹, frz. ›Renversement des alliances‹). Russland, das noch am 1. 2. 1756 einen Subsidienvertrag mit Großbritannien geschlossen hatte, dessen Gelder für den Kampf gegen Preußen verwendet werden sollten, zeigte nach der brit.-preuß. Annäherung Bereitschaft, sich dem Bündnis zw. Frankreich und Österreich anzuschließen (Bündnisangebot vom 20. 4. 1756 mit dem Vorschlag einer Aufteilung Preußens), und vollzog diesen Schritt am 11. 1. 1757. Angesichts der offenkundigen Kriegsvorbereitung Österreichs und Russlands (der Angriff der Koalition war für das Frühjahr 1757 geplant) entschloss sich der preuß. König Friedrich II. zum Präventivkrieg.

Am 29. 8. 1756 begann FRIEDRICH mit der Besetzung Kursachsens, das nach der Einnahme Dresdens (9. 9.) und dem preuß. Sieg bei →Lobositz (1. 10.) am 16. 10. bei Pirna kapitulierte. Der Regensburger Reichstag beschloss am 17. 1. 1757 die Reichsexekution gegen Preußen, das außer Großbritannien-Hannover nur Hessen-Kassel, Braunschweig-Wolfenbüttel und Sachsen-Gotha-Altenburg auf seiner Seite hatte; am 31. 1. trat das Hl. Röm. Reich offiziell in den Krieg ein. In einem neuen Offensivbündnis (1. 5. 1757) sicherte Frankreich Österreich aktive Teilnahme am Krieg zu; auch Schweden (Bündnis vom 21. 3.) und Sachsen waren der antipreuß. Koalition beigetreten. Zw. 18. und 22. 4. 1757 fiel FRIEDRICH in Böhmen ein und siegte bei →Prag (6. 5.); doch nach der Niederlage bei →Kolin (18. 6.) gegen L. J. VON DAUN musste er Böhmen wieder räumen. Gleichzeitig zwangen die Franzosen den mit der Verteidigung Hannovers betrauten WILHELM AUGUST Herzog VON CUMBERLAND nach ihrem Sieg bei Hastenbeck (26. 7.) in der Konvention von Kloster Zeven (8. 9.) zur Neutralität und Auflösung seiner Armee (Oktober 1757 widerrufen). Russ. Truppen rückten in Ostpreußen ein (Ende Juni; Sieg am 30. 8. bei Großjägerndorf), schwed. in die Uckermark ein (12. 9.; Besetzung von Teilen Pommerns). FRIEDRICH schlug die zusammen mit einem frz. Korps heranrückende Reichsarmee bei →Roßbach (5. 11.) und die Österreicher, die Schlesien besetzt hatten, bei →Leuthen (5. 12.). Seit Anfang 1758 drängte Herzog FERDINAND von Braunschweig (*1721, †1791) die Franzosen über den Rhein zurück (Krefeld-Hückelsmay 23. 6. 1758). FRIEDRICH besiegte die bis zur Oder vorgedrungenen Russen mithilfe der Kavallerie unter F. W. VON SEYDLITZ bei Zorndorf nördlich von Küstrin (25. 8.; beiderseits verlustreichste Schlacht) und zwang sie zur Räumung der Neumark und Pommerns. Trotz einer Niederlage bei →Hochkirch (14. 10.) konnte er DAUN zur Aufgabe Sachsens zwingen. Die Lage Preußens verschlechterte sich durch die knapp werdenden Hilfsmittel und die Besetzung weiter Landesteile. Gegen die 250 000 Mann der vereinigten Österreicher und Russen konnte FRIEDRICH 1759 nur 130 000 Mann aufbieten. Er erlitt bei →Kunersdorf (12. 8. 1759) seine schwerste Niederlage. Bis ins zweite Halbjahr 1760 blieb die Koalition erfolgreich; russ. Truppen besetzten sogar vorübergehend Berlin (9.–13. 10.). Durch seinen Sieg bei Liegnitz (15. 8.) über den österr. General G. E. VON LAUDON rettete sich FRIEDRICH aus der drohenden Umklammerung, doch trotz eines weiteren Sieges über DAUN bei Torgau (3. 11.) blieb seine Lage militärisch bedenklich, v.a. nachdem die brit. Hilfsgelder seit dem Sturz W. PITTS D. Ä. (September 1761) ausblieben. Mit dem Tod der Kaiserin ELISABETH von Russland (5. 1. 1762) trat eine entscheidende Wendung zugunsten Preußens ein. Ihr Nachfolger PETER III. schloss mit FRIEDRICH Frieden (5. 5. 1762) und einen Bündnisvertrag (17. 6.); am 22. 5. hatte auch Schweden in einen Friedensvertrag eingewilligt. Nach dem Sturz PETERS (9. 7.) wurde der Bündnisvertrag mit KATHARINA II. zwar nicht fortgeführt, der Friedensvertrag jedoch aufrechterhalten. Nach preuß. Erfolgen bei Burkersdorf nahe Schweidnitz (21. 7. 1762) und Freiberg (29. 10.) über Reichsarmee und Österreicher, die zum Rückgewinn Schlesiens und Sachsens führten, erklärte das Reich die Neutralität (Ende 1762). Großbritannien und Frankreich verständigten sich am 3. 11. 1762 über die Beendigung des Krieges, sodass Österreich unter Vermittlung Sachsens zum Frieden bereit war (Beitritt zum Waffenstillstand am 24. 11.). Nach Verhandlungen ab 30. 12. 1762 kam es am 15. 2. 1763 zum Frieden von →Hubertusburg.

Mit dem S. K. in Europa war ein brit.-frz. Kolonialkrieg verflochten, der auch den Kriegsverlauf in Europa beeinflusste. Nach Anfangserfolgen Frankreichs übernahm Großbritannien nach Siegen seiner Flotte über die frz. Mittelmeerflotte bei Lagos (Portugal) im August und über die frz. Atlantikflotte im November 1759 in der Bucht von Quiberon die Kontrolle über die überseeischen Nachschublinien und entschied somit den Krieg für sich. In Nordamerika hatten die Franzosen durch Befestigung im Ohiotal dem Expansionsdrang der brit. Kolonien einen Riegel vorgeschoben, wogegen sich die Kolonisten mit Waffengewalt wehrten. Nach der Kriegserklärung 1756 mussten die Franzosen, zunächst bei der Einnahme einiger Forts erfolgreich, nach der Schlacht von Quebec (13. 9. 1759) und der Kapitulation Montreals (8. 9. 1760) Kanada sowie bis 1762 die Besitzungen im Karib. Meer (Martinique, Grenada, Saint Lucia, Saint Vincent) aufgeben. Nach dem Kriegseintritt Spaniens (1761) besetzten die Briten auch Kuba (Juni 1762) und die

Siebenjähriger Krieg 1756–63: Übersichtskarte zum Kriegsverlauf in Europa

Siebenstern:
Europäischer Siebenstern
(Länge bis 25 cm)

Philippinen (September 1762). – In Afrika eroberten die Briten im Mai 1758 die frz. Stützpunkte im Mündungsgebiet des Senegal; in Indien konnte sich R. CLIVE im Verlauf des Krieges nach der Abberufung von J.-F. DUPLEIX gegen die Franzosen und die mit ihnen verbündeten Fürsten durchsetzen. Nach dem Sieg bei Plassey (23. 6. 1757) gegen den Nawab von Bengalen, der Großbritannien den reichsten Teil Indiens brachte, und bei Vandivash (Januar 1760) fiel im Januar 1761 der letzte frz. Stützpunkt, Pondicherry. Dem Vorfrieden von Fontainebleau, in dem Frankreich Louisiana östlich des Mississippi an Spanien abtrat, folgte der Pariser Friede (10. 2. 1763): Frankreich behielt in N Amerikas nur die Inseln Saint-Pierre und Miquelon, einige Inseln der Kleinen Antillen und von Frz.-Indien fünf Hafenplätze.

Die Friedensschlüsse dieses weltweiten Krieges festigten Preußens Rolle als Großmacht v. a. gegenüber Österreich und bestätigten seine Erwerbungen in den Schles. Kriegen. Russland erwies sich als ernst zu nehmender Faktor im Konzert der europ. Mächte. Den größten Gewinn verbuchte Großbritannien, das seine Führungsrolle als Kolonialmacht ausbauen konnte.

Die Kriege Friedrichs d. Gr., hg. vom Großen Generalstabe, Kriegsgeschichtl. Abt. II, Tl. 3: Der S. K. 1756–63, 12 Bde. (1901–13); J. W. VON ARCHENHOLTZ: Gesch. des S. K. in Dtl. (1911, Nachdr. 1982); L. H. GIPSON: The great war for the Empire, 3 Bde. (Neudr. New York 1966–68); J. BURCKHARDT: Abschied vom Religionskrieg. Der S. K. u. die päpstl. Diplomatie (1985); T. LINDNER: Die Peripetie des S. K. (1993); L. SCHILLING: Kaunitz u. das Renversement des alliances (1994); Aufklärung u. Kriegserfahrung. Klass. Zeitzeugen zum S. K., hg. v. J. KUNISCH (1996).

Siebenkampf, *Sport:* 1) leichtathlet. Mehrkampfwettbewerb für Frauen, ersetzte 1981 den Fünfkampf; erster Tag: 100-m-Hürdenlauf, Kugelstoßen, Hochsprung, 200-m-Lauf; zweiter Tag: Weitsprung, Speerwerfen, 800-m-Lauf. EM- (seit 1982), WM- (seit 1983) und olymp. Disziplin (seit 1984); 2) leichtathlet. Hallen-Mehrkampfwettbewerb für Männer; erster Tag: 60 m, Weitsprung, Kugelstoßen, Hochsprung; zweiter Tag: 60 m Hürden, Stabhochsprung, 1 000 m.

Siebenlehn, Stadt im Landkreis Freiberg, Sa., im Mittelsächs. Hügelland, 319 m ü. M., westlich von Dresden, 2 300 Ew.; Heimatmuseum; Lederfaser-, Verpackungsmittelwerk.

Siebenmeter, Strafwurf beim →Handball und Strafschlag beim →Hockey.

Siebenpunkt, Coccinella septempunctata [kɔkts-], bekannteste Art der Marienkäfer, rot mit sieben schwarzen Punkten; der S. und seine Larven vertilgen Blattläuse, dabei eine Larve bis zu 600 Stück.

sieben Raben, Die, ein schon im MA. bezeugtes, in ganz Europa verbreitetes Märchen von sieben Brüdern, die, von den Eltern verwünscht, in Raben verwandelt wurden. Ihre Schwester sucht unter zahlr. Opfern und Entbehrungen nach ihnen, findet sie auf dem Glasberg und erlöst sie. Bes. bekannt ist die Bearbeitung des Stoffes durch die BRÜDER GRIMM.

sieben Säulen der Weisheit, Die, engl. ›The seven pillars of wisdom‹, autobiograph. Bericht von T. E. LAWRENCE; engl. 1935; dt. 1936.

Siebenschläfer, nach legendärer christl. Überlieferung sieben christl. Brüder, die bei der Christenverfolgung unter DECIUS in eine Höhle bei Ephesos flüchteten, dort eingemauert wurden, fast 200 Jahre schliefen, dann erwachten und ihren Glauben bezeugten. – Heilige (Tag: 27. 7., in Dtl. und Frankreich früher: 27. 6.). – Daran anknüpfend ist S. der volkstüml. Name der 27. 6., eines Lostages. Die volkstüml. Wetterregel, die besagt, dass es sieben Wochen regnet, wenn S. ein Regentag ist, gibt die Erfahrung wieder, dass sich in Mitteleuropa Ende Juni der Charakter des Sommers als regnerisch oder regenarm entscheidet.

Siebenschläfer, Art der →Bilche.

sieben Schwaben, Helden eines mittelalterl. Schwankes; die erste Fassung, in einer lat. Handschrift aus Tegernsee, stammt aus dem 15. Jh.; später folgten Bearbeitungen u. a. von H. SACHS, L. AURBACHER, den BRÜDERN GRIMM und L. BECHSTEIN.

Sieben-Segment-Anzeige, 7-Segment-Anzeige, →Display.

Siebenstern, Trientalis, Gattung der Primelgewächse mit nur zwei Arten in den gemäßigten und kühleren Gebieten der Nordhalbkugel; kleine Stauden mit wechselständigen Stängelblättern, obere Stängelblätter quirlartig zusammenstehend; Blüten mit sieben Kronblättern, einzeln, an fadenartigen, langen Stielen. In Dtl. v. a. in Mooren, Heiden und in Nadelwäldern heimisch ist der mehrjährige **Europäische S.** (Trientalis europaea), mit aufrechten, bis 25 cm langen Stängeln, großen oberen Rosettenblättern und weißen Blüten von etwa 2 mm Durchmesser.

Siebenstromland, russ. **Semiretschje** [sɛ-] *das,* **Semireč'e** [semi'retʃje], kasach. **Dschetyssu, Džetysu** [dʒ-], histor. Bez. für den SO-Teil von Kasachstan zw. dem Balchaschsee im N, den Seen Sassykkol und Alakol im NO, dem Dsungar. Alatau im SO und dem nördl. Tienschan im S, benannt nach den hier fließenden Hauptflüssen Ili, Karatal, Bijen, Aksu, Lepsa, Baskan und Sarkand. Geographisch stellt das S. die in N geneigte Abdachungsebene der Hochgebirge im S dar; sie wird v. a. von Halbwüsten (Sary-Ischikotrau, Taukum Ljukkum u. a.) eingenommen, die als Winterweiden genutzt werden. Am Gebirgsfuß, bes. am Ili, wird Bewässerungsfeldbau betrieben.

Siebentagefieber, das →Denguefieber.

Siebenten-Tags-Adventisten, Gemeinschaft der Siebenten-Tags-Adventisten, prot. Religionsgemeinschaft, →Adventisten.

siebenter Himmel, nach islam. Vorstellung der oberste von mehreren (meistens sieben) übereinander liegenden Himmeln, in dem die Engel das Lob Allahs singen; diesen s. H. soll MOHAMMED bei seiner legendären →Himmelfahrt erreicht haben. Die Anschauung vom s. H. als oberstem und vollendetem beruht auf einer sehr alten und weit verbreiteten Zahlensymbolik, nach der die Sieben Sinnbild der Vollendung und Vollkommenheit ist.

sieben Weise, griech. Staatsmänner und Philosophen des 7. und 6. Jh. v. Chr., denen bestimmte eth. und polit. Kernsprüche (etwa dem Spruch von Delphi ›Erkenne dich selbst!‹ entsprechend) zugeschrieben wurden. Zu den erstmals bei PLATON (›Protagoras‹ 343a) erwähnten s. W. zählen: THALES VON MILET, PITTAKOS aus Mytilene, BIAS aus Priene, SOLON aus Athen, KLEOBULOS aus Lindos, MYSON aus Chenai (oder PERIANDER aus Korinth), CHILON aus Sparta.

Sieben Weltmeere [aus engl. Seven Seas], aus der Literatur (R. KIPLING) übernommene Umschreibung für die Gesamtheit des Meeres, bestehend aus Nord- und Südpolarmeer, nördl. und südl. Atlant., nördl. und südl. Pazif. sowie Ind. Ozean.

sieben Weltwunder, wohl im 3. Jh. v. Chr. erstmals zusammengestellte Liste von sieben Bau- und Kunstwerken der Antike, die durch ihre Größe und Pracht herausragten. Die geläufigste Aufzählung aus röm. Zeit umfasst die Pyramiden von Giseh, die hängenden Gärten der SEMIRAMIS in Babylon, den Tempel der Artemis in Ephesos, das Kultbild des olymp. Zeus von PHIDIAS, das Mausoleum in Halikarnassos, den Koloss von Rhodos und den Leuchtturm auf der Insel Pharos bei Alexandria.

W. EKSCHMITT: Die S. W. Ihre Erbauung, Zerstörung u. Wiederentdeckung (⁹1993); K. BRODERSEN: Die s. W. (1996).

Sieberg, August Heinrich, Geophysiker, *Aachen 23. 12. 1875, †Jena 18. 11. 1945; ab 1923 an der Reichsanstalt für Erdbebenforschung in Jena (ab 1936 Direktor), ab 1924 auch Prof. an der Univ.; lieferte bedeutende Beiträge zur Erdbebenforschung, auch zur prakt. Anwendung.

Werke: Hb. der Erdbebenkunde (1904); Einf. in die Erdbeben- u. Vulkankunde Süditaliens (1914); Geolog., physikal. u. angewandte Erdbebenkunde (1923); Geolog. Einf. in die Geophysik (1927); Erdbebenforschung u. ihre Verwertung für Technik, Bergbau u. Geologie (1933).

Siebert, Horst, Volkswirtschaftler, * Neuwied 20. 3. 1938; Prof. in Mannheim (1969–84), Konstanz (1984–89) und Kiel (seit 1989); dort auch seit 1989 Präs. des Inst. für Weltwirtschaft. S. ist Mitgl. im wiss. Beirat beim Bundesministerium für Wirtschaft (seit 1985) und im Sachverständigenrat zur Begutachtung der gesamtwirtschaftl. Entwicklung (seit 1990). Er beschäftigt sich v. a. mit Außenwirtschaft, Umwelt- und Ressourcenökonomie.

Werke: Einf. in die Volkswirtschaftslehre, 2 Bde. (1969/70); Außenhandelstheorie (1973, ab der 3. Aufl. 1984 u. d. T. Außenwirtschaft); Ökonom. Theorie der Umwelt (1978); Ökonom. Theorie natürl. Ressourcen (1983); Das Wagnis der Einheit (1992); Geht den Deutschen die Arbeit aus? Neue Wege zu mehr Beschäftigung (1994).

Sieb|haut, die →Decidua.

Siebkette, *Elektrotechnik:* eine Kettenschaltung (→Filter) aus mehreren meist gleichen Siebgliedern zur Unterdrückung unerwünschter Frequenzanteile (→Siebschaltung).

Siebklassierung, →Klassierung.

Siebkurve, Siebkini|e, graf. Darstellung der Zusammensetzung eines Haufwerks nach Korngrößen, als Ergebnis einer Siebanalyse. Eine Durchgangslinie entsteht, wenn man in einem rechtwinkligen Koordinatensystem jeder Korngröße des durch ein Sieb gelangten Siebgutes den prozentualen Anteil zuordnet, den sie am gesamten ›Siebunterlauf‹ hat. Bei der Rückstandskennlinie legt man den ›Sieboberlauf‹ zugrunde. Die S. verlaufen deshalb symmetrisch zueinander.

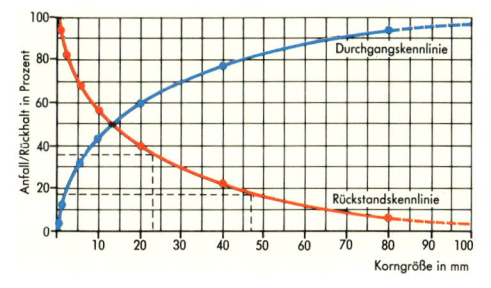

Siebkurve: Mögliche Körnungskennlinien einer Braunkohlenprobe; die Abschnitte zwischen den Punkten kennzeichnen den Korngrößenbereich, der beim jeweiligen Siebdurchgang anfällt (7 Durchgänge); Körner von 23 bis 47 mm Durchmesser sind z. B. zu etwa 19 % vertreten

Siebmacher, Sibmacher, Johann, Maler und Kupferstecher, * Nürnberg, † ebd. 23. 3. 1611; Begründer des nach ihm benannten Wappenbuches. Eigenhändig vorbereitet hatte er allerdings nur ein ›Wappenbüchlein‹ (1596) und das ›New Wappenbuch‹ (2 Bde., 1605–09). Es folgten weitere Teile und Ergänzungsbände, zeitweise unter anderen Namen (bis 1806); rd. 19 000 Wappen wurden veröffentlicht. – 1854 wurde in Anlehnung an das ursprüngl. Werk eine neue, groß angelegte Wappensammlung unter der Bez. ›Neuer Siebmacher‹ begründet.

H. JÄGER-SUNSTENAU: General-Index zu den Siebmacherschen Wappenbüchern 1605-1967 (Neuausg. Graz 1984).

Siebold, 1) Karl (Carl) Theodor Ernst von, Arzt und Zoologe, * Würzburg 16. 2. 1804, † München 7. 4. 1885, Vetter von 2); Prof. für Zoologie in Erlangen, Freiburg im Breisgau, Breslau und München. S. erarbeitete die Grundlagen der Systematik und der vergleichenden Anatomie der Wirbellosen; er erkannte die Einzeller als selbstständige Gruppe und entdeckte die Jungfernzeugung bei Insekten.

2) Philipp Franz Jonkheer von (seit 1842), Japanforscher, * Würzburg 17. 2. 1796, † München 18. 10. 1866, Vetter von 1); war als Arzt in Niederländisch-Ostindien tätig, kam 1823–30 und 1859–62 nach Japan. Seine Forschungen erweiterten die europ. Kenntnisse von Japan bedeutend. S. förderte die Einführung europ. Wissenschaft in das damals nach außen noch weitgehend abgeschlossene Japan.

Werk: Nippon. Archiv zur Beschreibung von Japan ..., 20 Tle. (1832–51).

W. GENSCHOREK: Im Land der aufgehenden Sonne. Das Leben des Japanforschers P. F. v. S. (Leipzig 1988).

Siebplatte, 1) *Anatomie:* →Siebbein.
2) *Zoologie:* die Madreporenplatte (→Stachelhäuter).

Siebröhren, *Botanik:* →Leitbündel.

Siebs, Theodor, Germanist, * Bremen 26. 8. 1862, † Breslau 28. 5. 1941; war ab 1890 Prof. in Greifswald, ab 1902 in Breslau. Hauptforschungsgebiete waren das Friesische und die altfries. Rechtsquellen. Sein Werk ›Dt. Bühnenaussprache‹ (1898, ab der 19. Aufl. 1969 u. d. T. ›Dt. Aussprache‹, hg. von H. DE BOOR u. a.) wurde maßgebend für die dt. Bühnenaussprache sowie für die Hochlautung des Deutschen.

Weiteres Werk: Helgoland u. seine Sprache (1909).

Sieb|schaltung, *Elektrotechnik:* allg. ein elektr. →Filter, das aus einfachen Siebgliedern besteht, die als LC- oder RC-Spannungsteiler aufgebaut sind (LC-Glied und RC-Glied). I. e. S. versteht man unter S. einen Tiefpass zur Glättung der Restwelligkeit, die auf dem Wechselspannungsanteil beruht, der einer Gleichspannung überlagert ist (z. B. nach der Gleichrichtung einer Wechselspannung). Bei ungenügender Siebung kann sich der verbleibende Wechselspannungsanteil störend bemerkbar machen, z. B. als Netzbrummen.

Sieb|seite, *graf. Technik:* die Seite des Papiers, die bei der Blattbildung in der Papiermaschine auf dem Sieb aufliegt. Die dem Sieb abgewandte Seite (Filzseite) wird wegen der glatteren Oberfläche und des meist höheren Füllstoffgehaltes, die einen ruhigeren Ausdruck ermöglicht, als **Schönseite** bezeichnet.

Sieb|sichter, Getreidereinigungsmaschine, in der das Korn durch mehrere übereinander geordnete Siebe und durch einen Luftstrom von unerwünschten Beimengungen getrennt bzw. in versch. Kornqualitäten klassiert wird. Die Siebeinrichtung besteht meist aus mehreren gestanzten Blechsieben mit Rund- oder Langlöchern, die in einem Siebkasten übereinander angeordnet sind und in schwingende Bewegung versetzt werden. Der nachgeschaltete Sichter befreit das Korn von Staub, Spreu und Sand.

Siebteil, *Botanik:* →Leitbündel.

Siebte Kreuz, Das, Untertitel: Roman aus Hitlerdeutschland, Roman von ANNA SEGHERS, erstmals vollständig gedruckt 1942.

Siebung, 1) L *Elektrotechnik:* allg. das Aussondern unerwünschter Frequenzanteile aus einem Frequenzgemisch, i. e. S. das Unterdrücken der einer Gleichspannung überlagerten Wechselspannungsanteile (→Glättung). Als Siebglieder (→Siebschaltung) werden LC-Glieder oder RC-Glieder benutzt, auch in Verbindung mit Verstärkern.

2) Begriff aus der älteren *Sozialanthropologie,* der 1924 von R. THURNWALD eingeführt wurde. S. bezeichnet dort in Abgrenzung zu dem in der Biologie und v. a. im Sozialdarwinismus benutzten Begriff der Selektion einen kulturell und sozial bestimmten Ausleseprozess, in dessen Verlauf in einer bestimmten Gesellschaft durch kulturelle Muster und Unterschei-

Philipp Jonkheer von Siebold

dungskriterien Menschen mit entsprechend zugeschriebenen Eigenschaften gegenüber anderen bevorzugt werden. Der Vorgang führt demnach auch zu einer Sortierung von Individuen mit ähnlichen psychophys. Eigenschaften auf bestimmte soziale Umwelten (Schichten). Hierdurch beeinflusst die S. nicht nur die individuellen Biographien, sondern v. a. den sozialen wie biolog. Aufbau der jeweiligen Gesellschaft. Dabei wirken bestimmte soziale Institutionen wie die Familie, aber auch Bildungswege, Heiratsregeln und spezielle Verfahren der Elitenrekrutierung als ›soziale Siebe‹. Ebenso können soziale Vorurteile und Diskriminierungen (z. B. im Rechtssystem) maßgebl. Faktoren sozialer S. sein. Diese erscheint somit als Regelungsfaktor für soziale Mobilität, für die Verteilung von Chancen und für die Elitenbildung und spielt als kulturelle S. auch beim Zusammentreffen versch. Kulturen eine Rolle, sodass sich nur bestimmte Eigenheiten der einen Kultur in der jeweils anderen durchsetzen können. Unter dem Einfluss strukturfunktionalist. und systemtheoret. Vorstellungen hat sich inzwischen ein modifizierter Begriff der Selektion durchgesetzt. Solide abgesicherte Belege für biolog. Konsequenzen der sozialen S. stehen aus. Einzelne Hypothesen hierzu sind in die theoret. Fundierung der →Soziobiologie eingegangen.

R. THURNWALD: Zur Kritik der Gesellschaftsbiologie, in: Archiv für Sozialwiss. u. Sozialpolitik, Bd. 52 (1924).

Sieburg, Friedrich, Schriftsteller und Publizist, *Altena 18. 5. 1893, †Gärtringen (Landkreis Böblingen) 19. 7. 1964; 1924–42 Korrespondent der ›Frankfurter Zeitung‹ u. a. in Kopenhagen, London und Paris; setzte sich seit Anfang der 30er-Jahre in seiner Publizistik für natsoz. Ziele ein; erhielt 1945 von der frz. Militärregierung Schreibverbot; 1948–55 Mitherausgeber der Zeitschrift ›Die Gegenwart‹; ab 1956 Leiter der Literaturbeilage der ›Frankfurter Allgemeinen Zeitung‹; war nach 1945 gleichermaßen einflussreicher wie umstrittener Literaturkritiker, der v. a. die Mitglieder der ›Gruppe 47‹ attackierte.

Ausgabe: Zur Lit., hg. v. F. J. RADDATZ, 2 Bde. (1981).

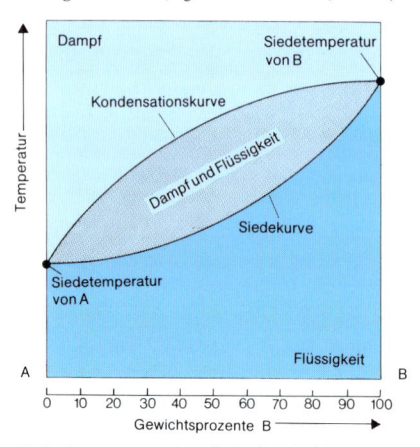

Siedediagramm zweier vollständig mischbarer Flüssigkeiten A und B

Siebzehnter Juni, Datum des v. a. von Industriearbeitern in den Großstädten und Industriezentren ausgelösten spontanen (Arbeiter- und Volks-)Aufstandes gegen das Parteiregime der SED in der DDR 1953, auch **Juniaufstand** genannt; aus einem lohnpolit. Konflikt erwachsene erste und (bis 1989) mächtigste Protestbewegung gegen die Politik des SED-Politbüros und der von der SED getragenen Reg., sichtbarster Ausdruck für eine Krise in der DDR 1952/53.

Im Rahmen des auf der II. SED-Parteikonferenz (Juli 1952) verkündeten Aufbaus des Sozialismus beschloss der Ministerrat der DDR am 28. 5. 1953 eine Erhöhung der Arbeitsnormen für Industriebetriebe bis Ende Juni um generell 10%, was eine reale Verminderung des Arbeitslohns bewirkt hätte. Obwohl am 9. 6. 1953 das SED-Politbüro den ›Neuen Kurs‹ beschlossen hatte und das FDGB-Organ ›Tribüne‹ diese Regelung am 16. 6. 1953 bestätigte, formierten sich die Bauarbeiter der Stalinallee in Berlin (Ost) zu einem Demonstrationszug zum ›Haus der Ministerien‹ (Sitz der Reg.). Mit dem Marsch von etwa 12 000 Beschäftigten des Stahl- und Walzwerkes Hennigsdorf am 17. 6. zum Reg.-Viertel weitete sich die Demonstration zu einer Bewegung aus, die mehr als 250 Orte, darunter alle Industriezentren und Großstädte, v. a. Leipzig, Halle (Saale), Bitterfeld, Magdeburg, Jena und Gera, erfasste. An versch. Orten bildeten sich Streikleitungen, die jedoch untereinander keine Verbindung herstellen konnten. Die Demonstranten besetzten Rathäuser, Gemeindeämter, SED-Kreisleitungen, Dienststellen des MfS und der Volkspolizei und öffneten Gefängnisse. Neben das Verlangen nach Herabsetzung der Normen und Senkung der allgemeinen Lebenshaltungskosten traten Forderungen nach Rücktritt der Reg. und Abhaltung freier, geheimer Wahlen (mit Blick auf die Wiederherstellung der Einheit Dtl.s). Nach Verhängung des Ausnahmezustandes durch den sowjet. Stadtkommandanten in Berlin (Ost) sowie in 167 der 217 Stadt- und Landkreise der DDR schlugen im Verlauf des 17. 6. sowjet. Truppen den Aufstand nieder (offiziell 51 Tote, bis 30. 6. 1953 6 200 Verhaftete). Streiks und Demonstrationen gab es aber in mehr als 560 Orten noch nach dem 17. 6.; eine neue Streikwelle im Juli 1953 (Höhepunkt: Buna-Werke Schkopau, 15.–17. 7.) erfasste v. a. die Dörfer. Über die Zahl der insgesamt getöteten Zivilpersonen gibt es immer wieder neue Angaben; bis gegen Ende der 60er-Jahre wurden (in der BRD) 21 vollstreckte Todesurteile nachgewiesen und 1 386 zu langjährigen Freiheitsstrafen verurteilte Demonstranten festgestellt. Nach Auswertung ab 1990 zugängl. Materialien wird inzwischen von mindestens 125 Todesopfern (48 standrechtlich Erschossene) ausgegangen. – In der Geschichtsschreibung der DDR galt der Aufstand des S. J. 1953 als ›konterrevolutionärer, faschist. Putsch(versuch)‹. In der BRD wurde der 17. 6. nach dem Ges. vom 4. 8. 1953 als ›Tag der dt. Einheit‹ zum nat. Feiertag (1953–90); seit 1990 gilt er als ›Nat. Gedenktag des dt. Volkes‹.

17. Juni 1953. Arbeiteraufstand in der DDR, hg. v. I. SPITTMANN u. K. W. FRICKE (²1988); M. HAGEN: DDR – Juni '53. Die erste Volkserhebung im Stalinismus (1992); Der Tag X – 17. Juni 1953. Die ›innere Staatsgründung‹ der DDR als Ergebnis der Krise 1952/54, hg. v. I.-S. KOWALCZUK u. a. (²1996).

Siebzehn|undvier, Kartenglücksspiel zw. zwei und mehr Spielern mit 32 frz. Karten. Der Geber ist zugleich der Bankhalter und spielt gegen die übrigen Spieler. Sieger ist derjenige, der die Augenzahl des Bankhalters oder der Mitspieler übertrifft, wobei 21 Augen nicht überstiegen werden dürfen; bei gleicher Augenzahl hat der Bankhalter gewonnen. Erreicht ein Spieler genau 21 Augen, erhält er den doppelten Einsatz, bei zwei gezogenen Assen (›Feuer‹) den dreifachen, sonst wird nur der einfache Einsatz gezahlt.

Siede|analyse, Verfahren zur Kennzeichnung von Flüssigkeitsgemischen, bes. von Mineralölprodukten, durch Bestimmen des →Siedeverlaufs.

Siedebarometer, das →Hypsometer.

Siedediagramm, das →Zustandsdiagramm eines (zweikomponentigen) Flüssigkeitsgemischs, in dem bei isobaren Verhältnissen, d. h. unter konstantem Druck, die Siede- und Kondensationstemperaturen des Gemischs gegen den relativen Anteil einer Komponente grafisch aufgetragen sind. Die sich ergebende **Siedekurve** gibt den Beginn des Siedens in Abhängigkeit von der Zusammensetzung der flüssigen Phase an, die darüber liegende **Kondensationskurve** zeigt die Zusammensetzung des Dampfes bei der entsprechenden Temperatur.

Siedekapillare, sehr dünne, biegsame, durch Ausziehen von Glasröhren in der Hitze hergestellte Kapillare, mit deren Hilfe kleine Luft- oder Gasbläschen als Destillationskeime in die zu destillierende Flüssigkeit geblasen werden, um einen Siedeverzug bei der Vakuumdestillation zu vermeiden.

Siedelweber, Siedelsperling, Philetairus socius, etwa sperlingsgroßer Webervogel in S- und SW-Afrika; oberseits braun und schwärzlich gefärbt, mit schwarzem Kehlfleck, unterseits rötlich grau; Koloniebrüter, die auf Bäumen große, kuppelförmige Gemeinschaftsnester errichten.

Sieden, der Übergang eines Stoffs vom flüssigen in den gasförmigen Aggregatzustand durch einen Phasenübergang I. Art, Umkehrung der →Kondensation; diejenige Art der Verdampfung einer Flüssigkeit, die im Ggs. zur Verdunstung unter Dampfblasenbildung im ganzen Flüssigkeitsvolumen stattfindet. An der Grenzfläche einer Flüssigkeit gegen den Gasraum werden ständig Moleküle zw. der flüssigen und der gasförmigen Phase ausgetauscht. Dabei wird insgesamt Flüssigkeit an der Phasengrenze verdampft, wenn der Dampfdruck bei der herrschenden Temperatur größer ist als der äußere Druck. Übersteigt er bei erhöhter Temperatur den Gasdruck, so bilden sich in der Flüssigkeit Blasen: Die Flüssigkeit verdampft auch im Innern, sie siedet.

Das S. beginnt bei der **Siedetemperatur (Siedepunkt, Kochpunkt).** Der Siedepunkt ist für jeden Stoff kennzeichnend, identisch mit dem Kondensationspunkt und hängt vom äußeren Druck ab. Daher kocht Wasser auf hohen Bergen bei niedrigerer Temperatur als in der Tiefebene, eine Erscheinung, die zur Messung von Berghöhen ausgenutzt werden kann (→Hypsometer). Die Abhängigkeit des Siedepunkts vom Druck ergibt sich aus der →Clausius-Clapeyron-Gleichung. Nach Erreichen ihrer Siedetemperatur verbleibt die Flüssigkeit bei weiterer Wärmezufuhr (unter konstant gehaltenem Druck) so lange auf dieser, bis die gesamte Flüssigkeitsmenge verdampft ist. Die zum S. einer bestimmten Flüssigkeitsmenge benötigte Wärmemenge wird als →**Verdampfungsenthalpie** bezeichnet; sie wird bei der Kondensation wieder frei. Der Siedepunkt beim Normdruck von 1 013,25 hPa = 760 Torr heißt **normaler Siedepunkt** (für Wasser →Dampfpunkt). Die normalen Siedepunkte von Wasser und einigen Elementen wurden bis 1990 zu →Festpunkten der internat. Temperaturskala geführt.

Während des S. stehen die Blasen wegen ihrer Oberflächenspannung unter einem erhöhten inneren Druck. Daher ist für die Blasenbildung meist eine höhere Temperatur erforderlich als diejenige, die nach der Dampfdruckkurve (→p-T-Diagramm) dem Dampfdruck über der Flüssigkeit entspricht (**Siedeverzug**). Bes. stark kann die Temperatur bei Flüssigkeiten mit großer Oberflächenspannung und bei großer Reinheit überhöht werden. Bei luftfreiem Wasser in reinstem Glas ist eine Temperatur von 270 °C beobachtet worden. Nach starkem Siedeverzug setzt das S. explosionsartig ein. Der Siedeverzug wird verhindert, wenn die Bildung von Bläschen durch scharfkantige oder poröse Körper (**Siedestäbchen** oder **-steinchen**), Verunreinigungen, Staubteilchen oder auch Kesselstein, die als Keime für die Bläschenbildung wirken, erleichtert wird.

Gemische von verdampfbaren Verbindungen mit versch. Siedepunkten trennt man durch fraktionierte Destillation, wobei sich das S. des Gemischs über ein Temperaturintervall innerhalb gewisser **Siedegrenzen** (Siedebeginn, Siedeendpunkt) hinzieht. Bei zweikomponentigen Systemen lässt sich die Abhängigkeit des Siedevorgangs vom Mischungsverhältnis in einem →Siedediagramm grafisch darstellen. Bei Lösungen verringert sich der Dampfdruck im Vergleich zum reinen Lösungsmittel, und es kommt zu einer →**Siedepunktserhöhung.**

Sieden: Normaler Siedepunkt, spezifische und molare Verdampfungsenthalpie einiger Stoffe

	°C	kJ/kg	kJ/mol
Blei	1 740	921	190,83
Zink	907	1 800	117,68
Schwefel	444,6	293	9,66
Quecksilber	356,6	301	60,38
Kochsalzlösung (gesättigt)	108,0	–	–
Meerwasser	100,5	–	–
Wasser	100,0	2 757,1	40,67
Ethanol (Äthanol)	78,3	841,6	38,78
Methanol	64,5	1 101,1	35,29
Ammoniak	–33,4	1 371	23,36
Sauerstoff (O_2)	–183,0	214	6,85
Stickstoff (N_2)	–195,8	198	5,55
Wasserstoff	–252,9	454	0,92
Helium	–268,9	21	0,17

Siedentopf, Henry Friedrich Wilhelm, Physiker, *Bremen 22. 9. 1872, †Jena 8. 5. 1940; 1899–1938 Mitarbeiter der Firma Carl Zeiss in Jena, ab 1919 auch Prof. an der dortigen Univ. S. leistete Pionierarbeit bei der Entwicklung des Ultramikroskops (1902–03, mit R. Zsigmondy), der Mikrokinematographie (Zeitlupe, -raffer) und der Mikrofotografie.

Siedepunkt, →Sieden.

Siedepunkts|erhöhung, die Erhöhung der Siedetemperatur einer Lösung schwer flüchtiger Stoffe gegenüber der des reinen Lösungsmittels: Durch die von den gelösten Stoffen bewirkte →Dampfdruckerniedrigung wird erst bei höheren Temperaturen derjenige Dampfdruck erreicht, der zum →Sieden nötig ist. Die S. ist für verdünnte Lösungen proportional zur Konzentration des gelösten Stoffs und eine nur von den Lösungsmitteleigenschaften abhängige Größe. Die Messung der S. lässt sich daher zur Bestimmung der relativen Molekülmasse des gelösten Stoffs heranziehen (**Ebullioskopie**).

Siede|salz, →Kochsalz.

Siedethermometer, das →Hypsometer.

Siedeverlauf, bei Mineralölprodukten, Lösungsmitteln und ähnl. Flüssigkeiten die Abhängigkeit des Destillatanteils von der Siedetemperatur. Der S. wird durch diskontinuierl. Labordestillation (→Destillation) in genormten Apparaturen bestimmt und häufig als **Siedekurve** dargestellt. Der Siedebeginn ist die Temperatur, bei der der erste Tropfen in die Vorlage fällt. Der Siedeendpunkt ist die höchste erreichte Siedetemperatur. Der S. gibt Hinweise auf das Verhalten von Flüssigkeiten beim Lagern (z. B. Verdunstungsverluste) und die Verwendbarkeit (z. B. von Ottokraftstoffen).

Siedewasser|reaktor, Abk. **SWR,** *Kerntechnik:* ein heterogener therm. →Kernreaktor, bei dem das gleichzeitig als Moderator dienende Kühlmittel (leichtes Wasser) bereits im Reaktorkern verdampft. Der entstehende Sattdampf wird in so genannten Wasserabscheidern und Dampftrocknern von mitgerissenen Wassertröpfchen befreit und als trockener Dampf der Turbine zugeführt.

Siedlce [ˈɕɛdltsɛ], **1)** Hauptstadt der Wwschaft Siedlce, Polen, 160 m ü. M., in Podlachien, 74 000 Ew.; kath. Bischofssitz, PH, Priesterschule; elektrotechn. Industrie, Maschinenbau, Nahrungsmittelindustrie,

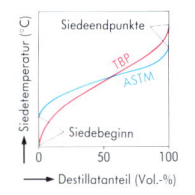

Siedeverlauf:
Siedekurven von
Mineralölprodukten

Bau von Fertigteilhäusern, Textil- (Strickwaren), Spielzeugindustrie; Verkehrsknotenpunkt an der Bahnlinie Warschau–Moskau. – Am Marktplatz das Rathaus (1766–71; Regionalmuseum) und die barocke Pfarrkirche (1740–48; Fassade 1793). In einem Park liegt das ehem. Ogiński-Palais (vor 1740 erbaut, 1776–82 klassizistisch umgestaltet). – S. wurde 1430 erstmals erwähnt und erhielt 1549 Stadtrecht.

2) Wwschaft im O Polens, 8 499 km², 661 800 Einwohner.

Siedlce 1): Ehemaliges Ogiński-Palais; vor 1740 erbaut, 1776–82 klassizistisch umgestaltet

Siedlecki Grzymała [cɛdˈlɛtski gʒɨˈmau̯a], Adam, poln. Schriftsteller, * Wierzbno (Wwschaft Krakau) 29. 1. 1876, † Bromberg 29. 1. 1967; Theaterdirektor in Warschau und Krakau; hat v. a. durch seine literaturkrit. Arbeiten und eigene Salonstücke das Theaterleben in Polen zw. den Weltkriegen mitgeprägt; letzter Vertreter des ›Jungen Polen‹; schrieb auch literar. Porträts (›Wyspiański‹, 1909) und Romane.

J. KONIECZNY: A. Grzymała-Siedlecki (Bromberg 1981).

Siedler|agame, Agama agama, bis 40 cm lange afrikan. Agame, die zu auffälligem Farbwechsel befähigt ist. S. halten sich häufig in oder bei menschl. Behausungen auf.

Siedlung [nhd., zu ahd. sidalan ›sich niederlassen‹], jede menschl. Niederlassung. Nach der Benutzungsdauer unterscheidet man die **Dauer-S.** (ständig bewohnt) von den **temporären S.** (kurzfristig, etwa bis zu einem halben Jahr bewohnt), bei den Letzteren **saisonale S.** (während mehrerer Wochen bewohnt, z. B. Alm-S., Wochenend-S., Nomadenlager) und **ephemere S.** (flüchtige S., z. B. Windschirme, Zeltlager und andere S. der Wildbeuter und Jägervölker). Eine Zwischenstellung nehmen die während einiger Jahre benutzten **semipermanenten S.** ein (z. B. bei der trop. Feld-Wald-Wechselwirtschaft). – Bei den S. der sesshaften Bev. sind die **städtischen S.** (→Stadt) weitgehend durch nichtlandwirtschaftl. Funktionen bestimmt. Formen der **ländlichen S.** sind u. a. Einzelhof, Weiler, →Dorf, gewerbl. Land-Gem., Kibbuz, Agrostadt. Außer den Behausungen (Wohn- und Wirtschaftsgebäude) umfasst die S. auch die Grundstücke, Verkehrs- (u. a. Häfen) u. a. öffentl. Flächen (z. B. Grünanlagen) sowie Kult- und Schutzanlagen. Nicht in den Begriff der S. eingeschlossen ist die →Flur. Werden S. aufgegeben und geraten in Verfall, bezeichnet man sie als Wüstung. (→Siedlungswesen)

Siedlungs|abfall, zusammenfassende Bez. für kommunale Abfälle wie Hausmüll, hausmüllähnl. Gewerbeabfälle, Garten- und Parkabfälle, Sperrmüll, Straßenkehricht, Marktabfälle, Baustellenabfälle, Bodenaushub und Klärschlamm aus kommunalen Abwasserkläranlagen. – In der 1993 erlassenen **TA S.** wird insbesondere die Verwertung, Behandlung und sonstige Entsorgung von S. geregelt.

Siedlungs|archäologie, Forschungsrichtung der Vor- und Frühgeschichte, die sich v. a. den eigentl. Siedlungsvorgängen (Siedlungsausbau und -verlagerung, Entstehung von Wüstungen, Bevölkerungszunahme und -abnahme, Burgenbau und Stadtentwicklung) in engem Zusammenhang mit naturräuml. Gegebenheiten (Geomorphologie, Böden, Klima, Vegetation) widmet. Ausgedehnte Siedlungsgrabungen und begleitende naturwiss. Untersuchungen in Verbindung mit systemat. Dokumentation der archäolog. Funde (→archäologische Landesaufnahme) haben die S. in den letzten Jahrzehnten neben Siedlungsgeographie und Siedlungsgeschichte zu einem gleichwertigen Zweig der Siedlungskunde werden lassen.

H. JANKUHN: Einf. in die S. (1977).

Siedlungsgeographie, Zweig der Anthropogeographie; untersucht Verteilung, Lage, Form, Größe, Struktur und Funktion von Siedlungen.

M. BORN: Geographie der ländl. Siedlungen (1977); G. NIEMEIER: S. (⁴1977); G. SCHWARZ: Allg. S., 2 Tle. (⁴1989); C. LIENAU: Die Siedlungen des ländl. Raumes (³1997).

siedlungsgeographische Karten, Karten, die Genese, Formen und Funktionen von Siedlungen darstellen. Einfache s. K. verzeichnen vor- und frühgeschichtl. Funde sowie Ortsnamen. Der Darstellung von Stadt- auf Dorfformen auf Übersichtskarten dienen generalisierte Grundrisse oder Signaturen. Die funktionale Gliederung von Städten (City, Geschäftsviertel, Behördenzentren, Wohnviertel, Industriegebiete u. a.) wird durch Flächenfärbung, Schraffuren oder Raster wiedergegeben.

Siedlungskunde, die Wiss. von den menschl. →Siedlungen. Zu ihr gehören Siedlungsgeographie, -geschichte, -archäologie, Wüstungsforschung, wirtschaftssoziale S., Siedlungsvolkskunde. Als Schöpfer der S. gilt der Reiseschriftsteller und Geograph JOHANN GEORG KOHL (* 1808, † 1878); richtungweisend für die neuere S. waren v. a. W. CHRISTALLER, H. HASSINGER, H. G. BOBEK und O. SCHLÜTER.

Siedlungsnamen, die →Ortsnamen.

Siedlungs|träger, →Siedlungswesen.

Siedlungswesen, i. w. S. Sammelbegriff für die Entwicklung ländl. und städt. Siedlungen, häufig verwendet im Zusammenhang mit dem →Städtebau. S. i. e. S. umfasst alle Maßnahmen, die geeignet sind, die dauernde Verbindung eines bäuerl. Siedlers mit dem Grund und Boden herzustellen, sei es als Vollerwerbs- oder als Nebenerwerbsstelle. Das als Bundesrecht immer noch fortgeltende Reichssiedlungs-Ges. vom 11. 8. 1919 hatte v. a. die Schaffung von bäuerl. Ansiedlerstellen für Kriegsheimkehrer und heimatlos gewordene Deutsche zum Ziel. Dazu wurde gemeinnützigen Siedlungsunternehmen ein Vorkaufsrecht beim Verkauf von landwirtschaftlich nutzbarem Boden ab 2 ha gewährt. Heute widmen sich die Siedlungsträger (u. a. das ›Ev. Siedlungswerk in Dtl. e. V.‹ und der ›Kath. Siedlungsdienst e. V.‹) überwiegend dem sozialen Wohnungsbau. Kleinsiedlungsgebiete werden kaum noch ausgewiesen. Das zum S. gehörige Reichsheimstätten-Ges. vom 10. 5. 1920 wurde zum 1. 10. 1993 aufgehoben. Damit verloren die nach diesem Ges. errichteten Siedlungen und Gebäude (Heimstätten) ihre mit bestimmten Einschränkungen bei Veräußerung und Vererbung verbundene Heimstätteneigenschaft.

Siefkes, Wilhelmine, Pseud. **Wilmke Anners,** niederdt. Schriftstellerin, * Leer (Ostfriesland) 4. 1. 1890, † ebd. 28. 8. 1984; war Lehrerin, wurde 1933 aus dem Schuldienst entlassen, erhielt Schreibverbot und veröffentlichte unter ihrem Pseudonym, später unter eigenem Namen. Ihr soziales Engagement zeigen der Kindheitsroman ›Keerlke‹ (1941) und der Flüchtlingsroman ›Van de Padd of‹ (1961); schrieb ferner Lyrik (›Tüschen Saat un Seise‹, 1959) sowie zeitgeschichtlich aufschlussreiche ›Erinnerungen‹ (1979).

Wilhelmine Siefkes

Sieg *die,* rechter Nebenfluss des Rheins in NRW, 150 km lang, Einzugsgebiet 2880 km²; entspringt am Ederkopf im Rothaargebirge, fließt erst durch das →Siegerland, trennt dann Bergisches Land und Westerwald, mündet unterhalb von Bonn.

Siegbahn, 1) Kai Manne Börje, schwed. Physiker, * Lund 20. 4. 1918, Sohn von 2); 1951–54 Prof. an der TH Stockholm, seitdem in Uppsala. Nach Arbeiten zur Beta- und Gammaspektroskopie verwendete er ab 1951 die von ihm entwickelten Elektronenspektrometer zur Erforschung des Energiespektrums von Photoelektronen und entwickelte das als ESCA bezeichnete Verfahren der Photoelektronenspektroskopie. Hierfür erhielt er mit N. Bloembergen und A. L. Schawlow 1981 den Nobelpreis für Physik.
2) Karl Manne Georg, schwed. Physiker, * Örebro 3. 12. 1886, † Stockholm 26. 9. 1978, Vater von 1); Schüler von J. Rydberg, Prof. in Lund (1920–23) und Uppsala (1924–37); 1937–64 Direktor des Nobel-Instituts für Physik in Stockholm. S. wurde mit seiner Untersuchung der Röntgenspektren nahezu aller chem. Elemente (ab 1913) einer der Pioniere der Röntgenspektroskopie (u. a. Entdeckung der M-Serie in Röntgenspektren), mit speziellen Strichgittern gelang ihm auch die Beugung langwelliger Röntgenstrahlen. S. begründete daneben die Gammaspektroskopie; 1924 erhielt er den Nobelpreis für Physik.

siegbahnsche Einheit, siegbahnsche X-Einheit [nach K. M. G. Siegbahn], *Röntgenspektroskopie:* →X-Einheit.

Siegburg, Kreisstadt des Rhein-Sieg-Kr., NRW, 60 m ü. M., an der Sieg 12 km oberhalb ihrer Mündung in den Rhein, 39 500 Ew.; Garnison, Justizvollzugsanstalt, Stadtmuseum; vielseitige Industrie (Farben, Isolatoren, Maschinen, Verpackungen). – Die Servatiuskirche (um 1200) ist eine spätroman. Emporenbasilika mit got. Chor (um 1275–1300) und sechsgeschossigem W-Turm (Anfang 13. Jh.); im reichen Kirchenschatz v. a. roman. Goldschmiedekunst des 11./12. Jh. Von der 1066 geweihten Kirche der Benediktinerabtei St. Michael ist nur die Krypta erhalten; der Neubau (1649–67) wurde nach schweren Kriegsschäden wiederhergestellt; in der Kirche heute der Annoschrein (um 1183, wohl von Nikolaus von Verdun), eine der kostbarsten Goldschmiedearbeiten des Rhein-Maas-Kreises. Im ehemaligen klassizist. Rathaus von 1826 ist nach Restaurierung, Um- und Anbau (1987–90; H. de Corné) das Stadtmuseum untergebracht. – Um das 1064 gegründete Benediktinerkloster entstand die Siedlung S., die unter der Herrschaft der Äbte 1069 Markt-, Münz- und Zollrechte erhielt. 1182 wurde S. Stadt. Im 16. Jh. hatte die Steingutproduktion ihre Blütezeit und wurde weltbekannt. 1676 fielen Abtei und Stadt an das Herzogtum Berg, 1815 an Preußen. 1816 wurde S. Kreisstadt. Zwischen 1875 und 1918 besaß die Stadt eine bedeutende Rüstungsindustrie.

Siegburger Reform, monast. Reformbewegung des späten 11. Jh., von dem 1064 von Erzbischof Anno II. von Köln gegründeten und später mit Mönchen aus Fruttuaria (bei Volpiano, Prov. Turin) besetzten Benediktinerkloster Siegburg ausgehend und von der →kluniazensischen Reform beeinflusst. Anhänger fand die S. R. bes. in Nord-Dtl., den Niederlanden, Bayern und Österreich. Im Unterschied zu den Kluniazensern lag die Jurisdiktion der einzelnen Klöster beim Ortsbischof; charakteristisch war zudem die Mitarbeit der Mönche in der Seelsorge.

J. Semmler: Die Klosterreform von Siegburg (1959).

Siegel [mhd. sigel, von gleichbedeutend lat. sigillum, zu signum ›Zeichen‹], **1)** *allg.:* der Abdruck eines oft ebenfalls S. genannten Stempels (Petschaft, Typar), eines als kleiner Stempel gestalteten Fingerringes (S.-Ring) oder eines (abgerollten) Zylinders (Roll-S.) in einem bildsamen, erhärtenden Material als Beglaubigungs- und Erkennungszeichen, Besitzermarke und Verschluss (Plombe) von Schriftstücken, Gefäßen u. a. zum Schutz vor unbefugter Öffnung und/oder vor Verfälschung des Inhalts. Auf Fälschung und Missbrauch von S. standen seit dem Altertum hohe Strafen. – Die S.-Masse ist Ton (nur im Altertum und bei den Arabern), Wachs, →Siegellack (seit dem 16. Jh.) oder ein ähnl. Material (z. B. papierbedeckte Oblate aus Mehlkleister), das auf der Unterlage haftet; daneben wird Metall verwendet, das mit dem zu besiegelnden Gegenstand durch Schnüre verbunden werden muss (Anhänge-S., Bulle), ein auch bei Wachs-S. anwendbares Verfahren. Nach der Darstellung (S.-Bild) werden Schrift-, szen. Bild- (z. B. Thron-, Majestäts-S.), Porträt- und Wappen-S. unterschieden. Der Durchmesser der S. schwankt bei großer Formenvielfalt zw. 0,5 und 20 cm; am verbreitetsten waren ovale, Schild- (v. a. 1180–1300) und Rund-S. Zum Schutz der empfindl. Wachs-S. dienten mit dem S. verbundene Wachsschalen, Holz- oder Metallkapseln.

Der Gebrauch von S. war im *Alten Orient* weit verbreitet; das frühe Vorkommen von S. beweist, dass Eigentumskennzeichnung als Teil der Wirtschaftsordnung schon seit der Jungsteinzeit üblich war. Gesiegelt wurde meist auf feuchtem Ton, mit dem Gefäße aller Art, Keilschrifttafeln, Türen u. a. belegt werden konnten. Die S.-Träger waren häufig wertvolle Steine, die kunstvoll geschnitten wurden (→Steinschneidekunst). S. waren urspr. hoch gestellten Personen vorbehalten.

Eine andere Funktion hatten anscheinend die S. in der *Harappakultur.* Allein in Mohenjo-Daro wurden über 1 200 Steatit-S. gefunden, sie zeigen am häufigsten ein Einhorn (BILD →Harappakultur), andere Großtiere, Mischwesen, mytholog. Szenen sowie piktograf. Zeichen der Indusschrift. Alle diese S. hatten auf der Rückseite eine Öse.

In Vorderasien lagen im Wesentlichen zwei S.-Träger vor: das Stempel-S. und das Roll-S. **Stempel-S.** waren anfangs (6.–4. Jt. v. Chr.) in Anatolien, N-Mesopotamien und Iran verbreitet und hatten unterschiedlichste, z. T. für bestimmte Kulturkreise charakterist. Formen. Im keram. Neolithikum trugen die S.-Flächen fast ausschließlich geometr. Motive, erst spät kamen figürl. Darstellungen auf. In der Djemdet-Nasr-Zeit sind in Mesopotamien Stempel-S. in Gestalt naturalistisch ausgeformter Tiere belegt. Sie wurden vom mesopotam. Roll-S. abgelöst. In Anatolien erhielt der Stempel in hethit. Zeit Würfelform mit einem sechsfach gekanteten Knauf (BILD →hethitische Kunst); flache und beidseitig verzierte Knopf-S. sind etwas später überliefert. Für die Kulturen im Gebiet

Siegburg: Blick auf die Stadt; im Vordergrund die Anlage des ehemaligen Benediktinerklosters

Kai Manne Siegbahn

Manne Siegbahn

Siegburg Stadtwappen

Sieg Siegel

Siegel 1): Siegel Gottfrieds von Neifen von einer Urkunde aus dem Jahr 1241 (Sigmaringen, Staatsarchiv)

des Pers. Golfs am Ende des 3. und im 2. Jt. v. Chr. ist eine Knopfsiegelform mit Buckel typisch. Die Stempel-S. der Harappakultur haben dagegen immer eine quadrat. S.-Fläche. Die allgemeine Wiederaufnahme der Stempel-S. in Vorderasien und Ägypten hängt offenbar mit dem Aufkommen von Pergament und dessen Vorstufen zusammen.

Als **Roll-S.** bezeichnet man in der Längsachse durchbohrte kleine Walzen aus Stein (Länge 1 bis 12 cm; Durchmesser etwa 0,5 bis 7 cm), die an einer Schnur aufgefädelt wurden. Ihre Außenseite war mit einem eingeschnittenen, seltener erhaben gearbeiteten Bild versehen, das beim Abrollen den Abdruck eines schmalen, endlosen Reliefbands ergibt. Das Roll-S. trat Ende des 4. Jt. in Mesopotamien auf (zus. mit der Keilschrift); es entwickelte und veränderte sich in Komposition und Bildthemen in der sumer., akkad., babylon., kassit. und assyr. Kunst bis zum 1. Jt. v. Chr. ständig weiter. Aufgrund der zeitlich bestimmbaren stilist. und inhaltl. Unterschiede ergaben die Roll-S. einen Datierungshinweis für die vorderasiat. Archäologie, allerdings wurden alte S. oft nachgeschnitten. Die Themen der Darstellungen (kult. Szenen, Tierkämpfe, Trinkszenen, Einführungsszenen) haben religiös-mytholog. Bezug (BILD →kassitische Kunst). Häufig ist in der begleitenden Inschrift (seit Mitte des 3. Jt. v. Chr.) die angerufene, aber nicht notwendigerweise gleichzeitig dargestellte Schutzgottheit des ebenfalls erwähnten S.-Inhabers und oft auch dessen Vaters genannt; ab der frühdynast. Zeit gab es auch reine Schrift-S. Das Roll-S. hat sich nicht in ganz Vorderasien durchgesetzt; in Anatolien, in Teilen Irans und in den Kulturen am Pers. Golf fand es keinen Eingang oder wurde erst sehr spät gebräuchlich.

In *Ägypten* wurden im Alten Reich Roll-S. gefertigt; die Dekoration beschränkte sich auf Titel und Namen des Königs oder seiner Beamten. Im späten 3. Jt. v. Chr. verdrängte das Stempel-S. das Roll-S., zunächst in Form des Knopf-S.; dominierende Form war seit dem Mittleren Reich der →Skarabäus mit Inschrift oder Ornament auf der Unterseite.

Die *ägäischen Kulturen* haben das Stempel-S. übernommen. Die Petschafte fertigte man zunächst aus leicht schneidbarem Material (Steatit, Bein), in der älteren Palastzeit der minoischen Kultur Kretas mit Vorliebe aus Elfenbein, Bergkristall, Amethyst, Fluorit, Karneol und Sardonyx, für S.-Ringe aus Gold. Den Knopf-S. folgten Prismenformen mit mehreren Bildflächen sowie linsen- oder mandelförmige S.; auch Tierformen (Rinder, Affen u. a.) kamen vor. Der minoische Motivschatz der S.-Ringe umfasst geometr. und spiralartige Ornamente, Pflanzen- und Tierdarstellungen sowie mehrfigurige Szenen aus Kult, Jagd, Seefahrt und Krieg. Diese S. sind für die Kenntnis der Kultur und Religion ihrer Zeit eine unerschöpfl. Quelle; z. T. sind sie auch hervorragende Kunstwerke, die schon die myken. Fürsten zu schätzen wussten. Eine Gattung gravierter Steine mit stereotypen Zeichen, die in der jüngeren Palastzeit Kretas beliebt wurde, diente talisman. Zwecken. Sie wurden von der myken. Festlandskultur übernommen. Diese kleinen Werke (zw. 1,5 und 3 cm Durchmesser) sind zahlr. erhalten. Außer den S. selber wurden Tausende von Tonabdrücken aufgefunden. Ganze Archive kamen in den Palästen zutage.

Siegel 1): links Sumerisches Rollsiegel mit Handhabe in Form eines hockenden Widders; um 2800/2700 v. Chr. (Berlin, Vorderasiatisches Museum); **rechts** Siegel der Stadt Lübeck von 1256, zeigt die Gründung der Hanse 1159 (Schwur der land- und der seefahrenden Kaufleute)

In der *Antike* traten in Griechenland seit geometr. Zeit (9. Jh. v. Chr.) mit dem Stichel gearbeitete Stempel-S. aus Steatit und Serpentin auf, im 7. Jh. v. Chr. waren die ›Inselsteine‹, linsen- und mandelförmige S. aus dem grünl. Steatit von Melos, Mode. Phöniker und Etrusker übernahmen den ägypt. Skarabäus und den Skarabäoid, den die Phöniker oft mit ägyptisierenden Motiven verzierten (Isis, Harpokrates, Bes im Kampf mit dem Löwen, falkenköpfige geflügelte Sphinx) und häufig als Anhänger oder Ring fassten. Im 5. und 4. Jh. gab es in Griechenland neben Metall-S. vielfach Griffpetschafte sowie v. a. aus Chalcedonvarietäten gefertigte Ringsteine für S.-Ringe, die v. a. im Hellenismus und in röm. Zeit beliebt waren. Aus der Zeit zw. 50 v. Chr. und 50 n. Chr. sind aus Rom 30 Gemmenschneider namentlich bekannt, DIOSKURIDES schuf um 20 n. Chr. das Kaiser-S. Es gab auch Massenware (Ringsteine aus Glaspaste, die in Tonmatrizen gegossen wurden), darunter propagandist. S. aus der kaiserl. Werkstatt. Der Motivkreis umfasste kaum rituelle Szenen, sondern Bildnisse, Götter (Venus, Bacchus), Helden und Tiere.

Mittelalter: Das Fortbestehen des S.-Wesens nach dem Ende des Röm. Reiches kann nur aus wenigen Belegen – auch bei german. Königen – erschlossen werden. Von den Merowingerkönigen, die ihre Urkunden jedoch in erster Linie durch die eigene Unterschrift beglaubigten, sind neun S.-Abdrücke erhalten. Die Karolingerkönige beglaubigten Urkunden mit ihrem S.-Ring; diese Art der Urkundenbestätigung breitete sich rasch aus und wirkt als amtl. Beglaubigung bis in die Gegenwart fort. Großformatige S., bes. die seit dem 12. Jh. übl. Anhänge-S., wurden zusätzlich mit rückseitigen Daumeneindrücken des Siegelnden, später mit den Abdrücken von Fingerring-S. versehen, die sich zu besonderen S. für geringere oder geheime Anlässe entwickelten (Sekret- oder Geheim-S.).

Im MA. bildeten S. einen wesentl. Bestandteil des Rechtswesens. Allgemeine Glaubwürdigkeit besaßen dem Schwabenspiegel (1274/75) zufolge urspr. nur die S. des Papstes, des Kaisers und der Könige, der Fürsten sowie der geistl. Korporationen. Die Berechtigung zur Führung eines ›authent. S.‹ ging in Dtl. auf die Kirchenfürsten im 9., den hohen Adel im 10., Klöster im 11., Städte (z. B. S. von Aachen, um 1134; Lübeck, 1256; Danzig, um 1400) und den niederen Adel im 12. Jh. über; ab der Mitte des 13. Jh. benutzten auch Bürger Siegel.

Siegel 1): Sumerisches Rollsiegel (rechts abgerollt) mit der Darstellung des Herrn der Tiere; um 2600 v. Chr. (London, Britisches Museum)

Als Material verwendeten die Kaiser und Könige für ihre Bullen Gold (BILD →Bulle), seltener Blei, sonst gewöhnlich Wachs, die Päpste Blei, alle anderen Wachs, das zunächst farblos (gelblich), später rot, grün oder gelb war. Ab dem 14. Jh. setzte sich die rote Farbe für die dt. Königs-S. durch; dies führte zu häufiger Verleihung von Rotwachsprivilegien an den Adel und auch an Städte; seit dem 16. Jh. kam zunehmend S.-Lack als Material auf.

Im MA. hatten im Heiligen Röm. Reich und auch bei den Slawen lose, nicht mit einem Dokument verbundene S. eigene Bedeutung als Botenausweis, zur Reliquienbeglaubigung oder Vorladung zum Gericht.

In China wurden die ältesten Beispiele metallener Namens- oder Rang-S. in Gräbern der späten Zhouzeit gefunden. In der Songzeit wurde es üblich, Gemälde und Kalligraphien in roter Farbe mit einem Künstler-S. zu signieren; auch Sammler pflegten ihren Stücken Sammlungs-S. aufzudrücken, die als Identifikation und als Nachweis der Echtheit eines Werkes von großer Bedeutung sind.

Die S. der dt. Kaiser u. Könige, hg. v. O. POSSE, 5 Bde. (1909–13, Nachdr. Leipzig 1981); W. EWALD: S.-Kunde (1914, Nachdr. 1978); F. MATZ: Die frühkret. S. (1928); A. HERMANN u. W. SCHWAN: Ägypt. Kleinkunst (1940); H. BIESANTZ: Kretisch-myken. S.-Bilder (1954); Corpus der minoischen u. mykenen. S., begr. v. F. MATZ, hg. v. I. PINI, auf zahlr. Bde. ber. (1964ff.); E. UNGER: Der Beginn der altmesopotam. S.-Bildforschung (Wien 1966); E. KITTEL: S. (1970); R. GÖBL: Die Tonbullen vom Tacht-e Suleiman. Ein Beitr. zur spätsäsänid. Sphragistik (1976); M. PASTOUREAU: Les sceaux (Turnhout 1981); W. BOOCHS: S. u. Siegeln im alten Ägypten (1982); T. DIEDERICH: Rhein. Städte-S. (1984); A. MOORTGAT: Vorderasiat. Roll-S. (³1988); M. RASHAD: Die Entwicklung der vorgeschichtl. u. frühgeschichtl. Stempel-S. in Iran (1990); V. STECK: Das Siegelwesen der südwestdt. Reichsstädte im MA. (1994); Altorientale. Miniaturkunst. Die ältesten visuellen Massenkommunikationsmittel, bearb. v. O. KEEL u. a. (Freiburg ²1996); G. STIEHLER-ALEGRIA DELGADO: Die kassit. Glyptik (1996); A. B. WIESE: Die Anfänge der ägypt. Stempelsiegel-Amulette (Freiburg 1996); Mit sieben S. versehen. Das S. in Wirtschaft u. Kunst des Alten Orients, hg. v. E. KLENGEL-BRANDT, Ausst.-Kat. Vorderasiat. Museum, Berlin (1997). – Weitere Literatur →Steinschneidekunst.

2) *Botanik:* auf der Buchenrinde durch Überwallung des Rests eines abgeworfenen Astes entstehender, rundl. bis lanzettl. Narbenring; immer verbunden mit einer beidseitig ›schnurrbartähnlich‹ hinabreichenden Rindenfalte (›Chinesenbart‹). Zahl und Form der S. erlauben, auf gewisse Wertminderungen des Holzes durch vorhandene Astreste zu schließen.

Siegel, 1) Carl Ludwig, Mathematiker, * Berlin 31. 12. 1896, † Göttingen 4. 4. 1981; Prof. in Frankfurt am Main (ab 1922) und Göttingen (ab 1938), 1940–51 am Institute for Advanced Study (Princeton, N. J.), danach wieder in Göttingen. Bereits in seiner Dissertation (›Approximation algebraischer Zahlen‹, 1921) lieferte S. wichtige Beiträge zur Zahlentheorie. Großen Einfluss hatten auch seine 1929 veröffentlichten Transzendenzbeweise für bestimmte Zahlen. Andere Arbeiten galten dem Waring-Problem und quadrat. Zahlkörpern, der Theorie komplexer Funktionen mehrerer Veränderlicher und der Himmelsmechanik, bes. dem Dreikörperproblem.

2) [siːgl], Don, amerikan. Filmregisseur, * Chicago (Ill.) 26. 10. 1912, † Nipomo (Calif.) 20. 4. 1991; nach seinen Anfängen als Dokumentarfilmer übernahm S. 1946 erste Spielfilmregie. Bes. erfolgreich war er mit kommerziellen Actionfilmen.

Filme: Entfesselte Jugend (1956); Ein Fressen für die Geier (1969); Dirty Harry (1971); Der große Coup (1972); Der Shootist (1976); Flucht von Alcatraz (1979); Der Löwe zeigt die Krallen (1979); Verhext (1982).

A. LOVELL: D. S. – American cinema (Neuausg. London 1975).

Siegelbaum, die fossile Pflanzengattung →Sigillaria.

Siegelbewahrer, im MA. der mit der Aufbewahrung des Staats- oder Regentensiegels beauftragte Amtsträger; in fränk. Zeit meist der höchste Kanzleibeamte, im späteren MA. im Hl. Röm. Reich der Kanzler in Vertretung des Reichserzkanzlers. In Großbritannien war das Amt des **Groß-S.** (Lord Keeper of the Great Seal, im Unterschied zum Lord Privy Seal, dem Lord-Geheim-S.) mit dem des Lordkanzlers (→Lord Chancellor) verbunden.

Siegelbruch, ein mit Freiheitsstrafe bis zu einem Jahr oder mit Geldstrafe bedrohtes Delikt. Des S. macht sich strafbar, wer ein dienstl. Siegel beschädigt, ablöst oder unkenntlich macht, das angelegt ist, um Sachen in Beschlag zu nehmen, dienstlich zu verschließen oder zu bezeichnen, oder wer den durch ein solches Siegel bewirkten Verschluss ganz oder zum Teil unwirksam macht (§ 136 Abs. 2 StGB). Ähnl. Bestimmungen enthalten das *österr.* (§ 272) und das *schweizer.* StGB (Art. 290).

Siegelkunde, die →Sphragistik.

Siegel‖lack, aus Kolophonium, Schellack, Terpentin und anorgan. Pigmenten bestehende harte Masse, die beim Erwärmen schmilzt und zum Versiegeln von Briefen, Dokumenten u. a. dient; setzt sich häufig auch anders zusammen (z. B. werden manche Kunstharze als S. verwendet).

Siegeln, *Kunststofftechnik:* →Heißsiegeln.

Siegelringnatter, Nerodia sipedon, bis 1,3 m lange Wassernatter im O der USA. Bevorzugte Nahrung sind Fische, Lurche, Krebse und Insekten. Die bis zu 100 Jungen werden lebend geboren.

Siegen [nach der Stadt Siegen] *das, -(s),* **Siegenien** [-ˈnjɛ̃], **Siegenium,** *Geologie:* Stufe des →Devon.

Siegen, Kreisstadt des Kr. Siegen-Wittgenstein, NRW, Mittelpunkt des Siegerlandes, 215–500 m ü. M., an der Sieg, 111 000 Ew.; Univ.-Gesamthochschule (seit 1972), Technologiezentrum, Siegerlandmuseum; wirtschaftl. Zentrum des oberen Siegtales: Blechverarbeitung, Herstellung von Großwerkzeugen, Maschinen und Armaturen, Walzenguss, Stahl- und Leichtmetallbau, Firmen für Computer- und Bürotechnik, Elektro- und Lederindustrie, Brauerei. – Die ev. Martinikirche (im Kern 12. Jh., 1511–17 umgebaut) ist die älteste Pfarrkirche der Stadt. Von Vorgängerbauten sind durch Grabung 1958–60 Reste eines Mosaikfußbodens (10. Jh.) freigelegt worden. Die ev. Nikolaikirche (2. Hälfte 13. Jh.) ist ein Zentralbau mit doppelgeschossigem Umgang und Hallenchor sowie einem mächtigen W-Turm; die kath. Pfarrkirche St. Marien, begonnen 1702 als Jesuitenkirche Mariä Himmelfahrt, wurde 1729 geweiht. Im Oberen Schloss (vor 1224 begonnen, umgebaut 16.–18. Jh.) befindet sich seit 1905 das Siegerland-Museum (u. a. Gemälde des 1577 in S. geborenen P. P. RUBENS); Unteres Schloss (1698–1714)

Carl Ludwig Siegel

Don Siegel

Siegelringnatter
(Länge bis 1,3 m)

Siegen:
Nikolaikirche;
2. Hälfte des
13. Jh.

Sieg   Siegen–Siegfried

Siegen Stadtwappen

Kreisstadt in Nordrhein-Westfalen

Mittelpunkt des Siegerlandes

an der Sieg, 215–500 m ü. M.

111 000 Ew.

Martinikirche mit Resten eines Mosaikfußbodens (10. Jh.)

im Oberen Schloss das Siegerland-Museum (mit Gemälden von P. P. Rubens)

1089 erstmals urkundlich belegt

1224 durch Anlage der ›Neustadt‹ auf dem Siegberg zur Doppelsiedlung geworden

1303 Soester Stadtrecht

seit dem Mittelalter bedeutendes Eisengewerbe

Siegesmünzen: Sächsischer Siegestaler auf den Sieg im Deutsch-Französischen Krieg 1871 (Dresden, 1871ff; Durchmesser 33 mm)

Vorderseite

Rückseite

mit der bereits 1669 errichteten Fürstengruft. – S., 1089 erstmals urkundlich bezeugt, wurde um 1170 als Civitas bezeichnet. Der im Mündungswinkel von Weiß und Sieg gelegenen Siedlung wurde bis 1224 eine neue Stadt auf dem Siegberg zur Seite gestellt; die Doppelsiedlung erhielt 1303 Soester Stadtrecht. Die Stadt stand (seit 1224) unter der Doppelherrschaft der Grafen von Nassau und der Erzbischöfe von Köln. Seit 1421 unter der Alleinherrschaft von Nassau, war S. ab 1607 Sitz von zwei Zweig Nassau-S., kam 1743–1815 an Oranien-Nassau, unterbrochen 1806–13 durch die Zugehörigkeit zum Großherzogtum Berg. 1815 fiel S. an Preußen. Seit dem MA. war es durch das Eisengewerbe bedeutend. 1975 Zusammenschluss mit den Städten Eiserfeld und Hüttental.

H. EICHENAUER: Die Auswirkungen der kommunalen Gebietsreform auf das Zentrensystem am Beispiel des Oberzentrums S. u. seines Versorgungsbereichs im Dreiländereck NRW, Rheinl.-Pf. u. Hessen, in: Westfäl. Forsch., Bd. 41 (1991).

Siegen, Ludwig von, Kupferstecher, getauft Köln 2. 5. 1609, † Wolfenbüttel 1680; verwendete als Erster für seine Porträts (ab 1642) die Schabkunsttechnik. S. schuf auch Modelle für Münzen und Medaillen.

Siegener Schichten, eine bis 3 000 m mächtige unterdevon. Schichtenfolge aus Tonschiefern und Grauwacken im Rhein. Schiefergebirge.

Siegenit [nach der Stadt Siegen] der, -s/-e, zu den Kobaltnickelkiesen zählendes, weißgelbl., kub. Mineral der chem. Zusammensetzung $(Co,Ni)_3S_4$; ähnlich dem →Linneit.

Siegen-Wittgenstein, Kreis im Reg.-Bez. Arnsberg, NRW, 1 131 km^2, 299 200 Ew.; Kreisstadt ist Siegen. Das Kreisgebiet umfasst zum einen wesentl. Teile des →Siegerlandes mit traditionellen Eisen und Stahl verarbeitender Industrie, Maschinenbau, Elektrotechnik, Eisen-, Blech- und Metallwarenherstellung sowie Kunststoffverarbeitung, zum anderen das Wittgensteiner Land, in dem die Kur- und Fremdenverkehr, das verarbeitende Gewerbe und auch die Landwirtschaft gleichermaßen Bedeutung haben (Kurorte Bad Berleburg und Bad Laasphe). 681 km^2 der Kreisfläche gehören zum Naturpark Rothaargebirge. 1995 waren knapp 42 % der Erwerbstätigen in der Industrie, knapp 57 % im Dienstleistungsbereich und etwas über 1 % in der Landwirtschaft beschäftigt. 65 % der Fläche dienen der Forst-, 20 % der Landwirtschaft; die gewerbl. Siedlungen und Verkehrsflächen befinden sich in den meist engen Tälern, die Wohnbebauung überwiegend an den Talhängen.

Siegerland, Industriegebiet und Waldbergland an der oberen Sieg, in NRW und Rheinl.-Pf., zw. Rothaargebirge und Westerwald, 400–650 m ü. M. Infolge des hohen Jahresniederschlags (bis 1 500 mm) und der Gesteinsschuttböden tragen weite Flächen, die von der frühen Neuzeit bis ins 20. Jh. durch Hauberwirtschaft (→Hauberg) zur Gewinnung von Holzkohle für den Eisenhüttenbetrieb und Eichenlohe für die Gerberei degradiert waren, wieder Hochwald; vereinzelt Rinderhaltung. Reiche Vorkommen von Spateisenstein bildeten die Grundlage des über 2 000 Jahre alten Erzbergbaus, der 1962 eingestellt wurde. Die Hüttenindustrie ist bis auf Walzwerke stillgelegt. Von Bedeutung sind Maschinenbau, Blechverarbeitung und Behälterbau (→Siegen).

B. WEBER: Sozialräuml. Entwicklung des S.s seit der Mitte des 19. Jh., in: Arb. zur Rhein. Landeskunde, H. 43 (1977).

Siegerrebe, früh reifende Weißweinrebe mit rötl. Beeren, Kreuzung aus Madeleine angevine und Gewürztraminer (Sortenschutz seit 1958), ertragsarm, aber mit hohen Öchslegraden; liefert säurearme, extraktreiche Weine mit würzigem Bukett und wird daher oft zum Verschnitt verwendet; v. a. in Rheinhessen und in der Pfalz vertreten.

Siegert, Arila, Tänzerin und Choreographin, * Rabenau 18. 9. 1953; studierte an der Palucca Schule Dresden, war 1971–79 an der Kom. Oper in Berlin (Ost) und als Ballerina 1979–86 an der Staatsoper Dresden tätig. 1987–92 Leiterin eines eigenen Tanztheaters am Schauspielhaus Dresden, machte sie als Solotänzerin und Choreographin Karriere; rekonstruierte Arbeiten von DORE HOYER (›Afectos humanos‹), war Assistentin der Regisseurin RUTH BERGHAUS, erarbeitete in Berlin und Leipzig anspruchsvolle Stücke und wirkte 1992–96 als Chefchoreographin und Ballettdirektorin am Anhalt. Theater Dessau.

Choreographien: Gesichte (1985); Othello und Desdemona (1988); Medea-Landschaften (1992); Circe und Odysseus (1993); Verdi Requiem (1996).

Siegesmünzen, Gedenkmünzen oder Medaillen, die anlässlich eines Sieges ausgegeben wurden. S. gab es in der Antike auch für Sieger bei Wettkämpfen und v. a. für militär. Erfolge (z. B. die röm. Iudaea-Capta-Münzen). In Dtl. sind v. a. der brandenburg. Fehrbelliner Siegestaler von 1675, die ›Siegespfennige‹ der Befreiungskriege und die Siegestaler versch. dt. Staaten auf den Sieg im Deutsch-Frz. Krieg 1871 bekannt.

Siegfried, mhd. **Sîfrit, Sîvrit,** jüngere Form **Seyfrid, Seifrid,** german. Sagenheld, steht im Mittelpunkt des ersten Teils des mhd. →Nibelungenliedes. Der Zusammenhang der S.-Gestalt mit Ereignissen im merowing. Königshaus des 6. Jh. und ihre archetypisch-myth. Ableitung bleiben hypothetisch; die im Nibelungenlied erwähnte Heimatstadt Xanten bewahrt keine Überlieferung. S. wird als kühn, unbesiegbar und arglos dargestellt. Sein Vertrauen in die Treue der mit ihm verschwägerten Burgunden wird ihm zum Verhängnis; →Hagen tötet ihn hinterrücks.

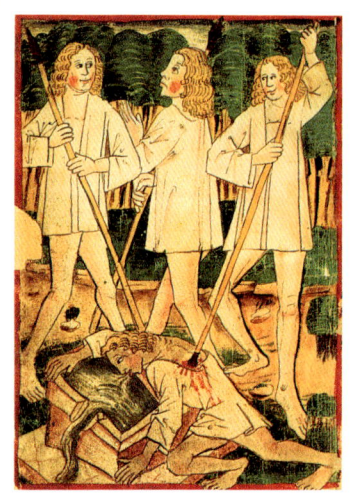

Siegfried: Siegfrieds Ermordung; kolorierte Federzeichnung aus ›Lienhart Scheubels Heldenbuch‹; 1480–90 (Wien, Österreichische Nationalbibliothek)

Im dt. Sprachgebiet ist das Nibelungenlied (um 1200) die älteste erhaltene S.-Dichtung. Das erst aus dem 16. Jh. erhaltene ›Lied vom Hürnen Seyfrid‹, das auf Vorlagen wohl des 13. Jh. zurückgeht und S.s Jugend behandelt (Drachenkampf, Bad im Drachenblut zum Erlangen der Unverwundbarkeit, Erwerb des Nibelungenhorts, Befreiung Kriemhilds), zeigt die Wandlung der alten Heldendichtung zum Abenteuerroman. Auf ihm beruhen die Dramatisierung durch H. SACHS (›Der hürnen Seufrid‹, 1557) und das ›Volksbuch vom gehörnten Siegfried‹ (ältester erhaltener Druck 1726).

In der nord. Überlieferung erscheint der Name S. als **Sigurd** (→Sigurdlieder); hier wird das Hauptgewicht auf die Beziehung zw. S. und Brünhild gelegt.

Das 19. Jh. knüpfte daran an, so auch R. WAGNER in seinem Musikdrama ›Siegfried‹ (3. Werk bzw. ›Zweiter Tag‹ des ›Rings des Nibelungen‹, Uraufführung am 16. 8. 1876 in Bayreuth). Im 19. und frühen 20. Jh. wurde S. als typisch germanisch-dt. Held zur nationalen Identifikationsfigur stilisiert, auch für natsoz. Ideale missbraucht.

Der Schatz des Drachentöters, hg. v. W. WUNDERLICH (1977); W. HOFFMANN: Das S.-Bild in der Forschung (1979); H. MÜNKLER u. W. STORCH: Siegfrieden. Politik mit einem dt. Mythos (1988).

Siegfried, Hermann, schweizer. Oberst und Kartograph, *Zofingen 14. 2. 1819, †Bern 5. 12. 1879; ab 1865 Chef des Generalstabs und des Eidgenöss. Topograph. Bureaus. Anfänglich unter seiner Leitung entstanden die Karten des ›Topograph. Atlas der Schweiz‹ (**S.-Karten**): mehrfarbige Höhenlinienkarten im Maßstab 1 : 25 000 (10-m-Isohypsen; 444 Blätter) und 1 : 50 000 (Hochgebirgsdarstellung mit 30-m-Isohypsen; 122 Blätter) auf der Grundlage von Messtischaufnahmen.

SI-Einheiten: Basiseinheiten		
Größe	Basiseinheit	Einheitenzeichen
Länge	Meter	m
Masse	Kilogramm	kg
Zeit	Sekunde	s
elektrische Stromstärke	Ampere	A
thermodynamische Temperatur	Kelvin	K
Stoffmenge	Mol	mol
Lichtstärke	Candela	cd

Siegl, Otto, österr. Komponist, *Graz 6. 10. 1896, †Wien 9. 11. 1978; wurde 1922 Kapellmeister in Graz und war ab 1926 Musikdirektor in Paderborn, Bielefeld, Essen, Herford und Hagen. 1933 wurde er Lehrer an der Musikhochschule in Köln, wo er 1934 auch die Leitung des Gürzenichchores übernahm; 1948–67 Lehrer für Komposition (1958 Prof.) an der Musikakademie in Wien. Nach atonalen Anfängen wandte sich S. einem musikant. Musikideal zu. Er schrieb u. a. zwei Sinfonien (1958, 1959), Instrumentalkonzerte, zwei Streichquintette (1940, 1954), fünf Streichquartette (1924–56), ein Bläserquintett (1972), Messen, Kantaten, ein Oratorium (›Stern des Lebens‹, 1959).

Siegmund, Sigismund, Röm. König (seit 1410) und Kaiser (seit 1433), *Nürnberg 15. 2. 1368, †Znaim 9. 12. 1437; (letzter) Luxemburger, Sohn Kaiser KARLS IV.; erbte 1378 die Markgrafschaft Brandenburg, erwarb durch seine Heirat mit MARIA von Anjou (*1370, †1395; Tochter König LUDWIGS I. von Ungarn und Polen) Erbansprüche auf beide Länder und wurde am 31. 3. 1387 zum König von Ungarn gekrönt (ungar. ZSIGMOND). Um die Mittel für seine Kämpfe gegen die Adelsopposition in Ungarn und dessen Verteidigung gegen die Türken aufbringen zu können (Niederlage bei Nikopol, 1396), verpfändete er die Kurmark 1388 seinem Vetter JOBST von Mähren und verkaufte 1402 die Neumark an den Dt. Orden. 1410 wählten die Kurfürsten ihn und JOBST von Mähren in einer Doppelwahl zu Röm. Königen. Nach JOBSTS Tod (1411) erhielt S. in einer zweiten Wahl auch die übrigen Stimmen (1414 in Aachen gekrönt). S. veranlasste die Einberufung des Konzils von →Konstanz. Wegen der Verbrennung von J. HUS (1415) verweigerte Böhmen S., der 1420 in Prag durch einen Teil der Stände zum König erhoben worden war, die Anerkennung. Er rief 1420 zu einem Kreuzzug gegen die Hussiten auf; erst nach deren Niederlage bei Lipany (1434) wurde S. am 25. 7. 1436 auch als König von Böhmen anerkannt (tschech. ZIKMUND LUCEMBURSKÝ). Am 29. 1. 1433 wurde S. in Rom zum Kaiser gekrönt. Trotz des Scheiterns einer Reichsreform (September 1434 Programm von 16 Artikeln) wird die Regierungszeit S.s, der den Landfrieden und die christl. Einheit zu wahren vermochte, als einer der Höhepunkte des späten MA. angesehen. Durch die Vermählung (1421) seiner Erbtochter ELISABETH mit Herzog ALBRECHT V. von Österreich (ab 1438 König ALBRECHT II.) bereitete S. dem späteren supranat. Habsburgerreich den Weg. (→Reformatio Sigismundi)

J. VON ASCHBACH: Gesch. Kaiser Sigmunds, 4 Bde. (1838–45, Nachdr. 1964); W. BAUM: Kaiser Sigismund. Hus, Konstanz u. Türkenkriege (1993); J. K. HOENSCH: Kaiser Sigismund. Herrscher an der Schwelle zur Neuzeit 1368–1437 (Neuausg. 1997).

Siegwette, *Pferdesport:* die Grundform aller →Rennwetten, die gewonnen ist, wenn das gewettete Pferd Erster wird.

Siegwurz, Gladiolus, Gladiole, Gattung der Schwertliliengewächse mit rd. 180 Arten in Europa, dem östl. Mittelmeerraum, den Gebirgen des trop. Afrika und v. a. im südl. Afrika; Knollenpflanzen mit schwertartigen oder lineal. Blättern und Blüten mit schieftrichterförmiger Röhre in lockeren, meist einseitswendigen Ähren. Heimisch sind die seltenen und geschützten Arten: **Sumpf-S.** (Gladiolus palustris), auf kalkreichem Boden; 30–60 cm hoch; die Blüten zu vier bis sechs in Ähren, purpurrot; untere Hüllblätter mit weißen Streifen; **Wiesen-S.** (Gladiolus imbricatus), auf moorigen Wiesen; 30–60 cm hoch; Blüten purpurfarben, zu fünf bis zehn in der Ähre, nach einer Seite hin gewendet. – Zahlr. Zuchtformen sind beliebte Garten- und Schnittblumen (→Gladiole).

Si|eh Ho, chin. Porträtmaler, →Xie He.

SI-Einheiten, die im →Internationalen Einheitensystem (SI) festgelegten und in Dtl. gesetzlich vorgeschriebenen →Einheiten physikal. Größen. Die sieben **SI-Basiseinheiten** sind das Meter, das Kilogramm, die Sekunde, das Ampere, das Kelvin, das Mol und das Candela; die zwei **ergänzenden SI-Einheiten** mit Dimension 1 sind der Radiant und der Steradiant. Dazu kommen alle aus den SI-Basiseinheiten kohärent, d. h. ohne Verwendung von Zahlfaktoren, gebildeten **abgeleiteten SI-Einheiten** (→Einheitensystem), mit z. T. eigenen Bezeichnungen. Nicht mehr kohärent zu den SI-E. und daher nicht mehr zu diesen gehörig sind die mittels eines Vorsatzes gebildeten dezimalen Vielfachen und Teile von SI-E., die manchmal auch als erweiterte SI-E. bezeichnet werden. Daneben gibt es weitere gesetzl. Einheiten, die nicht vom SI her definiert sind (→Einheitengesetz). Für das Mess- und Eichwesen ist eine möglichst präzise Realisierung jeder SI-E. mithilfe eines Normals notwendig. In Dtl. ist hierfür die Physikalisch-Techn. Bundesanstalt in Braunschweig zuständig.

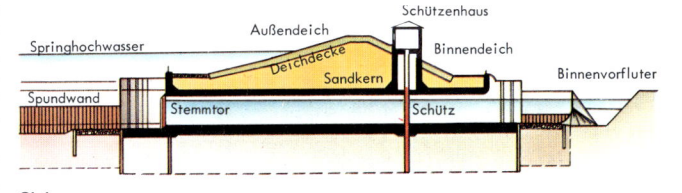

Siel

Siel, Deichschleuse zur Durchleitung eines Wasserlaufs. Wenn sich durch Hochwasser am Außendeich Wasser staut (**S.-Stau**), ist das S. geschlossen, und das Wasser muss binnendeichs gespeichert werden. Bei frei werdendem Deich ist das S. geöffnet (**S.-Zug**), das Wasser kann abfließen.

Siemens [nach W. VON SIEMENS], Einheitenzeichen **S**, SI-Einheit des elektr. Leitwerts: $1\,\text{S} = 1\,\text{A}/\text{V} = 1\,\Omega^{-1}$.

Siegmund, Römischer Kaiser

Siegwurz: Sumpfsiegwurz (Höhe 30–60 cm)

Siem Siemens – Siemens AG

Siemens, 1) August Friedrich, Unternehmer und Erfinder, * Menzendorf (bei Grevesmühlen) 8. 12. 1826, † Dresden 24. 5. 1904, Bruder von 2), 3) und 5); ging 1848 als Mitarbeiter seines Bruders CARL WILHELM nach England; entwickelte mit diesem dort 1856 einen Regenerativofen, der durch Wiederverwertung der Abwärme erlaubte, Gase bei bes. hohen Temperaturen zu verbrennen, und in verbesserter Form zum Stahlschmelzen sowie bei der Glasfabrikation eingesetzt wurde. 1863 kehrte S. nach Dtl. zurück und übernahm 1867 von seinem Bruder HANS (* 1818, † 1867) eine Glashütte bei Dresden, die sich unter seiner Leitung – auch durch weitere Erfindungen – zu einem bedeutenden Unternehmen entwickelte.

C. MATSCHOSS: Männer der Technik (1925, Nachdr. 1985).

2) Carl von (seit 1895), Unternehmer, * Menzendorf (bei Grevesmühlen) 3. 3. 1829, † Menton (Frankreich) 21. 3. 1906, Bruder von 1), 3) und 5); gründete 1855 in Sankt Petersburg die russ. Zweigniederlassung der Firma Siemens & Halske zur Anlage und Verwaltung von Telegrafenlinien, die er bis 1867 und 1880–90 leitete, führte 1869–80 mit seinem Bruder CARL WILHELM die Siemens Brothers & Co., London.

3) Carl Wilhelm, seit 1883 Sir **William S.**, brit. Industrieller dt. Herkunft, * Lenthe (heute zu Gehrden) 4. 4. 1823, † London 19. 11. 1883, Bruder von 1), 2) und 5); ging 1843 nach London, um die elektrotechn. Erfindungen seines Bruders ERNST WERNER in Großbritannien zu verwerten; erfand selbst eine Regenerativdampfmaschine (1847), eine hydraul. Bremse (1867) und zahlr. Messgeräte. 1850 übernahm S. die engl. Vertretung der Firma Siemens & Halske, die er 1858 in ein Zweiggeschäft umwandelte und 1865 als Siemens Brothers & Co. verselbstständigte. S. baute 1874 den Kabeldampfer ›Faraday‹. Sein Unternehmen verlegte die ersten Tiefseekabel von Rio de Janeiro nach Montevideo (1874) sowie zw. Irland und den USA (1875). Außerdem besaß er Stahlwerke, in denen der Stahl unter Verwendung des von ihm und seinem Bruder AUGUST FRIEDRICH entwickelten Regenerativofens nach dem ›Siemens-Martin-Verfahren‹ hergestellt wurde. In seinen letzten Lebensjahren befasste sich S. auch mit der Verwendung des elektr. Stroms im Hüttenwesen.

Ausgabe: The scientific works, hg. v. E. F. BAMBER, 3 Bde. (1889).

W. POLE: W. S. (a. d. Engl., 1890); A. ROTTH: W. v. S. (1922).

4) Ernst Werner, Unternehmer, * Kingston upon Hull 9. 4. 1903, † Starnberg 31. 12. 1990, Enkel von 5); 1943 im Vorstand der Siemens & Halske AG und 1949–56 Vorstands-Vors. der Siemens-Schuckertwerke AG. Er gründete 1972 die Ernst von S. Stiftung (Sitz: Zug [Schweiz]; Verwaltung in München) zur Förderung des künstler. Nachwuchses auf dem Gebiet der Musik und stiftete 1973 den Ernst von S. Musikpreis, der an Musikkünstler oder Musikwissenschaftler (aller Nationen) für hervorragende Leistungen vergeben wird.

5) Ernst Werner von (seit 1888), Erfinder und Unternehmer, Mitbegründer der Elektrotechnik, * Lenthe (heute zu Gehrden) 13. 12. 1816, † Berlin 6. 12. 1892, Vater von 7), Bruder von 1), 2) und 3); erwarb sich während seiner Zeit bei der preuß. Artillerie techn. und naturwiss. Kenntnisse. Um nach dem frühen Tod der Eltern für seine jüngeren Geschwister sorgen zu können, machte er erste erfolgreiche Erfindungen (galvan. Versilberung und Vergoldung 1842, Dampfregulator u. a.) mit seinem nach England gegangenen Bruder CARL WILHELM finanziell auszuwerten. Zur Verwertung ihm erfundenen elektr. Zeigertelegrafen gründete er 1847 mit dem Mechaniker J. G. HALSKE die Telegraphen Bau-Anstalt von Siemens & Halske, die Keimzelle des Unternehmens Siemens; in ihr wurde auch bes. isoliertes Leitungsmaterial hergestellt. S. führte seit 1847 für die Verlegung im Erdreich die nahtlos mit Guttapercha umkleideten Leitungen ein. Nach dem Bau mehrerer Telegrafenlinien (u. a. von Berlin nach Frankfurt am Main) schied er 1849 aus der Armee aus und widmete sich ganz seiner Firma und der wiss. Weiterentwicklung der Telegrafie. V. a. Auseinandersetzungen mit der preuß. Telegrafenverwaltung gefährdeten die Existenz des Unternehmens, doch der Bau von Telegrafenlinien in Russland gab dem Geschäft neuen Auftrieb und führte 1853 zur Gründung einer Zweigniederlassung in Sankt Petersburg unter seinem Bruder CARL. Hinzu kamen weitere Erfindungen (Induktor mit Doppel-T-Anker, Alkoholometer) und die Beteiligung an der Verlegung von Tiefseekabeln, bes. durch das Londoner Zweiggeschäft. Mit der Entdeckung des dynamoelektr. Prinzips und der Entwicklung der Dynamomaschine (1866) leitete S. die Starkstromtechnik ein, die neben weiteren Erfindungen als neues Betätigungsfeld der Firma Siemens & Halske zu einem gewaltigen Aufstieg verhalf. S. führte 1879 die erste funktionstüchtige elektr. Lokomotive vor, baute 1880 den ersten elektr. Aufzug und 1881 in Lichterfelde (heute zu Berlin) die erste elektr. Straßenbahn. 1890 zog er sich von der Firmenleitung zurück. S. verband hohe wiss. Begabung mit großem erfinder. Geschick und geschäftl. Weitblick und gehört damit zu den bedeutenden Persönlichkeiten in der Entwicklung der dt. Industrie. Auch auf sozialem Gebiet gab er Anregungen und schuf grundlegende Einrichtungen. Er war maßgeblich daran beteiligt, ein wirkungsvolles dt. Patent-Ges. einzuführen, und setzte sich tatkräftig, u. a. mit einer Schenkung, für die Gründung der Physikalisch-Techn. Reichsanstalt (1887) ein.

Werke: Positive Vorschläge zu einem Patent-Ges. (1869); Ges. Abh. u. Vorträge (1881); Lebenserinnerungen (1892).

S. VON WEIHER: W. v. S. (1970); W. FELDENKIRCHEN: W. v. S. Erfinder u. internat. Unternehmer (Neuausg. 1996).

6) Georg von (seit 1899), Bankier, * Torgau 21. 10. 1839, † Berlin 23. 10. 1901, Vetter von 5); war seit 1870 Direktor der von ihm mitgegründeten Dt. Bank AG. Auf ihn gehen vielfältige Unternehmungen im Ausland (u. a. Finanzierung des Baus der Anatol. und der Bagdadbahn) zurück.

7) Wilhelm von, Industrieller, * Berlin 30. 7. 1855, † Arosa 14. 10. 1919, Sohn von 5); ab 1879 in der väterl. Firma Siemens & Halske; förderte bes. die Glühlampenfabrikation (Miterfinder der Tantallampe), den Schnelltelegrafen, den elektr. Bahnantrieb und elektr. Fernsteuerung. Mit Erfolg nahm er sich des Patentwesens an. S. wurde 1884 Mitinhaber, nach dem Ausscheiden seines Vaters 1890 die führende Persönlichkeit des, das von 3 000 auf 65 000 Mitarbeiter anwuchs.

Siemens AG, eines der weltweit führenden Unternehmen der elektrotechn. und elektron. Industrie; Sitz: Berlin und München; hervorgegangen aus der 1847 von E. W. SIEMENS, J. G. HALSKE und JOHANN GEORG SIEMENS in Berlin als Telegraphen Bau-Anstalt von Siemens & Halske gegründeten OHG, seit 1890 KG, seit 1897 AG. 1903 wurde die Starkstromabteilung des Siemens & Halske AG ausgegliedert und mit der Elektrizitäts-AG, vormals Schuckert & Co., Nürnberg, zur Siemens-Schuckertwerke GmbH vereinigt. 1966 wurden diese Werke, die Siemens-Reiniger Werke AG (medizin. Technik) sowie die Siemens & Halske AG (Schwachstrom) in der S. AG zusammengefasst. Zur S. AG gehören (1998) folgende geschäftsführende Einheiten: Energieerzeugung; Energieübertragung und -verteilung; Anlagenbau und Industrie. Dienstleistungen; Produktions- und Logistiksysteme; Automatisierungs- und Antriebstechnik; öffentl. Kommunikationsnetze; private Kommunikationssysteme; Sicherungstechnik; Verkehrstechnik; Automobiltechnik; medizin. Technik; Halbleiter; passive

Bauelemente und Röhren; elektromech. Komponenten. – Der Bereich Daten- und Informationstechnik wurde 1990 nach Übernahme der Nixdorf Computer AG in S. Nixdorf Informationssysteme AG umbenannt und wird in eigener Rechtsform geführt. Letzteres gilt auch für die Osram GmbH (gegr. 1919 durch Zusammenlegung der Glühlampenfabrikation der Siemens & Halske AG, der AEG und der Auer-Gesellschaft), die die Lampenherstellung betreibt. Der aus 339 Gesellschaften bestehende Siemens-Konzern ist in mehr als 190 Ländern präsent. Zu den verbundenen Unternehmen gehören u. a.: Vacuumschmelze GmbH (100%), Duewag AG (99%), S. AG Österreich, Wien (74%), Siemens Schweiz AG, Zürich (78%), Siemens Business Communications System, Inc., Santa Clara, Calif. (100%). Assoziierte Unternehmen sind u. a.: Bosch-Siemens Hausgeräte GmbH (50%), GPT Holdings Ltd., London (40%). Das Aktienkapital ist im Streubesitz von rd. 573 000 Aktionären, die Vorzugsaktien werden für die Familie von Siemens gehalten. Umsatz (1996/97): 107 Mrd. DM, Beschäftigte: rd. 386 000.

B. PLETTNER: Abenteuer Elektrotechnik. S. u. die Entwicklung der Elektrotechnik seit 1945 (1994); W. FELDENKIRCHEN: S. 1918–1945 (1995); DERS.: S. Von der Werkstatt zum Weltunternehmen (1997).

Siemens-Martin-Verfahren, Verfahren zur Herstellung von Stahl, das in gas- oder ölbeheizten Herdöfen mit Fassungsvermögen bis 600 t durchgeführt wird. Metall. Einsatzstoffe sind Schrott und festes oder flüssiges Roheisen in unterschiedl. Anteilen bei den angewendeten Verfahrensvarianten: Beim **Roheisen-Erz-Verfahren** werden Gemische aus etwa 75% flüssigem Roheisen und 25% Eisenerz, beim **Roheisen-Schrott-Verfahren** aus 25% festem Roheisen und 75% Schrott verarbeitet. Die erforderl. hohe Ofentemperatur von bis zu 1 650 °C wird durch eine Regenerativfeuerung erreicht. Die Ausmauerung des Ofens besteht aus bas. Feuerfestmaterial (Magnesia, Sinterdolomit). Die Eisenbegleiter (Kohlenstoff, Silicium, Mangan und Phosphor) werden durch die Frischwirkung der heißen, oxidierenden Flammengase, durch den Sauerstoff der zugesetzten Frischerze oder durch gasförmigen Sauerstoff oxidiert. Das Verfahren eignet sich v. a. für die Erzeugung unlegierter Stähle. – Seit 1955 geht die in S.-M.-Öfen produzierte Stahlmenge zurück. Das S.-M.-V. liegt hinter den Sauerstoffkonverter- und Lichtbogenofenverfahren weltweit an 3. Stelle bei weiter rückläufiger Bedeutung.

Das S.-M.-V. wurde von P. MARTIN und dessen Vater in einem von A. F. und C. W. SIEMENS gebauten Regenerativofen 1864 erstmals zur Erzeugung von Herdstahl angewandt und 1865 in Großbritannien und Frankreich patentiert.

Siemens Nixdorf Informationssysteme AG, im Bereich Datenverarbeitung und Informationstechnik tätiges Unternehmen, gegr. 1952 von HEINZ NIXDORF (* 1925, † 1986) als Nixdorf Computer AG, firmiert seit der Übernahme durch die Siemens AG (1990) unter der heutigen Bez.; Sitz: Paderborn. Weltweiter Umsatz (1996/97): 15,9 Mrd. DM, Beschäftigte: rd. 35 900. 1998 wurde beschlossen, den Bereich PC-Produktion an den taiwanes. Computerkonzern Acer Inc. zu verkaufen und sich auf das Kerngeschäft Kassensysteme und Computerhandel zu konzentrieren.

Siemens|stadt, Industriesiedlung im Verw.-Bez. Spandau, zum kleineren Teil auch im Verw.-Bez. Charlottenburg, Berlin, zw. Spree und Hohenzollernkanal, 5,67 km² groß; weiträumige Produktionsanlagen der Siemens AG sowie moderne Siedlungen von O. BARTNING, W. GROPIUS, H. HÄRING, H. SCHAROUN u. a. Erste Industriebauten entstanden 1897.

Siemianowice Śląskie [ɕɛmjanɔ'vitsɛ 'ɕlɔ̃skjɛ], Stadt in der Wwschaft Katowice (Kattowitz), Polen,

Siena 1): Palazzo Pubblico (1297 ff.) mit dem Torre del Mangia (1338–48) an der Piazza del Campo

270 m ü. M., im O des Oberschles. Industriegebiets nahe dem nördl. Stadtrand von Kattowitz, 79 000 Ew.; Steinkohlenbergbau, Eisenhütte (mit Röhrenwalzwerk), Metallverarbeitung, Maschinen- und Dampfkesselbau, Glashütte, Nahrungsmittelindustrie.

Siena, 1) Hauptstadt der Prov. S., Italien, 322 m ü. M., inmitten des toskan. Hügellands, 55 100 Ew.; Erzbischofssitz, Univ. (seit 1275; gegr. 1240 als Rechtsschule) und Ausländer-Univ.; Museen (Museo dell'Opera Metropolitana, staatl. Pinakothek u. a.), Stadtarchiv, Bibliothek; Weinhandelszentrum mit Önothek der ital. Weine; Industrie und Gewerbe spielen eine geringe Rolle; bedeutender Fremdenverkehr; jährlich am 2. 7. und 16. 8. die Corsa del Palio, ein Pferderennen mittelalterl. Ursprungs auf der Piazza del Campo.

Stadtbild: Mittelpunkt der Stadt (histor. Zentrum UNESCO-Weltkulturerbe) ist die Piazza del Campo (Il Campo) mit der Fonte Gaia von JACOPO DELLA QUERCIA (1409–19); an ihrer SO-Seite der Palazzo Pubblico (1297 ff.) mit Fresken von A. LORENZETTI (Darstellung des Guten und des Schlechten Regiments, BILD →italienische Kunst), an der Ecke der 102 m hohe Turm (Torre del Mangia, 1338–48) mit der Cappella di Piazza (1352 ff.). Der außen und innen mit Marmor verkleidete Dom (BILD →italienische Kunst) wurde Ende des 12. Jh. begonnen, v. a. im 13. und 14. Jh. ausgeführt, die Fassade im unteren Teil nach Plänen von GIOVANNI PISANO (gegen 1290), der obere Teil von GIOVANNI DI CECCO (1355 ff.); im Innern Kanzel von NICCOLÒ PISANO (1265–67; unter Mitarbeit von G. PISANO und ARNOLFO DI CAMBIO), Chorfenster (1288), Fresken von DOMENICO BECCAFUMI (1544 ff.). Angrenzend die Libreria Piccolomini (heute Dombibliothek) mit Fresken von PINTURICCHIO (1502 ff.). Im Museo dell'Opera Metropolitana, untergebracht in einem als Seitenschiff eines neuen, nie vollendeten Doms gedachten Saal, die Maestà des DUCCIO DI BUONINSEGNA (1308–11). Das Taufbecken im unter dem Domchor gelegenen Baptisterium entstand nach Entwurf von JACOPO DELLA QUERCIA (1419 ff., Reliefs u. a. von DONATELLO). Weitere bedeutende Kirchen sind San Domenico (1266–1465), San Francesco (1326–1475) mit Fresken von A. und P. LORENZETTI, das Haus der hl. KATHARINA VON S. (zum Oratorium umgestaltet); im Oratorio di San Bernardino bedeutende Fresken. Palastbauten, u. a. Palazzo Chigi-Saracini (14. Jh.) und Palazzo Piccolomini (1469 ff.) nach Plänen von B. ROSSELLINO.

Siena 1) Stadtwappen

Sien Siena – Sieroszewski

Geschichte: S. wurde in augusteischer Zeit als röm. Kolonie **Saena Iulia (Sena Julia)** an der Stelle einer etrusk. Siedlung gegründet. Im 12. Jh. stieg die Stadt zu großer polit. und wirtschaftl. Bedeutung auf. Durch Besitz in der Nähe liegender Silberminen (Gruben von Montieri) blühte v. a. das Geldgeschäft; Sieneser Bankhäuser gehörten zu den ältesten (Monte dei Paschi di Siena, gegr. 1472/1624) und zahlungskräftigsten Europas. Ab der Mitte des 12. Jh. kam die unabhängige ghibellin. Stadt S. in Konflikt mit dem guelf. Florenz, siegte zwar über die Florentiner 1260 bei Montaperti, wurde jedoch durch Kriege und Parteikämpfe geschwächt und durch die Pest (bes. 1348) entvölkert. In den Machtkämpfen des 16. Jh. stand S. urspr. auf habsburg. Seite, verlor dann aber, nachdem die Stadt gegen die habsburg. Truppen die Franzosen zu Hilfe gerufen hatte, gegen den mit Cosimo I. de' Medici verbündeten Kaiser Karl V. 1555 die Unabhängigkeit und wurde Teil des Herzogtums Toskana.

E. Sabelberg: Regionale Stadttypen in Italien (1984); Die Kirchen von S., hg. v. P. A. Riedl u. a., auf mehrere Bde. ber. (1985 ff.).

2) Prov. in der Toskana, Italien, 3 821 km^2, 251 000 Einwohner.

Siena, Malerschule von, die in Siena im letzten Drittel des 13. Jh. mit Guido da Siena im Stil der →Maniera greca einsetzende Malerei. Duccio di Buoninsegna entwickelte diesen Stil weiter, gab den Gestalten menschl. Nähe und erfüllte bes. die kleinen Tafeln des Maestà-Altars für den Dom von Siena mit einer ›modernen‹ Räumlichkeit, ohne Giottos ›Kastenraum‹ anzustreben. Lyr. Anmut, Wärme, Flächigkeit und ornamentale Schönlinigkeit (Linearität) der Gotik prägen das Werk von Simone Martini und der bis gegen Mitte des 14. Jh. in Siena tätigen Brüder P. und A. Lorenzetti, die mit räumlich weit ausgreifenden Bilderzählungen an Giotto anschlossen. Im 15. Jh., als die Florentiner Frührenaissance die Führung in der Kunstentwicklung übernahm, pflegten Sassetta, Giovanni di Paolo di Grazia, Vecchietta, F. di Giorgio Martini, Matteo di Giovanni u. a. die sienes. Tradition. Gegen Ende des 15. Jh. machte sich bei Sodoma der wachsende Einfluss der röm. Hochrenaissance bemerkbar; D. Beccafumi, der seine Schulung in Florenz erhielt, wurde Hauptmeister der manierist. Malerei in Siena.

Siena, Katharina von, Mystikerin, →Katharina von Siena.

Sienkiewicz [ɕɛnˈkjɛvitʃ], Henryk, poln. Schriftsteller, * Wola Okrzejska (bei Maciejowice, Wwschaft Siedlce) 5. 5. 1846, † Vevey (Schweiz) 15. 11. 1916; entstammte dem poln. Landadel, unternahm als Journalist Reisen durch Europa, nach Nordamerika und Ostafrika (›Listy z podróży do Ameryki‹ erschienen in der ›Gazeta polska‹, 1876–78, dt. ›Briefe aus Amerika‹; ›Listy z Afryki‹, 2 Bde., 1891/92, dt. ›Briefe aus Afrika‹). Während des Ersten Weltkriegs setzte er sich in der Schweiz für poln. Kriegsgefangene ein. S. begann mit Erzählungen, in denen er die schwierige Lage der poln. Auswanderer in den USA schilderte (›Za chlebem‹, 1880; dt. ›Ums liebe Brot‹; ›Latarnik‹, 1882, dt. ›Der Leuchtturmwärter‹) und die ausweglose Lage der von einheim. Grundbesitzern und zarist. Beamten bedrängten poln. Bauern beschrieb (›Szkice węglem‹, 1880; dt. ›Kohlenzeichnungen‹). Im idealist. Glauben an die Größe des eigenen Volkes wandte er sich dann dem histor. Roman zu, der durch die Darstellung der ruhmreichen poln. Geschichte des 17. Jh. (Kriege gegen Schweden, Türken, Tataren) das poln. Volk aufrichten sollte, so wie im gelungen archaischen Stil erzählte Trilogie ›Ogniem i mieczem‹ (4 Bde., 1884; dt. ›Mit Feuer und Schwert‹), ›Potop‹ (6 Bde., 1886; dt. ›Sturmflut‹), ›Pan Wołodyjowski‹ (3 Bde., 1887/88; dt. ›Pan Wolodyjowski, der kleine Ritter‹). Weltgeltung errang der Roman ›Quo vadis?‹ (1896; dt.), für die Zeit der Christenverfolgung unter Nero behandelt und für den er 1905 den Nobelpreis für Lit. erhielt. – Die zeitgenöss. Romane ›Bez dogmatu‹ (1891; dt. ›Ohne Dogma‹) und ›Rodzina Połanieckich‹ (1895; dt. ›Die Familie Polaniecki‹) setzen sich kritisch mit der sorglosen Haltung des poln. Adels auseinander. Traditionell religiöse und polit. Haltung bestimmt das Jugendbuch ›W pustyni i w puszczy‹ (1911; dt. ›Durch Wüste und Wildnis‹).

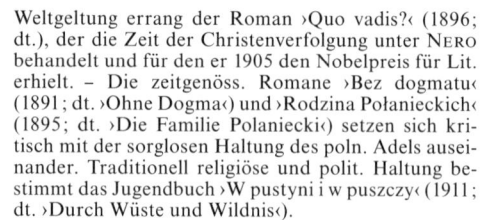

Weitere Werke: Erzählungen: Z pamiętnika poznańskiego nauczyciela (1879; dt. Aus den Erinnerungen eines Posener Lehrers); Janko Muzykant (1880; dt. Janko, der Musikant); Bartek zwycięźa (1882; dt. Bartel, der Sieger). – *Romane:* Krzyżacy, 4 Bde. (1900; dt. Die Kreuzritter); Legiony (1917; dt. Die Legionen).

Ausgaben: Dzieła, hg. v. J. Krzyżanowski, 60 Bde. (1949–55); Dzieła wybrane, 9 Bde. (1991). – Werke, 12 Bde. (1905–27); Ges. Werke, 11 Bde. (1906–08).

W. Lednicki: H. S., a retrospective synthesis (Den Haag 1960); J. Krzyżanowski: H. S., żywot i sprawy (Warschau ^{4}1976); H. S. Twórczość i recepcja, bearb. v. L. Ludorowski (Lublin 1991).

Sienyang, Stadt in China, →Xianyang.

Siepi, Cesare, ital. Sänger (Bass), * Mailand 10. 2. 1923; debütierte 1941 in Schio (Veneto), wurde 1946 Mitgl. der Mailänder Scala, 1966 außerdem der Wiener Staatsoper. Er sang bei Festspielen (Salzburg) und machte sich v. a. als Mozart-Sänger (Partien des Don Giovanni und des Figaro), aber auch als Mephistopheles (in ›Faust‹ von C. Gounod) und König Philipp (in ›Don Carlos‹ von G. Verdi) einen Namen.

Sieradz [ˈɕɛrats], **1)** Hauptstadt der Wwschaft Sieradz, Polen, um 130 m ü. M., an der oberen Warthe, 44 000 Ew.; ethnograph. Park; Strickwarenherstellung, Nahrungsmittelindustrie. – Pfarrkirche (um 1370; Umbau im 17. Jh.) und Dominikanerkirche (um 1300) erhielten eine barocke Ausstattung; ehem. Patrizierhäuser; ›Königl. Haus‹ am Markt (1450; Regionalmuseum). – Die um eine Burg entstandene Siedlung wird 1136 erstmals erwähnt und erhielt in der 2. Hälfte des 13. Jh. Stadtrecht.

2) Wwschaft im zentralen Teil Polens, 4 869 km^2, 412 700 Einwohner.

Sierck, Detlef, amerikan. Regisseur, →Sirk, Douglas.

Sierksdorf, Gem. im Kr. Ostholstein, Schlesw.-Holst., 1 500 Ew.; Ostseebad an der Lübecker Bucht mit Ferienzentrum und Freizeitpark ›Hansapark‹.

Sierning, Markt-Gem. im Bez. Steyr-Land, OÖ, an der unteren Steyr, 367 m ü. M., 8 300 Ew.; Messerherstellung.

Siero, Pola de S., Bergbaustadt in Asturien, N-Spanien, 200 m ü. M., am N-Fuß des kantabr. Gebirges, an der Eisenbahn Oviedo–Santander, 45 400 Ew.; Metall-, Nahrungsmittel-, Holz-, Baustoffindustrie; in der Umgebung mehrere Steinkohlenbergwerke. – Am Osterdienstag wird die Fiesta de Huevos Pintos (›Fest der bemalten Eier‹) begangen.

Sierosem [russ. sjɛrɔˈsjɔm; zu seryj ›grau‹ und zemlja ›Erde‹, ›Erdreich‹] *das, -s,* **Serosem** [russ. -ˈsjɔm], **Grauerde,** hellgrauer Bodentyp in subtrop. und außertrop. Halbwüsten, mit geringem Humusgehalt im A-Horizont. Der Unterboden enthält oft Kalk- und Gipskrusten.

Sieroszewski [ɕɛrɔˈʃɛfski], Wacław, Pseud. **W. Sirko,** poln. Schriftsteller, * Wólka Kozłowska (bei Warschau) 24. 8. 1858, † Piaseczno (bei Warschau) 20. 4. 1945; wegen sozialist. Tätigkeit 1878 verhaftet und 1879 nach Sibirien verbannt; verfasste hier ethnograph. Arbeiten über die Jakuten; um 1896 kehrte er nach Polen zurück und unternahm später ausgedehnte Forschungsreisen nach Korea und Japan. 1905 schloss er sich der Revolution an und kämpfte im Ersten Weltkrieg unter J. Piłsudski. 1933–39 war S. Präs. der

Henryk Sienkiewicz

poln. Literaturakademie. Seine zahlr. Erzählungen und Romane, oft über Abenteuer und Reisen, verherrlichen das einfache, aber gefühlsintensive Leben der Völker Sibiriens und des Fernen Ostens. S. schrieb auch histor. Romane und Märchen.

Werke: *Erzählungen:* W matni (1897; dt. Sibir. Erz.); Powieści chińskie (1903). – *Romane:* Na kresach lasów (1894); Zamorski diabeł (russ. 1900, poln. 1901; dt. Die Teufel von Jenseits des Meeres); Ol-Soni Kisań (1906; dt. Ol-soni Kisan); Ocean (1917); Dalaj-Lama (1927; dt. Dalai-Lama).
Ausgabe: Dzieła, 20 Bde. (1958–63).

J. PANASEWICZ: Środki wyrazu artystycznego egzotyki w twórczości W. S. (Bromberg 1975).

Sierpiński [sɛrˈpiɪ̃ski], Wacław Franciszek, poln. Mathematiker, *Warschau 14. 3. 1882, †ebd. 21. 10. 1969; wurde nach Tätigkeit im Schulwesen 1919 Prof. in Warschau. S. beschäftigte sich v. a. mit Mengenlehre (u. a. Kontinuumshypothese, Auswahlaxiom, Kardinalzahlen), (mengentheoret.) Topologie und Funktionalanalysis. Bekannt geworden ist der **S.-Teppich**, ein fraktales Gebilde, das durch die fortgesetzte Wegnahme von inneren Quadraten entsteht.

Sierra [span., eigtl. ›Säge‹] *die, -/-s* und *...ren*, port. **Serra,** auf der Iber. Halbinsel, in Lateinamerika und sonstigen urspr. von Spanien und Portugal kolonisierten Gebieten (z. B. Teilen der USA und Afrikas) Bez. für Gebirgsketten und Bergstöcke (nach den gezackten Kammformen der Gebirge).

Sierra Leone

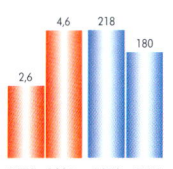

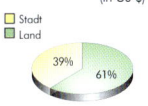

Fläche 71 740 km²
Einwohner (1996) 4,6 Mio.
Hauptstadt Freetown
Amtssprache Englisch
Nationalfeiertag 27. 4.
Währung 1 Leone (Le) = 100 Cents (c)
Uhrzeit 11⁰⁰ Freetown = 12⁰⁰ MEZ

Sierra Leone, amtlich engl. **Republic of S. L.** [rɪˈpʌblɪk əv ˈsɪərə lɪˈəʊn(ɪ)], Staat in Westafrika am Atlant. Ozean, grenzt im N und NO an Guinea, im O an Liberia, mit 71 740 km² etwas größer als Irland, (1996) 4,6 Mio. Ew., Hauptstadt ist Freetown, Amtssprache Englisch; Währung: 1 Leone (Le) = 100 Cents (c). Zeitzone: Westeurop. Zeit (11⁰⁰ Freetown = 12⁰⁰ MEZ).

STAAT · RECHT

Verfassung: Nach der Verf. von 1991 (während der Militärherrschaft 1992–96 suspendiert) ist S. L. eine präsidiale Rep. im Commonwealth. Staatsoberhaupt, und Reg.-Chef ist der Präs. (auf fünf Jahre direkt gewählt). Er ernennt die Mitgl. des Kabinetts, die ihm und dem Parlament verantwortlich sind. Die Legislative liegt beim Repräsentantenhaus (68 Abg., für fünf Jahre gewählt; 12 zusätzl. Sitze entfallen auf separat gewählte ›Oberhäuptlinge‹, die die Prov. vertreten).

Parteien: Einflussreichste Parteien im 1995 wiederhergestellten Mehrparteiensystem sind die S. L. People's Party (SLPP), die United National People's Party (UNPP), die People's Democratic Party (PDP), der All People's Congress (APC), die National United Party (NUP) und die Democratic Centre Party (DCP).

Wappen: Das Wappen zeigt im Schild oben drei schwarze Fackeln, darunter – durch eine Zackenlinie getrennt – in grünem Feld einen goldenen Löwen (Sinnbild des Namens ›Löwenberge‹, den die port. Entdecker dem Land gaben) sowie im Schildfuß blauweiße Wellenbalken. Als Schildhalter dienen zwei goldene Löwen, die je eine Ölpalme halten. Unter dem Schild der Wahlspruch ›Unity, Freedom, Justice‹ (›Einheit, Freiheit, Gerechtigkeit‹).

Nationalfeiertag: Nationalfeiertag ist der 27. 4., der an die Erlangung der Unabhängigkeit 1961 erinnert.

Verwaltung: S. L. ist in vier Prov. mit zus. zwölf Distrikten untergliedert.

Recht: Das Rechtssystem fußt v. a. auf engl. Recht; daneben gilt auch islam. und Stammesrecht. An der Spitze der Gerichtsorganisation stehen der Oberste Gerichtshof, der Appellationsgerichtshof und das Hochgericht; auf unterer Ebene gibt es Magistratsgerichte sowie Stammesgerichte.

Streitkräfte: Die Gesamtstärke der Reg.-Truppen beträgt rd. 6 000, die der paramilitär. Miliz etwa 5 000 Mann. Die Ausrüstung besteht im Wesentlichen aus leichten Waffen.

LANDESNATUR · BEVÖLKERUNG

Die westl. Landeshälfte ist eine Rumpfflächenlandschaft (etwa 150 m ü. M.) mit aufsitzenden Inselbergen, der eine 40 km breite Küstenebene (15 m ü. M.) vorgelagert ist. Überragt wird die Küstenebene vom bis 888 m hohen Gebirge der Halbinsel Sierra Leone, auf der Freetown liegt. Dem mittleren Küstenabschnitt vorgelagert ist die Insel →Sherbro. Die Plateaulandschaft im O (300–600 m ü. M.) gehört zum Guineahochland; sie wird von den Loma Mountains (1 950 m ü. M.) u. a. Bergmassiven überragt.

Klima: S. L. hat randtrop. Klima mit einer Regenzeit von Juni bis September/Oktober. Die Niederschläge nehmen von der Küste nach N und landeinwärts ab: auf der Halbinsel Sierra Leone Jahresniederschlag über 5 500 mm (zweithöchste Werte Afrikas, nach dem Kamerunberg), an der N-Grenze um 2 000 mm. Die tages- und jahreszeitl. Temperaturunterschiede nehmen von der Küste zum Landesinneren zu. Im N kann sich der Harmattan aus der Sahara bemerkbar machen.

Vegetation: Trotz hoher Regenmengen hat das nördl. Binnenland infolge der ausgeprägten Trockenzeit (4–5 aride Monate) Savannenvegetation. Der urspr. trop. Regenwald im S und an der Küste ist bis auf geschützte Reste (etwa 5 % der Gesamtfläche) verschwunden. Im Küstenbereich liegen ausgedehnte Mangrovesümpfe, die nach O in grasbewachsene Sümpfe übergehen.

Bevölkerung: Größte der autochthonen ethn. Gruppen sind die im S und O lebenden Mende (35 %) und die nordwestlich anschließenden Temne (32 %); an der N-Küste leben die Limba (8 %) und Susu, an der S-Küste die Sherbro u. a. Rd. 2 % der Bev. sind Nachkommen ehem. Sklaven (›Kreolen‹), die ab 1787 aus Indien, Kanada und Großbritannien einwanderten. Sie leben v. a. in Freetown sowie auf der Halbinsel Sierra Leone (dem am dichtesten besiedelten Gebiet des Landes) und dominieren in Politik, Wirtschaft und Kultur. Sie sprechen Krio, ein mit zahlreichen span., port., frz. und afrikan. Lehnwörtern durchsetztes Englisch mit eigener Syntax und Phonetik. Außerdem leben Minderheiten von Europäern und Asiaten (Libanesen v. a. als Händler) im Lande. Einzige Großstadt ist Freetown (1994: 1,3 Mio. Ew.), die nächstgrößeren Städte sind Koidu im Zentrum (durch die Diamantenmine auf 82 500 Ew. angewachsen), Bo (59 800 Ew.), Kenema (52 500 Ew.) und Makeni (49 500 Ew.). Das durchschnittl. jährl. Bev.-Wachstum beträgt (1985–95) 1,6 %, der Anteil der städt. Bev. (1995) 39 %.

Religion: Es besteht Religionsfreiheit. Alle Religionsgemeinschaften sind rechtlich gleichgestellt. Etwa die Hälfte der Bev. wird nach Schätzungen traditionellen afrikan. Religionen zugerechnet. Mindestens 40 %

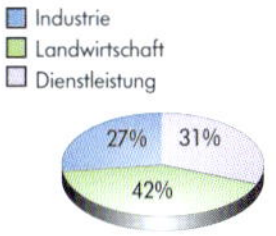

Sier Sierra Leone

der Bev. sind sunnit. Muslime der malikit. Rechtsschule. Christl. Kirchen gehören rd. 8% an: rd. 3% der kath. Kirche (Erzbistum Freetown und Bo mit zwei Suffraganbistümern), rd. 4,4% prot. Kirchen, rd. 0,6% der anglikan. Kirche (Prov. Westafrika). Eine große Rolle spielen →Geheimbünde, in denen sich Männer (→Poro), aber auch Frauen zusammengeschlossen haben.

Klimadaten von Freetown (10 m ü.M.)

Monat	Mittleres tägl. Temperaturmaximum in °C	Mittlere Niederschlagsmenge in mm	Mittlere Anzahl der Tage mit Niederschlag	Mittlere tägl. Sonnenscheindauer in Stunden	Relative Luftfeuchtigkeit nachmittags in %
I	29,4	8	1	8,1	71
II	30,0	6	1	8,2	70
III	30,2	28	2	7,7	71
IV	30,3	68	5	7,0	74
V	30,2	214	13	6,3	74
VI	29,8	522	20	5,3	78
VII	28,3	1190	25	2,8	81
VIII	27,6	1078	24	2,2	81
IX	28,4	800	23	4,0	80
X	29,3	333	19	6,2	78
XI	29,6	148	11	6,6	77
XII	29,3	38	5	7,0	73
I–XII	29,3	4433	149	5,9	76

Bildungswesen: Das 1993 reformierte, britisch orientierte Schulsystem besteht aus einer sechsjährigen Grundstufe, darauf folgen zwei jeweils dreijährige Sekundarstufen und eine vierjährige Form der höheren Schule. Die Analphabetenquote beträgt 68%. In der Hauptstadt gibt es eine Univ. (gegr. 1967).

Publizistik: Durch die Wiedereinführung des Mehrparteiensystems 1995/96 befindet sich auch das Medienwesen im Umbruch; noch herrschen jedoch staatl. Kontrolle und Zensur vor. Einzige Tageszeitung ist die regierungseigene ›Daily Mail‹ (gegr. 1931). 1980 wurde die staatl. Nachrichtenagentur ›Sierra Leone News Agency‹ (SLENA) gegründet. Der staatlich kontrollierte ›Sierra Leone Broadcasting Service‹ (gegr. 1934) verbreitet Hörfunk- und Fernsehprogramme in Englisch und vier Landessprachen.

WIRTSCHAFT · VERKEHR

Obwohl S. L. zu den an Bodenschätzen reichsten Ländern Westafrikas gehört, hat sich infolge des Bürgerkrieges seit 1991 die wirtschaftl. Situation erheblich verschlechtert. Gemessen am Bruttosozialprodukt je Ew. von (1995) 180 US-$ gehört S. L. zu den ärmsten Ländern Afrikas.

Landwirtschaft: Der Agrarbereich, in dem (1995) 67% der Erwerbstätigen beschäftigt sind und der 42% zum Bruttoinlandsprodukt (BIP) beiträgt, dient v. a. der Selbstversorgung. Weit verbreitet ist die kleinbäuerl. Subsistenzwirtschaft mit Wanderfeldbau, wobei jährlich nur ein Teil (636 000 ha) der potenziellen landwirtschaftl. Nutzfläche bestellt wird. Am wichtigsten ist der Anbau von Reis (Erntemenge 1994: 405 000 t); er wird als Sumpfreis in der Küstenebene und als Bergreis im Landesinnern, oft in Kombination mit Mais, Hirse oder Wurzel- und Knollenfrüchten (z. B. Maniok, Bataten), angebaut. Das Anbaugebiet der Exportgüter Kakao und Kaffee liegt im SO an der Grenze zu Liberia. Viehzucht wird nur in den Savannen im N betrieben, meist mit gegen die Tsetsefliege weitgehend resistenten Ndamarindern. Lebensmittel (v. a. Getreide) müssen in erhebl. Umfang eingeführt werden (1994: 17% der Gesamteinfuhr).

Forstwirtschaft: Aufforstungen sollen den Rückgang des Waldbestandes (1992: 2 Mio. ha) aufhalten. Fast der gesamte Holzeinschlag wird als Brennholz verwendet.

Fischerei: Trotz günstiger Voraussetzungen ist die Fischerei wenig entwickelt (die Fangmenge lag 1994 bei 63 900 t).

Bodenschätze: Die Produktivität des Bergbaus, der bedeutendsten Devisenquelle des Landes, ist durch den Bürgerkrieg stark beeinträchtigt. Rutil, ein Mineral, das u. a. in Küstensanden auftritt, ist der wichtigste Rohstoff und wird in Gbangbama im zentralen Küstengebiet abgebaut (1994: 144 000 t). Diamanten werden sowohl industriell (in zwei Tagebauen im O des Landes) als auch durch zahlr. private Schürfer gewonnen. Die Produktion ist wegen allmähl. Erschöpfung der Lagerstätten stark zurückgegangen (1982: 402 000 Karat; 1994: 197 000 Karat). Bauxit wird in den Mokanji Hills im SW und auf der Halbinsel Sierra Leone gefördert (1994: 729 000 t). Der Abbau von Eisenerz wurde 1975 eingestellt.

Industrie: Der Anteil des industriellen Sektors am BIP lag 1995 bei 27%. Das verarbeitende Gewerbe ist wenig entwickelt und auf die Herstellung von Konsumgütern für den Binnenmarkt ausgerichtet. Nennenswert sind Nahrungsmittelindustrie (Öl- und Reismühlen), Diamantenschleifereien, Holzverarbeitung, die Herstellung von Zement und Baumaterial, von Schuhen, Textilien und Papierwaren sowie im ländl. Raum das handwerkl. Kleingewerbe. Freetown ist der wichtigste Industriestandort. Größtes Unternehmen ist die Erdölraffinerie bei Freetown.

Außenwirtschaft: Die Handelsbilanz ist seit 1970 meist defizitär (1995: Einfuhrwert 135 Mio. US-$, Ausfuhrwert 42 Mio. US-$). Bei den Exporten stehen Rutil (48% der Gesamtausfuhr), Diamanten (22%), Bauxit (14%) und Kakao (3%) an der Spitze. Ein Großteil der Diamanten wird in die Nachbarländer geschmuggelt. Haupthandelspartner sind die USA (1994: 44% des Außenhandelsvolumens), Großbritannien und die Beneluxstaaten. Der Schuldendienst für die (1995) 1,23 Mrd. US-$ Auslandsschulden beansprucht 60% der Exporterlöse.

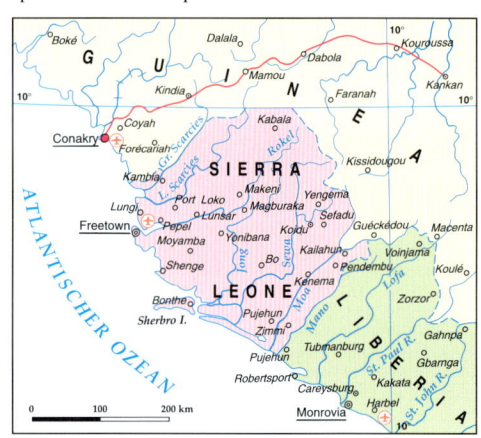

Sierra Leone: Übersichtskarte

Verkehr: Die bestehenden Eisenbahnlinien sind stillgelegt. Das Straßennetz (1995: 11 700 km) ist unzureichend und besteht häufig nur aus Erd- und Schotterstraßen. Wichtigste Straßenverbindung ist die Strecke zw. Freetown und Monrovia (Liberia). Zw. Freetown und dem Festland verkehren außerdem Fähren. Wichtigster Hafen ist der von Freetown, einer der größten Naturhäfen, der auch von Hochseeschiffen angelaufen werden kann. Der internat. Flughafen Lungi liegt 30 km nördlich von Freetown.

GESCHICHTE

Das Küstengebiet, Mitte des 15. Jh. erstmals von Portugiesen besucht, diente bis ins 18. Jh. dem Sklavenhandel. Die Engländer, die dort seit 1651 Faktoreien besaßen, gründeten 1787 die Kolonie Freetown für befreite Negersklaven. Diese wurde 1808 brit. Kronkolonie, das Hinterland, um frz. Aktivitäten zu begegnen, 1896 brit. Protektorat; beide Gebiete wurden 1924 vereinigt. Erste allgemeine Wahlen fanden 1956 statt, 1958 erhielt S. L. die volle innere Autonomie. Am 27. 4. 1961 wurde es unabhängig und zugleich Mitgl. des Commonwealth.

Bestimmende Kraft in den ersten Jahren nach der staatl. Unabhängigkeit war die S. L. People's Party (SLPP); sie stellte mit MILTON MARGAI (*1895, †1964) 1961–64 und ALBERT MARGAI (*1910, †1980) 1964–67 den Min.-Präs.; der Wahlsieg des in Opposition stehenden All People's Congress (APC) 1967 löste eine Folge von Militärputschen (1967 und 1968) aus. 1968 übernahm SIAKA STEVENS (*1905, †1988) das Amt des Reg.-Chefs. Am 19. 4. 1971 rief er die Rep. aus und trat als Staatspräs. (Einführung des Präsidialsystems) an ihre Spitze. Gestützt auf den von ihm geführten APC führte er 1978/79 das Einparteiensystem ein. Inflation, Arbeitslosigkeit, Produktionsrückgang und Korruption (der Oberschicht) beeinträchtigten die wirtschaftl. und soziale Entwicklung. 1987 scheiterte ein Putschversuch gegen Präs. JOSEPH SAIDU MOMOH (*1937), der 1985 die Nachfolge STEVENS' übernommen hatte. 1991 beschloss das Parlament die Rückkehr zum Mehrparteiensystem.

Nach einem Militärputsch im April/Mai 1992 übernahm Hauptmann VALENTINE STRASSER (*1965) die Macht und verbot u. a. alle Parteien (1995 aufgehoben); Staatspräs. MOMOH floh ins Ausland. Nur mit nigerian. und guineischer Hilfe konnte sich die Reg. gegen die Aufstandsbewegung Revolutionary United Front (RUF) unter FODAY SANKOH, die sich seit 1991 unter dem Eindruck des liberian. Bürgerkrieges in S. L. ausgedehnt hatte, behaupten. 1995 weitete sich der Bürgerkrieg jedoch auf alle Landesteile aus. Dabei bildeten sich versch., meist mit ethnisch verwandten liberian. Gruppen verbündete Widerstandsgruppierungen, die sich untereinander und mit den Reg.-Truppen Kämpfe lieferten. Nach einem unblutigen Staatsstreich innerhalb der Militär-Reg. übernahm am 17. 1. 1996 General JULIUS MAADA BIO die Macht, der die Demokratisierung einleitete. Bei den Wahlen im Februar/März 1996 siegte die SLPP; neuer Präs. wurde ihr Vors. A. T. KABBAH, der am 30. 11. 1996 ein Friedensabkommen mit der RUF unterzeichnete, das die Kampfhandlungen jedoch nicht beenden konnte. Am 25. 5. 1997 übernahm nach einem Putsch abermals das Militär unter Führung von JOHNNY PAUL KOROMA die Macht, suspendierte die Verf. und verbot alle Parteien. Nach einem Hilfeersuchen KABBAHS intervenierte die Wirtschafsgemeinschaft westafrikan. Staaten (ECOWAS) seit Juni 1997 militärisch mit einer Eingreiftruppe (ECOMOG) unter nigerian. Führung; gleichzeitig wurden internat. Sanktionen erlassen. Ein am 23. 10. 1997 geschlossenes Abkommen zw. Reg. und RUF sah zwar u. a. einen sofortigen Waffenstillstand, die Wiedereinsetzung KABBAHS in sein Amt innerhalb von sechs Monaten sowie die Beteiligung des RUF-Führers SANKOH an der Reg. vor, wurde aber nicht umgesetzt, sodass die ECOMOG ihre Offensive verstärkte und schließlich nach schweren Gefechten am 13. 2. 1998 das Militärregime stürzte. Im März 1998 kehrte KABBAH aus dem Exil zurück.

Atlas of S. L. (London 1966); H. L. VAN DER LAAN: The lebanese traders in S. L. (Den Haag 1975); S. VON GNIELINSKI: Der traditionelle Fischfang in Westafrika. Liberia, Elfenbeinküste, S. L. (1976); F. MÜHLENBERG: S. L. Wirtschaftl. u. soziale Strukturen u. Entwicklung (1978); C. M. FYLE: The history of S. L. (London 1981); K. H. EBERT: Gewohnheitsrecht u. ländl. Entwicklung in Afrika. Der Einfluß des Customary Land Tenure Law auf den Entwicklungsprozeß u. die Bodenrechtsreform am Beispiel S. L.s (1982); C. NIPPOLD: Agrarref. in S. L. (1988); G. J. SARIF: Population development in S. L. (Frankfurt am Main 1989); DERS.: Primary education in S. L. (ebd. 1989); J. A. D. ALIE: A new history of S. L. (London 1990); S. B. JALLOH: S. L. (1994); W. RENO: Corruption and state politics in S. L. (Cambridge 1995); B. THOMPSON: The constitutional history and law of S. L. (Lunham, Md., 1997).

Sierra Leone, Halb|insel S. L., Vorgebirge an der Küste Westafrikas, bis 888 m ü. M.; am NW-Hang liegt Freetown, an das sich südwestlich Badestrände anschließen. Die Halbinsel entspricht etwa der Westprov. des Staates, dem sie ihren Namen gab.

Sierra Madre, Name von geographischen Objekten:

1) Sierra Madre del Sur, Gebirgszug, erstreckt sich in S-Mexiko parallel zur Pazifikküste zw. der Senke des Río Balsas und dem Isthmus von Tehuantepec, im Cerro Teotepec 3 703 m ü. M.; setzt sich in Guatemala fort; Steilabfall zur Küste.

2) Sierra Madre Occidental [-ɔksiðenˈtal], das westl. Randgebirge des Mexikan. Hochlands, verläuft parallel (mit steilem Bruchrand) zur Küste des Golfs von Kalifornien und des Pazifiks, rd. 1 200 km lang, 150–500 km breit, 2 000 bis über 3 000 m ü. M. Die Höhen sind z. T. mit Wald bestanden (Kiefern, Eichen). Das Gebirge ist von tiefen Schluchten zerschnitten (bis 1 200 m tief), v. a. in der Barranca del Cobre (›Kupfercañon‹), die, durch eine Eisenbahnlinie erschlossen, eine tourist. Attraktion darstellt. In der S. M. Occidental leben die Tarahumara. Es wird Bergbau auf Silber-, Kupfer-, Blei- und Zinkerze betrieben.

3) Sierra Madre Oriental [-orjenˈtal], das östl. Randgebirge des Mexikan. Hochlands, zw. Río Grande und Cordillera Neovolcánica, bis über 3 000 m ü. M., in der Peña Nevada 4 056 m ü. M., Steilabfall zur Golfküstenebene. In den Höhenlagen Eichen- und Kiefern-, im S auf der O-Abdachung trop. Regenwald. Stärker erschlossen ist nur der N: Abbau von Kohle und Erzen, Industrie in Monterrey und Saltillo.

Sierra Morena [span. ›schwarzbraunes Gebirge‹], der zu einem Gebirgssystem aufgewölbte S-Rand der innerspan. Hochfläche, erstreckt sich von WSW nach ONO über 400 km Länge, ist im W bis 120 km breit, erreicht in der Bañuela (Sierra Madrona) 1 323 m ü. M. und hat einen 400 km langen Steilabhang zur Guadalquivir-Niederung, der von zahlr. Flusstälern (z. B. Schlucht von →Despeñaperros) tief zerschnitten ist (1990 insgesamt 19 Staudämme für Energiegewinnung und Bewässerung. Die S. M., Teil der Iber. Masse, besteht aus einem variskisch gefalteten Block aus paläozoischen Tonschiefern, Grauwacken, Quarziten (z. T. metamorphisiert), die von Tiefengesteinen intrudiert wurden, sowie aus weiten mesozoischen Rumpfflächen (rd. 600–700 m ü. M.; die größte ist die Landschaft ›Los Pedroches‹). Das Klima ist im SW ozeanisch beeinflusst (600–900 mm Jahresniederschläge), nach NO zu mediterran-kontinental (400 bis 500 mm). Verbreitet sind lichte, vielfach zu Macchie und Garrigue degenerierte Kork- und Steineichenwälder. Haupterwerb der Landwirtschaft sind Korkproduktion (wichtigste Spaniens) und Fleischverarbeitung; Getreide (Gerste, Roggen, Hafer) wird in mehrjährigem Wechsel mit Brache angebaut. Die S. M. ist meist dünn besiedelt (10–20 Ew. pro km²); Großgrundbesitz mit Einzelhöfen (cortijos) herrscht vor, um Großdörfer liegen ringförmig Kleinbesitzparzellen (hazas).

Die S. M. ist eine der bedeutendsten Bergbauregionen Spaniens, abgebaut werden v. a. im W-Teil Kupfererz im Gebiet von Río Tinto, Manganerz bei Puebla de Guzmán, Schwefelkies bei Tharsis und Valverde,

Eisenerz bei Aracena und Jerez de los Caballeros; am N-Rand Bleierz und Steinkohle bei Bélmez und Peñarroya, Steinkohle und Ölschiefer bei Puertollano, Quecksilber bei Almadén (größtes Quecksilbervorkommen der Erde); im O-Teil Bleierz um Linares und La Carolina. Ausfuhrhafen für Bergbauprodukte ist Huelva. Der Bergbau in der S. M. wurde schon in der Antike und während der Maurenzeit betrieben. Mit der Reconquista (13. Jh.) fiel das gesamte Gebiet an den Orden von Calatrava, der Bergbau kam zum Erliegen; er begann erst mit der Ansiedlung dt. Bergleute im 18. Jh. (→La Carolina) wieder aufzublühen. Puertollano, Bélmez, Peñarroya und Minas de Río Tinto haben sich zu modernen Industriestädten entwickelt.

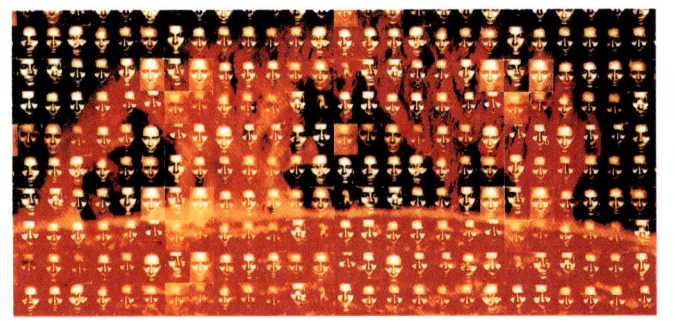

Katharina Sieverding: Die Sonne um Mitternacht schauen; Farbfotografie aus dem Zyklus ›Kontinentalkern XXXII‹, 1988 (Privatbesitz)

Sierra Nevada [ˈsi̯ɛrra nɛˈβaða; span. ›verschneites Gebirge‹], Name von geographischen Objekten:

1) Sierra Nevada, Gebirge in S-Spanien, Andalusien, der 100 km lange und 40 km breite Hauptgebirgsstock der südl. →Betischen Kordilleren, mit den höchsten Erhebungen der Iber. Halbinsel, dem breit gewölbten →Mulhacén (3 478 m ü. M.) und dem Nachbargipfel Pico de Veleta (3 428 m ü. M.). Die S. N. besteht im Kern aus paläozoischen Gesteinen (Gneisen, kristallinen Schiefern) mit einem Mantel von Triaskalken, die zu zackenförmigen Bergketten verwittert sind und z. T. abgetragen wurden. Die kahle Gipfelregion hat zahlr. eiszeitliche Kare, die von Oktober bis Juni schneeerfüllt sind; die Moränen reichen bis unter 2 000 m ü. M. herab. In 2 000–2 200 m und 1 200–1 400 m ü. M. sind Rumpftreppen ausgebildet. An unteren Berghängen treten Restbestände von Edelkastanien (bis 1 400 m ü. M.) und Eichen (bis 1 800 m ü. M.) auf, ab etwa 1 800 m ü. M. dann kugelförmige Dornsträucher, darüber Kältesteppe auf Frostböden. Auf der N-Abdachung liegt das Winter- und Bergsportzentrum Solynieve. Im Gebirgsinnern gibt es keine Dörfer; saisonal bewirtschaftete Einzelhöfe (Anbau von Kartoffeln und Gerste) reichen bis 2 000 m ü. M. Am S-Hang, in den →Alpujarras, liegt das höchstgelegene Dorf Spaniens, Trevélez (1 500 m ü. M.). Im W-Teil der S. N. wurde ein 35 430 ha großes Nationalreservat (u. a. für Bergziegen) eingerichtet. Am N-Fuß wird bei Alquife Eisenerz abgebaut.

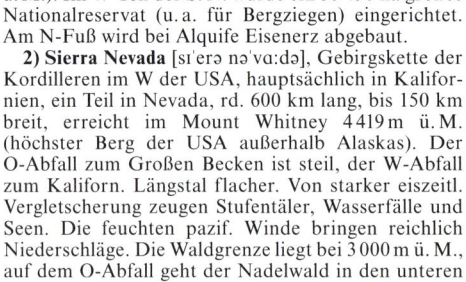

2) Sierra Nevada [sɪˈɛrə nəˈvɑːdə], Gebirgskette der Kordilleren im W der USA, hauptsächlich in Kalifornien, ein Teil in Nevada, rd. 600 km lang, bis 150 km breit, erreicht im Mount Whitney 4 419 m ü. M. (höchster Berg der USA außerhalb Alaskas). Der O-Abfall zum Großen Becken ist steil, den W-Abfall zum Kaliforn. Längstal flacher. Von starker eiszeitl. Vergletscherung zeugen Stufentäler, Wasserfälle und Seen. Die feuchten pazif. Winde bringen reichlich Niederschläge. Die Waldgrenze liegt bei 3 000 m ü. M., auf dem O-Abfall geht der Nadelwald in den unteren Höhenlagen in die Trockenvegetation des Großen Beckens über. Viel besucht sind im Sommer der →Yosemite National Park, der Kings Canyon National Park und der →Sequoia National Park. Bekanntes Wintersportgebiet ist →Squaw Valley.

3) Sierra Nevada de Mérida [-ðe ˈmeriða], Gebirgszug der Anden in W-Venezuela, im Pico Bolívar 5 002 m ü. M.; vergletschert (Schneegrenze in 4 650 bis 4 750 m ü. M.).

4) Sierra Nevada de Santa Marta, isolierter Gebirgshorst in N-Kolumbien, fällt steil zum Karib. Meer ab, im Pico Cristóbal Colón und Pico Simón Bolívar 5 775 m ü. M.; Höhen vergletschert.

Sierre [sjɛːr, frz.], Stadt und Bez. in der Schweiz, →Siders.

Sietland [zu mnd. sīt ›flach‹], →Marsch.

Șieu [ˈʃi̯eu] *der*, ungar. **Sajó** [ˈʃɔjoː], linker Nebenfluss des Großen Szamos, in N-Rumänien, 68 km lang; entspringt im Călimangebirge der zentralen Ostkarpaten, mündet nordwestlich von Bistritz.

Sieveking, Amalie, ev. Krankenpflegerin, * Hamburg 25. 7. 1794, † ebd. 1. 4. 1859; entstammte einer Hamburger Kaufmannsfamilie und war religiös durch die Erweckungsbewegung geprägt; verfasste Schriften zur Bibelerklärung. Während der Choleraepidemie in Hamburg (1831) pflegte S. freiwillig die Kranken. Bleibende Bedeutung erlangte sie durch den von ihr 1832 in Hamburg gegründeten ›Weibl. Verein für Armen- und Krankenpflege‹, Keimzelle der weibl. ev. Diakonie in Dtl. und wegweisend für die Möglichkeit einer berufl. Tätigkeit lediger Frauen.

Sieverding, Katharina, Künstlerin, * Prag 16. 11. 1944; studierte u. a. bei J. BEUYS. In ihren meist fotograf. Arbeiten interessiert sie v. a. der Mensch in seinem Wesen (auch als Organismus) sowie als Individuum innerhalb der Gesellschaft (z. B. seine Selbst- und Fremdbestimmung, Ohnmacht und Verantwortung).

K. S.: Bilder aus den Zyklen XI–XXVIII, 1977–1978, Ausst.-Kat. (1987); K. S., hg. v. G. INBODEN, Ausst.-Kat. Biennale, Venedig (1997).

Sievers, Eduard, Germanist, * Lippoldsberg (heute zu Wahlsburg) 25. 11. 1850, † Leipzig 30. 3. 1932; wurde 1871 Prof. in Jena, 1883 in Tübingen, 1887 in Halle (Saale) und 1892 in Leipzig. S., ein bedeutender Grammatiker und Phonetiker, entwickelte die ›Schallanalyse‹ (Verfahren der Zuordnung von phonet. Eigenschaften gelesener dichter. Texte zu Körpereinstellungen und -bewegungen eines geübten Interpreten), die er für stil- und textkrit. Untersuchungen nutzbar zu machen suchte. Er gab auch althochdt. Dichtung heraus (TATIAN, 1872; Die althochdt. Glossen, 5 Bde., 1879–1922, mit E. STEINMEYER).

Werke: Grundzüge der Lautphysiologie (1876, ab der 2. Aufl. 1881 u. d. T. Grundzüge der Phonetik); Angelsächs. Gramm. (1882); Ziele u. Wege der Schallanalyse (1924). – Hg.: Metr. Studien, 7 Tle. (1901–19).

Sievert [nach dem schwed. Radiologen ROLF M. SIEVERT, * 1896, † 1966] *das, -/-,* Einheitenzeichen **Sv,** im Strahlenschutz SI-Einheit der Äquivalentdosis (→Dosis). 1 Sv ist gleich der Äquivalentdosis, die sich als Produkt aus der Energiedosis 1 Gray und dem Bewertungsfaktor 1 ergibt: 1 Sv = 1 J/kg.

Sievert, 1) Ludwig, Bühnenbildner, * Hannover 17. 5. 1887, † München 11. 12. 1966; ab 1912 in Freiburg im Breisgau, erregte Aufsehen durch eine antinaturalist., poetisch-symbol. Wagnerbühne; S. wandte sich von der Illusionsbühne ab und verfolgte eine freie künstler. Gestaltung des Bühnenraums bis hin zu einem unprogrammat. Expressionismus; er wirkte 1914–19 in Mannheim, 1919–37 in Frankfurt am Main; danach lockerte er seine Gestaltungen zugunsten eines manchmal heroisierenden Ausstattungsapparates (Bayer. Staatsoper München 1937–43).

C. NIESSEN: Der Szeniker L. S. (1959).

2) Olaf, Volkswirtschaftler, * Demmin 27. 7. 1933; Prof. in Dortmund (1968–71) und Saarbrücken (1971–92); seit 1993 Präs. der Landeszentralbank in Sachsen und Thüringen; beschäftigt sich bes. mit Stabilitäts- und Strukturpolitik, Wohnungwirtschaft, Investitionen und Steuern. S., Hauptvertreter der angebotsorientierten Wirtschaftspolitik, ist auch in der wiss. Politikberatung tätig, u. a. als Mitgl. im Sachverständigenrat zur Begutachtung der gesamtwirtschaftl. Entwicklung (1970–85, 1976–85 dessen Vors.), als Mitgl. des wiss. Beirats beim Bundesministerium für Wirtschaft (seit 1985) und der Deregulierungskommission der Bundes-Reg. (1988–91) sowie als Mitgl. des Kronberger Kreises (seit 1988).

Werke: Außenwirtschaftl. Probleme steuerl. Ausgleichsmaßnahmen für den internat. Handel (1964); Steuern u. Investitionen, 2 Tle. (1989, mit H. NAUST u. a.); Reformbedarf für die Wohnungsgemeinnützigkeit (1990, mit H. NAUST); Zur Standortqualität des Saarlandes (1991, mit N. HÄRING).

Sieyès [sjɛˈjɛs, sjɛs], Emmanuel Joseph Graf (seit 1809), gen. **Abbé S.,** frz. Revolutionär und Politiker, *Fréjus 3. 5. 1748, †Paris 20. 6. 1836; Geistlicher, wurde 1788 Kanzler der Diözese Chartres. 1788/89 wirkte er durch mehrere Reformschriften auf den Wahlkampf für die Generalstände von 1789, deren Mitgl. er wurde, ein: ›Qu'est-ce que le tiers état?‹ (›Was ist der dritte Stand?‹) wurde zur auflagenstärksten und einflussreichsten Flugschrift der Frz. Revolution. Darin forderte er eine Nation gleichberechtigter Bürger und verwarf jedes Standesprivileg. Auf seinen Antrag hin erklärten sich die Vertreter des dritten Standes am 17. 6. 1789 zur Nationalversammlung. 1793 – als Mitgl. des Konvents – stimmte S. für den Tod des Königs. Als Mitgl. des Direktoriums unterstützte er 1799 den Staatsstreich NAPOLÉON BONAPARTES, wurde Konsul, dann aber politisch kaltgestellt. 1815 wurde er als Königsmörder verbannt, lebte bis 1830 in Brüssel und kehrte dann zurück. Als Theoretiker nahm er in seinen Schriften die liberale Repräsentativverfassung des 19. Jh. vorweg; sein Denken hat v. a. die frz. Verf. von 1791 beeinflusst, die den meisten Verfassungen des 19. Jh. als Vorbild diente.

Ausgaben: Polit. Schr., hg. v. EBERHARD SCHMITT u. a. (1975); Was ist der dritte Stand?, hg. v. O. DANN (1988).

W. H. SEWELL: A rhetoric of bourgeois revolution. The Abbé S. and What is the Third Estate? (Durham 1994).

Sif [altnord. ›Verwandte‹, ›Gattin‹], altnord. *Mythos:* Gemahlin des Gottes Thor. Nachdem Loki ihr heimtückischerweise ihre goldenen Locken abgeschnitten hatte, erhielt sie von Zwergen geschmiedetes neues Haar.

Sifa, Abk. für →Sicherheitsfahrschaltung.

Sifakas [Malagasy], Sg. **Sifaka** *der, -s,* Gattung der →Indris.

Sif|flöte [zu frz. sifflet ›kleine Pfeife‹], Register der Orgel mit offenen, zylindr. Labialpfeifen zu 1-, 1 $\frac{1}{3}$- oder 2-Fuß, von hellem, scharf zeichnendem Klang.

Sigebert, S. von Gembloux [- ʒãˈblu], mittellat. Chronist, *um 1030, †Gembloux 5. 10. 1112; wurde im Benediktinerkloster Gembloux erzogen. S. verfasste Heiligenviten, Biographien der Äbte seines Klosters, Streitschriften zugunsten des dt. Königs gegen den Papst, darunter den um Ausgleich bemühten Traktat über die Einsetzung der Bischöfe (›De investitura episcoporum‹, 1109), den ersten mittelalterl. Schriftstellerkatalog nach HIERONYMUS (›Libellus de viris illustribus‹, 1111/12) und v. a. zwei bedeutsame universalhistor. Werke: die als Lehrer-Schüler-Dialog gestaltete, auf zehn Zyklen berechnete Chronologie der Welt (›Liber decennalis‹, 1092) und die im Autograph erhaltene, lange nachwirkende ›Chronographia‹, in der er die Weltgesch. von 381 bis 1111 in Jahresberichten aus zahlr. Quellen synchronisierte, tabellarisch wie HIERONYMUS darstellte und dabei erstmals auch die Übertragung der Weltherrschaft von Byzanz auf die Franken formulierte.

Ausgabe: Liber decennalis, hg. v. J. WIESENBACH (1986).

Sigel [von lat. sigla (Pl.) ›Abkürzungszeichen‹, zu sigillum ›Siegel‹], **1)** *Buchwesen:* festgelegtes Abkürzungszeichen für Silben, Wörter oder Wortgruppen, Kürzel z. B. für Buchtitel in Katalogen oder auf CD-ROM; Abkürzung im krit. Apparat wiss. Textausgaben, die zur Kennzeichnung der Handschriften oder Drucke verwendet wird. (→Abkürzungen)

2) *Kurzschrift:* Kürzel (→Stenografie).

Sigenot, dt. Heldenepos aus dem Kreis der Dietrichepik; entstanden im 13. Jh., vielleicht im alemann.-schwäb. Gebiet. Es schildert den Kampf Dietrichs und Hildebrands mit dem Riesen S.; zwei Fassungen sind erhalten: zum einen eine kürzere (44 Strophen), die nur in einer Handschrift aus der Zeit um 1300 belegt ist (Laßbergsche Handschrift; in ihr ist der ›S.‹ dem ›Eckenlied‹ ohne inneren Zusammenhang vorangestellt), zum anderen eine stark erweiterte Bearbeitung (rd. 200 Strophen), der so genannte ›jüngere S.‹, der im Spät-MA weit verbreitet war, auch noch in Drucken zw. 1487 und 1661.

Ausgabe: Der ältere u. der jüngere S., hg. v. J. HEINZLE (1978).

Emmanuel Joseph Graf Sieyès

Sigenot: Seite aus dem ›jüngeren Sigenot‹; Dietrich von Bern wird von Hildebrand und anderen aus der Stadt geleitet, bevor er den Riesen Sigenot aufsucht; Handschrift des 15. Jh. (Heidelberg, Universitätsbibliothek)

Siger, S. von Brabant, Philosoph der Scholastik, * in Brabant um 1240, † Orvieto um 1284; Prof. an der Artistenfakultät in Paris. Nach Verurteilung von 13 Lehrsätzen (1270) durch die Kirche wurde S. wegen Häresie angeklagt, entzog sich durch Flucht; 1277 folgte die Verurteilung von 219 Lehrsätzen. S. war Anhänger des ARISTOTELES, er gilt als erster und führender Vertreter des so genannten lat. →Averroismus im 13. Jh. an der Pariser Univ.; S. postulierte v. a. die Eigenständigkeit der Philosophie gegenüber der Theologie, vertrat die Lehre von der doppelten Wahrheit und den →Monopsychismus, setzte u. a. gegen den christl.

Sige Siger – Sigismund

Schöpfungsgedanken (Creatio ex nihilo) die These von der Ewigkeit der Welt und bestritt die menschl. Willensfreiheit. Seine Positionen sind wiss. nicht hinreichend geklärt; bes. die angebl. spätere Hinwendung zu THOMAS VON AQUINO ist umstritten.

E.-H. WEBER: La controverse de 1270 à l'université de Paris ... (Paris 1971); F. VAN STEENBERGHEN: Maître S. de Brabant (Löwen 1977); W.-U. KLÜNKER u. B. SANDKÜHLER: Menschl. Seele u. kosm. Geist. S. von Brabant in der Auseinandersetzung mit Thomas von Aquin (1988); F.-X. PUTALLAZ u. R. IMBACH: Profession: philosophe. S. de Brabant (Paris 1997).

Siger, S. von Courtrai [- kurˈtrɛ], frz. scholast. Philosoph und Theologe, † Paris 30. 5. 1341; seit 1310 an der Sorbonne; Vertreter des Thomismus. Neben THOMAS VON ERFURT war er richtungweisend für die Entwicklung von Sprachphilosophie und -logik. Er versuchte die Grundlagen einer Theorie der sprachlich-grammat. Ausdrucksformen zu schaffen, in der er die ›Modi des Bezeichnens‹ (›modi significandi‹) über die vermittelnden ›Modi des Erkennens‹ (›modi intelligendi‹) auf die Seinsformen (›modi essendi‹) bezieht. Er verfasste eine Sammlung von Denkaufgaben zur angewandten Logik (›Sophismata‹) und den Kommentar ›Ars priorum‹ zu den ersten ›Analytiken‹ des ARISTOTELES.

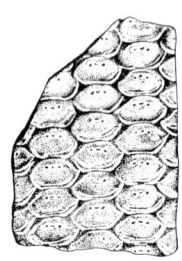

Sigerist, Henry Ernest, schweizer. Medizinhistoriker, * Paris 7. 4. 1891, † Pura (Kt. Tessin) 17. 3. 1957; Prof. in Zürich, Leipzig und Baltimore (Md.). S. versuchte, die Medizin im Gesamtrahmen der jeweiligen zeitgenöss. Lebens zu erfassen, die Wechselwirkungen zw. Medizin, Kultur und Geistesgeschichte zu verstehen. Sein bes. Interesse galt der Entwicklung der sozialen Medizin. Schrieb eine Geschichte der Medizin in Lebensbildern (›Große Ärzte‹, 1932).

Weiteres Werk: Civilization and disease (1943; dt. Krankheit u. Zivilisation).

Sigfrid, Siegfrid, Sigurd, Bischof und Apostel von Schweden, † 15. 2. (?) nach 1030. S. stammte aus England, missionierte in Schweden und gründete in Skara das erste schwed. Bistum. – Heiliger, Schutzpatron Schwedens (Tag: 15. 2.).

Sighetu Marmației [ˈsigetu marmaˈtsiej], ungar. **Máramarossziget** [ˈmaːromoroʃsiget], bis 1965 **Sighet** [ˈsiget], ungar. **Sziget** [ˈsiget], Stadt im Kr. Maramureș, N-Rumänien, 270 m ü. M., an der Mündung der Iza in die Theiß, die hier die Grenze zur Ukraine bildet, 45 100 Ew.; Volkskundemuseum, Freilichtmuseum der Marmarosch, Museum in einem ehem. Gefängnis für polit. Häftlinge aus kommunist. Zeit; Holzverarbeitung (v. a. Möbelherstellung), Schraubenfabrik, Nahrungsmittel-, Textil- und Bekleidungsindustrie. – S. M. wurde erstmals 1334 urkundlich als befestigter Ort erwähnt.

Sighibuldi [sigiˈbuldi], Guittoncino de', ital. Rechtsgelehrter und Dichter, →Cino da Pistoia.

Sighișoara [sigiˈʃoara], Stadt in Rumänien, →Schäßburg.

Sighvatr Þórðarson [ˈsixwatr ˈθɔrðarsɔn], **S. Thórðarson**, isländ. Skalde des 11. Jh., von dem rd. 140 Strophen überliefert sind. Er war der wichtigste Hofdichter des norweg. Königs OLAF II. HARALDSSON, verfasste Gedichte über dessen Jugendtaten (›Víkingavísur‹), über seinen entscheidenden Sieg bei Nesjar (›Nesjavísur‹) und ein Totenlied (›Erfidrápa Óláfs helga‹) über den König. Seine eigenen diplomat. Missionen im Auftrag OLAFS nach Schweden und England behandelt er in den ›Austrfaravísur‹ und ›Vestrfaravísur‹. In den ›Bersöglisvísur‹ gibt er Ermahnungen an OLAFS Sohn und Nachfolger MAGNUS I. – S. Þ. gilt als einer der kunstfertigsten und originellsten isländ. Skalden.

J. DE VRIES: Altnord. Literaturgesch., Bd. 1 (²1964); E. O. G. TURVILLE-PETRE: Scaldic poetry (Oxford 1976); H. KUHN: Das Dróttkvætt (1983).

Sigibert III., König von Austrasien (seit 633/634), * 629, † 1. 2. 656; Sohn des Merowingerkönigs DAGOBERT I., Vater DAGOBERTS II.; von seinem Vater auf Drängen des Adels schon als Kind zum König eingesetzt. Die eigentl. Herrschaft übten die Vormünder aus, v. a. sein Hausmeier GRIMOALD, der nach S.s Tod die Herrschaft an sich zu reißen versuchte.

Sigibuldi [sidʒiˈbuldi], Guittoncino de', ital. Rechtsgelehrter und Dichter, →Cino da Pistoia.

Sigillaria [zu lat. sigillum ›Siegel‹], **Siegelbaum**, Gattung der fossilen Schuppenbaumgewächse (→Lepidophyten), vom Oberkarbon bis zum Unterperm verbreitet; bis über 30 m hohe und über 2 m dicke, unverzweigte oder oben bis zweimal gegabelte Schopfbäume (an der Stammbasis verdickt) mit bandförmigen Blättern (bis 1 cm breit und 1 m lang) mit nur einer Mittelader. Die Blätter hinterließen nach dem Abfallen mehr oder weniger sechseckige, siegelartige Narben, die in Längs- oder Schrägzeilen angeordnet sind. Die z. T. stammbürtigen Fruchtstände (u. a. **Sigillariostrobus** gen.) waren meist zapfenförmig und neigten zum Zerfall. Die fossil isoliert vorkommenden, mehrfach gabelig verzweigten Wurzelstöcke (**Stigmaria**) lagen dem Boden flach auf. Die S. waren ein wichtiges Ausgangsmaterial für die Bildung der Steinkohle.

Sigillata|ware, →Terra sigillata.

Sigiriya, 120 m hoher Inselberg auf Sri Lanka, 90 km nördlich von Kandy, mit Ruinen eines befestigten Königspalastes vom Ende des 5. Jh. Die Wandmalereien aus der gleichen Zeit, die an der überhängenden Felswand auf verputzte Flächen aufgetragen wurden, stellen eine Gruppe von himml. Nymphen (Apsaras) mit Blumengaben dar, im Stil verwandt mit den Fresken in Ajanta (BILD →indische Kunst). Die Anlage wurde von der UNESCO zum Weltkulturerbe erklärt.

Sigismund, Herrscher:

Heiliges Röm. Reich: **1)** **Sigismund**, Röm. Kaiser, →Siegmund.

Österreich: **2)** **Sigismund**, Herzog von Österreich, →Siegmund.

Polen: **3)** **Sigismund I., der Alte** oder **der Große**, poln. **Zygmunt I. Stary** [ˈzik-], Großfürst von Litauen und König (seit 1506), * Krakau 1. 1. 1467, † ebd. 1. 4. 1548; jüngster Sohn KASIMIRS IV., Vater von 4); 1499–1508 Herzog von Glogau; beendete die Auseinandersetzungen mit den Habsburgern um die Vorherrschaft in Ostmitteleuropa durch den Ausgleich im Kongress von Preßburg und Wien (1515) und den Streit mit dem Ordensstaat durch dessen Säkularisierung zum Herzogtum Preußen unter poln. Lehnshoheit (Vertrag von Krakau, 8. 4. 1525) und sicherte die poln. Ostgrenze. Im Inneren bemühte er sich – mit vorläufigem Erfolg –, die Königsmacht gegenüber dem Adel zu stärken und das Vordringen der Reformation zu erschweren. Kulturell war seine Reg.-Zeit, bes. unter dem Einfluss seiner zweiten Frau, BONA SFORZA (* 1494, † 1557), durch das Eindringen von Renaissance und Humanismus gekennzeichnet, sodass sie als das ›goldene Zeitalter‹ Polens gilt.

4) **Sigismund II. August**, poln. **Zygmunt II. August** [ˈzik-], Großfürst von Litauen (seit 1529/1544) und König (seit 1530/1548), * Krakau 1. 8. 1520, † Knyszyn (bei Białystok) 7. 7. 1572, Sohn von 3); trotz des Widerspruchs der Schlachta bereits zu Lebzeiten seines Vaters 1529 zum Großfürsten und 1530 zum König gekrönt; regierte seit 1544 in Litauen selbstständig. S. erreichte 1561 den Anschluss Livlands und Kurlands, verlor aber 1563 Polozk an das Großfürstentum Moskau. Politisch geschickt agierend, gelang ihm in der Union von Lublin (1569) die Umwandlung der Personalunion mit Litauen in eine Realunion. Unter dem anfangs dem Kalvinismus zuneigenden und toleranten S., der die Forderung des Adels und einiger Städte (u. a. Danzig und Elbing) nach weitgehender

Glaubensfreiheit begünstigte, setzte die Gegenreformation ein. Mit ihm starben die Jagiellonen im Mannesstamm aus.

S. CYNARSKI: Zygmunt August (Breslau 1988).

5) **Sigismund III. Wasa,** poln. **Zygmunt III. Waza** ['zik- 'vaza], König von Schweden (seit 1587) und Schweden (1592–1600), *Schloss Gripsholm 20. 6. 1566, †Warschau 30. 4. 1632; Sohn JOHANNS III. von Schweden und der Jagiellonin KATHARINA (*1526, †1583; Tochter von 3); wurde dank der Unterstützung J. ZAMOYSKIS am 19. 8. 1587 gegen Erzherzog MAXIMILIAN zum König von Polen gewählt und am 27. 12. 1587 gekrönt, konnte sich aber erst nach zweijährigem Kampf durchsetzen. Durch seine gegenreformator. Politik und die Missachtung schwed. Interessen zerbrach die nach dem Tod seines Vaters (1592) errichtete polnisch-schwed. Union. Sein Onkel KARL VON SÖDERMANLAND gewann 1600 die Herrschaft in Schweden und 1607 als KARL IX. die Krone. In dem über die formelle Abtretung (1600) Estlands an Polen-Litauen ausgebrochenen Schwedisch-Poln. Krieg (1601–29) verlor S. das ›oberdün.‹ Livland (bis zur Düna) sowie die Küstenstädte im Herzogtum Preußen an Schweden. Während der ›Zeit der Wirren‹ (→Smuta) im Großfürstentum Moskau begünstigte S. anfänglich PSEUDODEMETRIUS I. (→Dmitrij), griff aber erst 1609 als Antwort auf ein schwedisch-russ. Bündnis direkt ein, ohne jedoch seinem Sohn WLADISLAW (IV.) die Zarenkrone dauerhaft sichern zu können. Allerdings gewann er Smolensk (1611) und, im Waffenstillstand von Deulino (1619), den größten Teil der seit 1449 an Moskau verlorenen Gebiete zurück. Im Dreißigjährigen Krieg unterstützte er die Habsburger. Im Inneren konnte S. zwar einen Adelsaufstand niederschlagen (1607), musste aber seine Pläne aufgeben, eine absolute Monarchie zu errichten. Während die Rekatholisierung Polens mithilfe des von S. rückhaltlos unterstützten Jesuitenordens weitgehend abgeschlossen wurde, löste die Union von Brest (1595/96) eine zusätzl. konfessionelle Spaltung aus.

Siglo de Oro ['siɣlo ðe 'oro], das ›goldene Zeitalter‹ der →spanischen Literatur. Es umfasst einen großen Teil des 16. sowie fast das ganze 17. Jh. (in allg. bis zum Tode von P. CALDERÓN DE LA BARCA).

Siglos [semit.-griech.] *das, -/...loi,* pers. Silbermünze der Achaimeniden, 1 S. = 1/20 Dareikos. Im antiken Griechenland wurde mit S. allg. eine Schekelmünze bezeichnet.

Siglufjörður ['siglyfjœðyr], Stadt in N-Island, westlich vom Eyjarfjord, 1 700 Ew.; Fischereihafen, Fischhandel und -verarbeitung. – Stadtrecht seit 1919.

Sigma, 1) Zeichen σ (am Wortende ς), Σ, der 18. Buchstabe des griech. Alphabets.

2) *Formelzeichen:* σ für elektr. Leitfähigkeit, Flächenladungsdichte, Normalspannung, Stefan-Boltzmann-Konstante, Wirkungsquerschnitt.

3) *Mathematik:* $\sum$, Zeichen für die →Summe.

4) *Physik:* Σ für das →Sigmateilchen.

Sigma *das, -s,* der s-förmig gebogene Teil des Dickdarms (→Darm).

Sigmaringen, 1) Kreisstadt in Bad.-Württ., 578 m ü. M., im Durchbruchstal der oberen Donau durch den S-Rand der Schwäb. Alb, 17 000 Ew.; FH Albstadt-S., Fachschule für die Bundesfinanzverwaltung, Modefachschule; Museen, Staatsarchiv; Bundeswehrstandort; Werkzeugbau, Straßenbauunternehmen, Brauerei. – In der Stadtmitte auf einem Felsen liegt das ausgedehnte Residenzschloss (12.–17. Jh., 1893 durch E. VON SEIDL im Renaissancestil ausgebaut) mit bedeutender Kunstsammlung (mittelalterl. Tafelmalerei, Gobelins u. a.); barocke Schlosskirche (1757–63). Die barocke Josefskapelle ist ein oktogonaler Kuppelbau (1629, 1739 im frühen Rokokostil dekoriert). Die

Sigmaringen 1): Schloss; 12.–17. Jh., 1893 von Emanuel von Seidl im Renaissancestil ausgebaut

1680–82 erbaute Kirche des ehem. Franziskanerklosters Hedingen ist seit 1844 fürstl. Grablege; an ihrer N-Seite die 1747 mit zartem Rokokostuck dekorierte Marienkapelle. – S. wurde im 13. Jh. Stadt. Seit 1535 war es im Besitz der →Hohenzollern.

2) Landkreis im Reg.-Bez. Tübingen, Bad.-Württ., 1 204 km², 130 700 Ew.; umfasst im N wasserarme Hochflächen (bis 920 m ü. M.) der Schwäb. Alb im Bereich der Lauchert und erstreckt sich über das tief eingeschnittene Durchbruchstal der oberen Donau nach S weit in die Hügellandschaft des oberschwäb. Alpenvorlands mit seinen Seen (Ilmensee) und Mooren (Pfrunger Ried). Das Kreisgebiet ist geprägt von Land- und Forstwirtschaft mit Haufendörfern. Wichtige Industriezweige sind Textilindustrie, Holzverarbeitung, Maschinenbau und Kunststoffverarbeitung. Zentren sind die Kreisstadt S. und Saulgau.

Sigmaringendorf, Gem. im Landkreis Sigmaringen, Bad.-Württ., 565 m ü. M., an der Mündung der Lauchert in die obere Donau, 3 700 Ew.; Hüttenwerk Laucherthal (Stahlerzeugung, Feinguss).

Sigmarskraut, Sigmarswurz, Spitzblättrige Malve, Studentenwurz, Malva alcea, 0,5 bis 1,25 m hohe europ. Art der Gattung Malve auf trockenen Wiesen und in Unkrautgesellschaften; ausdauernde Pflanze mit anliegenden Sternhaaren im oberen Bereich der Stängel und auf den handförmig geteilten, im Umriss dreieckigen Blättern. Die geruchlosen, rosafarbenen Blüten sind an den Spitzen des Stängels traubig gehäuft.

Sigmateilchen, Σ-**Teilchen, Sigmahyperon,** schweres, instabiles Elementarteilchen aus der Gruppe der Baryonen mit Spin $1/2$, Isospin 1 und positiver Parität; das S. tritt als Isospintriplett in den drei Ladungszuständen Σ^0, Σ^+, Σ^- mit unterschiedl. Massen und Lebensdauern auf (→Elementarteilchen, ÜBERSICHT) und gehört zu den →Strange Particles (Strangeness S = − 1). Das Σ^- kann in der Hülle von Atomen ein Elektron ersetzen und so ein hadron. Atom bilden (→exotische Atome).

Sigmatismus [zu Sigma] *der, -,* das →Lispeln.

SIGMET-Information [Abk. für **sig**nificant **met**eorological Erscheinung], Nachricht über Wetterereignisse, die die Sicherheit von Flugzeugen gefährden können und von Flugsicherungsdienststellen an Luftfahrzeugführer übermittelt werden.

Sigmoid [zu Sigma und griech. ...eidés ›gestaltet‹] *das, -(e)s/-e,* der s-förmig gebogene Teil des Dickdarms (→Darm).

Sigmund, *nordgerman. Heldensage:* Vater Sigurds (→Sigurdlieder); bestimmt sterbend, dass aus seinem

Sigismund III. Wasa, König von Polen

Siglos: Vorderseite eines achaimenidischen Siglos; um 420 v. Chr.

Sigmarskraut (Höhe 0,5–1,25 m)

Sigm Sigmund – Signal

Paul Signac: Die rote Boje; 1895 (Paris, Musée d'Orsay)

Blauer Peter (Ausreise)
Hilfe benötigt — internationales Notsignal NC
a – c Hilfsstander
c — Signalbuch- und Antwortwimpel
Zahlen: 1, 2, 3, 4, 5, 6, 7, 8, 9, 0
Signalflaggen

in Stücke zersprungenen Schwert ein neues Schwert (→Gram) für seinen Sohn geschmiedet werden solle.

Sigmund, S. der Münzreiche, Sigismund, Herzog (später Erzherzog) von Österreich und Graf von Tirol (1439/46–90), *Innsbruck 26. 10. 1427, †ebd. 4. 3. 1496; als einzig überlebender Sohn Herzog FRIEDRICHS IV. letzter Habsburger der älteren Tiroler Linie. Der beim Tod seines Vaters 1439 noch minderjährige S. stand bis 1446 unter der Vormundschaft des nachmaligen Kaisers FRIEDRICH III. Seine unmittelbar nach Regierungsantritt einsetzenden Versuche, die Landesherrschaft auszubauen, scheiterten am Widerstand des Brixener Fürstbischofs NIKOLAUS VON KUES. Die politisch schwache Stellung S.s, hervorgerufen durch einen 1460 von Papst PIUS II. verhängten Bann, nutzten die schweizer. Eidgenossen zur Gewinnung des Thurgaus; mit der →Ewigen Richtung (11. 6. 1474) schloss er einen dauerhaften Frieden mit den Eidgenossen. Durch seine 1482–86 durchgeführte Münzreform (Hall, Unzialis) erwarb er sich seinen Beinamen. S. förderte Silberbergbau sowie Kunst und Kultur in Tirol (u. a. Burgenbau, Sigmundskron); seine im Alter zunehmende Verschwendungssucht führte dazu, dass er 1490 Tirol und die Vorlande an seinen Neffen, König MAXIMILIAN I., abtreten musste. (→Burgunderkriege)

Sigmund-Freud-Preis, seit 1964 von der Dt. Akad. für Sprache und Dichtung in Darmstadt jährlich vergebener Preis für wiss. Prosa. Preisträger waren u. a. H.-G. GADAMER (1979), H. BLUMENBERG (1981), G. EBELING (1987), C. F. VON WEIZSÄCKER (1988), W. KILLY (1990), G. ANDERS (1992), P. WAPNEWSKI (1996).

Sigmundskron, ital. **Castel Firmiano,** Burgruine bei Bozen, Südtirol, auf beherrschendem Felsrücken über der Etsch. Die bereits im 10. Jh. erwähnte Burg diente u. a. den Bischöfen von Trient als Residenz. Ab 1474 baute Erzherzog SIGMUND DER MÜNZREICHE das Schloss zu einem gewaltigen Bollwerk aus.

sign., Abk. für →signatum.

Signac [si'nak], Paul, frz. Maler, *Paris 11. 11. 1863, †ebd. 15. 8. 1935; gründete 1884 mit seinem Freund G. SEURAT u. a. den ›Salon des Indépendants‹. Unter dem Einfluss SEURATS wandte er sich dem Pointillismus (→Neoimpressionismus) zu, dessen Prinzipien er theoretisch begründete (in der Schrift ›D'Eugène Delacroix au néo-impressionnisme‹, 1899). S., der im Laufe seiner Entwicklung die divisionist. Technik zugunsten größerer Farbflächen aufgab, malte v. a. Häfen, Fluss- und Seelandschaften; er schuf auch hervorragende Aquarelle und farbige Lithographien.

E. W. KORNFELD u. P. A. WICK: Catalogue raisonné de l'œuvre gravé et lithographié de P. S. (Bern 1974); P. S. Watercolours and drawings, Ausst.-Kat. (1986); Farben des Lichts. P. S. u. der Beginn der Moderne von Matisse bis Mondrian, hg. v. E. FRANZ, Ausst.-Kat. Westfäl. Landesmuseum für Kunst u. Kulturgesch., Münster (a. d. Frz., 1996).

Signal [frz., zu lat. signalis ›bestimmt, ein Zeichen zu geben‹, zu signum ›Zeichen‹] *das, -s/-e,* **1)** *allg.:* opt. oder akust. Zeichen mit einer bestimmten Bedeutung, die auf Verabredung beruht.

2) *Eisenbahn:* →Eisenbahnsignale.

3) *Informatik* und *Kybernetik:* die physikal. Darstellung von Nachrichten oder Daten, durch die Information übertragen und gespeichert werden kann. Ein S. ist immer an einen Träger (z. B. elektromagnet. Welle) gebunden. Die Kenngröße eines S., deren Wert oder Werteverlauf die Daten darstellt, nennt man **S.-Parameter** (z. B. die Amplitude, Frequenz oder Phase einer elektromagnet. Welle); ist z. B. das S. eine amplituden- oder frequenzmodulierte Wechselspannung (wie bei der Rundfunkübertragung), dann ist die Amplitude oder die Frequenz der S.-Parameter. Zur Speicherung oder Aufzeichnung von S. werden die für die Übertragung verwendeten Zeitfunktionen (z. B. elektr. Spannungen) in Ortsfunktionen geeigneter physikal. Größen umgewandelt (z. B. Magnetisierung bei Magnetschichtspeichern). S. lassen sich physikalisch durch Messgeräte erfassen.

Das einer Information eindeutig zugeordnete S. wird als **Nutz-S.** bezeichnet. Physikal. Größen gleicher Art wie das Nutz-S., die aber eine Übertragung stören können, heißen **Stör-S.** (z. B. atmosphär. Störungen, Wärmerauschen, Fehlstellen in Magnetschichten). Darüber hinaus können S. nach versch. anderen Gesichtspunkten klassifiziert werden: **Eingangs-S.** treten am Eingang, **Ausgangs-S.** am Ausgang des jeweiligen Übertragungssystems auf, **Übertragungs-S.** an irgendeiner Stelle des Systems. Je nach zeit- bzw. wertemäßigem Verlauf des S. ergibt sich folgende Einteilung: Bei einem **wertkontinuierlichen S.** kann der S.-Parameter alle Werte eines Kontinuums annehmen, bei einem **wertdiskreten S.** ist der

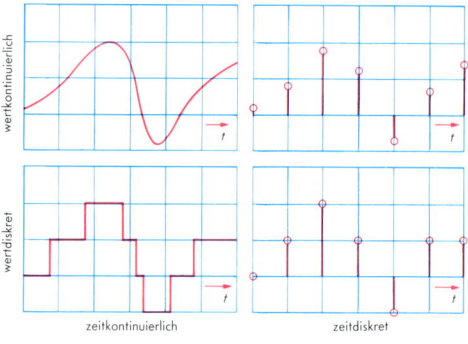

Signal 3): Werte des Signalparameters in Abhängigkeit von der Zeit t; die rechten Signale ergeben sich aus den linken durch Abtastung mit konstanten Zeitabständen

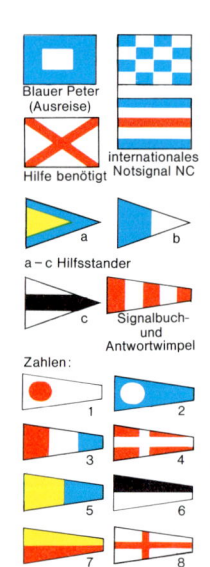

Parameter durch bestimmte diskrete Werte oder nicht überlappende Wertebereiche gegeben. Die Anzahl der relevanten Werte bzw. Intervalle ist die **S.-Wertigkeit.** Ein n-wertiges S. hat n versch. **S.-Zustände;** die Menge der vereinbarten S.-Zustände ist der **S.-Vorrat.** Ein **Binär-S.** hat zwei S.-Zustände (→binär). Bei einem zeitkontinuierlichen S. ist der S.-Parameter in jedem Zeitpunkt der Dauer des S. definiert, bei einem **zeitdiskreten S.** nur in diskreten Zeitpunkten oder über eine Folge von diskreten Zeitintervallen.

Analoge S. (→Analogsignal) bilden kontinuierl. Vorgänge kontinuierlich ab. **Quantisierte S.** sind durch →Quantisierung aus wertkontinuierl. Eingangs-S. abgeleitete S.; **zeitquantisierte S.** sind diskrete S., deren S.-Parameter (eines ursprünglich zeitkontinuierl. S.) nur in vorgegebenen Zeitpunkten definiert ist. S., deren S.-Parameter Informationen darstellen, die nur aus Zeichen eines endl. Zeichenvorrats bestehen (z. B. Buchstaben und Ziffern), heißen **digitale S.** (→Digitalsignal). Als **isochron** werden S. bezeichnet, bei denen die Abstände zw. je zwei Kennzeitpunkten (Zeitpunkte, in denen sich der Kennzustand ändert) im Ggs. zu anisochronen S. immer ein ganzes Vielfaches einer vereinbarten Länge sind (z. B. eines →Schrittes). – **Determinierte (deterministische) S.** sind zumindest prinzipiell in ihrem Verlauf durch einen geschlossenen mathemat. Ausdruck vollständig beschreibbar, im Ggs. zu **stochastischen (nicht determinierten) S.**, die zufallsbedingt sind und nur durch bestimmte Mittelwerte beschrieben werden können.

4) *Psychologie:* in der Verhaltensforschung ein Reiz (Schlüsselreiz), der nicht auf physikal. Weg, sondern über die mit ihm verknüpfte Bedeutung der inner- oder zwischenartl. Kommunikation dient.

5) *Schifffahrt:* Mittel des Nachrichtenaustauschs von Schiffen untereinander oder mit Landstationen und Flugzeugen. In der Seeschifffahrt werden v. a. Telegrafie und Sprechfunk verwendet; daneben internat. geregelte opt. S. (→Signalflaggen, Licht-S., S.-Körper) und akust. S. (→Schallsignale). In der Binnenschifffahrt werden in erster Linie opt. S. auf den Schiffen selbst, an Engstellen, Schleusen und Brückendurchfahrten gegeben, im Wesentlichen mit Flaggen, Tafeln und Lichtsignalen. S.-Stationen geben Gebote und Verbote, allgemeine Hinweise und Informationen. Die akust. S. ähneln denen der Seeschifffahrt.

6) *Sprachwissenschaft:* der materielle (lautl. oder graf.) Bestandteil des sprachl. Zeichens, der bei der Kommunikation übertragen wird. (→Organonmodell)

Signalbuch, 1) *Eisenbahn:* →Eisenbahnsignale.
2) *Schifffahrt:* eine den Nachrichtenaustausch erleichternde Sammlung opt., akust. und Funksignale. Dem Nachrichtenverkehr auf See dient das von der Weltorganisation für die Seeschifffahrt (IMCO) geschaffene internat. S. (ISB) von 1969. Es enthält Signale für das Flaggen-, Schall- und Blinksignalisieren, den Lautsprecherverkehr, Telegrafie und Sprechfunk sowie das Winkern. Das erste S. wurde 1857 in Großbritannien herausgegeben, in überarbeiteter Form 1897 internat. eingeführt und danach mehrmals überholt und angepasst.

Signaldarstellung, Impulsdiagramm, *Digitaltechnik:* schemat. Darstellung des zeitl. Verlaufs der Signale in digitaler Schaltungen. S. enthalten meist zusammengehörende oder sich gegenseitig beeinflussende Signale, z. B. die Signale auf Steuerleitungen, Adress- und Datenbus bei Mikroprozessoren.

Signalement [zɪɡnaləˈmã, schweizer. -ˈmɛnt] *das, -s/-s* und (schweizer.) *-e, Pferdezucht:* die Gesamtheit der Merkmale, die zur Kennzeichnung eines bestimmten Pferdes dienen, u. a. Farbe, Abzeichen, Größe, Geschlecht, Alter.

Signalerkennung, →statistische Nachrichtentheorie.

Signalflaggen, *Schifffahrt:* zur opt. Nachrichtenübermittlung verwendete, farbig und geometrisch gestaltete Flaggen; internat. festgelegt in einem Flaggensystem, bestehend aus 26 rechteckigen Buchstabenflaggen für die Buchstaben A bis Z (nur A und B zweizipflige Doppelstander), die das ›Flaggenalphabet‹ bilden, zehn dreieckigen Zahlenwimpeln, drei Hilfsstandern und einem Antwortwimpel. Einzelne Flaggen und bestimmte Kombinationen stellen noch zusätzl. Nachrichten oder Mitteilungen dar (z. B. P für →Blauer Peter, V ›Hilfe benötigt‹, NC internat. Notsignal); sie sind im internat. →Signalbuch verzeichnet. Mit der Verbreitung des Sprechfunks hat das S.-System zunehmend an Bedeutung verloren.

Signalflussplan, schemat. Darstellung des Zusammenwirkens der Funktionsgruppen eines techn. Systems (z. B. Regelkreis; BILD →Regler). In einem S. sind die Funktionsgruppen (z. B. Übertragungsglieder) als ›Funktionsblöcke‹ dargestellt (z. B. Übertragungsblöcke) und die Signalflusswege als mit Pfeilspitzen versehene ›Wirkungslinien‹. Der Wirkzusammenhang zw. Eingangs- und Ausgangssignalen einer Funktionseinheit wird in dem entsprechenden Funktionsblock als Kennlinie, als mathemat. Gleichung oder als Symbol eingetragen.

Signalgeschwindigkeit, die →Fortpflanzungsgeschwindigkeit eines Signals, gegeben durch die →Gruppengeschwindigkeit der Wellenerscheinung, die das Signal trägt. Da das Empfangen eines Signals das Auslösen einer physikal. Wirkung am Empfangsort bedeutet, ist die Signalübertragung notwendigerweise mit Energieübertragung verbunden. Als obere Grenzgeschwindigkeit für ein Signal erweist sich nach der speziellen Relativitätstheorie daher die Lichtgeschwindigkeit im Vakuum. Von der S. zu unterscheiden ist die Phasengeschwindigkeit der Teilwellen eines ›Wellenpakets‹, die nur im Vakuum gleich der Gruppengeschwindigkeit ist; die Phasengeschwindigkeit einer elektromagnet. Welle kann in opt. Medien unter bestimmten Umständen (Brechzahl $n < 1$) sogar größer als die Lichtgeschwindigkeit werden. (→Welle)

Signalhub, *Digitaltechnik:* →Transfercharakteristik.

Signalinstrumente, Schallwerkzeuge für akust. Signale rhythm. oder primitiv melod. Natur, die im Kult, in der Jagd- und Militärmusik, bei Anlässen höf. oder städt. Repräsentation und zu Warnzwecken verwendet werden. Dazu zählen Trommeln (Schlitztrommel), Pfeifen, Glocken, Sirenen sowie ventillose Hörner und Trompeten (z. B. Cornu, Lituus, Tuba, Lure, Alphorn, Signalhorn, Jagdhorn).

Signalisierung, *Vermittlungstechnik:* →Steuerinformation.

Signalisierungssystem, *Telekommunikation:* das →Zeichengabeverfahren.

Signalkunst, in den 1960er-Jahren entstandene Stilrichtung der zeitgenöss. Kunst (W. GAUL, O. H. HAJEK, G. K. PFAHLER), in der mit den Grundfarben Flächen oder Objekte symmetrisch oder konzentrisch gestaltet werden; sie ist dem →Hard-Edge-Painting verwandt. (BILD S. 206)

Signallaufzeit, Zeitspanne zw. der Eingabe eines Signals am Eingang eines Übertragungsweges und der Ausgabe an dessen Ausgang. (→Signalgeschwindigkeit)

Signalleitung, in Computern eine Leitung zum Übertragen von Steuerzeichen zw. Hardwarekomponenten. In ihrer Gesamtheit bilden die S. den so genannten Steuerbus (→Bus).

Signalrakete, Signalgeschoss (Leucht- oder Rauchsignal), das mittels eines Treibsatzes aus der Hand abgefeuert werden kann.

Signal-Rausch-Verhältnis, →Störabstand.

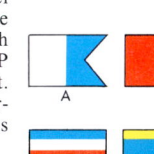

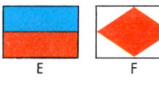

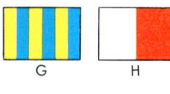

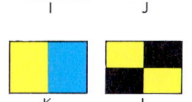

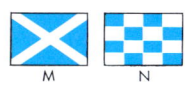

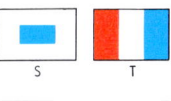

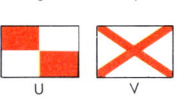

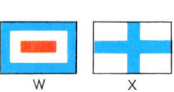

Signalflaggen

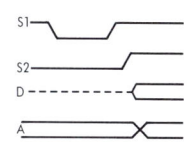

Signaldarstellung: Signalverlauf in Abhängigkeit von der Zeit (Verlauf von links nach rechts) auf zwei Steuerleitungen (S 1, S 2), dem Datenbus (D) und dem Adressbus (A) einer digitalen Schaltung; die möglichen Signalzustände auf allen Leitungen sind High (jeweils oberer Verlauf) und Low (unterer Verlauf); das Einzeichnen beider Zustände zugleich bedeutet, dass der Signalzustand bestimmt ist, aber je nach Situation High oder Low sein kann; die gestrichelte Linie bedeutet, dass der Zustand unbestimmt ist (z. B. bei einer Tri-State-Schaltung)

Sign   Signalschätzung – Signaturanalyse

Signalschätzung, →statistische Nachrichtentheorie.

Signaltechnik, Sammel-Bez. für alle signaltechn. Einrichtungen der Eisenbahn (→Eisenbahnsignalanlagen, →Eisenbahnsignale).

Signalkunst: Winfred Gaul, ›Signal-Raum München 65‹; Environment im Haus der Kunst in München; 1965

Signaltöne, *Fernsprechen:* akust. Zeichen zur Information des Teilnehmers über den Zustand einer Fernsprechverbindung. Im Inland unterscheidet man in Dtl. S. in gleicher und in drei versch. Tonhöhen. S. in gleicher Tonhöhe sind der **Wählton,** der **Ruf-** und der **Besetztton** sowie der **Aufschaltton,** der die Einschaltung des Netzoperators signalisiert. S. in drei versch. Tonhöhen sind entweder mit einer Ansage (Fernsprechansagedienst) verbunden oder fordern zum Anruf der Fernsprechauskunft auf.

Signal|umformung, Aufarbeitung von Signalen zu deren Verarbeitung, Sicherung und Übertragung. Zur S. gehören →Signalumsetzung und →Codierung.

Signal|umsetzung, Änderung der Art der physikal. Darstellung von Informationen mithilfe besonderer Einrichtungen, insbesondere zw. einer End- und einer Übertragungseinrichtung. Beispiele für Signalumsetzer sind Analog-digital- und Digital-analog-Umsetzer, Parallel-Serien- und Serien-parallel-Umsetzer sowie Modulatoren.

Signal Versicherungsgruppe, Versicherungskonzern, gegr. 1907; Sitz: Dortmund; betreibt Kranken-, Lebens- und Unfallversicherung; Beteiligungsgesellschaften u. a.: PVAG Polizeiversicherungs-AG, Allwest Allgemeine Westfäl. Sterbekasse und Deufinanz AG; konsolidierte Prämieneinnahmen (1996, Konzern): 2,96 Mrd. DM, Beschäftigte: rd. 3 700.

Signalverzerrung, Veränderung der Form eines Signals durch die Übertragungseigenschaften eines Kanals. Die S. kann zu Störungen führen.

Signalverzögerungszeit, Zeitspanne zw. einer Signaländerung am Eingang eines Systems und der durch diese ausgelösten Zustandsänderung. Sie setzt sich zus. aus Signalverzögerungszeiten und Laufzeiten des Signals (z. B. auf Leitungen).

Signatar [frz. signataire, zu lat. signare, vgl. signieren] *der, -s/-e,* der Unterzeichner eines rechtl. Dokuments; **S.-Staat,** Staat, der ein internat. Abkommen mit abgeschlossen hat oder ihm beigetreten ist.

signatum [lat., Partizip Perfekt von signare, vgl. signieren], Abk. **sign.,** unterzeichnet (auf Dokumenten, Verträgen o. Ä. vor dem vor der Unterschrift stehenden Datum).

Signatur [mlat., zu lat. signare, vgl. signieren] *die, -/-en,* **1)** *allg.:* Namenszeichen, Unterschrift.
2) *Bibliothekswesen:* in Bibliotheken eine Standort-Bez. für ein Buch, bestehend aus Ziffern (Standortnummer), Buchstaben oder Kombinationen daraus auf dem Buchrücken, zusätzlich meist auch im Buchinnern angebracht. Der Benutzer einer Bibliothek kann anhand der auch im Katalog auf der Karteikarte vermerkten S. den Standort eines Buches ermitteln.
3) *Digitaltechnik:* →Signaturanalyse.
4) *graf. Technik:* 1) Einkerbung in einer Drucktype, die dem (Hand-)Setzer die richtige Lage der Type anzeigt; 2) Kurz-Bez. für →Bogensignatur.
5) *Kartographie:* **Kartenzeichen,** graf. Zeichen in Gestalt eines mehr oder weniger abstrahierten Objektbildes oder einer geometr. Figur **(Symbol),** einer Abkürzung, Schlüsselzahl oder Unterstreichung. Die S. dient der Angabe von Art und Lage (auch Quantitäten) von Kartengegenständen. Nach der Anordnung im Kartenbild gibt es 1) die lokale, quasipunktförmige S. (Positions-S.), 2) die lineare S., 3) die Flächen-S. Durch Änderung in Form, Größe oder Farbe einer S. lassen sich Werte oder Mengen, z. B. Einwohnerzahlen bei einer Orts-S., darstellen.
6) *Kunst:* die volle oder abgekürzte, auch verschlüsselte, offen oder versteckt angebrachte Urheberangabe eines Künstlers auf seinem Werk.

Künstler-S. sind seit dem Altertum überliefert. Seit der griech. Archaik war es – bes. in der Vasenmalerei – üblich, Kunstwerke zu signieren. Die S. wurde zum Gütezeichen; zugleich drückte sie ein beginnendes Selbstbewusstsein des Künstlers aus. – Im MA. waren S. selten. Seit dem Hoch-MA. wurden Meisterzeichen als →Steinmetzzeichen auf architekton. Werkstücken, dann auch an Bildwerken und Bildtafeln verwendet, dort aber zunächst nur auf den Rahmen. Mit der Zunahme bewegl. Kunstwerke, der Erweiterung des Kunstmarktes und des bürgerl. Abnehmerkreises in der ital. Renaissance, später in der holländ. Malerei des 17. Jh., wurden S. allg. üblich. Sie erscheinen als verschlüsselte Zeichen, symbolische Darstellungen (Krebs, Eule, Drachen), als →Monogramme, als abgekürzte oder ausgeschriebene Namensinschriften. Sie sollten urspr. Schutz vor Nachahmung bieten und gelten, bes. im Antiquitäten- und Kunsthandel, als Qualitäts- und Wertgarantie.
7) *Medizin* und *Pharmazie:* Gebrauchsanweisung für den Patienten auf Rezepten. Die S. muss jeweils vom Apotheker auf die Arzneimittelpackung übertragen werden.
8) *Naturphilosophie* und *Naturmystik:* im 16. und 17. Jh. (z. B. bei Paracelsus) die Wesensgestalt eines Gegenstandes, durch die sich dessen innere, verborgene Kräfte zeigen; bei J. Böhme ist die S. das Mittel zur Wesenserkenntnis der Dinge.
9) *päpstl. Gerichtshof:* →Apostolische Signatur.

Signatur|analyse, *Digitaltechnik:* Test- und Diagnoseverfahren der Prüftechnik für die Fehlersuche in komplexen digitalen Schaltungen, wie z. B. Mikroprozessoren. Eine von der Testeinrichtung (Signaturanalysator) oder auch vom Prüfling selbst erzeugte Bitfolge wird an bestimmten Datenknoten der Schaltung über einen Tastkopf abgenommen und dem Analysator zugeleitet. Die an den Tastpunkten gemessenen, als **Signaturen** bezeichneten Bitfolgen zeigt das Testgerät in hexadezimaler Schreibweise auf einem Zeilendisplay an. Vergleicht man die am Prüfling festgestellten Signaturen mit denen, die ein fehlerfreier Schaltkreis an denselben Punkten liefern würde, kann man Fehler lokalisieren und bis an ihren Entstehungsort zurückverfolgen. Um Prüfungen nach der Methode der S. durchführen zu können, sind i. Allg. eine Reihe schaltungstechn. Maßnahmen bereits bei der Entwicklung digitaler Schaltungen zu berücksichtigen.

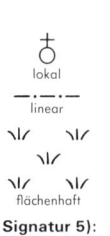

Signaturenlehre, die schon in vorgeschichtl. Zeit und in der Antike verbreitete, inzwischen überholte, da wiss. Kriterien nicht mehr entsprechende Lehre, aus äußeren Eigenschaften (wie Form und Farbe) der Minerale und der pflanzl. und tier. Stoffe auf deren Arzneiwirkung zu schließen. Die S. wurde im 16. und 17. Jh. weiterentwickelt, u. a. durch PARACELSUS und G. B. DELLA PORTA. Anfang des 19. Jh. wurde die S. in der Homöopathie variiert. – Nach der S. wurden rote Mittel (z. B. Blutstein) bei Blutkrankheiten, gelbe (z. B. Schöllkrautsaft) bei Gallenleiden, leberförmige (z. B. Leberblümchen) bei Leberbeschwerden und stachelige (z. B. Disteln) bei Seitenstechen gegeben.

Signatur|reduzierung, *Radar:* →Stealth-Technik.

Signau, Bez. im Kt. Bern, Schweiz, 320 km², 24 700 Ew.; Hauptort ist Langnau im Emmental; umfasst das obere Emmental.

Signet [zɪnˈjeː, ziˈgnɛt; mlat. signetum, zu lat. signum ›Zeichen‹] *das, -s/-s* und (bei dt. Aussprache) *-e*, **1)** *allg.:* Firmen-, Markenzeichen (→Logo).
2) *Buchwesen:* **Verlags|signet,** →Druckerzeichen.

signieren [lat. signare ›mit einem Zeichen versehen‹, zu signum ›Zeichen‹], 1) sein Werk mit einer eigenen Signatur versehen (als Autor, Urheber o. Ä.); 2) unterschreiben, unterzeichnen.

signifikant [lat. significans ›bezeichnend‹, ›anschaulich‹], *bildungssprachlich* für: bezeichnend, charakteristisch, bedeutsam.

Signifikant *der, -en/-en,* **Bezeichnendes,** frz. **Signifiant** [siɲiˈfjɑ̃], **Designator,** *Sprachwissenschaft:* Lautung, Wortkörper des sprachl. Zeichens.

Signifikanz [lat. significantia ›Deutlichkeit‹] *die, -,* **1)** *bildungssprachlich* für: Bedeutsamkeit, Wesentlichkeit.
2) *mathemat. Statistik:* →Testtheorie.

Signifikat *das, -s/-e,* **Bezeichnetes,** frz. **Signifié** [siɲiˈfje], **Designat,** *Sprachwissenschaft:* Wortinhalt, Bedeutung des sprachl. Zeichens.

Signore [siɲˈnoːre; ital., zu lat. senior ›älter‹] *der, -/...ri,* in Italien Bez. und Anrede eines Herrn oder die Anrede mit folgendem Namen oder Titel: **Signor;** dazu entsprechend: **Signora** *die, -/...re* und *-s,* Frau, Dame; **Signorina** *die, -/-s,* auch *...ne,* Fräulein.

Signorelli [siɲoˈrɛlli], Luca, ital. Maler, * Cortona zw. 1440 und 1450, †ebd. 16. 10. 1523. Vermutlich Schüler von PIERO DELLA FRANCESCA, führte er dessen Wissen um Perspektive und Proportion, von Ruhe und Harmonie antithetisch zu expressiver Dynamik. Sein Hauptinteresse galt dem komplizierten bewegten menschl. Körper, wozu er Anregungen A. POLLAIUOLOS aufnahm, dem er wahrscheinlich bei einem Florenzaufenthalt begegnete (1475). Die anatomisch genau beobachteten und hart modellierten Akte in Bewegung, auch das Aufnehmen antiker Motive in christl. Thematik machten ihn zu einem wichtigen Vorbild für MICHELANGELO.
Werke: *Fresken:* in der Kuppel der Sakristei der Santa Casa zu Loreto (1479–81); in der Sixtin. Kapelle (1481/82; Rom); im Kreuzgang von Monte Oliveto Maggiore (1497–1501); Das Jüngste Gericht, sein Hauptwerk, (in der Cappella di San Brizio des Doms zu Orvieto (1499–1504). – *Tafelbilder:* Madonnen mit Heiligen (1484, Perugia, Dommuseum; 1491, Volterra, Pinakothek); Hl. Sebastian (1493, Città di Castello, Pinakothek); Kreuzigung (1494, Urbino, Palazzo Ducale); Tondo der Hl. Familie (1498/1500, Florenz, Uffizien).
M. SALMI: L. S. (a. d. Ital., 1955); L. S., bearb. v. A. PAOLUCCI (a. d. Ital., Florenz 1992).

Signoret [siɲɔˈrɛ], Simone, eigtl. **S. Kaminker,** frz. Schauspielerin, * Wiesbaden 25. 3. 1921, †Paris 30. 9. 1985; ⚭ mit Y. MONTAND (ab 1951); übernahm 1946 ihre erste Hauptrolle; bekannte Charakterdarstellerin des frz. und internat. Films; schrieb ›La nostalgie n'est plus ce qu'elle était‹ (1976; dt. ›Ungeteilte Erinnerungen‹) sowie den Roman ›Adieu Volodia‹ (1985; dt. ›Adieu Wolodja‹).

Luca Signorelli: Ausschnitt aus dem Fresko ›Das Jüngste Gericht‹ in der Cappella di San Brizio des Doms von Orvieto; 1499–1504

Filme: Zur roten Laterne (1946); Der Reigen (1950); Goldhelm (1951); Hexenjagd (1957); Der Weg nach oben (1958); Das Geständnis (1969); Die Katze (1970); Madame Rosa (1977).
C.-J. PHILIPPE: S. S. (Paris 1985).

Signoria [siɲɲoˈriːa; ital. ›Herrschaft‹] *die, -/...rien,* dt. **Signorie** [-ɲ-], in den ital. Stadtstaaten des Spät-MA. allg. die monarchisch-autokrat. Herrschaft eines Einzelnen oder eines Geschlechts. Die Instabilität der Kommunalverfassungen bewirkte seit der 1. Hälfte des 13. Jh., dass Angehörige führender städt. Familien, Feudalherren oder Condottieri, meist als Träger städt. Ämter (Podestà, Capitano del Popolo), die republikan. Verf. aufhoben und die lebenslängl., meist erbl. S. errichteten. – Im republikan. Florenz war die S. der leitende Rat unter Vorsitz des Gonfaloniere della giustizia (→Gonfaloniere).

Signorini [siɲɲoˈriːni], Telemaco, ital. Maler, * Florenz 18. 8. 1835, †ebd. 10. 2. 1901; gehörte zu den →Macchiaioli, deren Malweise er auch literarisch verfocht; in Paris und England tätig, zuletzt in Settignano bei Florenz; setzte sich in Paris mit C. COROT, G. COURBET und bes. E. DEGAS auseinander. (BILD S. 208)

Signum [lat. ›Zeichen‹] *das, -s/...na, bildungssprachlich* für: 1) Namenszeichen, Signatur; 2) Zeichen, Symbol.

Signumfunktion, *Mathematik:* **Vorzeichenfunktion,** Zeichen **sgn,** Funktion, die zu jeder reellen Zahl deren →Vorzeichen charakterisiert:

$$\operatorname{sgn}(x) = \begin{cases} +1 & \text{falls } x > 0 \\ 0 & \text{falls } x = 0 \\ -1 & \text{falls } x < 0 \end{cases}$$

Sigrun [zu ahd. sigu ›Sieg‹ und runa ›Geheimnis‹], *nordgerman. Heldensage:* Geliebte des Helgi Hundingsbani (→Helgi).

Sig-Rune, Schriftzeichen versch. Runenalphabete für den s-Laut. Wohl wegen der Homonymie zu Sieg(-Rune) und aufgrund seiner aggressiv-dynam.

Simone Signoret

Sigt Sigtuna–Sigwart

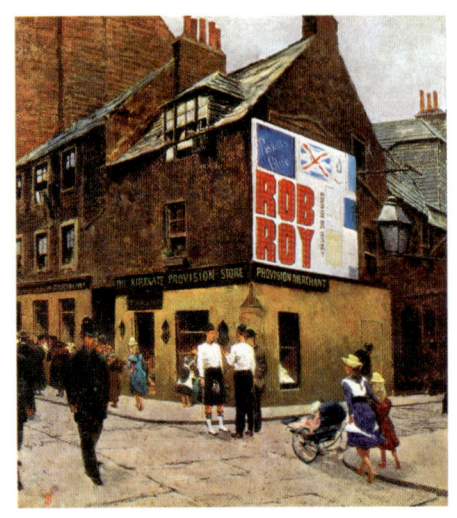

Telemaco Signorini: Straßenszene in Leith; 1881 (Florenz, Galleria d'Arte Moderna)

Form fand die S.-R. als Symbol versch. faschist. Parteien und Bewegungen Europas Verwendung. Weiß auf schwarzem Grund bildete sie ab 1933 das Abzeichen des Dt. Jungvolks in der Hitler-Jugend (⚡) und – in Doppelform – seit 1935 der SS (⚡⚡); nach 1945 auch von neonazist. Gruppierungen verwendet.

Sigtuna, Stadt im Verw.-Bez. (Län) Stockholm, Schweden, an einem nördl. Seitenarm des Mälarsees, 32 600 Ew.; Schulstadt und Fremdenverkehrsort. – Marienkirche (Mitte 13. Jh.); ehem. Dominikanerklosterkirche; in der heutigen Pfarrkirche Wandmalereien aus dem 13. und 14. Jh. – Um 1000 als Ersatz für →Birka gegründet.

Sigüenza [si'ɣųenθa], Stadt in Spanien, Prov. Guadalajara, Neukastilien, 988 m ü. M., am Oberlauf des Henares, 4800 Ew.; Bischofssitz; Priesterseminar; Museum Alter Kunst; Nahrungsmittel- und Metallverarbeitung; Fremdenverkehr. – In der Umgebung jungpaläolith. Felsbilder, v. a. in der Höhle ›Peña del Mediodía‹. – Die terrassenförmig angelegte Stadt mit ihrem geschlossenen Stadtbild steht unter Denkmalschutz, sie wird beherrscht von der Alcazaba (12. Jh., im 15. Jh. ausgebaut, 1836 zerstört, im 20. Jh. als Parador wieder aufgebaut); Kathedrale Santa María

Sigüenza: Kathedrale Santa María; 1140 begonnen

(1140 im roman. Stil begonnen, im 14.–16. Jh. platéresk ausgestaltet) mit mächtigen Fassadentürmen und reicher Ausstattung; Klarissenkloster (16. Jh., urspr. eine westgot. Kathedrale). Plaza Mayor mit Rathaus (1511), mittelalterl. Kirchen und Paläste. – S. war 195 v. Chr. als **Segontia** Hauptstützpunkt der Keltiberer im Kampf gegen die Römer, wurde unter den Westgoten im 6. Jh. Bischofssitz, von den Arabern (712–1124) unter geringfügiger Ortsverlegung als mächtige Festungsstadt **Schigunscha** (mit Ober- und Unterstadt) ausgebaut. Nach der Reconquista wurde S. erneut Bischofssitz, der über lange Zeit blühende jüd. Gemeindeteil 1494 durch die Judenvertreibung aufgelöst; 1477–1837 hatte S. eine Universität.

Sigurðardóttir ['sɪːɣyrðardou̯htɪr], Jakobína, island. Schriftstellerin, *Hælavík (Norðurland) 8. 7. 1918, †Akureyri 29. 1. 1994; ihr engagiertes und stark sozialkrit. Werk thematisiert das Verhältnis des modernen Menschen zu seiner Umwelt, v. a. aber auch Fragen nach dem eigenen (island.) Identität angesichts der wirtschaftl. und polit. Entwicklungen, Einflüsse und Probleme des 20. Jh. (so z. B. in dem Roman ›Snaran‹, 1968).

Sigurdlieder, Lieder der altnord. ›Edda‹ aus der Tradition der Sigurdsage, die das Leben des Helden Sigurd, des Siegfried des Nibelungenlieds, behandelt. Dazu gehören die Lieder über Sigurds Jugend, bes. den Drachenkampf (›Reginsmál‹, ›Fáfnismál‹), über die Werbung um Brynhildr/Sigrdrifa, die Brunhild des Nibelungenlieds (›Sigrdrífumál‹), über seine Ermordung, Gudruns Klagen und Brynhildrs Tod (›Gudrúnakvida‹ I und II). Jünger als diese S. ist die ›Grípisspá‹, eine kurze Heldenbiographie in Form einer Prophetie. Die Lieder über Sigurds Tod am Burgundenhof sind durch Blattverlust der Haupthandschrift (Codex Regius) verloren gegangen (›Lieder der Lücke‹), lassen sich aus der Prosaparaphrase der →Völsunga saga (Kapitel 22–32) inhaltlich erschließen. Bruchstückhaft ist diese Überlieferung in der ›Brot af Sigurdarkvidu‹ enthalten. In der 71 Strophen zählenden ›Sigurdarkvida in scamma‹ wird Sigurd auf Anstiften Brynhildrs im Bett ermordet. – Die Beliebtheit des Sigurdstoffes im N bezeugen seit der Wikingerzeit (9.–11. Jh.) auch zahlr. bildl. Darstellungen.

A. HEUSLER: Die Lieder der Lücke im Codex Regius der Edda (Straßburg 1902); DERS.: Altnord. Dichtung u. Prosa von Jung Sigurd (1919); H. KUHN: Das Eddastück von Sigurds Jugend, in: DERS.: Kleine Schr., Bd. 2 (1971); K. VON SEE: German. Heldensage (1971); T. ANDERSSON: The lays in the lacuna of Codex Regius, in: Speculum norroenum, hg. v. U. DRONKE u. a. (Odense 1981).

Sigurðsson ['sɪːɣyrðsɔn], Ólafur Jóhann, island. Schriftsteller, *Hlíð í Garðahverfi 26. 9. 1918; stammt aus einfachen bäuerl. Verhältnissen, begann als Kinderbuchautor und zählt heute zu den wichtigsten island. Autoren des 20. Jh.; charakteristisch ist die Thematisierung des Stadt-Land-Gegensatzes und der autobiograph. Ton seiner Werke.

Werke: Gangvirkid (1955; dt. Das Uhrwerk); Seiður og bélog (1977; dt. Zauber u. Irrlichter).

Sigurjónsson ['sɪːɣyrjɔu̯nsɔn], Jóhann, island. Schriftsteller, *Laxamýri 19. 6. 1880, †Kopenhagen 31. 8. 1919; schrieb unter dem Einfluss von G. BRANDES und F. NIETZSCHE. In seinen auch außerhalb Islands erfolgreichen Dramen griff er bes. auf alte Sagenstoffe zurück, so auch in seinem berühmtesten Werk ›Bjærg-Ejvind og hans hustru‹ (1911; dt. ›Berg-Eyvind und sein Weib‹).

Ausgabe: Ritsafn, 3 Bde. (1980).

Sigwart, Christoph, Philosoph, *Tübingen 28. 3. 1830, †ebd. 5. 8. 1905; ab 1865 Prof. in Tübingen. Neben theolog. und philosophiehistor. Arbeiten (u. a. zu F. BACON, G. BRUNO, F. SCHLEIERMACHER, B. DE SPINOZA, U. ZWINGLI) widmete sich S. v. a. der Ethik, aufgefasst als eine materiale Ethik, und der Logik, der er als Aufgabe die Ausarbeitung einer allgemeinen Methodenlehre des Denkens – unter Bezug auf die Wissenschaft – zuwies. Die Frage der Übereinstimmung des Denkens und seiner objektiven Inhalte führte ihn zur Voraussetzung des teleolog. Prinzips eines einheitl. Grundes (Gottesidee) und damit zur Überhöhung der Ethik und Logik durch die Metaphysik.

Werke: Logik, 2 Bde. (1873–78); Kleine Schrr., 2 Bde. (1881); Vorfragen der Ethik (1886); Die Impersonalien (1888).

Sihanouk [sia'nuk], **Sihanuk,** Norodom, kambodschan. Politiker, * Phnom Penh 31. 10. 1922; 1941–55 König von Kambodscha; erreichte 1954 auf der Genfer Indochinakonferenz die Unabhängigkeit seines Landes. 1955 gründete er die ›Volkssozialist. Gemeinschaft‹ und wurde Min.-Präs. sowie Außen-Min.; 1960–70 war er Staatschef. Außenpolitisch verfolgte er einen Neutralitätskurs, bes. um sein Land aus dem Vietnamkrieg herauszuhalten. 1970 wurde er von General LON NOL gestürzt. Daraufhin bildete er im Exil in Peking eine (kommunistisch beherrschte) kambodschan. Reg. der ›Nat. Einheit‹, die nach dem Sieg der Roten Khmer nach Kambodscha übersiedelte. 1976 trat S. – formell Staatsoberhaupt, aber ohne wirkl. Macht – zurück und ging erneut nach Peking ins Exil. 1979 wandte er sich gegen die nach der kommunist. Invasion des Vietnam in Kambodscha und die von Vietnam gestützte kambodschan. Reg. Heng Samrin. Ab 1982 war er Präs. einer Exil-Reg. der Widerstandskoalition, die mit ihren militär. Kräften einen Untergrundkrieg gegen die provietnames. Reg. in Kambodscha führte. Nach Abschluss eines Friedensabkommens (23. 10. 1991) kehrte er im November 1991 nach Kambodscha zurück und übernahm das Amt des Vors. eines ›Obersten Nat. Rates‹. Nach dem Wahlsieg der von seinem Sohn Prinz RANARIDDH geführten FUNCINPEC 1993 wurde S. als Staatsoberhaupt bestätigt; mit Inkraftsetzung einer neuen Verf. (September 1993) wurde er wieder König. Vom kambodschan. Volk verehrt, aber politisch machtlos, wahrte er in den nachfolgenden innenpolit. Auseinandersetzungen weitgehend Neutralität und musste im Juli 1997 sogar die Vertreibung RANARIDDHS aus dem Amt des Ersten Premier-Min. durch einen militär. Staatsstreich von HUN SEN, dem Zweiten Premier-Min., hinnehmen.

Sihanoukville [sianuk'vil], bis 1970 Name der Stadt →Kompong Som, Kambodscha.

Sihl *die,* linker Nebenfluss der Limmat, Schweiz, 73 km lang, entspringt in den Voralpen östlich von Schwyz, mündet in Zürich; im Oberlauf (östlich von Einsiedeln) zum **Sihlsee** gestaut (889 m ü. M., 11 km², bis 23 m tief; Elektrizitätsgewinnung). Ihr Mittellauf (in etwa südlich parallel zum Zürichsee; teilweise die Grenze gegen die Kt. Zug bildend) durchfließt eine der eindrucksvollsten Moränenlandschaften der Schweiz (Naturdenkmal von nat. Bedeutung) und (zw. Zürichsee und Albiskette) den **Sihlwald,** eine geschlossene, etwa 1 000 ha große Waldfläche (die Hälfte wurde bereits zur schützenswerten Naturlandschaft erklärt).

Siirt, Sert, Provinzhauptstadt in SO-Anatolien, Türkei, 880 m ü. M., südwestlich des Vansees, 66 600 Ew. In der Nähe bedeutende Kupfererzvorkommen.

Siitonen-Schritt, *Skisport:* 1960 erstmals von dem Finnen PAULI SIITONEN (* 1938) kreierte Lauftechnik im Langlauf, wobei ein Ski gleitet, der andere die Bewegung eines Schlittschuhschritts ausführt; gleichzeitig erfolgt ein kräftiger Doppelstockschub zur Geschwindigkeitssteigerung. Aus dem S.-S. (›Halbschlittschuhschritt‹) entwickelte sich der →Schlittschuhschritt.

Sijada, Ziyada [z-], *Maji,* eigtl. **Maria S.,** ägypt. Schriftstellerin libanes. Herkunft, * Nazareth 11. 2. 1886, † Al-Maadi (bei Kairo) 19. (20.?) 10. 1941; Katholikin, wanderte mit ihrem Vater nach Ägypten aus und schrieb mit ihm für die von ihm gegründete Zeitung ›Al-Mahrusa‹ (Die Beschützte). In ihren Artikeln und Büchern setzte sie sich v. a. mit polit. und sozialen Themen auseinander, bes. mit der Frauenfrage; sie schrieb auch in engl. und frz. Sprache (ihr Diwan erschien – unter dem Pseud. **Isis Copia** – 1911 u. d. T. ›Fleurs de rêve‹ in frz. Sprache).

Sijasat-Name, 1086 oder 1091 von Wesir NISAM AL-MULK verfasste Denkschrift für den Seldschukensultan MELIKSCHAH (1072–92). Das Werk ist in Form eines Fürstenspiegels in pers. Sprache verfasst; in seinem Zentrum steht die Idee vom gerechten Herrscher, wobei der Autor die drängendsten Probleme von Staat und Reichsverwaltung abhandelt und sie anhand von Anekdoten exemplifiziert.

Ausgaben: Siassat-Namèh, hg. v. C. SCHEFER, 3 Tle. (1891); Siyâsatnâma. Gedanken u. Geschichten, übers. v. K. E. SCHABINGER VON SCHOWINGEN (1960).

Sijo [korean. ›(Jahres)zeitengesänge‹] *das, -,* korean. Kurzgedichte, die aus drei Verszeilen mit je vier drei- bis fünfsilbigen Wortgruppen bestehen und eine bis ins 14. Jh. zurückreichende Tradition besitzen. Naturlyrik dominiert vor Liebeslyrik, häufig sind jedoch auch philosoph. und polit. Inhalte; ferner sind nicht wenige Trinklieder überliefert.

Ausgabe: Kranich am Meer, hg. v. P. H. LEE (1959).

Šik [ʃik], Ota, schweizer. (seit 1983) Wirtschaftswissenschaftler tschech. Herkunft, * Pilsen 11. 9. 1919; war 1940–45 im KZ Mauthausen; seit 1953 Prof., 1962–69 Direktor des Wirtschaftsinstituts der Akad. der Wiss.en und Mitgl. des ZK der tschechoslowak. KP; als Leiter der staatl. Wirtschaftsreformkommission bemühte er sich seit 1963 um Einführung des Marktmechanismus. Š. war von April bis August 1968 als stellv. Min.-Präs. für die Wirtschaftsreform zuständig; hielt sich zz. des Einmarschs von Truppen des Warschauer Pakts in Belgrad auf, ging später in die Schweiz; 1969 aus der KP ausgeschlossen, 1970 Aberkennung der Staatsbürgerschaft. Š. lehrte 1970–91 an der Hochschule St. Gallen, seit 1974 als Prof. für Wirtschaftssystemvergleiche. Er wurde v. a. bekannt durch sein Modell einer Symbiose von Markt- und Planwirtschaft (›dritter Weg‹). 1990 wurde Š. von der tschech. Reg. rehabilitiert.

Werke: K problematice socialistických zbožních vztahů (1964, dt. Plan u. Markt im Sozialismus); Der dritte Weg (1972); Das kommunist. Machtsystem (1976); Humane Wirtschaftsdemokratie (1979); Ein Wirtschaftssystem der Zukunft (1985); Wirtschaftssysteme (1987); Prager Frühlingserwachen (1988); Wachstum u. Krisen (1988, mit R. Höltschi u. C. Rockstroh); Die sozialgerechte Marktwirtschaft – ein Weg für Osteuropa (1990).

Sikahirsch [jap.], **Cervus nippon,** bis 1,5 m körperlanger Hirsch in Wäldern und parkartigen Landschaften O-Asiens (in Mitteleuropa u. a. Erdteilen vielerorts eingebürgert; im Sommer meist rotbraun mit weißen Fleckenreihen, im Winter dunkelbraun mit undeutl. oder fehlender Fleckung. Das Männchen trägt ein relativ schwaches, acht- bis zehnendiges Geweih. – Von den in ihren Beständen stark bedrohten Unterarten ist am bekanntesten der **Dybowskihirsch** (Cervus nippon dybowskii), der häufig in Parks Europas und der USA gezeigt wird. (BILD S. 210)

Sikandra, kleiner Ort unweit von Agra in Uttar Pradesh, Indien, mit dem in einem geometr. Garten aus rotem Sandstein erbauten monumentalen Mausoleum AKBARS (1605–27), dessen oberes Stockwerk aus weißem Marmor den Kenotaph des Kaisers umschließt (BILD →indische Kunst).

Sikaner, lat. **Sicani,** griech. **Sikanoi,** frühgeschichtl. Bewohner Siziliens, →Sikuler.

Sikang, tibet. **Kham,** ehemalige Prov. in SW-China, östlich des Jinsha Jang (Oberlauf des Jangtsekiang); die Hauptstadt war Ya'an.

Norodom Sihanouk

Ota Šik

Sikasso, Stadt in S-Mali, nahe der Grenze zu Burkina Faso, 73 000 Ew. (v. a. Senufo); kath. Bischofssitz; Verw.-Sitz einer Region und Handelszentrum eines dicht besiedelten Landwirtschaftsgebiets (Sumpfreis, Erdnüsse, Baumwolle, Hirse, Mais; Viehhaltung) mit landwirtschaftl. Versuchsanstalt und Reismühle; Straßenknotenpunkt an der Fernstraße Abidjan–Bamako; Flugplatz. – Im späten 19. Jh. war S. Hauptstadt des Reichs von SAMORY TOURÉ.

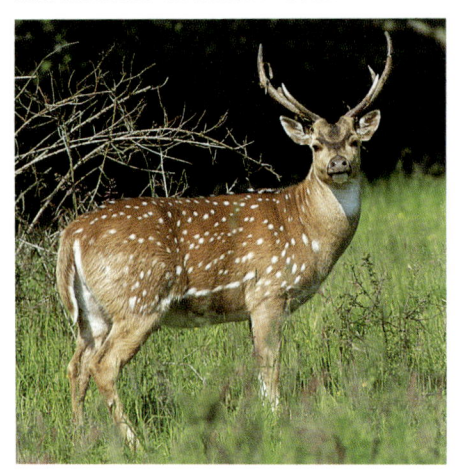

Sikahirsch: Dybowskihirsch (Körperlänge bis 1,5 m)

Sikeler, die →Sikuler.

Sikelianos, Angelos, neugriech. Dichter, * Leukas 15. 3. 1884, † Athen 9. 6. 1951; Schöpfer einer ausdrucksstarken lyr. Sprache, visionärer Künder des Weiterlebens antiken griech. Geistes in der lebendigen Tradition des neugriech. Volkes (›Delph. Idee‹), in der er die Verbindung von Antike und Christentum als vollzogen ansah. Dieser Idee sollten auch die Delph. Festspiele (1927, 1930) dienen.

Werke (griech.): *Tragödien:* Dädalus auf Kreta (1943); Die Sibylle (1944); Christus in Rom (1944); Digenis' Tod (1948). – *Lyrik:* Der letzte delph. Dithyramb oder der Dithyramb der Rose (1926–32); Lyr. Leben, 13 Bde. (1946–47).

Ausgabe: Prosa, 2 Bde. (1978–80).

Sikhs [Hindi sikh, eigtl. ›Schüler‹, zu altindisch śiksati ›Studien‹], die Anhänger des **Sikhismus,** einer Ende des 15. Jh. in Nordindien (Pandschab) von dem Wanderlehrer (Guru) →NANAK begründeten religiösen Reformbewegung mit dem Anliegen, Hindus und Muslime auf der Grundlage eines bilderfreien Monotheismus zu einigen. Unter seinen neun Nachfolgern, den Gurus, breitete sich der Sikhismus im Pandschab aus. Unter dem vierten Guru erfolgte die Gründung des ›Goldenen Tempels‹ in →Amritsar, der als Aufbewahrungsort des →Adigrantha das Hauptheiligtum des Sikhismus bildet. Nach dem Adigrantha, der hl. Schrift der S., haben für die S. Gültigkeit: die Karmalehre und der Geburtenkreislauf (Samsara), aus der der Gläubige durch ein auf Ausgleich zw. ird. und jenseitigen Dingen bedachtes Handeln und durch Gottesliebe (Bhakti-Frömmigkeit) erlöst wird; Gott wird als der ›wahre Name‹ (Punjabi sat nam) verehrt. – Die S. gewannen großen polit. Einfluss im Pandschab. Der letzte (zehnte) Guru GOVIND SINGH (* 1675, † 1708) erhob den Adigrantha zum ›Schriftguru‹ der Gemeinde; er gab den S. eine straffe militär. Organisation und ließ alle männl. S. ihrem Namen das Wort Singh (›Löwe‹) zufügen. GOVIND suchte das Kastenwesen abzuschaffen und gründete die Khalsa (Vereinigung der Reinen), deren Mitgl. in einer besonderen Zeremonie aufgenommen werden; seitdem tragen alle männl. Mitgl. ein Schwert und ungeschnittenes Haar unter dem Turban. Im Gefolge der Reform bildeten sich versch. sikhist. Gruppierungen (z. B. die →Akali). Unter GOVIND wurden die S. zu einer weithin militärisch organisierten Gemeinschaft, die im 18. Jh. schweren Verfolgungen mit krieger. Verwicklungen ausgesetzt war, bis im Pandschab unter RANJIT SINGH ein starkes Sikh-Reich entstand, das nach dem zweiten Sikh-Krieg 1849 eine Provinz Britisch-Indiens wurde. 1947 mussten die S. den an Pakistan gefallenen Teil des Pandschab verlassen.

Für die S. wurde 1966 ein eigener ind. Bundesstaat (Punjab) geschaffen. In den 1970er-Jahren verbreitete sich ein Sikh-Fundamentalismus unter der Führung von JARNAIL SINGH BHINDRANWALE (* 1946, † 1984) und der vorherrschenden politisch-religiösen Partei der Akali (Shiromani Akali Dal). Wachsende Spannungen zw. S. und Hindus angesichts der Forderung der S. nach einem unabhängigen Sikh-Staat eskalierten 1984 in der Erstürmung des von S. besetzt gehaltenen ›Goldenen Tempels‹ in Amritsar durch die ind. Armee, wobei mehrere Hundert S. (auch BHINDRANWALE) das Leben verloren, und der Ermordung der ind. Premierministerin I. GANDHI kurze Zeit darauf. – Mitte der 1990er-Jahre betrug die Zahl der S. weltweit etwa 18,3 Mio. Außerhalb Indiens (rd. 1,9 % der Bev.) bestehen die größten Gemeinschaften der S. in Nordamerika (rd. 360 000) und in Großbritannien (230 000); kleinere S.-Gemeinschaften gibt es in mehreren asiat. Staaten (z. B. Philippinen, Singapur) sowie in Hongkong.

W. H. MACLEOD: The evolution of the Sikh community (Oxford 1976); DERS.: Early Sikh tradition (ebd. 1980); K. SINGH: A history of the S., 2 Bde. (Neuausg. Princeton, N. J., 1984); DERS.: The S. today (Delhi ³1985); DERS. u. R. RAI: Die S. (a. d. Engl., 1986); M. STUKENBERG: Die S. Religion, Gesch., Politik (1995); G. S. DHILLON: Perspectives on Sikh religion and history (Delhi 1996).

Sikiang, Fluss in China, →Xi Jiang.

Sikkative [zu lat. siccare ›trocknen‹], Sg. **Sikkativ** *das, -s,* →Trockenstoffe.

Sikhs: Traditionelle Kleidung

Sikkim, Bundesstaat in NO-Indien, grenzt an Nepal, China (Tibet) und Bhutan, 7096 km², (1994) 440 000 Ew.; Hauptstadt ist Gangtok. Die Bev. ist zu drei Vierteln nepales. Ursprungs, daneben leben in S. Bhutija, Lepcha und Inder. – Der im östl. Himalaja gelegene Staat wird von der nach S gerichteten Tista durchflossen (tiefster Punkt 227 m ü. M.). Das stark zertalte Land (O-W-Erstreckung 80 km) steigt rasch zu den vergletscherten Himalajaregionen an, bis

8 586 m ü. M. (→Kangchendzönga) an der Grenze zu Nepal. In Höhenlagen bis 800 m ü. M. ist feuchter Monsunwald (vorherrschend ist der Salbaum), bis 1 800 m ü. M. trop. immergrüner Bergwald verbreitet; darüber folgen trop. Nebelwald und Laubwald (bis etwa 3 000 m ü. M.), dann Nadelwald, alpine Gebüsche und Matten. Im monsunfreien Hoch-S. sind Hochgebirgssteppen anzutreffen. Die Schneegrenze liegt bei etwa 5 000 m ü. M. – Wichtigste Produkte des Terrassenanbaus in 1 000–2 000 m ü. M. sind Reis, Mais, Hirse, Weizen, Gerste, Kartoffeln und für den Export Kardamom, Apfelsinen, Äpfel und Tee. In höheren Lagen wird Viehweidewirtschaft betrieben. Es gibt Getreidemühlen, verarbeitende landwirtschaftl. Produkte, auch Zigarettenherstellung sowie Kunsthandwerk. Nach 1861 wurde die Straße nach Tibet gebaut, seit 1962 ist der N von S. an das ind. Straßennetz angeschlossen.

Geschichte: Das buddhist. Königreich S. (seit 1641) verlor im 18. und 19. Jh. Gebiete an Bhutan, Nepal und Indien (1835 Abtretung von Darjeeling). Es geriet in zunehmende Abhängigkeit von Britisch-Indien und wurde nach mehreren Grenzüberschreitungen tibet. Truppen 1890 in einem Vertrag zw. Großbritannien und China, das über Tibet die Oberhoheit ausübte, als brit. Protektorat anerkannt. Mit dem Vertrag von Gangtok (1950) wurde S. Protektorat der Ind. Union. Nach der Entmachtung des autoritär regierenden Chogyal (›König‹) wurde S. 1974 ›Associated State‹, im Mai 1975 nach einer Volksabstimmung 22. Bundesstaat Indiens.

P. P. KARAN u. W. M. JENKINS: The Himalayan kingdoms: Bhutan, S. and Nepal (Princeton, N. J., 1963); H. HECKER: S. u. Bhutan. Die verfassungsgeschichtl. u. polit. Entwicklung der ind. Himalaya-Protektorate (1970); S.: Society, polity, economy, environment, hg. v. M. P. LAMA (Delhi 1994); B. BHATTACHARYA: S., land and people (Delhi 1997).

Sikkurat, Tempelturm, →Zikkurat.

Sikorski, 1) Kazimierz, poln. Komponist, * Zürich 28. 6. 1895, † Warschau 23. 7. 1986; studierte in Warschau, Lemberg und Paris, wirkte als Kompositionslehrer in Lodz und Warschau. Viele jüngere polnische Komponisten waren seine Schüler. Er veröffentlichte eine Instrumentationskunde (›Instrumentoznawstwo‹, 1932), eine Harmonielehre (›Harmonia‹, 3 Bde., 1948–49) und eine Kontrapunktlehre (›Kontrapunkt‹, 3 Bde., 1953–57). In seinen Kompositionen – vier Sinfonien, mehrere Instrumentalkonzerte, zwei Streichquartette und Kirchenmusik – zeigt sich eine bedeutsame Wandlung von spätromant. Anfängen zu neueren Satzstrukturen und Ausdrucksweisen bis hin zu seriellen Techniken.

2) Władysław, poln. General und Politiker, * Tuszów Narodowy (bei Mielec) 20. 5. 1881, † (Flugzeugunglück) Gibraltar 4. 7. 1943; leitete 1914–17 das Militärdepartement des Obersten Nationalkomitees in Krakau und vertrat in dieser Stellung den Gedanken, einen poln. Staat im Verbund mit Österreich-Ungarn zu errichten (›austropoln. Lösung‹). 1920 war er Armeeführer, 1921–22 Chef des Generalstabs, 1922–23 Min.-Präs., 1924–25 Kriegs-Min.; 1928 nahm er als Gegner J. PIŁSUDSKIS den Abschied. 1936 versuchte er vergeblich, eine Opposition gegen das autoritäre poln. Reg.-System aufzubauen. Am 30. 9. 1939 übernahm S. in Paris das Amt des Min.-Präs. der poln. Exil-Reg. und den Oberbefehl der poln. Truppen im Exil. Am 30. 7. 1941 schloss er unter brit. Druck gegen starke Opposition ein Bündnis mit der UdSSR. Im Dezember 1941 verhandelte er – unter Ausklammerung der Grenzfragen – ohne sichtbaren Erfolg mit STALIN. Im April 1943 ließ er es aufgrund der Leichenfunde von →Katyn zum Bruch mit der sowjet. Reg. kommen. Sein Tod, dessen Umstände nicht völlig geklärt sind, schwächte die Stellung der poln. Exil-Reg. entscheidend. – Das Londoner ›General-Sikorski-Institut‹ bemüht sich um die Geschichtsschreibung des Zweiten Weltkriegs.

M. KUKIEL: General S. (a. d. Poln., London 1970).

Sikorsky [sɪˈkɔːskɪ], Igor, eigtl. **Igor Iwanowitsch Sikorskij,** amerikan. Flugzeugkonstrukteur ukrain. Herkunft, * Kiew 25. 5. 1889, † Easton (Conn.) 26. 10. 1972. S. baute ab 1913 in Russland die ersten viermotorigen Flugzeuge (bis zu 30 m Spannweite). 1919 emigrierte er in die USA, wo er 1923 das Flugzeugwerk **S. Aero Engineering Corp.** (seit 1929 als **S. Aircraft** Teil der ›United Technologies Corp.‹) gründete. Dort konstruierte er zunächst mehrere viermotorige Flugboote. Weltbekannt wurde S. durch die 1939 begonnene Entwicklung vieler leistungsfähiger Hubschrauber für zivile und militär. Zwecke.

Šikotan [ʃi-], Pazifikinsel, →Shikotan.

Sikri|sandstein, der in Sikri und Kerauli, nahe Agra, N-Indien, gebrochene rötl., hell gefleckte Sandstein, aus dem die Skulpturen der Mathurakunst bis zum Ende des 1. Jt. fast ausnahmslos gearbeitet sind. Seit dem 16. Jh. wurde er wiederum als Grundstoff der Mogularchitektur verwendet (u. a. Fort von Agra, Fatehpur-Sikri).

Šiktanc [ˈʃiktants], Karel, tschech. Schriftsteller, * Hřebeč (bei Kladno) 10. 7. 1928; war 1961–71 Chefredakteur des Verlags Mladá fronta. Er veröffentlichte seit 1951 (›Tobě životě!‹) zahlr. Lyrikbände. Š. gehörte in der 2. Hälfte der 50er-Jahre zur literar. Gruppe ›Květen‹ (Mai), die zur ›Alltagsliteratur‹ tendierte; 1970–90 konnten seine Werke nur im Samisdat erscheinen (u. a. ›Jak se trhá srdce‹, 1978, offiziell 1991; ›Český orloj‹, 1979, offiziell 1990). Š. stellt sich, unter Berufung auf K. H. MÁCHA, in die Tradition der Poetik des Widersprüchlichen (›Utopenejch voči‹, 1979, offiziell 1991); weiterer Bezugspunkt ist die existenzielle Lyrik V. HOLANS.

Weitere Werke: Lyrik: Tanec smrti aneb ještě Pámbu neumřel (1979); Ostrov šventice (1991); Srdce svého nejez (1994).

Šikula [ˈʃi-], Vincent, slowak. Schriftsteller, * Dubová bei Preßburg 19. 10. 1936; Vertreter der ›Generation 56‹; schrieb zunächst humorvolle, skurrile Kurzgeschichten aus dem ihm vertrauten dörfl. Milieu. In der Novelle ›S Rozarkou‹ (1966) bewies er seine Fähigkeit zu vertiefter psycholog. Gestaltung. Mit der Romantrilogie ›Majstri‹ (1976), ›Muškát‹ (1977) und ›Vilma‹ (1979) schuf er aus der Optik von unten« einen künstler. Gegenentwurf zum kanonisierten offiziellen Geschichtsbild von Krieg und Aufstand in der Slowakei. In den Romanen ›Ornament‹ (1991) und ›Veterná ružica‹ (1995) schilderte er im Spiegel seiner Jugenderfahrungen die Atmosphäre der 50er- und 60er-Jahre. Š. ist auch Verfasser mehrerer Kinderbücher.

Sikuler, Sikeler, lat. **Siculi,** griech. **Sikeloi,** antike Bewohner Ost- und Mittelsiziliens aus der Gruppe der Italiker, nach denen Sizilien benannt ist. Nach griech. Quellen sind sie (etwa im 11. Jh. v. Chr.) aus Italien eingewandert, haben die (wohl vorindogerman.) **Sikaner** nach W-Sizilien verdrängt und wurden ihrerseits durch die griech. Kolonisation (spätes 8. Jh. v. Chr.) ins Landesinnere verwiesen. Archäologisch lässt sich möglicherweise die Pantalica-Kultur in Beziehung zur Einwanderung der S. setzen. – Um 450 v. Chr. einigten sich die S. unter DUKETIOS, der die Stadt Palike (zw. Caltagirone und Catania) gründete, im Kampf gegen die Griechen.

Die Sprache S., das **Ausonosikulische** oder **Sikulische,** ist nur spärlich bezeugt (Haupttext ist die Gefäßinschrift von Centuripe, Prov. Enna). Sie gehört zu den →italischen Sprachen.

Sikyon, griech. **Sikyon,** antike Stadt in Griechenland, westlich von Korinth; Blütezeit im 6. Jh. v. Chr. unter der Tyrannis des KLEISTHENES. Ausgrabungen

Władysław Sikorski

legten v. a. Bauten der 303 v. Chr. an der Stelle der alten Akropolis auf einem Plateau neu gegründeten hellenist. Stadt frei, u. a. Halle, Buleuterion (in röm. Zeit umgebaut), Apollontempel (über archaischem Vorläuferbau), Gymnasion, Stadtmauern und ein großes Theater (Bühnenbau römisch) am Hang zu einer oberen (kleinen) Terrasse, auf der die neue Akropolis lag, im MA. Zitadelle (keine Reste). In Thermen röm. Zeit (2./3. Jh. n. Chr.) ist ein Museum eingerichtet. – Das alte Stadtareal, in einer fruchtbaren Ebene gelegen, war schon in hellad. Zeit besiedelt. Seit dem 7. Jh. v. Chr. genoss S. den Ruf einer Kunststadt; von der Bildhauerschule des 6. Jh. zeugen die Metopen vom älteren Schatzhaus von S. in Delphi; im 5. und 4. Jh. war S. ein Zentrum der Bronzekunst (POLYKLET, LYSIPP), im 4. Jh. auch der Malerei.

Sikyon: Grabungsgebiet der hellenistischen Stadt; 1 Theater, 2 Gymnasion, 3 Buleuterion, 4 Apollontempel, 5 römische Thermen (Museum)

Sil *der*, linker Nebenfluss des Miño in NW-Spanien, 225 km lang, entspringt auf der N-Seite der Montañas de León (Kantabr. Gebirge), durchfließt im Oberlauf die Beckenlandschaft Bierzo (Weinbaugebiet); mehrfach gestaut.

Sila, Sila|gebirge, aus Gneisen und Graniten aufgebauter Gebirgsteil des südl. Apennin in Kalabrien, Italien, im Botte Donato 1929 m ü. M.; hat überwiegend Hochflächencharakter mit größeren Waldbeständen (Buchen, Schwarzkiefern) und Weideland in Höhen über 1200 m ü. M., darunter Edelkastanien (bis 600 m ü. M.), in tieferen Lagen Mandel-, Feigen-, Ölbaumkulturen, Weinreben und Macchien; an Stauseen Kraftwerke. Hauptort mit Fremdenverkehr ist San Giovanni in Fiore (18 800 Ew.); neben Sommererholung in den Höhenlagen auch Wintersport.

Silage [zi'la:ʒə; von frz. ensilage ›das Einbringen in ein Silo‹] *die*, -, **Gärfutter, Sauerfutter,** aus Grünmasse (Gras, Maispflanzen, Zuckerrübenblättern, Grünraps, Hülsenfrüchtlern, Markstammkohl, Getreideganzpflanzen, Zuckerrübennass- oder pressschnitzeln), Biertreber und Feuchtgetreide durch Milchsäuregärung haltbar gemachtes Viehfutter. Nach dem Verdichten des Siliergutes (häufig durch Überfahren mit einem Traktor) und raschem Luftabschluss (heute meist mit Kunststofffolien) wird eine schnelle Unterbindung der Atmung noch lebender Pflanzenzellen erreicht. Vorteilhaft bei dem Silierablauf ist ein Vorwelken der Pflanzen, da hierbei der Wassergehalt schneller sinkt, als der Zuckergehalt durch Veratmung abnimmt. Eine höhere Zuckerkonzentration ist v. a. für die Entwicklung der Milchsäurebakterien und damit für die Bildung von Milchsäure zur pH-Wert-Absenkung und damit für die Konservierung von größter Bedeutung.
Durch coliforme Bakterien kommt es auch zur Bildung von Essigsäure. Wird der notwendige Säuregrad von pH 4 bis 3 nicht erreicht, können sich Gärschädlinge (Kohlenhydrat vergärende Saccharolyten, Eiweiß abbauende Proteolyten) entwickeln, die hohe Nährstoffverluste und eine schlechte S. (mit Buttersäure, schlechtem Geruch) verursachen. Zur Verbesserung des Gärverlaufes werden auch Silierhilfsmittel verwendet (Melasse, Zucker, Präparate u. a. mit Ameisensäure, Nitrit sowie Mineralsäuren). S. wird v. a. an Wiederkäuer, auch an Schweine (Getreide-, Maiskörner- und Kartoffel-S.) verfüttert. (→Silo)

Silan, Janko, eigtl. **Ján Ďurko** ['tʃ-], slowak. Dichter, *Sila bei Neutra 24. 11. 1914, † Važec 16. 5. 1984; Vertreter der Kath. Moderne; debütierte mit der Sammlung ›Kuvici‹ (1936), schrieb geistl. und Naturlyrik, u. a. ›Rebrík do neba‹ (1939), ›Piesne z Javoriny‹ (1943) und ›Piesne zo Ždiaru‹ (1947). Bekannte sich in ›Úbohá duša na zemi‹ (1948) zu Gott und seinem Priesteramt. Danach schied er fast zwei Jahrzehnte aus der öffentl. Kommunikation aus. Samisdat kursierten seine Tagebuchaufzeichnungen ›Dom opustenosti‹ (postum 1991), die die Schwierigkeiten des Christseins in einer totalitären Gesellschaft offenbaren. Erst in den 60er-Jahren konnte er vier ›Triptych‹ als bibliophile Privatdrucke und die Sammlung ›Oslnenie‹ (1969) herausgeben. In Rom erschien die Lyrikauswahl ›Ja som voda a iné verše‹ (1984).
Ausgabe: Súborne dielo Janka Silana, 4 Bde. (1995–96).

Silane [Kw.], →Siliciumverbindungen, →siliciumorganische Verbindungen.

Silanion, griech. **Silanion,** Athener Erzbildhauer des 4. Jh. v. Chr., Zeitgenosse des LYSIPP. Nach literar. Quellen zu urteilen, galt sein Interesse den großen Gestalten der griech. Geschichte und Kultur. Sicher identifiziert scheint nur das Bildnis des Philosophen PLATON zu sein, das in mehr. Kopien erhalten ist.

Silanole, →siliciumorganische Verbindungen.

Silau [von lat. silaus ›Wasserteppich‹], **Sila|um,** Gattung der Doldenblütler mit nur wenigen Arten in Europa; Stauden mit gelben oder gelbgrünen Blüten. Eine auf Wiesen, Flachmooren und in Gebüschen vorkommende bekannte Art ist die **Wiesensilge** (**Rossfenchel,** Silaum silaus) mit 0,3 bis 1 m hohem, fast blattlosem Stängel, großen, lang gestielten, vielfach gefiederten und zerschlitzten Grundblättern und grünlich gelben Blüten.

Silay [si'lai], Stadt an der NW-Küste der Insel Negros, Philippinen, 140 200 Ew.; Marktort für Agrarprodukte, Zuckerrohrverarbeitung; Fischereihafen.

Silazane, Gruppen-Bez. für Silicium-Stickstoff-Verbindungen mit alternierenden Si- und N-Atomen, allgemeine Formel $H_3Si-(NH-SiH_2)_n-NH-SiH_3$.

Silbe [ahd. sillaba, über bedeutgleich griech. syllabḗ, eigtl. ›die zu einer Einheit zusammengefassten Laute‹], artikulatorisch-rhythm. Grundeinheit lautsprachl. Äußerungen, die aus einem Schalldruckgipfel (**S.-Kern**) sowie gegebenenfalls den Kern umgebenden Lauten besteht (**S.-Kopf** vor, **S.-Koda** nach dem S.-Kern). S.-Kerne sind i. d. R. Vokale, teilweise (etwa in slaw. Sprachen) können aber auch bestimmte Konsonanten als S.-Kerne auftreten. S., die auf den S.-Kern enden, nennt man **offene S.,** die eine S.-Koda aufweisen, **geschlossene S.** Konsonanten, die zwei S. gleichzeitig angehören (wie z. B. das ›s‹ in ›Was-ser‹), nennt man S.-Gelenke. S.-Grenzen fallen zwar immer mit Wortgrenzen, aber keineswegs immer mit Morphemgrenzen zusammen (z. B. lie-ben : /lieb/en, Hoff-nung : /Hoffn/ung). Der Begriff der S. spielt auch eine wichtige Rolle bei der Orthographie (z. B. bei der →Worttrennung).

Silbenlänge, antike Metrik: die →Quantität 2).

Silbenrätsel, Rätsel, bei dem aus vorgegebenen Silben Wörter zusammenzufügen sind.

Silbenschrift, eine Schrift, deren Zeichen nicht Einzellaute oder ganze Wörter, sondern Silben bezeichnen. Meist kommen allerdings Mischformen vor, z. B. die Wort-Silben-Schrift (u. a. in der Keilschrift und in der jap. Schrift).

Silbenstolpern, gestörte Koordination von richtig ausgesprochenen Einzelsilben in Form von Vertauschungen, Verdoppelungen oder Auslassungen; kommt v. a. bei progressiver Paralyse vor.

Silbentrennung, durch orthograph. Regeln festgelegte →Worttrennung am Zeilenende.

Silber, lat. **Argentum,** chem. Symbol **Ag,** ein →chemisches Element aus der ersten Nebengruppe des Periodensystems. Reines S. ist ein weiß glänzendes, weiches (Härte nach MOHS 3,0), leicht verformbares und dehnbares Metall, das sich zu feinsten, blaugrün durchscheinenden Folien (›Blatt-S.‹) aushämmern oder walzen und zu sehr dünnen Drähten (›Filigrandraht‹) ausziehen lässt. Von allen Metallen besitzt S. die höchste Leitfähigkeit für Elektrizität und Wärme. In geschmolzenem Zustand löst S. Sauerstoff, der beim Erstarren (unter →Spratzen) wieder entweicht. Entsprechend seiner Stellung in der elektrochem. Spannungsreihe ist S. ein Edelmetall; es ist jedoch deutlich reaktionsfähiger als Gold. An der Luft ist S. beständig; erst oberhalb von 300°C und unter Druck (15 bar) reagiert es mit Sauerstoff zu S.-Oxid, Ag_2O. Mit Schwefelwasserstoff bildet S. schwarzes Silbersulfid, Ag_2S (›Anlaufen‹ von S. in der Luft enthaltenen Schwefelwasserstoff). Von nicht oxidierenden Säuren wie Salzsäure wird S. nicht, von oxidierenden Säuren, v. a. Salpetersäure, jedoch rasch angegriffen. Gegen geschmolzene Ätzalkalien ist S. bes. widerstandsfähig (Verwendung von S.-Tiegeln im chem. Laboratorium). Von Alkalicyaniden in Gegenwart von Sauerstoff wird S. unter Bildung des Komplexions $[Ag(CN)_2]^-$ (Dicyanoargentat) gelöst. S. ist mit vielen Metallen legierbar (→Silberlegierungen).

Vorkommen: Der mittlere S.-Gehalt der Erdkruste liegt bei 0,1 g/t; S. ist damit 20-mal so häufig wie Gold oder Platin. Abbauwürdige Lagerstätten, in denen S. als einziges Metall gewonnen wird, müssen etwa 500 g/t enthalten. – **Gediegenes S.** ist ein silberweißes, kub., oft gelb, braun oder schwarz anlaufendes Mineral, das bisweilen Kristallflächen zeigt, meist aber in Form von Körnern, Klumpen, Blättchen, Dendriten u. a. vorkommt. Das gediegene S. kann hydrothermal (sulfid. Gangerze), durch Verwitterung (in der Zementationszone von sulfid. Lagerstätten) oder sedimentär (fein verteilt oder als Bindemittel in Sandsteinen und Tonsteinen, auch in Seifen) entstanden sein. Gediegenes S. spielt als S.-Erz nur eine geringe Rolle; wichtiger ist das Vorkommen von S. als Begleitmetall von Gold, das häufig bis zu 20 % S. enthält (einen noch höheren Gehalt hat →Elektrum). Bedeutung für die S.-Gewinnung haben einige S.-Sulfidminerale wie →Silberglanz, →Miargyrit, →Polybasit und die →Rotgültigerze, z. T. auch S.-Halogenidminerale (Bromargyrit, Chlorargyrit, Jodargyrit). Das für die S.-Gewinnung weitaus wichtigste Erz ist jedoch der →Bleiglanz, PbS, der fast stets 0,01–0,3 %, z. T. fast 1 % S. enthält. Auch weitere Blei-, Blei-Zink- sowie Kupfererze (v. a. Kupferglanz, Cu_2S) enthalten meist etwas S. und dienen der Gewinnung von Silber.

Gewinnung: Die Verfahren zur Gewinnung von S. unterscheiden sich nach den verwendeten Rohstoffen und variieren häufig stark in den Verfahrensschritten. Elementares S. kann technisch unmittelbar aus S.-Erzen durch →Cyanidlaugung gewonnen werden. Dieses Verfahren beruht auf der Löslichkeit von S. und S.-Verbindungen (S.-Halogeniden) in wässriger Natriumcyanidlösung unter Luftzutritt; aus den gewonnenen Lösungen wird das S. durch Zinkstaub ausgefällt (›Zementation‹) und dann zu Roh-S. verschmolzen. Aus dem bei der Gewinnung von Blei aus Bleiglanz anfallenden silberhaltigen Rohblei (Werkblei) wird das S. meist durch Zugabe von Zink mit nachfolgender Aufarbeitung zu Reichblei (→Parkes-Prozess) und anschließendes Abtreiben des Bleis im Treibofen isoliert (→Treibprozess). Das hierbei gewonnene Roh-S. (›Blick-S.‹) enthält 98–99,5 % S. (meist mit Anteilen an Gold und Platinmetallen). Aus dem bei der Verhüttung von Kupfererzen gewonnenen Rohkupfer erhält man das S. durch Aufarbeitung des bei der elektrolyt. Reinigung des Kupfers anfallenden Anodenschlamms. Auch das hierbei gewonnene Roh-S. enthält meist, neben Kupfer u. a., Gold (z. B. im Doré-Metall etwa 4 % Gold). – Gereinigt wird Roh-S. heute v. a. durch Elektrolyse (Möbius-Prozess); hierbei fallen Gold und die Platinmetalle im Anodenschlamm an, unedlere Metalle wie Kupfer oder Blei gehen in Lösung; das gewonnene ›Fein-S.‹ enthält 99,6 bis 99,9 % Silber. Geringere Bedeutung für die Abtrennung von Gold haben die Scheidung mit Salpetersäure (Quartation) oder die Scheidung mit Schwefelsäure (Affination; →Gold-Silber-Scheidung). Ein spezielles Raffinationsverfahren für Roh-S., das weitgehend frei von Gold und Platinmetallen ist, ist das ›Feinbrennen‹, bei dem das Roh-S. durch Schmelzen mit Salpeter u. a. und Abtreiben der Nebenbestandteile gereinigt wird, wobei man Fein-S. mit 99,9 % erhält. – Große Bedeutung hat heute auch die Gewinnung von S. durch Aufarbeitung silberhaltiger Abfälle und Altmetalle sowie die Rückgewinnung von S. aus den Fixierbädern fotograf. Betriebe.

Verwendung: S. dient in großen Mengen zur Herstellung von Schmuckwaren, Tafelbestecken und für Münzzwecke. Wegen seiner Korrosionsbeständigkeit findet S. bes. in Form von galvan. Überzügen im chem. Apparatebau und in der Bijouterie Verwendung. Es dient ferner zur Herstellung von Spiegeln und Thermogefäßen, S.-Loten, für elektr. Batterien, in der chem. Industrie als Katalysator, in der Medizin (in Form von Amalgamen) für Zahnfüllmassen. Große Mengen S. werden zur Herstellung von →Silberverbindungen (S.-Halogeniden) für fotograf. Filme und Papiere gebraucht. Wegen seiner keimtötenden Wirkung wird S. auch zur Entkeimung von Trinkwasser bei der Wasseraufbereitung verwendet (→Katadynverfahren).

Silber, gediegen

Silber		
chem. Symbol:	Ordnungszahl	47
	relative Atommasse	107,8682
	Häufigkeit in der Erdrinde	$1 \cdot 10^{-4}$ %
Ag	natürliche Isotope (mit Anteil in %)	^{107}Ag (51,839), ^{109}Ag (48,161)
	insgesamt bekannte Isotope	^{96}Ag bis ^{124}Ag
	längste Halbwertszeit (^{108}Ag)	130 Jahre
	Dichte (bei 25°C)	10,50 g/cm³
	Schmelzpunkt	961,78 °C
	Siedepunkt	2162 °C
	Schmelzwärme	104,65 kJ/kg
	spezifische Wärmekapazität (bei 25 °C)	0,235 J/(g · K)
	elektrische Leitfähigkeit (bei 20 °C)	$6,3 \cdot 10^7$ S/m
	Wärmeleitfähigkeit (bei 27 °C)	429 W/(m · K)

Wirtschaft: Die weltweite Produktion der S.-Minen betrug (1996) 14 506 t. Davon entfielen auf Mexiko 2499 t, Peru 1949 t, die USA 1430 t, Kanada 1308 t, Chile 1130 t, Australien 1020 t, China 918 t und auf Polen 792 t. Die Hauptexportländer sind Mexiko, Peru, Chile und Kanada. Importeure sind v. a. Westeuropa, die USA, Japan und die im Industrialisierungsprozess fortgeschrittenen Länder SO-Asiens. Die Reichweite der bekannten Reserven beträgt bei dem aktuellen Produktionsniveau 20 Jahre. Traditio-

Silberblatt:
Mondviole
(Höhe 30–100 cm)

Silberdukaten
Zilveren Rijder
(Utrecht, 1669;
Durchmesser 42 mm)

Vorderseite

Rückseite

nelle Zentren des S.-Handels befinden sich in London und Zürich, gefolgt von New York und Hongkong. Bei der Preisgestaltung orientieren sich die internat. Märkte am Handel in London und New York. Insgesamt kennzeichnet ein stark spekulativer Charakter (Handel an den Warenterminbörsen) die S.-Märkte.

Geschichte: Im 3. Jt. v. Chr. war S. in Mesopotamien begehrter als Gold, SARGON von Akkad (um 2235–2180 v. Chr.) verfügte über die S.-Berge des Taurus. S. wurde u. a. für Statuetten und Kultgefäße verwendet (z. B. gravierte S.-Vase, die ENTEMENA von Lagasch um 2300 v. Chr. dem Gott Vingirsu weihte). Die Hethiter betrieben Hütten zur Gewinnung des S. aus Bleierzen; S.-Hütten gab es auch in Spanien in der Region des Guadalquivir (→Tartessos), von wo die Phöniker große Mengen nach Ägypten brachten und z. T. auch selbst verarbeiteten (gravierte und getriebene S.-Schalen; Becher und Kannen). HOMER erwähnt silberne Trinkgefäße und nennt als deren Ursprungsland das sagenhafte Alyba oder Salybe. Die Griechen gewannen S. aus den Bleierzen von Laurion in Attika. Der S.-Reichtum Roms stammte bes. aus Spanien, später auch aus den Karpaten; S.-Geschirre gelangten z. T. als Geschenke zu den Germanen. Im Elsass (Markirch) wurde seit dem 8. Jh. – in Fortführung des Abbaus in kelt. Zeit – S. gewonnen, in Böhmen etwa seit dem 11., in Schweden seit dem 13. Jh. 922 begann der Bergbau in Mittweida und Frankenberg in Sachsen, 968 im Harz (Rammelsberg) 1163 im sächs. Erzgebirge (Freiberg), später in Schneeberg, Sankt Joachimsthal, Tirol, Schlesien, Ungarn, Mähren und Norwegen. Die Blütezeit des mittelalterl. S.-Bergbaus war im 16. Jh. Nach der Entdeckung Amerikas fand man S. reichlich in Mexiko und Südamerika (Peru, Bolivien). Durch das Amalgamationsverfahren (1540 von VANNOCCIO BIRINGUCCIO, *1480, †um 1540, beschrieben und seit 1557, eingeführt durch den span. Dominikanerpater BARTOLOMÉ DE MEDINA, *1527, †1580, als ›Patioverfahren‹ in den span. Kolonien angewendet), das in diesen brennstoffarmen Gegenden die rationelle Gewinnung ermöglichte, wurden die span. Kolonien anstelle Dtl.s führend in der S.-Gewinnung und lieferten durch jährl. S.-Flotten dem Mutterland die Mittel zu seiner Machtentfaltung. Erst im 19. Jh. traten die USA, 1885 Australien und seit Anfang des 20. Jh. Kanada als S.-Produzenten auf. Bis zur Mitte des 16. Jh. war das Verschmelzen der S.-Erze mit Blei (Kuppellation) mit anschließendem Abtreiben das einzig bekannte Gewinnungsverfahren. Auch silberhaltige Kupfererze wurden durch Verschmelzen mit Bleizuschlag, anschließendes Ausseigern einer Blei-Silber-Legierung auf dem Seigerherd (Seigerhütten) und Abtreiben des Bleis bis vor 100 Jahren verarbeitet.

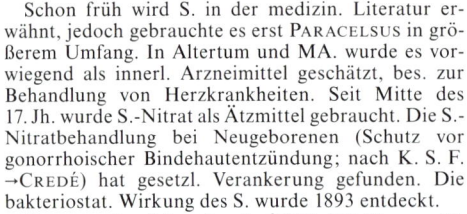

Schon früh wird S. in der medizin. Literatur erwähnt, jedoch gebrauchte es erst PARACELSUS in größerem Umfang. Im Altertum und MA. wurde es vorwiegend als innerl. Arzneimittel geschätzt, bes. zur Behandlung von Herzkrankheiten. Seit Mitte des 17. Jh. wurde S.-Nitrat als Ätzmittel gebraucht. Die S.-Nitratbehandlung bei Neugeborenen (Schutz vor gonorrhoischer Bindehautentzündung; nach K. S. F. →CREDÉ) hat gesetzl. Verankerung gefunden. Die bakteriostat. Wirkung des S. wurde 1893 entdeckt.

The economics of silver (London ²1980); T. P. MOHIDE: Silver (Toronto 1985); The history of silver, hg. v. C. BLAIR (London 1987); G. LUDWIG u. G. WERMUSCH: S., aus der Gesch. eines Edelmetalls (²1988); Cyclope 1988, 1989. Les marchés mondiaux, hg. v. P. CHALMIN u. a. (Paris 1989); E. CZAYA: Der S.-Bergbau (Leipzig 1990).

Silber, Zil'ber [z-], Wenjamin Aleksandrowitsch, russ. Schriftsteller, →Kawerin, Wenjamin Aleksandrowitsch.

Silber|affe, Art der →Marmosetten.

Silber|akazi|e, Acacia decurrens var. dealbata, Akazienart in Australien; bis 20 m hoher Baum mit grauweiß-filzigen Zweigen, Blatt- und Blütenstielen; Blüten gelb, in rispigen Trauben. Die S. wird neben einigen anderen Akazienarten an der Riviera in großen Anpflanzungen zum Schneiden der Blütenstände kultiviert; sie blüht dort von Dezember bis März.

Silber|antimon, das Mineral →Dyskrasit.
Silber|antimonglanz, das Mineral →Miargyrit.
Silberbaum, Leucadendron, Gattung der S.-Gewächse mit rd. 70 Arten im kapländ. Florenreich; immergrüne Sträucher oder Bäume mit ganzrandigen, oft silberweiß behaarten Blättern und in Köpfchen angeordneten Blüten. Die bekannteste Art ist **Leucadendron argenteum** (S. im engeren Sinne), ein Charakterbaum der Umgebung von Kapstadt: dicht beblättert, mit langen, schmalen, zugespitzten, dicht behaarten, sitzenden Blättern und gelben Blüten in kugeligen, von Hüllblättern eingefassten Blütenköpfchen.

Silberbaumgewächse, Proteusgewächse, Proteaceae, Familie der Zweikeimblättrigen mit etwa 1 350 Arten in 75 Gattungen in den Tropen und Subtropen v. a. der Südhalbkugel (bes. im südl. Afrika und Australien); immergrüne Sträucher und Bäume mit einfachen bis zweifach gefiederten, oft hartlaubigen Blättern; Blüten mit einer auffallend gefärbten, einfachen, vierzähligen Blütenhülle, vier Staubblättern und einem meist oberständigen, einblättrigen, langgriffeligen Fruchtknoten; Blütenstände meist traubig bis kopfig, Bestäubung häufig durch Vögel oder auch durch Beuteltiere oder Nager; Blütenstände oftmals groß, in der Blumenbinderei beliebt. Wichtige Gattungen sind →Protea, →Macadamia und →Silberbaum.

Silberblatt, Lunaria, Gattung der Kreuzblütler mit drei Arten, verbreitet in Mittel- und Südeuropa; ein- oder zweijährige oder auch ausdauernde Kräuter mit gestielten, herzförmigen Blättern und weißen oder purpurfarbenen Blüten in Trauben; Früchte ellipt. bis rundl. Schoten, von denen die beiden Fruchtklappen abfallen und nur die papierartige, silbrige, durchscheinende Scheidewand stehen bleibt. Die bekannteste, häufig als Zierpflanze kultivierte Art ist die **Mondviole** (S. im engeren Sinne, **Judassilberling,** Lunaria annua) mit an beiden Enden abgerundeten Schötchen.

Silberdistel, eine Art der Gattung →Eberwurz.
Silberdukaten, Name versch. Großsilber- bzw. Talermünzen: 1) **Zilveren Rijder** (Zilveren Dukaat) zu 3 Gulden der niederländ. Provinzen seit 1659; 2) der ital. **Ducato d'argento** (geprägt seit dem 16. Jh.), z. B. in Venedig, 1 Ducato d'argento = 124 Soldi. Die Bez. S. deutet darauf hin, dass es sich bei diesen Münzen urspr. um das Silberäquivalent des goldenen Dukatens handelte.

Silber|eiche, Australische S., Art der Gattung →Grevillea.
Silberen *die,* stark verkarsteter Kalkstock im SO Kt. Schwyz, Schweiz, östlich des Pragelpasses, 2 319 m ü. M., bis 1 700 m ü. M. dicht bewaldet (vogelreich), Hochfläche nackter, zerklüfteter Karst; das reichl. Niederschlagswasser speist das Höhlensystem des →Hölloch. Die S. ist Naturdenkmal von nat. Bedeutung.

Silberfahl|erz, andere Bez. für das Mineral Freibergit (→Fahlerze).
Silberfahnengras, Art der Grasgattung →Miscanthus.
Silberfarb|bleichverfahren, ein Kopierverfahren der →Farbfotografie.
Silberfarn, die Pflanzengattung →Goldfarn.
Silberfasan, Lophura nycthemera, bis 1 m langer Hühnervogel, der in zahlr. Unterarten in S-China und Indochina lebt. Bei einigen Unterarten sind die Hähne oberseits vorwiegend weiß, unterseits schwarz gefärbt. (BILD →Fasanen)

Silberfischchen, Zuckergast, Lepisma saccharina, bis 11 mm lange Art der →Fischchen; der zarte Körper, mit silbrigen Schuppen bedeckt, die mechanorezeptor. Sinnesorgane sind, besitzt drei fadenförmige Schwanzanhänge. Die weltweit verbreiteten S. sind Wärme und Feuchte liebend und im Dunkeln aktiv; sie leben oft in Häusern und ernähren sich bes. von stärkehaltigen Stoffen. Bei Massenauftreten können sie Papier, Textilien und Vorräte schädigen.

Silberfischchen (Länge bis 11 mm)

Silberfuchs, Silberschwarzfuchs, v. a. in Nordamerika und NO-Sibirien (nur in geringer Zahl) vorkommende schwarze Farbvarietät (Schwärzling) des →Rotfuchses, bei der noch (beim S. im engeren Sinne) eine schwächere und stärkere Silberung in mehr oder weniger ausgedehnten Fellbezirken des Rückens (v. a. Hüftgegend) und am Kopf vorhanden sein kann. – Die seit Anfang des 20. Jh. in größerem Umfang in Nordamerika, nach dem Ersten Weltkrieg auch in Europa als Pelztiere gezüchteten S. stammen alle von nordamerikan. Wildtieren ab, die ein bes. raues (fein-, weich-, dicht-, langhaariges) Fell besitzen. Von zahlr. Mutationen behielt nur der Platinfuchs Bedeutung.

Silberglanz, bleigraues bis eisenschwarzes, frisch metallisch glänzendes, aber bald mattschwärzlich anlaufendes Mineral der chem. Zusammensetzung Ag$_2$S; Härte nach MOHS 2–2,5, Dichte 7,3 g/cm^3. S. tritt als kub. Hochtemperaturmodifikation (über 179 °C; β-Form), **Argentit,** und als monokline Tieftemperaturmodifikation (α-Form), **Akanthit,** auf. S. kommt meist derb und eingesprengt, plattig, dorn- oder haarförmig, auch pulverig-rußartig (**Silberschwärze**) vor. S. ist der ›Silberträger‹ im Bleiglanz und kommt auch selbstständig auf dessen Gängen vor, z. B. in Freiberg, Sankt Joachimsthal (Erzgebirge), Comstock Lode (Nev., USA); weiterhin als Silberchlorid als Bindemittel im ›Silbersandstein‹ Utahs und als ›Reicherz‹ in der Zementationszone.

Silbergras, Corynephorus, Gattung der Süßgräser mit fünf Arten in Europa und im Mittelmeerraum. Die bekannteste Art ist **Corynephorus canescens** (S. im engeren Sinne), ein 15–50 cm hohes, graugrünes, teilweise Rasen bildendes Gras mit borstigen, steif aufrecht stehenden Blättern mit rosafarbenen Blattscheiden; Ährchen in silbergrauen Rispen; auf Sandböden, Heiden und in Kiefernwäldern.

Silberhäutchen, vitaminreiches Häutchen, das die Frucht von →Reis umgibt.

Silberhütte, Ortsteil von →Harzgerode mit pyrotechn. Industrie.

Silber|immortelle, Art der Pflanzengattung →Perlpfötchen.

Silberkaninchen, Bez. für zwei Rassengruppen (Dt. Großsilber, Kleinsilber) des Hauskaninchens (→Kaninchen) mit auffälliger Silberung des Fells.

Silberkarausche, der Giebel (→Karauschen).

Silberkerze, Art der Kakteengattung →Cleistocactus.

Silberkönig, Art der →Tarpune.

Silberlachs, anderer Name der Seeforelle (→Forellen).

Silberlegierungen, v. a. wegen höherer Festigkeit, geringerem Verschleiß und niedrigeren Preisen für Gebrauchszwecke anstelle des Feinsilbers (99,9 % Silber) verwendete Legierungen von Silber mit Kupfer, Zink, Nickel, Silicium u. a. Metallen bzw. Nichtmetallen. Häufige S. sind Silber-Kupfer-Legierungen für Schmuck, Bestecke und Metallwaren. Dazu gehören **Sterlingsilber** mit 92,5 %, **835-Silber** mit 83,5 % und **800-Silber** mit 80 % Silberanteil. Die Silberwaren aufgeprägte Zahl z. B. ›800‹ bedeutet 800 Teile Silber auf 1 000 Teile Legierung (d. h. 80 % Silber). In Dtl. müssen silberne Geräte diesen Mindestanteil aufweisen. **Juweliersilber** enthält i. d. R. bis zu 20 % Kupfer, Rest Silber, **Münzsilber** 5 bis 50 % Kupfer, bis zu 20 % Zink, Rest Silber. Künstlich nachgedunkeltes Silber wird als **Altsilber** bezeichnet. Versilberte Cu-Ni-Zn-Legierungen (Alpaka) erhalten eine Angabe, die z. B. bei Bestecken den Massenanteil Silber angibt, der für die Galvanisierung von einem Dutzend Löffeln oder Gabeln verbraucht wurde (z. B. 80-Silberauflage, 80 g Silber für 12 Teile). Besondere Bedeutung haben S. für die chem., pharmazeut. und Nahrungsmittelindustrie, wo sie wegen der Bakterien hemmenden Wirkung bzw. Chemikalienbeständigkeit für Spezialgefäße, Armaturen und Rohre eingesetzt werden. In der Elektrotechnik werden S. für die Fertigung von Schaltkontakten (**Kontaktsilber** mit 10–95 % Silber) genutzt. (→Dentallegierungen)

Silberlinde, Tilia tomentosa, aus Osteuropa und Kleinasien stammende Lindenart mit unterseits dicht silbrig-filzigen, fast kreisrunden Blättern.

Silberlinge, Übersetzung LUTHERS für die in Mt. 26, 15; 27, 3 genannten 30 Silbermünzen (griech. argyria), die JUDAS ISCHARIOT für den Verrat JESU an die jüd. Behörde erhielt.

Silberlot, →Lote.

Silberlöwe, der →Puma.

Silbermann, Orgelbauer- und Instrumentenmacherfamilie; bedeutende Vertreter:

1) Andreas, *Kleinbobritzsch (heute zu Frauenstein) 16. 5. 1678, †Straßburg 16. 3. 1734, Bruder von 2), Vater von 3); kam 1699 ins Elsass und wurde 1702 Bürger in Straßburg, arbeitete 1704–06 in Paris bei FRANÇOIS THIERRY (*1677, †1749) und baute u. a. die Münsterorgeln von Basel (1710–11) und Straßburg (1713–16; mit 39 Registern auf drei Manualen und Pedal). Von seinen nachweislich 34 Orgeln, die eine im süddt. und oberrhein. Orgelbau bis dahin nicht erreichte Klangkraft besaßen, ist die der Abteikirche Ebersmünster (1730–32) fast vollständig erhalten.

F. X. MATHIAS u. J. WÖRSCHING: Die Orgelbauer-Familie S. in Straßburg i. E. (1960); Orgues en Alsace, 4 Bde. (Straßburg 1985–86).

2) Gottfried, *Kleinbobritzsch (heute zu Frauenstein) 14. 1. 1683, †Dresden 4. 8. 1753, Bruder von 1); folgte seinem Bruder 1701 nach Straßburg, um bei ihm den Orgelbau zu erlernen. Kehrte 1710 nach Sachsen (Freiberg) zurück und entfaltete eine Orgel- und Klavierbauertätigkeit von außergewöhnl. Eigenständigkeit. Konstruierte ein klangverstärktes Klavichord (Cembal d'Amour) und begann als einer der Ersten in Dtl. in den 1730er-Jahren mit dem Bau von Hammerflügeln. S. entwickelte neue Registerformen und ein eigenständiges System für die Besetzung der Mixturen und deren Repetition. Gerühmt wurden seine leichtgängigen Klaviaturen. Seine Orgeln zeichnen sich durch Klarheit der Zeichnung in der polyphonen Stimmführung und herbe Brillanz aus. S. gilt als zentrale Persönlichkeit in der Orgelbaugeschichte. Er dürfte mindestens 51 Orgeln erbaut haben (nachweisbar 46); zu den erhaltenen zählen die in Freiberg

(Dom, Entwurf 1710, erbaut 1711–14; 45 Register, drei Manuale), Rötha (Georgenkirche, 1718–21; Marienkirche 1721/22), Zöblitz (1736–43), Fraureuth, Landkreis Zwickauer Land (1739–42) und Dresden (Kath. Hofkirche 1750–55; vollendet von Z. HILDEBRANDT).

WERNER MÜLLER: G. S. (1982); U. DÄHNERT: Histor. Orgeln in Sachsen (^{2}1983); F. H. GRESS: Die Klanggestalt der Orgeln G. S.s (1989).

Gottfried Silbermann: Orgel im Dom von Freiberg; 1710–14

3) Johann Andreas, *Straßburg 24. 6. 1712, †ebd. 11. 2. 1783, Sohn von 1); übernahm die Werkstatt seines Vaters und studierte 1741 auch bei seinem Onkel GOTTFRIED; baute 54 Orgeln, u. a. in Ettenheimmünster (1769), Riegel (1770), Sankt Märgen, Landkreis Breisgau-Hochschwarzwald (1777), Offenburg (1779) und Lahr/Schwarzwald (1783).

Silbermann, Alphons, Soziologe, *Köln 11. 8. 1909; 1935 Emigration nach Paris, dann nach Australien; nach dem Zweiten Weltkrieg Vortragsreisen in den USA und in Europa; 1958 Rückkehr nach Köln, 1969–74 Prof. am Forschungs-Inst. für Soziologie der Univ. Köln, daneben Lehrtätigkeit an mehreren europ. Univ., u. a. Lausanne, Bordeaux, Paris; Mitgl. zahlr. wiss. Gesellschaften, u. a. Lauréat de l'Institut de France (Paris). S.s Hauptarbeitsgebiete sind Kunst- und Musiksoziologie sowie Massenkommunikation; dazu kamen in den 80er-Jahren Fragen der jüd. Identität und das Problem des Antisemitismus.

Alphons Silbermann

Werke: Wovon lebt die Musik. Die Prinzipien der Musiksoziologie (1957); Vom Wohnen der Deutschen (1963); Bildschirm u. Wirklichkeit (1966); Empir. Kunstsoziologie (1973); Kein Brett vor dem Kopf. Ketzereien eines Soziologen (1979); Der ungeliebte Jude. Zur Soziologie des Antisemitismus (1981); Was ist jüd. Geist? Zur Identität der Juden (1984); Verwandlungen. Eine Autobiogr. (1990); Das Wohnerlebnis in Ostdtl. (1993); Propheten des Untergangs. Das Geschäft mit den Ängsten (1995); Von der Kunst der Arschkriecherei (1997).

Silbermantel, Art der Pflanzengattung →Frauenmantel.

Silbermöwe, Larus argentatus, bis 66 cm große Art der →Möwen. Ausgewachsene S. sind auf Vorderrücken und Flügeloberseite hell blaugrau, sonst weiß, die Füße sind rosa oder fleischfarben, der Schnabel gelb mit rotem Punkt auf dem Unterkiefer. Das erste Jugendgefieder ist überwiegend braun. Die S. bewohnt Meeresküsten und größere Süßgewässer der Paläarktis und Nordamerikas; sie ist an der dt. Nordseeküste sehr häufig, an der Ostseeküste seltener, hat aber überall zugenommen. S. ernähren sich von versch. Wirbellosen, kleinen Wirbeltieren, Aas und vielerlei Abfällen, in geringerem Maße auch von pflanzl. Stoffen. Sie brüten oft in Kolonien, das Nest steht ziemlich offen auf Dünen oder Klippen, neuerdings auch auf Gebäuden.

Silbermöwe (Größe bis 66 cm)

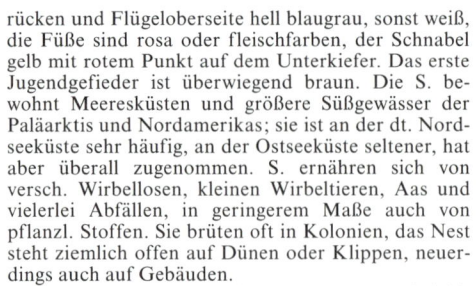

silberne Hochzeit, Silberhochzeit, Ehejubiläum; →Hochzeit.

Silbernes Lorbeerblatt, 1950 gestiftete höchste Auszeichnung für sportl. Leistungen, die vom Bundes-Präs. auf Vorschlag des Präs. des Dt. Sportbundes an Einzelsportler und Mannschaften verliehen wird. Behinderte Sportler werden darüber hinaus seit 1978 mit der **Silbermedaille für den Behindertensport** geehrt.

Silber|oxidzelle, Silber|oxid-Zink-Zelle, Primärzelle (→galvanische Elemente) mit einer Nennspannung von etwa 1,5 V (1,4... 1,85 V). Es gibt zwei Varianten, die sich durch die Art der positiven Elektrode unterscheiden: Diese besteht entweder aus Silber(I)-oxid (Ag$_2$O) oder aus Silber(II)-oxid (AgO). Die negative Elektrode ist bei beiden aus Zink. Der Elektrolyt ist Kaliumhydroxid, mit dem der Innenwiderstand der S. sehr klein ist, bei billigeren Ausführungen auch aus Natriumhydroxid. Die S. hat eine große Kapazität bei geringer Masse (spezif. Kapazität etwa 100 Ah/kg) und wird v. a. dort eingesetzt, wo hohe Anforderungen an Energiedichte und Lebensdauer gestellt werden und die Spannung der →Quecksilberoxidzelle nicht ausreicht. Ihre Entladedauer beträgt etwa 50 bis 100 Tage (bei Belastungsdauern von acht bis 24 Stunden pro Tag). Bevorzugte Bauform ist die Knopfzelle, z. B. in kleinen Uhren, Fotoapparaten und Hörgeräten.

Silberpappel, Weißpappel, Populus alba, vielfach als Allee- oder Parkbaum angepflanzte, aus den gemäßigten Gebieten Eurasiens stammende Pappelart; bis 30 m hoher Baum mit wechselständigen, an den Langtrieben ahornblattartig gelappten, unterseits dicht weißfilzig behaarten, an den Kurztrieben eiförmigen Blättern; Rinde glatt, weißlich grau, im Alter rissig.

Silberpunkt, der Erstarrungspunkt von flüssigem Silber bei einer Temperatur von 961,78 °C und Normdruck; einer der →Festpunkte der internat. Temperaturskala.

Silberputzmittel, Putzmittel für Silber, um die durch ›Anlaufen‹ entstandenen Überzüge von schwarzem Silbersulfid mechanisch oder durch chem. Reaktion zu entfernen; im Handel in Form z. B. von Lösungen, Pasten, Pulvern, imprägnierten Tüchern, die u. a. Borax, Tenside (z. B. Seifen), anorgan. und organ. Säuren (z. B. Zitronensäure), nicht kratzende Poliermittel (z. B. Polierkreiden), z. T. auch Thioharnstoff (als Komplexbildner) enthalten. Auf elektrochem. Reaktion beruht das Entfernen des Silbersulfids durch Einlegen der Silbergegenstände mit Aluminiumfolie (in direktem Kontakt) in heiße Salzlösungen.

Silber|regen, Fallopia auberti|i, Polygonum auberti|i, windendes, starkwüchsiges, in O-Asien beheimatetes Knöterichgewächs mit eiförmigen, am Grunde spießförmigen, frischgrünen Blättern; die jungen Triebe sind rötlich; Blüten sehr zahlreich, weiß bis grünlich weiß, in hängenden, rispenähnl. Blütenständen; beliebte Pflanze zur Begrünung von Zäunen, Pergolen, Mauern u. Ä.

Silber|reli|efschmelz, Technik der →Emailkunst.

Silber|rücken, Bez. für die älteren Männchen der →Gorillas.

Silbersalz-Diffusionsverfahren, Diffusionskopierverfahren, das Entwickeln eines Negativbilds in einer fotograf. Schicht in Gegenwart eines Silberhalogenidlösungsmittels (Fixierentwicklung). Das unbelichtete Silberhalogenid wird aufgelöst und diffundiert in eine im engen Kontakt mit der Negativschicht befindl. Bildempfangsschicht, die Keime für eine physikal. Entwicklung, z. B. kolloidales Silber, enthält. Dort entsteht ein positives Silberbild. Das 1941/42 entdeckte Verfahren fand Eingang als →Kopierverfahren im Büro und in der →Sofortbildfotografie.

Silberscharte, Bisamdistel, Filzscharte, Jurinea, Gattung der Korbblütler mit rd. 120 Arten, v. a. in Vorder- und Zentralasien, nur wenige Arten im Mittelmeergebiet und in Europa; Kräuter oder Halbsträucher mit meist fiederteiligen Blättern und zweigeschlechtigen Blüten in einzelnen oder zu mehreren zusammenstehenden Köpfchen. In Dtl. kommt auf Sandböden und in sandigen Kiefernwäldern die 25–40 cm hohe **Sand-S.** (Jurinea cyanoides) vor; mit furchtem, flockig-weißfilzigem Stängel, fiederspaltigen, oberseits spinnwebartig behaarten Blättern und purpurfarbenen Blüten in lang gestielten einzelnen Köpfchen.

Silberschmiedekunst, →Goldschmiedekunst.

Silberschwärze, Mineral, →Silberglanz.

Silberstift, *Grafik:* aus Silber oder einer Metallegierung bestehender Griffel, ein Vorgänger des Bleistifts. Die S.-Zeichnung war v. a. vom 14. bis 16. Jh. verbreitet. Das Papier wurde mit einer besonderen Grundierung versehen (Knochenpulver mit Leim- oder Gummiwasser gemischt, mit Mineral- oder Pflanzenfarben getönt). Der anfangs als zarte graue Linie erscheinende Strich oxidiert rasch nach Braun.

Silberstift: Leonardo da Vinci, ›Frauenkopf‹; Silberstiftzeichnung, um 1484–86 (Paris, Louvre)

Silberstrauch, Silberbusch, Perowskie, Perovskia, Gattung der Lippenblütler mit nur wenigen Arten in den gemäßigten Gebieten N-Asiens; bekannt ist die Art Perovskia atriplicifolia, ein bis 1,5 m hoher Halbstrauch mit stark duftenden, weiß behaarten Blättern und himmelblauen Blüten in Quirlen; Herbstblüher.

Silberstrich, ein Schmetterling, der →Kaisermantel.

Silbertanne, die →Weißtanne.

Silberung, *Lebensmitteltechnik:* Bez. für die Anwendung von oligodynamisch wirkenden Silberionen (→Oligodynamie) zur Entkeimung u. a. von Trinkwasser (z. B. nach dem Katadynverfahren).

Silberverbindungen. Silber liegt in seinen Verbindungen meist in der Wertigkeitsstufe + 1, seltener in der Stufe + 2 vor; daneben sind Komplexe mit Silber in den Wertigkeitsstufen + 3 und + 4 bekannt.

Silber(I)-oxid, Ag_2O, fällt aus Silbersalzlösungen bei Zugabe von Alkalien als dunkelbrauner Niederschlag aus, der beim Erhitzen auf 300 °C in die Elemente zerfällt. **Silber(II)-oxid,** AgO (genauer: Silber(I,III)-oxid, Ag_2O_2), ist ein grauschwarzes Pulver, das aus Silber oder S. durch Einwirkung bes. starker Oxidationsmittel wie Peroxodisulfat hergestellt werden kann; es wird z. T. anstelle von Silber(I)-oxid in Silberoxidzellen verwendet.

Technisch wichtig sind v. a. die drei Silberhalogenide Silberchlorid, -bromid und -jodid: **Silberchlorid,** ›Chlorsilber‹, AgCl, fällt aus Silbersalzlösungen bei Zusatz von Chloridionen als weißer, käsiger Niederschlag aus. Diese Fällungsreaktion dient in der chem. Analyse zur Bestimmung von Silber- und Chloridionen (→Argentometrie). Durch analoge Reaktionen mit Bromid- und Jodidionen entstehen das gelbl. **Silberbromid,** ›Bromsilber‹, AgBr, und das gelbe **Silberjodid,** ›Jodsilber‹, AgJ. In Wasser sind die drei Silberhalogenide in der Reihenfolge AgCl, AgBr, AgJ zunehmend schwerer löslich. Alle drei Silberhalogenide sind lichtempfindlich, d. h., sie zersetzen sich bei Belichtung zu (fein verteiltem, schwarzem) Silber und Halogen; sie werden (meist in festgelegten Mischungen) v. a. zur Herstellung der lichtempfindl. Schichten von Filmen und Fotopapieren verwendet; die Löslichkeit der Silberhalogenide in Lösungen von Natriumthiosulfat wird beim fotograf. Entwickeln ausgenutzt (→Fotografie). Silberjodid wird auch als Kristallisationskeim zur Bildung von Eis und Auslösung künstl. Regens verwendet. In der Natur finden sich die drei Silberhalogenide in Form der Minerale →Chlorargyrit, →Bromargyrit und →Jodargyrit.

Silbernitrat, ›Argentum nitricum‹, $AgNO_3$, ist ein farbloses, kristallines, in Wasser leicht lösl. Salz, das beim Lösen von Silber in Salpetersäure entsteht. Es ist die wichtigste S., die v. a. als Zwischenprodukt bei der Herstellung der Silberhalogenide benötigt wird; daneben findet Silbernitrat in der analyt. Chemie (bei der Argentometrie) Verwendung sowie in der Medizin als Ätzmittel (→Höllenstein).

Silbersulfid, Ag_2S, ist eine schwarze, unlösl. Verbindung, die aus Silbersalzlösungen bei Reaktion mit Schwefelwasserstoff ausfällt. Es bildet sich auch in Form einer dünnen dunklen Schicht auf Silbergegenständen, die mit (Spuren von) Schwefelwasserstoff in Berührung kommen (als chem. Nachweis →Heparreaktion). In der Natur kommt es als →Silberglanz vor.

Knallsilber, Silberfulminat, AgCNO, das Silbersalz der Knallsäure, ist eine äußerst zersetzl. Substanz, die beim Reiben in trockenem Zustand explodiert.

Eine der wenigen (nichtkomplexen) S. mit + 2-wertigem Silber ist das **Silber(II)-fluorid,** AgF_2, eine feste, beständige Substanz, die wird durch Einwirkung von Fluor auf fein verteiltes Silber hergestellt und zur Fluorierung organ. Verbindungen verwendet.

Silberwährung, Währungssystem, bei dem die Währungseinheit an den Wert einer Silbermenge gebunden ist. Silberne Kurantmünzen sind dann das gesetzl. Zahlungsmittel, d. h., sie müssen in unbegrenzter Höhe angenommen werden, und Papiergeld und Goldmünzen sind in Silber einlösbar. Die S. wurde im Laufe des 19. Jh. von den meisten Staaten durch eine Goldwährung ersetzt (Vorreiter war 1816 Großbritannien), z. T. bestand in einer Übergangszeit auch eine Doppelwährung. (→Geld, →Währung)

Silberwurz, Dryas, Gattung der Rosengewächse mit nur zwei Arten in den arkt. und subarkt. Gebieten

Silb Silberzwiebel – Silicium

sowie in den Hochgebirgen der nördl. gemäßigten Zone; Zwergsträucher mit ungeteilten, am Rand gekerbten, gestielten, oberseits glänzenden, unterseits schneeweißen Blättern, deren Ränder umgerollt sind; Blüten groß, weiß oder rosa. In Dtl. kommt auf alpinen Matten, an felsigen Hängen und in Kalkmagerrasen der Alpen und des Alpenvorlandes die **Achtblättrige S.** (Dryas octopetala) vor; bis 15 cm hoher Strauch mit gekerbt-gesägten, herzförmigen bis längl., stark runzligen Blättern und einzeln stehenden Blüten mit acht weißen Kronblättern.

Silberzwiebel, anderer Name für die →Perlzwiebel.

Silbury Hill [ˈsɪlbərɪ hɪl], bei Avebury (Cty. Wiltshire, S-England) gelegene vorgeschichtl. Hügelaufschüttung von großen Ausmaßen (etwa 35 m Höhe, über 2 ha Grundfläche). Das Material stammt aus einem tiefen Graben, der den Hügel umgibt; im Kern des Hügels wurden große Sandsteinblöcke gefunden. S. H. wird als Grabanlage (oder möglicherweise auch als Kultstätte) gedeutet. Neue Untersuchungen datieren die Anlage in die späte Jungsteinzeit/frühe Bronzezeit.

Silcher, Philipp Friedrich, Komponist, *Schnait (heute zu Weinstadt) 27. 6. 1789, †Tübingen 26. 8. 1860; erhielt Musikunterricht von seinem Vater, war ab 1806 Lehrer, studierte ab 1815 Klavier und Komposition bei C. KREUTZER und J. N. HUMMEL in Stuttgart, wurde 1817 Univ.-Musikdirektor und Lehrer am ev. Stift in Tübingen, gründete dort 1829 die Akadem. Liedertafel (Männerchor) und 1839 den Oratorienverein (gemischter Chor). Von den pädagog. Ideen J. H. PESTALOZZIS beeinflusst und in enger Zusammenarbeit mit H. G. NÄGELI wurde S. zu einem der wichtigsten Volksmusikerzieher und Förderer des Laienchorwesens, sowohl durch die Anregung zu Chorgründungen als auch durch Kompositionen, Transkriptionen und Arrangements von Chormusik. Er veröffentlichte zahlr. Sammlungen mit Bearbeitungen von Volksliedern für Männerchor, gemischten Chor sowie für Solostimmen mit Klavier- oder Gitarrenbegleitung. Zu seinen bekanntesten eigenen Liedern gehören ›Alle Jahre wieder‹, ›Ännchen von Tharau‹, ›Ich weiß nicht, was soll es bedeuten‹, ›Zu Straßburg auf der Schanz‹.

O. LAUTENSCHLAGER: F. S., ein Leben für die Musik (1978); H. J. DAHMEN: F. S. Komponist u. Demokrat. Eine Biogr. (1989); DERS.: Werkverz. F. S. (1992); F. S. 1789–1860. Studien zu Leben u. Nachleben, hg. v. MANFRED HERMANN SCHMID (1989).

Silchester [ˈsɪltʃɪstə], Dorf in der Cty. Hampshire, England, südwestlich von Reading. Hier lag das röm. Calleva Atrebatum, die am besten erforschte Römerstadt Englands, 1864–78, 1890–1909 und 1938–39 ausgegraben (wieder zugewachsen; Funde im Calleva-Museum und im Museum in Reading).

Sild [norweg. ›Hering‹] der, -(e)s/-(e), pikant eingelegter junger Hering.

Silen, Silenos, griech. Mythos: Mischwesen aus Pferd und Mensch, Naturdämon der Fruchtbarkeit, oft mit Phallus dargestellt. Als Vater des Satyrchors erscheint der Papposilen. (→Satyr)

Silene [zu Silen], die Pflanzengattung →Leimkraut.

Silentium [lat. ›Schweigen‹], Ruhe gebietender Zuruf, bes. bei Veranstaltungen student. Verbindungen.

Silentium obsequiosum [lat. ›folgsames Schweigen‹] das, - -, kath. Theologie: Schweigen gegenüber einer kirchl. Lehrentscheidung aus Hochachtung vor der Autorität, aber ohne innere Zustimmung zur Sache.

Siles [nach Silesia, dem nlat. Namen von Schlesien] das, -, **Silesium,** Geologie: internat. Bez. für das Oberkarbon (→Karbon).

Silesius, Angelus, geistl. Dichter, →Angelus Silesius.

Silex [lat. ›Kiesel‹, ›Granit‹] der, -/-e, 1) Mineralogie: →Jaspis.
2) Vorgeschichtsforschung: Bez. für alles kieselige Gesteinsmaterial, das ›glasartig‹ splittert und unter Umständen zwar geschliffen, nicht aber durchbohrt werden kann: Jaspis, Feuerstein, Hornstein, Obsidian. Im Ggs. zu S. steht ›Felsgestein‹, das körniger und zäher strukturiert ist.

Silge, Selinum, Gattung der Doldenblütler mit nur wenigen Arten; in Dtl. kommt auf nährstoffreichen, kalkarmen Moorwiesen und in lichten Wäldern die **Kümmel-S.** (Selinum carvifolia) vor; Staude mit bis meterhohem kantigem Stängel, fiederschnittigen Blättern und weißen bis rötl. Blüten in Doppeldolden.

SIL-Gehäuse, Halbleiterelektronik: Kurz-Bez. für das →Single-in-line-Gehäuse.

Silhouette [ziˈlu̯ɛtə; nach dem frz. Staatsmann ÉTIENNE DE SILHOUETTE, *1709, †1767, der aus Sparsamkeitsgründen sein Schloss mit selbst gemachten Scherenschnitten ausstattete] die, -/-n, 1) allg.: Umriss, der sich (dunkel) vom Hintergrund abhebt.
2) bildende Kunst: →Schattenriss.

Silicagel, →Kieselsäuren.
Silicasteine, →Silikasteine.
Silicate, die, →Silikate.
Silicea [lat.], die →Kieselschwämme.

Silicide, Sg. **Silicid** das, -(e)s, aus Silicium und einem Metall bestehende Verbindungen, die meist metallisch aussehen, gut kristallisieren und, mit Ausnahme der Alkali- und Erdalkali-S., gegen Wasser und verdünnte Säuren beständig sind. Oft weichen die S., ähnlich den →intermetallischen Verbindungen, von den übl. Wertigkeitsverhältnissen ab (es sind z. B. mit Calcium Verbindungen folgender Zusammensetzung bekannt: Ca_2Si, $CaSi$, Ca_5Si_3, $CaSi_2$). S. erhält man durch Zusammenschmelzen der Elemente oder Reduktion von Siliciumdioxid (Kieselsäure) mit einem Metallüberschuss. Calcium-S. und Eisen-S. dienen als Desoxidationsmittel bei der Stahlherstellung, Molybdän-S. als Heizleiterwerkstoff oder zur Oberflächenvergütung; manche S. haben als Hartstoffe Bedeutung.

Silicieren, Erzeugung von Schutzschichten aus Siliciumlegierungen auf Eisen durch Diffusion von Silicium bei 800–1 000 °C. Das S. findet in Gas mit Siliciumtetrachlorid (und Wasserstoff oder Stickstoff als Trägergas) oder in Pulver aus Ferrosilicium und Siliciumcarbid statt (mit Chlor als Beschleuniger). Die entstehenden Legierungsschichten sind 0,1 bis 0,25 mm dick und dienen als Schutz vor Verschleiß und Korrosion, v. a. bei niedriglegierten Stählen mit geringem Kohlenstoff- und Schwefelgehalt; Anwendung u. a. für Armaturen und Ventile.

Silicium [zu lat. silex, silicis ›Kiesel‹] das, -s, **Silizium,** chem. Symbol **Si,** ein →chemisches Element aus der vierten Hauptgruppe des Periodensystems der chem. Elemente. Reines S. bildet dunkelgraue, glänzende, harte und spröde Kristalle mit Diamantstruktur; in dünnen Schichten ist es durchsichtig; in fein verteilter Form bildet S. ein mikrokristallines braunes

Silberwurz:
Achtblättrige Silberwurz
(Höhe bis 15 cm)

Friedrich Silcher

Silge:
Kümmelsilge
(Höhe 0,3–1 m)

Silicium		
chem. Symbol	Ordnungszahl	14
Si	relative Atommasse	28,0855
	Häufigkeit in der Erdrinde	25,8 %
	natürliche Isotope (mit Anteil in %)	^{28}Si (92,23), ^{29}Si (4,67), ^{30}Si (3,10)
	insgesamt bekannte Isotope	^{22}Si, ^{24}Si bis ^{39}Si
	davon radioaktiv	14
	längste Halbwertszeit (^{32}Si)	160 Jahre
	Dichte (bei 25 °C)	2,33 g/cm³
	Schmelzpunkt	1414 °C
	Siedepunkt	3265 °C
	spezifische Wärmekapazität (bei 25 °C)	0,705 J/(g · K)
	elektrische Leitfähigkeit	10^{-18} S/cm

Pulver. Reinstes S. ist ein elektr. Halbleiter; seine Leitfähigkeit wird durch geringe Zusätze von Elementen der dritten oder fünften Gruppe stark erhöht. Beim Schmelzen verringert S. sein Volumen um 10%; die Schmelze hat weitgehend metall. Eigenschaften und leitet Elektronen wesentlich besser als das feste S. Chemisch ist S. nicht sehr reaktionsfähig; kompaktes S. wird z. B. von Säuren nicht angegriffen, mit Alkalilaugen reagiert es aber unter Wasserstoffentwicklung zu Silikaten. Mit zahlr. Elementen verbindet es sich erst bei starkem Erhitzen, z. B. mit Sauerstoff zu S.-Dioxid, SiO_2, mit Stickstoff zu S.-Nitrid, Si_3N_4, und mit Kohlenstoff zu S.-Carbid, SiC. Mit Metallen verbindet oder legiert es sich zu den →Siliciden.

Vorkommen: S. ist mit 25,8% nach dem Sauerstoff das zweithäufigste Element in der Erdkruste, es kommt aber nur gebunden als S.-Dioxid (v.a. als →Quarz) oder in den →Silikaten vor. Als Ausgangsmaterial für die Herstellung von S. haben Quarz und Quarzit Bedeutung.

Unter den Pflanzen sind bes. siliciumreich Kieselalgen, Farne, Schachtelhalme und Gräser; bei ihnen dient S. in Form von Kieselsäure zur Festigung des Gewebes. In höheren tier. Organismen ist S., ebenfalls in Form von Kieselsäure, enthalten in Haut, Haaren, Knochen und Knorpeln; daneben findet sich S. auch im Skelett z. B. der Radiolarien und Schwämme.

Gewinnung: Technisch wird S. durch Reduktion von Quarz, SiO_2, mit Kohle, C, in elektr. Öfen (Lichtbogenöfen) bei Temperaturen um 2 000 °C erzeugt; daneben ist auch die aluminotherm. Reduktion bekannt:

$$SiO_2 + 2C \rightarrow Si + 2CO$$
$$3SiO_2 + 4Al \rightarrow 3Si + 2Al_2O_3$$

Das bei diesen Verfahren gewonnene Produkt enthält neben 96–99% S. noch zahlr. Verunreinigungen, meist v. a. Eisen und Aluminium, daneben geringere Mengen an Calcium, Chrom, Magnesium, Mangan und Titan. Für die Weiterverarbeitung zu reinem S. für die Halbleitertechnik wurden mehrere aufwendige, über zahlr. Einzelschritte verlaufende Prozesse zur Entfernung der Nebenbestandteile entwickelt. Hochreines S. erhält man durch Reduktion von (vorgereinigten) Chlorsilanen wie Trichlorsilan, $SiHCl_3$, oder von Siliciumtetrachlorid, $SiCl_4$, mit Wasserstoff, durch therm. Zersetzung oder andere Verfahren; meist wird das so gewonnene S. anschließend durch Zonenschmelzen nachgereinigt.

Verwendung: Da S. die Fähigkeit hat, in geschmolzenen Metallen gelösten oder gebundenen Sauerstoff zu S.-Dioxid zu binden, wird techn. S. v. a. in der Metallurgie als Desoxidationsmittel verwendet. Vielfach stellt man durch gemeinsame Reduktion von Quarz und Eisenoxiden eine Vorlegierung (Ferrosilicium, →Ferrolegierungen) her, die auch als Desoxidationsmittel gebraucht wird. In der chem. Industrie dient S. als Ausgangsmaterial v. a. für die Herstellung von S.-Verbindungen, die zu Siliconen verarbeitet werden.

In der Halbleitertechnologie hat sich S. zum derzeit wichtigsten Material der gesamten Halbleitertechnik und Mikroelektronik entwickelt (über 90% Anteil an allen Halbleiterbauelementen). Voraussetzung für den Erfolg des S. war die Entwicklung von Methoden zur Herstellung großer Einkristalle hoher Reinheit. Man ist in der Lage, über 15 kg schwere Kristalle mit nahezu perfektem Kristallbau zu züchten, bei denen auf eine Milliarde S.-Atome höchstens ein Fremdatom kommt. Die elektr. Leitfähigkeit des Materials wird durch anschließende →Dotierung mit Fremdatomen (bes. Bor oder Phosphor) gezielt eingestellt, wobei mit den zur Verfügung stehenden Technologien der Leitfähigkeitstyp (n- oder p-Leitung) über Bereiche mit Dimensionen von etwa 1 μm kontrolliert verändert werden kann.

Der wesentl. Vorzug des S. gegenüber anderen Halbleitersubstanzen ist die hohe chem. Stabilität des S.-Dioxids, SiO_2, das sich beim Erhitzen in oxidierender Atmosphäre auf S.-Oberflächen bildet. Dieses SiO_2 schützt die →p-n-Übergänge und andere empfindl. Bereiche der →integrierten Schaltungen. Außerdem ermöglicht es die einfache Herstellung der Masken für die Erzeugung der feinen geometr. Strukturen der Schaltkreise mithilfe der →Lithographie und die selektive Dotierung von eng benachbarten Bereichen, da es leicht ätzbar ist. In den Bauelementen übernimmt es die Funktion als isolierendes Substrat zur potenzialmäßigen Trennung der Einzelkomponenten oder wird als dielektr. Schicht im Gate von MOS-Bausteinen verwendet. Da für die mehr als 100 Prozessschritte von der Kristallzüchtung bis zum funktionsfähigen S.-Schaltkreis ausgereifte Herstellungstechnologien und -apparate entwickelt worden sind, ist der wirtschaftl. und techn. Vorsprung heute so groß, dass die Marktchancen für andere Halbleitermaterialien gering sind.

S. wurde 1823 von J. J. von Berzelius durch Umsetzen von S.-Tetrafluorid mit Kalium als Element isoliert und 1854 von H. É. Sainte-Claire Deville durch Schmelzflusselektrolyse in reiner Form dargestellt und untersucht.

Siliciumdioxid, →Siliciumverbindungen.

Silicium|methode, Verfahren zur Altersbestimmung von Grundwässern und Eis mithilfe des radioaktiven Siliciumisotops ^{32}Si. Das ^{32}Si wird durch kosm. Strahlung erzeugt und gerät durch Niederschläge in den Boden. Wegen seiner Halbwertszeit von etwa 100 Jahren ist die S. für solche Grundwässer geeignet, deren Alter mit der Tritiummethode nicht mehr und mit der Radiokarbonmethode noch nicht bestimmt werden kann.

Siliciumnitrid, →Siliciumverbindungen.

silicium|organische Verbindungen, organ. Verbindungen mit direkten Silicium-Kohlenstoff-Bindungen, die sich formal vom **Monosilan,** SiH_4, dem einfachsten Siliciumwasserstoff, ableiten. **Organosilane** sind s. V., in denen ein oder mehrere H-Atome des SiH_4 durch organ. Reste (Alkyl- oder Arylgruppen) substituiert sind. Sie werden durch Reaktion von Siliciumtetrachlorid mit metallorgan. Verbindungen hergestellt. Vor wenigen Jahren konnten erstmals das dem Äthylen entsprechende Disilen, $H_2Si = SiH_2$, und das Silabenzol synthetisiert werden. **Organohalogensilane** enthalten zusätzlich Halogenatome, **Organosilanole** Hydroxylgruppen. Die für die Herstellung von →Siliconen wichtigen Organochlorsilane werden durch Reaktion von Chlorkohlenwasserstoffen mit Silicium an Kupferkatalysatoren hergestellt (Müller-Rochow-Synthese), z. B.

$$2CH_3Cl + Si \rightarrow (CH_3)_2SiCl_2$$
Chlormethan Dichlordimethylsilan

Organosiloxane sind s. V., in denen Siliciumatome (an die organ. Reste gebunden sind) über Sauerstoffbrücken miteinander verknüpft sind.

Siliciumtetrafluorid, →Siliciumverbindungen.

Siliciumverbindungen. Silicium liegt in seinen Verbindungen meist in der Oxidationsstufe + 4 vor, seltener in der Stufe + 2 (in Siliciden, z. B. Ca_2Si, auch in der Oxidationsstufe − 4).

Siliciumwasserstoffe, Silane, allgemeine Formel Si_nH_{2n+2}, entsprechen formal den aliphat. Kohlenwasserstoffen (Alkanen), ihre Zahl ist aber wesentlich geringer. Sie sind sehr instabil, selbstentzündl. Substanzen, die nur unter Luftabschluss hergestellt werden können. Einzelne Glieder dieser Reihe sind z. B. die gasförmigen Verbindungen **Monosilan,** SiH_4, und **Disilan,** Si_2H_6, sowie das flüssige **Tetrasilan,** Si_4H_{10}.

Tetraäthylsilan

Trimethylsilanol

Hexamethyldisiloxan

Silabenzol

siliciumorganische Verbindungen

Sili Silicone – Silicon Valley

```
    R
    |
—O—Si—O—
    |
    R
```
difunktionell

```
    R
    |
—O—Si—O—
    |
    O
```
trifunktionell

Silicone: Struktureinheiten

Beständiger als die Siliciumwasserstoffe sind ihre organ. Derivate, die **Organosilane**, bei denen Wasserstoffatome durch organ. Reste ersetzt sind (→siliciumorganische Verbindungen). – Durch Austausch von Wasserstoffatomen durch Halogenatome leiten sich von den Siliciumwasserstoffen einige sehr hydrolyseempfindl. Halogenderivate ab, die analog den Alkylhalogeniden aufgebaut sind; zu ihnen zählen z. B. das gasförmige **Monochlorsilan, Silylchlorid,** SiH_3Cl, und das flüssige **Trichlorsilan, Silicochloroform,** $SiHCl_3$. – Den Alkoholen entsprechende Derivate der Siliciumwasserstoffe, bei denen Wasserstoffatome durch Hydroxylgruppen ersetzt sind, werden **Silanole** genannt. Aus ihnen können sich durch Wasserabspaltung **Siloxane** mit der allgemeinen Formel $H_3Si[-O-SiH_2-]_nO-SiH_3$ bilden; diese sind sehr unbeständige Substanzen, die an der Luft zu Siliciumdioxid und Wasser verbrennen. Von den Siloxanen leiten sich durch Substitution der Wasserstoffatome durch organ. Reste die thermisch und chemisch sehr beständigen **Organosiloxane** und **Polyorganosiloxane** (→Silicone) ab.

Siliciummonoxid, SiO, ist eine unbeständige Verbindung, die sich beim Erhitzen von Siliciumdioxid mit Silicium auf 1250 °C bildet und beim Abschrecken in Form eines dunklen (mehrere Modifikationen bildenden) Feststoffs isoliert werden kann. Siliciummonoxid wird durch Sauerstoff rasch zu Siliciumdioxid oxidiert; technisch wird es u. a. zum Aufdampfen von Quarzschichten in Optik, Elektronik und zur Oberflächenveredlung verwendet. **Siliciumdioxid,** SiO_2, ist die am häufigsten auftretende Verbindung des Siliciums; sie kommt in der Natur außerordentlich weit verbreitet und in zahlr. Modifikationen vor. In kristallisierter Form liegt Siliciumdioxid v. a. im →Quarz (mit seinen Varietäten) vor, ferner im →Cristobalit und im →Tridymit; daneben findet es sich amorph als →Opal und erdig als →Kieselgur. Weitere kristalline Modifikationen des Siliciumdioxids sind der →Coesit, der →Keatit und der →Stishovit. Siliciumdioxid ist formal das Anhydrid der →Kieselsäuren und wird häufig selbst als Kieselsäure bezeichnet.

Mit Halogenen bildet Silicium zahlr. Verbindungen mit der allgemeinen Zusammensetzung Si_nX_{2n+2} (X = Halogen), die meist farblose Gase, Flüssigkeiten oder feste Stoffe sind und sich mit Wasser unter Bildung von Kieselsäure und Halogenwasserstoff zersetzen. **Siliciumtetrafluorid, Tetrafluorsilan,** SiF_4, ein farbloses, stechend riechendes, sehr giftiges Gas, kann aus den Elementen hergestellt oder u. a. durch Einwirkung von Schwefelsäure auf Flussspat, CaF_2, und Quarz, SiO_2, gewonnen werden; es wird leicht zu Siliciumdioxid und Fluorwasserstoff hydrolysiert und greift deshalb in Gegenwart von Wasser Glas an. Mit Fluorwasserstoff, HF, bildet es die →Fluorokieselsäure, H_2SiF_6. **Siliciumtetrachlorid, Tetrachlorsilan,** $SiCl_4$, eine farblose, an feuchter Luft infolge Hydrolyse rauchende Flüssigkeit, entsteht aus Silicium oder Siliciumcarbid durch Einwirkung von Chlor bei 400 °C. Verwendung findet es u. a. zur Herstellung von Reinstsilicium (Spaltung in Gegenwart von Wasserstoff) sowie zur Gewinnung von hochdispersem Siliciumdioxid und von Kieselsäureestern.

Siliciumnitrid, Si_3N_4, eine ebenfalls zu den Hartstoffen zählende, in zwei Modifikationen auftretende, grauweiße Substanz (Härte nach MOHS 9,0), die durch Erhitzen von Silicium in Stickstoffatmosphäre auf 1200–1400 °C gewonnen wird. Es zeichnet sich u. a. durch hohe therm. und chem. Beständigkeit sowie hohe Temperaturwechselbeständigkeit aus und dient v. a. als Sinterwerkstoff zur Herstellung techn. Formteile, die hohen therm. und mechan. Belastungen ausgesetzt sind (u. a. Tiegel, Turbinenteile, Pumpenteile, Kokilleneinsätze).

Siliciumcarbid, SiC, eine ebenfalls zu den Hartstoffen zählende Substanz (Härte nach MOHS 9,5–9,75), wird technisch durch Reduktion von Siliciumdioxid (Quarz) mit Kohle (Koks) bei etwa 2 000 °C gewonnen; in reiner Form bildet es farblose Kristalle, techn. Produkte sind meist dunkel gefärbt. Siliciumcarbid wird als **Carborundum (Karborund)** oder **Silit** v. a. als Schleifmittel verwendet, außerdem dient es wegen seiner Härte und Temperaturbeständigkeit als Werkstoff im Apparatebau sowie als Heizstabmaterial in der Elektrotechnik.

Silicone [zu Silicium], *Sg.* **Silicon** *das, -s,* **Silikone,** Polymere und Oligomere, die sich aus Silicium-Sauerstoff-Ketten mit organ. Resten an den Siliciumatomen aufbauen (**Polyorganosiloxane**). Die Struktureinheiten der S. können je nach Anzahl der Si-O-Bindungen mono-, di-, tri- oder tetrafunktionell sein. **Siliconöle** sind lineare oder zykl. S., die durch Hydrolyse (oder durch Reaktion mit Methanol) aus Diorganodichlorsilanen (z. B. Dichlordimethylsilan) hergestellt werden, z. B.

$$n(CH_3)_2SiCl_2 + (n+1)H_2O \longrightarrow HO-\left[\begin{array}{c} CH_3 \\ | \\ Si-O \\ | \\ CH_3 \end{array}\right]_n H + 2n\,HCl$$

Die Hydrolyseprodukte können durch Polykondensation oder Polymerisation (bei zykl. Verbindungen) in Gegenwart saurer oder bas. Katalysatoren zu längerkettigen Polymeren mit höherer Viskosität verknüpft werden.

Siliconöle zeichnen sich durch niedrigen →Pourpoint, geringe Temperaturabhängigkeit der Viskosität und niedrige Oberflächenspannung aus. Sie dienen als Antischaummittel, Trennmittel in der Kunststoffindustrie, Hydraulikflüssigkeiten, Wärmeträgeröle, Kühlflüssigkeiten sowie als Autopolituren u. a. Da S. i. d. R. als physiologisch verträglich gelten, werden sie auch im gewerbl. Hautschutz, in der kosmet. Hautpflege und in der Medizin verwendet. In der plast. Chirurgie wird S. z. B. bei Brustimplantaten eingesetzt. S. kann jedoch wie jeder andere körperfremde Stoff als Implantat im Körper Nebenwirkungen hervorrufen. In Verbindung mit dem Medizinprodukte-Ges. wurden die rechtlich vorgeschriebenen Anforderungen an die Verträglichkeit von Siliconprodukten mit dem Ziel eines hohen Sicherheitsniveaus konkretisiert. Dies betrifft auch die Indikationsstellung sowie die Arzt- und Patienteninformation. **Silicongummi** entsteht durch weitmaschige Vernetzung von Siliconkautschuk (→Synthesekautschuk). **Siliconharze** enthalten hohe Anteile an tri- oder tetrafunktionellen Struktureinheiten, z. T. auch Polyesteranteile (S.-Kombinationsharze), die bei hohen Temperaturen vernetzen und damit das Härten des Harzes bewirken. Sie zeichnen sich durch hohe Wärme- und Wetterbeständigkeit aus und werden für Lacke (z. B. für wärmebeanspruchte Industriegüter und im Bautenschutz) und Isolierharze in der Elektrotechnik verwendet.

Siliconisieren, das Aufsprühen einer dünnen Siliconschicht auf noch heiße Glasgegenstände, meist unmittelbar nach der Formgebung; erhöht die Abriebfestigkeit der Glasoberfläche.

Silicon Valley [ˈsɪlɪkən ˈvælɪ], Ansiedlung von mehr als 1 000 Unternehmen der Halbleiter- und Computertechnik in Kalifornien, USA, südlich der San Francisco Bay am O-Fuß der Santa Cruz Mountains. Auf ehem. Obstbaugelände entstanden hier in den 1940er-Jahren zunächst Rüstungsfabriken, später ein Forschungszentrum der NASA, dann rasch die Firmen der jungen Elektronikbranche. Charakteristisch für das S. V. ist eine enge Zusammenarbeit zw. Industrie und Univ. (bes. mit der nahen Stanford University in Palo Alto). Seit den 1970er-Jahren wurden Produktion und Montage an andere Standorte (z. B. SO-Asien) verlegt; Forschung und Entwicklung sind weiterhin im S. V. konzentriert.

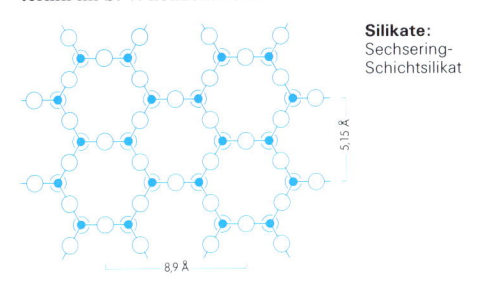

Silikate: Sechsering-Schichtsilikat

Silicothermie [zu Silicium und griech. thérmē ›Wärme‹] *die,* -, techn. Reduktion von Metalloxiden mit Silicium oder entsprechenden Siliciden, analog der →Aluminothermie; wird v. a. zur Herstellung von kohlenstoffarmen Ferrolegierungen verwendet.

silieren, *Landwirtschaft:* Futterpflanzen in einem Silo einlagern, um sie einzusäuern.

Silifikation [zu lat. silex, silicis ›Kiesel‹ und facere ›bewirken‹] *die, -/-en,* **Silifizierung,** die →Verkieselung.

Silifke, Stadt in der Prov. İçel, im S der Türkei, am Austritt des Göksu aus dem Taurus in die Schwemmlandebene am Mittelmeer, 47 000 Ew.; Markt für Baumwolle, Erdnüsse, Gemüse und Südfrüchte der Umgebung; Teppichheimgewerbe; Küstentourismus. – Bei S., in der Antike **Seleukeia am Kalykadnos,** beim Dorf Demircili (in der Antike Imbriogon) liegt eine Felsnekropole röm. Zeit mit z. T. zweigeschossigen Grabtempeln mit Säulenfront (2. und 3. Jh. n.Chr.); sie enthielten Sarkophage und Klinen. Außerdem Reste einer byzantin. Burg, die im 13. Jh. von den Armeniern ausgebaut wurde, sowie eines Ruinenkomplexes byzantin. Kirchen.

Silikasteine [zu Silicium], **Silicasteine,** feuerfeste Steine, die auf der Basis von Quarzgestein hergestellt werden; Mindestgehalt an Siliciumdioxid 93%. Bindemittel sind Calciumoxid oder Eisenoxide. Wegen der Temperaturbeständigkeit bis etwa 1700 °C werden sie v. a. im Feuerungsbau, für Koksöfen und Stahlschmelzöfen verwendet.

Silikate [zu Silicium], *Sg.* **Silikat** *das, -(e)s,* **Silicate,** Salze und Ester der Monokieselsäure, H_4SiO_4, und ihrer Kondensationsprodukte (→Kieselsäuren). Während die organ. S. (z. B. die Ester der Mono- und Dikieselsäure) nur synthetisch herstellbare und z. T. sehr hydrolyseempfindl. Substanzen sind, bilden die anorgan. S., mit Ausnahme der ebenfalls künstlich hergestellten, wasserlösl. Alkali-S. (→Wasserglas), eine bedeutende Gruppe natürlich vorkommender Silicium-Sauerstoff-Verbindungen, die als **natürliche S.** (S.-Minerale) die wichtigsten Bestandteile der Erdkruste sowie der Steinmeteorite sind. Sie stellen etwa ein Drittel aller Mineralarten und sind mit über 80% (einschließlich Quarz u. a. Kieselsäuremineralen) am Aufbau der Erdkruste beteiligt. Es werden relativ kieselsäurereiche (felsische, ›helle‹, ›saure‹; z. B. Feldspäte) von relativ kieselsäurearmen (mafischen, ›dunklen‹, ›basischen‹; z. B. Olivin, Pyroxene, Amphibole) unterschieden. S.-Minerale enthalten oft Aluminium, das als kation. Bestandteil in den **Aluminium-S.** und auch als diadocher Vertreter des Siliciums (bis max. 1:1) in den **Alumo-S.** auftreten kann.

Der Grundbaustein aller **Silikatstrukturen** ist das $[SiO_4]^{4-}$-Tetraeder, bei dem ein Si^{4+}-Kation von vier O^{2-}-Anionen tetraedrisch umgeben ist. Die SiO_4-Tetraeder sind in den Kristallgittern sehr verschiedenartig angeordnet und werden durch geeignete Kationen abgesättigt und untereinander zusammengehalten. Meist treten noch zusätzl. ›tetraederfremde‹ Anionen und/oder Radikale auf. Nach dem Bau der Kristallgitter unterscheidet man:

Insel-S. (Neso-S.): Selbstständige (inselartige) Tetraeder sind durch Kationen verbunden (z. B. Olivin, Zirkon, Granat, Topas).

Gruppen-S. (Soro-S.): Es treten zwei Tetraeder über eine gemeinsame Ecke zu einem Doppeltetraeder inversionssymmetrisch (z. B. Thortveitit) oder spiegelungssymmetrisch (z. B. Akermanit) zusammen.

Ring-S. (Cyclo-S.): Mehrere Tetraeder bilden selbstständige ›Dreierringe‹, ›Viererringe‹ (beide selten) oder ›Sechserringe‹ (z. B. Beryll, Turmalin). Solche Anordnungen kommen auch als Doppelringe vor.

Faser-S. (Ino-S.): Ketten-S.: Die über ein gemeinsames O^{2-}-Anion verbundenen Tetraeder bilden eine unendl. Kette, praktisch Polymere des Ions SiO_3^{2-} **(Meta-S.).** Im Kristallgitter liegen diese durch Kationen verbundenen Ketten parallel zueinander (z. B. Pyroxene, Rhodonit); 2) **Bänder-S.:** spiegelsymmetr. Vereinigungen zweier Ketten zu Doppelketten oder ›Bändern‹ (z. B. Amphibole).

Schicht-S. (Netz-S., Blatt-S., Phyllo-S.): Die Tetraeder sind ringförmig angeordnet (Vierer-, Sechserring) und bilden zweidimensionale, unendl., ebene Vernetzungen. Die einzelnen Ebenen, in denen Silicium meist z. T. durch Aluminium ersetzt ist und deren freie Tetraederspitzen (freie Valenzen) stets in die gleiche Richtung weisen, sind durch eine Kationenschicht (oft mit zusätzl. Anionen, z. B. OH-Gruppen) abgesättigt (Zweischichtstrukturen; z. B. Kaolinit, Serpentin), oder es sind zwei solcher Ebenen, deren freie Tetraederspitzen einander zugekehrt sind, durch eine Kationenschicht verbunden (Dreischichtstrukturen; z. B. Pyrophyllit, Talk, Glimmer). Alle Schicht-S. besitzen die Eigenschaften der →Schichtgitter. S. ist zw. den abgesättigten Schichtpaketen H_2O als Quellungswasser eingelagert (Quellfähigkeit der Tonminerale).

Gerüst-S. (Tekto-S.): Wie beim Quarz ist auch bei dieser S.-Struktur jedes SiO_4-Tetraeder über alle seine O^{2-}-Anionen mit den Nachbartetraedern dreidimensional vernetzt. Auf dem diadochen Ersatz von Si^{4+} durch Al^{3+} und dem gekoppelten Valenzausgleich durch weitere Kationen beruht die große Zahl der Gerüst-S., die fast ausschließlich Alkali- oder Erdalkali-Alumo-S. sind (u. a. Feldspäte, Skapolithe, Zeolithe).

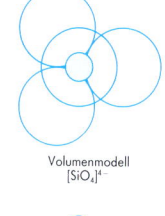

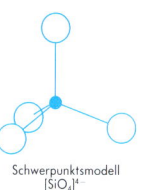

Volumenmodell $[SiO_4]^{4-}$

Schwerpunktsmodell $[SiO_4]^{4-}$

Silikate: Grundbaustein $[SiO_4]^{4-}$-Tetraeder

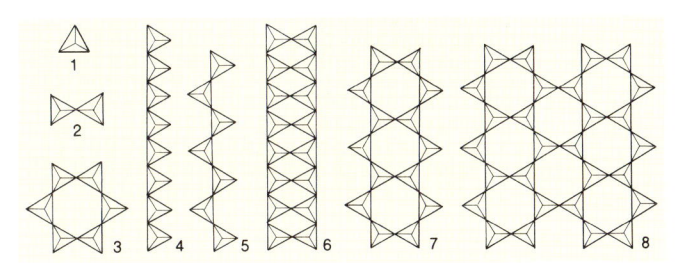

Silikate: Beispiele für die Struktur der Anionen; 1 Inselsilikat, 2 Gruppensilikat, 3 Ringsilikat, 4–7 Fasersilikate (4 und 5 Kettensilikate, 6 und 7 Bändersilikate unterschiedlicher Periodizität), 8 Schichtsilikat

S. haben große techn. und wirtschaftl. Bedeutung, in den Erzlagerstätten nicht nur als Begleiter der Erze, sondern auch als Träger wertvoller Metalle. Außerdem stellen sie viele nichtmetall. Rohstoffe (Asbest, Kaolin, Bentonit, Feldspäte) sowie auch Schmuck- und Edelsteine (Smaragd, Aquamarin, Turmalin, To-

Anja Silja

pas, Rhodonit, Nephrit u. a.). Zahlreiche techn. Produkte wie Glas, Porzellan, Steinzeug, Email, Zement u. a. bestehen überwiegend aus Silikaten.
Silicat-Lex., hg. v. W. HINZ (Berlin-Ost 1985).

Silikatfarben, die →Wasserglasfarben.

Silikatfasern, Silicatfasern, bis 1200 °C hochhitzebeständige Chemiefasern aus Quarzsand für spezielle techn. Zwecke.

Silikatglas, Silicatglas, Glas mit Kieselsäure (Siliciumdioxid, SiO_2) als Hauptglasbildner. Die überwiegende Zahl der technisch und wirtschaftlich bedeutenden Gläser sind Silikatgläser.

Silikathülle, Silikatschale, nach V. M. GOLDSCHMIDT der Gesteinsmantel der Erde.

Silikone, die →Silicone.

Silikose [zu lat. silex, silicis ›Kiesel‹] *die, -/-n, Medizin:* die →Staublunge.

Siliqua [lat.] *die, -/...quae,* **1)** antike röm. Masseneinheit, 1 S. = $\frac{1}{6}$ Scripulum = 0,1895 g.
2) spätröm. Silbermünze zu /124 Solidus, die unter Kaiser KONSTANTIN I. im Jahre 325 als Nachfolgemünze für den Argenteus eingeführt wurde.

Silistra, Stadt im Gebiet Rasgrad, NO-Bulgarien, 50 m ü. M., am rechten Ufer der Donau, die hier die Grenze zu Rumänien bildet, 55 600 Ew.; Museum, Gemäldegalerie; Maschinenbau, Holzverarbeitung, Textil-, Papier-, elektrotechn. und Nahrungsmittelindustrie, Aprikosenschnapsherstellung; Flusshafen. Westlich von S. liegt das Biosphärenreservat »Srebarna. – Wichtigstes Kulturdenkmal ist eine röm. Grabkammer mit Wandmalereien aus dem 4. Jh. n. Chr. – Das röm. **Durostorum,** etwa 4 km östlich von S., war eine der bedeutendsten Städte der Prov. Moesia inferior; unter DIOKLETIAN (284–305) Hauptstadt der Prov. Scythia und Zentrum des dortigen Christentums. Im MA. hieß die Stadt **Drstar.** Sie war seit dem 9. Jh. zw. Bulgaren, Ungarn, Russen und Byzantinern umkämpft und wurde 1413 türkisch; seit 1878 bulgarisch (1913–40 rumänisch). Bis 1988 war S. Bezirkshauptstadt.

Silistra: Römische Grabkammer mit Wandmalereien aus dem 4. Jh.

Silit® *das, -s,* Handelsname für Schleifmittel aus Siliciumcarbid (→Siliciumverbindungen).

Silius Italicus, Tiberius Catius Asconius, röm. Epiker, * um 25 n. Chr., † um 100; war 68 Konsul. Sein Epos ›Punica‹ behandelt in 17 Büchern der Krieg Roms gegen HANNIBAL und verherrlicht die Scipionen. Er schließt sich als Bewunderer VERGILS eng an dessen epische Technik an. Die ›Punica‹ haben bes. im 16./17. Jh. nachgewirkt.
Ausgaben: Punica, hg. v. J. DELZ (1987); Punica, übers. v. H. RUPPRECHT, 2 Bde. (1991).

E. BURCK: Histor. u. epische Tradition bei S. I. (1984).
F. SPALTENSTEIN: Commentaire des Punica de S. I., 2 Bde. (Genf 1986–90).

Silja, Anja, eigtl. **Anna Silja Regina Langwagen,** Sängerin (Sopran), * Berlin 17. 4. 1940; seit 1979 ∞ mit C. VON DOHNÁNYI; debütierte 1956 in Braunschweig und wurde Ensemblemitglied der Opernhäuser in Frankfurt am Main, Stuttgart und Hamburg, trat auch bei Festspielen (v. a. Bayreuth) auf, debütierte 1990 als Regisseurin an der Brüsseler Oper; wurde bes. als Wagner-Interpretin und in Rollen aus Opern von G. VERDI, R. STRAUSS und A. BERG bekannt.

Siljansee, schwed. **Siljan,** See in Dalarna, Mittelschweden, 161 m ü. M., 290 km², bis 120 m tief; vom Österdalälv durchflossen; Fremdenverkehr in Mora (mit Freilichtmuseum) und Rättvik. – S., Orsa-, Skattungen- und Oresee liegen in einer ringförmigen Eintiefung von 5–8 km Breite; die **Siljan-Ringstruktur** hat einen Durchmesser von 40 km und ist als Meteoritenkrater gedeutet worden. Der Einschlag (Impakt) des Siljan-Meteoriten erfolgte vermutlich schon vor rd. 400 Mio. Jahren (Unterdevon). Die ringförmige Eintiefung ist mit fossilreichen paläozoischen Sedimenten ausgefüllt (Kalksteinbrüche). Im Zentrum der Siljan-Ringstruktur findet sich z. T. präkambr. Granit, der offenbar beim Aufprall des Meteoriten in dünne, parallele Lamellen zerlegt wurde (→Shattercones), heute wieder festes Gestein. (BILD →Schweden)
H. GRABERT U. P. THORSLUND: Die Siljan-Ringstruktur – ein ›Nördlinger Ries‹ in Mittelschweden, in: Umschau, Bd. 77 (1977).

Silka [ʃ-] *die,* Quellfluss des Amur, →Schilka.

Silkeborg [ˈsɛlgəbɔr], Stadt in Mitteljütland, Dänemark, Amt Århus, 51 200 Ew.; kulturhistor. Museum (u. a. mit dem ›Mann von Tollund‹, einer Moorleiche aus der Eisenzeit, BILD →Moorleiche), Kunstmuseum; Fremdenverkehrszentrum, Kurort; Papier-, Textil- u. a. Industrie.

Silko [ˈsɪlkəʊ], Leslie Marmon, amerikan. Schriftstellerin, * Albuquerque (N. Mex.) 5. 3. 1948; wuchs in der Laguna-Pueblo-Reservation in New Mexico auf; seit 1978 Prof. an der University of Arizona in Tucson. S. ist eine bedeutende Vertreterin der zeitgenöss. →Indianerliteratur. Ihre Werke reflektieren die prekäre Stellung der Amerikaner indian. Herkunft zw. der dominanten angloamerikan. und der traditionellen indian. Kultur.
Werke: Laguna woman (1974); Ceremony (1977; dt. Gestohlenes Land wird ihre Herzen fressen, auch u. d. T. Indian. Beschwörung); Storyteller (1981); Almanac of the dead (1991; dt. Almanach der Toten).
H. JASKOSKI: L. M. S. (New York 1998).

Silky Terrier [ˈsɪlki ˈtɛriə; engl. silky ›seidig‹], **Sydney Terrier** [ˈsɪdni -], austral. Haushunderasse mit schwarzem Nasenspiegel und üppigem, seidigem Büschel auf dem Kopf; Begleithund. Der in Europa erst in jüngerer Zeit populäre S. T. ist dem Yorkshire Terrier sehr ähnlich. Schulterhöhe etwa 22 cm.

Sill, *Geologie:* der Lagergang (→Gang).

Sill *die,* rechter Nebenfluss des Inns bei Innsbruck, Österreich, 42 km lang, durchfließt das →Wipptal.

Silla, neben Koguryŏ und Paekche einer der drei korean. Altstaaten (→Korea, Geschichte), im SO der Halbinsel. Das nach traditioneller Auffassung 57 v. Chr. gegründete Reich bildete sich im 1. Jh. n. Chr. aus den älteren polit. Einheiten der →Drei Han heraus. Im Laufe des 6. Jh. erstarkte es, unterwarf 663 Paekche und 668 Koguryŏ. Das **Vereinte S.** (668–935) bildete den ersten korean. Einheitsstaat; Hauptstadt war Kyŏngju. Seine Blütezeit lag zw. 668 und 780, danach setzte der Niedergang ein. Auf dem Gebiet des Reiches bildeten sich separate Staaten, die den Anspruch erhoben, an die Tradition der früheren Reiche Paekche und Koguryŏ anzuknüpfen. Diese Periode der ›Drei Späten Königreiche‹ beendete der 918 in

N-Korea gegründete Staat Koryŏ, der 936 das gesamte Gebiet unter seiner Oberhoheit einigte.

Silla, La S., Berg in Chile, Standort der →Europäischen Südsternwarte.

Sillanpää, Frans Eemil, finn. Schriftsteller, * Hämeenkyrö (bei Tampere) 16. 9. 1888, † Helsinki 3. 6. 1964; Sohn eines Kleinbauern; war Verlagsangestellter, später freier Schriftsteller. Der Stoff seiner handlungsarmen Romane ist in der ländl. Heimat verwurzelt. S. verband in seiner Darstellung von Menschenschicksalen Realismus mit Naturmystik; gedanklich stark von W. OSTWALD und M. MAETERLINCK beeinflusst. S. erhielt 1939 den Nobelpreis für Literatur.
Werke (finn.): *Romane:* Sonne des Lebens (1916; dt.); Das fromme Elend (1919; dt.); Silja, die Magd (1931; dt.); Eines Mannes Weg (1932); Menschen in der Sommernacht (1934; dt.); Schönheit u. Elend des Lebens (1945; dt.).
Ausgabe: Kootut teokset, 12 Bde. (1932).

Sillein [zɪˈlaɪn, ˈzɪlaɪn], slowak. **Žilina** [ʒ-], ungar. **Zsolna** [ˈʒolnɔ], Stadt im Mittelslowak. Gebiet, Slowak. Rep., in den Westkarpaten, an der mittleren Waag, (1996) 86 800 Ew. (1963: 34 000 Ew.); Hochschule für Verkehrswesen, Konservatorium; Textil-, Holz-, Papier- und chem. Industrie, Maschinenbau; Verkehrsknotenpunkt mit Straße und Eisenbahn über den Jablunkapass; Flugplatz. – Pfarrkirche (um 1400 erneuert) mit einem frei stehenden zusätzl. Glockenturm (1540). Am mittelalterl. Marktplatz einstöckige Häuser mit Laubengängen und das Jesuitenkloster mit Kirche (1743). Bürgerhäuser der Renaissance; barocke Franziskanerkirche (1723–30); ehem. Synagoge nach Plänen von P. BEHRENS (1934; heute Hochschule). In der ehem. Wasserburg Budatín nor Žilina (13., 16. und 18. Jh.) Waag-Museum. Im Vorort Závodie roman. Wehrkirche St. Stephan (13. Jh.) mit Fresken. – S. wurde Anfang des 13. Jh. als königlich-ungar. Freistadt gegründet.

Sillen *Pl.,* griech. **Silloi,** eine Art von Spottgedichten in Hexametern, bes. von XENOPHANES und TIMON VON PHLEIUS (* um 320 v. Chr., † um 230 v. Chr.) ausgebildet.

Sillimanit [nach dem amerik. Chemiker und Geologen BENJAMIN SILLIMAN, * 1779, † 1864] *der, -s/-e,* **Fibrolith,** gelblich graues, graugrün. oder bräunl., faseriges, rhomb. Mineral der chem. Zusammensetzung $Al_2[O|SiO_4]$; Härte nach MOHS 7, Dichte 3,22–3,25 g/cm³; chemisch gleich dem Andalusit und Disthen. S. bildet nadelige, stängelige, filzige Aggregate, auch dichte, den Quarz durchwachsende Massen. Er entsteht durch Kontakt- und v. a. Regionalmetamorphose (in Gneisen, Glimmerschiefern, Granuliten); in Birma und Sri Lanka in Edelsteinqualität. S. ist synthetisch herstellbar in faustgroßen Einzelkristallen; **S.-Steine** sind hochfeuerfeste Kunststeine (Schmelzpunkt etwa 1 800 °C).

Sillitoe [ˈsɪlɪtəʊ], Alan, engl. Schriftsteller, * Nottingham 4. 3. 1928; stammt aus einer Arbeiterfamilie, war selbst zunächst Fabrikarbeiter, 1946–49 Soldat in Malaya. In seinen zahlr. Erzählungen und Romanen, die häufig eine pikareske Struktur aufweisen, schildert er mit präziser Milieubeobachtung und psychologisch einfühlsam den Widerstand von Angehörigen der Arbeiterklasse gegen Lebensverhältnisse, die ihnen den Zugang zu ihrer eigenen Identität versperren und sie sozial und politisch unterdrücken. Bekannt wurde bes. die mit den Mitteln des →inneren Monologs arbeitende ›The loneliness of the long-distance runner‹ (1959; dt. ›Die Einsamkeit des Langstreckenläufers‹; verfilmt).
Weitere Werke: *Romane:* Saturday night and Sunday morning (1958; dt. Samstag nacht u. Sonntag morgen); Key to the door (1961; dt. Schlüssel zur Tür); The death of William Posters (1965; dt. Der Tod des William Posters); A tree on fire (1967; dt. Der brennende Baum); Travels in Nihilon (1971; dt. Nihilon); The flame of life (1974; dt. Die Flamme des Lebens); The storyteller (1979; dt. Der Mann, der Geschichten erzählte); The open door (1989); Last loves (1990); Snowstop (1993). – *Kurzgeschichten:* Alligator playground (1997).
Ausgabe: Collected stories (1995). – Meistererzn. (1991, Ausw.).

S. S. ATHERTON: A. S. (London 1979).

Sillon, Le S. [lə siˈjɔ̃; frz. ›die Furche‹], eine 1893 v. a. durch den frz. Journalisten und Politiker MARC SANGNIER (* 1873, † 1950) gegründete Laienvereinigung insbesondere junger frz. Katholiken (benannt nach einer seit 1894 [wieder] erscheinenden gleichnamigen Zeitschrift) mit sozialer und christlich-demokrat. Ausrichtung. Nachdem der S. sich seit 1905 im ›Plus grand S.‹ zu einer überkonfessionellen Vereinigung mit betont polit. Zielsetzung gewandelt hatte, wurde er 1910 von Rom verboten.

J. CARON: Le ›Sillon‹ et la démocratie chrétienne: 1894–1910 (Paris 1966).

Sills, Beverly, eigtl. **Belle Silvermann** [ˈsɪlvəmæn], amerikan. Sängerin (Koloratursopran), * New York 25. 5. 1929; debütierte 1947 in Philadelphia (Pa.) und sang u. a. an der New York City Opera, der Mailänder Scala und 1975 erstmals an der Metropolitan Opera in New York. Wurde v. a. mit Partien des ital. (G. DONIZETTI) und frz. (J. MASSENET) Fachs bekannt; war 1979–87 Kodirektorin der New York City Opera.

Silo [span. ›Getreidegrube‹] *der,* auch *das, -s/-s,* allg. Großraumbehälter zur Lagerung von Schüttgütern (z. B. Getreide, Kohle, Zement); insbesondere der **Futter-** oder **Gärfutter-S.** der Landwirtschaft: z. B. ein senkrecht stehender, meist zylindr. Behälter **(Hoch-S.)** aus Beton, Stahl oder Holz zum Vergären und Lagern von gehäckseltem Grüngut. Dieses wird in vorgewelktem Zustand mit etwa 60–75 % Feuchtegehalt eingebracht und unter luftdichtem Abschluss einer Milchsäuregärung unterworfen. Die meist fest lagernde ›Silage wird mithilfe einer **S.-Fräse** entnommen. **Gruben-** und **Fahr-S.** bestehen meist aus Beton. Der Fahr-S. hat bei Gärfutter den Hoch-S. stark verdrängt, weil er einfacher und billiger ist. Er besteht aus einer flachen Betongrundplatte mit entweder senkrechten freien Seitenwänden oder an Erdwälle angelehnten schrägen Seitenplatten. Die mechan. Silageaustragung erfolgt z. B. mit dem **S.-Blockschneider.**

Silo, Schilo, antike Stadt Palästinas im ephraimit. Stammesgebiet, heute **Khirbet selun** [x-], 22 km südlich von Nablus. In S. befand sich in vorkönigl. Zeit das israelit. Wallfahrts- und Ladeheiligtum unter der Priesterschaft der Eliden (→ELI) und des jungen →SAMUEL (1. Sam. 1–6). Bei der Landnahme in Palästina war S. nach Josua 18,1 ff. Standort der Stiftshütte und Lagerplatz der israelit. Stämme, von dem aus die Verteilung kanaan. Gebiete an sieben Stämme erfolgte. Nach der Aufgabe als Kultort im Zusammenhang mit den Philisterkämpfen (um 1050 v. Chr.) verlor S. an Bedeutung. Die Silonisten führten jedoch altjahwist. Traditionen weiter (1. Kön. 11, 29; Jer. 41, 5); der Name S. stand später noch für den vorjerusalem. Jahwekult (Jer. 7, 14; Ps. 78, 60). Bei dän. Ausgrabungen (seit 1926) wurde wechselnd starke Besiedlung von der mittleren Bronzezeit bis in die Kreuzfahrerzeit hinein festgestellt.

M.-L. BUHL u. S. HOLM-NIELSON: Shiloh. The Danish excavations ... (Kopenhagen 1969); D. G. SCHLEY: Shiloh. A biblical city in tradition and history (Sheffield 1989).

Siloah, hebr. **Schiloach** [›Kanal‹], Kanalsystem, das die Wasserversorgung Jerusalems von der am Ostfuß des Burgberges gelegenen Gichonquelle her sicherstellte; dazu gehörte auch der unter König HISKIA (Ende des 8. Jh. v. Chr.) angelegte Hiskiatunnel, ein etwa 530 m langer Tunnel, der von zwei Seiten her in den Fels getrieben wurde und dessen Gelingen die althebr. S.-Inschrift rühmt. Das Sammelbecken vor der Tunnelmündung ist der S.-Teich, der im N. T. im

Silo Siloblockschneider – Sils im Engadin

Diego de Siloé: Escalera Dorada (›Goldene Treppe‹) in der Kathedrale von Burgos; 1519–23

Zusammenhang mit der Heilung des Blinden durch JESUS (Joh. 9, 7) erwähnt wird.

Siloblockschneider, neuere Landmaschine zum maschinellen Heraustrennen von Silagefutterblöcken aus Fahrsilos. Der S. wird z. B. im heckseitigen Kraftheber des Traktors aufgenommen, sodass die Traggabel durch Rückwärtsfahrt in den Futterstock eingestochen werden kann. Das darüber liegende Volumen wird durch ein schwertartiges Messer herausgetrennt, das samt hydraul. Antrieb auf einer u-förmigen Bahn geführt wird.

Siloé, 1) Diego de, auch **D. da S.,** span. Baumeister und Bildhauer, * Burgos zw. 1490 und 1495, † Granada 22. 10. 1563, Sohn von 2); Mitarbeiter von B. ORDÓÑEZ bei der Ausführung des Marmorreliefs mit der Anbetung der Hl. Drei Könige für San Giovanni a Carbonara in Neapel (1517). S. war ein bedeutender Meister des Plateresksenstils. Er verarbeitete frz. und ital. Stilelemente der Hochrenaissance; als Bildhauer orientierte er sich am Vorbild der Florentiner Renaissanceplastik. Sein Hauptwerk ist die Escalera Dorada (›Goldene Treppe‹; 1519–23) in der Kathedrale von Burgos. In Granada war er ab 1528 bis zu seinem Tod als Bauleiter der Kathedrale tätig.
Weitere Werke: Chorgestühl in San Benito in Valladolid (um 1525); Turm von Santa María del Campo bei Burgos (um 1527); San Salvador in Úbeda (1536 ff.); Kathedrale von Guadix (1549 ff.); San Gabriel in Loja (1552–68).
2) Gil de, span. Bildhauer wohl fläm. Herkunft, * um 1450, † nach 1500, Vater von 1); 1486–1501 in Burgos nachweisbar. Sein üppig-dekorativer Stil ist von fläm. Vorbildern abgeleitet und von maur. Elementen durchdrungen.
Werke: Doppelgrabmal Johanns II. von Kastilien und Isabellas von Portugal und Grabmal ihres Sohnes, des Infanten Alonso (1489–93; Kartause von Miraflores bei Burgos); Hochaltar ebd. (1496–99, mit DIEGO DE LA CRUZ).

Silone, Ignazio, eigtl. **Secondo Tranquilli** [traŋˈkwilli], ital. Schriftsteller, * Pescina (Prov. L'Aquila) 1. 5. 1900, † Genf 22. 8. 1978; wuchs im bäuerl. Milieu auf, verlor bei einem Erdbeben 1915 fast seine ganze Familie. Nach Abbruch der Schulausbildung übte er polit. Tätigkeiten in Rom aus, war Sekretär der sozialist. Jugend und 1921 Mitbegründer der Kommunist. Partei Italiens, aus der er 1931 wegen ideolog. Differenzen ausgeschlossen wurde. 1929–44 lebte er im Exil in der Schweiz, wo auch seine ersten Werke in dt. Übersetzung erschienen. Wieder in Italien, wurde er 1945 Mitgl. der Sozialist. Partei und

Ignazio Silone

Abg. in der Verfassunggebenden Versammlung. Er war 1945/46 Leiter der sozialistischen Tageszeitung ›Avanti!‹, 1947–49 von ›Europa socialista‹. S.s literar. Werk ist geprägt von seinem leidenschaftl. Antifaschismus, von seinem Engagement gegen soziales Unrecht, für Freiheit und Menschenwürde. Die stark sozialkrit. Romane, deren Schreibweise den Neorealismus ankündigt, schildern das Leben des verarmten Proletariats, der Kleinbauern und Landarbeiter in den Abruzzen. Sein erster Roman, der ihn berühmt machte, ›Fontamara‹ (1933, zuerst dt., dann ital.), wurde in über 20 Sprachen übersetzt.
Weitere Werke: Polit. Schriften: Der Faschismus (1934, keine ital. Fassung); La scuola dei dittatori (1938; dt. Die Schule der Diktatoren, auch u. d. T. Die Kunst der Diktatur). – *Romane:* Bread and wine (engl. 1936, ital. 1937 u. d. T. Pane e vino, 1955 u. d. T. Vino e pane; dt. 1936 u. d. T. Brot u. Wein, 1974 u. d. T. Wein u. Brot); Der Samen unterm Schnee (dt. 1942, ital. 1942 u. d. T. Il seme sotto la neve); Una manciata di more (1952; dt. Eine Handvoll Brombeeren); Il segreto di Luca (1956; dt. Das Geheimnis des Luca); La volpe e le camelie (1960; dt. Der Fuchs u. die Kamelie). – *Dramat. Texte:* Ed egli si nascosi (1944; dt. Und er verbarg sich); L'avventura d'un povero cristiano (1968; dt. Das Abenteuer eines armen Christen). – *Erinnerungen, Erzählungen, Essays:* Uscita di sicurezza (1951; dt. Notausgang).

L. D'ERAMO: L'opera di I. S. Saggio critico e guida bibliografica (Mailand 1971); V. ESPOSITO: I. S. La vita, le opere, il pensiero (Rom 1980); DERS.: Attualità di S. (ebd. 1989); S. MARTELLI u. S. DI PASQUA: Guida alla lettura di S. (Mailand 1988).

Siloxane [Kw.], →Siliciumverbindungen.

Silphidae [griech.], **Silphiden,** die →Aaskäfer.

Silphion [griech.], **Ferula silphium,** in der Antike in Kyrene kultivierter Doldenblütler, von dem alle Teile von der Wurzel bis zur Frucht als Gewürz und Heilmittel benutzt wurden. Der Saft der Pflanze war eine Art Gummiharz und wurde nach DIOSKURIDES als Arzneimittel verwendet. Neben schriftl. Quellen gibt es Münzen mit Darstellungen des S.; auf der →Arkesilasschale wird vermutlich das Abwiegen des S. dargestellt. Noch im 1. Jh. n. Chr. wurde S. offenbar durch Raubbau völlig ausgerottet.

Gil de Siloé: Grabmal des Infanten Alonso in der Kartause von Miraflores bei Burgos; 1489–93

Sils im Engadin, bündnerroman. **Segl** [seʎ], amtl. **Sils im Engadin/Segl,** Gem. im Talende des Oberengadin, Kt. Graubünden, Schweiz, 1800 m ü. M., 63 km², 600 Ew. in den Orten **Sils-Baselgia** und **Sils-Maria** zw. Silvaplaner See und **Silser See** (Lej da Segl; 414 ha, bis 77 m tief) sowie im Fextal (Val Fex) und im Weiler Grevasalvas; Kurort und Wintersportplatz; Bergbahn; in Sils-Maria Nietzschehaus (F. NIETZSCHE wohnte hier in den Sommern 1881 und 1883–88).

Silt [engl.], *Petrographie:* der →Schluff.
Silur [nach dem vorkelt. Volksstamm der Silurer] *das, -s,* **Silurium,** früher **Gotlandium** (während S. zusammenfassende Bez. für Gotlandium und Ordovizium war), *Geologie:* drittes System des Paläozoikums. Die Untergliederung erfolgt hauptsächlich nach Graptolithen, daneben nach Conodonten, Brachiopoden und Ostracoden.

Silur		
Serie	Stufe	Jahre vor heute
Obersilur	Přidoli	408–414 Mio.
	Ludlow	414–422 Mio.
Mittelsilur	Wenlock	422–428 Mio.
Untersilur	Llandovery	428–438 Mio.

Das S. begann vielfach mit einer Sedimentationslücke, örtlich auch mit einer Diskordanz; am Ende stand der Höhepunkt der →kaledonischen Gebirgsbildung. Häufigste Gesteine (Meeresablagerungen) sind Ton-(Graptolithen-)Schiefer (Tiefwasserbereich), Brachiopodenmergel sowie Korallen- und Stromatoporenkalke (Flachwasserbereich; Riffbildung). Das Klima war überwiegend feuchtwarm, Vereisungsspuren sind selten und umstritten (Diamiktite in Südamerika). Gegen Ende des S. lassen sich Zeugen trockenen Klimas erkennen: Gips und Steinsalz, bunte Sandsteine und kontinental beeinflusste Rotgesteine (→Oldred-Kontinent). Vulkanismus trat bes. in den Geosynklinalräumen auf. Paläogeographisch lagen zwei mehr oder weniger geschlossene, zeitweise randlich (Schelf) überflutete Kontinentalblöcke vor, eine Nord- (Laurasia) und eine Süderde (Gondwana), mit dem Südpol in SW-Afrika und dem Nordpol im nördl. Pazifik. Der Äquator erstreckte sich durch den Tethysgürtel von SO-Europa nach N-Australien sowie durch Grönland und den mittleren Teil Nordamerikas. Die kaledon. Geosynklinale zog in Europa von den Brit. Inseln über Norwegen, Spitzbergen nach O-Grönland. Das durch ihre Faltung entstandene Kaledon. Gebirge vereinte die Baltisch-Russische mit der Kanadisch-Grönländ. Platte und der Hebridenmasse zu einem geschlossenen Nordatlant. Kontinent. Der Vorläufer des Atlant. Ozeans (→Iapetus) schloss sich wieder. Ophiolithe und Serpentinite, die in W-Norwegen bis Schottland vorkommen, stellen Reste der ozean. Kruste dar. Weitgehend ungestört sind die silur. Schelfmeerablagerungen des Balt. Schildes. Bedeutend ist auch das S. Mitteleuropas in Thüringen und Böhmen, aber auch im rechtsrhein. Schiefergebirge, Harz, Frankenwald und in den O-Alpen: im unteren Teil tonig-kieselige (Geosynklinalmeer), im oberen Teil mehr und mehr kalkige Ablagerungen (Schelfmeer). Silur. Gesteine gibt es auch in W- und S-Europa, Südamerika, Asien und Australien.
Der Ausweitung des Meeresraumes entsprechend war die silur. Fauna v. a. durch marine Wirbellose geprägt: Graptolithen (Tiefwasser), Trilobiten, Brachiopoden, Conodonten, Ostracoden, Korallen, Stromatoporen (Flachwasser). Seelilien und Haarsterne hatten ihre Blütezeit, ebenso die Algen (großwüchsige Formen). Mit den Eurypterida oder Gigantostraca erreichten die Krebse Riesenwuchs (bis 2 m; Eurypterus, Pterygotus). Wirbeltiere traten noch deutlich zurück: neben den Kieferlosen setzt dem Ober-S. auch Panzerfische, ferner Stachelhaie (Acanthodii) u. a. Knochenfische sowie erste Knorpelfische. Sie drangen in brackige Küstengewässer, z. T. in festländ. Gewässer vor oder entstanden dort sogar (Ausbildung von lungenähnl. Organen). Das gegen Ende des S. mit der zunehmenden Gebirgsbildung sich ausdehnende Festland wurde erstmals von Pflanzen besiedelt (Nacktfarne, →Cooksonia), ebenso von Gliederfüßern (Hundertfüßer, Spinnentiere, Skorpione).

R. WALTER: Paläogeographie des Siluriums in Nord-, Mittel- u. Westeuropa (1972); The Silurian-Devonian boundary, hg. v. A. MARTINSSON (Stuttgart 1977).

Šilutė [ʃɪˈlʊtɛː], Stadt in Litauen, →Heydekrug.
Silva, 1) António **Dinis da Cruz e** [dəˈniʒ da ˈkruz i], port. Dichter, →Dinis da Cruz e Silva, António.
2) António José da, gen. **O Judeo** [uʒuˈðeu], port. Bühnendichter, * Rio de Janeiro 8. 5. 1705, † Lissabon 19. 10. 1739; nach Studium in Coimbra Advokat in Lissabon; wurde wegen seiner jüd. Herkunft verfolgt und nach einem Inquisitionsverfahren verbrannt. S. schrieb burleske, satir. Komödien (Marionetten-Singspiele), in denen u. a. mytholog. Stoffe und klass. Fabeln parodiert werden (z. B. ›Vida do grande D. Quixote de la Mancha e do gordo Sancho Pança‹, 1733; ›Esopaida, ...‹, Uraufführung 1734; ›Os encantos de Medeia‹, 1735; ›Guerras do Alecrim e Manjerona‹, 1737). Sein Schicksal wurde literarisch von C. CASTELO BRANCO in einem biograph. Roman (›O Judeu‹, 2 Bde., 1866) und von B. SANTARENO in einem gleichnamigen Theaterstück (1966) dargestellt.

Ausgabe: Obras completas, hg. v. J. P. TAVARES, 4 Bde. (¹⁻²1958–68).
J. O. BARATA: A. J. da S. Criação e realidade, 2 Bde. (Coimbra 1983–85).

3) José Asunción, kolumbian. Lyriker, * Bogotá 27. 11. 1865, † (Selbstmord) 24. 5. 1896; seine subtilen, oft melanchol. Gedichte bilden eine Variante des modernist. Stils. Die 1945 postum herausgegebene Sammlung ›El libro de versos‹ gehört zu den bedeutendsten Werken iberoamerikan. Lyrik.

Weitere Werke: *Lyrik:* Nocturnos (1894); Poesias (hg. 1908). – *Autobiograph. Roman:* De sobremesa, 1887–1896 (hg. 1925).
Ausgaben: Obra completa, hg. v. E. CAMACHO GUIZADO u. a. (1977); Obra completa, hg. v. H. H. ORJUELA u. a. (1990).
B. T. OSIEK: J. A. S. (Boston, Mass., 1978).

Silväa [zu lat. silva ›Wald‹] *die, -, Pflanzengeographie:* die sommergrünen Laubwälder der Holarktis (östl. USA, Mitteleuropa, O-Asien).
Silvaner [vielleicht zu Transsilvanien ›Siebenbürgen‹, dem angebl. Herkunftsland] *der, -s/-,* im Wallis **Johannisberg,** früh reifende, ertragsstarke Weißweinrebe, die tiefgründige, warme Böden bevorzugt, aber auch auf kargen Böden gute Erträge bringt; frost- und mehltauanfällig. S. war früher in ganz Mitteleuropa verbreitet und bis 1964 die wichtigste Rebsorte Dtl.s; heute steht sie (Rebfläche rd. 6 840 ha) mit einem Anteil von 7,0 % an dritter Stelle. Hauptanbaugebiete sind Rheinhessen (Rebfläche 3 435 ha, Anteil 13 %), wo als gebietstyp. trockener Wein der **Rheinhessen-S.** (RS; max. 4 g/l Restzucker, mindestens 5 g/l Säure) entwickelt wurde, die Pfalz (1 651 ha, Anteil 6,9 %) und Franken (1 188 ha, Anteil 19,6 %) sowie das Elsass (2 500 ha; im Unterelsass etwa 25 % der Rebfläche, Zentren: Barr und Mittelbergheim), das Wallis (Anteil 13 %), ferner Südtirol und Kalifornien. S. liefert Weine aller Qualitätsstufen, die meisten sind aber neutrale, helle Weine mit guter Säure. S. ist an vielen Neuzüchtungen beteiligt, so u. a. bei Scheurebe, Rieslaner, Morio-Muskat, Nobling, Freisamer, Ehrenfelser und Kanzler.
Silvanus, altröm. Gott des Waldes, der Bergweide und des ländl. Anwesens. Er wurde von den Bauern mit einfachen Opfern geehrt, an denen Frauen nicht teilnehmen durften. S. entsprach dem griech. Pan.
Silvaplana, bündnerroman. **Silvaplauna,** Gem. im Oberengadin, Kt. Graubünden, Schweiz, 1 815 m ü. M., 875 Ew.; am **Silvaplaner See** (Lej da Silvaplauna; 1 791 m ü. M., 265 ha, bis 77 m tief); bedeutender Fremdenverkehrsort; von Surlej (jenseits des

Silv Silvassa – Silvretta

Silvaplana: Im Hintergrund der Piz Polaschin (rechts) und der Piz Lagrev (dahinter links), im Vordergrund der See von Champfèr (rechts) und der Silvaplaner See

Sees) Bergbahn zum Piz Corvatsch (bis 3295 m ü. M.); südl. Endpunkt der Straße über den Julier.

Silvassa, Hauptort des Unionsterritoriums Dadra and Nagar Haveli, W-Indien, 30 km von der Küste entfernt, 6900 Einwohner.

Silver [ˈsɪlvə], Horace Ward Martin Tavares, amerikan. Jazzpianist und -komponist, * Norwalk (Conn.) 2. 9. 1928; einer der stilbildenden Musiker des Hardbop und Souljazz. S. begann in den Bands von S. GETZ und A. BLAKEY, bevor er 1956 sein eigenes Quintett gründete. Seine Musik stellte in ihrer Rückbesinnung auf schwarze Musiktraditionen wie Blues und Gospel ein Gegenmodell zum eher abendländisch orientierten Cooljazz dar. In S.s Band spielten einige später bedeutende Jazzmusiker, u. a. A. FARMER, W. SHAW, B. GOLSON u. a. Viele seiner Kompositionen sind zu Jazzstandards geworden.

Silverius, Papst (536–537), * Frosinone, † Ponza 2. 12. 537; Sohn des Papstes HORMISDAS; übergab im Dezember 536 Rom kampflos an BELISAR, wurde jedoch von diesem als vermeintl. Gefolgsmann der Ostgoten des Hochverrats beschuldigt, im März 537 verhaftet, abgesetzt und zunächst nach Patara (Lykien), dann auf die Insel Ponza verbannt. Noch vor seinem Tod nahm, durch Kaiserin THEODORA protegiert, VIGILIUS das Papstamt ein. – Heiliger (Tag: 2. 12.).

Silverstone Circuit [ˈsɪlvəstəʊn ˈsəːkɪt], engl. Automobilrennstrecke in der Cty. Northamptonshire auf einem ehem. Militärflughafen, 1948 eingerichtet; seit 1950 (erster Formel-1-Lauf überhaupt) Grand-Prix-Strecke, ein 5,143 km langer Kurs.

Silves [ˈsɪlvɪʃ], Stadt im Distr. Faro in der Nieder-Algarve, S-Portugal, auf einer Bergkuppe über dem Arade, 10 600 Ew.; Korkverarbeitung; in der Umgebung Bewässerungsanbau. – Über der Stadt maur. Kastell (10.–13. Jh.) aus rotem Sandstein; ehem. Kathedrale (13.–15. Jh.) mit Grabplatten u. a. für König JOHANN II. († 1495); Kapelle Nossa Senhora dos Mártires aus der Zeit EMANUELS I. und Misericórdienkirche mit einem Fenster im Emanuelstil. – S. war in der Maurenzeit ein bedeutendes geistiges Zentrum.

Silvester [nach Papst SILVESTER I., dem Tagesheiligen des 31. 12.] *der,* auch *das, -s/-,* der letzte Tag des Jahres, oft feierlich begangen, z. T. mit Orakel-, oft mit Lärmbrauchtum (→Neujahr). **S.-Kläuse** mit riesigem, oft filigranartig gearbeitetem Kopfputz und umgehängten Schellen treten in den Kt. Appenzell Ausserrhoden auf (z. T. auch am 13. 1., dem alten Neujahrstermin), mit hohen Lichterhüten in Orten des Kt. Zürich (zus. mit anderen [Masken-]Gestalten).

R. BENDIX: Progress and nostalgia. S.-Klausen in Urnäsch, Switzerland (Berkeley, Calif., 1985).

Silvia, Königin von Schweden

Silvester, Päpste:
1) **Silvester I.** (314–335), Römer, † Rom 31. 12. 335. Nach der aus dem 5. Jh. stammenden Legende, die in die →Konstantinische Schenkung einging, taufte er KONSTANTIN D. GR. und heilte ihn vom Aussatz. – Heiliger (Tag: 31. 12.).
2) **Silvester II.** (999–1003), früher **Gerbert von Aurillac** [-ɔriˈjak], * in der Auvergne um 940/950, † Rom 12. 5. 1003; Domscholaster in Reims, wurde um 983 Abt von Bobbio, 991 Erzbischof von Reims (ohne päpstl. Anerkennung). Sein Schüler, der spätere Kaiser OTTO III., ließ ihm 998 das Erzbistum Ravenna übertragen und veranlasste seine Wahl zum Papst (erster frz. Papst). S. trat mit OTTO III. für die Erneuerung des Röm. Reiches im Sinne einer christl. Theokratie (→Renovatio imperii Romanorum) ein und organisierte mit kaiserl. Unterstützung die Kirche in Polen und Ungarn (Errichtung der Erzbistümer Gnesen und Gran). Er galt als bedeutendster abendländ. Gelehrter seiner Zeit, geriet aber wegen seiner mathemat. und naturwiss. Kenntnisse (z. T. aus arab. Quellen; →arabische Ziffern) in den Ruf eines Magiers.
3) **Silvester III.** (1045–1046), früher **Giovanni di Sabina** [dʒoˈvanni-], * Rom um 1000, † nach 1046; Bischof von Sabina; von den Crescentiern gegen BENEDIKT IX. zum Papst erhoben; am 10. 3. 1045 (?) von diesem vertrieben, kehrte er in sein Bistum zurück; am 20. 12. 1046 wurde er auf der Synode von Sutri durch König HEINRICH III. förmlich abgesetzt.
4) **Silvester (IV.),** Gegenpapst (1105–1111), früher **Maginulf,** vom röm. Adel unter dem Schutz des Markgrafen WERNER von Ancona gegen PASCHALIS II. erhoben, musste bald fliehen, verzichtete aber erst 1111, gedrängt von Kaiser HEINRICH V., auf sein Amt.

Silvester|orden, zw. 1841 und 1905 Name des päpstl. Ordens vom →Goldenen Sporn; seit 1905 Verdienstorden mit drei Klassen. Ordenszeichen ist ein goldenes Malteserkreuz mit dem Bild Papst SILVESTERS I.

Silvesterpatent, Bez. für den Erlass von Kaiser FRANZ JOSEPH I. von Österreich vom 31. 12. 1851, durch die die oktroyierte Verf. vom 4. 3. 1849 aufgehoben wurde; sie enthielten das Verwaltungs- und Regierungsprogramm des →Neoabsolutismus.

Silvestre [silˈvɛstr], 1) Israël, frz. Zeichner und Radierer, * Nancy 3. 8. 1621, † Paris 11. 10. 1691, Vater von 2); zeichnete und radierte zahlr. Plätze, Bauten, Denkmäler und Schlösser in Frankreich und Italien.
2) Louis de (seit 1741), d. J., frz. Maler, * Sceaux 23. 6. 1675, † Paris 11. 4. 1760, Sohn von 1); Schüler von C. LE BRUN, Vertreter eines eleganten, repräsentativen Rokokostils, den er auch in Dtl. verbreitete (1715 als Hofmaler nach Dresden berufen, 1727–48 Direktor der dortigen Akademie). Er malte religiöse, histor., mytholog. Bilder sowie Porträts.

Silvestrini, Achille, ital. kath. Theologe und päpstl. Diplomat., * Brisighella (bei Faenza) 25. 10. 1923; Absolvent der päpstl. Diplomatenakademie; wurde 1979 zum Bischof geweiht; seit 1988 Kardinal. Ab 1953 im →Staatssekretariat tätig, war S. 1979–88 Sekr. des Rates für die öffentl. Angelegenheiten der Kirche. 1988–91 war er Präfekt des obersten päpstl. Gerichtshofes (Apostol. Signatur); seit Mai 1991 ist er Präfekt der Kongregation für die Ostkirchen.

Silvia, Königin von Schweden, urspr. **Silvia Renate Sommerlath,** * Heidelberg 23. 12. 1943; Dolmetscherin, ⚭ seit 19. 6. 1976 mit dem schwed. König KARL XVI. GUSTAV.

Silvius, in der röm. Sage der postum geborene Sohn des →Äneas und der Lavinia, Nachfolger seines Halbbruders Ascanius als König von →Alba Longa.

Silvretta *die,* stark vergletscherte Gebirgsgruppe (aus kristallinen Gesteinen aufgebaut) der Rät. Alpen zw. Montafon (Vorarlberg) und Paznaun (Tirol) im N sowie Unterengadin und Flüelapass und -tal (Kt.

Graubünden) im S; die österr.-schweizer. Grenze folgt (außer am O-Ende) dem Hauptkamm. Jenseits von Gargellental und Schlappiner Joch im W schließt sich das Rätikon an, im O geht die S. in die Samnaungruppe über. Im N grenzt sie das Zenisjoch mit dem Kopsstausee (1 809 m ü. M.) gegen die Verwallgruppe ab. Höchste Erhebungen sind Piz Linard (3 411 m ü. M.), Fluchthorn (3 399 m ü. M.) und Piz Buin (am südl. Punkt der Grenze, 3 312 m ü. M.), über den auch die Wasserscheide zw. Inn (im O; Zufluss im N-Teil über die Trisanna) und Rhein (Zufluss im N über die Ill, im S über die Landquart) verläuft; insgesamt erheben sich in der S. 74 Gipfel über 3 000 m ü. M. Die **S.-Hochalpenstraße** (22,5 km lang, Mautstraße; 1954 fertig gestellt) verbindet Partenen (1 051 m ü. M.) im Montafon mit Galtür (1 584 m ü. M.) im Paznaun über die Bielerhöhe (2 036 m ü. M.), auf der auch der **S.-Stausee** liegt (2 032 m ü. M., 2,5 km lang; Staumauer an der NW-Ecke 80 m hoch, 432 m lang; kleiner Staudamm an der NO-Ecke gegen das Klein Vermunt); N-Rampe mit zahlr. Serpentinen (max. Steigung 14%) durch Unter Vermunt zum Vermuntstausee (1 745 m ü. M.) im Groß Vermunt. Die Straße wurde zus. mit den drei Stauseen der Montafoner Illwerke (Kraftwerk in Partenen) angelegt; starker Touristenverkehr. Am Rande der S. liegen einige Wintersportgebiete, so v. a. im NW **S. Nova** (Sankt Gallenkirch, Gaschurn, Partenen). Das Vereinagebiet am Piz Linard in der Schweiz ist geschütztes Landschaftsgebiet von nat. Bedeutung; durch das Vereinatal ist eine Eisenbahnverbindung (mit 19 km langem Tunnel) zw. Klosters und dem Unterengadin im Bau.

Silwestrow, Silvestrov, Walentij Wassiljewitsch, ukrain. Komponist, *Kiew 30. 9. 1937; studierte in Kiew. In seiner Kompositionstechnik ging er von zwölftönigen, seriellen und aleator. Techniken aus; nach 1970 erlangte der Dualismus Tonalität – Atonalität zentrale Bedeutung. S. zählt zu den bedeutenden russ. Vertretern der avantgardist. Musik. Sein Schaffen umfasst Orchesterwerke (sechs Sinfonien, 1963–88; Hymnus für 5 Instrumentalgruppen, 1970; Metamusik für Klavier und Orchester, 1992), Kammermusik, Klavierwerke und Vokalmusik (›Ode an die Nachtigall‹ für Sopran und Kammerorchester, 1983; Lieder).

Sima das, -(s), **Sialsima,** Bez. für die untere, v. a. aus Silicium-, Aluminium- und Magnesiumverbindungen bestehende Zone der Erdkruste (→Erde).

Sima [lat., zu simus, ›platt(nasig)‹, von gleichbedeutend griech. simós] *die, -/-s* und *...men,* in der *antiken Baukunst* das Gesims, eine um das Dach geführte hochgestellte Blende aus Ton oder Stein (oft reich verziert), an der Traufseite als Dachrinne; entstanden aus dem aufgebogenen Rand der Traufziegel.

Sima, Horia, rumän. Politiker, *Bukarest 3. 7. 1906; urspr. Lehrer, ab 1938 Führer der →Eisernen Garde, unter dem Verbot bis 1940 im Exil, 1940/41 stellv. Min.-Präs. Nach einem gescheiterten Putsch gegen Min.-Präs. I. ANTONESCU im Januar 1941 ging er nach Dtl. und wurde dort 1943–44 im KZ interniert. 1944/45 bildete er in Wien eine rumän. Exil-Reg.; 1946 in Bukarest in Abwesenheit zum Tode verurteilt, lebt seitdem in Spanien.

A. HEINEN: Die Legion ›Erzengel Michael‹ in Rumänien (1986).

Šíma [frz. ʃiˈma, tschech. ˈʃima], Josef, frz. Maler, Grafiker und Illustrator tschech. Herkunft, *Jaroměř 19. 3. 1891, †Paris 24. 7. 1971; lebte ab 1920 in Paris. In Auseinandersetzung mit dem Symbolismus konzentrierte sich Š. zunächst auf die Darstellung geometrisierender Linienfigurationen; charakteristisch für sein Gesamtwerk sind v. a. Frauentorsi und Traumlandschaften (›Europa‹, 1927, Privatbesitz), die dem Surrealismus nahe stehen; gestaltete auch Themen aus der antiken Mythologie.

V. LINHARTOVÁ: J. S. Ses amis, ses contemporains (Brüssel 1974); S., hg. v. S. PAGÉ, Ausst.-Kat. Musée d'Art Moderne, Paris (Paris 1992).

Sima Guang, Ssu-ma Kuang, chin. Staatsmann und Historiograph, *Xia (Prov. Henan) 1019, †1086; streng konfuzianisch gesinnter hoher Beamter und in der einflussreichen Position als Zensor Hauptgegner des →WANG ANSHI und seiner Reformen; er trat 1070 zurück, als er diese nicht mehr verhindern konnte, und widmete sich der Kompilierung eines 1084 vollendeten, die gesamte bekannte Vergangenheit seit dem 5. Jh. v. Chr. umfassenden annalist. Geschichtswerkes ›Umfassender Spiegel zur Hilfe bei der Regierung‹, das in Form und Inhalt bewusst die Idee der Unwandelbarkeit des Gangs der Geschichte wachrief und damit zunächst das Selbstbild Chinas, seit dem 19. Jh. indirekt aber auch das westl. Chinabild prägte. Kurz vor seinem Tod neu als Kanzler berufen, gelang es ihm noch, alle Reformen WANGS rückgängig zu machen.

Simancas, Stadt in N-Spanien, Prov. Valladolid, Altkastilien, 725 m ü. M., südwestlich von Valladolid am Pisuerga, 2 200 Ew.; Landwirtschaftszentrum. – S. wird überragt von einer mächtigen Araberburg (8. Jh.; im 15. Jh. restauriert, im 16. Jh. im Kernbereich umgebaut), die seit 1540 das Generalarchiv Spaniens beherbergt (heute in 52 Sälen); 17-bogige, urspr. röm. Brücke; dreischiffige Kirche El Salvador (16. Jh.) mit Flügelaltären (1563). – S. ist das röm. **Septimanca**.

Silvretta: Stark vergletscherte Silvrettagruppe

Sima Qian [-tʃian], **Ssu-ma Ch'ien,** chin. Historiograph, *Longmen (Prov. Shaanxi) 145 (?) v. Chr., †86 (?) v. Chr.; aus einer Familie stammend, die über mehrere Generationen die Hofastrologen gestellt hatte (denen gleichzeitig die Führung der offiziellen Staatschroniken oblag), übernahm S. die von seinem Vater SIMA TAN († 110 v. Chr.) begonnene Aufgabe, eine von den myth. Anfängen bis zur Gegenwart reichende Geschichtsdarstellung abzufassen. Obwohl wegen einer Einmischung in die Politik vom Kaiser mit der Strafe der Kastration belegt, führte er sein epochales Werk, die ›Histor. Aufzeichnungen‹ (›Shi-ji‹) zu Ende. Es wurde in seiner Einteilung nach Herrscherannalen, Tabellen, wiss. Abhandlungen und Biographien zum Modell der bis 1912 weitergeführten offiziellen Dynastiegeschichten und übte auch stilistisch auf die nachfolgende Geschichtsschreibung großen Einfluss aus.

Ausgabe: Les mémoires historiques de Se-ma Ts'ien, hg. v. É. CHAVANNES (1967).

B. WATSON: Ssu-ma Ch'ien, grand historian of China (New York 1958).

Simaroubaceae [indian.], die →Bitterholzgewächse.

Simb Simbabwe

Simbabwe: Mauerzüge der inneren Einfriedung im Bereich des konischen Turms

Simbạbwe, engl. **Zimbạbwe** [z-], Ruinenstätte am S-Rand des Hochlands des afrikan. Staates Simbabwe, der seinen Namen von ihr bezog. Die zerfallenen Steinbauten wurden fälschlich im 19. Jh. von den ersten Europäern, die sie zu Gesicht bekamen, für ein Werk früherer Eindringlinge aus Übersee gehalten. Sie erstrecken sich auf einer Fläche von fast 40 ha. Hauptbauwerk und größter histor. Bau Schwarzafrikas ist der 250 m lange, 11 m hohe, an der Basis 5 m breite, ovale Mauerring (80 m × 50 m) aus Granitquadern, der Tempel und Königsresidenz umfasste; davon ist ein über 10 m hoher massiver kon. Turm erhalten, dessen Granitblöcke wie bei der Mauer und den übrigen Bauten ohne Mörtel aufeinander geschichtet sind. Ausgrabungen erwiesen, dass der Bau der Stadtanlage im 14. Jh. von Einheimischen begonnen wurde; offenbar steht sie mit dem Erzbergbau im Zusammenhang, der für dieses Gebiet seit etwa 900 n. Chr. belegt ist. Im 14. und 15. Jh. war S. vermutlich Zentrum eines von Shona gebildeten Staates, der das Maschonaland beherrschte, dann verfiel die Stadt, jedoch lassen sich einige Bauten bis in das frühe 19. Jh. datieren. Die Restaurierung begann 1911. S. wurde von der UNESCO zum Weltkulturerbe erklärt.

P. S. GARLAKE: S. (a. d. Engl., 1975); D. N. BEACH: The Shona and Zimbabwe, 900–1850 (London 1980); H. W. A. SOMMERLATTE: Gold u. Ruinen in Zimbabwe. Aus Tagebüchern u. Berichten des Schwaben Karl Mauch, 1837–1875 (1987); 10 Jahre Zimbabwe. Kunst + Gesch., hg. v. H. KAMMERER-GROTHAUS, Ausst.-Kat. Übersee-Museum, Bremen u. a. (1990, dt. u. engl.).

Simbabwe
Fläche 390 759 km²
Einwohner (1996) 11,5 Mio.
Hauptstadt Harare
Amtssprache Englisch
Nationalfeiertag 18. 4.
Währung 1 S.-Dollar (Z. $) = 100 Cents (c)
Uhrzeit 13⁰⁰ Harare = 12⁰⁰ MEZ

Simbạbwe, amtlich engl. **Republic of Zimbabwe** [rɪˈpʌblɪk əv zɪmˈbɑːbweɪ], Binnenstaat im südl. Afrika, zw. Sambia im N, Moçambique im NO und O, Rep. Südafrika im S und Botsuana im W, 390 759 km², (1996) 11,5 Mio. Ew.; Hauptstadt ist Harare,

Amtssprache Englisch. Währung: 1 S.-Dollar (Z. $) = 100 Cents (c). Zeitzone: Osteurop. Zeit (13^{00} Harare = 12^{00} MEZ)

STAAT · RECHT

Verfassung: Nach der Unabhängigkeits-Verf. von 1980 (1987 und 1990 revidiert) ist S. eine präsidiale Rep. im Commonwealth. Staatsoberhaupt und Reg.-Chef ist der auf sechs Jahre direkt gewählte Präs. (Wiederwahl zulässig). Die Legislative liegt seit 1990 beim Einkammerparlament (House of Assembly) mit 150 Abg. (120 gewählt, 20 vom Präs. ernannt; 10 Sitze sind für Stammeshäuptlinge reserviert). Die Legislaturperiode beträgt fünf Jahre.

Parteien: Dominierende Partei ist die Zimbabwe African National Union–Patriotic Front (ZANU-PF, gegr. 1963). Sie vertritt ein sozialistisch motiviertes Programm; 1987 erzwang sie unter ihrem Namen einen Zusammenschluss mit der Zimbabwe African People's Union (ZAPU, gegr. 1961). Daneben spielen die Regionalpartei ZANU-Ndonga, das Zimbabwe Unity Movement (ZUM) und die Forum Party of Zimbabwe (FPZ) eine Rolle.

Gewerkschaften: Seit 1981 sind alle Gewerkschaften im Zimbabwe Congress of Trade Unions (ZCTU) zusammengeschlossen.

Wappen: Das Wappen (von 1980) wird von einem grünen Schild gebildet, darin eine Darstellung der Ruinen von Simbabwe, im Schildhaupt ein blauweißer Wellenschnitt. Über dem Schild liegt ein goldgrüner Wulst. Schildhalter sind zwei Kudu. Sie stehen wie der Schild auf einem naturfarbenen Stück Land, dessen unterer Abschluss ein Schriftband mit der Losung ›Unity, Freedom, Work‹ (›Einheit, Freiheit, Arbeit‹) bildet. Das Oberwappen zeigt vor einem roten, fünfstrahligen Stern eine goldene Specksteinskulptur, die den auf einem unterschiedlich gemusterten Steinmauerstück sitzenden ›Simbabwe-Vogel‹ darstellt.

Nationalfeiertag: Nationalfeiertag ist der 18. 4., der an die Erlangung der Unabhängigkeit 1980 erinnert.

Verwaltung: Es bestehen acht Provinzen.

Recht: Auf der untersten Stufe des Gerichtssystems stehen die Erstgerichte (Primary Courts) und die Gemeinschaftsgerichte (Community Courts). Sie sind zuständig für die nach Gewohnheitsrecht zu entscheidenden Fälle mit geringem Streitwert. Zus. werden diese Gerichte auch als Ortsgericht (Local Courts) bezeichnet. Die Gemeinschaftsgerichte sind erstinstanzl. Gerichte, entscheiden aber auch über Berufungen gegen die Entscheidungen der Erstgerichte. Gegen die Entscheidungen eines Gemeinschaftsgerichts kann Berufung bei einem Magistratsgericht (Magistrates' Court) eingelegt werden. Die höheren Gerichte sind das Hohe Gericht (High Court) und der Oberste Gerichtshof (Supreme Court). Das Hohe Gericht hat u. a. die Befugnis, die Verfahren und Entscheidungen von allen untergeordneten Gerichten zu überprüfen. Der Oberste Gerichtshof ist v. a. für Rechtsmittel gegen die Urteile des Hohen Gerichts zuständig und besitzt eingeschränkte Verf.-Gerichtsbarkeit. Daneben existieren zahlr. Spezialgerichte.

Streitkräfte: Die Gesamtstärke der Streitkräfte beträgt rd. 45 000 Mann (Luftwaffe etwa 4 000 Soldaten), die der paramilitär. Kräfte rd. 23 000 Mann (hauptsächlich Polizeikräfte). Das Heer umfasst sieben Brigaden mit über 20 Infanteriebataillonen sowie je ein Panzer-, Pionier-, Artillerie- und Flugabwehrregiment. Die Ausrüstung besteht im Wesentlichen aus etwa 40 chin. Kampfpanzern und rd. 50 Kampfflugzeugen.

LANDESNATUR · BEVÖLKERUNG

Den größten Teil von S. nimmt ein Binnenhochland ein. Zw. Bulawayo und Harare erstrecken sich die über

Simbabwe **Simb**

1 200 m ü. M. gelegenen Rumpfflächen des Hochvelds (im O das Maschonaland), dessen westl. Teil (Matabeleland) sich allmählich bis auf 900 m ü. M. zum Kalaharibecken senkt. Im N, S und SO fällt es in markanten Stufen über das schmale Middleveld (900–1 200 m ü. M.) zum Lowveld (400–800 m ü. M.) an Sambesi, Limpopo und Save. Der O wird beherrscht von der über 2 000 m hohen Randstufe (Nyanga Mountains, im Inyangani 2 592 m ü. M.). Vorherrschend sind präkambr. Gesteine des afrikan. Sockels; nur im N und NW erscheinen Sedimentgesteine der Karru-Serie als Hügelkette. Als besondere geolog. Erscheinung, im Landschaftsbild wenig auffällig, durchzieht der Intrusionskörper des →Great Dyke das Hochveld von SSW nach NNO; er birgt die meisten Bodenschätze des Landes. Im NW verläuft die Landesgrenze längs des Sambesi und durch den 275 km langen →Karibasee. Die Victoriafälle und der Mana-Pools-Nationalpark mit den Safarigebieten Sapi und Chewore wurden von der UNESCO zum Weltnaturerbe erklärt.

Simbabwe: Landschaft im östlichen Hochland

Klima: S. hat randtrop. Klima, durch die Höhe gemäßigt. Das Hochveld zeigt warmgemäßigte Temperaturen und ausreichende Sommerregen (Harare 18,6 °C Jahresmittel, 839 mm Jahresniederschlag), wird jedoch nach W heißer und trockener; das Lowveld ist heiß und erhält geringe, unregelmäßige Niederschläge (Chirundu am Sambesi 25,7 °C und 550 mm, Beitbridge am Limpopo 23,1 °C und 298 mm). Die Gebirge im O erhalten jährlich über 1 000 mm Niederschläge. Die höchsten Temperaturen treten vor der Regenzeit auf. Die tägl. Temperaturunterschiede sind sehr groß, im Winter (Juli–August) können auch Nachtfröste auftreten.

Größte Städte (Ew. 1992)			
Harare	1 184 200	Gweru	124 700
Bulawayo	620 900	Kwekwe	75 000
Chitungwiza	274 000	Kadoma	67 300
Mutare	131 800	Masvingo	51 700

Vegetation: Die Vegetation spiegelt die Höhen- und Klimagliederung wider. Im Middle- und Hochveld herrschen Savannen mit Laub abwerfenden Bäumen vor, im N und O dichter, im S und W offener, hier mit Baikiaea-Arten (›Rhodes. Teak‹). Im Lowveld sind Dornstrauchsavannen und Trockenwald mit Mopanearten verbreitet. Im Gebirge des feuchteren O wächst immergrüner Bergwald, durchsetzt von offenen Grasflächen (hier z. T. Aufforstungen mit Kiefern und Eukalyptus).

Bevölkerung: Die Mehrheit der Bev. gehört zu Bantuvölkern (71 % Shona, 16 % Ndebele, 11 % andere Bantuvölker); ferner leben in S. Weiße, Mischlinge und Inder. Der Anteil der weißen Bev. hat sich seit 1980 infolge von Auswanderung stark verringert (von 278 000 auf 80 000). Die Flüchtlinge aus Moçambique (1988 über 135 000) kehren in ihre Heimat zurück. Zw. den Shona (Maschona), die die nördl. und zentralen Landesteile (v. a. Maschonaland) bewohnen, und den Ndebele (Matabele) im SW des Landes (Matabeleland) kommt es immer wieder zu Spannungen. Die Kluft zw. den beiden Völkern wurde durch den Konflikt der beiden Befreiungsfronten ZANU und ZAPU, letztere in Matabeleland tätig, erneut vertieft; auf beiden Seiten kam es zu Terrorakten. Die durchschnittl. jährl. Bev.-Zunahme ist mit (1985–95) 2,8 % recht hoch. Die höchste Bev.-Dichte findet sich im Hochveld (Farmland, Bergbau, Industrie). Der Anteil der städt. Bev. beträgt (1995) 32 % bei rasch zunehmender Urbanisierung.

Religion: Die Religionsfreiheit ist durch die Verf. garantiert. Es besteht Trennung von Staat und Religion. Etwa die Hälfte der Bev. wird traditionellen afrikan. Religionen zugerechnet; darunter (trotz christl. Mission) auch die Ndebele. Rd. 44 % der Bev. sind Christen: rd. 3 % gehören der kath. Kirche, etwa 18 % prot. Kirchen (bes. Pfingstler, Adventisten, Methodisten, Heilsarmee), rd. 15 % unabhängigen Kirchen, rd. 2 % der anglikan. Kirche. Die kath. Kirche umfasst die Erzbistümer Bulawayo und Harare mit fünf Suffraganbistümern. Die vier anglikan. Diözesen gehören zur anglikan. Kirche der Prov. Zentralafrika. – Die jüd. Gemeinschaft zählt etwa 1 000 Mitgl. Ebenfalls sehr kleine religiöse Minderheiten bilden Hindus, Bahais und Muslime (Inder, Yao sowie einige Lemba).

Bildungswesen: Das Schulsystem (nach brit. Vorbild) gliedert sich in eine siebenjährige Primarschule (einschließlich zweier Vorschuljahre) für Fünf- bis Zwölfjährige und in eine sechsjährige Sekundarstufe mit dem Abschluss der Hochschulreife. Mit der Durchsetzung der allgemeinen Primarschulpflicht stieg die Einschulungsquote in den letzten Jahren auf 95 %. Die Zimbabwe Foundation for Education with Production (gegr. 1980) bietet Berufsbildungsprogramme an, bei denen die Schüler zugleich ihren Lebensunterhalt verdienen können. Die Analphabetenquote beträgt nur noch 15 % (1962: 61 %). Univ. bestehen in Harare (gegr. 1955) und Bulawayo (gegr. 1990).

Publizistik: Alle Tages- und Sonntagszeitungen gibt der staatl. ›Mass Media Trust‹ heraus, der auch Eigner der Nachrichtenagentur ›Zimbabwe Inter-Africa News Agency‹ (ZIANA, gegr. 1981) ist. Tageszeitungen sind ›The Herald‹ (gegr. 1891, Auflage 134 000) und ›The Chronicle‹ (gegr. 1894, 74 000; verbreitet im SW des Landes); sonntags erscheinen ›Sunday Mail‹ (154 000) und ›Sunday News‹ (66 000). Die öffentlichrechtl. ›Zimbabwe Broadcasting Corporation‹ (gegr. 1957) verbreitet Hörfunkprogramme in Englisch und sechs Landessprachen sowie zwei Fernsehprogramme. Seit 1992 kann auch Satellitenfernsehen empfangen werden.

WIRTSCHAFT · VERKEHR

Im Ggs. zu den meisten anderen Staaten Afrikas besitzt S. neben einem leistungsfähigen Agrarsektor auch einen entwickelten industriellen Sektor mit einer mehr als 50-jährigen Tradition. Mit einem Bruttosozialprodukt je Ew. von (1995) 540 US-$ gehört S. zu den Entwicklungsländern mit niedrigem Einkommen.

Landwirtschaft: Die landwirtschaftl. Nutzfläche setzt sich zus. aus (1992) 2,8 Mio. ha Ackerland, 96 000 ha Dauerkulturen und 4,9 Mio. ha Weideland. Insgesamt werden 225 000 ha Land künstlich bewässert. In der Landwirtschaft sind (1995) 67 % der Erwerbstätigen beschäftigt, die überwiegend Subsistenzlandwirtschaft betreiben. Für die städt. Märkte und

Simbabwe

Staatswappen

Staatsflagge

ZW
Internationales Kfz-Kennzeichen

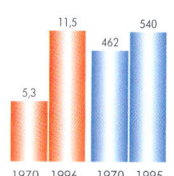

1970 1996   1970 1995
Bevölkerung   Bruttosozial-
(in Mio.)   produkt je Ew.
              (in US-$)
5,3   11,5   462   540

☐ Stadt
☐ Land

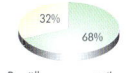

Bevölkerungsverteilung 1995
68 % / 32 %

☐ Industrie
☐ Landwirtschaft
☐ Dienstleistung

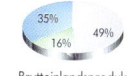

Bruttoinlandsprodukt 1995
49 % / 35 % / 16 %

Simb Simbabwe

Klimadaten von Harare (1 480 m ü. M.)

Monat	Mittleres tägl. Temperaturmaximum in °C	Mittlere Niederschlagsmenge in mm	Mittlere Anzahl der Tage mit Niederschlag	Mittlere tägl. Sonnenscheindauer in Stunden	Relative Luftfeuchtigkeit nachmittags in %
I	25,5	202	19	6,1	57
II	26	180	16	6,4	53
III	25,5	108	13	6,7	52
IV	25,5	30	6	8,1	44
V	23,5	9	2	8,7	37
VI	21	5	1	8,6	36
VII	21	1	1	8,8	33
VIII	23,5	2	1	9,4	28
IX	26,5	5	1	9,6	26
X	28,5	29	5	9,0	26
XI	27	95	12	7,0	43
XII	26	173	16	6,4	57
I–XII	25	839	92	7,9	41

den Export produzieren v. a. die weißen und die afrikan. Farmer. Im Agrarsektor wurden (1995) 16% des Bruttoinlandsprodukts (BIP) erwirtschaftet. Das Land kann bei vielen Agrarprodukten den Eigenbedarf decken. Wichtigstes Anbauprodukt ist Mais (Erntemenge 1995: 840 000 t). Daneben werden für den Eigenbedarf v. a. Weizen, Hirse, Sorghum und Sojabohnen angebaut. Agrarexportprodukte sind neben Tabak (198 000 t) Rohrzucker, Baumwolle, Kaffee, Tee und Zitrusfrüchte. Die Landwirtschaft hat zeitweilig unter Dürreperioden zu leiden. Mehrere Staudämme mit Speicherseen dienen v. a. der Bewässerung zur Sicherung der Ernten. In den meisten Jahren kann S. Nahrungsmittel exportieren. Viehwirtschaft wird in den Stammesgebieten und auf Farmen betrieben, v. a. Rinderzucht (1995: 4,5 Mio. Rinder), aber auch Ziegen-, Schaf- und Schweinehaltung. Rindfleisch wird exportiert.

Simbabwe: Wirtschaft

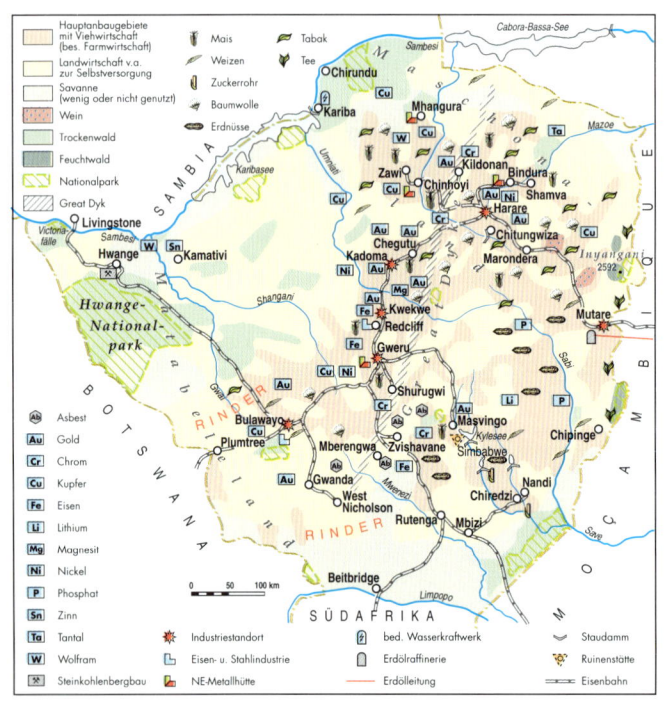

Forstwirtschaft: Als Wald ausgewiesen sind (1992) 19,9 Mio. ha. Der Holzeinschlag (1994: 8 Mio. m^3) dient zu 80% als Brennholz.

Fischerei: In den Binnengewässern, bes. im Karibasee, werden jährlich 20 000–30 000 t Fisch gefangen.

Bodenschätze: Von größter wirtschaftl. Bedeutung ist der Bergbau. Insgesamt treten etwa 70 versch. Minerale auf, v. a. im Great Dyke. Wichtigstes Bergbauprodukt ist Gold (Gewinnung 1995: 24,0 t; Anteil am Exportwert 1990: 16,2%). Bei der Chromerzförderung (1995: 707 000 t) steht S. weltweit an 6. Stelle; bei der Asbestförderung (1995: 169 000 t) an 3. Stelle. Der Exportanteil von Ferrochrom liegt (1990) bei 10%. Die Steinkohle von Hwange im W wird z. T. im Tagebau abgebaut. Am Great Dyke werden außerdem Nickel- (1994: 13 500 t), Kupfer- (9 400 t), Kobalt- (100 t) und Silbererz (14 t) abgebaut. Die Uranvorkommen sollen erschlossen werden.

Industrie: Im industriellen Sektor einschließlich Bergbau, Energie- und Bauwirtschaft sind (1994) 33% der Erwerbstätigen beschäftigt; der Anteil dieses Sektors am BIP betrug (1995) 35%. Eine gut ausgebaute Infrastruktur, ausreichende Energieversorgung (neben Kohle Elektrizität vom Wasserkraftwerk am Karibadamm, mit dürrebedingten Schwankungen), eine Vielzahl heim. Rohstoffe und ein funktionstüchtiger Finanzsektor bieten die Grundlage für eine leistungsstarke Industrie. Die wichtigsten Produktionszweige sind Metall erzeugende und verarbeitende Industrie (Eisen- und Stahlwerk, Chromhütten, Nickel-, Kupferraffinerie), Ernährungsgewerbe (u. a. Zuckerfabriken) sowie chem. und Textilindustrie (bes. Baumwollverarbeitung). Größte Industriestandorte sind Bulawayo und Harare; regionale Schwerpunkte Gweru und Kwekwe.

Tourismus: Besondere Anziehungspunkte sind die Victoriafälle am Sambesi, der Karibasee, das Bergland im NO, die 26 Nationalparks und Wildreservate sowie das histor. →Simbabwe. Die ausländ. Gäste (1995: über 1 Mio.) kommen v. a. aus Sambia, der Rep. Südafrika, Großbritannien, Dtl. und den USA.

Außenwirtschaft: Der Umfang des Außenhandels hat in den vergangenen Jahren stetig zugenommen (1995: Ausfuhrwert 1,9 Mrd. US-$; Einfuhrwert 2,2 Mrd. US-$). Zu den Hauptausfuhrgütern zählen: Tabak, Ferrochrom, Nickel, Stahl, Kleidung u. a. Textilwaren. Haupthandelspartner sind die Rep. Südafrika, Großbritannien, Japan, Dtl., die USA und Botswana. Der Schuldendienst für die (1995) 4,9 Mrd. US-$ Auslandsschulden beansprucht 25,6% der Exporterlöse.

Verkehr: Das Verkehrsnetz ist relativ gut ausgebaut. S. ist als Binnenland auf Transitwege angewiesen, aber gleichzeitig eine Drehscheibe für die Nachbarstaaten. Wichtigstes Verkehrsmittel ist die Eisenbahn. Das Eisenbahnnetz (Länge 1995: 2 836 km) geht im O in die Strecken von Moçambique über. Seit 1987 können die kürzeste Verbindung zum Ind. Ozean durch den Beira-Korridor zum Hafen Beira und seit 1989 die Limpopo-Linie nach Maputo (beide in Moçambique) wieder genutzt werden. Im S besteht seit 1974 direkter Anschluss an das Netz der Rep. Südafrika zum Hafen von Durban. Eine nördl. Verbindung besteht mit Anschluss an die Tansambahn nach Sambia. Das Straßennetz (1997: 86 000 km, davon 12 900 km asphaltiert) ist gut ausgebaut, verbindet die Bev.-Zentren und schafft Anschluss an die Straßennetze der Nachbarstaaten. Die nat. Luftverkehrsgesellschaft ist Air Zimbabwe (Abk. AirZim). Internat. Flughäfen befinden sich bei Harare, Bulawayo und den Victoriafällen; außerdem hat S. zahlr. Flug- und Landeplätze.

GESCHICHTE

Seit etwa 900 n. Chr. betrieben die Einwohner des heutigen S. Erzbergbau (v. a. Gold); es entstanden die ersten steinernen Stadtanlagen (→Simbabwe, Ruinenstätte). Um 1450 bildete sich unter Shona-Herrschern das Reich →Monomotapa, das sich um 1490 spaltete. Der S-Teil, das Reich Urozwi, bestand bis 1820. In der Folgezeit brachen von S nacheinander mehrere durch die Gründung des Zulustaates unter CHAKA zur Wanderung getriebene Nguni-Völker ein. Anfang des 19. Jh. setzte sich das zu den Nguni gehörende Volk der →Ndebele hier fest; die Shona wurden teils unterworfen, teils assimiliert.

1889/90 besetzte die British South Africa Company (BSAC) unter C. RHODES mit Truppen und Siedlern das Gebiet zw. Limpopo und Sambesi (das spätere Südrhodesien, →Rhodesien), nachdem sich die BSAC durch einen Vertrag mit den Ndebele die Bergbaurechte gesichert hatte. 1891 erklärte die brit. Reg. das Land zum Protektorat; es blieb jedoch unter Verwaltung der BSAC. Aufstände der Ndebele (1893/94 und 1896) wurden niedergeschlagen. 1923 wurde Südrhodesien brit. Kronkolonie mit innerer Selbstverwaltung. Nur vereinzelt erlangten Schwarzafrikaner das Wahlrecht, die Reg. blieb ganz in den Händen der Weißen. 1930 wurde die Kolonie in Siedlungsgebiete für Weiße und Schwarze aufgeteilt. 1953 vereinigte Großbritannien Südrhodesien mit Nordrhodesien und Njassaland zur →Zentralafrikanischen Föderation, die jedoch 1963 zerbrach. Nordrhodesien und Njassaland wurden 1964 als →Sambia und als →Malawi unabhängig, Südrhodesien bezeichnete sich nun allein als Rhodesien.

Gegen die Weigerung Großbritanniens, Rhodesien ohne volle Regierungsbeteiligung der schwarzen Bev. in die Unabhängigkeit zu entlassen, erklärte nach dem Wahlsieg der radikalen Rhodesian Front (RF) Premier-Min. I. D. SMITH am 11. 11. 1965 ›einseitig‹, d. h. ohne Einvernehmen mit der brit. Reg., auf der Basis einer weißen Minderheitsherrschaft die Unabhängigkeit. Als Reaktion darauf stellte Großbritannien den Fortbestand seiner staats- und völkerrechtl. Verantwortung fest, erklärte die ›einseitige Unabhängigkeitserklärung‹ für ungesetzlich und verhängte Wirtschaftssanktionen, die 1966 vom UN-Sicherheitsrat weltweit für verbindlich erklärt wurden, jedoch nur begrenzt wirkten. 1970 wurde die Rep. Rhodesien ausgerufen. Während die brit. Reg. bis 1979 mit der Reg. Smith über eine Beilegung des Verf.-Konfliktes verhandelte, nahmen ZAPU (v. a. gestützt auf die ethn. Minderheit der Ndebele und geführt von J. NKOMO) und ZANU (v. a. gestützt auf die Mehrheit der Shona und geführt von R. G. MUGABE), 1976–79 in der →Patriotic Front (PF) zusammengeschlossen, mit Unterstützung von Sambia, Tansania und (seit 1975) Moçambique den Guerillakrieg gegen die weiße Minderheitsherrschaft in Rhodesien auf. Nach dem Fehlschlagen der Genfer Rhodesienkonferenz 1976 vereinbarten Premier-Min. SMITH und Bischof A. T. MUZOREWA, der an der Spitze des ›United African National Council‹ (UANC) die staatlich zugelassene Opposition vertrat, sowie ZANU-Gründer Pastor NDABANINGI SITHOLE unter Umgehung der militanten Befreiungsbewegungen 1978 eine ›interne Lösung‹ in der Verf.-Frage: Sie überließ die Parlamentsmehrheit der schwarzen Bev. und garantierte dem Führer der stärksten schwarzen Fraktion das Amt des Premier-Min., sicherte jedoch den Weißen eine parlamentar. Sperrminderheit gegen Verf.-Änderungen sowie wichtige Führungsämter, v. a. in Militär und Polizei.

Nachdem der UANC auf dieser Grundlage die Wahlen vom April 1979 gewonnen hatte, wurde MUZOREWA erster schwarzer Premier-Min. des amtlich in ›S.-Rhodesien‹ umbenannten Landes. Da diese Reg. weder von Großbritannien noch von der PF anerkannt wurde, beschlossen die von der Rhodesienfrage unmittelbar betroffenen Kräfte auf einer Konferenz in London (September–Dezember 1979) die zeitweilige Rückkehr S.-Rhodesiens unter die direkte Herrschaft Großbritanniens, einen Waffenstillstand (unter der Aufsicht von Commonwealth-Beobachtern), eine Verf. sowie die Abhaltung von Wahlen (vorbereitet durch den für die Übergangszeit eingesetzten brit. Gen.-Gouv.), bei denen im Februar 1980 die RF alle 20 für die Weißen reservierten Mandate gewann; von den 80 den Schwarzen vorbehaltenen Sitzen errangen ZANU 57, ZAPU 20 und UANC 3. Am 18. 4. 1980 entließ Großbritannien das Land unter dem Namen S. in die Unabhängigkeit. Die Spannungen zw. den Anhängern von MUGABE und NKOMO, durch Stammesgegensätze zusätzlich verschärft, blieben jedoch bestehen. In den 80er-Jahren kam es im Matabeleland wiederholt zu Massakern der Reg.-Truppen, bei denen mindestens 20 000 Ndebele getötet wurden. Premier-Min. MUGABE und die von ihm geführte ZANU, die 1987 die Verschmelzung mit der ZAPU erzwang, stellten sich als polit. Leitlinie den ›wiss. Sozialismus‹ heraus, schonten aber die Privatwirtschaft der weißen Farmer, der schwarzen Bauern und der Kapitalinvestoren aus den Industriestaaten. In seiner Außenpolitik schloss sich S. den blockfreien Staaten an. 1990 wurde der seit 25 Jahren geltende Ausnahmezustand aufgehoben. Nachdem sich MUGABE bereits im Dezember 1987 vom Parlament zum Staatspräs. hatte ausrufen lassen, bestätigte ihn die Bev. im März 1990 und 1996 in diesem Amt.

G. KAY: Rhodesia: a human geography (London 1970); M. FOLKERTS: Botswana, Rhodesien, Transvaal. Geograph. Analyse der Bev.- u. Wirtschaftsstruktur (1974); D. MARTIN u. P. JOHNSON: The struggle for Zimbabwe (London 1981); G. BAUMHÖGGER u. a.: S. Gesch., Politik, Wirtschaft, Gesellschaft (1984); M. G. SCHATZBERG: The political economy of Zimbabwe (New York 1984); C. STONEMAN u. L. CLIFFE: Zimbabwe (London 1989); R. KREILE: Zimbabwe. Von der Befreiungsbewegung zur Staatsmacht (1990); A. SAUERWEIN: Mission u. Kolonialismus in S., 1840–1940 (1990); BETTINA SCHMIDT: Zimbabwe. Die Entstehung einer Nation (1991); U. ENGEL: The foreign policy of Zimbabwe (Hamburg 1994); N. KERSTING: Demokratie u. Armut in Zimbabwe. Polit. Partizipation u. urbaner Lebensstil (1994); E. BLOCH u. J. ROBERTSON: Zimbabwe. Facing the facts (Harare 1996); P. RIPKEN u. G. PREIN: Zimbabwe. Reiseführer mit Landeskunde (Neuausg. 1997).

Simbach a. Inn, Stadt im Landkreis Rottal-Inn, Bayern, gegenüber der österr. Stadt Braunau am Inn (Eisenbahn- und Straßenbrücke), 10 300 Ew.; Heimatmuseum; Baustoffindustrie; Vogelschutzgebiet und Europareservat Unterer Inn. – Im Ortsteil Erlach spätgotische kath. Pfarrkirche Mariä Himmelfahrt. – S. a. I. wurde um 927 erstmals urkundlich erwähnt und erhielt 1950 Stadtrecht.

Simberg [-bærj], Hugo, finn. Maler, *Hamina 24. 6. 1873, †Ähtäri (Prov. Vaasa) 11. 7. 1917; Schüler von A. GALLÉN-KALLELA. S. malte fantast. und allegor. Kompositionen, die häufig den Tod zum Thema haben. Bekannt wurde er v. a. durch seine Aquarelle. Er schuf Glasfenster und Fresken (1904–06) in der Johanniskirche in Tampere; auch Radierungen.

Simbirsk, Gebietshauptstadt in Russland, →Uljanowsk.

Simca, Abk. für Société Industrielle de Mécanique et Carosserie Automobile [sɔsje'te ɛdystri'el də mekanikekarɔsriotɔmɔ'bil, frz.], Paris, ehem. Unternehmen der frz. Kfz-Industrie, gegr. 1934. 1960 wurde S. aufgegliedert in Simca Automobiles S. A., seit 1971 Chrysler France S. A., Paris, und die Simca Industries S. A., seit 1971 Fiat France S. A.

Simchat Thora [hebr. ›Freude über die Thora‹, ›Gesetzesfreude‹], jüd. Fest im Anschluss an das →Laubhüttenfest am 22. (in Israel) oder 23. (in der Diaspora) Tischri. An S. T. wird der jährl. Zyklus der Thoralesung im Synagogengottesdienst abgeschlossen und neu begonnen. Der Tag wird mit fröhl. Umzügen mit den Thorarollen gefeiert.

Sime Simen – Šimić

Georges Simenon

Simen [sɛmen], Hochland in Äthiopien, →Semien.

Simenon [sim'nɔ̃], Georges, belg. Schriftsteller frz. Sprache, * Lüttich 13. 2. 1902, † Lausanne 4. 9. 1989; Journalist, unternahm zahlr. Reisen, lebte u. a. in den USA und Kanada, seit 1957 in der Schweiz. Weltbekannt wurde er durch seine Kriminalromane um die Gestalt des Pariser Kommissars Maigret, in denen die Charakterzeichnung und die psycholog. Analyse (Erkundung der zur Tat führenden Motive und Umstände, die einen Normalbürger zum Verbrecher werden lassen) im Vordergrund stehen. In nüchternem Stil, detailgenau, z. T. auch humorvoll schildern die (häufig verfilmten) ›Maigret‹-Romane die Aufdeckung von Verbrechen in allen sozialen Schichten. S.s umfangreiches Werk umfasst auch psycholog. Romane mit beklemmenden Milieuschilderungen und Charakteren sowie autobiograph. Arbeiten, Reiseberichte und Reportagen.

Werke: Romane: Maigret (1934; dt. Maigret u. sein Neffe); Les demoiselles de Concarneau (1936; dt. Die bösen Schwestern von Concarneau); 45° à l'ombre (1936; dt. 45 Grad im Schatten); La neige était sale (1948; dt. Der Schnee war schmutzig); Maigret et la vieille dame (1949; dt. Maigret u. die alte Dame); Le revolver de Maigret (1952; dt. Maigret u. sein Revolver); Maigret à l'école (1954; dt. Maigret u. die schreckl. Kinder); Le président (1958; dt. Der Präsident); Les anneaux de Bicêtre (1963; dt. Die Glocken von Bicêtre); Le petit saint (1965; dt. Der kleine Heilige); Le chat (1967; dt. Der Kater); L'ami d'enfance de Maigret (1968; dt. Maigret u. sein Jugendfreund). – *Autobiograph. Schriften:* Lettre à ma mère (1974; dt. Brief an meine Mutter); Mémoires intimes suivies du livre de Marie-Jo (1981; dt. Intime Memoiren u. Das Buch von Marie-Jo); À la rencontre des autres (1989).

A. ARENS: Das Phänomen S. (1988); N. GEERAERT: G. S. (1991); P. MARNHAM: Der Mann, der nicht Maigret war. Das Leben des G. S. (a. d. Engl., 1995).

Simeon [hebr., etwa ›Gott hat gehört‹], bibl. Gestalten:
1) Patriarch des A. T.; zweiter Sohn JAKOBS und LEAS (1. Mos. 29, 33); legendärer Ahnherr des israelit. Stammes Simeon.
2) im N. T. nach Lk. 2, 25 ff. ein jüd. Frommer in Jerusalem, der JESUS bei der Darstellung im Tempel mit einem Lobgesang als den Heiland (Soter) verkündete. – Heiliger (Tag: 8. 10.; in der orth. Kirche 3. 2.).

Simeon, bulgar. Herrscher:
1) **Simeon I., der Große,** Khan (seit 893) und Zar (seit 913/925) der Bulgaren, * um 865, † Preslaw 27. 5. 927; Sohn von BORIS I., eroberte weite Teile der Balkanhalbinsel und zwang in mehreren Kriegen (ab 894) Byzanz zur Tributzahlung; errichtete das erste unabhängige bulgar. Patriarchat (→Bulgarisch-orthodoxe Kirche) und förderte, selbst literarisch tätig, die Literaturschulen von Ohrid und Preslaw. S. starb während der Vorbereitung zum Sturm auf Konstantinopel.

C. GÉRARD: Syméon le Grand: 893-927 (Paris 1960).

2) **Simeon II.,** Zar (1943-46), * Sofia 16. 6. 1937; Sohn BORIS' III. und GIOVANNAS, Prinzessin von Savoyen; ging nach Ausrufung der Rep. in Bulgarien 1946 mit seiner Mutter und weiteren Angehörigen ins Exil (seit 1951 in Spanien); nach 1989 erklärte er wiederholt, dass er formell nie abgedankt habe.

Simeon, S. von Trier, Einsiedler, * Syrakus, † Trier 1. 6. 1035; lebte als Pilgerführer in Jerusalem, als Mönch und Einsiedler in Bethlehem und am Sinai; 1028-30 war er Begleiter Bischof POPPOS von Trier († 1047) ins Hl. Land; nach der Rückkehr ließ er sich in einen Turm der →Porta Nigra feierlich einschließen. – Heiliger (Tag: 1. 6.).

Simeon Połozkij, Simeon Połockij [-tski], weißruss. Name **Samuil Jemeljanowitsch** (oder **Gawrilowitsch**) **Petrowskij-Sitnianowitsch,** weißruss. und russ. Schriftsteller, * Polozk 1629, † Moskau 25. 8. 1680; Mönch (seit 1656) und Lehrer an der geistl. Schule in Polozk, kam 1664 nach Moskau, wo er u. a. Erzieher am Zarenhof und Mitbegründer der geistl. Akademie (1680) war; errichtete 1678 im Kreml eine erste von der kirchl. Zensur unabhängige Druckerei. S. P. schrieb in der Tradition des europ. Barock moralisierende oder panegyr. Gedichte in poln., weißrussisch-ukrain. und russ. Sprache, wobei er als einer der Ersten die dem Russischen nicht gemäße silbenzählende Metrik verwendete (›Rifmologion‹, 1680). Unter dem Einfluss der poln. Jesuitendramen verfasste er in den 1670er-Jahren für die Entwicklung des russ. Dramas richtungweisende Schuldramen (›Komedija pritči o bludnom syne‹; ›O Navchodonosore care...‹); ferner eine gereimte Psalterparaphrase nach dem Vorbild J. KOCHANOWSKIS (›Psaltyr' rifmotvornaja‹, 1680) sowie theolog. Schriften und Predigten (›Obed duševnyj‹, postum 1681; ›Večerja duševnaja‹, postum 1683).

Ausgabe: Izbrannye sočinenija (1953).

Simeonskloster, 1) Deir Amba Siman [de:r-], eine der am besten erhaltenen Ruinen eines ehemaligen kopt. Klosters Ägyptens, bei Assuan am Rand des Wüstenplateaus über dem Westufer des Nils; es entstand an der Stelle, wo die Säule von SYMEON DEM STYLITEN D. J. stand, im 7. oder 8. Jh., wesentl. Bauphasen im 9.–11. Jh., im 13. Jh. wegen Wassermangels und Bedrohung durch Beduinen aufgegeben. Innerhalb der Ummauerung (6–7 m hoch) auf der unteren Terrasse dreischiffige Basilika (9. Jh.) sowie Grotten (früher Mönchszellen), auf der oberen ein Gebäude (urspr. drei Stockwerke) mit Mönchszellen und Refektorium; Wirtschaftsanlagen (Mühle, Bäckerei, Küche, Ölpresse, Weinkeller). BILD →koptische Kunst

2) Kalat Siman, bis ins 7. Jh. n. Chr. bedeutender Wallfahrtsort des christl. Orients, im Karstgebiet NW-Syriens, rd. 30 km nordwestlich von Aleppo. SYMEON DER STYLIT D. Ä. lebte hier von 422 bis zu seinem Tod (459) auf einer Säule. Zw. 476 und 490 entstand ein mächtiger Kirchenbau mit vier in Kreuzform um ein offenes Oktogon (im Mittelpunkt Reste der Säule mit ihrem Fundament) errichtete dreischiffigen Basiliken (Durchmesser der Anlage O–W 100 m, N–S 88 m); liturg. Funktion hatte allein der abgeschlossene O-Arm (mit drei Apsiden); S-Arm mit Eingangshalle; ausgedehnte Klosteranlagen; Prozessionsstraße vom Pilgerdorf **Deir Siman** am Fuß des Hügels mit zwei Klöstern. Die Anlage und bes. die Ornamentik der eigentl. Kirche des S. übten großen Einfluss auf den Kirchenbau der Folgezeit aus. BILD →frühchristliche Kunst

Simetit [nach dem Fluss Simeto, Sizilien] *der, -s,* rotbraunes, bernsteinartiges Harz aus Sizilien.

Simferopol, Hauptstadt der autonomen Teilrepublik Krim innerhalb der Ukraine, an der N-Abdachung des Krimgebirges, 344 000 Ew.; ukrainischorth. und russisch-orth. Erzbischofssitz; Univ. (1972 aus einer PH hervorgegangen), medizin. und landwirtschaftl. Hochschule, Regional-, Kunstmuseum, Bildergalerie, drei Theater; Nahrungsmittel- (u. a. Weinkellereien, Konservenfabriken), elektrotechn. Industrie, Maschinenbau, Kfz-Montage, vielseitige Leichtchem. Industrie; Verkehrsknoten, internat. Flughafen; Fremdenverkehr. Südlich von S. (in Nautschnyj) astrophysikal. Observatorium. – S. wurde 1784 an der Stelle der tatar. Siedlung Akmetschet als Verwaltungszentrum des Taur. Gebiets (1787–96; ab 1802 Gouv.) gegründet; 1921–45 Hauptstadt der ASSR Krim.

Simiae [lat.], die →Affen.

Simić [ˈsiːmitɕ], Novak, kroat. Schriftsteller, * Vareš (bei Tuzla) 14. 1. 1906, † Zagreb 19. 11. 1981; schilderte, von der amerikan. Prosa (J. R. Dos PASSOS) ausgehend, mit reicher Metaphorik die Verhältnisse seiner engeren bosn. Heimat (Roman ›Braća i kumiri‹, 1955); auch soziale Lyrik und Essays.

Šimić [ˈʃiːmitɕ], Antun Branko, kroat. Lyriker, * Drinovci (bei Mostar) 18. 11. 1898, † Zagreb 2. 5.

1925; Journalist, verfasste krit. Essays über kroat. Schriftsteller (u. a. V. NAZOR). Als Lyriker bevorzugte er (bei sinnl. Thematik) einen dem Expressionismus nahe stehenden Sprachrhythmus (›Preobraženija‹, 1920).

Ausgabe: Sabrana djela, 3 Bde. (1960).

Similaun der, vergletscherter Gipfel in den Ötztaler Alpen, über den die Grenze zw. Österreich (Tirol) und Italien (Südtirol) verläuft, 3606 m ü. M. Im **S.-Gletscher**, am Hauslabjoch (3283 m ü. M.), wurde im September 1991 der so genannte **S.-Mann**, auch **Ötzi** genannt, gefunden (→Ötztaler Alpen).

simile [ital. ›ähnlich‹], in der Notenschrift bei →Abbreviaturen 1) gebrauchter Hinweis, die zuvor ausgeschriebene Figuration, Akkordbrechung u. a. in gleicher Weise fortzuführen.

Simili [ital. ›die Ähnlichen‹] das oder der, -s/-s, Imitation von Edelsteinen, v. a. Brillanten bzw. Diamanten (meist aus stark brechendem Bleiglas).

similia similibus (curentur) [lat. ›Ähnliches (soll) durch Ähnliches (geheilt werden)‹], Grundprinzip der →Homöopathie.

Simionato, Giulietta, ital. Sängerin (Mezzosopran), * Forlì 12. 5. 1910; debütierte 1935 in Florenz, kam 1939 an die Mailänder Scala und sang u. a. an der Wiener Staatsoper und der Metropolitan Opera (1959–63) in New York. Sie trat auch bei Festspielen auf (Edinburgh, Salzburg) und wurde bes. in Partien des ital. Faches (G. DONIZETTI, V. BELLINI, G. VERDI, G. ROSSINI) sowie als Carmen (G. BIZET) bekannt.

Simitis, Konstantin, griech. Politiker, * Athen 23. 6. 1936; studierte in der Bundesrepublik Dtl., arbeitete ab 1961 als Anwalt am obersten Gericht Griechenlands, flüchtete nach dem Militärputsch (1967) ins Ausland und lebte 1969–74 erneut in Dtl., wo er ab 1971 an der Univ. Gießen als Prof. für Handelsrecht lehrte; schloss sich nach seiner Rückkehr nach Griechenland 1974 der sozialist. PASOK an. 1981–85 war er Landwirtschafts-, 1985–87 und 1993–95 Wirtschafts-Min. Nach dem Rücktritt A. PAPANDREUS (Januar 1996) wurde S. dessen Nachfolger als Min.-Präs., nach dem Tod PAPANDREUS wurde er im Juli 1996 auch Vors. der PASOK.

Simitthus, röm. Stadt in N-Afrika, →Chemtou.

Simi Valley [ˈsɪmɪ ˈvælɪ], Stadt in Kalifornien, USA, nordwestlich von Los Angeles, (1994) 107 200 Ew. (1960: 2100 Ew.); in der Umgebung Erdölförderung, Ackerbau und Viehwirtschaft.

SIM-Karte [SIM Abk. für engl. **s**ubscriber **i**dentity **m**odule], *Telekommunikation:* Karte, auf der die individuelle Rufnummer des Nutzers gespeichert ist, zur Nutzung eines Mobiltelefons in Mobilfunknetzen, die nach dem GSM-Standard (→GSM) arbeiten. (→Mobilfunk)

Simla [ˈsɪmlə], **Shimla,** Hauptstadt des Bundesstaates Himachal Pradesh, Indien, 2130 m ü. M., im Vorderhimalaja, (1991) 82 100 Ew.; Univ. (gegr. 1970); Höhenluftkurort. – S. war ab 1834 regelmäßig Sommersitz der Reg. von Britisch-Indien. 1945 Verhandlungsort der Kongresspartei und der Moslemliga über eine gemeinsame Reg. des ind. Subkontinents, 1972 Unterzeichnungsort des indisch-pakistan. Friedensvertrages.

Șimleu Silvaniei [ʃimˈleu silˈvaniei], ungar. **Szilágysomlyó** [ˈsilaːdjʃomjoː], Stadt im Kr. Sălaj, NW-Rumänien, 597 m ü. M., im hügeligen Vorland des Westsiebenbürg. Gebirges, 17 300 Ew.; Nahrungsmittel-, Textil-, Holzindustrie; in der Umgebung Obst- und Weinbau.

Simmel, 1) Georg, Soziologe und Philosoph, * Berlin 1. 3. 1858, † Straßburg 26. 9. 1918; war um die Jahrhundertwende einer der einflussreichsten Intellektuellen, der auch über den universitären Bereich hinaus Anerkennung fand. Eine akadem. Karriere i. e. S. blieb ihm jedoch weitgehend versagt. Gründe dafür waren v. a. der in dieser Zeit vorherrschende Antisemitismus sowie die noch ungefestigte Stellung der Soziologie. Nach S.s Habilitation 1885 erfolgte die Ernennung zum Prof. erst 1901, die Berufung auf eine Professur (in Straßburg) erst 1914. Durch seine Wirkung auf so unterschiedl. Denker wie E. BLOCH, G. LUKÁCS, T. W. ADORNO, S. KRACAUER, K. MANNHEIM, M. SCHELER, R. BENDIX und A. SCHÜTZ bestimmte S. nachhaltig die sozial- und kulturwiss. Diskussion, v. a. auch in den USA.

S.s Arbeiten umfassen die Gebiete der Kulturphilosophie und -geschichte, der Kunstbetrachtung und der Anthropologie. Sie beschäftigen sich mit herausragenden Künstlerpersönlichkeiten (MICHELANGELO, REMBRANDT, GOETHE, A. RODIN) ebenso wie mit Fragen des zeitgenöss. Geschmacks (›Die Mode‹), der Kulturkritik (›Der Begriff und die Tragödie der Kultur‹), politisch-sozialen Themen, z. B. der Frauenbewegung, und den Erscheinungen der Alltagskultur (›Soziologie der Mahlzeit‹, ›Der Henkel‹). Neben diesen versch. Disziplinen umgreifenden Untersuchungen (vornehmlich Essays), gibt es eine Fülle fachspezif. Abhandlungen auf dem Gebiet der Philosophie (v. a. über I. KANT) und in der Soziologie. S. gehört zu den Begründern der Soziologie als eigenständiger Wissenschaft, indem er ihr die Beschäftigung mit den allen geschichtl. Wandlungen zugrunde liegenden Formen und Funktionen der Vergesellschaftung als Arbeitsgebiet zuwies. Die weit reichende Wirkung des Denkens von S., das zunächst unter dem Einfluss C. DARWINS, F. NIETZSCHES und K. MARX' stand, sich dann aber auch Vorstellungen des Neukantianismus und der Lebensphilosophie aneignete, ist v. a. darin begründet, dass er die soziolog. Erkenntnis und Theoriebildung mit der konkreten Analyse histor. und alltägl. Erscheinungen verband und sowohl Gesellschaften im Ganzen als auch die verschiedensten Aspekte der Kultur jeweils als Objektivierungen antagonist., dualer Bewegungen und Kräfte (Geist-Materie, Form-Kraft, Prozess-Struktur) auffasste. Dies ermöglichte ihm einerseits eine formale Beschreibung der Gesellschaft anhand grundlegender Kategorien: Individuum und Gruppe, Über- und Unterordnung, Streit und Vertrag, Geheimnis und Öffentlichkeit, Güterbesitz und Armut, Selbsterhaltung sowie räuml. Anordnung von Menschen und Gruppen; andererseits konnte er somit vorhandene inhaltl. Qualitäten und die ihnen entsprechenden Formen aus einem andauernden Wechselprozess von Verfestigung und Verflüssigung beschreiben und die gesellschaftl. Dynamik und Identitätsbildung der modernen Gesellschaft, als deren Zentrum S. die Großstadt begriff, erfassen. Die Wechselbeziehung zw. dynam. und stat. Elementen, wodurch ein Spannungsverhältnis zw. Inhalten und Formen entsteht, das im neuzeitlich-abendländ. Denken sowohl die Aspekte der Verdinglichung und Entfremdung als auch den Aspekt der Verselbstständigung und der Freisetzung von Naturabhängigkeit umfasst, steht auch in seiner umfangreichen ›Philosophie des Geldes‹ (1900) im Zentrum.

Weitere Werke: Philosophie der Mode (1905); Kant u. Goethe (1906); Schopenhauer u. Nietzsche (1907); Soziologie. Unterss. über die Formen der Vergesellschaftung (1908); Philosoph. Kultur (1911); Rembrandt (1916); Grundfragen der Soziologie (1917); Der Konflikt der modernen Kultur (1918).

Ausgaben: Das Individuum u. die Freiheit. Essais (1984); Gesamtausg., hg. v. O. RAMMSTEDT, auf zahlr. Bde. ber. (1989 ff.).

Ästhetik u. Soziologie um die Jahrhundertwende. G. S., hg. v. H. BÖHRINGER u. a. (1976); H. J. HELLE: Soziologie u. Erkenntnistheorie bei G. S. (1988); W. JUNG: G. S. zur Einf. (1990); D. FRISBY: S. and since (London 1992); G. S. u. die Moderne. Neue Interpretationen u. Materialien, hg. v. H.-J. DAHME u. a. (²1995); K. C. KÖHNKE: Der junge S. in Theorie-

Konstantin Simitis

Georg Simmel

Simm   Simmen – Simon

Johannes Mario Simmel

William G. Simms

beziehungen u. sozialen Bewegungen (1996); K. LICHTBLAU: G. S. (1997).

2) Johannes Mario, österr. Schriftsteller, *Wien 7. 4. 1924; war nach 1945 zunächst Dolmetscher, Drehbuchautor und Journalist in Wien; seit 1963 freier Schriftsteller; lebt in der Schweiz. S. begann im Umkreis der ›Gruppe 47‹ zu schreiben (Novellen ›Begegnung im Nebel‹, 1947; Roman ›Mich wundert, daß ich so fröhlich bin‹, 1949). Erste Beachtung fand aber erst sein Stück ›Der Schulfreund‹ (1958, Uraufführung 1959); der Aufstieg zum international erfolgreichsten deutschsprachigen Autor begann mit ›Es muß nicht immer Kaviar sein‹ (1960). In diesem und in den folgenden Romanen greift er konflikträchtige, publikumswirksame Themen auf (u. a. Geheimdienstaffären, Umweltzerstörung, Gentechnologie), die er effektvoll, zuweilen melodramatisch verarbeitet. Viele seiner Romane wurden verfilmt.

Weitere Werke: *Romane:* Bis zur bitteren Neige (1962); Lieb Vaterland, magst ruhig sein (1965); Alle Menschen werden Brüder (1967); Und Jimmy ging zum Regenbogen (1970); Der Stoff, aus dem die Träume sind (1971); Die Antwort kennt nur der Wind (1973); Niemand ist eine Insel (1975); Hurra, wir leben noch (1978); Wir heißen euch hoffen (1980); Bitte, laßt die Blumen leben (1983); Die im Dunkeln sieht man nicht (1985); Doch mit den Clowns kamen die Tränen (1987); Im Frühling singt zum letztenmal die Lerche (1990); Auch wenn ich lache, muß ich weinen (1993); Träum den unmögl. Traum (1996).

Simmen, Maria, schweizer. Schriftstellerin, *Zürich 6. 7. 1900, †Luzern 23. 12. 1996; Lehrerin; trat zunächst mit Hörspielen an die Öffentlichkeit, später auch mit Erzählungen und autobiograph. Schriften, bes. erfolgreich war ›Ich bin ganz gerne alt. Aus der Fülle später Jahre‹ (1980).

Weitere Werke: *Erzählungen:* Um die Heimat (1947); Herbstblätter (1980); Und abends geh ich nach Kathaura. Ehegeschichten (1985). – *Kurzroman:* Wohnt die Treue in der Milchstraße? Bericht aus einer Ehe (1983). – *Autobiographisches:* So alt u. noch mitten im Leben (1988).

Simmental, Talschaft der **Simme** (linker Nebenfluss der Kander, mündet bei Wimmis, 53 km lang) im Berner Oberland, Schweiz, etwa 650 km², 27 100 Ew., gegliedert in Ober-S. (bis Boltingen) und Nieder-S.; Holzindustrie, Landwirtschaft (v. a. Viehhaltung); Fremdenverkehr (bes. Wintersport), v. a. im Ober-S. mit den Zentren Zweisimmen (Straßen- und Bahnknotenpunkt) und Lenk (Eisenbahnendpunkt; als Kurort) am Talende mit den Simmenfällen. Von Zweisimmen Schmalspurbahn und Straße nach Saanen und weiter nach Montreux; von Boltingen Straße über den Jaunpass nach Bulle, Kt. Freiburg. – Das S. ist seit dem 16. Jh. durch seine Viehzucht bekannt, der Export des Simmentaler Rindes brachte dem Tal im 18. Jh. großen Wohlstand. Aus dieser Zeit sind einige stattl. hölzerne ›Großhäuser‹ mit farbig bemalten Fassaden erhalten (u. a. bei Därstetten von 1756 und 1759 und in Lenk; sein altes Ortsbild konnte v. a. Diemtingen bewahren. Reich ausgemalte spätgot. Kirchen besitzen Erlenbach und Zweisimmen.

Simmentaler Rind, **Simmentaler Fleckvieh**, im MA. v. a. im Berner Oberland (Simmental und Saanenland) als Milchrind gezüchtete Rinderrasse; 1844 erfolgte der Aufbau einer Simmentalerherde in Hohenheim. Durch Verdrängungskreuzungen mit einheim. Landrassen wurde hieraus die Fleckviehzucht aufgebaut; heute wird Fleckvieh (→Rinder) im gesamten südt. Raum und in Österreich gezüchtet.

Simmer *das*, *-s/-*, **Simmi, Simri**, alte dt. Volumeneinheit (Trockenmaß), z. B. in Hessen, Württemberg und Hohenzollern. In Hessen galt das S. = $^1/_4$ Malter = 4 Sechter = 28,682 l (Frankfurt am Main), 30,530 l (Hanau); in Württemberg galt 1 Simri = $^1/_8$ Scheffel = 22,153 l.

Simmerath, Gem. im Kr. Aachen, NRW, 280–560 m ü. M., im Naturpark Nordeifel am Rursee, 14 700 Ew.; Herstellung von Elektroschmelzöfen; Landwirtschaft; Erholungsort.

Simmering, der XI. Gemeindebezirk von →Wien.

Simmern/Hunsrück, Kreisstadt des Rhein-Hunsrück-Kreises, Rheinl.-Pf., 340 m ü. M., am Simmerbach, 6 700 Ew.; Autozulieferindustrie, Maschinenbau, Fertighausbau. – In der spätgot. Stephanskirche (1486–1509) Grablege des Hauses Pfalz-Simmern mit Renaissancegrabmälern; in der kath. Pfarrkirche St. Joseph (1749–52) Hochaltar mit Skulpturen von P. EGELL; im Neuen Schloss, 1708–13 über der 1689 zerstörten herzogl. Residenz errichtet, das Hunsrückmuseum. – 1072 erstmals erwähnt, seit 1330 Stadtrecht; zeitweilig Residenz der Linie Pfalz-Zweibrücken.

Simmerring® [nach dem österr. Ingenieur WALTHER SIMMER, *1888, †1986], Radialdichtring für eine Wellendichtung. (BILD →Dichtung)

Simmonds-Krankheit [nach dem Arzt brit. Herkunft MORRIS SIMMONDS, *1855, †1925], der →Hypopituitarismus.

Simmons [ˈsɪmənz], **1)** Craig, amerikan. Schauspieler, Musiker und Theaterregisseur, *Worcester (Mass.) 3. 11. 1954; arbeitet seit dem 17. Jh.; trat seit 1990 mit eigenen Inszenierungen (u. a. ›Eating Raoul‹, 1994; ›Pippin‹, 1995) hervor.

2) Jean Merilyn, amerikan. Schauspielerin brit. Herkunft, *London 31. 1. 1929; arbeitete bereits ab 1944 für den Film; erste internat. Erfolge noch in den 40er-Jahren; spielte ab 1952 vorwiegend in Hollywood, seit Ende der 60er-Jahre v. a. fürs Fernsehen.
Filme: Hamlet (1948); Die blaue Lagune (1948); Engelsgesicht (1952); Das Gewand (1953); Désirée (1954); Elmer Gantry (1959); Schatten um Dominique (1978); Die Dornenvögel (vierteiliger Fernsehfilm, 1984); Fackeln im Sturm (1986; Fernsehserie); Der Brady-Skandal (1986); Ein amerikan. Quilt (1995).

Simms [sɪmz], **William Gilmore**, amerikan. Schriftsteller, *Charleston (S. C.) 17. 4. 1806, †ebd. 11. 6. 1870; leidenschaftl. Vertreter des Südens im Konflikt mit den Nordstaaten um Sklaverei und Sezession. Seine zahlreichen histor. Romane stehen in der Tradition von J. F. COOPER und W. SCOTT, betonen jedoch stärker realist. Elemente. Themen seiner Werke sind v. a. die Geschichte des Südens, der amerikan. Revolution und der Westbesiedelung. Bekannt sind heute v. a. sein realist. Grenzerroman ›The Yemassee‹ (1835; dt. ›Der Yemassee-Indianer‹) und die Gesellschaftssatire über die amerikan. Revolution ›The sword and the distaff‹ (1852; dt. ›Schwert und Spindel‹); auch Gedichte und Journalist. Beiträge.

Weitere Werke: *Romane:* The partisan (1835; dt. Der Parteigänger); Border beagles (1840; dt. Die Grenzjagd).
Ausgabe: The writings, 16 Bde. (1969–75).
J. V. RIDGELY: W. G. S. (New York 1962); J. L. WAKELYN: The politics of a literary man: W. G. S. (Westport, Conn., 1973); J. KIBLER u. K. BUTTERWORTH: W. G. S. (Boston, Mass., 1980); M. A. WIMSATT: The major fiction of W. G. S. (Baton Rouge, La., 1989).

Simoastein [nach Simoa, Türkei], lokale Bez. für →Feueropal.

Simon [gräzisierende Umbildung des hebr. Vornamens Simeon, eigtl. etwa ›Gott hat gehört‹], im N. T. einer der →Brüder Jesu (Mk. 6,3; Mt. 13,55); nach der altkirchl. Überlieferung war er 62/63 n. Chr. Bischof von Jerusalem und soll 107 n. Chr. als Märtyrer gestorben sein. – Heiliger (Tag: 18. 2.).

Simon, eigtl. Name des Apostels →Petrus.

Simon, S. Aurea Capra [›Simon Goldziege‹], mittellat. Lehrer und Dichter des 12. Jh. am Hof der Grafen von Champagne, schrieb Grabgedichte auf berühmte Zeitgenossen wie SUGER VON SAINT-DENIS, BERNHARD VON CLAIRVAUX und eine Trojadichtung ›Ylias‹, die als psychologisierend-rhetor. Kurzfassung der Troja- und Äneassage weite Verbreitung fand. Um

1155 mit einer Kanonikerstelle im Stift St. Viktor bei Paris belohnt, schuf der Dichter dort u. a. Epitaphien auf 1160/61 verstorbene Mitgl. des frz. Königshauses und für den Legaten des Papstes ALEXANDER III. eine Vita des THOMAS BECKET.

Simon, S. ben Kosiba, jüd. Freiheitsheld, →Bar Kochba.

Simon, S. ben Zemach Duran, jüd. Rechtsgelehrter, Theologe, Bibelexeget und hebr. Dichter, * Palma de Mallorca 1361, † Algier 1444; lebte zunächst in Aragon, nach 1391 in N-Afrika. Im letzten Teil seines Werkes ›Magen Abot‹ setzte er sich kritisch mit dem Islam sowie mit der christl. Exegese und Trinitätslehre auseinander. Sein Hiobkommentar enthält philosophierende Auslegungen, in denen er die 13 Glaubensgrundsätze des M. MAIMONIDES auf drei Grundlehren zurückführte: Gottes Existenz, Offenbarung und die Vergeltung.

Simon, S. Magus [griech.-lat. ›S. der Zauberer‹], im N. T. nach Apg. 8, 9 ff. ein in Samaria auftretender Wundertäter und Zauberer, der sich unter dem Eindruck der Predigt des PHILIPPUS taufen ließ und versuchte, die Gabe des Hl. Geistes von PETRUS und JOHANNES käuflich zu erwerben (→Simonie). – Die Kirchenväter sahen in ihm den Begründer des Gnostizismus. Die gnost. Gemeinschaft der **Simonianer** verehrte ihn als göttl. Wesen.

Simon, S. von Kyrene, im N.T. nach Mk. 15, 21 ein in Jerusalem lebender Diasporajude aus der Cyrenaika, der gezwungen wurde, JESU auf dem Weg zur Kreuzigung das Querholz des Kreuzes zu tragen.

Simon, S. Zelotes, S. Kananäus, im N. T. einer der Apostel (Mk. 3, 18; Mt. 10, 4; Lk. 6, 15); im Markus- und im Matthäusevangelium mit dem Beinamen ›Kananäus‹ (aramäisch ›Eiferer‹), der im Lukasevangelium mit ›Zelotes‹ übersetzt wird. Dies kann als Hinweis gedeutet werden, dass S. vor seiner Berufung zum Apostel der jüd. Religionspartei der →Zeloten angehörte. Sein weiteres Schicksal ist unbekannt; legendarisch ist die Tradition über seine Missionstätigkeit in Persien und sein Martyrium durch Zersägtwerden (Säge als Attribut; Patron der Holzfäller). – Heiliger (Tag: 28. 10.)

Simon, 1) [siˈmɔ̃], **Claude,** frz. Schriftsteller, * Antananarivo (Madagaskar) 10. 10. 1913; war zuerst Maler und wandte sich nach schwer Flucht aus dt. Kriegsgefangenschaft der Literatur zu: auf der Grundlage autobiograph. Begebenheiten untersuchte er in mehreren Romanen das Verhältnis zwischen Individuum und Geschichte. Mit dem Roman ›Le vent‹ (1957; dt. ›Der Wind‹) wandelte sich seine Schreibweise unter dem formalen Einfluss W. FAULKNERS, J. JOYCES und M. PROUSTS vom beschreibenden, linearen Erzählen zum diskontinuierl. und ausschnittartigen Erfassen der Wirklichkeit; seitdem gilt S. als einer der führenden Vertreter des →Nouveau Roman. Im Ggs. zu dessen anderen Autoren spielt bei S. die Handlung eine herausragende Rolle; seine Romane zeigen Individuen, deren Schicksal in enger Beziehung zu histor. Ereignissen steht, so zum Span. Bürgerkrieg (u. a. in ›Le palace‹, 1962; dt. ›Der Palast‹) und zum Zweiten Weltkrieg (u. a. in ›La route des Flandres‹, 1960; dt. ›Die Straße in Flandern‹). Zeit-, Lebens- und Schaffensgeschichte verbinden sich zu einem kunstvollen, assoziationsreichen Geflecht, das die menschl. Grenzerfahrungen auslotet (v. a. in dem Alterswerk ›L'acacia‹, 1989; dt. ›Die Akazie‹, in dem S. die Summe seines Lebens zieht). 1985 erhielt er den Nobelpreis für Literatur.

Weitere Werke: *Romane:* Le tricheur (1945); La corde raide (1947; dt. Das Seil); Le sacre du printemps (1954); L'herbe (1958; dt. Das Gras); Histoire (1967); La bataille de Pharsale (1969; dt. Die Schlacht bei Pharsalos); Les corps conducteurs (1971; dt. Die Leitkörper); Triptyque (1973; dt. Triptychon); Leçon de choses (1975; dt. Anschauungs-Unterricht); Les géorgiques (1981; dt. Georgica); La chevelure de Bérénice (1983; u. d. T. Femmes, mit Holzschnitten von J. MIRÓ 1966; dt. Das Haar der Berenike). – *Reisebericht:* L'invitation (1987). – *Rede:* Discours de Stockholm (1986, Nobelpreisrede).

L. DAELLENBACH: C. S. (Paris 1988); T. R. KUHNLE: Chronos u. Thanatos. Zum Existenzialismus des ›nouveau romancier‹ C. S. (1995); DOROTHEA SCHMIDT: Schreiben nach dem Krieg. Studien zur Poetik C. S.s (1997).

2) [ˈsaɪmən], **Herbert Alexander,** amerikan. Sozial- und Wirtschaftswissenschaftler, * Milwaukee (Wis.) 15. 6. 1916; seit 1949 Prof. an der Carnegie-Mellon-Univ. in Pittsburgh (Pa.); befasste sich neben Betriebswirtschaftslehre (bes. Industriebetriebslehre und Operations-Research) auch mit Psychologie, Physiologie, Mathematik und Informatik (bes. künstl. Intelligenz). Für seine Forschungen über die Struktur von Wirtschaftsorganisationen, die er als soziale und anpassungsfähige Systeme begreift, und die Eigenheiten ihrer Entscheidungsprozesse erhielt S. 1978 den Nobelpreis für Wirtschaftswissenschaften. Er rückte von der klass. Hypothese der Gewinnmaximierung ab und ersetzte den Unternehmer durch plurale Entscheidungsinstanzen (Management), die sich aus versch. Gründen (z. B. Risikobegrenzung) mit befriedigenden Alternativen begnügen.

Werke: Administrative behaviour (1947; dt. Das Verwaltungshandeln); Public administration (1950); Organizations (1958, mit J. G. MARCH); The new science of management decisions (1960); The sciences of the artificial (1969); Human problem solving (1972, mit A. NEWELL); Models of discovery (1977); Models of thought (1979); Models of bounded rationality, 2 Bde. (1982); Models of my life (1991).

3) [ˈsaɪmən], **John Allsebrook** [ˈɔːlsəbrʊk], **Viscount** (seit 1940), brit. Politiker, * Manchester 28. 2. 1873, † London 11. 1. 1954; Jurist, war 1906–18 und 1922–40 Abg. der Liberalen im Unterhaus. Ab Mai 1915 Innen-Min., trat S. aus Protest gegen die Einführung der allgemeinen Wehrpflicht im Januar 1916 zurück. 1927–30 Vors. der Kommission für die ind. Verf.-Reform. 1931 gründete S. (bis 1940 Vors.) die Nationalliberale Partei, die sich in Anlehnung an die Konservativen an den Koalitions-Reg. des ›National Government‹ beteiligte. 1931–35 war S. Außen-Min. Er bestimmte mit seiner konfliktvermeidenden Haltung zum jap. Überfall auf die Mandschurei (1931) maßgeblich die schwache Reaktion des Völkerbundes gegenüber Japan. Der von S. unter Berücksichtigung frz. Vorschläge auf der Genfer Abrüstungskonferenz vorgelegte Plan, den von Dtl. geforderten Rüstungsausgleich um vier Jahre zu verschieben, diente der natsoz. Reichs-Reg. zum Anlass, die Konferenz zu verlassen und aus dem Völkerbund auszutreten (14. 10. 1933). Als Vertreter der Politik des Appeasement trug S. zum Abschluss des Dt.-Brit. Flottenabkommens (Juni 1935) bei; 1935–37 Innen-Min., 1937–40 Finanz-Min., unterstützte er den Abschluss des Münchener Abkommens (September 1938); 1940–45 Lordkanzler.

4) [siˈmɔ̃], **Jules,** eigtl. **J. François S. Suisse** [-ˈsɥis], vorher **J. F. S. Schweitzer,** frz. Politiker und Philosoph, * Lorient 31. 12. 1814, † Paris 8. 6. 1896; wurde 1839 Prof. an der Sorbonne, 1851 aus polit. Gründen suspendiert; als gemäßigter Republikaner mehrfach Abg. (1848–49, 1863–70 und 1871–75). 1870 Mitgl. der ›Vorläufigen Reg. der Nat. Verteidigung‹, war er mit J. FAVRE und J. FERRY gegen A. THIERS' Entschluss, Paris zu evakuieren. Ab Dezember 1876 Min.-Präs., musste er am 16. 5. 1877 den antiparlamentar. Bestrebungen des Präs. MAC-MAHON weichen. S., Schüler von V. COUSIN, lehrte als Philosoph einen religiösen Spiritualismus, der das Dasein Gottes als primäre und unmittelbare Gegebenheit annimmt, die keines Beweises bedürfe.

5) **Klaus,** Holzbildhauer, * Bad Godesberg (heute zu Bonn) 23. 12. 1949; arbeitet im Ggs. zu den meisten

Claude Simon

Herbert A. Simon

John Allsebroock, Viscount Simon

Simó Simón Abril – Simoneau

Charles Simonds: Parkmodell, Fantasie II; 1974–76 (Köln, Museum Ludwig)

dt. Holzbildhauern der Gegenwart nicht figurativ; Grundelemente der meist monumentalen, aus mehreren Teilen bestehenden Arbeiten sind stereometr. Formen wie Kugel, Rhombus, Quader oder metaphor. Zeichen wie Kreuz, Treppe, Boot. Abgeschlagene oder ausgehöhlte Teile der verwendeten Baumstämme bleiben in der skulpturalen Installation als eigene Formen sichtbar.

K. S. Skulpturen, bearb. v. C. BROCKHAUS u. a., Ausst.-Kat. Wilhelm-Lehmbruck-Museum, Duisburg (1993).

6) [ˈsaɪmən], Marvin Neil, amerikan. Schriftsteller, * New York 4. 7. 1927; erfolgreicher Broadway-Autor, dessen zahlr. Boulevardstücke amüsant die amerikan. Mittelschicht und ihre Alltagsprobleme darstellen; schreibt auch Musical-Libretti und Filmskripte.

Werke: *Theaterstücke:* Barefoot in the park (1963; dt. Barfuß im Park); The odd couple (1966; dt. Ein seltsames Paar); Plaza suite (1969; dt.); Last of the red hot lovers (1970; dt. Der letzte der feurigen Liebhaber); The gingerbread lady (1971; dt. Pfefferkuchen u. Gin); The sunshine boys (1973; dt. Sonny-Boys); The good doctor (1974; dt. Der gute Doktor); Chapter two (1979; dt. Das zweite Kapitel); Brighton beach memories (1984; dt. Brooklyn-Memoiren); Biloxi blues (1985); Broadway bound (1987; dt. Broadway, wir kommen); Lost in Yonkers (1991; London suite (1996).

Ausgaben: The collected plays, 2 Bde. (1971–79); – Komödien, hg. v. J. C. TRILSE (1988); Komödien, 3 Bde. (1994–96).

R. K. JOHNSON: N. S. (Boston, Mass., 1983).

Michel Simon

7) [siˈmɔ̃], Michel, eigtl. **François S.,** frz. Schauspieler schweizer. Herkunft, * Genf 9. 4. 1895, † Paris 30. 5. 1975; arbeitete ab 1925 für den Film, wo er sich v. a. durch die Zusammenarbeit mit J. RENOIR (›Die Hündin‹, 1931; ›Boudu, aus den Wassern gerettet‹, 1932) zu einem der bekanntesten Charakterdarsteller entwickelte.

Weitere Filme: Hafen im Nebel (1938); Monsieur Taxi (1952); Der alte Mann u. das Kind (1966).

J. FANSTEN: M. S. (Paris 1970).

8) [ˈsaɪmən], Paul, amerikan. Sänger und Songschreiber, * Newark (N. J.) 13. 10. 1941 (nach anderen Angaben 1942); war 1964–70 mit ART GARFUNKEL als Folk-Rock-Duo (→Simon and Garfunkel) erfolgreich. Nach Auflösung des Duos (1970) trat S. mit subtilen Kompositionen hervor, in denen er Elemente des Jazz und der lateinamerikan. Musik verarbeitete; 1986 und 1989 organisierte er u. a. zus. mit MIRIAM MAKEBA und dem südafrikan. Jazztrompeter HUGH RAMAPOLO MASEKALA (* 1939) eine Welttournee (›Graceland‹-Tournee; auch LP), die sich gegen die Apartheidpolitik der Rep. Südafrika wendete.

9) [siˈmɔ̃], Pierre Henri, frz. Schriftsteller, * Saint-Fort-sur-Gironde (Dép. Charente-Maritime) 16. 1. 1903, † Paris 20. 9. 1972; Prof. für frz. Literatur in Lille, Gent und Freiburg im Üechtland; war Literaturkritiker der Zeitung ›Le Monde‹ und schrieb Romane, Gedichte, polit. und literar. Essays, in denen er im Geist des christlich-liberalen Humanismus zeitgenöss. ideelle Strömungen und bürgerl. Gesellschaft kritisiert.

Werke: *Romane:* Les raisins verts (1950; dt. Grüne Trauben); Les hommes ne veulent pas mourir (1956; dt. Jahre in Hexenwiese). – *Romanzyklus:* Figures à Cordouan: Le somnambule (1960), Histoire d'un bonheur (1965; dt. Geschichte eines Glücks), La sagesse du soir (1971). – *Essays und Literaturkritik:* L'homme en procès (1950); Contre la torture (1957); Ce que je crois (1966; dt. Woran ich glaube). – *Literaturgeschichte:* Histoire de la littérature française au XXᵉ siècle, 1900–1950, 2 Bde. (1956).

Simón Abril, Pedro, span. Schriftsteller, * Alcaraz 1530 (?), † 1595; erwarb sich große Verdienste um die Förderung des Griechischen und des Lateinischen in Spanien. Übersetzte u. a. PLATONS ›Kratylos‹, die ›Politeia‹ von ARISTOTELES, die Fabeln des AISOPOS und Komödien des TERENZ. In seinen ›Apuntamientos de cómo se deben reformar las doctrinas‹ (1589) kritisiert er den spätscholast. Wissenschaftsbetrieb, verteidigt den Gebrauch des Spanischen als Unterrichtssprache und fordert ein intensiveres Studium der Mathematik.

Simonaitytė [simo:najˈti:te:], Ieva, litauische Schriftstellerin, * Wannagen (Kr. Memel) 23. 1. 1897, † Wilna 27. 8. 1978; schilderte in ihren in der Tradition des litauischen Realismus stehenden Romanen und Erzählungen v. a. das Leben im Memelland (Familienroman ›Aukštujų Šimonių likimas‹, 1935), wandte sich später histor. Stoffen zu (›Vilius karalius‹, 2 Bde., 1939–56).

Weitere Werke: *Romane:* Be tėvo (1941); Pikčurnienė (1955). – *Autobiographisches:* O buvo taip (1963); Nebaigta knyga (1965).

Ausgabe: Raštai, auf 7 Bde. ber. (1987 ff.).

Simon and Garfunkel [ˈsaɪmən ənd gɑːˈfʌŋkəl], 1964 gegründetes amerikan. Folk-Rock-Duo mit den Gitarristen und Sängern P. SIMON (Komposition, Texte) und ART GARFUNKEL (* 1942) wurde mit madrigalartigen Songs zu lyr. Texten bekannt (u. a. ›Sounds of silence‹, ›Bridge over troubled water‹). 1970 trennte sich das Duo, trat danach aber noch mehrmals zus. auf (u. a. 1982 Welttournee).

Simon Boccanegra, Oper von G. VERDI, Text von FRANCESCO MARIA PIAVE (* 1810, † 1876) nach einem Drama von A. GARCÍA GUTIÉRREZ; Uraufführung 12. 3. 1857 in Venedig.

Simón-Bolívar-Preis [nach S. BOLÍVAR], seit 1978 von der UNESCO verliehener Preis an Persönlichkeiten oder Organisationen, die sich in besonderer Weise für die Freiheit, Unabhängigkeit und Würde der Völker eingesetzt haben (dotiert mit 25 000 US-$).

Simonde de Sismondi [simɔ̃ddəsismɔ̃ˈdi, frz.], Jean Charles Léonard, schweizer. Volkswirtschaftler und Historiker, →Sismondi, Jean Charles Léonard Simonde de.

Simonds [ˈsaɪməndz], Charles, amerikan. Künstler, * New York 14. 11. 1945; Vertreter der →Spurensicherung. Seine miniaturhaften Rekonstruktionen von Wohnungen und rituellen Architekturen eines myth. ›kleinen Volkes‹ in den Mauernischen von New-Yorker Straßen oder in Ausstellungsräumen beruhen nicht auf Fundstücken, sondern auf fingierten Relikten archaischer Kulturstufen und Mythen.

Simoneau [simɔˈno], Léopold, kanad. Sänger (Tenor), * Quebec 3. 5. 1918; debütierte 1941 und sang an den bedeutendsten Opernbühnen Amerikas und Europas (Paris, Wien, Mailand). Er trat auch bei Festspielen auf (Glyndebourne, Salzburg) und machte sich v. a. als Mozart-Interpret einen Namen.

Simone Martini, ital. Maler, →Martini, Simone.

Simoni, Renato, ital. Bühnenautor, Literaturkritiker und Regisseur, * Verona 5. 9. 1875, † Mailand 5. 7. 1952; verfasste Theaterkritiken in Verona und Mailand und debütierte 1902 mit der intimen, an die Dichtung der Crepuscolari erinnernden Komödie ›La vedova‹, die, urspr. italienisch verfasst, im Dialekt des Veneto aufgeführt wurde. S. schrieb außerdem Revuen und Libretti (u. a. ›Madame Sans-Gêne‹, Musik von U. GIORDANO, 1915; ›Turandot‹, mit GIUSEPPE ADAMI, * 1878, † 1946, Musik von G. PUCCINI, 1926).

Ausgabe: Trent'anni di cronaca drammatica, hg. v. L. RIDENTI, 5 Bde. (1951–60).

Simonides, griech. **Simonides,** griech. Lyriker, * Iulis (heute Kea) um 556 v. Chr., † Akragas (heute Agrigent) um 467 v. Chr.; lebte als Auftragsdichter in Athen und Thessalien, ab 476 am Hof von Syrakus, wohin ihm sein Neffe →BAKCHYLIDES folgte. S. war einer der vielseitigsten griech. Dichter. Er schuf das Siegeslied (Epinikion) neu und verfasste auch chorlyr. Dithyramben, Preislieder (Enkomien), Trauergesänge (Threnoi) und Epigramme. Seine zarte und schlichte Sprache zeigt sich bes. in seiner ›Danae‹.

Ausgaben: S. u. Bakchylides: Gedichte, hg. u. übers. v. O. WERNER (1969); Iambi et elegi Graeci ante Alexandrum cantati, hg. v. M. L. WEST, Bd. 2 (1972).

A. LESKY: Gesch. der griech. Lit. (Bern ³1971).

Simonie [nach SIMON MAGUS] die, -/... 'ni[e]n, kath. Kirchenrecht: der vorsätzl. Austausch (›Verkauf‹) eines geistl. Gutes (z. B. eines kirchl. Amtes) oder geistlich-weltl. Gutes (z. B. eines kirchl. Benefiziums) gegen einen zeitl. Wert (Geld, Vermögenswerte u. a.). Simonist. Rechtsakte sind ungültig, simonist. Sakramentenspendung ist mit Kirchenstrafe bedroht (c. 1380 CIC). Zum Unterhalt von Amtsträgern bestimmte Gebühren für geistl. Handlungen (z. B. Messstipendien, Stolgebühren) sind keine S. - Im Früh- und Hoch-MA. hat das Rechtsinstitut der →Eigenkirche zu starken simonist. Missbräuchen geführt, die eine der Ursachen des →Investiturstreites waren.

Simonis, Heide, Politikerin, * Bonn 4. 7. 1943; Dipl.-Volkswirtin, 1976–88 MdB (SPD); in Schlesw.-Holst. 1988–93 Finanz-Min. und seit 1992 MdL, wurde am 19. 5. 1993 vom Landtag zur Ministerpräsidentin gewählt (am 24. 3. 1996 durch Wahlen knapp bestätigt).

Simonow, 1) Jurij Iwanowitsch, russ. Dirigent und Bratschist, * Saratow 4. 3. 1941; dirigierte bereits als Zwölfjähriger, studierte in Leningrad und wurde nach Stationen in Kislowodsk und Leningrad 1970 Chefdirigent am Moskauer Bolschoi-Theater; internat. Gastdirigent.

2) **Konstantin Michajlowitsch,** eigtl. **Kirill M. S.,** russ. Schriftsteller, * Petrograd 28. 11. 1915, † Moskau 28. 8. 1979; Kriegsberichterstatter im Zweiten Weltkrieg; einflussreicher Chefredakteur der ›Literaturnaja Gaseta‹ (1938, 1950–54) und des ›Nowyj Mir‹ (1946–50, 1954–58); begann mit - zunehmend politisch engagierter - Lyrik (›Ždi menja!‹, 1941; dt. ›Wart auf mich!‹) und Dramen. Sein Stalingradroman ›Dni i noči‹ (1944; dt. ›Tage und Nächte‹) war in der Sowjetunion eines der meistgelesenen Werke über den Zweiten Weltkrieg, der auch Thema seiner Romantrilogie ›Živye i mertvye‹ (1959, dt. ›Die Lebenden und die Toten‹; ›Soldatami ne roždajutsja‹, 1964, dt. ›Man wird nicht als Soldat geboren‹; ›Poslednee leto‹, 1971, dt. ›Der letzte Sommer‹) ist; schrieb auch Dramen.

Weitere Werke: Dramen: Russkie ljudi (1942); Russkij vopros (1946; dt. Die russ. Frage, 1948); Četvertyj (1962; dt. Der Vierte). - Romane: Tovarišči po oružiju (1952; dt. Waffengefährten); Tak nazyvaemaja ličnaja žizn' (1978; dt. Das sogenannte Privatleben, 5 Bde. (1977; dt. Kriegstagebuch); Glazami čeloveka moego pokolenija (hg. 1990; dt. Aus der Sicht meiner Generation. Gedanken über Stalin).

Ausgaben: Sobranie sočinenij, 12 Bde. (1979–87). - Erfahrungen mit Lit., hg. v. N. THUN (1984).

L. A. FINK: K. S. (Moskau ²1983); L. LAZAREV: K. S. Očerk žizni i tvorčestva (ebd. 1985).

Simons, 1) Anna, Schriftkünstlerin, * Mönchengladbach 8. 6. 1871, † Prien a. Chiemsee 2. 4. 1951; 1903 an die Düsseldorfer Kunstgewerbeschule berufen, später Prof. an der Akad. für angewandte Kunst in München; ab 1913 Mitarbeiterin der Bremer Presse, für die sie Buchtitel und Initialen entwarf und zeichnete. Mit R. KOCH und F. H. EHMCKE gehörte S. zu den Buchkünstlern, die der neuen Schriftkultur zu Beginn des 20. Jh. hohen Rang verliehen haben.

2) Menno, Gründer der Mennoniten, →Menno Simons.

Simons-Krankheit [nach dem Neurologen ARTHUR SIMONS, 19./20. Jh.], Form der →Lipodystrophie.

Simonson [ˈsaɪmənsən], Lee, amerikan. Bühnenbildner, * New York 26. 6. 1888, † Yonkers (N. Y.) 23. 1. 1967; arbeitete ab 1915 für die Washington Square Players in New York; Mitgründer (1919) und -direktor (bis 1940) der Theatre Guild; auch Veröffentlichungen.

Simon's Town [ˈsaɪmənz taʊn, engl.], der südlichste Ort auf der Kaphalbinsel, Rep. Südafrika, an der W-Küste, 6000 Ew.; Hauptquartier und Ausbildungszentrum der südafrikan. Kriegsmarine, auch Fischerei- und Jachthafen. - Nach schweren Winterstürmen in der Tafelbucht (1747) wurde S. T. an einer geschützten Bucht der False Bay gegründet; war 1814–1957 Stützpunkt der brit. Südatlantikflotte.

Simotová [-va], Adriena, tschech. Künstlerin, * Prag 6. 8. 1926; gestaltet Collagen aus gerissenem, perforiertem und übereinander geschichtetem Papier sowie aus textilem Material. Hauptthema ihrer Arbeiten ist der Mensch und seine räuml. Begrenzung. Sie trat auch als Grafikerin hervor.

Simpl, →Simplicissimus.

Simplex [lat. ›einfach‹] das, -/-e und ...'plizia, 1) Mathematik: die konvexe Hülle von $n + 1$ affin unabhängigen Punkten (n-S.). Im dreidimensionalen Raum ist das 0-S. ein Punkt, das 1-S. eine Strecke, das 2-S. ein Dreieck, das 3-S. ein Tetraeder, usw.; analoge Aussagen gelten in allen Dimensionen. S. spielen u. a. in der →Homologietheorie (in Gestalt von simplizialen Komplexen) und in der →mathematischen Programmierung eine wichtige Rolle.

2) Sprachwissenschaft: **Grundwort,** nicht zusammengesetztes Wort (im Ggs. zum →Kompositum) sowie nicht abgeleitetes Wort (→Derivation).

Simplexbetrieb, Nachrichtentechnik: →Nachrichtenübertragung.

Simplexverfahren, Operations-Research: Verfahren der linearen →mathematischen Programmierung.

Simplexware, dichte, haltbare Kettenwirkware aus Baumwoll- oder Perlongarn, v. a. für die Herstellung von Stoffhandschuhen.

Simplicissimus, 1) politisch-satir. Wochenschrift, gegr. 1896 in München von A. LANGEN, mit einer Auflage zw. 80000 und 100000 Exemplaren. In der Kaiserzeit und während der Weimarer Rep. übte der S. mit seinen fantasievollen Karikaturen die schärfste Gesellschaftskritik in Dtl. Die Bilder lieferten Zeichner wie T. T. HEINE, E. THÖNY, R. WILKE, O. GULBRANSSON, B. PAUL und K. ARNOLD, die Bilduntersichriften entstanden überwiegend im Redaktionskollegium. Ab 1933 gleichgeschaltet, war der S. wiederholt staatl. Zensur ausgesetzt, 1944 stellte er sein Erscheinen ein. 1954–67 erschien er erneut, erreichte jedoch nicht sein früheres Niveau. (BILD S. 238; weiteres BILD →Heine, Thomas Theodor)

S., bearb. v. C. SCHULZ-HOFFMANN, Ausst.-Kat. (1977); S. Glanz u. Elend der Satire in Dtl., hg. v. G. M. RÖSCH (1996).

Heide Simonis

Konstantin Michajlowitsch Simonow

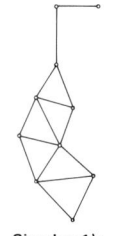

Simplex 1): Simplizialer Komplex in der Ebene

2) Simpl, 1903 in München eröffnetes Künstlerlokal, dem die kabarettistisch aktiven Gäste seinen eigenen Charakter verliehen. Zu ihnen gehörten u. a. E. MÜHSAM, J. RINGELNATZ (›Hausdichter‹ 1909–11), H. BALL, ISADORA DUNCAN und F. ENDRIKAT. Versuche, den S. als kabarettist. Institution nach 1945 (Auftritte von EVELYN KÜNNECKE, * 1921, HELEN VITA, * 1928, G. FRÖBE) weiterzuführen, scheiterten.

3) Simpl, 1912 in Wien eröffnetes Kabarett, das v. a. unterhaltende Kleinkunst bietet. Populär wurden die im S. in den 20er-Jahren von F. GRÜNBAUM und K. FARKAS entwickelten Doppelconférencen. Der S. ist das älteste bestehende Kabarett Wiens.

Simplicissimus, Simplicius, Held des Romans ›Der Abenteuerliche Simplicissimus Teutsch‹ (1669) von J. J. C. VON GRIMMELSHAUSEN. Der von einem Einsiedler erzogene S., der der Welt zunächst naiv gegenübersteht, muss alle Listen anwenden, um sich in der Welt des Dreißigjährigen Krieges zu behaupten, erlangt Ansehen, zieht sich aber schließlich wieder in das Einsiedlerdasein zurück. Der Name wurde zum Symbol des naiv-listigen Schelms.

Simplicissimus 1): Titelblatt mit der Zeichnung ›Spaltung der Opposition‹ von Thomas Theodor Heine; Jahrgang 4. 1899, Heft 37

Simplicius, Papst (468–483), * Tivoli, † Rom 10. 3. 483. Im Streit um den Monophysitismus trat er entschieden für die Beschlüsse des Konzils von Chalkedon ein. – Heiliger (Tag: 10. 3.).

simplifizieren [mlat. simplificare ›vereinfachen‹, zu lat. simplex ›einfach‹ und facere, in Zusammensetzungen -ficere ›machen‹], *bildungssprachlich* für: in einfacher Weise darstellen, sehr stark vereinfachen.

Simplon *der,* **S.-Pass,** ital. **Sempione,** Pass mit breiter Hochfläche in den östl. Walliser Alpen südlich von Brig-Glis, Schweiz, 2005 m ü. M.; die Straße über den S. verbindet das obere Rhonetal bei Brig-Glis mit dem Val d'Ossola bei Domodossola, Piemont, Italien (Grenzort ist Gondo, 855 m ü. M.); auf der S-Rampe führt die S.-Straße durch die Gondoschlucht. Die **S.-Bahn** (erbaut 1898–1906) unterfährt das Gebirge unter dem Monte Leone (östlich des S.) im heute zweiröhrigen **S.-Tunnel** (19,8 km lang, am S-Ausgang Schleife, Scheitelhöhe 700 m ü. M.; die zweite Röhre wurde 1912–22 erbaut) zw. Brig-Glis (678 m ü. M.) und Varzo (532 m ü. M.). – Der S. wurde schon von den Römern benutzt; 1807 wurde die erste Fahrstraße angelegt.

Simpson [ˈsɪmpsn], **1)** G e o r g e Gaylord, amerikan. Paläontologe, * Chicago (Ill.) 16. 6. 1902, † Tucson (Ariz.) 6. 10. 1984; ab 1945 Prof. an der Columbia University, ab 1959 an der Harvard University, ab 1967 an der University of Arizona. S. veröffentlichte bedeutende Beiträge zur Phylogenie (v. a. der Säugetiere), zur Evolutionsforschung und zu Tierwanderungen in der geolog. Vergangenheit.

Werke: Tempo and mode in evolution (1944; dt. Zeitmaße u. Ablaufformen der Evolution); Horses (1951; dt. Pferde); Life of the past (1953; dt. Leben in der Vorzeit); The principles of animal taxonomy (1961); Biology and man (1969; dt. Biologie u. Mensch); Splendid isolation. The curious history of South American mammals (1980).

2) Sir (seit 1866) J a m e s Young, brit. Gynäkologe, * Bathgate (bei Edinburgh) 7. 6. 1811, † Edinburgh 6. 5. 1870; wurde 1840 Prof. in Edinburgh; führte 1847 das Chloroform zur Narkose ein und verwendete es zum ersten Mal bei einer Entbindung.

3) L o u i s Aston Marantz, amerikan. Schriftsteller jamaikan. Herkunft, * bei Kingston 27. 3. 1923; kam 1940 in die USA; Studium an der Columbia University in New York, seit 1967 Prof. an der State University of New York in Stony Brook. S. wurde v. a. durch Gedichte bekannt, die Themen aus der Welt des Traums und der Mythen mit Ironie und alltagssprachl. Stil verbinden; veröffentlichte auch Dramen, Prosa und bedeutende Beiträge zur Literaturkritik.

Werke: *Lyrik:* The arrivistes. Poems 1940–49 (1949); At the end of the open road (1963); The best hour of the night (1983). – *Literaturkritik:* Three on the tower (1975); A revolution in taste (1978). – *Roman:* Riverside drive (1962). – *Autobiographisches:* North of Jamaica (1972). – Ships going into the blue. Essays and notes on poetry (1994); The king my father's wreck (1995).

Ausgaben: People live here. Selected poems 1949–1983 (1983); Collected poems (1988); Selected prose (1989).

W. H. ROBERSON: L. S. A reference guide (Boston, Mass., 1980); On L. S. Depths beyond happiness, hg. v. H. LAZER u. a. (Ann Arbor, Mich., 1988).

4) Norman Frederick, engl. Dramatiker, * London 29. 1. 1919; im Umfeld des Theaters des Absurden bekannt gewordener Autor skurril-kom. Stücke, die eingefahrene Sprache und Gewohnheiten des modernen Menschen bizarr ausspinnen; verfasste auch zahlr. Fernsehspiele.

Werke: *Dramen:* The hole (1958); A resounding tinkle (1958); One-way pendulum (1960); Was he anyone? (1973).

5) Thomas, brit. Mathematiker, * Market Bosworth (bei Leicester) 20. 8. 1710, † ebd. 14. 5. 1761; urspr. Weber, kam durch Selbststudium zur Mathematik, ab 1743 Prof. an der Militärakademie in Woolwich. Verfasser zahlr. Lehrbücher über Algebra, Geometrie und I. NEWTONs Fluxionsrechnung (→simpsonsche Regel).

6) Wallis, Herzogin von Windsor, * Monterey (Va.) 19. 6. 1896, † Paris 24. 4. 1986; seit 3. 6. 1937 ∞ mit EDUARD, Herzog von Windsor (→EDUARD, Herrscher, England/Großbritannien).

simpsonsche Regel [ˈsɪmpsn-; nach T. SIMPSON], Näherungsformel zur Berechnung von Flächen, die sich als Integral $\int_a^b f(x)\,dx$ darstellen lassen. Hierzu zerlegt man das Intervall $[a, b]$ in n Teile (n gerade) durch die Punkte $x_i = x_0 + ih$ ($i = 0, 1, \ldots, n$; $x_0 = a$, $x_n = b$). Mit $h = (b - a)/n$ gilt dann:

$$\int_a^b f(x)\,dx \approx \frac{h}{3}\left[f(x_0) + 4f(x_1) + 2f(x_2) + 4f(x_3) + \ldots + 2f(x_{n-2}) + 4f(x_{n-1}) + f(x_n)\right].$$

Die s. R. entspricht einer quadrat. Interpolation. (→keplersche Fassregel)

Simpsonwüste [ˈsɪmpsn-], engl. **Simpson Desert** [-ˈdezət], Wüste im Innern Australiens, im SO des Northern Territory, mit Ausläufern nach South Australia und Queensland, über 250 000 km^2; in Queensland Nationalpark (5050 km^2); viele fossile, 20–60 m hohe Dünen; im SO Erdöl- und Erdgasfelder.

Simri, alte dt. Volumeneinheit (→Simmer).

Simris|hamn, Stadt im Verw.-Bez. (Län) Kristianstad, S-Schweden, an der O-Küste von Schonen, 20 400 Ew.; Fischereihafen.

Simrock, Karl, Germanist und Schriftsteller, *Bonn 28. 8. 1802, †ebd. 18. 7. 1876; trat 1823 in Berlin in den preuß. Staatsdienst, den er 1830 wegen eines Gedichts auf die frz. Julirevolution verlassen musste, kehrte 1832 nach Bonn zurück und wurde hier 1852 Prof. für dt. Literatur und Sprache. S. widmete sich v. a. der Übertragung altnord. und altdt. Dichtungen ins Neuhochdeutsche, wodurch er diese Texte erst einem breiteren Publikum zugänglich machte und auch die literar. Rezeption (z. B. auch durch R. WAGNER) förderte. Er sammelte Sagen und Märchen, die er in zahlr. Anthologien z. T. erstmals herausgab (›Dt. Volksbücher‹, 54 Tle.), 1839–66; ›Das Heldenbuch‹, 6 Bde., 1843–47).

Weitere Werke: Hb. der dt. Mythologie mit Einschluß der nordischen, 2 Tle. (1853–55); Dt. Märchen (1864); Dichtungen (1872). – *Übersetzungen:* Der Nibelungen Lied, 2 Tle. (1827); Gedichte Walthers von der Vogelweide, 2 Bde. (1833); Die Edda (1851); Tristan u. Isolde, 2 Bde. (1855); Lieder der Minnesinger (1857).

Ausgabe: Ausgew. Werke, hg. v. G. KLEE, 12 Bde. (1907).

Simson: Andrea Mantegna, ›Samson und Dalila‹; um 1495–1500 (London, National Gallery)

Sims, das →Gesims.

Sims, Zoot, eigtl. **John Haley S.,** amerikan. Jazzmusiker (Tenor-, Sopransaxophon), *Inglewood (Calif.) 29. 10. 1925, †New York 23. 3. 1985; einer der berühmten ›Four Brothers‹ im Saxophonsatz W. HERMANS (1947–49). Spielte in den 40er- und 50er-Jahren mit B. GOODMAN sowie in einem eigenen Quintett mit AL COHN (*1925, †1988).

Simse [Herkunft unbekannt], **Scirpus,** weltweit verbreitete und schwierig zu gliedernde und abzugrenzende Gattung der Riedgräser mit etwa 200 Arten; meist mehrjährige, selten einjährige Kräuter von grasoder binsenähnl. Aussehen; Blüten eingeschlechtig und jeweils zus. in einem Ährchen; der Fruchtknoten ist im Ggs. zu den →Seggen nicht von einem Utriculus umschlossen. Heimisch ist u. a. die **Wald-S.** (Scirpus silvaticus); bis 100 cm hohe Pflanze mit grasartigen Blättern, Ährchen in lockerer Rispe; in Nasswiesen oder quelligen Auenwäldern. In wärmeren Gebieten wächst das nicht winterharte, bis 20 cm hohe **Frauenhaargras** (Frauenhaar, Nickende S., Grastopf, Scirpus cernuus); dichte Büsche aus fadenförmigen, später überhängenden Stängeln mit borstenförmigen Blättern und endständigen Ährchen; oft als Zimmerhängepflanze kultiviert. Zahlr. Arten werden lokal zur Herstellung von Flechtwerk benutzt, z. B. Scirpus californicus, das den Grundstoff der bekannten Schilfboote der Urus am Titicacasee liefert.

Simsenlili|e, Tofieldia, Gattung der Liliengewächse mit 17 Arten in den gemäßigten bis arkt. Gebieten der Nordhalbkugel und in Südamerika. Heimisch ist in den Alpen und im Alpenvorland in Flach- oder Quellmooren die **Kelch-S.** (Tofielda calyculata); 15–30 cm hoch, mit grundständigen, schwertartigen Blättern in zweizeiliger Anordnung; Blüten klein, gelblich, in einer 4–6 cm langen Traube.

Simson, in Septuaginta und Vulgata **Samson,** Gestalt des A. T.; Held des israelit. Stammes Dan aus der Richterzeit. In Ri. 13–16 sind versch. Erzählungen über S. verarbeitet: S. war →Nasiräer, mit übermenschl. phys. Kraft ausgestattet; er kämpfte gegen die Philister; seine Geliebte, die Philisterin DALILA, raubte ihm durch Scheren des Haupthaares die Stärke, sodass ihn die Philister überwältigen, blenden und gefangen setzen konnten; bei einem Opferfest der Philister erlangte S. seine Kraft wieder, nachdem seine Haare nachgewachsen waren; in einem letzten Kraftakt zerstörte er ihr Heiligtum und riss viele Philister mit sich in den Tod. Die Geschichten schildern im Zusammenhang des Richterbuches die Wirksamkeit der Kraft Jahwes und sind in das Konzept des →deuteronomistischen Geschichtswerks eingegliedert. – In der *bildenden Kunst* findet sich der Kampf S.s mit einem Löwen schon in frühchristl. Zeit (Wandgemälde der röm. Katakombe an der Via Latina, 1. Hälfte des 4. Jh.). An der Fassade von Saint-Trophime in Arles (Mitte 12. Jh.) erscheint er mit Herkules als Löwenkämpfer und wird in der Renaissance schließlich wie Herkules dargestellt. Im Barock gehören Szenen mit S. und DALILA zu den bes. geschätzten Motiven; sie wurden u. a. von A. VAN DYCK (um 1628–30; Wien, Kunsthistor. Museum) und von REMBRANDT (1636; Frankfurt am Main, Städelsches Kunstinstitut; BILD →Rembrandt) behandelt. Weiteres BILD →Quellinus, Artus, d. Ä.

Simson, Eduard Martin von (seit 1888), Jurist und Parlamentarier, *Königsberg (heute Kaliningrad) 10. 11. 1810, †Berlin 2. 5. 1899; war 1848–49 Mitgl. der Frankfurter Nationalversammlung (seit 18. 12. 1848 deren Präs.), leitete als führendes Mitgl. der Erbkaiserlichen am 3. 4. 1849 die Abordnung, die FRIEDRICH WILHELM IV. die Kaiserkrone anbot. Seit 1859 war S. Mitgl. des Preuß. Abgeordnetenhauses, als Nationalliberaler 1867–76 MdR (1867–73 dessen Präs.). Er überbrachte am 18. 12. 1870 dem preuß. König WILHELM I. in Versailles die Bitte des Reichstags des Norddt. Bundes um Annahme der Kaiserwürde. S. hat die dt. Parlamentsgeschichte mitgeprägt. Schon in der Paulskirchenversammlung bemühte er sich um die Einrichtung eines Reichsgerichts; als dessen erster Präs. (1879–91) versuchte er, dem Reichsgericht in Leipzig eine unabhängige und selbstständige Stellung im Staatsaufbau zu verschaffen.

E. WOLFF: E. v. S. (1929); E. v. S., hg. v. H. KIRCHNER (1985).

SIMULA [Kw. aus engl. **simu**lation **la**nguage], in den Jahren 1960–67 aus ALGOL 60 entwickelte höhere Programmiersprache mit speziellen Möglichkeiten zur Durchführung von Simulationen auf Rechnersystemen. Das wichtigste mit S. eingeführte Konzept ist das Klassenkonzept (→Objektorientierung), dessen Grundidee Einzug in viele andere Programmiersprachen fand. Der objektorientierte Ansatz wurde 1967 von KRISTEN NYGAARD und OLE-PETER DAHL am norweg. Rechenzentrum in Oslo erstmals formuliert und für S. verwendet.

Karl Simrock

Simsenlilie: Kelchsimsenlilie (Höhe 15–30 cm)

Eduard von Simson

Simulation [lat. ›Vorspiegelung‹] *die, -/-en,* **1)** *allg.:* das bewusste Vortäuschen von Zuständen, z. B. die bewusste (meist zweckgerichtete) Vortäuschung von Krankheiten.

2) *Wissenschaft* und *Technik:* die modellhafte Darstellung oder Nachbildung bestimmter Aspekte eines vorhandenen oder zu entwickelnden kybernet. Systems oder Prozesses (→Kybernetik), insbesondere auch seines Zeitverhaltens. Die S. erlaubt Untersuchungen oder Manipulationen, deren Durchführung am eigentl. System zu gefährlich, zu teuer oder unmöglich ist.

Prinzipiell kann zw. der S. mittels physikalisch-techn. oder mathematisch-abstrakter Modelle unterschieden werden, dazwischen gibt es viele Grade der Mischung beider Modelle. Entsprechende Geräte werden häufig als **Simulatoren** bezeichnet, insbesondere wenn sie Test- oder Übungszwecken dienen. Die mathemat. S. lässt sich ferner einteilen in **deterministische S.**, bei der die Größen, die das Verhalten eines Modells bestimmen, alle exakt bekannt oder berechenbar sind, und in **stochastische S.**, bei der in den Modellen auch zufallsbedingte (stochast.) Größen verwendet werden, sowie in **zeitkontinuierliche S.**, bei der fortlaufend sämtl. Werte berechnet werden, und in **zeitdiskrete S.**, bei der nur ausgewählte Werte zu bestimmten, klar unterscheidbaren Zeitpunkten berechnet werden. – Für die Formulierung rechnertaugl. S.-Modelle (→Rechnersimulation) existieren zahlr. prozess-, ereignis-, aktivitäts- bzw. objektorientierte **S.-Sprachen** (z. B. →SIMULA oder GPSS [engl. **g**eneral **p**urpose **s**imulation **s**ystem]).

S.-Modelle haben als experimentelle Problemlösungsmethoden im →Operations-Research besondere Bedeutung. Sie werden angewendet, wenn iterative oder formelmäßige Optimierungsmethoden für die Lösung eines Planungsproblems ungeeignet sind. Stattdessen wird ein aus Datensätzen, Zähleinrichtungen, Ja/Nein-Abfragen, mathemat. Funktionen und Entscheidungsparametern bestehendes Modell entwickelt und damit so lange durch Manipulation der Entscheidungsparameter experimentiert, bis akzeptable Problemlösungen gefunden sind. Anwendung finden S. u. a. bei der Planung von Abläufen in Produktions- und Dienstleistungsbereichen (S. von Warteschlangen), beim Entwurf von Verkehrs- und Kommunikationsnetzen oder bei der Analyse mögl. Unternehmens- und Wirtschaftsentwicklungen; ferner sind S. der method. Kern bei Planspielen zur Aus- und Weiterbildung von Führungspersonal.

F. Neelamkavil: Computer simulation and modelling (Chichester 1987, Nachdr. ebd. 1991); S. als betriebl. Entscheidungshilfe. Methoden, Werkzeuge, Anwendungen, hg. v. J. Briethahn u. Bernd Schmidt, 3 Bde. (1987–92); C. Elgood: Handbook of management and simulations (Aldershot ^{6}1997).

Simula**tor** *der, -s/...'toren,* **1)** *Informatik:* **Simulationsprogramm,** Programm, das einen Prozess oder das Verhalten eines Systems auf einem Rechner darstellt oder nachbildet. (→Rechnersimulation)

2) *Technik:* Gerät oder System, mit dem gewisse Verhaltensweisen, Eigenschaften u. a. eines physikal., techn., kybernet. oder auch abstrakten Systems sowie Prozessabläufe dargestellt bzw. nachgeahmt werden können; bes. ein Gerät, mit dem (techn.) Bedingungen geschaffen werden, die denen später zu handhabender Geräte entsprechen (z. B. →Flugsimulator).

Im militär. Bereich ist ein S. ein komplexes Gerät zur realitätsnahen Ausbildung eines Soldaten oder der Besatzung eines Waffensystems in der Erfüllung einer bestimmten Aufgabe (Fahren eines Panzers, Abfeuern eines Flugkörpers u. Ä.). S. dieser Art – Fahr-, Flug-, Schieß- und Gefechts-S. – bestehen zum einen aus der Nachbildung des für den jeweiligen Ausbildungszweck notwendigen Teils des Waffensystems, zum anderen aus einer elektron. Einrichtung, mit der die Charakteristika z. B. eines Fahrzeugs, die Umweltsituation (Geländeformen, Straßenzustand, Witterungsbedingungen), mögl. Feindverhalten sowie (auch mit speziellen Schadens-S.) das Auftreten techn. Fehler am Gerät wirklichkeitsgetreu simuliert werden. An Soldaten, Kampffahrzeugen und Gefechtsmaterial angebrachte Duell-S. simulieren mithilfe von Lasertechnik Schussabgabe und Treffer. Zur takt. und operativen Schulung von Stäben werden Gefechtsübungs-Simulationssysteme eingesetzt.

simulie**ren** [lat. simulare, eigtl. ›nachahmen‹, zu similis ›ähnlich‹], etwas vortäuschen (z. B. eine Krankheit).

simulie**rtes Geschäft,** *Recht:* das →Scheingeschäft.

sim**ul i**ust**us et pecc**ator [lat. ›zugleich Gerechter und Sünder‹], das radikale Sündenverständnis M. Luthers kennzeichnender Begriff seiner Lehre von der →Rechtfertigung 2): Der durch den Glauben gerechtfertigte Mensch bleibt immer auch Sünder, der ständig der Anrede und Annahme des im Wort verkündeten Christus zu seiner Rechtfertigung bedarf.

simulta**n** [mlat. simultaneus, zu lat. simul ›zugleich‹, ›zusammen‹], gleichzeitig (und gemeinsam).

Simulta**n|betrieb,** *Datenverarbeitung:* der →Parallelbetrieb.

Simulator 2) zur wirklichkeitsnahen Nachbildung des Fahrverhaltens von Kraftfahrzeugen; durch rechnergesteuertes hydraulisches Heben, Senken und Neigen der Plattform wird eine Testperson ähnlichen Beschleunigungen ausgesetzt wie beim wirklichen Fahren; das Programmieren des Rechners mit Fahrzeugdaten sowie Fahrbahn-, Wetter- und Verkehrsverhältnissen ermöglicht die Untersuchung des Fahrverhaltens in Grenzsituationen; zum vollständigen Aufbau gehört ein das Fahrzeug umschließender Dom, auf dessen kugelförmige Innenfläche rechnergesteuert ein jeweils sichtbares Umfeld projiziert wird

Simulta**nbühne,** Bühne, bei der alle im Verlauf des Spiels erforderl. Schauplätze nebeneinander und dauernd sichtbar aufgebaut sind, so bei den Passionsspielen des MA. (zuweilen noch im 20. Jh.). Bei der **Simultan-Raum-Bühne** wurden die Schauplätze an versch. Plätzen in der Stadt aufgebaut. Schauspieler und Zuschauer bewegten sich von Schauplatz zu Schauplatz. Bei der jüngeren **Simultan-Flächen-Bühne** befanden sich die einzelnen Schauplätze nebeneinander auf einem größeren Podium.

W. F. Michael: Frühformen der dt. Bühne (1963).

Simulta**ne|um** *das, -s,* gemeinsame Benutzung von Kirchen, Friedhöfen oder Kultgegenständen durch mehrere christl. Religionsgemeinschaften. Beispiele dafür sind die hl. Stätten in Palästina, in Dtl. die Dome zu Altenberg und Bautzen.

Simultan|impfung, Form der →Schutzimpfung.

Simultanplanung, →Sukzessivplanung.

Simultanschule, frühere Bez. für →Gemeinschaftsschule.

Simultantechnik, v. a. in der experimentellen Dichtung angewandte literar. Technik, die die Mehrschichtigkeit von Wirklichkeiten und ihre Verflochtenheit in heterogenste Zusammenhänge zu verdeutlichen sucht, um damit das für die Sprache an sich konstitutive zeitl. Nacheinander einer Geschehniskette zu durchbrechen. Sie sucht keinen Längsschnitt, sondern den Eindruck eines zeitlich-räuml. Querschnitts zu vermitteln. Mittel sind die Montage simultan ablaufender, aber disparater Wirklichkeitsausschnitte, kurzer Porträts oder Szenen und die collageähnl. Reihung und Einblendung von Realitätssplittern wie Gesprächsfetzen, Stream-of-Consciousness-Passagen, Zitaten, Zeitungsausschnitten oder Schlagzeilen, Werbeslogans, Geräuschen usw. S. findet sich v. a. in Romanen, die die Vielschichtigkeit des Großstadtlebens widerspiegeln, wie ›Manhattan Transfer‹ (1925) von J. Dos Passos, ›Berlin Alexanderplatz‹ (1929) von A. Döblin, auch ›Ulysses‹ (1922) von J. Joyce und ›Les hommes de bonne volonté‹ (27 Bde., 1932–46) von J. Romains sowie im Werk Arno Schmidts, aber auch im Drama (z. B. bei B. Strauss, ›Kalldewey, Farce‹, 1981).

Simultan|verarbeitung, *Datenverarbeitung:* Bez. für versch. Arten der gleichzeitigen oder quasi gleichzeitigen Durchführung von Aufgaben: 1) die gleichzeitige und voneinander unabhängige Arbeit von →Peripheriegeräten. Diese S. ist dann möglich, wenn die Peripheriegeräte über Kanäle angeschlossen sind, die unabhängig von der Zentraleinheit arbeiten können; 2) das quasi gleichzeitige, ineinander geschachtelte Verarbeiten mehrerer Aufgaben (→Multitasking) oder Programme (→Mehrprogrammbetrieb); 3) die Verarbeitung eingegebener Daten oder eines Geschäftsvorfalls nach versch. Gesichtspunkten (→integrierte Informationsverarbeitung).

Simultanzulassung, *Recht:* die Zulassung eines →Rechtsanwalts in Zivilsachen bei mehreren Gerichten. Sie ist einem bei einem Amtsgericht zugelassenen Rechtsanwalt auf seinen Antrag für das übergeordnete Landgericht zu gewähren und in der Praxis insoweit die Regel. Unter bestimmten Voraussetzungen kann eine S. auch bei benachbarten Landgerichten erfolgen. Darüber hinaus ist sie grundsätzlich ausgeschlossen (§§ 23–25 Bundesrechtsanwaltsordnung, BRAO). Ausnahmen gelten bei Änderung eines Gerichtsbezirks und allg. in den Ländern Bad.-Württ., Bayern, Berlin, Bremen, Hamburg, Saarland, Sa., Sa.-Anh. und Thür., wo eine gleichzeitige Zulassung bei Landgericht und OLG möglich ist (§§ 226–227b BRAO).

Šimunović [ʃi'muːnɔvitɕ], Dinko, kroat. Schriftsteller, * Knin (bei Šibenik) 1. 9. 1873, † Zagreb 3. 8. 1933; Lehrer; schilderte in Romanen und Novellen Armut und Rückständigkeit seiner dalmatin. Heimat, aber auch die Schönheit der Natur und die Ursprünglichkeit des patriarchal. bäuerlichen Lebens.

Werke: Novellen: Alkar (1905; dt. Salko, der Alkar; Mrkodol (1905, erweitert 1909); Sa Krke i Cetine (1930; dt. An den Tränken der Cetina). – *Romane:* Tuđinac (1911); Porodica Vinčić (1923).

Ausgaben: Djela, 2 Bde. (1952); Izbor iz proze (1981).

sin, Funktionszeichen für Sinus, eine →Winkelfunktion.

Sina|i, 1) Halbinsel S., Halbinsel im N des Roten Meeres zw. den Golfen von Suez und Akaba, östlich des Afrika von Asien trennenden Landenge von Suez; gehört zu Ägypten und hat in seinen Verw.-Grenzen 60 714 km². Der größte (nördl.) Teil ist ein Tafelland aus (weitgehend verkarsteten) Kalken und Sandsteinen (Kreide und Tertiär), das von der nördl. Küstenebene nach S bis zum Gebirgszug Djebel el-Igma (1 626 m ü. M.) ansteigt und in zwei steilen Schichtstufen mit 300 und 700 m Höhenunterschied nach SW und W abfällt. Südlich davon steigt das stark zertalte, aus Gneisen, metamorphen Schiefern und Graniten aufgebaute **Sinaigebirge** im Djebel Katherin auf 2 637 m, im Djebel Musa auf 2 285 m ü. M. an. Nur an der Küste und im Gebirge fallen geringe Niederschläge, das Innere ist wüstenhaft. Selten füllen Regenfälle die Wadis mit Wasser. Besiedelt sind außer den Küsten einzelne Gebirgsoasen. Von den 254 000 Bewohnern lebt fast die Hälfte als Nomaden (Beduinen). Hauptort ist El-Arisch am Mittelmeer; am Eingang zum Golf von Akaba liegen →Scharm esch-Scheich und der Badeort Ophira. An der Küste des Roten Meeres Erdölförderung (Ras el-Sudr, Abu Zanima, Abu Rudeis, Abu Durba) und Manganerzabbau (Um Bugma). Auf der Halbinsel S. lagern die größten Steinkohlenvorräte Ägyptens; die Maghara-Minen (42 Mio. t geschätzte Reserven) am Djebel Maghara im mittleren N, 1967 stillgelegt, werden wieder in Betrieb genommen. Seit 1980 ist der S. durch einen Straßentunnel unter dem Suezkanal besser an das übrige Ägypten angeschlossen. Über den Salamkanal (1997 eröffnet), der in vier Tunneln den Suezkanal unterquert, wird Wasser vom Nildelta bis El-Arisch geführt. – Zu Beginn des 16. Jh. wurde S. von den Türken erobert; 1906 kam es zu Auseinandersetzungen zw. Ägypten/Großbritannien und dem Osman. Reich über die Grenze im N. Im →Nahostkonflikt war die Halbinsel 1956–57 und 1967–82 von Israel besetzt.

K. J. Rögner: Geomorpholog. Unterss. in Negev u. S. (1989); I. Finkelstein: Living on the fringe. The archaeology and the history of the Negev, S. and neighbouring regions in the Bronze and Iron Ages (Sheffield 1995).

2) im A. T. Name des Berges, an dem Mose die →Zehn Gebote empfing und Gott den ›Bund mit Israel‹ schloss. Im 5. Buch Mose wird der S. **Horeb** genannt, ebenso beim Elohisten. Die S.-Überlieferung des A. T. stellt neben Urgeschichte, Exodus und Landnahme eine eigene theolog. Größe dar, die erst spät mit den übrigen israelit. Traditionen zusammengewachsen ist. Das erschwert auch die Lokalisierung des bibl. S.: Einige Angaben (Ri. 5, 4 f.; 5. Mos. 33, 2) deu-

Sina Sinaia – Sinanthropus

Sinaia: Schloss Peleș; 1875–83

ten auf eine Lage östlich des Golfes von Akaba; auf diese Lage weist auch die Verbindung des Mose mit den Midianitern. Andererseits identifiziert die christl. Tradition spätestens seit dem 4. Jh. n. Chr. den S. mit dem Djebel Musa auf der Halbinsel Sinai, an dessen Fuß sich das →Katharinenkloster befindet.

Sinaia, Stadt in den Südkarpaten, im Kr. Prahova, Rumänien, 700–970 m ü. M., am Fuß des Bucegigebirges im oberen Prahovatal, das die Grenze zw. den Süd- und Ostkarpaten bildet, 15 300 Ew.; Museum (im Schloss); Luftkurort, Wintersportplatz; feinwerktechn., Nahrungsmittel-, Holz verarbeitende Industrie, Kalksteinbrüche. – S., 1874 angelegt und nach dem 1690–95 im Brâncoveanustil erbauten Kloster S. benannt, gewann als königl. Sommerresidenz (Schloss Peleș, 1875–83 erbaut) Bedeutung.

Sinai-Inschriften, über 30 aus der Mitte des 2. Jt. v. Chr. stammende kurze Inschriften auf Steinen und Felswänden, entdeckt 1905 und seit 1927 in den alten ägypt. Malachitminen und Ruinen eines Hathortempels im Wadi Maghara auf der Halbinsel Sinai. Die Entzifferung der S.-I., deren Sprache sich als altsemitisch (kanaanäischer Dialekt) erwiesen hat, ist noch nicht abgeschlossen. Viele Zeichen haben ägypt. Hieroglyphen zum Vorbild. Die S.-I. repräsentieren die erste reine Buchstabenschrift, auf sie gehen alle semit. und somit europ. Buchstabenschriften zurück.

B. Sass: The genesis of the alphabet and its development in the second millenium b. C. (Wiesbaden 1988); W. Hinz in: Ztschr. der Dt. Morgenländ. Gesellschaft, Bd. 141 (1991).

Sinalbin [Kw. aus lat. sinapis alba ›weißer Senf‹], v. a. in den Samen des Weißen →Senfs sowie auch in anderen Kreuzblütlern vorkommendes Senfölglykosid (Glucosinolat). Bei enzymat. Spaltung wird aus S. das stechend riechende und scharf schmeckende p-Hydroxybenzylisothiocyanat (eine Verbindung aus der Gruppe der →Senföle) freigesetzt.

Sinaloa, Bundesstaat im W von Mexiko, 58 092 km², (1995) 2,425 Mio. Ew.; Hauptstadt ist Culiacán, wichtigster Hafen Mazatlán. S. erstreckt sich von der lagunenreichen Pazifikküste über das sommerheiße Tiefland bis an die tief zerschluchtete Westflanke der Sierra Madre Occidental. In Bewässerungsgebieten Anbau v. a. von Reis, Gemüse, Zuckerrohr, Baumwolle, Weizen, Tabak, Bohnen, Hirse, Sojabohnen u. a.; Bergbau auf Silber und Gold; Salzgewinnung; bedeutende Krabbenfischerei.

Geschichte: Das Gebiet S.s wurde ab 1530 von Spaniern erkundet. Die Erschließung des Landes während der span. Kolonialherrschaft erfasste anfangs nur den S (bis Culiacán). Erst im 17. Jh. begannen die Jesuiten den N zu missionieren; ihnen folgten span. Kolonisten. Für die moderne Entwicklung waren zuerst v. a. Unternehmer aus den USA entscheidend (Bergbau und Landwirtschaft).

Sinan, osman. Baumeister, * vielleicht bei Kayseri 1491 (oder 1489), † Konstantinopel 1588 (oder 1587); wuchs als Sohn christl. Eltern auf, kam noch als Knabe nach Konstantinopel, um zum Janitscharen erzogen zu werden, nahm unter Süleiman dem Prächtigen 1521–38 als Militäringenieur an versch. Feldzügen teil. 1538 wurde S. Baumeister für das gesamte Osman. Reich; diese Stellung behielt er unter drei Sultanen. Unter seinen mehr als 300 Bauten (Moscheen, Medresen, Mausoleen, Paläste, Bäder, Krankenhäuser, Armenküchen) ragen die Istanbuler Prinzenmoschee (Şehzade Camii) und die Moscheen Süleimans des Prächtigen in Istanbul (Süleymaniye Camii, Bild →Istanbul) und Selims II. in Edirne (Selimiye Camii, Bild →Edirne) hervor. Auch seine Ingenieurwerke waren bedeutend (z. B. der 265 m lange Aquädukt von Mağlova zur Wasserversorgung von Istanbul, 1554–64). Die Auseinandersetzung mit dem Grund- und Aufriss der Hagia Sophia als Kombination von Zentralkuppel mit Halbkuppeln von gleichem Durchmesser bestimmt u. a. die Şehzade (1544–48) und die Süleymaniye (1550–56). In der Mihrimah-Moschee (Mihrimah Camii) in Istanbul (um 1556) lässt S. die Halbkuppeln fort und stützt die 37 m hohe Kuppel (Durchmesser 20 m) auf (durchfensterte) Schildwände. Daneben wird für ihn das frühosman. Baukunst wichtig; der Grundriss der Großen Moschee in Manisa (von 1374) ist der Ausgangspunkt für seine Achteckmoscheen (Rüstem Paşa Camii, 1561, Istanbul; Selimiye, 1568–74), der Grundriss der Üç Şerefeli Camii (1437–47) in Edirne für seine Sechseckmoscheen (Sinan Paşa Camii, 1556; Sokollu Mehmet

Sinan: Blick in die Kuppel der Mihrimah-Moschee in Istanbul; Höhe 37 m, Durchmesser 20 m; um 1556

Paşa Camii, 1571; beide Istanbul). In der Gestaltung des Moscheeinnenraums verwirklicht S. ein Konzept einheitl. Raumwahrnehmung, den Außenbau dynamisiert er durch Abstufung der Baumassen und kontrapunktisch eingesetzte hohe, schlanke Minarette.

U. Vogt-Göknil u. E. Widmer: Osman. Türkei (Neuausg. 1966); B. Ünsal: Turkish Islamic architecture in Seljuk and Ottoman times: 1071–1923 (London 1973); E. Egli: S. (Neuausg. Erlenbach 1976); H. J. Sauermost u. W. C. von der Mülbe: Istanbuler Moscheen (1981); S., bearb. v. U. Vogt-Göknil u. a. (1993).

Sinanthropus [zu griech. Sinai ›Chinesen‹, ›China‹ und ánthropos ›Mensch‹] *der, -/...pi, Anthropologie:* der →Pekingmensch.

Sinapin|alkohol [zu lat. sinapis ›Senf‹], ungesättigter aromat. Alkohol (Phenolätheralkohol), der in Form seines Glucosids (zus. mit Koniferylalkohol) in Laubhölzern vorkommt. S. ist wie Koniferylalkohol eine Vorstufe bei der Biosynthese des →Lignins; er unterscheidet sich von diesem durch das Vorliegen einer zweiten Methoxygruppe in o-Stellung zur phenol. Hydroxylgruppe.

Sinapis [lat.], die Pflanzengattung →Senf.

Sinatra [sɪˈnɑːtrə], Frank, eigtl. **Francis Albert S.**, amerikan. Sänger und Filmschauspieler ital. Herkunft, * Hoboken (N. J.) 12. 12. 1915, † Los Angeles (Calif.) 14. 5. 1998; sang 1939–42 in den Bigbands von H. JAMES und T. DORSEY und hatte danach v. a. Auftritte in Fernsehshows, die ihm bald eine große Popularität verschafften. Mit seiner intensiven, vom Jazz geprägten Stimme, die ihm den Beinamen ›The voice‹ einbrachte, beherrschte er souverän die Standards der amerikan. Unterhaltungsmusik (›All the way‹, ›The lady is a tramp‹, ›I've got you under my skin‹, ›Strangers in the night‹, ›My way‹). Als Filmstar hatte er seit seiner Oscar-Verleihung 1953 große Erfolge.
Filme: Verdammt in alle Ewigkeit (1953); Der Mann mit dem goldenen Arm (1955); Can-Can (1959); Die siegreichen Drei (1961).
J. ROCKWELL: S. An American classic (New York 1984); W. FRIEDWALD: F. S. Ein Mann u. seine Musik (a. d. Amerikan., 1996, mit CD).

Sinau [zu mhd. sin- ›beständig‹ und tou ›Tau‹, also eigtl. ›Pflanze, auf der immer Tau liegt‹] *die, -/-e,*
Aphanes, Gattung der Rosengewächse mit etwa 20 fast weltweit verbreiteten Arten; einjährige Stauden mit in den Blattachseln geknäuelt stehenden Blüten. Eine früher als Heilpflanze verwendete Art ist der auf Äckern vorkommende **Acker-S.** (Aphanes arvensis), eine bis 20 cm hohe Pflanze mit kleinen, grünl. Blüten und wenig geteilten Nebenblättern.

Sincelejo [sinseˈlexo], Hauptstadt des Dep. Sucre, im N Kolumbiens, 213 900 Ew.; Bischofssitz; Handelszentrum eines Agrargebiets (Rinder, Baumwolle).

Sinclair, 1) [ˈzɪŋklɛːr], Emil, Pseud. des Schriftstellers Hermann →Hesse.

2) [ˈzɪŋklɛːr], Isaak von, Diplomat, Dichter und Philosoph, Pseud. **Crisalin**, * Homburg (heute Bad Homburg v. d. Höhe) 3. 10. 1775, † Wien 29. 4. 1815; 1795 Diplomat in Diensten des Landgrafen von Hessen-Homburg, in dessen Auftrag er am Rastatter Kongress teilnahm. 1805 in einen Hochverratsprozess verwickelt, bei dem die Anschuldigung, S. u. a. hätten in Württemberg einen Umsturz geplant, nicht bewiesen werden konnte. Als Anhänger der Frz. Revolution und der Idee einer Republik wirkte er in dieser Richtung auf J. C. F. HÖLDERLIN, dem er seit seinem Studium in Jena (1794/95) freundschaftlich verbunden war. S.s Dichtungen wiederum sind von HÖLDERLIN, aber auch von F. G. KLOPSTOCK und SCHILLER beeinflusst. S.s philosoph. Position lässt sich als Versuch einer Synthese von Elementen der Philosophie J. G. FICHTES und G. W. F. HEGELS beschreiben (›Wahrheit und Gewißheit‹, 3 Bde., 1811; ›Versuch einer durch Metaphysik begründeten Physik‹, 1813).
Weitere Werke: *Dramen:* Der Anfang des Cevennenkrieges (1806); Das Ende des Cevennenkrieges (1806); Der Gipfel des Cevennenkrieges (1807). – *Lyrik:* Gedichte, 2 Bde. (1812–14); Kriegslieder (1814).

3) [ˈsɪŋklɛə, ˈsɪŋklə], May, eigtl. **Mary Amelia S.,** engl. Schriftstellerin, * Rock Ferry (Cty. Cheshire) 24. 8. 1863, † Aylesbury 14. 11. 1946; beeinflusst von der Frauenbewegung, für die sie sich engagierte, sowie von den psycholog. Theorien S. FREUDS und C. G. JUNGS. Ihre Kurzgeschichten und Romane, die sich z. T. der Mittel der Bewusstseinsdarstellung (→Stream of Consciousness) bedienen, behandeln v. a. die Auswirkungen gesellschaftl. Zwänge auf das Leben von Frauen und bes. deren Tendenz zur Selbstverleugnung

(›The divine fire‹, 1904; ›The three sisters‹, 1914; ›Mary Oliver‹, 1919; ›Life and death of Harriett Frean‹, 1922); verfasste auch Gedichte, theoret. Schriften (›Feminism‹, 1912) und eine Biographie der Brontë-Schwestern (›The three Brontës‹, 1912).
H. D. ZEGGER: M. S. (Boston, Mass., 1976).

4) [ˈsɪŋklɛə, auch ˈsɪŋklə], Upton Beall, amerikan. Schriftsteller, * Baltimore (Md.) 20. 9. 1878, † Bound Brook (N. J.) 25. 11. 1968; Studium in New York, schrieb während dieser Zeit Unterhaltungsromane. Der Roman ›The jungle‹ (1905; dt. ›Der Sumpf‹), der auf eigenen Recherchen beruht, stellt z. T. in dokumentar. Stil mit drast. Realismus die Ausbeutung von Arbeitern in den Schlachthöfen von Chicago (Ill.) dar; er bewirkte die Einführung von Lebensmittelgesetzen und machte S. zu einem bekannten Vertreter der →Muckrakers. Auch in späteren Werken griff S. soziale Missstände an, vertrat seine sozialist. Überzeugung und wurde zu einem wichtigen Chronisten seiner Zeit (›Boston‹, 1928; dt.). In den 30er-Jahren übte die von ihm gegründete Allianz von linken Demokraten und Arbeitslosen (›EPIC‹) v. a. in Kalifornien großen polit. Einfluss aus. 1940–53 erschienen die elf Romane seiner viel gelesenen Lanny-Budd-Serie (Bd. 1: ›World's end‹, 1940; dt. ›Welt-Ende‹), die den Titelhelden im Kampf gegen polit. Missstände zu den Schauplätzen der Weltgesch. in der Mitte des 20. Jh. führen; S. brachte in ihnen seine antifaschist. Haltung sowie seine desillusionierte Sicht der Sowjetunion zum Ausdruck. Er verfasste auch Essays, polit. Schriften, Jugendbücher, Kurzgeschichten, Dramen.
Weitere Werke: *Romane:* The moneychangers (1908; dt. Die Börsenspieler); King Coal (1917; dt. König Kohle); 100% (1920; dt.); Oil (1927; dt. Petroleum); Mountain city (1930; dt. So macht man Dollars); The wet parade (1931; dt. Alkohol); Dragon's teeth (1942; dt. Drachenzähne). – *Essay:* Mammonart (1925; dt. Die goldene Kette). – *Reportage:* The flivver king (1937; dt. Das Fließband). – *Briefe:* My lifetime in letters (1960). – *Autobiographie:* The autobiography of U. S. (1962).
D. HERMS: U. S. Zw. Pop, zweiter Kultur u. herrschender Ideologie (1986); R. N. MOOKERJEE: Art for social justice. The major novels of U. S. (Metuchen, N. J., 1988); U. S. Literature and social reform, hg. v. D. HERMS (Frankfurt am Main 1990); J. AHOUSE: U. S. A descriptive, annotated bibliography (Los Angeles, Calif., 1994); I. SCOTT: U. S., the forgotten socialist (Lewiston, N. Y., 1997).

Sind, Sindh, Prov. in SO-Pakistan, grenzt an das Arab. Meer und an Indien, 140 914 km², (1996) 29,7 Mio. Ew.; Hauptstadt ist Karatschi, Amtssprachen sind Sindhi (seit 1972) und Urdu. – S. umfasst das Tiefland beiderseits des unteren Indus samt seinem Mündungsdelta, im SW Hügelländer und im O einen Teil der wüstenhaften Thar. Wegen des geringen Niederschlags ist Anbau (Reis, Baumwolle, Weizen, Hirse, Tabak) nur mit Bewässerung möglich (Kotri-, Sukkur-, Gududamm). Hauptindustriestandorte sind Karatschi, Hyderabad und Sukkur. Die Ruinenstadt Mohenjo-Daro wurde von der UNESCO zum Weltkulturerbe erklärt.
Geschichte: Das Gebiet von S. war im 3./2. Jt. v. Chr. Zentrum der Harappakultur. Seit dem 8. Jh. islamisiert, war es später Teil des Mogulreichs und kam dann unter pers. und afghan. Herrschaft. 1843 fiel S. an Großbritannien, wurde 1936 Prov. von Britisch-Indien und bei dessen Teilung (1947) Prov. von Pakistan.

Sindbad, 1) S. der Seefahrer, Held einer Sammlung weit verbreiteter Seefahrtsgeschichten aus der 1. Hälfte des 10. Jh., die im 11. oder 12. Jh. unter Benutzung verwandter Stoffe zu einem Seefahrerroman umgestaltet und auch in die arab. Märchensammlung →Tausendundeine Nacht eingefügt wurden.
M. I. GERHARDT: Les voyages de S. le marin (Utrecht 1957).

2) Held der in oriental. und abendländ. Fassungen bekannten Erzählung von den ›Sieben (Wesiren oder) weisen Meistern‹; ein vom weisen S. erzogener und

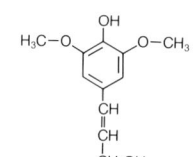

Sinapinalkohol

Frank Sinatra

Upton B. Sinclair

zum Schweigen verpflichteter Prinz wird vor den Nachstellungen einer Haremsdame und dem Zorn seines Vaters durch Erzählungen der sieben Meister gerettet. Ob die Erzählung ind. oder pers. Ursprungs ist, ist umstritten.

Sindelfingen, Große Kreisstadt im Landkreis Böblingen, Bad.-Württ., 440 m ü. M., nördlich des Schönbuchs, 60 100 Ew.; Museen. S. bildet mit der Nachbarstadt Böblingen ein bedeutendes Industriezentrum mit vielen Einpendlern: Pkw-Produktion und -Entwicklung (Daimler-Benz AG), Maschinenbau, Herstellung von Hardware und Software, Modegroßhandel. – In der Altstadt und im Bereich des früheren Chorherrenstifts noch Fachwerkhäuser (Altes Rathaus, im Kern 1478, jetzt Stadtmuseum; Salzhaus, 1592). Die ev. Pfarrkirche, ehem. Chorherrenstiftskirche St. Martin, wurde 1083 geweiht. Neues Rathaus (1970); Stadthalle (1962, erweitert 1989); Städt. Galerie und Lütze-Museum von J. P. KLEIHUES (1986–89); Sportzentrum von Behnisch Partner (1976–77). – Das seit 1133 bezeugte S. wurde 1263 Stadt und fiel 1351 an Württemberg.

Sindhi, zu den indoarischen Sprachen (→indische Sprachen) gehörende Sprache mit etwa 8 Mio. Sprechern in Pakistan (Amtssprache in der Prov. Sind seit 1972) und etwa 2 Mio. in Indien. Neben dem Standarddialekt Vicoli wird u. a. der mit dem Gujarati verwandte Dialekt Kachi (v. a. in Rann von Kutch) gesprochen. S., das viele arab. und pers. Lehnwörter enthält, wird seit der Schriftreform von 1853 in einer mit Zusatzzeichen versehenen Variante der pers. Schrift geschrieben. (→indische Literaturen)

Sinding, 1) Christian August, norweg. Komponist, * Kongsberg 11. 1. 1856, † Oslo 3. 12. 1941, Bruder von 2); studierte in Leipzig (u. a. bei C. REINECKE), lebte hauptsächlich in Dtl., in den Sommermonaten in Norwegen. Beeinflusst von R. WAGNER war S. einer der bedeutendsten spätromant. Komponisten Norwegens. Er schrieb u. a. die Oper ›Der heilige Berg‹ (1914), vier Sinfonien, Konzerte für Klavier und für Violine, Kammer- und Klaviermusik (u. a. ›Frühlingsrauschen‹, 1896), Chöre und Lieder.

2) Stephan, norweg. Bildhauer, * Trondheim 4. 8. 1846, † Paris 23. 1. 1922, Bruder von 1); schuf, ausgehend vom Klassizismus und beeinflusst von der zeitgenöss. frz. Plastik, realist. Bildwerke.

Werke: Barbarin, ihren verwundeten Sohn aus der Schlacht tragend (1883; Oslo, Nasjonalgalleriet, u. a.); Statuen von H. Ibsen und B. Bjørnson (1898–99; Oslo, vor dem Nationaltheater).

Sindjar [-dʒ-] *der,* **Sindschar, Djebel S.** [dʒ-], lang gestreckter Bergzug inmitten der Ackerebenen N-Iraks, westlich von Mosul, bis zu 1 498 m ü. M. Der S. war das wichtigste Siedlungsgebiet der Jesiden; seit der Zwangsumsiedlung durch die irak. Regierung um 1975 ist der S. unbewohnt.

Sindri, Stadt im Bundesstaat Bihar, Indien, am Damodar, 70 600 Ew.; Kunstdünger-, pharmazeut., Zementindustrie.

Siné [si'ne], eigtl. **Maurice Sinet** [si'nɛ], frz. Karikaturist, * Paris 31. 12. 1928; Vertreter des ›schwarzen Humors‹, der jede bürgerlich-polit. Ordnung als Chaos entlarvt. 1958–63 zeichnete er beißende polit. Karikaturen für ›L'Express‹; anschließend formulierte er seinen aggressiven Zynismus, der bis zur Anarchie geht, in den eigenen Zeitschriften ›Sinémassacre‹ (1962–63), ›Révolution‹ (1965) und ›L'Enragé‹ (1968) sowie in linksorientierten Zeitschriften des In- und Auslands.

sine anno [lat. ›ohne Jahr‹], Abk. **s. a.,** ohne Angabe des Erscheinungsjahres (Hinweis bei Buchtitelangaben). – Entsprechend: **sine loco** [lat. ›ohne Ort‹], Abk. **s. l.; s. a. et loco,** Abk. **s. a. e. l.,** oder **sine loco et anno,** Abk. **s. l. e. a.**

sine ira et studio [lat.], ohne Hass und (parteiischen) Eifer, Forderung, die TACITUS (›Annalen‹, 1,1) an die Qualität seiner Geschichtsschreibung stellt; danach *allg.:* ohne Vorurteil, sachlich, objektiv.

Sinemur [nach Sinemurium, dem lat. Namen des Ortes Sémur in Burgund, Frankreich] *das, -s,* **Sinemurium, Sinemurien** [-myr'jɛ̃], *Geologie:* Stufe des →Jura.

Sines ['sinɪʃ], Industrie- und Hafenort im Distr. Setúbal, S-Portugal, nahe dem Kap Sines (Leuchtturm) in einer Bucht der Steilküste am Atlantik, 9 300 Ew.; Museum (Geburtshaus von VASCO DA GAMA); Fischereihafen. Bis 1970 ein kleiner Fischer- und Badeort, wurde S. zu einem Ölhafen mit Industrieanlagen ausgebaut: Erdölraffinerie, petrochem. Industrie, Waggon- und Containerfabrik. 10 km nördlich die neue Wohnstadt Santo André. Für die Wasserversorgung der Agglomeration wurde der Rio Sado mittels eines Kanal-, Tunnel- (13 km) und Stauseesystems erschlossen.

sine tempore [lat. ›ohne Zeit(zugabe)‹], Abk. **s. t.,** *bildungssprachlich* für: zum angegebenen Zeitpunkt, ohne ›akademisches Viertel.

Sinfonia [ital., vgl. Sinfonie] *die, -/...ni|e,* im späten 16. und frühen 17. Jh. ein Ensemblestück für Gesang und Instrumente (G. GABRIELI, H. SCHÜTZ), ab dem späteren 17. Jh. hauptsächlich ein reines Instrumentalstück verschiedener Art und Besetzung, synonym mit →Concerto und funktional als →Ouvertüre zu Balletten, Kantaten und Oratorien und v. a. zu Opern. Die S. der venezian. Opernschule (F. CAVALLI, A. CESTI) ist meist zweiteilig (langsam–schnell). Die neapolitan. Opern-S. (u. a. A. SCARLATTI) ist dreiteilig (schnell–langsam–schnell). Dieser Typ löste sich um 1730 von seiner Bindung an die Oper und leitete als die selbstständige Konzert-S. die Geschichte der →Sinfonie ein.

Sinfonia concertante [-kɔntʃɛr-] *die, - -/... ni|e ...ti,* **Konzertante,** aus dem Concerto grosso hervorgegangenes, meist dreisätziges Werk für Orchester und mehrere Soloinstrumente, beliebt v. a. in der 2. Hälfte des 18. Jh. (u. a. I. HOLZBAUER, J. HAYDN, J. C. BACH, C. STAMITZ, W. A. MOZART). Im 19. Jh. wurden statt des Begriffs S. c. die Bez. Doppel-, Tripel- und Quadrupelkonzert verwendet.

Sinfonia domestica, sinfon. Dichtung op. 53 von R. STRAUSS; Uraufführung 21. 3. 1904 in New York.

Sinfonie [ital. sinfonia, lat. symphonia von griech. symphōnía ›das Zusammenklingen‹, zu sýmphōnos ›zusammentönend‹] *die, -/...ni|en,* **Symphonie,** im 18. Jh. entstandene Form der repräsentativen Orchesterkomposition, eine der wichtigsten Gattungen der Instrumentalmusik, die (zus. mit Sonate und Streichquartett) in ihrer Ausbreitung und Geschichte den Stilwandel rein instrumentaler Ausdrucksformen zentral repräsentiert.

Die S. hat ihre Wurzeln im Einleitungsstück (→Sinfonia) der neapolitan. Opera seria, das bereits dreiteilig (schnell–langsam–schnell) angelegt war. Ab etwa 1730 wurde die Sinfonia auch als selbstständiges Konzertstück verwendet und dabei zugleich kunstvoll erweitert. Der erste Satz entwickelte sich in Richtung der →Sonatensatzform; an dritter Stelle wurde vielfach ein Menuett eingefügt; im neuen, effektvollen Orchestersatz erhielten die Bläser solistische Aufgaben. An dieser Entwicklung waren v. a. Oberitaliener (G. B. SAMMARTINI u. a.), die →Wiener Schule, →Mannheimer Schule und →Berliner Schule sowie in London J. C. BACH beteiligt.

Der eigentl. Schöpfer der klass. S. ist J. HAYDN, der in seinen über 100 S. die bestehenden Ansätze zusammenfasste, weiterentwickelte und die Gattung zu europ. Rang erhob. Stets neuartig, überraschend in der Erfindung und von unmittelbarer (oft auch humorvoller) Wirkung, zeugen HAYDNS S. in ihrer Satztechnik, themat. Arbeit, geistvollen Instrumentierung und klaren Formdisposition von höchster Meisterschaft. W. A. MOZART assimilierte HAYDNS durchgearbeiteten Satz und fand bes. in seinen letzten S. zu einer vollendet tiefen und persönl. Ausdruckssprache. Eine neue Stufe bezeichnet das sinfon. Schaffen L. VAN BEETHOVENS. Seine neun S. sind eigene, unverwechselbar individuelle Gestaltungen, die in jeder Hinsicht neue musikal. Bereiche erschließen (Größe und Prägnanz der Themen, Kühnheit der Harmonik, Dehnung der Form, Vitalität der rhythm. Bildungen, Erweiterung des Orchesterapparats, themat. Zusammenhang aller Partien, →durchbrochene Arbeit und →obligates Akkompagnement). Der erste Satz wird bei ihm zum Austragungsort großer musikal. Ideen, teilweise mit programmat. Bezügen (›Eroica‹, 1803/04; ›Pastorale‹, 1807/08); auch der langsame Satz dehnt sich zu bisher nicht gekannten Dimensionen; aus dem Menuett wird zumeist ein →Scherzo; das Finale erhält verstärktes Gewicht und erscheint teilweise als krönender Abschluss einer auch ethisch-ideellen Entwicklung (5. und 9. Sinfonie).

In der Sinfonik nach BEETHOVEN finden romant. Weltgefühl und Klangerlebnis bereits bei F. SCHUBERT (8. und 9. Sinfonie), verändert dann in den S. von R. SCHUMANN und F. MENDELSSOHN BARTHOLDY gültigen Ausdruck, wobei ein poet. Grundzug die streng thematisch-formale Auseinandersetzung überformt, ohne diese Grundlage zu verlassen. Höchste sinfon. Kunst im klass. Sinne vereinen die vier S. von J. BRAHMS mit romant. Innigkeit und Stimmungsfärbung wie auch mit kraftvoller, mitunter trotzig aufbegehrender orchestraler Gestik. Daneben verläuft die von H. BERLIOZ (›Symphonie fantastique‹, 1830) ausgehende Entwicklung einer programmatisch orientierten S. und →sinfonischen Dichtung, die über F. LISZT zu R. STRAUSS führt und literarisch-philosoph. Ideengehalt mit Neuartigkeit der Form und Instrumentation verbindet. Zw. beiden Richtungen stehen die neun S. A. BRUCKNERS, die BEETHOVEN, SCHUBERT und R. WAGNER entscheidende Impulse verdanken und sich zugleich in ihrer hymnisch selbstgewissen Frömmigkeit, Kraft und Weite als eigene Bildungen darstellen. G. MAHLERS zehn S. knüpfen teilweise an BRUCKNER an, erweitern jedoch die Dimensionen, verfeinern zugleich die Orchestersprache, beziehen Solo- und Chorstimmen mit ein und streben nach einer universalen Aussage über die Befindlichkeit des Menschen in der modernen Welt. Außerhalb Dtl.s und Österreichs traten in der 2. Hälfte des 19. Jh. v. a. B. SMETANA, A. DVOŘÁK, A. BORODIN, P. I. TSCHAIKOWSKY, A. GLASUNOW, E. GRIEG, C. FRANCK, C. SAINT-SAËNS und G. BIZET mit sinfon. Werken hervor.

Uneinheitlich ist das Bild der sinfon. Musik des 20. Jh., in der sich die verschiedensten Richtungen (Akademismus, Neoklassizismus, Neobarock, Spätexpressionismus) nebeneinander beobachten lassen. Während viele Komponisten (z. B. S. PROKOFJEW, D. D. SCHOSTAKOWITSCH, J. SIBELIUS) den überkommenen S.-Typus beibehalten, jedoch mit neuen Inhalten zu erfüllen suchen, bemühen sich andere um eine Erneuerung der Gattung durch die Pflege eines linear polyphonen Stils (P. HINDEMITH, J. N. DAVID, K. A. HARTMANN), durch kammermusikal. Besetzung (A. SCHÖNBERG) oder durch Schaffung eines verkleinerten Werktypus (M. REGER, A. WEBERN, D. MILHAUD). In der Musik nach 1950 tritt die S. als repräsentative Gattung zurück. Sie ist u. a. noch vertreten bei H. EISLER, B. MARTINŮ, H. W. HENZE, L. BERIO, K. PENDERECKI, W. RIHM, S. MATTHUS und M. TROJAHN.

P. BEKKER: Die S. von Beethoven bis Mahler (1918); U. NEF: Gesch. der S. u. Suite (1921, Nachdr. Vaduz 1993); F. WEINGARTNER: Die Symphonie nach Beethoven (⁴1926); F. WOHLFAHRT: Gesch. der S. (1966); R. KLOIBER: Hb. der

Sinfonie: Anfang des zweiten Satzes der 3. Sinfonie von Anton Bruckner in eigenhändiger Niederschrift vom 24. Februar 1873

klass. u. romant. Symphonie (³1981); Musikal. Gattungen in Einzeldarst., Bd. 1: Symphon. Musik (1981); S. KUNZE: Die S. im 18. Jh. (1993); M. CHION: La symphonie à l'époque romantique (Paris 1994); J. M. ABEL: Die Entstehung der sinfon. Musik in Rußland (1996).

Sinfonietta [ital.] die, -/...ten, Bez. für kleinere sinfon. Werke, z. T. mit kleinerer Orchesterbesetzung oder verringerter Satzzahl (z. B. L. JANÁČEK, M. REGER, A. ROUSSEL, L. BERIO).

sinfonische Dichtung, symphonische Dichtung, eine von F. LISZT geschaffene und von ihm so benannte Gattung der Orchestermusik. Die s. D. gestaltet außermusikal. Gedanken (Themen der Literatur oder Malerei, Landschaftseindrücke, persönl. Erfahrungen des Komponisten) im Sinne der →Programmmusik klanglich nach. Ihre Form ist meist einsätzig (Sonatenform, Rondoform, freie Mischformen), in der Wahl ihrer musikal. Mittel ist sie vielfach bes. fortschrittlich. Mit LISZTS ›Bergsinfonie‹ (1850) begann, ausgehend von der ebenfalls inhaltlich bestimmten Konzertouvertüre und bes. angeregt von H. BERLIOZ' Programmsinfonien (u. a. ›Symphonie fantastique‹, 1830), die etwa hundertjährige Geschichte der s. D. In Böhmen folgten F. SMETANA und A. DVOŘÁK, in Russland A. P. BORODIN, M. P. MUSSORGSKIJ und N. A. RIMSKIJ-KORSAKOW, in Frankreich P. DUKAS und C. DEBUSSY, in Finnland J. SIBELIUS, in Italien O. RESPIGHI. In Dtl. erlebte die s. D. mit den zehn ›Tondichtungen‹ von R. STRAUSS vor und nach 1900 ihren Höhepunkt.

R. KLOIBER: Hb. der symphon. Dichtung (Neuausg. 1980).

sinfonisches Ballett, Ballett, das die musikal. Inhalte der ihm zugrunde liegenden Komposition mit abstrakt-choreograph. Mitteln wiederzugeben versucht; die Bez. stammt aus den 1930er-Jahren und geht auf L. MASSINES Choreographien zurück. In W-Europa setzten sich die Bez. →abstraktes Ballett und ›Ballett pur‹ durch.

Sing|akademie, Vereinigung zur Pflege des Chorgesangs. Die erste S. wurde 1791 von C. F. FASCH in Berlin gegründet (Nachfolger C. F. ZELTER; 1829 öffentl. Aufführung von J. S. BACHS ›Matthäuspassion‹ durch F. MENDELSSOHN BARTHOLDY. Weitere Gründungen erfolgten u. a. in Leipzig (1802), Dresden (1807), Hamburg (1814), Danzig (1818), Frankfurt am Main (1818), Breslau (1825), Halle/Saale (1833); große Bedeutung für das Wiener Konzertleben erlangte die Wiener S. (1858).

Singapore Airlines Ltd. [sɪŋɡəˈpɔː ˈɛəlaɪnz ˈlɪmɪtɪd], Abk. **SIA** [esaɪˈeɪ], singapur. Luftverkehrsgesellschaft, gegr. 1972; Sitz: Singapur. Das Streckennetz umfasst 75 Ziele in 41 Ländern Afrikas, Asiens, Europas und Nordamerikas sowie in Australien und Ozeanien. SIA beförderte 1995 mit einem Flugzeugpark von 62 Flugzeugen und mit 13 410 Beschäftigten rd. 10,7 Mio. Passagiere.

Singapore Airlines Ltd.

Sing Singapur

Singapur
Fläche 647,5 km²
Einwohner (1996) 3,04 Mio.
Amtssprachen Englisch, Chinesisch, Malaiisch, Tamil
Nationalfeiertag 9.8.
Währung 1 Singapur-Dollar (S$) = 100 Cents (c)
Uhrzeit 18:00 Singapur = 12:00 MEZ

Staatswappen

Staatsflagge

SGP
Internationales Kfz-Kennzeichen

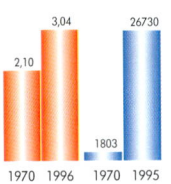

3,04 / 2,10 — 1970 1996 Bevölkerung (in Mio.)
26730 / 1803 — 1970 1995 Bruttosozialprodukt je Ew. (in US-$)

100% — Bevölkerungsverteilung 1995
☐ Stadt ☐ Land

36% / 64% — Bruttoinlandsprodukt 1995
☐ Industrie ☐ Landwirtschaft ☐ Dienstleistung

Singapur [altind. ›Löwenstadt‹], amtl. Namen: engl. **Republic of Singapore** [rɪˈpʌblɪk əv sɪŋɡəˈpɔː], chin. (Mandarin) **Xinjiapo Gongheguo** [ɕɪndʒ-], malaiisch **Republik Singapura,** Tamil **Singapur Kudiyarasu,** Stadtstaat und Inselrepublik in SO-Asien, vor der S-Spitze der Malaiischen Halbinsel; besteht aus einer Hauptinsel (587 km²) und 64 kleineren Inseln (davon 20 besiedelt), 647,5 km², (1996) 3,04 Mio. Ew. Das eigentl. Stadtzentrum (City of Singapore, 97 km²) liegt im S der Hauptinsel. Gleichberechtigte Amtssprachen sind Englisch, Chinesisch (Mandarin), Malaiisch und Tamil; Hauptumgangssprache ist der chin. Hokkien-Dialekt. Währung: 1 Singapur-Dollar (S$) = 100 Cents (c). Uhrzeit: 18:00 Singapur = 12:00 MEZ.

STAAT · RECHT

Verfassung: S. ist seit 1965 eine unabhängige Republik im Commonwealth. Es gilt die Verf. von 1959 (seither mehrfach, zuletzt 1996, revidiert). Staatsoberhaupt ist der auf sechs Jahre direkt gewählte Präs. Seine Befugnisse wurden durch die jüngste Verf.-Änderung eingeschränkt (u. a. kann das Parlament nunmehr ein Veto des Präs. mit Zweidrittelmehrheit überstimmen, von der Reg. kann eine Volksabstimmung zu umstrittenen Gesetzen angesetzt werden). Das Kabinett unter Vorsitz des Premier-Min. wird vom Präs. ernannt und ist dem Parlament verantwortlich. Die Legislative liegt beim Einkammerparlament, dessen 83 Abg. für fünf Jahre teils in Einer-, teils in Mehrfachwahlkreisen gewählt werden.

Parteien: Neben der dominierenden People's Action Party (PAP, dt. Volksaktionspartei, gegr. 1954) spielen v. a. die Singapore Democratic Party (SDP, dt. Demokrat. Partei S.s, gegr. 1980) und die Workers' Party (WP, dt. Arbeiterpartei, gegr. 1957) eine Rolle.

Gewerkschaften: Von den (1993) 82 registrierten Gewerkschaften sind 75 (mit einer Gesamtmitgliederzahl von rd. 236 200) dem halbstaatl. Dachverband Singapore National Trades Union (SNTUC) angeschlossen.

Wappen: Das Wappen zeigt im Schild einen steigenden Halbmond und fünf Sterne, welche nach amtl. Deutung Demokratie, Frieden, Fortschritt, Gerechtigkeit und Gleichheit versinnbildlichen. Als Schildhalter dienen ein Löwe und ein malaiischer Tiger. Das Schriftband am Fuß der Wappendarstellung enthält den Titel der Nationalhymne ›Majulah Singapura‹ (›Vorwärts, Singapur‹).

Nationalfeiertag: Der 9. 8. erinnert an die Erlangung der völligen Unabhängigkeit nach Austritt aus der Föderation mit Malaysia 1965.

Verwaltung: Es besteht eine Untergliederung in das Stadtgebiet S. und fünf weitere Verwaltungsbezirke ohne ausgeprägte Selbstverwaltung.

Recht: Das Recht beruht auf dem 1826 offiziell eingeführten, später weiterentwickelten engl. Common Law. Die Spitze der Gerichtsorganisation bildet der Oberste Gerichtshof, der aus einem Hochgericht, einem Appellationsgerichtshof und einem weiteren Appellationsgericht für Strafsachen besteht. Ferner gibt es allgemeine Fach- und Fachgerichte in unteren Instanzen.

Streitkräfte: Die Gesamtstärke der Wehrpflichtarmee beträgt rd. 70 000 Mann. Das Heer hat etwa 55 000 Soldaten, gegliedert ist es in drei aktive Divisionen (eine weitere in Reserve), eine luftbewegl. Brigade, eine Artilleriebrigade und mehrere selbstständige Bataillone. Die Luftwaffe verfügt über rd. 6 000, die Marine über rd. 9 000 Mann. Die Ausrüstung besteht v. a. aus etwa 350 leichten Panzern, rd. 200 Kampfflugzeugen sowie etwa 40 Kleinen Kampfschiffen.

LANDESNATUR · BEVÖLKERUNG

Die Insel gliedert sich in drei geograph. Einheiten: zentrale Bergregion aus Granitgestein (im Bukit Timah bis 177 m ü. M.); SW-Region mit Schichtstufen und Tälern, aus Schiefern und Sandsteinen; Flachlandebene im S und O. Das Klima (136 km nördlich des Äquators) ist tropisch; Regenmaxima November bis Januar (NO-Monsun). Die Jahresniederschläge betragen 2400 mm im Durchschnitt, die Temperaturen 24–27 °C. – Die Hauptinsel ist durch einen etwa 1 km langen Brückendamm mit dem Festland verbunden, über den Straße, Bahnlinie und Fernwasserleitung (täglich über 1 Mio. m³ aus Johor, Malaysia) führen. Durch Neulandgewinnung (Aufschüttungen) wurde die Fläche der Hauptinsel stark vergrößert (1970: 543 km²).

Bevölkerung: Die geringe einheim. Bev. wurde in der Kolonialzeit durch Zuwanderung rasch überlagert (1824: 11 000, 1881: 138 000, 1931: 560 000 Ew.). Ethn. Zusammensetzung (1996): 77,3 % Chinesen, 14,2 % Malaien, 7,3 % Inder, ferner Europäer, Juden, Armenier, Araber u. a. Außerdem gab es (1995) 300 000 ausländ. Arbeitskräfte, zumeist aus Malaysia. Die Familienplanung ist sehr erfolgreich; angestrebt wird eine Begrenzung auf 3 Kinder (bis 1987: 2). Die Geburtenrate beträgt (1996) 15,4 ‰, die Sterberate 4,7 ‰.

Religion: Es besteht Religionsfreiheit. Rd. 54 % der Bev. (über zwei Drittel der chin. Bev.-Gruppe) bekennen sich zu traditionellen chin. Religionen und Weltanschauungen (Taoismus, Konfuzianismus) und zum Buddhismus. Rd. 16 % sind sunnit. Muslime, v. a. der schafiit. Rechtsschule; darunter nahezu alle Malaien und rd. 26 % der ind. Bev.-Gruppe. Über 12 % sind Christen: Rd. 4,4 % gehören der kath. Kirche an (exemtes Erzbistum S.), rd. 7 % prot. Kirchen (Methodisten, Pfingstler, Presbyterianer, Baptisten, Brüdergemeine, Lutheraner u. a.), rd. 0,8 % der anglikan. Kirche der Prov. Südostasien, deren Sitz S. ist. Religiöse Minderheiten bilden die Hindus (3,5 %), Sikhs (0,5 %), Bahais und die rd. 900 Mitgl. der jüd. Gemeinde.

Bildungswesen: Es besteht keine allgemeine Schulpflicht. Nach einer dreijährigen Primarschulausbildung erfolgt (in Abhängigkeit vom Abschlussergebnis) die Überleitung in eine sechsjährige zweisprachige, eine achtjährige erweiterte zweisprachige oder in eine achtjährige einsprachige Ausbildungsstufe. Primar- und Sekundarausbildung erfolgt in den offiziellen Sprachen Englisch, Chinesisch, Malaiisch und Tamil. Die Analphabetenquote beträgt 9 %. Im Zentrum S.s (City of Singapore) sind die Nat.-Univ. (gegr. 1980) und eine techn. Univ. (gegr. 1981).

Publizistik: Presse: Offiziell besteht keine Zensur, laut Gesetz unterliegt die Geschäftsführung der Zeitungsverlage jedoch öffentl. Prüfung, seit 1986 (verschärfte Bestimmungen seit 1990) kann auch die Verbreitung der Auslandspresse eingeschränkt werden. Die wichtigsten Tageszeitungen sind die englischsprachigen Blätter ›The Straits Times‹ (gegr. 1845; Auflage 357 000), ›The New Paper‹ (gegr. 1988; 88 000)

Singapur: Blick vom Singapore River auf die Hochhäuser der City

und ›Business Times‹ (gegr. 1976; 36 000) sowie ›Lian He Zao Bao‹ (gegr. 1983; 183 000), ›Shin Min Daily News‹ (gegr. 1967; 90 000) und ›Lian He Wan Bao‹ (gegr. 1983; 85 000) in Chinesisch. – *Rundfunk:* Die ›Singapore Broadcasting Authority‹ (gegr. 1994) hat die Aufsicht über das privatisierte Rundfunkwesen inne. Die ›Singapore International Media‹ (SIM) ist Holdinggesellschaft für die ›Television Corp. of Singapore‹ (betreibt drei Fernsehkanäle mit Programmen in Chinesisch, Tamil und Englisch), ›Television Twelve‹ (zwei TV-Kanäle), ›Radio Corp. of Singapore‹ (zehn Hörfunkprogramme) und ›SIM Communications‹. Hörfunkprogramme können ferner von der christlich orientierten ›Far East Broadcasting Ltd.‹ sowie den kommerziellen Gesellschaften ›Radio Heart‹ und ›Rediffusion Singapore‹ empfangen werden. Hinzu kommen ein Satellitenfernsehprogramm und drei Pay-TV-Kabelkanäle.

WIRTSCHAFT · VERKEHR

S. entwickelte sich nach seiner Unabhängigkeit 1965 zu einem der weltweit bedeutendsten Verkehrs-, Industrie-, Handels-, Finanz- und Dienstleistungszentren. Mit einem Bruttosozialprodukt (BSP) je Ew. von (1995) 26 730 US-$ liegt S. weit über dem Durchschnitt der nichtarab. Länder Asiens und vor einer Reihe von westl. Industrieländern. S. zählt zu den Schwellenländern; die dynamische wirtschaftl. Entwicklung ist abzulesen an der durchschnittlichen jährl. Wachstumsrate des Bruttoinlandsproduktes (BIP), die (1960–96) 8,4% betrug, bei niedriger Arbeitslosigkeit (Arbeitslosenquote 1996: 2,0%; 1980: 3,5%). Auslandsschulden existieren seit 1995 nicht mehr. Der vergleichsweise hohe materielle Wohlstand fußt u. a. auf dem Zusammenspiel zw. staatl. Rahmenplanung und privatwirtschaftl. Initiative sowie auf attraktiven Standortbedingungen (hohe Arbeitsproduktivität, geograph. Lage).

Landwirtschaft: Die Landwirtschaft ist von untergeordneter Bedeutung. Sie beschäftigt einschließlich Fischerei (1996) 0,2% der Erwerbstätigen und ist am BIP ebenfalls mit 0,2% beteiligt. Abgesehen von Kautschuk- und Kokospalmenpflanzungen werden (1992) nur 0,7% der Gesamtfläche (1970: 22,9%) durch kleinbäuerl. Betriebe bewirtschaftet. Sie erzeugen v. a. Gemüse, Obst, Gewürze, Tabak. Ein Großteil der pflanzl. Nahrungsmittel (v. a. Reis) muss importiert werden. Ein neuer lukrativer Erwerbszweig der Landwirtschaft ist die Zucht von Orchideen, die als Schnittblumen exportiert werden.

Bodenschätze: S. besitzt keine Bodenschätze, sieht man von Sanden und Granit für die Bauwirtschaft ab.

Industrie: Im industriellen Sektor erwirtschaften (1995) fast ein Drittel der Erwerbstätigen 36% des BIP. Das verarbeitende Gewerbe hat sich mehr und mehr auf hochwertige Produkte spezialisiert. Sein Aufbau wird entscheidend durch Auslandsinvestitionen (vorrangig aus den USA, den EG-Ländern und Japan), zunehmend in Form von Jointventures, gefördert. Die Industrie ist einerseits ganz auf die Einfuhr von Rohstoffen sowie von Halbfertigprodukten angewiesen, andererseits ist sie stark exportorientiert. Neben dem Bau von Elektromaschinen und -geräten erlangt die Elektronikindustrie, v. a. der Bau von Computern, immer größere Bedeutung (Anteil an der Gesamtindustrieproduktion 1995: fast 50%). Zu den wichtigen Industriebranchen zählen ferner der Maschinen- und Schiffbau, die Textil- und Bekleidungsindustrie, die Metallerzeugung und -verarbeitung sowie die chem. Industrie einschließlich Mineralöl- und Kunststoffverarbeitung. Die Werften arbeiten heute vornehmlich für die Erdölindustrie (z. B. Bau von Bohrplattformen für den Offshorebereich). Mit fünf Erdölraffinerien (Durchsatzkapazität 50 Mio. t pro Jahr) ist S. das größte Raffineriezentrum in Asien.

Dienstleistungssektor: Im Dienstleistungssektor erwirtschaften (1995) über zwei Drittel der Erwerbstätigen 64% des BIP. Besondere Bedeutung haben neben Handel und Gastgewerbe das Verkehrs-, Bank- und

Singapur: Übersichtskarte

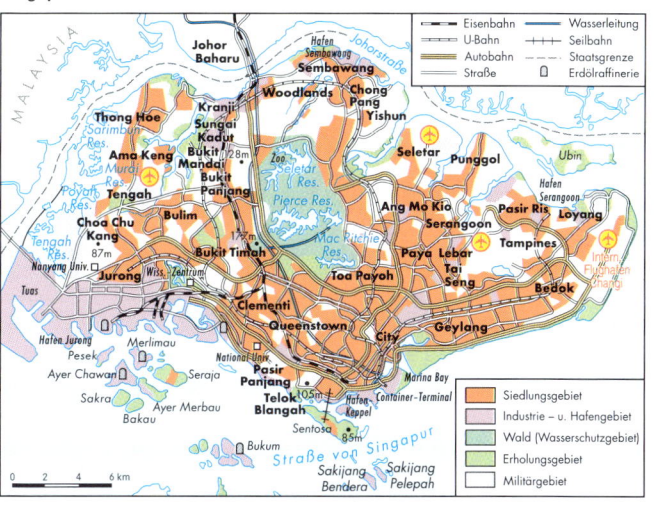

Sing Singapur

Börsenwesen. So ist S. einer der größten Warenumschlagplätze Asiens. Mit (1997) 154 Banken ist S. außerdem eines der wichtigsten Finanzzentren (v. a. Offshorezentrum) im asiatisch-pazif. Raum.

Tourismus: S. ist nicht nur eines der bedeutendsten Kongress- und Messezentren SO-Asiens, sondern hat wegen preisgünstiger Einkaufsmöglichkeiten auf eine starke Anziehungskraft auf den privaten Reiseverkehr. Die Mehrzahl der (1996) 7,3 Mio. ausländ. Besucher kommt aus Japan, Taiwan, Großbritannien und Australien.

Außenwirtschaft: Im Außenhandel werden seit 1970 stets Einfuhrüberschüsse registriert. Das Handelsbilanzdefizit wird mit (1996) 8,3 Mrd. US-$ ausgewiesen bei einem Einfuhrwert von 133,3 Mrd. US-$ und einem Ausfuhrwert von 125,0 Mrd. US-$. Mit einem Anteil der Einfuhr und der Ausfuhr am BIP von (1996) 133% bzw. 140% zählt S. zu den Staaten mit der größten Außenhandelsorientierung. Exportiert werden v. a. Maschinen (33,1% des Exportwerts), elektr. und elektron. Geräte (30,9%) sowie Erdölprodukte (7,7%). Haupthandelspartner sind seit Jahren bei der Einfuhr Japan (18,2%), die USA (16,3%) und Malaysia (15,0%), bei der Ausfuhr USA (18,4%), Malaysia (18,0%) und Hongkong (8,9%). Dem Passivsaldo in der Handelsbilanz stehen umfangreiche Mehreinnahmen aus dem Kapitalverkehr, dem Tourismus und der Schifffahrt gegenüber, sodass die Zahlungsbilanz einen Überschuss von (1995) 15,1% Mrd. US-$ ausweist.

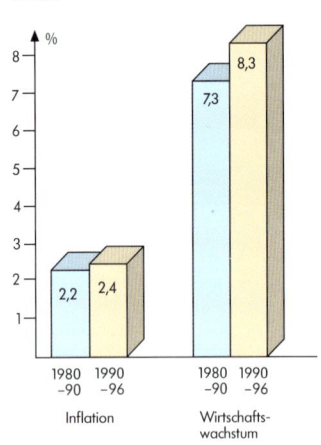

Singapur: Inflation (Zunahme des allgemeinen Preisniveaus des Bruttoinlandsprodukts) und Wirtschaftswachstum (Zunahme des Bruttoinlandsprodukts), jeweils durchschnittlich pro Jahr in Prozent

	Inflation	Wirtschaftswachstum
1980–90	2,2	7,3
1990–96	2,4	8,3

Verkehr: Aufgrund seiner Lage am Schnittpunkt wichtiger Schifffahrts- und Flugrouten hat sich S. zu einem der bedeutendsten Verkehrszentren SO-Asiens entwickelt. Über eine 26 km lange Eisenbahnlinie, die sich in malays. Besitz befindet, ist S. über die Johor Strait mit dem Eisenbahnnetz auf der Malaiischen Halbinsel verbunden. Die Stadtschnellbahn ›Mass Rapid Transit‹ im Bereich der Hauptstadt S. (Streckenlänge 83 km, weitere 20 km seit 1997 im Bau) wurde 1990 fertig gestellt. Das Straßennetz, das über die Johor Strait ebenfalls Anschluss an Malaysia besitzt, umfasst (1996) 3 072 km, davon sind 139 km als Autobahnen ausgebaut. Die Reg. versucht, durch hohe Gebühren und steuerl. Belastungen den Straßenverkehr einzuschränken.

Der Hafen von S. ist gemessen am Warenumschlag von (1997) 327,5 Mio. t (vor Rotterdam) der größte Seehafen der Erde. In den vergangenen Jahren wurden bes. die Anlagen für den Containerverkehr ausgebaut. S. ist (1997) weltweit der zweitgrößte Containerhafen nach Hongkong. Die meisten der (1997) rd. 1 500 Schiffe mit insgesamt knapp 9 Mio. BRT gehören zu den ›Billigflaggen‹. Damit steht S. an 10. Stelle unter den Handelsflotten.

Für S.s Wirtschaft ist der Flugverkehr von entscheidender Bedeutung. Die nat. Fluggesellschaft ›Singapore Airlines‹ ist mit rd. 70 Flugzeugen eine der weltweit führenden mittelgroßen Fluggesellschaften. Auf dem 1981 eröffneten internat. Flughafen Changi wurden (1996) 24,5 Mio. Fluggäste gezählt (zum Vergleich Frankfurt am Main 1995: 30,1 Mio.). Seit Fertigstellung des zweiten Terminals (1990) zählt der Flughafen zu den größten und modernsten Asiens.

STADTBILD

Im Rahmen der Stadterneuerung wurden nicht nur Slums, sondern auch größtenteils die älteren kolonialzeitl., zwei- bis dreigeschossigen Stadtviertel abgerissen und durch moderne Bebauung ersetzt. Dadurch wurde bes. die traditionelle Lebensweise der Chinesen betroffen, die durch enge Verbindung von Wohnung, Geschäft und Handwerk charakterisiert war. Die Wohn-Bev. wurde meist in Hochhauskomplexe und New Towns (Satellitenstädte) umgesiedelt. Der soziale Wohnungsbau und die Schaffung von Eigentumswohnungen genießen Priorität. Zu den New Towns gehören u. a. Woodlands, Jurong, Clementi, Queenstown, Telok Blangah, Ang Mo Kio, Toa Payoh, Tampines, Bedok. Repräsentativbauten entstanden entlang dem Raffles Quay (Wolkenkratzerfront), dem Shenton Way (Finanzzentrum) und Orchard Road (Hotelpaläste). S. gilt als die sauberste Stadt Asiens.

Im alten Stadtzentrum (Chinatown) am linken Ufer des S.-Flusses, wo sich einige alte Bauten erhalten haben, entwickelte sich zunächst um Saint Andrew's Cathedral (1856–61) ein lebhaftes Handelszentrum. Unter dem Einfluss der Briten wurde v. a. im Kolonialstil gebaut: National Museum (1886–87), Raffles Hotel (1899), Victoria Memorial Hall & Theatre (1856–62) sowie die City Hall (1926–29) mit mächtiger Kolonnade. Neu entstanden u. a. Straits Trading Building (1973), OCBC-Turm, das Hochhaus einer chin. Bank (1975, von I. M. PEI), Shell Tower (1982), Guan Bee Building (1986, von TANGE KENZO), das runde Turmhaus Raffles City (1984–85, von PEI), ein ›Habitat‹ (1984, M. SAFDIE), Bisham Institute of Technical Education (vollendet 1993, Akitekt Tenggara II), Temasek-Polytechnikum (1991–96, JAMES STIRLING und MICHAEL WILFORD). Geplant sind bis zum Jahr 2000 und darüber hinaus zahlr. neue Museen und Kulturinstitutionen. 1996 wurde in einem kolonialen Neobarockbau das S. Art Museum eröffnet. Das ›Esplanade – Theatres on the Bay‹ (S. Arts Center) soll bis 2001 fertig gestellt sein. An der Marina Bay entsteht nach Plänen des Londoner Architekten M. WILFORD ein großer Kulturkomplex u. a. mit Konzertsaal und Musiktheater.

GESCHICHTE

Die Stadt S., schon im 13. Jh. ein bedeutender Handelsplatz, wurde um 1365 von Javanern zerstört. Auf der Insel gab es bis zum 19. Jh. keine größere Ansiedlung; sie diente v. a. als Fischerstützpunkt und Piratenunterschlupf. 1819 errichteten die Briten unter Sir THOMAS STAMFORD RAFFLES (*1781, †1826) eine Faktorei der brit. Ostind. Kompanie. 1824 erwarb die Kompanie die gesamte Insel, die 1867 mit Malakka (→Malaiische Halbinsel, Geschichte) und Penang Kronkolonie (Straits Settlements) wurde.

Nach dem Ersten Weltkrieg baute Großbritannien S. zu einer Marinebasis im Fernen Osten aus, konnte sie jedoch im Zweiten Weltkrieg nicht gegen einen jap. Angriff behaupten. 1942–45 war S. von jap. Truppen besetzt. Nach der Auflösung der Straits Settlements erhielt die Stadt 1946 den Status einer brit. Kronkolonie mit Selbstverwaltung. Die innenpolit. Entwicklung war zunehmend von den Problemen einer urbanisierten Massengesellschaft bestimmt (starke Immigration, Bev.-Wachstum auf kleinem Raum). Am 3. 6. 1959 erhielt S. als ›State of Singapore‹ volle innere Autonomie, am 31. 8. 1963 staatl. Unabhängigkeit. Am 16. 9. 1963 wurde es Gliedstaat der Föderation Malaysia. Maßgebend für den Austritt am 9. 8. 1965 waren ethn. Spannungen zw. der chin. Bev.-Mehrheit in S. und der malaiischen Bev.-Mehrheit in den übrigen Teilen Malaysias sowie versch. wirtschaftspolit. Akzente (weltoffener Handel einerseits, Protektion der eigenen Wirtschaftsentwicklung andererseits).

Am 22. 12. 1965 wurde S. Republik. Als stärkste polit. Kraft stellt die People's Action Party (PAP) seit 1959 die Reg.-Chefs. Einen bedeutenden wirtschaftl. Aufschwung erlebte S. unter dem patriarchalisch regierenden Premier-Min. LEE KUAN YEW (1959–90), der danach noch einflussreich blieb und den GOH CHOK TONG 1990 im Amt ablöste (nach Parlamentswahlen 1997 als Reg.-Chef bestätigt). Nachfolger von Staatspräs. WEE KIM WEE (1985–93) wurde nach erstmaliger Direktwahl des Staatsoberhaupts (August 1993) der vorherige Vizepremier-Min. ONG TENG CHEONG.

C. M. TURNBULL: A history of Singapore 1819–1975 (Kuala Lumpur 1977); K. SCHUMACHER: Polit. Opposition u. polit. Wandel in S. (1993); J. BREUER: Standort S. (1994); W. JAMANN: Chinese traders in Singapore. Business practices and organizational dynamics (1994); F. VAN ALTEN: The role of government in the Singapore economy (Frankfurt am Main 1995); M. HILL u. L. K. FEE: The politics of nation building and citizenship in Singapore (London 1995); J. B. TAMNEY: The struggle over Singapor's soal. Western modernization and Asian culture (Berlin 1996); R. JORDAN: Migrationssysteme in Global Cities. Arbeitsmigration u. Globalisierung in S. (1997).

Singaraja [-dʒa], früher **Singaradja**, frühere Hauptstadt (von →Denpasar abgelöst) von Bali, Indonesien, nahe der N-Küste, 94 900 Ew.; Museum; Fischereischule.

Singbewegung, →Jugendmusikbewegung.

Singdrossel, Turdus philomelos, etwa 23 cm große Art der →Drosseln, die Wälder, Parkanlagen und Gärten in den kühlgemäßigten Breiten von Europa bis zum Baikalsee bewohnen. Sie ist oberseits olivbraun, unterseits gelblich weiß mit braunen Tupfen. Der sehr wohltönende, laute Gesang besteht aus versch. kurzen Strophen, die jeweils zwei- bis viermal wiederholt werden. Das napfförmige Nest steht auf Bäumen oder Sträuchern, ist innen nicht gepolstert, sondern mit einer kartonartigen Schicht aus eingespeicheltem und erhärtetem Holzmulm ausgekleidet. Teilzieher; die europ. S. überwintern in W-Europa und im Mittelmeerraum.

Singen, →Gesang.

Singenberg, Ulrich von, mhd. Dichter, →Ulrich, U. von Singenberg.

singende Säge, ein Reibidiophon, das aus einem langen Holzsägeblatt besteht; es wird zw. den Knien gehalten und mit einem Violinbogen an der ungezahnten Kante gestrichen. Durch Biegen des Sägeblattes ist die Tonhöhe veränderbar. Die s. S. erzeugt lang gezogene, wimmernde Glissandoklänge und wurde in den ersten Jahrzehnten des 20. Jh. in Zirkus und Varietee verwendet; gelegentlich auch im Orchester (H. W. HENZE, ›Elegie für junge Liebende‹, 1961).

Singen (Hohentwiel), Große Kreisstadt im Landkreis Konstanz, Bad.-Württ., 428 m ü. M., im Hegau am Fuß des Hohentwiel, 44 400 Ew.; Hegaumuseum für Ur- und Frühgeschichte, Hegaubibliothek, Kunstmuseum. Die Stadt ist Wirtschafts- und Einkaufszentrum des westl. Bodenseeraums mit Metallverarbeitung, Aluminiumwalzwerk, Pharmaindustrie, Lebensmittelindustrie, Maschinenbau. – Die Gegend um Singen war schon in vor- und frühgeschichtl. Zeit besiedelt. Die Ortschaft ist erstmals 787 urkundlich erwähnt. Nach Schleifung der württemberg. Festung Hohentwiel (1800), die die Entwicklung des reichsritterschaftl., seit 1806 bad. Dorfes gehemmt hatte, sowie durch den Eisenbahnbau (Mitte des 19. Jh.) nahm Singen großen Aufschwung. 1899 wurde die Ortschaft zur Stadt erhoben. BILD →Hohentwiel

Habermus u. Suppenwürze. S.s Weg vom Bauerndorf zur Industriestadt, hg. v. A. G. FREI (1987).

Singer, 1) Ernő, ungar. Politiker, →Gerő, Ernő.
2) [auch engl. ˈsɪŋə, ˈsɪŋgə], Isaac Bashevis, amerikan. Schriftsteller jidd. Sprache, * Radzymin (bei Warschau) 14. 7. 1904, † Miami (Fla.) 24. 7. 1991, Bruder von 4); entstammte einer Rabbinerfamilie; studierte am Rabbinerseminar in Warschau; 1935 Emigration in die USA, 1943 amerikan. Staatsbürger. In New York arbeitete S. für die jidd. Zeitung ›Jewish Daily Forward‹ und schrieb Erzählungen und Romane in jidd. Sprache, die erst nach Erscheinen in (von ihm autorisierten) engl. Übersetzungen ein breiteres Publikum fanden. S.s erzähler. Werk beschwört die jüd. Vergangenheit in Osteuropa, das traditionsgebundene Leben im →Stetl mit seiner intensiven Religiosität, Erotik und Vitalität, das in Konflikt mit den Einflüssen der Moderne gerät und von Verfolgung bedroht ist (›The family Moskat‹, 1950; dt. ›Die Familie Moschkat‹); spätere Arbeiten beschreiben die Existenz von Überlebenden des Holocaust in den USA (›Enemies, a love story‹, 1972; dt. ›Feinde. Die Geschichte einer Liebe‹). S. kontrastiert wirkungsvoll und z. T. mit kom. Effekt Einbrüche des Fantastisch-Dämonischen in realistisch geschilderte Milieus; seine Gestalten versuchen sich im Spannungsfeld von jüd. Mystizismus, Aberglauben und moderner Skepsis in einer als undurchschaubar und fremdbestimmt erlebten Welt zurechtzufinden. – S. erhielt 1978 den Nobelpreis für Literatur.

Weitere Werke: Romane: Satan in Goray (1955; dt. Satan in Goraj); The magician of Lublin (1960; dt. Der Zauberer von Lublin); The slave (1962; dt. Jakob der Knecht); The manor (1967; dt. Das Landgut); The estate (1969; dt. Das Erbe); Shosha (1978; dt. Schoscha); The king of the fields (1988; dt. Der König der Felder); Scum (1991; dt. Max, der Schlawiner); Meshugah (hg. 1994; dt. Meschugge). – *Erzählungen:* Gimpel the fool (1957; dt. Gimpel der Narr); A crown of feathers (1973; dt. Der Kabbalist vom East Broadway); Passions (1975; dt. Leidenschaften); Old love (1979; dt.). – *Autobiographie:* In my father's court (1966; dt. Mein Vater der Rabbi); Lost in America, 3 Bde. (1976–78; dt. Verloren in Amerika). – *Kindergeschichten:* Stories for children (1984).

Ausgaben: The collected stories (1982). – Wahnsinns Geschichten (1986); Ich bin ein Leser. Gespräche, hg. v. R. BURGIN (1988).

I. BUCHEN: I. B. S. and the eternal past (New York 1968); Critical views of I. B. S., hg. v. I. MALIN (ebd. 1969); L. S. FRIEDMAN: Understanding I. B. S. (Columbia, S. C., 1988); E. ALEXANDER: I. B. S. A study of the short fiction (Boston, Mass., 1990).

3) [ˈsɪŋə, ˈsɪŋgə], Isaac Merrit, amerikan. Mechaniker, * Pittstown (N. Y.) 27. 10. 1811, † Torquay (heute zu Torbay) 23. 7. 1875; verbesserte 1851 die Nähmaschine durch Einführung eines selbsttätigen Stoffschiebers mit Stahlzähnchen und gründete 1873 eine Nähmaschinenfabrik, aus der sich die **Singer Co.** (Sitz: Stamford, Conn.), ein bedeutendes Unternehmen der elektron. und elektrotechn. Ind., entwickelte.

4) [auch engl. ˈsɪŋə, ˈsɪŋgə], Israel Joschua, amerikan. Schriftsteller jidd. Sprache, * Biłgoraj (bei Zamość) 30. 11. 1893, † New York 10. 2. 1944, Bruder von 2); lebte bis 1933 v. a. in Warschau, dann in den USA. Bedrohung und Zerstörung jüd. Tradition, in der S. aufgewachsen war, bilden das Grundthema seiner histor. Familienromane, von denen auch Bühnenbearbeitungen erfolgreich aufgeführt wurden. In seinem Hauptwerk ›Di brider Aschkenasi‹ (1937; dt. ›Die Brüder Aschkenasi‹) bildet die Expansion der

Singdrossel
(Größe etwa 23 cm)

Singen (Hohentwiel)
Stadtwappen

Isaac B. Singer

Stadt Lodz vom bedeutungslosen Ort zur Textilmetropole mit großem jüd. Proletariat den breiten Handlungsrahmen.

Weiteres Werk: Erinnerungen: Fun a welt wos iz nishto mer (1946; dt. Von einer Welt, die nicht mehr ist).

H. DINSE u. S. LIPTZIN: Einf. in die jidd. Lit. (1978).

Singh, 1) Giani Zail, ind. Politiker, * Sandhwan (Punjab) 5. 5. 1916, † Chandigarh 25. 12. 1994; Landwirt, war 1972–77 Chef-Min. von Punjab, 1980–82 Innen-Min. der ind. Zentral-Reg., 1982–87 Staatspräs. Aufgrund enger Zusammenarbeit mit Premier-Min. INDIRA GANDHI sah er sich scharfer Kritik der Sikhs, seiner eigenen Glaubensgemeinschaft, ausgesetzt.

2) Kushwant, ind. Schriftsteller und Journalist engl. Sprache, * Hadali (heute in Pakistan) 2. 2. 1915; Jurastudium in London, später Anwalt in Lahore und Diplomat; seit Mitte der 60er-Jahre Publizist. In seinen histor. Romanen stellt er die Teilung Indiens im Jahre 1947 (›Train to Pakistan‹, 1956), das Schicksal der Sikhs (›I shall not hear the nightingale‹, 1959) sowie das städt. Leben (›Delhi‹, 1990, dt.) dar.

Weitere Werke: Kurzgeschichten: The mark of Vishnu (1950); The voice of God (1957); A bride for the sahib (1967); Black jasmine (1971). – *Abhandlung:* A history of the Sikhs, 1469–1964, 2 Bde. (1963–66).

V. A. SHAHANE: K. S. (New York 1972).

3) Vishwanath Pratap, ind. Politiker, * Allahabad 25. 6. 1931; bis 1987 Mitgl. der Kongresspartei, 1980–82 Chef-Min. von Uttar Pradesh, 1984–87 Finanz- und 1987 Verteidigungs-Min.; 1989–90 als Kandidat der ›Nationalen Front‹ Premierminister.

Singhalesen, größte Bevölkerungsgruppe in →Sri Lanka mit stark vom Tamilischen beeinflusster indoar. Sprache (→Singhalesisch). Die etwa 17 Mio. S. sind zu rd. 60% kulturell europäisierte Tiefland-S. an der W- und S-Küste und zu rd. 40% Hochland-S. (Kandy-S., Kandyans) im Kandy-Bergland und im Gebiet von Anuradhapura, bei denen die alte Kultur und Sozialstruktur viel stärker erhalten blieb. Nahe verwandt sind die Bewohner der Malediven. Die S. wanderten etwa im 5. Jh. v. Chr. aus N-Indien ein und verdrängten oder assimilierten die einheim. Wedda. Sie brachten den Reisanbau mit und entwickelten Bewässerungsanlagen. In ihrer in Kasten geschichteten Gesellschaft nehmen die Landbesitzer die höchste, die Bettler, Wahrsager, Sänger und Tänzer (Rodiya) die niederste Stelle ein. Schon im 3. Jh. v. Chr. übernahmen die S. den Hinayanabuddhismus, dessen Stellung durch die christl. Mission (v. a. Katholiken) kaum geschwächt wurde. Blütezeiten der singhales. Kultur waren die Reiche von Anuradhapura (etwa 250 v. Chr. bis 9. Jh.) und Polonnaruva (780–1290).

Singhalesisch, zum indoarischen Zweig der indogerman. Sprachen gehörender mittelind. Dialekt; mit rd. 12 Mio. Sprechern Amtssprache in Sri Lanka. Vom 3. Jh. v. Chr. an durch eine ununterbrochene Reihe zunächst inschriftl., seit dem 8. Jh. auch literar. Zeugnisse belegt, hat sich das S. trotz seiner Isolierung von den übrigen indoarischen Sprachen in Wortschatz und Morphologie seinen indoarischen Charakter gut bewahren können, in Syntax und Stil sich jedoch den dravid. Sprachen angenähert. Außer den lautgesetzlich aus dem Mittelindischen entwickelten rein singhales. Wörtern (Elu-Wörter) werden zahlr. Lehnwörter aus dem Pali und dem Sanskrit benutzt. Das S. hat eine eigene Schrift (→indische Schriften).

singhalesische Literatur, die Literatur der auf Sri Lanka beheimateten Singhalesen. Für die literar. Schöpfungen wurde auch Pali verwendet. Das älteste dem Namen nach bekannte Literaturwerk (›Sihalatthakatha‹), ein Kommentarwerk zum buddhist. Kanon (›Tipitaka‹) mit histor. Einleitung (etwa 2. Jh. v. Chr. bis 2. Jh. n. Chr.), ist verloren, inhaltlich aber durch Neubearbeitungen des Stoffes in Pali (Kommentarwerke von BUDDHAGOSA u. a. sowie die Chroniken ›Dipavamsa‹ und ›Mahavamsa‹) bekannt. Altsinghales. Gedichte (6.–10. Jh.) sind als Felsritzungen erhalten. Die Werke der klass. Epoche (Blütezeit 12. bis 15. Jh.) sind meist buddhist. Themen gewidmet; v. a. die Dichtung ist formal stark von der Sanskritliteratur beeinflusst. Mitte des 19. Jh. begann die Entwicklung einer modernen Literatur, die einige bedeutende Prosawerke hervorgebracht hat. Ihr Hauptthema ist die Auseinandersetzung der nat. Kulturtradition mit dem Einfluss der westl. Zivilisation.

Singier [sɛ̃'ʒje], Gustave, frz. Maler belg. Herkunft, * Warneton (bei Ypern) 11. 2. 1909, † Paris 10. 5. 1984; lebte ab 1919 in Paris. S. gehört mit seinen formklaren, zeichnerisch verfestigten Bildern zu den Vertretern der lyr. Abstraktion innerhalb der École de Paris; auch Entwürfe für Kirchenfenster und Tapisserien sowie Theaterdekorationen.

Singine [sɛ̃'ʒin, frz.], Fluss und Bezirk in der Schweiz, →Sense.

Singkep, Insel des →Linggaarchipels, Indonesien.

Single [sɪŋl; engl., eigtl. ›einzeln(e)‹, von lat. singulus ›einzeln‹], **1)** *der, -(s)/-s, allg.:* jemand, der ohne feste Bindung an einen Partner lebt. Der Begriff kam in den 1970er-Jahren in den USA auf und fand zum Ende des Jahrzehnts auch in den dt. Sprachgebrauch Eingang. Gemeint war zunächst v. a. eine Gruppe der großstädt., gut ausgebildeten und vornehmlich am berufl. Erfolg orientierten 25- bis 40-jährigen S., für die in den 1980er-Jahren der Begriff →Yuppies geprägt wurde. Seither ist der Begriff des S. immer wieder neu definiert worden. In populärwiss. Darstellungen wird er häufig synonym für den statist. Begriff ›Einpersonenhaushalt‹ gebraucht. Dabei bleibt allerdings unberücksichtigt, ob diese Lebensform von den in Einpersonenhaushalten lebenden Personen frei gewählt ist, ob sie sich in ihrem Lebenslauf verstetigt hat oder nicht, welchen Familienstand diese Personen haben, ob sie wirtschaftlich eigenständig sind, eine feste Partnerschaft unterhalten, Kinder außer Haus haben oder nicht. In den Sozialwissenschaften hat sich daher eine engere Definition durchgesetzt, die (methodisch bedingt) allerdings auch nicht die differenzierenden Merkmale der S. abbilden kann. Nach ihr werden als S. alle Menschen bezeichnet, die allein in einem Haushalt leben und zw. 25 und 55 Jahre alt sind (STEFAN HRADIL, RONALD BACHMANN, H. OPASCHOWSKI). Alleinerziehende sind ihr zufolge nicht den Singles i. e. S. zuzurechnen, wenngleich ihre Lebenssituation Berührungspunkte (z. T. auch Gemeinsamkeiten) mit derjenigen der S. aufweist.

Waren in Dtl. um 1900 6–8% aller Haushalte Einpersonenhaushalte, so betrug ihr Anteil Anfang der 1990er-Jahre rd. 35% und ist mittlerweile in einigen Großstädten der alten Bundesländer auf über 50% angewachsen. Die in den westl. Industrieländern insgesamt in den letzten Jahrzehnten unvermindert anhaltende starke Zunahme der Zahl der Alleinlebenden hat ihren Grund bes. in folgenden Entwicklungen: dem gewachsenen Wohlstand weiter Bev.-Teile, ständig zunehmenden (arbeitsmarktbedingten) Mobilitätszwängen, aber auch wachsenden Möglichkeiten räuml. und sozialer Mobilität, steigenden Scheidungsraten, der längeren Lebensdauer der Menschen (und damit der längeren Zeit des Überlebens eines Ehepartners) sowie der Auflösung von Familienbindungen (insbesondere der Mehrgenerationenfamilie). Bes. großen Anteil am starken Anstieg der Alleinlebenden haben die 25- bis 45-Jährigen (darunter bes. jüngere Frauen). Der Anteil der Männer an den S. insgesamt war 1992 in Dtl. mit 58% etwas höher als der der Frauen.

S. haben eine bessere Schul- und Berufsausbildung als die gleichaltrige verheiratete Bev. Dabei wirkt sich bes. die höhere Bildung der S.-Frauen im Vergleich zu verheirateten Frauen aus. Überdurchschnittlich häufig sind S. daher als qualifizierte und leitende Angestellte tätig. Allerdings ist auch der Anteil der Arbeitslosen unter den S. größer als in der Gesamt-Bev.

Der Anteil der ›freiwilligen‹ und der ›unfreiwilligen‹ S. dürfte etwa gleich groß sein, verlässl. Zahlen gibt es jedoch nicht. Der Typus des ›freiwilligen S.‹ ist für die Sozialwiss. deshalb bes. interessant, weil er stärker eine Avantgarde, ›eine neue Lebensform repräsentiert‹ (SIBYLLE MEYER/EVA SCHULZE). Diese, auch Langzeit- oder überzeugte S. genannten, leben ganz bewusst allein und sind mit ihrer Lebenssituation i. d. R. zufrieden. Während S.-Männer oft die traditionelle Rolle des ›Ernährers der Familie‹ ablehnen, sind S.-Frauen nicht bereit, die Rolle der Hausfrau und Mutter zu übernehmen, zumal wenn sie über einen qualifizierten Berufsabschluss verfügen. Die (traditionelle) Partnerschaft wird von ihnen i. d. R. als dem berufl. Fortkommen im Wege stehend angesehen. Weitere Gründe, keine Partnerschaft einzugehen, können eine stark introvertierte Persönlichkeitsstruktur, die Unwilligkeit bzw. Unfähigkeit sich zu binden, aber auch die positiven Erfahrungen eines Lebens als S. sein. Dagegen stellt das Leben als S. für die ›unfreiwilligen S.‹, die sich selbst oft als ›Alleinstehende‹ bezeichnen, eine Lebensform dar, mit der sie sich eher schwer arrangieren können.

Bedürfnisse nach emotionaler Wärme und sexueller Nähe befriedigen S. oft in so genannten ›Swinging-S.‹-Affären‹ oder kurzzeitigen Beziehungen. Auch ›Living apart together‹ (S.-Paare, bei denen jeder einen separaten Haushalt führt) ist eine typ. Lebensform, die dem Spannungsverhältnis der Sehnsucht nach Geborgenheit und der Angst, die eigene Unabhängigkeit aufzugeben, gerecht zu werden versucht. S. haben – im Gegensatz zu in Familien lebenden Menschen – meist einen größeren Freundeskreis, der nicht nur zur Ausübung der zahlr. Freizeitaktivitäten, sondern auch als soziales Netz für sie bedeutsam ist. Im Falle existenzieller Probleme (schwere Krankheit, finanzielle Probleme) greifen jedoch auch S. auf Verwandtschaftsnetze zurück. Im Alter und bei Pflegebedürftigkeit sind S. häufiger als andere Menschen auf die Hilfe der Gesellschaft angewiesen, da ihre sozialen Netze für (oft lang andauernde) Pflege nicht zur Verfügung stehen.

Bei 45- bis 54-jährigen S. ist die Sterblichkeit etwa doppelt so hoch wie bei den verheirateten Gleichaltrigen (als Gründe werden – v. a. bei Männern – nachlässige Ernährung oder hoher Alkoholkonsum angegeben). Die Selbsttötungsrate bei 70- bis 80-jährigen allein lebenden Männern ist sogar drei- bis fünfmal so hoch wie in der übrigen Bev., sie leiden in stärkerem Maße unter Einsamkeit als allein stehende ältere Frauen.

Die Haltung der Gesellschaft zu den S. ist ambivalent: Zwar werden S. oft als Egoisten betrachtet, die den Generationenvertrag gefährden, weil sie ihren Beitrag zur gesellschaftl. Reproduktion verweigern, dabei wird jedoch nicht berücksichtigt, dass S. aufgrund ihres oft überdurchschnittl. Einkommens und der damit verbundenen Einstufung im Steuersystem hohe Abgaben an die öffentl. Kassen leisten. Weiterhin ist ihr Konsumpotenzial erheblich: S. pflegen häufig einen aufwändigen Lebensstil (z. B. große Innenstadtwohnungen, teure Freizeitaktivitäten, häufiger Gaststättenbesuch, Kauf von Dienstleistungen, die sonst in der Familie erbracht werden). Hiervon profitiert die Wirtschaft in starkem Maße, wofür u. a. die permanente Präsenz der S. in der Werbung ein Beleg ist.

⇨ *Familie · Individualisierung · Lebensform · Lebensstil · Mobilität · Wertewandel*

R. BACHMANN: S. (1992); SIBYLLE MEYER u. EVA SCHULZE: Balancen des Glücks. Neue Lebensformen: Paare ohne Trauschein, Alleinerziehende u. S. (²1992); S. HRADIL: Die ›S.-Gesellschaft‹ (1995); H. W. OPASCHOWSKI: Lebens- u. Freizeitsituation von S. u. Alleinlebenden, in: DERS.: Einf. in die Freizeitwiss. (³1997).

2) *das, -(s)/-(s)*, *Sport:* andere Bez. für →Einzel.

3) *die, -/-s*, *Unterhaltungselektronik:* kleine Schallplatte mit nur je einem Titel auf Vorder- und Rückseite.

Single Action [sɪŋl 'ækʃn; engl. ›einfache Bewegung‹] *die, - -,* Konstruktionsprinzip bei Faustfeuerwaffen: die Waffe muss durch Betätigung des Hahns gespannt werden; der Abzug dient nur dem Auslösen (›Hahnspanner‹); im Unterschied zum Prinzip der →Double Action.

Single-in-line-Gehäuse [ˈsɪŋgl ɪn ˈlaɪn-], **SIL-Gehäuse,** engl. **Single-in-line-Package** [-ˈpækɪdʒ], Abk. **SIP** [esaɪˈpi:], *Halbleiterelektronik:* Gehäusebauform für Bauelemente, bei der alle Anschlüsse in einer Linie angeordnet sind. (→Dual-in-line-Gehäuse, →Quad-in-line-Gehäuse)

Singles [sɪŋglz; engl.], *Golfsport:* Zweier im Lochspiel bzw. Einzel im Zählspiel, bei dem ein Spieler gegen einen anderen spielt (→Golf).

Singlesourcing [ˈsɪŋglsɔ:sɪŋ, engl.], eine Beschaffungsstrategie (→Beschaffung).

Single Tax [ˈsɪŋgl ˈtæks, engl.] *die, - -,* Form einer →Alleinsteuer.

Singrün [ahd. singruoni, zu sin ›dauernd‹], die Pflanzengattung →Immergrün.

Singschule, →Meistersang.

Singschwan, *Cygnus cygnus,* Art der Schwäne, die im nördl. Eurasien brütet und auf mitteleurop. Gewässern überwintert. Der S. unterscheidet sich von dem gleich großen →Höckerschwan (Größe etwa 150 cm) durch die gelbe Schnabelwurzel, die aufrechte Haltung des Halses und seine größere Ruffreudigkeit.

Sing-Sing, Staatsgefängnis des Staates New York, USA, bei der Stadt Ossining, die früher Sing Sing hieß; hiervon abgeleitet Slangausdruck für Gefängnis.

Singspiel, allg. ein gesprochenes, meist heiteres Theaterstück volkstüml. Charakters mit musikal. Einlagen. Musikal. Vorbild für das S. war v. a. die ital. Opera buffa, die auch den entscheidenden Impuls zur Entstehung der wiederum für das dt. S. wichtigen Opéra comique gab. Den eigentl. Anstoß für das dt. S. gab 1743 die Berliner Aufführung der ins Deutsche übertragenen Ballad-Opera ›The devil to pay‹ (dt. ›Der Teufel ist los‹) von CHARLES COFFEY (* um 1700, † 1745; weitere Bearbeitungen von C. F. WEISSE mit Musikstücken von J. STANDFUSS, 1752, und z. T. neuer Musik von J. A. HILLER, 1766). HILLER wurde zum Schöpfer des dt. S., dessen wesentl. Merkmale Prosadialog und volkstümlich-einfache Melodik sind. Die Musik, die bei HILLER mehr Raum einnahm als früher, bestand vornehmlich aus liedhaften Ariettten, mitunter aus größeren Arien, später auch aus Ensembles (Duetten, Terzetten, Quartetten). Den Schluss bildete regelmäßig ein dem Vaudeville nachgebildeter Rundgesang mit Chor. Vorbild war musikalisch und textlich die Opéra-comique (CHARLES SIMON FAVART, * 1710, † 1792). Die Stoffe waren meist dem Landleben entnommen und hatten oft sentimentalbürgerl. Charakter (z. B. ›Lottchen am Hofe‹, 1767). Komponisten waren ferner C. G. NEEFE, J. F. REICHARDT, G. A. BENDA und J. ANDRÉ.

Zentrum des S. war zunächst Leipzig, bis eine Neubelebung durch das von JOSEPH II. gegründete Wiener National-S. (1778 mit I. UMLAUFFS ›Die Bergknappen‹ eröffnet) erfolgte. Bodenständige Traditionen (Marionettenoper) sowie Elemente und Typen der Opera buffa, auch der Opéra comique, verbanden sich hier. W. A. MOZART griff mit seinem ersten S. ›Bastien und Bastienne‹ (1768) auf J.-J. ROUSSEAUS ›Le devin du village‹ zurück. In ›Zaide‹ (1779/80, unvollendet) suchte er die musikal. Formen der Opera buffa der dt. Sprache und den Möglichkeiten des S. anzupassen. Auch für die S. von K. DITTERS VON DITTERSDORF (z. B. ›Doktor und Apotheker‹, 1786), F. GASSMANN und J. SCHENK (z. B. ›Der Dorfbarbier‹, 1796) war v. a. die Opera buffa Vorbild. Das Wiener Zauber-S. wurde von P. WRANITZKY und WENZEL MÜLLER gepflegt. Höhepunkt und zugleich Abschluss in der Entwicklung der dt. S. sind MOZARTS ›Die Entführung aus dem Serail‹ (1782) und ›Die Zauberflöte‹ (1791), Letztere ein S. aus der Gattung der Zauberposse. Das dt. S. führte nach MOZART zur dt. romant. Oper C. M. VON WEBERS (›Der Freischütz‹, 1821), H. MARSCHNERS, L. SPOHRS u. a. sowie zu den Spielopern von A. LORTZING, andererseits zu den wieder mehr im Wiener Volkstheater wurzelnden Stücken F. RAIMUNDS und J. NESTROYS, schließlich zur Wiener Operette von J. STRAUSS Sohn.

O. MICHTNER: Das alte Burgtheater als Opernbühne (Wien 1970); R. SCHUSKY: Das dt. S. im 18. Jh. Quellen u. Zeugnisse zu Ästhetik u. Rezeption (1980).

Singular [lat. (numerus) singularis, vgl. singulär] *der, -s/-e*, **Einzahl**, *Sprachwissenschaft:* 1) ein →Numerus zur Bez. einer einzelnen Sache oder Person im Ggs. zum →Plural. Man unterscheidet **kollektiven S.**, der eine Vielzahl als Einheit behandelt (z. B. ›das Bürgertum‹), **generalisierenden S.**, der alle Einzelwesen einer Gattung bezeichnet (z. B. ›Emanzipation der Frau‹) und **distributiven S.**, der etwas auf eine Mehrzahl von Wesen oder Dingen bezieht (z. B. ›alle schüttelten den Kopf‹). – 2) Wort, das im S. steht. (→Singularetantum)

singulär [von lat. singularis ›zum Einzelnen gehörig‹, ›vereinzelt‹], 1) *bildungssprachlich* für: 1) nur vereinzelt auftretend, selten; 2) einzigartig.
2) *Mathematik:* vielfach verwendete Bez. zur Kennzeichnung von Ausnahmefällen, -punkten oder dgl. (z. B. singuläre Matrix, singulärer Punkt), auch svw. entartet, ausgeartet, isoliert. (→Singularität)

singulärer Punkt, *Mathematik:* Ist eine ebene algebraische Kurve gegeben, die durch das Polynom $P(x, y)$ beschrieben wird, so heißt ein Punkt (a, b) s. P. dieser Kurve, wenn die partiellen Ableitungen von $P(x, y)$ in (a, b) verschwinden:

$$\frac{\partial P}{\partial x}(a, b) = \frac{\partial P}{\partial y}(a, b) = 0.$$

Je nachdem, ob

$$\left(\frac{\partial^2 P}{\partial x^2} \cdot \frac{\partial^2 P}{\partial y^2} - \left[\frac{\partial^2 P}{\partial x \partial y}\right]^2\right)(a, b)$$

größer, gleich oder kleiner als null ist, spricht man von **Doppelpunkten**, **Spitzen** oder von →Einsiedlerpunkten.

Singularetantum [zu Singular und lat. tantum ›nur‹] *das, -s/-s* und *Singulariatantum, Sprachwissenschaft:* Substantiv, das nur im Singular vorkommen kann, wie u. a. Eigennamen (z. B. ›die Elbe‹), Stoffbezeichnungen (z. B. ›Wasser‹), Kollektiva (z. B. ›Gebüsch‹) oder Abstrakta (z. B. ›Liebe‹).

Singularismus [lat., zu singulär] *der, -*, Bez. für den philosoph. Monismus, insofern er alle Besonderheiten der Welt aus einem einzigen Prinzip ableitet; im Ggs. zum Dualismus oder Pluralismus.

Singularität, 1) *Mathematik:* Ist f eine komplexe Funktion, die in einer Umgebung U einer Stelle z_0 der komplexen Ebene überall holomorph ist, bis auf z_0 selbst, so heißt z_0 eine **isolierte S.** der Funktion f. Lässt sich f holomorph nach z_0 fortsetzen, wird z_0 **hebbare S.** genannt. Nicht hebbare S. können →Polstellen (dann wächst f in der Nähe von z_0 gleichmäßig über alle Grenzen) oder **wesentliche S.** sein (dann kommt f in der Nähe von z_0 jedem Wert beliebig nahe; →picardscher Satz). S. lassen sich auch mithilfe der Laurent-Reihe unterscheiden; sie geben wesentl. Aufschlüsse über die entsprechenden Funktionen. Auch bei reellen Funktionen nennt man Stellen der Nichtdifferenzierbarkeit Singularitäten.
2) *Meteorologie:* Witterungsereignis, das zu bestimmten Tagen des Jahres überdurchschnittlich auftritt. Bekannteste S. in Mitteleuropa: Schönwetterperioden Ende September (→Altweibersommer) und im November (→Martinssommer), Tauwetter zu Weihnachten, Kaltlufteinbrüche zw. dem 11. und 14. 5. (→Eisheilige) und Schlechtwetterperiode Mitte Juni (→Schafkälte, →Siebenschläfer). Wegen der Schwankungsbreite ihres Eintreffens und gelegentl. Ausfallens sind S. für die Wettervorhersage nicht geeignet; sie liefern aber wertvolle Hinweise für den durchschnittl. Jahresablauf der Witterung. (→Lostage)

S., hg. v. J.-H. SCHARF (Leipzig 1989).

3) *Physik:* allg. ein Punkt, in dem der analyt. Ausdruck für eine physikal. Größe unendlich wird und/oder in dem die bekannten physikal. Gesetze ihre Gültigkeit verlieren. In der klass. Physik treten S. etwa in Form der punktförmigen Quellen und Senken von Feldern auf (für das elektr. Feld die positiven und negativen Ladungen), die zu divergierenden Werten, z. B. für die Feldstärke oder Selbstenergie führen. Mathemat. Schwierigkeiten bei der Behandlung von S. können z. T. mithilfe quantenfeldtheoret. Methoden aufgehoben werden. – In der Relativitätstheorie und Kosmologie werden entartete Punkte oder Gebiete in der →Raum-Zeit S. genannt. Dazu zählt das Innere eines →Schwarzen Lochs als Gebiet extrem hoher Raumkrümmung sowie der auch als **Anfangs-S., kosmologische** oder **kosmische S.** bezeichnete Zustand des Universums mit unendlich hoher Dichte und Temperatur (→Kosmologie).

Singularsukzession, *Recht:* →Rechtsnachfolge.

Singulett *das, -s/-s, Physik:* →Multiplett.

Singultus [lat. ›Schluchzen‹, ›Schlucken‹] *der, -/-*, der →Schluckauf.

Singvögel, Passeres, Oscines, mit rd. 4000 Arten weltweit verbreitete Unterordnung der Sperlingsvögel, gekennzeichnet durch die Syrinxmuskulatur, die stets aus mehr als drei (meist 7–9) paarigen Muskeln besteht (→Syrinx). Der Name S. bezieht sich darauf, dass viele Arten dieser Gruppe einen auffallenden und wohltönenden Gesang haben. Doch trifft dies nicht für alle S. zu, wie es andererseits auch in anderen Gruppen Arten mit schönem Gesang gibt. In Europa sind S. die einzigen Vertreter der Sperlingsvögel. Allg. bekannte Familien sind z. B. die →Lerchen, →Schwalben, →Würger, →Zaunkönige, →Grasmücken, →Drosseln, →Meisen, →Finken, →Sperlinge, →Rabenvögel.

Singzikaden, Singzirpen, Cicadidae, Familie der Zikaden mit 4000 meist trop. und subtrop. Arten (in Mitteleuropa zwei), meist recht groß, bis 70 mm lang, oft bunt; die größte S. ist die daumendicke **Kaiserzikade** (Pomponia imperatoria) mit einer Flügelspannweite von 18 cm. Die Männchen haben jederseits am 1. Hinterleibssegment ein Trommelorgan, mit dem sie die schrillen ›Gesänge‹ erzeugen. Dabei wird eine Schallmembran durch rasch aufeinander folgende Muskelkontraktionen in Schwingungen versetzt. Das Geräusch entsteht jeweils durch das knackende Eindellen und wieder Zurückspringen der Membran; als Resonanzboden dient eine große Tracheenblase im Hinterleib. Die Gesänge sind artspezifisch verschieden. Die Hörorgane (Tympanalorgane) befinden sich im gleichen Hinterleibssegment. Die Larven leben unterirdisch und saugen an Pflanzenwurzeln, ihre Vorderbeine sind mächtige Grabinstrumente; die Entwicklungszeit beträgt mehrere Jahre, bei der nordamerikan. **Siebzehnjahrzikade** (Magici-

Singzikaden:
Bergzikade
(Länge bis 25 mm)

cada septemdecim) sogar 17 Jahre. In ganz Dtl. verbreitet ist die bis 25 mm lange **Bergzikade** (Cicadetta montana). Häufige Arten in S-Europa sind die **Gemeine Zikade** (Cicada plebeja) und die **Mannazikade** (Tettigia orni).

sinh, Funktionszeichen für den Hyperbelsinus (**Sinus h**yperbolicus), eine →Hyperbelfunktion.

Sinhalit [nach Sinhala, dem Sanskritnamen für Ceylon] *der, -s/-e,* gelblich bis tiefbraunes, rhomb. Mineral der chem. Zusammensetzung Mg(Al, Fe)BO mit olivinähnl. Eigenschaften, Härte nach MOHS 6,5, Dichte 3,47–3,49 g/cm³. Vorkommen: Sri Lanka, New Jersey, Aldan (Sibirien), Mogok (Birma).

Sinia, präkambrisch gefalteter und konsolidierter Teil der ostasiat. Festlandmasse (Chin. Tafel).

Sinide [zu griech. Sínai ›Chinesen‹, ›China‹ und ...id], typolog. Kategorie für die zu den →Mongoliden gehörende Menschenform, die sich durch einen etwas längeren Kopf, höheres Gesicht, schmalere Nase und weniger ausgeprägte Flachgesichtigkeit sowie höheren und schlankeren Wuchs von den →Tungiden unterscheiden soll; Abnahme des Hochwuchses und der Langgesichtigkeit von N nach S (Untertypen: Nord-, Mittel- und Süd-S.); Hauptverbreitungsgebiet sollen die dicht besiedelten Lößlandschaften Chinas (speziell des Jangtsekiang und des Hwangho) sein.

Sinigaglia, Stadt in Italien, →Senigallia.

Sinigrin [Kurzbildung aus lat. sinapis nigra ›schwarzer Senf‹] *das, -s,* in den Samen des →Schwarzen Senfs enthaltenes, aber auch in anderen Kreuzblütlern vorkommendes Senfölglykosid (Glucosinolat); es besteht aus dem Kaliumsalz der ›Myronsäure‹ und wird durch das im Senfsamen enthaltene Enzym Myrosinase in Allylisothiocyanat (Allylsenföl, →Senföle), Glucose und Kaliumhydrogensulfat gespalten.

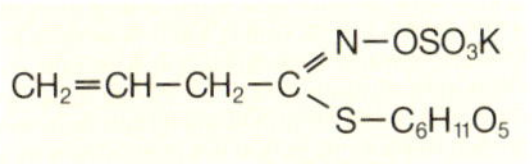

Sinigrin

$$CH_2=CH-CH_2-C\begin{matrix}N-OSO_3K\\S-C_6H_{11}O_5\end{matrix}$$

Sining, Stadt in China, →Xining.

Sinium [zu griech. Sínai ›China‹] *das, -s,* wenig metamorphe Gesteinsserie des Jungproterozoikums (→Präkambrium) in China; klast. Gesteine und Kalksteine (Stromatolithen).

Sinjawskij, Sinjavskij, A n d r e j Donatowitsch, russ. Schriftsteller, *Moskau 8. 10. 1925, †Fontenay-aux-Roses (bei Paris) 25. 2. 1997; Literaturwissenschaftler und -kritiker; griff unter dem Pseud. **Abram Terz (Terc)** in dem Essay ›Čto takoe socialističeskij realizm?‹ (1945; dt. ›Was ist der sozialist. Realismus?‹) die offizielle sowjet. Literaturdoktrin an; veröffentlichte im westl. Ausland systemkrit., groteske Werke (Roman ›Ljubimov‹, 1963; dt.), wurde deshalb 1965 verhaftet und 1966 mit J. M. DANIEL zu sieben Jahren Zwangsarbeit verurteilt. 1971 entlassen, emigrierte er nach Frankreich und lehrte russ. Literatur an der Sorbonne. Prozess und Haft beschreibt er in dem autobiograph. Roman ›Spokojnoj noči‹ (1984; dt. ›Gute Nacht‹). S. setzte sich mit der russ. Literatur- und Geistesgeschichte auseinander und versuchte, die Gegenwartsliteratur wieder an die anspruchsvolle Tradition der Vergangenheit anzubinden (›V teni Gogolja‹, 1975, dt. ›Im Schatten Gogols‹; ›Progulki s Puškinom‹, 1975, dt. ›Promenaden mit Puschkin‹).

Weitere Werke: *Erzählungen:* Sud idet (1956; dt. Der Prozeß beginnt); Fantastičeskij mir Abrama Terca (1967; dt. Phantast. Geschichten); Kroška Cores (1980; dt. Klein Zores). – *Prosa und Essays:* Mysli vrasploch (1966; dt. u. a. als: Gedanken hinter Gittern); Golos iz chora (1973; dt. Eine Stimme im Chor); Osnovy sovetskoj civilizacii (1989; dt. Der Traum vom neuen Menschen oder Die Sowjetzivilisation); Ivan Durak. Russkaja narodnaja vera (1990; dt. Iwan der Dumme. Vom russ. Volksglauben).

Weißb. in Sachen S.-Daniel, bearb. v. A. GINSBURG (a. d. Russ., 1967); M. DALTON: Andrei Siniavski and Julii Daniel' (Würzburg 1973); E. CHEAURÉ: Abram Terc (Andrej Sinjavskij): Vier Aufs. zu seinen ›Phantast. Erz.‹ (1980); Cena metafory, ili, Prestuplenie i nakazanie Sinjavskogo i Danielja, hg. v. E. M. VELIKANOV (Moskau 1989).

Sinkel, Bernhard, Filmregisseur, *Frankfurt am Main 19. 1. 1940; führte 1973 erstmals Regie; arbeitete ab 1972 eng zus. mit ALF BRUSTELLIN (*1940, †1981) für den Film. Beide pflegten den anspruchsvollen Unterhaltungsfilm.

Filme: Lina Braake (1975); Berlinger (1975); Der Mädchenkrieg (1977); Taugenichts (1977); Kaltgestellt (1980); Bekenntnisse des Hochstaplers Felix Krull (1981; Fernsehfilm, 5 Tle.); Väter u. Söhne (1985; Fernsehfilm, 4 Tle.); Hemingway (1989; Fernsehfilm, 4 Tle.); Der Kinoerzähler (1993).

Sinken, Bewegungszustand eines Körpers, dessen Gewichtskraft größer ist als sein →Auftrieb im umgebenden Medium (z. B. Wasser, Luft).

Sinkiang, Hsinchiang [-dʒ-], amtlich chin. in lat. Buchstaben **Xinjiang** [cındʒjang], autonomes Gebiet der Uiguren im NW Chinas, 1 660 000 km², (1995) 16,32 Mio. Ew., Hauptstadt ist Ürümqi. S. wird hauptsächlich von der →Dsungarei im nördlichen und vom →Tarimbecken mit dem Lop Nur und der Wüste Takla-Makan im südl. Teil eingenommen. Zw. diesen tekton. Senken durchzieht der östl. Tienschan (hier 3 000–5 000 m ü. M.; im westl. Teil mit zwei durch den Ili voneinander geschiedenen Hauptketten) S. in westöstl. Richtung auf 1 500 km Länge (bei 250–300 km Breite); an seiner SO-Flanke liegen u. a. Hami- und Turfansenke (mit 154 m u. M. tiefster Punkt Chinas). Den S nehmen die Hochgebirgsketten des Westl. (7 282 m ü. M.) und Mittleren Kunlun Shan (7 723 m ü. M.) und des Altun Shan (6 161 m ü. M.) ein. Im äußersten N hat S. Anteil am Mongol. Altai. Die Abgeschlossenheit des Gebietes und die große Meeresferne bedingen ein extrem kontinentales Trockenklima (mittlerer Jahresniederschlag im N 100–500, im S 25–100 mm); über ein Fünftel S.s ist Wüste. Die wichtigsten Bev.-Gruppen sind die Uiguren, deren Anteil von (1953) 75 % durch die Masseneinwanderung von Chinesen nach dem Bau der Eisenbahnlinie Lanzhou-Ürümqi auf (1990) etwa 45 % gesunken ist, und die Chinesen, deren Anteil heute etwa gleich groß ist (1953: 6 %). Nat. Minderheiten bilden die Kasachen, Kirgisen, Tadschiken, Usbeken, Mongolen, Tataren, Hui, Russen, Mandschuren, Dauren u. a. In der Dsungarei überwiegt Weidewirtschaft (Rinder, Schafe, Pferde) durch ehem. Nomaden (bes. Kasachen und Mongolen); am Rande des Tarimbeckens hat die Oasenwirtschaft größte Bedeutung. In den Oasen am nördl. (u. a. Hetian, Yarkand, Kaschgar) und südl. (u. a. Aksu, Kuqa) Gebirgsrand, durch die bereits die beiden Hauptrouten der Seidenstraße verliefen, werden Weizen, Mais, Reis, Baumwolle, Zuckerrüben, Aprikosen, Feigen und Melonen angebaut; wichtig ist auch die Seidenraupenzucht. Weitere Oasengebiete liegen am oberen Ili, am N-Fuß des Tienschan sowie in seinen südöstl. Randsenken. S. verfügt über reiche Bodenschätze, die erst z. T. genutzt werden: Förderung (und Verarbeitung) von Erdöl (in der Dsungarei), Abbau von Kohle (bei Ürümqi und Hami), Uranerz (im Tienschan) und Eisenerz (in der Dsungarei) sowie Goldgewinnung (Altun Shan, Kunlun Shan, Dsungarei). Die Industrie (aufgebaut ab 1950) umfasst v. a. Baumwoll- und Seideverarbeitung sowie die Nahrungsmittelindustrie, Ürümqi entwickelte sich als bedeutender Industriestandort (Eisen- und Stahlwerke, Erdölraffinerie; gut entwickelt ist das Handwerk (bes. die Teppichweberei).

Geschichte: Das Gebiet – 101 v. Chr. stand der südl. Teil (Ost-Turkestan, →Turkestan) erstmals unter chin. Oberhoheit – war für China die wichtigste Landbrücke nach W- und S-Asien und deshalb auch ständiges

Sink Sinking–Sinn

Streitobjekt mit den angrenzenden nichtchin. Völkern. Im 9. Jh. wurden hier die Uiguren ansässig, seit der Mingzeit (1368–1644) drangen westmongol. Stämme ein. Als diese im 17. Jh. unter Führung der Dsungaren (Oiraten) erstarkten und zunehmend zu einer Bedrohung der Mandschuherrschaft wurden, kam es zu den Dsungarenkriegen (1696–1758). Mit der Befriedung der Dsungarei und der Eroberung von Ost-Turkestan (seither auch Chinesisch-Turkestan gen.) 1758 wurde ganz S. gewonnen und später dem chin. Reich als Protektorat angegliedert. In einem Aufstand der islam. Turkvölker (1862–78) konnte deren Führer JAKUB BEG (*um 1820, †1877) das ganze Tarimbecken unter seiner Herrschaft vereinigen (Bildung des islam. Staates von Kaschgar, 1873). Den mit ihm verbündeten aufständischen chin. Muslimen gelang es, fast die ganze Dsungarei, mit Ausnahme des 1871 von Russland besetzten Iligebiets, in Besitz zu nehmen. In langwierigen Kämpfen eroberten die Chinesen schließlich die Dsungarei (1876) und Kaschgar (1878) zurück. Als 1881 auch das Iligebiet wieder chinesisch geworden war, wurde das gesamte Gebiet als Prov. S. in die chin. Zivilverwaltung eingegliedert.

In der zw. 1911 und 1941 von der Reg.-Zentrale unabhängigen Prov. konnte die UdSSR Einfluss gewinnen. Als S. sich 1941/42 der chin. Zentral-Reg. unterstellte, führte dies zu einem Aufstand im Iligebiet (1944) und zur Bildung der prosowjet. Ostturkestan. Republik in Kuldja. Deren Reg. wurde 1949 durch eine für ganz S. zuständige, Peking unterstehende kommunist. Provisor. Volks-Reg. abgelöst. 1955 wurde S. als Autonome Region konstituiert. 1962 verließen mit sowjet. Hilfe etwa 50 000 Uiguren und Kasachen S., dies führte zur Schließung der Grenze zur UdSSR. S. wurde militär. Sperrzone. Im April 1990 kam es in der Region von Baren zu Unruhen.

CHU WEN-DJANG: The Moslem rebellion in Northwest China, 1862–1878 (Den Haag 1966); M. ROSSABI: China and Inner Asia from 1368 to the present day (London 1975); O. WEGGEL: Xinjiang, S. Das zentralasiat. China. Eine Landeskunde (1984); G. WACKER: Xinjiang u. die VR China (1995).

Sinking, Stadt in China, →Changchun.

Sinkstoffe, die →absetzbaren Stoffe.

Schlüsselbegriff

Sinn, ein durch zahlr. Bedeutungen gekennzeichneter Begriff, dessen Vielfalt sich 1) auf die Wahrnehmungen, 2) auf geistige Inhalte, 3) auf das Handeln des Menschen und die Deutung seiner Umwelt und 4) auf das Selbstverständnis individuellen Lebens bezieht. Im Rahmen dieser Ebenen werden vier Verwendungsweisen des Begriffs unterschieden:

1) S. ist die Fähigkeit des Organismus, Reize der Außenwelt oder des Körperinnern wahrzunehmen; auch Bez. für die Wahrnehmungsorgane (Gehör-S. u. a.); als ›innerer S.‹ Bez. für die emotionalen und intellektuellen Prozesse (z. B. Gedächtnis, Bewusstsein, Gefühl; der Sensus communis oder menschl. Gemein-S.); geistige Empfänglichkeit (S. für Musik, Technik, Kunst).

2) S. heißt auch die Bedeutung, die Worten, Sätzen, Kunstwerken, Ereignissen und überhaupt Zeichen zukommt hinsichtlich ihres hinweisenden Bezuges auf das Bezeichnete und dessen Interpretation. Das Erfassen dieses S. geschieht im Verstehen und wiss. in der →Hermeneutik. Verstehen ist auf eine Mitteilung bezogen, die als Elemente ein Subjekt, das S. produziert, das sinnhaltige Zeichen und ein Subjekt, das den S. aufnimmt, umfasst. Das Verstehen ist geprägt durch das jeweils schon vorhandene Vorverständnis (den S.-Horizont) des Rezipienten wie auch durch den Zusammenhang und die Intention, mit denen das Zeichen oder das Ereignis verbunden sind. In den Geisteswiss.en findet sich seit W. DILTHEYS method. Unterscheidung der Natur- und der Geisteswiss.en (›Die Natur erklären wir, das Seelenleben verstehen wir.‹) ein verstärktes Bemühen, die S.-Zusammenhänge und den S.-Gehalt in den Phänomenen der Gesellschaft und Kultur zu begreifen, die sich einer naturwiss. Messbarkeit, Exaktheit und kausalen Rückführung auf ein Gesetz entziehen. Im 20. Jh. formulierte M. HEIDEGGER in ›Sein und Zeit‹ die Frage nach dem S. von Sein, die im Rahmen seiner Fundamentalontologie eine konkrete Ausarbeitung erfuhr. HEIDEGGER fasst S. wertneutral als Seinsweise des (menschl.) Daseins; dabei tritt die S. als ›Woraufhin‹ und ›Woher‹ jedes mögl. Seinsverständnisses und als Horizont, in dem sich Sein offenbart, hervor. – In der sprachanalyt. Philosophie unterschied G. FREGE die Bedeutung, d. h. den Gegenstand, auf den sich ein sprachl. Ausdruck bezieht, von dem mit ihm ausgedrückten Gedanken als dessen S. (›Abendstern‹ und ›Morgenstern‹ haben – als Namen für die Venus – die gleiche Bedeutung und – ihr Gegebensein am Abend oder am Morgen betreffend – einen unterschiedl. S.).

3) S. bezeichnet den Zweck, die Endabsicht oder das Ziel; etwas ist sinnvoll, wenn es seinem Ziel dient oder seinen Zweck erfüllt. So haben Gegenstände im Hinblick auf ihre Funktion einen S. Jede menschl. Handlung hat ein immanentes Ziel; mehrere Handlungen oder Teilhandlungen beziehen sich als Zwecke auf ein übergeordnetes Ziel. Das ihm zustrebende Geschehen oder Handeln ist nur dann als sinnvoll gerechtfertigt, wenn das Ziel selbst einen Wert darstellt. Eine Handlung kann somit von objektivem Nutzen und (bezogen auf den Handelnden) subjektiv wertvoll (oder ›sinnlos‹) sein. S. erscheint hierbei einerseits als eine individuelle Deutungskategorie des Menschen, andererseits kann S. als auch teleolog. Prinzip aufgefasst werden und meint dann ein immanentes Entwicklungsziel (eine sich im Entwicklungsprozess realisierende, diesem urspr. zugrunde liegende Bestimmung). Ein teleolog. Verständnis von S. kennzeichnet auch versch. Ansätze, in denen der S.-Begriff vom menschl. Handeln auf die Geschichte und die Natur übertragen wird.

4) S. wird die Bedeutung und der Gehalt genannt, den eine Sache, eine Handlung, ein Erlebnis (etwa eine Begegnung) für einen Menschen in einer bestimmten Situation hat. Seit F. NIETZSCHE bezeichnet der Begriff auch das Selbstverständnis des Menschen im Einzelnen und im grundlegenden Sinne **(S. des Lebens).** V. a. in Grenzsituationen (z. B. nach K. JASPERS Leiden, Schuld, Tod) kann die von A. CAMUS als bedeutsamste Art menschl. Selbstreflexion angesehene und allen anderen Fragen vorgeordnete Frage nach dem ›Worumwillen‹, dem Zweck und Ziel des eigenen Lebens gestellt werden und durch das Individuum in einer S.-Bejahung oder S.-Verneinung beantwortet erfahren. Auch die zufälligen Lebensereignisse unterliegen der subjektiven Deutung unter der Frage nach deren S., die den vom Individuum anerkannten Werten folgend beantwortet wird. V. FRANKL sieht in seiner →Existenzanalyse die S.-Orientierung, den Willen nach S. oder dem Logos als eine primäre Motivation des Menschen an. Dabei wird der S. als ein vom Individuum in jeder Situation einmalig und einzigartig zu entdeckender und zu erfüllender (S.-Findung) bestimmt. Im Unterschied hierzu kann nach FRANKL die Frage nach dem ›S. des Ganzen‹, dem ›Über-S.‹, nicht beantwortet werden, weil hinter die Faktizität der konkreten Existenz nicht zurückgegangen werden kann, sondern diese selbst S. ist.

In Analogie zu menschl. Handlungen wird auch vom **S. der Natur** gesprochen und diese damit als ein von unbewussten Naturzwecken oder bewusst gesetzten Schöpfungszwecken bestimmtes, sinnvoll geordnetes Ganzes aufgefasst; so finden sich Reihen von Zweckhaftigkeiten im mineralog., pflanzl. und tier. Bereich (z. B. dient die Lunge der Atmung, das Auge dem Sehen, ein Balzverhalten der Paarung). Bezogen auf Lebewesen meint S. hier auch die Organisation und das wechselseitige Verhalten, insofern es ihrer Selbsterhaltung dient. In der Metaphysik wird die Zweckhaftigkeit natürl. Phänomene etwa durch ein immanentes, final gerichtetes Entwicklungsprinzip (→Entelechie, bei ARISTOTELES, GOETHE u. a.) erklärt, auch von der weisheitsvollen Naturordnung auf ihren Schöpfer geschlossen (Gottesbeweise) oder eine analoge Entsprechung von Makrokosmos (Weltall) und Mikrokosmos (Erde und Mensch) angenommen. Antwort auf die Frage nach dem **S. der Geschichte** ist das Anliegen der →Geschichtsphilosophie.

Sinnkriterien des menschlichen Wahrnehmens und Handelns

S. ist, psychologisch gesehen, die grundlegende Voraussetzung zur subjektiven Rechtfertigung von für wichtig gehaltenen Sachverhalten, Ereignissen und Erfahrungen (Sinnhaftigkeit). Durch die gesellschaftsbedingte sowie selbstbezogene Bewertung von S.-Bestimmungen ist ihre Gültigkeit grundsätzlich nicht absolut zu setzen, sondern dem individuellen Ermessen überlassen. Ob und in welcher Weise jemand etwas als sinnhaft erlebt, hängt sowohl von seinem kognitiven Verständnis für den Bedeutungsgehalt von S.-Bezügen (S.-Horizont) wie von den von ihm praktizierten S.-Strukturen selbst ab. Diese werden in der Psychologie in unterschiedlichen Zusammenhängen beschrieben. Die menschl. Wahrnehmung beispielsweise ist selektiv; in der Komplexität der Umwelt wird nur wahrgenommen, was einer bestimmten S.-Suche oder S.-Erwartung entspricht und damit zur Handlung befähigen kann (G. W. ALLPORT). In der gestaltpsycholog. Wahrnehmungspsychologie wird eine immanente ›Prägnanztendenz‹ im Menschen angenommen, durch die unvollständige Gestalten zu ›ausgezeichneten‹ ergänzt werden (M. WERTHEIMER, W. KÖHLER). In der Psychoanalyse (S. FREUD) wird mit dem Begriff ›Verdrängung‹ ein unbewusster Zwangsmechanismus beschrieben, bei dem als bedrohlich erlebte Triebregungen und mit diesen zusammenhängende Vorstellungen und Erinnerungen abgewehrt und im Unbewussten fixiert werden, um ein erwünschtes oder (etwa in Form gesellschaftl. oder sozialer Ansprüche und Normen) vorgegebenes S.-Gefüge zu erhalten. Diese und andere psycholog. Konzepte zeigen auf, dass ein sinnvolles Ganzes oft nur durch Umwandlung bzw. Uminterpretation von vorgegebenen Realitäten erreicht werden kann. Für das Streben nach einer solchen Harmonisierung von S.-Strukturen können hauptsächlich fünf S.-Kriterien hervorgehoben werden, die jedoch von einer Person nicht in jedem Fall tatsächlich herangezogen werden. Meistens erfolgt sogar die S.-Abschätzung ebenso diffus wie unbemerkt und wird eher am S.-Verlust negativ bestimmt.

1) Das **Bedeutungskriterium** besagt, dass sinnvoll nur das sein kann, was in einem ›Verstehensprozess‹ als wichtig eingestuft wird und eine Bedeutung für den Betreffenden selbst aufweist. In der humanist. Psychologie erweiterte A. H. MASLOW dieses Kriterium zu einem ›personenhärenten Entwicklungsprinzip‹, das in der individuelle Entfaltung und die Motivstruktur bestimmenden Tendenz auf ein Idealbild vom Selbst hin zum Ausdruck kommt. Dieser S.-Bezug zum Selbst ist hierbei maßgeblich für die existenzielle Befindlichkeit.

2) Das **Inhaltskriterium** bezieht sich auf die aufgegriffenen Werte (materielle: z. B. Besitz; psych.: z. B. Wohlbefinden, soziale: z. B. Freundschaft; weltanschaul.: z. B. Heilsgewissheit) in ihrer Beziehung zum sinnsuchenden Menschen. Alle Werte sind an das Ermessen gebunden. Was jemand als Wert (oder wenn der Wert erlangt ist, als S.-Erfüllung oder ›Glück‹) bezeichnet, kann einem anderen gleichgültig sein oder als Unwert erscheinen. Jeglicher S.-Erfüllung geht aber die Entscheidung für diejenigen Werte voraus, deren Verwirklichung für den Einzelnen S.-Erfüllung bedeutet (FRANKL).

3) Das **Emotionskriterium** wird i. d. R. für S.-Bestimmungen vorgeschoben (z. B. als ›Spaß‹, den eine Tätigkeit bereitet), aber als Bestimmungskriterium häufig unterschätzt oder ignoriert. Da die erwähnten sinnschaffenden Werte im engen Wechselverhältnis zum Selbst stehen, tragen sie zum gesteigerten Daseinsgefühl bei. Dieses positive Lebensgefühl wird oftmals als vordergründige Bestätigung für den S. eines Wesensgehaltes oder eines Sachverhaltes genommen.

4) Das **Finalkriterium** geht über die bloße S.-Befriedigung hinaus, die von den vorherigen Kriterien bestimmt wird. Unter S. wird i. d. R. auch eine bestimmte Übereinstimmung mit persönl. Erwartungen verstanden. Auf niederer Ebene ist sinnvoll das, was der eigenen Absicht entspricht (etwa finanzielle Unterstützung für eine Reise). Meint man, dass diese Absicht sachdienlich bzw. Erfolg versprechend ist, setzt man sinnvoll mit zweckvoll gleich (z. B. die Reise ist zweckvoll, wenn mit ihr zugleich ein Besuchsversprechen erfüllt werden kann). Handelt es sich bei der Übereinstimmung um eine solche mit bestimmten, persönl. hoch geschätzten Werten (z. B. dem Wert der Freundschaft), so ist sinnvoll identisch mit dem Prädikat wertvoll. Hegt man diese Wertschätzung nicht allein, so ist sinnvoll so viel wie unbezweifelbar und allgemein verbindlich (z. B. als ›Humanität‹).

5) Das **Konsistenzkriterium** schließlich erhöht den S. zur ›Sollkategorie‹. Insofern der Mensch auf Selbsttranszendenz angelegt ist und stets über ein erreichtes Ziel hinausstreben möchte, hebt jedes S.-Ereignis bzw. jeder S.-Zustand sich in seiner Optimierung selbst auf. Folglich ist der Mensch gezwungen, in ständiger S.-Auseinandersetzung den Erhalt von S. vorzubereiten. Sofern diese Verpflichtung aufgegriffen wird, grenzt die S.-Suche an die Erarbeitung einer eigenständigen Weltanschauung.

Sinn als Zieldeutung für individuelles und kollektives Handeln

Von den frühen Kulturen bis in die Neuzeit hinein fand sich individuelles Leben geleitet und begleitet durch Grundsätze religiöser Offenbarung (Christentum: der Mensch als Ebenbild Gottes), gesellschaftlich-moral. Autorität und Traditionen (Sitten und Gebräuche), Weltanschauungen (z. B. Kommunismus), Systeme der Metaphysik, in denen jene Anschauungen vielfach begründet wurden. Nachdem die religiösen, philosoph. und gesellschaftlichsozialen Grundanschauungen, in denen das wahre Bild des Menschen als Ziel individuellen und gesellschaftl. Handelns vorgezeichnet war, ihre Autorität und Verbindlichkeit in zunehmendem Maße verloren haben, wendet sich im 20. Jh. die philosoph. Anthropologie dem ›Wesen‹ des Menschen zu. Denn aus dem Erkennen seines Wesens sollen demzufolge S.- und Zieldeutungen für menschl. Handeln gewonnen werden. Hierbei zeigt sich das Sein des Menschen als nicht abtrennbar von dem S., zu dem er sich in seinem Sprechen, Handeln und Gestalten selbst versteht (J. HABERMAS). Insofern sich Menschen je nach ihrer individuellen, histor. und gesellschaftl. Lage auf jeweils unterschiedl. Weise verstehen, ist aber auch das Wesen des Menschen entsprechend unterschiedlich definiert worden (→Anthropologie). Der Mensch hat somit viele, einander ergänzende Wesenszüge; oder er ist seiner Bestimmung gemäß zur Mitwirkung aufgerufen, sein Wesen erst zu finden. Daher ist, der Existenzphilosophie zufolge, der Mensch in die Notwendigkeit gestellt, sich erst selbst zu dem zu machen, der er ist (J.-P. SARTRE).

Die zunehmende Komplexität menschl. Lebenswelt und menschl. Lebensvollzüge, die mit der Entwicklung von Technik und Industrie seit dem 19. Jh. einhergeht, wie auch die Durchsetzung einer wissenschaftlich-techn. Rationalität der Welt- und Lebensbewältigung (von M. WEBER als ›Entzauberung der Welt‹ charakterisiert) und die Tatsache, dass Leitideen und Werte nur noch partikulare, auf einzelne Gruppen oder Lebensbereiche bezogene Anerkennung erfahren, haben ein geistiges Vakuum entstehen lassen, das als →Sinnverlust und Mangel an S.-Erfüllung in der heutigen Welt erfahren wird (›S.-Krise‹). Demgegenüber zeichnet die modernen Industriegesellschaften eine Pluralität heterogener und wechselnder S.-Angebote (›S.-Industrie‹) aus, die dem Einzelnen in Politik, Freizeit, Metaphysik vorgegeben werden und mit denen er in krit. S.-Auseinandersetzung treten muss, um eine eigene Entscheidung oder Wahl treffen zu können. Ein Kennzeichen naturwissenschaftlich-technolog. Fortschritts ist die erweiterte Verfügungsmacht menschl. Handelns, etwa im Hinblick auf die mögl. Unbewohnbarmachung weiter Landstriche durch den Einsatz von ABC-Waffen, auf eine Veränderung des Erbgutes durch die Gentechnik oder auf irreversible Veränderungen der Erde und bestehender Kulturen durch die Technik (z. B. Tourismus). Bestimmt sich das Handeln aus den Werten, zu denen Menschen sich jeweils verstehen, können S.-Suche und S.-Auseinandersetzung, aufgefasst als ein Fragen nach verbindlichen Werten (›S.-Universalien‹) und als geistige Verarbeitung des eigenen Lebens und des Lebens der überschaubaren Gemeinschaft, als Voraussetzungen für eine S.-Erfüllung angesehen werden; dieser kommt sowohl in Bezug auf individuelles Leben als auch auf eine zukunftsorientierte Verantwortlichkeit für die menschl. Gemeinschaft eine zentrale Bedeutung zu (H. BENESCH).

⇨ *Fortschritt · Glück · Selbstverwirklichung · Verantwortung · Wert*

S. u. Sein, hg. v. R. WISSER (1960); E. SPRANGER: Kulturfragen der Gegenwart (⁴1964); W. WEIER: S. u. Teilhabe (1970); Die S.-Frage in der Psychotherapie, hg. v. N. PETRILOWITSCH (1972); L. BINSWANGER: Grundformen u. Erkenntnis menschl. Daseins (⁵1973); P. HOFMANN: Problem u. Probleme einer sinnerforschenden Philosophie (1980); B.-U. HERGEMÖLLER: Weder – noch. Traktat über die S.-Frage (1985); H. BENESCH: Warum Weltanschauung? Eine psycholog. Bestandsaufnahme (Neuausg. 1990); A. MESSMANN: S., in: Europ. Enzykl. zu Philosophie u. Wiss.en, hg. v. H. J. SANDKÜHLER, Bd. 4 (1990); H. D. RAUH: Im Labyrinth der Gesch. Die S.-Frage von der Aufklärung bis Nietzsche (1990); Werturteilsstreit, hg. v. H. ALBERT (³1990); V. E. FRANKL: Der leidende Mensch. Anthropolog. Grundl. der Psychotherapie (Neuausg. Bern ²1996); DERS.: Der Mensch vor der Frage nach dem S. (Neuausg. ⁹1997); G. BRANDL: Auf der Suche nach S. Über Mensch-Werden handlungsorientiert nachdenken (1997); E. H. ERIKSON: Identität u. Lebenszyklus (a. d. Amerikan., ¹⁶1997).

Sinnbild, 1) *allg.:* etwas (eine konkrete Vorstellung, ein Gegenstand, Vorgang o. Ä.), was als Bild für einen abstrakten Sachverhalt steht; →Symbol.
2) *Technik:* meist standardisierte, stark vereinfachte Darstellung von Gegenständen oder Vorgängen in techn. Zeichnungen oder auf Bedienelementen von techn. Anlagen. S. sollen durch wenige Linien ein wesentl. Merkmal des Objekts bzw. Vorgangs enthalten, um leicht und schnell erkannt bzw. ›gelesen‹ werden zu können. Im Maschinenbau gibt es S. z. B. für Schrauben, Federn, Zahnräder, Gewinde, Wellen, Kupplungen, Lager usw. In der Installationstechnik werden S. für Rohrleitungsschaltpläne verwendet (z. B. für Leitungen, Verbindungen, Absperrorgane). Weiterhin sind S. u. a. für hydraul., pneumat. Schaltpläne, für Entwässerungssysteme, für den Brandschutz und die Röntgendiagnostik (Bedienabläufe) genormt. Verfahrenstechn. Vorgänge werden durch →Fließbilder symbolisiert. Auch für viele andere Zwecke gibt es S., z. B. Pflegekennzeichen, Piktogramme, Schaltzeichen, Warnzeichen.

Sinne, *Physiologie:* Sammel-Bez. für die unterschiedl. Fähigkeiten von Mensch und Tier, Reize diffus über den gesamten Körper oder mittels spezieller, den einzelnen S. zugeordneter →Sinnesorgane zu empfinden bzw. wahrzunehmen und ggf. spezifisch darauf zu reagieren. Aufgrund der Reizzuordnung können unterschieden werden: Gesichts-, Gehör-, Geruchs-, Geschmacks-, Tast- (Druck-), Temperatur-, Schmerz- und Gleichgewichtssinn (stat. Sinn).

Sinnenwelt, Mundus sensibilis, *Philosophie:* →Mundus.

Sinnesdaten, von G. E. MOORE eingeführte Bez. für die nicht weiter analysierbaren Bausteine menschl. Wahrnehmungen (z. B.: Die Wahrnehmung ›dieses rote Notizbuch‹ lässt sich zergliedern in ›dies Rot‹, ›dieses Viereckige‹ usw.). Nach B. RUSSELL soll alle empir. Erkenntnis auf die Bekanntschaft mit S. und auf log. Konstruktionen mit solchen zurückführbar sein. Die ›Dinge‹ im gewöhnl. Sinne sind dann Komplexe der geschilderten Art.

Sinnes|epithel, *Physiologie:* →Epithel.

Sinnesfunktionen, *Psychologie:* die ›Aufgaben‹ der Sinnesorgane im Dienste des Gesamtorganismus (z. B. Sehen, Hören). Die Prüfung der S. ist sowohl in der Medizin als auch in der Psychologie bedeutsam und erfolgt der Genauigkeit wegen immer apparativ. Im Bereich der Persönlichkeits- und Eignungsdiagnostik werden u. a. geprüft: Augenmaß, Tiefensehen, Farbwahrnehmung, Tastwahrnehmung und Handgeschick (z. B. Zusammenarbeit der Hände und visuellmotor. Koordination). Bei diesen Prüfungen werden häufig mehrere Funktionen und Verstandesleistungen gleichzeitig erfasst.

Sinneshaare, bei Säugetieren →Sinushaare; bei Gliederfüßern die Haarsensillen (→Sensillen).

Sinneskegel, Typ der →Sensillen bei Gliederfüßern.

Sinnesknospen, aus in Gruppen angeordneten sekundären Sinneszellen bestehende Chemorezeptoren, z. B. die Geschmacksknospen des Menschen und der höheren Wirbeltiere.

Sinnes|organe, 1) *Botanik:* bei Pflanzen auf einen bestimmten Reiz eingestellte Empfangsorgane, die meist eine Bewegung auslösen. So übermitteln die **Fühltüpfel** an den Ranken der Kürbisgewächse bei Berührung einer festen Unterlage einen Reiz zur Einkrümmung der Ranke. Über die Oberhaut herausragende **Fühlborsten** bewirken nach Berührung z. B. das schnelle Zusammenklappen der Blatthälften der Venusfliegenfalle, rasches Schließen des Deckels der Fangblasen beim Wasserschlauch (zum Tierfang), das Spreizen der Narbenäste von Mimulus und die Staubblattbewegung bei der Zimmerlinde nach Berührung durch Insekten (zur Bestäubungssicherung). Bewegl. Stärkekörner lösen die Orientierung von Spross und Wurzel auf den Schwerereiz aus (→Geotropismus); Lichtreize werden eventuell durch →Ozellen aufgenommen.

2) *Zoologie:* **Rezeptions|organe, Organa sensu|um,** der Aufnahme von Reizen dienende, mit Sinnesnerven in Verbindung stehende Organe bei den vielzelligen Tieren und dem Menschen (bei Einzellern sind **Sinnesorganellen** ausgebildet: z. B. der Augenfleck als Sehorganelle), bestehend aus →Sinneszellen sowie (bei den eigentl. S.) diversen Hilfszellen bzw. -organen. Die Funktionsfähigkeit jedes S. beruht auf der Fähigkeit der einzelnen Sinneszelle, bestimmte, quantitativ und qualitativ begrenzte, als Reize wirkende Energieformen in neurale Erregung umzuwandeln, wodurch beliebige Energieformen in den gleichen organ. Code mit gleicher Leitungsbahn (Nervenleitung) und gleicher Reizstärkedarstellung (Aktionspotenzialfrequenz) transformiert werden. Während bei indifferenten S. qualitativ unterschiedl. Reize wahrgenommen werden können, da hier im einfachsten Fall lediglich einzelne (nicht spezialisierte) Sinneszellen oder freie Nervenendigungen über die gesamte Körperoberfläche verstreut vorhanden sind (bei versch. niederen Tieren), entstehen die S. im eigentl. Sinn (als Organe) durch Zusammenlagerung mehrerer bis vieler Sinneszellen und durch die zusätzl. Ausbildung oft sehr komplexer Hilfseinrichtungen (z. B. beim Auge der dioptr. Apparat, beim Gehörorgan u. a. die Gehörknöchelchen; sehr einfache S. stellen die →Sensillen der Gliederfüßer dar; in Sinnesepithelien finden sich Stütz-, Schleim-, auch Pigmentzellen). V. a. durch solche Hilfseinrichtungen sind diese S. gegenüber inadäquaten Reizen weitgehend abgeschirmt, d. h., es erfolgt eine Spezialisierung (bei gleichzeitiger Optimierung) auf nur ganz bestimmte adäquate Reize. Die Zuordnung dieser adäquaten Reize zu ihren spezif. S. ermöglicht die Identifizierung der versch. Sinne. Allerdings reagiert jedes Sinnesorgan nur bei normaler, einen bestimmten Schwellenwert überschreitender Reizstärke auf die ihm zugeordneten Reize. Bei überstarkem Reiz kann auch ein Fremdreiz beantwortet werden, jedoch immer nur mit der dem Sinnesorgan eigenen Sinnesempfindung (so erzeugt z. B. ein Schlag auf das Auge eine Lichtempfindung).

Sinnespapillen, neurosekretor. Zellen bei Krebsen, die häutungsregulierende Hormone produzieren (→X-Organ).

Sinnesphysiologie, Teilgebiet der →Physiologie, das sich mit den Funktionen und Leistungen der Sinnesorgane und -nerven beschäftigt.

Sinnespsychologie, die →Wahrnehmungspsychologie.

Sinnesschuppen, mit primären Sinneszellen in Verbindung stehende, meist fein zugespitzte Schuppen (umgebildete Sinneshaare) bei versch. Insekten (z. B. beim Schmetterling auf den Flügeladern).

Sinnes|täuschungen, *Psychologie:* Sinnesempfindungen, die im Ggs. zur objektiven Wirklichkeit stehen. Sie beruhen nicht auf einem Fehler in Bau oder Funktion des Sinnesorgans, sondern auf der Art der Verarbeitung der Sinnesimpulse im Zentralnervensystem zu Wahrnehmung, z. B. die →optischen Täuschungen und die Illusion; im Unterschied zu krankhaften S. (Trugwahrnehmung, Bewusstseinstäuschung; →Halluzination).

Sinnesvikariat, *Psychologie:* der Ausgleich des Fehlens eines Wahrnehmungssinns (z. B. Gesichtssinn) durch andere (z. B. Tastsinn, Gehör), die durch das damit verbundene verstärkte Training meist bes. leistungsfähig werden.

Sinneszellen, Sensilli, bei mehrzelligen Tieren für die Reizaufnahme spezialisierte Zellen, die einzeln oder zu Sinnesepithelien angeordnet sein können. In den Sinnesorganen sind die S. die eigentl. Funktionsträger. S. setzen die →adäquaten Reize mit hoher Empfindlichkeit in ein elektr. Signal, das Rezeptorpotenzial, um; dieses wird z. B. durch Übertragung auf eine Nervenzelle in einem →Aktionspotenzial gewandelt und an das Zentralnervensystem weitergeleitet. S. haben oft Fortsätze (z. B. Stereozilien, Sehstäbchen), die der Reizaufnahme dienen. (→Nervengewebe)

Sinn Féin [ˈʃɪn ˈfeɪn; irisch ›wir selbst‹], irische republikan. Partei; 1905 u. a. von A. GRIFFITH gegr., hervorgegangen aus versch. nationalist. Gruppierungen (bes. ›Vereinigung der Gaelen‹, gegr. 1900; ›Gael. Liga‹, gegr. 1893). Als Trägerin der Unabhängigkeitsbewegung propagierte S. F. einen kulturellen Nationalismus, protektionist. Wirtschaftspolitik und die Nichtanerkennung der Autorität des brit. Parlaments für Irland. Urspr. auf die Durchsetzung ihrer Ziele mit polit. Mitteln bedacht, wurde S. F. nach dem Osteraufstand von 1916 zum Sammelbecken der radikalen nationalist. und republikan. Kräfte (z. B. der ›Irish Republican Brotherhood‹). Seit 1917 unter Führung von E. DE VALERA, nahm S. F. die bei den Wahl 1918 gewonnenen Sitze im brit. Parlament (73 von 105 irischen Sitzen) nicht an, sondern bildete 1919 das erste irische Parlament, das von Großbritannien jedoch nicht anerkannt wurde. Infolge der auch gewaltsamen Auseinandersetzungen um den angloirischen Vertrag über die Errichtung eines Irischen Freistaats unter Abtrennung eines Teils der Prov. Ulster (1921) spaltete sich S. F.: Befürworter des Vertrages bildeten 1923 eine neue ›Vereinigung der Gaelen‹, aus der die Partei →Fine Gael hervorging; von den als S. F. verbleibenden Gegnern des Vertrages, die das irische Parlament boykottierten, spaltete sich 1926 eine Mehrheit unter DE VALERA als →Fianna Fáil ab. Die fortbestehende radikale S. F. verlor zunehmend an Bedeutung. Nach Beginn der Unruhen in Nordirland (1969) schloss sich der linke Flügel der Arbeiterpartei an, die nationalist. →Faktion gründete die ›Provisional S. F.‹, den polit. Arm der →IRA. Seit den 80er-Jahren nahm die Partei wieder an Wahlen teil, erhielt aber bis in die 90er-Jahre wenig Unterstützung. Unter dem Einfluss des Parteipräs. (seit 1983) G. ADAMS, der die S. F. an einer polit. Lösung des Nordirlandkonflikts zu beteiligen suchte, kam es zu Gewaltverzichtserklärungen der IRA (Waffenstillstand ab 1. 9. 1994, am 9. 2. 1996 durch Rückkehr zum Terror beendet; neue Waffenstillstandserklärung mit Wirkung vom 20. 7. 1997). Bei den Wahlen eines Gremiums für Friedensgespräche am 30. 5. 1996 erhielt die S. F. 15,5 % der Stimmen, durfte aber erst ab September 1997 an den Allparteienverhandlungen teilnehmen. Nach Unterstützung des Abkommens von →Stormont (10. 4. 1998) errang die S. F. bei den Wahlen zum nordirischen Regionalparlament am 25. 6. 1998 17,6 % der Stimmen (18 von 108 Sitzen). (→Nordirland, Geschichte)

R. P. DAVIS: Arthur Griffith and non-violent S. F. (Dublin 1974); L. CLARKE: Broadening the battlefield. The H-blocks and the rise of S. F. (ebd. 1987); P. TAYLOR: Provos. The IRA and Sinn Fein (London 1997).

Sinngedicht, →Epigramm.

Sinningi|e [nach dem Gärtner WILHELM SINNING, * 1792, † 1874], **Sinningia,** Gattung der Gesneriengewächse mit 15 Arten in Brasilien; meist niedrige Kräuter mit dickem Wurzelstock, behaartem Stängel, gegenständigen, lang gestielten Blättern und achselständigen, einzeln oder gebüschelt stehenden Blüten. Eine bekannte Art ist die →Gloxinie.

Sinnkriterium, *Sprachphilosophie:* ein Kriterium, mit dessen Hilfe entschieden werden kann, ob ein Satz semantisch sinnvoll (d. h. wahr oder falsch) ist. Das empirist. S. des Wiener Kreises wird heute allg. als zu eng abgelehnt, da nach ihm nur solche Sätze sinnvoll sind, die empirisch verifizierbar (→Verifikation) sind, wodurch Sätze mit Termen, die der Beobachtung nicht zugänglich sind, nicht als sinnvoll gelten. Die neuere Sprachphilosophie schlägt deshalb als S. die Wahrheitsbedingungen eines Satzes vor, d. h., ein Satz ist dann sinnvoll, wenn die Bedingungen angegeben werden können, unter denen er wahr ist (die Bedeutung eines Satzes).

Sinnlichkeit, 1) eine physiolog. Fähigkeit des Menschen, Reize einer ›Außenwelt‹ mittels spezieller Sinnesorgane (Augen, Ohren u. a.) oder über die gesamte Körperoberfläche (Haut) aufzunehmen und zu empfinden; 2) Empfänglichkeit für Sinnengenuss; 3) im philosophisch-psycholog. Bereich Bez. des rezeptiven Teils des menschl. Erkenntnisvermögens, Bilder und Vorstellungen mittels der Sinne auf- und wahrzunehmen. Die Gegenstände der Erkenntnis werden durch die S. ›gegeben‹ (I. KANT), andererseits durch den Intellekt ›gedacht‹, d. h. geformt. Gegen die Ansicht der Rationalisten, S. sei als unterster der unwichtigste oder ein störender Faktor im Erkenntnisprozess, hebt KANT die fundamentale Bedeutung der S. als konstitutives Element für das Denken und Erkennen hervor. Im dt. Idealismus (J. G. FICHTE, F. W. J. SCHELLING, G. W. F. HEGEL) wird S. als bloße Modifikation des Geistes bestimmt, während der Materialismus sie zum Erkenntnisprinzip (Sensualismus) erhebt. – In der *Ethik* bezeichnet S. die Gesamtheit sinnl. Triebfedern und individueller Neigungen als Bestimmungsgründe des menschl. Wollens (bei KANT im Ggs. zur Autonomie der prakt. Vernunft).

sinnlose Silben, bei Untersuchungen zum verbalen Lernen eingesetzte künstl. Silben aus einer Folge Konsonant, Vokal, Konsonant (so genannte CVC-Trigramme), z. B. ›lur‹, ›vob‹, ›joz‹. Im Lernexperiment werden Listen oder Paare solcher s. S. auswendig gelernt und später reproduziert. Mit dieser von H. EBBINGHAUS eingeführten Methode sollen Lern- und Gedächtnisprozesse möglichst objektiv erfasst, d. h. durch Sachkenntnis begründete individuelle Unterschiede der Reaktionen ausgeschlossen werden.

Sinnpflanze, Mimose, Mimosa, Gattung der Mimosengewächse mit etwa 400 Arten in den trop. und wärmeren Gebieten, bes. der Neuen Welt; Kräuter, Sträucher, Bäume oder Lianen, oftmals bedornt oder bestachelt; Blätter meist doppelt gefiedert, reagieren auf Berührungsreize (eine Seismonastie) durch Zusammenklappen der Fiedern und Absenken der Blattstiele; Blüten klein (mit fünf oder zehn Staubblättern; im Ggs. zu den zahlr. Staubblättern der Akazienarten, der ›Mimosen‹, wie sie im Blumengeschäft erhältlich sind), in geständer, kugeligen oder walzenförmigen Ähren. Eine als Zierpflanze bekannte Art ist die **Schamhafte Mimose** (Mimosa pudica), ein 30–50 cm hoher, stacheliger Halbstrauch mit kleinen, rosaweißen oder hellroten Blüten.

Sinn und Form, 1949 in Berlin (Ost) von PAUL WIEGLER (* 1878, † 1949) und J. R. BECHER gegründete Literaturzeitschrift, v. a. mit Beiträgen aus und über internat. Gegenwartsliteratur, hg. von der →Akademie der Künste. Chefredakteure: P. HUCHEL (musste 1962 zurücktreten), W. GIRNUS (bis 1983), MAX WALTER SCHULZ (* 1921, † 1991; bis 1990), SEBASTIAN KLEINSCHMIDT (* 1948; seit 1991).

Sinnverlust, als Beeinträchtigung des Gehalts an Lebenssinn eine häufige Ursache für psych. Störungen. Sinnvoll erfährt der Mensch ein Leben, das seinem Wesen nach sowohl im Hinblick auf seine Person, auf die erstrebten Werte, auf die widerfahrenen Ereignisse wie auf die realisierten Ideen bezogen bejaht werden kann. Gegensätzlich dazu kann der S. in Stadien über die Selbstanklage, Hoffnungs- und Zukunftslosigkeit bis zur Lebensunlust und existenziellen Resignation führen, die psychopathologisch zu den Störungsmerkmalen der Depression und Melancholie gehören. Sinnkrisen können durch tatsächl. Schicksalsschläge, persönl. Kränkungen oder fiktive Überererwartungen hervorgerufen werden und unterliegen als S. stets der subjektiven Bewertung. In verschiedenen psychotherapeut. Richtungen (u. a. Individualpsychologie, rational-emotive Therapie) werden deshalb, je nach Auffassung, eine ›Sinnnutzung‹ (Ergreifen von nicht erkannten Möglichkeiten), eine ›Sinnfindung‹ (Erkenntnis eines vorgegebenen, z. B. religiösen Sinns) oder eine ›Sinngebung‹ (Erarbeitung eines Sinns in einer ›an sich‹ als sinnfrei gedachten Welt) in den Mittelpunkt der therapeut. Bemühung gestellt.

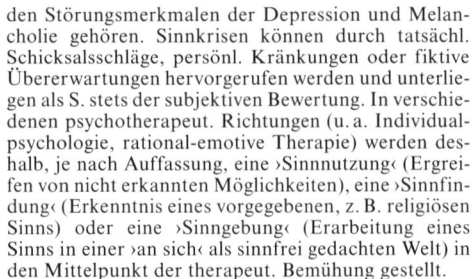

Entscheidung zum Sinn, hg. v. A. LÄNGLE (1988); V. E. FRANKL: Der Wille zum Sinn (Neuausg. ³1996).

Sinoia, früherer Name der Stadt →Chinhoyi in Simbabwe.

sinojapanisch, Bez. für die Eigenschaft lautlich an das Japanische angeglichener chin. Lehnwörter.

Sinologie [zu griech. Sinai ›Chinesen‹, ›China‹] *die, -,* Chinakunde, i. e. S. die philolog. Beschäftigung mit der chin. Sprache und Kultur, i. w. S. die wiss. Beschäftigung mit China überhaupt. Von anderen orientalist. Disziplinen unterscheidet sich die S. insofern, als sie auf eine jahrhundertealte einheim. Philologie aufbauen kann und eine Kultur behandelt, die sich ohne Kontakte zu Europa entwickelt hat. Die westl. S. begann im 17. Jh. mit der Chinamission der Jesuiten (MATTEO RICCI), die Europa mit grundlegenden Werken der Philosophie (v. a. des Konfuzianismus) und Literatur sowie mit der chin. Geschichte bekannt machte. Die meist unreflektierte Übernahme des Selbstbildes der konfuzian. Orthodoxie führte im 18. Jh. zu einer verbreiteten Begeisterung für China (G. W. LEIBNIZ), wie sie sich auch in der bildenden Kunst dokumentierte (→Chinoiserie), im 19. Jh. zu einer skeptischeren Einstellung, v. a. aufgrund seiner angeblich fehlenden Geschichtsentwicklung (J. G. HERDER, G. W. F. HEGEL). Die akadem. S. begann mit der Gründung eines Lehrstuhls in Frankreich (Paris, 1814), dem solche in Russland, England und Dtl. (Hamburg, 1909; Berlin, 1912; Leipzig, 1922) folgten. Als großes Hemmnis erwies sich hier der Mangel an chin. Büchern. Die in China selbst seit 1800 meist von prot. Missionaren aus angelsächs. Ländern, aber auch von Konsuln, Kaufleuten u. a. betriebene S. besaß daher weiterhin große Bedeutung. Sie ergänzte mit ihrem Kontakt zum Land und zur traditionellen Gelehrtenschaft die akadem. S. im Westen, die sich seit der Jahrhundertwende durch die Rezeption der krit. Methoden der modernen Geisteswiss.en (Phonetik, Soziologie, Ethnologie u. a.) allmählich zu einer anerkannten Disziplin mit allerdings je nach Spezialisierung sehr unterschiedl. Eigencharakter entwickelte, verstärkt durch die Funktion der S. auch als Hilfswiss., etwa in der Buddhismuswiss. oder der Erforschung der Geschichte von Nachbarvölkern Chinas. Noch wesentlicher war die Differenzierung in eine am traditionellen und eine am modernen China interessierte S., die sich früh, in Dtl. etwa durch die Gründung des ›Seminars für Oriental. Sprachen‹ an der Univ. Berlin (1887), manifestierte. Bis zum Zweiten Weltkrieg behauptete weiterhin Frankreich seine Führungsposition (É. CHAVANNES, M. GRANET, P. PELLIOT, H. MASPÉRO) vor den sich neu herausbildenden Zentren in England (J. LEGGE, HERBERT ALLEN GILES, * 1845, † 1935), in den Niederlanden, in Schweden (B. KARLGREN) und in Dtl. (O. FRANKE, E. HAENISCH), das jedoch seit 1933 viele seiner besten Sinologen verlor (WALTER SIMON, * 1893, † 1981; W. EBERHARD). Nach etwa 1950 erfolgte eine nahezu gänzl. Schwerpunktverlagerung nach den USA, die durch Aufbau chin. Bibliotheken, die Einwanderung bedeutender, emigrierter chin. Sinologen und das große polit. Interesse an China bedingt war. Die während des gleichen Zeitraums in kleinerem Rahmen auch in Europa erfolgte Ausweitung der Chinawiss. legt, wie viele neue Lehrstuhlgründungen speziell in Dtl. zeigen, den Akzent zunehmend auf das moderne China. Sie hat damit indirekt den Begriff S. im Wesentlichen wieder auf seine Bedeutung als Beschäftigung mit Sprache und Kultur des vormodernen China eingeengt.

P. DEMIÉVILLE: Aperçu historique des études sinologiques en France, Acta Asiatica, Bd. 11 (Tokio 1966); H. FRANKE: S. an dt. Universitäten (1968); China-Hb., hg. v. DEMS. (1974).

Sinop, Provinzhauptstadt in der Türkei, am Schwarzen Meer, auf einer Halbinsel, 25 600 Ew.; Museum; Fischerei, Bootsbau; Naturhäfen, Sandstrände. – Die glanzvolle Vergangenheit der Stadt bezeugen v.a. die Reste der seldschuk. Wehrmauer (nach 1214; vielleicht über Befestigungen von MITHRIDATES VI. EUPATOR), bes. am südl. Hafen, und der mehrfach erneuerten und verstärkten Zitadelle. Aus hellenist. Zeit wurde ein Tempelkomplex (2. Jh. v. Chr.) ausgegraben, vermutlich das Heiligtum des Serapis, der wie Kore in S. ein wichtiges Kultzentrum hatte. Die Frühzeit ist v.a. seit dem 6. Jh. gut belegt (Dachterrakotten). Große Moschee (urspr. 1214) mit Türbe (1439); Medrese (1262) mit seldschuk. Portal; Seyyid-Bilal-Moschee (13. Jh.). Oberhalb von S. Grabhügel (pont. Königsgräber). – S., das antike **Sinope,** eine im 7. Jh. v. Chr. von Milet aus gegründete griech. Kolonie, war eine bedeutende Handelsstadt, von der selbst viele Koloniegründungen ausgingen; im 2./1. Jh. v. Chr. Residenz pont. Könige. 70 v. Chr. kam S. zum Römischen, dann zum Byzantin. Reich, 1214 fiel es an die Rumseldschuken, 1461 an die Osmanen.

Sinope [nach einer griech. Sagengestalt], ein Mond des Planeten →Jupiter.

Sinopie: Sitzende Dame mit Hündchen; Detail der Vorzeichnung für das Fresko ›Triumph des Todes‹ an der Südwand des Camposanto in Pisa

Sinopi|e *die, -/-n,* bei Mosaik und Wandmalerei die Vorzeichnung auf dem Rauputz mit urspr. aus Sinop importiertem, feinkörnigem rotem Eisenoxid (Sinopia), das angerührt einen feinen Strich erlaubt. Sie wurde seit der klass. Antike beim Mosaik, seit dem 1. Jh. v. Chr. gelegentlich beim Fresko (Pompeji) angewendet (Kartons wurden erst im 16. Jh. üblich).

Sinopoli, Giuseppe, ital. Dirigent und Komponist, * Venedig 2. 11. 1946; studierte Medizin und Musik, war Schüler von F. DONATONI (Komposition) und H. SWAROWSKY (Dirigieren). 1975 gründete er das Ensemble ›Bruno Maderna‹ für zeitgenöss. Musik, dirigierte 1979 Konzerte mit den Berliner Philharmonikern, wurde 1984 Chefdirigent des Philharmonia Orchestra in London, 1990 der Dt. Oper Berlin und 1992 der Sächs. Staatskapelle Dresden. Sein Kompositionsstil wandelte sich nach Anfängen in serieller Musik durch die Auseinandersetzung mit der musikal. Tradition (G. MAHLER) zu einem Instrumentalsatz mit komplexen Klangflächen, bei denen der Melodie besondere Bedeutung zukommt.

Werke: *Oper:* Lou Salomé (1981). – *Orchesterwerke:* Symphonie imaginaire für Soli, Chor u. Orchester (1973); Klavierkonzert (1974); Souvenirs à la mémoire für Gesang u. Orchester (1975); Tombeau d'Amor I (1975) u. II (1977) für Orchester sowie III für Violoncello u. Orchester (1976); Lou Salomé, Suite II für Orchester (1985). – *Requiem:* Hashshirim für Chor a cappella (1976).

sinotibetische Sprachen, Sprachgruppe in O- und SO-Asien (China, Tibet, Teile Hinterindiens). Sowohl die Zugehörigkeit der Sprachen dieses Raumes zu den s. S. als auch die engeren Verwandtschaftsverhältnisse untereinander sind umstritten. Die nachfolgende Gliederung der s. S. kann daher nur in ihren Grundzügen als gesichert gelten, obwohl auch dazu unterschiedl. Auffassungen vorliegen.

Zur **Sino-Tai-Gruppe** gehören: 1) Chinesisch (→chinesische Sprache und Schrift); 2) die Taisprachen: u.a. mit Thailändisch (→thailändische Sprache), Shan (v.a. in Thailand, Birma, Laos und Yunnan), Laotisch, Dioi (SW-China) und Li (Insel Hainan, S-China). Von der Forschung wird eine Urverwandtschaft zw. den Taisprachen und dem Chinesischen überwiegend abgelehnt, wobei die Übereinstimmungen als alte Entlehnungen erklärt werden. – Ob gewisse morpholog. und lexikograph. Gegebenheiten des Vietnamesischen auf eine Verwandtschaft mit den Taisprachen zurückzuführen sind, ist fraglich, indessen sind starke Einflüsse des Chinesischen (Lehnwörter) und von austroasiat. Sprachen, v.a. der Mon-Khmer-Sprachen, unbestreitbar; 3) die Sprachen der Miao und Yao (SW-China, N-Vietnam, N-Laos, N-Thailand).

Zur **tibetobirmanischen Gruppe** gehören: 1) Tibetisch (→tibetische Sprache) und eine Reihe von im Himalajagebiet verbreiteten Sprachen, z.B. Lepcha (Sikkim); 2) Birmanisch (→birmanische Sprache und Literatur) und das (ausgestorbene) →Pyu; 3) Lolosprachen (Sichuan, Yunnan), u.a. mit dem Lisu, mit dem vermutlich das (ausgestorbene) Tangutische näher verwandt ist; 4) Assamsprachen (u.a. Kachin und die Sprachen der Kuki-Chin-Völker).

Gemeinsame Merkmale aller s. S. sind einsilbige Wortwurzeln, isolierende Struktur (→isolierende Sprachen) sowie Worttöne (→Tonsprachen). Weniger augenfällig sind Übereinstimmungen in Wortschatz und Syntax.

E. KUHN: Über Herkunft u. Sprache der transganget. Völker (1883); S. N. WOLFENDEN: Outlines of Tibeto-Burman linguistic morphology (London 1929); K. WULFF: Chinesisch u. Thai (Kopenhagen 1934); DERS.: Über das Verhältnis des Malayo-Polynesischen zum Indochinesischen (ebd. 1942); P. K. BENEDICT: Languages and literatures in Indochina, in: The Far Eastern Quarterly, Bd. 6 (Menasha, Wis., 1946–47); DERS.: Sino-Tibetan (Cambridge, Mass., 1972); J. PRZYLUSKI: Le Sino-Tibétain, in: Les langues du monde, hg. v. A. MEILLET, 3 Tle. (Neuausg. Paris 1952, Nachdr. Genf 1981); R. SHAFER: Bibliography of Sino-Tibetan languages (Wiesbaden 1957); DERS.: Introduction to Sino-Tibetan, 5 Tle. (ebd. 1966–74); A. HALE: Research on Tibeto-Burman languages (Berlin 1982); S. GOSWAMI: Studies in Sino-Tibetan languages (Guwahati 1988); The major languages of East and South-East Asia, hg. v. B. COMRIE (London 1990); R. J. LAPOLLA u. J. B. LOWE: Bibliography of the international conferences on sino-tibetan languages and linguistics I–XXV (Berkeley, Calif., ²1994); J. A. MATISOFF: Languages and dialects of Tibeto-Burman (ebd. 1997).

Giuseppe Sinopoli

Sino Sinowatz – Sintern

Sinsheim: Klostergebäude und Turm der Stiftskirche des ehemaligen Benediktinerstifts auf dem Michelsberg nördlich der Stadt

Sinowatz, Fred, österr. Politiker, * Neufeld a. d. Leitha (bei Eisenstadt) 5. 2. 1929; Beamter, Historiker; Mitgl. der SPÖ, 1961–71 Abg. im burgenländ. Landtag, 1966–71 Leiter des Kulturressorts in der Landes-Reg., 1971–83 Bundes-Min. für Unterricht und Kunst, 1981–83 Vizekanzler, 1983–86 (in einer SPÖ/FPÖ-Koalition) Bundeskanzler (Rücktritt nach der Wahl K. WALDHEIMs zum Bundes-Präs.) sowie 1983–88 Vors. der SPÖ.

Sinowij, S. von Oten, russ.-orth. Mönch, geistl. Schriftsteller und Polemiker, * um 1500, † 1571/72(?); S. v. O., ein Schüler des MAKSIM GREK, wurde Mönch im Kloster von Oten (nördlich von Nowgorod) und schrieb 1565/66 die erste systemat. Darlegung der orth. Glaubenslehre in russ. Sprache. Von S. v. O. stammt auch die erste ausführlichere Auseinandersetzung mit der Reformation M. LUTHERs in Russland, die er als neue große Häresie scharf ablehnte.

Sinowjew, Zinov'ev [ziˈnɔvjef], **1)** Aleksandr Aleksandrowitsch, russ. Philosoph und Schriftsteller, * Pachtino (bei Kostroma) 29. 10. 1922; war 1970–78 Prof. für Logik und Wissenschaftsmethodik in Moskau. Nach dem Erscheinen seiner Romansatire auf die russ. Gesellschaft ›Zijajuščie vysoty‹ (Lausanne 1976; dt. ›Gähnende Höhen‹) musste er die Sowjetunion verlassen; lebte in München, seit 1994 wieder in Moskau. Auch seine weiteren Werke beschäftigen sich v. a. mit der sowjet. Wirklichkeit in Staat und Gesellschaft.
Weitere Werke: Satiren, Schriften, Essays: Svetloe buduščee (1978; dt. Lichte Zukunft); Bez illjuzii (1979; dt. Ohne Illusionen); Kommunizm kak real'nost' (1981; dt. Der Kommunismus als Realität); Die Diktatur der Logik (1985); ›Ich bin für mich selbst ein Staat‹. Betrachtungen eines russ. Kosmopoliten (1987). – *Romane:* Gomo sovetikus (1982; dt. Homo Sovieticus); Gosudarstvennyj ženich (1986; dt. Der Staatsfreier oder Wie wird man Spion?); Katastrojka. Gorbatschows Potemkinsche Dörfer (1988, russ. 1989 u. d. T. Katastrojka). – *Komödie:* Ruka Kremlja (1986; dt. Der Arm des Kremls).

2) Grigorij Jewsejewitsch, früher **G. J. Radomylskij** (nach neueren Angaben Owsej-Gerschen Aronowitsch **Radomyschelski-Apfelbaum**), sowjet. Politiker, * Jelisawetgrad 11. 9. 1883, † (hingerichtet) 25. 8. 1936; wurde 1901 Mitgl. der Sozialdemokrat. Arbeiterpartei Russlands (SDAPR) und war ein enger Mitarbeiter LENINS, trat 1917 gegen dessen Kurs eines bewaffneten bolschewist. Aufstandes auf; ab 1917 Vors. des Petrograder Sowjets, 1919–26 Vors. des Exekutivkomitees der Komintern und 1921–26 Mitgl. des Politbüros der KPR(B) bzw. KPdSU(B); gehörte ab 1923/24 der ›Troika‹ STALIN–S.–KAMENEW an, die eine kollektive Führung über die Partei ausübte; geriet als Kopf der ›Neuen Opposition‹ 1925 in Konflikt mit STALIN, verlor 1926/27 alle Parteiämter und war 1927–28, 1932–33 und seit Dezember 1934 aus der Partei ausgeschlossen. 1935 zu 10 Jahren Gefängnis, im ersten Moskauer Schauprozess 1936 zum Tode verurteilt. 1988 wurde er postum rehabilitiert.

Sinowjewsk, 1924–36 Name der ukrain. Stadt →Kirowograd.

Sinsheim, Große Kreisstadt im Rhein-Neckar-Kreis, Bad.-Württ., 158 m ü. M., im Kraichgau, 33 500 Ew.; Messezentrum; Auto- und Technik-Museum, Stadtmuseum; elektrotechn. und Kunststoff verarbeitende Industrie, Maschinenbau; Weinbau, v. a. an dem von einer Burg gekrönten Steinsberg. – Die heutige ev. Stadtkirche wurde im 16. Jh. über einem roman. Vorgängerbau errichtet; kath. Pfarrkirche St. Jakobus d. Ä. (1964–66) mit frei stehendem Glockenturm; im Alten Rathaus (1712) das Stadtmuseum. Nördlich der Stadt das ehem. Benediktinerstift auf dem Michelsberg, dessen Kirche profaniert wurde, erhalten ist der spätgot. Lettner. – Das 770 erwähnte S. wurde um 1324 Stadt. 1338 kam S. an die Kurpfalz, 1806 an Baden. Im Pfälz. Erbfolgekrieg wurde die Stadt 1689 von frz. Truppen zerstört.

Sinteng, Jaintia [ˈdʒaɪn-], **Pnar,** Gruppe von Bergbauern in Indien, bildeten vom Spät-MA. bis zur Eroberung durch Großbritannien (1835) das Reich Jaintia.

Sintenis, Renée, Bildhauerin, * Glatz 20. 3. 1888, † Berlin (West) 22. 4. 1965; wurde 1947 Prof. an der Hochschule für bildende Künste in Berlin. S. schuf Tier-, Aktplastiken und Porträts; auch Radierungen (z. T. als Buchillustrationen). Viele ihrer Werke wurden zur Zeit des Nationalsozialismus beschlagnahmt und zerstört.
B. E. BUHLMANN: R. S. (1987).

Renée Sintenis: Porträt des Dichters Ernst Toller; 1926 (Mannheim, Städtische Kunsthalle)

Sinter, mineral. Ausscheidungen aus Quellen oder fließendem Wasser infolge Temperatur- und/oder Geschwindigkeitsänderung oder Kohlendioxidabgabe; bilden Überzüge (S.-Krusten), Wälle und Terrassen (→Sinterterrassen). Am bekanntesten sind →Kalksinter und Kiesel-S. (→Geysir). In Höhlen bilden sich Tropfsteine, aus heißen Quellen der aus Aragonit bestehende Sprudelstein. (BILD →Höhle)

Sinterglas, durch Sintern von Glaspulver hergestelltes Glas, z. B. verwendet für →Glasfilter.

Sintern, das Verdichten, Agglomerieren und Stückigmachen pulverförmiger oder feinkörniger Stoffe durch Erhitzen (ggf. nach vorheriger Formgebung z. B. durch Pressen). Die Temperatur beim S. muss so hoch sein, dass die einzelnen Körner des Ausgangsgutes durch Grenzflächenreaktion miteinander verschweißt werden. – In der *Hüttentechnik* wird durch S.

Fred Sinowatz

Aleksandr Aleksandrowitsch Sinowjew

Grigorij Jewsejewitsch Sinowjew

der für den Hochofen zu feinkörnigen (Korngröße ca. 0,5 bis 5 mm) Erze und Konzentrate in stückiges und gasdurchlässiges Agglomerat (z. B. Eisensinter) auf **Sinterbändern** erzeugt: Die angefeuchtete Erzmischung wird unter Zugabe von festen Brennstoffen auf einen **Sinterrost** in einer Schicht von 30 bis 60 cm Dicke aufgebracht, nach Zündung an der Oberfläche wird Luft durch die Mischung hindurchgesaugt **(Saugzug-S.)**, um Temperaturen von 1 000 bis 1 200 °C zu erzeugen und das S. zu ermöglichen. Der fertige Sinter mit einer Korngröße zw. 5 und 50 mm ist für die Hochofenbeschickung geeignet. Eine Variante ist das **S. nach Pelletierung**, bei der Pellets (→Pelletieren) gebildet und diese ›Grünpellets‹ dann durch Erhitzen gehärtet werden. – In der *Keramik* wird die geformte Rohmasse zum Verdichten des Gefüges beim Brennen (Erhitzen unterhalb der Schmelztemperatur) zu einem fest gefügten, nicht deformierten Körper gesintert. Diesen Prozess bezeichnet man bei ungeformten Rohstoffgemischen als Fritten. – In der *Kunststofftechnik* bedeutet S. das Erweichen und Anschmelzen pulveriger Kunststoffe, die dann oberflächlich miteinander verschweißen. Es dient zur Herstellung von Formteilen (im Fall nicht voll plastifizierbarer Kunststoffe) oder zur Beschichtung von Oberflächen anderer Werkstoffe (v. a. Metalle) zwecks Korrosions- oder Verschleißschutz. Weitere Anwendungen sind z. B.

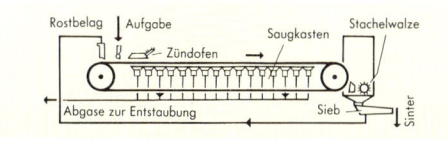

Sintern: Sinterband (Dwight-Lloyd-Apparat) zum Sintern von Feinerz; Geschwindigkeit des Bandes 0,5–2 m pro Minute

therm. Isolation, Dekoration und Entdröhnen. Man unterscheidet fünf Verfahren. **Druckloses S.** wird für gut schmelzbare Polymere eingesetzt. →Presssintern ist die Herstellung von Formkörpern unter hohem Druck (1 500 bar) dicht unter der Schmelztemperatur. Verarbeitet werden u. a. Polyäthylen und Polytetrafluoräthylen. Beim **Wirbel-S.** wird das durch einen Luftstrom aufgewirbelte Pulver von Kunststoffen mit engem Schmelzbereich (Polyamide, Polyäthylen, Polypropylen) dem heißen Formwerkzeug bzw. dem zu überziehenden Gegenstand aufgeschmolzen. Das einfache Aufstreuen von Kunststoffpulver auf eine erhitzte Oberfläche wird als **Pulver-S.** bezeichnet. Ein Sonderfall ist dabei das elektrostat. Pulverspritzen von elektrisch aufgeladenem Pulver auf das geerdete, meist kalte Werkstück. Anschließend wird die Pulverschicht in der Wärme geschmolzen, geliert (Polyvinylchlorid) oder gehärtet (Epoxidharz). Ein weiteres Verfahren ist das →Flammspritzen. – In der *Pulvermetallurgie* werden durch S. z. B. selbstschmierende Gleitlager (mit Ölporen), Kraftfahrzeugteile, Filter, Magnete und Kleinteile für den Büro- und Nähmaschinenbau hergestellt. 5) Im Bauwesen werden Sintervorgänge für die Herstellung von Zement und Betonleichtzuschlagstoffen (Porensinter) ausgenutzt.

Sinter|terrassen, treppenförmige Bildungen aus Sinter, bes. in der Umgebung heißer Quellen und Geysire (Mammoth Hot Springs im Yellowstone National Park der USA, in Island und Neuseeland), aber auch an sonstigen Stellen der Bildung von Kalktuff (Travertin u. a.) wie etwa in der Schwäb. Alb, in den Abruzzen (Tivoli), in Anatolien (Pamukkale) und im Karstgebiet Kroatiens (Plitvicer Seen, Krkafälle).

Sintertonerde, die →Aluminiumoxidkeramik.

Sinterwerkstoffe, Verbundwerkstoffe, die durch →Sintern erzeugt werden. S. können sowohl aus Metallpulvern (→Pulvermetallurgie) als auch aus einer Mischung von Metallpulvern und nichtmetall. Komponenten hergestellt werden. Die besonderen Eigenschaften (hohe Verschleißfestigkeit und Härte bei ausreichender Zähigkeit) der **Sinterhartmetalle** werden durch einen hohen Anteil an Carbiden der Metalle Chrom, Niob, Tantal, Titan, Wolfram und durch einen bestimmten Anteil der Bindephase (meist Kobalt) erreicht. **Oxidkeramische Werkstoffe** besitzen anstelle von Carbiden Aluminiumoxid (Al_2O_3); sie werden als Schneidstoffe in der zerspanenden Fertigung eingesetzt. **Sintermagnetwerkstoffe** wie Aluminium-Nickel-Kobalt (AlNiCo) und Bariumferrit werden zur Herstellung von Dauermagneten verwendet (→Magnetwerkstoffe).

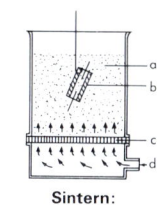

Sinterterrassen im Yellowstone National Park, Wyo., USA

Sintern: Wirbelsintergerät; a Kunststoffpulver, b Werkstoff, c poröse Platte, d Druckluft

Sint Eustatius [sɪntøːsˈtaːtsiːys], **Statia,** Insel der →Niederländischen Antillen (Insel über dem Winde), 21 km², (1995) 1 900 Ew., mit dem Ort Oranjestad; im erloschenen Vulkan Quill bis 600 m ü. M.; Fremdenverkehr, Landwirtschaft und Fischfang; Flugplatz.

Sintfeld, lössbedeckte Kreidekalkhochfläche in NRW, 320–450 m ü. M., Teil der Paderborner Hochflächen, mit ertragreichem Ackerbau auf Lösslehm.

Sintflut, eine meist in mytholog. oder sagenhaften Zusammenhängen berichtete allgemeine urzeitl. Flut, die alles Leben auf der Erde vernichtet, mit einem S.-Helden (→NOAH, →Deukalion), der auf oft wunderbare Weise überlebt. Flutsagen sind über die ganze Welt verbreitet. In der bibl. S.-Geschichte (1. Mos. 6, 5–9, 17) sind zwei Fassungen der S.-Sage redaktionell miteinander verzahnt (Jahwist und Priesterschrift). Nach ihr baute NOAH auf Gottes Befehl ein Schiff (Arche), in dem er mit seiner Familie und einem Paar aller Tiere vor der S. gerettet wird, die als Strafe die sündige Menschheit vernichten soll. Nach der Flut schließt Gott einen neuen Bund mit den Menschen (→Noachiden). Den bibl. Fassungen am nächsten stehen die sumerisch-babylon. S.-Sagen (sumer. Ziusudra, babylon. Atrachasis bzw. Utnapischtim in der 11. Tafel des ›Gilgameschepos‹).

Die Existenz außerbibl. S.-Sagen (z. B. bei BEROSSOS) führte zur Frage nach literar. Abhängigkeiten. Untersuchungen haben z. B. ergeben, dass die bibl. Überlieferung auf altmesopotam. Überlieferungen beruht. Die Frage nach der physikal. oder archäolog. Nachweisbarkeit einer universalen S. verkennt den literar. Charakter der Flutsagen. Vielmehr haben lokal begrenzte Überschwemmungskatastrophen das Material für die S.-Sagen in aller Welt gegeben, in denen sich die Erfahrung totaler Bedrohtheit der menschl. Existenz schon in ältester Zeit Ausdruck verschafft.

Der bibl. Glaube an die S. war von wesentl. Einfluss auf die Vorstellungen über die Entstehung von Gesteinen und Fossilien, v. a. im 17. und 18. Jh., nachdem die Deutung der Fossilien als Naturspiele widerlegt worden war. Sie wurden nun als Opfer der S. erklärt, u. a. durch den engl. Physikprofessor JOHN WOODWARD (* 1665, † 1733) und J. J. SCHEUCHZER. Die später nicht mehr theologisch begründete Annahme, die Erde sei früher einmal insgesamt überflutet worden, verband sich dann mit der Theorie eines Urmeeres (→Neptunismus) und der →Katastrophentheorie 2). Als letzter Vertreter der geolog. S.-Theorie gilt vielfach der engl. Theologe und Geologe WILLIAM BUCKLAND (* 1784, † 1856) mit seinem Werk ›Reliquiae diluvianae‹ (1823). Von ihm stammt auch die Bez. Diluvium (›Überschwemmung‹, ›S.‹) für das Pleistozän.

In der *bildenden Kunst* wird die S. in einer Miniatur der Wiener Genesis (6. Jh.) wiedergegeben, die wohl von antiken Darstellungen der Durchquerung von Flüssen im Kampf abhängig ist. Das frühchristl. Kompositionsschema blieb Vorbild bis in das hohe MA. (Mosaik vom Anfang des 13. Jh.; Venedig, San Marco). Neue Kompositionsformen entstanden im späten MA. und in der Renaissance (P. UCCELLO, um 1446–50; Florenz, Santa Maria Novella), die bedeutendste wohl in MICHELANGELOS Fresko in einem der Felder der Decke der Sixtin. Kapelle (1508–12).

E. SUESS: Die Sintfluth. Eine geolog. Studie (Prag 1883); J. RIEM: Die S. in Sage u. Wiss. (1925); J. P. LEWIS: A study of the interpretation of Noah and the flood in Jewish and Christian literature (Leiden 1968, Nachdr. ebd. 1978); W. BLEI: Erkenntniswege zur Erd- u. Lebensgesch. (Berlin-Ost 1981); C. WESTERMANN: Genesis, Bd. 1 (³1983); E. ZENGER: Gottes Bogen in den Wolken. Unterss. zu Komposition u. Theologie der priesterl. Urgeschichte (²1987).

Sintflut: Darstellung der alttestamentlichen Sintflutsage auf einem Mosaik in San Marco in Venedig; 13. Jh.

Sint-Gillis [sɪntˈxɪlɪs], niederländ. Name der belg. Stadt →Saint-Gilles.

Sinti und Roma *die,* vielfach verwendete Eigen-Bez. für die →Zigeuner. I. e. S. wird die Bez. **Sinti**, die sich möglicherweise von der Herkunft ihrer Vorfahren aus der Region Sindh im NW Indiens (heute Pakistan) ableitet, für die mitteleurop. Gruppen, die Bez. **Roma** (Sg. der **Rom**, ›Mann‹, ›Mensch‹), ein allgemeiner Sammelname außerhalb des dt. Sprachraums, überwiegend für Gruppen südosteurop. Herkunft gebraucht.

Sint-Jans-Molenbeek [sɪnt-], niederländ. Name der belg. Gemeinde →Molenbeek-Saint-Jean.

Sint-Katelijne-Waver [sɪntˈkaːtəˈlɛjnəˈwaːvər], Gem. in der Prov. Antwerpen, Belgien, nordöstlich von Mecheln, 17 900 Ew.; keram. Industrie, Samenzucht; Versteigerung von Gartenbauprodukten.

Sint-Lambrechts-Woluwe [sɪntˈlambrɛxtsˈwoːlyːwe], niederländ. Name der belg. Gemeinde →Woluwe-Saint-Lambert.

Sint Maarten [sɪntˈmaːrtə], Insel der Kleinen Antillen, →Saint-Martin.

Sint-Niklaas [sɪntniˈklaːs], frz. **Saint-Nicolas** [sɛ̃nikɔˈla], Stadt in der Prov. Ostflandern, Belgien, westlich von Antwerpen, 68 000 Ew.; Studienzentrum für Kriminologie und Gerichtsmedizin; Stadtmuseum, Barbierama (Museum des Friseurgewerbes); Handelszentrum des fruchtbaren Waaslandes; Textilbetriebe (bes. für Strick- und Jerseykleidung, Möbelstoffe, Teppiche), Aluminium-, elektrotechn., Nahrungsmittel-, Holz verarbeitende, fototechn. und Baustoffindustrie, Bau von Spezialmaschinen (u. a. für die Nahrungsmittelindustrie); drei moderne Industrieparks. – Sankt-Nikolaus-Kirche (Schiff aus dem 15./16. Jh., Chor 17. Jh.; im 18./19. Jh. ausgebaut); ›Landhaus‹ (1637), Altes Stadthaus (1663 als Pfarrhaus erbaut), ehem. Gefängnis (1662, jetzt Bibliothek), Wasserschloss (16. und 18. Jh.), Windmühlen (16. Jh.), neugot. Rathaus (1876–78). – S.-N. entstand um die im 14. Jh. erstmals erwähnte Sankt-Nikolaus-Kirche; 1970 wurde S.-N. Stadt.

Sint-Pieters-Woluwe [sɪntˈpiːtərsˈwoːlyːwe], niederländ. Name der belg. Gemeinde →Woluwe-Saint-Pierre.

Sintra, früher **Cintra** [s-], Stadt und Erholungsort nordwestlich von Lissabon, S-Portugal, 207 m ü. M., am NO-Hang des waldreichen Granit-Syenit-Berglandes Serra de S. (bis 528 m ü. M.), 21 000 Ew.; bedeutender Ausflugsverkehr (Vorortbahn von Lissabon); Parkanlagen Monserate mit üppiger subtrop. Flora. In der Umgebung von S. Marmorbrüche und -verarbeitung. – Paço Real (14. Jh., später verändert). Palácio da Pena, ehem. Sommerresidenz der port. Könige, erbaut 1840–50 unter Einbeziehung von Teilen eines got. Hieronymiten-Bergklosters. Oberhalb davon Ruinen eines Maurenkastells (7./8. Jh.). S. und Umgebung wurden zum UNESCO-Weltkulturerbe erklärt. – Das bereits in röm. Zeit besiedelte heutige S. wurde nach 711 von den Arabern ausgebaut und befestigt. 1147 fiel es an Portugal.

Sint-Truiden [sɪntˈtrœjdə], frz. **Saint-Trond** [sɛ̃ˈtrɔ̃], Stadt im SW der Prov. Limburg, Belgien, 36 900 Ew.; Obstbau (Kirschen, Birnen), Obstversteigerung und -verwertung; Maschinen-, Fahrzeug- und Ölbrennerbau, Herstellung von Betonfertigteilen. – Überreste der ehem. Benediktinerabtei Sint Trudo (u. a. Krypta und Tor aus dem 11. Jh.), Marktplatz mit Rathaus (18. Jh.), Belfried (13. Jh., Turmspitze 1606) mit Glockenspiel und got. Onze-Lieve-Vrouwe-Kerk (14./15. Jh., Turm 1847). Die Sint-Pieterskerk (12. Jh.) ist eine dreischiffige Basilika. Nordöstlich vom Zentrum der ehem. Beginenhof (1258 gegr., Gebäude 17./18. Jh.), in der Klosterkirche Wandmalereien (13.–15. Jh.). – Der Ort entwickelte sich um die Abtei, die der hl. TRUDO hier um 655 gegründet hatte (ab dem 8. Jh. Benediktinerabtei), erhielt im 11. Jh. Stadtrecht und wurde 1086 mit Wällen umgeben.

Sinuhe [ägypt. ›Sohn der Skyomorengöttin‹], Titelheld einer altägypt. Erzählung, die seine Flucht nach der Ermordung AMENEMHETS I. (1962 v. Chr.), seinen Aufenthalt bei den Nomaden Palästinas und Syriens und seine Rückkehr an den ägypt. Königshof schil-

Sintra: Palácio da Pena; 1840–50

dert. In die Form einer Selbstbiographie gekleidet, ist die S.-Erzählung in vielen Abschriften (die ältesten aus dem 18. Jh. v. Chr.) erhalten.

Sinŭiju [ʃinuidʒu], Stadt in Nord-Korea, am unteren Yalu nahe dessen Mündung ins Gelbe Meer, 330 000 Ew.; Maschinenbau und Textilindustrie; Straßenbrücke über den Yalu zur chin. Stadt Dandong.

Sinus [lat. ›Krümmung‹] *der, -/-,* 1) *Anatomie:* Höhlung, Vertiefung oder Ausbuchtung bei einem Organ; auch lufthaltiger Hohlraum in Schädelknochen, z. B. Nasennebenhöhlen, oder Hirnblutleiter (**S. durae matris**).

2) *Mathematik:* Funktionszeichen sin, eine →Winkelfunktion.

Sinus Arabicus, Name des Roten Meeres im Altertum.

Sinusbedingung, abbesche S., von E. ABBE formulierte Beziehung für Brechzahl n, Abstand y von der opt. Achse am Gegenstands- und am Bildort sowie Schnittwinkel σ, die erfüllt sein muss, damit von einem abbildenden opt. System ohne Öffnungsfehler (→Abbildungsfehler) kleine Flächenelemente um die opt. Achse ohne Koma abgebildet werden (der Schnittwinkel ist der Winkel, den ein Strahl mit der opt. Achse bildet, der vom Ort des Gegenstands oder Bilds auf der opt. Achse ausgeht und das opt. System durchsetzt). Die S. lautet: $ny \sin \sigma = n'y' \sin \sigma'$ (dabei sind die gegenstandsseitigen Größen ungestrichen, die bildseitigen gestrichen). Bei unendlich fernem Gegenstand lautet sie $f' = h/\sin \sigma'$, wobei f' die bildseitige Brennweite und h die Einfallshöhe ist. (→aplanatische Abbildung)

Sinusdauerleistung, Sinusdauertonleistung, Sinusleistung, *Elektroakustik:* Ausgangsleistung eines Verstärkers bei Ansteuerung mit einem Sinuston von 1 000 Hz während längerer Zeitdauer, wobei der Verstärker keinen Schaden nehmen darf und Verzerrungen anzugeben sind. Die S. liegt unter der →Musikleistung. Entsprechendes gilt für die Eingangsleistung eines Lautsprechers.

Sinusfunktion, →Winkelfunktionen.

Sinusgröße, Sinus|schwingungsgröße, *Schwingungslehre:* eine Schwingungsgröße (→Schwingung), deren Zeitabhängigkeit sich durch eine Sinus- oder Kosinusfunktion mit linear von der Zeit abhängigem Argument beschreiben lässt. S. können als komplexe Zahlen geschrieben werden, wodurch die mathemat. Behandlung wesentlich vereinfacht wird und sich die Möglichkeit einer anschaul. Darstellung ergibt (→Zeigerdiagramm).

Sinushaare, Tasthaare, Vibrissae, bei allen *Säugetieren*, bes. aber bei Raubtieren und v. a. auch bei Robben sowie bei Nagern fast stets im Kopfbereich (als **Schnurrhaare, Spürhaare;** auf Oberlippe und Wangen), z. T. auch an den Gliedmaßen und einigen anderen Körperstellen zusätzlich vorkommende, in anderen Fällen nur noch embryonal (beim Menschen am Unterarm) nachweisbare kräftige, bes. lange, steife Sinneshaare als Tastsinnesorgane. Das die Wurzelscheide umgebende Bindegewebe des Haarbalgs der S. ist schwellkörperartig von einem venösen Blutsinus durchsetzt und bes. reichlich mit (Tast-)Nerven versehen. Bei den Schnurrhaaren entspricht die Distanz zw. den Haarspitzen der rechten und der linken Kopfseite etwa dem größten Körperdurchmesser des Tieres, was ein Aufspüren von Durchschlupflücken (z. B. im Gesträuch bei Dunkelheit) erleichtert.

Sinusitis [zu Sinus] *die, -/...'tiden,* die →Nasennebenhöhlenentzündung.

Sinusknoten, primäres Automatiezentrum im Herzen des Menschen (→Herzautorhythmie).

Sinuskopie [zu Sinus] *die, -/...'pien,* **Sinoskopie,** endoskop. Untersuchung der Nasennebenhöhlen, v. a. der Kieferhöhlen (**Antroskopie**), zur Diagnose von Entzündungen oder Tumoren.

Sinusleistung, die →Sinusdauerleistung.

Sinuslineal, Sinus|tisch, *Mess- und Prüftechnik:* Prüf- und Fertigungshilfsmittel, mit dem Winkel mithilfe von Parallelendmaßen auf der Grundlage der Sinusfunktion eingestellt und geprüft werden können.

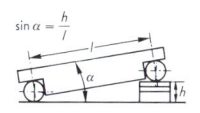

Sinus|satz, grundlegender Satz der *Trigonometrie:* 1) In einem ebenen Dreieck ABC verhalten sich die Längen a, b, c der Seiten zueinander wie die Sinus der Größen α, β, γ der jeweils gegenüberliegenden Winkel:

$$\frac{a}{\sin \alpha} = \frac{b}{\sin \beta} = \frac{c}{\sin \gamma}.$$

2) In einem sphär. Dreieck gilt der S. der →sphärischen Trigonometrie, bei dem an die Stelle der Dreiecksseiten die Sinus ihrer Mittelpunktswinkel treten.

Sinus|schwingung, die harmonische →Schwingung.

Sinus|thrombose, Hirnvenenthrombose, Blutgerinnselbildung (→Thrombose) in einem venösen Hirnblutleiter im Bereich der harten Gehirnhaut; entsteht ursächlich häufig durch ein Übergreifen entzündl. Vorgänge aus der Nachbarschaft, z. B. bei Nasennebenhöhlen- oder Mittelohrentzündungen und Eiterungen (Furunkel) im Gesichtsbereich oberhalb der Lippenregion; Symptome sind Kopfschmerzen, Fieber und epilept. Anfälle. Eine S. ist lebensbedrohend und bedarf sofortiger Krankenhausbehandlung.

Sinzheimer, Hugo, Jurist, * Worms 12. 4. 1875, † Bloemendaal (Niederlande) 16. 9. 1945; 1919 Mitgl. der Weimarer Nationalversammlung; 1920–33 Prof. in Frankfurt am Main. Nach seiner Verweisung von

Sinuslineal: Die Höhe h wird durch die Kombination der Parallelendmaße bestimmt

$\sin \alpha = \frac{h}{l}$

Sinusgröße: Die Zeitabhängigkeit einer sinusförmigen Schwingungsgröße und deren Zusammenhang mit einer gleichförmigen Kreisbewegung; dargestellt in Abhängigkeit vom Phasenwinkel $\varphi = \omega t$ und mit Kennzeichnung einiger Schwingungsphasen (1 bis 8); ω Kreisfrequenz, t Zeit

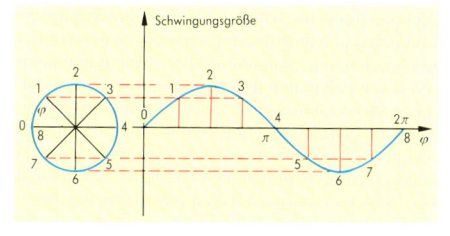

Sinz Sinzig – Siphnierschatzhaus

der Univ. durch die natsoz. Machthaber ab 1933 Prof. in Amsterdam; 1921 Mitbegründer der ›Akademie der Arbeit‹ in Frankfurt am Main.
Werke: Grundzüge des Arbeitsrechts (1921); Theorie der Gesetzgebung (hg. 1948).
Ausgabe: Arbeitsrecht u. Rechtssoziologie. Ges. Aufsätze u. Reden, 2 Bde. (1976).

Sinzig: Pfarrkirche Sankt Peter; um 1225

Sinzig, Stadt im Landkreis Ahrweiler, Rheinl.-Pf., 67 m ü. M., nahe der Mündung der Ahr in den Rhein, 16 700 Ew.; Herstellung von Grob- und Feinkeramik, Mineralwasserabfüllung. Der Ortsteil **Bad Bodendorf** (1969 eingemeindet) ist Heilbad mit erdig-alkal. Thermen (Heilanzeigen bei Stoffwechselerkrankungen, Magen-, Darm-, Leber- und Gallenwegserkrankungen, Herz- und Gefäßerkrankungen). – Auf einer Bergkuppe oberhalb der Ahr die Pfarrkirche Sankt Peter (um 1225), eine spätroman. Emporenbasilika mit reicher Gliederung, in der Taufkapelle originale Wandmalerei (Ende 13. Jh.). Neugot. Schloss (1854–58) mit dem Heimatmuseum; Schloss Ahrental (1720) mit dem Wirtschaftstrakt und Wohngebäude (1880). – S., 762 erstmals urkundlich erwähnt, war fränk. und stauf. Königspfalz. Die nach dem Inter-

regnum zw. den Erzbischöfen von Köln und den Grafen von Jülich umstrittene Ortschaft fiel 1336 an Jülich; bereits vor 1267 als Stadt anerkannt.

SIO [Abk. für engl. **s**erial **i**nput **o**utput, ›serieller Ein- und Ausgang‹], *Digitaltechnik:* eine Interfaceschaltung zur Anpassung zw. Peripherie- und Systembus eines Mikrorechnersystems.

Siodmak, Robert, dt.-amerikan. Filmregisseur, * in der County Shelby (Tenn.) 8. 8. 1900, † Locarno 10. 3. 1973; drehte 1929–33 in Dtl. Nach seiner Emigration arbeitete S. bis 1940 in Frankreich, danach in Hollywood, wo er internat. erfolgreich war. Ab 1955 drehte er auch in der BRD.
Filme: Menschen am Sonntag (1929, Koregie); Abschied (1930); Voruntersuchung (1931); Unter Verdacht (1944); Die Wendeltreppe (1945); Der schwarze Spiegel (1946); Rächer der Unterwelt (The killers, 1947); Der Spieler (1949); Die Ratten (1955); Nachts, wenn der Teufel kam (1957); Kampf um Rom (2 Tle., 1968).
R. S. Zw. Berlin u. Hollywood, hg. v. H. C. BLUMENBERG (1980).

Siófok [ˈʃioːfok], Stadt im Bez. Somogy, Ungarn, größter Badeort am sandigen, seichten S-Ufer des Plattensees, am Austritt des 123 km langen Sió, 22 600 Ew.; Museum; lebhafter Fremdenverkehr.

Sion, 1) [sjɔ̃], frz. Name für →Sitten.
2) [ziːɔn], Hügel in Jerusalem, →Zion.

Sioux [ˈziːʊks, engl. suː], 1) volkstüml. und von den Indianern z. T. selbst verwendeter Name für die →Dakota; 2) Gruppe sprachverwandter nordamerikan. Indianer, v. a. in den Plains und Prärien von Alberta und Saskatchewan im N bis nach Arkansas im S (Assiniboin, Crow, Dakota, Hidatsa, Mandan, Ponca, Omaha, Oto-Missouri, Iowa, Kansas, Osage, Quapaw). In den ursprüngl. Wohnsitzen im östl. Waldland verblieben die Biloxi, Catawba, Winnebago und zahlreiche andere, jetzt erloschene Stämme. – Die S. waren neben Athapasken und Algonkin die volkreichste indian. Sprachfamilie Nordamerikas. (→Hoka-Sioux).

Sioux City [ˈsuː ˈsɪtɪ], Stadt in Iowa, USA, an der Mündung des Big Sioux River in den Missouri, 82 700 Ew.; kath. Bischofssitz; Handelszentrum eines über die Staatsgrenze ausgreifenden Agrargebietes (Weizenanbau und Rinderhaltung); Landmaschinenbau. – 1849 als Thompsonville gegr., seit 1857 unter dem Namen S. C.; wichtiger Ausgangspunkt für die Besiedlung des Nordwestens.

Sioux Falls [ˈsuː ˈfɔːlz], Stadt in South Dakota, USA, am Big Sioux River, 109 200 Ew.; kath. Bischofssitz; Nahrungsmittelindustrie; Schaf- und Rindermarkt. – 1857 gegr., wurde die Siedlung nach Überfällen der Sioux 1862 aufgegeben; um 1870 erneute Besiedlung, ab 1883 City.

SIP, *Halbleiterelektronik:* Abk. für **S**ingle-**i**n-line **P**ackage (→Single-in-line-Gehäuse).

Sipahi, →Spahi.

Sipán, Siedlung der Mochekultur in N-Peru, die seit 1987 ausgegraben wird: Außer zwei großen Lehmziegelpyramiden wurden bisher reich mit Beigaben (u. a. Gold, Federn, Muschelmosaike) ausgestattete Gräber aus der Zeit 100–300 n. Chr. gefunden.

Siphnierschatzhaus, von den Bewohnern der an Silber reichen Insel Siphnos kurz vor 525 v. Chr. dem Heiligtum in Delphi geweihtes Schatzhaus; der Bau lässt sich aufgrund der erhaltenen Teile fast völlig rekonstruieren. Das kleine tempelartige Gebäude (8,55 m × 6,12 m) in ion. Ordnung aus parischem Marmor besaß reichen Skulpturenschmuck (Museum von Delphi); das Gebälk der Vorhalle wurde von zwei Karyatiden anstelle von Säulen getragen; die Giebelfelder trugen Hochreliefs (erhalten das vom O-Giebel); den ganzen Bau umzog über dem Architrav ein etwa 30 m langer reliefierter Fries, an dessen N- und O-Seite ein bedeutender archaischer Bildhauer (ver-

Siphnierschatzhaus: Ausschnitt aus dem rechten Teil des Nordfrieses mit der Darstellung der Gigantomachie; kurz vor 525 v. Chr.

mutlich aus Paros) tätig war; er schilderte die Gigantomachie, den Kampf um Troja und die Götterversammlung. Weiteres BILD →Giganten.

Siphnos, Insel der Kykladen, Griechenland, 73 km², bis 678 m ü. M., 2000 Ew.; Hauptort ist Appolonia; Keramikhandwerk, Weberei; Zwiebelanbau. Im Altertum Abbau von silberhaltigem Bleiglanz.

Sipho (lat., von griech. síphōn ›Röhre‹) *der, -s/...'phonen, Zoologie:* röhrenförmiges Organ versch. Tiergruppen: 1) bei Kopffüßern mit gekammerter Schale (z. B. Perlboote, Ammoniten) ein röhrenförmiger Fortsatz des Eingeweidesacks, der die Schale, von der kalkigen Siphonalröhre umgeben, durchzieht, Gas abscheidet und so das Schweben im Wasser ermöglicht; 2) bei sich eingrabenden Muscheln die zu zwei Röhren verwachsenen Mantelränder, die die Einström- **(Branchial-S.)** und die Ausströmöffnung **(Kloakal-S.)** tragen, aber auch zu einem gemeinsamen S. verschmelzen können; 3) bei mit Kiemen atmenden Schnecken eine der Atemwasserzufuhr dienende, zu einem Rohr ausgezogene Falte des linken Mantelrandes; 4) **Rückenröhre, Siphunculus,** bei Blattläusen (bes. bei Röhrenläusen) eine paarige Röhre auf dem 5. oder 6. Hinterleibssegment, aus deren Öffnung bei Reizung wachshaltige Blutzellen abgesondert werden, die Angreifern die Mundteile verschmieren; 5) **Atemröhre,** bei einigen im Wasser lebenden Insekten der Atemluftzufuhr zu den Tracheenstigmen dienender röhrenförmiger Körperanhang: beim Wasserskorpion aus zwei Halbröhren am Hinterleibsende gebildet; teleskopartig ausstreckbar am Hinterende der Rattenschwanzlarven der Schlammfliegen; die verlängerten Stigmen **(Prothorakalhörner)** am Bruststück der Puppen der Stechmücken.

Siphon [ziˈfɔ̃, frz., von griech. síphōn ›Röhre‹] *der, -s/-s,* **1)** →Geruchsverschluss.
2) Gefäß zum Herstellen, Aufbewahren und Ausschenken von unter Kohlendioxiddruck stehenden Getränken, die beim Öffnen eines Hahns durch ein Steigrohr ausgetrieben werden.

siphonal [zu Sipho], schlauchförmig, ohne Zellgrenzen; Organisationsstufe der Schlauchalgen und mancher Pilze.

Siphonales [zu Sipho], Ordnung der Grünalgen, meist in warmen Meeren vorkommend; mit vielkernigen, querwandlosen Thalli; bekannt ist der →Federtang.

Siphonaptera [griech.], die →Flöhe.

Siphonogamie [zu griech. síphōn ›Röhre‹ und gameîn ›heiraten‹] *die, -,* **Pollenschlauchbefruchtung,** bei Samenpflanzen das Heranführen der mehr oder weniger passiven Spermazellen an den weibl. Gametophyten durch den Pollenschlauch vor der Befruchtung.

Siphonophora [griech. ›Röhrenträger‹], die →Staatsquallen.

Šipkapass [ʃ-], Gebirgsübergang in Bulgarien, →Schipkapass.

Sipo, Abk. für →**S**icherheits**po**lizei.

Sipo [afrikan.] *das, -,* **Utile,** rotbraunes, witterungsfestes, mittelschweres Holz der westafrikan. Zedrachgewächsart Entandophragma utile, das als Rahmenholz und Furnier verwendet wird.

Sipos [indian.], Sg. **Sipo** *der, -(s),* **Chironius,** Gattung bis 2,3 m langer baumbewohnender Nattern mit 14 Arten in den Regenwäldern Mittel- und Südamerikas. S. ernähren sich vorwiegend von Froschlurchen. Der **Sipo** (Chironius carinatus) ist oberseits olivgrün, unterseits grünlich oder gelb gefärbt.

Sippar, altbabylon. Stadt, heute der Ruinenhügel **Abu Habba,** 45 km südwestlich von Bagdad am Euphrat; S. war eine der dreizehn Städte von Sumer und Hauptkultort des Sonnengottes Schamasch (BILD →Introition). Unter HAMMURAPI wurde hier wahrscheinlich die Gesetzesstele aufgestellt, die später von Elamern nach Susa entführt wurde (BILD →HAMMURAPI). Der ausgedehnte Kultbezirk der neubabylon. Epoche mit Hoch- und Tieftempel ist teilweise ausgegraben.

Sippe, 1) *Biologie:* Bez. für eine Gruppe von Individuen gleicher Abstammung.
2) *deutsche Rechtsgeschichte:* ein heute umstrittener Begriff, der nach älterer Lehre einen auf Verwandtschaft beruhenden, genossenschaftlich organisierten Personenverband bezeichnet, der sämtl. Verwandte umschloss (›Magschaft‹). Als agnat. S., d. h. als Verband aller männl. Blutsverwandten aus dem Mannesstamm, soll sie öffentl., vorstaatl. Aufgaben des Friedens- und Rechtsgemeinschaft, Wehreinheit sowie Kult- und Siedlungsgemeinschaft wahrgenommen haben. Neuere Forschungen halten diese Interpretation für nicht belegt, verweisen vielmehr u. a. auf die begriffl. Ungenauigkeit und die Vielfalt ähnl. Bez. bei antiken Schriftstellern und im german. Rechtsverständnis.
3) *Ethnosoziologie:* eine über die Kleinfamilie hinausgehende Lebensgemeinschaft von Blutsverwandten, die auf der Vorstellung gemeinsamer Abstammung, die auch auf einen myth. Ahnen zurückgeführt werden kann, beruht und durch ein ausgeprägtes Gruppenbewusstsein (Autorität von S.-Ältesten, Ahnenverehrung, Heiratsordnung u. Ä.) verbunden ist. Die Mitglieder der S. müssen nicht notwendig an einem Ort zusammenleben. Die Abgrenzung zur Großfamilie und zum Stamm ist oft schwierig. Früher galt S. als Oberbegriff über die patrilineare →Gens und den matrilinearen →Klan; in der modernen Ethnologie wird S. oft gleichbedeutend mit Klan verwendet.

C. A. SCHMITZ: Grundformen der Verwandtschaft (Basel 1964).

4) *Petrologie:* **Gesteins-S., Gesteins|stamm,** magmat. Gesteine gleicher Abkunft (→Gesteinsprovinzen).

Sippenbild: älterer Meister der heiligen Sippe: Mitteltafel des Flügelaltars der heiligen Sippe; um 1420 (Köln, Wallraf-Richartz-Museum)

Sippenbild, die Darstellung der um ANNA und MARIA, die Mutter JESU, versammelten hl. Sippe mit den drei Gatten ANNAS, ihren Töchtern, Schwiegersöhnen und Enkeln, wie sie in der ›Legenda aurea‹ aufgezählt werden. Das S. entstand im späten MA. aus der →Anna selbdritt, als die Verehrung ANNAS ihren Höhepunkt erreicht hatte. Es erschien bes. häufig im 15. und 16. Jh., v. a. in Dtl., den Niederlanden und Spanien (ÄLTERER MEISTER DER HEILIGEN SIPPE, Köln, Wallraf-Richartz-Museum; L. CRANACH D. Ä.,

Sipp Sippenforschung – Sirenen

Torgauer Altar, 1509, Städelsches Kunstinstitut, Frankfurt am Main).

Sippenforschung, die Erforschung der Verwandtschaftsverhältnisse der Angehörigen einer Sippe. (→Genealogie)

Sippenhaftung, im german. und mittelalterl. Recht die Haftung von Sippenangehörigen des Täters im Rahmen von Blutrache, Fehde und Bußverfahren der Kompositionensysteme; eine in einem Rechtsstaat unzulässige straf- oder vermögensrechtl. Haftbarmachung der Angehörigen einer Person für Delikte, die dieser zur Last gelegt werden. Pervertiert zu Terrormaßnahmen v.a. gegen Angehörige polit. Gegner, wurde bzw. wird die S. in Unrechtsstaaten wie z.B. dem natsoz. Dtl. oder in Militärdiktaturen praktiziert.

Sippenhaus, Behausung mit den Wohnräumen einer ganzen Abstammungsgruppe. S. gibt oder gab es in vielen Gebieten der Erde, v.a. in Indonesien und Nordamerika (→Langhaus), bes. bei matrilinearen Gesellschaften. Auf Borneo und Sumatra gab es S., die über 200 m lang waren und neben Junggesellen- und Gästeräumen bis zu 60 Abteilungen für ebenso viele Familien enthielten.

A. W. NIEUWENHUIS: Quer durch Borneo, 2 Bde. (Leiden 1904–07); E. M. LOEB: Sumatra. Its history and people (Neuausg. Kuala Lumpur 1972).

Sipplingen, Gem. im Bodenseekreis, Bad.-Württ., 2100 Ew. – Im seichten Wasser des Überlinger Sees vor dem Ort wurden 1929 umfangreiche Reste spätjungsteinzeitl. Uferrandsiedlungen (›Pfahlbauten‹) mit zwei Siedlungsschichten und einer wüsten Zwischenschicht untersucht, eine der wichtigsten Fundstellen der Horgener Kultur; gut erhaltene Reste hölzerner Häuser, von (meist unverzierter) Keramik und vielen Kleinfunden, darunter Reste von Kulturpflanzen und Lebensmitteln.

SIPRI, Abk. für engl. **Stockholm International Peace Research Institute** [ˈstɔkhəʊm ɪntəˈnæʃnl piːs rɪˈsəːtʃ ˈɪnstɪtjuːt, ›Stockholmer Internat. Friedensforschungsinstitut‹], eine wiss. Einrichtung zur →Friedensforschung; am 1.7.1966 von der schwed. Regierung gegr.; untersucht weltweit die Rüstungsentwicklung und militär. Konflikte, macht Vorschläge zur Abrüstung und Rüstungsbegrenzung sowie zum internat. Krisenmanagement. SIPRI wird hauptsächlich vom schwed. Staat finanziert, von einem internat. Leitungsgremium geführt und ist in seiner Arbeit unabhängig. Es veröffentlicht u. a. Jahrbücher, die die internat. Rüstungsentwicklung laufend dokumentieren.

Veröffentlichungen: SIPRI yearbook (Oxford 1987 ff., früher u.a. T.).

Sipunculida [zu lat. sipunculus ›kleine Röhre‹], die →Spritzwürmer.

Siqueiros [siˈkɛiros], José David Alfaro, mexikan. Maler und Grafiker, →Alfaro Siqueiros, José David.

Sir [sɜː; engl., über frz. sire von lat. senior ›älter‹], 1) Titel des niederen engl. Adels (Baronet, Knight), vor dem Taufnamen geführt (nie allein mit den Familiennamen benutzt); 2) engl. Anrede gegenüber Fremden, Vorgesetzten (nicht in Verbindung mit einem Namen); im Briefstil im Sinn von ›mein Herr‹.

Si Racha [siːraːˈtʃha], Hafenstadt an der Bucht von Bangkok, Thailand, 25 100 Ew.; Satellitenstation für den Fernmeldeverkehr; Erdölraffinerie; Fischerei.

Siracusa, ital. Stadt und Prov., →Syrakus.

Siraf, heute **Bender Tahiri,** Ruinenstätte in Iran, am Pers. Golf. Unter den Ruinen Reste großer Bauten der Sassanidenzeit (226–650 n.Chr.), in der Seehandelsbeziehungen nach Sansibar, S-Indien und Ceylon bestanden, wie z.B. auf Ceylon sassanid. Inschriften bezeugen; ferner ein frühislam. Gebäude mit reichem Stuckdekor und 40 Steinmausoleen (9.–10. Jh.). Von der auf einem sassanid. Fort erbauten Großen Moschee (nach 803/804) sind noch Doppelarkaden auf drei Seiten des Innenhofes und fünf Nischen an der Kiblawand erhalten.

Sirajganj [sɪˈrɑːdʒɡʌndʒ], Stadt in Bangladesh, am Brahmaputra, 104 500 Ew.; Juteverarbeitung, -handel.

Sire [siːr; frz.; von lat. senior ›älter‹], während des MA. neben Seigneur und Sieur in Frankreich gebräuchl. Anrede für Lehnsfürsten, ab dem 16. Jh. dem König vorbehalten.

Heikki Sirén und Kaija Sirén: Kapelle des Studentendorfs in Espoo-Otaniemi; 1957

Sirén, 1) Heikki, finn. Architekt, * Helsinki 5.10.1918; eröffnete 1948 mit seiner Frau KAIJA (* 1920) ein Architekturbüro in Helsinki; beide zählen zu den finn. Vertretern des Funktionalismus. Sie errichteten u.a. Wohnhäuser in Helsinki und in der Gartenstadt Tapiola (Reihenhaussiedlung, 1954–59), Bauten des Studentendorfs in Espoo-Otaniemi (Wohnhäuser, Kapelle, 1957), Schulen, Konzerthäuser (u.a. in Lahti, 1954, und Linz in Österreich, 1974), Bürohäuser.

2) Osvald, schwed. Kunsthistoriker, * Helsinki 6.4.1879, † Stockholm 26.6.1966; war 1908–25 Prof. in Stockholm, 1928–45 Leiter der Malerei- und Skulpturenabteilung am Nationalmuseum. S. arbeitete bes. über skandinav. und ital. Kunst und war in Europa ein Wegbereiter für die Erforschung der chin. Kunst: ›Chinese sculpture from the fifth to the fourteenth century‹, 4 Bde. (1925), ›Chinese painting‹, 7 Bde. (1956–58).

Sirene [nach den Sirenen des griech. Mythos] die, -/-n, Gerät zum Erzeugen eines weithin hörbaren Schallsignals durch period. Unterbrechung eines Luftstroms, 1819 erfunden. Die einfachste Bauart ist die **Loch-S.** Bei ihr erfolgt die Unterbrechung des Luftstroms durch eine rotierende Lochscheibe. Dadurch entstehen Luftstöße, die einen Klang hervorrufen. Die Frequenz seines Grundtons ist das Produkt aus der Drehzahl der Scheibe und der Anzahl der Löcher. Bei verbesserten Loch-S. werden die kreisförmig angeordneten Öffnungen eines Gehäuses, dem Druckluft zugeführt wird, durch die rotierende Lochscheibe periodisch geöffnet und geschlossen. Bei der **Motor-S.** drückt eine mit Schaufeln bzw. mit Schaufelkammern besetzte, von einem Elektromotor angetriebene Trommel die Luft durch eine mit Löchern versehene fest stehende Trommel. S. dienen v.a. der Signalübertragung, z.B. bei →Alarm. Öffentl. S. sind von einheitl. Bauart, sie werden über das Fernsprechnetz oder ein gesondertes Leitungsnetz betätigt.

Sirenen [nach den Sirenen des griech. Mythos], die →Seekühe.

Sirenen, griech. **Seirēnes,** griech. Mythos: mit betörendem Gesang begabte Vogeldämonen. Nach der ›Odyssee‹ lockten sie auf einer sagenhaften Insel im W die Vorüberfahrenden an und töteten sie. Odysseus entkam ihnen mit seinen Gefährten, indem er diesen die Ohren mit Wachs verstopfte, sich selbst ließ er an

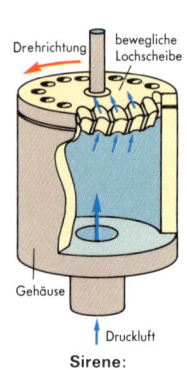

Sirene: Lochsirene mit schrägen Löchern und Druckluftzufuhr

Drehrichtung / bewegliche Lochscheibe / Gehäuse / Druckluft

den Schiffsmast binden, um dem Gesang zuhören zu können. – Nach vorderoriental. Vorbild wurden die S. seit dem 8. Jh. v. Chr. als Vögel mit Menschenköpfen dargestellt, dann mit geflügeltem Mädchenoberkörper, später auch ganz in Menschengestalt, im MA auch mit einem oder zwei Fischschwänzen. In der Antike auf Grabmälern oder Sarkophagen belegt.

Sirenia [griech.], die →Seekühe.

Sirenidae [griech.], die →Armmolche.

Sirenin [nach den Sirenen des griech. Mythos] *das*, -*s*, von den weibl. Gameten des Pilzes Allomyces gebildeter Sexuallockstoff; eine zu den Terpenen gehörende schwer flüchtige, wasserlösl. Substanz.

Siret *der*, Nebenfluss der Donau, →Sereth.

Sir Gawain und der grüne Ritter [sə:-], engl. ›Sir Gawain and the green knight‹, anonyme mittelengl. Verserzählung, entstanden um 1370 (→Gawain-Dichter).

Sirgenstein, hoch ragender Jurafelsen im Achtal zw. Schelklingen und Blaubeuren, Bad.-Württ. – In einer im S. gelegenen Höhle wurden 1906 bei Grabungen Siedlungsschichten aus der mittleren und jüngeren Altsteinzeit freigelegt. Außerdem fand man unter einer neben der Höhle gelegenen Balme Kulturreste des Magdalénien.

Siricidae [lat.], die →Holzwespen.

Siricius, Papst (384–399), * Rom um 334, † ebd. 26. 11. 399; schuf mit den →Dekretalen ein wichtiges Mittel für den Ausbau des päpstl. Primats.

Siriden, Ziriden [z-], berber. Dynastie in N-Afrika, begründet von BULUGGIN IBN SIRI (ZIRI; † 984); die S. gelangten ab 972 als Statthalter der Fatimiden in Tunesien und O-Algerien zu großer Macht (Hauptstadt bis 1057 Kairouan), verloren sie aber, nachdem sie Mitte des 11. Jh. von diesen abgefallen waren, und gingen im Kampf gegen die Normannen, die 1148 die sirid. Hauptstadt Mahdija eroberten, und die Almohaden 1167 unter. Von den S. spalteten sich 1015 die Hammadiden ab; einem anderen Seitenzweig entstammten im 11. Jh. die Emire von Granada.

H. R. IDRIS: La Berbérie orientale sous les Zirides, X^e–XIIe siècles, 2 Bde. (Paris 1962).

Siriometer [zu Sirius], nichtgesetzl., veraltete Längeneinheit in der Astronomie: 1 Siriometer = 1 Mio. Astronomische Einheiten = $1,495 \cdot 10^{14}$ km.

Sirionó, Mía, indian. Volk der Tupi-Sprachfamilie in O-Bolivien (Dép. Santa Cruz, Cochabamba), einst schweifende Wildbeuter und Brandrodungsbauern, leben die etwa 1000 S. v. a. auf Missionsstationen.

Siris, nach antiken Quellen eine um 700 v. Chr. von Kolophon aus gegründete ion. Kolonie in S-Italien am Ion. Meer, durch Sybaris Ende des 6. Jh. v. Chr. zerstört; nach neueren Ausgrabungsbefunden die breit gestreute Vorläufersiedlung von →Herakleia in Lukanien mit befestigter Akropolis (Mauer aus Rohziegeln, 7. Jh. v. Chr.).

Sirius [griech.-lat.], **Hunds|stern,** früher **Canicula,** Hauptstern im Sternbild Großer Hund (α Canis Maioris); mit einer scheinbaren visuellen Helligkeit von -1^m46 ist er der hellste Stern am Himmel. S. ist ein Hauptreihenstern der Spektralklasse A1, seine Entfernung von der Sonne beträgt 8,8 Lichtjahre. 1844 entdeckte F. W. BESSEL eine bezüglich der Umgebungssterne sinusförmige Bewegung des S. (BILD →Doppelsterne) und führte diese auf einen nicht sichtbaren Begleiter zurück, der 1862 von A. G. CLARK erstmals beobachtet wurde. Dieser Begleiter **(S. B)** ist ein um etwa zehn Größenklassen lichtschwächerer Weißer Zwerg, sein Winkelabstand vom Hauptstern **S. A** beträgt etwa 8 Bogensekunden. S. A und S. B umlaufen den gemeinsamen Schwerpunkt mit einer Periode von 49,9 Jahren. – Im alten Ägypten hieß S. **Sothis** und spielte dort in der Zeitrechnung eine wichtige Rolle (→Sothisperiode). Von C. PTOLEMÄUS wurde S., der heute in strahlend weißem Glanz leuchtet, in seinem Sternkatalog als rötl. Stern bezeichnet. Dieses ›S.-Rätsel‹ wird heute von den meisten Forschern auf einen Übersetzungsfehler zurückgeführt.

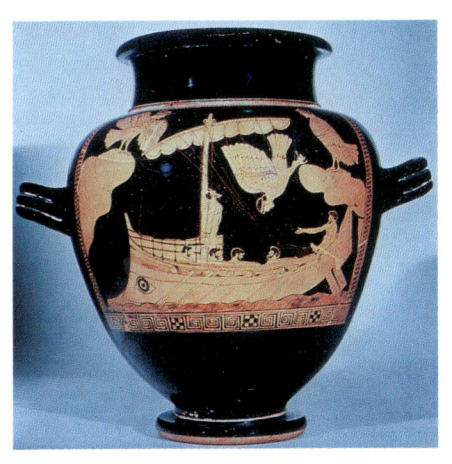

Sirenen: Odysseus und die Sirenen; Vasenmalerei auf einem attischen Stamnos; um 480–475 v. Chr. (London, Britisches Museum)

Sirjan [-dʒ-], **Sirdschan,** früher **Saidabad,** Stadt in SO-Iran, über 1700 m ü. M., im Zentrum eines wüstenhaften Hochbeckens, 39 200 Ew.; Bewässerungsoase mit Pistazien- und Obstgärten, Getreide- und Baumwollanbau; Metallarbeiten; Straßenknotenpunkt.

Sirk [sə:k], Douglas, eigtl. **Hans Detlef Sierck,** amerikan. Filmregisseur, * Hamburg 26. 4. 1897, † Lugano 15. 1. 1987; war u. a. 1929–35 Theaterintendant in Leipzig; ab 1935 Regisseur bei der Ufa; Meister des Melodrams; drehte ab 1942 in Hollywood mit großem Erfolg.

Filme: La Habanera (1937); Zu neuen Ufern (1937); All meine Sehnsucht (1953); Was der Himmel erlaubt (1955); In den Wind geschrieben (1956); Duell in den Wolken (1957).

M. STERN: D. S. (Boston, Mass., 1979).

Sirkap, eine der in →Taxila ausgegrabenen Städte.

Sirkeli, Ort nordöstlich von Misis, am Fluss Ceyhan, SO-Türkei. Ein flaches Felsrelief zeigt laut Beischrift die hethit. Könige MUWATALLI (etwa 1285–72) und URCHITESCHUB (13. Jh. v. Chr.).

Sirleto, Guglielmo, kath. Theologe und Humanist, * Guardavalle (Prov. Catanzaro) 1514, † Rom 6. 10. 1585. Als Kustos der Vatikan. Bibliothek (ab 1554) nahm S. durch seine Materialsammlungen und durch den Briefwechsel mit den Legaten M. CERVINI, dem späteren Papst MARCELLUS II., und G. SERIPANDO Einfluss auf die Arbeit des Konzils von Trient. Ab 1565 Kardinal, wirkte S. u. a. bei der Neubearbeitung des Index, des Breviers, des Missale Romanum sowie bei der Erstellung des Catechismus Romanus und einer Vulgataausgabe mit.

G. DENZLER: Kardinal G. S. (1964).

Sirmi|en, Syrmi|en, serbokroat. **Srem, Srijem,** ungar. **Szerémség** [sɛre:mʃe:g], fruchtbare Landschaft zw. Donau und Save, von Vinkovci im NW bis Belgrad im SO, größtenteils in Serbien (v. a. in der Wojwodina), randlich in Kroatien (Slawonien), etwa 6900 km², rd. 550 000 Ew.; zentrale Orte sind Zemun (heute zu Belgrad), Sremska Mitrovica und Ruma. S. umfasst ein z. T. mit Löss bedecktes, fruchtbares und dicht besiedeltes Tiefland, das von der Fruška gora (539 m ü. M.) überragt wird. Angebaut werden Getreide, Sonnenblumen, Zuckerrüben, Tomaten, Melo-

Douglas Sirk

Sirmione: Die mittelalterliche Scaligerburg

nen und Gurken, ergänzt durch umfangreichen Obst- und Weinbau (an den Hängen der Fruška gora). Durch Neubesiedlung nach den Türkenkriegen im 19. Jh. sind die Städte vielfach mit Schachbrettgrundriss, die ländl. Siedlungen als kreuzförmige Straßendörfer angelegt.

Geschichte: Das vom illyr. Stamm der Amatiten und im 4. Jh. v. Chr. von den kelt. Skordisken bewohnte S. kam im 1. Jh. v. Chr. unter röm. Verwaltung und wurde 395 der oström. Provinz Pannonia inferior zugeschlagen. Danach wurde S. von Goten, Hunnen und Gepiden heimgesucht, war 582–796 Teil des Awarenreichs und 832–927 bulgarisch; von 1071 bis zur türk. Eroberung 1521 gehörte S. fast ununterbrochen zu Ungarn und war im 15. Jh. mehrheitlich von Serben bewohnt. Nach der Angliederung an Österreich 1699/1716 als Teil der Militärgrenze wurden dt. Kolonisten berufen. S. kam 1918 zum späteren Jugoslawien. Der kroat. Teil wurde im Krieg zw. Serben und Kroaten 1992 z. T. erheblich zerstört, bes. die Industrieorte Vinkovci und Vukovar. (→Baranya, →Slawonien)

Sirmione, Landzunge am S-Ufer des Gardasees, Prov. Brescia, Italien, mit dem gleichnamigen See- und Thermalbad (Schwefelquelle), 5 500 Ew.; in S. mittelalterl. Scaligerburg; am N-Ende der Halbinsel Ruinen einer großen antiken Villenanlage mit Thermen, die als Haus des Catull (Grotte di Catullo) bekannt ist, der hier eine Villa besaß, jedoch eher als eine kaiserl. Villa aus julisch-claud. Zeit gelten muss.

Sirmium, röm. Stadt in Pannonien, →Sremska Mitrovica.

Sirnach, Gem. (Orts-Gem.) im S des Kt. Thurgau, Schweiz, 542 m ü. M., an der Murg, 4 600 Ew., als Munizipal-Gem. (sechs Orts-Gem.) 8 800 Ew.; Textil-, Möbel-, Metallindustrie; Obstbau, Milchwirtschaft. – S. geht auf das röm. **Sereniacum** zurück und wurde 790 erstmals urkundlich erwähnt.

Široký [ˈʃirɔkiː], Viliam, tschechoslowak. Politiker, *Preßburg 31. 5. 1902, †Prag 6. 10. 1971; Eisenbahner, 1945–54 Vors. der KP-Organisation in der Slowakei, beteiligte sich im Februar 1948 maßgeblich am kommunist. Umsturz; 1949–63 war er Mitgl. des Präsidiums der tschechoslowak. KP. S. galt als Exponent des Stalinismus in der Tschechoslowakei und einer der Initiatoren des Prozesses gegen R. Slánsky. 1950–53 war er Außen-Min., 1953–63 Min.-Präs.; war von Mai 1968 bis Mai 1971 aus der KP ausgeschlossen.

Viliam Široký

Sironi, Mario, ital. Maler, *Sassari 12. 5. 1885, †Mailand 15. 8. 1961; stand erst dem Futurismus nahe und fand um 1920 seinen eigenen Stil in der Wiedergabe düsterer Industrielandschaften. 1922 Mitbegründer der Gruppe →Novecento; große Wandgemälde in Rom und Mailand.

Sirrah [arab.], *Astronomie:* der →Alpheratz.

Sirtaki [neugriech. (mundartl.) syrtákē, zu griech. syrtós ›Rundtanz‹] *der, -/-s,* griech. Volkstanz, der langsam beginnt und immer schneller wird; er wird in Ketten- oder Kreisform getanzt. Durch M. Theodorakis' Filmmusik zu ›Alexis Sorbas‹ (1964) wurde der S. internat. bekannt.

Sirup [mlat. syrupus ›süßer Heiltrank‹, von arab. šarāb ›Trank‹], zähflüssige, konzentrierte, meist stark zuckerhaltige Flüssigkeit. Mit S. bezeichnet man eingedickte Zuckerlösungen, die bei der Verarbeitung von Zuckerrohr, -rüben oder bei der Verzuckerung von Stärke gewonnen werden **(Speise-S., Stärke-S.),** eingedickte zuckerhaltige Obstsäfte **(Frucht-S., Obst-S.)** und pharmazeut. Zubereitungen, die Pflanzenauszüge oder Arzneizusätze in konzentrierter wässriger oder alkohol. Zuckerlösung enthalten.

Sirventes [provenzal. ›Dienstlied‹, zu lat. servire ›dienen‹] *das, -/-,* eine der Hauptgattungen der Troubadourlyrik, die, urspr. weder formal noch inhaltlich fixiert, später formal der →Kanzone nachgebildet wurde und inhaltlich (nach frühen Beispielen in der Tradition der Spielmannsdichtung) eine sowohl persönlich als auch moralisch **(Moral-S.)** und politisch-historisch motivierte Kritik **(Rüge-S., Kriegs-S.)** artikulierte. Bedeutende Dichter von S. waren Bertran de Born, Marcabru und Peire Cardenal.

Mario Sironi: Gasometer; 1920–22 (Mailand, Museo d'Arte Contemporanea)

SIS, 1) [Abk. für Schwerionensynchrotron], ein Teilchenbeschleuniger; Teil des Beschleunigerkomplexes für die Beschleunigung schwerer Ionen (vom Helium bis zum Uran) bei der →Gesellschaft für Schwerionenforschung mbH. Das SIS hat einen Durchmesser von 70 m und ist über einen 150 m langen Transferkanal mit dem Linearbeschleuniger →UNILAC verbunden, der als Injektor dient und Ionen mit einer Energie von 11,4 MeV/u liefert (u atomare Masseneinheit). Es enthält insgesamt 24 Ablenk- und 36 Fokussierungsmagnete sowie zwei Hochfrequenzbeschleunigungsstrecken, in denen vier umlaufende Teilchenpakete in bis zu 300 000 Umläufen jeweils mit 16 kV beschleunigt werden. Das Produkt aus maximaler magnet. Flussdichte und Ablenkradius der Ablenkmagnete beträgt 18 T · m, womit es möglich ist, Ionen mit Energien bis zu 2 GeV/u auf geschlossenen Bahnen zu halten. Der Teilchenstrahl kann ›schnell‹, d. h. während eines Umlaufs, oder über einige 100 000

Umläufe extrahiert werden. Die ›schnelle‹ Extraktion dient dem Transfer in den **E**xperimentier**s**peicher**r**ing **(ESR)**, in dem durch →Strahlkühlung mit Elektronen die Impulsbreite $\Delta p/p$ des Strahls bis zu etwa 10^{-5} verringert werden kann. Die ›langsame‹ Extraktion wird für Targetexperimente verwendet, bei denen ein möglichst konstanter Strahlstrom wünschenswert ist. (→Schwerionenforschung)

2) Abk. für →**S**tiftung **S**icherheit **i**m **S**kisport.

Aaron Siskind: Gloucester; 1944 (New York, Museum of Modern Art)

Sisak, ungar. **Sziszek** [ˈsisɛk], dt. **Sissek**, Stadt in Kroatien, an der Mündung der Kupa in die ab hier schiffbare Save, 99 m ü. M., 45 800 Ew.; wichtiges Industriezentrum mit Erdölraffinerie (Adria Pipeline von Omišalj auf Krk), Eisen- und Stahlwerk, chem., Nahrungsmittel-, Leder- und Holzindustrie; Heilbad (Jodquellen); Flusshafen. – Reste einer großen Basilika (3. Jh.) sowie die Befestigungsanlagen sind erhalten. – Die bereits im 1. Jh. v. Chr. erwähnte illyr. Siedlung war in röm. Zeit als **Siscia** ein bedeutender Militärstützpunkt, ab dem 3. Jh. Bischofssitz und gehörte nach 1215 zum Bistum Zagreb. Die 1544–50 errichtete Festung konnte mehrmals türk. Belagerungen standhalten. 1874 wurden Alt-S. und Neu-S. als königl. Freistadt vereinigt.

Sisal [nach der gleichnamigen mexikan. Hafenstadt] *der, -s*, **S.-Faser, S.-Hanf**, Hartfaser aus den Blättern der kultivierten Sisalagave; dient wegen ihrer Festigkeit und Geschmeidigkeit zur Herstellung von Seilerwaren, Teppichen, Erntebindegarn u. a. Nach etwa fünf Jahren Wachstum werden die Blätter der S.-Agave geschnitten, die Faserstränge auf einer Entfaserungsmaschine freigelegt, gewaschen, getrocknet und gebürstet. Die S.-Weltproduktion beläuft sich (1994) auf 311 000 t (1989: 426 000 t). Haupterzeugerländer und mit Ausnahme Mexikos auch Anbieter sind Brasilien (42%), Mexiko (14%), Kenia (11%), Tansania (10%) und Madagaskar (6%); die wichtigsten Abnehmer sind Frankreich, Japan und Großbritannien.

Sisal|agave, 1) i. w. S. alle Agavenarten, die Sisal oder entsprechende Blattfasern (z. B. Kantalafasern, Henequen) liefern; **2)** i. e. S. die **Sisalhanfagave, *Agave sisalana***, eine 20 cm bis 1 m hohe, etwa 20 cm stammdicke, Ausläufer treibende Agavenart, heimisch auf der Halbinsel Yucatán, in den Tropen der ganzen Welt angepflanzt; derbe, ledrig-fleischige, 110–180 cm lange Blätter mit kurzem, schwarzbraunem Endstachel; Blüten grün, etwa 6 cm lang, mit weit herausragenden, braun punktierten Staubblättern, in 6–7 m hohem, rispigem Blütenstand.

Si Satchanalai [-satʃ-], **Si Sacchanalai**, Ruinenstadt in N-Thailand, mit Sawankhalok und Sukhothai eine der wichtigsten Städte der Sukhothaizeit, seit dem 18. Jh. verlassen und verfallen. Bedeutendste Heiligtümer sind das Wat Chang Lom (Ende 13. Jh., ›Von Elefanten umgebener Tempel‹), dessen Stupa im Zentrum eines der frühesten Bauwerke der Sukhothaikunst ist, sowie das Wat Chedi Chet Theow, 14. Jh., mit einem auf der Schlange Naga sitzenden Buddha.

Sisenna, Lucius **Cornelius**, röm. Politiker und Geschichtsschreiber, * um 118 v. Chr., † auf Kreta 67 v. Chr.; Parteigänger SULLAS; 78 v. Chr. Prätor. S. schrieb unter dem Einfluss der hellenist. Geschichtsschreibung eine mindestens 13 Büchern bestehende Zeitgeschichte (›Historiae‹, nur Fragmente erhalten) von 91 bis 79 v. Chr., die das Geschichtswerk des SEMPRONIUS ASELLIO fortsetzte. Ferner übersetzte er die ›Miles. Geschichten‹ des ARISTIDES VON MILET ins Lateinische.

Ausgabe: Historicorum Romanorum reliquiae, hg. v. H. PETER, Bd. 1 (²1914, Nachdr. 1967).

Sishen [-ʃ-], seit 1990 **Dingleton** [ˈdɪŋgltn], Bergwerksort in der Prov. Nord-Kap, Rep. Südafrika; im Abbaugebiet S. werden seit 1953 (seit 1973 auch in einer zweiten Anlage) hochwertige Hämatitvorkommen (60–70% Eisengehalt) in einem der größten Tagebaubetriebe der Erde gefördert; jährl. Fördermenge rd. 30 Mio. t; etwa 60% werden exportiert und über die 1976 fertig gestellte Bahnlinie (861 km) zum Hafen →Saldanha Bay befördert. – Als Wohnsiedlung entstand 1974 rd. 15 km nordöstlich **Kathu** (12 500 Ew.).

Sisimiut, dän. **Holsteinsborg** [ˈhɔlsdainbɔr], Stadt an der W-Küste Grönlands, 4 800 Ew. – Gegr. 1764.

Sisinnius, Papst (708), † Rom 4. 2. 708. Während der 20 Tage seines Pontifikats ordnete er die Neubefestigung Roms gegen Langobarden und Sarazenen an.

Siskind, Aaron, amerikan. Fotograf, * New York 4. 12. 1903, † Paw Tucket (R. I.) 8. 2. 1991; arbeitete in den 1930er-Jahren an sozialkrit. Fotodokumentationen u. a. über die Slums von Harlem. Ab 1945 entwickelte er mit seinen Fotografien von Oberflächenstrukturen, Mustern und Maserungen einen zum Abstrakten hin tendierenden Stil.

Werk: Harlem document, Photographs 1932–1940 (1981).
C. CHIARENZA: A. S. (Boston, Mass., 1982).

Sisley [siˈslɛ], Alfred, frz. Maler engl. Abkunft, * Paris 30. 10. 1839, † Moret-sur-Loing (Dép. Seine-et-Marne) 29. 1. 1899. Nach einer kaufmänn. Ausbildung in London kehrte S. 1862 nach Paris zurück und war bis 1863 Schüler von C. GLEYRE, bei dem er A. RENOIR, C. MONET und F. BAZILLE kennen lernte; mit

Sisalagave: Sisalhanfagave (Stamm bis 1 m hoch)

Alfred Sisley: Flussufer in Saint-Mammès; 1884 (Sankt Petersburg, Eremitage)

ihnen malte er in der freien Natur und schuf lichtdurchflutete Landschaftsbilder von stiller Poesie und ausgeglichener Heiterkeit. Wie die anderen Impressionisten wählte er häufig das gleiche Motiv zu versch. Tages- und Jahreszeiten. Er beteiligte sich an den Ausstellungen der Impressionisten.

Werke: Brückensteg von Argenteuil (1872; Paris, Musée d'Orsay); Die Schwemme von Marly (1875; Zürich, Kunsthaus); Wäscherinnen von Bougival (1875; ebd.); Überschwemmung in Port Marly (1876; Paris, Musée d'Orsay); Flussufer in Saint-Mammès (1884; Sankt Petersburg, Eremitage).
R. COGNIAT: S. (a.d. Frz. 1982); S., bearb. v. S. GACHE-PATIN (Paris 1983); R. SHONE: S. (London 1992).

Sismondi [sismɔ̃'di], Jean Charles Léonard **Simonde de** [si'mɔ̃d də], schweizer. Volkswirtschaftler und Historiker, *Genf 9. 5. 1773, †25. 6. 1842. S., zunächst Anhänger, dann Kritiker des engl. Liberalismus und der klass. Nationalökonomie, gilt als einer der ersten ›Krisentheoretiker‹. Die Ursachen der Krisen sah er in der ungleichen Einkommensverteilung, hervorgerufen durch Versagen des Wettbewerbs, und die daraus folgende ungenügende Entlohnung der Arbeiter (Unterkonsumtionstheorie). Zur Behebung dieser Missstände forderte er auch staatl. Interventionen zum Schutz der Arbeiter sowie zur Regelung von Produktion und Verteilung, jedoch keine Kollektivierung der Produktionsmittel. Seine ›Theorie der Wirtschaftsbilanz‹ wird als Vorläufer der Analyse des Wirtschaftskreislaufs angesehen. In seinen histor. Werken stellte er u. a. die mittelalterl. Stadtrepubliken als vorbildlich dar und beeinflusste damit die polit. Führer des ital. Risorgimento.

Werke: De la richesse commerciale, 2 Bde. (1803); Histoire des Français, 31 Bde. (1821-44); Études sur l'économie politique, 2 Bde. (1837-38).
Henry Thornton (1760-1815) – Jeremy Bentham (1748-1832) – James Lauderdale (1759-1839) – Simonde de S. (1773-1842), hg. v. M. BLAUG (Aldershot 1991).

Sissach, 1) Bezirkshauptort im Kt. Basel-Landschaft, Schweiz, 376 m ü. M., im Ergolztal, 5 200 Ew.; Heimatmuseum; Karosserie-, Maschinen- und Apparatebau, Uhrenindustrie, Mineralwasserabfüllung. – Ref. Kirche (Neubau 1525-26); frühklassizist. Landhaus Ebenrain (1773-75) mit engl. Park.
2) Bez. im Kt. Basel-Landschaft, Schweiz, 141 km², 30 000 Ew. (11,5% Ausländer), umfasst den O des Kantons.

Sissek, Stadt in Kroatien, →Sisak.

Sistan, Seistan, Sagastan, Sakastana, abflussloses Becken im ostiran. Hochland beiderseits der afghanisch-iran. Grenze mit dem Hamun-e Helmand u. a. Endseen; der afghan. Teil gehört zur Prov. Nimruz, der iran. zur Prov. Sistan und Belutschistan. Weite Salztonebenen, Steinpflasterwüsten und Barchan-Dünenfelder, die von heißen Sommerstürmen ausgedörrt werden, formen heute das von Tadschiken nur dünn besiedelte Land, das den Nomaden der umliegenden Gebirge als Winterweide dient. Verfallene Bewässerungsanlagen und Ruinen von Städten und Burgen erinnern an die von der Antike bis zu den Mongoleneinfällen des MA. (13. Jh.) blühende Kulturlandschaft, die auf afghan. Seite nicht einmal durch eine Allwetterstraße erschlossen ist. Im iran. S. leidet die auf Feldbewässerung beruhende Landwirtschaft unter Wassermangel und starker Bodenversalzung. Einziges städt. Zentrum und Hauptort des iran. Teils ist Sabol (Zabol) mit etwa 30 000 Ew., früher als Nosratabad von größerer Bedeutung.

Sistan und Belutschistan, Prov. im äußersten SO Irans, 181 471 km², 1,46 Mio. Ew.; Verw.-Sitz ist Zahedan. Die Prov. umfasst im NO einen Teil des Sistanbeckens; ihren Hauptteil bildet aber der iran. Anteil an Belutschistan, einem Bergland von 1 000-2 000 m Höhe, dem einige inselhafte Gebirge aufsitzen: Kuh-e Birag, Kuh-e Basman und Kuh-e Taftan (bis 4 042 m ü. M.); an den nur periodisch oder episodisch fließenden oder Gewässern liegen die wenigen Siedlungen; sonst nur Weidewirtschaft.

Sistema Económico Latinoamericano, das →Lateinamerikanische Wirtschaftssystem.

Sister, Zupfinstrument, →Cister.

Sisteron [siste'rɔ̃], Stadt im Dép. Alpes-de-Haute-Provence, Frankreich, an einer maler. Engstelle des Durancetals (Kluse von S.) gelegen, 6 600 Ew. – S. wird von einer mittelalterl. Burg überragt. (BILD →Frankreich)

Sistierung [zu lat. sistere ›stehen machen‹, ›anhalten‹], andere Bez. für die polizeil. Festnahme von Personen zur Feststellung von Personalien. Sie ist unter bestimmten Voraussetzungen zulässig (z. B. bei Strafverfolgung durch die Polizeibehörden nach §§ 163b, c StPO) und nur, wenn die Personalien nicht an Ort und Stelle festgestellt werden können.

Sistowa, Friede von, →Swischtow.

Sistrum [lat., von gleichbedeutend griech. seīstron] das, -s/...stren, antike Rassel, bestehend aus einem an einem Handgriff befestigten u-förmigen Metallrahmen mit beweglichen Metallstäben bzw. Querstäben mit losen Metallscheiben, die beim Schütteln ein Klirren hervorrufen; älteste Darstellungen in Mesopotamien um 2500 v. Chr. Ab 2000 v. Chr. im altägypt. Hathor-, später im Isiskult verwendet, verbreitete sich das S. im gesamten griechisch-röm. Kulturraum und ist heute noch in der kopt. Liturgie in Gebrauch. In der abendländ. Kunstmusik wird eine moderne Form des Instruments u. a. in Werken C. ORFFS vorgeschrieben (›Oedipus der Tyrann‹, 1959).

Sisulu, Walter Max Ulyate, südafrikan. Politiker, *Engcobo (Transkei) 1912; 1949-63 Gen.-Sekr. des African National Congress (ANC); ab 1952 durch Bannverfügungen der Reg. und Haft an öffentl. Tätigkeit gehindert, ging er 1963 in den Untergrund, um sich am Aufbau der bewaffneten ANC-Formation ›Umkonto we Sizwe‹ (›Speer der Nation‹) zu beteiligen. Noch im selben Jahr verhaftet, wurde er 1964 mit N. MANDELA zu lebenslanger Haft verurteilt. Im Zuge der von Präs. F. W. DE KLERK eingeleiteten Reformpolitik in der Rep. Südafrika wurde S. 1989 freigelassen; 1991-94 war S. Vize-Präs. des ANC.

Sisymbrium [griech.], die Kreuzblütlergattung →Rauke.

Sisyphos, lat. **Sisyphus,** *griech. Mythos:* Sohn des Windgottes Aiolos, Gründer und König von Korinth. Zur Strafe für seine Verschlagenheit – er überlistete sogar Thanatos, den Tod, und fesselte ihn, sodass niemand sterben konnte, bis Ares den Thanatos wieder befreite – musste er in der Unterwelt einen Felsbrocken auf einen Berg wälzen, von dem dieser im letzten Augenblick stets wieder hinabrollte. – **S.-Arbeit,** übertragene Bez. für vergebl. Mühen.

Das nie endende Mühsal wurde auf archaischen Reliefs (Metope des Heraion von Foce del Sele), in der att. und unterital. Vasenmalerei (Amphora, 6. Jh. v. Chr.; München, Staatl. Antikensammlung), in der röm. Kunst auf einer der Odysseelandschaften und auf Sarkophagen dargestellt; in der Neuzeit wurde das Motiv bis in die Gegenwart immer wieder aufgegriffen (GIORDANO, TIZIAN, W. MATTHEUER). In A. CAMUS' philosoph. Hauptwerk ›Le mythe de Sisyphe‹ (1942) steht die Sinnlosigkeit der S.-Arbeit für die zweckfreie Selbstverwirklichung des Menschen.

Sisyridae [griech.], die →Schwammhaften.

SIT [Abk. für engl. **s**tatic **i**nduction-**t**ransistor ›stat. Influenztransistor‹], ein Transistor, i. w. S. aufgebaut wie ein JFET (→Feldeffekttransistor), ähnelt in seiner Wirkungsweise der Vakuumtriode und kann als JFET mit sehr kurzer Gateelektrode aufgefasst werden.

Sita-Agame, Sitana ponticeriana, bis 20 cm lange Agame in Indien und Ceylon, mit nur vier Zehen. Die Männchen haben einen auffallend großen Kehlsack.

si tacuisses, philosophus mansisses [lat.], wenn du geschwiegen hättest, wärest du ein Philosoph geblieben (nach BOETHIUS' ›Trost der Philosophie‹ II, 7).

Sitar [Hindi, aus dem Pers.] *der, -(s)/-(s),* Langhalslaute mit Bünden und birnenförmigem Schallkörper aus Holz oder auch Kürbis, deren Saiten mit dem Plektron gezupft werden. Der S. ist pers. Ursprungs (Setar) und in N- und Teilen von S-Indien heute eines der wichtigsten Instrumente der klass. Ragamusik. Angeblich Ende des 13. Jh. nach Indien gebracht, erfuhr der S. zahlr. Wandlungen hinsichtlich Bauart, Saitenzahl und Stimmung. Der heutige große Konzert-S. ist etwa 122 cm lang; über bis zu 23 bewegl. Metallbünde hinweg verlaufen zwei Bordunsaiten (C und G) und fünf Melodiesaiten (c–f–g–c^1–c^2). Manche S. haben bis zu 20 zusätzl. Resonanzsaiten. Begleitet von →Tabla und Tanpura (→Tanbur) arbeitet der S.-Spieler improvisierend die Charakteristika eines Raga heraus und stimmt so sich und die Zuhörer in den jeweiligen Affektgehalt ein. Durch den S.-Virtuosen R. SHANKAR wurde der S. in den 1960er-Jahren auch in der europ. Kunst- und v. a. Rockmusik populär.

M. M. JUNIUS: The s. The instrument and its technique (Wilhelmshaven 1974); A. MINER: S. and sarod in the 18th and 19th centuries (ebd. 1993).

Sitatunga [afrikan.], **Sumpf|antilope, Wasserkudu, Tragelaphus spekei,** bis 1,7 m körperlange Antilope, v. a. in Sumpfgebieten, in Schilf- und Papyrusdickichten Afrikas südlich der Sahara; Körper mit einigen weißl. Querstreifen am Rumpf, beim Männchen braun, beim Weibchen hellbraun; Männchen mit bis 90 cm langen, spiralig gedrehten Hörnern, Weibchen ungehörnt; Hufe bis 10 cm lang, in Anpassung an Sumpfgebiete weit spreizbar. S. fliehen bei Gefahr häufig ins Wasser und tauchen unter, sodass nur noch die Nasenöffnungen hervorragen.

SITC, Abk. für engl. **Standard International Trade Classification** [ˈstændəd ɪntəˈnæʃnl ˈtreɪd klæsɪfɪˈkeɪʃn], von der UNO aufgestelltes Internat. Warenverzeichnis für den Außenhandel (→Warenverzeichnis).

Sisyphos in der Unterwelt; Darstellung auf einem Volutenkrater aus Unteritalien, um 330 v. Chr. (München, Staatliche Antikensammlung)

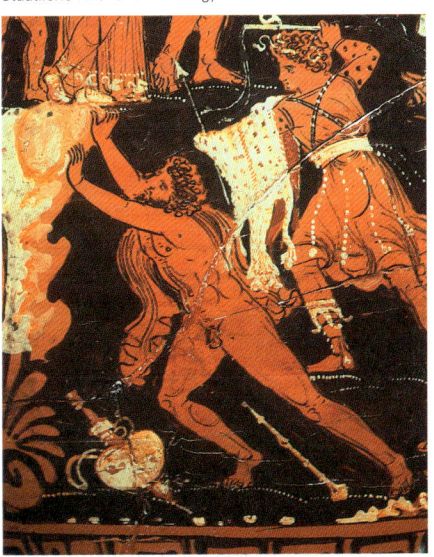

Sitcom [ˈsɪtkɔm, engl.; Kw. für engl. **sit**uation **com**edy] *die, -/-s,* v. a. von Situationskomik bestimmter Programmtyp zunächst im Radio, dann im Fernsehen, mit einzeln abgeschlossenen (wöchentlich gesendeten) Episoden und gleich bleibender Rollenbesetzung, meist einer Familie. (→Soapopera, →Fernsehserie)

Sitatunga (Körperlänge bis 1,7 m)

SITE [saɪt; Abk. für engl. **s**culpture **i**n the **e**nvironment ›Skulptur in der Umgebung‹], 1969 in New York von dem Bildhauer und Architekten JAMES WINES (* 1932) gegründete Gruppe, die neuartige Konzepte einer umweltbewussten Architektur zu entwickeln sucht, z. B. durch Einbeziehung der Natur in urbanes Umfeld. Sie gestaltete u. a. auf der Weltausstellung in Sevilla 1992 die ›Avenue 5‹ und trat mit zahlr. Projekten hervor (u. a. Tennessee Aqua Center in Chattanooga, Tenn., 1993).

Site, Interview v. H. MUSCHAMP (a. d. Engl., 1989, Text dt. u. engl.).

Sitges [ˈsidʒəs], Seebad in Katalonien, Prov. Barcelona, Spanien, 40 km südwestlich von Barcelona an der Costa Dorada, 14 600 Ew.; Erholungsort der Einwohner von Barcelona; Internat. Festival des fantast. Films (jährlich Anfang Oktober). Zu S. gehören die Sporthäfen Aiguadolç, Garraf und Port Ginesta sowie ein 4 km langer Sandstrand. – Turm aus der Araberzeit; frühmittelalterl. Kastell; Barockkirche Santa María. R. BOFILL errichtete 1964–69 den Wohnkomplex ›Schloss der goldenen Kronen‹. 15 km nordwestlich Reste der röm. Siedlung Olerdola (heute Olèrdola) mit Zyklopenmauer aus dem 3. Jh. v. Chr. und frühroman. Kirche Sant-Miquel (10. Jh.).

Sithonia [siθoˈnia], **Longos,** die mittlere der drei fingerförmigen Halbinseln der →Chalkidike, N-Griechenland; an der W-Küste das Ferienzentrum Porto Carras.

Sit-in [engl., zu to sit in ›teilnehmen‹] *das, -s/-s,* eine urspr. in den USA von der Bürgerrechtsbewegung der Schwarzen im Kampf gegen die Rassentrennung entwickelte Form des zivilen Ungehorsams; wurde in der Bundesrepublik Dtl. als öffentlichkeitswirksame gewaltfreie Protestdemonstration (Sitzstreik, Sitzblockade) während der student. Unruhen in den 1960er- und 1970er-Jahren praktiziert, um öffentl. Einrichtungen zu blockieren; von Bürgerinitiativen der 1980er-Jahre aufgegriffen. (→Go-in)

Sitka [ˈsɪtkə], Hafenstadt in Alaska, USA, auf der Baranofinsel des →Alexanderarchipels, 8600 Ew.; Lachsfang, Holzwirtschaft. – Bis 1900 bzw. 1904 Verw.-Sitz von Alaska.

Sitkafichte, Art der Gattung →Fichte.

Sitosterin, *Chemie:* →Sterine.

Sitra, zu →Bahrain gehörende kleine Insel.

Sitsch Saporiska [ukrain. ›Befestigung jenseits (d. h. unterhalb) der Stromschnellen (des Dnjepr)‹], **Sič Zaporiz'ka** [ˈsitʃ zapoˈriz-], russ. **Sętsch Saporoschskaja, Seč' Zaporožskaja** [ˈsetʃ zapoˈrɔʃ-],

Sitar (Münchner Stadtmuseum)

wichtigste Festung und von der Mitte des 16. Jh. bis 1775 Zentrum der Saporoger Kosaken, auf schwer zugängl. Inseln im Dnjepr gelegen; entstanden aus dem Zusammenschluss einzelner Kosakengruppen aus kleineren, in die Steppenzone vorgeschobenen befestigten Stützpunkten; Sitz eines Hetmans, der von der Kosakenversammlung (ukrain. kolo; russ. krug) frei gewählt wurde; Inbegriff der demokrat. Militärorganisation des Kosakentums.

Sittang *der,* **Sitang,** Fluss in Birma, 560 km lang, entspringt am Rand des Shanhochlandes, durchfließt das Irawadibecken (im Unterlauf durch einen Kanal mit dem Pegu verbunden), mündet in den Golf von Martaban. Schlammführung und Gezeiteneinfluss erschweren die Schifffahrt.

Sittard, Stadt in der Prov. Limburg, Niederlande, nahe der Maas, 47 300 Ew.; Stahlbau, Trikotagenherstellung, Elektroindustrie. Der Steinkohlenbergbau ist erloschen. – Sint-Petruskerk (1299ff.), eine Basilika im Stil der Maas-Gotik; barocke Sint-Michielskerk (1659–61 als Dominikanerklosterkirche erbaut), am Volutengiebel Relief mit dem hl. DOMINIKUS, der den Rosenkranz empfängt.

Sitte [ahd. situ, eigtl. ›Art und Weise des Lebens‹], die in einer Gesellschaft oder Teilgesellschaft vorhandenen und angewendeten Regeln des Sozialverhaltens, sofern diese nicht durch Gesetze festgelegt, sondern durch alltägl. Anwendung verankert sind, die sich durch den Verweis auf Traditionen, Kultur, Brauch, moral. oder religiöse Vorstellungen rechtfertigt. S. wird im Verlauf des Sozialisationsprozesses (bes. über die Erziehung) vom Individuen einer Gesellschaft verinnerlicht, wobei die unbewusste Teilnahme an alltägl. Vollzügen, Nachahmung und Gewohnheit den Vorrang vor bewusster Aneignung haben. S. und die stützenden Wertvorstellungen sind nicht unbedingt gesamtgesellschaftlich gleich, sie hängen von den in jeweiligen Teilgesellschaften (z. B. sozialen Schichten) vorhandenen Rahmenbedingungen (regionale, konfessionelle, kulturelle Verschiedenheiten, unterschiedlich starke Orientierung an Traditionsbeständen) ab und unterscheiden sich auch nach dem Grad der Verbindlichkeit, den entsprechenden Sanktionen und den Abweichungsmöglichkeiten. Verständnis für die jeweils in einer Gesellschaft gültige S. und die Bereitschaft zu ihrer Übernahme hängen stärker von der ›Eingelebtheit‹ (M. WEBER) der Individuen in die jeweilige Gesellschaft und Kultur als von bestimmten Sanktionen. Anders als bei Gesetzen wird die Verletzung der S. i. d. R. nicht formal und deutlich sanktioniert, sondern kann durch allgemeine Missachtung oder Ausschluss aus der Gruppe bestraft werden. Als eine ›Grammatik des Handelns‹ statten S. den Einzelnen mit einem Repertoire an Wissen über das erwartete Verhalten in bestimmten Situationen aus, sie stabilisieren die Verhaltenssicherheit, erzwingen aber u. U. auch eine für das Individuum leidvolle Form des sozialen Verhaltens. In nahezu allen menschl. Gesellschaften finden sich S. für die Regelung bestimmter sozialer Sachverhalte (Trachten, Grußformen, Sprachregeln, Tisch-S., Regeln zum Verhalten der Geschlechter, der Lebensalter; Verhaltensregeln für Todesfälle, Geburten; nicht zuletzt Werbungs- und Heirats-S.). Die Gleichförmigkeit und das Ansehen von S. hängen u. a. von der Größe und Bedeutung der jeweiligen sozialen Gruppe ab, die sie vertritt; ebenso von deren Homogenität und Geschlossenheit sowie von der Funktion der durch die S. vertretenen Regelung.

F. TÖNNIES: Die S. (1909, Nachdr. 1970); W. OELMÜLLER u. a.: Diskurs: Sittl. Lebensformen ([2]1980); Die guten S., in: Freibeuter. Vierteljahres-Ztschr. für Kultur u. Politik, H. 47 (1991); A. AREZ: Die Macht sozialer Gewohnheit (1996); N. ELIAS: Über den Prozeß der Zivilisation, 2 Bde. ([20]1997).

Sitte, 1) Camillo, österr. Architekt und Stadtplaner, *Wien 17. 4. 1843, †ebd. 16. 11. 1903; vertrat in zahlr. Veröffentlichungen zum Städtebau die Nutzung der natürl. Geländeform und der Erfahrungen des histor. Städtebaus für ein einheitl. Stadtbild. S. entwarf auch Kirchen und andere Großbauten sowie Bebauungspläne für Städte.

Schrift: Der Städtebau nach seinen künstler. Grundsätzen (1889).

D. WIECZOREK: C. S. et les débuts de l'urbanisme moderne (Brüssel 1981).

Willi Sitte: Chemiearbeiter am Schaltpult; 1968 (Halle/Saale, Staatliche Galerie Moritzburg)

2) Willi, Maler und Grafiker, *Kratzau (bei Reichenberg) 28. 2. 1921; lebt seit 1947 in Halle (Saale), wurde 1959 Prof. an der Hochschule für industrielle Formgestaltung Halle-Burg Giebichenstein, 1974–88 Präs. des Verbandes Bildender Künstler der DDR; nach einer ›grauen Periode‹ (1951–54) zeigten seine Werke Einflüsse von F. LÉGER und P. PICASSO; seit Mitte der 50er-Jahre entstanden, angeregt vom mexikan. Muralismo, monumentale Simultandarstellungen (auch als Mehrtafelbilder), und sein vorerst betont zeichner. Stil begann sich in eine dynam. Malerei aufzulösen. Mit seinen politisch engagierten Kompositionen in ihrer Mischung aus expressiver Spontaneität und Pathos lieferte er einen eigenständigen Beitrag zum sozialist. Realismus (u. a. ›Leuna 1969‹, 1967–69, Berlin, Nationalgalerie); auch zahlr. Zeichnungen und Druckgrafiken.

W. HÜTT: W. S. (Dresden 1972); W. S., 1945–1982, Ausst.-Kat. (1982); W. S. Liebe, Leidenschaft u. Vanitas, bearb. v. G. JOSWIG u. I. FRANKMÖLLER, Ausst.-Kat. Dominikanerkirche Osnabrück (1988).

Sitten, frz. **Sion** [sjõ], **1)** Hauptstadt des Kt. Wallis, Schweiz, 491 m ü. M., im breiten Tal der Rhone (im Wesentlichen auf dem rechten Ufer), 26 400 Ew.; Sitz eines kath. Bischofs und des Kantonsgerichts; Archäolog. Museum des Wallis, Kantonales Kunst-, Kantonales Naturhistor. Museum, Kantonsmuseum Valeria; Uhrenindustrie, Elektroapparatebau, Tabak- und Holzverarbeitung; Fremdenverkehr; in der Umgebung Weinbau; Flugplatz. – Die Stadt wird überragt von dem steilen Doppelfelsen (Naturdenkmal von nat. Bedeutung) der Valeria (Quarzit, 611 m ü. M.) und des Tourbillon (eisenhaltiger Kalk, 658 m ü. M.); dazwischen Sattel aus Kohle führendem Schiefer (früher Abbau). – Kathedrale (roman. Frontturm; Kirche in der 2. Hälfte des 15. Jh. gotisch wieder aufgebaut; Chor 1947 stark verändert; Domschatz); Theodulkirche (Anfang des 16. Jh.; mit karoling. Krypta); Haus Supersaxo (1505) mit geschnitzter Holzdecke im Festsaal; Rathaus (1660/61). Auf dem Doppelfelsen die Ruinen des ehemaligen bischöfl. Schlosses Tourbillon (1294 ff., 1447 erneuert; 1788 durch Brand zerstört) sowie die ehemalige bischöfl. Burg Valeria (heute Kantonsmuseum) mit der Kirche Notre-Dame-de-Valère (1100 ff., v. a. 13. Jh.; Prospekt der Orgel um 1435; BILD →Orgel). – Das bereits in röm. Zeit als **Sedunum** bezeugte S. wurde 585 Bischofssitz und entwickelte sich unter bischöfl. Herrschaft im 12. Jh. zur Stadt. 1840 wurde S. Kantonshauptort.

2) Bez. im Kt. Wallis, Schweiz, 126 km², 35 900 Ew.; Hauptstadt ist Sitten.

3) kath. Bistum, umfasst den Kt. Wallis und (ausgenommen sechs Pfarreien) den waadtländ. Bezirk Aigle. Im 4. Jh. gegr., gehörte S. bis ins 7./8. Jh. zur Kirchenprovinz Vienne, bis 1513 zur Kirchenprovinz Tarentaise (1801 aufgehoben) und ist seither exemt. Erster Bischofssitz war wohl Octodurum (Martigny). – Bischof ist seit 1995 NORBERT BRUNNER (*1942). →katholische Kirche, ÜBERSICHT.

Sittenbild, das Genrebild (→Genremalerei).

Sittengesetz, *Philosophie:* die oberste Norm, unter der die menschl. →Sittlichkeit steht. Das S. ist als Gebot des sittlich Guten und Verbot des sittlich Schlechten ein von positiven Gesetzen und menschl. Konventionen unabhängiges Gesetz, das aus der für den Menschen geltenden Natur- oder Seinsordnung folgt. Es hat unbedingten Verpflichtungscharakter für das freie, sittl. Handeln des Individuums. Seinen Ausdruck findet das S. in der Formel von I. KANTS →kategorischem Imperativ.

Sittenstück, Drama, das zeitgenöss. Gebräuche, Moden, sinnentleerte oder korrumpierte Sitten, oft nur einzelner Stände oder Gesellschaftsschichten, in moralisierender Absicht kritisch darstellt. Das S. findet sich überwiegend in Zeiten, in denen Kritik an öffentl., politisch-gesellschaftl. Zuständen unterdrückt wird. Es entstand im 3./2. Jh. v. Chr. während des Niedergangs der demokrat. Polis in Athen (neue att. Komödie, MENANDER) und findet sich dann v. a. im 17. Jh.: im Spanien der Gegenreformation als →Mantel-und-Degen-Stücke (L. F. DE VEGA CARPIO), im Frankreich LUDWIGS XIV. (MOLIÈRE), in England seit der Restaurationszeit als →Comedy of Manners, im 19. Jh. in Frankreich als Comédie de Mœurs, als ernstes Sitten- und Thesenstück (A. DUMAS D. J., É. AUGIER), aber auch als witzig-iron., publikumswirksame Salon-, Boulevard- oder Konversationskomödie in Dtl. u. a. als Tendenz- und Zeitstück oder Lokalstück im polit. Vormärz (H. LAUBE, E. VON BAUERNFELD) und im Naturalismus, aber auch noch, krass satirisch zugespitzt, bei C. STERNHEIM.

Sittenwidrigkeit, *Recht:* Verstoß gegen die →guten Sitten. S. liegt vor, wenn eine Handlung ›gegen das Anstandsgefühl aller billig und gerecht Denkenden‹ verstößt, also nicht einem billigenswerten Durchschnittsempfinden entspricht, das sich allerdings mit den Anschauungen einer jeden Epoche ändern kann. Ein sittenwidriges Rechtsgeschäft (bes. ein Vertrag, ein Testament) ist nichtig (§ 138 BGB). Die aufgrund eines sittenwidrigen Geschäfts erbrachte Leistung kann aus ungerechtfertigter Bereicherung zurückgefordert werden, es sei denn, dass auch dem Leistenden ein Verstoß gegen die guten Sitten zur Last fällt (§ 817

Sitten 1): Blick auf Sitten und den die Stadt überragenden Doppelfelsen mit der ehemaligen bischöflichen Burg Valeria (rechts) und den Ruinen des ehemaligen bischöflichen Schlosses Tourbillon (links)

BGB). Ein gesetzlich normierter Fall der S. ist das Wuchergeschäft (§ 138 Abs. 2 BGB; →Wucher). Weitere, von der Rechtsprechung herausgebildete Fallgruppen sittenwidriger Rechtsgeschäfte sind z. B. Knebelungsverträge, Rechtsgeschäfte unter der missbräuchl. Ausnutzung einer Monopolstellung oder der übermäßige Sicherung einzelner Gläubiger zum Nachteil anderer Gläubiger. Sittenwidrig sind i. d. R. auch Verstöße gegen Standespflichten, Konkurrenzverbote, Kollusion, Schmiergelder u. a. Schadensersatz ist ferner zu leisten, wenn jemand einen anderen in sittenwidriger Weise vorsätzlich schädigt (§ 826 BGB). – Im *österr.* und *schweizer.* Recht gilt Entsprechendes, insbesondere sind sittenwidrige Rechtsgeschäfte nichtig (§ 879 ABGB; Art. 20 OR) oder begründen Schadensersatzansprüche (§ 1295 ABGB; Art. 41 Abs. 2 OR).

Sitter, Willem de, niederländ. Astronom, * Sneek 6. 5. 1872, † Leiden 20. 11. 1934; 1908 Prof. in Leiden, dort ab 1919 Direktor der Sternwarte. Arbeiten v. a. zur Himmelsmechanik und Kosmologie. S. stellte 1917 im Rahmen der allgemeinen Relativitätstheorie das als **(Einstein-)De-Sitter-Welt** bezeichnete erste kosmolog. Modell eines expandierenden Universums auf.

Sittewald, Philander von, Schriftsteller, →Moscherosch, Johann Michael.

Sittiche [mhd. (p)sitich, über lat. psittacus von griech. psíttakos ›Papagei‹], konventionelle Sammel-Bez. für kleine bis mittelgroße →Papageien mit langem Schwanz, wie z. B. Plattschweif-S., Nymphensittich und Keilschwanzsittiche. Dem Namen S. kommt keine systemat. Bedeutung zu.

Sittidae [griech.], die →Kleiber.

Sitting Bull [ˈsɪtɪŋ ˈbʊl; engl. ›sitzender Stier‹], Lakota **Tatanka Yotanka,** Häuptling der Hunkpapa-Sioux, * im heutigen South Dakota um 1831, † bei Fort Yates (N. D.) 15. 12. 1890; auch einflussreicher Medizinmann; seit den 1860er-Jahren einer der Führer der indian. Freiheitskämpfe, berühmt für seinen 1876 mit CRAZY HORSE errungenen Sieg am →Little Bighorn River; zog sich 1877–81 nach Kanada zurück; lebte ab 1883 in der Standing Rock Reservation. Im Zusammenhang mit der Geistertanzbewegung fürchtete die amerikan. Reg. Unruhen und ordnete seine Festnahme an; dabei wurde er in einem Handgemenge erschossen.

Sitting Bull

Sittlichkeit, umgangssprachlich die Sexualmoral; i. e. S. dem →Sittengesetz entsprechendes Denken und Handeln, das auf freier Entscheidung beruht. ›Moral‹ bezeichnet darüber hinausgehend auch die Gesamtheit herrschender eth. Normen, ›Ethos‹ eine sittl. Prinzipien entsprechende Haltung, die aber auf einen Bereich (z. B. Berufsethos) eingegrenzt sein kann; die Begriffe werden z. T. synonym verwendet.

S. stellt einen Anspruch an den Menschen als freies Vernunftwesen dar, der nicht aufgrund einer zu erwartenden Anerkennung, sondern um ihrer selbst willen zu realisieren ist. Sie ist nicht auf einen bestimmten Gegenstandsbereich beschränkt, sondern bezieht sich auf die Gesamtheit menschl. Tuns. Der Mensch handelt dann sittlich (moralisch, ethisch) gut, wenn er sich ihrem Anspruch stellt, sich die Ziele seines Handelns selbst gibt und das →Gute zu verwirklichen sucht. Hier liegt der Gedanke zugrunde, dass der Mensch in seinem Verhalten zwar biologisch, psychologisch und soziokulturell bedingt ist, aber nicht vollständiger Determination unterliegt. Vielmehr kann er diese Bedingungen aufgrund seines sittl. Wesens benennen, kritisch befragen und sich dann zu ihnen ablehnend oder anerkennend verhalten. So trägt der Mensch im Unterschied zum Tier Verantwortung für sein Verhalten. Inhaltlich wird der Begriff S. von verschiedenen eth. Ansätzen unterschiedlich bestimmt: Während er in der Antike primär eudämonistisch ausgelegt wurde (ARISTOTELES), bezeichnet er bei I. KANT die →Moralität des Subjekts, die als Ziel eine Übereinstimmung mit dem Sittengesetz einfordert (→Pflicht, →kategorischer Imperativ). In Kritik an KANT und im Rückgriff auf ARISTOTELES wird S. von G. W. F. HEGEL politisch bestimmt und an die Institutionen (Familie, bürgerl. Gesellschaft, Staat) gebunden.

F. WAGNER: Gesch. des S.-Begriffes, 3 Bde. (1928–36); O. F. BOLLNOW: Einfache S. (³1968); D. VON HILDEBRAND: Die Idee der sittl. Handlung (Neuausg. 1969); H. REINER: Die Grundl. der S. (²1974); A. M. WEISS: Sittl. Wert u. nichtsittl. Werte (Freiburg 1996).

Sittlichkeitsdelikte, →Sexualdelikte.

Sittow [-to], Michel, Maler, * Reval wohl 1460 oder 1468, † ebd. zw. dem 21. 12. und dem 24. 12. 1525; war an versch. Königshöfen Europas tätig (u. a. 1492–1501 in Toledo, 1514 in Kopenhagen). Seine Porträts und religiösen Bilder sind von H. MEMLING beeinflusst.

Sittwe, Akyab, Hauptstadt des Rakhinestaates, Birma, Hafen am Golf von Bengalen, 106 900 Ew.; Reismühlen.

Situation [frz., zu situer ›in die richtige Lage bringen‹, zu lat. situs ›Lage‹, ›Stellung‹] *die, -/-en,* **1)** *allg.:* Gesamtheit des augenblickl. Umstände, Verhältnisse; Stellung, Zustand.

2) *Kartographie:* **Grundrissdarstellung, Lageplan,** die Darstellung aller topograph. Objekte in der Landkarte, z. B. Gewässernetz, Verkehrswege, Grenzen, Siedlungen, ausgenommen Schrift und Geländedarstellung.

3) *Philosophie:* im Sinne der Existenzphilosophie der einmalige, unwiederholbare Augenblick, in dem sich für den Einzelnen in der Wechselbeziehung zw. innerer Bestimmtheit und äußerer Lage die unmittelbare konkrete Wirklichkeit bildet. Als raumzeitl. Erlebnisganzheit ist sie gekennzeichnet durch den Entscheidungszwang, der die Überbrückung der Unangemessenheit aller allgemeinen Normativität hinsichtlich des einmaligen konkret-situativen Vollzugs fordert. Die S. ist als ›Grenze‹ (M. HEIDEGGER) zugleich Chance und Schranke des Menschen. In besonderem Maße trifft dies auf die →Grenzsituation (K. JASPERS) zu. (→Situationsethik)

4) *Psychologie:* Gesamtheit der sozialen und dingl. Umwelt eines Individuums. Verhaltens- und erlebnisrelevanter als die objektive S. ist die subjektive S., eine von Erfahrung, Emotion und Motivation mitbestimmte Interpretation und Auswahl aus der objektiven S. ist (→soziale Wahrnehmung).

5) *Soziologie:* ein Gesamtzusammenhang von Handlungsbedingungen, der von den Handelnden zu einem bestimmten Zeitpunkt und in einer bestimmten Lage als Feld und Rahmen ihrer Handlungen wahrgenommen und bestimmt wird. Zu den eine S. bestimmenden Faktoren gehören neben den räumlich-zeitl. Gegebenheiten in soziolog. Hinsicht v. a. die beteiligten Akteure. Für die Bestimmung der S. ist nicht primär entscheidend, was äußerlich vorhanden ist, sondern was von den Handelnden oder Erlebenden als zur S. gehörig und diese bestimmend empfunden, vorgestellt oder erwartet wird und damit die Akteure i. d. R. dazu bewegt, sich situationsadäquat zu verhalten (›Thomas-Theorem‹). Insoweit das soziale Handeln auf die gegebene S. einwirkt, trägt es auch zu ihrer Veränderung, also zum Übergang in eine neue S. bei. Der Begriff der S. stellt v. a. im Rahmen handlungstheoret. und interaktionistischer soziolog. Theorien einen Grundbegriff dar.

W. I. THOMAS: Person u. Sozialverhalten (a. d. Engl., 1965); H. P. DREITZEL: Die gesellschaftl. Leiden u. das Leiden an der Gesellschaft (³1980); K.-H. ARNOLD: Der S.-Begriff in den Sozialwiss.en (1981).

Situations|ethik, v. a. im Umkreis der Existenzphilosophie und der an sie anschließenden theolog. Morallehren entwickelte Konzeption einer Ethik, der zufolge sittl. Entscheidungen nicht aus allg. gültigen Normen begründet, sondern allein aus der Einmaligkeit einer gegebenen Situation heraus getroffen werden können; im Ggs. zur Prinzipienethik. Die S. geht von der Annahme aus, dass jede sittl. Entscheidung ein Individuum mit einer Situation konfrontiert, die in ihrer Art einmalig, unwiederholbar und unvergleichlich ist. So kann gerade auch eine Entscheidung gegen eine allgemeine sittl. Norm gefordert sein, um der Situation angemessen zu entsprechen. Kritisch wird gegen die S. eingewendet, dass jede sittl. Entscheidung in den Zusammenhang sittl. Gewohnheiten und einer Wertwelt im Sinne einer sittl. Gesamteinstellung des Individuums eingebettet ist.

Situla [lat. ›(Wein)krug‹, ›Eimer‹] *die, -/...'tulen,* eimerförmiges Gefäß aus Metall (Bronzeblech), für die Urnenfelderkultur (8.–7. Jh. v. Chr.), für das frühachaische Griechenland (Funde von Attaschen im orientalisierenden Stil) und für die Etrusker belegt. Der Begriff ›figuralverzierte S.‹ bezieht sich auf eine große Gruppe von S. (Ende 7. Jh. bis Ende 5. Jh./Anfang 4. Jh.), gefunden von N-Italien (→Estekultur) bis in die Ostalpen Sloweniens, mit (bis zu vier) Relieffriesen. Diese in Treibtechnik ausgeführten flachen Verzierungen, die auch an Dolchscheiden, Helmen, Zisten, Gefäßdeckeln, Ohrringen u. a. luxuriösen Gebrauchsgegenständen auftreten, zeigen in ihren Formen etrusk. und griech. (korinth.) Einflüsse; es handelt sich aber um eine eigenständig geprägte Kunst **(Situlenkunst),** die der östl. Hallstattkultur zugerechnet wird. Überwiegend werden festl. Szenen der Adelsschicht dargestellt. BILDER →Hallstattkultur, →La-Tène-Kultur

O.-H. FREY: Die Entstehung der Situlenkunst (1969).

Situmorang, Sitor, indones. Schriftsteller, * Samosir 2. 10. 1924; war Redakteur und Kulturfunktionär, engagierte sich für den Sozialismus und wirkte als polit. Essayist; 1967–75 polit. Häftling; seitdem lebt er in den Niederlanden. Nach anfänglich romant. Poesie in der Tradition des malaiischen Pantuns behandelt er v. a. religiöse und soziale Konflikte.

Situs [lat. ›Lage‹] *der, -/-, Anatomie:* Lage der Organe im Körper; **S. inversus,** Lageanomalie, spiegelbildl. Verlagerung der Eingeweide, z. B. des Herzens.

sit venia verbo [lat. ›dem Worte sei Verzeihung (gewährt)‹], Abk. **s. v. v.,** *bildungssprachlich* für: man möge mir diese Ausdrucksweise gestatten, nachsehen; mit Verlaub.

Sitwell ['sɪtwəl], **1)** Dame (ab 1954) Edith, engl. Schriftstellerin, * Scarborough 7. 9. 1887, † London 9. 12. 1964, Schwester von 2) und 3); gilt mit ihrer stark rhythmisierten, dissonanzreichen Lyrik voll spieler. Bildprägungen als Wegbereiterin des literar. Modernismus (›Façade. And other poems‹ 1920 bis 1935‹, 1950). Spätere Gedichte (›Gold Coast customs‹, 1929) sind durch einen satirisch-trag. Ton gekennzeichnet. In ihren biograph. (›Alexander Pope‹, 1930) und essayist. Werken (›Aspects of modern poetry‹, 1934) zeigt sie sich als scharfsinnige und eigenwillige Interpretin. Bekannt wurde sie auch durch ihre exzentr. Persönlichkeit und ihren ungewöhnl. Lebensstil; mit ihren Brüdern OSBERT und SACHEVERELL bildete sie in den 20er-Jahren in London das Zentrum eines avantgardist. kulturellen Zirkels.

Weitere Werke: Roman: I live under a black sun (1937; dt. Ich lebe unter einer schwarzen Sonne). – *Biographie:* Victoria of England (1936; dt. Victoria von England). – *Sonstige Prosa:* The English eccentrics (1933; dt. Engl. Exzentriker sowie Piraterie u. Pietät. Mehr engl. Exzentriker). – *Autobiographie:* Taken care of (hg. 1965; dt. Mein exzentr. Leben).

Ausgaben: Selected letters, hg. v. J. LEHMANN u. a. (1970); Collected poems (Neuausg. 1979). – Gedichte, hg. v. W. VORDTRIEDE (1964; engl. u. dt.).

R. FIFOOT: A bibliography of E., Osbert and Sacheverell S. (Hamden, Conn., ²1971); J. PEARSON: The Sitwells (New York 1979); E. ELBORN: E. S. A biography (London 1981); The S.'s and the arts of the 1920s and 1930s, hg. v. J. SKIPWITH, Ausst.-Kat. National Portrait Gallery, London (London 1994); V. GLENDINNING: E. S. Eine Biogr. (a. d. Engl., 1995).

2) Sir Francis Osbert, engl. Schriftsteller, * London 6. 12. 1892, † Florenz 4. 5. 1969, Bruder von 1) und 3); verfasste satir. Gedichte und gesellschaftskrit. Romane, die sich mit den Werten der Oberschicht auseinander setzen, liedhafte Lyrik, Kurzgeschichten sowie eine fünfbändige Autobiographie (›Left hand, right hand!‹, 1944–50; dt. Bd. 1 u. d. T. ›Linke Hand – rechte Hand‹), ein aufschlussreiches Zeitdokument.

Weitere Werke: Lyrik: The collected satires and poems (1931); Selected poems, old and new (1943). – *Roman:* Before the bombardment (1926).

3) Sir Sacheverell, engl. Schriftsteller und Kunsthistoriker, * Scarborough 15. 11. 1897, † Weston Hall (bei Towcester, Cty. Northamptonshire) 1. 10. 1988, Bruder von 1) und 2); verfasste Gedichte (›Collected poems‹, 1936; ›A retrospect of poems‹, 1979; ›An Indian Summer‹, 1982), Biographien (›Mozart‹, 1932; ›Liszt‹, 1934, dt.) sowie Reisebücher und kunsthistor. Studien (›Southern baroque art‹, 1924; ›German baroque art‹, 1927; ›Bridge of the brocade sash‹, 1959, über jap. Kunst).

Weiteres Werk: British architects and craftsmen (1945).

Sitzbad, Teilbad in kurzer Rundwanne mit Rückenlehne, bei dem nur Gesäß und Hüftgegend eintauchen. Das kalte S. wird nur als kurzes Tauchbad (z. B. bei Hämorrhoiden) angewendet, das warme S. (35–40 °C) 20 Minuten lang u. a. bei Unterleibs- und Blasenentzündungen.

Sitzbein, Teil des Hüftbeins (→Beckengürtel).

Sitzblockade, Sitzdemonstration, →Gewalt (verletzende Gewalt), →Nötigung.

Sitzbuckel, *Medizin:* →Kyphose.

Sitzlandkontrolle, *Versicherungswesen:* das im Rahmen der europ. Harmonisierung der Versicherungsaufsicht festgelegte Grundprinzip, wonach die Versicherungsunternehmen, die in einem Mitgliedstaat der EU ihren Sitz haben, von der Aufsichtsbehörde des jeweiligen Sitzlandes zugelassen und beaufsichtigt werden. Voraussetzung der S. sind die Mindestharmonisierung und die gegenseitige Anerkennung der Aufsichtsregeln durch die Mitgliedsstaaten.

Sitzungspolizei, richterl. Verfahrenstätigkeit, die der Aufrechterhaltung der äußeren Ordnung in der mündl. Verhandlung dient. Es können vorbeugende und ahndende Maßnahmen getroffen werden (→Ordnungsmittel). Zuständig für sitzungspoliezeil. Maßnahmen ist teils der Vorsitzende, teils das Kollegium.

Sium [griech.], die Pflanzengattung →Merk.

Sivapithecus [nach dem Fundort, den →Siwalikketten, und griech. pithēkos ›Affe‹], aus mehreren Primatengattungen bestehende Gruppe fossiler, miozäner Hominoiden (Überfamilie der Ordnung Herrentiere). S. zeigt mit Funden aus Afrika, Europa und Asien die weiteste Verbreitung innerhalb der fossilen Menschenartigen. Die bisher als Ramapithecinen bezeichneten fossilen Primatengattungen werden als weibl. Individuen von S. angesehen. Die namengebende Gattung S. gilt inzwischen als direkter Vorfahre des Orang-Utans.

Sivas, Prov.-Hauptstadt im östl. Inneranatolien, Türkei, 1 270 m ü. M., am Kızılırmak, 219 100 Ew.; Univ. (gegr. 1974); Nahrungsmittel-, Baustoff-, Textil-, Metallindustrie, Eisenbahnwerkstätten; in der Nähe Asbestgewinnung; Eisenbahn- und Straßenknotenpunkt. – Die Große Moschee (Ulu Camii) entstand wohl erst Ende des 12. Jh. (vielfach restauriert). Von großer Bedeutung für die seldschuk. Architektur sind vier große Stiftungen (nach dem Schema der großen Hofmedrese mit Iwanen): die Şifaiye-(›)Krankenhaus-‹)Medrese des Sultans KAIKAUS I. († 1219; 1217/18), z. T. mit Fliesendekoration, die Bürüciye-Medrese (heute Museum) sowie die mit je zwei Minaretten und reichem Bauschmuck ausgestattete Çifte-Minare-Medrese (Fassade mit Portal und dem Minarettpaar erhalten) und die Gök-Medrese (alle 1271–72 errichtet). – S., das antike **Sebasteia,** hatte Bedeutung als röm. und bis gegen Ende des 11. Jh. byzantin. Festung sowie im 12./13. Jh. als zeitweilige Residenz der Rumseldschuken.

Sivaš [-'vaʃ], Haff des Asowschen Meeres, →Siwasch.

Sivle ['sɪvlə], Per, norweg. Schriftsteller, * Aurland (Prov. Sogn og Fjordane) 6. 4. 1857, † Christiania (heute Oslo) 6. 9. 1904; trat in seinen Werken teils als volkstüml., humorist. Erzähler, teils als politisch bewusster Nationaldichter hervor; schrieb mit ›Streik‹ (1891; dt.) den ersten großen norweg. Arbeiterroman.

Ausgabe: Skrifter, 3 Bde. (1909–10).

Siwa, westlichste Oasengruppe Ägyptens, in der Libyschen Wüste, 50 km lang, 4–6 km breit, liegt in einer von Steilrändern umschlossenen Depression (bis

Dame Edith Sitwell

Sivas: Fassadendekor an der Gök-Medrese; 1271–72

Sixtinische Madonna von Raffael; um 1513/14, fertig gestellt 1516 (Dresden, Staatliche Kunstsammlungen)

24 m u. M.), die mehrere Salzseen und 200 Quellen (v. a. Mineralthermen, 24–30 °C) aufweist. Die etwa 6000 Ew. (Berber und Halbnomaden) verteilen sich auf mehrere kleine Siedlungen (größte ist Siwa). Dattelpalmen-, Ölbaum- und Orangenkulturen, Anbau von Weizen; beginnender Tourismus. – S. war im Altertum als **Sekhetam** (griech. **Ammoneion** bzw. **Ammonion**, lat. **Ammonium**) eine bedeutende Orakelstätte des Gottes Amun.

L. STEIN u. W. RUSCH: Die Oase S. Unter Berbern u. Beduinen der Libyschen Wüste (Leipzig ²1978); O. A. EL-H. GHONAIM: Die wirtschaftsgeograph. Situation der Oase S. (1980); K. P. KUHLMANN: Das Ammoneion. Archäologie, Gesch. u. Kultpraxis des Orakels von S. (1988).

Siwalik|ketten, Siwaliks, engl. **Siwalik Range** [-'reɪndʒ], die niedrigen Vorberge des Himalaja, in N-Indien und S-Nepal, Ausläufer in Pakistan, erstrecken sich über mehr als 1600 km (vom Tistatal bis SW-Kaschmir), Breite 10–50 km, durchschnittl. Höhe 600–1000 m ü. M., nur selten Höhen über 1300 m ü. M. Die S. erheben sich abrupt aus dem Tiefland N-Vorderindiens, sie werden weithin vom einst stark versumpften Tarai gesäumt. Zw. Vorderhimalaja und S. liegen breite Senken (›Dun‹). Die bis 6000 m mächtigen fluviatilen Sedimente (vom mittleren Miozän bis Pleistozän) enthalten zahlreiche fossile Säugetiere (Siwalikfauna), u. a. wichtige Primatenfunde aus dem oberen Miozän (Sivapithecus, Ramapithecus). Als natürliche Vegetation herrschen Wälder mit Salbäumen vor.

Siwasch, Sivaš [-'vaʃ], **Gniloje more, Faules Meer,** buchtenreiches Haff vor der NO-Küste der Halbinsel Krim, Ukraine, rd. 2560 km² groß, nur 2–3 m tief, vom Asowschen Meer durch die Landzunge von Arabat (Nehrung) getrennt, mit diesem durch die enge Straße von Genitschesk verbunden. Die Verdunstung überwiegt Niederschlag und Flusswasserzufuhr; der Salzgehalt nimmt von 11‰ an der Straße von Genitschesk auf über 160‰ in den inneren Buchten zu.

Papst Sixtus IV.

Six [sis], frz. Komponistengruppe des 20. Jh., →Groupe des Six.

Sixte ajoutée [sikstaʒu'te; frz. ›hinzugefügte Sexte‹] die, - -/-s -s, in der Harmonielehre seit J.-P. RAMEAU Bez. für die einem Dur- oder Molldreiklang als charakterist. Dissonanz hinzugefügte große Sexte (z. B. c-e-g-a); der Dreiklang erhält dadurch Subdominantfunktion.

Sixtina [lat.], Bez. für die auf Anordnung Papst SIXTUS' V. erstellte Druckausgabe der →Septuaginta (1587) und der →Vulgata (1590).

Sixtinische Kapelle, 1) *bildende Kunst:* päpstl. Hauskapelle im Vatikan in Rom, unter Papst SIXTUS IV. von GIOVANNINO DI PIETRO DE' DOLCI († 1486) 1473–81 erbaut. In der S. K. findet das (erste) Treffen der Kardinäle zur Papstwahl und ggf. die Wahl selbst statt. Ihre künstler. Gestaltung ist hervorragend. Sie enthält an den Längsseiten Fresken mit Themen aus dem A. T. und N. T. von PERUGINO, PINTURICCHIO, S. BOTTICELLI, GHIRLANDAIO, C. ROSSELLI, L. SIGNORELLI (1481/82) und an der Decke (1508–12) und an der Altarwand (1534–41) die Fresken von MICHELANGELO. Die 1980 begonnene Restaurierung der S. K. konnte 1994 vorerst abgeschlossen werden.
BILDER →Michelangelo, →Restaurierung, →Sibylle

2) *Musik:* amtlich **Cappella Musicale Pontificia** [-tʃa], das bei Papstmessen mitwirkende Sängerkollegium. Seit 1378 nachweisbar, im 15. und 16. Jh. mit bis zu 30 Mitgl. eine der führenden Pflegestätten der Vokalpolyphonie, der u. a. G. DUFAY, JOSQUIN DESPREZ und G. P. DA PALESTRINA angehörten. Über Jahrhunderte hinweg pflegte und bewahrte sie die Werke der Palestrina-Zeit und vermittelte so den spätniederländ. A-cappella-Stil als (v. a. kirchenmusikal.) Kompositionsideal der folgenden Epochen, bis hin zu dessen historisierender Wiederbelebung (→Caecilianismus) und wiss. Aufarbeitung im 19. Jahrhundert.

Sixtinische Madonna, Altarbild (um 1513/14, fertig gestellt 1516) von RAFFAEL; nach G. VASARI für die Klosterkirche San Sisto zu Piacenza gemalt; benannt nach deren auf dem Bild dargestellten Schutzpatron, Papst SIXTUS II.; seit 1754 in Dresden.

Sixtus, Päpste:

1) Sixtus I., Xystus I. (115?–125?), nach der ältesten röm. Bischofsliste Nachfolger ALEXANDERS I. und sechster Nachfolger des Apostels PETRUS; später als Märtyrer verehrt. – Heiliger (Tag: 6. 4.).

2) Sixtus II., Xystus II. (257–258), † Rom 6. 8. 258; lenkte im →Ketzertaufstreit, der zw. seinem Vorgänger STEPHAN I. und den Bischöfen Nordafrikas und Kleinasiens entstanden war, konnte ihn aber nicht völlig beilegen. In der Christenverfolgung unter VALERIAN wurde S. während eines Gottesdienstes im Coemeterium des Papstes CALIXTUS I. zus. mit vier Diakonen verhaftet, die, ebenso wie er, noch am selben Tage enthauptet wurden. – Heiliger (Tag: 7. 8.).

3) Sixtus III., Xystus III. (432–440), † Rom 19. 8. 440; war als Presbyter Anhänger des PELAGIUS gewesen, distanzierte sich aber als Papst unter dem Einfluss des AUGUSTINUS vom →Pelagianismus. In den Auseinandersetzungen um den →Nestorianismus unterstützte er die Ausgleichsbemühungen Kaiser THEODOSIUS' II., die 433 zur Versöhnung zw. den Patriarchen JOHANNES VON ANTIOCHIA († 441) und KYRILL VON ALEXANDRIA führten. S. entfaltete eine rege Bautätigkeit in Rom (u. a. Santa Maria Maggiore und das Baptisterium im Lateran). – Heiliger (Tag: 19. 8.).

4) Sixtus IV. (1471–84), früher **Francesco della Rovere,** * Celle (heute Celle Ligure, Prov. Savona) 21. 7. 1414, † Rom 12. 8. 1484; trat früh den Franziskanerkonventualen bei, lehrte u. a. an der Ordenshochschule, wurde 1464 Ordensgeneral, 1467 Kardinal. Sein Pontifikat ist durch einen ausgeprägten Nepotismus, damit verbundene polit. Auseinandersetzungen mit ital. Fürsten (Medici, Colonna), eine aufwendige Hofhaltung und die Unterstützung der Wissenschaften und Künste (u. a. Förderung der Vatikan. Bibliothek und Bau der →Sixtinischen Kapelle) gekennzeichnet und gilt als Beginn des eigentl. Renaissancepapsttums. Innerkirchlich förderte S. Bettelorden und Marienfrömmigkeit. In Reaktion auf die Bestrebungen des Erzbischofs ANDREAS ZAMOMETIČ (* um 1420, † 1484), der die Missstände an der Kurie anprangerte und im Sinne des Konziliarismus ein Konzil gegen S. einberufen wollte, erneuerte dieser 1483 das Verbot der Appellation an ein allgemeines Konzil.

5) Sixtus V. (1585–90), früher **Felice Peretti**, * Grottammare (bei Ascoli Piceno) 13. 12. 1521, † Rom 27. 8. 1590; trat als Kind den Franziskanerkonventualen bei, wurde 1566 General des Ordens und Bischof von Sant' Agata de' Goti, 1570 Kardinal, 1571 Bischof von Fermo. Als energ. Verfechter der →katholischen Reform ist S. einer der bedeutendsten Päpste der frühen Neuzeit. Seine Reform der Kurie durch Einrichtung von 15 Einzelressorts, den Kardinalskongregationen (Kurienkongregationen), und des Kardinalskollegiums durch Festlegung der Höchstzahl der Kardinäle auf 70, hatte bis ins 20. Jh. Bestand. S. forcierte den röm. Zentralismus durch die Neuregelung der bischöfl. Rombesuche (Berichtspflicht) und richtete die Vatikan. Druckerei ein, die 1590 eine von ihm überarbeitete – allerdings fehlerhafte und daher schon 1592 revidierte – amtl. Ausgabe der Vulgata, die ›Sixtina‹, besorgte. Wegen seiner ausgedehnten Bautätigkeit (u. a. Vollendung der Kuppel des Petersdomes) gilt S. als Schöpfer des barocken Rom.

R. SCHIFFMANN: Roma felix. Aspekte der städtebaul. Gestaltung Roms unter Papst S. V. (Bern 1985).

Sixtus-Affäre, die nach SIXTUS Prinz von Bourbon-Parma (* 1886, † 1934; Bruder der österr. Kaiserin ZITA, belg. Offizier) benannten geheimen österr. Friedensbemühungen mit der Entente im Ersten Weltkrieg; im Frühjahr 1917 von SIXTUS ohne Wissen der dt. Reichsleitung, aber im Einverständnis mit seinem Schwager, Kaiser KARL I., und dem österr. Außen-Min. CZERNIN unternommen. In zwei ›Sixtus-Briefen‹ stellte KARL I. seine Unterstützung der frz. Ansprüche auf Elsass-Lothringen in Aussicht. Diese v. a. an der Forderung Italiens nach Abtretung Südtirols gescheiterte Friedensaktion wurde von G. B. CLEMENCEAU im April 1918 bekannt gemacht und führte zur erhebl. Belastung des dt.-österr. Verhältnisses.

Sixt von Staufen, Hans, Bildhauer der 1. Hälfte des 16. Jh.; wohl 1515–32 in Freiburg im Breisgau tätig, wo er für die Lochererkapelle des Münsters den Schnitzaltar mit der Schutzmantelmadonna in der Schreinmitte schuf (1521–24) sowie vier Fürstenstatuen und Wappenreliefs an der Fassade des Kaufhauses (1530). In seinen Werken verbinden sich Stilelemente der spätgotischen oberrhein. und der fränk. Schnitzkunst mit Formen der Renaissance.

Siyah Kuh [pers. ›schwarzes Gebirge‹], **1)** Teil des westl. Hindukusch, südlich des Hari Rud, Afghanistan, bis 3 600 m ü. M.
2) Gebirge südlich des Flusses Kabul, westlich von Jalalabad, Afghanistan, bis 2 500 m ü. M.

Siyu, histor. Ort auf der Insel Pate, Kenia. Die zw. dem 16. und 19. Jh. blühende Handelsstadt gehörte zum Suaheli-Kulturkreis. In S. wurde bes. feine Handwerkskunst hergestellt, die ihren Höhepunkt im 18. Jh. hatte. Die Holzbearbeitung gipfelt in den kunstvoll gedrechselten Bettgestellen, meist aus Sesamholz. Die Schnitzmuster an kleineren Gegenständen des tägl. Lebens sind stark verfeinert. Die Silberarbeiten (Amulettbehälter, Schmuck u. a.) weisen geometr., getriebene oder gestanzte Muster auf.

Siza Vieira [ˈsiza ˈvjeira], Alvaro, port. Architekt, * Matosinhos 25. 6. 1933; studierte in Porto, seit 1958 eigenes Büro, seit 1965 Prof. in Porto. Seine der Moderne und gleichzeitig den lokalen Fragestellungen verpflichteten Bauten machten ihn zu einem führenden Vertreter des ›krit. Regionalismus‹. S. V. erhielt 1992 für den Wiederaufbau des durch einen Großbrand 1988 zerstörten Chiado-Viertels in Lissabon den Pritzker-Preis.

Werke: Wohnquartier São Victor in Porto (1974–77); Schles. Torhaus in Berlin (1980–83); Bankgebäude in Vila do Conde (1980–86); Pavillon der Architekturfakultät in Porto (1988ff.); Museum für zeitgenöss. Kunst in Santiago de Compostela (1988–94); Fabrikhalle in Weil am Rhein (1992–94).

B. FLECK: A. S. (Basel 1992); A. S. City sketches. Stadtskizzen, hg. v. DERS. (ebd. 1994); Architekten – A. S. V., bearb. v. D. HEZEL (³1995); A. S., bearb. v. P. TESTA (Basel 1996, dt. u. engl.).

Sizewell [ˈsaɪzwəl], Ortsteil der Gem. Leistoncum-Sizewell, Cty. Suffolk, England, an der Nordseeküste; Kernkraftwerk (Inbetriebnahme 1966, 1 175 MW Nettoleistung).

Siziliane [ital., von lat. siciliana ›(die) aus Sizilien stammend(e)‹] *die, -/-n,* seit dem 14. Jh. bekannte Bez. für eine aus Sizilien stammende achtzeilige Strophenform in einpaarigem Kreuzreim (ababab), die im 16. Jh. durch den Begriff Strambotto (›Ottave siciliane‹) ersetzt wurde. In dieser Phase setzte auch die Übertragung von S. auf musikal. Formen ein, die im 18. Jh. ihren Höhepunkt fand.

Papst Sixtus V.

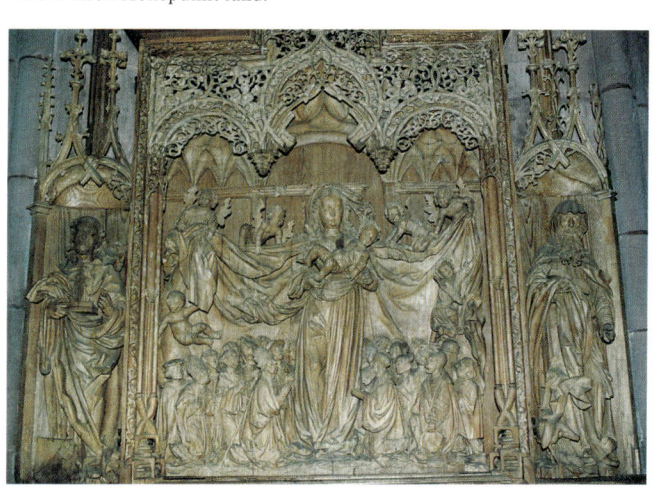

Hans Sixt von Staufen: Schnitzaltar mit Schutzmantelmadonna in der Lochererkapelle des Münsters in Freiburg im Breisgau; 1521–24

Sizilianer, die Bewohner Siziliens und der kleineren umliegenden Inseln, aus der Urbevölkerung (Sikaner) und den im Laufe der Geschichte eingedrungenen fremden Volksgruppen zur heutigen Volksform verschmolzen (→Sizilien, Geschichte). An die Herkunft der S. erinnern noch viele Relikte in der sizilian. Volkskultur: Die Gebärdensprache enthält griech. Elemente; das Volkslied weist arab. Einflüsse auf; die archaischen, einräumigen und fensterlosen Steinhäuser im Landesinneren sind Berberhäusern verwandt; die Laienbruderschaften (cofradios) in den Fronleichnamsprozessionen haben ihre Gegenstücke in Spanien usw. Die Volkskunst äußert sich in Schnitzereien, Töpferei und Terrakottaplastik. Charakteristisch sind die mit traditionellen Szenen bunt bemalten zweirädrigen Karren, deren Zugtiere mit Federn und bemaltem Zuggeschirr geschmückt sind. Volkstüml. Musikinstrumente sind die Schalmei (Gaita), die Mandoline und Kastagnetten. Bes. reich vertreten ist das Lied- und Erzählgut.

Sizilien: Die Stadt Agira nordöstlich von Enna; im Hintergrund der Ätna

Sizilien – die Menschen, das Land u. der Staat, hg. v. C. GIORDANO u. a. (1986); Märchen aus Sizilien, hg. v. R. SCHENDA (1991).

Sizilianische Dichterschule, ital. **Scuola siciliana** [-sitʃiˈliaːna], Gruppe von hohen Beamten am Hof Kaiser FRIEDRICHS II. in Sizilien, die sich – möglicherweise einer Anregung des Kaisers selbst folgend – auf der Basis ihrer eigenen poetologisch-rhetor. Kenntnisse mit der Lyrik der provenzal. Troubadours beschäftigte und deren Formen und Inhalte in die Landessprache umsetzte. Entsprechend sind ihre Texte auch stark mit Provenzalismen und Latinismen durchsetzt. Zu den Autoren, deren Wirksamkeit um 1240 begann, gehörten neben dem Kaiser und seinen Söhnen MANFRED und ENZIO u. a. der Kanzler PIER DELLA VIGNA (→Petrus, P. de Vinea), die Juristen STEFANO PROTONOTARO († vor 1301), GIACOMO DA LENTINI und GUIDO DELLE COLONNE (*um 1210, †nach 1287); nicht alle Dichter stammten aus Sizilien, so RINALDO D'ACQUINO oder GIACOMINO PUGLIESE. Die S. D. prägte die Grundformen der ital. Lyrik, Kanzone und Sonett, als dessen Erfinder GIACOMO DA LENTINI gilt. Die Bez. ›sizilian.‹ Dichterschule geht auf DANTE zurück (›De vulgari eloquentia‹, entstanden nach 1305). Von ihm wie auch von der neueren Literaturgeschichtsschreibung werden der S. D. die späteren toskan. Dichter vor dem Dolce stil nuovo zugerechnet, wie etwa CHIARO DAVANZATI († vor 1280). Die S. D., deren eigene poet. Aktivitäten spätestens mit dem Tod ENZIOS in Bologna 1272 erloschen, hat mit ihren Texten die ital. Lyrik der Folgezeit formal bes. durch das Sonett und thematisch v. a. durch den Entwurf einer vergeistigten Liebesbegegnung inspiriert. Sie wirkte weit über den ital. Sprachraum auf die europ. Liebesdichtung bis ins 18. Jh. hinein.

Ausgabe: Le rime della scuola siciliana, hg. v. B. PANVINI, 2 Bde. (1962–64).

U. MÖLK: Die sizilian. Lyrik, in: Europ. Hoch-MA., hg. v. H. KRAUSS (1981); G. FOLENA: Siciliani, in: Dizionario critico della letteratura italiana, hg. v. V. BRANCA, Bd. 4 (Neuausg. Turin 1990).

Sizilianische Vesper, Aufstand der Bürger Palermos gegen die Herrschaft KARLS I. von Neapel-Sizilien (aus dem Haus →Anjou), der am Ostermontag (30. 3.) 1282 zur Vesper ausbrach und auf ganz Sizilien übergriff. Mit der Intervention PETERS III. von Aragonien (Erbansprüche als Schwiegersohn des Staufers MANFRED) nahm der Konflikt europ. Ausmaße an. Die auf Eroberung Konstantinopels und Schaffung eines angevin. Mittelmeerreiches abzielende Politik KARLS hatte gleichzeitig den byzantin. Kaiser MICHAEL VIII. in die antiangevin. Koalition getrieben. Die Niederlage KARLS bedeutete die Preisgabe Siziliens an Aragonien, eine entscheidende Voraussetzung für den Aufstieg des späteren Spanien zur Weltmacht.

S. RUNCIMAN: Die S. V. (a. d. Engl., ²1976).

sizilianische Vesper, Die, frz. ›Les vêpres siciliennes‹, Oper von G. VERDI, Text von E. SCRIBE und C. DUVEYRIER; Uraufführung 13. 6. 1855 in Paris.

Sizilien, ital. **Sicilia** [siˈtʃiːlia], die größte Insel Italiens und des Mittelmeeres, 25 426 km², mit Nebeninseln als autonome Region 25 707 km², 5,091 Mio. Ew.; Hauptstadt ist Palermo.

Landesnatur

S. ist durch die Straße von Messina vom ital. Festland getrennt. Westlich der Meeresstraße setzt sich der Apenninbogen in den kristallinen Monti Peloritani (1 279 m ü. M.), der Flyschkette der Monti Nebrodi (1 847 m) und den Kalkstöcken der Madonie (1 979 m) fort bis zu den Kalkbergen von Palermo. Südlich anschließend erheben sich Schichtkämme und Tafeln aus Mergeln und Tonen, die Gips, Salz und Schwefel enthalten. Im W überragen Kalkberge ein erdbebenreiches Flyschhügelland, im SO ist eine Kalksandsteintafel z. T. von Basalt überdeckt (Hybläisches Bergland). Der mächtige Vulkanbau des aktiven Ätna (3 340 m ü. M.) beherrscht die O-Seite (BILDER →Ätna). S. hat heiße, trockene Sommer und milde Winter; die durchschnittl. Temperaturen betragen in Palermo im Januar 11,4°C, im August 25,4°C. Reste von Eichen- und Buchenwäldern sowie Macchienvegetation finden sich auf Gebirgshöhen und Steilhängen.

Bevölkerung, Wirtschaft

Im dünn besiedelten Binnenraum, der von der Natur benachteiligt ist, lebt die Bevölkerung in Agrostädten (meist in Höhenlagen) mit Großgemarkungen. In diesem Gebiet herrscht extensiver Anbau von Weizen im

Wechsel mit Bohnen und Klee vor. Die intensiv genutzten Tafeln im S, die Küsten- und Schwemmlandebenen sind dicht bewohnt. Auf bewässerbaren Terrassen wie am Ätna und an der NO-Küste überwiegen Baum- (v. a. Zitrusfrüchte u. a. Obst; S. ist der Hauptproduzent Italiens für Orangen, Mandarinen, Zitronen) und Mischkulturen; ohne Bewässerung Oliven, Reben, Walnüsse. Die Zitrusfruchthaine von Palermo werden von der Stadt verdrängt. Im W der Insel intensiver Weinbau (Marsala), im S Mandel-, Tafeltrauben- und Frühgemüseanbau.

Von den ehem. großen Salinen bei Trapani ist nur eine (San Pantaleo) aktiv. Nachfolger des Schwefelbergbaus sind Stein- und Kalisalzförderung, daneben Erdgas-, bei Ragusa und Gela Erdölgewinnung. Großbetriebe der Petrochemie in Milazzo, Gela und Augusta, außerdem in Syrakus, Ragusa; weitere Industrie v. a. bei Palermo und Catania. Außer der Küstenfischerei (Sardellen, Thun-, Schwertfisch, Makrelen, Krebstiere) wird Hochseefischerei betrieben (Mazara del Vallo im SW). Anziehungspunkte für den Fremdenverkehr sind bes. archäologische Stätten, Ätna, Liparische Inseln, Palermo, Taormina, Catania, Messina, daneben auch die Küsten (Wassersport). Da Industrie und Fremdenverkehr nicht alle aus Landwirtschaft und Handwerk freigesetzten Arbeitskräfte beschäftigen können, erfolgt weiterhin Abwanderung zum Festland, Italien und in andere europ. Länder.

S. ist durch Bahnlinien und Straßen (auch Autobahnen) erschlossen, mit dem Festland durch Fähren verbunden und hat Flughäfen bei Catania, Palermo und Trapani; eine Brücke (für Eisenbahn und Autos) über die Straße von Messina nach Kalabrien ist geplant. Eine Erdgaspipeline von Algerien über Tunesien nach S. endet bei Mazara del Vallo.

Geschichte

Die ältesten Bewohner S.s (griech. **Sikelia**) waren der Überlieferung nach die wohl vorindogerman. Sikaner, die durch die vom Festland eingewanderten (namengebenden) Sikuler nach W gedrängt wurden, und – um Segesta und Eryx – die Elymer. Eine myken. Präsenz ist heute archäologisch gesichert (Thapsos). Seit Beginn des 1. Jt. v. Chr. wanderten Phöniker, seit Mitte des 8. Jh. v. Chr. Griechen ein. Griech. Gründungen sind u. a. Naxos, Zankle (heute Messina), Katane (heute Catania), Syrakus im O, Gela, Akragas (heute Agrigent) im S, Himera im N. Der W im Besitz der Karthager. S. wurde zum westl. Mittelpunkt der griech. Kultur. Verfassungskämpfe und der Ggs. ion. und dor. Städte beeinträchtigten, wie die ständige Bedrohung durch Karthago, die friedl. Entwicklung. Der Sieg des →GELON über die Karthager bei Himera (480 v. Chr.) sicherte den Griechen eine Zeit der Ruhe, doch nach dem Scheitern der →Sizilischen Expedition Athens (413 v. Chr.) griffen die Karthager wieder an. In der Abwehr übernahm Syrakus (DIONYSIOS I. und II., AGATHOKLES) die Führung. Im 1. Punischen Krieg (264–241 v. Chr.) war S. Schauplatz der Auseinandersetzungen zw. Karthago und Rom; 241 v. Chr. wurde S. röm. Prov., mit Ausnahme des Territoriums von Syrakus (erst 212 v. Chr. römisch). S. wurde zur Kornkammer Italiens, durch Sklavenkriege (136–132 und 104–101 v. Chr.) jedoch schwer erschüttert. In der Kaiserzeit erholte sich S., konnte aber die frühere Bedeutung als Getreideproduzent nicht wieder erreichen. Nach der Herrschaft der Wandalen (seit 440), Ostgoten (seit 493), von Byzanz (seit 535) und Arabern (Sarazenen, seit 827) eroberten die Normannen unter ROGER I. zw. 1060 und 1091 die Insel.

Die Normannen und ihre stauf. Erben (1194) schufen auf arab. Grundlage einen modernen Verwaltungsstaat. Papst URBAN II. übertrug den normann. Grafen 1098 die Legatengewalt. Seit 1130 führte ROGER II., der S. mit seinen südital. Besitzungen vereinigt hatte, den Königstitel (›Monarchia sicula‹). Unter Kaiser FRIEDRICH II. (als FRIEDRICH I. König von S.) wurde die Insel eines der kulturellen Zentren Europas. Die Staufer unterlagen 1268 KARL I. von Anjou, der 1282 (→Sizilianische Vesper) S. an PETER III. von Aragonien verlor. 1442 stellte ALFONS V. von Aragonien die Vereinigung S.s mit dem Königreich →Neapel wieder her, dessen Schicksal es teilte, bis S. 1713 an Savoyen und 1720 an die österr. Habsburger kam. 1735 wurde es mit Neapel Sekundogenitur der span. Bourbonen. Als Unteritalien 1806–15 französisch war, blieb S. mit brit. Hilfe bourbonisch. 1815 wurde es wieder mit Neapel vereinigt, seit 1816 unter dem Namen ›Königreich beider S.‹. Mit den Revolutionen 1820/21 und 1848/49 erstrebten die Sizilianer vergeblich eine Sonderstellung. 1860 stürzte G. GARIBALDI die Bourbonenherrschaft; 1861 wurde S. ein Teil des Königreichs Italien. Seitdem bemühte sich die Zentral-Reg. (so v. a. die aus S. stammenden führenden Staatsmänner wie F. CRISPI und V. E. ORLANDO), die kulturelle, wirtschaftl. und polit. Rückständigkeit der Insel gegenüber dem N Italiens auszugleichen. Die schweren Landarbeiterunruhen (Fasci dei lavoratori) 1893/94 konnten nur mit Mühe unterdrückt werden. Das faschist. Regime B. MUSSOLINIS suchte die →Mafia mit polizeistaatl. Mitteln zu bekämpfen. Nach der Landung alliierter Streitkräfte (1943) kam es in S. zu heftigen Kämpfen. Um separatist. Strömungen aufzufangen, gab die Verf. der Rep. Italien (1946) S. die Stellung einer Region mit Sonderstatut (Autonomierechte auf wirtschaftl. und kulturellem Sektor).

Die Insel, Teil des wirtschaftsschwächeren →Mezzogiorno, wird in ihrer Entwicklung durch die Verquickung von Mafia, Bürokratie und Korruption beeinträchtigt.

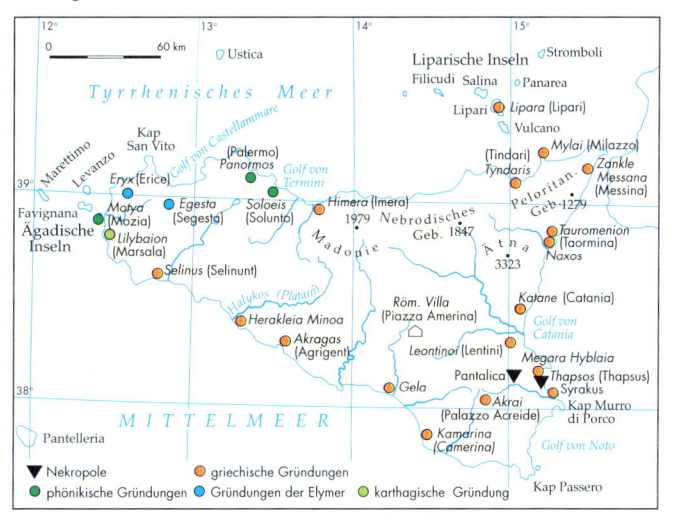

Sizilien in der Antike

J. J. NORWICH: Die Normannen in S. (a. d. Engl., ²1973); R. KING u. A. STRACHAN: Sicilian agro-towns, in: Erdkunde, Bd. 32 (1978); G. GEROLD: Agrarwirtschaftl. Inwertsetzung Südost-S.s (1982); H. PICHLER: Italien. Vulkangebiete, Bd. 4: Ätna, S. (1984); H. u. H. REIMANN: S. Studien zur Gesellschaft u. Kultur einer Entwicklungsregion (1985); W. GRAUBNER: Kleine Gesch. S.s (1988); R. MONHEIM: Fremdenverkehr in S., in: Geograph. Rundschau, Jg. 40 (1988); R. R. HOLLOWAY: The archaeology of ancient Sicily (London 1991); F. KUROWSKI: S. Die große Gesch. einer Insel (Neuausg. 1991); S. – Insel zw. Orient u. Okzident, Beitr. v. B. CARNABUCI u. a. (1992); G. BAAKEN: Ius imperii ad regnum. Königreich S., Im-

Sizi Sizilien – Skácel

perium Romanum u. röm. Papsttum vom Tode Kaiser Heinrichs VI. bis zu den Verzichtserklärungen Rudolfs von Habsburg (1993); M. I. FINLEY: Das antike S. (a. d. Engl., Neuausg. 1993); DERS. u. a.: Gesch. S.s u. der Sizilianer (a. d. Engl., ²1998); B. RILL: S. im MA. (1995); Die Staufer im Süden. S. u. das Reich, hg. v. T. KÖLZER (1996).

Sizili|en, Straße von S., Straße von Tunis, Meeresstraße im Mittelmeer zw. Nordafrika und Sizilien, 150 km breit, verbindet das westl. Mittelmeerbecken mit dem Ionischen Becken, 400–500 m tief. Entlang der afrikan. Seite fließt eine mäßige, ostwärts gerichtete Oberflächenströmung mit etwa 1,4 km/h.

Sizilische Expedition, die Expedition der Athener gegen Syrakus 415–413 v. Chr. Anlass war ein Hilferuf des mit Athen verbundenen Segesta, das mit dem von Syrakus unterstützten Selinus (heute Selinunt) im Krieg lag, das Ziel die Einbeziehung Siziliens in den athen. Machtbereich. Initiator und Führer – neben NIKIAS und LAMACHOS – des Unternehmens war →ALKIBIADES. Mit seiner Abberufung und Flucht nach Sparta wurden schon vor Beginn der Belagerung von Syrakus die Aussichten auf Erfolg der S. E. gering. NIKIAS und LAMACHOS vermochten weder auf Sizilien Anhang zu gewinnen noch Syrakus völlig einzuschließen. Dagegen gelangte der auf ALKIBIADES' Rat von Sparta gesandte GYLIPPOS in die Stadt und gestaltete die Lage der Athener immer schwieriger. Auch ein von Athen unter dem Feldherrn DEMOSTHENES geschicktes Geschwader brachte keine Wendung. Gegen einen rechtzeitigen Abzug erhob NIKIAS Bedenken. Nachdem die athen. Flotte entscheidend geschlagen war, führte der Abmarsch des Landheeres zur völligen Katastrophe. Die Überlebenden (7 000 Mann) kamen als Arbeitssklaven in die Steinbrüche, die athen. Feldherren wurden hingerichtet. Im Peloponnes. Krieg bedeutete die S. E. den Wendepunkt zugunsten Spartas.

SJ, Abk. für Societas Jesu, →Jesuiten.

Sjælland [ˈsjɛlan], dän. Insel, →Seeland.

Sjewerodonezk, Stadt in der Ukraine, →Sewerodonezk.

Sjöberg [ˈʃøːbærj], **1) Alf,** schwed. Regisseur, *Stockholm 21. 6. 1903, †ebd. 17. 4. 1980; ab 1925 am Königlichen Dramat. Theater in Stockholm, zunächst als Schauspieler, ab 1930 auch als Regisseur; international bekannt v. a. durch Shakespeare-Inszenierungen und seine Filme.

Filme: Himmelsspiel (1942); Die Hörige (1944); Rya, Rya – nur eine Mutter (1949); Fräulein Julie (1951); Barabbas (1953).

G. LUNDIN: Filmregi A. S. (Lund 1979).

2) Erik, schwed. Schriftsteller, →Vitalis.

Sjögren-Syndrom [ˈʃøgreːn-; nach dem schwed. Augenarzt HENRIK SJÖGREN, *1859, †1939], v. a. bei Frauen auftretende Erkrankung des Bindegewebes mit entzündl. Veränderungen der Haut und ihrer Anhangsgebilde, oft auch mit entzündl. Gelenkveränderungen verbunden. Grundlage des S.-S. ist eine Gewebeatrophie und eine dadurch verminderte Sekretion der Tränen-, Speichel- und Schleimhautdrüsen. Hauptsymptome sind Trockenheit und Entzündungen der Augen, des Mundes, der Atemwege, der Verdauungsorgane und des weibl. Genitalbereichs. Ursächlich werden Störungen des Immunsystems (Autoimmunkrankheit) angenommen. Die *Behandlung* erfolgt mit Antirheumatika und Glucocorticoiden.

Sjöman [ˈʃøːman], **Vilgot,** schwed. Drehbuchautor und Filmregisseur, *Stockholm 2. 12. 1924; Zusammenarbeit mit I. BERGMAN; drehte 1962 seinen ersten Film; stellte die aus Sexualfeindlichkeit hervorgehende menschl. Verkümmerung und Perversion dar.

Filme: Schlafwagenabteil (1962); 491 (1963); Syskonbädd 1782 (1965); Ich bin neugierig, gelb (1967); Ich bin neugierig, blau (1968); Troll (1971); Linus u. das alte Backsteinhaus (1979); Jag rodnar (1981); Fallgropen (1989).

Sjomin, Semin [ˈsjo-], Witalij Nikolajewitsch, russ. Schriftsteller, *Rostow am Don 12. 6. 1927,

†Moskau 10. 5. 1978; war 1942–45 Zwangsarbeiter in Dtl., deswegen 1953 von der Hochschule verwiesen; Dorfschullehrer, Journalist; begann mit Erzählungen aus dem sowjet. Alltag, in deren Mittelpunkt häufig durch das Kriegsgeschehen geprägte Charaktere stehen. Sein Roman ›Nagrudnyj znak „OST"‹ (1976; dt. u. a. als ›Zum Unterschied ein Zeichen‹) befasst sich mit der Zeit seiner Verschleppung als Ostarbeiter in ein dt. Lager.

Weitere Werke: *Erzählungen:* Štorm na Cimle (1960); Lastočka – zvezdočka (1963); Sto dvadcat' kilometrov do železnoj dorogi (1964); Semero v odnom dome (1965; dt. Sieben in einem Haus).

Sjöström [ˈʃøːstrœm], **Victor,** schwed. Schauspieler, Regisseur und Drehbuchautor, *Silbodal (Verw.-Bez. Värmland) 20. 9. 1879, †Stockholm 3. 1. 1960; ab 1912 beim Film; begründete (neben M. STILLER) den Ruf des schwed. Stummfilms; drehte 1923–28 in Hollywood; nach 1937 Schauspieler, zuletzt in I. BERGMANS Film ›Wilde Erdbeeren‹ (1957).

Filme: *Regie:* Terje Vigen (1917); Berg-Eyvind och hans hustru (1917); Der Fuhrmann des Todes (1920); Der Mann, der die Ohrfeigen bekam (1924); The wind (1927); Unter der roten Robe (1937).

B. FORSLUND: V. S. Hans liv och verk (Stockholm 1980).

Sjöwall [ˈʃøːval], **Maj,** schwed. Schriftstellerin, *Stockholm 25. 9. 1935; verfasste zw. 1965 und 1975 mit ihrem Mann P. WAHLÖÖ den zehnbändigen Romanzyklus ›Roman om ett brott‹ (dt. ›Roman über ein Verbrechen‹; z. T. verfilmt), der unter Ausnutzung des publikumswirksamen Genres Kriminalroman eine krit. Analyse der schwed. Gesellschaft bietet.

Werke: *Romanzyklus:* Roman om ett brott: Roseanna (1965; dt. Die Tote in Götakanal), Mannen som gick upp i rök (1966; dt. Der Mann, der sich in Luft auflöste), Mannen på balkongen (1967; dt. Der Mann auf dem Balkon), Den skrattande polisen (1968; dt. Endstation für neun), Brandbilen som försvann (1969; dt. Alarm in Sköldgatan), Polis, polis, potatismos! (1970; dt. Und die Großen läßt man laufen), Den vedervärdige mannen från Säffle (1971; dt. Das Ekel aus Säffle), Det slutna rummet (1972; dt. Verschlossen u. verriegelt), Polismördaren (1974; dt. Der Polizistenmörder), Terroristerna (1975; dt. Die Terroristen). – *Weiterer Roman:* Kvinnan som liknade Greta Garbo (1990, mit T. ROSS; dt. Eine Frau wie Greta Garbo).

Ausgabe: Roman über ein Verbrechen. Die 10 Romane mit Kommissar Martin Beck, 10 Bde. (36.–44. Tsd. 1991).

SK, Nationalitätszeichen für Slowak. Republik.

Ska der, -(s), *Musik:* →Reggae.

Skabi|es [lat.] *die, -,* die →Krätze.

Skabiose [zu lat. scabiosus ›räudig‹ (die Pflanze galt als volkstüml. Heilmittel gegen Hautkrankheiten)] *die, -/-n,* **Grindkraut, Scabiosa,** Gattung der Kardengewächse mit 80 Arten im gemäßigten Eurasien, im Mittelmeerraum, in den ostafrikan. Gebirgen und im südl. Afrika; einjährige oder ausdauernde, meist behaarte Kräuter oder Halbsträucher mit verschiedenfarbigen Blüten mit einem schirmartigen, der Verbreitung dienenden Außenkelch. Einheim. Arten sind u. a.: die in den Alpen und im Mittelgebirge (über 1 000 m ü. M.) wachsende **Glänzende S. (Glänzendes Grindkraut,** Scabiosa lucida), eine 20–30 cm hohe Staude mit glänzenden Blättern und rotlilafarbenen, außen flaumig behaarten Blüten; die auf Magerwiesen verbreitete **Tauben-S.** (Scabiosa columbaria), eine bis 70 cm hohe, zweijährige oder ausdauernde Pflanze mit meist blauvioletten Blüten. Einige andere Arten, z. B. die südeurop. **Purpur-S.** (Scabiosa atropurpurea) und die im südl. Afrika und in Spanien heim. **Stern-S.** (Scabiosa stellata), werden als anspruchslose, lange blühende Garten-S. kultiviert.

Skácel [ˈskaːtsɛl], **Jan,** tschech. Lyriker, *Vnorovy (bei Strážnice, Südmähr. Gebiet) 7. 2. 1922, †Brünn 7. 11. 1989; ab 1948 meist Redakteur, wurde 1968 aus der KPČ ausgeschlossen und hatte (bis 1981) Publikationsverbot. Ausgehend von schlichten traditionell-dörfl. Motiven und Naturtopoi der mähr. Landschaft

Maj Sjöwall

Skabiose: Taubenskabiose (Höhe 20–70 cm)

thematisiert S. das Erlebnis der Stille und sucht nach dem verlorenen Gleichgewicht zw. Mensch und Natur; schrieb Kinderbücher und Prosawerke.

Werke: Kolik příležitostí má růže (1957); Co bylo z anděla (1960; dt. Was blieb vom Engel zurück?); Hodina mezi psem a vlkem (1962); Smuténka (1965; dt. Fährgeld für Charon); Vitr jménem Jaromir (1966; dt. Ein Wind mit Namen Jaromir); Metličky (1968); Chyba broskvi (1978); Dávné proso (1981); Kdo pije potmě vino (1988; dt. Wer seinen Wein in der Finsternis trinkt); Noc s Věstonickou Venuší (hg. 1990); A znovu láska (hg. 1991; dt. Und nochmals die Liebe). – Wundklee (1982, Ausw.).

Ausgabe: Básně, 3 Bde. (1995–97).

Skagen [ˈsgaːyɔn], nördlichste Stadt Dänemarks, Amt Nordjütland, Hafen an der O-Küste der Halbinsel Skagens Odde, der N-Spitze Jütlands, mit dem Stadtteil Gammel S. auch an der W-Küste, 13 100 Ew.; Kunst-, Freilichtmuseum; Fischerei, Fischkonserven-, Fischmehlindustrie; Fremdenverkehr. – Das Stadtbild prägen niedrige, gelb gekalkte Gebäude mit Ziegeldächern aus der Zeit um 1900; Fischhallen (1905–07); im 1908 gegründeten Kunstmuseum v. a. Werke aus der um 1880 entstandenen Skagener Künstlerkolonie (P. S. KRØYER, V. JOHANSEN, M. ANCHER). – Im frühen MA. entstand zur Nordsee hin die Siedlung **Gammel S.** Der Strand zum Kattegat wurde später besiedelt. Die verstreut in den Dünen liegenden Häuser gaben dem Ort, der 1413 Stadtrecht erhielt, sein eigentüml. Aussehen: Markt und Straße fehlten.

Skagerrak [dän. ˈsgaːyɔrag] *das* oder *der*, norweg. **Skagerak**, schwed. **Skagerack**, Teil der Nordsee zw. Dänemark (N-Jütland), Norwegen und Schweden; größte Tiefe (725 m) in der Norweg. Rinne. Im S zur jütländ. Küste hin ist das S. flach. – Die **Seeschlacht vor dem S.** (31. 5./1. 6. 1916) zw. der dt. Hochseeflotte und der brit. Grand Fleet war die einzige große Seeschlacht im Ersten Weltkrieg. Sie entwickelte sich zufällig, da sowohl der dt. Flottenchef, Vizeadmiral R. SCHEER, als auch der brit. Admiral J. JELLICOE glaubten, nur auf feindl. Teilstreitkräfte zu stoßen. Insgesamt standen sich in der Schlacht 37 brit. und 21 dt. Großkampfschiffe gegenüber. Obwohl in Verlauf und Ergebnis ein takt. Erfolg der dt. Flotte (etwa 115 000 t Verlust auf brit. Seite gegenüber 61 000 t versenkten dt. Schiffsraums), änderte der Ausgang der Schlacht nichts an der allgemeinen strateg. Seekriegslage (Erster →Weltkrieg).

J. COSTELLO u. T. HUGHES: S. 1916. Dtl.s größte Seeschlacht (a. d. Engl., Neuausg. 1981).

Skagway [ˈskægweɪ], Hafenstadt in Alaska, USA, im Panhandle, 692 Ew. – Gegr. 1897 als Ausgangspunkt zu den Klondike-Goldfeldern; die Eisenbahnlinie nach Whitehorse (Kanada) wurde 1983 stillgelegt.

Skala [ital. scala ›Leiter‹, ›Treppe‹] *die, -/...len* und *-s,* 1) *allg.:* vollständige Reihe zusammengehöriger, sich abstufender Erscheinungen.
2) *Messwesen:* die →Skale.
3) *Musik:* die →Tonleiter.
4) *Sozialwissenschaften:* →Skalierung.

skalar, *Mathematik:* durch reelle Zahlen bestimmt.

Skalar [zu lat. scalaris ›zur Leiter, Treppe gehörig‹] *der, -s/-e,* 1) *Mathematik* und *Physik:* **skalare Größe,** eine von der Wahl eines Koordinatensystems unabhängige und damit gegenüber Koordinatentransformationen invariante Größe **(Tensor 0. Stufe),** die (im Unterschied zu Vektoren) durch Angabe einer einzigen Zahl charakterisiert ist. In der Mathematik sind S. Elemente des zu einem Vektorraum gehörenden Körpers. Physikal. S. (wie Masse, Energie, Temperatur, Dichte, Ladung) müssen mit der entsprechenden Maßeinheit versehen werden, sie sind häufig eine Funktion des Ortes und der Zeit. – Von S. sind wegen ihres anderen Transformationsverhaltens die →Pseudoskalare zu unterscheiden.

2) *Zoologie:* der →Segelflosser.

Skalarfeld, *Physik:* ein durch eine skalare Größe beschreibbares →Feld.

Skalarprodukt, inneres Produkt, *lineare Algebra:* das Produkt zweier Vektoren $\boldsymbol{a} = (a_1, ..., a_n)$ und $\boldsymbol{b} = (b_1, ..., b_n)$ aus dem reellen Vektorraum $\mathbb{R}^n$, das durch

$$\boldsymbol{a} \cdot \boldsymbol{b} = \sum_{i=1}^{n} a_i b_i$$

definiert ist; andere für das S. übl. Schreibweisen sind $\boldsymbol{ab}$ und $(\boldsymbol{a}, \boldsymbol{b})$. Bezeichnet γ den von $\boldsymbol{a}$ und $\boldsymbol{b}$ eingeschlossenen Winkel, so gilt auch

$$\boldsymbol{a} \cdot \boldsymbol{b} = |\boldsymbol{a}| \cdot |\boldsymbol{b}| \cdot \cos \gamma,$$

wobei $|\boldsymbol{a}|$ und $|\boldsymbol{b}|$ die Beträge (Längen) der Vektoren bezeichnen. Das S. lässt sich auf allgemeinere Vektorräume übertragen, z. B. als S. in einem →Hilbert-Raum; es wird dann als Bilinearform, die je zwei Elemente eines Vektorraumes auf ein Element (Skalar) aus dessen Grundkörper abbildet, mit bestimmten zusätzl. Eigenschaften definiert. (→orthogonal)

Skalbe, Kārlis, lett. Schriftsteller, * Vecpiebalgas Incēni (Livland) 7. 11. 1879, † Stockholm 15. 4. 1945; trat im Ersten Weltkrieg für die Unabhängigkeit Lettlands ein, 1922 Mitgl. der Saeima (lett. Volksvertretung), emigrierte 1944 nach Schweden. In seiner vom Symbolismus geprägten Lyrik wechseln melanchol. Stimmungen mit überschäumender Lebensfreude und dem Glauben an eine bessere Zukunft. Als Meister des Kunstmärchens (v. a. ›Ziemas pasakas‹, 1913; dt. ›Wintermärchen‹) verschmolz er Elemente lett. und fremder Volksmärchen mit solchen des europ. Kunstmärchens.

Weitere Werke: *Lyrik:* Cietumnieka sapņi (1902); Sirds un saule (1911); Klusuma meldijas (1941). – *Märchen:* Pazemīgās dvēseles (1911); Kaķīša dzirnavas (1914).

Ausgabe: Raksti, 6 Bde. (1952–55).

Skalden [altnord. skáld, urspr. wohl ›Dichtung‹, ›Gedicht‹], Bez. für die altnord. Dichter v. a. der Wikingerzeit (9.–11. Jh.), die eine nach bestimmten Regeln aufgebaute stroph. Dichtung (S.-Dichtung) häufig an Fürstenhöfen vortrugen und dort, aber auch außerhalb der höf. Kreise, hohes Ansehen genossen und bisweilen von skandinav. Fürsten u. a. mit diplomat. Missionen betraut wurden. Der erste bekannte S. ist der Norweger →BRAGI (um 850), der wegen seines bereits voll ausgereiften skald. Stils später als ›Erfinder‹ der S.-Dichtung angesehen und den altnord. Göttern zugeordnet wurde. Die meisten S. stammten aus Island (z. T. auch aus Norwegen) und sind namentlich bekannt. Von einigen (z. B. EGILL SKALLAGRÍMSSON; KORMÁKR ÖGMUNDARSON, 10. Jh.) sind Biographien in Sagaform (→Saga) überliefert.

Skaldendichtung, in der altnord. Literatur die nichtepische stroph. Dichtung der Skalden. Sie umfasst Preis-, Schmäh- und Liebesdichtung und erlebte in den Fürstenpreisliedern der Wikingerzeit, im 9.–11. Jh., ihre Blüte. Metrik und Stil der S. sind charakterisiert durch ein hochkompliziertes artist. System von Silbenzählung, Stabreim, Binnenreim, besonderen Zäsurgesetzen und oft mehrgliedrigen poet. Umschreibungen (→Kenning), deren Bildung und Entschlüsselung die genaue Kenntnis der heidn. Mythologie voraussetzt. Hauptmetrum ist das →Dróttkvætt (›Hofton‹), die skald. Großform der Fürstenpreislied (→Drápa). Im Unterschied zu den anonym überlieferten Liedern der Edda können die meisten Skaldengedichte namentlich bekannten Dichtern zugeordnet werden. Die S. entstand in Norwegen, nach der norweg. Besiedlung Islands sind fast nur noch isländ. Skalden bekannt. Die älteste überlieferte Dichtung ist die ›Ragnarsdrápa‹ des Norwegers BRAGI (um 850), die bereits alle grundlegenden formalen Elemente der S. aufweist. Neben dem Fürstenpreis dichteten die Skalden auch über ganz persönl. Erleben, so u. a. in

Skal Skale – Skalierung

der leidenschaftl. Liebeslyrik (KORMÁKR ÖGMUNDARSON, 10. Jh.) und Totenklage (EGILL SKALLAGRÍMSSON). Persönl. Bekenntnisse zu versch. Themen finden sich v. a. in ›losen Strophen‹ (Lausavísur). Nach der Christianisierung (Ende 10./Anfang 11. Jh.) lebte die S. ungebrochen fort und bewahrte damit die Kenntnis heidnisch-mytholog. Stoffe und Figuren (→Snorri Sturluson). In Gedichten rein christl. Thematik (Christus-, Marien-, Heiligendichtung) wurden die traditionellen metr. Formen zurückhaltend eingesetzt; Sprache und Stil strebten nach Einfachheit und Klarheit des Ausdrucks, die Drápa wurde in den Dienst christl. Verkündigung gestellt.

Neben der edd. Dichtung und der →Saga gehört die S. zu den genuinen literar. Schöpfungen des norwegisch-island. Kulturkreises. Einzelne Elemente des kunstvollen skald. Stils sind noch heute in der island. Volksdichtung (→Rimur) lebendig.

Die Forschungsgeschichte der S. setzte mit SNORRI STURLUSON ein, der im 13. Jh. eine die Kenninge deutende Poetik der S. (›Prosa-Edda‹, →Edda) schrieb.

J. DE VRIES: Altgerman. Literaturgesch., 2 Bde. (²1964–67); E. O. G. TURVILLE PETRE: Scaldic poetry (Oxford 1976); G. KREUTZER: Die Dichtungslehre der Skalden (²1977); K. VON SEE: S. Eine Einf. (1980); A. KRAUSE: Die Dichtung des Eyvindr Skáldaspillir (1990).

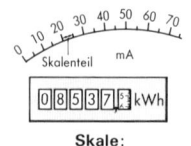

Skale [ital. scala ›Leiter‹, ›Treppe‹] *die, -/-n*, **Skala**, *Messwesen:* Teil einer Mess- oder Einstelleinrichtung, i. Allg. bestehend aus einer geraden oder kreisförmigen S.-Träger mit einer Stricheinteilung in einem S.-Träger (**Strich-S.**) und Angabe der Einheit der zu messenden Größe, z. B. als Längen-, Winkel-, Zeit-, Temperatur-S. usw. Ein S.-Teil ist der Abstand zw. zwei benachbarten Teilungsstrichen, dem der entsprechende S.-Teilungswert der zugehörigen Größe zugeordnet wird (z. B. 1 S.-Teil ≙ 1 g). Lineare S. besitzen konstante Teilungsstrichabstände mit gleichen S.-Teilungswerten, quadrat. und logarithm. S. weisen nichtlineare Teilungen mit entsprechend unterschiedl. S.-Teilungswerten auf. Zur Bestimmung eines Messwerts wird die Stellung einer Anzeigemarke (mechan. Zeiger, Lichtzeiger, Flüssigkeitssäule u. Ä.) über der S. abgelesen (Analoganzeige), wobei entweder die Anzeigemarke oder die S. beweglich angeordnet ist. Bei Digitalanzeigen treten aufeinander folgende Ziffern an die Stelle der Teilungsstriche (**Ziffern-S.**). Die Ziffern befinden sich dabei auf Rollen oder Scheiben und werden in einem Fenster als Anzeigemarke sichtbar, oder sie werden auf einem Display angezeigt (Leuchtdioden-, Flüssigkristallanzeige). – Im übertragenen Sinn bezeichnet S. auch die einer Größe zu Messzwecken unterlegte Maßeinteilung mithilfe eines geeigneten Maßstabs oder definierter Vergleichsgrößen.

Skale: oben Strichskale; unten Ziffernskale, kombiniert mit einer Strichskale

Skalen|erträge, engl. **Returns on scale** [rɪˈtɜnz ɔn ˈskeɪl], **Economies of scale** [ɪˈkɔnəmɪz əv-], *Wirtschaftstheorie:* Größenvorteile (einer Volkswirtschaft, eines Betriebes) bei der Produktion von Gütern; sie zeigen sich bei steigender Ausbringungsmenge in relativ größerem Produktionsertrag pro Faktoreinsatz und (bei unveränderten Faktorpreisen) in sinkenden Stückkosten. Diese Größenvorteile werden auch als wachsende S. (›increasing returns on scale‹) umschrieben. Fehlen die Größenvorteile, spricht man von gleich bleibenden S. (›constant returns on scale‹). Eine Denkmöglichkeit, der kaum prakt. Bedeutung zugemessen wird, bilden Größennachteile (›decreasing returns on scale‹).

Anhand einer Cobb-Douglas-Produktionsfunktion $X = L^\alpha \cdot K^\beta$ (→Produktionsfunktionen) werden die S. als Klassen der Skalenelastizität analysiert. Dabei bedeuten: α partielle Produktionselastizität des Arbeitseinsatzes L, β partielle Produktionselastizität des Realkapitaleinsatzes K bei der Güterproduktion X. Die **Skalenelastizität (Niveauelastizität)** beschreibt das Verhältnis der relativen Veränderung der Güterproduktion aufgrund einer relativen Änderung des Einsatzes der Produktionsfaktoren Arbeit und Kapital und ergibt sich als Summe der Produktionselastizitäten α und β. Bei $\alpha + \beta > 1$ spricht man von wachsenden S., bei $\alpha + \beta = 1$ von konstanten S. und bei $\alpha + \beta < 1$ von sinkenden Skalenerträgen.

Wachsende S. werden v. a. auf produktivitätssteigernde Spezialisierung von Produktionsprozessen, auf Lerneffekte der Erwerbstätigen und Vorteile größerer Kapazitäten zurückgeführt, sind aber auch mikro- wie makroökonomisch mit besonderen Problemen verknüpft. Bei Größenvorteilen ergeben sich z. B. Wettbewerbsvorteile einzelner Unternehmen in wachsenden Märkten (bis hin zur Verdrängung der Konkurrenten) sowie besondere Ausrichtungen interregionaler und internat. Handelsströme. Auch die Erklärung der Einkommensverteilung in wachsenden Volkswirtschaften durch die Grenzproduktivitätstheorie wird problematisch.

Skalen|invarianz, die, →Selbstähnlichkeit.

Skalenoeder [zu griech. skalēnós ›ungleichseitig‹ und hédra ›Fläche‹] *das, -s/-, Kristallographie:* geschlossene, allgemeine Kristallform der ditrigonal- und der tetragonal-skalenoedr. Kristallklasse.

Skalentransformation, *Physik:* Einführung dimensionsloser Variablen in die mathemat. Beschreibung eines physikal. Systems, wobei für einen Satz x_i von Variablen gleicher Dimension (Länge, Zeit, Druck, Dichte, Viskosität u. Ä.) die Zerlegung $x_i = x_0 \bar{x}_i$ vorgenommen wird. Der **Skalierungsfaktor** x_0 ist dabei eine charakterist. dimensionsbehaftete Maßstabsgröße (z. B. ein mittlerer Wert), $\bar{x}_i$ die neue dimensionslose Variable. Unter der Gültigkeit von Ähnlichkeitsgesetzen (→Ähnlichkeitstheorie) wie in der Strömungslehre lassen sich aus den Skalierungsfaktoren der versch. Variablenarten dimensionslose Kennzahlen gewinnen (z. B. Reynolds-, Froude-Zahl, eulersche Zahl), die invariant gegen S. sind (Skaleninvarianz) und das physikal. Verhalten ähnl. Systeme (etwa bei Modellversuchen) unabhängig von deren Größe charakterisieren.

Skalenus|syndrom [lat. scalenus ›Rippe‹, zu griech. skalēnós ›uneben‹, ›ungleich‹], durch Druck auf Arterien (Arteria subclavia) und Nerven (Plexus brachialis) im Bereich der ›Skalenuslücke‹ oberhalb der ersten Rippe hervorgerufene Beschwerden, die meist durch eine stark ausgeprägte ›Halsrippe‹, aber auch durch andere einengende Prozesse (z. B. Tumoren) hervorgerufen werden. Die Symptome bestehen in Schmerzen und Durchblutungsstörungen im Arm, Empfindungsstörungen in der Hand, bei längerem Bestehen in Lähmungen und Muskelschwund. Die *Behandlung* erfolgt operativ.

Skalierung, *Sozialwissenschaften:* Verfahren zur Herstellung einer **Skala** zur Messung von Merkmalen und ihren spezif. Ausprägungen bei den jeweiligen Untersuchungseinheiten (v. a. nicht beobachtbare Sachverhalte wie z. B. Einstellungen, Meinungen). Dabei wird versucht, alle mögl. Aussagen zum Untersuchungsgegenstand auf der Skala abzubilden, wobei häufig die Extreme (z. B. extrem positive oder extrem negative Einstellungen) die Endpunkte der Skala bilden. Nach der Art, in der den (qualitativen) Dimensionen eines Objekts Zahlen zugeordnet werden, unterscheidet man zw. **Nominal-** oder **Kategorialskala** (willkürl. Zuordnung von Zahlen und Merkmalsklassen; unterschiedl. Zahlen bedeuten nur unterschiedl. Klassen), **Ordinal-** oder **Rangskala** (durch Zahlen wird eine Größer-Kleiner-Beziehung ohne Berücksichtigung des Ausmaßes ausgedrückt), **Intervallskala** (gleiche Abstände zw. den Skaleneinheiten) und **Ratio-** oder **Verhältnisskala** (Intervall-S., die zusätzlich einen absoluten Nullpunkt besitzt).

H. M. Blalock: Conceptualization and measurement in the social sciences (Beverly Hills, Calif., ³1984); R. Schnell u. a.: Methoden der empir. Sozialforschung (²1989).

Skalitz, slowak. **Skalica** [-tsa], Stadt im Westslowak. Gebiet, Slowak. Rep., 160–570 m ü. M., im hügeligen Vorland der Weißen Karpaten nahe dem Marchniederung, 15 000 Ew.; Regionalmuseum (u. a. archäolog. Funde); Metallverarbeitung, Bekleidungs- und Nahrungsmittelindustrie, Druckerei; um S. Weinbau. – Roman. Rotunde (12. Jh.) auf dem einstigen Burgwall.

Skalkottas, Nikolaos (Nikos), griech. Komponist, * Chalkis 8. 3. 1904, † Athen 19. 9. 1949; studierte in Athen, 1925–27 bei P. Jarnach in Berlin, 1927–31 bei A. Schönberg, lebte ab 1933, zurückgezogen und isoliert, wieder in Athen. Seine ausdrucksvolle, klanglich und rhythmisch charakterist. Tonsprache, die gelegentlich auch folklorist. Elemente verarbeitet, basiert auf einer eigenständigen Weiterentwicklung der zwölftönigen Reihentechnik. Er schrieb Orchester-, Kammer- und Klaviermusik, Ballette, Bühnenmusiken, Chorwerke und Lieder. Bes. bekannt wurden seine ›Griech. Tänze‹ (1933–36).

Skallagrímsson, Egill, isländ. Skalde, →Egill Skallagrímsson.

Skalp [engl. scalp ›Hirnschale‹, ›Schädel‹] der, -s/-e, einem verwundeten oder getöteten Gegner abgenommene behaarte Kopfhaut; als Siegestrophäe v. a. bei den Prärie- und Plains-Indianern Nordamerikas geschätzt, urspr. wohl nur im SO verbreitet; durch Aussetzen von S.-Prämien durch die Weißen wurde die Sitte des Skalpierens später weiter verbreitet. Die erbeuteten S., die bei verschiedenen Zeremonien vorgezeigt wurden (S.-Tänze), dienten oft auch zur Verzierung von Schilden, Lanzen und Kleidungsstücken. Das Skalpieren als Sonderform der Kopfjagd war vereinzelt auch in anderen Teilen Amerikas bekannt, so im Gran Chaco und im präkolumb. Peru.

Skalpell [lat. scalpellum, Verkleinerung von scalprum ›Messer‹] das, -s/-e, chirurg. Messer mit fest stehender, teils auch auswechselbarer, rasiermesserscharfer, entsprechend dem Verwendungszweck unterschiedlich geformter Klinge (lanzett- oder sichelförmig, spitz, gerundet).

Skalpierung, großflächiger Abriss von Teilen der Kopfhaut einschließlich der Kopfschwarte (z. B. bei Erfassung des Kopfhaars durch rotierende Arbeitsgeräte) oder anderer Hautbereiche (Glieder, Finger) durch stumpfe, tangential gerichtete Gewalteinwirkung. Die Behandlung erfolgt durch Abdecken mit künstl. Haut oder Spalthaut sowie plastisch-chirurg. Maßnahmen.

Skamander, poln. Dichtergruppe, benannt nach der gleichnamigen Zeitschrift (1920–28 und 1935 bis 1939), zu der v. a. J. Iwaszkiewicz, J. Lechoń, A. Słonimski, J. Tuwim und K. Wierzyński gehörten. Die Skamandriten schrieben, von W. Whitman, K. D. Balmont, W. J. Brjussow, C. Baudelaire und A. Rimbaud beeinflusst, in klassizist. Versform pessimist. Werke, in deren Mittelpunkt das Alltägliche und der gewöhnl. Mensch stehen.

Skamandrios, griech. Mythos: →Astyanax.

Skamandros der, **Skamander,** Fluss im Gebiet von Troja, heutiger Name →Sarmısaklı. Im Mythos ist der Flussgott S. Sohn des Zeus (oder des Okeanos) und Ahnherr des troischen Königsgeschlechts. In der ›Ilias‹ hemmt er zus. mit seinem Bruder Simoeis den Ansturm des Achill.

Skanda, ind. Kriegsgott, gilt als Sohn des Shiva, nach einem anderen Mythos als Sohn der Agni und wird auch unter den Namen **Karttikeya, Kumara** oder (in S-Indien) **Subramanya** und **Murugan** verehrt. Dargestellt wird S. meist mit sechs Köpfen und zwölf Armen. Sein Reittier ist der Pfau.

Skanden, die Skandinav. Halbinsel durchziehendes Gebirge, →Skandinavien.

Skanderbeg, türk. **Iskander-Beg,** alban. **Skënderbeu** [skən-], eigtl. **Gjergj Kastrioti (Georg Kastriota),** alban. Feldherr und Nationalheld, * 1405, † Alessio (heute Lezhë) 17. 1. 1468; Sohn des mittelalban. Fürsten von Emathia; seit 1423 als Geisel am Hof des Sultans in Adrianopel (heute Edirne), wo er zum Islam übertrat und eine militär. Ausbildung erhielt; nach 1438 diente er als Beg in Krujë. Nach dem Sieg J. Hunyadis bei Niš (1443) wechselte er die Seite, kehrte zum Christentum zurück, gründete 1444 die Fürstenliga von Alessio und wurde zum Generalkapitän von Albanien proklamiert. Er wehrte mehrere Angriffe der Türken, u. a. die Belagerung Krujës durch Murad II., ab und verteidigte mit venezian. Unterstützung die Unabhängigkeit Albaniens, das nach seinem Tod aber wieder unter türk. Herrschaft kam.
    F. S. Noli: George Castrioti Scanderbeg. 1405–1468 (New York 1947); K. Frashëri: George Kastrioti-Scanderbeg, the national hero of the Albanians. 1405–1468 (Tirana 1962).

skandieren [lat. scandere, eigtl. ›(stufenweise) emporsteigen‹], 1) Verse mit starker Betonung der Hebungen (ohne Rücksicht auf den Sinnzusammenhang) sprechen; 2) rhythmisch und abgehackt, in einzelnen Silben sprechen.

skandierende Sprache, skandierendes Sprechen, Silben trennende, schleppende, ›abgehackte‹ Sprechweise bei zentraler Koordinationsstörung, z. B. bei multipler Sklerose.

Skandinavien, Teil N-Europas; i. e. S. die Skandinav. Halbinsel mit Norwegen und Schweden; i. w. S. werden Dänemark, das den Übergang nach Mitteleuropa bildet, manchmal auch das mit O-Europa zusammenhängende Finnland zu S. gezählt.

Die **Skandinavische Halbinsel,** mit rd. 750 000 km² die größte Europas, erstreckt sich in nahezu nordsüdl. Richtung über 1 800 km, 300–700 km breit. Ihr O-Teil wird vom →Baltischen Schild eingenommen. Den W der Halbinsel durchziehen von der Skagerrakküste bis zum Nordkap die **Skanden** (1944 eingeführter Name); sie bestehen aus jüngeren (paläozoischen) Gesteinen, wurden im Zuge der kaledon. Gebirgsbildung gefaltet, später emporgehoben und dabei über den Rand des östlich anschließenden Balt. Schildes geschoben. Die Skanden, die überwiegend Mittelgebirgscharakter haben, erreichen in Norwegen eine Höhe von 2 472 m ü. M. (im →Jotunheim), in Schweden von 2 117 m ü. M. (im →Kebnekaise). Größte Plateaugletscher sind →Jostedalsbre, →Svartisen und →Folgefonn. Die Rumpfflächen sind im W, wo die Skanden steil zum Meer abfallen, tief zertalt und dabei stark durch Glazialerosion überformt (Fjorde). Gesteinsserien des Mesozoikums finden sich in Schonen, auf Bornholm und im Bereich der Lofotinseln. – An der Ostsee ist die Schärenküste (→Schären) charakteristisch.

Das *Klima* ist insgesamt viel wärmer, als nach der Breitenlage zu erwarten wäre. Die durch zahlr. Fjorde und Inseln aufgelöste W-Küste hat durch den Einfluss des Norweg. Stromes ausgeglichenes, wintermildes, niederschlagsreiches Klima. Der O und das Innere weisen kontinentales Klima mit kalten Wintern auf; die Ostseeküste ist daher, bes. nördlich von Stockholm, bis sechs Monate durch Eis blockiert oder gefährdet, während die Häfen der W-Küste bis in den N ganzjährig eisfrei sind. Groß sind die jahreszeitl. Lichtunterschiede, bes. nördlich des Polarkreises; Strahlungsintensität und Sonnenscheindauer im Frühling und Sommer (Mitternachtssonne) stehen im Ggs. zum winterl. Dunkel (Polarnacht).

In der *Pflanzenwelt* herrscht Wald vor; der nord. Nadelwald (Fichten, Kiefern) dringt bis an die polare Baumgrenze vor. Im S wachsen auch Laubbäume (Eiche, Linde, Esche, in Schonen auch Rotbuche). Über

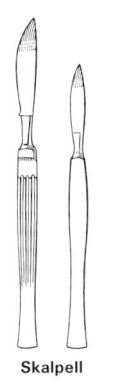

Skalpell

der Nadelwaldstufe folgt eine Birkenstufe, die vom waldfreien Fjell abgelöst wird. In S-Schweden wird der Wald von Kulturlandflächen unterbrochen.

Die *Tierwelt* besteht aus eurosibir., boreoalpinen und auch endem. Arten. Vorherrschendes Raubtier ist der Vielfraß; außerdem finden sich Bär, Luchs und Wolf sowie der Polarfuchs im hohen N. Das Rentier kommt wild und halbzahm in großen Herden bis S-Norwegen vor. Berglemminge, Schneehasen und Schneehühner bevölkern die Fjelle. Im borealen Nadelwald leben Elche und Auerhühner. Die unzähligen Seen der Tundren sind reich an Fischen und eine ideale Region für Mücken und andere Insekten. Im Frühjahr finden sich dort riesige Schwärme von Wasser- und Sumpfvögeln ein, auch von Insekten fressenden Singvögeln ein. An der W-Küste nisten Seevögel.

skandinavische Kunst, die Kunst Dänemarks, Norwegens und Schwedens, →dänische Kunst, →norwegische Kunst, →schwedische Kunst.

Skandinavische Münzunion, 1873 zw. Dänemark und Schweden vereinbarte Münzunion (wirksam ab 1. 1. 1875), der 1875 auch Norwegen beitrat. Durch die S. M. wurde die Silber- durch eine Goldwährung abgelöst. Als neue Währungseinheit wurde in allen drei Staaten die Krone zu 100 Öre eingeführt. Nach dem Ausbruch des Ersten Weltkriegs 1914 wurde der Vertrag außer Kraft gesetzt.

skandinavische Philosophie, Sammel-Bez. für die in Schweden, Norwegen, Dänemark und Finnland ausgebildeten philosoph. Traditionen.

Die *schwed. Philosophie* entwickelte sich seit dem 17. Jh. in enger Anlehnung an das europ. Geistesleben. Unter dem Einfluss des Schwedenaufenthaltes von R. DESCARTES vertrat OLOF RUDBECK D. Ä. (* 1630, † 1702) zunächst einen Cartesianismus, später einen an J. LOCKE orientierten Empirismus. Im 18. Jh. war v. a. die Wirkung der frz. Aufklärung und Popularphilosophie bestimmend (C. G. AF LEOPOLD); neben skeptisch-agnost. Tendenzen wurden auch mystisch-theosoph. Gedanken aufgegriffen, v. a. von E. SWEDENBORG. Ende des 18. Jh. herrschte der rationalist. Einfluss von G. W. LEIBNIZ und C. WOLFF vor (SAMUEL KLINGENSTIERNA, * 1698, † 1765; NILS WALLERIUS, * 1706, † 1764), seit 1800 die kantische Philosophie (DANIEL BOETIUS, * 1751, † 1810).

Anfang des 19. Jh. entwickelte BENJAMIN HÖIJER (* 1767, † 1812) kritisch gegen KANTS Begriff des ›Dings an sich‹ eine von dt. Idealismus beeinflusste Lehre. Eine spekulative Geschichtsphilosophie schuf E. G. GEIJER. Als Hauptsystematiker der s. P. gilt CHRISTOPHER JACOB BOSTRÖM (* 1797, † 1866), der eine von F. W. J. SCHELLING und G. W. F. HEGEL beeinflusste Metaphysik (neu)platon. Prägung entwickelte: Nicht nur dem Menschen eignet Bewusstsein, alle Dinge sind wesentlich geistiger Natur. Eine Hierarchie von Ideen bildet das Wesen der Wirklichkeit. Seine Schule (Boströmianismus), die HEGELS philosoph. Wirkung in Dtl. vergleichbar ist, wirkte bis in das 20. Jh. hinein (u. a. CARL YNGE SAHLIN, * 1824, † 1917; EFRAIM LILJEQUIST, * 1865, † 1941). Ihre Wirkung wurde in gewissem Umfang durch die hegelian. Kultur- und Religionsphilosophie von JOHAN VITALIS ABRAHAM NORSTRÖM (* 1856, † 1916) eingeschränkt. Im 20. Jh. strebte HANS LARSSON (* 1862, † 1944) einen Ausgleich zw. Boströmianismus und Hegelianismus mittels einer Transzendentalphilosophie (KANT) an, der zunächst auch AXEL HÄGERSTRÖM (* 1868, † 1939) angehörte. Dieser bewirkte einen Bruch mit der metaphys. Tradition und wurde zum Begründer der sprachanalyt. Schule von Uppsala. Nach HÄGERSTRÖM sind ethische Sätze subjektiv und enthalten keine verallgemeinerbare Erkenntnis. Darüber hinaus wirkte er bahnbrechend in der Rechtsphilosophie. Neben ADOLF PHALÉN (* 1884, † 1931) gingen v. a. MARC WOGAU (* 1902, † 1991), INGEMAR HEDENIUS (* 1908, † 1982) und ANDERS WEDBERG (* 1913, † 1978) von ihm aus, die eine Verbindung zu Neopositivismus, analyt. Philosophie und formaler Logik herstellten. Auf psychologistisch-positivist. Grundlage strebte ALF NYMAN (* 1884, † 1968) eine Erkenntnislehre und Wissenschaftsmethodologie an.

Die *finn. Philosophie* weist eine enge Anlehnung an die schwedische auf, wobei insgesamt eine empirisch-wiss., v. a. psycholog. Orientierung vorherrschend ist. Das 17. Jh. kennzeichnete ein Cartesianismus an der Univ. Åbo (Turku; gegr. 1640 als erste finn. Univ.). Im 18. Jh. wurden der Empirismus von LOCKE und D. HUME einerseits, der Kantianismus andererseits bestimmend. JOHAN JACOB TENGSTRÖM (* 1787, † 1858) führte zu Beginn des 19. Jh. die Philosophie HEGELS ein. Relativistisch und zugleich psychologistisch sind die Soziologie und Ethik von EDWARD WESTERMARK (* 1862, † 1939) geprägt. Einen an L. WITTGENSTEIN, B. RUSSELL und A. N. WHITEHEAD orientierten log. Positivismus vertrat EINO KAILA (* 1890, † 1958), einer der bedeutendsten finn. Philosophen. Zu seinen Schülern gehörte G. H. VON WRIGHT, der unter engl. Einfluss v. a. mit formaler Logik und sprachanalyt. Philosophie (Probleme der Ethik u. a.) befasst ist. Mit der Sprachphilosophie WITTGENSTEINS setzte sich auch ERIK STENIUS (* 1916), v. a. mit mathemat. und philosoph. Logik, Wissenschaftstheorie und Sprachphilosophie (Semantik) J. HINTIKKA auseinander. Weiterhin spielen heute in Finnland Fragen der Philosophie- und Geistesgeschichte und der Anschluss an die internationale philosoph. Diskussion eine Rolle (neben HINTIKKA auch seine Schüler RAIMO TUOMELA, * 1940; ILKKA NIINILUOTO, * 1946; außerdem JUSSI TENKKU).

Die *dän. Philosophie* war zunächst durch den Empirismus bestimmt; nach JENS SCHIELDERUP SNEEDORFF (* 1724, † 1764) beruht alle Erkenntnis auf Erfahrung, die jedoch niemals zur Gewissheit, sondern nur zu wahrscheinl. Erkenntnis führt. Zur gleichen Zeit entwickelten JENS KRAFT (* 1720, † 1765) und FREDERIK CHRISTIAN EILSCHOW (* 1725, † 1750) einen von WOLFF geprägten Rationalismus. Ende des 18. Jh. gewann die Philosophie KANTS an Einfluss (ANDERS SANDØE ØRSTED, * 1778, † 1860, auch als Premierminister und als Jurist bekannt), gefolgt von einer an SCHELLING orientierten Naturphilosophie (H. STEFFENS, der seit 1804 außerhalb Dänemarks lehrte, und sein Schüler FREDRIK CHRISTIAN SIBBERN, * 1785, † 1872). Einen Hegelianismus vertraten J. L. HEIBERG, H. L. MARTENSEN, RASMUS NIELSEN (* 1809, † 1884) und HANS BROECHNER (* 1820, † 1875). Sowohl gegen den Hegelianismus als auch gegen die Auffassung der Philosophie als ein System entwickelte S. KIERKEGAARD seine Existenzphilosophie, als deren ›Vater‹ und damit als bedeutendster dän. Philosoph er heute gilt. Einflussreich in Dänemark ist v. a. HARALD HØFFDING (* 1843, † 1931), der auf allen philosoph. Gebieten arbeitete, bes. über Ethik, der er die Psychologie zugrunde legte. Im 20. Jh. arbeitete FRITHIOF BRANDT (* 1892, † 1968) über T. HOBBES und KIERKEGAARD, VICTOR KUHR (* 1882, † 1948) wurde für seine Einführungen in die Geistesgeschichte bekannt; durch JØRGEN JØRGENSEN (* 1894, † 1969), der sich mit Fragen der Logik und Wissenschaftsphilosophie auseinander setzte, gewann der log. Positivismus an Einfluss. Durch JUSTUS HARTNACK (* 1912) wurde die brit. analytische Philosophie eingeführt. V. a. für die Univ. Kopenhagen ist ein psychologist. Umgang mit philosophisch-erkenntnistheoret. Problemen kennzeichnend.

Der erste *norweg. Philosoph* war NIELS TRESCHOW (* 1751, † 1833), der zunächst in Kopenhagen lehrte, bevor er 1813 an die erste norweg. Univ. in Oslo berufen wurde. TRESCHOW vertrat gegen den kant. Kritizismus und den cartes. Geist-Materie-Dualismus einen Monismus spinozist. Prägung. Im gesamten 19. Jh. war HEGELS Philosophie bestimmend (bei P. M. MØLLER und MARCUS JACOB MONRAD, *1816, †1897). Das 20. Jh. ist durch eine Abwendung vom Hegelianismus (›tote Periode‹) und ein Interesse an Fragen der Wiss.en, der Philosophiegeschichte und der Psychologie gekennzeichnet (etwa A. AALL, HARALD SCHJELDERUP, *1885, †1975). Die sprachanalyt. Philosophie (empir. Semantik) entwickelte sich durch ARNE NAESS (*1912) und seine Schüler, die Gruppe von Oslo, eine Reihe von Begriffen (etwa ›Wahrheit‹, ›Demokratie‹) mithilfe empir. Analysen ihrer Verwendungsweisen zu bestimmen suchte.

J. HARTNACK: Scandinavian philosophy, in: The encyclopedia of philosophy, hg. v. P. EDWARDS, Bd. 7 (New York 1967, Nachdr. ebd. 1972); Contemporary philosophy in Scandinavia, hg. v. R. E. OLSON u. a. (Baltimore, Md., 1972); Handbook of world philosophy, hg. v. J. R. BURR u. a. (London 1981).

skandinavische Sprachen, nordgermanische Sprachen, nordische Sprachen, Gruppe eng verwandter Sprachen german. Ursprungs, die in Skandinavien, auf Island, den Färöern und in Teilen Finnlands gesprochen werden: Schwedisch, Dänisch, Norwegisch, Isländisch, Färöisch. In histor. Zeit zählte dazu auch das **Norn,** das bis ins 18. Jh. auf den Shetland- und den Orkneyinseln gesprochen wurde.

K. BRAUNMÜLLER: Die s. S. im Überblick (1991).

Skandinaviska Enskilda Banken [- ˈenʃilda -], große schwed. Geschäftsbank, 1972 durch Fusion der Stockholm's Enskilda Bank (gegr. 1856) und der Skandinaviska Banken (gegr. 1864) entstanden; Sitz: Stockholm.

Skandinavismus *der, -,* im 19. Jh. Einigungsbewegung in Dänemark, Norwegen und Schweden, urspr. kulturell, v. a. von Studenten getragen, später, in Zusammenhang mit den Deutsch-Dän. Kriegen von 1848–50 und 1864, auch mit polit. Charakter. Der polit. S. scheiterte 1864 an der neutralen Haltung der schwed. Reg., obgleich sich König KARL XV. für seine Ziele einsetzte. Der S. lebte bes. in der nord. Zusammenarbeit auf kulturellem und wirtschaftl. Gebiet fort.

Skandinavistik *die, -,* **Nordistik, skandinavische Philologie, nordische Philologie,** Wiss. von den skandinav. Sprachen und Literaturen in ihren gegenwärtigen und histor. Sprachräumen unter Berücksichtigung der kulturgeschichtl. Phänomene. Die **ältere S.** (Philologie des MA.) lässt sich bis ins 16. Jh. zurückverfolgen: In Skandinavien bewirkte antiquar. Interesse an der eigenen literar. Tradition die Wiederentdeckung der Literatur des nord. MA., v. a. der altnord. Literatur, durch den Schweden JOHAN BUREUS (*1568, †1652), den Dänen OLE WORM (*1588, †1654) und den Isländer ARNGRÍMUR JÓNSSON (*1663, †1730). Die Handschriftensammlung des Isländers ÁRNI MAGNÚSSON bildete die wichtigste Grundlage für die Publizierung der altnord. Literatur. Vom 17. bis 19. Jh. weitete sich die Erforschung der skandinav. Sprachen und Literaturen ständig aus, bis sie in der vergleichenden Sprachforschung des Dänen R. RASK Grundlage einer modernen Wiss. wurde. Diese Entwicklung und die Ideen der Romantik von einer gemeinsamen kulturellen Tradition der german. Völker weckten in Dtl. das Interesse am Altnordischen (J. UND W. GRIMM, F. H. VON DER HAGEN) und begründeten die bis heute fortwirkende Dominanz der älteren S. als Teilbereich der german. Philologie. In Skandinavien entwickelte sich im 19. und 20. Jh. neben der älteren S. (S. BUGGE; A. NOREEN; S. J. NORDAL; ERNST ALBIN KOCK, *1864, †1943; MAGNUS BERNHARD OLSEN, *1878, †1963; u. a.) die **neuere S.** als jeweilige Nationalphilologie, wie sie sich u. a. in den groß angelegten älteren und neueren Literaturgeschichten darstellt. – Auch außerhalb Skandinaviens ist die S. in größerem Umfang vertreten, in Dtl. (an zahlr. Univ. Hauptfach), in Belgien, Frankreich, Großbritannien, den Niederlanden, den USA, in Russland und in der Schweiz. Es besteht eine Tendenz zur neueren S. bei gleichzeitiger Ausweitung des Fachs zur Kulturwiss. (Landeskunde).

H. PAUL: Gesch. der german. Philologie, in: Grundr. der german. Philologie, hg. v. DEMS., Bd. 1 (Straßburg ²1901); F. DURAND: Nordistik. Einf. in die skandinav. Studien (1983); Die S. zw. gestern u. morgen, hg. v. B. HENNINGSEN u. a. (1984); W. FRIESE: Neuere skandinav. Literaturen (Bern 1986); Arbeiten zur S., hg. v. H. SCHOTTMANN (1994).

Skåne [ˈskoːnə], schwed. Name für →Schonen.

Skanör, flache, sandige Halbinsel in Schweden, die SW-Spitze von Schonen, im Verw.-Bez. (Län) Malmöhus südwestlich von Malmö, umfasst die Seebäder →Falsterbo und Skanör. Während der Hansezeit waren beide Orte bedeutende Handelsplätze. – Kirche Sankt Olaf (13.–15. Jh.) in Skanör.

Skansen [schwed. ›die Schanze‹], volks- und landeskundl. Freilichtmuseum in Stockholm, Schweden, auf der parkartig bewaldeten Insel Djurgården, 30 ha; gegr. von A. HAZELIUS, ältestes Freilichtmuseum Europas (eröffnet 1891).

Skaphander [zu griech. skáphē ›ausgehöhlter Körper‹] *der, -s/-,* 1) Schutzanzug für extreme Druckverhältnisse (z. B. für Raumfahrer); 2) *veraltet* für: Taucheranzug.

Skaphe [griech., eigtl. ›ausgehöhlter Körper‹, ›Trog‹, ›Nachen‹] *die, -/-n,* →Sonnenuhr.

Skapho|kephalie [zu Skaphe und griech. kephalḗ ›Kopf‹] *die, -/...ˈliˌen, der* →Kahnschädel.

Skapolithe [zu griech. skápos ›Stab‹ (nach den oft lang gestreckten Kristallen) und lithos ›Stein‹], *Sg.* **Skapolith** *der, -s* und *-en,* Mineralgruppe, eine Reihe isomorpher, tetragonaler Mischkristalle mit den kaum vorkommenden reinen Endgliedern **Marialith** (Ma; Natron-S.), $Na_3[Al_3Si_9O_{24}] \cdot NaCl$, und **Mejonit** (Me; Kalk-S.), $Ca_3[Al_6Si_6O_{24}] \cdot CaCO_3$. Die S. sind farblos oder weiß, perlmutt- oder glasartig glänzend; geologisch ältere S. sind oft völlig trüb und grau, auch grünlich oder rot, Mejonit auch blau; Härte nach MOHS 5–6, Dichte 2,54–2,77 g/cm³; Kristalle säulenförmig, auch derbe, großkörnige oder stängelige sowie dichte Aggregate. S. entstehen durch kontaktpneumatolyt. Einwirkung von Chlor auf Feldspäte und Feldspatvertreter. Varietäten: **Dipyr** ($Ma_{80}Me_{20}$–$Ma_{50}Me_{50}$); **Mizzonit** ($Ma_{50}Me_{50}$–$Ma_{20}Me_{80}$), der **gewöhnliche S.,** weltweit verbreitet, z. T. gelbe, schleifwürdige Kristalle.

Skapulier [spätmhd. schapular, von mlat. scapularium, zu lat. scapulae ›Schultern‹, ›Rücken‹] *das, -s/-e,* Teil der Tracht bei manchen kath. Orden (z. B. Benediktiner, Dominikaner), zwei lange Tuchbahnen über dem Hauptgewand, die Brust und Rücken bedecken.

Skara, Stadt im Verw.-Bez. (Län) Skaraborg, S-Schweden, 18 700 Ew.; Sitz eines luther. Bischofs; Regional-, Freilichtmuseum; Fremdenverkehr. – Domkirche (um 1150 und später; 1886–94 restauriert), nach Brand (1947) wiederhergestellt.

Skarabäus [griech.-lat.] *der, -/...ˈbäˌen,* Bez. für Blatthornkäfer der Gattung Scarabaeus, deren Weibchen die von ihnen gedrehten Dungkugeln eingraben und jeweils mit einem Ei versehen; bekannteste Art ist der Heilige →Pillendreher.

Im alten Ägypten wurde der S. als ›der aus der Erde Entstandene‹ als Gestalt des Urgottes →Chepre (gleichgesetzt mit dem Sonnengott Re) angesehen. Häufig schiebt er in Darstellungen die Sonnenscheibe (auch die Mondsichel) und hilft so der Sonne wieder aufzugehen. Seit dem Mittleren Reich gab man den Siegeln die Form eines S. von 1,5 cm, aber auch 7–10

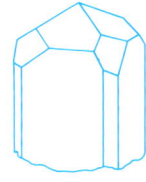

Skapolithe: Kristallform

Skapolithe: Säulenförmige Aggregate

cm Länge. Sie bestanden aus Stein oder Fayence. In ihre Unterseite waren Namen (bes. von Königen) und symbol. Bilder graviert. Beliebt war der S. auch bei den Etruskern. In der griech., hellenist. und röm. Kunst wurde nicht selten auch nur die Ovalform des hl. Käfers zugrunde gelegt (**Skarabäoid**; skarabäoider Stein). Oft wurden diese in metallene Fingerringe gefasst (BILD →Ring), der Länge nach als Anhänger durchbohrt oder in Schmuckstücke (z. B. Pektorale) eingefügt; ihre Funktion als Siegel trat immer mehr hinter ihrer Bedeutung als Amulett zurück. Die geflügelten (vierflügeligen) S. traten seit dem 9. Jh. v. Chr. in der phönik. Kunst auf, z. B. als Elfenbeinrelief (z. B. auf einer kleinen Trapezform) oder als Motiv auf getriebenen und gravierten Bronzeschalen.

Skarabäus: links Ägyptischer Skarabäus aus dem Grab des Tut-ench-Amun im Tal der Könige; 18. Dynastie (Kairo, Ägyptisches Museum); rechts Phönikisches Elfenbeinrelief mit der Darstellung eines vierflügeligen Skarabäus; gefunden in Kalach (Nimrud), 8. Jh. v. Chr. (Brüssel, Musées Royaux d'Art et d'Histoire)

Skaraborg [-bɔrj], Verw.-Bez. (Län) in Västergötland, Schweden, zw. Väner- und Vättersee, 7 937 km² Landfläche, 279 500 Ew.; Hauptstadt ist Mariestad. Flache Ackerbaugebiete wechseln mit schroff aufsteigenden, waldbedeckten Plateaubergen aus Diabas. Kirchen und Klöster aus dem MA. Wirtschaftsschwerpunkte sind Skövde, Lidköping, Mariestad und Falköping.

Skaramuz der, -es/-e, ital. **Scaramuccia** [skaraˈmuttʃa], frz. **Scaramouche** [skaraˈmuʃ], Gestalt der Commedia dell'Arte und des frz. Lustspiels; um 1600 in Neapel als Variante des →Capitano entwickelt, bereichert er die herkömml. Karikatur des schwarz gewandeten span. Offiziers mit originalem Witz und den Zügen des antiken Miles gloriosus (prahler. Soldat).

Skarbek, Fryderyk Graf (seit 1846), poln. Schriftsteller, Ökonom und Historiker, *Thorn 15. 2. 1792, †Warschau 25. 11. 1866; schrieb von L. STERNE und W. SCOTT beeinflusste histor. Romane, histor. Abhandlungen über das Herzogtum Warschau und das Königreich Polen sowie volkswirtschaftl. Untersuchungen.

Werke: *Romane:* Podróż bez celu, 2 Bde. (1824-25; dt. Die Reise ohne Ziel); Pan Starosta, 2 Bde. (1826; dt. Der Starost u. sein Nachbar); Tarło, 3 Tle. (1827); Damian Ruszczyc, 3 Bde. (1827-28); Życie i przypadki Faustyna F. Dodosińskiego, 2 Bde. (1838; dt. Leben u. Schicksale des Felix Faustin Dodosiński von Dodoscha).

Skardu, Hauptort von Baltistan im von Pakistan verwalteten Teil Kaschmirs, am oberen Indus; Ausgangsort für Trekkingtouren und Bergexpeditionen; Straße (210 km) von Gilgit (erbaut 1950-68).

Skardžius [ˈskardʒʊs], Pranas, litauischer Sprachwissenschaftler, *Subačius (bei Panevėžys) 26. 3. 1899, †Hot Springs (Ark.) 18. 12. 1975; war 1931-44 Prof. in Kaunas, 1946-49 in Tübingen, lebte ab 1949 in den USA; Arbeiten zur litauischen Wortbildung, Akzentologie und Namenkunde.

Werke: Lietuvių kalbos žodžių daryba (1943); Lietuvių kalbos vadovas (1950, mit S. BARZDUKAS u. J. M. LAURINAITIS).

Skarga, Piotr, poln. Prediger und Schriftsteller, *Grójec (Masowien) Februar 1536, †Krakau 27. 9. 1612; Jesuit (seit 1569); seit 1565 Domherr und -prediger in Lemberg, 1574-84 Rektor des Jesuitenkollegs (ab 1579 Akademie) in Wilna; Vertreter der Gegenreformation; als Hofprediger König SIGISMUNDS III. (seit 1588) Verfechter der religiösen Einheit Polens und einer starken Monarchie. Er trat gegen religiöse Toleranz ein und propagierte die Union mit den orth. Untertanen Polens. In seinen Sejmpredigten (›Kazania sejmowe‹, 1597) wandte er sich gegen den ständ. Egoismus des Adels und die Unterdrückung der Bauern. Einen Höhepunkt der poln. Prosa des 16. Jh. bilden seine Schriften über die Einheit der Kirche und seine Heiligenviten (›Żywoty świętych‹, 1579).

Ausgaben: Pisma wszystkie, 4 Bde. (1923-26, unvollständig); Kazania sejmowe, hg. v. J. TAZBIR (³1972).

J. TAZBIR: P. S., szermierz kontrreformacji (Warschau ²1983).

Skarifikation [lat.] *die, -/-en,* Hautritzung zum Einbringen von Substanzen (Impfstoff, Allergen bei Intrakutantest) oder zur Entlastung bei Ödemen.

Skármeta, Antonio, chilen. Schriftsteller, *Antofagasta 7. 11. 1940; lebte 1973-89 im Exil in Berlin (West); Prof. für Literatur in Saint Louis (Mo.). Sein z. T. von ihm selbst verfilmtes, Visionen und Realität mischendes Werk – Romane und Erzählungen, Essays, Hörspiele und Drehbücher (u. a. zu ›Es herrscht Ruhe im Lande‹, 1976, Regie: P. LILIENTHAL) – ist der Gegenwart Chiles und der Exilsituation gewidmet.

Weitere Werke: *Erzählungen:* El ciclista del San Cristóbal (1973; dt. Der Radfahrer vom San Cristóbal, verfilmt 1987 von P. LILIENTHAL); No pasó nada (1980; dt. 1978 u. d. T. Nixpassiert). – *Romane:* Soñé que la nieve ardía (1975; dt. Ich träumte, der Schnee brennt); Ardiente paciencia (1985; dt. 1984 u. d. T. Mit brennender Geduld, Filme 1983 von S. u. 1997 u. d. T. Der Postman von K. COSTNER); Match ball (1989; dt. Sophies Matchball). – *Essay:* Heimkehr auf Widerruf, Chile im Umbruch? Polit. Reflexionen (1989).

Skarn [schwed., eigtl. ›Schmutz‹] *der, -s/-e,* metamorphes Kalksilikatgestein v. a. aus Granaten, Pyroxenen (Diopsid, Hedenbergit), Amphibolen, Epidot, Wollastonit, Vesuvian, Ilvait, meist grobkörnig. S. entstehen durch Kontaktmetamorphose und Metasomatose (Zufuhr von kieselsäure- und metallhaltigen Lösungen und Gasen) aus Kalkstein, Dolomit oder Mergel. Sie sind mit versch. Erzen angereichert, oft in abbauwürdigen Mengen: Eisen- (Magnetit, Hämatit), Wolfram-, Kupfer-, Blei-, Zink-, Zinn-, Molybdän- und Uranerze. Die Erzkörper können schicht-, linsen-, stock- oder gangförmig sein.

Skarżysko-Kamienna [skarˈʒiskɔkaˈmjɛnna], Stadt in der Wwschaft Kielce, Polen, 260 m ü. M., am NO-Rand des Kielcer Berglands, an der Kamienna (linker Nebenfluss der Weichsel), 51 400 Ew.; Zentrum eines Industriegebiets mit Maschinenbau und Metallverarbeitung, Schuhherstellung sowie Textil- und Chemieindustrie.

Skas [russ., zu skazat' ›sagen‹, ›erzählen‹] *der, -/-e,* **Skaz** [-z], russ. literaturwiss. Begriff für eine fingierte, sehr persönlich geprägte Erzählweise, die von den schriftsprachl. Normen der russ. Literatur durch Verwendung umgangssprachl. und mundartl. Syntax, Lexik und Rhythmik abweicht; Beispiele bei N. W. GOGOL, N. S. LESKOW, A. M. REMISOW, A. BELYJ, B. A. PILNJAK, M. M. SOSCHTSCHENKO und T. N. TOLSTAJA.

Skat [von ital. scarto ›das Wegwerfen (der Karten)‹] *der, -(e)s,* Kartenspiel, wird von drei Spielern mit 32 dt. oder frz. Spielkarten gespielt. Jeder Teilnehmer bekommt zehn Karten, zwei werden verdeckt als ›Skat‹ abgelegt. Die Spiele werden nach Art und Trumpffarbe versch. gewertet. Eichel bzw. Kreuz zählt von den Farben am höchsten (12 Punkte), dann folgen Grün bzw. Pik (11 Punkte), Rot bzw. Herz (10

Antonio Skármeta

Punkte), Schellen bzw. Karo (9 Punkte). Das Spiel wird von dem gespielt, der am höchsten ›gereizt‹ hat. Er darf den Skat aufnehmen, gegen zwei seiner Karten austauschen sowie Spielart und Trumpffarbe bestimmen. Er gewinnt, wenn er von den im Spiel vorhandenen 120 Punkten (Augen) mindestens 61 erreicht (Farb- und Grandspiel). Handspiele, bei denen der Skat nicht aufgenommen wird, und Großspiele (Grand), bei denen nur die vier Buben (Unter) Trümpfe sind, sowie Spiele, bei denen die beiden Gegenspieler keinen Stich erzielen (›schwarz‹ bleiben) oder nur bis zu 30 Augen erreichen (im ›Schneider‹ bleiben), werden höher berechnet. Bei dem negativen Spiel ›Null‹ gewinnt der Spieler, wenn er keinen Stich macht. Alle Spiele können auch offen (frz. ouvert), müssen aber außer dem Null ouvert als Handspiele gespielt werden, das Aufdecken erfolgt vor dem ersten Ausspiel. – Das S.-Spiel hat sich um 1815 in Altenburg in Thüringen aus dem Schafkopf, dem Tarock und dem L'hombre-Spiel entwickelt. Die erste Fassung der S.-Ordnung wurde beim 1. Dt. S.-Kongress 1886 in Altenburg beschlossen. – Der 1899 gegründete Dt. S.-Verband (DSkV; seit 1950 Sitz in Bielefeld) richtet Dt. Meisterschaften im Einzel- und Mannschaftskampf aus und organisiert Wettbewerbsrunden nach dem Ligasystem von der Bezirks- bis zur Bundesliga. Für regeltechn. Streitfragen ist das 1927 gegründete, seit 1990 wieder in Altenburg ansässige S.-Gericht zuständig.

Skate [skeɪt], William Jack (›Bill‹), Politiker in Papua-Neuguinea, *Distrikt Baimuru (Papua) 1953; 1992 ins Parlament gewählt (bis 1994 dessen Sprecher); ab 1995 Bürgermeister von Port Moresby; wurde im Juli 1997 als Führer des People's National Congress und Politiker aus dem Landesteil Papua Premier-Min.; bildete eine Koalitions-Reg. und erreichte 1998 die Unterzeichnung eines Friedensabkommens mit der sezessionist. Bewegung auf Bougainville.

Skateboarding [ˈskeɪtbɔːdɪŋ; engl., aus to skate ›gleiten‹ und board ›Brett‹] *das, -s,* **Skaten** [ˈskeɪtən; engl.], das Gleiten auf einem konkav geformten, etwa 23–30 cm breiten und ca. 75–100 cm langen Brett **(Board, Skateboard)**, meist aus Fiberglas, an dessen Unterseite vier kugelgelagerte Kunststoffrollen an zwei Achsen federnd befestigt sind. Der auf dem Board stehende Läufer **(Skater, Skateboarder)** steuert durch Verlagerung seines Körpergewichts, wobei keine feste Verbindung zw. Skater und Board besteht. Schwungholen erfolgt durch Abstoßen mit dem Fuß. – *Streetstyle:* Fahren auf Straßen oder freien glatten Flächen unter Einbeziehung von Hindernissen (Kanten, Stufen usw.) bzw. im Wettkampf von ›Sprungrampen‹; *Freestyle:* freies Programm zu selbst gewählter Musik; *Halfpipe* (Halbmesser bis 5 m): Sprünge in der Luft (›Airs‹) und Tricks an den oberen Kanten (›Liptricks‹); *Miniramp* (Halbmesser bis 1,50 m): kleinere Ausführung der Halfpipe. – Organisatorisch ist S. im Dt. Rollsport-Bund eingebunden (→Rollsport), der auch seit 1978 dt. Meisterschaften veranstaltet. Die Profis tragen jährlich den Weltcup aus.

Skater [ˈskeɪtɐ, engl.] *der, -s/-, Freizeit- und Wettkampfsport:* Inlineskate- (→Inlineskating) bzw. Skateboardfahrer (→Skateboarding).

Skaterhockey [ˈskeɪtɐhɔke, engl.], →Inlineskating.

Skatingkraft [ˈskeɪtɪŋ-; engl. skating ›das Gleiten‹], bei →Plattenspielern eine Kraft, die die Abtastnadel gegen die innere Rillenflanke der Schallplatte drückt. Sie entsteht durch Reibung in Verbindung mit der Richtungsabweichung der Geraden Nadelauflagepunkt–Tonarmlager von der Rillentangente: Die Komponente der Reibungskraft in Richtung des Tonarmlagers wird von diesem aufgenommen, die senkrecht zur Rille stehende Komponente ist die S. Die S. vergrößert sich, wenn der Tonarm zur Verringerung des Spurfehlwinkels gekröpft wird, und hängt zudem von der Auflagekraft und -stelle ab. Durch die ungleichmäßige Beanspruchung der Rillenflanken ruft sie Verzerrungen sowie unterschiedl. Signalstärken in den Stereokanälen hervor. Zur Skatingkorrektur →Antiskating-Einrichtung.

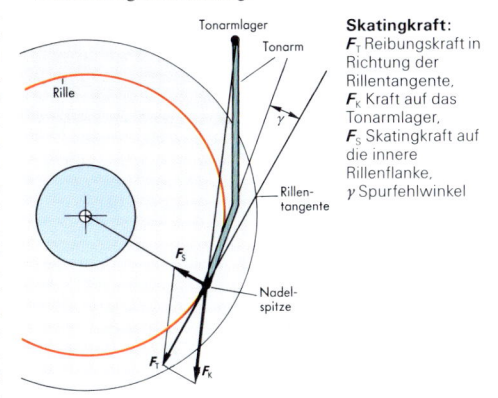

Skatingkraft:
F_T Reibungskraft in Richtung der Rillentangente, F_K Kraft auf das Tonarmlager, F_S Skatingkraft auf die innere Rillenflanke, γ Spurfehlwinkel

Skatingtechnik [ˈskeɪtɪŋ-, engl.], **freie Technik,** *Skisport:* Lauftechnik im Langlauf, bei der v. a. der →Schlittschuhschritt, in Erholungsphasen auch der weniger anstrengende →Siitonen-Schritt Anwendung findet. Eine offizielle Trennung zw. S. und →klassischem Stil gibt es seit 1987.

Skatol [zu griech. skōr, skatós ›Kot‹ und ...ol] *das, -s,* **3-Methyl|indol,** weiße, kristalline, in Wasser und Alkohol lösl., sehr unangenehm nach Fäkalien in starker Verdünnung blumig riechende heterozykl. Verbindung. S. entsteht im Organismus beim Eiweißabbau aus Tryptophan; außerdem tritt es u. a. in geringen Mengen in Steinkohlenteer auf. Synthetisch hergestelltes S. wird in geringen Mengen in der Parfümherstellung verwendet.

Skawina, Stadt in der Wwschaft Kraków (Krakau), Polen, 230 m ü. M., im nördl. Vorkarpatengebiet, an der Skawinka (rechter Nebenfluss der oberen Weichsel), 24 200 Ew.; Aluminiumhütte, Kohlekraftwerk (550 MW), Glas- und keram. Industrie, Betonwerk, Dauerbackwarenfabrik (Kekse).

SKE, Abk. für →Steinkohleneinheit.

Skeat [skiːt], W. W. (Walter William), engl. Sprachwissenschaftler, *London 21. 11. 1835, †Cambridge 6. 10. 1912; ab 1878 Prof. in Cambridge. S. machte sich durch Editionen alt- und mittelengl. Texte einen Namen (W. LANGLANDS ›... Piers the Plowman ...‹, 2 Bde., 1886, sowie die Werke G. CHAUCERS, ›The complete works‹, 7 Bde., 1894–97); Begründer der English Dialect Society (1873). Sein ›Etymological dictionary of the English language ...‹ (1882, überarbeitet 1910) lieferte Material für das Oxford English Dictionary.

Skeet [ˈskiːt; engl., wohl zu altnord. skot ›Schuss‹], *Schießsport:* Wettbewerb des →Wurfscheibenschießens mit Schrotflinten. Dabei nehmen die Schützen auf einer halbkreisförmigen Anlage bei jedem Schuss einen anderen Standplatz ein. Die Wurfscheiben werden von einem Hoch- und einem Niederhaus rechts und links der Schießbahn geschleudert, in einem Teil des Wettbewerbs gleichzeitig (als ›Doubletten‹). Auf jede Scheibe darf nur ein Schuss abgegeben werden. Geschossen werden fünf Serien auf je 25 Scheiben. – S. ist seit 1968 olymp. und seit 1947 WM-Wettbewerb. *Organisationen:* →Schießsport.

Skeleton [griech.-engl., eigtl. ›Gerippe‹, ›Gestell‹], Wintersportart (für Frauen und Männer) mit einem niedrigen Schlitten; Gewicht 33 bis 37 (Frauen) bzw. 47 kg (Männer), Stahlkufen, Spurweite 38 cm, Länge

Skatol

Skel Skelett – Skelettküste

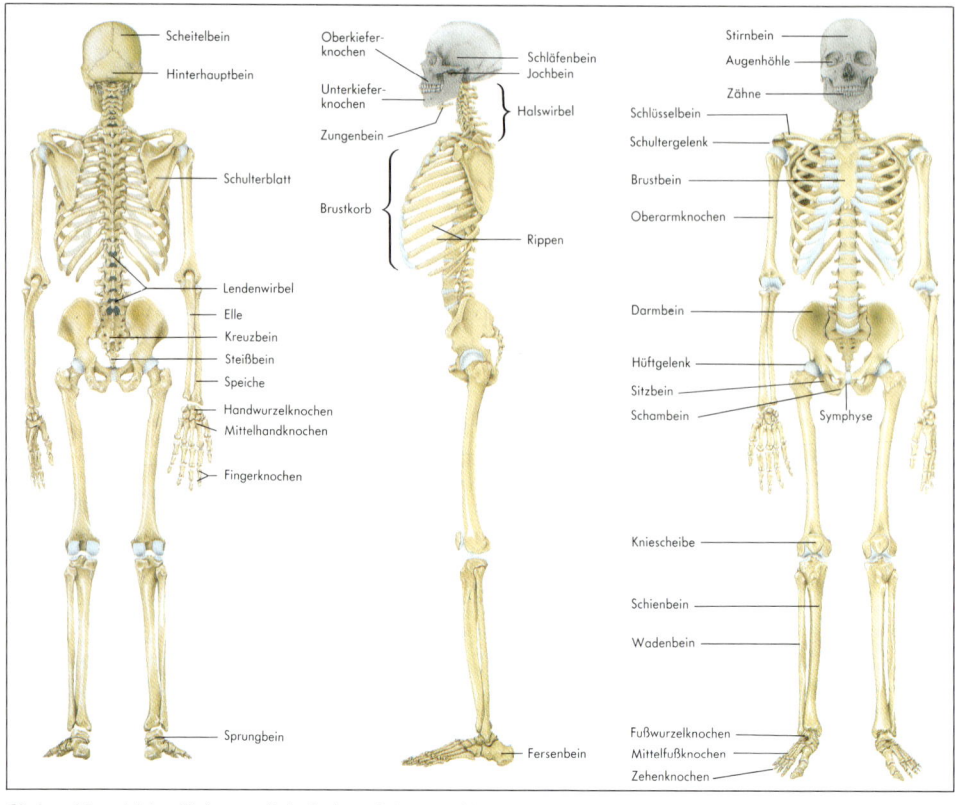

Skelett: Menschliches Skelett; von links Rücken-, Seiten- und Vorderansicht

100 cm), der durch Gewichtsverlagerung des auf dem Bauch (im Ggs. zum →Rennrodeln) liegenden Fahrers gesteuert wird. – 1928 und 1948 war S. olymp. Disziplin. S. wird in Dtl. durch den Dt. Bob- und Schlittensportverband, in Österreich durch den Österr. Bob- und S.-Verband, in der Schweiz durch den Schweizer. Bobsleigh-, Schlittel- und S.-Sportverband organisiert (→Bobsport).

Skelett [von griech. skeletón (sõma) ›ausgetrocknet(er Körper)‹, ›Mumie‹] *das, -(e)s/-e,* **Skelet,** im weitesten Sinn der innere und/oder äußere Stützapparat (Endo-S. bzw., v. a. bei den Wirbellosen, →Ektoskelett) bei tier. Organismen und beim Menschen. Die zur Abstützung nötige Versteifung kommt i. d. R. durch besondere Stützstrukturen zustande, die durch die Einlagerung von Kieselsäure oder (häufiger) von Kalk verfestigt bis extrem verhärtet sind; sie kann aber auch durch den Wasserinhalt des Körpers (z. B. bei Seefedern) oder die Zölomflüssigkeit (z. B. bei Ringelwürmern) bewirkt werden **(hydrostatisches S.).**

Ein **Innen-S. (Endo-S.)** findet sich v. a. bei Schwämmen, Blumentieren und Wirbeltieren, wobei unter dem Begriff S. i. e. S. das innere Knorpel- und Knochengerüst **(Gerippe)** der Wirbeltiere (bei den Schädellosen die →Chorda dorsalis) verstanden wird, das neben seiner stützenden Funktion auch einen passiven Bewegungsapparat darstellt, da die S.-Muskeln des Körpers an ihm ansetzen. Eine Grobunterteilung des Wirbeltier-S. unterscheidet das S. des Stamms **(Rumpf-S.)** vom S. der Gliedmaßen **(Extremitäten-S.)** oder das Deckknochen-S. vom Ersatzknochenskelett.

Das *S. des Menschen* besteht (ohne die etwa 50 Sesambeine) aus 208–214 Knochen folgender Zusammensetzung: 29 Schädelknochen (davon sechs Gehörknöchelchen, ein Zungenbein), 30–32 Knochen der Wirbelsäule, 25 Knochen des Brustkorbs, vier Schultergürtelknochen, zwei Hüftbeine (als Beckenknochen Verschmelzungsprodukt aus dem paarigen Darm-, Scham- und Sitzbein), 60–62 Knochen der oberen und 60 Knochen (einschließlich Kniescheiben) der unteren Gliedmaßen (Arm, Hand bzw. Bein, Fuß).

Skelettbauweise, Gerippebau, Bauweise, bei der Gerippe aus Holz, Stahl oder Stahlbeton das Traggerüst des Bauwerks bilden; das Gerippe wird durch Mauerwerk oder nicht tragende Bautafeln ausgefüllt; bes. bei Hochhäusern angewendet.

Skelettboden, Boden mit Skelettanteil (unzersetzte Gesteinsteilchen mit über 2 mm Durchmesser) von mehr als 75 %. S. kommen meist an Steilhängen oder auf Schutthalden u. a., auch fluviatilen Aufschüttungen vor, v. a. in Gebieten mit starker physikal. Verwitterung (Polargebiete, Hochgebirge). Sie sind sehr wasserdurchlässig, sehr gut durchlüftet, aber sehr nährstoffarm. Wald- und Grasbewuchs herrschen vor.

Skelettkristalle, Kristalle mit beim Wachstum unvollständig ausgebildeten Flächen; bilden sich, wenn sich die Kristallbausteine bevorzugt an den Ecken und Kanten eines Kristalliten anlagern. Diese Anlagerung ist nur bei starken Übersättigungen und behinderter Diffusion möglich, z. B. bei sich schnell kristallisierenden Schneekristallen (›Schneesterne‹). Auf die gleichen Ursachen geht das Wachstum dendrit. Strukturen (→Dendriten) zurück.

Skelettküste, engl. **Skeleton Coast** [ˈskelɪtn kəʊst], die bes. verkehrsfeindl. Küste der Wüste Namib in Namibia, bes. der nördl. Teil von Swakopmund bis zur angolan. Grenze; mit starker Brandung, häufiger Nebelbildung und Änderungen der Strömung und der Küstenlinie (bezeugt durch Schiffswracks im Strandbereich). Der Name beruht auf dem Schicksal der Schiffbrüchigen, die sich an Land retten konnten, aber in dieser Extremwüste keine Überlebenschance hatten. – Der Bereich nördlich der Mündung des Ugab ist als **S.-Park** (16 360 km²) geschützt.

Skellefteå [ʃɛˈlɛftəɔ:], Großgemeinde im Verw.-Bez. (Län) Västerbotten, N-Schweden, 75 300 Ew.; die Stadt S. liegt am **Skellefteälv** (410 km lang, durchfließt die Seen Hornavan und Storavan; Wasserfälle, Kraftwerke), 10 km oberhalb seiner Mündung in den Bottn. Meerbusen; Hafen in **Skelleftehamn.** Hütte (Arsenverarbeitung und Schwefelsäurewerk) auf der Schäre Rönnskär. Im Hinterland das **Skelleftefeld,** ein seit 1924 erschlossenes Erzbergbaugebiet (Pyrit, sulfid. Nichteisenerze mit Kupfer-, Blei-, Kobalt-, Zink-, Nickel-, Quecksilber-, Selen- und Edelmetallgehalt, bedeutendes Arsenvorkommen), mit den zu S. gehörenden Bergbauorten →Boliden (Bergbau 1970 eingestellt), →Petignäs und →Kristineberg.

Skellig Michael [-maikl, engl.], Felseninsel mit Klostersiedlung der frühen MA. (im 12. Jh. aufgegeben) vor der südwestlichen Küste (Cty. Kerry), mit im 9. Jh. in Trockenmauerwerk errichteten bienenkorbartigen Mönchszellen und zwei steinernen bootsförmigen Betzellen; Reste einer Kirche (wohl 12. Jh.).

Skelmersdale and Holland [ˈskɛlməzdeɪl ənd ˈhɔlənd], Stadt in der Cty. Lancashire, England, 42 100 Ew.; Maschinenbau, Elektro- und Elektronikindustrie. – Die Neue Stadt (→New Towns) **Skelmersdale** wurde 1961 zur Bev.-Entlastung von Liverpool gegründet.

Skelton [skeltn], John, engl. Dichter, * Diss (bei Norwich) um 1460, † Westminster (heute zu London) 21. 6. 1529; Geistlicher, war Erzieher des späteren Königs HEINRICH VIII. S. schrieb Verssatiren ›The bowge of courte‹, entst. um 1498, über den Hof HEINRICHS VII., nach dem Vorbild von S. BRANTS ›Narrenschiff‹; ›Colyn Cloute‹, entst. um 1519, über Kardinal T. WOLSEY) sowie die polit. Moralität ›Magnyfycence‹ (hg. 1533). S. wurde bes. bekannt durch sein bewusst holpriges Metrum (›skeltonic verse‹).

Ausgaben: The complete poems, hg. v. P. HENDERSON (⁴1964); The complete English poems, hg. v. J. SCATTERGOOD (1983).

A. F. KINNEY: J. S., priest as poet (Chapel Hill, N. C., 1987); E. HÖLTL: Idee u. Wirklichkeit der Gesellschaft im Werk J. S.s (1991).

Skene [griech., vgl. Szene] *die, -/...nai,* im altgriech. Theater ein die Ankleideräume enthaltender Holzbau, der als Bühnenabschluss diente und vor dem die Schauspieler auftraten; im Theater der röm. Kaiserzeit ein mehrstöckiger Steinbau.

Skenographie [zu Skene] *die, -,* gemalte Scheinarchitektur am Proskenionpodium und an der Bühnenwand (Skene) des griech. Theaters spätklass. und hellenist. Zeit; von der Wandmalerei in röm. Villen aufgegriffen.

Skepsis [griech. ›Betrachtung‹, ›Bedenken‹, zu sképtesthai ›schauen‹, ›spähen‹] *die, -,* **1)** *allg.:* der Zweifel, die krit. Zurückhaltung im Urteil; auch Sammel-Bez. für die antiken Anhänger der von PYRRHON VON ELIS im 3. Jh. v.Chr. begründeten philosoph. Schule (→Skeptizismus).

2) *Philosophie:* die Erkenntnismethode, die die Geltung von Wahrheitsansprüchen bis in ihre Grundsätze durch Infragestellen prüft und prinzipiell nicht nach dem Gesichtspunkt der Autorität (→sic et non, →Via antiqua), sondern nach dem der Kritizismus urteilt fährt (Via moderna). Diese method. S., die vor I. KANT bes. von R. DESCARTES vertreten wurde, soll als Erkenntnisprinzip über den Zweifel zu einer gesicherten Wahrheit führen (→Epoche). Davon unterscheidet sich der →Skeptizismus, der in seiner absoluten Form die S. zum Inhalt und Ziel der Philosophie erhebt.

Skeptizismus *der, -,* eine philosoph. Richtung, die die →Skepsis zur Methode des Denkens erhebt und als **absoluter S.** die Erkenntnismöglichkeit von Wahrheit und Wirklichkeit und allg. gültigen Normen verneint. Damit erweist sich der S. als Agnostizismus. Als **partieller S.** leugnet er die dogmat. Erkenntnis bestimmter Bereiche (z. B. religiös-übersinnl. Wahrheiten). – Nach I. KANT stellt der S. ein Übergangsstadium zw. Dogmatismus und Kritizismus dar.

In der Ethik richtet sich der S. v.a. gegen die Verbindlichkeit der sittl. Normen. Er wird begründet teils durch eine relativist. Ansicht über deren Inhalte, die die Wahrheit ihres Anspruchs ausgeschlossen erscheinen lässt (→Relativismus), teils durch Kritik an der Stichhaltigkeit der zum Nachweis dieser Verbindlichkeit gebrauchten Beweisverfahren.

Die Schule der Skeptiker wurde im 3. Jh. v. Chr. von PYRRHON VON ELIS begründet. Ihre Lehre ist, dass von zwei einander widersprechenden Sätzen keiner besser begründet werden könne als der entgegengesetzte. Es sei also nötig, sich des Urteils zu enthalten (→Epoche). Durch ARKESILAOS drang die Skepsis in die platon. Akademie ein. Eine dritte Blütezeit erlebte die Skepsis in Alexandria durch ÄNESIDEMUS. Er führte zehn Gründe zum Beweis des S. an (skept. Tropen), die von späteren Vertretern noch erweitert wurden. Auf ÄNESIDEMUS fußten auch die Arbeiten der ›Empir. Ärzteschulen‹ in Rom in der Kaiserzeit, deren wichtigster Vertreter, SEXTUS EMPIRICUS, im 2. Jh. n.Chr. die systemat. Darstellung der antiken Skepsis vermittelt hat. – Vertreter des S. in der Neuzeit sind M. DE MONTAIGNE, P. BAYLE, auch D. HUME. (→Erkenntnistheorie)

A. GOEDECKEMEYER: Die Gesch. des griech. S. (1905, Nachdr. 1968); G. SCHNURR: S. als theolog. Problem (1964); W. STEGMÜLLER: Metaphysik, Skepsis, Wiss. (²1969); W. WEISCHEDEL: Die Frage nach Gott im skept. Denken (1976); DERS.: Skept. Ethik (Neuausg. 1980); E. RUDOLPH: Skepsis bei Kant (1978); C. WILD: Philosoph. Skepsis (1980); Die zweifelnde Gesellschaft, hg. v. G. CHALOUPEK u.a. (Wien 1983); K. LÖWITH: Wissen, Glaube u. Skepsis (Neuausg. 1985); P. F. STRAWSON: S. u. Naturalismus (a.d.Engl., 1987); F. DENATALE u. E. SEMERAVI: Skepsis (Bari 1989); J. WATKINS: Wiss. u. S. (a.d.Engl., 1992); Gesch. der Philosophie, v. W. RÖD, Bd. 3: M. HOSSENFELDER: Stoa, Epikureismus u. Skepsis (²1995); Philosophie der Skepsis, hg. v. T. GRUNDMANN u. K. STÜBER (1996).

Sketch [skɛtʃ; engl. ›Skizze‹, ›Studie‹, über niederländ. schets ›Entwurf‹ von ital. schizzo ›Skizze‹] *der, -(es)/-e(s) und -s,* kleine dramatisch-kabarettist. Form: kurze, effektvolle dramat. Szene, oft ironisch-witzig, meist bezogen auf aktuelle Ereignisse, mit scharfer Schlusspointe.

Skete [wohl von griech. askētḗrion ›Übungsplatz‹, ›Stätte der Askese‹] *die, -/-n,* russ. **Skit,** orth. Kirche: eine kleinere, urspr. dörfl. Siedlung von Mönchen, die einem größeren Kloster zugeordnet ist. Der Name taucht erstmals im 14./15. Jh. auf. Heute gibt es z. B. auf dem Berg Athos zwölf S., von denen die älteste aus dem Jahre 1572 stammt.

G. SPITZING: Athos. Der Heilige Berg des östl. Christentums (1990).

Skeuothek [griech. ›Vorratskammer‹, ›Zeughaus‹], in der Antike berühmter Profanbau des griech. Baumeisters →PHILON VON ELEUSIS in →Piräus.

SKF-Gruppe, internat. tätige Unternehmensgruppe (Hauptgeschäftsbereiche: Wälzlager, Dichtungen, Sonderstähle) unter Leitung der **AB SKF**; Sitz: Göteborg, gegr. 1907. Umsatz (1996): 35,6 Mrd. skr, Beschäftigte: rd. 43 000. Dt. Tochtergesellschaft ist die SKF GmbH; Sitz: Schweinfurt, gegr. 1929; Umsatz (1996): 2,3 Mrd. DM, Beschäftigte: rd. 7 800; zweitgrößtes dt. Wälzlagerunternehmen.

Skhi Skhirra – Skidmore, Owings & Merrill

Skhirra, La S., Sekhira, arab. **As-Sachira,** der 1958–60 erbaute Erdölexporthafen Tunesiens, am Golf von Gabès, wird beliefert durch Pipelines von den tunes. Erdölfeldern El-Borma, Douleb, Sidi el-Itayem und Ashtart (offshore) sowie vom alger. In Amenas; Tankanlagen, chem. Industrie; Thermalquelle; Fischereihafen; Eisenbahnstation (Strecke Gabès–Sfax); Flugplatz.

Skhul, eine der Höhlen des →Karmel 1).

Ski [ʃiː; norweg., eigtl. ›Scheit‹, von altnord. skið ›Scheit‹, ›Schneeschuh‹] *der, -s/-er,* auch *-,* **Schi,** brettförmige Gleitflächen, die mit einer (S.-)Bindung an den (S.-)Schuhen (Langlauf) bzw. (S.-)Stiefeln (alpine Disziplinen, Skispringen) befestigt werden. Der S. wird aus Kunststoffen (Carbonfaser, glasfaserverstärktem Kunststoff, Polyäthylen für Beläge und Laufsohle, Polyurethan für S.-Kerne), aus Metall oder Holz (für Kerne) gefertigt. Er ist an der Schaufel (nach oben gebogenes vorderes Ende) und am Ende i. Allg. breiter und in der Mitte (Standplatte) schmaler (Taillenform). Die Lauffläche (-sohle), die in der Längsrichtung eine oder mehrere Führungsrillen aufweisen kann, ist mit einem Polyäthylenbelag versehen; er erhöht die Gleitfähigkeit, die durch zusätzl. Wachsen noch verbessert werden kann. Spitzen und Enden haben eigene Schoner aus Aluminium. An den beiden äußeren Seiten der Laufflächen sind beim alpinen S. Stahlkanten angebracht.

Die **Sicherheitsbindung** für die alpinen Disziplinen besteht aus Sicherheitsbacken und Fersenautomatik und bewirkt, dass sich bei Stürzen nach vorn der Fersenautomatik, bei Drehstürzen die Sicherheitsbacken und bei kombinierten Stürzen ggf. beide lösen. Die **Langlaufbindung** arretiert durch einen Bügel die Sohlenspitze und gibt dem Fuß vollständige Bewegungsfreiheit beim Lauf (›Rotafellabindung‹). Beim S.-Springen verwendet man die **Kabelzugbindung,** die dem Schuh in der Ferse Bewegungsfreiheit lässt.

S.-Wachse sind Mischungen, die in der Kälte (z. B. Trockenwachs, Tubenwachs) oder unter Hitze (Heißwachs) auf der Lauffläche von S. aufgetragen werden, um das Gleiten zu erleichtern und die Beläge zu schützen. Als Bestandteile von S. werden Paraffine, Polyäthylenwachse und Wollfett, aber auch Graphit, Fluor und Aluminiumpulver verwendet.

Eine modifizierte Ausführungsform der alpinen S. sind die extrem taillierten **Carving-S.,** mit denen die Schwünge auf der Kante gefahren, d. h. ›geschnitten‹ werden. Sie sind etwa 20 cm kürzer als die herkömml. S. und ermöglichen u. a. einen erheblich engeren Schwungradius. Die Fahrweise entspricht weitgehend der des Carvens beim →Snowboarden.

Geschichte: Als Vorläufer des S. kann die verbreiterte Schuhsohle gelten, die jedoch nur das Einsinken in den Schnee verhinderte. Hieraus entwickelte man spätestens in der Jungsteinzeit Gleithölzer, die sich durch Funde in Skandinavien und im nördl. O-Europa nachweisen lassen. Auf Felsbildern an der Küste des Weißen Meeres (Wyg-Fluss) und am Onegasee sind S.-Läufer auf der Elchjagd dargestellt. Eine 1927 auf der Insel Rødøy (Norwegen) entdeckte Felszeichnung zeigt, dass der S. aus der Zeit von vor rd. 5 000 Jahren schon in den Grundzügen mit dem heutigen übereinstimmt. Auch bei den subarkt. Indianern Nordamerikas ist der →Schneeschuh in Brettform nachgewiesen. Ende des 19. Jh. wurden die damals noch überlangen S. von Norwegen aus in die Alpenländer Europas eingeführt. Die Bindung bestand anfänglich nur aus einfachen Riemen (meist aus Leder); erste moderne Ausführungen wurden 1913 entwickelt. (→Skisport)

Ski: Querschnitte verschiedener Skier; 1 Holzski; 2 Glasfaserski mit vorgeformtem Kern; 3 Glasfaserski mit eingespritztem Kern; 4 Ski mit Glasfaser-Torsionskasten

Skia|graphie [zu griech. skia ›Schatten‹] *die, -/...'phi|en,* die literarisch überlieferte Schattenmalerei in der griech. Kunst, →Schattieren.

Ski|akrobatik [ˈʃiː-], frühere Bez. für →Freestyle.

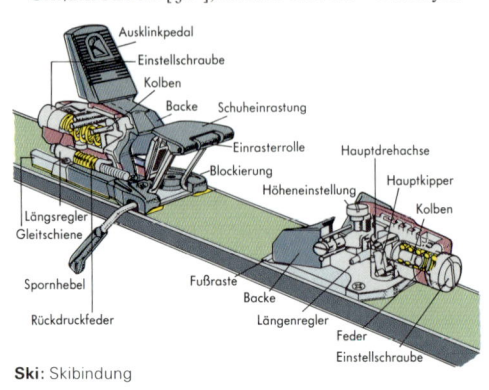

Ski: Skibindung

Skia|skopie [zu griech. skia ›Schatten‹] *die, -/...'pi|en,* **Schattenprobe,** objektive Methode zur Messung der Brechkraft des kindl. Auges und von Anomalien, einschließlich des Astigmatismus (v. a. bei Kleinkindern). Das hierfür verwendete **Skiaskop** besteht aus einem zentral gelochten, beleuchteten Planspiegel, durch den ein paralleles Strahlenbündel in das Auge geworfen wird; bei Drehung des Spiegels erscheint in der hellen Pupille bei Brechungsanomalie ein Schattenreflex, der bei Weitsichtigkeit mit, bei Kurzsichtigkeit entgegen der Spiegeldrehung wandert. Die Bestimmung des Brechungsfehlers ist mit vorgeschalteten Linsen möglich.

Skiathos, Insel der Nördl. Sporaden, Griechenland, vor der Halbinsel Magnesia, bis 427 m ü. M., 48 km², 5 100 Ew.; z. T. bewaldet; Olivenbäume, Weinbau; Fremdenverkehr.

Skibindung [ˈʃiː-], *Wintersport:* →Ski.

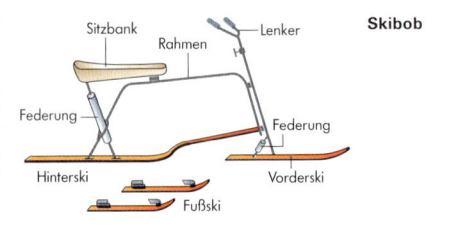

Skibob [ʃiː-], einspuriges Wintersportgerät aus Stahl- oder Aluminiumrohrrahmen, Hinterski, drehbar gelagertem Vorderski, Sitzbank und Lenker. An den Schuhen des S.-Fahrers ist je ein kurzer Ski befestigt. – Meisterschaften im S.-Fahren werden in den alpinen Disziplinen Abfahrtslauf, Riesenslalom, Slalom, Super-G und in der alpinen Kombination ausgetragen. Seit 1963 finden Europa- und seit 1967 Weltmeisterschaften sowie jährlich der Weltcup statt. – S. wird in Dtl. durch den Dt. S.-Verband (DSBV; gegr. 1965, Sitz: München) organisiert. In Österreich besteht der Österr. S.-Verband (ÖBSV; gegr. 1965, Sitz: Wien) und in der Schweiz der Verband Swiss Snow Bike (SSB; gegr. 1967, Sitz: St. Gallenkappel [Kt. St. Gallen]). Internat. Dachverband ist die Fédération Internationale de S. (FISB; gegr. 1961, Sitz: München). – S.-Fahren als Wettkampfsport ist erst seit Anfang der 1960er-Jahre bekannt.

Skidmore, Owings & Merrill [ˈskɪdmɔː, ˈəʊɪŋz ənd ˈmerɪl], Abk. **SOM** [esəʊˈem], amerikan. Architekturbüro mit Niederlassungen in New York (Hauptsitz),

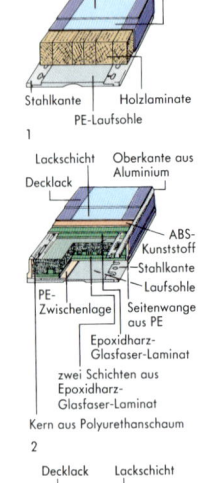

Chicago (Ill.), San Francisco (Calif.), Portland (Oreg.), Washington (D. C.), Los Angeles (Calif.) und Paris; 1936 von LOUIS SKIDMORE (* 1897, † 1962) und NATHANIEL ALEXANDER OWINGS (* 1903) gegr., 1939 durch die Partnerschaft von JOHN OGDEN MERRILL (* 1896, † 1975) erweitert, baute seit 1952 für Großfirmen, Banken und Verwaltung (Konsulatsgebäude der USA u. a. in Bremen, Düsseldorf, Stuttgart, Frankfurt am Main). Ein Teil der Bauten entstand nach Entwürfen von G. BUNSHAFT. (BILD →Djidda)

Werke: Lever Building in New York (1951–52); Connecticut General Life Insurance Building in Hartford, Conn. (1953–57); Inland Steel Company Headquarters in Chicago (1954–58); Chase Manhattan Bank in New York (1961); John Hancock Center in Chicago (1965–70); Sears Tower in Chicago (1969–74); National Commercial Bank and Flughafen in Djidda (beide 1982); NBC Tower in Chicago (1986–90); Network Office Checkpoint Charlie, Quartier 105, in Berlin (Fertigstellung bis 2000 geplant).

S., O. & M. Architektur u. Städtebau 1973–1983 (1983); Architekten – S., O. and M. – SOM, bearb. v. U. SCHRECK-OFFERMANN (³1993); S., O. and M. Selected and current works, hg. v. S. DOBNEY (Mulgrave 1995).

Skien [ˈʃiːən], Hauptstadt der Prov. (Fylke) Telemark, S-Norwegen, am Skienselv, nahe dem Frierfjord, 48 500 Ew.; Regionalmuseum; Holz-, Papier-, Nahrungsmittel- und elektrotechn. Industrie.

Skierniewice [skjɛrɲɛˈvitsɛ], **1)** Hauptstadt der Wwschaft S., Polen, 130 m ü. M., zw. Lodz und Warschau, 47 600 Ew.; Forschungs-Inst. für Obstbau und Blumenzucht, für Gemüsebau sowie Abt. für Genforschung der Poln. Akad. der Wiss.en; Bau von Maschinen, Transformatoren, Klima- und Luftreinigungsanlagen, Glashütte, Nahrungsmittel-, Textilindustrie; Verkehrsknoten. – S. erhielt 1457 Stadtrecht. **2)** Wwschaft im zentralen Polen, 3 960 km², 423 800 Einwohner.

Skiff [engl.], *Rudersport:* der →Einer.

Skiffle [skɪfl, engl.] *der,* auch *das, -s,* Bez. für eine amateurhafte Variante afroamerikan. Musik, stilistisch eine jazzinspirierte Mischung aus Blues, Ragtime und Volksliedelementen. Charakteristisch für den S. ist der stark akzentuierte, pulsierende Rhythmus sowie das neben dem Banjo häufig selbst gefertigte Instrumentarium (Waschbrett, Teekistenbass, geblasener Kamm). S.-Gruppen entstanden im Chicago der 1920er-Jahre bei den ›rent-parties‹ (auch ›to make a skiffle‹) der schwarzen US-Amerikaner, für die die Gäste ein geringes Eintrittsgeld zur Begleichung der Miete (engl. rent) zu zahlen hatten. Die S.-Musik wurde in den 1950er-Jahren v. a. auf Initiative europ. Jazzmusiker (u. a. C. BARBER) auch bei Amateurmusikern in England und Dtl. populär; sie hatte erhebl. Einfluss auf die frühen brit. Rhythm-and-Blues- und Rockbands.

Skifliegen [ˈʃiː-], Disziplin des nord. →Skisports; ausgetragen als Spezialspringen von einer von der Fédération Internationale de Ski (FIS) homologierten Flugschanze (→Sprungschanze). Beim S. (ein Probe-, zwei Wettkampfsprünge) entscheiden wie beim Skispringen die nach Haltung und Weite errungenen Punkte über die Platzierung. Die K-Punkt-Weite (zw. 145 und 185 m) der jeweiligen Flugschanze entspricht 120 Weitenpunkten, der Meterwert beträgt 1,2 Punkte je Meter (→Skispringen). – Das erste S. wurde 1935 in Planica ausgetragen. 1950–70 fand jährlich abwechselnd auf den Flugschanzen von Planica, Bad Mitterndorf (Flugschanze ›am Kulm‹) und Oberstdorf die (internat.) **Skiflugwoche** statt. Weltmeisterschaften im S. werden seit 1972 (ab 1988 alle zwei Jahre) ausgetragen, als Austragungsstätten kamen Harrachov (Tschech. Rep.) und Vikersund (Schweden) hinzu.

Skijöring [ˈʃiː-; norweg. kjöring ›das Fahren‹], **Skikjöring** *das, -s/-s,* Skifahren hinter einem Vorspann (Motorrad, Pkw, Pferd, Ren). Als Wettkampfdisziplin Geschwindigkeitswettbewerb über 4–5 km im Einzelstart.

Skikda, Hafen- und Industriestadt in NO-Algerien, in der Kleinen Kabylei, 87 km nördlich von Constantine, 140 000 Ew.; Bez.-Verwaltung; Erdöl- und Erdgasexporthafen (Pipelines von Hassi Messaoud und Hassi Rmel); Erdölraffinerie, Erdgasverflüssigungsanlage, petrochem. und Kunststoffindustrie; Eisenbahn- und Straßenknotenpunkt. Die Fischereiwirtschaft sowie der Badebetrieb sind wegen der starken Meeresverschmutzung ins. S. nach El-Koll (im W) und Chetaibi (im O) abgewandert. Im Hinterland bedeutender Bergbau: eine der größten Quecksilberminen der Erde bei Azzaba (31 km südöstlich), Eisenerz bei El-Hallia (20 km östlich), Bleierze bei El-Koll (75 km westlich), Kalkabbau mit Zementwerk in Hadjar Soud (45 km östlich), Marmorbrüche von Filfila (20 km östlich). – Planmäßige Stadtanlage im frz. Kolonialstil; Museum (v. a. röm. Funde); Ruine des röm. Theaters. – An der Stelle eines phönik. Hafenplatzes entstand ab 46 v. Chr. die röm. Stadt **Rusicada,** die um 437 oder 533 von den Wandalen zerstört wurde. 1838 gründeten die Franzosen über den röm. Ruinen die neue Hafenstadt **Port-de-France,** bald **Philippeville** genannt, und verbanden sie 1871 durch die erste Eisenbahn in Algerien mit Constantine. Nach der Unabhängigkeit Algeriens (1962) erhielt die Stadt den alten arab. Namen des Kap S. (Ras S.).

Skilift [ˈʃiː-], Seilbahn oder Aufzug, der Skiläufer auf die Höhe befördert. Beim Schlepplift (Bügellift, Tellerlift) wird der Skifahrer, mit den Skiern auf dem Schnee, von einem Seil den Hang hinaufgezogen. Beim Sessellift sitzt der Skiläufer in den an dem Zugseil angeklemmten Sitzen.

Skilling, skandinav. Münznominal seit dem 15. Jh. (zuerst 1422 in Dänemark), 1 S. = 12 Penningar, 2 S. = 1 lüb. Schilling. Seit dem 17. Jh. galten in Dänemark 64 S. = 1 Mark, 96 S. = 1 Daler. In Schweden wurde seit 1776 der Riksdaler in 48 S. unterteilt; im 19. Jh. entfielen auf 1 S. Rigsgäld = ²/₃ S. Banco; 1873/75 aufgegeben.

Ski|marathon [ˈʃiː-], **Volks|skilauf,** Skiveranstaltung für (Freizeit-)Langläuferinnen und -läufer; nat. meist im klass. Stil, internat. auch in Skatingtechnik durchgeführt. In Dtl. zählen dazu der ›König-Ludwig-Lauf‹ (seit 1968) über 55 km im Ammertal (von Ettal nach Oberammergau), der ›Internat. Kammlauf‹ (seit 1973) über 50 km von Mühlleithen (zu Klingenthal/Sa.) nach Johanngeorgenstadt (und zurück), der ›Schwarzwälder S.‹ (seit 1974) über 60 km von Schonach nach Hinterzarten und der ›Rennsteig-Skilauf‹ (seit 1978) über 30 km bei Oberhof. Zu den internat. bedeutendsten S. (zw. 42 und 90 km, v. a. der →Wasalauf) gehören in Österreich der ›Dolomitenlauf‹ (seit 1973) über 60 km mit Start und Ziel in Lienz und in der Schweiz der ›Engadin-S.‹ (seit 1969) über 42 km von Maloja nach Zuoz.

Skimmie [jap.] *die, -/-n,* **Skimmia,** Gattung der Rautengewächse mit nur wenigen Arten in O-Asien und im Himalaya; immergrüne, lorbeerähnl. Sträucher mit wechselständigen, lederartigen, durchscheinend punktierten Blättern und kleinen, weißen Blüten in großen Rispen; Steinfrüchte rot, erbsengroß und fleischig. Eine als Zimmer- und Balkonpflanze bekannte Art ist die **Japanische S.** (Skimmia japonica) mit gelblich weißen Blüten.

Skinas, Alexandros, neugriech. Erzähler, *Athen 30. 3. 1924; lebte seit 1959 viel im Ausland (v. a. in der Bundesrep. Dtl.) und gehört zu den herausragendsten griech. Autoren, die während der Diktatur aus Gewissensgründen im Exil lebten. Sein Werk ›Fälle‹ (1966; dt., erw. Ausgabe 1989) fand als Modell experimenteller Prosa auch in der dt. Fassung Beachtung. S.' Werk, das die neugriech. Literatur schon früh um eine kafka-

Skimmie: Japanische Skimmie (weibliche Pflanze)

eske Dimension bereicherte, beruht zu einem wesentl. Teil auf einer sich ständig erneuernden Reihe erfindungsreicher Anspielungen und einer in akrobat. Weise durchgeführten Entlarvung der Sprache.

Weitere Werke (neugriech.): *Prosa:* Zum Schutz des griech. mentalen Festlandsockels gegen die obskurantist. Pseudovolkssprache (1977); Die Partie (1990).

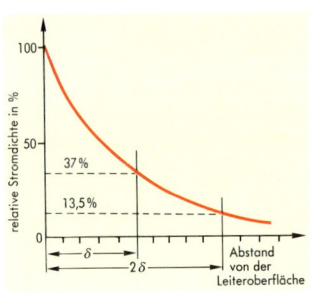

Skineffekt: Verlauf der Stromdichte in einem Leiter als Funktion des Abstands von dessen Oberfläche; δ Eindringtiefe

Skin|effekt [engl. skin ›Haut‹], **Haut|effekt,** die Erscheinung, dass in elektr. Leitern Wechselströme (v. a. hochfrequente) im Wesentlichen nur in einer dünnen Oberflächenschicht fließen. Die magnet. Feldstärke und die Stromdichte im Leiter nehmen exponentiell zur Leiterachse hin ab (**Feld-** und **Stromverdrängung**), da die durch das Magnetfeld des Wechselstroms im Innern des Leiters hervorgerufenen Wirbelströme an der Leiteroberfläche die gleiche Richtung wie der fließende Wechselstrom haben, im Leiterinnern dagegen diesem entgegengesetzt sind. Dadurch ist der ohmsche Widerstand eines Leiters für Wechselstrom größer als für Gleichstrom. Bei hohen Frequenzen setzt man zur Vergrößerung der Oberfläche den Leiter aus vielen dünnen, miteinander verbundenen Drähten (Litze) zus., bei noch höheren Frequenzen kann der Leiter rohrförmig sein. Wegen des S. wirken Hohlraumresonatoren wie sich selbst abschirmende Schwingkreise. Für die Eindringtiefe δ, d. h. die Tiefe, bis zu der die Stromdichte auf den Bruchteil e^{-1} (etwa 37 %) des Wertes an der Oberfläche abgenommen hat, gilt: $\delta = \sqrt{2/\omega\sigma\mu}$ (ω Kreisfrequenz, σ Leitfähigkeit, μ Permeabilität). – Bei Frequenzen des opt. Bereichs wird der normale S. zum **anomalen S.** Die mittlere freie Weglänge der Elektronen ist bei opt. Frequenzen nicht mehr klein gegenüber der Wellenlänge und der Eindringtiefe. Dadurch wird die elektr. Stromdichte für eine beliebige Stelle des Leiters nicht mehr allein durch die lokale elektr. Feldstärke bestimmt, sondern auch durch Elektronen, die von anderen Stellen innerhalb der freien Weglänge dort eintreffen.

Skinfaxi, altnord. Mythos: weißes Ross, das den vergoldeten Wagen des Tages (→Dagr) zog.

Skinheads [ˈskɪnhedz; engl., zu skin ›Haut‹ und head ›Kopf‹], *Sg.* **Skinhead** *der, -s,* zumeist jugendl. Angehörige einer Subkultur, die sich durch kurzgeschorene Haare, Lederstiefel und militantes Auftreten von anderen demonstrativ abheben. S. kamen zunächst in den großen Industriestädten Englands im Laufe der 1970er-Jahre auf und rekrutierten sich v. a. aus arbeitslosen oder sonst von Deklassierung bedrohten Jugendlichen. Aussehen und Verhalten der S. wurden bald auch in anderen Ländern übernommen, in Dtl. (auch in den neuen Bundesländern) zumeist bei Jugendlichen mit sozialen Abstiegsängsten, die außerdem bestimmte Aspekte des sozialen Wandels, z. B. das selbstbewußtere Auftreten von Frauen oder die als Konkurrenz auf dem Arbeitsmarkt empfundenen Jugendlichen ausländ. Familien, nicht akzeptieren. Sie reagieren hierauf mit der Betonung von traditionell als spezifisch männlich bestimmten Verhaltensstilen und dem rigiden Festhalten an Gruppengrenzen, was sich in einer ausgeprägten Fremdenfeindlichkeit niederschlägt. Die Gewaltbereitschaft vieler S. wird v. a. als Reaktion auf Chancenlosigkeit und Statusängste gesehen; ihr Verhalten ist verbunden mit traditionellen Mustern der Erziehung (beispielsweise Männerdominanz). Eine beträchtl. Anfälligkeit der S. für rechtsextreme und neofaschist. Vorstellungen und Verhaltensweisen ist zu beobachten. Teilweise gibt es auch fließende Übergänge zur Hooliganszene.

Jugend – Staat – Gewalt. Polit. Sozialisation von Jugendlichen, Jugendpolitik u. polit. Bildung, hg. v. W. Heitmeyer u. a. (1989); K. Farin u. E. Seidel-Pielen: S. (⁴1997).

Skinke [lat. scincus, von griech. skinkos ›ägypt. Eidechse‹], *Sg.* **Skink** *der, -(e)s,* **Glattechsen, Scincidae,** Familie 10–60 cm langer Echsen mit etwa 800 Arten in warmen und gemäßigten Gebieten, bes. in SO-Asien, Australien und Afrika. Der Körper ist zumeist schlank und walzenförmig; häufig mit Tendenz zur Rückbildung der Gliedmaßen: Neben Arten mit normal entwickelten Beinen kommen alle Übergänge bis zu völlig beinlosen Formen vor. Der Kopf ist relativ hoch und kaum vom Hals abgesetzt; die Schuppen sind zumeist glatt und geschindelt und mit Knochenplatten unterlegt. Die Augenlider können frei oder zu ›Brillen‹ verwachsen sein (→Schlangenaugenskinke). Etwa ein Drittel der Arten bringt lebende Junge zur Welt, die im Mutterleib z. T. durch eine plazentaartige Struktur ernährt werden. S. leben i. d. R. am Boden, zum Teil auch grabend bzw. wühlend. Die Arten der

Skinke: Apothekerskink (Länge bis 21 cm)

Gattung **Sand-S.** (Scincus) können bei Gefahr blitzschnell in lockerem Sand verschwinden, z. B. der **Apotheker-S.** (Scincus officinalis); mehrere Unterarten in Wüstengebieten von Senegal bis Ägypten und Israel; Färbung meist gelblich oder hellbraun mit dunklen Querbinden. In Europa leben u. a. die →Erzschleiche und das →Natterauge. Weitere S. sind →Riesenskinke, →Stachelskinke, →Stutzechse.

Skinner [ˈskɪnə], B. F. (Burrhus Frederic), amerikan. Psychologe, *Susquehanna (Pa.) 20. 3. 1904, †Cambridge (Mass.) 18. 8. 1990; ab 1937 Prof. an der University of Minnesota, 1945–48 an der Indiana University (Bloomington) und ab 1948 an der Harvard University. S. wurde stark beeinflusst durch die Ideen I. Pawlows und J. B. Watsons und gilt als einer der wichtigsten Vertreter des naturwissenschaftlich orientierten (neo)behaviorist. Psychologie. Durch seine tierexperimentelle Forschung über Lernprozesse, u. a. mit der von ihm entwickelten S.-Box oder dem Problemkäfig (bei dem versch. Hebel und Signalanlagen im Innern des Käfigs durch den Untersucher verändert werden können), schuf er eine systemat. Begründung der behaviorist. Lerntheorie. Zudem entwickelte S. aufgrund seiner Erkenntnisse über die operante Konditionierung lineare Lernprogramme (→programmierter Unterricht) und sozialtechnolog. Entwürfe. Sein Roman ›Walden Two‹ (1948; dt. ›Futurum zwei‹) beschreibt die Vision einer aggressionsfreien Gesellschaft dank umfassender Verhaltenskontrolle.

Weitere Werke: The technology of teaching (1968; dt. Erziehung als Verhaltensforschung); About behaviorism (1974; dt. Was ist Behaviorismus?); Particulars of my life (1976); Recent issues in the analysis of behavior (1989).

Festschr. for B. F. S., hg. v. P. B. Dews (New York 1970).

Skip [engl.] *der, -(s)/-s,* am Förderseil angeschlagenes, kastenförmiges Gefäß zum Fördern von Schütt-

B. F. Skinner

gütern in Schächten (→Schachtförderung). Der S. wird im Füllort über Messtaschen aus Bunkern beladen, über Tage durch Seiten- oder Bodenklappen entleert.

Skipetaren, Selbst-Bez. der →Albaner.

Skipper [engl., von mittelniederländ. schipper ›Schiffer‹], der verantwortl. Führer einer Jacht; auch allg. für Bootsführer.

Skiren, lat. **Sciri,** german. Volksstamm, der nach PLINIUS D. Ä. den Weichselraum bewohnte; wanderte später zum Schwarzen Meer ab. Im 4. Jh. in Verbindung mit Herulern und Rugiern am nördl. Karpatenrand genannt, gerieten die S. unter die Herrschaft der Hunnen und teilten dann das Schicksal der Ostgoten.

Skirnir, altnord. Mythos: Freund und Gefährte des Gottes Freyr, für den er um die Riesentochter Gerd (Gerðr) warb.

Skírnismál, dialog. Lied der ›Edda‹ über die Brautwerbung Skírnirs für den Gott Freyr zur Riesin Gerd (Gerðr). Zwar gelingt es Skírnir, durch Geschenke und Drohungen den Widerstand der Riesin zu brechen, doch wird Freyr, da er dabei sein Schwert weggibt, beim →Ragnarök gegen Surt unterliegen.

Skirrhus, der →Scirrhus.

Skisport [ˈʃi:-], Wintersportart (außer →Grasssport und →Rollski), die mit Skiern als Wettkampfsport und Freizeitbetätigung ausgeübt wird. Dabei wird zw. alpinem und nord. S. sowie →Biathlon unterschieden. Der **alpine S.** gliedert sich in die Disziplinen →Abfahrtslauf, →Slalom, →Riesenslalom, →Super-G und →alpine Kombination. Der **nordische S.** umfasst die Disziplinen →Langlauf, →Skispringen und →nordische Kombination. Daneben bestehen →Freestyle und →Skimarathon.

Organisationen: In Dtl. sind die Skisportler im Dt. Skiverband (DSV; gegr. 1905, Sitz: Planegg [bei München]) organisiert. In Österreich besteht der Österr. Skiverband (ÖSV; gegr. 1905, Sitz: Innsbruck) und in der Schweiz der Ski-Verband (SSV; gegr. 1904, Sitz: Muri [Kt. Bern]). Internat. Dachverband ist die Fédération Internationale de Ski (FIS; gegr. 1924, Sitz: Oberhofen [Kt. Bern]).

Geschichte: In Norwegen wurden bereits im MA. Langlaufwettbewerbe ausgetragen und ab etwa 1850 die unterschiedlichsten skisportl. Wettbewerbe durchgeführt (→Holmenkollen). In den Alpen entwickelte sich unter Verwendung kürzerer Ski in den 1890er-Jahren aus dem nord. der alpine Skisport.

Skispringen [ˈʃi:-], **Sprunglauf,** Disziplin des nord. Skisports (als Wettkampf v. a. für Männer); ausgetragen als **Spezialspringen** oder als **Kombinationsspringen** (Bestandteil der →nordischen Kombination) von einer →Sprungschanze, bei dem die nach Haltung und Weite errungenen Punkte über den Sieg entscheiden. Die Sprungtechnik gliedert sich in Anlauf, Absprung vom Schanzentisch, Flug und Landung (Aufsprung). Während des Fluges soll der Körper bei weiter Vorlage und ruhiger Haltung der Arme möglichst ruhig in der Luft liegen. Dabei werden die Skier nach vorn seitlich ausgestellt (**V-Stil,** vom dem Schweden JAN BOKLOEV [* 1966] Mitte der 1980er-Jahre erstmals kreiert). Die Landung sollte bei schmaler Skiführung erfolgen (→Telemarkaufsprung). Die Weite eines Sprunges wird von der oberen Kante des Schanzentisches (Absprungfläche) bis zur Mitte der Aufsprungstelle gemessen. Beim **Mannschaftsspringen** (auf der Großschanze) stellt jedes Team vier Teilnehmer, wobei sich das Gesamtergebnis durch Addition der Gesamtnoten der vier Springer ergibt.

Sprungwertung: Die **Gesamtnote** setzt sich auf der Sprungweite **(Weitennote)** und der von den Sprungrichtern bewerteten Sprungausführung **(Haltungsnote)** zusammen. Punktabzüge kann es für den Flug sowie das Ausfahren geben. Für die Sturzbewertung ist die ›Sturzgrenze‹ maßgebend: hat der Springer diese ohne Bodenberührung eines weiteren Körperteils passiert, zählt der Sprung als gestanden. Die höchste und niedrigste Note aus der Bewertung der fünf Sprungrichter wird gestrichen. Die verbleibenden drei mittleren Noten werden addiert und stellen die Haltungsnote dar. Der **K-Punkt** (Konstruktionspunkt: Stelle, nach der der Landedruck erheblich ansteigt) einer Schanze ist zugleich ihr **Tabellenpunkt,** d. h., die K-Punkt-Weite entspricht 60 Weitenpunkten. Die Weitendifferenz der gemessenen Weite eines Sprunges zur K-Punkt-Weite wird mit dem **Meterwert** (Punkt je Meter) der jeweiligen Schanze multipliziert und von 60 Punkten abgezogen bzw. bei Sprungweiten über den K-Punkt hinaus dazugezählt. Je größer die Schanze und damit die K-Punkt-Weite, desto geringer der Meterwert.

Wettbewerbe: Normalschanze: olymp. seit 1924, WM-Wettbewerb seit 1925; Großschanze: WM- seit 1962, olymp. Wettbewerb seit 1964; Mannschaftsspringen: WM- seit 1982, olymp. Wettbewerb seit 1988. (→Skifliegen)

Skive [ˈsgi:və], Stadt im westl. Jütland, Dänemark, Amt Viborg, am inneren Ende des 15 km langen S.-Fjords (südl. Bucht des Limfjords), 27 600 Ew.; Museum (v. a. Bernstein- und Grönlandsammlung); Maschinenbau, Holzverarbeitung, Hafen. - Die Alte Kirche (Gamle Kirke, 12. Jh.) wurde um 1500 erweitert und eingewölbt, 1522 freskiert; Renaissancealtar (um 1600).

Skizze [ital. schizzo, eigtl. ›Spritzer (mit der Feder)‹] *die, -/-n,* **1)** *bildende Kunst:* die rasche Fixierung eines Natureindrucks oder einer künstler. Idee in Zeichnung oder Öl, ohne Einzelheiten auszuarbeiten. Sie bildet oft die Vorstufe für ein Gemälde, ein Bildwerk oder Bauwerk. Seit der Renaissance wurde die S. als unmittelbarer Ausdruck künstler. Spontaneität z. T. höher geschätzt als das vollendete Kunstwerk.

P. WESCHER: La prima idea. Die Entwicklung der Öl-S. von Tintoretto bis Picasso (1960); S. von der Renaissance bis zur Gegenwart aus dem Kupferstichkabinett Basel, hg. v. U. WEISNER, Ausst.-Kat. (Basel 1989).

2) *Literatur:* kurze Prosaform, häufig journalistisch verwendet (G. WEERTHS ›Humorist. S.n aus dem dt. Handelsleben‹, ersch. 1845-48 in der ›Neuen Rhein. Zeitung‹). Die S. verzichtet bewusst auf stilist. Ausformung und ist thematisch völlig frei (beispielhaft für die dt. Lit. P. ALTENBERGS ›Was der Tag mir zuträgt‹, 1901). Der Begriff wird auch verwendet für den ersten Entwurf eines größeren literar. Werks.

Skjöld, Ahnherr des sagenhaften dän. Königsgeschlecht der Skjöldunge (›Schildmänner‹), im angelsächs. Beowulfepos (›Scyld‹) auch Vater des Beowulf. Die isländ. Tradition des 12. Jh. machte ihn zu einem Sohn Odins, der als Kind im Schiff nach Dänemark gekommen sein soll. Nach SNORRI STURLUSON begründete er dort mit Gefjon in Lejre (Seeland) den Stammsitz seines Geschlechts.

Skjöldunga saga [isländisch ›Geschichte von den Skjöldungen‹], in Island um 1200 entstandene, fragmentarisch erhaltene Prosaerzählung über die dän. Vorzeitkönige, vom myth. Stammvater Skjöld bis zu GORM DEM ALTEN (um 900). Wichtigste Quelle ist das Fragment ›Sögubrot‹ (13. Jh.), in dessen Mittelpunkt die sagenhafte ›Brávalla-Schlacht‹ zw. Dänen und Schweden unter dem Dänenkönig HARALD BLAUZAHN steht. Der dän. Geschichtsschreiber SAXO GRAMMATICUS verwendete diese Schilderung in seinen ›Gesta Danorum‹.

Skladanowsky [-ki], **Skladanowski,** Max, Erfinder und Filmproduzent, * Berlin 30. 4. 1863, † ebd. 30. 11. 1939; urspr. Schausteller; entwickelte u. a. eine Filmkamera, einen 50 mm breiten Film mit durch metall. Ösen verstärkter Perforation sowie einen zwei

Max Skladanowsky

Skla Sklavenhaltergesellschaft – Sklaverei

Filmstreifen alternierend projizierenden Bildwerfer (›Bioskop‹), mit dem er am 1.11.1895 mit seinem Bruder EMIL (*1859, †1945) im Berliner ›Wintergarten‹ die erste Filmvorführung in Dtl. veranstaltete. S., der seine selbst gedrehten Kurzfilme (meist kom. oder aktuelle Szenen) auf zahlr. Tourneen vorführte, zählt zu den bekanntesten Pionieren des Films.

J. CASTAN: M. S. oder der Beginn einer dt. Filmgesch. (1995).

Sklavenhaltergesellschaft, im Marxismus die der Urgesellschaft folgende Stufe gesellschaftl. Entwicklung, in der die Vertreter der herrschenden Klasse nicht nur direkt über die Produktionsmittel, sondern auch persönlich über die Produzenten (Sklaven) verfügen und sich deren Produkte als Sklavenhalter aneignen. Histor. Vorbilder für dieses Modell sind v. a. die Stadtstaaten der Antike und das Röm. Reich.

Sklavenhandel, →Sklaverei.

Sklavenkriege, Bez. für mehrere große antike Sklavenaufstände, so in *Sizilien* 136–132 v. Chr., geführt durch →EUNUS, und 104–101 v. Chr., in *Kleinasien* 133–130/129 v. Chr., geführt durch →ARISTONIKOS, und in *Italien* 73–71 v. Chr., geführt durch →SPARTACUS. (→Sklaverei)

Sklavenküste, engl. **Slave Coast** [ˈsleɪv kəʊst], früher Bez. für den Abschnitt der Oberguineaküste zw. Voltamündung und Nigerdelta (Togo, Benin und Nigeria), Westafrika; bes. im 18. Jh. Hauptgebiet des atlant. Sklavenhandels.

Sklavensee, Name von Seen in Kanada: →Großer Sklavensee, →Kleiner Sklavensee.

Sklavenstaaten, in den USA die Staaten mit (bis 1865) legaler Sklaverei: Delaware, Maryland, Virginia, North und South Carolina, Georgia, Kentucky, Tennessee, Alabama, Mississippi, Louisiana, Missouri, Arkansas, Florida und Texas.

Sklaverei [zu mhd. s(c)lave ›Sklave‹, von mlat. s(c)lavus ›Unfreier‹, ›Leibeigener‹, von mittelgriech. sklábos ›Sklave‹, eigtl. ›Slawe‹ (da im MA. die Sklaven im Orient meist Slawen waren)], Bez. für die völlige rechtl. und wirtschaftl. Abhängigkeit eines Menschen von einem anderen. Der in solcher Abhängigkeit stehende Mensch, der **Sklave,** erfuhr eine substanzielle Minderung seiner Existenz als Mensch. Der **Sklavenhalter** konnte einzelne oder alle mit dem Eigentumsrecht verbundenen ›dingl.‹ Befugnisse ausüben, im Extremfall die Sklaven auch verkaufen oder töten. S. wird deshalb von der →Leibeigenschaft, mit der kein Eigentumsrecht verbunden ist, unterschieden.

Die S. ist eine Erscheinung, die sich in versch. Gebieten der Erde selbstständig ausgebildet hat. Nach verbreiteter Ansicht entstand sie, als der Brauch, im Krieg die Besiegten ausnahmslos zu töten, aufgegeben wurde. Mit der Herausbildung erster Eigentumsverhältnisse verbreitete sich die S. in China, Indien und im Alten Orient schon zw. dem 4. und 2. Jt. v. Chr. In Europa hatte sie ihren ersten Höhepunkt im antiken Griechenland und im Röm. Reich. Zu einem weltweiten Phänomen wurde die S. im Zeichen des europ. Kolonialismus vom 16. bis 18. Jh. Im Zuge der Aufklärung setzte sich langsam, verstärkt im 19. Jh., die Auffassung durch, dass kein Mensch eines anderen Menschen Eigentum sein könne. Die internat. Zusammenarbeit zur Bekämpfung der S. wurde 1926 vom Völkerbund durch die Antisklavereiakte verstärkt. Trotz Ächtung der S. in der Menschenrechtskonvention der UN (1948) gibt es bis heute im Teufelskreis von Armut und Gewalt sklavereiähnl. Formen der Abhängigkeit, v. a. in der Dritten Welt; Organisatoren (›Sklavenhändler‹) und Nutznießer (›Sklavenhalter‹) sind jedoch auch Menschenhändler und bestimmte Unternehmer in Europa und Nordamerika. So werden z. B. in Brasilien von Großgrundbesitzern beschäftigungslose Männer in den Slums der großen Städte unter falschen Versprechungen angeworben und unter vielerlei Formen der Gewalt als sklavenähnl. unentgeltl. Arbeitskräfte für einen längeren Zeitraum festgehalten. Mit Billigung der in Armut lebenden Familie werden u. a. in Indien ›Kindersklaven‹ bei der Teppichherstellung, in Peru bei der Arbeit in Goldminen beschäftigt.

Eine verbreitete Erscheinungsform ›moderner S.‹ ist die Versklavung von Frauen zum Zweck der Prostitution (›Verlockung‹ von Frauen überwiegend aus Asien und Lateinamerika sowie aus Osteuropa in westeurop. und nordamerikan. Bordelle) unter Vorspiegelung falscher Arbeitsverhältnisse oder Eheversprechen. Zentren der kriminellen Vermittlung von Frauen für die Prostitution sind in Europa Amsterdam sowie Frankfurt am Main. (→Frauenhandel, →Kinderarbeit, →Menschenhandel, →Prostitution)

Die Haltung der *Weltreligionen* zur S. ist weitgehend zeitgebunden. Das A. T. kennt die S., unterscheidet aber zw. volksfremden (z. B. Kriegsgefangenen) und israelit. Sklaven, die im siebten Jahr freigelassen werden mussten. Auch im N. T. wird S. als gegeben vorausgesetzt und nicht grundsätzlich infrage gestellt. Die frühe Kirche übernahm diese Haltung, die in der naturrechtl. Ethik der *kath. Kirche* bis in das 19. Jh. galt. Nach Einzelstellungnahmen schon in früherer Zeit verurteilte offiziell erst das 2. Vatikan. Konzil 1965 jegl. S. Für den *Protestantismus* bestätigte M. LUTHER noch die traditionelle Haltung, dagegen lehnten U. ZWINGLI und J. CALVIN jede Form der Unfreiheit ab. Der *Islam* duldet zwar die S., die Stellung der Sklaven wurde jedoch durch Vorschriften des Korans erheblich verbessert. Die Regel, dass ein Muslim einen anderen Muslim nicht versklaven durfte, wurde in der Praxis nicht immer befolgt. In der islam. Welt erfuhr die S. (v. a. Haus- sowie Gardesklaven, Sklavenhandel) eine unterschiedlich starke Verbreitung. Viele reiche Herren hatten Sklaven in größerer Zahl (z. B. Eunuchen als Haremswächter, Sklavinnen z. T. als Konkubinen). Seit dem 9. Jh. wurden Sklaven zum militär. Söldnerdienst herangezogen (→Mamelucken, →Janitscharen).

Altertum

Schon die frühen Hochkulturen *Mesopotamiens* und *Ägyptens* kannten die S., meist in Form von Haus- oder Palastsklaven. Ursachen der antiken S. waren bes. die Kriegsgefangenschaft, danach Menschenraub (v. a. Piraterie), Verschuldung, unfreie Geburt und Kindesaussetzung. Die S. wurde in der Antike meist als natürl. Einrichtung angesehen und daher auch von Philosophen wie PLATON und ARISTOTELES nicht infrage gestellt. Die Möglichkeit der Freilassung (→Freigelassene) war immer gegeben. Dieser Anreiz trug viel zum Funktionieren der S. bei.

In *Griechenland* tritt die S. bereits schwach in myken. Texten und in den Werken HOMERS zutage. Um 600 v. Chr. bewirkte die einsetzende Geldwirtschaft mit ihren Auswirkungen auf Handel, Gewerbe, Bergbau (z. B. Silberminen von Laurion) und Landwirtschaft eine rasche Zunahme der S. in diesen Bereichen. So sorgte z. B. die Krise in der att. Landwirtschaft für eine Zunahme der Schuldknechtschaft, die von SOLON 594 v. Chr. für Athen verboten wurde. Besonderen Aufgaben dienten z. B. die Tempelsklaven.

In *Rom* ist die S. bereits in früher Zeit z. B. durch das Zwölftafelgesetz belegt. Neben der Haus-S. spielte die Schuld-S. eine Rolle. Eine Besonderheit der röm. S. bestand bei der Freilassung darin, dass im Ggs. zu Griechenland dem Freigelassenen das Bürgerrecht verliehen wurde. Ihren eigentl. Aufschwung fand die S. im 2. Jh. v. Chr. als Folge der röm. Eroberungskriege im Osten, die Hunderttausende von Kriegsgefangenen als Sklaven nach Italien brachten. Die damit verbundene Verelendung, bes. der Landarbeitersklaven, verursachte die großen Sklavenaufstände (136–132 und 104–101 jeweils auf Sizilien, 73–71 v. Chr. der Aufstand des →SPARTACUS). In der Folge sorgten versch. Maßnahmen, u. a. im Bereich des Sklavenrechts, für eine gewisse Humanisierung der S. in der röm. Kaiserzeit; die Funktion der S. blieb bis zum Ende der Antike erhalten.

Sklaverei: Gruppe von Sklaven, die in einer großen Winde arbeiten; römische Reliefdarstellung vom Grabmal der Haterii, wohl 2. Jh. n. Chr. (Rom, Vatikanische Sammlungen)

Wie bei den Römern war die S. auch bei den *Germanen* eine feste Einrichtung. Die →germanischen Volksrechte enthalten zahlr. die S. betreffende Regelungen, z. B. über Ehefähigkeit, Vermögensfähigkeit, Haftungsrecht, Sklavenstrafrecht, Tötungsrecht des Herrn. Die verbreitete Auffassung, die Stellung der german. Sklaven sei wesentlich besser gewesen als die der röm. Sklaven, geht allein auf TACITUS zurück. Von dieser einzelnen Aussage abgesehen, ist die Besserstellung erst für die Zeit nach der Christianisierung der german. Stämme zu belegen.

Europa im Mittelalter

Entscheidend für den weitgehenden Rückgang der S. im Europa des frühen MA. wurden staatl. und kirchl. Beschränkungen des Handels mit christl. Sklaven und die spätkaiserzeitl. Bindung der Unfreien an die von ihnen bearbeiteten Ländereien (→Kolonen), aus der minder schwere Formen der Unfreiheit (Leibeigenschaft, →Hörigkeit, →Erbuntertänigkeit) hervorgingen. Die eigentl. S. erfuhr in den christl. Staaten Europas v. a. seit dem 10. Jh. einen erneuten Aufschwung im Zusammenhang mit der Missionierung O-Europas (Handel mit slawischen nichtchristl. Sklaven quer durch Europa) und durch den Kampf gegen den Islam. Hierbei wurden von christl. und islam. Seite v. a. Kriegsgefangene versklavt, und bes. in den Hafenstädten des Mittelmeers blühte ein ertragreicher Sklavenhandel. Da jedoch die Versklavung von Christen durch Christen verboten war, blieb die S. in Europa selbst (außer im türkisch beherrschten SO) quantitativ ein Randphänomen, während sie in den Kolonialgebieten der Europäer eine neue Dimension gewann.

Afrika und atlantischer Sklavenhandel

Die vorkolonialen Gesellschaften Afrikas südlich der Sahara kannten durchgängig S., ebenso wie die islam. Gesellschaften N-Afrikas und des restlichen Vorderen Orients. Jedoch spielte die S. im afrikan. Wirtschafts- und Sozialgefüge eine Nebenrolle; versklavt wurden meist Kriegsgefangene; sie arbeiteten eher für einzelne Hausstände (Haussklaven) als für größere Wirtschaftsunternehmen (z. B. Plantagen). Im Fernhandel wurden auch Sklaven ge- und verkauft, jedoch ohne erkennbare Auswirkungen auf gesellschaftl. oder polit. Strukturen. Eine grundsätzlich neue Lage entstand an der Küste W-Afrikas mit der Entdeckung Amerikas durch C. KOLUMBUS 1492. Auf Vorschlag des Dominikaners B. DE LAS CASAS hob Kaiser KARL V. 1517 das 1503 erlassene Verbot auf, schwarze Sklaven aus W-Afrika in die span. Kolonien der Neuen Welt zu importieren. Bis Ende des 17. Jh. blieb der Sklavenhandel das Vorrecht privilegierter Handelskompanien. Seitdem betrieben private Kaufleute der seefahrenden Nationen Europas mit wachsender Intensität den Sklavenhandel über den Atlantik; dabei wurden gewerbl. Erzeugnisse Europas (Metallwaren, Feuerwaffen, Alkohol usw.) an der Küste W-Afrikas gegen Sklaven eingetauscht, diese in Amerika verkauft, um die Schiffe dann mit Anbauerzeugnissen der Sklavenkolonien (aus der Karibik vornehmlich Zucker, aus Nordamerika Baumwolle) nach Europa zurückzuführen. Im 18. Jh. errangen engl. Kaufleute die Führung in diesem ›Dreieckshandel‹. In Afrika wurden die Sklaven von Staaten des Hinterlandes (z. B. Ashanti im heutigen Ghana, Dahome im heutigen Benin) durch Krieg gegen Nachbarn ›beschafft‹, an der Küste dann von einheim. Zwischenhändlern an die Europäer verkauft, die feste Küstenplätze besetzten (z. B. das frz. Gorée im heutigen Senegal, das urspr. port. Elmina und das zeitweilig brandenburg-preuß., später niederländ. Groß-Friedrichsburg im heutigen Ghana) oder den Handel von ihren Schiffen aus betrieben.

Nach wiss. Schätzung erreichten während des 16. Jh. durchschnittlich 1 800 Sklaven pro Jahr Nord- und Südamerika, im 17. Jh. 13 400, im 18. Jh. 55 000, im 19. Jh. (bis 1870) 31 600; insgesamt bedeutet das eine Zwangseinwanderung von mehr als 9 Mio. Afrikanern. Die Sterblichkeit der Sklaven auf den europ. Schiffen schwankte während der Überfahrt zw. 10 und 20%. Dieser Sklavenhandel brachte den afrikan. Zwischenhändlern Profite und stabilisierte einige Militärstaaten, erschütterte aber die Demographie und Ökologie West- und Äquatorialafrikas auf Dauer.

Proteste gegen die S. wurden in Europa zuerst in England um 1785 laut; dazu trug neben der christl. Gewissenserforschung auch der schwindende wirtschaftl. Einfluss der amerikan. Kolonien im Vergleich

Sklaverei: Zwischendeck eines Sklaventransportschiffs, Liegeplan zur größtmöglichen Ausnutzung des Schiffsraums; 18. Jh.

Skla Sklaverei

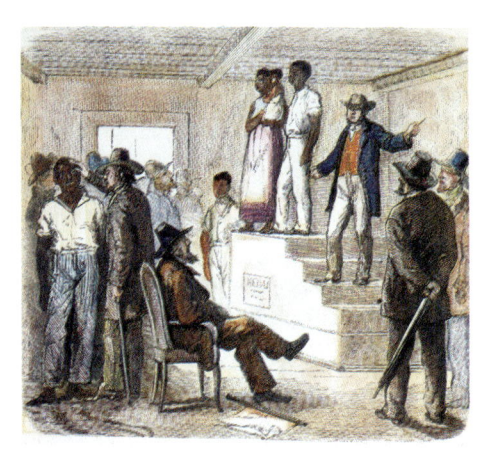

Sklaverei: Sklavenmarkt in den USA; kolorierter Holzstich, um 1845

mit den ostind., wo keine Sklavenwirtschaft herrschte, bei. 1807 setzten die von W. WILBERFORCE geführten Abolitionisten durch, dass das Londoner Unterhaus den Sklavenhandel auf engl. Schiffen verbot. 1815 brandmarkte der Wiener Kongress den Sklavenhandel, seitdem jagten brit. und frz. Kriegsschiffe an der W-Küste Afrikas die Schiffe der Sklavenhändler. In O-Afrika verstärkte sich während des 19. Jh. der Sklavenhandel erheblich, den seit jeher arab. Händler betrieben, um die Küstenstädte und Länder des Vorderen Orients zu versorgen. Maßgeblich für die Intensivierung waren die Eroberung des oberen Niltals (heute S-Sudan) durch Ägypten 1820–40 und die Anlage von Gewürznelkenplantagen auf Sansibar nach 1840. Der Elfenbein- und Sklavenhändler TIPPU TIP (* um 1837, † 1905) errichtete um 1870 einen Staat im O der heutigen Demokrat. Rep. Kongo, regierte ihn zunächst im Einvernehmen mit dem Sultan von Sansibar und 1886–92 als Gouverneur des belg. Königs LEOPOLD II. Der Sklavenmarkt auf Sansibar musste unter brit. Druck 1873 geschlossen werden, jedoch duldete die brit. Kolonialmacht ›Haus-S.‹ in O-Afrika bis 1907. In Deutsch-Ostafrika wurde 1904 verfügt, dass alle nach dem 31. 12. 1905 von Sklavinnen geborenen Kinder frei sein sollten. (→Afrika, Geschichte)

Amerika

In Süd- und Mittelamerika griffen die Europäer auf die Institution der S. zurück, wie sie im präkolumb. Amerika (bes. in Teilen Mittelamerikas) verbreitet war. Sie unterschied sich wesentlich von der altweltl. S.: Sklaven konnten z. B. von ihren Herrn weder getötet noch (mit Ausnahmen) gegen ihren Willen verkauft werden, sie mussten gut behandelt werden, und ihre Kinder waren gewöhnlich frei. Neben Kriegsgefangenen gab es u. a. Schuldsklaven und zur S. Verurteilte, wie z. B. Diebe. Man konnte auch sich oder Kinder in die S. verkaufen. – Die Versklavung der indian. Bev. (bes. für den Bergbau) erwies sich jedoch als problematisch; die Indianer eigneten sich nicht für schwere körperl. Arbeit und waren bes. anfällig gegen von den Europäern eingeschleppte Seuchen. Moral. und religiöse Bedenken formulierte v. a. B. DE LAS CASAS. 1542 verboten die span. Krone für Spanisch-Amerika und 1570 (endgültig 1758) die port. Krone für Brasilien unter dem Einfluss der kath. Kirche die Versklavung der Indianer, die sich jedoch in einigen Gebieten weiterhin behauptete. An ihre Stelle traten aus Afrika importierte schwarze Sklaven, auf deren Arbeitskraft man bes. mit der Entwicklung der Plan-

tagenwirtschaft angewiesen war. In den brit. Besitzungen Nordamerikas entwickelte sich die S. nur langsam (1619 erste Sklaven in Virginia, 1681 rd. 2 000 Sklaven), wuchs aber in der 1. Hälfte des 18. Jh. als Folge der Ausbreitung der Plantagenwirtschaft rasch an.

Die rechtl. Stellung der Sklaven in Amerika war in den span., port., niederländ., frz., brit. und dän. Kolonien unterschiedlich. Im iber. Bereich Amerikas konnte der Sklave – an antike Tradition, islam. und katholisch-naturrechtl. Denkweise anknüpfend – Träger gewisser Rechte sein. In den niederländ. und brit. Besitzungen sowie in den USA wurde dem Sklaven dagegen keine eigene Rechtspersönlichkeit zugebilligt. In den Kolonien kath. Länder regelten im Ggs. zu den meist dezentral regierten Kolonien prot. Länder Gesetze einheitlich die Behandlung der Sklaven, im frz. Bereich z. B. der relativ humane ›Code Noir‹ (1685); auch wurde die Freilassung begünstigt, die in den angelsächs. Gebieten erschwert oder verboten war. Neben den rechtl. Bedingungen bestimmten die Aufgabe und der damit verbundene Status wesentlich die Lage eines Sklaven. Im Vergleich zu den im Haus oder im Gewerbe tätigen Sklaven erfuhren die Plantagensklaven eine bes. harte Behandlung, die in den versch. Gebieten wenig Unterschiede aufwies.

Die Abschaffung des Sklavenhandels und der S. in Amerika wurde durch eine Bewegung herbeigeführt, die im Menschenrechtsdenken der späten Aufklärung ihren Ursprung hatte (→Abolitionismus): 1794 (endgültig 1848) Abschaffung der S. in den karib. Besitzungen Frankreichs, in den aus den span. Kolonien hervorgegangenen Staaten in der 1. Hälfte des 19. Jh., im brit. Kolonialreich ab 1833, in den dän. Kolonien 1848, in den niederländ. 1863. Die span. Besitzungen Kuba und Puerto Rico folgten 1870 bzw. 1873, Brasilien 1888.

In den USA, wo 1790 rd. 700 000, 1860 über 4 Mio. Sklaven lebten, erreichte die religiös und humanitär motivierte Gegnerschaft die Beseitigung der S. bis 1804 nur im N und NW, wo sie ohnehin nur geringe Bedeutung hatte. Trotz des Verbots der Sklaveneinfuhr in die USA (1. 1. 1808) wurde die S. im Gefolge der industriellen Revolution und der Ausdehnung des Baumwollanbaus im S zum Fundament des südstaatl. Arbeits- und Wirtschaftssystems; zugleich verschärften sich die Formen der Unterdrückung. Dies führte immer wieder zu Sklavenaufständen, die gewaltsam niedergeschlagen wurden und die weitere Restriktionen nach sich zogen (z. B. bezüglich Bildungs-, Bewegungs-, Versammlungsmöglichkeiten). Die Forderung nach Abschaffung der S. fand in der amerikan. Öffentlichkeit in der 1. Hälfte des 19. Jh. noch wenig Unterstützung. Bes. mit der Expansion der USA nach W und der Eingliederung neuer Staaten in die Union entwickelte sich die S. jedoch zunehmend zu einem Konfliktpunkt. Die Auseinandersetzung um die S. wurde im →Missouri-Kompromiss 1820, im Kompromiss von 1850 und im Kansas-Nebraska-Act 1854 vorläufig beigelegt, gefährdete aber, immer stärker emotionalen und moralist. Gesichtspunkten unterworfen und immer erbitterter geführt, zunehmend den Bestand der Union; sie bildete ein Hauptmotiv des →Sezessionskrieges, der zur Emanzipation der Sklaven (1. 1. 1863; 13. Verf.-Zusatz 1865) führte. Staatsbürgerl. Rechte erhielten die Schwarzen jedoch erst mit dem 14. und 15. Verf.-Zusatz 1868 bzw. 1870. Die Nachwirkungen der S. auf den Rassenkonflikt in den USA sind jedoch bis heute spürbar.

China, Indien und Japan

In *China* war die Versklavung von Kriegsgefangenen bes. in frühester Zeit häufig; daneben gab es Staats-S. im Zusammenhang mit dem Strafrecht: Angehörige von verurteilten Verbrechern wurden versklavt und in

Staatsgütern und -betrieben eingesetzt. Privat-S. entwickelte sich bes. in Notzeiten, indem Freie sich selbst oder ihre Kinder verkauften. Die S. wurde nach 1911 offiziell abgeschafft, doch kam sie noch bis 1949 vor, meist getarnt als Lehr-, Arbeits- oder Adoptionsverträge.

Obwohl der griech. Ethnograph MEGASTHENES in seinem Indienbericht (um 300 v. Chr.) behauptet, es gebe in *Indien* keine S., lässt sich diese doch seit der ved. Periode nachweisen. Anders als im Mittelmeerwelt handelte es sich jedoch vorwiegend um Haussklaven, die sich hinsichtlich ihrer Tätigkeit und Rechtsstellung von Angehörigen der Kaste der Shudras kaum unterschieden. Sklaven waren Kriegsgefangene, meist nur für ein Jahr, Schuldner oder Verbrecher. V. a. für Sklavinnen ist ein Handel aus dem Westen nach Indien nachweisbar.

In *Japan* begann S. in der Yayoizeit (etwa 300 v. Chr. bis 300 n. Chr.) mit Haus- und Feldsklaven als persönl. Eigentum des Grundherrn. Es waren Kriegsgefangene, Tributsklaven aus Korea oder begnadigte Verbrecher, die man rechtlich in Gesinde, das untereinander heiraten durfte, und in Sklaven ohne diese Rechte einteilte. Kinder aus Verbindungen mit Sklaven wurden Staatssklaven. Die Vorschriften über Status der Tempel- und Staatssklaven, Arbeit, Strafen, Veräußerung u. a. wurden von einer Sklavenbehörde überwacht. Ab dem 8. Jh. n. Chr. konnten sie Land erhalten und wuchsen in die Rolle von Halbsklaven und Pächtern; mit Beginn des Lehnswesens im 11. Jh. wurde das Sklavensystem bedeutungslos.

R. COUPLAND: The British anti-slavery movement (Oxford 1933, Nachdr. London 1964); E. ERKES: Das Problem der S. in China (Berlin-Ost 1952); Forschung zur antiken S., begr. v. J. VOGT, hg. v. H. BELLEN, auf zahlr. Bde. ber. (1967 ff.); J. U. ASIEGBU: Slavery and the politics of liberation, 1787–1861 (London 1969); A. G. B. u. H. J. FISHER: Slavery and Muslim society in Africa (ebd. 1970); H. J. DESCHAMPS: Histoire de la traite des Noirs de l'antiquité à nos jours (Paris 1972); H. NEHLSEN: Sklavenrecht zw. Antike u. MA., Bd. 1 (1972); P. C. HOGG: The African slave trade and its suppression (London 1973); L'esclavage en Afrique précoloniale, hg. v. C. MEILLASSOUX (Paris 1975); Forced migration. The impact of the export slave trade on African societies, hg. v. J. E. INIKORI (London 1982); P. E. LOVEJOY: The volume of the Atlantic slave trade, in: Journal of African history, Jg. 23 (ebd. 1982); J. OAKES: The ruling race. A history of American slaveholders (New York 1982); W. L. ROSE: Slavery and freedom (ebd. 1982); J. H. FRANKLIN: Negro. Die Gesch. der Schwarzen in den USA (a. d. Engl. 1983); A. WIRZ: S. u. kapitalist. Weltsystem (1984); A. M. BARROS DOS SANTOS: Die S. in Brasilien u. ihre sozialen u. wirtschaftl. Folgen (1985); H. HOFFMANN: Kirche u. S. im frühen MA., in: Dt. Archiv für Erforschung des MA., Bd. 42 (1986); H. S. KLEIN: African slavery in Latin America and the Caribbean (New York 1986); N. BROCKMEYER: Antike S. (²1987); M. I. FINLEY: Die S. in der Antike. Gesch. u. Probleme (a. d. Engl., Neuausg. 6.–7. Tsd. 1987); The end of slavery in Africa, hg. v. S. MIERS u. a. (Madison, Wis., 1988); S. in Afrika, hg. v. H. BLEY u. a. (1991); Slavery in the Americas, hg. v. W. BINDER (Würzburg 1993); Amerikaner wider Willen. Beitr. zur S. in Lateinamerika u. ihren Folgen, hg. v. R. ZOLLER (1994); R. W. FOGEL u. S. L. ENGERMAN: Time on the cross. The economics of American Negro slavery (Neuausg. New York 1995); Routes to slavery. Direction, ethnicity and mortality in the transatlantic slave trade, hg. v. D. ELTIS u. a. (London 1997); H. THOMAS: The slave trade. The history of the atlantic slave trade. 1440–1870 (ebd. 1997).

skler..., Wortbildungselement, →sklero...

Sklereiden, *Sg.* **Sklereide** *die, -, Botanik:* große, meist dickwandige, verholzende →Steinzellen.

Sklerenchym [Kurzbildung zu sklero... und Parenchym] *das, -s/-e, Botanik:* →Festigungsgewebe.

Sklerit *der, -en/-e, Zoologie:* 1) feste, harte (sklerotisierte) Platte des Rumpfchitinskeletts der Gliederfüßer, die mit benachbarten S. durch chitinige Membranen als Zwischenzonen oder Nähte in Verbindung steht. An den Rumpfsegmenten der Insekten finden sich als S. urspr. ein Rückenschild **(Tergum)** und ein Bauchschild **(Sternum),** zw. denen seitlich die Flankenhaut (häutige Pleuralregion) liegt. Sind Rücken- und Bauchschild in kleinere S. aufgeteilt, so heißen diese **Tergite** bzw. **Sternite.** S. in der Flankenregion heißen **Pleurite;** 2) oft mikroskopisch kleines, meist aus Kalk oder Kieselsäure bestehendes Einzelelement (Skelettnadel) des inneren Stützgerüstes von Schwämmen, Edelkorallen, Seewalzen.

Skleritis *die, -/...'tiden,* diffuse oder örtl., sehr schmerzhafte Lederhautentzündung des Auges. Die S. ist fast immer auf ein örtl. oder generalisiertes Immungeschehen zurückzuführen, z. B. infolge rheumat. Erkrankungen. Die *Behandlung* erfolgt mit Steroiden und Indometacin, bei schweren Verlaufsformen mit Immunsuppressiva oder zytostat. Mitteln.

sklero... [griech. sklērós ›trocken‹, ›hart‹], vor Vokalen meist verkürzt zu **skler...,** auch in latinisierter Schreibung **scler(o)...,** Wortbildungselement mit den Bedeutungen: 1) hart, verhärtet, z. B. Sklerometer, Sklerenchym, Scleroderma; 2) Lederhaut des Auges, z. B. Sklerotomie.

Skleroblasten [zu griech. blastós ›Spross‹, ›Trieb‹], *Sg.* **Skleroblast** *der, -en,* **Sklerozyten,** skelettbildende Zellen bei Tieren.

Sklerlödem, prall-elast. Schwellung und Verhärtung der Haut, die infolge fiebriger Infektionskrankheiten u. a. im Bereich des Gesichts, des Schultergürtels und der Oberarme auftritt und durch Erregertoxine hervorgerufen wird. Bei unterentwickelten Frühgeborenen stellt das S. **(Scleroderma oedematosum neonatorum)** in Form einer allgemeinen Haut- und Bindegewebeveränderung ein ernstes Symptom dar.

Sklerodermie [zu griech. dérma ›Haut‹] *die, -/...mien,* seltene, zu den →Kollagenkrankheiten gehörende chron. Bindegewebe- und Gefäßerkrankung mit fibrotisch sklerosierender Hautatrophie, Gefäßerweiterungen (Teleangiektasien), Pigmentveränderungen und Weichteilverkalkung (Kalzinose).

Die lokalisierte (zirkumskripte) S. ist eine umschriebene Form und führt zu begrenzten, herdartigen Hautveränderungen mit flächiger Verhärtung (teils mit Bewegungseinschränkung). Die **fortschreitende (progressive)** S. ist system. Form und verläuft mit ausgedehntem Hautbefall, der im Gesicht eine Erstarrung der Mimik und Verkleinerung des Mundes (›Maskengesicht‹), an den Händen eine Verhärtung der Finger (Sklerodaktylie), Fingerkuppennekrosen und Versteifungen in Beugestellung hervorruft. Schwerwiegend ist bei dieser Form der gleichzeitige Befall der inneren Organe, der Speiseröhre (Schluckstörungen) und des Verdauungskanals (Minderung der Peristaltik, Achylie, Malabsorption) sowie der Gelenke (Arthritis). Bei Befall von Lunge, Herz und Nieren ist der Verlauf langfristig tödlich. Diagnostisch sind meist typ. antinukleäre Faktoren im Blutserum nachweisbar. Eine ursächl. *Behandlung* ist nicht möglich; bei der umschriebenen Form stehen die dermatolog., bei der system. die internist. und rheumatolog. Maßnahmen im Vordergrund; eingesetzt werden gefäßaktive und den Kollagenstoffwechsel beeinflussende Substanzen (Calcium-Kanalblocker, Penicillin G, D-Penicillamin) und Immunsuppressiva sowie krankengymnast., physikal. und durchblutungsfördernde Maßnahmen. Unterstützung bekommen die Betroffenen die ›Selbsthilfegruppe S.‹ (Zentrale in Burgthann).

Sklerokaule [zu griech. kaulós ›Stängel‹, ›Stiel‹], auf trockenen Standorten wachsende Pflanzen von rutenartigem Aussehen mit zeitweilig oder dauernd blattlosen Sprossachsen, z. B. Besenginster, Wolfsmilchgewächse.

Skleroklas [zu griech. klásis ›das Zerbrechen‹, ›Bruch‹] *der, -es/-e,* **Sartorit,** zu den →Spießglanzen gehörendes, bleigraues, monoklines Mineral der chem. Zusammensetzung $PbS \cdot As_2S_3$; Härte nach

MOHS 3, Dichte 5,05 g/cm³; kleine dünne, nadelige Prismen.

Sklerom *das, -s/-e,* seltene, v. a. in asiat. Ländern auftretende, durch Rhinobakterien hervorgerufene chron. Schleimhautinfektion der oberen Luftwege, die bes. die Nase **(Rhino-S.)** befällt und nach einem katarrhal. Vorstadium zu Schleimhautverdickung, -wucherung und -vernarbung führt.

Sklerometer *das, -s/-,* Gerät zur Bestimmung der Kristallhärte und deren Richtungsabhängigkeit; die zu untersuchende, möglichst ebene Kristalloberfläche wird unter einer belasteten Stahl- oder Diamantspitze hindurchgeführt, wobei die Tiefe der Einritzung oder die Kraft, die gerade einen sichtbaren Ritz bewirkt, als Maß für die Härte dient.

skleronom [zu griech. *nómos* ›Gesetz‹], *Mechanik:* →Bedingungsgleichung.

Sklerophyllen [zu griech. *phýllon* ›Blatt‹], Pflanzen der Halbwüsten, Savannen und Macchien mit steifen, ledrigen Blättern, die auch bei längerer Trockenzeit nicht absterben (z. B. Ölbaum, Steineiche und Eukalyptusarten).

Skleroproteine, Gruppe der →Proteine.

Sklerose *die, -/-n,* krankhafte Verhärtung eines Organs infolge entzündl. oder degenerativer Prozesse, die zu einer Vermehrung kollagener und retikulärer Substanzen, Faservergröberung und ggf. bindegewebigem Ersatz des Parenchyms führt. Die S. kann z. B. Arterien (Arterio-S.), Venen (Phlebo-S.), Nieren (Nephro-S.), Mittelohr (Oto-S.), Haut und Bindegewebe (Sklerodermie), Nervengewebe (amyotroph. Lateral-S.) oder systemisch das Zentralnervensystem (multiple S.) betreffen.

Sklerosierung *die, -/-en,* →Venenverödung.

Sklerotilen [zu griech. *sklērótēs* ›Härte‹], *Sg.* **Sklerotium** *das, -s,* mehrzellige, unter Wasserverlust und Wandverdickung der einzelnen Zellen gebildete →Plektenchyme bei Schlauchpilzen, die Dauerstadien (Dauermyzel) zur Überbrückung ungünstiger Vegetationsperioden darstellen; z. B. das →Mutterkorn.

Sklerotomie [zu griech. *tomē* ›das Schneiden‹, ›Schnitt‹] *die, -/...mien,* Einschnitt in die Lederhaut (vor oder hinter dem Strahlenkörper) zur Druckentlastung des Auges bei Glaukom.

Sklodowskit [nach MARIE CURIE, geb. SKLODOWSKA] *der, -s/-e,* hellgelbes, monoklines Mineral, chem. Zusammensetzung $MgH_2[UO_2|SiO_4] \cdot 5\,H_2O$; Härte nach MOHS 2–3, Dichte 3,45–3,64 g/cm³; feinkörnige, nadelig-faserige oder erdige Aggregate. **Cupro-S.,** grünlich, rhombisch, enthält Cu statt Mg.

Skobelew, 1907–24 Name der usbek. Stadt →Fergana.

Skobelew, Aleksandr Sergejewitsch, russ. Schriftsteller, →Newerow, Aleksandr Sergejewitsch.

Škocjan [ˈʃkoːtsjan], dt. **Sankt Kanzian,** ital. **San Canziano della Grotta,** Ort in Slowenien, östlich von Triest, auf der Kalkhochfläche des Karst, in der hier ein großes Höhlensystem, **Höhlen von Š.** (slowen. **Škocjanske jame**), liegt, von dem der oberste Teil in zwei tiefen Einsturzdolinen mit bis 165 m aufragenden Felswänden freigelegt wurde. Die bis zu 28 m hohen Einzelhöhlen werden von der Reka durchflossen, die dabei auch Seen und Katarakte bildet (Sinterterrassen). Die am Krainer Schneeberg entspringende **Reka** fließt bis Š. oberirdisch (zuletzt in der Rekaschlucht) und tritt erst nach 40 km langem unterird. Lauf kurz vor ihrer Mündung ins Adriat. Meer südöstlich von Monfalcone, Italien, als Timavo wieder zutage. Die Höhle ist durch an den Steilwänden hängende Stege, Brücken und Tunnelgänge begehbar. – Ein Teil der Höhlen wurde von vorgeschichtl. Menschen bewohnt (reiche Bronzefunde aus der jüngeren Urnenfelderzeit); sie waren bereits im Altertum bekannt (bei STRABO und VERGIL erwähnt) und wurden

Skokloster: Schlossanlage von Jean de la Vallée und Nicodemus Tessin d. Ä., erbaut 1654–79

1638 erstmals kartiert; von der UNESCO zum Weltkulturerbe erklärt. (BILD →Karst)

Skoczyłas [skɔˈtʃiu̯as], Władysław, poln. Maler und Grafiker, * Wieliczka 4. 4. 1883, † Warschau 8. 4. 1934; malte zunächst v. a. impressionist. Landschaftsbilder, bevor er sich ab etwa 1910 auf die Grafik konzentrierte. Mit seinen religiösen und bäuerl. Szenen bewirkte er eine Wiederbelebung des Holzschnitts in Polen.

Skoda, 1) Albin, österr. Schauspieler, * Wien 29. 9. 1909, † ebd. 22. 9. 1961; Engagements in Hamburg, Königsberg (heute Kaliningrad) und Berlin (ab 1933); 1946–61 eines der führenden Ensemble-Mitgl. des Wiener Burgtheaters; bes. erfolgreich in klass. Rollen.
O. M. FONTANA: A. S. (Basel 1962).

2) Joseph, österr. Mediziner, * Pilsen 10. 12. 1805, † Wien 13. 6. 1881; 1846–71 Prof. in Wien. S. ist bekannt für den Ausbau physikal. Untersuchungsmethoden (Auskultation, Perkussion) und der physikal. Diagnostik. S. gilt neben K. VON ROKITANSKY als hervorragender Vertreter der jüngeren Wiener Klin. Schule.
Werk: Abh. über Percussion u. Auskultation (1839).

Škoda-Werke [ˈʃkoda–], tschech. Maschinenbauunternehmen, gegr. 1859 von JOHANN NEPOMUK Graf WALDSTEIN (* 1809, † 1876) in Pilsen als Maschinenfabrik, 1869 von EMIL ŠKODA (* 1839, † 1900) übernommen; nach Fusion mit der Laurin & Klement AG (gegr. 1899, seit 1905 Kfz-Produktion) auch in der Automobilbranche tätig; seit 1938 vorwiegend Rüstungsproduktion. 1945 wurde der Škoda-Konzern verstaatlicht und in drei relativ selbstständigen Unternehmensbereichen (Automobilfabrik in Jungbunzlau, Flugzeugfabrik AVIA in Prag und Maschinenbauunternehmen in Pilsen) weitergeführt. Im Zuge der Umstrukturierung entstanden 1991 zwei eigenständige Firmen, das Maschinenbauunternehmen Škoda-Konzern Plzeň a. s. mit Sitz in Pilsen (v. a. Energietechnik, Metallurgie, Werkzeugmaschinen) und das Automobilunternehmen Škoda, automobilová a. s. mit Sitz in Jungbunzlau. Letzteres ist seit 1991 eine Tochtergesellschaft der Volkswagen AG (am Aktienkapital ist derzeit VW mit 70%, die Tschech. Republik mit 30% beteiligt); Umsatz (1997): 90,0 Mrd. Kč, Beschäftigte: rd. 22 000.

Skógafoss [ˈskou̯ɣafɔs], Wasserfall nahe der S-Küste Islands, an der Skóga, 62 m hoch. (BILD →Eyjafjallajökull)

Skogekär Bärgbo [ˈskuːɡɑːɛr ˈbærjbuː], schwed. Dichter des 17. Jh.; bis heute nicht enträtseltes Pseudonym eines Autors, der um 1650 als erster schwed. Dichter dem neuen höf. Lebensgefühl Ausdruck verlieh. Hinter dem Pseudonym wurde einer der Brüder

Rosenhane (Schering Rosenhane, *1609, †1663, und Gustav Rosenhane, *1619, †1684) vermutet.

Skogsruss [schwed.], das →Gotlandpony.

Skokloster [ˈskuːklɔstər], Schloss rd. 20 km südlich von Uppsala, Schweden, 1654–79 von J. de la Vallée und N. Tessin d. Ä. für den Feldmarschall C. G. Wrangel erbaut; eine vierstöckige Vierflügelanlage mit Ecktürmen und Arkaden zum Hof. Barocke Einrichtung, wertvolle Sammlungen (u. a. Porträts, frz. Gobelins). Von dem ehem. Zisterzienserinnenkloster ist die got. Kirche (13. Jh.) erhalten.

Sköld [ʃœld], Otte, schwed. Maler, *Wuchang (heute zu Wuhan, China) 14. 7. 1894, †Stockholm 7. 11. 1958; war seit 1932 Prof. (1941–50 Direktor) an der Kunsthochschule Stockholm, seit 1950 Direktor des Nationalmuseums ebd. Er malte der Neuen Sachlichkeit nahe stehende Landschaften, Stadtmotive und Stillleben, schuf auch Wandbilder (1937; Göteborg, Konzerthaus) und Mosaiken; S. richtete das Moderne Museum in Stockholm ein (eröffnet 1958).

Skolem [ˈskuː-], Albert Thoralf, norweg. Mathematiker, *Sandsvær (Prov. Buskerud) 23. 5. 1887, †Oslo 23. 3. 1963; Prof. in Oslo (1938–57); frühe Arbeiten galten der Zahlentheorie und diophant. Gleichungen. Ab 1919 wandte sich S. der Logik und Modelltheorie zu, wo es ihm 1922 unter Verwendung des →Löwenheim-Skolem-Satzes zu zeigen gelang, dass die axiomatisierte Mengenlehre abzählbare Modelle besitzt (›skolemsches Paradoxon‹). 1934 bewies er, dass sich die Menge der natürl. Zahlen nicht durch abzählbar viele prädikatenlog. Aussagen erster Stufe charakterisieren lässt. Die hierzu verwendete Konstruktion von Nichtstandardmodellen wurde zum Ausgangspunkt der Nichtstandardanalysis bei A. Robinson. Andere Beiträge S.s bezogen sich auf die Algebra (Satz von Noether-S. über die totale Zerlegung von Automorphismen von Algebren), die Kombinatorik und auf diophant. Gleichungen.

Skolezịt [zu griech. skōlēkítēs ›wurmähnlich‹] der, -s/-e, farbloses oder weißes, monoklines Mineral der chem. Zusammensetzung Ca[Al$_2$Si$_3$O$_{10}$] · 3 H$_2$O, ein Faserzeolith (→Zeolithe); Härte nach Mohs 5–5,5, Dichte 2,2–2,4 g/cm³; pyroelektrisch. S. kommt als hydrothermale Bildung in Drusen und Klüften von Basalt und Phonolith, aber auch auf Klüften metamorpher Gesteine vor.

Skoli̱en [griech., zu skoliós ›krumm‹, ›verdreht‹], Sg. **Skolion** das, -s, in der griech. Antike Bez. für kurze, häufig nur aus einer Strophe bestehende Lieder mit oft polit. Thematik, die beim Symposion vorgetragen wurden und z. T. Zitate, z. T. Improvisationen waren. S. waren bes. bei der aristokrat. Gesellschaft Athens im 5. Jh. v. Chr. beliebt.
Ausgabe: Poetae Melici Graeci, hg. v. D. L. Page (1962, Nachdr. 1983).

Skolimowski, Jerzy, poln. Filmregisseur, *Lodz 5. 5. 1938; drehte 1964 seinen ersten Spielfilm; Beobachter einer neuen Generation; Beiträge zum symbolisch-poet. Kino; auch Filmschauspieler.
Filme: Besondere Kennzeichen: keine (1964); Walkover (1965); Barriere (1966); Der Start (1967); Deep End (1970); Herzbube (1971); Der Todesschrei (1978); Schwarzarbeit (1982); Das Feuerschiff (1985); Wenn die Masken fallen (1989); Before and after death (1990); Thirty door key (1991).

Skoliose [zu griech. skoliós ›krumm‹, ›verdreht‹] die, -/-n, seitl. Verbiegung der Wirbelsäule, einseitig oder auch doppelseitig s-förmig, bes. im Bereich von Brust- und Lendenwirbelsäule. Zu den Ursachen gehören angeborene Fehlbildungen der Wirbel und erworbene Verformungen (z. B. nach Rachitis, Wirbelentzündungen, Wirbelbrüchen oder infolge Kinderlähmung). Strukturelle S. weisen eine Verdrehung (Torsion) mehrerer Wirbelkörper auf und sind durch einen Rippenbuckel oder einen Lendenwulst gekennzeichnet. Sie treten überwiegend im Wachstumsalter bei Mädchen auf. Funktionelle S. (skoliot. Fehlhaltung) finden sich z. B. bei Beinlängenunterschieden oder bei Bandscheibenvorfällen (Ischias-S.). Die Behandlung besteht je nach Schweregrad in krankengymnast. Übungen, Anpassung eines orthopäd. Korsetts oder operativer Korrektur (→Spondylodese).

Skolopa̱l|organe [zu griech. skólops, skólopos ›Pfahl‹, ›Spitzpfahl‹], aus Skolopidien zusammengesetzte, auf Lage- bzw. Druckveränderungen ansprechende Sinnesorgane der Insekten. Man unterscheidet tympanale S. (→Tympanalorgane) und die ursprünglicheren atympanalen S. (→Chordotonalorgane).

Skolopẹnder [griech.] der, -s/-, **Scolopendromo̱rpha**, Ordnung der Hundertfüßer mit 550 Arten; bis 26,5 cm lang, mit 21 oder 23 Laufbeinpaaren, halten sich tagsüber in selbst gegrabenen Wohnröhren auf; z. B. der im Mittelmeerraum vorkommende, bis 15 cm lange **Gürtel-S.** (Scolopendra cingulata), dessen Biss für den Menschen sehr schmerzhaft, aber i. d. R. ungefährlich ist.

Thoralf Skolem

Skolopender: Gürtelskolopender (Länge bis 15 cm)

Skolopidi̱|en [zu griech. skólops, skólopos ›Pfahl‹, ›Spitzpfahl‹], **Scolopa̱lzellen, Scolopi̱dia,** Sinneszellen (Mechanorezeptoren) in den Skolopalorganen der Insekten. Die S. setzen sich i. d. R. aus Sinnes-, Hüll- und Kappenzelle zusammen. Die saitenartig ausgespannte, meist spindelförmige Sinneszelle läuft in einen kutikulären, hohlen, flüssigkeitserfüllten **Sinnesstift** (Skolops) als rezeptor. Fortsatz aus.

Sko̱ltlappen, Gruppe der Lappen, urspr. im Gebiet um Petsamo ansässig, wo sie zumeist vom Fischfang an der Küste und an den Flüssen lebten; die Renhaltung war nur ein Nebenerwerb. Die S. sind stark von Russen und Samojeden beeinflusst; die meisten sind orth. Christen. Ende des Zweiten Weltkriegs wurden sie am Inarisee in Finnland angesiedelt.

Sko̱nto [ital., von lat. absconditum ›Verborgenes‹, ›beiseite Geschafftes‹] der oder das, -s/-s, auch …ti, prozentualer Abschlag vom Preis einer Ware oder Dienstleistung (Preisnachlass) beim Barkauf. Der S. wird deshalb auch als Barzahlungsrabatt bezeichnet und zählt zu den Zahlungsbedingungen. Üblich sind (nach Zeitspannen gestaffelt) S.-Sätze von 2% oder 3% (gemäß § 2 Rabatt-Ges. höchstzulässiger S.-Satz gegenüber dem Endverbraucher). Durch die S.-Gewährung soll der Kunde auf die Inanspruchnahme eines Lieferantenkredits verzichten; die Rechnungsbeträge werden frühzeitig beglichen. Aus Sicht des Kunden stellt der S. den Zins für die Inanspruchnahme des Lieferantenkredits dar. I. Allg. ist die Barzahlung innerhalb der S.-Frist wirtschaftlicher als die Ausnutzung des Zahlungsziels (z. B. 30 Tage) oder eines längeren Lieferantenkredits. Der S. unterscheidet sich als Barzahlungsrabatt von anderen Preisabzügen, z. B. vom Dekort.

Skontrati̱on [zu ital. scontrare ›gegeneinander aufrechnen‹] die, -/-en, 1) Bank- und Börsenwesen: die Aufrechnung im Abrechnungsverkehr von Bankgeschäften (Clearing) und bei der Abwicklung von Termingeschäften an der Börse.

Jerzy Skolimowski

Skop Skop – Skopzen

Skopje Stadtwappen

2) *Buchführung:* die Ermittlung von Beständen durch Mengenfortschreibung im Unterschied zur Inventur. Das Hilfsbuch zur Erfassung von Bestandsmengen durch Aufzeichnung der Bestandsveränderungen (Zu- und Abgänge) nach Art, Menge und Wert (Anfangsbestand + Zugänge − Abgänge = buchmäßiger Endbestand) wird als **Skontro** bezeichnet. Eine Besonderheit ist das Maklerskontro, in dem zur Kursfeststellung alle Kauf- und Verkaufsaufträge eingetragen werden. − In der Kostenrechnung wird bei Anwendung der S.-Methode der Verbrauch an Werkstoffen mithilfe von Materialentnahmescheinen erfasst.

Skop [altengl.] *der, -s/-s,* **Scop,** westgerman. Hofdichter und berufsmäßiger Sänger von Heldenliedern und Preisliedern.

...skop [zu griech. skopeīn ›betrachten‹, ›beschauen‹], Wortbildungselement mit der Bedeutung: Gerät zur opt. Untersuchung oder Betrachtung, z. B. Mikroskop; dazu **...skopie,** mit der Bedeutung: opt. Untersuchung oder Betrachtung, z. B. Endoskopie, Gastroskopie.

Skopas von Paros: Kopf einer Giebelskulptur vom Tempel der Athene Alea in Tegea; um 350/340 v. Chr. (Athen, Archäologisches Nationalmuseum)

Skopas, S. von Paros, griech. Bildhauer und Baumeister des 4. Jh. v. Chr., neben Praxiteles der bekannteste klass. Marmorbildner; S. gibt in seinen Bildwerken bewegtem seel. Leben Ausdruck. Er arbeitete vermutlich mit am Fries der Amazonenschlacht des Mausoleums von Halikarnassos und leitete den Neubau des Tempels der Athene Alea zu Tegea (um 350/340 v. Chr.), dessen in Fragmenten erhaltene Giebelskulpturen seiner Werkstatt entstammen (um 340 v. Chr.), wobei quadrat. Köpfe mit tief liegenden Augen charakteristisch sind. Das früher hier angeschlossene Vorbild für die Ara Ludovisi (Rom, Thermenmuseum) ist wohl einer anderen Hand zuzuschreiben, jedoch glaubt man S. die Vorbilder weiterer kaiserzeitl. Kopien zuweisen zu können, für den ›Herakles Lansdowne‹ (u. a. in Malibu, Calif.), eine Mänade (Dresden, Skulpturensammlung bzw. Staatl. Kunstsammlungen), einen Meleager (u. a. Vatikan. Sammlungen) sowie ihm oder seinem engsten Umkreis die Vorbilder weicher lyr. Gestalten wie der Pothos (um 330 v. Chr.; u. a. Rom und Florenz), die Aphrodite von Capua und die als Schaubild konzipierte malerisch-reliefhaft angelegte Florentiner Niobidengruppe (urspr. wohl 16 Figuren, als Teile gesichert gelten 13 Figuren, 12 in den Uffizien und die Psyche im Museo Bardini); die Entstehung der Originale fällt in die spätklassisch-frühklassist. Stilstufe (um 320 v. Chr.).

A. Stewart: S. of Paros (Park Ridge, N. J., 1977); W. Geominy: Die Florentiner Niobiden (Diss. Bonn 1984).

Skopelos, in der Antike **Peparethos,** Insel der Nördl. Sporaden, Griechenland, bis 680 m ü. M., 95,5 km², 4700 Ew.; bewaldet; Anbau von Pflaumen; Fremdenverkehr.

...skopie, Wortbildungselement, →...skop.

Skopje, serbokroat. **Skoplje,** alban. **Shkup** [ʃkup], türk. **Üsküp,** Hauptstadt der Rep. Makedonien, 240 m ü. M., am Vardar, im Becken von S., (1994) 440 600 Ew.; Sitz eines orth. Metropoliten und eines kath. Bischofs; Univ. (gegr. 1949), Makedon. Akad. der Wiss.en und Künste, Forschungsinstitute (u. a. für Erdbeben), Museen und Bibliotheken, Nationaltheater. Die am Stadtrand angesiedelte Industrie umfasst Eisen- und Stahlwerke, Landmaschinenbau, chem. und pharmazeut., elektrotechn., Zement-, Glas-, Lederindustrie und Tabakverarbeitung; Verkehrsknotenpunkt, internat. Flughafen.

Stadtbild: Das mittelalterl. Mauerwerk der Burg (Kale) bewahrt antike Spolien. Die Mustafa-Pascha-Moschee (1492) hat über quadrat. Grundriss eine mächtige Kuppel, das Minarett ist 47 m hoch; die ältesten Moscheen sind die Haschi-Kano-Moschee (1420; mehrfach umgebaut) und die Sultan-Murat-Moschee (1426; nach Bränden [1537 und 1689] wiederhergestellt und z. T. verändert) mit Arkadenvorhalle. Das Bad Daut-Pascha-Hammam (1484–97) mit vielen Kuppeln ist als Ikonenmuseum eingerichtet worden, die Karawanserei Kurschumli-Han (um 1550) als archäolog. Museum. Auf röm. Grundsteinen wurde im 15. Jh. die Steinbrücke über den Vardar gebaut. – Die orth. Erlöserkirche Sveti Spas stammt aus dem 17./18. Jh. (1824 umgebaut), mit holzgeschnitzter Ikonostase (1825 vollendet). In der Umgebung die Andreas-Klosterkirche (1389) aus Bruchstein und Ziegelreihen (im Innern monumentale Fresken) und die St.-Niketas-Kirche, als Kreuzkuppelkirche auf älteren Fundamenten 1307/08 gebaut (im Innern Fresken, vor 1316 und 1483/84).

Geschichte: Das antike **Skupoi,** urspr. wohl eine illyr. Siedlung, wurde im 3. Jh. als **Scupi** Hauptstadt des röm. Distrikts Dardania in der Prov. Moesia superior. Nach der Zerstörung durch ein Erdbeben (518) unter Kaiser Justinian I. als **Iustiniana Prima** wieder aufgebaut (seit 535 Sitz eines Erzbischofs), erhielt die Stadt nach ihrer Besetzung durch Slawen (695) den Namen **Skoplje;** zw. 931 und 1018 war sie wichtigster Handelsplatz des westbulgar. Reiches. Danach byzantinisch, kam sie 1189 zu Serbien, dessen Könige hier zeitweilig residierten. 1392–1913 gehörte S. zum Osman. Reich (im Türkenkrieg 1689 durch österr. Truppen zerstört); 1913 kam es zu Serbien, 1918 zum späteren Jugoslawien. Seit 1945 Hauptstadt der jugoslaw. Teil-Rep. Makedonien, wurde S. zuletzt am 26. 7. 1963 zu 85 % durch Erdbeben zerstört (1 070 Tote) und danach mit internat. Hilfe wieder aufgebaut sowie erheblich erweitert (um S. zwölf Trabantenstädte).

Skopophilie [zu griech. skopeīn ›betrachten‹, ›beschauen‹ und phileīn ›lieben‹] *die, -,* der →Voyeurismus.

Skopzen [russ. skopec ›Kastrat‹], *Sg.* **Skopze** *der, -n,* Bez. für die Mitgl. der russ. religiösen Sondergemeinschaft der ›Weißen Tauben‹. Die S. gehen auf eine Gruppe zurück, die sich um 1775 unter dem Bauern Andrej Iwanow († 1832 über 100-jährig in Klosterhaft in Susdal) sammelte, der sich in Petersburger Kleinbürger (1802–20) Kondratij Seliwanow nannte, sie stellen eine Abspaltung der →Chlysten dar. Seliwanow behauptete, mit dem (1762 ermordeten) Kaiser Peter III. identisch zu sein, der selbst der wiedergekehrte Christus und durch Kleidertausch dem Anschlag Katharinas II. entgangen sei. Auf der Basis seiner Lehre, dass die ersten Menschen geschlechtslos gewesen seien und ihnen erst nach der Verführung durch Satan Geschlechtsmerkmale gewachsen seien, propagierte er die völlige geschlechtl. Enthaltsamkeit als alleinigen Heilsweg und forderte mit Berufung auf Mt. 19, 12, Mk. 9, 43 u. a. Bibelstellen die ›Feuertaufe‹, d. h. die urspr. mit einem glühenden Eisen, später mit einem Rasiermesser durchgeführte Kastration bei Männern und Beschneidung bei Frauen. SELIWANOWS Tod führte zur Erwartung einer baldigen Wiederkunft CHRISTI. Von den Gouvernements Orel, Tambow und Tula aus breitete sich das **Skopzentum** trotz beständiger staatl. Verfolgung in ganz Russland aus, bes. bei reichen Kaufleuten. Im 19. Jh. spalteten sich die ›geistl. S.‹ ab, die statt Kastration bzw. Beschneidung nur eine strenge Askese und totale geschlechtl. Enthaltsamkeit forderten. Ihnen gehören wahrscheinlich heute die meisten S. an. Aufgrund der strengen Abschließung und Geheimhaltung, die von den S. geübt wird, sind genaue Angaben über Mitgliederzahlen nicht möglich.

Skorpione: Buthus occitanus (Länge bis 10 cm)

Skorbut [mlat., weitere Herkunft unsicher] *der, -(e)s,* im MA. als **Scharbock** bezeichnete Vitaminmangelkrankheit (Avitaminose), die bei anhaltendem Fehlen von Vitamin C (Ascorbinsäure) in der Nahrung nach etwa zwei bis vier Monaten auftritt. Die *Symptome,* die durch eine Störung der Bindegewebesynthese mit der Folge einer erhöhten Brüchigkeit der Blutgefäße hervorgerufen werden, bestehen in Blutungen in Zahnfleisch, Haut, Magen und Darm, Muskulatur, Gelenken, Pleura und Perikard, in Lockerung und Ausfall der Zähne durch Zahnfleischerkrankungen, Verzögerung der Wundheilung, Infektionsanfälligkeit, Gewichtsverlust, allgemeiner Schwäche und Apathie. – Die *Behandlung* erfordert eine Zufuhr hoher Vitamin-C-Dosen und eine Vitamin-C-reiche Ernährung. Vitamin-C-Mangel im Säuglings- und Kleinkindalter führt zur →Moeller-Barlow-Krankheit. – Der S. ist eine der am frühesten bekannten Avitaminosen, er trat v. a. bei Schiffsbesatzungen und auf Expeditionen auf; der Heilwert grüner Kräuter (v. a. Scharbockskraut) ist schon seit der Renaissance bekannt. In der engl. Marine wurde 1760 die Mitnahme von Zitronen als vorbeugende Maßnahme eingeführt.

Bei erwachsenen *Tieren* (bes. bei Hund, Schwein, Meerschweinchen) verursacht S. Mundfäule, bei jugendl. Tieren Blutungen unter der Knochenhaut mit schmerzhaften Anschwellungen; daneben allgemeine Blutungsneigung. Zum S. gehört auch die **Borstenfäule** des Schweins mit Schwellungen, Blutungen in der Haut, Glanzlosigkeit der Haut und leichtem Ausgehen der Borsten. *Behandlung* wie beim Menschen.

Skordatur *die, -/-en, Musik:* →Scordatura.

Skorodit [zu griech. skórodon ›Knoblauch‹] *der, -s/-e,* lauch- oder blaugrünes bis schwarzgrünes, rhomb. Mineral der chem. Zusammensetzung $Fe^{3+}[AsO_4] \cdot 2H_2O$; Härte nach MOHS 3,5–4, Dichte 3,1–3,4 g/cm³. S. entsteht durch Verwitterung von Arsenerzen und kommt in Form kleiner, oft pseudohexagonaler Kristalle, auch traubiger, stängeliger oder erdiger Aggregate und Überzüge vor.

Skoropadskij, Pawel Petrowitsch, ukrain. **Pawlo Skoropadskyj,** ukrain. Politiker, * Wiesbaden 15. 5. 1873, † Metten (Landkreis Deggendorf) 26. 4. 1945; aus einer Gutsbesitzerfamilie; befehligte im Ersten Weltkrieg 1917 das 1. Ukrain. Korps; während der dt. Okkupation von April bis Dezember 1918 Hetman der Ukraine; danach Emigrantenpolitiker in Berlin.

Skorpion [griech.-lat.], **Scorpius,** Abk. **Sco,** zum →Tierkreis gehörendes, von der Milchstraße durchzogenes Sternbild des südl. Himmels, das in unseren Breiten an Sommerabenden teilweise über dem Horizont erscheint; Zeichen ♏. Hauptstern (α Scorpii) ist der rötlich leuchtende →Antares. Er ist ein bekannter Doppelstern, ebenso wie β und ν Sco. Im S. liegen prächtige Sternhaufen, von denen einige mit bloßem Auge oder dem Feldstecher sichtbar sind. Die Sonne durchläuft bei ihrer scheinbaren jährl. Bewegung das Sternbild Ende November innerhalb weniger Tage.

Skorpione, Scorpiones, seit dem Silur, seit 428 Mio. Jahren, nachweisbare, mit über 1100 Arten v. a. in den Tropen und Subtropen verbreitete, bis 21 cm lange →Spinnentiere. Der Körper ist in drei Abschnitte geteilt: 1) den ungegliederten, breiten Vorderkörper (**Prosoma**) mit einem Paar kleiner Kieferklauen (**Cheliceren**), einem Paar langer, waagerecht getragener Greifarme (**Pedipalpen**) mit großen gezähnten Greifscheren, vier Paar Laufbeinen und drei bis sechs Paar Augen; 2) das gegliederte, breite Vorderteil des Hinterkörpers (**Mesosoma**); vorn trägt es auf der Bauchseite die beiden (Sinnesorgane tragenden) Kämme und die dazwischenliegende Geschlechtsöffnung; dahinter vier Paar Öffnungen zu den als Fächerlungen ausgebildeten Atmungsorganen; 3) das gegliederte, schwanzartig schlanke Hinterteil des Hinterkörpers (**Metasoma**); es besteht aus sechs Gliedern, deren letztes die paarigen Giftdrüsen enthält und in einem Stachel endet.

Die meisten S. leben in wasserarmen Gebieten und ernähren sich von kleinen Wirbeltieren, Insekten u. a. Gliederfüßern, die sie mit ihren großen Greifscheren zerquetschen oder durch einen Giftstich töten. Menschen stechen sie nur, wenn sie in Bedrängnis geraten. Einige Arten erzeugen Töne durch Reiben der Greifarmhüften am 1. Laufbeinpaar (Stridulation). Bei einigen Arten (z. B. dem **Dickschwanzskorpion**) kann der schmerzhafte Stich auch für den Menschen gefährlich sein und zum Tod führen. – Der Begattung geht ein bis zu einer Stunde dauerndes Vorspiel voraus, bei dem sich die Partner an den Greifscheren fassen und vor- und zurückgehen. Die geschlüpften Jungtiere halten sich anfangs auf dem Rücken des Weibchens auf. Einige Arten sind lebend gebärend. – Vom Mittelmeergebiet bis in das österr. Donaugebiet kommen fünf 1,5–5 cm lange, braune bis schwarze Arten der Gattung **Euscorpius** vor, in S-Frankreich und Spanien auch der gelbl., bis 10 cm lange **Buthus occitanus,** dessen Stich sehr schmerzhaft ist.

Skorpionsfische, →Drachenköpfe.

Skorpionsfliegen, Panorpidae, Familie der →Schnabelfliegen mit 120 Arten (in Mitteleuropa fünf), 15–22 mm lang. Die Männchen haben am Ende ihres nach oben gekrümmten Hinterleibs eine verdickte Haltezange.

Skorpions-Giftechse, Art der →Krustenechsen.

Skorpionsmoos, Scorpidium, Gattung der Laubmoose mit nur wenigen Arten; mit wurmförmigen, geschwollenen Ästen und gekrümmten Sprossspitzen, in Feuchtgebieten vorkommend. In Gebieten, die während der letzten Eiszeit eisfrei waren, findet sich *Scorpidium turgescens* als Eiszeitrelikt.

Skorpionsspinnen, Pedipalpi, in künstl. Systemen als Ordnung geführte Sammel-Bez. für die →Geißelskorpione und die →Geißelspinnen.

Skorpionswanzen, Nepidae, Familie der Wasserwanzen mit 150 Arten (in Mitteleuropa zwei), 18–40 mm lang; Hinterleibsspitze mit einer langen,

Skorodit: Kristallform

Skorodit: Auf Limonit aufgewachsene Kristalle

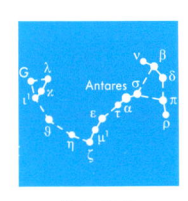

Skorpion: Die markantesten Sterne

Skorpionswanzen: Wasserskorpion (Körperlänge etwa 2 cm)

zweiteiligen Atemröhre, die wie ein Schnorchel benutzt wird. Die Vorderbeine sind zu klappmesserartigen Fangbeinen umgestaltet. S. leben in stehenden oder langsam fließenden Gewässern, wo sie von Pflanzen oder vom Boden aus als Lauerjäger auf Beute (z. B. Gliedertiere, kleine Fische) warten. Der einheim. **Wasserskorpion** (Nepa rubra) ist breit abgeflacht und oval, die verdeckte Rückenseite des Hinterleibs ist rot. Die **Stabwanze** oder **Wassernadel** (Ranatra linearis) ist stabförmig.

Skot, Schoter, altes poln. und preuß. Gewicht, 1 S. = $^1/_{24}$ Culmer Mark = 8,23 g. Um 1370 ließ der Dt. Orden eine Groschenmünze prägen, deren Raugewicht etwa $^1/_2$ S. entsprach und die deshalb **Halbschoter** genannt wird. Der poln. Halbgroschen wurde, weil er ein Raugewicht von $^1/_4$ S. hat, als →Kwartnik bezeichnet.

Skoten, lat. **Scoti, Scotti,** von den Römern gebrauchter Name für die Iren, die seit dem 3. Jh. das röm. Britannien heimsuchten und seit dem 5. Jh. das Königreich →Dalriada begründeten, zu dem außer Teilen Nordirlands (Antrim) NW-Schottland (Argyll) und die benachbarten Inseln gehörten. Von hier ging die Mission der Pikten Kaledoniens unter COLUMBAN D. Ä. aus, auch die Mission auf dem Kontinent (iroschott. Mission). Der skot. König KENNETH I. (gen. KENNETH MACALPIN, † 858 oder 860) vereinigte um 850 Dalriada mit dem Reich der Pikten und schuf so die Grundlage des mittelalterl. Königreichs ›Schottland‹ (Name erst seit dem 11. Jh.).

Skotismus *der, -,* die Lehre des J. DUNS SCOTUS sowie die von diesem ausgehende, v. a. von Franziskanern getragene philosophisch-theolog. Richtung und bedeutende Schule der →Scholastik, die, in Auseinandersetzung mit dem durch die Dominikaner vertretenen →Thomismus Ansätze der älteren und mittleren →Franziskanerschule systematisierend und weiterentwickelnd, auf Vermittlung zw. augustin. und aristotel. Traditionen gerichtet ist. Der S. zielt auf eine möglichst scharfe Abgrenzung von Glaube und Wissen sowie von Theologie und Metaphysik, deren Gegenstand im Ggs. zur Theologie nicht Gott, sondern das mit der natürl. Vernunft Erkennende, das Sein als Sein ist; er betont den Primat des Willens auch gegenüber dem Erkennen (Voluntarismus) und vertritt ein Prinzip der →Individuation, das das Individuelle unter dem Begriff der ›Haecceitas‹ (›Diesheit‹) als ›positive‹ Entität begreift; entsprechend ist das Erkennen primär auf das Individuelle und nicht – wie etwa bei PLATON, ARISTOTELES und THOMAS VON AQUINO – auf das Allgemeine gerichtet. In diesem Zusammenhang gehört die Entwicklung der skotistische Abstraktionslehre. Hauptvertreter sind u. a. HENRICUS DE HARCLEY († 1317), FRANCISCUS DE MAYRONIS († 1326), W. BURLEIGH, T. BRADWARDINE, PETRUS TARTAREUS († nach 1500).

Skotom [zu griech. skótos ›Finsternis‹, ›Dunkelheit‹] *das, -s/-e,* unterschiedlich verursachter Ausfallbezirk im →Gesichtsfeld, der in Form einer eingegrenzten Abschwächung oder eines völligen Ausfalls, auch als **Flimmerskotom** oder lediglich die Wahrnehmung bestimmter Farben betreffendes **Farben-S.** auftreten kann.

skotopisches Sehen, das →Dämmerungssehen.

Skou, Jens Christian, dän. Biophysiker, *Lemvig 8. 10. 1918; seit 1963 Prof. für Physiologie, 1978–88 Prof. für Biophysik an der Univ. von Aarhus. S. entdeckte bereits in den 50er-Jahren die erste Ionenpumpe. Das als Natrium/Kalium-ATPase bezeichnete Enzym benutzt die im ATP gespeicherte Energie zum aktiven Transport von Na- und K-Ionen über die Membran. Dadurch entstehen Konzentrationsgradienten, die für viele Zellfunktionen unentbehrlich sind. S. erhielt für seine Entdeckungen mit P. D. BOYER und J. E. WALKER 1997 den Nobelpreis für Chemie.

Skou-Hansen, Tage, dän. Schriftsteller, *Fredericia 12. 2. 1925; seit 1982 Mitgl. der Dän. Akademie; trat 1950 in der literar. Debatte mit dem Aufsatz ›Forsvar for prosaen‹ hervor, in dem er sich für eine engagierte und wirklichkeitsorientierte Prosa einsetzte; thematisiert, einer realist. Erzählform verpflichtet, v. a. die moderne Gesellschaft.
Weitere Werke: Romane: De nøgne trær (1957; dt. Leidenschaften); Det andet slag (1989).

Skövde [ˈʃœvdə], Stadt im Verw.-Bez. (Län) Skaraborg, Schweden, zw. Väner- und Vättersee, 49 400 Ew.; Herstellung von Kfz-Motoren, Zementfabrik, Textilindustrie; in der Nähe Abbau von silur. Kalken und uranhaltigen Alaunschiefern. – Nahebei in Våmb eine roman. Kirche (12. Jh.). In Varnhem got. Kirche (1250 geweiht) des ehem., 1150 gegründeten Zisterzienserklosters. – S. war im MA. ein bedeutender Wallfahrtsort, 1413 als Stadt belegt.

Skovgaard [ˈsgɔugɔːr], Joakim Frederik, dän. Maler, *Kopenhagen 18. 11. 1856, † ebd. 9. 3. 1933; Schüler seines Vaters, des Landschaftsmalers PETER CHRISTIAN S. (*1817, †1875), ab 1909 Prof. an der Kopenhagener Akademie. Er malte ital. und dän. Landschaften und Volksszenen, religiöse Bilder und frühchristl. und ital. Kunst der Renaissance angeregte Fresken (Dom in Viborg, 1901–06); auch Mosaiken (Apsis des Doms in Lund, 1924–27).

Skoworoda, Hryhorij Sawwytsch, ukrain. Philosoph und Barockdichter, *Tschernuchi (Gouv. Poltawa) 3. 12. 1722, †Iwanowka (heute Skoworodinowka, Gebiet Charkow) 9. 11. 1794; nach humanist. Studium an europ. Univ. 1753–69 als Hauslehrer und Prof. für Dichtkunst tätig; ab 1769 wirkte er als ›wandernder Philosoph‹. S. schrieb in lat. und ukrainisch-kirchenslaw. Sprache Dialoge, Traktate, Gedichte und Predigten, die der Tradition des Barock verpflichtet sind. S.s ›Philosophieren in Christo‹ geht von der antiken und myst. Tradition des ›Erkenne dich selbst!‹ aus und ist auf das Innere des Menschen, das Göttliche in ihm gerichtet, wobei sich S. der Denkmethoden der Symbolik und Antithetik bedient. Anthropologie und Ethik verbindet S. mit einer Drei-Welten-Lehre mit dem Menschen als Mikrokosmos, der Welt als Makrokosmos und der symbol. Welt der Bibel, die als Vermittlungsinstanz zw. Mikrokosmos und Makrokosmos erscheint.
Ausgabe: Povne zibrannja tvoriv, 2 Bde. (1973).
D. TSCHIŽEWSKIJ: S. Dichter, Denker, Mystiker (1974); Skovoroda, philosophe ukrainien, Einf. v. P. PASCAL (Paris 1976); E. VON ERDMANN PANDŽIĆ: Bemerkungen zu Leben u. Werk von H. S. S., in: Ztschr. für Slawistik, Jg. 35 (Berlin-Ost 1990).

Skrälinge [altnord. skrælinger ›schwächl. Menschen‹, herabsetzende Bez. für die in der altisländ. Literatur mehrfach erwähnte Bev. der Westküste Grönlands und der Ostküste Nordamerikas. In Grönland und Labrador muss sich die Bez. auf Eskimo bezogen haben, im Gebiet von Nova Scotia auf Indianer.

Skram, Amalie, geb. Alver, norweg. Schriftstellerin, *Bergen 22. 8. 1846, †Kopenhagen 15. 3. 1905; schilderte in naturalist. Romanen und Erzählungen, von empörter Anklage und tiefem Mitleid getragen sind, das hoffnungslose Schicksal einfacher Menschen (›Hellemyrsfolket‹, 2 Bde., 1887–98; dt. ›Die Leute vom Felsenmoor‹). Daneben stand v. a. auch die Rolle der Frau im Mittelpunkt ihres Werkes (›Constance Ring‹, 1885; dt.].
Ausgabe: Samlede værker, 6 Bde. (⁴1943).

Skraup, Zdenko Hans, österr. Chemiker, *Prag 3. 3. 1850, †Wien 10. 9. 1910; ab 1886 Prof. in Graz, ab 1906 in Wien; arbeitete über die Chemie des Chinolins und versch. Alkaloide. Er entwickelte eine Methode zur Herstellung von Chinolin (aus Anilin und Glycerin in Gegenwart von Oxidationsmitteln) und Chinolinderivaten (S.-Synthese).

Škréta Šotnovský [ˈʃkrɛːta ˈʃɔtnɔfskiː], Karel, böhm. Maler, * Prag 1610, † ebd. 30. 7. 1674; ließ sich nach einem Italienaufenthalt (wohl 1630–34) in Prag nieder und malte für böhm. Kirchen religiöse Bilder, die den Einfluss von G. RENI, D. FETTI, B. STROZZI, auch der CARRACCI zeigen, ferner treffende, realist. Porträts (›Bildnis des Edelsteinschneiders Dionysius Miseroni und seiner Familie‹, um 1653; Prag, Národní Galerie) sowie Historienbilder; auch Zeichnungen.

K. ŠKRÉTA, 1610–1674, Ausst.-Kat. (Prag 1974).

Karel Škréta Šotnovský: Die Geburt des heiligen Wenzel; 1641 (Ausschnitt; Prag, Národní Galerie)

Skript [engl., von lat. scriptum ›Geschriebenes‹] *das, -(e)s/-en* und *-s,* 1) schriftl. Ausarbeitung; 2) Nachschrift einer Hochschulvorlesung; 3) Drehbuch; einer Fernseh- oder Hörfunksendung zugrunde liegende schriftl. Aufzeichnung; 4) kurz für: Manuskript.

Skriptgirl [-gəːl], **Scriptgirl,** Regiesekretärin bei Filmaufnahmen, die alle techn. Daten als Grundlage für die weitere Filmbearbeitung notiert.

Skriptor [lat. ›Schreiber‹] *der, -s/...'toren,* in Antike und MA.: Buchschreiber.

Skriptorium [lat.] *das, -s/...ri|en,* Schreibstube, v. a. in mittelalterl. Klöstern. Geschrieben bzw. abgeschrieben wurde meist für den eigenen Bedarf. An einer Abschrift waren oft mehrere Schreiber beteiligt. S. waren bis zum 12. Jh. in Europa die einzigen Entstehungsorte für Bücher; für die Weitergabe der Literatur kam ihnen daher eine besondere Bedeutung zu, die sie erst mit der Erfindung des Buchdrucks verloren. Schreibtätigkeit ist auch für Nonnen bezeugt. Im Klosterplan von St. Gallen (820) ist für das S. ein Raum unter der Bibliothek mit einem größeren Tisch in der Mitte und sieben Schreibtischen an den Fenstern vorgesehen. Weitere berühmte S.: Fulda, Tours, Paris, Oxford, Bologna, Reichenau.

Skrjabin, 1) Aleksandr Nikolajewitsch, russ. Komponist, * Moskau 6. 1. 1872, † ebd. 27. 4. 1915; studierte 1888–92 am Moskauer Konservatorium (u. a. bei S. I. TANEJEW) und begann bereits 1891 als Pianist zu konzertieren. 1893 erschienen seine ersten Kompositionen (op. 1, 2, 3, 5 und 7) im Druck, Klavierwerke, die den Stil F. CHOPINS und F. LISZTS aufgreifen. 1898 wurde S. Lehrer am Moskauer Konservatorium. Es entstanden nun auch große Orchesterwerke (1. und 2. Sinfonie). Zugleich beschäftigte er sich eindringlich mit philosoph. und myst. Vorstellungen und Gedanken, die auf seine Werke Einfluss gewannen (›Le poème de l'exstase‹). 1904 verließ er Russland und lebte in der Schweiz, Italien und Belgien. In Brüssel wandte er sich intensiv der Theosophie zu. Sein anfangs spätromant. Kompositionsstil wandelte sich zunehmend im Sinne einer stark alterierten, freitonalen Harmonik, basierend z. B. auf dem ›mystischen‹ (Quarten-)Akkord c-fis-b-e^1-a^1-d^2, einer hoch differenzierten Klanglichkeit und Motivtransformation, einer asymmetrisch prosahaften Melodiegestik und einer experimentell freien Formgebung (einsätzige Klaviersonaten). Ab 1908 konzertierte S. wieder in Russland, unternahm aber weiterhin zahlr. Reisen ins Ausland. Sein spätes Schaffen zeigt die immer offenkundigere Tendenz zu philosoph. und psycholog. Bedeutsamkeit der Musik, oft durch Überschriften und verbale Hinweise präzisiert. Seine kunstreligiöse Grundhaltung prägt auch sein letztes Orchesterwerk ›Prométhée, le poème du feu‹ (mit Chor und Farbenklavier) und kulminiert in seinen Planungen für ein musikalisch-theatralisch-kult. ›Mysterium‹. Trotz solcher außermusikal. Intentionen war S. als Komponist eine der faszinierendsten, eigenständigsten und zukunftweisendsten musikal. Persönlichkeiten der Epochenwende vom späten 19. zum frühen 20. Jahrhundert.

Werke: Sinfonie Nr. 1 op. 26 (1899/1900), Nr. 2 op. 29 (1901), Nr. 3 op. 43 (›Le divin poème‹, 1902–04); sinfon. Dichtungen ›Rêverie‹ op. 24 (1898), ›Le poème de l'exstase‹ op. 54 (1905–08), ›Prométhée. Le poème du feu‹ op. 60 (1908–10); Klavierkonzert fis-Moll (1896); Klaviersonaten: Nr. 1 op. 6 (1892), Nr. 2 op. 19 (1892–97), Nr. 3 op. 23 (1897/98), Nr. 4 op. 30 (1903), Nr. 5 op. 53 (1907), Nr. 6 op. 62 (1911/12), Nr. 7 op. 64 (›Messe blanche‹, 1911/12), Nr. 8 op. 66 (1912/13), Nr. 9 op. 68 (›Messe noir‹, 1912/13), Nr. 10 op. 70 (1913); Préludes op. 11, 13, 15, 16, 17, 22, 27, 31, 33, 35, 37, 39, 48, 67, 74 (1888–1914); Mazurkas, Nocturnes, Impromptus, Poèmes, Études.

L. DANILEWITSCH: A. N. S. (a. d. Russ., Leipzig 1954); C. C. VON GLEICH: Die sinfon. Werke von Alexander S. (Bilthoven 1963); H. STEGER: Materialstrukturen in den fünf späten Klaviersonaten Alexander S.s (1977); Alexander S., hg. v. O. KOLLERITSCH (Graz 1980); D. MAST: Struktur u. Form bei Alexander N. S. (1981); A. S. u. die Skrjabinisten, hg. v. H.-K. METZGER u. a., 2 Tle. (1983–84); S. SCHIBLI: Alexander S. u. seine Musik (1983); M. ANGERER: Musikal. Ästhetizismus. Analyt. Studien zu S.s Spätwerk (1984); J. M. BAKER: The music of Alexander Scriabin (New Haven, Conn., 1986); B. KIENSCHERF: Das Auge hört mit. Die Idee der Farblichtmusik u. ihre Problematik – beispielhaft dargest. an Werken von Alexander S. u. Arnold Schönberg (1996).

2) **Wjatscheslaw Michajlowitsch,** sowjet. Politiker, →Molotow.

Skrofelnheilung, die Heilung der Skrofulose, die nach einem in Frankreich seit dem 11., in England seit dem 12. Jh. nachweisbaren Glauben durch Handauflegung des Königs, meist im Anschluss an dessen Krönung, eintreten sollte. Der Brauch unterstrich den sakralen Charakter der Monarchie.

Skrofuloderm [zu Skrofulose und griech. *dérma* ›Haut‹] *das, -s/-e,* Form der →Hauttuberkulose.

Skrofulose [zu lat. *scrofulae* ›Halsdrüsen‹, ›Halsgeschwülste‹] *die, -/-n,* früher gebräuchl. Begriff für einen Symptomenkomplex bei tuberkulösen Kindern, der in Zusammenhang mit einer →exsudativen Diathese gebracht wurde und durch Augenentzündungen, chron. Schnupfen und Lymphknotenschwellung (v. a. am Hals) gekennzeichnet war.

Skrotalherni|e [lat.], der Hodenbruch (→Hoden).

Skrotum [lat.] *das, -s/...ta,* der Hodensack (→Hoden).

Skrowaczewski [skrɔvaˈtʃɛfski], Stanisław, poln. Dirigent und Komponist, * Lemberg 3. 10. 1923; war

Aleksandr Nikolajewitsch Skrjabin

Leiter der Philharmonie von Krakau (1955–56), Dirigent der Nationalphilharmonie in Warschau (1957–59), 1960–79 Chefdirigent des Minneapolis Symphony Orchestra (später Minnesota Orchestra) und 1984–91 Chefdirigent des Hallé Orchestra in Manchester; komponierte Sinfonien und Konzerte.

Skrubber [ˈskrʌbə; engl., zu to scrub ›schrubben‹, ›reinigen‹] *der, -s/-,* Gerät zur Nassreinigung von Gasen. Die Waschlösung wird durch Düsen zerstäubt, dem entstehenden Regen werden die zu reinigenden Gase entgegengeführt. Dadurch können Staub u. a. unerwünschte Gasbestandteile ausgewaschen werden.

Skrupel [lat. scrupulus ›stechendes Gefühl der Angst‹, ›Unruhe‹, eigtl. ›spitzes Steinchen‹] *der, -s/-,* Zweifel, moral. Bedenken, Gewissensbisse.

Skrupel, Scrupel [lat. scrupulum ›kleinster Teil eines Gewichts‹] *das, -s/-,* →Apothekergewichte.

Skua [färöisch] *die, -/-s,* Art der →Raubmöwen.

Skubiszewski [-ˈʃef-], Krysztof, poln. Völkerrechtler und Politiker, * Posen 8. 10. 1926; Prof. für Internat. Recht zunächst an der Univ. Posen, ab 1973 am Inst. für Internat. Recht an der Akad. der Wiss.en in Warschau, veröffentlichte zahlr. Bücher zu völkerrechtl. Themen. Politisch engagierte er sich in den ›Klubs der Kath. Intelligenz‹; wurde im Zuge der pol. Umwälzungen 1989 als Parteiloser Außen-Min. (bis 1993); bemühte sich u. a., das deutsch-poln. Verhältnis auf eine neue Grundlage zu stellen (Abschluss eines Grenzvertrages sowie eines Vertrages über gute Nachbarschaft und freundschaftl. Zusammenarbeit).

Skudde, kleinrahmiges, graurückiges Schaf, Schulterhöhe 50–60 cm, Böcke mit gewundenen Hörnern; bekannte bodenständige Landrasse in Ostpreußen und im Baltikum. Noch in kleineren Herden v. a. in Hessen, Baden und im Saarland gezüchtet. Zähes und anspruchsloses Tier mit guter Futterverwertung; Wolle relativ fein, dennoch nur zur Herstellung von Teppichen und grobem Lodenstoff geeignet.

Skujiņš [ˈskujinʃ], Zigmunds, lett. Schriftsteller, * Riga 25. 12. 1926; veröffentlichte nach 1949 Erzählungen und ist mit seinen Romanen einer der bedeutendsten Autoren der zeitgenöss. lettischen Literatur. Mit ›Gulta ar zelta kāju‹ (1984) führte er den histor. Familienroman in die neue lett. Literatur ein. Sein stilist. Repertoire ist sehr vielgestaltig. Volkstüml. Dialog wechselt mit altertümlich und umständlich stilisierter Erzählweise. S. gelingt es in seinen Romanen, die Wurzeln der zeitgenöss. Gesellschaft mit ihren vielfältigen Problemen in der Vergangenheit aufzuzeigen und so der um sich greifenden Entwicklung eines geschichtslosen Bewusstseins entgegenzuwirken.

Weitere Werke: Romane: Kolumba mazdēli (1961); Fornarīna (1964); Sudrabotie mākoņi (1967); Kailums (1970).

Skuld, *altnord. Mythologie:* eine der drei →Nornen.

Skuldelev [ˈsgʊləlev], Dorf am Roskildfjord auf Seeland in Dänemark. Im Fjord bei S. wurden fünf Schiffe der Wikingerzeit (um 1000) geborgen, die man absichtlich als Sperre der Fahrrinne versenkt hatte. Die Wracks vertreten versch. Typen von Handels- und Kriegsschiffen (Roskilde, Schiffsmuseum).

Skuller [engl.], *Rudern:* Ruderer, der ein Skullboot fährt; meist auf den Einerfahrer bezogen.

Skulls [engl.], *Sg.* **Skull** *das, -s, Rudern:* beiderseits von jedem Ruderplatz über die Bordwand des (Skull-)Bootes ragende Schäfte mit Blättern, die mit je einer Hand zu bedienen sind (im Ggs. zu den längeren →Riemen).

Skulptur [lat., zu sculpere ›bildhauerisch gestalten‹] *die, -/-en,* Bildwerk (→Bildhauerkunst).

Skulpturformen, *Geomorphologie:* →Strukturformen.

Skulptursteinkern, →Fossilisation.

Skunks [engl., aus Algonkin], *Sg.* **Skunk** *der, -s,* **Stinktiere, Mephitinae,** in Nord-, Mittel- und Südamerika verbreitete Unterfamilie der Marder mit neun Arten in drei Gattungen. S. sind relativ plumpe, spitzschnäuzige, bis 80 cm lange Tiere mit knapp körperlangem, buschigem Schwanz; das dichte und langhaarige Fell ist meist schwarz und weiß gefärbt. Am After befinden sich stark entwickelte Stinkdrüsen, deren übel riechendes Sekret bei Bedrohung dem Angreifer gezielt entgegengespritzt wird und das – wenn es in die Augen gelangt – zu kurzfristiger Erblindung führen kann; selbst große Raubtiere werden so abgeschreckt. – In buschreichen Landschaften N-Kanadas bis Mexikos kommt der **Streifen-S.** (Mephitis mephitis) vor; mit breitem, weißem Längsstreif auf dem Nacken, der sich zwischen den Vorderohren in zwei weiße, bis zur Schwanzwurzel ziehende Bänder gabelt. – Im Pelzhandel unterscheidet man nach der Zeichnung der Felle (Gabelung) kurz- und langstreifige sowie schwarze und weiße Skunks.

Skupa, Josef, tschech. Marionettenspieler, * Strakonitz 16. 1. 1892, † Prag 8. 1. 1957; Schöpfer der populären tschech. Vater-Sohn-Rollen Spejbl und Hurvínek in den 20er-Jahren. Hohe Spieltechnik und humorvolle Dialoge zeichneten seine Arbeit aus; feste Bühne in Pilsen seit 1930, ab 1945 in Prag, heute als Tourneetheater; 1966–96 von MILOŠ KIRSCHNER (* 1927, † 1996), seit 1996 von HELENA ŠTÁCHOVÁ weitergeführt.

Skupschtina *die, -,* serb. **Narodna Skupština** [-ʃ-; ›Volksversammlung‹], seit 1817 bzw. 1869 das serb., seit 1921 das jugoslaw. Parlament, als **Savezna S.** (›Bundesvolksversammlung‹) 1946–1991/92 auch das Parlament des kommunist. Jugoslawien (ab 1974 Bundeskammer und Kammer der Republiken und Provinzen); seit 1992 auch Bez. der Bundesversammlung der Bundesrepublik →Jugoslawien.

Sküs [zu ital. scusa von frz. excuse ›Entschuldigung‹] *der, -/-,* **Skus, Skis,** Karte im Großtarockspiel, die mit dem Joker zu vergleichen ist und weder sticht noch gestochen werden kann.

Skutari, Stadt in Albanien, →Shkodër.

Skutarisee, alban. **Liqeni i Shkodrës** [liˈkjeni iˈʃkodrəs], serbokroat. **Skadarsko jezero,** größter See der Balkanhalbinsel, in deren südwestl. Teil, in einem tektonisch angelegten Polje, 391 km^2 groß, davon 243 km^2 in Montenegro (Jugoslawien) und 148 km^2 in Albanien (O-Teil), 6 m ü. M., 48 km lang, bis 14 km breit, durchschnittlich 5–6 m, stellenweise bis 44 m tief. Der See zeigt einen stark schwankenden Wasserstand: Bei Hochwasser nach der Schneeschmelze vergrößert sich seine Wasserfläche bis über 540 km^2 und verursacht große Überschwemmungen. Das SW-Ufer ist steil, das O- und N-Ufer flach. Die schmalen und lang gestreckten Buchten von Rjeka (von einem Damm der Eisenbahnlinie Bar–Podgorica durchzogen) und Hoti Hum im N und O des Sees sind ertrunkene Flusstäler, der See selbst wahrscheinlich Rest eines Golfes, der durch Flusssedimentation der von N

Skunks: Streifenskunk (Kopf-Rumpf-Länge 58–80 cm, Schwanzlänge 18–40 cm)

zuströmenden Morača (97 km lang) vom Adriat. Meer (12 km entfernt) abgeschnürt wurde (nach anderer Auffassung Rest einer ehem. großen Doline). Der S. wird durch die Buna (alban. Bunë, serbokroat. Bojana), seit Mitte des 19. Jh. Hauptmündungsarm des Drin, zum Adriat. Meer entwässert. Randl. Versumpfungen (stellenweise melioriert) und ein breiter Schilfgürtel sind wichtiger Lebensraum für viele Vogelarten. Der See wird für die Fischerei intensiv genutzt. An seinem SO-Ufer liegt die Stadt Shkodër.

Skutterudit [nach dem norweg. Ort Skutterud bei Drammen] *der, -s/-e,* Mineral, der →Speiskobalt.

Škvorecký [ˈʃkvɔrɛtski:], Josef, tschech. Schriftsteller, * Nachod 27. 9. 1924; wandte sich gegen ideolog. Bevormundung durch das kommunist. Regime und emigrierte 1968; 1969–90 Prof. für amerikan. Literatur in Toronto (1990 emeritiert); gründete dort 1971 mit seiner Frau ZDENA SALIVAROVÁ (* 1933) den Exilverlag ›Sixty-Eight Publishers‹ (1991 eingestellt), der sich um die tschechoslowak. verbotene und Exilliteratur verdient machte. Š. schildert in seiner Prosa häufig aus der Sicht Jugendlicher – das Leben in der tschech. Provinz, beginnend mit den letzten Kriegsjahren und entwirft ein von Sprachwitz geprägtes Bild der tschech. Emigrantengemeinde; daneben Gedichte, Übersetzungen (H. JAMES, E. HEMINGWAY, W. FAULKNER), Dramen und Reportagen.

Werke: *Romane:* Zbabělci (1949, umgearbeitet 1958; dt. Feiglinge); Lvíče (1969; dt. auch u.d.T. Junge Löwin); Tankový prapor (1971); Mirákl (1972); Konec poručíka Borůvky (1975); Příběh inženýra lidských duší, 2 Bde. (1977); Návrat poručíka Borůvky (1981); Scherzo capriccioso (1984); Nevěsta z Texasu (1992). – *Erzählungen:* Legenda Emöke (1965; dt. Legende Emöke); Hořký svět (1967); Prima sezóna (1975; dt. Eine prima Saison); Ze života české společnosti (1985). – *Drama:* Bůh do domu (1980).

P. TRENSKY: The fiction of J. Š. (New York, 1991); S. SOLECKI: The achievement of J. Š. (Toronto, 1994).

Skwierzyna [skfjɛˈʑina], Stadt in Polen, →Schwerin.

Skye [skaɪ], größte Insel der Inneren Hebriden, im Verw.-Distrikt Highland, Schottland, 1 735 km², 9 900 Ew.; gebirgig (Basalttafeln), bis 993 m ü. M., mit tief ins Land greifenden Buchten; größtenteils von Naturweiden mit Mooren und arktisch-alpinen Pflanzengesellschaften bedeckt. In kleinen Betrieben Schaf-, auch Rinderhaltung. Der Hauptort Portree (Fährverbindung zum Festland) ist Ausgangspunkt für Inseltouren der Touristen.

Skylab [ˈskaɪlæb; engl., aus sky ›Himmel‹ und lab(oratory) ›Laboratorium‹], 1973/74 zeitweilig bemannte erste Versuchsraumstation der NASA für Forschungen in der Erdfernerkundung, Sonnen- und solarterrestr. Physik, Medizin, Biologie, Werkstoffkunde, Astrophysik und Astronomie.

S. bestand aus einer leeren dritten Stufe der Trägerrakete Saturn V (Durchmesser max. 6,70 m) und enthielt in zwei Stockwerken Arbeits- und Wohnraum der Astronauten. Am Bug befanden sich Instrumenteneinheit, Luftschleuse (z. B. für Ausstiege ins All), Mehrfach-Dockadapter mit zwei Andockstellen und Arbeitsraum sowie seitlich ein Sonnenteleskop mit vier eigenen Sonnenzellen-Auslegerflächen (Spannweite 29,80 m). BILD →Raumstation.

Skutarisee: Blick auf den Skutarisee

S. wurde im Mai 1973 unbemannt auf eine 435 km hohe Umlaufbahn gebracht, wobei die beim Start entstandenen Beschädigungen den Erfolg der Mission infrage stellten. Die von der ersten Besatzung (im gleichen Monat) durchgeführten Reparaturen waren jedoch erfolgreich.

Im S. absolvierten insgesamt drei Besatzungen aus je drei US-Astronauten die damals längsten bemannten Raumflüge. Für den Start der Mannschaft, die Annäherung und Kopplung mit S., für die Abkopplung, den Rückflug auf die Erde und die Landung diente ein Apollo-Raumfahrzeug. Mit angekoppelter Apollo-Raumkapsel betrugen der Gesamtlänge der Station 36 m (S. 26 m, Apollo 10 m), die Masse rd. 88 t (75 t bzw. 13 t) und das Nutzvolumen 316 m³.

Die S.-Flüge erbrachten über 180 000 Aufnahmen der Sonne und über 30 000 Aufnahmen der Erdoberfläche; außerdem wurden Kristalle, Metallkugeln und Legierungen erzeugt. Eine wesentl. Erfahrung war, dass die schädl. Auswirkungen lang andauernder Schwerelosigkeit durch tägl. Körpertraining verringert werden konnten. Nach Rückkehr der letzten Astronauten am 8. 2. 1974 war das Programm beendet. Vier Jahre früher als erwartet verglühte S. am 11. 7. 1979 in der Erdatmosphäre. Mehrere kompakte Bruchstücke (insgesamt etwa 23 t) erreichten dabei die Erdoberfläche; sie fielen vor der SW-Küste Australiens in den Ind. Ozean und auf austral. Festland.

Skylax, griech. Geograph, aus Karyanda in Karien; unternahm Ende des 6. Jh. v. Chr. auf Befehl des Perserkönigs DAREIOS I. eine Forschungsreise bis zur Mündung des Indus. Eine unter S.' Namen erhaltene Beschreibung der Küsten des Mittelländ. (und Schwarzen) Meeres (Pseudo-S.) ist wohl im 4. Jh. v. Chr. zusammengestellt worden.

Skylab

Start	Träger	Besatzung	Erdumkreisungen	Dauer	EVA*)	Rückkehr
25. 5.1973	Saturn IB/Apollo	C. Conrad, P. Weitz, J. Kerwin	404	28 d 0 h 49 min	5 h 41 min	22. 6.1973
28. 7.1973	Saturn IB/Apollo	A. Bean, J. Lousma, O. Garriott	858	59 d 11 h 9 min	13 h 44 min	25. 9.1973
16.11.1973	Saturn IB/Apollo	G. Carr, W. Pogue, E. Gibson	1214	84 d 1 h 16 min	22 h 21 min	8. 2.1974

*)EVA: Extra Vehicular Activity = Tätigkeit außerhalb des Raumfahrzeugs.

Skylight [ˈskaɪlaɪt; engl. ›Dachfenster‹, aus sky ›Himmel‹ und light ›Licht‹] *das, -s/-s,* Oberlicht im Deck und in Aufbauten von Schiffen.

Skylightfilter [ˈskaɪlaɪt-, engl.], *Fotografie:* leicht rötlich gefärbtes Filter zur Absorption des ultravioletten und Abschwächung des blauen Lichtes. S. verhindern einen Blaustich bei Farbaufnahmen auf Umkehrfilm im Hochgebirge oder bei klarem, blauem Mittagshimmel.

Skyline [ˈskaɪlaɪn; engl., eigtl. ›Horizont‹, ›Silhouette‹] *die, -/-s,* (charakterist.) Silhouette einer aus der Ferne gesehenen Stadt.

Skylla, lat. **Scylla,** nach der ›Odyssee‹ ein in der Höhle einer Felsenklippe gegenüber der →Charybdis hausendes Meerungeheuer (mit sechs Köpfen und zwölf Füßen), das die Vorüberfahrenden verschlang. Odysseus verlor bei der Durchfahrt durch die Meerenge zw. Charybdis und S. sechs Mann, die von S. gefressen wurden. Schon in der Antike wurden S. und Charybdis zu lokalisieren versucht (meist in der Straße von Messina). – In der antiken Kunst wurde S. v. a. auf Vasen (Unteritalien), Reliefs (röm. Sarkophage, Spiegel) und auch monumentalplastisch (Grotte des TIBERIUS in →Sperlonga) dargestellt. Aufgegriffen wurde das Motiv im Manierismus und im Barock (B. SPRANGER, S. ROSA).

Skyphos: Attischer Skyphos; dargestellt ist Iphikles, der Linos gegenübersitzt, um das Leierspiel zu erlernen; 470 v. Chr. (Schwerin, Staatliches Museum)

Skyphos [griech.] *der, -/...phoi,* tassenförmiges Trinkgefäß der griech. Antike mit zwei waagerechten Henkeln.

Skyros, größte Insel der Nördl. Sporaden, im Verw.-Bez. (Nomos) Euböa, Griechenland, 209 km², bis 792 m ü. M., 2900 Ew.; Marmorbrüche; Kunsthandwerk, Tourismus.

Skysurfing [ˈskaɪsəːfɪŋ; engl., zu sky ›Himmel‹ und Surfing], Mischform aus Fallschirmspringen und Segelsurfen, eine →Extremsportart. Nach dem Absprung aus einem Flugzeug in 4000 m Höhe gleitet der Sportler auf einem modifizierten Surfboard durch die Luft, bevor er seinen Fallschirm öffnet. S.-Wettbewerbe (z. B. Weltmeisterschaften) werden nach den offiziellen Regeln der FAI (→Luftsport) ausgetragen und bestehen aus Pflicht und Kür. Bestandteile der Pflicht sind u. a. (gestreckte) Salti, Drehungen und Schrauben. Die Übungen werden von einem mit dem Skysurfer abspringenden Videofilmer zur Bewertung aufgezeichnet.

Skyth [nach den Skythen] *das, -(s),* **Skythium,** *Geologie:* unterste Stufe der alpinen →Trias.

Skythen, Scythen, Sammel-Bez. für die Bewohner der euras. Steppe im 1. Jt. v. Chr., die allgemein Nomadenstämme mit skyth. Kultur umfasst; i. e. S. die ab dem 7. Jh. v. Chr. nachweisbaren S. des nördl. Schwarzmeergebietes zw. Donau und Don, die sich selbst **Skoloten** nannten. Das pont. **Skythien,** über das HERODOT ausführlich berichtet, bestand aus versch. Völkerschaften, die durch eine auf das Reiterkriegertum gestützte Dynastie beherrscht wurden. Die Ethnographie der S. ist seit der Mitte des 19. Jh. durch die Archäologie wesentlich erweitert worden. Ausgrabungen haben die antiken Berichte über die Bestattungsbräuche und den Goldreichtum der S.-Könige bestätigt (→skythische Kunst). Durch die Beherrschung der nördl. und östl. Handelswege und die Sicherung der Getreideausfuhr über die griech. Städte Olbia und Pantikapaion (heute Kertsch) erreichte die Macht der pont. S. im 5. und 4. Jh. v. Chr. ihren Höhepunkt. Der erfolglos verlaufene S.-Feldzug DAREIOS' I. (513/512 v. Chr.) festigte ihre Eigenständigkeit. Im 3. Jh. v. Chr. wurden sie aber von den von Osten über den Don vorstoßenden Sarmaten entmachtet oder verdrängt. Nur die Krim-S. konnten ihre kulturelle und ethn. Eigenart noch länger erhalten. Historisch und epigraphisch überlieferte Eigennamen geben Hinweise auf die iran. Sprachzugehörigkeit der Skythen. (→Osteuropa, Vorgeschichte).

J. A. H. POTRATZ: Die S. in S-Rußland. Ein untergegangenes Volk in SO-Europa (Basel 1963); B. N. GRAKOW: Die S. (a. d. Russ., Berlin-Ost ²1980); V. SCHILTZ: Die S. u. a. Steppenvölker (a. d. Frz., 1994).

Skythisch, →iranische Sprachen.

skythische Kunst, eine an Gebrauchsgeräte gebundene Zierkunst der Reiternomaden der euras. Steppe zw. Donau und S-Sibirien (einschließlich der Waldsteppe) im 1. Jt. v. Chr., i. e. S. der seit Ende des 7. Jh. v. Chr. nördlich des Schwarzen Meeres (nördlich des Pontos) im weiten Umkreis um das Asowsche Meer sesshaft werdenden nordpont. Skythen (KARTE →La-Tène-Kultur). Die s. K. ist Teil der Steppenkunst; ihre Stilformen entwickelten sich aus Schnitzereien in Holz und Knochen; erhalten sind v. a. in Kurganen gefundene Guss- und Treibarbeiten aus Metall (Bronze, Silber, Elektrum und Gold), meist Beschlagstücke der Jagd- und Kriegsausrüstung und des Zaumzeugs, außerdem Stangenbekrönungen (Kult), Spiegel, Schmuck (z. B. Pektorale, Prunkhauben-, Prunkkleidungsbesatz). Die s. K. tradiert viele Elemente der Holzkammergräber- oder Balkengrabkultur (z. B. Gefäßformen) des 2. und der 1. Hälfte des 1. Jt. v. Chr. Ihre höchste Entfaltung erlebte sie um 600–300 v. Chr. Die Wurzeln des skyth. Tierstils sind nicht geklärt, insbesondere nicht die Beziehung zw. nordiran. und skyth. oder maiot. Stücken, da sie den Befunden nach gleichzeitig an der Wende des 7./6. Jh. auftraten. Eindeutig bestimmend wurden im 6. Jh. v. Chr. griech. Künstler; sie schufen viele der in S-Russland gefundenen Kunstwerke für den Export. Sie beherrschten die Techniken der Metallbearbeitung in vollendeter Weise und steuerten z. T. Motive, z. B. den adlerköpfigen Greif, und Ornamente bei. Dargestellt sind meist ein-

skythische Kunst: Goldener Ohrring aus einem Kurgan in der Nähe von Cherson am Dnjepr; 4. Jh. v. Chr. (Sankt Petersburg, Eremitage)

zelne Tiere, oft jagdbares Wild, auch jagendes Wild (in Tierkampfszenen), bes. Hirsche, Steinböcke, Widder, katzenartige Raubtiere, Elche und Raubvögel, die z. T. auch mytholog. Bedeutung hatten. Naturnähe und extreme Stilisierung sind die Gestaltung bestimmenden Pole. Beispielhaft sind die wohl auf dem Brustpanzer getragenen liegenden Hirsche (vielleicht als Hirsch im Sprung aufzufassende Stilisierung), Treibarbeiten aus Gold, in denen das Naturvorbild durch scharfkantige Hervorhebung der Körperstruktur in Einzelteile

skythische Kunst: Liegendes Pferd (Beinschnitzerei aus einem Kurgan des Altai); 5./4. Jh. v. Chr. (Sankt Petersburg, Eremitage)

zerlegt wird. Später (5.–3. Jh.) wurden die Formen in die Länge gezogen und gedehnt. Die Beschläge der Schwertscheiden zeigen oft Tierfriese im Relief und Einzeltiere. Zu den Besonderheiten dieses Tierstils gehören ein gelegentl. Verdrehen des Tierkörpers zu einer Spirale, ein Aneinanderfügen versch. Tiere und Tierglieder (z. B. Adlerköpfe an den Sprossen von Hirschgeweihen) und schließlich das Ausfüllen des Tierleibs mit Ornamenten oder mit Bildern anderer Tiere. Die seltenen menschl. Darstellungen oder Götterfiguren in menschl. Gestalt (z. B. eine schlangenfüßige Göttin) traten wohl erst im 4. Jh. v. Chr. auf und werden v. a. griech. Meistern des Bosporan. Reiches zugeschrieben. Es gibt Schilderungen aus dem skyth. Alltag, z. B. Bogenschützen, sich gegenseitig verbindende oder aus einem Krug (Blutsbrüderschaft) trinkende Skythen oder Thraker (BILD →Kul-Oba). Die s. K. vermittelte starke Impulse an benachbarte Stämme und Kulturen, z. B. nach NO an die Anaminokultur, im Kubangebiet an die Maioten, die möglicherweise auch am Beginn der s. K. standen, in der gebirgigen Krim an die Taurer, nach SW die Thraker und weiter nach W an die La-Tène-Kultur. Die s. K. wurde abgelöst von der →sarmatischen Kunst.

G. CHARRIÈRE: Die Kunst der Skythen. Von Sibirien bis zum Schwarzen Meer (a. d. Frz., 1974); R. ROLLE: Die Welt der Skythen (Luzern 1980); Gold der Skythen, bearb. v. K.-J. SEMBACH u. a., Ausst.-Kat. (1984); Gold der Steppe, Archäologie der Ukraine, hg. v. R. ROLLE, Ausst.-Kat. (1991); V. SCHILTZ: Die Skythen u. a. Steppenvölker (a. d. Frz., 1994); Das Gold der Skythen. Aus der archäolog. Schatzkammer der Eremitage St. Petersburg, hg. v. L. BARKOVA u. a., Ausst.-Kat. Ausst.-Halle der Bundesrep. Dtl., Bonn (a. d. Russ., 1997).

Slaby [-bi], Adolf, Elektrotechniker, * Berlin 18. 4. 1849, † ebd. 6. 4. 1913; ab 1882 Prof. an der TH in Charlottenburg (heute zu Berlin); Pionier der Funktechnik. S. entwickelte (nach Teilnahme an Versuchen G. M. MARCONIS) ab 1897 mit Graf G. von ARCO ein System der drahtlosen Telegrafie (Errichtung der ersten dt. Antennenanlage bei Potsdam). Er befasste sich mit den Grundlagen sowie der techn. Entwicklung und industriellen Verwertung der drahtlosen Telegrafie (Anregung zur Fabrikation entsprechender Apparate: 1903 Gründung der ›Gesellschaft für drahtlose Telegraphie‹, der späteren Telefunken AG, unter Mitwirkung von K. F. BRAUN).

Werke: Die Funkentelegraphie (1897); Glückl. Stunden. Entdeckungsfahrten in den elektr. Ozean (1908).

SLAC [ˈslæk, engl.], Abk. von engl. **Stanford Linear Accelerator Center** [ˈstænfəd ˈlɪnɪə əkˈselərеɪtə ˈsentə], 1962 gegründete Forschungseinrichtung für Elementarteilchenphysik, von der Stanford University in Palo Alto (Calif., USA) im Auftrag des Department of Energy betrieben. Der dort 1966 fertig gestellte, weltweit größte 3 km lange Linearbeschleuniger für Elektronen von 20 GeV Energie lieferte bei Untersuchungen der Streuung von Elektronen an Nukleonen die ersten direkten Hinweise auf die →Quarks. In Experimenten am Elektron-Positron-Speicherring SPEAR konnten 1974 die Charmquarks und 1976 das →Tauon nachgewiesen werden. Der Linearbeschleuniger wird seit 1989 als linearer Collider (→SLC) betrieben. 1999 soll der Elektron-Positron-Speicherring PEP-II in Betrieb gehen, eine speziell für die Erzeugung und Untersuchung von B-Mesonen ausgelegte Anlage (→Mesonenfabrik). Neben der Elementarteilchenphysik wird am SLAC auch Forschung mit Synchrotronstrahlung betrieben. (→Beschleuniger, TABELLE)

Slack [slæk, engl.] *der, -s,* Bez. für die Differenz zw. den notwendigen und den vorhandenen materiellen und immateriellen Ressourcen eines Unternehmens. S. sammelt sich als ›organisator. Überschuss‹ v. a. während erfolgreicher Perioden der Geschäftstätigkeit an und dient als Reserve für Krisenzeiten.

Sládek [ˈslaːdɛk], Josef Václav, tschech. Lyriker, * Zbiroh (bei Pilsen) 27. 10. 1845, † ebd. 28. 6. 1912; hielt sich 1868–70 in den USA auf, die er in farbenprächtigen Bildern darstellte; arbeitete danach als Journalist, 1877–98 als Redakteur der Zeitschrift ›Lumír‹. S. gehörte weder der kosmopolit. Richtung um diese Zeitschrift noch der national ausgerichteten Gruppe um die Zeitschrift ›Ruch‹ eindeutig an und schrieb, u. a. durch die Volksliedichtung angeregt, von Melancholie geprägte Lyrik; einige seiner Werke tragen polit. und sozialen Charakter; bedeutend sind auch seine Gedichtsammlungen für Kinder. S. übersetzte Werke von SHAKESPEARE, H. W. LONGFELLOW, A. MICKIEWICZ und M. J. LERMONTOW.

Ausgabe: Básnické dílo, 5 Bde. (1941–46).

Slade School of Fine Art [sleɪd skuːl əv faɪn ɑːt], Kunstschule in London, gegr. 1871 als Inst. der Londoner Univ., aus einer Stiftung des Kunstsammlers FELIX SLADE (* 1790, † 1868). Die Kurse umfassen heute Kunstgeschichte, Malen, Zeichnen, Bildhauerei, druckgraf. Techniken, Bühnenbild, Fotografie, Film- und Videokunst.

Sládkovič [ˈslaːtkɔvitʃ], Andrej, eigtl. **A. Braxatoris,** slowak. Dichter, * Krupina (Mittelslowak. Gebiet) 30. 3. 1820, † Radvaň (heute zu Neusohl) 20. 4. 1872; studierte 1843–44 in Halle (Saale) Theologie, ab 1847 ev. Pfarrer; bedeutender Vertreter der slowak. Romantik; verfasste, von der Ästhetik G. W. F. HEGELS und von A. S. PUSCHKIN beeinflusst, in der von L. ŠTÚR geschaffenen neuen slowak. Schriftsprache das lyr. Epos ›Marína‹ (1846), das die Liebe zur Frau und zum Vaterland als symbol. Einheit preist, sowie den ›Detvan‹ (1853), ein Epos in fünf Gesängen über das Volksleben der Slowaken des Detvagebietes zur Reg.-Zeit von MATTHIAS I. CORVINUS (1458–90).

Ausgabe: Dielo, 2 Bde. (1961).

A. S., hg. v. C. KRAUS (Martin 1980).

Slagelse [ˈslaːɣəlsə], Stadt im SW der Insel Seeland, Dänemark, Amt Westseeland, 35 400 Ew.; Nahrungsmittel-, Maschinen-, Möbel- u. a. Industrie; Garnison. – Peterskirche (12. Jh.) und Michaelskirche (14. Jh.); Ruine des 1165 als Johanniterkloster gegründeten königl. Schlosses Antvorskov. Westlich von S. liegen die Reste des Wikingerlagers Trelleborg. – S., das aufgrund seiner verkehrsgünstigen Lage ein wich-

skythische Kunst: Bronzener Stangenaufsatz in Form eines Adlerkopfes aus einem Kurgan eines maiotischen Fürsten bei Aul Ulskij, Kubangebiet; 6. Jh. v. Chr. (Sankt Petersburg, Eremitage)

tiger mittelalterl. Handelsplatz war, erhielt im 11. Jh. Münzrecht. 1288 wurde S. Stadt.

Slalom [von norweg. slalåm, eigtl. ›leicht abfallende Skispur‹] *der, -s/-s, Sport:* Disziplin, bei der eine durch Tore festgelegte Strecke in kürzester Zeit zu durchfahren ist. S.-Wettbewerbe werden u. a. beim Inlineskating, im Kanusport (→Kanuslalom), bei Funboardregatten im Segelsurfen und beim Snowboarden bestritten. – Im *alpinen Skisport* wird der S. in zwei Läufen (bei Weltmeisterschaften und Olymp. Spielen auf zwei versch. Pisten) entschieden. Der Höhenunterschied einer Piste beträgt 120–180 m für Frauen und 180–220 m für Männer. Ein Viertel der Strecke führt über Hänge mit einer Neigung von mehr als 30°. Frauen haben zw. 45 und 60, Männer zw. 55 und 75 Tore zu durchfahren. Beim **Parallel-S.** starten die Läufer auf zwei nebeneinander liegenden Strecken. S. ist als **Kombinations-S.** auch Bestandteil der →alpinen Kombination. Weltmeisterschaften im S. werden seit 1931, olymp. Wettbewerbe seit 1948 ausgetragen. S. ist darüber hinaus Wertungsdisziplin im →Alpinen Weltpokal. – Im *Automobilsport* wird S. als Geschicklichkeitswettbewerb (**Automobil-S.**) auf befestigter, ebener Fahrbahn (Asphalt, Beton o. Ä.) durchgeführt, wobei die Länge der durch kegelförmige Markierungen (Pylone) vorgegebenen Strecke zw. 800 und 3 000 m betragen kann. S. ist i. d. R. für →Produktionswagen ausgeschrieben. Jährlich werden dt. Meisterschaften ausgetragen. – Beim *Wasserski* sind hinter einem Schleppboot in zwei Durchgängen zu je vier Läufen mit unterschiedl. Leinenlängen sechs Außenbojen zu umrunden. Frauen fahren mit 52–55 km/h, Männer mit 55–58 km/h Bootsgeschwindigkeit.

Slaná *die,* Nebenfluss der Theiß, →Sajó.

Slančíková [ˈslantʃiːkɔva:], Božena, slowakische Schriftstellerin, →Timrava.

Slang [slæŋ, engl.] *der, -s,* i. w. S. Bez. für nachlässige, saloppe Umgangssprache; i. e. S. eine Sondersprache als Ausdrucksweise bestimmter sozialer Gruppen, die sich bewusst von Außenstehenden abgrenzen wollen (z. B. die Sprache bestimmter Berufsgruppen oder die →Jugendsprache). Der S. ist durch neuartige Verwendung bestehenden Vokabulars sowie durch neue Wortbildungen und Idiomatik charakterisiert.

G. L. COHEN: Studies in slang (Frankfurt am Main 1985); E. PARTRIDGE: A concise dictionary of slang and unconventional English (Neuausg. Berlin 1989).

Slánský [ˈslaːnski:], Rudolf, tschechoslowak. Politiker, * Nezvěstice (bei Pilsen) 31. 7. 1901, † (hingerichtet) Prag 3. 12. 1952; jüd. Herkunft; ab 1929 Mitgl. des ZK und des Politbüros der KP, ab 1945 deren Gen.-Sekr., beteiligte sich führend an der kommunist. Machtübernahme vom Februar 1948 in der Tschechoslowakei. Auf Betreiben stalinist. Kräfte (bes. K. GOTTWALD und Drängen STALINS) wurde S. am 6. 9. 1951 als Gen.-Sekr. abgesetzt und am 23./24. 11. 1951 verhaftet. In einem Schauprozess gegen S. und 13 leitende Funktionäre (**S.-Prozess,** 20.–27. 11. 1952) u. a. des Verrats und der Spionage beschuldigt, wurde er wie zehn weitere ›bürgerlich-nationalist. Volksfeinde‹ zu Unrecht wegen ›titoist. und zionist. Umtriebe‹ zum Tode verurteilt. 1963 hob der Oberste Gerichtshof das Urteil auf; 1968 wurde S. rehabilitiert. (→Antisemitismus).

E. LÖBL u. D. POKORNÝ: Die Revolution rehabilitiert ihre Kinder (a. d. Tschech., 1968); A. LONDON: Ich gestehe. Der Prozeß von R. S. (a. d. Frz., Neuausg. 1991).

Slantschew brjag, Slănčev brjag [ˈslɔntʃɛv -], Kurort in Bulgarien, →Sonnenstrand.

Slaný, Hans Erich, Industriedesigner, * Wiesenthal (Nordböhm. Gebiet) 12. 6. 1926; war nach dem Ingenieurstudium freier Mitarbeiter von H. LÖFFELHARDT. 1956 eröffnete er ein eigenes Atelier; Gründer und Leiter des Lehrstuhls für Investitionsgüterdesign an der Staatl. Akad. der Bildenden Künste Stuttgart (1986–92), seit 1992 Prof. an der Hochschule der Künste Berlin. Er schuf das Design u. a. für Film- und Fernsehkameras, Videogeräte, Elektrowerkzeugsysteme, Haushalts- und Heizgeräte (v. a. für die Bosch GmbH), die international Anerkennung fanden.

Slap-Bass-Technik [ˈslæp-; zu engl. to slap ›schlagen‹], perkussive Schlagtechnik auf dem Kontrabass im frühen New-Orleans-Jazz. Dabei werden die Saiten so stark angerissen, dass sie auf das Griffbrett zurückschlagen (auch Schlagen der flachen Hand auf das Griffbrett). Im Freejazz der 1960er-Jahre griffen Bassisten zwecks emphat. Ausdrucksteigerung z. T. auf ähnl. Techniken zurück.

Slapstick-Comedy [ˈslæpstɪk ˈkɔmədi; engl. slapstick ›Narrenpritsche‹ und comedy ›Komödie‹] *die, -/-s,* Bez. für kurze Grotesken im frühen amerikan. Stummfilm, z. B. M. SENNETTS Filme, in denen die Polizei, die Keystone Kops, in turbulent-kom. Schlägereien und Verfolgungsjagden meist vom einfachen Filmhelden, häufig gespielt von C. CHAPLIN und B. KEATON, überlistet wird.

slargando [ital.], musikal. Vortrags-Bez., →allargando.

Śląsk [clɔ̃sk], poln. Name für →Schlesien.

Slater [ˈsleɪtə], John Clarke, amerikan. Physiker, * Oak Park (Ill.) 22. 12. 1900, † Sanibel Island (Fla.) 28. 7. 1976; Prof. an der Harvard University, am Massachusetts Institute of Technology und an der University of Florida. S. arbeitete mit N. BOHR und H. A. KRAMERS an der Dispersionstheorie (1924), später führte er grundlegende Untersuchungen zum quantenmechan. Mehrteilchenproblem, zur theoret. Festkörperphysik, zur Atom- und Molekülstruktur und über Mikrowellen durch.

Slater-Determinante [ˈsleɪtə-; nach J. C. SLATER], Determinante mit spinabhängigen Einteilchen-Wellenfunktionen $\varphi_i(q_k)$ als Elementen. Eine *n*-reihige S.-D. ist eine für ein System von *n* nicht miteinander wechselwirkenden ident. Fermionen (z. B. Elektronen) mögl. Wellenfunktion, da sie aufgrund der Berechnungsvorschrift für Determinanten antisymmetrisch bezüglich der Vertauschung zweier Zustände oder Koordinatensätze ist und deswegen dem →Pauli-Prinzip genügt. Mit *i* werden die jeweiligen Einteilchenzustände, mit *k* die Teilchen indiziert, *q* bezeichnet sämtl. Koordinaten eines Teilchens; *i* und *k* sowie als Zeilen- bzw. Spaltenindex der Determinante. S.-D. werden z. B. als Basis der Wellenfunktionen für ein System ident. Fermionen oder als nullte Näherung in Näherungsmethoden (wie der Hartree-Fock-Methode) verwendet.

Slatina, Hauptstadt des Kr. Olt, Rumänien, in der Walachei, am hier zum Arceștisee (8,4 km²) gestauten Olt, 135 m ü. M., 87 300 Ew.; histor. Museum; Aluminiumwerk, Maschinenbau, Textil- und Nahrungsmittelindustrie; Wasserkraftwerk (27 MW). – Dreifaltigkeitskirche (1645), Marienkirche (1734). – S. wird erstmals 1368 als Zollstelle genannt.

Slatni Pjassazi, Seebad in Bulgarien, →Goldstrand.

Slatoust, Zlatoust [z-], Stadt im Gebiet Tscheljabinsk, Russland, am Aj (linker Nebenfluss der Ufa), im Südl. Ural, 203 000 Ew.; Regionalmuseum; Zentrum der Stahlerzeugung, Maschinen-, Gerätebau, Uhrenfertigung. Östlich von S. liegt das Ilmener Naturschutzgebiet (303,8 km²) zur Erforschung der Minerale (200 Arten) und zum Schutz der Tier- und Pflanzenwelt des Südl. Ural. – S. wurde 1754 mit dem Bau einer Eisenhütte gegründet; seit 1811 Stadt.

Slauerhoff [ˈslɔuwərhɔf], Jan Jacob, Pseud. **John Ravenswood** [ˈreɪvnzwʊd], niederländ. Schriftsteller, * Leeuwarden 15. 9. 1898, † Hilversum 5. 10. 1936;

Schiffsarzt; einer der bedeutendsten niederländ. Lyriker nach dem Ersten Weltkrieg, den frz. ›Poètes maudits‹ nahe stehend (›Archipel‹, 1923; ›Clair-obscur‹, 1927); er schrieb auch fantast., zuweilen zyn. Novellen, ein Drama und einen Roman (›Het verboden rijk‹, 1932; dt. ›Das verbotene Reich‹).
Ausgabe: Verzamelde werken, 8 Bde. (1940-58).

Slave River [ˈsleɪv ˈrɪvə], dt. **Sklavenfluss,** Fluss in W-Kanada, zw. Athabasca- und Großem Sklavensee, 415 km lang; zum Stromsystem des →Mackenzie gehörend.

Slavíček, 1) [ˈslavitʃɛk], Antonín, tschech. Maler, * Prag 16. 5. 1870, † (Selbstmord) ebd. 1. 2. 1910; malte mit Impressionist. Stilmitteln Motive der Stadt Prag und v. a. Landschaften (Adlergebirge u. a.), auch Stillleben nach niederländ. Vorbildern.

2) [slaˈvitʃek], Milivoj, kroat. Lyriker, * Čakovec (bei Varaždin) 24. 10. 1929; fixiert und reflektiert in seinen Gedichten in der Art eines lyr. Tagebuchs die Situationen des Alltags. Sein Stil ist präzis und pointiert; häufig verwendet er die Sonettform (›Soneti, pjesme o ljubavi i ostale pjesme‹, 1967). S. lebte längere Zeit in Polen, übersetzte Gedichte K. WOJTYŁAS und war 1991–94 Botschafter Kroatiens in Polen.
Weitere Werke: Daleka pokrajina (1957); Noćni autobus. Ili, Naredni dio cjeline (1964); Poglavlje (1970); Trinaesti pejzaž (1981). – Izabrane pjesme (1987, Ausw.).

Slavici [ˈslavitʃ], Ioan, rumän. Schriftsteller, * Şiria (Kr. Arad) 18. 1. 1848, † Panciu (Kr. Vrancea) 17. 8. 1925; Journalist; Mitgl. des Dichterkreises →Junimea. S. schuf ein vielfältiges literar. Werk (u. a. Dramen, pädagog. und philosoph. Schriften, Memoiren); herausragend sind seine Novellen (›Moara cu noroc‹, 1881; dt. ›Die Glücksmühle‹) und Romane (›Mara‹, 1906; dt.), in denen mit kraftvollem Realismus die dramat. Aspekte des sozialen und moral. Umbruchs im Dorf- und Kleinstadtleben Siebenbürgens in der Zeit des frühen Kapitalismus geschildert werden.
Ausgabe: Opere, hg. v. C. MOHANU u. a., 14 Bde. (1967-87).

Slavjansk [-v-], Stadt in der Ukraine, →Slawjansk.

Slavjansk-na-Kubani [-v-], Stadt in Russland, →Slawjansk.

Slavkovský les [ˈslafkɔfski: ˈlɛs], Bergland in der Tschech. Rep., →Kaiserwald.

Slavkov u Brna [ˈslafkɔf ˈubrna], Stadt in der Tschech. Rep., →Austerlitz.

Slavonija [ˈslavɔ:nija], Gebiet in Kroatien, →Slawonien.

Slavonski Brod, Stadt in Kroatien, 96 m ü. M., am linken Ufer der Save, die hier die Grenze zu Bosnien und Herzegowina bildet, gegenüber der Stadt Bosanski Brod, mit ihr durch eine Brücke verbunden, 55 700 Ew.; Brlić-Mažuranić-Museum; Lokomotiv-, Waggon- und Dieselmotorenbau, Holzverarbeitung, Nahrungsmittel- und Textilindustrie; Flusshafen. – S. B., das röm. **Marsonia,** war 1536–1691 türkisch.

Slawejkow, Slavejkov, 1) Pentscho Petkow, bulgar. Schriftsteller, * Trjawna (bei Gabrowo) 27. 4. 1866, † Brunate (bei Como) 28. 5. 1912, Sohn von 2); als Student 1892–98 in Leipzig, 1908/09 Direktor des Nationaltheaters in Sofia; Wegbereiter des bulgar. Symbolismus, der die bulgar. Literatur geistig und formal auf europ. Niveau hob. Unter dem Einfluss von A. MICKIEWICZ wandte er sich in einigen Werken in der Gestaltung typischer nationalfolklorist. Erscheinungen der historisch-heroischen Richtung zu. Hauptwerk ist das Epos ›Kărvava pesen‹ (1911, Fragment), eine symbol. Gestaltung des bulgar. Freiheitskampfes gegen die Türken; ferner Gedichte (›Săn za štastie‹, 1906) und Essays.
Ausgabe: Săbrani săčinenija, 8 Bde. (1958-59).

2) Petko Ratschew, bulgar. Schriftsteller und Volkskundler, * Weliko Tarnowo 17. 11. 1827, † Sofia 1. 7. 1895, Vater von 1); Lehrer; 1879 Mitgl. der verfassunggebenden Versammlung, Abg. und Vors. (1880) der Volksversammlung; Vertreter der bulgarischen nat. Aufklärung. Unter dem Einfluss von Volksdichtung und klassischen russ. Literatur gelangte S. von der sentimental-romant. zur realist. Darstellung.
Ausgabe: Săbrani săčinenija, 10 Bde. (1963-75).

Slawen, Völker und Stämme, die eine der drei großen Sprachfamilien Europas (neben Germanen und Romanen) bilden (→slawische Sprachen). Die Gemeinsamkeit der S. basiert – stärker als bei Germanen und Romanen – auf der Verwandtschaft der Sprachen, weniger auf einem gemeinsamen Kulturerbe (Romanen) oder früh entwickelten und lange festgehaltenen Rechtsvorstellungen (Germanen). Sowohl die Etymologie des Namens der S. als auch die zeitl. Folge und der geograph. Raum ihrer Ethnogenese sind bis heute in der Forschung umstritten.

Der *Name,* ur- und altslawisch slověne, war urspr. Selbst-Bez. und Name mehrerer Stämme (der späteren Slowenen, Slowaken, Slowinzen u. a.), der schließlich verallgemeinert wurde. Deutungen, die ihn mit slava ›Ruhm‹ in Verbindung bringen, sind wohl nicht haltbar. Wahrscheinlicher sind Erklärungen als ›Sprechende‹ in der Ableitung aus sluti, slovǫ ›nennen‹, ›heißen‹. Die jüngere Forschung geht von geograph. Namen, v. a. Hydronymen (Gewässernamen), aus (Beispiele sind der poln. Flussname Sława und der altruss. Beiname des Dnjepr ›Slovutič‹) und sieht einen Zusammenhang mit ›fließen‹, ›reinigen‹.

In röm. Quellen erscheint im 1./2. Jh. n. Chr. für die S. der Name ›veneti/venedi‹, der auf den Namen eines östl. Nachbarvolkes der Germanen zurückgeht und in die german. Sprachen als ›Wenden‹, ›Windische‹ als Bez. für die S. einging. Das griech. sklabenoi (erstmals zu Beginn des 6. Jh. belegt) und das lat. sclaveni (seit Mitte des 6. Jh. belegt) substituieren den fremden slaw. Anlaut sl- durch eigenes skl-. Daneben setzten sich schon früh die Kurzformen – griech. sklaboi, lat. sclavi – durch. Seit dem 12. Jh. gibt es neben der ethn. auch die Bedeutung ›Sklave‹, wobei der chasarisch-arabisch dominierte Sklavenhandel mit hellhäutigen Sklaven aus O- und N-Europa im östl. Mittelmeerraum eine Rolle gespielt haben mag (arab. ṣaḳāliba ›hellhäutiger Ost- und Nordeuropäer‹, 10. Jh.). Ab dem 16. Jh. wird der Anlaut sl- für die ethn. Bedeutung in den europ. Sprachen restituiert.

Ethnogenese: Über die genaue Eingrenzung des Formierungsraumes, der ›Urheimat‹ der S., bestehen, v. a. hinsichtlich der O- und W-Grenze (östlich des Dnjepr, westlich der Weichsel), in der Forschung Meinungsverschiedenheiten. Das Gleiche gilt für die Zuordnung der frühesten slaw. Kulturen zu archäologisch nachweisbaren Fundgruppen, u. a. der Urnenfelderkultur (etwa 2000–1000 v. Chr.), aus der auch die kelt., german., illyr., italischen u. a. Stammeskulturen hervorgingen, und später zu regionalen Kulturen in O-Europa. Sprachwiss. und archäol. Befunde sowie (spätere) histor. Quellen sprechen dafür, dass die eigentl. Formierungsphase erst sehr spät (3.–5. Jh. n. Chr.) anzusetzen ist und die Urheimat der S. nördlich der Karpaten zw. oberem Bug und mittlerem Dnjepr in den geschützten Landzonen polyethn. Großverbände im osteurop. Waldgürtel lag. Ihre Nachbarn im N waren Balten, im NW german. Stämme, im SW Kelten (Illyrer), im S Thraker und im SO iran. Völker. Anstöße zu einer weiteren Siedlungsausbreitung erfolgten wohl erst im Zuge der Völkerwanderung. Um 500 nahmen die S. etwa das Gebiet zw. dem Fluss Memel (im N) und Karpaten sowie zw. Oder (im W) und Dnjepr ein.

Ausbreitung: Anfang des 6. Jh. zogen slaw. Stämme ins heutige Böhmen und Mähren und von dort über die Donau bis zum Plattensee, andere in das Gebiet der heutigen Slowakei und bis an die Donau, wieder

Slaw Slawen

andere drangen in die Walachei vor. Der Übergang über die Donau und die gegen Byzanz erzwungene ›Landnahme‹ auf dem Balkan setzte – nach ersten krieger. Einfällen ab dem 5. Jh. – auf breiter Front gegen Ende des 6. Jh. ein. Im 7. Jh. nahmen die Kroaten und Serben ihre heutigen Siedlungsgebiete ein, während die Karantaner, Vorfahren der heutigen Slowenen, in den Alpenraum (heutiges Kärnten, Steiermark, Ober- und Niederösterreich) einwanderten und Ende des 7. Jh. bis nach Bayern vordrangen.

Die ostslaw. Stämme, die sich zw. 6. und 8. Jh. herauszukristallisieren begannen, bildeten z. T. nur lose Stammesgemeinschaften. Die Nestorchronik, die vermutlich den Stand im 9. Jh. wiedergibt, nennt: Slowenen (um Nowgorod), Polotschanen (um Polozk), Kriwitschen (um Smolensk), Dregowitschen (an der Beresina), Radimitschen (am Sosch), Wjatitschen (an der oberen Oka), Drewljanen (im S des Pripet), Sewerjanen (an der Desna) und Polanen (um Kiew). – Zw. dem 6. und 9. Jh. bildeten sich auch die lech. Stämme an der Weichsel heraus; bekannt sind die Wislanen an der oberen Weichsel, deren Reich Ende des 9. Jh. vernichtet wurde, und die Polanen auf dem Gebiet des späteren Großpolen.

Die slaw. Westwanderung erfasste Gebiete, die urspr. von german. Stämmen bewohnt waren: Nach Ausweis der frühslaw. Brandgräber erreichten die S. an der Wende zum 7. Jh. über Böhmen abwärts das Gebiet von Saale und Mulde und dehnten sich im Laufe des 7. und 8. Jh. auf den ganzen Raum zw. Elbe und Saale aus (im 7. Jh. werden die Sorben erstmals in einer fränk. Chronik erwähnt). Slaw. Siedlergruppen drangen in Nord-Dtl. bis an die Kieler Bucht, nach Ostholstein und in das Hannoversche Wendland vor, im S bis an Main und Regnitz, in den Nordgau und nach Oberfranken. Im 7. Jh. werden die Abodriten und Wilzen in Mecklenburg und die Ranen (Rugini) auf Rügen erwähnt, im 8./9. Jh. die Milzener in der Ober- und die Lusizen in der Niederlausitz.

Durch die Wanderungen und v. a. durch das Vordringen der Magyaren, das Ende des 9. Jh. den Zusammenhang sprengte, wurden die S. in West-, Ost- und Süd-S. getrennt.

Mythologie und *vorchristl. Religion:* Über den vorchristl. Götterglauben der S., in dem sich offensichtlich der Glaube an Naturgottheiten mit einem Toten- und Ahnenkult verband, liegen nur vereinzelte Quellen (aus späterer Zeit und häufig von ausländ. Chronisten) vor; auch die archäolog. Funde sind spärlich. Manches lässt sich aus späteren volkskundl. Sammlungen rekonstruieren. – An der Spitze der slaw. Götter stand im ostslaw. Quellen bezeugte Gott des Donners und Blitzes Perun. Der einzigen weibl. Gottheit Mokosch, der Beschützerin der Frauenarbeit (Schafschur, Spinnen, Weben), wird von einigen Forschern die Rolle der Frau des Perun zugewiesen. Als Gott des Viehs und des Ackerbaus, auch des Reichtums wurde Wolos (Weles) verehrt. Sowohl bei Ost- als auch bei West-S. ist Swarog (Svarožic), der Gott des Feuers und der Sonne, bekannt. Der Gott Radgast (Radigast) der Abodriten ist vielleicht mit ihm identisch. Russ. Quellen nennen u. a. noch Daschbog, der mit dem serb. Dabog, dem Herrn der Erde, in Verbindung gebracht wird, und Stribog, der überwiegend als Gott der Winde gesehen wird. Anderen Göttern, wie Swantewit (Arkona auf Rügen) oder Triglaw (in Brandenburg und W-Pommern) sowie Jarowit und Rujewit, die zw. Elbe und Oder wohl als Kriegsgötter verehrt wurden, kommt eher nur lokale Bedeutung zu. Quellen und spärl. Funde belegen eine Mehrköpfigkeit slaw. Kultfiguren, u. a. Triglaw (Dreikopf) in Brandenburg und Stettin, vierköpfiger Swantewit in Arkona. Reste von Holztempeln wurden auf nordwestslaw. Gebiet gefunden (Groß Raden, Ralswiek auf Rügen). Für dieses Gebiet lassen sich ein Tempelkult und eine Priesterschicht nachweisen; auch in den ›Zauberern‹ der russ. Quellen werden Priester vermutet. Im Kult wurden den Ahnen Lebensmittel dargebracht, den Göttern Trankopfer und tier. Schlachtopfer. Daneben gab es Vorstellungen über Nixen und Feen (etwa die ›Vilen‹ bei den Ost- und Süd-S.). Göttersagen sind nicht überliefert.

Als Grundlage der *gesellschaftl. Organisation* werden für die urslaw. Zeit die Familie und Sippe (rod) gesehen. Mehrere Sippen konnten sich zu einem Stamm (plemę) vereinigen, anfänglich wahrscheinlich nach dem Prinzip der Blutsverwandtschaft, doch bereits sehr früh auch nach territorialen Gesichtspunkten (Nachbarschaft). Vorstellungen, dass Herrschaftsbildung nur innerhalb von Sippe oder Großfamilie bei Süd-S. und Russen möglich gewesen sei, sind nicht haltbar: Die Entwicklung der südslaw. Großfamilie (Zadruga) und der russ. Umverteilungsgemeinde (Mir) fällt erst in die spätere Zeit der Türkenherrschaft bzw. in die Endphase der Moskauer Periode.

Erste Aufzeichnungen eines *Rechtssystems* (Russkaja Prawda) aus dem 11. Jh. lassen Einflüsse des griech. Kirchenrechts (Nomokanon) und des german. Rechts erkennen, auch Relikte wahrscheinlich mündlich überlieferter älterer eigenständiger Rechtsnormen.

Wirtschaft: Zeugen Funde aus dem 6. Jh. noch davon, dass die S. eine schlichte, autarke bäuerl. Kultur (Viehwirtschaft, Ackerbau und Waldwirtschaft) ohne entwickeltes Handwerk und Gewerbe hatten, so lässt sich v. a. in Russland, Böhmen und bei den Nordwest-S. seit dem 9. Jh. mit der Entstehung von Fürstenherrschaften, der Gründung von Dörfern und Burgen und den ersten Herrschaftsverbänden ein Aufschwung von Handwerk und Handel (Binnen- und Fernhandel) nachweisen.

Christianisierung: Die Bekehrung der Sorben, von Kaiser OTTO I. unterstützt, war im 11./12. Jh. abgeschlossen. Polen nahm unter MIESZKO I. 966/967 das lat. Christentum an (1000 Gründung des Erzbistums Gnesen). In Böhmen und Mähren, im 9. Jh. urspr. vom W (Bayern), zur Zeit des Großmähr. Reiches dann durch die S.-Apostel →KYRILLOS und METHODIOS missioniert, setzte sich die lat. Liturgie gegenüber der byzantinisch-slaw. durch. 976 wurde das 973 gegründete Bistum Prag Suffragan von Mainz. Die Slowenen wurden in der 2. Hälfte des 8. Jh. von Salzburg aus missioniert. Die Christianisierung der Kroaten erfolgte im 7. Jh. im S durch Byzanz, im N von Aquileja aus. Trotz der Unterstellung unter Rom blieb hier der Gebrauch der slaw. Sprache als Sakralsprache (→Kirchenslawisch) erlaubt. Die Serben, im 9. Jh. teilweise durch Schüler des S.-Apostels METHODIOS, im adriat. Küstenbereich (Zeta) durch die röm. Kirche christianisiert, nahmen endgültig erst an der Wende des 13. Jh. den byzantin. Ritus an. Die Christianisierung des Bulgar. Reiches erfolgte 965 unter BORIS I. ebenfalls nach byzantin. Ritus. In Russland wurde das Christentum (nach byzantin. Ritus) mit der Taufe (988) des Kiewer Großfürsten WLADIMIR I., DES HEILIGEN, zur Staatsreligion, doch überlebten im bäuerl. Milieu noch vorchristl. Relikte (›Doppelglaube‹).

Kulturelle Entwicklung: Eine kulturell einheitl. ›Welt der S.‹ hat es nie gegeben. Die unterschiedl. Entwicklung ist in großem Maße geprägt durch Religion und Nachbarschaft bzw. Vorherrschaft anderer Völker. So wurde die Mehrzahl der orth. S. nicht von der Reformation und nur sehr wesentlich von Renaissance und Humanismus beeinflusst. Andererseits stärkte die Orthodoxie mit ihrer gemeinsamen Sakralsprache das Zusammengehörigkeitsgefühl dieser S. Der größere Teil der Sorben sowie Teile der Tschechen und Slowaken bekannten sich dagegen zur Reformation. Bei Slowenen und Kroaten hatte die Reformation eine wichtige kulturelle Funktion, auch wenn diese Völker seit der Gegenreformation wieder fast rein katholisch sind. Als Folge der Türkenherrschaft kam es in Bulgarien, Makedonien, Bosnien und der Herzegowina zu Übertritten zum Islam (im ehem. Jugoslawien stellten die Muslime seit der Volkszählung 1971 eine eigene Nation dar).

Auch die *staatl. Entwicklung* war sehr unterschiedlich: Nur Russen, Polen, Tschechen, Bulgaren, Serben und Kroaten sowie ansatzweise Slowenen und Ukrainer bildeten eigene Staaten mit Dynastien, aber nur die Russen behielten ihren Staat kontinuierlich, während alle anderen – unabhängig von ihrer jeweiligen Staatsform – im Verlauf ihrer Geschichte in Personalunion mit nichtslaw. Staaten verbunden waren oder lange Perioden der Unfreiheit erlebten. Trotzdem war aufgrund der Ähnlichkeit der Sprachen ein Zusammengehörigkeitsgefühl zw. den slaw. Völkern vorhanden. Es führte bereits im 17. Jh. (J. KRIŽANIĆ) zu Bemühungen, alle S. zu vereinen, erreichte aber erst im 19. Jh. unter dem Einfluss J. G. HERDERS und der dt. Romantik mit der ›Wiedergeburt‹ bei West- und Süd-S., der Begründung der Slawistik sowie dem Slawophilentum in Russland seinen Höhepunkt und führte zur Herausbildung der Ideologie des →Panslawismus.

R. TRAUTMANN: Die slaw. Völker (Neuausg. Leipzig 1948); Słownik starożytności słowiańskich, hg. v. W. KOWALENKO, 7 Bde. (Breslau 1961–82); P. DIELS: Die slaw. Völker (1963); Z. VANA: Einf. in die Frühgesch. der S. (1970); A. P. VLASTO: The entry of Slavs into Christendom. An introduction to medieval history of the Slavs (Cambridge 1970); M. GIMBUTAS: The Slavs (London 1971); F. ZAGIBA: Das Geistesleben der Slaven im frühen MA. (Wien 1971); V. V. IVANOV u. V. N. TOPOROV: Issledovanija v oblasti slavjanskich drevnostej (Moskau 1974); G. STÖKL: Gesch. d. S.-Mission (²1976); L. WALDMÜLLER: Die ersten Begegnungen der S. mit dem Christentum u. den christl. Völkern vom VI. bis VIII. Jh. (Amsterdam 1976); H. BRACHMANN: Slaw. Stämme an Elbe u. Saale. Zu ihrer Gesch. u. Kultur im 6. bis 10. Jh.; auf Grund archäolog. Quellen (Berlin-Ost 1978); H. LOWMIAŃSKI: Religia Słowian i jej upadek (w. VI–XII) (Warschau 1979); V. V. SEDOV: Proischoždenie i rannjaja istorija slavjan (Moskau 1979); B. A. RYBAKOV: Jazyčestvo drevnich slavjan (ebd. 1981); A. GIEYSZTOR: Mitologia Słowian (Warschau 1982); R. PORTAL: Die S. (a. d. Frz., Neuausg. 1983); C. LÜBKE: Regesten zur Gesch. der Slaven an Elbe u. Oder, 5 Tle. (1984–88); Gesch. in Dtl. Süden – die S. Slaven. Stämme westlich von Oder u. Neiße vom 6. bis 12. Jh., hg. v. J. HERRMANN (Berlin-Ost 1985); Ethnogenese europ. Völker, hg. v. W. BERNHARD u.a. (1986); Die Welt der S. Gesch., Gesellschaft, Kultur, hg. v. J. HERRMANN (1986); C. GOEHRKE: Frühzeit des Ostslaventums (1992); P. M. DOLUCHANOV: The early Slavs (London 1996); Očerki istorii kul'tury slavjan, bearb. v. V. K. VOLKOV u. a. (Moskau 1996).

slawische Sprachen, die Sprachen der →Slawen. Sie gehören zur Satemgruppe (→Satemsprachen) innerhalb der →indogermanischen Sprachen und stehen hier den →baltischen Sprachen am nächsten. – Man unterscheidet i. d. R. drei große Gruppen: 1) **Ostslawisch,** mit der russ., ukrain. und weißruss. Sprache; 2) **Westslawisch,** mit der tschech., slowak., nieder- und obersorb. (→sorbische Sprache) und poln. Sprache; 3) **Südslawisch,** mit der bulgar., makedon., serb., kroat. und slowen. Sprache. Die westslaw. Gruppe wird weiter unterteilt in eine nördl. und lech. Gruppe mit dem Polnischen und dem Elb- und Ostseeslawischen (→Ostseeslawisch), von denen nur noch die kaschub. Sprache gesprochen wird, während die polab. und die slowinz. Sprache, die jedoch nie zu Schriftsprachen erhoben wurden, ausgestorben sind; ferner eine mittlere, serb. Gruppe und eine südl., tschech. und slowak. Gruppe. Das Kaschubische wird von vielen Forschern zu den poln. Dialekten gezählt; andere rechnen es, u. a. mit der Sprache der burgenländ. Kroaten in Österreich und dem Rusinischen (→Ruthenen) zu den slaw. Mikroschriftsprachen. – Einen besonderen Platz nimmt das Altkirchenslawische und das es fortsetzende →Kirchenslawische ein.

Die Sprachform der Zeit von etwa 1000 v. Chr. bis 800 n. Chr. wird als **Urslawisch** bezeichnet; für diese Zeit lässt sich eine homogene Entwicklung des Slawischen aus dem Indogermanischen rekonstruieren, die geprägt ist durch Silbenharmonie (die Silben werden als ganze entweder palatal oder nichtpalatal) und das Gesetz der so genannten offenen Silben (Beseitigung der geschlossenen Silben). In der **gemeinslawischen Periode,** die etwa vom 8. bis 10. Jh. dauerte, machten sich erste Differenzierungstendenzen bemerkbar. Danach begann die Herausbildung von Dialekten und Einzelsprachen.

Die Einteilung der s. S. in die ost-, west- und südslaw. Gruppen basiert vornehmlich auf historischphonolog., aber auch morpholog. und geograph. Kriterien, u. a. dem unterschiedl. Reflex der erschlossenen urslaw. Lautgruppen tj/kt + i, j und dj in den einzelnen Sprachen. Es gibt jedoch auch andere Einteilungskriterien: So kann man die s. S. u. a. nach dem Resultat der Veränderungen von Labial + j, der Entwicklung der erschlossenen Gruppen dl, tl, gvě und kvě sowie dem Resultat von ch nach der so genannten 2. Palatalisierung in eine westl. und östl. Gruppe einteilen und diese dann wiederum in eine östl. und südl. differenzieren. Andererseits lassen sich z. B. nach der Entwicklung der erschlossenen anlautenden Gruppen ôrt- und ôlt- die ost- und westslaw. Sprachen als nördl. Gruppe den südslaw. Sprachen gegenüberstellen. Unter Einbeziehung phonetisch-phonolog., prosod., morpholog., geograph. und kulturgeschichtl. Kriterien werden auch die ost- und westslaw. Sprachen als jeweils nordost- und nordwestslaw. Sprachen von den südostslaw. (Bulgarisch, Makedonisch) und den südwestslaw. Sprachen (Slowenisch, Serbisch, Kroatisch) unterschieden.

Mit Ausnahme der bulgar. und der makedon. Sprache weisen alle s. S. einen synthet. Charakter auf; sie haben ein reiches Kasussystem bewahrt, während sich beim Verbum in den meisten s. S. der →analytische Sprachbau stärker durchsetzte. Auch hier machen das Bulgarische und das Makedonische, die das ursprüngl. System der Tempora und Modi z. T. sogar noch erweitert haben, eine Ausnahme. Allen s. S. gemeinsam ist die Herausbildung der Aspektkorrelation, sodass jede Verbalform entweder perfektiv oder imperfektiv ist. Im Bereich der Lexik und Phraseologie gibt es einen ererbten Grundwortbestand, gemeinsame, aber auch divergierende Entwicklungen sowie wechselnde Einflüsse, sodass heute auch in nahe verwandten Sprachen große Unterschiede im Grundwortschatz bestehen.

E. BERNEKER: Slav. etymolog. Wb., 2 Bde. (¹⁻²1914–24); A. VAILLANT: Grammaire comparée des langues slaves, 5 Bde. (Paris 1950–77); H. BRÄUER: Slav. Sprachwiss., 3 Bde. (1961–69); R. NAHTIGAL: Die slav. Sprachen (a. d. Slowen., 1961); P. ARUMAA: Urslav. Gramm., 3 Bde. (1964–85); A. MEILLET: Le slave commun (Paris ²1965); H. BIRNBAUM: Common Slavic (Ann Arbor, Mich., 1975); R. AITZETMÜLLER: Altbulgar. Gramm. als Einf. in die slav. Sprachwiss. (1978); R. G. A. DE BRAY: Guide to the Slavonic languages, 3 Bde. (Columbus, Oh., ³1980); The Slavic literary languages, hg. v. A. M. SCHENKER u. a. (New Haven, Conn., 1980); E. STANKIEWICZ: The Slavic languages. Unity in diversity (Berlin 1986); Einf. in die slav. Sprachen, hg. v. P. REHDER (²1991); The wider Europe. Essays on Slavonic languages and cultures, hg. v. J. A. DUNN u. a. (Nottingham 1992); The Slavonic languages, hg. v. B. COMRIE (London 1993); B. PANZER: Die slav. Sprachen in Gegenwart u. Gesch. (²1996).

Slawische Tänze, tschechisch ›Slovanské tance‹, Orchesterwerk von A. DVOŘÁK in zwei Teilen, I op. 46 (1878), II op. 72 (1887).

Slawistik *die,* -, **slawische Philologie,** die philolog. Forschung im Bereich der →slawischen Sprachen und Literaturen. Es gibt jüngere Tendenzen, die slaw.

Philologie als philolog. Arbeit an Texten der S. als Fach, das Volks- und Landeskunde umfasst, gegenüberzustellen, obwohl die slaw. Philologie seit jeher volkskundl. und geistesgeschichtl. Fragestellungen behandelt hat. – Unter dem Einfluss J. G. HERDERS und der dt. Romantik sowie der Tätigkeit der Brüder GRIMM in Dtl. sowie der sich entwickelnden historisch-vergleichenden Sprachwiss. (F. BOPP) entstand mit dem aufkommenden Nationalbewusstsein bei den slaw. Völkern ein gesteigertes Interesse an der eigenen Geschichte und Kultur und der Zusammengehörigkeit aller Slawen (→Panslawismus). Die Anfänge der S. stehen im Zeichen der Aufklärungsbewegung bei den slaw. Völkern in der österr.-ungar. Monarchie, wo J. DOBROVSKÝ und B. KOPITAR als ihre Begründer gelten können. Hinzu kommt A. C. WOSTOKOW in Russland. Zwar hatte A. MICKIEWICZ bereits 1840–44 Vorlesungen zu den slaw. Literaturen am Collège de France in Paris gehalten, zum Zentrum der slaw. Forschung wurde jedoch Wien, wo F. MIKLOSICH 1849 einen Lehrstuhl für slaw. Sprachen erhielt, auf dem ihm 1886 V. JAGIĆ folgte.

An erster Stelle standen die Herausgabe alter Sprachdenkmäler und die Erforschung der histor. Entwicklung der slaw. Sprachen. Einer der Begründer der S., P. J. ŠAFÁRIK, beschäftigte sich schon früh mit den slaw. Literaturen und der slaw. Volkskunde. Gegen Ende des 19. und zu Beginn des 20. Jh. erhielt, z. T. unter dem Einfluss der →Junggrammatiker, die historisch-vergleichende Sprachforschung noch stärkeres Gewicht (A. LESKIEN, A. MEILLET, A. SCHACHMATOW, J. BAUDOUIN DE COURTENAY), aber auch die slaw. Literaturen, die Kultur- und Geistesgeschichte und die Volkskunde wurden weiterhin einbezogen (A. BRÜCKNER, M. MURKO, A. WESSELOWSKIJ).

Nach dem Ersten Weltkrieg kam es durch die Gründung neuer slaw. Staaten (Polen, Tschechoslowakei, Jugoslawien) einerseits zu einem starken Aufschwung der slawist. Forschung, andererseits trat jedoch der vergleichende Aspekt hinter dringenden praktischphilolog. Arbeiten zurück. 1929 fand in Prag der erste internat. Slawistenkongress statt, zu dem die Thesen des Prager linguist. Kreises (→Prager Schule) erschienen. Die darin geforderte systemhafte und funktionale Betrachtungsweise der Sprache erstreckte sich auch auf die Literatur und Volkskunde, und die S. wirkte über den Begründer der Phonologie N. S. TRUBEZKOJ, den bedeutenden Sprach- und Literaturwissenschaftler R. JAKOBSON u. a. Mitgl. des Prager Kreises, die z. T. vom russ. Formalismus kamen, befruchtend auf andere philolog. Disziplinen. Seit den 1960er-Jahren waren es wiederum vornehmlich Slawisten, die in Anknüpfung an diese Traditionen in Moskau und Tartu die Semiotik als übergreifende Wiss. von den in der menschl. Gesellschaft verwendeten Zeichensystemen entwickelten. Daneben arbeitet die S. weiterhin an der Erschließung neuen Quellenmaterials, der Dialektologie, Lexikologie und Phraseologie, der Textologie, der nat. und vergleichenden Literaturwiss., der Volkskunde und Mythologie.

Institutionen: Seit 1929 war alle fünf Jahre ein internat. Slawistenkongress geplant; diese Tradition wurde jedoch durch den Zweiten Weltkrieg unterbrochen. Der vierte Kongress fand 1958 in Moskau statt; zu ihm wurde das Internat. Slawistenkomitee (MKS) gegründet, das seitdem alle fünf Jahre einen Kongress organisiert. 1973 entstand bei der UNESCO die ›Internat. Vereinigung zur Erforschung und Verbreitung der slaw. Kulturen‹ (MAIRSK), die eng mit dem Slawistenkomitee zusammenarbeitet.

Allgemeines: E. KAISER u. A. HÖCHERL: Materialien zu einer slavist. Bibliogr. 1963–1973 (1973); Bibliogr. slawist. Publikationen aus der DDR, 5 Bde. (Berlin-Ost 1974–89); U. BAMBORSCHKE u. W. WERNER: Bibliogr. slavist. Arbeit, 3 Bde. (1976–89); Materialien zur Gesch. der Slavistik in Dtl., hg. v. H. B. HARDER u. a., 2 Tle. (1982–87); S. HAFNER: Gesch. der österr. S., in: Beitr. zur Gesch. der S. in nichtslaw. Ländern (Wien 1985); S. in Dtl. von den Anfängen bis 1945. Ein biograph. Lex., hg. v. E. EICHLER u. a. (1993); N. FRANZ: Einf. in das Studium der slav. Philologie. Gesch., Inhalte, Methoden (1994); W. ZEIL: S. in Dtl. Forschungen u. Informationen über die Sprachen, Literaturen u. Volkskulturen slaw. Völker bis 1945 (1994); Die Funktion der S. im europ. Bildungswesen (Salzburg 1997). – *Zeitschriften:* Revue des études slaves (Paris 1921 ff.); The Slavonic Review (London 1922 ff.); Ztschr. für slaw. Philologie (1925 ff.); Wiener Slavist. Jb. (Wien 1950 ff.); Ricerche slavistiche (Rom 1952 ff.); Anzeiger für Slav. Philologie (Graz 1966 ff.); Slavica Hierosolymita (Jerusalem 1977 ff.); Wiener Slawist. Almanach (Wien 1978 ff.).

Slawjansk, Name von geographischen Objekten:
1) Slawjansk, Slavjansk [-v-], **Slowjansk** [slov-], **Slov'âns'k** [slovˈjansk], Stadt im Gebiet Donezk, Ukraine, im N des Donez-Steinkohlenbeckens, 131 000 Ew.; Salzbergbau und darauf aufbauende chem. Industrie, Maschinenbau, elektrotechn., keram. Industrie, Bleistift-, Möbelherstellung; Wärmekraftwerk (2 400 MW); Bahnknoten. Nordöstlich der Stadt liegt das Moor- und Solbad Slawjansk. – S. wurde 1676 als Kosakenfestung (bis 1784 Tor) gegründet.
2) Slawjansk am Kuban, russ. **Slavjansk-na-Kubani** [-v-], Stadt in der Region Krasnodar, Russland, an der Protoka (rechter Mündungsarm des Kuban), inmitten eines Obstbaugebietes, 59 200 Ew.; PH; Nahrungsmittelindustrie (bes. Obstkonservenherstellung), Bekleidungswerk. In der Umgebung Erdölförderung und Erdgasgewinnung; Flughafen.

Slawkin, Slavkin, Wiktor Iossifowitsch, russ. Dramatiker, * Moskau 1. 8. 1935; war Bauingenieur; begann in den 60er-Jahren mit grotesken Einaktern in der Tradition von E. IONESCO und S. BECKETT, die den russ. Alltag in seiner Schäbigkeit und Absurdität erfassen, z. B. ›Plochaja kvartira‹ (1966). Auch in seinen realist. Dramen scheint das Absurde durch. Sein bekanntestes Stück ›Serso‹ (1982; dt. ›Cerceau‹) führt Menschen auf der Suche nach Gemeinsamkeit zusammen, lässt aber bei jeden Einzelnen in seiner existenziellen Einsamkeit zurück.
Weitere Werke: Stücke: Vzroslaja doč' molodogo čeloveka (1979; dt. Die erwachsene Tochter eines jungen Mannes); Kartina (1982); Orkestr (1982).

Sławno [ˈsu̯avnɔ], Stadt in Polen, →Schlawe.

Slawoni|en, kroat. **Slavonija** [ˈslavoːnija], ungar. **Szlavónia** [ˈslɔvoːniɔ], Gebiet im O-Teil von Kroatien zw. der Senke der Ilova (linker Nebenfluss der Save) im W und Sirmien im O, zentraler Ort ist Osijek; umfasst die Tiefebenen an der unteren Save (→Posavina) im S und Drau (→Podravina) im N, die durch den bis 984 m ü. M. aufsteigenden östl. Teil des waldreichen Kroatisch-Slawon. Inselgebirges getrennt werden; Ackerbau auf fruchtbaren Lössböden im westl. Teil; Erdölförderung und Erdgasgewinnung; wichtigste Industriestandorte sind Osijek, Slavonski Brod und Slavonska Požega. – S., in röm. Zeit Teil der Prov. Pannonien, unterstand seit der Völkerwanderungszeit wechselnder Oberhoheit, bevor es im 10. Jh. Kroatien angegliedert wurde und mit diesem 1091/1102 an Ungarn fiel (Banschaft S.). Seit 1526 als Teil des Sandschaks Ungarn und Kroatien osmanisch, seit 1699 (Frieden von Karlowitz) österreichisch, dabei seit 1702 als Königreich S. zu Kroatien, und teilweise in die →Militärgrenze einbezogen, erfolgte im 18. Jh. die Ansiedlung von Deutschen (Donauschwaben) und Serben. Unter Einräumung einer Verwaltungs- und Kulturautonomie kam S. im Ungarisch-Kroat. Ausgleich 1868 mit Kroatien zum ungar. Teil Österreich-Ungarns (Transleithanien). S. kam 1918 zum späteren Jugoslawien. 1945/46 wurden die Donauschwaben vertrieben sowie Serben und Montenegriner angesiedelt. Bei Proklamation eines ›Serb. autonomen Gebiets S., Baranya und W-Srem‹ (Sirmien) im Sommer 1991 war S. im serbisch-kroat. Krieg 1991 hart umkämpft, bes. um Osijek und Vukovar; während die dabei serbisch besetzten Gebiete in West-S. im Mai 1995 von der kroat. Armee zurückerobert wurden, kam Ost-S. nach dem Vertrag von Erdut vom 12. 11. 1995 unter UN-Übergangsverwaltung (Anfang 1996 bis 15. 1. 1998), die die Entmilitarisierung und friedl. Wiedereingliederung in den kroat. Staat sicherte.

Slawophile, russ. Geschichtsphilosophen des 19. Jh. (v. a. K. S. AKSAKOW, A. S. CHOMJAKOW, J. F. SAMARIN, I. W. KIREJEWSKIJ), die die Eigenständigkeit der orth. russ. Kultur und der altslaw. bäuerlich-sozialen Tradition (→Mir) betonten und programmatisch an diese anzuknüpfen suchten. Die ›Verwestlichung‹ seit PETER I., D. GR., ablehnend, vertraten sie in der Kontroverse mit den →Westlern eine ›konservative Utopie‹ (A. WALICKI). Ihre Theorien beeinflussten z. T. den großruss. Nationalismus, die Narodniki und den Panslawismus.

Im Zuge der sich nach dem Zerfall der Sowjetunion (1991) in Russland vollziehenden politisch-ideolog. Suche nach Identität sowie künftigen Entwicklungsmöglichkeiten und -erfordernissen wurde die Auseinandersetzung zw. Radikalreformern und nationalist. sowie kommunist. Kräften überlagert von dem wieder aufgebrochenen alten Ggs. zw. S. und Westlern.

A. WALICKI: The slavophile controversy (Oxford 1975).

Slawskoje, Ort in Russland, im Gebiet Kaliningrad (Königsberg), →Kreuzburg.

Slawutitsch, Slavutič [sla'vutitʃ], Stadt im Gebiet Tschernigow, Ukraine, am linken Ufer des Dnjepr, etwa 30 000 Ew. – S. wurde nach 1986 für die Bewohner von Pripjat (→Pripjet) erbaut, die nach der Reaktorkatastrophe von Tschernobyl evakuiert wurden.

SLBM ['eselbi:'em, Abk. für engl. **S**ea-**l**aunched **b**allistic **m**issile, ›seegestützte ballist. Rakete‹], zur Kategorie der strateg. Nuklearstreitkräfte gehörendes, auf U-Booten stationiertes und daher auch als ›Submarine-launched ballistic missile‹ (U-Boot-gestützte ballist. Rakete) bezeichnetes Trägersystem für Atomgefechtsköpfe. (→Kernwaffen, →Raketenwaffen)

SLC [esel'si:], Abk. für engl. **S**tanford **L**inear **C**ollider ['stænfəd 'lɪniə kə'laɪdə], der lineare ›Collider am Stanford Linear Accelerator Center (SLAC) zur Durchführung von Stoßexperimenten zw. Elektronen und Positronen bei Wechselwirkungsenergien (Energien im Schwerpunktsystem) bis zu 100 GeV, in Betrieb seit 1989. Er umfasst den am SLAC seit 1966 betriebenen, für den Einsatz im SLC modifizierten Linearbeschleuniger mit zusätzl. Dämpfungsringen (kleinen Speicherringen), in denen die Strahlen der Elektronen und Positronen durch Strahlungsdämpfung komprimiert werden, ferner Strahlführungssysteme zur Gegeneinanderführung des Elektronen- und des Positronenstrahls und einen Teilchendetektor in der Wechselwirkungszone. Die mit dem Bau des SLC, des weltweit ersten Linearencolliders, verbundenen Probleme betrafen v. a. die Bündelung der Teilchenstrahlen (Durchmesser im Wechselwirkungspunkt nur etwa 2 μm) und die präzise Gegeneinanderführung der beiden Strahlen, sodass sie mit einer Energie von bis zu 100 GeV mit genügend großer Wahrscheinlichkeit wechselwirken können (→Luminosität). – Neben dem wiss. Zweck der Erforschung der Z^0-Teilchen (→Eichbosonen), das bei den hochenerget. Stößen von Elektronen und Positronen entsteht, liegt die Bedeutung des SLC in der Erprobung der neuen Beschleunigertechnologie, die für lineare Collider erforderlich ist.

SLCM [engl. 'eselsi:'em, Abk. für engl. **S**ea-**l**aunched **c**ruise **m**issile, ›seegestützter Marschflugkörper‹], von Überwasserkampfschiffen sowie U-Booten aus einsetzbarer Marschflugkörper (→Cruisemissile).

s. l. e. a., Abk. für sine loco et anno (→sine anno).

Sleb, Sulubba, soziale Randgruppe auf der nördl. und mittleren Arab. Halbinsel (Syr. Wüste, nördl. Saudi-Arabien, Irak), vermutlich aus autochthonen Steppenjägern hervorgegangen, die von semit. Nomaden sprachlich arabisiert wurden. Anfang des 20. Jh. wurden die S. als nichtsesshafte Jäger, Metallhandwerker und Karawanenführer beschrieben. Von den Armeen der Region werden sie noch heute als Wüstenführer und Spurensucher eingesetzt. Zunehmende Sesshaftigkeit führte zu Angleichung von Brauchtum und Wirtschaftsformen an die arab. Nachbarn. In den Städten sind die S. häufig in Bereichen mit dem geringsten sozialen Prestige tätig. Heiratsverbindungen zw. der arab. Stammesgesellschaft und den Familienverbänden der S. sind unüblich.

Sleeckx, Domien, eigtl. **Dominicus Jan Lambrecht S.,** fläm. Schriftsteller, * Antwerpen 2. 2. 1818, † Lüttich 13. 10. 1901; begann als Romantiker, wandte sich dann dem Realismus zu. Schrieb Dramen und Lustspiele sowie humorist. Tiergeschichten. Nach Romanen aus dem Seemannsmilieu verfasste er seine beiden bedeutendsten Prosawerke, den Kleinstadtroman ›Tybaerts en Cie‹ (1867) und die Dorfgeschichte ›De plannen van Peerjan‹ (1868).

Ausgabe: Werken, 17 Bde. (1877–85).

Sleidanus, Johannes, eigtl. **J. Philippi,** Humanist, * Schleiden um 1506, † Straßburg 31. 10. 1556; Rechtsstudien führten ihn nach Frankreich (Paris, Orléans). Nach dem Übertritt zum Protestantismus (1541) vermittelte S. die antihabsburg. Verbindungen des frz. Königs FRANZ I. mit den prot. Fürsten des Schmalkald. Bundes. 1545 war er Gesandter des Bundes in England, 1551/52 im Auftrag Straßburgs beim Tridentin. Konzil. Einflussreichste Werke von S. waren die erste aus den Akten erarbeitete Reformationsgeschichte ›Commentarii de statu religionis et reipublicae, Carolo Quinto Caesare‹ (1555) und eine universalhistor. Darstellung der vier Weltmonarchien ›De quatuor summis imperiis‹ (1556).

W. FRIEDENSBURG: J. S. (1935).

Sleipnir, altnord. *Mythologie:* das achtbeinige graue Pferd Odins.

Slendro [javan.] *das,* -(s), Tonsystem in der Musik Javas und Balis, das die Oktave in fünf annähernd gleich große Stufen (etwa je 240 cent) teilt; bildet mit →Pelog die Grundlage für die Stimmung der Gamelanmusik (→Gamelan). Das S. hat sich vermutlich ab dem 4. Jh. entwickelt und war bereits im 8. oder frühen 9. Jh. voll ausgebildet.

slentando [ital.], andere Bez. für slargando (→allargando).

Slessor ['slesə], Kenneth, austral. Schriftsteller, * Orange 27. 3. 1901, † Sydney 30. 7. 1971; Journalist; gilt als Wegbereiter der modernen austral. Lyrik. Seine Gestaltung der Themen Zeit, Erinnerung und Geschichte in klarer, ungekünstelter Sprache sowie die Verwendung von Landschaftsbildern als Spiegel psycholog. Zustände zeigen Einflüsse A. CAMUS' und T. S. ELIOTS. In späteren Gedichten verbindet sich der Sprechrhythmus mit anschaul. Bildern zu komplexer Mehrdeutigkeit.

Werke: Lyrik: One hundred poems, 1919–1939 (1944). – *Prosa:* Critical essays (1968); Bread and wine (1970).

G. BURNS: K. S. (Melbourne 1975); G. DUTTON: K. S. A biography (Ringwood 1991); A. CAESAR: K. S. (Melbourne 1995).

Slevogt ['sle:fo:kt], Max, Maler und Grafiker, * Landshut 8. 10. 1868, † Hof Neukastel (heute zu Leinsweiler, Kr. Südliche Weinstraße) 20. 9. 1932; studierte 1885–89 in München, wo er sich an W. LEIBL und W. TRÜBNER orientierte, deren realist. Auffassung sein Frühwerk bestimmte. 1889 studierte er an der Académie Julian in Paris und befasste sich mit dem frz. Impressionismus. 1901 übersiedelte er von

Johannes Sleidanus

Ślew Ślewiński – Sling

München nach Berlin und fand hier zu der für ihn charakterist. impressionist. Malweise. Es entstanden Figurenbilder, Porträts und Landschaftsbilder, v. a. die skizzenhaften Gemälde aus dem Berliner Tiergarten. 1914 reiste S. nach Ägypten. Die dort gemalten lichtdurchfluteten Impressionen sind ein Höhepunkt seines Schaffens. Die Farbe erreichte starke Transparenz und Leuchtkraft. Diese Konzentration auf die Wiedergabe des Lichts und seiner Wirkung auf die Landschaft zeichnet auch die späteren pfälz. Landschaftsbilder aus. Die besondere Vorliebe S.s für Musik und Theater zeigen z. B. die zahlr. Variationen der Darstellung des mit ihm befreundeten Sängers F. d'ANDRADE (v. a. ›Das Champagnerlied‹, auch ›Der weiße d'Andrade‹ gen., 1902; Stuttgart, Staatsgalerie). S. führte auch öffentl. Aufträge aus (u. a. Fresko ›Golgatha‹ in der Friedenskirche in Ludwigshafen am Rhein, im Zweiten Weltkrieg zerstört). Sein reichhaltiges graf. Œuvre umfasst auch zahlr. Illustrationszyklen (u. a. zur ›Zauberflöte‹, zum ›Lederstrumpf‹, zum ›Leben des Benvenuto Cellini‹ und zu ›Faust II‹). Neben M. LIEBERMANN und L. CORINTH gilt S. als der wichtigste Vertreter des dt. Impressionismus.

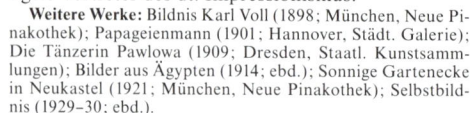

Weitere Werke: Bildnis Karl Voll (1898; München, Neue Pinakothek); Papageienmann (1901; Hannover, Städt. Galerie); Die Tänzerin Pawlowa (1909; Dresden, Staatl. Kunstsammlungen); Bilder aus Ägypten (1914; ebd.); Sonnige Gartenecke in Neukastel (1921; München, Neue Pinakothek); Selbstbildnis (1929–30; ebd.).

M. S. – Ägyptenreise 1914, hg. v. B. ROLAND (1989); S. u. Mozart, hg. v. H.-J. IMIELA u. a., Ausst.-Kat. (1991); J. SIEVERS u. E. WALDMANN: M. S. Das druckgraph. Werk 1890–1914. Radierungen, Lithographien, Holzschnitte (Neuausg. San Francisco, Calif., 1991); M. S. Gemälde, Aquarelle, Zeichnungen, hg. v. E. G. GÜSE u. a., Ausst.-Kat. (1992).

Ślewiński [ɕlɛˈvĩski], Władysław, poln. Maler, * Białynin an der Pilica 1854, † Paris 24. 3. 1918; hielt sich 1888–1905 in Frankreich auf (Freundschaft mit P. GAUGUIN). 1908–10 lehrte er an der Hochschule für bildende Künste in Warschau und lebte dann wieder in Frankreich. – Sein maler. Stil mit harmon. Kolorit aus wenigen Farben und mit ausgeprägter Kontur entfaltete sich unter dem Einfluss der Schule von Pont-Aven und P. CÉZANNES. Er malte v. a. breton. Landschaften, Porträts und Stillleben.

Śleża [ˈsjlɛʒa] *die,* Berg in Polen, →Zobten.

Slezak [ˈslɛzak], Leo, österr. Sänger (Heldentenor), * Mährisch-Schönberg 18. 8. 1873, † Rottach-Egern 1. 6. 1946; debütierte 1896 in Brünn, war nach Stationen in Berlin und Breslau 1901–34 Mitgl. der Wiener Hof-(bzw. Staats-)Oper und trat u. a. auch an der Metropolitan Opera in New York und der Mailänder Scala auf. Er wurde bes. als Wagner- und Verdi-Sänger, in (kom.) Filmrollen und als Liedsänger bekannt; schrieb ›Meine sämtl. Werke‹ (1922), ›Der Wortbruch‹ (1928), ›Rückfall‹ (1940) und ›Mein Lebensmärchen‹ (hg. 1948).

Slibowitz [serbisch und kroatisch šljivovica, zu šljiva ›Pflaume‹] *der, -(es)/-e,* **Sliwowitz,** aus Zwetschgen gebrannter Obstbrand, urspr. klar, nach Fasslagerung je nach Dauer gelblich bis goldbraun.

Slice [slais; engl., eigtl. ›Schnitte‹, ›Scheibe‹] *der, -/-s,* **1)** *Golf:* Schlag, bei dem der Ball im Flug nach rechts abbiegt; auch der so gespielte Ball.
2) *Tennis:* Schlag mit nach hinten gekippter Schlägerfläche; auch der so geschlagene Ball mit starkem Unterschnitt.

Slicks [engl. slick ›schlüpfrig‹], **Slickreifen,** *Automobilsport:* breite, für trockene Strecken geeignete Rennreifen mit Profilrillen. Durch eine besondere Gummimischung erhalten S. die beste Bodenhaftung (→Grip) bei starker Erwärmung der Lauffläche. Ggs.: Regenreifen.

Sliedrecht [ˈsliːdrɛxt], Gem. in der Prov. Südholland, Niederlande, an der Beneden-Merwede, 23 900 Ew.; Baggermuseum (Baggerwerkzeuge), Sliedrechts Museum; Werft; Backwaren-, Metallindustrie, Bau von Maschinen und Messgeräten.

Sligo [ˈslaɪɡəʊ], irisch **Sligeach** [ˈʃliːax], **1)** Hauptstadt der gleichnamigen County im NW der Rep. Irland, an der S.-Bucht (Atlantik), 18 500 Ew.; Sitz eines kath. und eines anglikan. Bischofs; Countymuseum; Verarbeitung landwirtschaftl. Erzeugnisse, Lachsfischerei; Hafen; neuere Industrieparks mit Plastik-, Metall-, Elektronik-, Autozubehör- u. a. Industrie. – In der Altstadt das 1253 gegründete Dominikanerkloster, dessen Kirche nach einem Brand wieder aufgebaut wurde (Chor aus der Erbauungszeit). Die kath. Saint John's Cathedral wurde 1869–74 in neuroman. Stil errichtet.
2) County in der Rep. Irland, 1 796 km², 55 800 Ew.; gehört zur histor. Prov. →Connacht.

Sling [engl.] *der, -s/-s,* Mischgetränk aus Whisky, Gin, Weinbrand oder Rum, Wasser, Zucker und Zitronensaft.

Leo Slezak

Władysław Ślewiński: Gebirgsgipfel; 1907 (Warschau, Muzeum Narodowe)

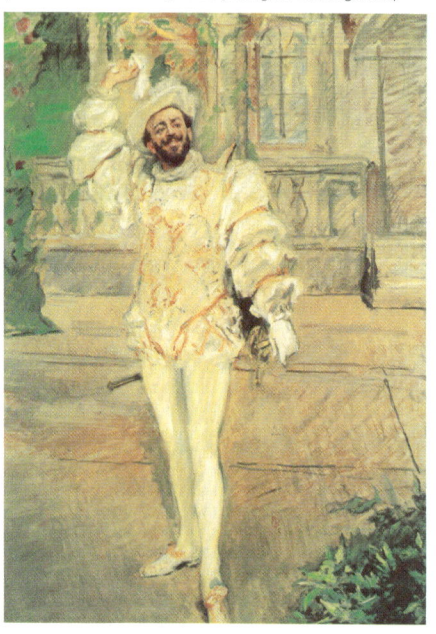

Max Slevogt: Das Champagnerlied (Der weiße d'Andrade); 1902 (Stuttgart, Staatsgalerie)

Slingeland, Pieter Cornelisz. van, niederländ. Maler, * Leiden 20. 10. 1640, † ebd. 7. 11. 1691; Schüler von G. Dou, dessen Technik er in bunter Farbgebung nachahmte. S. malte Küchenstücke, häusl. und mytholog. Szenen, auch Porträts.

Slink [engl.] *das, -(s)/-s,* die fein gekräuselten weißen Felle 5–6 Monate alter Lämmer des in N-China, der Mandschurei und der Mongolei gezüchteten Fettsteißschafes. S. werden fast durchweg in China zugerichtet und kommen in einzelnen Fellen oder in **Slinkskreuzen** (aus drei zusammengenähten Fellen) in den Handel.

Slip [engl., zu to slip ›gleiten‹, ›schlüpfen‹] *der, -s/-s,*
1) *Flugtechnik:* Seitengleitflug, Side-slip ['said-], absichtlich herbeigeführte Seitenbewegung eines Flugzeugs zur Verkürzung der Landestrecke durch Vergrößerung des Gleitwinkels. Im S. steht die Rumpflängsachse schräg zur Flugrichtung (Schiebeflug) und der Tragflügel schräg zur Horizontalen, wobei die herabhängende Flügelhälfte vorauseilt.
2) *Handel* und *Bankwesen:* Abrechnungszettel; bes. Beleg für die Ausführung und Buchung von Bankaufträgen (Kauf und Verkauf von Wertpapieren). Der Auftraggeber erhält eine Durchschrift.
3) *Mode:* kurze, beinlose Unterhose.
4) *Schiffbau:* die →Aufschleppe.
5) *Schiffs-* und *Flugzeugtechnik:* Schlupf, der Vortriebsverlust eines Schraubenpropellers in Wasser oder Luft, d. h. der Unterschied zw. dem theoretisch aus Drehzahl und Ganghöhe des Schraubenpropellers pro Zeiteinheit errechneten und dem wirklich zurückgelegten Weg des angetriebenen Fahrzeugs.
6) *Versicherungswesen:* **Börsenslip,** →Versicherungsbörsen.

Sliphaken, ein Lasthaken, der mit einer meist durch eine Leine zu bedienenden Auslösevorrichtung verbunden ist, z. B. der Schlepphaken eines Schleppgeschirrs (→Schleppen).

Slipher ['slaifə], Vesto Malvin, amerikan. Astronom, * bei Clinton (Ind.) 11. 11. 1875, † Flagstaff (Ariz.) 8. 11. 1969; ab 1917 Direktor des Lowell Observatory in Flagstaff; bedeutende spektrograph. Untersuchungen über Bewegung, Geschwindigkeit u. a. von Planeten, Sternhaufen und Sternsystemen; entdeckte die Rotation der Spiralnebel; befasste sich mit der Spektralanalyse der Planetenatmosphären.

Slippen [von engl. to slip ›gleiten‹], **Schlippen,** *seemännisch:* 1) das schnelle Loswerfen einer Leine oder Kette, z. B. der Schlepptrosse eines Schleppers; 2) das Aufholen oder Zu-Wasser-Bringen eines Wasserfahrzeugs auf einer →Aufschleppe.

Slipper [engl.] *der, -s/-(s),* um 1947 aufgekommene Bez. für einen ausgeschnittenen Schlupfschuh mit flachem Absatz.

Slipstek, ein Schifferknoten (→Knoten, BILD).

Slip-stick-Effekt, Stick-slip-Effekt [engl. to slip ›gleiten‹ und to stick ›stecken bleiben‹], *Technik:* durch äußeren Kraftangriff hervorgerufene ruckartige Vorwärtsbewegung (gleiten–stocken, ›Stotterbewegung‹) eines auf einer festen Unterlage aufliegenden Körpers (z. B. Maschinenteils) beim Übergang von Haft- in Gleitreibung. Der S.-s.-E. tritt auf, weil die im Ruhezustand zw. Körper und Unterlage wirkende Haftreibungskraft wesentlich größer ist als die während der Bewegung zu überwindende Gleitreibung; im Moment des Übergangs wird der Körper deshalb ruckartig beschleunigt. Durch Schmierung oder Führung auf Rollen, Luftkissen u. Ä. können unerwünschte S.-s.-E. (z. B. beim genauen Einfahren einer Position) beseitigt werden.

Sliwen, Sliven [-v-], Stadt in der Region Burgas, im mittleren Bulgarien, 260 m ü. M., am S-Fuß der Sliwenkette (1 181 m ü. M.) des östl. Balkan, 107 000 Ew.; Sitz eines bulgarisch-orth. Metropoliten; histor. Museum, Gemäldegalerie; altes Zentrum der bulgar. Textilindustrie (seit 1834; Woll-, Baumwoll-, Teppichweberei), außerdem Glashütte, Glühlampenwerk, Nahrungsmittelindustrie, Weinkellereien und Holzverarbeitung. Südwestlich von S. liegen mehrere Mineralbäder mit Thermalquellen (Sliwener Mineralbäder).

SLO, Nationalitätszeichen für Slowenien.

John F. Sloan: Dust Storm, Fifth Avenue; 1906 (New York, Metropolitan Museum of Art)

Sloan [sləʊn], John French, amerikan. Maler und Grafiker, * Lock Haven (Pa.) 2. 8. 1871, † Hanover (N. H.) 7. 9. 1951; war zunächst Zeichner für Magazine, begann unter Anleitung von R. Henri zu malen. Er schilderte v. a. Szenen aus dem New Yorker Alltagsleben mit impressionist. Stilmitteln und trat auch als Illustrator hervor.

Sloboda [(alt)russ. svoboda, sloboda ›Freiheit‹, ›freie Siedlung‹], urspr. Bez. für exemte bäuerl. Siedlungen (Freistätten), denen seit dem 13. Jh. für den Landesausbau Steuerprivilegien gewährt wurden; im Moskauer Staat des 16.–17. Jh. v. a. steuerlich begünstigte, gewerbl. oder berufsständ. Gemeinden in unmittelbarer Nähe städt. Siedlungen (so genannte Vorstädte, am berühmtesten die Moskauer Ausländervorstadt, die ›Nemezkaja S.‹ [›Dt. Vorstadt‹]); bis zum Verbot (1649) z. T. auch auf steuerfreiem Grundherrenland. 1652 wurde die ›Dt. Vorstadt‹ wieder errichtet, in der Peter I., d. Gr., ab 1690 häufig verkehrte und die eine wichtige Mittlerfunktion zw. Russland und dem übrigen Europa hatte.

Sloboda, Rudolf, slowak. Schriftsteller, * Devínska Nová Ves (heute Preßburg) 16. 4. 1938, † (Selbstmord) ebd. 6. 10. 1995; Vertreter der ›Generation 56‹; setzte sich in seinen autobiographisch gefärbten Romanen mit dem Lebensgefühl und den Wirklichkeitserfahrungen seiner Zeitgenossen auseinander: in ›Britva‹ (1967), ›Druhý človek‹ (1981; dt. ›Das Mißverständnis‹), ›Uršul'a‹ (1987) und ›Rubato‹ (1990) mit gestörten Geschlechterbeziehungen, in ›Rozum‹ (1982) mit den Schwierigkeiten eines Künstlers, sich selbst treu zu bleiben, in ›Stratený raj‹ (1983) mit Alkoholismus und Suchtbehandlung, in ›Pamäti‹ (1996) mit der zwiespältigen unmittelbaren Gegenwart nach der ›samtenen‹ Revolution. Als selbstkrit. poetolog. Testament des Autors gilt der Erzählungsband ›Herečky‹ (1995).

Slobozia [-'zia], Hauptstadt des Kr. Ialomiţa, Rumänien, im Bărăgan, 35 m ü. M., an der Ialomiţa, 56 900 Ew.; Bărăganmuseum; Chemiewerk (Ammoniak-, Kunstdüngerproduktion), Nahrungsmittel-, Baumwoll- (bes. Teppiche), Baustoffindustrie; landwirtschaftl. Handelszentrum. Bei S. Badeort Amara am Amarasee.

Slochteren ['slɔxtərə], Gem. in der Prov. Groningen, Niederlande, 14 200 Ew.; Landwirtschafts-

Antoni Słonimski

betriebe; die Erdgasförderung (seit 1959) ist stark rückläufig, wichtige Erdgaspumpstation.

Slodnjak, Anton, slowen. Literarhistoriker und Schriftsteller, *Bodkovci (bei Ptuj) 13. 6. 1899, †Ljubljana 15. 3. 1983; Prof. in Zagreb (ab 1947) und Ljubljana (1950–59); einer der führenden Literarhistoriker Sloweniens, Herausgeber slowen. Literatur. S. überwand in seinen literarhistor. Arbeiten die positivist. Methoden und stellte das dichter. Werk in den Vordergrund (v. a. in der in dt. Sprache erschienenen ›Gesch. der slowen. Literatur‹, 1958). Seine Romantrilogie über F. PREŠEREN (›Neiztrohnjeno srce‹, 1938), F. LEVSTIK (›Pogine naj, pes‹, 1946) und I. CANKAR (›Tujec‹, 1976) vereint künstler. Einfühlung und Einbildungskraft mit wiss. Genauigkeit.

Slodtz [slɔts], frz. Bildhauerfamilie fläm. Ursprungs. – Bedeutende Vertreter:

1) René Michel, gen. **Michel-Ange,** *Paris 27. 9. 1705, †ebd. 26. 10. 1764, Sohn von 2); arbeitete 1728–47 in Rom unter dem Einfluss der Werke MICHELANGELOS (daher sein Beiname) und G. L. BERNINIS. Nach seiner Rückkehr nach Paris wich sein malerisch bewegter Stil einer strengeren, klassizist. Haltung. Er arbeitete häufig mit seinen Brüdern SÉBASTIEN ANTOINE (*1695, †1754) und PAUL AMBROISE (*1702, †1758) zusammen.

Werke: Porträtbüste des Nicolas Vleughels (1736; Paris, Musée Jacquemart-André); Statue des hl. Bruno (1740–44; Rom, Peterskirche); Grabmal des Alessandro Gregorio Marchese Capponi (1745–46; Rom, San Giovanni dei Fiorentini); Grabmal des Languet de Gergy (1750–57; Paris, Saint-Sulpice).

F. SOUCHAL: Les S., sculpteurs et décorateurs du roi, 1685–1764 (Paris 1967).

René Michel Slodtz: Statue des heiligen Bruno in der Peterskirche in Rom; 1740–44

2) Sébastien, *Antwerpen 1655, †Paris 8. 5. 1726, Vater von 1); Schüler und Mitarbeiter von F. GIRARDON. Er schuf ab 1687 Statuen und Gruppen für Versailles (bedeutend v. a. die Marmorgruppe ›Aristeus und Proteus‹ im Park, 1723). Sein Werk umfasst Allegorien sowie mytholog., religiöse und histor. Darstellungen.

Literatur →Slodtz, René Michel.

Slogan [ˈsloʊgən], engl., aus gäl. sluagh-ghairm ›Kriegsgeschrei‹] *der, -s/-s,* einprägsame, wirkungsvoll formulierte Redewendung, v. a. in der Werbung.

Słonimski [suɔ-], Antoni, poln. Schriftsteller, *Warschau 15. 10. 1895, †ebd. 4. 7. 1976; Mitgründer der Dichtergruppe ›Skamander‹; 1939 Emigration (Paris, London), 1946–48 Leiter der literar. Abt. der UNESCO, 1951 Rückkehr nach Polen, 1956–59 Vors. des poln. Schriftstellerverbandes. S., eine der wichtigsten Gestalten des poln. Futurismus, schrieb formvollendete, realitätsnahe Lyrik; über symbolist. und expressionist. Vorbilder gelangte er zur romant. Poe-

tik; verfasste auch Dramen und Prosastücke mit satir. und sozialkrit. Zügen; bedeutender Theaterkritiker.

Werke: *Lyrik:* Z dalekiej podróży (1926); Alarm (1940); Wiek klęski (1945); Rozmowa z gwiazdą (1961). – *Romane:* Torpeda czasu (1924; dt. Der Zeittorpedo); Dwa końce świata (1937; dt. Zweimal Weltuntergang). – *Erinnerungen:* Wspomnienia warszawskie (1957); Alfabet wspomnień (1975).

Ausgabe: Poezje wybrane (1972).

A. KOWALCZYKOWA: S. (Warschau 1973).

Slonimskij, Michail Leonidowitsch, russ. Schriftsteller, *Sankt Petersburg 2. 8. 1897, †Leningrad 8. 10. 1972; gehörte zum Kreis der Serapionsbrüder; schrieb Erzählungen (›Šestoj strelkovyj‹, 1922) über den Ersten und den Zweiten Weltkrieg sowie Romane, die v. a. Probleme der Intellektuellen in der nachrevolutionären russ. Gesellschaft behandeln.

Weitere Werke: *Romane:* Lavrovy (1926, überarbeitet 1949); Foma Klešnev (1931); Povest o Levine (1935; dt. Eugen Leviné); Inženery (1950; dt. Ingenieure). – *Erinnerungen:* Kniga vospominanij (1966).

Ausgabe: Izbrannoe, 2 Bde. (1980).

Slonsaken, Schlonsaken, slaw. Sondergruppe im früheren Herzogtum Teschen, die sich politisch weder den Polen noch den Tschechen zuordnen lassen wollte; politisch in der 1908 gegründeten Schles. Volkspartei (Śląska Partya Ludowa) organisiert. Die tschech. Statistik ließ 1921 und 1930 die Nationalität S. gelten. Zu ihr bekannten sich 1921: 47 314, 1930: 24 697 Personen; bis 1938 bestand in der Stadt Teschen eine Bev.-Mehrheit aus S. und Deutschen.

Slop [engl.] *der, -s/-s,* Modetanz der 1960er-Jahre im $^4/_4$-Takt und in mäßigem Tempo; zum S. gehörte auch ein modisch bewusst lockeres und schlacksiges Auftreten.

Slot [engl., eigtl. ›Schlitz‹] *der, -(s)/-s, Datenverarbeitung:* engl. Bez. für Steckplatz (→Motherboard).

Sloterdijk [-daɪk], Peter, Philosoph und Schriftsteller, *Karlsruhe 1947; Prof. in Karlsruhe. Aufsehen erregte seine ›Kritik der zyn. Vernunft‹ (2 Bde., 1983), die zur Bildgeschichte Europas u. a. Polemiken, geschichtl. Berichterstattung, Poesie und theoret. Analysen vereinigt. In ›Der Denker auf der Bühne‹ (1986) setzt er der traditionellen Subjektivitätsphilosophie eine Philosophie der kosmopolit. Vernunft entgegen. Seine neueren Werke gelten v. a. der politischzeitgeschichtl. Auseinandersetzung.

Weitere Werke: Der Zauberbaum. Die Entstehung der Psychoanalyse im Jahr 1785 (1985); Kopernikan. Mobilmachung u. Ptolemäische Abrüstung (1987); Zur Welt kommen – zur Sprache kommen. Frankfurter Vorlesungen (1988); Eurotaoismus. Zur Kritik der polit. Kinetik (1989); Im selben Boot. Versuch über die Hyperbolik (1993); Weltfremdheit (1993); Der starke Grund, zusammen zu sein (1998). – **Hg.:** Vor der Jahrtausendwende. Berichte zur Lage der Zukunft, 2 Bde. (1990).

Slotline [ˈslɒtlaɪn, engl.] *die, -/-s,* →Streifenleiter.

Slough [slaʊ], Stadt in der Cty. Berkshire, England, westlich von London, 110 700 Ew.; Leichtindustrie; Wohnstadt.

Sloughi [ˈslugi, arab.] *der, -/-s,* **Arabischer Windhund,** nordafrikan. Haushunderasse mit längl. Schädel, kon., spitzem Maul, hängenden Ohren, bis zur Sprunggelenkspitze reichendem Schwanz und kurzen Haaren (überwiegend sandfarben oder rötlich). Schulterhöhe: 55–57 cm.

Slovˈânsˈk [slovˈjansk], Stadt in der Ukraine, →Slawjansk.

Slovenija, slowen. Name von →Slowenien.

Slovensko, slowak. und tschech. Name der Slowakei, →Slowakische Republik.

Slovenský Čuvač [-ski: ˈtʃuvatʃ; zu slowak. počuvat' ›hören‹], Haushunderasse slowak. Herkunft; Wach- und Begleithund mit 5–10 cm langen, weißen Haaren (auf dem Rücken leicht gewellt). Schulterhöhe: 55–70 cm.

Slovo, Joe, südafrikan. Politiker, *in Litauen 23. 5. 1926, †Johannesburg 6. 1. 1995; Rechtsanwalt; 1935 mit seiner Familie nach Südafrika ausgewandert, wurde 1942 Mitgl., 1986 Gen.-Sekr. der südafrikan. KP (SACP). Durch Bannbefehle der Reg. seit 1954 an öffentl. Tätigkeit gehindert, ging er 1965 ins Exil, wurde als erster Weißer Mitgl. des Revolutionsrates des ANC und war bis 1987 Generalstabschef von ›Umkhonto we Sizwe‹, des von ihm mitbegründeten bewaffneten Flügels des ANC. 1990 in die Rep. Südafrika zurückgekehrt, war er seit Mai 1994 Wohnungsbau-Min. in der ersten frei gewählten Regierung.

Słowacki [sụɔˈvatski], Juliusz, poln. Dichter, *Krzemieniec (Wolhynien) 4. 9. 1809, †Paris 3. 4. 1849; studierte Rechtswiss. in Wilna, seit 1828 im Staatsdienst; ging nach der Niederschlagung des Aufstands von 1831 ins Exil (Genf, 1836/37 große Orientreise, ab 1838 Paris). In seinem Jugendwerk, das u. a. histor. und oriental. Poeme (›Szanfary‹, 1828; ›Jan Bielecki‹, 1830) und histor. Dramen (›Mindowe‹, 1832; ›Maria Stuart‹, 1832, dt.) umfasst, lehnte sich S. noch stark an romant. Vorbilder an. Höhepunkt seines Schaffens sind die Dramen, die das Problem von Individuum und Geschichte sowie Fragen des nat. Freiheitskampfes behandeln. Sie stehen in der Tradition SHAKESPEARES und V. HUGOS und verwenden daneben barock-myst. (C. CALDERÓN DE LA BARCA) und symbolist. Elemente (›Kordjan‹, 1834; ›Balladyna‹, 1834, dt.; ›Horsztyński‹, entst. 1835, ersch. 1866; ›Lilla Weneda‹, 1840, dt.). 1842 gehörte S. kurzfristig zum Kreis um A. TOWIAŃSKI, wodurch sich sein Mystizismus noch verstärkte. S. gilt neben A. MICKIEWICZ und Z. KRASIŃSKI als einer der drei großen poln. Romantiker. Sein Werk, von seinen Zeitgenossen wegen der krit. Einstellung zur poln. Emigration abgelehnt, erlangte seine hohe Wertschätzung erst dank der Bewegung ›Junges Polen‹, die neben den Dramen bes. seine sprachlich vollendete, bilderreiche Lyrik pries.

Weitere Werke: *Poeme:* Godzina myśli (1833); Ojciec zadzumionych (1839, in: Trzy poemata; dt. u. a. als Die Pest in El-Arish); W Szwajcarii (1839, in: Trzy poemata; dt. In der Schweiz); Beniowski (1841, unvollendet, Gesang 1–5); Król-duch (1847, unvollendet, vollständige Ausg. des Fragments 1924). – *Dramen:* Mazepa (1840; dt. Mazeppa); Ksiądz Marek (1843); Sen srebrny Salomei (1844). – *Prosadichtung:* Anhelli (1838; dt.).

Ausgaben: Dzieła wszystkie, hg. v. J. KLEINER u. a., 17 Bde. (¹⁻²1952–76); Dzieła, hg. v. J. KRZYŻANOWSKI, 14 Bde. (³1959); Dzıła wybrane, 6 Bde. (1983). – Gedichte (1959); Briefe an die Mutter (1984).

J. KLEINER: J. S., 3 Bde. (Lemberg 1925–28); M. KRIDL: The lyric poems of J. S. (Den Haag 1958); S. TREUGUTT: J. S. Dichter der Romantik (a. d. Poln., Warschau 1959); C. ZGORZELSKI: Liryka w pełni romantyczna. Studia i szkice o wierszach S. (ebd. 1981); M. PIWIŃSKA: J. S. od Duchów (ebd. 1992); A. KOWALCZYKOWA: S. (ebd. 1994).

Sloughi (Schulterhöhe 55–57 cm)

Slowakei, Kurzform für →Slowakische Republik.

Slowaken, slowak. **Slováci** [ˈslɔvaːtsi], westslaw. Volk in der Slowak. Rep., etwa 4,9 Mio. Menschen; Minderheiten auch in SO-Mähren und in Ungarn. Die S. sind überwiegend Katholiken, daneben Lutheraner.

Slowakische Evangelische Kirche Augsburger Bekenntnisses, luther. Kirche in der Slowak. Rep., geht auf die ev. Kirche zurück, die sich mit der Einführung der luther. Reformation in der Slowakei seit Ende des 16. Jh. gebildet und auf den Synoden von Žilina (1610), Spišské Podhradie (1614) und Ružomberok (1707) konstituiert hatte. Im Gefolge der Gegenreformation unterdrückt, konnten die Gläubigen erst nach dem Erlass des Toleranzpatents JOSEPHS II. (1781) wieder Gemeinden Augsburger (luther.) Bekenntnisses bilden. Die Rekonstituierung als eigenständige slowak. luther. Kirche war jedoch erst nach 1918 möglich und erfolgte 1921. Leitende Geistliche sind der Generalbischof und zwei Distriktsbischöfe. Sitz der zentralen kirchl. Organe (Generalbischofsamt, Generalpresbyterium und Generalvorstand) ist Preßburg. Mit (1997) rd. 329 000 Mitgliedern ist die S. E. K. A. B. die mitgliederstärkste slaw. prot. Kirche.

Juliusz Słowacki

slowakische Kunst: links Hauptaltar der Kirche Sankt Jakob in Leutschau; 1517 vollendet (Ausschnitt aus der Darstellung des Abendmahls); rechts Westfassade der Dreifaltigkeitskirche in Preßburg; 1715–25

slowakische Kunst. Architekton. Zeugnisse der Zeit bis zum 12. Jh. sind kaum erhalten. In der Folgezeit entstanden roman. Kirchen mit Westemporen, Rotunden und Klöster (u. a. Bzovík bei Altsohl, gegr. 1130). Im 13. Jh. wurden zunehmend got. Stilelemente übernommen, sowohl bei Sakral- (u. a. ehem. Dominikanerkirche in Schemnitz, nach 1222 bis 1275; ›Zipser Domkapitel‹ in Spišské Podhradie, Ostslowak. Gebiet, 1245–73, später umgebaut) als auch bei Profanbauten (Burgen von Preßburg, Zips, Trentschin, Orava, Mittelslowak. Gebiet, u. a.). Höhepunkte got. Baukunst in der Slowakei bilden der Dom St. Martin in Preßburg (1302–1452), die Kirche St. Jakob in Leutschau (1332–42, später erweitert), die St.-Johannes-Kapelle (1380) des Franziskanerklosters in Preßburg und der Dom St. Elisabeth in Kaschau (1390 ff.). Die got. Wandmalerei weist sowohl westeurop. als auch ital. Einflüsse auf (Kirche in Dravce bei Leutschau, um 1300). Die Tafelmalerei steht in Zusammenhang v. a. mit der ungar., böhm., poln. und österr. Malerei (Altar der hl. Barbara aus Bartfeld und Altar aus Matejovce, Ostslowak. Gebiet, beide um 1450; Elisabethaltar in der Elisabethkirche in Kaschau, 1474–77). Im Bereich der Bildhauerkunst sind v. a. bedeutende Werke aus Holz erhalten, z. B. der Altar der hl. Barbara in der Marienkirche in Neusohl (1509) und der Hauptaltar der Kirche St. Jakob in Leutschau (1517 vollendet). Die Renaissance nahm ab etwa 1510 Einfluss auf die Architektur. Sie wurde zunächst von

Slow slowakische Literatur

Ungarn, dann auch von Österreich her vermittelt und prägte ganze Städte (u. a. Georgenberg, Gem. Poprad) sowie die nun zu Schlössern umgebauten Burgen (u. a. Altsohl). Mit der Jesuitenkirche der Univ. in Tyrnau (1629–37) entstand der erste große Barockbau in der Slowakei. Ihm folgten u. a. die Dreifaltigkeitskirche in Preßburg (1715–25) und die Piaristenkirche in Neutra (1750–70). Beispielhaft für die zahlr. Holzkirchen, die seit dem 15./16. Jh. entstanden, ist die ev. Kirche in Käsmark (1717). In Bildhauerkunst und Malerei des Barock dominieren Werke von Künstlern aus Österreich, Böhmen und Ungarn (A. Pozzo; F. X. K. Palko; Johann Baptist Wenzel Bergl, *1718, †1789). Die Plastik stand unter dem starken Einfluss G. R. Donners. Nach der Phase des Historismus im 19. Jh. öffnete sich die Architektur zu Beginn des 20. Jh. unter der Führung von J. Krejcar und B. Fuchs Tendenzen des Neuen Bauens. Die Bildhauer und Maler des 19. Jh. nahmen Anregungen der zeitgenöss. europ. Strömungen auf. Bezeichnend ist eine besondere Vorliebe für Motive und Szenen aus dem Volksleben (Dominik Skutecký, *1849, †1921; Jozef Hanula, *1863, †1944). Als Bildnismaler trat bes. Jozef Božetech Klemens (*1817, †1883) hervor, als Landschaftsmaler ragen u. a. Ladislav Mednánský (*1852, †1919) und Ludovít Čordák (*1864, †1937) heraus. 1921 wurde in Preßburg die Künstlervereinigung ›Umelecká beseda slovenska‹ gegründet. In der Folgezeit profilierten sich auf dem Gebiet der Plastik v. a. Ján Koniarek (*1878, †1952), Ladislav Majerský (*1900, †1965), Fraňo Štefunko (*1903, †1974), Jozef Kostka (*1912), Rudolf Pribiš (*1913, †1984) und Alexander Trizuljak (*1921), in der Malerei Martin Benka (*1888, †1971), Milos Alexander Bazovský (*1899, †1968), L. Fulla, Jakub Bauernfreund (*1904, †1976), Ján Želibský (*1907), Štefan Bednár (*1909, †1955), Cyprian Majerník (*1909, †1955), Endre Nemeš (*1909, †1985), Bedrich Hoffstädter (*1910, †1954), Ferdinand Hložník (*1921), auf dem Gebiet der Grafik Koloman Sokol (*1902), Vincent Hložník (*1919) und A. Brunovský.

In der modernen Architektur sind, z. T. im Rückgriff auf die eigenen 1920er- und 30er-Jahre, v. a. in Preßburg Ansätze einer strengen Moderne zu beobachten: das archäolog. Museum auf der Burg (Ferdinand Milučký (1988) und eine Villa von Jozef Ondriš und Juraj Závodný (1993) sowie in der näheren Umgebung und der O-Slowakei schlicht gehaltene kleinere Kirchenbauten. Die zeitgenöss. Kunst der Slowakei zeigt Offenheit, Experimentierfreude und eine Gattungsgrenzen überschreitende Kombina-

slowakische Kunst: Viktor Hulík, ›Großes Verschiebbares Objekt‹; 1993 (Privatbesitz)

slowakische Kunst: Klára Bočkayová, ›Sündhafte Leidenschaft II‹; 1993 (Privatbesitz)

tionslust, u. a. Installationen und Werkreihen von Andrej Rudavský (*1933), Peter Rónai (*1953), Rudolf Sikora (*1946), Dezider Tóth (*1947), Zuzana Rudavská (*1941), Juraj Meliš (*1942), Katarina Zavarská (*1948). In der Malerei besteht die Tendenz, figurative Abbildung und abstrakten Malgestus zu verknüpfen, so bei Rudolf Fila (*1932), Klára Bočkayová (*1948), Daniel Fischer (*1950), Ivan Csudai (*1959), Laco Teren (*1960), Martin Knut (*1964) und Tomáš Císařovský (*1962). Victor Hulík (*1949) löst in seinen Tableaus die Bildfläche in einzelne Partikel auf, die man in den realen Raum schieben kann. Stano Filko (*1937), Matej Krén (*1958), Otis Laubert (*1946), die Künstlergruppe von Viktor Oravec (*1960) und Milan Pagáč (*1960), Karol Pichler (*1957) und Jozef Šramka (*1957) gestalten skulpturale Assemblagen. Aus dem Bereich der Fotografie zw. Inszenierung und Dokumentation sind u. a. Robo Kočan (*1968), Martin Štrba (*1961) und Vasil Stánko (*1962) zu nennen. Seit Ende der 80er-Jahre bedienen sich viele der genannten Künstler auch der neuen Medien; hervorzuheben sind Peter Meluzin (*1947) und Jana Želibská (*1941).

Alte s. K., bearb. v. K. Vaculík (a. d. Tschech., Preßburg 1978); Kunstdenkmäler in der Tschechoslowakei, hg. v. R. Hootz, Bd. 2: Slowakei (1979); S. K. heute, bearb. v. A. Tolnay u. a., Ausst.-Kat. (1990); L. Foltyn: Slowak. Architektur u. die tschech. Avantgarde 1918–1939 (a. d. Slowak., 1991); Zw. Objekt u. Installation. S. K. der Gegenwart, bearb. v. I. Bartsch u. R. E. Pahlke, Ausst.-Kat. Museum am Ostwall, Dortmund (1992); Zeitzeichen. S. K. u. angewandte Kunst heute, bearb. v. L. Droppová u. a., Ausst.-Kat. Bad. Kunstverein, Karlsruhe (1993); Video, vidím, ich sehe, hg. v. E. M. Jungo u. a., Ausst.-Kat. Považske Múzeum a Galéria, Sillein (Bern 1994); Got. Kunst in der Slowakei, bearb. v. R. Bäckel u. a., Ausst.-Kat. Stadtmuseum im Prinz-Max-Palais, Karlsruhe (1997).

slowakische Literatur, die Literatur in slowak. Sprache. – Da – neben der lat. Sprache – seit dem 15. Jh. die tschech. Schriftsprache verwendet wurde, ab dem 16. Jh. (Kralitzer Bibel) als Bibeltschechisch (biblitina) bezeichnet, gab es zunächst nur eine mündlich überlieferte Volksliteratur (Lieder, Sprichwörter, Märchen). Seit Anfang des 17. Jh. veranlasste der Bedarf an religiösen Liedern und Büchern einige Geistliche zu Übersetzungen in die Volkssprache. Der kath. Domherr Jozef Ignác Bajza (*1755, †1836) forderte ihre allgemeine Verwendung und verfasste in ihr anakreont. Dichtungen sowie Epigramme. Um 1790 schuf Antonin Bernolák (*1762, †1813) auf der Grundlage des westslowak. Dialekts eine Literatursprache, die jedoch nur in den klassizist. Werken (Idyllen, Elegien, Oden, Epen) und Übersetzungen von J. Hollý sowie in den volkserzieher. Werken von

JURAJ FÁNDLY (* 1750, † 1811) Verwendung fand. Erst im Zeichen des Panslawismus, dessen wichtige Vertreter P. J. ŠAFÁRIK und J. KOLLÁR waren, schufen L'. ŠTÚR sowie J. M. HURBAN und M. M. HODŽA eine auf dem mittelslowak. Dialekt beruhende Schriftsprache, die von den Dichtern der Romantik übernommen wurde, v. a. J. KRÁL', A. SLÁDKOVIČ, S. CHALUPKA, JÁN BOTTO (* 1829, † 1881) und J. KALINČIAK, dessen Spätwerk schon realist. Züge zeigt.

Mit der verstärkten Hinwendung zu aktuell-sozialer Thematik fand die s. L. in den 1870er-Jahren, auch unter dem Einfluss russ. und westeurop. Vorbilder, zum Realismus. Bedeutend sind der Lyriker und Erzähler S. HURBAN-VAJANSKÝ und v. a. der Lyriker und Versepiker HVIEZDOSLAV, der hervorragende Komposition mit Reflexion und realist. Detailbeschreibung verband. Als Höhepunkt der realist. Prosa mit sozialkrit. Tendenz gelten die Romane und Erzählungen von M. KUKUČÍN. Ihm folgten ELENA MARÓTHY-ŠOLTÉSOVÁ (* 1855, † 1939) mit Dorfgeschichten sowie Romanen und Skizzen über die Emanzipationsproblematik, TERÉZIA VANSOVÁ mit moralisch geprägter Prosa und Dramen sowie TIMRAVA mit Erzählungen aus dem dörfl. und kleinstädt. Milieu. Von dokumentar. Genauigkeit sind die in Kolorit und Charakterzeichnung an L. N. TOLSTOJ, A. P. TSCHECHOW und M. GORKIJ geschulten Dorferzählungen von JOZEF GREGOR-TAJOVSKÝ (* 1874, † 1940), der auch mit differenziert angelegten Dramen hervortrat. Vom europ. Naturalismus beeinflusst sind die gesellschaftskrit. histor. Romane und Novellen des Arztes JÉGÉ. Themen der existenziellen Angst und Vereinsamung gestaltete die Lyrik I. KRASKOS (Sammlung ›Nox et solitudo‹, 1909) und J. JESENSKÝS, in deren Werk die slowak. Moderne ihren Höhepunkt erreichte. Mit seinem lyr. Frühwerk gehörte der slowak. Moderne auch M. RÁZUS an, der jedoch nach 1918 in Lyrik und Prosa zu eher nat. und zeitkrit. Themen fand.

Die avantgardist. und proletar. Literatur nach 1920 suchte neue Formen und Inhalte. Neben Einflüssen des tschech. Poetismus und des Proletkults wirkten westeurop. avantgardist. Strömungen auf die slowak. Zwischenkriegsliteratur, deren linke Vertreter sich in der Zeitschrift ›DAV‹ (1924–26, 1929, 1931–37) ihr Publikationsorgan schufen. Die ›Davisten‹, v. a. die Konzeptionsbildner VLADIMÍR CLEMENTIS (* 1902, † 1952) und EDUARD URX (* 1903, † 1942) sowie die Lyriker L. NOVOMESKÝ und J. PONIČAN, nahmen Impulse des Dadaismus, Kubismus und Futurismus auf. Der Vitalismus prägte sich im Frühwerk von J. SMREK, der Poetismus hauptsächlich in NOVOMESKÝS Gedichtband ›Romboid‹ (1932) aus. Die Kath. Moderne verknüpfte im Sinne des frz. Abbé H. BRÉMOND religiöse und poet. Erfahrung miteinander und nutzte verstärkt myst. Elemente (PAVOL G. HLBINA, * 1908, † 1977; R. DILONG; J. SILAN; K. STRMEŇ u. a.); sie wurde 1945 gespalten, überlebte als Gruppierung nur im Exil und Dissens. Die Gruppe der Surrealisten, auch als A 38 bzw. Avantgarda 38 bezeichnet, formierte sich kurz vor dem Zweiten Weltkrieg, u. a. RUDOLF FABRY (* 1915, † 1982), V. REISEL, Š. ŽÁRY und P. BUNČÁK. In engem Kontakt zu den frz. und tschech. Surrealisten entstanden, nannte sie sich ab 1939 ›Nadrealizmus‹, war antitraditionalistisch, modernisierte das poet. Arsenal, setzte in der slowak. Lyrik den freien Vers durch und brachte die Metaphorik zu hoher Vollendung; sie wurde in der Stalinzeit als ›formalistisch‹ bekämpft. – Die Prosa setzte die realist. Tendenz fort, nahm aber im Werk M. URBANS, J. C. HRONSKÝS, TIDO JOZEF GAŠPARS (* 1893, † 1972) und JÁN HRUŠOVSKÝS (* 1892, † 1975) auch impressionist. und expressionist. Elemente auf. Die lyr. Prosa, auch als ›Naturismus‹ bezeichnet, wurde als Gruppierung von Mitte der 30er- bis Mitte der 40er-Jahre (D. CHROBÁK; M. FIGULI; L'UDO ONDREJOV, * 1901, † 1962; F. ŠVANTNER) zu einer entwicklungsbestimmenden Erscheinung, betonte die Bildhaftigkeit und Expressivität der Sprache. Durchaus autochthon entstanden, wandte sie sich unter dem Eindruck der Skandinavier K. HAMSUN, SELMA LAGERLÖF, SIGRID UNDSET sowie der frz. und Schweizer Regionalliteratur von J. GIONO, C. F. RAMUZ und H. POURRAT vor allem der Natur und der heimatl. Landschaft zu, griff aber auch antifaschist. und histor. Themen auf. Als Dramatiker traten I. STODOLA, JÚLIUS BARČ-IVAN (* 1909, † 1953) und ŠTEFAN KRÁLIK (* 1909, † 1983) hervor.

Nach dem Umsturz von 1948 wurde der sozialist. Realismus, zu dem sich P. JILEMNICKÝ in seinen sozial betonten Werken bereits in den 30er-Jahren bekannt hatte, zur offiziellen Literaturdoktrin erklärt und fand in den Werken von F. HEČKO, KATARÍNA LAZAROVÁ (* 1914), F. KRÁL' u. a. seinen Niederschlag. Viele Autoren behandelten die Erfahrung des Krieges, den Partisanenkampf und den slowak. Volksaufstand von 1944 (JILEMNICKÝ; R. JAŠÍK; L. ŤAŽKÝ; P. KARVAŠ; ALFONZ BEDNÁR, * 1914, † 1987; PONIČAN; ANDREJ PLÁVKA, * 1907, † 1982; VOJTECH MIHÁLIK, * 1926; ŽÁRY) oder die Zeit des ›slowak. Staates‹ 1939–44 (D. TATARKA, ›Farská republika‹, 1948; V. MINÁČ ›Generácia‹, 1958–61; L. MŇAČKO, ›Smrť‹ sa volá Engelchen‹, 1959). Mit der Holocaust-Problematik befassten sich LADISLAV GROSMAN (* 1921, † 1981) und JOZEF LÁNIK (* 1918). – Ab der 2. Hälfte der 50er-Jahre wandte man sich von den vereinfachenden Konstruktionen und literar. Klischees ab und orientierte sich auf der Suche nach neuen Ausdrucksmitteln an westl. Vorbildern (J. JOYCE, M. PROUST, F. KAFKA; Nouveau Roman), so v. a. die Vertreter der ›Generation 56‹ (P. JAROŠ; JOZEF KOT, * 1936; J. LENČO; J. JOHANIDES; JAROSLAVA BLAŽKOVÁ; A. HYKISCH), später PAVEL HRÚZ (* 1941), DUŠAN MITANA (* 1946). Hinzu kam die Kritik am Stalinismus: M. RÚFUS (›Až dozrieme‹, 1956), TATARKA (›Démon súhlasu‹, 1956, als Buch 1963), MŇAČKO (›Ako chutí moc‹, 1968). – In der Lyrik wurden Verfahren des Surrealismus, Poetismus u. a. avantgardist. Strömungen reaktiviert (REISEL; RÚFUS; ALBERT MARENČÍN, * 1922). Es formierten sich neue Gruppen, u. a. Ende der 50er-Jahre ›Trnavská skupina‹, zu der u. a. JÁN STACHO (* 1936), JÁN ONDRUŠ (* 1932), L'UBOMÍR FELDEK (* 1936) und JOZEF MIHALKOVIČ (* 1935) gehörten. Diese Lyriker, die auch als Konkretisten (konkretisti) oder expressive Sensualisten (expresívni senzualisti) bezeichnet werden, griffen auf den Surrealismus und Poetismus zurück und forderten, wie die 1964 konstituierte Gruppe der ›Osamelí bežci‹ (einsame Läufer) mit IVAN LAUČÍK (* 1944), IVAN ŠTRPKA (* 1944) und PETER REPKA (* 1944), eine Entideologisierung der Poesie. Autoren wie R. SLOBODA, JOHANIDES, HYKISCH, PAVEL VILIKOVSKÝ (* 1941), PETER BALGHA (* 1935, † 1972) und HRÚZ äußerten in ihren Prosawerken Zweifel am herrschenden System, machten die Zerstörung moral. Werte und Deformationen menschl. Charaktere sichtbar. In der Dramatik bestimmte v. a. KARVAŠ mit seinen Stücken und Hörspielen sowie mit seinen theoret. Anschauungen die Entwicklung, neben ihm erlangten lediglich IVAN BUKOVČAN (* 1921, † 1975) und OSVALD ZAHRADNÍK (* 1932) im Ausland eine stärkere Resonanz.

Nach dem Einmarsch der Truppen des Warschauer Pakts im August 1968 trat im literar. Schaffen eine merkl. Stagnation ein. Die offizielle Literatur kehrte im Zuge der ›Normalisierung‹ zum sozialist. Realismus zurück. Einige Autoren emigrierten (MŇAČKO, JAROSLAVA BLAŽKOVÁ), andere wurden verfolgt ein und in ihrer Arbeit behindert (Publikationsverbot für TATARKA, einen der wenigen slowak. Unterzeichner der

Slow slowakische Musik – Slowakische Republik

›Charta 77‹; Hana Ponická, *1922; Balgha; Hrúz; I. Kadlečík u. a.), verstummten oder veröffentlichten im Samisdat oder im Ausland. Auch mehrere Literaturzeitschriften wurden verboten, u. a. ›Kultúrny život‹ (1968) und ›Mladá fronta‹ (1970). Trotz dieser Repressionen und Erschwernisse kam es jedoch insgesamt nicht zu solch folgenschweren Unterdrückungen und Diffamierungen von Autoren wie bei den Tschechen. Im Laufe der Zeit kehrten auch einige der Autoren in das offizielle literar. Leben zurück. Auch Werke, die nicht der offiziellen Linie entsprachen, wurden mit der Zeit am Rande geduldet.

In der Prosa dieser Zeit stellte Hana Ponická in ihrem autobiograph. Roman ›Lukavické zápisky‹ (Toronto 1989) die Konfrontation mit der Staatsmacht dar. Zentrales Thema der Romane Slobodas ist die Zerstörung der menschl. Identität durch die Gesellschaft. Mitana, Dušan Dušek (*1946), Jozef Puškás (*1951) und Johanides beleuchteten im Streben nach Authentizität die Verhältnisse im ›realen Sozialismus‹ ebenfalls kritisch. Eine Reihe von Autoren wandte sich hist. Themen zu, u. a. Jaroš, V. Šikula und Ladislav Ballek (*1941), die sich um ein differenzierteres Bild slowak. Gesellschaftsentwicklung im 20. Jh. bemühten, ferner Lenčo und Hykisch. – In der Lyrik traten v. a. Ján Buzássy (*1935) und Štefan Strážay (*1940) mit konkreter Poesie hervor und beschäftigten sich, wie auch Ján Štrasser (*1946) und Daniel Hevier (*1955), mit Fragen der menschl. Existenz. M. Válek behandelte in seiner Lyrik aktuelle gesellschaftl. Probleme. Štefan Moravčík (*1943) wendet sich in seiner experimentellen Poesie dem Individuum zu, das die Verantwortung gegenüber der Geschichte ablehnt und seine Identität in uneingeschränkter Erotik sucht.

Im Zuge der Reformpolitik M. S. Gorbatschows kam es zu einer weiteren Liberalisierung der Kulturpolitik, unter der die Forderung nach einer neuen Wertung der s. L. aus nat. und internat. Sicht gestellt. Nach der ›sanften Revolution‹ im November 1989 wurden bis dahin mit Publikationsverbot belegte oder in Vergessenheit geratene Autoren reintegriert, so Tatarka, Mňačko, Hana Ponická und Jaroslava Blažková sowie die Autoren der Kath. Moderne, u. a. Dilong, J. Silan; bisher verbotene Zeitschriften (›Kultúrny život‹) oder illegal verbreitete (›Fragment K‹) konnten wieder erscheinen.

A. Mráz: Die Lit. der Slowaken (1943); J. Vlček: Dejiny literatúry slovenskej (Preßburg ⁴1953); Š. Krčméry: Dejiny literatúry slovenskej, 2 Bde. (ebd. 1976); L. Richter: S. L. Entwicklungstrends vom Vormärz bis zur Gegenwart (Berlin-Ost 1979); J. Števček: Moderný slovenský román (Preßburg 1983); Encyklopédia slovenských spisovateľov, 2 Bde. (ebd. 1984); I. Sulík: Kapitoly o súčasnej próze (ebd. 1985); M. Bátorová u. a.: Biele miesta v slovenskej literatúre (ebd. 1990); Modern Slovak prose fiction since 1954, hg. v. R. B. Pynsent (London 1990); P. Petro: A History of Slovak Literature (Montreal u. a. 1996); P. Zajac: Auf den Taubenfüßchen der Lit. Ein Buch über s. L. u. Kultur (1996); S. Šmatlák: Dejiny slovensky literatúry, 2 Bde. (Preßburg 1997–98); R. Lesnák: Listy z podzemia. Krest'anské samizdaty 1945–1989 (ebd. 1998).

slowakische Musik. Die s. M. ist als eigenständige Volksmusik seit jeher stark ausgeprägt. Die Überlieferung des Chorals setzt im 12. Jh. ein, ein einheim. Repertoire an Sequenzen, Hymnen, Tropen ist für das 14./15. Jh. bezeugt. Die weltl. mittelalterl. Musikpflege zentrierte sich um die Gestalt des Spielmanns (Igric). Archaische Formen geistl. Mehrstimmigkeit (Organa, Conductus, auch Motette) herrschten bis zum 16. Jh. vor, neben Übernahmen ital., dt. und niederländ. Werke. Im 17. Jh. fand die s. M. den Anschluss an die barocken Errungenschaften der westl. Länder (Generalbass, solist. und mehrchöriges Konzertieren); bes. in der Instrumentalmusik behauptete sich ein nat. Moment (Volks- und Tanzliedbear-

beitungen). In den Städten und auf den Schlössern der Slowakei fand die Musik der Wiener Klassik rege Aufnahme; auch eigene Kammer- und Orchestermusik, Opern, Ballette und Kirchenmusik wurden geschaffen, u. a. von Anton Zimmermann (*1741, †1781) und Georg Družecký (*1745, †1819). Das Erstarken des slowak. Nationalbewusstseins förderte vor dem Hintergrund der musikal. Romantik (bedeutendster slowak. Vertreter Ján Levoslav Bella, *1843, †1936) im 19. Jh. die Herausbildung einer slowak. Nationalmusik. Hiervon zeugen bes. die Lieder von Mikuláš Schneider-Trnavský (*1881, †1958), die Kammer- und Orchestermusik von Mikuláš Moyzes (*1872, †1944), die erste slowak. Nationaloper, ›Detvan‹ (1924), von Viliam Figuš-Bystrý (*1875, †1937) sowie die Kammermusik von Frico Kafenda (*1883, †1963) und Alexander Albrecht (*1885, †1958).

Die Konstituierung der ersten tschechoslowak. Republik 1918 und die nat. Befreiung der Slowaken gaben für eine reiche Musikkultur immer wieder neue Impulse: Gründung des ersten slowak. Konservatoriums (1919), des Opernhauses (1920), der Slowak. Philharmonie (1949), der Musikhochschule (1949). Das zeitgenöss. slowak. Musikschaffen geht aus von Alexander Moyzes (*1906, †1984), E. Suchoň und J. Cikker. Eine zweite Generation bemüht sich um eine Synthese zw. der Neuen Musik der 1. Hälfte des 20. Jh. und den nationalslowak. Traditionen, u. a. František Babušek (*1905, †1954), Šimon Jurovský (*1911, †1963), Andrej Očenáš (*1911), Ladislav Holoubek (*1913), Jozef Kresánek (*1913, †1986), Dezider Kardoš (*1914), Tibor Fressõ (*1918, †1987), Oto Ferenczy (*1921), Ján Zimmer (*1925). Eine dritte Generation sucht neben der Fortführung romant. und neoklassizist. Tendenzen den Anschluss an die avantgardist. Entwicklungen, u. a. Ladislav Burlas (*1927), Ivan Hrušovský (*1927), Roman Berger (*1930), Miroslav Bázlik (*1931), Juraj Pospíšil (*1931), Ilja Zeljenka (*1932), Jozef Malovec (*1933), Dušan Martinček (*1936), Ivan Parík (*1936), L. Kupkovič, Peter Kolman (*1937), Juraj Hatrík (*1941).

L. Burlas: Slovenská hudabná moderna (Preßburg 1983); ders.: Pohľady na súčasnú slovenskú hudobnú kultúru (ebd. 1987); I. Vajda: Slovenská opera (ebd. 1988).

Slowakische Philharmonie, 1949 gegründetes Orchester, Sitz: Preßburg. Chefdirigent: seit 1991 Ondrej Lenárd (*1942). Ein früherer bedeutender Dirigent war u. a. V. Talich.

Slowakische Republik, Slowakei, slowak. **Slovensko,** amtlich **Slovenská Republika,** Staat in Mitteleuropa, grenzt im W an die Tschech. Rep. (im südlichsten Abschnitt bildet die March die Grenze), im N an Polen, im O an die Ukraine, im S an Ungarn und im SW an Österreich (Niederösterreich). Mit einer Fläche von 49 035 km² ist die S. R. etwas größer als Dänemark mit max. Länge von 428 km und max. Breite von 195 km. Die S. R. hat (1998) 5,4 Mio. Ew.;

Slowakische Republik

Staatswappen

Staatsflagge

SK
Internationales Kfz-Kennzeichen

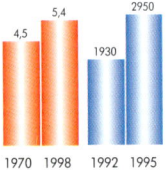

1970 1998 — Bevölkerung (in Mio.): 4,5 / 5,4
1992 1995 — Bruttosozialprodukt je Ew. (in US-$): 1930 / 2950

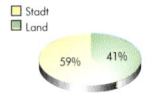

Bevölkerungsverteilung 1995: Stadt 59%, Land 41%

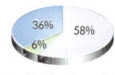

Bruttoinlandsprodukt 1995: Industrie 36%, Landwirtschaft 6%, Dienstleistung 58%

Slowakische Republik
Fläche 49 035 km²
Einwohner (1998) 5,4 Mio.
Hauptstadt Preßburg (slowak. Bratislava)
Amtssprache Slowakisch
Nationalfeiertage 1.1., 5.7., 29.8. und 1.9.
Währung 1 Slowakische Krone (Sk) = 100 Heller (h)
Zeitzone MEZ

Hauptstadt ist Preßburg (slowak. Bratislava), Amtssprache Slowakisch. Währung ist die Slowak. Krone (Sk) zu 100 Heller (h), die konvertibel ist. Zeitzone: Mitteleurop. Zeit (MEZ).

STAAT · RECHT

Verfassung: Die S. R. ist seit 1. 1. 1993 eine unabhängige Rep. mit parlamentarischem Reg.-System; Verf. vom 3. 9. 1992. Die Grundrechte werden nach internationalen Menschenrechtsstandards garantiert; der nach der Verf. gewährleistete Minderheitenschutz wird in der Praxis allerdings restriktiv gehandhabt. Anfang 1996 trat ein Ges. in Kraft, das Slowakisch zur einzigen Amtssprache bestimmt. Die in der S. R. lebenden Tschechen erhielten durch das Staatsangehörigkeits-Ges. vom 19. 1. 1993 ein befristetes Optionsrecht.

Staatsoberhaupt und Oberbefehlshaber der Streitkräfte ist der vom Parlament auf fünf Jahre gewählte Präs. (einmalige unmittelbare Wiederwahl zulässig). Seine Befugnisse sind gering, da aber Präsidialakte keiner Gegenzeichnung bedürfen, können sie durchaus polit. Gewicht erhalten. Gegen Gesetzesbeschlüsse steht dem Präs. ein Vetorecht zu, von dem er auf Ersuchen der Reg. Gebrauch machen muss. Die gesetzgebende Gewalt liegt beim Nationalrat, dessen 150 Abg. für vier Jahre nach dem System der personalisierten Verhältniswahl gewählt werden. Es gilt eine Sperrklausel von 5 % (bei Listenverbindungen von zwei bis drei Parteien 7 %, bei Verbindungen von mehr Parteien 10 %). Eine vorzeitige Parlamentsauflösung kann im Falle einer gescheiterten Reg.-Bildung durch den Präs. angeordnet werden. Die Exekutivgewalt wird von der Reg. unter Vorsitz des Min.-Präs. ausgeübt. Der Reg.-Chef und auf dessen Vorschlag die Min. werden vom Präs. ernannt und entlassen. Der Nationalrat kann sowohl dem gesamten Kabinett als auch einzelnen Mitgl. das Misstrauen aussprechen. Hauptaufgabe des seit 1993 tätigen Verf.-Gerichts (zehn Richter, vom Präs. auf sieben Jahre ernannt) ist die Normenkontrolle. Eine Verf.-Beschwerde ist nur subsidär vorgesehen.

Parteien: Einflussreichste Parteien und Bündnisse nach den Parlamentswahlen von 1998 sind die Bewegung für eine Demokratische Slowakei (HZDS; hervorgegangen aus der Oppositionsgruppe ›Öffentlichkeit gegen Gewalt‹), die Slowakische Demokratische Koalition (SDK; aus fünf Parteien unter Führung der Christlich-Demokratischen Bewegung [KDH] bestehendes Bündnis), die Partei der Demokratischen Linken (SDL; Nachfolgeorganisation der slowakischen KP), die Wahlkoalition der ungar. Minderheit in der S. (SMK; bestehend v. a. aus der Ungar. Christlich-Demokratischen Bewegung und der Ungarischen Bürgerpartei), die Slowakische Nationalpartei (SNS) und die Partei für Bürgerverständigung (SOP).

Wappen: Das 1990 eingeführte Wappen leitet sich von einem Großungar. Wappen ab und zeigt auf rotem Grund ein silbernes Patriarchenkreuz auf einem blauen dreigipfeligen Berg.

Nationalfeiertag: 1. 1. (Tag der Gründung der S. R.), 5. 7., 29. 8. (Tag des Slowak. Nationalaufstandes) und 1. 9. (Verfassungstag).

Verwaltung: Mit der Verw.- und Kommunalreform von 1990 waren staatl. Verw. und kommunale Selbst-Verw. klar voneinander getrennt worden. Die neue territoriale Verw.-Gliederung von 1996 drängt die ungar. Volksgruppe in allen regionalen Verw.-Einheiten in eine schwache Minderheitenposition. Staatl. Verw.-Einheiten sind nunmehr 8 Bezirke (kraj) und 79 Kreise (okres); als staatl. Verw.-Behörden fungieren die dem Innen-Min. unterstehenden Bezirks- und Kreisämter. Deren Leiter (prednosta) werden von der Reg. ernannt. Träger der kommunalen Selbst-Verw.

Slowakische Republik: Štrebské Pleso am gleichnamigen Karsee in der Hohen Tatra

sind die rd. 2 850 Gemeinden (obec). Beschlussorgan ist die Gemeindevertretung, die von der Bev. nach dem System der Mehrheitswahl für vier Jahre gewählt wird und aus ihrer Mitte einen Gemeinderat bestellen kann. Vors. beider Gremien und Vollzugsorgan der Gemeinde ist der Bürgermeister (starosta), der ebenfalls direkt für vier Jahre gewählt wird.

Recht: Die Justiz wurde 1990/91 noch durch Bundesgesetze reformiert. So gilt in der S. R. das tschechoslowak. Gerichtsverfassungsgesetz von 1991 mit Änderungen fort. Nach ihm besteht im Wesentlichen eine Einheitsgerichtsbarkeit. Die ordentl. Gerichtsbarkeit ist neben Zivil- und Strafsachen auch für den umfassenden gerichtl. Verwaltungsrechtsschutz zuständig. Sie ist dreistufig aufgebaut und wird von 55 Kreisgerichten, acht Bezirksgerichten und dem Obersten Gericht ausgeübt. Eine Sondergerichtsbarkeit bildet die zweistufige Militärstrafgerichtsbarkeit. Die Staatsanwaltschaft, die im Oktober 1996 neue gesetzl. Grundlagen erhalten hat, bildet eine eigenständige, hierarchisch strukturierte Organisation, die über die Strafverfolgung hinaus auch allgemeine Gesetzesaufsicht ausübt.

Streitkräfte: Die Gesamtstärke der Wehrpflichtarmee (Wehrdienstdauer 12 Monate) beträgt etwa 37 000 Mann. Das Heer verfügt über rd. 25 000, die Luftwaffe über etwa 12 000 Soldaten. Die Ausrüstung besteht im Wesentlichen aus rd. 470 Kampfpanzern und etwa 100 Kampfflugzeugen. – Das Land unterzeichnete 1994 die ›Partnerschaft für den Frieden‹ der NATO und ist seit 1994 assoziierter Partner der WEU. Eine Streitkräftereform hat langfristig eine ausgewogene, den Erfordernissen entsprechende Dislozie-

Größe und Bevölkerung (1996)				
Verwaltungsgebiet (kraj[1])	Hauptstadt	Fläche in km²	Ew.	Ew. je km²
Bratislavský kraj	Preßburg (Bratislava)	2 053	618 904	301
Trnavský kraj	Tyrnau (Trnava)	4 148	548 898	132
Trenčiansky kraj	Trentschin (Trenčín)	4 501	610 135	136
Nitransky kraj	Neutra (Nitra)	6 343	717 585	113
Žilinský kraj	Sillein (Žilina)	6 788	687 771	101
Banskobystrický kraj	Neusohl (Banská Bystrica)	9 455	664 024	70
Prešovský kraj	Preschau (Prešov)	8 993	773 121	86
Košický kraj	Kaschau (Košice)	6 753	758 494	112
Slowakische Republik	Preßburg	49 035[2]	5 378 932	110

[1] kraj = Bezirk. – [2] Differenzen durch Rundung.

Slow Slowakische Republik

Klimadaten von Preßburg (131 m ü. M.)

Monat	Mittleres tägl. Temperaturmaximum in °C	Mittlere Niederschlagsmenge in mm	Mittlere Anzahl der Tage mit Niederschlag	Mittlere tägl. Sonnenscheindauer in Stunden	Relative Luftfeuchtigkeit nachmittags in %
I	1,3	43	15	1,6	83
II	4,5	43	13	2,5	80
III	10,1	37	13	4,3	74
IV	16,2	35	10	6,0	68
V	21,1	56	12	7,5	69
VI	24,4	66	12	8,0	70
VII	26,8	54	11	8,0	68
VIII	26,1	62	11	7,5	71
IX	22,0	40	9	6,0	75
X	16,0	37	9	4,4	78
XI	7,8	54	14	1,9	83
XII	3,2	50	16	1,5	83
I–XII	14,9	577	145	4,9	75

rung, Gliederung und Ausrüstung, verbunden mit einer Anpassung an NATO-Strukturen, zum Ziel.

LANDESNATUR · BEVÖLKERUNG

Die S. R. ist größtenteils Gebirgsland im Bereich der Westkarpaten (etwa 80% des Landes liegen über 750 m ü. M.), über deren äußere Flyschzone die Grenze zur Tschech. Rep. (über die Weißen Karpaten, bis 970 m ü. M., und das Javornikgebirge, bis 1071 m ü. M.) und teilweise die Grenze zu Polen (Beskiden, in der Babia Góra bis 1725 m ü. M.) verläuft. Intramontane Becken und z. T. breite Täler (u. a. von Waag, Neutra, Gran) gliedern die Westkarpaten in einzelne Berggruppen und Gebirgsmassive, u. a. Hohe Tatra mit der Gerlsdorfer Spitze (mit 2655 m ü. M. die höchste Erhebung der Karpaten und damit auch der S. R.), Niedere Tatra (2043 m ü. M.), Große Fatra (1592 m ü. M.), Kleine Fatra (1709 m ü. M.) und Slowak. Erzgebirge (1476 m ü. M.), die z. T. Hochgebirgscharakter haben. Im äußersten O, östlich von Duklapass und Ondava-Ebene (Ostslowak. Ebene), hat die S. R. Anteil an den Waldkarpaten, und zwar mit dem Laborecbergland und dem vulkanisch geprägten Vihorlatgebirge (1076 m ü. M.). Ein weiteres Flachland breitet sich im SW an der Donau aus, die Südslowak. Ebene mit der Großen Schütt.

Klima: Das Klima ist gemäßigt kontinental, mit nach O zunehmender Kontinentalität; reliefbedingt treten dabei auf engstem Raum große klimat. Unterschiede auf. Die wärmsten und trockensten Gebiete sind die Süd- und die Ostslowak. Ebene; hier erreichen die Jahresdurchschnittswerte der Temperatur 10 °C, die jährl. Niederschlagsmengen etwa 500 mm. In den Höhenlagen der Gebirge liegen die entsprechenden Werte bei 0–3 °C und 2000 mm (Hohe Tatra). Bei anhaltendem Hochdruckwetter in den Wintermonaten tritt häufig eine Temperaturumkehr zw. den Gebirgsbecken (die dann kälter sind) und den sie umgebenden Höhen ein (die dann wärmer sind).

Bevölkerung: Von den Bewohnern der S. R. sind (1996) 85,67% Slowaken, 10,57% Ungarn (bes. in der Donauebene), 1,61% Sinti und Roma, 1,09% Tschechen, 5370 Deutsche (1930: 156000, 4,7% der damaligen slowak. Gesamt-Bev.) sowie 3150 Polen und 1850 Russen. 1920–35 siedelten etwa 500000,

Größte Städte (Ew. 1996)

Preßburg (Bratislava)	452300	Neusohl (Banská Bystrica)	85100
Kaschau (Košice)	241600	Tyrnau (Trnava)	70200
Preschau (Prešov)	93100	Sankt Martin (Martin)	60900
Neutra (Nitra)	87600	Trentschin (Trenčín)	59000
Sillein (Žilina)	86800		

1945–90 rd. 750000 Slowaken in die tschech. Landesteile über. Die Zuwachsrate der Bev. liegt (1995) bei 0,54% jährlich. Amtssprache ist Slowakisch, in den Minderheitsgebieten ist die Minderheitensprache zugelassen. Den naturräuml. Gegebenheiten entsprechend weist die Siedlungsdichte große Unterschiede auf; sie ist in den Tälern und Beckenlandschaften stellenweise sehr hoch (am südl. Gebirgsrand über 100 Ew./km²), Teile der Gebirge selbst sind dagegen fast siedlungsleer; die Siedlungsdichte nimmt von W nach O ab.

Religion: Die Verf. (Art. 24) garantiert die Religionsfreiheit und hebt in Art. 1 ausdrücklich die ›Nichtgebundenheit des Staates an Ideologie oder Religion‹ hervor. – Über 76% der Bev. sind Christen: Rd. 67,6% gehören der kath. Kirche an (darunter rd. 209000 Katholiken des byzantin. Ritus), rd. 8% prot. Kirchen (Lutheraner, Reformierte, Adventisten, Pfingstler, Baptisten), rd. 0,6% der orth. Kirche. Die kath. Kirche umfasst zwei Erzbistümer (Preßburg-Tyrnau, Sitz: Tyrnau; Kaschau) mit vier Suffraganbistümern und die Eparchie Preschau für die Katholiken des byzantin. Ritus in der O-Slowakei. Die größten prot. Kirchen sind die →Slowakische Evangelische Kirche Augsburger Bekenntnisses (rd. 329000 Mitgl.) und die ›Ref. Christl. Kirche in der Slowakei‹ (rd. 84500 Mitgl.). Die ›Orth. Kirche in den Tschech. Ländern und der Slowakei‹ besteht seit 1993 in der Struktur zweier autonomer Teilkirchen, deren kanon. Gemeinschaft durch ein gemeinsames Oberhaupt (Sitz: Prag) repräsentiert wird; die slowak. Teilkirche hat rd. 34000 Mitgl. – Die jüd. Gemeinden sind im ›Verband Jüd. Gemeinden in der S. R.‹ zusammengeschlossen und zählen rd. 3300 Mitgl., von denen etwa ein Drittel in Preßburg lebt.

Bildungswesen: Die Schulpflicht umfasst das 6.–16. Lebensjahr. Schul- und Hochschulstudium sind unentgeltlich. Nach der achten oder auch zehnten Klasse der Primarschule erfolgt der Übertritt in eine Fachschule (2–4 Jahre), in die Fachmittelschule oder das Gymnasium (je 4 Jahre), beide Typen führen zum Abitur. Für Angehörige der ungar. Minderheit stehen u. a. selbstständige Grundschulen und Gymnasien mit ungar. Unterrichtssprache sowie gemischte Schulen mit ungar. Klassen zur Verfügung. Die S. R. unterhält u. a. Univ. in Preßburg (gegr. 1919), Kaschau, Neusohl und Tyrnau sowie TH in Preßburg, Kaschau und Altsohl.

Publizistik: Die Medien sind größtenteils privatisiert und offiziell unabhängig, doch stehen oppositionelle Organe unter erhebl. Druck der Reg. Die wichtigsten Tageszeitungen sind ›Nový čas‹ (Neue Zeit; gegr. 1991, Boulevardzeitung, unabhängig; Auflage 235000), ›Pravda‹ (Wahrheit; früher Organ der KP, heute SDL-nah; 165000), ›Slovenská republika‹ (Slowak. Rep.; inoffizielles Sprachrohr der HZDS; 80000), ›Práca‹ (Arbeit; gegr. 1946, Gewerkschaftszeitung; 80000), ›Sme‹ (Wir sind; gegr. 1993, liberal-konservativ; 50000). Staatl. Nachrichtenagentur ist ›Tlačová agentúra Slovenskej republiky‹ (TASR). Hörfunk (›Slovenský rozhlas‹) und Fernsehen (›Slovenská televízia‹ mit den Programmen ST 1 und ST 2) sind öffentlich-rechtlich organisiert. In Konkurrenz dazu stehen private Hörfunksender sowie seit 1996 der Fernsehkanal ›Slovenská Televizna Spolocnost‹.

WIRTSCHAFT · VERKEHR

Die S. R. war 1990 etwa mit einem Drittel am Nationaleinkommen der Tschechoslowakei beteiligt. Die Teilung der Tschechoslowakei hatte für die S. R. in vielen Wirtschaftsbereichen, die weniger entwickelt waren als im tschech. Landesteil, weit reichende ökonom. Folgen. Die fehlenden Transferzahlungen aus der Tschech. Rep. in Höhe von 15 Mrd. Kronen führten 1993 zu einem gesamtwirtschaftl. Produktionsrückgang und zu einem Absinken des Bruttoinlandsproduktes (BIP) um − 4%. Erst 1994 konnte erstmals seit der Unabhängigkeit der S. R. eine steigende Industrieproduktion (6,6%; 1997: unter 4%) verzeichnet werden. Bis Mitte 1995 wurden Betriebe im Wert von 39 Mrd. Sk privatisiert, allerdings meist mit einem Staatsanteil bis zu 49%. Rund 63% des BIP werden von der Privatwirtschaft produziert: Der Anteil des Privatsektors beträgt im Verkehrswesen 60%, in der Industrie 64%, in der Landwirtschaft und im Bauwesen je 82% sowie im Einzelhandel 92%. Anfang 1998 betrug die Arbeitslosenquote 13,4%. Die Inflationsrate sank 1996 auf 5,8%, stieg aber 1997 wieder auf 6,5% mit zunehmender Tendenz. Die Stabilisierung der Wirtschaft und die Verringerung des stark anwachsenden Staatshaushaltsdefizites (1997: rd. 6%) sind deshalb Hauptaufgaben der slowak. Regierung.

Landwirtschaft: Die Slowakei war bis 1945 weitgehend landwirtschaftlich geprägt. Bis 1961 wurden die landwirtschaftl. Betriebe fast vollständig kollektiviert. Durch 1991 geschaffene Bedingungen (Gesetz über die Rückgabe des Bodens, Gesetz über die Verteilung genossenschaftl. Eigentums) wurde der größte Teil des Bodens an die ehemaligen Besitzer zurückgegeben. Im landwirtschaftl. Sektor sind etwa 10% der Erwerbstätigen beschäftigt, er erbringt aber nur noch 6% des BIP. Die landwirtschaftl. Produktion erfolgt zum großen Teil in Subsistenz- und Nebenerwerbsbetrieben. In den klimatisch begünstigten Ebenen werden Weizen, Mais, Zuckerrüben, Tabak, Sonnenblumen und Hopfen, in den unteren Gebirgslagen Roggen, Hafer, Gerste und Kartoffeln angebaut. Weinbau wird in der Umgebung von Preßburg betrieben. V. a. im Westen der S. R. dominiert die Schweinehaltung, daneben ist Rinderzucht, im Gebirge auch Schafzucht verbreitet.

Forstwirtschaft: Knapp 40% der Landesfläche sind bewaldet. Die größten Waldgebiete liegen in der Niederen Tatra, in der Großen und Kleinen Fatra und im Slowak. Erzgebirge. Neben dem Holzeinschlag werden die Wälder zur Wildhaltung und Jagd genutzt (z. T. werden Jagdgebiete für Devisen an Ausländer verpachtet).

Bodenschätze: Die ehemals reichen Bodenschätze im Slowak. Erzgebirge sind größtenteils ausgebeutet. Der Bergbau spielt in der Gesamtwirtschaft nur noch eine untergeordnete Rolle. Braunkohle wird in der zentralen Slowakei bei Nováky, Handlová und Banská überwiegend im Tagebau abgebaut. In geringem Umfang werden Erdöl und Erdgas im Marchgebiet gewonnen. Im Slowak. Erzgebirge wird bei Rudňany und Nižná Slaná in den Zips Eisenerz, bei Dúbrava Antimonerz und bei Jelšava (nahe Rosenau [Rožňava]) Magnesit abgebaut. Geringe Mengen von Blei- und Zinkerz werden im Schemnitzer Gebirge gefördert, bei Kremnitz (Kremnica) wird etwas Gold gewonnen. In den meisten anderen Rohstoffbereichen ist die S. R. ganz von Auslandslieferungen abhängig, v. a. aus der Russ. Föderation.

Energiewirtschaft: Mehr als 50% der Energieproduktion wird in den Kernkraftwerken Jaslovské Bohunice (nördlich von Tyrnau [Trnava]) und Mochovce (Westslowakei) produziert. Der Sicherheitsstandard des Reaktors der russ. Typs von Mochovce soll mit westl. Technologie (mithilfe der staatseigenen Électricité de France [EDF]) erlangt werden. Nach Beendigung des Umbaus wird das ältere Kraftwerk von Jaslovské Bohunice außer Betrieb gesetzt werden. Weiterhin wird der Energiebedarf durch Braunkohlekraftwerke bei Handlová im O und bei Preßburg sowie durch Energieimporte aus der Tschech. Rep. gedeckt. An der oberen und mittleren Waag und an mehreren ihrer Zuflüsse entstanden nach 1950 Wasserkraftwerke. Bei →Gabčíkovo ist ein aus ökolog. Gründen

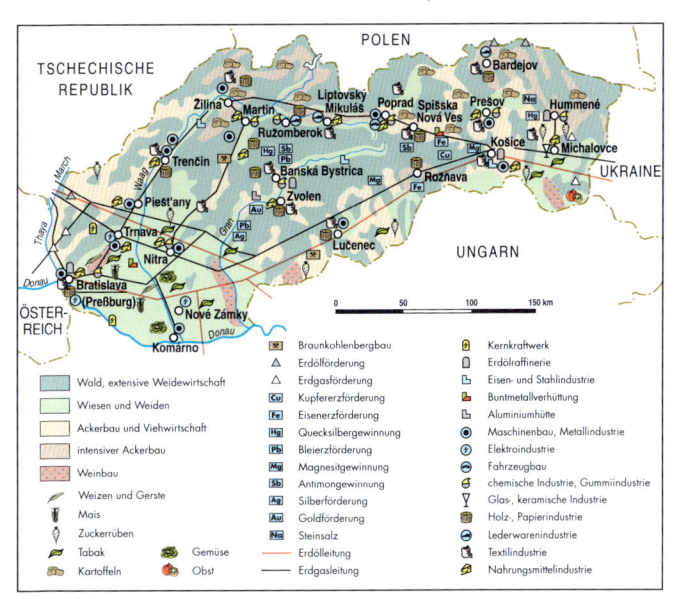

Slowakische Republik: Wirtschaft

stark umstrittenes Wasserkraftwerk seit 1992/93 in Betrieb.

Industrie: Neben der traditionellen, Nahrungsmittel und Holz verarbeitenden Industrie (u. a. Zellulosewerk in Ružomberok) entstanden nach 1946 Betriebe der Eisenerzverhüttung (Kaschau [Košice]; auch Verarbeitung ukrain. Erze) und Aluminiumerzeugung (Heiligenkreuz [Žiar nad Hronom]; aus ungar. Bauxit), der Rüstungsindustrie, des Maschinen-, Fahrzeug- (Lkw in Bánovce nad Bebravou und Čadca) und Schiffsbaus (Komorn [Komárno]), der chem. Industrie (Sillein, Humenné, Erdölverarbeitung bei Preßburg) sowie der Lederindustrie. Der Industriebereich hat sich nach der Umstrukturierung der slowak. Wirtschaft stabilisiert und erwirtschaftet mit sinkender Bedeutung (1995) rd. 36% des BIP. Der deutl. Rückgang der Schwerindustrie (v. a. Waffentechnik) ist überwunden, die Metallindustrie hat sich auf niedrigem Niveau stabilisiert. Bedeutsam sind weiterhin die Bau- sowie Nahrungs- und Genussmittelindustrie.

Dienstleistungssektor: Die Wirtschaft der S. R. wird mittlerweile vom Dienstleistungsbereich geprägt. 1995 wurden hier rd. 58% des BIP erwirtschaftet.

Tourismus: Anziehungspunkte des Fremdenverkehrs sind die Wintersportgebiete in der Hohen und Niederen Tatra, die Höhlen im Slowak. Karst und das Slowak. Paradies im Slowak. Erzgebirge. Die Westkarpaten sind reich an Mineralquellen, die durch mehrere Heilbäder genutzt werden (Pistyan [Piešťany], Trentschin-Teplitz [Trenčianske Teplice], Bartfeld [Bardejov]). Der Tourismusbereich stellt sich als die Branche mit der größten Wachstumsdynamik dar.

Außenwirtschaft: Die traditionellen Lieferbeziehungen mit tschech. Firmen haben sich als sehr beständig erwiesen und werden nur schrittweise durch neue Partner aus anderen Ländern ersetzt. Der wichtigste Handelspartner bleibt daher 1997 trotz rückläufiger Tendenz die Tschech. Rep. mit 27,2% Anteil am Export und 23,7% am Import, danach folgt Dtl. mit 22% bzw. 15,8%; Dtl. hat damit im Importbereich Russland (13,7%) verdrängt. Endprodukte wie v. a. Maschinen, Kraftfahrzeuge und elektron. Erzeugnisse machten (1997) 77% der Gesamtimporte aus. Das immer stärker zunehmende Leistungsbilanzdefizit von

Slow Slowakische Republik

(1997) 10,4 % wird durch ein hohes Handelsbilanzdefizit von 1 538 Mio. US-$ (11,0 %) verursacht.

Verkehr: Das Verkehrsnetz umfasst (1995) 3 660 km Eisenbahnstrecken, von denen nur 635 km elektrifiziert sind, und rd. 18 000 km Straßen, darunter 186 km Autobahn (Teilstück der Strecke Prag-Brünn-Preßburg). Große wirtschaftl. Bedeutung hat die Schifffahrt auf der Donau (Häfen in Komorn und Preßburg). Neben dem internat. Flughafen in Preßburg gibt es größere Inlandflughäfen in Poprad, Kaschau, Pistyan und Altsohl.

GESCHICHTE

Seit Ende des 5. Jh. kamen in mehreren Migrationswellen Westslawen in das Mittelgebirgsland der späteren Slowakei. Sie gerieten nach 567 unter awar. Herrschaft, gehörten zeitweilig wohl zum Reich des SAMO (etwa 625–660) und waren danach wieder Teil des Awarenreichs. Nach dessen Zerschlagung durch KARL D. GR. bildete sich um 800 in der Mitte und im W des Landes ein selbstständiges (christl.) Fürstentum mit dem Zentrum →Neutra aus. Dieses wurde jedoch unter MOJMÍR I. (830–846) dem Großmähr. Reich angeschlossen, das unter SWATOPLUK I. (870–894) auch Böhmen, S-Polen und SW-Ungarn umfasste. Schon vor der Missionierung durch die Slawenapostel KYRILLOS und METHODIOS (ab 863) war 828 in Neutra die erste christl. Kirche geweiht worden. Familienzwiste, Strafaktionen des Ostfränk. Reichs und die Angriffe der Magyaren trugen zum Zusammenbruch des Großmähr. Reichs (906) bei. Bis 1918 war die Slowakei, als ›Oberungarn‹ integraler Bestandteil des Reichs der Stephanskrone, unter ungar. Herrschaft; dessen Herrscher beuteten die natürl. Ressourcen (Gold, Silber, Kupfer) der Provinz aus, die Schauplatz häufiger Kämpfe mit den Nachbarn Böhmen und Polen war. Die mit der dt. Ostsiedlung um 1200 beginnende Einwanderung, bes. in der →Zips, war entscheidend für die Städtegründung und den Bergbau.

Die Wirren nach dem Aussterben der Arpaden (→Árpád) 1301 nutzte der Magnat MATÚŠ ČÁK (* um 1260, † 1321) zum Aufbau einer persönl. Herrschaft; nach den Hussitenkriegen behauptete JÁN JISKRA (* um 1420, † um 1466) die W- und Mittelslowakei. In der wichtigsten Stadt Preßburg (slowak. Prešporok, seit 1920/22 Bratislava) gründete der ungar. König MATTHIAS I. CORVINUS 1465 die Academia Istropolitana, die aber nach 1490 in der Univ. Budapest aufging. Unter der Dynastie der Jagiellonen wurden Ungarn, Polen und Böhmen politisch vereinigt.

Nach dem Übergang der ungar. Krone an das Haus Habsburg 1526/27 und dem Vorrücken der Osmanen gewann die noch türk. Besetzung verschonte Slowakei große militär. Bedeutung. Preßburg stieg zur provisor., ihren Rang jedoch bis 1848 behauptenden Haupt- und Krönungsstadt auf. Von dem unter türk. Oberhoheit stehenden Fürstentum Siebenbürgen gingen immer wieder Versuche aus, Teile der Slowakei zu okkupieren: I. BOCSKAY und G. BETHLEN VON IKTÁR konnten sich die O-Slowakei unterwerfen, wobei ihnen die religiöse Intoleranz der Habsburger gegen die mehrheitlich luther. Bewohner zugute kam. Erzbischof P. PÁZMÁNY leitete in Trnava (Tyrnau), das 1635 eine Jesuiten-Univ. erhielt, die gewaltsame Gegenreformation ein. Die Aufstände des ungar. Adels gegen die Habsburger (Wesselényische Verschwörung 1664–71; Kuruzenaufstand 1678–82; Freiheitskampf FRANZ' II. RÁKÓCZI 1703–11) erfassten auch die Slowakei. Das Toleranzpatent Kaiser JOSEPHS II. 1781 und die Aufhebung der Leibeigenschaft erleichterten die Lage der Bevölkerung, die sich danach aber von der Magyarisierungspolitik Ungarns bedroht sah.

Obwohl eine Volkssprache bewahrt werden konnte, bildeten sich vor der Mitte des 19. Jh. Geschichtsbewusstsein und eigenständige geistig-kulturelle Traditionen nur in Ansätzen heraus. Erst die Schaffung einer Schriftsprache durch L'. ŠTÚR um 1840 (kodifiziert 1843) begünstigte das Entstehen eines slowak. Nationalbewusstseins. Nachdem im ungar. Freiheitskrieg 1848/49 der schwache Versuch misslungen war, eine größere polit. Eigenständigkeit zu erlangen, scheiterten auch die 1860/61 unternommenen Initiativen, die Slowakei zu einem autonomen Kronland zu erheben. Im Österr.-Ungar. Ausgleich 1867 wurde sie wieder der uneingeschränkten ungar. Verwaltung unterstellt, die eine rigorose Magyarisierungspolitik verfolgte. Die nationalpolit. Unterdrückung zwang bis 1914 über 600 000 Slowaken zur Auswanderung nach Amerika.

Die kleine slowak. Elite vertrat zunehmend die Auffassung, dass allein das Zusammengehen mit den Tschechen der Entnationalisierung, Rückständigkeit und Armut Einhalt gebieten könne. Am 30. 5. 1918 unterzeichnete T. G. MASARYK das mit slowak. Organisationen in den USA vereinbarte **Pittsburgher Abkommen**. In ihm erklärten die Slowaken ihre Bereitschaft, sich einem gemeinsamen Staat der Tschechen und Slowaken anzuschließen, wenn ihnen Autonomie gewährt würde. Auf Initiative der tschech. Auslandsaktion stimmten die Alliierten 1918 der Vereinigung der Slowakei mit den böhm. Ländern zu (verwirklicht am 28. 10. 1918; am 30. 10. Bildung eines ›Slowak. Nationalrats‹). In den Friedensverträgen von Saint-Germain-en-Laye (1919) und Trianon (1920) wurde der Zusammenschluss zur →Tschechoslowakei sanktioniert.

Als die zugesicherte Autonomie nicht verwirklicht wurde, entwickelte sich gegen die von Prag ausgehende zentralist. Verwaltung früh Widerstand, wobei v. a. die katholisch-konservative ›Slowak. Volkspartei‹ unter HLINKA (slowak. Abk. HSL'S), die von 30 % der Wähler unterstützt wurde, die Gewährung polit. Autonomie forderte. Die Sudetenkrise (ab Sommer 1938) und das Münchener Abkommen (29. 9. 1938) wusste die HSL'S zu nutzen, um im ›Silleiner Abkommen‹ (6. 10. 1938) eine Föderalisierung der Tschechoslowakei zu erzwingen; trotz schwerer Territorialverluste an Ungarn im 1. Wiener Schiedsspruch (2. 11. 1938) strebten Teile der Partei im 2. Untertstützung die volle Souveränität an. Im Zuge der Liquidation der Tschechoslowakei forcierte HITLER am 14. 3. 1939 die Erklärung der staatl. Selbstständigkeit der Slowakei (S. R.); als Vorbild für die natsoz. ›neue Ordnung in Europa‹ wurde sie ein mit Dtl. – in einem Satellitenverhältnis – eng verbundener ›Schutzstaat‹, der u. a. von der Sowjetunion anerkannt wurde und ein autoritäres Reg.-System mit ständestaatl. Vorstellungen berücksichtigender Verf. erhielt (Staatspräs.: J. TISO, 1939–45). Am 29. 8. 1944 brach in der Mittelslowakei im Gebiet von Neusohl der ›Slowak. Nationalaufstand‹ der seit 1943 im ›Slowak. Nationalrat‹ verbundenen Gegner des Tiso-Regimes für die Wiedererrichtung der Tschechoslowakei aus; er wurde von dt. Truppen bis zum 28. 10. niedergeschlagen.

Nach der Besetzung durch sowjet. Truppen wurde die Slowakei 1945 wieder ein Teil der (ab 1948) kommunistisch regierten Tschechoslowakei; 1945/46 kam es zur Vertreibung der (Karpaten-)Deutschen und Zipser Sachsen. Obwohl im Kaschauer Programm (5. 4. 1945) der Landesselbstverwaltung zugesichert und diese im Grundgesetz vom 9. 5. 1948 sowie in der Verf. vom 11. 7. 1960 verankert worden war, wurde sie nur ansatzweise verwirklicht. Weder die Landes-Reg. (Ausschuss der Beauftragten) noch die slowak. KP konnten sich gegen die Prager Zentrale behaupten; sie mussten in den 1950er-Jahren mehrfach Säuberungen wegen ›bourgeois-nationalist. Tendenzen‹ über sich ergehen lassen (u. a. Verhaftung von G. HUSAK). Seit dem XII. Parteitag der tschechoslowak. KP (Dezember 1962) konnten jedoch die durch eine bevorzugte Industrialisierung ihres Landes selbstbewusster gewordenen Slowaken ihren Einfluss steigern. Als Nachwirkung der reformkommunist. Bestrebungen des ›Prager Frühlings‹ 1968, die unter A. DUBČEK (seit 1963 Chef der slowak. KP) in der Slowakei z. T. schon früher eingesetzt hatten, erhielt die Slowakei zum 1. 1. 1969 als ›Slowak. Sozialist. Rep.‹ formal Autonomie. Die sich bietenden Aufstiegschancen wurden von der slowak. Intelligenz konsequent genutzt, sodass nach der bewaffneten Niederschlagung der Reformen der von der UdSSR erzwungene ›Normalisierungskurs‹ in der Slowakei auf wenig Widerstand stieß und die (spätere) Bürgerrechtsbewegung ›Charta 77‹ nahezu ohne Resonanz blieb.

Nach dem Zusammenbruch des kommunist. Herrschaftssystems im Zuge der ›sanften Revolution‹ von 1989 erfolgte im Frühjahr 1990 die Umwandlung in eine föderative Rep. innerhalb der ČSFR. Die ersten freien Wahlen am 8./9. 6. 1990 gewann die Bewegung ›Öffentlichkeit gegen Gewalt‹ (VPN), und bildete daraufhin eine Koalitions-Reg. mit der KDH, zunächst ab 24. 6. 1990 unter Min.-Präs. V. MEČIAR (VPN, Austritt 6. 3. 1991), ab 23. 4. 1991 unter Min.-Präs. JÁN ČARNOGURSKÝ (KDH). Im März/April 1991 spaltete sich die VPN in die starke HZDS (Vors.: MEČIAR) und eine rechtsliberale ›Demokrat. Bürgerunion‹. Bei den Wahlen am 5./6. 6. 1992 siegte die HZDS; der Populist V. MEČIAR wurde am 24. 6. erneut Min.-Präs. Die von ihm forciert betriebene Politik der Unabhängigkeit der Slowakei führte zum Auseinanderbrechen der ČSFR. Verhandlungen mit dem tschech. Min.-Präs. V. KLAUS über die Bildung einer Konföderation scheiterten. Am 17. 7. 1992 proklamierte der Nationalrat die Unabhängigkeit der S. R.; staatsrechtlich vorbereitet durch die Verf. vom 3. 9. 1992, trat sie am 1. 1. 1993 mit der Auflösung der ČSFR in Kraft. Am 15. 2. 1993 wurde M. KOVAČ (HZDS) zum Staatspräs. gewählt; in der Folge blieb die innenpolit. Situation v. a. vom Machtkampf zw. KOVAČ und MEČIAR (gestürzt am 11. 3. 1994) bestimmt. Die Wahlen vom 30. 9./1. 10. 1994 bestätigten modifiziert erneut die HZDS, MEČIAR wurde am 14. 12. Min.-Präs. einer Koalition aus u. a. HZDS und SNS. Obwohl die Reg. versuchte, Anschluss an die internat. Gemeinschaft zu finden (u. a. Partnerschaftsvertrag mit der NATO vom 9. 2. 1994, Assoziierungsvertrag mit der EU, in Kraft ab 1. 2. 1995), wuchs durch anhaltende innenpolit. Machtkämpfe und durch die Situation der ungar. Minderheit die Isolierung der S. R. Nach dem Ende der Amtszeit von Präs. KOVAČ (2. 3. 1998) blieb das Amt des Präs. zunächst unbesetzt. Bei den Wahlen am 25./26. 9. 1998 erlitt die HZDS eine deutl. Niederlage; sie blieb aber knapp stärkste polit. Kraft.

R. W. SETON-WATSON: A history of the Czechs and Slovaks (London 1943, Nachdr. Hamden, Conn., 1965); J. LETTRICH: History of modern Slovakia (New York 1955); J. M. KIRSCHBAUM: Slovakia. Nation at the crossroads of Central Europe (ebd. 1960); L. VON GOGOLAK: Beitr. zur Gesch. des slowak. Volkes, 3 Bde. (1963–72); J. K. HOENSCH: Die Slowakei u. Hitlers Ostpolitik (1965); L. LIPTÁK: Slovensko v 20. storočí (Preßburg 1968); K. REBRO: Der Weg der Slowaken zur nat. Souveränität (ebd. 1969); E. STEINER: The Slovak dilemma (London 1973); P. BROCK: The Slovak national awakening (Toronto 1976); J. A. MIKUŠ: Slovakia and the Slovaks (Washington, D. C., 1977); Slovensko, hg. v. J. TIBENSKÝ, 2 Dejiny (Preßburg ²1978); Dejiny Slovenska, hg. v. S. CAMBEL, 6 Bde. (ebd. 1985–91); Reflections on Slowak history, hg. v. S. J. KIRSCHBAUM u. a. (Toronto 1987); Beitr. zur ältesten Besiedelung der Slowakei, hg. v. V. SEDLÁK (Preßburg 1994); J. FILIP: Entwicklungstendenzen der Agrarstrukturen in der Tschech. u. in der Slowak. Rep. (1994); J. KRUPPA u. J. LENGER: Chancen u. Perspektiven in der S. R. (1994); The transformation of Slovakia, hg. v. P. FLEISSNER (1994); F. X. KEILHOFER: Wirtschaftl. Transformation in der Tschech. Rep. u. in der S. R. (1995); Mittel- u. Osteuropa auf dem Weg in die Europ. Union, hg. v. W. WEIDENFELD (²1996); Die Reformation u. ihre Wirkungsgesch. in der Slowakei, hg. v. K. SCHWARZ u. P. ŠVORC (Wien 1996); H. P. BROGIATO: Tschechoslowakei – Tschechien – Slowakei. Lit. in westl. Sprachen 1975–1995 (1997); Global Report on Slovakia, hg. v. M. BÚTORA u. P. HUNÍK (Preßburg 1997); E. HOCHBERGER: Das große Buch der Slowakei (1997).

Slowakisches Erzgebirge, slowak. **Slovenské rudohorie** [ˈslɔvɛnskɛ ˈrudɔhɔrjɛ], waldreiches Mittelgebirge im SO der Slowak. Rep., Teil der östl. inneren Westkarpaten, durch den Oberlauf der Gran von der Niederen Tatra getrennt, 140 km lang und 40 km breit, in der Stolica bis 1 476 m ü. M.; aus kristallinen Schiefern und Eruptivgesteinen aufgebaut, die von triass. Kalken und Dolomiten überlagert werden. Die für das S. E. charakterist. welligen Hochflächen werden von breiten Gebirgskämmen überragt. Die einst reichen Erzvorkommen (Eisen, Mangan, Kupfer, Blei, Zink, Antimon) wurden seit dem 14. Jh. abgebaut, sind aber heute weitgehend erschöpft (Bergbau nur noch bei Zipser Neudorf). Im östl. Teil liegt die mächtige Kalkgebirgsscholle **Slowakisches Paradies** (**Slovenský raj;** bis 1 266 m ü. M.) mit engen Talschluchten, Wasserfällen (bis 60 m hoch) und Karsthöhlen, im SO an der Grenze zu Ungarn das stark verkarstete Kalkplateau **Slowakischer Karst** (**Slovenský kras;** bis 947 m ü. M.), wo in einem 360 km² großen Nationalpark mehrere Höhlen liegen, darunter die Baradlahöhle (22 km lang, davon 6 km in der Slowak. Rep.), die Eishöhle von Dobschau (8 km lang; 13 m hoher Eisfall) und die von einem Fluss durchflossene Tropfsteinhöhle von Domica (5 km lang).

slowakische Sprache, westslaw. Sprache (→slawische Sprachen), die von etwa 5,4 Mio. Slowaken in der Slowak. Rep. (Amtssprache) sowie von Minderheiten in angrenzenden Gebieten, v. a. in Ungarn, gesprochen wird.

Die s. S. verwendet die lat. *Schrift* mit zusätzl. diakrit. Zeichen; sie folgt phonetisch-etymolog. Prinzipien. In bestimmten etymolog. Positionen stehen ý, ý statt i, í; vor ihnen bleiben d, t, l, n hart. – Der *Wortakzent* ruht immer auf der ersten Silbe.

Das *Lautsystem* ist durch ein System von kurzen und langen Vokalphonemen gekennzeichnet; in der Schrift werden die Längen durch Akut markiert. Die Einteilung in kurze und lange Vokalphoneme ist nicht unumstritten, da diesem System sechs kurze und fünf lange Vokale sowie die vier Diphthonge ia [ja], ie [jɛ], iu [ju], ô [ʊɔ] entsprechen, die jedoch als lange Vokale, also monophonematisch gewertet werden können. Hinzu kommen silbisches l und r, die ebenfalls lang sein können; ä [æ] kommt nur nach den Labialen b, p, m, v vor. Nach dem rhythm. Gesetz dürfen zwei Längen in einem Wort nicht aufeinander folgen; die zweite Länge (wobei Diphthonge als Länge gelten) wird gekürzt. – Den Vokalphonemen stehen 27 Konsonantenphoneme gegenüber. Die Stimmtonkorrelation ist stark ausgeprägt, im Auslaut aber zugunsten der Stimmlosigkeit neutralisiert. Ansonsten unterliegen stimmhafte und stimmlose Konsonanten der regressiven Assimilation. Eine Besonderheit bei verbundener Aussprache ist die Assimilation stimmloser auslautender Konsonanten an die Stimmhaftigkeit der Anlautvokale und -sonanten des Folgewortes. In der Palatalitätskorrelation stehen den Dentalen d, t, n, l die Palatale d', t', ň, l' gegenüber. Die Phoneme č, dž, š, ž, j sind immer palatal. Im Silbenauslaut vor Konsonanten und im Wortauslaut wird v als [u̯] gesprochen, z. B. pravda [prau̯da], krv [kru̯].

Die *Deklination* der Substantive weist die Kategorien Numerus (Sg. und Pl.), Kasus (sechs Kasus) und Genus (Femininum, Maskulinum, Neutrum) auf sowie Beseeltheit, d. h. die Verwendung der Genitivform für den Akkusativ bei maskulinen Lebewesen im Sg.

Slow Slowakische Volkspartei – Slowenien

und bei maskulinen Personen im Plural. Außerdem gibt es im Nominativ Pl. besondere Personalformen auf -i, -ia und -ovia für männl. Personen.

Das *Verbalsystem* ist durch Aspekt (perfektiv, imperfektiv), Modus (Indikativ, Imperativ, Konditional) und Tempus (Präsens, Futur, Präteritum) bestimmt. Der Infinitiv aller Verbklassen endet auf -ť.

Die *Lexik* steht der des Tschechischen sehr nahe. Neben lat. und dt. Lehnwörtern gibt es auch ungar. und rumänische. Eine Reihe von Lehnwörtern stammt aus dem Tschechischen, aber bewusste Abgrenzungstendenzen gegenüber dem Tschechischen haben vielfach zu stärkerer Berücksichtigung von Wörtern aus den eigenen Dialekten und zur Bildung von Neologismen geführt.

Die *Dialekte* werden in eine westslowak. (Preßburg-Trentschin), mittelslowak. (Tatra) und ostslowak. (Kaschau-Prešov) Gruppe eingeteilt. Die Schriftsprache basiert auf dem mittelslowak. Dialekten.

Geschichte: Die slowak. Dialekte sonderten sich seit dem 10. Jh. aus dem Späturslawischen aus; dabei lassen sich drei Dialektgruppen rekonstruieren, von denen die mittlere einige südslaw. Elemente aufweis. Seit dem 15. Jh. begannen die Slowaken, als Schriftsprache neben dem Lateinischen das Tschechische zu benutzen. Als Staatssprache galt daneben bis ins 20. Jh. das Ungarische. Der kath. Priester Antonín Bernolák (* 1762, † 1813) unternahm den ersten Versuch einer Kodifizierung der slowak. Schriftsprache auf der Grundlage des dem Tschechischen nahe stehenden westslowak. Dialekts (›Grammatica slavica‹, 1790). Dieser als ›katholisch‹ geltenden Sprache setzte L'. Štúr seine ›prot.‹ Schriftsprache entgegen, die auf dem Mittelslowakischen gründet (›Nauka reči slovenskej‹, 1846). Diese wurde nach der Einigung zw. Katholiken und Protestanten (1851) in der 1852 anonym herausgegebenen ›Krátka mluvnica slovenská‹ festgelegt und gilt – mit geringfügigen Änderungen (Reformen 1940 und 1953) – noch heute.

J. Stanislav: Dejiny slovenského jazyka, 5 Bde. (Preßburg 1956–73); ders.: Slowak. Gramm. (ebd. 1977); J. Orlovský: Slovenská syntax (ebd. ³1971); J. Siarsky: Slovensko-nemecký slovník (ebd. 1973); P. Baláž u. M. Darovec: Lb. der s. S. für Slawisten (ebd. ²1978); M. Čierna: Nemecko-slovenský slovník (Preßburg 1981); M. S. Ďurica: Die histor. u. sprachwiss. Entwicklung der s. S. (1981); R. Krajčovič: Povod a vývin slovenského jazyka (Preßburg 1981); O. E. Swan u. S. Gálová-Lorinc: Beginning Slovak (Columbus, Oh., 1990); A reader in Slovak linguistics, hg. v. J. Kacala u. a. (München 1992); L. Brinkel: Taschen-Lb. Slowakisch (³1994).

Slowakische Volkspartei, slowak. **Hlinkova slovenská l'udová strana** [- ˈslɔvɛnska: ˈljudɔva: -], Abk. **HSL'S,** 1918–45 Partei in der Slowakei, hervorgegangen aus der ›Volkspartei‹ (›L'udová strana‹, gegr. 1905), trat auf katholisch-konservativer Grundlage für die Autonomie der Slowakei ein (1925: 23, 1935: 22 Abg. im tschechoslowak. Parlament). 1938–45 war sie die allein zugelassene Partei in der Slowakei. Vors.: A. Hlinka (1918–38), J. Tiso (1938–45). – Ab 1938 wurde innerhalb der S. V. die **Hlinka-Garde,** eine paramilitär. Parteigruppe, aufgebaut (erfasste alle männl. Staatsbürger zw. dem 6. und 60. Lebensjahr). Sie war den ital. ›Fasci di combattimento‹ und der dt. SA nachgebildet.

Slowenen, 1) Eigen-Bez. **Slovenci** [slɔˈvɛntsi], südslaw. Volk, etwa 2,1 Mio. Angehörige, überwiegend in Slowenien (1,8 Mio.), ferner in NO-Italien, Kroatien, Österreich (S-Kärnten, S-Steiermark; knapp 20 000) und SW-Ungarn. – Die S. zogen um die Mitte des 6. Jh. vom oberen Dnjepr an die untere Donau und breiteten sich seit 568 in Pannonien und 590 in Noricum mediterraneum aus. Ihr Zug in den Ostalpenraum wurde durch die von N her vorstoßenden Baiern aufgehalten, durch die sie kulturell stark beeinflusst wurden. Im 7. Jh. errichteten sie das Fürstentum Karantanien (Zentrum: Karnburg bei Klagenfurt, nach dem sie sich in der Frühzeit auch →Karantaner nannten). Obgleich die S. seit dem Spät-MA. zum Habsburgerreich gehörten, konnten sie, mithilfe der römisch-kath. Geistlichkeit, ihre ethn. Identität bewahren. (→Slawen)

2) ostslaw. Stamm, im 9./10. Jh. am Ilmensee; Zentrum: Nowgorod.

Slowenien
Fläche 20 255 km²
Einwohner (1996) 1,9 Mio.
Hauptstadt Ljubljana
Amtssprache Slowenisch
Nationalfeiertag 25.6.
Währung Tolar (SIT) = 100 Stotinov
Zeitzone MEZ

Slowenien, slowen. **Slovenija,** amtl. **Republika Slovenija,** Staat im S Mitteleuropas, grenzt im N an Österreich (Kärnten und Steiermark), im NO an Ungarn, im O und S an Kroatien, im W an Italien und (südlich von Triest) mit einem rd. 40 km langen Küstenabschnitt an das Adriat. Meer, 20 255 km², (1996) 1,9 Mio. Ew., Hauptstadt ist Ljubljana, Amtssprache Slowenisch. Währung ist der Tolar (SlT) = 100 Stotinov. Zeitzone: MEZ.

STAAT · RECHT

Verfassung: Laut Verf. vom 23. 12. 1991 ist S. eine demokrat. Rep. mit parlamentar. Reg.-System, das auch plebiszitäre Elemente enthält. Die Ausgestaltung der Grundrechte entspricht internat. Menschenrechtsstandards. Die ungar. und ital. Minderheiten genießen auf der Basis der Personalautonomie vollen Schutz. Das Staatsangehörigkeits-Ges. vom 25. 6. 1991 räumt Staatsangehörigen der früheren Föderativen Rep. Jugoslawien mit ständigem Wohnsitz in S. ein befristetes Optionsrecht ein.

Staatsoberhaupt ist der auf fünf Jahre direkt gewählte Präs. (einmalige unmittelbare Wiederwahl zulässig); seine Befugnisse sind vergleichsweise gering. Der Präs. kann von der Staatsversammlung wegen Verf.- und schweren Gesetzesverletzungen beim Verf.-Gericht angeklagt werden, das ggf. auf Amtsverlust erkennt. Die gesetzgebende Gewalt liegt bei der Staatsversammlung (Državni zbor), deren 90 Abg. in einem komplizierten System der personalisierten Verhältniswahl für vier Jahre gewählt werden. Beschränkte Mit-

Slowenien: Übersichtskarte

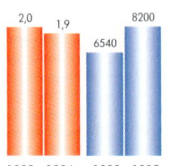

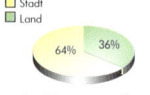

wirkungsbefugnisse besitzt der Staatsrat (Državni svet), dessen 40 Mitgl. kommunale und berufsständ. Interessen vertreten. Eine vorzeitige Parlamentsauflösung durch den Präs. ist möglich. Die Exekutivgewalt ist der Reg. unter Vorsitz des Min.-Präs. zugewiesen; ihre Mitgl. werden von der Staatsversammlung einzeln gewählt. Das Kabinett ist dem Parlament verantwortlich und kann durch konstruktives Misstrauensvotum gestürzt werden. – Die Zuständigkeit des seit 1964 bestehenden Verf.-Gerichts (neun Richter, auf Vorschlag des Präs. von der Staatsversammlung auf neun Jahre gewählt) wurde per Ges. vom 8. 3. 1994 erweitert und erstreckt sich nunmehr über die Normenkontrolle hinaus auf Verf.-Beschwerden.

Parteien: Nach der Durchsetzung des Mehrparteiensystems (1989) bildete sich eine Vielzahl von Parteien, darunter v. a. die Liberalen Demokraten (LDS), die Slowen. Volkspartei (SLS), die Sozialdemokrat. Partei (SDS), die Slowen. Christdemokraten (SKD), die Vereinigte Liste der Sozialdemokraten (ZLDS) und die Demokrat. Partei der Pensionäre (DeSUS).

Wappen: Das 1991 eingeführte Wappen zeigt in einem blauen Schild den Berg Triglav mit drei Bergspitzen, darüber drei goldene Sterne für die drei für S. geschichtsträchtigen Jahre 1918, 1945 und 1991. Die zwei blauen Wellenlinien unter den Bergspitzen stehen für die Flüsse Drau und Save.

Nationalfeiertag: 25. 6., zur Erinnerung an die Proklamation der Unabhängigkeit 1991.

Verwaltung: Seit Anfang 1995 (Umsetzung der Reformgesetzgebung von 1993/94) wird klar zw. staatl. Verw. und kommunaler Selbst-Verw. unterschieden. Träger der Selbst-Verw., die auch staatl. Verw.-Aufgaben wahrnehmen, sind die 147 Gemeinden, unter denen die 11 Stadtgemeinden eine Sonderstellung einnehmen. Beschlussorgan ist der Gemeinderat, Vollzugsorgan der Bürgermeister (župan). Beide werden für vier Jahre direkt gewählt. In Siedlungsgebieten nat. Minderheiten steht diesen eine Mindestrepräsentation im Gemeinderat zu.

Recht: Die Justizreform erfolgte 1994. Hiernach werden die Aufgaben der Zivil- und Strafgerichtsbarkeit von der ordentl. Gerichtsbarkeit erfüllt, die vierstufig aufgebaut ist. Es bestehen 44 Kreisgerichte, elf Bezirksgerichte, vier Obergerichte und das Oberste Gericht. Daneben gibt es eine zweistufige Arbeits- und Sozialgerichtsbarkeit. Hier führt der Instanzenzug von den vier Arbeitsgerichten über das Obere Arbeits- und Sozialgericht letztlich auch zum Obersten Gericht. Seit Anfang 1998 ist außerdem ein Verwaltungsgericht tätig, von dem der Rechtszug ebenfalls zum Obersten Gericht führt. Strafverfolgungs- und Anklagebehörde ist die Staatsanwaltschaft, die auch das öffentl. Interesse in Zivil- und Verwaltungsverfahren vertritt. Sie ist dem Justizministerium zu-, aber nicht untergeordnet.

Streitkräfte: Die Gesamtstärke der Wehrpflichtarmee (Dienstzeit sieben Monate) beträgt rd. 10 000, die der Reservisten etwa 53 000 sowie die der dem Innen-Min. unterstellten Polizeikräfte rd. 7 000 Mann. Das Heer mit 9 600 Soldaten) ist v. a. gegliedert in sieben Infanteriebrigaden, eine Luftabwehrbrigade und zwei mechanisierte Bataillone. In Reserve werden zwei mechanisierte Infanterie- und zwei Artilleriebataillone, ein Panzerabwehr- und ein Küstenverteidigungsbataillon gehalten. Luftwaffe und Marine verfügen über je etwa 200 Mann. Die Ausrüstung besteht im Wesentlichen aus rd. 100 Kampfpanzern, 10 Kampfflugzeugen und zwei Patrouillenbooten. – Das Land unterzeichnete 1994 die ›Partnerschaft für den Frieden‹ der NATO und ist seit 1996 assoziierter Partner der WEU. Im Zusammenhang mit einer weiteren Modernisierung und Professionalisierung der Streitkräfte sowie der Anpassung der militär. Strukturen an westl. Vorbilder ist u. a. auch vorgesehen, die Friedensstärke der Armee auf rd. 40 000 Mann (darunter 10 000 Zeit- und Berufssoldaten) zu erhöhen.

LANDESNATUR · BEVÖLKERUNG

S. ist überwiegend Gebirgsland im Einzugsbereich der oberen Save; es hat im NW Anteil an den Südl. Kalkalpen, und zwar an den →Julischen Alpen (mit dem Triglav, dem mit 2 864 m ü. M. höchsten Berg S.s) und – nördlich der Save – an den Karawanken (über deren Kamm die Grenze gegen Kärnten verläuft), an die im SO die Steiner Alpen (im Grintavec 2 558 m ü. M.) anschließen. Nach S gehen die Kalkalpen in die stark verkarsteten und daher dünn besiedelten Gebirgszüge und Hochebenen des Dinar. Gebirges (Karst mit großen Höhlen, darunter die Höhlen von Škocjan, die zum UNESCO-Weltnaturerbe gehören) über; im S bis zum Krainer Schneeberg (Snežnik; 1 796 m ü. M.) reichend. Den NO nehmen Ausläufer der Steir. Randgebirge (Zentralalpen) ein, Bachergebirge (Pohorje) südlich der Drau und zw. Drau und Mur die Windischen Bühel (Slovenske Gorice) mit dem Poßruck (Kozjak), sowie im äußersten NO (nördlich der Mur) das Goričko (im Serdiški breg 418 m ü. M.) als Ausläufer des Grazer Berglands. Südlich der Save südöstlich von Ljubljana erstreckt sich das fruchtbare und dicht besiedelte Hügelland der Unterkrain (Dolenjska) bis zum Uskokengebirge; südlich davon bildet das Randgebiet des Savetieflands den äußersten SO des Landes.

Klimadaten von Ljubljana (299 m ü. M.)					
Monat	Mittleres tägl. Temperaturmaximum in °C	Mittlere Niederschlagsmenge in mm	Mittlere Anzahl der Tage mit Niederschlag	Mittlere tägl. Sonnenscheindauer in Stunden	Relative Luftfeuchtigkeit nachmittags in %
I	2,2	88	13	1,6	86
II	5,1	89	11	2,6	80
III	10,0	76	11	4,1	74
IV	15,3	98	13	5,5	72
V	20,0	121	16	6,5	72
VI	23,7	133	15	7,2	72
VII	26,5	113	12	8,0	73
VIII	25,7	127	12	7,5	74
IX	21,7	142	10	5,0	79
X	15,1	151	14	3,3	83
XI	8,1	131	15	1,3	87
XII	3,7	144	18	1,0	90
I–XII	14,8	1413	158	4,5	79

Klima: Das Klima ist relativ kontinental, im SW ausgesprochen mediterran. Bes. niederschlagsreich sind die Jul. Alpen (3 000 mm/Jahr). Am Adriat. Meer verursacht der im Frühjahr auftretende kalte Fallwind (Bora) an den Kulturen oft beträchtl. Schäden.

Bevölkerung: Von den Bewohnern sind (nach Zählung 1991) fast 88 % Slowenen, 2,8 % Kroaten, 2,4 % Serben, 1,4 % Muslime (ethn. Zugehörigkeit) sowie als Minderheiten Ungarn, Albaner, Italiener, Makedonier und Montenegriner. Die Bev. konzentriert sich in den vielfach beckenartig erweiterten Tälern von Save (bes. Becken von Ljubljana), Sann und Krka sowie in der Ptujer Ebene beiderseits der Drau und im Murfeld im äußersten NO. Das durchschnittliche jährl. Bev.-Wachstum beträgt (1985–95) 0,1 %, der Anteil der

Größte Städte (Ew. 1994)			
Ljubljana	270 000	Kranj	36 800
Maribor	103 100	Velenje	27 100
Celje	39 800	Koper	24 600

Slow Slowenien

Slowenien: Teil der Julischen Alpen mit dem 2 864 m hohen Triglav (rechts)

städt. Bev. (1995) 64%. Die größten Städte sind Ljubljana und Maribor.

Religion: Die Verf. garantiert die Religionsfreiheit. Als Grundlage des laizist. Staatsverständnisses des slowen. Staates ist das Prinzip der Trennung von Staat und Kirche in der Verf. verankert. Für die Beziehungen des Staates zu den Religionsgemeinschaften (u. a. für deren Registrierung) besteht seit 1994 das der Reg. zugeordnete ›Büro für Religionsgemeinschaften‹. – Über 87% der Bev. sind Christen: Rd. 83,3% gehören der kath. Kirche an, rd. 2,5% der serbisch-orth. Kirche, rd. 1,3% prot. Kirchen (Lutheraner, Adventisten, Pfingstler, Baptisten). Die kath. Kirche umfasst das Erzbistum Ljubljana mit den Suffraganbistümern Koper und Maribor. Größte prot. Kirche ist die ›Ev. Kirche Augsburg. Bekenntnisses in S.‹ mit rd. 19 000 Mitgl. (v. a. im Übermurgebiet), deren Ausgangspunkt das Wirken P. TRUBARS bildete. Die muslim. Minderheit untersteht der geistl. Autorität des ›Islam. Seniorats‹ in Sarajevo. Eine zahlenmäßig sehr kleine jüd. Gemeinde besteht in Ljubljana.

Bildungswesen: Das öffentl. Schulwesen ist kostenlos; die Einrichtung von ersten Privatschulen steht bevor. Das Schulsystem ist gegliedert in die achtjährige Grundschule (Schulpflicht) und darauf aufbauend die meist vierjährige Mittelschule, die zur Hochschulreife führt, umfasst aber auch allgemeine techn. Schulen (2 Jahre), Facharbeiterschulen (3 Jahre), mittlere techn. Schulen (4 Jahre), Gymnasium (4 Jahre). Univ. gibt es in Ljubljana (gegr. 1595 als Jesuitenkolleg, wieder eröffnet 1919) und in Maribor (gegr. 1975).

Publizistik: Führende Tageszeitung ist ›Delo‹ (gegr. 1959, Auflage 90 000), hinzu kommen die Abendzeitungen ›Neodvisni Dnevnik‹ (gegr. 1951; 70 000) und ›Večer‹ (gegr. 1945; 55 000) sowie die 1991/92 gegründeten Blätter ›Republika‹, ›Slovenec‹ und ›Slovenske novice‹. Nachrichtenagentur ist die ›Slovenska Tiskovna Agencija‹ (STA, gegr. 1991). Der Rundfunk ist öffentlich-rechtlich organisiert; ›Radio Slovenija‹ überträgt drei landesweite und mehrere regionale Programme, ›Televizija Slovenija‹ strahlt zwei Fernsehprogramme aus. Daneben verbreitet der private TV-Sender ›Kanal A‹ ein landesweites Programm.

WIRTSCHAFT · VERKEHR

S. war im ehem. Jugoslawien die wirtschaftlich leistungsstärkste Teil-Rep. mit einem Anteil am Bruttosozialprodukt (BSP) von (1989) etwa 18%, bei einem Bev.-Anteil von 8%. Von der durch die sozialist. Planwirtschaft hervorgerufenen Wirtschaftskrise Jugoslawiens war auch S. betroffen. Die Einführung der Marktwirtschaft verschlechterte zunächst noch die prekäre Wirtschaftslage, doch seit Mitte 1992 setzte eine wirtschaftl. Stabilisierung ein. Die Hyperinflation (Inflationsrate 1989: 2 763%) wurde u. a. durch die Gründung einer unabhängigen Notenbank und die Einführung der neuen Währung Tolar (seit 1995 voll konvertibel) eingedämmt. Die Inflationsrate fiel zw. 1991 und 1997 von 247% auf 9%. Das BSP pro Kopf der Bev. stieg zw. 1992 und 1995 von 6 540 US-$ auf 8 200 US-$. Die Arbeitslosenquote lag 1996 bei 13,9%. Als wichtigste Maßnahmen zur Wirtschaftsstabilisierung werden Liberalisierung der Wirtschaft und Privatisierung der ehem. staatl. Unternehmen fortgeführt. Außerdem ist S. um einen raschen EU-Beitritt bemüht; aufgrund seiner günstigen geograph. Lage und der gut entwickelten Infrastruktur hat S. dafür beste Voraussetzungen.

Landwirtschaft: In der Landwirtschaft werden (1995) von 10% der Erwerbstätigen 5% des Bruttoinlandsprodukts (BIP) erwirtschaftet. Die landwirtschaftl. Nutzfläche umfasst mit 860 000 ha 42,5% der Landesfläche. Wegen der Höhenlage und des Niederschlagsreichtums besteht sie zu zwei Dritteln aus Wiesen und Weiden, die v. a. für die Rinderzucht genutzt werden (1996: 496 000 Rinder; weiterhin 592 000 Schweine). Berühmt ist die Pferdezucht in →Lipizza. Auf dem Ackerland (30% der landwirtschaftl. Nutzfläche) werden v. a. Mais, Weizen, Kartoffeln, Zuckerrüben, im S auch Hopfen angebaut. Bedeutung haben auch Obstbau (bes. Äpfel; Erntemenge 1994: 108 000 t) und Weinbau (Küstenhinterland um Vipava, Haloze südlich von Ptuj, Podravje um Ormož und Ljutomer im NO; insgesamt 22 000 ha; Erntemenge 145 000 t Weintrauben).

Forstwirtschaft: S. ist etwa zur Hälfte bewaldet. Neben dem Holzeinschlag (1995: 1,75 Mio. m³) spielt die Jagd, v. a. auf Rehe, Hirsche und Gämsen, sowie die Hegejagd auf Bären (v. a. im Ljubljanska Vrh und um Kočevje) eine wirtschaftl. Rolle.

Fischerei: Die Fischerei ist weniger bedeutsam (Fangmenge 1995: 2 930 t, zu 86% Seefische).

Bodenschätze: Bis auf die Braunkohlenförderung (1995: 4,9 Mio. t) v. a. bei Velenje und Zasavje ist der Bergbau von untergeordneter Bedeutung. Es werden bei Jesenice Eisen-, bei Ravne na Koroškem und Mežica Blei-, Zink- und Kupfererze, bei Idrija Quecksilbervorkommen abgebaut, bei Lendava an der ungar. Grenze wird Erdöl gefördert; in Gorna Vas liegt ein Uranbergwerk.

Energiewirtschaft: Die Energiewirtschaft beruht auf Braunkohle- und Wasserkraftwerken (an Drau, Save und Isonzo). Bei Krško befindet sich ein Kernkraftwerk (Nettoleistung 632 MW); es gehört S. und Kroatien zu gleichen Teilen.

Industrie: Im industriellen Sektor (einschließlich Bergbau, Energie- und Bauwirtschaft) werden (1995) von 43% der Erwerbstätigen 39% des BIP erwirtschaftet. Die Struktur des verarbeitenden Gewerbes ist vielfältig. Die wichtigsten Industriezweige sind Metall erzeugende und Metall verarbeitende Industrie (Eisenhütten in Jesenice, Celje, Ravne na Koroškem und Štore, eine Zinkhütte in Celje, ein Aluminiumwerk in Kidričevo bei Ptuj), Textil- und Lederindustrie (v. a. in Maribor und Kranj), chem. und pharmazeut. Industrie, Maschinen- und Fahrzeugbau, Holz-, Papier- und Möbelindustrie, Nahrungsmittel- sowie elektr. und elektron. Industrie. Die bedeutendsten Industriestandorte sind Ljubljana und Maribor.

Tourismus: Ein wichtiger Wirtschaftszweig ist der Fremdenverkehr. 1996 wurde S. von 832 000 Auslandsgästen besucht, v. a. aus Italien, Dtl. und Österreich. Anziehungspunkte sind die Wintersport- (u. a. Bovec in der Trenta, Kranjska Gora im Savetal) und Wandergebiete (v. a. am Triglav) sowie die Luftkurorte (Bled, Bohinj) in den Jul. Alpen, mehrere Heilbäder (Rogaška Slatina, Laško, Rimske Toplice u. a.), die Höhlen des Karstes (Adelsberger Grotten bei Postojna, Höhlen von Škocjan) und die Seebäder Portorož, Piran und Izola an der Adriaküste.

Außenwirtschaft: Die Außenhandelsbilanz ist seit der Unabhängigkeit 1991 negativ (1996: Einfuhrwert 9,4 Mrd. US-$; Ausfuhrwert 8,3 Mrd. US-$). Wichtigste Ausfuhrgüter sind Maschinen, Transportgeräte, Bekleidung, Pharmazeutika und Papier. Haupthandelspartner sind Dtl. (1996: 25 % des Außenhandelsvolumens), Italien, Frankreich, Österreich und Kroatien. Der Schuldendienst für die (1995) 3,5 Mrd. US-$ Auslandsschulden beansprucht 6,7 % der Exporterlöse (ohne Schuldenanteil des ehem. Jugoslawien von etwa 3,6 Mrd. US-$).

Verkehr: Als Durchgangsland ist S. verkehrsmäßig gut erschlossen. Das slowen. Eisenbahnetz (1996: 1 201 km, davon 499 km elektrifiziert) ist über den Karawankentunnel und im Mur- und Drautal mit dem österr., bei Triest und Görz mit dem ital. sowie v. a. durch das Savetal mit dem kroat. Eisenbahnetz verbunden. Das Straßennetz umfasst (1994) 17 739 km (davon 293 km Autobahnen). Durch die Alpen führen Straßen entlang den Flüssen (Drau, Mur, Talwasserscheide zw. Save- und Kanaltal) und über Pässe (u. a. Predil, Wurzen, Loibl, Schneeberg, Radlpass). Seit der Fertigstellung des Karawanken-Straßentunnels (1991) ist S. mit der österr. Tauernautobahn verbunden. 1991 wurde die nat. Luftverkehrsgesellschaft Adria Airways gegründet. Bei Ljubljana (südöstlich von Kranj), Maribor und Portorož befinden sich internat. Flughäfen. Einziger slowen. Seehafen ist Koper am Adriat. Meer.

GESCHICHTE

S., im Altertum von illyr. Stämmen bewohnt, wurde im 1. Jh. n. Chr. von der Küste her dem Röm. Reich angegliedert und romanisiert. Nach dem Abzug der Langobarden wanderten im 6. Jh. slaw. Stämme (Slowenen) ein, die weit in den Ostalpenraum vordrangen. Nachdem sie sich nach 624 als Teil des Reiches des SAMO von der awar. Oberherrschaft befreit hatten, bildeten sie das Fürstentum Karantanien, das 740 in enger Beziehung zum bayer. Herzogtum stand und 788 von KARL D. GR. erobert wurde. Von der von W kommenden dt. Ostsiedlung und dem von O vordringenden ungar. Königtum gefährdet, war S. im 11. bis 13. Jh. im Besitz kleinerer Dynastien und des Patriarchen von Aquileia, bevor es 1282 an das Haus Habsburg fiel. Kern des slowen. Siedlungsgebiets wurde das (ab 1394) Herzogtum →Krain.

Die illyr. Bewegung (→Illyrismus) und die großserb. Propaganda fanden im 19. Jh. wachsenden Rückhalt, worauf S. Ende 1918 dem ›Königreich der Serben, Kroaten und Slowenen‹ (seit 1929 →Jugoslawien) angeschlossen wurde. Ansprüche auf das S-Kärnten konnten nicht durchgesetzt werden; es blieb bei Österreich. Im Vertrag von Rapallo (1920) kamen Istrien und Görz, das westl. Innerkrain mit Idrija und Postojna, an Italien (→Adriafrage). Mit dem Königreich Jugoslawien wurde S. im April 1941 besetzt und aufgeteilt: Oberkrain (ohne Ljubljana) sowie die früheren kärntner. und steir. Gebiete kamen an das Großdt. Reich (Österreich), das seine Rassenpolitik durchsetzte; Ljubljana und Unterkrain (mit der Gottschee/Kočevje) fielen an Italien, das Prekmurje an Ungarn. Eine slowen. ›Befreiungsfront‹ und ein ›Slowen. Rat der Volksbefreiung‹ entstanden; blutige ›Abrechnungen‹ kommunist. Partisanen mit der Kollaboration bezichtigten ›Verrätern‹, v. a. Ustasche, Četnici, Domobranen (Heimwehr), ›Volksdeutschen‹ (Donauschwaben) und ›Altösterreichern‹, sowie stalinist. Repressionen, Deportationen und Vertreibungen setzten ein, bes. Frühjahr 1945 bis 1946. Die am 5. 5. 1945 gebildete ›Volks-Reg.‹ in S. blieb dem →AVNOJ unterstellt; in seiner früheren territorialen Form wurde S. 1946 Bundesstaat der ›Föderativen Volksrepublik Jugoslawien‹. Der italienisch-jugoslaw. Friedensvertrag (1947) bestätigte die Erweiterung S. um wesentl. Teile des bis dahin ital. Julisch-Venetien; 1954 kam faktisch der nördl. Teil der Zone B des Freistaates Triest hinzu. Die Wirtschaft S.s, das seit 1963 den Namen ›Sozialist. Rep.‹ führte, erarbeitete einen steigenden Beitrag zum Bruttosozialprodukt Jugoslawiens.

Ab 1989/90 verfolgte S. gemeinsam mit Kroatien einen Reformkurs zur Abkehr vom kommunist. System und zur Umwandlung des von Serbien dominierten jugoslaw. Bundesstaates in eine Konföderation unabhängiger Rep. (u. a. Einführung des Mehrparteiensystems). Nach der Umbenennung S.s in ›Rep. S.‹ (März 1990) fanden im April 1990 erstmals freie Wahlen statt; dabei erreichte das bürgerl. Sieben-Parteien-Bündnis ›Demos‹ die absolute Mehrheit und bildete die Reg., der ehem. Reformkommunist M. KUČAN wurde zum Staatspräs. gewählt (Wiederwahl am 5. 12. 1992 und am 23. 11. 1997). Mit der ›Deklaration über die Souveränität des Staates S.‹ (2. 7. 1990) setzte sich der Ablösungsprozess in wachsender Spannung mit der Rep. Serbien und der von ihr beherrschten jugoslaw. Bundesarmee fort. Nachdem die Bev. S.s am 23. 12. 1990 mit 88,2 % der Stimmen die staatl. Unabhängigkeit gebilligt hatte, verabschiedete das Parlament am 25. 6. 1991 grundlegende Gesetze zur Unabhängigkeit S.s. Nach der Proklamation der Unabhängigkeit (26. 6. 1991; gleichzeitig mit Kroatien) kam es zw. dem 27. 6. und 7. 7. 1991 zu schweren Kämpfen zw. der slowen. Bürgerwehr und der jugoslaw. Bundesarmee, die – auch durch EG-Vermittlung und im Unterschied zu Kroatien – schnell beendet wurden und in denen sich die slowen. Bürgerwehr behaupten konnte. Im Rahmen des von der EG vermittelten Kompromisses trat die Unabhängigkeit tatsächlich erst am 7. 10. 1991 in Kraft, seit 15. 1. 1992 war sie internat. anerkannt. Mit dem am 18. 7. 1991 vereinbarten vollständigen Abzug der Bundesarmee bis zum 26. 10. hatte das jugoslaw. Bundespräsidium faktisch die Unabhängigkeit S.s und damit den Beginn der Auflösung Jugoslawiens in seiner bisherigen Form anerkannt; am 13. 8. 1992 wurde die Anerkennung der Souveränität auch von der neuen Bundesrep. Jugoslawien vollzogen (gegenseitige völkerrechtl. Anerkennung und Aufnahme diplomat. Beziehungen am 30. 11. 1995). Die volle Verwirklichung der mit der Verf. vom 23. 12. 1991 garantierten Menschen- und Minderheitenrechte blieb teilweise (zw. Kroatien, Österreich, S.) umstritten. Im Dezember 1991 zerbrach das Reg.-Bündnis ›Demos‹ an internen Spannungen. Die LDS blieb seit 1992 (bestätigt durch die Wahlen von 1996) stärkste Partei, Min.-Präs. ist seit 1992 JANEZ DRNOVŠEK (* 1950). – 1994 trat das Land dem NATO-Programm ›Partnerschaft für den Frieden‹ bei. Nachdem Italien seine Blockade wegen Besitzansprüchen 1945/46 Vertriebener aufgegeben hatte, konnte das 1995 paraphierte Assoziierungsabkommen mit der EU am 10. 6. 1996 unterzeichnet werden; am 24. 10. 1996 wurde es von der EU, am 18. 7. 1997 von S. ratifiziert.

D. LONČAR: The Slovenes. A social history (Cleveland, Oh., 1939); B. GRAFENAUER: Zgodovina slovenskega naroda, 2 Bde. (Ljubljana ²1964-65); K. SOTRIFFER: S. Gesch., Kultur u. Landschaft (Linz 1973); C. ROGEL: The Slovenes and Yugoslavism: 1890-1914 (New York 1977); J. JANSA: Die Entstehung des slowen. Staates 1988-1992 (a. d. Slowen., Klagenfurt 1994); A. MAVČIČ: Slovenian constitutional review (Ljubljana 1995); J. PRUNK: S. Ein Abriß seiner Gesch. (a. d. Slowen., ebd. 1996).

Slow slowenische Kunst

slowenische Kunst: Dreifaltigkeitskirche in Ljubljana (1718–26); **links** Hauptfassade; **rechts** Inneres der Kirche mit dem Hauptaltar von Francesco Robba (1744)

slowenische Kunst. Der roman. Stil wurde in Slowenien durch die Benediktiner verbreitet, die dort 1140 in Gornji Grad nahe Kamnik (bei Ljubljana) ihr erstes Kloster gründeten. Die Sakral- und Profanbauten folgten mitteleurop. Vorbildern wie die Zisterzienserkirche in Stična bei Ljubljana (1156 geweiht) und St. Georg in Ptuj (1125 ff.). Von roman. Plastik und Malerei ist nur wenig erhalten. Die Gotik setzte sich erst gegen Ende des 13. Jh. durch (Marienkirche in Ptujska Gora bei Ptuj, um 1400). Höhepunkte der got. Architektur in Slowenien sind das Langhaus von St. Crantianus in Kranj (um 1450), St. Primož in Kamnik (1459 ff.), St. Jakob in Škofja Loka bei Kranj (1471 ff.) und der Chor der Marienkirche in Crngrob bei Škofja Loka (1521–30). Die venezian. Architektur war u. a. richtungweisend beim Bau von Dom (begonnen in der 2. Hälfte des 15. Jh.) und Prätorenpalast (1386–1452) in Koper, die neben got. Stilelementen auch solche der Renaissance aufweisen. Zu den Meisterwerken got. Bildhauerkunst gehören der vom Einfluss der Parlerwerkstatt geprägte ›Altar von Celje‹ (um 1400) und die Schutzmantelmadonna (um 1410) des Hauptaltars der Marienkirche in Ptujska Gora. Die Wandmalerei ge-

slowenische Kunst: Rihard Jakopič, ›Save‹; 1922 (Ljubljana, Moderna Galerija)

wann an Bedeutung mit Malern wie JOHANNES AQUILA aus Radkersburg (Marienkirche in Turnišče bei Ptuj, 1383 ff., und Martinskirche in Martjanci nahe Murska Sobota, bei Ptuj, 1392) und JANEZ LJUBLJANSKI (Kirche Mariä Verkündigung in Muljava bei Stična, 1456; Peterskirche in Kamni Vrh nahe Ambrus, bei Ljubljana, 1459). Bedeutende Beispiele der slowen. Barockarchitektur entstanden v. a. in Ljubljana: Dom (1700–07), Dreifaltigkeitskirche (1718–26), Seminar (Bibliothek, 1708–14), Rathaus (1717–18) von GREGOR MACĚK (* 1682, † 1745), dem bedeutendsten Vertreter dieses Stils. In der Malerei waren VALENTIN JANEZ METZINGER (* 1699, † 1759), FRANC JELOVŠEK (* 1700, † 1764), FORTUNAT BERGANT (* 1721, † 1769) und ANTON CEBEJ (* 1722, † 1774) führend, in der Bildhauerkunst FRANCESCO ROBBA (* um 1698, † 1757) und LUCA MISLEJ († 1727). Im 19. Jh. orientierten sich in der Architektur die Vertreter von Klassizismus und Historismus an Wiener Vorbildern. Das Gleiche gilt zunächst auch für die Malerei (u. a. MATEVŽ LANGUS, * 1792, † 1855), die dann jedoch auch Anregungen des frz. Realismus und Impressionismus aufnahm (JANEZ ŠUBIC * 1850, † 1889, und JURIJ ŠUBIC, * 1855, † 1890). ANTON AŽBE (* 1862, † 1905) hatte mit seiner Privatschule in München großen Einfluss auf die slowen. Impressionisten (IVAN GROHAR, * 1867, † 1911; RIHARD JAKOPIČ, * 1869, † 1943; MATIJA JAMA, * 1872, † 1947). Eine sozialkrit. Kunst vertrat FRANC TRATNIK (* 1881, † 1957). In der Architektur deutete sich im Zusammenhang mit der Wiener Sezession durch J. PLEČNIK und seine Mitarbeiter eine neue Entwicklung an.

Innerhalb der modernen Architektur der Gegenwart, die internat. Strömungen aufgeschlossen ist, zeigte sich bis Mitte der 1970er-Jahre teils die Betonung lokaler Bautradition, teils eine Orientierung an der skandinav. Architektur. In der Folgezeit spielte in der architekturtheoret. Diskussion u. a. die rationale Architektur Italiens eine Rolle (z. B. in Sežana [nahe Triest] Rathausanbau, 1978, und Bürogebäude, 1986, von VOTJEH RAVNIKAR, * 1942). Im Wohnungsbau traten in Ljubljana mit guten architekton. Lösungen u. a. BOŽO PODLOGAR (* 1947), JANEZ KOŽELJ (* 1945) und JURIJ KOBE (* 1948) hervor, der auch das dortige Museum für Zeitgeschichte erweiterte (1990–91). ALEŠ VODOPIVEC (* 1949) baute das Seehotel in Bohinjska Bistrica in der Wochein (1990).

Die moderne bildende Kunst knüpft an nat. Traditionen an, zeigt sich aber auch für westeurop. Kunstrichtungen offen. Nachhaltigen Einfluss auf die Entwicklung des graf. Schaffens hat die Grafikbiennale von Ljubljana. Aufgrund des engen Kontaktes zur österr. Kunstszene schon immer äußerst lebendig, entfaltet die Kunst in Slowenien seit der Auflösung Jugoslawiens eine ungewöhnl. Breite. Wichtige Impulse gingen von der Ende der 60er-Jahre gegründeten Künstlergruppe OHO aus, deren Programm die experimentelle Erweiterung des avantgard. Kunstbegriffs war. Die Mitgl. SREČO DRAGAN (* 1949), IZTOK GEISTER (* 1945), MARKO POGAČNIK (* 1944), ANDRAŽ ŠALAMUN (* 1947), TOMAŽ ŠALAMUN (* 1941) u. a. brachten in ihren Aktionen Literatur, Skulptur, Malerei und Theater ein, und es entwickelte sich in den 90er-Jahren eine Kunstlandschaft, deren eigentümlichste Qualität eine ungebrochene Lust an ironisch-assoziativem Spiel ist. Die Künstlergruppe IRWIN (DUŠAN MANDIČ, * 1954; MIRAN MOHAR, * 1958; ANDREJ SAVSKI, * 1961; ROMAN URANJEK, * 1961; BORUT VOGELNIK, * 1959) hatte schon in den 80er-Jahren Kunst, Musik und polit. Protest in Ausstellungen verbunden, wobei die Tradition begründet wurde, dass der einzelne Künstler nicht bzw. nur als anonymes Mitgl. einer Gruppe an die Öffentlichkeit tritt. Gruppen wie ›Scipion Nasice Sisters Theater‹, ›Kozmokinetično Gledališče ›Rdeči Pilot‹ und ›Laibach‹ nutzen die neuen Medien. Einige einzeln arbeitende Künstler, so DUŠAN KIRBIŠ (*1953), ZMAGO LENARDIČ (*1959), TADEJ POGAČAR (*1960) und NATAŠA PROSENC (*1966), vertreten ökolog. Positionen. Auf der Biennale in Venedig 1995 wurden u. a. die in den USA lebende Plastikerin MARJETICA POTRČ (*1954) und eine Gruppe von Malern (1984–95 aktiv unter der Bez. V. S. S. D., ›Ves sliker svoj dolg‹) vorgestellt.

L. MENAŠE: Kunstschätze Sloweniens (a. d. Slowen., Belgrad 1982); J. ANDERLIČ u. M. ZADNIKAR: Kunst in Slowenien (a. d. Slowen., Wien 1985); M. KOMELJ: Poteze. Slovensko slikarstvo XX. stoletja. Striche. Slowen. Malerei im XX. Jh. (Ljubljana 1997).

slowenische Kunst: Museum für Zeitgeschichte in Ljubljana mit Erweiterungsbau (1990–91) von Jurij Kobe

slowenische Literatur. Die →Freisinger Denkmäler (10.–11. Jh.), eines der frühesten slaw. Sprachdenkmäler überhaupt, sind die ältesten Zeugnisse slowen. Schrifttums, das jedoch in den folgenden Jahrhunderten keine Fortsetzung fand. Erst im späten 16. Jh. wurde im Zuge der Reformation – in enger Verbindung mit dem dt. Protestantismus – eine kontinuierl. Tradition eingeleitet. P. TRUBAR, die zentrale Persönlichkeit der slowen. Reformationsbewegung, gab in Dtl., wo er in der Emigration lebte, die ersten slowen. Bücher heraus: Katechismus (1550/51), Abecedarium, Übersetzung des N. T. (ab 1557, Gesamtausgabe 1582). J. DALMATIN setzte sein Werk mit der ersten vollständigen Bibelübersetzung (1584) fort. Die erste, noch stark vom lat. Vorbild geprägte slowen. Grammatik (›Arcticae horulae‹, 1584) stammt von A. BOHORIČ. Durch diese Werke wurden die Grundlagen zu einer slowen. Schriftsprache gelegt, ohne dass jedoch schon eine weltl. Literatur entstehen konnte. Im Rahmen der Barockliteratur steht die auch von ABRAHAM A SANCTA CLARA beeinflusste Predigtliteratur des JANEZ SVETOKRIŽKI (*1647, †1714).

Die kirchl. Thematik dominierte bis ins späte 18. Jh. Erst um 1770 entstand mit dem Kreis um Baron ŽIGA ZOIS (*1747, †1819) allmählich ein weltl. Schrifttum, das v. a. durch den Dramatiker TOMAŽ LINHART (*1756, †1795) mit Komödien nach dem Vorbild von P. DE BEAUMARCHAIS, die er meisterhaft dem heim. Milieu anpasste, und durch den dem Volkslied nahe stehenden Lyriker V. VODNIK repräsentiert wurde. Ihren klass. Höhepunkt erreichte die junge s. L. in der *Romantik* mit der formal vollendeten, gehaltvollen Lyrik F. PREŠERENS sowie durch seine kongenialen Nachdichtungen (u. a. G. A. BÜRGERS Ballade ›Lenore‹). Damit waren zugleich die Voraussetzungen für eine eigenständige slowen. Schriftsprache geschaffen worden, sodass das u. a. von S. VRAZ vertretene Ziel des Illyrismus – eine gemeinsame Schriftsprache für Serben, Kroaten und Slowenen – von Letzteren nicht mehr mitgetragen wurde. Zw. Romantik und Realismus entfaltete sich die slowen. Erzählprosa, vertreten v. a. durch F. LEVSTIK, der eine Anlehnung an die dt. und engl. Literatur anregte und sich in zahlreichen philolog. Arbeiten um die Normierung der slowen. Sprache bemühte, durch seinen Schüler J. JURČIČ, den Schöpfer des ersten slowen. Romans (›Deseti brat‹, 1866), sowie durch den Erzähler und Lyriker S. JENKO und durch J. STRITAR, der die s. L. auch durch krit. Arbeiten förderte. An dt. und russ. Vorbildern waren die bäuerl. und bürgerlich-liberalen Erzählthemen sowie die künstler. Verfahren des slowen. *Realismus* ausgerichtet (JANKO KERSNIK, *1852, †1897; A. AŠKERC; I. TAVČAR). Der *Naturalismus* war durch F. GOVEKAR und ZOFKA KVEDER (*1878, †1926) vertreten.

Gegen Ende des 19. Jh. entstand unter dem Einfluss der westeurop. Literaturen die ›Moderne‹, geprägt durch die Lyriker DRAGOTIN KETTE (*1876, †1899), J. MURN und v. a. O. ŽUPANČIČ, der neben PREŠEREN als bedeutendster slowen. Lyriker gilt, sowie durch I. CANKAR, dessen vielseitiges Werk die ersten beiden Jahrzehnte bestimmte. Als Erzähler und Dramatiker christlich-sozialer Ausrichtung ist F. S. FINŽGAR, daneben auch FRANC KSAVER MEŠKO (*1874, †1964) zu nennen.

Die Zeit nach dem Ersten Weltkrieg und dem Anschluss Sloweniens an Jugoslawien (1918) ist durch den *Expressionismus* geprägt, v. a. IVAN PREGELJ (*1883, †1960), T. SELIŠKAR, A. VODNIK, MIRAN JARC (*1900, †1942), E. KOCBEK, S. KOSOVEL und der Erzähler und Dramatiker SLAVKO GRUM (*1901, †1949). In den 30er- und 40er-Jahren dominierte die sozial engagierte Literatur der neorealist. Erzähler FRANCE BEVK (*1890, †1970), JUŠ KOZAK (*1892, †1964), A. INGOLIČ, M. KRANJEC, PREŽIHOV VORANC, C. KOSMAČ und IVAN POTRČ (*1913), die dieser Orientierung auch in den 50er-Jahren folgten. Als Lyriker trat B. VODUŠEK, als Dramatiker B. KREFT hervor. Als bedeutende Leistung der s. L. der Zwischenkriegszeit gilt die meditative Lyrik A. GRADNIKS.

Nach dem Zweiten Weltkrieg stand die s. L. kurzzeitig unter dem Einfluss des sozialist. Realismus, der jedoch nach dem 3. jugoslaw. Schriftstellerkongress in Ljubljana (1952), auf dem der einflussreiche M. KRLEŽA für den Vorrang der Kunst gegenüber jegl. Ideologie eintrat, überwunden werden konnte.

slowenische Kunst: V.S.S.D., ›The Red Sea (The Red Planet)‹; 1992–93

Slow slowenische Sprache

Die weiterhin vorherrschende Kriegs- und Partisanenthematik wurde nun um neue Aspekte wie die Problematik des Menschen als Opfer der Revolution (KOCBEK, ›Strah in pogum‹, 1951) erweitert. Auch in der Lyrik traten allgemein menschl. Fragen sowie Fragen nach der künstler. Freiheit in den Vordergrund; die Intimsphäre (Intimismus) behandelt v. a. die Lyrik von IVAN MINATTI (* 1924), KAJETAN KOVIČ (* 1931), JANEZ MENART (* 1929), TONE PAVČEK (* 1928), GREGOR STRNIŠA (* 1930, † 1987) und LOJZE KRAKAR (* 1926). Als bedeutendste Lyriker der Gegenwart gelten D. ZAJC und C. ZLOBEC. In der Prosa setzten die Autoren der Zwischenkriegszeit sowie P. ZIDAR den sozial ausgerichteten und psychologisch verfeinerten Realismus fort. Probleme der Slowenen im Triester Raum behandelt die intellektuell-reflexive Erzählprosa ALOJZ REBULAS (* 1924). Neue Erzählverfahren entwickelten VITOMIL ZUPAN (* 1914, † 1987), ANDREJ HIENG (* 1925), BENO ZUPANČIČ (* 1925, † 1980), BRANKO HOFMAN (* 1929) und MARJAN ROŽANC (* 1930). In der Dramatik trat PRIMOŽ KOZAK (* 1929, † 1981) mit existenzialist. Dramen, DOMINIK SMOLE (* 1929, † 1992) mit absurden Stücken hervor.

Innovative poetolog. Ansätze zeigten sich auch in den 60er- und 70er-Jahren, insbesondere in der ›konkreten Poesie‹ von DENIS PONIŽ (* 1948), T. ŠALAMUN, KOVIČ KAJETAN ZAGORIČNIK (* 1931) und FRANCI ZAGORIČNIK (* 1933) sowie in der modernist. Lyrik von NIKO GRAFENAUER (* 1940). Vielfältige und interessante Bezüge zum modernen europ. Roman findet die slowen. Gegenwartsprosa mit R. ŠELIGO, JOŽE SNOJ (* 1934) und dem Kärntner Slowenen F. LIPUŠ, der sich in seiner satirisch-grotesken Prosa mit der nat. Existenz der ethn. Minderheit auseinander setzt. Als Lyriker aus dem Kärntner Raum ist G. JANUŠ, als Erzähler und Publizist JANKO MESSNER (* 1921) zu nennen. Ein Meister des Aphorismus ist Ž. PETAN. Um eine Aufarbeitung der jüngeren Vergangenheit bemüht sich IGOR TORKAR (eigtl. BORIS FAKIN, * 1913). So zeigt sich in der s. L. ein äußerst vielfältiges Schaffensspektrum, in das sich die jüngste Generation mit SVETLANA MAKAROVIĆ (* 1939), IVAN FEO VOLARIČ (* 1948), MATJAŽ HANŽEK (* 1949), MILAN JESIH (* 1950) und JURE DETELA (* 1951) einfügt. Neben der traditionell hoch stehenden Lyrik, die die gesamteurop. Tendenzen widerspiegelt, gewinnt auch die Prosa weiter an Umfang und Bedeutung. Sie reicht vom extremen Experiment bis zum konkreten Erzählen, geht von der ruralen zur urbanen Problematik über und versteht es, immer wieder neue Nuancen der slowen. Sprache zu nutzen. Beachtlich ist auch das Niveau des Bühnenschaffens, in dem sich neben Autoren wie HIENG, SMOLE, STRNIŠA und ZAJC auch DUŠAN JOVANOVIĆ und der Erzähler DRAGO JANČAR (* 1948) einen Namen gemacht haben.

Zgodovina slovenskega slovstva, hg. v. L. LEGIŠA, 7 Bde. (Ljubljana 1956-71); A. SLODNJAK: Gesch. der s. L. (1958); J. POGAČNIK: Von der Dekoration zur Narration. Zur Entstehungsgesch. der s. L. (1977); DERS.: Twentieth century Slovene literature (Ljubljana 1989); V. OBID: Die s. L. in Kärnten seit 1945 (Klagenfurt 1979); Slovenska knijževnost. Leksikon Cankareve založbe, hg. v. J. KOS u. a. (Ljubljana 1982); J. KOS: Primerjalna zgodovina slovenske literature (ebd. 1987); Die s. L. in Kärnten. Ein Lex. Beitrr. v. M. KMECL u. a. (Klagenfurt 1991); F. BERNIK: S. L. im europ. Kontext (1993); Wege der Selbstbehauptung. Die neue S. L., hg. v. L. DETALA u. a. (Wien ²1995); A. LEBEN: Vereinnahmt u. ausgegrenzt. Die s. L. in Kärnten (Klagenfurt 1994); Kulturelle Wechselseitigkeit in Mitteleuropa. Dt. u. s. L. im slowen. Raum vom Anfang des 19. Jh. bis zum 2. Weltkrieg, hg. v. F. J. BISTER u. P. VODOPIVEC (Ljubljana 1995).

slowenische Sprache, südslaw. Sprache (→slawische Sprachen), die von etwa 1,8 Mio. Menschen in Slowenien (Amtssprache) sowie von Minderheiten v. a. in Italien (Friaul-Julisch Venetien), Österreich (Kärnten, Steiermark) und W-Ungarn gesprochen wird.

Die s. S. benutzt die lat. *Schrift,* die nach dem Vorbild des Tschechischen durch diakrit. Zeichen ergänzt wurde. – Die *Orthographie* folgt im Wesentlichen, relativ konsequent jedoch nur in normativen Wörterbüchern und Grammatiken, dem phonet. Prinzip.

Phonetik, Phonologie: Die Schriftsprache verfügt über ein System von acht Vokal- und 22 Konsonantenphonemen. Durch Einbeziehung der phonologisch relevanten Quantitätsunterschiede wird die Zahl der Vokalphoneme [i, e, ɛ, ə, a, ɔ, o, u] in betonten Silben auf 13 erhöht (í, ú, é, ó, ê, ô, á, ì, ù, ə̀, è, ò, à), in unbetonten kurzen Silben reduziert sie sich auf sechs (i, u, ə, e, o, a). Betonung, Lang- und Kurzphoneme und phonologisch relevanter Öffnungsgrad von o und e werden jedoch nur in Lehr- und Wörterbüchern durch ein System von diakrit. Zeichen unterschieden, sodass Akzent und Vokalquantität keinen, die Vokalqualität nur einen unvollkommenen graf. Ausdruck finden, z. B. peti – péti [-eː-] ›singen‹ oder pêti [-ɛː-] ›fünfte‹. Bei den Konsonanten ist die Stimmtonkorrelation deutlich ausgeprägt, sie wird jedoch im Auslaut vor Pause zugunsten der Stimmlosigkeit aufgehoben. Ansonsten gibt es regressive Stimmtonassimilation. Palatale sind neben j nur nj [ɲ] und lj [ʎ]; sie werden i. d. R. vor Konsonant und im Auslaut entpalatalisiert, z. B. kònj [kɔn] ›Pferd‹ – kónjski [koːnski] ›pferde...‹. In derselben Position wird das Phonem v durch [u̯] realisiert, z. B. óvca [oːu̯tsa] ›Schaf‹, siv [siːu̯] ›grau‹. In etymologisch begründeten Fällen wird für [u̯] l geschrieben, z. B. vólk [voːu̯k] ›Wolf‹. – Der Wortakzent ist frei und innerhalb des Paradigmas frei beweglich.

Morphologie, Syntax: Das Substantiv kennt drei Genera und sechs Kasus. Auffällig ist v. a. der lebendige Gebrauch des Duals in Deklination und Konjugation. Die Kategorie der Belebtheit, d. h. die Verwendung des Genitivs statt des Akkusativs zur Bezeichnung von Lebewesen, findet sich nur im Sg. der Maskulina. – Die in anderen slaw. Sprachen bewahrten Unterschiede zw. unbestimmter Kurzform und bestimmter Langform des Adjektivs wurden zugunsten der Langform aufgegeben (Ausnahme Nominativ Sg. Mask.: vélik – vêliki ›groß‹); ansonsten sind sie z. T. noch durch Intonationsunterschiede markiert. Die Zahlen von 21 bis 99 werden nach dt. Muster gebildet: ênainvájset ›ein-und-zwanzig‹. – Das Verbum weist neben dem in allen slaw. Sprachen vorhandenen Aspekt die Kategorien Modus, Genus Verbi und Tempus auf. Den Aorist und das Imperfektiv hat die s. S. im Ggs. zu den anderen südslaw. Sprachen verloren. Das Supinum, v. a. nach Verben der Bewegung, ist noch in Gebrauch: Šla je vino pit ›Sie ist Wein trinken gegangen‹.

Syntax: Die Wortstellung im Satz ist frei, im Aussagesatz i. d. R. jedoch: Subjekt – Prädikat – indirektes Objekt – direktes Objekt.

Die *Lexik* weist neben dem slaw. ererbten Wortbestand Lehnwörter aus dem dt. und ital. sowie, v. a. seit dem 19. Jh., aus der russ., tschech., serb. und kroat. Sprache auf. Seit Beginn des 20. Jh. dringen vermehrt Internationalismen ein.

Dialekte: Bedingt durch die geograph. und z. T. polit. Lage ist die s. S. in viele Dialekte zersplittert. Man unterscheidet heute sieben große Gruppen mit etwa 46 Dialekten. Die Schriftsprache beruht im Wesentlichen auf dem Unterkrainer und teilweise auch den Oberkrainer Dialekten.

Geschichte: Die s. S. weist mit den →Freisinger Denkmälern (10.–11. Jh.) das älteste Denkmal auf. Die schriftsprachl. Entwicklung begann jedoch erst mit der Reformation und der Tätigkeit P. TRUBARS, der u. a. seit 1557 das N. T. übersetzte. Es folgten die Bibelübersetzung (1584) von J. DALMATIN und die erste slowen. Grammatik, ›Arcticae horulae‹ (1584) von A. BOHORIČ, sowie ein dt.-lat.-slowen.-ital. Wörterbuch (›Dictionarium quatuor linguarum...‹, 1592) von HIE-

RONYMUS MEGISER (* 1554 oder 1555, † 1619). In der Gegenreformation ließ diese Aktivität nach, und erst zu Ende des 18. Jh. und dann v. a. im 19. Jh. gab es wieder verstärkte Bemühungen um die Herausbildung einer Schriftsprache mit der krainerischen Grammatik ›Kraynska grammatika‹, 1768) von MARKO POHLÍN (* 1735, † 1801) und der ›Grammatik der Slav. Sprache in Krain, Kärnthen und Steyermark‹ (1808) von B. KOPITAR. Die slowen. poet. Sprache wurde im Zusammenhang mit dem Aufblühen der slowen. Literatur im 19. Jh. – v. a. von F. PREŠEREN – geschaffen. Zu einer normierten slowen. Staatssprache kam es wegen der Diskussion über das Verhältnis zu anderen slaw. Sprachen (Illyrismus) und zu den älteren prot. Vorbildern sowie nach grammatikal. und orthograph. Variantenbildungen erst Ende des 19. Jahrhunderts.

G. O. SVANE: Gramm. der slowen. Schriftsprache (Kopenhagen 1958); F. BEZLAJ: Etimološki slovar slovenskega jezika, 2 Bde. (Ljubljana 1977–82); R. L. LENCEK: The stucture and history of the Slovene language (Columbus, Oh., 1982); Thesaurus der slowen. Volkssprache in Kaernten, hg. v. S. HAFNER u. a., auf mehrere Bde. ber. (Wien 1982 ff.); F. TOMŠIČ: Nemško-slovenski slovar (Neuausg. Ljubljana 1989); R. LENČEK u. M. OKUKA: A bibliography of recent literature an Macedonian, Serbo-Croatian and Slovene languages (München 1990); Slovenski pravopis, Bd. 1: Pravila (Ljubljana 1990).

Slowfox [ˈsloʊfɔks; engl., aus slow ›langsam‹ und fox, kurz für Foxtrott] der, -(es)/-e, **Slowfoxtrott**, in England entwickelte langsame Art des →Foxtrotts mit elegant fließenden Bewegungen; einer der internat. Standardtänze.

Slowinzen, eine Gruppe des westslaw. Volksstamms der Kaschuben.

slowinzische Sprache, ein Dialekt der kaschub. Sprache, wurde bis etwa 1900 von der slaw. Bevölkerung am Labasee nordöstlich von Stolp gesprochen.

Slowjansk [slov-], Stadt in der Ukraine, →Slawjansk.

Slowmotion [sloʊˈmoʊʃn; engl.], die →Zeitlupe.

Slow-Virus-Infektion [sloʊ ˈvaɪərəs-; engl. slow ›langsam‹], Abk. **SVI**, Sammel-Bez. für eine Gruppe von Viruserkrankungen bei Menschen und Tieren, die durch eine extrem lange Inkubationszeit (bis zu mehreren Jahren oder Jahrzehnten) und die Beschränkung auf ein Organsystem (meist Nervensystem) gekennzeichnet sind. Die Erkrankung führt zu fortschreitendem Zellabbau mit meist tödl. Funktionsstörungen. Ursachen für die Infektion sind eine verringerte Immunabwehr des Wirtsorganismus sowie bestimmte Wirt-Virus-Wechselwirkungen. Zu den SVI gehören z. B. Maedi oder die subakute sklerosierende Panenzephalitis (Abk. SSPE).

Słubice [su̯ubitsɛ], Stadt in der Wwschaft Gorzów, Polen, am rechten Ufer der Oder gegenüber von Frankfurt (Oder), 16 800 Ew.; Grenzhandel; Bekleidungsindustrie. – S. war bis 1945 unter der Bez. **Dammtor** der östl. Stadtteil von →Frankfurt (Oder). Er kam 1945 unter poln. Verwaltung, die Zugehörigkeit zu Polen wurde durch den Dt.-Poln. Grenzvertrag vom 14. 11. 1990 anerkannt.

Sluck [-tsk], 1918–44 Name der russ. Stadt →Pawlowsk.

Sluckis [ˈslutskɪs], Mykolas, litauischer Schriftsteller, * Panevėžys 20. 10. 1928; nach lyr. Erzählungen und fantast., an Volkslegenden anknüpfenden Geschichten für Kinder Hinwendung zu realist. Prosa (auch mithilfe modernist. Techniken wie innerer Monolog, Stream of Consciousness), in der er die schwierigen sozialen Prozesse schildert, die sich in Litauen nach dem Zweiten Weltkrieg vollzogen haben.

Werke: *Romane:* Laiptai į dangų (1963; dt. Die Himmelsleiter); Adomo obuolys (1966; dt. Der Adamsapfel); Uostās mano-neramus (1968; dt. Mein Hafen ist unruhig); Svetimos aistros (1970; dt. Fremde Leidenschaften); Saulė vakarop (1976; dt. Wenn der Tag sich neigt); Šviesos medis (1985).

Ausgaben: Wie die Sonne zerbrach, übers. v. I. BREWING (1967); Ode an ein Schwein, übers. v. DERS. (²1976).

Sluis [slœis], Stadt in der Prov. Seeland, Niederlande, im W von Seeländisch-Flandern, 2900 Ew.; Möbel- und Nahrungsmittelindustrie. – S. erhielt 1290 Stadtrecht. Vom 13. bis zum 15. Jh. zählte es neben Brügge zu den bedeutendsten fläm. Handelsstädten. Mit der Versandung des Zwin und der Schließung der Schelde im Achtzigjährigen Krieg verlor S. an Bedeutung. – Die Niederlage der frz. Flotte in der **Seeschlacht von S.** (24. 6. 1340) zwang Frankreich im Hundertjährigen Krieg in die Defensive.

Slum [slʌm; engl., eigtl. ›kleine schmutzige Gasse‹] der, -s/-s, Elendsviertel. Der Begriff wurde erstmals 1821 in Großbritannien zur Bez. der Elendsquartiere verwendet, die im Zusammenhang mit der industriellen Revolution durch Urbanisierung und Landflucht in den großen Städten Europas entstanden waren. Heute spielt der Begriff nicht nur zur Bez. der elenden Wohn- und Lebensverhältnisse in den Metropolen der westl. Industriestaaten eine zentrale Rolle, sondern stärker noch zur Beschreibung der Lebensverhältnisse zahlr. Menschen in den Städten Asiens, Afrikas und Lateinamerikas. In weit gefasster Definition wird der Begriff S. für alle Substandard-Wohngebiete verwendet. Kennzeichnend sind mangelhafte baul., sanitäre und hygien. Verhältnisse sowie mangelnde Infrastruktur, z. B. bei der Wasser- und Stromversorgung, der Kanalisation und Müllabfuhr, bei Krankenhäusern und Schulen, und eine niedrige Lebensqualität (schlechte Gesundheitsversorgung, geringe Lebenserwartung). S. werden v. a. von unteren sozialen Schichten und gesellschaftl. Randgruppen bewohnt. In eng gefasster Definition bezeichnet man als S. lediglich baulich und sozial degradierte Wohnbereiche, die von der besser gestellten Wohnbevölkerung verlassen sind, und grenzt sie damit von randstädt., oft durch Landbesetzungen entstandenen Hüttenvierteln (squatter settlements) ab, bei denen zumindest teilweise ein auf Selbsthilfe beruhender baul. Konsolidierungsprozess stattfindet. Für S. und Hüttenviertel gibt es eine Fülle von Lokalbezeichnungen (Bidonvilles, Favelas, Callampas, Barriadas, Kampong, Gecekondusiedlungen), im engl. Sprachraum auch Shantytowns oder Squattertowns, teilweise werden sie auch zusammenfassend als Marginalviertel bezeichnet.

Słupia [ˈsu̯upi̯a], Fluss in Polen, →Stolpe.

Słupsk [su̯upsk], Stadt und Wwschaft in Polen, →Stolp.

Sluptakelung [engl. sloop, zu niederländ. sloep ›Schaluppe‹], Takelung eines einmastigen Segelboots mit einem Großsegel (Hoch- oder Gaffelsegel) und nur einem Vorsegel (Fock); die Standardform aller modernen Jachten, Kielboote und Jollen.

Sluter [sly:tər], Claus, niederländ. Bildhauer, * Haarlem wohl um 1355, † Dijon 31. 1. 1406; trat 1385 in den Dienst des burgund. Herzogs PHILIPP DES KÜHNEN. Er war zunächst Mitarbeiter, dann Nachfolger von JEAN DE MARVILLE († 1389) bei den Arbeiten an der Kartäuserkirche Champmol (1383–88 als herzogl. Grabstätte errichtet) bei Dijon. Eigenhändige Werke sind die Madonna mit Kind und die beiden Stifterfiguren mit je einem Heiligen am Portal (1391–96/97) sowie am Grabmal PHILIPPS DES KÜHNEN (begonnen 1384, vollendet 1411 von seinem Nachfolger C. VAN DE WERVE) die Tumba mit der Liegefigur des Toten (1404–05), umgeben von den Nischenfiguren der Klagenden (›pleurants‹). Es bildete einen neuen Typ des Grabmals (1791 weitgehend zerstört, 1818–27 restauriert; heute Dijon, Musée des Beaux-Arts). Sein Hauptwerk ist der ›Mosesbrunnen‹ (um 1395 bis 1404/06; BILDER →Mose, →niederländische Kunst) im ehem. Kreuzgang der Kartause. Von den erhaltenen Figuren sind eigenhändig sechs Propheten sowie der Torso des Gekreuzigten (Dijon, Archäolog. Museum). In S.s Werken verbinden sich niederländ. und frz. Elemente zu einem eigenen Stil. Mit seinem Realismus und dem Ausdruck von Bewegung und Mimik der (über)lebensgroßen Freifiguren in schweren Gewändern mit verschachtelten Faltenbahnen führte S. die got. Plastik des weichen Stils zu einer weit über ihre Zeit hinaus weisenden Monumentalität.

P. QUARRÉ: Les pleurants des tombeaux des Ducs de Bourgogne (Paris 1952); C. S. en Bourgogne, bearb. v. F. BARON u. a., Ausst.-Kat. Musée des Beaux-Arts, Dijon (Dijon 1990); K. MORAND: C. S. Artist at the court of Burgundy (London 1991).

Claus Sluter: Grabmal Philipps des Kühnen; begonnen 1384 (Dijon, Musée des Beaux-Arts).

Sluyters ['slœitərs], Jan, niederländ. Maler und Grafiker, *Herzogenbusch 17. 12. 1881, †Amsterdam 8. 5. 1957. Seine Werke (Stillleben, Interieurs, Akte, sommerl. Landschaften und v. a. Porträts) zeugen von der Auseinandersetzung mit Fauvismus, Kubismus und Expressionismus; auch Buchillustrationen und Karikaturen.

J. C. M. JUFFERMANS u. N. BAKKER: J. S. Schilder (Mijdrecht 1981); L. Sluijters. 1881–1957, bearb. v. N. BAKKER, Ausst.-Kat. (Herzogenbusch 1981).

Sluzk, 1918–44 Name der russ. Stadt →Pawlowsk.

Sluzkij, Sluckij [-ts-], B o r i s Abramowitsch, russ. Lyriker, *Slawjansk 7. 5. 1919, †Moskau (?) 23. 2. 1986; schrieb einfache (weitgehend unter Verzicht poet. Verfahren), der Prosasprache angenäherte Lyrik, die vom Kriegserlebnis und vom Verständnis für die Probleme des Einzelnen geprägt ist.

Werke: *Lyrik:* Pamjat' (1957); Segodnja i včera (1961); Rabota (1964); Sovremennye istorii (1969); Neokončennye spory (1978).

Ausgaben: Izbrannoe 1944–1977 (1980). – All das Welteneis zu schmelzen, hg. v. E. MÍROWA-FLORIN (1977).

sm, Einheitenzeichen für die →Seemeile.

Sm, chem. Symbol für das Element →Samarium.

SM, Abk. für Societas Mariae (→Marianisten, →Maristen).

S. M., Abk. für Seine Majestät.

SMAD, Abk. für **Sowjetische Militär-Administration in Deutschland,** 1945–49 die höchste sowjet. Besatzungsbehörde in der Sowjet. Besatzungszone Dtl.s; Sitz: Berlin-Karlshorst. Die SMAD übte die Hoheitsgewalt aus und vertrat die sowjet. Dtl.-Politik im →Alliierten Kontrollrat. Nach Gründung der DDR im Oktober 1949 durch die ›Sowjet. Kontrollkommission‹ (SKK) abgelöst.

Småland ['smo:land], histor. Prov. in S-Schweden, umfasst die heutigen Verw.-Bez. (Län) Jönköping, Kronoberg und Kalmar mit Ausnahme der Ostseeinsel Öland. S. wird größtenteils vom südschwed. Grundgebirgsplateau eingenommen, das im N und O hügeligen Charakter hat (bis 377 m ü. M.). Die gering besiedelte, wald- und seenreiche Fels- und Moränenlandschaft löst sich an der Küste nördlich von Kalmar in Buchten und Schären auf. Nur südlich von Kalmar ist eine Küstenebene mit fruchtbaren marinen Tonen vorhanden. Hauptindustriestandorte sind Jönköping, Kalmar und Oskarshamn.

Smale [smeɪl], Stephen, amerikan. Mathematiker, *Flint (Mich.) 15. 7. 1930; 1961 Prof. an der Columbia University, New York, seit 1964 an der University of California, Berkeley. S. beschäftigte sich zuerst mit Problemen der Differenzialtopologie und entwickelte Ideen von H. POINCARÉ zur globalen Analysis weiter. 1960 gelang ihm ein Beweis der →Poincaré-Vermutung für Dimensionen größer als vier, wofür er 1966 mit der Fields-Medaille ausgezeichnet wurde.

Small [smɔːl], **1)** Adam, südafrikan. Schriftsteller, *Wellington (West-Kap) 21. 12. 1936; an einer Missionsschule erzogen, studierte in Kapstadt, London und Oxford; war zunächst Sozialarbeiter, später Prof. für Philosophie in Kapstadt. Seine Werke sind vorwiegend in der Sprache der ›Cape Coloureds‹ verfasst und schildern eindrucksvoll das Leben dieser durch die Politik der Apartheid zu ›Mischlingen‹ degradierten Bev.-Gruppe. V. a. sein Erfolgsstück ›Kanny hy kô hystoe‹ (1965) leistete einen wichtigen Beitrag zur Entwicklung des südafrikan. Dramas.

Weitere Werke: *Lyrik:* Verse van die liefde (1957); Klein simbool (1959); Kitaar my kruis (1962); Sê sjibbolet (1963); Black bronze beautiful (1975); District Six (1986). – *Roman:* Heidesee (1979). – *Essays:* A brown Afrikaaner speaks (1971). – *Drama:* Krismis van Map Jacobs (1983).

2) Albion Woodbury, amerikan. Soziologe, *Buckfield (Me.) 11. 5. 1854, †Chicago (Ill.) 25. 3. 1926; studierte Theologie, dann u. a. in Berlin und Leipzig Sozialwiss.en. 1892 wurde S. Prof. an der University of Chicago, wo er die erste soziol. Abteilung einrichtete und mit dem ›American Journal of Sociology‹ (1895 ff.) die erste soziol. Zeitschrift herausgab.

Werke: Introduction to the study of society (1894, mit G. E. VINCENT); General sociology (1903); Origins of sociology (1924).

Smalley ['smɔːli], R i c h a r d Errett, amerikan. Chemiker, *Akron (Oh.) 6. 6. 1943; seit 1973 Prof. an der Princeton University, danach an der University of Chicago und seit 1976 an der Rice University in Houston (für Chemie und Physik). S. war 1985 an der Entdeckung der →Fullerene in kondensiertem Graphitdampf beteiligt und erhielt hierfür mit R. F. CURL und Sir H. W. KROTO 1996 den Nobelpreis für Chemie.

Smallingerland, Gem. in der Prov. Friesland, Niederlande, 50 300 Ew.; der Ortsteil Drachten, ein ehem. Torfstecherdorf, entwickelte sich zum Industriezentrum.

Smalltalk ['smɔːlˈtɔːk, engl.] *der,* auch *das,* -s/-s, leichte, beiläufige Konversation.

SMALLTALK ['smɔːltɔːk], objektorientierte →Programmiersprache mitsamt der zugehörigen Programmierumgebung (z. B. Editor, Übersetzer, Werkzeuge). Sie wurde Ende der 1970er-Jahre von der Firma Xerox (Palo Alto, Calif.) mit dem Ziel entwickelt, dem Benutzer einen leichten, geräteunabhängigen Zugang zum Computer zu ermöglichen. Das wird erreicht, indem das gesamte Rechensystem (Hard- und Software) als eine Menge von Objekten dargestellt wird. SMALLTALK ist keine weit verbreitete Sprache, hat aber wesentlich zur Durchsetzung objektorientierter Denkweisen in der Informatik beigetragen.

Smallwood Reservoir ['smɔːlwʊd ˈrezəvwaː], Stausee des →Churchill River, in Labrador, Kanada.

Smalte, ein →Kobaltpigment.

Smaltin [zu schmelzen] *der, -s/-e,* ein Mineral, der →Speiskobalt.

Smaragd [ahd. smaragdus, von griech. smáragdos ›grüner Edelstein‹] *der, -(e)s/-e,* Mineral, durch Chrom- und Vanadiumgehalt tiefgrün gefärbter →Beryll, i. d. R. mit Einschlüssen; Härte nach Mohs 7,5–8, Dichte 2,7 g/cm^3; hochwertiger Edelstein. Die wichtigsten Vorkommen (Muzo, Coscuez und Chivor in Kolumbien) sind hydrothermaler Entstehung (Gänge in Tonschiefern), andere sind in metamorphen Schiefern eingewachsen (Leydsdorp/Transvaal, Sandawana/Simbabwe, Kitwe/Sambia, Indien, ferner Brasilien, Ural, Moçambique, Habachtal/Österreich). Synthet. S. (auch **Igmerald** genannt) werden aus dem Schmelzfluss oder hydrothermal hergestellt.

Geschichte: Der S. war im Altertum in hellenist. Zeit geschätzt (Vorkommen aus Ägypten). In Rom wurde er selten verwendet. In der Apokalypse des Johannes gehört er zu den Grundsteinen in der Stadtmauer des himml. Jerusalems. Dadurch wurde seine Geltung im MA. gesteigert. Hildegard von Bingen rühmt ihn als Heilmittel bei versch. Leiden. Im Spät-MA. wie auch in der Renaissance zählte er zu den bevorzugten Steinen. Große S. wurden zu Gefäßen und Figuren verarbeitet. Im 18. und 19. Jh. entstanden als fürstl. Schmuck S.-Garnituren. Als Monatsstein gehört der S. zum Juni.

Smaragd, S. von Saint-Mihiel [- sɛ̃miˈjɛl], mittellat. Autor, † nach 827; seit 819 im Kloster Saint-Mihiel (bei Commercy), wo er Abt wurde. Neben einer wichtigen lat. Grammatik (›Liber in partibus Donati‹) verfasste er exeget. Werke, ein Florilegium ›Diadema monachorum‹ und einen Kommentar zur Benediktregel im Dienst der Reform Benedikts von Aniane. Als S.s Hauptwerk gilt der vermutlich 813 Ludwig dem Frommen als König von Aquitanien gewidmete Fürstenspiegel ›Via regia‹, in dem der Fürst dem verbindlichen christl. Sittengesetz unterstellt wird.

Ausgaben: Expositio in regulam Sancti Benedicti, hg. v. A. Spannagel u. a. (1974); Liber in partibus Donati, hg. v. B. Löfstedt u. a. (1986).

F. Rädle: Studien zu S. v. S.-M. (1974); O. Eberhardt: Via regia. Der Fürstenspiegel S.s v. S.-M. u. seine literar. Gattung (1977).

Smaragd|eidechse (Länge bis 40 cm)

Smaragd|eidechse, Lacerta viridis, bis 40 cm lange, leuchtend grüne Eidechse in Mittel- und Südeuropa sowie SW-Asien. Zur Paarungszeit im Frühjahr ist die Kehle der männl. Tiere blau gefärbt; in Dtl. nach der Roten Liste vom Aussterben bedroht.

Smart [sma:t], Elizabeth, kanad. Schriftstellerin, *Ottawa 27. 12. 1913, †London 4. 3. 1986; arbeitete als Journalistin, lebte viele Jahre in England. Ihre poet. Prosaerzählung ›By Grand Central Station I sat down and wept‹ (1945; dt. ›An der Grand Central Station setzte ich mich hin und weinte‹), die ihre unglückl. Liebesbeziehung zu dem engl. Dichter G. Barker reflektiert, wurde zu einem Kultbuch.

Weitere Werke: A bonus (1977); The assumption of rogues and rascals (1978); In the mean time (1984).

Ausgabe: Necessary secrets. The journals, hg. v. A. Van Wart (1986).

Smartcard [smɑːtkɑːd, engl.], Bez. für eine ›intelligente‹ →Chipkarte mit Prozessor und mehrfach beschreibbarem Speicher, der für die Übernahme mehrerer Funktionen programmiert werden kann. S. werden als →Telefonkarten genutzt und zunehmend im Kreditgewerbe, Gesundheitswesen, Transportbereich und beim Pay-TV eingesetzt.

Smash [smæʃ; engl., zu to smash ›(zer)schmettern‹] *der, -(s)/-s, Sport:* der →Schmetterball.

S-Matrix, Streumatrix, *Quantenmechanik:* →Streuoperator.

SMD [Abk. für engl. **s**urface-**m**ounted **d**evice ›oberflächenmontiertes Bauelement‹], *Elektronik:* auf Oberflächen von Leiterplatten montierbare Bauelemente. SMD benötigen für die Montage keine Leiterplattenlöcher, sondern werden mit ihren Anschlüssen direkt oder nach vorherigem Aufkleben an den vorgesehenen Kontaktpunkten verlötet. Sie eignen sich bes. gut für die automat. Bestückung von Leiterplatten.

SME, Nationalitätszeichen für Surinam.

smear [ˈsmɪə:; engl. to smear ›schmieren‹], vokales oder instrumentales Gleiten zw. versch. Tonstufen, v. a. in afroamerikan. Musik.

Smeaton [ˈsmiːtn], John, brit. Ingenieur, *Austhorpe Lodge (bei Leeds) 8. 6. 1724, †ebd. 28. 10. 1792; errichtete 1756–59 den Eddystone-Leuchtturm, stellte experimentelle Untersuchungen an Wasser- und Windrädern an und verbesserte seit 1767 die atmosphär. Dampfmaschine; baute viele engl. Kanäle.

Smederevo, dt. **Semendria,** Stadt in Serbien, Jugoslawien, am rechten Ufer der Donau unterhalb von Belgrad, 75 m ü. M., 63 900 Ew.; wichtiger Industriestandort mit Eisen- und Stahlwerk, Maschinen- und Waggonbau, Textil-, Nahrungsmittelindustrie und Weinkellereien (in der Umgebung Weinbau); Donauhafen. – Festung (um 1430) mit fünf Meter dicken Mauern und 24 Türmen, eine der größten mittelalterl. Festungen Europas. – S., das auf das röm. **Mons aureus** zurückgeht, wurde um 1430 von Đ. Branković zur Residenz ausgebaut. 1459 kam es unter osman. Herrschaft (1718–39 von Österreichern besetzt) und wurde erst 1867 dem Fürstentum Serbien angegliedert.

Smegma [griech. ›das Schmieren‹] *das, -s,* **S. praeputii,** talgartige Absonderung im Vorhautsack, bes. in der Kranzfurche der Eichel des männl. Gliedes, ähnlich auch bei der Frau im Bereich des Kitzlers und der kleinen Schamlippen; das S. besteht v. a. aus abgestoßenen, verfetteten Epithelzellen; die darin enthaltenen harmlosen **S.-Bakterien** (Mycobacterium smegmatis) sind den Tuberkelbakterien ähnlich. Bei mangelnder Hygiene kann eine Ansammlung von S. zu einer Vorhautentzündung führen.

Smekal, Adolf Gustav Stephan, österr. Physiker, *Wien 12. 9. 1895, †Graz 7. 3. 1959; Prof. in Halle (Saale), Darmstadt und Graz. S. veröffentlichte 1920/21 das erste Termschema der Röntgenspektren und sagte 1923 den →Raman-Effekt voraus; arbeitete ferner v. a. über die Theorie der Festigkeit und Störstellen in Kristallen.

Smekal-Raman-Effekt [nach A. G. S. Smekal und C. V. Raman], der →Raman-Effekt.

smektische Phase [griech. smektós ›gestrichen‹, ›geschmiert‹], →flüssige Kristalle.

Smela, ukrain. **Smila,** Stadt im Gebiet Tscherkassy, Ukraine, am Tjasmin (rechter Nebenfluss des

Smaragd: Langstängelige, prismatische Kristalle

Dnjepr, mündet im Krementschuger Stausee), etwa 75000 Ew.; Zucker-, Milchkonservenfabrik, Maschinenbau; Eisenbahnknoten mit Reparaturwerkstätten.

Smelser ['smelsə], Neil Joseph, amerikan. Soziologe, * Kahoka (Mo.) 22. 7. 1930; lehrte 1961–94 an der University of California in Berkeley; hat mit T. PARSONS zusammengearbeitet und verbindet in seinen Untersuchungen Aspekte des Strukturfunktionalismus mit der besonderen Berücksichtigung wirtschaftl. Faktoren und Handlungsbereiche.

Werke: Economy and society (1956, mit T. PARSONS); Social change in the industrial revolution. An application of theory to the British cotton industry (1959); Theory of collective behavior (1962; dt. Theorie des kollektiven Verhaltens); Comparative methods in the social sciences (1976); Sociological theory. Historical and formal (1976); Sociology (1981); Social paralysis and social change (1991); Effective committee service (1993); Problematics of sociology. The George Simmel lectures, 1995 (1997). – Hg.: The handbook of economic sociology (1994).

Smend, 1) Rudolf, ev. Theologe, * Lengerich 5. 11. 1851, † Ballenstedt 27. 12. 1913, Vater von 2); wurde 1875 Privatdozent für A.T. in Halle (Saale), 1880 Prof. in Basel, 1889 in Göttingen. In der Arbeitsmethodik an seinem Freund und Lehrer J. WELLHAUSEN orientiert, bearbeitete S. große Teile der alttestamentl. Überlieferung. Von Bedeutung sind bes. seine literarkrit. Pentateuchforschungen.

Werke: Der Prophet Ezechiel (1880); Lb. der alttestamentl. Religionsgesch. (1893); Die Weisheit des Jesus Sirach (1906); Griechisch-syrisch-hebr. Index zur Weisheit des Jesus Sirach (1907); Die Erz. des Hexateuch auf ihre Quellen untersucht (1912).

2) Rudolf, Staats- und Kirchenrechtler, * Basel 15. 1. 1882, † Göttingen 5. 7. 1975, Sohn von 1); Prof. in Greifswald, Tübingen, Bonn, Berlin und (ab 1935) Göttingen. Seine staatsrechtl. und staatstheoret. Arbeiten sind durch die Auseinandersetzung mit der im Kaiserreich dominierenden positivist., auf die geschriebene Verf. und ihre traditionell jurist. Auslegung ausgerichtete Staatslehre geprägt. Im Methodenstreit der Weimarer Staatslehre gehörte er der antinormativist. ›geisteswiss.‹ Richtung an und entwickelte seine ›Integrationslehre‹: Die Verf. ist danach nicht nur als Organisations- und Kompetenzverteilungsstatut zu verstehen, sondern zugleich als Lebensform der Staatsbürger, die v. a. durch die polit. Rechte (bes. das Wahlrecht) in den andauernden Prozess der Staatsbildung integriert werden. Diese Auffassungen wirken bis heute, auch in der Rechtsprechung des Bundesverfassungsgerichts, nach. Ab 1945 widmete sich S. v. a. kirchen- und staatskirchenrechtl. Fragen.

Werke: Maßstäbe parlamentar. Wahlrechts in der dt. Staatstheorie des 19. Jh. (1912); Verf. u. Verfassungsrecht (1928); Staatsrechtl. Abhh. (1955); Elemente alttestamentl. Geschichtsdenkens (1968).

Rechtsprobleme in Staat und Kirche. Festschr. für R. S. ... (1952); K. HESSE: R. S. in: Staatslex., Bd. 4 (⁷1988).

Smerdis, pers. **Brdija,** Sohn KYROS' II., von seinem Bruder KAMBYSES II. vor dessen Zug nach Ägypten (525 v.Chr.) getötet. Während KAMBYSES sich noch in Ägypten befand, riss ein Angehöriger des med. Stammes der Magier, → GAUMATA, unter dem Namen S. (**falscher S., Pseudo-S.**) 522 v. Chr. in Persien die Macht an sich; er wurde im gleichen Jahr von DAREIOS I. beseitigt.

Smet, Gustaaf de, auch **Gustave de S.,** belg. Maler und Grafiker, * Gent 21. 1. 1877, † Deurle (bei Gent) 8. 10. 1943; malte zunächst impressionist. Porträts, Landschaftsbilder und Stillleben. Nach einem Aufenthalt in der Künstlerkolonie Sint-Martens-Latem bei Gent übersiedelte er 1914 in die Niederlande, wo er sich zu einem der bedeutendsten fläm. Expressionisten entwickelte; auch Holz- und Linolschnitte.

Smetana, Bedřich (Friedrich), tschech. Komponist, * Leitomischl 2. 3. 1824, † Prag 12. 5. 1884; studierte Klavier und Komposition in Prag; versuchte eine Karriere als Konzertpianist; leitete 1848–56 eine von ihm in Prag gegründete Musikschule. 1856–61 erfolgreicher Dirigent, Pianist und Musiklehrer in Göteborg, 1861 Rückkehr nach Prag, um sich dort der tschech. Musik zu widmen. 1866 wurde er Dirigent am tschech. Nationaltheater, wo er auch eigene Opern aufführte. 1874 musste er wegen zunehmender Taubheit das aktive Musikleben aufgeben. Seine kompositor. Arbeit führte er jedoch intensiv weiter. Erst 1882, verstärkt 1883, zeigten sich Symptome einer Geisteskrankheit, die bis zu völliger Umnachtung fortschritt.

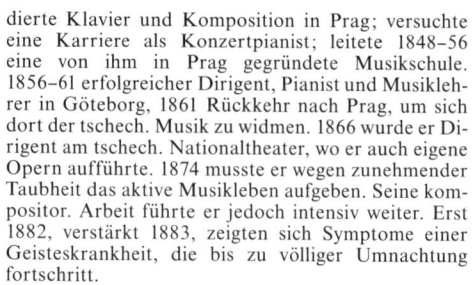

S. war der Begründer und profilierteste Repräsentant eines eigenständigen tschech. Nationalstils auf den Gebieten der Oper und sinfon. Dichtung, zugleich als Dirigent, Organisator und Kritiker ein Förderer aller gleichgerichteten Bestrebungen. Allerdings waren seine Werke zu Lebzeiten umstritten. Man warf ihm zu enge Anlehnung an das Musikdrama R. WAGNERs vor, ohne zu sehen, dass S. dessen Neuerungen im Sinne eines nat. gefärbten Idioms verwandelte. Ähnliches gilt für die Anregungen durch F. LISZT, den er zeitlebens hoch verehrte, von dessen sinfon. Dichtungen S.s volkstüml., bildkräftige musikal. Darstellungen jedoch wesentlich unterscheiden. Der Zyklus ›Mein Vaterland‹ sowie die Oper ›Die verkaufte Braut‹ sind auch außerhalb seiner Heimat zu Standardwerken geworden, obwohl S. selbst sein nat. heroisches dramat. Schaffen, v.a. ›Dalibor‹ und ›Libuše‹, weit höher einschätzte. Auch mehrere seiner Kammermusikwerke, insbesondere das Streichquartett e-Moll ›Aus meinem Leben‹, gehören zum bekannten Konzertrepertoire. S.s Musik, die eine starke Affinität zu Tänzen und Liedern seiner Heimat zeigt, hat im tschech. Raum bedeutenden Einfluss auf A. DVOŘÁK, anfangs auch auf L. JANÁČEK ausgeübt und in einem allgemeinen Sinne auf nat. orientierte Komponisten anderer Länder anregend gewirkt.

Werke: Opern: Die Brandenburger in Böhmen (1866); Die verkaufte Braut (1866, revidiert 1870); Dalibor (1868); Zwei Witwen (1874, revidiert 1878); Der Kuß (1876); Das Geheimnis (1878); Libuše (1881); Die Teufelswand (1882). – Neun sinfon. Dichtungen, davon sechs als Zyklus ›Mein Vaterland‹: Vyšehrad, Die Moldau, Šárka, Aus Böhmens Hain und Flur, Tábor, Blanik (1874–79); zwei Streichquartette (›Aus meinem Leben‹, e-Moll, 1876; d-Moll, 1883); Klaviertrio g-Moll (1855); Klaviermusik; Chorwerke; Lieder.

Ausgaben: Studijní vydané', hg. v. F. BARTOŠ u. a., auf zahlr. Bde. ber. (1940 ff.); Klavírní dílo, bearb. v. V. HOLZKNECHT u. a., 4 Bde. (1944–68). – Gesamtausg., hg. v. Z. NEJEDLY u. a., 4 Bde. (1924–33, mehr nicht erschienen); S. in Briefen u. Erinnerungen, hg. v. F. BARTOŠ (1954).

V. HELFERT: Die schöpfer. Entwicklung Friedrich S.s (a.d. Tschech., Leipzig 1956); B. KARÁSEK: B. S. (a.d. Tschech., Prag 1967); H. SÉQUARDTOVÁ: B. S. (a.d. Tschech., 1985); K. HONOLKA: B. S. (19.–20. Tsd. 1995).

Smetona [smæto:'na], Antanas, litauischer Politiker, * Užulenai (bei Ukmergė, Litauen) 10. 8. 1874, † Cleveland (Oh.) 9. 1. 1944; Rechtsanwalt und Journalist; 1917–19 Vors. des litauischen Landesrates (Taryba), 1919–20 provisor. Staatspräs.; leitete 1921 die litauische Delegation in Riga zur Beilegung des litauisch-lett. Grenzstreits. Als Führer (1924–40) der Nationalpartei (Tautininkai) übernahm er nach einem von Offizieren durchgeführten Staatsstreich vom 16./17. 12. 1926 erneut das Amt des Staatspräs. (1926–40) und errichtete als ›Tautos Vadas‹ (›Volksführer‹) ein autoritäres Regime nach dem Vorbild des ital. Faschismus. Nach der sowjet. Besetzung Litauens (Juni 1940) floh S. zunächst nach Dtl. und emigrierte 1941 in die USA.

John Smibert: Porträt von Francis Brinley; 1731 (New York, Metropolitan Museum of Art)

SMH, Schweizerische Gesellschaft für Mikroelektronik und Uhrenindustrie AG, weltweit führender Uhrenkonzern, entstanden 1983 aus der Fusion von SSIH (Société Suisse pour l'Industrie Horlogère S. A., gegr. 1930) und der ASUAG (gegr. 1931), seit 1985 jetziger Name; Hauptsitz: Neuenburg. Wichtigste Marken im Uhrenbereich sind u. a.: Omega, Longines, Rado, Tissot, Certina, Swatch, Flik Flak. Es werden auch mikroelektron. Komponenten und Systeme produziert. Umsatz (1997): 3,1 Mrd. sfr, Beschäftigte: rd. 17 700.

Smibert [ˈsmaɪbət], John, amerikan. Maler schott. Herkunft, * Edinburgh 24. 3. 1688, † Boston (Mass.) 2. 4. 1751; ließ sich 1729 in Boston nieder. Seine Porträts, die in der Tradition von G. KNELLER stehen, beeinflussten die jüngere amerikan. Malergeneration (J. COPLEY, R. FEKE, W. ALLSTON u. a.).

Smila, Stadt in der Ukraine, →Smela.

Smilanski, Jishar, hebr. Schriftsteller, →Jishar, S.

Smilax [griech.], die Pflanzengattung →Stechwinde.

Smiljanić [-nitɕ], Radomir, serb. Schriftsteller, * Svetozarevo (bei Kragujevac) 20. 4. 1934; schildert in zeitloser symbol. Prosa menschl. Einsamkeit und vertieft sich in die Phänomenologie des Krieges. Seine Romantrilogie ›Neko je oklevetao Hegela‹ (1973), ›U Andima Hegelovo telo‹ (1975; beide dt. als ›Verleumdet Hegel nicht‹) und ›Bekstvo na Helgoland‹ (1977; dt. ›Hegels Flucht nach Helgoland‹) baut auf der Figur eines zeitgenöss. Don Quijote auf.
Weitere Werke: *Romane:* Ljubavne ispovesti Sofije Malovrazić (1978); Ubistvo u Kafani Dardaneli (1980); Ubistvo na Dedinju (1986).

Smilodon [griech.], fossile Gattung der Katzen, →Säbelzahntiger.

Smirgel, der →Schmirgel.

Smirke [smɔːk], Sir (seit 1832) Robert, engl. Architekt, * London 1. 10. 1781, † Cheltenham 18. 4. 1867; führender Vertreter des Klassizismus (→Greek Revival). Er war Schüler von J. SOANE, bildete sich aber v. a. auf Reisen (in Italien und Griechenland). Ein früher Bau war das Covent Garden Theatre (1808; zerstört). Sein Hauptwerk ist das Brit. Museum in London (1823–47).

Smirnow, 1) Wassilij Dmitrijewitsch, russ. Turkologe, * Astrachan 9. 8. 1846, † Petrograd 25. 5. 1922; ab 1884 Prof. in Sankt Petersburg. Sein besonderes Interesse galt der türk. Literatur und Volksüberlieferung sowie der osmanisch-russ. Geschichte.
2) Wladimir Iwanowitsch, russ. Mathematiker, * Sankt Petersburg 10. 7. 1887, † Leningrad 11. 2. 1975; wirkte v. a. in Leningrad, u. a. am Seismolog. und am Mathemat. Institut der Akad. der Wissenschaften. S. leistete wichtige Beiträge zur Funktionentheorie und Funktionalanalysis, zur Elastizitätstheorie und zur Seismik; er verfasste ein weit verbreitetes Lehrbuch der Mathematik ›Kurs vysšej matematiki‹ (5 Bde., 1924–47; dt. ›Lehrgang der höheren Mathematik‹).

Smith [smɪθ], 1) Adam, brit. Moralphilosoph und Volkswirtschaftler, getauft Kirkcaldy 5. 6. 1723, † Edinburgh 17. 7. 1790; Schüler von F. HUTCHESON und Freund von D. HUME; war Prof. für Logik, später auch für Moralphilosophie an der Univ. Glasgow (1751–64). Auf einer Reise durch Frankreich und die Schweiz (1764–66) lernte er die bedeutendsten Enzyklopädisten und Physiokraten kennen; lebte anschließend als Privatgelehrter und war 1779–90 Mitgl. der obersten Zollbehörde in Schottland.

In seiner Moralphilosophie entwarf S. eine Theorie des sozialen Handelns, nach der Entstehung und Geltung sozialer Normen an einen sozialen Lernprozess gekoppelt sind. S. unterscheidet drei elementare Tugenden: 1) ›prudence‹ (Klugheit), das wohlverstandene Eigeninteresse; 2) ›justice‹ (Gerechtigkeit), der normative Rahmen, innerhalb dessen sich die ›prudence‹ entfalten darf; 3) ›benevolence‹, die Güte, deren Befolgung das höchste Gut darstellt. Die von der ›prudence‹ motivierten Handlungen (v. a. die ökonom.) entspringen dem Selbsterhaltungstrieb sowie dem Wunsch nach sozialer Anerkennung. Das Aufeinanderwirken der ökonom. Aktionen der Einzelnen kann aber nur dann einen sinnvollen sozialen Zusammenhang ergeben, wenn es durch ›justice‹ gezügelt wird. Die ›justice‹ legt die Normen fest, innerhalb deren sich das Selbstinteresse vorteilhaft für den Einzelnen auswirken kann, ohne dem Anderen oder der Gesamtheit zu schaden. Die kodifizierten Normen der ›justice‹ (Leben, Freiheit, Eigentum, Vertragstreue) werden durch den Staat garantiert, der damit unerlässl. Bestandteil des sozialen Gefüges ist. Grundtugend und Grundlage der moral. Beurteilung – auch der sittl. Selbstprüfung – ist die mitmenschl. Güte.

Sein Hauptwerk ›An inquiry into the nature and causes of the wealth of nations‹ (3 Bde., 1776; dt. ›Un-

Adam Smith (Gipsabdruck eines Medaillons, 1787; London, National Portrait Gallery)

Sir Robert Smirke: Britisches Museum in London; 1823–47 (Stich aus dem Jahr 1853)

tersuchung der Natur und Ursachen von Nationalreichthümern‹, auch als ›Der Wohlstand der Nationen‹) beschreibt systematisch die liberalen Wirtschaftslehren des 18. Jh. und begründet die klass. Nationalökonomie. Im Unterschied zum Merkantilismus und zu den Physiokraten betrachtete S. menschl. Arbeit und Arbeitsteilung als Quellen des Wohlstandes. Mit zunehmender Arbeitsteilung werde zunächst eine Steuerung von Erzeugung und Verbrauch notwendig. Sie werde erreicht, wenn das wohlverstandene Selbstinteresse als grundlegende Kraft der wirtschaftl. Entwicklung in einer freien, von keinerlei Markteingriffen des Staates gehemmten Wirtschaft und Gesellschaft entfalten könne. Der freie Wettbewerb führe dann zu einer Harmonie des sozialen und wirtschaftl. Lebens – erhalten und geleitet von der ›invisible hand‹, die die egoist. Motive in soziale Taten transformiere. Der Freihandel ist für S. eine der wichtigsten Voraussetzungen der wirtschaftl. Entwicklung, denn das Ausmaß der Arbeitsteilung hängt für ihn von der Größe der Märkte ab. Außerdem unterstellt der Freihandel die möglicherweise entstehenden inländ. Monopole einer wirksamen Kontrolle.

Da in einer arbeitsteilig organisierten Wirtschaft Angebot und Nachfrage zum Ausgleich kommen müssen, entwickelte S. Marktgesetze (Tauschgesetze), die ihren Niederschlag in seiner Wert- und Preistheorie gefunden haben. Auf die Dauer entsprächen dank der Konkurrenz die Marktpreise der Güter ihren natürl. Preisen, deren Höhe und Tauschrelationen sich nach dem zur Güterherstellung erforderl. Arbeitsaufwand richten (Arbeitswerttheorie). Kürzerfristig könnten Abweichungen von effektiver Nachfrage und angebotener Gütermenge auch zu höheren oder niedrigeren Marktpreisen führen, doch würde die Beweglichkeit des Angebots verhindern, dass dies ein dauernder Zustand werde. Würden anhaltend übernormale Kapitalprofite entstehen, so würden neue Anbieter auftreten, würde der normale Kapitalprofit nicht erwirtschaftet, schieden Anbieter aus. Als Schwächen der Lehre von S. werden das Fehlen einer konsistenten Theorie der Faktorpreise, von denen die Höhe der Produktionskosten und der natürl. Preise abhängt, und einer ausreichenden Theorie der Bestimmungsgründe der Nachfrage angesehen.

Für die prakt. Durchsetzung von Wirtschaftsfreiheit und -liberalismus hatten S.' Lehren große Bedeutung. Obwohl S. die Vorteile der freien Marktwirtschaft betonte, lehnte er im Gegensatz zum Manchestertum keineswegs alle wirtschaftspolit. Eingriffe des Staates ab, wobei er zu den überwiegend steuerfinanzierten Staatsaufgaben u. a. Landesverteidigung, innere Sicherheit, Bildung, Sicherung von Eigentum und Wettbewerb zählte.

Weiteres Werk: The theory of moral sentiments, 2 Bde. (1759; dt. Theorie der ethischen Gefühle).
Ausgabe: The works, hg. v. D. STEWART, 5 Bde. (1811–12, Nachdr. 1963).

A. S. Critical assessments, hg. v. J. C. WOOD, 4 Bde. (London 1983–84); A. S. 1723–1790. Ein Werk u. seine Wirkungsgesch., hg. v. H. D. KURZ (²1991); W. KLAIBER: Rechtsphilosophie u. Handlungstheorie im Werk von A. S. (1997); I. S. ROSS: A. S. – Leben u. Werk (a. d. Engl., 1998).

2) A. J. M. (Arthur James Marshall), kanad. Schriftsteller, *Montreal 8. 11. 1902, †East Lansing (Mich.) 21. 11. 1980; begann bereits als Student mit seiner für die kanad. Lyrik wichtigen Herausgebertätigkeit (Mitherausgeber der richtungweisenden Anthologie ›New provinces‹, 1936). Von ihm edierte Sammelwerke wie ›The book of Canadian poetry‹ (1943) und ›The Oxford book of Canadian verse. In English and French‹ (1960) prägten die kanad. Literaturszene nachhaltig. Seine eigenen Gedichte zeichnen sich durch Weltoffenheit, Intensität, Sinnenfreude und satir. Tendenzen aus.

Werke: *Lyrik:* News of the phoenix (1943); Poems new and collected (1967).
Ausgaben: Towards a view of Canadian letters. Selected critical essays 1928–1971 (1973); On poetry and poets. Selected essays ... (1977); The classic shade. Selected poems (1978).

J. FERNS: A. J. M. S. (Boston, Mass., 1979).

3) Alfred Emanuel, amerikan. Politiker, *New York 30. 12. 1873, †ebd. 4. 10. 1944; 1903–15 Abg. der Demokraten in der State Assembly von New York, profilierte sich in der demokrat. Parteiorganisation von New York als pragmat. und reformorientierter Politiker. 1919–20 und 1923–28 Gouv. von New York, setzte S. Sozialreformen durch und reorganisierte die Verwaltung. Als demokrat. Kandidat in der Präsidentschaftswahl 1928 zeigte sich S., der erste kath. Bewerber für das Präsidentenamt, als Vertreter des städt. Amerika und setzte sich für die Beendigung der Prohibition ein, unterlag jedoch dem Republikaner H. C. HOOVER. Während der 30er-Jahre in der American Liberty League aktiv, trat er als Kritiker F. D. ROOSEVELTS und des New Deal hervor.

4) Bessie, eigtl. **Elizabeth S.**, amerikan. Bluessängerin, *Chattanooga (Tenn.) 15. 4. 1894, †Clarksdale (Miss.) 26. 9. 1937; trat in Minstrel-Shows im Süden der USA auf, bevor sie durch GERTRUDE ›MA‹ RAINEY gefördert und zu einer der bedeutendsten Sängerinnen des urbanen Blues der 20er-Jahre wurde. Zw. 1923 und 1933 besang sie etwa 150 Schallplatten, begleitet von Jazzmusikern wie F. HENDERSON, L. ARMSTRONG und J. P. JOHNSON. Ihre ausdrucksstarke Interpretationsweise hatte nachhaltigen Einfluss auf spätere Sänger und Sängerinnen des Jazz.

E. BROOKS: The B. S. companion. A critical and detailed appreciation of the recordings (Wheathampstead 1982).

5) David, amerikan. Bildhauer, *Decatur (Ind.) 9. 3. 1906, †Albany (N. Y.) 24. 5. 1965; studierte Malerei. Angeregt v. a. von Werken P. PICASSOS und J. GONZÁLES', schuf er ab etwa 1933 abstrakte Eisenplastiken aus vorgefertigtem, oft gebrauchtem (z. B. von landwirtschaftl. Geräten) oder geschmiedetem Metall, die zunächst noch stark von gegenständlich-zeichenhaften Vorstellungen geprägt sind. Mit der Serie ›Cubi‹ (seit 1963; rostfreier Stahl) entstanden dreidimensionale Gebilde aus kub. Formen, deren schimmernde Oberflächen Schrift- und Schleifspuren aufweisen.

S. E. MARCUS: D. S. The sculptor and his work (Ithaca, Mich., 1993); D. S. in Italy, Photos v. U. MULAS, Ausst.-Kat. Prada Milano arte (Mailand 1995).

David Smith: Cubi XIX; 1964 (London, Tate Gallery)

6) George, brit. Assyriologe, *Chelsea (heute zu London) 26. 3. 1840, †Aleppo 19. 8. 1876; war Assistent am Brit. Museum in London und entdeckte dort unter den Keilschrifttafeln aus der Bibliothek ASSURBANIPALS in Ninive die babylon. Sintflutgeschichten

Kiki Smith: Ohne Titel (Hängende Frau); 1992 (Privatbesitz)

und das Weltschöpfungslied. 1876 untersuchte er u. a. die Stätte des alten Karkemisch.

E. A. BUDGE: The rise and progress of assyriology (London 1925).

7) Gladys Mary, amerikan. Filmschauspielerin, →Pickford, Mary.

8) Hamilton Othanel, amerikan. Mikrobiologe, *New York 23. 8. 1931; seit 1981 Prof. an der Johns Hopkins University in Baltimore (Md.); erhielt für die Entdeckung der →Restriktionsenzyme und deren Anwendung in der Molekulargenetik mit W. ARBER und D. NATHANS 1978 den Nobelpreis für Physiologie oder Medizin.

9) Henry John Stephen, brit. Mathematiker, *Dublin 2. 11. 1826, †Oxford 9. 2. 1883; Prof. in Oxford; lieferte bedeutende Arbeiten zur Geometrie, zur Theorie der ellipt. Funktionen und bes. zur Zahlentheorie. Hervorzuheben ist sein sechsteiliger ›Report on the theory of numbers‹ (1859–65).

10) Ian Douglas, Politiker in Rhodesien (heute Simbabwe), *Shurugwi 8. 4. 1919; Farmer, brit. Kampfflieger im Zweiten Weltkrieg, vertrat 1953–61 die United Federal Party (UFP) im Bundesparlament der Zentralafrikan. Föderation. 1964 wurde er Vors. der Rhodesian Front (RF), die die Beteiligung der Schwarzen an der Reg. ablehnte. 1962–64 war er Finanz-Min., 1964–79 Min.-Präs. von (Süd-)Rhodesien. Am 11. 11. 1965 setzte er auf der Basis einer weißen Minderheitsherrschaft einseitig die Unabhängigkeit seines Landes durch, die jedoch internat. nicht anerkannt wurde. In Konflikt v. a. mit Großbritannien, der schwarzafrikan. Staatenwelt und der UNO suchte S., unterstützt bes. von der Rep. Südafrika und Portugal, die weiße Vorherrschaft zu behaupten. Zu Beginn der 70er-Jahre unter wachsendem Druck geraten, begann er 1973/74 Gespräche mit den Führern schwarzafrikan. Befreiungsbewegungen. Während er militär. Unternehmungen gegen die Guerilla-Streitkräfte der schwarzafrikan. Befreiungsbewegungen über die Landesgrenzen ausweitete, handelte er 1978 mit gemäßigten schwarzafrikan. Politikern eine ›interne Lösung‹ in der Verf.-Frage aus (→Simbabwe). 1979 war er in der auf dieser Grundlage gebildeten Reg. unter Bischof A. T. MUZOREWA Min. ohne Geschäftsbereich. Nach der Entlassung seines Landes in die (internat. nunmehr anerkannte) Unabhängigkeit 1980 war S. bis 1990 Mitgl. des Parlaments.

11) Jimmy, eigtl. **James Oscar S.,** amerikan. Jazzorganist, *Norristown (Pa.) 8. 12. 1925; machte die elektr. Hammondorgel im Jazz populär. Spielt seit 1956 mit einem Trio, dessen Besetzung (Orgel, Gitarre, Schlagzeug) zur Standardbesetzung ähnl. Gruppen wurde.

12) John, engl. Entdecker und Abenteurer, getauft Willoughby (Lincolnshire) 6. 1. 1580, †London 21. 6. 1631; ging 1606 mit der von der Virginia Company entsandten Expedition zur Gründung einer Kolonie nach Nordamerika, war mit Gründung (1607) und Ausbau von Jamestown wesentlich an der Festigung der Kolonie Virginia beteiligt, erforschte die Küste von Neuengland.

Ausgabe: The complete works of Captain J. S., hg. v. P. L. BARBOUR, 3 Bde. (1986).

P. L. BARBOUR: The three worlds of Captain J. S. (London 1964).

13) John, brit. Politiker, *Dalmally (Verw.-Distr. Argyll and Bute) 13. 9. 1938, †London 12. 5. 1994; Rechtsanwalt, seit 1970 Abg. der Labour Party im Unterhaus. 1975/76 war er Energie-Min., 1976–78 Staats-Min. des Privy Council Office, ab November 1978 Handels-Min. Nach der Wahlniederlage der Labour Party 1979 war S. Mitgl. des Schattenkabinetts, dort ab 1987 Oppositionssprecher für Finanzen und Wirtschaft. Im Juli 1992 wurde S. zum Nachfolger des zurückgetretenen Partei- und Oppositionsführers N. KINNOCK gewählt. Der als proeuropäisch geltende S. versuchte die Partei für bürgerl. Wählerschichten zu öffnen.

14) John Raphael, engl. Grafiker, Zeichner und Maler, *Derby 1752, †Worcester 2. 3. 1812; ausgebildet als Kupferstecher, brachte es in der Schabkunst zu hervorragenden Leistungen (etwa 300 Blätter nach Gemälden u. a. von J. REYNOLDS, T. GAINSBOROUGH und G. ROMNEY). Er schuf auch Pastellporträts sowie Zeichnungen mit mytholog. Themen und Genreszenen.

15) Kiki, amerikan. Plastikerin, *Nürnberg 1954; setzt sich in ihren Plastiken, Zeichnungen und Texten mit extremen Situationen für den menschl. Körper auseinander. Neben existenziellen Ereignissen wie Geburt, Krankheit und Tod zeigt sie in ihren äußerst realistisch gestalteten Körperfragmenten die Auswirkungen von Drogenmissbrauch, Verbrechen und Folter.

K. S. (Amsterdam 1990); K. S., Beitrr. v. L. SHEARER u. C. GOULD, Ausst.-Kat. Williams College Museum of Art, Williamstown (Neuausg. Williamstown, Mass., 1992).

16) Leon Polk, amerikan. Maler, *Chickasha (Okla.) 20. 5. 1906, †New York 4. 12. 1996; Lehrer, wandte sich 1936 der Malerei zu. Ausgehend vom

Hamilton O. Smith

Ian Douglas Smith

Leon Polk Smith: Red – Black – White; 1948 (Privatbesitz)

Smit Smith

Werk P. MONDRIANS gehörte er in den 60er-Jahren zu den Initiatoren der Minimalart und entwickelte sich zu einem bedeutenden Vertreter der konkreten Malerei.

L. P. S., bearb. v. R. W. GASSEN u. a., Ausst.-Kat. (1989).

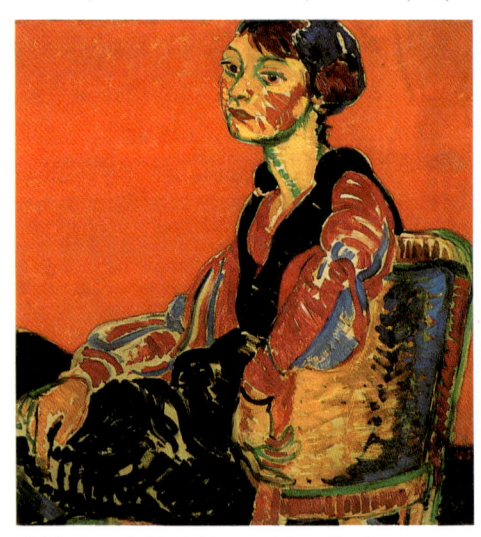

Sir Matthew Smith: Dulcie; um 1913–15 (Southampton, City Art Gallery)

17) Sir (seit 1954) **Matthew,** engl. Maler, *Halifax 22. 10. 1879, †London 29. 9. 1959; lebte 1908–40 meist in Frankreich, wo er von den Fauves (bes. H. MATISSE) beeinflusst wurde. Seine Akte, Landschaften und Stillleben gehören zu den bedeutendsten Werken des engl. Expressionismus.

18) Michael, kanad. Chemiker brit. Herkunft, *Blackpool 26. 4. 1932; seit 1970 Prof. für Biochemie an der University of British Columbia in Vancouver, seit 1987 dort auch Direktor des Biotechnolog. Laboratoriums. S. erforschte v. a. den Einfluss, den Änderungen der DNA-Struktur auf die Zusammensetzung der von einem Organismus gebildeten Produkte (RNA, Proteine) haben. 1978 gelang es ihm erstmals, bei einem Bakterienvirus durch gezielte (›ortsspezif.‹) Einführung einer künstl. Erbinformation in ein natürl. Gen eine Mutation herbeizuführen (Mutagenese). 1982 konnte er ein verändertes Enzym aus mutierten Organismen in größerer Menge gewinnen. Für die ›Entwicklung der ortsspezif. Mutagenese‹ erhielt S. mit K. B. →MULLIS 1993 den Nobelpreis für Chemie.

Michael Smith

19) Michael, jamaikan. Dichter, *1954, †17. 8. 1988; in seinen im jamaikan. Patois verfassten Gedichten stellt er die Lebensrealität der besitzlosen Bevölkerung von Kingston dar und wendet sich gegen die aufgezwungene engl. Kultur; wichtiger Vertreter der ›dub poetry‹, die den Rhythmus des Reggae sprachlich aufgreift.

Ausgabe: It a come. Poems (1986).

20) Pauline Urmson, südafrikan. Schriftstellerin, *Oudtshoorn 2. 4. 1882, †Broadstone (Cty. Surrey, England) 29. 1. 1959; ihr distanzierter, einfühlsamrealist. Erzählstil, der auch auf volkstüml. Charaktere und Anekdoten zurückgreift, zielt v. a. auf die Darstellung der Gegensätze der südafrikan. Gesellschaft zu Beginn dieses Jh.; bedeutend für die weitere Entwicklung der engl. Literatur Südafrikas.

Werke: Roman: The beadle (1926). – *Kurzgeschichten:* The little Karoo (1925; dt. Die kleine Karru); Platkops children (1935).

P. S., hg. v. D. DRIVER (Johannesburg 1983).

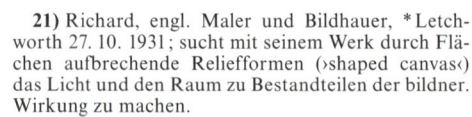

21) Richard, engl. Maler und Bildhauer, *Letchworth 27. 10. 1931; sucht mit seinem Werk durch Flächen aufbrechende Reliefformen (›shaped canvas‹) das Licht und den Raum zu Bestandteilen der bildner. Wirkung zu machen.

22) Rosamond, Pseud. der amerikan. Schriftstellerin Joyce Carol →Oates.

23) Tony, amerikan. Bildhauer, Maler und Architekt, *South Orange (N. J.) 1912, †New York 26. 12. 1980; schuf in den 40er-Jahren Bilder im Sinne des abstrakten Expressionismus, war 1940–60 v. a. als Architekt tätig und wandte sich dann der Bildhauerei zu. Mit seinen architektonisch geprägten Stahlskulpturen aus stereometr. Formen (Kuben, Tetraeder, Pyramiden, ›Tore‹) in großem Maßstab gehört S. zu den Hauptvertretern der Minimalart.

T. S. – Skulpturen u. Zeichnungen 1961–1969, Ausst.-Kat. (1988).

24) Wilbur Addison, brit. Schriftsteller südafrikan. Herkunft, *Broken Hill (heute Kabwe, Sambia) 9. 1. 1933; schreibt internat. erfolgreiche Abenteuerromane (z. T. verfilmt). Themen der Handlung sind u. a. die unberührte Wildnis und die Eroberung Afrikas sowie dessen polit. Spannungen und Kriege der Gegenwart.

Werke: Romane: Gold mine (1970; dt. Goldmine); The Delta decision (1979; dt. Entscheidung Delta); The leopard hunts in darkness (1984; dt. Der Panther jagt im Dämmerlicht); The burning shore (1985; dt. Glühender Himmel); Golden fox (1990); River god (1993; dt. Das Grabmal des Pharao); The seventh scroll (1995; dt. Die Schwingen des Horus).

25) William, brit. Ingenieur und Geologe, *Churchill (Cty. Oxfordshire) 23. 3. 1769, †Northampton 28. 8. 1839; entdeckte erneut, nach N. STENSEN, die Horizontbeständigkeit der Fossilien (Prinzip der Leitfossilien) und begründete damit die Biostratigraphie.

26) William Eugene, amerikan. Fotojournalist, *Wichita (Kans.) 30. 12. 1918, †Tucson (Ariz.) 15. 10. 1978; arbeitete im Zweiten Weltkrieg als Kriegsbildberichterstatter. Nach 1945 verfasste er Sozialdokumentationen und Bildreportagen v. a. für die Zeitschrift ›Life‹. 1955 wurde er Mitgl. der Fotoagentur Magnum. In seinem Bildband ›Minamata‹ (1972) dokumentierte S. die Auswirkungen einer durch die Industrie mit Quecksilber verseuchten jap. Meeresbucht auf die Bewohner eines Fischerdorfes.

Eugene Smith: Ohne Titel; 1944 (New York, Museum of Modern Art)

27) Willie ›The Lion‹, eigtl. **William Henry Joseph Berthol Bonaparte Bertholoff,** amerikan. Jazzpianist und -komponist, *Goshen (N. Y.) 25. 11. 1897, †New York 18. 4. 1973; war ab 1914 Berufsmusiker in Harlem, wurde der breiten Öffentlichkeit aber erst in den 30er-Jahren durch seine Schallplattenaufnahmen be-

Peter Smithson: Economist Building in London; 1962–64

kannt. Neben J. P. JOHNSON ist S. der bedeutendste Vertreter des Stridepiano-Stils; veröffentlichte ›Music on my mind. The memoirs of an American pianist‹ (1964, zus. mit dem amerikan. Musikschriftsteller GEORGE HOEFER, *1909, †1967).

Smithfieldkultur [ˈsmɪθfiːld-], Kulturgruppe der späten Steinzeit (Late Stone Age) im südl. Afrika, gekennzeichnet durch Steinwerkzeuge in Klingentechnik. Der S. werden auch manche Felsritzungen zugeordnet.

Smithson [ˈsmɪθsn], **1)** James, eigtl. **J. Lewis (Louis) Macie** [ˈmeɪsi], brit. Chemiker und Mineraloge, *in Frankreich 1765, †Genua 27. 6. 1829; Privatgelehrter; untersuchte v. a. Farbstoffe sowie Blei- und Zinkminerale; stiftete die →Smithsonian Institution.

2) Peter, engl. Architekt, *Stockton-on-Tees 18. 9. 1923; ∞ mit der Architektin ALISON S. (*1928). Beide eröffneten 1950 ein gemeinsames Büro in London. Sie gehören zu den Schlüsselfiguren des →Brutalismus. Ihr wohl bedeutendster Bau ist das Economist Building in London (1962–64), dessen Fassade sich dem Architekturensemble der umliegenden Häuser aus dem 18. Jh. einordnet, während sich die Gebäudegruppierung hinter der Fassade selbstständig entfaltet.

Weitere Werke: Schule in Hunstanton, Cty. Norfolk (1949–54); Garden Building, St. Hilda's College in Oxford (1967–69); Siedlung Robin Hood Gardens in London (1972); Univ. in Bath (1982). – **Schriften:** Urban structuring (1967); Team 10 Primer (1968); Ordinariness and light (1970); Without rhetoric (1973); The heroic period of modern architecture (1981, mit A. SMITHSON; dt. Die heroische Periode der modernen Architektur).

Alison + P. S., bearb. v. M. VIDOTTO (Barcelona 1997, span. u. engl.).

3) Robert, amerikan. Künstler, *Passaic (N. J.) 2. 1. 1938, †(Flugzeugabsturz) Amarillo (Tex.) 20. 7. 1973; malte zunächst im Stil des abstrakten Expressionismus und näherte sich um 1965 mit Stahlskulpturen der Minimalart. Weitere Arbeiten (spiralförmige Erdaufschüttungen) gehören zu den Hauptwerken der Land-Art (›Spiral Jetty‹ im Großen Salzsee, Ut., 1970).

R. HOBBS: R. S. Sculpture (Ithaca, N. Y., 1981); R. S., Zeichnungen aus dem Nachlaß, Ausst.-Kat. (1989); R. S. Une Rétrospective, bearb. v. M. GILCHRIST u. a., Ausst.-Kat. Centre Julio Gonzalez, Valence (Marseille 1994); EVA SCHMIDT: Zw. Kino, Landschaft u. Museum. Erfahrung u. Fiktion im Werk von R. S. 1938–1973 (1995).

Smithsonian Institution [smɪθˈsəʊnjən ɪnstɪˈtjuːʃn], von J. SMITHSON per testamentar. Verfügung gestiftete, 1846 durch Kongressbeschluss begründete wiss. Einrichtung, Sitz: Washington (D. C.), die dem Präs. der USA untersteht. Zu den Aufgaben der S. I. gehören Förderung und Unterstützung von Forschungsvorhaben und Expeditionen sowie die Popularisierung aller Wissensgebiete, v. a. in den Bereichen Ethnologie, Astronomie und Astrophysik. Die S. I. unterhält u. a. eine Bibliothek, ein astrophysikal. Observatorium, mehrere Forschungsinstitute sowie die Nationalmuseen für Naturgeschichte, für Luft- und Raumfahrt, für amerikan. Geschichte, für amerikan. und für afrikan. Kunst, ferner die National Gallery of Art, die National Portrait Gallery und das Hirshhorn Museum mit einem Skulpturengarten.

Smithsonit [smɪθsoˈnɪt; nach J. SMITHSON] *der, -s/-e,* **Zinkspat, Carbonatgalmei,** farbloses bis weißes, meist grünlich, gelblich und bläulich getöntes, durchscheinendes bis trübes, trigonales Mineral der chem. Zusammensetzung ZnCO$_3$, oft mit hohem Eisen- oder Mangangehalt (Ferro- bzw. Mangan-S.); Härte nach MOHS 4,5–5, Dichte 4,43 g/cm^3. S. tritt meist gelartig, nierig, traubig, schalig, gebändert auf, selten als kleine Kristalle. Er ist eine typ. Sekundärbildung in der Oxidationszone von Blei-Zink-Erzlagerstätten, entstanden teils durch metasomat. Verdrängung, teils als Kluft- und Hohlraumausfüllung oder als Sinterkruste. Er bildet zus. mit Hemimorphit, Hydrozinkit u. a. Mineralen das wichtige Zinkerz Galmei. Schleifwürdige S. werden als **Aztekenstein** (grünlich blau) oder **Bonamit** (apfelgrün) gehandelt.

Smithsund [ˈsmɪθ-], engl. **Smith Sound** [ˈsmɪθ saʊnd], Meeresstraße zw. NW-Grönland und Ellesmere Island (Kanada); 1616 von W. →Baffin entdeckt.

Smits, Jacob, auch Jakob S., belg. Maler, Grafiker und Zeichner niederländ. Herkunft, *Rotterdam 9. 7. 1855, †Mol 15. 2. 1928; ließ sich 1889 in Belgien nieder. Er schuf Landschaftsbilder (anfangs unter dem Einfluss der Haager Schule), Interieurs, religiöse Szenen und v. a. Porträts. Er verarbeitete Anregungen von REMBRANDTS Kunst, von Symbolismus und Expressionismus.

Smithsonit: oben traubige grüne Kruste; unten helle Kristalle

Robert Smithson: Spiral Jetty im Großen Salzsee in Utah; 1970

SMM, Abk. für **S**ocietas **M**ariae **M**ontfortana (→Montfortaner).

Smog [smɔg, aus engl. **sm**oke ›Rauch‹ und f**og** ›Nebel‹] *der, -(s)/-s,* urspr. eine Mischung aus natürl. Nebel und Heizungs-, Industrie- und Autoabgasen sowie aus festen Rauchbestandteilen; inzwischen Bez. für jede Art von stark belastender →Luftverschmutzung, die v. a. bei austauscharmer Witterung (→Inversion) über Ballungsgebieten auftritt.

Man unterscheidet den (urspr. v. a. über London häufig auftretenden) u. a. durch Hausbrand- und Industrieabgase entstehenden **Winter-S. (London-Typ),** einen vorwiegend mit Schwefeldioxid und Ruß beladenen Nebel, der sich bes. an nasskalten Herbst- und Winterabenden bildet und über Nacht noch verstärkt, und den früher nur für Los Angeles (Calif.), heute fast überall feststellbaren charakterist. **Sommer-S. (photochemischer S., Los-Angeles-Typ);** diese Art wird v. a. durch atmosphär. Schadstoffe gebildet, die unter dem Einfluss der Sonnenstrahlung (meist mittags) entstehen. An den dabei ablaufenden photochem. Prozessen sind als Ausgangssubstanzen v. a. Schwefeldioxid, Stickoxide und versch. Kohlenwasserstoffe aus Kraftfahrzeugabgasen beteiligt, aus denen sich über im Einzelnen noch nicht voll analysierte Zwischenstufen eine Vielzahl von Schadstoffen, v. a. Photooxidantien wie Ozon, Peroxyacetylnitrat (PAN), Stickstoffoxide, bildet. – S. reizt v. a. die Atemwege und Schleimhäute; bei starker Konzentration kann er toxisch (giftig) wirken, bes. bei Menschen mit Herz-, Kreislauf-, Asthma- und/oder Bronchialleiden, bei kleinen Kindern und älteren Menschen. Auch Pflanzen können durch photochem. S. geschädigt werden: Wasseraufnahme und Photosynthese werden gehemmt (Ernteverluste z. B. bei Weintrauben und Zitrusfrüchten).

Rechtliche Aspekte: Nach dem Bundesimmissionsschutz-Ges. sind die Landes-Reg. ermächtigt, durch Rechts-VO a) Gebiete (S.-Gebiete, Verkehrszeichen ›Smog‹) festzulegen, in denen während austauscharmer Wetterlagen der Kfz-Verkehr beschränkt oder verboten werden muss, b) bes. schutzbedürftige Gebiete zu bestimmen (einerseits durch Luftverschmutzung belastete, andererseits bes. zu schützende, z. B. Kurorte), für die bei austauscharmen Wetterlagen u. a. Betriebsverbote oder die Umstellung auf bestimmte Brennstoffe geregelt werden können. Die S.-Situation wird in Abhängigkeit von bestimmten Schadstoffkonzentrationen in Warnstufen bekannt gegeben.

Aufgrund bundesrechtl. Bestimmungen (§§ 40 a–e Bundesimmissionsschutz-Ges., in Kraft seit 26. 7. 1995) gelten Verkehrsverbote, wenn im Stundenmittel der Ozonkonzentration von 240 µg/m^3 Luft an drei mehr als 50 km und weniger als 250 km voneinander entfernten Messstationen erreicht oder überschritten wird und dies auch für den folgenden Tag zu erwarten ist. Das Verkehrsverbot wird von den obersten Straßenverkehrsbehörden der Länder durch die Medien bekannt gemacht. Ausnahmen vom Verkehrsverbot bestehen für schadstoffarme Kfz (Anlage zu § 40 c), die mit einer amtl. Plakette gekennzeichnet sind, und für Fahrten zu besonderen Zwecken (Linienverkehr, Krankenwagen, Polizei, Behindertenbeförderung u. a.). Bei Ozonkonzentration von 180 µg/m^3 Luft sollen die Behörden dazu auffordern, Kfz sowie Verbrennungsmotoren im nichtgewerbl. Bereich (Motorboote, Rasenmäher) möglichst nicht zu benutzen.

Zur Frühwarnung wurde zw. den zuständigen Länderbehörden und dem Umweltbundesamt ein intensiver Datenaustausch der Bundes- und Ländermessnetze vereinbart (**S.-Frühwarnsystem**).

Obwohl die S.-Alarmpläne die Bev. vor den akuten Folgen der Luftverunreinigung schützen sollen, können sie diese Aufgabe nur bedingt erfüllen. So wird z. B. S.-Alarm erst dann ausgelöst, wenn die durchschnittl. Messwerte mindestens bei der Hälfte der Messstationen die Grenzwerte überschreiten. Dadurch können in einzelnen Gebieten, die in der Hauptwindrichtung der Emittenten liegen, noch wesentlich höhere Konzentrationen als die in den Warnkriterien festgelegten zulässigen Werte auftreten.

P. FABIAN: Atmosphäre u. Umwelt (^{4}1992); S., bearb. v. B. KOENGETER (^{3}1993); J. SIEBERT: Ozonalarm. Autoverkehr u. Sommersmog (1995).

Smokarbeit [von engl. to smock ›fälteln‹], Stickereitechnik, die durch Bündeln und Übernähen des in schmale vertikale Falten gelegten Stickgrundes Formgebung und Schmuckwirkung verbindet. Unter der Bez. ›fitzen‹ schon im 16. Jh. angewandt, um an Hemdkragen, Schürzen und Halbröcken die Weite der Kleidungsstücke dekorativ einzuhalten; namengebend für die moderne Bez. waren in gleicher Technik und Absicht verzierte engl. Bauernkittel. Von England ausgehend, kam die S. um 1880 allg. für Kleidung, v. a. Kinderkleidung, in Mode.

Smoking [kurz für engl. smoking-jacket ›Rauchjackett‹] *der, -s/-s,* österr. auch *-e,* feiner Gesellschaftsanzug für den Herrn: Jackett aus schwarzem Tuch mit seidenbesetztem Kragen und Revers (Spiegel), für den Sommer auch weiß oder farbig als mod. Variante. Zum dunklen S. gehören die schwarze Tuchhose ohne Aufschläge, eine tief ausgeschnittene Weste, die seit den 1930er-Jahren der →Kummerbund ersetzen kann, ein weißes Hemd mit gestärkter, auch verzierter Hemdbrust sowie eine schwarzseidene Schleife. – Der S. kam unter der Bez. **Dinnerjacket** um 1890 in England auf, wo er zunächst nur bei Herrengesellschaften im Rauchsalon angelegt wurde.

Smolẹnsk, Gebietshauptstadt in Russland, am oberen Dnjepr (Altstadt auf dem linken Steilufer), 355 000 Ew.; vier Hochschulen (für Medizin, Pädagogik, Sport und Landwirtschaft), geistl. Seminar, mehrere Forschungsinstitute, Skulpturen-, Leinenmuseum u. a. Museen, Kunstgalerie, zwei Theater, Planetarium; Maschinen- und Anlagenbau, Leinenverarbeitung und Wirkwarenherstellung, Leder- und Nahrungsmittelindustrie; südöstlich von S., bei Desnogorsk, Kernkraftwerk (drei Blöcke zu je 1 000 MW Bruttoleistung); Verkehrsknotenpunkt, Flughafen. – Trotz der schweren Zerstörungen im Zweiten Weltkrieg haben sich im alten Stadtkern bedeutende Baudenkmäler erhalten, v. a. die Vier-Pfeiler-Kirchen errichteten Kreuzkuppelbasiliken Peter und Paul (1146, Umbauten im 18. Jh.), Johann-Bogoslow- (1173–76, im 18. Jh. umgebaut) und Erzengel-Michael-Kirche (auch Swirsker Kirche, 1191–94, mit einer Apsis). Die Uspenskij-Kathedrale (1677–79, 1732–40 von ANTON SCHÄDEL barock umgestaltet) ist ebenfalls eine Vier-Pfeiler-Kirche (Glockenturm, 1767–72, Ikonostase, 1730–40). 1595–1602 wurde S. mit einer Festungsmauer (10–15 m hoch, 3–6 m dick) mit 38 Türmen umgeben. – S., eine der ältesten russ. Städte (863 erstmals erwähnt), war im 9.–10. Jh. Zentrum des Siedlungsgebiets der Kriwitschen und wichtiger Stützpunkt auf dem Handelsweg von der Ostsee zum Schwarzen Meer; 882 kam es zum Kiewer Reich und war im 12. Jh. Hauptort eines Teilfürstentums. Als bedeutendster militär. Stützpunkt an der strategisch wichtigen W-O-Verbindung war S. häufig umkämpft; 1404–1514 und 1611–67 gehörte es zu Polen-Litauen.

Smolẹnskin, Perez, hebr. Schriftsteller, *Monastyrschtschina (Gebiet Smolensk) 17. 2. 1842, †Meran 1. 2. 1885; erhielt in Odessa eine talmud. Ausbildung, wandte sich gegen die jüd. Orthodoxie und das Assimilantentum, war seit 1868 Drucker und Korrektor in Wien, gab die für die jüdisch-nat. Idee Epoche machende hebr. Zeitschrift ›Ha-Schachar‹ (Die Morgenröte, 12 Bde., 1868–84) heraus; 1880 Mitarbeiter am

Smolensk
Stadtwappen

Smolensk: Uspenskij-Kathedrale (1677–79, 1732–40)

palästinens. Kolonisationsprojekt von LAURENCE OLIPHANT (*1829, †1888). In seinen Romanen und Erzählungen schildert er die russischen jüd. Kleinstadtverhältnisse.

Smolensk-Moskauer Höhen, Höhenrücken zw. dem Dnjepr bei Orscha im W und der Nerl (Nebenfluss der Kljasma) im O, überwiegend in Russland, der westl. Teil in Weißrussland, 680 km lang, durchschnittlich 200–250 m, maximal bis 319 m ü. M.; Altmoränenlandschaft der Dnjepr-Eiszeit (entspricht der Saale-Eiszeit im nördl. Mitteleuropa), stark zerschnitten und abgetragen, vielfach kommt der paläozoische Untergrund (reliefbildend bes. das Kalkgestein des Karbons) zum Vorschein; weitgehend von Mischwald bedeckt.

Smoler [ˈsmɔlɐr], Jan Arnošt, dt. **Johann Ernst Schmaler,** sorb. Philologe, Ethnograph und Kulturpolitiker, *Merzdorf (früher Kr. Hoyerswerda) 3. 3. 1816, †Bautzen 13. 6. 1884; Studium der Theologie, danach in der sorb. nat. Bewegung engagiert; sammelte Volkslieder, gab sprachwiss. Arbeiten heraus und redigierte sorb. Zeitschriften; 1845 einer der Begründer der wiss.-kulturellen Organisation der Sorben ›Maćica Serbska‹; gründete 1851 in Bautzen eine Verlagsbuchhandlung und 1875 eine Druckerei für sorb. Literatur.

J. CYŽ: J. A. S. (Bautzen 1975); P. KUNZE: J. A. S. Ein Leben für sein Volk (1995).

Smolikas der, der höchste Berg des Pindos, NW-Griechenland, 2 637 m ü. M.

Smoljan, Smolian [-ˈljan], früher türk. **Paşmaklı** [paʃmaklə], Stadt in der Region Plowdiw, S-Bulgarien, 1 010 m ü. M. (höchstgelegene bulgar. Stadt), im Rhodopegebirge, östlich des Goljam Perelik, 36 100 Ew.; Museum, Planetarium; Luftkurort; Holz- und Tabakverarbeitung, elektrotechn. und Textilindustrie; um S. Blei- und Zinkerzabbau.

Smollett [ˈsmɔlɪt], Tobias George, schottischer Schriftsteller, getauft Dalquhurn (bei Dumbarton) 19. 3. 1721, †bei Livorno 17. 9. 1771; studierte in Glasgow Medizin, heuerte 1740 als Schiffsarzt an und praktizierte in Westindien und London. Er verfasste ein erfolgloses Drama, Gedichte und Verssatiren in der Manier JUVENALS, übersetzte A. R. LESAGES ›Gil Blas‹ sowie M. DE CERVANTES SAAVEDRAS ›Don Quijote‹ ins Englische und gründete 1756 die Rezensionszeitschrift ›Critical Review‹. Seine Erzählwerke stehen in der Tradition des pikaresken Romans und vermitteln mit ihrer realist. Milieuschilderung, bunten Detailfülle, kritisch-satir. Sicht der Gesellschaft und karikaturist. Personenzeichnung ein breites Panorama seiner Zeit. ›The adventures of Roderick Random‹ (2 Bde., 1748; dt. ›Die Abenteuer Roderick Randoms‹) schildert aus der Sicht des Titelhelden Erlebnisse auf See, im Krieg und in der Liebe, ›The adventures of Peregrine Pickle‹ (4 Bde., 1751; dt. ›Peregrine Pickle‹) verlegt die weitaus drastischere Schelmenhandlung in die bessere Gesellschaft. Multiperspektiv. Wirkung erreicht S. in seinem reifsten Werk ›The expedition of Humphry Clinker‹ (3 Bde., 1771; dt. ›Humphry Klinkers Reisen‹) durch die humorvollsatir. Kontrastierung der Reiseeindrücke versch. Briefschreiber. S. verfasste auch Reisebeschreibungen (›Travels through France and Italy‹, 2 Bde., 1766) sowie eine Geschichte Englands (›A complete history of England‹, 4 Bde., 1757–58).

Ausgaben: Works, hg. v. W. E. HENLEY u. a., 12 Bde. (1899–1901); The Shakespeare head edition of S.'s novels, 11 Bde. (1925–26); Letters, hg. v. L. M. KNAPP (1970). – Humorist. Romane, 15 Bde. (1839–41).

L. M. KNAPP: T. S. Doctor of men and manners (Princeton, N. J., 1949, Nachdr. New York 1963); S. Author of the first distinction, hg. v. A. BOLD (London 1982); J. G. BASKER: T. S., critic and journalist (Newwark, Del., 1988); J. C. BEASLEY: T. S., novelist (Athens, Ga., 1998).

Smolnyj [russ.], spätklassizist. palastartiges Gebäude im O von Sankt Petersburg; 1806–08 von G. QUARENGHI errichtet; bis 1917 Bildungsanstalt für adlige junge Damen **(Smolnyj-Institut).** Im August 1917 nahm im S. der Petrograder Arbeiter- und Soldatensowjet seinen Sitz. Am 25. 10. (7. 11.) 1917 wurde hier der 2. Allruss. Sowjetkongress eröffnet, der im Zuge der russ. →Oktoberrevolution die Sowjetmacht proklamierte. Am 26. 10. (8. 11.) 1917 konstituierte sich im S. die erste Sowjet-Reg. (Rat der Volkskommissare) unter dem Vorsitz LENINS (hier bis zur Übersiedlung nach Moskau im März 1918). 1991 wurde der S. Amtssitz des Oberbürgermeisters von Sankt Petersburg. – Etwa 300 m nördlich befindet sich das **Smolnyj-Kloster;** 1748–64 von B. F. Graf RASTRELLI erbaut, 1832–35 von W. P. STASSOW vollendet; im Zentrum der Anlage eine fünfkuppelige Auferstehungskathedrale.

Smoluchowski, Marian von, poln. Physiker, *Vorderbrühl (heute zu Erlach, Niederösterreich) 28. 5. 1872, †Krakau 5. 9. 1917; Prof. in Lemberg und Krakau, arbeitete bes. über die kinet. Gastheorie, erklärte 1906 unabhängig von A. EINSTEIN die brownsche Bewegung und formulierte 1907 die Theorie der krit. Opaleszenz.

Smonitza, Bodentyp, →Vertisol.

Smörrebröd [ˈsmœrəbrøːt] dän., eigtl. ›Butterbrot‹] das, -s/-s, schwed. **Smörgås** [ˈsmœːrgoːs], skandinav. Küche: belegte Brote, werden in reicher Auswahl v. a. um die Mittagszeit in Gaststätten angeboten.

smorzando [ital., zu smorzare ›dämpfen‹], **smorzato,** Abk. **smorz.,** musikalische Vortrags-Bez.: ersterbend, verklingend, verlöschend.

Smrek [ˈsmrɛk], Ján, eigtl. **Ján Čietek** [ˈtʃiɛ-], slowak. Dichter, *Zemianské Lieskové 16. 12. 1898, †Preßburg 8. 12. 1982. Sein Frühschaffen steht im Zeichen des Vitalismus, wie u. a. der Lyrikband ›Cválajúce dni‹ (1925) belegt. Die Heimat besingt er in ›Zrno‹ (1935), die staatl. Trennung von den Tschechen und die Schrecken des Krieges beklagt er in ›Hostina‹ (1944) und ›Studňa‹ (1945). Nach 1948 durfte er nur Kinderbücher und Übersetzungen publizieren. Erst 1958 folgte mit dem Band Naturlyrik: ›Obraz sveta

Tobias Smollett

Robert Smythson: Longleat House, Cty. Wiltshire

Josef Smrkovský

Jan Christiaan Smuts

die Rückkehr in den öffentl. Diskurs. In der Sammlung ›Struny‹ (1962) und in seinen Lebenserinnerungen ›Poézia moja láska‹ (2 Bde, 1968 u. 1989) zieht er eine poet. Bilanz.

N. QUIST: Die poetolog. Wende im Frühwerk J. S.s (1987).

Smṛiti [Sanskrit ›Erinnerung‹] *die, -,* hl. Texte, die im Ggs. zu der unmittelbar den urzeitl. Sehern (Rishi) offenbarten →Shruti den Indern durch menschl. Erinnerung überliefert gelten. Zu ihnen werden die Sutras, die Rechtsbücher, die Epen ›Ramayana‹ und ›Mahabharata‹ und die Puranas gerechnet.

Smrkovský [ˈsmrkɔfski:], Josef, tschechoslowak. Politiker, * Velenice (bei Nimburg) 26. 2. 1911, † Prag 14. 1. 1974; Bäcker; 1946–48 und 1966–69 Mitgl. des ZK der tschechoslowak. KP, im Zusammenhang mit dem Slánský-Prozeß zu lebenslängl. Haft verurteilt, 1963 rehabilitiert, 1965–68 Minister, trat als Wegbereiter des ›Prager Frühlings hervor. 1968–69 war er Mitgl. des Parteipräsidiums und Präs. der Nationalversammlung. Ab August 1968 wurde S. allmählich entmachtet (1970 aus der KP ausgeschlossen).

S. M. S., Abk. für Seiner Majestät Schiff, in der preuß. Marine, der Nordkt. Bundesmarine und der Kaiserlichen Marine vor den Schiffsnamen geführt.

Smuta [russ. ›Unruhe‹, ›Aufruhr‹], **Smutnoje wremja,** in Rußland die ›Zeit der Wirren‹ zw. dem Tod IWANS IV., DES SCHRECKLICHEN, (1584) bzw. dem Aussterben der Rurikiden (1598) und der Wahl MICHAIL FJODOROWITSCH ROMANOWS (→Michael, Herrscher, Rußland) zum Zaren (1613). Sie war gekennzeichnet durch Machtkämpfe zw. Hocharistokratie und Dienstadel, eine Legitimationskrise der Staatsgewalt, die zum Auftreten falscher →DMITRIJS (als ›Pseudodemetrius‹ bekannte falsche Thronprätendenten) führte, des Weiteren durch eine tief gehende Erschütterung der Wirtschaft und der Sozialstruktur sowie Interventionen ausländ. Mächte (Polen, Schweden).

S. F. PLATONOV: The time of troubles (Lawrence, Kans., 1970); R. G. SKRYNNIKOV: S. v Rossii v načale XVII. v. Ivan Bolotnikov (Leningrad 1988).

Smutje [niederdt., eigtl. ›Schmutzfink‹] *der, -s/-s, Seemannssprache:* Schiffskoch.

Smuts [smœts], Jan Christiaan, südafrikan. Politiker und Offizier (1941 Feldmarschall), * Bovenplaats (Kapprovinz) 24. 5. 1870, † Irene (bei Pretoria) 11. 9. 1950; studierte 1891–95 in Cambridge Jura, wurde 1898 vom Präs. Transvaals, P. KRÜGER, zum jurist. Berater der Reg. ernannt. Im Burenkrieg (1899–1902) führte er 1902 die Invasion eines Guerillakommandos in die Kapkolonie. Nach dem Krieg trat er für den Ausgleich mit Großbritannien ein, erreichte 1904 die Wiedergewinnung der Autonomie für die Weißen in den früheren ›Buren‹-Republiken. In der 1910 begründeten Südafrikan. Union wurde er Innen- und Kriegsminister. 1916–17 befehligte er die Empire-Truppen gegen Deutsch-Südwestafrika und Deutsch-Ostafrika, 1917–18 war er Luftfahrt-Min. im brit. Empire-Kriegskabinett unter D. LLOYD GEORGE; als Vertreter seines Landes auf der Versailler Konferenz entwarf S. Grundsätze des Völkerbundes und seines Mandatssystems für die ehemaligen dt. Kolonien. 1919–24 war S. Premier-Min. der Südafrikan. Union, 1933–39 Justiz-Min.; als Anhänger einer Beteiligung Südafrikas am Zweiten Weltkrieg gegen Dtl. stürzte er 1939 Premier-Min. J. B. M. HERTZOG und übernahm die Regierung. 1945 arbeitete er an der Gründung der UNO mit. Nach der Wahlniederlage der von ihm geführten United Party (UP) 1948 zog S. sich aus der Politik zurück. – Als Wissenschaftler (Biologe) war S. einer der Begründer des ›Holismus (›Holism and evolution‹, 1926; dt. ›Die holistische Welt‹).

Weitere Werke: Plans for a better world (1942); Thoughts on the new world (1943).

W. K. HANCOCK: S., 2 Bde. (Cambridge 1962–68); K. INGHAM: J. C. S. (London 1986).

Smyrna, früher Name der türk. Stadt →İzmir.

Smyrnastickerei, eine mit Kanevas ausgeführte Knüpfarbeit, bei der mit einer groben Häkel- oder Zungennadel türk. Ghordesknoten (Smyrnaknoten) in das Gewebe eingearbeitet werden. Das hierbei verwendete **Smyrnagarn** ist ein dickes, zweifach gezwirntes, aber weiches Garn aus grober Wolle.

Smyrnateppiche, nach dem Sammelplatz Smyrna (heute İzmir) benannte anatol. Knüpfteppiche; die grob gearbeiteten Teppiche mit hellem, cremefarbenem Grund und Blumenranken sind v. a. für den Export bestimmt.

Smythson [smɪθsn], Robert, engl. Baumeister, * um 1536, † Wollaton (bei Nottingham) 1614; Vertreter des elisabethan. Stils. Als leitender Baumeister war er ab 1568 an der Vollendung von Longleat House (Cty. Wiltshire) tätig. Als sein Hauptwerk gilt das Landschloß Wollaton Hall (1580–87; BILD →Nottingham).

M. GIROUARD: R. S. and the Elizabethan country house (Neuausg. New Haven, Conn., 1983).

Sn, chem. Symbol für das Element →Zinn.

SN, Nationalitätszeichen für Senegal.

Snack [snæk; engl., zu mundartl. to snack ›schnappen‹] *der, -s/-s,* kleiner Imbiß. – **Snackbar,** Imbißstube.

Snæfellsnes [ˈsnaifɛlsneːs], bergige Halbinsel an der Westküste Islands, zw. Faxabucht und Breiðafjord, rd. 100 km lang, fjordreiche Nordküste; gehört zu den jungvulkan. Gebieten Islands mit bis ins Postglazial andauernder vulkan. Tätigkeit; unter den Vulkanen ist der auf 11 km² vergletscherte **Snæfellsjökull** (im W), ein Stratovulkan, mit 1446 m ü. M. der höchste; bekannt durch J. VERNES Roman ›Voyage au centre de la terre‹ (1864; dt. ›Reise nach dem Mittelpunkt der Erde‹).

Snake Island [sneɪk ˈaɪlənd], Insel der Kleinen Antillen, →Anguilla.

Snake River [ˈsneɪk ˈrɪvə], größter (linker) Nebenfluss des Columbia River in den USA, 1670 km lang, entspringt im Yellowstone National Park (Wyo.) in den Rocky Mountains; durchfließt die **S. R. Plain,** eine aus quartären Basalten aufgebaute Beckenlandschaft in S-Idaho, und das Columbiaplateau; mündet bei Pasco in S-Washington. Bekanntester der Cañons des S. R. ist **Hells Canyon** (200 km lang, bis 2430 m tief) an der Grenze von Idaho und NO-Oregon. Der S. R. bildet mehrere Wasserfälle. Für den Bewässerungsfeldbau und zur Energiegewinnung wurden zahlr. Stauseen angelegt.

Snares Islands [ˈsneəz ˈaɪləndz], unbewohnte Inselgruppe vulkan. Ursprungs im südl. Pazifik, südwestlich von Stewart Island, Neuseeland; sechs Inseln mit zus. 243 ha.

Snayers ['snɑ:jərs], Peter, fläm. Maler, * Antwerpen 24. 11. 1592, † Brüssel 1667; Schüler von S. VRANCX; malte Schlachten und Belagerungen, meist in habsburg. Auftrag; auch Jagdstücke.

SNCC, Abk. für →Student Nonviolent Coordinating Committee.

Sneek, Stadt in der Prov. Friesland, Niederlande, 29 600 Ew.; fries. Schifffahrtsmuseum; Jachtwerften, Maschinen- und Fahrzeugbau, Elektro-, Textil-, Filz-, Stahlmöbel- und Futtermittelindustrie; Fremdenverkehr, Wassersport auf dem **Sneekermeer** (See östlich von S.). – Von der starken Befestigung ist nur die Waterpoort (1613) erhalten, ein Torhaus mit zwei achteckigen Türmen und Brücken mit loggienartigem Oberbau. Das Rathaus (1550) wurde 1730–50 umgebaut und erhielt eine reiche Rokokodekoration (Fassade). – S., ein bedeutender mittelalterl. Handelsplatz, wurde 1456 Stadt.

Snell, 1) Bruno, klass. Philologe, * Hildesheim 18. 6. 1896, † Hamburg 31. 10. 1986; seit 1931 Prof. in Hamburg; war Herausgeber des ›Lexikons des frühgriech. Epos‹ (seit 1955) sowie Mitherausgeber der Zeitschriften ›Philologus‹ (1943–48), ›Antike und Abendland‹ (1945–71) und ›Glotta‹ (1952–72); setzte sich mit griech. Geistesgeschichte, Dichtung und Metrik auseinander.

Werke: Aischylos u. das Handeln im Drama (1928); Euripidis Alexandros u. andere Straßburger Papyri mit Fragmenten griech. Dichter (1937); Die Entdeckung des Geistes (1946); Griech. Metrik (1955); Der Weg zum Denken u. die Wahrheit (1978). – **Hg.:** Bacchylidis carmina cum fragmentis (1934); Pindari carmina cum fragmentis (1953); Tragicorum graecorum fragmenta, 2 Bde. (1971–81, mit R. KANNICHT).

Ausgabe: Ges. Schrr., hg. v. H. ERBSE (1966).

2) **George Davis,** amerikan. Genetiker, * Bradford (Mass.) 19. 12. 1903, † Bar Harbor (Me.) 6. 6. 1996; 1935–69 Prof. am Jackson Laboratory in Bar Harbor (Me.). S. entdeckte die erbl. Faktoren, die die Möglichkeiten bestimmen, Gewebe von einem Individuum auf ein anderes zu übertragen, eine der Grundvoraussetzungen für Organtransplantationen; erhielt mit B. BENACERRAF und J. DAUSSET 1980 den Nobelpreis für Physiologie oder Medizin.

Snellen-Sehproben ['snɛlə-; nach dem niederländ. Augenarzt HERMAN SNELLEN, * 1834, † 1908], Sehzeichen (Optotypen) zur Prüfung der Sehschärfe (→Sehtest), z. B. in Form der **Snellen-Haken,** deren Lage erkannt werden muss, oder von Tafeln mit Buchstaben und Ziffern unterschiedl. Größe.

Snellius ['snɛli:ys], eigtl. **Willebrord Snel van Rojen** [-van 'ro:jə], niederländ. Mathematiker und Physiker, * Leiden 1580, † ebd. 30. 10. 1626; führte zur Bestimmung der Erdfigur eine →Gradmessung durch, bei der er als Erster die Länge des Gradbogens mithilfe einer Triangulation bestimmte; veröffentlichte seine Ergebnisse (›De terrae ambitus vera quantitate‹, 1617) als ›Eratosthenes Batavus‹; unabhängig von R. DESCARTES fand er etwa 1620 das nach ihm benannte Brechungsgesetz (→Brechung); er entwickelte das Verfahren des Rückwärtseinschneidens in der Geodäsie.

Sneschnoje, Snežnoe ['snjɛʒ-], bis 1962 **Nowyj Donbass, Novyj Donbass** ['nɔvij dɔn'bas], Stadt im Gebiet Donezk, O-Ukraine, im Donez-Steinkohlenbecken, etwa 65 000 Ew.; Steinkohlenbergbau, Maschinenbau, Nahrungsmittelindustrie.

Sněžka [tschech. 'snjɛʃka], Berg im Riesengebirge, →Schneekoppe.

Snežnik [-ʒ-], Berg in Slowenien, →Schneeberg 5).

SNF [Abk. für engl. **S**hort-**R**ange **N**uclear **F**orces], *Militärwesen:* die Kurzstrecken-Nuklearkräfte, eine Kategorie der →Kernwaffen.

SNG [Abk. für engl. **s**ubstitute **n**atural **g**as oder **s**ynthetic **n**atural **g**as, synthet. Erdgas], Erdgasersatz, ein aus Kohle, Destillationsrückständen des Erdöls u. a. hergestelltes methanreiches Brenngas. SNG lässt sich z. B. über die →Kohlevergasung und →Methanisierung herstellen.

Śniardwy ['ɕnjardvi], **Jezioro Ś.,** See in Polen, →Spirdingsee.

Śnieżka [poln. 'ɕnjɛʃka], Berg im Riesengebirge, →Schneekoppe.

Śnieżne Kotły ['ɕnjɛʒnɛ 'kɔtui], Seen in Polen, →Schneegruben.

Sniffing [engl.] *das, -s,* das →Schnüffeln.

Snijders ['snɛidərs], **Snyders, Frans,** fläm. Maler, getauft Antwerpen 11. 11. 1579, † ebd. 19. 8. 1657; Schüler von P. BRUEGEL D. J. und H. VAN BALEN. 1602–09 lebte er in Italien. Er malte große Wildbret- und Geflügelstillleben, auch Tierstücke und Jagden, Blumen- und Früchtestillleben, häufig in Zusammenarbeit mit P. P. RUBENS oder dessen Schülern. S. gilt als Hauptmeister der Stillleben- und Tiermalerei in der fläm. Kunst seiner Zeit.

H. ROBELS: F. Snyders. Stillleben- u. Tiermaler. 1579–1657 (1989).

George D. Snell

Frans Snijders: Stillleben mit Geflügel und Wildbret; 1614 (Köln, Wallraf-Richartz-Museum)

Snob [engl., weitere Herkunft unsicher] *der, -s/-s,* Person, die sich durch zur Schau getragene Extravaganz den Schein geistiger, kultureller Überlegenheit zu geben sucht bzw. die mit einer sozial höheren Schicht identifiziert werden will. Die Übertreibung der äußerl. Attribute, verbunden mit der Verachtung der eigenen sozialen Schicht **(Snobismus),** teilt der S. mit dem Emporkömmling.

Snob-Effekt, Bez. für das Nachfrageverhalten von Konsumenten, die beim Kauf von Gütern nach Exklusivität streben. Während die Theorie des Haushalts i. d. R. voneinander unabhängige Wirtschaftssubjekte unterstellt, wird beim S.-E. ähnlich wie beim Bandwagon-Effekt ein bestimmter Zusammenhang zw. den Verbraucherentscheidungen einzelner Haushalte angenommen: Der Konsument kauft von einem Produkt mehr (weniger), weil andere weniger (mehr) davon kaufen, um sich von der ›breiten Masse‹ abzuheben.

Snodgrass ['snɒdgræs], W. D. (William DeWitt), amerikan. Lyriker, * Wilkinsburg (Pa.) 5. 1. 1926; wurde mit stark subjektiv geprägter Lyrik über intime Erfahrungen bekannt (›Heart's needle‹, 1959). Spätere Gedichte behandeln histor. Themen wie Schuld und Verantwortung im natsoz. Dtl. (›The Führer bunker. A cycle of poems in progress‹, 1977, erweitert 1995; ›Magda Goebbels‹, 1983); auch als Übersetzer tätig (C. MORGENSTERN, M. FRISCH).

Carl Johan Gustaf Graf Snoilsky

Weitere Werke: *Lyrik:* After experience (1968); The death of cock robin (1989); Snow songs (1992); Each in his season. Poems. (1993).
Ausgabe: Selected poems: 1957–1987 (1987).
P. L. GASTON: W. D. S. (Boston, Mass., 1978).

Snofru, ägypt. König (um 2590–2551 v. Chr.); Begründer der 4. Dynastie, Vater des CHEOPS, gilt als Erbauer der Pyramide von Medum, mit Sicherheit Erbauer der Knickpyramide (BILD →Dahschur) und der ›Roten Pyramide‹ in Dahschur.

Snøhetta [ˈsnøːheta; norweg. ›Schneehut‹], höchste Kuppe des →Dovrefjell, S-Norwegen.

Snoilsky, Carl Johan Gustaf Graf, schwed. Schriftsteller, *Stockholm 8. 9. 1841, †ebd. 19. 5. 1903; schrieb klare, in der Form elegante Lyrik, die Einflüsse Lord BYRONS, H. HEINES und der schwed. Dichtung des 18. Jh. zeigt. Unter dem Eindruck einer Italienreise entstanden die Gedichte ›Italienska bilder‹ (1865/66), die einen Höhepunkt der schwed. Italienromantik markieren. In zahlr. Freiheitsgedichten gab S. seiner konsequent liberalen Weltanschauung Ausdruck. Große Popularität erreichten seine im Ausland entstandenen Gedichte ›Svenska bilder‹ (1886), patriotisch-histor. Darstellungen, die das große Geschehen im kleinen Ereignis spiegeln; ab 1876 Mitgl. der Schwed. Akademie.
Ausgaben: Samlade dikter, 5 Bde. (Neuausg. 1925). – Ausgew. Gedichte, übers. v. A. STERN (1892).

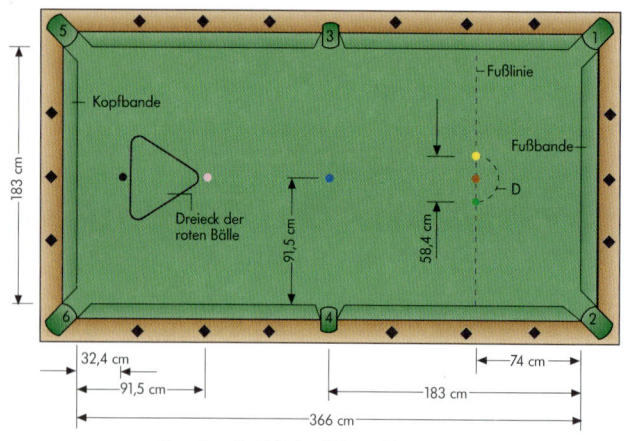

Snooker: Spielfläche; D Anstoßbereich, 1–6 Taschen (1 Fuß rechts, 2 Fuß links, 3 Mitte rechts, 4 Mitte links, 5 Kopf rechts, 6 Kopf links)

Snooker [ˈsnuːkə, engl.; Herkunft unsicher] *das, -s/-s, Billard:* dem →Poolbillard ähnl. Spielform, bei der es für beide Spieler nur ein und denselben weißen Spielball gibt. Vor Spielbeginn befinden sich ferner auf vorgeschriebenen Aufsetzpunkten (BILD) 15 rote (1) Bälle sowie ein gelber (2), ein grüner (3), ein brauner (4), ein blauer (5), ein rosafarbener (6) und ein schwarzer (7) Ball, die den in Klammern angegebenen Wert repräsentieren. Es kommt darauf an, wechselweise zuerst einen roten Ball, dann einen zuvor angesagten andersfarbigen Ball mit dem Spielball in die →Taschen zu spielen (›einzulochen‹). Während die eingelochten roten Bälle stets aus dem Spiel bleiben, werden die andersfarbigen Bälle immer wieder auf die ihnen zugewiesenen Punkte gesetzt. Sind alle roten Bälle aus dem Spiel, müssen die andersfarbigen – aufsteigend nach der Rangfolge ihrer Wertigkeit – eingelocht werden. Gewonnen hat, wer nach dem Einlochen der Spielbälle die höchste Punktzahl aufweist.

Neben nat. und internat. Turnieren werden für Amateure und Profis jährlich Weltmeisterschaften veranstaltet. – In Dtl. wird S. von der DBU und in der Schweiz vom SBV organisiert (→Billard). In Österreich besteht der eigenständige Österr. S.- und Billardverband (ÖSBV, Sitz: Wien). S. wurde erstmals Mitte des 19. Jh. von brit. Soldaten in Indien gespielt und verbreitete sich seit Ende des Jh. auch in Großbritannien.

Snorri Sturluson, isländ. Dichter, Historiker und Staatsmann, * Hvamm (W-Island) 1178/79, †(ermordet) auf seinem Gut Reykjaholt 22. 9. 1241; gehörte zur mächtigen Sturlungenfamilie (→Sturlunga saga), hatte 1215–18 und 1222–31 das wichtige Gesetzessprecheramt inne und war als einer der mächtigsten Häuptlinge Islands an den zahlr. Familienfehden beteiligt, die das Ende des isländ. Freistaates einleiteten. Als Lehnsmann des norweg. Königs HÅKON IV. HÅKONSSON scheint er zeitweilig mit dessen Annexionspolitik gegenüber Island sympathisiert zu haben; seine Rolle hierbei ist jedoch unklar. Wegen seiner freundschaftl. Beziehungen zu dem Rivalen (und ehem. Vormund) des Königs, JARL SKÚLI (* 1189, †1240), fiel S. S. in Ungnade und wurde auf Betreiben des Königs von seinen isländ. Gegnern ermordet. Seine schriftsteller., poetolog. und histor. Arbeiten markieren einen Höhepunkt der altisländ. Literatur. Er beherrschte die →Skaldendichtung und ihre Überlieferung souverän, als Historiker machte er sich ihren Quellenwert zunutze und sammelte außerdem die zu ihrem Verständnis unabdingbaren mytholog. Zeugnisse. Daraus entstand eine Sammlung von Göttererzählungen, die ›Prosa-Edda‹, auch ›Snorra-Edda‹ (→Edda). In der →Heimskringla besteht (wie auch in den →Olafs sagas) seine wesentl. Leistung v. a. in der krit. Benutzung der schriftl. und mündl. Tradition und ihrer stilistisch meisterhaften Darbietung. Ob die Egilssaga (→Egill Skallagrímsson) ebenfalls von ihm stammt, ist unsicher.
Ausgabe: Die Edda des S. S., hg. v. A. KRAUSE (1997).
S. J. NORDAL: S. S. (Reykjavík 1920); F. PAASCHE: Snorre Sturlason og Sturlungerne (Neuausg. ebd. 1948); G. BENEDIKTSSON: Snorri skáld í Reykholti (ebd. 1957); S. BAGGE: Society and politics in S. S.'s Heimskringla (Berkeley, Calif., 1991); S. S. Kolloquium..., hg. v. A. WOLF (1993).

Snow [snəʊ], Sir (seit 1957) C. P. (Charles Percy), Baron **of** Leicester [əv ˈlestə] (seit 1964), engl. Schriftsteller, * Leicester 15. 10. 1905, †London 1. 8. 1980; Physiker, 1930–50 Fellow am Christ's College, Cambridge, bis 1966 hoher Staatsbeamter; ab 1950 ⚭ mit PAMELA HANSFORD JOHNSON. In seinem in der Tradition des realistischen erzählten engl. Gesellschaftsromans stehenden Zyklus ›Strangers and brothers‹ (11 Bde., 1940–70; Bd. 1–9 dt., ›Fremde und Brüder‹, auch nach der Hauptperson als Lewis-Eliot-Zyklus bekannt) entwirft er ein Panorama der engl. Gesellschaft in den Jahren 1914–68 anhand der Darstellung einzelner Gruppen (Universitätsdozenten, Regierungsbeamte, Naturwissenschaftler) und thematisiert v. a. Machtverhältnisse zw. Eigeninteresse und gesellschaftl. Verantwortung. Sein 1959 gedruckter Vortrag ›The two cultures and the scientific revolution‹ (dt. ›Die zwei Kulturen‹), der eine jahrelange kontroverse Diskussion auslöste, setzt sich mit den Folgen der Beziehungslosigkeit zw. Natur- und Geisteswissenschaften auseinander.
Weitere Werke: *Romane:* The masters (1951; dt. Die Lehrer); The new man (1954; dt. Entscheidung in Barford); The affair (1960; dt. Die Affäre); Corridors of power (1964; dt. Korridore der Macht).
J. HALPERIN: C. P. S. (Brighton 1983); D. SHUSTERMAN: C. P. S. (Neuausg. Boston, Mass., 1991); J. DE LA MOTHE: C. P. S. and the struggle of modernity (Austin, Tex., 1992).

Sir C. P. Snow, Baron of Leicester

Snowboarden [ˈsnəʊbɔːdən; von engl. snow ›Schnee‹ und board ›Brett‹], *Wintersport:* das Gleiten auf einem etwa 1,20 bis 1,80 m langen und 18 bis 32 cm breiten Surfbrett (**Snowboard**), das für alle Schnee-

Sir John Soane: Das Wohnhaus des Architekten in London; 1812–13

arten hergestellt ist. Die Bindungen werden in schrägem Winkel zur Längsachse montiert und müssen auf dem Board fixiert sein. Kürzere Boards drehen leichter, geben aber weniger Führung. Nach den Einsatzbereichen unterscheidet man Freestyle- oder Halfpipeboards (kurze Boards v. a. für Gelände- und Halfpipefahren), Freerideboards (lange Boards, universell einsetzbar, v. a. für Tiefschneefahren), Freecarve- oder Alpinboards (Boards mit gutem Kantengriff v. a. für Pistenfahren) sowie Slalom- und Riesenslalomboards (speziell für den Wettkampfsport gefertigte Boards). Beim **Carven,** dem ›Gleiten auf der Kante‹, hat das Board ständigen Kantengriff im Schnee.

Wettkampfdisziplinen sind v. a. (Parallel-)Slalom, (Parallel-)Riesenslalom, Super-G und Halfpipe. Europameisterschaften werden seit 1988 und Weltmeisterschaften seit 1996 ausgetragen; 1998 erstmals (unter FIS-Regie) olymp. Disziplin (Riesenslalom, Halfpipe). – S. wird in Dtl. v. a. vom Ausschuss Leistungssport Snowboard im Dt. Skiverband und in Österreich von der Sparte Snowboard im Österr. Skiverband organisiert. In der Schweiz ist die Swiss Snowboard Association (SSBA; gegr. 1987, Sitz: Zürich) ein selbstständiger Fachverband innerhalb des →Schweizerischen Olympischen Verbands.

S. kam Mitte der 1960er-Jahre in den USA auf, erste Versuche in Dtl. gab es 1979/80. In den folgenden Jahren nahm S. als →Trendsportart weltweit eine rasante Entwicklung.

M. STEINER u. T. HATJE: Snowboard. Das Hb. (1996); C. WEISS: Snowboarding experts (München 1996); P. MÜSSIG: Snowboard professional (Stuttgart 1997).

Snowdon [ˈsnəʊdn; engl. ›Schneeberg‹] *der,* höchster Berg in Wales, in den Cambrian Mountains, 1 085 m ü. M.; das Gebirgsland mit dem S. bildet den **Snowdonia National Park** (2 171 km²) in der Cty. Gwynedd.

Snowmobile [ˈsnəʊməʊbaɪl; engl. snow ›Schnee‹] *das, -s/-s, der* →Motorschlitten.

Snowy Mountains [ˈsnəʊɪ ˈmaʊntɪnz], der südl. Teil der Great Dividing Range in SO-Australien, im Mount Kosciusko 2 230 m ü. M.; Quellgebiet der Flüsse Snowy und Tumut River, Murray und Murrum-

bidgee River. Der an der O-Seite des Gebirges entspringende **Snowy River** mündet nach 435 km in die Bass-Straße. Sein Wasser und das seiner Nebenflüsse wird über Stauseen und Tunnels z. T. in die anderen, nach W, ins Innere gerichteten Flüsse umgelenkt. In den S. M. ausgedehnter Naturpark mit z. T. eiszeitl. Formenwelt; Sommer- und Wintertourismus (Steiggebiet). In ihnen liegt das größte Hydroverbundsystem der Südhalbkugel (Snowy Mountains Hydroelectric Scheme), das 17 Staumauern und sieben Kraftwerke mit 3 740 MW Leistung umfasst. Das gestaute Wasser dient außer der Elektrizitätsgewinnung v. a. der ganzjährigen Bewässerung, auch in der Riverina.

SNR, Abk. für **s**chneller **n**atriumgekühlter **R**eaktor, *Kerntechnik:* Bauart eines →schnellen Brüters.

Snyder [ˈsnaɪdə], Gary Sherman, amerikan. Schriftsteller, *San Francisco (Calif.) 8. 5. 1930; studierte Anthropologie, Japanologie und Sinologie; traf in den 50er-Jahren mit den Autoren der →Beatgeneration zusammen. 1956–64 lebte er meist in Japan und beschäftigte sich mit dem Zen-Buddhismus, dessen Gedankengut er in seinen Gedichten u. a. mit indian. Mythologie verbindet. Seine meditative Lyrik bemüht sich um eine die Harmonie der Natur widerspiegelnde ganzheitl. Welterfahrung und wandte sich später, wie seine Essays, konkreten ökolog. Themen zu; ebenso betont er den Wert einer auf das Kollektiv ausgerichteten Lebensweise und körperl. Arbeit (S. war u. a. Seemann und Forstarbeiter) sowie spiritueller Erneuerung in Orientierung an archaischen Kulturen.

Werke: *Lyrik:* Riprap (1959); Myths and texts (1960); The back country (1967); Turtle island (1974; dt. Schildkröteninsel); Axe handles (1983); No nature (1992). – *Essays* und *Erzählungen:* Earth house hold (1969); The old ways (1977); The practice of the wild (1990). – *Gespräche und Reden:* The real work (1980; dt. Landschaften des Bewußtseins).

Ausgabe: Left out in the rain: new poems 1947–1985 (1986). – Maya. Gedichte, übers. v. A. SCHMITZ (1972, Ausw.); Fünf Ortungen. Essays der 90er Jahre, übers. v. H. BLUME u. I. ROSENBAUM-HARBAUM (1997).

B. STEUDING: G. S. (Boston, Mass., 1976); C. GREWE-VOLPP: Das Naturbild im Werk von G. S. (1983); Critical essays on G. S., hg. v. P. MURPHY (Boston, Mass., 1991); S. BOCK: Mythenrezeption in der Lyrik von G. S. (1993).

Snyders [ˈsneɪdərs], Frans, flämischer Maler, →Snijders, Frans.

Soames [səʊmz], Sir (seit 1972) Arthur Christopher John, Baron **S. of Fletching in the County of East Sussex** [-əv ˈfletʃɪŋ ɪn ðə ˈkaʊnti əv iːst ˈsʌsɪks] (seit 1978), brit. Politiker, *Penn (Cty. Buckinghamshire) 12. 10. 1920, †Cty. Hampshire 16. 9. 1987; Schwiegersohn W. CHURCHILLS; 1950–66 Abg. der Konservativen im Unterhaus, 1958–60 Heeres-, 1960–64 Landwirtschafts-Min., 1968–72 Botschafter in Paris. Als Vize-Präs. der EG-Kommission (1973–76) war er zuständig für die Außenbeziehungen der EG. 1979–81 Lord-Präs. und Führer der Konservativen im Oberhaus; als letzter brit. Gouv. von Simbabwe-Rhodesien (Dezember 1979–April 1980) organisierte S. freie Wahlen und den Übergang zur staatl. Unabhängigkeit.

Sōami, eigtl. **Nakao Shinsō,** jap. Maler, †1525; gesellschaftl. und künstler. Berater des Shōgun, berühmt für seine Entwürfe für Landschafts- und Abtshausgärten, ebenso für die Landschaftsbilder in weichen Tuschtönen des Zen-Klosters Daisen-in im Daitokuji, Kyōto, die zu seinen wenigen gesicherten Werken gehören.

Soane [səʊn], Sir (seit 1831) John, engl. Baumeister, *Goring (Cty. Oxfordshire) 10. 9. 1753, †London 20. 1. 1837; Vertreter des klassizist. Stils. Er war Schüler von G. DANCE und bildete sich 1778–80 in Italien fort. Sein Hauptwerk sind Umbau und Erweiterung der Bank von England (1788–1833; bis auf die Außenmauern mitsamt Zentralrotunde und Innenhöfen

No Grab: Drehung oder Bogen in Aufwärtsbewegung.

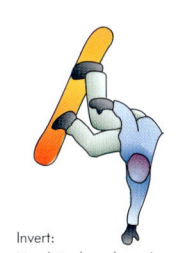

Invert: Handstände und sonstige Figuren, bei denen die Hände tiefer sind als das Brett.

Spin: Drehung um 360°, 540° oder sogar 720°.

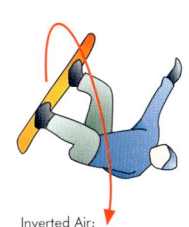

Inverted Air: Brett höchster Punkt, Hände in der Luft.

Snowboarden: Freestyleaktionen in der Halfpipe

Soan Soanien – Sobornost

1925–39 abgerissen) in London, wo er ferner die Dulwich College Art Gallery (1811–14), die Stallungen des Chelsea Hospitals (1814–17) sowie 1812–13 sein eigenes Wohnhaus (heute S.-Museum mit Kunstsammlung) errichtete.

D. STROUD: Sir J. S., architect (London 1984); E.-M. SCHUMANN-BACIA: Die Bank von England u. ihr Architekt J. S. (Zürich 1989); A miscellany of objects from Sir J. S.'s Museum consisting of paintings, architectural drawings and other curiosities from the collection of Sir J. S., Beitrr. v. P. THORNTON u. H. DOREY (London 1992).

Soanien [-'jɛ̃] *das, -(s)*, nach einem Nebenfluss des Indus benannte altsteinzeitl. Kulturgruppe, →Indien, Geschichte (Vorgeschichte).

Soapopera ['səʊpɔpərə; engl. ›Seifenoper‹] *die, -/-s*, **Soap-Opera**, Programmform in Hörfunk und Fernsehen, das in tägl. (in Dtl. so genannte **Daily Soap**) oder wöchentl. Sendungen in unbegrenzter Serienform gesendet wird; behandelt werden alltägl. Probleme einer meist festen Personengruppe (v. a. als →Familienserie). Die S. entstand in den 20er-Jahren in den USA zunächst im Hörfunk (›Guiding Light‹ bzw. ›Springfield Story‹, 1937), dann auch im Fernsehen (›War Bride‹, ›Faraway Hill‹, beide 1946), richtete sich zunächst an Hausfrauen und wurde urspr. v. a. von Waschmittelunternehmen finanziert. Der S. ähnl. Genre sind z. B. die südamerikan. Radio- bzw. →Telenovelas, in Japan ›oshin‹. Die in Europa und z. B. in den USA angesprochenen Zielgruppen, dargebotenen sozialen Milieus und Inszenierungsstile unterscheiden sich, auch historisch bedingt, z. T. erheblich. Klassische moderne amerikan. S. sind ›Dallas‹ und ›Denver Clan‹, neuer u. a. ›Beverly Hills 90210‹, in Dtl. z. B. ›Gute Zeiten, schlechte Zeiten‹ und ›Marienhof‹.

Soara, Stamm der Mundavölker, →Savara.

Soares [sʊ'arıʃ], Mario, port. Politiker, * Lissabon 7. 12. 1924; Rechtsanwalt; seit Ende der 40er-Jahre führend in der Opposition gegen das diktator. Reg.-System A. DE OLIVEIRA SALAZARS, 1970–74 im Exil, seit 1973 Gen.-Sekr. der (im Exil mithilfe der SPD) neu gegründeten Sozialist. Partei; war nach dem Umsturz vom 25. 4. 1974 Außen-Min. (1974–75; Entlassung der port. Kolonien in die Unabhängigkeit). Als Verfechter eines demokrat. Sozialismus und einer pluralist. Gesellschaft geriet er in Konflikt mit der KP und dem mit ihr sympathisierenden Min.-Präs. V. DOS SANTOS GONÇALVES (1974–75). Nach den Wahlen von 1976 war S. Min.-Präs. bis Mitte 1978, erneut 1983–85. 1986 wurde S. zum Staatspräs. gewählt, nach der Wiederwahl 1991 übte er das Amt bis 1996 aus.

soave [ital.], **soavemente,** musikal. Vortrags-Bez.; sanft, lieblich, angenehm.

Soave [ital.] *der, -*, heller, frischer und trockener ital. Weißwein aus dem Hügelland um den Ort Soave (6 100 Ew.) östlich von Verona; bereitet aus Garganega- und (bis 30%) Trebbianotrauben. Der seltene Recioto di S. ist ein dezent süßer Wein aus teilgetrockneten Trauben.

Sobat *der*, arab. **Bahr el-Asfar** [baxr-; ›gelber Fluss‹], im Oberlauf **Baro**, rechter Nebenfluss und wichtigster Zufluss des Weißen Nil, 740 km lang, kommt aus dem Äthiop. Hochland, durchfließt den SO der Rep. Sudan und mündet 25 km oberhalb von Malakal. Zur Hochwasserzeit (Juni–November) ist der S. bis Gambela schiffbar.

Sobek, griech. **Suchos**, ägypt. Gott, wurde als Herr der Gewässer auf Nilinseln, an Stromschnellen und in der Seelandschaft des Faijum verehrt; auch im Nildelta hatte er zahlr. Kultorte. Dargestellt wird S. als Krokodil oder als Mensch mit Krokodilskopf.

Sober, Stadt in S-Irak, →Zubair.

Sobernheim, Bad S. Stadt im Landkreis Bad Kreuznach, Rheinl.-Pf., 161 m ü. M., im mittleren Nahetal, 6600 Ew.; Freilichtmuseum für Rheinl.-Pf. (35 ha, gegr. 1972, eröffnet 1987); Heilbad (Felke-Bad). – Spätgot. Pfarrkirche (ehem. St. Matthias) mit spätgot. Ausmalung, Glasgemälde von G. MEISTERMANN (1966); ehem. Johanniterkommende mit got. Kapelle (1456–65); Rathaus 1861–63; Bürgerhäuser des 16.–18. Jh. – S., seit dem frühen MA. Hauptort der kurmainz. Besitzungen an der Nahe, wurde 1330 Stadt. 1466–71 war S. Pfandbesitz der Pfalzgrafen von Zweibrücken, danach bis 1798 kurpfälzisch. Nach der Zugehörigkeit zum frz. Rhein-Mosel-Dép. wurde es 1816 preußisch.

Sobibór [sɔ'bibur], Dorf in Polen, in der Wwschaft Cholm, am Bug, der hier die Grenze zur Ukraine bildet. – Im Zweiten Weltkrieg bestand hier das natsoz. Vernichtungslager S., in dem ab Mai 1942 mehr als 250 000 Personen, v. a. Juden aus Polen, der Sowjetunion, den Niederlanden und Frankreich, zumeist in Gaskammern ermordet wurden. Es wurde im Oktober 1943 nach einem Aufstand des Arbeitskommandos geschlossen.

J. SCHELVIS: Vernichtungslager S. (a. d. Niederländ., 1998).

Sobieski, Jan, König von Polen, →Johann (Herrscher, Polen).

Sobieskischer Schild, *Astronomie:* →Schild.

Sobo, Stammesgruppe der Edo in S-Nigeria, im Nigerdelta östlich von Warri; gliedert sich in Isoko und →Urhobo.

Sobol, Joshua, hebr. Dramatiker und Journalist, * Tel Aviv 24. 8. 1939; studierte in Paris Philosophie, kehrte 1970 nach Israel zurück. Bes. bekannt wurde er mit seinen Dramen ›Weiningers Nacht‹ (Uraufführung 1982; dt.), ›Ghetto‹ (Uraufführung 1984; dt.) und ›Die Palästinenserin‹ (Uraufführung 1985; dt.), Versuchen einer krit. Darstellung der Beziehungen zw. Judentum, dem Staat Israel und dem Zionismus. Wegen massiver polit. Angriffe gegen sein Stück ›Jerusalem-Syndrom‹ (Uraufführung 1988; dt.), worin er Partei für die Palästinenser in den von Israel besetzten Gebieten ergriffen hatte, trat er als künstler. Leiter des ›Haifa Municipal Theatre‹ zurück.

Weitere Werke (hebr.): Stücke: Adam (UA 1989; dt.); Schneider u. Schuster (UA 1994; dt.); Die Dissidenten (UA 1996); Dorf (UA 1997); Bloody Nathan (UA 1997).

Sobornost [russ.], *orth. Kirche:* Begriff, abgeleitet von ›sobornyj‹ (›versammelt‹, ›gemeinschaftlich‹), der seit dem 11. Jh. nachweisbaren russ. bzw. slaw. Übersetzung des griech. Wortes ›katholike‹ im christl. Glaubensbekenntnis. Im russ. bzw. slawischen Bereich immer als Wechselbegriff mit ›katholisch‹ verstanden wird und meint, dass Träger der unfehlbaren Lehre in der orth. Kirche das gesamte Kirchenvolk ist. Der russ. Religionsphilosoph A. S. CHOMJAKOW griff den Terminus auf und betonte, dass sich die Orthodoxie von den westl. Kirchengemeinschaften nicht in erster Linie durch trennende Dogmen unterscheide, sondern durch eine andere Auffassung vom Wesen der Kirche: Der prot. Individualismus atomisiere die Kirche, der Katholizismus schaffe die Einheit autoritativ unter Verletzung der Freiheit. Die Orthodoxie allein begreife die Kirche als Liebesgemeinschaft, wobei der Hl. Geist selbst die Gemeinschaft durchdringt und eint. Wenn daher ein Konzil (russ. sobor) eine Glaubensentscheidung treffe, tue es dies nicht aus eigener Autorität, sondern als Zeuge des Glaubens des Kirchenvolkes, das dieses Zeugnis als seinem Glauben entsprechend anerkennt oder ablehnt. Diese ›gemeinschaftl. Einmütigkeit‹, aufgrund deren das ganze Volk Träger der Unfehlbarkeit der Kirche ist, wird seit CHOMJAKOW mit dem Wort ›S.‹ bezeichnet. Anfänglich auch von etlichen orth. Theologen als prot. Überfremdung abgelehnt, ist die S.-Lehre heute allg. in der gesamten Orthodoxie rezipiert.

B. PLANK: Katholizität u. Sobornost (1960); L. LITRACK: John Mason Neale and the quest for S. (Oxford 1994).

Mario Soares

Sobek

Sobótka [sɔˈbutka], 1) Stadt in Polen, →Zobten am Berge.
2) *die,* Berg in Polen, →Zobten.

Soboul [sɔˈbul], Albert, frz. Historiker, *Ammi-Moussa (Algerien) 27. 4. 1914, †Nîmes 11. 9. 1982; war 1960–67 Prof. in Clermont-Ferrand, dann Inhaber des Lehrstuhls für Geschichte der Frz. Revolution an der Sorbonne (Paris). Seine marxistisch inspirierten Forschungen galten u. a. den Volksbewegungen während der Revolution.
Werke: Les sans-culottes parisiens en l'an II (1956; dt. Die Sektionen von Paris im Jahre II); Précis d'histoire de la Révolution française (1962; dt. Die große frz. Revolution, 2 Bde.); La Révolution française, 2 Bde. (1964); La civilisation et la Révolution française, 3 Bde. (1970–83).

Sobradinho [-ˈdiɲu], Staudamm im Rio →São Francisco, Brasilien.

Sobranje [bulgar. ›Versammlung‹] *das, -,* **Sabranie** [sɔˈbranje], seit 1876 die bulgar. Nationalversammlung (Parlament).

Sobrero, Ascanio, ital. Chemiker, *Casale Monferrato 12. 10. 1812, †Turin 26. 5. 1888; ab 1860 Prof. in Turin; stellte 1846–47 erstmals Glycerintrinitrat (Nitroglycerin) her.

Sobukwe, Robert Mangaliso, südafrikan. Politiker, *Graaff Reinet (Kapprovinz) 5. 12. 1924, †Kimberley 26. 2. 1978; war Lehrer, gründete (1959) und führte den →Pan-African Congress (PAC); bekämpfte die Apartheidpolitik (Kampagne gegen die südafrikan. Passgesetze, 1960; →Sharpeville). Nach dem Verbot der PAC war er 1960–69 in Haft, lebte dann mit beschränkter Bewegungsfreiheit in Kimberley.
Ausgabe: Hört die Stimme Afrikas! Reden 1949–1959 (1978).

Soča [ˈsoːtʃa] *die,* slowen. Name des →Isonzo.

Soccer [ˈsɔkə; engl., zu einer Kurzform (soc) aus association football ›Verbandsfußball‹] *das,* auch *der, -s,* 1) in angelsächs. Ländern Kurz-Bez. für Fußball;
2) der Tischfußball (→Tischfußballspiele).

Soccus [griech.-lat.] *der, -/...ci,* leichter Schuh in der Antike; als im Ggs. zum →Kothurn des Tragöden niedriger Schuh gehörte der S. zum Kostüm des Schauspielers in der Komödie. Der Schauspieler im antiken Mimus war unbeschuht.

Socé [sɔˈse], Ousmane, eigtl. **O. S. Diop**, senegales. Politiker, Journalist und Schriftsteller frz. Sprache, *Rufisque 31. 10. 1911, †ebd. 1973. Als Student der Tiermedizin in Paris veröffentlichte er 1935 ›Karim‹, einen der ersten afrikan. Romane in frz. Sprache, in dem er das traditionelle afrikan. Leben gegenüber den Einflüssen der Kolonialkultur aufwertete. Mit seiner Stoffe der überlieferten Oralliteratur aufgreifenden Sammlung ›Contes et légendes d'Afrique noire‹ (1962) übernahm er für die frz.-sprachige Leserschaft die Rolle eines →Griots. Ab 1946 widmete er sich v. a. dem Journalismus und der Politik, war Abgeordneter im frz. und später im senegales. Parlament, bekleidete Reg.-Ämter, war Diplomat (u. a. 1961–68 Botschafter in den USA und bei den Vereinten Nationen) und Zeitungsherausgeber.
Weiteres Werk: *Roman:* Mirages de Paris (1937).
W. GLINGA: Lit. in Senegal (1990).

Sochaczew [sɔˈxatʃɛf], Stadt in der Wwschaft Skierniewice, Polen, 80 m ü. M., an der Bzura, westlich von Warschau, 39 600 Ew.; Kleinbahn-, Heimatmuseum und Museum ›Schlacht an der Bzura‹ (Zweiter →Weltkrieg); chem., keram., Nahrungsmittel-, Metallindustrie. – Ruine der Burg der Herzöge aus Masowien (13.–15. Jh.). – S. erhielt vor 1368 Stadtrecht.

Sochaux [sɔˈʃo], Industriestadt im Dép. Doubs, Frankreich, bei →Montbéliard, 4 400 Ew.; Kfz-Industrie (Hauptwerk von Peugeot).

Soche [-tʃe], früherer Name der Stadt →Yarkand, China.

Soči [-tʃi], Stadt in Russland, →Sotschi.

Social and Liberal Democratic Party [ˈsəʊʃl ənd ˈlɪbərəl deməˈkrætɪk ˈpɑːtɪ], Abk. **SLDP** [eseldiːˈpiː], auch **Social and Liberal Democrats**, seit Oktober 1989 Kurz-Bez. **Liberal Democrats** [ˈlɪbərəl ˈdeməkræts], brit. Partei, gegr. im März 1988 durch Zusammenschluss der Mehrheit der Social Democratic Party mit der Liberal Party. Parteiführer wurde im Juli 1988 JEREMY JOHN DURHAM (gen. PADDY) ASHDOWN (*1941). Die Liberaldemokraten nahmen in ihre Programmatik u. a. die Änderung des (Mehrheits-)Wahlrechts, eine wirtschaftl. Modernisierung, aktive Umweltpolitik, die Verbesserung des Erziehungssystems und die Unterstützung einer europ. Integration nach föderativem Entwurf auf. Bei den Parlamentswahlen vom 1. 5. 1997 erhielten sie 16,8 % der Stimmen (46 von 659 Sitzen im Unterhaus).

Social Democratic Party [ˈsəʊʃl deməˈkrætɪk ˈpɑːtɪ], Abk. **SDP** [esdiːˈpiː], 1981 als Abspaltung von der Labour Party u. a. von R. JENKINS und D. OWEN gegründete brit. Partei. 1988 schloss sich ihre Mehrheit mit der Liberal Party zur Social and Liberal Democratic Party zus.; die verbliebene Rest-SDP löste sich 1990 auf.

Social Engineering [ˈsəʊʃl endʒɪˈnɪərɪŋ, engl.] *das, - -, Sozialwissenschaften:* die →Sozialtechnologie.

Social Gospel [ˈsəʊʃl ˈgɔspəl; engl. ›soziales Evangelium‹], um 1900 aufgekommene Bez. für eine Ende des 19. Jh. in den USA entstandene kirchl. Strömung, die gegenüber dem amerikan. Kapitalismus die soziale Bedeutung des Evangeliums hervorhebt. Der sich im amerikan. Protestantismus rasch ausbreitenden Bewegung gab der baptist. Theologe WALTHER RAUSCHENBUSCH (*1861, †1918) die theolog. Grundlage: Der Mensch kann nicht erlöst werden, wenn die Gesellschaft unerlöst ist. Aus dem Gedanken des S. G. entstand 1908 der Nordamerikan. Kirchenbund, dessen Grundposition 1912 im ›Social creed of the Churches‹ festgelegt wurde. Die Zielsetzung des S. G. wurde auch von der christl. Studentenbewegung aufgenommen und fand über die Bewegung für Prakt. Christentum Eingang in die Programmatik des Ökumen. Rates der Kirchen.
Tendenzen der Theologie im 20. Jh., hg. v. HANS J. SCHULTZ (²1967).

Social overhead capital [ˈsəʊʃl ˈəʊvəhed ˈkæpɪtl, engl.] *das, - - -,* die materielle →Infrastruktur.

Social Perception [ˈsəʊʃl pəˈsepʃn, engl.] *die, - -,* die →soziale Wahrnehmung.

Social Security System [ˈsəʊʃl sɪˈkjʊərətɪ ˈsɪstəm], populäre Bez. für das bundesstaatl. Sozialversicherungssystem der USA (eigtl. Old Age, Survivors and Disability Insurance, Abk. OASDI), 1935 im Rahmen des New Deal mit dem Social Security Act (SSA; ab 1937 in Kraft) begründet; der zunächst auf aus dem Erwerbsleben ausgeschiedene Arbeiter in Handel und Industrie beschränkte Personenkreis und die abgesicherten Risiken wurden in zahlr. Änderungen des SSA erweitert. Das S. S. S. umfasst eine Alters-, Hinterbliebenen- und Invalidenversicherung sowie eine Krankenhaus- und eine freiwillige Krankenversicherung, die v. a. über 65-Jährige und Erwerbsunfähige (›Medicare‹) sowie im Krankheitsfall bes. Bedürftige ohne Altersgrenze (›Medicaid‹) unterstützt. Hinzu kommen Arbeitslosenversicherung und Sozialhilfe, die in den Einzelstaaten auf der Grundlage bundesstaatlich festgelegter Rahmenbedingungen unterschiedlich geregelt werden. Für bestimmte Personenkreise sind zusätzl. Hilfsprogramme. Trotz beachtl. Ausweitung des S. S. S. ist das Ausmaß der sozialen Sicherung in den USA beträchtlich geringer als in den meisten europ. Staaten. (→Sozialpolitik)

Società Dante Alighieri [sotʃeˈta - aliˈɡiɛːri], →Dante-Gesellschaften.

Societas Jesu [nlat. ›Gesellschaft Jesu‹] *die, - -,* Abk. **SJ,** die →Jesuiten.

Societas Meteorologica Palatina [lat.], 1780 von Kurfürst KARL THEODOR in Mannheim gegründete Pfälz. Meteorolog. Gesellschaft; sie schuf ein phänolog. Beobachtungsnetz in der Kurpfalz (1780) sowie ein Netz meteorolog. Stationen in Europa, Grönland und Nordamerika mit einheitl. Instrumenten und Beobachtungsstunden (7^h, 14^h, 21^h mittlere Ortszeit). Die Veröffentlichung der Beobachtungen (›Ephemerides Societatis Meteorologicae Palatinae Observationes‹, 12 Bde., 1781–92) war die erste Sammlung vergleichbarer Werte. Die S. M. P. bestand bis 1795 und gilt als Vorläuferin der →WMO.

Societät [frz.-lat.] *die, -/-en,* die →Sozietät (Recht).

Société Anonyme [sɔsjeˈte anɔˈnim], Abk. **S. A., SA,** frz. Bez. für Aktiengesellschaft.

Société de Géographie de Paris [sɔsjeˈte də ʒeoɡraˈfi də paˈri], →geographische Gesellschaften.

Société Générale [sɔsjeˈte ʒeneˈral], frz. Universalbank, gegr. 1864 als Société Générale pour Favoriser le Développement du Commerce et de l'Industrie en France, heutiger Name seit 1983; Sitz: Paris. Die 1945 verstaatlichte Bank wurde 1987 reprivatisiert; umfangreiches Zweigstellennetz; im Ausland an zahlr. Finanzplätzen mit Niederlassungen, Repräsentanzen vertreten.

Société Générale de Banque S. A. [sɔsjeˈte ʒeneˈral də bɑ̃k sɔsjeˈte anɔˈnim, frz.], fläm. **Generale Bankmaatschappij** [xeneˈraːlə ˈbaŋkmaːtsxapɛi], belg. Bank, →Générale de Banque S. A.

Société Générale de Belgique S. A. [sɔsjeˈte ʒeneˈral də bɛlˈʒik sɔsjeˈte anɔˈnim, frz.], Abk. **SGB,** fläm. **Generale Maatschappij van België** [xeneˈraːlə ˈmaːtsxapɛi van ˈbɛlxiːə], größte belg. Industrie- und Finanzholding, gegr. 1822, seit 1903 jetziger Name; Sitz: Brüssel. Hauptinteressen: Finanzdienstleistungen, Industrie, Bergbau, Energie.

Société Nationale Industrielle Aérospatiale [sɔsjeˈte nasjɔˈnal ɛ̃dystriˈɛl aerɔspaˈsjal], Kurz-Bez. **Aérospatiale,** staatl. Unternehmen der frz. Luft- und Raumfahrtindustrie (Privatisierung ist vorgesehen), 1970 durch Fusion der Sud Aviation, der Nord Aviation und der Société pour l'Étude et la Réalisation des Engins Balistiques (Abk. Sereb) entstanden; Sitz: Paris. Das Produktionsprogramm umfasst u. a. Flugzeuge, Hubschrauber und Flugkörper. Umsatz (1996): 50,9 Mrd. FF, Beschäftigte: rd. 37 500.

Society for Worldwide Interbank Financial Telecommunication [səˈsaɪətɪ fə ˈwəːldwaɪd ˈɪntəbæŋk faɪˈnænʃl tɛlɪkəmjuːnɪˈkeɪʃn], das →SWIFT.

Society Islands [səˈsaɪətɪ ˈaɪləndz], engl. Bez. für die →Gesellschaftsinseln.

Sockel [frz. socle, über ital. zoccolo von lat. socculus ›kleiner leichter Schuh‹], **1)** *Bautechnik:* der etwas vorspringende Unterbau eines Gebäudes, gegen die oberen Teile oft durch ein S.-Gesims abgesetzt; auch das Postament, auf dem ein Standbild, ein Pilaster, eine Säule u. a. steht.
2) *Elektrotechnik:* der Teil von elektr. Lampen und Elektronenröhren, mit dem diese in der Fassung befestigt und an die Stromzufuhr angeschlossen werden. BILD →Glühlampe.

Sockelbetrag, Festbetrag als Teil einer Lohn- bzw. Gehaltserhöhung, der noch um eine prozentuale Erhöhung aufgestockt wird. Gegenüber einer rein prozentualen Gehaltserhöhung bewirken S. eine geringere Zunahme der Einkommensunterschiede zw. den Tarifgruppen.

Sockenblume, Elfenblume, Epimedium, Gattung der Sauerdorngewächse mit etwa 20 Arten in N-Afrika, N-Italien bis zum Kasp. Meer, W-Himalaja, NO-Asien und Japan; Stauden mit z. T. immergrünen Blättern; Blüten in Trauben mit zweizähligen Organkreisen; mit meist gespornten Honigblättern innerhalb von acht Hüllblättern, von denen die inneren vier meist blumenblattartig ausgebildet und oft gefärbt sind. Als Zierstaude wird die bis 30 cm hohe **Alpen-S.** (Epimedium alpinum) kultiviert; Blüten rot, Honigblätter gelb.

Socompapass, Gebirgsübergang in den Anden, auf der Grenze zw. N-Argentinien und Chile, 3 858 m ü. M.; Straße und (seit 1948) Eisenbahn Salta–Antofagasta.

Socorro [səˈkɔːrəʊ], Stadt in New Mexico, USA, am Rio Grande, 8 200 Ew.; Bergbauhochschule (gegr. 1889); in der Nähe das Very Large Array (→Radioteleskop).

Socotra [səʊˈkəʊtrə, engl.], Inselgruppe im Ind. Ozean, →Sokotra.

Soda [span.], **1)** *das, -s,* Bez. für alkohol. Getränk aus Spirituosen oder Likörweinen, gemischt mit Sodawasser, auch Kurz-Bez. für Sodawasser.
2) *die, -,* und *das, -s,* systemat. Bez. **Natriumcarbonat,** Na_2CO_3. Wasserfreie S. ist ein weißes, hygroskop. Salz, dessen Löslichkeit in Wasser mit steigender Temperatur auf 37,2 g Na_2CO_3 in 100 g Lösung bei 30 °C und 45,5 g bei 100 °C ansteigt. Unterhalb von 32 °C kristallisiert aus wässriger Lösung das Dekahydrat $Na_2CO_3 \cdot 10 H_2O$ **(Kristall-S.)** aus. In wässriger Lösung enthaltene Carbonationen bewirken eine starke bas. Reaktion (pH-Wert 11,6). **Natur-S. (Natrit, Natron),** die aus Ablagerungen (z. B. Wadi Natrun, Ägypten) und S.-Seen (z. B. Owens-See, Kalifornien) gewonnen wird, enthält mehr oder weniger hohe Anteile an Begleitstoffen (z. B. Natriumhydrogencarbonat, Natriumchlorid, Borax, Natriumsulfat). Die techn. Herstellung der S. erfolgt fast ausschließlich nach dem **Ammoniak-S.-Verfahren (Solvay-Verfahren,** entwickelt durch E. SOLVAY 1861. Bei diesem Verfahren werden in eine Kochsalzlösung Ammoniak und Kohlendioxid eingeleitet. Unter geeigneten Reaktionsbedingungen fällt dabei bevorzugt das relativ schwer lösl. Natriumhydrogencarbonat (›Natriumbicarbonat‹) aus, das durch Calcinieren bei etwa 180 °C in S. umgewandelt wird. Die Rückgewinnung des Ammoniaks erfolgt durch Destillation der ammoniumhaltigen Mutterlauge mit Kalkmilch.

Reaktionen in Lösung:
$$NH_3 + H_2O \rightleftharpoons NH_4^+ + OH^-$$
$$OH^- + CO_2 \rightleftharpoons HCO_3^-$$
$$Na^+ + Cl^- + HCO_3^- \rightleftharpoons NaHCO_3 + Cl^-$$

Calcinieren des Natriumhydrogencarbonats:
$$2 NaHCO_3 \rightarrow Na_2CO_3 + H_2O + CO_2$$

Soda 2): Sodaherstellung nach dem Ammoniak-Soda-Verfahren

S. ist ein wichtiges Grundprodukt der chem. Industrie (z. B. für die Neutralisation von Säuren und die Herstellung von Natriumsalzen). Es hat große Bedeutung als Flussmittel in der Glas- und Emailindustrie und findet darüber hinaus vielfältige Anwendungen in den unterschiedlichsten Industriezweigen, von der Nahrungsmittel- bis zur Eisenhüttenindustrie.
Geschichtliches: S. wurde bereits im alten Ägypten aus dem Wasser von S.-Seen in Salzgärten gewonnen und beim Einbalsamieren von Toten, für Reinigungszwecke und zur Glasherstellung verwendet. Bis etwa 1800 hatte die sodahaltige Asche von Meerespflanzen (bes. die span. Barilla) techn. Bedeutung. 1790 wurde S. nach dem Verfahren von N. LEBLANC erstmals im großtechn. Maßstab synthetisch hergestellt. Bei dem heute nicht mehr angewandten Verfahren wurde aus

Sockenblume:
Alpensockenblume
(Höhe bis 30 cm)

Natriumchlorid und Schwefelsäure hergestelltes Natriumsulfat mit Kohlenstoff zu Natriumsulfid reduziert, das schließlich mit Kalkstein zu S. und Calciumsulfid umgesetzt wurde.

Soda, Djebel S. ['dʒ-], **Jabal as-Sawda** [arab. ›Schwarzes Gebirge‹], in der Antike **Mons ater,** Basaltbergland in der Wüste Tripolitaniens, Libyen, rd. 25 000 km² groß, bis 1 300 m ü. M., fast unbewohnt.

Sodale [lat. sodalis ›Gefährte‹, ›Freund‹] *der, -n/-n, kath. Kirchenrecht:* Mitgl. einer **Sodalität** genannten, d.h. körperschaftlich verfassten kirchl. Vereinigung; z.B. die →Gemeinschaft Christlichen Lebens und die →Dritten Orden.

Sodalith [zu Soda und griech. lithos ›Stein‹] *der, -s/-e,* durchsichtiges bis durchscheinendes Mineral der chem. Zusammensetzung $Na_8[Cl_2|(AlSiO_4)_6]$, bildet mit den Mineralen **Nosean,** $Na_8[SO_4|(AlSiO_4)_6]$, und **Haüyn,** $(Na,Ca)_{8-4}[(SO_4)_{2-1}|(AlSiO_4)_6]$, als Endgliedern eine isotype Reihe von →Feldspatvertretern. Die Minerale der **S.-Reihe** sind blau (v. a. Haüyn), weiß, grau bis schwarz, selten grün oder rot; Härte nach Mohs 5–6, Dichte 2,3–2,5 g/cm³. Die kub. Kristalle sind meist eingewachsen, daneben auch körnige, dichte Aggregate. Vorkommen in Ergussgesteinen und in vulkan. Auswürflingen, auch in Tiefengesteinen (Syeniten). S. dient zuweilen als Schmuckstein.

Sodankylä, Gem. in der Prov. Lappi, Finnland, in Lappland an der Eismeerstraße gelegen, 10 700 Ew.; Marktzentrum, Fremdenverkehr; Standort einer UHF-Empfangsantenne des Forschungsprojektes →EISCAT.

Sodano, Angelo, ital. kath. Theologe, * Isola d'Asti (Piemont) 23. 11. 1927; seit 1961 im päpstl. diplomat. Dienst, 1977 zum Titularerzbischof von Nova di Cesare ernannt. 1978–88 war S. Apostol. Nuntius in Chile, anschließend Sekr. des dem Staatssekretariat zugeordneten ›Rats für die öffentl. Angelegenheiten der Kirche‹. 1990 wurde er Nachfolger A. Casarolis, zunächst als Pro-Staatssekretär, nach seiner Ernennung zum Kardinal (1991) als Staatssekretär.

Sodar ['soːdar, soˈdaːr; engl., Kw. aus **so**und **d**etecting **a**nd **r**anging, ›Schallermittlung und -ortung‹], *das, -s,* Verfahren zur Sondierung der unteren Luftschichten (z.B. zum Aufspüren von Scherwinden in Flughafennähe), zur Turbulenzmessung und zur Ortung unsichtbarer Abgasfahnen. Eine S.-Anlage besteht im Wesentlichen aus mehreren schwenkbaren, etwa 3 m hohen Schalltrichtern, aus denen kurze Schallsignale (etwa 100 ms Dauer) scharf gebündelt abgestrahlt werden. Ein geringer Teil der Schallenergie wird aufgrund der Inhomogenität der Atmosphäre (v. a. in Turbulenzbereichen) zurückgestreut und von empfindl. Empfangsanlagen registriert. Aus Laufzeit, Intensität und Frequenzverschiebung (infolge des Doppler-Effekts) der Signale lassen sich durch elektron. Auswertung vertikale Windprofile ermitteln.

Sodawasser, Bez. für Natriumhydrogencarbonat-Wässer, alkal. Säuerlinge, die in Mineralquellen natürlich vorkommen (z. B. Selters, Karlsbad); auch mit Kohlensäure künstlich angereichertes Tafelwasser.

Sodbrennen, Pyrosis, brennende oder kratzende Empfindung in der Magengegend, die durch einen Rückfluss des Mageninhalts (gastroösophagealer Reflux) in die Speiseröhre hervorgerufen wird; häufig Folge einer überreichen Mahlzeit (v. a. bei fetten, stark gesüßten oder sauren Speisen durch Überfüllung und Übersäuerung des Magens), aber auch bei vermindertem Säuregehalt des Magensafts, was zu Gärung des Speisebreis führt. S. tritt auch bei mangelhaftem Verschluss des Magenmundes (Kardiainsuffizienz) und Hiatushernie auf. Längerfristiges S. kann durch Reizung der Speiseröhrenschleimhaut zu Entzündungen (Ösophagitis) führen. Der symptomat. *Behandlung* dienen säureneutralisierende Arzneimittel.

Soddy ['sɔdɪ], Frederick, brit. Chemiker, * Eastbourne 2. 9. 1877, † Brighton 22. 9. 1956; Prof. in Glasgow (1904–14), Aberdeen und Oxford (ab 1919). Als Mitarbeiter von E. Rutherford in Montreal (1901–03) war S. an der Erforschung des radioaktiven Zerfalls beteiligt. Mit W. Ramsay wies er 1903 die Entstehung von Helium beim Zerfall von Radium nach. 1910–13 führte S. den Begriff der Isotopie ein und formulierte 1912–13 mit K. Fajans die Verschiebungssätze der Radioaktivität. Für seine Beiträge zur Chemie der radioaktiven Substanzen und seine Untersuchungen über Isotope erhielt er 1921 den Nobelpreis für Chemie.

Sode, Suaeda, weltweit verbreitete Gattung der Gänsefußgewächse mit etwa 110 Arten; bekannt ist die am Meeresstrand und auf salzhaltigem Boden im Binnenland wachsende, formenreiche **Strand-S.** (Suaeda maritima), eine etwa 30 cm hohe, sukkulente Pflanze mit schmalen Blättern und unscheinbaren Blüten in kleinen Büscheln; früher zur Herstellung von Pottasche verwendet.

Soden, 1) Hans Freiherr von, ev. Theologe, * Dresden 4. 11. 1881, † Marburg 2. 10. 1945, Sohn von 2), Vater von 3); Schüler A. Harnacks; 1918–21 Prof. für Kirchengesch. in Breslau, ab 1924 für Kirchengesch. und N.T., Dogmengesch. und altchristl. Kunst in Marburg; Begründer der Bekennenden Kirche in Kurhessen.

Werk: Gesch. der christl. Kirche, 2 Bde. (1919–20).

2) Hermann Freiherr von, ev. Theologe, * Cincinnati (Oh.) 16. 8. 1852, † Berlin 15. 1. 1914, Vater von 1); seit 1893 Prof. für N. T. in Berlin, befasste sich v. a. mit der Erforschung der ältesten Textgestalt und der Textgeschichte des Neuen Testaments.

Werke: Die Schr. des N.T. in ihrer ältesten erreichbaren Textgestalt, 3 Tle. (1902–07); Urchristl. Literaturgesch. (1905).

K. u. B. Aland: Der Text des N. T. (²1989).

3) Wolfram Freiherr von, Assyriologe, * Berlin 19. 6. 1908, † Münster 6. 10. 1996, Sohn von 1); Prof. in Göttingen, Berlin, Wien und Münster, schuf v. a. durch seine Arbeiten zu Grammatik und Lexik der akkad. Sprache eine neue Basis zu ihrem Verständnis und lieferte zugleich wichtige Impulse für die vergleichende semit. Sprachwissenschaft.

Werke: Leistung u. Grenze sumer. u. babylon. Wiss., in: Die Welt als Gesch., Jg. 2 (1936); Das akkad. Syllabar (1948, mit W. Röllig); Grundr. der akkad. Gramm., 2 Tle. (1952–69); Zweisprachigkeit in der geistigen Kultur Babyloniens (1960); Akkad. Hwb., 3 Bde. (1965–81); Sprache, Denken u. Begriffsbildung im alten Orient (1974); Bibel u. alter Orient (1985); Einf. in die Altorientalistik (1985).

Soden am Taunus, Bad S. a. T., Stadt im Main-Taunus-Kreis, Hessen, 141 m ü. M., am S-Hang des Taunus, 20 300 Ew.; Heimatmuseum, Meissener-Porzellan-Kabinett. Die über 30 kohlensäure- und kochsalzhaltigen Mineralquellen (bis 34 °C) werden zur Behandlung von Erkrankungen der Atemwege, des Bewegungsapparats, von Herz und Kreislauf sowie der Haut angewendet. – Das 1191 erstmals erwähnte freie Reichsdorf entwickelte sich im Schutz der Reichsstadt Frankfurt am Main. Der seit dem MA. bedeutende Salinenbetrieb (erste urkundl. Erwähnung der Salzquellen 1433) wurde 1812 eingestellt. Im 18. Jh. wurde der in der 2. Hälfte des 19. Jh. intensivierte Badebetrieb aufgenommen.

Soden-Salmünster, Bad S.-S., Stadt im Main-Kinzig-Kreis, Hessen, 150 m ü. M., am S-Rand des Vogelsberges an der Kinzig, 14 000 Ew. Die eisen- und kohlensäurehaltigen Solequellen von **Bad Soden** dienen der Behandlung von Rheuma, Wirbelsäulen- und Bandscheiben- sowie Herz- und Kreislauferkrankungen. Die Industrie (v. a. Gummi- und Kunststoffindustrie) konzentriert sich v. a. in **Salmünster.** – Die kath. Pfarrkirche St. Laurentius ist eine neugot. Basilika von 1894; Ruine Stolzenberg (Bergfried, Mitte

Sodalith

Frederick Soddy

Sode: Strandsode (Höhe etwa 30 cm)

Söde Söderbaum–Sodoma

13. Jh.); Rathaus mit Fachwerkobergeschoss (18. Jh.); Altes Kurhaus (1849; verändert). In Salmünster die barocke Franziskanerklosterkirche St. Peter und Paul (1737–43) mit wirkungsvoller Mittelturmfassade und reicher Barockausstattung. – Bad S.-S. entstand 1974 durch Zusammenlegung der Städte Bad Soden (1190 erste urkundl. Erwähnung, Stadtrecht 1296) und Salmünster (Ende des 9. Jh. erstmals bezeugt, nach 1320 planmäßiger Ausbau zur Stadt). Die Anlagen der in Soden seit dem frühen MA. ansässigen Salzsiederei verfielen im 16. Jh. Mit der Neuentdeckung der Salzquellen im 19. Jh. begann der Bade- und Kurbetrieb; 1928 wurde Soden Bad.

Söderbaum, Kristina, Schauspielerin schwed. Herkunft, *Stockholm 5. 9. 1912; heiratete 1939 V. HARLAN, in dessen Filmen sie vorwiegend spielte; verkörperte den natsoz. propagierten Idealtyp der dt. Frau. Nach dem Tod HARLANS (1964) arbeitete sie als Fotografin.
Filme: Die Reise nach Tilsit (1939); Jud Süß (1940); Immensee (1943); Kolberg (1945); Sterne über Colombo (1953); Karl May (1974).

Söderberg [ˈsøːdərbærj], Hjalmar Emil Frederik, schwed. Schriftsteller, *Stockholm 2. 7. 1869, †Kopenhagen 14. 10. 1941; war ab 1897 Mitarbeiter verschiedener Stockholmer Zeitungen, siedelte 1917 nach Kopenhagen über. Sein Erstlingswerk ›Förvillelser‹ (1895; dt. ›Irrungen‹) wie auch sein autobiograph. Roman ›Martin Bircks ungdom‹ (1901; dt. ›Martin Bircks Jugend‹) stehen im Zeichen des Fin de Siècle. Als Prosaist hat S. v. a. durch die Knappheit und Klarheit seines Stils Schule gemacht; war daneben auch Übersetzer, u. a. von H. HEINE.
Weitere Werke: *Roman:* Doktor Glas (1905; dt.). – *Erzählungen:* Historietter (1898; dt. Historietten); Främlingarna (1903); Det mörknar öfer vägen (1907); Den allvarsamma leken (1912; dt. Das ernste Spiel). – *Dramen:* Gertrud (1906; dt.); Aftonstjärnan (1912); Ödestimmen (1922).
B. HOLMBÄCK: H. S. Ett författarliv (Stockholm 1988).

Söderberg-Elektrode [nach dem schwed.-norweg. Ingenieur CARL WILHELM SÖDERBERG, *1876, †1955), in elektrotherm. Industrieöfen (v. a. bei der Aluminium-, Silicium- und Calciumcarbidgewinnung) verwendete Elektrode; bestehend aus einem Blechmantel, in den ein Gemisch aus (fein gemahlenem) Anthrazit, Koks und Teer eingefüllt wird. Dieses plast. Gemisch verfestigt sich unter dem Einfluss der Ofenhitze und des hindurchfließenden Arbeitsstroms zu elektrisch gut leitender Graphitmasse; entsprechend dem Abbrand wird von oben neue Elektrodenmasse nachgefüllt.

Söderblom [ˈsøːdərblum], Nathan, eigtl. **Lars Olof Jonathan S.,** schwed. ev. Theologe und Religionshistoriker, *Trönö (Verw.-Bez. Gävleborg) 15. 1. 1866, †Uppsala 12. 7. 1931; war ab 1901 Prof. in Uppsala, 1912–14 zugleich in Leipzig, wurde 1914 Erzbischof von Uppsala. Beginnend mit seiner Mitarbeit in der christl. Studentenbewegung (1890), war S. der →ökumenischen Bewegung verbunden, die durch ihn wesentl. Impulse erhielt. Nachdem sein Friedensappell zu Beginn des Ersten Weltkriegs und seine dreimal ausgesprochene Einladung zu einer internat. Kirchenkonferenz 1917/18 kein Gehör gefunden hatten, führte seine Initiative 1925 zur Weltkonferenz für Prakt. Christentum in Stockholm, die Auslöser der Bewegung ›Life and Work‹ wurde, einer der beiden Gründungsbewegungen des →Ökumenischen Rats der Kirchen. Wiss. Verdienste erwarb sich S., der die moderne Religionswiss. in Schweden begründete, bes. auf dem Gebiet der Religionsgeschichte. Für sein Lebenswerk erhielt er 1930 den Friedensnobelpreis.
Werke: Die Religionen der Erde (1905); Den levande Guden (hg. 1932; dt. Der lebendige Gott im Zeugnis der Religionsgesch.).
Ausgabe: Tal och skrifter, 6 Bde. (1929–30).

T. ANDRAE: N. S. (a. d. Schwed., ²1957); N. KARLSTRÖM: N. S. Seine Entwicklung zum ökumen. Kirchenführer (a. d. Schwed., 1968); A. O. SCHWEDE: N. S. Ein Lebensbild (²1969).

Södergran, Edith Irene, finn. Lyrikerin schwed. Sprache, *Sankt Petersburg 4. 4. 1892, †Raivola (heute Roschtschino, bei Sankt Petersburg) 24. 6. 1923; die metrisch freien, reimlosen Gedichte (›Dikter‹, 1916) der schon 1908 an Tuberkulose erkrankten Dichterin bedeuteten den Durchbruch des Expressionismus in Finnland und Schweden. Eine persönl. Krise äußerte sich in ekstatisch-prophet. Lyrik (›Septemberlyran‹, 1918); je schwieriger die Lebensverhältnisse wurden, desto stärker wurde die ichbezogene, mehr und mehr an F. NIETZSCHE anknüpfende dionys. Dichtung (›Rosenaltaret‹, 1919), die sich in ›Framtidens skugga‹ (1920) ins Kosmische weitete. Religiöse Innerlichkeit spiegelte sich in den letzten Gedichten der postum erschienenen Sammlung ›Landet som icke är‹ (1925), während gleichzeitig eine Dichtergruppe um HAGAR OLSSON und E. R. DIKTONIUS als bahnbrechende Gestalt des finnlandschwed. Modernismus feierte.
Ausgaben: Ediths brev. Brev från E. S. till H. Olsson (1955); Dikter 1907–1909, hg. v. O. ENCKELL (1961); Samlade skrifter, bearb. v. H. LILLQVIST u. A. RAHIKAINEN, auf mehrere Bde. ber. (1–²1990ff.). – Feindl. Sterne. Ges. Gedichte, übers. v. K. KERN u. a. (1977).
O. ENCKELL: Esteticism och nietzscheanism i E. S.s lyrik (Helsingfors 1949); G. TIDESTRÖM: E. S. (Stockholm ²1963); G. JÄNICKE: E. S. (Helsingfors 1984).

Södermanland, Sörmland, Verw.-Bez. (Län) in Schweden, 6060 km², 258700 Ew.; Hauptstadt Nyköping. S. grenzt im O an die Ostsee und den Verw.-Bez. Stockholm; kuppige, wald- und seenreiche, in flacheren Teilen (glaziale Tonböden) fruchtbare Landschaft; Industriestandorte sind Eskilstuna und Nyköping.

Söderström, Elisabeth Anna, schwed. Sängerin (Sopran), *Stockholm 7. 5. 1927; wurde 1950 Mitgl. der Königl. Oper Stockholm. Sie sang u. a. an der Metropolitan Opera in New York sowie bei Festspielen (Salzburg, Edinburgh, Glyndebourne). Ihr Repertoire umfasste neben Mozart- und Strauss-Partien auch L. JANÁČEK, A. BERG und H. W. HENZE. 1993–96 leitete sie das Schlosstheater Drottningholm.

Södertälje, Industrie- und Hafenstadt im Verw.-Bez. (Län) Stockholm, Schweden, am S-Ende des Mälarsees und am S.-Kanal, 82400 Ew.; Torekällberget Museum (Freilichtmuseum); Maschinen- und Fahrzeugbau, pharmazeut. Industrie.

Sodoku [jap. ›Rattengift‹] *das, -,* die →Rattenbisskrankheit.

Sodom, Sedom, 1) Bergzug in Israel am W-Ufer des Toten Meeres, 11 km lang und 1 km breit, die Spitze eines Salzdoms von 2000 m Mächtigkeit, 156 m u. M. (240 m über dem Spiegel des Toten Meeres). Die Flanken bestehen aus Steinsalz und Gips; Salznadeln an den Kanten wurden von der Legende als ›Lots Weib‹ (→Lot) gedeutet. Von dem Berg wurde seit dem frühesten Altertum Salz gewonnen. (→Sodom und Gomorrha)
2) Industriekomplex am S-Ende des Toten Meeres, Israel, 396 m u. M.; chem. Werk, das aus dem Toten Meer in Verdunstungsbecken Kochsalz sowie Kali-, Magnesium- und Bromsalze gewinnt; Energieversorgung durch eine Erdgaspipeline aus Rosh Zohar. Die Beschäftigten wohnen v. a. in Arad und Dimona.

Sodoma, eigtl. **Giovanni Antonio Bazzi,** ital. Maler, *Vercelli 1477, †Siena 15. 2. 1549; lernte in seiner Heimat, dann vermutlich in Mailand im Schülerkreis LEONARDOS und ging 1501 nach Siena. 1508 und 1512–15 war er in Rom, wo ihn RAFFAEL beeinflusste, dann wieder in Siena tätig. Weiches Helldunkel und der schwärmer. Gefühlsausdruck seiner Gestalten kennzeichnen seine zur Hoch- und Spätrenaissancemalerei zählenden Werke, die infolge seiner schnellen Arbeitsweise von unterschiedl. Qualität sind.

Werke: *Fresken:* in Monte Oliveto Maggiore (1505-08), in der Stanza della Segnatura im Vatikan (1508), in der Villa Farnesina in Rom (1512, v. a. Fresko mit der Hochzeit Alexanders d. Gr. mit Roxane), in der Kapelle der hl. Katharina (1526-28; Siena, San Domenico). – *Tafelbilder:* Kreuzabnahme (1505; Siena, Pinacoteca Nazionale); Anbetung der Könige (1528; ebd., Sant'Agostino); Hl. Sebastian (um 1525/27; Florenz, Palazzo Pitti); Opfer Abrahams (1542; Pisa, Dom); Lucretia (Turin, Galleria Sabauda).

A. M. HAYUM: G. A. Bazzi, ›Il S.‹ (New York 1976).

Sodomie [nach der bibl. Stadt Sodom] *die, -,* **Zo|ophilie, Zo|oerastie,** sexuelle Handlungen (Koitus, genitale Kontakte) von Menschen beiderlei Geschlechts mit Tieren; als sexuelle Perversion (ausschließl. Fixierung oder Bevorzugung sodomist. Befriedigung) selten; häufiger als sexuelle Ersatzbefriedigung bei Fehlen eines Sexualpartners und bei entsprechender Gelegenheit. Im angelsächs. und frz. Sprachraum wird unter S. auch der Analverkehr verstanden.

Recht: Die Strafbarkeit der S. wurde durch das 1. Strafrechtsreform-Ges. 1969 aufgehoben. Straflos ist die S. auch in *Österreich* und in der *Schweiz;* doch ist die Werbung für Unzucht mit Tieren in § 220 a österr. StGB unter Strafe gestellt.

Sodoms|apfel, Solanum sodomaeum, in Afrika beheimatete, giftige Art der Gattung Nachtschatten, die heute auch an den Küsten des Mittelmeergebiets auf Sandböden, an Straßenrändern und auf Ödland verbreitet ist; bestachelter Strauch mit violetten Blüten und 2 cm dicken, gelben Beeren.

Sodom und Gomorrha, bibl. Städte, die nach 1. Mos. 19 wegen der frevelhaften Taten ihrer Bewohner von Gott zerstört wurden. Nach 1. Mos. 19, 4-11 war die Freveltat von Männern der Stadt Sodom, dass sie den Gastfreunden LOTS sexuelle Gewalt (nicht Sodomie) antun wollten; die Propheten nennen außerdem Rechtsbeugung, Völlerei, Lüge, Hochmut (Jer. 23, 14; Ez. 16, 49). S. u. G. werden schon im A. T. sprichwörtlich als Bild für Sündhaftigkeit und als warnendes Beispiel für kommende Strafen Gottes gebraucht (Jes. 1, 10; Amos 4, 11). – S. u. G. gehören zu der in 1. Mos. 10, 19; 14, 2 genannten Pentapolis.

Sodoma: Hochzeit Alexanders des Großen mit Roxane; Ausschnitt aus einem Fresko in der Villa Farnesina in Rom; 1512

Soest 1): Rathaus (links; 1713–18) und Westwerk der Stiftskirche Sankt Patrokli (1166 geweiht)

Soest, 1) [zo:st], Kreisstadt in NRW, 95 m ü. M., am Hellweg in der Soester Börde, 50 000 Ew.; Abteilung der Gesamthochschule Paderborn, Landesinstitut für Schule und Weiterbildung, Fachseminare, Studienzentrum der Fern-Univ. Hagen; Museen. Elektrotechnik, Akkumulatorenbau, Eisen- und Aluminiumverarbeitung, Maschinen- und Nahrungsmittelindustrie.

Stadtbild: In der Mitte der Altstadt (im Zweiten Weltkrieg stark zerstört), die seit dem 12. Jh. von einer mächtigen Mauer umgeben war (nur Wälle und Gräben sowie Osthofentor, 1523-26, erhalten), liegt die Stiftskirche St. Patrokli (erster Bau um 964, Erweiterung zur Basilika im frühen 12. Jh., Chor, Einwölbung und Krypta 12. Jh.; 1166 Schlussweihe), das bedeutendste roman. Bauwerk Westfalens; markanter Westbau mit monumentalem Turm (zw. 1190 und 1230; Turmhelm um 1300); Fresken (2. Hälfte 12. Jh.) nur im N-Querhaus erhalten. Gegenüber der Patroklikirche steht die Petrikirche (um 1150 begonnen, um 1240 zur Emporenhalle umgebaut; frühgot. Staffelchor, 1322 geweiht) mit roman. Wandmalereien (Ende 12. Jh.). Die Wiesenkirche (St. Maria zur Wiese) ist eine hohe, lichte got. Halle (1313 ff. [?]; Marienstatue am S-Portal um 1400; Glasgemälde um 1530, Altäre 1473 und um 1525); der W-Bau mit Doppelturmfassade erst 1846-75 vollendet. Hohnekirche (St. Maria zur Höhe, um 1220-30), eine Typen bildende westfäl. Hallenkirche mit Fresken des 13. Jh. und Altar des MEISTERS VON LIESBORN (um 1480). In der kath. Nikolaikapelle (um 1200) Nikolausaltar des KONRAD VON SOEST (um 1390). Spätbarockes Rathaus mit Erdgeschossarkaden (1713-18). Im Burghofmuseum (mit roman. Haus, um 1200, und Patrizierhaus von 1559) Exponate bäuerl. und bürgerl. Kultur. Im Wilhelm-Morgner-Haus (1961-62, von R. SCHELL erbaut) Sammlung von Expressionisten.

Geschichte: Die 836 erstmals erwähnte, jedoch ältere Siedlung (merowing. Friedhof, um 600) gewann aufgrund ihrer Lage an der Kreuzung des Hellwegs mit einer N-S-Straße in spätkaroling. und wieder in otton. Zeit an Bedeutung. Gegen 1000 hatte S. das Münz- und um 1100 das Marktrecht. Das im 12. Jh. ausgebildete Soester Recht wurde an etwa 60 westfäl. Städte weitergegeben und beeinflusste auch das Recht

Soest 1) Stadtwappen

der Stadt Lübeck. Die günstigen wirtschaftl. Bedingungen der Stadt (neben der Lage v. a. die Salzquellen) ließen sie zu einer der bedeutendsten westfäl. Handelsstädte werden. S. war einer der vier westfäl. Vororte der Hanse. 1225 unternahmen die Bürger mit der Zerstörung der erzbischöfl. Pfalz einen ersten Versuch, sich aus der Landesherrschaft der Kölner Erzbischöfe zu lösen. 1444 lehnte sich die Stadt an die Herzöge von Kleve an und löste damit die →Soester Fehde aus, die mit der Trennung S.s vom Erzstift Köln endete. 1645, endgültig 1669 kam S. an Brandenburg (später Preußen). 1817 wurde S. Kreisstadt, 1975 des neu gebildeten Großkreises.

S. Gesch. der Stadt, auf mehrere Bde. ber. (1995ff.).

2) [su:st], Gem. in der Prov. Utrecht, Niederlande, westlich von Amersfoort, 42 500 Ew.; Herstellung von Kosmetika, Maschinenbau, Elektro-, Kartonagen-, Metallwaren-, chem. und Kunststoff verarbeitende Industrie. – Nördlich von S. liegt Schloss Soestdijk.

3) [zo:st], Kreis im Reg.-Bez. Arnsberg, NRW, 1 327 km², 301 400 Ew., inmitten der fruchtbaren, wenig bewaldeten Soester Börde. Im N reicht er über die Lippe ins Münsterland, im S hat er Anteil am Sauerland. In der landschaftsprägenden, ertragreichen Agrarwirtschaft (Weizen-, Zuckerrüben-, Gemüse- und Obstanbau sowie Viehzucht mit fast 64 % der Kreisfläche) arbeiten 3,5 % der Erwerbstätigen, im Dienstleistungssektor 56,9 % und in der Industrie 39,6 %. Neben der führenden Eisen- und Metallindustrie Elektrotechnik, Maschinenbau, Nahrungs- und Genussmittelherstellung mit Schwerpunkten in Soest, Werl und Wickede; im S ausgedehnte Waldgebiete (fast 20 % der Kreisfläche) und das Erholungsgebiet an der Möhnetalsperre.

Soest [zo:st], **1)** Johann von, Musiker, Schriftsteller und Arzt, →Johann, J. von Soest.

2) Johann von, Maler, →Meister von Liesborn.

3) Konrad von, Maler, →Konrad, K. von Soest.

Soestdijk [su:st'dɛik], Schloss in der niederländ. Gem. Baarn, Prov. Utrecht, seit 1948 königl. Residenz. S. wurde 1674–78 als Jagdschloss für den Statthalter WILHELMS III. gebaut.

Soester Börde ['zo:stər-], Kernlandschaft der Hellwegbörden im SO der Westfäl. Bucht, NRW. Die fruchtbaren Lössböden bieten bei rd. 700 mm Jahresniederschlag beste Möglichkeiten zum Anbau von Weizen, Gerste, Mais und Zuckerrüben. Der Raum ist altes Siedlungsgebiet und wurde schon früh durch den Hellweg erschlossen; wirtschaftl. und kultureller Mittelpunkt ist Soest.

Soester Fehde ['zo:stər-], Auseinandersetzungen zw. dem Erzbischof von Köln und der Stadt Soest sowie dem mit der Stadt verbundenen Herzogtum Kleve-Mark um die Vorherrschaft in Westfalen 1444–49. Ausgelöst wurde die S. F. durch den Freundschaftsvertrag, den die Stadt Soest mit Kleve-Mark 1441 abgeschlossen hatte, um den Bemühungen Erzbischof DIETRICHS VON MOERS zu entgehen, seine Herrschaft über die nahezu unabhängige Stadt zu festigen. Als diese sich 1444 von Köln lossagte, kam es zum offenen Konflikt, der Auswirkungen auf fast das gesamte nordwestdt. Gebiet hatte und letztlich zw. Köln und Kleve um die Vorherrschaft in Westfalen geführt wurde. Nach ergebnisloser Belagerung von Soest (1447) zeigte sich DIETRICH VON MOERS verhandlungsbereit. Auf burgund. Vermittlung hin wurde im Schiedsspruch von Maastricht 1449 die S. F. beigelegt: Soest und Xanten gingen an Kleve, Kurköln konnte weiterhin den wichtigen Rheinzoll bei Kaiserswerth und zwei eroberte Herrschaften behalten.

Sofa [frz., von arab. ṣuffaʰ ›Ruhebank‹] das, -s/-s, ein Sitz- oder Liegemöbel, entweder ganz gepolstert oder mit losen Rücken- und Seitenkissen. Das Wort S. bürgerte sich vor der Mitte des 18. Jh. in der dt. Sprache ein und ersetzte die Bez. Kanapee.

Sofạla, im 9. Jh. von Arabern gegründete Hafenstadt, etwa 50 km südlich von Beira, Moçambique. S. war die südlichste Siedlung der Kulturzone der →Suaheli; von hier wurde das Erz aus dem Reich →Monomotapa verschifft. 1505 kam S. unter port. Herrschaft; Niedergang im 17. Jh. – Nach S. wurde die heutige Prov. Sofala benannt.

Sofẹr [hebr. ›Schreiber‹] der, -/...ˈrim, im Judentum Bez. für den Schreiber; der Spezialist für Thorarollen, Tefillin und Mesusot (→Mesusa) wurde ›sofer ST″M‹ genannt. S. war auch Bez. der Schriftgelehrten.

Soffici ['sɔffitʃi], Ardengo, ital. Schriftsteller und Maler, * Rignano sull'Arno (Prov. Florenz) 7. 4. 1879, † Forte dei Marmi 19. 8. 1964; lebte 1900–07 in Paris, wo er u. a. P. PICASSO, G. APOLLINAIRE, J. MORÉAS und L. BLOY begegnete und als Illustrator und Essayist an versch. Zeitschriften mitwirkte; wurde zum wichtigen Vermittler der zeitgenöss. Malerei und Literatur Frankreichs in Italien, bes. über die Zeitschriften ›La Voce‹ und ›Lacerba‹. Unter dem Einfluss des Futurismus publizierte er 1915 die experimentelle Textsammlung ›BIF§ZF + 18. Simultaneità e chimismi lirici‹. Während er in seinem maler. Werk dem Kubismus treu blieb, drückt sich in seinem fiktionalen und essayist., stets stark autobiographisch inspirierten Schaffen nach dem Ersten Weltkrieg eine Rückwendung zu klassizist. Ordnungsvorstellungen aus, die ihn auch für faschist. Gedankengut empfänglich machten.

Weitere Werke: *Roman:* Lemmonio Boreo (1912). – *Tagebücher:* Giornale di bordo (1915); Kobilek (1918). – *Essays:* Primi principî di una estetica futurista (1920). – *Autobiographie:* Autoritratto d'artista..., 4 Tle. (1951–55).

G. MARCHETTI: A. S. (Florenz 1979); E. BELLINI: Studi su A. S. (Mailand 1987); A. S. – Arte e storia, hg. v. O. CASAZZA u. a., Ausst.-Kat. Villa di Petriolo, Rignano (Mailand 1994).

Soffiọne [ital., zu soffiare ›blasen‹] die, -/-n, *Geologie:* postvulkan. Erscheinung, eine →Fumarole mit heißen Wasserdämpfen von geringem Borgehalt.

Ardengo Soffici: Flasche und Glas; 1915 (Mailand, Museo d'Arte Contemporanea)

Soffitte [ital., zu lat. suffigere ›anheften‹] die, -/-n, entsprechend der Bühnendekoration bemaltes, vom Schnürboden herabhängendes Dekorationsstück, das die Kulissenbühne nach oben abschließt.

Soffittenlampe, kleine, röhrenförmige Glühlampe, deren Wendel (oder Einfachdraht) lang gestreckt zw. zwei an den Röhrenenden angekitteten, meist kegelförmigen Sockeln verläuft. Für S. sind besondere Fassungen (Soffittenfassungen) erforderlich, bei denen der Sockel von Haltefedern umfasst werden, die zugleich den Kontakt herstellen. S. arbeiten meist mit Niederspannung und sind z. B. für Lichterketten oder als Notbeleuchtung geeignet.

Sofịa ['zɔfia, 'zo:fia], bulgar. **Sofija** ['sɔfija], Hauptstadt von Bulgarien, 550 m ü. M., im S des Be-

---

Sofia
Stadtwappen

Hauptstadt Bulgariens

am Fuß der Witoscha an der Isker

550 m ü. M.

1,12 Mio. Ew.

Wissenschafts-, Kultur- und Wirtschaftszentrum des Landes

Kirche von Bojana (10./11. und 13. Jh.)

1382–1878 zum Osmanischen Reich

Sofortbildfotografie **Sofo**

Sofia: Sophienkirche (im Vordergrund; wahrscheinlich nicht vor Mitte 9. Jh., später mehrfach erneuert) und Alexander-Newskij-Kathedrale (1904–12)

ckens von S., am N-Fuß der Witoscha, an der Isker, (1995) 1 116 500 Ew.; bildet mit mehreren eigenständigen Randgemeinden die Stadtregion S. (1 311 km^2), ist außerdem Verw.-Sitz der Region S. (19 021 km^2, 970 000 Ew.); Sitz des bulgarisch-orth. Patriarchen und des kath. Exarchen sowie der Bulgar. Akad. der Wiss.en (gegr. 1869); Univ. (seit 1909; als Hochschule 1888 gegr.), TU (1945 gegr.), private Neue Bulgar. Univ., Musik-, Sport-, medizin. Akad., Hochschulen für Auslandsstudenten, für chem. Technologie, Wirtschaft, Architektur und Bauwesen, bildende Künste, Theaterkunst, Forstwirtschaft, Bergbau und Geologie, mehrere wiss. Inst., Konservatorium, astronom. Observatorium, Nationalbibliothek, -museum u. a. Museen, Nationalgalerie, Philharmonie, Staatsoper u. a. Theater; zoolog. und botan. Garten; Goethe-Institut. S. ist der wichtigste Industriestandort Bulgariens mit Maschinen-, Fahrzeug-, Waggon-, Kühlanlagenbau, elektrotechn., elektron., chem., pharmazeut., Nahrungsmittel-, Möbel-, Textil-, Leder- und Papierindustrie, Tabakverarbeitung, Druckereien. Im Stadtteil Kremikowzi größtes Hüttenwerk Bulgariens. Die von einer Ringautobahn umgebene Stadt ist auch ein wichtiger Knotenpunkt im Eisenbahn- und Straßennetz; internat. Flughafen (Wraschdebna, Vraždebna). Seit 1980 ist eine U-Bahn im Bau; mehrere Seilbahnen führen auf die Witoscha. An vier Thermalquellen im Stadtgebiet entstanden Heilbäder; in der Umgebung liegen weitere Kurorte.

Stadtbild: Zu den ältesten erhaltenen Bauten gehören – neben Resten der röm. Stadtmauer (2.–5. Jh., u. a. Osttor) – die Georgsrotunde (4., 6. und 10. Jh., Fresken des 10., 12./13. und 14. Jh.) und die Sophienkirche (nach neueren Forschungen wahrscheinlich nicht vor Mitte 9. Jh., im 19. Jh. durch Erdbeben stark zerstört, später mehrfach erneuert; beide Kirchen waren in osman. Zeit Moscheen) sowie die Kirche im Vorort →Bojana (UNESCO-Weltkulturerbe). Aus osman. Zeit stammen die Große Moschee (1474), die Schwarze Moschee (1527), die Banja-Baschi-Moschee (1576) und die Bädermoschee (1617). Nach 1878 wurde S. neu angelegt, es entstanden viele öffentl. Bauten, wie der ehem. Justizpalast (1928–36, seit 1983 Nationalmuseum), das Nationaltheater (1906 von F. Fellner und H. Helmer, nach Brand 1927–29 neu errichtet und nach Zerstörung 1944 wieder aufgebaut) und die Nationalbank (1934–39), sowie die Alexander-Newskij-Kathedrale (Kreuzkuppelbau, 1904–12), die Synagoge (1910) und die Nikolauskirche (1912). Nach dem Zweiten Weltkrieg wurde das Stadtzentrum neu gestaltet, in den Randzonen entstanden große Wohnkomplexe. Zu den Neubauten gehören die Reg.-Residenz Bojana, der Kulturpalast (1978–81; BILD →bulgarische Kunst), der Hauptbahnhof (1979) und das Hotel ›Vitoscha‹ (1979, von Kurokawa Kishō).

Geschichte: Der seit dem 4. Jt. v. Chr. ständig besiedelte Platz, der im 8./7. Jh. v. Chr. zum Thrakerreich gehörte, fiel 29 v. Chr. als Serdica (nach den thrak. Serden) an Rom und wurde unter Aurelian Hauptstadt der Prov. Dacia mediterranea. 342 fand hier ein Konzil statt, auf dem vergeblich versucht wurde, eine Einigung mit den Arianern zu erreichen. Zw. 441 und 447 verheerten die Hunnen die Stadt, sie wurde unter Kaiser Justinian I. wieder aufgebaut, 809 von dem Bulgarenkhan Krum erobert, slawisiert und in **Sredez** umbenannt. Als Grenzfestung 1018–1185 unter byzantin. Herrschaft, entwickelte sich die Stadt zu einer der bedeutendsten Bulgariens. Den Namen übernahm sie von der Sophienkirche (bulgar. Sweta Sofija), der Hauptkirche der Stadt. 1382–1878 gehörte S. zum Osman. Reich und ist seitdem Hauptstadt Bulgariens.

Sofortbildfotografie, Bez. für Verfahren, bei denen sofort nach der Aufnahme durch einen in den fotograf. Schichten ablaufenden Chemismus ein fertiges positives Bild (als Unikat) entsteht. Nach langwierigen Patentauseinandersetzungen sind seit 1986 nur die auf E. H. Land und Mitarbeiter zurückgehenden Polaroid-Verfahren (Polaroid Corp., Cambridge, Mass.) auf dem Markt.

Die **Schwarzweiß-S.** nutzt das auf der Silbersalzdiffusion beruhende →Silbersalz-Diffusionsverfahren. Das belichtete Negativ läuft beim Verlassen der Kamera mit einem Übertragungspapier über ein Walzenpaar, das einen dickflüssigen Fixierentwickler zw. die Schichten preßt. Dadurch wird ein Negativ entwickelt, das unbelichtet gebliebene restl. Silberhalogenid diffundiert dagegen in die silberkeimhaltige Schicht des Übertragungspapiers, wo es die Schwärzen des positiven Bildes aufbaut. 1947 stellte Land dieses Verfahren zus. mit einer ›Einminutenkamera‹ auf der Jah-

Sofortbildfotografie: Trennbildverfahren; links Belichtung der für das jeweilige Licht sensibilisierten Silberhalogenidschichten im Negativ; rechts Entwicklung nach Aufpressen der Positiv-Bildempfangsschicht, die Farbstoffübertragung erfolgt durch die unbelichteten Silberhalogenidschichten; anschließend wird das Positiv vom Negativ getrennt

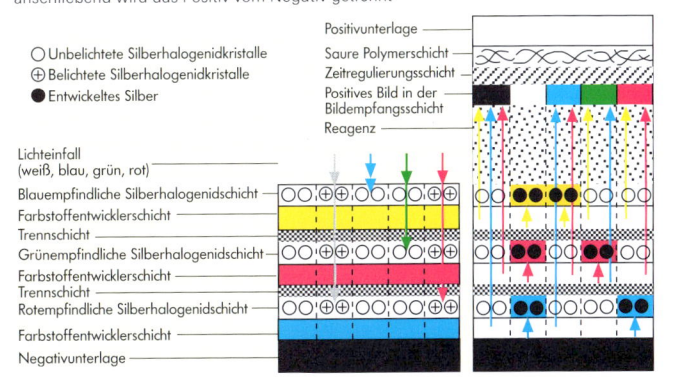

Sofo Sofortreaktionskräfte – Soft Sculpture

resversammlung der Optical Society of America vor (heute Entwicklungszeiten von wenigen Sekunden).

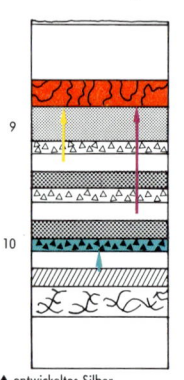

Für die **Farb-S.** entwickelten LAND und H. G. ROGERS ein **Farbdiffusionsverfahren,** bei dem den für die Grundfarben Blau, Grün und Rot sensibilisierten Aufnahmeschichten weitere Schichten benachbart sind, die spezielle Farbstoff-Entwickler-Moleküle enthalten. Durch Einpressen einer Entwickleraktivierungspaste werden diese freigesetzt; einerseits diffundieren sie in die Negativschichten und werden dort von den belichteten Silberhalogenidkörnern gebunden, andererseits wandern sie in die Farbempfängerschicht und bauen hier das positive Bild auf. Neben diesen in der Folge als **Trennbildverfahren** bezeichneten Prozeduren, bei denen ein Negativ als ›Abfall‹ anfällt, wurden ab 1972 **Integralverfahren** erarbeitet, bei denen das Negativ, unter einer Titandioxidschicht als weißem Positivuntergrund verborgen, Bestandteil des fertigen Bildes bleibt (SX-70-Verfahren, Image-Film). Allerdings verbleiben die Entwicklungschemikalien und -produkte, bes. die hautätzende Entwicklerpaste, im Bilduntergrund (solche Bilder dürfen keinesfalls beschnitten oder zerrissen werden). Da die Aufnahmen auf Image-Film (Integralverfahren) bereits in der Bildempfangsschicht (auf der Oberseite des fertigen Fotos) als seitenrichtiges Positiv sichtbar sein müssen, sind spezielle Kameras mit eingebauten Umlenkspiegeln erforderlich. Nach dem Trennbildverfahren kann die S. prinzipiell mit einer normalen Kamera realisiert werden. Dort erzeugt das Objektiv ein seitenverkehrtes, auf dem Kopf stehendes Bild (Negativ in den Silberhalogenidschichten), das dann auf dem vom Negativ getrennten Positiv seitenrichtig sichtbar wird. Neben dem eigentl. Entwicklungschemismus läuft in den Schichten eine Vielzahl von chem. Vorgängen ab, die die Bildentstehung steuern. In den 23 mikroskopisch dünnen Schichten der verbesserten Image-Film-Version (1991) beträgt die Gesamtzahl der chem. Prozesse etwa 5 000, wobei u. a. die Korngröße kontrolliert wird, sodass sie für eine Empfindlichkeit von ISO 600/28,5° nur noch ein Drittel der bisherigen Größe beträgt. Polaroid-Materialien werden als Pack-, Plan- und Rollfilme konfektioniert, sowohl für spezielle Kameras als auch für an großformatige Fachkameras ansetzbare Kassetten.

Als transparente Sofortbildmaterialien stellte Polaroid 1977 ein Super-8-Schmalfilmsystem (›Polavision‹) und 1982 Kleinbild-Diapositivfilme (›Polachrome 35‹) vor. Beide Systeme arbeiten mit dem Silbersalz-Diffusionsverfahren (schwarzweiß). Für die Farbgebung griff man auf das additive Linienrasterverfahren der älteren →Farbfotografie zurück (Polachrome-Film enthält zw. Träger und Aufnahmeschichten eine Rasterschicht mit roten, grünen und blauen Streifen in 394 Dreiergruppen/cm). Über industrielle Anwendungen hinaus haben diese Systeme keine weitere Verbreitung erlangt.

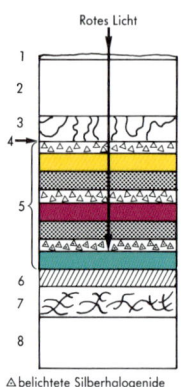

Sofortreaktionskräfte, engl. **Immediate Reaction Forces** [ɪˈmiːdjət riˈækʃn ˈfɔːsɪz], Abk. **IRF** [engl. aɪəˈef], innerhalb der NATO die Streitkräfte, die für einen sofortigen Einsatz vorgesehen sind. (→Reaktionsstreitkräfte)

Sofronow, Anatolij Wladimirowitsch, russ. Schriftsteller, *Minsk 19. 1. 1911, †Moskau 10. 9. 1990; arbeitete v. a. als Dramatiker, im Zweiten Weltkrieg Korrespondent der ›Iswestija‹, verfasste zahlr. Tendenzstücke und Unterhaltungskomödien. S. wurde 1953 Chefredakteur der Zeitschrift ›Ogonjok‹, schloss sich den Liberalisierungstendenzen der Tauwetterperiode nicht an.

Werke: *Dramen:* Moskovskij charakter (1948; dt. Moskauer Charakter); V odnom gorode (1948; dt. In einer Stadt); Million za ulybku (1959; dt. Eine Million für ein Lächeln); Emigranty (1967); Labirint (1968).

Ausgabe: Sobranie sočinenij, 6 Bde. (1983–86).

Softball [ˈsɔftbɔːl, engl. ›weicher Ball‹], früher auch **Ladies Baseball** [ˈleɪdɪz ˈbeɪsbɔːl, engl.], eine Form des Baseballs, die sich aus dem 1887 in Chicago eingeführten Hallenbaseball entwickelt hat und bes. von Frauen und Jugendlichen ausgeübt wird. Der Ball ist größer und schwerer als im Baseball (30 cm Umfang, 180 g), das Spielfeld kleiner (Seitenlängen des Malquadrates 18,30 m, Abstand von Wurf- und Schlagmal 14 m für Männer und 12 m für Frauen. Die Mannschaft umfasst neun Spieler. Die Spielregeln gleichen denen des Baseballs. Die ISF führt Welt- und Europameisterschaften für Frauen und Weltmeisterschaften für Männer durch; 1996 war S. erstmals olymp. Disziplin (für Frauen). – In Dtl. wird S. vom Dt. Baseball und S. Verband, in Österreich vom Österr. Baseball-S. Verband und in der Schweiz vom Schweizer. Baseball- und S.-Verband organisiert (→Baseball).

Softcopy [ˈsɔftkɔpi, engl.], in der Datenverarbeitung ein nichtpermanentes (›flüchtiges‹) Bild i. w. S., das, im Ggs. zur →Hardcopy, nicht von dem entsprechenden Ausgabegerät getrennt werden kann (z. B. Bildschirmanzeige).

Softdrinks [ˈsɔftdrɪŋks; engl., eigtl. ›weiche Getränke‹], Sg. **Softdrink** der, -s, alkoholfreie Getränke.

Softeis [ˈsɔft-, engl.], weiches, sahniges, mit Luft versetztes Milchspeiseeis.

Softener [ˈsɔftnə, engl.], Sg. **Softener** der, -s, **Softenings** [ˈsɔftnɪŋz, engl.], *Textilveredlung:* Weichmacher, die als Zusätze in der Schlichterei oder Appretur eingesetzt werden. Ihre chem. Grundlage sind modifizierte Öle oder Fette und/oder kompliziert zusammengesetzte organ. Verbindungen, die geschmeidig machende Wirkung haben und zusätzlich die Wirkung von Ölen und Fetten verstärken.

Soft Error [soft ˈerə; engl., eigtl. ›weicher Fehler‹] der, - -(s)/- -s, *Halbleitertechnik:* unerwünschte Änderung oder Zerstörung einer in Gestalt elektr. Ladung gespeicherten Information durch energiereiche Alphateilchen. S. E. können insbesondere bei Speicherzellen mit sehr kleinen Abmessungen (Eintransistorzellen) auftreten. Die Alphateilchen stammen bes. aus dem radioaktiven Zerfall von Uran und Thorium, die spurenweise in Substrat- oder Verkappungsmaterialien enthalten sind. Ein Alphateilchen mit einer Energie von etwa 5 MeV erzeugt in Silicium bis zu einer Tiefe von etwa 25 μm etwa 10^6 Elektron-Loch-Paare.

Soft Machine [sɔft məˈʃiːn], 1967 in London gegründete engl. Rockgruppe. Die meist vierköpfige, häufig wechselnde Formation gehörte mit ihrem diffizilen Jazzrock zur Avantgarde der Rockmusikszene; Auftritte u. a. mit dem Jazztrompeter M. DAVIS und bei den Donaueschinger Musiktagen; 1981 aufgelöst.

Soft Sculpture [sɔft ˈskʌlptʃə; engl. ›weiche Skulptur‹], **Softart** [-ɑːt], **Soft Art,** eine Tendenz der zeitgenöss. Bildhauerei, statt der traditionellen harten Werkstoffe (Stein, Metall, Holz) weiche Materialien (Tuch, Filz, Gummi, Federn und Kunststoff) zu verwenden. Die Anfänge liegen bei M. DUCHAMP, M. RAY, MERET OPPENHEIM. In den 1960er-Jahren folgten Beiträge von P. MANZONI, J. BEUYS, EVA HESSE, R. MORRIS und v. a. C. OLDENBURG. Künstlerinnen betonen den Fetischcharakter der S. S. (MAGDALENA ABAKANOWICZ, NANCY GRAVES, *1940). Einzelne Künstler machten den Ggs. von ›hart‹ und

Sofortbildfotografie: Querschnitt durch einen Polaroid-SX-70-Supercolorfilm (Integralfilm); **oben** Film während der Belichtung durch rotes Licht, blau- und grünempfindliche Schichten bleiben unbelichtet; 1 Antireflexschicht, 2 durchsichtige Schutzschicht, 3 Bildempfangsschicht, 4 Eintritt der Entwicklerflüssigkeit, 5 Schichtfolge wie beim Trennbildfilm, 6 Zeitkontrollschicht für die Entwicklung, 7 saure Polymerschicht zur Neutralisation, 8 Schichtträger; **unten** Film nach der Entwicklung, das Rot in der Bildempfangsschicht bildet sich aus Purpur und Gelb, Blaugrün wird durch das Negativ blockiert; 9 Lichtschutz und Neutralisatorschicht, 10 Negativ in rotempfindlicher Silberhalogenidschicht

›weich‹ zu einem eigenen plast. Thema (CHRISTO, CÉSAR, R. RUTHENBECK). BILD →Oldenburg, Claes

Soft art. Die Kunst des weichen Materials, hg. v. E. BILLETER (Bern 1980).

Software [ˈsɔftweə; engl., eigtl. ›weiche Ware‹] *die, -/-s,* Abk. **SW,** Sammel-Bez. für →Programme, die für den Betrieb von Rechenanlagen zur Verfügung stehen, einschließlich der zugehörigen Dokumentation. Die S. ist neben der →Hardware und der in gewisser Weise zw. beiden stehenden →Firmware maßgeblich für den Gebrauchswert und die Leistungsfähigkeit von Rechensystemen. Man unterscheidet zwei Klassen von S.: Zur **System-S.** gehören alle Programme, die für das Funktionieren eines Rechensystems notwendig (Betriebssysteme i. e. S.) oder hilfreich (Dienstprogramme) sind. Zu ihr zählen auch alle Programme, die für die Erstellung ablauffähiger Programme erforderlich sind (Texteditoren, Übersetzer usw.) oder diese unterstützen, z. B. Testprogramme wie Debugger und Tracer u. a. S.-Werkzeuge (engl. software tools). Im Ggs. hierzu dient die **Anwendungs-S.** der Lösung spezieller Probleme oder Aufgabenstellungen, wie Buchhaltung, Simulation, Textverarbeitung. – S. (v. a. System-S., S.-Pakete und umfangreiche Programme) wird i. d. R. von spezialisierten Herstellern (S.-Häuser) erstellt, Anwendungs-S. auch von den Anwendern selbst. (→Computer)

Software-Engineering [ˈsɔftweədʒɪˈnɪərɪŋ, engl.] *das, -,* die →Softwaretechnik.

Software|entwurf [ˈsɔftweə-], *Informatik:* →Softwaretechnik.

Software|ergonomie [ˈsɔftweə-], *Informatik:* die benutzerfreundl. Ausrichtung von →Programmen. Da Software, die die besonderen Benutzeranforderungen nicht ausreichend berücksichtigt, zu Belastungen bis hin zu Gesundheitsbeeinträchtigungen führen kann, wurden Kriterien der S. entwickelt; zu diesen gehören (nach DIN 66234) v. a.: 1) Übersichtlichkeit und Einheitlichkeit (leichte Orientierbarkeit des Benutzers, klare Gliederung des Bildaufbaus, Einheitlichkeit bei allen Programmteilen); 2) Einfachheit (verständl. und eindeutige Sprache sowie Symbolik, Unabhängigkeit von Informatikkenntnissen); 3) Flexibilität und Fehlertoleranz (leichte Erlernbarkeit für Anfänger – kleine Lernschritte, ausführl. Hilfen. Beispiele und Zugriff für Fortgeschrittene durch gestufte Hilfesysteme, Fehler dürfen nicht zu Programmabsturz oder Datenvernichtung führen und müssen leicht korrigierbar sein); 4) Zuverlässigkeit (fehlerfreie Software); 5) Schnelligkeit (Vermeidung langer Wartezeiten). – Die S. soll auch gewährleisten, dass die Anforderungen und Fertigkeiten der Nutzer in die Softwareerstellung einfließen, indem sie bei der Einführung neuer Technologien einbezogen werden.

F. J. HEEG: Empir. Software-Ergonomie. Zur Gestaltung benutzergerechter Mensch-Computer-Dialoge (1988); W. URBANEK: Software-Ergonomie. u. benutzerangemessene Auswahl von Werkzeugen bei der Dialoggestaltung (1991); Einf. in die Software-Ergonomie, hg. v. E. EBERLEH u. a. (²1994).

Softwarekrise [ˈsɔftweə-], *Informatik:* Ende der 1960er-Jahre geprägter Begriff für die immer komplexer und damit fehleranfälliger werdende Software sowie für die Tatsache, dass immer mehr Software benötigt wird, und die vorhandene die Möglichkeiten der Hardware nur zu einem Bruchteil ausnutzt. – Ungeachtet der Fortschritte in der →Softwaretechnik spricht man auch heute noch von einer S., die weder durch die Einführung strukturierter noch objektorientierter Methoden im Softwareentwurf und in der Programmierung beendet werden konnte.

Softwarepaket [ˈsɔftweə-], Gesamtheit von Programmen, die unter einem gewissen Aspekt aufeinander abgestimmt sind oder zusammengehören (z. B. inhaltlich, formal, funktional). Idealerweise können Programme eines S. miteinander kooperieren und kommunizieren, sich gegenseitig aufrufen, gemeinsame Ressourcen nutzen oder erzeugen sowie Daten aus Datenbereichen eines jeweils anderen Programms verwenden (integrierte Informationsverarbeitung).

Softwaretechnik [ˈsɔftweə-], **Softwaretechnologie, Software-Engineering** [-endʒɪˈnɪərɪŋ, engl.] *das, -,* Teilgebiet der Informatik, das sich mit Methoden und Werkzeugen für das ingenieurmäßige Entwerfen, Herstellen und Implementieren von Software befasst. Das ›Software-Engineering‹ entstand Ende der 1960er-Jahre als Antwort auf die →Softwarekrise; es sollte einen Umdenkprozess in der Softwareproduktion einleiten, Bewertungskriterien stärker berücksichtigen und zu qualitativ hochwertigen Softwareprodukten führen. Als deren Qualitätskriterien gelten insbesondere: Benutzerfreundlichkeit, Zuverlässigkeit, Wartbarkeit, Anpassbarkeit an Änderungen der Aufgabenstellung, →Portabilität, →Effizienz, Ergonomie (→Softwareergonomie).

S. wird heute fast ausschließlich mithilfe spezieller Softwarewerkzeuge durchgeführt; man spricht dann von **CASE-Tools** (CASE, Abk. für engl. **c**omputer**a**ided **s**oftware **e**ngineering). Die speziellen Methoden der S. hängen von den grundlegenden Prinzipien der Programmentwicklung ab, wie →strukturierte Programmierung oder objektorientierte Programmierung (→Objektorientierung). Die **Vorgehensmodelle** der S. umfassen alle Phasen von der Problemstellung bis zur endgültigen Ausmusterung eines Programms oder Programmsystems (Softwarelebenszyklus). Für Programme mittlerer Komplexität (bis zu einer Länge von etwa 20 000 Zeilen) hat sich ein **Phasenmodell** mit folgenden (linear aufeinander folgenden) Phasen als zweckmäßig erwiesen: 1) Problemanalyse, 2) Softwareentwurf, 3) →Implementierung, 4) Funktionsüberprüfung (→Test und →Verifikation), 5) Leistungsüberprüfung, 6) Installation und Abnahme, 7) →Wartung. Problemanalyse und Softwareentwurf sind Gegenstand der →Systemanalyse. Als Resultat der **Problemanalyse,** die v. a. Istanalyse, Sollkonzeptentwicklung, Durchführbarkeitsstudie und Projektplanung umfasst, wird eine Anforderungsdefinition (Pflichtenheft) erstellt, die als verbindl. (standardisiertes) Dokument die Grundlage für den zw. Auftraggeber und Softwarehersteller abzuschließenden Vertrag bildet. Mit dem **Softwareentwurf** wird das geplante komplexe Gesamtsystem modellhaft dargestellt, wobei es in voneinander unabhängige und überschaubare Komponenten (→Modul) zerlegt wird. Die Modularisierung ist meist hierarchisch; zu ihrer Durchführung (und ebenfalls für die spätere Implementierung) gibt es im Wesentlichen zwei Methoden: die →Top-down-Methode und/oder die Bottom-up-Methode. Der Entwurf wird als **Spezifikation** festgehalten, die u. a. Funktion und Schnittstellen jedes Moduls sowie einen Überblick über die Abhängigkeit der einzelnen Module voneinander enthält. Bedingt durch die Entwicklung objektorientierter →Programmiersprachen setzten sich in den letzten Jahren verstärkt objektorientierte Methoden des Softwareentwurfes durch, die oft auch angepasste Vorgehensmodelle bedingen, die keine starre lineare Phasenabfolge aufweisen. – Diese Phaseneinteilung kommt auch bei den meisten anderen Methoden in ähnl. Form vor, mit Qualitätskontrollen an den Phasenübergängen.

Softwareprodukte mit mehr als etwa 100 000 Programmzeilen erfordern zusätzl. und andersartige Methoden, u. a. weil die Spezifikation mit dem Softwareumfang immer unübersichtlicher wird; für solche Fälle müssen leistungsstarke Softwarewerkzeuge vorhanden sein. Ein weiteres wichtiges Prinzip der S. ist die ausführl. und lückenlose Dokumentation von Verlauf und Ergebnissen aller Phasen.

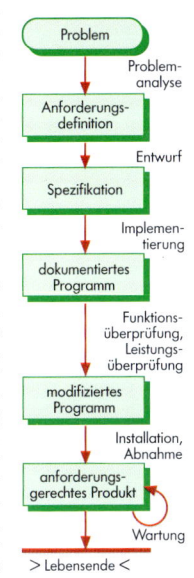

Softwaretechnik: Phasenmodell (Softwarelebenszyklus)

H. BALZERT: Die Entwicklung von Software-Systemen. Prinzipien, Methoden, Sprachen, Werkzeuge (1982, Nachdr. 1994); Objektorientiertes Modellieren u. Entwerfen, bearb. v. J. RUMBAUGH (a. d. Engl., 1993); G. BOOCH: Objektorientierte Analyse u. Design (a. d. Engl., 1994); S. SCHÄFER: Objektorientierte Entwurfsmethoden. Verfahren zum objektorientierten Softwareentwurf im Überblick (1994).

Softwarevertrag [ˈsɔftweə-], Vertrag über die entgeltl. Nutzung oder Überlassung von Computersoftware. Der S. ist gesetzlich nicht als eigener Vertragstyp geregelt, seine rechtl. Einordnung ist daher schwierig. Die dauerhafte Überlassung vorgefertigter Standardsoftware wird überwiegend als Sachkauf, vereinzelt als Rechtskauf bzw. Kauf eines Immaterialgutes angesehen, während die individuelle Erstellung spezieller Programme einen Werkvertrag darstellt. Wird die Software nur zeitweise überlassen, kann ein Miet- oder Leasingvertrag vorliegen (→Shareware).

Sog [mnd. soch, eigtl. ›das Saugen‹], Unterdruck, Saugwirkung eines durchwirbelten Mediums, z. B. die zurückflutende Tiefenströmung des Meerwassers bei der Küstenbrandung oder die mitlaufende Strömung im Bereich des Hinterschiffs.

sogdische Kunst: Ausschnitt aus einem Fresko mit Tigerjagdszenen im Palast von Marakanda (heute Samarkand-Afrasiab); 7. Jh.

Soga, Bantuvolk in SO-Uganda, zw. Victoria- und Kiogasee, Victorianil und Mpologoma. Die etwa 1,4 Mio. S. betreiben meist Feldbau in der Savanne und etwas Viehhaltung. Einige Riten der heute noch starken traditionellen Religion sind auch für die etwa 45 % Anhänger christl. Kirchen und 15 % Muslime unter den S. wichtig. Das Gebiet der S. zerfiel einst in zahlreiche von zugezogenen Herrscherfamilien gegründete Kleinstaaten, die entweder Buganda oder Bunyoro tributpflichtig waren.

Sogamoso, Stadt in Zentralkolumbien, 2 570 m ü. M. in einem Hochbecken der Ostkordillere, 69 400 Ew. Nördlich von S. liegt das größte Hüttenwerk Kolumbiens (Paz del Río). – In vorspan. Zeit war S. Zentrum eines indian. Fürstentums der →Muisca.

Sogdiana, Sogdien, altpers. und avestisch **Sughda, Sugda,** griech. **Sogdianē,** histor. Landschaft und altpers. Prov. in Mittelasien, zw. dem Mittellauf des Oxus (heute Amudarja) und des Jaxartes (heute Syrdarja), umfaßte das heutige Usbekistan, Teile von Tadschikistan, Kirgistan und Turkmenistan; Hauptstadt war Marakanda, das spätere Samarkand. Die von den iran. **Sogdiern** (griech. **Sogdianoi** oder **Sogdoi**), die später an der Ethnogenese der Tadschiken und Usbeken beteiligt waren, besiedelte Oasenlandschaft, v. a. im Raum Buchara und Samarkand, später **Transoxanien** gen., gehörte seit DAREIOS I. als Prov. zum Achaimenidenreich und wurde 329–327 v. Chr. von ALEXANDER D. GR. unterworfen. Dieser gründete hier die Stadt Alexandreia eschate (das ›äußerste Alexandrien‹, 1975 am Syrdarja in Tadschikistan entdeckt). S. kam nach ALEXANDERS Tod zum seleukid., später zum Hellenobaktr. Reich (→Baktrien) und erlag im 2. Jh. v. Chr. wie dieses dem Ansturm von Steppenvölkern. Seit 260 n. Chr. war sie eine Prov. des Sassanidenreiches, wurde im 4.–5. Jh. von den Hephthaliten, im 6.–7. Jh. von Turkvölkern und Ende 7./Anfang 8. Jh. von den Arabern erobert, die 709 Buchara, 711 Samarkand einnahmen. Seitdem entwickelte sich die S. unter wechselnder Herrschaft (Samaniden, Seldschuken, Charism-Schahs) zu einem Zentrum islam. Kultur. Im 13. Jh. verursachte die Eroberung durch die Mongolen einen starken wirtschaftl. und kulturellen Rückgang, bis 1369 TIMUR Samarkand zu seiner Hauptstadt machte. Mit der Eroberung Transoxaniens durch die usbek. Schaibaniden (um 1500) begann die Turkisierung des Gebiets.

sogdische Kunst, die vorislam. Kunst Sogdiens (→Sogdiana) in Mittelasien, auf dem Gebiet von Usbekistan und Tadschikistan, wo ihre Zentren im Tal des Sogd (heute Serawschan) und der Kaschkadarja (u. a. mit der Ruinenstätte Erkurgan) lagen. In der Sogdiana verschmolzen iran. mit hellenist. und ind. Elementen und vielleicht Einflüssen aus Kuqa. Von der prunkvollen Palast- und Tempelarchitektur wurden durch Ausgrabungen v. a. Fresken gesichert (Sankt Petersburg, Eremitage), bes. aus Marakanda (heute Samarkand-Afrasiab), Bundschikat (heute Pendschikent), wo auch Holzschnitzereien, und Warachscha (rd. 30 km nordwestlich von Buchara), wo auch Stuckarbeiten erhalten blieben. Aus den letzten Jahrhunderten vor dem Vordringen des Islam (8. Jh.), als sich der Buddhismus neben Parsismus, Manichäismus und Nestorianern ausbreitete, stammen auch Überreste großer, abseits gelegener Klosterkomplexe mit Freskomalerei sowie Ton- und Stuckfiguren (Adschina-Tepe) und kleiner Burgen (›Kuschk‹) auf 5–6 m hohen Sockeln oder Hügeln, die über Sogdien verstreut sind (Balalyk- und Dschumak-Tepe bei Termes, der eine mit Fresken, der andere mit Holzschnitzereien und Tonreliefs). Im 8. Jh. wanderten viele Sogdier nach China aus, wohin sie Motive hellenist. Kunst mitbrachten. Ihre Physiognomie lebt u. a. noch in jap. Gigakumasken weiter, karikaturhaften buddhist. Tanzmasken. Eine sogd. Kolonie bestand noch bis ins beginnende 12. Jh. in Balasagun im Siebenstromland. Von der hoch entwickelten sogd. Metall- und Textilkunst zeugen Reste von Seidenstoffen und einige silberne Schalen und Kannen, ferner elegante Keramiken und meist kleine Glasgegenstände.

B. BRENTJES: Mittelasien. Eine Kulturgesch. der Völker zw. Kasp. Meer u. Tien-Schan (Leipzig 1977); A. M. BELENIZIKI: Mittelasien – Kunst der Sogden (a. d. Russ., 1980); E. KNOBLOCH: Turkestan (a. d. Russ., ³1987); V. M. MASSON: Das Land der tausend Städte (a. d. Russ., Neuausg. 1987).

sogdische Sprache und Literatur. Die sogd. Sprache gehört zu den →iranischen Sprachen; sie breitete sich im 1. Jt. als eine Art Lingua franca der zentralralasiat. Seidenstraße aus. Als Folge entstand eine reiche, größtenteils aus Übersetzungen bestehende Literatur in den buddhist., christl. und manichäischen Gemeinden, deren fragmentar. Reste in Dunhuang und Turfan entdeckt wurden. Die in der einheim., aus der aramäischen entwickelten Schrift geschriebenen buddhist. Texte basieren v. a. auf chin. Vorlagen. Nestorianisch-christl. Texte verwenden auch die Schrift ihrer verschiedenartigen syr. Vorbilder. Die manichäisch-sogd. Literatur umfasst außer Übersetzungen aus dem Mittelpersischen und Parthischen zahlr. Originalwerke religiösen Inhalts.

N. SIMS-WILLIAMS: Sogdian, in: Compendium linguarum Iranicarum, hg. v. RÜDIGER SCHMITT (Wiesbaden 1989).

Soggetto [sɔd'dʒetto; ital. ›Subjekt‹] *der, -/...ti,* Thema einer kontrapunkt. Komposition (z. B. Ricercar, Fantasie, Kanzone), besonders der Fuge.

Soggetto cavato [sɔd'dʒetto -; ital. zu cavare ›herausnehmen, schöpfen‹] *der, - -/...ti ...ti,* in der Musik ein Thema, dessen Noten (in Tonbuchstaben oder Solmisationssilben gelesen) auf einen Ausspruch oder Namen verweisen, etwa B-A-C-H (J. S. BACH) oder A-B-E-G-G in R. SCHUMANNS Klaviervariationen op. 1 (1830), seiner Freundin META ABEGG gewidmet.

Sognefjord ['sɔŋnəfjuːr], längster Fjord Norwegens, greift 204 km weit in die Hochflächen der Prov. Sogn og Fjordane ein, bis 1 308 m tief, mit mehreren Seitenarmen.

Sogn og Fjordane ['sɔŋn ɔ 'fjuːranə], Prov. (Fylke) in W-Norwegen, 18 620 km², davon 756 km² Wasserfläche, 107 700 Ew.; Verw.-Sitz ist Leikanger (2 200 Ew.) am Sognefjord. In die kahlen und vielfach vergletscherten Hochflächen (Fjelle) sind zahlr. Fjorde tief eingeschnitten, die längsten sind Sognefjord und →Nordfjord. Vor der Küste liegen viele Inseln. Die Möglichkeiten zur landwirtschaftl. Nutzung sind gering; Aluminiumschmelze in Årdal; sommerl. Fremdenverkehr.

Sograf, Sacharij, bulgar. Maler, *Samokow (Gebiet Sofia) 1810, †ebd. 14. 6. 1853; malte Fresken und Ikonen in bulgar. Kirchen und Klöstern (Batschkowo, Rila-, Trojankloster u. a.) und in der Großen Lawra (Megiste Lawra) des Athos; auch Porträts und Aquarelle.

Söğüt [sœ'jyt], Stadt in der Prov. Bilecik, NW-Türkei, nahe dem Sakarya, 8 400 Ew.; Seidenindustrie. – S. wurde als Mittelpunkt des Gebiets, das im 13. Jh. ERTOGRUL († 1281?), der Vater OSMANS I., von den Seldschukensultanen von Konya als Lehen erhielt, die Wiege des Osman. Reiches. ERTOGRULS Grabstätte ist erhalten.

Sohag, Suhag, Sauhaj, Stadt in Oberägypten, am linken Nilufer (Brücke, seit 1953), 156 000 Ew.; Sitz eines kopt. Metropoliten, Distrikt-Verw.; Textil- und Nahrungsmittelindustrie; Bahnstation. In der Umgebung Anbau von Baumwolle, Getreide, Zuckerrohr. – In S. Funde aus der Zeit RAMSES' II. (Grabungen), am anderen Nilufer (Achmim) stark zerstörte altägypt. Tempelruinen und Nekropolen, dort und in der Umgebung von S. links des Nils kopt. Klosterruinen, bes. das Rote und Weiße Kloster (→Deir al-Abiad).

Sohar [hebr. ›Lichtglanz‹] *der, -,* **Zohar, Sefer ha-Zohar,** dt. **Buch des Glanzes,** Hauptwerk der →Kabbala. Es wurde in den Haupteilen gegen 1300 stückweise in aramäischer Sprache anonym von MOSE DE LEON († 1305) als Midrasch zum Pentateuch, zu Ruth und zum Hohen Lied verfasst und SIMON BEN JOCHAJ (2. Jh. n. Chr.) zugeschrieben. In der Folgezeit wurde es durch weitere Teile ergänzt. Die Erstdrucke von Mantua (1558/60) und Cremona (1559/60) mit jeweils unterschiedl. Textbestand haben die weiteren Ausgaben bestimmt.
Ausgabe: Der S. Das hl. Buch der Kabbala, hg. v. ERNST MÜLLER (⁷1995).
D. C. MATT: Zohar. The book of enlightenment (London 1983); Y. TISHBY: The wisdom of the Zohar, 3 Bde. (Neudr. Oxford 1991); JOHANN MAIER: Gesch. der jüd. Religion (²1992); G. SCHOLEM: Die jüd. Mystik in ihren Hauptströmungen (a. d. Engl., Neuausg. ⁵1993).

Sohar, As-Sohar, Hafenstadt in Oman, nordwestlich von Maskat am Golf von Oman, 22 000 Ew. – Austürk. Zeit blieben Reste der Stadtmauer und das Fort erhalten. – S. war im 8. und 9. Jh. ein blühender und wohlhabender Handels- und Hafenplatz (Indienhandel), der über das Wadi Jizzi einen direkten Zugang zum Inneren der Arab. Halbinsel hatte. Im 10. Jh. setzte unter türk. Herrschaft ein schneller Niedergang ein. Erst Mitte des 19. Jh. erlebte S. dank besonderer Förderung durch die in Maskat regierende Sultansfamilie aus der Dynastie Said eine zweite Blütezeit.

Sohl|absturz, *Wasserbau:* der →Absturz.

Sohland a. d. Spree, sorb. **Załom** [zauɔm], Gem. im Landkreis Bautzen, Sa., 300–500 m ü. M., im Oberlausitzer Bergland, an der oberen Spree, nahe der Grenze zur Tschech. Rep., nach Zugemeindungen mehrerer Orte 8 000 Ew.; Erholungsort; Heimatmuseum; Nahrungsmittel-, Kunststoffindustrie, Steinbearbeitung.

Sohle (ahd. sola, von lat. solum ›Grund(fläche)‹, ›(Fuß)sohle‹), 1) *Anatomie:* **Fuß-S., Planta pedis,** die Unterseite des Fußes, an der die durch starkere Hornhaut geschützten Fußballen liegen, deren Muskelpolster ein elast. Aufsetzen des Fußes ermöglichen.
2) *Bergbau:* 1) untere Begrenzungsfläche eines Grubenbaus; 2) Gesamtheit der in einem etwa gleichen Niveau und bis zum darüber liegenden Sohlenniveau aufgefahrenen Grubenbaue (d. h. die Stockwerke eines Grubengebäudes). Bez. einer S. mit fortlaufender Nr., z. B. 6. S., oder nach der Teufe, z. B. 650-m-S.; 3) untere Grenzschicht einer Schichtgruppe oder Lagerstätte.
3) *Geologie* und *Wasserbau:* Boden eines Tals, Flusses, Kanals o. Ä.
4) *Schuhfertigung:* Lauffläche am →Schuh.

Sohlen|erosion, punktuelle oder flächenhafte Eintiefung einer Fließgewässersohle (→Erosion).

Sohlengänger, Plantigrada, Tiere, die (im Ggs. zu den →Zehengängern) bei der Fortbewegung die ganze Fußsohle auf dem Boden aufsetzen, z. B. die Primaten (einschließlich Mensch), Bären, Nagetiere und Insektenfresser.

Sohlenmaterial, →Feststoffe, die an der Gewässersohle ruhen.

Sohlenschutz, Baumaßnahme zur Sicherung einer Fließgewässersohle gegen Erosion.

Sohlental, ein Tal mit einer deutlich ausgebildeten Talsohle (im Ggs. zum Kerbtal).

Sohlfläche, *Geologie:* →Schicht 3).

Sohlgraben, *Befestigungswesen:* Art des Grabens mit breiter, flacher Sohle (Ggs.: **Spitzgraben**). S. waren bes. im Vorderen Orient verbreitet, sind aber auch aus der europ. Jungsteinzeit bezeugt.

söhlig, *bergmännisch* für horizontal, waagerecht (→Lagerung).

Sohlpressung, Bodenpressung, der Druck, den ein Bauwerk (mit seinem Fundament) auf den Boden ausübt (Gesamtlast, dividiert durch die Auflagefläche).

Sohlschwelle, Sohlriegel, *Wasserbau:* in der Sohle eines Wasserlaufs quer zu dessen Fließrichtung angeordnetes Regelungsbauwerk, das (im Ggs. zur **Grundschwelle**) nicht über die Sohle hinausragt.

Sohm, Rudolf, Jurist, *Rostock 29. 10. 1841, †Leipzig 16. 5. 1917; 1870 Prof. für dt. und kirchl. Recht in Freiburg im Breisgau, ab 1872 in Straßburg, ab 1887 in Leipzig; ›nichtständiges‹ Mitglied der 2. Kommission zur Ausarbeitung des BGB ab 1890; Anhänger F. NAUMANNS und Mitbegründer des Nationalsozialen Vereins (1896). – S.s Forschung galt bes. der Geschichte des dt. und röm. Rechts und hat v. a. das ev. Kirchenrecht von seinem spirituellen Kirchenbegriff her problematisiert. Der als einheitl. Größe vorausgesetzte urchristl. Kirchenbegriff charismat. Prägung, der keine organisierten Einzelgemeinden (also auch keine Rechtsgestalt) kannte, diente ihm zur Begründung seiner These, dass das ›Kirchenrecht im Widerspruch zum Wesen der Kirche‹ stehe. Die wahre Kirche CHRISTI sei unsichtbar (›ecclesia invisibilis‹), die in ihrer Rechtsgestalt sichtbare Kirche (›ecclesia visibilis‹) sei ›nur Welt, gar nicht Kirche‹. S.s Kirchen- und Rechtsverständnis, das auf z. T. historisch-positivist. nicht haltbaren Ableitungen, auf einem säkular-positivist.

Rudolf Sohm

Soissons: Innenraum der Kathedrale; um 1180 begonnen

Rechts- und einem spiritualistisch verengten Kirchenbegriff beruhte, hatte (als einer der Ansatzpunkte der natsoz. Kirchenpolitik) im →Kirchenkampf verhängnisvolle Auswirkungen.

Werke: Die fränk. Reichs- u. Gerichts-Verf. (1871); Das Verhältnis von Staat u. Kirche aus dem Begriff von Staat u. Kirche entwickelt (1873); Institutionen des röm. Rechts (1883); Kirchengesch. im Grundr. (1888); Kirchenrecht, 2 Bde. (1892–1923).

D. STOODT: Wort u. Recht. R. S. u. das theolog. Problem des Kirchenrechts (1962); A. BÜHLER: Kirche u. Staat bei R. S. (Zürich 1965).

Sohn, Carl Ferdinand, Maler, * Berlin 10. 12. 1805, † Köln 25. 11. 1867; Schüler von W. VON SCHADOW. Ab 1832 als einflussreicher Lehrer (u. a. von A. FEUERBACH) an der Akad. in Düsseldorf tätig. Er malte Bilder mit mytholog. und literar. Themen sowie (Frauen-)Porträts. Sein Neffe AUGUST WILHELM S. (* 1830, † 1899) und sein Sohn CARL RUDOLF S. (* 1845, † 1908) malten Genrebilder und Porträts.

Sohncke, Leonhard, Physiker, * Halle (Saale) 22. 2. 1842, † München 2. 11. 1897; Prof. in Karlsruhe (1871–83) und Jena, ab 1886 an der TH München; erweiterte 1879 die Kristallsymmetrielehre (→Kristall) durch Einführung neuer Symmetrieelemente und Raumgruppen.

Söhne des Padilla [-ˈðiʎa], die →Comuneros.

Söhne und Liebhaber, engl. ›Sons and lovers‹, Roman von D. H. LAWRENCE, engl. 1913.

Sohn Gottes, aus hellenist. Vorstellungsbereichen in das N. T. übernommener Würde- und Hoheitstitel für JESUS CHRISTUS. Die Verankerung der Vorstellung von der Gottessohnschaft JESU in der christl. Theologie erfolgte v. a. im Zusammenhang mit der Übernahme des Logosgedankens (→Logos).

Söhnker, Hans, Schauspieler, * Kiel 11. 10. 1903, † Berlin (West) 20. 4. 1981; Theaterengagements u. a. in Danzig, Bremen und Berlin; bekannt v. a. durch zahlr. Filme sowie durch viele Fernsehrollen.

Filme: Der Mustergatte (1937); Ein Mann mit Grundsätzen? (1943); Große Freiheit Nr. 7 (1944); Film ohne Titel (1947); Die Fastnachtsbeichte (1960).

Hans Söhnker

Sohn-Rethel, Alfred, Sozialwissenschaftler und Philosoph, * Paris 4. 1. 1899, † Bremen 6. 4. 1990; arbeitete von 1931 bis zur Emigration 1936 als Referent beim Mitteleurop. Wirtschaftstag; ab 1937 in England, u. a. Tätigkeiten an Volkshochschulen und als Lehrer; ab 1978 Prof. in Bremen. Seine Bedeutung besteht in seiner eigenwilligen Übertragung von Kategorien der marxschen polit. Ökonomie auf erkenntnistheoret. Fragestellungen, die einerseits den herkömml. Ökonomismus der marxschen Lehre, andererseits die weitgehend idealistisch bestimmte Erkenntnis- und Bewusstseinsphilosophie infrage stellt.

Werke: Geistige u. körperl. Arbeit. Zur Theorie der gesellschaftl. Synthesis (1970); Warenform u. Denkform (1978).

Ausgabe: Theodor W. Adorno u. A. S.-R. Briefwechsel 1936–69, hg. v. C. GÖDDE (1991).

S. KRATZ: S.-R. zur Einf. (³1984).

Sohrau, Stadt in Polen, →Żory.

Soi, Ancent, afrikan. Künstler, * in der Mooni Location, Machakos (südöstlich von Nairobi), 1939. Autodidakt; lebt seit 1966 als freischaffender Maler in Nairobi. In farbenprächtigen, großformatigen Gemälden kommentiert er detailliert Alltag und Lebensweisen der kenian. Gesellschaft. (BILD →afrikanische Kunst)

Soignies [swaˈɲi, frz.], niederländ. **Zinnik** [z-], Stadt in der Prov. Hennegau, Belgien, nordöstlich von Mons, 24 100 Ew.; Kulturhaus (mit Apotheken-, Fotografiemuseum); Kunststoff-, Glas- und Zementindustrie; Industriepark mit Papier- und Textilverarbeitung sowie Etikettenherstellung; Karbonkalk-Steinbrüche (›belg. Granit‹); im Stadtteil Casteau das Oberste Hauptquartier der Alliierten Streitkräfte in Europa. – Die Kirche des nach 653 gegründeten Klosters, Saint-Vincent, ist eine roman. Basilika (Chor und Querschiff 965 begonnen; Schiff 12. Jh.; Portal um 1250) mit mächtigem W-Turm (13. Jh.); im Innern Hubertuskapelle mit St.-Vincenz-Schrein (1803) und Kirchenschatz; Holzlettner (vor 1636); Madonnenskulptur (14. Jh.), ferner Kapitelsaal (15. Jh.) und Kreuzgang (10. Jh.) erhalten; Friedhofskapelle (10. Jh., mit Museum).

Soil-Erosion [ˈsɔɪl ɪˈrəʊʃən, engl.], die →Bodenerosion.

Soissons [swaˈsɔ̃], Stadt im Dép. Aisne, Frankreich, in der Picardie, an der Aisne, 29 800 Ew.; Bischofssitz; städt. Museum; Kesselschmieden, Gießereien, Elektro-, chem. (u. a. Düngemittel-), Gummi-, Nahrungsmittelindustrie. – Got. Kathedrale (um 1180 begonnen, 1479 geweiht) mit hochgot. Langhaus, Chor mit Umgang und Kapellenkranz (geweiht 1212), bedeutende Glasmalereien (13. und 14. Jh.) in Chor, südl. und nördl. Querhaus. Von der ehem. Abteikirche Saint-Jean-des-Vignes (13.–15. Jh.) blieb nur die Fassade erhalten (Türme 15. Jh.), unter den Abteigebäuden Refektorium (13. Jh.), Kreuzgang (14. Jh.); die Kirche Saint-Léger (13. Jh.) ist heute Museum. Im Vorort Saint Vaast Reste der Abtei Saint-Médard (Grablege der Merowinger; Krypta aus dem 9. Jh.). – S., in galloröm. Zeit Sitz des kelt. Stammes der Suessionen, seit AUGUSTUS **Augusta Suessionum** genannt, war seit 511 vorübergehend Hauptstadt eines merowing. Teilreiches. Bei S. siegte CHLODWIG 486 über den röm. Feldherrn SYAGRIUS, 719 KARL MARTELL über die Neustrier. Die von LUDWIG VI. errichtete selbstständige Stadtgemeinde S. wurde 1325 wegen Verschuldung aufgehoben, S. der Krondomäne einverleibt. Die Grafschaft S. war seit Ende des 14. Jh. bis 1734 im Besitz königl. Seitenlinien.

SOI-Technik [SOI von engl. silicon on insulator ›Silicium auf Isolator‹], *Halbleitertechnik:* Sammel-Bez. für versch. Verfahren zur Erzeugung dünner, einkristalliner Siliciumschichten auf isolierendem Substrat (z. B. Saphir) oder dünner Isolatorschicht (z. B.

Sojabohne – Sojus **Soju**

SiO$_2$, Si$_3$N$_4$) für Zwecke der Mikroelektronik. Dabei wird die Schicht polykristallin aufgebracht und anschließend durch Zonenaufschmelzen mit einem Graphitstreifenheizer oder durch Laserstrahlbehandlung rekristallisiert. Das bekannteste Verfahren ist **SOS** (silicon on saphire), bei dem das Silicium heteroepitaktisch (→Epitaxie) auf das Saphirsubstrat (Al$_2$O$_3$) aufgebracht wird. Wesentl. Vorteile der SOI-T. gegenüber der herkömml. Planartechnik sind größere Packungsdichten, aufgrund der dielektr. Trennung der komplementären Transistorpaare Vermeidung der bei CMOS-Schaltungen sonst mögl. parasitären Thyristorstruktur (›Latch-up-Effekt‹), größere Signalgeschwindigkeit, geringerer Leistungsbedarf und größere Festigkeit gegen →Soft Errors. Von Nachteil sind die geringere kristalline Qualität und höhere Herstellungskosten. – Die SOI-T. ist eine der Grundlagen für die Herstellung dreidimensionaler Bauelemente, bei denen die Funktionsgruppen nicht nur nebeneinander, sondern auch übereinander angeordnet sind.

Sojabohne [von jap. shōyu ›Sojasoße‹, aus dem Chin.], **Rauhaarige Soja, Glycine max,** in O-Asien beheimatete, wahrscheinlich aus der Wildform Glycine soja hervorgegangene Weltwirtschaftspflanze, die in den USA, Brasilien, China und Argentinien, aber auch in anderen gemäßigt warmen Gebieten in vielen Kulturformen angebaut wird; einjähriger, 30–80 cm hoher, borstig behaarter Schmetterlingsblütler mit drei- bis fünfzähligen Blättern und achselständigen Büscheln von kleinen, weißen bis lilafarbenen, kurz gestielten Blüten. Nach Selbstbestäubung entwickelt sich die kurzen, zwei bis drei Samen **(Sojabohnen)** enthaltenden Hülsen. Die S. ist eine Kurztagspflanze und stellt an Klima und Boden ähnl. Ansprüche wie der Mais. Die Samen enthalten bis 40% Eiweiß und bis 20% Fette sowie bis 20% Kohlenhydrate und 2% Lecithin.

Sie werden zu Sojamehl vermahlen, das Sojaeiweiß enthält alle essenziellen Aminosäuren und ist zu 97% verdaulich. Als ›Eiweißaustauschstoff‹ ist es heute für die menschl. Ernährung wichtig. Als Zusatz vielseitig verwendbar, wird es auch für die Herstellung von ›Kunstfleisch‹ (→TVP), Milchersatz u. a. Sojaprodukten (z. B. →Tofu) genutzt. – Weiterhin wird aus den Samen durch Extraktion das **Sojaöl** (**S.-Öl,** Zusammensetzung →Fette, TABELLE) gewonnen. Nach der Raffination ist es geruch- und geschmacklos und wird für Speiseöle und -fette sowie zur Herstellung von Seifen, Glycerin und Firnis verwendet. Die eiweißreichen Rückstände (**S.-Kuchen** und **S.-Extraktionsschrot**) finden v. a. als Viehfutter Verwendung, ferner wird daraus die **S.-Lecithin** gewonnen.

In den USA wurde 1996 eine gentechnisch mit einer Herbizidresistenz ausgestattete S.-Sorte auf 400 000 ha Fläche angebaut. Nach der Ernte mit herkömml. S. vermischt, gelangten auch gentechnisch veränderte S. als Lebensmittel und -rohstoff in Dtl. u. a. Mitgl.-Staaten der EU auf den Markt. (→Novel Food)

Wirtschaft: Die Weltproduktion der wichtigsten 7 Ölsaaten betrug 1996/97 rd. 261,5 Mio. t; davon entfielen allein 132,2 Mio t, d. h. 51%, auf S. Haupterzeugerländer waren die USA (50% Anteil an der Weltproduktion), Brasilien (18%), Argentinien (10%) und China (3%). Die Hauptexporteure sind ebenfalls die USA mit ca. 70% Anteil am Weltexport, Brasilien mit ca. 18% und Argentinien mit ca. 15%. S. werden vollständig zu Sojamehl (ca. 80%) und Sojaöl (ca. 20%) verarbeitet. Die Anteile ändern sich leicht, je nach Marktlage und Preis für die Produkte. Die bedeutendsten Verbraucher von Soja sind Japan, die Niederlande und Dtl. Die Preise für S. werden an den Warenterminbörsen in Chicago und London notiert.

Kulturgeschichte: Die Heimat der S. ist SO-Asien, von wo aus sich ihre Kultur in zahlr. Varietäten verbreitete. Erste Spuren der Kultur lassen sich in China bis um 2800 v. Chr. zurückverfolgen. Im übrigen Asien, in Amerika und in S-Europa breitete sich die Kultur gegen Ende des 19. Jh. aus.

Sojasoße, Würzsoße aus vergorenen Sojabohnen; die **chinesische S.** ist dickflüssig und salzig, die **indonesische S.** (Ketjap Benteng) dünnflüssig und süß.

Sojombo, Soyombo [mongol.] *das, -,* altind. **Svayambhu,** tibet. **Ran-byun snan-ba** [›selbsterschienene Hellschrift‹], graf. Zeichen, bestehend aus zwei Schäften, dem ›Yin und Yang, Querstäben und gestürzten Dreiecken, darüber eine von einem Flämmchen überhöhte Sonne in der Höhlung eines Halbmondes. Das S., Sinnbild der mongol. Selbstständigkeit, war z. B. auf den Staatssiegeln in Gebrauch; 1924 wurde es Hoheitszeichen der Mongol. Volksrepublik und blieb es auch nach Änderung des Staatsnamens in →Mongolei (1992).

Sojombo-Alphabet, zwei vom mongol. Lama ÖNDÜR GEGEN auf der Vorlage des tibet. Alphabets 1686 geschaffene Silbenschriften für Aufzeichnungen in mongol. und tibet. Sprache sowie in Sanskrit. Die Schriftrichtung verläuft von links nach rechts waagerecht, auf Siegeln auch senkrecht. Das S.-A. war bis 1924 für Buchkopien in Gebrauch.

Y. RINTSCHEN in: Acta Orientalia Academiae Scientiarum Hungaricae, Jg. 2 (Budapest 1952); G. KARA in: Acta Orientalia Academiae Scientiarum Hungaricae, Jg. 9 (ebd. 1959); M. WEIERS in: Studium Generale, Bd. 20 (1967).

Sojoten, Volk in S-Sibirien, →Tuwinen.

Sojourner [sɔˈdʒɔːnə; engl. ›Gast‹, ›Besucher‹], Bez. für das im Rahmen der amerikan. Pathfinder-Mission 1997 eingesetzte Marsmobil zur Erkundung der Marsoberfläche (→Mars).

Sojus [russ. sojuz ›Bündnis‹], Raumfahrzeug der UdSSR bzw. ab 1992 der GUS für bemannte Flüge in Erdumlaufbahnen. S. besteht aus den drei Hauptbaukomponenten Geräte- und Triebwerkssektion, Kommando- und Rückkehrkabine sowie Orbitalsektion. Beim Einflug in die Atmosphäre trennen sie sich voneinander und verglühen bis auf die Rückkehrkabine, deren weiche Landung ein sich in 7,5 km Höhe entfaltender Fallschirm ermöglicht. S. wurde ab 1962 unter der Leitung von S. P. KOROLJOW und dessen Nachfolger WASSILIJ PAWLOWITSCH MISCHIN (* 1917) entwickelt und sollte urspr. – zeitgleich mit dem US-Apollo-Programm – sowjet. Kosmonauten in Mondumlaufbahnen und zur Erde bringen.

Erste Testflüge 1966–68 waren techn. Fehlschläge einschließlich der S.-1-Landekapsel, mit der der Kosmonaut W. M. KOMAROW tödlich verunglückte. 1968–70 flogen unbemannte S. als Sond 5–8 (ohne Orbitalsektion) hinter dem Mond vorbei zurück zur Erde. Fehlstarts des für bemannte Mondflüge vorgesehenen sowjet. Trägerraketentyps N-1 und die erfolgreichen Erstleistungen des →Apollo-Programms veranlassten die Sowjetführung, das Mondprogramm aufzugeben.

Stattdessen wurde der Einsatz bemannter Raumstationen vorangetrieben; dazu wurden 1968–70 mit S.

Sojabohne:
Pflanze mit Blüten und Hülsen (oben) und Hülse mit Samen

Sojombo

Sojus			
	Sojus	Sojus T	Sojus TM
Einsatzjahre	1967–81	1979–86	seit 1986
Besatzungsstärke	1; 3; 2	2; 3	2; 3
Anzahl der Flüge	41	16	26*)
Passagiere insgesamt	77	36	27*)
Startmasse max. (in t)	6,45–6,65	6,85	7,07
Länge (in m)	6,98–7,13	6,98	6,98–7,44
Durchmesser (in m)	2,20	2,20	2,20
Solarzellenspannweite (in m)	8,37	10,60	10,60

*) bis Ende 1997

Sōka   Sōka – Sokolow

Sojus: Raumkapsel Sojus TM-10 (rechts oben) am Heck der Raumstation Mir, in der Konstellation (von rechts) Modullabor Kvant 1, Basisblock Mir, Modullabor Kvant 2 (unten) und Modullabor Kristall (links oben); aufgenommen am 9. 8. 1990 in 350 km Höhe von Sojus TM-9 aus (nach der Abkopplung)

2–9 vorbereitende Versuche unternommen. Ab 1971 diente S. weitgehend dem Transport von Besatzungen zu den Stationen Saljut 1, 3–6 und zum Rückflug auf die Erde. Nach dem Tod der Kosmonauten GEORGIJ DOBROWOLSKIJ (* 1928), WLADISLAW NIKOLAJEWITSCH WOLKOW (* 1935) und WIKTOR IWANOWITSCH PAZAJEW (* 1933) in der S.-11-Landekapsel (Mitte 1971) mussten techn. Änderungen vorgenommen werden, weshalb sich die Besatzungsstärke für mehrere Jahre auf zwei Mann verringerte. Zudem waren nach misslungenen Andockversuchen Änderungen an S.-Bordsystemen nötig.

Die verbesserte Version **Sojus T** von 1980–86 war wieder für drei Raumfahrer geeignet und diente als Zubringer der Station Saljut 7. Die weiter perfektionierte **Sojus TM** brachte ab 1987 Besatzungen zu der über elf Jahre ständig bemannten Station →Mir und zurück auf die Erde, wobei aufgrund der begrenzten Funktionsdauer (6 Monate) von S. TM das ›alte‹ Raumschiff ständig durch ein neues ersetzt wurde. Die S.-Missionen ab 1978 ermöglichten den Mitflug je eines ausländ. Raumfahrers: insgesamt über 20 aus mehr als 17 Staaten, z. B. aus der DDR, Vietnam, Kuba, Frankreich, Indien, Japan, Großbritannien, Österreich, der BRD und Afghanistan. Modifikationen von S. sind zahlreiche militär. Satelliten des Typs Kosmos und die Fracht-Raumfahrzeuge Progress und Progress M. Als Trägerrakete für S. und modifizierte S. dient die dreistufige ›Sojus‹.

R. HOFSTÄTTER: Sowjet-Raumfahrt (Basel 1989).

Sōka, Stadt in der Präfektur Saitama, Japan, auf Honshū, im N des Ballungsraumes Tokio, (1995) 217 900 Ew. (1947: 13 600 Ew.).

Sōka-gakkai [jap. ›Werte schaffende Gesellschaft‹], eine 1930 gegründete jap. Neureligion, die von der Lehre S. NICHIRENS und dem ›Kachiron‹ (›Diskurs über den Wert‹) ihres Gründers MAKIGUCHI TSUNESABURŌ (* 1871, † 1944) ausgeht. Im Zweiten Weltkrieg verfolgt, wurde die S.-g. 1946 von TODA JOSEI (* 1900, † 1958) neu aufgebaut. Unter IKEDA DAISAKU (* 1928, Präs. 1960–79) erfuhr sie die größte Ausdehnung. 1998 zählte sie nach eigenen Angaben über 8 Mio. Anhänger. Straff organisiert, verfolgt sie das Ziel, den Nichiren-Buddhismus zur Staatsreligion und Japan zu ihrem Weltzentrum zu machen. Der Haupttempel liegt am Fuß des Berges Fuji (BILD →Daisekiji). Über die aus der S.-g. hervorgegangene Partei →Kōmeitō beeinflusst sie das polit. Leben.

J. W. WHITE: The sōkagakkai and mass society (Stanford, Calif., 1970); D. M. BETHEL: Makiguchi the value creator (New York 1973); R. ITALIAANDER: Sōkagakkai, Japans neue Buddhisten (1973).

Sŏkkuram, Sŏkkulam, buddhist. Tempel (UNESCO-Weltkulturerbe) nahe der korean. Stadt Kyŏngju. Er wurde auf dem Berg Toham von KIM DAESONG 774 als künstl. Höhlentempel aus Granitblöcken errichtet und anschließend mit einem Erdhügel bedeckt. In der Mitte des runden Hauptraumes der Buddha Shakyamuni (weißer Granit) auf dem Lotossockel. An der Wand hinter ihm befindet sich das Relief des elfköpfigen Avalokiteshvara.

Sokodé [sɔkɔˈde], Stadt in Togo, Verw.-Sitz der Zentralregion, 418 m ü. M. am O-Rand des Togo-Atakora-Gebirges, mit 55 000 Ew. zweitgrößte Stadt des Landes; kath. Bischofssitz; techn. Schule; Handelszentrum (Kapok, Erdnüsse u. a.) für das nördl. Togo. – S. wurde 1889 als dt. Verwaltungsposten gegründet.

Sokol [slaw. ›Falke‹], 1862 gegründete tschech. Turnvereinigung, die zum scharfen Verfechter des nat. Gedankens wurde. S.-Verbände bestanden auch in Polen und Jugoslawien. Der tschech. S. wurde 1949 in den Arbeiterturnverband übernommen.

Sokollu, Sokolli, Mehmed Pascha, türk. Großwesir (seit 1565), * Sokol (Bosnien) 1505, † (ermordet) Konstantinopel 11./12. 10. 1579; wurde 1546 Kapudan Pascha, später Beglerbeg von Rumelien; seit 1562 ⚭ mit einer Tochter SELIMS II., dessen Thronbesteigung er 1566 sicherte. S. erwarb (u. a. durch ein ausgeklügeltes System des Ämterverkaufs) großen Reichtum; er überwand die Niederlage von Lepanto durch den raschen Wiederaufbau einer osman. Flotte (1571/72).

Sokolov, Stadt in der Tschech. Rep., →Falkenau an der Eger.

Sŏkkuram: Buddha Shakyamuni aus weißem Granit in der Mitte des runden Hauptraums

Sokolow, 1) [ˈsəʊkələʊv], Anna, amerikan. Tänzerin und Choreographin, * Hartford (Conn.) 9. 2. 1915; tanzte 1930–39 bei MARTHA GRAHAM, gründete u. a. 1972 in New York ihr Ensemble ›Players' Project‹; eine der führenden Vertreterinnen des amerikan. Moderndance. Ihre Tanzstücke stellen meist die sozialen Spannungen und latenten Ängste der Zeit dar.

Choreographien: Rooms (1955); Dreams (1961); Deserts (1967); Magritte, Magritte (1982).

2) [ˈzɔkɔlɔf, engl. ˈsəʊkələʊv], Nahum, jüd. Schriftsteller und Politiker, * Wyszogród (bei Płock) 10. 1. 1861, † London 17. 5. 1937; bereitete mit C. WEIZMANN die Gründung eines jüd. Staates in Palästina vor und beteiligte sich an den Verhandlungen mit

Großbritannien, die zur Balfour-Deklaration führten. 1921–31 war er Präs. der ›Jewish Agency for Palestine‹, 1931–35 der Zionist. Weltorganisation (ZWO).

3) [sɔkɔˈlɔf], **Sascha,** eigtl. **Aleksandr Wsewolodowitsch S.,** russ. Schriftsteller, * Ottawa 6. 1. 1943; Diplomatensohn, ab 1943 in der UdSSR; schickte seinen provozierenden Roman ›Škola dlja durakov‹ (1976; dt. ›Die Schule der Dummen‹), die Icherzählung eines schizophrenen Jugendlichen, ins Ausland, bevor er 1975 emigrierte; lebte in Kanada, 1989 Rückkehr nach Moskau; experimentiert in seiner Prosa mit Raum und Zeit, Sprachbedeutung und Klang.

Weitere Werke: Romane: Meždu sobakoj i volkom (1980); Palisandrija (1985).

Sokolowskij, Wassilij Danilowitsch, sowjet. Marschall (seit 1946), * Kozłiki (Wwschaft Białystok) 21. 7. 1897, † Moskau 10. 5. 1968; im Zweiten Weltkrieg 1943/44 Oberbefehlshaber der Westfront, anschließend Stabschef der ›1. Ukrain. Front‹, ab April 1945 Stellv. des Oberbefehlshabers der Weißruss. Front; 1946–49 als Oberkommandierender der sowjet. Streitkräfte in Dtl. Militärgouverneur in der SBZ. Am 20. 3. 1948 verließ er den Alliierten Kontrollrat und gab damit das Zeichen für den endgültigen Bruch zw. der UdSSR und den Westmächten in der Dtl.-Politik. 1949–60 war er Erster Stellv. des Verteidigungs-Min., 1952–60 Generalstabschef der sowjet. Streitkräfte, 1952–61 Mitgl. des ZK der KPdSU.

Sokoto, 1) Hauptstadt des Bundesstaates Sokoto in NW-Nigeria, am Fluss Sokoto, 185 500 Ew.; Zentrum der nigerian. Muslime, kath. Bischofssitz; Univ. (gegr. 1975). S. ist Handels- und Verkehrszentrum in der Trockensavanne NW-Nigerias mit Gerbereien (Ziegenhäute), Reismühle, Zementfabrik; Flughafen. – S., Hauptstadt des Hausastaates Gobir, entwickelte sich im 14. Jh. zu einem Zentrum islam. Kultur im Sudan. Im 19. Jh. war es Hauptstadt des von OSMAN DAN FODIO geschaffenen islam. Fulbereiches, das als **Kalifat von S.** von 1812 bis zur Eroberung S.s durch die Briten 1902/03 bestand.

2) Bundesstaat im NW von →Nigeria.

3) linker Nebenfluss des Niger in NW-Nigeria, 630 km lang, entspringt 80 km nordwestlich von Zaria, mündet 90 km nordwestlich von Yelwa. Früher fiel der Unterlauf von November bis März trocken; seit 1978 Staudamm Bakolori bei Sokoto.

Sokotra, Sukutra, engl. **Socotra** [səʊˈkəʊtrə], Inselgruppe im Ind. Ozean, südlich des Golfs von Aden, rd. 250 km von der O-Spitze Afrikas (Somalihalbinsel) entfernt, gehört zu Jemen. Die etwa 120 km lange und 30 km breite Hauptinsel S. (3 580 km^2) steigt bis 1 503 m ü. M. an und hat endem. Fauna und Flora. Lebensgrundlage der 80 000 **Sokotri** sind Fischerei und Weidewirtschaft sowie der Export von Aloe, Perlen und Trockenfisch. Hauptort und Hafen ist Hadibu an der N-Küste. – S. wurde im 10. Jh. von Mahra aus kolonisiert; um das 15. Jh. setzte sich der Islam durch (vorher christlich). Mag. Praktiken aus vorchristl. Zeit haben sich bei den Bergbewohnern erhalten. Im Küstenbereich wohnen neben südarab. Händlern und Handwerkern Schwarzafrikaner.

Sokotri, zur semit. Sprachgruppe des →Neusüdarabischen gehörende Sprache, die ausschließlich auf →Sokotra gesprochen wird. Aufgrund seiner Isoliertheit hat das S. Besonderheiten und Archaismen, bes. auf phonolog. und lexikal. Gebiet, bewahrt.

DAVID H. MÜLLER: Die Mehri- u. die Soqoṭri-Sprache, Bd. 2: Soqoṭri-Texte (Wien 1905); M. BITTNER: Vorstudien zur Gramm. u. zum Wb. der Soqoṭri-Sprache, 3 Tle. (ebd. 1913–18); W. LESLAU: Lexique Soqoṭri (Paris 1938); V. V. NAUMKIN u. V. J. PORCHOMOVSKIJ: Očerki po ètnolingvistike Sokotry (Moskau 1981).

Sokrates, griech. **Sokrates,** griech. Philosoph, * Athen um 470 v. Chr., † ebd. 399 v. Chr.; Sohn des Steinmetzen SOPHRONISKOS und der Hebamme PHAINARETE, ∞ mit XANTHIPPE. Ob S. das Handwerk seines Vaters selbst in erhebl. Umfang ausgeübt hat, ist nicht bekannt. Neben der Tätigkeit als philosoph. Aufklärer soll er sich im Kriegsdienst (im Peloponnes. Krieg Hoplit bei den Feldzügen nach Poteidaia 432–429, Delion 424, Amphipolis 422 v. Chr.) durch Tapferkeit ausgezeichnet haben und verwaltete polit. Ämter, dabei ohne persönl. Rücksichten Gesetz und Gerechtigkeit verpflichtet. 399 v. Chr. wurde er von drei Männern (MELETOS, ANYKOS, LYKON) wegen angebl. Einführung neuer Götter und Verführung der Jugend angeklagt und vom Gericht zum Tode durch Schierling verurteilt. (Weiteres BILD →Lysipp)

Sokrates
(römische Kopie einer griechischen Herme; Neapel, Museo Archeologico Nazionale)

S. hat keine philosoph. Schriften verfasst. Über Lehre und Leben geben deshalb lediglich sekundäre Quellen Auskunft, v. a. PLATON, aber auch ARISTOPHANES in seiner 423 v. Chr. aufgeführten Komödie ›Die Wolken‹ sowie XENOPHON u. a. Schüler des S. (ANTISTHENES, ARISTIPPOS, EUKLID VON MEGARA, PHAIDON von Elis), ebenfalls ARISTOTELES und DIOGENES LAERTIOS. – Der →griechischen Philosophie soll S. erstmals – statt der bei den →Vorsokratikern vorherrschenden kosmolog. Naturspekulationen – das vernünftige Begreifen des menschl. Lebens und der Tugend als wesentl. Aufgabe gesetzt haben. Diese Zielsetzung bringt ihn in einen grundsätzl. Konflikt mit den Sophisten. Obwohl selbst z. T. den urspr. aufklärer. Intentionen der Sophisten verpflichtet, kritisiert S. v. a., dass ihre Lehren inzwischen weniger auf ein begründetes Wissen und Handeln gerichtet sind als auf die Kunst rhetor., trickreicher Überredung. Da es nach S. auf ein wahrhaft gutes und gerechtes Leben ankommt, muss das jeweilige fakt. Verständnis des Lebens als vernünftig ausweisbar sein oder durch vernünftiges Denken in Richtung auf ein Wissen über uns selbst und damit darüber, wie wir handeln sollen, überwunden werden. Denn das begründete Wissen des Guten ziehe das rechte Handeln nach sich. Dieses Wissen bedarf, um Selbsttäuschungen zu entgehen, des (philosoph.) Gesprächs. Im Gespräch über eth. und andere Themen deckt S. vermeintl. Wissen als unbegründete Meinung auf und führt dabei zu der zentralen Einsicht, dass wir über uns selbst nichts Genaues wissen. Im Sinne eines delph. Orakelspruchs, dass niemand weiser sei als S., beansprucht S., insofern weiser zu sein als die selbstsicheren anderen Menschen, als er wenigstens klar erkenne, dass er nichts wisse. Die Grundlagen eines wahren Selbstverständnisses und Wissens liegen nach S. bereits unter der Oberfläche der jeweils vorherrschenden Orientierungen verborgen und können mithilfe konsequenten Fragens ans Licht gezogen werden (Mäeutik). Entsprechend soll das sokrat. Fragen als Methode der Reflexion nicht nur mit den Mitteln der Ironie und durch den Nachweis von Widersprüchen (Elenktik, die Kunst des Beweisens, Widerlegens, Überführens) die Selbstverständlichkeit vermeintl. Wissens erschüttern, sondern zu der schon immer vorhandenen Basis vernünftigen Denkens und sittl. Einsicht hinführen. Für die eigenen Lebensentscheidungen, die einer argumentativen Klärung nicht oder nicht unmittelbar zugänglich sind, nimmt S. die warnende Stimme einer eth. Intuition, des ›Daimonion‹, in Anspruch, die er als ›Zeichen des Gottes‹ versteht. Wohl deshalb, weil vernünftige Praxis nicht über eine vom Leben abgelöste monolog. Rede vermittelbar ist, verfasste S. keine philosoph. Schriften. – Der Überlieferung zufolge trat S. nicht nur für die Übereinstimmung von Reden, Denken und Handeln in einem vernünftigen Leben ein, er stellte sie auch in seiner Person dar. Mit dem Ruf eines Weisen und als Symbol ›des Philosophen‹ hat er die spätere Philosophiegeschichte und Literatur zu vielfältigen Darstellungen und Interpretationen angeregt, wobei sich Idee und Wirklichkeit häufig nicht klar voneinander unterscheiden lassen.

S. in der Dichtung: Seine Beziehung zu ALKIBIADES wurde von F. HÖLDERLIN in der Ode ›S. und Alkibiades‹ (1797), in einem Drama des Dänen A. G. OEHLENSCHLÄGER (›S.‹, 1836) und in dem Roman ›Aspasia‹ von R. HAMERLING (3 Bde., 1876) behandelt. Dem Ggs. zw. Idee und Realität im Leben des S. – in vielen späteren unverbürgten Anekdoten, v. a. über seine Beziehung zu seiner Frau XANTHIPPE, dargestellt – wusste die Dichtung kom. Seiten abzugewinnen (J. U. KÖNIG ›Der gedultige S.‹, Lustspiel, 1721; G. KAISER ›Der gerettete Alkibiades‹, Drama, 1920; B. BRECHT ›Der verwundete S.‹, Erzählung, 1949).

B. WALDENFELS: Das sokrat. Fragen (1961); R. GUARDINI: Der Tod des S. ([10]1969); A. PATZER: Bibliographia Socratica. Die wiss. Lit. über S. ... (1985); Der histor. S., hg. v. A. PATZER (1987); G. HECKMANN: Das sokrat. Gespräch (Neuausg. 1993); S. Gestalt u. Idee, hg. v. H. KESSLER (1993); O. GIGON: S. ([3]1994); G. MARTIN: S. ([18]1994); G. FIGAL: S. ([2]1998).

Sokrates, griech. **Sokrates Scholastikos** [-sço-], byzantin. Kirchenhistoriker, * Konstantinopel um 380, † ebd. um 450; Verfasser einer siebenbändigen Kirchengeschichte (439–450), die die EUSEBIOS VON CAESAREA vom Jahr 305 an bis 439 weiterführt; Hauptquelle für die Kenntnis über den Arianismus, die origenist. Streitigkeiten und die Anfänge des Mönchtums.

Sokratiker, vermutlich von SOTION (2. Jh. v. Chr.) eingeführte Sammel-Bez. für die Philosophen des 4. Jh. v. Chr., die im weitesten Sinne als Schüler der →SOKRATES gelten (obwohl sie sehr unterschiedliche philosoph. Positionen vertreten). Die bedeutendsten S. gründeten (bis auf AISCHINES und XENOPHANES) eigene Schulen: ANTISTHENES (→Kyniker), ARISTIPPOS (→Kyrenaiker), PLATON (→Akademie); die so genannten S.-Briefe, die sich in der Art eines Briefromans mit dem Tod des SOKRATES und der Situation danach befassen, entstanden frühestens im 1. Jh. v. Chr. (→griechische Philosophie)

sokratische Methode, pädagog. Verfahren des SOKRATES, wie es v. a. in den frühen Dialogen PLATONS zum Ausdruck kommt, scheinbares Wissen zu entlarven und den Gesprächspartner zur Erkenntnis zu führen, dass das Eingestehen des eigenen Nichtwissens die Voraussetzung für die Suche nach echtem Wissen ist. I. d. R. enden daher die Dialoge in einer →Aporie. SOKRATES nennt seine Methode auch Mäeutik oder Hebammenkunst. Sokratische Ironie geht somit auf das für selbstverständlich Gehaltene ein, um es dialogweise zu befragen und damit der Selbsterkenntnis zu dienen.

sol, die fünfte Tonsilbe der →Solmisation; in den roman. Sprachen Bez. für den Ton G.

Sol [lat. ›Sonne‹], der dem griech. →Helios entsprechende röm. Sonnengott, dem ein Tempel auf dem Quirinal und ein weiterer zus. mit der Göttin Luna im Circus maximus geweiht war. (→Sol invictus)

Sol [Kw. aus lat. *solutio* ›Lösung‹] *das, -s/-e,* in einem Dispersionsmittel kolloidal verteilter Stoff, dessen Teilchen im Ggs. zum Gel frei beweglich sind. Ist das Dispersionsmittel gasförmig, spricht man von **Aerosol,** bei Wasser von **Hydrosol,** bei anderen flüssigen Dispersionsmitteln von **Lyosol,** bei organ. Dispersionsmitteln von **Organosol.** (→Kolloide)

Sol [ältere Form von Sou] *der, -(s)/-(s),* urspr. mittelalterl. frz. Rechnungsmünze zu 12 Deniers, 20 S. = 1 Livre (Pfund). Ab 1266 wurde der S. als Silbermünze (Gros tournois) ausgeprägt, sank jedoch im 18. Jh. zur Kupfermünze ab (dann als **Sou** bezeichnet). In der frz. Dezimalwährung von 1794 wurde der S. abgeschafft, allerdings hielt sich der Name noch bis in das 20. Jh. als Bez. für das 5-Centimes-Stück.

Sol [span., von lat. *sol* ›Sonne‹ (nach dem Hoheitszeichen Perus)] *der, -(s)/-(s),* in Peru 1863 eingeführte Währungseinheit, 1 S. = 100 Centavos. Nachdem der S. zwischenzeitlich vom Inti abgelöst worden war, kehrte Peru 1991 wieder zum S. **(Nuevo Sol)** zurück; 1 Nuevo S. (S/.) = 100 Céntimos.

Soła [ˈsɔua] *die,* rechter Nebenfluss der oberen Weichsel, in S-Polen, 89 km lang; entspringt in den Westbeskiden, mündet bei Auschwitz; mehrfach zur Energiegewinnung gestaut.

sola fide [lat. ›allein durch den Glauben‹], Kurzformel für die reformator. Lehre, dass die →Rechtfertigung des Sünders allein durch den Glauben an das allein in der Hl. Schrift bezeugte (sola scriptura), allein in der Gnade Gottes gründende (sola gratia), allein in JESUS CHRISTUS der Menschheit widerfahrende Heilsgeschehen (solus Christus) erfolgen kann. Dem liegt der reformator. Grundgedanke zugrunde, dass der Mensch im Glauben an die in CHRISTUS ihm zuteil gewordene Gnade Gottes zugleich ein Gerechtfertigter und ein Sünder ist (→simul iustus et peccator), dessen Werke nicht mehr der Selbstrechtfertigung dienen, sondern eine Folge des im Glauben empfangenen Lebens geworden sind.

sola gratia [lat. ›allein durch die Gnade‹], in der reformator. Theologie Kurzformel für die soteriolog. Aussage, dass die Rechtfertigung des Sünders allein aus der Gnade Gottes geschieht (→sola fide).

Solana, Javier, span. Politiker, * Madrid 14. 7. 1942; Physiker (u. a. wiss. Arbeit in den USA, Prof. in Madrid); seit 1964 im PSOE engagiert; unter Min.-Präs. F. GONZÁLEZ 1982–88 Kultur-, 1988–92 Erziehungs- und Wiss.-Min., 1992–95 Außen-Min., seit Dezember 1995 Gen.-Sekr. der NATO.

Solanaceae [lat.], die →Nachtschattengewächse.

Solanas, Fernando Ezequiel, argentin. Filmregisseur, * Olivos (Prov. Buenos Aires?) 16. 2. 1936; unter dem Einfluss von S., der mit seinen Filmen gegen Imperialismus und Neokolonialismus kämpft, kam es zur Politisierung der Filmproduktion in den lateinamerikan. Ländern; lebte nach dem Militärputsch 1976 bis 1984 im Pariser Exil.

Filme: Die Stunde der Hochöfen (3 Tle., 1968); Fierros Sühne (1977); Tangos (1985); Süden (Sur, 1987); Die Reise (1992).

Solanin [zu Solanum] *das, -s,* wichtigstes der in zahlr. Arten der Gattung Nachtschatten vorkommenden Steroidalkaloide. Das sehr giftige S. findet sich u. a. im Schwarzen Nachtschatten, in unreifen Tomaten, in den Früchten der Kartoffelpflanze, aber auch in unreifen oder vergrünten Kartoffelknollen und -keimen. Der normale Gehalt an S. in Kartoffelknollen liegt unter 0,01 % und ist unschädlich. Chemisch ist S. ein Glykosid des Steroidaglykons **Solanidin** mit dem aus L-Rhamnose, D-Glucose und D-Galaktose bestehenden Trisaccharid **Solatriose.** – 400 mg S. gelten als tödl. Dosis für den Menschen. Bei der S.-Ver-

Javier Solana

giftung (**Solanismus**) kommt es u. a. zu Übelkeit und Erbrechen, Durchfall, Benommenheit, Atemnot und Bewusstlosigkeit.

Solanum [lat.], die Pflanzengattung →Nachtschatten.

Solapur [ˈsəʊlɑːpʊə], früher **Sholapur** [ˈʃəʊlɑːpʊə], Stadt im Bundesstaat Maharashtra, Indien, auf dem Dekhan, 604 000 Ew.; Baumwollverarbeitungszentrum; Verkehrsknotenpunkt.

solar [lat. solaris, zu sol ›Sonne‹], die Sonne betreffend, zur Sonne gehörend.

Solar|architektur, im Rahmen des klimagerechten Bauens die Gesamtheit der baul. Vorrichtungen, Anlagen und Maßnahmen v. a. zur passiven Sonnenenergienutzung. Man unterscheidet: 1) passive Systeme mit direktem Gewinn, bei denen durch hinreichend große ›Südfenster‹ mit zwei- bis dreifacher Verglasung, Klappläden u. a. im Winter verstärkt Sonnenenergie in Raumwärme umgewandelt wird und im Sommer ein Sonnenschutz besteht; hierzu zählen auch (nicht beheizte) Glasveranden (→Wintergarten); 2) passive Systeme mit indirektem Gewinn, bei denen Verglasungen vor einer geschwärzten massiven Speicherwand (Trombe-Wand) angeordnet sind, sodass dazwischen zirkulierende Raumluft erwärmt wird und außerdem die Wand gespeicherte Wärme an den Raum dahinter abgibt; 3) spezielle Einzelmaßnahmen, z. B. die Wärmespeicherung mithilfe eines Thermosiphonsystems, in dem die tagsüber in einem Luftkollektor erwärmte Raumluft durch Schwerkraftzirkulation (und durch einen Ventilator) besonderen Wärmespeichern im Boden zugeführt und dann nachts von diesen wieder erwärmt wird. – Als zusätzl. aktive Elemente dienen z. B. →Sonnenkollektoren und →Solarzellen, die jeweils auf dem Dach angebracht werden können. Die Ökobilanz insbesondere von Sonnenkollektoren und Solarzellen ist allerdings umstritten. (→ökologisches Bauen)

Ein Informationspaket S. u. energiebewußtes Bauen, bearb. v. R. HEMMERS (1987); K. OHLWEIN: S. (1987); Energie- u. umweltbewußtes Bauen mit der Sonne, bearb. v. A. LOHR u. a. (³1993); Sonnenenergie für eine umweltschonende Baupraxis, hg. v. H. WEIK u. a. (²1995); J. KIRALY: Architektur mit der Sonne (⁷1996).

Solarbatterie, die →Sonnenbatterie.

solare Korpuskularstrahlung, der →Sonnenwind.

Solar|energie, die →Sonnenenergie.

Solarfarm, Sonnenfarm, Bez. für Kraftwerke zur Nutzung der Sonnenenergie, die aus vielen Einzelkomponenten (Solarzellen, Sonnenkollektoren, Heliostaten) in einer Ebene (Solarfeld, Farmanlage) bestehen und z. T. mit einem Absorber mit Wärmetauscher (Receiver) sowie einem Wärmekraftwerksteil mit Turbine und Generator ausgerüstet sind.

Solarflugzeug, das →Sonnenkraftflugzeug.

Solarheizung, Sonnenheizung, Nutzung der Sonnenenergie zur Raumheizung und Warmwasserbereitung. Dabei wird die von der Sonne zugestrahlte Wärmeenergie von auf dem Gebäudedach angeordneten →Sonnenkollektoren absorbiert und über einen Wärmeträger (i. d. R. Wasser) einem Wärmespeicher zugeführt (Flüssigkeitsspeicher mit Wasser oder Latentwärmespeicher aus Salzhydraten oder organ. Stoffen). Aus dem Speicher wird die Wärmeenergie bei Bedarf dem Verbraucher zugeführt. Hauptproblem der S. in gemäßigten bis kalten Klimazonen ist, dass das solare Energieangebot zu Zeiten mit großem Heizwärmebedarf relativ gering ist und umgekehrt. Für die Brauchwassererwärmung und Schwimmbadbeheizung in den Sommermonaten ist die S. jedoch auch in diesen Gegenden geeignet. Durch die Weiterentwicklung der Sonnenkollektoren (Verringerung der Rückstrahlverluste, höherer Wirkungsgrad) können weitere Anwendungsgebiete erschlossen werden.

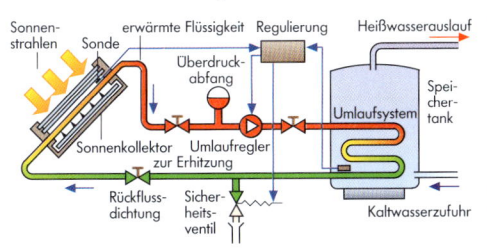

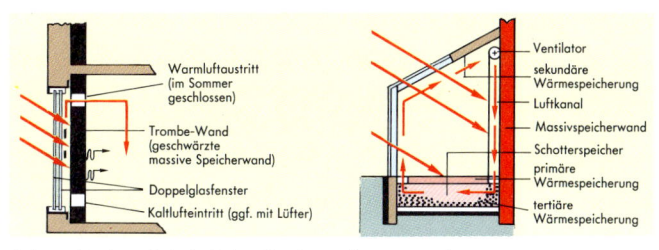

Solari, Solario, 1) Andrea, ital. Maler, * Mailand um 1460, † ebd. 1524(?), Bruder von 2); war 1490–93 in Venedig, dann in Mailand tätig in seinen Andachtsgemälden und Porträts von LEONARDO DA VINCI, der venezian. Malerei und RAFFAEL beeinflusst, im Spätwerk wurden nach einem Aufenthalt in der Normandie fläm. Einflüsse bestimmend.

Werke: Ecce homo (um 1506; Mailand, Museo Poldi Pezzoli); Ruhe auf der Flucht (1515; ebd.); Kopf Johannes' des Täufers (1507; Paris, Louvre); Die Madonna mit dem grünen Kissen (um 1507; ebd.); Kreuztragung (1511; Rom, Galleria Borghese); Himmelfahrt Mariä (1520; Certosa di Pavia).

2) Cristoforo, gen. **il Gobbo** (›der Bucklige‹), ital. Baumeister und Bildhauer, * Angera (bei Varese) 1460, † Mailand 1527, Bruder von 1); errichtete den Tambour (1501) des Mailänder Doms, wurde später auch Dombaumeister. Bei seinen Bauten folgte er BRAMANTE, seine plast. Arbeiten zeigen den realist. Stil der lombard. Renaissance.

Weitere Werke: Doppelgrabmal des Ludovico il Moro u. der Beatrice d'Este in der Certosa di Pavia (1497–99); Adam u. Eva am Mailänder Dom (1502); Apsis des Doms (1513–19; Como); Hl. Sebastian (Como, Dom); Tambour u. Kuppel von Santa Maria della Passione (Mailand, 1530 vollendet).

3) Guiniforte, ital. Baumeister, * 1429, † Mailand 1481, Vater von 4); Vertreter der lombard. Renaissance mit starker Tendenz zu Zierformen in got. Tradition; seit 1453 an der Certosa di Pavia (leitend seit 1462), seit 1459 am Mailänder Dom (leitend seit 1471) tätig. Entwarf das Langhaus von Santa Maria delle Grazie in Mailand (1465–90; von BRAMANTE 1492 ff. vollendet).

4) Pietro Antonio, auch **Pjotr Frjasin,** ital. Baumeister, * Mailand (?) nach 1450, † Moskau November 1493, Sohn von 3); 1476 beim Bau des Mailänder Doms nachgewiesen. Seit etwa 1490 in Russland tätig, am Bau der Mauern und Türme (Spasskij-Torturm, ab 1491) des Moskauer Kreml beteiligt; errichtete dort mit M. RUFFO den Facettenpalast (1487–91).

5) Santino, ital. Baumeister und Bildhauer, * Verna (heute zu Ramponio Verna, Prov. Como) 1576, † Salzburg 10. 4. 1646; seit 1612 Hof- und Dombaumeister in Salzburg; begründete mit dem Bau des Salzburger Doms (1614–28, nach veränderten Plänen V. SCAMOZ-

Sola Solarisation – Solarkraftwerk

Solarkraftwerk: links Photovoltaikanlage ›Neurather See‹ bei Grevenbroich; Inbetriebnahme 1991, Leistung 360 kW; rechts Solarturmkraftwerk ›Solar One‹ in Barstow, Calif.; Leistung 10 MW

zis) den Vorrang oberital. Frühbarockarchitektur in Süd-Dtl. und Österreich; Umgestaltung der Gnadenkapelle von Einsiedeln (1615–17; nach Abbruch 1815–17 klassizistisch erneuert). S. erbaute ferner Schloss →Hellbrunn.

Solarisation die, -/-en, ein fotograf. Effekt: Belichtet man eine Emulsion mit einer größeren als zur Erzielung der Maximalschwärzung (›Schulter‹ der →Gradationskurve) erforderl. Lichtmenge, kehrt sich die Steigung der Dichtekurve um, es tritt Bildumkehr ein (man hatte im 19. Jh. bemerkt, dass die überbelichtete Sonne im Negativ weniger geschwärzt war als ihre Umgebung). Dieser Effekt wird bei so genannten Direktpositivmaterialien eingesetzt. Die S. ist nicht zu verwechseln mit der **Pseudo-S.,** dem →Sabattier-Effekt.

Solarium [lat. ›der Sonne ausgesetzter Ort‹] das, -s/...ri̱en, Raum, in dem man sich – auf einer ›Sonnenbank‹ liegend – einer Ganzkörperbestrahlung durch künstl. Lichtquellen mit sonnenstrahlungsähnl. Spektrum unterzieht. Hierfür sind bes. Mischstrahler, Kombinationen von Quecksilberdampflampen und Infrarotstrahlern, geeignet. Der kurzwellige Anteil des Ultravioletts, der auch in der Sonnenstrahlung die Erde nicht erreicht, wird durch Spezialgläser ausgefiltert. Die Wirkung des kurmäßigen Gebrauchs des S. in steigender Dosierung von 6–30 Minuten im Verlauf von zwei Wochen ähnelt der des Sonnenbads. Wie bei extremer Sonnenbestrahlung besteht auch bei zu häufigem Besuch von S. die Gefahr akuter und chron. Hautschäden durch UV-A-Strahlung.

Solarkollektor, der →Sonnenkollektor.

Solarkonstante, von der Sonne ausgehender Strahlungsstrom, der bei einem mittleren Abstand Erde – Sonne (einer →Astronomischen Einheit AE) am Ort der Erde pro Sekunde auf eine außerhalb der Erdatmosphäre senkrecht zu den Sonnenstrahlen orientierte Fläche von 1 m^2 Größe auftrifft; sie beträgt im langjährigen Mittel 1,368 kW/m^2. Aus der S. multipliziert mit der Oberfläche einer Kugel mit einem Radius von 1 AE ergibt sich die Leuchtkraft der Sonne zu $L_\odot = 3,847 \cdot 10^{26}$ W. Im Verlauf von Tagen und Wochen kann die S. um bis zu 0,2 % schwanken. Sie hängt, wie Satellitenmessungen ergaben, anscheinend auch vom Aktivitätszyklus der Sonne ab, doch beträgt die Amplitude der Schwankungen nur etwa 0,04 % des Mittelwertes.

Solarkraftanlagen, Sonnenkraftanlagen, Sammel-Bez. für Anlagen, die Sonnenenergie (Solarenergie) in hoch- oder niedertemperiere Wärmeenergie umwandeln (z. B. solartherm. Anlagen mit Sonnenkollektoren oder Solaröfen bzw. zur (Solar-)Stromerzeugung dienen (z. B. Photovoltaikanlagen, Sonnenbatterien mit Solarzellen, Solarkraftwerke).

Solarkraftwerk, Sonnenkraftwerk, Anlage zur Erzeugung elektr. Energie aus der Strahlung der Sonne. Man unterscheidet solartherm. S., die Strahlung zunächst in Wärme umwandeln, und photovoltaische S., die unmittelbar elektr. Energie erzeugen. Konzentrierende solartherm. Anlagen arbeiten ausschließlich mit der direkten Strahlung, direkte und diffuse Strahlung werden von photovoltaischen S. und solartherm. Aufwindkraftwerken genutzt. Die mit konzentrierenden Anlagen erzeugte Wärme kann auch als Prozesswärme für chem. Verfahren dienen.

Am weitesten entwickelt unter den konzentrierenden Systemen sind die **Rinnenkollektoranlagen,** die zu den so genannten Farmanlagen zählen (DCS, **d**istributed **c**ollector **s**ystem). Die Kollektorsysteme bestehen aus 100 m langen und 6 m breiten parabolförmigen Rinnen, die aus Hunderten von präzis gebogenen Spiegelsegmenten geformt sind und in Reihen auf einem Kollektorfeld (Solarfeld, Farmanlage) angeordnet werden. Diese Parabolrinnen sind drehbar so gelagert, dass sie einachsig der Sonne nachgeführt werden können. Die von den Spiegeln reflektierte Sonnenstrahlung wird auf ein selektiv beschichtetes und evakuiertes Glas-Metall-Rohr in der Brennlinie der Trogachse gebündelt. Das Rohr wird von einem Wärmeträgermedium durchströmt, einem temperaturbeständigen synthet. Öl, das auf rd. 400 °C erhitzt wird. Das Wärmeträgermedium wird über zentrale Sammelleitungen einem konventionellen Teil des S. aus Wärme-

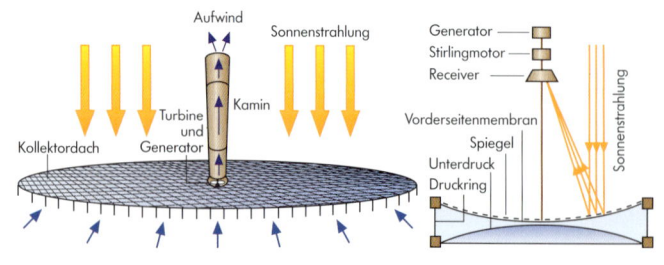

Solarkraftwerk: Schematische Darstellung eines Aufwindkraftwerks (links) und einer Parabolspiegelanlage in Metallmembrantechnologie

tauschern, Turbinengenerator und Kühlturm zugeführt. Diese Anlagen können bei mangelnder Sonneneinstrahlung mit Gas befeuert werden.

Andere Farmanlagen sind die **Parabolspiegelanlagen,** die sich v. a. für kleine dezentrale S. eignen. Im Ggs. zu den Rinnenkollektoren ist der Parabolspiegel zweidimensional gekrümmt, um sehr hohe Arbeitstemperaturen und damit Wirkungsgrade zu erzielen. Die Spiegel sind so aufgehängt und gelagert, dass sie zweiachsig der Sonne nachgeführt werden können. In ihrem Brennfleck (Brennpunkt) hängt ein Energiewandler, der die konzentrierte Sonnenwärme in elektr. Strom umwandelt. Mit der Metallmembrantechnologie können Hohlspiegel mit sehr großen Abmessungen und präziser Fokussierung kostengünstig hergestellt werden. Eine Blechmembran wird in der Ebene aus einzelnen Blechbahnen gasdicht verschweißt. Sie wird durch Luftdruck plastisch in die gewünschte Paraboloidgeometrie verformt. Im Betrieb wird der Unterdruck im Innenraum des Konzentratorgehäuses – gebildet aus der Spiegelmembran, der Gegenmembran auf der Rückseite und dem äußeren Druckring – ständig aufrechterhalten. Durch diesen Unterdruck kann die Membran auch gegenüber hohen äußeren Windlasten stabilisiert werden. Auf das der Sonne zugewendete, verformte Stahlblech werden dünne Glasspiegel aufgeklebt. Die Energieumwandlung erfolgt über einen Receiver im Brennfleck als Strahlungsempfänger, in dem das Arbeitsgas eines Stirlingmotors (→Heißgasmotor) auf etwa 700 °C erhitzt wird. Der Stirlingmotor ist zur Stromerzeugung direkt mit einem Generator gekoppelt.

Eine weitere Form konzentrierender Anlagen sind **Solarturmkraftwerke** (CRS, Abk. für engl. **c**entral **r**eceiver **s**ystem). Dabei wird eine große Zahl hochpräziser Spiegel in einem (Solar-)Feld angeordnet und auf einen gemeinsamen Strahlungsempfänger, den Receiver, ausgerichtet, der sich auf der Spitze eines 50 bis 150 m hohen Turms befindet. Im Receiver wird ein Wärmeträgermedium erhitzt und über Leitungen einem Kraftwerksteil aus Gas-/Dampfturbine bzw. Stirlingmotor mit Generator oder einem chem. Solarumformer z. B. zur Erzeugung von Synthesegas zugeführt. Je nach Wahl des Wärmeträgerfluids (Luft, Wasserdampf, flüssiges Natrium oder geschmolzenes Salz) wird die Anlage bei einer oberen Prozesstemperatur zw. 500 °C und weit über 1 000 °C betrieben. Jeder Spiegel besteht aus mehreren Einzelspiegeln, die auf einem gemeinsamen Träger montiert und über zwei senkrecht aufeinander stehenden Achsen nach allen Seiten hin beweglich sind. Solche Einheiten (Heliostaten) werden computergesteuert dem Lauf der Sonne nachgeführt, damit sich das Sonnenlicht exakt im Receiver bündelt. Neuerdings werden auch Membranhohlspiegel erprobt. Geplant wird auch die Kopplung mit einem konventionellen fossilgefeuerten Kraftwerksteil zu einem Hybridkraftwerk, wodurch sonnenarme Zeiten überbrückt werden können.

Beim **Aufwindkraftwerk** wird unter einem flachen, kreisförmigen Glasdach (einige 100 m Durchmesser) die Luft durch Sonneneinstrahlung erwärmt. Sie strömt daraufhin einer in der Mitte des Daches senkrecht stehenden, unten offenen Röhre als Kamin (mehrere 100 m Höhe) zu und steigt in ihr auf, d. h., die Temperaturdifferenz zur Außenluft erzeugt in diesem Kamin ein Druckgefälle, das in kinet. Windenergie umgesetzt wird. Am Fuß des Kamins wandeln Windturbinen den Auftrieb zunächst in mechan. und über Generatoren in elektr. Energie um. Der Wirkungsgrad wächst dabei überproportional mit der Kaminhöhe. Das Aufwindkraftwerk nutzt neben der direkten auch die diffuse Strahlung bei bedecktem Himmel (Treibhaus). Wegen der wenigen beweglichen und nur durch einen recht gleichmäßigen Windstrom belasteten Anlagenteile ist es sehr robust und wenig störanfällig.

Ebenfalls direkte und diffuse Strahlung nutzen die **photovoltaischen S. (Photovoltaikkraftwerke),** die elektr. Energie durch Zusammenschalten zahlr. Module aus Solarzellen erzeugen. Solche Kraftwerke sind zur Erprobung in Betrieb, kommen aber für zentrale Energieversorgung trotz ausgereifter Technologie wegen der hohen Anlagekosten noch nicht zum Einsatz. Kleinere Anlagen eignen sich sehr gut für von der öffentl. Energieversorgung nicht erschlossene Gegenden.

Solarmobil

Solarmobil *das,* -s/-e, ein →Elektrofahrzeug, das seine Antriebsenergie aus der Umwandlung von Sonnenenergie bezieht. Dazu ist das Fahrzeug mit Solarzellenmodulen ausgerüstet (ggf. ergänzt durch einen Akkumulator zur Zwischenspeicherung), die den Elektroantrieb speisen. Die Einsatzmöglichkeiten sind durch die für Solarzellen zur Verfügung stehende Fläche und die Fahrzeugmasse begrenzt und stehen einer Nutzung über kleine Versuchsfahrzeuge hinaus im Wege. – Die Versorgung ausschließlich akkugetriebener Fahrzeuge mit Strom aus Sonnenenergie ist durch Aufladung an ›Solartankstellen‹ möglich. Diese Anlagen gewinnen ihrerseits die elektr. Energie aus Solarzellen, gegebenenfalls mit Zwischenspeicherung.

Solar|ofen, Sonnen|ofen, Anlage zur Erzielung sehr hoher Temperaturen mittels fokussierter Sonnenstrahlung für die Umwandlung und Speicherung von Sonnenenergie, die Hochtemperaturforschung, metallurg. u. a. Zwecke. Ein z. B. aus vielen ebenen Einzelspiegeln aufgebautes Aggregat, das dem Sonnenstand nachgeführt wird, wirft die Strahlung auf einen großen Parabolspiegel, der in einem Umformer (Receiver) in seinem Brennpunkt Temperaturen bis > 1 000 °C erzeugt, wodurch z. B. Synthesegas gewonnen werden kann.

Solar|panel [-pænl; engl.] *das,* -s/-s, *Energietechnik:* →Sonnenbatterie.

Solar|plexus [auch ...'plɛ...], *das* →Eingeweidegeflecht.

Solarkraftwerk: Rinnenkollektoren mit Öl führendem Rohr in der Trogachse

Solartechnik, Heliotechnik, Teilbereich der Energietechnik, der sich mit der energet., bes. elektro- und wärmetechn. Nutzung der →Sonnenenergie befasst, einschließlich der Entwicklung geeigneter Methoden, Geräte und Anlagen. Die **thermische** S. umfasst die durch Absorption von Sonnenstrahlung v. a. in →Sonnenkollektoren erfolgende aktive Umwandlung von Sonnenenergie in Wärme und deren anschließende Nutzung zur Raumheizung, Brauchwassererwärmung u. a. mithilfe eines geeigneten Wärmeträgers (z. T. auch in Kombination mit Wärmepumpen), weiter die Erzeugung von Prozesswärme auf niedrigem Temperaturniveau für Trocknungs- und Verdampfungsprozesse, bei hohem Temperaturniveau im Solarofen, außerdem die Techniken der passiven Sonnenenergienutzung (z. B. in der →Solararchitektur). Die **elektrische** S. befasst sich mit den z. T. großtechnisch einsetzbaren Verfahren der Umwandlung von Sonnen- in elektr. Energie. Indirekte Stromerzeugung erfolgt in solartherm. →Solarkraftwerken über die Umwandlung von Strahlungsenergie in Wärme und Übertragung auf ein Trägermedium zum Antrieb einer Generatorturbine. Direkt in elektr. Energie umgewandelt wird die Sonneneinstrahlung in photovoltaischen Anlagen und Photovoltaikkraftwerken mithilfe von →Solarzellen. Die S. dient auch der Speicherung von absorbierter Sonnenenergie. Dazu bieten sich neben größeren Wasser-, Beton- oder Bodenmassen als Wärmespeicher auch die Speicherung als Latentwärme (z. B. als Schmelzwärme organ. Salze) oder in Form chem. Energie an (z. B. durch Umwandlung in Synthesegas in der →Wasserstoffenergietechnik).

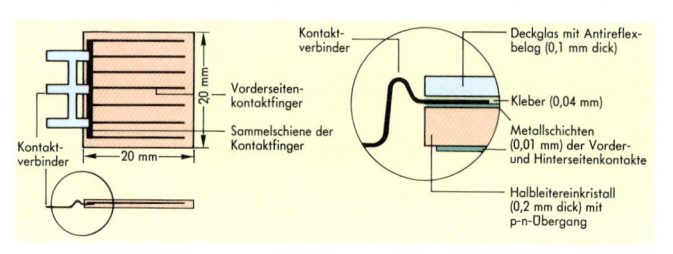

Solarzelle: Schematischer Aufbau; links Ansicht von oben und von der Seite; rechts vergrößerter Ausschnitt der Seitenansicht

Solarteich, Anlage zur Speicherung der Energie einfallender Sonnenstrahlung; eine stark salzhaltige Wasserschicht am Grund eines etwa 2,5 m tiefen Wasserbeckens wird von der Strahlung bis zu 100 °C erwärmt und kann durch eine Süßwasserschicht isoliert (Unterdrückung der normalerweise auftretenden Wärmekonvektion und Wärmeabgabe an die Umgebung). Die gespeicherte Wärme lässt sich mittels einer Wärmepumpe zur Gebäudeheizung oder zum Betrieb eines Niedertemperaturgenerators nutzen. Versuchsanlagen haben Oberflächen von etwa 1 000 m². Die Entwicklung von S. wird v. a. in Israel betrieben.

solarterrestrische Erscheinungen, Sammelbez. für alle Auswirkungen der Sonnenaktivität auf Vorgänge in der Erdatmosphäre und an der Erdoberfläche, insbesondere auf meteorolog. Erscheinungen (→Ionosphäre); speziell auch Erscheinungen, die mit starken Strahlungsausbrüchen auf der Sonne, den →Flares, in Zusammenhang stehen (z. B. Mögel-Dellinger-Effekt).

Solarzelle, Vorrichtung zur Direktumwandlung elektromagnet. Strahlungsenergie in leitergeführte elektr. Energie (Direktwandler) für die Energieversorgung elektr. Verbraucher. S. sind →Photoelemente, deren Eigenschaften speziell auf das elektromagnet. Spektrum der Sonne abgestimmt sind. Die Erzeugung elektr. Energie mithilfe von S. und auch deren Entwicklung, Fertigung und Einsatz werden zusammenfassend als →Photovoltaik bezeichnet, einschließlich der damit befassten naturwiss.-techn. Fachgebiete. Wichtige Beiträge in Forschung und Entwicklung werden v. a. von der Halbleiterphysik und von der Festkörperchemie geleistet.

Die Umwandlung der Strahlungs- in elektr. Energie in den S. beruht auf dem inneren →Photoeffekt im Halbleitermaterial, d. h. der Erzeugung von Elektron-Loch-Paaren durch die Absorption von Photonen und die Trennung der negativen und positiven Ladungsträger in einem →p-n-Übergang oder einem →Schottky-Kontakt. Die so erzeugte Photospannung kann in einem äußeren Stromkreis einen Photostrom treiben, durch den eine S. ihre Leistung abgibt. Der Zusammenhang zw. Strom I und Spannung U kann in einem Strom-Spannungs-Diagramm als Kennlinie dargestellt werden. Deren Schnittpunkte mit der Spannungsachse ($I = 0$) und mit der Stromachse ($U = 0$) sind die Leerlaufspannung U_L bzw. der Kurzschlussstrom I_K; Letzterer entspricht der zeitl. Erzeugungsrate der Ladungsträger. In einem Arbeitspunkt A der S. bzw. ihrer Kennlinie wird der S. die Leistung $P_A = I_A U_A$ entnommen. Beim Betrieb versucht man, den Arbeitspunkt so zu legen, dass die Leistung maximal wird, $P_m = I_m U_m$. Die maximale Leistung kann umso größer sein, je näher der Kennlinienverlauf einem rechten Winkel kommt; idealerweise wäre sie dann $I_K U_L$. Der Füllfaktor $F = P_m / I_K U_L$ ist daher ein geeignetes Gütemaß für S. Der Wirkungsgrad w einer S. ist der Quotient aus maximal abgegebener elektr. Leistung und dafür aufgenommener Strahlungsleistung P_S, also $w = P_m / P_S = F I_K U_L / P_S$. Um einen möglichst großen Wirkungsgrad zu erzielen, müssen F, I_K und U_L optimiert werden, wobei das Erstreben großer Werte für I_K und großer Werte für U_L miteinander konkurrieren: Großes I_K erfordert einen kleinen Bandabstand ΔE des Halbleiters (→Bändermodell), weil nur dann auch niederenerget. Photonen Elektron-Loch-Paare erzeugen können, aber $\Delta E / e$ (e Elementarladung) ist die obere Schranke der Leerlaufspannung U_L. Beim prakt. Betrieb treten außerdem Verlustleistungen auf, u. a. durch Spannungsabfall in der S. selbst und durch Verlustströme (Serien- bzw. Parallelwiderstand im Ersatzschaltbild).

Als Halbleitermaterial für S. wird v. a. einkristallines, polykristallines und amorphes Silicium verwendet. Die S. werden als Einkristallscheiben geschnitten oder in Form von Dünnschichtzellen als Bänder oder Folien gegossen. Die elektr. Kontakte werden aufgedampft oder siebgedruckt. Zu Wirkungsgrad und Anwendung von S. →erneuerbare Energien.

sola scriptura [lat. ›allein durch die Schrift‹], in der reformator. Theologie Kurzformel für die Glaubensüberzeugung, dass die Bibel die alleinige Autorität ist **(Schriftprinzip),** da nur aus ihr der Hl. Geist spricht. Abgelehnt wird damit die in der kath. Lehre übl. Begründung eines Glaubenssatzes nicht nur aus der Hl. Schrift, sondern auch aus der Tradition. (→sola fide)

Solawechsel [nach ital. sola di cambio, eigtl. ›einziger Wechsel‹], *Recht:* →Wechsel.

Solbad [zu Sole], →Kochsalzquellen, →Heilbäder.

Solbad Hall in Tirol, 1940–75 Name von Hall in Tirol (→Hall).

Sölch, Johann, österr. Geograph, *Wien 16. 10. 1883, †Kitzbühel 10. 9. 1951; 1920 Prof. in Innsbruck, 1928 in Heidelberg, 1935 in Wien. S. veröffentlichte v. a. Arbeiten zur Geomorphologie und zur allgemeinen Landeskunde der Ostalpen und Großbritanniens.

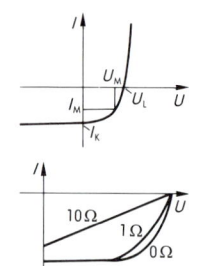

Solarzelle: Schematische Darstellung der Strom-Spannungs-Kennlinien; oben Ideal; unten mit inneren Verlusten durch Serienwiderstand der gegebenen Größe; I Stromstärke, U Spannung, U_L Leerlaufspannung, I_K Kurzschlussstromstärke, I_M und U_M Stromstärke und Spannung im Arbeitspunkt mit maximaler Leistung

Werke: Geograph. Führer durch Nordtirol (1924); Die Landformung der Steiermark (1928); Fluß- u. Eiswerk in den Alpen ..., 2 Bde. (1935); Die Landschaften der Brit. Inseln, 2 Bde. (1951–52).

Sold [von spätlat. solidus (aureus) ›gediegene Goldmünze‹], Lohn, bes. der Soldaten (→Wehrsold).

Soldanella [lat.-frz.], die Pflanzengattung →Alpenglöckchen.

Soldat [ital. soldato, eigtl. ›der in Sold Genommene‹, zu soldo, von spätlat. solidus, vgl. Sold], **1)** *Biologie:* Bez. für solche Individuen in Termiten- und Ameisenstaaten, die als Verteidiger dienen; meist größer als Arbeiter, mit größeren Köpfen und stärkeren Oberkiefern, bei Termiten auch solche mit Stirnfortsatz (Kaste der Nasuti).
2) *Militärwesen:* im 16. Jh. aufgekommene Bez. für den gegen Sold dienenden Krieger; heute jeder Angehörige des militär. Personals von Streitkräften, also Offiziere, Unteroffiziere und Mannschaften; i. e. S. Bez. für die Mannschaften. In der Bundeswehr wird unterschieden zw. Wehrpflichtigen, S. auf Zeit und Berufssoldaten.

Soldat auf Zeit, Abk. **SaZ,** in der Bundeswehr Bez. für denjenigen Soldaten, der aufgrund freiwilliger Verpflichtung (möglich vor und nach dem Eintritt in die Streitkräfte) Wehrdienst leistet, der über die Grundwehrdienstzeit hinausgeht. Üblich sind Verpflichtungen auf 2, 4, 8, 12 und 15 Jahre. SaZ sind u. a. hinsichtlich ihrer Dienstbezüge den Berufssoldaten gleichgestellt. Während der Dienstzeit und nach dem Ausscheiden aus der Bundeswehr erhalten sie eine Berufsförderung sowie finanzielle Abfindungen.

Soldatenfische, Holocentridae, barschähnl. Familie der Schleimkopfartigen Fische mit rauen, rötl. bis roten Schuppen, kräftigen Flossenstacheln und einem Kiemendeckelstachel. Die 70 Arten leben in trop. Meeren im Bereich der Korallenriffe und Felsküsten.

Soldatengesetz, Kurz-Bez. für das Ges. über die Rechtsstellung der Soldaten i. d. F. v. 15. 12. 1995 mit späteren Änderungen; es bildet gemeinsam mit dem Wehrpflichtgesetz die Grundlage des Wehrdienstrechts. Das S. trifft nähere Bestimmungen darüber, wann ein Wehrdienstverhältnis entsteht und endet, und enthält Grundsätze über die Ernennung und Verwendung der Soldaten. Im Einzelnen regelt es die Rechtsstellung der Soldaten auf Zeit und der Berufssoldaten; es enthält Bestimmungen für alle Soldaten über ihre Rechte und Pflichten. Danach gilt, dass jeder Soldat die gleichen staatsbürgerl. Rechte wie jeder andere Staatsbürger hat, beschränkt nur durch seine Pflichten im Rahmen der militär. Diensterfordernisse. Zu den Pflichten zählen v. a. die Pflicht zum treuen Dienen und zur tapferen Verteidigung von Recht und Freiheit, zum Eintreten für die freiheitliche demokrat. Grundordnung des GG, zum Gehorsam, zur Kameradschaft, die Wahrheitspflicht und die Pflicht zur Verschwiegenheit. Die polit. Betätigung des Soldaten innerhalb des Dienstes ist eingeschränkt. Darüber hinaus legt das S. dem Grundsatz nach die Ansprüche des Soldaten auf Geld- und Sachbezüge, Urlaub, Heilfürsorge, Versorgung und Seelsorge fest.

Soldatenkaiser, die überwiegend durch Akklamation der Soldaten erhobenen röm. Kaiser in der Krisenzeit des 3. Jh. n. Chr. (seit 235).

Soldatenlieder, Lieder der Soldaten für den Gemeinschaftsgesang; von der Funktion her in Marschlieder (Arbeitsgesang) und Ruhelieder zu unterteilen. Das Marschlied als Ausdruck des Patriotismus, der Kampfbereitschaft und der Geringschätzung der Feinde ist weitgehend von der Ideologie des jeweiligen polit. Systems bestimmt. Das Ruhelied dient dem spontanen Ausdruck, in dem auch die private Gefühlswelt reflektiert wird; infolge des Aufkommens der Volksheere in napoleon. Zeit sind auch allgemeine Volkslieder (Liebes-, Heimatlieder) zu S. geworden.

V. Karbusicky: Ideologie im Lied – Lied in der Ideologie (1973); Lieder aus dem Krieg, hg. v. R. W. Leonhardt (1979); R. Olt: Krieg u. Sprache. Unterss. zu dt. S. des 1. Weltkriegs, 2 Bde. (1980–81).

Soldatenpresse, Zeitungen, Zeitschriften, Flugschriften und Wandzeitungen für die Angehörigen der Streitkräfte. Herausgeber sind Verteidigungsministerien, Teilstreitkräfte, Truppenteile oder Einheiten. Die S. entstand in den Napoleon. Kriegen **(Feldzeitungen).** Im Ersten Weltkrieg erschienen **Kriegszeitungen,** im Zweiten Weltkrieg **Soldatenzeitungen.**

Soldatenräte, →Arbeiter-und-Soldaten-Räte.

Soldatensender, Rundfunkeinrichtungen zur Information und Unterhaltung von Soldaten, oft auch zur Verbreitung von Propaganda und zur psycholog. Kriegführung. In Dtl. strahlen u. a. American Forces Network (AFN) und British Forces Broadcasting Service Programme für die hier stationierten ausländ. Truppen aus. (→Propagandakompanien)

Soldatensprache, eine →Sondersprache, die sich v. a. seit dem Aufkommen von Söldnerheeren und stehenden Heeren herausgebildet hat. Als Fachsprache basiert sie auf einem bestimmten Wortschatz für Waffentechnik und militär. Organisationsformen; Lehn- und Fremdwörter spiegeln dabei den zu einer bestimmten Zeit prägenden Einfluss eines Landes auf das Militärwesen benachbarter Nationen wider. So gelangten z. B. im 15./16. Jh. viele ital. Wörter ins Deutsche (z. B. Kommando), im 16./17. Jh. auch span. (z. B. Infanterie); besonderen Einfluss hatte vom 16. bis 19. Jh. das Französische (z. B. Bajonett, Garde, Leutnant). Als Gruppensprache betrifft die S. bestimmte Bereiche des Soldatenlebens (z. B. der Ernährung in der Bez. ›Gulaschkanone‹ für Feldküche).

Soldatenverbände, Interessensvertretungen ehemaliger und aktiver Soldaten zur Pflege militär. Tradition und Kameradschaft sowie zur Unterstützung bedürftiger Mitgl. Zu den wichtigsten S. in Dtl. gehören: Bayer. Soldatenbund 1874 (BSB); Dt. Gesellschaft für Wehrmedizin und Wehrpharmazie/Vereinigung dt. Sanitätsoffiziere (VdSO; gegr. 1864 als ›Berliner Militärärztl. Gesellschaft‹; heutiger Name seit 1973); Dt. Bundeswehrverband (DBwV; gegr. 1956), die Interessenvertretung der länger dienenden Bundeswehrsoldaten; Dt. Luftwaffenring (DLWR; gegr. 1952); Dt. Marinebund (DMB, gegr. 1891); Kyffhäuserbund (KB; wieder gegr. 1952); Ring dt. S. (RdS); Verband der Reservisten der Dt. Bundeswehr e. V. (VdRBw; gegr. 1960); Verband dt. Soldaten (VdS; gegr. 1952).

Geschichte: 1786 wurde mit der ›Militär. Schützengesellschaft‹ in Wangerin (bei Stargard i. Pom.) die wohl erste Vereinigung ehem. Soldaten in Dtl. gegründet, zu weiteren Zusammenschlüssen kam es v. a. in den Jahrzehnten nach den Befreiungskriegen. Der Aufschwung des Kriegervereinswesens erfolgte nach den Kriegen zw. 1864 und 1871, die Verbandsbildung begann mit der Gründung des ›Dt. Kriegerbundes‹ 1872. Nach Einweihung des als Symbol dt. Einheit geltenden Kyffhäuserdenkmals (1896) schlossen sich die Militär- und Kriegervereine im Dt. Reich am 1. 1. 1900 zum ›Kyffhäuserbund der Dt. Landeskriegerverbände‹ zusammen. Anfang 1922 wurde dieser lockere Zusammenschluss zur Einheitsorganisation ›Dt. Reichskriegerbund Kyffhäuser‹ umgewandelt. 1937 erfolgte die Umbenennung in ›NS-Reichskriegerbund‹, 1943 die Auflösung (Neugründung 1952).

Soldateska [ital.] *die, -/...ken,* disziplinloses, rücksichtslos und gewalttätig vorgehendes Militär.

Soldati, Mario, ital. Schriftsteller, Film- und Fernsehregisseur, *Turin 17. 11. 1906; schrieb eine Reihe von neorealist. Erzählungen und Romanen, die in immer neuen Variationen Möglichkeiten der emotiona-

Sold Soldbuch – Solesmes

Soldo:
15 Soldi von Österreich-Venezien (Wien, 1802; Durchmesser 28 mm)

Vorderseite

Rückseite

len Verstrickung des Individuums und deren Sühnung schildern. Die z.T. schlichten Handlungs- und Personenkonstellationen werden durch die zurückhaltende Knappheit des Stils oft enttrivialisiert. S. verfasste auch Reportagen (›America, primo amore‹, 1935; ›I disperati del benessere‹, 1970), autobiograph. Texte (›Un prato di papaveri. Diario 1947–1964‹, 1973; ›Lo specchio inclinato. Diario 1965–1971‹, 1975; ›Rami secchi‹, 1989) und Drehbücher.
Weitere Werke: *Erzählungen:* A cena col commendatore (1950; dt. Die geheimen Gründe); I racconti del maresciallo (1967; dt. Die Geschichten des Kriminalkommissars); Nuovi racconti del maresciallo (1984). – *Romane:* Le lettere da Capri (1954; dt. Briefe aus Capri); Le due città (1964); L'attore (1970; dt. Der Schauspieler); La sposa americana (1977; dt. Die amerikan. Braut); L'architetto (1985; dt. Der Architekt u. die Liebe); Ah! Il mundial! (1986); El Paseo de Gracia (1987; dt. Am Tage des Jüngsten Gerichts). – *Filme:* Piccolo mondo antico (1941); O. K. Nero (1951); Zorro, der Held (1952); Gefährl. Schönheit (1953); Die Frau vom Fluß (1954).
O. CALDIRON: Letterato al cinema (Rom 1979); M. S., hg. v. G. CALLEGARI u. a. (Pavia 1986).

Soldbuch, in der dt. Wehrmacht 1939–45 der Personalausweis des Soldaten. In diesen wurden Beförderungen, Versetzungen, Verleihung von Auszeichnungen, Empfang von persönl. Ausrüstung und Sold eingetragen.

Sölden, Gem. im Bez. Imst, Tirol, Österreich, 1 362 m ü. M., 3 300 Ew.; im oberen →Ötztal (Gurgltal) gelegene Fremdenverkehrs-Gem. (Sommerfrische und Wintersportort, umfasst als Groß-Gem. (467 km²) u. a. die Ortsteile Obergurgl, Untergurgl, Hochgurgl und Hochsölden (beides Hotelsiedlungen) sowie Vent; zahlr. Bergbahnen, u. a. die Geislachkogelbahn (Bergstation 3 041 m ü. M.), die die alte Ötztaler Gletscherbahn ersetzt.

Soldin, poln. **Myślibórz** [miˈclibuʃ], Stadt in der Wwschaft Gorzów (Landsberg), Polen, 58 m ü. M., im Moränengebiet der Soldiner Seenplatte (bis 167 m ü. M.), am S-Ende des Soldiner Sees (6,2 km², bis 22 m tief), 12 700 Ew.; Textil-, Baustoff-, Nahrungsmittelindustrie, Maschinen-, Möbelbau; Ferienort. – Die frühgot. Stadtpfarrkirche St. Peter und Paul, die Gertraudenkapelle (15. Jh.) und die Heilig-Geist-Kapelle (um 1400) sind erhalten. Von der Stadtbefestigung stehen noch das Neuenburger und das Pyritzer Tor, am Markt das spätbarocke Rathaus (1771). – Die 1271 erstmals urkundlich erwähnte Gründung der brandenburg. Markgrafen kam 1945 unter poln. Verwaltung, die Zugehörigkeit zu Polen wurde durch den Dt.-Poln. Grenzvertrag vom 14. 11. 1990 anerkannt.

Soldner, Johann Georg von, Astronom und Geodät, *Georgenhof (heute zu Feuchtwangen) 16. 7. 1776, †Bogenhausen (heute zu München) 18. 5. 1833; schuf die mathemat. Grundlage des Systems der Bayer. Landesvermessung, die im 19. Jh. von zahlreichen anderen Staaten übernommen wurde. Seit 1815 war er Vorstand der Sternwarte Bogenhausen.

Söldner, Bez. für einen professionellen Soldaten, der unabhängig von ideellen Beweggründen und prinzipiell ohne tiefere Bindung zu seinem Dienstherrn gegen Bezahlung (Sold) meist zeitlich befristeten, i. d. R. vertraglich abgesicherten militär. Dienst leistet. Nachdem das S.-Wesen bereits in der Antike in unterschiedl. Formen aufgetreten war, prägte es in Spät-MA. und früher Neuzeit das europ. Militär- und Kriegswesen in besonderer Weise (→Heer, Geschichte). Im Zeitalter des Absolutismus in seinen Erscheinungsformen stark modifiziert, verschwand diese Art des Söldnertums im Folge der Frz. Revolution. – Eine wesentl. Merkmale des S.-Wesens aufweisende militär. Organisation ist die seit 1831 bestehende frz. →Fremdenlegion.

Soldner-Ko|ordinaten [nach J. G. VON SOLDNER], rechtwinklige Koordinaten auf dem Ellipsoid oder der Kugel mit einem Meridian als Abszissenachse, 1810 bei der Bayer. Landesvermessung eingeführt, im 19. Jh. für die Berechnung zahlreicher weiterer Landes- und Katastervermessungen benutzt.

Soldo [ital.] *der, -s/-i* und *...di,* urspr. ital. Rechnungsmünze = $^1/_{20}$ Lira = 12 Denari; als Silbermünze seit Ende des 12. Jh. geprägt, im 19. Jh. in Kupfer, zuletzt 1867 im Kirchenstaat. Der Name blieb volkstümlich für das Stücke zu 5 Centesimi.

Sole [mnd. ›Salzbrühe zum Einlegen‹] *die, -/-n,* i. e. S. Bez. für eine aus Kochsalzquellen gewonnene Natriumchloridlösung, i. w. S. Bez. für jede Salzlösung. Als **S.-Salz** bezeichnet man aus S. gewonnenes →Kochsalz. Verwendung finden Lösungen techn. Salze mit einem je nach Salzgehalt gegenüber Wasser erniedrigten Gefrierpunkt als Kälteträger **(Kühl-S.)** zw. dem Verdampfer einer Kältemaschine und dem Kälteverbraucher.

Sol|ei, hart gekochtes Ei, das mit angeknickter Schale nochmals mindestens 24 Stunden in starker Salzlösung (Sole) konserviert wird.

Soleidae [lat.], die →Seezungen.

Soleil, Mont S. [mɔ̃ sɔˈlɛj], Berg bei →Saint-Imier, Schweiz.

Solenidae [griech.], die →Scheidenmuscheln.

Solenoid [griech. sōlēn ›Furche‹, ›Röhre‹ und -idēs ›ähnlich‹] *das, -(e)s/-e,* einlagige zylindr. Spule mit im Vergleich zum Durchmesser großer Länge; idealerweise mit unendlich nahe beieinander liegenden Windungen. Ein stromdurchflossenes S. wirkt nach außen wie ein Stabmagnet.

Solenozyten [zu griech. sōlēn ›Furche‹, ›Röhre‹ und kýtos ›Wölbung‹], *Sg.* **Solenozyt** *der, -es,* blind im Körper endende Exkretionsorgane der Rädertiere und (in abgewandelter Form) des Lanzettfischchens, vergleichbar den Terminalorganen der Protonephridien. (→Exkretion)

Soler [suˈlɛr], Frederic, Pseud. **Serafí Pitarra** [piˈtarrə], katalan. Dramatiker, *Barcelona 9. 10. 1839, †ebd. 4. 7. 1895; nahm in seinen zahlr. Komödien, Schwänken, Melodramen und Singspielen die volkstüml. Tradition des katalan. Theaters auf und trug zu einem neuen Bewusstsein katalan. Identität bei. Mit dem Versdrama ›Les joies de la Roser‹ (1866) verschaffte er dem katalan. Theater innerhalb der Bewegung der Renaixença erneut literar. Rang.

Soleri, Paolo, ital. Architekt, *Turin 21. 6. 1919; Schüler von F. L. WRIGHT, lebt und arbeitet in den USA. In seinen theoret. Arbeiten sieht S. die Stadt als Synthese kollektiver und individueller Bedürfnisse, die durch fantast. Megastrukturen, in ihren Einzelelementen von den Bewohnern ausgestaltet, Verwirklichung finden soll. Seine utop. Entwürfe, die er ›Arcologies‹ (gebildet aus ›architecture‹ und ›ecology‹) nennt, entstehen seit Mitte der 60er-Jahre. Zu den ausgeführten Bauten zählen ›Desert House‹ im Cave Creek, Ariz. (1951, mit MARK MILLS), die Keramikfabrik in Vietri sul Mare bei Salerno (1954) und das städtebaul. Projekt Arcosanti im Paradise Valley, Ariz. (1967–70).
Schrift: Arcology (1969).
D. WALL: Visionary cities. The arcology of P. S. (Neuausg. New York 1971).

Solesmes [sɔˈlɛm], Gem. im Dép. Sarthe, Frankreich, 1 300 Ew., mit Benediktinerkloster. – Die ursprüngl. Benediktinerabtei wurde 1010 gegründet, war im MA. ein bedeutendes Wallfahrtszentrum und wurde 1791 aufgehoben. 1833 von P.-L.-P. →GUÉRANGER als Benediktinerkloster neu begründet und seit 1837 Mutterkloster der frz. Benediktinerkongregation, wurde S. in der Folgezeit zu einem Zentrum der liturg. Bewegung. Wissenschaftlich bedeutsam wurden die dort entstandenen Arbeiten v. a. für die Erneuerung des →gregorianischen Gesanges.

Solfatare in der Nähe des Myvátn, Island

Soleure [sɔˈlœːr], frz. Name von →Solothurn.

Solf, Wilhelm Heinrich, Politiker, Orientalist und Indologe, * Berlin 5. 10. 1862, † ebd. 6. 2. 1936; 1900–11 Gouv. von Westsamoa, 1911–18 Leiter des Reichskolonialamts. Setzte sich 1917/18 für einen Verständigungsfrieden ein. Von Oktober bis Dezember 1918 Staats-Sekr. des Äußeren, leitete er die Waffenstillstandsverhandlungen ein. Ab 1919 in der DDP. Botschafter in Tokio 1920–28. Der um seine Witwe HANNA S. (* 1887, † 1954; 1944/45 verhaftet) gebildete ›S.-Kreis‹ half politisch und rassisch Verfolgten des Nationalsozialismus bei der Flucht ins Ausland.
E. VON VIETSCH: W. S. (1961).

Solfatara [ital., zu solfatare ›(aus)schwefeln‹] *die,* ehemaliger Vulkankrater in den Phlegräischen Feldern westlich von Neapel, Italien, dessen Tätigkeit sich nach dem Ausbruch von 1198 auf Wasserdampf- und Schwefelwasserstoffexhalationen beschränkt.

Solfatare [nach der Solfatara] *die, -/-n,* in Gebieten mit abklingendem Vulkanismus auftretende Wasserdampfexhalation, reich an Schwefelgasen, bes. Schwefelwasserstoff; Temperatur 100–300 °C. Der sich an der Austrittsstelle absetzende Schwefel wird z. T. abgebaut.

Solfeggio [zɔlˈfɛdʒo; ital., zu solfa ›Tonübung‹, gebildet aus den Tonbuchstaben sol und fa] *das, -s/...gi*en, frz. **Solfège** [sɔlˈfɛːʒ], im Kunstgesang die Gesangsübung, die auf Vokale oder auf Tonsilben (→Solmisation) gesungen wird und zugleich Stimme und Gehör des Sängers schult. Von ihr aus hat sich eine bes. in Italien und Frankreich übliche Unterrichtsmethode im S. entwickelt, die völlige Sicherheit im Blattsingen anstrebt. S. wird auch als Elementarunterricht angewendet: Die **Solfège-Methode** verbindet intensive Schulung von Gehör, musikal. Vorstellungsvermögen und rhythm. Empfinden.

Solferino, Gem. in der Prov. Mantua, Italien, 125 m ü. M., südlich des Gardasees, 2 100 Ew. – Im Italienkrieg 1859 (→Italien, Geschichte) kam es am 24. 6. im Raum von S. (zw. Medole im S und San Martino im N) zw. den Verbündeten frz. und piemontesisch-sard. sowie den österr. Truppen (jeweils rd. 150 000 Mann) zur **Begegnungsschlacht von S.** Nach Durchbrechen ihrer zentralen Stellung bei S. gaben die Österreicher den Kampf verloren und zogen sich geordnet nach O hinter den Mincio zurück; die Niederlage zeitigte starke innenpolit. Folgen in Österreich (Ende des Neoabsolutismus). Die Schlacht, die über 22 000 Tote und Verwundete forderte, gab den Anstoß zur Gründung des Roten Kreuzes durch H. DUNANT.

Solger, Karl Wilhelm Ferdinand, Philosoph, * Schwedt/Oder 28. 11. 1780, † Berlin 25. 10. 1819; war Schüler von F. W. J. SCHELLING in Jena und J. G. FICHTE in Berlin, wurde 1809 Prof. in Frankfurt (Oder), 1811 in Berlin. Im Mittelpunkt von S.s Denken, das auch von B. DE SPINOZA und der Mystik beeinflusst ist, steht die Frage nach dem Offenbarwerden des Göttlich-Ideellen im Zeitlich-Realen. Dieses Offenbarwerden geschieht in Sittlichkeit und Religion, v. a. aber in der Kunst. Die Ästhetik bzw. Kunstphilosophie, die S. in ›Erwin. Vier Gespräche über das Schöne und die Kunst‹ (2 Tle., 1815) und in seinen ›Vorlesungen über Aesthetik‹ (hg. 1829) entwickelte, steht im Zentrum seiner Philosophie. Die Selbstoffenbarung der Idee im Schönen ereignet sich nach S. unter Aufhebung der zeitl. Erscheinung; in diesem Prozess entspringt die romant. Ironie.
Weiteres Werk: Philosoph. Gespräche (1817).
Ausgaben: Nachgelassene Schrr. u. Briefwechsel, hg. v. L. TIECK u. a., 2 Bde. (1826, Nachdr. 1973); Tieck and S. The complete correspondence, hg. v. P. MATENKO (1933).

Solicitor [səˈlɪsɪtə; engl., zu lat. sollicitare ›veranlassen‹] *der, -s/-s,* in Großbritannien, Irland und Teilen Australiens der Anwalt, der nur vor niederen Gerichten auftreten darf. Hauptaufgabe ist die Beratung in allen Rechtsangelegenheiten einschließlich der Vorbereitung von Prozessen für den →Barrister sowie all jene Beurkundungen, die in Dtl. Aufgabe des Notars sind. Ein Mandant kann sich nur über einen S. an einen Barrister wenden.

Solidago [lat.], die Pflanzengattung →Goldrute.

Solidargemeinschaft, *Sozialpolitik:* Bez. für diejenigen Versicherungsgemeinschaften (bes. die →Sozialversicherung), die die Umsetzung des Solidaritätsprinzips zur Grundlage haben. An die Stelle der versicherungstechn. Äquivalenz mit risikoadäquater Beitragsgestaltung tritt der versicherungsgemäße Schadensausgleich, der mit einer bewusst erzielten sozialen Umverteilung verbunden ist.

Solidarismus *der, -,* Richtung der kath. Sozialphilosophie, die vermittelnd zw. (politisch-sozialem und politisch-eth.) Individualismus und Kollektivismus sowie in Abgrenzung gegenüber dem Pluralismus auf der Basis des Solidaritätsprinzips einen politisch-sozialen Ausgleich und die Beförderung des Gemeinwohls sucht. – Nach Vorläufern in der frz. philosoph. Sozialethik wurde der S. als Sozialphilosophie systematisch begründet und weiterentwickelt von H. PESCH, G. GUNDLACH und O. VON NELL-BREUNING.

Wilhelm Heinrich Solf

Schlüsselbegriff

Solidarität [zu frz. solidarité, von lat. solidus ›dicht‹, ›gediegen‹, ›fest‹, ›ganz‹]. Der Begriff, der vor dem 18. Jh. nur im jurist. Sinne einer Schuld- oder Verpflichtungsgemeinschaft auftrat – im Deutschen ist noch dafür der Begriff ›Solidarobligation‹ (Haftung jedes Einzelnen für eine Gesamtschuld, die bei Zahlung durch einen auch für die anderen erlischt) erhalten –, stellt in seiner weitesten Bedeutung als Vorstellung einer ›politisch-sozialen Brüderlichkeit‹ (ANDREAS WILDT) einen Grundbegriff der durch die Industrialisierung und die Leitvorstellung bürgerlicher Gesellschaft geprägten Moderne dar. Er dient bis heute als (politisch auch umstrittene) von versch. Strömungen beanspruchte) Grundkategorie, die sowohl geeignet ist, Zielvorstellungen polit. und gesellschaftl. Handelns unter den Bedingungen einer industriell geprägten Moderne zu beschreiben als auch die Kräfte zu benennen bzw. hervorzurufen, die an der Herstellung gesellschaftlich wünschenswerter Verhältnisse mitwirken sollen. Im engen Sinn ist der Begriff so an die Entstehung der Industriegesellschaft und die mit ihr verbundenen Erfahrungen der Verelendung, der Ausbeutung und

Soli Solidarität

des Unrechts gekoppelt und bezeichnet die Bereitschaft, in einen gemeinschaftl. Kampf gegen Unrecht, Unterdrückung und Ausbeutung einzutreten oder ihn aus der Perspektive derer zu unterstützen, die diesen Bedrückungen unterliegen.

S. erscheint in dieser ersten Bedeutung gruppenbezogen und lebt von der Kooperation und der wechselseitigen Anerkennung der Mitgl. einer Gruppe als gemeinsam Handelnde oder gemeinsam Betroffene. Schon auf dieser Bedeutungsebene werden systematisch und historisch drei Dimensionen des Begriffs erkennbar, die sowohl seine Mehrdeutigkeit und damit auch die Möglichkeiten semant. Neubesetzung (›Kampf um Wörter‹) als auch seine bis in die Umgangssprache hinein wirksame Attraktivität erklären können: Neben einer beschreibenden Funktion, die sich auf tatsächlich vorhandene Kooperation zur Abwehr von Unrecht oder Not beziehen, bezeichnet der Begriff auch eine normative Vorstellung, die sich auf z. B. moralisch oder religiös begründbare Ansprüche an kooperatives Verhalten und eine entsprechende Verantwortungsgemeinschaft berufen kann; damit kann S. zum Ausdruck geschichtsphilosophisch oder metaphysisch bestimmbarer Prozesse und Kräfte werden. Zum dritten hat der Begriff einen deutlich appellativen Charakter, was seine Fähigkeit, zur Mobilisierung von Menschen beizutragen, und damit seine Anschlussfähigkeit an den Bereich der Politik erklärt.

Während der Begriff S. in der umgangssprachl. Verwendung v. a. die emotionale Bereitschaft eines gemeinschaftl. Einsatzes für eine als wertvoll erachtete Sache hervorhebt, dient er im weitesten Sinne dazu, eine soziale Bindung oder das Zusammengehörigkeitsgefühl einer Gruppe (KARL OTTO HONDRICH, *1937, CLAUDIA KOCH-ARZBERGER, *1952), dann auch von Menschen als Individuen zu bezeichnen, sofern sich diese z. B. auf der Basis allgemeiner Menschenrechte oder staatlich konstituierter Bürgerrechte wechselseitig anerkennen und als Interaktionszusammenhang verstehen können (›posttraditionaler Zustand gesellschaftlicher S.‹; AXEL HONNETH, *1949).

Seine besondere Bedeutung und auch seine Einfärbung als Wertbegriff bezieht S. freilich aus der histor. Anbindung an eine als Unrecht empfundene asymmetr. Struktur der gesellschaftl. Anerkennung, in der S. die Kraft bezeichnet, mit der sich Einzelne zugunsten anderer gegen dieses Unrecht wehren und damit zugleich (im Sinne der bürgerl. Emanzipation ebenso wie im Sinne des proletar. Kampfes um soziale Gerechtigkeit) die Seite der Schwachen als die Seite der Menschheit insgesamt gegenüber den ›Sonderinteressen‹ der jeweils Mächtigen vertreten und ins Recht zu setzen suchen. Angesichts einer Individualisierung unterschiedl. Lebenslagen und Belastungen spielt dabei in den fortgeschrittenen Industriegesellschaften am Ende des 20. Jh. der Kampf um Anerkennung sozialer Benachteiligung nicht mehr die allein ausschlaggebende Rolle, wenngleich er – etwa hinsichtlich solcher gesellschaftl. Problembereiche wie Armut, Arbeitslosigkeit, Ausgrenzung von Bev.-Gruppen – auch noch im Sinne der Gruppen-S. des 19. Jh. eine aktuelle Bedeutung hat. Hiervon lebte nicht nur die poln. Gewerkschaftsbewegung Solidarność in ihrem Kampf um die Überwindung des Staatssozialismus in den 1980er-Jahren, vielmehr ist diese S.-Vorstellung auch die Motivationsbasis der 1997 zunächst in Frankreich in Erscheinung getretenen Arbeitsloseninitiativen und ihres kooperativen Bemühens, die eigene Notlage zu verbessern und gleichzeitig Gesellschaft und Politik zur Anerkennung und zur Bearbeitung des Problems zu bewegen.

Zumindest gleichermaßen bedeutsam ist in der Gegenwart die zweite Bedeutung des S.-Anspruchs geworden, die Vorstellung von der Verpflichtung, Menschen, deren Lage man nicht teilt, dennoch bei der Verwirklichung derselben Chancen, Rechte und Ziele zu unterstützen, die man selbst genießt bzw. als wertvoll erachtet. Eine solche ›S. unter Fremden‹ (HAUKE BRUNKHORST, *1945) bezieht – gerade aus der Perspektive sozialer Distanz – die Mitglieder der jeweils eigenen Gesellschaft als die an einer gemeinsamen Gesellschaftsordnung, gemeinsamen Rechten u. a. Partizipierenden und diese dadurch auch Konstituierenden, darüber hinaus aber auch diejenigen mit in die Gemeinschaft ein, die zwar nicht zur eigenen Gesellschaft gehören, gleichwohl aber im Sinne globaler Zusammenhänge deren Auswirkungen unterworfen sind. Auf diese universale Gemeinschaft bezogen kann S. dann als Leitvorstellung bestimmt werden; BRUNKHORST glaubt sogar, in dieser übertragbaren Form der S. eine Art von zivilisator. Fortschritt gefunden zu haben.

Ideengeschichte und soziale Entwicklung

Funktionsäquivalent tritt der Begriff S. zu dem älteren, ebenfalls im Zusammenhang der Neuzeit zunehmend säkularisierten Begriff ›Brüderlichkeit‹ in Frankreich nach der Frz. Revolution von 1789 und dann in den sozialen Auseinandersetzungen des frühen 19. Jh. in Erscheinung. Zuvor hatte der zunächst juristisch bestimmte Begriff in der 2. Hälfte des 18. Jh. Ausweitungen in Richtung Handelsrecht und andere wirtschaftl. Beziehungen sowie im Sinne allgemein moral. Verbindlichkeiten erfahren (z. B. in der ›Encyclopédie‹ und im Code civil); für seine Verbreitung ebenso wie für seine Bedeutungsauffüllung hat daneben die kath. Morallehre mit den Vorstellungen einer durch die Erbsünde bestehenden kollektiven Schuld und einer entsprechenden Verbundenheit aller Menschen eine nicht unwichtige Rolle gespielt.

Zu einem Begriff der sozialen, dann auch der polit. Sprache wurde S. in den Schriften und im Umfeld der frz. Frühsozialisten, v. a. bei den Schülern von C. H. DE SAINT-SIMON und C. FOURIER, die christlich geprägte Forderungen nach Wohltätigkeit und Barmherzigkeit mit sozialpolit. Initiative und radikaler Gesellschaftsveränderung verbanden. Als polit. Begriff tritt der S.-Begriff bei L. BLANC und P. J. PROUDHON sowie im Zusammenhang der Revolution von 1848 in Erscheinung. Bereits in den Jahren zuvor hatte A. COMTE den Begriff zur Beschreibung der Verbundenheit aller Menschen, aber auch für die Bez. anderer Arten von Zusammenhang und Verbindung genutzt und popularisiert. Als wichtige Einsatzstelle für die breite polit., deskriptive und normative Wirkung des Begriffs kann die 1842 erschienene Studie ›Solidarité‹ von HYPPOLITE RENAUD (*1803, †1873) gelten, die nicht zuletzt aufgrund ihrer Übersetzung ins Deutsche (1855) die dt. Arbeiterbewegung in ihrem Wortgebrauch und in ihren Vorstellungen beeinflusste. Während RENAUD S. noch im Sinne seiner Zugehörigkeit zur Gruppe um FOURIER als Ausdruck eines heiligen, ja göttl. Gesetzes darstellte, das alle Menschen zu einer großen Familie auf der Basis ident. Interessen verbinde, etablierten v. a. K. MARX und F. ENGELS sowie die von ihnen initiierte Internat. Arbeiter-Assoziation (IAA) und in der Folge auch die von diesen ausgehenden Einflüsse auf die dt. Arbeiterbewegung in den 1860er-Jahren S. als politisch-soziales Mobilisierungs- und Programmbegriff: Im Zentrum stand nun weniger die Proklamation einer Art übermenschl. Gesetzes, sondern eher die Orientierung von S. auf die Verwirklichung der unmittelbaren Bedürfnisse und Interessen der Arbeiter durch entsprechende Kooperation und Wertorientierung sowie die Gründung bzw. Entwicklung entsprechender polit. und sozialer Organisationsformen (Gewerkschaften, Parteien, Genossenschaften, Konsumvereine, Presseorgane).

S. wurde damit zum Schlagwort der Arbeiterbewegung in Dtl., während sich die Diskussion in Frankreich in der 2. Hälfte des 19. Jh. zugleich akademisierte und ausweitete. Unter dem Einfluss von Philosophen wie C. RENOUVIER, C. SECRÉTAN und A. FOUILLÉE wurden sozialreformer. Ansätze, die angesichts unübersehbarer Mängel der bestehenden Gesellschaftsordnung sowohl nach sozialist. Alternativen als auch nach staatl. Handlungsmöglichkeiten innerhalb der Gesellschaft suchten, aufgewertet und führten zur sozialpolit. Bewegung des Solidarismus, dessen Vertreter C. GIDE und L. BOURGEOIS mit einem Manifest (›La solidarité‹, 1896/97) an die Öffentlichkeit traten, aber auch direkte polit. Initiativen ergriffen (Gründung der Radikalsozialist. Partei, Forderungen nach kostenlosem Schulunterricht und obligator. Sozialversicherung mit Arbeitgeberbeteiligung). In ihrer Argumentation trat S. an die Stelle der christl. Nächstenliebe und der republikan. Brüderlichkeit, wurde aber durch die Bezugnahme auf die mit diesen verbundenen Vorstellungen zugleich aufgewertet und ausgedehnt.

Demgegenüber blieb der Begriff in Dtl. weitgehend auf die Arbeiterbewegung beschränkt und wurde hier namentlich bei F. LASSALLE und der von ihm geprägten Sozialdemokratie zu einem populären Leitbegriff, in dem sich der Gedanke einer die gruppenspezif. und individuellen Unterschiede ausgleichenden S. mit der Vorstellung verband, dass es zur Verwirklichung von S. ökonom. und pädagog. Bemühungen bedürfe, für die soziale Autorität, bes. die des Staates (im Anschluss an J. G. FICHTES Staatsidee), in Anspruch genommen werden könne. Von hier führt ein Weg in die sozialphilosoph. Fundierung eines sozialstaatl. Denkens bis hin zum Konzept der sozialen Marktwirtschaft und zu den Debatten um die Leistungen staatl. Wohlfahrt in der Gegenwart. Sowohl mit den bismarckschen Sozialreformen als auch mit den nach der Wende zum 20. Jh. und bes. in der Weimarer Republik zur polit. Anerkennung gekommenen polit. Positionen der Arbeiterbewegung war die allgemeinsprachliche Durchsetzung des Begriffs S. verbunden; dies lässt sich mit der Fülle von Vereinen und Institutionen aus dem Umfeld der Arbeiterbewegung belegen, die sich unter dem Namen S. zusammenfanden.

Außerhalb der marxistisch geprägten Arbeiterbewegung, bes. im Anarchismus und in den sozialreligiösen Bewegungen, kommt dem Begriff eine zumindest ebenso große Bedeutung zu; sie bietet die Grundlage, ihn in einem über das Ökonomisch-Politische und damit über den Rahmen der mit der ›alten‹ Arbeiterbewegung verbundenen sozialen Konfliktvorstellungen weit hinausgehenden lebensreformer. und dann auch wieder metaphysisch und religiös begründeten Verständnis zu verwenden.

Nicht zuletzt daraus, dass die Vorstellung der S. mehr umfasst als die jeweilige Mobilisierung von Interessen innerhalb bestimmter Rahmen (der Ökonomie, der Politik, des Rechts) und im Kampf für die Aufhebung von Unrecht und Benachteiligung in konkreten Situationen auf ein zugrunde liegendes universales, sei es anthropologisch oder transzendent gedachtes Prinzip verweist, gewinnt der Begriff gerade am Ende des 20. Jh. erneut an Bedeutung und Attraktivität – möglicherweise um den Preis seiner Anbindung an die ›soziale Frage‹ des gesellschaftlich zu verantwortenden und aufzuhebenden sozialen Unrechts.

Aktuelle Bezüge und Hintergründe im 20. Jahrhundert

É. DURKHEIM hat – im Anschluss an COMTE – am Ende des 19. Jh. S. zu einem Grundbegriff der modernen (soziolog.) Gesellschaftsanalyse gemacht und dabei die ›organ. S.‹ moderner Gesellschaften, die einerseits individualisiertes und funktionsdifferenziertes Handeln ermöglicht, zugleich aber spezielle soziale Erzeugung von Verbindlichkeiten (z. B. durch Erziehung) erfordert, von der ›mechan. S.‹ der vorindustriellen Gesellschaften abgesetzt, in der äußerer Zwang einen Zusammenhalt der Gesellschaft mit niedriger Differenzierung zwar herstellt, zugleich aber keiner weiteren emotionalen Leistungen bedarf und diese auch nicht gewährleisten kann. Damit war S. in den Zusammenhang einer der Grundfragen der Gesellschaft der Moderne gestellt: ›Wie ist Gesellschaft möglich?‹ (G. SIMMEL). Dieser Frage, mit der sich bereits G. W. F. HEGEL beschäftigt hatte, wandte sich in der Beschäftigung mit dem Phänomen der S. die Gesellschaftsanalyse im 20. Jh. ebenso zu wie die Sozialphilosophie, die polit. Philosophie und die Existenzphilosophie (LÉON DUGUIT, *1859, †1928; M. SCHELER, N. HARTMANN, K. JASPERS, A. CAMUS). Dabei wurde zunächst im Umfeld der Weiterentwicklungen des Marxismus und in der krit. Theorie, aber auch in sozialdemokrat. Theoriediskussionen der 1920er-Jahre sowie bei marxistisch beeinflussten Theoretikern wie OTTO RÜHLE (*1914, †1969), M. ADLER oder G. LUKÁCS an die Tradition der durch die Arbeiterbewegung vorgegebenen S. angeknüpft, wobei die Perspektive von der klassen- und interessenbezogenen S. des 19. Jh. auf die Idee universaler menschl. Emanzipation erweitert wurde. Auch eine zweite Tradition, die der christlich geprägten Soziallehre und nicht zuletzt die in Frankreich bis in die Gegenwart reichenden Nachwirkungen des Solidarismus, ist z. B. in polit. Diskussionen und Parteiprogrammen des 20. Jh. immer wieder aufgenommen worden.

Während sozialdemokrat. und sozialist. S.-Vorstellungen bis heute deutlich im Schatten der Tradition des S.-Begriffs der Arbeiterbewegung stehen, könnten sich christlich-konservative Parteien eher den christl. Soziallehren und einem kath. Solidarismus verpflichtet fühlen, wie er u. a. von H. PESCH, G. GUNDLACH, O. VON NELL-BREUNING oder F. HENGSBACH vertreten wird. Für den S.-Begriff der christl. Parteien ist hervorzuheben, dass er sich nicht vornehmlich auf die Überwindung sozialer Ungleichheit durch gesellschaftl. Institutionen bezieht, auch wenn dies im kath. Solidarismus (kath. Arbeitnehmerschaft) von Bedeutung ist, sondern auf die Sicherung von Mindeststandards hinsichtlich sozialer Grundsicherungen und auf individuelle und gruppenspezif. Hilfeleistungen abhebt. Hier ergeben sich trotz aller Unterschiede hinsichtlich des grundlegenden soziokulturellen Milieus Annäherungspunkte zu den Grünen, die im Anschluss an die Studentenbewegung der 1960er-Jahre einerseits das emanzipator. S.-Verständnis der undogmat. Linken (›Dritte-Welt-Solidaritätsbewegungen‹) weitergeführt haben, andererseits aber in der staats- und institutionenkrit. Sicht anarchist. und basisdemokrat. Traditionen auch die S. von Individuen gegenüber sozialer Gruppenzugehörigkeit hervorheben. Entsprechend spielen in der gegenwärtigen Theoriediskussion (J. HABERMAS, HONNETH, BRUNKHORST) neben der Bezugnahme auf die an der Abwehr sozialen Unrechts und der Förderung

Soli Solidaritätszuschlag – Solidarność

menschl. Emanzipation orientierte Tradition der Arbeiterbewegung liberale Gesellschaftskonzepte (R. RORTY) und die Rezeption des amerikan. Pragmatismus (HANS JOAS, *1948; BRUNKHORST) eine wichtige Rolle, ebenso die versch. Spielarten des Kommunitarismus (M. WALZER; ROBERT N. BELLAH, *1927; C. TAYLOR).

Während in diesen Diskussionen weiterhin die Grundfrage nach dem Integrationsmodell moderner Gesellschaften und den sie tragenden Wertorientierungen im Vordergrund steht, erwächst dem Thema der S. erneutes Interesse auch aus den gesellschaftl. und ökonom. Krisen und neuen Erscheinungsformen von Armut und Benachteiligung am Ende des 20. Jh. Gerade angesichts eines Auseinanderdriftens von armen Ländern und (wenigen) reichen Gesellschaften und einer entsprechenden Zweiteilung Europas nach dem Zusammenbruch des Kommunismus 1989–91, die sich in wachsender Arbeitslosigkeit ebenso zeigt wie in einem fortschreitenden Abbau sozialstaatl. Sicherungen bei gleichzeitig andauernder bzw. erneut wachsender Benachteiligung von Frauen, Alten und Migranten, sind auch Rahmenbedingungen und Verwerfungen wiederzuerkennen, gegen die sich unter den Bedingungen der frühen Industriegesellschaften des 19. Jh. S. als Bereitschaft zur wechselseitigen oder einseitigen Unterstützung im Kampf gegen Unrecht und Benachteiligung entwickelte. Dieser traditionalen Form der S. tritt nunmehr allerdings im Hinblick auf eine individualisierte Bürgergesellschaft eine zweite Form ›posttraditionaler S.‹ an die Seite, die sich zunächst als Fortschritt und Erweiterung (BRUNKHORST) im Hinblick darauf verstehen lässt, dass sich nunmehr die Strukturmerkmale der S. – Freiwilligkeit, Nichtselbstverständlichkeit der Hilfe und intendierte egalitäre Kooperation – als Grundlagen der Gesellschaft selbst, jenseits der Gruppeninteressen, bestimmen lassen. Zugleich wird aber auch die mögl. Ambivalenz, ja Konturenlosigkeit des Konzepts erkennbar, wenn die genannten Merkmale auf die solidar. Interaktion beliebiger Gruppen übertragen oder sogar – etwa im Namen religiöser, wirtschaftl. oder polit. Kollektive – dazu genutzt werden, die gruppenspezif. Loyalität der Einzelnen gerade dann einzufordern, wenn die betreffenden Gruppen darauf zielen, Ungleichheit, Unrecht oder Benachteiligung herzustellen oder zu legitimieren.

Die Entwicklung des Begriffs S. vom Fachbegriff zu einem Schlüsselbegriff gesellschaftl. Selbstverständnisses verweist damit, gerade vor dem schillernden Hintergrund seiner Bedeutungsmöglichkeiten, auf eine grundlegende Problemstruktur und Ambivalenz gesellschaftsbezogenen Handelns in der Moderne: sich aus den eigenen Mitteln legitimieren zu müssen und hierbei auf Argumentationsfiguren und Sinnpotenziale zurückgreifen zu müssen, die sich letzten Endes nur transzendent angemessen begründen lassen – eine Möglichkeit, die der Gesellschaft der Moderne nicht unproblematisch zur Verfügung steht. ›Als spezifisch und faszinierend am S.-Begriff wird heute oft das empfunden, was ihn historisch wirkungsmächtig gemacht hat, nämlich seine Eignung, eine moralisch engagierte Kooperation zu bezeichnen, die gerade im Kampf gegen Unrecht über die Sphären von Recht und Gerechtigkeit hinausweist‹ (A. WILDT).

⇨ *Altruismus · Arbeiterbewegung · Brüderlichkeit · Grundwerte · Leistungsgesellschaft · Nächstenliebe · Solidarismus · Verantwortung*

J. E. S. HAYWARD: Solidarity. The social history of an idea in nineteenth century France, in: International review of social history, Jg. 4 (Assen 1959); I. VON REITZENSTEIN: S. u. Gleichheit. Ordnungsvorstellungen im dt. Gewerkschaftsdenken nach 1945 (1961); THOMAS MEYER: Grundwerte u. Wiss. im demokrat. Sozialismus (1978); J. HABERMAS: Gerechtigkeit u. S., in: Zur Bestimmung der Moral, hg. v. W. EDELSTEIN u. a. (1986); J. SCHMELTER: S. Die Entwicklungsgesch. eines sozialeth. Schlüsselbegriffs (Diss. München 1991); K. O. HONDRICH u. C. KOCH-ARZBERGER: S. in der modernen Gesellschaft (4.–5. Tsd. 1994); A. HONNETH: Kampf um Anerkennung. Zur moral. Gramm. sozialer Konflikte (Neuausg. 1994); A. WILDT: S., in: Histor. Wb. der Philosophie, hg. v. J. RITTER u. K. GRÜNDER, Bd. 9 (Basel 1995); H. JOAS: Die Kreativität des Handelns (Neuausg. 1996); H. BRUNKHORST: S. unter Fremden (1997).

Solidaritätszuschlag, ein seit 1995 (Ges. v. 23. 6. 1993) als →Ergänzungsabgabe erhobener Zuschlag zur Einkommen- und Körperschaftsteuer in Höhe von 7,5 % der Lohn-, Einkommen- oder Körperschaftsteuerschuld (Aufkommen 1996: 26,1 Mrd. DM). Die Einführung des S. wurde v. a. begründet mit dem besonderen Mittelbedarf im Zusammenhang mit der dt. Einheit. Der Erhebungszeitraum ist nicht befristet. Nach einer früh einsetzenden Diskussion über einen schrittweisen Abbau wurde der S. zum 1. 1. 1998 auf 5,5 % gesenkt. Ein gleichartiger, befristeter S. war vom 1. 7. 1991 bis zum 30. 6. 1992 erhoben worden.

Solidarność [-nɔctɕ; poln. ›Solidarität‹], Dachorganisation unabhängiger poln. Gewerkschaften. Nach einer Streikwelle im Juli/August 1980 und dem →Danziger Abkommen (31. 8. 1980) zw. Danziger Streikkomitee und Reg. konstituierte sich im September 1980 der Niezależny Samorządny Związek Zawodowy ›Solidarność‹ (Abk. NSZZ ›S.‹; dt. Unabhängiger, sich selbst verwaltender Gewerkschaftsverband ›Solidarität‹, kurz S. gen.); zum Vors. wurde im selben Monat L. WAŁĘSA gewählt (bis 1990 in dieser Funktion). Am 24. 10. 1980 erreichte die S. ihre Registrierung, am 10. 11. 1980 ihre gerichtl. Bestätigung. Innerhalb weniger Monate wurde der Gewerkschaftsverband zur Massenbewegung für die Demokratisierung Polens, der sich rd. 10 Mio. Mitgl. anschlossen. Obwohl das Danziger Abkommen parteipolit. Neutralität der Gewerkschaften festlegte, entwickelte sich S. zu einer polit. Bewegung, die das kommunist. Herrschaftssystem grundsätzlich infrage stellte. Nach der unter sowjet. Druck zustande gekommenen Verhängung des Kriegsrechts (13. 12. 1981) wurde die S. unterdrückt, später (8. 10. 1982) offiziell verboten, S.-Vertreter wurden interniert. Im Untergrund und im Ausland bestand die S. jedoch weiter. Sie wurde zum wichtigsten Akteur der kontrollierten polit. Umgestaltung Polens, die am ›Runden Tisch‹ (Februar–April 1989) durch Vereinbarungen zw. Reg./PZPR und Vertretern der Opposition eingeleitet wurde. Am 17. 4. 1989 wurde die S. wieder legalisiert; aufgrund der übernommenen polit. Verantwortung (Vertretung in Parlament und Reg.) und der damit verbundenen Zurückhaltung (Streikverzicht) konnte sie (1990) nur noch rd. 2 Mio. Mitgl. binden. Der Erfolg der Bürgerkomitees bei den Wahlen zum Sejm und Senat (4./18. 6. 1989), die Ernennung von T. MAZOWIECKI zum Min.-Präs. (24. 8. 1989) und die Wahl von L. WAŁĘSA zum Staatspräs. (9. 12. 1990, Amtsantritt am 22. 12. 1990) verdeutlichten ihre Doppelfunktion als Gewerkschaft und polit. Bewegung. Der Aufbau eigenständiger Parteien (z. T. aus der Sejm-Fraktion der S.) und die Neuwahlen zum Sejm (Oktober 1991) verstärkten wieder ihre gewerkschaftl. Funktion. Der dritte S.-Kongress (Februar 1991) wählte den Pragmatiker MARIAN KRZAKLEWSKI (*1950) zum neuen Vors. (1995 im Amt bestätigt). Die von ihm 1996 unter Einbeziehung von rd. 30 kleinen Parteien gegründete Wahlaktion der S. (poln. Akcja Wyborcza S., Abk. AWS) gewann die Parlamentswahlen vom 21. 9. 1997.

›Solidarność‹. Die poln. Gewerkschaft ›Solidarität‹ in Dokumenten, Diskussionen u. Beitrr. 1980 bis 1982, hg. v. B. BÜSCHER u. a. (1983); J. HOLZER: ›Solidarität‹. Die Gesch. einer freien Gewerkschaft in Polen (1985).

Solidarpathologie, Lehre von der Bedeutung der Veränderung der festen Bestandteile des Körpers **(solidi)** für die Entstehung von Krankheiten, im Unterschied zur →Humoralpathologie. Die S. hielt die Atome für unvergänglich, ungeworden und gleichartig, jedoch versch. an Gestalt, Größe, Härte und Lage; sie galten als Ursache der versch. Eigenschaften der Dinge. Die Theorie der S., auf die Atomlehre von LEUKIPP und DEMOKRIT zurückgehend, wurde von ASKLEPIADES begründet und von A. VON HALLER im 18. Jh. wieder aufgegriffen.

soli Deo gloria! [lat.], Abk. **S. D. G.,** Gott (sei) allein die Ehre (Inschrift an Kirchenportalen u. a.).

Solidus [lat. solidus (aureus) ›gediegene (Goldmünze)‹] *der, -/...di,* von KONSTANTIN D. GR. im Jahre 309 in Trier eingeführte Goldmünze im Gewicht von $^1/_{72}$ röm. Pfund, 1 S. = 24 Siliquae. Der S. blieb auch nach dem Zusammenbruch Westroms die Hauptgoldmünze des Oström. bzw. Byzantin. Reiches (deshalb auch als **Besant** bzw. **Byzantiner** bezeichnet) bis in das 10. Jh.; Teilstücke waren der $^1/_2$ S. (Semissis) und das Drittelstück (Tremissis), das v. a. in den german. Staaten nachgeahmt wurde. – In Urkunden des MA. bezeichnet S. eine Rechnungsmünze zu 12 Denaren (Pfennigen) und nicht den röm. S. Sie wurde als geprägtes Geldstück in Dtl. Schilling oder Groschen genannt. Weitere BILDER →Julian, →Magnentius

Soliduslinie [lat. solidus ›fest‹], im Zustandsdiagramm von Stoffmischungen (v. a. Legierungen) die Kurve, die den Beginn des Schmelzvorgangs in Abhängigkeit von Temperatur und Mischungsverhältnis angibt. Die S. begrenzt das unterhalb liegende Gebiet der kristallinen Phase gegen den zw. S. und →Liquiduslinie liegenden Schmelzbereich.

Solifluktion [zu lat. solum ›Grund‹, ›Sohle‹, ›Boden‹ und fluctio ›das Fließen‹] *die, -/-en,* **Bodenfließen, Erdfließen,** *Geomorphologie:* in periglazialen Gebieten (in polaren, subpolaren und Hochgebirgsregionen) anzutreffende Erscheinungen der →Bodenbewegungen, verbunden mit Umlagerung und Fließbewegung von Bodenteilchen **(Fließerde)** infolge Schwerkraftwirkung, bewirkt durch das tages- oder jahreszeitl. Auftauen und Wiedergefrieren des Bodens. Auf ebenem oder kaum geneigtem Gelände (unter 2° Neigung) findet eine Bodenumlagerung am Ort statt; zu den Formen dieser **Mikro-S.** (Kryoturbation) gehören Texturböden (bei gleichkörnigem Bodenmaterial) und Strukturböden (bei ungleichkörnigem Bodenmaterial). Bei einer Hangneigung von über 2° beginnt der Boden zu fließen **(Makro-S.):** Es bilden sich Fließerden (Streifenböden, Wanderschutt), Schlamm-, Schuttströme, Blockmeere u. a. Bei vorhandener Vegetationsdecke wird die Wirkung der S. gebremst, unter Zerreißen der Grasnarbe (Rasenabschälung) entstehen Girlandenböden, Fließerdeterrassen und -wülste. Bei der durch S. bewirkten Abtragung **(Kryoplanation)** bilden sich u. a. Glatthänge, Abrissnischen, Dellen, asymmetr. Täler. In polaren und subpolaren Gebieten, wo der jahreszeitl. Frostwechsel in größere Tiefen reicht, spricht man von **Jahreszeiten-S.; Tageszeiten-S.** tritt in trop. und subtrop. Hochgebirgen auf, wo tageszeitl. Frostwechsel vorherrscht, der nur die oberste Bodenschicht erfasst.

Solifugae [lat.], die →Walzenspinnen.

Soligorsk, weißruss. **Saligorsk,** Stadt im Gebiet Minsk, Weißrussland, in Polesien, 96 000 Ew.; chem. Industrie auf der Grundlage der südlich von S. gelegenen Kalisalzlager von Starobin (Vorrat 7,8 Mrd. t); Trikotagenfabrik. – S. entstand ab 1958 auf freiem Feld und ist seit 1963 Stadt.

Solihull [sǝʊlɪˈhʌl], Stadt in der Metrop. Cty. West Midlands, England, südöstlich von Birmingham, 94 500 Ew.; Kraftfahrzeug- und Leichtindustrie.

Solikamsk, Stadt im Gebiet Perm, Russland, im westl. Uralvorland, links der Kama, 108 000 Ew.; PH, Regionalmuseum; Abbau und Verarbeitung von Kalisalzen; Zellstoff- und Papierwerk, Magnesiumfabrik. – Um 1430 gegr., kam S. 1472 zu Moskau, wurde 1573 Stadt, war im 16.–18. Jh. bedeutendstes Zentrum der Salzsiederei, wurde seit dem 17. Jh. **Sol-Kamskaja** genannt und war in dieser Zeit ein wichtiger befestigter Handelsplatz an der Straße nach Sibirien und eine Residenz der Stroganows.

Soliloquium [spätlat., zu lat. solus ›allein‹ und loqui ›reden‹] *das, -s/...quilen,* Monolog, Selbstgespräch (der antiken Bekenntnisschriften).

Soliman, Stadt in N-Tunesien, 32 km östlich von Tunis, 21 400 Ew.; Marktzentrum mit Seebad, umgeben von Gemüse- und Olivenanbau. – Im Zentrum malekit. Maurenmoschee (acht Joche, antike Spolienkapitelle, Mihrab mit Skulpturlaubwerk) und hanefit. Moschee. – S. wurde Anfang des 17. Jh. von aus Spanien vertriebenen Mauren beim türk. Landgut **Slimane** gegründet.

Soliman, osman. Herrscher, →Süleiman.

Solimena, Francesco, gen. **l'Abate Ciccio** [-ˈtʃittʃo], ital. Maler, * Canale (heute zu Serino, Prov. Avellino) 4. 10. 1657, † Barra (heute zu Neapel) 3. 4. 1747. Seit 1674 in Neapel tätig, wo er ein Hauptvertreter der barocken Dekorationsmalerei wurde, wobei sich von G. LANFRANCO und L. GIORDANO beeinflusst zeigt. Den Stil seiner eleganten Kompositionen in kräftigem Helldunkel verbreitete v. a. D. GRAN in Süd-Dtl. und Österreich. S. schuf neben Fresken allegor. Bilder, Stillleben und Porträts, er war gelegentlich auch als Architekt tätig. Sein Hauptwerk ist das Fresko mit der Vertreibung des Heliodor (1725) in der Kirche Gesù Nuovo in Neapel.

Weitere Werke (in Neapel): Fresken des Chors von Santa Maria di Donnaregina (1684–93; bei der Restaurierung der älteren Ausmalung wurden drei Teile des Zyklus von S. in die ehem. Äbtissinnenwohnung übertragen) u. in der Chorkapelle des San Filippo Neri der Chiesa dei Gerolomini (1728–30).

Francesco Solimena: Heilige Cäcilia (Privatbesitz)

Solidus (Trier, zwischen 313 und 315 n. Chr.; Durchmesser 19,5 mm)

Vorderseite

Rückseite

Soli Solimões – Solitär

Solimões [-'mɔ̃is], der Mittellauf des →Amazonas.
Solin, Stadtteil von Split, →Salona.
Soling [Herkunft unsicher] *die, -/-s* oder *-e,* auch *der* oder *das, -s/-s, Segeln:* mit →Spinnaker versehenes Dreihand-Kielboot (d. h. für drei Personen), seit 1972 olymp. Klasse; Länge 8,15 m, Breite 1,90 m, Tiefgang (mit Kiel) 1,30 m, Segelfläche 21,7 m^2; Segelzeichen: Ω.

Solingen, Kreisfreie Stadt in NRW, 225 m ü. M., im Berg. Land, 165 100 Ew.; Landesinstitut für internat. Berufsbildung NRW, Landeszentrum für Zuwanderung NRW, Walter-Bremer-Inst., Lehranstalt für pharmazeutisch-techn. Bildung, Zentralfachschule der Dt. Süßwarenwirtschaft, Fachschule für Metallgestaltung und Galvanotechnik, Zentralstelle für dt.-sprachigen Chorgesang; Rhein. Industriemuseum (Abteilung S.), Dt. Klingenmuseum, Museum Baden (G. MEISTERMANN), Museum Balkhauser Kotten, im Ortsteil Burg a. d. Wupper Berg. Heimatmuseum (seit 1951 mit ›Gedenkstätte des dt. Ostens‹); Theater und Konzerthaus. S. ist Zentrum der dt. Schneid- und Besteckwarenindustrie mit weltweitem Export (›Solingen‹ ist eine durch Gesetz von 1938 in Dtl. sowie seit 1995 innerhalb der EU geschützte Herkunfts- und Qualitäts-Bez. für Schneid- und Besteckwaren aus S.). Daneben Herstellung von Schirmen, Maschinen- und Autozubehör sowie Galvanotechnik, Gießereien und Elektroindustrie. – Der histor. Baubestand wurde im Zweiten Weltkrieg stark zerstört, erhalten blieb der Stadtteil **Gräfrath** mit kath. Pfarrkirche St. Mariä Himmelfahrt (1704, mit Teilen des got. Vorgängerbaus und originaler barocker Ausstattung), die ehem. Stiftskirche eines 1185 gegründeten Damenstifts und späteren Klosters, das nach Umbau seit 1991 das Dt. Klingenmuseum beherbergt. – Die Müngstener Brücke über dem Tal der Wupper (erbaut 1894–97) ist mit 107 m Höhe die höchste Eisenbahnbrücke Dtl.s. – Im Ortsteil **Burg a. d. Wupper** ›Schloss Burg‹ (1887 wieder aufgebaut); in **Oberburg** Martinskirche (12. bis 17. Jh.); in **Unterburg** ev. Kirche (1732–35) mit bäuerl. Barockausstattung und zahlreiche berg. Fachwerkhäuser des 17. und 18. Jh. – S., 965 erstmals urkundlich erwähnt, wurde 1374 Stadt. 1889 wurde S. mit Dorp vereinigt. Seit 1929 besteht durch die Städtevereinigung S., Ohligs, Wald, Gräfrath und Höhscheid die heutige Großstadt, die 1975 im Zuge der kommunalen Neugliederung durch Eingemeindungen (so Burg a. d. Wupper) nochmals wuchs. Seit dem 13. Jh. entwickelte sich in S. eine bedeutende Eisen verarbeitende Industrie. Burg a. d. Wupper war von 1130 bis Anfang des 16. Jh. Residenz der Grafen und Herzöge von Berg.

F. HENDRICHS: S. u. seine Stahlwarenindustrie (^{2}1952); H. ROSENTHAL: S. Gesch. einer Stadt, 3 Bde. ($^{1-2}$1973–77); P. ELSNER: Solinger Bibliogr. (1986); P. LINDMÜLLER: Remscheid u. S. im industrie-geograph. Entwicklungsvergleich, 2 Tle. (1986); K. TIBORSKI: S. – baul. Innovation u. lokale Persistenz (1987); H. LAUTE: Die Herren von Berg. Auf den Spuren der Gesch. des Bergischen Landes 1101–1806 (^{2}1989); J. PUTSCH: Vom Ende qualifizierter Heimarbeit. Entwicklung u. Strukturwandel der Solinger Schneidwarenindustrie von 1914 bis 1960 (1989).

Sol invictus [lat. ›unbesiegte Sonne‹], Name, unter dem der röm. Kaiser AURELIAN 274 den syr. Gott Elagabal als Reichsgott einsetzte. Sein Fest wurde am 25. 12. gefeiert; das Christentum hat dieses Datum später für das Fest der Geburt CHRISTI übernommen. – Auch Mithras wurde als S. i. dargestellt (z. B. Mithräum unter Santa Prisca, Rom, frühes 3. Jh.).

F. CUMONT: Die oriental. Religionen im röm. Heidentum (a. d. Frz., ^{3}1931, Nachdr. 1989).

Solipsismus [lat. solus ›allein‹ und ipse ›selbst‹] *der, -, Philosophie:* extreme erkenntnistheoret. Position des Subjektivismus, die davon ausgeht, dass einzig das Ich mit seinen Erlebnissen wirklich sei und die Gesamtheit der wahrgenommenen Außenwelt bloße Vorstellung (G. BERKELEY, J. G. FICHTE: ›subjektiver Idealismus‹; RICHARD VON SCHUBERT-SOLDERN, * 1852, † 1884: ›theoret. Egoismus‹). Ein praktisch-eth. S. (oder Egoismus), der davon ausgeht, dass nur das Wert hat, was dem eigenen Selbst zugute kommt, wurde in radikaler Form von M. STIRNER vertreten.

Als method. Prinzip (Rückgang auf das Ich als ersten sicheren Ausgangspunkt des Wissens) findet sich ein S. bei R. DESCARTES und später bei H. DRIESCH. H. RICKERT widerlegt den S., weil das ›Selbst‹ nur in Abhebung zu Sozialem verstehbar sei, nach J.-P. SARTRE erfolgt die Anerkennung des Anderen im Schamgefühl, vermittelt durch den Blick des Anderen. In der analyt. Philosophie wurde der S. zu den selbstwidersprüchl. und daher sinnlosen Aussagen gezählt.

Virgil Solis d. Ä.: Justitia; Kupferstich

Solis, Virgil, d. Ä., latinisiert **Virgilius S.,** Zeichner, Grafiker und Formschneider, * Nürnberg 1514, † ebd. 1. 8. 1562. Unter dem Einfluss v. a. A. DÜRERS, B. BEHAIMS und P. FLÖTNERS entstand in seiner Nürnberger Werkstatt ein umfangreiches Werk an Holzschnitten, Kupferstichen, Radierungen und Zeichnungen in der Art der Kleinmeister. Es umfasst u. a. Illustrationen zur Bibel, Bildnisse, Landschafts- und Tierdarstellungen, Flugblätter sowie Entwürfe für kunsthandwerkl. Arbeiten.

I. O'DELL-FRANKE: Kupferstiche u. Radierungen aus der Werkstatt des V. S. (1977).

Solist [frz. soliste, von ital. solista, zu lat. solus ›allein‹] *der, -en/-en,* Einzelspieler oder Einzelsänger in Oper, Konzert und ähnl. Veranstaltungen. (→Solo)

Solís y Rivadeneyra [sɔ'lis i rriβaðe'neira], Antonio de, span. Schriftsteller, * Alcalá de Henares 18. 7. 1610, † Madrid 19. 10. 1686; war seit 1665 offizieller ›Indienchronist‹; wurde 1667 zum Priester geweiht. Der große Erfolg seiner ›Historia de la conquista de México‹ (1684; dt. ›Geschichte der Eroberung von Mexico‹, 2 Bde.) beruht mehr auf ihren stilist. als auf ihren historiograph. Qualitäten. In eurozentr. Sicht verherrlicht sie H. CORTÉS, die span. Soldaten und Christen. Als Dramatiker (u. a. ›El amor al uso‹ und ›Un bobo hace ciento‹, beide 1681 in ›Comedias‹) blieb er im Schatten von F. DE ROJAS ZORRILLA; als Lyriker (›Varias poesías sagradas y profanas‹, hg. 1692) folgte er L. DE GÓNGORA Y ARGOTE.

F. SERRALTA: Nueva biografía de A. S. y R., in: Criticón, Bd. 34 (Toulouse 1986).

Solitär [frz. solitaire, zu lat. solitarius ›einzeln‹] *der, -s/-e,* **1)** *Botanik:* einzeln stehende oder wachsende Pflanze.
2) *Brettspiel:* **Einsiedlerspiel,** Geduldspiel für eine Person; aus einem Brett mit 33 Löchern und 32 ausziehbaren Stiften sind durch waagerechtes oder senkrechtes Überspringen eines Stiftes mit einem anderen alle bis auf den letzten zu entfernen.

3) *ohne Pl., Schmuck:* einzeln gefasster, bes. schöner und großer Brillant.
4) *Zoologie:* einzeln lebendes Tier, im Ggs. zum Staaten bildenden, z. B. solitäre Bienen.

Solitonen [zu solitär gebildet], *Sg.* **Soliton** *das, -s,* **solitäre Wellen,** *Physik:* stationäre Wellen in nichtlinearen dispersiven Systemen, die im Unterschied zu Wellenpaketen in linearen dispersiven Systemen bei ihrer Fortpflanzung nicht auseinander laufen, sondern ihre Gestalt beibehalten. Man kann sie als lokalisierte, dynamisch und strukturell stabile Energiepakete betrachten, die sich mit einer bestimmten Geschwindigkeit in ihrem Medium bewegen (**dynamische S.**). Zwei S. können elastisch zusammenstoßen, ohne ihre Form zu ändern. Ein S. und das zugehörige **Anti-S.** können sich aber gegenseitig vernichten. Diese Eigenschaften verleihen den S. den Charakter von Teilchen. Die unterschiedl. Ausbreitungsgeschwindigkeit von Wellen versch. Wellenlänge (→Dispersion) wird bei S. dadurch kompensiert, dass die Wellenausbreitung nicht nur von der Frequenz, sondern auch von der Wellenamplitude abhängt: S. werden durch nichtlineare partielle Differenzialgleichungen beschrieben, die außer einem Term für die Dispersion auch ein nichtlineares Glied enthalten; sie stellen einen speziellen (aperiod.) Lösungstyp dieser Gleichungen dar. – Dynam. S. spielen eine wichtige Rolle in der Beschreibung nichtlinearer Phänomene, z. B. in der Hydrodynamik, der nichtlinearen Optik und der Plasmaphysik. Erstmalig wurden sie 1834 von J. S. RUSSELL in Form einer Wasserwelle beobachtet, die als ein ›Wasserbuckel‹ vom Bug eines in einem engen Kanal fahrenden Kahns löste, als dieser plötzlich gestoppt wurde (die Bez. S. stammt aus den 1960er-Jahren). Die →Tsunamis lassen sich z. B. als solitäre Wasserwellen verstehen. In Lichtwellenleitern können sich intensive kurze Lichtimpulse als **optische S.** ausbreiten. Auch in der Festkörperphysik helfen S. bei der Deutung bestimmter (z. B. magnet.) Phänomene.

In Analogie zu den dynam. S. werden stationäre, lokalisierte Konfigurationen endl. Energie von wechselwirkenden Eich- und skalaren Feldern in D (räuml.) Dimensionen für bestimmte nichtabelsche Eichgruppen als **topologische S.** bezeichnet, weil deren dynam. und strukturelle Stabilität topolog. Ursachen hat. So kann auf einer kompakten Mannigfaltigkeit (z. B. einem Kreis oder einer Kugel) ein in Richtung der äußeren Normalen orientiertes Vektorfeld durch die Windungszahl charakterisiert werden, die angibt, wie oft es die Basismannigfaltigkeit überdeckt. Solche, in ähnl. Weise auch für höherdimensionale kompakte Mannigfaltigkeiten definierbare und stets ganzzahlige Größen werden als **topologische Quantenzahlen** bezeichnet. Auch topolog. S. sind Lösungen spezieller nichtlinearer Differenzialgleichungen, die sich z. B. für $D = 1$ als dynam. S. auffassen lassen, für $D = 3$ rotationssymmetrische magnet. Monopole und für $D = 4$ die so genannten Instantonen darstellen. Die topolog. S. werden gelegentlich als (klass.) nichtlineare Modelle der Elementarteilchen herangezogen; magnet. Monopole könnten nach der Georgi-Glashow-Theorie als spezielle, extrem schwere Konfigurationen mit innerer Struktur den Protonenzerfall katalysieren, und Instantonen beschreiben in der Quantenchromodynamik den Tunneleffekt zw. topologisch versch. Vakuumzuständen.

Solitude [-'tyd; frz. ›Einsamkeit‹], Lustschloss im westl. Stadtbereich von Stuttgart, nahe Gerlingen, Bad.-Württ., 1763–67 im Rokokostil für Herzog KARL EUGEN von Württemberg nach dessen Plänen erbaut (BILD →Guêpière, Pierre Louis Philippe de la); in den halbkreisförmig angeordneten Nebengebäuden die frühklassizist. Schlosskapelle und ein Theatersaal. Das Schloss wurde durch eine 13 km lange Allee mit Ludwigsburg verbunden. Seit 1991 ist hier eine Akademie mit Ateliers und Wohnungen für junge Künstler untergebracht. (→Karlsschule)

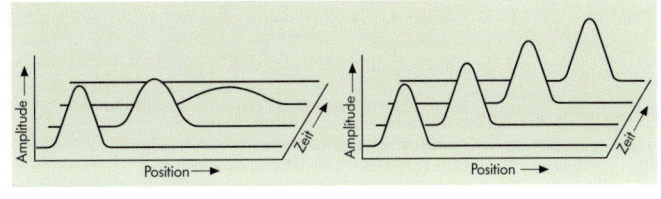

Solitonen: Schematische Darstellung einer gewöhnlichen zerfließenden Welle (links) und einer nicht zerfließenden Welle, eines Solitons (rechts)

Šoljan [' ʃɔl-], Antun, kroat. Schriftsteller, * Belgrad 1. 12. 1932; schreibt, an der angelsächs. Tradition geschult, iron., z. T. pessimist. Lyrik, in der er die Widersprüchlichkeiten der Gegenwart darstellt. Die Probleme des modernen Menschen – Beklemmung, Einsamkeit – sind auch Thema seiner Prosa und Dramen.
Werke: *Romane:* Kratki izlet (1965; dt. Der kurze Ausflug); Drugi ljudi na mjesecu (1978); Bacač kamena (1985). – *Dramen:* Dioklecijanova palača (1970); Romanca o tri ljubavi (1977).

Sölktal, rechtes Nebental der Enns in den Niederen Tauern, Steiermark, Österreich, gabelt sich bei Großsölk in das Großsölk- und das Kleinsölktal (Naturpark Sölktäler).

Soll, 1) *betriebliches Rechnungswesen:* zum einen die linke Seite eines Kontos (andere Bez. **Debet**) zur Erfassung von Aktivmehrungen (bei Aktivkonten Eintragung von Zunahmen) und Passivminderungen (bei Passivkonten Eintragung der Schuldenabnahme); Ggs.: Haben. Bei den Erfolgskonten werden auf der S.-Seite die Aufwendungen ausgewiesen. Zum anderen bezieht sich S. auf eine geforderte Arbeitsleistung (z. B. im Sinne einer Vorgabezeit) oder eine vorgeschriebene, geplante Produktionsmenge. Besondere Bedeutung im betriebl. Rechnungswesen haben **S.-Ist-Vergleiche** als Gegenüberstellungen von geplanten und tatsächl. Werten, um Abweichungen von Plan- und Istgrößen feststellen und analysieren zu können (→Plankostenrechnung).
2) *Finanzwissenschaft:* im Haushaltsplan (**S.-Etat**) die veranschlagten Ausgaben und Einnahmen (**S.-Ausgaben, S.-Einnahmen**). →kameralistisches Rechnungswesen

Sölle, *Sg.* **Soll** *das, -s, Geomorphologie:* kleine, oft fast kreisrunde, meist gehäuft auftretende, trichterartige Hohlformen (5–20 m Durchmesser) in ehem. Vereisungsgebieten; entstanden durch Abschmelzen von Toteisblöcken in den Lockermassen der Grundmoränen.

Sölle, Dorothee, eigtl. **D. Sölle-Steffensky,** geb. **Nipperdey,** ev. Theologin, Literaturwissenschaftlerin und Schriftstellerin, * Köln 30. 9. 1929; war Hochschullehrerin in Köln, 1975–1987 Professorin für systemat. Theologie am Union Theological Seminary in New York. Beeinflusst zunächst von der Gott-ist-tot-, dann der Befreiungs- und feminist. Theologie, vertritt S. eine kirchenkrit., politisch engagierte Position, die christl. Überlieferung im Sinne einer säkularen Humanität zu interpretieren sucht. In den 1980er-Jahren galt ihr polit. Engagement bes. der Friedensbewegung.
Werke: Stellvertretung. Ein Kapitel Theologie nach dem ›Tod Gottes‹ (1965); Atheistisch an Gott glauben (1968); Realisation. Studien zum Verhältnis von Theologie u. Dichtung nach der Aufklärung (1973); Fliegen lernen. Gedichte (1979); Gott denken. Einf. in die Theologie (1990); Gewalt. Ich soll mich nicht gewöhnen (1994); Gegenwind. Erinnerungen (1995); Den Himmel erden. Eine ökofeminist. Annäherung an die Bibel (1996, mit L. SCHOTTROFF).

Dorothee Sölle

Sollemnitas [lat. ›Festlichkeit‹, ›Festfeier‹], allg. Bez. für größeres Fest. In der kath. Kirche seit 1969 Bez. für die im liturg. Kalender am höchsten stehenden Feste (dt. **Hochfest**).

Sollen, die Forderung, dass etwas sei oder nicht sei, geschehe oder nicht geschehe; an die menschl. Person herantretend als Tun-S. oder Unterlassen-S. Dieses S. kann sein: 1) ein von der Gesellschaft oder einer anderen äußeren Instanz erhobener Anspruch etwa im Sinne einer Empfehlung, der damit nicht ohne weiteres verbindlich ist, 2) ein verbindl. Anspruch. Die Einsehbarkeit des S.-Anspruches als begründet und als verpflichtend kann auf der Anordnung einer vom Betroffenen selbst als verpflichtend angesehenen Autorität beruhen (Gottheit, geheiligtes Herkommen, das staatl. Recht) wie auch auf freiwillig übernommener Verpflichtung, eigener Anerkennung einer sittl. Norm oder bestimmter Werte. Die prakt. Philosophie (Ethik) hat das S., die theoretische das Sein als Gegenstand des Denkens. (→Pflicht)

Mit dem wiss. Gehalt von S.-Sätzen hat sich die eth. Diskussion des 20. Jh. beschäftigt. Das Spektrum unterschiedl. Positionen reicht dabei von einer Verwerfung der Möglichkeit, ein S. aus einem Sein, d. h. Werte (das ›Gute‹, z. B. Verantwortlichkeit) aus Sachverhalten (etwa, dass eine bestimmte Handlung zum Wohlergehen vieler Menschen beiträgt), abzuleiten, weil Werte – anders als Sachverhalte – nur auf intuitiver und nicht auf diskursiver, allg. begründbarer Erkenntnis beruhen (G. E. MOORE, A. J. AYER), bis zum Aufbau einer →deontischen Logik. Gefragt wird auch, welche Kriterien S.-Sätze (Normen wie ›du sollst nicht betrügen‹) erfüllen müssen, um begründbar und allg. gültig zu sein.

Sollentuna [-tu:na], Gem. im Verw.-Bez. (Län) Stockholm, Schweden, 54 600 Ew.; nördl. Wohnvorort von Stockholm.

Söller [ahd. solari, von lat. solarium ›der Sonne ausgesetzter Ort‹] der, -s/-, der →Altan.

Sollers [sɔˈlɛrs], Philippe, frz. Schriftsteller, eigtl. P. Joyaux [ʒwaˈjo], *Talence (Dép. Gironde) 28. 11. 1936; wandte sich nach Anfängen in traditioneller Erzählweise (z. B. in dem Roman ›Une curieuse solitude‹, 1958; dt. ›Seltsame Einsamkeit‹) dem Nouveau Roman zu (›Le parc‹, 1961; dt. ›Der Park‹), zu dessen wichtigsten Repräsentanten er gehörte. Als Mitbegründer der Zeitschrift ›Tel Quel‹ (1960) ist er seit den 60er-Jahren eine der zentralen Gestalten der frz. Literatur. Seine neuartige poetolog. Konzeption bezog Denkansätze u. a. aus Psychoanalyse, Philosophie, Linguistik und Gesellschaftstheorie ein, Literatur war für ihn der von allen Verweisfunktionen auf eine außersprachl. Realität freie, rein materialist. (d. h. allein an der Sprache als System aufeinander bezogener Zeichen orientierte) Text, wobei das Schreiben und die Reflexion darüber eine untrennbare Verbindung eingingen (z. B. in dem Roman ›Drame‹, 1965). Wechselnde gesellschaftspolit. Orientierungen führten ihn zu marxist., maoist., schließlich zu kath. Positionen und zur Auseinandersetzung mit der Nouvelle Philosophie. 1982 wurde ›Tel Quel‹ aufgelöst; mit ›Femmes‹ (1983) kehrte S. zum traditionellen Erzählen zurück, wie auch ›Portrait du joueur‹ (1984; dt. ›Portrait des Spielers‹) trägt dieser Roman autobiograph. Züge, erot. Szenen nehmen breiten Raum ein. Als neues Forum für seine Essays zu kulturellen und gesellschaftl. Themen gründete S. 1983 die Zeitschrift ›L'Infini‹.

Weitere Werke: *Romane:* Le défi (1957); L'intermédiaire (1963); Nombres (1968); Lois (1972); H (1973); Paradis, 2 Bde. (1981–86); Le cœur absolu (1987); Les folies françaises (1988); Le lys d'or (1989); La fête à Venise (1991); Le secret (1992); Studio (1997). – *Essays:* Logiques (1968); Sur le matérialisme (1974); L'assomption (1985); Théorie des exceptions (1986); Drame (1990); La guerre du goût (1994).

Philippe Sollers

Soll|ertragsteuern, *Finanzwissenschaft:* →Ertragsteuern.

Sollicitudo rei socialis [lat. ›Die soziale Sorge (der Kirche)‹], am 30. 12. 1987 anlässlich des 20. Jahrestages von →Populorum progressio veröffentlichte Sozialenzyklika JOHANNES PAULS II. Zentrales Thema ist, wie in der Enzyklika PAULS VI., die ›Entwicklung der Völker‹. S. r. s. unterzieht den Begriff ›Entwicklung‹ in seinen neuen Aspekten am Ende des 20. Jh. umfassender theolog. und sozialwiss. Analyse und hebt vor dem Hintergrund der weltweiten Dimension der sozialen Frage die Verpflichtung der Kirche, sich für Gerechtigkeit und sozialen Fortschritt unter den Völkern einzusetzen, als von Gott gebotenen Dienst an der Menschheitsfamilie hervor.

Solling *der,* Höhenzug im Weserbergland, Ndsachs., zw. Leine und Weser, in der Großen Blöße 528 m ü. M.; aus Buntsandstein aufgebaut, stark bewaldet; größtenteils Naturpark; Fremdenverkehr.

Sollmaß, *Technik:* 1) das fehlerfreie Maß eines Werkstücks, das bei der Herstellung angestrebt werden soll und innerhalb des →Grenzmaßes liegen muss; 2) vorgeschriebenes Maß für eine fehlerfreie Grenzlehre; 3) im Bauwesen →Baunennmaße.

Sollogub, Wladimir Aleksandrowitsch, russ. Schriftsteller, *Sankt Petersburg 20. 8. 1813, †Bad Homburg v. d. Höhe 17. 6. 1882; Ministerialbeamter; schildert in seinen Erzählungen treffend und ironisch das Leben der russ. Aristokratie (›Istorija dvuch kalosˇ‹, 1839; ›Bol'šoj svet‹, 1840). In der teils realist., teils romanhaften Reisebeschreibung ›Tarantas‹ (1845; dt.) stellt er satirisch das deprimierende Leben in der russ. Provinz aus der Sicht eines reisenden slawophilen Gutsbesitzers dar. 1856 zum Hofhistoriographen ernannt, begann er Komödien (›Činovnik‹, 1859) zu schreiben.

Weiteres Werk: *Erinnerungen:* Vospominanija (1866).
Ausgabe: Povesti i rasskazy (1962).

Sollsteuern, →Substanzsteuern.

Soll und Haben, Roman von G. FREYTAG, 3 Bde., 1855.

Sollwert, *Messtechnik:* der Wert, den eine bestimmte physikal. Größe zu einem bestimmten Zeitpunkt annehmen soll (→Istwert). In einem →Regelkreis ist der S. der Regelgröße der Augenblickswert der Führungsgröße. Der Nennwert von Bauelementen, der vom Hersteller z. B. durch Aufdruck gekennzeichnet wird, oder der Vorgabe bzw. Vereinbarung eines Werts (z. B. Netzspannung 220 V) werden auch als S. bezeichnet.

Sollzinsen, Zinsen, die ein Kreditnehmer für einen aufgenommenen Kredit an den Kreditgeber zu zahlen hat, im Unterschied zu den Habenzinsen.

Solmisation [ital.] *die, -. Musik:* das auf GUIDO VON AREZZO zurückgehende System von Ton-Bez., mit dem die Aufeinanderfolge der Stufen der sechsstufigen, im MA. gebräuchl. Tonleiter (Hexachord) von Ganzton, Ganzton, Halbton, Ganzton, Ganzton sinnfällig gemacht wurde. Die Tonsilben ut (später do), re, mi, fa, sol, la, entsprechen den Halbzeilenanfängen des Johanneshymnus ›Ut queant laxis, resonare fibris …‹. Mit drei auf C (Hexachordum naturale), F (Hexachordum molle) und G (Hexachordum durum) einsetzenden Sechstonskalen und ihrer Transposition nach oben und unten konnte der im MA. benötigte Tonraum exakt bezeichnet werden. Der Übergang von einem Hexachord in ein anderes (beim Überschreiten des Sechstonraumes) hieß Mutation. Während die Tonsilbe den Tonort bestimmt, benennt die Kombination der Tonsilben die Tonhöhe (z. B. c = fa ut, c^1 = sol fa ut). Mit dem Aufkommen des neuzeitl. Dur-Moll-Systems ergaben sich Schwierigkeiten, die zunächst mit dem Einführen der Silbe si für h überwunden wurden. – Die S. wurde seit dem MA. im Musikunterricht gebraucht; als Gedächtnishilfe und zum Singen nach Handzeichen diente die →guidonische Hand. Seit dem 16. Jh. erfuhr die S. zahlr. Veränderungen (z. B. →Bocedisation); sie wurde im 19. Jh. in England mit der Tonic-solfa-Methode neu belebt, auf der die seit Anfang des 20. Jh. in Dtl. gebrauchte Tonika-do-Methode beruht. Das →Tonwortsystem von C. Eitz verwendet Tonsilben für absolute Tonhöhen.

ee (= e^2)			la	
dd (= d^2)			la	sol
cc (= c^2)			sol	fa
bb (= b^1 oder h^1)			fa	mi
aa (= a^1)		la	mi	re
g (= g^1)		sol	re	ut (Hexachordum durum tertium)
f (= f^1)		fa		ut (Hexachordum molle secundum)
e (= e^1)		la	mi	re
d (= d^1)	la	sol	re	
c (= c^1)	sol	fa		ut (Hexachordum naturale secundum)
b (= b oder h)	fa	mi		
a (= a)	la	mi	re	
G (= g)	sol	re		ut (Hexachordum durum secundum)
F (= f)	fa			ut (Hexachordum molle primum)
E (= e)	la	mi		
D (= d)	sol	re		
C (= c)	fa			ut (Hexachordum naturale primum)
B (= H)	mi			
A (= A)	re			
Γ (= G)	ut (Hexachordum durum primum)			

Solmisation

Solms, Stadt im Lahn-Dill-Kreis, Hessen, 216 m ü. M., im Lahntal, 14 400 Ew.; Volkssternwarte. S. gehört zum Wirtschaftsgebiet Lahn-Dill; die 1983 geschlossene Eisenerzgrube ›Fortuna‹ ist heute Besucherbergwerk. – Im Ortsteil Oberbiel das ehem. Prämonstratenserinnenkloster →Altenberg 3). – Durch Zusammenschluss von Burgsolms (erste Erwähnung im 8. Jh.), Oberndorf, Albshausen, Oberbiel und Niederbiel entstand 1977 die Großgemeinde S. 1978 wurde S. Stadt.

Solms, edelfreies Geschlecht des Lahngaus mit Stammsitz Burgsolms (→Solms), 1129 bezeugt, seit 1223 Grafen. Nach schweren Kämpfen gegen die Landgrafschaft Hessen im 14. Jh. konsolidierte sich die Grafschaft S. durch Erbschaft in der Wetterau (1418) und blieb bis 1806 reichsunmittelbar. Im 15. Jh. teilte sich das Geschlecht in die Linien **S.-Braunfels** (seit 1742 reichsfürstlich) und **S.-Lich** (seit 1792 reichsfürstlich).

Solms, Hermann Otto, eigtl. **H. O. Prinz zu S.-Hohensolms-Lich,** Politiker, * Lich 21. 11. 1940; seit 1980 MdB, 1985–90 stellv., seit Januar 1991 Fraktions-Vors. der FDP im Dt. Bundestag.

Solmsen, Friedrich, klass. Philologe, * Bonn 4. 2. 1904, † Chapel Hill (N. C.) 30. 1. 1989; war nach seiner Emigration 1933 Prof. an verschiedenen Univ. in den USA (seit 1964 in Madison, Wis.) und widmete sich bes. der griech. Dichtung und Philosophie.
Werke: Die Entwicklung der Aristotel. Logik u. Rhetorik (1929); Antiphonstudien (1931); Hesiod and Aeschylus (1949); Aristoteles' system of the physical world (1960); Electra and Orestes (1967); Intellectual experiments of the Greek enlightenment (1975); Isis among the Greeks and Romans (1979). – Hg.: Hesiodius: Theogonia (1970).
Ausgabe: Kleine Schrr., 3 Bde. (1968–82).

Solna, Stadt im Verw.-Bez. (Län) Stockholm, Schweden, 54 400 Ew.; nordwestl. Vorstadt von Stockholm.

Solnhofen, Gem. im Landkreis Weißenburg-Gunzenhausen, Bayern, 406 m ü. M., im Altmühltal, 1 900 Ew.; Bürgermeister-Müller-Museum (Abteilungen: Versteinerungen, Steinbruch, Lithographie); Steinbruchindustrie (→Solnhofener Plattenkalke). – Von der ehem. Klosterkirche (›Sola-Basilika‹) der Benediktinerpropstei wurde der Turm des 9. Jh. in den barocken Neubau der ev. Pfarrkirche (1783–85) einbezogen; ferner Teile des nördl. Seitenschiffwand mit Arkadenreihe und aufgemauerter Tumba (9. Jh.; Grab des hl. Sola, erhalten).

Solnhofener Plattenkalke, Solnhofener Schiefer, im S der Fränk. Alb verbreiteter, in den Steinbrüchen bei Solnhofen gebrochener, feinkörniger, dünnplattiger, bis 90 m mächtiger Kalkstein (durch dünne Tonlagen getrennte 2–25 cm mächtige Kalkbänke) aus dem oberen Malm, in einer Lagune abgelagert. Wegen der gleichmäßigen Feinkörnigkeit und guten Spaltbarkeit werden S. P. als Lithographiesteine und in der Bautechnik (v. a. als Fußbodenbelag) verwendet. Sie sind durch zahlreiche gut erhaltene Fossilien bekannt (rd. 650 Tierarten: neben Quallen, Krebsen, Insekten, Stachelhäutern, Ammoniten, Belemniten, Fischen, Flugsauriern u. a. Reptilien die einzigen bekannten Exemplare des →Archaeopteryx).
K. W. Barthel: Solnhofen. Ein Blick in die Erdgesch. (Thun 1978).

Solo [ital., von lat. solus ›allein‹] *das, -s/-s* und *...li,* solistisch auszuführende, meist technisch bes. anspruchsvolle Vokal- oder Instrumentalstimme mit oder ohne Begleitung; in übertragener Bedeutung auch Bez. für ein nur von einem Solisten vorzutragendes Musikstück. Im Instrumentalkonzert stehen ein oder mehrere Instrumentalsolisten dem Orchester (→Ripieno, →Tutti) gegenüber, in großen Vokalwerken ein oder mehrere Vokalisten dem Chor (bzw. auch dem Orchester).

Solo, 1) Stadt in Indonesien, →Surakarta.
2) *der,* längster Fluss Javas, Indonesien; entspringt am Fuß des Vulkans Lawu, südöstlich von Surakarta, mündet nordwestlich von Surabaja in die Javasee; 540 km lang. Der Hauptmündungsarm wurde nach N abgeleitet, um die Versandung der Madurastraße und des Hafens von Surabaja zu verhindern. – In den pleistozänen Ablagerungen des S.-Tales wurden bedeutende Funde fossiler Menschen gemacht (→Homo erectus, →Ngandong).

Solocha, Fundort (bei Nikopol, Ukraine) eines skyth. Kurgans mit zwei Königsgräbern, von denen das eine z. T. ausgeraubt war. In dem zweiten Grab, einem Schacht mit seitl. Kammer, drei Nischen und Schatzversteck, war ein skyth. König mit Dienern und Pferden (4. Jh. v. Chr.) beigesetzt. Zu den Grabbeigaben gehören u. a. zahlr. Gold- und Silbergegenstände, darunter ein Goldkamm mit Reiterkampfszene (Sankt Petersburg, Eremitage).

Solod [russ.] *der, -s,* **Steppenbleich|erde,** meist aus →Solonez durch stärkere Auswaschung nach Absinken des Grundwasserspiegels entwickelter Salzboden in subhumiden bis semiariden Gebieten; bei star-

Solocha: Goldkamm mit Reiterkampfszene; 4. Jh. v. Chr. (Sankt Petersburg, Eremitage)

Fjodor Sologub
(Kreidezeichnung von Konstantin Andrejewitsch Somow; 1910)

Solomon

Solon
(römische Kopie einer griechischen Marmorbüste; Florenz, Uffizien)

ker Verarmung des A-Horizontes durch Humus- und Tonverlagerung in die Tiefe entsteht ein weißer, kieselsäurereicher Bleichhorizont über dem dichten, dunklen, salzreichen B-Horizont. Der S. ist schwach sauer und unfruchtbar.

Sologne [sɔˈlɔɲ] *die,* Landschaft innerhalb des Loirebogens, Frankreich, im S begrenzt durch den Cher, umfasst etwa den östl. Teil des Dép. Loir-et-Cher, rd. 4400 km²; eine flache Senke aus Sanden und Tonen (Miozän), zu 30% mit Wald, zu 13% mit Heide bedeckt; Teichwirtschaft (früher ausgedehnter, heute rd. 10 000 ha Teiche); hoch mechanisierte landwirtschaftl. Betriebe mit Anbau von Mais, Sojabohnen u. a. sowie Spezialkulturen (Erdbeeren, Spargel); Viehzucht (Fleischkälber und -lämmer); seit Jahrhunderten bevorzugtes Jagdgebiet, heute zunehmend Erholungsgebiet. Industrie ist in Lamotte-Beuvron, Salbris und Romorantin-Lantheney angesiedelt.

Sologub, Fjodor, eigtl. F. Kusmitsch Teternikow, russ. Schriftsteller, * Sankt Petersburg 1. 3. 1863, † Leningrad 5. 12. 1927; Lehrer, einer der bedeutendsten Vertreter des russ. Symbolismus. Seine düstere, dämonisierende Sicht einer vom Satan beherrschten Welt zeigt sich ebenso in der fantast. Visionen und Beschwörungen bevorzugenden Lyrik wie in der Prosa, die das Thema der Dämonie häufig mit denen der Sexualität und der Todessehnsucht verbindet. Sein Stil, bes. der seiner Lyrik, ist bildhaft, klar und von hoher, oft suggestiver Musikalität.

Werke: *Romane:* Melkij bes (1907; dt. Der kleine Dämon); Slašče jada (1912; dt. Süßer als Gift); Tvorimaja legenda, 3 Bde. (1914; dt. Totenzauber). – *Lyrik:* Plamennyj krug (1908; dt. Der flammende Kreis).

Ausgaben: Sobranie sočinenij, Bd. 1 u. 3–20 (1913–14); Stichotvorenija (1975); Rasskazy (1979); Sobranie sočinenij. Ges. Werke, hg. v. U. STELTNER, 2 Bde. (1992–97). – Das Buch der Märchen (1907, Ausw.); Meisternovellen, übers. v. A. ELIASBERG (1960); Der vergiftete Garten. Phantastisch-unheiml. Geschichten (1990).

J. HOLTHUSEN: F. S.s Roman-Trilogie Tvorimaja legenda (Den Haag 1960); A. LEITNER: Die Erz. F. S.s (1976); Fedor S. Texte, Aufs., Bibliogr. 1884–1984, hg. v. B. LAUER u. a. (1984); B. LAUER: Das lyr. Frühwerk von Fedor S. (1986).

Sologuren, Javier, peruan. Schriftsteller, * Lima 1921; war Verleger und Literaturkritiker, dann Prof. für Literatur an der San-Marcos-Univ. in Lima. Bedeutender Vertreter einer hispan. Traditionen mit avantgardist. Elementen verbindenden Dichtkunst.

Werke: *Lyrik:* El morador (1944); Detenimientos (1947); Dédalo dormido (1949); Bajo los ojos del amor (1950); Vida continua 1944–1964 (1966, erw. 1989); Corola parva (1977); El amor y los cuerpos (1980); Tornaviaje (1989).

Solomaschine, motorrennsportl. Bez. für ein einspuriges Kraftrad mit zwei Rädern, im Ggs. zum Seitenwagen (→Motorradsport). Die jeweilige Hubraumkategorie (125³, 250³ usw.) bezeichnet man demzufolge als **Soloklasse.**

Solomensch, *Anthropologie:* →Ngandong.

Solomon [ˈsɔləmən], eigtl. S. Cutner [ˈkʌtnə], brit. Pianist, * London 9. 8. 1902, † ebd. 2. 2. 1988; studierte u. a. bei M. DUPRÉ; bekannt als Interpret der Werke von W. A. MOZART, L. VAN BEETHOVEN, J. BRAHMS, F. LISZT, P. I. TSCHAIKOWSKY und C. DEBUSSY.

Solomon Islands [ˈsɔləmən ˈaɪləndz], amtlicher engl. Name der →Salomoninseln.

Solomọs, Dionysios, neugriech. Dichter, * auf Zakynthos zw. 15. 3. und 15. 4. 1798, † auf Korfu 9. 2. 1857; wurde von seinem zehnten Lebensjahr an in Italien erzogen, studierte dort Jura und kehrte 1818 nach Zakynthos zurück. Der von der Aufklärung beeinflusste, philosophisch geschulte Lyriker (Verehrer des dt. Idealismus) begründete die neue Tradition der griech. Lyrik durch seine Gedichte in der Volkssprache (Demotike). Seine ›Hymne an die Freiheit‹ (neugriech., 1823), sein ›Gedicht auf den Tod von Lord Byron‹ (neugriech., 1824), die Dichtungen ›Lambros‹ (neugriech., entst. 1823–24), ›Die freien Belagerten‹ (neugriech., entst. 1826–44), ›Der Kreter‹ (neugriech., 1833) und der ›Porphyras‹ (neugriech., 1849) sowie die Prosastücke ›Der Dialog‹ (neugriech., 1825) und ›Die Frau von Zakynthos‹ (neugriech., entst. 1826–29) erweisen ihn als eine der bedeutendsten Gestalten der neugriech. Literatur. Er gilt als der Nationaldichter Griechenlands.

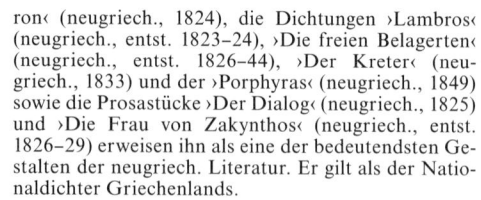

Ausgaben: Ta heuriskomena (1859); Hapanta, 3 Tle. (¹⁻²1948–69); Basikē Bibliothēkē, Bd. 15 (1954); Hapanta ta heuriskomena (Neuausg. 1955); Autographa erga, hg. v. L. POLITIS, 2 Bde. (1964); He allelographia, hg. v. L. POLITIS (1991; Briefwechsel).

J. APOSTOLAKIS: Hē poiēsē stē zōē mas (Athen 1923); K. VARNALIS: Ho S. chōris metaphysikē (ebd. 1925); DERS.: Solōmika (ebd. 1957); P. MICHALOPULOS: D. S. (ebd. 1931); R. J. H. JENKINS: D. S. (Cambridge 1940); E. KRIARAS: D. S. ho bios – to ergo (Saloniki 1957); M. RAIZIS: D. S. (New York 1972); L. COUTELLE: Formation poétique de S. (ebd. 1977); G. VELOUDIS: D. S. Germanikēs pēges romantikē poiēsē kai poietikē (Athen 1989).

Solon, griech. **Solōn,** athen. Gesetzgeber, * Athen um 640 v. Chr., † ebd. nach 561 v. Chr.; aus dem athen. Königsgeschlecht (?) der Medontiden. S. rief im Krieg gegen Megara zur Befreiung der Insel Salamis auf. 594 wurde er zum Archon und Schlichter in den sozialen und polit. Kämpfen zw. dem athen. Adel und den großenteils in Schuldknechtschaft geratenen Bauern gewählt. S. verfügte eine allgemeine Schuldentilgung und die Abschaffung der Schuldknechtschaft, veranlasste eine Reform der Maße und Gewichte und verbesserte durch seine Gesetzgebung bes. das Familien- und Erbrecht. Die Bürgerschaft gliederte S. auf der Grundlage der jährl. Ernteerträge in vier Klassen: Pentakosiomedimnoi (›Fünfhundertscheffler‹), Hippeis (›Ritter‹) mit mindestens 300, Zeugiten mit mindestens 200 Scheffeln Getreide und Theten (Lohnarbeiter). Die beiden ersten Klassen stellten sich beritten, die dritte als →Hopliten zum Heeresdienst. Archonten konnten nur Männer der obersten Klasse werden. Die Theten hatten nur das aktive Wahlrecht. S. schuf ferner einen neuen Rat mit 400 Mitgl. und Volksgericht (›Heliaia‹). Später galt er als Begründer der athen. Demokratie.

Als Dichter erinnerte S. in seinen Elegien seine Mitbürger an ihre Verantwortung für den Staat und rechtfertigte seine auf Ausgleich bedachte Politik. Vor der Tyrannis des PEISISTRATOS, die er noch erlebte, soll S. vergeblich gewarnt haben. Später wurde S. zu den sieben Weisen gezählt und mit dem Lyderkönig KRÖSUS in Verbindung gebracht. – Biographie von PLUTARCH.

H. FRÄNKEL: Dichtung u. Philosophie des frühen Griechentums (³1969, Nachdr. 1976); C. MOSSÉ: Le mythe de S. et la démocratie athénienne, in: Annales. Économies, sociétés, civilisations, Jg. 34 (Paris 1979); P. OLIVA: S. – Legende u. Wirklichkeit (1988).

Solonen, Volksstamm mit tungus. Sprache in China und Russland, heute meist den Ewenken zugeordnet, z. T. auch von Burjaten und Dahuren assimiliert.

Solonẹz [russ.] *der, -,* **Schwarz|alkaliboden, Natriumboden,** in mäßig ariden Klimagebieten (Auswaschung leicht löslicher Salze muss noch möglich sein) anzutreffender Salzboden mit starker Salzanreicherung in den untersten Bodenhorizonten; meist schlecht durchlüftet und wenig wasserdurchlässig; bei Austrocknung Bildung tiefer Schrumpfungsrisse. Der B-Horizont ist infolge Verlagerung von Ton und Humus aus dem A-Horizont stark verdichtet und dunkel gefärbt; er zeigt typ. Säulengefüge infolge starker Quellungs- und Schrumpfungsvorgänge. S. hat hohen Natriumgehalt, aber geringeren Gehalt an wasserlösl. Salzen als der Solontschak.

Solontschạk [russ.] *der, -,* **Weiß|alkaliboden,** Salzboden, der v. a. in Senken mit hoch stehendem, stark salzhaltigem Grundwasser auftritt. Es kommt zur Salzanreicherung (v. a. Natriumchlorid und Natriumsulfat) in den obersten Bodenhorizonten sowie zur Ausbildung oberflächl. Salzkrusten und -ausblühungen durch kapillare Hebung und Austrocknung des Grundwassers. S. ist sehr vegetationsarm (wenige Salz liebende Pflanzen). Er kann auch durch künstl. Bewässerung entstehen.

Solorinseln, Inselgruppe der Kleinen Sundainseln, Indonesien, östlich von Flores, umfasst →Adonara, Lomblen (1 292 km²), Solor (223 km²) und zahlr. kleinere Inseln; vulkan. Ursprungs. Die Bev. lebt von Landwirtschaft und Fischfang.

Solothurn, frz. **Soleure** [sɔˈlœːr], **1)** Hauptstadt des Kantons S., Schweiz, 437 m ü. M., erstreckt sich am Fuß des Weißensteins beiderseits der mittleren Aare, 15 200 Ew. (davon 17,4 % Ausländer), bildet den Bez. S. (6 km²); Sitz des Bischofs von Basel; Lehrerseminar, Uhrmacherschule, Stadttheater, Zentralbibliothek und Staatsarchiv, Histor. Museum Schloss Blumenstein, Stein-, Natur-, Kunstmuseum (v. a. Sammlung Schweizer Künstler), Museum Altes Zeughaus, Solothurner Film- und Literaturtage; feinmechan. (Uhren- und Apparatebau) und elektron. Industrie, Maschinenbau. – Die Altstadt ist z. T. noch ummauert, mit charakterist. Rundtürmen als Eckbastionen (16. Jh.), Bieltor (12.–19. Jh.) und Baseltor (1504–35). An der Stelle mehrerer Vorgängerbauten entstand als frühklassizist. Neubau die St.-Ursen-Kathedrale (1773 geweiht), deren Freitreppe und monumentale Fassade einen eindrucksvollen Abschluss der Hauptgasse bilden. Die barocke Jesuitenkirche (nach Aufhebung des Ordens ›Professorenkirche‹; 1680–89), ein frühes Beispiel der Vorarlberger Bauschule, beherbergt seit 1997 das Steinmuseum. Rathaus, im Kern spätgotisch, mehrfach umgebaut (manierist. O-Fassade mit Hauptportal und Treppenturm; 17. Jh.). Das Alte Zeughaus (1610–14) ist heute Museum. Patrizierhäuser (16.–17. Jh.), Ambassadorenhof (1721 von F. BEER VON BLEICHTEN); zahlr. Brunnenanlagen. – S., das urspr. keltisch-röm. **Salodurum,** kam 888 an das Königreich Burgund, 1032 mit diesem an das Heilige Röm. Reich und unterstand seit 1127 den Zähringern. Nach deren Aussterben wurde S. 1218 Reichsstadt, verbündete sich von 1295 an mit Bern und betrieb seit 1389 eine expansive Territorialpolitik, die zum Erwerb von Gebieten im Aaretal und im Jura führte. 1481 wurde S. in die Eidgenossenschaft aufgenommen, nachdem die Stadt bereits seit 1353 zugewandter Ort war. Seit 1533 gehörte die Stadt zum kath. Lager. 1803 wurde S. Hauptstadt des gleichnamigen Kantons.

S. Beitr. zur Entwicklung der Stadt im MA., bearb. v. B. SCHUBIGER (Zürich 1990).

2) Kanton im NW der Schweiz, 791 km², (1996) 240 800 Ew. (davon 15,8 % Ausländer); Hauptstadt ist 1). Die Bev. ist meist dt.-sprachig und etwa zur Hälfte katholisch. Der stark gegliederte Kanton umfasst im SW das Aaretal zw. Grenchen und Solothurn sowie das flache Molasserücken des Bucheggberges (673 m ü. M.), im O das Tal des Dünnern zw. Oensingen und Olten und das Mündungsgebiet der Emme. Der NW-Teil gehört mit der Weißensteinkette (im Hasenmatt 1 445 m ü. M.) zum Jura, ebenso wie die Bez. Thierstein und Dorneck (Schwarzbubenland) sowie die durch das Laufental abgetrennten Exklaven Kleinlützel und Metzerlen an der schweizerisch-frz. Grenze. Klimatisch begünstigt sind die südexponierten Juraabhänge, die breiten Täler und das Schwarzbubenland.

Staat und Recht: Nach der Verf. vom 8. 6. 1986 (in Kraft seit 1. 1. 1988) liegt die Legislative beim Kantonsrat (144 Mitgl., auf vier Jahre nach Proporzverfahren gewählt), dessen Erlasse dem obligator. Referendum unterstehen; bei den dem fakultativen Referendum unterstehenden Entscheiden können 1 500 Stimmbürger die Volksabstimmung verlangen; daneben können 3 000 Stimmbürger eine Gesetzesinitiative einreichen; neu wurde die Volksmotion geschaffen, die von 100 Stimmbürgern dem Kantonsrat eingereicht werden kann und dort wie die Motion eines Mitgl. behandelt werden muss. Exekutive ist der Regierungsrat (fünf Mitgl., für vier Jahre nach Majorzverfahren gewählt). Aktives und passives Wahlrecht sind an das erfüllte 18. Lebensjahr gebunden (Frauenstimmrecht seit 1971). – Oberste Gerichte sind Obergericht, Kassationsgericht und Verwaltungsgericht.

Wappen: Es ist rotweiß geteilt und steht mit einem mittelalterl. Zeichen für die →Thebäische Legion sowie mit der roten Fahne des Solothurner Patrons im Zusammenhang.

Bildungswesen: Primarschule i. d. R. sechs Jahre (Übertritt ins Gymnasium bereits nach dem 5. Schuljahr möglich), Ober-, Sekundar- oder Bezirksschule drei Jahre (10. freiwilliges Schuljahr). Neben dem Gymnasium der Typen A und B gibt es im Anschluss an das 8. Schuljahr auch die Typen C und E; Handelsmittelschule; Verkehrsschule; Lehrer-, Kindergärtnerinnen-, Arbeitslehrerinnenseminar; kaufmänn., gewerblich-industrielle und landwirtschaftl. Berufsschulen; landwirtschaftl. Fachschule. Höhere Wirtschafts- und Verwaltungsschule in Olten (gemeinsam mit dem Kt. Aargau); Schule für Sozialarbeit, höhere techn. Lehranstalt (HTL), Technikerschule für Informatik (TSI), Schweizer. Höhere Fachschule für Augenoptik.

Wirtschaft: Von den (1995) 115 600 Erwerbstätigen sind 5,4 % in der Land- und Forstwirtschaft, 39,9 % im industriellen Sektor und 54,7 % im Dienstleistungssektor beschäftigt. Mit einem Volkseinkommen pro Ew. von (1995) 41 125 sfr liegt S. an 12. Stelle unter den 26 Kantonen (Schweiz: 45 276 sfr).

S. zählt zu den waldreichsten Kantonen (39 % der Gesamtfläche sind bewaldet); rd. 45 % der Gesamtfläche werden landwirtschaftlich genutzt: Acker- und Obstbau (Kirschen) v. a. im Schwarzbubenland (Tafeljura), Rinderzucht v. a. an den Jurahängen. Zu den wichtigsten Branchen zählen das Baugewerbe, der Maschinen- und Fahrzeugbau, die Metall verarbeitende sowie die elektr. und elektron. Industrie. Die

Solothurn 1): Blick auf die Altstadt mit der Sankt-Ursen-Kathedrale (1773 geweiht)

Solothurn 1)
Kantonshauptstadt im Nordwesten der Schweiz
·
437 m ü. M.
·
15 200 Ew.
·
Sitz des Basler Bischofs
·
bedeutende feinmechanische Industrie
·
Sankt-Ursen-Kathedrale (18. Jh.)

Solothurn 2)
Kantonswappen

Kanton Solothurn: Größe und Bevölkerung (1996)

Bezirk*)	Hauptort	Fläche in km²	Ew.
Bucheggberg	Mühledorf (SO)	63	6 900
Dorneck	Dornach	75	17 100
Gäu (Balsthal-Gäu)	Oensingen	62	15 700
Gösgen	Obergösgen	69	21 900
Lebern	Grenchen	117	41 700
Olten	Olten	81	48 900
Solothurn	Solothurn	6	15 200
Thal (Balsthal-Tal)	Balsthal	139	14 400
Thierstein	Breitenbach	102	13 100
Wasseramt (Kriegstetten)	Kriegstetten	77	45 900
Kanton Solothurn	Solothurn	791	240 800

*) in Klammern ehemaliger Name

früher bes. wichtige Uhrenindustrie (Zentrum Grenchen) hat abnehmende Bedeutung. Weitere Industriezentren sind Solothurn, Olten und Zuchwil. Im Bez. Gösgen größtes schweizer. Kernkraftwerk.
Verkehr: Im Verkehrswesen hat der Kanton gesamtschweizerisch eine bedeutende Transitfunktion, da sich die Hauptverkehrsachsen in N-S- und O-W-Richtung (Nationalstraßen und Eisenbahnlinien mit dem Eisenbahnverkehrsknoten Olten) kreuzen. In Grenchen befindet sich ein Regionalflugplatz.
Geschichte: Aus den von der Stadt Solothurn vom 14. bis 16. Jh. erworbenen Gebieten wurde 1803 der Kanton gebildet. Die städtische aristokrat. Ordnung wurde 1830 beseitigt.
Solothurnische Gesch., bearb. v. B. AMIET u. a., 4 Bde. (ebd. 1952-92); P. SCHAAD: Die Solothurner Wirtschaft (ebd. 1981); Flugbild S. Porträt eines Kantons, Beitr. v. M. DOERFLIGER (ebd. ²1989); O. NOSER: S. u. seine eidgenöss. Mitstände (ebd. 1994).

Solouchin, Wladimir Aleksejewitsch, russ. Schriftsteller, * Alepino (Gebiet Wladimir) 14. 6. 1924, † Moskau 4. 4. 1997; Bauernsohn, Journalist; verwendet in seiner naturnahen Lyrik den im Russischen seltenen freien Vers; Vertreter einer traditionsbewussten Dorfprosa, die publizist. und religiös-philosoph. sowie zeitkrit. Elemente vereinigt und mit der er seine Leserschaft mit abgelegenen Regionen Russlands bekannt machte; setzte sich für die Bewahrung der altruss. Kulturdenkmäler (Ikonen, Wiederaufbau der Erlöserkathedrale in Moskau) ein.
Werke: Lyrik: Dožd' v stepi (1953). – *Romane:* Kaplja rosy (1960; dt. Ein Tropfen Tau); Mat'-mačecha (1966, autobiographisch; dt. Lerne bei einem, der die Birke u. der Eiche). – *Erzählungen:* Svidanie v Vjaznikach (1964; dt. Wiedersehen in Wjasniki); Prigovor (1975; dt. Das Urteil). – *Prosa:* Vladimirskie proselki (1953); Olepinskie prudy (1973; dt. Die Teiche von Olepino); Plyvut tumani (1980). – *Essays:* Pis'ma iz Russkogo muzėja (1968; dt. Briefe aus dem Russ. Museum); Černye doski (1969; dt. Schwarze Ikonen).
Ausgaben: Izbrannye proizvedenija, 2 Bde. (1974); Sobranie sočinenij, 4 Bde. (1983-84). – Und der Stern spricht leise mit dem Stern. Erz. (1977, dt. Ausw.).

Solow ['səʊləʊ], Robert Merton, amerikan. Volkswirtschaftler, * New York 23. 8. 1924; seit 1958 Prof. am Massachusetts Institute of Technology; Begründer der neoklass. Wachstumstheorie. Im Ggs. zur keynesian. Wachstumstheorie weist S. die Stabilität des →Wachstums durch die Substituierbarkeit der Produktionsfaktoren nach und legt dem Modell erstmals eine vollständige gesamtwirtschaftl. Produktionsfunktion zugrunde, durch die das Sozialprodukt auf die Bestimmungsgrößen Arbeit, Kapital und techn. Fortschritt zurückgeführt werden kann. Für seine Arbeiten erhielt er 1987 den Nobelpreis für Wirtschaftswissenschaften.
Werke: A contribution to the theory of economic growth, in: The quarterly journal of economics, Jg. 70 (1956; dt. Ein Beitr. zur Theorie des wirtschaftl. Wachstums, in: Wachstum u. Entwicklung der Wirtschaft, hg. v. H. KÖNIG, 1968); Linear programming and economic analysis (1958, mit R. DORFMAN u. P. A. SAMUELSON); Capital theory and the rate of return (1963); Growth theory (1970); A critical essay on modern macroeconomic theory (1995, mit F. H. HAHN).

Solowęzkij-Inseln, russisch **Solowęzkije ostrowa, Soloveckije ostrova,** Inselgruppe im Weißen Meer, im Gebiet Archangelsk, Russland, am Eingang zur Onegabucht; sechs Inseln (Solowezkij, Anserskij, Große und Kleine Muksalma, Große und Kleine Sajazkije) mit zus. 347 km²; aus Graniten und Gneisen aufgebaut, bis 107 m ü. M.; bewaldet (Kiefern, Fichten, Birken), zahlr. Moore sowie etwa 360 Seen. Die S. gehören zum UNESCO-Weltkulturerbe, bes. das →Solowezkijkloster. Auf der Insel Solowezkij befand sich bis 1939 ein sowjet. Straflager, anschließend eine Marinebasis (bis 1990).

Solowezkijkloster, Kloster in N-Russland, auf der Insel Solowezkij im Weißen Meer; gegr. 1429 als Einsiedelei, ab 1435 klösterlich organisiert. 1584-94 wurde es zu einer Festung ausgebaut, die mehrfachen Belagerungen, v. a. der Schweden, standhielt (1571, 1582, 1611); noch 1854 wurde es während des Krimkrieges von der brit. Flotte bombardiert. Das Kloster hatte entscheidenden Anteil an der kulturellen und wirtschaftl. Entwicklung N-Russlands (Schifffahrt, Fischerei, Salzgewinnung, Ackerbau). In der 2. Hälfte des 17. Jh. unterstützte das S. die Altgläubigen und wurde daher 1676 nach achtjähriger Belagerung von Reg.-Truppen besetzt. Mit sieben großen Steinkirchen und wertvollen Sammlungen von Ikonen, Geräten und Gewändern gehörte es zu den reichsten Konventen; es hatte 1914 über 200 Mönche. 1922/23 konfiszierte die Sowjetmacht das S., auf dessen Gelände schon in den frühen 20er-Jahren polit. Häftlinge interniert wurden; in den 30er-Jahren befand sich hier (bis 1939) ein berüchtigtes Lager des GULAG. Viele Gebäude des anschließend als Kaserne der Marine genutzten Klosters verfielen, bis mit der Einrichtung eines Museums (1967) Restaurierungsarbeiten begannen. 1991 wurde es größtenteils der orth. Kirche zurückgegeben; seit 1992 (symbol. Weihe der Verkündigungskirche) dient es wieder als Kloster (UNESCO-Weltkulturerbe).

Solowjow, Solov'ev [-'vjɔf], **1)** Sergej Michajlowitsch, russ. Historiker, * Moskau 17. 5. 1820, † ebd. 16. 10. 1879; seit 1847 Prof. in Moskau, seit 1872 Mitgl. der Akad. der Wiss.en in Sankt Petersburg. In seinem Hauptwerk, einer bis 1774 reichenden Gesch. Russlands (›Istorija Rossii s drevnejšich vremen‹, 28 Tle., 1851-79), betonte er auf der Grundlage neuer Quellen die Gesetzmäßigkeit der histor. Entwicklung Russlands (ein 29. Tl. erschien postum). Sein besonderes Interesse galt den Reformen PETERS I., DES GROSSEN (›Publičnye čtenija o Petre Velikom‹, 1872).
2) Wladimir Aleksandrowitsch, russ. Lyriker und Dramatiker, * Sumy 8. 4. 1907, † Moskau 30. 1. 1978; begann mit Lyrik, satir. Gedichten und Versfeuilletons, ging dann zu Dramen über, in denen er v. a. histor. Stoffe patriotisch behandelt (›1812 god‹, 1939; ›Velikij gosudar'‹, 1945; ›Car Jurij‹, 1966); auch Kriegsstücke und Stücke über aktuelle Themen.
Ausgabe: Izbrannoe, 2 Bde. (1982).
3) Wladimir Sergejewitsch, russ. Religionsphilosoph und Schriftsteller, * Moskau 16. 1. 1853, † Uskoje (bei Moskau) 31. 7. 1900; lehrte ab 1875 in Moskau und ab 1880 in Sankt Petersburg bis zum Lehrverbot 1881, das erfolgte, weil er für die Begnadigung der Zarenmörder eingetreten war; danach freier Schriftsteller und Publizist. Unter dem Einfluss u. a. PLATONS, des Neuplatonismus, des Pantheismus B. DE SPINOZAS, der christl. Mystik (J. BÖHME), F. W. J. SCHELLINGS, auch G. W. F. HEGELS entwickelte S., der als einer der bedeutendsten Systematiker der russ. Philosophie des 19. Jh. gilt, eine weitgehend originäre christlich-neuplaton. Religionsphilosophie. Zentrum ist hierbei die

Idee der ›All-Einheit‹, der ›größten Einheit des Ganzen in der größten Selbstständigkeit und Freiheit der einzelnen Elemente‹ und ihre von der göttl. All-Weisheit (›sophía‹) prädisponierte Wiederherstellung durch die Versöhnung von Gott und Welt und damit die Verwirklichung von Frieden und Harmonie. Im Rahmen dieses zugleich geschichtsphilosoph., auf ›freie Theokratie‹ ausgerichteten Konzepts intendiert S.s System eine ›Synthese von Religion, Philosophie und Wiss. im Sinne eines ganzheitl. Lebens‹. Der Mensch, der das sinnlich-materielle, das sittlich-soziale und das geistige Prinzip in sich vereinige, gilt als berufener und an Christus und seinem Vorbild orientierter Mittler zw. Gott und Welt in freier, bewusster Teilnahme am göttl. Heilsplan. Die höchste schöpfer. Form ist die Liebe, die in Überwindung des Egoismus nicht nur zur höheren Einheit der Individualitäten von Mann und Frau, sondern darüber hinaus (unter der Voraussetzung eines entsprechenden Geschichtsprozesses) zur ›wahren Einheit‹ der Menschheit führt. Auch in der Ethik kommt der Liebe zentrale Bedeutung zu; das Gute ist bestimmt als ›unteilbare Organisierung‹ der Liebe. ›Natürl. Wurzeln des Sittlichen‹ sind Scham, Mitleid, Ehrfurcht (Gottesfurcht), aus denen S. die ›allgemeinen und notwendigen Prinzipien und Regeln des sittl. Lebens‹ ableitet. Prakt. Konsequenz seines auf die All-Einheit zielenden Systems ist sein Eintreten für eine Versöhnung der orth. mit der kath. Kirche als erster Schritt zur Verwirklichung einer universalen christl. Kirche sie sein Bemühen um einen Ausgleich zw. der Glaubensüberlieferung des christl. Ostens und der Wiss. des Westens. – Bedeutend und weit reichend ist S.s Wirkung auf die russ. Philosophie und (bes. durch seine Lyrik und Ästhetik) auf die russ. Literatur, v. a. auf den Symbolismus von A. Belyj und A. A. Blok.

Ausgabe: Dt. Gesamtausg. der Werke, hg. v. W. Szylkarski, 8 Bde. u. Erg.-Bd. (1953–80).

W. Szylkarski: Solowjews Philosophie der All-Einheit. Eine Einf. in seine Weltanschauung u. Dichtung (Kaunas 1932); L. Wenzler: Die Freiheit u. das Böse nach Vladimir Solov'ev (1978); A. F. Losev: Vladimir Solov'ev (Moskau 1983); W. Goerdt: W. S., in: Ders.: Russ. Philosophie (1984); E. Gourvitch: W. S. Der Mensch (u. d. Russ., Muttenz 1986); A. Ignatow: S. u. Berdjajew als Geschichtsphilosophen (1997); L. u. T. Sytenko: W. S. in der Kontinuität philosoph. Wirkens (Schaffhausen 1999).

Solözismus [griech. soloikismós, nach dem offenbar fehlerhaften Griechisch der Einwohner von Soloi in Kilikien] *der, -/...men,* grober sprachl. Fehler, v. a. fehlerhafte syntakt. Verbindung von Wörtern (z. B. ›er geht zu Hause‹).

Solschenizyn, Solženicyn [sɔlʒe'ɲitsin], Aleksandr Issajewitsch, russ. Schriftsteller, * Kislowodsk 11. 12. 1918; Mathematiklehrer, im Zweiten Weltkrieg Artillerieoffizier, nach dt. Gefangenschaft 1945–53 im Arbeitslager, danach bis 1956 in Mittelasien in der Verbannung, 1957 rehabilitiert. Seine erste Erzählung ›Odin den' Ivana Denisoviča‹ (dt. ›Ein Tag im Leben des Iwan Denissowitsch‹), die mit ausdrückl. Billigung Chruschtschows 1962 von A. T. Twardowskij in der Zeitschrift ›Nowyj Mir‹ gedruckt wurde, erregte als erste Darstellung eines sowjet. Zwangsarbeitslagers größtes Aufsehen. Zwei weitere, stark autobiograph. Romane über den Stalinismus, ›Rakovyj korpus‹ (1968; dt. ›Krebsstation‹, 2 Bde.) und ›V kruge pervom‹ (1968; dt. ›Der erste Kreis der Hölle‹), konnten nur im westl. Ausland erscheinen (in der UdSSR im ›Samisdat‹ verbreitet) und fanden S. weltweite Anerkennung. Hauptanliegen S.s ist die Rückbesinnung auf eth. und religiöse Werte, sind die ›Gesetze der Menschlichkeit in einem unmenschl. System‹. Als Erzähler vereint S. dazu die analyt. Methode F. M. Dostojewskijs und den moral. Rigorismus L. N. Tolstojs. 1970 erhielt er den Nobelpreis für Literatur, den er nicht persönlich entgegennehmen durfte; 1969 war er aus dem sowjet. Schriftstellerverband ausgestoßen worden. 1971 erschien in Paris mit ›Avgust četyrnadcatogo‹ (1983 überarbeitet und stark erw.; dt. ›August vierzehn‹; der erste Teil (›Knoten‹, russ. ›Uzel‹) des monumentalen Romanepos ›Krasnoe koleso‹ (dt. ›Das rote Rad‹) über den Untergang des alten Russland vom Beginn des Ersten Weltkriegs bis in die Zeit nach der Revolution (Teil 2: ›Oktjabr' šestnadcatogo‹, 1984, dt. ›November sechzehn‹; Teil 3: ›Mart semnadcatogo‹, 1986–88, 4 Bde., dt. ›März siebzehn‹; Teil 4: ›Aprel' semnadcatogo‹, 1991, 2 Bde.). 1991 brach S. die Arbeit an dem auf 20 Bde. angelegten Zyklus zunächst ab. Das Werk ›Archipelag GULAG‹ (3 Bde., Paris 1973–75; dt. ›Der Archipel GULAG‹), ein dokumentar. Bericht über die Verfolgung von Millionen von Sowjetbürgern in der Zeit zw. 1918 und 1956, führte 1974 zur Ausweisung und Ausbürgerung S.s aus der UdSSR. S. ging nach Zürich, 1976 in die USA; seit 1994 lebt S., der 1990 die sowjet. Staatsbürgerschaft zurückerhalten hatte, wieder in Moskau.

Weitere Werke: *Roman:* Lenin v Cjuriche (1975; dt. Lenin in Zürich). – *Erzählungen:* Dlja pol'zy dela (1963; dt. Im Interesse der Sache); Matrenin dvor (1963; dt. Matrjonas Hof); Krochotki (1997); Molnija (1997). – *Dramen:* Respublika truda (1954; dt. Republik der Arbeit); Olen' i šalašovka (1968; dt. Nemow u. das Flittchen); Sveča na vetru (1968; dt. Kerze im Wind). – Pis'mo voždjam Sovetskogo Sojuza (1974; dt. Offener Brief an die Sowjet. Führung). – Prusskie noči (1974; dt. Ostpreuß. Nächte. Eine Dichtung in Versen). – *Skizzen:* Bodalsja telenok s dubom (1975; dt. Die Eiche u. das Kalb. Skizzen aus dem literar. Leben). – *Manifest:* Kak nam obustroit' Rossiju? (Paris 1990; dt. Rußland und den Weg aus der Krise). – *Reden:* Russkij vopros k koncu XX veka (1994; dt. Die russ. Frage am Ende des 20. Jh.).

Ausgaben: Sobranie sočinenij, 6 Bde. (Frankfurt am Main 1969–70); Sobranie sočinenij, auf 18 Bde. ber. (Paris 1978 ff.). – Große Erz. (Neuausg. 1984); Das Rote Rad. Texte, Interviews, Reden, hg. v. H. Pross-Weerth (1986).

A. Rothberg: Aleksandr Solzhenitsyn. The major novels (Ithaca, N. Y., 1971); D. Burg u. G. Feifer: Solshenizyn. Biogr. (a. d. Engl., 1973); D. M. Fiene: Alexander Solzhenitsyn. An international bibliography of writings by and about him (Ann Arbor, Mich., 1973); Über S., hg. v. E. Markstein u. a. (1973); W. Martin: A. S. Eine Bibliogr. seiner Werke (1977); V. Krasnov: Solzhenitsyn und Dostoevsky (London 1980); M. Motiramani: Die Funktion der literar. Zitate u. Anspielungen in Aleksandr Solženicyns Prosa: 1968–1968 (1983); M. Scammell: Solzhenitsyn (Neuausg. London 1985); Solzhenitsyn in exile. Critical essays and documentary materials, hg. v. J. B. Dunlop u. a. (Stanford, Calif., 1985); Akte S. 1965–1977, hg. v. A. Korotov u. a. (1994); The Solzhenitsyn files, hg. v. M. Scammell (Chicago, Ill., 1995); D. M. Thomas: S. (a. d. Engl., 1998).

Sols lessivés [sɔllɛsi've, frz.], **lessivierte Böden,** *Bodenkunde:* durch Vorgänge der →Lessivierung gekennzeichnete Bodentypen.

Solsona, Stadt in NO-Spanien, Prov. Lérida, Katalonien, 655 m ü. M., 51 km nordwestlich von Manresa, 6 900 Ew.; kath. Bischofssitz; Marktzentrum. – S. wird beherrscht vom Castell Vell (gegr. im 9. Jh.; mit Museum) und ist umgeben von Ruinen mächtiger Stadtmauern. Kathedrale Santa María (14.–15. Jh., roman. Apsiden und Glockenturm des Vorgängerbaus); im heute klassizist. Kreuzgang die hochverehrte schwarze Madonna ›Mare de Deu del Claustro‹ (Kalksteinfigur; um 1170); Bischofspalast (1776–79) mit Diözesanmuseum. – S., urspr. das keltiber. **Xelsa,** von den Mauren zur Festung ausgebaut, nach der Reconquista **Celsona** gen., hatte jahrhundertelang strateg. Bedeutung.

Solstad ['suːlsta], Dag, norweg. Schriftsteller, * Sandefjord 16. 7. 1941; leitete mit dem Roman ›Arild Asnes 1970‹ (1971) den in den experimentellen und sozial-modernist. Tendenzen der 60er- und 70er-Jahre (›Profil‹-Gruppe) wurzelnden (Sozial-)Realismus in der norweg. Literatur ein. Die Entwicklung der 68er-

Aleksandr Issajewitsch Solschenizyn

Generation schilderte er mit Mitgefühl und iron. Leichtigkeit in ›Roman 1987‹ (1988).
Weiteres Werk: *Roman:* Professor Andersens natt (1996).

Solsteinkette, Teil des →Karwendelgebirges, Österreich.

Solstitium [lat.] *das, -s/...ti\en,* die →Sonnenwende.

Soltau, Stadt im Landkreis Soltau-Fallingbostel, Ndsachs., 65 m ü. M., in der Lüneburger Heide, an der Böhme und der Soltau, 21 350 Ew.; Heide-Park Soltau, Museum Soltau, Norddt. Spielzeugmuseum; Zinngießerei, Herstellung von Gusserzeugnissen, Werkzeug- und Maschinenbau, Bettfedernverarbeitung, Filzherstellung; Fremdenverkehr. – Das 937 erstmals erwähnte S. wurde 1388 Stadt. 1974 wurden im Zuge der kommunalen Neugliederung 16 Dörfer eingemeindet. Seit 1987 ist S. ›staatlich anerkannter Ort mit Solekurbetrieb‹.

Soltau-Fallingbostel, Landkreis im Reg.-Bez. Lüneburg, Ndsachs., 1 873 km^2, 136 800 Ew.; Kreisstadt ist Fallingbostel. Der Kreis erstreckt sich in der westl. Lüneburger Heide vor der Endmoränenlandschaft der Zentralheide (Naturschutzpark Lüneburger Heide mit dem Wilseder Berg, 169 m ü. M.) über die Geestplatten und Sanderflächen der Südheide bis in die Aller-Urstrom-Niederung. Die Sandböden tragen zu 30 % Wald. Land- und Forstwirtschaft sind für den Kreis bedeutsam. Standorte von Industrie (Holz- und Lederverarbeitung, Chemie-, Baustoff- und Nahrungsmittelindustrie) und z. T. Erholungszentren sind die Städte Walsrode, Soltau, Munster, Schneverdingen, Fallingbostel und Bispingen. Neben Erholungs- und Freizeitmöglichkeiten sind die Garnisonen in Munster und Fallingbostel wirtschaftlich von Belang.

Solteira, Ilha S. [ˈiʎɐ-], Kraftwerk am Paraná, Brasilien, →Urubupungá.

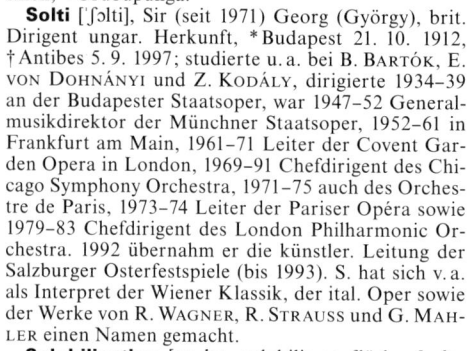

Solti [ˈʃɔlti], Sir (seit 1971) Georg (György), brit. Dirigent ungar. Herkunft, *Budapest 21. 10. 1912, †Antibes 5. 9. 1997; studierte u. a. bei B. Bartók, E. von Dohnányi und Z. Kodály, dirigierte 1934–39 an der Budapester Staatsoper, war 1947–52 Generalmusikdirektor der Münchner Staatsoper, 1952–61 in Frankfurt am Main, 1961–71 Leiter der Covent Garden Opera in London, 1969–91 Chefdirigent des Chicago Symphony Orchestra, 1971–75 auch des Orchestre de Paris, 1973–74 Leiter der Pariser Opéra sowie 1979–83 Chefdirigent des London Philharmonic Orchestra. 1992 übernahm er die künstler. Leitung der Salzburger Osterfestspiele (bis 1993). S. hat sich v. a. als Interpret der Wiener Klassik, der ital. Oper sowie der Werke von R. Wagner, R. Strauss und G. Mahler einen Namen gemacht.

Solubilisation [zu lat. solubilis ›auflösbar‹] *die, -/-en,* Löslichmachen eines in einem reinen Lösungsmittel schwer lösl. Stoffes durch Zusatz von grenzflächenaktiven Stoffen (Tensiden) und damit ein Spezialfall der →Hydrotropie. Die S. kann z. B. bei der Stabilisierung von Emulsionen eine Rolle spielen.

Soluk, Sortenbezeichnung im Anbau von Orienttabak außerhalb der Türkei.

Solunto, antike Ruinenstadt an der N-Küste Siziliens, östlich von Palermo; S., bei den Griechen **Soloeis,** bei den Römern **Solus** oder **Soluntum,** ist eine phönik. Gründung. Der karthag. Stützpunkt fiel 395 v. Chr. Dionysios I. in die Hände, Agathokles siedelte Söldner an (307); 254 v. Chr. verbündete sich die Stadt mit den Römern. – Ausgrabungen legten nur geringfügig pun., v. a. aber Überreste der am Hang angelegten hellenistisch-röm. Stadt frei; um 200 v. Chr. verlassen.

solus Christus [lat. ›Christus allein‹], in der reformator. Theologie Kurzformel zur Kennzeichnung der Bedeutung Jesu Christi als des alleinigen Heilsgrundes. (→sola fide)

Solutio [lat.] *die, -/...ti ones,* Lösung; z. B eines Salzes.

Solutréen [sɔlytreˈɛ̃, frz.; nach der Fundstätte unterhalb des Kalksteinfelsens Solutré im frz. Dép. Saône-et-Loire] *das, -(s),* in S-Frankreich und Spanien verbreitete Kulturgruppe der jüngeren Altsteinzeit, etwa 20 000–17 000 v. Chr.; gekennzeichnet durch flächenretuschierte Blatt- und Kerbspitzen. Zu den eiszeitl. Kunstwerken der S. gehören Halbreliefs (Bourdeilles, Dép. Dordogne; Roc de Sers) und Höhlenmalereien (Cougnac, Pech-Merle).

Solvatation [zu lat. solvere ›(auf)lösen‹] *die, -,* Anlagerung von Lösungsmittelmolekülen an gelöste Teilchen (Ionen, Moleküle, Elektronen u. a.), wobei mehr oder weniger stabile **Solvate** gebildet werden. Handelt es sich um das Lösungsmittel Wasser, spricht man von →Hydratation. Die ein gelöstes Teilchen umschließenden Lösungsmittelmoleküle werden als **Solvathülle** bezeichnet, die Anzahl der von einem Teilchen gebundenen nichtwässrigen Lösungsmittelmoleküle ist die **S.-Zahl.** Die S. beruht auf Bindungskräften zw. den Teilchen des gelösten Stoffes und des Lösungsmittels (z. B. Dispersionskräfte, Dipol-Dipol-Kräfte). Sie ist ein exothermer Vorgang, bei dem die **S.-Enthalpie** frei wird. Die S. hat große Bedeutung für die Löslichkeit von Stoffen in ganz bestimmten →Lösungsmitteln. Durch S. können Gleichgewicht und Geschwindigkeit von chemischen Reaktionen in Lösungen mehr oder weniger stark beeinflusst werden. Die S. hat u. a. Bedeutung für die Viskosität von Motorenölen mit VI-Verbesserern und für die Stabilität von kolloiden Systemen.

Solvatochromie [zu lat. solvere ›(auf)lösen‹ und griech. chrôma ›Farbe‹] *die, -,* Beeinflussung der Lichtabsorption (und damit der Farbe) durch das Lösungsmittel. Mit zunehmender Polarität des Lösungsmittels wird die Wellenlänge λ des absorbierten Lichtes bei positiver S. größer und bei negativer S. kleiner. Positive S. zeigt z. B. der in Tetrachlormethan blaue (λ = 588 nm) und in Dimethylsulfoxid blaugrüne (λ = 620 nm) Farbstoff Indigo.

Solvay [sɔlˈvɛ], Ernest, belg. Chemiker, Unternehmer und Sozialreformer, *Rebecq-Rognon (bei Brüssel) 16. 4. 1838, †Brüssel 26. 5. 1922; entwickelte ein neues Verfahren zur industriellen Herstellung von Soda (Ammoniak-Soda-Verfahren) und gründete (ab 1863) in mehreren Ländern Sodafabriken; gründete 1894 das Inst. für Sozialwiss.en in Brüssel (ab 1901 Inst. für Soziologie, heute der Univ. angegliedert).

Solvay S. A. [sɔlˈvɛ-], belg. Konzern der chem. und pharmazeut. Industrie, weltweit führender Hersteller von Soda und Kunststoffen; Sitz: Brüssel, gegr. 1863 von E. Solvay; Umsatz (1997): 15,1 Mrd. DM, Beschäftigte: rd. 34 000.

Solvens [lat. ›lösend‹] *das, -/...'venzi\en* und *...'ventia,* das Lösende, das Lösungsmittel einer Lösung.

solvent [ital., von lat. solvens, Partizip Präsens von solvere ›(auf)lösen‹, ›eine Schuld abtragen‹], zahlungsfähig.

Solventia, Sg. **Solvens** *das, -,* kaum noch benutzter Begriff für schleimlösende Arzneimittel; angewendet bei Husten und Katarrhen der Atmungsorgane (→Expektorans).

Solvent Naphtha, Lösungsbenzol, Gemisch aromat. Kohlenwasserstoffe, das aus dem bei der Destillation von Teer anfallenden Leichtöl gewonnen wird, Siedebereich 150–195 °C. Verwendung als Lösungsmittel u. a. für Lacke und Bautenschutzmittel.

Solvenz *die, -/-en,* die →Zahlungsfähigkeit.

Solverfahren, Verfahren zur Salzgewinnung; in die unter Tage befindl. Salzlagerstätte wird über Bohrlöcher Wasser eingeleitet. Dadurch löst sich das Salz auf und kann als Sole nach über Tage abgepumpt werden. Die zurückbleibenden unterird. Hohlräume (Ka-

Sir Georg Solti

Solvolyse – Somalia **Soma**

vernen) erreichen Ausmaße bis zu 100 m Durchmesser und 200 m Höhe.

Solvolyse [zu lat. solvere ›(auf)lösen‹ und gleichbedeutend griech. lýein] *die, -/-n,* Reaktion gelöster kovalenter Verbindungen mit dem Lösungsmittel, z. B. →Hydrolyse (mit Wasser), **Methanolyse** (mit Methanol), **Ammonolyse** (mit Ammoniak).

Solway Firth [ˈsɔlweɪ ˈfɔːθ], seichte Meeresbucht der Irischen See, trennt SW-Schottland von NW-England.

Solwezi [-zɪ], Bergbauort in Sambia, Verw.-Sitz der NW-Provinz nahe der Grenze zur Demokrat. Rep. Kongo, 15 000 Ew.; kath. Bischofssitz. Nördlich von S. die Kupfermine Kansanshi.

...som, Wortbildungselement, →somato...

Som, Kirgistan-Som, Abk. **K. S.,** Währungseinheit von Kirgistan, 1 S. = 100 Tyin.

SOM, die Architektengemeinschaft →Skidmore, Owings & Merrill.

Soma [Sanskrit] *der, -(s)/-s,* in Indien der berauschende Saft der (bisher nicht identifizierten) S.-Pflanze, der übernatürl. Kräfte verleihen soll und – auch Amrita (›Unsterblichkeitstrank‹) gen. – im ved. Opferritual den Göttern, v. a. Indra, dargebracht und von den Brahmanenpriestern getrunken wurde; auch als Gott personifiziert. Seit nachved. Zeit mit dem Mond identifiziert und Name des Mondgottes.

Soma [griech. ›Körper‹, ›Leib‹] *das, -/-ta, Medizin* und *Psychologie:* der Körper (im Ggs. zum Geist).

Somadeva, ind. Dichter des 12. Jh. aus Kaschmir; Verfasser des ›Kathasaritsagara‹ (›Ozean der Erzählströme‹, etwa 350 Märchen) in kunstvollen, doch klaren Sanskritversen. Seinen Stoff bezog er aus der kaschmir. Rezension der verlorenen →Brihatkatha.

Ausgaben: Kathā-sarit-sāgara, hg. v. H. BROCKHAUS (1839, Nachdr. 1975); The ocean of story, übers. v. C. H. TAWNEY u. a., 10 Bde. (Neuausg. 1968).
J. S. SPEYER: Studies about the Kathāsaritsāgara (Amsterdam 1908, Nachdr. Wiesbaden 1968).

Somal, *Sg.* **Somali** *der, -,* äthiopides Volk mit kuschit. Sprache (→Somali) auf der Somalihalbinsel in NO-Afrika. Von den 7,6 Mio. S. leben etwa 5,5 Mio. in Somalia, die Übrigen in den angrenzenden Gebieten in Äthiopien (Ogaden), Djibouti (die Issa) und NO-Kenia sowie in Jemen. Die S. sind sunnit. Muslime. Die Mehrheit der S., die **Samal** (oder eigentl. S.), sind traditionelle Hirtennomaden mit Schaf-, Ziegen- und/ oder Kamelherden; Grundnahrungsmittel ist Kamelmilch. Sie wohnen in leicht auf- und abbaubaren Kuppelhütten, die mit Bastmatten gedeckt sind. Ihre vier (patrilinearen) Abstammungslinien (Stämme) Darod, Dir, Ishak und Hawija zerfallen in zahlr. Untergruppen, ihre freiheitsliebenden Krieger erschwerten die Staatsbildung und trugen mit zu den Bürgerkriegen in →Somalia bei. Von den Samal nicht als ebenbürtig angesehen werden die im feuchten S-Somalia an Webe Shebele und Juba lebenden Bauern, die **Sab** (rd. 1 Mio.). Zu ihnen zählen assimilierte Oromo u. a. Kuschiten, negride Vorbewohner und Nachfahren von Sklaven. – Die S. bedrohten unter arab. Führung mehrmals das äthiop. Reich und drängten im S und SW die Oromo und Bantu zurück.

J. M. LEWIS: Peoples of the Horn of Africa (London 1969).

Somali, die Sprache der →Somal, eine →Kuschitensprache; in Somalia Amtssprache. Das S. besitzt eine verhältnismäßig komplexe Struktur (v. a. im Bereich der Syntax). Die früher z. T. für das S. verwendete arab. Schrift sowie eine eigens für das S. geschaffene Schrift (→Somalialphabet) konnten sich nicht durchsetzen. Mit der Einführung der lat. Schrift (1972) entwickelte sich (nach einer bereits bestehenden reichen Oralliteratur) eine moderne Literatur in Somali.

L. REINISCH: Die S.-Sprache, 3 Bde. (Wien 1900–03); M. VAN TILING: S.-Texte u. Unterss. zur S.-Lautlehre (1925);

C. R. V. BELL: The Somali language (London 1953, Nachdr. Farnborough 1968); M. M. MORENO: Il somalo della Somalia. Grammatica e testi del benadir, darod e dighil (Rom 1955); Hikmad Soomaali, hg. v. M. H. I. GALAAL u. a. (London 1956); R. C. ABRAHAM: Somali-English dictionary (Neuausg. ebd. 1966); DERS.: English-Somali dictionary (Neuausg. ebd. 1967); M. LAMBERTI: Die S.-Dialekte (1986); DERS.: S. language and literature (Hamburg 1986); C. EL-SOLAMI-MEWIS: Lb. des S. (Leipzig 1987).

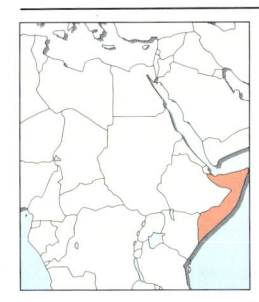

Somalia
Fläche 637 657 km²
Einwohner (1996) 9,5 Mio.
Hauptstadt Mogadischu
Amtssprache Somali
Nationalfeiertage 26. 6. und 1. 7.
Währung 1 Somalia-Schilling (So. Sh.) = 100 Centesimi (Cnt.)
Uhrzeit 14:00 Mogadischu = 12:00 MEZ

Somalia, amtliche Namen: Somali **Jamhuuriyadda Soomaaliya** [dʒam-], arabisch **Al-Djumhurijja as-Somalijja** [-dʒum-], dt. **Republik S.**, Staat in NO-Afrika, auf der Somalihalbinsel, grenzt im N an den Golf von Aden, im O an den Ind. Ozean, im SW und W an Kenia, im W an Äthiopien, im NW an Djibouti, 637 657 km², (1996) 9,5 Mio. Ew.; Hauptstadt ist Mogadischu, Amtssprache Somali. Währung: 1 Somalia-Schilling (So.Sh.) = 100 Centesimi (Cnt.). Uhrzeit: 14:00 Mogadischu = 12:00 MEZ.

STAAT · RECHT

Verfassung: Die Verf. von 1979, nach der S. eine präsidiale Rep. mit Einparteiensystem war, wurde im Januar 1991 außer Kraft gesetzt. Aufgrund andauernder Machtkämpfe zw. rivalisierenden Rebellenbewegungen und -milizen existieren weder Parlament und Reg. noch sonstige handlungsfähige staatl. Strukturen. Nach mehreren erfolglosen Versöhnungskonferenzen einigten sich 26 Milizenführer am 22. 12. 1997 auf die Bildung eines Übergangsparlaments und eines 13-köpfigen Präsidialrats, der unter Vorsitz des Min.-Präs. als Interims-Reg. agieren und den Präs. wählen soll.

Parteien: Wichtigste der stark von Volksgruppen und Clans beeinflussten Rebellenbewegungen sind: Somali National Alliance (SNA), Somali Salvation Alliance (SSA), United Somali Congress (USC), Somali National Front (SNF), Somali Salvation Democratic Front (SSDF) und Somali People's Democratic Union (SPDU).

Wappen: Das Wappen zeigt im hellblauen, mit einer Mauerkrone versehenen Schild einen weißen, fünfstrahligen Stern; unter dem Schild je zwei flach gekreuzte Speere und Palmenzweige, drapiert mit einem Band. Als Schildhalter dienen zwei Leoparden.

Nationalfeiertag: Nationalfeiertage sind der 26. 6. (Unabhängigkeitstag) sowie der 1. 7. (Staatsgründungstag).

Verwaltung: S. ist in 18 Regionen mit 84 Bezirken gegliedert.

Recht: Das Recht entwickelte sich unter ital., brit., traditionellem und islam. Einfluss. Infolge des Bürgerkrieges brachen Recht und Justiz zusammen. An Bedeutung gewannen dadurch Scharia-Gerichte.

Streitkräfte: Ende der 1980er-Jahre noch etwa 65 000 Mann umfassend, befinden sich die somal. Streitkräfte seitdem als Gesamtheit im Prozess der Auflösung. Die fast ausschließlich mit älterem Gerät ausgestatteten Einheiten und Verbände stehen gegenwärtig (1998) entweder in Diensten der Bürgerkriegsparteien, oder sie agieren auf eigene Faust.

Somalia

Staatswappen

Staatsflagge

SP
Internationales Kfz-Kennzeichen

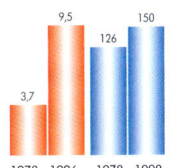

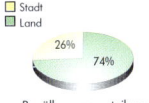

1970 1996 1970 1990
Bevölkerung Bruttosozialprodukt je Ew.
(in Mio.) (in US-$)

Bevölkerungsverteilung 1994
Stadt
Land

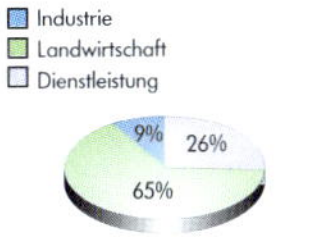

Bruttoinlandsprodukt 1992
Industrie
Landwirtschaft
Dienstleistung

Soma Somalia

Klimadaten von Mogadischu (15 m ü.M.)

Monat	Mittleres tägl. Temperaturmaximum in °C	Mittlere Niederschlagsmenge in mm	Mittlere Anzahl der Tage mit Niederschlag	Mittlere tägl. Sonnenscheindauer in Stunden	Relative Luftfeuchtigkeit nachmittags in %
I	30	1	0,3	8,6	81
II	30	0,1	0	9,0	81
III	31	9	0,6	9,1	79
IV	32	58	4,8	8,7	78
V	31	56	6,7	8,8	79
VI	29,5	82	12,7	7,3	82
VII	28,5	58	13,3	7,3	81
VIII	28,5	40	10,2	8,2	80
IX	29,5	23	4,9	8,8	78
X	30	27	3,9	8,6	79
XI	30,5	36	3,8	8,7	80
XII	31	9	1,5	8,3	81
I–XII	30	399	62,7	8,5	80

LANDESNATUR · BEVÖLKERUNG

S. hat eine Küstenlänge von rd. 3 300 km. Der nördl. Landesteil, die Somalihalbinsel, ist eine steil gestellte Scholle, die sich nach S zum Ind. Ozean abdacht, während sie zum Golf von Aden hin mit einem durch Staffelbrüche stufenartig gegliederten Hang rasch abfällt. Die höchste Erhebung wird mit 2 408 m ü. M. im Surud Ad erreicht. Die Küste ist in diesem Bereich äußerst steil und felsig; lediglich westlich von Berbera ist eine sich auf 100 km verbreiternde Küstenebene ausgebildet. Süd-S. ist eine Rumpfebene in etwa 500 m ü.M., an die sich südlich die weite Aufschüttungsebene der beiden einzigen Dauerflüsse, Juba und Webe Shebele, die aus dem Äthiop. Hochland kommen, anschließt. An der südl. Küste, der eine Kette von Korallenriffen vorgelagert ist, ist ein 10–50 km breiter Dünenstreifen ausgebildet, in dem der Webe Shebele versickert.

Klima: S. hat monsunales Klima mit Niederschlägen von April bis Oktober (vorherrschend SW-Monsun) im S und mit Winterniederschlägen (vorherrschend NO-Monsun) im N. Die Jahressumme der Niederschläge ist gering; sie liegt an der SO-Küste bei 320–390 mm, an der N-Küste nur bei 50 mm; lediglich die höheren Lagen erhalten mehr Niederschläge (um 760 mm). Die mittleren Temperaturen der wärmsten Monate (im N Juni bis August; im S März und April) liegen bei 36–42 °C, die der kühlsten Monate bei 28–33 °C.

Vegetation: S. ist im S weitgehend eine Trockensavanne, im N eine Halbwüste. An Juba und Webe Shebele wachsen Galeriewälder. In der Trockenzeit lässt sich nur in den Wadis Grundwasser ergraben (in 2–3 m Tiefe).

Bevölkerung: Die Mehrheit der Bev. sind Angehörige der Somalistämme (→Somal); daneben gibt es Minderheiten von Bantu und Arabern. Etwa die Hälfte der Bev. lebt als Voll- oder Halbnomaden. In den Bürgerkriegswirren (seit 1991) stehen sich die Clans und Stämme gegenüber. Es besteht nur geringe Bereitschaft, eine staatl. Ordnung anzuerkennen. Krieg und Dürre führten seit den 80er-Jahren zu Vertreibung und umfangreichen Fluchtbewegungen von Millionen von Menschen. Die bereits in den 70er-Jahren eingeleitete (Zwangs-)Umsiedlung von 120 000 Nomaden aus dem N in den S scheiterte. Viele kehrten in den N zurück, die im S verbliebenen betreiben Viehhaltung. Als Folge des Ogadenkrieges zw. S. und Äthiopien musste S. in den 80er-Jahren mehr als 1 Mio. Flüchtlinge aufnehmen, v.a. Somal aus Ogaden, aber auch Oromo, Amhara u.a., bes. aus dem S Äthiopiens. Ende 1996 gab es in S. noch etwa 250 000 Binnenflüchtlinge; über 400 000 Somal sind in die Nachbarländer geflohen. S. hat ein durchschnittliches jährl. Bev.-Wachstum (1985–95) von 1,9 %. Der Anteil der städt. Bev. beträgt (1994) 26 %. Die größten Städte sind Mogadischu (1995: etwa 1 Mio. Ew.), Hargeysa (400 000 Ew.), Kismaju und Merca (jeweils etwa 100 000 Ew.).

Religion: Der Islam ist Staatsreligion. Nichtmuslimen wird das Recht auf freie Religionsausübung garantiert. Rd. 99 % der Bev. sind sunnit. Muslime, v.a. der schafiit. Rechtsschule. Die wenigen Hundert Christen sind nahezu ausschließlich Ausländer. Für die kath. Christen (1997 rd. 200) besteht das exemte Bistum Mogadischu.

Bildungswesen: Das ohnehin unterentwickelte Schulwesen ist durch Bürgerkrieg und Zerfall staatl. Strukturen weitestgehend zusammengebrochen. Zum Ende der Ära Siad Barre wurden nur 10 % der schulpflichtigen Jahrgänge an den sechsjährigen Primarschulen eingeschult. Eine geordnete Weiterbildung ist erschwert, für die Land-Bev. derzeit unmöglich. Nachdem Somali 1972 zur Amts- und Unterrichtssprache erhoben wurde, wuchs die Alphabetisierung vorübergehend; jetzt liegt sie wieder bei 24 %. Eine Univ. (gegr. 1969) gibt es in Mogadischu.

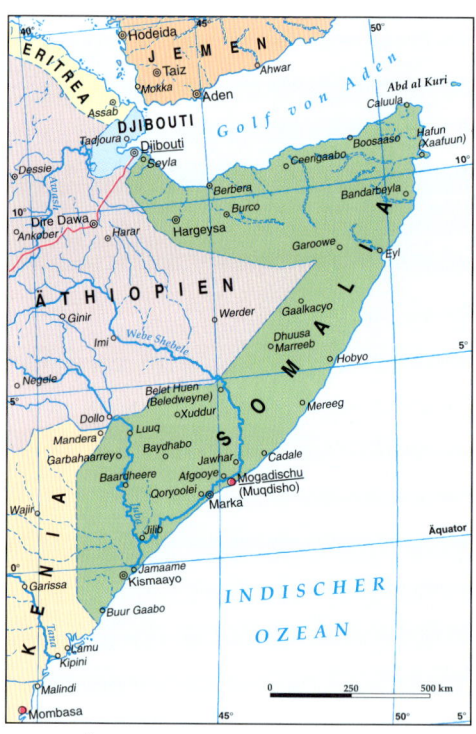

Somalia: Übersichtskarte

Publizistik: Die Printmedien haben in S. eine geringe Bedeutung; Tageszeitungen sind ›The Country‹ (gegr. 1991) und ›Xiddigta Oktobar‹. Nachrichtenagenturen sind ›Somali National News Agency‹ (SONNA) und seit 1990 ›Horn of Africa‹. Der Hörfunk ist das wichtigste Informationsmedium; zu empfangen sind der islam. Sender ›Holy Koran Radio‹, die von UNESCO und OAU finanzierte ›Voice of Peace‹, ferner aus Mogadischu die Radioanstalten der dort präsenten Kriegsparteien sowie im N-Teil des Landes (›Somaliland‹) zwei Sender verfeindeter Clans. Ein von Kuwait und den Vereinigten Arab. Emiraten finanziertes Fernsehprogramm kann nur im 30-km-Radius um Mogadischu empfangen werden.

WIRTSCHAFT · VERKEHR

Die Viehwirtschaft der Nomaden ist die ökonom. Grundlage S.s. Gemessen am Bruttosozialprodukt je Ew. von (1990) 150 US-$ gehört S. zu den ärmsten Ländern der Erde. Die wirtschaftl. Situation hat sich durch den Bürgerkrieg und Verfall der staatl. Ordnung drastisch verschlechtert. Hunger, Armut und Zerstörung prägen das Land, das auf ständige internat. Hilfe, v. a. mit Nahrungsmitteln, angewiesen ist. Seit dem Abzug der UN-Truppen 1995 kontrollieren rivalisierende Clan-Milizen die Wirtschaft S.s. Lediglich im N, in der 1991 ausgerufenen ›Rep. Somaliland‹, hat sich die Lage durch den Export von Lebendvieh in die Länder am Pers. Golf etwas gebessert.

Landwirtschaft: Im landwirtschaftl. Sektor arbeiten 1995 etwa 74% der Erwerbstätigen. Nur ein geringer Teil des Landes ist für den Ackerbau geeignet (rd. 1,04 Mio. ha Ackerland, 16000 ha Dauerkulturen), knapp die Hälfte lässt sich als Weideland (28,85 Mio. ha) nutzen. Das Schwergewicht der Landwirtschaft liegt daher auf der Viehhaltung in Form des Nomadismus. Durch permanente Überweidung ist es zu starken Erosionsschäden gekommen. Im N werden v. a. Kamele (1994: 6 Mio.), Ziegen und Schafe gehalten, in der Zentral- und Südregion kommen Rinder (5 Mio.) hinzu. Während Rinder v. a. zum Verkauf als Lebendvieh und zur Milcherzeugung gehalten werden, dienen Schafe (13 Mio.) und Ziegen (12 Mio.) zur Fleischerzeugung, Kamele als Lasttiere und zur Milcherzeugung. Die Produktivität der Herden ist sowohl bei Fleisch als auch bei Milch sehr gering. Im Ackerbau werden für den Export neben Bananen (1994: 43000 t) v. a. Zuckerrohr und Baumwolle angebaut. Der Ackerbau konzentriert sich auf die bewässerten Anbauflächen in den Flusstälern des Juba und Webe Shebele im S. Die wichtigsten Anbauprodukte v. a. der kleinbäuerl. Subsistenzlandwirtschaft sind Mais, Hirse, Maniok und Gemüse.

Forstwirtschaft: Als Wald ausgewiesen werden (1992) 9 Mio. ha. Das eingeschlagene Holz (1994: 8,6 Mio. m³) wird meist als Brennholz verwendet.

Fischerei: Mit einer Küstenlänge von rd. 3300 km hat S. große Möglichkeiten für den Fischfang. Das Hauptfanggebiet liegt zw. Guardafui und Hafun an der nördl. O-Küste. Die Fangmenge betrug 1994 nur 16300 t.

Bodenschätze: Bodenschätze werden bisher kaum abgebaut; bekannt sind Vorkommen von Erdöl und Erdgas, Eisenerz, Zinn, Kupfer, Gips, Mangan und Uranerz. Bei Mogadischu wird Meersalz gewonnen.

Industrie: Die Industrie ist wenig entwickelt; sie beschränkt sich v. a. auf die Verarbeitung landwirtschaftl. Produkte: Baumwollentkernung, Zuckerraffinerien, Fisch- und Fleischkonservenfabriken, Gerbereien, Schuhfabriken. Außerdem bestehen eine Zementfabrik und eine kleine Erdölraffinerie.

Außenwirtschaft: Die Außenhandelsbilanz ist durchweg negativ (Einfuhrwert 1994: 269 Mio. US-$, Ausfuhrwert: 130 Mio. US-$). Exportiert werden v. a. Lebendvieh, Bananen sowie Häute und Felle. Die wichtigsten Handelspartner sind Saudi-Arabien, Italien, Kenia und die USA. 1995 hatte S. 2,68 Mrd. US-$ Auslandsschulden.

Verkehr: Das Verkehrswesen ist nur unzureichend entwickelt. Da es keine Eisenbahnen gibt, konzentriert sich der Binnentransport fast vollständig auf den Straßenverkehr. Das Straßennetz (1995: 23700 km) weist erhebl. Lücken auf. Neben dem Hafen der Hauptstadt Mogadischu sind Kismaju und Merca im S am Ind. Ozean sowie Berbera am Golf von Aden die wichtigsten Seehäfen. Der internat. Flughafen liegt westlich von Mogadischu.

Somalia: Sanddünen im Küstengebiet

GESCHICHTE

Den alten Ägyptern waren die Küsten der Somalihalbinsel vermutlich als →Punt bekannt. Seit dem 9. Jh. stand das Land unter islamisch-arab. Einfluss, die Somal bekehrten sich zum Islam. 1698–1874 war die NO-Küste im Besitz des Sultans von Maskat und Oman, danach in ägypt. Hand. Die SO-Küste gehörte 1866–92 zum Sultanat →Sansibar.

Ende des 19. Jh. teilten europ. Kolonialmächte die Halbinsel auf. Am Ausgang des Roten Meeres besetzte Frankreich 1888 Djibouti und bildete 1896 die Kolonie **Französisch-Somaliland**. Die westl. und zentrale N-Küste wurde 1884/85 von Großbritannien als Gegenküste zum Flottenstützpunkt Aden annektiert und 1887 zum Protektorat **Britisch-Somaliland** erklärt. Durch Verträge mit mehreren Sultanen wurde 1889 an der Küste des Ind. Ozeans das Protektorat **Italienisch-Somaliland** gebildet, das 1892 um das sansibar. Mogadischu und weitere Küstenplätze, 1924 um Kismaju nach S erweitert wurde. Kaiser MENELIK II. von Äthiopien eroberte 1891 das Innere der Somalihalbinsel (Ogaden). Die Grenzen Äthiopiens zur brit. Kolonie wurden 1897, zur ital. 1908 (im genauen Verlauf umstritten) festgelegt. 1936–41 bildete Italienisch-Somaliland mit dem zuvor von Italien eroberten Äthiopien und Eritrea die Kolonie **Italienisch-Ostafrika**.

Nach deren Eroberung durch brit. Truppen im Zweiten Weltkrieg (1941) stand Italienisch-Somaliland bis 1950 unter brit. Militärverwaltung, dann setzten die Vereinten Nationen in einem Treuhandabkommen für zehn Jahre Italien wieder als Verwaltungsmacht ein. In dieser Zeit bemühten sich Großbritannien und Italien um koordinierte polit. Fortschritte zur Selbstregierung. Als Führungspartei setzte sich die ›Somali Youth League‹ (SYL) durch. Bei der Erlangung der staatl. Unabhängigkeit am 1. 7. 1960 verschmolzen das brit. und das ital. Gebiet zur Rep. S.; Frz.-Somaliland (1967–77 Afar-und-Issa-Territorium) wurde als →Djibouti am 27. 6. 1977 unabhängig.

Am 20. 6. 1961 erhielt S. eine Verfassung. Gestützt auf die SYL, übernahm ADEN ABDULLAH OSMAN, 1967 ABD AR-RASHID SHERMARKE das Amt des Staatspräs.; beide entstammten dem früher von Italien beherrschten Landesteil. Vorwürfe von Wahlfälschung und Regierungskorruption führten am 15. 10. 1969 zur Ermordung SHERMARKES, am 21. 10. 1969 zum Putsch der Armee unter General MOHAMMED SIAD BARRE. Unter Außerkraftsetzung der Verf. rief dieser als Vors. des Obersten Revolutionsrates und Staatschef die sozialistisch orientierte ›Somalische Demokrat. Rep.‹ aus. Auf der Basis der am 1. 7. 1976 gegründeten ›Somali Revolutionary Socialist Party‹ (SRSP) wandelte SIAD BARRE S. in einen Einparteienstaat um.

Die Außenpolitik von S. war seit der Unabhängigkeit stark bestimmt von dem Ziel, unter Gebietsansprüchen an Kenia und Äthiopien alle Somal in einem Staat zu vereinigen. Dabei kam es 1964 und 1977–78 zu schweren Grenzkonflikten mit Äthiopien. 1977 marschierten somal. Truppen in die von Somal besiedelte äthiop. Provinz →Ogaden ein, um dieses Gebiet S. einzuverleiben. Bes. aufgrund der starken militär. Hilfe der UdSSR und Kubas für Äthiopien erlitt S. 1978 eine schwere Niederlage. Angesichts der sowjet. Parteinahme für Äthiopien hatte S. bereits 1977 den Freundschafts- und Kooperationsvertrag mit der UdSSR von 1974 gekündigt und mehrere Tausend sowjet. Berater ausgewiesen. 1981 erlaubte es den USA vertraglich, den Hafen Berbera militärisch zu nutzen. In der BRD gewann S. Ansehen, nachdem es im Oktober 1977 der Bundesgrenzschutzgruppe GSG 9 auf dem Flughafen Mogadischu den Einsatz gegen Terroristen erlaubt hatte. Vor dem Hintergrund immer wieder aufflackernder Grenzkonflikte mit Äthiopien erhielt S. Militärhilfe von den USA. Im April 1988 schloss es Frieden mit Äthiopien; zu diesem Zeitpunkt hielten sich mehr als 800 000 Flüchtlinge aus Äthiopien in S. auf.

Angesichts kriegsbedingter Flüchtlingsströme, Dürrekatastrophen und Grenzkonflikte geriet S. in den Sog einer wachsenden Wirtschaftskrise. Auf der Grundlage bes. von Abkommen (1985 und 1987) mit dem Internat. Währungsfonds (IWF) suchte Präs. SIAD BARRE (1986 als einziger Kandidat erstmals von der Bev. gewählt) dieser Entwicklung entgegenzuwirken. 1987 rief die Reg. den ›nat. Notstand‹ aus. In enger Verbindung mit dieser Entwicklung entstanden seit 1988/89 zahlr. von Clans und Volksgruppen getragene Aufstandsbewegungen gegen die Diktatur SIAD BARRES, so u. a. im N ›Somali National Movement‹ (SNM), im S ›United Somali Congress‹ (USC) und ›Somali Patriotic Movement‹ (SPM). Während sich im N die SNM gegen die Reg.-Truppen durchsetzte, eroberte der USC Mogadischu, und die SPM besetzte große Teile des Südens. Bei den Kämpfen kam es zu schweren Menschenrechtsverletzungen. Nach der Flucht von SIAD BARRE im Januar 1991 brachen Kämpfe zw. rivalisierenden Aufstandsbewegungen v. a. im S aus. Auf einer ›Versöhnungskonferenz‹ am 22. 7. 1991 wurde ALI MAHDI MOHAMMED (USC) als neuer Staatspräs. bestätigt. Im N rief die SNM am 18. 5. 1991 die unabhängige Rep. ›Somaliland‹ aus, die internat. nicht anerkannt wurde. Im September 1991 brachen in Mogadischu Kämpfe zw. Stammesgruppen innerhalb des USC aus, so der Truppen unter Führung von ALI MAHDI MOHAMMED und Einheiten der von der USC abgespaltenen ›Somali National Alliance‹ (SNA) unter General M. F. H. AIDID.

Aufgrund der bes. seit 1992 das ganze Land ergreifenden Hungerkatastrophe infolge des Bürgerkrieges, der trotz wiederholter Versuche nicht beendet werden konnte, begann nach einem Beschluss des UN-Sicherheitsrates vom 3. 12. 1992 die multinat. Militäraktion ›Restore Hope‹ (›Neue Hoffnung‹), um die Verteilung von Hilfsgütern und die Entwaffnung der rivalisierenden Parteien durchzusetzen sowie den inneren Frieden wiederherzustellen und beim Wiederaufbau polit. Institutionen und der Wirtschaft zu helfen. 1993/94 nahmen an der Aktion rd. 30 000 Soldaten aus 20 Staaten teil, darunter ein Kontingent der Bundeswehr (Stationierungsort Belet Huen). Während die Ernährungslage der Bev. verbessert werden konnte, führte die geplante Entwaffnung der Milizen zu blutigen Kämpfen v. a. zw. UN-Einheiten und der Miliz unter AIDID. Nach dem Scheitern von Friedensgesprächen Mitte Dezember begannen die USA am 17. 12. 1993 offiziell mit dem Abzug ihrer Truppen; bis März 1994 folgten die Truppen aller beteiligten westl. Staaten, im März 1995 die letzten UN-Truppen aus afrikan. und asiat. Ländern. Mehrere Anläufe zu einer friedl. Beilegung des immer wieder zw. versch. Milizen aufflammenden Bürgerkriegs blieben erfolglos; vielmehr breiteten sich die Kampfhandlungen Ende 1994/Anfang 1995 auch auf bislang wenig umkämpfte Landesteile aus, woraufhin sich auch zahlr. Hilfsorganisationen zurückzogen. Bei den Kämpfen wurde am 1. 8. 1996 AIDID, der sich am 15. 6. 1995 zum Staatspräs. hatte proklamieren lassen, getötet. Sein Sohn HUSSAIN MOHAMMED AIDID trat als selbst ernannter Präs. die Nachfolge an. Zahlr. Versöhnungskonferenzen konnten bislang (1998) das innerstaatl. Chaos, das Machtvakuum und den Bürgerkrieg nicht beenden, an dem sich etwa 450 Clans beteiligen und der v. a. getragen wird von den Hauptrivalen und beiden ›Staatspräs.‹ ALI MAHDI MOHAMMED, der 1997 mit weiteren Milizenführern den ›Somali National Salvation Council‹ (SNSC) bildete, und H. M. AIDID (SNA).

S. TOUVAL: Somali Nationalism (Cambridge, Mass., 1963); A. G. MIRREH: Die sozialökonom. Verhältnisse und Bevölkerung im Norden der Demokrat. Rep. S. (Berlin-Ost 1978); D. D. LAITIN u. S. S. SAMATAR: S. Nation in search of a state (Boulder, Colo., 1987); I. M. LEWIS: A modern history of S. (Neuausg. Boulder, Colo., 1988); H. KRECH: Der Bürgerkrieg in S. 1988–1996. Ein Hb. (1996); J. A. MUBARAK: From bad policy to chaos in S. How an economy fell apart (Westport, Conn., 1996); V. MATTHIES: Äthiopien, Eritrea, S., Djibouti (³1997); J. PRENDERGAST: Crisis response. Humanitarian aids in Sudan and S. (London 1997); J. TONATI: Politik u. Gesellschaft in S. 1890–1991 (1997).

Somali|alphabet, eine Buchstabenschrift von 22 Konsonanten und fünf Vokalen, deren Länge durch Verdopplung (oder Hilfskonsonanten) ausgedrückt wird. Das um 1925 eingeführte Alphabet hatte nur vorübergehende und regionale Bedeutung. Einige Zeichen erinnern an das äthiop. Alphabet.

Somalihalbinsel, keilförmige Halbinsel im O Afrikas, zw. dem offenen Ind. Ozean und dem Golf von Aden, mit Kap Guardafui und Kap Hafun; größtenteils zu Somalia gehörend, der innerste Teil (Ogaden) zu Äthiopien. Wegen ihrer Gestalt wird die S. auch **Osthorn Afrikas (Horn von Afrika)** genannt.

Zur *Geschichte* →Somalia.

Somalistrom, starke, nordwärts gerichtete, relativ kalte Meeresströmung an der ostafrikan. Küste (Somalia) zw. dem Äquator und etwa 8° n. Br., existiert nur im Nordsommer und wird durch den SW-Monsun des Ind. Ozeans hervorgerufen. Der S. ist mit starken Auftriebserscheinungen im Meer (→Auftrieb) vor der Küste von Somalia verbunden. Im Nordwinter (KARTE →Meeresströmungen) verläuft vor der Küste von Somalia statt des S. eine schwächere Strömung nach Süden.

Soman [Kw.] *das, -s,* chem. Verbindung aus der Reihe der organ. Phosphorsäureester (chemisch der Methylfluorphosphonsäure - 1,2,2 - trimethylpropylester). S. wirkt als starker Hemmstoff der Cholinesterase und zählt zu den bes. gefährl. Kampfstoffen (etwa

$$CH_3-\underset{\underset{F}{\|}}{\overset{O}{P}}-O-CH-C(CH_3)_3$$
$$\quad\quad\quad\quad\quad\quad\;\;CH_3$$

Soman

dreimal wirksamer als Sarin); im Zweiten Weltkrieg entwickelt, jedoch nicht verwendet.

somat..., Wortbildungselement, →somato...

somatisch, *Medizin* und *Psychologie:* den Körper (Soma; im Ggs. zu Geist, Seele, Gemüt) betreffend, auf den Körper bezogen, körperlich.

somato... [griech. sõma, sõmatos ›Leib‹, ›Körper‹], vor Vokalen verkürzt zu **somat...,** Wortbildungselement mit der Bedeutung: (menschl. und tier.) Körper, z. B. Somatologie, somatisch. – Auch als letzter Wortbestandteil, 1) ...**som,** a) in Substantiven, mit der Bedeutung: ›Körperchen‹, Kleinstruktur im Organismus, z. B. Chromosom; b) in Adjektiven, mit der Bedeutung: von einer bestimmten Körperbeschaffenheit, z. B. leptosom (schmal, schlankwüchsig); 2) ...**somie,** in Substantiven mit der Bedeutung: Körperbau, -beschaffenheit, z. B. Hypersomie (Riesenwuchs).

Somatogamie [zu griech. gameĩn ›heiraten‹] *die, -/...mi̯en,* Befruchtungsvorgang bei Pilzen durch Verschmelzung von Körperzellen (Somazellen) aus einem einzigen oder aus versch. Individuen.

Somatologie *die, -,* Teilgebiet der Anthropologie, das sich mit am Körper des lebenden Menschen feststellbaren Maßen, Proportionen **(Somatometrie),** Formen und Farben sowie physiol. Merkmalen und deren individueller und gruppenmäßiger Ausprägung beschäftigt.

Somatolyse [zu griech. lýein ›(auf)lösen‹] *die, -, Biologie:* Form der →Schutzanpassungen.

Somatomedine [Kurzbildung aus Somatotropin und Mediatoren], *Sg.* **Somatomedin** *das, -s,* erstmals 1957 aus menschl. Blut isolierte Peptide mit insulinartiger Wirkung, die in Leber, Fettgewebe und Muskeln gebildet werden. S. beeinflussen über die Regulation des Somatotropinspiegels die Wachstumsprozesse.

Somatostatin [zu griech. stásis ›das Stehen‹, ›Stillstand‹] *das, -s/-e,* ein Peptidhormon aus 14 Aminosäuren, das im Hypothalamus, der Magen- und Dünndarmschleimhaut, der Bauchspeicheldrüse u. a. Organen vorkommt. S. hat ein breites Wirkungsspektrum, u. a. eine hemmende Wirkung auf die Sekretion einer Reihe von Hormonen der Hirnanhangdrüse (Somatotropin, Prolaktin, Thyreotropin, FSH), der Bauchspeicheldrüse (Insulin, Glucagon) sowie von im Magen-Darm-Trakt gebildeten Hormonen (Gastrin, Sekretin, Cholezystokinin).

Somatotonie [zu griech. tónos ›das Spannen‹, ›Anspannung‹] *die, -,* nach W. H. SHELDON der zum mesomorphen →Konstitutionstyp gehörige Temperamentshabitus (extravertiert, energisch, bewegungsfreudig, geradlinig).

Somatotropin [zu griech. tropé ›Wende‹] *das, -s/-e,* **somatotropes Hormon,** *Abk.* **STH, Wachstumshormon,** bei Wirbeltieren (einschließlich Mensch) vorkommendes, aus 191 Aminosäuren bestehendes Polypeptidhormon aus dem Vorderlappen der Hirnanhangdrüse. S. ist in seiner Wirkung weitgehend artspezifisch. Es steuert das Längenwachstum. Bei Erwachsenen erstreckt sich seine Wirkung auf die Erhöhung des Blutzuckerspiegels, vermehrte Proteinsynthese und erhöhte Fettspaltung zu freien Fettsäuren. Die S.-Sekretion wird durch Somatostatin gehemmt und durch erniedrigten Blutzuckerspiegel, Eiweißzufuhr, körperl. Arbeit und Stress über die Einwirkung von Somatoliberin ausgelöst. Ausfall der S.-Sekretion bewirkt hypophysären Zwergwuchs, Überproduktion an S. dagegen Riesenwuchs, bei Erwachsenen →Akromegalie.

Somatotypus, *Konstitutionsanthropologie, Psychologie:* Körperbautypus der Konstitutionslehre von W. H. SHELDON, der durch drei jeweils in unterschiedl. Mischungsverhältnis vorliegende Grundkomponenten bestimmt ist. Hierbei werden den endomorphen, ektomorphen und mesomorphen Typen als temperamentsmäßige Entsprechungen jeweils die →Viszerotonie, die →Zerebrotonie und die →Somatotonie zugeordnet. Die drei Grundtypen entsprechen in etwa den pykn., athlet. und leptosomen Konstitutionstypen von E. KRETSCHMER.

Somazellen, die (meist diploiden) Körperzellen, die im Unterschied zu den Keimzellen (→Gameten) nicht potenziell unsterblich und bei den Säugetieren nur noch begrenzt teilungsfähig sind.

Somba, Tamberma, Somne, altnigrit. Volk mit Gur-Sprache in den Atakorabergen von NW-Benin (etwa 200 000 S.) bis ins benachbarte N-Togo. Ihre Behausungen, die alle Mitgl. einer patriarchalen Großfamilie vereinigen, bestehen aus zu Gruppen aneinander gefügten zylindr. Lehmhäusern mit einem diese überdeckenden Flachdach **(S.-Burg** oder **S.-Schloss).**

Sombart, Werner, Volkswirtschaftler und Soziologe, * Ermsleben 19. 1. 1863, † Berlin 18. 5. 1941; Prof. in Breslau (1890–1906), an der Handelshochschule (1906–17) und an der Univ. Berlin (1917–31). S. war Mitbegründer der Dt. Gesellschaft für Soziologie und Vors. des Vereins für Socialpolitik (1932–36). Sein Hauptverdienst ist die Darstellung und Kritik des Kapitalismus und die Untersuchung des Sozialismus. S. entwickelte in seinem Hauptwerk ›Der moderne Kapitalismus‹ (2 Bde., 1902) die bis heute verbreitete Einteilung des Kapitalismus in Früh-, Hoch- und Spätkapitalismus. Als erster bürgerl. Wissenschaftler setzte er sich positiv-kritisch mit K. MARX auseinander. Zunächst Anhänger des Kathedersozialismus, wandelte er sich seit 1924 zum entschiedenen Gegner des Marxismus und zum sozialkonservativen Wegbereiter des Nationalsozialismus, von dem er sich jedoch in späteren Schriften (›Vom Menschen‹, 1938) wieder distanzierte. S. erstrebte eine ›verstehende Nationalökonomie‹, die auf historisch-soziolog. Grundlagen aufbaut.

Weitere Werke: Sozialismus u. soziale Bewegung im 19. Jh. (1896, ¹⁰1924 u. d. T. Der proletar. Sozialismus [Marxismus], 2 Bde.); Die Juden u. das Wirtschaftsleben (1911); Der Bourgeois (1913); Die drei Nationalökonomien. Gesch. u. System der Lehre von der Wirtschaft (1930); Dt. Sozialismus (1934).

Sombor, ungar. **Zombor** [z-], Stadt in der westl. Batschka, Prov. Wojwodina, in Serbien, Jugoslawien, 90 m ü. M., 49 000 Ew.; Textil-, Leder-, Nahrungsmittel-, Elektroindustrie, Landmaschinenbau; landwirtschaftl. Handelszentrum. – Kath. Trinitätskirche (18. Jh.); orth. Johannes-und-Georgs-Kirche (18. Jh.); Stadthaus (19. Jh.; auf Fundamenten der ehem. Festung). – Die seit dem 13. Jh. bestehende feste Siedlung S. wurde 1541 von den Türken erobert, 1687 von den Habsburgern befreit, 1702 in die Militärgrenze eingegliedert und 1749 zur freien Königsstadt erhoben.

Sombrero [span. ›Hut‹, zu sombra, von lat. umbra ›Schatten‹] *der, -s/-s,* in Mittel- und Südamerika getragener hoher, kegelförmiger Strohhut mit sehr breiter Krempe.

Somerset [ˈsʌməsɪt], County in SW-England, 3 451 km², 481 000 Ew., Verw.-Sitz ist Taunton. Ein zentrales Tiefland, das im N an den Bristolkanal grenzt, wird von Hügel- und Bergland im W (Exmoor bis 520 m ü. M.) und O (Mendip Hills bis 326 m ü. M.) umgeben. Mittelgroße Betriebe treiben im Tiefland, begünstigt durch ozean. Klima, Milchwirtschaft (Käsebereitung), im Hügelland Aufzucht von Fleischvieh. Die Industrie stellt Verbrauchsgüter her.

Somerset [ˈsʌməsɪt], engl. Earls- und Herzogstitel, 1397–1471 in der Familie Beaufort, 1547–52 und endgültig seit 1660 in der Familie Seymour, 1613–45 in der Familie Carr. – Bekannt v. a.:

1) **Edmund Beaufort** [ˈboʊfət], Herzog von (seit 1448), vorher 4. Earl of (seit 1444), engl. Heerführer, * um 1406, † Saint Albans 22. 5. 1455; wurde 1446 zum Statthalter der Normandie ernannt. Als erbitterter Rivale und Hauptgegner des Herzogs RICHARD VON

Werner Sombart

YORK fiel er in der Schlacht von Saint Albans, die die Rosenkriege einleitete.

2) Edward **Seymour** [ˈsiːmɔː], Earl **of Hertford** [-ˈhɑːfəd] (seit 1537), 1. Herzog von (seit 1547), engl. Politiker, * um 1500, † London 22. 1. 1552; als Bruder von JANE SEYMOUR (→JOHANNA, Herrscherinnen, England) Schwager HEINRICHS VIII.; wurde nach dessen Tod (1547) zum Protektor für den unmündigen EDUARD VI. ernannt. S. führte die Kirchenpolitik und Klosterreform HEINRICHS VIII. fort. Außenpolit. Misserfolge und eine bauernfreundl. Sozialpolitik riefen die Opposition des Adels hervor; S. wurde wegen Hochverrats hingerichtet.

3) Robert **Carr** [kɑː], Earl of (seit 1613), schott. Adliger, * 1590, † Juli 1645; Günstling des engl. Königs JAKOB I.; ab 1612 im Privy Council, 1614 Haushofmeister. 1616 wegen Mordes zum Tode verurteilt (bis 1621 eingekerkert), 1624 vom König begnadigt.

Frederick Sommer: Circumnavigation of the Blood; 1950 (New York, Museum of Modern Art)

Somerset Island [ˈsʌməsɪt ˈaɪlənd], Insel im Zentrum des Kanadisch-Arkt. Archipels, 24 786 km², unbesiedelt; die Fauna umfasst Rentiere (Karibus), Moschusochsen und v. a. Vögel. S. I. besteht aus bis rd. 500 m ü. M. ansteigenden Plateaulandschaften.

Somers Islands [ˈsʌməz ˈaɪləndz], früher Name der →Bermudainseln.

Somerville [ˈsʌməvɪl], Edith Anna Oenone, irische Schriftstellerin, * Korfu 2. 5. 1858, † Drishane (Cty. Cork) 8. 10. 1949; studierte Kunst in Paris, Düsseldorf und London; ab 1886 schrieb sie zus. mit ihrer Cousine MARTIN ROSS (eigtl. VIOLET FLORENCE MARTIN, * 1862, † 1915) unter dem Pseudonym **S. and Ross** [-ənd ˈrɔs] realist. Romane über den Verfall der prot. Oberschicht Irlands (›The real Charlotte‹, 3 Bde., 1894; dt. ›Die wahre Charlotte‹) sowie populäre humorist. Erzählungen aus dem irischen Volksleben (›Some experiences of an Irish R. M.‹, 1899; ›Further experiences of an Irish R. M.‹, 1908). Nach dem Tod von VIOLET MARTIN erschienen S.s Werke weiterhin unter dem gemeinsamen Pseudonym, so der histor. Roman ›The big house at Inver‹ (1925).

Weitere Werke: *Romane:* An Irish cousin, 2 Bde. (1889); Naboth's vineyard (1891); The silver fox (1898); Mount music (1919). – *Autobiographie:* Irish memories (1917).

Ausgabe: Selected letters of S. and Ross, hg. v. G. Lewis (1989).

C. HUPPERTSBERG: Das Irlandbild im Erzählwerk von S. and Ross (1980); H. ROBINSON: S. and Ross. A critical appreciation (New York 1980); G. LEWIS: S. and Ross. The world of the Irish R. M. (Harmondsworth 1985).

Someş [ˈsomeʃ], Fluss in Rumänien, →Szamos.

Sommeraster: Callistephus chinensis (Gartenform)

...somie, Wortbildungselement, →somato...

Somiten [zu griech. sõma ›Körper‹, ›Leib‹], bei Wirbeltierembryonen Ursegmente, die aus rückennahen Teilen des mittleren Keimblattes (Mesoblastem) entstehen und die Grundlage für die Entwicklung von Unterhautbindegewebe, Muskulatur, Knorpel- und Knochen- sowie Nierengewebe bilden.

Somme [sɔm], **1)** Dép. in N-Frankreich, in der Picardie, am Mittel- und Unterlauf der Somme, 6 170 km², 550 000 Ew.; Verw.-Sitz: Amiens.
2) *die,* Fluss in der Picardie, Frankreich, 245 km lang; entspringt 12 km nordöstlich von Saint-Quentin, mündet unterhalb von Abbeville mit einem Ästuar in den Kanal. Schiffsverkehr unterhalb von Abbeville ist nur mittels der künstl. Fahrrinne möglich, kanalisiert zw. Saint-Quentin und Amiens; nahe Péronne zweigt der Canal du Nord ab. – Im Ersten Weltkrieg war das von der S. durchflossene Gebiet v. a. zwischen Saint-Quentin und Amiens oftmals Schauplatz heftiger Kämpfe, bes. von Juni bis November 1916 (die eigentl. **S.-Schlacht**).

Sommer, eine der vier →Jahreszeiten.

Sommer, 1) Ernst, österr. Schriftsteller, * Iglau 29. 10. 1888, † London 20. 9. 1955; Medizin- und Jurastudium in Wien, dort vorübergehend in Kontakt mit der zionist. Bewegung, ab 1920 Anwalt und sozialdemokrat. Stadtrats-Mitgl. in Karlsbad; emigrierte 1938 nach Großbritannien (Staatsbürgerschaft 1951). S. gehörte dem ›weiteren Prager Kreis‹ an, seine Romane, Erzählungen und Studien behandeln v. a. histor. und biograph. Themen mit zeitgeschichtl. Bezügen.

Werke: *Romane:* Gideons Auszug (1912); Die Templer (1935); Botschaft aus Granada (1937); Erpresser aus Verirrung (1949); Antinous oder Die Reise eines Kaisers (1955). – *Erzählungen:* Der Fall des Bezirksrichters Fröhlich (1922); Revolte der Heiligen (1944, 1948 u. d. T. Revolte der Wehrlosen). – *Studien:* Into exile (1943); Die Sendung Thomas Müntzers (1948).

2) Ferdinand, Sprachwissenschaftler, * Trier 4. 5. 1875, † München 3. 4. 1962; war Prof. in Basel, Rostock, Jena, Bonn und München und als Indogermanist führend an der Erforschung des Hethitischen beteiligt.

Werke: Hb. der lat. Laut- u. Formenlehre (1902); Die Aḫḫijavā-Urkunden (1932); Die hethitisch-akkad. Bilingue des Ḫattušili I. (1938, mit A. FALKENSTEIN); Hethiter u. Hethitisch (1947); Zur Gesch. der griech. Nominalkomposita (1948); Zum Zahlwort (1951).

Ausgabe: Schr. aus dem Nachlaß, hg. v. B. FORSSMAN (1977).

3) [ˈsʌmə], Frederick, amerikan. Fotograf deutsch-ital. Herkunft, * Angri (bei Neapel) 7. 9. 1905; führender Vertreter des surrealist. Fotografie in den USA, beeinflusst von C. SHEELER und v. a. von M. ERNST. S. lebt seit 1930 in Prescott (Arizona).

4) Harald, österr. Dramatiker, * Graz 12. 12. 1935; Mitgl. des Grazer Forum Stadtpark; verfasst gesellschaftskrit. Volksstücke in der Tradition Ö. VON HORVÁTHS, die durch ihre unverblümte Sprache und durch das Aufgreifen von Tabuthemen Anfang der 70er-Jahre mehrere Theaterskandale provozierten; daneben verfasste er auch zahlreiche Hörspiele.

Werke: *Stücke:* Die Leut (1970); Ein unheimlich starker Abgang (1970); Ich betone, daß ich nicht das geringste an der Regierung auszusetzen habe (1973); Der Sommer am Neusiedlersee (1973); Das Stück mit dem Hammer (1973); Scheiß Napoleon (1975); Die Gemeindewohnung (1984).

Sommer|annu|elle, einjährige (annuelle) Kräuter, die ihre Entwicklung von der Keimung bis zur Samenreife innerhalb einer Vegetationsperiode durchlaufen und dann absterben, z. B. Sommergetreide, viele Kulturpflanzen, Wildkräuter.

Sommer|aster, Callistephus, Korbblütlergattung mit der einzigen, in China beheimateten Art **Callistephus chinensis;** einjähriges Kraut mit grob gezähnten bis eingeschnittenen Blättern und einzeln stehenden, großen Blütenköpfchen. Zahlr. im Sommer blühende, im Volksmund allg. als ›Astern‹ (›Gartenastern‹) bezeichnete Sorten (z. B. hohe Schnittastern, niedrige Zwergastern, solche mit gefüllten Blütenköpfchen) sind in den verschiedensten Blütenfarben und -formen als Zierpflanzen in Kultur.

Sommer|azalee, Art der Pflanzengattung →Godetie.

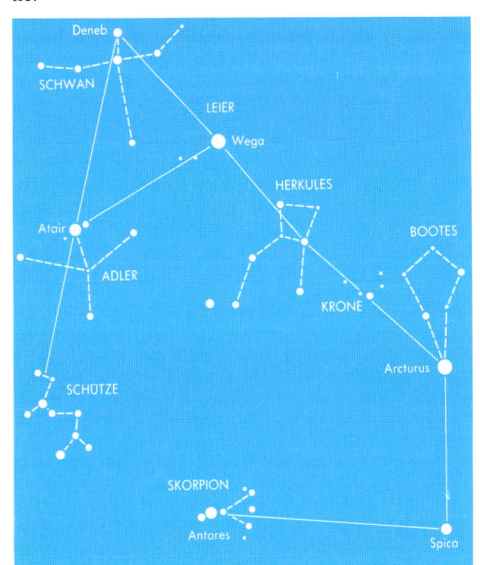

Sommerdreieck: Das von den hellen Sternen Deneb, Atair und Wega gebildete Dreieck ist nützlich für das Auffinden von Sternbildern; die Richtung vom Sternbild Schütze zur Wega ist etwa die zum nördlichen Himmelspol

Sömmerda, 1) Kreisstadt in Thüringen, 140 m ü. M., im Thüringer Becken, am rechten Ufer der Unstrut, nördlich von Erfurt, 25 000 Ew.; Industriegelände des ehem. Büromaschinenwerks ›Robotron‹ (größter Computerproduzent der DDR) nach 1990 umstrukturiert zu einem Industriepark mit kleinen und mittelständ. Unternehmen, bes. für den Computerbau. – Reste der Stadtbefestigung (16. Jh.) mit Wehrtürmen und Toren, bes. Erfurter Tor (1395); Pfarrkirche (15./16. Jh.); Renaissance-Rathaus (1529–39). – Das 876 erstmals erwähnte S. wurde 1523 als Stadt genannt.
2) Landkreis im NO von Thür., 804 km^2, 82 500 Ew.; grenzt im O an Sa.-Anh. Das Kreisgebiet erstreckt sich über das Keuper- und Muschelkalkgebiet des Thüringer Beckens und wird von der Unstrut (Rückhaltebecken bei Straußfurt, 9 km^2, Stauinhalt 19,2 Mio. m^3) durchzogen; im NO hat der Kreis Anteil an den teilweise bewaldeten Höhenzügen Schmücke, Finne und Schrecke. Auf Löss- und Lösslehmböden werden Getreide (Weizen, Gerste), Futterpflanzen, Kartoffeln, Zuckerrüben und Gemüse angebaut; nur wenig Industrie. Größte Stadt ist die Kreisstadt Sömmerda, weitere Städte sind Buttstädt, Gebesee, Kindelbrück, Kölleda, Rastenberg und Weißensee. – In den Landkreis S. wurden am 1. 7. 1994 19 Gemeinden des ehem. Landkreises Erfurt und zwei Gemeinden des Landkreises Artern eingegliedert.

Sommerdreieck, das durch die drei hellen Sterne →Wega im Sternbild Leier, →Deneb im Sternbild Schwan und →Atair im Sternbild Adler gebildete näherungsweise gleichseitige Dreieck, das v. a. am sommerl. Abendhimmel gut sichtbar ist.

Sommer|eiche, die →Stieleiche.
Sommer|eier, die →Subitaneier.
Sommer|endivi|e, →Kopfsalat.

Sommerfeld, poln. **Lubsko,** Stadt in der Wwschaft Zielona Góra (Grünberg), Polen, 72 m ü. M., an der Lubst (rechter Nebenfluss der Lausitzer Neiße), 15 300 Ew.; Woll-, Schuh-, Lebensmittel-, Holzindustrie. – Um 1220 erhielt S. Stadtrecht. 1945 kam S., bis dahin amtlich **Sommerfeld (Niederlausitz)** genannt, unter poln. Verwaltung; die Zugehörigkeit zu Polen wurde durch den Dt.-Poln. Grenzvertrag vom 14. 11. 1990 anerkannt.

Sommerfeld, Arnold, Physiker, *Königsberg (heute Kaliningrad) 5. 12. 1868, †München 26. 4. 1951; ab 1897 Prof. in Clausthal-Zellerfeld und ab 1900 in Aachen, bemühte sich um eine mathemat. Durchdringung der Technik. 1906 wurde S. Prof. für theoret. Physik in München, wo er zahlr. bedeutende Physiker heranbildete (u. a. P. DEBYE, P. P. EWALD, W. HEISENBERG, W. PAULI, H. A. BETHE). Er erweiterte das bohrsche →Atommodell 1915 zur Bohr-S.-Atomtheorie und entdeckte einen Großteil der Gesetze für die Zahl, Wellenlänge und Intensität der Spektrallinien. ›Atombau und Spektrallinien‹ (2 Bde., 1919–29) galt für Jahrzehnte als Standardwerk der Atomphysik. Das mit F. KLEIN geschriebene vierbändige Werk ›Über die Theorie des Kreisels‹ (1897–1910) wurde zu einer Standardreferenz.

sommerfeldsche Feinstrukturkonstante [nach A. SOMMERFELD], die →Feinstrukturkonstante.

Sommerfelt, Alf Axelssøn, norweg. Sprachwissenschaftler und Keltologe, *Trondheim 23. 11. 1892, †(Autounfall) bei Oslo 12. 12. 1965; wurde 1931 Prof. in Oslo und trat bes. mit phonolog. und soziolinguist. Forschungen im Bereich der indogerman. (bes. der kelt.) Sprachen hervor.
Werke: La langue et la société (1938); Diachronic and synchronic aspects of language (1962).

Sommerflieder, die Pflanzengattung →Buddleia.
Sommergetreide, Sommerfrucht, Sommerung, Getreide, das im Frühjahr gesät und im selben Jahr geerntet wird; der Ertrag ist geringer als beim **Wintergetreide** (Winterfrucht, Winterung), das bereits im Herbst gesät wird.

Sommergewinn, Eisenacher Sommergewinn, Frühlingsfest in Eisenach am dritten Sonntag vor Ostern (Lätare), 1286 erstmals erwähnt, seit dem 16. Jh. üblich, 1897 neu belebt. In einem Festumzug zur Winteraustreibung, in dem die S.-Symbole Hahn, Ei und Brezel mitgeführt werden, feiert ›Frau Sunna‹ mit ihrem Frühlingsgefolge den Sieg über ›Herrn Winter‹ (symbolisiert durch eine Strohpuppe), danach liefern sich beide ein (textlich vorgeschriebenes) Streitgespräch, das mit der Verbrennung der Strohpuppe, dem Tod des Winters, endet. (→Sommertagszug)

Sommergrippe, in der warmen Jahreszeit auftretender, meist leicht verlaufender grippaler Infekt; durch Coxsackieviren u. ä. Erreger hervorgerufen.

Arnold Sommerfeld

Sommergewinn: ›Frau Sunna‹ winkt den Menschen auf dem Marktplatz von Eisenach zu (Festumzug 1997)

Somm sommergrün – Somnialia Danielis

sommergrün, Bez. für Gehölze, die nur während der sommerl. Vegetationsperiode Laubblätter tragen.

Sömmering|gazelle [nach S. T. VON SÖMMERRING], **Gazella soemmeringi,** v. a. in den Buschsavannen NO-Afrikas verbreitete Art der Gazellen, oberseits rötlich sandfarben, unterseits weiß sowie mit schwarzweiß gezeichnetem Gesicht. Die Bestände der S. sind stark bedroht, in einigen Regionen ihres Verbreitungsgebietes ist sie bereits ausgerottet.

Sommernachtstraum, Ein, engl. ›A midsommer night's dream‹, Komödie von SHAKESPEARE, entstanden um 1595/96, Uraufführung vor 1600, engl. Erstausgabe 1600; vermutlich für den Vorabend eines Hochzeitsfestes geschrieben. Das verwickelte Verwechslungsspiel um die Liebe verbindet Motive von G. CHAUCER, OVID, PLUTARCH und E. SPENSER mit derber Komik sowie zauberhafter Verwandlung der Wirklichkeit. Adaptationen stammen von A. GRYPHIUS (›Absurda comica oder Herr Peter Squentz‹, 1657/58), M. WIELAND (›Oberon‹, Verserzählung, 1780), M. REINHARDT (Verfilmung 1935) und B. STRAUSS (›Der Park‹, 1983).

Musikal. Bearbeitungen: Bühnenmusik von F. MENDELSSOHN BARTHOLDY, bestehend aus der Konzertouvertüre op. 21 (1826) und den Orchesterstücken op. 61 (1842; darin u. a. Scherzo, Hochzeitsmarsch, Rüpeltanz). Oper von B. BRITTEN, Text nach SHAKESPEARE von P. PEARS und vom Komponisten, Uraufführung 11. 6. 1960 in Aldeburgh.

Sömmerring, Samuel Thomas von (seit 1808), Anatom und Naturforscher, *Thorn 25. 1. 1755, †Frankfurt am Main 2. 3. 1830; S. war Prof. in Kassel, Mainz und München und arbeitete zeitweise als Arzt in Frankfurt am Main; er gilt als einer der universellsten Naturforscher seiner Zeit. Er beschrieb u. a. zuerst den gelben Fleck im Augenhintergrund (Stelle des schärfsten Sehens) und entwickelte 1809 einen elektr. Telegrafen. S. lieferte z. T. ausgezeichnet bebilderte vergleichend anatomische, entwicklungsgeschichtl. und anthropolog. Arbeiten.

Werke: Über die körperl. Verschiedenheit des Mohren (Neger) vom Europäer (1784); Über das Organ der Seele (1796); Abbildungen der menschl. Sinnesorgane, 4 Tle. (1801–1810); Über einen elektr. Telegraphen (1811).

Sommersaat, Bez. für im Frühjahr ausgesäte und im Sommer geerntete Nutzpflanzen; Ggs.: Wintersaat.

Sommerschlaf, Sommer|ruhe, Aestivation, schlafähnl. Ruhestadium bei manchen in den Tropen und Subtropen lebenden Tieren (z. B. bei manchen trop. Fröschen, beim Schnabeligel und Ziesel) während der Hitzeperiode im Sommer bzw. der Trockenzeit (auch **Trockenschlaf** oder **Trockenruhe** genannt).

Sommerschlussverkauf, →Saisonschlussverkauf.

Sommerschnitt, →Obstbaumschnitt.

Sommersonnenwende, →Jahreszeiten, →Sonnenwende.

Sommerspiele, Kurz-Bez. für Olymp. S., die ›Spiele der Olympiade‹ (→Olympische Spiele).

Sommersprossen, Epheliden, durch Pigmentierungsstörungen hervorgerufene gelbe oder hellbraune Hautflecken, die v. a. bei pigmentarmen (blonden oder rotblonden) Menschen an Hautstellen auftreten, die der Sonne ausgesetzt sind (z. B. Nase, Stirn, Wangen); die S. blassen im Winter ab und lassen sich unter kosmet. Aspekt durch Lichtschutzmittel hemmen und durch Bleich- und Schälsalben vermindern.

Sommerstagnation, in einem stehenden Gewässer die Zeit zw. der Frühjahrsvollzirkulation und der Herbstvollzirkulation, in der sich eine Sprungschicht (→Metalimnion) ausbildet und ein Wasseraustausch zwischen der Oberschicht, dem Epilimnion, und dem tieferen Bereich, dem Hypolimnion, nicht möglich ist.

Sommertag, Meteorologie: ein Tag, an dem die Höchsttemperatur mindestens 25 °C erreicht.

Sommertagszug, wieder belebter Brauch (v. a. in der Kurpfalz) i. d. R. am Sonntag →Lätare (Sommertag), bei dem die Kinder mit bunt umwickelten Stöcken mit einer Brezel und einem Ei an der Spitze (Sommertagsstecken) hinter laufenden Stroh- und Tannen- (oder Efeu-)Kegeln (Ganzmasken), die den Winter bzw. den Sommer symbolisieren, durch den Ort ziehen und dabei das Sommertagslied singen, z. T. werden Motivwagen mitgeführt; z. T. bildet das Verbrennen einer großen Schneemannpuppe (Symbol des Winters) den Abschluss. Dem Brauch des S. ähnlich ist der Eisenacher →Sommergewinn.

Sommerwurz, Orobanche, Gattung der S.-Gewächse mit rd. 150 Arten in den gemäßigten und subtrop. Gebieten bes. der Nordhalbkugel; Vollparasiten bevorzugt an den Wurzeln von Schmetterlings-, Lippen- und Korbblütlern, aber u. a. auch an Efeu, blattgrünlose, nur schuppig beblätterte Pflanzen mit endständigen Blütentrauben bzw. -ähren und winzig kleinen Samen. Bekannte Arten sind u. a. die **Blutrote S.** (Orobanche gracilis; bis 60 cm hoch; Blüten innen blutrot, außen gelb gefärbt) parasitiert auf Hornklee und Ginster) und der meist auf Klee und Luzerne schmarotzende, bis 50 cm hohe **Kleeteufel (Kleewürger, Kleine S.,** Orobanche minor; Stängel blassgelb, rötlich überlaufen; Blüten gelblich oder rötlich weiß).

Sommerwurzgewächse, Orobanchaceae, den Rachenblütlern nahe stehende Pflanzenfamilie mit etwa 230 Arten in 17 Gattungen in den temperierten und subtrop. Gebieten bes. der Alten Welt; ausdauernde oder einjährige, auf den Wurzeln oft spezif. Wirtspflanzen schmarotzende Kräuter ohne Chlorophyll; mit schuppenförmigen Blättern und Saugorganen; Blüten meist in Trauben oder Ähren stehend; Kapselfrüchte mit zahlr. winzig kleinen Samen; bekannte Gattung →Sommerwurz.

Sommerzeit, die im Sommerhalbjahr gegen die jeweilige Zonenzeit in positiver Richtung verschobene Uhrzeit. Bezeichnet MEZ die Mitteleuropäische Zeit, so gilt für die Mitteleuropäische S.: MESZ = MEZ + 1 Stunde. Die S. ist in vielen Ländern üblich, in Großbritannien z. B. seit 1925. In Dtl. wurde sie, nach Praktizierung in beiden Weltkriegen und danach bis 1949, erst 1980 wieder eingeführt und soll der besseren Ausnutzung des Tageslichts dienen. Die Mitteleuropäische S. beginnt am letzten Sonntag im März (Vorstellen der Uhren um eine Stunde) und endet am letzten Sonntag im Oktober (Rückstellen der Uhren).

Sommerzypresse, Gartenform des Besenkrauts (→Radmelde).

Somnambulismus [frz., zu lat. somnus ›Schlaf‹ und ambulare ›umhergehen‹] der, -, 1) **Schlafwandeln, Nachtwandeln, Mondsucht, Lunatismus, Noktambulismus,** Ausführung komplexer Handlungen aus dem Schlaf heraus (wie Aufstehen, Ankleiden mit völliger Erinnerungslosigkeit), v. a. bei Kindern und Jugendlichen. 2) Stadium tiefer →Hypnose.

Somnathpur, Dorf 35 km östlich von Mysore im Bundesstaat Karnataka, S-Indien, mit dem 1268 unter der Dynastie der Hoysala erbauten Kesava-Tempel. Er besteht aus drei an einen Zentralbau angeschlossenen Sanktuarien von sternförmigem Grundriss mit Türmen (Shikaras) im Vesarastil; reicher plast. Baudekor.

Somnialia Danielis [lat. ›Traumbücher Daniels‹], seit spätantiker Zeit im griech. Kulturraum und im lat. Westen nachweisbare, volkstüml., alphabetisch angelegte Anleitungen zur Traumdeutung. Der Name entstand in Anlehnung an die Deutung des Traumes König NEBUKADNEZARS II. von Babylon durch den Propheten DANIEL im A.T. (Dan. 2). Die S. D. standen in der Tradition der antiken griech. Traumbücher, von

Samuel Thomas von Sömmerring

Sommerwurz: Kleeteufel (Höhe bis 50 cm)

denen nur das wiss. systematisierte Handbuch des ARTEMIDOROS VON DALDIS (›Oneirokritika‹, 2. Jh. n. Chr.) erhalten ist. Im Unterschied zu diesem sind die S. D. jedoch nach einem leicht fassl. Schema angelegt, bei dem der Inhalt eines Traums in schlichter Gleichung als Vorbote für allg. menschl. Erfahrungen wie Glück oder Unglück, Gesundheit oder Krankheit u. a. gedeutet wird. Zahlr. Wiegendrucke bezeugen die Beliebtheit der S. D. bis in die frühe Neuzeit.

Somnifera, die →Schlafmittel.

Somnolẹnz [lat. somnolentia ›Schläfrigkeit‹] *die, -,* leichte Form einer Bewusstseinstrübung mit Erweckbarkeit auf Anruf und Schmerzreize hin. S. ist ein wichtiges Krankheitssymptom bei organ. Gehirnerkrankungen als Ausdruck eines organ. Psychosyndroms. Differenzialdiagnostisch kann es sich jedoch auch um eine harmlose abnorme Schläfrigkeit, z. B. bei ausgeprägter Übermüdung, handeln.

Sọmnus [lat. ›Schlaf‹], röm. Personifikation des Schlafes, dem griech. →Hypnos entsprechend.

Somogy [ˈʃomodj], Bez. in SW-Ungarn, 6 036 km², 338 000 Ew.; Hauptstadt ist Kaposvár.

Sọmow, Sọmov, K o n s t a n t i n Andrejewitsch, russ. Maler und Grafiker, *Sankt Petersburg 30. 11. 1869, †Paris 6. 5. 1939; Schüler von I. REPIN, studierte 1897–99 in Paris. S. war Mitbegründer der Künstlervereinigung Mir Iskusstwa. Er malte Landschaften, Porträts und ab etwa 1900 galante Szenen in der Art des frz. Rokoko. Ab 1924 lebte er in Paris.

Somoza Debayle [soˈmosa-], **1)** Anastasio, gen. **Tachito** [tatʃ-], nicaraguan. Politiker, *León 5. 12. 1925, †Asunción (Paraguay) 17. 9. 1980, Bruder von 2); nach Militärausbildung in Managua und in den USA 1950 Generalstabschef, 1956 Oberbefehlshaber der Nationalgarde. 1967–72 wurde S. D. zum ersten Mal Präs. Nach der Erdbebenkatastrophe 1972 konnte er als Armeeoberbefehlshaber in einem Nat. Krisenrat alle Notstandskompetenzen an sich ziehen. Er nutzte die Krise zur Bereicherung des Somoza-Clans und verstärkte damit die von seinem Vater A. SOMOZA GARCÍA weit vorangetriebene Land- und Besitzkonzentration, die im krassen Ggs. zur Armut in weiten Teilen der Bev. stand. Die 1971 außer Kraft gesetzte Verf. wurde 1974 durch eine neue ersetzt, die ihm im selben Jahr die Wiederwahl als Präs. ermöglichte. Sein diktator. Regierungsstil rief zunehmenden Widerstand des Frente Sandinista de Liberación Nacional u. a. oppositioneller Gruppen hervor, den S. D. blutig niederschlagen ließ. In dem 1978 ausbrechenden Bürgerkrieg unterlag S. D. und erklärte am 17. 7. 1979 seinen Rücktritt. Er ging zunächst nach Miami (Fla.), dann nach Paraguay ins Exil, wo er einem Attentat zum Opfer fiel.

2) L u i s Anastasio, nicaraguan. Politiker, *León 18. 11. 1922, †Managua 13. 4. 1967, Bruder von 1); Ingenieursausbildung in Managua und in den USA, 1944–45 Diplomat in Washington (D. C.), 1950–56 Abg. Nach dem Tod seines Vaters A. SOMOZA GARCÍA wurde er dessen Nachfolger als Präs. (ab 1957 gewählt) bis 1963. Zus. mit seinem Bruder baute er mit repressiven Maßnahmen Macht und Besitz des Somoza-Clans aus.

Somoza García [soˈmosa garˈθia], Anastasio, gen. **Tacho** [-tʃo], nicaraguan. Politiker, *San Marcos (Dep. Carazo) 1. 2. 1896, †(an den Folgen eines Attentats) Balboa (Panama) 29. 9. 1956; übernahm 1932 den Oberbefehl über die mit amerikan. Hilfe aufgebaute Nationalgarde. Durch Staatsstreich an die Macht gelangt (Juni 1936), beherrschte S. G. entweder direkt als ›Präsident‹ (1937–47, 1950–56) oder über Marionettenpolitiker diktatorisch das Land. Seine militär. Funktion und seine Position als Führer des Partido Liberal Nacionalista de Nicaragua dienten S. G. ebenso wie die Kontrolle über zahlreiche landwirtschaftl. und andere Wirtschaftsunternehmen dazu, ihm und seiner Familie die polit. Macht auf Dauer zu sichern. Außenpolitisch orientierte sich S. G. stark an den USA. Seine Söhne L. und A. SOMOZA DEBAYLE setzten diese Politik fort.

Somport [frz. sɔ̃ˈpɔːr], span. **Puerto de Somport,** Pass an der Straße Pau–Saragossa in den Pyrenäen, 1 631 m ü. M.; über ihn verlaufen die spanisch-frz. Grenze und die geomorpholog. Grenze zw. den West- und den Zentralpyrenäen. Der im Bau befindliche 8,6 km lange Straßentunnel soll (ab 1999) die Iber. Halbinsel besser an das übrige Europa anbinden. – Im MA. war der S. neben Roncesvalles der wichtigste Pyrenäenübergang innerhalb des Jakobswegs.

Son [sɔʊn] *der,* rechter Nebenfluss des Ganges in Indien, 760 km lang, entspringt auf dem Dekhan nahe der Narmadaquelle, mündet westlich von Patna; im Unterlauf von Bewässerungskanälen begleitet.

Sonagraph, Gerät zur Analyse und sichtbaren dreidimensionalen (dreiparameterigen) Aufzeichnung von Schallsignalen **(Sonagramm),** insbesondere Sprachschallsignalen (Phonetik). In einem Sonagramm gibt die Abszisse die Zeit an, die Ordinate die Schallfrequenz und der Schwärzungsgrad die Schallamplitude. Da die Koordinatenmaßstäbe so gewählt sind, dass die Länge für eine Sekunde auf der Abszisse etwa gleich der Länge für 10 kHz auf der Ordinate ist, können einem Sonagramm auf der Abszisse die Sprachgrundfrequenz (Frequenz der Stimmbänder; im 100 Hz-Bereich), auf der Ordinate die Formanten (kHz-Bereich) und anhand des Schwärzungsgrades die Verteilung der Schallenergie oder Leistung auf diese beiden Parameter entnommen werden.

Sonạnt [lat. sonans, sonantis ›tönend‹] *der, -en/-en,* Silben bildender, Silben tragender Laut, ein Vokal oder ein sonant. Konsonant (z. B. [l] in ›Dirndl‹).

Sonar [Kw. für engl. **s**ound **n**avigation **a**nd **r**anging, eigtl. ›Schallortung und Entfernungsmessung‹] *das, -s/-e,* Schallortung, vorwiegend zur Ortung getauchter U-Boote. S.-Anlagen ermöglichen das Bestimmen von Richtungen und Entfernungen (auch Tauchtiefe und Entfernung zum Meeresboden) und das Erzeugen von Panoramabildern der Umgebung mit den in ihr befindl. Über- und Unterwasserfahrzeugen. Dabei werden insbesondere Ultraschallwellen ausgesendet und ihr Echo empfangen. Intensitätsmessungen bzw. -vergleiche dienen der Richtungsbestimmung, Laufzeitmessungen der Entfernungsbestimmung und Frequenzmessungen (→Doppler-Effekt) der Geschwindigkeitsbestimmung. (→Echolot)

E. RÖSSLER: Die S.-Anlagen der U-Boote (1991).

Sonạte [ital. sonata, zu lat.-ital. sonare ›klingen‹] *die, -/-n,* seit dem frühen 17. Jh. Bez. für eine meist

Somnathpur: Kesava-Tempel; 1268

Anastasio Somoza Debayle

mehrsätzige, zyklisch angelegte Instrumentalkomposition in kleiner oder solist. Besetzung. Das Wort ›Sonata‹ bezeichnete im 16. Jh. zur Unterscheidung von rein vokalen Kanzonen instrumentale Bearbeitungen oder stilist. Nachahmungen von Vokalsätzen (Canzoni da sonar); als Werktitel begegnet es zuerst 1561 bei GIACOMO GORZANIS (*um 1525, †nach 1575) und 1581 bei M. F. CAROSO. Bedeutend für die gattungsgeschichtl. Entwicklung waren die S. von G. GABRIELI (1597, 1615) mit ihrer mehrchörigen, vielgliedrigen Anlage und ihrem kontrastreichen Nebeneinander von imitatorisch gebundenem und frei improvisator. Stil. Durch Umbildung der Kanzone zum monod. Instrumentalstück und durch Stimmenreduktion entstanden die **Solo-S.** für eine Melodiestimme (meist Violine) mit Generalbassbegleitung (GIOVANNI PAOLO CIMA, *um 1570, †nach 1622; 1610; BIAGIO MARINI, *um 1587, †1663; 1617) und die **Trio-S.** für zwei Melodieinstrumente und Generalbass (zuerst S. DE' ROSSI, 1613), die in Form und Besetzung bis ins 18. Jh. die wichtigsten kammermusikal. Gattungen bildeten. Nach ihrer Bestimmung wurden die **Kirchen-S.** (ital. sonata da chiesa) und die **Kammer-S.** (ital. sonata da camera) unterschieden. Bedeutende Komponisten waren vor 1700 TARQUINIO MERULA (*um 1595, †1665), M. CAZZATI, G. LEGRENZI, G. B. VITALI, G. TORELLI und v. a. A. CORELLI. Seit CORELLI (12 Trio-S. für 2 Violinen und Bass op. 1, 1681) hatte die Kirchen-S. vier tonartlich verwandte Sätze (langsam–schnell–langsam–schnell), wobei die langsamen Sätze imitatorisch oder homophon und die schnellen fugiert angelegt sind. Die Kammer-S. war meist dreisätzig (schnell–langsam–schnell) und bestand aus einem präludienartigen Eingangssatz und nachfolgenden Tanzsätzen gleicher Tonart. Um 1700 vermischten sich beide Typen, doch blieb in Form und Stil das Vorbild der Kirchen-S. bestimmend für Komponisten in Italien (z. B. E. F. DALL'ABACO, A. VIVALDI, F. GEMINIANI, F. M. VERACINI, G. TARTINI, P. A. LOCATELLI), England (H. PURCELL), Frankreich (F. COUPERIN, J.-M. LECLAIR) und Dtl. (H. I. F. BIBER, G. P. TELEMANN, G. F. HÄNDEL, G. MUFFAT, J. J. QUANTZ). J. S. BACH übertrug den Triosatz auf ein Melodieinstrument (Violine, Viola da Gamba, Querflöte) und einen obligaten Klavierpart mit solist. Continuostimme oder auf Solovioline. Ähnlich begründete J. KUHNAU (›Neue Clavier-Übung II‹, 1692) die **Klavier-S.** Sie hatte ihre wichtigsten Vertreter in F. DURANTE, B. GALUPPI, G. C. WAGENSEIL, GEORG MATHIAS MONN (*1717, †1750), D. CIMAROSA, M. CLEMENTI und I. PLEYEL; in den einsätzigen Werken D. SCARLATTIS und dem im empfindsamen Stil gehaltenen S. der Bach-Söhne (bes. C. P. E. BACH) bildeten sich ansatzweise motiv. Durchführungsarbeit und Themengegensätzlichkeit heraus.

Die Klavier- wie die Violin-S. der Wiener Klassiker ist gekennzeichnet durch themat. Arbeit, klaren period. und modulator. Aufbau, i. d. R. Dreisätzigkeit und Gliederung des Kopfsatzes nach dem harmonisch-formalen Prinzip der →Sonatensatzform. L. VAN BEETHOVENS groß angelegte Klavier-S. weisen drei (z. B. op. 13, 1799, ›Pathétique‹), vier (mit Menuett oder Scherzo; z. B. op. 2 Nr. 1–3, 1796) oder, bei späten Werken, zwei Sätze auf (z. B. op. 111, 1822), die thematisch aufeinander bezogen sind. Bei Komponisten des weiteren 19. und frühen 20. Jh. (C. M. VON WEBER, F. SCHUBERT, R. SCHUMANN, F. MENDELSSOHN BARTHOLDY, F. CHOPIN, F. LISZT, C. FRANCK, J. BRAHMS, A. SKRJABIN) blieben die Formprinzipien der klass. S. zwar wirksam, wurden aber durch neue kompositor. Verfahren (z. B. fortlaufende Reihung oder Wiederholung von Gedanken, Ableitung aus einem einzigen Thema) modifiziert und umgewandelt. Die **Violin-S.** entwickelte sich bei W. A. MOZART aus der Klavier-S. mit ad libitum begleitender Violinstimme zur S. mit obligatem, gleichberechtigtem Klavierpart. Sie wurde nachfolgend von BEETHOVEN (z. B. op. 24, 1801, ›Frühlings-S.‹; op. 47, 1803, ›Kreutzer-S.‹), SCHUBERT, SCHUMANN, BRAHMS und im 20. Jh. von C. DEBUSSY, M. RAVEL, M. REGER, B. BARTÓK, P. HINDEMITH u. S. S. PROKOFJEW auf hochvirtuosem Niveau gepflegt.

Die nicht seltene und in Verbindung mit fast allen melodiefähigen Instrumenten begegnende Bez. S. bei reinen Solo- oder klavierbegleiteten Werken des 20. Jh. (z. B. von C. IVES, I. STRAWINSKY, A. BERG, HINDEMITH, D. D. SCHOSTAKOWITSCH, P. BOULEZ, H. W. HENZE) bezieht sich entweder auf die traditionalist. Aneignung einer bereits historisch gewordenen Form oder auf bloße Assoziation der S. mit einem instrumentalen Spielstück. Durch die Verwendung neuer Techniken hat der Begriff S. als eine an Thematik, Durchführungsarbeit, funktional. Harmonik, period. und zykl. Formbildung gebundene Gattung an Gültigkeit verloren.

W. APEL: Studien über die frühe Violinmusik, in: Archiv für Musikwiss., Bd. 30–38 (1973–81); W. S. NEWMAN: The sonata in the Baroque era (New York ⁴1983); DERS.: The sonata in the Classic era (ebd. ³1983); DERS.: The sonata since Beethoven (ebd. ³1983); M. ROSTAL: Ludwig van Beethoven. Die S.n für Klavier u. Violine (²1991).

Sonatensatzform, Sonatensatz, Sonatenform, Sonatenhauptsatzform, Bez. für das Formmodell v. a. des ersten Satzes von Sonaten, Sinfonien und Kammermusikwerken seit der 2. Hälfte des 18. Jh. I. d. R. gliedert sich der Sonatensatz in Exposition, Durchführung und Reprise, der sich eine Koda anschließen kann. Am Beginn kann eine langsame Einleitung vorangehen. Die Exposition ist im Hauptsatz mit dem ersten Thema in der Grundtonart, Überleitung und Seitensatz mit dem zweiten Thema in einer anderen Tonart (meist Dominante oder Paralleltonart) unterteilt und wird oft durch eine Schlussgruppe (auch Epilog) abgeschlossen. Die Durchführung bringt eine Verarbeitung des themat. Materials der Exposition mit Modulationen in entferntere Tonarten. Ihr folgt die Reprise mit der Wiederaufnahme der Elemente der Exposition, vielfach in der Grundtonart, worauf eine Koda (gegebenenfalls mit erneuter themat. Verarbeitung) den Satz abschließen kann.

R. VON TOBEL: Die Formenwelt der klass. Instrumentalmusik (Bern 1935); F. RITZEL: Die Entwicklung der ›Sonatenform‹ im musiktheoret. Schrifttum des 18. u. 19. Jh. (1968); C. ROSEN: Sonata forms (New York 1980); GABRIELE E. MEYER: Unterss. zur S. bei Ludwig van Beethoven (1985).

Sonatine [ital. ›kleine Sonate‹] die, -/-n, im 17. Jh. vielfach bei Suiten Bez. für Einleitungssätze in der Art eines Präludiums oder einer Toccata, z. B. bei J. KUHNAU. Später, nach der Ausbildung der →Sonatensatzform, ist die S. eine z. T. nur zweisätzige, leicht spielbare Sonate mit meist sehr kurzer Durchführung.

Sonchus [lat.], die Pflanzengattung →Gänsedistel.

Soncino [son'tʃi:no], jüdisch-ital. Druckerfamilie, die sich nach ihrem Herkunftsort Soncino bei Cremona in Italien benannte. Zunächst in Soncino, dann

Sonatenform

Exposition				Durchführung	Reprise				Koda
Hauptsatz	Überleitung	Seitensatz	Epilog	Verarbeitung	Hauptsatz	Überleitung	Seitensatz	Epilog	
1. Thema		2. Thema			1. Thema		2. Thema		
Tonika		Dominante		Modulation	Tonika		Tonika		

als Wanderdrucker in Casalmaggiore (Prov. Cremona), Neapel, Brescia, Pesaro u. a. ital. Städten tätig (1483–1526), druckten später auch in Griechenland und in der Türkei (1526–47) zumeist Bücher in hebr. Sprache. JOSUA SALOMON S. († 1493) brachte 1488 in Brescia die erste hebr. Bibel heraus. Die S.-Gesellschaft zur Herausgabe seltener hebr. Texte in qualitätvoller Ausstattung (Berlin, 1924–33) berief sich auf diese Tradition.

Sonde [frz.] *die, -/-n,* **1)** *allg.:* Abtast-, Prüf- oder Untersuchungsgerät für schwer zugängliche oder anderweitig schwierig zu untersuchende Stellen; oft stab- oder röhrenförmig, starr oder biegsam ausgeführt; für messtechn. Zwecke i. Allg. mit einem →Sensor ausgestattet.
2) *Bergbau:* fündige Bohrung, bes. auf Erdöl (Erdöl-S.); auch Rettungssonde.
3) *Kraftfahrzeugtechnik:* →Lambdasonde.
4) *Medizin:* starres oder biegsames, stab- oder röhrenförmiges Instrument aus Metall oder Kunststoff mit versch. Länge und Dicke. Die S. wird zu diagnost. oder therapeut. Zwecken eingesetzt. Dazu wird sie in natürl. oder krankheits-(verletzungs-)bedingte Hohlräume (Fisteln, Wunden) oder Körperkanäle (z. B. Harn- oder Speiseröhre) eingeführt, z. B. in Form des Endoskops, als Mess-S. mit Graduierung, Drainage-S. bei eiternden Wunden oder als schlauchförmige Ernährungssonde.
5) *Raumfahrt:* →Raumsonden.

Sonden|ernährung, →künstliche Ernährung.

Sonder|abfall, Sondermüll, Abfälle, die aufgrund ihrer Gefährlichkeit für Mensch und/oder Umwelt bei ihrer Überwachung und Entsorgung bes. hohe Anforderungen stellen. Nach dem →Kreislaufwirtschafts- und Abfallgesetz (seit Oktober 1996 in Kraft) werden **besonders überwachungsbedürftige Abfälle** definiert; diese sind in besonderem Maße gesundheits-, luft- oder wassergefährdend, explosibel oder brennbar oder können Erreger übertragbarer Krankheiten enthalten oder hervorbringen. Zum S. gehören u. a. Abfälle aus gewerbl. u. a. wirtschaftl. Unternehmen oder öffentl. Einrichtungen, wie Abfälle aus der Massentierhaltung, der Holzverarbeitung, der Leder- und Textilindustrie, der Ölraffination, aus chem. Prozessen (z. B. Lösemittelrückstände, Industrieschlämme) sowie Batterien oder Krankenhausabfälle.
S. darf nicht mit Hausmüll und hausmüllähnl. Gewerbeabfällen verbrannt oder deponiert werden. Der Entsorgungsweg des S. muss vom Abfallerzeuger bis zum Abfallentsorger lückenlos und nachweisbar dokumentiert werden (Entsorgungsnachweis). Nach der TA Abfall müssen S. je nach Abfallart in speziellen Übertagedeponien, chem., physikal. oder biolog. Behandlungsanlagen, S.-Verbrennungsanlagen oder in Untertagedeponien in stillgelegten Bergwerken entsorgt werden, falls eine Verwertung nicht möglich ist. Insgesamt fielen 1990 etwa 14,5 Mio. t (davon in den alten Bundesländern 12,1 Mio. t) S. an, die über 3 660 öffentl. und betriebl. Anlagen behandelt und entsorgt wurden. Von den 322 S.-Arten gehörten in selben Zeitraum Industrieklärschlämme (10,2 %), Sulfitablauge (8,5 %), anorgan. Säuren, Gemische und Beizen (5,7 %), Bohr- und Schleifölemulsionen bzw. -gemische (3,02 %) zu den mengenmäßig bedeutsamsten. – Die Einbringung und Verbrennung von S. auf hoher See ist mittlerweile eingestellt. S. durfte bis 1997 mit Sondergenehmigung ins Ausland exportiert werden. Seit 1998 ist die Ausfuhr von S. aus den OECD-Staaten verboten.
S. aus Haushalten (Medikamente, Pflanzenschutzmittel-, Farb- und Lösungsmittelreste u. a.) werden in period. Sammlungen oder ständigen Annahmestellen entgegengenommen. Auch gibt es Rückgabemöglichkeiten an den Handel oder an den Hersteller.

Sonder|abgaben, parafiskalische S., *Finanzwissenschaft:* →Quasisteuern.

Sonder|abschreibung, *Steuerrecht:* eine Abschreibung, die aus energie-, wohnungsbau-, regional-, mittelstands- u. a. meist wirtschaftspolit. Gründen entweder zusätzlich zur ›normalen‹ Absetzung für Abnutzung zugelassen wird (Bewertungsfreiheit, S. i. e. S.) oder als ›erhöhte‹ Absetzung für Abnutzung anstelle der ›normalen‹ Abschreibung ausgestaltet ist (S. i. w. S.). Beispiele sind S. zur Förderung der Anschaffung oder Herstellung bestimmter Wirtschaftsgüter (z. B. Mietwohnungen, Baudenkmale), S. zur Unterstützung bestimmter Unternehmen und Personengruppen (z. B. kleine und mittlere Unternehmen, Landwirte), S. zur Förderung bestimmter Regionen (S. für abnutzbare Anlagen und für Baumaßnahmen in den neuen Ländern und Berlin nach dem Fördergebiets-Ges. vom 23. 9. 1993). S. zählen zu den Steuervergünstigungen (→Subventionen).

Sonder|angebot, i. w. S. jede vom übl. Angebot abweichende, zeitlich befristete Offerte eines Anbieters; i. e. S. die zeitlich befristete Senkung des Angebotspreises **(Sonderpreis,** bei bes. niedrigem Preis auch **Schleuderpreis)** für bestimmte Artikel. S. sind auf Hersteller- wie auf Handelsebene ein flexibel einsetzbares Instrument der Preispolitik. Sie dienen u. a. der kurzfristigen Überbrückung von Liquiditätsengpässen, dem Abbau von Lagerbeständen, der Erhöhung der Kundenfrequenz, der Verbesserung des Preisimages, aber auch der Motivation des eigenen Verkaufspersonals. Insbesondere der durch die zeitl. Befristung zustande kommende Gelegenheitscharakter von S. führt häufig auch zu Impuls- sowie zu Bevorratungskäufen, die dann zulasten des normalen Absatzes des Anbieters gehen. Die Erscheinungsformen von S. sind vielfältig und oft mit spezif. Aktionen der Verkaufsförderung und Neueinführungen von Produkten verknüpft. Die optimale Höhe des temporären Preisabschlags hängt von der Preiselastizität des Absatzes ab. Nicht selten werden einzelne Artikel zur Erhöhung der Kundenfrequenz sogar unterhalb der Einstandspreise angeboten. Die rechtl. Schranken für Sonderpreise sind wegen der großen Bedeutung der Preisfreiheit für das Funktionieren des Wettbewerbs und der Schwierigkeiten bei der exakten Berechnung von Kostenpreisen recht weit gesteckt (→Lockvogelangebote). Nach dem Wettbewerbsrecht sind S. zulässig, sofern die Vorschriften über Räumungsverkäufe oder Sonderveranstaltungen erfüllt werden (§§ 7 und 8 Ges. gegen den unlauteren Wettbewerb).

Sonder|ausgabe, die Auflage eines Buches, bei der ein bestimmter Teil fortgelassen oder zu einem bestimmten Anlass hergestellt wird, z. B. ein Anmerkungsapparat oder ein Abbildungsteil. Anlass für die Herstellung einer S. kann u. a. die Übernahme eines Buches in eine Buchgemeinschaft sein. In diesem Fall wird zumeist nur ein anderes Titelblatt sowie ein anderer Einband bzw. Schutzumschlag verwendet.

Sonder|ausgaben, im Lohn- und Einkommensteuerrecht Bez. für versch. in den §§ 10 bis 10b Einkommensteuer-Ges. aufgezählte Aufwendungen, die weder Betriebsausgaben noch Werbungskosten sind und die an sich zu den nicht abzugsfähigen Aufwendungen für die Lebensführung zu zählen sind, gleichwohl aber aus versch. polit. Motiven zum Abzug bei der Ermittlung der Steuerbemessungsgrundlage zugelassen werden. Zu den **unbeschränkt abzugsfähigen S.** gehören die gezahlte Kirchensteuer, Steuerberatungskosten, gezahlte Renten und dauernde Lasten, bestimmte Zinsen auf Steuerschulden. Nur **beschränkt abzugsfähige S.** sind u. a. Unterhaltsleistungen an den geschiedenen Ehegatten bis zu jährlich 27 000 DM (›Realsplitting‹); Ausgaben für Berufsausbildung und Weiterbildung in einem nicht ausgeübten Beruf bis zu

Sond Sonderbewetterung – Sondererbfolge

jährlich 1 800 DM (2 400 DM bei auswärtiger Unterbringung); Aufwendungen für hauswirtschaftl. Beschäftigungsverhältnisse bis zu 18 000 DM, wenn Pflichtbeiträge zur gesetzl. Rentenversicherung entrichtet werden; →Vorsorgeaufwendungen; →Spenden. Sofern keine höheren Aufwendungen nachgewiesen werden, werden für bestimmte S. Pauschalbeträge angerechnet. Von dem Gesamtbetrag der Einkünfte sind außerdem ›wie S.‹ abzuziehen der Verlustabzug gemäß §10 d sowie die Steuerbegünstigungen für vor 1996 errichtete/gekaufte Eigenheime (§§ 10 e, f).

Sonderbewetterung, →Grubenbewetterung.

Sonderbilanzen, außerordentliche Bilanzen, Bilanzen, die im Ggs. zur Jahresbilanz am Schluss des Geschäftsjahrs aus besonderen wirtschaftl. oder rechtl. Anlässen erstellt werden. Die wichtigsten S. sind die Gründungs-, Umwandlungs-, Fusions-, Sanierungs-, Liquidations-, Liquiditäts-, Verschuldungs-, Auseinandersetzungs-, Konkurs- und Vergleichsbilanz. Sie unterscheiden sich in Aufbau und den anzuwendenden Bewertungsgrundsätzen untereinander und von der ordentl. Bilanz.

Sonderborg, K. R. H., eigtl. **Kurt Rudolf Hoffmann,** Maler und Zeichner, * Sonderburg 5. 4. 1923; einer der wichtigsten Vertreter der dt. informellen Kunst, Mitgl. der Gruppe Zen. S. zielt bei seinen oft monochromen Kompositionen auf die Suggestion von Dynamik. Strichlagen und Zeichen strukturieren die Flächen in rhythm. Intervallen. S. lehrte seit 1965 an der Staatl. Akad. der Bildenden Künste in Stuttgart.
  K. R. H. S. Werke 1948–1986, hg. v. G.-W. KÖLTZSCH, Ausst.-Kat. (1987); K. R. H. S., hg. v. J. POETTER, Ausst.-Kat. Staatl. Kunsthalle, Baden-Baden (1993).

Sønderborg [ˈsønərbɔr], Stadt in Dänemark, →Sonderburg.

Sonderbund, am 11. 12. 1845 gegründetes Schutzbündnis der schweizer. katholisch-konservativen Kantone Luzern, Uri, Schwyz, Unterwalden, Zug, Freiburg und Wallis, um dem Druck der freisinnig-radikalen bzw. liberalen Kantone sowie der radikalen Freischaren (u. a. →Luzern) standzuhalten. Der S. gründete einen Kriegsrat der S.-Kantone mit weitgehenden Vollmachten. Diesen Verstoß gegen den Bundesvertrag von 1815 verurteilte die Tagsatzung am 20. 7. 1847. Vermittlungsversuche scheiterten; die Abg. der S.-Kantone verließen am 29. 10. die Tagsatzung, die am 4. 11. die Auflösung des S. beschloss. Im folgenden **S.-Krieg** wurde das Heer des S. (30 000 Mann) von den Tagsatzungstruppen unter General G. H. DUFOUR (100 000 Mann) nach der Kapitulation von Freiburg (14. 11. 1847) und Zug (21. 11.) bei Gisikon und Meierskappel (beide Kt. Luzern; 23. 11.) besiegt und Luzern am 24. 11. eingenommen; bis 29. 11. kapitulierten die übrigen Kantone, und der S. wurde aufgelöst.
  J. REMAK: Bruderzwist, nicht Brudermord. Der Schweizer S.-Krieg von 1847 (a. d. Engl., Zürich 1997).

Sonderbund|ausstellung, 1912 in Köln veranstaltete Ausstellung des 1909 gegründeten ›Sonderbundes westdt. Kunstfreunde und Künstler‹, die Werke der Vorläufer und der Vertreter der europ. Avantgarde vereinigte (P. CÉZANNE, V. VAN GOGH, P. PICASSO, Nabis, Fauves, E. MUNCH, dt. Expressionisten). Sie regte die →Armory Show in den USA an.

Sonderburg, dän. **Sønderborg** [ˈsønərbɔr], Stadt in Nordschleswig, auf Alsen, Dänemark, Amt Südjütland, 29 400 Ew.; Handels- und Sporthochschule, Technikum, Seemannsschule; Museum (im Schloss); Textil-, Maschinen-, Möbelindustrie; Fischerei- und Jachthafen. S. ist durch eine Brücke mit der Halbinsel Jütland verbunden. – Das Schloss, an der Stelle der Burg, ist eine Vierflügelanlage der Renaissance (1557–74). – Im Schutz einer vermutlich Mitte des 12. Jh. angelegten, 1253 erstmals urkundlich belegten Burg entstand die 1257 erstmals erwähnte Ortschaft S. 1461 erhielt der stark befestigte Ort Stadtrecht. Herzog JOHANN D. J. (*1545, †1622), Begründer der Linie Schleswig-Holstein-S. (Nebenlinie des Hauses →Oldenburg), baute die Stadt zu seiner Residenz aus. 1866 kam S. mit Schleswig an Preußen, 1871 an das Dt. Reich. 1920 fiel S. mit Nordschleswig an Dänemark.

Sonderdelikt, Straftat, die nicht von jedermann begangen werden kann, sondern die beim Täter eine bestimmte gesetzlich umschriebene Eigenschaft voraussetzt, z. B. Amtsträger zu sein, §§ 331, 332, 336 StGB. Bei echten S. (z. B. Bestechlichkeit, § 332 StGB) wirkt das Vorliegen des bestimmten Tatbestandsmerkmals strafbegründend, bei unechten S. (z. B. § 120 Abs. 2 StGB, Gefangenenbefreiung durch Amtsträger) strafschärfend.

Sonderdruck, Sonder|abzug, lat. **Separatum,** Abdruck eines einzelnen Beitrages aus Zeitschriften und Sammelwerken, die dem betreffenden Autor vom Verlag als Freiexemplar in einer vertraglich geregelten Anzahl zur Verfügung gestellt wird. S. können ferner zum Zweck des Verkaufs hergestellt werden, wenn das Gesamtwerk (z. B. eine Festschrift) Beiträge aus sehr verschiedenen Gebieten enthält; S. dieser Art bedürfen nach §4 des Verlagsrechts jedoch der besonderen Genehmigung des Autors. Umfasst der S. mehrere Seiten, so werden diese i. d. R. (gelegentlich mit vorgeschaltetem Titelblatt als Broschüre) zusammengeheftet. Bei S. ist die Originalpaginierung des Sammelwerks, seltener eine eigene Seitenzählung üblich.

Sonder|eigentum, →Wohnungseigentum.

Sonder|erbfolge, die Vererbung einzelner Nachlassgegenstände an einen bestimmten Erben, der mit dem Erbfall unmittelbar zum Alleinberechtigten wird, im Ggs. zu der im dt. Erbrecht sonst geltenden Gesamterbfolge (Universalsukzession), bei der alle Rechte und Verbindlichkeiten des Erblassers einheitlich auf den oder die Erben übergehen (→Erbrecht).

K. R. H. Sonderborg: Fliegender Gedanke, 12. 11. 58, 16.53–23.09; 1958 (Düsseldorf, Kunstsammlung Nordrhein-Westfalen)

Eine S. außerhalb des BGB findet sich nur in wenigen Fällen: der Bauernhof nach dem landesgesetzl. →Höferecht; bei Erbfällen bis zum 1. 10. 1993 die Heimstätte nach dem Reichsheimstätten-Ges.; ferner kann S. gelten für den Anteil des Erblassers an einer Personengesellschaft (BGB-Gesellschaft; OHG; KG), wenn im Gesellschaftsvertrag die Fortsetzung der Gesellschaft mit den Erben des verstorbenen Gesellschafters vorgesehen ist.

Sonderforschungsbereich, koordinierte Zusammenarbeit von größeren Forschungsgruppen einer oder mehrerer Hochschulen unter Beteiligung mehrerer Bereiche, Institute oder Lehrstühle. Über die Einrichtung eines S. entscheiden der Senat der →Deutschen Forschungsgemeinschaft e. V. und der →Wissenschaftsrat; die Förderungsdauer solcher Forschungsprojekte beträgt i. Allg. 4–5 Jahre.

Sondergerichte, 1) *Recht:* im *Gerichtsverfassungsrecht* auf Gesetz beruhende Gerichte, die eine auf besondere Sachgebiete beschränkte Zuständigkeit haben (Art. 101 Abs. 2 GG). Von den verfassungsrechtlich verbotenen →Ausnahmegerichten unterscheiden sie sich v. a. durch die abstrakt und generell durch Gesetze geregelte Zuständigkeit. Die im GG neben den Zivilgerichten aufgeführten Zweige der Gerichtsbarkeit (Verwaltungs-, Finanz-, Arbeits- und Sozialgerichtsbarkeit) werden heute nicht mehr unter den Begriff S. zugerechnet. S. sind nur noch für Sonderbereiche dieser Zweige zuständig, z. B. für Patentsachen, Berufs- und Standesangelegenheiten.

Rechtsgeschichtlich sind S. Gerichte, die im Dt. Reich für die politisch unruhige Zeit zw. 1918 und 1922 vorübergehend geschaffen wurden. I. e. S. wird der Begriff für die im natsoz. Dtl. durch VO vom 21. 3. 1933 eingerichteten besonderen Gerichtsorgane verwandt, die zuständig für die Aburteilung u. a. der im Heimtücke-Ges. (→Heimtücke) geschaffenen Straftatbestände waren, im Zweiten Weltkrieg darüber hinaus für alle mit dem Kriegszustand zusammenhängenden Delikte. Gegen die Urteile der S. konnten keine Rechtsmittel eingelegt werden. Der 1934 geschaffene →Volksgerichtshof übernahm die erstinstanzl. Zuständigkeit des Reichsgerichts (u. a. Hochverrats-, Landesverratssachen). Die natsoz. Reichs-Reg. missbrauchte mit den S. die Justizgewalt des Staates als Mittel des polit. Terrors.

2) in der *Staatenpraxis* diktator. Systeme allg. Bez. für Spruchkörper außerhalb der verfassten Gerichtsbarkeit, die weder in formeller noch in materieller Hinsicht ein faires Verfahren verbürgen, sondern als Mittel polit. Justiz in Erscheinung treten.

Sondergesetz, im Ggs. zu den diskriminierenden Ausnahmegesetzen ein Gesetz, das mit Rücksicht auf in der Natur der Sache liegende Unterschiede eine von allgemein geltenden Regeln abweichende Regelung für bestimmte Rechtsverhältnisse schafft (z. B. Handelsrecht als zivilrechtl. Sonderrecht; Verbraucherkreditgesetz als Sonderrecht für den Verbraucher).

Sondergotik, von K. GERSTENBERG 1913 eingeführte, umstrittene Bezeichnung für die deutsche spätgot. Architektur nach 1350.

Sondergötter, Funktionsgötter, *Religionswissenschaft:* Gottheiten, die einen bestimmten funktional, zeitlich oder räumlich abgegrenzten Wirkungsbereich haben, nur von Teilen der Kultgemeinde verehrt oder ›in Anspruch genommen‹ werden und für die häufig ein eigenes Kultpersonal zur Verfügung steht. Ihre Existenz und Funktion steht im Zusammenhang mit der Vorstellung von Augenblicksgöttern und ist aus dem Bedürfnis zu erklären, sich in allen differenzierten Tätigkeiten oder Lebenslagen einer speziell dafür zuständigen Gottheit verbunden zu wissen. Hierher gehören z. B. Götter, die für nur jeweils eine bestimmte Phase der Feldarbeit zuständig sind (etwa bei den Römern Tellus ›Messor‹ als Schutzherr des Mähens), aber auch Krankheits- und Heilgötter, Fluss-, Berg-, Seegottheiten sowie die bestimmten Berufen zugeordneten Götter. Auch Heroen und Kulturbringer haben z. T. Züge von Sondergöttern.

Sonderburg: Im Vordergrund das Renaissanceschloss (1557–74), dahinter die Brücke, die die Insel Alsen mit der Halbinsel Jütland verbindet

Sondergrößen, *Konfektion:* →Spezialgrößen.

Sondergut, *Familienrecht:* →eheliches Güterrecht.

Sønderjylland [ˈsønərjylan], dän. Name von →Nordschleswig.

Sonderkindergarten, Förder- und Bildungseinrichtung für behinderte oder von Behinderung bedrohte Kinder ab etwa drei Jahren, die wegen dieser Behinderung oder aufgrund von Entwicklungsverzögerungen in einem allgemeinen Kindergarten nicht oder nicht angemessen betreut und gefördert werden können. In vielen Fällen geht der nicht selten um ein Jahr verlängerte Besuch eines S. der Einschulung in eine Sonderschule voraus. – S. werden in Dtl. überwiegend von geistig und/oder körperlich behinderten Kindern besucht; i. d. R. werden S. von kirchl. Institutionen, freien Wohlfahrtsverbänden (Caritas, Diakon. Werk, Dt. Parität. Wohlfahrtsverband), Behindertenverbänden und in jüngerer Zeit verstärkt von Elternvereinigungen im Rahmen einer Finanzierung nach dem Bundessozialhilfe-Ges. unterhalten und als teilstationäre familienergänzende Einrichtungen mit gezielter (Früh-)Förderung verstanden. In rechtl. Hinsicht unterliegen sie staatl. Aufsicht. – Erziehungs- und Förderauftrag der S. entsprechen im Wesentlichen dem des Kindergartens, die Angebote sind jedoch therapeutisch orientiert. Häufig müssen, meist auf spieler. Weise, erst Grundfertigkeiten in den Bereichen Motorik, Sauberkeitserziehung, Wahrnehmung, Sprache, Selbsterfahrung und Sozialverhalten aufgebaut werden. Die Gruppen werden i. Allg. von Erziehern, Heil- oder Sozialpädagogen (vielfach Frauen) geleitet und umfassen üblicherweise sechs bis acht, in Schwerstbehinderten- und Eingangsgruppen drei bis fünf Kinder. – Aufgrund von Elterninitiativen sind Regelkindergärten heute vielfach bereit, behinderte Kinder aufzunehmen. Für schwerst- und mehrfachbehinderte Kinder hat die auch durch Geburtenrückgang mit verursachte Reduktion von S. zur Folge, dass sie z. T. weitab von ihrem Wohnort in Einrichtungen (mit Internat) untergebracht werden, sodass keine regelmäßigen Elternkontakte möglich sind. In diesem Zusammenhang wird kritisch von ›Integration auf Kosten der Schwerstbehinderten‹ gesprochen.

Sonderkosten, Kostenarten, die wegen ihrer speziellen verrechnungstechn. Behandlung separat ausgewiesen werden, v. a. als S. der Fertigung (z. B. Werkzeug- und Modellbau für einen Auftrag) und des Vertriebs (z. B. Provisionen und Frachtkosten für einen Auftrag). Als Sondereinzelkosten werden sie den Kostenträgern (Unternehmensleistungen) direkt, als Sondergemeinkosten mithilfe von Sonderzuschlägen – meist über die Kostenstellen (Verantwortungsbereiche) – indirekt zugerechnet.

Sonderkulturen, Anbau von Kulturpflanzen mit kleiner Anbaufläche, aber besonderem Wert; im Ackerbau z. B. Ölpflanzen und Hülsenfrüchte.

Sondermetalle, meist Bez. für alle Metalle außer den Gebrauchsmetallen (Eisen, Nickel, Kupfer, Blei, Zink, Cadmium, Zinn, Quecksilber, Aluminium, Magnesium, Calcium, Natrium, Kalium) und den Edelmetallen.

Sondermüll, der →Sonderabfall.

Sondernutzung, jeder Gebrauch einer öffentl. Sache, der den →Gemeingebrauch übersteigt. Die S. gewährt ein subjektives öffentl. Recht; sie bedarf einer besonderen, i. d. R. gebührenpflichtigen Zulassung. Von großer prakt. Bedeutung ist die S. im Straßen- und im Wasserrecht (z. B. Bewilligung nach §8 Wasserhaushalts-Ges., ein Gewässer in bestimmter Weise zu nutzen).

Sonder|opfer, Staatshaftungsrecht: →Aufopferung, →Enteignung, →Entschädigung, →Staatshaftung.

Sonderpädagogik, Bereich der Erziehungswiss., der sich mit der Erziehung und Bildung von Kindern und Jugendlichen befasst, die eine spezielle pädag. Förderung für ihre Entwicklung benötigen. Sie umfasst nicht nur die Theorie und die Praxis einer Pädagogik für behinderte Kinder und Jugendliche (Behindertenpädagogik), sondern auch die Erziehung von Kindern, in deren Entwicklung eine Behinderung bedroht sind. Neben dem Sonderschulbereich gehört zur S. der Bereich der vorschul. Erziehung sowie der Bereich der außer- und der nachschul. pädag. Betreuung von Menschen mit besonderen Förderungsbedürfnissen. Der Begriff S. hat den traditionellen Begriff **Heilpädagogik** weitgehend ersetzt. Die sonderpädagog. Diagnostik und vielfach die weitere Arbeit wird oft gemeinsam von Fachärzten, Kinder- und Jugendpsychiatern und -psychotherapeuten, Psychologen, Psychagogen, Sozialpädagogen (Heilpädagogen) sowie Juristen durchgeführt, z. T. im Rahmen der →Erziehungsberatung. Sie baut auf den Ergebnissen anderer Disziplinen wie Psychopathologie, Psychologie, allgemeine Pädagogik, Medizin und Soziologie auf. Eine Heilung ist für die Mehrheit der Betroffenen nicht zu erhoffen, jedoch kann die S. durch gezielte pädag. Maßnahmen und unter Anwendung modernster techn. Hilfsmittel zu ihrer Förderung beitragen. Je nach Art der organisch, psychisch und/oder soziokulturell bedingten oder verstärkten Schädigung sind diese Maßnahmen im Einzelnen sehr unterschiedlich, allgemeine Grundlage der S. ist die Achtung des Kindes und der Versuch, sein eigtl. immer verletztes Selbstwertgefühl zu stärken. Auf dem Weg einer optimalen Förderung soll die Benachteiligung durch die Behinderung so weit wie überhaupt möglich ausgeglichen werden, sodass viele der Geförderten schließlich in die Gesellschaft integriert werden können. Die Integrationsdiskussion seit den 1980er-Jahren verweist auf die allg. zu beobachtende Ausgrenzung der Behinderten aus der Gesellschaft, wozu das Sonderschulwesen wesentlich beitrage, da mangels Kontakten zw. Gesunden und Behinderten der Umgang miteinander nicht erlernt werde. Außerdem gibt es Beobachtungen, dass in Lernbehindertenklassen eine Nivellierung nach unten erfolgt. Deshalb wurden z. B. im Kt. Zürich die Lernbehindertenklassen erheblich reduziert und besondere Einschulungsklassen sowie Stütz- und Förderunterricht eingeführt. Dem Vorteil einer frühzeitigen Integration behinderter Kinder in die allgemeinen Schulen steht als Nachteil eine weniger gezielte Förderung gegenüber; um dafür einen Ausgleich zu schaffen, sind erhebl. Umstrukturierungen und finanzielle Aufwendungen nötig, z. B. für mehr dezentralisierte Sonderschullehrerstellen samt techn. Einrichtungen, damit sich diese Sonderpädagogen der Problemschüler in den Regelklassen annehmen können.

Einen speziellen Ansatz der S. bildet die →Camphill-Bewegung. In den angelsächs. Ländern wurde die S. als →Child-Guidance entwickelt.

U. BLEIDICK: Betrifft Integration, behinderte Schüler in allg. Schulen (1988); Einf. in die Behindertenpädagogik, bearb. v. U. BLEIDICK u. a., 3 Bde. ($^{3-4}$1989–92); W. JANTZEN: Allg. Behindertenpädagogik, 2 Bde. ($^{1-2}$1990–92); Recht auf Leben – Recht auf Bildung. Aktuelle Fragen der Behindertenpädagogik, Beitrr. v. G. ANTOR u. a. (1995); Hb. Integrationspädagogik, hg. v. H. EBERWEIN (^{4}1997).

Sonderpreis, Handel: →Sonderangebot.

Sonderprüfungen, Aktienrecht: im Aktien-Ges. vorgeschriebene bzw. vorgesehene Prüfungen von Unternehmen, die bei Vorliegen bestimmter Voraussetzungen stattfinden. Zu den S. zählen v. a. die Gründungsprüfung (§§33 ff. Aktien-Ges.), die S. von Vorgängen bei der Gründung oder der Geschäftsführung (§142 ff. Aktien-Ges.), die S. wegen unzulässiger Unterbewertung oder Unterlassung von Pflichtangaben im Anhang des Jahresabschlusses (§§258 ff. Aktien-Ges.) und die S. der geschäftl. Beziehungen zw. abhängigen und herrschenden Unternehmen (§315 Aktien-Ges.). Die Bestellung von Sonderprüfern, die i. d. R. einen Prüfungsbericht vorzulegen haben, ist jeweils gesetzlich geregelt.

Sonder|rechte, Vorrechte von Vereins-Mitgl. auf satzungsrechtl. Grundlage, die nicht ohne deren Zustimmung beeinträchtigt werden dürfen (§35 BGB), z. B. erhöhtes Stimmrecht, Recht zur Bestellung eines Vereinsorgans. S. kennt auch das Aktienrecht.

Sonders, Stadt in Italien, →Sondrio.

Sonderschulen, in ihrer pädag. Arbeit eigenständige Unterrichts- und Erziehungseinrichtungen zur Förderung von schulpflichtigen Kindern und Jugendlichen, die aufgrund ihrer unterschiedl., auch mehrfachen Behinderung in den allgemeinen Schulen nicht die notwendigen Hilfestellungen erhalten und am Unterricht nicht mit dem unter anderen Bedingungen mögl. Erfolg teilnehmen können. An S. unterrichten speziell ausgebildete Lehrkräfte (→Sonderschullehrer). Ein öffentl. Sonderschulwesen besitzen alle europ. Länder und auch viele andere Staaten. – In Dtl. entstanden im Anschluss an internat. pädag. Entwicklungen der Gehörlosenpädagogik (→Gehörlose) seit 1778 S. für Taubstumme (die erste in Leipzig), für Blinde seit Beginn des 19. Jh. Die übrigen S. und eine spezielle S.-Pädagogik entwickelten sich seit der 2. Hälfte des 19. Jh.

Die **S. für Lernbehinderte** (früher auch **Hilfsschulen** gen.) nehmen Kinder auf, die deutl. Lern- und Entwicklungsverzögerungen aufweisen. Gegliedert wird in Unter-, Mittel- und Oberstufe. Von lernbehinderten Kindern selbst wird die Bez. nicht verstanden und abgelehnt; zunehmend setzt sich die Bez. **Förderschule** durch. Eine Rückgliederung in die allgemeinen Schulen wird angestrebt. Die **S. für geistig Behinderte** sind für praktisch bildbare Kinder bestimmt; Berufsausbildung wird ihnen in einer Werkstufe innerhalb der Schule vermittelt, an die sich oft eine Beschäftigung in Werkstätten für Behinderte anschließt. Die **S. für Körper- und Sinnesgeschädigte** umfassen Spezialschulen für Blinde, Sehbehinderte, Gehörlose, Schwerhörige und Körperbehinderte; an einigen von ihnen bestehen Realschulzüge mit anschließenden gymnasialen Aufbauzügen. **S. für Erziehungshilfe** (verhaltensauffällige Schüler) und z. T. (je nach Ursache der Sprachstörung) S. **für Sprachbehinderte** streben die Rückgliederung in die allgemeinen Schulen an. **Krankenhausschulen** sollen Kindern in stationärer Behandlung eine schul. Betreuung vermitteln. Anstelle von S. bestehen an allgemeinen Schulen teilweise **Sonderklassen** sowie auch **Integrationsklassen**, in denen behinderte und nicht behinderte Kinder gemeinsam eingeschult werden. Ferner gibt es Sonderberufs- und Sonderfachschulen. Mehrfachbehinderte Kinder und Jugendliche werden i. d. R. in speziellen Klassen derjenigen Schule unterrichtet, die ihrer dominanten Behinderung entspricht.

⇨ *Behinderte · Blindenpädagogik · Gehörlose · geistig Behinderte · Lernbehinderte · Sehbehinderte · Sonderkindergarten · Sonderpädagogik · Sonderschulkindergarten · Sprachstörungen · Verhaltensauffälligkeit · Verhaltenstherapie*

Sonderschulkindergarten, besondere Form des →Schulkindergartens, eine Sonderschulen angegliederte Einrichtung. Kinder, die in einem S. betreut werden, müssen später nicht unbedingt die Sonderschule besuchen, sondern können auch in die Grundschule eingeschult werden, wenn sie den partiellen oder allgemeinen Rückstand ihrer Entwicklung aufgeholt haben.

Sonderschul|lehrer, Lehrer an einer Sonderschule, meist auf eine oder oft zus. vorkommende Behinderungen spezialisiert. Die meisten S. erreichen ihre Qualifikation nach Abschluss einer Ausbildung zum Grund- oder Hauptschullehrer durch anschließende Unterrichtstätigkeit an einer Sonderschule sowie (danach) ein viersemestriges Aufbaustudium. Es gibt aber auch Studiengänge, die von vornherein auf den Unterricht an Sonderschulen ausgerichtet sind. (→Lehrer)

Sondershausen, Kreisstadt des Kyffhäuserkreises, Thür., im Tal der Wipper, um 200 m ü. M., zw. Hainleite im S und Windleite im N, 24 200 Ew.; Brügman-Schacht (Schauschachtanlage mit Festsaal in einem ehem. Kaliberwerk in 700 m Tiefe), techn. Denkmale ›Dampffördermaschine‹ und ›Petersenschacht‹; elektrotechn., Baustoffindustrie. Der einst wirtschaftsbestimmende Kaliberbaubetrieb (mit Brom- und Mischdüngerfabrik) wurde 1991 weitgehend stillgelegt. – Schloss (16.–19. Jh.; Schlossmuseum, Kreismusikschule und Liebhabertheater) mit Raum am Wendelstein (um 1650), Riesensaal (um 1700) und Blauem Saal (2. Hälfte 18. Jh.); Achteckhaus (›Karussell‹; 1708/09 als Lusthaus mit einem Karussell erbaut, heute Konzerthaus). – S., seit fränk. Zeit als Siedlung mit Burg, 1304 erstmals als Stadt erwähnt, war ab etwa 1100 im Besitz der Erzbischöfe von Mainz, unter deren Lehnsherrschaft die Grafen von Honstein seit dem 13. Jh. S. innehatten. Durch Erbschaft kam die Stadt 1356 an die Grafen von →Schwarzburg. Ab 1571/99 Sitz der Grafschaft bzw. (1697–1918) des Fürstentums Schwarzburg-S. (zwischenzeitlich versch. Nebenlinien); seit 1920 zu Thüringen.

Sondersprachen, 1) i. w. S. sprachl. Sonderformen, die sich im Rahmen einer bestimmten sozialen Gruppe (Gruppensprachen), einer Berufsschicht (Berufssprachen), eines Fachbereichs (→Fachsprachen) oder im Hinblick auf geschlechtsspezif. Besonderheiten (→Frauensprache) sowie altersspezif. Charakteristika (→Jugendsprache) herausgebildet haben; 2) i. e. S. (und in Abhebung von den Fachsprachen) v. a. der sozialen Abgrenzung dienende Sprachen (z. B. Standessprachen, versch. Formen des Jargons, Rotwelsch, Geheimsprachen). Von der Gemeinsprache sind die S. v. a. im Wortschatz unterschieden.

Sonder|stempel, zu zeitlich und örtlich begrenzten Anlässen (u. a. polit. Ereignisse, Gedenktage, Veranstaltungen und Ausstellungen) eingesetzter Poststempel mit zusätzl. Inschriften und/oder bildl. Darstellungen. Der erste S. wurde im Mai 1862 in London verwendet, in Dtl. erstmals während des Turnfestes in Leipzig vom 26. 7. bis 9. 8. 1863. (→Ersttagsstempel)

Sonderveranstaltung, Sonderverkauf, i. e. S. außerhalb der übl. Geschäftsverkehrs stattfindende Verkaufsveranstaltung des Einzelhandels, die der Beschleunigung des Warenabsatzes dient und den Eindruck hervorruft, dass besondere Kaufvorteile gewährt werden. Diese S. sind wegen ihrer irreführenden Wirkung unzulässig (§ 7 Ges. gegen den unlauteren Wettbewerb). Eine unzulässige S. liegt nicht vor, wenn einzelne nach Güte und Preis gekennzeichnete Waren im Rahmen des regelmäßigen Geschäftsbetriebes angeboten werden (Sonderangebot). Als S. i. w. S. werden Räumungs- und Saisonschlussverkäufe sowie die alle 25 Jahre erlaubten Jubiläumsverkäufe bezeichnet.

Sondervermögen, Teile des einer Person zustehenden Vermögens, die (i. d. R. wegen der Bindung an besondere Zwecke) besonderen Bestimmungen unterworfen sind, welche die freie Verfügungsgewalt des Vermögensträgers beschränken. S. bildet z. B. der Nachlass in der Hand eines Vorerben; dieser ist zwar Eigentümer des Nachlasses, unterliegt aber mit Rücksicht auf den Nacherben bestimmten Beschränkungen. S. sind regelmäßig auch die nur treuhänderisch übertragenen Werte, z. B. die Anderkonten eines Notars. Auch das Vermögen einer Gesamthandsgemeinschaft (Personengesellschaft, ehel. Gütergemeinschaft) ist als S. der Mitgl. anzusehen. Häufig sichert das Recht den Bestand des S. durch dingl. Surrogation. Als S. wird auch das von einer Kapitalanlagegesellschaft verwaltete Vermögen eines →Investmentfonds genannt.

Im *öffentl. Recht* ist ein S. eine verwaltungsmäßig vom übrigen öffentl. Vermögen getrennte und zur Erfüllung spezieller Aufgaben bestimmte Vermögensmasse, für die meist ein besonderer Haushalts- bzw. Wirtschaftsplan geführt wird (**Sonderhaushalt**). S. des Bundes (in Dtl.) sind organisatorisch und wirtschaftlich selbstständige, rechtlich aber unselbstständige Teile des Bundesvermögens, deren Einnahmen und Ausgaben Bundesmittel sind, die aber im Haushaltsplan des Bundes nur mit ihrem Nettoergebnis (Zuführungen oder Ablieferungen) erscheinen. S. der Gemeinden sind v. a. die Eigenbetriebe. (→Fonds, →öffentliche Unternehmen)

Sondervermögen des Bundes in unmittelbarer Bundesverwaltung	
	Ausgaben 1997[1] in Mio. DM
Bundeseisenbahnvermögen	27031[2]
Erblastentilgungsfonds	24265
ERP-Sondervermögen	16086
Fonds ›Deutsche Einheit‹	6771
Ausgleichsfonds zur Eingliederung Schwerbehinderter	763
Entschädigungsfonds	677
Ausgleichsfonds (Lastenausgleich)	537
Ausgleichsfonds zur Sicherung des Steinkohleneinsatzes	530
Ufi-Abwicklungserlös (Förderung der Filmwirtschaft)	8

[1] Soll. – [2] vorläufige Angaben.

Sonderverwahrung, *Bankwesen:* →Depot.
Sondervotum, *Rechtsprechung:* →Dissenting Opinion.
Sonderwirtschaftszone, Standort für industrielle Produktionsstätten in (ehem.) Staatshandelsländern, in denen der Staat (ähnlich wie in den →freien Produktionszonen) gewisse Vorteile gewährt, durch

Sondershausen
Stadtwappen

Sond Sonderzeichen – Sonderziehungsrechte

die v. a. Unternehmen aus westl. Industrieländern dazu bewogen werden sollen, Industriebetriebe anzusiedeln. Im unsicheren Transformationsprozess von der Plan- zur Marktwirtschaft sollen S. besondere Bereiche sein, die beispielhaft nach marktwirtschaftl. Prinzipien arbeiten, dem ausländ. Investoren hinreichende Sicherheit gewähren, Vertrauen der Bev. in marktwirtschaftl. Systeme bilden und zur Durchsetzung der Marktwirtschaft beitragen. Zu den S. in Russland zählen z. B. Königsberg, Nachodka und Sankt Petersburg.

Sonderzeichen, Zeichen, die weder Buchstaben noch Ziffern sind. S. gibt es z. B. in der graf. Technik (u. a. phonet., metr. oder stenograf. Zeichen), Informatik, Mathematik (→mathematische Zeichen, ÜBERSICHT), Musik oder Telegrafie. Zur Vereinheitlichung werden sie in speziellen Normen (z. B. als ISO-Zeichen) standardisiert.

Sonderziehungsrechte, Abk. **SZR,** engl. **Special Drawing Rights** [speʃl ˈdrɔːɪŋ raɪts], Abk. **SDR,** von den Mitgl.-Ländern des Internat. Währungsfonds (IWF) durch Änderung des IWF-Abkommens mit Wirkung vom 28. 7. 1969 geschaffenes Buchgeld auf Sonderkonten beim IWF, das dessen Kontrolle unterliegt und einen Anspruch eines Mitgl.-Landes gegenüber allen IWF-Mitgl. auf Überlassung konvertibler Währungen darstellt. Urspr. sollte durch die Schaffung der SZR eine größere Unabhängigkeit des internat. Währungssystems von Gold und US-$ erreicht und die internat. Währungsordnung flexibler gestaltet werden, um einem Mangel an internat. Liquidität langfristig vorzubeugen. Das Ziel, die SZR zur wichtigsten Währungsreserve zu machen, wurde bisher verfehlt (Anteil der SZR an den Weltwährungsreserven [1996] 2,1 %).

Der Wert einer Einheit SZR wurde bis 30. 6. 1974 in Gold festgelegt, wobei die Goldparität dem Goldwert eines US-$ entsprach (1 SZR = 0,888 g Gold = 1 US-$). Mit zunehmender Verdrängung des Goldes als Währungsreserve wurde der SZR-Wert dann über einen Währungskorb (Währungen der 16 wichtigsten Welthandelsnationen) ermittelt; seit 1. 1. 1981 bemisst sich der SZR-Wert nach einem Korb von fünf Währungen. Die Gewichtsanteile im Korb, die alle fünf Jahre überprüft und ggf. angepasst werden, reflektieren die relative Bedeutung der Währungen im internat. Handel (Anteil des jeweiligen Landes am Weltexport) und Finanzwesen (Anteil der jeweiligen Währungen an den Weltwährungsreserven). Die nächste Überprüfung steht im Jahr 2000 an. Der in US-$ ausgedrückte Wert des SZR wird täglich ermittelt, indem die Währungsbeträge im Korb mit den Dollarnotierungen der einzelnen Währungen an der Londoner Devisenbörse in US-$ umgerechnet und dann summiert werden. SZR werden nicht an den Devisenmärkten gehandelt. Der SZR-Wert im Verhältnis zu jeder Währung ist tendenziell stabiler als der Wert jeder der fünf Korbwährungen, da Schwankungen im Wechselkurs einer Währung durch Schwankungen des Wechselkurses der übrigen Währungen ausgeglichen werden. Dennoch haben immer weniger Länder ihre Währung an den SZR-Wert gebunden (1985: 11 Länder, 1996: 2 Länder). SZR werden auch als Emissionswährung privater Finanztitel verwendet. Für den IWF ist das SZR seit 1972 Rechnungseinheit. Der in DM ausgedrückte jahresdurchschnittl. SZR-Wert schwankt seit 1975 zw. (1995) 2,1740 DM und (1985) 2,9891 DM.

Sonderziehungsrechte: Berechnung des Währungskorbes (Stand ab 1. 1. 1996)

Währung	Gewicht im SZR-Korb in %	Währungsbetrag pro SZR in Landeswährung
US-Dollar	39	0,582
D-Mark	21	0,446
Yen	18	27,2
Frz. Franc	11	0,813
Pfund Sterling	11	0,105

Die IWF-Mitgl. erhalten ihre SZR zugeteilt, wobei sich die Zuteilungsmengen nach der nat. Quote des jeweiligen Landes am IWF richtet. Zugeteilte SZR werden Bestandteil der Währungsreserven. Im Ggs. zur Inanspruchnahme der normalen Ziehungsrechte werden die SZR ohne eine Abgabe eigener Währung an den Fonds vom jeweiligen Land übernommen. Die Notenbanken können ihre SZR jederzeit an die Zentralbank eines anderen, vom IWF bestimmten (designierten) Mitgl.-Landes abgeben und erhalten dafür in entsprechendem Ausmaß konvertible Währung. Dies ist jedoch nur zulässig, wenn der Verkäufer von SZR Zahlungsbilanzprobleme hat, die er mit dem Kauf fremder Währung bewältigen muss. Die Verwendung der SZR in voller Höhe zur Finanzierung von Zahlungsbilanzdefiziten ist nicht an wirtschafts- oder finanzpolit. Bedingungen geknüpft. Untersagt ist ihre Nutzung, um die Zusammensetzung der Währungsreserven zu verändern. Die ›Restitutionspflicht‹, nach der die Fonds-Mitgl. verpflichtet waren, über jeweils durchschnittlich fünf Jahre einen festen Bruchteil (anfänglich 30 %, seit 1. 1. 1979: 15 %) ihrer SZR-Zuteilungen als ›Mindestreserve‹ zu halten, wurde am 23. 4. 1981 abgeschafft. Die ›designierten‹ Mitgl. sind zur Abgabe ihrer Währungen nur verpflichtet, solange ihre Bestände an SZR in Relation zu den kumulativen Nettozuteilungen bestimmte Höchstwerte nicht überschreiten (Annahmegrenze).

Der IWF ist befugt, den Kreis der offiziellen Inhaber und Verwender von SZR über den seiner Mitgl.-Länder hinaus auszuweiten. So hat der IWF bis heute 15 Organisationen zu ›sonstigen Inhabern‹ von SZR bestimmt, darunter die Bank für Internat. Zahlungsausgleich und die Weltbank. Diese ›sonstigen Inhaber‹ sind hinsichtlich der Verwendungsmöglichkeiten von SZR grundsätzlich gleichgestellt, von Zuteilungen des IWF sind sie jedoch ausgeschlossen. Umstritten bleibt die von Entwicklungsländern geforderte Verwendung zumindest eines Teils der SZR der Industrieländer für die Entwicklungshilfe (→Link). Strittig waren zudem Forderungen nach einer neuen Zuteilung, zumal die

Sonderziehungsrechte: Zuteilungen

Ländergruppe/Land	bisherige kumulative SZR-Zuteilung		SZR-›Gerechtigkeitszuteilung‹	neue kumulative SZR-Zuteilung[1]
	in % der Quote	Mio. SZR		
Industrieländer[2]	17,0		10 600	25 195
darunter:				
Deutschland	14,7		1 205	2 416
Frankreich	14,6		1 094	2 174
Großbritannien	25,8		261	2 174
Italien	15,3		643	1 346
übrige EG-Länder	15,5		2 081	4 404
USA	18,5		2 877	7 777
Japan	10,8		1 524	2 416
neue Mitglieder (38)	–		3 828	3 828
darunter:				
Russland	–		1 264	1 264
Schweiz	–		724	724
übrige Länder	14,5		7 005	13 843
darunter:				
China	7,0		756	992
Saudi-Arabien	3,8		1 309	1 504
Mitgliedsländer insgesamt	14,7		21 433	42 866

[1] für alle Länder rd. 29,32 % der Quoten. – [2] ohne die Schweiz und San Marino, die hier in der Gruppe ›neue Mitglieder‹ enthalten sind.

letzte offizielle Zuteilung 1981 vorgenommen wurde, sodass 38 neue IWF-Mitgl. noch keine Zuteilung erhalten hatten. Auf der Jahrestagung des IWF 1997 in Hongkong wurde deshalb nach längeren Kontroversen eine einmalige ›Gerechtigkeitszuteilung‹ beschlossen, wodurch sich die Summe aller bisher zugeteilten SZR (21,4 Mrd.) verdoppeln wird. Die Verteilung wird so vorgenommen, dass jedes Mitgl.-Land auf eine kumulative Zuteilung in Höhe von 29,32 % seiner IWF-Quote angehoben wird.

Sondheim, Stephen Joshua, amerikan. Musicalkomponist und Texter, * New York 22. 3. 1930; wurde als Songtexter von ›West side story‹ (1957; Musik L. BERNSTEIN) bekannt und verfasste auch die Gesangstexte in den Musicals ›Gypsy‹ von J. STYNE und ›Do I hear a waltz‹ von R. RODGERS. Erfolg erlangte er dann mit Text und Musik zu ›A funny thing happened on the way to the forum‹ (1962), ›A little night music‹ (1973), ›Sweeney Todd‹ (1979), ›Sunday in the park with George‹ (1984), ›Into the woods‹ (1987) und ›Assassins‹ (1990).

sondieren [frz.], 1) *allg.*: vorsichtig erkunden, ausforschen, vorfühlen.
2) *Medizin:* mit einer Sonde untersuchen.

Søndre Strømfjord ['sønrə 'sdrœmfjoːr, dän.], eskimoisch **Kangerlussuaq,** wichtigster Zivilflughafen von Grönland, am inneren Ende des gleichnamigen Fjords an der W-Küste; 1944 als US-amerikan. Luftstützpunkt angelegt, war später auch Zwischenlandeplatz der zivilen Luftfahrt im Transatlantikverkehr; heute u. a. Knotenpunkt der Hubschrauberlinienflüge.

Sondrio, früher S. **Sonders, 1)** Hauptstadt der Prov. S., in der Lombardei, Italien, im Veltlin, nahe der Mündung des Mallero in die Adda, 307 m ü. M., 22 200 Ew.; Lehrerbildungsinstitut, Museum; Textilindustrie, Fremdenverkehr; Weinbau.
2) Prov. in Italien, in der Lombardei, 3 212 km², 177 000 Ew., umfasst das Veltlin.

Sone [zu lat. sonus ›Schall‹, ›Klang‹] *die, -/-*, die Einheit der →Lautheit.

Sonett [ital. sonetto, eigtl. ›Klinggedicht‹, zu lat. sonus ›Klang‹, ›Schall‹] *das, -(e)s/-e*, ital. Gedichtform mit Nachbildungen in fast allen europ. Literaturen. Die Grundform bildet ein Gedicht aus 14 Zeilen, die sich zu zwei Vierzeilern (Quartette) und zwei Dreizeilern (Terzette) gruppieren. Quartette und Terzette sind in sich durchgereimt; wichtige Reimschemata (neben vielen Varianten) sind dabei in der ital. Dichtung abab abab und abba abba in den Quartetten, cdc dcd und cde cde in den Terzetten, in der frz. Dichtung abba abba ccd ede. Der gängige Vers des S. ist in der ital. Dichtung der Endecasillabo, in Frankreich der →Alexandriner. Eine Sonderform stellt das ›engl. S.‹ dar, das die 14 Zeilen (fünfhebige Verse mit jamb. Gang) in drei Vierzeiler mit Kreuzreim und ein abschließendes (epigrammatisch-pointiertes) Reimpaar gliedert. Reimschema abab cdcd efef gg. Als ›dt. S.‹ wird gelegentlich eine Sonderform bezeichnet, die auf die Durchreimung der Quartette verzichtet (Reimschema abab cddc ... ...); daneben kennt die dt. S.-Dichtung eine Fülle anderer S.-Formen. Der äußeren Form des S. entsprechen die syntakt. Bau und die innere Struktur: Die Quartette stellen in These und Antithese die Themen des Gedichts auf; die Terzette führen diese Themen in konzentrierter Form durch und bringen die Gegensätze abschließend zur Synthese. Die *Thematik* der S.-Dichtung ist, der anspruchsvollen Form und der dadurch bedingten Forderung gedankl. Klarheit und Geschlossenheit, beschränkt. Grundzug ist die intellektuelle Verarbeitung, die gedankl. Objektivierung subjektiven Erlebens: des Eros, Gottes, des Todes, des persönl. Schicksals, aber auch polit. und sozialen Geschehens. Häufig werden mehrere S. zu einem S.-Zyklus verknüpft (→Sonettenkranz).

Das *ital.* S. wurde in der 1. Hälfte des 13. Jh. im Umkreis Kaiser FRIEDRICHS II. am Hof in Palermo durch die Vertreter der →Sizilianischen Dichterschule entwickelt, von denen die toskan. Dichter des →Dolce stil nuovo (G. GUINIZELLI, G. CAVALCANTI, CINO DA PISTOIA, DANTE) die Form übernahmen. Einen Höhepunkt im 14. Jh. stellt der ›Canzoniere‹ F. PETRARCAS dar. M. M. BOIARDO, LORENZO DE' MEDICI u. a. setzten die Linie im 15. Jh. fort, im 16. Jh. u. a. MICHELANGELO, G. BRUNO, VITTORIA COLONNA und GASPARA STAMPA. Im 19. Jh. kam es zu einer Wiederbelebung der Form (u. a. G. CARDUCCI). *Span.* und *port.* Nachbildungen des ital. S. finden sich zuerst im 15. Jh., im 16. und 17. Jh. bei J. BOSCÁN ALMOGÁVER, GARCILASO DE LA VEGA, F. DE SÁ DE MIRANDA, L. F. DE VEGA CARPIO und bei L. DE CAMÕES. *Frz.* Nachbildungen gibt es seit dem 16. Jh. (C. MAROT, LOUISE LABÉ, P. DE RONSARD, J. DU BELLAY). In der 2. Hälfte des 17. Jh. verlor das S. an Beliebtheit und wurde erst im 19. Jh. von den Parnassiens und Symbolisten wieder aufgegriffen. Die ersten *engl.* Nachbildungen des ital. S. entstanden zu Beginn des 16. Jh. am Hofe König HEINRICHS VIII.; T. WYATT und H. HOWARD, Earl OF SURREY, entwickelten die engl. Sonderform des S. Die Blüte der engl. S.-Dichtung fällt in die 2. Hälfte des 16. Jh. (E. SPENSER, P. SIDNEY, SHAKESPEARE). Im 17. Jh. pflegten J. DONNE und J. MILTON das S. Eine Erneuerung erfolgte in der Romantik (W. WORDSWORTH, J. KEATS); weitere Vertreter sind u. a. ELIZABETH BARRETT BROWNING und D. G. ROSSETTI. Die *dt.* Nachbildungen des ital. S. lassen sich erstmals im 16. Jh. nachweisen. Die erste Blütezeit fällt ins 17. Jh. (M. OPITZ, P. FLEMING, A. GRYPHIUS u. a.), eine zweite Blüte erlebte das S. bei GOETHE und den Romantikern (A. W. SCHLEGEL, A. VON PLATEN, F. RÜCKERT). Auch der dt. Lyrik der Jahrhundertwende und des 20. Jh. nahm die Form wieder auf (u. a. S. GEORGE, R. M. RILKE, J. R. BECHER, G. HEYM, G. BRITTING, A. HAUSHOFER).

W. MÖNCH: Das S. (1955); Das dt. S. Dichtungen, Gattungspoetik, Dokumente, hg. v. J.-U. FECHNER (1969); H.-J. SCHLÜTTER u. a.: S. (1979); P. WEINMANN: S.-Idealität u. S.-Realität. Neue Aspekte der Gliederung des S. von seinen Anfängen bis Petrarca (1989).

Sonettenkranz, Form des Sonettenzyklus (→Sonett); er besteht aus 15 Sonetten. Dabei nehmen die ersten 14 Sonette jeweils die Schlusszeile der vorhergehenden Sonetts (das 1. Sonett die Schlusszeile des 14. Sonetts) als Anfangszeile auf, sodass eine Ringkomposition entsteht. Das 15. Sonett des Kranzes (›Meistersonett‹) setzt sich aus den Anfangszeilen der 14 Sonette zusammen.

Song [engl.] *der, -s/-s*, allg. nach dem angloamerikan. Sprachgebrauch svw. Lied (etwa Folksong, Gospelsong); spezieller ist S. eine dem neueren →Chanson und →Couplet verwandte Liedgattung. Formal kennzeichnend ist der Aufbau aus (Vor-)Strophe (engl. verse) und Refrain, inhaltlich der meist sozialkrit. und/oder satir. Gehalt. Musikalisch werden Elemente des Music-Hall-, Kabarett- und Varieteeliedes, von Bänkelsang und Moritat, Schlager und andern volkstüml. Liedtypen sowie von Jazz und zeitgenöss. Tanzmusik verwendet. Dieser S. wurde nach dem Ersten Weltkrieg v. a. in den Agitpropgruppen der dt. Arbeiterbewegung entwickelt. Er wurde dann durch B. BRECHT und die Komponisten K. WEILL, H. EISLER und P. DESSAU zur Hauptform des epischen Musiktheaters sowie des sozialist. Kampf- und Massenliedes. (→Protestsong)

Song, Sung, Name mehrerer Dynastien in China, 1) eine der südl. Dynastien während der ersten Reichsteilung in Nord und Süd, regierte 420–479; 2) die 960–1279 regierende Dynastie; sie einigte China nach der zweiten Reichsteilung in Nord und Süd; die **Nörd-**

Song Songdo – Songnim

Songhai: Dorf südlich von Ansongo (Mali) mit von oben zugänglichen Kornspeichern; die eingearbeiteten Steinplatten erleichtern das Erklettern; im Hintergrund strohgedeckte Rundhäuser

lichen **Song** (960–1127) regierten Gesamtchina, die **Südlichen Song** (1127–1279), nach dem Verlust N-Chinas an die Dschurdschen (1126), nur noch das südl. Rumpfreich. (→China, Geschichte)
D. KUHN: Die S.-Dynastie (960 bis 1279). Eine neue Gesellschaft im Spiegel ihrer Kultur (1987).

Songdọ, früher Name der Stadt →Kaesŏng, Nord-Korea.

Sọnge, Stamm der Luba im O der Demokrat. Rep. Kongo, zw. Sankuru, Lomami und Lualaba. Die S. leben als Waldlandpflanzer (Maniok, Bananen, Jams). Die Schnitztradition der S. kennt ähnl. Sujets wie die der →Luba (Masken, stehende Figuren, Hocker mit Karyatiden, Zauberfiguren, Zeremonialstäbe und -beile), zeigt jedoch stärker abstrahierende Formen, die bei den ›Kifwebe‹-Masken kubistisch anmuten.

Sọnghai, Sọnrhai, westafrikan. Volk am mittleren Niger (Nigerbogen). Die etwa 1,5 Mio. S. leben in Mali (440 000), SW-Niger (600 000), NW-Nigeria (170 000) und Benin (50 000), ferner in Burkina Faso (130 000), Elfenbeinküste und Ghana (90 000). Sehr nahe verwandt sind die Dyerma (etwa 250 000 Angehörige), v. a. in SW-Niger, und die Dendi in N-Benin (rd. 80 000). Die traditionelle Wirtschaftsform der S. besteht aus Feldbau (Hirse) in der Savanne, Viehhaltung, Fischerei, Jagd und Handwerk (Schmiede, Töpfer). Trotz früher Islamisierung (11. Jh.) haben sich bei den S. ursprüngl. Glaubensvorstellungen, verbunden mit Besessenheitskulten, erhalten.

Die S. waren mit Mande, Fulbe und anderen Völkern Träger des Reiches **Songhai** (10.–16. Jh.) mit der Hauptstadt Gao. 1009/10 trat König KOSSOI (1005–25) zum Islam über. Von 1325 bis um 1400 war S. dem Reich Mali unterworfen. Etwa 1465 trat der Sonni (eine Dynastie) ALI († 1492), gen. ALI BER (der Große; er bekannte sich nicht zum Islam), die Herrschaft über S. an und begründete dessen Großmachtstellung im mittleren Sudan. 1476 eroberte er die Mali-Stadt Djenné. Unter Askia (König) MOHAMMED TOURÉ (1493–1528) erreichte S. den Höhepunkt seiner Macht; es reichte im O bis an den Tschadsee, im W bis an den Senegal, im N bis zu den Salzminen von Teghazza, im S bis an die Grenze des trop. Regenwaldes. Das Reich wurde durch Militärmacht zusammengehalten. Die wirtschaftl. Grundlage waren Reis- und Hirseanbau sowie Viehhaltung, dazu kam der Tausch des Salzes aus der Sahara gegen Gold von den südl. Nachbarvölkern. Das islam. Bildungswesen war hoch entwickelt (Hochschule in Timbuktu). Die Vorherrschaft von S. brach zusammen, als 1590 eine marokkan. Truppe nach Gao vorstieß und 1591 bei Tondibi nordwestlich von Gao das Heer des Askia ISHAK II. († 1592) besiegte. S. war der letzte große Staat im mittleren Sudan vor der Entstehung der islam. Reformstaaten im 19. Jh. und der frz. Kolonisation.

Die Sprache der S., das **Songhai,** gehört zu den →nilosaharanischen Sprachen; sie bildet mit den Dialekten Dyerma (Zarma) und Dendi eine verhältnismäßig homogene Dialektgruppe. Im S. existiert weder ein grammat. Geschlecht noch ein System von Nominalklassen. In der Rep. Niger ist das S. – neben dem Hausa – wichtigste Verkehrssprache.

J. ROUCH: Les S. (Paris 1954); N. TERSIS: Le zarma (ebd. 1972); B. HAMA: L'empire Songhay (ebd. 1974); J.-M. DUCROZ u. M.-C. CHARLES: Lexique soney (songay)-français (ebd. 1978); J. ROUCH: La religion et la magie songhay (Brüssel ²1989); R. NICOLAI: Parentés linguistiques (à propos du songhai) (Paris 1990); R. FISCHER: Gold, Salz u. Sklaven. Die Gesch. der großen Sudanreiche Gana, Mali, S. (²1991); P. ZIMA: Lexique Dendi (Songhay) (Köln 1994); W. BLÖHM: Angepasste Agrarentwicklung in der Rep. Mali. Die Songhay im Spannungsfeld gesellschaftl. Wandels (1996).

Songhua Jiang [- dʒjaŋ], **Sunghwakiang,** russ. **Sụngari,** größter rechter Nebenfluss des Amur, in NO-China, 1 927 km lang, Einzugsgebiet 532 000 km²; entspringt im chinesisch-nordkorean. Grenzgebirge Changbai Shan, durchfließt das ostmandschur. Bergland, wo seine Wasserkraft oberhalb von Jilin durch drei Kraftwerke (554 MW, 1 500 MW, 200 MW) genutzt wird. Unterhalb von Jilin durchquert er, sich streckenweise in mehrere Flussarme aufteilend und Mäander bildend, Teile der Nordostchin. Ebene, mündet bei Tongjiang an der chinesisch-russ. Grenze. Der S. J. ist trotz halbjähriger Vereisung ein wichtiger Wasserweg und von seiner Mündung an auf 1 300 km befahrbar (bis Harbin für Schiffe bis 1 000 t). Im Mittel- und Unterlauf verursacht das frühsommerl. Hochwasser oft verheerende Überschwemmungen.

Songe: Zeremonialbeil (Stuttgart, Linden-Museum)

Sŏngjin, früher Name der Stadt →Kimch'aek, Nord-Korea.

Songkhlạ, malaiisch **Singọra,** Prov.-Hauptstadt in S-Thailand, an der O-Küste der Malaiischen Halbinsel, 80 700 Ew.; Univ., Technikum; Zentrum eines Agrar- und Bergbaugebietes; Fischereihafen, Flugplatz.

Song Koi, vietnames. Name des →Roten Flusses.

Sŏngnam, Stadt in der Prov. Kyŏnggi-do, Süd-Korea, südöstl. Vorstadt von Seoul, (1995) 869 200 Ew. (1975: 273 000 Ew.).

Songnim, 1910–45 **Kyomipo,** Stadt in Nord-Korea, südlich von Pjöngjang; Eisen- und Stahlerzeugung, chem. Industrie; nahebei Eisenerzabbau; Flusshafen am Taedonggang.

Song Qingling [-tʃiŋ-], chin. Politikerin, * Schanghai 1890 (oder 27. 1. 1892), † 28. 5. 1981; aus der Bankiersfamilie Song; war seit 1914 ∞ mit SUN YAT-SEN; betrachtete sich nach dessen Tod (1925) als polit. Sachwalterin ihres Mannes. Als Mitgl. des Zentralen Exekutivkomitees der Kuo-min-tang (KMT) bekämpfte sie die antikommunist. Linie CHIANG KAI-SHEKS. Nach Gründung der VR China (1949) war S. Q. 1949–54 stellv. Vorsitzende des Zentralen Volksregierungsrates, 1954–59 Mitgl. des Ständigen Komitees des Nationalen Volkskongresses, 1959–75 stellv. Staatspräsidentin und 1975–81 Stellv. Parlamentspräsidentin. Kurz vor ihrem Tode in die KP aufgenommen, wurde sie Ehrenpräsidentin der VR China.
JUNG CHANG u. J. HALLIDAY: Madame Sun Yat-sen (Harmondsworth 1986).

Song Tiên Giang, vietnames. Name des →Mekong.
Soni, Bantuvolk im südl. Afrika, →Lemba.
Soninke, Sarakole, westafrikan. Volk v. a. im Sahel nördlich von Senegal und Niger. Die etwa 1,5 Mio. S. leben in Mali (700 000) und in angrenzenden Gebieten von Senegal (85 000), S-Mauretanien (56 000) und Burkina Faso (170 000), ferner in Gambia (76 000), Guinea (270 000) und Guinea-Bissau. Die S. sind mehrheitlich sunnit. Muslime, sonst Anhänger traditioneller Vorstellungen und (wenige) Christen. Neben Feldbau in der Savanne (Hirse, Reis) und Viehhaltung betreiben sie v. a. Handel. – Zu den S. gehörten vermutlich die Gründer des ältesten bekannten Reiches im westl. Sudan, →Gana. Ein weiterer Staat der S. war das Reich **Sosso** in der Landschaft Kaniaga zw. den Oberläufen von Niger und Senegal; es war 1200–1235 eine Großmacht unter SOUMAORO KANTÉ aus der Kaste der Schmiede. In der Schlacht von Kirina, südwestlich von Bamako, 1234/35 unterlag dieser dem Gründer des Reiches Mali, SUNDJATA KEITA. – Die Sprache der S., das **Soninke** oder **Sarakole,** gehört zur Nordwestgruppe der →Mandesprachen.

Sonn|abend [ahd. sunnunaband ›Vorabend des Sonntags‹], **Samstag,** der sechste Tag der Woche. Im NW des dt. Sprachgebiets ist in Dialekten ›Saterdag‹ als vorchristl., urspr. lateinische Bez. (›Saturns Tag‹) erhalten geblieben. Im S und W wird v. a. der Name Samstag, im N und O v. a. die Bez. Sonnabend verwendet.

Sonnblickgruppe, Goldberggruppe, vergletscherte Gebirgsgruppe der Hohen Tauern, Österreich, zw. Hochtor und Mallnitz, im Hocharn 3 254 m ü. M.; auf dem Hohen Sonnblick (3 105 m ü. M.) Observatorium.

Sonne, 1) *Astronomie:* astronom. Zeichen ☉, der Zentralkörper des →Sonnensystems; mit einer mittleren Entfernung von 149,6 Mio. km (eine Astronom. Einheit) der erdnächste Stern. Die S. ist mit ihrer Strahlung maßgebend für den Wärmehaushalt der Erde und damit für Klima und Wetter, sie ist die Energiequelle für das ird. Leben (→Sonnenenergie).
Die S. ist eine Gaskugel mit einer von innen nach außen stetigen Dichteabnahme. Dennoch erscheint sie scharf begrenzt, weil der größte Teil der S.-Strahlung aus einer Kugelschale, der **Photosphäre,** mit einer Dicke von etwa 300 km kommt, die nur etwa 0,02 % ihres Durchmessers beträgt und von der Erde aus unter einem Winkel von weniger als 0,5″ erscheint. Die Photosphäre kann daher bei vielen Problemen als ›Oberfläche‹ der S. angesehen werden. Auf sie bezieht man sich z. B., wenn man vom Durchmesser der S. spricht. Von der Erde aus erscheint dieser unter einem Winkel von im Mittel 31′59″; die S.-Scheibe erscheint so groß, dass – wie bei keinem anderen Stern – Detailuntersuchungen möglich sind. Die Masse der S. ist rd. 750-mal größer als die Masse aller anderen Körper des Sonnensystems zusammen. Infolge ihrer Gesamtstrahlungsleistung (der Leuchtkraft) von $3{,}847 \cdot 10^{26}$ W, die sich aus der Entfernung der S. und der →Solarkonstante errechnet, verliert die S. wegen der →Masse-Energie-Äquivalenz eine Masse von $4{,}3 \cdot 10^9$ kg/s. In 1 Mrd. Jahren beträgt der Verlust infolge der Ausstrahlung 0,007 % der gegenwärtigen Masse, der direkte Masseverlust infolge des →Sonnenwindes nur etwa 25 % davon. Die Strahlungsleistung der Photosphäre je Flächeneinheit (spezif. Ausstrahlung) entspricht der eines →schwarzen Strahlers von 5 770 K; dies ist die Effektivtemperatur der S. Durch sie und die Leuchtkraft ist die Lage des Bildpunktes der S. im Hertzsprung-Russell-Diagramm festgelegt: Danach gehört die S. zu den Hauptreihensternen, ihr Spektraltyp ist G 2 V.

Physikalische und astronomische Daten der Sonne (gerundete Vielfache der entsprechenden Erdgrößen in Klammern)
Radius . . . . $6{,}96 \cdot 10^5$ km (109)
Masse . . . . $1{,}989 \cdot 10^{30}$ kg (333 000)
mittlere Dichte . . . . $1{,}409$ g cm^{-3} (0,26)
Schwerebeschleunigung an der ›Oberfläche‹ . . 274 m s^{-2} (27,9)
Entweichgeschwindigkeit an der ›Oberfläche‹ . . . 618 km s^{-1} (55,2)
Rotationsperiode in mittlerer Breite
siderisch . . . . 25,38 d
synodisch . . . . 27,27 d
Trägheitsmoment . . . . $5{,}7 \cdot 10^{46}$ kg m^2
Drehimpuls . . . . $1{,}63 \cdot 10^{41}$ kg m^2 s^{-1}
Rotationsenergie . . . . $2{,}4 \cdot 10^{35}$ J
Äquatorneigung gegen die Ekliptik . . . . 7° 8′
effektive Temperatur . . . . 5 770 K
spezifische Ausstrahlung an der ›Oberfläche‹ . . $6{,}296 \cdot 10^7$ W m^{-2}
Leuchtkraft . . . . $3{,}847 \cdot 10^{26}$ W
absolute visuelle Helligkeit . . . . 4^{m}87
scheinbare visuelle Helligkeit . . . . −26^{m}70
Spektraltyp G2V
mittlere Entfernung von der Erde . . . . $1{,}496 \cdot 10^8$ km = 1 AE
mittlerer scheinbarer Winkeldurchmesser . . . . . . 31′ 59″

Die scheinbare tägl. Bewegung der S. am Himmel wird durch die Rotation der Erde verursacht (→Tag), die scheinbare jährl. Bewegung relativ zu den Sternen durch den Umlauf der Erde um die S. (→Jahreszeiten). Die S. hat eine differenzielle Rotation: Am S.-Äquator beträgt die sider. Rotationsperiode 25,02 Tage, in 16° heliograph. Breite 25,38 Tage.
Die äußeren Gebiete der S., aus denen elektromagnet. Strahlung unmittelbar in den Raum gelangen kann und die folglich direkt beobachtbar sind, bezeichnet man als S.-Atmosphäre, die auf diese Weise nicht direkt beobachtbaren als das S.-Innere. In ihm ist nahezu die gesamte Masse vereinigt, die Atmosphäre enthält nur den 10^{-9}ten Teil davon. Aussagen über das **S.-Innere** sind allein aufgrund theoret. Untersuchungen möglich. Danach herrscht im S.-Zentrum eine Temperatur von etwa $16 \cdot 10^6$ K, eine Dichte von etwa 160 g/cm^3 und ein Druck von rd. $2{,}5 \cdot 10^{16}$ Pa. Trotz der hohen Dichte (rd. das 14fache von Blei) verhält sich die Materie infolge ihrer praktisch vollständigen Ionisation wie ein ideales Gas. Nach außen hin nehmen Temperatur, Dichte und Druck stetig ab. Die von der S. ausgestrahlte Energie wird in den zentrumsnahen Bereichen innerhalb einer Kugel von rd. 33 % des Gesamtradius und rd. 55 % der Gesamtmasse bei thermonuklearen Fusionsprozessen, v. a. der →Proton-Proton-Reaktion, freigesetzt. Dabei wird Wasserstoff in Helium umgewandelt (→Kernfusion). Bei der Bildung eines Heliumkerns werden außer Energie auch zwei Neutrinos frei. Deren Wechselwirkung mit Materie ist so gering, dass sie ungehindert die S. verlassen können und Auskunft über den physikal. Zustand im S.-Innern geben. Bis zu einer Zentrumsentfernung von etwa 500 000 km wird die Energie in Form von Strahlung nach außen transportiert, weiter außen im Wesentlichen durch Konvektion. Die obere Grenze der Konvektionszone befindet sich in

Sonn Sonne

der unteren Photosphäre, von wo Strahlung direkt in den Weltraum gelangen kann. Die Temperatur ist dort auf etwa 7000 K, die Dichte auf etwa $4 \cdot 10^{-7}$ g/cm^3 und der Druck auf rd. $1,4 \cdot 10^4$ Pa gesunken.

Die **S.-Atmosphäre**, aus der alle elektromagnet. Strahlung der S. stammt, ist der direkten Beobachtung zugänglich. Sie gliedert sich aufgrund der unterschiedlichen therm. und Strahlungseigenschaften (von innen nach außen) in die Photosphäre, →Chromosphäre, Übergangsschicht und S.-Korona (→Korona). In ihnen nehmen Druck und Dichte weiter stetig ab, die Temperatur nur in der Photosphäre und der unteren Chromosphäre, danach steigt sie wieder an und erreicht in der Korona Werte von einigen Mio. K. Die sichtbare Strahlung der S. stammt praktisch nur aus der Photosphäre, daher ist die sichtbare S.-Scheibe ihr projiziertes Bild. Deren Flächenhelligkeit nimmt vom Zentrum zum Rand hin stetig ab (Mitte-Rand-Variation), was auf die Temperaturschichtung in der Photosphäre zurückgeht: Im Scheibenzentrum stammt das Licht aus tiefer liegenden, höhertemperierten Schichten als am S.-Rand. Die S.-Scheibe hat im sichtbaren Spektralbereich eine ›körnige‹ Struktur, die →Granulation, was durch die obersten Konvektionsschichten bedingt ist. Das →Sonnenspektrum gibt Auskunft über den physikal. Zustand der Photosphäre und deren chem. Zusammensetzung: Wasserstoff ist mit einem Masseanteil von etwa 74 % am häufigsten, der Heliumanteil beträgt etwa 25 %, der Rest entfällt auf alle übrigen Elemente. Im S.-Zentrum ist infolge der seit 4,6 Mrd. Jahren anhaltenden Kernprozesse der Wasserstoffanteil auf etwa 35 % reduziert, der Heliumanteil entsprechend erhöht. Während die Granulation eine permanente Erscheinung der Photosphäre ist, sind die →Sonnenflecken und →Sonnenfackeln charakterist. Erscheinungen der **S.-Aktivität**. – Die Chromosphäre ist mit einer Dicke von rd. 10 000 km viel mächtiger als die Photosphäre, ihre Ausstrahlung aber infolge einer Dichte von rd. 10^{-12} g/cm^3 wesentlich kleiner, sodass sie i. Allg. von der Photosphäre völlig überstrahlt wird. Bei totalen →Sonnenfinsternissen wird sie für Sekunden kurz vor bzw. nach der Totalität sichtbar, wenn die Photosphäre vom Mond schon bzw. noch abgedeckt ist. Sie erscheint dann als sichelförmiger Lichtsaum am dunklen Mondrand. Vor der S.-Scheibe kann die Chromosphäre unter Verwendung sehr schmalbandiger Filter im Lichte bestimmter Spektrallinien untersucht werden. Chromosphär. Erscheinungen der S.-Aktivität sind die S.-Eruptionen (→Flares) und die damit verbundenen Strahlungsausbrüche im Radiofrequenzbereich (→Bursts). – Über der Chromosphäre liegt die Übergangsschicht mit einer Dicke von wenigen 1 000 km, die wesentlich durch einen Temperaturanstieg von etwa 25 000 K auf einige 10^6 K und einen entsprechenden Dichteabfall gekennzeichnet ist. – Die äußerste Schicht der S.-Atmosphäre, die Korona, ist bei totalen S.-Finsternissen in Form eines weißlich leuchtenden Strahlenkranzes sichtbar. Außerhalb totaler Finsternisse ist sie im sichtbaren Spektralbereich mithilfe von →Koronographen beobachtbar. Außerdem sind Untersuchungen im Röntgen- und Radiofrequenzbereich möglich, da Strahlung dieser Spektralbereiche ihren Ursprung im Wesentlichen in der Korona hat. Koronale Erscheinungen der S.-Aktivität sind die →Protuberanzen und der nichttherm., stark variierende Anteil der Radiofrequenzstrahlung. Aus der Korona fließt ständig Materie in Form des S.-Windes ab, sodass sie – wie die gesamte S. – keine wohldefinierte obere Begrenzung hat, sondern die gesamte →Heliosphäre erfüllt.

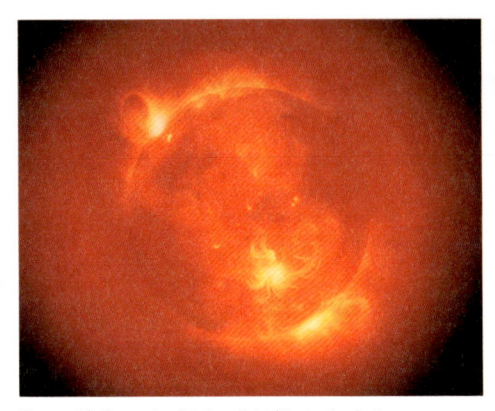

Sonne 1): Sonne im Röntgenlicht (Illustration); die ausgedehnte äußere Hülle ist die Korona. Im Röntgenlicht zeigen sich so genannte ›koronale Löcher‹, aus denen Röntgenstrahlung austritt

Die S. besitzt ein globales, angenähert als Dipolfeld beschreibbares *Magnetfeld* mit einer Feldstärke von $1 \cdot 10^4$ bis $2 \cdot 10^4$ T, das wahrscheinlich durch einen Dynamoeffekt verursacht wird. Wesentlich stärkere lokale Felder (rd. 0,15 T) treten im Zusammenhang mit den Erscheinungen der S.-Aktivität z. B. der S.-Flecken auf. – Die S.-Aktivität verursacht u. a. auch Phänomene auf der Erde bzw. in der Erdatmosphäre, die →solarterrestrische Erscheinungen gen. werden.

S.-Beobachtungen im sichtbaren Spektralbereich werden in S.-Observatorien (z. B. dem Osservatorio del Teide, Teneriffa) ausgeführt. Das S.-Licht wird i. Allg. durch ebene Spiegel (angeordnet als →Siderostat oder als →Zölostat) in das Fernrohr geleitet, das bei großen Instrumenten als →Turmteleskop gebaut ist, in dessen Brennebene sich u. a. Photometer, Spektrographen oder Magnetographen befinden. Zu Beobachtungen im Radiobereich dienen u. a. Radioheliographen mit einem hohen Winkelauflösungsvermögen (z. B. in Culgoora, Australien). Raumsonden wie →Helios und →Ulysses ermöglichen außer streulichtfreien Beobachtungen im visuellen auch Beobachtungen im Röntgenbereich und, wie die als Gemeinschaftsprojekt von ESA und NASA 1995 gestartete Sonde SOHO (engl. ›**S**olar and **H**eliosperic **O**bservatory‹), die direkte Untersuchung des S.-Windes. Zur Untersuchung der solaren Neutrinostrahlung müssen die Detektoren hingegen tief unter der Erdoberfläche stationiert werden (→Neutrinoastronomie).

Die S. gehört mit einigen 100 Mrd. anderen Sternen zum →Milchstraßensystem, in dem sie keinerlei bevorzugte Stellung einnimmt. Sie bewegt sich mit einer Geschwindigkeit von ca. 20 km/s relativ zu den Sternen ihrer Umgebung auf das Sternbild Herkules zu (Pekuliarbewegung); gemeinsam mit den benachbarten

Sonne 1): Magnetogramme; Sonne mit starken Magnetfeldern (links, Aufnahme 1976) und mit schwachen Magnetfeldern (rechts, Aufnahme 1978)

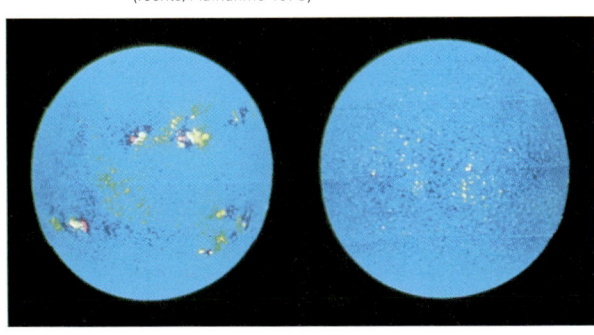

Sternen umläuft sie in etwa 240 Mio. Jahren das Zentrum des Milchstraßensystems. Bei diesen Bewegungen führt sie alle anderen Körper des S.-Systems mit. Die S. ist vor 4,6 Mrd. Jahren zus. mit dem gesamten Planetensystem entstanden (→Planetenentstehung).

Geschichte: Von den Babyloniern ist die älteste sicher datierte Beobachtung einer S.-Finsternis überliefert (15. 6. 763 v.Chr.). Um 265 v.Chr. unternahm ARISTARCHOS VON SAMOS den Versuch, die Entfernung der S. zu bestimmen. Außerdem stellte er (um 275 v.Chr.) die Hypothese auf, dass die S. ruhendes Zentrum der sie umlaufenden Planeten sei (→heliozentrisches Weltsystem). 1843 entdeckte H. SCHWABE die Periodizität der S.-Fleckenhäufigkeit und 1868 J. N. LOCKYER im S.-Spektrum das Helium. NILS CHRISTOFER DUNÉR (*1839, †1914) gelang 1888–1901 spektroskopisch die Bestimmung der differenziellen Rotation der S. 1908 wies G. E. HALE die Existenz von Magnetfeldern in den S.-Flecken nach.

Kulturgeschichte: Im Denken der Menschheit hat die S. immer eine große Rolle gespielt: als beherrschende Naturerscheinung, als Erzeugerin des Lichtes, des Lebens, der Fruchtbarkeit, als Teilerin der Zeit, als Weiserin der Wege, als Objekt kult. Handlungen. Man stellte sich die S. als Ball, Rad oder Scheibe vor, von Tieren getragen oder in einem Wagen oder Schiff gefahren. Im Tageslauf der S. sah man häufig folgendes Schicksal: Die S. geht aus einer weiblich gedachten Tiefe hervor, fliegt oder fährt am Himmel hin, steigt, gelockt oder gezwungen, wieder hinab, fährt durch die Unterwelt, durch das Meer in einem goldenen Nachen nach Osten, wo sie neu geboren wird.

In vielen *Religionen* gilt die S. als der Held, der siegreich gegen die Finsternis und ihre Dämonen kämpft. Die tägl. und jahreszeitl. Wiederkehr der S. wird ängstlich erwartet und mit kultisch-mag. Mitteln gefördert (→Sonnenkult).

Als *polit. Symbol* kennzeichnete die S. im frz. Absolutismus die allgewaltige, zentrale Stellung des Monarchen (z. B. ›Sonnenkönig‹ LUDWIG XIV.); Anfang des 19. Jh. wurde sie in Südamerika zum republikan. Freiheitssymbol, später auch in anderen Kontinenten. In der Arbeiterbewegung ist die S. Symbol für Freiheit, Fortschritt und Zukunft.

H. ZIRIN: Astrophysics of the sun (Cambridge 1988); H. SCHEFFLER u. H. ELSÄSSER: Physik der Sterne u. der S. (²1990); M. STIX: The sun (Berlin ²1991); K. R. LANG: Die S., Stern unserer Erde (1996); U. HESS: Die S. Quelle u. Urkraft des Lebens (1997).

2) *Meeresforschung:* dt. Forschungsschiff, 1969 als Hecktrawler gebaut, 1977 zum Forschungsschiff umgerüstet, 1991 verlängert und modernisiert: 97,6 m lang, 14,2 m breit, Wasserverdrängung 4734 t, dieselelektr. Fahranlage, bietet Platz für 30 Besatzungsmitglieder und 25 wiss. Fahrtteilnehmer; 21 Laborräume (425 m²), moderne hydroakust. und geophysikal. Ausrüstung sowie Winden und Hebezeuge, Grundausrüstung an wiss. Instrumenten versch. Disziplinen. Einsatzgebiete: Zentralpazifik, schwerpunktmäßig indones. Gewässer, Atlantik, Ind. Ozean und Rotes Meer (seit Indienststellung bis 1997 123 Expeditionen). Eigentümer ist die Partenreederei Sonne, Korrespondentreeder die RF Reedereigemeinschaft Forschungsschiffahrt GmbH. Die S. wird von Forschungseinrichtungen gechartert. Die Finanzierung erfolgt überwiegend durch das Bundesministerium für Bildung, Wissenschaft, Forschung und Technologie.

Sonneberg, 1) Kreisstadt in Thür., in geschützter Lage am S-Rand des Thüringer Schiefergebirges, 360–640 m ü. M., an der Grenze zu Bayern, 25 100 Ew.; Dt. Spielzeugmuseum, Sternwarte; Zentrum der Thüringer Spielwarenindustrie (Puppen, Modelleisenbahnen, Plüschtiere); Herstellung von elektrokeram. Erzeugnissen, Möbelbau und Kunststoffverarbeitung; Fremdenverkehr. – Unterhalb einer im 12./13. Jh. angelegten Burg nahe der im 14. Jh. wüst gefallenen Ortschaft Altenröthen entstand vermutlich noch im 13. Jh. die Siedlung S., die 1349 zur Stadt erhoben wurde. Aus der alteingesessenen Holzwarenherstellung entwickelte sich vom 16. Jh. an die Spielwarenerzeugung.

2) Landkreis im S von Thür., 433 km², 69 800 Ew.; grenzt im S und O an Bayern. Der Landkreis umfasst überwiegend die südl. Abdachung des Thüringer Schiefergebirges mit Teilen des Rennsteigs, den S nimmt die Lindner Ebene ein, eine flachwellige Ausräumungssenke im unteren Buntsandstein. Der Ackerbau (Roggen, Futterpflanzen, Kartoffeln) tritt wegen der wenig ertragreichen tonig-sandigen Böden gegenüber der Grünlandnutzung zurück. Die Industrie ist überwiegend in der Stadt S. angesiedelt; in anderen Städten (Lauscha, Neuhaus am Rennweg, Steinach, Schalkau) und Gemeinden bestehen kleinere Betriebe der Holzverarbeitung, Spielwarenfertigung, Glas-, Porzellanindustrie und Natursteingewinnung und -verarbeitung sowie z.T. ein bedeutender Fremdenverkehr und Wintersport. – In den Landkreis S. wurden am 1. 7. 1994 Gebietsteile des ehem. Landkreises Neuhaus am Rennweg eingegliedert.

Sonnemann, Ulrich, Sozialphilosoph und Gesellschaftskritiker, * Berlin 3. 2. 1912, † Gudensberg 27. 3. 1993; promovierte 1934 in der Emigration in Basel, lebte danach in den USA, u. a. 1949–52 als Prof. für Psychologie an der New School of Social Research in New York, kehrte 1955 in die Bundesrepublik Dtl. zurück und war ab 1974 Prof. in Kassel. Neben gesellschaftskritischen, sozialpsychologisch ausgerichteten Schriften zur Entwicklung der Bundesrepublik Dtl. vor dem Hintergrund der dt. obrigkeitsstaatl. Tradition versuchte S. in seinem sozialphilosoph. Werk, Ansätze einer krit. Gesellschaftstheorie im Hinblick auf eine am Individuum und seiner Spontaneität orientierten sozialwiss. Anthropologie weiterzuführen.

Werke: Existence and therapy (1955); Das Land der unbegrenzten Zumutbarkeiten. Dt. Reflexionen (1963); Die Einübung des Ungehorsams in Dtl. (1964); Negative Anthropologie (1981). – Tunnelstiche. Reden, Aufzeichnungen u. Essays (1987, Samml.).

Einsprüche krit. Philosophie. Kleine Festschr. für U. S., hg. v. W. SCHMIED-KOWARZIK (1992).

Sonne-Mond-See, chin. **Jihyüeh T'an,** Stausee auf Taiwan, am W-Hang der Bergkette Chungyang Shan-mo, 760 m ü. M.; 1939 durch Überstauung zweier natürl. Bergseen (Sonne- und Mondsee) entstanden; Fremdenverkehr. Der S.-M.-S. dient als Oberbecken für zwei Pumpspeicherwerke (Inbetriebnahme 1985 und 1992).

Sonnen|aktivität, →Sonne.

Sonnen|allergie, polymorpher Lichtschaden, überwiegend durch UV-A-Strahlung hervorgerufene, ätiologisch ungeklärte Hautreaktion, z.T. mit Bläschen-, Quaddel- oder Fleckbildung

Sonnen|auge, Heliopsis, Gattung der Korbblütler mit 13 Arten aus Nordamerika und den höheren Lagen des trop. Amerika; 0,5–1,5 m hohe sonnenblumenähnl. Stauden mit meist gegenständigen gezähnten oder gesägten, gestielten Blättern und in Köpfchen stehenden, blassgelben Blüten. Arten und Züchtungen aus dem Verwandtschaftskreis um die nordamerikan. Art Heliopsis helianthoides werden als Schnitt- und Gartenblumen kultiviert.

Sonnenbad, das Einwirkenlassen des Sonnenlichts auf den unbedeckten Körper. Der kurzwellige Teil des Sonnenspektrums, bes. die Ultraviolettstrahlung, ist photochemisch wirksam, der langwellige Teil, die Rot- und Infrarotstrahlung, hat beträchtl. Wärmewirkung. Die Ultraviolettstrahlung fördert die Entstehung von biologisch aktiven chem. Stoffen in der Haut

Sonneberg 1)
Stadtwappen

Ulrich Sonnemann

Sonnenauge:
Heliopsis helianthoides
(Höhe 0,5–1,5 m)

(Histamin), die z. T. in den Blutkreislauf gelangen und so Allgemeinwirkungen hervorrufen können. Diese photochem. Wirksamkeit ist von der Sonnenhöhe abhängig, die durch geograph. Breite, Jahres- und Tageszeit gegeben ist (im Gebirge und an der See ist der Ultraviolettanteil mit 1 % am höchsten). Praktisch wichtig ist dabei der Umstand, dass etwa die Hälfte der Ultraviolettstrahlung als diffuse Himmelsstrahlung einfällt, sodass auch S. im Schatten möglich ist. Eine nicht allzu dichte Bewölkung schwächt die wirksame Strahlung bis zu 50 % ab.

Der Nutzen des S. hängt von einer Reihe von Bedingungen und Voraussetzungen ab, die genau beachtet werden müssen, bes. bei dem zu Heilzwecken angewendeten S. (**Heliotherapie, Solartherapie**), da andernfalls Schäden (→Lichtschäden) auftreten können. S. sollten in langsam steigender Dosierung erfolgen. Die Bestrahlungsdauer muss umso kürzer sein, je geringer der Gewöhnungsgrad, je empfindlicher die Haut und je intensiver die Ultraviolettstrahlung ist. Durch zusätzl. Verwendung von dünn auf die Haut aufzutragenden →Sonnenschutzmitteln kann eine zu starke Hautrötung vermieden werden (unbedingt sicher ist ein solcher Schutz jedoch nicht). Zudem gilt extremes Sonnenbaden (v. a. bei Hellhäutigen) als Risikofaktor des Hautkrebses, bes. des →Melanoms; eine Zunahme dieser Gefährdung wird bei einem fortschreitenden Abbau der Ozonschicht der Erde (→Ozonloch) vermutet.

Sonnenbatterie: Solarpanels in auseinander gefaltetem Zustand am amerikanischen Forschungssatelliten Seasat (Zeichnung)

Sonnenbarsche: Lepomis gibbosus (Länge 10–20 cm)

Sonnenbarsche, Familie der Barschartigen Fische in Nordamerika mit 30 Arten; ihr Körper ist seitlich zusammengedrückt und meist lebhaft gezeichnet. S. legen ihre Eier in Sandgruben, die vom Männchen bewacht werden. Einige Arten wurden in Europa eingeführt; während die meisten, wie z. B. der →Forellenbarsch, wieder weitgehend verschwunden sind, konnte sich der meist 10–20 cm lange **Sonnenbarsch** (Lepomis gibbosus) in fließenden und stehenden Gewässern weit verbreiten. Er ist auch ein beliebter Kaltwasseraquarienfisch. Ebenfalls als Aquarienfische gehalten werden u. a. einige Arten der Gattung Diamantbarsche, so z. B. der bis 10 cm lange **Diamantbarsch** (Enneacanthus obesus) und der bis 9 cm lange, braun quer gebänderte, scheibenförmige **Scheibenbarsch** (Mesogonistius chaetodon).

Sonnenbatterie, Solarbatterie, Anlage, die →Solarzellen in Reihen- und/oder Parallelschaltung zur Erhöhung der Gesamtleistung zusammenfasst, zunächst in Modulen von etwa 20 bis 200 Zellen, die dann zu größeren, ebenen Sonnenenergiewandlern (Flächen von 10 m² und mehr) kombiniert werden; die Leistung einer S. kann dabei einige kW betragen. Zur Zwischenspeicherung der erzeugten elektr. Energie lassen sich S. in Verbindung mit Akkumulatoren einsetzen. S. dienen u. a. zur Stromversorgung von Raumsonden, Satelliten, meteorolog. Stationen, nachrichten- und signaltechn. Anlagen, bei denen eine andere Energieversorgung nicht möglich oder unwirtschaftlich ist; sie haben gegenüber chem. und nuklearen Energiequellen den Vorteil, eine langfristige Energieversorgung bei geringer Masse zu sichern. Sehr großflächige S., v. a. für die Raumfahrt als ausklappbare Flächen konstruiert, heißen auch **Sonnen-** oder **Solarpanel** (›Sonnenpaddel‹).

Eine weitere Möglichkeit der Kombination von Solarzellen sind **Fluoreszenzkollektoren,** die aus gefärbten, lichtdurchlässigen Kunststoffplatten bestehen, deren Kanten mit Solarzellen bestückt sind. Die eingelagerten Farbstoffmoleküle wandeln auch diffus einfallendes Sonnenlicht in Fluoreszenzstrahlung um, die dann infolge Totalreflexion fast vollständig an den Plattenkanten austritt und dort von den Solarzellen gesammelt wird.

Sonnenberg, Internationaler Arbeitskreis S. e. V., Abk. **IAS,** nach dem Zweiten Weltkrieg gegründete Vereinigung zur Förderung der internat. Verständigung im Rahmen der Jugendbildung (nach dem ursprüngl. Tagungsort auf dem S. im Harz benannt); Sitz: Braunschweig, Tagungsstätte bei Sankt Andreasberg.

Sonnenblätter, Lichtblätter, bei manchen Bäumen der Nordhalbkugel gegenüber den sonstigen Laubblättern (v. a. aber gegenüber den →Schattenblättern) infolge gesteigerter Licht- bzw. Sonneneinwirkung veränderte Blätter auf der besonnten Südseite des Kronenaußenbereichs, und zwar in Form höherer (manchmal sogar in mehreren Schichten übereinander stehender) Zellen des Palisadengewebes. Manche Pflanzen entwickeln in starkem Licht auch gestaltlich veränderte Blätter, z. B. die Rundblättrige Glockenblume in Form schmaler grundständiger Blätter, im Ggs. zu den übl. nierenförmigen bis rundl. lang gestielten Grundblättern.

Sonnenblende, die →Gegenlichtblende.

Sonnenblume, Helianthus, Gattung der Korbblütler mit 67 urspr. in Amerika heim. Arten; einjährige oder ausdauernde, oft hohe, meist behaarte Kräuter mit ganzrandigen oder gezähnten Blättern; Blüten gelb oder purpurfarben bis violett, in mittelgroßen bis sehr großen, einzeln oder in lockerer Doldentraube stehenden Köpfchen mit Spreublättern; Hüllkelch zwei- bis mehrreihig, halbkugelig oder flach. Die bekannteste Art ist die **Gemeine S.** (**Einjährige S.,** Helianthus annuus), ein bis über 4 m hohes einjähriges, mit steifen Haaren besetztes Kraut mit großen, gestielten, rau behaarten, herzförmigen Blättern. Ihre Blütenköpfe haben einen Durchmesser von 20 bis 50 cm; sie werden von gelben, zwittrigen Röhrenblüten, großen orangegelben, sterilen Zungenblüten und zahlr. schwärzl. Spreublättern gebildet. In den Samen (**S.-Kerne**) befindet sich der Embryo, dessen Speicherkeimblätter etwa 25 % Eiweiß, etwa 50 % fettes Öl und 8 % Kohlenhydrate enthalten (→Sonnenblumenöl). Als Nutzpflanze wird die Gemeine S. v. a. in SO-Europa, Argentinien, Frankreich, China und den USA kultiviert. Einige einjährige Arten und ihre Sorten sind beliebte Gartenzierpflanzen. – Eine weitere bekannte Art der S. ist der →Topinambur.

Sonnenblume: Gemeine Sonnenblume (Höhe bis über 4 m)

Die Kulturform der Gemeinen S. entwickelte sich in vorkolumb. Zeit im südl. Teil Nordamerikas. Aus Peru kam sie ab 1569 über Spanien nach Europa. Der span. Arzt und Botaniker NICOLÁS MONARDES (*1512, †1588) beschrieb sie 1582. Um 1830 wurde sie erstmals in Russland zur Ölgewinnung angebaut.

Sonnenblumenöl, aus dem Samen der Gemeinen Sonnenblume gewonnenes hellgelbes, angenehm riechendes fettes Öl, das v. a. aus Glyceriden der Ölsäure und der Linolsäure besteht (Fette, TABELLE). S. dient als Speiseöl und zur Margarineherstellung.

Sonnenbrand, 1) *Medizin:* häufigste Form der →Lichtschäden.
2) *Phytopathologie:* Schädigungen durch starke Sonneneinstrahlung an Pflanzen, wodurch das Gewebe überhitzt wird. So bekommen Stachelbeeren glasige Stellen, Bananen braune, Äpfel dunkelbraune harte, rissige Flecke. Zwetschgen schrumpfen **(Halswelke),** Weinbeeren bilden blasige Haut, später rissige Korkflecke, und trocknen ein. Blätter verfärben sich oder rollen sich ein **(Rauschbrand** oder **Laubrausch** der Weinrebe, **Fuchs** des Hopfens**).** An Baumstämmen entstehen Sonnenrisse, die Rinde löst sich vom Stamm.

Sonnenbraut, Helenium, Gattung der Korbblütler mit etwa 40 Arten in Amerika; bis 1,5 m hohe, meist rau behaarte Kräuter mit drüsig punktierten, lanzettl. Blättern; Blütenköpfchen lang gestielt, einzeln oder in lockeren Doldentrauben. Die Blüten haben meist gelbe oder braune Zungenblüten und gelbe, schwarze oder purpurnfarbene Röhrenblüten. Bes. die Formen und Züchtungen der nordamerikan. Art Helenium autumnale werden als Schnitt- und Gartenblumen kultiviert.

Sonnenbrenner, Ergussgesteine, die unter dem Einfluss der Sonneneinstrahlung und der Atmosphärilien fleckig und rissig werden und schließlich zerfallen; bes. bei Basalten mit Analcimgehalt. S. sind für techn. Zwecke ungeeignet.

Sonnenbrille, →Sonnenschutzgläser.

Sonnen|energie, Solar|energie, in der Sonne durch Kernfusion freigesetzte und von ihr abgestrahlte Energie. Sie bildet die Grundlage für das ird. Leben und ist die maßgebl. Quelle für die vielfältigen auf der Erde stattfindenden physikal., chem. und biolog. Prozesse. Mit Ausnahme der Kernenergie und der durch die Planetenbewegung (Gravitationskraft zw. Erde und Mond) verursachten Gezeitenenergien beruhen fast alle der Nutzung durch den Menschen zur Verfügung stehenden Energieformen auf der S. Dies gilt in erster Linie für die solare Einstrahlung, aber auch für die Wasserkraft (die S. wirkt über die Verdunstungsprozesse als Motor für den ird. Wasserkreislauf), die Nutzungsmöglichkeiten von biogenen Energieträgern (S. ist die Antriebsquelle für den Wachstumsprozess von Pflanzen), die Windenergie (die unterschiedl. Erwärmung von Luftschichten führt zu Druckunterschieden und damit letztlich zur Entstehung von Winden) sowie die hieraus resultierende Wellenbewegung und Meeresströmung. Nicht zuletzt ist sie auch der Ursprung für die der Menschheit zur Verfügung stehenden fossilen Energieträger, d. h. Kohle, Öl und Erdgas, die sich im Laufe von vielen Millionen Jahren aus abgestorbener Biomasse gebildet haben und heute mit einem Anteil von rd. 80% die Hauptsäule der globalen Energieversorgung darstellen.

Natürliche Grundlagen

Die natürl. Fusionsprozesse im Inneren der Sonne führen zu einer Erwärmung auf Temperaturen, die im Sonnenzentrum bis zu 16 Mio. K und an der Sonnenoberfläche im Mittel 5700 K betragen. Die Sonne wirkt hierdurch als ein riesiger Strahlungskörper, der große Energiemengen freisetzt und in den Weltraum abstrahlt. Die jährl. Energieabgabe beträgt etwa $3,3 \cdot 10^{27}$ kWh (1 kWh = 3,6 MJ). Bei einem mittleren Abstand der Sonne zur Erde von 149,6 Mio. km entfallen auf die äußere Erdatmosphäre jährlich rd. $1,5 \cdot 10^{18}$ kWh. Dies entspricht einer Solarstrahlungsleistung von 1,368 kW/m^2; den Wert bezeichnet man auch als Solarkonstante. Der für den Menschen sichtbare Anteil dieser Strahlungsenergie beträgt etwa 37%, 14% fällt als ultraviolettes (UV) und der überwiegende Anteil von 49% als infrarotes (IR) Licht an.

Die Strahlungsenergie gelangt nicht ungestört auf die Erdoberfläche. Durch Streu- und Absorptionsprozesse beim Durchgang durch die Erdatmosphäre wird ein Teil der von der Sonne ausgehenden Strahlung gebunden. Verantwortlich hierfür sind die in der Atmosphäre vorkommenden natürl. Treibhausgase (z. B. Kohlendioxid). Rd. 22% der ankommenden Strahlung werden durch sie vor dem Auftreffen auf der Erde gebunden und in fühlbare Wärme umgesetzt. Sie tragen damit dazu bei, dass sich auf der Erdoberfläche eine Temperatur einstellt, die Leben ermöglicht. Ohne diese Prozesse würde auf der Erde eine Strahlungsgleichgewichtstemperatur von −18 °C herrschen. Tatsächlich liegt die mittlere Erdtemperatur aber bei +15 °C. Die resultierende Temperaturdifferenz von 33 K bezeichnet man daher auch als den natürl. Treibhauseffekt. Von diesem ist der so genannte anthropogene Treibhauseffekt zu unterscheiden, d. h. eine heute zu beobachtende weitere Erwärmung der Erde infolge einer steigenden Konzentration klimarelevanter Spurengase in der Atmosphäre. Ursächlich hierfür ist das menschl. Handeln und v. a. die Verbrennung fossiler Energieträger sowie die Brandrodung der trop. Regenwälder. Die Klimawissenschaftler schätzen den seit Beginn der Industrialisierung Mitte des letzten Jahrhunderts anthropogen bedingten zusätzl. Erwärmungseffekt heute auf 0,6 bis 0,7 °C und erwarten eine weitere Erwärmung um 1,5 bis 2,5 °C, wenn nicht schnell wirksame Gegenmaßnahmen ergriffen werden.

Neben der Absorption von Strahlung ist auch deren Reflexion zu beachten. Etwa 28% der auf die Erdoberfläche auftreffenden Solarstrahlung werden von dieser in den Weltraum zurückgestrahlt. Sie stehen auf der Erde ebenfalls für die Energienutzung nicht zur Verfügung. Darüber hinaus wird ein großer Teil der UV-Strahlung (etwa 3% der Gesamtstrahlung) von der Ozonschicht in der Stratosphäre, d. h. der über der Erdatmosphäre liegenden Luftschicht, ausgefiltert. Letztlich gelangen so nur etwa 47% der von der Sonne ausgehenden Energiemenge auf die Erdoberfläche ($7,1 \cdot 10^{17}$ kWh/Jahr). Dennoch entspricht dies mehr als dem 7000fachen des derzeitigen gesamten Energieverbrauchs auf der Erde (1993: 350,3 EJ = $97,3 \cdot 10^{12}$ kWh).

Die S. bestimmt den Wärmehaushalt der Erde. Der größte Anteil (45%) der zur Verfügung stehenden S. wird in Umweltwärme überführt, er erwärmt die Luft, den Boden und das Wasser. Etwa 21% der auf die Erde treffenden Solarstrahlung führen dabei zur Verdunstung von Wasser. Nur rd. 2,5% der Energiemenge sind für die Entstehung von Winden verantwortlich. Durch diese natürl. Vorgänge kommt es zu weiträumigen Austauschprozessen von Energie. Energie- und Wassermengen werden über große Entfernungen transportiert und steuern hierdurch das Klimasystem der Erde. Nur ein sehr geringer Anteil der eingestrahlten Energie-

Sonnenbraut:
Helenium autumnale
(Höhe bis 1,5 m)

Sonn Sonnenenergie

mengen wird auf der Erde durch Photosynthese zur Bildung von Biomasse benötigt. Dabei wird unter Sonneneinstrahlung in pflanzl. Zellen mithilfe von Farbstoffmolekülen (Chlorophyll) Wasser gespalten (Photolyse) und der dabei entstehende Wasserstoff mit dem Kohlendioxid der Luft zu organ. Material verbunden. Hierdurch wird Sauerstoff freigesetzt, sodass die S. letztlich auch maßgeblich ist für den Sauerstoffhaushalt der Erde und damit die Existenz allen ird. Lebens.

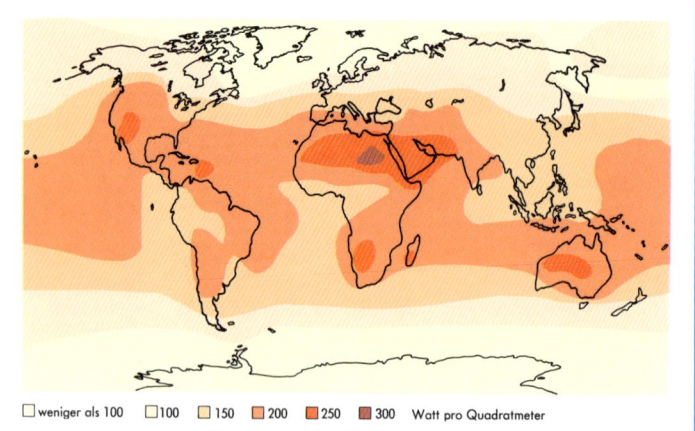

Sonnenenergie: Globalstrahlung; durchschnittliche solare Strahlungsleistung auf der Erdoberfläche in Watt pro Quadratmeter

Die S. ist nach ird. Maßstäben nicht erschöpfbar. Sie und die aus ihr direkt bzw. indirekt abgeleiteten Energieformen werden daher als erneuerbare Energien bezeichnet. Die Vorräte an fossilen Energieträgern und Uran sind dagegen begrenzt. Die heute sicher nachgewiesenen und mit den bekannten Technologien gewinnbaren konventionellen Energiereserven belaufen sich auf insgesamt 1 095 Mrd. t SkE (1 t SkE = 8,14 kWh), das sind nur 1,5 % der jährlich auf die Erde auftreffenden Strahlungsenergie. Mit 62 % ist der größte Anteil davon Kohle (Braun- und Steinkohle), 18 % nimmt Erdöl, 16 % Erdgas und nur knapp 4 % Uran ein. Darüber hinaus sind noch 350 Mrd. t SkE so genannter nicht konventioneller Erdölreserven (z. B. Ölschiefer) bekannt. Beim gegenwärtigen weltweiten Verbrauch würden diese Reserven für Steinkohle noch 150, Braunkohle 63, Erdöl 44 und Erdgas 68 Jahre reichen. Die stat. Reichweite der fossilen Energieträger ist damit vergleichsweise gering. Man stimmt heute darin überein, dass über die sicher gewinnbaren Reserven hinaus weitere Vorräte bestehen und in Zukunft genutzt werden können. Diese Ressourcen werden insgesamt auf 9 550 Mrd. t SkE geschätzt, also fast das 9fache der sicher gewinnbaren Reserven.

Die gesamte auf die Erdoberfläche treffende Solarstrahlung bezeichnet man als Globalstrahlung. Sie setzt sich aus einem direkten und einem diffusen Strahlungsanteil zusammen. Das Verhältnis von Direkt- zu Diffusstrahlung ist v. a. abhängig vom Bewölkungsgrad (unterliegt also ständigen Schwankungen) sowie der geograph. Lage. In Dtl. etwa überwiegt, bes. in den Wintermonaten, der diffuse Strahlungsanteil. Im Jahresdurchschnitt beträgt die Globalstrahlung auf der Erdoberfläche etwa 200 W/m², im gesamten Jahresverlauf führt dies zu einer Einstrahlung von 1 750 kWh/m². In ariden bzw. subariden Gebieten der Erde treten Einstrahlungswerte von mehr als 2 300 bis 2 600 kWh/m² auf. Demgegenüber entfallen auf Mitteleuropa nur Werte von 900 bis 1 200 kWh/m². Die technisch nutzbaren Potenziale der S. belaufen sich auf weltweit mindestens mehr als $3{,}0 \cdot 10^{14}$ kWh und liegen damit mehr als dreimal so hoch wie der derzeitige globale Primärenergieverbrauch.

Hinsichtlich der S.-Nutzung günstige oder ungünstige Standorte unterscheiden sich aber nicht nur bezüglich der eintreffenden Globalstrahlung, sondern auch nach der Anzahl der Sonnenstunden und dem Verhältnis zw. direkter und diffuser Strahlung. Große Teile Südamerikas und Afrikas südlich der Sahara sowie ganz Südasien weisen zwar eine hohe jährl. Einstrahlung auf, jedoch mit einem so hohen diffusen Anteil, dass dort nur Nutzungsformen der S. angewendet werden können, die auch Diffusstrahlung ausschöpfen (z. B. Photovoltaik, Aufwindkraftwerke). Systeme, die auf der Konzentration von Sonnenlicht basieren und nur den direkten Strahlungsanteil nutzen können, sind hier nicht einsetzbar.

Auch die aus der S. abgeleiteten Energieformen Windenergie und Wasserkraft weisen sehr hohe Nutzungspotenziale auf. Von der insgesamt jährlich auf die Erdatmosphäre einfallenden Solarstrahlung werden etwa $3{,}9 \cdot 10^{16}$ kWh (d. h. 2,5 %) in kinet. Energie umgewandelt, die als Luftströmungen (Wind) bemerkbar wird. Die zur Verfügung stehende Windenergie kann technisch mit Konvertern (Windenergiekonvertern) zur Stromerzeugung genutzt werden. Weltweit wird dieses Stromerzeugungspotenzial auf $2{,}5\text{–}5{,}2 \cdot 10^{13}$ kWh geschätzt, d. h., theoretisch könnte die Hälfte des derzeitigen globalen Primärenergieverbrauchs durch Windenergie gedeckt werden. Während in der Anfangszeit der modernen Windenergienutzung aufgrund der Windhöffigkeit v. a. Küstengebiete genutzt wurden, sind in der letzten Zeit trotz der z. T. deutlich schlechteren Windverhältnisse in verstärktem Maße auch Binnenstandorte für die Stromerzeugung aus Windenergie erschlossen worden. Möglich wurde dies durch zunehmend effizientere und mit höheren Türmen und größeren Rotoren ausgerüstete Windkraftwerke. Noch ausgeschöpft sind in Dtl. die Nutzungsmöglichkeiten der Windenergie vor der Küste (Offshoreanlagen). Während in Dänemark schon zahlr. Anlagen in Betrieb sind und die hervorragenden Windbedingungen nutzen, scheiterten die Bemühungen in Dtl. bisher v. a. an unklaren rechtl. Regelungen.

Durch Niederschläge (nach zuvor erfolgten Verdunstungsprozessen) und das Abschmelzen von Schnee/Eis wird dem Wasserkreislauf potenzielle Energie zugeführt. Über Laufwasser- und Speicherwasserkraftwerke kann diese für die Energieerzeugung genutzt werden. Das weltweite Nutzungspotenzial beträgt $1{,}3\text{–}2{,}0 \cdot 10^{13}$ kWh. Mit rd. 6 % trägt die Wasserkraft heute bereits nennenswert zur weltweiten Energieversorgung bei, ihr Anteil an der weltweiten Stromerzeugung liegt sogar bei etwa 19 %. Im Ggs. zu anderen erneuerbaren Energien ist der Nutzungsstand der Wasserkraft damit bereits sehr hoch, dennoch sind noch sehr große Potenziale unausgeschöpft. In Dtl. allerdings sind heute schon rd. 75 % der verfügbaren Potenziale umgesetzt.

Nutzungsmöglichkeiten der Sonnenenergie

Die S. kann vielfältig genutzt werden. Die heute bekannten und größtenteils bereits erprobten Technologien ermöglichen z. B. sowohl eine Nutzung zur Stromerzeugung als auch zur Wärmebereitstellung.

Bei der Nutzung der S. unterscheidet man auch zw. der direkten und indirekten Form. Bei den direkten Nutzungsmöglichkeiten wird die S. ohne wesentliche zeitl. Verzögerung direkt in Nutzenergie oder Elektrizität umgewandelt. Bei den indirekten Nutzungsoptionen wird sie auf natürl. Wege zunächst in Wind- oder Wellenenergie, Wasserkraft, oberflächennahe Erdwärme bzw. Biomasse (d. h. pflanzl. Brennstoffe) umgesetzt und nur mittelbar ausgebeutet. Diese Nutzungsformen bezeichnet man auch als aktive Nutzung der S. Hierfür sind techn. Hilfsmittel notwendig. Davon unterschieden wird die passive Nutzung der S., unter der man die dem jeweiligen Klima angepasste Gestaltung von Gebäuden (→Solararchitektur) zusammenfasst. Außerdem unterscheidet man zw. den zentralen und dezentralen Nutzungsformen der S. Letztere erfolgt verbrauchernah, während die Ersteren auf Großkraftwerke fixiert sind.

Die Wärmeerzeugung aus S. erfolgt im Wesentlichen auf der Basis solartherm. Niedertemperaturkollektoren. Nach den Stromerzeugungsmöglichkeiten unterteilt man zw. solartherm. Kraftwerken (z. B. konzentrierende Parabolrinnen oder fokussierende Spiegel), die das Sonnenlicht zunächst in Hochtemperaturwärme umsetzen (über einen konventionellen Dampfkreislauf wird dann Strom erzeugt), Solarzellen (photovoltaische Stromerzeugung), die Strom direkt über die Ausnutzung des Photoeffektes in Halbleitern bereitstellen, und Aufwindkraftwerken.

Die Nutzung solartherm. Kraftwerke beschränkt sich gegenwärtig weitgehend auf die seit Mitte der 80er-Jahre in Kalifornien im kommerziellen Einsatz befindl. LUZ-Anlagen (mit einer insgesamt installierten Leistung von 350 MW). Weitere Projekte sind seither geplant, aber noch nicht verwirklicht worden. Maßgeblich hierfür ist der Preisverfall für die konventionellen Konkurrenzenergien (d. h. die fossilen Energieträger), der den wirtschaftl. Durchbruch dieser Technik verhindert hat. Dennoch wird von den solartherm. Kraftwerken als ersten der solaren Nutzungsoptionen ein nennenswerter Beitrag zur Stromerzeugung erwartet.

Obwohl inzwischen viele Solarzellentypen kommerziell ausgereift sind, tragen sie mit Ausnahme von Sonderanwendungen (Inselversorgungssysteme, z. B. von Berghütten, Autobahnmessstationen, Kleinstgeräten) oder Sonderbedingungen (z. B. kostendeckende Vergütung des in das Stromnetz eingespeisten Stroms seitens der Energieversorgungsunternehmen) bisher aus Kostengründen kaum zur Stromerzeugung bei. In weniger sonnenreichen Gegenden wie Dtl. liegen die Stromgestehungskosten heute um den Faktor 10 höher als für die konventionelle Stromerzeugung in Gas- oder Kohlekraftwerken. Die in den letzten Jahren eingetretene Entwicklungsdynamik lässt jedoch erwarten, dass mit zunehmender Serienfertigung und Automatisierung des Herstellungsprozesses nennenswerte Kostendegressionen ausgeschöpft werden können. Ein wesentl. Schritt in diese Richtung soll durch die Errichtung neuer Solarzellenproduktionsanlagen in Dtl. erreicht werden (u. a. soll bis Mitte 1999 in Gelsenkirchen die weltweit größte Produktionsanlage für Solarzellen mit einer Jahreskapazität von 25 MW/Jahr entstehen). Deutl. Fortschritte sind aber auch aus Japan (im Zuge des New-Sunshine-Programms wurde bisher bereits eine Produktionsausweitung auf 35 MW erzielt) und den USA (in den USA wurde die Durchführung eines Einmillionen-Dächer-Programms angekündigt) zu erwarten. Infolge dieser Planungen dürfte die weltweite Herstellungskapazität von rd. 100 MW/Jahr schnell gesteigert werden können. Weitere Anzeichen in diese Richtung sind neben der Errichtung von Solarkraftwerken auf Freiflächen (z. B. Toledo, Neunburg vorm Wald, Kobern-Gondorf) die vermehrte Installation von großen dachintegrierten Anlagen (z. B. Schulungszentrum Hamm, Wissenschaftspark Gelsenkirchen, Messe München), die z. T. installierte Leistungen von mehr als 1 MW aufweisen, sowie die verstärkende Anwendung von Photovoltaikmodulen als architekton. Element der Flächengestaltung.

Sonnenenergie: Jährliche Globalstrahlung an ausgewählten Orten

Hamburg	930 kWh/m²	Madrid	1 620 kWh/m²
Berlin	1 000 kWh/m²	Kairo	2 100 kWh/m²
Freiburg im Breisgau	1 270 kWh/m²	Assuan	2 540 kWh/m²

Eine weitere für die Zukunft interessante Anwendung der S. stellt das Aufwindkraftwerk dar. Es kombiniert drei bekannte Prinzipien: Gewächshaus, Kaminwirkung und Windrad. Unter einem flachen, kreisförmigen Glasdach als Kollektor wird Luft durch direkte und diffuse Sonnenstrahlung erwärmt (Gewächshaus). In der Mitte des Daches steht eine unten offene senkrechte Röhre, der die warme Luft zuströmt und in der sie nach oben aufsteigt (Kaminwirkung). Dieser Aufwind wird mit Windturbinen am Fuße des Kamins letztlich in elektr. Energie umgewandelt. Aufwindkraftwerke eignen sich damit bes. für sonnenreiche Gebiete ohne hohen Direktstrahlungsanteil. Eine Demonstrationsanlage mit 200 m Kaminhöhe und 250 m Kollektordurchmesser wurde in den 80er-Jahren in Manzanares in Spanien erfolgreich betrieben und getestet.

Zu weiteren Nutzungsmöglichkeiten der erneuerbaren Energien, deren Entwicklungsstand und Kosten →erneuerbare Energien.

Perspektiven der Sonnenenergienutzung

Aufgrund der noch vergleichsweise hohen Kosten der Nutzung der S. sowie der nach wie vor bestehenden Informationsdefizite ist der derzeitige Nutzungsstand noch sehr gering. In Dtl. tragen die erneuerbaren Energien insgesamt zwar mit 2,4 % zur Primärenergieversorgung bei, die solaren Nutzungsformen nehmen aber nicht einmal einen Anteil von 0,1 % ein. Weltweit liegt der Deckungsanteil der erneuerbaren Energien bei etwa 17,7 %. Der überwiegende Anteil beschränkt sich dabei (ähnlich wie in Dtl.) auf die klass. Nutzungsformen Wasserkraft und Brennholz. Die S. spielt demgegenüber noch eine untergeordnete Rolle auch in Industrieländern, obwohl diese bei der Entwicklung und Anwendung von Solartechniken weltweit führend sind. In Dtl. waren Ende 1996 Solarzellen mit einer Gesamtleistung von etwa 17,4 MW installiert, dies entspricht etwa 0,015 % der gesamten in Dtl. bereitstehenden Kraftwerksleistung; die installierte Kollektorfläche für die solartherm. Niedertemperaturanwendungen lag bei rd. 1,6 Mio. m².

Trotz des heute noch geringen Nutzungsstandes wird von der S. in der Zukunft ein maßgeblicher Beitrag zur Energieversorgung erwartet. Dies gilt insbesondere unter Berücksichtigung von Klimaschutzgesichtspunkten, die spätestens seit der Klimakonferenz Ende 1997 in Kyōto an Bedeutung gewonnen haben. Dort wurde erstmals von den Vertragsstaaten ein Protokoll unterzeichnet, das für die Industrieländer eine völkerrechtlich bindende Verpflichtung zur Reduktion klimarelevanter Spurengase enthält. Im Vergleich zum Jahr 1990 muss deren Ausstoß im Mittel im Zeitraum 2008 bis 2012 um 5,2 % reduziert werden.

Folgt man den Empfehlungen der Bundestags-Enquete-Kommission ›Schutz der Erdatmosphäre‹, die für Dtl. von einer Reduktionsnotwendigkeit der Klimagase (bes. Kohlendioxid) von 25 bis 30 % bis

Sonn Sonnenenergie

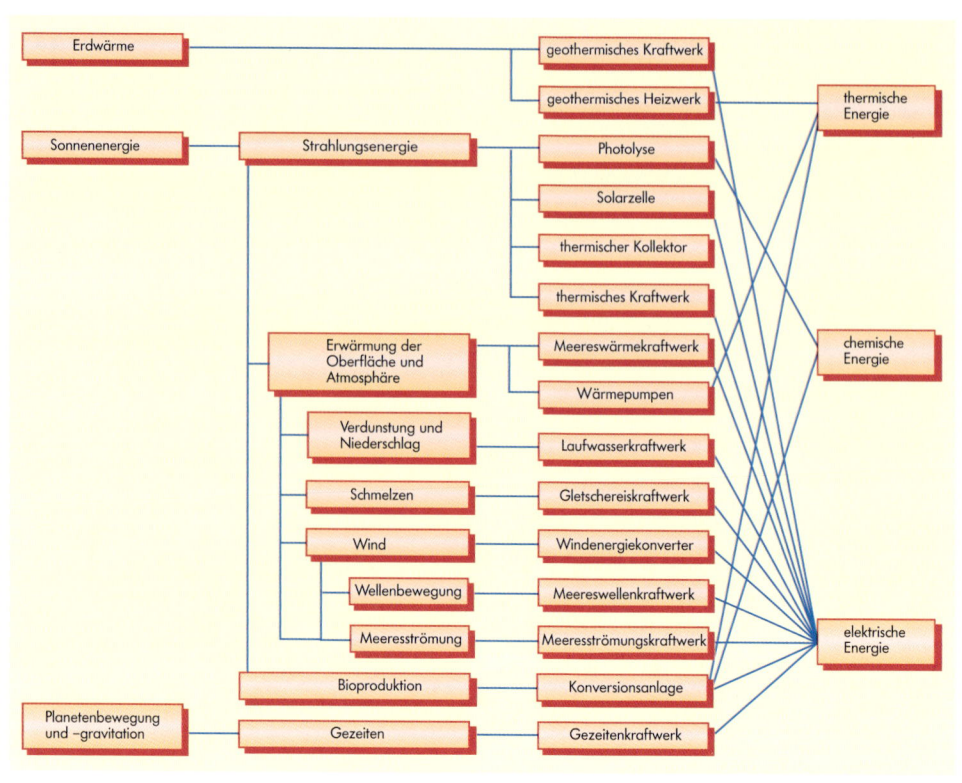

Sonnenenergie: Einteilung der Umwandlungssysteme für erneuerbare Energiequellen

zum Jahr 2005 und 50% bis 2020 ausgehen, wird dies heutigen Erkenntnissen zufolge nur mit einer deutl. Ausweitung der Strom- und Wärmebereitstellung aus erneuerbaren Energien und auch der S. realisiert werden können. Die nachfolgende Tabelle stellt an einem Beispiel eine zeitl. Übersicht über den Brennstoffmix dar, mit dem eine solche klimaverträgl. Entwicklung erreicht werden könnte.

Danach müssen die Windenergie, die Biomasse sowie die solartherm. Kollektorsysteme in deutlich stärkerem Umfang als bisher genutzt werden. Die photovoltaische Stromerzeugung weist in diesem Szenario zwar einen gegenüber heute deutlich höheren Beitrag aus, ist aber immer noch von mehr untergeordneter Bedeutung. Bis zum Jahr 2020 erhöht sich nach diesen Untersuchungen der Anteil erneuerbarer Energien am Primärenergieverbrauch von heute 2,4% auf rd. 9,5%. Die solaren Energietechniken tragen dann zu 2,2% zur Deckung des Primärenergieverbrauchs bei. Dies betrifft v. a. die solartherm. Warmwasserbereitstellung, während die Zukunftschancen der Photovoltaik in Dtl. eher vorsichtig bewertet worden sind. Mit etwa 2,8 TWh ist der Anteil der Photovoltaik an der gesamten Stromerzeugung gering und beträgt rd. 0,7%.

Bis zum Jahr 2030 erhöht sich der Deckungsanteil der erneuerbaren Energien insgesamt auf 17,9%, der Anteil der Solartechniken liegt bei knapp 4%. Dabei ist davon ausgegangen worden, dass es langfristig über eine ausgeweitete photovoltaische Stromerzeugung hinaus (10,4 TWh im Jahr 2030) zu einem Import von Solarstrom aus Nordafrika bzw. Südeuropa kommen wird. Für das Jahr 2030 wurde hier ein Bezug von 31,9 TWh unterstellt, dies entspricht etwa 8,2% des gesamten Stromaufkommens zu diesem Zeitpunkt in Dtl. Die Nutzung der S. zur Stromerzeugung gewinnt damit über den Import von Solarstrom zumindest indirekt größere Bedeutung. Andere Quellen gehen mit 55 TWh von deutlich größeren Einfuhren von Solarstrom aus. Der Stromtransport soll dann über Hochspannungsgleichstromübertragungsleitungen erfolgen, die gegenüber der in den 80er-Jahren häufig diskutierten Wasserstoffkette (elektrolyt. Erzeugung von Was-

Sonnenenergie: Entwicklung des Primärenergieverbrauchs (in Petajoule) in Deutschland bis zum Jahr 2030 im Rahmen des Klimaschutzszenarios (KE-A)

Energieträger	1992	1994	2005	2010	2020	2030
Steinkohle	2 195,8	2 139	1 426,2	1 203,6	746,7	527,1
Braunkohle	2 176,2	1 864	1 015,2	871,5	513,6	353,8
sonstige feste Brennstoffe (Müll, Brennholz)	132,5	155	61,9	65,1	70,4	71,7
Mineralöl	5 628,1	5 697	4 990,6	4 421,4	3 799,5	3 373,4
Erdgas und sonstige Gase	2 410,6	2 591	2 897,7	2 925,1	3 003,7	3 300,2
Kernenergie	1 496,1	1 424	1 327,0	901,9	878,2	–
Wasserkraft	163,3	174	205,5	217,5	217,5	217,5
Wind, Photovoltaik, sonstige erneuerbare Energien		16,2	342,8	495,3	732,1	1 137,2

serstoff, Transport von Wasserstoff in flüssiger Form oder über Pipelines und Rückverstromung am Einsatzort) aufgrund der geringeren Verluste deutliche Vorteile aufweist.

Unter diesen Voraussetzungen ist sogar vorstellbar, dass die heutigen Lieferanten von fossilen Brennstoffen im Jahr 2030 zu Solarstromexporteuren werden. Die großen Mineralölkonzerne stellen sich bereits auf eine sukzessive Veränderung der Energieversorgung ein. Dies zeigt z. B. ihr jüngstes Engagement im Aufbau neuer Produktionsstrukturen für Solarzellen, in die von Shell und BP Milliardenbeträge fließen. Dabei steht in Bezug auf die Solartechniken nicht der heim. Absatzmarkt im Mittelpunkt des Interesses, sondern v. a. der Weltmarkt. In Energieszenarien, die von Shell entwickelt wurden, beträgt der Anteil der erneuerbaren Energien an der Energieversorgung zur Mitte des nächsten Jahrhunderts deutlich mehr als 50 %. Die S. hat hieran einen maßgeblichen Anteil. Diese Szenarien werden von anderen Organisationen, wie etwa der Weltklimakonferenz (WEC) bestätigt. Die Ansatzpunkte für eine derartige Entwicklung sind zahlreich. Dies gilt v. a. für die gegenwärtig mehr als 2 Mrd. Menschen, die noch nicht an das Stromnetz angeschlossen sind. Über so genannte Solar home systems (kleinen auf Photovoltaik basierenden Inselversorgungssystemen) könnten sie hinreichend und zugleich umweltfreundlich mit elektr. Energie versorgt werden. Ein weiterer wichtiger Anwendungspunkt sind solar betriebene Wasserpumpen, die einen maßgebl. Beitrag dazu leisten könnten, die weltweit immer dringlicher werdenden Probleme der Wasserversorgung zu mindern.

Die S. wird vor diesem Hintergrund von vielen als Technologie der Zukunft und Hoffnungsträger für eine klimaverträgl. Energieversorgung bezeichnet.

⇨ *Energiepolitik · erneuerbare Energien · Klimaänderung · Photosynthese · Solarkraftwerk · Solarzelle · Sonne · Sonnenkollektor · Umweltpolitik · Wasserkraftwerk · Windkraftwerk*

3. Programm Energieforschung u. Energietechnologien, hg. vom Bundes-Min. für Forschung u. Technologie (1990); H. HÄBERLIN: Photovoltaik. Strom aus Sonnenlicht für Inselanlagen u. Verbundnetz (Aarau 1991); A. GOETZBERGER u. V. WITTWER: S. Physikal. Grundlagen u. therm. Anwendungen (³1993); K. OHLWEIN: Solararchitektur (²1993); G. POLSTER: Energie aus der Sonne (1993); O. STARZER: Solar-Wasserstoff. Bestandsaufnahme u. Ausblick (Wien 1993); J. SCHLAICH: Das Aufwindkraftwerk. Strom aus der Sonne. Einfach – erschwinglich – unerschöpflich (1994); Energiegemeinschaft. Umweltfreundl. Stromerzeugung in der Praxis, bearb. v. R. RÜBSAMEN u. a. (1995); Erneuerbare Energien, Stand, Aussichten, Forschungsziele, hg. vom Bundes-Min. für Bildung, Wiss., Forschung u. Technologie (⁴1995); M. KALTSCHMITT u. M. FISCHEDICK: Wind- u. Solarstrom im Kraftwerksverbund. Möglichkeiten u. Grenzen (1995); N. V. KHARTCHENKO: Therm. Solaranlagen. Grundlagen, Planung u. Auslegung (1995); Das Potential erneuerbarer Energien in der Europ. Union, hg. v. I. PONTENAGEL (1995); Solararchitektur für Europa, hg. v. A. SCHNEIDER (Basel 1996); Die Zukunft der Solartechnik. Einsatzmöglichkeiten der Solarthermie u. Photovoltaik, bearb. v. D. GÖRGMAIER u. a. (1997).

Sonnen|eruption, →Flare.

Sonnenfackel, Fackel, Störerscheinung in der Photosphäre bzw. der Chromosphäre der Sonne, die sich als lokal begrenzte, unregelmäßige Aufhellung der Sonnenscheibe bemerkbar macht. Gebiete photosphär. S. sind um rd. 100 K heißer als die umgebende Photosphäre, sie sind am Rand der Sonnenscheibe sichtbar. Die überhitzten Gebiete reichen z. T. bis in die Chromosphäre hinein und werden dann im Licht bestimmter Spektrallinien als über die gesamte Sonnenscheibe verteilte chromosphär. S. beobachtet.

Sonnenfarm, die →Solarfarm.

Sonnenfels, Joseph Reichsfreiherr (seit 1797) von, österr. Nationalökonom und Jurist, * Nikolsburg 1733 (1732?), † Wien 25. 4. 1817; ab 1763 Prof. der Polizei- und Kameralwissenschaften; Vertreter eines reformierten Merkantilismus; S. verarbeitete die Gesellschaftstheorie der Aufklärung (D. HUME, A. FERGUSON) mit dem Kameralismus zur ›Staatswirtschaftslehre‹, die für die Entwicklung der Staatswissenschaft in Österreich bedeutsam war. Er befürwortete den polizeilich geordneten Wohlfahrtsstaat des aufgeklärten Absolutismus mit öffentl. Arbeitsbeschaffung, staatl. Manufakturen und Förderung des Bevölkerungswachstums. Als Jurist wirkte er im Sinne der Aufklärung; so wurde auf seine Veranlassung 1776 in Österreich die Folter abgeschafft. Als Publizist und Kritiker warb er v. a. in seinem Wochenblatt ›Der Mann ohne Vorurtheil‹ für die neue dt. Literatur und setzte sich für die Erneuerung des Wiener Theaters im Sinne J. C. GOTTSCHEDs ein.

Ausgaben: Ges. Schr., 10 Bde. (1765); Polit. Abhh., hg. v. I. DE LUCA (1777, Nachdr. 1964); Ges. kleine Schr., 10 Bde. (1783–87).

J. v. S., hg. v. H. REINALTER (Wien 1988).

Sonnenferne, →Apsiden.

Sonnenfinsternis: Diamantringeffekt

Sonnenfinsternis, die völlige (**totale S.**) oder teilweise (**partielle S.**) Bedeckung der Sonnenscheibe am Himmel durch den →Mond. Eine S. tritt dann ein, wenn der Mond annähernd genau zw. Sonne und Erde steht (BILD →Finsternis). Sein scheinbarer Durchmesser liegt, abhängig von der Entfernung von der Erde, zw. etwa 29' und 33' und ist damit ungefähr gleich dem der Sonne (etwa 32'). Der Mond kann daher bei günstiger Konstellation die Sonne für einen Beobachter auf der Erde teilweise oder vollständig verdecken. Da die Mondbahn etwa 5° gegen die Ekliptikebene geneigt ist, kann eine S. nur dann eintreten, wenn der Neumond in oder dicht bei einem seiner ›Knoten‹ steht, i. Allg. befindet sich der Mond zur Zeit des Neumonds oberhalb oder unterhalb der Sonne.

Der Kernschatten des Mondes umfasst den kegelförmigen Bereich, in den von keiner Stelle der Sonnenscheibe Licht fällt; in den Halbschattenbereich gelangt hingegen Licht von einem mehr oder minder großen Teil der Sonnenscheibe. In den Gebieten der Erde, die vom Kernschatten getroffen werden (**Totalitätszone**), ist die S. total, in den vom Halbschatten getroffenen (Breite einige 1 000 km), ist sie partiell. Die Totalitätsdauer beträgt in der Mitte der Totalitätszone max. 7,6 min. Der Kernschatten ist kreisförmig begrenzt und hat in Erdentfernung einen Durchmesser von höchstens etwa 300 km. Er bewegt sich infolge der Bewegung des Mondes und der Erde sowie deren Rotation mit einer Geschwindigkeit von im Mittel 35 km/min in West-Ost-Richtung über die Erdoberfläche. Stehen Sonne und Mond so zueinander, dass der Kernschatten seitlich an der Erde vorbeigeht, kann

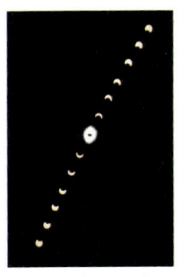

Sonnenfinsternis: Serienaufnahme des Verlaufs einer totalen Sonnenfinsternis

nur eine partielle S. beobachtet werden. Ist der scheinbare Monddurchmesser kleiner als der der Sonne, beobachtet man eine ringförmige S., bei der vom Schattenzentrum aus ein Ring der Sonnenscheibe unverdeckt bleibt. Bei einer totalen S. ist z. T. kurz vor oder nach dem Eintritt der Totalität das →Perlschnurphänomen zu beobachten. Der letzte bei einer totalen S. unverdeckte Bereich der Sonnenscheibe kann auch den so genannten Diamantringeffekt verursachen. Totale S. sind von besonderem wiss. Interesse, weil nur während der Totalität die Korona der Sonne von der Erde aus visuell und spektroskopisch in vollem Umfang untersucht werden kann (BILD →Korona).

Die Knoten der Mondbahn durchlaufen in 18 Jahren und 11,3 Tagen (bei 4 Schaltjahren in diesem Zeitraum) bzw. 10,3 Tagen (bei 5 Schaltjahren) die Ekliptik. Die S. wiederholen sich daher mit dieser Periode (→Sarosperiode), allerdings mit einer um etwa 120° nach Westen verschobenen Totalitätszone und einer etwas anderen Totalitätsdauer sowie einem etwas veränderten Bedeckungsgrad. Für einen bestimmten Ort der Erdoberfläche tritt durchschnittlich alle 360 Jahre eine totale S. ein. Die nächste von Dtl. aus sichtbare S. ereignet sich am 11. 8. 1999 (danach erst wieder am 7. 10. 2135).

Sonnenfisch, Art der →Mondfische.

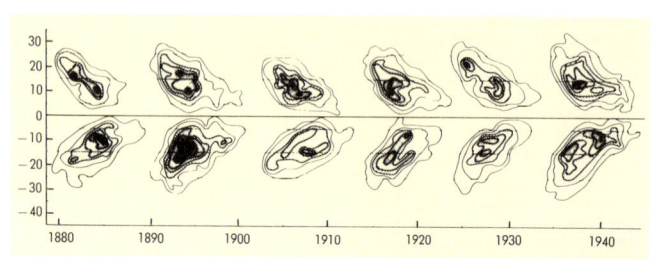

Sonnenflecken: Darstellung der Fleckenhäufigkeit durch Isolinien, die gegen die Zeit in Jahren (Abzisse) und gegen die heliographische Breite in Grad (Ordinate) aufgetragen sind; die Linien sind Linien gleicher Fleckenzahl, die in jeder Figur von außen nach innen zunimmt; in der Darstellung ist gut zu erkennen, dass die Entwicklung der Sonnenflecken in Zyklen erfolgt und dass sich in jedem Zyklus das Maximum der Fleckenhäufigkeit von höheren Breiten zum Äquator hin verschiebt

Sonnenflecken, eine Störerscheinung der Sonnenphotosphäre, die sich infolge einer geringeren Ausstrahlung von der umgebenden Photosphäre abhebt. S. sind die auffälligsten Zeichen der **Sonnenaktivität** und Orte starker lokaler Magnetfelder (0,2 bis 0,4 Tesla). Große S. haben einen dunklen Kern, die **Umbra**, und eine weniger dunkle, radial strukturierte Umgebung, die **Penumbra**, die bis zu 80% der Gesamtfläche ausmachen kann. Der Umbradurchmesser liegt zw. etwa 5 000 und 20 000 km, der der Penumbra kann bei großen S. bis zu 200 000 km betragen. Die kleinsten S., die **Poren**, haben Durchmesser von nur etwa 1 000 km und keine Penumbra. Ein S. ist nicht vollständig dunkel, nur ist die Ausstrahlung im sichtbaren Spektralbereich in der Umbra auf etwa 5 bis 15%, in der Penumbra auf rd. 80% der Intensität der ungestörten Photosphäre reduziert. Die effektive Temperatur in der Umbra ergibt sich zu etwa 3 500 K gegenüber 5 770 K der Photosphäre. Die Temperaturreduzierung ist wahrscheinlich eine Folge der durch lokale Magnetfelder unterdrückten Energiezuführung in den Fleckengebieten. S. treten i. Allg. nicht einzeln auf, sondern haben eine starke Tendenz zur Gruppenbildung in einer magnetisch bipolaren, z. T. auch uni- oder multipolaren Anordnung. Ihre Lebensdauer liegt zw. wenigen Tagen für die kleinsten und etwa 100 Tagen

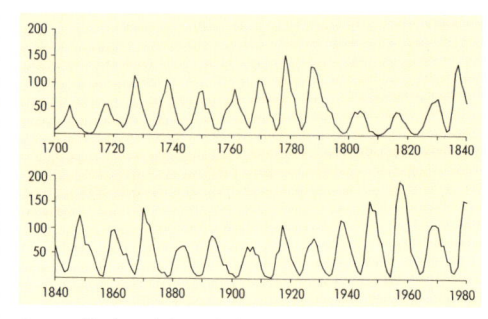

Sonnenflecken: Jahresmittelwert der Sonnenfleckenrelativzahl R, aufgetragen gegen die Zeit in Jahren; die Periodizität der Fleckenerscheinung ist deutlich zu erkennen

für extrem große S.; 95% aller S. haben eine Lebensdauer unter elf Tagen.

Die **S.-Häufigkeit,** angegeben meist als **S.-Relativzahl** $R = k(10g + f)$, schwankt mit einer Periode von etwa elf Jahren, die als **S.-Zyklus** bezeichnet wird. In der Formel bedeutet g die Zahl der Fleckengruppen und f die Zahl der Einzelflecken, einschließlich der in den Gruppen enthaltenen; der Faktor k dient zur Reduktion der Beobachtungsdaten auf ein Standardinstrument. Die S. treten, mit sehr seltenen Ausnahmen, nur in einer nördl. und einer südl. Fleckenzone zw. den heliograph. Breiten $\pm 35°$ und $\pm 5°$ auf. Die ersten S. eines neuen Zyklus erscheinen in Breiten um $\pm 35°$. Im Verlauf des S.-Zyklus verschieben sich die Entstehungsgebiete immer mehr in Äquatorrichtung. Während die letzten S. eines Zyklus bei etwa $\pm 5°$ entstehen, tauchen bei $\pm 35°$ bereits die ersten des neuen Zyklus auf. In einer Fleckengruppe übertreffen meist zwei, die **Hauptflecken**, die anderen. Der bei der Sonnenrotation in einer bipolaren Fleckengruppe vorangehende Hauptfleck hat während eines S.-Zyklus auf einer Sonnenhemisphäre immer die gleiche Polarität, auf der anderen Hemisphäre immer die genau entgegengesetzte; bei den in der Rotation nachfolgenden Hauptflecken ist es jeweils umgekehrt. Mit Beginn eines neuen Zyklus wechselt die Polarität der Hauptflecken, sodass hinsichtlich des magnet. Verhaltens zwei elfjährige Zyklen einen vollständigen magnet. Zyklus ergeben. Die Polaritätsumkehr der Hauptflecken am Ende eines Zyklus ist die Folge der gleichzeitig eintre-

Sonnenflecken: Sonnenflecken in der Photosphäre (Aufnahme des National Solar Observatory, New Mexico, 1970)

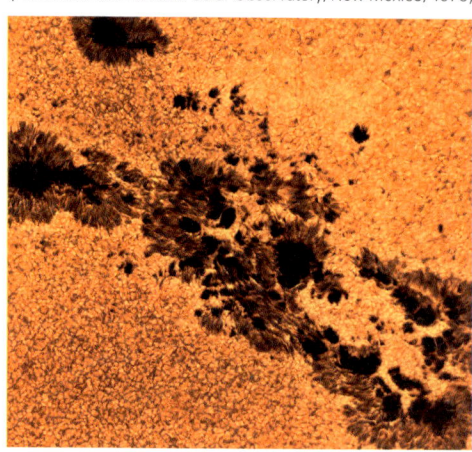

tenden Umkehrung des globalen Magnetfeldes der Sonne.
Mit der allgemeinen Sonnenaktivität stehen offenbar auch geringe Klimaschwankungen in Verbindung, die sich u. a. in einer Variation der Breite der Jahresringe bei einigen Baumarten mit der elfjährigen S.-Periode zeigen.

Sonnengeflecht, das →Eingeweidegeflecht.

Sonnengesang, ital. ›Cantico delle creature‹, auch ›Cantico di frate Sole‹, um 1224 entstandener Hymnus in rhythm. Prosa (33 Verse) von FRANZ VON ASSISI, in dem er in Anlehnung an Ps. 148 Gott wegen der Schönheit und Vollkommenheit der Schöpfung preist. Der S. ist eines der ältesten und bedeutendsten Zeugnisse der ital. Literatur in der Volkssprache, er wirkte maßgeblich auf die weitere Dichtung.

Sonnenheizung, die →Solarheizung.

Sonnenhut, Rudbeckie, Rudbeckia, Gattung der Korbblütler mit etwa 15 Arten in Nordamerika; einjährige oder ausdauernde, oft rau behaarte, hohe Kräuter mit meist wechselständigen Blättern und mittelgroßen oder großen Blütenköpfchen aus gelben Zungenblüten und meist purpurfarbenen Röhrenblüten. Eine bekannte und beliebte Gartenpflanze ist u. a. die **Kleinblütige Sonnenblume (Schlitzblättriger S.,** Rudbeckia laciniata), bis 2,5 m hoch; mit großen, halbkugelförmigen Köpfchen; Röhrenblüten schwarzbraun, Zungenblüten gelb.
Der Rote S. (Echinacea purpurea) gehört zur Pflanzengattung →Echinacea.

Sonnenjahr, das trop. Jahr (→Jahr).

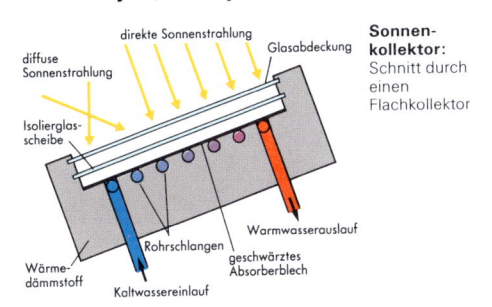

Sonnenkollektor: Schnitt durch einen Flachkollektor

Sonnenkollektor, Solarkollektor, Anlage, die Sonnenstrahlung absorbiert und als Wärme an ein strömendes Trägermedium (Wasser, flüssiges Natrium, Isobutan) abgibt. Im Niedertemperaturbereich (20–200 °C) werden vorwiegend **Flachkollektoren** eingesetzt. Sie besitzen eine geschwärzte Absorberfläche (i. Allg. Aluminium- oder Kupferblech), die direkte und diffuse Sonnenstrahlung absorbiert und mit einem eingebetteten, von einem geeigneten Wärmeträger durchströmten Rohrsystem verbunden ist. Um die Verluste durch Wärmeleitung, Konvektion und Abstrahlung zu verringern, ist das Gehäuse wärmeisoliert (Dämmstoff oder Vakuum) und die Front mit einer transparenten Abdeckung versehen. Flachkollektoren haben eine geringe Richtungsempfindlichkeit und brauchen deshalb dem Sonnenstand nicht nachgeführt zu werden. Sie können je nach äußeren Bedingungen zur Warmwasserbereitung (Brauchwasser, Freibäder) oder Raumheizung eingesetzt werden (→Solarheizung).

Für den Mittel- (bis 400 °C) und Hochtemperaturbereich (über 1 000 °C) werden fokussierende S. benötigt, bei denen direkte Sonnenstrahlung konzentriert und damit ein Trägermedium (Wasserdampf, Luft, Gas, flüssiges Natrium o. Ä.) erhitzt wird. Hierzu verwendet man v. a. Spiegelkollektoren, seltener Sammeloder Fresnel-Linsen. Bei Parabolspiegeln **(Schüsselkollektoren)** befindet sich eine kleine Absorberfläche

Sonnenkraftflugzeug ›Solar Challenger‹, das im Juli 1981 von Frankreich aus den Ärmelkanal überquerte

in dessen Brennpunkt, bei einfach gekrümmten, parabol. Rinnen **(Rinnenkollektoren)** ein Absorberrohr in der Brennlinie. Die Kollektoren sind drehbar gelagert und müssen dem Stand der Sonne nachgeführt werden. Fokussierende S. dienen zur Erzeugung von Prozesswärme und elektr. Strom (→Solarkraftwerk).

Sonnenkönig, frz. **Roi Soleil** [rwa sɔ'lɛj], Beiname LUDWIGS XIV. von Frankreich.

Sonnenkorona, Astronomie: die →Korona.

Sonnenkraft|anlagen, die →Solarkraftanlagen.

Sonnenkraftflugzeug, Solarflugzeug, Flugzeug, bei dem die Vortriebskraft unter Ausnutzung der Strahlungsenergie der Sonne gewonnen wird. Bemannte S. sind erstmals 1980 in der BRD und in den USA geflogen, 1981 erfolgte ein rd. fünfstündiger Flug über eine Strecke von 261 km von Frankreich nach Großbritannien, wobei eine größte Höhe von 3 566 m erreicht wurde. Zur Energiewandlung wurden bei allen bisher geflogenen S. Silicium-Solarzellen verwendet, die elektr. Energie für einen Elektromotor zum Antrieb mit einer Luftschraube lieferten. Wegen der benötigten Leistung, der geringen Energieflussdichte der Sonnenstrahlung und des kleinen Wirkungsgrades der Solarzellen muss eine sehr große Flügel- und Leitwerksfläche mit Solarzellen belegt werden. Wegen der dennoch sehr kleinen Antriebsleistung darf das Flugzeug nur ein sehr niedriges Gewicht haben. Dieses Problem lässt sich nur durch extremen Leichtbau und Flugfähigkeit bei sehr geringer Geschwindigkeit lösen. Die Anwendbarkeit dieser Antriebsart ist deshalb außerordentlich eingeschränkt.

Sonnenkraftwerk, das →Solarkraftwerk.

Sonnenkult, Religionswissenschaft: die kult. Verehrung der Sonne. Der S. gehört in den Bereich der Astralmythologie und steht in enger Beziehung zur mytholog. Deutung des Lichtes und des Lebensprozesses. In vielen Religionen gilt die Sonne als Leben spendende Macht, deren Lauf kultisch aufrechterhalten bzw. rituell begangen werden muss. V. a. die Sonnenwenden und der Stand der Sonne in den Wendekreisen bilden die kult. Festzeiten schlechthin. Auch wird die Sonnenscheibe häufig zu einem beherrschenden Kultsymbol (Indien, Japan, Mexiko, Indogermanen, Ägypten) oder selbst als Gottheit personifiziert. Bekannte Sonnengottheiten sind der ind. Surya, der sumer. Utu und der babylon. Schamasch. Im alten Ägypten wurde Re als Sonnengott verehrt, unter AMENOPHIS IV. (ECHNATON) der Gott Aton. Dem griech. Helios entsprach der röm. Sol, dessen Kult in der Kaiserzeit z. T. in Verschmelzung mit dem syr. Elagabal als Sol invictus, Sol aeternus (›ewige Sonne‹) und Sol divinus (›göttl. Sonne‹) weit verbreitet war. Im alten Mexiko wurde Tonatiuh von den Azteken als Sonnengott verehrt; auch Itzamná, der Hauptgott der Maya, trug solare Züge. Im Pantheon der Inka nahm der Sonnengott Inti den ersten Platz ein. – Bekannte

Sonnenhut: Kleinblütige Sonnenblume (Höhe bis 2,5 m)

Sonn Sonnennähe – Sonnenschutzgläser

Sonnengöttinnen sind die balt. Saule, die jap. Amaterasu, die hurrit. Hepat und die südarab. Schams.

F. BOLL: Die Sonne im Glauben u. in der Weltanschauung der alten Völker (1922); TROELS-LUND: Himmelsbild u. Weltanschauung im Wandel der Zeiten (⁵1929); H. VON STIETENCRON: Ind. Sonnenpriester (1966); J. TUBACH: Im Schatten des Sonnengottes. Der S. in Edessa, Harran u. Hatra ... (1986).

Sonnen|nähe, →Apsiden.

Sonnen|nebel, die Materiewolke, aus der das Sonnensystem hervorgegangen ist (→Planetenentstehung).

Sonnenofen bei Odeillo-Via (Frankreich)

Sonnen|ofen, Solar|ofen, Anlage zur Erzielung sehr hoher Temperaturen mittels fokussierter Sonnenstrahlung für die Hochtemperaturforschung, metallurg. u. a. Zwecke. Ein aus vielen ebenen Einzelspiegeln aufgebautes Aggregat, das dem Sonnenstand nachgeführt wird, wirft die Strahlung auf einen großen Parabolspiegel, der Brennpunkttemperaturen über 3500 °C erzeugt. Die Leistung des frz. S. bei Odeillo-Via beträgt 1 100 kW.

Sonnenpanel [-'pænl], →Sonnenbatterie.

Sonnenparallaxe, der mittlere Winkel, unter dem der Äquatorradius der Erde vom Mittelpunkt der Sonne aus betrachtet erscheinen würde; er beträgt 8,79415". Die S. kann nicht direkt gemessen werden. Sie ergibt sich aus der sehr genau bestimmbaren Entfernung der Erde von der Sonne und dem bekannten Erdradius.

Sonnenpflanzen, Starklichtpflanzen, Heliophyten, Pflanzen, die im Ggs. zu den anderen Pflanzen (v. a. zu den →Schattenpflanzen) zum Erreichen der ›Lichtsättigung‹, d. h. der größtmögl. Photosyntheseaktivität (gemessen am Kohlendioxidverbrauch), eine hohe Lichtintensität benötigen; z. B. viele Süßgräser, Gänsefußgewächse, Mauerpfeffer, Wiesensalbei, Hängebirke.

Sonnenphysik, Teilgebiet der →Astrophysik.

Sonnenrad, Zeichen in Gestalt eines vierspeichigen Rades in vorgeschichtl. Felszeichnungen (bes. der Bronzezeit N-Europas) und im Zierornament der Urnenfelder- und Hallstattkultur. Das häufige Vorkommen von S. lässt darauf schließen, dass in diesen Kulturen der Sonne göttl. Verehrung erwiesen worden ist.

Sonnenrallen, Eurypygidae, Familie der →Kranichvögel mit nur einer in neotrop. Wäldern verbreiteten Art **(Eurypyga helias).** Diese ist etwa 45 cm lang, relativ hochbeinig und langschnäbelig und hat ein überwiegend braunes Gefieder mit dunkleren Querstreifen. Die ausgebreiteten Flügel zeigen ein auffälliges Farbmuster. Die Nahrung setzt sich aus Insekten, Krebsen und kleinen Fischen zusammen. Das Nest steht meist auf Bäumen.

Sonnenrös|chen, Helianthemum, Gattung der Zistrosengewächse mit etwa 110 Arten, v. a. in Europa, vom Mittelmeergebiet bis nach Zentralasien und in Nord- und Südamerika; einjährige Kräuter, Stauden oder Halbsträucher mit gegenständigen Blättern und verschiedenfarbigen Blüten in traubenartigen Wickeln. In Dtl. wächst an sonnigen, trockenen Stellen das formenreiche **Gemeine S.** (Helianthemum nummularium), ein bis 10 cm hoher, wintergrüner Halbstrauch mit am Grunde verholzten Stängeln, eiförmigen Blättern und goldgelben Blüten.

Sonnenschein, 1) Carl, kath. Theologe, * Düsseldorf 15. 7. 1876, † Berlin 20. 2. 1929; studierte ab 1894 Theologie in Bonn und Rom (Gregoriana, Germanicum), wo er 1900 die Priesterweihe erhielt. 1906 wurde er Mitarbeiter des ›Volksvereins für das kath. Dtl.‹ in Mönchengladbach und gründete dort 1908 das ›Sekretariat sozialer Studentenarbeit‹. 1918 ging er nach Berlin, leitete das dortige kath. Kirchenblatt, wurde Studentenseelsorger und entfaltete unter dem Einfluss der Sozialideen von F. HITZE, F. NAUMANN und A. STOECKER eine Vielzahl sozial-karitativer Tätigkeiten im Rahmen der Großstadtseelsorge.

W. LÖHR: C. S., in: Zeitgesch. in Lebensbildern, hg. v. J. ARETZ u. a., Bd. 4 (1980); Den Menschen Recht verschaffen. C. S. – Person u. Werk, hg. v. W. KREBBER (1996).

2) Johann Valentin, Bildhauer und Stuckator, getauft Stuttgart 22. 5. 1749, † Bern 22. 9. 1828; wurde 1771 Hofstuckator und 1773 Prof. an der Akademie in Stuttgart, war 1779–1815 Zeichenlehrer an der Kunstschule in Bern. Er schuf Stuckaturen und Reliefs für Schloss Solitude bei Stuttgart, ferner Modelle für Porzellanplastik und Reliefs, Bildnismedaillons, Statuetten, Büsten sowie Grabdenkmäler.

Sonnenschein|autograph, Heliograph, Messgerät zur Registrierung der Sonnenscheindauer. Beim einfachsten, meist verwendeten Gerät, dem S. von J. F. CAMPBELL und Sir G. G. STOKES, geschieht dies mithilfe einer als Brennglas wirkenden Glaskugel, die eine Spur in einem auf einer Kugelschale angebrachten, geschwärzten Kartonstreifen einbrennt. Die Auswertung der Brennspuren ergibt die Sonnenscheindauer während der einzelnen Tagesstunden. Je nach der maximalen Sonnenhöhe (mit ihr verändert sich der Kreisbogen, auf dem der Brennpunkt im Laufe des Tages wandert) gibt es in der Kugelschale drei Einschübe für die verschieden geformten, täglich zu wechselnden Streifen (Sommer, Frühjahr/Herbst, Winter). Neuere Geräte registrieren photoelektrisch mit gleichzeitiger digitaler Ausgabe oder Speicherung der Messwerte.

Sonnenscheindauer, Zahl der Stunden, während der die direkte Sonnenstrahlung durch Wolken kaum oder gar nicht geschwächt den Boden erreicht. Ergebnisse werden in $1/10$ Std. angegeben oder im Verhältnis zur astronomisch möglichen S. (Zeit, in der die Sonne über dem wahren Horizont steht). Maximale Werte von fast 90 % im Jahresmittel werden in den subtrop. Trockengebieten beobachtet gegenüber weniger als 20 % auf einzelnen subarkt. Inseln. In Dtl. liegt die mittlere tägl. S. bei rd. 35 % (im Sommer: 40–50 %, im Winter 10–20 %) oder rd. 3,5–5 Stunden.

Sonnenschutzgläser, zusammenfassende Bez. für Glassorten mit einem bes. kleinen Transmissions-

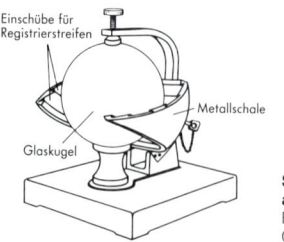

Sonnenröschen: Gemeines Sonnenröschen (Höhe bis 10 cm)

Carl Sonnenschein

Sonnenschein-autograph nach John Francis Campbell und Sir George Gabriel Stokes

grad in bestimmten Spektralbereichen der Sonnenstrahlung (z. B. sichtbares Licht, Infrarotstrahlung) sowie für aus solchen Glassorten hergestellte Gegenstände (z. B. Scheiben und Sonnenbrillengläser). S. dienen zum Schutz der Augen (in Sonnenbrillen), von Räumen (in Isoliergläsern) und Instrumenten (in Filtern) vor zu großer Bestrahlungsstärke. Eine Verringerung des Transmissionsgrads kann durch Anwendung der Phänomene der Absorption, Reflexion und Interferenz elektromagnet. Strahlung (insbesondere des Lichts) erreicht werden. Die Absorption erfolgt im Glas selbst, dem zu diesem Zweck bestimmte Stoffe beigemischt werden; die durch die Absorption aufgenommene Energie wird in Form längerwelliger Strahlung wieder abgegeben. Im Ggs. hierzu wird bei der Transmissionsverringerung durch Reflexion oder Interferenz der gewünschte Effekt durch besondere Beschichtungen erzielt. Zu den S. i. w. S. gehören auch die phototropen Gläser. In der Augenoptik unterscheidet man zw. nur leicht getönten Komfortgläsern und S. i. e. S. Während normale Gläser Transmissionsgrade zw. etwa 0,75 und 0,95 haben (abhängig v. a. von der Glasdicke), liegen die Werte für Komfortgläser zw. etwa 0,60 und 0,85 (bei 2 mm Glasdicke), für S. i. e. S. zw. etwa 0,20 und 0,65 (2 mm Glasdicke); bei Sonnen-Objektivfiltern für die Sonnenbeobachtung in der Astronomie liegt der Wert bei nur etwa 10^{-4}.

H. G. Pfaender: Schott-Glaslex. (^{5}1997).

Sonnenschutzmittel, Lichtschutzmittel, Lösungen, Emulsionen, Salben oder Cremes von Wirkstoffen, die ultraviolette Strahlen des Sonnenlichtes, häufig nur die bes. leicht Sonnenbrand erzeugenden Strahlen mit Wellenlängen um 300 nm (UV-B-Strahlung), in energieärmere Strahlung (sichtbares Licht, Wärmestrahlung) umwandeln und damit absorbieren. Der Faktor, um den die Zeit eines Sonnenbades bis zum beginnenden Sonnenbrand bei Verwendung eines S. verlängert wird, heißt **Lichtschutzfaktor.** Ab einem Faktor von >10 spricht man von **Sunblockern.** S. müssen in ihren Molekülen durch UV-Strahlung anregbare Elektronen enthalten. Verwendet werden u. a. Derivate (z. B. Ester) von p-Aminobenzoesäure, Salicylsäure, Zimtsäure und Dibenzoylmethan.

Sonnensegel, 1) *Botanik:* **Helipterum,** Gattung der Korbblütler mit rd. 60 Arten, v. a. in Australien und Tasmanien, nur wenige Arten im südl. Afrika; einjährige oder ausdauernde Kräuter mit wechselständigen, ganzrandigen Blättern, in Köpfchen angeordneten, verschiedenfarbigen Blüten; Hüllkelch weiß, rot oder gelb; Haarkelch gefedert, dient der ›segelnden‹ Verbreitung der Früchte.
2) *Raumflug:* bislang nur theoretisch untersuchte flächenhafte Vorrichtung an einem Raumflugkörper für dessen Antrieb durch Ausnutzung des →Strahlungsdrucks der Sonne. S. könnten trotz des nur geringen Antriebseffekts bei Dauerantrieb zu interplanetaren Raumflugmissionen verwendet werden. Wegen der Abnahme des Strahlungsdrucks mit der Entfernung von der Sonne wären S. für Flüge bis zum Jupiter oder über ihn hinaus nicht geeignet.
3) *Schiff:* über dem Oberdeck aufgespanntes Segeltuch als Sonnenschutz für Ladung und Wohnräume.

Sonnensonden, *Raumflug:* die beiden Raumsonden →Helios.

Sonnenspektrum, die Intensitätsverteilung der von der →Sonne ausgehenden elektromagnet. Strahlung über deren Wellenlänge (bzw. Frequenz). Diese spektrale Verteilung erstreckt sich von der Röntgenstrahlung über die ultraviolette, sichtbare und infrarote Strahlung bis weit in das Gebiet der Radiowellen, mit einem Maximum im Bereich des sichtbaren Lichts (bei Wellenlängen um 460 nm). Vom Erdboden aus ist die Beobachtung der Sonnenstrahlung im Wesentlichen nur innerhalb der →astronomischen Fenster, dem optischen (zw. etwa 0,3 und 1 µm) und dem Radiofenster (zw. etwa 1 mm und 20 m), möglich.

Das S. ist im Wesentlichen kontinuierlich, überlagert von Absorptionslinien (den →fraunhoferschen Linien) v. a. im optischen und Emissionslinien im extremen Ultraviolett- und Röntgenbereich. Während der im Sichtbaren und Infraroten liegende Bereich des S. zeitlich nahezu konstant ist, werden der kurz- und der langwellige Bereich stark von der Sonnenaktivität beeinflusst. Das hat seine Ursache darin, dass das S. in versch. Schichten der Sonnenatmosphäre entsteht. Die Strahlung zw. dem nahen Ultraviolett und dem fernen Infrarot mit über 90 % der Gesamtintensität stammt aus der Photosphäre. Ihre pro Flächen- und Zeiteinheit ausgestrahlte Energie ist näherungsweise gleich der eines schwarzen Strahlers mit einer Temperatur von 5770 K. Die extrem kurzwelligen und die extrem langwelligen Teile des S. stammen aus der Korona. Ihre spektrale Verteilung entspricht der Koronatemperatur von einigen Mio. K. Die Emissionslinien haben ihren Ursprung in der Chromosphäre. Im sichtbaren Spektralbereich, in dem sie sonst vom Photosphärenlicht überstrahlt werden, sind sie kurz vor und kurz nach einer totalen Sonnenfinsternis beobachtbar, wenn die über der Photosphäre liegende Chromosphäre noch sichtbar, die Photosphäre hingegen schon bzw. noch nicht vom Mond verdeckt ist. Von den fraunhoferschen Linien im Wellenlängenbereich zw. 300 und 880 nm sind heute etwa 24 000 ausgemessen und in Tabellenwerken aufgeführt; etwa 73 % davon sind bislang identifiziert, d. h. einem chem. Element zugeordnet, rd. 6 500 sind ird. Ursprungs und werden dem Sonnenlicht erst beim Durchgang durch die Erdatmospäre aufgeprägt.

Sonnenstaat, ital. **Città del sole** [tʃit'ta-], das Gemeinwesen in dem gleichnamigen utop. Roman von T. Campanella (Erstausgabe 1623 unter dem lat. Titel ›Civitas solis‹).

Sonnenstein, der →Aventurinfeldspat.

Sonnenstern, Crossaster papposus, orangefarbener bis rotvioletter Seestern mit 8–14 Armen und 15–34 cm Durchmesser; im Nordatlantik von Grönland bis in der Nord- und westl. Ostsee verbreitet.

Sonnenstich, Insolation, Gesundheitsschädigung durch längere, intensive Sonnenstrahlung auf den ungeschützten Kopf und Nacken; durch Überwärmung des Gehirns kommt es zu Symptomen wie beim →Hitzschlag, teils mit Verwirrungszuständen (Insolationspsychose), in schwerwiegenden Fällen zu akuter Gehirnhautentzündung und Gehirnblutungen mit tödl. Ausgang; Sofortmaßnahmen →erste Hilfe, Übersicht.

Sonnenstrand, bulgar. **Slantschew brjag, Slănčev brjag** ['slɔntʃɛv-], größter Kurortkomplex Bulgariens, in der Region Burgas, in einer Bucht an der W-Küste des Schwarzen Meeres zw. der Halbinsel Nessebar im S und den Ausläufern des Östl. Balkan im N; 10 km langer und bis 200 m breiter Sandstrand mit über 100 Hotels.

Sonnensystem, die Sonne, alle größeren und kleineren Himmelskörper (Planeten und deren Satelliten, Planetoiden, Kometen, Meteoroiden), die infolge der Massenanziehung (→Gravitation) an die Sonne gebunden sind und sich um sie bewegen, sowie die Gesamtheit der die Sonne umgebenden Gas- und Staubteilchen. Als **Planetensystem** bezeichnet man i. Allg. das S. unter Ausschluss der Sonne.

Auf die →Sonne als Zentralkörper entfallen mit 333 000 Erdmassen rd. 99,9 % der Gesamtmasse des S. Die neun Planeten haben zus. eine Gesamtmasse von nur etwa 446,7 Erdmassen (davon allein rd. 70 % Jupiter), die bis jetzt bekannten 61 Satelliten nur etwa 0,12 Erdmassen. Die Durchmesser der Planeten liegen zw. rd. 143 000 und 2 400 km, die der Satelliten schließen

Sonnenstern
(Durchmesser 15–34 cm)

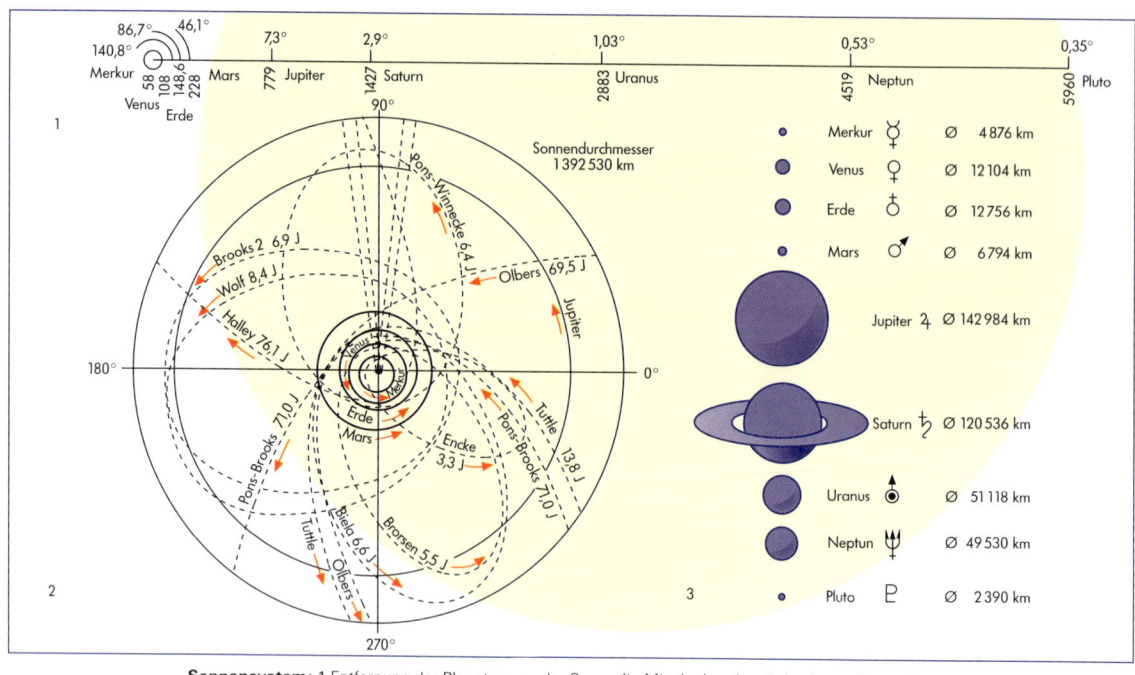

Sonn Sonnentag – Sonnentau

Sonnensystem: 1 Entfernung der Planeten von der Sonne (in Mio. km) und zurückgelegter Bogen in einem Merkurjahr (88 Tage); 2 das Sonnensystem mit den Bahnen einiger Planeten und Kometen (mit Umlaufzeit; die Darstellung wird von dem äußeren Kreis begrenzt); 3 Größenverhältnisse der Planeten (rot) im Vergleich zum Sonnendurchmesser (gelb)

Sonnentau: Rundblättriger Sonnentau (Höhe 5–20 cm)

daran an und reichen bis ca. 10 km, während die der Planetoiden zw. etwa 1000 und weniger als 1 km liegen. Nach ihrem Aufbau unterteilt man die größeren Körper des S. in drei Gruppen: 1) die erdartigen Himmelskörper (die Planeten Merkur, Venus, Erde und Mars, einige Satelliten, z. B. der Mond und die Io, sowie die Planetoiden) mit relativ geringen Massen und Radien, aber großen mittleren Dichten, 2) die jupiterartigen Himmelskörper (Jupiter, Saturn, Uranus und Neptun) mit großen Massen und Radien, aber geringen mittleren Dichten sowie 3) die eisartigen Himmelskörper (der Planet Pluto, einige Satelliten, z. B. der Ganymed und die Rhea, sowie die Kometenkerne), die v. a. aus Wassereis u. a. gefrorenen Stoffen bestehen und sowohl kleine Massen und Radien als auch geringe mittlere Dichten haben. Die Rotation der Sonne und der Planeten (außer Venus und Uranus) erfolgt wie deren Bewegung um die Sonne (→keplersche Gesetze) im gleichen Sinn wie bei der Erde. Die Bahnebenen weichen nur wenig von der Erdbahnebene ab. Rückläufige Bewegungen zeigen einige Satelliten und zahlr. Kometen.

Eine feste Grenze des S. ist nicht angebbar. Die Planeten bilden nur den innersten Teil des S., ihre Bahnhalbachsen sind kleiner als 40 AE. Hingegen durchlaufen die Kometen der →Oortschen Wolke Bahnen, die bis in Sonnenentfernungen von etwa 150 000 AE reichen. Die Grenze der durch den Sonnenwind bestimmten →Heliosphäre dürfte bei rd. 100 AE liegen.

Das S. gehört zum →Milchstraßensystem, in dem es keine zentrale Stellung einnimmt. Die Entstehung des S. wird im Rahmen der Kosmogonie untersucht (→Planetenentstehung).

Sonnentag, der Zeitraum zw. zwei aufeinander folgenden Durchgängen der Sonne (›wahre Sonne‹) durch den Meridian im Norden, d. h. zw. zwei aufeinander folgenden unteren →Kulminationen. Er wird eingeteilt in 24 Stunden zu je 60 Minuten zu je 60 Sekunden. Der Beginn des so definierten **wahren** S. liegt bei 0 Uhr Ortszeit zur unteren Kulmination (Mitternacht); sein Ende ist um 24 Uhr zur nächstfolgenden unteren Kulmination. Da sich die Dauer des wahren S. mit der Geschwindigkeit der Erde auf ihrer ellipt. Bahn um die Sonne ändert, ist dieser weder für die Wiss. noch für die Wirtschaft als Zeiteinheit geeignet. Um eine gleich bleibende Zeiteinheit zu erhalten, definiert man den **mittleren** S. als den Zeitraum zw. zwei aufeinander folgenden unteren Kulminationen der ›mittleren Sonne‹, die mit gleich bleibender Geschwindigkeit auf dem Himmelsäquator umlaufend gedacht wird, im Ggs. zur wahren Sonne, die sich mit wechselnder Geschwindigkeit auf der Ekliptik bewegt. Einteilung, Beginn und Ende des mittleren S. sind wie beim wahren S., jedoch mit Bezug auf die mittlere Sonne. Der Kalendertag hat die Dauer des mittleren S. Die Differenz zw. wahrer und mittlerer Sonnenzeit ist die →Zeitgleichung.

Sonnentanz, im 19. Jh. v. a. bei den Prärie- und Plains-Indianern Nordamerikas verbreitete, große kollektive jährl. Welterneuerungs- und Fruchtbarkeitszeremonie. Das im Sommer durchgeführte und mehrere (häufig vier) Tage und Nächte andauernde Ritual umfasste v. a. Tänze (bis zur körperl. Erschöpfung und zum Auftreten von Visionen) um ein spirituelles Zentrum (z. B. ein speziell dekorierter Pfahl als Symbol myst. Kraft) in einer dafür errichteten Hütte, Fasten und z. T. Selbstkasteiungen. Im 20. Jh. hatte der S. zunächst nur noch die Bedeutung eines folklorist. Survivals. Erst panindian. Bewegungen der 70er-Jahre gaben dem S. neue Impulse und Inhalte; er wurde zum Symbol indian. Identität und Erneuerung (bes. in den Reservationen).

Sonnentau, Drosera, Gattung der S.-Gewächse mit 80 weltweit verbreiteten Arten mit Schwerpunkt auf der südl. Halbkugel; Kräuter mit Rhizomen oder bei manchen Arten mit kletternden Achsen mit abgerundeten bis lineal. Blättern, die mit Verdauungsdrüsen und zahlr. reizbaren, rötl., klebrige Sekrettropfen

Sonnentaugewächse – Sonnenwind **Sonn**

zum Festhalten der Beutetiere ausscheidenden Tentakeln besetzt sind. Blüten fünfzählig, weiß oder rosenrot in einfachen oder ästig verzweigten Wickeln. In Dtl. kommen in Mooren drei geschützte Arten vor, die sich hinsichtlich der Blattform unterscheiden: **Rundblättriger S.** (Drosera rotundifolia; Blätter kreisrund, lang gestielt), **Langblättriger S.** (Drosera anglica; Blätter vier- bis achtmal so lang wie breit) und **Mittlerer S.** (Drosera intermedia; Blätter zwei- bis viermal so lang wie breit); Kapselfrucht gefurcht). Die S.-Arten fangen mithilfe ihrer klebrigen Blätter Kleintiere und verdauen sie durch Eiweiß spaltende Enzyme.

Sonnentaugewächse, Droraceae, weltweit verbreitete Familie zweikeimblättriger Pflanzen mit etwa 85 Arten in vier Gattungen; Insekten fangende, ausdauernde Kräuter oder Halbsträucher mit meist wechselständigen Blättern, die mit Drüsen und reizbaren Tentakeln zum Fang tier. Nahrung besetzt sein. Die gefangenen Tiere werden zur Ergänzung bes. der Versorgung mit Stickstoffverbindungen ›verdaut‹. Die Gattungen sind →Sonnentau, →Taublatt, →Venusfliegenfalle und →Wasserfalle.

Sonnenthal, Adolf von, österr. Schauspieler, * Pest (heute zu Budapest) 21. 12. 1834, † Prag 4. 4. 1909; ab 1856 am Wiener Burgtheater; ab 1884 Oberregisseur; berühmter Heldendarsteller (Othello, Egmont, Wallenstein).

Sonnentierchen, Heliozoa, den Wurzelfüßern zugehörige Ordnung bis 1 mm großer, kugelförmiger Einzeller in Süß- und Meeresgewässern; frei schwebende oder mit Stielchen am Untergrund festsitzende Protozoen, die nach allen Seiten Scheinfüßchen (Axopodien) aussenden, an deren fließendem Außenplasma Kleinstorganismen kleben bleiben, die dann in das Zellinnere gebracht werden; Ektoplasma grobEndoplasma feinalveolär, mit bis zu 200 Zellkernen; Ektoplasma oft mit kontraktilen Vakuolen. Neben hüllenlosen Formen kommen auch Arten mit gallertigen Schalen vor, in die Fremdkörper und selbst erzeugte Kieselplättchen eingelagert sein können.

Zu den S. gehören u. a. die Gattungen **Actinophrys** (mit der häufigen Art **Actinophrys sol:** bis 0,1 mm groß; im Süßwasser, dann mit kontraktiler Vakuole, oder im Meer) und **Actinosphaerium** (u. a. mit der Art **Actinosphaerium eichhorni:** 0,3–1 mm groß; im Süßwasser).

Sonnenturm, das →Turmteleskop.

Sonnenuhr, Zeitmesser, der aus der Lage des Schattens eines von der Sonne beschienenen senkrechten (→Gnomon) oder zur Erdachse parallelen Stabes die wahre Ortszeit (WOZ) erkennen lässt. Die Zeit wird auf einem horizontalen **(Horizontal-S.),** einem vertikalen **(Vertikal-S.)** oder einem in der Äquatorebene **(Äquatorial-S.)** liegenden Zifferblatt abgelesen. Durch Berücksichtigung der →Zeitgleichung erhält man die mittlere Ortszeit (MOZ) und durch Umrechnung auf den Standard- oder Mittelmeridian der jeweiligen →Zeitzone die bürgerliche, gesetzl. Zeit.

S. wurden mindestens seit dem Altertum verwendet. Die Ägypter kannten versch. Arten, darunter auch solche mit horizontalem Stab und vertikalem Zifferblatt. Die Griechen entwickelten S. unter Verwendung des Gnomons, darunter auch die zu den Hohl-S. zählende **Skaphe,** die sehr beliebt war und an öffentl. Plätzen aufgestellt wurde. Hohl-S. haben Auffangflächen in Form einer halben Hohlkugel und einen in deren Innerem vertikal stehenden Stab, dessen Spitze im Mittelpunkt der Kugelschale liegt; bei der Skaphe wurde der größte, für die Anzeige nicht nötige Teil der Halbkugel weggelassen.

H. PHILIPP u. a.: S.en Dtl. u. Schweiz (1994); K. SCHALDACH: Röm. S.en. Eine Einf. in die antike Gnomonik (Thun 1997); S.en u. wiss. Instrumente, bearb. v. G. G. WAGNER (1997).

Sonnenvögel, Leiothrix, den →Timalien zugeordnete Gattung bis 17 cm langer, farbenprächtiger Singvögel in Wäldern des Himalaja und SO-Asiens, die wegen ihres melod. Gesangs häufig als Käfigvögel gehalten werden. Zwei Arten: **Silberohrsonnenvogel** (Leiothrix argentauris) mit schwarzem Kopf, weißen Ohrdeckenfedern und rotem Bürzel und **Chinesischer Sonnenvogel** (**Chinesische Nachtigall,** Leiothrix lutea; etwa 15 cm groß), Oberseite grauolivgrün, Kehle gelb, Flügel gelb und rot gezeichnet, Schwanz schwarzblau und leicht gegabelt.

Sonnenwende, Solstitium [lat., ›Sonnenstillstand‹], Pl. **Solstitien,** der Zeitpunkt des höchsten und tiefsten Standes der Sonne während ihrer scheinbaren jährl. Bewegung an der Himmelskugel, d. h. der größten positiven oder negativen Deklination (± 23,5°). Danach wendet sich die Sonne wieder dem Himmelsäquator zu. Am 21./22. 6. steht die Sonne auf der Ekliptik im nördl. Wende- oder Solstitialpunkt: Die Nordhalbkugel der Erde hat ihren längsten Tag und Sommeranfang **(Sommer-S., Sommersolstitium).** Am 21./22. 12., wenn die Sonne im südl. Solstitialpunkt steht, gilt das Entsprechende für die Südhalbkugel; die Nordhalbkugel hat dann den kürzesten Tag und Winteranfang **(Winter-S., Wintersolstitium).** Verschiebungen um einen Tag können dadurch eintreten, dass das Kalenderjahr nicht gleich dem trop. Jahr ist und der Tagesbeginn nicht für alle Orte der Erde auf den gleichen Zeitpunkt fällt.

Volkskunde: Die vielen Kulturen gemeinsame Assoziierung von Sonne und Feuer hat u. a. zu S.-Feiern geführt, in deren Mittelpunkt das Abbrennen von Feuern steht. Trotz wiederholter Verbote, bes. z. Z. der Aufklärung (18. Jh.), haben sich die **Sonnwendfeuer** zur Sommer-S., bald verbunden mit mag. Vorstellungen und Orakeln, teilweise bis heute erhalten, v. a. im Alpenraum. Zu Feiern der Sommer-S. als Naturfest vorchristl. Herkunft kam es im 19. Jh. (Biedermeierzeit) durch bürgerl. Geselligkeitsverbände, im 20. Jh. durch die Jugendbewegung sowie durch die Nationalsozialisten, die sie als ›authent. Zeugnis german. Tradition‹ in der Propaganda benutzten. Eine Verchristlichung des Brauchs führte ab dem 12./13. Jh. zu den Johannisfeuern am Tag JOHANNES' DES TÄUFERS (24. 6.), vereinzelt auch zu Petersfeuern (29. 6.). →Fest.

Sonnenvögel: Chinesischer Sonnenvogel (Größe etwa 15 cm)

Sonnenuhr: links Sonnenuhr mit Globus; Anfang des 18. Jh. (Kassel, Staatliche Kunstsammlungen); rechts Sonnenuhr an der Pfarrkirche Sankt Veit in Ellwangen (Jagst); 1634

Sonnenwende, die Pflanzengattung →Heliotrop.

Sonnenwind, solare Korpuskularstrahlung, das aus der Sonnenkorona in den interplanetaren Raum abströmende Gas. Es bildet ein →Plasma aus freien Elektronen und Atomkernen, zu dem die Wasserstoffkerne (Protonen) etwa 86 %, die Heliumkerne rd. 13 % und die übrigen Elemente den Rest beitragen. Der S. ist zeitlich stark veränderlich. Seine Geschwindigkeit beträgt in Erdbahnnähe zw. 200 und 900 km/s

(Mittelwert 400 km/s), die Dichte variiert zw. etwa 0,4 und 100 Teilchen/cm^3 (Mittelwert 6 Teilchen/cm^3). Infolge des S. verliert die →Sonne eine Masse von etwa 10 Mrd. kg je Sekunde. Nahe der Erde beobachtet man einen relativ stetigen allgemeinen S. mit ihm überlagerten schnellen Teilchenwolken. Der langsam fließende S. kommt vermutlich aus Koronaregionen über Sonnenaktivitätsgebieten. Die Quellgebiete der Hochgeschwindigkeitswolken sind hingegen Koronalöcher, aus denen ein mehrere Sonnenrotationen überdauernder, stark gebündelter Abfluss erfolgt. Ein derartiger Strom überstreicht infolge der Sonnenrotation im Rhythmus von 27 Tagen (synod. Rotationsperiode) die Erde, was dann jeweils als eine ›Wolke‹ des S. registriert wird. Die Ursprungsgebiete haben nach außen hin offene lokale Magnetfelder, sodass Koronamaterie längs der Feldlinien abfließen kann. Den Antrieb dazu gibt der Gasdruck in der inneren Korona. Bei den Hochgeschwindigkeitsströmen sorgen wahrscheinlich magnetohydrodynam. Prozesse für eine zusätzl. Beschleunigung. Die vom S. mitgeschleppten, in Erdbahnnähe daher spiralförmig verlaufenden Magnetfelder beeinflussen die Planetenmagnetosphären und die Ionenschweife der Kometen. Der S. erfüllt die Heliosphäre, die bis zu einer Entfernung von vermutlich 100 AE reicht, in der der kinet. Druck des S. dem Gasdruck der interstellaren Materie in der Sonnenumgebung gleicht. – Der S. wurde 1951 von L. F. B. BIERMANN theoretisch postuliert und 1962 durch die Raumsonde Mariner 2 erstmals nachgewiesen.

Sonnenzeit, die durch die Meridiandurchgänge im Norden (untere →Kulmination) der wahren bzw. mittleren Sonne definierte Zeiteinheit, der →Sonnentag, und die auf dieser Einheit beruhende Zeitmessung und Zeitangabe (im Ggs. zur →Sternzeit).

Sonneratiengewächse [nach dem frz. Naturforscher PIERRE SONNERAT, *1749, †1814], **Sonneratiaceae,** Familie aus der weiteren Verwandtschaft der Myrtengewächse mit nur wenigen Arten in zwei Gattungen in den altweltl. Tropen. Die Vertreter bes. der Gattung Sonneratia sind wichtige Elemente der Mangroven des Ind. und westl. Pazif. Ozeans.

Sonnewalde, Stadt im Landkreis Elbe-Elster, Bbg., 100 m ü. M., in der Niederlausitz, zw. dem Lausitzer Grenzwall im N und der Kleinen Elster (rechter Nebenfluss der Schwarzen Elster) im S, 1 200 Ew.; Holzverarbeitung, Bauwirtschaft. – Vorder- bzw. Unterschloss (1579-81), Alter Wehrturm und Schlosspark. – S. entstand im 12. Jh., wurde 1255 erstmals urkundlich bezeugt und erhielt 1301 Stadtrecht.

Sonnier [ˈsɔnɪə], Keith, amerikan. Künstler, *Mamou (La.) 31. 7. 1941; realisiert reliefartige Arbeiten an der Wand mit Materialien wie Spiegeln, Glas, Kunststoff, Metall, oft in Verbindung mit Neonlicht; dehnte seine Experimente auf Environments mit Ton, ultraviolettem Licht und Spiegelprojektionen, mit Videobändern und -installationen aus.

Sonnin, Ernst Georg, Architekt, *Quitzow (bei Perleberg) 10. 6. 1713, †Hamburg 8. 7. 1794; schuf mit dem Neubau der Hamburger Hauptkirche St. Michaelis (1751-62, 1906 ausgebrannt, 1907-12 und erneut nach 1945 wiederhergestellt) den bedeutendsten prot. Kirchenbau des Barock in Norddeutschland.

Weitere Werke: Drostei in Pinneberg (1765-67); Bauten der Univ. in Kiel (1766-71); Pfarrkirche in Wilster (1775-80).

H. HECKMANN: S. (1977); DERS.: Die Gutachten des Baumeisters E. G. S. (1991).

Sonning-Musikpreis, Leonie-S.-M., 1963 von der Witwe des dän. Verlegers CARL JOHANN SONNING (*1879, †1937) gestiftete, urspr. mit 60000 dän. Kronen dotierte (heute 200000 Kronen), alljährlich für außerordentl. Leistungen auf dem Gebiet der Musik verliehene Auszeichnung. Preisträger u. a.: I. STRAWINSKY (1964), L. BERNSTEIN (1965), BIRGIT NILSSON (1966), W. LUTOSŁAWSKI (1967), B. BRITTEN (1968), B. CHRISTOFF (1969), S. CELIBIDACHE (1970), A. RUBINSTEIN (1971), Y. MENUHIN (1972), D. SCHOSTAKOWITSCH (1973), A. SEGOVIA (1974), D. FISCHER-DIESKAU (1975), M. WØLDIKE (1976), O. MESSIAEN (1977), J.-P. RAMPAL (1978), JANET BAKER (1979), MARIE-CLAIRE ALAIN (1980), M. L. ROSTROPOWITSCH (1981), I. STERN (1982), R. KUBELÍK (1983), M. DAVIS (1984), G. LIGETI (1990), G. SOLTI (1992), HILDEGARD BEHRENS (1997).

Sonning-Preis, für Verdienste um die europ. Kultur vergebene Auszeichnung, getragen vom Sonning-Fonds (benannt nach dem dän. Verleger CARL JOHANN SONNING, *1879, †1937) und verliehen von der Univ. von Kopenhagen; urspr. mit 200000 dkr dotiert (heute 500000 dkr); 1959-71 jährlich, seitdem alle zwei Jahre verliehen. Preisträger: A. SCHWEITZER, B. RUSSELL, N. BOHR, A. AALTO, K. BARTH, D. G. PIRE, R. VON COUDENHOVE-KALERGI, Sir L. OLIVIER, W. A. VISSER'T HOOFT, A. KOESTLER, H. LAXNESS, M. TAU, D. DOLCI (1971), K. R. POPPER (1973), HANNAH ARENDT (1975), ARNE NAESS (1977), H. GMEINER (1979), D. FO (1981), SIMONE DE BEAUVOIR (1983), W. HEINESEN (1985), J. HABERMAS (1987), I. BERGMAN (1989), V. HAVEL (1991), K. KIEŚLOWSKI (1993), G. GRASS (1995).

Sonnino, Giorgio Sidney Baron, ital. Politiker, *Pisa 11. 3. 1847, †Rom 24. 11. 1922; Jurist und Diplomat; ab 1880 Abg., 1893/94 Finanz-, 1894-96 Schatz-Min., 1906 und 1909/10 Min.-Präs., bedeutendster liberalkonservativer Gegenspieler G. GIOLITTIS. Als Außen-Min. (1914-19) führte er 1915 den Kriegseintritt Italiens an der Seite der Entente herbei.

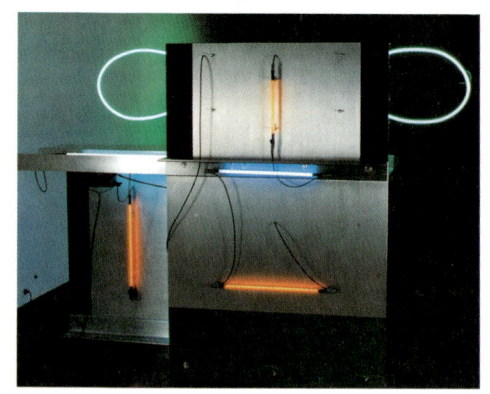

Keith Sonnier: Liegende Sphinx; 1988 (Privatbesitz)

Gerhard Sonnleitner

Sonnleitner, 1) A. Th., eigtl. **Alois Tlučhoř** [ˈtlutʃhɔrʒ], österr. Schriftsteller, *Daschitz (bei Pardubitz) 24. 4. 1869, †Perchtoldsdorf 2. 6. 1939; war Lehrer und Schuldirektor in Wien; veröffentlichte neben pädagog. und sozialpolit. Schriften auch Märchen und Gedichte. Sein Hauptwerk ist die (bis in die Gegenwart beliebte) Romantrilogie ›Die Höhlenkinder im Heimlichen Grund‹ (1918), ›Die Höhlenkinder im Pfahlbau‹ (1919), ›Die Höhlenkinder im Steinhaus‹ (1920), eine dem kindl. Verständnis angepasste Entwicklungsgeschichte des Menschen.

2) Gerhard (Gerd), Landwirt, *Passau 30. 7. 1948; seit April 1997 Präs. des Dt. Bauernverbandes, seit 1991 Präs. des Bayer. Bauernverbandes, seit 1994 Mitgl. im Gesamtausschuss der Dt. Landwirtschafts-Gesellschaft und 1995-97 Vize-Präs. des Komitees der landwirtschaftl. Berufsorganisationen in der EU.

Sonntag, der siebte Tag der Woche; in der spätantiken ›Planetenwoche‹ der zweite, dem Sonnenkult gewidmete Tag (unter Einfluss des Mithraskultes dann der erste Tag der Woche); erster Werktag der jüd. Woche (nach dem →Sabbat); im christl. Verständnis (und bis 1975 auch offiziell) der erste Tag der Woche (lat. Dominica ›Herrentag‹), an dem schon in frühchristl. Zeit der Tag der Auferstehung JESU CHRISTI gefeiert wurde. KONSTANTIN I. verordnete 321 die volle S.-Ruhe (analog der jüd. Sabbatruhe) mit Verbot von Gerichtshandlungen und ›knechtl. Arbeit‹. In der kath. Kirche sind die Gläubigen am S. zur Teilnahme an der Eucharistie und zur S.-Heiligung verpflichtet.

Der S. ist *verfassungsrechtlich* geschützt als ›Tag der Arbeitsruhe und seel. Erhebung‹ (Art. 140 GG in Verbindung mit Art. 139 Weimarer Reichs-Verf., ähnlich in zahlr. Landesverfassungen). Hierin kommen Gründe sowohl des Arbeits- als auch des Religionsschutzes zum Ausdruck. (→Sonntagsruhe)

Volkskundliches: Der S. war als ›Tag des Herrn‹ feierlich zu begehen, man trug daher gute Kleider (S.-Kleid, S.-Staat); die Arbeit hatte zu ruhen. **S.-Briefe** (Himmelsbriefe) erinnerten als Devotionalgrafik an diese hl. S.-Ruhe, die nicht durch Haus- und Feldarbeit oder Jagdvergnügen gestört werden durfte. Die mittelalterl. Frömmigkeit hat in der Verletzung des Ruhegebotes durch Arbeiten eine Schändung des leidenden Heilands gesehen und zu dessen Veranschaulichung den Typus des **Feiertags-Christus** entwickelt: ein Christusbild, umgeben von bäuerl. und handwerkl. Geräten, von denen einige seinen Leib auch direkt verletzen. Am S. geborene Kinder **(S.-Kinder)** gelten als Glückskinder (die – so der Volksglaube – Geister sehen und Glocken sprechen hören können); ein Goldenes-Sonntags-Kind ist am Goldenen Sonntag, einem Quatember-S., geboren.

Sonntag, ehemalige kulturpolit. Wochenzeitung, eine der Vorläuferinnen der →Freitag.

Sonntag, Gem. im Bez. Bludenz, Vorarlberg, Österreich, 888 m ü. M., 750 Ew.; Hauptort des Großen Walsertals mit Walsermuseum; Zinngießerei; Seilbahn vom Ortsteil Boden zur Siedlung Stein auf dem Partnom (Wintersport).

Sonntagberg, Markt-Gem. im Bez. Amstetten, NÖ, 340 m ü. M., im Ybbstal, 4 700 Ew.; im Ortsteil Böhlerwald Edelstahlwerk, Baustoffindustrie. – Die Wallfahrtskirche der hl. Dreifaltigkeit, eine kreuzförmige Anlage mit zweitürmiger Fassade, wurde 1706 von J. PRANDTAUER begonnen, von J. MUNGGENAST 1732 vollendet; Deckengemälde von D. GRAN (1738–43); einheitl. Ausstattung (2. Hälfte des 18. Jh.).

Sonntagsarbeit, →Sonntagsruhe.

Sonntagsblatt, Das, in Hamburg erscheinende Wochenzeitung für Politik, Wirtschaft und Kultur, getragen von der ev. Kirche; gegr. 1948 von H. LILJE, 1967–94 u. d. T. **Deutsches Allgemeines Sonntagsblatt;** Auflage (1997): 46 000.

Sonntagsbuchstabe, →Osterrechnung.

Sonntagsfahrverbot, →Feiertage.

Sonntagsruhe, das aufgrund von Art. 140 GG in Verbindung mit Art. 139 der insoweit weitergeltenden Weimarer Reichs-Verf. grundsätzlich bestehende Verbot, an Sonntagen und staatlich anerkannten →Feiertagen öffentlich bemerkbare Arbeitshandlungen vorzunehmen, die die äußere Ruhe stören oder dem Wesen des Sonntags als einem tradierten Element sozialen Ausgleichs widersprechen. Die Regelungen zur S. sind aus der Gewerbeordnung in die §§ 9 ff. Arbeitszeit-Ges. vom 6. 6. 1994 übernommen und an die techn. und soziale Entwicklung angepasst worden. Danach dürfen Arbeitnehmer an Sonn- und gesetzl. Feiertagen von 0 bis 24 Uhr grundsätzlich nicht beschäftigt werden. In mehrschichtigen Betrieben mit regelmäßiger Tag- und Nachtschicht kann Beginn und Ende der S. um bis zu sechs Stunden vor- oder zurückverlegt werden, wenn für die auf den Beginn der Ruhezeit folgenden 24 Stunden der Betrieb ruht. Für Kraftfahrer und Beifahrer kann der Beginn der 24-stündigen S. um bis zu zwei Stunden vorverlegt werden. Als Ausnahmen vom Verbot der **Sonntagsarbeit** sieht § 10 Abs. 1 Arbeitszeit-Ges. u. a. die Beschäftigung in folgenden Bereichen vor: Not- und Rettungsdienste, Feuerwehr, Krankenhäuser u. a. Pflegeeinrichtungen, Gaststätten, Beherbergungsbetriebe, Theater- und Filmaufführungen, Rundfunk, Presse, Messen, Ausstellungen, Verkehrsbetriebe, Energie- und Wasserversorgung, Bäckereien, Landwirtschaft, Bewachungsgewerbe, Reinigung und Instandhaltung von Betriebseinrichtungen, Aufrechterhaltung der Funktionsfähigkeit von Datennetzen. Weitere Ausnahmen vom Beschäftigungsverbot sind in Notfällen kraft Gesetzes möglich bzw. können durch Rechtsverordnung geregelt werden. Sonderregelungen bestehen ferner nach dem Jugendarbeitsschutz-, dem Mutterschutz- und dem Ladenschluss-Ges. sowie für Seeleute. Mindestens 15 Sonntage im Jahr müssen jedoch beschäftigungsfrei bleiben.

In *Österreich* regelt das Arbeitsruhe-Ges. von 1983 i. d. F. v. 1997 die mindestens 36 Stunden dauernde Wochenendruhe für Arbeitnehmer, die spätestens samstags um 13 Uhr beginnen muss. Ähnlich wie in Dtl. ergeben sich aus dem Ges. selbst und aus VO des Bundes und der Länder zahlr. Ausnahmen. Der während der Wochenendruhe beschäftigte Arbeitnehmer hat Anspruch auf eine Wochenruhe von mindestens 36 Stunden, die mindestens einen ganzen Wochentag einschließt. Sonderbestimmungen bestehen nach dem Mutterschutz-Ges. und dem Ges. über die Beschäftigung von Kindern und Jugendlichen. Nach dem Arbeitsruhe-Ges. besteht auch ein Anspruch auf Feiertagsruhe, die ausnahmsweise ausgeschlossen werden kann. – In der *Schweiz* ist die S. für alle öffentl. und privaten Betriebe im Arbeits-Ges. vom 13. 3. 1964 geregelt. Die Kantone sind befugt, höchstens acht Feiertage den Sonntagen gleichzustellen, wovon alle Kantone Gebrauch gemacht haben. Darüber hinaus dürfen die Kantone aus Gründen der öffentl. Ruhe und Ordnung Vorschriften über die S. erlassen.

Sonntagszeitungen, selbstständiger oder als Sonntagsausgabe einer Tageszeitung erscheinender Pressetyp, entstanden als Antwort auf das Gebot der Sonntagsruhe der anglikan. Kirche in England und den USA als informierende und v. a. unterhaltende Zeitungen, die auch über Sport und Gesellschaftsklatsch berichteten und als Erste Comics brachten. Die erste S., der ›Sunday Monitor‹, erschien 1780 in London. Die amerikan. S. wurden mit ihrem trivialen Stil und inhaltl. Mischung (u. a. Fortsetzungsromane, Lebenshilfe) und dem Einsatz von Farbdruck und farbigen Beilagen zum Vorläufer der Massenpresse. Die in Dtl. erscheinenden S. mit Auflagen von 97 000 (›Frankfurter Allgemeine S.‹) bis 2,5 Mio. Exemplaren (›Bild am Sonntag‹) erfreuen sich zunehmender Nachfrage (1950: 361 000, 1996: 4,83 Mio. Exemplare).

Sonnwendfeuer, →Sonnenwende.

Sonnwendgebirge, Gebirgszug der Nordtiroler Kalkalpen, Österreich, →Rofangebirge.

Sono, Ayako, jap. Schriftstellerin, *Tokio 17. 9. 1931; verarbeitet in ihrem ihre kath. Erziehung widerspiegelnden Werk u. a. den Krieg und die Besatzungszeit (z. B. in ihrer ersten Erzählung ›Gäste aus der Ferne‹, jap. 1954).

Sonochemie [zu lat. sonus ›Schall‹], die →Ultraschallchemie.

Sonographie [zu lat. sonus ›Schall‹] *die, -/...phi--en,* →Ultraschalldiagnostik.

Sonolyse [zu lat. sonus ›Schall‹ und griech. lýein ›(auf)lösen‹] *die, -,* →Ultraschallchemie.

Sonoma County [sə'nəʊmə 'kaʊntɪ], eines der führenden Weinbaugebiete Kaliforniens, USA, umfasst eine breite Talschaft (u. a. des Russian River) nördlich von San Francisco zw. Küste und Napa Valley, 11 000 ha Rebland, daneben Obst- und Ölbaumkulturen sowie Viehhaltung.

sonor [frz., von lat. sonorus ›schallend‹, ›klangvoll‹], **1)** *allg.:* klangvoll, voll-, wohltönend (v. a. von der Stimme gesagt).

2) *Sprachwissenschaft:* stimmhaft.

Sonor *der, -s/-e, Phonetik:* i. e. S. stimmhafter Laut ohne Verschluss- und Reibelaute, im Deutschen z. B. [m], [n], [l] und [r]; i. w. S. stimmhafter Laut.

Sonora, Bundesstaat in NW-Mexiko, am Golf von Kalifornien und an der Grenze zu Arizona (USA), 184 934 km², (1995) 2,084 Mio. Ew.; Hauptstadt ist Hermosillo. S. erstreckt sich von der trockenheißen Küstenzone bis in die Sierra Madre Occidental auf 3 200 m ü. M. Angebaut werden (größtenteils mit Bewässerung) Weizen, Baumwolle, Sojabohnen, Mais, Gemüse u. a. Die Viehhaltung ist bedeutend. Der Bergbau fördert v. a. Kupfer, ferner Gold-, Silber-, Molybdän- u. a. Erze.

Geschichte: Das seit 1530 von den Spaniern erkundete Gebiet wurde wegen Abgelegenheit und Unwirtlichkeit erst seit dem 17. Jh. erschlossen.

Sonorawüste, engl. **Sonoran Desert** [sə'nɔʊrən 'desət], Trockenlandschaft beiderseits des unteren Colorado River in den USA (SW-Arizona und SO-Kalifornien) und Mexiko (Baja California Norte und NW-Sonora), rd. 310 000 km²; Teilräume sind die →Gilawüste und die →Coloradowüste. Am Rand der S. liegen Palm Springs, Phoenix und Tucson.

Sonorisation [zu lat. sonorus ›schallend‹, ›klangvoll‹] *die, -/-en,* **Sonorisierung,** *Sprachwissenschaft:* Umwandlung stimmloser Konsonanten in stimmhafte, oft in intervokal. Stellung, z. B. lat. catena (›Kette‹), span. cadena.

Sonoristik *die, -,* Bez. für Erscheinungen in der Gegenwartsmusik, bei denen der Klangwert von Tonkombinationen, aber auch von Geräuschen und der Sprache dominierendes Gestaltungselement ist und mitunter die bisherige Funktion von Motiven oder Themen übernimmt.

Son|rhai, ein Volk in W-Afrika, →Songhai.

Sonsonate, Hauptstadt des Dep. S., im SW von El Salvador, 220 m ü. M., 76 200 Ew.; Handelszentrum eines Landwirtschaftsgebietes.

Sontag, 1) Henriette Gertrude Walpurgis, eigtl. **Sontag,** verh. Gräfin **Rossi,** geadelte **Lauenstein,** Sängerin (Koloratursopran), * Koblenz 3. 1. 1806, † Mexiko 17. 6. 1854; debütierte 1821 in Paris, sang u. a. in Wien (wo sie 1823 die Partie der Euryanthe von C. M. VON WEBER und 1824 das Sopransolo in der 9. Sinfonie von L. VAN BEETHOVEN jeweils bei der Uraufführung sang), Berlin, Paris, London und ab 1852 in den USA; v. a. Mozart- und Rossini-Interpretin. Ihre Musikalität und die Flexibilität ihrer Stimme machten sie zu einer der gefeiertsten Sängerinnen ihrer Zeit.

2) Susan, amerikan. Kritikerin und Schriftstellerin, * New York 16. 1. 1933; studierte in den USA und in Europa, war Dozentin an amerikan. Universitäten sowie Verlagslektorin. Ihre zunächst in Zeitschriften wie ›Partisan Review‹ und ›The New York Review of Books‹ veröffentlichten, später in Sammelbänden erschienenen Essays u. a. über experimentelle Literatur und avantgardist. Filme wenden sich gegen intellektualisierende Interpretationen von Kunstwerken und fordern eine Erneuerung der ästhet. Sensibilität (›Against interpretation‹, 1966; dt. ›Kunst und Antikunst‹). Ihre in der Tradition des Nouveau Roman stehenden Erzählwerke gestalten Traumvisionen und Bereiche des Unbewussten, wobei traditionelle Erzählmuster wie der Detektivroman herangezogen werden (›Death kit‹, 1967; dt. ›Todesstation‹). Nach einer Krebserkrankung veröffentlichte S. eine Analyse mythisierender Krankheitsbilder (›Illness as metaphor‹, 1978, dt. ›Krankheit als Metapher‹; ›AIDS and its metaphors‹, 1989, dt. ›Aids und seine Metaphern‹). S. schreibt auch Filmskripte.

Weitere Werke: *Romane:* The benefactor (1963; dt. Der Wohltäter); The volcano lover (1992; dt. Der Liebhaber des Vulkans). – *Erzählungen:* I, etcetera (1978; dt. Ich, etc.). – *Reisebericht:* Trip to Hanoi (1969; dt. Reise nach Hanoi). – *Essays:* Styles of radical will (1969); On photography (1977; dt. Über Fotografie); Under the sign of Saturn (1981; dt. Im Zeichen des Saturn); The way we live now (1991; dt. So leben wir jetzt). – *Stück:* Alice in bed (1993; dt. bereits 1991 u. d. T. Alice im Bett).

Ausgaben: A S. S. reader, hg. v. E. HARDWICK (1982). – Geist als Leidenschaft. Ausgew. Essays zur modernen Kunst u. Kultur, hg. v. E. MANSKE (1989).

S. SAYRES: S. S. The elegiac modernist (New York 1990); L. KENNEDY: S. S. Mind as passion (Manchester 1995); Conversations with S. S., hg. v. L. POAGUE (Jackson, Miss., 1995).

Sontheimer, Kurt, Politikwissenschaftler, * Gernsbach 31. 7. 1928; 1960–62 Prof. an der Pädagog. Hochschule in Osnabrück, 1962–69 an der FU Berlin, seit 1969 an der Univ. München; befasst sich v. a. mit dem politischen System der Bundesrepublik Deutschland.

Werke: Antidemokrat. Denken in der Weimarer Rep. (1962); Grundzüge des polit. Systems der Bundesrep. Dtl. (1971, 1993 Neuausg. u. d. T. Grundzüge des polit. Systems der neuen Bundesrep. Dtl.); Die DDR. Politik, Gesellschaft, Wirtschaft (1972, mit W. BLEEK); Das Elend unserer Intellektuellen (1976); Die verunsicherte Republik (1979); Der unbehagl. Bürger (1980); Zeitenwende? Die Bundesrep. Dtl. zw. alter u. alternativer Politik (1983); Dtl.s polit. Kultur (1990); Die Adenauer-Ära (1991); Von Dtl.s Republik. Polit. Essays (1991).

Sonthofen, Kreisstadt des Landkreis Oberallgäu, Bayern, 750–1 050 m ü. M., an der Iller, 21 500 Ew.; Heimatmuseum und Gebirgsjägersammlung; Metallverarbeitung, Landwirtschaftsbetriebe; Luftkurort, Fremdenverkehr; Bundeswehrstandort mit ABC- und Selbstschutzschule und Schule für Feldjäger und Stabsdienst. – Pfarrkirche Sankt Michael (1738–41 völlig erneuert); Reste der Burg Fluhenstein (14. Jh.; im 16. Jh. erweitert). – Die 839 erstmals urkundlich erwähnte Siedlung S. wurde 1429 Markt; 1963 Stadt.

Sontra, Stadt und Luftkurort im Werra-Meißner-Kr., Hessen, 242 m ü. M., im Richelsdorfer Gebirge, 9 400 Ew.; Heimatmuseum in boyneburg. Schloss Wichmannshausen; Textil- und Maschinenindustrie, Kunststoff- und Holzverarbeitung; Bundeswehrstandort. – Das 1232 erstmals urkundlich erwähnte S. erhielt 1368 Marktrecht und städt. Freiheiten; Mittelpunkt des vom Anfang des 14. bis Mitte des 17. Jh. betriebenen Kupferbergbaus im Richelsdorfer Gebirge.

G. WENZENS: Morphologie des Sontraer Beckens (1969).

Sony Corporation ['sɔʊnɪ kɔːpə'reɪʃn, engl.], jap. Unternehmen der elektrotechn. und elektron. Industrie (u. a. Audio- und Videogeräte); gegr. 1946, Sitz: Tokio; seit der Übernahme von CBS Records Inc. (1987) und Columbia Pictures Entertainment (1990) auch im Medienbereich tätig. Umsatz (1997): 45,7 Mrd. US-$, Beschäftigte: 163 000.

Sony Labou Tansi [sɔ'ni la'bu tã'si], eigtl. **Sony Marcel** [- mar'sɛl], kongoles. Schriftsteller frz. Sprache, * Kimwanza 5. 6. 1947, † Brazzaville 14. 6. 1995; schrieb fantast., krit. Romane und Theaterstücke. International bekannt wurde S. mit seinem 1979 gegründeten Theaterensemble ›Le Rocado Zulu Théâtre‹ aus Brazzaville.

Werke: *Romane:* La vie et demie (1979; dt. Verschlungenes Leben); L'état honteux (1981; dt. Die heillose Verfassung); L'Auté-peuple (1983; dt. Die tödl. Tugend des Genossen Direktor); Les sept solitudes de Lorsa Lopez (1985); Les yeux du volcan (1988). – *Theaterstücke:* La parenthèse de sang (1981); Qui a mangé Madame d'Avoine Bergotha? (1989).

Sooden-Allendorf, Bad S.-A., Stadt und Heilbad im Werra-Meißner-Kreis, Hessen, 162 m ü. M., bei-

Henriette Sontag

Susan Sontag

Kurt Sontheimer

derseits der Werra, 10 000 Ew.; Gradierwerk; Möbelindustrie. Die Solquellen werden gegen Asthma, Rheuma, Krankheiten der Haut und des Bewegungsapparates sowie Kinderkrankheiten angewendet. – Nachdem Allendorf 1637 niedergebrannt worden war, erfolgte 1638–43 ein einheitl. Wiederaufbau; es entstanden bedeutende Fachwerkbauten, u. a. Haus Bürger (1639), Haus Eschstruth (1642–44) sowie das Hochzeitshaus (1667). Ev. Pfarrkirche (Hl. Kreuz; 1. Hälfte 14. Jh., über Vorgängerbau); kath. Kirche St. Bonifatius (1957–58). – Die (ebenfalls 1637 abgebrannte) ev. Marienkirche in Sooden erhielt einen mächtigen westl. Chorturm (1699) und barocke Ausstattung; zahlr. Fachwerkhäuser (17.–19. Jh.); ehem. Salzamt (1782, heute Kurverwaltung). In der Wache des Söder Tors (1704/05, Wahrzeichen der Stadt) das Heimatmuseum (u. a. zur Geschichte der Saline); am N-Rand der Stadt (auf thüring. Gebiet) Museum der ehem. innerdt. Grenze. – Erste urkundl. Erwähnung fand **Sooden** mit seinen Salzquellen 776 als **Westera.** Die Ortschaft **Allendorf in den Sothen** erhielt 1218 Stadtrecht. 1555 wurde der Salinenort Sooden selbstständig, seine bis ins späte MA. bedeutende Saline wurde erst 1906 aufgegeben. 1881 wurde das Solheilbad gegründet, 1929 wurden beide Ortschaften zur Stadt Bad S.-A. vereinigt, in den 1970er-Jahren neun Dörfer eingemeindet.

Soonwald, ein Teil des →Hunsrücks.

Soor [Herkunft unsicher, vielleicht zu mnd. sōr ›trocken‹, ›welk‹] *der, -(e)s,* **Soormykose, Candidamykose, Candidose,** ältere Bez. **Moniliasis,** durch Hefepilze der Gattung Candida (Candida albicans) hervorgerufene Pilzerkrankung (Mykose), die v. a. als →Hautpilzkrankheit auftritt. Der in der normalen Haut- und Schleimhautflora und v. a. in Sporenform auf Gegenständen und Pflanzen vorkommende Pilz wird nur bei geschwächter Abwehrkraft des Körpers zum Krankheitserreger. Begünstigend wirken vorausgehende Infektionskrankheiten, schwere Allgemeinkrankheiten (Leukämie, Aids), Diabetes mellitus, die langfristige Einnahme von Breitbandantibiotika, Corticosteroiden, zytostat. u. a. immunsuppressiven Mitteln, aber auch Veränderungen des Hautmilieus durch Neigung zu starkem Schwitzen (z. B. bei Fettsucht) oder bei längerem Aufenthalt in feuchtwarmer Umgebung bzw. längerem Wasserkontakt.

Als Hautpilzerkrankung tritt der S. v. a. an der Mundschleimhaut, den Mundwinkeln (Faulecken), an den Finger- und Zehenzwischenräumen und in Körperfalten (unter den Brüsten, an Geschlechtsteilen und After), Scheide (bei Schwangerschaft und Einnahme hormoneller Empfängnisverhütungsmittel) auf, auch als opportunist. Harnröhreninfektion; bei Befall der Geschlechtsorgane ist eine Übertragung beim Geschlechtsverkehr möglich. Die Symptome treten auf an Schleimhäuten als weiß. Beläge, die nach Abstreifen bluten und schmerzhafte Defekte hinterlassen, auf der Haut als rote, stark entzündete Flecken mit Schuppensäumen am Rand.

Eine schwerwiegende Erkrankung stellt (v. a. bei Säuglingen) der Befall der inneren Organe, bes. der Lunge und des Magen-Darm-Kanals, mit der Gefahr einer Candidasepsis dar. Als Sonderform tritt das in tieferen Hautschichten sitzende, verbreitete oder isoliert (z. B. an den Lippen) auftretende schuppen- oder krustenbedeckte **S.-Granulom** auf.

Die *Behandlung* des lokalen Befalls wird mit austrocknenden Mitteln und antimykot. Pudern oder Cremes durchgeführt, die system. S. mit Einnahme spezieller Antimykotika.

Sophia [griech. ›Weisheit‹] *die, -,* allg. das meisterl., vollendete Können; bei den Pythagoreern die Summe allen Wissens, die im eigentl. Sinn nur dem Göttlichen vorbehalten ist, während der Mensch hingegen nur (in der Philosophie) nach ihr streben kann; für PLATON das Wissen von den Ideen (bes. der Idee des Guten). Religionsphilosoph. Spekulationen über die S. als personifizierte Weisheit Gottes gab es schon im Judentum (u. a. bei PHILON VON ALEXANDRIA). Im Christentum wurden diese Vorstellungen aufgegriffen. In der abendländ. Kirche entstand im 7. Jh. die allegorisierende Legende von der Römerin S., die mit ihren Töchtern Pistis, Elpis, Agape (Glaube, Hoffnung, Liebe) unter Kaiser HADRIAN im 2. Jh. das Martyrium erlitten haben soll (Heilige; Tag: 30. 9.); darüber hinaus wurde die S.-Vorstellung in der Mystik des Spät-MA. auch auf MARIA übertragen. Die Ostkirche führte die religionsphilosoph. Tradition fort und weihte der Weisheit Gottes nach dem Bau der →Hagia Sophia in Konstantinopel zahlr. weitere Kirchen. In der russ. Sophiologie des 19. und frühen 20. Jh. (v. a. W. S. SOLOWJOW) wird mit S. die im gesamten Weltall als ›Weltseele‹, ›Vernunft der Schöpfung‹, ›Leib Christi‹ niedergelegte Weisheit bezeichnet.

Sophia, legendäre röm. Jungfrau und Märtyrerin der Zeit DIOKLETIANS (3./4. Jh.); zählt als ›Kalte Sophie‹ zu den Eisheiligen. – Heilige (Tag: 15. 5.).

Sophia-Antipolis [-ātipɔ'li], einer der ältesten und bedeutendsten Technologieparks Frankreichs, im Hinterland von Antibes, Dép. Alpes-Maritimes, gegr. 1969, umfasst 4 500 ha. 1996 waren 950 Industrieunternehmen, Lehr- und Forschungsinstitute, Consulting-Firmen, Laboratorien u. a. mit insgesamt 15 500 Beschäftigten (davon rd. 4 000 Wissenschaftler) hier ansässig.

Sophie, Herrscherinnen und Fürstinnen:

Anhalt-Zerbst: **1) Sophie Friederike Auguste,** →Katharina (Herrscherinnen, Russland).

Braunschweig-Wolfenbüttel: **2) Sophie Elisabeth,** Herzogin, Schriftstellerin und Komponistin, * Güstrow 20. 8. 1613, † Lüchow 12. 7. 1676, Tochter des Herzogs JOHANN ALBRECHT von Mecklenburg-Güstrow (* 1590, † 1636); seit 1635 ∞ mit Herzog AUGUST D. J. von Braunschweig-Wolfenbüttel; organisierte das Musik- und Theaterwesen am Wolfenbütteler Hof, war als ›die Befreiende‹ Mitgl. der Fruchtbringenden Gesellschaft, stand in Kontakt mit G. P. HARSDÖRFFER und S. BIRKEN, holte J. G. SCHOTTEL als Prinzenerzieher nach Wolfenbüttel; komponierte geistl. Lieder, vertonte Gedichte ihres Stiefsohns ANTON ULRICH von Braunschweig-Wolfenbüttel und verfasste mehrere allegor. Singspiele, die meist an den Geburtstagen des Herzogs aufgeführt wurden.

Werke: *Roman:* Historie der Dorinde ... (1641). – *Schauspiele:* Glückwünschende Freudendarstellung (1652); Frewdenspil von dem itzigen betrieglichen Zustande in der Welt (1656).

Ausgabe: Dichtungen, hg. v. H.-G. ROLOFF, auf 6 Bde. ber. (1980ff.).

Hannover: **3) Sophie von der Pfalz,** Kurfürstin, * Den Haag 14. 10. 1630, † Herrenhausen (heute zu Hannover) 8. 6. 1714, Tochter von Kurfürst FRIEDRICH V. von der Pfalz, Enkelin von König JAKOB I. von England, Mutter von König GEORG I. von Großbritannien; seit 1658 ∞ mit dem späteren Kurfürsten ERNST AUGUST von Hannover; 1701 vom engl. Parlament zur Thronerbin erklärt, wodurch die Anwartschaft des Hauses Hannover auf den engl. Thron begründet wurde.

4) Sophie Dorothea, * Celle 15. 9. 1666, † Schloss Ahlden (heute Ahlden [Aller]) 13. 11. 1726; seit 1682 ∞ mit ihrem Cousin GEORG LUDWIG von Hannover, dem späteren König GEORG I. von Großbritannien; wegen ihrer Beziehung zu P. C. VON KÖNIGSMARCK 1694 geschieden, 1695 auf Schloss Ahlden verbannt (›Prinzessin von Ahlden‹).

Preußen: **5) Sophie Charlotte,** Königin, * Iburg (heute Bad Iburg) 30. 10. 1668, † Hannover 1. 2. 1705,

Sophie von der Pfalz, Kurfürstin von Hannover

Sophie Charlotte, Königin von Preußen

Soph Sophienausgabe – Sophokles

Tochter von 3); seit 1684 ⚭ mit dem späteren König FRIEDRICH I. in Preußen und Mutter von König FRIEDRICH WILHELM I.; förderte Wiss. und Künste, betrieb mit G. W. LEIBNIZ die Gründung der Societät der Wiss.en in Berlin (1700).

Russland: **6) Sophie, Sofja Aleksejewna,** Regentin (1682–89), *Moskau 27. 9. 1657, †ebd. 14. 7. 1704, Tochter des Zaren ALEKSEJ MICHAJLOWITSCH; setzte, unterstützt von ihrem Günstling W. W. GOLIZYN und mithilfe der Strelitzen durch, dass nach dem Tode ihres Bruders FJODOR III. ALEKSEJEWITSCH ihr geistesschwacher Bruder IWAN V. (*1666, †1696) neben ihrem Halbbruder PETER I., D. GR., zum Zaren erhoben und sie zur Regentin erklärt wurde. S. schloss 1689 in Nertschinsk den ersten Vertrag mit China und holte die Hugenotten ins Land; die Altgläubigen ließ sie rigoros verfolgen. Nach dem Scheitern des zweiten Feldzuges gegen die Krimtataren erwirkte PETER 1689 das Ende ihrer Regentschaft, S. musste sich daraufhin in ein Kloster zurückziehen.

Spanien: **7) Sophie,** Königin, *Psychiko (heute zu Athen) 2. 11. 1938, Tochter PAULS I., König von Griechenland; ⚭ seit dem 14. 5. 1962 mit JUAN CARLOS I., König von Spanien.

Thüringen: **8) Sophie von Brabant,** Landgräfin, *auf der Wartburg 20. 3. 1224, †Marburg 29. 5. 1275, Tochter Landgraf LUDWIGS IV. von Thüringen und der HL. ELISABETH; ⚭ mit Herzog HEINRICH II. VON BRABANT († 1248). Indem es ihr gelang, ihrem Sohn HEINRICH (dem späteren HEINRICH I. von Hessen) im thüring.-hess. Erbfolgekrieg (1247–64) die mainz. Kirchenlehen zu erhalten, hatte sie entscheidenden Anteil an der Bildung der Landgrafschaft Hessen.

Sophien|ausgabe, Weimarer Ausgabe, historisch-krit. Gesamtausgabe der Werke GOETHES in 143 Bänden (1887–1919, Taschenbuchausgabe 1987), benannt nach SOPHIE LUISE (*1824, †1897), der Gemahlin des Großherzogs KARL ALEXANDER von Sachsen-Weimar-Eisenach, die diese Ausgabe in Auftrag gab.

Sophiendukat, Kinderdukat, sächs. Dukatenmünze, deren Ausgabe 1616 die sächs. Kurfürstin SOPHIA (*1568, †1622) veranlasste; durch die Münzumschrift als Tauf- und Patengeschenk beliebt, wurde bis 1872 in der Münze zu Dresden geprägt.

Sophilos, griech. Vasenmaler aus dem Anfang der schwarzfigurigen Stilperiode, um 580 v. Chr. Von S. sind die ersten signierten Werke der att. Vasenmalerei erhalten, darunter zwei Kessel, von denen die Scherbe die Leichenspiele für Patroklos (Wagenrennen und gestikulierende Zuschauer auf einer Tribüne; Athen, Archäolog. Nationalmuseum), die andere den Götterzug aus der Peleushochzeit (Athen, Akropolis-Museum) zeigt.

Sophisma [griech., zu sophizesthai ›ausklügeln‹, ›aussinnen‹, zu sophós ›geschickt‹, ›klug‹] *das, -s/...men* und *-ta,* ein Trugschluss, der nicht auf einem log. Fehler, sondern auf bewusster Irreführung beruht. Nach der Meinung ihrer Gegner bedienten sich die griech. Sophisten oft solcher Trugschlüsse.

Sophisten [griech. sophistés, zu sophós ›geschickt‹, ›klug‹], urspr. Bez. für Weise und Gelehrte, seit dem 5./4. Jh. v. Chr. Sammel-Bez. für eine Gruppe griech. Lehrer der Philosophie und Rhetorik, die in ihrer Argumentation die traditionellen eth., religiösen und polit. Anschauungen rationaler Kritik unterwarfen (→Sophistik).

Sophistication [səfɪstɪˈkeɪʃn; engl., eigtl. ›Spitzfindigkeit‹, ›Subtilität‹] *die, -,* im Jazz und Blues ein Stil, der gekennzeichnet ist durch die Abkehr von typ. Momenten der afroamerikan. Musiktradition und die Hinwendung zu europ. Formen des Musizierens.

Sophistik [griech. sophistikḗ (téchnē) ›Kunst der Sophisterei‹] *die, -,* Bez. für die Lehre wie auch philosoph. Epoche der Sophisten, die im 5./4. Jh. v. Chr. eine neue, auf den Menschen, seine Ethik und sein Erkenntnisvermögen ausgerichtete, aufklärer. Epoche der griech. Philosophie einleiteten. Zu ihnen zählten u. a. PROTAGORAS, GORGIAS, HIPPIAS VON ELIS, PRODIKOS, THRASYMACHOS, KRITIAS, KRATYLOS, ANTIPHON DER SOPHIST, XENIADES VON KORINTH. Einfluss gewannen sie v. a. dadurch, dass seit der Ablösung der Adelsherrschaft durch die Demokratie in Athen der Weg zu polit. Einfluss über die Rhetorik führte; kennzeichnend war für sie, dass sie als professionelle Wanderlehrer eine höhere, zum polit. Handeln befähigende Bildung vermitteln wollten. Ihre Lehren bezogen sich v. a. auf Sprachtheorie (z. B. Rhetorik, Poetik, Grammatik) und Ethik (Theorien über Staat, Gesellschaft, Moral, Recht), weniger auf die bis dahin vorherrschenden Probleme der Naturphilosophie und Ontologie. Ihre philosoph. Position war gekennzeichnet durch einen prakt. Relativismus und einen generellen erkenntnistheoret. Skeptizismus, der keine absolute, menschenunabhängige Wahrheit mehr anerkennt und gleich bleibende eth. Werte (etwa aus Tradition, Religion) als Begründungsbasis für Theorie und Praxis ablehnt (z. B. PROTAGORAS mit seinem →Homo-Mensura-Satz). Dabei wurde der Ggs. von Natur (physis) und menschl. Gesetz (nomos) hervorgehoben. – Die in ihrem Hauptanliegen auf Überwindung der eth. und erkenntnistheoret. Relativismus der S. zielende Philosophie von SOKRATES und PLATON hat das heute meist negative Bild der Sophisten geprägt; bei PLATON werden sie häufig als Wortverdreher charakterisiert, deren Ziel nicht die Überzeugung durch vernünftige Argumente, sondern die Überredung durch rhetor. Mittel ist.

In der röm. Kaiserzeit entstand – im Anschluss an die griech. Autoren – eine Bildungsrhetorik, die PHILOSTRATOS als ›Zweite S.‹ bezeichnete. Zu ihren Vertretern gehörten DION, HERODES ATTICUS, AELIUS ARISTIDES, LUKIAN und LIBANIOS. Auf dem Höhepunkt der ›Zweiten S.‹ im 2. Jh. n. Chr. bestimmten ihre eth. und polit. Vorstellungen das Denken der führenden Schichten in den Städten des Röm. Reiches.

H. GOMPERZ: S. u. Rhetorik. Das Bildungsideal des Eu legein in seinem Verhältnis zur Philosophie d. Jh. (1912, Nachdr. 1985); A. DIHLE: Die griech. u. lat. Lit. der Kaiserzeit. Von Augustus bis Justinian (1989); A. GRAESER: S. u. Sokratik, Plato u. Aristoteles (³1993); B. H. F. TAURECK: Die Sophisten zur Einf. (1995); K. F. HOFFMANN: Das Recht im Denken der S. (1997); T. SCHMITZ: Bildung u. Macht. Zur sozialen u. polit. Funktion der zweiten S. in der griech. Welt der Kaiserzeit (1997).

sophistisch, 1) die Sophistik betreffend; 2) spitzfindig, haarspalterisch (argumentierend).

Sophokles, griech. **Sophoklḗs,** griech. Tragiker, *Athen 497/496 v. Chr., †ebd. 406/405 v. Chr.; stammte aus vornehmer Familie, genoss in Athen großes Ansehen und bekleidete hohe polit. und kult. Ämter (443/442 Schatzmeister des Att. Seebundes, 441–439 mit PERIKLES Stratege, ab 413/411 wahrscheinlich Mitgl. der Oligarchen-Reg.). S. führte den Kult des Asklepios in Athen ein und wurde deshalb nach seinem Tod als Heros verehrt; sein Leben wurde von der Legende verklärt.

Schon mit seiner ersten Tetralogie errang S. 468 v. Chr. den ersten Preis im trag. Agon; von seinen Dramen sind 123 dem Titel nach bekannt, jedoch nur sieben erhalten: ›Aias‹, ›Trachinierinnen‹, ›Antigone‹ (alle 442), ›König Ödipus‹ (vor 425), ›Elektra‹ (wahrscheinlich zw. ›König Ödipus‹ und ›Philoktet‹), ›Philoktet‹ (409), ›Ödipus auf Kolonos‹ (401 vom Enkel des S. aufgeführt), von den Satyrspielen sind die ›Ichneutai‹ (›Spürhunde‹) durch einen Papyrusfund von 1911 am besten bekannt. Als Tragödiendichter steht S. zw. AISCHYLOS und EURIPIDES; gegenüber seinen Vorläufern erhöhte er die Zahl der Choreuten von 12 auf 15, ließ durch Einführung des dritten Schauspielers die dramat. Handlung stärker hervortreten und ermöglichte die Darstellung komplexen Geschehens. Seine kunstvollen Chorlieder sind in diesen dramat. Aufbau wohl überlegt eingefügt, gegenüber AISCHYLOS im Umfang reduziert und in der Aussage verdichtet. Die Konzeption der Tragödientrilogie ist fast ganz zugunsten in sich geschlossener selbstständiger Tragödien aufgegeben. Die Einzelpersönlichkeit tritt stärker hervor, wobei dem starken Individuum gerade dieses Heraustreten aus der Gemeinschaft der Polis zum Verhängnis wird; seine innere Vollendung zeigt sich – im Rahmen einer mit unerbittl. Konsequenz verlaufenden Handlung –, in der Annahme eines Schicksals, das nicht – wie bei AISCHYLOS – Strafe für begangene Schuld, sondern Zeichen der überragenden und furchtbaren Macht der Götter ist; die Frage nach der göttl. Gerechtigkeit tritt demgegenüber zurück. Als Kunstmittel verwendet S. die trag. Ironie, indem er den Protagonisten Worte aussprechen lässt, die sich im entgegengesetzten Sinn tragisch erfüllen. Mit der Aufklärung der Sophistik hatte S. sich bereits auseinander zu setzen, wurde aber im Wesen nicht von ihr berührt; seine trag. Weltsicht beeinflusste das Geschichtswerk des mit ihm befreundeten HERODOT. Für die spätere Entwicklung des röm. und europ. Dramas hatten die stärker psychologisch motivierten Dramen des EURIPIDES größere Bedeutung als die des S.; die Wirkung seiner Werke blieb über die Vermittlung SENECAS D. J. bis hin zu P. CORNEILLE (›Œdipe‹, 1659) und J. RACINE im Wesentlichen auf das Stoffliche beschränkt. Mit der Wiederentdeckung der griech. Antike in der 2. Hälfte des 18. Jh. wurde auch S. neu bewertet, wie G. E. LESSINGS Trauerspiel ›Philotas‹ (1759) und die Übersetzungen F. HÖLDERLINS zeigen. Im 20. Jh. regte v. a. die ›Antigone‹ immer wieder zu Auseinandersetzungen und Neugestaltungen an (u. a. durch W. HASENCLEVER, J. COCTEAU und B. BRECHT).

Ausgaben: S., bearb. v. F. W. SCHNEIDEWIN u. A. NAUCK, 8 Bde. (²⁻¹²1909–70); The plays and fragments, hg. v. R. C. JEBB, 7 Bde. (Neuausg. 1962–67); Tragicorum Graecorum fragmenta, Bd. 4: Sophocles, hg. v. S. RADT u. R. KANNICHT (1977); Sophoclis tragoediae, hg. v. R. D. DAWE, 2 Bde. (²1984–85). – Werke in einem Bd., übers. v. R. SCHOTTLAENDER (³1982); Die Trauerspiele, übers. v. F. HÖLDERLIN (Neuausg. 1986); Sämtl. Werke, bearb. v. L. TURKHEIM (1989); Dramen, hg. v. W. WILLIGE (³1995, griech. u. dt.).

U. VON WILAMOWITZ-MOELLENDORFF: Die dramat. Technik des S. (1917, Nachdr. 1977); C. M. BOWRA: Sophoclean tragedy (Neuausg. Oxford 1967); S., hg. v. H. DILLER (1967); A. LESKY: Die trag. Dichtung der Hellenen (³1972); K. REINHARDT: S. (⁴1976); C. SEGAL: Tragedy and civilization. An interpretation of Sophocles (Cambridge, Mass., 1981); V. HÖSLE: Die Vollendung der Tragödie im Spätwerk des S. (1984); H. LLOYD-JONES u. N. G. WILSON: Sophoclea. Studies on the text of Sophocles (Oxford 1990); DIES.: Sophocles. Second thoughts (Göttingen 1997); W. NICOLAI: Zu S.' Wirkungsabsichten (1992); M. CORAY: Wissen u. Erkennen bei S. (Basel 1993); H.-L. GÜNTHER: Exercitationes Sophocleae (Göttingen 1996).

Sophonisbe, im Altertum **Sophoniba,** punisch **Saphanbaal,** numid. Fürstin, †203 v. Chr., Tochter des karthag. Feldherrn HASDRUBAL (†203 v. Chr.); zunächst mit dem Numiderkönig MASSINISSA verlobt, dann aus polit. Gründen mit dessen Gegner SYPHAX von W-Numidien vermählt. Nach der Gefangennahme des SYPHAX durch die Römer wurde sie die Gattin des MASSINISSA, der sie vergiftete oder zum Freitod veranlasste, als SCIPIO D. Ä. ihre Auslieferung forderte.

Sophora [arab.], die Pflanzengattung →Schnurbaum.

Sophron, griech. Dichter des 5. Jh. v. Chr. aus Syrakus; erhob den →Mimus erstmals aus der Improvisation zum literar. Kunstwerk in rhythm. Prosa.

Ausgaben: Comicorum graecorum fragmenta, hg. v. G. KAIBEL, Bd. 1, Tl. 1 (1899, Nachdr. 1975); Frammenti della commedia greca e del mimo nella Sicilia e nella magna Grecia, bearb. v. A. OLIVIERI (²1947).

Sopoćani [ˈsɔpɔtɕaːni], orth. Kloster westlich von Novi Pazar in Serbien, vor 1263 als Grabstätte von König STEPHAN UROŠ I. (1243–76) gegründet. Die Fresken der Dreifaltigkeitskirche entstanden 1263–68, sie gehören zu den bedeutendsten Zeugnissen serb. Malerei des MA.; von der UNESCO zum Weltkulturerbe erklärt.

Sopor [lat. ›Schlaf‹, ›Schläfrigkeit‹, ›Betäubung‹] der, -s, stärkere Form einer Bewusstseinstrübung mit Reaktion auf Schmerzreize durch Abwehrbewegungen, jedoch im Unterschied zur Somnolenz keine Reaktion auf Anruf; tritt meist bei organ. Gehirnerkrankungen oder Vergiftungen auf.

Sopot [ˈsɔpɔt], Stadt in Polen, →Zoppot.

sopra [ital., von lat. supra ›oben‹], Anweisung beim Klavierspiel, mit gekreuzten Händen zu spielen, auch Hinweis für die oben liegende Hand; Ggs. →sotto.

Sopraceneri [sopraˈtʃeːneri], ital. ›oberhalb des Ceneri‹, der nördlich des Monte Ceneri gelegene Teil des Kt. Tessin, Schweiz, 2 380 km² und 133 700 Ew.; umfasst die Bez. Bellinzona, Locarno, Vallemaggia, Riviera, Blenio und Leventina.

Sopran [ital. soprano, eigtl. ›darüber befindlich‹, ›oberer‹, zu lat. super ›obenauf‹, ›über‹] der, -s/-e, Stimmlagen-Bez. für die höchste Singstimme, von Frauen, Knaben und Falsettisten, früher auch von Kastraten gesungen (Umfang c¹–a², bei Berufssängern a–c³, f³). Die Bühnenpraxis unterscheidet den lyr. S., den jugendlich-dramat. S., den hochdramat. S., den Koloratur-S., den Mezzo-S. und die Soubrette. – Die Bez. S. setzte sich seit dem 17./18. Jh. durch, davor hieß die höchste Stimme lat. **Cantus, Discantus** (→Diskant), **Superius, Suprema vox,** frz. auch **Dessus,** engl. **Treble.** – Bei Instrumentenfamilien ist S. die Bez. für die höchsten Vertreter, z. B. S.-Blockflöte.

Sopranschlüssel, Diskantschlüssel, in der Notenschrift der C-Schlüssel auf der 1. Notenlinie (→Schlüssel).

Sopraporte [ital., eigtl. ›(Ornament) über der Tür‹] die, -/-n, **Supraporte,** Wandfeld über der Tür, auch das dort angebrachte Relief oder Gemälde, bes. in Wohnräumen des Barock und Rokoko.

Sopron [ʃ-], Stadt in Ungarn, →Ödenburg.

Sor, Sors, Joseph Fernando Macari, eigtl. **Josep-Ferran Sorts,** span. Komponist und Gitarrist, *getauft Barcelona 14. 2. 1778, †Paris 10. 7. 1839; lebte ab 1813 in Paris (1815–26 in London). S. beeindruckte durch sein virtuoses, zugleich aber harmonisch und satztechnisch differenziertes Gitarrenspiel. Seine Sonaten, Divertimenti, Variationen u. a. für Gitarre sind von den Form- und Stilprinzipien der Wiener Klassik angeregt; daneben schrieb er Lieder, Ballette und Opern. Seine ›Méthode pour la guitare‹ (um 1830) gehört zu den Standardwerken für dieses Instrument.

F. S. Versuch einer Autobiogr. u. gitarrist. Schrr., hg. v. W. MOSER (1984).

Sora, Volksstamm der Mundavölker, →Savara.

Sopraporte

Sorabistik *die, -,* die Wiss. von der Sprache, Literatur und Kultur der Sorben (→sorbische Literatur, →sorbische Sprache), begründet mit der Tätigkeit der ›Maćica Serbska‹ in Bautzen (ab 1847). 1951 entstanden das Institut für S. an der Univ. Leipzig und das Institut für sorb. Volksforschung in Bautzen.

Soranus, S. von Ephesus, griech. **Soranos,** griech. Arzt, lebte Anfang des 2. Jh. n. Chr. in Rom. S. gilt als einer der bedeutendsten Ärzte des Altertums; er verfasste eine Vielzahl von Schriften (nur z. T. erhalten) zur medizin. Theorie und Praxis. Bedeutend war sein Lehrbuch zur Frauenheilkunde und Geburtshilfe, das bis weit ins MA. wirkte.

Sorata, Berg in Bolivien, →Illampu.

Sorau, poln. **Żary** [ˈʒari], Stadt in der Wwschaft Zielona Góra (Grünberg), Polen, in der Niederlausitz, 40 900 Ew.; Heimatmuseum; Textil- und Bekleidungsindustrie, Maschinen-, Präzisionsgerätebau, Holz-, Nahrungsmittelindustrie; Eisenbahnknotenpunkt. – Got. Pfarrkirche (vor 1309, 1401–30, Turm nach 1550); Promnitzkapelle (1670–72); Saganer Tor; Burg (12. Jh.), um 1550 im Renaissancestil umgebaut (›Bibersteinschloss‹), im 18. Jh. erweitert (›Promnitzschloss‹). – Das 1002 erstmals erwähnte S. wurde 1260 Stadt. Im 19. Jh. begünstigte der industrielle Aufschwung die Stadtentwicklung. S. kam 1945 unter poln. Verwaltung, die Zugehörigkeit zu Polen wurde durch den Dt.-Poln. Grenzvertrag vom 14. 11. 1990 anerkannt.

Sorbaria [zu Sorbus], die Pflanzengattung →Fiederspiere.

Sorbat, *Chemie:* 1) Salz oder Ester der →Sorbinsäure; 2) →Sorption.

Sorben *Pl.,* auch **Wenden,** sorb. **Serbja, Serby,** westslaw. Volk in der Ober- und Niederlausitz (Sachsen und Brandenburg); Nachkommen der slaw. Bev., die im 6. Jh. im Zuge der Völkerwanderung ein etwa 40 000 km² großes Gebiet zw. Saale, Erzgebirge, Oder, Bober, Queiß, Frankfurt/Oder, Jüterbog und Zerbst besiedelte; ca. 60 000 Angehörige mit Kenntnissen der →sorbischen Sprache; Zentren sind Bautzen und Cottbus; mehrheitlich sind die S. Protestanten, etwa ein Viertel Katholiken.

Geschichte: Die Stammesgruppe der S. umfasste etwa 20 Einzelstämme. 631 erwähnte der fränk. Chronist FREDEGAR erstmals einen Stammesverband der ›Surbi‹, zu dem mehrere kleinere Stämme zw. Saale und Mulde zählten und der den heutigen S. ihren Namen gab. Weitere Stämme, die größere Gebiete bewohnten, waren die Milzener in der Oberlausitz, die Lusizen in der Niederlausitz, die Daleminzen um Meißen/Lommatzsch und die Nisaner im Elbtalkessel um Dresden/Pirna. Während der krieger. Auseinandersetzungen mit Franken und Sachsen (→Sorbische Mark) schlossen sich Teile der S. dem Reich SAMOS (650) und dem Großmähr. Reich (890) an. Ende des 10. Jh. hatten alle sorb. Stämme ihre polit. Unabhängigkeit verloren. Mit der militär. Eroberung ging die Christianisierung der S. einher. Ihr dienten die Mitte des 10. Jh. gegründeten Bistümer Brandenburg, Meißen, Merseburg und Zeitz/Naumburg. Das Milzenerland, die Stammesgebiete der Daleminzen und Nisaner sowie Gebiete um Zeitz und Merseburg gehörten im 11. Jh. zur Mark Meißen, das Land der Lusizen war der (Sächs.) Ostmark eingegliedert. Durch den massenhaften Zuzug dt. bäuerl. Siedler seit dem 12. Jh. erfolgte eine allmähl. Assimilierung der S. vor allem in den westelb. Gebieten, die durch administrative Maßnahmen (›Sachsenspiegel‹, Verbot der sorb. Sprache vor Gericht) gefördert wurde. Das sorb. Sprachgebiet beschränkte sich seit etwa 1500 auf die damals böhm. Markgrafschaften Ober- und Niederlausitz sowie auf einige nördlich und westlich angrenzende Gebiete.

Durch die Reformation wurden alle S. mit Ausnahme kleinerer klerikaler Besitzungen in der Oberlausitz protestantisch. Eine von polit. Erwägungen geleitete sprachl. Toleranz in der Oberlausitz und im Kreis Cottbus bewirkte, dass im 18. Jh. eine obersorb. und eine niedersorb. Schriftsprache entstanden.

Ende des 18. Jh. setzte unter dem Einfluss der Aufklärung ein Prozess des nat. Bewusstwerdens ein, der mit der Entstehung einer sorb. Nationalbewegung im zweiten Viertel des 19. Jh. seinen Höhepunkt erreichte und zur Entfaltung von Vereinstätigkeit, Presse, Volkskultur und Literatur führte (1847 wiss.-kultureller Verein Maćica Serbska). Mit der Gründung des Dt. Reiches 1871 wurde die nat. Unterdrückung der S. forciert. Im Ringen um Selbsterhaltung und in Abwehr dt. Nationalismus schufen Repräsentanten der S. 1912 die →Domowina. Die natsoz. Machthaber beabsichtigten die psych. und phys. Vernichtung der S. Sie verboten alle Vereine und Organisationen bzw. zwangen sie zur Einstellung ihrer Tätigkeit, verbannten das Sorbische aus dem öffentl. Leben und inhaftierten zahlr. sorb. Persönlichkeiten.

In der DDR wurde die Gleichberechtigung der S. gesetzlich garantiert (Ges. zur Wahrung der Rechte der sorb. Bev. 1948, Verfassungen der DDR). Es entstanden zahlr. kulturelle, wiss. und pädagog. Einrichtungen, die einerseits eine umfassende Entwicklung der sorb. Kultur ermöglichten, andererseits aber in das bestehende gesellschaftl. System eingegliedert und für die SED-Politik instrumentalisiert wurden.

Seit 1990 suchen die Bundes-Reg. sowie die Länder Sachsen und Brandenburg u. a. mit der ›Stiftung für das sorb. Volk‹ (1998 selbstständig) Kultur, Kunst und Heimatpflege v. a. in Gestalt von Bildungs- und Wissenschaftseinrichtungen zu fördern. In den Verfassungen beider Länder von 1992 ist das Recht des sorb. Volkes auf Schutz, Bewahrung und Förderung seiner Identität und Sprache festgeschrieben. Die nat. und kulturellen Interessen der S. vertritt die Domowina.

Volkskundliches: Das Eigentümliche der sorb. Volkskultur manifestiert sich bes. in den Sitten und Gebräuchen, weniger in der Lebens- und Wohnweise. Gegenwärtig gibt es noch vier Arten sorb. Volkstrachten: die Schleifer, Hoyerswerdaer, niedersorb. und kath. Tracht. Zahlr. Bräuche wie Vogelhochzeit, Maibaumwerfen, Zampern (v. a. Fastnacht), Osterreiten und Verzieren von Ostereiern werden gepflegt. Neben

Sorben: Darstellung des Schleifer Bescherkindes (Lausitzer Weihnachtsbrauch) auf einem Glasfenster im Haus der Sorben, Bautzen (Entwurf: Měrćin Nowak-Njechorński)

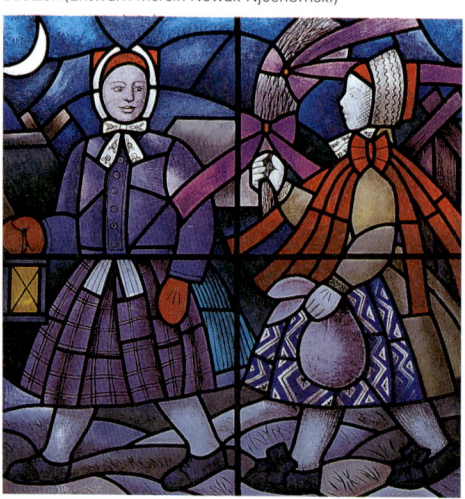

Laienspielgruppen, Chören und Trachtenvereinen widmet sich bes. das sorb. National-Ensemble der Bewahrung der Folklore.

E. TSCHERNIK: Die Entwicklung der sorb. Bev. von 1832 bis 1945 (Berlin-Ost 1954); Die Slawen in Dtl., hg. v. J. HERRMANN (Berlin-Ost 1970); Gesch. der S., bearb. v. J. ŠOLTA u. a., 4 Bde. (Bautzen 1974–79); L. ELLE: Sorb. Kultur u. ihre Rezipienten (1992); Die S. in Dtl., hg. v. D. SCHOLZE (1993); W. KOSCHMAL: Grundzüge sorb. Kultur (1995); P. KUNZE: Kurze Gesch. der S. (1995).

Sorbens das, -/...'benti|en, *Chemie:* →Sorption.

Sorbet [ˈzɔrbɛt, zɔrˈbeː; frz., über ital. sorbetto von türk. şerbet, arab. Ursprungs] *der* oder *das, -s/-s,* **Sorbett, Scherbett,** *Gastronomie:* 1) leicht gefrorenes Getränk aus Fruchtsaft oder Wein mit Eischnee oder Schlagsahne; 2) halbgefrorene Speise aus Likörwein oder Spirituosen, gesüßtem Eischnee, Sahne o. Ä.

Sorbinsäure [zu lat. sorbum ›Vogelbeere‹], eine zweifach ungesättigte Monocarbonsäure, chemisch die trans-trans-2,4-Hexadiensäure; bildet weiße, in Alkohol und Wasser lösl. Kristallnadeln. S. kommt v. a. in Vogelbeeren in Form von **Para-S.** (5-Hydroxy-2-hexensäurelacton) vor, aus der sie durch Umlagerung entsteht. Synthetisch wird S. durch Kondensation von Crotonaldehyd und Malonsäure gewonnen. Ihre Salze und Ester sind die **Sorbate.** S. (E 200), Kaliumsorbat (E 202) und Calciumsorbat (E 203) werden als Konservierungsstoffe verwendet (in Dtl. gesetzlich zugelassen, →E-Nummern). S. ist physiologisch unbedenklich und wird im Körper wie die Fettsäuren abgebaut.

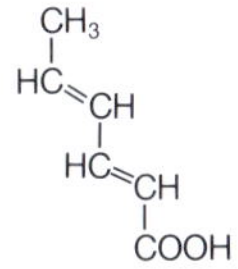

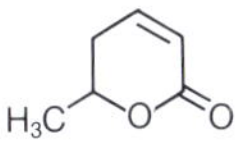

sorbische Kunst, neben einer literar. und musikal. Tradition konnten die künstler. Bedürfnisse der bis zur Industrialisierung seit dem Ende des 19. Jh. vorwiegend ländlichen sorb. Bevölkerung nur in der Volkskunst befriedigt werden (Hausbau, Bildstöcke, Wegekreuze, Devotionalien, Trachten, Bräuche). Früheste Reflexionen des Sorbischen finden sich, im ansonsten strengen Rahmen der christl. Ikonographie, bei der Darstellung eines sorb. Dudelsackspielers in den Fresken der Dorfkirche in Briesen, Landkr. Spree-Neiße (1486).

Erste Namen sorb. Künstler werden im Barock fassbar. Es waren die Bildhauer MATHIAS WENZEL JÄCKEL (*1655, †1738), GEORG VATER (*1673, †1726) und JAKOB DELENCA (*1695, †1763), die für kirchl. Auftraggeber (u. a. Kloster St. Marienstern [zu Panschwitz-Kuckau, Landkr. Kamenz]) arbeiteten. Die meisten Künstler sorb. Herkunft mussten ihr Tätigkeitsfeld jedoch außerhalb der Lausitz suchen. JÄCKEL betrieb eine Werkstatt in Prag und sicherte sich einen festen Platz innerhalb des böhm. Barock. Der Landschaftszeichner und -radierer HEINRICH THEODOR WEHLE (HENDRICH BOŽIDAR WJELA, *1778, †1805) stand im Dienst der Chalkograph. Gesellschaft in Dessau und nahm 1802 als Zeichner und Kartograph an einer militärisch-wiss. Expedition des Zaren ALEXANDER I. PAWLOWITSCH in den Kaukasus teil. Am Ende des 19. Jh. waren es v. a. Künstler nichtsorb. Herkunft, die sich dem sorb. Brauchtum zuwandten (u. a. LUDVÍK KUBA, *1863, †1956; WILLIAM KRAUSE, *1785, †1925; ANTE TRSTENJAK, *1894, †1970).

Erst die Gründung der Vereinigung sorb. bildender Künstler 1923 brachte einen Aufschwung der s. K. Ihre Gründungsmitglieder waren: MARTIN NEUMANN (MĚRĆIN NOWAK-NJECHORŃSKI, *1900, †1990), der eigentl. Repräsentant s. K. in der 1. Hälfte des 20. Jh., HANNAH SCHNEIDER (HANKA KRAWCEC, *1901, †1990), GEORG HEINE (JURIJ HAJNA, *1877, †1952) und FRITZ LATTKE (FRYCO LATK, *1895, †1980). Die identitätsfördernde Ausrichtung s. K. reflektierte auch die Frage eines sorb. Nationalstils.

1948 bildete die Gründung des Arbeitskreises sorb. bildender Künstler, dessen erster Vors. C. FELIXMÜLLER war, eine neue Grundlage für die Entwicklung s. K. Ihre Einbeziehung in die Kultur- und Kunstpolitik der DDR förderte einerseits neue Talente, unterwarf sie andererseits den Forderungen des sozialist. Realismus. JAN BUCK (JAN BUK, *1922) begann in den 1970er-Jahren, in der Malerei durch die Befreiung von themat. Abhängigkeiten und die Besinnung auf maler. Mittel, den sorb. Kontext in komplexe Zusammenhänge mit der modernen Welt zu stellen. Die s. K. ist heute in allen Kunstgattungen vertreten. Wichtige Impulse verleihen ihr neben BUCK auch JOHANNES HANSKY (JAN HANSKI, *1925), BOŽENA NAWKA-KUNYSZ (*1946), SOPHIE NATUSCHKE (SOPHIE NATUŠKEC, *1950), JÜRGEN MATSCHIE (JÜRGEN MAĆIJ, *1953), MAJA NAGEL (MAJA NAGELOWA, *1959) und IRIS BRANKATSCHK (IRIS BRANKAČKOWA, *1958).

A. KRAUTZ: Sorb. bildende Künstler (Bautzen 1974); M. MIRTSCHIN: S. K. Die zwanziger und dreißiger Jahre (1992); Serbske tworjace wume/lstwo Sorb. bildende Kunst 1923–1998, Beitr. v. C. BOGUSZ u. a. (1998).

sorbische Literatur, die Literatur der Lausitzer Sorben (Wenden) in ober- und niedersorb. Sprache

Sorb Sorbische Mark – sorbische Musik

(→sorbische Sprache). – Der erste überlieferte Text ist der ›Bautzener Bürgereid‹, ein obersorb. Huldigungseid aus einer Urkundensammlung von 1532. Im Zeichen der Reformation schufen sich die Sorben ein religiöses Übersetzungsschrifttum: 1548 übertrug MIKŁAWŠ JAKUBICA das N. T. handschriftlich ins Niedersorbische. Als erstes gedrucktes niedersorb. Buch gilt ein Gesangbuch mit Übersetzung des Katechismus (1574) des Pfarrers ALBIN MOLLER (MOLLERUS; *1541, †1618), als erstes obersorb. ein Katechismus mit Erläuterungen zur sorb. Sprache (1595) von WJACŁAW WAWRICH (WARICHIUS; *1564, †1618). Nach dem Dreißigjährigen Krieg erschienen eine obersorb. Übersetzung des N. T. (um 1670, gedr. 1706), eine niedersorb. (1709) sowie eine niedersorb. des A. T. (1796). Hinzu kamen grammatikal-lexikal. Werke von JAN CHOJNAN (*1616, †1664; 1650, zum Niedersorbischen) und JURIJ HAWŠTYN SWĚTLIK (*1650, †1729; zum Obersorbischen). Mit dem Druck der ersten obersorb. Grammatik (›Principia linguae Wendicae‹, 1679) von JAKUB XAVER TICIN (*1656, †1693) in Prag wurde die kath. Schriftsprachenvariante der Obersorben begründet. Im Werk des ev. obersorb. Pfarrers JURIJ MJEŃ (*1727, †1785), der F. G. KLOPSTOCK übersetzte und auch eigene Oden verfasste, zeigten sich die ersten Ansätze einer weltl. Dichtung, die sich im Zeichen der Aufklärung stärker ausprägte. – Neben der beginnenden schriftl. Literatur gab es in sorb. Sprache mündlich überlieferte Stoffe (in Form von Sprichwörtern, Liedern, Märchen, Sagen, z. B. ›Meister Krabat‹); epische Großformen fehlen.

In der ersten Hälfte des 19. Jh., während der so genannten nat. Wiedergeburt, kam es unter dem Einfluss der Romantik zur nat. Selbstbesinnung der Sorben. Ab 1842 erschien die obersorb. Wochenschrift ›Serbske Nowiny‹ (1920 als Tageszeitung); LEOPOLD HAUPT (*1797, †1883) und J. A. SMOLER sammelten und edierten ober- und niedersorb. Volkslieder, 1847 wurde in Bautzen die ›Maćica Serbska‹ (1880 in Cottbus eine niedersorb.) Abteilung) zur Pflege des Volkstums und zur Erforschung von Sprache, Kultur und Geschichte der Sorben gegründet. RUDOLF MJEŃ (*1767, †1841) schrieb als Erster Gedichte und Lieder im Volkston. Der eigentl. Begründer der obersorb. Literatur war HANDRIJ ZEJLER, der Naturlyrik im Geist der Volkslieder sowie subjektive patriot. und religiöse Gedichte schrieb. Der Lehrer JAN WJELA-RADYSERB (*1822, †1907) sammelte fast 10000 Sprichwörter und 6000 Redewendungen, er schrieb Balladen und histor. Novellen.

Nach 1870 formierte sich die nationalbewusste Bewegung der ›Jungsorben‹, ab 1876 erschien ihre Zeitschrift ›Lipa Serbska‹, ab 1882 ›Łužica‹; sorb. Gelehrte bemühten sich um die Herausgabe von Literatur und die philolog. Untersuchung von Dialekten und Sprachdenkmälern. Als Dichter im Übergang zur Moderne ragte der Obersorbe JAKUB BART-ĆIŠINSKI (*1856, †1909) hervor, der, von der tschech. Neuromantik beeinflusst, mit der folklorist. Volksliedtradition brach und neue Genres, Stilelemente und Inhalte einführte. Ihm folgten JAN SKALA (*1889, †1945) mit sozialer Thematik, JAN LAJNERT (*1892, †1974) mit naturnaher Gefühlslyrik, JURIJ CHĚŽKA (*1917, †1944) mit innovativen symbol. Gedichten und die niedersorb. Dichterin MINA WITKOJC (*1893, †1975) mit vielfältigen patriot. Versen. In der Zeit vor und nach dem Ersten Weltkrieg bereicherten die obersorb. Prosaschriftsteller JAKUB LORENC-ZALĚSKI (*1874, †1939), MARJA KUBAŠEC (*1890, †1976) und ROMUALD MIKŁAWŠ DOMAŠKA (*1869, †1945) die Gattung durch moralisierende Dorfgeschichten und historischromant. Erzählungen bzw. Romane; Bedeutung erlangten die niedersorb. Erzähler MATO KOSYK (*1853, †1940) sowie die Lyriker MATO RIZO (*1847, †1931), FRYCO ROCHA (*1863, †1942) und die Dramatikerin MARJANA DOMAŠKOJC (*1872, †1946). Vertreter der neueren s. L. (nach 1945), die zunächst den Anspruch des sozialist. Realismus erfüllten, waren v. a. die obersorb. Autoren MĚRĆIN NOWAK-NJECHORŃSKI (*1900, †1990; literar. Reportagen, Satiren) und JURIJ BRĚZAN (Romane, Erzählungen, Dramen): Letzterer begründete (1951) die Zweisprachigkeit der modernen s. L., die z. Z. der DDR eine feste materielle und organisator. Basis erhielt. Wichtige Autoren der 2. Hälfte des 20. Jh. sind bei den Obersorben die Prosaiker ANTON NAWKA (*1913, †1998), MARJA MŁYNKOWA (*1934, †1971), JURIJ KRAWŽA (*1934, †1995) und JURIJ KOCH (*1936) sowie die Lyriker KITO LORENC (*1938), BENEDIKT DYRLICH (*1950) und RÓŽA DOMAŠCYNA (*1951); bei den Niedersorben HERBERT NOWAK (*1916) und INGRID NAGLOWA (*1939).

R. JENČ: Stawizny serbskeho pismowstwa, 2 Bde. (Bautzen 1954–60); P. MALINK: Die s. L., 2 Bde. (ebd. 1958–59); J. MŁYŃK: 400 Jahre sorb. Schrifttum (a. d. Obersorb., ebd. 1960); M. MŁYNKOWA u. J. MŁYŃK: Serbska literatura 50./60. lět (ebd. 1963); P. NEDO: Grundr. d. sorb. Volksdichtung (ebd. 1966); H. KALTŠMIT: Leksikon awtorow serbskeje pismowhow. 1945–1978 (ebd. 1979); Serbska čitanka. Sorb. Leseb., hg. v. K. LORENC (Leipzig 1981); Chrestomatija dolnoserbskeho pismowstwa, hg. v. F. MĚTŠK (Bautzen ²1982); Nowy biografiski słownik stawiznam a kulturje Serbow, hg. v. J. ŠOŁTA u. a. (ebd. 1984); S. BRĚZAN: Dt. Aufklärung u. sorb. nationale Wiedergeburt (1993); Perspektiven s. L., hg. v. W. KOSCHMAL (1993); DERS.: Grundzüge sorb. Kultur (1995).

Sorbische Mark, ehem. Mark im Gebiet der elbslaw. Sorben, östlich der Saale bis zur Elster und Pleiße; als karoling. Grenzmark mit dem Schwerpunkt Magdeburg vermutlich schon 805 zusammengefasst, spätestens 849 als Sorbenmark **(Limes Sorabicus)** dem thüring. Markenherzog unterstellt, nach zahlreichen sorb. Aufständen 937 an Markgraf GERO übertragen (Elbmark) und nach dessen Tod (965) in Nordmark, sächs. Ostmark und Mark Meißen geteilt.

sorbische Musik. Erste Hinweise auf s. M. gab im 11. Jh. der Chronist THIETMAR VON MERSEBURG. Höf. Musikkultur konnte sich bei den Sorben aufgrund fehlender feudaler Führungsschichten nicht entfalten. Somit ist die frühe s. M. ausnahmslos durch das Volkslied und die instrumentale Volksmusik bestimmt. Nach der Reformation kam es zur Herausbildung von sorb. Musikantenvereinigungen sowie kantoreiähnlichen dörfl. Singegemeinschaften. Als typisch sorb. Volksmusikinstrumente gelten die kleinen und großen dreisaitigen Fiedeln, der kleine und große Dudelsack sowie die schalmeiähnl. Tarakawa. Bedeutende Sammlungen sorb. Volksmusik sind das so genannte ›Kralsche Geigenspielbuch‹ (etwa 1750) sowie die von J. A. SMOLER und LEOPOLD HAUPT (*1797, †1883) 1841/43 herausgegebenen ›Volkslieder der Sorben in der Ober- und Niederlausitz‹. – Mit dem ›Wendischen Gesangbuch‹ des ALBIN MOLLER (*1541, †1618) erschien 1574 die erste musikal. Publikation. Eine eigenständige Musica sacra schuf indes erst der Geistliche MICHAŁ J. WALDA (*1721, †1794). – Das früheste Dokument weltlicher sorb. Kunstmusik, die Jubiläumsode von JURIJ RAK (*1740, †1791), stammt aus dem Jahre 1767. Eigentl. Begründer der sorb. Kunstmusik ist der Kantor, Komponist und Dirigent K. A. KOCOR. Er schrieb v. a. Vokalwerke, die durch eigene Gesangsfeste der Sorben (ab 1845) Verbreitung fanden. Weitere bedeutende Vertreter s. M. sind BJARNAT KRAWC (dt. SCHNEIDER; *1861, †1948) und JURIJ PILK (*1858, †1926). Nach 1945 war JURIJ WINAR (*1909, †1991) maßgeblich an der Reorganisation des sorb. Musiklebens beteiligt. Er gründete 1952 das heutige Sorb. National-Ensemble. Die s. M. der Gegenwart erstreckt sich auf alle Gattungen. Die wichtigsten Komponenten sind J. Rawp (→Raupp), Jan Bulank (*1931), Jan Paul Nagel (*1934, †1997), Detlef Kobjela (*1944) und Juro Mětšk (*1954). Sie eint bei aller Unterschiedlichkeit stilist. Ausdrucksmittel eine spezif. Sicht auf die sorb. Gesch. und Kultur sowie der kreative ästhet. Umgang mit einem binationalen künstler. Selbstverständnis.

sorbische Sprache, häufig auch **wendische Sprache** oder **lausitzische Sprache,** westslaw. Sprache (→slawische Sprachen), die sich in die beiden Schriftsprachen Nieder- und Obersorbisch gliedert; **Niedersorbisch** wird von rd. 20 000 Sorben in der brandenburg. Niederlausitz mit dem Zentrum Cottbus gesprochen, **Obersorbisch** von rd. 40 000 Sorben in der sächs. Oberlausitz mit dem Zentrum Bautzen. Neben den beiden Schriftsprachen werden zahlr. Dialekte gesprochen.

Die Unterschiede zw. dem Ober- und Niedersorbischen lassen sich grundsätzlich durch eine größere Nähe des Ersteren zur tschech., des Letzteren zur poln. Sprache erklären. Außer phonet. und grammat. gibt es eine Reihe lexikal. Unterschiede. Beide sorb. Schriftsprachen verwenden ein dem Tschechischen ähnliches, durch diakrit. Zeichen ergänztes Alphabet.

Phonetik, Phonologie: Das Vokalsystem besteht jeweils aus sieben Phonemen (i, ě, e, a, o, ó, u); ě wird zw. e und i oft als Diphthong [i̯e] ausgesprochen, ó zw. engem o und u, bei langsamer Aussprache diphthongisch als [u̯o], nach neuesten orthoep. Grundsätzen im Niedersorbischen häufig als [œ]. Das Konsonantensystem unterscheidet sich besonders hinsichtlich der stumpfen Sibilanten, die im Niedersorbischen zwei Reihen bilden (š–ś, ž–ź, č–ć), im Obersorbischen dagegen nur eine Reihe (š, ž, č, dž). Stark ausgeprägt sind sowohl im Obersorbischen als auch im Niedersorbischen die Stimmton- und Palatalitätskorrelation. Im absoluten Auslaut werden alle stimmhaften Konsonanten stimmlos, ansonsten findet regressive Stimmangleichung statt. In Deklination, Konjugation und Wortbildung sind die Ober- und Niedersorbische durch eine Reihe von Konsonanten- und Vokalalternationen gekennzeichnet. Der Wortakzent liegt i. d. R. auf der ersten Silbe, jedoch kommt bei vier- oder mehrsilbigen Wörtern noch ein Nebenakzent auf der vorletzten Silbe hinzu.

Die *Morphologie* weist einen z. T. archaischen Formenreichtum auf. Das Nomen unterscheidet drei Genera (Maskulinum, Femininum, Neutrum), drei Numeri (Sg., Dual, Pl.) und sechs Kasus, zu denen im Obersorbischen noch ein Vokativ beim Maskulinum Sg. hinzukommt. Die Kategorie der Belebtheit (Gebrauch der Genitivform für den Akkusativ) erstreckt sich im Niedersorbischen auf alle Lebewesen im Sg., Dual und – mit Einschränkungen – im Pl. Im Obersorbischen erfasst sie nur den Sg. und ist im Dual und Pl. auf männl. Personen beschränkt. Für diese gibt es im Obersorbischen im Nominativ Pl. besondere Formen (Personalform). – Das Adjektiv kennt keine Kurzform und verwendet die Langform sowohl attributiv als auch prädikativ. – Das Verb weist, wie in allen slaw. Sprachen, den Aspekt auf. Wie beim Nomen werden Dualformen gebildet. Das differenziert ausgebaute Tempussystem verfügt u. a. neben einem periphrast. Perfekt und Plusquamperfekt über die synthet. Vergangenheitsformen des Imperfekts (von imperfektiven Verben gebildet) und des Aorists (von perfektiven Verben gebildet); Letztere werden im Niedersorbischen jedoch nur schriftsprachlich verwendet. Im Niedersorbischen gibt es besondere Formen des Supinums, das nach Verben der Bewegung statt des Infinitivs gebraucht wird.

Die *Lexik* weist einen umfangreichen alten slaw. Bestand auf. Der in jüngerer Zeit entstandene Wortschatz zeichnet sich durch viele Lehnübersetzungen aus dem Deutschen aus. In den Dialekten sind auch dt. Lehnwörter sehr verbreitet. Seit dem 19. Jh. wurde dem Einfluss des Deutschen durch Einführung von Slawismen in die Schriftsprachen entgegengewirkt.

Trotz des kleinen Sprachgebiets existieren zahlr. *Dialekte.* Neben den im Kerngebiet des Obersorbischen und des Niedersorbischen gesprochenen Dialekten gibt es an der Grenze zw. der Ober- und Niederlausitz eine Gruppe von Übergangsmundarten. Sie sind im Gebiet zw. Senftenberg und Weißwasser verbreitet.

Schutz und Förderung der s. S. werden seit 1948 durch besondere Gesetze geregelt (u. a. Ges. zur Wahrung der Rechte der sorb. Bev. v. 23. 3. 1948, Ges. zur Ausgestaltung der Rechte der Sorben/Wenden im Land Brandenburg vom 7. 7. 1994).

C. T. Pfuhl: Obersorb. Wb. (1866, Nachdr. Bautzen 1968); Ders.: Laut- u. Formenlehre der oberlausitzisch-wend. Sprache (1867); E. Mucke: Histor. u. vergleichende Laut- u. Formenlehre der niedersorb. (niederlausitzisch-wend.) Sprache (1891, Nachdr. Leipzig 1965); Ders.: Wb. der niedersorb. Sprache u. ihrer Dialekte, 3 Bde. (Neudr. Bautzen 1980–86); F. Rězak: Dt.-sorb. enzyklopäd. Wb. der Oberlausitzer s. S. (1920, Nachdr. Bautzen 1987); B. Swjela: Gramm. der niedersorb. Sprache (Bautzen ²1952); Ders.: Dt.-niedersorb. Taschen-Wb. (ebd. 1953); Ders.: Dolnoserbsko-německi słownik (ebd. ²1963); Serbska bibliografija. Sorb. Bibliogr., bearb. v. J. Mlynk u. I. Gardoš, auf mehrere Bde. ber. (ebd. 1959ff.); E. Eichler: Studien zur Frühgesch. slaw. Mundarten zw. Saale u. Neiße (Berlin-Ost 1965); Sorb. Sprachatlas, bearb. v. H. Fasske u. a., 15 Bde. (Bautzen 1965–96); H. Schuster-Šewc: Bibliogr. der sorb. Sprachwiss. (ebd. 1966); Ders.: Grammatika hornjoserbskeje rěče, 2 Bde. (ebd. 1968–76); Ders.: Historisch-etymolog. Wb. der ober- u. niedersorb. Sprache, 4 Bde. (ebd. 1978–89); H. Fasske: Gramm. der obersorb. Schriftsprache der Gegenwart. Morphologie (ebd. 1981); M. Starosta: Niedersorb.-dt. Wb. (ebd. 1985); H. Jenč u. a.: Słownik Němsko-hornjoserbski (ebd. 1986); H. Nowak: Powědamy dolnoserbski - Gutes Niedersorbisch (ebd. 1988); Dt.-obersorb. Wb., begr. v. R. Jentsch, bearb. v. H. Jentsch, 2 Bde. (ebd. 1989–91); Słownik hornjoserbsko-němski, bearb. v. L. Jakubaš u. a. (ebd. 1990).

Sorbit [zu lat. sorbum ›Vogelbeere‹] *der,* -s, ein zu den Hexiten zählender Zuckeralkohol, der eine süß schmeckende, in hygroskop. Nadeln kristallisierende Substanz bildet. S. kommt (als D-S.) in Vogelbeeren, Kirschen u. a. Früchten vor. Synthetisch erhält man ihn durch katalyt. Hydrierung von Glucose. S. wird u. a. als Zuckeraustauschstoff für Diabetiker sowie als Ausgangsmaterial für die Synthese von Ascorbinsäure (Vitamin C, über Sorbose) verwendet. Durch Abspalten von Wasser entstehen aus S. **Sorbitane** (z. B. 1,4-Sorbitan), aus denen man durch Verestern mit (bis zu drei) Fettsäuren **Sorbitanester** erhält, die als Emulgatoren eingesetzt werden.

Sorbit [nach dem brit. Geologen Henry Clifton Sorby, *1826, †1908] *der,* -s, *Metallkunde:* frühere Bez. für einen Perlit mit sehr feinstreifigem Gefüge, das bei hoher Abkühlungsgeschwindigkeit entsteht.

Sorbonne [sɔrˈbɔn] *die,* -, Anfang des 13. Jh. als Zusammenschluss der Magister und Scholaren entstandene und bis zur Neugliederung (1968) einzige Univ. in Paris, der Mittelpunkt des Quartier Latin. Neben ihr entstanden allmählich versch. hoch qualifizierende wiss. Hochschulen (Grandes Écoles). Der Name S. geht auf das 1257 vom Domherrn Robert de Sorbon (*1201, †1274) gegründete Internat für mittellose Theologiestudenten zurück, das als Kolleg zugleich Studienort war, begünstigt durch Privilegien (Freiheiten und Dotationen). Im MA. war die S. nahezu unangefochtene Autorität für theolog. und kirchenrechtl. Fragen, während des ›Ancien Régime‹ geistiger Mittelpunkt Frankreichs. 1469 richteten Buchdrucker aus Mainz in der S. die erste Druckerei Frankreichs ein; 1481 entstand ein eigener Bibliotheksbau. Unter Richelieu wurde der Neubau der S. begonnen (1625–42), erhalten blieb die Kapelle (1635–53). 1792

$$\begin{array}{c} CH_2OH \\ | \\ H-C-OH \\ | \\ HO-C-H \\ | \\ H-C-OH \\ | \\ H-C-OH \\ | \\ CH_2OH \end{array}$$

D-Sorbit

$$\begin{array}{c} CH_2 \\ | \\ H-C-OH \\ | \\ HO-C-H \\ | \\ H-C \\ | \\ H-C-OH \\ | \\ CH_2OH \end{array} O$$

1,4-Sorbitan

Sorbit

Sorb Sorbose – Sørensen

Agnès Sorel

Albert Sorel

Charles Sorel, Sieur de Souvigny

wurde die S. geschlossen, 1808 von NAPOLEON I. wieder eröffnet und auch Sitz anderer wiss. Institutionen, 1885–1901 unter HENRI PAUL NÉNOT (* 1853, † 1934) zur größten Univ. Frankreichs um- und ausgebaut. 1968 ging die alte S. in den 13 Univ. von Paris auf, derzeit beherbergt der Gebäudekomplex die Univ. Paris I (Panthéon-S.), Paris III (S. nouvelle) und Paris IV (Paris-S.).

J. BONNEROT: La S. (Neuausg. Paris 1935); G. AMESTOY: Les universités françaises (ebd. 1968).

Sorbose [zu Sorbit] *die*, -, ein zu den Ketohexosen (→Hexosen) zählendes Monosaccharid. S. ist eine farblose, in Wasser leicht lösl. kristalline Substanz; sie entsteht (als L-S.) in Vogelbeeren durch enzymat. Oxidation von Sorbit; synthetisch wird sie aus Sorbit unter dem Einfluss von Bakterien (Acetobacter suboxidans) gewonnen. S. ist ein wichtiges Zwischenprodukt bei der Synthese von Ascorbinsäure (Vitamin C).

Sorbus [lat. ›Vogelbeerbaum‹], die Pflanzengattung →Eberesche.

Sorde-l'Abbaye [sɔrdla'bei], Gem. im Dép. Landes, Frankreich, am Gave d'Oloron, 570 Ew. – In der bei S.-l'A. gelegenen ›Grotte Duruthy‹ wurden ein Magdaléniengrab mit Fisch- und Seehundgravierungen auf Bärenzähnen und eine weitere Bestattung derselben Zeit (12 000 v. Chr.) sowie Wildpferdskulpturen aus Stein und Elfenbein entdeckt.

Sordello, ital. Troubadour, * Goito (bei Mantua) um 1200, † 1269(?); aus niederem Adel; war zunächst am Hof der Este in Ferrara, trat darauf in den Dienst des Stadtherrn von Verona, RIZZARDO DI SAN BONIFACIO, lebte dann (bis 1229) am Hof in Treviso. In den folgenden Jahren hielt er sich in Spanien, eventuell auch in Portugal sowie am provenzal. Hof auf; erst 1265 kehrte er mit KARL I. VON ANJOU nach Italien zurück. S., von den 45 Dichtungen in mehreren Handschriften überliefert sind, ist zweifellos der bedeutendste ital. Lyriker provenzal. Sprache. Wegen seines politisch inspirierten Klageliedes auf den Freund BLACATZ († 1237) machte ihn DANTE zu einer der Hauptfiguren in den Gesängen VI, VII und VIII des ›Purgatorio‹ seiner ›Göttl. Komödie‹.

Ausgabe: Le poesie, hg. v. M. BONI (1954).

G. ANGIOLILLO: Cultura e società nella poesia di S. (Cercola 1978); J. J. WILHELM: The poetry of S. (New York 1987).

Sordi, Alberto, ital. Schauspieler und Filmregisseur, * Rom 15. 6. 1919; Synchronsprecher O. HARDYS; übernahm ab 1938 Filmrollen, einer der beliebtesten Komiker Italiens; seit den 60er-Jahren auch Regisseur.

Filme: *Darsteller:* Die bittere Liebe (1951); Vitelloni (1953); Liebenswerte Gegner (1961); Untersuchungshaft (1971); Ich weiß, daß du weißt, daß ich weiß (1982, auch Regie); Ab in den Knast! (1984, auch Regie); L'avaro (1990); Romanzo di un giovane povero (1995).

Sordino [ital.] *der*, -s/-s und ...ni, *Musik:* ital. Bez. für →Dämpfer.

Sordun [ital. sordone, zu sordo, von lat. surdus ›kaum hörbar‹, eigtl. ›taub‹] *der* oder *das*, -s/-e, *Musik:* 1) Doppelrohrblattinstrument des 16. und 17. Jh. mit Anblasrohr (ohne Windkapsel) und zylindrisch gebohrtem Rohr mit doppeltem oder dreifachem Windkanal sowie 12 bis 14 Tonlöchern, von denen einige mit Klappen versehen waren. Der S. wurde in versch. Größen gebaut, vom Diskant (B–g^1) bis zum Großbass (F_1–d); im 17. Jh. vom verwandten Fagott verdrängt; 2) Register der Orgel aus engen Zungenpfeifen mit Aufsätzen, meist in 16-, seltener 8-Fuß.

Soredium [griech.] *das*, -s/...di|en, der vegetativen Vermehrung dienende, von Pilzhyphen umsponnene Algenzelle der Flechten.

Sorel [sɔ'rɛl], 1) Agnès, Geliebte KARLS VII. von Frankreich, * Fromenteau (heute Saint-Martin-du-Mont, Dép. Côte-d'Or) um 1422, † Anneville (Normandie) 9. 2. 1450; gewann seit 1444 als offizielle Mätresse (›maîtresse de titre‹) erhebl. Einfluss auf den König, dem sie vier Töchter gebar; nach der ihr geschenkten Seigneurie von Beauté-sur-Marne auch **Dame de Beauté** [dam də bo'te] genannt.

2) Albert, frz. Historiker, * Honfleur 13. 8. 1842, † Paris 29. 6. 1906; ab 1872 Prof. an der École libre des sciences politiques, ab 1894 Mitgl. der Académie française; trat durch Untersuchungen zur Diplomatiegeschichte des 18. und 19. Jh. (u. a. zur Frz. Revolution) hervor.

Werk: L'Europe et la Révolution française, 8 Bde. (1885–1904).

3) Charles, Sieur de Souvigny [suvi'ɲi], frz. Schriftsteller, * Paris 1602, † ebd. 7. 3. 1674; schrieb neben Gedichten, histor. und philosoph. Werken Romane, in denen sich realist. Darstellung mit satirisch-derben und abenteuerhaft-bizarren Elementen verbindet. Die breiteste Wirkung erzielte er mit dem pikaresken Sittenroman ›La vraye histoire comique de Francion‹ (7 Bücher, 1623, 1626 auf 11, 1633 auf 12 Bücher erweitert; dt. ›Wahrhaftige und lustige Historie vom Leben des Francion‹) sowie mit dem Roman ›Le berger extravagant‹ (1627), einer Parodie der mod. Schäferdichtung.

F. E. SUTCLIFFE: Le réalisme de C. S. Problèmes humains du XVIIe siècle (Paris 1965); S. THIESSEN: S. Rekonstruktion einer antiklassizist. Lit.-Theorie u. Studien zum ›Anti-Roman‹ (1977); H. D. BÉCHADE: Les romans comiques de C. S. (Genf 1981); G. VERDIER: C. S. (Boston, Mass., 1984); R. HOWELLS: Carnival to classicism. The comic novels of S. (Paris 1989).

4) Georges, frz. Publizist und Sozialphilosoph, * Cherbourg 2. 11. 1847, † Boulogne-sur-Seine (heute zu Boulogne-Billancourt) 30. 8. 1922. S. arbeitete zunächst als Ingenieur, ab 1892 lebte er als freier Schriftsteller und Philosoph. Er nahm aktiv an den sozialen Auseinandersetzungen und Diskussionen seiner Zeit teil. In S.s Denken verbinden sich die ideolog. und philosoph. Hauptströmungen des 19. und frühen 20. Jh., namentlich die Gedanken von K. MARX, P. J. PROUDHON, F. NIETZSCHE, V. PARETO und H. BERGSON, sowie frühsozialist., anarchosyndikalist. und sozialdarwinist. Vorstellungen. S. war zunächst Anhänger der marxist. Arbeiterbewegung, wandte sich dann, da er nicht an einen gesetzmäßig evolutionären Fortschritt glauben mochte, sondern einen Verlauf des Geschichtsprozesses in Sprüngen annahm, der anarchosyndikalist. Bewegung zu. Zunehmend beeinflusst von einem Denken, das in der vermeintlichen europ. Dekadenz den Hauptfeind des Zeitalters sah, näherte er sich später autoritären und faschist. Bewegungen. Sein bekanntestes Werk, ›Réflexions sur la violence‹ (1908; dt. ›Über die Gewalt‹), beeinflusste einerseits LENIN, andererseits gilt S. damit auch als Wegbereiter des europ. Faschismus, für den er in seiner Verherrlichung gewalttätiger Eliten und in der Betonung von Leitmythen für die Führung von Menschen wichtige Stichworte lieferte. S.s Vorstellungen wurden u. a. im Zuge der Studentenrevolte nach 1968 erneut diskutiert.

Weitere Werke: L'avenir socialiste des syndicats (1898); Essai sur l'église et l'état (1901); La ruine du monde antique (1902); Introduction à l'économie moderne (1903); La décomposition du marxisme (1908; dt. Die Auflösung des Marxismus); Les illusions du progrès (1908); La révolution Dreyfusienne (1909); Matériaux d'une théorie du prolétariat (1919); De l'utilité du pragmatisme (1921).

H. BERDING: Rationalismus u. Mythos. Geschichtsauffassung u. polit. Theorie bei G. S. (1969); M. FREUND: G. S. (^{2}1972).

Sörenberg, Fremdenverkehrsgebiet im Entlebuch, Kt. Luzern, Schweiz, am N-Fuß des Brienzer Rothorns; zahlr. Seilbahnen und Skilifte. S. gehört zur Gem. Flühli (1 800 Ew.).

Sørensen, 1) ['sørənsən], Henrik Ingvar, norweg. Maler, Grafiker und Kunstschriftsteller, * Fryksände (Verw.-Bez. Värmland) 12. 2. 1882, † Oslo 24. 2. 1962; studierte 1908 und 1910 bei H. MATISSE in Paris. Er verband in seinen Landschafts- und Figurenbildern Anregungen der zeitgenöss. frz. Bewegungen mit der norweg. Tradition (E. MUNCH, E. WERENSKIOLD); auch Wandmalereien (Dom in Linköping, 1934; Rathaus in Oslo, 1938–50; Palais des Nations in Genf, 1939) sowie Buchillustrationen.

2) [ˈsœrnsən], Søren Peter Lauritz, dän. Chemiker, * Havrebjerg (Seeland) 9. 1. 1868, † Kopenhagen 13. 2. 1939; ab 1901 Leiter der chem. Abteilung des Carlsberglaboratoriums der Carlsbergstiftung in Kopenhagen; arbeitete bes. über den Säure-Base-Begriff und die Messung von Wasserstoffionenkonzentrationen; führte 1909 den Begriff des pH-Wertes ein.

3) [ˈsœrnsən], Villy, dän. Schriftsteller, * Kopenhagen 13. 1. 1929; schilderte in schlichtem, doch hintergründigem Erzählton, aus bibl. Stoffen, Mythen, Legenden und Märchen schöpfend, Konflikte und Probleme der modernen Gesellschaft in ihrem Bezug auf das Individuum (›Sære historier‹, 1953; ›Ufarlige historier‹, 1955). Als Mitherausgeber der Zeitschrift ›Vindrosen‹ (1959–63) hatte S. großen Einfluss auf die zeitgenöss. dän. Literatur. Daneben entstanden Studien u. a. zu H. BROCH, F. KAFKA, T. MANN, F. NIETZSCHE und SENECA D. J. (›Seneca. Humanisten ved Neros hof‹, 1976; dt. ›Seneca. Ein Humanist an Neros Hof‹). In den 80er-Jahren schuf S. moderne Nacherzählungen bes. nord. und antiker Sagenstoffe; seit 1965 Mitglied der Dän. Akademie.

Weitere Werke: *Erzählungen:* Formynderfortællinger (1964; dt. Vormundserz.); De mange og de enkelte (1986; dt. Die Vielen u. die Einzelnen). – *Roman:* Apollons oprør. De udødeliges historie (1989; dt. Apolls Aufruhr. Die Geschichte der Unsterblichen). – *Essays:* Jesus og Kristus (1992).

Ausgabe: Tiger in der Küche u. a. ungefährl. Geschichten (Neuausg. 1985).

Sorescu, Marin, rumän. Lyriker und Dramatiker, * Bulzești (Kr. Dolj) 19. 2. 1936, † Bukarest 8. 12. 1996; gehört zu den großen rumän. Schriftstellern des 20. Jh.; er begann 1964 mit Versparodien, fand aber rasch zu einer eigenen, durch Abneigung gegen jede Rhetorik gekennzeichneten lyr. Sprache. Als ein Meister der Untertreibung erweist sich S. sowohl im Inhaltlichen (Vorliebe für Alltäglich-Banales) wie im Formalen: Typisch ist das kurze Gedicht, kritisch-ironisch wie ein Epigramm, effektvoll aufgebaut wie ein Witz. S. war 1993–95 Kulturminister.

Werke: *Lyrik:* Poeme (1965); Moartea ceasului (1966); Tușiți (1970); Suflete, bun la toate (1972); Astfel (1973); La lilieci, 3 Bde. (1973–80); Drumul (1984); Traversarea (1994). – *Roman:* Trei dinți din fața (1978). – *Dramen:* Iona (1968); Paracliserul (1970); Matca (1976). – *Dt. Auswahlen:* Kugeln und Reifen (1968); Trojan. Pferde (1975); Abendrot Nr. 15 (1985); Der Fakir als Anfänger (1992).

Soret [sɔˈrɛ], Frédéric (Friedrich Jacob), schweizer. Naturwissenschaftler russ. Herkunft, * Sankt Petersburg 13. 5. 1795, † Genf 18. 12. 1865; studierte Theologie und Mineralogie in Genf und Paris; war 1822–36 Prinzenerzieher in Weimar, in dieser Zeit enger Kontakt mit GOETHE, dessen ›Metamorphose der Pflanzen‹ (1790) er ins Französische übersetzte (›Essai sur la métamorphose des plantes‹, 1829). Seine Tagebuchaufzeichnungen und später verfassten Erinnerungen bildeten die wesentl. Grundlage für den 3. Teil von J. P. ECKERMANNS ›Gesprächen mit Goethe in den letzten Jahren seines Lebens‹ (1848). S. war auch ein bedeutender Archäologe und Numismatiker.

Ausgaben: Goethes Briefe an S., hg. v. H. UHDE (1877); Goethes Unterhaltungen mit F. S., hg. v. C. A. H. BURKHARDT (1905); Zehn Jahre mit Goethe, hg. v. H. H. HOUBEN (1929); Conversations avec Goethe, bearb. v. A. ROBINET DE CLÉRY (1932); Un Genevois à la cour de Weimar. Journal inédit, Einf. v. P. HAZARD (1932).

E. GALLATI: F. S. u. Goethe (Bern 1980).

Soret-Effekt [sɔˈrɛ-; nach dem schweizer. Mineralogen CHARLES SORET, * 1854, † 1904], *Thermodynamik:* →Thermodiffusion.

Sorg, Anton, Frühdrucker, * Augsburg um 1430, † ebd. um 1493; war urspr. Brief- und Kartenmaler, druckte 1475–93 mit zahlreichen Holzschnitten ausgestattete, überwiegend deutschsprachige Bücher, v. a. weltl. (›Volksbücher‹), auch geistl. Inhalts; insgesamt 180 Werke. Sein bedeutendstes Druckwerk war ULRICH VON RICHENTHALS Beschreibung des Konstanzer Konzils (›Conciliumbuch zu Costenz‹, 1483). Von S. stammen ferner die ersten gedruckten Buchanzeigen für Bücher in dt. Sprache.

F. GELDNER: Die dt. Inkunabeldrucker, Bd. 1 (1968).

Sorge [ahd. sorga, eigtl. ›Kummer‹, ›Gram‹]. Im allgemeinen Sprachgebrauch hat der Begriff zwei Bedeutungstendenzen: Einerseits ist S. ein ›ängstlich abwartendes Angespanntsein auf etwas‹ (S. um), andererseits ein ›hingebender Einsatz‹ (S. für). In der Philosophie wurde der Begriff v. a. von M. HEIDEGGER verwendet. Im Rahmen seiner Existenzialontologie dient er ihm zur fundamentalen Bestimmung des ›Seins des (menschl.) Daseins‹. In der S. vernimmt der Mensch sein Sein. In Bezug auf die Umwelt ist sein Dasein Besorgen, in dem zu seinen Mitmenschen Fürsorgen.

Sorge, 1) Georg Andreas, Komponist und Musiktheoretiker, * Mellenbach-Glasbach (Landkreis Saalfeld-Rudolstadt) 21. 3. 1703, † Lobenstein 4. 4. 1778; wirkte seit 1721 als Hof- und Stadtorganist in Lobenstein. Seine Kompositionen (v. a. Klavier- und Orgelwerke) gehören stilistisch in die Übergangszeit vom Spätbarock zur Frühklassik. Seine Bedeutung als Theoretiker beruht auf seinen Untersuchungen zum Problem der Temperatur (›Anweisung zur Stimmung und Temperatur ...‹, 1744), auf seiner Entdeckung der Kombinationstöne (noch vor G. TARTINI, 1754) und auf seiner kompositor. Praxis reflektierenden Harmonielehre, die er unabhängig von J.-P. RAMEAU und F. W. MARPURG und z. T. mit anderen Grundgedanken v. a. in seinem Hauptwerk ›Vorgemach der musical. Composition‹ (3 Bde., 1745–47) sowie im ›Compendium harmonicum‹ (1760) niederlegte.

Peter Sorge: Se non è cretino ...; 1978 (Privatbesitz)

2) Peter, Maler, Zeichner und Grafiker, * Berlin 14. 4. 1937; Vertreter des krit. Realismus. Er überträgt Zitate aus Illustrierten sowie Zeitungs- und Magazinfotos collageartig in seine Bilder, Zeichnungen, Lithographien und Radierungen und bezieht in seinen Arbeiten Stellung gegen Krieg, Gewalt und Ausbeutung.

L. C. POLL: P. S. Werk-Verz. der Radierungen, Lithographien u. Handzeichnungen 1963–1979 (1979); P. S., Bilder, Zeichnungen, Grafik, Ausst.-Kat. (1987).

3) Reinhard Johannes, Schriftsteller, * Rixdorf (heute zu Berlin) 29. 1. 1892, † (gefallen) bei Ablaincourt (Dép. Somme) 20. 7. 1916; Jurastudium in Jena, später freier Schriftsteller. 1913 Übertritt zum Katholizismus. S. begann mit frühexpressionist. Lyrik; sein Drama ›Der Bettler‹ (1912) gilt nach Gehalt und Form als das erste weltanschaul. revolutionäre Drama des Expressionismus: Im Mittelpunkt steht der junge, verzweifelte, einsame Mensch im Kampf gegen eine dem Materialismus verfallene Welt, jegliche Bindung an eine Gemeinschaft fehlt. Später verfasste S. Mysterienspiele und religiöse Epen. Er war 1912 zusammen mit H. BURTE erster Träger des Kleist-Preises.

Weitere Werke: Guntwar (1914); Metanoeite (1915); König David (1916); Nachgelassene Gedichte (hg. 1925).

Ausgabe: Werke, hg. v. H. G. RÖTZER, 3 Bde. (1962–67).

4) **Richard**, Journalist, *Adschibend (bei Baku) 4. 10. 1895, †(hingerichtet) Tokio 7. 11. 1944; ab 1898 in Dtl., trat 1919 der KPD, 1925 der KPdSU bei. Von der Nachrichtenabteilung der Komintern 1925 angeworben, entfaltete er seitdem eine intensive Spionagetätigkeit für die UdSSR, 1928–29 in Großbritannien und Skandinavien, 1929–33 in China, seitdem in Japan. Getarnt als Korrespondent der ›Frankfurter Zeitung‹ in Tokio, baute er dort einen Spionagering auf. Während S. selbst zum inoffiziellen Mitarbeiter der dt. Botschaft avancierte, hatte sein Hauptinformant OZAKI HOTSUMI (*1901, hingerichtet 7. 11. 1944) freien Zugang zu höchsten Regierungskreisen um Min.-Präs. Fürst KONOE FUMIMARO. Im Mai 1941 unterrichtete S. die UdSSR von der bevorstehenden dt. Invasion. Nach dem dt. Angriff auf die UdSSR (22. 6. 1941) versetzte im Oktober 1941 die Mitteilung S.s an den sowjet. Geheimdienst, Japan werde die UdSSR nicht angreifen, STALIN in die Lage, die sowjet. Truppen im Fernen Osten als Verstärkung im W gegen die dt. Streitkräfte einzusetzen. Im selben Monat wurde S. von der jap. Polizei verhaftet.

M. BOVERI: Der Verrat im 20. Jh. (Neuausg. 1976); H. O. MEISSNER: Der Fall S. (1978); P. KNIGHTLEY: Die Gesch. der Spionage im 20. Jh. (a.d.Engl., Bern 1989); R. WHYTMANT: Stalin's spy. R. S. and the Tokyo espionage ring (London 1996).

Sorgerecht, →elterliche Sorge.

Sorghumhirse [-gum-; aus ital. sorgo, Pl. sorghi, von spätlat. Syricum (granum) ›(Getreide) aus Syrien‹], **Sorgumhirse, Sorghum,** Gattung der Süßgräser mit etwa 60 Arten in den Tropen und Subtropen vornehmlich der Alten Welt; viele Arten sind in entsprechenden Klimazonen eingebürgert; einjährige oder ausdauernde, meist hohe Gräser (Halme 0,2–4 m) mit großen, rispigen Blütenständen, die aus in Wirteln stehenden Ährchen gebildet werden. Versch. Arten sind neben dem Reis die wichtigsten Getreidepflanzen der wärmeren Länder, v. a. Mohrenhirse (→Hirse) und →Kauliang, deren Früchte wie Reis gegessen, verfüttert oder gemahlen zu Brei, Fladen und zur Bierbereitung (Pombe, Merissabier) verwendet werden. Aus den zuckerhaltigen Stängeln mehrerer Arten werden Sirup und Melasse gewonnen, aus den Rispen Besen und Bürsten hergestellt. Andere Arten werden als Futtergräser angebaut.

Sorgue [sɔrg] *die,* Nebenfluss der Ouvèze im Einzugsgebiet der Rhône, Frankreich, 36 km lang; entspringt der Karstquelle Fontaine de Vaucluse (→Vaucluse; BILD →Quelle).

Soria, 1) Prov.-Hauptstadt in N-Spanien, 1 064 m ü. M., am rechten Ufer des oberen Duero, 33 000 Ew.; Nahrungsmittelindustrie, Metallverarbeitung, Baustoffindustrie, Holzverarbeitung, Textilindustrie; wichtiger Straßenknotenpunkt an der Eisenbahnstrecke Madrid–Pamplona. – Die Stadt überragen Burgruinen mit doppelter Ummauerung; Kathedrale San Pedro (12. Jh.; 1573 umgebaut) mit roman. Kreuzgang (12. Jh.), im Innern fläm. Triptychon (1559); Kirche San Juan de Rabanera (12. Jh.); die Fassade der Kir-

Soria 1): Palast der Grafen von Gómara; 2. Hälfte des 16. Jh.

che Santo Domingo (2. Hälfte 12. Jh.) mit Stufenportal und Fensterrose; Palast der Grafen von Gómara (2. Hälfte 16. Jh.) mit Renaissancefassade und quadrat. dreistöckigem Turm; Palast der Doce Linajes (17. Jh.; heute Rathaus); Provinzmuseum (vormals ›Museo Numantino‹) mit keltiberisch-röm. Funden, v. a. aus →Numantia. Am linken Dueroufer liegen die Ruinen des Klosters San Juan de Duero (12./13. Jh.; ehem. Kloster des Templerordens) mit Kreuzgang im Mudéjarstil. Nördlich von S. 200 m lange Duerobrücke aus arab. Zeit. – S. wurde in schon keltiberisch-römisch besiedeltem Gebiet von den Arabern als Festungsstadt gegründet; nach der Rückeroberung durch ALFONS I. von Aragonien fiel es 1136 an Kastilien, wurde strategisch wichtiger Provinzhauptort im Grenzgebiet von Kastilien zu Aragonien und Navarra.

2) Prov. in Spanien, im östl. Altkastilien, 10 306 km², 94 400 Ew.; besteht aus einer Hochebene (um 1 000 m ü. M.), die im NW, N, O und S von Gebirgsrücken (1 200–2 000 m ü. M.) des Iber. Randgebirges umrahmt und nur nach W offen ist und vom oberen Duero (Stausee Cuerda del Pozo) und seinen Nebenflüssen durchflossen wird. Gemäßigt kontinentales Klima; bis auf die Gebirgsrahmen (800–1 000 mm im Jahr) ist die Prov. niederschlagsarm (300–500 mm im Jahr) mit kühlen Sommern und kalten Wintern. Die niedrige Bev.-Dichte (9 Ew./km²) zeigt die seit langem herrschende Abwanderung. Schafhaltung herrscht vor; auf der Hochebene Getreideanbau (Roggen, Gerste), im Gebirge Hochweiden und lichte Pinienwälder. Im N Eisenerzgruben (bei Olvega). Geringe Industrialisierung (Woll- und Holzverarbeitung). Die Prov. ist reich an alten Burgen und roman. Bauwerken; sie entstand aus Randgebieten der ehem. Königreiche Kastilien, Aragonien und Navarra.

Soriano, Dep. in SW-Uruguay, am Uruguay (Grenze gegen Argentinien) und Río Negro, 9 008 km², 83 700 Ew.; Hauptstadt ist Mercedes; Rinder-, Schafzucht, Anbau von Mais, Weizen, Hafer, Flachs, Zuckerrüben.

Soriano, 1) **Suriano**, Francesco, ital. Komponist, *Soriano nel Cimino (bei Viterbo) 1548 oder 1549, †Rom 19. 7. 1621; war Kapellknabe an San Giovanni in Laterano und Schüler von G. M. NANINO und G. P. DA PALESTRINA, Kapellmeister an versch. Kirchen Roms und am Hof zu Mantua, 1603–20 an Sankt Peter. Mit F. ANERIO war er an der Redaktion der Editio Medicaea des Graduale von 1614 beteiligt. S. war einer der bedeutendsten Komponisten der Röm. Schule in der Nachfolge PALESTRINAS. Zu seinen Lebzeiten erschienen Madrigale (1581, 1592, 1601), Motetten (1597), Messen (1609), Psalmen und Motetten (1616),

ein Magnificat sowie eine Passion (1619) und eine berühmte Kanonsammlung (1610).
2) **Osvaldo**, argentin. Schriftsteller, *Mar del Plata 6. 1. 1943, †Buenos Aires 29. 1. 1997; politisch engagierter Journalist (1976–83 im Exil in Brüssel und Paris). In seinen Romanen meidet er experimentelle Formen, versucht jedoch mittels Humor und Groteske wie auch mit Filmeffekten zeitkrit. Akzente zu setzen. Eine satir. Abrechnung mit der Epoche ISABEL PERÓNS ist der Roman ›No habrá más penas ni olvido‹ (1980), mit der Diktatur der Roman ›Cuarteles de invierno‹ (1982; dt. ›Das Autogramm‹).
Weitere Werke: *Romane:* Triste, solitario y final (1974; dt. Traurig, einsam u. endgültig); A sus plantas rendido un león (1986; dt. Der Koffer oder die Revolution der Gorillas); El ojo de la patria (1992). – *Reportagen:* Artistas, locos y criminales (1983).

Soricidae [lat.], die →Spitzmäuse.

Sorites [griech.] *der, -/-, Logik:* 1) **Haufenschluss:** urspr. ein Trugschluss folgender Art: Ein Getreidekorn bildet keinen Haufen. Wenn ein (*n*) Korn keinen Haufen bildet, so bilden auch *n* + 1 Körner keinen Haufen (usw.). Also bilden auch beliebig viele Körner keinen Haufen; 2) seit dem MA. als Kurzform für ›soriticus syllogismus‹ Bez. für einen →Kettenschluss oder einen verkürzten Haufenschluss, d. h. eine Folge von Schlüssen, in der nur die Prämissen und der letzte Schlusssatz genannt werden (z. B. ›alle *A* sind *B*‹, ›alle *B* sind *C*‹, ›alle *C* sind *D*‹; daraus folgt: ›alle *A* sind *D*‹).

Sörli, got. Heldensage, →Hamdir und Sörli.

Sorma, Agnes, eigtl. **A. Maria Caroline Zaremba**, Schauspielerin, *Breslau 17. 5. 1865, †Crownsend (Ariz.) 10. 2. 1927; spielte ab 1883 v. a. in Berlin bei A. L'ARRONGE, O. BRAHM und M. REINHARDT. Sie beeindruckte in klass. und naturalist. Rollen.

Sörmland, Verw.-Bez. in Schweden, →Södermanland.

Sorø [-rø], Stadt auf Seeland, Dänemark, am S.-See, 14 600 Ew.; Verw.-Sitz des Amtes Westseeland; Kunst-, Heimatmuseum; Maschinenbau, Möbelindustrie. – Vom ehem. Zisterzienserkloster blieb nur die Kirche erhalten. Die schlichte roman. Basilika (2. Hälfte 12. Jh.) birgt Epitaphe und das Grabmal (bronzene Liegefiguren) von König CHRISTOPH II. (†1332) und Königin EUPHEMIA (†1330) sowie den Marmorsarkophag König WALDEMARS IV. ATTERDAG (†1375). – S., seit 1638 Stadt, entstand um ein im 12. Jh. gegründetes Kloster (seit 1161 der Zisterzienser), in dem der dän. König 1586 eine Schule einrichtete, die 1623 um eine Adelsakademie ergänzt wurde (S. akademi; bestand bis 1665; 1737–93, dann wieder 1813–38 und 1903 wieder belebt).

Sorocaba, Industriestadt im Bundesstaat São Paulo, Brasilien, 550 m ü. M., 378 000 Ew.; kath. Bischofssitz; FH für Recht; Textil-, Leder-, Düngemittel-, Zement-, Maschinenbau-, Metall- u. a. Industrie.

Sorokin, 1) Pitirim Aleksandrowitsch, amerikan. Soziologe russ. Herkunft, *Turja (nördlich von Syktywkar) 21. 1. 1889, †Winchester (Mass.) 10. 2. 1968; neben journalist. und polit. Tätigkeit (in der Reg. Kerenskij) Prof. in Petrograd, nach der Emigration (1922) an der University of Minnesota (1924–30) und ab 1930 an der Harvard University. Sein Hauptarbeitsgebiet war die Kultursoziologie. Die soziokulturelle Wirklichkeit ist für S. das Resultat komplexer Wechselwirkungen zw. drei Grundsystemen: ›sensuelle‹ Kulturen (materialistisch, Dominanz von Naturwissenschaften und Empirie), ›ideationale‹ Kulturen (Dominanz von Autoritäten und Glaubensvorstellungen) und ›idealistische‹ Kulturen (Wirklichkeitserfahrung durch Vernunft). Bedeutung erlangte S. auch als einer der Begründer der →Konvergenztheorie.
Werke: Social and cultural dynamics, 4 Bde. (1941); Society, culture and personality (1947); A long journey (1963).

P. A. S. in review, hg. v. P. J. ALLEN (Durham, N. C., 1963); Sociological theory, values, and sociocultural change. Essays in honor of P. A. S., hg. v. E. A. TIRYAKIAN (New York 1963); L. A. COSER: Masters of sociological thought (ebd. ²1977).
2) **Wladimir Georgijewitsch**, russ. Schriftsteller, *Bykowo (Gebiet Moskau) 7. 8. 1955; Vertreter der Moskauer Konzeptualisten, dessen kompromisslosprovokative Werke bis 1989 in der Sowjetunion nicht veröffentlicht wurden. S. knüpft mit seinen Romanen, Erzählungen und Stücken an die klass. Avantgarde an. Seine Figuren stehen außerhalb von Normalität, Gesetz und Vernunft und handeln zwanghaft, ohne Sinn und Motivation.
Werke: *Romane:* Tridcataja ljubov' Mariny (entst. 1984; dt. Marinas dreißigste Liebe); Očered' (1985; dt. Die Schlange); Serdca četyrëch (entst. 1991; dt. Die Herzen der Vier); Roman (1994; dt.). – *Erzählungen:* Mesjac v Dachau (entst. 1990; dt. Ein Monat in Dachau); Norma (1994). – *Stücke:* Pel'meni (entst. 1984; dt. Pelmeni; Hochzeitsreise (dt. UA 1995).
Ausgaben: Der Obelisk. Erzählungen, übers. v. G. LEUPOLD (1992); Dysmorphomanie. Das Jubiläum. Zwei Stücke (1993).

Sorolla [so'roʎa], Joaquin, span. Maler, *Valencia 27. 2. 1863, †Cercedilla (Prov. Madrid) 10. 8. 1923; studierte in Valencia, Rom und Paris, wo er bes. vom frz. Impressionismus beeinflusst wurde. S. führte die Freilichtmalerei in Spanien ein. In Madrid wurde sein Wohn- und Atelierhaus mit zahlreichen seiner Arbeiten (Porträts, Landschaften, Genreszenen) als Museum Sorolla eingerichtet.

Soromenho [soro'meɲu], Castro, eigtl. **Fernando Monteiro de C. S.** [mɔn'teiru -], aus Moçambique stammender port. Schriftsteller, *Chinde (südwestlich von Kilimane) 31. 1. 1910, †São Paulo (Brasilien) 18. 6. 1968; 1937–60 Journalist, Verleger und freier Schriftsteller in Lissabon. Wegen seiner Kritik an der Kolonialpolitik der port. Militärdiktatur musste er 1960 nach Frankreich emigrieren; ab 1965 in Brasilien. – Seine Romane kritisieren den Kolonialismus und seine zerstör. Wirkung auf das traditionelle afrikan. Leben (›Terra morta‹, 1949; dt. ›Senhor Americo kehrt nicht zurück‹).
Weitere Werke: *Romane:* Noite de angústia (1939); Homens sem caminho (1941); Viragem (1957); A chaga (hg. 1970).

Soroptimist International [sər'ɔptɪmɪst ɪntəˈnæʃnl; engl., von lat. sorores optimae ›beste Schwestern‹], 1921 in Oakland (Calif.) gegründeter Zusammenschluss von Frauen aller Berufszweige; der erste dt. Klub wurde 1930 in Berlin gegründet. Die Serviceklub-Organisation mit (1995) rd. 100 000 Mitgl. und knapp 3 000 Klubs in 112 Ländern setzt sich bes. für die Menschenrechte, die Verbesserung der Stellung der Frau und für internat. Verständigung ein.

Sororat [von lat. soror ›Schwester‹] *das, -(e)s, Völkerkunde:* eine Heiratsordnung (→Heirat), nach der ein Mann die Schwester (manchmal auch die Cousine) seiner Frau zu deren Lebzeit (sororale Polygynie) oder nach ihrem Tode (postmortales S.) heiratet.

Soros-Stiftungen, →George-Soros-Stiftung.

Sorpe *die,* kleiner Nebenfluss der Ruhr im nördl. Sauerland, NRW, 17 km lang. Südlich von Arnsberg bei Sundern **S.-Talsperre** (erbaut 1926–35) und **S.-See** (330 ha, 70 Mio. m³ Stauinhalt); Energiegewinnung und Wasserstandsregulierung für die Trinkwassergewinnung aus der Ruhr.

Sorption [gekürzt aus Absorption, zu lat. absorbere, vgl. absorbieren] *die, -/-en,* 1) *Bodenkunde:* Fähigkeit der Bodenkolloide, Kationen (z. B. H^+, K^+) und Anionen (z. B. Cl^-) anzulagern, die gegen andere in der Bodenlösung vorhandene ausgetauscht werden können (→Anionenaustausch, →Kationenaustausch der Böden); wichtig für die Pflanzenernährung. Ein Maß für die Anlagerungsfähigkeit der Bodenkolloide ist die →Austauschkapazität.
2) *Chemie:* allg. Bez. für Vorgänge, bei denen ein Stoff von einem anderen selektiv aufgenommen wird,

Agnes Sorma

Sorp Sorptionspumpe – Sortenschutz

Sorrent

speziell die →Absorption, →Adsorption oder →Resorption. Der aufnehmende (sorbierende) Stoff wird als **Sorbens** oder **S.-Mittel**, der aufgenommene (sorbierte) als **Sorbat (Sorptiv)** bezeichnet. Die Umkehrung der S. heißt →Desorption.

Sorptions|pumpe, Vakuumpumpe für Hoch- und Ultrahochvakuum, die Gasmoleküle auf aktiven oder porösen Flächen (z. B. Aktivkohle, Zeolith, Barium, Titan und speziellen Legierungen) bindet. Nach der Aktivierungsart der Gettersubstanz unterscheidet man: **Adsorptionspumpe** (Ausheizen unter Vakuum), **Verdampfer-** oder **Sublimationspumpen** (Aufdampfen aus der festen Phase) sowie die →Ionenpumpe.

Sorptiv *das, -s/-e, Chemie:* →Sorption.

Sorrent, ital. **Sorrento,** Stadt in der Prov. Neapel, Kampanien, Italien, an der NW-Küste der maler., felsigen Halbinsel von S., 50 m ü. M., auf einer Tuffterrasse, 17 000 Ew.; Erzbischofssitz; Museum; Fremdenverkehr, Kunstgewerbe (Intarsien), Orangen- und Zitronengärten, Wein- und Nussbaumbestände. – Stadttor aus griech. Zeit (5. Jh. v. Chr.; im 16. Jh. ergänzt) u. a. Reste der Stadtmauer des 16. Jh., die dem Verlauf der antiken Mauer folgt; an der Küste Reste röm. Villen (u. a. an der Marina Grande und an den Hängen des Capo di Massa); Dom (15. Jh.; mit einigen älteren Teilen; häufig erneuert; Fassade 1913 ff.); Kirche Sant'Antonio (im Kern vor 1000; v. a. 17. Jh.) mit Portal des 12. Jh. (z. T. aus antiken Spolien); Kirche San Paolo (18. Jh.); Kreuzgang des ehem. Franziskanerklosters (14. und 15. Jh.) mit einigen antiken Säulen; zahlr. Adelshäuser (13.–15. Jh. und später). – Das wohl im 7. Jh. v. Chr. von Griechen gegründete, später von Etruskern und Oskern besiedelte **Surrentum** wurde nach 90 v. Chr. röm. Municipium; im 5. Jh. Bischofssitz (ab 11. Jh. Erzbischofssitz); im 7. Jh. Herzogtum; 1137 kam es zum normann. Königreich und teilte in der Folge die Geschicke Neapels.

Sorrentino [sɔrənˈtiːnəʊ], Gilbert, amerikan. Schriftsteller, * New York 27. 4. 1929; seit 1982 Prof. für Englisch an der Stanford University (Calif.). Mit seinen Romanen gehört S. zu den postmodernen Schriftstellern, die durch Parodie, Fantastik und Selbstreflexion die Aufmerksamkeit des Lesers auf den Schreibakt sowie die Fiktionalität der Erzählung lenken. Erfolgreich war u. a. der Roman ›Mulligan stew‹ (1979, dt.).

Weitere Werke: *Romane:* Steelwork (1970; dt.); Imaginative qualities of actual things (1971; dt. Nehmen wir an, daß es wirklich stimmt); Aberration of starlight (1980; dt. Die scheinbare Ablenkung des Sternenlichts); Blue pastoral (1983); Rose theatre (1987); Misterioso (1989). – *Essays:* Something said (1984). – *Lyrik:* Selected poems 1958–1980 (1980).

Sorte [aus ital. sorta ›Art‹, ›Qualität‹, von lat. sors, sortis ›Los(stäbchen)‹, ›Rang‹], 1) *Aufbereitung:* die nach der →Sortierung gewonnene Gruppe eines Feststoffgemisches, bei der eine gewisse Einheitlichkeit der Eigenschaften vorliegt, die bei dem jeweiligen Sortierverfahren zur Unterscheidung von anderen Gruppen des Feststoffsystems geführt haben.

2) *Botanik:* **Kulturvari|etät,** Zuchtform einer Kulturpflanzenart, die auf einen bestimmten Standardtyp hin gezüchtet ist und deren Individuen physiologisch und morphologisch weitgehend übereinstimmen. S. im Sinne des Gesetzes (S.-Schutz) sind Zucht-S., Klone, Linien, Stämme (Populationen) und Hybriden. Jede S. muss sich von jeder anderen durch mindestens ein morpholog. oder physiolog. Merkmal deutlich unterscheiden (→Sortenschutz, →Sortenliste). International ist für S. die Bez. **Cultivar** (Abk.: cv.) eingeführt.

Sorten, *Bankwesen:* Banknoten und Münzen ausländ. Zentralbanken. S. werden im Ggs. zu den →Devisen nicht amtlich gehandelt; im Handel zw. Kreditinstituten **(S.-Handel)** orientiert sich der S.-Kurs bei konvertiblen Währungen am Devisenkurs der entsprechenden Währung. Der An- und Verkauf ausländ. Bargelds (v. a. im Rahmen des Geldwechselgeschäfts) und im S.-Handel zw. den Kreditinstituten zählt nicht zu den Bankgeschäften im Sinne § 1 Kreditwesengesetz.

Sortenfertigung, Sortenproduktion, Prozesstyp der Fertigung, bei dem im Unterschied zur Serienfertigung eigenschaftsverwandte Produkte **(Sorten)** hintereinander mit denselben Betriebsmitteln hergestellt werden, wobei jeweils die optimalen Losgrößen und Losfolgen bestimmt werden müssen. Das Produktprogramm bei der S. setzt sich aus Varianten des gleichen Grunderzeugnisses zusammen, die in ähnl. Herstellungsverfahren produziert werden (z. B. Bier-, Zigarettensorten).

Sortengeld, das Nebeneinanderbestehen von Münzsorten, die nicht durch eine gemeinsame Grundlage oder ein festgesetztes Wertverhältnis zu einem geschlossenen Geldsystem verbunden sind; bes. in Italien und Dtl. vom späten MA. bis ins 19. Jh. Handel und finanzielle Vereinbarungen wurden durch das S. erheblich behindert, weil in Verträgen die Form der Bezahlung exakt vorgeschrieben wurde und die ausbedungene Sorte dann nicht in ausreichender Menge zur Verfügung stand. Der Passus ›Bezahlung in Sorten‹ bedeutete, dass Kurantmünzen gefordert waren, keine unterwertigen Kleinmünzen (Scheidemünzen).

Sortenliste, vom Bundessortenamt für Nutzpflanzen geführte beschreibende Liste der zur Vermehrung und zum Handel zugelassenen geschützten (→Sortenschutz) und ungeschützten Sorten bestimmter landwirtschaftl. und gärtner. Kulturpflanzenarten, die von besonderem landeskulturellem Wert sind. Bestimmungen sorgen dafür, dass stets ausreichende Mengen dieser Sorten als Vermehrungsgut zur Verfügung stehen. Gefordert wird eine systemat. Erhaltungszüchtung. (→Saatgut)

Sortenschutz, dem Patent ähnl., gewerbl. Schutzrecht für neu gezüchtete oder entdeckte Pflanzensorten. Der S. ist im S.-Ges. i. d. F. v. 19. 12. 1997 geregelt. Hiernach ist Voraussetzung für die Erteilung des S., dass die Pflanzensorte unterscheidbar, homogen, beständig, neu und durch eine eintragbare Sortenbezeichnung benannt ist. Das Recht auf S. steht dem Ursprungszüchter oder Entdecker der Sorte oder dessen Rechtsnachfolger zu. Der S. ist beim →Bundessortenamt zu beantragen. Er bewirkt v. a., dass nur der Schutzrechtsinhaber berechtigt ist, Vermehrungsmaterial der Sorte zu erzeugen, in Verkehr zu bringen und aufzubewahren. Die Dauer des S. beträgt grundsätzlich 25 Jahre, bei einigen Pflanzensorten 30 Jahre.

Internat. geregelt ist der S. durch das Internat. Übereinkommen zum Schutz von Pflanzenzüchtungen vom 2. 12. 1961 (zuletzt revidiert am 19. 3. 1991; in der Bundesrepublik Dtl. in Kraft seit 12. 4. 1986), das die Grundlage für zahlr. nat. S.-Ges. bildet und den Angehörigen der anderen Vertragsstaaten Inländerbehandlung gewährleistet. In der EG wurde durch VO (EG) Nr. 2100/94 vom 27. 7. 1994 ein gemeinschaftsweit geltendes gewerbl. Schutzrecht für Pflanzensorten geschaffen. Für die Durchführung der VO wurde ein gemeinschaftl. Sortenamt mit Sitz in Angers errichtet. – In *Österreich* ist der S. durch das S.-Ges. des Bundes von 1993 i. d. F. v. 1997 ähnlich wie im dt. Recht geregelt. S.-Amt ist die Bundesanstalt für Pflanzenbau. In der *Schweiz* werden Züchtungen neuer Pflanzensorten nach dem genannten internat. Übereinkommen sowie dem S.-Ges. vom 20. 3. 1975 (mehrfach geändert) geschützt. Die Dauer des Schutzes beträgt 20, bei einigen Sorten (z. B. Reben, Obstbäume) 25 Jahre.

Sortierung [zu ital. sortire, von lat. sortiri ›(er)losen‹, ›auswählen‹], **1)** *allg.:* das Ordnen nach Arten und Wertgruppen.
2) *Aufbereitung:* wichtige Arbeitsstufe bei der Zerlegung eines Gemischs (Haufwerks) nach physikal. und geometr. Merkmalen wie Dichte, Korngröße, Benetzbarkeit durch Wasser, Öl, magnet. (Suszeptibilität) oder elektr. Eigenschaften, aber auch nach Form, Farbe und Glanz. – Ziel der **Abfall-S.** ist die Rückgewinnung von Stoffen aus Abfällen, um sie als Sekundärrohstoffe wieder in den industriellen Produktionsprozess einzubringen (→Recycling). Wichtige **Sortierverfahren** sind das Sortieren von Hand auf Förderbändern (›Klauben‹, meist nach dem Aussehen, maschinell auch nach radiolog. Eigenschaften), die S. mit der →Setzmaschine, →Schwertrübeverfahren, →Herdaufbereitung, →Flotation, →Magnetscheidung. Bei der **Elektro-S.** (→elektrische Trennverfahren) nutzt man die unterschiedl. elektr. Eigenschaften zur Feststofftrennung. (→Sichten, →Klassierung, →Siebanalyse)

Sortiment [ital. sortimento, vgl. Sortierung], *Marketing:* →Sortimentspolitik.

Sortimenter *der, -s/-,* →Buchhändler.

Sortimentsbuchhandel, eine Form des verbreitenden →Buchhandels.

Sortimentspolitik, Teilbereich des Marketing von Handelsbetrieben, der alle Entscheidungen zur Festlegung der Sortimente umfasst unter Berücksichtigung der Wünsche und Bedürfnisse der Abnehmer bzw. Kunden sowie der unternehmer. Ziele. Bei Industriebetrieben spricht man von Produktionsprogrammpolitik. Ein **Sortiment** setzt sich aus Waren und/oder Dienstleistungen (auch Serviceleistungen) zusammen und gliedert sich i. d. R. in versch. Ebenen vom Gesamtsortiment über Abteilungen, Haupt- und Unterwarengruppen bis zum Artikel (hierarch. Sortimentsstruktur).

Im Rahmen der S. sind lang-, mittel- und kurzfristige Entscheidungen zu treffen. Die langfristigen, strateg. Entscheidungen betreffen die **Sortimentsorientierung,** d. h. die Sortimentsstruktur (z. B. welche Bedürfnisse welcher Zielgruppe stehen im Mittelpunkt?), das Sortimentsniveau (z. B. sollen nur Kunden mit hoher Kaufkraft angesprochen werden?) und die Wettbewerbsausrichtung (z. B. soll sich das Sortiment von vergleichbaren Angeboten abheben?). Eher mittelfristig angelegt sind Entscheidungen über die **Sortimentsdimensionierung.** Dabei müssen die Sortimentsbreite, d. h. die Anzahl der versch. Warengruppen oder Produktlinien, und die Sortimentstiefe, d. h. die Anzahl der Produktvarianten innerhalb der Warengruppen bzw. Produktlinien, festgelegt werden. Eher kurzfristig sind die Entscheidungen über die **Sortimentsdynamik,** d. h. das Verhalten bei Produktinnovationen und die Anpassung an das veränderte Konsumentenverhalten.

Der Erfolg der S. kann anhand von Umsatzanteilen, Handelsspannen, Umschlagshäufigkeiten u. a. Formen von Absatz- oder Sortimentsanalysen sowie durch Anwendung des Portfoliomanagements gemessen werden. Grundlage für solche Analysen sind oft computergestützte Warenwirtschaftssysteme.

Sortisatio [zu lat. sortiri ›losen‹] *die, -,* eine vom 15. bis 17. Jh. gebräuchl. Bez. für die Stegreifausführung eines mehrstimmigen Satzes über einen Cantus firmus, im Ggs. zu Compositio (der ausgearbeiteten Komposition).

Sør-Trøndelag [ˈsøːrtrœnəlaːɡ], Prov. (Fylke) in Norwegen, zw. Europ. Nordmeer und der schwed. Grenze, 18 832 km², davon 992 km² Wasserfläche, 257 200 Ew.; umfasst den S-Teil der Landschaft Trøndelag mit dem äußeren und südl. inneren Trondheimfjord, an dem sich wichtige Ackerbaugebiete finden. Das Gebirgsland erreicht im S Höhen von mehr als 1 600 m ü. M. (östl. Trollheim, nördl. Dovrefjell). Der Kupfererzbergbau in Røros ist eingestellt. Größte Insel ist Hitra (565 km²). Verw.-Sitz, wirtschaftl. und kultureller Mittelpunkt ist Trondheim.

Sörup, Gem. im Kreis Schleswig-Flensburg, Schlesw.-Holst., 46 m ü. M., 4 100 Ew. – Roman. Kirche (12. Jh.) aus Granitquadern und Feldsteinen mit spätgot. Westturm, gotländ. Taufstein (Anfang 13. Jh.), barocke Kanzel (1663).

Sorus [griech. sorós ›Haufen‹] *der, -/...ri,* Sporangiengruppe auf der Sporen tragenden Blattunterseite der Farne.

Sør-Varanger [ˈsøːrvaraŋər], Groß-Gem. in der Prov. (Fylke) Finnmark, N-Norwegen, reicht vom Varangerfjord bis zur russ. und finn. Grenze, 10 000 Ew.; Zentrum ist →Kirkenes.

SOS, 1) *allg.:* international festgelegtes →Notsignal, das im Morsealphabet (· · · – – – · · · ohne Pause) optisch, akustisch oder durch Funk, möglichst mit dem Namen des Betroffenen und dem Standort, ausgesendet wird. SOS trat 1912 an die Stelle von CQD (Abk. für engl. ›come quick, danger‹, ›Kommt schnell, Gefahr‹). Die wegen des eindringl. Rhythmus gewählte Buchstabenfolge wurde erst nachträglich als Abk. für engl. ›save our souls‹ (›Rettet unsere Seelen‹) gedeutet. Hilfeleistung und Weitergabe eines SOS-Signals sind Pflicht, Missbrauch ist strafbar.
2) *Halbleitertechnologie:* →SOI-Technik.

Sosa, Mercedes, argentin. Volkssängerin indian. Abstammung, *Tucumán 9. 7. 1935; lebte 1979–82 im Pariser Exil; ihre Lieder, eine Synthese von indian. Folklore und span. Musiktradition, drücken sozialen Protest und Probleme der Gegenwart aus.

Sosch *der,* **Sož** [sɔʒ], linker Nebenfluss des Dnjepr, 648 km lang; entspringt den Smolensk-Moskauer Höhen in Russland, bildet mit einem kurzen Abschnitt seines Oberlaufes die russisch-weißruss. Grenze, durchfließt in Weißrussland mit breitem Tal die Orscha-Mogiljow-Ebene und mit seinem Unterlauf Polesien, mündet mit versumpftem Tal als Grenzfluss zw. Weißrussland und der Ukraine unterhalb von Gomel; auf 373 km (ab Kritschew) schiffbar.

Soschtschenko, Zoščenko [ˈzɔʃtʃenkə], Michail Michajlowitsch, russ. Schriftsteller, *Sankt Petersburg 9. 8. 1894, †ebd. 22. 7. 1958; studierte Jura, nahm am Ersten Weltkrieg teil, 1918/19 in der Roten Armee; wurde 1921 Mitgl. der ›Serapionsbrüder‹. S. schilderte in den 20er-Jahren in humoristisch-satir., oft ins Groteske sich steigernden feuilletonhaften Skizzen, in der stilisierten Umgangssprache einfacher oder halbgebildeter Sowjetbürger (→Skas) und aus bewusst beschränkter Sicht Menschen im sowjet. Alltag. Seine stilist. Prägnanz sowie sein Spott auf das im Sowjetsystem fortlebende Spießbürgertum und die

Mercedes Sosa

Michail Michajlowitsch Soschtschenko

neue Bürokratie machten ihn zu einem der beliebtesten Satiriker der Sowjetliteratur; schrieb auch Romane, Biographien und Komödien. In der UdSSR zunehmend kritisiert, wurde S. 1946 aus dem Schriftstellerverband ausgeschlossen, nach 1953 rehabilitiert.

Werke: *Satiren:* Rasskazy Nazara Il'iča gospodina Sinebrjuchova (1922); Uvažaemye graždane (1927; dt. Der redl. Zeitgenosse); O čem pel solovej (1927; dt. Was die Nachtigall sang); Golubaja kniga (1935; dt. Das Himmelblaubuch). – *Biographien:* Kerenskij (1937); Taras Ševčenko (1939). – *Roman:* Vozvraščennaja molodost' (1933). – *Autobiographisches:* Pered voschodom solnca (1943), Povest' o razume (hg. 1972; beide dt. als: Schlüssel des Glücks).

Ausgaben: Sobranie sočinenij, 6 Bde. (1929–31); Sobranie sočinenij, 3 Bde. (1986–87). – *Satirenauswahlen:* Die Stiefel des Zaren (1930); Der Flieder blüht u. a. Erzn. (1959); Der Anruf im Kreml u. a. Geschichten von kleinen Leuten in Sowjetrußland (1963); Bleib Mensch, Genosse (1970).

B. MAI: Satire im Sowjetsozialismus. M. S., Michail Bulgakow, Ilja Ilf, Jewgeni Petrow (Bern 1993); B. SARNOV: Prišestvie kapitana Lebjadkina (Moskau 1993).

Sosein, lat. **Essentia,** Gehalt und Beschaffenheit eines realen oder idealen Gegenstandes oder Sachverhalts im Unterschied zu seinem Dasein (Existentia, Existenz); Untersuchungsgegenstand der mittelalterl. Philosophie (→Wesen).

Sosen, eigtl. **Mori S.,** jap. Maler, * Nagasaki 1747, † 1821; tätig in Ōsaka. Nach Ausbildung in der Malerschule der →Kanō entschloss er sich zum Naturstudium; berühmt wurden seine meisterhaften Tierdarstellungen (v. a. von Affen).

Söse|stausee, Trinkwasserstausee der Söse (Nebenfluss der Rhume) in Ndsachs., bei Osterode am Harz, Stauraum 25,5 Mio. m³, maximale Staufläche 1,2 km², größte Stauhöhe 56 m; Wasserfernleitungen nach Bremen und Göttingen; 1931 fertig gestellt.

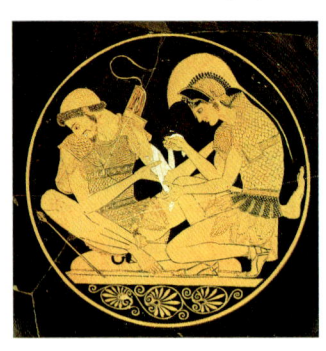

Sosiasmaler: Trinkschale mit dem Innenbild ›Achilleus verbindet den verwundeten Patroklos‹; um 500 v. Chr. (Berlin, Antikensammlung)

Sosiasmaler, att. Vasenmaler um 500 v. Chr.; bedeutender spätarchaischer Meister in der Nachfolge des EUPHRONIOS, tätig für den Töpfer SOSIAS. In Vulci wurde seine rotfigurige Schale mit dem Innenbild ›Achilleus verbindet den verwundeten Patroklos‹ und dem Außenbild ›Einführung des Herakles in den Olymp‹ (Berlin, Antikensammlung) gefunden.

Sosigenes, griech. Astronom des 1. Jh. v. Chr. in Alexandria; beriet CAESAR bei der Kalenderreform.

SOS-Kinderdorf, →Kinderdörfer.

Sosnora, Wiktor Aleksandrowitsch, russ. Lyriker, * Alupka (Krim) 28. 4. 1936; wurde v. a. durch die Verarbeitung von Themen aus der altruss. Epen- und Bylinendichtung in modernem Kontext bekannt (›Vsadniki‹, 1969). Seine Vorliebe für rhythm. Spannung und phonet. Experimente in der Nachfolge N. N. ASSEJEWS und N. CHLEBNIKOWS (›Janvarskij liven'‹, 1962; ›Triptich‹, 1965) weicht in ›Kristall‹ (1977) einer ausgeglicheneren Sprache. Die Sammlung ›Letučij gollandec‹ (Frankfurt am Main, 1979) enthält neben rhythmisierter Prosa auch freie Verse.

Sosnowitz, poln. **Sosnowiec** [-vjɛts], Stadt in der Wwschaft Katowice (Kattowitz), Polen, 260 m ü. M., im O des Oberschles. Industriegebiets, 249 000 Ew.; Bergbaumuseum, Museum für zeitgenöss. Glas; Steinkohlenbergwerke, Eisenhütten und Walzwerke, Schwermaschinen-, Kesselbau, Glashütten, Textil-, Nahrungsmittelindustrie.

Sosnowyj Bor, Stadt im Gebiet Leningrad, Russland, östlich von Sankt Petersburg, am Finn. Meerbusen, 57 600 Ew.; Kernkraftwerk (seit 1967; zwei Blöcke mit einer Bruttoleistung von je 1 000 MW); Maschinenbau, Fischverarbeitung.

Soso, Volk in Westafrika, →Susu.

Sosopol, Sozopol [-z-], Stadt in der Region Burgas, O-Bulgarien, auf einer Halbinsel im Schwarzen Meer, das ab hier (nach N) die Burgasbucht bildet, 15 000 Ew.; Museum, Kunstsammlung (attische Vasen); Fischverarbeitung, Weinkellereien; Fremdenverkehr. – Die Altstadt mit 285 Kulturdenkmälern, darunter zahlr. Holzhäuser des 17.–19. Jh. und die Muttergotteskirche, wurde von der UNESCO zum Weltkulturerbe erklärt.

Sosos, S. von Pergamon, Mosaizist wohl der 1. Hälfte des 2. Jh. v. Chr.; Meister des oft kopierten Taubenmosaiks (Neapel, Museo Archeologico Nazionale, und Rom, Kapitolin. Museum) und der täuschend als Trompe-l'Œil gemalten ›asarotos oikos‹ (eines nicht aufgekehrten Speisesaal-Fußbodens; Aquileja, Archäolog. Museum).

sospirando [ital.], **sospirante,** musikal. Vortrags-Bez.: seufzend.

Soße, Sauce [ˈzoːsə, frz. sos], flüssige bis sämige Beigabe zu unterschiedl. Gerichten; salzig und gewürzt (z. T. auch mit Weinbrand o. Ä. verfeinert) v. a. zu Fleisch- und Fischgerichten oder zu Spargel, süß v. a. zu süßen Nachspeisen (z. B. Vanille-S., Schokoladen-S.), süßsauer v. a. zu Gerichten der asiat. Küche.

Soßieren, Soßen, Arbeitsgang bei der Verarbeitung von Tabak, wobei bestimmte Stoffe beigemischt werden, um Geschmack und Aroma zu beeinflussen.

sostenuto [ital. ›gehalten‹], Abk. **sost., sosten.,** musikal. Vortrags- und Tempo-Bez.: urspr. ne tenuto das gleichmäßige Fortklingenlassen eines Tons; später als Zusatz bei Tempoangaben ein etwas langsameres Zeitmaß (z. B. andante s.).

Soswa *die,* **Sos'va,** zwei Flüsse in Russland: **1) Soswa,** rechter Quellfluss der Tawda, in Russland, 635 km lang; entspringt auf der O-Abdachung des Nördl. Ural, vereinigt sich nördlich von Gari mit der Loswa; 333 km schiffbar.

2) Sewernaja Soswa, Severnaja Sos'va, linker Nebenfluss des Kleinen →Ob, im Autonomen Kreis der Chanten und Mansen, Russland, 895 km lang; entspringt auf der O-Abdachung des Nördl. Ural, mündet unterhalb von Berjosowo; 600 km schiffbar.

Sōtatsu, Tawaraya, † 1643 (?), einer der Hauptmeister der dekorativen Malerei in Japan; erfand den später von der Rimpa-Schule formulierten Stil, der die Themen des Yamato-e ins Ornamentale umformte. Er arbeitete mit KŌETSU und spezielle, ebenso wie sein Studio, mit dem Siegel ›Inen‹. Durch seine großflächigen, starkfarbigen Bilderfindungen in kühnen, asymmetr. Kompositionen auf Stellschirmen und Fusumas und seinen Papierdekor für Gedichtblätter (Shikishi) und Fächer in Gold- und Silberfarben bekannt.

Soter [griech. ›Retter‹], **1)** *griech. Mythos:* 1) Beiname des Zeus in seiner Eigenschaft als Retter; 2) Name, den die Griechen jenen Göttern verliehen, die von Gefahren erretteten.

2) im *Herrscherkult* v. a. der hellenist. Staaten Titel der Herrscher zur Bez. ihrer sakralen Würde und eth. Legitimität; davon abgeleitet im Christentum Hoheitstitel für JESUS CHRISTUS, im Deutschen mit Heiland wiedergegeben.

Soter, Papst (166–174?), bezeugt ist seine Korrespondenz mit christl. Gemeinden; wurde später als Märtyrer verehrt. – Heiliger (Tag: 22. 4.).

Soteriologie [zu griech. sōtḗr ›Retter‹] *die, -,* in der *christl. Theologie* die Lehre von der Erlösung der Menschen durch das Heilswerk JESU CHRISTI. Die S. steht in engem Zusammenhang mit der →Christologie. Entsprechend den jeweiligen Heilsvorstellungen bildeten sich in versch. Kulturen und Zeiten eine Vielfalt soteriolog. Denkmodelle und – als Antwort darauf – versch. christolog. Entwürfe heraus.

Sötern, Philipp Christoph von, Bischof von Speyer (seit 1610) und Erzbischof sowie Kurfürst von Trier (seit 1623), * Kastellaun 11. 12. 1567, † Trier 7. 2. 1652; sicherte das Hochstift Speyer militärisch (u. a. Anlage von Philippsburg), förderte hier und in der Pfalz nach 1620 die Gegenreformation, ebenso seit 1623 in Trier. Seine schroffe Steuer- und Territorialpolitik stieß im Kurfürstentum auf Widerstand, gegen den sich S. mit frz. Hilfe durchsetzte. 1631/32 schloss er Schutzverträge mit Frankreich, dem u. a. ein Besatzungsrecht in Ehrenbreitstein (heute zu Koblenz) und in Philippsburg eingeräumt wurde. 1634 betrieb S. die Wahl RICHELIEUS zum Koadjutor von Trier. Im Dreißigjährigen Krieg wurde S. 1635 gefangen genommen, blieb bis 1645 in kaiserl. Haft. Danach aufgenommene Verhandlungen mit Frankreich mit dem Ziel, Kurtrier vom Reich zu lösen, blieben erfolglos.

Sotheby & Co [ˈsʌðəbɪ ənd ˈkʌmpənɪ], Kunstauktionshaus in London, gegr. 1744, seit etwa 1920 bedeutendstes europ. und nach dem Zweiten Weltkrieg richtungweisendes Versteigerungshaus für Kunstobjekte; übernahm 1965 auch das New Yorker Auktionshaus Parke Bernet. Niederlassungen u. a. in Amsterdam, Florenz, Madrid, Mailand, München, New York, Paris, Stockholm und Zürich.

Art at auction (London 1967 ff., früher u. a. T.); P. WATSON: Sotheby's. Das Ende eines Mythos (a. d. Engl., 1997).

Sothis, im alten Ägypten Bez. für den Stern →Sirius.

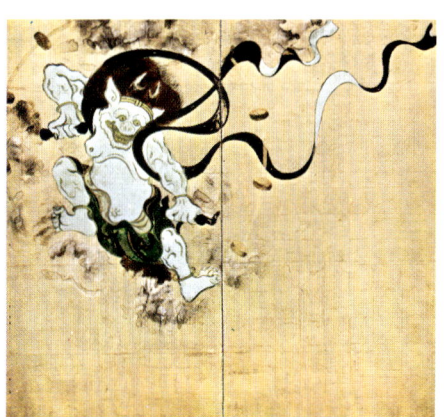

Tawaraya Sōtatsu: Gott des Donners; Gemälde auf einem Stellschirm, Anfang des 17. Jh. (Kyōto, Tempel Kenninji)

Sothis|periode, Hunds|sternperiode, Sirius|periode, im alten Ägypten Zeitraum von 1 461 mal 365 Tagen, gleich 533 265 Tage; so benannt, weil nach seinem Ablauf der →Aufgang des Sirius nahezu wieder mit dem Anfang der frühägypt. Kalenderjahres zu 365 Tagen, dem ersten Tag des Monats Thot, zusammenfiel. Während der S. bewegte sich der Anfang dieses Kalenderjahres einmal durch alle Jahreszeiten. Um den Kalender in bessere Übereinstimmung mit dem Verlauf der Jahreszeiten zu bringen, wurde ab 238 v. Chr. jedem vierten Kalenderjahr ein Tag hinzugefügt (Schalttag), sodass die Durchschnittslänge von vier Kalenderjahren dann je 365,25 Tage betrug **(Sothisjahr).** Die S. ist dann 1 460 Sothisjahre lang, also ebenfalls 533 265 Tage. Die Dauer ebenso vieler trop. Jahre ist um etwa 11,4 Tage kürzer, die Dauer ebenso vieler Jahre nach dem gregorian. Kalender um etwa elf Tage.

Sotho, Basuto, zwei kulturell nahe verwandte, durch eigenständige historisch-soziolog. Entwicklung getrennte Bantuvölker im südl. Afrika. Von den etwa 4,1 Mio. sehr einheitl. **Süd-S. (Seshoeshoe)** leben 2,1 Mio. in der Prov. Freistaat (Rep. Südafrika), 2 Mio. stellen das Staatsvolk von Lesotho. Die stärker aufgegliederten **Nord-S.,** zu denen v. a. die Pedi gehören, leben hauptsächlich in der Nord-Prov. der Rep. Südafrika (rd. 2,6 Mio.), ferner in Botswana (12 000) und Simbabwe (100 000). In ihren ländl. Gebieten betreiben die S. Ackerbau (Hirse) und Viehhaltung; viele S. arbeiten außerhalb als Wanderarbeiter, v. a. in Bergwerken, auf Farmen und in der Industrie. – Ein großer Teil der S. bekennt sich zum Christentum.

Die Sprache der S., das **Sotho,** gehört zu den Bantusprachen. Das Nord-Sotho ist mundartlich stark gegliedert und umfasst Pedi, Tlokwa, Lobedu, Kopa, Ost-Sotho und Pai; das Süd-Sotho ist einheitlicher. Mit dem Tswana bildet das Sotho die Sotho-Tswana-Gruppe. Das Sotho ist eine Tonsprache und kennt sieben Vokale sowie zahlr. komplexe Konsonanten. Schnalzlaute kommen nur im Süd-Sotho vor. Es existiert eine reiche Volksdichtung; neuerdings entwickelt sich eine moderne Literatur.

K. ENDEMANN: Versuch einer Gramm. des S. (1876, Nachdr. Farnborough 1964); D. ZIERVOGEL u. a.: A handbook of the northern S. language (Pretoria 1969); DERS. u. P. C. MOKGOKONG: Groot Noord-S.-Wooraeboek. Comprehensive northern sotho dictionary (ebd. 1975); D. B. LOMBARD: Introduction to the grammar of Northern S. (Neudr. Pretoria 1993); L. J. LOUWRENS u. a.: Northern S. (München 1995).

Sotie [sɔˈti], frz. Possenspiel, →Sottie.

Soto, 1) Hernando de, span. Konquistador, *Barcarrota (Prov. Badajoz) 1496 (?), † am Mississippi (im Gebiet von Louisiana) 21. 5. 1542. Ab 1514 in der Neuen Welt, nahm S. an der Eroberung Perus teil. Als Gouverneur von Kuba organisierte und leitete er eine 1539 begonnene Expedition, die auf der Suche nach Gold von der W-Küste Floridas in das Mississippigebiet und bis weit ins heutige Oklahoma vordrang.

2) Jesús Rafael (Jesus Raphaël), venezolan. Maler, *Ciudad Bolívar 5. 6. 1923; lebt seit 1950 in Paris; Vertreter der Op-Art, der Verbindungen zur kinet. Kunst herstellt. S. erzeugt in reliefartigen Objekten opt. Bewegungsillusionen (›Vibrationen‹), indem er lineare, aus unterschiedl. Materialien bestehende Systeme in mehreren Ebenen verschränkt. (BILD S. 436).

J. R. S., Ausst.-Kat. (1990); J. R. S., hg. v. F. BONNEFOY u. a., Ausst.-Kat. Galerie Nationale du Jeu de Paume, Paris (Paris 1997).

So'to, Indianervolk in Südamerika, →Maquiritare.

Šotola [ˈʃɔtɔla], Jiří, tschech. Schriftsteller, *Smidary (Ostböhm. Gebiet) 28. 5. 1924, † Prag 8. 5. 1989; war Sekretär des 1970 aufgelösten tschechoslowak. Schriftstellerverbandes, nahm 1968 gegen den Einmarsch der Roten Armee in die Tschechoslowakei Stellung, 1969 aus der KP ausgeschlossen, 1975 ›Reuebekenntnis‹. Š.s frühe, von romant. Motiven geprägte Lyrik spiegelt den Dualismus von Ideal und Realität. Seine histor. Romane und Stücke der 70er-Jahre sind gleichzeitig Ideologiekritik.

Werke: *Lyrik:* Svět náš vezdejší (1957); Venuše z Mélu (1959); Hvězda Ypsilon (1962); Podzimníček (1967). – *Romane:* Tovaryšstvo Ježíšovo (1969; dt. Grüß den Engel); Kuře na rožni (1976; dt. u. a. als Vaganten, Puppen u. Soldaten); Svatý na mostě (1978); Osmnáct Jeruzalémů (1986; dt. Das geborstene Kreuz). – *Stücke:* Ajax (1977); Pěší ptáci (1981).

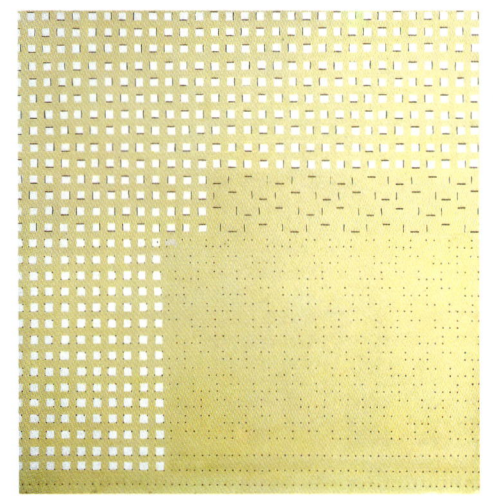

Jesús Rafael Soto: Rotation; 1952
(Paris, Musée National d'Art Moderne)

Sotschi, Soči [-tʃi], Stadt in der Region Krasnodar, Russland, zw. der O-Küste des Schwarzen Meeres und dem SW-Fuß des Großen Kaukasus mit dem 1 900 km² großen Sotschi-Nationalpark, 355 000 Ew.; größtes russ. Heilbad (jod- und bromhaltige Heilquellen) und heilklimat. Kurort (über 220 Sanatorien und jährlich etwa 2 Mio. Kurgäste), der sich (als Groß-S.) über einen 145 km langen, schmalen, hügeligen, parkartigen subtrop. Küstenabschnitt zw. Tuapse im NW und der Grenze zu Abchasien (Georgien) im SO erstreckt und mehrere Bade- und Kurorte umschließt, u. a. Lasarewskoje, Chosta, Mazesta (Schwefelheilbad), Adler und Dagomys; Verwaltungshochschule für Kur- und Bäderwesen, Forschungsinstitute für Medizin sowie für Gebirgsgartenbau und Blumenzucht; Heimat-, Nikolaj-Ostrowskij-Museum, botan. Garten; mehrere Theater; wenige Industriebetriebe (Souvenirartikel, Möbel, Nahrungsmittel, Wein und Spirituosen); Hafen, in Adler internat. Flughafen.

Sotternie [zu Sottie] *die, -/...'ni|en,* niederländ. Possenspiel, →Kluchт.

Sottie [frz. sɔ'ti; zu frz. sot ›Narr‹, ›dumm‹] *die, -/-s,* **Sotie,** frz. Possenspiel (Blütezeit 16./17. Jh.), das in satir. Absicht und häufig sehr derb lokale, kirchl., polit. und v. a. soziale Missstände bloßstellt. Bes. bekannt wurden die S. von P. GRINGOIRE.

sotto [ital. ›unten‹], Anweisung beim Klavierspiel, mit gekreuzten Händen zu spielen, bzw. Hinweis für die unten liegende Hand (Ggs. : →sopra); **s. voce,** Vortragsanweisung: mit gedämpfter Stimme, halblaut.

Sottoceneri [sotto'tʃe:neri; ital. ›unterhalb des Ceneri‹], der kleinere, südlich des Monte Ceneri gelegene Teil des Kt. Tessin, Schweiz; umfasst die Bez. Lugano und Mendrisio mit insgesamt 432 km² und 171 100 Einwohnern.

sotto in su [ital. ›von unten nach oben‹], Untersicht, für die barocke Deckenmalerei charakterist. Darstellungsweise: Durch kühne perspektiv. Verkürzungen wird dem unten stehenden Betrachter die Illusion eines erweiterten Raumes oder in die Höhe schwebender Figuren vermittelt. Entwickelt in der ital. Renaissancemalerei.

Sottsass, Ettore, ital. Architekt und Designer, *Innsbruck 14. 9. 1917; trat bes. mit Entwürfen für Möbel, Glas, Keramik und Schmuck hervor. 1978–81 war er Mitgl. der Gruppe ›Alchimia‹ in Mailand. 1980 gründete er dort mit ALDO CIBIC (* 1955), MATTEO THUN (* 1952) und MARCO ZANINI (* 1954) die Firma ›S. Associati‹. 1981–86 war er Mitgl. der Gruppe ›Memphis‹. Weiteres BILD →Möbel.

E. S. – Zeichnungen aus vier Jahrzehnten, Ausst.-Kat. (1990); E. S. Leben u. Werk, bearb. v. B. RADICE (a. d. Engl., 1993); Architekten – E. S., bearb. v. U. STARK (²1995); E. S., die Keramik, hg. v. B. BISCHOFBERGER (a. d. Engl., Kilchberg bei Zürich 1995).

Sou [su; frz., von spätlat. solidus (aureus) ›gediegene Goldmünze‹] *der, -/-s,* frz. Münze, →Sol.

Soubirous [subi'ru], Bernadette, frz. kath. Ordensschwester, →Bernadette.

Soubrette [zu-; frz. ›verschmitzte Zofe‹, zu provenzal. soubret ›geziert‹] *die, -/-n,* weibl. Rollenfach für Sopran in Oper, Operette und Singspiel, meist muntere, oft kom. Mädchenrolle, die eine bewegl., helle Stimme verlangt (z. B. Susanna in W. A. MOZARTS ›Die Hochzeit des Figaro‹, Zerbinetta in R. STRAUSS' ›Ariadne auf Naxos‹, Adele in J. STRAUSS' ›Die Fledermaus‹); früher auch Bez. für das entsprechende Fach im Schauspiel.

Souf [frz. suf], **Suf,** Oasengruppe im NO der alger. Sahara, im Sanddünengebiet des Östl. Großen Erg, umfasst 24 Orte mit insgesamt etwa 180 000 Ew. Die rund 500 000 Dattelpalmen (Spitzenqualitätsfrüchte) werden in künstl. Trichtermulden (Ghout genannt; 20–30 m tief; je 15–100 Palmen; Entsandung mindestens zweimal jährlich), von einem Grundwasserstrom zum Schott Melhir (26 m u. M.) und z. T. von Brunnen gespeist, zus. mit Getreide und Tabak angebaut. Marktzentrum ist El-Oued, 80 m ü. M., Museum; Kunsthandwerk (farbenreiche Teppiche, Burnusse, Decken, Wandbehänge, Zeltbahnen; Keramik); Verkauf von Sandrosen; Fremdenverkehr; Straßenknotenpunkt. 16 km nördlich liegt **Guémar** mit der Zawija Tidjania, 1794–1962 geistiges Zentrum der Sufi-Bruderschaft der Tidjania; Schnupftabakherstellung (rd. 250 000 kg/Jahr; ein Drittel der alger. Produktion); Flugplatz. – Anders als in den übrigen Oasen Algeriens weisen die Häuser des S. Kuppeln und Tonnengewölbe auf. Die Bewohner sind Nachkommen von Jemeniten, die vor über 500 Jahren etappenweise über Ägypten, Tripolitanien und Tunesien eingewandert sind; etwa 25 % der Männer sind heute ständig in den Häfen und Bergbaugebieten Algeriens beschäftigt.

Soufflé [zu'fle:; frz., eigtl. ›aufgeblasen‹] *das, -s/-s,* auflaufartige, leichte Mehlspeise mit steif geschlagenem Eiweiß, die überbacken, schaumig aufgeht.

Ettore Sottsass:
Tisch ›Le Strutture Tremano‹; 1979

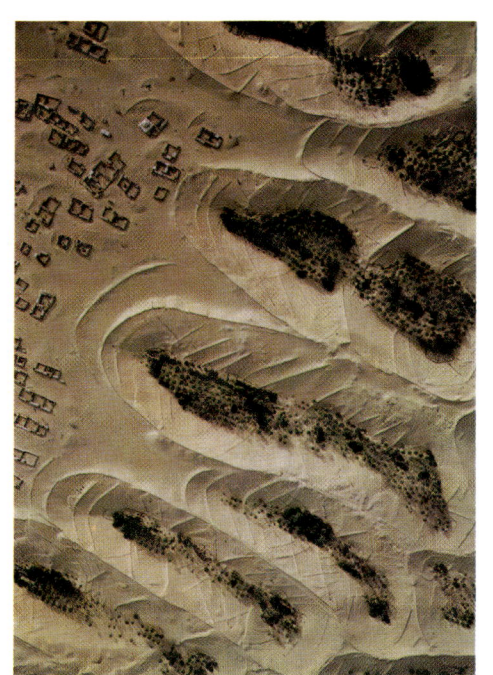

Souf: Trichtermulden mit Dattelpalmkulturen

Souffleur [zuˈfløːr; frz., zu lat. sufflare ›(hinein)blasen‹] *der, -s/-e,* **Souffleuse** [zuˈfløːzə] *die, -/-n, Theater:* die Person, die aus einem in der Mitte der Bühnenrampe eingelassenen und verdeckten **S.-Kasten** textunsicheren Schauspielern bzw. Sängern den Part zuflüstert.

Soufflot [suˈflo], Jacques-Germain, frz. Architekt, *Irancy (Dép. Yonne) 22. 7. 1713, †Paris 29. 8. 1780; ging 1731 nach Rom, wo er 1734–37 Schüler der frz. Akademie war. Ab 1738 arbeitete er in Lyon; seit 1750 wieder nach Italien, wo er als Erster die Tempel in Paestum aufnahm und die Werke von BRAMANTE und A. PALLADIO studierte. Anschließend war er in Paris tätig, seit 1776 als Generalinspektor der königl. Bauten. S.s Hauptwerk ist in Paris die Kirche Sainte-Geneviève (Pläne 1755, begonnen 1764, postum vollendet 1790; seit 1791 →Panthéon genannt). S. war ein wichtiger Vertreter des frz. Klassizismus.
Schriften: Suite des plans ... de trois temples antiques ... (1750); Œuvres, ou Recueil de plusieurs parties d'architecture, 2 Bde. (1767).

Soufrière [sufriˈɛːr], **1)** Vulkan auf der Antilleninsel Guadeloupe, Teil des frz. Übersee-Dép. →Guadeloupe.
2) Vulkan auf der Antilleninsel Saint Vincent (→Saint Vincent and the Grenadines).

Souk [suk, arab.] *der, -(s)/-s,* frz. Schreibweise für Suk (→Basar).

Souk-Ahras [sukaˈraːs], Stadt in NO-Algerien, 657 m ü. M., am Oberlauf des Medjerda, 70 km westlich der algerisch-tunes. Grenze, 85 900 Ew.; Sitz der Bez.-Verw.; Archäolog. Museum in der Krypta der Kirche Saint-Augustin; Textil- und Papierindustrie, Produktion von Olivenöl, Kork, Wein; Umschlagplatz für Phosphat (vom Djebel Onk) und Eisenerz (vom Djebel Ouenza); Straßen- und Eisenbahnknotenpunkt an den Strecken Algier–Tunis und Annaba–Tébessa–Djebel Onk. – S.-A., die ursprünglich pun. und später röm. Stadt **Tagaste,** war der Geburtsort des hl. AUGUSTINUS; unter den Franzosen Garnisonsstadt und 1942 ein Versorgungsstützpunkt der Alliierten gegen die dt.-ital. Truppen in Tunesien.

Souk el-Arba [suk-], bis 1967 Name der tunes. Stadt →Jendouba.

Soul [sɔul; engl., eigtl. ›Seele‹] *der, -s,* afroamerikan. vokaler Musikstil der 1960er-Jahre. Im S. kamen Momente des Spirituals und Gospels (Expressivität), des Blues (Ruf-Antwort-Modelle) und des Jazz in einer v. a. dem Rhythm and Blues verpflichteten Musik zusammen. Der S. hatte großen Einfluss auf die Entwicklung der amerikan. Popmusik. Zu den wichtigsten Sängern des S. gehören u. a. JAMES BROWN, ARETHA FRANKLIN, RAY CHARLES, IKE (*1931) und TINA TURNER (*1935), STEVIE WONDER. Stilphasen der S.-Entwicklung waren →Memphis-Sound, Motown-Sound (nach dem Musikkonzern Motown Recording Corp., v. a. während der 1960er-Jahre erfolgreich) und Philly-Sound (nach den Philly Sigma Sound Studios in Philadelphia, Pa., ab etwa 1972). – Im Jazz bezeichnet der Begriff ein stark expressives, inspiriertes, im wörtl. Sinne ›beseeltes‹ Spiel (to play with soul).
A. SHAW: S. (a. d. Engl., 1980); F. ERTL: Rap, Funk, S. Ein Nachschlagewerk (1992).

Sŏul [sʌul], Hauptstadt von Süd-Korea, →Seoul.

Soulages [suˈlaːʒ], Pierre, frz. Maler und Grafiker, *Rodez 24. 12. 1919; Vertreter der École de Paris. S. gelangte unter dem Eindruck der strengen roman. Architektur und der ostasiat. Kalligraphie in den 1950er-Jahren zu abstrakten Bildern mit dunklen, balkenartigen Zeichen vor hellem, meist braun oder gelb durchschimmerndem Grund. 1979 entstand das erste nur aus der Farbe Schwarz entwickelte Bild; auch Illustrationen zu Gedichtbänden sowie Entwürfe für Bühnendekorationen.
P. S. 40 Jahre Malerei, hg. v. B. CEYSSON u. a., Ausst.-Kat. (1989); P. S. L'œuvre, 1947–1990, bearb. v. J. DAIX u. a. (Neuchâtel 1991); P. S. Malerei als Farbe u. Licht, hg. v. Z. FELIX, Ausst.-Kat. Deichtorhallen, Hamburg (1997).

Soulès [suˈlɛs], Georges, frz. Schriftsteller, →Abellio, Raymond.

Soulouque [suˈluk], Faustin, als **Faustin I.** [fosˈtɛ̃] Kaiser von Haiti (1849–59), *Petit-Goâve (auf Hispa-

Pierre Soulages: 26. Dezember 55; 1955 (Hamburg, Kunsthalle)

niola) 1782, †ebd. 6. 8. 1867; urspr. Sklave, wurde in den inneren Wirren General und 1847 Präs. der Rep. Haiti, erhielt am 26. 8. 1849 von den Kammern den Kaisertitel zuerkannt. S., durch Grausamkeit verhasst, versuchte vergeblich, die Dominikan. Rep. zu unterwerfen. Im Januar 1859 wurde er gestürzt und verbannt, durfte aber 1867 zurückkehren.

Soult [sult], Nicolas Jean de Dieu, Herzog **von Dalmatien** (seit 1808), frz. Marschall (seit 1804) und Politiker, *Saint-Amans-la-Bastide (heute Saint-Amans-Soult, Dép. Tarn) 29. 3. 1769, †ebd. 26. 11. 1851; einer der fähigsten Generäle NAPOLEONS I., war 1808–13 Oberbefehlshaber in Spanien, 1814 unter LUDWIG XVIII. Kriegs-Min., schloss sich 1815 wieder NAPOLEON an, nahm als Generalstabschef der Nordarmee an der Schlacht von Waterloo teil; lebte dann bis 1819 als Verbannter in Düsseldorf, war unter LOUIS PHILIPPE 1831/32 Kriegs-Min., 1832–34 und 1839–47 (mit Unterbrechung 1840) Ministerpräsident.

Soultz-Haut-Rhin [sultso'rɛ̃], Stadt im Elsass, →Sulz.

Sound [saʊnd; engl. ›Klang‹] *der, -s/-s,* im Jazz Bez. für den spezif. Klang eines Musikers oder einer Band. Der S. ergibt sich aus Intonationseigenheiten, melod., rhythm. oder harmon. Charakteristika. In der Soul- und Rockmusik wurde der Begriff als Synonym für ›Stil‹ eingeführt (z. B. →Memphis-Sound, →Discosound).

Soundsampler ['saʊndsɑːmplə, engl.], *Musik:* der →Sampler.

Soundtrack ['saʊndtræk; engl., eigtl. ›Klangspur‹] *der, -s/-s,* im eigentl. Sinn die Lichtton- oder Magnettonspur auf Tonfilmen; im übertragenen Sinn die in einem Film verwendete originale Filmmusik, die, auf Tonträger eingespielt, in den Handel kommt.

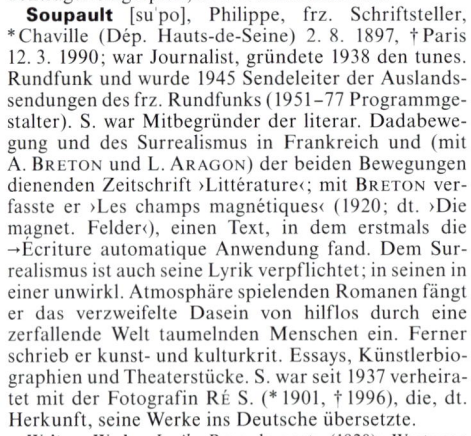

Soupault [su'po], Philippe, frz. Schriftsteller, *Chaville (Dép. Hauts-de-Seine) 2. 8. 1897, †Paris 12. 3. 1990; war Journalist, gründete 1938 den tunes. Rundfunk und wurde 1945 Sendeleiter der Auslandssendungen des frz. Rundfunks (1951–77 Programmgestalter). S. war Mitbegründer der literar. Dadabewegung und des Surrealismus in Frankreich und (mit A. BRETON und L. ARAGON) der beiden Bewegungen dienenden Zeitschrift ›Littérature‹; mit BRETON verfasste er ›Les champs magnétiques‹ (1920; dt. ›Die magnet. Felder‹), einen Text, in dem erstmals die →Écriture automatique Anwendung fand. Dem Surrealismus ist auch seine Lyrik verpflichtet; in seinen in einer unwirkl. Atmosphäre spielenden Romanen fängt er das verzweifelte Dasein von hilflos durch eine zerfallende Welt taumelnden Menschen ein. Ferner schrieb er kunst- und kulturkrit. Essays, Künstlerbiographien und Theaterstücke. S. war seit 1937 verheiratet mit der Fotografin RÉ S. (*1901, †1996), die, dt. Herkunft, seine Werke ins Deutsche übersetzte.

Weitere Werke: *Lyrik:* Rose de vents (1920); Westwego (1922); Georgia (1926); Odes (1946); Chansons (1949); Odes: 1930–1980 (1981); Poèmes retrouvés (1982). – Bitte schweigt. Gedichte u. Lieder 1917–1986 (1989). – *Essays:* Guillaume Apollinaire (1927); Lautréamont (1927); Souvenirs de James Joyce (1943); Le vrai André Breton (1966); Écrits sur la peinture (1980). – *Romane:* À la dérive (1923); Le bon apôtre (1923); Les frères Durandeau (1924); Les dernières nuits de Paris (1928; dt. Die letzten Nächte von Paris). – *Erzählung:* Le nègre (1927; dt. Der Neger). – *Erinnerungen:* Apprendre à vivre 1897–1914 (1977); Mémoires de l'oubli 1914–1925 (1981).

G. LÖSCHNIG: Das erzähler. Werk P. S.s (1990); P. S., le poète, hg. v. J. GÉNIEUX-GENDRON (Paris 1992); S. CASSAYRE: Poétique de l'espace et imaginaire dans l'œuvre de P. S. (ebd. 1997); L. LACHENAL: P. S. Sa vie, son œuvre, chronologie (ebd. 1997).

Sour [sur], Stadt in S-Libanon, →Sur.

Source [sɔːs; engl. ›Quelle‹] *die, -.* Kurz-Bez. für S.-Anschluss, S.-Elektrode und von dieser kontaktierte S.-Zone im Halbleitermaterial beim →Feldeffekttransistor.

Source-Schaltung [sɔːs-], eine der drei Grundschaltungen von →Feldeffekttransistoren.

Sous [frz. sus] *der,* arab. **Sus,** Küstenebene in S-Marokko, zw. Hohem Atlas im N, Antiatlas im S und Djebel Siroua im O, etwa 20 000 km². Der dreiecksförmige S. ist eine ehem. Atlantikbucht, die seit dem Tertiär mit Sedimenten aufgefüllt wird; grundwasserreich, fällt von 600 m ü. M. im O kontinuierlich auf Meeresspiegelniveau im W ab, wird im N-Teil vom **Oued S.** (180 km lang) durchflossen. Hier konzentrieren sich in einem etwa 90 km langen, 10–20 km breiten Streifen viele Oasensiedlungen (Tiefbrunnen, Flussbewässerung) mit Anbau von Zitrusfrüchten, Bananen, Frühgemüse (v. a. Tomaten, Artischocken), Datteln, Mandeln, Oliven, Getreide (bes. Gerste), Blumen. Im S-Teil, z. T. durch Küstennebel begünstigt (Kanarenstrom), Steppe mit Viehwirtschaft (v. a. Ziegen). Der S. wird von Berbern (Shilh), Arabern und Harratin bewohnt. Hauptorte: Taroudant und Agadir (Umschlagplatz für landwirtschaftl. Produkte).

Sousa, 1) ['soza], Frei Luís de, eigtl. **Manuel de S. Coutinho** [-ko'tiɲu], port. Geschichtsschreiber, *Santarém 1555, †Kloster Benfica (bei Lissabon) 5. 5. 1632; nach abenteuerl. Leben zuletzt Dominikanermönch. S. ist der Held einer oft bearbeiteten Legende mit dem Motiv des tot geglaubten heimkehrenden ersten Gatten der von S. geheirateten ›Witwe‹.

Werke: Vida de Dom Frei Bartolomeu dos mártyres (1619); História de São Domingos ..., 3 Bde. (1623–78) Annaes de El Rei Dom João Terceiro (entst. 1624, hg. 1844 v. A. HERCULANO).

2) ['suːzə], John Philip, amerikan. Komponist, *Washington (D. C.) 6. 11. 1854, †Reading (Pa.) 6. 3. 1932; war 1880–92 Musikmeister des U. S. Marine Corps und dirigierte danach eine eigene Kapelle, die durch ihr spieler. Niveau und ihre als typisch amerikanisch empfundene Marsch- und Unterhaltungsmusik weltberühmt wurde. S. komponierte Operetten, Orchesterwerke und Märsche (u. a. ›The Washington post‹, 1889; ›The stars and stripes forever‹, 1897).

Sousa Andrade ['soza -di], Oswald de, brasilian. Schriftsteller, →Andrade, Oswald de Sousa.

Sousaphon [zuza-] *das, -s/-e,* ein von J. P. SOUSA angeregtes und nach ihm benanntes Blechblasinstrument, eine Basstuba mit kreisförmig gewundenem Rohr, das der Spieler um den Oberkörper trägt, und mit breit auslaufender, in der Richtung verstellbarer Stürze. Das S. wird v. a. in der amerikan. Militärmusik, seit 1920 auch in Jazzbands verwendet.

Sousse [sus, frz.], arab. **Susa,** Hafen- und Industriestadt mit Seebad an der O-Küste Tunesiens, am Golf von Hammamet, 125 000 Ew.; Sitz des Gouvernorats-Verw.; Hotelfachschule; Theater, Museen; Textilindustrie (Großgerberei, Spinnerei, Konfektionsbetriebe auch für den europ. Markt), Nahrungsmittelindustrie (v. a. Fischkonserven), Olivenölmühlen, Metallverarbeitung, Herstellung von Treibhäusern, Kunststoffwaren, Seifen, Kunstgewerbe; bedeutender Fremdenverkehr; Messe (alle zwei Jahre); Handels-, Fischerei- und Jachthafen; Verkehrsknotenpunkt; internat. Flughafen. Nach N erstreckt sich über 10 km das Seebad **Hammam S.,** 26 500 Ew., bis zum modernen, im neomaur. Stil angelegten Touristenkomplex Port el-Kantaoui mit Jachthafen. In der Umgebung von S. ausgedehnte Ölbaumkulturen und Gemüseanbau, in S Meersalzsalinen.

Stadtbild: Die Medina mit rechteckigem Grundriss ist von einer Hausteinmauer mit Rundzinnen und quadrat. Türmen umschlossen (857–874 erbaut; 1205 erneuert; zwei von urspr. sechs Toren sind erhalten, drittes Tor von 1864). Frühislam. Ribat (um 787 aus älterem Großquaderwerk) mit halbrunden Mauertürmen und 30 m hohem rundem Wachturm (›Nador‹, 821 erbaut); in der ehem. Ribatmoschee Museum für

Sousse: Frühislamisches Ribat (um 787) mit 30 m hohem Wachturm ›Nador‹ (821)

islam. Kunst. Festungsartige Große Moschee (851 gegr. und im Stil der Sidi-Okba-Moschee von Kairouan erbaut; im 10. Jh. wurden die 13 Schiffe verlängert, 1675 ein Narthex zugefügt); Probebau im kleine Moschee Bou Fatata (838–841). Palastbau Kalouat el-Kubba (11.–13. Jh.; heute maur. Café); türk. Zawija Zakkak mit achteckigem Minarett (18. Jh.). Im Zentrum der Medina die vorarab. Zisternenanlage La Sofra (Fassungsvermögen 3000 m³); in der SW-Ecke, am höchsten Punkt der Stadt (77 m ü. M.), die weitläufige Kasba (9.–11. Jh.) mit dem 30 m hohen, quadrat. Turm Khalef el-Fatah (859) und dem archäolog. Museum (pun., röm., byzantin. Funde). Westlich der Medina die christl. Katakomben (15 000 gut erhaltene, aber von Sickerwasser bedrohte Gräber aus dem 2.–4. Jh.) sowie Reste röm. Villen. – Die Altstadt von S. wurde von der UNESCO zum Weltkulturerbe erklärt.

Geschichte: S., von den Phöniziern im 9. Jh. v. Chr. als **Hadrumete** gegr., blühte als Handelszentrum rasch auf, wurde im 6. Jh. v. Chr. dem Reich Karthagos eingegliedert und war 203/202 v. Chr. Hauptquartier HANNIBALS. Das röm. **Hadrumetum** (ab 146 v. Chr.) war in der Kaiserzeit wichtiger Exporthafen für Nahrungsmittel und wurde unter TRAJAN (98–117) Kolonie **(Colonia Concordia Ulpia Traiana Augusta Frugifera Hadrumetina).** Unter den Wandalen (439–534) bestand die Stadt als **Hunericopolis** weiter; das byzantin. **Sozusa** wurde als **Justinianopolis** Hauptstadt der Prov. Byzacena; 647 wurde es von den Arabern erobert; unter den Aghlabiden im 9. Jh. als **Susa** neu erbaut. 1148–59 stand S. unter normann. Herrschaft, im 16. Jh. war es Stützpunkt einer Korsarenflotte. 1942/43 erlitt S. schwere brit. Luftangriffe.

Soustelle [sus'tɛl], Jacques Émile Yves, frz. Ethnologe und Politiker, * Montpellier 3. 2. 1912, † Neuilly-sur-Seine 6./7. 8. 1990; beschäftigte sich bes. mit präkolumbischen Kulturen (1932–39 Forschungsreisen nach Lateinamerika); wurde 1961 Prof. für Ethnosoziologie an der École pratique des hautes études in Paris, 1969–85 deren Direktor. – 1940 schloss sich S. in London C. DE GAULLE an, leitete 1943–44 im Auftrag des Frz. Komitees der Nat. Befreiung den Geheimdienst in Algier. 1945 war er Informations-, 1945–46 Kolonial-Min.; 1945–46 Abg. in der 1. Konstituante, 1951–58 in der Nationalversammlung. Nach DE GAULLES Rücktritt 1946 trat S., urspr. ein Anhänger der Linken, als einer der führenden Politiker der gaullist. Opposition hervor. 1947–51 Gen.-Sekr. des RPF, schloss er sich nach dessen Auflösung 1953 den Sozialrepublikanern an. 1955–56 Gouv. von Algerien, wurde er einer der führenden Verfechter eines ›frz. Algeriens‹. In der Staatskrise vom Mai 1958 setzte er sich maßgeblich für die Berufung DE GAULLES ein. Ab Juli 1958 erneut dessen Informations-Min., war er einer der Mitbegründer der gaullist. UNR im Oktober 1958. Ab 1959 Min. für Saharafragen, Überseegebiete und Atomenergie, wurde S. wegen Widerstands gegen DE GAULLES Algerienpolitik und offener Unterstützung eines Aufstands von Algerienfranzosen im Februar 1960 aus seinem Amt entlassen und aus der UNR ausgeschlossen. Als Mitgl. der OAS ab 1961 im Exil, kehrte er nach einer Amnestie 1968 nach Frankreich zurück; 1973–78 Abg. des rechtsliberalen ›Mouvement Réformateur‹ in der Nationalversammlung.

Werke: La pensée cosmologique des anciens mexicains (1940); Envers et contre tout, 2 Bde. (1947–50); La vie quotidienne des Aztèques (1955; dt. So lebten die Azteken am Vorabend der span. Eroberung); Aimée et souffrante Algérie (1956); L'espérance trahie (1962); La page n'est pas tournée (1965); L'art du Mexique ancien (1966; dt. Die Kunst des alten Mexiko); Vingt-huit ans de Gaullisme (1968; dt. Der Traum von Frankreichs Größe. 28 Jahre Gaullismus); Lettre ouverte aux victimes de la décolonisation (1973); Les Olmèques (1979); dt. Die Olmeken); L'univers des Aztèques (1979); Les Maya (1982).

Soutane [zu-; frz., von ital. sottana, eigtl. ›Untergewand‹] *die, -/-n,* bis zu den Knöcheln reichendes Obergewand der kath. Geistlichen. Die nur knielange S. heißt **Soutanelle.**

Souterliedekens ['sɔutərli:dəkəns], 1539 in Antwerpen bei SYMON COCK (* 1489, † 1562) erschienene Sammlung der 150 Psalmen (mittelniederländ. souter ›Psalter‹), die erste vollständige gereimte Psalterübersetzung in den Niederlanden und eine der frühesten europ. überhaupt. Den Texten, die auf bekannte Melodien gesungen wurden, sind Noten und Anfangszeilen der urspüngl. Liedtexte beigegeben, wodurch die S. zu einer wichtigen Quelle für das niederländ. Volkslied des 15./16. Jh. wurden. Sie fanden weite Verbreitung und wurden u. a. von J. CLEMENS NON PAPA mehrstimmig bearbeitet (4 Bde. 1556/57 bei Susato in Antwerpen erschienen).

Ausgabe: S., hg. v. J. VAN BIEZEN u. a. (Neuausg. 1984).

South African Airways [ˈsauθ ˈæfrɪkən ˈeəweɪz], →SAA – South African Airways.

Southampton [sauθˈæmptən], Hafenstadt in der Cty. Hampshire, S-England, nördlich der Insel Wight, 210 100 Ew.; am inneren Ende des **S. Water** (Bucht des

Southampton: Hafenanlage

Soustelle – Southampton **Sout**

Jacques Soustelle

Southampton
Stadtwappen

Hafenstadt in Südengland

am Southampton Water (Ärmelkanal)

210 100 Ew.

Passagier- und Handelshafen

Industriestandort

Universität (seit 1952)

Reste der mittelalterlichen Stadtbefestigung

hieß zur Römerzeit Clausentum, zur Zeit der Sachsen Hamtune

Ärmelkanals, ertrunkenes Flusstal); Univ. (gegr. 1862 als Hartley Institution, 1902–52 Hartley University College), Kunstgalerie, Schifffahrtsmuseum, Luftfahrthalle; Schiffbau und -reparatur, Kabelherstellung, Maschinenbau, feinmechan., chem., elektrotechn., Autozubehör- und Mühlenindustrie. S. ist – begünstigt durch doppelte Flut – bedeutender Handelshafen und war brit. Haupthafen für den Passagierverkehr nach Übersee; Fährverkehr zur Insel Wight und nach Le Havre. An der Einfahrt zum S. Water befindet sich der Erdölhafen Fawley (wichtiger brit. Raffineriestandort). Nordöstlich von S. liegt der Flughafen Eastleigh. – Trotz Zerstörung im Zweiten Weltkrieg sind noch Teile der Stadtmauer sowie einige mittelalterl. Bauten erhalten, u. a. die normann. Kirche Saint Michael (11./12. Jh.; restauriert) und King John's Palace (12. Jh.). – Die 43 n. Chr. entstandene röm. Siedlung **Clausęntum** hieß in sächs. Zeit **Hạmtune;** ältestes erhaltenes Stadtrecht von 1154/55; wurde 1447 Stadtgrafschaft, 1964 City.

Southampton Island [saʊθˈæmptən ˈaɪlənd], Insel am Eingang der Hudsonbai, Kanada, 41 214 km²; im NO Bergland (bis 585 m ü. M.). Einzige Siedlung ist Coral Harbour (477 Ew., meist Eskimo; gegr. 1924) an der S-Küste.

South Australia [ˈsaʊθ ɔsˈtreɪljə], dt. **Südaustrali|en,** Bundesstaat von Australien, nördlich der Großen Austral. Bucht, 984 000 km², (1996) 1,479 Mio. Ew.; Hauptstadt ist Adelaide (mit 73% der Gesamt-Bev.). Die übrigen Städte haben unter 30 000 Ew. 1994 wurden 18 400 Aborigines gezählt.

Landesnatur: Etwa zwei Drittel des Landes bestehen aus Wüsten. Der W, bis zum Eyreseebecken, ist gekennzeichnet durch ausgedehnte Rumpfflächen, die im NW bzw. SW zur Großen Victoriawüste bzw. Nullarborebene gehören. Im N und O werden sie von Berglängern überragt (in den Musgrave Ranges bis 1435 m ü. M.). Im SO erstreckt sich ein Gebirgsrücken von Kangaroo Island nach N, u. a. mit den Mount Lofty Ranges und den Flinders Ranges. Die Küste ist stark gegliedert durch den Spencer- und Saint-Vincent-Golf; beide sind durch die Yorke Peninsula voneinander getrennt. Um das Gebirgsland legt sich halbkreisförmig ein Gebiet flacher Senken mit den Salzpfannen von Lake Frome, Eyresee, Lake Torrens und Lake Gairdner. Ins Eyreseebecken reichen von N Ausläufer der Simpsonwüste. Einziger großer Fluss ist der Murray, der im SO in den Ind. Ozean mündet.

Während des relativ kühlen Winters fallen die Hauptniederschläge von Mai bis August. Die Sommer sind heiß und trocken. Die winterl. Westwinde bringen nur den Küstengebieten und Bergketten höhere Niederschläge; mehr als vier Fünftel des Landes erhalten weniger als 250 mm Jahresniederschlag, das Eyreseebecken weniger als 100 mm. Im Sommer steigt die Temperatur im Innern häufig auf über 38 °C, an der Küste im Mittel bis 21 °C. Nur in den feuchtesten Teilen der Bergketten findet sich trockener Eukalyptuswald. In den küstennahen Gebieten ist der Mallee-Scrub verbreitet, der mit zunehmender Trockenheit in Mulga-Scrub übergeht. Im Innern herrscht Wüsten- und Halbwüstenvegetation.

Wirtschaft: Landwirtschaftlich genutzt werden 56,6 Mio. ha Land, davon 3,1 Mio. ha für den Ackerbau (an der Küste und im SO); bewässert werden (1993) 117 000 ha (v. a. am Murray). Angebaut werden v. a. Weizen und Gerste, ferner Obst und Gemüse. Große Bedeutung hat der Weinbau; auf rd. 27 000 ha (42% der austral. Rebfläche) werden über 60% der austral. Weine erzeugt. Das wichtigste Weinbaugebiet Australiens liegt im Barossa Valley (12 000 ha). Die Viehhaltung ist v. a. von der Schafhaltung zur Wollgewinnung (1994: 15 Mio. Schafe) geprägt, daneben Rinder- und Schweinezucht. Bergbauprodukte sind neben Eisenerzen (in der Middleback Range), die u. a. in Whyalla verhüttet werden, auch Kupfer-, Silber- und Uranerze (Olympic Dam), Opale (bei Andamooka und Coober Pedy), Erdgas (Felder von Gidgealpa und Moomba im NO; Erdgasleitung nach Sydney und Adelaide), Braunkohle (bei Leigh Creek in den Flinders Range), Salz und Gips. Die Industrie ist v. a. im Raum Adelaide konzentriert (Maschinen- und Fahrzeugbau, Metall-, Holz-, Druck-, Nahrungs- und Genussmittel-u. Industrie). Adelaide hat einen internat. Flughafen; von Adelaide bestehen Eisenbahnverbindungen nach Sydney, Melbourne, Perth und Alice Springs. Haupthäfen sind Port Adelaide und Whyalla.

Geschichte: 1802 erkundete M. FLINDERS die Küsten, 1840–41 E. J. EYRE das Landesinnere. 1836 wurde S. A. brit. Kolonie (die einzige in Australien, die nur von freien Siedlern, darunter seit 1838 viele Deutsche, errrichtet wurde). Im Ggs. zu den anderen Staaten des Austral. Bundes hatte die Besiedlung ihren Ursprung in einer nach den Prinzipien E. G. WAKEFIELDS organisierten Siedlungsgesellschaft der engl. Staatskirche, die den Boden zu angemessenem Preis verteilte. 1863–1911 war das →Northern Territory Teil von S. A. (ab 1869 mit eigener Verwaltung). Seit 1901 ist S. A. Mitgl. des Austral. Bundes.

M. WILLIAMS: The making of the South Australian landscape (London 1974); C. ERDMANN: Dt. Siedlungen in S-Australien, in: Erdkunde, Bd. 38 (1984); Atlas of S. A., hg. v. T. GRIFFIN u. a. (Adelaide 1986); From many places. The history and cultural traditions of S. A. (Kent Town 1995).

South Bend [ˈsaʊθ ˈbend], Stadt in N-Indiana, USA, 105 500 Ew.; Zweig der Indiana University; Landmaschinenbau, Elektronikindustrie. – S. B. entstand um 1820 als Pelzhandelsposten.

South Carolina [ˈsaʊθ kærəˈlaɪnə], dt. **Südkarolịna,** Abk. **S. C.,** postamtlich **SC,** Bundesstaat im SO der USA, 80 780 km², (1995) 3,74 Mio. Ew. (1960: 2,4 Mio., 1980: 3,1 Mio. Ew.). Hauptstadt ist Columbia. S. C. ist in 46 Verw.-Bez. (Countys) gegliedert.

Staat und Recht: Verf. von 1895; Senat mit 46, Repräsentantenhaus mit 124 Mitgl. Im Kongress ist S. C. mit zwei Senatoren und sechs Abg. vertreten.

Landesnatur: S. C. hat Anteil an der atlant. Küstenebene, am Piedmontplateau und im äußersten NW an den Appalachen (Sassafras Mountain in der Blue Ridge 1085 m ü. M.). Das Klima ist subtropisch-feucht. Rd. 60% der Fläche sind bewaldet.

Bevölkerung: 30% der Bev. sind Schwarze. Größte Stadt ist Columbia, nächstgrößte Stadt und Haupthafen ist Charleston.

Wirtschaft: Die Bedeutung der Textil- und Bekleidungsindustrie wurde nach dem Zweiten Weltkrieg durch Betriebsverlegungen aus den Nordstaaten nach S. C. noch erhöht. Von Gewicht sind außerdem die chem. Industrie und die in jüngerer Zeit ausgebaute Elektronikindustrie. Am Grenzfluss im W steht die ›Savannah River Atomic Energy Plant‹, eine Großanlage zur Erzeugung von Plutonium (Brutreaktor), schwerem Wasser und Radionukliden. Die Landwirtschaft erzeugt v. a. Tabak, Sojabohnen und Baumwolle; daneben Rinder- und Kälberhaltung, Milchwirtschaft, Geflügelzucht. Weitere Wirtschaftsfaktoren sind die Holzwirtschaft und der Fremdenverkehr, bes. an der Atlantikküste um Myrtle Beach.

Geschichte: Als erste Europäer kamen 1521 Spanier in das Gebiet des heutigen S. C., das 1629 Teil der brit. Eigentümerkolonie Carolina wurde. Die erste dauerhafte Siedlung war das 1670 gegründete Charleston (seit 1680 an heutiger Stelle). Nach der Rebellion der Kolonisten gegen die Eigentümer der Kolonie Carolina (1719) übernahm die brit. Krone 1721 die Kontrolle über das südl. Gebiet; 1729 erfolgte die Teilung der Kronkolonie in North Carolina und S. C., aus dem 1732 ein Teil als Kolonie Georgia ausgegliedert wurde.

South Carolina
Flagge

S. C., das sich ab 1780 bes. für die Unabhängigkeit eingesetzt hatte, ratifizierte am 23. 5. 1788 als achter Gründungsstaat die Verf. der USA. In der 1. Hälfte des 19. Jh. entwickelte sich in S. C. ein sozialer und polit. Ggs. zw. dem O mit Großplantagen (v. a. Baumwolle; umfangreiche Sklaverei) und dem W mit vorwiegend Kleinlandbesitz. Seit den 1820er-Jahren wurde S. C. zur treibenden Kraft in der Bewegung gegen die zunehmende Macht der Bundesgewalt (J. →CALHOUN; ›States' Rights‹; der Versuch einer →Nullifikation des Bundeszoll-Ges. scheiterte 1832/1833. Am 20. 12. 1860 trat S. C. als erster Südstaat aus der Union aus; die Beschießung des dem Hafen von Charleston vorgelagerten Fort Sumter (12. 4. 1861) eröffnete den Sezessionskrieg. In der Periode der Reconstruction wurde S. C., seit 1868 wieder als Staat zur Union zugelassen, von der Herrschaft radikaler Republikaner aus dem N bes. hart getroffen und blieb bis April 1877 von Unionstruppen besetzt. Die konservative Politik der Weißen, die ihre Vorherrschaft bewahrten, prägte S. C. auch in der Folgezeit.

D. D. WALLACE: The history of S. C., 4 Bde. (New York 1934); E. M. LANDER: A history of S. C., 1865–1960 (Columbia, S. C., ²1970); Perspectives in S. C. history, hg. v. E. M. LANDER jr. u. a. (ebd. 1973); R. M. WEIR: Colonial S. C. A history (Millwood, N. Y., 1983); C. F. KOVACIK u. J.-J. WINBERRY: S. C. The making of a landscape (Neudr. Columbia, S. C., 1989).

South Dakota [ˈsaʊθ dəˈkəʊtə], dt. **Süd|dakota**, Abk. **S. D.** und **S. Dak.**, postamtlich **SD**, Bundesstaat im Mittleren Westen der USA, 199 743 km², (1994) 723 700 Ew.; Hauptstadt ist Pierre. Administrativ ist S. D. in 66 Verw.-Bez. (Countys) gegliedert.

Staat und Recht: Verf. von 1889; Senat mit 35, Repräsentantenhaus mit 70 Mitgl. Im Kongress ist S. D. mit zwei Senatoren und einem Abg. vertreten.

Landesnatur: Beiderseits des mehrfach zu Seen gestauten Missouri erstreckt sich das Missouri Plateau (Teil der Great Plains); weit verbreitet entlang den tief eingeschnittenen Flüssen sind ausgedehnte Erosionen, so genannte ›Badlands‹, bes. im SW. In den Black Hills (bis 2 207 m ü. M.), ebenfalls im SW, befindet sich das Mount Rushmore National Memorial. Der östl. Staatsteil gehört zum Zentralen Tiefland. Das Klima ist kontinental. Die Jahresniederschlagsmengen nehmen von O (640 mm) nach W (350 mm) ab. Die Temperaturen schwanken zw. durchschnittlich 34 °C (Juli) und −15 °C (Januar).

Bevölkerung: 7,3 % der Bev. sind Indianer, v. a. Sioux. Größte Städte sind Sioux Falls und Rapid City.

Wirtschaft: Hauptwirtschaftszweig ist die Landwirtschaft. Hauptanbauprodukte sind Mais, Weizen, Flachs, Gerste, Soja und Roggen (führend unter den Staaten der USA). Bes. im W Rinderhaltung. Die Industrie (v. a. Verarbeitung landwirtschaftl. Erzeugnisse) hat geringere Bedeutung. In den Black Hills wird Gold abgebaut.

Geschichte: Als erste Europäer hielten sich 1742–43 frz. Entdecker im Gebiet des heutigen S. D. auf; 1803 kam es im Zuge des Louisiana Purchase in den Besitz der USA. 1861 Gründung des Territoriums Dakota; nach dessen Teilung wurde S. D. 1889 der 40. Staat der USA. Goldfunde in den Black Hills (1874) lösten einen Goldrausch (1875/76) aus. Die Zeit bis 1890 stand v. a. im Zeichen der krieger. Auseinandersetzungen mit den ansässigen Sioux (1868 Gründung der Sioux-Reservation westlich des Missouri, Gebietsverkleinerungen 1877 und 1889; 1890 Massaker am →Wounded Knee).

H. S. SCHELL: History of S. D. (Lincoln, Nebr., ²1968); S. D. history. An annotated bibliography, bearb. v. H. T. HOOVER u. K. P. ZIMMERMANN (Westport, Conn., 1993).

South Downs [ˈsaʊθ ˈdaʊnz], Höhenzug (Schichtstufe) der →Downs, England.

South East [ˈsaʊθ ˈiːst], Wirtschaftsplanungsregion in SO-England, 27 224 km², 17,99 Mio. Ew.; umfasst London sowie die Countys Bedfordshire, Berkshire, Buckinghamshire, East Sussex, Essex, Hampshire, Hertfordshire, Isle of Wight, Kent, Oxfordshire, Surrey und West Sussex.

South East Asia Treaty Organization [saʊθ ˈiːst ˈeɪʃə ˈtriːtɪ ɔːɡənaɪˈzeɪʃn], südostasiat. Vertragsorganisation, →SEATO.

Southend-on-Sea [ˈsaʊθend ɔn ˈsiː], Stadt in der Cty. Essex, SO-England, am N-Ufer des Themsemündungstrichters, 158 500 Ew.; Kunstgalerie, städt. Museum, Prittlewell Priory Museum (in ehem. Kloster); elektrotechn. Industrie; viel besuchtes Seebad (bes. Tagesbesucher aus London).

Southern [ˈsʌðən], Terry, amerikan. Schriftsteller, * Alvarado (Tex.) 1. 5. 1924, † New York (N.Y.) 30. 10. 1995; in seinen satir. Romanen haben schwarzer Humor, absurd-groteske und scheinbar pornograph. Situationen und Charaktere v. a. gesellschaftskrit. Funktionen (›Blue movie‹, 1970; dt. ›Der Superporno‹). S. schrieb auch erfolgreiche Filmskripts, u. a. zu ›Dr. Strangelove or how I learned to stop worrying and love the bomb‹ (1963; dt. ›Dr. Seltsam, oder Wie ich lernte, die Bombe zu lieben‹; Regie: S. KUBRICK) und ›Easy rider‹ (1969; dt.; Regie: D. HOPPER).

Southern African Customs Union [ˈsʌðən ˈæfrɪkən ˈkʌstəmz ˈjuːnjən, engl.], Abk. **SACU** [eseɪsiːˈjuː], die →Südafrikanische Zollunion.

Southern African Development Community [ˈsʌðən ˈæfrɪkən dɪˈveləpmənt kəˈmjuːnɪtɪ, engl.], Abk. **SADC** [eseɪdiːˈsiː], die →Südafrikanische Entwicklungsgemeinschaft.

Southern Christian Leadership Conference [ˈsʌðən ˈkrɪstjən ˈliːdəʃɪp ˈkɒnfərəns], Abk. **SCLC** [essiːelˈsiː], 1957 von M. L. KING und BAYARD RUSTIN (* 1910, † 1987) gegründete Organisation der schwarzen Bürgerrechtsbewegung in den USA. Als Koordinationsorgan v. a. in den schwarzen Kirchengemeinden des S tätig, trat die SCLC mit ihrem Präs. KING für das gewaltlose Vorgehen der Bürgerrechtsbewegung ein. Nach KINGS Ermordung 1968 wurde sie von den radikaleren schwarzen Bürgerrechtsorganisationen zunehmend kritisiert. Während der Präsidentschaft von R. D. ABERNATHY (1968–77) führte 1971 die Abspaltung der Aktivisten um Reverend JESSE LOUIS JACKSON (* 1941), der die ›Operation PUSH‹ (Abk. für People United to Save Humanity) gründete, zu einer erhebl. Schwächung der SCLC.

A. FAIRCLOUGH: To redeem the soul of America (Athens, Ga., 1987); T. R. PEAKE: Keeping the dream alive (New York 1987).

Southerners [ˈsʌðənəz], Gruppe amerikanischer Schriftsteller, →Fugitives.

Southern Uplands [ˈsʌðən ˈʌpləndz], Bergland in S-Schottland, zw. dem zentralschott. Tiefland (Lowlands) und der englisch-schott. Grenze, bis 843 m ü. M., mit Bergheiden (engl. moorlands) und jungen Aufforstungen; Schaf- und Rinderhaltung.

Southey [ˈsaʊðɪ, ˈsʌðɪ], Robert, engl. Schriftsteller, * Bristol 12. 8. 1774, † Greta Hall (bei Keswick, Cty. Cumbria) 21. 3. 1843; studierte in Oxford, wo er mit S. T. COLERIDGE zusammentraf. S. begeisterte sich früh für die Frz. Revolution und plante mit COLERIDGE die Errichtung einer utop. Kommune in Amerika ›Pantisokratie‹). Er verfasste ›republikan.‹ Dramen (›The fall of Robespierre‹, 1794, mit COLERIDGE), Gedichte (v. a. Balladen) sowie heute fast vergessene Versepen (›Roderick, the last of the Goths‹, 2 Bde., 1814). Wegen seiner Ansiedlung im Seengebiet Cumberlands (1800) wurde er (wenn auch als weniger hervorragender Vertreter) mit COLERIDGE und W. WORDSWORTH zur als ›Lake School‹ bezeichneten jüngeren Generation der engl. Romantiker gezählt. Nach seiner Wendung zu einer politisch konservativen Haltung schrieb er ab 1809 für ›The Quarterly Re-

South Dakota Flagge

Robert Southey

view‹, war ab 1813 →Poet laureate und verfasste zahlreiche biograph. (›Life of Nelson‹, 2 Bde., 1813; dt. ›Admiral Nelson's Leben, Kämpfe und Siege‹), histor. und geograph. Werke. S. wird heute v. a. wegen seines klaren, präzisen Prosastils geschätzt, so in den als satir. Zeitkritik angelegten Briefen eines fiktiven Spaniers (›Letters from England by Don Manuel Espriella‹, 1807). Sein pflichtgemäß anlässlich des Todes von GEORG III. verfasstes Gedicht ›A vision of judgement‹ (1821) führte zu einer literar. Kontroverse mit LORD BYRON.

Ausgaben: The poetical works, 10 Bde. (1837–48, Nachdr. 1977, 5 Bde.); The life and correspondence of R. S., hg. v. C. C. SOUTHEY, 6 Bde. (1849–50, Nachdr. 1969); Poems, hg. v. M. H. FITZGERALD (1909).

J. SIMMONS: S. (Neuausg. Port Washington, N. Y., 1968); R. S. The critical heritage, hg. v. L. MADDEN (London 1972, Nachdr. ebd. 1995); K. CURRY: R. S. A reference guide (Boston, Mass., 1977); C. J. P. SMITH: A quest for home. Reading R. S. (Liverpool 1997); M. STOREY: R. S. A life (Oxford 1997).

South Georgia [ˈsaʊθ ˈdʒɔːdʒjə], Insel im Südatlantik, →Südgeorgien.

South Glamorgan [ˈsaʊθ gləˈmɔːgən], ehem. County in S-Wales, 1995 aufgelöst.

South Island [ˈsaʊθ ˈaɪlənd], die Südinsel →Neuseelands.

South Lanarkshire [ˈsaʊθ ˈlænəkʃɪə], Verw.-Distr. in Schottland, 1771 km², 307 100 Ew.; Verw.-Sitz ist Hamilton.

South Orkney Islands [ˈsaʊθ ˈɔːkni ˈaɪləndz], Inselgruppe im Südatlantik, →Süd-Orkney-Inseln.

South Pacific Forum [ˈsaʊθ pəˈsɪfɪk ˈfɔːrəm, engl.], Abk. **SPF** [espiːˈef], **Südpazifikforum,** 1971 gegründete zwischenstaatl. Organisation des südpazif. Raums zur Erörterung polit., wirtschaftl. und ökolog. Probleme der Region. Mitgl. sind (1998) Australien, Cookinseln, Fidschi, Kiribati, Marshallinseln, Mikronesien, Nauru, Neuseeland, Niue, Palau, Papua-Neuguinea, Salomoninseln, Tonga, Tuvalu, Vanuatu und Westsamoa; das Sekretariat des SPF befindet sich in Suva (Fidschi). Als weiteres Gremium entstand 1973 das vom SPF gebildete **South Pacific Bureau for Economic Cooperation** (Südpazif. Büro für Wirtschaftskooperation), das u. a. 1980 ein Umweltprogramm, das ›South Pacific Regional Environmental Program‹ (SPREP) verabschiedete. Die Gipfelkonferenzen, auf denen zunächst Fragen der Entkolonialisierung (z. B. der frz. Besitzungen in Ozeanien oder der in diesem Raum von den USA abhängigen Gebiete) und beständig Probleme der Wirtschaft, des Handels und des Tourismus eine wichtige Rolle spielten, befassten sich seit dem Ende der 80er-Jahre bes. mit Umweltfragen (u. a. Bedrohung der Inselstaaten Kiribati, Tonga und Tuvalu durch den Anstieg des Meeresspiegels als Folge des Treibhauseffektes; Schädigung der Fischbestände durch Schleppnetzfangflotten). 1985 erklärten die SPF-Staaten im Rahmen des Vertrags von Rarotonga den Südpazifik zur kernwaffenfreien Zone und erreichten (nach wiederholter Verurteilung der [zuletzt 1995/96] von Frankreich im Mururoa-Atolls durchgeführten Kernwaffenversuche), dass 1996 neben Frankreich auch die USA und Großbritannien den Vertrag unterzeichneten.

Southport [ˈsaʊθpɔːt], Stadt in der Metrop. Cty. Merseyside, NW-England, an der Irischen See, nördlich von Liverpool, 91 000 Ew.; Kunstgalerie, botan. Garten; viel besuchtes Seebad, Golfplätze; Leichtindustrie.

South Sandwich Islands [ˈsaʊθ ˈsænwɪtʃ ˈaɪləndz], Inselgruppe im Südatlantik, →Süd-Sandwich-Inseln.

South Shetland Islands [ˈsaʊθ ˈʃetlənd ˈaɪləndz], antarkt. Inselgruppe, →Süd-Shetland-Inseln.

South Shields [ˈsaʊθ ˈʃiːldz], Stadt in der Metrop. Cty. Tyne and Wear, NO-England, an der Tynemündung in die Nordsee, 83 700 Ew.; Museum (röm. Funde); Metallverarbeitung, Leichtindustrie.

South West [ˈsaʊθ -], Wirtschaftsplanungsregion in SW-England, 23 830 km², 4,83 Mio. Ew.; umfasst die Countys Avon, Cornwall, Devon, Dorset, Gloucestershire, Somerset und Wiltshire. Die Region ist stark landwirtschaftlich orientiert. Wichtigste Industriestandorte sind die Hafenstädte Bristol, Plymouth, Poole und Gloucester. Hauptanziehungspunkte des Fremdenverkehrs sind die Seebäder.

South West Africa People's Organization [ˈsaʊθ ˈwest ˈæfrɪkə ˈpiːplz ɔːgənaɪˈzeɪʃn], Abk. **SWAPO,** südwestafrikan. Volksunion; polit. Organisation in Namibia; 1960 als Befreiungsorganisation gegr.; hervorgegangen aus der Ovambopeople's Organization. 1964 von der OAU anerkannt, seit 1972 mit Beobachterstatus bei der UNO und 1976 von der UN-Generalversammlung als ›einzige authent. Vertretung des namib. Volkes‹ betrachtet, kämpfte die SWAPO gegen die Herrschaft der Rep. Südafrika über Namibia. Nach der Entlassung der port. Kolonien in die Unabhängigkeit (1975) führte sie, unterstützt v. a. von kuban. Truppen, von Angola aus einen Guerillakrieg gegen die in Namibia stationierten südafrikan. Truppen. Nach Abschluss eines Waffenstillstands (1988) und der Einleitung eines Entkolonialisierungsprozesses gewann die SWAPO 1989 die Wahlen zur verfassunggebenden Versammlung; der Präs. der SWAPO, S. NUJOMA, wurde 1990 Staatspräs. des unabhängigen Namibia.

F. ANSPRENGER: Die SWAPO (1984).

South Yorkshire [ˈsaʊθ ˈjɔːkʃɪə], Metrop. Cty. in England, 1 560 km², 1,304 Mio. Ew.; Verw.-Sitz ist Barnsley. Kernstadt des städt. Verdichtungsraums im Bereich des Penninischen Gebirges ist Sheffield, die mit Abstand nächstgrößten Städte sind Rotherham und Doncaster. Das Steinkohlenrevier am Gebirgsrand hat seit Beginn des 19. Jh. ein auf Stahlerzeugung und -verarbeitung spezialisiertes Industriegebiet entstehen lassen; daneben Metall- und chem. Industrie.

Chaim Soutine: Die Verlobte (Paris, Musée de l'Orangerie)

Soutine [suˈtin], **Chaim,** eigtl. C. Soutin [suˈtɛ̃], frz. Maler litauischer Herkunft, *Smilowitschi (bei Minsk) 1893, †Paris 9. 8. 1943; lebte ab 1913 in Paris (Kontakte mit M. CHAGALL und A. MODIGLIANI im

Kreis der École de Paris), 1919–22 v. a. in Céret (Dép. Pyrénées-Orientales), dann meist in Paris. S. malte mit kräftigen, oft aggressiv wirkenden Farben Landschaften (v. a. mit Motiven aus den Pyrenäen), Stillleben und Figurenbilder in einer erregten, expressionistisch gesteigerten Ausdrucksweise.

C. S., 1893–1943, hg. v. E.-G. GÜSE, Ausst.-Kat. (1981); A. WERNER: C. S. (New York 1985); C. S., hg. v. R. CHIAPPINI, Ausst.-Kat. Museo d'Arte Moderna, Lugano (Mailand 1995).

Soutter [suˈtɛːr], **1)** Louis Adolph, schweizer. Maler und Zeichner, * Morges 4. 6. 1871, † Ballaigues (Kt. Waadt) 20. 2. 1942. Nach einem Leben als verkannter Maler und Musiker entstanden erst nach 1923 im Altersasyl von Ballaigues seine in Form und Ausdruck erschütternden Bilder (Zeichnungen und ab 1937 Fingermalereien), deren trag., oft anklager. Gesamtstimmung durch den Helldunkelkontrast belebt ist.

Les doigts peignent, die Finger malen, Arnulf Rainer, L. S., hg. v. E. BILLETER, Ausst.-Kat. Musée Cantonal des Beaux-Arts, Lausanne (Lausanne 1986); L. S. Zeichnungen u. Fingermalerein, hg. v. H. HACHMEISTER (1991).

2) Michel, schweizer. Regisseur, * Genf 2. 6. 1932, † ebd. 10. 9. 1991; Vertreter des poet. Films; leitete Ende der 60er-Jahre mit A. TANNER und C. GORETTA die Erneuerung des Films in der frz. Schweiz ein.

Filme: James ou pas (1970); Die Landvermesser (1972); Der Seitensprung (1974); Rollenspiele (1977); L'amour des femmes (1982); Adam et Ève (1983); Signé Renart (1985).

Souvanna Phouma [suˈvana ˈfuma], Prinz, laot. Politiker, * Luang Prabang 7. 10. 1901, † Vientiane 10. 1. 1984, Halbbruder von SOUVANNA VONG; Ingenieur, 1951–54, 1956–58, 1960 und 1962–75 Min.-Präs., verfolgte angesichts des Ost-West-Konflikts einen neutralist. Kurs; dieser sollte nach innen die Gegensätze zw. den prokommunist. Kräften (um Prinz SOUVANNA VONG und den →Pathet Lao) und den prowestl. Gruppen (um Prinz BOUN OUM, * 1911, † 1980) ausgleichen und nach außen die Unabhängigkeit bewahren. Im Ergebnis der Genfer Laoskonferenz (16. 5. 1961–23. 7. 1962) übernahm S. P. am 23. 6. 1962 die Führung einer Koalitions-Reg., der Politiker aller Richtungen angehörten. Nach dem Ausscheiden der kommunistisch orientierten Politiker aus seiner Reg. (1964) suchte S. P. weiterhin – auf die Dauer jedoch vergeblich – Laos aus dem Vietnamkrieg herauszuhalten. 1973 vereinbarte er mit SOUVANNA VONG die Bildung einer ›Reg. der Nat. Einheit‹, in der jedoch die prokommunist. Kräfte ein immer stärkeres Gewicht gewannen. Im Dezember 1975 (Proklamation einer ›Demokrat. Volksrepublik‹) trat er als Reg.-Chef zurück.

Souvanna Vong [suˈvana vɔŋ], **Souphanouvong**, Prinz, laot. Politiker, * Luang Prabang 13. 7. 1909 (nach anderen Quellen: 12. 7. 1912), † Vientiane 9. 1. 1995; Halbbruder von SOUVANNA PHOUMA; Ingenieur, stand in enger Verbindung mit HO CHI MINH, baute nach 1945 als Führer des →Pathet Lao in N-Laos eine kommunist. Machtbasis auf, die er bis zum Ende des Vietnamkrieges (1957/58–75) immer mehr nach S. ausweiten konnte. 1962–63 war er stellv. Min.-Präs. in der Koalitions-Reg. unter SOUVANNA PHOUMA. Seit dessen Rücktritt und der Proklamation einer ›Demokrat. Volksrepublik‹ (Dezember 1975) war S. V., der den Prinzentitel abgelegt hatte, bis 1986 Staatspräs. und Vors. der Obersten Volksversammlung.

Souverain [suˈvrɛ̃, frz.], Goldmünze, →Sovereign.

souverän [zuvə-; frz., von mlat. superanus ›darüber befindlich‹, ›überlegen‹], **1)** die staatl. Hoheitsrechte ausübend, Souveränität besitzend; **2)** (aufgrund von Fähigkeiten) sicher und überlegen.

Souveränität [zuvə-, frz.], die dem modernen Staat eigentüml., höchste, nicht abgeleitete, allumfassende, unbeschränkte Hoheitsgewalt; der Staat hat sie (völkerrechtlich) nach außen und (staatsrechtlich) nach innen, d. h., er hat die Verfügungsgewalt über die ›inneren Angelegenheiten‹. In Bezug auf die ›innere S.‹ ist Träger der S. grundsätzlich derjenige, der über das Recht verfügt, Kompetenzen zuzuweisen oder zu verändern (›Kompetenzkompetenz‹). Der Begriff S. wurde von J. →BODIN im 16. Jh. entwickelt. Sie findet ihre Grenze am Völkerrecht und an den Grundrechten der Einzelnen. Träger der S. ist in absoluten und konstitutionellen Monarchien das Staatsoberhaupt (monarch. S.), in demokrat. Republiken und in parlamentarisch-demokrat. Monarchien das Volk (Volks-S.). Die Staatstheorie erkennt an, dass die S. kein unabdingbares Merkmal des Staates ist; so fehlt z. B. den Gliedstaaten eines Bundesstaats die S., umgekehrt sind im Staatenbund nur die Gliedstaaten, nicht der Gesamtstaat souverän.

Das Völkerrecht beruht auf dem Grundsatz der Gleichheit souveräner Staaten. Die modernen Staatengemeinschaften, z. B. die UNO, führen jedoch zu einer gewissen Einschränkung der S. Gleichzeitig muss die rechtlich und formell bestehende S. der Staaten im Zusammenhang mit der zunehmenden wechselseitigen polit., wirtschaftl. und militär. Zusammenarbeit bzw. Verflechtung der Staaten betrachtet werden. In Dtl. können nach Art. 24 Abs. 1 GG durch Gesetz Hoheitsrechte und damit Teile der S. auf zwischenstaatl. Einrichtungen (z. B. EG) übertragen werden; außerdem kann Dtl. nach Art. 24 Abs. 2 GG in Beschränkungen seiner Hoheitsrechte im Rahmen eines kollektiven Sicherheitssystems (z. B. NATO) einwilligen. Künftige Übertragungen von Hoheitsrechten auf die EU ermöglicht Art. 23 Abs. 1 GG. Zu unterscheiden sind jedoch Staaten, die in ihrer S. durch einen anderen Staat beschränkt sind, oft auch ›halbsouveräne‹ Staaten genannt; die Beziehung des souveränen Oberstaates zum halbsouveränen wird auch **Suzeränität** genannt. Meist ist Letzteren die selbstständige Wahrung der auswärtigen Hoheitsrechte entzogen, während ihnen nach innen die Schutzgewalt belassen wird (→Protektorat, Recht).

H. G. KOPPENSTEINER: Die europ. Integration u. das S.-Problem (1963); H. QUARITSCH: Staat u. S. (1970); A. VERDROSS: Die völkerrechtl. u. polit. S. der Staaten, in: Um Recht u. Freiheit, hg. v. H. KIPP, Tl. 1 (1977); Rechtspositivismus, Menschenrechte u. S.-Lehre in versch. Rechtskreisen, hg. v. E. KROKER u. a. (Wien 1978); S.-Verständnis in den Europ. Gemeinschaften, hg. v. G. RESS (1980); L. KÜHNHARDT: Stufen der S. Staatsverständnis u. Selbstbestimmung in der ›dritten Welt‹ (1992); A. SINGER: Nationalstaat u. S. Zum Wandel des europ. Staatensystems (1993); M. LEMMENS: Die S. der Bundesrepublik Dtl. u. die Integration der Europ. Gemeinschaft (1994).

Souza [ˈsoza], Márcio, brasilian. Soziologe, Schriftsteller, Film- und Theaterregisseur, * Manaus 4. 3. 1946; Initiator und Hauptvertreter der neueren Amazonas-Literatur. In seinen Romanen verbindet er indian. Tradition mit Realismus und Ironie.

Werke: Romane: Galvez, o Imperador do Acre (1976; dt. Galvez, Kaiser von Amazonien); Mad Maria (1980; dt. Mad Maria oder das Klavier im Fluß); A ordem do dia (1983); A condolência (1984; dt. Herzl. Beileid, Brasilien); O brasileiro voador (1986; dt. Der fliegende Brasilianer). – Stücke: Folias de latex (1976); A paixão de Ajuricaba (1979). – Erzählungen: A caligrafia de Deus (1994). – Biografie: O empate contra Chico Mendes (1990).

Souzay [suˈzɛ], Gérard, eigtl. **G. Marcel Tisserand** [tisˈrɑ̃], frz. Sänger (lyr. Bariton), * Angers 8. 12. 1918; debütierte 1945 in London und wurde bes. als Liedinterpret sowie als Konzertsänger bekannt. Seit 1960 trat er auch als Opernsänger v. a. in Mozart-Rollen und Partien aus frz. Opern auf.

SOV, Abk. für → Schweizerischer Olympischer Verband.

Sova [ˈsɔva], Antonín, Pseud. **Ilja Georgov**, tschech. Schriftsteller, * Pacov (Südböhm. Gebiet) 26. 2. 1864, † ebd. 16. 8. 1928; war 1898–1920 Direktor der Prager Stadtbibliothek. In der Formbeherrschung

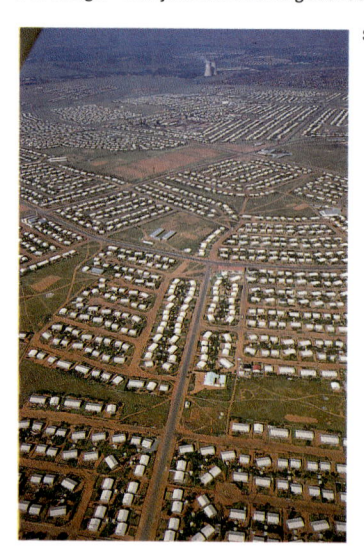

Sove Sovereign – Sowjetische Aktiengesellschaften

Soweto

von J. VRCHLICKÝ beeinflusst, bewegen sich seine frühen Gedichte über sentimentale Elemente hin zu einer starken Symbolhaftigkeit der Heimat- und Naturbilder, um in der Spätphase impressionistisch beschreibend auch nat. Stoffe aufzugreifen und Zukunftsvisionen zu entwerfen. Sein Prosawerk hat ausgeprägt sozialkrit. Charakter, seine Balladen (›Kniha baladická‹, 1915) sind Meisterwerke ihrer Gattung.

Weitere Werke: *Lyrik:* Soucit i vzdor (1894); Zlomená duše (1896); Zpěvy domova (1918); Drsná láska (1927). – *Romane:* Ivův román (1901); Výpravy chudých (1903); Tóma Bojar (1910). – *Novelle:* Pankrác Budecius, Kantor (1916).
Ausgaben: Spisy, 20 Bde. (²⁻⁶1936–38). – Gedichte, hg. v. K. VON EISENSTEIN (1922).
Bibliografie díla Antonína Sovy a literatury o něm, hg. v. J. KUNCOVÁ (Prag 1974).

Sovereign
(London, geprägt zwischen 1585 und 1587; Durchmesser 43 mm)

Vorderseite

Rückseite

Sovereign [ˈsɔvrɪn] *der, -s/-s,* engl. und brit. Goldmünze, die 1489 als 20-Shilling-Stück geschaffen wurde und auf der Vorderseite den thronenden Herrscher (Souverän) darstellte. Mit S. wurde dann auch das ab 1816 ausgeprägte goldene 1-Pfund-Stück bezeichnet, das die Guinea ablöste. Die modernen brit. 1-Pfund-Münzen aus unedlen Legierungen heißen nicht mehr S. – In den span. Niederlanden wurde ab 1612 nach dem Vorbild des S. eine Goldmünze zu 6 Gulden ausgegeben, die als **Souverain** bezeichnet wurde (letztes Prägejahr 1798). Diesen Souverain prägte man in den österr. Gebieten Oberitaliens unter dem Namen **Sovrano** bis 1856.

Sovetskaja [-ˈvje-], Antarktisstation, →Sowjetskaja.

Sowchos [-ç-; Kw. für russ. Sowjetskoje chosjajstwo ›Sowjetwirtschaft‹] *der, -/ chose,* **Sowchose** *die, -/-n,* staatl. Landwirtschaftsbetrieb in der Sowjetunion. S. entstanden nach der Oktoberrevolution (1917) durch entschädigungslos enteignetes privates, kirchl. und zarist. Bodeneigentum (Gutswirtschaften). Nach 1928 wurden S. bes. in den wenig erschlossenen Steppen und Waldsteppen im S, SO und O der Sowjetunion, v. a. im Zusammenhang mit Neulandgewinnungsaktionen (in den 30er- und 50er-Jahren), gebildet.
Im Ggs. zum genossenschaftl. →Kolchos waren beim S. Boden und Produktionsmittel Staatseigentum, die Beschäftigten Arbeitnehmer. Die gesamte zur Vermarktung bestimmte Produktion wurde vom Staat aufgekauft, der Leiter der S. vom Staat eingesetzt. Die Arbeitnehmer hatten Anspruch auf die Bewirtschaftung von Hofland. Diese private Landwirtschaft diente der Selbstversorgung, v. a. aber der Belieferung freier Märkte mit landwirtschaftl. Erzeugnissen.
Nach dem Zerfall der Sowjetunion (1991) sah man in Russland und den anderen Nachfolgestaaten eine Weiterführung von S. nur in dem Maße vor, wie sie besondere Aufgaben in der Tier- und Pflanzenzucht oder der Saatgutvermehrung erfüllen. Reformen mit dem Ziel der Privatisierung kamen nur schleppend in Gang (in der Praxis vorwiegend Verpachtung von Land u. a. an ehem. S.-Mitgl.). In Russland blieben bislang die meisten S., oft unter Beibehaltung ihrer Organisationsstruktur, bestehen, erhielten formal wirtschaftl. Eigenständigkeit und änderten ihre Rechtsform (z. B. in Aktiengesellschaften oder Genossenschaften neuen Rechts).

Soweto [engl. səˈweɪtəʊ; Abk. für engl. **S**outh **W**estern **T**ownship ›südwestl. Township‹], Wohnstadt für Schwarze, südwestlicher Stadtteil von Johannesburg, Rep. Südafrika; die Einwohnerzahl kann wegen des nicht genehmigten Zuzugs erheblich höher liegen als die offiziell geschätzten 3–3,5 Mio. Ew. Neben kleinen, durchweg einstöckigen Häusern, die seit 1930 errichtet wurden, gibt es Slumgebiete, aber auch Villenviertel, ferner Schulen, Kindergärten, Einkaufszentren, Sportanlagen sowie ein Krankenhaus (mit 3 000 Betten das größte Afrikas). – Am 16. 6. 1976 brach in S. der Aufstand schwarzer Schüler gegen den verstärkten Afrikaansunterricht aus, der von der Polizei blutig niedergeschlagen wurde und auch auf andere Townships der Rep. Südafrika übergriff.
W. J. P. CARR: S. Its creation, life and decline (Johannesburg 1990).

Sow Fall [sɔ ˈfal], Aminata, senegales. Schriftstellerin frz. Sprache, *Saint-Louis 27. 4. 1941; studierte Philologie in Frankreich, war danach Lehrerin in Senegal, später Beamtin im Kulturministerium; seit 1987 leitet sie ein von ihr gegründetes unabhängiges Kulturzentrum. – In einer Ausdrücke aus dem Wolof aufgreifenden Sprache brandmarken ihre Sittenromane humorvoll, oft mit moralisch-didakt. Anspruch, Auswüchse der sozialen Realität Senegals: Heuchelei, Geldgier, Geltungsbedürfnis, blinde Nachahmung europ. Lebensstile.
Werke: *Romane:* Le revenant (1976); La grève des bàttu ou les déchets humains (1979; dt. Der Streik der Bettler oder der menschl. Abfall); L'appel des arènes (1982); L'ex-père de la nation (1987).
W. GLINGA: Lit. in Senegal (1990).

Sowie, Góry S. [ˈguri ˈsɔvjɛ], Gebirge in Polen, →Eulengebirge.

Sowjet [russ. sovet ›Rat‹] *der, -s/-s,* urspr. Bez. für die →Arbeiter-und-Soldaten-Räte in Russland, später für die formell beschließenden Organe der Sowjetunion und ihrer Untergliederungen. (→Oberster Sowjet, →Rätesystem)

Sowjetische Akti|engesellschaften, Abk. **SAG,** von der sowjet. Besatzungsmacht 1946 in der SBZ gegründete Industrieunternehmen, die die nach der Beschlagnahme in das Eigentum der Sowjetunion übergegangenen rd. 200 dt. Einzelbetriebe verwalteten und für Reparationsleistungen nutzten. In den von sowjet. Generaldirektoren geleiteten SAG waren (1947) etwa 300 000 Deutsche beschäftigt, die rd. 20 % der industriellen Bruttoproduktion der SBZ erwirtschafteten. Die SAG wurden zwar in die Handelsregister eingetragen, unterlagen aber nicht dt. aktienrechtl. Bestimmungen und zahlten keine Steuern. Ab 1947 wurden sie schrittweise der dt. Verwaltung übergeben bzw. gegen Bezahlung (z. T. auf Kreditbasis) übereignet. Die letzten 33 SAG-Betriebe (darunter z. B. die Leuna-Werke) wurden 1954 entschädigungslos an die DDR zurückgegeben. Nach der Rückgabe wurden die SAG in volkseigene Betriebe umgewandelt, viele arbeiteten auch danach für unmittelbare und mittelbare Reparationslieferungen. – Eine Sonderstellung nahm die Sowjetisch-Dt. Aktiengesellschaft Wismut (SDAG Wismut) ein (→Wismut AG).

Sowjetische Besatzungszone, Abk. **SBZ,** der 1945 – gemäß alliierter Vereinbarungen – von sowjet. Truppen besetzte und der SMAD unterstellte Teil Dtl.s, 1949–90 das Staatsgebiet der DDR (→deutsche Geschichte).

Sowjetische Militär-Administration in Deutschland, →SMAD.

Sowjetmarxismus, andere Bez. für den →Marxismus-Leninismus.

Sowjetpatriotismus, Begriff der sowjet. Staatsideologie, von STALIN im Zuge der Förderung eines großrussisch orientierten Geschichtsbewusstseins eingeführt; verband den entschlossenen Einsatz für die Ziele der Oktoberrevolution und der herrschenden KPdSU mit bestimmten, als positiv erachteten Leistungen des vorrevolutionären Russland (z. B. den Reformen PETERS I., D. GR., dem Kampf der russ. Armeen unter General M. I. KUTUSOW gegen NAPOLEON I.). Der S., zu dessen integralen Bestandteilen auch der Personenkult um STALIN gehörte, sollte als ›Unions‹- bzw. ›Heimatidee‹ den Nationalismus der Völker überbrücken und als Mobilisierungsideologie beim ›Aufbau des Sozialismus in einem Lande‹ wirken; im Zweiten Weltkrieg wurde er bes. oft in Anspruch genommen (›Großer Vaterländ. Krieg‹). Nach dem Tod STALINS wurde der S., dessen Postulat vom ›Sowjetmenschen‹ das wachsende Nationalbewusstsein in den Unionsrepubliken nicht mehr wirksam bremsen konnte, v. a. vom ›sowjet. Stolz‹ auf die Weltmachtrolle der UdSSR getragen.

Sowjetsk, Stadt in Russland, →Tilsit.

Sowjetskaja, Sovetskaja [-ˈvje-], Antarktisstation auf dem Inlandeis bei 78° 24′ s. Br. und 87° 32′ ö. L., 3662 m ü. M.; sie war von der UdSSR errichtet worden und während des Internat. Geophysikal. Jahres vom 16. 2. 1958 bis 3. 1. 1959 besetzt. Bekannt als einer der →Kältepole der Erde.

Sowjet|union, amtl. russ. **Sojus Sowjetskich Sozialistitscheskich Respublik, Sojuz Sovetskich Socialističeskich Respublik,** Abk. **SSSR,** kyrill. **СССР,** dt. **Union der Sozialistischen Sowjetrepubliken,** Abk. **UdSSR,** ehem. Bundesstaat aus 15 Unionsrepubliken in O-Europa und N-Asien; mit 22,4 Mio. km² (davon 5,57 Mio. km² in Europa) war die S. flächenmäßig der größte Staat der Erde; mit (1990) 288,6 Mio. Ew. stand sie unter den volkreichsten Staaten an 3. Stelle (nach China und Indien); Hauptstadt war Moskau. Die S. grenzte im W an das Schwarze Meer, an Rumänien, Ungarn, die Tschechoslowakei und Polen, im NW an die Ostsee, an Finnland und Norwegen, im N an das Nordpolarmeer, im O an den Pazif. Ozean, im SO an das Jap. Meer, an Nord-Korea und China, im S an China, die Mongolei und Afghanistan sowie im SW an Iran und die Türkei.

Politisches System: Die S. war ein multinat. kommunist. Unionsstaat, der sich als Diktatur des Proletariats verstand und von Anfang an totalitäre Züge unterschiedl. Ausprägung aufwies. Während in der stalinist. Periode von einer autokrat. Variante gesprochen werden kann, wurde in den 20er-Jahren und nach Stalins Tod im Zeichen der ›kollektiven Führung‹ eine oligarch. Variante der Diktatur praktiziert, in der das Politbüro der KPdSU das Herrschaftszentrum darstellte. Letztere entspricht dem leninist. Leitbild einer Parteidiktatur (→Marxismus-Leninismus).

1936 war die führende Rolle der →Kommunistischen Partei der Sowjetunion (KPdSU) in allen staatl. und gesellschaftl. Bereichen und damit ein Einparteiensystem auch in der Verf. verankert worden. Die Monopolstellung der KPdSU mit einer engen (auch personellen) Verquickung von Partei und Staat führte zum Ausbau eines zentralistisch geführten, bürokrat. Wirtschafts- und Verwaltungssystems, das auf Staatseigentum in allen Wirtschaftsbereichen basierte. Ihre Führungs- und Kontrollfunktion auf allen Ebenen der Gesellschaft übte die Partei über weitgehende Weisungsrechte, das Vorschlagsrecht für die Zusammensetzung staatl. Organe sowie eine von ihr dominierte Personalpolitik aus. Die Ausübung der Staatsmacht erfolgte durch ein auf dem leninschen Prinzip des →demokratischen Zentralismus basierendes System der Sowjets (Räte) der Volksdeputierten (→Rätesystem). In Anbetracht des Machtmonopols der KPdSU waren die Sowjets aber keine eigenständigen Willensbildungsorgane; sie vollstreckten vielmehr die von der Partei auf gleicher oder höherer Organisationsebene getroffenen Entscheidungen.

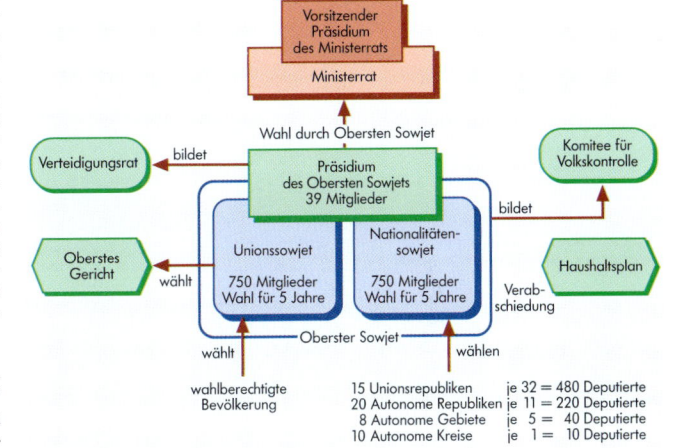

Sowjetunion: Das von der KPdSU getragene, auf der Verfassung von 1977 beruhende politische System

Verfassungsordnung: Die S. hatte drei Verf.: Die Gründungs-Verf. von 1924 sah eine Pyramide von Sowjets (nur an der Basis direkt gewählt, ansonsten aus mittelbaren Wahlen hervorgehend) als Träger der Staatsgewalt vor. An der Spitze stand ein relativ selten einberufener Sowjetkongress, der für die Wahrnehmung der laufenden gesetzgeber. Aufgaben ein Zentrales Exekutivkomitee bestellte. Mit der stalinschen Verf. von 1936 wurde eine einheitl. Hierarchie von auf allen Ebenen unmittelbar gewählten Sowjets geschaffen. Nach der Verf. von 1977 (mehrfach revidiert) fungierte der aus zwei gleichberechtigten Kammern, dem Unionssowjet (Sowjet Sojusa) und dem Nationalitätensowjet (Sowjet Nazionalnostej), bestehende Oberste Sowjet (Werchownyj Sowjet) formal als höchstes Organ der Staatsmacht. Er trat jedoch nur selten zusammen und verabschiedete wenige Gesetze. Der mit dem Zweikammersystem beabsichtigte Interessenausgleich zw. Gesamtstaat und Nationalitäten blieb infolge der richtungweisenden Kompetenz der KPdSU wirkungslos. Das Wahlrecht für den Obersten Sowjet, das auch für die Sowjets in allen nachgeordneten Einheiten galt, war ein absolutes Mehrheitswahlrecht auf der Basis von unitar. Wahlkreisen. Da nur die KPdSU und die mit ihr eng verbundenen gesellschaftl. Organisationen das Recht der Kandidatenaufstellung hatten, entwickelten sich die Wahlen – bes. seit der Zeit STALINS – zu Akklamationswahlen. Eine größere Bedeutung kam dem von seinem Vors. geleiteten Präsidium des Obersten Sowjets zu, das als parlamentsersetzender Gesetzgeber (Ukas) und kollekti-

Sowjetunion (Stand 1990)

Staatswappen

Staatsflagge

ves Staatsoberhaupt fungierte. De facto galt jedoch der Gen.-Sekr. der Partei mit seiner Machtfülle als oberster Repräsentant des Staates. Exekutivorgan der Union war der Min.-Rat (bis 1946 Rat der Volkskommissare) unter Leitung des Präsidiums und seines Vorsitzenden (Min.-Präs.); seine Dekrete und Verfügungen waren für das gesamte Territorium der S. bindend. Formal wurde der Min.-Rat, dem neben dem Min.-Präs., seinen Stellvertretern, den Min., den Vors. der Staatskomitees (z. B. GOSPLAN, KGB), der Zentralbank u. a. zentraler Institutionen auch die Vors. der Min.-Räte der Unionsrepubliken angehörten, zu Beginn einer jeden Legislaturperiode vom Obersten Sowjet bestellt, die tatsächl. Personalentscheidungen fielen jedoch im Politbüro der KPdSU.

Unter M. S. GORBATSCHOW kam es im Rahmen der Perestroika zu mehreren Revisionen der Verf. von 1977 (v. a. am 1. 12. 1988, 14. 3. 1990 und 26. 12. 1990), die Auswirkungen auf die Staatsorganisation hatten. So wurde 1989 der Kongress der Volksdeputierten (2250 Mitgl., für 5 Jahre gewählt) gebildet, in dessen Kompetenz u. a. Verf.-Änderungen, Grundfragen der Innen- und Außenpolitik und die Wahl des Obersten Sowjets fielen. Als ständig tätiges Gesetzgebungs- und Kontrollorgan fungierte nunmehr der Oberste Sowjet, bestehend aus zwei gleichberechtigten Kammern mit je 271 Deputierten (Unions- und Nationalitätensowjet). Ihm oblag u. a. die Ernennung des Kabinetts unter Leitung des Min.-Präs. und des Generalstaatsanwalts der Union sowie die Gesetzesauslegung. 1990 übernahm ein mit weitgehenden Vollmachten ausgestatteter Präs. das Amt des Staatsoberhauptes. Eine weitere Neuerung stellte die Errichtung des Komitees für Verf.-Aufsicht (vom Kongress der Volksdeputierten gewählt) im Frühjahr 1990 als Vorstufe eines Verf.-Gerichts dar.

Unionsrepubliken der Sowjetunion (1990)

Republik	Hauptstadt	Fläche in km²	Ew. in Mio.	Ew. je km²
Armenische SSR	Jerewan	29 800	3,29	110
Aserbaidschanische SSR[1)]	Baku	86 600	7,13	82
Estnische SSR	Reval	45 100	1,58	35
Georgische SSR[2)]	Tiflis	69 700	5,46	78
Kasachische SSR	Alma-Ata	2 717 300	16,69	6
Kirgisische SSR	Bischkek	198 500	4,37	22
Lettische SSR	Riga	64 600	2,69	42
Litauische SSR	Wilna	65 200	3,72	57
Moldauische SSR	Kischinjow	33 700	4,36	129
Russische SFSR[3)]	Moskau	17 075 400	148,04	9
Tadschikische SSR[4)]	Duschanbe	143 100	5,25	37
Turkmenische SSR	Aschchabad	488 100	3,62	7
Ukrainische SSR	Kiew	603 700	51,84	86
Usbekische SSR[5)]	Taschkent	447 400	20,32	45
Weißrussische SSR	Minsk	207 600	10,26	49
Sowjetunion	Moskau	22 403 100[6)]	288,62	13

[1)] darin Nachitschewaner ASSR (Autonome Sozialist. Sowjetrepublik) und AG (Autonomes Gebiet) Bergkarabach. – [2)] darin Abchas. ASSR, Adschar. ASSR, Südosset. AG. – [3)] darin 16 ASSR (Baschkir., Burjat., Dagestan., Jakut., Kalmück., Karel., Mordwin., Nordosset., Tatar., Tschuwasch., Tuwin., Udmurt., der Kabardiner und Balkaren, der Komi, der Mari, der Tschetschenen und Inguschen), fünf AG (Adygeisches, Chakass., Jüdisches, Gorno-Altajsk, der Karatschaier und Tscherkessen) zehn autonome Kreise (der Chanten und Mansen, der Ewenken, der Jamal-Nenzen, der Komi-Permjaken, der Korjaken, der Nenzen, der Tschuktschen; Aginskoje, Taimyr, Ust-Ordynskij). – [4)] darin AG Bergbadachschan. – [5)] darin Karakalpak. ASSR. – [6)] einschließlich der Flächen des Weißen und Asowschen Meeres.

Parteien und Organisationen: Einzige Partei war bis 1990 die KPdSU; erst mit der Streichung ihres Führungsanspruchs aus der Verf. am 14. 3. 1990 wurden Voraussetzungen für einen Parteienpluralismus geschaffen. Im Gefolge entstanden auf Unions- bzw. Republikebene zahlr. neue Parteien. Zu den gesellschaftl. Organisationen, die der totalen Erfassung und Mobilisierung aller Bev.-Gruppen dienten, gehörten u. a. der von der Staatspartei abhängige und mit Organisationsmonopol ausgestattete Gewerkschaftsverband, Berufs- und Sportverbände, die Jugend- und Kinderorganisationen ›Komsomol‹ und ›Verband der Pioniere‹. Eine besondere Bedeutung kam dem in 28 Industrieverbände mit betriebl. Grundorganisationen untergliederten Gewerkschaftsverband zu. Er verwaltete die staatl. Sozialversicherung, war Träger von Erholungs- und Tourismuseinrichtungen, überwachte die Einhaltung des Arbeitsschutzes, nahm an der Wahl der Staatsorgane teil, besaß das Recht der Gesetzesinitiative, war an der Ausarbeitung der Volkswirtschaftspläne beteiligt und verfügte auf betriebl. Ebene über Mitwirkungsrechte bei der Festlegung der Arbeitsordnung und -normen sowie bei der Vergabe von Prämien und Wohnraum. Im Dezember 1990 wurde die Bildung unabhängiger Gewerkschaften gesetzlich geregelt.

Verwaltung: Die administrativ-territoriale Gliederung der S. bestand am 1. 1. 1990 aus 15 Unionsrepubliken, 20 autonomen Republiken, acht autonomen Gebieten, zehn autonomen Kreisen, sechs Regionen (Kraj), 114 Gebieten (Oblast), 3 217 Bezirken (Rayon), 2 200 Städten, 603 Stadtbezirken, 4 042 Siedlungen und 43 095 Dorfsowjets.

Das sowjet. Verf.-Recht betrachtete die 15 Unionsrepubliken (sozialist. Sowjetrepubliken, SSR) formal als souveräne Staaten (einschl. des Rechts auf Austritt aus der Union). Tatsächlich waren sie jedoch nachgeordnete Territorialeinheiten der Zentralgewalt mit eingeschränkten Befugnissen. Die Union verfügte über weit reichende Kompetenzen (Außen-, Verteidigungs- und Außenhandelspolitik, Änderungen der Republikgrenzen, staatl. Sicherheit, Rahmengesetzgebung im Rechtswesen, Budget, Steuer- und Währungshoheit, Verkehrs-, Post-, Fernmelde- und Versicherungswesen. Die Gesetzgebung in den nicht der Union vorbehaltenen Bereichen übte die Legislative der SSR aus, die im Wesentlichen analog der auf Unionsebene organisiert war. Die Exekutive lag beim jeweiligen Min.-Rat. Bestimmte Ministerien waren den entsprechenden Unionsministerien untergeordnet, andere Ressorts dagegen nur dem Min.-Rat der entsprechenden SSR (z. B. Sozialfürsorge, öffentl. Ordnung, Verkehr, regionaler Handel, kommunale Einrichtungen). National heterogene SSR waren weiter untergliedert. Je nach der zahlenmäßigen Stärke einer Nationalität gab es autonome sozialist. Sowjetrepubliken (ASSR), autonome Gebiete und autonome Kreise. Die legislativen und administrativen Aufgaben in den versch. regionalen Verwaltungsebenen wurden von den Sowjets der Volksdeputierten und deren Vollzugsausschüssen wahrgenommen.

Recht: Das Gerichtswesen war zwar in ein bundeseigenes und ein Gerichtswesen der Unionsrepubliken getrennt, dem vom Obersten Sowjet für fünf Jahre gewählten Obersten Gerichtshof der S. standen jedoch besondere Leitungsbefugnisse gegenüber den nachgeordneten Gerichten zu. Neben der letztinstanzl. Entscheidung im System der Sowjetgerichtsbarkeit und der Behandlung von bes. wichtigen und schweren Fällen in 1. Instanz fällte er Grundsatzentscheidungen und nahm Gesetzeserläuterungen vor. Oberste Gerichtshöfe hatten auch die SSR und die ASSR. Diese waren ebenso wie die ihnen nachgeordneten Gerichte der unteren Verwaltungsebene (Volks- und Regionalgerichte) Gerichte 1. und 2. Instanz für Zivil-, Straf- und – in beschränktem Umfang – Verwaltungsrechtssachen; Richter wurden von den entsprechenden Sowjets (auf lokaler Ebene von den Bürgern direkt) auf 5 Jahre gewählt und waren jederzeit abberufbar. Militärtribunale waren Sondergerichte mit Rechtszug zum Obersten Gerichtshof der S. Für die Entscheidung

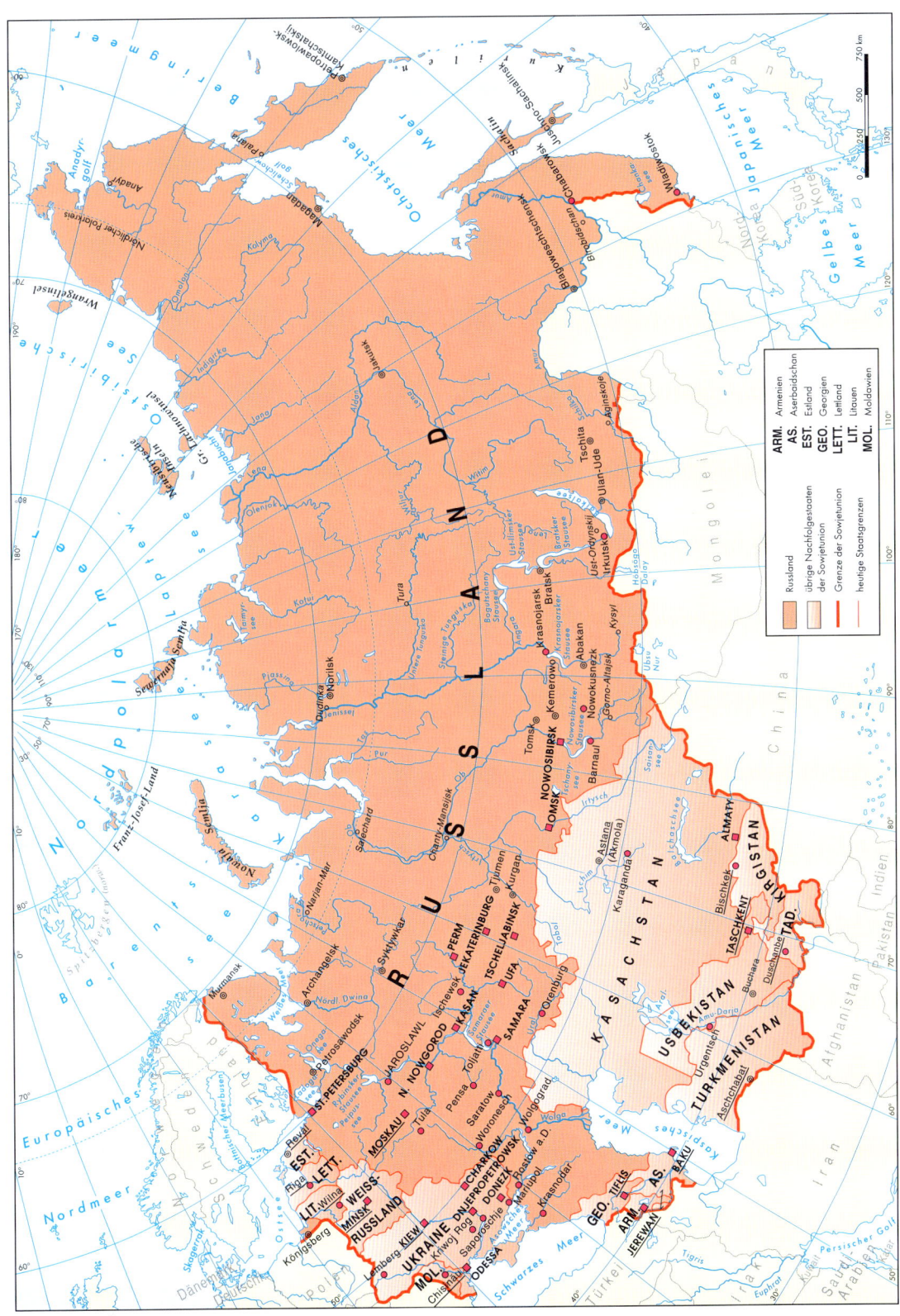

Sowjetunion: Übersichtskarte

wirtschaftl. Streitigkeiten zw. staatl. Unternehmen war die Staatsarbitrage, eine justizförmige Verwaltungseinrichtung, zuständig. Arbeitsrechtl. Streitigkeiten fielen in die Zuständigkeit betriebl. Schlichtungskommissionen, außerbetriebl. Gewerkschaftskomitees und der Volksgerichte. Außerhalb der staatl. Gerichtsbarkeit standen die Kameradschaftsgerichte in Kollektiven und gesellschaftl. Organisationen. Die Staatsanwaltschaft war zentralistisch organisiert und nur dem Obersten Sowjet verantwortlich; an ihrer Spitze stand der vom Obersten Sowjet der S. auf sieben Jahre ernannte Generalstaatsanwalt der S. Sie war nicht nur Strafverfolgungs- und Anklagebehörde, sondern übte im Rahmen der ›allgemeinen Aufsicht‹ eine umfassende Rechtsaufsicht über Verwaltung, Justiz, Wirtschaft usw. aus.

Das *Wappen* (offiziell eingeführt 1924) zeigte vor einem über aufgehender Sonne schwebenden Erdball Hammer und Sichel sowie über dem Globus den roten, goldgesäumten, fünfstrahligen Stern. Diese Darstellung wurde von Getreideähren umkränzt, die von einem roten Band zusammengehalten wurden. Das Band trug in den Sprachen der 15 Unionsrepubliken die Losung ›Proletarier aller Länder, vereinigt euch‹.

Streitkräfte: Zum Zeitpunkt der Auflösung der S. betrug die Gesamtstärke der Sowjetarmee (so die offizielle Bez. ab 1946, vorher ›Rote Armee‹) etwa 3,98 Mio. Mann, zuzüglich 5,6 Mio. Reservisten mit einer nicht länger als fünf Jahre zurückliegenden Dienstzeit. In der Gesamtstärkezahl eingeschlossen waren 490 000 Mann der ›Eisenbahn- und Bautruppen‹ sowie die dem Innenministerium unterstellten ›Inneren Truppen‹ (250 000 Mann) und die ›Grenztruppen des KGB‹ (230 000 Mann). Gegliedert war die Sowjetarmee in die fünf Teilstreitkräfte Heer, Luftwaffe, Marine, Luftverteidigungs- und strateg. Raketentruppen. Keiner dieser Teilstreitkräfte zuzuordnen waren 920 000 Mann als Angehörige zentraler Führungs-, Ausbildungs- und Logistikeinrichtungen. Die Dauer des Wehrdienstes betrug zwei, bei der Marine und den Küsteneinheiten der Grenztruppen drei Jahre.

Das *Heer* (1,47 Mio. Soldaten) verfügte an Großverbänden über 142 motorisierte Schützendivisionen, 46 Panzer- und sieben Luftlandedivisionen. Neben den eigentl. Kampfdivisionen gab es eine Vielzahl selbstständiger Logistik-, Kampfunterstützungs-, Führungs- und Kampftruppenverbände, darunter u. a. 19 Artilleriedivisionen und zehn Luftsturmbrigaden. Zur Ausstattung gehörten v. a. etwa 60 000 Kampfpanzer (T-80, T-72, T-64, T-62 und veraltete T-54/-55) sowie rd. 87 000 gepanzerte Gefechtsfahrzeuge.

Die *Luftwaffe* (420 000 Mann) setzte sich aus den ›takt. Fliegerkräften‹, den ›Transportfliegerkräften‹ und der operativ zu den strateg. Nuklearstreitkräften gehörenden ›Fernfliegerkräften‹ zusammen. An fliegendem Gerät besaß die Luftwaffe u. a. etwa 175 Langstreckenbomber (v. a. Tu-160, Tu-95), 4 400 Kampfflugzeuge (v. a. MiG-23, MiG-27, MiG-29, Su-24) sowie 670 Transportflugzeuge (v. a. Il-76).

Die *Marine* (410 000 Mann) gliederte sich in die Pazifische, die Nordmeer-, die Baltische und die Schwarzmeerflotte. An schwimmenden Kampfeinheiten standen u. a. fünf Flugzeugträger, 242 reine U-Boote, 43 Kreuzer, 180 Zerstörer und Fregatten, 70 Korvetten, 320 Kleine Kampfschiffe sowie 63 fast ausschließlich atomgetriebene Einheiten der strateg. U-Boot-Flotte mit 930 Langstreckenraketen zur Verfügung. Neben den eigentl. Seestreitkräften besaß die Sowjetflotte eine Marineinfanterietruppe (15 000 Mann) und die Seeluftstreitkräfte (68 000 Mann).

Den *Luftverteidigungstruppen* (500 000 Mann) oblag der unmittelbare Schutz des Luftraums. Mittel hierzu waren etwa 2 300 Kampfflugzeuge (v. a. MiG-23, MiG-25/MiG-31, Su-15, Su-27) sowie 8 700 Startgeräte für schwere und mittlere Flugabwehrraketen. Die strateg. *Raketentruppen* (260 000 Soldaten) bildeten neben den see- und luftgestützten Kernwaffenträgern den wichtigsten Teil der operativ eine Einheit bildenden strateg. Nuklearkräfte der S. Nach Vernichtung der vom INF-Vertrag (1988 in Kraft getreten; →INF) erfassten Mittelstreckenraketen befanden sich im Bestand noch 1 398 Interkontinentalraketen.

Bezüglich des Vertrages über die Reduzierung der strateg. Waffen (→START) einigten sich die Republiken Russland, Weißrussland, Ukraine und Kasachstan darauf, dass die entsprechenden Waffensysteme auf das Territorium Russlands verbracht und dort vertragskonform vernichtet werden. Im Zusammenhang mit dem Ratifizierungsprozess bezüglich des noch 1990 von der S. unterzeichneten Vertrages über die konventionellen Streitkräfte in Europa (→VKSE) einigten sich 1992 die im europ. Teil der ehem. S. liegenden Republiken über die Aufteilung der Bestände an Großwaffensystemen; die Auflösung der alten Sowjetarmee wurde damit endgültig eingeleitet.

Bevölkerung: Die Bev. war von (1940) 194,1 Mio. Ew. über (1951) 181,6 Mio., (1970) 241,7 Mio. auf (1990) 288,6 Mio. Ew. angewachsen. Im Vielvölkerstaat S. wurden bei der letzten Volkszählung (12. 1. 1989) 128 Völker erfasst.

Religion: Grundlagen der Religionspolitik waren das Prinzip der Trennung von Staat und Kirche, die Beschränkung des Religionsfreiheit auf die Ausübung von religiösen Kulthandlungen, das ausdrückl. Verbot der religiösen Unterweisung von Kindern und Jugendlichen und die staatl. Förderung des Atheismus. Religionsgemeinschaften war Grundbesitz gesetzlich untersagt. Der Staat stellte Kirchen, Moscheen, Synagogen, Tempel und Klostergebäude zur Verfügung, in denen die Religionsgemeinschaften den rechtl. Status von ›Nutzern‹ hatten. Ausgehend von dem Grundsatz, dass Religion ›Privatsache‹ sei, wurden die lokalen religiösen Gemeinden rechtlich als ›private Organisationen‹ angesehen. Jede Ortsgemeinde unterlag für sich der Pflicht der staatl. Registrierung, wobei sich mindestens zwanzig volljährige Personen namentlich registrieren lassen mussten; nicht volljährige Personen waren (unter Strafandrohung) von der Mitgliedschaft ausgeschlossen. Nach der kommunist. Staatsideologie galt Religion als ›Ausdruck eines verkehrten gesellschaftl. Bewusstseins‹; ›religiöse Bedürfnisse‹ wurden als Rudimente der vorsozialist. Gesellschaftsordnung angesehen, die im Rahmen des gesellschaftl. Entwicklungsprozesses ›überwunden‹ werden müssen.

Die Trennung von Staat und Kirche, die Aufhebung der rechtl. Stellung der russisch-orthodoxen Kirche als Staatskirche und die formale Gleichstellung aller Religionsgemeinschaft erfolgte bereits unmittelbar nach Gründung der RSFSR durch das ›Ges. über die Trennung der Kirche vom Staat und der Schule von der Kirche‹ vom 23. 1. 1918. Mit seiner Inkraftsetzung verloren die Religionsgemeinschaften auch das Recht, Eigentum an Grund, Gebäuden und Kunstgegenständen zu besitzen. Mit dem ›Ges. über religiöse Angelegenheiten‹ vom 8. 4. 1929 wurde ihre Tätigkeit ausschließlich auf den Vollzug religiöser Kulthandlungen in den vom Staat zur Verfügung gestellten Gebäuden beschränkt. In dieser Form wurde die religiöse Tätigkeit durch die Verf. von 1936 garantiert. Die in ihr garantierte Freiheit der atheist. Propaganda fand ihren Ausdruck v. a. in der →Gottlosenbewegung.

Eine Umorientierung der auf gesellschaftl. Ausgrenzung und weitgehende Marginalisierung der Religionsgemeinschaften (z. T. auch auf scharfe Konfrontation) ausgerichteten Religionspolitik erfolgte erst unter M. S. GORBATSCHOW. Dies führte zunächst zur Verbesserung der prakt. Beziehungen des Staates zur

→russisch-orthodoxen Kirche und 1989 zur Wiederzulassung griechisch-kath. Gemeinden in der Ukraine (→ukrainische Kirchen). Den Muslimen wurde zw. 1989 und 1991 die Neu- bzw. Wiedereröffnung von rd. 5000 Moscheen und die Neueröffnung von sieben islam. Hochschulen (Medresen) gestattet. Gegenüber Juden wurde die bis dahin restriktive Ausreisepolitik nachhaltig gelockert. Eine neue gesetzl. Grundlage für die staatl. Religionspolitik wurde mit dem am 1. 10. 1990 verabschiedeten Religions-Ges. der UdSSR geschaffen. Dieses garantierte Gewissensfreiheit, stellte die Religionsgemeinschaften mit den atheist. Organisationen rechtlich gleich, untersagte die staatl. Finanzierung der atheist. Propaganda und räumte den Religionsgemeinschaften das Recht ein, religiöse Kulthandlungen auch außerhalb der Kultgebäude durchzuführen, Gebäude und den dazugehörigen Grund zu erwerben, religiöse Literatur zu importieren, Werkstätten, landwirtschaftl. Betriebe, Krankenhäuser u. Ä. zu unterhalten.

GESCHICHTE

Zur Entwicklung des Russ. Reiches bis 1917 →Russland (Geschichte).

Vom Sturz der Zarenherrschaft bis zur Gründung der UdSSR

Nachdem die spontan aus Streiks und Demonstrationen entstandene Februarrevolution im März 1917 zur Abdankung Kaiser NIKOLAUS' II. und zur Bildung der Provisor. Reg. (zunächst unter G. J. Fürst LWOW, dann unter A. F. KERENSKIJ) geführt hatte, begannen die aus Arbeiter- und Soldatendeputierten gebildeten ›Sowjets‹ (Räte) im Sinne ihrer revolutionären Ziele einen eigenen Machtanspruch zu erheben. Bes. der Petrograder Sowjet trat in Konkurrenz zur Provisor. Reg. (Begründung einer ›Doppelherrschaft‹) und bestritt zunehmend deren Legitimation.

Vor dem Hintergrund der dt.-russ. Gegnerschaft im Ersten Weltkrieg gelangte LENIN mit dt. Hilfe im April 1917 von seinem Exil in der Schweiz aus nach Petrograd. Mit den →Aprilthesen fand er unter den Losungen ›Alle Macht den Sowjets‹, ›Alles Land den Bauern‹, ›Frieden um jeden Preis‹ wachsenden Widerhall unter der russ. Bev., da die Provisor. Reg. den Krieg an der Seite der Ententemächte gegen Dtl. und Österreich-Ungarn fortsetzte und dem Verlangen der Bauern nach Land nicht nachkam. Nachdem die Bolschewiki im September/Oktober 1917 im Petrograder Sowjet die Führung errungen hatten, bereitete ein ›Militärrevolutionäres Komitee zur Abwehr konterrevolutionärer Gefahren‹ unter L. D. TROTZKIJ den bewaffneten Aufstand gegen die Provisor. Reg. vor. Auf einer Sitzung des Zentralkomitees (ZK) der Bolschewiki setzte LENIN den 25. 10. (7. 11.) 1917, den Tag des Zusammentritts des 2. Allruss. Sowjetkongresses, als Zeitpunkt für den Beginn der Erhebung durch.

Nach dem erfolgreichen Umsturz (→Oktoberrevolution) übernahmen die Bolschewiki, legitimiert durch den 2. Allruss. Sowjetkongress, die Macht in Russland. Unter Führung LENINS konstituierte sich der ›Rat der Volkskommissare‹, dem u. a. TROTZKIJ (Außenbeziehungen) und STALIN (Nationalitätenfragen) angehörten. Auf der Grundlage von Dekreten des 2. Allruss. Sowjetkongresses leitete die Reg. LENIN eine völlige Umwandlung der Gesellschaft (Dekret über die ›entschädigungslose Enteignung allen Landbesitzes in privater Hand‹) und eine Neuorientierung der russ. Außenbeziehungen (Dekret über einen ›sofortigen Frieden ohne Annexionen und ohne Kontributionen‹) ein. Auf der Basis weiterer Dekrete verstaatlichte sie die Banken, verfügte die Trennung von Staat und Kirche sowie die von Schule und Kirche (zugunsten des Staates) und beseitigte die Pressefreiheit. Mit der im Dezember 1917 geschaffenen →Tscheka, geleitet von F. E. DSERSCHINSKIJ, schuf sie sich ein Instrument zur Festigung ihres Alleinherrschaftsanspruches. Im Januar 1918 lösten die Bolschewiki gewaltsam die am 25. 11. (8. 12.) 1917 gewählte ›Verfassunggebende Versammlung‹, in der sie nur 175 von 707 Abg. stellten, auf; damit verschwand bei der Neuordnung des Staates das parlamentarisch-demokrat. Element zugunsten des Rätesystems ganz, das jedoch seinerseits infolge der Alleinherrschaft der Bolschewiki seinen demokrat. Charakter verlor. Am 10. 7. 1918 nahm der 3. Allruss. Sowjetkongress die Verf. der →Russischen Sozialistischen Föderativen Sowjetrepublik (RSFSR) an. Durch den von LENIN selbst so genannten ›Roten Terror‹ sicherten die Bolschewiki, seit 1918 ›Kommunist. Partei Russlands (Bolschewiki)‹, Abk. KPR (B), gen., ihre Herrschaft; schon 1918 entstanden die ersten Konzentrationslager, wurden Tausende angebl. ›Konterrevolutionäre‹ erschossen. Bürgerl. Parteien (z. B. die →Kadetten) wurden verboten, die Menschewiki und die rechten →Sozialrevolutionäre aus den Sowjets ausgeschlossen. Die linken Sozialrevolutionäre, die bis März 1918 mit den Bolschewiki zusammengearbeitet hatten, wurden nach einem Aufstandsversuch im Juli 1918 ausgeschaltet. Mit dem Umzug der Sowjet-Reg. aus Petrograd in den Moskauer Kreml (März 1918) schloss die erste Phase der revolutionären Umgestaltung Russlands ab.

Während die Reg. LENIN ihre Macht nach innen zu festigen suchte, verringerte sich ihr Herrschaftsgebiet ständig. Nach der Februarrevolution hatten von den Polen die staatl. Unabhängigkeit gefordert und sie im März 1917 auch erhalten. Als LENIN nach der Oktoberrevolution in der ›Deklaration der Rechte der Völker Russlands‹ (November 1917) nicht nur die Gleichberechtigung mit der russ. Nation, sondern auch das volle Selbstbestimmungsrecht ausdrücklich anerkannte, erklärten die Finnen, Ukrainer und die balt. Völker sowie die Georgier, Armenier und Aserbaidschaner ihre Unabhängigkeit. Nach der Verkündung des ›Friedens um jeden Preis‹ durch LENIN vereinbarte die bolschewist. Reg. noch im Dezember 1917 einen Waffenstillstand mit den Mittelmächten (v. a. Dtl. und Österreich-Ungarn), mit denen Russland noch im Krieg lag und deren Truppen in steigendem Maße Territorium des früheren Russ. Reiches besetzten. Die von Ende Dezember 1917 bis Anfang Februar 1918 in Brest-Litowsk geführten Friedensverhandlungen wurden von TROTZKIJ (wegen der überaus drückenden dt. Bedingungen) abgebrochen. Dagegen schloss die sich von Russland lösende, von einer bürgerl. Reg. geführte Ukraine am 9. 2. 1918 mit den Mittelmächten einen Sonderfrieden. Im ZK der KPR (B) kam es zu Auseinandersetzungen v. a. zw. TROTZKIJ und LENIN, ob unter dem Druck des dt. Vormarsches ein Friedensvertrag mit den Mittelmächten abgeschlossen werden solle oder nicht; LENIN setzte sich mit seiner Forderung nach Annahme der dt. Bedingungen durch; TROTZKIJ trat daraufhin als Außenkommissar zurück; am 3. 3. 1918 unterzeichnete sein Nachfolger als Kommissar des Äußeren, G. W. TSCHITSCHERIN, den Frieden von Brest-Litowsk (→Brest 2). Mit der Beendigung der russ. Teilnahme am Krieg suchte LENIN das Herrschaftssystem der Bolschewiki nach außen abzusichern, musste dabei aber die Unabhängigkeit Finnlands, Polens, der balt. Provinzen Russlands, der Ukraine, Georgiens und Armeniens anerkennen. Dt. Truppen, die Russland auf einer Linie vom Finn. Meerbusen bis zum Schwarzen Meer besetzt hatten, sicherten die neu entstandenen Staaten gegen Rückeroberungsversuche der Bolschewiki, die damit begonnen hatten, eine neue Armee zu schaffen. Im Waffenstillstandsvertrag von Compiègne (11. 11. 1918) musste Dtl. der Außerkraftsetzung des Friedens von Brest-Litowsk zustimmen und anschließend seine Truppen aus Russland zurückziehen. Damit sahen sich die aus dem russ. Staatsverband ausgeschiedenen Nationen (mit Ausnahme Finnlands, dessen Unabhängigkeit von Russland weiterhin anerkannt wurde) wieder in ihrer Eigenständigkeit bedroht.

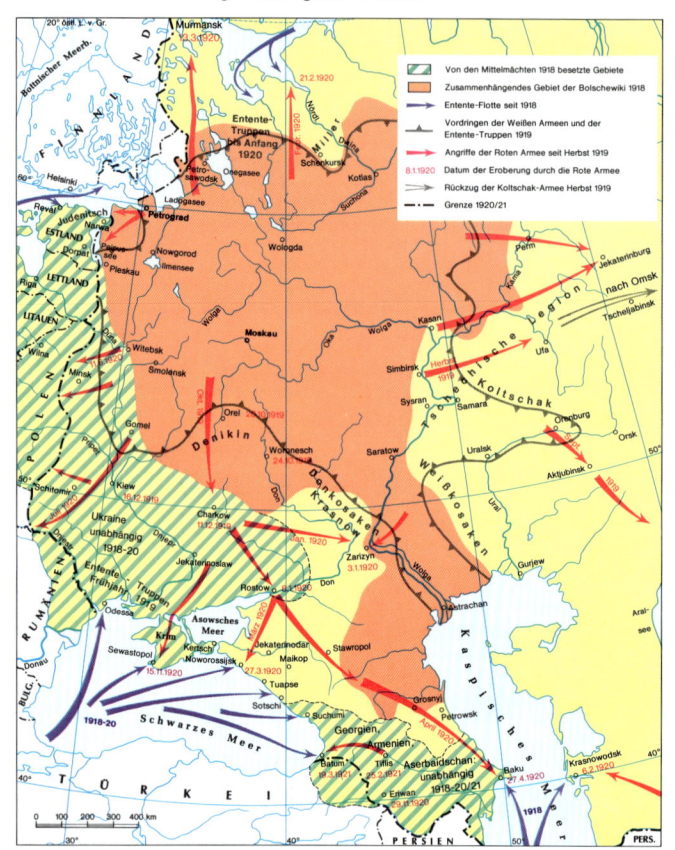

Sowjetunion: Bürgerkrieg und Intervention der Entente in Russland 1918–21

Darüber hinaus verband sich das Nationalitätenproblem mit dem Bürgerkrieg zw. den ›Roten‹, den Bolschewiki, und den ›Weißen‹ (›Weißgardisten‹), deren polit. Spektrum von den Sozialrevolutionären und Menschewiki über bürgerlich-liberale Gruppen bis hin zu konservativ-monarchist. Kräften reichte. Es entstanden drei Zentren der ›Weißen‹: Im Sommer 1918 bildete sich in Samara (Uralgebiet) eine v. a. aus Sozialrevolutionären bestehende Reg., die sich militärisch bes. auf die →Tschechoslowakische Legion stützte. Im September 1918 verband sie sich mit einer in Omsk konstituierten Reg. unter einem gemeinsamen Direktorium. Gestützt auf dieses Gremium, riss Admiral A. W. KOLTSCHAK die Macht an sich und ließ sich zum ›Reichsverweser‹ ausrufen. In S-Russland verbanden sich antibolschewist. Kräfte unter General A. I. DENIKIN mit den Donkosaken unter P. N. KRASNOW. Im Ostseeraum übernahm General N. N. JUDENITSCH die Führung eines dritten Zentrums gegen die Bolschewiki. Die ›Weißen‹ wurden unterstützt von der Entente, die in ihnen nach dem Ausscheiden Russlands aus der Kriegskoalition Kristallisationskerne einer neuen Front gegen die dt. Streitkräfte sah. Nach der dt. Niederlage im W (November 1918) bestimmten polit. und wirtschaftl. Motive die Unterstützungsak-

tionen der Ententemächte, die auch direkt militärisch intervenierten (ausgelöst 1918 durch den Versuch der Bolschewiki, die Tschechoslowak. Legion aufzuhalten und zu entwaffnen).

Zu Beginn des von beiden Seiten mit äußerster Härte geführten Bürgerkriegs war das tatsächl. Herrschaftsgebiet der Bolschewiki auf das Innere des europ. Russland eingeschränkt. Nach einem Appell (21. 2. 1918) bildete sich die ›Rote Arbeiter- und Bauern-Armee‹, die TROTZKIJ (seit März 1918 Kriegskommissar) in kurzer Zeit mithilfe von 40 000 Offizieren der früheren zarist. Armee zu einer schlagkräftigen Armee ausbaute. Im Verlauf des Jahres 1918 konnte die ›Rote Armee‹ den Vormarsch der Truppen DENIKINS und KOLTSCHAKS abwehren und mit der erfolgreichen Verteidigung von Zarizyn (heute Wolgograd), die von K. J. WOROSCHILOW (militär. Leiter) und STALIN (polit. Kommissar) geleitet wurde, die Vereinigung beider ›weißen‹ Armeegruppen verhindern. Nach dem Abzug der dt. Truppen aus Russland (Ende 1918) eroberte die Rote Armee zw. Februar und April 1919 die Ukraine, in der die Bolschewiki nunmehr die Ukrain. Sozialistische Sowjetrepublik errichteten. Die Rückeroberung der balt. Provinzen scheiterte jedoch. Im Sommer und Herbst 1919 geriet die Herrschaft der Bolschewiki nochmals in Bedrängnis, als KOLTSCHAK erneut über den Ural nach W vorstieß und DENIKIN von SO her den größten Teil der Ukraine besetzte. Die mangelnde Koordination zw. den ›Weißen‹ und die Unmöglichkeit, die konservativ-russ. Interessen mit denen der Nationalitäten zu vereinen, vereitelten jedoch ein konzentr. Vorgehen der Gegner der Bolschewiki und ermöglichten der Roten Armee unter TROTZKIJ ein geschicktes Operieren auf der ›inneren Linie‹. DENIKIN sah sich zum Rückzug auf die Krim gezwungen, die Ukrainer unter S. W. PETLJURA mussten sich unter poln. Schutz begeben; die Truppen KOLTSCHAKS wurden bis nach Sibirien hinein verfolgt. Die ins Ausland geflüchteten Reste der ›weißen Armeen‹ verstärkten die russ. Emigration nach W-Europa und den USA (bis 1925 rd. 2,5 Mio. Menschen).

Der →Polnisch-Sowjetische Krieg 1920–21 bedeutete trotz zeitweiliger Rückschläge keine ernsthafte Gefährdung der Sowjetmacht mehr, da Polen und die von PETLJURA geführte ›Ukrain. Nationalrepublik‹ wohl verbündet waren, ihre Aktionen aber nicht mit DENIKINS Nachfolger General P. N. WRANGEL koordinierten, der nochmals von der Krim aus vorstieß (Juni 1920). Die im Oktober 1920 vereinbarte sowjetisch-poln. Waffenstillstandslinie wurde im Frieden von Riga (18. 3. 1921) zur sowjetisch-poln. Grenze. Vorausgegangen waren Friedensschlüsse mit Estland (2. 2. 1920), Finnland (14. 10. 1920) und Lettland (11. 8. 1920). Mit diesen Verträgen wurde die Westgrenze des bolschewist. Russland festgelegt, ausgenommen gegenüber Rumänien, dessen Inbesitznahme Bessarabiens Sowjetrussland nicht anerkannte. Nach der Eroberung Georgiens (1921) durch die Rote Armee bildete die Sowjetregierung die Transkaukas. Sozialistische Föderative Sowjetrepublik. Da bis November 1922 auch der Ferne Osten mit Wladiwostok unter sowjet. Herrschaft kam, umfasste Sowjetrussland 1922 wieder fast das gesamte Gebiet des kaiserl. Russland; es hatte nur im W beträchtl., jedoch rein ethnisch nichtruss. Gebiete verloren.

Mit der rigorosen Politik des →Kriegskommunismus hatte LENIN im Bürgerkrieg versucht, das Herrschaftssystem der Bolschewiki zu behaupten und ein Maximum seiner gesellschaftl. Vorstellungen durchzusetzen. Gestützt auf einen zentralistisch gesteuerten Verwaltungsapparat, sollte der Staat der alleinige Produzent und Verteiler von Waren sein. Diese Politik führte zum Zusammenbruch des Versorgungssystems und löste Streiks und Unruhen aus. 1920 war die Industrieproduktion auf ein Siebtel der Vorkriegsleistung abgesunken; das Verkehrswesen war weitgehend zusammengebrochen (Ausfall von über 60% der Lokomotiven). Nach einer Missernte (1921) brach eine Hungersnot (v. a. in S-Russland) aus und forderte etwa 4–5 Mio. Opfer. Auf dem X. Parteitag (8.–16. 3. 1921) der KPR(B) setzte LENIN seine ›Neue Ökonom. Politik‹ (→NEP) durch, die für eine Übergangszeit wieder privatwirtschaftl. Initiativen erlaubte. Der begrenzten Liberalisierung auf dem Wirtschaftssektor stand im polit. Bereich eine Verschärfung der Diktatur gegenüber. Mit dem Verbot der Bildung von innerparteil. ›Plattformen‹ versetzte der X. Parteitag der freien Meinungsbildung innerhalb der Partei einen schweren Schlag. Während des Parteitags erhoben sich die ›roten‹ Matrosen von →Kronstadt, um den Weg des Landes in die Diktatur zu stoppen. Gestützt auf die →GPU, seit 1922 die Nachfolgeorganisation der Tscheka, unterdrückte die Reg. jede Opposition; die Menschewiki und Sozialrevolutionäre sahen sich zur Auflösung ihrer Organisationen gezwungen. Mit der Gründung der ›Sowjetunion‹ fand die Nationalitätenfrage eine formale Lösung: Am 30. 12. 1922 schlossen sich die RSFSR, die Ukrain. und Weißruss. SSR mit der Transkaukas. SSR zur ›Union der Sozialist. Sowjetrepubliken‹ (UdSSR) zusammen. 1924 erhielt diese ihre erste Verfassung.

Sowjetunion, Staatsoberhäupter

Vorsitzender des Zentralen Exekutivkomitees der UdSSR
Michail Iwanowitsch Kalinin 1922–1938

Vorsitzende des Präsidiums des Obersten Sowjets
Michail Iwanowitsch Kalinin 1938–1946
Nikolaj Michajlowitsch Schwernik 1946–1953
Kliment Jefremowitsch Woroschilow 1953–1960
Leonid Iljitsch Breschnew 1960–1964
Anastas Iwanowitsch Mikojan 1964–1965
Nikolaj Wiktorowitsch Podgornyj 1965–1977
Leonid Iljitsch Breschnew 1977–1982
Jurij Wladimirowitsch Andropow 1982–1984
Konstantin Ustinowitsch Tschernenko .. 1984–1985
Andrej Andrejewitsch Gromyko 1985–1988
Michail Sergejewitsch Gorbatschow 1988–1990

Staatspräsident
Michail Sergejewitsch Gorbatschow 1990–1991

Die außenpolit. Isolierung des bolschewist. Russland in der Zeit des Bürgerkrieges entsprang nicht allein dem Misstrauen der europ. Mächte, sondern auch der Auffassung der bolschewist. Führung, dass angesichts der kommenden Weltrevolution Außenpolitik als Pflege von Beziehungen zw. Staaten nicht mehr notwendig sei. Stattdessen sollte die KPR (B) mit gleich gesinnten Organisationen zusammenarbeiten. In diesem Sinne initiierte LENIN 1919 die Gründung der →Kommunistischen Internationale (Komintern). Nachdem jedoch die Revolution bes. in den Industriestaaten Europas, z. B. in Dtl., ausgeblieben war, ging die Reg. LENIN unter Beibehaltung der entschädigungslosen Enteignung des ausländ. Vermögens und der Nichtanerkennung der Staatsschulden des Russ. Reiches zu einer vorsichtigen diplomat. Kontaktaufnahme und Handelspolitik über. Dabei bewirkte der 1922 mit dem Dt. Reich abgeschlossene Rapallovertrag den Durchbruch zu diplomat. Beziehungen auch mit anderen westl. Demokratien (Großbritannien, Frankreich 1924). Allerdings blieb die Doppelgleisigkeit zw. staatl. Außenpolitik und revolutionärer Subversionstätigkeit der Komintern bestehen.

Der Aufstieg Stalins (1922–29)

Nach dem Tode LENINS (21. 1. 1924) wurde A. I. RYKOW dessen Nachfolger als Vors. des Rates der Volkskommissare. Im Kampf um die Nachfolge LENINS in der Parteiführung setzte STALIN durch, obwohl LENIN in einem als ›Testament‹ bezeichneten Brief davor gewarnt hatte, STALIN zu viel Macht anzuvertrauen. Seitdem dieser 1922 das neu geschaffene Amt des ›Generalsekretärs‹ der KPR (B) übernommen hatte, schuf er sich eine ihm ergebene Funktionärsschicht. Auf der unteren Parteiebene ging die tatsächl. Macht von den regionalen Komitees und Parteitagen auf die Parteisekretäre über, die – unter Aufgabe des Wahlprinzips häufig ernannt – zu verlässl. Stützen STALINS (z. B. als Parteitagsdelegierte) wurden. Mit Unterstützung von G. J. SINOWJEW und L. B. KAMENEW wandte sich STALIN zunächst gegen TROTZKIJ, der als marxist. Theoretiker, ›Kampfgefährte‹ LENINS sowie als Organisator der Roten Armee und ihres Sieges im Bürgerkrieg in der Partei großes Ansehen besaß. Er nahm eine ideolog. Kontroverse zum Anlass, TROTZKIJ in der Partei zu isolieren. Dieser vertrat die Auffassung, dass die Revolution in der S. nur dann gesichert sei, wenn sie auch in anderen Ländern, bes. in den hoch entwickelten Industrieländern Europas, zum Zuge käme (→Trotzkismus). STALIN stellte dagegen die These vom ›Aufbau des Sozialismus in einem Lande‹ auf, d. h. die Durchsetzung einer sozialist. Gesellschaftsordnung in der S. ohne Rücksicht auf die revolutionäre Entwicklung in anderen Ländern. Gestützt auf die innerparteil. Gruppe um SINOWJEW und KAMENEW, konnte er TROTZKIJ 1926 aus dem Politbüro, mithilfe seiner Anhänger in der Parteibürokratie 1927 aus dem ZK der KPdSU (B) drängen. Nachdem sich STALIN gegen TROTZKIJ durchgesetzt hatte, nahm er Fragen der Wirtschaftspolitik zum Anlass, die zuvor mit ihm verbündete Gruppe SINOWJEW/KAMENEW, die im Ggs. zu ihm eine verschärfte Industrialisierung auf Kosten der Landwirtschaft forderte, als ›Linksopposition‹ aus den führenden Parteigremien ausschließen zu lassen (1926). Mithilfe des inzwischen im Politbüro entstandenen stalinist. Blocks, dem u. a. K. J. WOROSCHILOW und W. M. MOLOTOW angehörten, schaltete STALIN die Gruppe um N. I. BUCHARIN und RYKOW aus, die seine Industrialisierungs- und Landwirtschaftspolitik kritisiert hatte. 1929 wurde auch diese Gruppe als ›Rechtsopposition‹ von allen Parteiämtern ausgeschlossen. Nachfolger RYKOWS als Vors. des Rates der Volkskommissare wurde 1930 MOLOTOW.

Die innere Entwicklung 1929–39

1927/28 hatte STALIN die von LENIN für eine Übergangszeit konzipierte Neue Ökonom. Politik zugunsten einer verschärften Reglementierung der Wirtschaftsordnung für beendet erklärt. Im Zeichen des 1. Fünfjahresplans (1928–32) setzte STALIN eine verstärkte Industrialisierung in Gang und führte unter der ideolog. Maxime ›Liquidierung der Kulakentums‹ mit äußerster Härte die Kollektivierung der Landwirtschaft durch. Unter Beseitigung des eigenständigen Bauerntums, der →Kulaken, die nach ihrer Enteignung zumeist deportiert wurden, überführte man das agrarisch genutzte Land in →Kolchosen und →Sowchosen. Die Zwangskollektivierung zog schwere soziale Auseinandersetzungen auf dem Lande nach sich (bewaffnete Zusammenstöße, Viehabschlachtungen durch die Bauern) und verursachte eine Hungersnot mit Mio. von Toten (bes. gravierend in der Ukraine 1932–33). Im Ergebnis der Kollektivierungspolitik (Höhepunkt 1930/32) waren 1937 rd. 93% der Bauernwirtschaften vergesellschaftet. Mit dieser ›Revolution von oben‹ erzwang STALIN eine vollständige Umwälzung der gesellschaftl. Verhältnisse. Mit der Forderung nach rechtzeitiger oder gar vorzeitiger Erfüllung des Plansolls (2. Fünfjahresplan 1933–37) wurde bei niedrigem Lebensstandard eine hohe Arbeitsproduktivität erreicht. Dies ging einher mit der staatlich initiierten →Stachanowbewegung (seit 1935).

Gestützt auf den 1932 gegründeten Schriftstellerverband, unterwarf STALIN unter dem Prinzip des sozialist. Realismus Literatur und Kunst parteipolit. Reglementierung. Mit der Erziehung der Jugend zum →Sowjetpatriotismus sollte eine Staatsgesinnung geschaffen werden, die sich an der gesellschaftl. Neuordnung seit der Oktoberrevolution und zugleich an positiv bewerteten Leistungen und Persönlichkeiten des vorrevolutionären Russland orientierte. Die Verf. von 1936 schuf einen föderativen Staatsaufbau, der jedoch infrage gestellt wurde durch die verfassungsmäßige Festschreibung des Führungsanspruchs der KPdSU (B) auf allen Ebenen des Staates und eben der Gesellschaft. In einer umfassenden polit. Verfolgung, der Großen →Tschistka (1935–39), schaltete STALIN alle vermeintl. oder tatsächl. Gegner aus, sei es auf administrativem Wege oder im Rahmen großer →Schauprozesse (1936–38). Mit dieser Säuberung, von STALIN selbst als ›Verschärfung des Klassenkampfes bei fortschreitendem Aufbau des Sozialismus‹ gerechtfertigt, löschte er die revolutionäre Elite von 1917 aus und setzte den Schlussstein auf dem Weg zur persönl. Diktatur über Partei und Staat. STALINS Herrschaft verband sich mit einem zunehmenden Kult um seine Person (→Personenkult) und insbesondere der Errichtung eines zentralistisch geführten, bürokrat. Verwaltungsapparats (→Stalinismus). STALIN setzte die staatl. Geheimpolizei (GPU, seit 1934 →NKWD) ein, um die Bev. in allen Lebensbereichen zu überwachen und mit repressiven Mitteln bis hin zu terrorist. Maßnahmen (Verschleppung in Lager, Zwangsarbeit, Erschießungen) jegl. Opposition niederzuhalten (→GULAG). Parallel dazu erfolgte eine allmähl. polit. Gleichschaltung und Indoktrination. Das radikale Vorgehen gegen die polit. Opposition weitete sich aus zu Repressalien gegen große Bev.-Teile (Offiziere der Roten Armee, Wissenschaftler, Künstler, Staats- und Parteifunktionäre der unteren Ebenen, religiöse Gruppen) und v.a. auch gegen nichtruss. Völkerschaften (z.B. 1941 Auflösung der Republik der Wolgadeutschen und deren Deportation nach Sibirien bzw. Mittelasien, 1944 opferreiche Zwangsumsiedlung nordkaukas. Völkerschaften, z.B. der Tschetschenen, Krimtataren von der Krim, der Mescheten aus Südgeorgien); auch Ausländer waren vom Terror betroffen (z.B. aus dem natsoz. Dtl. emigrierte Kommunisten).

Die Außenpolitik 1922–41

Bestimmt von der Furcht vor der Einkreisung der S. durch die kapitalist. Mächte, verfolgte STALIN eine auf Sicherung des bolschewist. Herrschaftssystems bedachte Außenpolitik. Es gelang ihm dabei zugleich, über den beherrschenden Einfluss auf die Komintern die kommunist. Parteien in aller Welt zu Hilfsorganisationen der sowjet. Außenpolitik zu machen.

Mit dem Rapallovertrag (1922) und dem →Berliner Vertrag (1926) trat zunächst Dtl. als wichtigster außenpolit. Partner der S. hervor. In der internat. Diplomatie 1930–39 durch M. M. LITWINOW als Volkskommissar des Äußeren vertreten, näherte sich die S. angesichts des in Dtl. anwachsenden Nationalsozialismus und der aggressiven Außenpolitik Dtl.s unter HITLER stärker den westl. Demokratien, bes. Frankreich und Großbritannien. Die seit Beginn der 20er-Jahre bestehenden Beziehungen zur dt. Reichswehr wurden 1933 beendet. Die S. verfolgte nun eine Politik der ›kollektiven Sicherheit‹ und trat 1934 dem Völkerbund bei. 1932 schloss sie einen Nichtangriffspakt mit Polen, 1935 Beistandspakte mit Frankreich und der Tschechoslowakei. In der Sudetenkrise unterstützte STALIN die tschechoslowak. Reg. Nach Abschluss des Münchener Abkommens (1938), in dem die Westmächte dem natsoz. Dtl. weitgehende Zugeständnisse machten, ging STALIN, der sich in seinem Argwohn gegenüber den westlichen kapitalist. Staaten bestätigt sah, von der Politik der kollektiven Sicherheit ab zugunsten einer stärker offensiven Außenpolitik. Die sowjet. Reg. verhandelte im August 1939 gleichzeitig mit einer brit.-frz. Militärmission und mit einer dt. Delegation. Während der Abschluss eines Vertrages mit den Westmächten v.a. an deren Zögern, auf STALINS Forderungen einzugehen, scheiterte, unterzeichneten am 23. 8. 1939 MOLOTOW (nunmehr auch Volkskommissar des Äußeren) und der dt. Außen-Min. J. VON RIBBENTROP einen dt.-sowjet. Nichtangriffspakt (→Hitler-Stalin-Pakt) mit einem geheimen Zusatzprotokoll über die Aufteilung Polens und der übrigen Ostmitteleuropa. Nach dem dt. Einmarsch in Polen (1. 9. 1939) besetzten sowjet. Truppen seit dem 17. 9. 1939 O-Polen bis zu der mit Dtl. vereinbarten Linie. Tausende poln. Offiziere, die in sowjet. Kriegsgefangenschaft geraten waren, wurden 1940 durch Truppen des NKWD ermordet (→Katyn).

Der am 28. 9. 1939 geschlossene dt.-sowjet. Freundschafts- und Grenzvertrag legte die beiderseitige Grenze entlang der Flüsse Narew, Bug und San fest, was der S. in Polen einen Landgewinn von rd. 200 000 km² mit fast 13 Mio. Ew. brachte. Nachdem STALIN Estland, Lettland und Litauen zum Abschluss von Beistandspakten und zur Überlassung militär. Stützpunkte gezwungen hatte, verleibte er sie 1940 nach manipulierten Abstimmungen als ›Sozialist. Sowjetrepubliken‹ der S. ein. Nachdem Finnland auf die sowjet. Forderungen v.a. nach Überlassung von Stützpunkten nicht eingegangen war, überschritt die Rote Armee am 30. 11. 1939 die finn. Grenze und löste damit den Finn.-Sowjet. Winterkrieg (1939–40) aus (→Weltkrieg, Zweiter Weltkrieg). Der Völkerbund schloss am 14. 12. 1939 die S. deswegen aus seinen Reihen aus. Im Frieden vom 12. 3. 1940 musste Finnland der S. territoriale Zugeständnisse machen und einen Stützpunkt einräumen.

In Ostasien, dem zweiten Zentrum sowjet. Interessen, befand sich die S. nach der blutigen Unterdrückung der chin. Kommunisten durch CHIANG KAI-SHEK in der Defensive. Im Januar 1935 zwang Japan die S., die in ihrem Besitz befindliche ostchin. Eisenbahn an den jap. Satellitenstaat Mandschukuo zu verkaufen. Die dennoch drohende Gefahr eines jap. Angriffs auf die sowjet. Fernostpositionen konnte erst nach heftigen Grenzschlachten (1937/38) abgewendet werden. Der Ausbruch des 2. Chinesisch-Jap. Krieges im Juli 1937, der Abschluss eines Nichtangriffs- und Freundschaftsbündnisses mit CHIANG KAI-SHEK und ein – unter veränderten weltpolit. Bedingungen erreichter – Nichtangriffsvertrag mit Japan (13. 4. 1941) brachte die Sicherung der S. im Osten.

Der ›Große Vaterländische Krieg‹ (1941–45)

Mit dem Einmarsch dt. Truppen in die S. am 22. 6. 1941 leitete das natsoz. Dtl. einen Eroberungskrieg ein mit dem Ziel einer weitgehenden Vernichtung der slaw. Völker (→Generalplan Ost). Der Vormarsch führte die dt. Armeen in drei großen Heeresgruppen bis vor die Tore Leningrads und Moskaus sowie in das Vorland des Kaukasus. Neben dem Überraschungsmoment und der Führung und die Rote Armee waren trotz wiederholter ausländ. Warnungen vor dem bevorstehenden Angriff weitgehend unvorbereitet) resultierte der dt. Anfangserfolg auch aus den stalinschen Repressalien gegen das sowjet. Offizierskorps 1937/38 (Liquidierung der Mehrheit der militär. Führungskader). In der Schlacht vor Moskau (Ende 1941) scheiterte die dt. Blitzkriegstrategie; der Sieg der sowjet. Streitkräfte bei Stalingrad und Kursk (1943) markierte die Wende des Zweiten Weltkriegs.

Um alle Abwehrkräfte zu bündeln, hatte STALIN, seit Mai 1941 als Vors. des Rates der Volkskommissare, ein ›Staatskomitee für Verteidigung‹ gebildet, dem unter seinem Vorsitz MOLOTOW, WOROSCHILOW, L. P. BERIJA und G. M. MALENKOW angehörten. Je weiter sich die dt. Streitkräfte den Zentren der S. näherten und je offenkundiger die Brutalität der nat.-soz. Besatzungspolitik wurde, desto leichter konnte STALIN, der den Kampf gegen Dtl. zum ›Großen Vaterländ. Krieg‹ erklärte, den Patriotismus der Sowjetbürger zu einem Partisanenkrieg im Rücken der dt. Truppen mobilisieren. In kürzester Zeit wurden über 1000 Industriebetriebe aus den bedrohten Gebieten nach O verlegt. Außenpolitisch wuchs die S. 1941 mit den westl. Kriegsgegnern Dtl.s (v. a. Großbritannien und USA) 1941/42 zur ›Anti-Hitler-Koalition‹ zusammen. Dank ihrer Einbeziehung in das →Lend-Lease-System der USA konnte die S. im Verbund mit den eigenen Anstrengungen die Wende des Krieges erreichen. Bis 1944 wurde das sowjet. Territorium vollständig befreit. Da STALIN auf die Hilfe der Westmächte angewiesen war, suchte er das weltrevolutionären Zielen des Kommunismus zu zerstreuen und veranlasste 1943 die Auflösung der Komintern. Auf den Konferenzen von →Teheran (1943), Jalta (Februar 1945, →Jaltakonferenz) und Potsdam (Juli/August 1945, →Potsdamer Konferenz, →Potsdamer Abkommen) konnte STALIN seine Kriegsziele weitgehend durchsetzen. Am Ende des Krieges, der für die S. in Europa militärisch mit der Einnahme Berlins und der bedingungslosen Kapitulation Dtl.s endete, hatte STALIN die sowjet. Einflusssphäre weit nach W ausgedehnt. Die schwer abschätzbaren demograph. Verluste der sowjet. Bev., sei es durch militär. Einwirkung, sei es durch terrorist. Methoden der dt. Besatzungsmacht oder der stalinschen Herrschaftsorgane wird auf eine Zahl von annähernd 40 Mio. geschätzt. Mit der Kriegserklärung an Japan (8. 8. 1945) entfaltete STALIN auch in Ostasien eine offensive polit. Linie: Einverleibung der Südhälfte Sachalins und der südl. →Kurilen sowie Besetzung der Mandschurei.

Die Zeit des Spätstalinismus (1945–53)

Der 1946 verabschiedete 4. Fünfjahresplan stand angesichts der schweren Zerstörungen des Krieges ganz im Zeichen des Wiederaufbaus (Errichtung von Wohnungen, Großprojekte der Stromversorgung). Konnte unter Zurückdrängung der Konsumgüterindustrie bis 1952 die Produktion der Schwerindustrie über das Vorkriegsniveau gesteigert werden, blieb die Agrarproduktion in ihrer Entwicklung zurück. In der Ukraine kam es zu Hungerrevolten. Angesichts dieser Entwicklung plante die Partei- und Staatsführung seit 1950 die Zusammenlegung der Kolchosen zu →Agrostädten. Im Zeichen eines ideol. Kampfes gegen ›westl. Einflüsse‹ unterwarf A. A. SCHDANOW, ZK-Sekretär für Propaganda, im Auftrag STALINS das Schaffen sowjet. Künstler und Wissenschaftler einer starren, nur geringen Spielraum gewährenden Reglementierung. Die letzten Regierungsjahre STALINS waren bestimmt von einem gesteigerten Kult um seine Person. Von größerem Misstrauen als je zuvor erfüllt, hatte der Diktator mit Wachsamkeitskampagnen, Verhaftungen, Deportationen und Einweisungen in Zwangslager eine Atmosphäre dauernder Unsicherheit und Furcht über die ganze Bev. verbreitet. Neue Säuberungen begannen. Nach dem ungeklärten Tod SCHDANOWS (1948), der die Parteiorganisation in Leningrad geführt hatte, wurde 1949 die gesamte ortsansässige Funktionärsschicht verhaftet und später erschossen (›Leningrader Affäre‹). Die seit 1948 zunehmende antisemit. Politik in der S. erreichte mit dem ›Ärztekomplott‹ (Anfang 1953; Beschuldigung von Kreml-Medizinern, Mordanschläge auf hohe Partei- und Staatsführer unternommen zu haben) ihren Höhepunkt.

Angesichts der Erfahrungen des Zweiten Weltkriegs schuf die stalinsche Außenpolitik im Vorfeld der S., zunächst auf der Basis von Freundschafts- und Beistandsverträgen, später (1949) im Rahmen des →Rates für gegenseitige Wirtschaftshilfe, einen Sicherheitsgürtel befreundeter Staaten, dem Polen, die Tschechoslowakei, Ungarn, Rumänien, Bulgarien und Albanien angehörten. Mithilfe der von ihr gestützten einheim. kommunist. Parteien setzte sie – meist unter Druck auf widerstrebende polit. Kräfte – in diesen Ländern ein Gesellschaftsmodell nach marxistisch-leninist. Muster durch. Im Rahmen des auf dem Volksfrontmodell aufbauenden Systems der Volksdemokratie übernahmen kommunistisch geführte Einheitsparteien mithilfe des von der KPdSU (B) dominierten →Kommunistischen Informationsbüros (Kominform) die Führung der sowjet. Satellitenstaaten. In scharfer ideolog. Auseinandersetzung mit STALIN konnte sich Jugoslawien STALINS Herrschaftsanspruch entziehen, unterstützt bes. durch die Wirtschaftshilfe der USA. Auch in Asien gelang es der S., die Mongol. VR und die Demokrat. VR Korea in das System ihrer Satellitenstaaten einzubeziehen. Mit der Gründung der VR China (1949) erwuchs der S. in der kommunist. Weltbewegung ein eigenwilliger Partner.

Das Scheitern einer gemeinsamen Deutschlandpolitik und die Sowjetisierung großer Teile Ost-, Südost- und Mitteleuropas (einschließlich der Sowjet. Besatzungszone Dtl.s) lösten vor dem Hintergrund ideolog. und interessenpolit. Gegensätze 1946/47 den →Ost-West-Konflikt und den ihn begleitenden →Kalten Krieg aus, der die internat. Politik unter wechselnden Problemstellungen im Einzelnen für mehr als 40 Jahre bestimmte. Höhepunkte des Ost-West-Konfliktes in der Ära des Spätstalinismus waren die →Berliner Blockade (1948/49) sowie die Spaltung Dtl.s (1949). Die →Stalinnote vom 1952, deren Hintergründe und Tragweite umstritten waren, blieb Episode. Mit dem Koreakrieg (1950–53) spitzte sich der Kalte Krieg darüber hinaus zu einem militär. Konflikt zu. Die Explosion der ersten sowjet. Atombombe (1949) durchbrach das Kernwaffenmonopol der USA und eröffnete im Ost-West-Konflikt eine neue Dimension.

Die Ära Chruschtschow (1953–64)

Nach dem Tod STALINS (5. 3. 1953) entwickelten sich heftige Auseinandersetzungen um die Führung von Partei und Staat. An die Stelle der Machtfülle eines Einzelnen sollte nun prinzipiell die ›kollektive Führung‹ treten. MALENKOW, zunächst Min.-Präs. und Gen.-Sekr. der Partei, musste das Parteiamt bis zum September 1953 an N. S. CHRUSCHTSCHOW abtreten. Ebenfalls 1953 wurde BERIJA entmachtet und liquidiert. Unter dem Vorwurf, bei der Erweiterung der Konsumgüterproduktion (im Zuge der von ihm proklamierten ›Politik des Neuen Kurses‹) den ›Primat der Schwerindustrie‹ verletzt zu haben, musste MALENKOW 1955 sein Amt an N. A. BULGANIN, einen Parteigänger CHRUSCHTSCHOWS, abtreten. Mit einem ›Geheimreferat‹ über die Herrschaftsmethoden und den ›Personenkult‹ STALINS leitete CHRUSCHTSCHOW auf dem XX. Parteitag der KPdSU 1956 die →Entstalinisierung ein. Dies blieb nicht ohne Widerstand in der Partei. Im Juli 1957 konnte sich CHRUSCHTSCHOW nur mithilfe des ZK gegen eine ihm feindlich gesinnte Fronde im Parteipräsidium (1952–66 Name des Politbüros) durchsetzen. Seine Hauptgegner MALENKOW, MOLOTOW und L. M. KAGANOWITSCH wurden als ›Parteifeinde‹ aus dem Parteipräsidium ausgeschlossen. Mit der Übernahme des Amtes des Min.-Präs. 1958 konnte CHRUSCHTSCHOW im Widerspruch zum Prinzip der kollektiven Führung das höchste Partei-

mit dem höchsten Staatsamt verbinden. Unter Festhalten am Primat der Schwerindustrie suchte er mit Aktionen zur Gewinnung von Neuland (Kasachstan, 1957) und Steigerung der Konsumgütererzeugung den Lebensstandard der Bev. zu heben und die Wirtschaftsverwaltung (1957, 1962/63) zu reformieren. In der Kulturpolitik kam es zu wechselnden Phasen der Auflockerung (→Tauwetter) mit solchen verstärkter Parteikontrolle.

Bestimmt von dem Wunsch, die außenpolit. Isolierung, in die die S. in den letzten Lebensjahren STALINS zunehmend geraten war, aufzulockern, leiteten die sowjet. Führer 1953 eine Entspannungsdiplomatie ein. Theoret. Grundlage war CHRUSCHTSCHOWS These von der friedlichen →Koexistenz. Es kam zu einer Reihe allerdings erfolgloser Konferenzen mit den ehem. Kriegsverbündeten in der Dtl.-Frage (→Berliner Konferenz, 1954). Im Mai 1955 unterzeichnete die S. den →Österreichischen Staatsvertrag. Im September 1955 (Besuch K. ADENAUERS in Moskau) vereinbarten die Bundesrepublik Dtl. und die S. die Aufnahme diplomat. Beziehungen und die Rückführung der letzten dt. Kriegsgefangenen. Mit der diplomat. Stützung der →Bandungkonferenz (April 1955) suchte die sowjet. Führung das Streben der Völker Asiens und Afrikas nach nat. Unabhängigkeit für die Ausdehnung des sowjet. Einflusses fruchtbar zu machen. Seit der Suezkrise (1956) trat die S. immer stärker als Förderer arab. Interessen hervor (→Nahostkonflikt).

Schon die Niederschlagung des Aufstandes in der DDR am 17. 6. 1953 hatte die Grenzen des sowjet. Entspannungswillens aufgezeigt. Im Anschluss an die Entstalinisierung entwickelte sich im Ostblock, der sich mit dem →Warschauer Pakt 1955 eine militär. Organisation gegeben hatte, ein Gärungsprozess, der den polit. Zusammenhalt gefährdete und den Führungsanspruch der S. infrage stellte. Während der Posener Aufstand in Polen (Juni 1956) friedlich beigelegt wurde, wurde der Aufstand in Ungarn (Oktober/November 1956) von sowjet. Truppen niedergeschlagen. 1957 wurde A. A. GROMYKO Außenminister. Mit dem erfolgreichen Start des ersten künstl. Erdsatelliten (›Sputnik 1‹ am 4. 10. 1957) leitete die S. das Zeitalter der Raumfahrt ein und löste in den USA (die die UdSSR bis dahin für technisch unterlegen gehalten hatten) einen ›Sputnik-Schock‹ aus; am 12. 4. 1961 gelang der S. ferner mit der Umkreisung der Erde durch J. A. GAGARIN der erste bemannte Weltraumflug. Mit dem Erreichen des atomaren Patts mit den USA steigerte sich das Selbstbewusstsein der S. In ihrer Dtl.-Politik ging sie nunmehr von der Existenz zweier dt. Staaten aus, forderte für Berlin (West) den Status einer ›Freien Stadt‹ (→Berlin, Geschichte) und legte im Januar 1959 einen Friedensvertragsentwurf für Dtl. vor, der ›durch zwei getrennte dt. Staaten‹ zu unterzeichnen sei. Auf der Genfer Außenministerkonferenz von 1959 (→Genfer Konferenzen 5)) scheiterte jedoch der Versuch zw. den westl. Siegermächten und der S., zu einer Einigung in der Dtl.-Frage zu gelangen. Die außenpolit. Maxime der friedl. Koexistenz trug einerseits zur Entspannungsdiplomatie im Ost-West-Konflikt bei, begründete jedoch den in der 2. Hälfte der 60er-Jahre sich steigernden ideolog. und machtpolit. Konflikt mit der VR China. Der Versuch der S., auf Kuba, das sich unter der Führung von F. CASTRO immer stärker der S. angenähert hatte, Raketen zu stationieren, löste die →Kubakrise (1962–63) und in ihrer Folge auch – innenpolitisch – den Sturz CHRUSCHTSCHOWS (1964) aus.

Die Zeit Breschnews (1964–82) und seiner beiden Nachfolger (1982–85)

Nach dem Sturz CHRUSCHTSCHOWS (14./15. 10. 1964) übernahm eine ›Troika‹ die Macht: L. I. BRESCHNEW wurde Erster Sekr. (1966 Gen.-Sekr.) der KPdSU, A. N. KOSSYGIN Min.-Präs., N. W. PODGORNYJ Vors. des Präsidiums des Obersten Sowjets der UdSSR (Staatsoberhaupt). Führender Ideologe der Partei war M. A. SUSLOW, der auch den Machtwechsel ideologisch begründete. Im Verlauf der nächsten beiden Jahrzehnte setzte sich BRESCHNEW bei unveränderter offizieller Absage der KPdSU an den ›Personenkult‹ STALINS und dem Bekenntnis zur ›kollektiven Führung‹ als allein maßgebl. Führungskraft durch. Unter der ›Troika‹ setzte – innenpolitisch gesehen – aber ein langsamer Prozess der ›Restalinisierung‹ der Regierungspraxis ein, die sich bes. – im Vergleich zur ›Tauwetterperiode‹ – in einer verschärften Reglementierung des geistigen Lebens zeigte. Nicht zuletzt als Reaktion darauf entstand seit der Mitte der 60er-Jahre unter der wissenschaftlich-künstler. und techn. Intelligenz eine Opposition (→Samisdat), die sich in den 70er-Jahren zu einer Bürgerrechtsbewegung entwickelte und sich bes. auf die ›Schlussakte von Helsinki‹ (1975; →Konferenz über Sicherheit und Zusammenarbeit in Europa, KSZE) berief. Herausragende Persönlichkeiten waren u. a. A. D. SACHAROW, L. S. KOPELEW und A. I. SOLSCHENIZYN. Mit verstärkten Einweisungen von Dissidenten in Arbeitslager (›Archipel Gulag‹) oder in psychiatr. Kliniken oder aber durch ihre Verbannung suchte die Partei- und Staatsführung die Opposition zu unterdrücken, für deren Überwachung und Ausschaltung v. a. der KGB (1967–82 geleitet von J. W. ANDROPOW) zuständig war (→Bürgerbewegung, Sowjetunion).

Bei steigender Förderung des militärisch-industriellen Komplexes, die die Weltmachtstellung der S. ökonomisch sichern sollte, sah sich die Partei- und Staatsführung im Konsumbereich latent Versorgungsschwierigkeiten gegenübergestellt und auf Importe von Agrarprodukten aus dem Ausland (bes. USA, Kanada, Australien) angewiesen. Unter rigoroser Ausnutzung der natürl. Ressourcen trieb sie große Entwicklungsprojekte (Neulandgewinnung, Energieanlagen, Verkehrswegebau) voran; das Gebiet der S. wurde mit einem Netz von Kraftwerken (v. a. von Kernkraftwerken) überzogen. Die Ergebnisse der Produktion blieben jedoch – gemessen an den Planzffern – hinter den Erwartungen zurück, v. a. gegenüber dem ›Generalperspektivplan‹ (1961), demgemäß bis 1980 die materiell-technischen Grundlagen für eine kommunist. Gesellschaft geschaffen werden sollten. In diesem Sinne sollte die Verf. von 1977 die nun ›entwickelte sozialist. Gesellschaft‹ widerspiegeln; nach ihr war der Staat ein ›sozialist. Staat des gesamten Volkes‹, die KPdSU die ›Partei des gesamten Volkes‹. Tatsächlich kam es jedoch zu einer zunehmenden Bürokratisierung der meisten Lebensbereiche, einer oft nur formalen Planerfüllung in der Wirtschaft, die unter Materialengpässen, schwerfälligen Leitungsstrukturen, verbreiteten unrentablen Kompensationsgeschäften zw. den einzelnen Betrieben und z. T. unter Korruption litt; auch waren eine Verflachung des Kulturlebens, wachsende Kriminalität (v. a. in den Großstädten) und Suchtprobleme (bes. Alkoholismus) in der Bev. zu verzeichnen. Zudem verstärkten sich die Nationalitätenprobleme des Vielvölkerimperiums, gab es zw. einzelnen Unionsrepubliken (u. a. den mittelasiat.), in denen nationale Funktionäre einen größeren Einfluss zu erlangen suchten, und der Moskauer Zentralmacht wiederholt Spannungen (z. T. Säuberung der Partei- und Staatsapparate dieser Republiken).

Nach dem Rücktritt KOSSYGINS als Min.-Präs. (1980) folgte ihm N. A. TICHONOW im Amt nach. Mit der Wahl M. S. GORBATSCHOWS in das Politbüro (1980) trat ein jüngerer Politiker in das von starker Überalterung gekennzeichnete Führungsgremium der

Partei ein. Als BRESCHNEW, der 1977 auch die Funktion des Staatsoberhauptes übernommen hatte, 1982 starb, hinterließ er einen bürokratisch-diktator. Staat, dessen Wirtschafts- und Sozialsystem von Stagnation gekennzeichnet war. Seine Nachfolger in den Ämtern des Gen.-Sekr. der KPdSU und des Staatsoberhauptes, ANDROPOW (1982–84), dem bis zu seinem Tod (1984) nur kurze Zeit für die Einleitung einer Antikorruptionskampagne blieb, und K. U. TSCHERNENKO (1984–85), änderten an diesem Zustand wenig.

Auch unter der Führung BRESCHNEWS war die S. außenpolitisch auf die uneingeschränkte Aufrechterhaltung ihrer Vormachtstellung im Ostblock bedacht; sie bestimmte maßgeblich die Planungen des Rates für gegenseitige Wirtschaftshilfe (RGW) und des Warschauer Paktes. Mit der These von der ›eingeschränkten Souveränität der sozialist. Staaten‹ (→Breschnew-Doktrin) begründete sie die Besetzung der Tschechoslowakei (1968) und die damit verbundene Unterdrückung der dortigen reformkommunist. Bestrebungen. Im Zuge der Erneuerung von ›Freundschafts- und Beistandsverträgen‹ mit den europ. Ostblockstaaten und einer immer engeren Verflechtung der Beziehungen mit ihnen (z. B. mit der DDR) suchte die S. ihr westlich vorgeschobenes Einflussgebiet zu sichern.

Im weltpolit. Spannungsfeld des Ost-West-Konfliktes suchte die S. ihre eigene Macht- und Einflusssphäre zu behaupten, ggf. auszubauen. Sie setzte – weiterhin unter Federführung des langjährigen Außen-Min. GROMYKO – die Diplomatie der Entspannung bei Weiterentwicklung ihres nuklearen und konventionellen Waffenpotenzials fort. Im Juli 1968 schloss sie mit den USA und Großbritannien den Kernwaffensperrvertrag. Zu Beginn der 70er-Jahre griff sie Initiativen der Bundesrepublik Dtl. (unter Bundeskanzler W. BRANDT) auf und schloss mit ihr 1970 den →Moskauer Vertrag. Dieser Schritt war – in Verbindung mit dem Warschauer Vertrag zw. der Bundesrepublik Dtl. und Polen (1970) – eine wesentl. Voraussetzung für den Abschluss des ›Viermächteabkommens über Berlin‹ (1972, →Berlinabkommen). 1969 begannen zweiseitige Verhandlungen zw. der S. und den USA über die Begrenzung ihrer nuklearen Waffensysteme: Abschluss 1972 des SALT-I, 1979 des SALT-II-Vertrages (→SALT). Mit der Konferenz über Sicherheit und Zusammenarbeit in Europa (KSZE, 1972–75) erreichte sie zwar in Europa die Anerkennung des Status quo, sah sich aber im Innern mit den menschen- und bürgerrechtl. Forderungen konfrontiert, die in der ›Schlussakte von Helsinki‹ (1975) niedergelegt waren. Gegen Ende der 70er-Jahre löste die rüstungspolit. Kontroverse zw. NATO und Warschauer Pakt (v. a. über den Bau neuer sowjet. Mittelstreckenraketen) Spannungen in den Ost-West-Beziehungen (NATO-Doppelbeschluss) aus, die 1983 zum Abbruch von Abrüstungsverhandlungen führten (→Abrüstung). Der Einmarsch sowjet. Truppen in Afghanistan (Ende Dezember 1979) erregte weltweite Kritik und schwächte die bis dahin ausgebaute sowjet. Position in der Dritten Welt: Mit ihrer Politik des ›Antikolonialismus‹ und der ›Unterstützung revolutionärer Befreiungsbewegungen‹ hatte die S. in Afrika und Asien großen Einfluss gewonnen (u. a. Unterstützung marxistisch-revolutionärer Kräfte in Angola, Moçambique, Äthiopien). In ideologisch-machtpolit. Rivalität mit der VR China hatte die S. die kommunist. Kräfte im Vietnamkrieg unterstützt und nach dem Sieg der vietnames. Kommunisten (1975) ihre Position in SO-Asien gestärkt. Mit Indien verband die S. seit 1971 ein Freundschaftsvertrag. Im Nahostkonflikt unterstützte die sowjet. Führung die radikal israelfeindl. Kräfte (u. a. Syrien, Irak, Libyen).

Die Zeit innerer Reformen und die Neugestaltung der Außenpolitik unter Gorbatschow

Mit der Wahl M. S. GORBATSCHOWS zum Parteichef 1985 begann ein Generationswechsel in der sowjet. Führung, in die zahlr. Reformpolitiker aufstiegen (umfangreiche Umbesetzungen im Politbüro der KPdSU sowie in der Partei- und Verw.-Spitze der einzelnen Unionsrepubliken); E. A. SCHEWARDNADSE löste den seit 1957 amtierenden Außen-Min. A. A. GROMYKO ab, der das Amt des Vors. des Präsidiums des Obersten Sowjets übernahm (bis 1988). Die von GORBATSCHOW eingeleitete →Perestroika zielte auf eine Modernisierung der sowjet. Gesellschaft bei Aufrechterhaltung der kommunist. Orientierung und Beibehaltung der Führungsrolle der KPdSU; sie wurde von einer breit angelegten öffentl. Information und Diskussion (→Glasnost) begleitet und schloss auch die Wiederaufnahme des unter BRESCHNEW abgebrochenen Entstalinisierungsprozesses ein (1990 Reg.-Beschluss über eine Generalrehabilitation aller Opfer des Stalinismus der 20er- bis 50er-Jahre). Wirtschaftl. Reformen (Selbstverwaltung der Betriebe, Zulassung des privaten Einzelhandels, Genossenschaftsgesetz u. a.) verknüpften sich eng mit polit. Veränderungen (Mehrkandidatenwahl, Bildung des Kongresses der Volksdeputierten als oberstes Machtorgan 1989, Erweiterung des Spielraumes der Medien, Entflechtung der Kompetenzen von Partei- und Staatsorganen). Die mit der Politik der Perestroika verbundene Abkehr der UdSSR von ihrem Hegemonieanspruch im Ostblock lockerte die starre Unterordnung dieser Länder unter die sowjet. Interessen und ermöglichte den polit. Umbruch in Mittel- und Osteuropa 1989–91. Im Zuge des proklamierten außenpolit. ›neuen Denkens‹ gingen GORBATSCHOW und SCHEWARDNADSE zu einer wirksamen Entspannungsdiplomatie über, die zu einer schrittweisen Verbesserung der sowjetisch-amerikan. Beziehungen, Fortschritten bei der internat. Abrüstung und schließlich zur Beendigung des Kalten Krieges in Europa führte. Mit einem einseitigen Atomteststopp (1985–87) und weiteren Initiativen signalisierte die S. ihre Bereitschaft zu umfassenden Abrüstungsverhandlungen auf dem Gebiet der Kernwaffen, wo nach mehreren sowjetisch-amerikan. Gipfeltreffen mit dem INF-Vertrag zur Beseitigung der Mittelstreckenraketen beider Länder im Dezember 1987 erstmals ein Erfolg zu verzeichnen war. Internat. Auswirkungen hatte eine Kernreaktorkatastrophe in Tschernobyl (Ukraine) im April 1986, durch die auch weite Gebiete Europas radioaktiv belastet wurden. Von Mai 1988 bis zum Februar 1989 zog die S. ihre Truppen (zuletzt rd. 115 000 Mann) aus Afghanistan ab, deren Einsatz seit 1979 ca. 13 300 sowjet. Soldaten das Leben gekostet hatte; in ihrer Schlussphase hatte die erfolglose sowjet. Militärintervention in Afghanistan auch starke innenpolit. Wirkungen in der UdSSR, v. a. durch die hohen Kriegslasten und den wachsenden Protest der Afghanistan-Veteranen. Auf dem ersten Gipfeltreffen zw. der S. und China seit 1959 wurden die beiderseitigen Beziehungen im Mai 1989 wieder normalisiert.

Der Zerfall der Sowjetunion

Seit dem Ende der 80er-Jahre geriet die Politik der Perestroika in eine tiefe Krise. Die häufig nur im Ansatz verwirklichten Reformen zogen wachsende wirtschaftl. Schwierigkeiten, Versorgungsprobleme und soziale Konflikte (u. a. steigende Arbeitslosigkeit, zunehmende Verarmung) nach sich, die immer wieder zu Massenprotesten führten. Die seit Jahrzehnten unterdrückten Nationalitätenprobleme des Vielvölkerstaats entluden sich in einer Reihe ethnisch geprägter

Bev.-Konflikte mit z. T. bürgerkriegsähnl. Charakter (z. B. seit 1988 zw. Armeniern und Aserbaidschanern um das autonome Gebiet Bergkarabach, seit 1989 zw. Georgiern und den Abchasiern sowie den Südosseten) und führten, beginnend mit dem Baltikum, zum Unabhängigkeitsstreben einer steigenden Zahl von Unionsrepubliken.

Angesichts dieser Lage setzte GORBATSCHOW im Februar 1990 im ZK der KPdSU den Verzicht auf das Machtmonopol der Partei durch (Streichung des Führungsanspruchs aus der Verf. im März). Dem beginnenden Zerfall der Union versuchte GORBATSCHOW (seit 1988 auch Vors. des Obersten Sowjets) im Frühjahr 1990 durch die Errichtung des Präsidialsystems zu begegnen (im März Wahl GORBATSCHOWS zum Staatspräs. mit weit reichenden Vollmachten). Ausdruck für eine fortschreitende innenpolit. Differenzierung war die Gründung versch. polit. Parteien; 1990 entstand die sich als strikte Oppositionskraft zur KPdSU verstehende Bewegung ›Demokrat. Russland‹. Die einseitigen Unabhängigkeitserklärungen der balt. Republiken (Litauen am 11. 3., Estland am 30. 3., und Lettland am 4. 5. 1990) führten zu einem schweren Konflikt mit der Unions-Reg. (u. a. Wirtschaftsblockade gegen Litauen, im Januar 1991 gewaltsame Militäreinsätze in Litauen und Lettland).

Im Mai 1990 wurde der Radikalreformer B. N. JELZIN zum Vors. des Obersten Sowjets (im Juni 1991 zum Präs.) der RSFSR, der größten Unionsrepublik, gewählt, die im Juni 1990 ihre Souveränität im Rahmen der S. erklärte. GORBATSCHOWS Politik des Ausgleichs zw. Radikalreformern und konservativen Kräften brachte ihn zunehmend in Konflikt mit beiden Gruppen, die sich auf dem XXVIII. Parteitag der KPdSU im Juli 1990 harte Auseinandersetzungen lieferten, ihn jedoch als Gen.-Sekr. der Partei bestätigten. Der Macht- und Prestigeverlust der KPdSU führte zu Massenaustritten aus der Partei (darunter populäre Politiker wie JELZIN, 1991 auch SCHEWARDNADSE). Im Zeichen der angespannten innenpolit. Lage baute GORBATSCHOW im Dezember 1990 seine Präsidialmacht aus (Verf.-Änderung zur Neuordnung der Exekutivgewalt) und nahm unter dem Druck orth. Parteikreise verstärkt konservative Kräfte in die Reg.-Mannschaft auf (Vize-Präs. G. I. JANAJEW, Innen-Min. B. K. PUGO). Der am 20. 12. 1990 aus ›Protest gegen das Herannahen einer Diktatur‹ überraschend zurückgetretene Außen-Min. SCHEWARDNADSE wurde im Januar 1991 durch A. A. BESSMERTNYCH ersetzt. Nachfolger des an den wirtschaftl. Reformen gescheiterten Min.-Präs. N. I. RYSCHKOW (1985–91) wurde der vorherige Finanz-Min. W. S. PAWLOW. Bis zum Dezember 1990 hatten sich alle 15 Unionsrepubliken als souverän erklärt. Um ein völliges Auseinanderbrechen der Union zu verhindern, stellte GORBATSCHOW einen neuen Unionsvertrag in Aussicht und veranlasste am 17. 3. 1991 ein Referendum über den Fortbestand der S. als eine ›Föderation gleichberechtigter souveräner Republiken‹, für die sich 76% der Beteiligten aussprachen (Estland, Lettland, Litauen, Moldawien, Georgien und Armenien nahmen nicht teil). Im Gegenzug dazu hatten Volksabstimmungen in den drei balt. Republiken (Februar und März 1991) klare Mehrheiten für deren Unabhängigkeit erzielt. Am 1. 7. 1991 verabschiedete das sowjet. Parlament ein Gesetz zur Privatisierung von Staatsunternehmen. Zur Reformierung der KPdSU unterbreitete GORBATSCHOW im gleichen Monat dem ZK den Entwurf eines neuen Parteiprogramms mit sozialdemokrat. Zügen.

Mit der Auflösung des RGW und des Warschauer Paktes 1991 büßte die S. die früher von ihr dominierten Bündnissysteme ein. Nach anfängl. Zögern stimmte die S. 1990 bei den Zwei-plus-Vier-Gesprächen der Wiederherstellung der →deutschen Einheit zu. Im November 1990 schloss sie mit Dtl. einen neuen Grundlagenvertrag. Das sowjetisch-amerikan. Gipfeltreffen vom Juli 1991 in Moskau führte zur Unterzeichnung des START-Vertrages.

Ein Putsch konservativer kommunist. Politiker und Militärs, die am 19. 8. 1991 (einen Tag vor dem geplanten Abschluss eines neuen Unionsvertrages) ein ›Notstandskomitee‹ unter dem Vorsitz von Vize-Präs. JANAJEW bildeten, den Ausnahmezustand verhängten und GORBATSCHOW auf der Krim festhielten, scheiterte bereits am 21. 8. v. a. am Widerstand demokrat. Kräfte in Russland, an deren Spitze sich der russ. Präs. JELZIN stellte, an der Uneinigkeit der Armee, die sich z. T. der Protestbewegung anschloss, und am diplomat. Boykott der westl. Länder. Die balt. Republiken, in denen während des Staatsstreichs Truppen aufmarschiert waren, setzten nach dessen Scheitern unverzüglich ihre völlige Unabhängigkeit durch. Die führenden Putschisten (neben JANAJEW u. a. KGB-Chef W. A. KRJUTSCHKOW, Verteidigungs-Min. D. T. JASOW, Min.-Präs. PAWLOW) wurden ihrer Ämter enthoben und verhaftet. Der nach seiner Rückkehr (22. 8.) 1991 formell ins Staatspräs. wieder eingesetzte, aber nunmehr vom russ. Präs. JELZIN politisch bevormundete GORBATSCHOW trat am 24. 8. 1991 vom Amt des Gen.-Sekr. der KPdSU zurück; dieser wurde wegen ihrer Verwicklung in den Staatsstreich jegl. weitere Tätigkeit untersagt. Die grundlegende Umbildung der Staatsorgane im September 1991 (Konstituierung eines aus zwei selbstständigen Kammern, dem Rat der Republiken und dem Rat der Union, bestehenden Parlamentes, eines vom Präs. geführten Staatsrates und eines interrepublikan. Wirtschaftskomitees) beseitigte die bisherigen zentralen Machtstrukturen und übertrug den Republiken, von denen die meisten nach dem Putsch ihre Unabhängigkeit proklamiert hatten, weit reichende Kompetenzen.

Alle nachfolgenden Versuche GORBATSCHOWS, die Union zu erhalten, blieben erfolglos, da Russland zus. mit den beiden anderen slaw. Republiken Weißrussland und Ukraine am 8. 12. 1991 eine →Gemeinschaft Unabhängiger Staaten (GUS) als lockeren Staatenbund gründete. Der Beitritt acht weiterer Republiken (Armenien, Aserbaidschan, Moldawien, Kasachstan, Kirgisien, Tadschikistan, Turkmenistan und Usbekistan) am 21. 12. 1991 in Alma-Ata beendete faktisch die Existenz der S. (Rücktritt von Staatspräs. GORBATSCHOW am 25. 12. 1991).

G. F. KENNAN: Sowjet. Außenpolitik unter Lenin u. Stalin (a. d. Engl., 1961); DERS.: Im Schatten der Atombombe. Eine Analyse der amerikanisch-sowjet. Beziehungen von 1947 bis heute (a. d. Engl., 1982); Sowjetsystem u. demokrat. Gesellschaft, hg. v. C. D. KERNIG, 6 Bde. (1966–72); Kulturpolitik der S., hg. v. O. ANWEILER u. K.-H. RUFFMANN (1973); H. HILLGRUBER: Sowjet. Außenpolitik im Zweiten Weltkrieg (Neuausg. 1979); DERS.: Europa in der Weltpolitik der Nachkriegszeit 1945–1963 (³1987); The Cambridge encyclopedia of Russia and the Soviet Union, hg. v. A. BROWN u. a. (Cambridge 1982, Nachdr. ebd. 1984); Der Westen u. die S., hg. v. G. NIEDHARD (1983); O. FEILER: Moskau u. die Dt. Frage (1984); K. VON BEYME: Die S. in der Weltpolitik (²1985); B. MEISSNER: Außenpolitik u. Völkerrecht der S. (1987); DERS.: Die S. im Umbruch. Histor. Hintergründe, Ziele u. Grenzen der Reformpolitik Gorbatschows (²1989); Die S. als Militärmacht, hg. v. H. ADOMEIT u. a. (1987); H. M. CATUDAL: Sovjet nuclear strategy from Stalin to Gorbachev (Berlin 1988); D. DODER: Machtkampf im Kreml. Hintergründe des Wechsels von Breschnew zu Gorbatschow (a. d. Amerikan., 1988); H.-H. SCHRÖDER: Industrialisierung u. Parteibürokratie in der S. Ein sozialgeschichtl. Versuch über die Anfangsphase des Stalinismus. 1928–1934 (1988); U. ULFKOTTE: Kontinuität u. Wandel amerikan.- u. sowjet. Politik in Nah- u. Mittelost 1967 bis 1980 (1988); U. ALBRECHT u. R. NIKUTTA: Die sowjet. Rüstungsindustrie (1989); A. HAMPEL: Glasnost u. Perestroika – eine Herausforderung für die Kirchen (1989); W. LAQUEUR: Der lange Weg zur Freiheit. Rußland unter Gorbatschow (a. d. Engl., 1989); R. A. MARK: Die Völker der S. Ein Lex.

(1989); N. Nowikow: Entwicklungen im offiziellen außenpolit. Denken in der S. (1989); Religionen in der UdSSR, hg. v. O. Basse u. G. Stricker (Zollikon 1989); K. Segbers: Der sowjet. Systemwandel (1989); G. Trautmann: Die S. im Wandel. Wirtschaft, Politik u. Kultur seit 1985 (1989); G. von Rauch: Gesch. der S. (⁸1990); P. Roth: 5 Jahre Religions- u. Kirchenpolitik unter Gorbatschow (1990); ders.: Die religiöse Situation u. Religionsgesetzgebung in der UdSSR, GUS 1990/1991 (1992); G. Botscharow: Die Erschütterung. Afghanistan, das sowjet. Vietnam (a.d.Russ., Neuausg. 1991); U. Druwe: Das Ende der S. Krise u. Auflösung einer Weltmacht (1991); Die Umwertung der sowjet. Gesch., hg. v. D. Geyer (1991); Kremlchefs. Politisch-biograph. Skizzen von Lenin bis Gorbatschow, hg. v. L. Kölm (1991); W. Metzger: Bibliogr. dt.-sprachiger S.-Reiseberichte, -Reportagen u. -Bildbände 1917–1990 (1991); H. N. Nolte: Rußland, UdSSR: Gesch. Politik, Wirtschaft (1991); U. Halbach: Das sowjet. Vielvölkerimperium. Nationalitätenpolitik u. nat. Frage (1992); M. van der Linden: Von der Oktoberrevolution zur Perestroika (a.d.Niederländ., 1992); Rußland-Ploetz. Russ. u. sowjet. Gesch. zum Nachschlagen, hg. v. W. Kessler (³1992); H. Altrichter: Kleine Gesch. der S. 1917–1991 (1993); G. Hellmann: Weltmachtrivalität u. Kooperation in regionalen Konflikten. Die USA u. die S. in den Kriegen des Nahen u. Mittleren Ostens, 1973–1991 (1993); O. Kirchner: Soziale Bewegungen u. polit. Parteien in der ehemaligen S. 1985–1991 (1993); H. Moldenhauer u. E.-M. Stolberg: Chronik der UdSSR (1993); G. u. N. Simon: Verfall u. Untergang des sowjet. Imperiums (1993); Histor. Lex. der S. 1917/22–1991, hg. v. H.-J. Torke (1993); P. Scholl-Latour: Den Gottlosen die Hölle. Der Islam im zerfallenden Sowjetreich (Neuausg. 1994); M. Buestrich: Die Verabschiedung eines Systems. Funktionsweise, Krise u. Reform der Wirtschaft im realen Sozialismus am Beispiel der S. (1995); G. Stökl: Russ. Gesch. (⁶1997); H.-J. Torke: Einf. in die Gesch. Rußlands (1997); M. Hildermeier: Gesch. der S. 1917–1991 (1998); Das Schwarzbuch des Kommunismus, Beitrr. v. S. Courtois u. a. (a.d.Frz., 1998).

Sowjetzonenflüchtling. Im Sinne des §3 des Bundesvertriebenen-Ges. (BVFG) ist S., wer als dt. Staatsangehöriger oder dt. Volkszugehöriger seinen Wohnsitz in der DDR oder Berlin (Ost) hatte und von dort vor dem 1. 7. 1990 geflüchtet ist, um sich einer von ihm nicht zu vertretenden und durch die polit. Verhältnisse bedingten besonderen Zwangslage zu entziehen. Diese war v. a. dann gegeben, wenn eine unmittelbare Gefahr für Leib und Leben oder die persönl. Freiheit vorlag oder die Beeinträchtigung oder Zerstörung der Existenzgrundlage (z. B. durch Enteignung) drohte. Insgesamt wurden von 1949 bis zum 12. 8. 1961 rd. 2,7 Mio. Personen und vom 13. 8. 1961 bis 30. 6. 1990 rd. 1,2 Mio. Personen im Wege der Notaufnahme, später Aufnahmeverfahren, aus der DDR und Berlin (Ost) aufgenommen.

Sowremennik [›der Zeitgenosse‹], russ. literar. und polit. Zeitschrift, 1836 von A. S. Puschkin in Sankt Petersburg gegr., 1847–66 von N. A. Nekrassow geleitet; 1866 nach dem Attentat auf Kaiser Alexander II. verboten; in den 1860er-Jahren führendes Organ der revolutionären Demokraten, tonangebend in der zeitgenöss. Literaturkritik.

Soxhlet-Apparat [ˈzɔkslɛt; nach dem Agrikulturchemiker Franz von Soxhlet, *1848, †1926], spezielle Laboratoriumsapparatur zur Fest-flüssig-Extraktion (→Extraktion). Der Dampf eines in einem Rundkolben erhitzten Extraktionsmittels (z. B. Petroläther) durchströmt das Dampfdurchlassrohr und wird in einem Kühler zur Kondensation gebracht. Das Kondensat tropft in eine Papphülse mit dem Extraktionsgut und löst aus diesem die extrahierbaren Anteile heraus. Jedes Mal, wenn der Flüssigkeitsspiegel im Aufsatz des S.-A. bis zur Oberkante des Heberrohrs angestiegen ist, fließt das Flüssigkeitsvolumen mit den extrahierten Stoffen in den Rundkolben ab. S.-A., die sich im Inneren eines Druckmantels befinden, sind für die Extraktion unter hohem Druck (z. B. mit flüssigem Kohlendioxid) geeignet.

Soya [ˈsɔja], Carl Erik, eigtl. **C. E. S.-Jensen,** dän. Schriftsteller, *Kopenhagen 30. 10. 1896, †Rud-

købing 10. 11. 1983; als Dramatiker ein Meister der schockierenden Konfrontation, suchte S. in sozialkrit. (›Parasitterne‹, 1929), psychoanalytisch-experimentellen (›Hvem er jeg?‹, 1932) und polit. Stücken (›Efter‹, 1947) auch als Skeptiker noch seine moral. Ziele zu erreichen. Daneben entstanden mit ›Min farmors hus‹ (1943) und ›Sytten‹ (3 Bde., 1953–54; dt. ›17, Roman einer Pubertät‹) bedeutende, stark autobiographisch geprägte Erzählwerke.

Soyfer, Jura, Pseudonyme **Jura, Georg Anders, Fritz Feder, Norbert Noll, Walter West,** österr. Schriftsteller, *Charkow 8. 12. 1912, †KZ Buchenwald 16. 2. 1939; Sohn einer russisch-jüd. Industriellenfamilie, die nach Ausbruch der Oktoberrevolution nach Wien emigrierte. Bereits als Schüler war S. Mitarbeiter eines sozialdemokrat. Kabaretts in Wien sowie der sozialdemokrat. ›Arbeiter-Zeitung‹. Ab 1934 Mitgl. der KPÖ, 1938 von den Nationalsozialisten verhaftet. S.s Werk – Lyrik, Reportagen, ein Romanfragment, Bühnentexte – beruft sich auf das Vorbild H. Heines. Bekannt wurden v. a. seine an J. N. Nestroy geschulten aktuellen und geistreichen Szenenfolgen für Kleinkunstbühnen (›Weltuntergang‹, 1936; ›Der Lechner Edi schaut ins Paradies‹, 1936; ›Astoria‹, 1937; ›Vineta‹, 1937; ›Broadway-Melodie 1492‹, 1937), in denen er den polit. Illusionismus des österr. Bürgertums anprangert und die sein leidenschaftl. Engagement gegen soziale Ungerechtigkeit und Nationalsozialismus belegen.

Ausgaben: Von Paradies u. Weltuntergang, hg. v. W. Martin (1962); Das Gesamtwerk, hg. v. H. Jarka, 3 Bde. (1984); Herrlichen Zeiten entgegen. Reportagen, Gedichte, Satiren, 1931–1938, hg. v. dems. (1996).

P. Langmann: Sozialismus u. Lit. J. S. (1986); H. Jarka: J. S. Leben, Werk, Zeit (Wien 1987); G. Scheit: Theater u. revolutionärer Humanismus. Eine Studie zu J. S. (ebd. 1988); Grenzüberschreitungen, Gattungen, Literaturbeziehungen, J. S., hg. v. H. Arlt (1995); Lachen u. J. S., hg. v. dems. u. F. Cambi (1995).

Soyinka [sɔʊˈjɪŋkɑː], Wole, eigtl. **Akinwande Oluwole S.,** nigerian. Schriftsteller, *Abeokuta 13. 7. 1934; studierte engl. Literatur in Ibadan und Leeds, 1958–60 Schauspieler in London, 1960 Rückkehr nach Nigeria, wo er an versch. Univ. lehrte, daneben Theaterproduzent. 1967–69 aus polit. Gründen in Haft, lebte von 1972–76, 1984–88 und erneut seit 1994 in Paris im Exil; 1997 wurde er von der nigerian. Regierung des Hochverrats angeklagt. Als einer der bedeutendsten Intellektuellen Afrikas bezieht S. Stellung gegen autoritäre Herrschaftsformen und tritt vehement für demokrat. (auch kulturellen) Pluralismus und soziale Gerechtigkeit ein. – In seinem umfangreichen, Theaterstücke, Lyrik und Romane sowie literaturtheoret. Studien umfassenden, in engl. Sprache geschriebenen Werk gelingt S. eine oft überraschende Synthese moderner Stilmittel und traditionell-afrikan. Mythologie, die jedoch stets in Bezug zu den existenziellen Problemen der Gegenwart nicht nur Afrikas gestellt wird. Gegen die nostalg. Verklärung der vorkolonialen Afrika (z. B. durch die →Négritude) setzt S. eine kreative, selbstbewusste und politisch engagierte Fortschreibung kultureller Traditionen in die Gegenwart. Viele seiner Theaterstücke und Romane setzen sich in satir. Form mit der nachkolonialen Realität, bes. den oft grotesken Folgen kultureller Orientierungslosigkeit, auseinander. Trotz des ihm aufgrund der formalen Komplexität und auch seiner Lyrik oft gemachten Vorwurfs, ›elitär‹ zu schreiben, ist S. einer der populärsten zeitgenöss. Autoren Afrikas. 1986 erhielt er den Nobelpreis für Literatur.

Werke: Lyrik: A shuttle in the crypt (1972); Ogun Abibimañ (1976); Mandela's earth and other poems (1988). – Romane: The interpreters (1965; dt. Die Ausleger); Season of anomy (1973; dt. Zeit der Gesetzlosigkeit, auch u.d.T. Die Plage tollwütiger Hunde); Isarà (1989; dt.). – Dramen: A dance of the

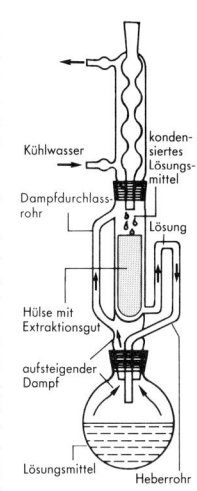

Soxhlet-Apparat

Carl Erik Soya

Jura Soyfer

Wole Soyinka

forests (1963; dt. Tanz der Wälder); The lion and the jewel (1963; dt. Der Löwe u. die Perle); The road (1965; dt. Die Straße); Madmen and specialists (1971); The bacchae of Euripides (1973); Death and the king's horseman (1975); Opera Wonyosi (1981); From Zia with love and A scourge of hyacinth (1992). – *Schriften:* Myth, literature and the African world (1976); Art, dialogue and outrage (1988). – *Autobiographisches:* Aké, the years of childhood (1981; dt. Aké. Eine Kindheit); Isarà. A voyage around ›Essay‹ (1989); Ibadan: The Pentelemes years. A memoir 1946–1965 (1994; dt. Ibadan).

Ausgaben: Collected plays, 2 Bde. (1973–74, Nachdr. 1976–82). – Stücke, hg. v. J. FIEBACH (1987).

Critical perspectives on W. S., hg. v. J. GIBBS (London 1980); K. H. KATRAK: W. S. and modern tragedy (Westport, Conn., 1986); W. S. An appraisal, hg. v. A. MAJA-PEARCE (Oxford 1994); K. OMOTOSO: Achebe or S. (London 1996); D. WRIGHT: W. S. Life, work, and criticism (York 1996).

Soyka, Otto, österr. Schriftsteller, *Wien 9. 5. 1882, †ebd. 2. 12. 1955; war Mitarbeiter der Zeitschriften ›Die Fackel‹, ›Der Sturm‹ und ›Simplicissimus‹; ging 1938 nach Frankreich ins Exil. S. schrieb spannende, psychologisch nuancierte, expressionistisch beeinflusste Romane, in denen er sensationelle Ereignisse des Tagesgeschehens verarbeitete (oft kriminalist. Motive), sowie Novellen und Komödien.

Werke: *Romane:* Herr im Spiel (1910); Die Söhne der Macht (1912); Der entfesselte Mensch (1919); Im Joch der Zeit (1919); Die Traumpeitsche (1921); Das Geheimnis der Akte K. (1934). – *Novellen:* Überwinder (1926).

Soyombo [mongol.], →Sojombo.

Sož [sɔʒ], Fluss in Osteuropa, →Sosch.

SOZ, Abk. für Straßenoktanzahl (→Oktanzahl).

Soziabilität [zu lat. sociabilis ›gesellig‹] *die,* -, **1)** *Pflanzensoziologie:* Grad der Häufung einer bestimmten Pflanzenart innerhalb einer Pflanzengesellschaft.
2) *Psychologie:* die individuell verschieden ausgeprägte Fähigkeit, sich in eine Gemeinschaft einzufügen und wirkungsvoll mit anderen zusammenzuarbeiten; auch das Kontaktbedürfnis, die Geselligkeit.

sozial [frz., von lat. socialis ›gesellschaftlich‹, ›gesellig‹], **1)** *allg.:* 1) das Zusammenleben der Menschen in Staat und Gesellschaft betreffend, auf die menschl. Gemeinschaft, Gesellschaft bezogen, gesellschaftlich; 2) dem Gemeinwohl, der Allgemeinheit dienend.
2) *Zoologie:* gesellig, nicht einzeln lebend, Staaten bildend.

Sozial|abkommen, zwischenstaatl. Abkommen über die Gleichstellung der Staatsangehörigen des jeweiligen Vertragspartners mit Inländern, über die Zugrundelegung von Versicherungsanwartschaften und die Zahlung von Versicherungsleistungen der Renten-, Unfall-, Kranken-, Pflege- und Arbeitslosenversicherung sowie der Familienversicherung.

Sozial|akademi|en, Hochschuleinrichtungen, in denen Kenntnisse über soziale und wirtschaftl. Fragen vermittelt werden. Die S. Dortmund (gegr. 1947) ist eine staatl. Akad. des Landes NRW, die Akad. der Arbeit, Frankfurt am Main, ist eine Stiftung des privaten Rechts. Die Hochschule für Wirtschaft und Politik, Hamburg, ist eine Einrichtung der Stadt Hamburg. In Bremen gibt es die Akad. für Arbeit und Politik, getragen von Univ. und Arbeiterkammer. – Ähnl. Aufgaben haben verschiedene kath. und ev. Akademien.

Sozial|amt, von den örtl. Trägern der →Sozialhilfe (kreisfreie Städte, Landkreis) eingerichtete Behörde zur Durchführung der gesetzlich vorgesehenen Maßnahmen der Sozialhilfe.

Sozial|anthropologie, eine interdisziplinär angelegte, inzwischen weitgehend sozialwiss. orientierte Forschungsrichtung, die im weitesten Sinn darauf zielt, bestimmte Grundmuster menschl. Sozialverhaltens im Hinblick auf biologisch-genetisch, kulturell oder gesellschaftlich und wirtschaftlich bestimmte Rahmenbedingungen zu untersuchen. Zum älteren, zumeist im deutschsprachigen Raum als S. bezeichnete Forschungsrichtung gehören v. a. solche Studien, die in einer deutlich erbbiolog. oder biogenet. Perspektive soziale Vorgänge sowie die Formen und Institutionen der Vergesellschaftung betrachten und hierbei Fragen der Lebensalter, der Begabung und des abweichenden Verhaltens, die Vorgänge der sozialen Siebung, der sozialen Schichtung und Mobilität und des sozialen Wandels ins Zentrum stellen. Dieser Forschungszweig war erheblich durch sozialdarwinist. Impulse geprägt und gilt, gerade wegen der damit verbundenen humanbiolog., rassenkundl. und eugen. Aspekte, nach den Erfahrungen des natsoz. Rassismus als desavouiert. Nach dem Zweiten Weltkrieg hat sich eine überwiegend kulturvergleichende, völkerkundlich und sozialwiss. fundierte Forschungsrichtung etabliert. Diese geht von der Gleichwertigkeit der unterschiedlichsten Sozial- und Kulturformen aus. Zu den bevorzugten Methoden dieser erfahrungswiss. ausgerichteten S. gehören Feldforschung, monograph. Kulturdarstellungen und der Kulturvergleich, wobei die jeweiligen Gesellschaften gleichermaßen als Ausdrucks- und Lösungsformen bestimmter grundlegender menschl. Aufgaben und Problemstellungen aufgefasst werden.

D. CLAESSENS: Das Konkrete u. das Abstrakte. Soziolog. Skizzen zur Anthropologie (Neuausg. 1993); E. CASSIRER: Versuch über den Menschen. Einf. in eine Philosophie der Kultur (a. d. Engl., Neuausg. 1996).

Sozial|arbeit, historisch in der Nachfolge von Armenhilfe, Fürsorge und Wohlfahrtspflege entstandener Begriff, dem lange diejenigen berufl. Tätigkeiten zugeordnet wurden, mit denen Menschen in bes. schwierigen Lebenssituationen materiell, d. h. durch Geld- und Sachleistungen, unterstützt werden. Die Ursprünge der S. liegen in den ehrenamtl. Tätigkeiten des spätmittelalterl. Armenpflegers bis zu den Armenbesuchern im Rahmen des ›Elberfelder Systems‹. Erst Ende des 19. Jh. entstand mit dem ›Straßburger System‹ der hauptberufl. Wohlfahrtspfleger mit den ersten Ausbildungsgängen zu Beginn des 20. Jh. Eine Hauptaufgabe der Fürsorge bestand in der Kontrolle der Armen und der Überprüfung ihrer Arbeitswilligkeit. Heute ist die getrennte Zuordnung sozialer Tätigkeiten unter die Begriffe S. und Sozialpädagogik zugunsten der einheitl. Bez. →soziale Arbeit aufgegeben.

C. SACHSSE u. F. TENNSTEDT: Gesch. der Armenfürsorge in Dtl., 3 Bde. (1980–92); Gesch. der S. Hauptlinien ihrer Entwicklung im 19. u. 20. Jh., hg. v. R. LANDWEHR u. R. BARON (³1995).

Sozial|arbeiter, i. e. S. Absolvent einer Fachhochschule für Sozialarbeit; das Studium ist ähnlich aufgebaut wie das zum →Sozialpädagogen. I. w. S. jeder, der eine berufl. Tätigkeit im Bereich der →sozialen Arbeit ausübt.

Sozial|aufwand, Sozialkosten, die von Arbeitgebern aufgebrachten gesetzl., tarifl. und zusätzl. Sozialleistungen; Teil der Arbeitskosten.

Sozial|ausgaben, die direkten öffentl. Aufwendungen für soziale Zwecke, meist synonym zu →Sozialleistungen gebraucht.

Sozial|auswahl, die dem Arbeitgeber bei einer betriebsbedingten Kündigung vorgeschriebene Berücksichtigung sozialer Gesichtspunkte (→Kündigungsschutz).

Sozialbeirat, beim Bundesministerium für Arbeit und Sozialordnung gebildetes unabhängiges Gremium aus Vertretern der Versicherten in der gesetzl. Rentenversicherung, der Arbeitgeber, der Sozial- und Wirtschaftswiss.en und der Dt. Bundesbank, das sich jährlich gutachtlich äußert (§§ 155, 156 SGB VI).

Sozialbericht, 1) *Betriebswirtschaftslehre:* der Teil des Geschäftsberichts einer AG, der über soziale Leistungen und Verhältnisse der Gesellschaft Auskunft gibt. Die den Sozialbereich betreffenden Erläuterungen und Darstellungen umfassen meist die Entwicklung und Struktur der Belegschaft (gegliedert nach Alter, Geschlecht, Betriebszugehörigkeit, Krankheitstagen, Lohnsumme u. a.), die gesetzl. und freiwilligen Sozialleistungen (Betriebsrenten, Ferienheime, Kindergarten u. a.) sowie eine detaillierte Darstellung bestimmter Posten aus der Gewinn-und-Verlust-Rechnung, wie z. B. Löhne und Gehälter, Aufwendungen für Pensionsrückstellungen und soziale Abgaben.

2) *Sozialpolitik:* →Sozialleistungen.

Sozialbilanz, der Versuch, die traditionelle Rechnungslegung der Unternehmen durch eine Gegenüberstellung der gesellschaftl. Kosten (soziale Kosten) und des gesellschaftl. Nutzens (sozialer Nutzen) zu einer gesellschaftsbezogenen Rechnungslegung (Berichterstattung) zu erweitern, da in der Rechnungslegung nach Handels- und Steuerrecht (Jahresabschluss und Lagebericht) nicht alle Leistungen, die ein Unternehmen von der Volkswirtschaft in Anspruch nimmt oder für diese erbringt, als Aufwand oder Ertrag ausgewiesen werden. Bei der Erstellung einer S. kann auf das innere Beziehungsfeld zu den Mitarbeitern (›human resource accounting‹) und das äußere Beziehungsfeld zu einzelnen Gruppen, gesellschaftl. Institutionen und zur natürl. Umwelt (Umweltrechnungslegung) abgestellt werden. Da Erfassung und Quantifizierung gesellschaftl. Kosten und Nutzen schwierig sind, enthalten S. neben quantitativen Angaben häufig auch verbale Darstellungen einzelner Vorgänge (z. B. Informationspolitik, Arbeitsplatzgestaltung). Eine einheitl. Form für S. hat sich bisher nicht herausgebildet. Die Mehrzahl der in der BRD seit 1971 erstellten S. besteht aus Sozialbericht, Wertschöpfungsrechnung (Darstellung des betriebl. Beitrags zum Volkseinkommen) und Sozialrechnung (Darstellung aller quantifizierbaren gesellschaftsbezogenen Aufwendungen der Unternehmen in einer bestimmten Periode sowie die direkt erfassbaren gesellschaftsbezogenen Erträge).

Sozialbrache, Wohlstandsbrache, ehem. Acker- oder Grünland, das nicht mehr bewirtschaftet wird. S. entsteht, wenn bei hohen Verdienstmöglichkeiten in der Industrie oder aus anderen Gründen (u. a. Erwartung der Umwidmung zu Bauland) auch auf eine nebenberufl. Bewirtschaftung verzichtet wird. Agrarpolit. und/oder ökolog. Gesichtspunkte haben in den letzten Jahren ebenfalls dazu geführt, dass bestimmte Böden nicht mehr bewirtschaftet werden (→Flächenstilllegung).

Sozialbudget [-bydʒe], die zahlenmäßige Zusammenstellung von Struktur und Entwicklung der Sozialleistungen sowie deren Finanzierung in kurz- und mittelfristiger Vorausschau. Das S. ist Bestandteil des Sozialberichts. (→Sozialleistungen)

Sozialcharakter, *Sozialpsychologie* und *Soziologie:* Komplex von Charakterzügen, Einstellungen, Wertorientierungen und Verhaltensäußerungen, der Angehörigen einer bestimmten sozialen Gruppe, Schicht, Region oder auch einer ganzen Gesellschaft aufgrund ihrer jeweiligen Lage und der damit verbundenen gemeinsamen Erfahrungen zugeschrieben wird.

Sozialdarwinismus, Sammelbegriff für die an C. Darwins Evolutionstheorie (→Darwinismus) orientierten sozialwiss. Theorien, die von Darwin angenommenen Prinzipien der biolog. Evolution wie Auslese, Kampf ums Dasein, Anpassung an die Umwelt und Vererbbarkeit erlernter Fähigkeiten auf den sozialen Bereich übertragen. Dementsprechend werden sozialgeschichtl. Entwicklungen als Auslese- und Anpassungsprozesse verstanden, in denen durch konflikthafte Auseinandersetzungen soziale Hierarchien entstehen, die von den sozial Tüchtigen (Eliten) dominiert werden. Die ›natürl.‹ Ungleichheit der Menschen erzwingt in dieser Sichtweise die Differenzierung zw. den im Sinne der Evolution ›Tauglichen‹ (Herrschenden) und den ›weniger Tauglichen‹ (Untergeordneten). Ein Vorläufer dieses biologist. Gesellschaftsmodells findet sich bei T. R. Malthus (›An essay on the principle of population‹, 1798; dt. ›Versuch über das Bevölkerungsgesetz‹). In der weiteren Tradition sozialdarwinist. Gesellschaftstheorien stehen H. Spencer, der eine Universalphilosophie der ›kosm. Evolution‹ entwarf und in seiner polit. Theorie Evolution und Kampf als Prinzipien des gesellschaftl. Zusammenlebens benannte, sowie L. Gumplowicz, der das Evolutionsprinzip als Auseinandersetzung der versch. Völker und Rassen verstand.

Neben L. F. Ward wendete W. G. Sumner die Lehren des S. auf die USA an. Er übertrug die spencersche Analogie von biolog. Überlebenskampf und gesellschaftl. Konflikten auf die Mechanismen der ökonom. und sozialen Selektion der kapitalist. Wettbewerbsgesellschaft, die er als Naturgesetze auffasste, und lieferte damit die universale Legitimation für die Tycoons der amerikan. Finanzoligarchie.

Sozialdarwinist. Vorstellungen bilden eine zentrale Grundlage des im Anschluss an J. A. de Gobineau im 19. und 20. Jh. in Erscheinung tretenden Rassismus und Antisemitismus; so übernahm die Rassenideologie des Nationalsozialismus anthropolog. und ›rassenhygien.‹ Elemente des S. zur Rechtfertigung eines arischen Rassenprimats und der Eliminierung ›rassenfremder‹ Bev.-Gruppen. Der rassistisch ausgelegte S. liefert bis in die Gegenwart propagandistisch verwertbare Argumente, um einen vorgestellten Selbstbehauptungskampf von ›Volk‹ und ›Rasse‹ um ›Lebensraum‹ zu rechtfertigen. Einige Ansätze des S., verknüpft mit Gesichtspunkten aus der Ökologie, treten auch im Rahmen der Ideologien der ›neuen Rechten‹ auf und werden hier u. a. dazu benutzt, fremdenfeindl. Einstellungen zu begründen.

R. Hofstadter: Social Darwinism in American thought (Neuausg. Boston, Mass., 1973); H. W. Koch: Der S. Seine Genese u. sein Einfluß auf das imperialist. Denken (1973); G. Jones: Social Darwinism and English thought (Brighton 1980); P. E. Becker: Wege ins Dritte Reich, Bd. 2: S., Rassismus, Antisemitismus u. völk. Gedanke (1990); J. Sandmann: Der Bruch mit der humanitären Tradition. Die Biologisierung der Ethik bei Ernst Haeckel u. anderen Darwinisten seiner Zeit (1990); M. Hawkins: Social Darwinism in European and American thought, 1860–1945 (Cambridge 1997); M. Vogt: S. Wissenschaftstheorie, polit. u. theologisch-eth. Aspekte der Evolutionstheorie (1997).

Sozialdemokratie, aus der →Arbeiterbewegung hervorgegangene polit. Richtung des →Sozialismus, die in einer gerechten und solidar. Gesellschaft grundlegende Rechte des Menschen durch eine Demokratisierung aller wirtschaftl., sozialen und staatl. Bereiche verwirklichen will. Historisch als Trägerin sozialrevolutionärer wie auch sozialreformer. Ideen oft sehr unterschiedlich in ihrer Zielsetzung, sucht die S. heute unter dem Leitwort des ›demokrat. Sozialismus‹ die Prinzipien der Demokratie mit den Grundvorstellungen des Sozialismus zu verbinden.

Geschichte: Das Wort S. wurde in Dtl. erstmals 1848 von F. Hecker benutzt. Viele Mitgl. der 1848 gegründeten ›Allgemeinen Dt. Arbeiterverbrüderung‹ bezeichneten sich als ›Sozial-Demokraten‹. S. Born, einer der Gründer dieser Vereinigung, schlug zur Lösung der sozialen Frage ein Programm prakt. Sozialreformen vor, das auf parlamentar. Wege verwirklicht werden sollte. K. Marx, der mit F. Engels das Programm des »Bundes der Kommunisten« geprägt hatte, verlieh der Bez. S. einen proletarisch-revolutionären Sinn. Anhand von Programm und Praxis des Bundes der Kommunisten einerseits und der Arbeiterverbrüderung andererseits wird bereits in der Frühphase der Arbeiterbewegung der Dualismus von Revolution und Reform, von Klassen- und Staatspolitik, von revolutionärer Diktatur und von Bemühungen zur Demokratisierung des Gesamtstaates und seiner Teileinheiten deutlich. Mit der Gründung von Parteien im Rahmen der Arbeiterbewegung begann zugleich die innerparteil. Auseinandersetzung um die Ziele der S. In der programmat. Entfaltung wie in der polit. Praxis der S. zeigt sich dieser Dualismus oft in zahlr. Verschränkungen reformist. und sozialrevolutionärer Ideen.

Das Programm des →Allgemeinen Deutschen Arbeitervereins (ADAV) beruht auf dem ›Offenen Antwortschreiben‹ (1. 3. 1863) F. LASSALLES an das Leipziger Zentralkomitee zur Berufung eines allgemeinen Arbeiterkongresses. Neben dem Kampf für ein allgemeines, gleiches und direktes Wahlrecht forderte er die Beteiligung der Arbeiter – mit staatl. Hilfe – an der Produktion von ›Produktiv-Assoziationen‹. J. B. VON SCHWEITZER, Nachfolger LASSALLES in der Führung des ADAV, bereitete die Gründung einer ›Social-Demokrat. Partei‹ vor. Unter dem Einfluss der revolutionär orientierten ›Internat. Arbeiter Association‹ (IAA, Erste →Internationale) bezeichnete die →Sozialdemokratische Arbeiterpartei (SDAP), von A. BEBEL und W. LIEBKNECHT 1869 gegr., in ihrem Eisenacher Programm u. a. als ihr Ziel: Überwindung der privatkapitalist. Produktionsweise, Abschaffung der Klassenherrschaft, Zugutekommen des ›vollen Arbeitsertrags‹ für jeden Arbeiter, Errichtung eines ›freien Volksstaates‹ mit einer ›Volkswehr‹ und Durchsetzung des allgemeinen, gleichen und direkten Wahlrechts (für alle Männer ab 20 Jahren). Das bei der Vereinigung von ADAV und SDAP zur →Sozialistischen Arbeiterpartei (SAP) 1875 verabschiedete →Gothaer Programm ist ein Kompromiss zw. den ›Lassalleanern‹ und den ›Eisenachern‹. War die Programmdiskussion in der frühen S. noch stark geprägt von den Forderungen der radikalen bürgerl. Demokraten und der Begriffswelt LASSALLES (bes. von seiner Idee des →ehernen Lohngesetzes), so setzte sich in Dtl. unter dem Druck des Sozialistengesetzes (1878) der →Marxismus in den Zielvorstellungen der S. in größerer Breite durch.

Das 1891 verabschiedete →Erfurter Programm der →Sozialdemokratischen Partei Deutschlands (SPD; gegr. 1890) ging in seinem theoret., von K. KAUTSKY verfassten ersten Teil – in dogmat. Beachtung marxist. Grundanschauungen – von der Überzeugung aus, dass die kapitalist. Gesellschaft ›naturgesetzlich‹ zusammenbrechen und der Sozialismus sich durchsetzen werde. In seinem von E. BERNSTEIN verfassten praktisch-polit. zweiten Teil erkannte das Erfurter Programm den Staat als Rahmen machtpolit. Durchsetzung sozialdemokrat. Einzelziele (u. a. allgemeines, gleiches und direktes Wahlrecht, Gleichberechtigung der Frauen, Achtstundentag, Verbot der Kinder- und Nachtarbeit) an. Im Zeichen der von BERNSTEIN bes. auf späteren Parteitagen der SPD geforderten Revision marxist. Theoreme (→Revisionismus) entwickelte sich in der dt. S. ein Grundsatzstreit (›Revisionismusstreit‹), in dem sich bes. KAUTSKY, BEBEL und ROSA LUXEMBURG den Thesen BERNSTEINS entgegenstellten. Unter dem Eindruck prakt. Gewerkschaftspolitik setzten sich in der SPD ab 1899/1900 allmählich immer stärker reformist. Zielvorstellungen durch.

Das Erfurter Programm der S. und der innerparteil. Streit um seine prakt. Verwirklichung übten – bes. im Rahmen der Diskussionen der Zweiten Internationale – einen starken Einfluss auf die sich in den 1890er-Jahren bildenden sozialist. und sozialdemokrat. Parteien in Europa, bes. in Österreich-Ungarn, der Schweiz, in Skandinavien und Südosteuropa, aus. Innerhalb der russ. S. entwickelte LENIN in polemisierender Auseinandersetzung mit der Interpretation des Marxismus durch KAUTSKY eine dynam., voluntarist. Auffassung vom revolutionären Übergang vom Kapitalismus zum Sozialismus. In engem Zusammenhang mit der Diskussion über den Marxismus und die Umsetzung sozialist. Ziele entwickelte die österr. S. (M. ADLER, O. BAUER, K. RENNER, R. HILFERDING) die Sonderform des →Austromarxismus.

Unter dem Eindruck bes. der →Oktoberrevolution in Russland (1917) schieden nach dem Ende des Ersten Weltkriegs (1918) die an den revolutionären Vorstellungen LENINS orientierten revolutionären Sozialisten endgültig aus der sozialdemokrat. Bewegung, deren ideolog. Spaltung sich jedoch bereits bis um 1910 angekündigt hatte, aus und organisierten sich nach dem Vorbild der russ. →Bolschewiki im Rahmen der →Kommunistischen Internationale (Komintern) als →kommunistische Parteien neu. Zahlr. sozialdemokrat. Parteien, bes. in N-Europa, setzten den reformist. Weg, nun auch unter dem Eindruck der Labour-Bewegung in Großbritannien, fort und suchten die Idee des ›Wohlfahrtsstaates‹ (bes. in der schwed. S.) unter den Bedingungen einer sozial verstandenen nat. Solidarität zu verwirklichen.

Das Görlitzer Programm der SPD (1921), von BERNSTEIN entworfen, sah die SPD als Volkspartei, in der alle ›körperlich und geistig Schaffenden, die auf den Ertrag eigener Arbeit angewiesen sind‹, für ›Demokratie und Sozialismus‹ zusammengeführt werden sollten. Nach der Verschmelzung der 1916/17 entstandenen →Unabhängigen Sozialdemokratischen Partei Deutschlands (USPD) mit der SPD entstand unter Federführung von KAUTSKY 1925 das →Heidelberger Programm, das auf Positionen des Erfurter Programms zurückgriff und das Bekenntnis des Görlitzer Programms zum parlamentarisch-demokrat. Staat erheblich abschwächte. Die Programmdiskussion der S. befasste sich dann seit der Mitte der 20er-Jahre bes. mit Gedanken zur Durchsetzung einer Wirtschaftsdemokratie, inspiriert bes. von HILFERDING. – In der Zeit der natsoz. Diktatur (1933–45) in Dtl. politisch verfolgt, griff die S. im Exil wieder sozialrevolutionäre Gedanken auf; im ›Prager Manifest‹ (1934) forderte sie u. a. den ›Kampf der geeinten Arbeiterklasse‹ gegen die Diktatur HITLERS und die ›totale moral., geistige, polit. und soziale Revolution‹ in Dtl. Unter dem Einfluss der gesellschaftl. Reformpolitik der S. in Schweden, aber auch der Labour Party im brit. Raum setzte sich unter dt. und österr. Sozialdemokraten im Exil (z. B. E. OLLENHAUER, B. KREISKY) eine Neubesinnung auf die freiheitl. Grundlagen der westeurop. Demokratie durch. – Nach 1945 erlangte das →Godesberger Programm der SPD von 1959 mit seinem Bekenntnis zu einer demokrat. Sozialismus, der sich an Wertvorstellungen christl. Ethik, an klass. Philosophie und Humanismus orientiert, europ. Wirkung. Unter KREISKY war die SPÖ zeitweise die erfolgreichste Partei der europ. S. Nach der globalen Wende 1989 wurde die unter kommunist. Vorherrschaft ausgelöschte S. in Mittel-, O- und SO-Europa wieder belebt. (→sozialistische und sozialdemokratische Parteien)

Sozialdemokratische Arbeiterpartei, Abk. **SDAP,** 1869 gegr. von W. LIEBKNECHT und A. BEBEL auf dem →Eisenacher Kongress, orientierte sich in ihrem ›Eisenacher Programm‹ an den Theorien und programmat. Grundsätzen von K. MARX und schloss sich der Internat. Arbeiter Association (IAA, der Ersten →Internationalen) an; ging 1875 in der →Sozialistischen Arbeiterpartei 1) auf.

Sozialdemokratische Arbeiterpartei Russlands, Abk. **SDAPR,** russ. **Rossijskaja Sozial-demokratitscheskaja Rabotschaja Partija,** Abk. **RSDRP,** gegr. im März 1898 in Minsk, orientierte sich ideologisch am Marxismus. In ihrem Rahmen fanden die ersten richtungweisenden Diskussionen über Methoden und Ziele des revolutionären Sozialismus in Russland statt: Auf dem zweiten Parteitag (1903) in

London setzte LENIN seine Auffassung über die Organisation der Partei, die er bereits in seiner Schrift ›Was tun?‹ (1902) ausführlich dargelegt hatte, durch: Die SDAPR sei als Kaderpartei, d. h. als festgefügte, straff organisierte Gruppe von Berufsrevolutionären, zu organisieren und nicht als Massenpartei, wie seine Gegner in der Partei es wollten. Nachdem der →Bund der Partei verlassen hatte, konnte LENIN auch die Besetzung des Zentralkomitees der Partei und des Redaktionsstabes der Parteizeitung →Iskra beeinflussen. Mit diesem Parteitag spaltete sich die Partei in →Bolschewiki und →Menschewiki. Beide Gruppen, die bei der Revolution von 1905 noch einmal zusammenarbeiteten und sich auf dem Parteitag von 1906 nochmals vereinigten (›Vereinigungsparteitag‹), entwickelten sich ideologisch immer stärker auseinander und traten seit 1912 als eigenständige Gruppen auf.

Sozialdemokratische Arbeiterpartei Schwedens, schwed. *Sveriges Socialdemokratiska Arbetarparti* [ˈsværjəs sɔs-], Abk. **SAP,** polit. Partei, gegr. 1889 in Stockholm, gab sich 1897, stark vom Erfurter Programm der dt. Sozialdemokratie beeinflusst, auf marxist. Grundlage ihr erstes Programm. Im Konflikt mit einer revolutionär orientierten Gruppe um AXEL FERDINAND DANIELSSON (* 1863, † 1899) setzte sich die revisionist. Linie unter Führung von H. BRANTING durch. Im Zeichen einer polit. Linie, die Sozialdemokratie als ›Volkspartei‹ verstand, vertrat die Partei programmatisch die Notwendigkeit der Zusammenarbeit v. a. mit liberalen und anderen sozial orientierten Parteien. Nach dem Ersten Weltkrieg stieg sie zur stärksten polit. Kraft auf und stellte die sozialdemokrat. Minderheits-Reg. unter BRANTING (1920, 1921–23, 1924–25) und R. SANDLER (1925–26). Unter maßgebl. Leitung von E. WIGFORSS entstand in der Zeit der Weltwirtschaftskrise ein reformsozialist. Programm, das sich die Umgestaltung Schwedens zu einem Wohlfahrtsstaat zum Ziel setzte. Auf dieser Grundlage setzten die sozialdemokrat. Regierungen seit 1932 unter P. A. HANSSON (1932–46), T. ERLANDER (1946–69), O. PALME (1969–76, 1982–86) und I. G. CARLSSON (1986–91) Reformen auf allen gesellschaftl. Gebieten im Sinne einer sozial verstandenen Volksgemeinschaft durch. Bes. seit den 60er-Jahren verschärfte sich – vor dem Hintergrund der starken Belastung der Staatsfinanzen – die Kritik an der sozialdemokrat. Gesellschaftspolitik. Außenpolitisch trug die Sozialdemokratie die Neutralitätspolitik ihres Landes.

Nach der Wahlniederlage der SAP 1991, in deren Folge es unter der von C. BILDT geführten Mitte-Rechts-Koalitions-Reg. (1991–94) zu einem wirtschaftlichen Abbau des Wohlfahrtssystems kam, mussten auch die sozialdemokrat. Reg. unter I. CARLSSON (zweite Amtszeit als SAP-Vors. und Min.-Präs. 1994–96) sowie GÖRAN PERSSON (ab 1996) zu einer strikten Sparpolitik im Interesse einer Sanierung des Staatshaushalts übergehen.

Sozialdemokratische Partei der Schweiz, Abk. **SPS,** polit. Partei, gegr. 1888. Die SPS durchlief in ihrer *programmat. Entwicklung* versch. Phasen: In ihrem ›Berner Programm‹ (1888) forderte sie – auf evolutionärem Wege – die Vergesellschaftung der Produktionsmittel. Mit ihrem zweiten Programm (1904) wandte sie sich unter dem Einfluss der dt. Sozialdemokratie stärker marxist. Maximen zu. Das Programm von 1920 stellte die Partei als Klassenpartei heraus und bekannte sich zur Diktatur des Proletariats. Mit dem ›Luzerner Programm‹ (1935) kehrte die SPS stärker zu reformist. Zielen innerhalb der bestehenden Staatsordnung zurück und trat für die Landesverteidigung ein. Nach dem Zweiten Weltkrieg sah sie sich in ihrem Programm von 1959 nicht mehr als Klassenpartei, sondern als Sachwalter der Erwerbstätigen.

Organisation: Oberstes Organ ist der alle zwei Jahre zusammentretende Parteitag; in der Zeit zw. Parteitagen befindet der Parteivorstand über die Auslegung des Parteiprogramms; eigentl. Führungsorgan ist die Geschäftsleitung.

Geschichte: Die SPS wurde von dem Berner ALBERT STECK (* 1843, † 1899) als demokrat. Volkspartei gegründet, v. a. um jene durch die Industrialisierung verarmten Schichten zu erreichen, die der Freisinn als bürgerlich-polit. Kraft nicht mehr gewinnen konnte. Zwar stieg die Wählerzahl der SPS von (1890) 3,6 % der Stimmen auf (1917) 30,8 %, aber die parlamentar. Möglichkeiten (geringe Mandatszahl aufgrund des Mehrheitswahlrechts, und die plebiszitären Chancen (aufgrund politisch-gesellschaftl. Isolierung) blieben beschränkt. Unter Führung von R. GRIMM suchte v. a. die Linke in der Partei mit der internat. Konferenz von →Zimmerwald (1915) die pazifist. Kräfte der europ. Sozialisten zu organisieren und mit dem ›Oltener Aktionskomitee‹ im November 1918 im Zuge eines am 11. 11. 1918 ausgerufenen Generalstreiks die Gesellschaftsordnung der Schweiz zu revolutionieren. In einer Urabstimmung lehnte die Parteibasis den vom Parteitag bereits beschlossenen Beitritt zur Komintern (KI) ab. Mit der Einführung des Proporzwahlsystems 1919 konnte die SPS ihre Repräsentanz v. a. im Nationalrat verstärken (bis 1953). Bei den Nationalratswahlen von 1943 wurde sie stärkste Partei und entsandte mit E. NOBS erstmals einen Vertreter in den Bundesrat (seitdem zw. 28 % und 23 % der Stimmen). Seit 1959 ist sie (laut ›Zauberformel‹) mit zwei Vertretern in der Reg. vertreten; seit 1987 erreicht sie weniger als 20 % der Stimmen.

Sozialdemokratische Partei Deutschlands, Abk. **SPD,** polit. Partei, 1890 hervorgegangen aus der →Sozialistischen Arbeiterpartei (SAP), die ihrerseits 1875 aus der Vereinigung des →Allgemeinen Deutschen Arbeitervereins (ADAV; gegr. 1863) mit der →Sozialdemokratischen Arbeiterpartei (SDAP; gegr. 1869) entstanden war. Die SPD ist seit 1890 die Organisation der dt. →Sozialdemokratie.

Organisation: Das Statut von 1891 legte die Grundlagen der Parteiorganisation fest. Beim Wiederaufbau der 1933 vom natsoz. Regime zerschlagenen Parteiorganisation knüpfte die SPD 1945 an dieses Organisationsschema an und baute es später in der Bundesrepublik Dtl. aus: Oberstes Organ ist heute der alle zwei Jahre tagende Parteitag, der den Vors., seine Stellv. und alle übrigen Mitgl. des Vorstandes wählt. Dieser bestellt aus seiner Mitte das Parteipräsidium als geschäftsführenden Vorstand. Vertreter der Bezirke und Landesverbände, die sozialdemokrat. Reg.-Chefs der Länder, die SPD-Fraktionsvorsitzenden in Bund und Ländern und die sozialdemokrat. Mitgl. der Bundes-Reg. bilden den Parteirat. Gliederungen unterhalb der Bezirke, der Grundlage der Organisation, sind Unterbezirke (Kreisverbände) und Ortsvereine. Die Arbeitsgemeinschaften (u. a. für Arbeitnehmerfragen, AfA, der sozialdemokrat. Frauen, AsF, und →Jungsozialisten) sind keine selbstständigen Gliederungen.

Geschichte: Seit den 1870er-Jahren war A. BEBEL unbestrittener Führer der dt. Sozialdemokratie. Nach Gründung der SPD (1890) und Verabschiedung ihres Erfurter Programms (1891) bekämpfte er im ›Revisionismusstreit‹ u. a. mit K. KAUTSKY, ROSA LUXEMBURG, CLARA ZETKIN die ideologischen Positionen E. BERNSTEINS. Bes. unter dem Einfluss der von K. LEGIEN geführten sozialist. Gewerkschaften setzte sich in der SPD eine gemäßigt reformist. Linie durch. Bei Reichstagswahlen konnte sich die Partei von (1890) 27,2 % der Stimmen auf (1912) 34,8 % steigern und gewann damit zunehmend an Einfluss (1912 stärkste Reichstagsfraktion), zugleich stand ihr die geschlossene Gegnerschaft der anderen Reichstagsfraktionen gegenüber. Gesellschaftlich isoliert, entwickelte sie mit den befreundeten Organisationen (u. a. Arbeitersport- und Arbeitergesangvereine, Bildungs- und Konsumvereine, freie religiöse Gemeinden) eine eigene Subkultur. Mit den sozialist. Gewerkschaften schuf sie wirtschaftliche Unternehmen (Verlage, Versicherungen). Nach BEBELS Tod (1913) übernahm F. EBERT die Führung der Partei.

Nach Ausbruch des Ersten Weltkriegs (1. 8. 1914) stimmte die SPD im Reichstag für die Gewährung von Kriegskrediten (4. 8. 1914); innerparteil. Gegner dieser Politik des ›Burgfriedens‹ sammelten sich 1916 in der ›Gruppe Internationale‹ (→Spartakusbund) sowie 1916/17 in der →Unabhängigen Sozialdemokratischen Partei Deutschlands (USPD). Im weiteren Verlauf des Krieges forderte die SPD – nunmehr oft ›Mehrheitssozialisten‹ genannt – nach innen Reformen (bes. Abschaffung des Dreiklassenwahlrechts in Preußen), nach außen einen Verständigungsfrieden. Mit dem Zentrum und der Fortschrittl. Volkspartei verabschiedete sie am 19. 7. 1917 die →Friedensresolution des Reichstags. Am 3. 10. 1918 trat sie in die Reichs-Reg. unter Prinz MAX VON BADEN ein.

Im Zuge der →Novemberrevolution errangen SPD und USPD mit der Übernahme des Reichskanzleramts durch EBERT de facto die provisor. Reg.-Gewalt in Dtl.; beide bildeten zunächst gemeinsam den →Rat der Volksbeauftragten. Mit Billigung der Reichsversammlung der →Arbeiter-und-Soldaten-Räte strebte dieses Gremium, in dem die SPD ab 29. 12. allein vertreten war, unter Verzicht auf die Realisierung revolutionärer Gesellschaftskonzepte Wahlen zu einer verfassunggebenden Nationalversammlung an. In der Nationalversammlung (1919–20) und im Reichstag (1920–32, mit Unterbrechung 1924) stellte sie die stärkste Fraktion. EBERT war 1920–24 Reichs-Präs., P. LÖBE 1920–32 Reichstags-Präs. Im Rahmen der →Weimarer Koalition trug die SPD bis 1920 maßgebl. Reg.-Verantwortung unter dem Min.-Präs. P. SCHEIDEMANN und den Reichskanzlern G. BAUER (1919–20) und HERMANN MÜLLER (1920). 1923 beteiligte sie sich an der Reg. der ›großen Koalition‹, blieb dann jedoch bis 1928 in der Opposition. In Preußen behielt sie bis 1932 die polit. Führung (Min.-Präs. O. BRAUN). 1928 übernahm MÜLLER als Reichskanzler die Führung einer ›großen Koalition‹. In der 1929 beginnenden Weltwirtschaftskrise schwankte die SPD zw. einer Rolle als ›Klassenpartei‹ und einer Funktion als ›staatstragender‹, d. h. die parlamentarisch-demokrat. Republik (im Kampf gegen Kommunismus und Nationalsozialismus) verteidigende Partei. Der innerparteil. Richtungsstreit führte auch zum Sturz der Reg. Müller. Von der KPD als ›Sozialfaschisten‹ bekämpft, erlitten die Sozialdemokraten bei den Reichstagswahlen starke Einbußen; sie fielen von (1930) 24,5 % über (6. 11. 1932) 20,4 % auf (1933) 18,3 % der Stimmen. Der Staatsstreich der Reichs-Reg. unter F. VON PAPEN gegen die sozialdemokratisch geführte Landes-Reg. in Preußen (›Preußenschlag‹) schwächte die polit. Abwehrkraft der SPD gegen den Nationalsozialismus stark.

Nach dem Reg.-Antritt HITLERS (30. 1. 1933) suchte sich die Partei mit der Ablehnung des Ermächtigungsgesetzes im Reichstag (O. WELS) im März 1933 der sich etablierenden natsoz. Diktatur entgegenzustellen. Bis 1945 wurden ihre Mitgl. und Anhänger verfolgt oder ins Exil getrieben; viele starben in Konzentrationslagern oder Zuchthäusern. Der Vorstand der Exil-SPD (›SoPaDe‹) amtierte 1933–37 in Prag (u. a. ›Prager Manifest‹; 1934), 1938–40 in Paris, 1940–45 in London. Die im Dt. Reich illegal tätigen SPD-Gruppen wurden größtenteils 1938/39 zerschlagen; zahlr. SPD-Mitgl. schlossen sich der →Widerstandsbewegung an (u. a. J. LEBER, W. LEUSCHNER).

Im Juni 1945 wurde die SPD in den vier Besatzungszonen wiedergegründet sowie zunächst v. a. lokal und regional unter unterschiedl. Zulassungsbedingungen wieder aufgebaut; der in Berlin gebildete ›Zentralausschuss‹ fungierte 1945/46 als zonales Führungsorgan; ein gesamtdt. Leitungsgremium existierte nicht. Die programmat. Entwicklung nahm in den westl. Besatzungszonen Dtl.s einerseits und in der SBZ andererseits einen gegensätzl. Verlauf. In der SBZ sah sich die SPD unter O. GROTEWOHL im April 1946 zum Zusammenschluss mit der KPD zur →Sozialistischen Einheitspartei Deutschlands (SED) genötigt, auch unter Selbsttäuschungen wie z. B. – bei Berufung auf die ›Einheit der Arbeiterklasse‹ – Illusionen an der Basis über den späteren Parteicharakter und Hoffnungen auf Wiedervereinigung Dtl.s. Später waren ehem. SPD-Mitgl. bei der Stalinisierung der SED Säuberungswellen unterworfen. Wegweisend für die Programmdiskussion der SPD in den westl. Besatzungszonen Dtl.s wurden die polit. Richtlinien K. SCHUMACHERS (1945/46; Vors.: 1946–52), die eine enge Verbindung von Sozialismus und Demokratie und den Aufbau eines pluralist. Parteiensystems forderten. Unter Absage an den Gedanken einer Einheitspartei sowie in deutl. polit. Abgrenzung zur KPD suchte die SPD hier neben der Arbeiterschaft die alten und neuen Mittelschichten anzusprechen; unter Anknüpfung an ihre organisator. Tradition und ihr früheres Programm nahm sie einen raschen Aufstieg.

Bei den Beratungen im Parlamentar. Rat über das GG der Bundesrepublik Dtl. (1948/49) setzte sich die SPD neben gesellschaftspolit. Fragen stark für eine bundesstaatl. Ordnung ein. Innenpolitisch bekämpfte sie zunächst die soziale Marktwirtschaft und forderte u. a. die Sozialisierung der Grundstoffindustrien. Sie lehnte die Westintegration sowie die mit ihr verbundene Wiederbewaffnung Dtl.s als Hindernis auf dem Weg zur Wiedervereinigung Dtl.s ab und setzte sich für den Abbau der Paktsysteme sowie den Einbau eines wieder vereinigten Dtl.s in ein kollektives Sicherheitssystem ein. 1952–64 war E. OLLENHAUER, 1964–87 W. BRANDT Vors. der Partei. Beeinflusst von H. WEHNER, wandte sich die SPD im →Godesberger Programm von 1959 von marxist. Denkansätzen zu und der Konzeption einer linken Volkspartei zu. Sie akzeptierte die soziale Marktwirtschaft und bekannte sich zur Westbindung der Bundesrepublik.

Nach Stimmgewinnen bei den Bundestagswahlen 1961 und 1965 beteiligte sie sich 1966–69 an der Reg. einer großen Koalition (CDU/CSU-SPD). Nachdem SPD und FDP im März 1969 die Wahl G. HEINEMANNS (SPD) zum Bundes-Präs. (1969–74) durchgesetzt hatten, bildeten beide Parteien im Anschluss an die Bundestagswahlen von 1969 die Reg. Unter den Bundeskanzlern BRANDT (1969–74) und HELMUT SCHMIDT (1974–82) nahm die sozialliberale Koalition eine – nicht unumstrittene – Neuorientierung der Dtl.- und →Ostpolitik vor und leitete innere Reformen ein; mit der Entspannungspolitik wurden aber auch 1971 die 1946 eingerichteten ›Ostbüros‹ in der DDR, die die SED bekämpften, aufgegeben. Ab Ende der 70er-Jahre beteiligten sich viele zumeist linke SPD-Mitgl. an Aktionen der Friedensbewegung. Am 1. 10. 1982 geriet die SPD auf Bundesebene in die Opposition. Mit dem heftig kritisierten Dialog der 80er-Jahre mit der SED (u. a. gemeinsames Dokument ›Der Streit der Ideologien und die gemeinsame Sicherheit‹, 1987) suchte sie die Entspannungspolitik fortzusetzen.

Im Herbst 1989 entstand als Teil der Bürgerbewegung eine →Sozialdemokratische Partei in der DDR (SDP); im September 1990 schloss sie sich mit der SPD zu einer gesamtdt. Partei zusammen.

Bundes-Vors. waren 1987–91 H. J. VOGEL, 1991–93 B. ENGHOLM, Mai/Juni 1993 amtierend J. RAU, nach einer Mitgl.-Befragung (13. 6. 1993) ab 25. 6. 1993 R. Scharping; er wurde am 16. 11. 1995 durch O. Lafontaine abgelöst.

Ab 1945/46 ist die SPD an der Bildung zahlr. dt. Landes-Reg. beteiligt. Über die von ihr geführten Landes-Reg. besaß sie in den 90er-Jahren im Bundesrat eine starke Stellung. Mit der Reg.-Bildung in Sa.-Anh. (1994) gewann ihr Verhältnis zur PDS immer größeres öffentl. Interesse. – Auf dem Parteitag in Berlin trat im Dezember 1989 ein neues Grundsatzprogramm in Kraft; es fordert den ökolog. Umbau der Industriegesellschaft, stärkere plebiszitäre Elemente im Verfassungsleben und die Lösung globaler Probleme. – Seit 1948 arbeitet die SPD mit den europ. sozialdemokrat. Parteien zusammen. Bei den Direktwahlen zum Europ. Parlament errang die SPD 1979 40,8%, 1984 37,4%, 1989 37,3% und 1994 32,2% der Stimmen in Dtl. (1994: 40 Abg. in der SPE-Fraktion). – Nach den Bundestagswahlen 1998 wurde die SPD zum zweiten Mal nach 1972 stärkste Partei im Parlament (40,9% der Stimmen) und stellt mit G. Schröder wieder den Bundeskanzler. – Über die Zahl der Abg.-Sitze der SPD im Dt. Bundestag →deutsche Geschichte (Übersicht).

Programmat. Dokumente der dt. Sozialdemokratie, hg. v. D. Dowe u. K. Klotzbach (Berlin-Ost ³1990); S. Miller u. H. Potthoff: Kleine Gesch. der SPD. Darst. u. Dokumentation 1848–1990 (⁷1991); D. Groh u. P. Brandt: ›Vaterlandslose Gesellen‹. Sozialdemokratie u. Nation 1860–1990 (1992); P. Lösche u. F. Walter: Die SPD. Klassenpartei – Volkspartei – Quotenpartei (1992); B. Bouvier: Ausgeschaltet! Sozialdemokraten in der sowjet. Besatzungszone u. in der DDR 1945–1953 (1996).

Sozialdemokratische Partei Europas, Abk. **SPE,** übernat. Parteienzusammenschluss in Europa, gegr. im November 1992; ging aus dem →Bund der Sozialdemokratischen und Sozialistischen Parteien der Europäischen Gemeinschaft hervor. Laut Satzung können nur Parteien aus EU-Staaten Mitglied werden. Ausnahmen gelten für Länder, die einen Beitrittsantrag zur EU gestellt haben; ein Beobachterstatus ist möglich. – Bei den Direktwahlen zum Europ. Parlament gewann die SPE-Fraktion bzw. (vor 1992) die Fraktion der ›Sozialisten/Sozialdemokraten‹ (Abk. S) 1979: 113, 1984: 165, 1989: 180, 1994: 200 Mandate, 1995 nach dem Beitritt Österreichs, Finnlands und Schwedens zur EU 214 Mandate.

Sozialdemokratische Partei in der DDR, Abk. **SDP,** gegr. am 7. 10. 1989 in Schwante (Landkreis Oranienburg) im Zuge der Etablierung einer →Bürgerbewegung in der DDR, vertrat den Gedanken einer sozialen Demokratie und eine ›ökologisch orientierte Marktwirtschaft mit demokrat. Kontrolle ökonom. Macht‹, benannte sich auf Druck der Basis auf einer Delegiertenkonferenz im Januar 1990 in **Sozialdemokratische Partei Deutschlands** (SPD) um. Auf dem ersten Parteitag in Leipzig (22.–25. 2. 1990) hat sie ein Grundsatzprogramm mit eigenem Profil angenommen und der Mitbegründer sowie bisherige Geschäftsführer Ibrahim Böhme (*1944) zum Vors. gewählt (bis 1. 4. 1990; Dezember 1990 endgültig als ›IM‹ des MfS enttarnt, 1992 aus der Partei ausgeschlossen). Im September 1990 vereinigte sich die Partei unter ihrem Vors. W. Thierse (ab Juni 1990) mit der westdt. SPD.

Sozialdemokratische Partei Österreichs, Abk. **SPÖ,** polit. Partei, hervorgegangen 1888/89 auf dem Hainfelder Parteitag aus der **Sozialdemokratischen Arbeiterpartei Österreichs** (gegr. 1874), nach ihrer Verfolgung in der Zeit des österr. Ständestaates (1933–38) und der natsoz. Herrschaft (1938–45) 1945 als **Sozialistische Partei Österreichs** wieder gegr., nennt sich seit 1991 wieder SPÖ.

Programm: Auf dem Hainfelder Parteitag gelang es V. Adler, in einer ›Prinzipienerklärung‹ die auseinander strebenden Kräfte der Sozialdemokratie – v. a. in der Wahlrechtsfrage – zusammenzuführen. Um dem Nationalitätenkonflikt im zisleithan. Teil der Donaumonarchie entgegenzuwirken, gab sich die Partei 1897 eine föderative Struktur und 1899 das →Brünner Nationalitätenprogramm. Seit 1904 entwickelte sich in der Partei der →Austromarxismus.

Nach dem Zusammenbruch Österreich-Ungarns (1918) kämpfte die SPÖ zunächst v. a. um die Sicherung der republikan. Verf. und den ›Anschluss‹ Deutschösterreichs an das Dt. Reich. Unter Federführung von O. Bauer entstand 1926 – auf der Basis des Austromarxismus – das ›Linzer Programm‹.

Nach der Wiedergründung der Partei (1945) löste 1958 das ›Neue Parteiprogramm‹ mit seinem Bekenntnis zum Mehrparteiensystem 1958 das ›Linzer Programm‹ ab. Sozialisierungsvorstellungen waren der Forderung nach einer ›gerechten Eigentumsordnung‹ gewichen. Mit dem Bekenntnis zum demokrat. Sozialismus schrieb das Programm von 1978 diese Entwicklung fort. Ein neues (v. a. in den zentralen Themen Arbeit und Markt entideologisiertes) Programm von 1998 stellt den Menschen in den Mittelpunkt und betont neben den alten sozialdemokrat. Grundwerten die Forderung nach sozialer und globaler Gerechtigkeit sowie nach Zukunftsfähigkeit.

Organisation: Die SPÖ ist eine Partei mit großer Organisationsdichte. In ihrer inneren Gliederung baut sich die Partei von den Orts-, über die Bezirks- und Landesorganisationen zur Bundesorganisation auf. Oberstes Parteiorgan ist der alle zwei Jahre stattfindende Parteitag, der den Bundesvorstand wählt.

Geschichte: Nach Einführung des allgemeinen Wahlrechts wurde die SPÖ 1907 zweitstärkste Partei im österr. Reichsrat. Trotz Internationalisierung ihrer Gesamtstruktur blieben die Nationalitätenspannungen der Donaumonarchie auch ein innerparteil. Problem: 1911 spaltete sich eine Tschechoslowak. Sozialdemokrat. Arbeiterpartei ab und wandte sich stärker den tschech. national-bürgerl. Kräften zu. Nach Ausbruch des Ersten Weltkriegs zerfiel die ›Kleine österr. Internationale‹ vollends. Im Ggs. zur pazifist. Grundhaltung vor 1914 wandte sich die Partei zu Beginn des Krieges der allgemeinen nationalist. Stimmung zu. Mit der Ermordung von Min.-Präs. Graf Stürgkh (1916) durch F. Adler verstärkte sich in der SPÖ die Opposition gegen den Krieg. 1917 übernahm O. Bauer die Führung der ›Linken‹ in der Partei und forderte das Auflösung des Vielvölkerstaates und den ›Anschluss‹ Deutschösterreichs an das Dt. Reich.

Nach dem Zusammenbruch Österreich-Ungarns (Oktober 1918) wurde die SPÖ bei den Wahlen zur Konstituierenden Nationalversammlung (1919) stärkste Partei. Mit K. Renner stellte sie von Oktober 1918 bis Juni 1920 den Reg.-Chef (Amtstitel: Staatskanzler). Durch das Habsburger-Ges. (1919) und einen reformist. Kurs suchte die Reg. Renner die revolutionären Strömungen abzubauen. Bemühungen der SPÖ, Deutschösterreich mit dem Dt. Reich zu verschmelzen, scheiterten. Seitdem die Partei ab 1920 (Vors. K. Seitz) wieder in der Opposition stand, betonte sie – jetzt mit Hauptstützpunkt Wien (Bürgermeister Seitz) – in der polit. Auseinandersetzung stark ihre revolutionären Grundprinzipien (v. a. unter dem Einfluss von O. Bauer). 1924 gründeten Mitgl. der Partei den →Republikanischen Schutzbund. Bald eskalierten die innenpolit. Spannungen (u. a. →Julirevolte 1927). Mithilfe der →Heimwehren engten die österr. Reg. den polit. Spielraum der SPÖ ein; 1934 lösten Maßnahmen der Reg. Dollfuß die ›Februarunruhen‹ aus. Nach deren Niederschlagung wurde die Partei verboten; viele ihrer Mitgl. wurden inhaftiert oder gingen ins Ausland.

Gegen Ende des Zweiten Weltkriegs – angesichts der Errichtung der Zweiten Rep. Österreich – schlos-

Sozialdemokratische Partei Österreichs

sen sich die ›alten Sozialdemokraten‹ und die ›Revolutionären Sozialisten‹ im April 1945 zur **Sozialist. Partei Österreichs** zusammen. Unter dem Eindruck der Besetzung durch die Truppen der Siegermächte und des Versuches der Kommunisten, mithilfe der sowjet. Besatzungsmacht polit. Strukturen nach volksdemokrat. Muster in Österreich durchzusetzen, gab die Partei BAUERS die These von der ›naturgegebenen Oppositionsrolle‹ einer sozialist. Partei in einem bürgerl. Staat auf und akzeptierte Koalitionen v. a. mit der konservativen ÖVP. Neben der ÖVP entwickelte sich die SPÖ zur staatstragenden Partei, die auf parlamentar. Wege, 1945–70 als zweitstärkste, seit 1970 als stärkste Partei eigene Vorstellungen durchsetzte. Das polit. Gewicht ihrer Fraktion im Nationalrat fiel allerdings von 81 (1970) auf 65 (1994) Abg. – Bei den ersten Direktwahlen zum Europ. Parlament 1996 erhielt sie 29,2 % der Stimmen (7 Abg.). – A. SCHÄRF, 1945–57 Bundesobmann der Partei, und sein Nachfolger in diesem Amt, B. PITTERMANN (1957–67), waren zugleich Vizekanzler in der österr. Bundes-Reg. Als Bundeskanzler hatten B. KREISKY (Bundesobmann 1967–83), F. SINOWATZ (Bundesobmann 1983–88) und F. VRANITZKY (Bundesobmann 1988–97) die Führung der Reg. inne; 1997 wurde V. KLIMA Bundeskanzler und Bundesobmann. 1945–86 stellte die SPÖ auch den Bundespräsidenten. – In den Bundesländern besitzt die SPÖ starke Positionen in Wien, Kärnten und im Burgenland. (→ Sozialdemokratie)

Sozialdemokratischer Hochschulbund, Abk. **SHB,** student. Vereinigung, gegr. 1960, urspr. der SPD nahe stehend, beteiligte sich an Aktionen der außerparlamentar. Opposition und wandte sich gegen das Gesellschaftssystem der Bundesrepublik Dtl.; nannte sich 1973 im Zuge eines sich verschärfenden Konflikts mit der SPD in **Sozialistischer Hochschulbund** um; verlor später an polit. Bedeutung.

Sozialdemokratismus *der, -,* im kommunist. Sprachgebrauch eine Form der Rechtsabweichung, bezeichnet die (vermeintl. oder tatsächl.) Aufweichung ideolog. Grundvorstellungen des Marxismus-Leninismus durch Annäherung an polit. Positionen der Sozialdemokratie (→sozialistische und sozialdemokratische Parteien).

soziale Arbeit, Oberbegriff für die Termini →Sozialarbeit und →Sozialpädagogik, die aus unterschiedlichen histor. Ursprüngen entstanden sind. Mit der Entwicklung des Sozialwesens in der Bundesrepublik Dtl. nach 1949 zu einer psychosozial ausgerichteten Angebotsstruktur, in der sozialadministratives und sozialpädagog. Handeln verbunden wird, entfiel die Trennung beider Bereiche. Heute ist s. A. die Sammel-Bez. für alle Teilbereiche der Sozialarbeit und Sozialpädagogik, deren Angebote und Dienste über die Begriffe Beratung, Erziehung, Fürsorge, Hilfe und Pflege inhaltlich bestimmbar werden. Es gehören dazu die Alten-, Familien-, Jugend- und Sozialhilfe, neue Bereiche sind die Schule, berufl. Bildung und Arbeit, Wohnen, Stadtentwicklung und Politik. Getrennt von s. A. wird weiterhin die Sozialpolitik (bes. das System der sozialen Sicherung) gesehen.

Die s. A. verfügt heute über differenzierte Methoden, Verfahren und Konzepte, über die die individuelle Teilhabe an einem menschenwürdigen Leben gesichert werden soll. Neben den drei traditionellen Methoden Casework (Einzelfallhilfe), Groupwork (soziale Gruppenarbeit) und Community Organization (Gemeinwesenarbeit) werden neuere Methoden wie aufsuchende Arbeit, Streetwork (Straßensozialarbeit), →Supervision, Praxisberatung und Selbstevaluation, individuelle Hilfepläne sowie Sozialplanungen praktiziert. – Neben den öffentl. Trägern (wie Gesundheits-, Jugend-, Senioren- und Sozialämtern) haben private Träger ein eigenständiges Betätigungsrecht in der s. A. (privat-gemeinnützige Träger wie Jugend- und Wohlfahrtsverbände und zunehmend privat-gewerbliche v. a. in der Altenhilfe.

Einf. in die s. A., hg. v. C. WOLFGANG MÜLLER (⁴1995); A. MÜHLUM: Sozialpädagogik u. Sozialarbeit (²1996); Wb. s. A.: Aufgaben, Praxisfelder, Begriffe u. Methoden der Sozialarbeit u. Sozialpädagogik, hg. v. D. KREFT u. I. MIELENZ (⁴1996); Fachlex. der s. A., bearb. v. R. BECKER u. a. (⁴1997).

soziale Erträge, *Wirtschaft:* →soziale Kosten.

soziale Frage, schlagwortartige, im 19. Jh. geprägte Bez. i. w. S. für tief greifende Strukturmängel der Gesellschaft, bei benachteiligten Schichten Ursache polit. Unzufriedenheit, auslösendes Element reformer. oder revolutionärer Aktivitäten; i. e. S. die sozioökonom. Lage der Arbeiterschaft, die sich im 19. Jh. im Zuge der →industriellen Revolution herausbildete. Der Umbruch von der feudalen Agrargesellschaft zur kapitalistisch bestimmten Industriegesellschaft, die Auflösung der traditionellen patriarchal. Ordnungen, die auch die soziale Sicherung durch Großfamilie und Grundherrn beendete, sowie der Niedergang der Agrar- und Zunftverfassung führten zu krassen sozialen Missständen. Die soziale Situation verschärfte sich durch Bev.-Explosion und Landflucht, die das Angebot an Arbeitskräften vermehrten; dies wiederum drückte die Löhne und führte zur Ausnutzung der billigeren Frauen- und Kinderarbeit, sodass nur durch die Tätigkeit mehrerer Personen einer Familie das Existenzminimum erarbeitet werden konnte. Die Folge waren Armut, mangelhafte Wohnverhältnisse, fehlende Ausbildung sowie phys. und psych. Schäden der Arbeiter. Das aufgeklärte, liberale Bürgertum sah sich durch die Entstehung des →Proletariats in seinem Selbstverständnis infrage gestellt und engagierte sich, zumal nach dem Entstehen von unter v. a. am Marxismus orientierten →Arbeiterbewegung in der 2. Hälfte des 19. Jh., bei der Beseitigung von Missständen. Erste staatl. Maßnahmen gegen die Verelendung erfolgten Anfang des 19. Jh. in Großbritannien, ab 1839 in Preußen. Das bürgerl. Engagement fand seinen Ausdruck z. B. in der Organisierung von Genossenschaften. Der →Kathedersozialismus forderte im Ggs. zum strengen Wirtschaftsliberalismus das Eingreifen des Staates in die Wirtschaft, um Klassengegensätze zu mildern und den sozialen Frieden zu fördern. Beginnend mit der Sozialpolitik BISMARCKS, die urspr. Staat und Gesellschaft gegen die Forderungen der Sozialdemokratie immunisieren sollte, der polit. Gleichberechtigung der Arbeiterschaft durch Beseitigung des Dreiklassenwahlrechts, später durch den Ausbau eines Systems der sozialen Sicherung und zunehmenden materiellen Wohlstand wurde die s. F. weitgehend gelöst; jedoch sind neue s. F. zum Aufgabenfeld der Politik geworden (→Sozialstaat).

Moderne dt. Sozialgesch., hg. v. H.-U. WEHLER (⁵1976, Nachdr. 1981); G. BRAKELMANN: Die s. F. des 19. Jh. (⁷1981).

soziale Indikation, einer der vier im Rahmen des § 218 StGB in alter Fassung (1976) rechtlich anerkannten Gründe für einen →Schwangerschaftsabbruch.

soziale Indikatoren, Sozialindikatoren, Bez. für statist. Messgrößen, die geeignet sind, soziale Tatbestände sinnvoll abzubilden. Die s. I. sollen eine kurze, umfassende und ausgewogene Beurteilung zentraler gesellschaftl. Lebensbedingungen sowie des →sozialen Wandels erlauben und dienen der Messung und Bewertung sowie ggf. der gezielten Verbesserung von →Wohlstand und →Lebensqualität.

soziale Insekten, Bez. für Insektenarten, bei denen alle Nachkommen eines Weibchens (Königin) oder mehrerer Weibchen in Nestgemeinschaften (→Insektenstaaten) mit strenger Arbeitsteilung zusammenleben; u. a. Termiten, Ameisen, Honigbienen.

soziale Kosten, Social Costs [ˈsəʊʃl ˈkɔsts, engl.], Kosten, die nicht in der Wirtschaftsrechnung der sie verursachenden Wirtschaftssubjekte erscheinen, sondern auf dritte Personen oder die gesamte Volkswirtschaft abgewälzt werden, z. B. Kosten aus Luft- und Gewässerverunreinigung. Weiter zählen zu den s. K. entgangene Vorteile bei mangelnder Ausnutzung der Produktionsfaktoren. Den Ggs. zu den s. K. bilden die **sozialen Erträge (sozialer Nutzen, Social Benefits)**. S. K. und Erträge entstehen aufgrund negativer bzw. positiver →externer Effekte und werden deshalb auch als externe Kosten und Erträge bezeichnet.

soziale Marktwirtschaft, Leitbild einer Wirtschaftsordnung, die eine →Marktwirtschaft mit staatl. Maßnahmen verbindet, um sozial nicht vertretbare Folgen einer solchen Marktwirtschaft zu verhindern oder wenigstens abzumildern. Das Prinzip des freien Marktes sollte um die Idee des sozialen Ausgleichs ergänzt werden. Dahinter steht die Vorstellung, dass der moderne Staat nicht nur für die Bewahrung des (Rechts-)Friedens nach innen und außen zu sorgen habe, sondern als ›demokrat. und sozialer Rechtsstaat‹ verpflichtet sei, die Bürger im wirtschaftl. Bereich vor unbilligen Folgen des Marktprozesses zu schützen (→Rechtsstaat, →Sozialstaat). Das Konzept der s. M. entstand in Dtl. unmittelbar nach dem Zweiten Weltkrieg. Die Bez. geht zurück auf A. MÜLLER-ARMACK, der in diesem Leitbild Elemente des Neoliberalismus und der christl. Soziallehre zu einem ›dritten Weg‹ zw. Kapitalismus und Sozialismus verband. Politisch durchgesetzt hat das Konzept L. ERHARD, zunächst innerhalb der CDU in den ›Düsseldorfer Leitsätzen‹ gegen Vorstellungen eines ›christl. Sozialismus, wie sie noch im Ahlener Programm formuliert wurden, später als erster Wirtschafts-Min. der BRD.

Zentrales Ordnungsprinzip der s. M. ist ein funktionsfähiger →Wettbewerb. Deshalb besteht wichtige staatl. Aufgabe darin, zu große Machtanhäufungen in den Händen von Unternehmen oder Unternehmensgruppen möglichst zu verhindern und Vorkehrungen gegen Machtmissbrauch zu treffen. Zu diesem Zweck setzte ERHARD das Ges. gegen Wettbewerbsbeschränkungen (1957) durch und sicherte damit den Wettbewerb auf den meisten Gütermärkten (auch im Bereich des Außenhandels).

Ob das Leitbild der s. M. mit prozesspolit. Eingriffen im Sinne eines antizykl. Einsatzes von Geld-, Fiskal- oder Einkommenspolitik vereinbar ist oder lediglich die negativen sozial- und verteilungspolit. Folgen von konjunkturellen Schwankungen abgemildert werden sollten, ist umstritten. Einigkeit besteht hingegen darin, dass eine Wachstumsförderung durch gezielte Interventionen bei der sektoralen Investitionslenkung kein Bestandteil der s. M. sein kann: Wirtschaftl. Wachstum wird primär als Ergebnis der Leistungsanreize durch Wettbewerb sowie einer erfolgreichen Konjunkturpolitik gesehen.

Der Steuerungsbedarf nach sozialen Gesichtspunkten wird v. a. daraus abgeleitet, dass die Einkommensverteilung, wie sie sich aus dem marktwirtschaftl. Produktionsprozess und der Vermögensverteilung ergibt, nicht als gerecht angesehen wird. Marktergebnis und Erwerbschancen sollen durch die Fiskalpolitik (progressive Einkommen- und Vermögenssteuern einerseits sowie Steuererleichterungen und Transfers andererseits) und durch unentgeltl. bzw. finanziell geförderte Ausbildung korrigiert werden. Soziale Sicherheit als zweites Element der sozialen Komponente des Leitbilds soll dadurch herbeigeführt werden, dass Anpassungen an Änderungen der Wirtschaftsstruktur erleichtert werden. Individuelle wirtschaftl. Sicherheit ist das Ziel der Förderung breit gestreuter Vermögensbildung. Die eigenverantwortl. Daseinsvorsorge wird ergänzt durch ein System der sozialen Sicherung gegen individuelle Notlagen aufgrund von Alter, Invalidität, Krankheit und Arbeitslosigkeit. Die Gestaltung der Arbeitsverhältnisse wird als Sozialpartnerschaft interpretiert, die v. a. durch Autonomie der Tarifparteien, Betriebsverfassung und – wenn auch anfänglich nicht in dem Umfang – durch Mitbestimmung im Unternehmen angestrebt wird. Sämtl. Eingriffe des Staates in die Wirtschaft dürfen die marktwirtschaftl. Steuerung nicht außer Kraft setzen, d. h., sie müssen marktkonform sein.

Das Leitbild der s. M. ist kein statisch fixiertes Gebilde. Schon MÜLLER-ARMACK präsentierte sie als einen ›der Ausgestaltung harrenden, progressiven Stilgedanken‹. In diesem Sinne muss die s. M. weiterentwickelt werden, um Antworten auf neue Fragen geben zu können. Zu den neuen Problemfeldern, mit denen das Leitbild der s. M. konfrontiert ist, gehören v. a.: Transformation in den neuen Bundesländern, Verlangsamung des Wirtschaftswachstums und damit verbundene hohe Arbeitslosigkeit sowie Einengung von Verteilungsspielräumen, Verschärfung des Wettbewerbsdrucks und Begrenzung der Handlungsspielräume nat. Wirtschaftspolitik durch →Globalisierung, demograph. Entwicklung und langfristige Finanzierbarkeit bestehender sozialer Sicherungssysteme. Die Schwierigkeiten, denen sich die s. M. bei der Bewältigung dieser Problembereiche gegenübersieht, machen sie keinesfalls überflüssig. Allerdings ist der Legitimierungszwang gegenüber der Zeit, in der das dt. ›Wirtschaftswunder‹ auch international als Erfolg der s. M. angesehen wurde, deutlich gestiegen.

B. MOLITOR: S. M. heute (1990); Das dt. Modell. Freiheitl. Rechtstaat u. s. M., hg. v. F. U. FACK u. a. (1990); D. HASELBACH: Autoritärer Liberalismus u. s. M. Gesellschaft u. Politik im Ordoliberalismus (1991); K. G. ZINN: S. M. Idee, Entwicklung u. Politik der bundesdt. Wirtschaftsordnung (1992); Globale S. M., hg. v. H. ALBACH (1994); J. PÄTZOLD: S. M. Konzeption – Entwicklung – Zukunftsaufgaben (⁶1994); S. M. Ein Modell für Europa, hg. v. W. KLEIN u. a. (1994); H.J. THIEME: S. M. Ordnungskonzeption u. wirtschaftspolit. Gestaltung (²1994); Ökosoziale Marktwirtschaft, hg. v. P. EICHHORN (1995); Soziale Ausgestaltung der Marktwirtschaft, hg. v. G. KLEINHENZ (1995); Erneuerung der s. M., hg. v. W. LACHMANN u. a. (1996); E. HELMSTÄDTER: Perspektiven der s. M. Ordnung u. Dynamik des Wettbewerbs (1996); Ludwig Erhard 1897–1997, s. M. als histor. Weichenstellung, bearb. v. H. F. WÜNSCHE (1996); H. LAMPERT: Die Wirtschafts- u. Sozialordnung der Bundesrepublik Dtl. (¹³1997); 50 Jahre S. M., hg. v. D. CASSEL (1998); V. HENTSCHEL: L. E., die ›soziale Marktwirtschaft‹ u. das Wirtschaftswunder (1998).

Sozialenzykliken, päpstl. Rundschreiben, die sich mit Fragen der gesellschaftl. Ordnung und des menschl. Zusammenlebens im industriellen Zeitalter befassen und zur Lösung bestehender sozialer Probleme beitragen wollen. Die S. bilden Fundament und Ausgangspunkt der →katholischen Soziallehre. S. sind: →Rerum novarum (1891), →Quadragesimo anno (1931), →Mater et Magistra (1961), →Populorum progressio (1967), →Laborem exercens (1981), →Sollicitudo rei socialis (1987), →Centesimus annus (1991).

sozialer Abstieg, *Soziologie:* →Aufstieg.

sozialer Brennpunkt, sozialwiss., sozialpädagog. Begriff, mit dem seit den 1970er-Jahren versucht wurde, eher negativ besetzte Bezeichnungen benachteiligter Wohngebiete wie ›Obdachlosensiedlung‹ o. Ä. zu ersetzen und statt einer an persönl. Schuld orientierten Sicht ihrer Bewohner gesellschaftl. Zusammenhänge und notwendige sozialpolit. und sozialpädagog. Interventionen und Planungen einzufordern.

In seiner heutigen Bedeutung geht der Begriff auf eine Definition des Dt. Städtetages von 1979 zurück, der s. B. als ›Wohngebiete‹ definiert, ›in denen Faktoren, die Lebensbedingungen ihrer Bewohner und insbesondere die Entwicklungschancen bzw. Sozialisationsbedingungen von Kindern und Jugendlichen negativ bestimmen, gehäuft auftreten‹, wobei bes. darauf hingewiesen wurde, dass in s. B. mehrere Formen der Benachteiligung anzutreffen sind, die sich akkumulieren. Hierzu gehören u. a.: eine mangelhafte soziale Infrastruktur, ein hohes Maß unterschiedlicher, sich gegenseitig verstärkender Belastungen wie niedriges Einkommen oder Armut, hohe Arbeitslosigkeit, geringe Bildungschancen, bes. belastete Familiensituationen und/oder zahlr. infolge gesellschaftl. Ausgrenzungsmechanismen stigmatisierte Menschen, z. B. Aussiedler, Ausländer, Asyl Suchende, sowie nicht zuletzt schlechte Wohnungen und Bausubstanzen. Die Existenz s. B. sowie ihre konkreten Formen zeigen so einerseits bestehende Benachteiligungen sozialer und ökonom. Art auf, zum anderen verweisen sie auf mehr oder weniger geplante städtebaul. Fehlentwicklungen, deren Abbau das Zusammenspiel von Sozialpolitik, Städteplanung und Sozialarbeit erforderlich macht. Schließlich spiegeln sie auch die vorhandenen gesellschaftl. Integrations- bzw. Ausschließungsmuster wider, etwa (als so genannte ›schlechte Adressen‹) über die Verbindung von schlechten Wohnlagen mit geringer Kapitalausstattung und geringen sozialen Chancen und Aufstiegspotenzialen.

J. S. Dangschat u. a.: Gutachten zur Planung einer ›Stadtentwicklung für einen sozialen Ausgleich‹ (1993).

sozialer Druck, *Soziologie:* →Druck.

sozialer Friedensdienst, zusammenfassende Bez. für Tätigkeiten internat. Organisationen, die seit dem Ende des Zweiten Weltkriegs bemüht sind, durch soziale Hilfeleistungen und Aufbauarbeiten im In- und Ausland zur Völkerverständigung und damit zur Entwicklung friedensfördernder polit. und sozialer Beziehungen beizutragen. Beispiele sind der ›Christl. Friedensdienst‹, die →Aktion Sühnezeichen/Friedensdienste e. V., ›Service Civil International‹ (SCI) und ›Eirene. Internat. Christl. Friedensdienst e. V.‹. War der s. F. zunächst v. a. als zukunftsgerichtete Tätigkeit für Versöhnung angesichts des im Zweiten Weltkrieg begangenen Unrechts und der Zerstörungen in den von den Deutschen besetzten Ländern (u. a. Frankreich, Polen) gedacht – ein Anstoß, der v. a. von kirchl. Organisationen ausging –, so hat sich die Arbeit inzwischen auf friedenspädagog., sozial- und entwicklungspolit. Bereiche erweitert. Verstärkt beteiligen sich auch nichtkirchl. Träger. S. F. wird in Dtl. von der ›Aktionsgemeinschaft Dienst für den Frieden‹ (AGDF) mit Sitz in Bonn vertreten. – In der DDR förderten Bemühungen um Einführung eines s. F. die Entstehung einer oppositionellen →Bürgerbewegung.

Alles wirkl. Leben ist Begegnung. Ökumen. Schalom-Dienste fordern Kirchen heraus, bearb. v. H. Froehlich u. a. (1991).

sozialer Nutzen, *Wirtschaft:* →soziale Kosten.
soziale Rolle, *Soziologie:* →Rolle.
sozialer Rechts|staat, →Sozialstaat.

Schlüsselbegriff

sozialer Wandel, sozialwiss. Begriff, der darüber hinaus auch im tägl. Sprachgebrauch und in polit. und ökonom. Zusammenhängen eine große Anwendungsbreite gefunden hat. Im allgemeinsprachl. Verständnis wird mit s. W. der Prozess der Veränderung bezeichnet, dem Gesellschaften im Ganzen, einzelne gesellschaftl. Teilbereiche, aber auch individuelle Verhaltensmuster, Einstellungen und im Besonderen Wertorientierungen im Rahmen histor., ökonom. und sozialer Entwicklungen unterworfen sind. Im Rahmen sozialwiss. Untersuchungen bezeichnet s. W. die Veränderung sozialer Strukturen, sowohl in quantitativer (das Anwachsen oder der Niedergang einer bestimmten Erscheinung) als auch in qualitativer Hinsicht (Funktionsveränderungen, neue Erscheinungen, neue Werte). Der Begriff bezieht sich dabei v. a. auf die Entwicklung der für eine Gesellschaft typ. Merkmale unter der Perspektive, dass sich durch deren Veränderung die gesamte Gesellschaft in ihren Grundzügen ändert. Seine sozialwiss. Konzeption und die mit ihr verbundene Verwendung als deskriptive oder analyt. Kategorie setzen damit zwei Grundannahmen voraus, die selbst zu den Grundlagen des Selbstverständnisses moderner Gesellschaften gehören: die Vorstellung der Gesellschaft als eines von wechselseitiger Abhängigkeit bestimmten Interaktionszusammenhangs und Rahmens sozialen Handelns und zugleich die Vorstellung einer die Gesellschaft insgesamt und in ihren Teilbereichen durchziehenden Dynamik, die in ihnen allerdings unterschiedlich schnell, tief greifend oder weit reichend in Erscheinung treten kann. Die Untersuchung des s. W. durch die Sozialwiss.en (bes. die Soziologie) sieht eine ihrer Hauptaufgaben darin, Tendenzen, Gesetzmäßigkeiten und Folgen gesellschaftl. Veränderung aufzuspüren, zu bestimmen und hinsichtlich ihrer Bedeutung für eine gesamtgesellschaftl. Entwicklung zu diskutieren.

Als eine grundlegende Erscheinung des s. W. (sowohl hinsichtlich der histor. Entwicklungen als auch in Bezug auf die wiss. Modellbildung) ist der Übergang von der Agrar- zur Industriegesellschaft anzusehen, wie er von Europa ausgehend im 18. und 19. Jh. seine Entwicklung nahm, heute weite Teile der Welt erfasst hat und, im Rahmen der Diskussionen um Globalisierung, Entwicklungspolitik und die Begrenzungsmöglichkeiten industriekapitalist. Entwicklungen und Verwerfungen, Gegenstand wiss. und polit. Auseinandersetzungen geworden ist. Die in der Folge des s. W. entstandene Industriegesellschaft stellt wiederum selbst, als eine Gesellschaft, die in ihrer eigenen Entwicklung stetig die jeweils eigenen Voraussetzungen mit verändert, ja untergraben und neu definieren muss (É. Durkheim, G. Simmel, M. Weber, R. K. Merton, D. Bell, J. Fourastié, A. Giddens, U. Beck), das ›Paradebeispiel‹ für s. W. als fortschreitenden, immer neuen Selbstorientierungen unterworfenen Prozess dar. Neben dem demograph. Übergang (Anstieg der Bev., Verlängerung der Lebenszeit) bildet die Veränderung der Erwerbsstruktur von landwirtschaftl. Arbeit zur Industriearbeit eine wesentl. Grundlage der Entwicklung und Formation der Industriegesellschaft und des mit ihr verbundenen Ordnungsmodells der ›bürgerl. Gesellschaft‹. Diesem wirtschaftl. Strukturwandel entsprachen Veränderungen im familiären Zusammenleben ebenso wie in der Rechtsordnung, im Erziehungsverhalten ebenso wie im Geschäftsleben und in der Verwaltung (Weber), nicht zuletzt veränderte Vorstellungen von polit. Partizipation und individuellen Einstellungen und Verhaltensmustern bis hin zu Veränderungen der Gefühlsstrukturen und Wahrnehmungsmuster etwa im Zusammenhang der Urbanisierung (Simmel). Der s. W. innerhalb der heutigen Industriegesellschaft ist wesentlich durch drei Komponenten charakterisiert: Die Fortsetzung und Vertiefung der Veränderungen in den genannten Bereichen, die Entstehung neuer Interdependenzen (z. B. veränderte Berufsbiographien und Lebensplanungen, gewandelte Einstellungen zu Familie, Partnerschaft und Erziehung) und die Vervielfältigung individueller Reaktionsmuster.

Geschichte und Theorien

Während der Prozess des s. W. und das Bemühen um seine Erforschung und Deutung bereits zum Ende des 18. Jh. einsetzten (A. Condorcet, A. Smith) und hier zu Studien führten, die im Laufe des 19. Jh. in Soziologie, Ökonomie und polit. Wiss.en einmündeten (K. Marx), tritt der Begriff selbst (›Social change‹) erst in Buchtiteln der US-amerikan. Soziologie der 1920er-Jahre in Erscheinung (S. H. PRICE, 1920; W. F. OGBURN, 1922). Gegenüber älteren, deutlich wertenden und eher geschichtsphilosophisch bestimmten Begriffen wie Fortschritt, Revolution oder Evolution stellt der Begriff s. W. eine eher neutrale Sichtweise gesellschaftl. Änderungsprozesse dar und bietet darüber hinaus auch die Möglichkeit, mehrere Faktoren und Ursachen in Anschlag zu bringen, ja auf Kausalitätsvorstellungen zugunsten von Funktionszusammenhängen ganz zu verzichten. Namentlich stand der Begriff in Konkurrenz zur marxist. Deutung gesellschaftl. Dynamik als ein revolutionärer und durch Revolutionen vorangetriebener Prozess. Zugleich gibt es aber bis heute keine allgemein anerkannte Definition oder eine die versch. Deutungsmuster und Standpunkte umfassende Theorie. Der Begriff gehört vielmehr zu jenen Grundbegriffen der Soziologie, in deren Auslegung und wiss. Festlegung sich unterschiedl. Theorieansätze, histor. Sichtweisen und Diskussionen sowie nicht zuletzt unterschiedl. Praxisvorstellungen und Verwendungsabsichten wieder finden lassen bzw. spiegeln.

Bis heute bildet dabei der historisch bislang einmalige Mobilitäts- und Umbruchprozess zur modernen Gesellschaft, wie er – mit den Doppelrevolutionen industrielle Revolution und Frz. Revolution zum Ende des 18. Jh. einsetzend – zur Ablösung der agrarisch verfassten Ständegesellschaft durch die Industriegesellschaften des 19. Jh. geführt hat, den Hintergrund für die Begriffsbestimmung und die Erforschung des s. W. Nicht nur MARX und F. ENGELS, die die Dynamik dieses Umbruchs im ›Kommunistischen Manifest‹ von 1848 emphatisch beschrieben, sondern auch eine Reihe konservativer bzw. liberaler Autoren und Beobachter (A. DE TOCQUEVILLE, J. S. MILL, A. COMTE, L. VON STEIN) gehören zu den Interpreten der mit diesem Gesellschaftstyp verbundenen Problemlagen und gesellschaftl. Erfahrungen, die je nach Standpunkt und eigenen Gesellschaftsvorstellungen als Aufbruch, Niedergang, Krise oder Chance, bald auch schon unter den Aspekten möglicher Planung und Steuerbarkeit betrachtet bzw. dargestellt wurden. Zu den Erfahrungen, die nicht nur die Vorstellung s. W. bestimmen, sondern eben zugleich auch die Grundlagen der modernen Gesellschaften selbst in den Blick brachten, zählen die seit dem 19. Jh. durch die industrielle Entwicklung in Gang gekommene Zunahme und Verstetigung räumlicher und sozialer Mobilität ebenso wie die Verbürgerlichung bzw. Proletarisierung vormals ständisch bzw. agrarisch geprägter Lebenszusammenhänge, die Ausbreitung und durchgängige Gliederung des Bildungswesens, eine veränderte Arbeitsökonomie einschließlich der zugehörigen Regelungssysteme sowie steigende Qualifizierungsansprüche, die Ausweitung und Durchorganisation behördlich-administrativer Strukturen und eine durchgehendere Verrechtlichung der sozialen Beziehungen im Ganzen, Veränderungen in der Familienstruktur, im Freizeitbereich und im Privatsektor insgesamt sowie eine grundlegende Perspektive der Säkularisierung im Hinblick auf das soziale und individuelle Selbstverständnis und die Lebensperspektiven. Die ebenfalls mit dem s. W. in Gang gesetzte Auflösung traditioneller ständischer und schichtenspezif. Bindungen stellt sich heute in den westl. Industriegesellschaften als eine grundlegende Tendenz der Individualisierung von Chancen und Risiken des s. W. dar. So lassen sich die spezif. Entstrukturierungsvorgänge moderner Gesellschaften, bes. in der ersten Jahrhunderthälfte des 20. Jh. (Zeitalter der Massen), als Folgen und Erscheinungsbilder s. W. verstehen. Dass sich auch Veränderungen auf der Ebene der Individuen, z. B. veränderte Rollenbilder der Geschlechter und Generationen, gewandelte Einstellungen zu Beruf, Familie und Partnerschaft sowie der Entwurf neuer Lebensstile insgesamt als Ausdruck s. W. verstehen lassen, gehört dagegen im Wesentlichen zu den Erkenntnissen der nach 1945 bes. im Hinblick auf Veränderungen im Bereich der Werthaltungen moderner Gesellschaften durchgeführten Untersuchungen des s. W. (RONALD F. INGLEHART, * 1934).

War die ältere Diskussion noch stark von der Suche nach histor. Gesetzmäßigkeiten und kausalen Ableitungsmöglichkeiten sowie entsprechend fundierten Zukunftsprognosen bestimmt (dies gilt ebenso für COMTES →Dreistadiengesetz wie für MARX' Theorie einer stetigen, aber durch die jeweiligen Produktionsverhältnisse auch gebrochenen Entwicklung der Produktivkräfte, die sich gegenüber den jeweils bestehenden Strukturen revolutionär ihren Weg bahnen sollten), so tritt bereits um die Wende zum 20. Jh. eine deutlichere Beschäftigung mit Funktionszusammenhängen auf, wobei sich hier an MARX' Einsichten in die Wechselbeziehungen, Brüche und Konflikte zw. verschiedenen gesellschaftl. Teilbereichen (Siedlungsstrukturen, Arbeit, Wirtschaft, Recht, Religion, Ideologie, Kultur) anknüpfen ließ, die dieser selbst noch dem Ökonomismus der eigenen Theorie und ihrem von HEGEL übernommenen geschichtsphilosoph. Fundament unterworfen hatte. Bei den soziolog. Theoretikern der Jahrhundertwende bildeten dabei noch feste Mechanismen die Grundlage für die Analyse des s. W.; so bei DURKHEIM, der den Prozess der Arbeitsteilung und den damit verbundenen Übergang von mechanisch-gemeinschaftl. Verbindung zu organisch-gesellschaftl. Solidarität als Funktionen des s. W. begriff, oder bei F. TÖNNIES, der s. W. mit umgekehrten Vorzeichen zu DURKHEIM als Übergang von gemeinschaftlich-organischer zu gesellschaftlichen, durch Interessenegoismen geprägten sozialen Organisationsformen bestimmte. Bei dem Sozialdarwinisten H. SPENCER standen die durch den Überlebenskampf gesteigerten Anpassungsleistungen von Individuen und sozialen Organisationen im Mittelpunkt des s. W. V. PARETO stellte s. W. als zirkulären Austausch von Eliten dar. SIMMEL und WEBER sahen im s. W. einen Prozess fortschreitender Funktionsdifferenzierung. Dabei stellte SIMMEL stärker die Tragik eines sich fortlaufend steigernden, sich damit jedoch in seinen jeweiligen Ergebnissen zugleich auch immer wieder relativierenden bzw. aufhebenden Prozesses heraus, während WEBER die Unumkehrbarkeit jenes Prozesses betonte, dem er die okzidentalen Industriegesellschaften im Besonderen unterworfen sah und der nach ihm durch das Wechselverhältnis von fortschreitender Rationalisierung und wachsender ›Entzauberung der Welt‹ bestimmt wurde. Diese bes. von WEBER herausgestellte Doppeldeutigkeit von s. W. führte in der Folge zur Loslösung der Diskussion um den s. W. von der Anbindung an geschichtsphilosoph. oder gesamtgesellschaftl. Theorien und hat seither zugleich sozialwiss. Theoriemodelle befördert, die die versch. Faktoren, Wechselprozesse und Abhängigkeiten bei gesellschaftl. Veränderungen in den Blick nehmen. So benannte bereits OGBURN, der gleichwohl einen Primat technologisch-ökonom. Impulse vertrat, Entwicklung, Akkumulation, Austausch und Anpassung als maßgebl. Faktoren s. W. Weitere Faktoren, z. B. die Bedeutung von Innovationen und deren Verbreitung, das Ziel bestehende Konflikte zu bewältigen und umfassende gesellschaftl. Modernisierung zu betreiben, kamen in der Folge hinzu. Vor dem Hintergrund eines im 20. Jh. sich verbreitenden gesellschaftsbezogenen Denkens (Soziologie im Alltag) erscheint s. W. damit eingebettet in den größeren Funktionszusammenhang gesellschaftl. Verhältnisse, als deren eine Dimension er dann in seiner Mehrdeutigkeit, aber auch in normativer Hinsicht in Erscheinung tritt.

Forschungsbereiche und Problemstellungen

Aufgrund seiner umfassenden, keineswegs aber unbestrittenen Rolle als gesellschaftsverändernde Kraft ist s. W. zum einen Gegenstand allgemeiner soziolog. Forschungen (Gesellschaftstheorie, Makrosoziologie, Gesellschaftsgeschichte) geworden und ist zum anderen ein Thema im Bereich spezieller Soziologien, wobei s. W. hier die zeitl. Dimension der Veränderungen maßgebl. Elemente oder Strukturen in den jeweils untersuchten Teilbereichen bezeichnet (Wandlungen des Alltags und der Familie, der Öffentlichkeit, der Rechtsverhältnisse, der Politik, der Industrie und der Arbeitswelt, des Bildungssystems, der Wertvorstellungen, des Partnerschaftsverhaltens und der Geschlechterrollen u. a.). Auch unter interdisziplinären und gesellschaftsvergleichenden Gesichtspunkten spielt s. W. eine bedeutende Rolle, da er die Wechselbeziehungen histor., ökonom., kulturgeschichtl. und soziolog. Faktoren und Entwicklungen in den Blick bringt. Im Hinblick auf seine theoret. Erfassung werden in der Forschung sowohl finalistische, d. h. geschichtsphilosoph. Entwürfe als auch kausalbezogene, i. e. S. wiss.-empir. Forschungsansätze verfolgt. Wird s. W. eher als Anpassungsleistung interpretiert, so können evolutionist., strukturfunktionalist. oder systemtheoret. Perspektiven herangezogen werden, werden dagegen Konflikte, Innovationen oder unvorhersehbare radikale bzw. krasse Veränderungen (Katastrophen) als Ursachen s. W. in Betracht gezogen, so bieten sich konflikttheoret. bzw. auch individualist. Sichtweisen an. Aus strukturfunktionalist. Sicht kommt – im Anschluss an T. PARSONS – s. W. dadurch zustande, dass die Aufrechterhaltung und die weitere Steigerung der Effektivität eines sozialen Systems entsprechende Veränderungen erfordern und bewirken, während in konflikttheoret. Sichtweise der Streit zw. unterschiedl. Gruppen (Klassen, aber auch beispielsweise Eliten) um materielle Güter oder soziale Stellungen den Ausgangspunkt s. W. bildet. Eine Art Synthese beider Sichtweisen bietet eine ›konflikttheoretisch gehärtete Modernisierungstheorie‹ (W. ZAPF), die in ihren Anfängen auf die soziolog. Modernisierungstheorie nach 1945 zurückgeht, welche damals v. a. auch in der Entwicklungsländerforschung eine bedeutende Rolle spielte (DANIEL LERNER, *1917, †1980, S. N. EISENSTADT) und die dann unter dem Eindruck der weltpolit. Veränderungen nach 1990 zunächst eine Neuauflage (dabei die an ihr seit 1968 geübte Kritik integrierend) erfuhr. Während diese Theorie zunächst genug Raum für die interpretator. Bearbeitung konfliktbezogener sozialer Veränderungen, zumal in den Transformationsgesellschaften Osteuropas, zu bieten schien, vollzieht sich zum Ende des 20. Jh. unter dem Eindruck globaler Verwerfungen eines scheinbar ungebremsten Kapitalismus auch eine Neuformulierung konfliktbezogener Deutungsmuster s. W. (RAINER GEISSLER, *1939, GIDDENS, GEORGE RITZER, VIVIANE FORRESTER).

Hinsichtlich unterschiedl. Reichweiten s. W. lassen sich drei Ebenen unterscheiden. In seiner engsten Fassung bezieht sich der Begriff auf die Veränderung typ. Merkmale und Strukturen in bestimmten Institutionen oder Arbeitsbereichen zu zwei versch. Zeitpunkten. Auf der zweiten Ebene treten Veränderungen in verschiedenen gesellschaftl. Teilbereichen in ihrem Wechselbezug, in ihrer Abhängigkeit oder auch in ihrer Losgelöstheit von anderen Entwicklungen in den Blick. Auf einer dritten Ebene finden sich schließlich globale Beschreibungen s. W., die nicht zuletzt wegen der Breite und Bedeutung des Themas auf mitunter großes Interesse in Öffentlichkeit und Politik stoßen (V. PACKARD, D. BELL, NEIL POSTMAN, *1931, PAUL KENNEDY, *1945, U. BECK). Während im Bereich der wiss. Diskussion instrumentelle Fragen, also etwa zur Erhebung und Auswertung von Daten oder zur Festlegung von Gesellschaftsausschnitten und zur Operationalisierung von Begriffen im Vordergrund stehen, lebt die publizist. Diskussion nicht zuletzt vom Entwurf großer Szenarien, in denen Chancen und Risiken dieser Entwicklungen gleichermaßen beschworen und krit. Betrachtung unterworfen werden. Die neoliberale Kritik der sozialstaatl. Integrationsmodelle industrieller Gesellschaften sowie deren sozialist. bzw. linksliberale Kritik spielen in der derzeitigen Diskussion um die Erforschung, die Steuerung und die Interpretation s. W. ebenso eine wichtige Rolle wie die Folgen weltweiter Migration, die Auflösung der Arbeitsgesellschaft, die Bedeutung der neuen Medien und die Erscheinungsformen einer Individualisierung von sozialen Lagen, Lebensstilen und Lebensläufen, die sich nicht zuletzt in Erfahrungen und Erscheinungsformen neuer Anomie und entsprechenden Konfliktpotenzialen wieder finden lässt. Eine besondere Beachtung erfahren schließlich die Probleme gesellschaftl. Transformation in den ehemals staatssozialist. Gesellschaften Osteuropas, während das Interesse an entwicklungspolit. Fragen – zumindest in Europa – derzeit keine große Rolle mehr spielt.

⇨ *Dienstleistungsgesellschaft · Fortschritt · Gesellschaft · Industrialisierung · Informationsgesellschaft · Innovation · Mobilität · Planung · Rationalisierung · Wertewandel · Zivilisation*

W. F. OGBURN: Kultur u. s. W. Ausgew. Schr. (1969); S. W., Zivilisation u. Fortschritt als Kategorien der soziolog. Theorie, hg. v. H. P. DREITZEL (²1972); Funk-Kolleg S. W., hg. v. T. HANF u. a., 2 Bde. (1975); G. WISWEDE u. T. KUTSCH: S. W. Zur Erklärungskraft neuerer Entwicklungs- u. Modernisierungstheorien (1978); H. STRASSER u. S. C. RANDALL: Einf. in die Theorien des s. W. (1979); Theorien des s. W., hg. v. W. ZAPF (⁴1979); W. JÄGER: Gesellschaft u. Entwicklung. Eine Einf. in die Soziologie s. W. (1981); C. LAU: Gesellschaftl. Evolution als kollektiver Lernprozeß. Zur allg. Theorie sozio-kultureller Wandlungsprozesse (1981); MICHAEL SCHMID: Theorie des s. W. (1982); R. BOUDON: Theories of social change (a. d. Frz., Cambridge 1986, Nachdr. ebd. 1994); W. L. BÜHL: S. W. im Ungleichgewicht (1990); Sozialer Umbruch in Ostdeutschland, hg. v. R. GEISSLER (1993); B. SCHÄFERS: Gesellschaftl. Wandel in Dtl. (⁶1995); S. W. Modellbildung u. theoret. Ansätze, hg. v. HANS-PETER MÜLLER u. MICHAEL SCHMID (1995); Gesellschaften im Umbruch, hg. v. L. CLAUSEN (1996); A. GIDDENS: Konsequenzen der Moderne (a. d. Engl. Neuausg. 1996); K. IMHOF u. G. ROMANO: Die Diskussion der Moderne. Zur Theorie des s. W. (1996); G. RITZER: Die McDonaldisierung der Gesellschaft (a. d. Amerikan., Neuausg. 1997); V. BORNSCHIER: Westl. Gesellschaft – Aufbau u. Wandel (Neuausg. Zürich 1998).

sozialer Wohnungsbau, durch öffentl. (›Erster Förderungsweg‹) und nichtöffentl. Mittel (›Zweiter‹ und ›Dritter Förderungsweg‹) unterstützter Bau von Miet- und Eigentümerwohnungen, die nach Größe, Ausstattung und Miete oder Belastung für breite Schichten der Bev. bestimmt und geeignet sind. Grundlagen sind das 1. Wohnungsbau-Ges. vom 24. 4. 1950 i. d. F. v. 25. 8. 1953 (aufgehoben durch das Wohnungsrechtsvereinfachungs-Ges. vom 11. 7. 1985) und das 2. Wohnungsbau-Ges. vom 27. 6. 1956 i. d. F. v. 19. 8. 1994. Zur Durchführung der Wohnungsbau-Ges. sind bes. das Ges. zur Sicherung der Zweckbestimmung von Sozialwohnungen (Wohnungsbindungs-Ges.) i. d. F. v. 19. 8. 1994 sowie die Zweite Berechnungs-VO i. d. F. v. 12. 10. 1990 ergangen. Eine weitere Ausgestaltung der Wohnungsbauförderungsbestimmungen erfolgt auf Länderebene.

sozialer Wohnungsbau

Jahr	genehmigte Wohnungen insgesamt in 1000	Bewilligungen im sozialen Wohnungsbau in 1000
altes Bundesgebiet		
1970	609,4	165,1
1973	658,9	126,8
1980	380,6	97,2
1988	214,3	38,9
1990	391,4	90,7
1991	400,6	90,2
1992	458,8	87,2
1993	524,1	111,4
1994	586,5	106,4
1995	458,6	91,8
1996	390,1	79,3
neue Länder		
1994	126,1	55,6
1995	180,0	51,5
1996	186,2	41,7

Träger des s. W. können sämtl. Bauherren sein. Bundesmittel für den s. W. werden aufgrund eines Schlüssels auf die Länder verteilt und v. a. von den Landeswohnungs- und Siedlungsbehörden weitergeleitet. Die zuständigen Behörden müssen z. B. dafür sorgen, dass bei der Förderung des s. W. die Wohnbedürfnisse von kinderreichen Familien, Schwangeren, jungen Ehepaaren, Alleinerziehenden, älteren Menschen, Schwerbehinderten vordringlich berücksichtigt werden. Die Gewährung öffentl. Mittel für den s. W. ist an die Einhaltung von Wohnflächengrenzen und landesrechtliche Wohnungsbauvorschriften gebunden. Ein Rechtsanspruch des Bauherrn auf Förderung im s. W. besteht nicht. Weiter ist die Gewährung von Förderungsmitteln und die Berechtigung zum Bezug einer Wohnung des öffentl. geförderten s. W. (→Wohnberechtigungsschein) an bestimmte Einkommensgrenzen gekoppelt. Mit der Mittelgewährung sind bei Mietsozialwohnungen neben Belegungsbindungen auch Preisbindungen (→Kostenmiete) verbunden. Soweit das Einkommen der Mieter öffentl. geförderter Wohnungen im Lauf der Zeit die Einkommensgrenze für den s. W. überschreitet, haben die Länder durch das ›Ges. zum Abbau der Fehlsubventionierung im Wohnungswesen‹ i. d. F. v. 19. 8. 1994 die Möglichkeit, eine →Fehlbelegungsabgabe einzuführen oder eine Zinsanhebung von bis zu 8 % für die öffentl. Mittel vorzunehmen. Beim im ›Dritten Förderungsweg‹ (vereinbarte Förderung) unterstützten Wohnungsbau können Fördermodalitäten, Mietpreis- und Belegungsbindungen zw. der öffentl. Hand und den Bauherren frei ausgehandelt werden. Diese Wohnungen unterliegen damit nicht mehr dem Kostenmietprinzip.

In den neuen Ländern und Berlin (Ost) handelt es sich nur dann um s. W., wenn für neu gebaute Wohnungen Mittel aus öffentl. Haushalten erstmalig nach dem Beitritt (3. 10. 1990) bewilligt worden sind.

Finanzierung u. Förderung des s. W., bearb. v. E. RÖHNER, 2 Bde. (²1985); S. W. – Ausführung, Beispiele, bearb. v. F. FRANK (1988); S. W. im internat. Vergleich, hg. v. W. PRIGGE u. a. (1988); Baukosteneinsparung im s. W., bearb. v. U. STARK (²1989); H. GREMMELSPACHER: Wohnungspolitik in den neunziger Jahren. Ansätze u. Reformvorschläge (1996).

soziale Sicherheit, frz. **Sécurité sociale** [sekyriˈte sɔsˈjal], engl. **Social Security** [ˈsəʊʃl sɪˈkjʊərəti], eine aus den Vier Freiheiten der Atlantikcharta ›Freiheit von Not‹ in die ›Erklärung der Menschenrechte‹ der UNO vom 10. 12. 1948 (Art. 22 und 25) übernommene Forderung. Unter diesem Begriff, der seit etwa 1920 internat. üblich ist, werden die Forderungen der →Sozialpolitik zu einem System von Schutzrechten des Einzelnen zusammengefasst.

soziales Jahr, →freiwilliges soziales Jahr.

soziales Lernen, der Lernprozess, der sich zw. Schülern vollzieht, die gemeinsam an einer Aufgabe arbeiten oder sich in einer Situation befinden, in der sie gemeinsam handeln müssen. Abgesehen von der zweckbestimmten Erziehung des Sozialverhaltens ist s. L. ein wesentl. Bestandteil der Sozialisation.

Persönlichkeitsbildung u. s. L., hg. v. F. W. KRON (1980); S. TERNYK: Social learning processes (Frankfurt am Main 1989).

Sozial|ethik, 1868 von dem baltischen luther. Theologen ALEXANDER VON OETTINGEN (*1827, †1906) geprägter Begriff für die Konzeption einer Ethik, die sittl. Normen und Prinzipien menschl. Handelns im institutionalisierten und nicht institutionalisierten Rahmen gesellschaftl. Lebens untersucht. Im Unterschied zur Individualethik, die sich mit den Werten und Normen für das Verhalten des Individuums gegenüber sich selbst, gegenüber anderen Menschen (und auch gegenüber Gott) beschäftigt, will die S. die eth. Grundsätze und Leitbilder gesellschaftl. Lebens ermitteln, wie sie in den versch. Lebensordnungen (z. B. Familie, Ehe, Schule, Wirtschaft, Recht) zum Ausdruck kommen. V. a. im Umkreis der ev. Sozialehre verbindet sich mit der S. der Gedanke, dass eth. Probleme erst im Zusammenleben der Menschen und dessen institutioneller Regelung entstehen, d. h., dass alle Ethik S. ist. Im Verständnis der kath. Soziallehre bezeichnet der Begriff ein Teilgebiet der Ethik, das neben der Individualethik besteht. Hiernach legt die S. die Pflichten von Gruppen (Familie, Verbände, Gesellschaft) und die gegenseitigen Pflichten von Gruppen dar.

soziale Verständigung, soziale Kommunikation, *Verhaltensforschung:* Verständigung von Angehörigen einer Tierart durch oft hochritualisierte Verhaltensweisen als Voraussetzung für ein Zusammenleben in Staaten, Kolonien oder Herden; ihr Ausdrucksverhalten wirkt über die opt., chem. oder akust. Sinnesorgane und löst für die Arterhaltung wichtige Reaktionen aus, übermittelt Stimmungen (Zug- oder Wanderbereitschaft) und Informationen über die Umwelt. Die s. V. ist i. Allg. angeboren und wird durch Erlerntes erweitert. Opt. Verständigungsmittel sind z. B. Angriffs-, Droh- und Unterlegenheitsbewegungen bei Wirbeltieren, Bettelbewegungen vieler Vögel, Tanzbewegungen der Honigbienen, Radschlagen des Pfauenhahnes, Ausdrucksbewegungen mit dem Schwanz, den Ohren oder Extremitäten höherer Säugetiere, Schnauzenberührungen. Chem. Verständigungsmittel sind bes. bei Insekten und Säugetieren Duftstoffe, die aus speziellen Drüsen und/oder mit dem Harn oder Kot abgegeben werden und dem Erkennen der Geschlechtspartner, der Reviermarkierung, dem sozialen Zusammenhalt, der Paarung, Brutpflege und Orientierung dienen; Fische geben bei Verletzung Schreckstoffe ab. Akust. Verständigung gibt es v. a. bei Insekten, Vögeln und Säugern und ist sehr vielseitig: Bettel-, Demuts-, Droh-, Lock-, Schreck-, Such- und Warnlaute.

soziale Verteidigung, Bez. für Strategien eines gewaltlosen Widerstandes gegen Angriffe v. a. von außen. Von der Bev. eingeübt und der Regierung geplant, sollen die Techniken der s. V. (z. B. Verweigerung von Gehorsam bis hin zu Boykott) einem Gegner die Risiken der Besetzung, des Macht- und Landgewinns unkalkulierbar machen. Die s. V. soll v. a. die gesellschaftl. Institutionen des Angegriffenen vor dem Zugriff des Angreifers schützen. Das Konzept der s. V. wurde – vor dem Hintergrund des Ost-West-Konfliktes – von der Friedens- und Konfliktforschung entwickelt als Alternative zur Abschreckung, d. h. zur gegenseitigen Androhung der Vernichtung (v. a. durch die atomaren Massenvernichtungsmittel).

S. V. Konstruktive Konfliktaustragung. Kritik u. Gegenkritik, bearb. v. T. EBERT u. a. (1991).

soziale Wahrnehmung, engl. **Social Perception** [sɔʊʃl pəˈsepʃn], *Psychologie:* 1) Wahrnehmung der sozialen Umwelt (auch Personenwahrnehmung), die mitbestimmt wird von Annahmen (Attributionen, Ursachenzuschreibungen) über Gründe, Absichten und Motive des Verhaltens anderer sowie von Vorannahmen (Vorurteilen) und laienhaften, impliziten Persönlichkeitstheorien und Stereotypen (wie: ›gute Redner irren nicht‹). Je weniger eindeutig und objektiv das Wahrgenommene beurteilbar ist und je ausgeprägter und gefestigter die Annahmen sind, desto eher werden Letztere in der s. W. bestätigt; 2) Einfluss sozialer und persönl. Faktoren, der subjektiven Situation auf die Wahrnehmung der dingl. und sozialen Umwelt und auf die Herausforderung von Gegenständen zu einem bestimmten Verhalten (Aufforderungscharakter); solche Einflüsse kommen z. B. im Streben nach Konformität mit der Wahrnehmung anderer oder mit sozialen Werten, Erwartungen, Stereotypen und Tabus und einer hierdurch geprägten Begriffs- und Urteilsbildung ihren Ausdruck. Eigene Erfahrungen, Bedürfnisse und Werte wirken sich erleichternd, erschwerend oder verändernd auf die Wahrnehmung aus (Sensibilisierung für Erwartetes oder Ersehntes bis hin zur Wahrnehmungstäuschung).

Sozialfaschismus, 1928–35 Kampfbegriff der KI (Komintern) zur diffamierenden Bez. sozialdemokratischer polit. Positionen; Sozialdemokratie und Nationalsozialismus seien keine Gegensätze, sondern ›Zwillingsschwestern‹ des Faschismus; die SPD sei im Vergleich zur NSDAP der gefährlichere Gegner, da sie stärker den ›Klassencharakter‹ des kapitalist. Staates verschleiere; sie sei daher als ›Hauptfeind‹ zu bekämpfen. Mit dem Übergang zur Taktik der →Volksfront modifizierte die Komintern 1935 ihre Haltung gegenüber der Sozialdemokratie.

Sozialfonds [-fõ], →Europäischer Sozialfonds, →Sozialkapital.

Sozialforschung, Sammel-Bez. für alle Methoden und Techniken zur Erforschung der sozialen Wirklichkeit. Neben einer empirisch-analytisch ausgerichteten S. (→empirische Sozialforschung) hat sich v. a. seit Mitte der 1970er-Jahre eine Forschungsrichtung etabliert, die aus dem Unbehagen an rein ›quantifizierenden‹ Verfahren (z. B. standardisierte Befragung) eine Vielzahl von Methoden und Instrumentarien entwickelte, die den Forschungsablauf in stärkerem Maß gegenüber den Anliegen der untersuchten Personen offen halten und den Erfordernissen der jeweiligen Situation anpassen. Sie wird als **qualitative S.** bezeichnet. Zu den wichtigsten Erhebungsverfahren gehören zahlreiche Varianten unstandardisierter oder teilstandardisierter Interviewtechniken (Leitfadengespräche oder Intensivinterviews), die teilnehmende Beobachtung, die qualitative Inhaltsanalyse, Gruppendiskussionen und biographische Verfahren (Einzelfallanalyse).

A. GIDDENS: Interpretative Soziologie. Eine Einf. (a. d. Engl. 1984); S. LAMNEK: Qualitative S., 2 Bde. (1988–89).

Sozialgeographie, Soziogeographie, Teil der wiss. Geographie, befasst sich mit den räuml. Organisationsformen, Raumansprüchen und raumbildenden Prozessen menschl. Gruppen und Gesellschaften, die u. a. von den →Daseinsgrundfunktionen bestimmt werden. Häufig wird unter S. auch nur die Anwendung der raum-zeit-wiss. Methodik auf die Tatbestände der Sozialwiss.en verstanden (→Soziographie).

Sozialgerichtsbarkeit, von den fünf gleichgeordneten Gerichtsbarkeiten in Dtl. der Zweig der Rechtsprechung, der zur Entscheidung öffentlich-rechtl. Streitigkeiten im Bereich des →Sozialrechts berufen ist. Aufgrund des **Sozialgerichtsgesetzes (SGG)** vom 3. 9. 1953 i. d. F. v. 23. 9. 1975 wurden die **Sozialgerichte** errichtet, die von der Sache her besondere Verwaltungsgerichte sind. Sie gewähren Rechtsschutz in Angelegenheiten der →Sozialversicherung (einschließlich Alterssicherung der Landwirte und Kassenarztrecht), der Arbeitslosenversicherung und der übrigen Aufgaben der Bundesanstalt für Arbeit sowie der Kriegsopferversorgung (mit Ausnahme der Kriegsopferfürsorge); sie sind ferner zuständig für Streitigkeiten aus dem Soldatenversorgungs-, dem Zivildienst-, dem Bundesseuchen-Ges. (Entschädigung bei Impfschäden), dem Ges. über die Entschädigung für Opfer von Gewalttaten und für bestimmte Streitigkeiten aus dem Schwerbehinderten-Ges. – Der allgemeinen Verwaltungsgerichtsbarkeit ist dagegen die Entscheidung von Rechtsstreitigkeiten bei der Sozialhilfe, der Ausbildungsförderung und beim Lastenausgleich vorbehalten. Der Instanzenzug der S. ist dreistufig (→Gericht, →Bundessozialgericht).

Die in allen Instanzen mitwirkenden ehrenamtl. Richter stammen aus dem Kreis der versicherten Arbeitnehmer und der Arbeitgeber (Sozialversicherung), der Kassenärzte und Krankenkassen (Kassenarztrecht) und der mit der Kriegsopferversorgung oder dem Schwerbehindertenrecht vertrauten Personen (Kriegsopfer- und Soldatenversorgung) und dem Kreis der Versorgungsberechtigten und Behinderten. Das Verfahren vor den Sozialgerichten ist kostenfrei, Körperschaften und Anstalten des öffentl. Rechts haben für jede Streitsache, an der sie beteiligt sind, eine Gebühr zu entrichten. Das Gericht hat im Urteil zu entscheiden, ob und in welchem Umfang die Prozessbeteiligten einander Kosten zu erstatten haben.

In *Österreich* entscheiden über sozialrechtl. Fragen vorerst die Organe der Sozialversicherungsträger durch hoheitl. Verwaltungsakt (Bescheid). Wird die Gewährung einer Leistung abgelehnt, können gegen den Sozialversicherungsträger die Sozialgerichte angerufen werden; durch die Klagserhebung tritt der Bescheid außer Kraft. Die Sozialgerichte wurden durch das Arbeits- und Sozialgerichts-Ges. 1985 als Teil der ordentl. Gerichtsbarkeit unter Einbeziehung fachkundiger Laienrichter (Versicherten- und Arbeitgebervertreter) eingerichtet. Die Arbeitslosenversicherung, die Sozialhilfe und einzelne andere Bereiche unterliegen nicht der S. Hier führt der Rechtsweg nach Erschöpfung des Instanzenzuges in der Verwaltung zum Verwaltungsgerichtshof. – In der *Schweiz* ist die S. als Zweig innerhalb der Verwaltungsgerichtsbarkeit ausgebildet. Verfügungen über Leistungen von Versicherungskassen können mit Rechtsmitteln letztinstanzlich beim Eidgenöss. Versicherungsgericht in Luzern zur Beurteilung vorgelegt werden.

J. MEYER-LADEWIG: Sozialgerichts-Ges. (^{4}1991); K. NIESEL: Der Sozialgerichtsprozeß (^{2}1991); L. OSTHEIMER u. a.: Die ehrenamtl. Richterinnen u. Richter beim Arbeits- u. Sozialgerichd (^{9}1995).

Sozialgeschichte. Die S. in der Bundesrepublik Deutschland entwickelte sich seit den späten 1960er-Jahren aus einer Theoriediskussion (u. a. zu K. MARX und M. WEBER) mit dem Revisionsanspruch, die histor. Analyse von Gesellschaft und Wirtschaft nicht länger zu vernachlässigen und sie, angeregt durch Soziologie, Ökonomie und Politikwissenschaften, der noch fest etablierten traditionellen Ideen- und Politikgeschichte entgegenzusetzen. Insofern stand eine emanzipatorische S. für ein historiograph. Programm; sie war einerseits die Geschichte einer Dimension der histor. Wirklichkeit, die Geschichte sozialer Strukturen, Prozesse, Handlungen und Bedeutungen; sie war andererseits ein ambitionierter Zugriff auf die allg. Geschichte von einer sozialhistor. Perspektive aus; als solche ist S. ›Gesellschaftsgeschichte‹. Die S. ist seit längerem in Erweiterung begriffen; sie veränderte sich mit der Verarbeitung produktiver Herausforderungen: der sich erneuernden Politikgeschichte, der Frauen- und Geschlechtergeschichte, der Mentalitäts- sowie der Alltagsgeschichte (1980er-Jahre), schließlich der neuen Kulturgeschichte (1980er-/1990er-Jahre). Angesichts der Distanzierungen in der Zeit der Anfänge wirkten die Enthüllungen auf dem 42. Deutschen Historikertag in Frankfurt am Main (1998) zur Verstrickung von ›Gründervätern‹ der bundesdeutschen S. in den Nationalsozialismus fast wie ein Schock.

Die ältere S. erfuhr durch G. VON SCHMOLLER, K. LAMPRECHT und O. HINTZE bedeutende Anstöße und erlangte mit M. WEBERS Forschungen (›Wirtschaft und Gesellschaft‹, 1922) universalhistor. Weite. Bahnbrechend wirkten der Belgier H. PIRENNE sowie die frz. École des →Annales (v. a. M. BLOCH, L. FEBVRE, F. BRAUDEL), seit den 1960er-Jahren aber auch H. ROSENBERG, E. HOBSBAWM, später N. ELIAS.

Soziologie u. S., hg. v. P. C. LUDZ (1972); J. KOCKA: S. Begriff, Entwicklung, Probleme (²1986); S. in Dtl. Entwicklungen u. Perspektiven im internat. Zusammenhang, hg. v. W. SCHIEDER u. V. SELLIN, 4 Bde. (1986-87); S. im internat. Überblick, hg. v. J. KOCKA (1988); P. BURKE: Offene Geschichte. Die Schule der ›Annales‹ (a.d. Frz., 1991); D. CLAESSENS: S. für soziologisch Interessierte (1995); W. HARDTWIG u. H.-U. WEHLER: Kulturgeschichte Heute (1996). – *Zeitschriften:* Vjschr. für Sozial-Wirtschaftsgesch. (1903ff.); Gesch. u. Gesellschaft (1975 ff.).

Sozialgesetzbuch, Abk. **SGB,** umfassendes Gesetzeswerk, das die wesentlichsten Sozialgesetze zu einer einheitl. Kodifikation des Sozialrechts zusammenfassen soll. Es war urspr. auf zehn Bücher angelegt; bis jetzt sind in Kraft: I. Allgemeiner Teil, III. Arbeitsförderung (unter Aufhebung des Arbeitsförderungs-Ges. vom 25. 6. 1969 als gesetzl. Grundlage der Arbeitslosenversicherung seit 1. 1. 1998 in Kraft), IV. Sozialversicherung – Gemeinsame Vorschriften, V. Gesetzl. Krankenversicherung, VI. Gesetzl. Rentenversicherung, VII. Gesetzl. Unfallversicherung (unter Aufhebung der §§ 537–1160, 1501–1543e, 1546–1772 RVO seit 1. 1. 1997 in Kraft), VIII. Kinder- und Jugendhilfe (unter Aufhebung des Jugendwohlfahrts-Ges. seit 1. 1. 1991 in Kraft), X. Verwaltungsverfahren, Schutz der Sozialdaten, Zusammenarbeit der Leistungsträger und ihre Beziehungen zu Dritten, XI. Soziale Pflegeversicherung (seit 1. 1. 1995 in Kraft). U. a. soll auch das Sozialhilferecht in das SGB integriert werden.

Literatur →Sozialrecht.

Sozialhilfe, gegenüber den Sozialversicherungen und der Versorgung (z. B. Kriegsopfer-, Soldaten-, Beamtenversorgung) nachrangige Leistung des Staates u. a. Träger, die Lücken in der sozialen Sicherung schließen und in schwer normierbaren Gefährdungs- und Notlagen Hilfe gewähren soll. Rechtsgrundlage ist das Bundessozialhilfe-Ges., Abk. BSHG, vom 30. 6. 1961 i.d. F. v. 23. 3. 1994 (wurde insbesondere durch das Ges. zur Reform des S.-Rechts vom 23. 6. 1996 geändert), welches das ältere Fürsorgerecht in materieller und verfahrensmäßiger Hinsicht zusammenfasst. Es behält die Grundsätze der Fürsorge bei, entwickelt sie aber an einigen Stellen gemäß den gewandelten gesellschaftspolit. Verhältnissen und Anschauungen weiter. So wurde das System der immateriellen Hilfen ausgebaut, der Hilfeanspruch klarer gefasst (Rechtsanspruch, der bei Ausländern eingeschränkt ist) und der Grundsatz eingeführt, den Hilfsbedürftigen an der Gestaltung des Hilfeprozesses zu beteiligen. Ziel ist es, ein der Würde des Menschen entsprechendes Leben zu führen (§ 1 Abs. 2 BSHG). Charakteristisch für die dt. S. ist die Zweigleisigkeit: sie umfasst **Hilfe zum Lebensunterhalt (HLU)** und **Hilfe in besonderen Lebenslagen (HBL).** Das BSHG unterscheidet Ist-, Kann- und Sollleistungen. Auf Istleistungen wie z. B. die Krankenhilfe besteht ein Rechtsanspruch, sie müssen erbracht werden. Über Kannleistungen entscheidet der Träger in pflichtgemäßem Ermessen. Sollleistungen dürfen nur verweigert werden, wenn dies besondere Gründe rechtfertigen.

Sozialhilfe: Regelsätze (in DM) **für die Hilfe zum Lebensunterhalt nach dem Bundessozialhilfegesetz** (Stand: 1. 7. 1997)

	Haushaltsvorstand	Haushaltsangehörige				
	Alleinstehender (Eckregelsatz)	bis zur Vollendung des 7. Lebensjahres	bei Alleinerziehenden	vom 8.–14. Lebensjahr	vom 5.–18. Lebensjahr	vom 19. Lebensjahr an
altes Bundesgebiet:						
Baden-Württemberg	540	270	297	351	486	432
Bayern (Landesregelsatz)*)	522	261	287	339	470	418
Berlin (West)	539	270	296	350	485	431
Bremen	539	270	296	350	485	431
Hamburg	539	270	296	350	485	431
Hessen	540	270	297	351	486	432
Niedersachsen	539	270	296	350	485	431
Nordrhein-Westfalen	539	270	296	350	485	431
Rheinland-Pfalz	539	270	296	350	485	431
Saarland	539	270	296	350	485	431
Schleswig-Holstein	539	270	296	350	485	431
Durchschnitt	538	269	296	350	484	430
neue Länder:						
Berlin (Ost)	539	270	296	350	485	431
Brandenburg	516	258	284	335	464	413
Mecklenburg-Vorpommern	514	257	283	334	463	411
Sachsen	514	257	283	334	463	411
Sachsen-Anhalt	519	260	285	337	467	415
Thüringen	514	257	283	334	463	411
Durchschnitt	519	260	285	337	467	415

*) hierbei handelt es sich um den Mindestregelsatz

Sozi Sozialhilfe

Sozialhilfeleistungen (in Mrd. DM) und die Anzahl der Haushalte (in 1000) von Sozialhilfeempfängern							
	1980[1]	1990	1991	1992[2]	1993	1994[3]	1995
Sozialhilfeleistungen insgesamt	13,26	31,78	37,32	42,60	48,9	49,7	52,1
Hilfe zum Lebensunterhalt	4,34	12,98	14,27	15,72	18,0	17,0	18,8
Hilfe in besonderen Lebenslagen	8,93	18,81	23,05	26,88	30,9	32,8	33,3
Einnahmen der Sozialhilfeträger	3,11	6,54	7,00	7,57	8,7	9,2	9,5
effektive Sozialhilfekosten	10,15	25,24	30,32	35,03	40,2	40,5	42,6
Haushalte von Empfängern laufender Hilfe zum Lebensunterhalt[4]	760	998	1107	1257	1285	1151	1293
mit deutschem Haushaltsvorstand	686	768	841	890	943	966	-
mit ausländischem Haushaltsvorstand	74	230	266	367	342[5]	185	-

[1] 1980-91 altes Bundesgebiet. – [2] ab 1992 Gesamtdeutschland. – [3] wegen inhaltlicher und methodischer Änderungen der Sozialhilfestatistik ab 1994 mit den Vorjahren nur noch eingeschränkt vergleichbar. – [4] außerhalb von Einrichtungen; bis 1980 kumulierte Werte, ab 1985 Bestand am Jahresende. – [5] ab 1993 ohne Asylbewerber.

Grundsatz der Leistungsgewährung ist die Orientierung am individuellen Bedarf. Zahlr. Leistungen im Rahmen der HLU sind durch →Regelsätze für jeden Haushaltsangehörigen standardisiert. Zusätzlich können in speziellen Bedarfssituationen (z.B. Personen über 65 Jahre, Alleinerziehende, Behinderte) →Mehrbedarfszuschläge zw. 20% und 60% der Regelsätze bei den Sozialämtern beantragt werden. Im Bedarfsfall werden auch die laufenden Kosten für die Unterkunft (Miete und Heizkosten) sowie einmalige Beihilfen (z.B. Wintermantel) bezahlt. S. wird nachrangig gewährt, d.h., vor etwaigen staatl. Geldleistungen hat der Hilfe Suchende eigenes Einkommen und Vermögen (ausgenommen geringfügige Ersparnisse, rd. 2500 DM, und das angemessene selbst bewohnte Hausgrundstück) einzusetzen sowie Unterhaltsansprüche gegenüber Kindern, Eltern oder geschiedenen Ehegatten geltend zu machen. Im Ggs. zum Kindergeld und zu anderen Sozialleistungen darf das Erziehungsgeld nicht auf den S.-Anspruch angerechnet werden. Ist der Hilfeempfänger arbeitsfähig, muss er dem Arbeitsmarkt zur Verfügung stehen. S. muss i.d.R. nicht zurückgezahlt werden. Der Regelsatz für den Haushaltsvorstand oder Alleinstehende (Eckregelsatz) beträgt (Stand 1.7.1997) durchschnittlich 538 DM monatlich (neue Länder: 519 DM); die Sätze für Familienangehörige sind geringer. Die Höhe wird jährlich angepasst. – S. muss bei den örtl. Sozialämtern beantragt werden.

Während die HLU ausschließlich in Form von Geld geleistet werden, stehen bei den HBL die Sachleistungen (soziale Dienstleistungen) im Vordergrund. Sie sollen nach den Vorstellungen des Gesetzgebers die eigentlich neue Qualität der S. ausmachen, die auch in der Ablösung des Begriffes ›Fürsorge‹ im Bundessozialhilfe-Ges. zum Ausdruck gebracht werden sollte. Sie sollen Hilfen v.a. in Form persönl. Dienstleistungen in besonderen Notlagen bereitstellen: Hilfen zum Aufbau oder zur Sicherung der Lebensgrundlage, vorbeugende Gesundheitshilfen (z.B. Kuren), Krankenhilfe (für Hilfeempfänger ohne Krankenversicherung), Hilfe zur Familienplanung, Hilfe für werdende Mütter und Wöchnerinnen, Eingliederungshilfe für Behinderte, Blindenhilfe, Hilfe zur Pflege bei krankheitsbedinger Hilflosigkeit (für Hilfsbedürftige ohne Pflegeversicherung z.B. Pflegegeld), Hilfe zur Weiterführung des Haushaltes, Hilfen zur Überwindung besonderer sozialer Schwierigkeiten (z.B. für Obdachlose oder Haftentlassene), Altenhilfe (Altenberatung, Hilfen bei der Wohnungssuche). Die Vorschriften über den Einsatz eigenen Einkommens und Vermögens sind bei den HBL weniger streng. – Das Ges. zur Reform des S.-Rechts vom 23.7.1996 (in Kraft ab 1.8. 1996) zielt u.a. darauf, missbräuchl. Inanspruchnahme von S. zu bekämpfen, einen angemessenen Abstand zw. Einkommen aus S. und aus Erwerbstätigkeit zu wahren sowie mehr Anreize zur Arbeitsaufnahme

von S.-Empfängern zu schaffen. Die S.-Träger können z.B. als Hilfe zur Wiedereingliederung von S.-Empfängern in den Arbeitsmarkt Zuschüsse an den Arbeitgeber und den Arbeitnehmer leisten. Bei Verweigerung zumutbarer Arbeit hat das Sozialamt den Regelsatz um mindestens 25% zu kürzen. Die Anpassung der Regelsätze wurde neu gefasst und die Voraussetzungen für eine Anhebung der Arbeitsentgelte von Behinderten, die in den Werkstätten arbeiten, geschaffen. Der automatisierte Datenabgleich zw. Sozialamt u.a. Behörden der jeweiligen Kommunalverwaltung (z.B. Kfz-Zulassungsstelle) wurde erlaubt.

Träger der S. sind die kreisfreien Städte und die Landkreise sowie die von den Ländern bestimmten überörtl. Träger (in NRW die Landschaftsverbände), die auch die Kosten zu übernehmen haben, soweit nicht eine andere Kostenträgerschaft vorrangig ist, z.B. die Kranken- oder Arbeitslosenversicherung. Die Träger der S. sollen die Wohlfahrtsverbände in ihrer Arbeit unterstützen und können bestimmte Aufgaben an sie delegieren. Als Folge des Subsidiaritätsprinzips haben die staatl. Träger den Wohlfahrtsverbänden den Vorrang zu lassen, wenn diese bestimmte Dienstleistungen bereits anbieten.

Sozialpolit. Bedeutung: Veränderte gesellschaftl. Bedingungen wie die andauernde Massenarbeitslosigkeit, die steigende Zahl Alleinerziehender und älterer Frauen mit geringer Rente, der größer werdende Anteil hilfsbedürftiger ausländ. Mitbürger sowie die zunehmende Pflegebedürftigkeit haben einen Funktionswandel bewirkt. Die S. hat heute die Funktion einer allgemeinen Grundsicherung und ist zu einem wichtigen Instrument staatl. Armutspolitik geworden. Der Wandel von der individuellen Hilfe in Notlagen zur Massensicherung drückt sich v.a. in den ständig wachsenden Empfängerzahlen für die HLU aus.

Kritisch wird zu den Zahlen der amtl. S.-Statistik angemerkt, dass sie ein überhöhtes Armutspotenzial ausweise, da z.B. ein großer Teil der Empfänger (v.a. die jüngeren) nur kurzfristig S. beziehe. Dieser eventuellen Überzeichnung des Armutsproblems durch die Statistik steht andererseits eine beachtl. Dunkelziffer von Anspruchsberechtigten gegenüber, die aus Unwissenheit oder Scham keine S. beantragen. Entsprechend der zunehmenden Bedeutung der S. als soziales Sicherungsinstrument vollzog sich ein Ausgabenanstieg bei den Trägern, überwiegend den Gemeinden, der 1995 zu Gesamtausgaben von 52,2 Mrd. DM führte (davon HLU 18,8 Mrd. DM und HBL 33,4 Mrd. DM, größter Anteil unter den HBL die Pflegehilfen mit 16,4 Mrd. DM). 1996 sanken den Ausgaben für HBL v.a. durch die Einführung der gesetzl. →Pflegeversicherung und die ›Deckelung‹ der Pflegesätze.

In *Österreich* ist das BSHG Vorbild für die Reform der Fürsorge gewesen. Da ein einheitl. Bundesgesetz fehlt, wurden länderspezif. Regelungen erlassen, z.B. das Wiener S.-Ges. von 1973 i.d.F.v. 1993 oder das

Oberösterreich. S.-Ges. von 1973 i. d. F. v. 1995. – In der *Schweiz* obliegt den Gemeinden und Kantonen die Fürsorge Bedürftiger. Entsprechende Zahlungen spielen infolge der zunehmenden Langzeitarbeitslosigkeit eine immer größere Rolle. Die Alters- und Hinterlassenenversicherung sowie die Invalidenversicherung sehen für Rentenberechtigte Ergänzungsleistungen vor, die ein Mindesteinkommen garantieren sollen.

Geschichte

Durch die Säkularisationen der Reformationszeit sahen sich zunächst die Reichsstädte (vorbildl. Lösungen in Nürnberg 1521, Straßburg 1522), später auch die Landesfürsten vor die Aufgabe gestellt, die Armen- (und Kranken-)Pflege staatlich zu organisieren (›Gemeines Almosen‹, ›Allgemeiner Armenkasten‹ u. Ä.). Mit den großen Mitteln der bisher geistl. Stiftungen übernahm man auch deren Verpflichtungen. Daneben blieb die vielgliedrige Fürsorge der Zünfte und Genossenschaften als Selbstverwaltung bestehen. Die Unterstützung wurde durch ehrenamtl. Armenpfleger individuell ausgegeben. Neben dieser Hausarmenpflege bestand auch weiterhin die alte Form der Anstaltspflege in den Hospitälern. Nach Reformversuchen im 17. und 18. Jh. brachte die Aufklärungszeit im **Hamburger System** 1788 die vollkommene Ausbildung dieser herkömml. ›anstaltl. Armenpflege‹ (Einteilung der Stadt in Quartiere, ehrenamtl. Pfleger, Arbeitsbeschaffung für die arbeitsfähigen, Versorgung der nichtarbeitsfähigen Armen, Ausbau der Armenkinder-Fürsorge). Mit der Frz. Revolution wurde der Grundsatz der Staatsarmenpflege für alle europ. Länder wegweisend. Zu gleicher Zeit entstanden auch die Organisationen der privaten Fürsorge, zunächst auf christl. Grundlage (Erweckungsbewegung). Das **Elberfelder System** 1853 baute in die behördl. Organisation nochmals die freiwillige Fürsorgearbeit ein, indem es ehrenamtl. Armenpflegern die Entscheidung über die Unterstützung übertrug. Gegen Ende des 19. Jh. wurde das Armenamt zur zentralen Unterstützungsbehörde, die den Hilfsbedürftigen einem ehrenamtl. Pfleger oder einem Berufsbeamten zuwies (**Straßburger System**, 1904). Die Fürsorgegesetze der Weimarer Rep. erweiterten Aufgabe und Zielsetzung der S. gemäß dem sich verbreitenden Sozialstaatsprinzip. Mit der neuen S.-Gesetzgebung in der Bundesrepublik Dtl. ist die öffentl. Verpflichtung zur Hilfeleistung fest verankert, der Formenkatalog der Hilfeleistungen erweitert und die Mitbestimmung des Hilfsbedürftigen im Hilfeprozess verstärkt worden.

G. WENZEL u. S. LEIBFRIED: Armut u. S.-Recht (1986); Das Bundessozialhilfe-Ges. Ein Komm., begr. v. W. SCHELLHORN u. a. (^{13}1988); Bundessozialhilfe-Ges. Komm., bearb. v. O. MERGLER u. a., Losebl. (⁴1994 ff.); Zeit der Armut, Beitrr. v. S. LEIBFRIED u. a. (²1995); Bundessozialhilfe-Ges. Vorschriften-Slg...., begr. v. O. MERGLER, bearb. v. E. GROSSMANN (^{37}1997).

Sozial|imperialismus, unterschiedlich angewandter polit. Begriff: Der Imperialismustheoretiker JOHN A. HOBSON (*1858, †1940) bezeichnete mit S. den Versuch des Kapitalismus in den Industriestaaten, seine expansiven Bestrebungen als Ventil für innenpolit. Gegensätze und soziale Spannungen zu instrumentalisieren. LENIN verstand als ›Sozialimperialisten‹ die Politiker jener Teile der Sozialdemokratie, die (z. B. im Ersten Weltkrieg) die nat. Politik ihrer jeweiligen Reg. unterstützten und damit nach seiner Auffassung in das Lager des Imperialismus übergingen.

Sozial|indikatoren, →soziale Indikatoren.

Sozialisation *die,* -, zentraler Begriff der Verhaltens- und Sozialwiss.en zur Beschreibung der ›soziokulturellen Geburt‹ (R. KÖNIG) des Menschen, d. h. des Prozesses des Hineinwachsens des Menschen in gesellschaftl. Struktur- und Interaktionszusammenhänge (z. B. in Familie, Gruppen, Schichten) und dessen Ergebnisses, seine ›Konstituierung‹ als soziale, gesellschaftlich handlungsfähige Persönlichkeit.

Begriffsgeschichte und Theorien

Die Bestimmung des S.-Begriffes war seit seiner wiss. Erstverwendung durch E. DURKHEIM zu Beginn des 20. Jh. nicht immer eindeutig. Zum einen meint er die Anpassung des Individuums an die gesellschaftl. Rollen- und Verhaltensanforderungen (affirmative Funktion), zum anderen die Entwicklung des Menschen zur autonomen, gefestigten Persönlichkeit (emanzipator. Funktion). Im Rahmen dieser Begrifflichkeit werden Familie, das engere soziale Umfeld, Schule, Univ., Ausbildungsstätte, Betrieb, Kirche, Militär und traditionelle Vereine als S.-Instanzen angesehen, die überwiegend im Sinne des affirmativen Funktionsverständnisses wirken. – In den neueren Begriffsverwendungen findet der Gesichtspunkt der Eigentätigkeit des Menschen bei der Gestaltung und Entwicklung seiner Persönlichkeit, der Prozess der Auseinandersetzung eines Menschen mit gesellschaftl. Werten, Normen und Handlungsanforderungen stärkere Beachtung. Die neuere Forschung zeigt, dass Menschen in allen Lebensabschnitten sich auf individuelle Weise mit ihrer sozialen und räuml. Umwelt auseinander setzen und durch eigenes, aktives Handeln auf sie einwirken.

Phasen und Instanzen der Sozialisation

S. ist ein lebenslanger Prozess. In den frühen S.-Phasen werden die Grundstrukturen der Persönlichkeit in den Bereichen Sprache, Denken und Empfinden herausgebildet und die fundamentalen Muster für soziales Verhalten entwickelt. Das elementare Erlernen von sozialen Regeln und Umgangsformen in der frühen Kindheit, das überwiegend in Familien stattfindet, wird aus diesem Grund oft als **primäre S.** bezeichnet (F. NEIDHARDT). Die darauf aufbauende Weiterentwicklung und Variation von Verhaltensmustern wird in Abgrenzung hiervon als **sekundäre S.** bezeichnet. Sie setzt etwa nach Vollendung des dritten Lebensjahres ein, doch sind die Grenzen zw. diesen beiden Phasen fließend. Während der sekundären S. lernt das Individuum, welche Verhaltensweisen in einer bestimmten Situation erwartet werden, tolerierbar sind oder Tabus verletzen. Außerdem werden Formen des sozialen Umganges, soziale Regeln, die Interaktionsmuster der Rollen sowie Denkweisen und Einstellungen vermittelt, wie sie in der Gesellschaft vorherrschen und in Brauch, Sitte und Recht ihren Niederschlag finden oder als Konvention oder Mode einen mehr oder weniger hohen Grad der Verbindlichkeit erlangen. Im Bereich der Motivationsbildung entsteht durch die S. die Fähigkeit, die unmittelbare Befriedigung von Bedürfnissen aufzuschieben; außerdem werden spezif., für die Gesellschaft bedeutsame Motive wie Leistungsstreben und altruist. Motive ausgebildet oder verstärkt. Schließlich werden die kulturellen Inhalte vermittelt. Wesentl. Medium der sekundären S. ist die Sprache, die in ihrem Begriffssystem sowie den grammatikal. Strukturen auch die Formen sozialen Zusammenlebens und seiner Bedingungen widerspiegelt. Unterschiede im **S.-Ergebnis** innerhalb einer Gesellschaft haben neben Differenzen in der Eranlage ihre Ursache in versch. Methoden der Erziehung sowie in der Zugehörigkeit zu bestimmten sozialen Schichten, die z. T. jeweils für sich Subkulturen bilden. Die Muster der ›gesellschaftl. Normalität‹ (›Normalbiographie‹) haben sich in den letzten Jahrzehnten deutlich gewandelt. Die Spielräume für die individuelle, eigenständige Gestaltung des Lebenslaufs sind größer geworden, zugleich damit die Anforderungen, den Lebenslauf selbst zu strukturieren und nach eigenen Maßstäben zu gestalten.

Zu den wichtigsten, von der Gesellschaft meist bewusst eingerichteten **S.-Instanzen** gehören Familien, Bildungseinrichtungen (Kindergärten, Schulen, Hochschulen, Weiterbildungseinrichtungen) sowie Pflege- und Hilfseinrichtungen. Die Familie ist v.a. für die primäre S. verantwortlich, während in Schulen intellektuelle und soziale Kompetenzen trainiert werden. Schulen haben dabei im Rahmen ihrer gesellschaftl. Funktionen auch die Aufgabe, auf die Übernahme einer späteren verantwortl. Familienrolle, einer Bürgerrolle und einer Berufsrolle vorzubereiten.

Lebenslage und Sozialisation

Die **S.-Forschung** hat durch viele Untersuchungen zeigen können, dass Menschen in gleicher Lebenslage ähnl. Wertvorstellungen, Einstellungen und Verhaltensweisen entwickeln. Bes. persönlichkeitsprägend sind Qualität und Länge der Ausbildung und die damit eng verbundene Art und Weise der Arbeits- und Berufstätigkeit; die Erfahrungen der Eltern wirken sich deutlich auf den S.-Prozess der Kinder aus. Daneben spielen materielle und soziale Bedingungen der Familien (z. B. die Qualität der Wohnung, die gesamte Wohnsituation) eine wichtige Rolle. Von großer Bedeutung für die S. ist der Stil der Kommunikation, den die Eltern mit ihren Kindern pflegen.

In einem qualifizierten Beruf und in der Kommunikationsfähigkeit der Eltern sowie in einem kulturell und sozial gut ausgestatteten Umfeld sind u. a. die Gründe dafür zu suchen, dass Kinder aus sozial besser gestellten Schichten der Bev. im Durchschnitt über bessere schul. Leistungserfolge verfügen. Langfristig führt diese Entwicklung dazu, dass diese Kinder auch mit besseren Schulabschlüssen die Schule verlassen und, wie ihre Eltern, in gehobene und karrieremäßig aussichtsreiche berufl. Positionen gelangen können.

Die unterschiedl. sozialen, ökonom. und infrastrukturellen Bedingungen, die ein Mensch in Familie, Ausbildung und Beruf vorfindet, hinterlassen nach den Erkenntnissen der S.-Forschung ihre Spuren in einem spezif. Lebensstil. I. d. R. gilt, dass Menschen in privilegierter Lebenssituation auch im Blick auf die Planung und Gestaltung ihres eigenen Lebens bewusster und längerfristig vorausschauend sind. Menschen in weniger privilegierten Lebenslagen, die etwa durch materielle Mängellagen, viele negative Lebensereignisse, ungünstige Wohnbedingungen u.ä. gekennzeichnet sind, zeichnen sich im Vergleich stärker dadurch aus, dass sie oft kürzerfristige und auf unmittelbare Befriedigung ausgerichtete Lebenskonzeptionen entwickeln.

Bes. in sozialen Extremsituationen (z. B. Armut, Arbeitslosigkeit, schwere Krankheit, aber auch Auflösung der Partnerschaft) kann es zu einem hohen Ausmaß von psychosozialer und psychosomat. Beeinträchtigung von Menschen kommen. Da sich in den heutigen Industriegesellschaften die traditionellen (Familien-)Bindungen und ›natürl.‹ sozialen Netzwerke mehr und mehr lockern, wofür u.a. der hohe Anteil von Ehescheidungen, die Zunahme von Kleinstfamilien (ein Elternteil und ein Kind) und die wachsende Zahl von Single-Haushalten Ausdruck sind, kommt der Intensivierung anderer Formen der Sozialkontakte eine stetig wachsende Bedeutung zu. Besonders wichtig sind hier zum einen Nachbarschafts-, Freundschafts- und Berufskontakte, Vereins- und Verbandsbezüge, zum anderen die mehr formellen und professionell organisierten Unterstützungen durch soziale, psycholog. und auch medizin. Dienste.

⇨ *Erziehung · Jugend · Familie · Kind · Leistungsgesellschaft · Lernen · Persönlichkeit · Rolle · Schule*

A. BANDURA u. R. H. WALTERS: Social learning and personality development (Neuausg. London 1970); Frühkindl. S., hg. v. F. NEIDHARDT ([2]1975, Nachdr. 1995); R. DAHRENDORF: Homo Sociologicus ([15]1977); D. CLAESSENS: Familie u. Wertsystem ([4]1979); Entwicklungspsychologie der Lebensspanne, hg. v. P. B. BALTES u.a. (1979); S. im Erwachsenenalter, hg. v. H. M. GRIESE (1979); B. BERNSTEIN: Studien zur sprachl. S. (a.d. Engl., Neuausg. 1981); H. BERTRAM: Sozialstruktur u. S. (1981); M. L. KOHN: Persönlichkeit, Beruf u. soziale Schichtung (a.d. Engl., 1981); U. BRONFENBRENNER: Die Ökologie der menschl. Entwicklung (a.d. Engl., Neuausg. 1989); D. GEULEN: Das vergesellschaftete Subjekt (Neuausg. 1989); K. J. TILLMANN: S.-Theorien (1989); Neues Hb. der S.-Forschung, hg. v. K. HURRELMANN u.a. ([4]1991); DERS.: S. u. Gesundheit ([3]1994); DERS.: Einf. in die S.-Theorie. Über den Zusammenhang von Sozialstruktur u. Persönlichkeit ([6]1998); L. SCHENK-DANZINGER: Entwicklung – S. – Erziehung, 2 Bde. ([1-3]1988–96, Bd. 2 Nachdr. 1993); T. PARSONS: The social system (Neuausg. London 1991); J. PIAGET: Psychologie der Intelligenz (a.d. Frz., Neuausg. [3]1992); E. H. ERIKSON: Kindheit u. Gesellschaft (a.d. Engl., [12]1995); J. MANSEL: S. in der Risikogesellschaft. Eine Unters. zu psychosozialen Belastungen Jugendlicher... (1995); H. FEND: Sozialgesch. des Aufwachsens ([3]1996); J. HABERMAS: Theorie des kommunikativen Handelns, 2 Bde. (Neuausg. [2]1997).

Sozialisierung, Überführung des Eigentums oder sonstiger vermögenswerter Güter aus Privathand in die öffentl. Hand (Bund, Land, Gemeinde) mit dem Ziel einer am Allgemeinwohl orientierten Nutzung. Der Begriff der S. ist gleich mit dem in Art. 15 GG verwendeten Begriff der **Vergesellschaftung.** Die S. führt zur Entstehung von →Gemeineigentum und bei entsprechender Ausgestaltung zur →Gemeinwirtschaft. Die S. ist von der bloßen Umverteilung von Eigentum unter Privaten (z. B. bei Bodenreform) und von (auch weit reichenden) Beschränkungen der Befugnisse des Privateigentümers (z. B. Verfügungsverbote, Mieterschutzgesetze) zu unterscheiden. In Dtl. gestattet Art. 15 GG, Grund und Boden, Naturschätze und Produktionsmittel durch ein Gesetz zu sozialisieren, das allerdings nach den Grundsätzen der Enteignung Art und Ausmaß der Entschädigung regeln muss. Davon ist bislang kein Gebrauch gemacht worden.

Sozialismus *der, -,* im 19. Jh. entstandene, v. a. von der →Arbeiterbewegung getragene, heute ideologisch unterschiedlich akzentuierte und politisch vielfältig organisierte Bewegung. Der S. will eine auf Gleichheit, Solidarität und Gerechtigkeit beruhende Gesellschaft verwirklichen und steht dabei der auf dem Privateigentum an den Produktionsmitteln beruhenden Wirtschaftsweise des →Kapitalismus kritisch, vielfach völlig ablehnend gegenüber. In einem weiten Bogen zw. Reform der kapitalist. Wirtschaftsweise und dem Umsturz einer auf ihr beruhenden Gesellschaftsordnung suchen die Verfechter des S., die **Sozialisten,** sowie die von ihnen getragenen →Gewerkschaften und Parteien (→sozialistische und sozialdemokratische Parteien; →kommunistische Parteien) ihre gesellschaftl. Vorstellungen zu verwirklichen.

Ziele

Im Sinne ihres tendenziell optimist. Menschenbildes, das Gedanken des →Humanismus aufnimmt, suchen die versch. Spielarten des S. mit der Neuordnung des sozioökonom. Bereichs die mit der Entwicklung der Industriegesellschaft verbundenen Missstände (soziale Frage) theoretisch zu analysieren und praktisch zu lösen. Ziel aller sozialist. Ideen, Bewegungen und Organisationen ist die Begründung einer Staats-, Gesellschafts- und Wirtschaftsordnung, in der die von der Frz. Revolution von 1789 aufgestellten Grundsätze der Freiheit, Gleichheit und Brüderlichkeit für alle Angehörigen und Gruppen der Gesellschaft realisiert sind.

Die radikaleren Verfechter des S. fordern die Umgestaltung der Eigentums-Verf. bes. durch die Sozialisierung des Eigentums an den Produktionsmitteln oder durch allgemeine Güterverteilung, durch Beseitigung des arbeitslosen Einkommens aus Grundrente und Kapitalzins, durch Beseitigung oder starke Beschränkung des Erbrechts. Sie setzen an die Stelle von privatwirtschaftl. Produktionsstätten Genossenschaften auf der Basis der Belegschaft (z. B. ›Arbeiterproduktivgenossenschaften‹) oder gemeinwirtschaftl. Unternehmensformen (→Gemeinwirtschaft). Sie treten ein für die ausschließl. oder vorwiegende Planung und Lenkung der Güterversorgung und -verteilung durch den Staat (Zentralverwaltungswirtschaft, →Planwirtschaft). Die gemäßigteren Vertreter des S. lassen im Prinzip das Institut des Privateigentums an den Produktionsmitteln bestehen, streben aber Gewinnbeteiligung, Mitbestimmung und Miteigentum der Arbeitnehmer an. Neben Produktionsstätten auf privatwirtschaftl. Basis suchen sie gemeinwirtschaftl. Formen zu entwickeln. Darüber hinaus möchten sie mit (mehr oder weniger intensiven) planer. Eingriffen die marktwirtschaftl. Ordnung steuern.

Die radikaleren Verfechter des S. verfolgen ihre Ziele meist auf dem Weg der Revolution (**revolutionäre Sozialisten**), so die Vertreter des →Marxismus, bes. des →Marxismus-Leninismus, des →Anarchismus, →Syndikalismus und →Gildensozialismus.

Die gemäßigten Kräfte des S. suchen ihre Ziele auf dem Wege von Reformen zu verwirklichen (**reformistische Sozialisten**); zw. beiden Grundrichtungen gibt es Übergänge (z. B. die Verfechter systemüberwindender Reformen). Im Ggs. v. a. zu den zentralen Vorstellungen des Marxismus-Leninismus orientiert sich der **demokratische S.** über die sozialist. Grundwerte Gleichheit, Gerechtigkeit und Solidarität hinaus auf die freie Entfaltung aller Individuen in einer Gesellschaft sowie auf die demokrat. Mitwirkung aller Mitgl. der Gesellschaft. Er setzt auf der Grundlage einer parlamentarisch-demokrat. Verfassungsordnung und eines rechtsstaatl. Systems sowie im Rahmen eines gesellschaftl. und weltanschaul. Pluralismus eine solidar. Gesellschaft zu verwirklichen, und zwar auf dem Wege einer umfassenden, die polit. Demokratie vollendenden Demokratisierung der Wirtschafts- und Sozialordnung. In den Vorstellungen von einem demokrat. S. differieren jedoch Auffassungen z. B. darüber erheblich, in welchem Umfang Eigentum an den Produktionsmitteln sozialisiert werden soll, welche Formen der Vergesellschaftung gewählt werden sollen, wie groß die Unabhängigkeit der Produktionseinheiten (Betriebe oder Genossenschaften) von staatl. Planung und Kontrolle sein solle, aber auch, in welchem Maße eine sozialistisch bestimmte Marktwirtschaft gesamtgesellschaftl. Planung und Kontrolle unterworfen werden müsse.

Geschichtliche Entwicklung

Der **Früh-S.** der vormarxist. Zeit, beeinflusst von der aufklärer. Idee einer allgemeinen Weltverbesserung, trat v. a. in Frankreich auf (F. BABEUF, ÉTIENNE CABET, *1788, †1856) und trug utop. Züge (**utopischer S.**); Gleiches gilt für die Ideen W. WEITLINGS in Dtl. Manche dieser Vorstellungen gingen in die anarchosyndikalist. Bewegung in Frankreich, Spanien und Italien ein; sie finden sich auch später im Marxismus.

Neben diesen mehr utop. Entwürfen zielte nach der frz. Julirevolution (1830) bei C. H. DE SAINT-SIMON, J. C. L. SIMONDE DE SISMONDI, L. BLANC und P.-J. PROUDHON die Kritik an den konkreten Eigentumsverhältnissen auf Verbesserung der sozialen Lage Not leidender Zwischenschichten (kleine Handwerker, Landlose, Proletariat). Unter Anwendung entwicklungsgeschichtl. Denkelemente konzipierte man eine sozialist. Wirtschaftsordnung (z. B. Arbeiterassoziationen), die jede Ausbeutung unmöglich machen sollte und in der jeder entsprechend seinen Fähigkeiten und seiner Leistung entlohnt werden würde. Bei C. FOURIER trat, ebenso wie bei R. OWEN in Großbritannien, der Gedanke in den Vordergrund, die Gesellschaft der Zukunft müsse durch genossenschaftl. Organisationsformen der Arbeiter bestimmt werden (**Genossenschafts-S.**).

Die Theoretiker des **Staats-S.** wollten über den Einsatz staatl. Machtmittel die gesellschaftl. Missstände beseitigen. J. K. RODBERTUS erblickte in der Monopolstellung der Kapitalisten und Grundbesitzer und dem darauf beruhenden ›Gesetz der fallenden Lohnquote‹ die Ursache der Verelendung großer Teile der Bev. Das kapitalist. Wirtschaftssystem bildete ihm zufolge jedoch nur eine Übergangsphase auf dem Weg zur Staatswirtschaft ohne Grund- und Kapitaleigentum. Auch F. LASSALLE, der unter Übernahme der Lohntheorie D. RICARDOS die Formel vom ›ehernen Lohngesetz‹ prägte, sah die Lösung der sozialen Probleme in der polit. und sozialen Integration der Arbeiter und in der nachfolgenden Umwandlung der kapitalist. Wirtschaft in eine staatssozialist. mittels staatlich subventionierter Arbeiterproduktivgenossenschaften.

K. MARX und F. ENGELS suchten unter dem Anspruch eines **wissenschaftlichen S.** auf der Grundlage einer materialist. Geschichtsauffassung den Beweis zu erbringen, dass die kapitalist. Gesellschaftsordnung aus den ihr immanenten Bewegungsgesetzen zusammenbrechen werde und durch die proletar. Revolution in eine sozialist. Gesellschaft umgewandelt werden müsse; diese finde ihrerseits in der →klassenlosen Gesellschaft ihre Vollendung. Der Marxismus erlangte im 20. Jh. weltgeschichtl. Bedeutung, v. a. in der von LENIN geschaffenen Form des Marxismus-Leninismus. Im Ablauf des →Klassenkampfes ist nach LENIN S. jene Phase der Geschichte, in der nach erfolgreicher Revolution das Proletariat, gestützt auf ›Partei neuen Typs‹ (die kommunist. Partei), als führende Klasse den Übergang zum →Kommunismus, zur klassenlosen Gesellschaft, vollzieht.

Die Abkehr reformist. Gruppen vom revolutionären S. fand ihren ersten Niederschlag im →Revisionismus (E. BERNSTEIN), der die Sozialdemokratie von der Revolutionserwartung zur reformorientierten Mitarbeit in Staat und Gesellschaft lenkte. In Großbritannien, wo der doktrinäre S. nie eigtl. heimisch wurde, entwickelte die →Fabian Society im bewussten Ggs. zum Marxismus ein reformist. Programm, das 1918 von der →Labour Party aufgenommen wurde. In Auseinandersetzung v. a. mit der leninschen Ausprägung des Marxismus bemühten sich im 20. Jh. marxist. Theoretiker, im Rückgriff auf die Frühschriften von MARX dessen Werk neu zu deuten (→Neomarxismus). Im Ggs. zur reformist. Praxis der sozialdemokrat. oder sozialist. Parteien wie auch zum angewandten Marxismus-Leninismus der kommunist. Parteien und Staaten entstand in den parlamentarisch-demokratisch verfassten Staaten seit etwa 1960 – in enger Wechselbeziehung zum Neomarxismus – die →neue Linke. Unter radikaler Kritik an der Marktwirtschaft hoch industrialisierter Staaten W-Europas und Nordamerikas auf der einen Seite und der entschiedenen Infragestellung der theoret. Konzeptionen der ›alten Linken‹ auf der anderen Seite (bes. der sozialdemokrat. und kommunist. Parteien) suchte sie im Kampf gegen die ›kapitalist. Konsumgesellschaft‹ neue revolutionäre Strategien zu entwickeln. Ihre Kritik an der Konsumgesellschaft beeinflusste stark die in den 70er-Jahren sich entfaltende Alternativ- und Ökologiebewegung, die ein neues Verhältnis von Wirtschaftsordnung und Umweltgestaltung fordert.

In Auseinandersetzung mit Ideologie und Praxis des Marxismus-Leninismus stellten seit dem Ende der 60er-Jahre einige kommunist. Parteien, bes. die ital. und span. KP, Grundpositionen des Marxismus-Leninismus (z. B. Diktatur des Proletariats) infrage (→Eurokommunismus). Innerhalb der in der Tschechoslowakei regierenden KP entwickelten sich 1968 Vorstellungen von einem ›S. mit menschl. Antlitz‹: Ideen, die jedoch noch im selben Jahr mit Waffengewalt unterbunden wurden. Mit der seit Mitte der 80er-Jahre eingeleiteten ›Perestroika‹ suchte M. S. GORBATSCHOW unter Berufung auf die leninische Interpretation des Marxismus die v. a. von STALIN geschaffene bürokratisch-diktator. Strukturen in der sowjet. Gesellschaft abzubauen. Der S. marxistisch-leninist. Prägung geriet jedoch bes. in Europa in eine Krise, in deren Folge die kommunist. Herrschaftssysteme und die UdSSR selbst zusammenbrachen.

Sozialist. Theoretiker der Dritten Welt (z. B. L. S. SENGHOR, J. NYERERE) bemühten sich, die in den Industriestaaten Europas formulierten Ziele des S. mit Gesellschaftsmustern zu verbinden, die in der eigenen Gesellschaft wurzeln. In der dort sich vollziehenden staatl. Emanzipation von der Kolonialherrschaft europ. Staaten verband sich in diesen Ländern mit dem S. oft ein starker Nationalismus. Unter dem Einfluss sozialrevolutionärer Theoretiker (bes. MAO ZEDONG, F. FANON E. ›CHE‹ GUEVARA SERNA) entstanden in Asien, Afrika und Lateinamerika Guerilabewegungen, die sozialist. und nationalist. Ziele auf revolutionärem Weg verwirklichen wollten.

In der Ideengeschichte des S. haben immer wieder überzeugte Vertreter des Christentums versucht, christliche sozialeth. Bestrebungen mit gesellschaftl. Zielsetzungen des S. zu verbinden. So sollten etwa nach SAINT-SIMON alle Menschen als ›Christen neuer Prägung‹ gegenseitig wie Brüder behandeln. Die ihnen gemeinsame christl. Sittenlehre würde dann das Los der ärmeren Klassen verbessern. Im Rahmen späterer christlich-sozialer Bewegungen steht auch die Arbeit des Schweizers L. RAGAZ. Nach dem Ersten Weltkrieg verlor der →religiöse Sozialismus gegenüber dem wachsenden Einfluss der →dialektischen Theologie an Bedeutung.

Bestandsaufnahme

Nach dem Zusammenbruch des Kommunismus, des (in seinem Selbstverständnis) ›real existierenden S.‹, stößt eine Bestandsaufnahme des S. auf begriffl. Schwierigkeiten; der S. als Idee sowie als soziale und polit. Bewegung ist zwar von diesen Entwicklungen seit 1989/90 weniger betroffen als der Kommunismus als Ideologie und Herrschaftssystem und der Marxismus als Wirtschafts- und Gesellschaftstheorie, gleichwohl aber im Kern berührt. Es stellt sich die Frage, inwieweit die S. als Leitidee einer auf Gleichheit, Solidarität und Gerechtigkeit beruhenden Gesellschaft und einer entsprechenden polit. Ordnung weiterhin Gültigkeit besitzt. Bei dem Versuch, diese Frage zu beantworten, lässt sich verdeutlichen, dass das eigentl. Problem des S. im ›postkommunist. S.‹ liegt, der vom demokrat. S. westl. Prägung zu unterscheiden ist.

Geistesgeschichtlich gesehen, verlor der Neomarxismus seine Ausstrahlungskraft in den 80er-Jahren zugunsten der Ökologie- und Friedensbewegung, der Bürgerinitiativen und neuen sozialen Bewegungen. Die Grundwerte des demokrat. S. standen nach den heftigen Debatten der 70er-Jahre in der Zeit der ›Wende‹ 1989/90 unter keinem Veränderungsdruck. Nach dem Scheitern der staatssozialist. Regierungssysteme im östl. Europa trat die Tatsache stärker in den Vordergrund, dass Marktwirtschaft auf der einen Seite und die polit. Wunsch nach Verstärkung basisdemokrat. Elemente und direktdemokrat. Verfahren im demokrat. S. miteinander kompatibel sind.

Die Frage, inwieweit die Ideen des S., Kommunismus und Marxismus noch tragfähig sind, stellt sich vornehmlich für alle Versuche, einen ›postkommunist. S.‹ zu begründen. Diese schreiben überkommene sozialist. Grundsätze radikaler fest als der demokrat. S.; die Leitgedanken werden durch negative Erfahrungen zwar in ihrer Konkretisierung problematisiert, in ihrem Grundgehalt aber als weiterhin gültig aufgewiesen. In der postkommunist. Diskussion werden versch. Argumentationsmuster gepflegt: 1) Der Kapitalismus sei zwar ökonomisch effizienter als der S., aber ungeeignet, um globalen Gefährdungen zu begegnen; Fehlleistungen des ›real existierenden S.‹ in der Umweltfrage hätten sich aus der Konkurrenz zum Kapitalismus ergeben. 2) Die Vorstellung einer solidar. Gesellschaft ohne Ausbeutung und Klassengegensätze sei nicht dadurch desavouiert, dass diese Ziele in konkreten Situationen mit ihren Zwängen nicht erreicht wurden; nicht die Theorie sei falsch, sondern ihre prakt. Anwendung in der Vergangenheit. 3) Ökonomisch sei der S. als Korrektiv in einer auf Wettbewerb reduzierten kapitalist. Gesellschaft, politisch das Korrektiv in einer sich verselbstständigenden Repräsentativdemokratie, in der die polit. Klasse herrsche, ungeachtet des Wechsels ihrer Eliten. 4) Ohne die Utopie des S. hätte sich der Kapitalismus nie eine soziale Komponente zu Eigen gemacht; Ausbeutung, Unterdrückung und Entfremdung seien jedoch auch in der sozialen Marktwirtschaft keineswegs überwunden.

Gesch. des S., hg. v. J. DROZ, 17 Bde. (a. d. Frz., 1974–84); W. HOFMANN: Ideengesch. der sozialen Bewegung des 19. u. 20. Jh. (⁶1979); GERD MEYER: Sozialist. Systeme (1979); Der S. an der Schwelle zum 21. Jh., hg. v. M. NIKOLIĆ, 2 Bde. (1985); Lex. des S., hg. v. THOMAS MEYER u. a. (1986); K. T. SCHUON: Polit. Theorie des demokrat. S. (1986); W. THEIMER: Gesch. des S. (1988); S. in Europa – Bilanz u. Perspektiven, hg. v. H. GREBING u. a. (1989); U.-J. HEUER: Marxismus u. Demokratie (Neuausg. 1990); B. WEHNER: Der lange Abschied vom S. (1990); Eckpunkte moderner Kapitalismuskritik, hg. v. F. DEPPE u. a. (1991); THOMAS MEYER: Demokrat. S. – Soziale Demokratie (³1991); DERS.: Was bleibt vom S.? (1991); E. K. SCHEUCH: Muß S. mißlingen? (1991); G.-J. GLAESSNER: Demokratie nach dem Ende des Kommunismus (1994); Historisch-krit. Wb. des Marxismus, hg. v. W. F. HAUG, auf mehrere Bde. ber. (1994 ff.); Der Umbruch in Osteuropa als Herausforderung für die Philosophie, hg. v. B. HEUER u. M. PRUCHA (1995); Zur Kritik der pol.-dt. Ökonomie. Konzeptionen, Positionen u. Methoden wirtschaftswiss. Forschung in Ost u. West, hg. v. C. WARNKE (1996).

Sozialistengesetz, Bez. für das nach zwei von BISMARCK den Sozialdemokraten zu Unrecht angelasteten Attentaten auf Kaiser WILHELM I. am 21. 10. 1878 vom Reichstag mit den Stimmen der Konservativen und Nationalliberalen verabschiedete Ausnahmegesetz ›gegen die gemeingefährl. Bestrebungen der Sozialdemokratie‹. Es sollte die sozialdemokrat. Parteiorganisation im Dt. Reich durch Versammlungs-, Organisations- und Publikationsverbot, das sich auch auf die Gewerkschaftspresse erstreckte, zerschlagen und ermöglichte darüber hinaus die verschärfte polizeil. Kontrolle aller Versammlungen sowie das Verbot der öffentl. Verbreitung von Druckschriften. Die von den Bestimmungen ausgenommene sozialdemokrat. Parlamentsfraktion wurde im Wahlkampf behindert. Das S. war auf zweieinhalb Jahre befristet, wurde aber bis 1890 regelmäßig verlängert.

Sozialistische Arbeiter-Internationale, Abk. **SAI,** →Internationale.

Sozialistische Arbeiterpartei, Abk. **SAP, 1)** 1875 gegründeter Zusammenschluss der →Sozialdemokratischen Arbeiterpartei mit dem →Allgemeinen Deutschen Arbeiterverein auf der Basis des →Gothaer Programms, der lassallean. und marxist. Elemente miteinander verband. Unter dem Druck des →Sozialistengesetzes (1878) wurde die SAP in die Illegalität gedrängt. In dieser Zeit setzte sich der Marxismus als programmat. Grundkonzept der Partei durch. Nach dem Auslaufen des Sozialistengesetzes (1890) organisierte sich die SAP als →Sozialdemokratische Partei Deutschlands (SPD) neu.

2) 1931 von der SPD abgespaltene Partei, vertrat ein linkssozialist. Programm; 1932 schloss sich ihr eine Gruppe von Kommunisten an, die die ›ultralinke‹ Linie der KPD ablehnten. Die SAP blieb eine Splitterpartei, sie arbeitete nach 1933 im Untergrund gegen das NS-Regime in Dtl.; 1945 schlossen sich die meisten ihrer Funktionäre der SPD an.

Sozialistische Einheitspartei Deutschlands, Abk. **SED,** Staat und Gesellschaft beherrschende Partei der DDR, gegr. am 21. 4. 1946 in Berlin (Ost) durch den Zusammenschluss von KPD und SPD in der SBZ. Zunächst als Zusammenfassung aller sozialist. Kräfte herausgestellt (unter starkem Druck der SMAD, Illusionen und unter der Vorherrschaft der KPD erreicht), entwickelte sich die SED seit 1948 zunehmend nach dem Prinzip des →demokratischen Zentralismus zu einer marxistisch-leninist. Kaderpartei. Im Verlauf einer friedl. Revolution im Herbst 1989 wurde das von ihr errichtete Herrschaftssystem gestürzt; sie selbst wandelte sich 1989/90 in die →Partei des Demokratischen Sozialismus (PDS) um.

Organisation

Die Führungsorgane aller Ebenen waren zunächst paritätisch mit Sozialdemokraten und Kommunisten besetzt (Partei-Vors.: W. PIECK und O. GROTEWOHL), wurden aber bis 1950 nach dem Vorbild der KPdSU umgewandelt. Formell oberstes Organ der SED war der (seit 1971) alle fünf Jahre einberufene Parteitag. Dieser wählte das Zentralkomitee (ZK) der SED, das zw. den Parteitagen als oberstes Organ der Partei fungierte. Das ZK wählte aus seinen Reihen wiederum das Sekretariat und das Politbüro. Das ZK hatte außerdem das Recht, für die Zeit zw. den Parteitagen Parteikonferenzen einzuberufen. Sekretariat und Politbüro bildeten das Machtzentrum der SED, und beide wurden vom Ersten Sekretär bzw. (ab 1976) vom Gen.-Sekr. des ZK (1950–71 W. ULBRICHT, 1971–89 E. HONECKER, 1989 E. KRENZ) geleitet. Von dieser Spitze ging die Willensbildung aus zu den Bezirks-, Kreis-, Stadt- oder Ortsleitungen. Basis der Partei waren die ›Grundorganisationen‹ in den Betrieben; ›Wohnparteiorganisationen‹ spielten nur eine untergeordnete Rolle. Eigene Parteiorganisationen gab es u. a. in der Nationalen Volksarmee (NVA) der DDR. Entsprechend dem Kaderprinzip war seit 1949 eine Mitgliedschaft nur über eine Kandidatur möglich. – Als Zentralorgan des ZK der SED fungierte die Tageszeitung →Neues Deutschland.

Geschichtliche und programmatische Entwicklung

Unter der Formel ›Aufbau einer antifaschistisch-demokrat. Ordnung in ganz Dtl.‹ leitete die SED mit Unterstützung der SMAD von Anfang an eine Umwandlung der gesellschaftl. Struktur der SBZ nach sowjet. Vorbild ein (Sowjetisierung). Mithilfe des →Blocksystems (seit 1949 im Rahmen der ›Nat. Front des Demokrat. Dtl.‹) suchte sie schon früh, sich die führende Rolle im polit. Kraftfeld der SBZ zu sichern (→Nationale Front der DDR).

Mit den Auseinandersetzungen im Ostblock um die Außen- und Innenpolitik TITOS rückte die SED seit 1948 von der Vorstellung eines dt. Sonderweges zum Sozialismus ab (vertreten v. a. von A. ACKERMANN). Im Zuge der ›Stalinisierung‹ (in Anfängen schon ab 1946) glich sich die SED auch in ihrer organisator. Struktur als ›Partei neuen Typs‹ immer mehr der KPdSU an und gab sich auf dem Parteitag von 1950 ein entsprechendes Parteistatut (u. a. ›Säuberungen‹). Seit der 1. Parteikonferenz vom Januar 1949 wurde der Marxismus-Leninismus die für alle Partei-Mitgl. verbindliche polit. Leitlinie; marxistisch-leninistisch geschulte Neumitglieder begannen die Leitungen zu dominieren.

Auf der 2. Parteikonferenz der SED vom 2. bis 12. 7. 1952 beschloss die SED das Programm des ›planmäßigen Aufbaus des Sozialismus‹ in der DDR. So sicherte sie sich endgültig im Rahmen einer volksdemokrat. Ordnung das Machtmonopol im Staat, ordnete den Wirtschafts- und Staatsapparat ihrer Befehlsgewalt unter und leitete die Kollektivierung der Landwirtschaft ein. Das Programm des Aufbaus des Sozialismus wurde nach dem Tod STALINS (März 1953) und dem Aufstand vom 17. 6. 1953 unter Verkündung eines ›Neuen Kurses‹ zeitweilig gebremst. Nach Festigung der durch den Aufstand infrage gestellten SED-Herrschaft wurde jedoch die Umwandlung der DDR im kommunist. Sinne fortgeführt und erreichte einen Höhepunkt mit der erzwungenen Vollkollektivierung der Landwirtschaft (1960). In der Gestaltung der Dtl.-Politik folgte die SED den Linien der sowjet. Außenpolitik. Nach einer intensiv geführten Propaganda für die Einheit Dtl.s ließ sie seit 1955 den Gedanken der Wiedervereinigung Dtl.s zugunsten einer →Zweistaatentheorie fallen. Mit der Errichtung der →Berliner Mauer erreichte diese Politik einen ersten Höhepunkt.

Im Verlauf der innerpartei. Entwicklung setzte sich die von ULBRICHT geführte Gruppe innerhalb der SED durch. Dabei kam es immer wieder zu innerpartei. Kämpfen und zur Säuberung der Partei von Gruppen, die von der von ULBRICHT bestimmten Parteilinie abwichen (u. a. W. ZAISSER, W. HARICH, K. SCHIRDEWAN, E. WOLLWEBER). 1971 wurde schließlich ULBRICHT selbst Opfer parteiinterner Intrigen, indem er von E. HONECKER als Parteichef abgelöst wurde.

Nach der Vollkollektivierung der Landwirtschaft (1960) und der Abriegelung der innerdt. Grenze (1961) beschloss die SED auf dem VI. Parteitag (1963) v. a. Maßnahmen zur Konsolidierung und Forcierung der Wirtschaft der DDR. Durch ein ›Neues Ökonom. System‹ (NÖS) bemühte sie sich, das Wirtschaftssystem zu modernisieren, den Lebensstandard der Bev. zu erhöhen, v. a. jedoch den Export von Industrieerzeugnissen (bevorzugt in die Sowjetunion) zu steigern.

Die unter Bundeskanzler W. BRANDT mit dem Ziel der polit. Entspannung eingeleitete neue Deutschland- und Ostpolitik der Bundesrep. Dtl. veranlasste die SED-Führung, über die Politik der ›Abriegelung‹ hinaus seit 1971 das Konzept einer →Abgrenzung 1) zu entwickeln, um Gefahren der ›Aufweichung‹ oder des ›Sozialdemokratismus‹ möglichst vorbeugend entgegenzuwirken. Auf dem VIII. Parteitag der SED 1971 wurde diese Zielsetzung von E. HONECKER verkündet. Der IX. Parteitag (1976) schrieb die seit Beginn der 70er-Jahre bestimmende Parteilinie in einem neuen Parteiprogramm fest: Im Rahmen der Gestaltung einer ›entwickelten sozialist. Gesellschaft‹ sollte in den ökonom. Planungen das Schwergewicht auf der Einheit von Wirtschafts- und Sozialpolitik liegen. Der X. Parteitag (1981) bestätigte ebenso wie der XI. Parteitag (1986) die Orientierung auf eine allg. Anhebung des Lebensniveaus; die damit einhergehenden wirtschaftl. Defizite konnten aber nicht bewältigt werden. – Hatte die SED in ihrer Programmatik z. B. noch 1963 die Lösung der ›nat. Frage in Dtl.‹ angestrebt, so stand nunmehr – ausgehend von der These der ›sozialistischen dt. Nation‹ – die Entwicklung einer ›sozialist. Nation‹ in der DDR im Vordergrund (→deutsche Nation; →deutsche Einheit). Die immer wieder betonte enge ideolog. Verbundenheit mit der KPdSU geriet ab 1986 unter dem Eindruck der von Gen.-Sekr. M. S. GORBATSCHOW eingeleiteten Politik des ›Umbaus‹ (›Perestroika‹) der sowjet. Gesellschaft in eine Krise; denn die Führung der SED, bes. HONECKER, lehnte die Notwendigkeit von Reformen in der DDR ab. Der wirtschaftl. Niedergang, eine zunehmende polit. Stagnation, verbunden mit der ständig anschwellenden Bürgerbewegung (Herbst 1989) führten im November/Dezember 1989 zum Sturz des Herrschaftssystems der SED in der DDR. Am 18. 10. 1989 musste HONECKER als Gen.-Sekr. der SED zugunsten von E. KRENZ zurücktreten. Am 1. 12. strich die Volkskammer den Führungsanspruch der SED aus der Verf. Unter dem Druck weit reichender Vorwürfe der Korruption und des Amtsmissbrauchs traten ZK und Politbüro am 3. 12. zurück (damit zugleich KRENZ als Gen.-Sekr.). Nachdem sich die Partei auf einem Sonderparteitag (zw. dem 9. und 17. 12. 1989) ein Statut gegeben, G. GYSI zu ihrem Vors. gewählt und ihrem Namen den Zusatz ›Partei des Demokrat. Sozialismus‹ (SED/PDS) beigefügt hatte, suchte sie sich in der Folgezeit ein neues polit. Profil zu geben.

Die SED in Gesch. u. Gegenwart, hg. v. I. SPITTMANN (1987); Gesch. u. Transformation des SED-Staates, hg. v. K. SCHROEDER (1994); Auf dem Weg zur SED.... Eine Quellenedition, hg. v. A. MALYCHA (Neuausg. 1995, Nachdr. 1996); Materialien der Enquête-Kommission ›Aufarbeitung von Gesch. u. Folgen der SED-Diktatur in Dtl.‹, 9 Bde. in 18 Tlen. (1995); A. MALYCHA: Partei vor Stalins Gnaden? Die Entwicklung der SED zur Partei neuen Typs in den Jahren 1946 bis 1950 (1996); Die SED. Gesch. - Organisation - Politik. Ein Hb., hg. v. A. HERBST u. a. (1997); Das Ende der SED. Die letzten Tage des ZK, hg. v. H.-H. HERTLE u. G.-R. STEPHAN (1997).

sozialistische Gesetzlichkeit, zentrale Maxime der Rechtsetzung und -anwendung in den Rechtsordnungen marxistisch-leninistisch bestimmter (kommunist.) Staaten. Inhaltlich stand die s. G. im Spannungsfeld zw. der Forderung nach strikter Einhaltung der Rechtsnormen einerseits und der Orientierung an den ideologisch vorgegebenen polit. Zielsetzungen andererseits. Der Begriff der s. G. war z. B. verankert in Art. 4 der Verf. der Sowjetunion von 1977.

Sozialistische Internationale, Abk. **SI,** gegr. 1951 in Frankfurt am Main als Zusammenschluss sozialist. und sozialdemokrat. Parteien, bekennt sich zum demokrat. →Sozialismus. Ihre Hauptorgane: Kongress, Rat und Büro. Präsidenten u. a.: B. PITTERMANN (SPÖ; 1964–76), W. BRANDT (SPD; 1976–92), P. MAUROY (seit 1992). – Hervorgegangen aus dem ›Committee of International Socialist Conferences‹ (Abk. Comisco; entstanden 1947), knüpft die SI an die Traditionen der Sozialist. Arbeiter-Internationale an (→Internationale).

sozialistische Marktwirtschaft, Marktsozialismus, Wirtschaftssystem, in dem die Wirtschaftsprozesse bei vergesellschafteten Produktionsmitteln und (indirekter) staatl. Struktursteuerung über den Markt koordiniert werden. In den kommunist. Staaten war zunächst nach sowjet. Vorbild das gesellschaftl. Eigentum an Produktionsmitteln generell mit einer Koordination der Produktions- und Konsumtionsentscheidungen durch zentrale Planung verbunden. Diese führte jedoch zur Ausschaltung des Wettbewerbs; der betriebl. Erfolg orientierte sich am Grad der Planerfüllung. Dadurch sank das Bemühen der Betriebe, kostengünstige und konsumentenwünschen entsprechende Produkte anzubieten. Durch die Einschaltung des Marktmechanismus versuchten einige kommunist. Länder, diese Nachteile zu vermeiden.

Die grundsätzliche Möglichkeit, durch marktwirtschaftl. Wettbewerb zw. staatl. oder genossenschaftl. Betrieben Produktion und Konsumtion aufeinander abzustimmen, war bereits in der Zwischenkriegszeit in der Debatte um den **Konkurrenzsozialismus** (O. LANGE, L. VON MISES) nachgewiesen worden. Wenn allen Betrieben vorgeschrieben wird, dass sie ihre Produktion so lange ausdehnen, bis die Produktionskosten für eine zusätzl. Produkteinheit (Grenzkosten) gleich dem Preis dieses Produktes sind, dann ergibt sich die beste mit den eingesetzten Produktionsfaktoren mögl. Güterversorgung.

Modelle und prakt. Reformversuche s. M. werden danach unterschieden, ob sie den Marktmechanismus mit Staatseigentum und umfassender staatl. Regulierung verbinden (etatist. Konzeptionen) oder mit gesellschaftl. Eigentum, Dezentralisierung und Selbstverwaltung der Wirtschaftsprozesse (partizipator. Konzeptionen). Eine eher etatist. Konzeption wurde 1968 mit dem ›Neuen Wirtschaftsmechanismus‹ in Ungarn realisiert. Beispiele für partizipator. Konzeptionen waren die Arbeiterselbstverwaltung im früheren Jugoslawien und die Wirtschaftsreform während des Prager Frühlings in der Tschechoslowakei (›Neues ökonom. Modell‹ von O.→Šik). Marktbeziehungen allein garantieren jedoch noch keinen funktionierenden Wettbewerb. Dessen Entstehung wird behindert, wenn in einem relativ kleinen Land bei vielen Produkten nur ein oder wenige Anbieter vorhanden sind, wenn die Betriebsleitungen nicht gewohnt sind, Produktqualität und Produktionsverfahren an den Markterfordernissen auszurichten und wenn Verluste, die durch mangelnde Marktanpassung und Kostendisziplin entstehen, vom Staatshaushalt übernommen werden, sodass der notwendige finanzielle Druck fehlt.

M. FEUCHT: Theorie des Konkurrenzsozialismus (1983); Wirtschaftspolitik im Systemvergleich, hg. v. B. CASSEL (1984); H. LEIPOLD: Wirtschafts- u. Gesellschaftssysteme im Vergleich (⁵1988); W. BRUS u. K. ŁASKI: Von Marx zum Markt. Der Sozialismus auf der Suche nach einem neuen Wirtschaftssystem (a. d. Engl., ²1990).

Sozialistischer Deutscher Studentenbund, Abk. **SDS,** 1946–69/70 eine Studentenorganisation, urspr. der SPD nahe stehend, geriet als Gegner des Godesberger Programms der SPD (1959) mit dieser in Konflikt, entwickelte sich – zunächst v. a. mit Reformplänen für das Hochschulwesen hervortretend – in den 60er-Jahren zu einem Kristallisationskern der →außerparlamentarischen Opposition sowie der →neuen Linken in der BRD. Der SDS war mit dem APO-Wortführer R. DUTSCHKE 1967–69 die tonangebende polit. Kraft der →Studentenbewegung bes. gegen das militär. Engagement in Vietnam, zerfiel aber danach in versch. Richtungen und löste sich auf.

Linksintellektueller Aufbruch zw. ›Kulturrevolution‹ und ›kultureller Zerstörung‹. Der S. D. S. (SDS) in der Nachkriegsgesch. (1946–1969), hg. v. S. LÖNNENDEKER (1998).

Sozialistische Reichspartei, Abk. **SRP,** rechtsradikale Partei, 1949 gegründete Abspaltung der →Deutschen Reichspartei 2), errang 1951 bei den Landtagswahlen in Ndsachs. 11% der Stimmen, in Bremen 7,7%; 1952 als Nachfolgeorganisation der NSDAP vom Bundesverfassungsgericht für verfassungswidrig erklärt und aufgelöst.

Sozialistischer Hochschulbund, Abk. **SHB,** →Sozialdemokratischer Hochschulbund.

sozialistischer Realismus, eine Methode der künstler. Gestaltung und Kritik in der Literatur, die eng an die marxistisch-leninist. Ideologie gebunden ist; auch übertragen auf andere Künste, v. a. auf die bildende Kunst.

Der Begriff s. R. taucht bereits im Umkreis der Literaturdebatten über das Thema Literatur und Proletariat auf, die zwischen dem Ende des Sozialistengesetzes (1890) und dem Beginn des Ersten Weltkriegs in der dt. Sozialdemokratie stattfanden. Nach der Revolutionen 1917/18 entstand unter dem Einfluss der jungen kommunist. Parteien eine Literatur der radikalen Linken, die an expressionist. Formen anknüpfte; ihre Verfasser ließen sich von kommunist. oder linkssozialist. Ideen leiten, begriffen ihre künstler. Arbeit – durch die Wahl der Themen, durch das Bemühen um allg. verständl. Aussagen u. Ä. – als Teilnahme am Kampf um revolutionäre Ziele und waren oft auch organisatorisch mit der kommunist. Bewegung verbun-

sozialistischer Realismus: Heinrich Vogeler, Plakatentwurf ›Baku‹, 1927 (Berlin, Nationalgalerie)

den. In Dtl. nahm die KP durch den 1928 gegründeten ›Bund proletarisch-revolutionärer Schriftsteller‹ (BPRS) direkten Einfluss auf die literar. Arbeit. In dieser Phase spielten zwar realist. Kunsttraditionen eine wichtige Rolle, doch waren die Autoren keiner ästhet. Doktrin verpflichtet. International bedeutende Schriftsteller hatten teil an dieser linken Literatur (so M. ANDERSEN NEXÖ, H. LAXNESS, P. NERUDA, J. AMADO, L. ARAGON, B. BRECHT), die nur unter Vorbehalt als sozialistisch-realistisch bezeichnet werden kann, nämlich im Kontext der Gesamtentwicklung der Weltliteratur.

Der Begriff des s. R., wie er in den frühen 30er-Jahren in der Sowjetunion als verbindl. Programm für Kunst und Literatur formuliert wurde, steht dagegen im Zusammenhang mit der Ausbildung des sowjet. Herrschaftssystems unter der Führung STALINS, das auch das geistige Leben dem totalitären Machtanspruch unterstellte. Mit der Auflösung der unterschiedl. Künstler- und Schriftstellerorganisationen 1932 wurde auch äußerlich die künstler. Mannigfaltigkeit der 20er-Jahre beendet. Auf dem 1. Allunionskongress der Sowjetschriftsteller 1934 wurde der s. R. als ›Hauptmethode der sowjet. Literatur und Kritik‹ definiert und vom Künstler gefordert, die ›Werktätigen‹ im Geiste des Sozialismus umzuerziehen. Leitfigur der Doktrin war M. GORKIJ. Sein Roman ›Die Mutter‹ (1907) galt als Modell sozialistisch-realist. Darstellungsweise. Zu deren Merkmalen wurden erklärt: Volksverbundenheit in Inhalt und Form, der ›positive Held‹, der als Individuum in typ. Weise den Fortschritt im sozialist. Sinn repräsentierte und zur Identifikation dienen sollte, die Vermeidung von nicht lösbaren Konflikten als Ausdruck der Überwindung der ›Klassenwidersprüche‹. Am ehesten konnten alle diese Forderungen im Roman verwirklicht werden. In Anlehnung an die Erzählkunst des 19. Jh. entstanden auf gesellschaftl. Totalität zielende Aufbau-, Produktions-, Erziehungs- und Geschichtsromane (so von I. G. EHRENBURG, A. A. FADEJEW, K. A. FEDIN, F. W. GLADKOW, L. M. LEONOW, A. S. MAKARENKO, M. A. SCHOLOCHOW, A. N. TOLSTOJ, N. A. OSTROWSKIJ). Auch die der dt. KP nahestehen-

den Autoren der →Arbeiterliteratur waren diesem Konzept verpflichtet.

In der bildenden Kunst knüpfte der s. R. an die Traditionen der Peredwischniki und der AChRR (Assoziation der Künstler des revolutionären Russlands) an und bereitete einer altmeisterl. Nationalkunst den Weg. Die gegen den Stilpluralismus gerichtete Doktrin des s. R. wurde zur absolut verbindl. Richtlinie mit einer kontraproduktiven Genrehierarchie. Es dominierte eine optimistisch-heroisierende, dem Ideal des positiven Helden verpflichtete Monumentalkunst in allen Variationen und Genres. Porträts polit. Führer (v. a. das auf die Person STALINS orientierte Führerbild), Historienbilder, der sozialist. Aufbau, Szenen aus dem Produktionsprozess, der industriellen und bäuerl. Arbeitswelt sowie sozialistisch-realist. Traditionen der anekdotenhaften und moralisierenden Genremalerei waren bis in die 60er-Jahre hinein bestimmend (NIKOLAJ A. ANDREJEW, *1873, †1932, WERA I. MUCHINA, I. I. BRODSKIJ, A. M. GERASSIMOW, A. A. DEINEKA, TATJANA N. JABLONSKAJA, *1917).

Formexperimente waren streng verpönt. Damit wurde die gesamte Moderne, auch die linke, antibürgerl. Avantgarde als ›formalistisch‹ und ›dekadent‹ von der offiziellen Literatur- und Kunstkritik verurteilt. Hatte das Anfang der 30er-Jahre diskutierte Programm noch einen Ausgleich zwischen dem schöpfer. Charakter künstler. Arbeit und ideolog. Vorgaben gesucht, wurde es in der Folge zum Vorwand für bürokrat. Gängelung und Willkür, Zensur, Ausgrenzungen, Demütigungen und psych. Terror. Die freiwillige oder erzwungene Selbstkritik nahm groteske Züge an, talentierte Ansätze verkamen zu konformist. Plattheit. STALIN griff selbst in die Steuerungsprozesse ein und förderte damit den Kult um seine Person. Die Atmosphäre der Einschüchterung und Denunziation (Repressalien waren u. a. die Maler und Grafiker N. ALTMAN, DEINEKA, R. FALK, H. VOGELER ausgesetzt) gipfelte in Strafprozessen gegen Künstler, die mit Verurteilungen zu Höchststrafen endeten: I. BABEL, M. J. KOLZOW, O. MANDELSTAM, W. E. MEJERCHOLD, S. M. TRETJAKOW und viele andere wurden umgebracht oder verschwanden in Gefängnissen und Straflagern.

Bei den Versuchen, der realen Entwicklung der Literatur und Kunst in der Sowjetunion, später in den Ländern ihres Einflussbereichs theoretisch gerecht zu werden, sind aufrichtiges Bemühen um Erkenntnis und Nachgiebigkeit gegenüber parteioffiziellen Vorgaben nicht immer genau zu unterscheiden. Als Maßstab galten einige Texte der marxist. Theorie, v. a. F. ENGELS, der 1885 die Darstellung ›typ. Charaktere unter typ. Umständen‹ als charakterist. Merkmal realist. Literatur definiert hatte, später LENINS Theorie der Widerspiegelung (in ›Materialismus und Empiriokritizismus‹, 1909). Die originäre Konzeption von K. MARX, auf die sich z. B. BRECHT bezog, rückt den im Produkt seiner Arbeit sich selbst verstehenden, denkenden und fühlenden Menschen ins Zentrum, Kunst wird zwar als Produktion angesehen, aber als eine von äußerer Zweckhaftigkeit entbundene, sie vermag menschl. Leben nicht nur als Gegebenheit, sondern auch in seinen Möglichkeiten zu begreifen. Unter diesen theoret. Prämissen wurde nach dem XX. Parteitag der KPdSU das Dogma allmählich gelockert, abzulesen zuerst an der Darstellung des Zweiten Weltkrieges, wo das Bedürfnis nach Aufrichtigkeit gegenüber einer schreckl. Wirklichkeit offenkundig wurde.

Seit der ›Tauwetter‹-Periode (die ihren Namen nach dem Roman von I. EHRENBURG erhielt) entfernten sich die Schriftsteller der Sowjetunion immer mehr von dem gewünschten optimist. Bild: Erstes bedeutendes Zeugnis dieser die sowjet. Wirklichkeit hart kriti-

sozialistischer Realismus: Nikolaj Andrejewitsch Andrejew, ›Wladimir Iljitsch Lenin‹, 1931/32 (Moskau, Tretjakow-Galerie)

sierenden neuen realist. Literatur war A. Solschenizyns Erzählung ›Ein Tag im Leben des Iwan Denissowitsch‹ (1962), es folgten u. a. die Werke von W. Below, W. Rasputin, W. Schukschin (die ›Dorfprosa‹), die Romane von T. Ajtmatow, für die die Merkmale des s. R. im ursprüngl. Sinn nicht mehr zutreffen. Dabei wurde die Doktrin nie widerrufen, nur rückte in den theoret. Diskussionen seit 1957 der Begriff des Realismus in den Vordergrund. In der bildenden Kunst setzte sich ein neuer, engagierter Realismus durch. Seine typ. Ausdrucksformen waren der expressive strenge Stil mit lakon. Bildsprache (Wiktor Popkow, *1932, †1974), der symbolhafte Stil (Michail Sawizkij, *1922) und der zur Poetisierung neigende romant. Stil (Jablonskaja). Seit Ende der 60er-Jahre bildete sich eine Vielfalt der Themen, Stile und künstler. Techniken heraus.

sozialistischer Realismus: Tatjana Jablonskaja, ›Korn‹; 1949 (Moskau, Tretjakow-Galerie)

In der Musik ging der s. R. zunächst von einer Intonationstheorie aus. Der Intonationsbegriff sollte durch Analogie von musikal. und außermusikal. Erscheinungen erklären helfen, wie sich die besondere musikal. Widerspiegelung vollziehe und welche Bezüge zw. emotionaler und sinnhafter Bedeutung in der Musik existierten. G. Lukács, dessen im sowjet. Exil entstandene Schriften in den theoret. Diskussionen um die Doktrin eine Schlüsselposition einnahmen, formulierte eine doppelte Widerspiegelungstheorie, eine musikal. ›Mimesis der Mimesis‹, nach der sich die Außenwelt im Menschen und das Gefühl wiederum in der Musik abbilde. Wichtig in der musikal. Entwicklung wurde neben den traditionellen Großformen wie der Sinfonie die Entfaltung des proletar. Massenliedes und unterschiedl. multinationale und multikulturelle Traditionenen der musikal. Folklore in der Sowjetunion. Wie schwankend allerdings dieser musikal. s. R. gehandhabt wurde, zeigt das Beispiel D. D. Schostakowitschs, dessen Werk in den 30er- und 40er-Jahren teils als abstrakt-formalistisch verdammt, teils als stalinpreiswürdig gefeiert wurde.

In der SBZ bzw. später in der DDR wurden – nach einer kurzen Phase einer nur vom Antifaschismus geprägten Literatur – die Vorgaben der sowjet. Kulturpolitik bindend, personifiziert v. a. durch A. A. Schdanow, organisatorisch vorbereitet in der Spaltung des dt. P.E.N.-Zentrums und der Gründung separater Organisationen. Das 5. Plenum des ZK der SED (1951) erhob den s. R. zur bestimmenden Richtung in Kunst und Literatur und sagte ›Dekadenz‹, ›Formalismus‹ und ›Kosmopolitismus‹ den Kampf an; die aus dem Exil zurückgekehrten Künstler wurden gemaßregelt, wenn sie zögerten, den Aufbau in Ost-Dtl. aus der Sicht der SED (als ›das Neue‹) darzustellen. Auch Brecht, der versuchte, den Begriff des s. R. neu zu formulieren, den Komponisten H. Eisler und P. Dessau sowie zahlr. Malern und Grafikern (u. a. Carl Crodel, *1894, †1973, Horst Strempel, *1904, †1975, A. Mohr) wurde Formalismus vorgeworfen (→Formalismusdebatte). Für viele Künstler entstand ein ›anhaltender Konflikt zw. befohlenem und gewolltem Sozialismus... Er führte zu abgebrochenen künstler. Biographien, zum Exodus in mehreren Wellen, zu Widersprüchen im Werk, trieb auch Widerstand hervor gegen die verlangten optimist. Platituden, gegen den Naturalismus, gegen die verordnete Absage an die Moderne‹ (Harald Olbrich).

Was der Begriff durch seine Institutionalisierung an administrativer Verbindlichkeit gewann, verlor er an Anziehungskraft für schöpfer. Künstler. Die Mitgliedschaft in Verbänden war allerdings Bedingung für die Anerkennung berufl. Professionalität (und damit für die Existenzsicherung). Schriftsteller mit Interessen an theoret. Reflexion artikulierten ihre Ansichten abseits offizieller ideolog. Überzeugungen, zunehmend in Opposition zu ihnen (F. Fühmann, V. Braun, Christa Wolf u. a.). Der Versuch, durch den →Bitterfelder Weg die Umsetzung der Doktrin zu befördern, brachte nur wenige künstlerisch interessante Arbeiten hervor. Zwar wurde der Begriff in der offiziellen Kritik auch noch für einige Werke der Gegenwartsliteratur angewandt (etwa von Anna Seghers und H. Kant), doch waren seit Ende der 60er-Jahre nur wenige Autoren bereit, sich an den von der SED gesetzten Kriterien zu orientieren. Die Publikationsverbote, die durch die bis Anfang 1989 praktizierte Zensur ausgesprochen wurden, bezogen sich meist auf direkte Regimekritik, weniger auf Gestaltungsweisen. In der bildenden Kunst wuchs die Distanz zur ideolog. Inszenierung in einer zunehmend individuellen Wirklichkeitsreflexion (u. a. W. Mattheuer; Sighard Gille, *1941; H. Ebersbach; T. Wendisch; J. Böttcher, Doris Ziegler). Sie brachte eine künstler. Pluralität hervor, die jedoch bis Ende der 80er-Jahre trotz proklamierter ›Weite und Vielfalt‹ (6. Plenum des ZK der SED, 1972) auch im Künstlerverband mit Argwohn beobachtet wurde und zu heftigen Auseinandersetzungen führte.

sozialistischer Realismus: Wolfgang Mattheuer, ›Die Ausgezeichnete‹; 1973/74 (Berlin, Nationalgalerie)

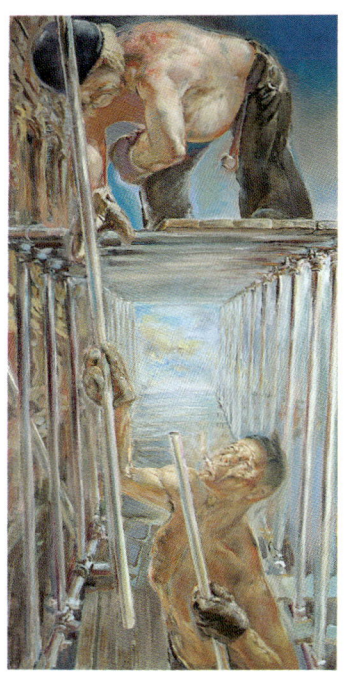

sozialistischer Realismus: Sighard Gille, Diptychon ›Brigadefeier-Gerüstbauer‹; 1975/77 (Berlin, Nationalgalerie)

Bis zum Ende des realen Sozialismus blieb in allen davon betroffenen Ländern – wenn auch in unterschiedl. Ausprägung – zwischen den künstler. Prozessen und der machtkonformen Ideologie eine tiefe Kluft.

Dokumente zur sowjet. Literaturpolitik. 1917–1932, bearb. v. K. Eimermacher (1972); R.-D. Kluge: Vom krit. zum s. R. (1973); Sozialist. Realismuskonzeptionen, hg. v. Hans-Jürgen Schmitt u. a. (1974); D. F. Markov: Zur Genesis des s. R. (a. d. Russ., Berlin-Ost 1975); Realismustheorien in Lit., Malerei, Musik u. Politik, hg. v. R. Grimm (1975); E. Możejko: Der s. R. Theorie, Entwicklung u. Versagen einer Literaturmethode (1977); Zw. Revolutionskunst u. s. R., hg. v. H. Gassner u. a. (1979); L. Lang: Malerei u. Graphik in der DDR (Leipzig ²1980); K. Thomas: Die Malerei in der DDR 1949–1979 (1980); M. Damus: S. R. u. Kunst im Nationalsozialismus (1981); ders.: Malerei der DDR. Funktionen der bildenden Kunst im realen Sozialismus (1991); H. Siegel: Sowjet. Literaturtheorie, 1917–1940 (1981); Zeitvergleich. Malerei u. Graphik aus der DDR, bearb. v. A. Hecht u. a., Ausst.-Kat. (1982); H. Günther: Die Verstaatlichung der Lit. Entstehung u. Funktionsweise des sozialistisch-realist. Kanons in der sowjet. Lit. der 30er Jahre (1984); B. Groys: Gesamtkunstwerk Stalin. Die gespaltene Kultur in der Sowjetunion (a. d. Russ., 1988); Literaturtheorie u. Literaturkritik in der frühsowjet. Diskussion, hg. v. A. Hiersche u. a. (Berlin-Ost 1990); M. C. Bown: Kunst unter Stalin. 1924–1956 (1991); Agitation zum Glück. Sowjet. Kunst der Stalinzeit, hg. v. H. Gassner u. a., Ausst.-Kat. Dokumenta-Halle, Kassel (1994); H. Kneip: Regulative Prinzipien u. formulierte Poetik des s. R. Unterss. zur Lit.-Konzeption in der Sowjetunion u. Polen 1945–1956 (1995).

sozialistischer Wettbewerb, Begriff des Marxismus-Leninismus, angebl. Ausdruck der schöpfer. ›Masseninitiative‹, um – durch gegenseitige kameradschaftl. Hilfe bei materieller und moral. Anerkennung der Leistungen – v. a. die Arbeitsproduktivität und die Effektivität der Produktion zu steigern; blieb jedoch immer dem Führungsanspruch der marxistisch-leninist. Kaderpartei (z. B. der SED in der DDR) unterworfen. – Formen und Bestandteile des öffentlich geführten s. W. in der DDR waren u. a. die Aktivisten-, (Wettbewerbs-) und →Neuererbewegung, die ›Sozialist. Gemeinschaftsarbeit‹, der ›Mach-mit-Wettbewerb‹ sowie die ›Notizen zum Plan‹.

sozialistisches Eigentum, in kommunist. Ländern das gesellschaftl. Eigentum in Form staatl. Eigentums (Volkseigentum, z. B. volkseigene Betriebe), genossenschaftl. Eigentums (z. B. bei landwirtschaftl. Produktionsgenossenschaften) und des Eigentums gesellschaftl. Organisationen, wobei das staatl. Eigentum – entsprechend der theoret. Bestimmung des Staates – als am höchsten entwickelte Form des gesellschaftl. Eigentums aufgefasst wurde. Der Schutz des s. E. war z. T. in den Verfassungen festgelegt. (→Eigentum, Staatsrecht)

sozialistische und sozialdemokratische Parteien, i. w. S. alle Parteien, die sich in ihrer Programmatik auf die Ideen des →Sozialismus stützen; i. e. S. jene Parteien, die sich zum ›demokrat. Sozialismus‹ bekennen und in ihrer Mehrzahl in der →Sozialistischen Internationale organisiert sind.

Geschichte: Historisch gesehen gingen die s. u. s. P. – ebenso wie die Gewerkschaften – aus der →Arbeiterbewegung hervor. Viele im letzten Drittel des 19. Jh. gegründete sozialist. Parteien in Europa folgten überwiegend dem im frühen Begriff der →Sozialdemokratie angelegten Konzept polit. und sozialer Reformen; Ende des 19. Jh. öffnete sich diese aber auch den Ideen von K. Marx und F. Engels. Im Rahmen der Zweiten →Internationale entwickelte sich ab 1899 eine breite, kontrovers geführte Diskussion über die Bewertung des Marxismus als des Motors gesellschaftl. Veränderungen (→Revisionismus); revolutionäre Strömungen artikulierten sich am schärfsten in den Vorstellungen Rosa Luxemburgs und Lenins.

Die →Sozialdemokratische Partei Deutschlands (SPD; gegr. 1890) beeinflusste bes. Bildung und Programm der sozialdemokrat. Parteien. In Österreich-Ungarn ging aus der →Sozialdemokratischen Partei Österreichs (1888/89) 1911 die ›Tschechoslowak. Sozialdemokrat. Arbeiterpartei‹ unter Einfluss T. G. Masaryks hervor, aus SPÖ-Landesverbänden 1919 die selbstständige ›Dt. Sozialdemokrat. Arbeiterpartei in der tschechoslowak. Rep.‹ (DSAP). Darüber

Sozialleistungen (in Mrd. DM)

	1960	1970	1980	1990[1]	1992	1994[2]	1995[3]
Sozialausgaben insgesamt	65,7	179,9	480,1	737,4	1 005,9	1 111,4	1 179,3
darunter:							
Rentenversicherung	19,5	51,7	141,5	227,5	287,6	334,9	361,1
Krankenversicherung	9,5	25,3	89,0	150,6	208,9	227,7	240,0
Unfallversicherung	1,7	4,0	9,3	12,8	17,1	19,4	20,0
Arbeitsförderung und Arbeitslosenversicherung	1,2	3,6	22,9	51,4	111,2	126,7	129,2
Beamtenpensionen	6,8	15,8	32,9	44,0	49,9	53,8	56,0
Altershilfe für Landwirte	0,2	0,9	2,8	4,4	5,3	5,8	6,2
Entgeltfortzahlung	3,0	12,7	28,9	39,3	51,2	49,4	55,2
Kindergeld	0,9	2,9	17,2	14,5	21,9	21,0	21,2
Erziehungsgeld	–	–	–	4,6	7,2	6,7	7,2
Kriegsopferversorgung	3,9	7,3	13,3	12,8	14,1	14,5	14,0
Wohngeld	–	0,7	2,0	3,9	7,3	6,2	6,2
Jugendhilfe	0,5	1,9	8,4	13,4	25,0	28,5	29,2
Sozialhilfe	1,1	3,3	13,3	29,1	39,9	52,2	53,3
Sozialquote[4]	21,7	26,6	32,6	29,3	32,7	33,5	34,1

[1] ab 2. Halbjahr 1990 einschließlich neue Länder. – [2] 1994 vorläufige Ergebnisse. – [3] 1995 geschätzte Ergebnisse. – [4] Sozialausgaben in Prozent des Bruttoinlandsprodukts.

hinaus war die SPD von Einfluss auf die Parteienbildung in der Schweiz (→Sozialdemokratische Partei der Schweiz, gegr. 1888), in den Niederlanden (heute: →Partij van de Arbeid) und in den nordeurop. Staaten (v. a. →Sozialdemokratische Arbeiterpartei Schwedens). Neben dem →Erfurter Programm der SPD (1891) war der frz. Sozialismus, 1905 in der →Section Française de l'Internationale Ouvrière (SFIO; seit 1969: →Parti Socialiste) zusammengefasst, maßgeblich für die Entwicklung sozialistischer Parteien in Belgien (seit 1944 →Parti Socialiste Belge), Italien (→Partito Socialista Italiano, gegr. 1892) und Spanien (→Partido Socialista Obrero Español, gegr. 1879). Die brit. →Labour Party, die von der →Fabian Society beeinflusst war, bestimmte die sozialist. Tradition in Australien, Neuseeland und Irland; 1988 entstand die →Social and Liberal Democratic Party (SLDP). Die →Sozialdemokratische Arbeiterpartei Russlands (SDAPR) wirkte vor 1914 auf die Entstehung eines sozialist. Parteienspektrums in SO-Europa (z. B. in Serbien, Rumänien und Bulgarien) ein.

Vergleichbar dem Verhalten sozialist. Parteien anderer Krieg führender Länder integrierte sich die einflussreiche SPD in Dtl. 1914 in die nat. Politik des ›Burgfriedens‹. Gegner des →Reformismus organisierten sich nach 1918 unter Führung LENINS und des bolschewist. Russlands in den →kommunistischen Parteien, die in einen scharfen Gegensatz zu den s. u. s. P. traten (Höhepunkt: Vorwurf des →Sozialfaschismus). In den vom Faschismus und Nationalsozialismus errichteten national-rassistisch bestimmten Diktaturen wurden alle sozialist. Parteirichtungen zusammen mit bürgerlich-konservativen und liberalen Parteien verfolgt. Im Zuge der Errichtung kommunist. (marxistisch-leninist.) Diktaturen gegen Ende des Zweiten Weltkriegs in Mittel-, Ost- und Südosteuropa (1944/45) schalteten die von der Sowjetunion gestützten kommunist. Parteien die mit ihnen konkurrierenden s. u. s. P. 1946–48 in →Einheitsparteien gleich. Bes. bei deren ›Stalinisierung‹ wurden innerparteil. Positionen, die in den Verdacht krimineller Nähe zur Sozialdemokratie gerieten, unter dem Vorwurf des ›Sozialdemokratismus‹ kriminalisiert (u. a. →Säuberungen in der SED 1950/51).

Unter dem Eindruck des Zusammenbruchs ihrer Reg.-Systeme in Europa (1989/90) suchten sich die kommunist. Parteien unter einem Bekenntnis zum ›demokrat. Sozialismus‹ ein verändertes sozialist. Profil zu geben. So entstand z. B. als Nachfolgeorganisation der SED 1989/90 die →Partei des Demokratischen Sozialismus (PDS), aus dem ›Bund der Kommunisten Jugoslawiens‹ v. a. die ›Sozialist. Partei Serbiens‹. Darüber hinaus gingen aus den ehem. KP aber auch 1990/91 durch Wandlungsprozesse sozialist. bzw. sozialdemokrat. Parteien hervor (z. B. in Ungarn, Polen, Slowenien, im Baltikum), von denen einige auch wiederholt Reg.-Verantwortung trugen. – In Europa entstanden ab 1948 übernat. Parteienzusammenschlüsse (→Bund der Sozialdemokratischen und Sozialistischen Parteien der Europäischen Gemeinschaft, →Sozialdemokratische Partei Europas).

Sozialkapital, betriebl. Rückstellungen für Sozialleistungen, z. B. Pensionszahlungen. Durch steuerl. Begünstigungen wurde das S. seit 1948 zunehmend zur Selbstfinanzierung der Unternehmen verwendet. Dagegen wurde die Bildung überbetriebl. **Sozialfonds,** an die die Arbeitnehmer durch Anteilscheine beteiligt werden, während das Kapital den Unternehmen zur Verfügung stehen soll, als vermögenspolit. Maßnahme u. a. von den Gewerkschaften vorgeschlagen.

Sozialklauseln, →Miete.

Sozialkompetenz, *Sozialpsychologie:* das Ausmaß, in dem ein Individuum durch Begabung, Ausbildung und Lebensgeschichte fähig ist, in seiner sozialen Umwelt selbstständig zu handeln. S. gilt als Kennzeichen der sozialen Reife und Mündigkeit.

Sozial|lasten, soziale Belastung, die gemäß gesetzl. Verpflichtung vom Arbeitnehmer, Arbeitgeber und vom Staat aufzubringenden Beiträge oder Zuschüsse für Sozialleistungen aller Art.

Sozial|lehren der christlichen Kirchen, Sammelbez. für die aus der Bibel und kirchl. (Lehr-)Tradition abgeleiteten (Lehr-)Auffassungen der einzelnen Kirchen über die Grundlagen und Normen des Zusammenlebens der Menschen innerhalb der gesellschaftlichen Ordnungen. (→katholische Soziallehre, →evangelische Soziallehre)

Sozial|leistungen, alle den privaten Haushalten oder Personen vom Staat bzw. öffentlich-rechtl. Körperschaften oder von Unternehmen zur Deckung bestimmter sozialer Risiken und Bedürfnisse gewährte Geld- und Sachleistungen. Sie dienen v. a. 1) der sozialen Sicherung einschließlich der Sozialhilfe, 2) dem Familienlastenausgleich mit dem Kindergeld und den Kinderfreibeträgen sowie den Ausbildungsförderungsleistungen, 3) anderen sozialpolit. Aufgaben wie Wohnungsbauförderung, Entschädigung von Opfern, Förderung Behinderter. S. werden in der Bundesrepublik Dtl. zu rd. zwei Dritteln durch Beiträge der Versicherten und der Arbeitgeber sowie zu rd. einem Drittel durch Zuweisungen des Staates (Steuerfinanzierung) wie bei den sozialen Hilfen und Diensten sowie den familien- und kinderbezogenen Leistungen finanziert. Der Quotient aus S. und Bruttosozialprodukt wird als **Sozialleistungsquote** bezeichnet.

Bes. genau werden die S. vom Sozialbudget erfasst. Das **Sozialbudget** dient als Informationsquelle über die S. und als Entscheidungshilfe für den Gesetzgeber und die staatl. Wirtschaftspolitik. Für die Bundesrepublik Dtl. wurde es erstmals 1968 erstellt. Das Sozi-

Finanzierung der Sozialleistungen nach Quellen (in %)

	1960	1970	1980	1990[1]	1992	1994[2]	1995[3]
Unternehmen	32,6	30,7	31,9	32,6	31,3	29,2	29,2
Bund	24,7	24,8	22,7	19,2	19,8	20,5	20,2
Länder	13,7	14,6	12,0	10,4	10,2	10,1	10,1
Gemeinden	6,4	6,2	7,2	7,8	8,6	8,8	8,7
Sozialversicherung	0,2	0,3	0,3	0,3	0,3	0,3	0,3
private Organisationen	1,0	0,7	0,7	0,7	0,5	0,6	0,6
private Haushalte	21,4	22,7	25,4	28,9	29,2	30,5	30,9

[1] ab 2. Halbjahr 1990 einschließlich neue Länder. – [2] 1994 vorläufige Ergebnisse. – [3] 1995 geschätzte Ergebnisse.

albudget ist gegliedert nach Institutionen (Träger der Sozialleistungen) und nach Funktionen (Tatbestände, für die eine Sozialleistung gewährt wird) sowie nach Finanzierungsarten. Finanziert wurde das Sozialbudget 1995 aus Sozialversicherungsbeiträgen der Versicherten mit 362,4 Mrd. DM bzw. der Arbeitgeber mit 420,2 Mrd. DM, aus Zuweisungen (hauptsächlich aus öffentl. Mitteln) mit 395,9 Mrd. DM sowie aus sonstigen Einnahmen mit 17,9 Mrd. DM. Es ist der finanzielle Teil des **Sozialberichts**, der als eine Art sozial- und gesellschaftspolit. Regierungsprogramm einen Überblick über die sozialpolit. Entwicklung sowie die beabsichtigten Maßnahmen gibt.

J. FRERICH: Sozialpolitik. Das Sozialleistungssystem der Bundesrep. Dtl. (³1996).

Sozial|lohn, der →Familienlohn.

Sozialmedizin, Bereich der Medizin, der die Zusammenhänge zw. gesellschaftl. Gegebenheiten (Beruf, soziale Schicht, Lebensumstände) und Krankheit, Invalidität und vorzeitigem Tod untersucht; die S. schließt die epidemiologisch-statist. Erfassung der Häufigkeit und der Verlaufsformen von Krankheiten in bestimmten Bevölkerungsteilen wie die Erkennung der Ursachen und der Möglichkeiten der Prävention (Gesundheitsvorsorge) ein und berührt damit z. T. den Aufgabenbereich der →Medizinsoziologie.

Sozial|ökologie, Teilgebiet der sozialwiss. Forschung, das in den 1920er-Jahren von Angehörigen der Chicago-Schule (R. E. PARK, E. W. BURGESS) in den USA begründet wurde. Zunächst an eine biologisch ausgerichtete Ökologie angelehnt, beschäftigt sich S. mit der Untersuchung von Wechselbeziehungen zw. sozialen Gruppen und der ihnen zur Verfügung stehenden und von ihnen beanspruchten Umwelt, v. a. mit den jeweiligen Anpassungsleistungen und -grenzen. Dabei steht in der klass. S. die Untersuchung des räuml. Zusammenlebens von Menschen im Bereich der (groß)städt. Siedlungen, der damit verbundenen Einwirkungen auf die Umwelt und der entsprechenden Folgeerscheinungen im Zentrum der Betrachtung. In diesem Rahmen befasst sich S. v. a. mit der Entstehung, Ausbreitung und Entwicklung von Städten, mit unterschiedl. Formen und Folgen der Raumnutzung, mit den wechselseitigen Beziehungen zw. sozialem Wandel und Umweltveränderungen sowie mit der räuml. Verteilung spezifisch sozialer Erscheinungen und Organisationsformen, dabei auch von sozialen Problemen wie Kriminalität, Prostitution und sozialmedizinisch relevanten Erscheinungen. Neuere Entwicklungen haben die Bedeutung kultureller Faktoren im Zusammenhang der räuml. Anordnung sozialer Gebilde erkannt und die Untersuchung auf die nichtstädt. Gesellschaft-Umwelt-Verhältnisse ausgedehnt. (→Stadtsoziologie)

A. H. HAWLEY: Theorien u. Forschungen in der S., in: Hb. der empir. Sozialforschung, hg. v. R. KÖNIG, (Bd. 4 ³1974); Urban patterns. Studies in human ecology, hg. v. G. A. THEODORSON (University Park, Pa., 1982).

Sozial|ökonomik, Sozial|ökonomie, *Wirtschaft:* →Volkswirtschaftslehre.

Sozialpädagoge, i. e. S. Absolvent eines Fachhochschulstudiums Sozialpädagogik, i. w. S. Bez. für Fachkräfte, die im Bereich der →sozialen Arbeit tätig sind, jedoch unterschiedlich ausgebildet sein können (z. B. an Fachschulen für Sozialpädagogik und in Bad.-Württ. an Berufsakademien). Studiengang und Berufs-Bez. S. und Sozialarbeiter wurden 1966/67 eingeführt. Die Ausbildung an Fachhochschulen umfasst entweder acht Semester einschließlich zweier fachprakt. Semester oder sechs Hochschulsemester und ein einjähriges Berufspraktikum. Die Ausbildung an Berufsakademien ist von dreijähriger Dauer. Das Studium zum Diplompädagogen an Gesamthochschulen/ Universitäten (Erziehungswiss. mit dem Studienschwerpunkt Sozialpädagogik) dauert acht Semester, innerhalb deren Praktika abzuleisten sind.

T. RAUSCHENBACH u. M. SCHILLING: Teilarbeitsmarkt soziale Berufe, in: Bildung in Zahlen, hg. v. W. BÖTTCHER u. K. KLEMM (1995).

Sozialpädagogik, derjenige Bereich des Sozialwesens, dessen Gegenstand die Theorie und Praxis der außerfamiliären und -schul. Erziehung und Bildung ist. Die S. hat inhaltlich und v. a. in der prakt. Tätigkeit große Berührungspunkte mit der →Sozialarbeit und unterscheidet sich von ihr v. a. durch eine andere Entstehungsgeschichte. Die S. entstand im 19. Jh., um den sozialen Veränderungen und nachteiligen Folgen der Industrialisierung (z. B. Landflucht, Veränderung der Familienstruktur), unter denen v. a. Kinder und Jugendliche zu leiden hatten, mit erzieher. Hilfen v. a. durch Kindergärten, Jünglings- und Gesellenvereine und spezielle inhaltl. Ansätze (z. B. Kriminalpädagogik) zu begegnen. Der Begriff S. wurde von A. DIESTERWEG 1850 geprägt; weitere Persönlichkeiten, die für die Entwicklung und Herausbildung der S. stehen, sind T. FLIEDNER, F. FRÖBEL, A. KOLPING, J. H. PESTALOZZI und J. H. WICHERN. Wichtige Theoretiker der S. im 20. Jh. waren im Anschluss an P. NATORP u. a. H. NOHL, GERTRUD BÄUMER und K. MOLLENHAUER, der unter dem Begriff S. alle Eingliederungshilfen verstand, die an den gesellschaftl. Konfliktstellen angeboten werden. Neuere Ansätze fassen S. nicht mehr als Not-, Fürsorge- oder Erziehungshilfe für einen bestimmten bedürftigen Personenkreis (traditionell meist Kinder und Jugendliche) auf, sondern verstehen sie als differenziertes System präventiver, beratender, fürsorger. pädagogisch-therapeut. Angebote mit vorrangig stützender integrativer Funktion.

In der Gegenwart ist ist man von der getrennten Zuordnung sozialer Tätigkeiten unter den Begriffen S. und Sozialarbeit zugunsten der einheitl. Verwendung →soziale Arbeit abgegangen.

P. THIESEN: S. lehren (1991); K. MOLLENHAUER: Einf. in die S. Probleme u. Begriffe der Jugendhilfe (60.–61. Tsd. 1993).

Sozialpartner, im Sinne des sozialen Harmoniebegriffes verwendete Bez. für Arbeitnehmer und Arbeitgeber sowie deren Verbände (Gewerkschaften, Arbeitgeberverbände); auch **Tarifvertragsparteien** genannt.

Sozialphilosophie, im Einzelnen unterschiedlich bestimmter Bereich praktisch-philosoph. Grundlagenforschung, die den Menschen als ›gesellschaftlich bestimmtes Wesen‹ und die Gesellschaft als Bedingung und Ziel seines sozialen Handelns zum Gegenstand hat. Die Problemstellung der S. umfasst zum einen die kritisch reflektierende Untersuchung der Gesellschaft, ihrer Ordnungen und Ordnungssysteme, ihrer Mechanismen und (Entwicklungs-)Prozesse, ihrer Bedingungen und ideolog. Implikationen (unter Berücksichtigung des bes. von der Soziologie bereitgestellten empir. Materials). Zum anderen erstreckt sie sich auf die Prinzipien mögl. gesellschaftlicher Ordnungen und Ordnungssysteme sowie die erkenntnistheoret. Grundlegung sozialphilosoph. und sozialwiss. Forschungen.

J. RHEMANN: Einf. in die S. (1979); L. NAGL: Gesellschaft u. Autonomie. Historisch-systemat. Studien zur Entwicklung der Sozialtheorie von Hegel bis Habermas (Wien 1983); N. LESER: S. Vorlesungen zur Einf. (Wien 1984); Antike Rechts- u. S., hg. v. O. GIGON u. a. (1988); W. CASPART: Idealist. S. (1991); B. WIRKUS: Dt. S. in der ersten Hälfte des 20. Jh. (1996).

Sozialplan, betriebsverfassungsrechtlich die Einigung zw. Unternehmer und Betriebsrat über den Ausgleich oder die Milderung der wirtschaftl. Nachteile, die den Arbeitnehmern (AN) infolge einer geplanten Betriebsänderung entstehen (§§ 112 ff. Betriebsverfassungs-Ges.). Als Betriebsänderungen gelten: Einschränkung, Stilllegung, Verlegung des Betriebs oder

Sozi Sozialpolitik

wesentl. Betriebsteile; Zusammenschluss mit anderen Betrieben oder Spaltung von Betrieben; grundlegende Änderung von Betriebsorganisation, -zweck, -anlagen; Einführung grundlegend neuer Arbeitsmethoden und Fertigungsverfahren.

Während beim **Interessenausgleich** die unternehmer. Entscheidung als solche im Vordergrund steht, also ob, wann und wie die Betriebsänderung erfolgen soll, verfolgt der S. die Absicht, die Auswirkungen dieser Maßnahmen sozialverträglich zu gestalten. Der Betriebsrat kann in Betrieben mit i. d. R. mehr als 20 Beschäftigten ggf. auch über die Einigungsstelle einen S. auch gegen den Willen des Unternehmers erzwingen. Besteht die geplante Betriebsänderung allerdings allein in der Entlassung von AN, so sind S. nur erzwingbar, wenn ein bestimmter Anteil der AN entlassen werden soll. Insoweit stellt das Bundesarbeitsgericht grundsätzlich auf die Zahlen für anzeigepflichtige Entlassungen (→Massenentlassungen) nach § 17 Kündigungsschutz-Ges. ab. Neu gegründete Unternehmen sind in den ersten vier Jahren vor S. geschützt. Weicht der Unternehmer von einem Interessenausgleich über die geplante Betriebsänderung ab, so kann ein Anspruch auf Nachteilsausgleich erwachsen (§ 113 Betriebsverfassungs-Ges.).

S. sind schriftlich niederzulegen und haben die Wirkungen einer Betriebsvereinbarung. Sie können u. a. vorsehen: Abfindungen, Lohnausgleich bei Zuweisung anderer Arbeit, Umschulungen, Umzugskostenerstattung. Der Abfindungsanspruch ist durch die Anrechnung auf das Arbeitslosengeld erheblich belastet. In bereits entstandene Rechte, z. B. in unverfallbare Versorgungsanwartschaften, dürfen S. nicht eingreifen. Sie ersetzen notwendige Kündigungen, Versetzungen, Umgruppierungen o. Ä. nicht. Die von der Betriebsänderung betroffenen AN können im Klagewege auch eine Billigkeitskontrolle des S. herbeiführen. Im →Konkurs sind S.-Forderungen nach der bisherigen Rechtslage Konkursforderungen 1. Ranges, wenn sie innerhalb bestimmter Fristen begründet wurden und ihr Gesamtbetrag ein bestimmtes Volumen nicht übersteigt (S.-Ges. vom 20. 2. 1985, § 17 Gesamtvollstreckungsordnung). Für Insolvenzverfahren, die ab 1. 1. 1999 beantragt werden, sind die §§ 123 f. Insolvenzordnung maßgeblich, wonach Verbindlichkeiten bis zu 2,5 Monatsverdiensten aus einem S., der nach Eröffnung des Insolvenzverfahrens aufgestellt wird, Massenverbindlichkeiten sind. Kommt kein Insolvenzplan zustande, darf für die Berichtigung von S.-Forderungen nicht mehr als ein Drittel der sonst zur Verfügung stehenden Verteilungsmasse verwendet werden. Ein S., der innerhalb der letzten drei Monate vor dem Eröffnungsantrag aufgestellt worden ist, kann vom Insolvenzverwalter und vom Betriebsrat widerrufen werden; die betroffenen Arbeitnehmer können dann bei der Aufstellung eines S. im Insolvenzverfahren berücksichtigt werden.

Sozialpolitik, Bez. für institutionelle, politisch-prozessuale und inhaltl. Aspekte des sozialen (d. h. zweckhaft auf das Tun und Lassen anderer bezogenen) Handelns, das darauf gerichtet (oder daran beteiligt) ist, Konflikte über die Verteilung begehrter Güter und Werte in den Bereichen Arbeit und Soziales mit Anspruch auf gesamtgesellschaftl. Verbindlichkeit zu regeln, entweder durch öffentl. →Sozialleistungen oder in Gestalt (überwiegend gesetzlich geregelter) Leistungen von Wohlfahrtsverbänden, Arbeitgebern oder privaten Haushalten.

Zu den weithin anerkannten Zielen der S. i. w. S. gehören in den Industrieländern bes. Wahrung und Mehrung von Sicherheit und (Chancen-)Gleichheit durch Eingriffe in die Verteilung von Lebenschancen v. a. in den Bereichen Einkommen, Gesundheit, Wohnung und Bildung. Insbesondere in der S. Dtl.s kommen Kooperation und institutionalisierte Konfliktregelung durch Gestaltung des kollektiven Arbeitsrechts hinzu. Die neuzeitl. S. hat ihren Ursprung im 19. und 20. Jh.: Sie ist eine Reaktion auf Probleme, die sich durch Industrialisierung, Urbanisierung und Demokratisierung ergeben. (→soziale Frage)

Die S. i. e. S. hingegen wird verstanden als die Politik der sozialen Sicherung gegen das Risiko des Einkommensausfalls oder unplanmäßiger Kostenbelastungen i. Allg. oder gegen die Risiken v. a. infolge von Alter, Arbeitslosigkeit, Berufs- oder Erwerbsunfähigkeit, Unfall, Krankheit, Mutterschaft und Überlastungen familiärer Netze im Besonderen. Die S. i. e. S. blendet die polit. Rahmensetzung im kollektiven Arbeitsrecht sowie dem Arbeitsschutz aus und erfasst i. d. R. auch nicht die Wohnungs-, Bildungs- und Arbeitsmarktpolitik.

Umfang und Verständnis der Sozialpolitik

Nach Angaben des Internat. Arbeitsamts (IAA) wurden in den entwickelten westl. Ländern 1989 18,3 % des Bruttoinlandsproduktes (BIP) für öffentl. Sozialleistungen (im Sinne der enger definierten S.) ausgegeben. Legt man die breiter definierte S. im Sinne der gesamten Sozialausgaben nach OECD-Berechnungen zugrunde, so betragen die Sozialleistungsquoten (öffentl. Sozialausgaben zu Sozialprodukt) im Durchschnitt der westl. Industrieländer 24,1 % des BIP. Bezogen auf die Sozialleistungsquote halten die nord. Länder die Spitzenpositionen, deutlich vor den Beneluxstaaten, der Bundesrepublik Dtl. und Frankreich. Die niedrigsten Sozialleistungsquoten hatten (1992) Japan (12,4 %), Portugal und die USA (15,6 %), Australien (16,4 %) und die Schweiz (20,6 %). In der Schweiz ist die staatl. S. mit der betriebl. und der privaten S. bes. eng vernetzt, woraus sich (im Unterschied zum ›Wohlfahrtsstaat‹) eine ›Wohlfahrtsgesellschaft‹ auf hohem Niveau entwickelt hat. In osteurop. Ländern lagen die Sozialleistungsquoten gemäß IAA Ende der 80er-Jahre rd. ein Fünftel unter dem durchschnittl. Sozialausgabenquoten der westl. Staaten, in Lateinamerika schwankten sie 1989 zw. 1 und 16 %, und in Entwicklungsländern betrugen sie zu diesem Zeitpunkt i. d. R. weniger als 7 % des Sozialproduktes. Nicht nur in finanzieller Hinsicht, sondern auch unter dem Gesichtspunkt von Wählerstimmen ist die S. in den meisten westl. Industrieländern ein Machtfaktor ersten Ranges geworden, wie auch Untersuchungen der ökonom. Theorie der Politik (→politische Ökonomie) zeigten. In Staaten mit ausgebautem Netz sozialer Sicherung bestreiten rd. ein Drittel aller Wahlberechtigten ihren Lebensunterhalt vorrangig aus Sozialleistungen oder aus Entgelt für Beschäftigung im Sozialsektor.

Die S. wird seit Anbeginn kontrovers beurteilt. Ihre Grundlegung im Dt. Reich von 1871 galt ihren Konstrukteuren als ›Zuckerbrot‹ des neutralen Staates für die Arbeiter – zum Ausgleich für die ›Peitsche‹ in Gestalt des Sozialistengesetzes. Andere sehen in der S. den Einbau eines sozialist. Prinzips in die Marktwirtschaft. Der S. wird v. a. von der angebotsorientierten Wirtschaftspolitik und liberalen Denkern vorgehalten, sie setze Gleichheit an die Stelle von Prosperität und Zuteilung an die Stelle von Erwerbschancen; sie vermindere wegen der Kostenbelastung durch Sozialabgaben den Anreiz zu investieren sowie das Volumen der Arbeitsnachfrage, sie untergrabe die Bereitschaft zu sparen, reduziere aufgrund der Bereitstellung alternativer Einkommen (Sozialleistungen) den Zwang und den Anreiz zu arbeiten und unterminiere die Wettbewerbsfähigkeit einzelner Branchen – im Extremfall der Wirtschaft insgesamt – gerade im Wettbewerb mit Staaten mit geringem Sozialstaatsniveau. Dieser Überlastungsthese steht die These v. a. von Vertretern internat. vergleichender S.-Forschung entgegen, dass S. als betriebl. und gesamtwirtschaftl. Produktivkraft (Modernisierungszwang), konfliktdämpfende Institution und polit. Integrationsinstrument wirken kann. Überdies wird den Belegen, die für die Überlastungsthese angeführt werden – z. B. abnehmende wirtschaftspolit. Dynamik und Zunahme der Schattenwirtschaft – entgegengehalten, dass Staaten mit schwächer entwickelter S. keineswegs durchweg wirtschaftspolitisch erfolgreicher sind und dass ein ausgebauter Sozialstaat i. d. R. ein höheres Maß an sozialem Frieden hervorbringt. Trotz kontroverser Beurteilung ist in den westl. Industrieländern nach dem Zweiten Weltkrieg eine beachtl. Bereitschaft zum Konsens in der S. bei den polit. Großorganisationen (Verbänden und Parteien) zu verzeichnen. In polit. Hinsicht zählen v. a. sozialreformerisch orientierte Parteien, bes. Links- und Mitte-links-Parteien (v. a. sozialdemokrat. Parteien) und Mitte-rechts-Parteien (v. a. christdemokrat. Parteien), i. d. R. zu den Hauptstützen des Ausbaus und der Aufrechterhaltung umfangreicher sozialpolit. Systeme. In Perioden wirtschaftl. Krisen und angespannter Staatsfinanzen jedoch verfahren Mitterechts-Parteien in der S. tendenziell restriktiver als Mitte-links- oder Linksparteien.

Internationaler Vergleich

Obwohl S. mittlerweile ein Strukturmerkmal aller westl. Industrieländer ist (wofür sich in der vergleichenden sozialwiss. Forschung der Begriff ›Wohlfahrtsstaaten‹ eingebürgert hat), unterscheiden sich diese Staaten nach Sozialleistungsniveau, Struktur der sozialen Sicherung und Gestaltung der Arbeitsordnung erheblich. Bes. hoch entwickelt, differenziert und von Mitbestimmung stark geprägt ist z. B. die von den Tarifparteien selbst organisierte Kooperation und die gesetzgeber. Gestaltung des kollektiven Arbeitsrechts in Dtl. und Österreich. In der S. i. e. S. lassen sich die Unterschiede zw. Staaten u. a. an der Dominanz des sozialen Sicherungsprinzips (›Staatsbürgerversorgung‹, ›Sozialversicherung‹, ›Fürsorge‹) festmachen. Die neuere vergleichende Forschung unterscheidet die folgenden drei Typen oder ›Regime‹ der S. in westl. Ländern: 1) Das ›sozialdemokrat. Regime‹ (exemplarisch Schweden bis Ende der 1980er-Jahre) zeichnet sich aus durch primär staatl. Organisation der S., umfassende Staatsbürgerversorgung mit hohem Leistungsniveau, Steuerfinanzierung, hohen Umverteilungsgehalt, Betonung sozialer Gleichheit und Minimierung von Statusunterschieden; seine polit. Basis besteht v. a. aus einer in Gesellschaft und Staat lange Zeit dominierenden Sozialdemokratie und starken sozialreformerisch orientierten Gewerkschaften. 2) Im ›konservativen (bzw. zentrist.) Regime‹ der S. (charakteristisch für Dtl., Österreich und mit größeren Einschränkungen für die Schweiz) gibt es neben der staatl. auch verbandsmäßige, betriebl. und private Netze der S.; dominierendes Sicherungsprinzip ist die beitragsfinanzierte Sozialversicherung mit Ergänzungen durch Systeme auf der Basis von Versorgungs- und Fürsorgeprinzipien und in der Schweiz bes. durch eine starke betriebl. und private Vorsorgekomponente. Der Umverteilungsgehalt ist hier entschieden geringer, die Reproduktion von Statusunterschieden, wie sie aus dem Erwerbsleben erwachsen, jedoch stark. Die polit. Basis dieses ›Regimes‹ besteht i. d. R. aus der dominierenden Position von Mitte- oder Mitterechts-Parteien in Staat und Gesellschaft, die in hartem Wettbewerb mit einer sozialdemokrat. Partei stehen. 3) Das ›liberale Regime‹ schließlich (Beispiele: USA und die S. der meisten Industrieländer vor dem Zweiten Weltkrieg) ist durch lückenhafte staatl. Netze der sozialen Sicherung, großen Stellenwert nichtstaatl. Träger, sozial selektive Sicherung nach Fürsorgeprinzip (dort aber mit erhebl. Umverteilungsgehalt), niedrige Sozialleistungen und Sozialleistungsquoten sowie insgesamt durch ein hohes Armutsrisiko charakterisiert. Die polit. Basis des ›liberalen Regimes‹ der S. ist eine Gesellschaft, in der marktorientierte Kräfte dominieren und in der sozialreformer. Mitte- oder Linksparteien und Gewerkschaften in Staat und Gesellschaft schwach sind.

Sofern in Entwicklungsländern und in den sich industrialisierenden Ländern (›Schwellenländer‹) überhaupt in nennenswertem Umfang S. betrieben wird, bietet sie nur sehr lückenhaften Schutz; üblicherweise gilt dieser nur für wenige Risiken und i. d. R. nur für Arbeitnehmergruppen in wirtschaftlich oder politisch strateg. Sektoren (z. B. Militär).

Internationale Sozialpolitik

Im Zuge der Internationalisierung der Wirtschaft und der Herausbildung internat. und supranat. Organisationen hat sich eine internat. S. entwickelt, wenngleich mit erhebl. Verzögerung und geringem Leistungsvermögen relativ zu den durch weltweite Interdependenzen gegebenen Problemen, wie z. B. Unterschiede zw. armen und reichen Ländern und daraus folgenden Süd-Nord- und Ost-West-Migrationen. Sie basiert auf 1) der Aufnahme sozialpolit. Thematik durch internat. und supranat. Organisationen (z. B. Art. 55 der UN-Charta von 1945, die Satzung des Europarates von 1949 und sozialpolit. Verpflichtungen in den Verträgen der EG) und 2) dem sozialpolit. Einwirken internat. und supranat. Organisationen auf Mitgliedsstaaten, wie z. B. die sozialpolit. Verpflichtungen der Allgemeinen Erklärung der Menschenrechte der Generalversammlung der UNO (1948), des Internat. Paktes über wirtschaftl., soziale und kulturelle Rechte der UNO (1966) sowie die S. des Europarates auf der Basis der Europ. Sozialcharta (1961) und der Gemeinschaftscharta der sozialen Grundrechte der Arbeitnehmer, die von den Staats- und Regierungschefs der EG-Staaten 1989 angenommen wurde.

⇨ Arbeitslosenversicherung · Armut · betriebliche Altersversorgung · Einkommensverteilung · Krankenversicherung · Pflegebedürftigkeit · Rentenversicherung · Selbsthilfe · Sozialhilfe · Sozialstaat · Sozialversicherung · Unfallversicherung

S., in: Hwb. der Wirtschaftswiss., hg. v. W. ALBERS u. a., Bd. 7 (1977); Staatl. S. u. Familie, hg. v. F.-X. KAUFMANN (1982); Growth to limits. The Western European welfare states since World War II, hg. v. P. FLORA, auf 4 Bde. ber. (Berlin 1986 ff.); B. MOLITOR: Theorie der S., 2 Bde. (1987–88); Hb. S., hg. v. B. VON MAYDELL u. a. (1988); A. MURSWIECK: S. in den USA. Eine Einf. (1988); MANFRED G. SCHMIDT: S. Histor. Entwicklung u. internat. Vergleich (1988); S. u. soziale Lage in der Bundesrep. Dtl., Beitrr. v. G. BÄCKER u. a., 2 Bde. (²1989); Der wirtschaftl. Wert der S., hg. v. G. VOBRUBA (1989); G. ESPING-ANDERSON: The three worlds of welfare capitalism (Cambridge 1990); V. HENTSCHEL: Gesch. der dt. S. (1880–1980). Soziale Sicherung u. kollektives Arbeitsrecht (Neudr. 1991). Staatslex., hg. v. der Görres-Gesellschaft, Bd. 5 (Neuausg. 1995); J. FRERICH u. M. FREY: Hb. der Gesch. der S., 3 Bde. (²1996); H. LAMPERT: Lb. der S. (⁴1996); JOSEF SCHMID: Wohlfahrtsstaaten im Vergleich (1996); K. VAN KERSBERGEN: Social capitalism. A study of Christian democracy and the welfare state (Neudr. London 1997); Übersicht über das Sozialrecht, hg. v. Bundesministerium für Arbeit u. Sozialordnung, Referat Öffentlichkeitsarbeit (⁴1997); M. BELLERMANN: S. Eine Einf. ... (³1998); Ökonom. Theorie der S., hg. v. E. KNAPPE (1998).

Sozialprodukt, engl. **National Product** [ˈnæʃnl ˈprɔdakt], Wertsumme in einer bestimmten Periode (i. d. R. ein Jahr) in einer Volkswirtschaft produzierten Güter (Waren und Dienstleistungen), eine der zentralen Größen der →volkswirtschaftlichen Gesamtrechnung. Das S. bezieht sich auf die von Inländern erstellte Produktion bzw. die dabei entstandenen Einkommen. Dabei spielt es keine Rolle, ob die Leistungserstellung im In- oder Ausland erfolgte. Das **Inlandsprodukt** umfasst hingegen die im Inland erstellte Produktion, wobei unerheblich ist, ob die Leistungserstellung durch Inländer oder Ausländer erfolgte. Man erhält demnach das S. aus dem Inlandsprodukt, indem man zu diesem die von Inländern im Ausland erzielten Erwerbs- und Vermögenseinkommen addiert und die von Ausländern im Inland erzielten Erwerbs- und Vermögenseinkommen subtrahiert. Ob eine Person Inländer im Sinne der S.-Berechnung ist, hängt nicht von der Nationalität, sondern – von Ausnahmen abgesehen – vom Sitz bzw. Wohnsitz ab.

Neben der Unterscheidung zw. Inländer- und Inlandskonzept spielen bei der S.-Berechnung zwei weitere Abgrenzungen eine wesentl. Rolle: Im **Brutto-S.** sind die Abschreibungen noch enthalten; zieht man diese ab, gelangt man zum **Netto-S.** Vermindert man das zu Marktpreisen ausgewiesene S. um den Saldo aus indirekten Steuern und Subventionen, gelangt man zum **S. zu Faktorkosten.** Das **Netto-S. zu Faktorkosten** beschreibt die Summe der den Inländern zugeflossenen Erwerbs- und Vermögenseinkommen und wird deswegen auch als **Volkseinkommen** bezeichnet.

Berechnung: Die S.-Berechnung erfolgt unter den Aspekten seiner Entstehung, der Verteilung und der Verwendung. Die Entstehungsrechnung macht deutlich, in welchen Wirtschaftsbereichen bzw. -zweigen das S. erstellt wird. Die Verteilung des S. zeigt zunächst die Ströme der privaten Einkommen (Löhne, Gehälter, Gewinne u. a.) an diejenigen, welche die Produktionsfaktoren zur Verfügung gestellt haben. Bei der sekundären Verteilung (Umverteilung) werden den ursprüngl. Empfängern Teile ihres Einkommens in Form von Steuern, Sozialversicherungsbeiträgen u. Ä. entzogen und - bes. über den Staat – in Form von Renten, Pensionen u. a. an Personen gezahlt, die keine oder nur unzureichende Einkommen aus dem Produktionsprozess beziehen.

Die Verwendung des S. weist nur die letzte Verwendung der produzierten Waren und Dienstleistungen nach. Die nicht für den privaten oder den Staatsverbrauch verwendeten Güter werden als Anlagen investiert, oder sie erscheinen als Veränderungen der Vorräte. Der Saldo (die Differenz) zw. Exporten und Importen von Waren und Dienstleistungen wird in Form des Außenbeitrags nachgewiesen. Die in das S. einbezogenen Güter werden mit ihren Marktpreisen bewertet, sofern solche vorliegen. Wo dies nicht der Fall ist, wie beim Staatsverbrauch, den Vorratsveränderungen und selbst erstellten Anlagen der Unternehmen, erfolgt die Bewertung zu Herstellungskosten.

Aufgrund internat. Empfehlungen stellt das Statist. Bundesamt seit Anfang der 90er-Jahre das Bruttoinlandsprodukt und nicht mehr das Brutto-S. als umfassendes Maß für die wirtschaftl. Leistungsfähigkeit der Volkswirtschaft in den Vordergrund. Quantitativ ist der Unterschied zw. beiden Konzepten allerdings meist unbedeutend.

Eine wichtige Rolle spielt das S. nach wie vor als Wohlstandsindikator. Um intertemporale und internat. Vergleiche zu ermöglichen, ist es notwendig, Verzerrungen auszuschalten, die durch Inflation oder Änderung der Bev.-Zahl hervorgerufen werden. Daher wird das reale S. je Ew. als Wohlstandsindikator herangezogen. Aber auch die Aussagekraft dieses Indikators ist aus einer Reihe von Gründen eingeschränkt. So bleiben durch Produktion und Konsumtion hervorgerufene Umweltbelastungen ebenso unberücksichtigt wie die im Bereich der →Schattenwirtschaft erzeugten Güter. Reparaturen oder Krankenhausaufenthalte gehen in das S. ein, der vorausgehende Unfallschaden oder die den Krankenhausaufenthalt verursachende Erkrankung dagegen nicht. Ob das S. gleichmäßig oder ungleichmäßig verteilt ist, wird ebenso wenig berücksichtigt wie außerökonom. Faktoren (z. B. Gerechtigkeit, Freiheit, gesellschaftl. Toleranz), die für den Wohlstand einer Nation aber zweifellos relevant sind. Diese und ähnl. Kritik am S. als Wohlstandsindikator haben zur Entwicklung alternativer Konzepte (z. B. versch. Sozialindikatorenmodelle, →Human Development Index, →umweltökonomische Gesamtrechnung) geführt; allerdings weisen auch diese Ansätze erhebl. Defizite auf.

D. KRAFFT: Wirtschaftskreislauf u. S. (1994); U.-P. REICH u. A. BRAAKMANN: Das S. einer Volkswirtschaft (1995); M. FRENKEL u. K. D. JOHN: Volkswirtschaftl. Gesamtrechnung (³1996).

Sozialpsychiatrie, eine Forschungsrichtung der Psychiatrie, die den Einfluss sozialer Faktoren (Familienkonstellation, Beruf, soziale Schicht, Gesellschaftssystem) auf Entstehung, Verlauf sowie soziale Auswirkungen seel. Krankheiten untersucht. Hierzu gehören auch epidemiolog. Aspekte (sozialspezif. Häufung), Krankheitsvorbeugung und die Untersuchung der öffentl. Einstellung zu seel. Krankheiten. In prakt. Hinsicht gehören zur S. auch diejenigen Therapiekonzepte, die dem sozialen Umfeld und der sozialen Integration besondere Bedeutung beimessen (z. B. Gruppen- und Familientherapie, Milieutherapie).

Entstehung, Verteilung und Verwendung des Sozialprodukts in der Bundesrepublik Deutschland[1] 1970–1996 in jeweiligen Preisen (in Mrd. DM)				
	1970	1980	1990	1996
Entstehung				
Land- und Forstwirtschaft, Fischerei	21,8	30,5	36,7	37,5
produzierendes Gewerbe	333,7	624,8	939,4	1 143,3
Handel und Verkehr	103,5	218,7	346,7	491,7
Dienstleistungsunternehmen	114,4	338,3	707,9	1 254,8
Unternehmen insgesamt	573,4	1 212,3	2 030,7	2 927,3
Staat, private Haushalte, private Organisationen ohne Erwerbscharakter	72,6	203,7	311,5	486,5
Bruttowertschöpfung, unbereinigt[2]	646,0	1 416,0	2 342,3	3 413,8
Bruttowertschöpfung, bereinigt[2]	628,0	1 362,0	2 246,1	3 273,8
nicht abziehbare Umsatzsteuer	39,9	96,6	155,0	237,2
Einfuhrabgaben	7,4	13,5	25,0	30,5
Bruttoinlandsprodukt	675,3	1 472,0	2 426,0	3 541,5
Einkommen aus der übrigen Welt (Saldo)	0,4	5,4	22,6	−28,0
Bruttosozialprodukt	675,7	1 477,4	2 448,6	3 513,5
− Abschreibungen	68,0	175,0	303,0	461,6
Nettosozialprodukt zu Marktpreisen	607,7	1 302,4	2 145,6	3 052,0
− indirekte Steuern (abzüglich Subventionen)	77,3	162,8	253,4	383,1
Nettosozialprodukt zu Faktorkosten (Volkseinkommen)	530,4	1 139,6	1 892,2	2 668,9
Verteilung				
Einkommen aus unselbstständiger Arbeit	360,6	863,9	1 317,1	1 900,4
Einkommen aus Unternehmertätigkeit und Vermögen	169,8	275,7	575,1	768,5
Volkseinkommen (Nettosozialprodukt zu Faktorkosten)	530,4	1 139,6	1 892,2	2 668,9
± Saldo beider Einkommensarten mit dem Ausland	0,4	5,4	22,6	−28,0
Nettoinlandsprodukt zu Faktorkosten (Nettowertschöpfung)	530,0	1 134,2	1 869,6	2 696,9
Verwendung				
privater Verbrauch	368,8	837,0	1 320,7	2 045,4
Staatsverbrauch	106,5	298,0	444,1	702,7
Anlageinvestitionen	172,1	332,1	507,8	730,3
Vorratsveränderungen	14,2	11,8	11,5	20,1
± Außenbeitrag (Ausfuhr−Einfuhr)	14,1	−1,5	164,5	15,0
Bruttosozialprodukt	675,7	1 477,4	2 448,6	3 513,5

[1] bis 1990 Angaben für das frühere Bundesgebiet, 1996 einschließlich neue Bundesländer. – [2] die bereinigten Ergebnisse unterscheiden sich von den unbereinigten durch Abzug der unterstellten Entgelte für Bankdienstleistungen.

Sozialpsychologie, Teildisziplin der empirisch-wiss. Psychologie, die sich mit den sozialen Bedingungen und Konsequenzen des menschl. Verhaltens befasst. Ähnlich wie die allgemeine Psychologie sucht die S. nach Gesetzmäßigkeiten des Wahrnehmens, Denkens, Entscheidens, des Gedächtnisses, des motor. und sprachl. Verhaltens sowie der Motivation und Emotion. Während in der allgemeinen Psychologie jedoch möglichst neutrale, meist experimentell isolierte Bedingungen hergestellt werden, untersucht die S. weitgehend die gleichen Aspekte menschl. Verhaltens in ihrer teils komplexen Abhängigkeit von Einstellungen, Handlungszielen und Normen, Kultur-, Situations- und Persönlichkeitseinflüssen sowie Kommunikation und Interaktion in Gruppen. Demgemäß befasst sich sozialpsychol. Forschung nicht allein mit dem Verhalten von Individuen, sondern häufig auch mit größeren Untersuchungseinheiten (z. B. Paarbeziehungen, Familien, Geschlechtergruppen). Im Unterschied zur Soziologie werden jedoch zur theoret. Erklärung meist intrapsych. Prozesse herangezogen. Ihrer Zielsetzung gemäß weist die S. vielfältige interdisziplinäre Berührungen mit anderen Wissenschaften auf (z. B. Anthropologie, Linguistik, Verhaltensforschung, Sozialpsychiatrie, Ökonomie).

Geschichte: Die ideengeschichtl. Ursprünge oder historisch frühere Ansätze sozialpsychol. Denkens finden sich bereits im 19. Jh. in der Massenpsychologie von G. LE BON und in einflussreichen Arbeiten der Soziologen A. COMTE und É. DURKHEIM. Zu Beginn des 20. Jh. erschienen die ersten Lehrbücher für S. des brit. Psychologen W. MCDOUGALL (›An introduction to social psychology‹, 1908; dt. ›Grundlagen einer S.‹) und des amerikan. Soziologen E. A. ROSS (›Social psychology‹, 1908). Etwa zur gleichen Zeit entstand in Dtl. die entwicklungstheoretisch orientierte vergleichende ›Völkerpsychologie‹ von W. WUNDT (10 Bde., 1900–20) und befasste sich S. FREUD in mehreren Arbeiten mit dem Verhältnis des Individuums zu Kultur und Gesellschaft (›Totem und Tabu‹, 1913; ›Massenpsychologie und Ich-Analyse‹, 1921). Die S. ist in ihrer systemat. (d.h. durch Terminologie, Forschungsmethodik und Literatur vereinheitlichte) Form eine relativ junge Disziplin, die um 1930 v. a. mit der experimentellen Erforschung von Gruppenleistung und Gruppenstrukturen in den USA entstand. Einen prägenden Einfluss hatte dabei K. LEWIN mit seinen Untersuchungen zur Feldabhängigkeit (d.h. dem sozialen und ökol. Lebensraum) des menschl. Verhaltens.

Theoriebildung: Die gegenwärtige S. umfasst in der Grundlagenforschung im Wesentlichen drei Gebiete: soziale Kognition, soziale Interaktion in Gruppen und die Wechselbeziehung von sozialen Situationen und Persönlichkeitsunterschieden. In der jüngeren Entwicklung sozialpsychol. Theorien haben v. a. in den USA zunehmend kognitive Ansätze an Bedeutung gewonnen, die soziales Verhalten als Prozess der Informationsverarbeitung betrachten und durch Prinzipien des Wahrnehmens, Denkens, Urteilens und des Gedächtnisses erklären. Als ›Attributionspsychologie‹ entwickelte sich ein umfangreiches Forschungsprogramm darüber, wie Menschen ihre eigenen und fremde Handlungen und Leistungen interpretieren und erklären und welche Auswirkungen diese ›Attributionen‹ auf moral. Urteile, Konflikte, Emotionen, Rechtsprechung, Leistung und Gesundheit haben. In Europa wurde gegenüber den USA ein Schwerpunkt auf Theorien des Gruppenverhaltens gelegt, wobei in der Tradition von G. H. MEAD die Wechselwirkung von Merkmalen der Persönlichkeit und der sozialen Situation v. a. in ihrer Auswirkung auf die Vorhersage des Verhaltens betont wird. Für die Theoriebildung und wiss. Systematisierung der S. spielen daneben auch Erkenntnisse über die individuelle Motivation, gesellschaftl. Normen und strukturelle Gegebenheiten der sozialen Umwelt eine bestimmende Rolle.

Angewandte S.: Zu den ältesten Anwendungen sozialpsychol. Forschung gehören die Leistung von Arbeitsgruppen als Funktion von Führungsstilen, die S. von Augenzeugen vor Gericht sowie ethn. Stereotypien und Vorurteile. Nach dem Zweiten Weltkrieg standen bes. soziale und polit. Einstellungen, argumentative Kommunikation, Gehorsam und Gruppenkonflikte im Mittelpunkt. Wichtige Anwendungen der Einstellungsforschung beziehen sich auf die Werbung, polit. Meinungsbildung und soziale Werte. In den 1970er- und 80er-Jahren entwickelten sich weitere Schwerpunkte in der Konfliktforschung, im Gesundheitswesen, in der Umweltpsychologie, der Medienforschung und der Stressforschung. Aggressives und prosoziales Verhalten werden bes. in Abhängigkeit von sozialem Lernen und Vorbildern, Medienkonsum und emotionalen Reaktionen untersucht. Die Bereitschaft zu kooperativem Verhalten und Verständigung in Konfliktsituationen wird mithilfe experimenteller Spiele erforscht, die als Modelle realer Konflikte und Dilemmata dienen. Der Erwerb sozial und kulturell angepassten Verhaltens, die Sozialisation, bildet einen anderen zentralen Gegenstand der S. ebenso wie die Entstehung und Auflösung von Ehe und Partnerschaft. Ein weites Anwendungsfeld für kognitive S. stellt die Entscheidung im Kontext von Risiko oder Unsicherheit dar, beispielsweise Personal- oder Kaufentscheidungen, Rechtsprechung sowie polit. und ökolog. Entscheidungen. Im Mittelpunkt stehen hier die Leistungen und mehr noch die Fehlleistungen menschl. Informationsverarbeitung, die das Denk- und Urteilsvermögen einschränken.

Methode: In der Überprüfung ihrer Theorien stützt sich die S. v. a. auf die experimentelle Methode, wobei das Ziel darin liegt, beobachtete Phänomene möglichst ursächlich auf bestimmte Wirkfaktoren zurückführen zu können. Jedoch ist experimentelles Vorgehen in der angewandten S. nicht zuletzt aus eth. Gründen oftmals nicht möglich. Daneben werden systemat. Beobachtung und sprachl. Erhebungsmethoden benutzt wie Interviews, standardisierte Fragebogen, Persönlichkeits- und Einstellungstests oder Inhaltsanalysen von Texten, Tonband- oder Videoaufzeichnungen. Zunehmend werden Videotechnik, Blickbewegungsanalysen, physiolog. Messungen oder Computersimulation eingesetzt.

Handbook of social cognition, hg. v. R. S. WYER u. a., 3 Bde. (Hillsdale, N. J., 1984); Handbook of social psychology, hg. v. G. LINDZEY u. a., 2 Bde. (New York ³1985); S. Eine Einf., hg. v. W. STROEBE u. a. (a. d. Engl., 1990); A. THOMAS: Grundr. der S., 2 Bde. (1991–92); U. LAUCKEN: Individuum, Kultur, Gesellschaft. Eine Begriffsgesch. der S. (Bern 1994).

Sozialrecht, das Recht der öffentl.-rechtl. Leistungen und Hilfen, die durch ihre unmittelbar sozialpolit. Zielsetzung bestimmt sind. Die zahlr. Gesetze des S. – historisch beginnend mit der öffentl. Armenpflege und entscheidend fortentwickelt durch die Einführung der reichsgesetzl. →Sozialversicherung in der Bismarckzeit (Kranken-, Unfall- und Rentenversicherung) – werden im →Sozialgesetzbuch (SGB) kodifiziert bzw. zusammengefasst. Zum S. gehören: Ausbildungs- und Arbeitsförderung, Sozialversicherung, Familienlastenausgleich, Entschädigung bei Gesundheitsschäden, für deren Folgen der Staat zur Abgeltung besonderer Opfer (Kriegsopferversorgung) oder aus anderen Gründen (Entschädigung an Verbrechensopfern) einzustehen hat, ferner Kindergeld, Wohngeld, Kinder- und Jugendhilfe und Sozialhilfe.

In *Österreich* ist das S. in versch. Gesetzen geregelt. Zentrale Bedeutung besitzt das vielfach novellierte

Sozi Sozialrepublikaner – Sozialstaat

*Schlüssel-
begriff*

Allgemeine Sozialversicherungs-Ges. 1955 (ASVG); es regelt die Kranken-, Unfall- und Pensionsversicherung der unselbstständig Erwerbstätigen. Sondergesetze bestehen für die Sozialversicherung der Gewerbetreibenden und Bauern, für die Krankenversicherung der öffentl. Bediensteten sowie für andere Sozialleistungen. Die Sozialhilfe ist landesgesetzlich geregelt. – In der *Schweiz* ist das S. unter dem Begriff der sozialen Sicherheit ein durch versch. Gesetze aufgebautes Netz zum Schutz vor wirtschaftl. und sozialen Notlagen. Die Alters- und Hinterlassenenversicherung (AHV) soll Rentnern zus. mit der berufl. Vorsorge (BVG, Pensionskassen) die Weiterführung des bisherigen Lebensstandards sicherstellen. Die Invalidenversicherung (IV) bietet Schutz vor dauernder unfall- und krankheitsbedingter Erwerbsunfähigkeit bzw. finanziert allfällige Umschulungen. Daneben gibt es die Vorschriften über die Krankenkassen und die obligator. Betriebsunfallversicherungen, die Arbeitslosenversicherung, die Erwerbsausfallentschädigung an Wehr- und Zivilschutzpflichtige oder die Militärversicherung zur Abdeckung von Unfall- und Krankheitsfolgen während des Militärdienstes. Neben dieser bundesrechtl. Regelung gibt es auch kantonale Bestimmungen v. a. hinsichtlich der Familienzulagen (als Kinderzulagen), wobei die Familienzulagen für die Landwirtschaft bundesrechtlich geregelt sind, und kantonale sowie kommunale Regelungen für die Fürsorge von Sozialfällen, die nicht durch die Sozialversicherung abgedeckt werden.

W. RÜFNER: Einf. in das S. (²1991); S. ANSEY u. W. KOBERSKI: Hb. Arbeits- u. S. (²1994); Lex. des Rechts, Bd.: S., hg. v. B. VON MAYDELL (²1994); S.-Hb., hg. v. DEMS. u. F. RULAND (²1996); Internat. u. europ. S., Beitr. v. L. FRANK u.a. (1996); W. GITTER: S. Ein Studienbuch (⁴1996); K. GRILLBERGER: Österr. S. (Wien ³1996); T. LOCHER: Grundr. des Sozialversicherungsrechts (Bern ²1997).

Sozialrepublikaner, frz. **Républicains Sociaux** [repybliˈkɛ sɔˈsjo], in der Vierten Rep. eine Gruppe kooperationsbereiter Gaullisten, die sich 1952/53 vom Rassemblement du Peuple Français abspalteten und 1954 unter J. CHABAN-DELMAS den ›Centre National des Républicains Sociaux‹ bildeten.

Sozialrevolutionäre, 1901/02 entstandene russ. Partei, hervorgegangen aus radikalen Gruppen der Narodniki (bes. Narodnaja Wolja). Die S. erstrebten im Unterschied zu den Marxisten über freie Assoziationen von Kleinproduzenten einen bäuerl. Sozialismus; im Kampf gegen den Zarismus bedienten sie sich v. a. des individuellen Terrors (Ermordung u. a. des Innen-Min. WJATSCHESLAW K. PLEWE [* 1846, † 1904], des Großfürsten SERGEJ ALEKSANDROWITSCH [* 1857, † 1905] und des Min.-Präs. P. A. STOLYPIN). Nach der Februarrevolution 1917 zeitweilig an der Provisor. Reg. beteiligt (u. a. durch A. F. KERENSKIJ), waren die S. (1917 rd. 400 000 Mitgl.), von denen sich eine linke, zeitweilig mit den Bolschewiki verbündete Gruppe abgespalten hatte, die stärkste Gruppe der im November 1917 gewählten Konstituierenden Versammlung und stellten mit WIKTOR M. TSCHERNOW (* 1873, † 1952) deren Präs. Nach der Auflösung der Konstituante durch die Bolschewiki (Januar 1918), dem Austritt der linken Sozialrevolutionäre aus der Reg. (Frühjahr 1918) aus Protest gegen den Frieden von Brest-Litowsk, einem missglückten sozialrevolutionären Aufstand im Juli 1918 und Attentatsversuchen einzelner S. auf führende bolschewist. Politiker (u. a. von F. J. KAPLAN auf LENIN am 30. 8. 1918) wurden sie verfolgt und auch aus den Regional- und Lokalsowjets verdrängt. Im Bürgerkrieg kämpften viele von ihnen gegen die Bolschewiki und beteiligten sich an antibolschewist. Gegenregierungen (u. a. Ufaer Direktorium 1918); bis 1922 wurde die Partei ausgeschaltet, ein Teil ihrer Führer emigrierte.

Sozialstaat, Bez. für die Staatstätigkeit und die Organisation der staatl. Herrschaft, die Zielen des sozialen Ausgleichs und der sozialen Sicherung verpflichtet ist. Als S. wird i. w. S. ein Staatstypus bezeichnet, dessen Politik, Rechtsordnung und Verwaltung – im Ggs. zum ›liberalen Rechtsstaat‹ und zum Obrigkeitsstaat, aber auch im Unterschied zu einem umfassenden Versorgungsstaat – die Sozialordnung nach bestimmten Zielen im Rahmen rechtsstaatl. Verfassung gestaltet. Als Bez. wurden benutzt ›soziale Demokratie‹ (so erstmals L. VON STEIN und später die Lehre vom demokrat. und auf soziale Staatsziele verpflichteten Verfassungsstaat), ›sozialer Rechtsstaat‹ (H. HELLER) sowie ›Staat der Daseinsvorsorge‹ (E. FORSTHOFF).

Zu den Zielen des entwickelten S. (i. w. S.) werden i. d. R. gezählt: Hilfe gegen Not und Armut und Bereitstellung einer angemessenen ›Daseinsvorsorge‹ (unter Einhaltung des Subsidiaritätsprinzips); Mehrung sozialer Gerechtigkeit durch Verminderung von großen Wohlstandsdifferenzen; Sicherung gegenüber typ. Risiken ausgeprägt arbeitsteiliger Gesellschaftssysteme wie Alter, Invalidität, Krankheit, Pflegebedürftigkeit und Arbeitslosigkeit; Chancengleichheit; Anhebung und Verbreitung des Wohlstandes; Stützung der Selbsthilfe- und Selbstregulierungsfähigkeit der am Wirtschaftsprozess Beteiligten mittels gesetzgeber. Gestaltung des kollektiven Arbeitsrechts. Zur Erreichung dieser Ziele bedient sich der S. einer Vielzahl von Geboten und Verboten sowie von leistungserbringenden und verteilungspolit. Instrumenten, die von der Sozialversicherung u. a. Bereichen der Sozialpolitik über Bildungs- und Wohnungspolitik bis zur Ordnung des Arbeitslebens und zur Steuer-, Einkommens- und Vermögenspolitik reichen.

Im Unterschied zum weiteren S.-Begriff, der die Beschreibung und die normativen Ziele staatl. Herrschaftsorganisation ins Zentrum rückt, bezeichnet die engere Definition des S. – ähnlich wie nicht abwertende Verwendungen des Begriffs Wohlfahrtsstaat – v. a. die Institutionen und Inhalte der Staatstätigkeit in den Bereichen Arbeit und Soziales einschließlich ihrer polit., sozialen und wirtschaftl. Bestimmungsfaktoren und Auswirkungen.

Begriffsgeschichte

Eine Vorform des modernen S.-Gedankens findet sich im Staatsdenken des kontinentaleurop. Absolutismus, dem ›gute Policey‹ (im Sinne ›guter‹ innerer Verw. öffentl. Angelegenheiten) als eine Leitlinie staatl. Handelns galt. Der moderne S.-Gedanke wird i. d. R. auf das Konzept des Staates der sozialen Reform zurückgeführt, das VON STEIN (zuerst in ›Der Socialismus und Communismus des heutigen Frankreichs‹, 1842) den Monarchien des 19. Jh. als Antwort auf die durch Industrialisierung, Verstädterung und Verarmung aufgeworfene soziale Frage empfahl. Der Staat müsse als Rechtsstaat die Gleichheit des Rechts gegenüber den Unterschieden zw. sozialen Klassen aufrechterhalten, aber auch den wirtschaftl. und gesellschaftl. Fortschritt aller seiner Angehörigen fördern; in diesem Sinne spricht VON STEIN in ›Gegenwart und Zukunft der Rechts- und Staatswissenschaften Dtl.s‹ (1876) vom ›socialen Staate‹.

Das Konzept des interventionsstaatlich erzielten sozialen Ausgleichs wurde – in begrifflich unterschiedl. Form und in unterschiedl. polit. Kontexten – in der 2. Hälfte des 19. Jh. sowohl in der Staatstheorie konservativer Theoretiker (z. B. V. A. HUBER), in der kath. Soziallehre (z. B. W. E. VON KETTELER), in der Genossenschaftsbewegung (z. B.

H. SCHULZE-DELITZSCH), in der Gewerkschaftsbewegung (z. B. M. HIRSCH und F. DUNCKER), im gewerkschaftl. Flügel der sozialist. Arbeiterbewegung (F. LASSALLE) sowie im 20. Jh. bes. von HELLER sowie von der Staatsrechtslehre (z. B. FORSTHOFF und HANS F. ZACHER, *1928) und der Politikwissenschaft (z. B. HANS-HERMANN HARTWICH, *1928) in der Bundesrepublik Dtl. aufgegriffen, aber auch – mit totalitärer Deformierung – von Theoretikern des natsoz. Staates. Mit der Einführung der →Sozialversicherung des Dt. Reiches in den 80er-Jahren des 19. Jh. wurde der S. erstmals mit Reg.-Praxis größerer Intensität verbunden.

Dem Inhalt nach ist der S.-Gedanke älteren Datums; der Begriff selbst wurde im 19. Jh. schon vereinzelt verwendet. Allgemeingut der verfassungspolit. Diskussion wurde er in der Weimarer Republik – bahnbrechend war HELLERS Beitrag zur Lehre vom ›sozialen Rechtsstaat‹ – und v. a. in der Bundesrepublik Dtl. durch die verfassungsnormative Anerkennung sozialer Staatsziele und die verfassungspolit. und verfassungsrechtl. Debatten über Inhalte des Grundgesetzes (GG), die Beziehung zw. ›Rechtsstaatlichkeit und Sozialstaatlichkeit‹ (FORSTHOFF), das ›S.-Postulat‹ (HARTWICH) und den Zusammenhang von ›S.-Prinzip und Wirtschaftsordnung‹ (OTTO ERNST KEMPEN, *1942).

Verfassungsrechtliche Verankerung

Vom S. ist im GG nicht wörtlich, aber sinngemäß die Rede. Laut Art. 20 Abs. 1 GG ist die Bundesrepublik Dtl. ›ein demokrat. und sozialer Bundesstaat‹, und gemäß Art. 28 Abs. 1 GG muss die verfassungsmäßige Ordnung in den Ländern ›den Grundsätzen des republikan., demokrat. und sozialen Rechtsstaates im Sinne des Grundgesetzes entsprechen‹. Das hierdurch vorgegebene ›soziale Staatsziel‹ (ZACHER) gehört mit den Prinzipien der republikan. Staatsform, der Demokratie, des Rechtsstaates und des Bundesstaates zu fundamentalen Normen des Staates und ist mit ihnen im Geltungsbereich des GG unabänderlich.

In der Länderverfassungsgebung vor 1949 wurde Baden als ›demokrat. und sozialer Freistaat‹, Württemberg-Baden als ›demokrat. und sozialer Volksstaat‹ und Rheinl.-Pf. als ›demokrat. und sozialer Gliedstaat Dtl.s‹ benannt; Bayern bezeichnet der Verfassungsgeber explizit als einen ›Rechts-, Kultur- und S.‹. Uneinheitlicher sind die nach dem GG erlassenen Landesverfassungen: Einige Länder übernehmen die S.-Postulate und fügen konkrete soziale Programmatik hinzu (z. B. Berlin), andere sind zurückhaltender (z. B. Schlesw.-Holst.).

Inhalte des Sozialstaats

Theorieunterschiede: Inhalt und Reichweite der S.-Norm des GG sind umstritten. Dafür sind weltanschaul. Unterschiede und Differenzen des wiss. Ansatzes verantwortlich. V. a. die gesellschaftskrit. Schule der Verfassungsanalyse (z. B. W. ABENDROTH, HARTWICH) misst dem S. verfassungsrechtlich Vorrang und Verpflichtung zur aktiv-reformer. Gestaltung der Sozial- und Wirtschaftsordnung bei, während die Schule konservativer Staatslehre (z. B. FORSTHOFF) dem S. ›Rang und Geltung nur unterhalb des Verfassungsrechts‹ (WERNER WEBER, *1904, †1976) zuspricht und ihn generell beschränken will. Die gesellschaftskrit. Schule befürwortet ›die Fortführung der polit. zur wirtschaftl. Demokratie‹, ›die Ausdehnung des materiellen Rechtsstaatsgedankens auf die Arbeits- und Güterordnung‹ (HELLER); sie will ›den reinen Rechtsstaat zum demokratisch-sozialen Wohlfahrtsstaat dadurch umwandeln, dass sie die ‚Anarchie der Produktion' durch eine gerechte Ordnung des Wirtschaftslebens zu ersetzen strebt‹ (HELLER). Hierin sieht die gesellschaftskrit. Schule die Voraussetzung für Freiheit und für volle Verwirklichung von staatsbürgerl. Gleichheit. Die Schule der konservativen Staatslehre hingegen betont den Vorrang des Rechtsstaatlichen und das Spannungsverhältnis zw. Sozialstaatlichkeit und Rechtsstaatlichkeit. Sie warnt vor der Untergrabung Letzterer durch Erstere sowie vor der potenziellen Einschränkung von Freiheit durch ein Übermaß an Sozialstaatlichkeit. Vermittelnde Positionen hingegen betonen die tief verwurzelte Verschwisterung von sozialem Staatsziel und Rechtsstaat: Beiden komme durch Art. 28 Abs. 1 GG gleicher Rang zu.

Konkrete Ausgestaltung: Trotz der Auseinandersetzung über die staatsrechtl. Bedeutung des S. besteht zw. den unterschiedl. Positionen weitgehend Konsens über die Notwendigkeit eines erhebl. Ausmaßes staatl. sozialer ›Daseinsvorsorge‹ (FORSTHOFF unter begriffl. Rückgriff auf K. JASPERS). Auch halten Verfassung und Verfassungsauslegung den Spielraum von Politik und Gesetzgeber für sozialstaatl. Gestaltung hinreichend offen, der, wie die Geschichte sozialstaatl. Eingriffe lehrt, weitgehend genutzt wurde. Die Inhalte, Bestimmungsfaktoren und Auswirkungen konkreter sozialstaatl. Politik sind Gegenstand der – zunächst vorwiegend von Wirtschaftswissenschaftlern und Sozialhistorikern, zunehmend auch von Soziologen und Politologen betriebenen – Forschung zur Regierungspraxis des S., wobei der Schwerpunkt auf den Bereichen soziale Sicherheit und gesetzl. Regulierung des kollektiven Arbeitsrechts liegt.

Früher als in anderen Ländern – und auf niedrigerem Niveau wirtschaftl. Entwicklung – begann eine systemat. S.-Politik in Dtl. unter BISMARCK. Diese war nicht nur auf das Ziel der Armutsbekämpfung gerichtet und von fürsorglich-paternalist. Motiven geprägt, sondern primär durch ein staatspolit. Kalkül motiviert: Die Arbeiterschaft sollte mittels sozialer Leistungen (das ›Zuckerbrot‹) an den monarch. Staat gebunden und die Sozialdemokratie durch das repressive Sozialistengesetz (die ›Peitsche‹) geschwächt werden. Beide Ziele wurden nicht erreicht. Als langfristig erfolgreicher erwies sich der Gedanke des durch sozialstaatl. Eingriffe erzielten Schutzes. Zunächst galt er v. a. der Industriearbeiterschaft, wurde aber kontinuierlich noch im Kaiserreich auch auf besser gestellte Arbeitnehmer ausgeweitet, unter Betonung von Statusdifferenzen zw. Arbeiterschaft und Angestellten.

Im Zentrum der sozialstaatl. Tätigkeit des Dt. Reiches von 1871 standen zunächst die Armuts- und die Arbeiterfrage. Der Arbeitsschutz und die Arbeitsordnung wie auch die Anerkennung der Gewerkschaften jedoch wurden lange ausgeklammert und nur zögernd in kleinen Schritten eingeführt. Der Kurswechsel erfolgte während des Ersten Weltkriegs und wurde in der Weimarer Republik zum Auf- und Ausbau eines umfassender konzipierten S. weitergeführt. Was als typ. soziale Errungenschaft der Weimarer Rep. zählt und zw. 1918 und 1920 gesetzlich fixiert wurde, lässt sich wesentlich auf die Praxis der ›militär. Sozialpolitik‹ (WERNER ABELSHAUSER, *1944) zurückführen, die in der Kriegswirtschaft zur Stärkung der Solidarität der Bevölkerung mit der Kriegführung und zwecks Erhöhung der Arbeitsproduktivität eingeführt wurde: Die volle Anerkennung der Gewerkschaften als Arbeitnehmervertretungen und die Mitbestimmung durch Einführung von Betriebsräten, Koalitionsfreiheit, tarifvertraglich geregelte Lohnpolitik, Ausbau der Arbeitslosenunterstützung, des Arbeitsschutzes, des Mietrechts und des Mutterschutzes zählten ebenso zu den von der Arbeiterbewegung seit langem geforderten Neuerungen wie die Bewirtschaftung des Wohnraums.

Die natsoz. S.-Politik war gekennzeichnet durch eine widersprüchl. Mischung aus Kontinuität (z. B. in der Struktur der sozialen Sicherungssysteme) und Diskontinuität (z. B. Zerschlagung der Gewerkschaften und Arbeiterparteien sowie Einführung einer autoritären Arbeitsordnung), von Leistungsverbesserungen (z. B. Ausdehnung des Kreises der Sozialversicherten, Mutterschaftsschutz) und Leistungseinschränkung (z. B. niedriges Sozialleistungsniveau), von Beschäftigung und Schutz für die ›Volksgenossen‹, im Besonderen für die ›schaffenden Deutschen‹, und Repression sowie Ausgrenzung der aus rass. und polit. Gründen außerhalb der ›Volksgemeinschaft‹ Gestellten und Verfolgten.

Die S.-Politik der Bundesrepublik Dtl. knüpfte wieder an die zivilgesellschaftl. Traditionen bes. der Weimarer Republik an und baute sie zu einem – auch im internat. Vergleich – hoch entwickelten, leistungsfähigen S. aus.

Alte und neue soziale Fragen

Gegenstand und Zielkatalog der S.-Politik wurden mit zunehmender staatl. Intervention in Gesellschaft und Wirtschaft erweitert und von dem engen Bezug auf Armut und Arbeiterschaft gelöst. Der Erste Weltkrieg und seine Folgen sowie die Krisenjahre der Weimarer Rep. ließen neue benachteiligte Gruppen und neuen Regelungsbedarf entstehen: Kriegsopfer, Kriegsgeschädigte, Witwen, kinderreiche Familien, Mieter und – mit der Verschärfung der Wirtschaftskrise am Ende der Weimarer Republik – auch das Millionenheer der Erwerbslosen und der deklassierten mittelständ. Existenzen. Bes. nach dem Zweiten Weltkrieg rückten nicht nur ›Besser-Schlechter-Relationen‹ (ZACHER) zw. sozialen Klassen oder Gruppen ins Zentrum der S.-Politik, sondern auch Ungleichgewichte zw. Lebensbereichen (z. B. Arbeit, Wohnen, Umwelt), Lebenssituationen (z. B. Berufstätigkeit versus Altersruhestand) sowie zw. Regionen (z. B. Wahrung gleichwertiger Lebensverhältnisse sowie der Rechts- und Wirtschaftseinheit in den Bundesländern gemäß Art. 72 Abs. 3 GG). In der Bundesrepublik wurde der S. bes. weit ausgebaut: Das Netz der sozialen Sicherung wurde dichter (z. B. durch Anerkennung von Kindererziehungszeiten in der →Rentenversicherung), zahlr. Sozialleistungen wurden dynamisiert (z. B. durch die Anbindung der Altersrenten an die Entwicklung der Bruttolöhne, später der Nettolöhne), das Bildungswesen wurde ausgebaut und verbreitert. Dem Ausbau des S. liegen gesellschaftl. und polit. Bedingungen zugrunde, wie der zunehmende Bedarf an sozialstaatl. Daseinsvorsorge aufgrund der veränderten Altersgliederung (z. B. im Zusammenhang mit dem Problem der →Pflegebedürftigkeit), die wachsende Bedeutung von sozialstaatl. Leistung und Verteilung für das Wählerverhalten, ein intensivierter Parteienwettbewerb (der in Prosperitätsphasen bisweilen ›Sozialpolitik-Wettläufe‹ zw. Regierung und Opposition erzeugte), ferner besitzstandswahrende oder -stärkende Effekte des Arbeits- und Sozialrechts sowie Beharrungs- und Expansionstendenzen der sozialstaatl. Bürokratie.

Die forcierte S.-Politik schlug sich auch in rasch wachsender Gesetzgebungs- und Sozialverwaltungstätigkeit sowie im stark zunehmenden Umfang der Sozialausgaben und in einer höheren Sozialleistungsquote (öffentl. →Sozialleistungen in Prozent des Bruttosozialprodukts) nieder. In den 50er-Jahren wuchs diese noch schwach (jedoch auf der Basis hoher Zuwächse im Volumen des Sozialprodukts, folglich auch im Volumen des Sozialbudgets), in den 60er- und in der 1. Hälfte der 70er-Jahre jedoch stark; in den 80er-Jahren pendelte sie sich im Zuge einer Konsolidierungspolitik auf dem relativen Niveau der frühen 70er-Jahre ein; seit 1990 verursachen die Folgekosten der dt. Einheit erhebl. Ausgabensteigerungen (Sozialleistungsquoten nach Abgrenzung der Internat. Arbeitsamtes 1950: 14,8%, 1960: 16,0% und 1989: 22,7%, nach der Definition des Sozialbudgets des Bundes-Min. für Arbeit- und Sozialordnung 1960: 22,8%, 1975: 33,9%, 1989: 30,7%, 1994: 33,3%). Aber nicht alle bedeutenden sozialstaatl. Tätigkeiten verursachen unmittelbar oder mittelbar Kosten für die öffentl. Haushalte. Ein Beispiel ist die gesetzgeber. Gestaltung der Arbeitsordnung und der Beziehungen zw. Arbeitgeber und Arbeitnehmer mittels Betriebsverfassungs-, Personalvertretungs- und Mitbestimmungsgesetzgebung. Diese Gesetzgebung führte in Verbindung mit der Tarifautonomie zu einem – im internat. Vergleich einmalig – dichten Netz von →Mitbestimmung der Arbeitnehmer (bzw. ihrer Repräsentanten und der Gewerkschaften) im Betrieb und auf überbetriebl. Ebene.

Mit dem entwickelten S. waren zusätzlich zur Behandlung ›alter sozialer Fragen‹ neue auf die Tagesordnung der Politik gekommen. Dem histor. Vergleich erschließt sich, wie stark die Regelungsweite und -tiefe des S. zugenommen haben in sachl. Hinsicht (nach Zahl und polit., ökonom. und sozialer Bedeutung und Dichte der Regelungsbereiche), sozialer Hinsicht (nach Zahl und Bev.-Anteil der Adressaten der sozialstaatl. Politik) und zeitl. Dimension (nach Dauer der sozialstaatl. Leistungen).

Bewertung des Sozialstaats

Der Ausbau des S. hat zahlr. Probleme gelöst oder zuverlässig unter Kontrolle gehalten: Die Eindämmung von Not und absoluter Armut zählt ebenso hierzu wie Stabilisierungsleistungen des S. für die Politik (indem das Risiko des Umschlagens ökonom. in polit. Krisen vermindert wird), für die Gesellschaft (z. B. durch Schutz gegen ›Wechselfälle‹ des Lebens, aber auch durch Verhinderung oder Eindämmung von sozialer Auflösung) sowie für die Wirtschaft (z. B. durch Stimulierung arbeitssparenden techn. Fortschritts, die Sicherung des sozialen Friedens in den Betrieben und die Entlastung der Arbeitswelt von schweren Konflikten über die Gestaltung der Sozialordnung).

Kritiker des S. hingegen bewerten die ihm immanente Expansionstendenz negativ; sie betrachten den S. eher als Problemursache denn als -bewältigung. Die Expansionslogik des S. sei unendlich groß: Die Konstellationen sozialer Ungleichheiten, für die er zuständig gemacht werden könnte oder die von ihm eingefordert werden könnten, seien beliebig vermehrbar. Überdies betonen die Kritiker polit., soziale und ökonom. Folgekosten des entfalteten S., z. B. neue Verteilungskonflikte, Untergrabung klass. Staatsbürgertugenden (z. B. Eigeninitiative, Selbsthilfe), Übermaß an kontrollierenden Eingriffen in die Lebenswelt der Bürger und wirtschaftspolitisch abträgl. Kostenbelastungen, Regulierungen und Anreiz zur missbräuchl. Inanspruchnahme sozialstaatl. Leistungen (›Moral Hazard‹).

Unbestreitbar gibt es Effektivitäts- und Effizienzprobleme des S. Das jeweilige Ausmaß von Nutzen und Kosten jedoch variiert – wie bes. neuere historisch-komparative und Nationen vergleichende Studien zeigen – je nach S.-Modell, Politikbereich, Adressatengruppe, Problemlage und Leistungsfähigkeit der Wirtschaft. Ein hoch entwickelter S. mit weit reichender Gestaltung der Wirtschaftsordnung beispielsweise sichert ein hohes Maß an sozialer und polit. Integration, riskiert aber die Überlastung der Wirtschaft; ein schwach ausgebauter S. hingegen erzeugt polit., soziale und ökonom. Unsicherheit und versagt vor sozialen und polit. Integrationsaufgaben. Eine mittlere Position (wie sie z. B. der S. der Bundesrepublik Dtl. darstellt) kann hingegen die Kosten der Sozialstaatlichkeit durch die Bewältigung von Problemen der polit. Stabilität, der sozialen Sicherung und der Arbeitsordnung kompensieren.

⇒ *Arbeitsrecht · Eigentum · Gerechtigkeit · Marktwirtschaft · Rechtsstaat · Solidarität · Wirtschaftsethik · Wohlfahrtsökonomik*

H. HELLER: Rechtsstaat oder Diktatur? (1930); Rechtsstaatlichkeit u. Sozialstaatlichkeit, hg. v. E. FORSTHOFF (1968); W. ABENDROTH: Zum Begriff des demokrat. u. sozialen Rechtsstaates im GG der Bundesrep. Dtl., in: DERS.: Antagonist. Gesellschaft u. polit. Demokratie (²1972); S.-Prinzip u. Wirtschaftsordnung, hg. v. O. E. KEMPEN (1976); H.-H. HARTWICH: S.-Postulat u. gesellschaftl. status quo (²1977); M.-L. RECKER: Natsoz. Sozialpolitik im Zweiten Weltkrieg (1985); Die Weimarer Rep. als Wohlfahrtsstaat, hg. v. W. ABELSHAUER (1987); MANFRED G. SCHMIDT: Sozialpolitik (1988); J. ALBER: Der S. in der Bundesrep. 1950-1983 (1989); 40 Jahre S. Bundesrep. Dtl., hg. v. N. BLÜM u. a. (1989); Der wirtschaftl. Wert der Sozialpolitik, hg. v. G. VOBRUBA (1989); G. A. RITTER: Der S. (²1991); Soziale Sicherheit in Europa, hg. v. der Europ. Kommission, Generaldirektion für Beschäftigung, Arbeitsbeziehungen u. Soziale Angelegenheiten (Luxemburg 1996). – Weitere Literatur →Sozialpolitik, →Sozialversicherung.

Sozialstation, eine von den freien Wohlfahrtsverbänden, Kirchen oder Kommunen getragene sozialpolit. Einrichtung zur ambulanten Kranken-, Alten- und Familienpflege. Die S. helfen bei der Lösung des Problems der →Pflegebedürftigkeit.

Sozialstatistik, i. w. S. die statist. Erfassung gesellschaftl., kultureller und wirtschaftl. Vorgänge und Einrichtungen, schließt die gesamte Wirtschaftsstatistik ein; i. e. S. die Statistik der sozialen Vorgänge und Einrichtungen, bes. die der öffentl. Sozialleistungen.

Sozialstruktur, Gesellschafts|struktur, soziolog. Grundbegriff, der die auf relative Dauer angelegte bzw. dauerhaft bestehende Anordnung der versch. sozialen Akteure, Gruppen, Organisationen, Institutionen und Subsysteme im Hinblick auf die Gesamtgesellschaft bezeichnet. S.-Analyse legt so das relativ stabile ›Skelett‹ einer Gesellschaft offen (STEFAN HRADIL, *1946). Im Zentrum einer solchen Untersuchung der S. stehen die Formen und Netzwerke des individuellen sozialen Handelns (z. B. in der Familie oder im Partnerschaftsverhalten), ferner die versch. sozialen Institutionen (Schulen, Betriebe, Parteien, Medien, Verwaltung) und die sozialen Subsysteme (Bildungs-, Wirtschafts-, Rechtssystem). U. a. wird danach gefragt, wie sie sich zueinander verhalten, welche Bedeutung und Rangfolge einzelnen Teilbereichen zukommt und welche Bedeutung sie für die Funktionsfähigkeit bzw. für das Erscheinungsbild der Gesamtgesellschaft haben. Nach bestimmten Merkmalen der S. (z. B. Ausmaß der Arbeitsteilung, Bedeutung einzelner Produktionssektoren) lassen sich dann Gesellschaftstypologien (traditionelle oder moderne, Agrar- oder Industriegesellschaft) erstellen. Ein besonderes Augenmerk richtet sich in der S.-Analyse auf die Untersuchung sozialer Ungleichheit, also auf die Frage nach der unterschiedl. Teilhabe von Menschen in versch. sozialen Gruppen an den Möglichkeiten polit. Machtausübung, an Wirtschaftsgütern und Entscheidungsstrukturen, nicht zuletzt an den damit verbundenen Lebensbedingungen und Lebensmöglichkeiten (Konsum, Freizeit, Erziehungsstile, Arbeitsbedingungen, Einkommen).

GEORGE P. MURDOCK: Social structure (Neuausg. New York 1967); S. im Umbruch, hg. v. S. HRADIL (1985); S. HRADIL: S.-Analyse in einer fortgeschrittenen Gesellschaft (1987); B. SCHÄFERS: S. u. sozialer Wandel in Dtl. (⁷1998). – Weitere Literatur →Schichtung.

Sozialtarife, nicht kostendeckende Preise für Verkehrsleistungen, die aus gemeinwirtschaftl., bes. sozialen Rücksichten erbracht werden, z. B. im öffentl. Personennahverkehr für Kinder, Schüler, Studenten, Berufstätige, kinderreiche Familien, Senioren, Schwerbeschädigte und Behinderte. Die Verkehrsunternehmen erhalten staatl. Ausgleichsleistungen, bes. für Ausbildungs- und Schwerbeschädigtenverkehr.

Sozialtechnologie, engl. **Social Engineering** [soʊʃl endʒɪ nɪərɪŋ], Bez. für einen sozialwiss. Denkansatz, analog zur Anwendung technolog. Wissens für den Ausbau des techn. Fortschritts, der das sozialwiss. Wissen zur Lösung konkreter prakt. Fragestellungen der Gesellschaft nutzbar zu machen versucht. Das Theorie-, Sach- und Methodenwissen der Sozialwissenschaften soll zur Lösung von Planungs-, Entwicklungs- und Organisationsaufgaben gesellschaftl. Art dienen. Bereits in den Anfängen bei A. COMTE war Soziologie mit dem Anspruch betrieben worden, auf wiss. Weise das Wissen bereitstellen zu können, das die Gesellschaft zur Lösung ihrer Probleme braucht. Die heutige S. ist darauf ausgerichtet, in ihren Abschätzungen die Existenz ungeplanter Nebenfolgen geplanten Verhaltens, die irrationalen Seiten menschl. Sozialverhaltens und unterschiedlich ausgeprägte histor., polit., psycholog., ökonom. und nicht zuletzt zufällige Gegebenheiten entsprechend zu berücksichtigen.

Weder S. noch Aufklärung? Analysen zur Verwendung sozialwiss. Wissens, hg. v. U. BECK u. a. (1989).

sozialtherapeutische Anstalt, im Rahmen der Maßregeln der Besserung und Sicherung eine Einrichtung, in die gemäß des inzwischen weggefallenen § 65 StGB unter bestimmten Voraussetzungen Hangtäter unter 27 Jahren, Täter mit schweren Persönlichkeitsstörungen und gefährl. Sexualdelinquenten eingewiesen werden sollten. Die Regelung ist jedoch wegen der Kosten und Unerprobtheit des Modells nie in Kraft getreten. Der durch das Ges. zur Bekämpfung von Sexualdelikten und anderen gefährl. Straftaten vom 26. 1. 1998 neu geschaffene § 9 Abs. 1 Strafvollzugs-Ges. schreibt nunmehr bei Verurteilungen zu mehr als zwei Jahren Freiheitsstrafe eine Verlegung von behandlungsfähigen Sexualstraftätern in s. A. vor. Bis zum 31. 12. 2002 ist die Verlegung nur als Regelfall (Sollvorschrift, vgl. § 199 Abs. 3 Strafvollzugs-Ges.) ausgestaltet, weil die erforderl. Therapieplätze teilweise erst geschaffen werden müssen. Darüber hinaus können andere Gefangene nach § 9 Abs. 2 Strafvollzugs-Ges. in eine s. A. verlegt werden, wenn dies zur Resozialisierung angezeigt ist und sowohl der Gefangene als auch der Leiter dieser Anstalt zustimmen.

Sozial|union, derjenige Teil des Staatsvertrags zw. der BRD und der DDR vom 18. 5. 1990 über eine Währungs-, Wirtschafts- und Sozialunion, der die sozialpolit. Grundlage für die Umstrukturierung der Planwirtschaft der DDR in eine soziale Marktwirtschaft darstellte. (→deutsche Geschichte)

Sozialverband Reichsbund e. V., bis Februar 1996 **Reichsbund der Kriegs- und Wehrdienstopfer, Behinderten, Sozialrentner und Hinterbliebenen e. V.,** sozialpolit. Interessenverband in Dtl. – Am 23. 5. 1917 als Kriegsopferverband unter dem Namen ›Bund der Kriegsteilnehmer und Kriegsbeschädigten‹ gegründet, organisierte der Verband ab 1919 auch Kriegerwitwen und -waisen. Ziel war eine moderne Kriegsopferversorgung mit Rechtsweggarantie und Beteiligung der Kriegsopferverbände bei der Gesetzgebung. 1933 wurde der Verband zwangsaufgelöst; die Wiedergründung erfolgte 1946 in Hamburg (zunächst für die brit. Besatzungszone). Wichtige heutige Tätigkeitsschwerpunkte sind der Einsatz für die gesellschaftl. Integration behinderter Menschen, die Beratung der Mitgl. (1998 rd. 500 000 in rd. 3 000 Ortsverbänden) in sozialrechtl. Fragen, ihre Rechtsvertretung vor den Sozialgerichten und die Mitarbeit in sozialpolit. Beratungs- und Entscheidungsgremien. Sitz des Verbandes ist Bonn.

Sozialverhalten, Verhalten von Individuen (Menschen und Tieren), soweit es auf die anderen Gruppen-Mitgl. bezogen ist und auf deren Impulse oder Reaktionen zielt. S. umfasst dabei Formen der Zusammenarbeit und des Zusammenlebens ebenso wie konflikthaftes Verhalten. Teilweise wird es in seinen Formen erlernt (Sozialisation), teilweise unterliegt es instinkthaft gesteuerten Mustern; häufig, zumal beim Menschen, werden Muster des S. durch Rituale, sozial organisierte Kommunikationsprozesse und Institutionen und über die hierbei in Erscheinung tretenden kulturellen Symbole vermittelt.

Sozialversicherung, gesetzl. Pflichtversicherung für breite Bev.-Schichten gegen Schäden, welche die soziale Existenzgrundlage der Versicherungs-Mitgl. (im Grenzfall: aller Gesellschafts-Mitgl.) und der Versichertengemeinschaft (im Grenzfall: der gesamten Gesellschaft) gefährden (Solidargemeinschaft auf der Basis eines gesellschaftsweiten Solidaritätsprinzips im Ggs. zur freiwilligen Individualversicherung). Schutz gewährt die S. v. a. gegen massenhaft anfallende Standardrisiken hochgradig arbeitsteiliger Industrie- und Dienstleistungsgesellschaften, bes. Risiken des Einkommensausfalles wegen verminderter Erwerbsfähigkeit durch Krankheit oder Unfall, aufgrund von Arbeitslosigkeit, Alter und Invalidität sowie zum Ausgleich von Risiken infolge von Schwangerschaft oder Tod. Schutz durch S. wird – in einem nach Land, Epoche, Art und Alter des S.-Zweiges unterschiedl. Ausmaß – vorrangig solchen Personen gewährt, die in einem Arbeits-, Dienst- oder Berufsausbildungsverhältnis stehen oder standen, oftmals auch den Familienangehörigen, sowie Selbstständigen. Im Unterschied zum Fürsorgeprinzip, das auf der Prüfung individueller Bedürftigkeit beruht (z. B. bei der Sozialhilfe), wie auch zum Versorgungsprinzip, das Sozialleistungen standardisiert nach Art des gesetzlich fixierten Versorgungsfalles vergibt, gründet sich der Anspruch auf Sozialleistungen aus der S. auf Zahlung von Versicherungsbeiträgen durch die Versicherten oder durch Versicherte und beitragspflichtige Arbeitgeber (Arbeitgeberbeitrag, in Österreich: ›Dienstgeberanteil‹). In reichen Industrieländern werden S.-Leistungen i. d. R. zusätzlich zur Finanzierung aus Beiträgen (›Sozialabgaben‹) aus dem Budget des Zentralstaates bzw. des Bundeshaushaltes bezuschusst.

Sozialversicherungszweige: In Dtl. – wie auch in anderen Industrieländern – zählen zu den wichtigsten S. die gesetzl. →Krankenversicherung, →Unfallversicherung und →Rentenversicherung (berufsständisch in die Arbeiterrenten-, die Angestellten- und die knappschaftl. Rentenversicherung sowie die Alterssicherung der Landwirte gegliedert), die gesetzl. →Pflegeversicherung sowie – je nach Systematik – die auch der Arbeitsmarktpolitik zuzurechnende →Arbeitslosenversicherung. Die S. in Dtl. wird – ähnlich wie in Österreich und der Schweiz – überwiegend aus Beiträgen der Versicherten und der Arbeitgeber finanziert, ergänzt durch staatl. Zuschüsse.

Rechtsgrundlagen: Wichtigste Rechtsgrundlage der S. in Dtl. ist das →Sozialgesetzbuch (SGB), das u. a. die Vorschriften der Reichsversicherungsordnung, des Angestelltenversicherungs-Ges., des Handwerkerversicherungs-Ges. und des Arbeitsförderungs-Ges. ablöste. Außerhalb des SGB ist die Rentenversicherung der Landwirte im Ges. über die Alterssicherung der Landwirte geregelt. Durch supranat. Recht (z. B. der EG) und internat. Abkommen kann die S. ausländ. Arbeitnehmer in Dtl. und dt. Staatsangehöriger im Ausland abweichend von der dt. S. geregelt werden. In den EG-Staaten wird die in den anderen EG-Ländern absolvierte Versicherungszeit berücksichtigt.

Mitgliederkreis: Waren Anfang des 20. Jh. nur rd. 40 % aller Erwerbstätigen Mitgl. der S., stieg dieser Anteil über rd. 70 % zum Ende der Weimarer Republik auf mehr als 80 % heute. Hiermit hält diese, gleichauf mit Österreich, im internat. Vergleich der Reichweite der klass. S. einen Platz im oberen Mittelfeld, hinter den skandinav. Ländern, aber deutlich vor der Schweiz und weit vor Ländern mit schwächer ausgebauter Sozialpolitik, wie z. B. Japan und USA. In der DDR strebte der durch die S. erfasste Anteil der Erwerbspersonen gegen 100 %. In Dtl. ist mittlerweile der Großteil der Erwerbspersonen – und bes. in der Kranken-, Pflege- und Rentenversicherung auch ein erhebl. Teil der Familienangehörigen – sozialversichert. Von der klass. S. nicht erfasst werden v. a. die Beamten (die jedoch durch eigenständige Systeme der sozialen Sicherung nach dem Fürsorgeprinzip geschützt sind, →Versorgung) sowie ein Teil der Selbstständigen und der Erwerbstätigen mit regelmäßig weniger als 15 Stunden wöchentl. Erwerbsarbeit (geringfügige Beschäftigung).

Geschichte: Die dt. Sozialpolitik kann auf eine bes. lange und einflussreiche Tradition zurückblicken, gilt doch das Dt. Reich von 1871 als Pioniernation der modernen Sozialpolitik. Hier wurden früher als anderswo die ersten – wenn auch bescheidenen und lückenhaften – Netze der Krankenversicherung (1883), der Unfallversicherung (1884), der Invaliden- und Altersversicherung (1889) geknüpft. Charakteristisch war eine von den Eliten getragene Sozialpolitik ›von oben‹, die einige soziale Forderungen der Arbeiterbewegung aufgriff, primär aber darauf abzielte, deren weiter reichende polit. Forderungen abzuwehren. Ausbau, Vertiefung und Erweiterung der S. erfolgten noch im Kaiserreich (1911 Angestelltenversicherung), beschleunigt in den 20er-Jahren der Weimarer Republik (1927 Arbeitslosenversicherung) und in raschem Tempo und mit weit reichendem sozialem Schutz in der Bundesrepublik Dtl., bes. in Perioden hohen Wirtschaftswachstums. In Ost-Dtl. wurden durch SMAD-Befehl von 1947 die Grundsätze einer einheitl. S. (Kranken-, Unfall-, Renten- und zunächst auch Arbeitslosenversicherung) festgelegt. 1956 wurde als alleiniger Träger der FDGB eingesetzt und bestimmt, dass Versicherte, die nicht Mitgl. des FDGB waren (z. B. Mitgl. von LPG), bei der Dt. Versicherungs-Anstalt zu versichern sind. Die Leistungen der S. waren vergleichsweise gering. Aufgrund der Festlegung im Staatsvertrag zw. der BRD und der DDR über eine Währungs-, Wirtschafts- und Sozialunion vom 18. 5. 1990 und im Einigungsvertrag ist die S. der DDR in das bundesdt. S.-System überführt worden.

⇨ *Knappschaft · Sozialleistungen · Sozialpolitik · Sozialrecht · Sozialstaat*

Ein Jh. S. in der Bundesrep. Dtl., Frankreich, Großbritannien, Österreich u. der Schweiz, hg. v. P. A. KÖHLER u. a. (1981); Versicherungsprinzip u. soziale Sicherung, hg. v. W. SCHMÄHL (1985); J. ALBER: Vom Armenhaus zum Wohlfahrtsstaat. Analysen zur Entwicklung der S. in Westeuropa ([2]1987); Ökonom. Analyse der S. Ergebnisse für Österreich, hg. v. R. HOLZMANN (Wien 1988); N. FINKENBUSCH: Begriffe der S. u. aus angrenzenden Rechtsgebieten ([4]1990); A. WEBER u. a.: Soziale Sicherung in Europa. Die S. in den Mitgliedstaaten der Europ. Gemeinschaft ([2]1991); H. JÄGER: Einf. in die S. u. die sonstigen Bereiche des Sozialrechts ([11]1995); E. KRESSEL u. M. WOLLENSCHLÄGER: Leitfaden zum S.-Recht ([2]1996);

Die S., begr. v. W. SCHOELE, fortgef. v. H. MARBURGER (^{13}1996); T. LOCHER: Grundr. des S.-Rechts (Bern ^{2}1997).

Sozialversicherungsausweis, vom jeweiligen Rentenversicherungsträger ausgestelltes Dokument für sämtl. Arbeitnehmer (auch geringfügig Beschäftigte) mit den Angaben Name, Vorname, Versicherungsnummer, Ausstellungsdatum, Name des Rentenversicherungsträgers. Seit dem 1. 7. 1991 müssen Beschäftigte bei Beginn einer Beschäftigung dem neuen Arbeitgeber den S. vorlegen. Für Arbeitnehmer im Bau-, Gaststätten- und Beherbergungs-, Schausteller-, Gebäudereinigungs- und Güterbeförderungsgewerbe sowie in Unternehmen, die beim Auf- und Abbau von Messen und Ausstellungen tätig sind, besteht die Pflicht zur Mitführung des S. Er wurde eingeführt, um →Schwarzarbeit und illegale Beschäftigung sowie Leistungsmissbrauch wirksamer zu bekämpfen.

Sozialversicherungswahlen, die alle 6 Jahre stattfindenden Wahlen zu den Selbstverwaltungsorganen der Sozialversicherung (→Vertreterversammlung). Die S. ermöglichen den Versicherten und den Arbeitgebern die Mitbestimmung über die Arbeit der Sozialversicherung. Gewählt wird nach den Grundsätzen der Verhältniswahl; die Wahlen sind frei und geheim (§§ 45 ff. SGB IV).

Sozialverträglichkeit, ein an sozialen Zielgrößen ausgerichteter Bewertungsmaßstab in Politik, Gesellschaft und Wirtschaft für den Nutzen und/oder die Kosten eines Vorgangs (z. B. einer techn. Neuerung), einer Regelung (z. B. eines Gesetzes), eines Vorhabens (z. B. eines betriebl. Sozialplans) oder eines Ergebnisses (z. B. das einer wirtschaftspolit. Entscheidung). Die konkrete Bedeutung von S. ist verschieden, je nachdem, was als ›sozial‹ gilt. So werden als sozialverträglich mitunter jene Regelungen eingestuft, welche die Interessen jedes einzelnen Mitgl. eines Kollektivs (z. B. der Belegschaft eines Betriebs) im gleichen Umfang wahrt (individualist. Prinzip der S.). Als sozialverträglich wird aber häufig auch eine Regelung eingestuft, welche die Interessen der Mehrheit der Kollektiv-Mitgl. (nicht aber die Interessen einer Minderheit) oder den größtmögl. Gesamtnutzen eines Kollektivs (nicht aber den jedes Einzelnen) wahrt (kollektivist. Prinzip der Sozialverträglichkeit).

Sozialwerk, Bez. für Zusammenschlüsse von Personen, die v.a. im Wege der Selbsthilfe Mitgl. und wirtschaftlich nichtselbstständige Angehörige sozial, gesundheitlich und kulturell betreuen. Auch Betriebe und Behörden errichteten S. für ihre Arbeitnehmer und Bediensteten.

Sozialwissenschaften, Sammel-Bez. für diejenigen Wiss. und Forschungszweige, in denen die gesellschaftl. Aspekte menschl. Verhaltens und Zusammenlebens sowie die Organisationsgrundlagen, -formen und Rahmenbedingungen menschl. Vergesellschaftung im Zentrum stehen. I. e. S. gehören hierzu Soziologie, Politikwiss. und Wirtschaftswiss.en sowie ergänzend Ethnologie, Anthropologie und Sozialpsychologie. Zum weiteren Bereich gehören auch Rechtswiss., Geschichtswiss., Psychologie und Pädagogik. Vor dem Hintergrund der Entstehung der bürgerl. Gesellschaft und der Differenzierung zw. staatlich-politischer, wirtschaftl., histor. und i. e. S. soziolog. Fragestellungen entwickelten sich die S. zunächst im 19. Jh., wobei ältere Einflüsse, Philosophie und Menschenbild der Aufklärung, aber auch die schott. Moralphilosophie und die ›Klassiker‹ der modernen Gesellschaftslehre (A. DE TOCQUEVILLE, L. VON STEIN, G. W. F. HEGEL und K. MARX) eine wichtige Rolle spielten. In dem Maße, in dem die Naturwiss.en in der 2. Hälfte des 19. Jh. Vorbildcharakter gewannen, entwickelten sich auch für die Geistes-, Kulturwiss.en und S. Versuche, entweder durch die klare Bestimmung eines eigenen Forschungsgegenstandes und einer eigenen Methode oder durch die Übernahme naturwiss. ausgerichteter Maßstäbe wissenschaftstheoret., gesellschaftl. und polit. Anerkennung zu erlangen (A. COMTE, J. S. MILL, W. DILTHEY, H. SPENCER). Auch wenn in der Folge Selbstverständnis und Eigenwert der S. in einer Reihe von Kontroversen (›Methodenstreit‹ zw. G. SCHMOLLER und C. MENGER; Werturteilsstreit, Positivismusstreit) zur Diskussion standen, hat sich bis heute weder eine genaue Grenze gegenüber den Naturwiss.en ziehen noch eine am Maßstab der naturwiss. Methoden ausgerichtete eigenständige Form der S. entwickeln lassen; vielmehr stehen die S. als ›dritte Kultur‹ (W. LEPENIES) zw. Natur- und Geisteswiss.en und tragen dadurch eher dem Bewusstsein einer wechselnden Zuständigkeit von Theorien für das Sozialwesen Mensch Rechnung.

G. C. HOMANS: Was ist S.? (a. d. Amerikan., ^{2}1972); Forschungsarbeiten in den S. Dokumentation, hg. vom Informationszentrum für Sozialwiss. Forschung (1973ff.; jährl.); P. G. WINCH: Die Idee der S. u. ihr Verhältnis zur Philosophie (a. d. Engl., Neuausg. 1974); Theorienvergleich in den S., hg. v. K. O. HONDRICH u. a. (1978); K. ACHALM: Philosophie der S. (1983); J. HABERMAS: Zur Logik der S. (Neuausg. 1985); W. LEPENIES: Die drei Kulturen. Soziologie zw. Lit. u. Wiss. (1985); R. DAHRENDORF: Pfade aus Utopia (^{4}1986); E. U. VON WEIZSÄCKER: Brückenkonzepte zw. Natur- u. S. Selbstorganisation, offene Systeme u. Evolution (^{2}1989); Logik der S., hg. v. E. TOPITSCH (^{12}1993); M. HOLLIS: Soziales Handeln. Eine Einf. in die Philosophie der S. (a. d. Engl., 1995).

Sozialwohnung, mit öffentl. Mitteln (Baudarlehen, Zinszuschüssen) geförderte und im alten Bundesgebiet nach der Währungsreform 1948 bezugsfertig gewordene Wohnung. Auch nach Aufhebung der Wohnungsbewirtschaftung unterliegen S. bestimmten im Wohnungsbindungs-Ges. geregelten Einschränkungen. S. dürfen nur an Personen mit Wohnberechtigungsschein vermietet werden; seine Vergabe ist einkommensabhängig (→sozialer Wohnungsbau). Für S. kann höchstens die →Kostenmiete gefordert werden. Die Einschränkungen gelten so lange, bis der Bauherr die öffentl. Mittel zurückgezahlt hat und eine Nachwirkungsfrist von i. d. R. zehn Jahren (bei Rückzahlung vor dem 1. 1. 1990: acht Jahre) verstrichen ist. In den neuen Ländern und Berlin (Ost) werden als S. nur neu geschaffene Wohnungen anerkannt, für die Mittel aus öffentl. Haushalten erstmalig nach dem Beitritt bewilligt wurden.

Soziation die, -/-en, Pflanzengemeinschaft, die durch regelmäßig auftretende (konstante) dominierende Arten gekennzeichnet wird.

Sozietät [frz. société, von lat. societas ›Gesellschaft‹] die, -/-en, 1) *Ökologie:* eine ›Tiergesellschaft‹.
2) *Recht:* **Societät,** älterer Ausdruck für eine privatrechtl. Organisation, bes. im Versicherungswesen; heute oft Bez. für den Zusammenschluss mehrerer Anwälte untereinander oder mit Angehörigen anderer freier Berufe (z. B. Wirtschaftsprüfer, Steuerberater, Patentanwalt) zur gemeinschaftl. Berufsausübung. Die S. ist eine Gesellschaft des bürgerl. Rechts. Ein Anwaltsvertrag kommt i. d. R. mit allen in der S. verbundenen Anwälten zustande, die als Gesamtschuldner haften. Die Beschränkung der Haftung auf das das Mandat bearbeitende Mitgl. ist zulässig (§ 51a Bundesrechtsanwaltsordnung). →Partnerschaftsgesellschaft
3) *Soziologie:* Speziell in der Gemeindesoziologie bezeichnet S. eine abgrenzbare Anzahl von Personen, die durch gemeinsame Normen, Anschauungen und Interessen die Vorstellung einer Gemeinsamkeit und Zusammengehörigkeit entwickelt haben. Da die Angehörigen einer S. aber kein gemeinsames Wohngebiet haben, also nicht räumlich abgegrenzt lokalisiert werden können, fehlt ihnen im Ggs. zu anderen Formen der Vergesellschaftung das verbindende Element einer gemeinsamen Umwelterfahrung.

Sozietät, Kirchlich-Theologische S. in Württemberg, 1934-35 aus dem Freundeskreis um die Pfarrer E. BIZER, HERMANN DIEM (*1900, †1975), HEINRICH FAUSEL (*1900, †1967) und PAUL SCHEMPP (*1900, †1959) hervorgegangene kirchenpolit. Gruppierung, die eine streng an der →Barmer Theologischen Erklärung orientierte Sammlung der Bekennenden Kirche verfocht. Die S. stand damit nicht nur im Ggs. zu den ›Dt. Christen‹, sondern auch zur württemberg. Kirchenleitung und zum Landesbruderrat.

W. NIEMÖLLER: Die Ev. Kirche im Dritten Reich (1956); G. SCHÄFER: Die Ev. Landeskirche in Württemberg u. der Nationalsozialismus, Bde. 4-6 (1977-86).

Sozinianer, nach den ital. Humanisten L. und F. SOZZINI benannte antitrinitar. Bewegung (→Antitrinitarier), die Mitte des 16. Jh. in Polen entstanden war (›Poln. Brüder‹), dort zur Bildung einer Sonderkirche geführt hatte und nach deren Zerschlagung im 17. Jh. als religiöse Strömung in W-Europa und später in den USA weiterwirkte. – Aus Kritik an der kalvinist. Trinitätslehre und an der Bekleidung öffentl. Ämter durch Christen kam es 1565 zur Abspaltung zahlreicher ref. Prediger und ital. Glaubensflüchtlinge als ›Ecclesia minor‹ von der ref. Kirche Polens. Zentrum war Raków (bei Kielce). Unter Führung F. SOZZINIS, dem die Einigung der versch. Gruppierungen der Bewegung gelang, entstand 1605 der Rakóẅer Katechismus, das entscheidende Lehrwerk der S. Ausgehend von der Überzeugung, dass die Bibel die alleinige Quelle der Lehre sei und als Wort Gottes nichts enthalten könne, was der Vernunft widerspricht, lehnten die S. die kirchl. Lehre von der Trinität, der Inkarnation und den Sakramenten ab. Sie lebten ein biblistisch-pragmat. Christentum, dessen eth. Ausrichtung mit strenger Kirchenzucht einherging. Die systemat. Verfolgungen im Zuge der poln. Gegenreformation führten zur Zerstörung Rakóws (1638) und zum Landesverweis (1658) aller S. Die v. a. nach Siebenbürgen, Schlesien, Brandenburg und Holland auswandernden S. vereinigten sich mit anderen unitar. Gruppen und trugen u. a. zur Entstehung des engl. Unitarismus (→Unitarier) bei.

Reformation u. Frühaufklärung in Polen. Studien über den Sozinianismus u. seinen Einfluß auf das westeurop. Denken im 17. Jh., hg. v. P. WRZECIONKO (1977); Socianism and its role in the culture of XVIth to XVIIIth centuries, hg. v. L. SZCZUCKI (London 1983); Wegscheiden der Reformation. Alternatives Denken vom 16. bis zum 18. Jh., hg. v. G. VOGLER (1994).

Soziobiologie, in den 1940er-Jahren in den USA begründeter Zweig der Verhaltensforschung, der in seinem Ansatz Erkenntnisse der Evolutionsbiologie des Verhaltens, der Tiersoziologie und der Populationsbiologie vereinigt. Der Begriff S. wurde von E. O. WILSON (›Sociobiology. The new synthesis‹, 1975) geprägt. Die S. untersucht vergleichend die biolog. Grundlagen des Sozialverhaltens der Tiere und des Menschen in seinen unterschiedlichsten Erscheinungsformen; dies unter der Fragestellung, auf welcher Ebene (Gene, Individuum, Fortpflanzungsgemeinschaft, Art) die Selektion differenzierend eingreift und zu Verhaltensanpassungen im Laufe der Evolution führt. Aufsehen erregten v. a. die Erklärungsmodelle für Verhaltensweisen, die altruistisch anmuten (z. B. Hilfestellung gegen Fressfeinde, Mithilfe älterer Jungtiere bei der Brutpflege jüngerer Geschwister) und die vordergründig die Fortpflanzungschancen des Individuums schmälern. Von W. D. HAMILTON wurde in diesem Zusammenhang 1964 der Begriff ›kin selection‹ (dt. meist mit ›Sippenselektion‹ übersetzt) eingeführt, wobei ›kin‹ urspr. Blutsverwandtschaft bedeutet. Davon ausgehend, dass sich ein Teil der Allele eines Individuums auch bei seinen Verwandten findet, kann altruist. Verhalten dem Individuum die Möglichkeit bieten, den Anteil seiner eigenen Gene in der nächsten Generation nicht nur durch eigene Fortpflanzung zu erhöhen (›direkte Fitness‹), sondern auch durch Unterstützung nächster Verwandter (›indirekte Fitness‹); der zugrunde liegende Kerngedanke ist, dass Evolution auf der Ebene des Gens (der Allele) stattfindet und dass die Triebkraft für scheinbar altruist. Verhalten das Bestreben der Gene ist, sich in möglichst vielen Individuen (Nachkommen und/oder Verwandten) zu vervielfältigen, eine Vorstellung, die zum Modell vom ›egoist. Gen‹ (R. DAWKINS) führte. – Anlass zur Kritik an den Theorien der S. und für den Vorwurf des Reduktionismus war der Versuch, menschl. Verhalten und menschl. Wertvorstellungen ausschließlich mit biolog. Methoden erklären und daraus eth. Normen ableiten zu wollen.

W. WICKLER u. U. SEIBT: Das Prinzip Eigennutz (Neuausg. 1981); R. DAWKINS: Das egoist. Gen (a. d. Engl., Neuausg. 1996).

Soziogeographie, die →Sozialgeographie.
Soziogramm *das, -s/-e,* →Soziometrie.
Soziographie *die, -,* von SEBALD RUDOLPH STEINMETZ 1913 begründete empir. Disziplin, die die Gegenposition zur geisteswiss. und historisch orientierten theoret. Soziologie der damaligen Zeit einnimmt. Sie versuchte auf der Basis einer detaillierten ›Kartierung‹ des sozialen Geschehens in abgegrenzten räuml. Einheiten (z. B. Dorf, Stadt), die Struktur des umfassenderen Gesellschaftssystems zu erschließen; heute lebt sie als Hilfswiss. in vielfältigen Formen der Sozialberichterstattung und der Raumplanung fort.

Soziolekt *der, -(e)s/-e,* von der Soziolinguistik geprägter Begriff, der das Sprachverhalten von gesellschaftl. Gruppen bezeichnet. S. können geographisch begründet sein, wichtigstes Merkmal ist jedoch eine vertikale Sprachschichtung, die die Ursache für die Herausbildung von Gruppensprachen darstellen. So wird S. auch als Oberbegriff für den Komplex der Fachsprachen, Sondersprachen und Jargons verwendet. Identifikationsmerkmal für einen S. ist, dass sich die Sprecher dieser Varietät entweder als Träger einer besonderen Sprachform empfinden oder dass sie von Außenstehenden als solche wahrgenommen werden; dabei kann es sich um eine sozial stigmatisierte Form (z. B. Slum-, Gaunersprache) oder um eine als erstrebenswert erscheinende sprachl. Prestigeform (z. B. bei gewissen sprachl. Ausdrucksformen der Jugend- und Subkultur, Expertensprache) handeln.

W. STEINIG: S. u. soziale Rolle (1976); H. KUBCZAK: Was ist ein S.? (1979); DERS.: S. in: Sociolinguistics, hg. v. U. AMMON u. a., Tl. 1 (Berlin 1987); K.-H. BAUSCH: S. in: Lex. der germanist. Linguistik, hg. v. H. P. ALTHAUS, Bd. 2 (²1980).

Soziolinguistik, Sprachsoziologie, Wissenschaftsdisziplin im Überschneidungsbereich von Linguistik und Soziologie, die sich mit den wechselseitigen Beziehungen zw. Sprach- und Sozialstrukturen beschäftigt. Es werden im Wesentlichen drei Forschungsschwerpunkte unterschieden: 1) eine soziologisch orientierte, 2) eine v. a. linguistisch ausgerichtete und 3) eine ethnomethodologisch fundierte Richtung. Während die soziologisch orientierte Strömung in den Mittelpunkt ihrer Forschung den Einfluss sozioökonomischer, histor., nat. und kultureller Faktoren auf die reale Sprachverwendung stellt und Phänomene von Mehrsprachigkeit und Diglossie, Sprachwechsel und sozial bedingte Normabweichungen oder Sprachdefizite untersucht, weisen die i. e. S. linguistisch forschenden Soziolinguisten meist anhand quantitativer empir. Arbeiten nach, dass soziale Rahmenbedingungen für Sprachveränderungen und -wandelprozesse verantwortlich sind und synchrone Variationszustände demnach einen Ausschnitt aus einem diachron sich vollziehenden Sprachwechsel darstellen. Die ethnomethodologisch fundierte Richtung der S. stellt die sprachl. Interaktion in den Mittelpunkt

pulse nach 1960 waren die 1961 entfachte Kontroverse um die Zulässigkeit bzw. Unausschließbarkeit externer Erkenntnisinteressen in der sozialwiss. Forschung (→Positivismusstreit), die im Zuge der Studentenrevolte im Rückgriff auf marxist. Traditionen (G. LUKÁCS) entwickelte soziologisch fundierte Gesellschaftskritik, die in den 1970er-Jahren zw. J. HABERMAS und LUHMANN geführte Kontroverse um die Bedeutung und Reichweite einer soziologisch ausgerichteten Systemtheorie sowie die Rezeption außereurop. Modelle polit. Soziologie (z. B. die →Dependencia-Theorien). – In den 1980er-Jahren traten neben die vorherrschenden Globalmodelle (Strukturfunktionalismus, Marxismus, Systemtheorie) Forschungsansätze, die sich den Ebenen des Alltags, der individuellen Sinnorientierung und unterschiedl. kulturellen Handlungsrahmen zuwandten (Alltags-S., Ethnomethodologie, das Werk E. GOFFMANS). Die S. der 1980er-Jahre nahm einerseits ältere Forschungsfelder wie die Organisations-S., Kultur-S., ethnolog. S. bei MARY DOUGLAS (* 1921, † 1996) und phänomenolog. S. bei A. SCHÜTZ auf, wofür beispielhaft Arbeiten von P. L. BERGER, THOMAS LUCKMANN (* 1927) und P. BOURDIEU stehen; zu den von ihr andererseits entwickelten neuen Theoriemodellen und Forschungsansätzen zählen A. GIDDENS' Theorie der Strukturierung, U. BECKS Individualisierungstheorie, Konzepte feminist. S. bei UTA GERHARDT (* 1938) sowie die 'explanator. S., die HARTMUT ESSER (* 1943) im Anschluss an die Arbeiten der amerikan. Soziologen JEFFREY ALEXANDERS (* 1947) und JAMES SAMUEL COLEMANS (* 1926) entwickelt hat und die darauf zielt, die Ebene des individuellen sozialen Handelns (Situation) mit den gesamtgesellschaftl. Rahmenbedingungen analytisch zu verknüpfen. Zu den zentralen Erträgen der sozialwiss. Diskussion in den 1980er-Jahren zählt auch die Rezeption des Werkes von N. ELIAS, das aufgrund seiner erzwungenen Emigration jahrzehntelang vernachlässigt worden war. – Wichtige Themenstellungen der gegenwärtigen soziolog. Forschung sind die Zukunft der Arbeitsgesellschaft, die Systemtransformation im Hinblick auf die ehemals staatssozialist. Gesellschaften (Transformationsgesellschaften), die Ökologie, die Globalisierung, die (neuen) gesellschaftl. Konflikte und die (zunehmenden) Desintegrationsprozesse in der Gesellschaft.

Handbücher, Wörterbücher, Nachschlagewerke: Hb. der S., hg. v. W. ZIEGENFUSS (1956); Grundfragen der S., hg. v. D. CLAESSENS, 15 Bde. ($^{1-4}$1967–78); International encyclopedia of the social sciences, hg. v. D. L. SILLS, 8 Bde. u. biograph. Suppl.-Bd. (Neuausg. New York 1972–79); Hb. der empir. Sozialforschung, hg. v. R. KÖNIG, 14 Bde. (Neuausg. 1973–79); Klassiker des soziolog. Denkens, hg. v. D. KÄSLER, 2 Bde. (1976–78); Wb. der S., hg. v. W. BERNSDORF, 3 Bde. (Neuausg. 1979); Internat. Soziologenlex., hg. v. Dems. u. a., 2 Bde. (^{2}1980–84); Hwb. der S., hg. v. A. VIERKANDT (Neuausg. 1982); H. SCHOECK: Soziolog. Wb. (^{11}1982); Lex. zur S., hg. v. W. FUCHS u. a. (^{2}1988); Hb. der soziolog. Forschung, hg. v. H. BERGER u. a. (Berlin-Ost 1989); Hb. S. Zur Theorie u. Praxis sozialer Beziehungen, hg. v. H. KERBER u. a. (Neuausg. 1991); R. BOUDON u. F. BOURRICAUD: Soziolog. Stichworte. Ein Hb. (a. d. Frz., 1992); Wb. der S., hg. v. G. ENDRUWEIT u. G. TROMMSDORF (Neuausg. 1993); K.-H. HILLMANN: Wb. der S. hg. v. G. HARTFIEL (^{4}1994); S.-Lex., hg. v. G. REINHOLD (^{3}1997).

Einführungen: W. RÜEGG: S. (1969); J. H. FICHTER: Grundbegriffe der S. (a. d. Amerikan., ^{3}1970); I. SEGER: Knaurs Buch der modernen S. (1970); H. DE JAGER u. A. L. MOK: Grundlegung der S. (a. d. Niederländ., 1972); H. P. BAHRDT: Wege zur S. (^{7}1973); DERS.: Schlüsselbegriffe der S. (^{7}1997); W. SIEBEL: Einf. in die systemat. S. (1974); G. KISS: Einf. in die soziolog. Theorien, 2 Bde. (^{3}1977); F. FÜRSTENBERG: S. Hauptfragen u. Grundbegriffe (^{3}1978); E. M. WALLNER: S. Eine Einf. ... (^{6}1979); J. MATTHES: Einf. in das Studium der S. (^{3}1981); U. JAEGGI u. M. FASSLER: Kopf u. Hand. Das Verhältnis von Gesellschaft u. Bewusstsein (1982); J. WÖSSNER: S. Einf. u. Grundlegung (^{9}1986); Einf. in spezielle Soziologien,

hg. v. H. KORTE u. B. SCHÄFERS (1993); A. BELLEBAUM: Soziolog. Grundbegriffe (^{12}1994); P. L. u. B. BERGER: Wir u. die Gesellschaft. Eine Einf. in die S. (a. d. Amerikan., 69.–71 Tsd. 1994); J. S. COLEMANN: Grundlagen der Sozialtheorie, 3 Bde. (a. d. Engl., Neuausg. 1995); N. ELIAS: Was ist S.? (^{8}1996); D. CLAESSENS u. D. TYRADELLIS: Konkrete S. Eine verständl. Einf. in soziolog. Denken (1997); A. TREIBEL: Einf. in soziolog. Theorien der Gegenwart (^{4}1997); Denkweisen u. Grundbegriffe der S. (^{13}1998); Einf. in die Hauptbegriffe der S., hg. v. H. KORTE u. B. SCHÄFERS (^{4}1998); Grundbegriffe der S., hg. v. B. SCHÄFERS (^{5}1998); G. WISWEDE: S. (^{3}1998).

Allgemeines: Twentieth century sociology, hg. v. G. D. GURVIČ u. a. (New York 1945); L. VON WIESE: System der allg. S. als Lehre von den sozialen Prozessen u. den sozialen Gebilden der Menschen (1966); R. K. MERTON: Social theory and social structure (New York ^{3}1968); DERS.: Soziolog. Theorie u. soziale Strukturen (a. d. Amerikan., 1995); S. Ein Lehr- u. Hb. zur modernen Gesellschaftskunde, hg. v. A. GEHLEN u. a. (^{8}1971); Basale S., bearb. v. H. REIMANN u. a., 5 Bde. ($^{1-4}$1976–91); R. KRECKEL: Soziolog. Denken (^{2}1976); P. FURTH u. M. GREFFRATH: Soziolog. Positionen (1977); H. SCHELSKY: Auf der Suche nach Wirklichkeit. Ges. Aufsätze zur S. der Bundesrep. (Neuausg. 1979); Alltagswissen, Interaktion u. gesellschaftl. Wirklichkeit, hg. v. der Arbeitsgruppe Bielefelder Soziologen (^{5}1980); M. WEBER: Wirtschaft u. Gesellschaft. Grundr. der verstehenden S. (^{5}1980); DERS.: Schriften zur S. (1995); G. SIMMEL: S. (^{6}1983); DERS.: Schriften zur S. (^{4}1992); J. HABERMAS: Zur Logik der Sozialwiss.en (Neuausg. 1985); DERS.: Theorie des kommunikativen Handelns, 2 Bde. (Neuausg. ^{2}1997); R. DAHRENDORF: Pfade aus Utopia. Arbeit zur Theorie u. Methode der S. (^{4}1986); W. LEPENIES: Die drei Kulturen. S. zw. Lit. u. Wiss. (1988); Die Modernisierung moderner Gesellschaften, hg. v. W. ZAPF (1991); É. DURKHEIM: Die Regeln für der soziolog. Methode (a. d. Frz., Neuausg. ^{3}1995); H. ESSER: S. Allg. Grundlagen (^{2}1996); N. LUHMANN: Soziale Systeme. Grundr. einer allg. Theorie (^{6}1996); B. SCHÄFERS: S. u. Gesellschaftsentwicklung (1996); A. SCHÜTZ: Der sinnhafte Aufbau der sozialen Welt. Eine Einleitung in die verstehende S. (^{6}1996); Wozu heute noch S.?, hg. v. J. FRITZ-VANNAHME (1996); U. BECK: Risikogesellschaft. Auf dem Weg in eine andere Moderne (^{14}1997); P. L. BERGER u. T. LUCKMANN: Die gesellschaftl. Konstruktion der Wirklichkeit (a. d. Engl., 41.–42. Tsd. 1997); G. MIKL-HORKE: S. Histor. Kontext u. soziolog. Theorie-Entwürfe (^{4}1997).

Geschichte: R. ARON: Die dt. S. der Gegenwart (a. d. Frz., ^{3}1969); DERS.: Hauptströmungen des klass. soziolog. Denkens (a. d. Engl., 1979); DERS.: Hauptströmungen des modernen soziolog. Denkens (a. d. Engl., 1979); H. KLAGES: Gesch. der S. (^{2}1972); Dt. S. seit 1945, hg. v. G. LÜSCHEN (1979); Gesch. der S., hg. v. W. LEPENIES, 4 Bde. (1981); F. JONAS: Gesch. der S., 2 Bde. (Neuausg. ^{2}1981); S. in Dtl. u. Österreich 1918–1945, hg. v. M. R. LEPSIUS (1981); O. RAMMSTEDT: Dt. S. 1933–1945. Die Normalität einer Anpassung (1986); G. HAUCK: Gesch. der soziolog. Theorie. Eine ideologiekrit. Einf. (7.–9. Tsd. 1988); S. in Dtl. Entwicklung, Institutionalisierung u. Berufsfelder. Theoret. Kontroversen, hg. v. B. SCHÄFERS (1995); C. KLINGEMANN: S. im Dritten Reich (1996).

Zeitschriften: Kölner Ztschr. für S. u. Sozialpsychologie (1948 ff.); Soziale Welt (1949 ff.); Archives européennes de sociologie (New York 1960 ff.); Sociologia internationalis (1963 ff.); Ztschr. für S. (1972 ff.); Leviathan. Ztschr. für Sozialwiss.en (1973 ff.); Soziolog. Revue (1978 ff.).

Soziologismus der, -, krit. Bez. für eine Tendenz in der Soziologie, die historisch-gesellschaftliche Bedingtheit menschl. Bewusstseinsinhalte überzubewerten, d. h. das geistige und kulturelle Leben in allen seinen Formen als durch soziale →Prozesse bedingt zu erklären bzw. als Ausdruck derselben zu beschreiben.

Soziometrie [zu lat. socius ›Teilnehmer‹ und griech. métron ›Maß‹] die, -, allg. die Messung sozialer Vorgänge und Erscheinungen. I. e. S. stellt die S. ein Erhebungs- und Analyseverfahren zur Beschreibung der Struktur zwischenmenschl. Beziehungen dar; dabei stehen Richtung und Intensität von Präferenzen (→Distanz) in überschaubaren Gruppen im Vordergrund. Ihren eigentl. Ursprung hat die S. in den Arbeiten von J. L. MORENO. Der **soziometrische Test** dient der Ermittlung von Sympathien und Antipathien zw. Menschen, um das soziale Umfeld bestmöglich den Wünschen der Menschen anpassen zu können. Er findet in der Kleingruppenforschung, v. a. im erziehungswiss. Bereich, vielfältige Anwendung (z. B. Schulklassen, Spielgruppen, Arbeitsgruppen). Ziel ist die Erforschung der Gruppenstrukturen und der diese bestimmenden individuellen Vorstellungen und Einstellungen gegenüber anderen. Dies hilft bei der Identifikation von Konfliktursachen und kann scheinbar unvernünftiges Verhalten auf die zugrunde liegenden zwischenmenschl. Spannungen zurückführen. Die soziometr. Untersuchung beginnt meist mit einer schriftl. Befragung von Gruppenmitgliedern bezüglich einer bestimmten Wahlsituation. Typ. Fragen sind: ›Mit wem möchten Sie am liebsten zusammenarbeiten?‹ ›Neben wem möchten Sie am liebsten sitzen?‹ Die Ergebnisse lassen sich grafisch in Form eines **Soziogramms** (Darstellung der abgegebenen Wahlentscheidungen durch Pfeile oder Linien zw. den symbolisch repräsentierten Gruppenmitgliedern in einem Kreisdiagramm oder Koordinatensystem) oder, bes. bei einer größeren Anzahl von Gruppenmitgliedern, als Tabelle in einer **Soziomatrix** zusammenfassen. Ihre prakt. Berücksichtigung ermöglicht die Selbstbestimmung, d. h. auch Veränderung (Restrukturierung) einer Gruppe und damit die Vermeidung oder Verringerung pathogener Reaktionen. Der Grundgedanke der S. erlebt im Bereich der empir. Sozialforschung in der Netzwerkanalyse, die sich zumeist auf die Untersuchung größerer sozialer Systeme (z. B. Gemeinde, Unternehmen) konzentriert, eine Renaissance.

Soziopathie die, -, im dt.-sprachigen Raum sehr selten gebrauchte Bez. für eine Form der Persönlichkeitsstörung, bei der abweichende Verhaltensweisen in der Adoleszenz (z. B. unregelmäßiger Schulbesuch, Weglaufen, Wirkstoffmissbrauch, Tätlichkeiten) mit Verhaltensauffälligkeiten nach dem 18. Lebensjahr (z. B. Vernachlässigung von Kindern, Beziehungsinstabilität, Aggressivität) verbunden sind. Im dt.- und engl.-sprachigen Raum wird der Begriff ›antisoziale Persönlichkeitsstörung‹ vorgezogen. Ursächlich sind genet. und Umgebungsfaktoren bedeutsam.

Soziotomie [zu griech. tomé ›das Schneiden‹] die, -/...'mīen, Abtrennung von Teilen eines Insektenstaates zur Gründung eines neuen Staates. Bei der Honigbiene gründet eine Königin mit etwa der Hälfte eines Stockes (Schwarmtraube) ein neues Volk, bei Ameisen kann durch Zufliegen einer Königin in Randbezirken eines Nestes eine neue Kolonie entstehen, bei Termiten durch Auszug eines Männchens und eines Weibchens mit zahlr. Soldaten und Arbeiterinnen.

Sozius [lat. ›Teilnehmer‹, wohl zu sequi ›folgen‹] der, -/-se, auch ...zii, Teilhaber, Gesellschafter.

Sozomenos, griech. Kirchenhistoriker des 5. Jh.; stammte aus Bethelea (bei Gaza), war Rechtsanwalt in Konstantinopel, ist als Verfasser einer griech. Kirchengesch. in neun Büchern (verfasst zw. 443 und 450) hervorgetreten, in der die Jahre 324–425 behandelt werden (der Schluss mit den Jahren 425–439 ist verloren, das Gesamtwerk wohl postum ediert). Das Werk ist von SOKRATES SCHOLASTIKOS abhängig, ihm historisch durch mangelnde Quellenkritik unterlegen, stilistisch aber überlegen. Es gibt Aufschlüsse über die Christenverfolgung im Perserreich unter SCHAPUR II. (309–379) und über die Gesch. des Mönchtums.

Sozopol [-z-], Stadt in Bulgarien, →Sosopol.

Sozzini, 1) Fausto, ital. Theologe, * Siena 1537 oder 1539, † Luclowice (bei Krakau) 3. 3. 1604, Neffe von 2). S. lebte ab 1574 in Basel und ab 1579 in Polen, wo er die versch. Gruppierungen der antitrinitar. Bewegung einigte (→Sozinianer).
B. STASIEWSKI: Reformation u. Gegenreformation in Polen (1960).

2) Lelio, ital. Theologe, * Siena 1525, † Zürich 1562, Onkel von 1). Seit 1540 Anhänger der Reformation, beeinflusste er seinen Neffen FAUSTO nachhaltig; gilt mit diesem als Urheber des Sozinianismus (→Sozinianer).

SP, Nationalitätszeichen für Somalia.

Spa, Kurort in der Prov. Lüttich, Belgien, 218–430 m ü. M., am nördl., waldreichen Abhang des Hohen Venn, 10 400 Ew.; zwei Museen; Mineralwasserquellen (Heilanzeigen bei Herzneurosen, Arthritis, Gicht, Rheumatismus, Anämie); Mineralwasserexport; Kongressort, Spielbank; nahe S. die Automobilrennstrecke →Francorchamps. – Neuroman. Pfarrkirche (1889). – S., seit 1594 Stadt und im 18. sowie Anfang des 19. Jh. ein mondänes Modebad, war während des Ersten Weltkriegs von März bis November 1918 Sitz des dt. Großen Hauptquartiers, wo Kaiser WILHELM II. am 9. 11. 1918 von seiner durch Reichskanzler Prinz MAX VON BADEN eigenmächtig verkündeten Abdankung erfuhr.

Hier tagte die **Konferenz von S.** (5.–16. 7. 1920) zw. der Entente und (erstmals zugelassenen) dt. Vertretern zur Regelung von Entwaffnungs- und Reparationsfragen.

S. p. a., Abk. für Società per azioni, ital. Bez. für Aktiengesellschaft.

Spaak, Paul-Henri, belg. Politiker, * Schaerbeek 25. 1. 1899, † Brüssel 31. 7. 1972; Jurist; führte 1925–35 die extremen Linken im Parti Ouvrier Belge, 1932–56 und 1961–66 sozialist. Abg. in der Zweiten Kammer. 1935 erstmals Min., wandte sich einem stärker nat. ausgerichteten Sozialismus zu; 1936–39 Außen-Min., 1938–39 zugleich Min.-Präs.; 1939–40 erneut Außen-Min., versuchte er vergeblich, Belgien aus dem Zweiten Weltkrieg herauszuhalten. Nach der Kapitulation Belgiens (1940) leitete er von London das Außen- sowie das Informations- und Propagandaressort der Exil-Reg. 1946 war er Präs. der ersten Vollversammlung der UNO. Nach der kurzlebigen sozialist. Reg. im März 1946 führte er als Min.-Präs. ab 1947 eine Koalition aus Sozialisten und Christlichsozialen, die 1949 wegen der Auseinandersetzungen um die Rückkehr König LEOPOLDS III. aus dem Exil zerbrach; S. beeinflusste maßgeblich dessen Entscheidung zur Abdankung (1951). 1944–49, 1954–57 und 1961–66 wiederum Außen-Min., förderte er die Bildung von Benelux und setzte sich für die europ. Einigung unter Einschluss Großbritanniens ein. 1949–51 war er Präs. der Beratenden Versammlung des Europarats, 1950–55 Vors. des Internat. Rats der Europ. Bewegung; er hatte maßgeblich Anteil an der Gründung von EGKS, EWG und EURATOM; 1957 erhielt er den Internat. Karlspreis der Stadt Aachen. 1957–61 war S. Gen.-Sekr. der NATO. 1966 überwarf er sich in der Frage der Verlegung des NATO-Hauptquartiers nach Brüssel mit seiner Partei und trat von seinem Abg.-Mandat zurück. Zuletzt engagierte er sich im wallon. ›Rassemblement Bruxellois‹.
Schrift: Combats inachevés, 2 Bde. (1969; dt. Memoiren eines Europäers).

Spacek ['spæsek], Sissy, eigtl. **Mary Elizabeth S.,** amerikan. Schauspielerin, * Quitman (Tex.) 25. 12. 1949; ausdrucksstarke Darstellerin des amerikan. Films, die 1972 ihre erste Rolle übernahm.
Filme: Badlands (1973); Carrie – Des Satans jüngste Tochter (1976); Drei Frauen (1976); Nashville Lady (1980); Vermißt (1981); Menschen am Fluß (1984); JFK John F. Kennedy – Tatort Dallas (1991); Die Grasharfe (1995); Der Gejagte (1997).

Spacelab ['speɪslæb; engl. ›Raumlabor‹] das, -s/-s, bis April 1998 eingesetztes Weltraumlaboratorium für Beobachtungen und Experimente; es wurde in der Ladebucht amerikan. →Raumtransporter (Spaceshuttle) auf eine Erdumlaufbahn gebracht und blieb während der gesamten Missionsdauer fest mit dem Trägerfahrzeug verbunden. S. wurde ab Mitte 1974 von der Raumfahrtorganisation ESA als europ. Beitrag zum Spaceshuttle-Raumtransportsystem entwickelt, finanziert und gebaut (finanzielle Beteiligung der Bundesrepublik Dtl. rd. 53%). Hauptkomponenten des S. waren die zylinderförmige Labordruckkabine (Modul) und u-förmige Paletten als Plattform für Forschungsgeräte, die nach Öffnen der Ladebucht direkt dem Weltraum ausgesetzt wurden. Druckkabine und Paletten waren modular ausgelegt und konnten je nach Aufgaben einzeln oder zus. in zehn versch. Kombinationen eingesetzt werden (Masse max. 11,3 t, davon 4,5 bis 9,3 t Nutzlast). Die bemannte Druckkabine (Durchmesser 4,06 m) bestand aus einem Kern- und einem Experimentiersegment von je 2,7 m Länge und insgesamt 22 m^3 freiem Volumen. In der Kabine arbeiteten zwei bis fünf Spezialisten der Besatzung. Forschungsgebiete waren Bio-, Geo- und Materialwiss.en sowie Verfahrenstechnik, Kommunikation und Weltraumforschung. Ein Tunnel verband Shuttlekabine und Druckmodul. Die Paletten waren wie die Druckkabine Leichtbaukonstruktionen (2,9 m lang, 4 m breit) und konnten mit bis zu 3 t Nutzlast bestückt werden (Teleskope, Kameras, Radar, Sensoren, Antennen).

Insgesamt wurden 22 Spaceshuttleflüge mit S. sowohl als reine ›Palettenmissionen‹ als auch mit Druckkabine durchgeführt. Missionen mit internat. Experten und Raumfahrern waren z. B. 1983 S.-1 mit dt. Beteiligung (U. MERBOLD), 1985 S. D-1 mit R. FURRER, ERNST MESSERSCHMID (* 1945) und WUBBO OCKELS (* 1946; ESA/Niederlande), 1992 IML-1 (International Microgravity Laboratory) mit ROBERTA BONDAR (* 1945; Kanada) und MERBOLD sowie ATLAS-1 (Atmospheric Laboratory for Applications and Science) mit DIRK FRIMOUT (* 1941; ESA/Belgien) und S.-J (Japan) mit MAMORU MŌRI (* 1948; NASDA/Japan). Als zweites dt. S.-Unternehmen fand vom 26. 4. bis 6. 5. 1993 die D-2-Mission mit den Wissenschaftsastronauten HANS WILHELM SCHLEGEL (* 1951) und ULRICH WALTER (* 1954) statt. Mitte 1995 diente das S. während der ersten Ankopplung eines Spaceshuttles an die russ. Raumstation Mir zur medizin. Kontrolle der russisch-amerikan. Mir-Besatzung.

Spaceplatform [ˈspeɪsplætfɔːm, engl.] *die, -/-s,* Weltraumplattform, automat. Instrumententräger in Erdumlaufbahnen für wiss.-techn. oder Anwendungsaufgaben, z. B. die ESA-Plattform Columbus-PPF (Polar Platform) in 700–850 km Höhe und EOS (Earth Observing System) der NASA, beide vorgesehen als frei fliegende Elemente der ›Internat. Raumstation Alpha‹ (ISSA).

Spaceshuttle [ˈspeɪsʃʌtl, engl.] *der, -s/-s,* Anfang der 1970er-Jahre von der amerikan. Raumfahrtbehörde NASA entwickelter Typ eines bemannten, wieder verwendbaren →Raumtransporters.

Spacetelescope [ˈspeɪstelɪskəʊp] *das, -/-s,* engl. für Weltraumteleskop (z. B. das Hubble Space Telescope).

Spachtel, Werkzeug zum Auftragen, Glattstreichen oder Abkratzen von Anstrichen, Pasten, Kitt, Gips, Mörtel. In kleiner Ausführung **Spatel**, bes. als Holz-, Horn-, Porzellan- oder Metallstab mit flachem Ende zum Rühren, Entnehmen und Zugeben von festen Substanzen.

Spachtelmassen, pastenförmige, pigmentierte Beschichtungsstoffe, die zum Ausgleichen von Unebenheiten auf Flächen von Holzwerkstoffen, Metallen, Kunststoffen u. a. von Hand oder mit Walzspachtel-Auftragsmaschinen aufgetragen werden und die nach kurzer Härtezeit schleifbar sind. S. bestehen aus einem Bindemittel (meist ungesättigten Polyesterharzen) mit Härtersystem (z. B. Peroxiden) und einem hohen Füllstoffanteil (z. B. Talkum).

Spachtelspitze, meist auf feinem Batist oder Leinen ausgeführte Ausschnittstickerei, die durch den Wechsel von ausgeschnittenem (gespachteltem) und belassenem Grund, umstochenen Schnitträndern und

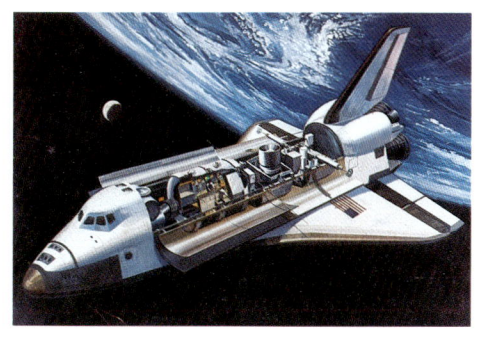

Spacelab: Zeichnung des Spaceshuttles bei geöffneten Ladeluken mit Spacelab als Nutzlast

verbindenden Stegen spitzenartigen Charakter erhält. Als Hand- oder Maschinenstickerei hergestellt, im späteren 19. Jh. v. a. für Vorhänge.

Spada, Lionello, ital. Maler, * Bologna 1576, † Parma 17. 5. 1622; schloss sich in Bologna der frühbarocken Malerei der CARRACCI an, war um 1608 in Rom, um 1610 in Malta, dann wieder in Rom, wo er sich mit CARAVAGGIO auseinander setzte, dessen naturalist. Auffassung er seit seiner Rückkehr nach Bologna (um 1612) in der Emilia vertrat; war zuletzt Hofmaler der Farnese in Parma.

Spadini, Armando, ital. Maler, * Roggio a Caiano (bei Florenz) 29. 7. 1883, † Rom 31. 5. 1925. Die Schwingung und Brechung des Lichts und der Farben kennzeichnen seinen spätimpressionist. Stil; schuf v. a. Alltagsszenen und Porträts.

Spadix [griech.-lat. ›abgerissener Palmzweig‹], *Botanik:* →Kolben.

Spadolini, Giovanni, ital. Politiker, Historiker und Journalist, * Florenz 21. 6. 1925, † Rom 4. 8. 1994; war 1950–68 Prof. für moderne Gesch. in Florenz; wurde 1972 Senator (Partito Repubblicano Italiano, PRI); war u. a. 1974–76 Min. für Umweltschutz und Kultur, 1983–85 für Verteidigung. S., 1979–87 Partei-Sekr. des PRI, war von Juni 1981 bis November 1982 erster nicht der Democrazia Cristiana angehörender Min.-Präs. der Nachkriegszeit. 1987–94 Präs. des Senats.

Spaemann, Robert, Philosoph, * Berlin 5. 5. 1927; Prof. in Stuttgart (seit 1962), dann in Heidelberg (1969), seit 1973 in München. Arbeiten zur Naturphilosophie, prakt. und polit. Philosophie und zur Ideengeschichte der Neuzeit. S.s Kritik an der Abkehr von einem teleolog. Naturverständnis in der Neuzeit mündet in einen Neuansatz von Metaphysik und Ethik, der in S.s Verständnis des Menschen seine Grundlage hat. Seine Ethik als Lehre von der intuitiven Wahrnehmung der Wirklichkeit sucht den Antagonismus von eudämonist. Klugheitsethik und universalist. Pflichtethik zu überwinden.

Werke: Der Ursprung der Soziologie aus dem Geist der Restauration (1959); Rousseau, Bürger ohne Vaterland (1980); Die Frage Wozu? Gesch. u. Wiederentdeckung des teleolog. Denkens (1981, mit R. Löw); Moral. Grundbegriffe (1982); Das Natürliche u. das Vernünftige (1987); Glück u. Wohlwollen. Versuch über Ethik (1989); Personen. Versuch über den Unterschied von ›etwas‹ u. ›jemand‹ (1996).

Spagat [ital. spaccata, zu spaccare ›spalten‹] *der* (österr. nur) oder *das, -(e)s/-e, Turnen, Gymnastik, Ballett:* das Spreizen der Beine im Quer- oder Seitgrätschsitz bis zu einer waagerechten Linie, wobei der Oberkörper aufgerichtet bleibt.

Spaghetti [-ˈgeti] ital., Verkleinerung von spago ›dünne Schnur‹ *Pl.,* **Spagetti,** lange, dünne, schnurartige Teigwaren.

Spagirik [zu griech. spän ›(heraus)ziehen‹ und ageirein ›sammeln‹] *die, -,* **Spagyrik,** (weitgehend überholter) Begriff aus der Arzneimittellehre von P. T. PARACELSUS, wonach bei der Arzneimittelherstellung durch Extraktion, Destillation oder Sublimation das Wesentliche vom Unwesentlichen, d. h. das therapeutisch Wertvolle von unnötigen Begleitstoffen, getrennt und das Abgetrennte in Form einer Essenz oder Tinktur gewonnen werden soll.

Lo Spagna: Madonna mit Kind (Le Mans, Musée de Tessé)

Spagna ['spaɲa], **Lo S.,** eigtl. **Giovanni di Pietro,** ital. Maler span. Herkunft, * in Spanien um 1450, † Spoleto 19. 10. 1528; wahrscheinlich ab 1470 in Perugia und vor 1512 in Spoleto ansässig, stand unter dem Einfluss PERUGINOS, später RAFFAELS; schuf Altarbilder und Fresken für zahlr. Kirchen Umbriens.

Spagnoletto [spaɲo-], **lo S.,** span. Maler, →Ribera, Jusepe de.

Spagnulo [spaɲ-], Giuseppe, ital. Bildhauer, * Grottaglie (bei Tarent) 28. 12. 1936. Seine der Arte povera verbundenen und von einem sehr persönl. Mythos zeugenden komplexen Skulpturen, urspr. aus Ton, dann auch aus Eisen und Stahl, sind als Freiplastiken oder als Installationen und Bildobjekte (Cartoni) in Mischtechnik von oft großen Dimensionen; 1968–76 entstanden die ›Ferri spezzati‹ (gebrochene Eisen), 1976 ff. ›Paesaggi‹ (Landschaften), 1979–80 ›Archeologice‹ (archäolog. Situationen; Ton, Eisen, Karton), 1980 ›Le armi di Achille‹ (Die Waffen Achills), 1983 ›Turri‹ (Stein und Erde).

G. S. L'istinto è sempre in cerca di anima, bearb. v. H. FRIEDEL, Ausst.-Kat. (München 1982); G. S. Skulpturen u. Zeichnungen, Ausst.-Kat. (1991); C. POSCA-BORMANN: G. S. Kontinuität u. Sinnbildcharakter in seinem plast. Werk (1991).

Spagnuolo [spaˈɲuɔlɔ], **lo S.,** ital. Maler, →Crespi, Giuseppe Maria.

Spagyrik, die →Spagirik.

Spahi [von türk. sipahi ›Reitersoldat‹, aus dem Pers.] *der, -s/-s,* im *Osman. Reich* der von den Inhabern der Kriegerlehen zu stellende Reiter; in *Nordafrika* der Angehörige der seit 1834 aus Einheimischen gebildeten Kavallerieregimenter, die an der Seite der Franzosen kämpften. (→Sepoy)

Spähtrupp, Bez. für eine kleinere, meist Gruppenstärke besitzende militär. Abteilung, die bei Bedarf zur Gefechtsaufklärung, Verbindungsaufnahme und für Sicherungsaufgaben eingesetzt wird.

Spaichingen, Industriestadt im Landkreis Tuttlingen, Bad.-Württ., 655 m ü. M., vor dem Rand der südwestl. Schwäb. Alb, 12 000 Ew.; Gewerbemuseum; Maschinenbau, Herstellung von Metallwaren und Möbeln, Klavierbau. – Auf dem Dreifaltigkeitsberg die 1772 geweihte Wallfahrtskirche mit barocker Altarausstattung. – Das 791 erstmals urkundlich erwähnte S. wurde 1688 Obervogteisitz der habsburg. Grafschaft Hohenberg und fiel 1806 an Württemberg. 1828 wurde S. Stadt. Das seit 1807 bestehende Oberamt S. wurde 1938 aufgelöst.

Spake [mnd., urspr. ›dünner Ast‹] *die, -/-n,* seemänn. Gerät; Spill-S. werden in die Trommel des Spills eingesteckt, um es mit Muskelkraft drehen zu können; die Hand-S. dient als Hebel zum Bewegen schwerer Lasten.

Spalacidae [griech.], die →Blindmäuse.

Spalatin, Georg, eigtl. **G. Burckhardt,** luther. Theologe, * Spalt 17. 1. 1484, † Altenburg 16. 1. 1545. Als Hofkaplan und Rat des sächs. Kurfürsten FRIEDRICH DES WEISEN war S. Mittelsmann zw. diesem und M. LUTHER; er war wesentlich dafür verantwortlich, dass LUTHER die Unterstützung FRIEDRICHS für die Reformation erhielt. Nach FRIEDRICHS Tod (1525) hatte S. als Pfarrer und Kirchenvisitator maßgebl. Anteil an der Ausgestaltung der sächs. Landeskirche.

Ausgaben: Histor. Bericht vom Anfang u. ersten Fortgang der Reformation Lutheri ..., hg. v. E. S. CYPRIAN, 2 Tle. (1717–18); Histor. Nachlaß u. Briefe, hg. v. C. NEUDECKER u. a., Bd. 1 (1851; mehr nicht ersch.); Chronik für die Jahre 1513 bis 1520, hg. v. A. KLEEBERG (1919).

G. BERBIG: G. S. u. sein Verhältnis zu Martin Luther auf Grund ihres Briefwechsels bis zum Jahre 1525 (1906); H. VOLZ: Bibliogr. der im 16. Jh. erschienenen Schr. G. S.s, in: Ztschr. für Bibliothekswesen u. Bibliogr., Jg. 5 (1958); I. HÖSS: G. S. 1484–1545. Ein Leben in der Zeit des Humanismus u. der Reformation (Weimar ²1989).

Spalato, ital. Name von →Split.

Spalding, Johann Joachim, ev. Theologe, * Tribsees 1. 11. 1714, † Berlin 22. 5. 1804; war 1745/46 schwed. Gesandtschafts-Sekr. in Berlin, ab 1749 Pfarrer in Vorpommern und 1764–1788 Propst und Oberkonsistorialrat in Berlin. In seinem Denken von der Philosophie C. WOLFFS und A. SHAFTESBURYS und den engl. Antideisten (J. BUTLER) beeinflusst, betonte er das enge Aufeinanderbezogensein von natürlicher und geschichtlich offenbarter Religion (Christentum). S. war einer der Hauptvertreter der →Neologie. Hauptschriften: ›Gedanken über die Bestimmung des Menschen‹ (1748) und ›Gedanken über den Wert der Gefühle im Christentum‹ (1761).

Georg Spalatin (Ausschnitt aus einem Ölgemälde von Lucas Cranach d. Ä.; 1537)

Giuseppe Spagnulo: Cartone; 1983 (Mailand, Museo d'Arte Contemporanea)

Spalier [ital. spalliera, zu spalla ›Stützwand‹] *das, -s/-e,* **1)** *allg.:* in Reihen zu beiden Seiten eines Weges stehende Menschen, z. B. als Ehrenspalier.
2) *Garten- und Obstbau:* 1) **S.-Gerüst,** eine frei stehende, im Boden verankerte oder an einer Mauer (Abstand 8–10 cm) befestigte (Wand-S.) senkrechte Gerüstwand unterschiedl. Konstruktion (aus Holzlatten oder Metallstäben, auch aus Eisenträgern und Spanndrähten) zur Bildung einer ›lebenden Wand‹ aus angehefteten Pflanzen. S. sind wichtige Elemente der Gartengestaltung. Sie werden im Liebhaberobstbau verwendet und haben heute als bes. stabile Konstruktion auch in den Erwerbsobstbau Eingang gefunden; 2) Anlage von an S.-Gerüsten befestigten, niedrigstämmigen Zier- oder Obstbäumen (→Obstbaumformen), Weinreben, Sträuchern (z. B. Rosen, Himbeeren) oder Stauden.

Spalierwuchs, *Botanik:* erblich bedingte oder durch Schneiden bewirkte Wuchsform von Gehölzen, bei der Stamm und Äste in einer Ebene, horizontal oder vertikal, wachsen. Natürl. Spaliersträucher sind z. B. im Hochgebirge oder Polargebiet Holzgewächse, die dem Boden oder Fels dicht anliegen, z. B. Silberwurz, Zwergkreuzdorn.

Spallanzani, Lazzaro, ital. Biologe, *Scandiano (bei Reggio nell'Emilia) 12. 1. 1729, †Pavia 11. 2. 1799; kath. Geistlicher; ab 1756 Prof. in Reggio nell'Emilia, dann in Modena und ab 1769 in Pavia. Als einer der Begründer der experimentellen Biologie wandte er sich bes. gegen die Lehre von der Urzeugung. S. wies experimentell die Befruchtung von Eiern durch Spermien nach und führte die erste künstl. Besamung (bei Hunden) durch.

Spallation [engl., zu to spall ›spalten‹] *die, -/-en, Kernphysik:* die Kernzertrümmerung (→Kernexplosion).

Spallationsneutronenquelle, Gerät zur Erzeugung intensiver Neutronenströme durch Beschuss eines Schwermetalltargets (z. B. Blei, Wismut oder Wolfram) mit einem hochenerget. Protonenstrahl (Energien von 10^9 eV) aus einem Linearbeschleuniger oder Synchrotron hoher Stromstärke. Beim Zusammenstoß regen die Protonen die schweren Kerne so stark an, dass zahlr. Neutronen abdampfen. Ein 1-GeV-Proton liefert im Mittel 10 bis 50 schnelle Neutronen. Die S. kann einen um ein bis zwei Größenordnungen höheren Neutronenfluss liefern als Kernreaktoren; außerdem enthält sie kein spaltbares Material, die Radioaktivität ist erheblich niedriger. Außer in der physikal. Grundlagenforschung werden S. auch in der Werkstoffforschung, der Metallurgie, Chemie und Biologie eingesetzt sowie zur Vernichtung der in Kernreaktoren entstehenden radioaktiven Spaltprodukte und Transurane. (→Neutronenquelle)

Spalt, bei →Spektralapparaten eine schmale, i. Allg. rechtwinklige Blende zur Begrenzung des Strahlenbündels für die optimale Ausnutzung von Auflösungsvermögen und Lichtstärke. Der immer vorhandene **Eintritts-S.** befindet sich in der Brennebene des Kollimatorobjektivs oder des Kollimatorhohlspiegels oder auf dem Rowland-Kreis. Er besteht i. d. R. aus zwei keilförmig zugeschliffenen Metallbacken, deren Abstand verändert werden kann. Die Breite eines S. ist dann optimal, wenn eine Verkleinerung nicht zu einem wesentl. Gewinn an Auflösung und eine Vergrößerung nicht zu einem wesentl. Gewinn an Intensität führt. Versch. Spektralapparate (z. B. Monochromatoren) besitzen außerdem auch einen **Austritts-S.** – Das Phänomen der →Beugung am S. ist umso markanter, je schmaler dieser ist.

Spalt, Stadt im Landkreis Roth, Bayern, 371 m ü. M., an der Fränk. Rezat, 5 100 Ew.; Feuerwehr-, Heimatmuseum; Mittelpunkt eines wichtigen dt. Hopfenanbaugebietes; Brauerei, Elektronik-, Spielwarenindustrie; für den Fremdenverkehr ist die künstl. Seenlandschaft südlich von S. (Brombach-, Igelsbachsee) ein Anziehungspunkt. – Rathaus im Rokokostil (um 1730/40, wohl von G. DE GABRIELI). S. besitzt zwei ehem. Stiftskirchen: St. Emmeram (Kern 12. Jh., barocker Umbau 1698/99), St. Nikolaus (Anfang 14. Jh., 1767 aufwendig barockisiert), beide mit eindrucksvollen Doppelturmfassaden. Zahlr. Fachwerkhäuser (Hopfenbauernhaus Mühlreisig, 1746); Reste der Stadtbefestigung mit Oberem Torturm (14. Jh.) und fünf Mauertürmen. – S., 810 erstmals urkundlich erwähnt, erhielt im 14. Jh. Stadtrecht.
R. SCHLAUG: S. – Hopfenstadt an der Rezat (²1985).

Spalt: Hopfenbauernhaus Mühlreisig mit fünfgeschossigem Giebel; 1746

Spalt|algen, veraltete Bez. für die →Blaualgen.

spaltbares Material, *Kerntechnik:* das Spaltmaterial (→Spaltstoff).

Spaltbarkeit, 1) *Kernphysik:* allg. die Fähigkeit eines Atomkerns (→Kern) zur →Kernspaltung; auch diejenige Eigenschaft eines Materials, aufgrund derer durch Neutronen eine Kernkettenreaktion ausgelöst werden kann.
2) *Mineralogie:* Teilbarkeit vieler Kristalle bei mechan. Beanspruchung parallel zu einer oder mehreren Netzebenen des Gitters **(Spaltflächen);** energetisch bevorzugt sind dabei die dichtest besetzten Netzebenen. Die Spaltsysteme eines Kristalls beeinflussen entscheidend die Härteanisotropie auf seinen versch. Flächen in versch. Richtungen; die S. ist für viele Minerale ein wichtiges Erkennungsmerkmal.

Spaltbild, *Spektroskopie:* →Spektrallinie.

Spaltbildung, angeborene, teils erbl. Hemmungsfehlbildung aufgrund eines fehlenden Verschlusses von im embryonalen Entwicklungsprozess gebildeten Lücken (z. B. Gesichtsspalten, Wirbelspalte), als **Spalthand** oder **Spaltfuß** durch eine unzureichende Ausbildung des mittleren Finger- oder Zehenstrahls verursacht.

Spaltblättling, Schizophyllum commune, meist stielloser, 2–4 cm großer, seitlich an Holz festsitzender, weit verbreiteter Ständerpilz; Hut grauweißlich, filzig, undeutlich gezont; Rand eingerollt; Lamellen grauviolett bis rötlich grau, Lamellenschneiden gespalten; ganzjährig v. a. auf (frisch gefälltem) Nadelholz, seltener auf Laubholz. – An Kulturen des S. wurde um 1925 von dem Botaniker HANS KNIEP (* 1881, †1930) der Generationswechsel der Ständerpilze aufgeklärt.

Spaltblume, die →Schlitzblume.

Spalte, 1) *Geowissenschaften:* klaffende Fuge im Gestein. S. entstehen durch tekton. Vorgänge (infolge Zerrung oder Pressung und an Verwerfungen), bei der Abkühlung und Erstarrung von Laven und Plutonen, durch Vulkanausbrüche, Erdbeben und Erweiterung von Klüften infolge Verwitterung und Lösungsvorgängen (z. B. im Karst), durch Austrocknung oberflä-

Spal Spalten – Spaltprodukte

chennaher Sedimente. Oft sind S. durch Bruchstücke des Nebengesteins, durch Verwitterungsschutt oder mit chem. Ausscheidungen (→Gang) gefüllt.
2) graf. Technik: Bez. für einen Block untereinander gesetzter Zeilen, der mit einem oder mehreren gleich großen Zeilenblöcken beim Umbruch zu einer Seite zusammengestellt wird. Bücher sind meist einspaltig, Lexika und Wörterbücher sind meist zwei- oder dreispaltig, Zeitungen vier- bis siebenspaltig gesetzt. Die S. werden durch eine unbedruckte Fläche (Zwischenschlag), Zeitungs-S. z.T. durch die S.-Linie getrennt.

Spalten, 1) *Chemie:* dt. Bez. für das →Cracken.
2) Lederbearbeitung: das Zerlegen von Tierhäuten in zwei oder mehrere Schichten (Spalte).

Spalten|eruption, Spalten|ausbruch, *Geologie:* die →Lineareruption.

Spaltenfrost, die →Frostsprengung.

Spaltenschildkröten, Malacochersus, in O-Afrika verbreitete Gattung der Landschildkröten mit der bis 15 cm langen Art **Spaltenschildkröte** (Malacochersus tornieri); mit flachem, weichem Panzer (die Knochenelemente sind reduziert). Bei Gefahr flüchtet die S. in enge Felsspalten und keilt sich darin fest. Die Art ist durch Massenfang stark bedroht.

Spaltenvulkan, →Schlotvulkan.

Spaltenwasser, *Hydrologie:* →Kluftwasser.

Spaltfarn, Schizaea, Gattung der leptosporangiaten Farne (aus der Familie der Schizaeaceae) mit etwa 30 Arten in den Tropen, in den temperierten Gebieten der Südhalbkugel und in Nordamerika; mit einfachen oder gabelig gelappten Blättern; Sporangien entlang der Ränder der Blattsegmente; Vorkeime meist fadenförmig.

Spaltfilter, *Verbrennungsmotoren:* ein Filter aus vielen übereinander geschichteten Ringen oder Drahtwicklungen, zw. deren Spalten das zu filternde Medium durchtritt und Verunreinigungen ablagert; früher oft als →Ölfilter verwendet.

Spaltfläche, *Mineralogie:* →Spaltbarkeit.

Spaltflügel, *Flugzeugbau:* der →Schlitzflügel.

Spaltfrucht, *Botanik:* →Frucht.

Spaltfuß, die für Krebse typ. zweiästige Gliedmaße, die mannigfach umgewandelt sein kann; der S. besteht in seiner ursprüngl. Ausbildungsform aus dem Stammglied **(Protopodit)**, aus dem die Fortsetzung des Stamms bildenden inneren Ast **(Endopodit)**, der oft der schreitenden Fortbewegung dient (Gehfußast), und dem seitlich am Stamm entspringenden äußeren Ast **(Exopodit)**, der häufig als Ruderorgan (Schwimmfußast) abgeflacht und am Rand dicht mit Borsten besetzt ist. Bei vornehmlich am Boden sich fortbewegenden Krebsen kann der Exopodit fehlen.

Spaltfußgänse, Anseranatinae, Unterfamilie der Gänsevögel mit nur einer, etwa 85 cm großen Art, der **Spaltfußgans** (Anseranas semipalmata), die in Australien und S-Neuguinea verbreitet ist. Kopf, Hals, Flügel, Schwanz und Schenkel sind schwarz, der übrige Körper weiß befiedert; die Schwimmhäute der gelben Füße sind nur schwach ausgebildet.

Spalt|hautlappen, Spalt|hauttransplantat, freies Hauttransplantat zur Deckung großflächiger Verbrennungswunden u. a. Hautdefekte, das die obersten Hautschichten (Epidermis, Corium) umfasst und von ebenen Hautflächen (z. B. Außenseite des Oberschenkels) mit einem Hand- oder Elektrodermatom entnommen wird. Zur Versorgung sehr großer Areale kann der S. durch eine Messerwalze aufgeschlitzt und dann als Netz- oder Maschentransplantat (Mesh-Graft) auf die etwa dreifache Größe gedehnt werden. Die Einheilung erfolgt durch kapilläre Einsprossung.

Spaltkammer, →Neutronenzähler.

Spaltklappe, *Flugzeugbau:* →Schlitzflügel.

Spaltkölbchen, Schisandra, Gattung der Schisandragewächse mit 25 Arten in O- und SO-Asien und einer Art im südöstl. Nordamerika; ein- oder zweihäusige, holzige Kletterpflanzen; Blüten klein, einzeln und achselständig; Blütenfarbe rot, gelblich oder weißlich; mit 5–20 Blütenhüllblättern in zwei oder drei Kreisen, 5–15 Staubblättern und zahlr. Fruchtknoten, die eine ährenförmig verlängerte Sammelfrucht aus zahlr. Beeren bilden. Das aus SO-Asien stammende **Chinesische S.** (Schisandra chinensis) wird wegen der scharlachroten Sammelfrüchte in geschützten Lagen als Zierstrauch gepflanzt.

Spaltlampe, von A. GULLSTRAND eingeführtes Beleuchtungsgerät **(Gullstrandlampe)** zur Ausleuchtung des Auges bei mikroskop. Untersuchung, das durch ein paralleles, spaltförmig begrenztes Lichtbündel die Erkennung feinstruktureller Veränderungen von Hornhaut, Kammerwasser, Linse, mit Zusatzgeräten auch des Augenkammerwinkels (→Gonioskopie), des Glaskörpers oder der Netzhaut ermöglicht.

Spaltmaterial, *Kerntechnik:* der →Spaltstoff.

Spaltneutronen, die durch eine →Kernspaltung aus dem gespaltenen Kern freigesetzten Neutronen.

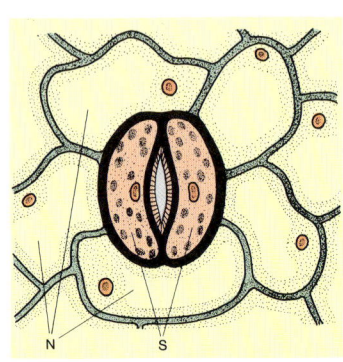

Spalt|öffnungen, Stomata, in der Epidermis der grünen, oberird. Organe (krautige Sprossachsen, Laub- und z. T. auch Blütenblätter) der Farn- und Samenpflanzen sowie in den Blättchen verschiedener Moosarten in meist großer Anzahl (bis zu mehreren tausend/mm^2) auftretende Strukturen aus zwei, meist bohnen- oder hantelförmige Chloroplasten enthaltenden **Schließzellen,** die zw. sich einen Spalt (Porus) einschließen, der eine Verbindung zw. Außenluft und Interzellularsystem der Pflanze herstellt. Gelenkige Verbindungen der Schließzellen untereinander und ungleiche Zellwandverdickungen bewirken bei Turgoränderungen, die durch Wassergehaltsschwankungen aufgrund von Außenreizen (Wasser- und Kohlendioxidgehalt von Pflanze und umgebender Luft, Belichtung) gesteuert werden, Form- und Stellungsänderungen der Schließzellen und damit verbundene Änderungen der Spaltweite (Öffnung bis zu einigen Hundertstel mm bei voller Turgeszenz, Schließen bei Erschlaffung), womit der lebenswichtige Gasaustausch (Kohlendioxidaufnahme und Sauerstoffabgabe) für Photosynthese und Atmung sowie die Transpiration geregelt werden können. In manchen Fällen treten die S. mit benachbarten, anatomisch und funktional mit ihnen verbundenen Nebenzellen zu Spaltenapparaten (Spaltöffnungsapparaten) zusammen.

Spaltpflanzen, veraltete Bez. für die →Prokaryonten.

Spaltpilze, frühere Bez. für die →Bakterien.

Spaltprodukte, *Kerntechnik:* die bei der →Kernspaltung entstehenden Nuklide sowie deren Zerfallsprodukte (→Radioaktivität). Die direkt bei der Kernspaltung entstehenden S. tragen etwa 85% der freigesetzten Kernenergie, und zwar als kinet. Energie, die im Brennstoff in Wärmeenergie umgewandelt wird.

Viele S. sind wegen ihres großen Wirkungsquerschnitts für die Absorption thermischer Neutronen →Reaktorgifte. – Die S. sind i.d.R. radioaktiv und stellen daher eine große Gefahr für Mensch und Umwelt dar (→Kernenergie).

Spaltquerschnitt, der →Wirkungsquerschnitt für (durch Neutronen) induzierte Kernspaltung.

Spaltschlüpfer, Gruppe der →Fliegen.

Spaltspektrograph, *Astronomie:* Spektralapparat mit Eintrittsspalt (→Spalt), im Ggs. zu spaltlosen Spektrographen (z.B. unter Verwendung eines →Objektivprismas). Beim S. wird das (z.B. von einem Stern kommende) Licht im Fernrohr gebündelt und zu einem Bild (bei einem Stern ein Beugungsscheibchen) auf dem Eintrittsspalt vereinigt.

Spaltspurenmethode, die →Kernspaltungsspuren-Methode.

Spaltstoff, Spaltmaterial, Material, in dem sich eine →Kernspaltung unter Freisetzung von Energie und Spaltneutronen auslösen lässt. I.e.S. bezeichnet man als S. U 233, U 235, Pu 239, Pu 241 und einige noch schwerere Nuklide, die sich durch Anlagerung eines langsamen (therm.) Neutrons spalten, während Nuklide wie Pa 231, Th 232, U 238, Np 237 u.a. nur durch schnelle, energiereiche Neutronen spaltbar sind. Die technisch wichtigsten S. sind das natürlich vorkommende Uran 235 und das künstlich erzeugte Plutonium 239. S. können in reiner Form oder in einem Isotopengemisch (z.B. U 235 und U 238 in natürl. oder angereichertem Uran) vorliegen und stellen in Kernreaktoren den die Energie liefernden Anteil des →Kernbrennstoffs.

Spaltung, *Recht:* Form der →Umwandlung eines Rechtsträgers nach dem Umwandlungs-Ges. (UmwG) vom 28.10.1994 (§§ 123ff.). Das Ges. unterscheidet drei Formen der S.: die Aufspaltung, Abspaltung und Ausgliederung.

Bei der **Aufspaltung** wird der bisherige Rechtsträger (z.B. eine AG) gewissermaßen in mehrere (z.B. AG oder GmbH) zerlegt. Die neuen Rechtsträger können vorher gegründete Gesellschaften sein oder erst im Zuge der Aufspaltung gegründet werden. Das Vermögen des bisherigen Rechtsträgers wird auf die neuen durch den S.-Vertrag (bzw. S.-Plan) verteilt, ebenso die Schulden. Die Anteilsinhaber des bisherigen Rechtsträgers erwerben anstelle ihrer bisherigen Anteile im entsprechenden Verhältnis Anteile an den neuen Rechtsträgern; hiervon kann nur mit Zustimmung aller Anteilsinhaber abgewichen werden. Der S.-Beschluss wird mit Eintragung im Register wirksam. Der bisherige Rechtsträger erlischt ohne Liquidation; der Übergang von Vermögen und Schulden auf die neuen Rechtsträger erfolgt im Weg der Gesamtrechtsnachfolge. Spaltungsfähig in diesem Sinn sind Personenhandelsgesellschaften, Kapitalgesellschaften, Genossenschaften und genossenschaftl. Prüfungsverbände, Vereine und Versicherungsvereine auf Gegenseitigkeit.

Im Fall der **Abspaltung** bleibt der bisherige Rechtsträger erhalten, nur ein Teil seines Vermögens geht auf den neuen Rechtsträger über; die Anteilsinhaber erwerben im Verhältnis ihrer bisherigen Beteiligung Anteile am neuen Rechtsträger (Beispiel: Eine AG mit zwei Tätigkeitsschwerpunkten a und b überträgt ihren Tätigkeitsbereich b im Weg der Abspaltung auf eine zu diesem Zweck neu gegründete AG; die bisherigen Aktionäre sind an beiden Gesellschaften im gleichen Verhältnis beteiligt.).

Bei der **Ausgliederung** wird der ausgliedernde Rechtsträger dagegen selbst Anteilsinhaber desjenigen neuen Rechtsträgers, auf den er einen Teil seines Vermögens überträgt; auf diese Weise kann z.B. eine AG ihre geschäftl. Aktivitäten im Weg der Gesamtrechtsnachfolge auf Tochtergesellschaften übertragen (›Ausgründung‹). Anders als Auf- und Abspaltung ist die Ausgliederung auch für einen Einzelkaufmann möglich. So kann z.B. ein Einzelkaufmann sein Unternehmen in eine GmbH umwandeln, indem er das Geschäftsvermögen mitsamt Schulden auf die zu diesem Zweck neu gegründete GmbH ›ausgliedert‹, d.h. im Weg der Gesamtrechtsnachfolge überträgt. Für die bisherigen Schulden haftet er in diesem Fall weiterhin als Gesamtschuldner. Auch öffentlich-rechtl. Gebietskörperschaften ist die Möglichkeit der Ausgliederung eröffnet; so können z.B. Eigenbetriebe der öffentl. Hand in privatrechtl. Gesellschaften umgewandelt werden, bes. zu Zwecken der →Privatisierung.

Spaltungsregel, *Genetik:* →mendelsche Regeln.

Spalt|zahnmoose, Fissidentales, Ordnung der Laubmoose mit sechs Gattungen und etwa 910 Arten v.a. in den Randtropen, nur wenige Arten in Mitteleuropa. Die Blättchen sind meist zweizeilig, kleinen Farnwedeln ähnlich, angeordnet. Der Haarkranz (Peristom) am Kapselmund besteht aus 16 Zähnen, die meist in zwei Schenkel gespalten sind. Häufig ist der bis 10 cm hohe **Eibenblättrige Spaltzahn** (Fissidens taxifolius) auf Ton- oder Lehmböden. – Die auf Island und Madeira heim. Gattung **Schwertmoos** (Bryoxiphium) wird als Überrest einer Permflora aufgefasst.

Spalt|zone, *Kerntechnik:* →Kernreaktor.

Spandau, Verw.-Bez. im W von Berlin, an der Mündung der Spree in die Havel, 92 km², 224800 Ew.; umfasst das alte S. (Altstadt, Wilhelmstadt, Neustadt), den größten Teil von Siemensstadt, am Berlin-Spandauer Schifffahrtskanal Gartenfeld, südlich der Spree einen Teil von Ruhleben, an der Havel das frühere Fischerdorf Tiefwerder, die Halbinsel Pichelswerder (Landschaftsschutzgebiet), das Wassersportzentrum Pichelsdorf, die Villen- und Ausflugsorte Gatow und Kladow sowie die Gartenstadt Staaken. Auf dem Falkenhagener Feld entstand seit 1963 eine Großsiedlung für 25000 Ew.; im N erstreckt sich der Spandauer Forst (als Landschaftsschutzgebiet 1190 ha). S. ist Berlins größter Industrie-Bez., mit rd. 35000 Beschäftigten im verarbeitenden Gewerbe; bes. Maschinen- und Metallwarenfabriken, Filmateliers, elektrotechn. Industrie, Tanklager, Waggon-, Baggerbau und Kraftwerk. – S. entstand neben einer auf der Havelinsel von ALBRECHT DEM BÄREN oder einem seiner Nachfolger angelegten Burg und erhielt 1232 Stadtrecht. Die Burg wurde in der 2. Hälfte des 16. Jh. zur Festung (Zitadelle) ausgebaut, 1624–48 auch die Stadt in die Festung einbezogen. Die wirtschaftl. Entwicklung war von der Rüstungsindustrie bestimmt (Gewehr-, Geschütz- und Pulverfabrik). 1897 siedelten sich die Siemenswerke in S. an, das 1920 in Groß-Berlin aufging. 1903 war die Festung aufgegeben worden. – In der Zitadelle mit vier Bastionen ist von der Burg der →Juliusturm erhalten, im ehem. Palas (14. und 16.Jh.) das Heimatmuseum. In der Altstadt steht noch die Nikolaikirche aus dem 15. Jh. Die Gartenstadt Staaken wurde 1914–17 nach Plänen von P. SCHMITTHENNER erbaut. Das ehem. alliierte Kriegsverbrechergefängnis wurde 1987 abgerissen.

Spandrille [roman., zu lat. expandere ›auseinanderspannen‹] *die,* -/-n, *Baukunst:* Zwickel zw. einem Bogen und seiner rechtwinkligen Einfassung.

Spanen, spanende Formung, Fertigungsverfahren der Hauptgruppe Trennen, bei dem die geometr. Gestaltänderung eines Werkstückes durch mechan. Abtrennen kleiner Stoffteilchen (Späne) erreicht wird. Zur Spanabnahme finden Relativbewegungen zw. Werkstück und Werkzeug statt. Bewegungen, die unmittelbar die Spanentstehung bewirken, sind Schnitt-, Vorschub- und die daraus resultierende Wirkbewegung des Werkzeugs. Vor dem S. zur Einstellung des Werkzeugs notwendige Bewegungen, z.B. zur Bestim-

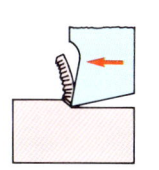

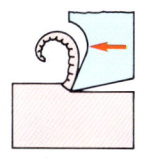

Spanen:
Spanarten; von **oben** Reißspan, Scherspan, Fließspan

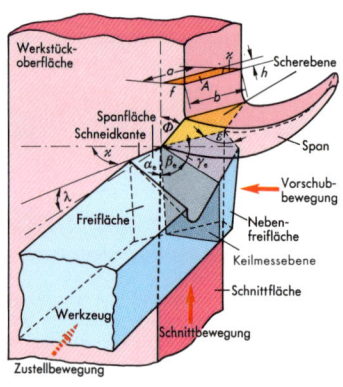

Span Spanferkel–Spaniels

Spanen: Spanbildungsmodell und Schneidkeilgeometrie am Beispiel des Drehens; der Span ist im Verhältnis zum Drehmeißel übertrieben groß dargestellt; α_e Freiwinkel, β_e Keilwinkel, γ_e Spanwinkel, λ Neigungswinkel, $\varkappa$ Einstellwinkel, ε Eckenwinkel, a Schnitttiefe, b Spanungsbreite, h Spanungsdicke, f Vorschub, A Spanungsquerschnitt, Φ Scherwinkel

Gottlieb Spangenberg (Ausschnitt aus einem Kupferstich von Johann Gotthard Müller; um 1780)

mung der Schnitttiefe (Zustellbewegung), sind nicht unmittelbar an der Spanentstehung beteiligt. Aus der jeweiligen Bewegung werden die in der Spanungstechnik wichtigen Begriffe der Richtungen, Wege und Geschwindigkeiten des Werkzeugs abgeleitet, z. B. Schnittrichtung, Wirkweg, Vorschubgeschwindigkeit. Als **Schnittgrößen** bezeichnet man Größen, die zur Spanabnahme unmittelbar oder mittelbar eingestellt werden müssen (z. B. Vorschub[weg] je Umdrehung). **Spanungsgrößen,** wie Spanungsbreite und -dicke, bestimmen die sich aus den Schnittgrößen ergebenden Abmessungen (bzw. den **Spanungsquerschnitt**) des abzunehmenden Spans, nicht die des wirklich entstehenden Spans (Spangrößen).

Wesentlich für den Zerspanungsvorgang ist die Art des verwendeten Werkzeugs, das durch die Anzahl und räuml. Anordnung seiner Schneiden, durch ihre geometr. Ausbildung und durch den Schneidstoff gekennzeichnet ist. Nach der Schneidenform unterscheidet man S. mit geometrisch unbestimmter und S. mit geometrisch bestimmter Schneide. Beim S. mit geometrisch unbestimmter Schneide kann das Korn gebunden (z. B. bei Schleifscheiben), nicht gebunden, trocken bzw. in einer Flüssigkeit oder Paste (z. B. beim Läppen) auftreten. Beim S. mit geometrisch bestimmter Schneide besteht das Werkzeug aus einer (z. B. einschneidiger Meißel) oder mehreren Schneiden mit genau definierter Schneidkeilgeometrie. Dabei ist die **Spanfläche** die Fläche am Schneidkeil, über die der Span abläuft, die **Freifläche** ist der entstehenden Schnittfläche zugekehrt. Der Winkel zw. beiden Flächen ist der **Keilwinkel** β. Der **Spanwinkel** γ ist der Winkel zw. Spanfläche und einer als senkrecht zur Schnittrichtung gedachten Bezugsebene; der **Neigungswinkel** λ gibt die Lage der Schneide bezüglich dieser Ebene an, gemessen in der Schneidenebene. Der **Freiwinkel** α ist der Winkel zw. Freifläche und Schneidenebene (bzw. Schnittfläche, wenn im Einsatz). Die Winkel α, β, γ werden in einer Ebene senkrecht zur Schneidkante gemessen **(Keilmessebene),** ihre Summe beträgt stets 90°. Es ist dabei zu unterscheiden zw. den **Werkzeugwinkeln** (α, β, γ), die sich auf das nicht im Einsatz befindl. Werkzeug beziehen, und zw. den **Wirkwinkeln** (α_e, β_e, γ_e), die durch die relative Lage von Werkzeug und Werkstück beim Abspanvorgang maßgebend sind. Eckenwinkel ε ist der Winkel $\varkappa$. Haupt- und Nebenschneide, der Einstellwinkel $\varkappa$ ist der Winkel zw. Hauptschneidenebene und Werkstückoberfläche (Arbeitsebene).

Als **Spanbildung** bezeichnet man den von der **Scherzone** (vereinfacht **Scherebene**) ausgehenden Vorgang beim Verformen, Abscheren (Scherspan), Abreißen (Reißspan) oder Fließen (Fließspan) des zu zerspanenden Werkstoffs.

Die beim S. auftretenden Kräfte ergeben als Resultierende eine Spanungskraft, deren Komponenten sich durch Projektion auf verschiedene Bezugsebenen ermitteln lassen zu Aktiv-, Passiv-, Vorschub-, Schnitt-, Wirk- und Drangkraft.

Fertigungsverfahren der spanenden Formung sind z. B. Drehen, Bohren, Hobeln, Fräsen, Schleifen, Sägen, Senken, Räumen und Honen. Der Winkel zw. Scherebene und Bewegungsrichtung des Werkzeugs heißt Scherwinkel Φ.

Hb. der Fertigungstechnik, hg. v. G. SPUR u. a., Bd. 3: S., 2 Tle. (1979–80); W. DEGNER u. a.: Spanende Formung. Theorie, Berechnung, Richtwerte (^{13}1993).

Spanferkel [zu mhd. spen ›Brust‹], ein noch saugendes Ferkel; Schlachtung nach etwa sechs Wochen bei einem Gewicht von etwa 12 kg.

Spange, seit dem MA. verwendete Bez. für Schnallen und Heftnadeln (→Fibel); in ähnl. Bedeutung u. a. in Haar- und Schuhspange.

Spangenberg, Stadt im Schwalm-Eder-Kreis, Hessen, 259 m ü. M., zw. Fulda und Werra im Hess. Bergland, 6800 Ew.; Heimatmuseum, Jagdmuseum; Metallverarbeitung u. a. Industrie. – Maler. Ortsbild mit Fachwerkhäusern und ausgedehnter Burg (›Schloss‹, 14.–17. Jh.); ev. Pfarrkirche (13.–15. Jh.); Hospital St. Elisabeth (1338 gegr.), ein Fachwerkbau (zweite Hälfte des 16. Jh.); Rathaus, im Kern gotisch, 1881 verändert. – S. ist seit 1309 als Stadt bezeugt. 1971–74 wurden durch Verwaltungs- und Gebietsreform 12 Gemeinden eingegliedert.

Spangenberg, 1) August Gottlieb, Bischof der Herrnhuter Brüdergemeine, *Klettenberg (bei Nordhausen) 15. 7. 1704, †Berthelsdorf (bei Herrnhut) 18. 9. 1792; trat nach seinem Wirken bes. in Nordamerika (bis 1762) die Nachfolge N. L. VON ZINZENDORFS an, dessen Werk er in seiner nüchternen, prakt. Art fortführte und festigte.

Werke: Leben des Herrn Nikolaus Ludwig Grafen von Zinzendorf u. Pottendorf, 8 Tle. (1773–75); Idea fidei fratrum, oder Begriff der christl. Lehre in den Brudergemeinden (1779); Von der Arbeit der ev. Brüder unter den Heiden (1782).

G. REICHEL: A. G. S., Bischof der Bruderkirche (1906, Nachdr. 1975).

2) Wolfhart, Pseud. **Lykosthenes,** Dichter und Meistersinger, *Mansfeld um 1570, †Buchenbach (heute zu Mulfingen, Hohenlohekreis) um 1636; studierte Theologie in Tübingen, war ab 1611 Pfarrer in Buchenbach. Er übersetzte griech., lat. und neulat. Dramen, verfasste Tierdichtungen in der Nachfolge J. FISCHARTS, Gelegenheitslyrik sowie Meisterlieder und Stücke für die Meistersangbühnen. Bekannt sind u. a. seine Schuldramen ›Geist und Fleisch‹ (1608) und ›Mammons Sold‹ (1614) sowie die antikath. Satire ›Ganßkönig‹ (1607).

Ausgabe: Sämtl. Werke, hg. v. A. VIZKELETY, 9 Tle. (1971–82).

Spanheim, ehem. Grafschaft im Hunsrück, →Sponheim.

Spani|els [engl., über altfrz. espagneul von span. español ›spanisch‹, also eigtl. ›spanischer Hund‹], Sg. **Spani|el** der, -s, v. a. in England herausgezüchtete Rassengruppe des Haushundes. Die zu den Stöber- und Apportierhunden gehörenden S. wurden früher ausschließlich zur Jagd verwendet, wegen ihres ruhigen und sanften Wesens sind sie auch beliebte Haus- und Familienhunde. S. haben ein meist gewelltes oder auch seidig-schlichtes Haarkleid in leuchtend bunten Farben; auffällig ist die Neigung zum Zwergwuchs (→Toy-Spaniels). Zu den S. gehören u. a. →Clumberspaniel, →Cockerspaniel.

Spanien

Fläche 505 990 km²
Einwohner (1997) 39,1 Mio.
Hauptstadt Madrid
Amtssprache Spanisch
Nationalfeiertag 12. 10.
Währung 1 Peseta (Pta) = 100 Céntimos (cts)
Zeitzone MEZ

Spani|en, span. **España** [ɛsˈpaɲa], amtlich **Reino de España,** dt. **Königreich S.,** Staat in SW-Europa, auf der Iberischen Halbinsel, einschließlich der →Balearen, →Kanarischen Inseln und der nordafrikan. Besitzungen (Ceuta, Melilla u. a.) 505 990 km² groß mit (1997) 39,1 Mio. Ew.; S. grenzt im NO an Frankreich und Andorra, im W an Portugal. Hauptstadt ist Madrid. Amtssprache Spanisch; Katalanisch, Galicisch und Baskisch sind als ›Nationalsprachen‹ anerkannt. Währung: 1 Peseta (Pta) = 100 Céntimos (cts). Zeitzone: MEZ.

STAAT · RECHT

Verfassung: Nach der Verf. vom 29. 12. 1978 ist S. eine parlamentar. Erbmonarchie. Als Staatsoberhaupt und Oberbefehlshaber der Streitkräfte fungiert der vorwiegend mit repräsentativen Befugnissen ausgestattete König. Volksvertretung und Gesetzgebungsorgan ist das Zweikammerparlament, die Cortes Generales (→Cortes), bestehend aus dem Abgeordnetenhaus (zw. 300 und 400, derzeit 350 auf vier Jahre im Verhältniswahlsystem gewählte Abg.) und dem Senat (255 Senatoren, davon 208 in den Prov. auf vier Jahre direkt gewählt, 47 von den Parlamenten der autonomen Gemeinschaften ernannt) als Gebietsvertretung. Die Gesetzesinitiative steht beiden Kammern und der Reg. zu. Der Senat verfügt über ein aufschiebendes Vetorecht gegen Gesetzesbeschlüsse; es besteht auch die Möglichkeit eines Referendums. Der König kann das Parlament auf Vorschlag des Min.-Präs. vorzeitig auflösen. Die Exekutive liegt bei der Reg. unter Vorsitz des Min.-Präs., der vom Abgeordnetenhaus mit absoluter Mehrheit gewählt wird. Die Min. werden vom König auf Vorschlag des Reg.-Chefs ernannt. Als konsultatives Gremium existiert ein 23-köpfiger Staatsrat.

Die Verf. enthält ausführl. Grundrechtsbestimmungen; eine Staatsreligion existiert nicht. Gewerkschaftl. Organisationen und Streikrecht sowie die Freiheit der Unternehmen im Rahmen der Marktwirtschaft werden garantiert. Die Todesstrafe ist abgeschafft. Eine Besonderheit ist die Möglichkeit der Bildung autonomer Gemeinschaften (Comunidades Autónomas) aus einzelnen homogenen oder aus benachbarten Prov. mit historischen, kulturellen und wirtschaftl. Gemeinsamkeiten, die mehr oder weniger weitgehende innere Selbstverwaltung erlangen (eigene Parlamente und Reg.). Damit will die Verf. Autonomiebestrebungen – v. a. der Basken und Katalanen – entgegenkommen.

Parteien: Neben den auf gesamtspan. Belange ausgerichteten Parteien besteht eine Vielzahl regionaler Parteien, die sich jedoch an der polit. Willensbildung auf Landesebene (Teilnahme an den allgemeinen Wahlen zu den Cortes) beteiligen. Gesamtspan. Parteien sind v. a. der konservative Partido Popular (PP, dt. Volkspartei), der sozialdemokrat. Partido Socialista Obrero Español (PSOE, dt. Sozialist. Arbeiterpartei) und die Izquierda Unida (IU, dt. Vereinigte Linke; umfasst die KP S.s und kleinere Linksparteien). Zu den wichtigsten regionalen Parteien zählen die katalan. Convergeñcia i Unió (CiU, dt. Konvergenz und Union), der bask. Partido Nacionalista Vasco (PNV, dt. Bask. Nationalist. Partei) und die bask. Herri Batasuna (HB, dt. Einiges Volk, polit. Arm der ETA).

Gewerkschaften: Zwei Richtungen prägten die im letzten Drittel des 19. Jh. entstandene span. Gewerkschaftsbewegung bis zur frankist. Diktatur: die anarchosyndikalist. Confederation National del Trabajo (CNT, gegr. 1910) und die sozialist. Uníon General de Trabajadores (UGT, gegr. 1888). Das Franco-Regime errichtete nach Zerschlagung der Gewerkschaften vertikale Staatssyndikate (Centrales Nacional-Sindicalistas, CNS), die 1940–76 Arbeitnehmer und Unternehmer zwangsweise erfassten. Daneben entwickelten sich 1956 als Gewerkschaftsopposition die Comisiones Obreras. Mit der Demokratisierung Mitte der 1970er-Jahre wurden die Staatssyndikate durch freie Gewerkschaften ersetzt. Neben regionalen Verbänden wie der bask. Euzko Langilleen Alkartasuna/Solidaridad de Trabajadores Vascos (ELA/STV; gegr. 1911; 1996: 110 000 Mitgl.) formierten sich v. a. die anfangs der PSOE nahe stehende UGT (1996: 655 000 Mitgl.) und die Confederación Sindical de Comisiones Obreras (CC.OO.; 1994: 930 000 Mitgl.) mit engen Kontakten zur kommunist. Partei (PCE). Seit Mitte der 80er-Jahre bemühen sich beide Organisationen aufgrund von Vertrauens- und Mitgliederverlusten um gewerkschaftl. Autonomie. Die nach dem Industriegewerkschaftsprinzip aufgebauten Dachverbände verfügen über regionale und lokale Organisationsstrukturen. International sind UGT und ELA/STV dem IBFG und EGB angeschlossen; dem EGB gehört seit 1991 auch die CC.OO. an.

Wappen: Das Wappen (1981) zeigt im gevierten Schild die traditionellen Wappenbilder der historischen span. Kernlandschaften. Das goldene Kastell auf rotem Grund steht für Kastilien, der purpurne Löwe auf silbernem Grund für León; die vier roten Pfähle in Gold (eigtl. herald. Zeichen der Grafschaft Barcelona) symbolisieren Aragonien und Katalonien, das goldene ›Kettennetz‹ (ein stilisiertes Kettenhemd) Navarra; in der unten eingepfropften Spitze ein an das ehemalige maur. Königreich Granada erinnernder Granatapfel. Der dem Schildzentrum aufgelegte Herzschild zeigt die herald. Lilien der regierenden span. Dynastie der Bourbonen. Die beiden Säulen seitlich des Schildes (›Säulen des Herkules‹, die Bilddevise Kaiser KARLS V.) tragen das Motto ›plus ultra‹ (›noch weiter‹, ›darüber hinaus‹), in Anspielung auf die Fahrten des C. KOLUMBUS.

Nationalfeiertag: 12. 10. (Día de la Hispanidad), an dem der Entdeckung Amerikas durch KOLUMBUS gedacht wird.

Verwaltung: Es bestehen 17 autonome Regionen, die 50 Prov. sowie zahlr. Gemeinden umschließen, die mit Selbstverwaltungsrechten ausgestattet sind.

Recht: Das Rechtssystem beruht im Wesentlichen auf röm. Recht; Rechtsquellen sind u. a. kodifiziert im ›Código civil‹ von 1889. Das Familienrecht ist noch stark von der kath. Kirche beeinflusst. 1980 wurde ein Arbeitsgesetz verabschiedet, das dem dt. Betriebsverfassungsrecht ähnelt, 1996 trat ein neues Strafgesetzbuch in Kraft (ersetzt das aus dem Jahre 1848 stammende Strafrecht). – An der Spitze der Organisation der Gerichtsverwaltung steht der unabhängige Allgemeine Rat der Judikative (›Consejo General del Poder Judicial‹), dessen 20 Mitgl. von den Cortes gewählt und vom König ernannt werden. Der Gerichtsaufbau ist im Prinzip dreistufig. Höchstes Gericht ist der Oberste Gerichtshof (›Tribunal Supremo‹). Ein Verfassungsgericht mit 12 vom König auf Vorschlag beider Häuser der Cortes und der Reg. auf neun Jahre ernannten Richtern entscheidet über die Verfassungs-

Spanien

Staatswappen

Staatsflagge

E
Internationales Kfz-Kennzeichen

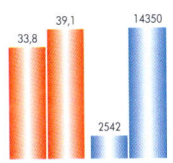

33,8   39,1   14350

              2542

1970 1997   1970 1997
Bevölkerung Bruttosozial-
(in Mio.)   produkt je Ew.
             (in US-$)

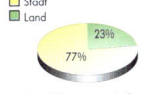

☐ Stadt
☐ Land

23%
77%

Bevölkerungsverteilung 1995

☐ Industrie
☐ Landwirtschaft
☐ Dienstleistung

34%   63%
3%

Bruttoinlandsprodukt 1995

Span Spanien

Größe und Bevölkerung (1.1.1995)

Autonome Regionen (Hauptstadt) Provinzen (Hauptstadt[1])	Fläche in km²	Ew.	Ew. je km²
Andalusien (Sevilla)	87 600	7 314 600	83,5
Almería	8 775	493 100	56,2
Cádiz	7 440	1 127 600	151,6
Córdoba	13 771	782 200	56,8
Granada	12 647	841 800	66,6
Huelva	10 128	458 700	45,3
Jaén	13 496	666 800	49,4
Málaga	7 306	1 225 000	167,7
Sevilla	14 036	1 719 400	122,5
Aragonien (Saragossa)	47 720	1 205 700	25,3
Huesca	15 636	210 300	13,4
Teruel	14 810	143 100	9,7
Saragossa	17 274	852 300	49,3
Asturien (Oviedo)	10 604	1 117 400	105,4
Balearen (Palma de Mallorca)	4 992	788 000	157,9
Baskenland (Vitoria)	7 235	2 130 700	294,5
Álava (Vitoria)	3 037	282 900	93,2
Guipúzcoa (San Sebastián)	1 980	684 100	345,5
Vizcaya (Bilbao)	2 217	1 163 700	524,9
Kanarische Inseln (Las Palmas de Gran Canaria)	7 447	1 631 500	219,1
Las Palmas	4 066	844 100	207,6
Santa Cruz de Tenerife	3 381	787 400	232,9
Kantabrien (Santander)	5 321	541 900	101,8
Kastilien-La Mancha (Toledo)	79 462	1 730 700	21,8
Albacete	14 924	361 300	24,2
Ciudad Real	19 813	490 600	24,8
Cuenca	17 140	207 500	12,1
Guadalajara	12 214	155 900	12,8
Toledo	15 370	515 400	33,5
Kastilien-León (Valladolid)	94 224	2 584 500	27,4
Ávila	8 050	176 800	22,0
Burgos	14 292	360 700	25,2
León	15 581	532 700	34,2
Palencia	8 052	186 000	23,1
Salamanca	12 350	365 300	29,6
Segovia	6 921	149 700	21,6
Soria	10 306	94 400	9,2
Valladolid	8 111	504 600	62,2
Zamora	10 561	214 300	20,3
Katalonien (Barcelona)	32 113	6 226 800	193,9
Barcelona	7 728	4 748 200	614,4
Gerona	5 910	542 000	91,7
Lérida	12 172	360 400	29,6
Tarragona	6 303	576 200	91,4
Extremadura (Mérida)	41 634	1 100 500	26,4
Badajoz	21 766	675 600	31,0
Cáceres	19 868	424 900	21,4
Galicien (Santiago de Compostela)	29 574	2 825 000	95,5
La Coruña	7 951	1 136 300	142,9
Lugo	9 856	386 400	39,2
Orense	7 273	364 500	50,1
Pontevedra	4 495	937 800	208,6
Madrid (Madrid)	8 028	5 181 700	645,5
Murcia (Murcia)	11 314	1 110 000	98,1
Navarra (Pamplona)	10 391	536 200	51,6
La Rioja (Logroño)	5 045	268 200	53,2
Valencia (Valencia)	23 255	4 028 800	173,2
Alicante	5 817	1 363 800	234,5
Castellón (Castellón de la Plana)	6 662	464 700	69,8
Valencia	10 776	2 200 300	204,2
Ceuta[2]	19	73 100	3 847,4
Melilla[2]	13	64 700	4 976,9
Spanien	**505 990**	**40 460 000**	**80,0**

[1] falls anders lautend. – [2] zu Spanien gehörende Territorien (›Plazas de Soberanía‹) in Nordmarokko.

richtsbarkeit bilden fachlich ausgerichtete Gerichte sowie Amtsgerichte. 1995 wurden per Ges. Schwurgerichte geschaffen.

Streitkräfte: Die Gesamtstärke der Wehrpflichtarmee (Dienstzeit neun Monate) beträgt etwa 210 000 Mann. Die paramilitär. ›Guardia Civil‹ (rd. 70 000 Mann) ist v.a. für Grenzschutz, innere Sicherheit sowie Bekämpfung von Terrorismus und Drogenschmuggel zuständig.

Das Heer (rd. 146 000 Soldaten) ist in Manöver-, Mobilisierungs-, Unterstützungs- und Territorialkräfte unterteilt. Die Manöverkräfte verfügen über die mechanisierte ›Brunete‹-Division, bestehend aus einer Panzerbrigade, zwei mechanisierten Infanteriebrigaden und einem Panzeraufklärungsregiment, sowie über die Schnelle Eingreiftruppe FAR (Fuerza de Acción Rápida), die sich aus je einer Luftlande-, luftbeweglichen und Gebirgsjägerbrigade, einem gepanzerten Aufklärungsregiment sowie der urspr. nach dem Vorbild der frz. Fremdenlegion aufgebauten ›Span. Legion‹ zusammensetzt. Für die Mobilisierungskräfte sind im Bedarfsfall zwei Infanterie-, eine Gebirgsjäger- sowie eine Panzeraufklärungsbrigade vorgesehen. Jeweils ein Artillerie-, Pionier-, Fernmelde-, Hubschrauber- sowie Logistikkommando bilden die Unterstützungskräfte. Die Territorialkräfte sind in den span. Enklaven Ceuta und Melilla (rd. 10 000 Mann) sowie auf den Balearen (rd. 2 500 Mann) und den Kanar. Inseln (rd. 6 500 Mann) stationiert. Die Luftwaffe verfügt über etwa 29 000, die Marine über rd. 35 000 Mann (einschließlich 6 200 Marineinfanteristen). – Die Ausrüstung besteht im Wesentlichen aus etwa 750 Kampfpanzern (v. a. AMX-30, M-48, M-60), rd. 200 Kampfflugzeugen (v. a. F-18, Mirage F1C), einem Flugzeugträger, 21 Fregatten, 25 Kleinen Kampfschiffen über 100 ts sowie acht U-Booten.

S. ist seit 1982 Mitgl. der NATO (1986–96 Austritt aus der militär. Struktur) und seit 1988 (faktisch seit 1990) Mitgl. der WEU. Bis 2003 soll die Wehrpflichtarmee durch ein Berufsheer von etwa 175 000 Mann abgelöst werden. Gleichzeitig wird die Ausrüstung reduziert und umfassend modernisiert; so sollen u. a. etwa 300 Kampfpanzer Leopard 2 (dann insgesamt rd. 650 Kampfpanzer), etwa 450 Schützenpanzer, 87 Eurofighter 2000 und vier Fregatten (dann insgesamt 16 Fregatten) veraltete Typen ersetzen sowie neue Artillerie-, Küstenschutz-, Luftabwehr-, Luftüberwachungs- und Führungssysteme eingeführt werden.

LANDESNATUR · BEVÖLKERUNG

Das Gebiet des festländ. S. (492 463 km²) nimmt über vier Fünftel der →Iberischen Halbinsel ein und ist daher in geolog. Aufbau, Oberflächengestalt und Klima – bis auf den port. W-Teil – mit dieser identisch. S. (660 m mittlere Höhe ü.M.) ist nach der Schweiz (1 300 m mittlere Höhe) das gebirgigste Land Europas. Seine durch überwiegend weitflächige Großkammerung gekennzeichneten Naturräume stehen in enger Beziehung zu den histor. Landschaften. Das Kernland →Kastilien nimmt etwa zwei Drittel der Gesamtfläche ein und erstreckt sich über weite, von randschwellenartigen Gebirgszügen umgebene, dünn besiedelte, nach W zu schwach geneigte Hochflächen (Mesetas), die durch das Kastil. Scheidegebirge in die kleinere N-Meseta mit Altkastilien und León und in die größere S-Meseta mit Neukastilien und der Extremadura geteilt werden. Die N-Meseta (800–850 m mittlere Höhe ü.M.) wird vom Flusssystem des Duero, die S-Meseta (500–700 m mittlere Höhe, im SW 300–150 m) von den Flusssystemen des Tajo und des Guadiana entwässert. Randlandschaften sind demgegenüber das Galic. Bergland (→Galicien) im NW, Asturien und das Baskenland (mit Anteilen am Kantabr. Gebirge) im N, das Ebrobecken mit Na-

mäßigkeit von Gesetzen, über Kompetenzstreitigkeiten zw. Zentralstaat und Autonomen Gemeinschaften sowie über Verfassungsbeschwerden (›recurso de amparo‹) Einzelner. Auf nat. Ebene ist ein Hochgericht (Nationalgericht, ›Audiencia Nacional‹), auf der Ebene der Autonomen Gemeinschaften und Prov. sind Obere Gerichte (›Audiencias Superiores de Justicia de las Comunidades Autónomas‹ bzw. ›Audiencias Provinciales‹) eingerichtet. Die untere Stufe der Ge-

Spanien **Span**

varra, La Rioja und Aragonien sowie das ans Mittelmeer grenzende Katalonien (mit dem Katalon. Randgebirge) im NO, ferner das vom Guadalquivir entwässerte Andalusien (mit dem gebirgigen Hochandalusien und Niederandalusien im Guadalquivirbecken) im S, sodann die Küstenlandschaften Valencia und Murcia, die im O und SO an das Mittelmeer grenzen. Den äußersten Rand bilden die beiden höchsten Gebirge, die →Pyrenäen im NO und die →Betischen Kordilleren mit dem Sierra Nevada) im S. Die Küstenlänge (ohne Inseln) beträgt 3 144 km, davon 1 663 km am Mittelmeer; die Atlantikküste im N und NW hat Riasküsten mit guten Naturhäfen, die Küstenstreifen am Mittelmeer und die Atlantikküste im SW sind Anschwemmungsküsten mit bogenförmigen weitgespannten Küstenhöfen zw. steilen, felsigen Vorgebirgen und wenig geschützten Häfen.

Klima: Nur der schmale N-Saum, vom Galic. Bergland im äußersten NW über die Kantabrischen und Astur. Küstengebirge bis zum O-Ende der Pyrenäen, hat immerfeuchtes, gemäßigtes Klima, ist ganzjährig (trotz eines geringen sommerl. Niederschlagsminimums) ohne Wasserdefizit und hat daher auch keine mediterranen Vegetationsformationen. Der weitaus überwiegende Teil des Landes ist dagegen geprägt vom subtropisch-mediterranen Klima mit langer sommerl. Dürre, hohen Temperaturen, starker Sonneneinstrahlung, hoher Verdunstung sowie Niederschlagsmaxima größtenteils im Spätherbst und Frühjahr bei insgesamt stark schwankender Niederschlagsperiodizität. Die Mesetahochflächen weisen dabei kontinentale Züge auf (Temperaturen im Sommer bis über 40°C, im Winter bis −8°C), ihre weiten Tafel- und Beckenlandschaften erhalten Jahresniederschläge von 300–500 mm, nur die Hochlagen der zentralen Gebirge bis zu 2 000 mm. Ein küstenparalleler Streifen im SO (zw. Almeria und Alicante) hat bei Jahresniederschlägen von 110–290 mm Halbwüstencharakter.

Vegetation: Wegen der großen Höhenunterschiede zw. Küstenebenen und Hochgebirgen ist die Vegetation entsprechend abgestuft: Über der für niedrigere Lagen typ. Ölbaum- und Macchien- (oder Garrigue-)Stufe mit immergrünen Eichen (Kork-, Steineichen) folgt inselhaft eine Stufe mit Nadel- (Kiefern) oder Laubwald (Buchen); die Hochzonen haben karge Grasfluren und Zwergwacholderbestände. Intensiver Anbau von Kulturpflanzen erfordert im gesamten sommertrockenen S. Bewässerung.

Gewässer: Von den großen Strömen fließen nur Ebro und Guadalquivir gemäß der Oberflächenneigung ihrer Becken auf ganzer Länge in S.; im Einzugsbereich des Mesetablocks münden wegen dessen leichter W-Abdachung Miño, Duero und Tajo auf port. Territorium, der Guadiana ist Grenzfluss; die Hauptwasserscheide verläuft hier im O in N-S-Ausrichtung, daher sind die ostwärts fließenden Flüsse Turia, Júcar und Segura wesentlich kürzer. Die jahreszeitlich stark schwankende Wasserführung mit früher veheerenden Schmelzhochwässern im Frühjahr ist durch Staustufen weitgehend ausgeglichen worden.

Bevölkerung: Die ethn. Herkunft der Bev. ist vielfältig; deutl. stammesmäßige Unterschiede bestehen zw. Kastiliern, Asturiern, Aragoniern und Andalusiern (mit stärkerem afrikanisch-oriental. Einschlag). Basken (mit eigener vorindogerman. Sprache), Katalanen (mit eigener roman. Schrift- und Literatursprache) und in geringerem Maß auch die den Portugiesen nahe stehenden Galicier (mit eigenem roman. Idiom) nehmen in Volkskultur und Sprache eine Sonderstellung ein. Die Amtssprache Spanisch beruht auf der kastil. Mundart (castellano); Katalanisch, Baskisch und Galicisch sind seit der Nach-Franco-Zeit als regionale ›Nationalsprachen‹ anerkannt und werden in den jeweiligen Gebieten als Pflichtsprachen unterrichtet. Die regionale Verteilung der Bev. ist äußerst ungleichmäßig; während weite Gebiete des Landesinnern nur geringe Bevölkerungsdichte (10–25 Ew./km²) aufweisen, haben städt. Ballungsräume, Talzonen und Küstenebenen z.T. sehr hohe Dichtewerte. Am dichtesten besiedelt sind die Hauptstadtregion, die Prov. Barcelona und die bask. Provinzen Vizcaya

Klimadaten von Sevilla (10 m ü.M.)

Monat	Mittleres tägl. Temperaturmaximum in °C	Mittlere Niederschlagsmenge in mm	Mittlere Anzahl der Tage mit Niederschlag	Mittlere tägl. Sonnenscheindauer in Stunden	Relative Luftfeuchtigkeit nachmittags in %
I	15,1	66	8	5,9	75
II	17,4	61	6	6,8	69
III	20,3	90	9	6,1	67
IV	23,6	57	7	7,8	61
V	26,6	41	6	9,4	57
VI	32,0	8	1	11,1	48
VII	36,4	1	<1	11,6	43
VIII	36,0	5	<1	10,6	45
IX	32,1	19	2	8,1	53
X	25,8	70	6	6,7	65
XI	19,9	67	7	5,5	72
XII	15,7	79	8	5,0	73
I–XII	25,1	564	60	7,9	61

Klimadaten von Santander (Klimastation; 66 m ü.M.)

Monat	Mittleres tägl. Temperaturmaximum in °C	Mittlere Niederschlagsmenge in mm	Mittlere Anzahl der Tage mit Niederschlag	Mittlere tägl. Sonnenscheindauer in Stunden	Relative Luftfeuchtigkeit nachmittags in %
I	11,9	119	16	2,7	72
II	12,1	88	14	3,5	71
III	14,4	78	13	4,5	69
IV	15,3	83	13	5,5	72
V	16,9	89	13	6,0	75
VI	19,8	63	9	6,7	76
VII	21,5	54	11	6,8	75
VIII	22,2	84	14	6,4	75
IX	21,2	114	13	5,2	74
X	18,3	133	14	4,3	72
XI	14,8	125	15	3,2	72
XII	12,5	159	18	2,4	72
I–XII	16,7	1 189	169	4,8	73

Span Spanien

Klimadaten von Madrid (655 m ü. M.)

Monat	Mittleres tägl. Temperaturmaximum in °C	Mittlere Niederschlagsmenge in mm	Mittlere Anzahl der Tage mit Niederschlag	Mittlere tägl. Sonnenscheindauer in Stunden	Relative Luftfeuchtigkeit nachmittags in %
I	8,5	39	8	4,9	71
II	11,0	34	7	6,2	62
III	14,9	43	10	6,0	56
IV	18,4	48	9	7,8	49
V	21,2	47	10	9,0	49
VI	26,9	27	5	10,6	41
VII	30,8	11	2	12,3	33
VIII	29,5	15	3	11,3	35
IX	25,0	32	6	8,6	46
X	18,5	53	8	6,7	58
XI	12,8	47	9	5,2	65
XII	8,8	48	10	4,4	70
I–XII	18,9	444	87	7,8	53

und Guipúzcoa, die geringsten Dichtewerte haben die Regionen Kastilien-La Mancha, Aragonien und Extremadura. Die starke Landflucht der 1960er- und 70er-Jahre hat sich in den 80er-Jahren leicht abgeschwächt; 1995 lebten 76,5 % der Gesamt-Bev. in Orten über 10 000 Ew. (1970 erst 66 %) und nur noch 23,5 % in Landgemeinden. Die Gesamt-Bev. hatte 1985–95 eine durchschnittliche jährl. Wachstumsrate von 0,2 %; die Geburtenziffer sank von 1970 (19,5 Geborene auf 1 000 Ew.) bis 1993 (9,7 Geborene auf 1 000 Ew.) deutlich ab, ebenso die Säuglingssterblichkeit (von 26,5 auf 7,1 Gestorbene im 1. Lebensjahr je 1 000 lebend Geborene). 1995 waren 19,0 % der Ew. unter 15 Jahre (1970: 27,8 %) und 14,3 % über 65 Jahre (1970: 9,7 %) alt.

Die in der Vergangenheit starke Auswanderung nach Übersee ist sehr zurückgegangen und wird durch Rückwanderung mehr als ausgeglichen (1993: 2 300 Auswanderer, 17 700 Einwanderer). Groß ist nach wie vor die Zahl der Erwerbspersonen, die zeitweilig im europ. Ausland, bes. in der Schweiz, in Dtl. (rd. 160 000) und Frankreich beschäftigt sind.

Die Sozialstruktur war seit der Reconquista gekennzeichnet durch den Ggs. von besitzender Oberschicht (Adel, Militär, Kirche) und verarmten Kleinbauern, Pächtern und Tagelöhnern und ist es z. T. noch. Rd. drei Fünftel aller landwirtschaftl. Betriebe sind kleiner als 5 ha; in Mittel- und Süd-S. herrscht Großgrundbesitz vor (Latifundien). Ein ausgleichender Mittelstand entwickelt sich erst langsam.

Religion: Es besteht Religionsfreiheit. Die Verf. garantiert die rechtl. Gleichstellung der Religionsgemeinschaften und schließt eine Staatsreligion aus. Grundlage der Beziehungen zw. dem Staat und der kath. Kirche als der größten Religionsgemeinschaft bilden vier 1979 zw. dem Staat und dem Hl. Stuhl abgeschlossene Abkommen; diese lösten das Konkordat von 1953 ab, das der kath. Kirche die Rolle der Staatskirche einräumte. An die Stelle des vom Staat gezahlten Finanzausgleichs für den Unterhalt der Geistlichen ist 1988 die Eigenfinanzierung der Kirche durch steuerlich begünstigte Spenden in Höhe von 5,239‰ der Lohn- oder Einkommensteuer getreten. – Rd. 91 % der Bev. gehören (bezogen auf die Taufe) der kath. Kirche an; die Zahl der praktizierenden Katholiken wird kirchlicherseits mit etwa 30 % angegeben. Die Zahl der aktiven (›eingeschriebenen‹) Mitgl. prot. Kirchen (›Span. Ev. Kirche‹, ›Span. Ref. Bischöfl. Kirche‹, Adventisten, Baptisten) beträgt rd. 40 000; die Gesamtzahl der Protestanten wird auf 250 000 bis 350 000 (überwiegend Pfingstler [›Iglesia de Filadelfia‹]) geschätzt. – Die Zahl der Muslime (Arbeitsmigranten aus N-Afrika) wird auf 100 000–300 000 geschätzt. Die jüd. Gemeinschaft (als Religionsgemeinschaft seit 1868 wieder offiziell anerkannt) zählt rd. 15 000 Mitgl. – Weitere Religionsgemeinschaften sind die Zeugen Jehovas (über 80 000) und die Mormonen (rd. 12 000).

Wichtigste Städte (Ew. 1995)

Madrid	3 029 700	Córdoba	318 000
Barcelona	1 614 600	Vigo	290 600
Valencia	763 300	Alicante	276 500
Sevilla	719 600	Granada	272 700
Saragossa	607 900	La Coruña	254 800
Málaga	532 400	Vitoria	215 000
Las Palmas de Gran Canaria	373 800	Santa Cruz de Tenerife	204 900
Bilbao	371 000	Oviedo	202 400
Murcia	344 900	Santander	194 800
Valladolid	334 800	Pamplona	181 800
Palma de Mallorca	323 100		

Bildungswesen: Es besteht allgemeine Schulpflicht bei kostenlosem Unterricht für Kinder zw. dem 6. und 16. Lebensjahr (sechs Jahre Grund-, vier Jahre Sekundarstufe). Etwa knapp ein Drittel der Schüler besucht private, schulgeldpflichtige (50 % kirchl.) Lehreinrichtungen, die zusätzlich staatlich subventioniert werden. Der Staat besitzt daher eine gewisse Schulaufsicht über Privatschulen. Auf die Sekundarschule bauen die Berufsschule und die vereinheitlichte Oberschule auf, wobei Letztere nach zwei Jahren zum Abitur (›Bachillerato‹) und damit zur Hochschulreife führt. Eine ein- bis zweijährige berufsbildende höhere Stufe berechtigt ebenfalls zum Studium. Der Aufnahme an einer Univ. geht eine Aufnahmeprüfung voraus. Es gibt 36 Universitäten, davon 30 staatliche (u. a. auch techn. Universitäten). Die Univ. in Salamanca (gegr. 1218), Valladolid (gegr. 1346) und Barcelona (gegr. 1450) zählen zu den ältesten in Europa. Größte span. Univ. ist die hauptstädt. ›Universidad Complutense de Madrid‹. Weitere Hochschuleinrichtungen: mittlere und höhere Technikerschulen (Ingenieurschulen), Handelsschulen, Schulen für Sozialwesen, Kunst und Musik, (Primarschul-)Lehrerbildungsanstalten.

Publizistik: Seit 1978 ist die Pressefreiheit verfassungsrechtlich garantiert. Es erscheinen 120 Tageszeitungen mit einer Gesamtauflage von 4,2 Mio. Exemplaren. Überregional verbreitet sind ›El País‹ (Madrid und Barcelona, 441 000), ›ABC‹ (Madrid und Sevilla, 301 000) und ›El Mundo‹ (Madrid,

Spanien: Sierra Nevada

Spanien: links Landschaft in der Provinz Lugo, Galicien; rechts Trockental mit starken Erosionserscheinungen im Iberischen Randgebirge bei Teruel

285 000). Weitere wichtige Tageszeitungen: ›La Vanguardia‹ (Barcelona, 210 000), ›El Periódico‹ (Barcelona, 208 000) sowie die täglichen Wirtschaftszeitungen ›Expansión‹ (48 000), ›Cinco Días‹ (27 000) und ›Gaceta Negocios‹. Einzige Boulevardzeitung ist das Sportblatt ›Marca‹. – Die wichtigsten *Nachrichtenagenturen* sind: ›Agencia EFE‹ (gegr. 1939, staatlich kontrolliert), ›Logos Agencia de Información‹ (gegr. 1929, kath., verbreitet nur Inlandsnachrichten). – *Rundfunk:* Die staatl. ›Radiotelevisión Española‹ (RTVE) beaufsichtigt und koordiniert alle Hörfunk- und Fernsehstationen. Die staatl. Hörfunkgesellschaft ›Radio Nacional de España‹ (RNE) verbreitet über 17 Regionalstationen drei Programme. Daneben existieren Stationen der autonomen katalan., bask. und galic. Regierungen sowie über 300 weitere öffentlich-rechtl. und private Hörfunkanstalten, darunter ›Sociedad Española de Radiodifusión‹ (SER), ›Antena 3 de Radio‹, ›Radio 80‹ und ›Radio Popular‹. 1989 wurde das Privatfernsehen eingeführt; zu den beiden Programmen TVE 1 und TVE 2 der staatl. Fernsehgesellschaft ›Televisión Española‹ kamen die privaten Sender ›Antena 3 TV‹, ›Tele Cinco‹ und die Pay-TV-Station ›Canal plus‹. 1996 fusionierten ›Canal plus‹ und ›Antena 3‹ und starteten 1997 das gemeinsame digitale Pay-TV ›Canal Satélite Digital‹. Konkurrenzprojekt ist ›Via digital‹, veranstaltet vom staatl. Fernsehen, der Telefongesellschaft und der mexikan. Televisa-Gruppe. Darüber hinaus gibt es in den autonomen Regionen acht öffentl. ›Televisiones Autonómicas‹ sowie zahlr. Stadtviertelsender (›TV de barrios‹).

WIRTSCHAFT · VERKEHR

Innerhalb der EU zählt S. zur Gruppe der weniger reichen Länder. Mit einem Bruttoinlandsprodukt (BIP) je Ew. von (1994) 12 321 US-$ rangiert das Land zwar deutlich vor Portugal (8 792 US-$) und Griechenland (7 051 US-$), erreicht aber dennoch weniger als die Hälfte des dt. Niveaus (27 826 US-$). Allerdings konnte seit 1960 das Pro-Kopf-Einkommen von 25 % auf (1990) 66 % des Durchschnitts in den OECD-Staaten angehoben werden (zum Vergleich Griechenland: von 28 % auf 47 %).

Von diesen Indikatoren her beurteilt, kann S. als junges Industrieland bezeichnet werden. Dies zeigt sich auch an der Erwerbs- und Produktionsstruktur und deren Veränderungen zw. 1970 und 1994. Der Anteil von Land-, Forstwirtschaft und Fischerei an der Entstehung des BIP ging von 11,3 % auf 3,7 % zurück. Gleichzeitig fiel die Quote des industriellen Sektors von 39,9 % auf 32,8 %, während der Anteil des Dienstleistungssektors von 51,2 % auf 63,5 % anstieg. Dabei änderte sich der Anteil der Erwerbstätigen im Agrarbereich von 26,9 % zu (1995) 9,6 %, im produzierenden Gewerbe von 35,6 % zu 30,2 % und im Dienstleistungssektor von 37,5 % zu 60,2 %.

Anfang der 1980er-Jahre lag die Inflationsrate bei über 10 %; sie konnte bis 1995 auf 4,3 % reduziert werden (EU-Durchschnitt 3,0 %). Die Arbeitslosenquote, die 1980 bei 11,5 % gelegen hatte, erhöhte sich bis 1985 auf 21,1 % und erreichte 1995 22,7 % (EU-Durchschnitt 1994 11,2 %). Die jährl. Wachstumsrate des realen BIP stieg in den achtziger Jahren von (1980) 1,3 % auf (1987) 5,6 %, ist danach aber wieder rückläufig (1995: 3,0 %).

Landwirtschaft: Bis 1960 war S. vorwiegend ein Agrarland. Seitdem befindet sich der Agrarsektor in einem Strukturwandel, der durch den EG-Beitritt noch beschleunigt wurde. Im Agrarsektor erwirtschaften (1995) 9,6 % der Erwerbstätigen (1980: 19,3 %) 3,7 % (1994) des BIP (1980: 7,1 %). Rd. 60 % der Gesamtfläche (30,0 Mio. ha) werden (1993) als landwirtschaftlich genutzte Fläche ausgewiesen; davon sind 15,0 Mio. ha Ackerland, 4,7 Mio. ha Dauerkulturen (darunter 1,5 Mio. ha. Rebland), 10,3 Mio. ha Wiesen und Weiden.

Von der landwirtschaftlich nutzbaren Fläche liegt ein erhebl. Teil brach. Die Anbaumethoden sind vielfach veraltet, die Bodenqualität ist z. T. unzureichend. Neben dem Trockenfeldbau (v. a. Getreide und Hülsenfrüchte), in dessen Bereich aber auch trockenheitsresistente Dauerkulturen wie Ölbäume, Mandel-, Feigenbäume und Reben vorkommen, gewinnt der Bewässerungsfeldbau zunehmend an Bedeutung. Auf bewässertem Land (1993: 3,5 Mio. ha) sind mehrere Ernten im Jahr möglich, etwa in den Huertas von Valencia und Murcia. Ausgesprochene Bewässerungskulturen sind Zitrusfrüchte (v. a. in der Region Valencia), Obst, Baumwolle, Tabak und Zuckerrüben. In der südspan. Prov. Almería entstand das größte Gemüseanbaugebiet S.s mit Unterplastikkulturen. Die wichtigsten, für den Export bestimmten Agrarerzeugnisse sind (1994) Zitrusfrüchte (5,0 Mio. t, weltweit 4. Rang), Olivenöl (1993: 594 000 t, weltweit 1. Rang), Wein und Sherry (→spanische Weine). Andere Haupterzeugnisse sind Getreide (u. a. 7,6 Mio. t Gerste, 4,3 Mio. t Weizen, 569 000 t Reis), Kartoffeln (4,1 Mio. t), Zuckerrüben (8,2 Mio. t), Gemüse (10,9 Mio. t) und Baumwolle (87 000 t).

In den vergangenen Jahren konnte der Viehbestand erhöht und damit die Fleisch- und Milchproduktion erheblich gesteigert werden. Gehalten werden (1994) 5,0 Mio. Rinder (1980: 4,6 Mio.), 18,2 Mio. Schweine (10,4 Mio.), 23,8 Mio. Schafe (14,7 Mio.) und 2,7 Mio. Ziegen (2,1 Mio.). Schwerpunkte der Rinderhaltung

Span Spanien

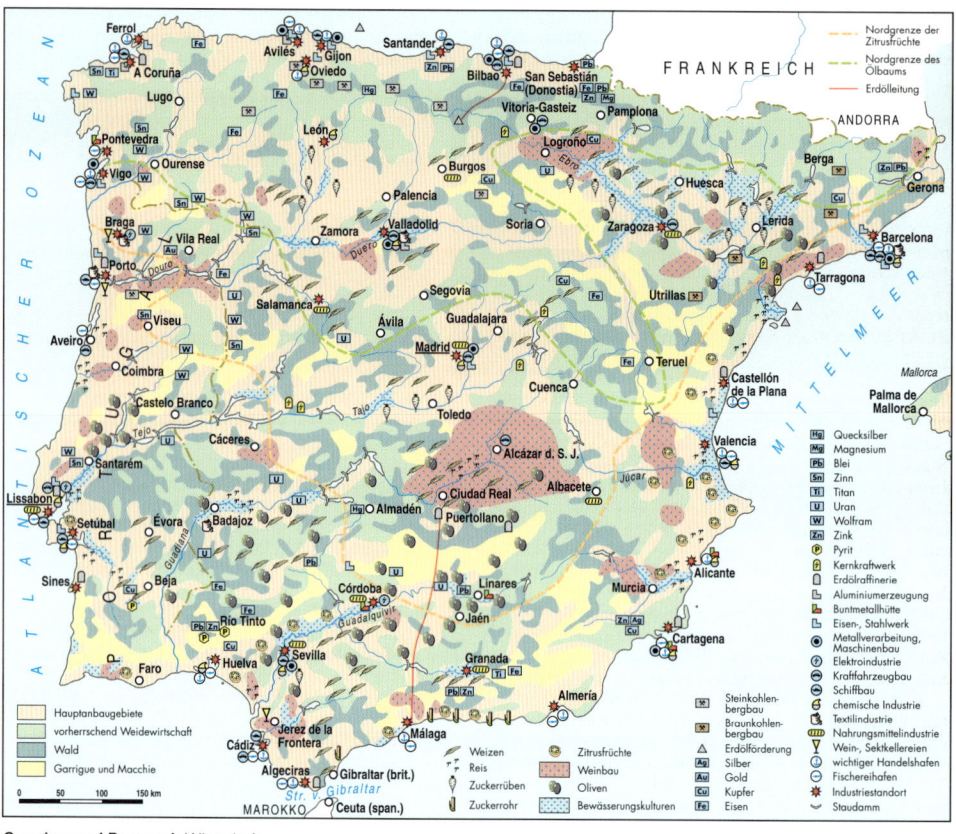

Spanien und Portugal: Wirtschaft

bilden Galicien, Asturien und das Baskenland. Eine Besonderheit ist die Zucht von Kampfstieren.

Forstwirtschaft: Die ausgewiesene Waldfläche liegt bei (1993) 16,1 Mio. ha (31,9 % der Gesamtfläche). Geschlossene Waldgebiete finden sich nur noch im N und NW des Landes, wo ausreichende Niederschläge fallen. Sonst überwiegen Buschwald und Macchie. Raubbau und Brandrodungen haben große Teile der einst ausgedehnten Waldfläche im Landesinneren vernichtet. Der Holzeinschlag von (1993) 14,8 Mio. m³ (zu 86,6 % Nutzholz) reicht für den heim. Bedarf bei weitem nicht aus. Deshalb werden u. a. vermehrt schnell wachsende Eukalyptus- und Pappelarten für den Bedarf der Papierindustrie angepflanzt. Von wirtschaftl. Bedeutung ist auch die Korkeiche.

Fischerei: Die traditionelle Bedeutung der Fischerei ist seit Beginn der 1980er-Jahre durch Beschränkungen der Fangrechte, zunächst durch Marokko, später durch die EG, zurückgegangen. Trotzdem ist S. innerhalb der EU mit (1992) 1 578 Schiffen (Tonnage 558 300 BRT) führend. Mit einer Fangmenge von (1993) 1,3 Mio. t liegt S. hinter Dänemark unter den EU-Staaten an 2. Stelle (davon 1 Mio. t Seefische und 240 000 t Krusten- und Weichtiere). Die wichtigsten Fischereihäfen (z. B. Vigo, La Coruña) liegen an der galic. Küste. Hier werden auch Muscheln und Austern gezüchtet.

Bodenschätze: Die Vorkommen nutzbarer Bodenschätze beschränken sich im Wesentlichen auf die Randlandschaften, v. a. Galicien, Asturien und Baskenland, ferner des Bereich der Sierra Morena, der Betischen Kordilleren, des Iber. Randgebirges und des Ebrobeckens (Erdöl). Die wichtigsten Bergbauprodukte sind (1993) Quecksilber in →Almadén (643 t; 19 % der Weltproduktion), (1995) Pyrit (404 000 t), Steinkohle (17,7 Mio. t), Eisenerz (2,0 Mio. t), Zink (172 000 t), Blei (31 000 t), Kupfer (22 000 t), Uran, Stein- und Meersalz. Hauptfördergebiet für Erdöl und Erdgas ist seit Anfang der 1970er-Jahre der Offshorebereich vor der Nordostküste (Fördermengen 1994: 948 000 Mio. t Erdöl; 1,4 Mrd. m³ Erdgas). Erdölvorkommen sind auch im Schelfgebiet des Golfs von Biskaya entdeckt worden.

Energiewirtschaft: Diese ist weitgehend auf den Import von Erdöl, Erdgas und auch von Kohle angewiesen; etwa ein Drittel der Primärenergie wird selbst erzeugt. Über die Hälfte des Primärenergiebedarfs wird (1994) durch Erdöl gedeckt (52,8 %), 19,4 % durch Kohle, 14,6 % durch Kernenergie, 6,5 % durch Erdgas und 4,7 % durch sonstige Energieträger. Die installierte Leistung der Kraftwerke beträgt (1993) 43 900 MW. Elektrizität wird überwiegend in Wärmekraftwerken, zu 35,8 % in Kernkraftwerken und zu 16,4 % in Wasserkraftwerken erzeugt. Gute Ergebnisse wurden in Süd-S. mit Solar- und Windkraftwerken erzielt.

Industrie: Im industriellen Sektor (einschließlich Bergbau, Energie- und Bauwirtschaft) erwirtschaften (1995) 30,2 % der Erwerbstätigen (1994) 32,8 % des BIP. Traditionelle Industriezentren sind die Hauptstadtregion, Katalonien, das Baskenland sowie der NW (bes. Asturien). Die Investitionen der Industrie haben sich u. a. auch mit Unterstützung der EG in den letzten Jahren v. a. an die Mittelmeerküste verlagert, z. B. in die Regionen von Barcelona, Valencia, Tarragona und Cartagena. Weitere bevorzugte Standorte liegen um Cádiz, Huelva und Sevilla. Sehr hoch ist der Anteil der öffentl. Unternehmen und der Unternehmen mit staatl. Beteiligung (Dachgesellschaft Instituto Nacional de Industria) z. B. in der Energiewirtschaft, der Werft-, Kohle-, Eisen- und Stahlindustrie. Privatisierungen sind vorgesehen.

Eisen- und Stahlindustrie, der Bau von Schiffen, Maschinen, Apparaten und Elektrogeräten sowie die Herstellung von Eisenwaren sind zu einem erhebl. Teil im Baskenland konzentriert (z. B. Bilbao, Santander), daneben auch in Barcelona, Valencia, Cartagena, Schiffbau auch in Cádiz und Sevilla, Metallverarbeitung in Madrid. Bedeutend ist auch die Aluminiumindustrie in Bilbao, Avilés und La Coruña, obwohl Bauxitvorkommen fehlen. In der Automobilindustrie (Standorte Barcelona, Cádiz, Madrid, Saragossa, Valencia, Valladolid) sind die span. Renaultwerke und SEAT die größten Hersteller und zugleich zwei der größten Unternehmen des Landes. Mehr als drei Viertel der Produktion werden im Ausland verkauft. Die Textilindustrie hat ihren Hauptstandort in Katalonien. Von großer Bedeutung ist auch die fast überall verbreitete Nahrungs- und Genussmittelindustrie. Stark ausgedehnt hat sich die chem. und pharmazeut. Industrie, die außer im Baskenland ihre zur Zeit größten Zentren in Huelva, Tarragona, Barcelona und Valencia hat. Die span. Erdölraffinerien (z. B. in La Coruña, Bilbao, Huelva, Algeciras, Cartagena und Tarragona) haben eine jährl. Durchsatzkapazität von 50 Mio.t. S. ist einer der größten Zementexporteure der Erde (Zementfabriken v.a. im Baskenland, in Sevilla und Granada). Darüber hinaus spielen Zellstoff- und Papiererzeugung, Gummi-, Kork-, Leder- und Schuhindustrie noch eine wichtige Rolle.

Tourismus: Der Tourismus hat sich nach dem Zweiten Weltkrieg zu einem wichtigen Wirtschaftszweig entwickelt. Insgesamt stehen in den (1994) 5 293 Hotels rd. 877 000 Betten zur Verfügung; hinzu kommen 7 671 Betten in 86 ›Paradores‹ und rd. 177 000 Betten in 4 770 klassifizierten Pensionen. 1995 wurden 63,26 Mio. Auslandsgäste gezählt (1980: 38,0 Mio.; 1965: 14,3 Mio.), die v.a. aus Frankreich (32,4%), Dtl. (16,4%), Großbritannien (13,8%) und Portugal (8,4%) kommen. Die Deviseneinnahmen aus dem Reiseverkehr betragen (1994) 21,5 Mrd. US-$ (entspricht 4,5% des BIP). Damit zählt S. zu den Hauptzielländern des internat. Reiseverkehrs. Tourismuszentren sind die Balearen, die Kanar. Inseln, die Küstenstreifen am Mittelmeer (Costa Blanca, Costa Brava, Costa del Azahar, Costa del Sol, Costa Dorada) und am Atlant. Ozean (Biskaya, Costa de la Luz) sowie die kulturell und historisch interessanten Städte wie Madrid, Barcelona, Sevilla, Granada, Córdoba. Bes. die Küstenregionen mussten in den vergangenen Jahren Besucherrückgänge hinnehmen

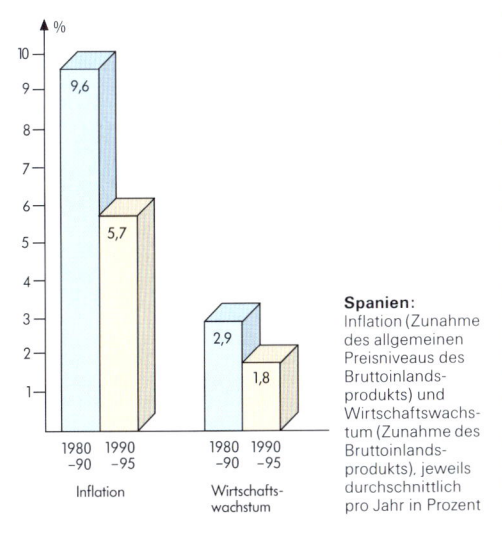

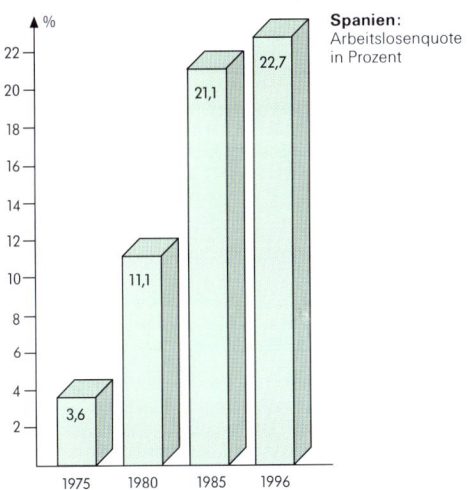

Spanien: Arbeitslosenquote in Prozent

Jahr	%
1975	3,6
1980	11,1
1985	21,1
1996	22,7

Außenwirtschaft: Seit dem EG-Beitritt zum 1. 1. 1986 hat sich das Außenhandelsvolumen von 62,1 Mrd. US-$ auf (1994) 165,8 Mrd. US-$ erhöht. Allerdings haben die Importe (1994: 92,5 Mrd. US-$) weitaus stärker zugenommen als die Exporte (73,3 Mrd. US-$), sodass sich das traditionelle Handelsbilanzdefizit auf 19,2 Mrd. US-$ erhöhte (1970: 2,3 Mrd. US-$). Trotz der Einnahmen aus dem Tourismus (21,5 Mrd. US-$) und den Überweisungen span. Arbeitnehmer im Ausland (1992: 2,2 Mrd. US-$) weist die Leistungsbilanz ein Defizit von 5,2 Mrd. US-$ aus. Zu den wichtigsten Exportgütergruppen zählen Maschinenbau-, elektrotechn. Erzeugnisse und Fahrzeuge (42,0%), bearbeitete Waren (19,3%) wie Eisen und Stahl, Garne und Gewebe, NE-Metalle (bes. Aluminium), Nahrungsmittel (12,9%), chem. Erzeugnisse (8,1%) sowie Schuhe und Textilien (3,6%). Als Handelspartner dominieren die Länder der EU; auf sie entfallen (1994) 64,1% des gesamten Warenverkehrs. Die wichtigsten Lieferländer sind Frankreich (17,4%), Dtl. (14,5%), Italien (8,9%) und die USA (7,3%), die wichtigsten Abnehmerländer Frankreich (20,1%), Dtl. (14,2%), Großbritannien (8,2%) und Italien (9,2%).

Verkehr: Bis auf wenige Ausnahmen entspricht die Verkehrsinfrastruktur des Landes nicht den Anforderungen. Das Eisenbahnnetz ist weit geknüpft; die Spurweite ist breiter als die internat. Spurweite. Binnenwasserwege fehlen weitgehend, das Straßennetz ist nur unzureichend ausgebaut.

Der Eisenbahnverkehr wird von der staatl. Gesellschaft ›Red Nacional de los Ferrocarriles Españoles‹ (Abk. RENFE) und versch. Privatgesellschaften (Streckenlänge 1993: 1 854 km) betrieben. Von den (1990) 12 601 km der RENFE-Strecken sind 54,7% elektrifiziert. Zw. Madrid und Sevilla haben 1992 Hochgeschwindigkeitszüge (Trenes de Alta Velocidad, TAV) den Verkehr auf internat. Spurweite aufgenommen. Gemäß dem Plan für den Ausbau des Eisenbahnverkehrs sollen bis zum Jahr 2000 alle wichtigen Städte an das Hochgeschwindigkeitsnetz (Alta Velocidad Española, AVE) angeschlossen sein.

Das Straßennetz umfasst (1993) 167 034 km Straßen, davon 7 404 km Autobahnen und 21 576 km Staatsstraßen. Autobahnen gibt es hauptsächlich im N, entlang der Mittelmeerküste und im Einzugsbereich von Madrid. 1991 wurde ein Vertrag zum Bau

Spanien: Inflation (Zunahme des allgemeinen Preisniveaus des Bruttoinlandsprodukts) und Wirtschaftswachstum (Zunahme des Bruttoinlandsprodukts), jeweils durchschnittlich pro Jahr in Prozent

	1980–90	1990–95
Inflation	9,6	5,7
Wirtschaftswachstum	2,9	1,8

eines 8,6 km langen Tunnels durch die Pyrenäen nach Frankreich unterzeichnet (→Somport). Mit einer PKW-Dichte von (1994) 343 PKW je 1 000 Ew. liegt S. unter dem EG-Durchschnitt (Dtl.: 423). Insgesamt sind 13,8 Mio. PKW, 2,8 Mio. LKW und 47 100 Omnibusse zugelassen.

Im Ggs. zur fast fehlenden Binnenschifffahrt (nur der Guadalquivir ist ab Córdoba schiffbar) spielt die Küsten- und Hochseeschifffahrt eine wichtige Rolle. Am Güterumschlag gemessen, sind Algeciras, Barcelona, Bilbao, Tarragona, La Coruña, Valencia, Huelva, Gijón, Cartagena und Santa Cruz de Tenerife die größten Häfen. Der Güterumschlag aller Häfen erreichte (1994) ein Volumen von 242,9 Mio. t; davon 182,6 Mio. t im Auslandsverkehr (78,5 Mio. t Fracht verladen, 164,4 Mio. t gelöscht). Die span. Handelsflotte umfasst (1992) 942 Schiffe mit einer Tonnage von 2,7 Mio. BRZ.

Die Entwicklung des Luftverkehrs wurde erheblich durch den Tourismus begünstigt. Wichtigste nat. Luftverkehrsgesellschaft ist die staatl. Iberia. Sie bedient alle wichtigen interkontinentalen und die europ. Verbindungen. Ihre Tochtergesellschaft AVIACO (Aviación y Comercio SA) wickelt vorwiegend den inländ. Luftverkehr ab. Für den zivilen Luftverkehr sind mehr als 40 Flugplätze geöffnet. Die wichtigsten internat. Flughäfen sind Madrid (›Barajas‹), Barcelona und Palma de Mallorca; ferner Las Palmas de Gran Canaria, Santa Cruz de Tenerife, Málaga und Alicante.

GESCHICHTE

Zu Vorgeschichte, Altertum, westgot. und arab. Zeit →Iberische Halbinsel.

Das Zeitalter der Reconquista

Die Entstehung der christlichen Staaten (718/722 bis 1035): Schon kurz nach der Eroberung des Westgotenreiches durch die Araber (711) bildeten sich im N aus zunächst kleinen Zentren des Widerstands neue christl. Staaten. Im NW flüchtete eine kleine Schar westgot. Adliger in das Kantabr. Gebirge und behauptete unter PELAYO in der Schlacht bei Covadonga (718/722) die Selbstständigkeit (Gründung des Königreichs →Asturien). ALFONS I. (739–757) und v. a. ALFONS III. (866–910) erweiterten das Reich, das schließlich den ganzen NW S.s bis zum Duero umfasste. Hauptstadt war seit 810 Oviedo. In entvölkerten Zonen wurden Bauern angesiedelt (Repoblación, ›Wiederbesiedlung‹), die durch Kastelle geschützt wurden. Nach solchen Kastellen wurde die Grafschaft →Kastilien benannt. Nachfolgestaat Asturiens wurde – nach einer kurzen Periode der Teilung in die Einzelreiche Galicien, Asturien, León nach dem Tod ALFONS' III. – das Königreich →León 4) mit der gleichnamigen Hauptstadt, dessen Könige gelegentlich den Kaisertitel annahmen. Im O gewann Kastilien im 10. Jh. zunehmend an Gewicht und löste sich unter FERDINAND (FERNÁN) GONZÁLES (923–970) von León. Im Ggs. zu Asturien und León standen die christl. Staaten des Pyrenäenraums unter starkem fränk. Einfluss und damit in sehr viel engerer Verbindung zum übrigen Europa. Das galt v. a. für die Grafschaft Barcelona, die als Teil der seit 785 von KARL D. GR. geschaffenen (erst später so genannten) →Spanischen Mark der Fränk. Reiches im Lauf der nächsten hundert Jahre zu bestimmendem Einfluss in →Katalonien aufstieg. Auch →Navarra, das von der Maurenherrschaft frei geblieben war, gelangte erst unter dem Einfluss frz. Ritter, Pilger und Händler im 10. Jh. zu einer bedeutenden Staatsbildung: SANCHO III., D. GR. (um 1000–1035), beherrschte Navarra mit Pamplona, dazu die Grafschaft Aragonien, Asturien und Teile Leóns sowie Kastilien. Die hier aufscheinende Möglichkeit einer staatl. Einigung des gesamten christl. S. wurde jedoch nicht verwirklicht.

Die Herausbildung der Machtzentren Kastilien und Aragonien (1035–1252): Navarra zerfiel nach dem Tod SANCHOS III. in die Königreiche Navarra, Kastilien und Aragonien. Es spielte von da an nur noch eine untergeordnete Rolle in der span. Politik. Kastilien wurde nach Erbteilungen, Bruderkriegen und Heiraten 1230 endgültig mit León vereint und bildete fortan das Doppelkönigreich Kastilien-León; Portugal hatte sich bereits ein Jh. früher von Kastilien gelöst (→Portugal, Geschichte). Seit FERDINAND I. (1035–65) nahmen die kastil. Könige mehrfach den Kaisertitel an, um ihren Führungsanspruch gegenüber den anderen christl. Reichen zu dokumentieren. Im O wurden Aragonien und Katalonien 1137 durch Heirat zu einem Doppelstaat vereint (›Krone von Aragón‹).

Nach dem Zerfall des Kalifats von Córdoba in Einzelreiche (›Taifas‹, 1031) begann die entscheidende Phase der Reconquista, bei der die geistl. Ritterorden (v. a. →Calatrava, →Alcántara) seit dem 12. Jh. eine besondere Rolle spielten. 1085 wurde das maur. Teilreich Toledo (später Neukastilien) von ALFONS VI. von Kastilien und León (1072–1109) erobert, was die Besiedlung des praktisch entvölkerten Zentral-S. erlaubte. Im O gelang ALFONS I. von Aragonien (1104–34) 1118 mit der Eroberung Saragossas der entscheidende Durchbruch, wodurch das von den Mauren dicht besiedelte Ebrobecken an die Krone Aragón fiel. Der Widerstand der Mauren wurde 1212 in der Schlacht von Las Navas de Tolosa endgültig gebrochen. Im S fiel 1236 Córdoba, 1246 Jaén, 1248 Sevilla; im O wurden 1229–35 die Balearen erobert, 1238 folgte Valencia. Nur das maur. Königreich Granada konnte sich halten, wurde aber lehnsabhängig von Kastilien-León.

Die Entstehung des span. Nationalstaats (1252 bis 1479): In Kastilien wurde das in der Reconquista gewonnene Land unter die Adligen verteilt, die dadurch zu mächtigen Großgrundbesitzern wurden. Es entwickelte sich eine Schafhaltung großen Stils, in der Folge wichtigste wirtschaftl. Grundlage des Adels und der Städte (Webereien). Der Anspruch der Könige auf zentrale Gewalt führte zu einem Machtkampf mit dem Adel, der die Geschichte Kastiliens bis ins 15. Jh. be-

Spanien: Iberische Halbinsel zur Zeit der Reconquista

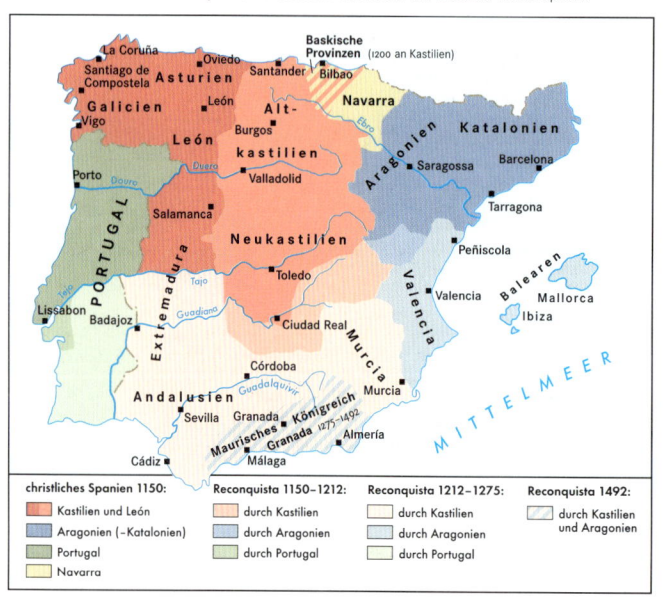

stimmte, wobei den Cortes eine entscheidende Rolle zufiel. Aragonien-Katalonien wurde durch die Eroberung der Balearen, Siziliens (1282), Sardiniens (1326) und des Königreichs Neapel (1443) zur Vormacht im westl. Mittelmeer. Wirtschaftl. Grundlage war der Handel, dessen Zentrum sich im 15. Jh. von Barcelona nach Valencia verlagerte. Erbfolgekriege und Wirren schwächten das föderalistisch regierte Reich (eigene Verfassungs- und Sozialordnungen in Aragonien, Katalonien, Valencia) im 15. Jahrhundert.

1468 stand die kastil. Thronerbin ISABELLA I. vor der Wahl, den port. König oder den Thronerben Aragoniens zu heiraten. Sie entschied sich für den Aragonesen FERDINAND II., den sie 1469 heiratete. 1474/75 wurden sie als Könige Kastiliens, 1479 als Könige Aragoniens anerkannt. Das Paar vereinigte nun die beiden Reiche in Matrimonialunion, und die Iber. Halbinsel hatte damit weitgehend die polit. Gestalt erhalten, die bis heute gültig ist.

Trotz des fortdauernden Kriegszustands zw. Christen und Mauren hatten in den zurückliegenden Jahrhunderten zahlreiche wirtschaftl. und kulturelle Kontakte zw. beiden Gruppen bestanden. Viele Christen (›mozárabes‹) lebten in den maur., viele Mauren (›mudéjares‹) in den rückeroberten christl. Gebieten. Hinzu kam in ganz S. eine sehr aktive jüd. Minderheit, die sich nach ihrem Namen für S. (›Sefarad‹) Sephardim nannte. Trotz immer wieder auftretender religiöser Spannungen war die Kultur dieser Epoche bis ins 14. Jh. – nur zunehmende Verschärfung antijüd. Stimmungen v. a. aus religiösen und wirtschaftl. Gründen kam es 1391 zur ersten großen antisemit. Verfolgungswelle mit Pogromen und Zwangskonversionen – geprägt durch die Symbiose (›convivencia‹) christl., islam. und jüd. Elemente, die S. dem übrigen Europa vermittelte.

Spanien als Weltmacht (1479–1598)

Die Katholischen Könige (1479–1516): Das Herrscherpaar (ab 1496 führte es den vom Papst verliehenen Ehrentitel ›Kathol. Könige‹, den Titel ›Könige von S.‹ lehnte es ab) sah sich innenpolitisch schwierigen Problemen gegenüber. Die tatsächl. Vereinigung der beiden Reichsteile, deren Institutionen und Verw. getrennt blieben, vollzog sich nur allmählich; aragones. Sonderrechte schränkten zudem die königl. Macht ein (in Aragonien regierte FERDINAND allein, in Kastilien beide Herrscher gemeinsam); die Opposition des Adels konnte nur langsam gebrochen werden, u. a. durch die Wahl FERDINANDS zum Großmeister der geistl. Ritterorden. Gegenüber der Kirche erlangte das Herrscherpaar 1482 das Recht, die span. Bischofsstühle zu besetzen. Schon 1478 hatte Papst SIXTUS IV. FERDINAND und ISABELLA das Privileg verliehen, Inquisitoren zu ernennen; 1480 begann in Sevilla die erste Inquisitionsgericht in Sevilla zu arbeiten, 1483 wurde der (staatl.) Inquisitionsrat geschaffen. Die Könige nahmen den Krieg gegen die Mauren wieder auf, eroberten 1492 Granada, das letzte maur. Reich auf span. Boden. Nach einer zweiten antisemit. Verfolgungswelle wurden 1492 (königl. Edikt vom 31. 3.), v. a. aus religiösen Gründen, die nicht getauften Juden des Landes verwiesen. Die Mauren genossen zunächst noch Toleranz; der Unterschied der Religion führte aber zus. mit starker wirtschaftl. Benachteiligung zu ständigen Spannungen, die sich in Aufständen entluden und 1609 zur Ausweisung führten (→Morisken).

1492 entdeckte C. KOLUMBUS in span. Dienst Amerika, weitere Entdeckungsfahrten folgten. In einer Reihe von Verträgen (Alcáçovas bei Évora 1479, Tordesillas 1494, Saragossa 1529) grenzten S. und Portugal ihre gegenseitigen Einflusssphären ab. Das Zusammentreffen entscheidender Ereignisse in einem Jahr ließ späteren Generationen 1492 als ›annus mirificus‹ (›wunderbares Jahr‹) erscheinen: Geburtsjahr der Weltmacht Spanien.

Auch in Europa wurde der Herrschaftsbereich ausgedehnt: 1504 holte FERDINAND das einer Nebenlinie zugefallene Königreich Neapel zurück, 1512 eroberte er das südl. Navarra, das er 1515 annektierte. In dieser Zeit setzte sich für das Reich allmählich der Name S. durch. Nach ISABELLAS Tod (1504) ging das kastil. Erbe an die Erbtochter der Kath. Könige, JOHANNA (später DIE WAHNSINNIGE gen.), die seit 1496 mit dem Sohn Kaiser MAXIMILIANS I., PHILIPP I., DEM SCHÖNEN, von Burgund vermählt war. Nach dessen Tod (1506) und der daraus folgenden geistigen Verwirrung JOHANNAS übernahm FERDINAND die Regentschaft in Kastilien.

Der Höhepunkt der Macht (1516–98): Das gesamte spanische und burgundisch-habsburg. Erbe fiel nach dem Tod FERDINANDS (1516) bzw. MAXIMILIANS (1519) an den Sohn JOHANNAS und PHILIPPS, KARL (als KARL I. ›König von S.‹, der Titel wurde wohl schon in den ersten Jahren seiner Reg.-Zeit eingeführt, daneben bestanden die Titel ›König von Kastilien‹ und ›König von Aragonien‹ zunächst noch weiter fort), 1519 wurde er (als KARL V.) zum Kaiser gewählt. 1521 überließ er seinem Bruder FERDINAND die österr. Erblande. KARL traf auf den Widerstand des Adels und bes. der Städte; im Aufstand der →Comuneros unter J. DE PADILLA kam es zu einer schweren Krise (1520–22). Nach der Niederschlagung des Aufstands festigte sich die zentrale Macht der Krone, die KARL zielstrebig durch die Einrichtung zentraler Institutionen (Räte) ausbaute, endgültig durchgesetzt. Die ständ. Gewalten wurden zurückgedrängt, die Cortes verloren ihren Einfluss, der Adel suchte im Dienst des Hofes und im Heer zu Ansehen und Vermögen zu gelangen. KARLS Außenpolitik wurde in Europa durch den Ggs. zu Frankreich bestimmt, der sich an gemeinsamen Interessen in Italien entzündete. Der Sieg über den frz. König FRANZ I. bei Pavia (1525) machte S. zur europ. Hegemonialmacht und brachte ganz Italien unter spanisch-habsburg. Einfluss; die Plünderung Roms mit bes. intensiver Beteiligung span. Truppen (Sacco di Roma, 1527) ließ diese zum Schrecken Europas werden. In N-Afrika versuchte KARL die antiislam. Politik seiner Vorfahren fortzusetzen. 1535 eroberte er Tunis, scheiterte aber 1541 vor Algier. Da sich die nordafrikan. Herrscher unter die Lehnshoheit des osman. Sultans stellten, geriet S. in unmittelbare Konfrontation zum Osman. Reich. In Amerika fielen in die Regierungszeit KARLS die großen Eroberungen der indian. Reiche. 1521 nahm F. DE MAGALHÃES die 1543 nach dem Thronerben PHILIPP benannten Philippinen in Besitz. Die Mission der neu erworbenen Gebiete stand unter königl. Patronat.

Der riesige Zustrom von Gütern und Edelmetallen aus den Kolonien begünstigte aber nur den Handel, dessen Bilanz trotzdem meist negativ blieb und der zu einer Überflutung S.s mit ausländ. Gewerbeerzeugnissen und zum Abfluss des Geldes ins Ausland führte. Die Staatsfinanzen und das Preisgefüge gerieten ins Wanken. Infolge der einseitigen Förderung und der Zunahme der Schafzucht verschlechterte sich auch die Lage der Landwirtschaft und der Bauern.

Unter KARLS Sohn PHILIPP II. (1556–98) stieg S. zur Vormacht des Katholizismus auf. Im Zeichen der Gegenreformation wurden die kath. Frömmigkeit (THERESIA VON ÁVILA) und die scholast. Philosophie (u. a. an den Universitäten Salamanca und Alcalá) erneuert. Die Verteidigung des verstreuten Länderbesitzes (außer S. und seinen ausgedehnten Kolonien auch Neapel-Sizilien, Mailand, Niederlande, Franche-Comté) verwickelte PHILIPP in viele kostspielige Kriege. Die Auseinandersetzungen mit Frankreich fanden 1559 im Frieden von Cateau-Cambrésis einen

Span Spanien

Spanische Herrscher und Präsidenten

Königreich Asturien
Pelayo (Pelagius)	718/722-737
Favila	737-739
Alfons I.	739-757
Fruela I.	757-768
Aurelio	768-774
Silo	774-783
Mauregato	783-788
Bermudo I.	788-791
Alfons II., der Keusche	791-842
Ramiro I.	842-850
Ordoño I.	850-866
Alfons III., der Große (910 Entstehung des Königreichs León aus der Erbmasse Asturiens, dessen gesamtes Gebiet es ab 924 umfasst)	866-910

Königreich León
García	910-914
Ordoño II.	914-924
Fruela II.	924-925
Alfons IV.	926-932
Ramiro II.	932-950
Ordoño III.	950-956
Sancho I.	957-966
Ramiro III.	966-985
Bermudo II. (Gegenkönig seit 982)	985-999
Alfons V.	999-1028
Bermudo III.	1028-1037
Ferdinand I., der Große (seit 1035 König von Kastilien)	1037-1065
Alfons VI., der Tapfere (seit 1072 auch König von Kastilien)	1065-1109
Urraca (zugleich Königin von Kastilien)	1109-1126
Alfons VII., der Kaiser (zugleich König von Kastilien)	1126-1157
Ferdinand II.	1157-1188
Alfons IX. (1230 endgültige Vereinigung Leóns mit Kastilien)	1188-1230

Königreich Navarra
Sancho I. Garcés	905-925
García I. Sánchez	925-970
Sancho II. Garcés Abarca	970-994
García II. Sánchez	994-1000
Sancho III., d. Ä. oder der Große (beherrschte auch Aragonien, Kastilien [seit 1029] und Teile Leóns)	um 1000-1035
García III. de Nájera	1035-1054
Sancho IV. de Peñalén	1054-1076
Sancho V. Ramírez (seit 1063 als Sancho I. König von Aragonien)	1076-1094
Peter I. (zugleich König von Aragonien)	1094-1104
Alfons I., der Schlachtenkämpfer (zugleich König von Aragonien)	1104-1134
García IV. Ramírez	1134-1150
Sancho VI.	1150-1194
Sancho VII.	1194-1234
Thibaut I.	1234-1253
Thibaut II.	1253-1270
Heinrich I.	1270-1274
Johanna I.	1274-1305
Ludwig I.	1305/07-1316
Johann I., das Kind	1316
Philipp II.	1316-1322
Karl I.	1322-1328
Johanna II.	1328-1349
Karl II.	1349-1387
Karl III.	1387-1425
Blanka	1425-1441
Johann II. (seit 1458 auch König von Aragonien)	1425-1441
Leonore	1479
Francisco Febo	1479-1483
Katharina von Foix (seit 1484 zus. mit ihrem Gemahl Johann von Albret; 1512 Vereinigung Navarras südlich der Pyrenäen mit Aragonien und Kastilien)	1483-1512

Grafschaft Barcelona (Katalonien)
Wilfredo I.	878-897
Wilfredo II.	898-911
Suniario	911-947
Borrell II.	947-992
Ramón Borrell I.	992-1017
Berenguer Ramón I. (Berengar Raimund I.)	1017-1035
Ramón Berenguer I.	1035-1076
Ramón Berenguer II.	1076-1082
Berenguer Ramón II.	1082-1097
Ramón Berenguer III., der Große	1097-1131
Ramón Berenguer IV. (ab 1137 Vereinigung von Barcelona/Katalonien mit Aragonien)	1131-1162

Königreich Aragonien
Ramiro I.	1035-1063
Sancho I. Ramírez (seit 1076 auch König von Navarra)	1063-1094
Peter I.	1094-1104
Alfons I., der Schlachtenkämpfer	1104-1134
Ramiro II. Berenguer Ramón II.	1076-1096 1134-1137
Petronilla	1137-1162
Ramón Berenguer IV.	1137-1162
Alfons II., der Keusche	1162-1196
Peter II.	1196-1213
Jakob I., der Eroberer	1213-1276
Peter III., der Große	1276-1285
Alfons III., der Freigebige	1285-1291
Jakob II., der Gerechte	1291-1327
Alfons IV., der Gütige	1327-1336
Peter IV., der Zeremoniöse	1336-1387
Johann I.	1387-1396
Martin I.	1396-1410
Ferdinand I. (von Antequera)	1412-1416
Alfons V., der Großmütige	1416-1458
Johann II.	1458-1479
Ferdinand II., der Katholische (1479 Vereinigung der Kronen Aragonien und Kastilien)	1479-1516

Grafschaft bzw. (ab 1035) Königreich Kastilien
Ferdinand Gonzáles	923-970
García (Garcí) Fernández	970-995
Sancho García	995-1017
García Sánchez	1017-1028
Sancho I., der Große (seit etwa 1000 König von Navarra)	1029-1035
Ferdinand I., der Große	1035-1065
Sancho II.	1065-1072
Alfons VI., der Tapfere	1072-1109
Urraca	1109-1126
Alfons VII., der Kaiser	1126-1157
Sancho III.	1157-1158
Alfons VIII.	1158-1214
Heinrich I.	1214-1217
Berenguela	1217
Ferdinand III., der Heilige (seit 1230 endgültige Vereinigung mit León)	1217-1252
Alfons X., der Weise	1252-1284
Sancho IV.	1284-1295
Ferdinand IV.	1295-1312
Alfons XI.	1312-1350
Peter I., der Grausame	1350-1369
Heinrich II. (von Trastámara)	1369-1379
Johann I.	1379-1390
Heinrich III.	1390-1406
Johann II.	1406-1454
Heinrich IV.	1454-1474
Isabella I., die Katholische	1474-1504

vorläufigen Abschluss. Dagegen vernichtete der Tod der engl. Königin MARIA I. (Gemahlin PHILIPPS II.) die Aussicht, der Gegenreformation in England zum Sieg zu verhelfen und damit Frankreich von allen Seiten zu umklammern. In den Niederlanden geriet der König in einen immer stärkere Kräfte verzehrenden Kampf gegen die Aufständischen, die sich für ihren prot. Glauben und ihre ständ. Freiheiten gegen den span. Absolutismus einsetzten. Die Härte des Herzogs VON ALBA schürte den Aufstand. 1581 sagten sich die seit 1579 zusammengeschlossenen sieben nördl. Provinzen in aller Form von S. los (→Niederlande, Geschichte). Die südl. Provinzen – das spätere Belgien – blieben, von ALESSANDRO FARNESE wieder unterworfen, in span. Hand. Da England die Niederlande unterstützte, kam es 1585 zum Krieg; 1588 erlitt

Spanische Herrscher und Präsidenten (Forts.)

Spanien von der Vereinigung der Kronen Kastilien und Aragonien bis zur Ersten Republik
die ›Katholischen Könige‹ 1479–1504/16
  Isabella I. von Kastilien († 1504) und
  Ferdinand II. von Aragonien († 1516);
  in den kastil. Reichen:
  1504–06/16 Johanna die Wahn-
  sinnige († 1555) und (1504/06)
  ihr Gemahl Philipp I., der Schöne († 1506);
  1506–16 Regentschaft Ferdinands II.
Karl I. (Habsburg) 1516–1556
Philipp II. 1556–1598
Philipp III. 1598–1621
Philipp IV. 1621–1665
Karl II. 1665–1700
Philipp V. von Anjou (Bourbon) 1700–1724
Ludwig 1724
Philipp V. von Anjou 1724–1746
Ferdinand VI. 1746–1759
Karl III. 1759–1788
Karl IV. 1788–1808
Ferdinand VII. .... März–Mai 1808
Joseph (Bonaparte) 1808–1813
Ferdinand VII. (Bourbon) 1814–1833
Isabella II. 1833–1868/70

Francisco Serrano y Domínguez,
  Herzog de la Torre (Regent) 1869–1870
Amadeus, Herzog von Aosta (Savoyen) 1870–1873

Erste Republik (Präsidenten)
Estanislao Figueras .... Februar–Juni 1873
Francisco Pi Margall .... Juni–Juli 1873
Nicolás Salmerón y Alonso .... Juli–September 1873
Emilio Castelar y Ripoll .... September 1873–Januar 1874
Francisco Serrano y Domínguez,
  Herzog de la Torre .... Januar–Dezember 1874

Restauration
Alfons XII. (Bourbon) 1874–1885
Maria Christina von Österreich
  (Regentin bis 1902) 1885–1886
Alfons XIII. 1886–1931

Zweite Republik (Staatspräsidenten)
Niceto Alcalá Zamora y Torres 1931–1936
Manuel Azaña y Díaz 1936–1939

Franco-Regime
Francisco Franco Bahamonde 1939–1975

Königreich
Juan Carlos I. (Bourbon) .... seit 1975

die span. →Armada eine schwere Niederlage, ihre Reste wurden durch Stürme vernichtet, womit den Engländern der Weg über den Atlantik zu Vorstößen gegen span. Stützpunkte und Silberflotten erleichtert war. Frankreich, durch innere Kämpfe geschwächt, erholte sich unter HEINRICH IV. (1589–1610), dem PHILIPP beim Streit um den Thron vergeblich entgegengewirkt hatte: 1598 musste er mit ihm den Frieden von Vervins abschließen. Trotz des Aufsehen erregenden Sieges über die Osmanen bei Lepanto (1571) konnte S. den von ihm beherrschten westl. Teil des Mittelmeerraumes nicht mehr behaupten. 1580 erreichte S. die Vereinigung mit Portugal, und dessen Kolonialbesitz die größte Ausdehnung seines Territoriums. Im Innern des Reiches baute PHILIPP die Behördenorganisation stark aus, übertrug die Verw. juristisch ausgebildeten Beamten bürgerl. Herkunft und führte ein strenges Justizregiment. Dem Absolutismus diente die Aufhebung eines Teiles der alten Sonderrechte Aragoniens (1592). Aber die vielen Kriege hatten die Kräfte S.s erschöpft; Wirtschaft und Finanzen waren zerrüttet; die Erträge aus den amerikan. Silberminen konnten das Anwachsen der Staatsschulden nicht verhindern. Die aufstrebenden prot. Seemächte W-Europas – die Niederlande und England – bedrohten das span. Kolonialreich, während Frankreich sich anschickte, das Erbe S.s als Vormacht Europas anzutreten.

Der Niedergang (1598–1808)

Die letzten Habsburger (1598–1700): Der schwache PHILIPP III. (1598–1621), unter dem span. Literatur und Kunst jedoch mit dem ›Siglo de Oro‹ (›goldenes Zeitalter‹) ihre höchste Blüte erlebten, überließ die Regierung seinem Günstling, dem Herzog VON LERMA, der eine Friedenspolitik betrieb (1604 Frieden mit England, 1609 Waffenstillstand mit den Niederlanden). Die Ausweisung der Morisken wurde seit 1609 weitgehend durchgesetzt. Auch unter PHILIPP IV. (1621–65) wurde die Politik von einem Günstling des Königs bestimmt. G. DE GUZMÁN, Graf von →OLIVARES, wollte S.s Macht wiederherstellen, überschätzte aber die Kräfte des Landes. Die Verschuldung führte 1627 zum Staatsbankrott, der Steuerdruck 1640 zu inneren Unruhen in Katalonien und Portugal, das sich die Unabhängigkeit wiedererkämpfte (1668 von S. anerkannt). 1621 nahm S. den Krieg gegen die Niederlande wieder auf und griff gleichzeitig aufseiten Österreichs in den Dreißigjährigen Krieg ein. Dadurch geriet das Land in offenen Konflikt mit Frankreich, mit dem es bis zum Ende des Jahrhunderts eine Reihe von verlustreichen Kriegen führte. Im Haager Frieden (15. 5. 1648) musste S. die Unabhängigkeit der nördl. Niederlande anerkennen. Der Pyrenäenfrieden (1659) mit Frankreich besiegelte die frz. Vormachtstellung in Europa. KARL II. (1665–1700) überließ die span. Politik vollends seinen Günstlingen.

Die ersten Bourbonen: Um das Erbe des kinderlos gestorbenen KARL II., des letzten span. Habsburgers, entspann sich der →Spanische Erbfolgekrieg (1701–1713/14) zw. den österr. Habsburgern und Frankreich. Der Bourbone PHILIPP VON ANJOU, Enkel LUDWIGS XIV., wurde im Frieden von Utrecht (1713) als PHILIPP V. von S. anerkannt, musste aber die europ. Besitzungen außerhalb S.s abtreten; Menorca und Gibraltar kamen an Großbritannien. PHILIPP stärkte die span. Monarchie auf Kosten der regionalen Sonderrechte. So wurden die Cortes in Aragonien 1707 und in Kastilien 1713 zum letzten Mal einberufen. Seine zweite Frau, ELISABETH FARNESE, bestimmte das außenpolit. Engagement in Italien, das ihren Söhnen das Königreich Neapel-Sizilien und das Herzogtum Parma-Piacenza als span. Sekundogenituren sicherte. Unter FERDINAND VI. (1746–59) und v. a. KARL III. (1759–88) setzte sich die innen- und außenpolit. Stabilisierung S.s fort. Sie regierten im Sinne eines aufgeklärten Absolutismus; KARL stärkte die zentrale Verw. und leitete mit seinen Ministern (Graf VON ARANDA u. a.) zahlr. Reformen ein. Der Einfluss der Kirche wurde zurückgedrängt, 1767 wurden die Jesuiten ausgewiesen. – Im Äußeren kehrte KARL zu einer expansiven Politik zurück. Im Bourbon. Familienpakt (1761) verbündete er sich mit Frankreich, an dessen Seite S. 1761–63 im Siebenjährigen Krieg und 1779–83 im Unabhängigkeitskrieg der USA gegen Großbritannien kämpfte. Im Frieden von Paris (1763) verlor S. zwar Florida, erhielt aber das westl. Louisiana; im Frieden von Versailles (1783) erhielt es Florida und Menorca von Großbritannien zurück. In N-Afrika führte KARL eine erfolgreiche Handelspolitik und schloss Friedens- und Handelsverträge mit Marokko (1767, 1780), Algier (1785), dem Osman. Reich (1782) und Tripolis (1784).

Die Regierungszeit KARLS IV. (1788–1808) machte die Leistungen seiner Vorgänger zunichte. KARLS Günstling M. DE →GODOY betrieb eine widersprüchl.

Span Spanien

Bündnispolitik; zunächst den Gegnern, dann den Verbündeten Frankreichs zugehörig, wurde S. in die Napoleon. Kriege gegen Großbritannien verwickelt, dessen Sieg bei Trafalgar (1805) den Weg in die span. Kolonien öffnete. Der Aufstand von Aranjuez (März 1808) gegen die Willkürherrschaft GODOYS gab NAPOLEON I. Gelegenheit, in die span. Innenpolitik einzugreifen: Er zwang KARL und dessen Sohn FERDINAND (VII.) zum Verzicht auf die span. Krone und ernannte am 6. 6. 1808 seinen Bruder JOSEPH BONAPARTE zum König. Frz. Truppen hatten S. zu diesem Zeitpunkt besetzt.

Spanien im 19. Jahrhundert (1808–1902)

Der Unabhängigkeitskrieg und die Reaktion unter Ferdinand VII. (1808–33): Der nat. Widerstand gegen NAPOLEON, der von lokalen Juntas organisiert wurde, begann schon am 2. 5. 1808 mit dem Aufstand von Madrid. Der Überlegenheit des frz. Heeres setzten die Spanier die neue Taktik des Kleinkriegs (Guerilla) entgegen. Nach kompliziertem Kriegsverlauf wurden 1813 mit Unterstützung brit. Truppen unter Sir ARTHUR WELLESLEY, dem späteren Herzog VON WELLINGTON, die als Besatzer empfundenen Franzosen vertrieben. Bereits 1810 waren die Cortes in Cádiz zusammengetreten; sie erließen in den folgenden Jahren mehrere liberale Dekrete (u. a. die Verf. von 1812).

Nach dem Ende des Krieges gingen die Cortes nach Madrid zurück. Im März 1814 kehrte FERDINAND VII. (1814–33) aus Frankreich zurück. Er hob die Verf. von 1812 wieder auf. Unter dem Einfluss der Geistlichkeit wandte er sich auch von den Reformen KARLS III. ab; Mönchsorden, Inquisition und Folter wurden wieder eingeführt. Der restaurative Druck wurde die Ursache einer liberalen Revolution, die am 1. 1. 1820 in Cádiz unter Führung von Oberst RAFAEL DE RIEGO Y NÚÑEZ (*1784, †1823) ausbrach. Der König beschwor darauf die Verf. von 1812; Folter und Inquisition wurden abgeschafft, viele Klöster aufgehoben, zwei Drittel der Kirchengüter eingezogen. Aber die siegreichen Liberalen spalteten sich in die (gemäßigten) Moderados und die (radikalen) Exaltados. Dagegen erhielt FERDINAND Hilfe durch die Hl. Allianz: Auf dem Kongress von Verona (1822) beschloss sie die militär. Intervention, deren Ausführung LUDWIG XVIII. von Frankreich übertragen wurde. Vor einem frz. Heer, dem sich eine große Zahl von span. Reaktionären (›Apostolische‹, ›Servile‹) anschloss, flüchtete die liberale Reg. nach Cádiz, wo sie sich im September 1823 ergab. RIEGO Y NÚÑEZ wurde hingerichtet. Damit war die absolute Monarchie wiederhergestellt.

Inzwischen hatten in den →spanischen Kolonien des amerikan. Festlandes bereits 1808 die Unabhängigkeitsbewegungen eingesetzt; seit 1814 versuchten aus S. eintreffende Truppen, sie niederzuschlagen, erst 1824 war ihr Sieg nach langen, wechselvollen Kämpfen entschieden. Dabei kam den neuen Staaten (→Lateinamerika, Geschichte) der Ausbruch der liberalen Bewegung in S. zugute. Die Gefahr einer militär. Intervention der Hl. Allianz in den aufständ. Kolonien wurde durch den Schutz Großbritanniens und der USA abgewendet. Nachdem S. 1819 Florida an die USA verkauft hatte, blieben von dem riesigen amerikan. Kolonialreich nur noch Kuba und Puerto Rico.

Auf die Nachfolge des lange Zeit kinderlosen FERDINAND VII. rechnete sein jüngerer Bruder Don CARLOS, Exponent des klerikal, traditionalistisch und absolutistisch eingestellten Bürgertums, später der →Karlisten. 1830 gebar FERDINANDS vierte Frau MARIA CHRISTINA eine Tochter, ISABELLA. FERDINAND hob zu ihren Gunsten das salische Erbfolgerecht durch die →Pragmatische Sanktion 3) auf.

Die Regierungszeit Isabellas II. (1833–68): Als FERDINAND 1833 starb, übernahm MARIA CHRISTINA die Regentschaft für die unmündige ISABELLA. CARLOS ließ sich daraufhin zum Gegenkönig (KARL V.) ausrufen. Ihm fielen v. a. die streng katholischen bask. Provinzen zu, die sich neben Navarra ihre histor. Sonderrechte (Fueros) bewahrt hatten, ferner Aragonien, Katalonien und Valencia, die immer noch der kastil. Zentralgewalt widerstrebten. Ein blutiger Bürgerkrieg zw. den Karlisten und den Anhängern der Regentin (Cristinos) spaltete 1833–39 das Land. 1834 kam eine Quadrupelallianz zw. Frankreich, Großbritannien, S. und Portugal gegen die Ansprüche von CARLOS zustande (Londoner Vertrag, 22. 4. 1834). B. ESPARTERO rettete 1836/37 Madrid vor den anrückenden Karlisten. Im Vertrag von Vergara (Prov. Guipúzcoa, 31. 8. 1839) unterwarfen sich die Basken. CARLOS floh nach Frankreich, 1840 folgte ihm sein bester General, R. CABRERA Y GRIÑO. Die Unterstützung der Gemäßigten (Moderados, Cristinos) hatte die Regentin zum Zugeständnis einer gemäßigten Verf. (Estatuto real, 10. 4. 1834) veranlasst. Als durch einen Militäraufstand 1836 die Exaltados, die sich jetzt Progressisten nannten, an die Macht gelangt waren, wurde 1837 die Verf. von 1812 wiederhergestellt. 1840 zwang ESPARTERO als Haupt der Progressisten die Regentin zur Abdankung und machte sich 1841 selbst zum Regenten, wurde aber 1843 durch einen Staatsstreich der Moderados gestürzt. Darauf erklärten die Cortes die junge ISABELLA II. für mündig.

Die Reg. ISABELLAS verlief in dauernder Unruhe. Die Königin wandte sich zunehmend der klerikal-absolutist. Richtung zu; leitender Staatsmann wurde Marschall R. M. NARVÁEZ als Führer der Moderados, die sich in immer stärkerem Gegensatz zu den Progressisten zu einer konservativen Partei entwickelten. NARVÁEZ unterdrückte die republikan. Bewegung vom 26. 3. 1848 in Madrid und den karlist. Aufstand von CABRERA 1847–49 in Katalonien. Eine gewisse Beruhigung der kirchl. Verhältnisse brachte das Konkordat vom 16. 3. 1851. Aber am 27. 6. 1854 brach unter Führung von LEOPOLDO O'DONNELL Y JORRIS (*1809, †1867) ein Aufstand (›Pronunciamento‹) liberal gesinnter Militärs aus, die nach heftigen Barrikadenkämpfen in Madrid siegten. ISABELLA II. berief ESPARTERO zum Min.-Präs., O'DONNELL, der die Partei der Liberalen Union (Unionisten) gründete, die eine Zwischenposition zw. Moderados und Progressisten bezog, wurde Kriegs-Min. Der Verkauf zahlreicher Kirchen-, Gemeinde- und Staatsgüter stärkte den selbstständigen Bauernstand. Doch schon 1856 kehrte NARVÁEZ an die Spitze der Reg. zurück. O'DONNELL, Min.-Präs. 1858–63, lenkte innenpolitisch ein und suchte durch außenpolit. Erfolge von dem ständigen Parteihader abzulenken. 1859/60 führte er einen Krieg gegen Marokko, an dessen Küste S. schon seit dem 15./16. Jh. einige Stützpunkte, die Presidios, besaß. Im Frieden von Tetuán (26. 4. 1860) erreichte er aber nur eine kleine Erweiterung des Gebiets um Ceuta. 1861 nahm S. an der frz. Expedition gegen Mexiko teil, zog sich jedoch 1862 zurück. Die ehemals span. Osthälfte der westind. Insel Hispaniola, die Dominikan. Republik, stand 1861–65 noch einmal unter span. Herrschaft. Ein neuer karlist. Aufstandsversuch zugunsten von CARLOS LUIS DE BORBÓN Y DE BRAGANZA, Graf VON MONTEMOLÍN (KARL VI.), wurde 1860 unterdrückt. 1864/65–1868 war NARVÁEZ erneut Min.-Präs. Die inneren Gegensätze wuchsen immer stärker an. Die von General J. PRIM Y PRATS geführten Progressisten forderten die Abdankung der Königin. Mit ihnen verbündeten sich die Unionisten, an deren Spitze nach O'DONNELLS Tod 1867 F. SERRANO Y DOMÍNGUEZ, Herzog DE LA TORRE, trat. Schließlich führte die Militärrevolution vom 18. 9. 1868, die PRIM von London aus organisiert hatte, zum Sturz ISABELLAS. Der Aufstand nahm seinen Ausgang in Cádiz.

Auf dem Marsch nach Madrid gelang SERRANO am 28. 9. 1868 bei der Brücke von Alcolea nahe Córdoba sein entscheidender Sieg gegen die Regierungstruppen. Am 30. 9. floh die Königin nach Paris.

Die ›revolutionären sechs Jahre‹ (1868–74): Die Führer der siegreichen (›glorreichen‹) Revolution, SERRANO und PRIM, erstrebten die Erneuerung der konstitutionellen Monarchie, die durch die Verf. vom Juni 1869 garantiert war. Republikan. Aufstände wurden niedergeschlagen. Zunächst wurde SERRANO Regent, PRIM Min.-Präs. und Kriegs-Min. Die span. Krone bot PRIM dem Erbprinzen LEOPOLD von Hohenzollern-Sigmaringen an. Da Frankreich diesen Plan heftig bekämpfte, verzichtete LEOPOLD am 12. 7. 1870 auf die Kandidatur. Am 16. 11. 1870 wählten die span. Cortes den savoyischen Prinzen AMADEUS, Herzog von AOSTA, zum König, der am 2. 1. 1871 die Reg. antrat. Er vermochte sich im Land keine feste Position zu sichern, weil er von Republikanern und der Geistlichkeit bekämpft wurde und der Tod PRIMS ihn seiner Stütze beraubte. Republikan. Bewegungen, der 3. Karlistenkrieg (1872–76) und ein Aufstand in Kuba (1869) veranlassten AMADEUS am 11. 2. 1873 zur Abdankung. Die Cortes erklärten S. zur Republik. Doch auch die Republikaner, zu deren führenden Politikern E. CASTELAR Y RIPOLL gehörte, konnten keine geordneten Verhältnisse wiederherstellen. Die Präsidenten der Republik wechselten rasch. Sozialist. Massenaufstände in zahlr. Städten wurden niedergeschlagen. Unter den föderalist. Republikanern erstrebte eine radikale Gruppe die Verlegung der Regierungsgewalt in die Gemeinden. Sie unternahm bes. in Cartagena einen Aufstand, der erst nach mehreren Monaten niedergeworfen wurde (1873–74). Trotz diktator. Vollmachten scheiterte CASTELAR, und auch der Staatsstreich vom 3. 1. 1874, nach dem SERRANO die Präsidentschaft übernahm und die Cortes auflöste, beruhigte das Land nicht. Wegen der Erfolge der Karlisten und der Misserfolge der republikan. Regierungen gewannen die Alfonsinos, die Anhänger des jungen Bourbonenerben ALFONS XII., zu dessen Gunsten seine Mutter ISABELLA II. 1870 offiziell abgedankt hatte, an Einfluss und Sympathie beim Volk. Ein neues Pronunciamiento unter Führung von General A. MARTÍNEZ DE CAMPOS in Murviedro (heute Sagunto) am 29. 12. 1874 machte ALFONS zum König. Am 14. 1. 1875 zog er in Madrid ein.

Die Restauration (1875–1902): ALFONS XII. starb bereits 1885 im Alter von 28 Jahren. Seine zweite Frau, MARIA CHRISTINA von Österreich, übernahm für den nachgeborenen Sohn ALFONS XIII., der sofort zum König ausgerufen wurde, bis zu dessen Mündigkeitserklärung (1902) die Regentschaft. Das polit. System der Restauration war v. a. das Werk des Konservativen A. CÁNOVAS DEL CASTILLO. Die von ihm inspirierte Verf. von 1876 schuf ein Zweikammersystem nach engl. Vorbild; sie gewährte Religions- und Pressefreiheit, beseitigte aber die Geschworenengerichte und die Zivilehe. Entscheidend für die polit. Stabilität war, ebenfalls nach engl. Vorbild, die Schaffung zweier großer Parteien. Die folgenden Jahre wurden von den Konservativen unter CÁNOVAS und den Liberalen unter P. M. SAGASTA bestimmt, die sich in der Reg. ablösten (›turnismo‹). Obwohl die Liberalen 1887 die Geschworenengerichte, 1889 die Zivilehe und 1893 das allgemeine Wahlrecht wieder einführten, war der Unterschied zw. beiden Parteien gering. Die eigentl. Opposition wurde an den Rand des polit. Systems gedrängt: die Karlisten, die bürgerl. Republikaner, die sich später in die Radikalen und die Radikalsozialisten spalteten, die Sozialisten (Parteigründung 1879) und die Anarchisten. So blieb die Demokratie mehr Fiktion als Realität, was die Ursache neuer Unruhen wurde. Ein terrorist. Anarchismus, dem u. a. 1897 CÁNOVAS zum Opfer fiel, breitete sich aus. Weiterer Zündstoff sammelte sich in den Regionen: Die bask. Prov. und Navarra verloren ihre Sonderrechte, Katalonien forderte 1892 volle Verwaltungsautonomie und einen föderalist. Aufbau des span. Staates.

1895 brach auf Kuba ein Aufstand aus, 1896 auf den Philippinen. Der kuban. Aufstand führte 1898 zum →Spanisch-Amerikanischen Krieg. In der Folge verlor S. Kuba, Puerto Rico und die Philippinen. 1899 verkaufte es die Karolinen, die Marianen und die Palauinseln an das Dt. Reich. Vom einstigen Weltreich blieben nur kleine Reste in N- und W-Afrika.

Auf eine Phase wirtschaftl. Prosperität folgte am Ende des Jahrhunderts eine starke Depression, die Wirkung der außenpolit. Katastrophe von 1898 auf das polit. Bewusstsein verstärkte. Der jetzt erst voll erkannte Niedergang S.s löste als Gegenreaktion eine Bewegung der geistigen Erneuerung aus, deren Wortführer die →Generation von 98 wurde.

Spanien im 20. Jahrhundert

Die Restauration (1902–31): Während der selbstständigen Reg. ALFONS' XIII. (1902–31) zeigte das von CÁNOVAS geschaffene polit. System immer deutlicher Schwächen. Zwar wechselten sich Konservative und Liberale weiter in der Reg. ab; keine Partei konnte jedoch die Probleme des Landes lösen. Die innenpolit. Probleme wurden durch das Engagement in Marokko vergrößert, wo S. Ersatz für die verlorenen Kolonien suchte (1904 Abgrenzung der Einflusssphären in N-Afrika zw. S. und Frankreich). Der Widerstand der Marokkaner machte eine Reihe von Feldzügen notwendig, die in S. äußerst unpopulär waren. Der Protest artikulierte sich in Barcelona 1909 in einem Generalstreik, der blutig unterdrückt wurde (Semana trágica, ›Tragische Woche‹, 26.–31. 7.). 1912 fiel der liberale Parteiführer J. CANALEJAS Y MÉNDEZ einem Attentat zum Opfer.

Im Ersten Weltkrieg blieb S. neutral. In der innenpolit. Diskussion neigten die Liberalen und Sozialisten mehr zur Entente, von der sie die Verteidigung und Fortentwicklung einer freiheitl. Staatsverfassung erhofften; die Konservativen, v. a. im Militär, im oberen Klerus und unter den Großgrundbesitzern, erwarteten bes. von Dtl. eine Stärkung der überkommenen gesellschaftl. Strukturen. Die antimonarch. Kräfte sahen in einem Sieg der Ententemächte eine günstige Voraussetzung für die Errichtung einer Republik, die separatist. Kräfte, bes. in Katalonien, erblickten Chancen für eine größere Autonomie. Trotz großer wirtschaftl. Vorteile, die Handel und Industrie aus der neutralen Position S.s zogen, verschärften sich die sozialen Gegensätze und führten über Aktionen gesellschaftlich unzufriedener, in ›Juntas de Defensa‹ zusammengeschlossener Offiziere (Juni 1917) sowie über die Ausrufung eines Generalstreiks seitens der Arbeiterschaft (Juli 1917) zu einer Staatskrise. In Katalonien nahm der soziale Konflikt, verbunden mit Autonomieforderungen, zeitweise bürgerkriegsähnl. Formen an. Die Reformbemühungen des Jahres 1917 scheiterten jedoch, da sich die Reformkräfte unter den Offizieren, im Bürgertum und in der Arbeiterschaft in der Abschaffung des von einer Oligarchie bestimmten Scheinparlamentarismus zwar einig waren, der von der Arbeiterschaft getragene Gedanke der sozialen Revolution von den beiden anderen gesellschaftl. Gruppierungen jedoch abgelehnt wurde. Die innenpolit. Spannungen waren seit dem Ersten Weltkrieg begleitet von militär. Rückschlägen in Afrika: Unter Führung von ABD EL-KRIM brach 1920 in Spanisch-Marokko ein Aufstand der Rifkabylen aus, der die span. Herrschaft dort infrage stellte.

Am 13. 9. 1923 brachte mit Duldung des Königs ein Militärputsch M. PRIMO DE RIVERA Y ORBANEJA an

Span Spanien

die Macht: Er löste das – vor dem Hintergrund von Korruption – diskreditierte parlamentar. System durch eine persönl. Diktatur ab. Außenpolitisch konnte er – gemeinsam mit Frankreich – den Aufstand in Marokko niederwerfen. Nachdem er 1925 das Militärkabinett durch eine Zivilregierung ersetzt hatte, suchte er mit einem Programm zur Verbesserung der Infrastruktur das Land zu modernisieren. Mit der Unión Patriótica gründete er 1925 eine Partei, die die Reg. tragen sollte, die aber im Volk keinen Rückhalt fand. Auch die Intelligenz (M. DE UNAMUNO Y JUGO u. a.) blieb in der Opposition. 1928 brachen Unruhen aus, die zur Schließung der Universitäten Madrid und Barcelona führten. In Katalonien, das nach wie vor gegen den Zentralismus Madrids stellte, gewannen die Sozialisten und Anarchisten an Einfluss. Da PRIMO DE RIVERA die sozialen Unterschiede nicht zu mildern vermochte und bes. die Frage des Großgrundbesitzes ungelöst ließ, zwang ihn der König 1930 zum Rücktritt. Als auch sein Nachfolger, General DÁMASO BERENGUER (* 1873, † 1953), am 14. 2. 1931 abdanken musste, war das Schicksal der Monarchie besiegelt: Der Unwille richtete sich jetzt gegen den König. Nachdem bei den Gemeindewahlen die Republikaner einen Erfolg errungen hatten, verließ ALFONS XIII. am 14. 4. das Land; am gleichen Tage wurde in Madrid die Republik ausgerufen.

Spanien: Robert Capa, ›Spain‹ (Soldat im Augenblick des Todes während des Spanischen Bürgerkriegs); 1936 (New York, International Center of Photography)

Die Zweite Republik und der Bürgerkrieg (1931–39): Am 14. 4. 1931 bildete N. ALCALÁ ZAMORA Y TORRES eine provisor. Reg. aus Sozialisten und bürgerl. Republikanern. Grundprobleme der zweiten Republik waren die Stellung der kath. Kirche im Staat, die Agrarreform, das Verhältnis von Zentralmacht zu den Regionen sowie die von Militär und Staat. Bereits wenige Wochen nach Ausrufung der Republik entluden sich starke antiklerikale Strömungen in der Zerstörung von Klöstern und Kirchen. Mit einem Republikschutz-Ges. (29. 10. 1931) suchte die Reg., seit dem 14. 10. 1931 unter Min.-Präs. M. AZAÑA Y DÍAZ, links- und rechtsradikalen Tendenzen entgegenzuwirken. Am 9. 12. 1931 verabschiedeten die am 28. 6. gewählten Cortes (mit einer großen sozialistisch-republikan. Mehrheit) eine Verf. (u. a. Garantie der Grundrechte und des Privateigentums, Trennung von Staat und Kirche); Staatspräs. wurde ALCALÁ ZAMORA Y TORRES. 1932 verabschiedeten die Cortes ein Autonomiestatut für Katalonien und ein Agrar-Ges. (Enteignung des Großgrundbesitzes und kirchl. Liegenschaften);

die Kirchenschulen wurden abgeschafft. Der Versuch von AZAÑA Y DÍAZ, das Militärwesen zu reformieren, löste in der Generalität und im Offizierskorps republikfeindl. Tendenzen aus. Bei den Parlamentswahlen von 1933 siegten die stärker rechtsgerichteten Parteien. Die von ihnen gebildeten Regierungen machten viele Reformen rückgängig. Vor diesem Hintergrund kam es 1934 zu einem Aufstand der Bergarbeiter in Asturien und zur Proklamation der Unabhängigkeit in Katalonien (Präs. L. COMPANYS); beide Aufstände wurden von der Reg. unter Min.-Präs. ALEJANDRO LERROUX Y GARCÍA (* 1866, † 1949; mit Unterbrechungen im Amt: 1933–35) niedergeschlagen; das Autonomiestatut für Katalonien wurde vorübergehend (Dezember 1934 bis Februar 1936) außer Kraft gesetzt. Nach dem Sieg der Volksfront aus Republikanern, Sozialisten und Kommunisten bei den Wahlen vom Februar 1936 stellte diese in den folgenden Jahren die Reg., zunächst unter Min.-Präs. republikan. Parteizugehörigkeit. Der Gegensatz zw. konservativen und nationalist. Kräften auf der einen sowie republikan., sozialist. und anarchist. Strömungen auf der anderen Seite verschärfte sich ständig. Die Ermordung des konservativen Cortes-Abg. J. CALVO SOTELO löste den →Spanischen Bürgerkrieg (1936–39) aus.

Der Bürgerkrieg begann am 17. 7. 1936 in Spanisch-Marokko mit einer Militärrevolte, die wenig später auf S. übergriff. Nach dem Rücktritt der Reg. unter J. GIRAL Y PEREIRA bildete der Sozialist F. LARGO CABALLERO die Reg.; am 8. 10. 1936 erkannte diese die Autonomie des Baskenlandes an. Kurz vor Beginn des Angriffs der Aufständischen auf Madrid traten auch die Anarchisten der Reg. bei; diese verlegte im November 1936 ihren Sitz nach Valencia. Im Mai 1937 übernahm der Sozialist J. NEGRÍN die Führung der Regierung. Durch vielfältige Strömungen politisch zerstritten, gelang es den republikan. Regierungen nicht, die Ausbreitung des nationalspan. Herrschaftsgebietes zu verhindern, zumal befreundete Mächte, bes. die USA, Großbritannien und Frankreich, an der Politik der ›Nichtintervention‹ festhielten. Nur die UdSSR leistete militärtechn. Hilfe. Ende Juli 1936 hatten die militär. Führer des Aufstandes in Burgos eine Junta-Reg. gebildet, an deren Spitze am 1. 10. 1936 General F. FRANCO BAHAMONDE trat. Politisch stützte er sich auf die →Falange. Am 18. 11. 1936 erkannten das natsoz. Dtl. und das faschist. Italien, die von Beginn des Bürgerkriegs an die Aufständischen politisch und militärisch unterstützt hatten, die Aufstands-Reg. an. Am 1. 2. 1938 bildete FRANCO die Junta zu einer Kabinetts-Reg. um. Mit der Eroberung Barcelonas (26. 1. 1939) löste sich das republikan. Reg.-System auf. Noch vor dem siegreichen Einzug der nationalspan. Truppen in Madrid (28. 3.) erkannten die brit. und frz. Regierung am 27. 2. die Reg. Franco an, die USA folgten am 1. 4. 1939.

Das Francoregime und der Zweite Weltkrieg (1939–45): Bereits am 27. 3. 1939 war S. dem Antikominternpakt beigetreten, am 8. 5. 1939 verließ es den Völkerbund. Trotz des von beiden Seiten ausgeübten Druckes blieb es aber im Zweiten Weltkrieg neutral. Verschiedene dt.-span. Besprechungen (v. a. die zw. HITLER und FRANCO am 23. 10. 1940 in Hendaye) blieben ohne Ergebnis. Jedoch unterstützte S. Dtl. seit Juni 1941 mit der Entsendung der →Blauen Division, die es auf alliierten Druck hin im Oktober 1943 zurückziehen musste. Seit November 1943 kämpfte auf dt. Seite die aus etwa 2 000 Freiwilligen bestehende ›Span. Legion‹ an der Ostfront. 1940 ließ die span. Regierung die internat. Zone von Tanger besetzen. Je stärker sich der Krieg zugunsten der Anti-Hitler-Koalition entwickelte, desto mehr wandte sich FRANCO den westl. Alliierten zu, verfolgte aber weiter offiziell einen Neutralitätskurs.

Innenpolitisch legte die Reg. Franco am 6. 12. 1940 durch das Syndikatsgesetz die Grundlage für eine auf ständ. Basis organisierte Diktatur. Die Frage, ob S. im Rahmen einer Republik oder Monarchie regiert werden sollte, blieb lange Zeit in der Schwebe. Auf korporativer Grundlage fanden 1942 Wahlen zu den Cortes statt.

Das Francoregime 1945–75: Nach dem Sieg der Anti-Hitler-Koalition war S. politisch (Verurteilung durch die UNO 1946) und wirtschaftlich isoliert. Es war nicht an der Marshallplanhilfe beteiligt und nahm deshalb auch nicht an der Gründung der OEEC teil (1948). Im kolonialpolit. Bereich musste sich S. mit der Wiederherstellung der internat. Zone von Tanger (11. 10. 1945) abfinden. Auch kam es der Forderung der Siegermächte nach Enteignung des dt. Vermögens in S. nach. Um die Verfemung seines diktator. Reg.-Systems abzumildern, sicherte FRANCO den Spaniern mit dem ›Fuero de los Españoles‹ (Recht der Spanier) die staatsbürgerl. Grundrechte zu. Den Monarchisten, die nach Kriegsende die Wiedererrichtung der Monarchie gefordert hatten, kam er schrittweise entgegen: Am 20. 7. 1945 sagte er die Wiedereinführung der Monarchie zu. In einem ›Gesetz über die Nachfolge in der Obersten Staatsführung‹ wurde die Regentschaft geregelt: JUAN CARLOS, Sohn des in Portugal lebenden Thronprätendenten JUAN VON BOURBON UND BATTENBERG (* 1913, † 1993), wurde seitdem auf die Nachfolge FRANCOS vorbereitet.

Am 4. 11. 1950 zog die UNO ihre Erklärung von 1946 zurück. Dieser Schritt war bes. von den USA gefördert worden, da sie die Iber. Halbinsel im Zuge des Ost-West-Konfliktes in ihr europ. Verteidigungskonzept einzufügen suchten. Aufgrund des Madrider Vertrags vom 26. 9. 1953 verpachtete S. Militärstützpunkte an die USA. Die Afrikapolitik S.s war bes. von dem Wunsch bestimmt, das traditionell freundschaftl. Verhältnis zu den islam. Ländern zu fördern. Zw. 1956 und 1975 verzichtete es auf seinen restl. Kolonialbesitz in N- und W-Afrika. Seit Ende der 50er-Jahre verstärkte es seine Ansprüche auf →Gibraltar. In Europa aktivierte es neben den traditionell guten Beziehungen zu Portugal seine Kontakte zu Frankreich (u. a. Zusammenarbeit in militär. Fragen). 1960 trat S. der OECD bei.

In seiner wirtschaftl. Entwicklung wurde S. durch größere Streikbewegungen v. a. in Katalonien (1951 und 1962), im Baskenland (1951) sowie in Asturien (1962 und 1963) vorübergehend gehemmt. Spannungen verursachten auch die Autonomiebestrebungen bes. in Katalonien und im Baskenland. Die Reg. fand sich jedoch nicht zu wesentl. Konzessionen bereit. In der kath. Kirche wurde seit dem 1. 1. 1965 das Katalanische und das Baskische neben dem Spanischen zum kirchl. Gebrauch anerkannt.

Mit Beginn der 60er-Jahre war FRANCO bemüht, durch Reformgesetze innerhalb der bisherigen Staatsordnung Liberalisierungstendenzen stattzugeben (u. a. 1964 ein Presse-Ges., 1967 ein Staatsorgan-Ges. mit verfassungsänderndem Charakter, 1967 ein Protestantenstatut) und zugleich die starken polit. Vorbehalte des Auslands gegenüber seiner Reg. abzubauen.

Am 22. 7. 1969 billigten die Cortes ein Gesetz, in dem FRANCO Prinz JUAN CARLOS als seinen Nachfolger einsetzte. Am 16. 7. 1971 ernannte FRANCO diesen zu seinem Stellvertreter. Auch ernannte er seit 1973 einen Min.-Präs.: L. CARRERO BLANCO (1973) und C. ARIAS NAVARRO (1973–76).

Das demokratische Spanien (seit 1976): Nach dem Tode FRANCOS (20. 11. 1975) wurde JUAN CARLOS am 22. 11. 1975 als JUAN CARLOS I. zum König proklamiert und am 27. 11. 1975 inthronisiert. Gemeinsam mit dem von ihm im Juli 1976 ernannten Min.-Präs. A. SUÁREZ GONZÁLEZ leitete er den Aufbau einer parlamentar. Demokratie ein (Reform-Ges. von 1976). Nach Wiederzulassung der Parteien fanden am 15. 6. 1977 Parlamentswahlen statt, aus denen die Unión de Centro Democrático (UCD) als stärkste Kraft hervorging, ihr Führer SUÁREZ GONZÁLEZ wurde als Min.-Präs. bestätigt. Am 6. 12. 1978 nahm die Bev. in einer Volksabstimmung eine neue Verf. an, die u. a. den Regionen S.s das Recht auf Autonomie zugesteht. Als erste erhielten Katalonien und das Baskenland 1979 wieder ein Autonomiestatut; die anderen Regionen folgten bis 1986.

Spanien: Vereidigung von Juan Carlos I. als König von Spanien am 22. 11. 1975

Nach dem Rücktritt von SUÁREZ GONZÁLEZ im Januar 1981 unternahmen Angehörige des Militärs und der Guardia Civil einen Putschversuch (Besetzung der Cortes am 23. 2. 1981). Dank der Initiative des Königs, der über den Rundfunk zur Verfassungstreue aufrief, brach der Putsch bereits am 24. 2. zusammen. Am 25. 2. wurde der UCD-Kandidat L. CALVO SOTELO zum Min.-Präs. gewählt. Als Maßnahme gegen die terrorist. Aktivitäten extremist. Gruppen, v. a. der →ETA, und zur Abwehr verfassungsfeindl. Umsturzversuche verabschiedeten die Cortes 1981 ein Gesetz zur Bekämpfung von Rebellion und Terrorismus. Mit dem Beitritt S.s zur NATO (1982) wurden die span. Streitkräfte in ein Bündnis demokrat. Staaten politisch eingebunden. Britisch-span. Gespräche führten in den folgenden Jahren zur vollständigen Öffnung der span. Grenze gegenüber Gibraltar.

Mit dem Zerfall der politisch heterogenen UCD (1981/82) fächerte sich das Parteienfeld, das bereits durch eine Vielzahl regionalist. Parteien gekennzeichnet war, weiter auf. Bei den Wahlen von 1982 errang der Partido Socialista Obrero Español (PSOE) die absolute Mehrheit und stellte mit F. GONZÁLEZ MÁRQUEZ den Min.-Präs. (Wiederwahl 1986, 1989 und 1993; 1986 mit absoluter Mehrheit). Mit sozialpolit. Maßnahmen (z. B. Einführung der 40-Stunden-Woche) suchte GONZÁLEZ das demokrat. Reg.-System gesellschaftspolitisch abzusichern, stieß aber in den folgenden Jahren mit seiner Bildungs- und Schulpolitik auf wachsenden Widerspruch liberal-konservativer Kreise, mit seiner Wirtschafts- und Sozialpolitik auf steigende Ablehnung in der Arbeiterschaft (Generalstreik 1988 und 1994). In der Außenpolitik änderte der PSOE seine Orientierung und respektierte die Befürwortung des Verbleibs in der NATO durch Volksentscheid (1986). Den 17 autonomen Regionen gewährte die Reg. González in einem ›Autonomiepakt‹

Span Spanienkärpfling – Spanier

(3. 3. 1992) mehr Kompetenzen (v. a. im Bildungsbereich). Seit Ende 1994 wurde das innenpolit. Klima in S. bestimmt durch Presseberichte, die die Reg. González der Korruption und der Unterstützung von Staatsterrorismus (bei der Bekämpfung der ETA) beschuldigten. Die manipulierte Kampagne gegen den Min.-Präs. (als solche Anfang 1998 enthüllt) brachte die Minderheits-Reg. in Schwierigkeiten: Nachdem die katalan. Regionalpartei CiU die Unterstützung aufgekündigt hatte, löste GONZÁLEZ das Parlament im Januar 1996 auf. In der langen Periode der PSOE-Reg. wurde S. modernisiert und zu einem Teil der EU (EG-Beitritt 1986); 1989 wurde die Peseta in das Europ. Währungssystem (EWS) einbezogen. Zur wichtigsten Oppositionspartei hatte sich seit Anfang der 90er-Jahre der konservative Partido Popular entwickelt. Er ging aus den vorgezogenen Parlamentswahlen im März 1996 als stärkste Partei hervor, zum Min.-Präs. wurde ihr Vors. J. M. AZNAR LÓPEZ gewählt. Seine Minderheits-Reg. wird unterstützt von der katalan. CiU, bis Herbst 1997 auch von der bürgerl. bask. Partei PNV.

Das öffentl. Leben in S. wird immer wieder von den Terroranschlägen der ETA erschüttert, die nicht auf das Baskenland beschränkt bleiben und die auf die Grundlagen des Staates zielen, in der Bev. aber auf einhellige Ablehnung stoßen. Die Forderungen nach größerer Autonomie (v. a. bei der Erhebung und Verwendung von Steuern) bleiben dennoch nicht ohne Einfluss auf die Diskussion um das span. Staatsmodell, das wegen der historisch unterschiedlich gewachsenen Privilegien der Regionen (v. a. im Baskenland, in Katalonien und Navarra) keinen Föderalismus auf der Basis der Gleichberechtigung erlaubt.

In der internat. Diplomatie spielt S. eine wichtige Rolle als Vermittler zw. Lateinamerika und der EU (iberoamerikan. Gipfeltreffen), auch vertritt es in der EU die Interessen der südl. und östl. Anrainerstaaten des Mittelmeers.

Allgemeines: E. ARIJA RIVARÉS: Geografía de España, 3 Bde. (Madrid 1972-75); F. R. ALLEMANN u. a.: S. (Luzern 1978); M. STEGGER: Fremdenverkehr u. Regionalentwicklung dargestellt am Beispiel S. (1980); T. BREUER: S. (1982); S. DE MADARIAGA: S. Land, Volk u. Gesch. (a. d. Span., ³1983); M. EHRKE: Die span. Wirtschaft im Europa u. EG-Beitritt u. europ. Binnenmarkt 1992 (1990); S.-Lex. Wirtschaft, Politik, Kultur, Gesellschaft, bearb. v. W. L. BERNECKER u. a. (1990); D. NOHLEN u. A. HILDENBRAND: S. Wirtschaft – Gesellschaft – Politik (1992); Spain 1991/92, hg. v. der OECD (Paris 1992); K. ADOMEIT: Einf. in das span. Recht (1993); W. L. BERNECKER: Religion in S. (1995); W. HERZOG: S. (³1995); G. HAENSCH u. G. HABERKAMP DE ANTÓN: Kleines S.-Lex. (²1996); A. KÖNIG: Zur span. Kultur u. Identität (1996); H. ADOLPH: Entwicklung zum modernen Sozialstaat in S. (1997); B. PALT: Bildungsreformen in S. im Kontext von Politik, Wirtschaft u. Gesellschaft (1997); S. heute. Politik – Wirtschaft – Kultur, hg. v. W. L. BERNECKER u. J. OEHRLEIN (³1998).

Geschichte: Bibliographien, Handbücher und Nachschlagewerke: Fuentes de la historia española e hispanoamericana, bearb. v. B. SÁNCHEZ ALONSO, 3 Bde. (Madrid ³1952); M. D. GÓMEZ MOLLEDA: Bibliografía histórica española, 1950-1954 (ebd. 1955); Diccionario de historia de España, hg. v. G. BLEIBERG, 3 Bde. (ebd. ²1968-69); Hb. der europ. Gesch., hg. v. T. SCHIEDER, (8 Tle. ¹⁻³1968-92); Atlas de historia de España, bearb. v. J. VICENS VIVES (Barcelona ¹²1984); S.-Ploetz. Die Gesch. S.s u. Portugals zum Nachschlagen, bearb. v. K.-J. RUHL u. a. (³1993).

Quellen: Actas de las Cortes de Cádiz, bearb. v. E. TIERNO, 2 Bde. (Madrid 1964); Constituciones y otras leyes y proyectos políticos de España, bearb. v. D. SEVILLA ANDRÉS, 2 Bde. (Madrid 1969); Leyes políticas españolas fundamentales. 1808-1978, hg. v. E. TIERNO GALVÁN (ebd. ²1979, Nachdr. ebd. 1984).

Zeitschriften: Boletín de la Real Academia de la Historia (Madrid 1877 ff.); Cuadernos de Historia de España (Buenos Aires 1944 ff.); Span. Forsch. der Görresgesellschaft. Reihe 1: Ges. Aufs. zur Kulturgesch. S.s, Bd. 9 ff. (1954 ff., früher unter anderem Titel); Cuadernos de historia: anexos de la revista Hispania (Madrid 1967 ff.).

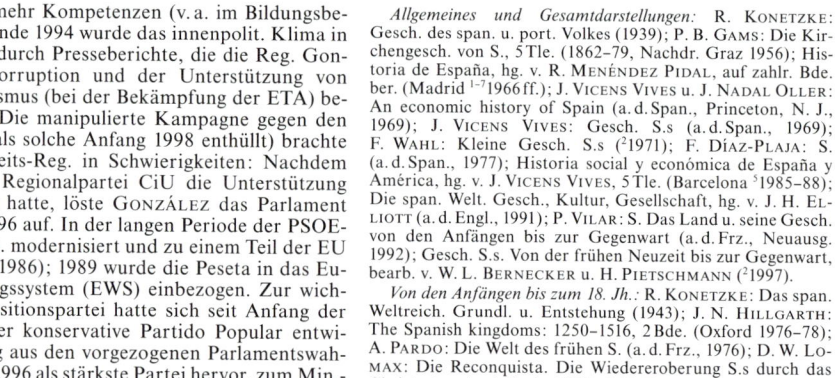

Spanische Fliege:
(Länge 12–21 mm)

Allgemeines und Gesamtdarstellungen: R. KONETZKE: Gesch. des span. u. port. Volkes (1939); P. B. GAMS: Die Kirchengesch. von S., 5 Tle. (1862-79, Nachdr. Graz 1956); Historia de España, hg. v. R. MENÉNDEZ PIDAL, auf zahlr. Bde. ber. (Madrid ¹⁻⁷1966 ff.); J. VICENS VIVES u. J. NADAL OLLER: An economic history of Spain (a. d. Span., Princeton, N. J., 1969); J. VICENS VIVES: Gesch. S.s (a. d. Span., 1969); F. WAHL: Kleine Gesch. S.s (²1971); F. DÍAZ-PLAJA: S. (a. d. Span., 1977); Historia social y económica de España y América, hg. v. J. VICENS VIVES, 5 Tle. (Barcelona ⁵1985-88); Die span. Welt. Gesch., Kultur, Gesellschaft, hg. v. J. H. ELLIOTT (a. d. Engl., 1991); P. VILAR: S. Das Land u. seine Gesch. von den Anfängen bis zur Gegenwart (a. d. Frz., Neuausg. 1992); Gesch. S.s. Von der frühen Neuzeit bis zur Gegenwart, bearb. v. W. L. BERNECKER u. H. PIETSCHMANN (²1997).

Von den Anfängen bis zum 18. Jh.: R. KONETZKE: Das span. Weltreich. Grundl. u. Entstehung (1943); J. N. HILLGARTH: The Spanish kingdoms: 1250-1516, 2 Bde. (Oxford 1976-78); A. PARDO: Die Welt des frühen S. (a. d. Frz., 1976); D. W. LOMAX: Die Reconquista. Die Wiedereroberung S.s durch das Christentum (a. d. Engl., 1980); J. H. ELLIOTT: Imperial Spain. 1469-1716 (Neuausg. Harmondsworth 1981); DERS.: Spain and its world. 1500-1700 (New Haven, Conn., 1989); J. LYNCH: Spain under the Habsburgs, 2 Bde. (Oxford ²1981); H. HEINE: Gesch. S.s in der frühen Neuzeit. 1400-1800 (1984); M. DEFOURNEAUX: S. im Goldenen Zeitalter (a. d. Frz., 1986); F. WOERDEMANN: Die Beute gehört Allah. Die Gesch. der Araber in S. (²1986); J. PÉREZ: Ferdinand u. Isabella. S. zur Zeit der kath. Könige (a. d. Frz., 1989); C. BENEDEK: Das iber. Erbe S.s (tlw. a. d. ungar. Ms., 1990); 500 Jahre Vertreibung der Juden S.s: 1492-1992, hg. v. H. H. HENDRIX (1992); M. Á. LADERO: Das S. der kath. Könige (a. d. Span., Innsbruck 1992); L. VONES: Gesch. der Iber. Halbinsel im MA. 711-1480 (1993); A. HOTTINGER: Die Mauren. Arab. Kultur in S. (Zürich ²1996); Medieval Spain. Essays on the history and literature of medieval Spain, hg. v. D. J. KAGAY u. J. T. SNOW (New York 1997).

19. und 20. Jh.: J. HARRISON: An economic history of modern Spain (Manchester 1978); R. CARR u. J. P. FUSI: Spain. Dictatorship to democracy (London 1981); R. CARR: Spain. 1808-1975 (ebd. ²1982); V. MAUERSBERGER: S. – Wandel nach Europa (Aarau 1991); S. nach Franco. Der Übergang von der Diktatur zur Demokratie 1975-1982, hg. v. W. L. BERNECKER u. C. C. SEIDEL (1993); MARITA MÜLLER: Polit. Parteien in S. 1977-1982 (1994); W. HAUBRICH: S.s schwieriger Weg in die Freiheit. Von der Diktatur zur Demokratie, 2 Bde. (1995-97); W. L. BERNECKER: S.s Gesch. seit dem Bürgerkrieg (³1997).

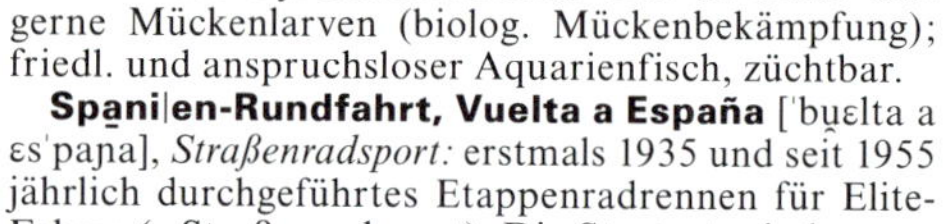

Spanienkärpfling: Weibchen (links) und Männchen; Länge bis 5 cm

Span|i|en|kärpf|ling, Aphanius iberus, europ., etwa 5 cm lange Art der Eierlegenden Zahnkarpfen in Flüssen der Pyrenäenhalbinsel. Der S. frisst bes. gerne Mückenlarven (biolog. Mückenbekämpfung); friedl. und anspruchsloser Aquarienfisch, züchtbar.

Span|i|en-Rundfahrt, Vuelta a España [ˈbu̯elta a ɛsˈpaɲa], Straßenradsport: erstmals 1935 und seit 1955 jährlich durchgeführtes Etappenrennen für Elite-Fahrer (→Straßenradsport). Die Startorte sind unterschiedlich, Zielort ist i. d. R. Madrid. Die Streckenlänge beträgt ca. 3 500 km.

Spa|ni|er, das →spanische Pferd.

Spa|ni|er, zu den Romanen gehörendes Volk, das Staatsvolk Spaniens mit span. Mutter- oder Zweitsprache. Die S. gingen aus der iber. Urbevölkerung durch vielfältige Überschichtung mit Kelten, Karthagern, Griechen, Römern, Germanen, Berbern und Arabern hervor. Deutl. Unterschiede – v. a. in Mundart und Volksbrauchtum – sind noch bemerkbar zw. Kastiliern, Andalusiern, Asturiern und Aragoniern. Katalanen und Gallegos (Galicier) nehmen nach Art und Sprache eine Sonderstellung ein. Bes. nachhaltig ist das Erbe der röm. und der maur. Zeit in Bauwerken, Ortsnamen, der Sprache, der geistigen und materiellen Kultur. (→Spanien, Bevölkerung)

Spanier ['spænjə], Muggsy, eigtl. **Francis Joseph S.**, amerikan. Jazzkornettist, *Chicago (Ill.) 9. 11. 1906, †Sausalito (Calif.) 12. 2. 1967; ab 1921 Berufsmusiker, spielte v.a. in Chicagoer Tanz- und Jazzbands; wichtiger Vertreter des Chicago-Stils, orientierte sich an KING OLIVER und L. ARMSTRONG.

Spaniolen, Bez. für sefardische Juden (→Sefarad).

Spaniolisch, →Ladino.

Spanisch-Amerikanischer Krieg, militär. Konflikt (1898) zw. der Kolonialmacht Spanien und den USA, die sich wegen des 1895 auf Kuba ausgebrochenen Aufstands ihren polit. und wirtschaftl. Interessen entsprechend für die Unabhängigkeit Kubas einsetzten und gleichzeitig Handlungsfreiheit für eine aktive Ostasienpolitik gewinnen wollten. Nachdem Präs. W. MCKINLEY trotz zunehmenden diplomat. Drucks nur unzulängl. Konzessionen erwirkt hatte, nahm er u.a. die ungeklärte Explosion des amerikan. Kriegsschiffes ›Maine‹ im Hafen von Havanna (15. 2. 1898, 260 Tote) zum Anlass, Spanien den Krieg zu erklären (21./25. 4. 1898). Fast alle Entscheidungen des Kriegs fielen zur See: Im Pazifik wurde die veraltete span. Flotte am 1. 5. 1898 in der Bucht von Manila, im Atlantik nach der Erstürmung der Höhen von San Juan (1. 7.) bei Santiago de Cuba vernichtet (3. 7.); die Stadt selbst kapitulierte am 17. 7. Im Frieden von Paris (10. 12. 1898) gab Spanien alle Ansprüche auf Kuba auf, das daraufhin in Abhängigkeit von den USA geriet (u.a. Militärverwaltung bis 1902, →Platt Amendment); die USA erhielten die Philippinen (gegen 20 Mio. US-$ Entschädigung), die span. Besitzungen Guam und Puerto Rico sowie die ebenfalls während des Krieges besetzten Inseln Wake und Hawaii. Der (erstmalige) Erwerb von Kolonialbesitz für die USA löste eine heftige innenpolit. Debatte aus. Während Spanien seine Bedeutung als Kolonialmacht verlor, gewannen die USA die Vormacht in der Karibik sowie die aus wirtschaftl. Gründen angestrebte unmittelbare Präsenz in O-Asien und legten den Grund für ihre Rolle als Weltmacht.

J. W. PRATT: America's colonial experiment (New York 1950); F. B. FREIDEL: The splendid little war (Boston, Mass., 1958); H. W. MORGAN: America's road to empire. The war with Spain and overseas expansion (New York ³1967); D. F. TRASK: The war with Spain in 1898 (ebd. 1981).

Spanische Artischocke, der →Cardy.

Spanische Fliege, Kantharide, Lytta vesicatoria, 12–21 mm lange, metallisch grüne Art der Ölkäfer, treten gelegentlich massenhaft an Eschen, Flieder, Liguster auf. Die Larven (Dreiklauer) fressen in den Erdbauten solitärer Bienen deren Eier und Futtervorräte. Die S. F. enthält den Giftstoff Cantharidin, der früher für medizin. Zwecke und als Aphrodisiakum benutzt wurde.

Spanische Hofreitschule, frühere Bez. für die →Spanische Reitschule.

spanische Kolonien, der überseeische Besitz Spaniens. – Im Rahmen der überseeischen Expansion der Europäer sicherte sich Spanien zunächst im Laufe des 15. Jh. die Kanar. Inseln, 1497 in Marokko Melilla sowie 1580 Ceuta. Nach der Entdeckung Amerikas durch C. KOLUMBUS baute es dort ein Kolonialreich von Florida und Kalifornien bis in den Süden des Kontinents auf. Im 16. Jh. entstanden die Reihe von Vizekönigreichen: 1536 Neuspanien, 1543 Peru, 1739 Neugranada, 1776 Río de la Plata; 1777 wurde Kuba, 1778 Chile Generalkapitanat.

Der überseeische Besitz wurde als Patrimonialeigentum der span. Krone betrachtet, die Kolonien wurden grundsätzlich wie das Mutterland behandelt. Oberstes Regierungsorgan war ab 1524 der Consejo real y supremo de las Indias am Hof. Oberste Handels- und Steuerbehörde war die 1503 eingerichtete Casa de la contratación in Sevilla. Die span. Krone beanspruchte das Handelsmonopol. Die Indianer wurden zu versch. Formen von Zwangsarbeit herangezogen. – Im Laufe der amerikan. Unabhängigkeitsbewegungen zu Beginn des 19. Jh. verlor Spanien seine Kolonien mit Ausnahme von Kuba und Puerto Rico, die nach dem Spanisch-Amerikan. Krieg von 1898 den USA überlassen werden mussten. Santo Domingo (heute Dominikan. Rep.) war 1861–65 noch einmal spanisch. Jamaika war schon 1655/60 an die Engländer gekommen.

Im asiatisch-ozean. Bereich wurden die Philippinen (ab 1565 von den Spaniern besiedelt) und Guam 1898 an die USA abgetreten. 1899 wurden die Marshallinseln, die Karolinen und die Palauinseln an das Dt. Reich verkauft.

In Afrika suchte Spanien seit 1904 für die Verluste von 1898 in Marokko Ersatz, wo es die Herrschaft über Spanisch-Marokko (Rifgebiet) jedoch erst 1926 wirklich sichern konnte. 1954 verzichtete es auf die heutige südmarokkan. Prov. Tarfaya, 1956 auf seine nordafrikan. Kolonie Tetuán mit Ausnahme der Häfen Ceuta und Melilla, die span. Enklaven blieben (heute den Prov. Cádiz bzw. Málaga angegliedert), und erkannte die Unabhängigkeit und Unteilbarkeit Marokkos an. Seit November 1957 kam es zu Kämpfen zw. marokkan. Freischärlern und span. Truppen u.a. um die Enklave Ifni. 1958 erklärte die span. Regierung die Kolonien Spanisch-Sahara und Ifni zu span. Provinzen. 1969 trat Spanien Ifni an Marokko ab. 1963 erhielt das letzte span. Kolonialgebiet in Zentralafrika, Spanisch-Guinea, zus. mit Spanisch-Sahara die innere Autonomie; 1968 wurde Spanisch-Guinea als ›Äquatorialguinea‹ unabhängig. 1975 verzichtete Spanien zugunsten von Marokko und Mauretanien auf Spanisch-Sahara (→Westsahara).

spanische Kunst. Die s. K. wird durch die Vielfalt ihrer Überlieferungen bestimmt, obwohl vieles aus vorgeschichtl. (→Mittelmeerraum, →Altsteinzeit, →Altamira, →Felsbilder) und frühgeschichtl. Zeit in Vergessenheit geraten ist.

Iberer, Römer, Westgoten und Mauren

Am unteren Guadalquivir blühte unter phönik. Einfluss vom 8. bis 6. Jh. v. Chr. die orientalisierende Kultur von →Tartessos (Grabfunde von Huelva). Der N und NO Spaniens wurde kulturell von den Keltiberern geprägt. Im östl. Andalusien verbreitete sich im letzten Jahrtausend v. Chr. die *iber. Kunst*, zu deren Höchstleistungen das Turmgrab von Pozo Moro bei Albacete mit Löwenfiguren und Reliefs, die 1,3 m hohe Dame von Baza (4. Jh. v. Chr.) ebenso wie die Dame von →Elche, die Grabfiguren vom Cerro de los Santos (5.–1. Jh. v. Chr.) und die Reliefs von Osuna (3.–1. Jh. v. Chr.) gehören (alle in Madrid, Museo Arqueológico Nacional). Bewahrte die iber. Kunst gegenüber griech. und karthag. Einflüssen eigenständige Züge, so verschmolz sie mit der fortschreitenden Romanisierung spätestens im letzten vorchristl. Jahrhundert mit der *röm. Kunst*. Die Brücke von Alcántara, der Aquädukt in Segovia, das Theater in Mérida, der Palast des AUGUSTUS in Tarragona u.a. sind Zeugen der röm. Herrschaft. Neben aus Rom importierten Kunstwerken ist auch ein reicher Bestand aus span. Werkstätten röm. Prägung erhalten geblieben, der sich v.a. in den archäol. Museen von Madrid, Barcelona und Tarragona befindet (→provinzialrömische Kunst). Obwohl schon vor dem Toleranzedikt von Mailand (313) viele christl. Gemeinden in Spanien existierten, ist der Überlieferungsbestand an *frühchristl. Kunst* sehr gering (Sarkophage, Mosaiken). Von den frühchristl. Kirchen sind meist nur noch die Grundmauern erhalten. Eine Ausnahme bilden die Ruinen von Centcelles (4. Jh.). Gut erhalten sind dagegen die in Quaderbauweise errichteten Kirchen aus

Span spanische Kunst

spanische Kunst: Romanische Kirche San Martín in Frómista, Provinz Palencia; 1066 bis um 1085

westgot. Zeit (409–711), wie San Juan in Baños de Cerrato bei Palencia (661 geweiht) und San Pedro de la Nave bei Zamora (Ende des 7. Jh.), Letztere mit reichem bauplast. Schmuck. Charakteristisch für die westgot. Architektur ist der Hufeisenbogen. Neben der Architektur blühte bes. die Goldschmiedekunst (Weihekronen, Fibeln, Gürtelschließen).

Seit dem Einfall der Araber in Spanien (711) blieb der S bis zur Rückeroberung Granadas (1492) eine *islam. Kunstprovinz,* die eng mit der Entwicklung im Maghreb zusammenhing (→maurischer Stil). Einwirkungen der islam. Kunst sind zwar überall in Spanien in Architektur und Dekoration festzustellen, doch liegt der Schwerpunkt dieser arab. Kultur bis 1050 in Córdoba. Hier gründete ABD AR-RAHMAN I. um 785 die große Moschee und ABD AR-RAHMAN III. →Medina Azahara. Zweites künstler. Zentrum dieser Zeit war Toledo mit der 999 vollendeten, üppig ausgestatteten Moschee (seit dem 12. Jh. Santo Cristo de la Luz). Der *mozarab. Stil,* der von unter arab. Herrschaft lebenden oder in die nördl. unbesetzten Gebiete emigrierten Christen ausgeführt wurde, nahm islam. Anregungen, bes. in der Ornamentik, auf; der Kirchenbau blieb auf den christl. Kult abgestimmt, übernahm aber einzelne maur. Architekturformen, z. B. hufeisenförmige Fenster (San Miguel de Escalada, Prov. León, 913 geweiht; Santa María de Lebeña, Prov. Santander, nach 924; Santiago de Peñalba bei Ponferrada, 931 geweiht). Einen bedeutenden Beitrag zum mozarab. Stil leistete die Miniaturmalerei (illustrierte Handschriften des Apokalypsenkommentars von BEATUS VON LIÉBANA, 9. Jh.). Zur gleichen Zeit entstanden in den christl. Königreichen des N Zeugnisse *vorroman. Baukunst* in abendländ. Formen, z. T. auch unter Verwendung byzantin. Anregungen: z. B. in Asturien im 9. Jh. Santa María de Naranco (ursprünglich königl. Palast) und San Miguel de Liño bei Oviedo.

Romanik

Die Zentren roman. *Baukunst* befinden sich in Katalonien, Kastilien, León und Aragonien; sie standen durch wandernde Bauhütten mit den übrigen europ. Kunstlandschaften (bes. Roussillon, Languedoc, Lombardei) in Verbindung. Für Katalonien, wo die roman. Kunst Spaniens ihren Anfang nahm, sind tonnengewölbte Saal- und Hallenkirchen bezeichnend (Klosterkirche San Pedro de Roda, Prov. Gerona, 1022 geweiht). Daneben entstanden auch flach oder offen gedeckte Hallenkirchen (San Clemente in Tahull, Prov. Lérida, 1123 geweiht). Auf Veranlassung FERDINANDS I. wurde die Königskapelle von San Isidoro in León erbaut (1149 geweiht), die zu den gelungensten Raumkompositionen der Romanik zählt. In Jaca entstand die erste große roman. Kathedrale (Ostanlage 1063 geweiht), die für Spanien vorbildlich wurde (dreischiffig, drei Apsiden, Kreuzpfeiler und Säulen). Wallfahrtszentrum ganz Europas war seit dem 10. Jh. Santiago de Compostela; die große Kathedrale (1060 ff.) errichtete man nach dem Vorbild von Saint-Sernin in Toulouse. Die Krypta (1168–75) birgt das Grab des Apostels JAKOBUS D. Ä. An den Pilgerstraßen nach Santiago de Compostela entstanden viele roman. Kirchen (u. a. San Martín in Frómista, 1066 bis um 1085). Zu den bedeutendsten spätroman. Bauten gehören ferner die Kathedrale von Zamora (1151 ff.) und die Alte Kathedrale von Salamanca (1152 ff.), beide mit bemerkenswerten Vierungskuppeln. Die Stadtmauern Ávilas, wohl schon 1090 begonnen, sind ein großartiges Zeugnis profaner Baukunst, von der es auch noch weitere ausgezeichnete Beispiele gibt: Burg von Loarre, Palacio de los Duques de Granada de Ega in Estella, Casa de la Paheria (Rathaus) in Lérida.

Verhältnismäßig früh entwickelte sich die roman. *Plastik* (ab Ende des 11. Jh.): Reliefs im Kreuzgang von Santo Domingo de Silos (Prov. Burgos; BILD →Apostel). Um 1100 entstanden das Grabmal der Doña SANCHA im Benediktinerinnenkloster in Jaca und die Portalplastik von Santa María in Ripoll. 1188 wurden die bedeutenden Portalskulpturen des Pórtico de la Gloria der Kathedrale in Santiago de Compostela vollendet. Span. Eigenarten sind der dekorative Reichtum und die stärkere Lösung der einzelnen Skulptur aus dem architekton. Verband. Neben frz. werden auch mozarab. Einflüsse wirksam. Von einer eigenständigen Rezeption antiker Vorbilder zeugen Kapitelle von San Martín in Frómista und der Kathedrale in Jaca. Ebenso expressiv wie farbenprächtig ist die überlieferte Holzplastik der Zeit (Kruzifixe, reliefierte Altarvorsätze). Die *Elfenbeinschnitzereien* zeigen häufig maur. Einflüsse. Sehr verbreitet waren Sitzstatuen der MARIA mit dem Kind, die oft als Gnadenbilder verehrt wurden.

spanische Kunst: Fragment eines Freskos aus der Kirche San Clemente in Tahull mit der Darstellung des heiligen Bartholomäus (Barcelona, Museu d'Art de Catalunya)

Die Hauptzeugnisse der roman. *Malerei* gehören dem 12. Jh. an. Führend war die katalan. Malerei (bes. in der Prov. Lérida: Fresken von Santa María und San Clemente in Tahull; heute Barcelona, Museu d'Art de Catalunya), die sich sehr selbstständig mit der byzantin. Kunst auseinander setzte, aber auch Anregungen aus der mozarab. Buchmalerei und frz. Wandmalerei verarbeitete. Einen Höhepunkt bilden die Fresken im Pantheon der Könige an San Isidoro in León. Auch Antependien sind wegen ihrer sorgfältigen Maltechnik gut erhalten (Antependium aus Vich, 12. Jh.; Vich, Museo Arqueológico Artístico Episcopal). Bedeutende Werke der Buchmalerei des 11. Jh. sind die Bibel von Ripoll (Rom, Vatikan. Sammlungen) und die Bibel von Roda (Prov. Gerona; Paris, Bibliothèque Nationale de France).

Maurischer Stil

Gleichzeitig mit der christl. Romanik im N entstanden in S-Spanien die Bauten der *Almohaden*. Die Giralda und der Patio de los Naranjos der einstigen Moschee (1178–98) in Sevilla sind Beispiele eines strengen, feingliedrigen Baustils dieser aus N-Afrika stammenden Dynastie. Ihre Festungsbaukunst war der ihrer christl. Zeitgenossen weit voraus (Patio de Yeso im Alcázar von Sevilla und der 1047–81 erweiterte Palast Aljafería in Saragossa). Vereinzelt zeigt sich der almohad. Stil auch an nichtislam. Bauten (ehem. Synagoge Santa María la Blanca in Toledo, 12./13. Jh.). Die raffinierte Kunst der *Nasriden* blühte vom 13. bis 15. Jh. im Königreich Granada und gipfelte in der im 13. Jh. begonnenen →Alhambra. Die dort entwickelte Palast- und Gartenkultur war dem übrigen Abendland noch unbekannt. Die Innenräume schmückten prächtige Stuckarbeiten, die Gewölbe zierten Stalaktiten. Wasserbecken und Springbrunnen umgaben auch das Gartenschloss Generalife in Granada.

Gotik

Der Übergang zur Gotik vollzog sich in der 2. Hälfte des 12. Jh. in der Zisterzienserarchitektur. Ihre größten Klöster Santa María de →Poblet und Santas Créus bei Valls liegen in Katalonien; nahe der Grenze zw. Kastilien und Aragonien liegt Santa María de Huerta in der Prov. Soria.

Einer der ersten rein got. Bauten auf span. Boden ist die Stiftskirche des Augustinerklosters von Roncesvalles (1219 geweiht). Das erste Denkmal der von der Gotik der Île-de-France ausgehenden Baukunst ist die Kathedrale von León (1205 ff.), das zweite die Kathedrale von Burgos, 1221 begonnen, aber viel später vollendet (die Westtürme 1442–58 von JUAN DE COLONIA). 1226 wurde der Grundstein zur Kathedrale von Toledo gelegt, die, Bourges nacheifernd, fünfschiffig ist und zu den größten Kirchen des Abendlandes gehört. Sie ist im Wesentlichen ein Bau des 13. Jh., wurde jedoch noch bis ins 15. Jh. durch angebaute Kapellen vergrößert. Die Kathedrale von Barcelona, 1298 begonnen, ist stilistisch mit Saint-Just in Narbonne verwandt. 1312 wurde die Kathedrale von Gerona als dreischiffiger Bau begonnen; 1417 beschloss man, eine 22,3 m breite einschiffige Saalkirche zu schaffen, nach der Art der Kathedrale von Albi. Eine Raumeinheit hatte schon die Kollegiatskirche von Manresa (1328 ff.) gesucht, indem sie den Seitenschiffen den Eigenwert nahm. Einen anderen Weg zur Vereinheitlichung des Raumes gingen die Meister der Hallenkirchen. Die großartigsten Lösungen zeigen die Kathedralen von Sevilla (1402–1506) und von Saragossa (1119–1520, gotischer Hauptbau 14./15. Jh.), beide an der Stelle von Moscheen errichtet und durch deren Grundriss bestimmt. Die fünfschiffige Kathedrale von Sevilla zählt mit ihren Ausmaßen (116 m lang, 76 m breit) zu den imposantesten Bauwerken der Gotik. Ihr Grundriss wurde für viele Kathedralen Andalusiens vorbildlich. San Juan de los Reyes in Toledo wurde 1476 von König FERDINAND II. gestiftet und ist ein prächtiges Beispiel im →isabellinischen Stil. In diesem an Dekoration überreichen Stil sind auch die

spanische Kunst: Luftaufnahme der Kathedrale von León; 1205 ff.

kunstvollen Fassaden von San Pablo und am Colegio de San Gregorio in Valladolid gestaltet.

Ab dem 12. Jh. herrschte in den ehem. maur., nun wieder christlich gewordenen Gebieten der →Mudéjarstil. Seine Blütezeit liegt im 14. und 15. Jh. (Alcázar von Sevilla, 14. Jh. und später; die 1357 erbaute ehem. Synagoge El Tránsito in Toledo und die 1314 errichtete Synagoge in Córdoba).

Zu den bedeutendsten und besterhaltenen der zahlr. Burgen Spaniens gehören die von Manzanares el Real, Coca und Olite (alle 15. Jh.).

Die *Plastik* orientierte sich am Vorbild der got. Figur der Île-de-France (Portal Sarmental der Kathedrale von Burgos, nach 1240; Portale der Kathedralen von León und Túy). Es entstanden die ersten monumentalen Altarretabel, deren Aufbauten bis in die Gewölbe der jeweiligen Bauten emporreichen (u. a. in den Kathedralen von Sevilla, 1482–1526, und Toledo, 1502 ff.). Zu den Hauptwerken des isabellin. Stils gehört der Hochaltar der Kartause von Miraflores bei Burgos (1496–99) von G. DE SILOÉ.

In der *Malerei*, bes. in Katalonien, ist sienes. Einfluss bestimmend (F. BASSA, J. SERRA). Auch Valencia, wo PEDRO NICOLAU 1390–1412 arbeitete, stand künstlerisch Italien nahe. L. BORRASSA und B. MARTORELL entwickelten einen bes. erzählfreudigen und expressiven Stil. Im 15. Jh. herrschte niederländ. Einfluss vor, so bei F. GALLEGO, L. DALMAU und B. BER-

spanische Kunst: Dreistöckige Arkaden im Innenhof der ehemaligen Universität (Colegio de San Ildefonso) von Alcalá de Henares, gebaut 1541–53 von Rodrigo Gil de Hontañón

Span spanische Kunst

spanische Kunst: El Greco, ›Christus auf dem Ölberg‹; 1590–95 (London, National Gallery)

mejo. J. Huguet und P. Berruguete, der am herzogl. Hof in Urbino mit ital. Malern zusammengearbeitet hatte, vermittelten Elemente der ital. Renaissancemalerei nach Spanien. Zu den bedeutendsten Zeugnissen der Glasmalerei gehören die Fenster der Kathedralen von Burgos und León (13. Jh. ff.).

Renaissance und Manierismus

Architektur: Die Anfangsphase des Platereskenstils bildet den Übergang zw. Spätgotik und Renaissance. Sie wird charakterisiert durch die reiche, über die Bauwerke dekorativ gestreute Ornamentik. Ein Zentrum dieses Stils bildet Salamanca. Weitere Bauten des Stils sind das Hospital Real in Santiago de Compostela (1501–11) von E. Egas und die Kathedrale von Granada (1523 von Egas begonnen, 1528–63 fortgeführt von D. de Siloé). Berühmt wurde v. a. die Fassade der Univ. von Salamanca (um 1525; Bild →Platereskenstil). Um 1540 nimmt die plattereske Ornamentik Formen der ital. Renaissance auf. Die Dekoration wird sparsamer, die Strukturen werden klarer (Alcázar in Toledo, Plan 1537; Univ. in Alcalá de Henares von R. Gil de Hontañón, 1541–53). Gleichzeitig kamen einige wenige Bauten im reinen Stil der ital.

spanische Kunst: Diego Rodríguez de Silva y Velázquez, ›Die Infantin Margareta Theresia‹; 1659 (Wien, Kunsthistorisches Museum)

Renaissance zur Ausführung: der Palast Karls V. in Granada von P. Machuca (1526 ff.); der Escorial (von J. de Toledo für Philipp II. 1563 begonnen und von J. de Herrera 1567–84 fortgesetzt); der Palast in Aranjuez, die Börse in Sevilla, die Kathedrale von Valladolid, alle von Herrera erbaut. Für die strengen und schmucklosen Bauten von Herrera und seinen Schülern wurde die Bez. Desornamentadostil geprägt. F. de Mora entwarf den Plan für die Stadt Lerma (Prov. Burgos, 1604 ff.) auf Wunsch des Herzogs von Lerma. In Andalusien wird die Renaissance durch die Jesuitenkirchen aus der 1. Hälfte des 17. Jh. (La Compañía de Jesús in Córdoba; Univ.-Kapelle in Sevilla) vertreten. J. Mora ist der wichtigste Baumeister dieser Zeit in Madrid.

Plastik: Typisch für Spanien bleibt die polychrome Holzplastik. Den Renaissancestil vermittelten in Spanien arbeitende ital. Künstler. Die span. Renaissanceplastik prägten B. Ordóñez, der in Barcelona arbeitete, und D. de Siloé, der in Valladolid und Granada tätig war. In A. Berruguetes Werken vollzieht sich der Übergang zum Manierismus. Durch ihn wurde Valladolid zum Zentrum der Bildhauerkunst. J. Juni, gebürtiger Franzose, erschien um 1533 in León und arbeitete später ebenfalls in Valladolid.

Auch die späteren Manieristen (z. B. G. Becerra) sind wie Berruguete von Michelangelos Werken beeinflusst. Ihre Figuren sind weniger individuell charakterisiert; ihre Darstellungen folgen Tendenzen der Gegenreformation. Hervorragende Werke der Goldschmiedekunst stellte die Familie Arfe her.

Malerei: Seit der Hochrenaissance orientierte sich die span. Malerei vorwiegend am ital. Vorbild. F. Yáñez lernte unter Leonardo da Vinci in Florenz. V. J. Masip d. Ä. und sein Sohn V. J. Masip d. J. sind von Raffael und seinen manierist. Nachfolgern beeinflusst. A. Berruguete und L. de Morales entwickelten sich zu bedeutenden span. Malern des Manierismus. Ein Begründer der Sevillaner Malerschule ist Pedro de Campaña (Pieter de →Kempeneer). Als Porträtisten wirkten am Hofe Philipps II. A. Mor, A. Sánchez Coello und dessen Schüler J. Pantoja de la Cruz, der mit Tizian den europ. Porträtstil des 16. Jh. entscheidend prägten. Spätmanierist. Maler, die für Philipp II. arbeiteten, sind Becerra und J. Fernández de Navarrete. Außer ihnen repräsentierten die ital. Künstler, die für Philipp II. im Escorial arbeiteten (u. a. P. Tibaldi, L. Cambiaso, F. Zuccari, B. Carducho), den spätmanierist. Stil in dieser Zeit in Spanien (Escorialstil). Der bedeutendste manierist. Maler, El Greco, war vorwiegend in Toledo tätig. In Andalusien trat P. Céspedes hervor, nicht nur als Maler, sondern auch als Gelehrter und Dichter.

Barock und Spätbarock

Architektur: Im frühbarocken Stil wurde die Jesuitenkirche San Isidro del Real in Madrid erbaut (1626–64). In Sevilla errichtete Leonardo de Figueroa (*um 1650, †1730?) die Kirchen Santa María Magdalena (1691–1709), San Luis (1699–1731) und den Palacio de San Telmo (begonnen 1691) in Anlehnung an Werke F. Borrominis. Die großen Kathedralen erhielten ihre Fassaden: A. Cano schuf die in Granada (1667 ff.) und F. de las Casas y Novoa die von Santiago de Compostela (1738 ff.). Eine neue Bauaufgabe war die Anlage von Rathausplätzen (›plazas mayores‹). Den bedeutendsten entwarf Alberto Churriguera für Salamanca (1729 ff.). Mit dem Namen der Künstlerfamilie Churriguera, die v. a. in Salamanca tätig war, verbindet sich eine ornamental bes. reiche Ausprägung des span. Spätbarock (Churriguerismus). Portal und Fassade des Hospicio de San Fernando in Madrid (1722–29) von P. de Ribera sind

spanische Kunst: Francisco de Goya y Lucientes, ›Die Wasserträgerin‹; vor 1816 (Budapest, Museum der bildenden Künste)

weitere bedeutende Beispiele des span. Spätbarock. Unter den Bourbonen wurden die königl. Schlösser La Granja de San Ildefonso bei Segovia (1721–62, Park nach dem Vorbild von Versailles), Aranjuez (um 1722) und El Pardo (1722) nahe bei Madrid im klass. ital. Barockstil errichtet.

Plastik: Ein wichtiges Aufgabengebiet neben wandhohen Retabeln und Chorgestühlen bildeten die Figuren für die großen Prozessionen während der Karwoche. Führend waren die Bildhauerschulen von Kastilien und Andalusien mit den Zentren Valladolid (G. FERNÁNDEZ), Sevilla (J. MARTÍNEZ MONTAÑÉS, JUAN DE MESA, *1583, †1627, P. ROLDÁN) und Granada (P. DE MENA Y MEDRANO, J. DE MORA). Ihre Vertreter gestalteten Andachtsbilder, deren Realismus zum beherrschenden Ausdrucksmittel wurde (→Estofadoskulptur). F. ZARCILLO Y ALCARAZ in Murcia schuf bes. pathet. und volkstüml. Figuren.

Malerei: O. BORGIANNI sowie B. und V. CARDUCHO vermittelten wesentl. Elemente der ital. frühbarocken Malerei nach Spanien. L. TRISTAN, J. SÁNCHEZ COTÁN, J. B. MAYNO, P. DE ORRENTE waren die ersten Maler Kastiliens, die den neuen caravaggesken Realismus übernahmen. In Sevilla gehörten zu der ersten Generation der Barockmaler J. DE LAS ROELAS,

spanische Kunst: Antonio Gaudí, Säuleneingang im Park Güell in Barcelona; 1900–14

F. HERRERA (EL VIEJO) und F. PACHECO, der v. a. als Kunstschriftsteller und Lehrer von D. VELÁZQUEZ Bedeutung hatte. In Valencia vertrat die gleiche Stilstufe F. RIBALTA. Von den Werken dieser Maler gehen die größten dem 17. Jh. aus: J. RIBERA stellte den neuen, durch harte Kontraste betonten Realismus in den Dienst einer typisch spanisch wirkenden myst. Aussage. Er war vorwiegend in Valencia und Neapel tätig. F. DE ZURBARÁN arbeitete v. a. für Klöster (u. a. Guadalupe). VELÁZQUEZ wurde nach seiner Ausbildung in Sevilla, wo er in genrehaften Bildern Volkstypen realistisch darstellte, Hofmaler in Madrid. Mit seinen Bildnissen der königl. Familie schuf er einen Porträtstil, in dem Repräsentation und individuelle Charakterisierung eine neuartige Verbindung eingehen. In ihrer lichten Farbigkeit und der fast skizzenhaften Pinselschrift wirkten seine Bildnisse auf die frz. Impressionisten. Der gefeiertste Maler Sevillas war B. E. MURILLO, dessen Madonnen ebenso volkstümlich wurden wie seine Gassenbubenbilder. Neben ihm arbeiteten in Sevilla VALDÉS LEAL und F. DE HERRERA (EL MOZO), der 1672 Hofmaler in Madrid wurde. Die spätbarocken, mehr dekorativen Werke der Maler C. COELLO, JOSÉ ANTOLÍNEZ (*1635, †1675) und J. CARREÑO DE MIRANDA bilden den Abschluss der Madrider Malerschule. Die bourbon. Könige beriefen seit Anfang des 18. Jh. frz. Maler an den span. Hof (M.-A. HOUASSE; JEAN RANC, *1674, †1735; L. M. VAN LOO).

Klassizismus und 19. Jahrhundert

Den Klassizismus vertraten in Spanien in der *Architektur* V. RODRÍGUEZ TIZÓN, der San Marcos (1749–53) in Madrid erbaute, und der noch strikter die klassizist. Regeln beachtende J. DE VILLANUEVA, der den Prado errichtete (erster Plan 1785). An der 1757 in Madrid gegründeten Academia de San Fernando wurden auch Bildhauer im klassizist. Stil unterrichtet, die vorwiegend in der Hauptstadt arbeiteten (u. a. M. ÁLVAREZ).

In der *Malerei* versuchte A. R. MENGS, 1761–69 Hofmaler in Madrid, das Kunstleben im klassizist. Sinne zu lenken. Seinen Einfluss überwand F. DE GOYA, der nicht nur als Maler zu den überragenden Persönlichkeiten der europ. Kunst gehört, sondern der auch mit seinen graf. Zyklen neue und zukunftweisende Maßstäbe setzte. Nach ihm verlor die span. Malerei an Bedeutung. J. und F. DE MADRAZO traten als Porträt- und Historienmaler hervor, M. FORTUNY I CARBÓ v. a. als Genremaler. Span. Hauptmeister des Impressionismus wurde J. SOROLLA. Zu großer Beliebtheit brachte es der an EL GRECO und GOYA anknüpfende Kastilier I. ZULOAGA Y ZABALETA.

20. Jahrhundert

Die neuere Entwicklung der s. K. kommt in Persönlichkeiten zum Ausdruck, die entscheidend die Gesamtsituation der Kunst des 20. Jh. mitgeformt haben. Ausbruch und Folgen des Span. Bürgerkriegs zwangen zahlr. Künstler zur Emigration (meist nach Frankreich, aber auch nach Mexiko und Südamerika). Seit 1946 zeigte sich ein Neuanfang, der sich in Barcelona um die Zeitschrift ›Dau al Set‹ (1948–54) und in Madrid um die Künstlergruppe ›El Paso‹ (1957–60) konzentrierte.

Seit 1900 gab in der *Architektur* das Werk von A. GAUDÍ, ein Höhepunkt der europ. Jugendstilkunst (in Spanien ›Modernismo‹), Impulse, die sich nicht auf die Architektur beschränkten, sondern sich auch auf Skulptur und Malerei ausweiteten. Weitere bedeutende Vertreter des Modernismo sind LLUÍS DOMÈNECH I MONTANER (*1850, †1923), JOSEP PUIG I CADAFALCH (*1867, †1957) und JOSEP MARIA JUJOL I GI-

Span spanische Kunst

spanische Kunst: Bahnhof Atocha in Madrid von Rafael Moneo; 1984–92

BERT (* 1879, † 1949). In den 1930er-Jahren entstanden Bauten im internat. Stil, der bes. von der Architektengruppe ›Grupo Artistas y téchnicos‹ getragen wurde, auch von dem später international bekannt gewordenen J. L. SERT. Neben FRANCISCO JAVIER SAÉNZ DE OIZA und JOSÉ MARÍA GARCÍA DE PAREDES traten nach Mitte der 70er-Jahre eine ganze Reihe junger Architekten mit klassisch orientierter, individueller moderner Architektur hervor. R. BOFILL und die Planungsgruppe →Taller de Arquitectura fanden internat. Aufmerksamkeit mit postmodernen Großbauten (BILD →Postmoderne). Auch die Bauten des Studios PER (LLUÍS CLOTET, OSCAR TUSQUETS, PEP BONET und CRISTIAN CIRICI) sind von postmodernen Formelementen geprägt. Mit der zeichenhaften und organisch-assoziativen Architektur von J. R. MONEO und dem Urbanismus der Architektengruppe ORIOL BOHIGAS, DAVID MACKAY und JOSEP-M. MARTORELL (und im Anschluss daran), auch ermutigt von den internat. Erfolgen span. Architekten (R. BOFILL, S. CALATRAVA) entfaltete sich in jüngster Zeit eine Architekturszene, die im Sinn eines krit. Regionalismus traditionelle mit symbolist., konstruktivist. und dekonstruktivist. Bauformen sowie solchen der rationalen Architektur frei kombiniert und so den Stil einer mediterranen ›Neuen Sinnlichkeit‹ findet. Beispielgebend wirkten die Bauten von →MONEO (u. a. Gebäude der Bankinter, Madrid, 1973–76; Bahnhof Atocha, ebd., 1984–92; Modernes Museum und Architekturmuseum, Stockholm, 1994–98). BOHIGAS, seit 1980 für die Stadtplanung Barcelonas verantwortlich, entwarf den Bau des Olympiadorfs Nova Icaria im Stadtteil Poble Nou mit 4 km langer Strandpromenade, Jachthafen und Autobahnring (1987–92), wofür als leitende Architekten FEDERICO CORREA und ALFONS MILÀ tätig waren. Einzelaufträge in Barcelona erhielten u. a. JOSEP LLUÍS MATEO (Sozialsiedlung in Poble Nou, 1984–90; Umbau der Catex-Fabrik zu einem Kultur- und Sportzentrum, 1991 fertig gestellt), MACKAY und MARTORELL (Mollet-Wohnblock, 1983–87; Parc de la Creueta del Coll, 1987–92) sowie in Badalona ESTEVE BONELL und FRANCESC RIUS (Olympische Basketballhalle, 1987–92). Hervorragendes leisteten auch ALBERT VIAPLANA und HELIO PIÑÓN mit der Plaça de Sants (1981–83) und dem Kulturzentrum (1994 eröffnet) in Barcelona. JOSÉ ANTONIO MARTÍNEZ LAPEÑA und ELÍAS TORRES fügten das Krankenhaus in Móra d'Ebre, Prov. Tarragona, als Flachbau in die Landschaft (1982–88). Ortsbezug zeichnet auch die Bauten von ANTONIO CRUZ und ANTONIO ORTIZ aus (Meeresmuseum, Cádiz, 1986–88; Bahnhof Santa Justa, Sevilla, 1989–91). GUILLERMO VÁZQUEZ CONSUEGRA baute in Sevilla das neue Schifffahrtsmuseum (1988–92); LLUÍS DOMÈNECH und Mitarbeiter banden den neuen Stadtteil Barrio de Canyeretan zitatenreich an das histor. Zentrum von Lérida an (1982–90). Interessante architekton. Lösungen zeigen auch JUAN NAVARRO BALDEWEG (Zentrum für soziale Dienste, Mad-

spanische Kunst: Juan Gris, ›Stillleben mit Gitarre‹; 1915 (Otterlo; Rijksmuseum Kröller-Müller)

rid, 1985–89; Hydraul. Museum, Murcia, 1988; Mühlen am Segura, Murcia, Umbau 1990), JAUME BACH und GABRIEL MORA (Raventós-Kellereien, Barcelona, 1985–88), JORDI GARCÉS und ENRIC SÒRIA (Medizin. Zentrum, Tarragona, 1983–87) und die Galicier CÉSAR PORTELA (Kaianlage in Villagarcía de Arosa, Prov. Pontevedra, u. a. mit Aquarium, 1983–85) und MANUEL GALLEGA (Kulturzentrum in Chantada, 1990). Die Reihe der katalan. Architekten ist noch zu ergänzen durch JULIA CANO LASSO und DIEGO CANO PINTOS (Auditorio de Galicia, Santiago de Compostela, 1986–89), LLUÍS CLOTET und IGNACIO PARICIO (Bank von Spanien, Gerona, 1984–89), ÓSCAR TUSQUETS (Wohnquartier in Tarragona, 1984–88), JOSÉ LLINÁS (Umbau des archäolog. Museums von Barcelona, 1986–89, und des Teatro Jujol in Tarragona, 1991 ff.) sowie BETH GALÍ, MÀRIUS QUINTANA und ANTONI SOLANAS (Joan-Miró-Bibliothek, Barcelona, 1988–90). Im Ggs. zu den eher monumental angelegten Bauten artikulieren ENRIC MIRALLES und CARME PINÓS (Kulturzentrum La Pista, Els Hosta-lets de Balenyà, Prov. Barcelona, 1989–91) die spezif. Topographie eines Ortes und den Strukturwandel vom Ende des 20. Jh. in scheinbar ›chaotischen‹ dynam. Strukturen.

Auch die Entwicklung der modernen *Plastik*, stark durch GAUDÍ und die mit ihm zusammenarbeitenden

spanische Kunst: Pablo Picasso, ›Gauklerfamilie‹; 1905 (Washington, D. C., National Gallery of Art)

Bildhauer beeinflusst, wurde durch den Bürgerkrieg und seine Folgen beeinträchtigt. Die auch als Bildhauer tätigen Maler P. PICASSO, J. GRIS, S. DALÍ und J. MIRÓ arbeiteten überwiegend im Ausland, ebenso J. GONZÁLEZ, der bahnbrechend auf dem Gebiet der Eisenskulptur war, mit der sich auch P. GARGALLO befasste. GONZÁLEZ mit seinen als Zeichen im Raum angelegten Plastiken gab den folgenden Bildhauergenerationen wichtige Impulse. Eisenplastik prägt bis heute die span. Bildhauerkunst: JORGE OTEIZA (*1908) mit seinen ›Cajas‹ (1938–58), PABLO SERRANO (*1910), ANDREU ALFARO (*1929) mit streng geometrischen Arbeiten. MARTÍN CHIRINO (*1925) schloss sich der Gruppe ›El Paso‹ an. International bekannt mit großen Aufträgen für monumentale Metallplastik wurden bes. E. CHILLIDA und ANTONIO GABINO (*1922), aber auch M. BERROCAL mit seinen Schmiedearbeiten. Realistisch arbeiten JULIO L. HERNÁNDEZ (*1930), FRANCISCO LÓPEZ (*1932) und ANTONIO LÓPEZ-GARCÍA (*1936), andere Künstler haben sich der Objektkunst und Installation zugewandt, z. B. MIQUEL NAVARRO (*1945). Zu den jüngeren reinen Eisenplastikern zählen u. a. AGUSTÍ ROQUÉ (*1942), ELISA ARIMANY (*um 1945), der auch als Maler tätige SERGI AGUILAR (*1946), SUSANA SOLANO (*1946) mit Installationen, JUAN MUÑOZ (*1953), JAUME PLENSA (*1955), TXOMIN BADIOLA (*1957) und PELLO IRAZU (*1963). Ebenfalls an die Tradition der Metallplastik knüpfen ANGELES MARCO (*1947), RICARDO COTANDA (*1953) PEREJAUME (*1957), FERNANDO SINAGA (*1951) und MARISA FERNÁNDEZ (*1957) an. Grenzüberschreitend mit Rauminstallationen arbeiten u. a. CRISTINA IGLESIAS (*1956), MONTSE RUIZ (*1959), ANNA MAURI (*1963), GABRIEL F. CORCHERO (*1958), VICTOR BLASCO (*1962) und XOAN ANLEO (*1960).

Die span. *Malerei* des 20. Jh. ist ebenbürtige Fortsetzung der großen Tradition des 16.–18. Jh. Entscheidende Stilprägungen der modernen Malerei wurden von span. Künstlern geschaffen bzw. erhielten von ihnen wichtige Impulse, der Kubismus von PICASSO und GRIS, der Surrealismus von DALÍ und MIRÓ. Auch seit 1945 ist eine große Zahl von span. Künstlern in das internat. Blickfeld getreten. Bedeutende Beiträge zur informellen Kunst leisteten R. CANOGAR, L. FEITO, MANOLO MILLARES (eigtl. MANUEL MILLARES SALL, *1926, †1972), der bes. auch mit skulpturalen Bildobjekten experimentierte, und A. SAURA (Mitglieder der Gruppe ›El Paso‹ in Madrid) sowie A. TÀPIES (der der Gruppe ›Dau al Set‹ in Barcelona angehörte). E. ARROYO und die Gruppe ›Equipo Crónica‹ mit MANUEL VALDÉS (*1942) und

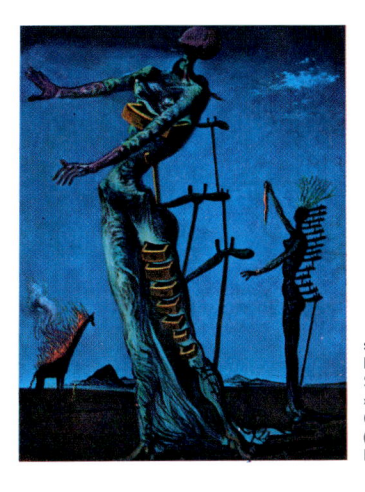

spanische Kunst: Santiago Calatrava, ›Alamillo-Brücke‹ in Sevilla; 1992

RAFAEL SOLBES (*1940, †1981) setzten sich für eine politisch engagierte Kunst ein. Mit großformatigen, subtilen Zeichnungen von menschenleeren Interieurs und Landschaften traten MARÍA MORENO (*1930)

spanische Kunst: Antoni Tàpies, ›Zeichen auf weißen Ovalen‹; 1966 (Köln, Museum Ludwig)

und ISABEL QUINTANILLA (*1938) hervor. Im Anschluss an die avantgardist. Positionen von TÀPIES, ARROYO und MILLARES SALL sowie an internat. Entwicklungen treten v. a. jüngere Maler mit einer abstrakt-gestischen, mythisch aufgeladenen Malerei hervor, wie MIQUEL BARCELÓ (*1957), JOSÉ MANUEL BROTO (*1949), JUAN USLÉ (*1954), JOSÉ MARIA SICILIA (*1954), VICTORIA CIVERA (*1955) und GERARDO DELGADO (*1942); seltener werden Tendenzen wie der experimentelle Konstruktivismus (z. B. von FEDERICO GUZMÁN, *1964; SOLEDAD SEVILLA, *1944) oder die postmoderne Malerei (z. B. von FERRÁN GARCÍA SEVILLA, *1949; CHARO PRADAS, *1960; ROGELIO LÓPEZ CUECAN, *1959) aufgegriffen.

J. GUIDOL: Die Kunst Spaniens (a. d. Engl., 1964); P. TISNÉ: Spanien. Bildatlas der s. K. (a. d. Frz., 1968); S. K. heute. 21 Künstler aus der Slg. des Museums für abstrakte Kunst, Cuenca, Ausst.-Kat. (1968); J. WILLIAMS: Frühe span. Buchmalerei (a. d. Engl., 1977); M. HARASZTI-TAKÁCS: Spanish genre painting in the seventeenth century (Budapest 1983); A. E. PÉREZ SÁNCHEZ: Historia del dibujo en España de la Edad Media a Goya (Madrid 1986); España. Artisti spagnoli contemporanei, bearb. v. F. DEMURO, Ausst.-Kat. Rotonda di Via Besana, Mailand (Mailand 1988); Der Span. Bürgerkrieg u. die bildenden Künste, hg. v. J. HELD (1989); H. KARGE: Die Kathedrale von Burgos u. die span. Architektur des 13. Jh. (1989); C. BENEDEK: Das iber. Erbe Spaniens (tlw. a. d. ungar. Ms., 1990); E. D. COAD: Spanish design and architecture (London 1990); Eisenskulptur aus Spanien, bearb. v. M. L. BORRÀS,

spanische Kunst: Salvador Dalí, ›Die brennende Giraffe‹; 1936 (Basel, Kunstmuseum)

spanische Kunst: Julio González, ›Don Quijote‹; 1929 (Paris, Musée National d'Art Moderne)

Span spanische Literatur

spanische Kunst: José María García de Paredes, Sinfoniesaal des Auditorio Nacional de Música in Madrid; eröffnet 1988

Ausst.-Kat. (tlw. a. d. Span., Madrid 1990); M. LENERZ-DE WILDE: Iberia Celtica. Archäolog. Zeugnisse kelt. Kultur auf der Pyrenäenhalbinsel, 2 Bde. (1991); Picasso - Miró - Dalí u. der Beginn der span. Moderne. 1900–1936, hg. v. SABINE SCHULZE, Ausst.-Kat. (1991); Spanien. Kunst des frühen MA. vom Westgotenreich bis zum Ende der Romanik, bearb. v. P. DE PALOL u. a. (Neuausg. 1991); Span. Kunstgesch. Eine Einf., hg. v. S. HÄNSEL u. a., 2 Bde. (1991); Vision oder Wirklichkeit. Die span. Malerei der Neuzeit, hg. v. H. KARGE (1991); Kunst in Spanien, hg. v. U. M. REINDL u. G. RIVET (teilw. a. d. Frz. u. a. d. Span., 1992); Die neue span. Architektur, bearb. v. A. ZABALBEASCOA (a. d. Amerikan., 1992); Span. Bilderwelten. Lit., Kunst u. Film im intermedialen Dialog, hg. v. C. STROSETZKI u. A. STOLL (1993); H. ORPEL: Polit. Kunst in der zweiten Span. Rep. (1995); Das grausame Spiel, Surrealismus in Spanien 1924–1939, hg. v. L. GEHRMANN, Ausst.-Kat. Kunsthalle Wien (1995); Traditionelles Bauen in Spanien, bearb. v. U. STARK (³1995); S. WALDMANN: Der Künstler u. sein Bildnis im Spanien des 17. Jh. (1995); K. HELLWIG: Die span. Kunstlit. im 17. Jh. (1996); Kunst in Spanien im Blick des Fremden. Reiseerfahrungen vom MA. bis in die Gegenwart, hg. v. G. NOEHLES-DOERK (1996); Deco España. Graphic design of the twenties and thirties, hg. v. S. HELLER u. L. FILI (San Francisco, Calif., 1997); Die Gesch. der s. K., hg. v. X. BARRAL I ALTET (a. d. Span., 1997); V. I. STOICHITA: Das myst. Auge. Vision u. Malerei im Spanien des goldenen Zeitalters (a. d. Frz., 1997); J. A. TOMLINSON: Malerei in Spanien. Von El Greco bis Goya, 1561–1828 (a. d. Engl., 1997); Birkhäuser Architekturführer Spanien 1920–1999, hg. v. I. DE SOLÀ-MORALES u. a. (a. d. Span., Basel 1998).

spanische Kunst: Jaume Plensa, ›Islands‹; 1995 (Detail; Privatbesitz)

spanische Literatur, die Literatur in span. (d. i. in kastil.) Sprache, soweit sie in Spanien verfasst wurde. Über die in Spanisch geschriebene Literatur Lateinamerikas →lateinamerikanische Literatur.

Besondere Charakteristika der s. L. sind die intensive Pflege einiger spezifischer literar. Gattungen (Romanze, Ritterroman, asketisch-myst. Literatur, Schelmenroman, Comedia und Auto sacramental), eine große Kontinuität literar. Stoffe und Formen vom MA. bis zur Neuzeit, die bis in die Gegenwart reichende Präsenz einer bisweilen übermächtigen kirchl. und staatl. Zensur, der Verlust der Funktion als alleinige span. Nationalliteratur angesichts des im 19. Jh. erfolgten Wiedererstehens der galicischen (→galicische Sprache und Literatur), der katalanischen (→katalanische Sprache und Literatur) sowie der baskischen Literatur (→baskische Sprache und Literatur) auf span. Staatsgebiet, schließlich die Entwicklung spanischer Literaturen außerhalb Spaniens bei den Spaniolen (→Ladino), in Lateinamerika und bei Spanisch sprechenden Minderheiten (Chicanos) in den USA.

Mittelalter (12.–15. Jahrhundert)

Die Literatur des span. MA. war nicht nur wie im übrigen Europa durch das Miteinander einer lateinisch-klerikalen und einer volkssprachlich-laizist. Kultur geprägt. Für Spanien bestimmend wurde darüber hinaus das Zusammenleben mit einer arabisch-islam. (→aljamiadische Literatur) und einer hebräisch-jüd. Kultur, das erst 1492 endete, als die Katholischen Könige ISABELLA I. und FERDINAND II. Granada, das letzte arab. Königreich auf span. Boden, eroberten und zugleich die Juden aus ihrem Herrschaftsgebiet vertrieben. Durch die kulturelle Synthese wurde die s. L. zur wichtigen Vermittlerin oriental. Erzählstoffe, so in der ›Disciplina clericalis‹ (entstanden nach 1106) des konvertierten Juden PETRUS ALFONSI oder den großen Exemplasammlungen und Mustererzählungen des 13. Jh. wie ›Kalila und Dimna‹ oder ›Barlaam und Josaphat‹, die, ins Lateinische und Spanische übersetzt, in ganz Europa rezipiert wurden. Eine gemeinsame Leistung der zusammenlebenden Kulturen ist auch die ›Übersetzerschule von Toledo‹. Ihr Wirken erreichte unter König ALFONS X., DEM WEISEN, ihren Höhepunkt. Hier wurde arab. und hebr. Schrifttum über das Spanische ins Lateinische übersetzt und so dem mittelalterl. Europa zugänglich gemacht. Darunter befinden sich auch Werke des (über das Arabische vermittelten) ARISTOTELES.

Gleichfalls Ergebnisse dieser Mischkultur sind die ältesten Denkmäler span. Dichtung, die in Mozarabisch verfassten →Jarchas, zugleich die ältesten Belege für die Liebeslyrik in einer europ. Volkssprache. Die spätere Liebeslyrik wurde – auch im kastil. Sprachbereich – in galic. und provenzalisch-katalan. Sprache verfasst. Über Katalonien wurde im 13. und 14. Jh. der höf. Minnesang nach Spanien vermittelt. In der episch-narrativen Dichtung lässt sich zw. einer Spielmannsdichtung (›mester de juglaría‹) und einer gelehrt-klerikalen Dichtung (›mester de clerecía‹) unterscheiden, die beide, bes. Letztere, unter frz. Einfluss standen. Wichtigstes Denkmal der Spielmannsdichtung ist das anonyme Epos ›Cantar de mío Cid‹ (entstanden um 1140; →Cid, El). Weitere span. Epen sind nur fragmentarisch erhalten (›Poema de Fernán González‹, entstanden 1260) oder lediglich aus späteren Prosaauflösungen in den Chroniken rekonstruierbar, so ›Los siete infantes de Lara‹ aus der ›Primera crónica general‹ (entstanden 1289). Von diesen Epen zeugt die älteste Schicht der →Romanzen, die als mündlich tradierte, in zahlr. Varianten bis in die Gegenwart überlieferte Bruchstücke der Epen anzusehen sind. Der wohl früheste Repräsentant des ›mester de clerecía‹ und der erste namentlich bekannte span. Dichter überhaupt war G. DE BERCEO mit Heiligenviten und Mariendichtungen (›Milagros de Nuestra Señora‹). Die span. Prosa entstand am Hof ALFONS' X.,

spanische Literatur

DES WEISEN, der selbst jurist. (›Siete Partidas‹, entstanden 1256–63), naturwiss., besonders astronom. und astrolog. Schriften sowie ein Schachbuch verfasste. Auf ihn gehen die großen Kompilationen zur span. Geschichte zurück (›Grande e general estoria‹, entstanden 1272–80).

Der bedeutendste Prosaschriftsteller des 14. Jh., der Infant Don JUAN MANUEL, nahm in der Novellen- und Exempelsammlung ›El conde Lucanor‹ (entstanden 1335, gedruckt 1575) die oriental. Erzähltradition auf und leitete damit die span. Novellistik ein. Die anonyme ›Historia del caballero Cifar‹, gleichfalls im 14. Jh. entstanden, war ein Vorläufer des Ritterromans. Als größtes poet. Talent der span. MA. gilt J. RUIZ, Erzpriester von Hita, dessen ›Libro de buen amor‹ (zwei Fassungen, 1330 und 1343) satirisch die Torheit und Sündhaftigkeit der Liebe (›loco amor‹) offenbaren will, zugleich jedoch eine Feier der Erotik und des Diesseits ist. Herbe Zeitkritik, die sich im 15. Jh. auch in der volkstüml. Dichtung (›Coplas del provincial‹) findet, übte der Staatsmann P. LÓPEZ DE AYALA in seinem Lehrgedicht ›Rimado de palacio‹.

Im 15. Jh. öffnete sich Spanien über Katalonien und Aragonien dem ital. Einfluss (DANTE, F. PETRARCA, G. BOCCACCIO) und damit dem neuen Geist des Humanismus und der Renaissance. Es war zugleich die Zeit des Zusammentragens der spätmittelalterl. Kunstdichtung in den ›Cancioneros‹ (›Cancionero de Baena‹, entstanden um 1445; →Cancioneiro) und der spätmittelalterlichen allegor. Liebesromane in höf. Stil (D. FERNÁNDEZ DE SAN PEDRO, ›Cárcel de Amor‹, 1492). In seinen ›Coplas‹ evozierte J. MANRIQUE das christl. Todes- und Weltverständnis des MA. Bereits deutlich auf die Renaissance verweisen die Dichtungen des Marqués de SANTILLANA und die ›Tragicomedia de Calisto y Melibea‹ von F. DE ROJAS, die nach der Protagonistin →Celestina (1499) genannt wird, sowie das Werk des Humanisten E. A. DE NEBRIJA, der die erste span. Grammatik und das erste umfassende spanisch-lat. Wörterbuch verfasste.

Siglo de Oro (goldenes Zeitalter, 16. und 17. Jahrhundert)

Die im europ. Vergleich früh einsetzende Blütezeit der s. L. umfasst Renaissance (Regierungszeit Kaiser KARLS V.) und Barock (Regierungszeiten von PHILIPP II. bis KARL II.). Trotz starker ital. und klassisch-lat. Einflüsse brach die span. Renaissance weder mit dem christl. Denken noch mit der heimischen mittelalterl. Dichtungstradition. Spaniens dominierende polit. und geistige Rolle in der kath. Reform ließ die s. L. selbst im prot. Europa bis mindestens 1650 als Vorbild wirken. Hier kam neben dem Theater v. a. der asketisch-myst. Literatur eine einzigartige Rolle zu. In zahllosen Abhandlungen, Heiligenviten und Predigtsammlungen propagierte sie ein – über den in Spanien bes. geschätzten ERASMUS VON ROTTERDAM auf präreformator. Tendenzen zurückgehendes – Ideal verinnerlichter Frömmigkeit. Insbesondere gilt dies für die vielfach übersetzten Schriften von LUIS DE GRANADA, der hl. THERESIA VON ÁVILA und von JUAN EUSEBIO NIEREMBERG (* 1595, † 1658). Die gleichfalls europaweit rezipierten Schriften von A. DE GUEVARA verbinden religiös-didakt. mit unterhaltenden, antikisierenden Elementen.

In der Lyrik übernahmen trotz vereinzelten Widerstandes (C. DE CASTILLEJO) JUAN BOSCÁN ALMOGÁVER (* um 1493, † 1542) und GARCILASO DE LA VEGA Formen, Themen und Bildwelt des ital. →Petrarkismus, der in der ›Schule von Sevilla‹, bes. von F. DE HERRERA, fortgeführt wurde. Die von der Antike, bes. von HORAZ inspirierte Gedankenlyrik von Fray L. DE LEÓN bemühte sich um eine bewusst einfache Sprache; von religiösen Inhalten und der Sprache der Bibel bestimmt sind die Gedichte des hl. JOHANNES VOM KREUZ, der auch Formen und Themen der petrarkist. Liebeslyrik zum Ausdruck seines myst. Erlebens verwendete. Um eine von der Alltagssprache völlig verschiedene Sprache der Lyrik bemühte sich L. DE GÓNGORA Y ARGOTE (›Las Soledades‹, entstanden 1613/14, gedruckt 1636). Sie ist gekennzeichnet von bewusster Dunkelheit des Ausdrucks, Latinismen und ungewohn. Metaphern und blieb für die Lyrik in Spanien und Lateinamerika (JUANA INÉS DE LA CRUZ) bis weit ins 18. Jh. das am häufigsten nachgeahmte Vorbild. GÓNGORAS →Culteranismo setzte F. GÓMEZ DE QUEVEDO Y VILLEGAS das Stilideal des →Konzeptismus entgegen. Ein vielfältiges lyr. Werk mit span. und ital. Formen, profanen und religiösen Inhalten schuf LOPE F. DE VEGA CARPIO.

Die Phase von 1500 bis 1650 war auch die erste Blütezeit des span. Romans. Auf frz. höf. Vorbildern basiert die Flut der abenteuerreichen Ritterromane (›Amadís de Gaula‹, span. 1508; →Amadis von Gaula), die ihrerseits in ganz Europa zahllose Nachahmungen hervorriefen; von Italien beeinflusst sind die idealisierende Schäferroman (J. DE MONTEMAYOR, ›Los siete libros de la Diana‹, 1559; G. GIL POLO, ›Diana enamorada‹, 1564; M. DE CERVANTES SAAVEDRA, ›La Galatea‹, 1585; LOPE DE VEGA, ›Arcadia‹, 1598). Eine originär span. Schöpfung ist der realistisch-krit. pikareske Roman (›La vida de Lazarillo de Tormes, y de sus fortunas y adversidades‹, anonym, 1554; M. ALEMÁN, ›Guzmán de Alfarache‹, 2 Tle., 1599–1604; F. GÓMEZ DE QUEVEDO Y VILLEGAS, ›Historia de la vida del Buscón ...‹, entstanden 1603, veröffentlicht 1626). CERVANTES' geniales Werk ›El ingenioso hidalgo Don Quijote de la Mancha‹, 2 Tle., (1605–15) steht in der Tradition dieser Romanformen, parodiert sie aber gleichzeitig und wurde so zum Vorbild für den modernen europ. Roman überhaupt. Mit den ›Novelas exemplares‹ (1613) schuf CERVANTES auch eine eigenständige span. Novellistik. Trotz dieser großen nationalliterar. Tradition kam die profane erzählende Literatur, v. a. der Roman, in der stark retheologisierten Atmosphäre seit der Mitte des 17. Jh. völlig zum Erliegen.

Groß war die Zahl der Historiker und Chronisten v. a. der Eroberung der Neuen Welt (B. DÍAZ DEL CASTILLO, B. DE LAS CASAS, J. DE ACOSTA, JUAN DE MARIANA (* 1536 [?], † 1624). Europ. Erfolg hatten die moralphilosoph. und staatspolit. Schriften des Diplomaten D. DE SAAVEDRA FAJARDO (›Idea de un príncipe político christiano‹, 1640) und des Jesuiten B. GRACIÁN Y MORALES (›Oráculo manual y arte de prudencia‹, 1647).

Außerordentlich reich war die Bühnendichtung des Siglo de Oro. Zwar waren die Bemühungen um ein dem Geist der Renaissance entsprechendes klassizist. Theater von geringem Erfolg; aus volkstüml. Tradition entwickelte sich jedoch im Spanien des 16. Jh. ein gänzlich eigenständiges, höchst erfolgreiches Theater, dessen Vorformen sich bei L. DE RUEDA finden. Seine Hauptgattungen sind die profane, auf Unterhaltung breiter Schichten des Volks zielende →Comedia, das religiöse Fronleichnamsspiel (Auto sacramental; →Auto) und das derb-kom. Zwischenspiel (Entremés). LOPE DE VEGA und P. CALDERÓN DE LA BARCA sowie ihre jeweilige Schule (TIRSO DE MOLINA, G. DE CASTRO Y BELLVIS, F. DE ROJAS ZORRILLA, A. MORETO Y CAVANA) haben dieses Theater mit Tausenden von Stücken versorgt. Allein LOPE DE VEGA will 1 500 Theaterstücke verfasst haben. Erhalten sind insgesamt zw. zehn- und dreißigtausend Stücke. Ihre homogene ideolog. Grundlage sind der Gedanke der Monarchie, die Prinzipien des Katholizismus und eine ›altchristl.‹ Ehrvorstellung.

Span spanische Literatur

18. Jahrhundert

Spanien fand nur zögernd Anschluss an das säkularisierte Denken der europ. Aufklärung, das ihm v. a. über Frankreich und Italien vermittelt wurde. Einen wichtigen Schritt auf dem Weg von einem dogmat., vorurteilsbelasteten Denken hin zu einer krit. Empirie vollzog der Benediktiner B. J. FEIJOO Y MONTENEGRO in seinen Schriften (gesammelt als ›Teatro crítico universal‹, 9 Bde., 1726–40; ›Cartas eruditas, y curiosas ...‹, 5 Bde., 1742–60), die einen außerordentlich großen Leserkreis hatten. Die Vulgarisierung der Aufklärung übernahmen in der Folgezeit zahlreiche, häufig kurzlebige und von der Zensur behinderte Zeitschriften (›El Pensador‹, 1762–67; ›El Censor‹, 1781–87). Satir. Kritik am traditionalist. Spanien übten die Prosawerke von J. F. DE ISLA Y ROJO (›Historia del famoso predicador Fray Gerundio de Campazas, alias Zotes‹, 2 Bde., 1758) und J. CADALSO Y VÁZQUEZ (›Cartas marruecas‹, entstanden 1774, hg. 1793). Die wenig gelungene Verteidigung Spaniens gegenüber der damals europaweit karikaturist. Überzeichnung seiner Rückständigkeit übernahm J. P. FORNER Y SAGARRA. Lyrik und Theater des 18. Jh. blieben lange in der spätbarocken Tradition. Die beiden Fabeldichter T. DE IRIARTE und F. M. SAMANIEGO, bes. aber die Lyrik von J. MELÉNDEZ VALDÉS öffneten die Dichtung für Themen und Formen der Aufklärung und der Präromantik. I. LUZÁN Y CLARAMUNT unterwarf die barocke Dichtung, insbesondere das Theater des Siglo de Oro, einer neoklassizist. Kritik (›La poetica, o reglas de la poesía en general ...‹, 1737, 2. Fassung in 2 Bänden hg. 1789); 1765 wurden die Autos sacramentales im Zusammenhang mit den Säkularisierungsbestrebungen KARLS III. verboten, wenig später die volkstüml., gänzlich unrealist. ›comedias de magia‹. L. FERNÁNDEZ DE MORATÍN reformierte gegen Ende des Jahrhunderts das gesamte überkommene Theaterwesen und schuf mit seinen Komödien (›La comedia nueva o el café‹, 1792; ›El sí de las niñas‹, 1805) auch in Spanien ein bürgerl. Theater. Kritik am konservativen Spanien, aber auch ein exaltierter Patriotismus waren die Themen der Literatur während der Besetzung Spaniens durch NAPOLEON I., insbesondere im Werk von M. J. QUINTANA.

19. Jahrhundert

Die span. Romantik setzte erst spät (1825–35) ein, als gegen Ende der Herrschaft FERDINANDS VII. viele Emigranten aus England und Frankreich zurückkehrten. Ihre Wortführer waren als Lyriker und Bühnendichter F. MARTÍNEZ DE LA ROSA, Á. DE SAAVEDRA, Herzog VON RIVAS, J. L. DE ESPRONCEDA Y DELGADO, J. ZORRILLA Y MORAL und der v. a. als spanienkrit. Essayist bedeutende M. J. DE LARRA (Pseudonym Figaro). Seit den 1830er-Jahren lebte auch die Gattung des Romans wieder auf. In der Nachfolge W. SCOTTS entstand zunächst ein histor. Roman (ENRIQUE GIL Y CARRASCO, *1815, †1846, ›El Señor de Bembibre‹, 1844); der frühe realist. Roman (FERNÁN CABALLERO, ›La gaviota‹, 1849) hat seine Ursprünge im →Costumbrismo. Der Roman wurde dann im Laufe des 19. Jh. – neben einer umfangreichen Meinungspresse – in der Form des Feuilleton- und Fortsetzungsromans (›novela por entregas‹) zu einem höchst erfolgreichen Medium der Unterhaltung und der ideolog. Beeinflussung für die breite Masse. Während J. VALERA Y ALCALÁ GALIANO in seinen Werken eine Position der Mitte vertrat (›Pepita Jiménez‹, 1874), verteidigte J. M. DE PEREDA das konservative Spanien (›Pedro Sánchez‹, 1883) und propagierte B. PÉREZ GALDÓS die liberale Tradition des span. 19. Jh. in breit angelegten Zyklen (›Episodios nacionales‹, 46 Bde. in 5 Serien, 1873–1912). Diese Autoren repräsentieren die span. Variante des Realismus; naturalist. Züge trägt das Werk von EMILIA PARDO BAZÁN (›La cuestión palpitante‹, Essays, 1883) und V. BLASCO IBÁÑEZ (›La barraca‹, Roman, 1899). Erfolgreich war seit den 80er-Jahren das bürgerl. Salon- und Illusionstheater mit J. ECHEGARAY Y EIZAGUIRRE und J. BENAVENTE, das aber bei PÉREZ GALDÓS und J. DICENTA Y BENEDICTO auch die ideolog. Auseinandersetzung mit Kirche und Besitzbürgertum nicht scheute. Die Tradition des unterhaltsamen Entremés und des →Sainete nahmen die Brüder S. und J. ÁLVAREZ QUINTERO wieder auf. Ganz aus dem Geist des bürgerl. Salons lebt die stark rhetor. Lyrik von R. DE CAMPOAMOR y CAMPOOSORIO. Revolutioniert wurde die span. Lyrik durch den Subjektivismus und die schlichte, von H. HEINE inspirierte Dichtung des Spätromantikers und Symbolisten G. A. BÉCQUER (*1836, †1870; ›Rimas‹, hg. 1871). Ein Charakteristikum des 19. Jh. ist das Wiedererstehen einer eigenständigen Literatur in katalan. und galic. Sprache, z. B. mit den Werken von B. C. ARIBAU Y FARRIOLS (Ode ›La pàtria‹, 1833) und ROSALÍA DE CASTRO (›Follas novas‹, Gedichte, 1880).

20. Jahrhundert

Die Jahrhundertwende stellte sich mit dem Verlust der letzten wichtigen Kolonien im Jahre 1898 als tief greifende polit., wirtschaftl. und kulturelle Krise dar. Sie ließ die Autoren der →Generation von 98 und ihre unmittelbaren Vorläufer Kritik an dem verbürgerlichten Spanien ihrer Zeit üben. Dabei suchten sie entweder wie Á. GANIVET (›Idearium español‹, Essay, 1897), P. BAROJA Y NESSI und A. MACHADO Y RUIZ den Anschluss an die moderne geistige und techn. Entwicklung Europas oder unternahmen eine Rückbesinnung auf die heim., häufig auch religiöse Tradition Spaniens, wie M. DE UNAMUNO Y JUGO, J. MARTÍNEZ RUIZ (Pseudonym AZORÍN) und R. DE MAEZTU Y WHITNEY. Einflussreichste geistige Strömung war – bereits seit der Mitte des 19. Jh. – der →Krausismus. Zur wichtigsten Gattung wurde, neben dem weniger an die breiten Massen als an eine intellektuelle Minderheit gerichteten Roman, v. a. der Essay, den UNAMUNO (›Del sentimiento trágico de la vida‹, 1912) entschieden prägte. In unmittelbarer zeitl. Nähe bildete sich im span. →Modernismus 2) eine Parallele zum europ. Symbolismus und Ästhetizismus aus. Er wurde von SALVADOR RUEDA (*1857, †1933) vorbereitet und von dem aus Nicaragua stammenden R. DARÍO (›Prosas profanas y otros poemas‹, 1896) vollendet. In der Prosa vertrat R. M. DEL VALLE-INCLÁN (›Sonatas‹, 4 Bde., 1902–05) den Modernismus in virtuoser Form.

Die 20er- und 30er-Jahre zeichneten sich durch undogmat. Denken und künstler. Experimentieren aus. Dabei wurden bei S. DALÍ, L. BUÑUEL, R. ALBERTI, F. GARCÍA LORCA häufig die Grenzen zw. Literatur, Malerei und dem neuen Medium Film aufgehoben. Aufgrund ihrer großen kulturellen Leistungen ist diese Epoche als ›silbernes Zeitalter‹ (Siglo de Plata) und zweiter Höhepunkt in der Geschichte der s. L. bezeichnet worden. Das Bindeglied zw. den Modernisten und der folgenden Dichtergruppe bildet das Werk von J. R. JIMÉNEZ. Fast alle Autoren der überwiegend auf die Lyrik konzentrierten →Generation von 1927 verstanden sich als seine Schüler. Einen zweiten wesentl. Impuls vermittelte ihnen der frz. Surrealismus. Sie bekannten sich im Sinne von L. DE GÓNGORA Y ARGOTE (nach dessen 300. Todesjahr die Gruppe benannt wird) und im Ggs. zur ›engagierten Literatur‹ der Generation von 98 zu einer ›reinen‹, politisch und ideologisch nicht engagierten Kunst. Diesem Ideal entsprachen die lyr. Dichtungen von J. GUILLÉN, P. SALINAS, G. DIEGO CENDOYA, R. ALBERTI, GARCÍA LORCA, V. ALEIXANDRE und L. CERNUDA.

Auf dem europ. Symbolismus und Surrealismus, aber auch auf der Tradition der Comedia und des heim. Puppenspiels fußte die Revolutionierung des span. Theaters der 20er- und 30er-Jahre durch VALLE-INCLÁN und GARCÍA LORCA. VALLE-INCLÁN schuf zur Darstellung der span. Realität das ›esperpento‹ (Schauerposse). GARCÍA LORCAS Dramen erreichen ihre Bühnenwirksamkeit durch die vollendete Synthese von volkstümlichem und klassischem span. Theater (›Yerma‹, Uraufführung 1934, hg. 1937; ›La casa de Bernarda Alba‹, entstanden 1933–36, hg. 1945). Die Essaytradition UNAMUNOS setzten E. D'ORS I ROVIRA und J. ORTEGA Y GASSET (›España invertebrada‹, 1921) fort. Die Gattung des Romans wurde in ihren anspruchsvolleren Formen von G. MIRÓ FERRER (›El obispo leproso‹, 1926), R. PÉREZ DE AYALA (›Tigre Juan‹, 1926) und B. JARNÉS MILLÁN (›Locura y muerte de nadie‹, 1929) gepflegt. Der Span. Bürgerkrieg (1936–39) und das nachfolgende Francoregime brachen die Verbindungen Spaniens zur europ. Moderne abrupt und langfristig ab. Einige Repräsentanten der intellektuellen Elite kamen, wie GARCÍA LORCA, im Bürgerkrieg zu Tode; der größte Teil ging ins Exil (u. a. R. J. SENDER) und kehrte erst in den 60er-Jahren oder gar nicht in das Spanien FRANCO BAHAMONDES zurück. Der Bürgerkrieg selbst rief auf republikan. und nationalist. Seite erneut eine ›poesía impura‹, eine engagierte Literatur, hervor, die jedoch außer im Fall von ALBERTI und M. HERNÁNDEZ weitgehend vergessen ist. Die Literatur der Nachkriegszeit, bis in die 70er-Jahre unter kirchl. und staatl. Zensur stehend, hatte kaum Verbindung zur parallelen europ. und amerikan. Entwicklung. Die Lyrik erschöpfte sich zunächst in der formalen Wiederholung der Klassiker, bes. von GARCILASO DE LA VEGA, und in religiösen Themen. Den Geist der Generation von 1927 und ein anspruchsvolles Verständnis von Dichtung gab der in Spanien verbliebene V. ALEIXANDRE an die Autoren der Generation von 1950 weiter und beeinflusste damit wesentlich die neuere Lyrik. Einen Neuansatz im Roman bildete das Frühwerk von C. J. CELA (›La familia de Pascual Duarte‹, 1942; ›La colmena‹, 1951).

Seit etwa 1950 sah sich die Mehrzahl der Autoren dem Ideal einer ›literatura social‹ verpflichtet, einer politisch und sozial engagierten Literatur, die sich als Opposition zum herrschenden Nationalkatholizismus und Francoregime verstand. Die Hauptrepräsentanten eines auf polit. Bewusstwerdung zielenden Theaters waren A. BUERO VALLEJO, der – ohne direkte Regimekritik – das Lebensgefühl der Zeit auf die Bühne brachte (v. a. in ›Historia de una escalera‹), und A. SASTRE, der – von B. BRECHT beeinflusst – immer wieder die Grenzen mögl. Kritik auslotete und von der Zensur stark behindert wurde. Daneben existierte ein breites volkstüml. Unterhaltungs- und Musiktheater (→Zarzuela), das im privaten Theaterwesen Spaniens v. a. auf den kommerziellen Erfolg zielte. In der Schlussphase des Francoregimes und in der Zeit danach erlebte das Theater in den zahlr. Gruppen des ›unabhängigen Theaters‹ (›Los Goliardos‹, ›Els Joglars‹) eine Blüte, während der es nach langer Isolierung auch mit Autoren wie LAURO OLMO (* 1922), J. MARTÍN RECUERDA, JOSÉ MARÍA RODRÍGUEZ MÉNDEZ (* 1925), JOSÉ RUIBAL (* 1925), FRANCISCO NIEVA (* 1929), MIGUEL ROMERO ESTEO (* 1930), ANTONIO GALA (* 1936) und JOSÉ SANCHIS SINISTERRA (* 1940) an die Moderne anschließen konnte. Von den jüngeren Autoren sind ERNESTO CABALLERO (* 1957) und der auch katalanisch schreibende SERGI BELBEL (* 1963) zu nennen.

Im Roman dominierten in der 2. Hälfte des 20. Jh. zunächst das rein sozialkrit. Konzept, so bei CELA, M. DELIBES, R. SÁNCHEZ FERLOSIO, ANA MARÍA MATUTE, CARMEN LAFORET, I. ALDECOA, JUAN GARCÍA HORTELANO (* 1928), im Frühwerk von L. und JUAN GOYTISOLO, bei ELENA DE LA VÁLGOMA QUIROGA und J. MARSÉ CARBO. Eine publikumswirksame Darstellung des Bürgerkriegs aus franquist. Sicht lieferte J. M. GIRONELLA, während bereits die frühen Romane von G. TORRENTE BALLESTER auf kreativere Formen der Gattung weisen. Einen Neuansatz im span. Romanschaffen bildet das Werk von L. MARTÍN-SANTOS (›Tiempo de silencio‹, 1962), mit dem die s. L. den Anschluss an den modernen nord- und lateinamerikan. sowie den europ. Roman fand und mit einem vordergründigen Realismus brach. Der Neuansatz findet sich auch im späteren Werk der Brüder JUAN (›Señas de identidad‹, 1966) und LUIS GOYTISOLO (›Recuento‹, 1973). Neue Impulse erhielt die s. L. auch durch jene Autoren, die in span. Sprache Stoffe aus den nichtkastil. Regionen gestalten (so der Galicier A. CUNQUEIRO und der Katalane T. MOIX). Der span. Gegenwartsroman ist von großer themat. und stilist. Breite und Vitalität, wobei das Thema Bürgerkrieg immer wieder aufgenommen wird; wichtige moderne Prosaautoren sind u. a. J. LLAMAZARES, J. MARÍAS, E. MENDOZA, A. MUÑOZ MOLINA, J. TOMEO, der vorwiegend in frz. Sprache schreibende J. SEMPRÚN, JOSÉ MARÍA MERINO (* 1941), JUAN JOSÉ MILLÁS (* 1946) und BERNARDO ATXAGA (* 1951). Der Lyriker, Essayist und Romancier M. VÁZQUEZ MONTALBÁN ist als erster span. Autor von Kriminalromanen hervorgetreten. Auch die Zahl erfolgreicher Schriftstellerinnen hat in jüngster Zeit erheblich zugenommen: CRISTINA FERNÁNDEZ CUBAS (* 1945), ROSA MONTERO (* 1951), ANA MARÍA MOIX (* 1947), LOURDES ORTIZ (* 1943), SOLEDAD PUÉRTOLAS (* 1947) und ESTHER TUSQUETS (* 1936).

Wie Theater und Roman verstand sich die Lyrik während des Francoregimes zunächst ganz als eine ›poesía social‹ mit G. CELAYA, B. DE OTERO, JOSÉ A. GOYTISOLO, VICTORIANO CREMER (* 1908), GLORIA FUERTES (* 1918), MIGUEL LABORDETA (* 1921, † 1969), J. HIERRO und dem frühen JOSÉ MARÍA VALVERDE (* 1926). Sie wurden Mitte der 60er-Jahre abgelöst durch eine Gruppe ›jüngster Autoren‹ (›novísimos‹), die dem ästhet. Phänomen und dem (post)modernen Experiment den entschiedenen Vorrang vor dem unmittelbaren polit. Engagement gaben: VÁZQUEZ MONTALBÁN, F. DE AZÚA, PERE GIMFERRER (* 1945), ANA MARÍA MOIX, GUILLERMO CARNERO (* 1947), ANTONIO COLINAS (* 1946), JAIME SILES (* 1951). Dieser Generation folgte mit LUIS GARCÍA MONTERO (* 1958), BLANCA ANDREU (* 1959) und FELIPE BENÍTEZ REYES (* 1960) eine Gruppe ›allerjüngster Autoren‹ (›postnovísimos‹). Eine Sonderstellung jenseits aller Moden nimmt seit längerem das lyr. Werk von C. RODRÍGUEZ ein.

Charakteristisch für die in Kastilisch geschriebene Literatur ist es, dass sie seit der Normalisierung der sprachl. Situation im demokrat. Spanien der Gegenwart immer mehr zu einer Literatur neben den anderen spanischen, in Katalanisch, Galicisch und Baskisch geschriebenen Literaturen wird.

Bibliographien und Nachschlagewerke: Diccionario de literatura española, hg. v. G. BLEIBERG u. a. (Madrid ⁴1972); The Oxford companion to Spanish literature, hg. v. P. WARD u. a. (Oxford 1978); J. SIMÓN DÍAZ: Manual de bibliografía de la literatura española (Madrid ³1980); P. JAURALDE POU: Manual de investigación literaria (ebd. 1981); D. W. BLEZNICK: A sourcebook for Hispanic literature and language (Metuchen, N. J., ²1983).

Gesamtdarstellungen: Historia general de las literaturas hispánicas, hg. v. G. DÍAZ PLAJA, 7 Tle. (Barcelona 1949–73); R. BAEHR: Span. Verslehre auf histor. Grundl. (1962); Historia general de las literaturas hispánicas, hg. v. G. DÍAZ PLAJA, 7 Tle. (Neuausg. Barcelona 1968–73); O. H. GREEN: Spain and the western tradition. The Castilian mind in literature from El

Cid to Calderón, 4 Bde. (Madison, Wis., ²1968); R. MENÉNDEZ PIDAL: Romancero hispánico (Hispanoportugués, americano y sefardi). Teoría e historia, 2 Bde. (Madrid ²1968); A literary history of Spain, hg. v. R. O. JONES, 8 Bde. (London 1971–73); BERNHARD SCHMIDT: Spanien im Urteil span. Autoren. Krit. Unterss. zum sogenannten Spanienproblem 1609–1936 (1975); G. HOFFMEISTER: Spanien u. Dtl. Gesch. u. Dokumentation der literar. Beziehungen (1976); H. FLASCHE: Gesch. der s. L., 3 Bde. (1977–89); J. VERNET: La cultura hispanoárabe en oriente y occidente (Barcelona 1978); Historia de la literatura española, hg. v. J. M. DÍEZ BORQUE, 4 Bde. (Madrid 1980–82); Historia y critica de la literatura española, hg. v. F. RICO, 8 Bde. u. 2 Suppl.-Bde. (Barcelona 1980–91); J. L. ALBORG: Historia de la literatura española, 4 Bde. (Neuausg. Madrid 1981–88); Historia del teatro en España, hg. v. J. M. DÍEZ BORQUE, 2 Bde. (ebd. 1983–88); C. BLANCO AGUINAGA u. a.: Historia social de la literatura española (en lengua castellana), 3 Bde. (ebd. ²1984–86); O. DEUTSCHMANN: Ungeschriebene Dichtung in Spanien (1988); H. HINTERHÄUSER: Streifzüge durch die roman. Welt (Wien 1989); Das Spanieninteresse im dt. Sprachraum. Beitr. zur Gesch. der Hispanistik vor 1900, hg. v. M. TIETZ (1989); H. U. GUMBRECHT: *Eine* Gesch. der s. L., 2 Tle. (Neuausg. 1992); M. FRANZBACH: Gesch. der s. L. im Überblick (1993); Gesch. der s. L., hg. v. C. STROSETZKI (²1996); L. POLLMANN: S. L. zw. Orient u. Okzident (1996); Span. Literaturgesch., hg. v. H.-J. NEUSCHÄFER (1997).

Epochen und Gattungen: L. PFANDL: Gesch. der span. Nationallit. in ihrer Blütezeit (1929, Nachdr. 1967); J. SARRAILH: L'Espagne éclairée de la seconde moitié du XVIIIᵉ siècle (Paris ²1964); R. HERR: The eighteenth-century revolution in Spain (Princeton, N. J., ²1973); W. KRAUSS: Die Aufklärung in Spanien, Portugal u. Lateinamerika (1973); F. LÓPEZ ESTRADA: Introducción a la literatura medieval española (Madrid ⁵1983, Nachdr. ebd. 1987); Das span. Theater. Von den Anfängen bis zum Ausgang des 19. Jh., hg. v. K. PÖRTL (1985); M. DEFOURNEAUX: Spanien im Goldenen Zeitalter. Kultur u. Gesellschaft einer Weltmacht (1986); J. A. MARAVALL: La cultura del barroco (Barcelona ⁴1986); Das span. Theater. Vom MA. bis zur Gegenwart, hg. v. DEMS. u. a. (1988); Die span. Lyrik der Moderne. Einzelinterpretationen, hg. v. M. TIETZ (1990); Span. Theater im 20. Jh. Gestalten u. Tendenzen, hg. v. W. FLOECK (1990); Aufbrüche. Die Lit. Spaniens seit 1975, hg. v. D. INGENSCHAY (1991); H.-J. NEUSCHÄFER: Macht u. Ohnmacht der Zensur. Lit., Theater u. Film in Spanien. 1933–1976 (1991); Der span. Roman vom MA. bis zur Gegenwart, hg. v. V. ROLOFF u. H. WENTZLAFF-EGGEBERT (²1995); Die span. Lyrik von den Anfängen bis 1870, hg. v. M. TIETZ (1997).

Spanische Mark, erst später aufgekommene Bez. für die von KARL D. GR. ab 785 (Unterstellung Geronas unter fränk. Oberhoheit) in NO-Spanien (Katalonien) als Bollwerk gegen die Araber errichteten Grafschaften. Von diesen waren zwar wiederholt mehrere in einer Hand vereint, doch hat es eine S. M. als administrativ-militär. Einheit nie gegeben.

spanische Mode, kostümgeschichtl. Epochen-Bez. für die vom span. Hof ausgehende Mode des 16. Jh., die in Ansätzen bereits in der ersten, entscheidend in der zweiten Jahrhunderthälfte den Kleidungsstil der europ. Höfe und städt. Oberschichten prägte. Die Vermittlung der s. M. erfolgte seit dem ausgehenden 15. Jh. über Italien. Schwarz wurde zur bevorzugten Farbe; unter der Bez. ›span. Kappe‹ kamen kurze schwarze Mantelumhänge auf. Bis zur Mitte des 16. Jh. hatten sich als span. Kostümformen durchgesetzt: bei Frauen und Männern hochgeschlossene Oberteile mit Stehkragen, Schulterwülsten, kurzen Schößen und langen, engen Ärmeln, unter denen vom darunter getragenen Hemd nur noch Halskrause und Ärmelrüschen sichtbar blieben, beim Mann eng an den Beinen anliegende Strümpfe und kurze, oft ausgepolsterte Oberschenkelhosen (›Heerpauke‹). Bodenlange, die Füße bedeckende Frauenröcke erhielten ihre kegelförmigen Silhouetten durch versteifende Einlagen aus Fischbein oder Filz. Neben das in der ersten Jahrhunderthälfte fast ausnahmslos getragene Barett trat für beide Geschlechter erneut der Hut.

R. M. ANDERSON: Hispanic costume 1480–1530 (New York 1979); J. ZANDER-SEIDEL: Textiler Hausrat (1990).

spanische Musik. Erste Zeugnisse sind durch röm. Geschichtsschreiber sowie durch Musik- und Tanzdarstellungen auf Vasenbildern überliefert. Die seit der Antike einander folgenden Besetzungen der Iber. Halbinsel oder einzelner Gebiete durch Phöniker, Griechen, Römer, Goten und Araber haben die bodenständige Musiktradition mehr oder weniger stark beeinflusst. In der arab. Zeit wurden die Musikinstrumente Duff (Rahmentrommel), Kanun (Psalterium), Naqqara (Pauke), Nafir (Längstrompete), Rebec (Streichinstrument), Tabl (Trommel) und Ud (Laute) übernommen und verbreiteten sich über ganz Europa. Hymnen des Spaniers PRUDENTIUS CLEMENS (4. Jh.) fanden Eingang in die christl. Liturgie. Im 6. und 7. Jh. war das Gesangsrepertoire der mozarab. Liturgie (→mozarabischer Gesang) mit besonderen Zentren seiner Pflege u. a. in Saragossa, Segovia und Toledo voll ausgebildet (erhaltene Handschriften aus dem 9.–11. Jh.); es wurde 1085 vom gregorian. Gesang weitgehend abgelöst. Vielfach bezeugt ist eine reiche Musikpflege im Kalifat von Córdoba sowie an den späteren christl. Höfen. Sie spiegelt sich in der ein- und mehrstimmigen Überlieferung des 12. Jh. von Santiago de Compostela (›Codex Calixtinus‹) ebenso wie ihr in der 13. Jh. einsetzenden Bewegung der Trobadors (→Troubadour) und den ›Cantigas de Santa María‹ von ALFONS X., DEM WEISEN (neben den Gesängen zahlr. Musikdarstellungen in den Miniaturen der Handschrift). Die Vertrautheit mit der Entwicklung der Mehrstimmigkeit im 13. Jh. erweist der ›Codex Las Huelgas‹ (aus dem Zisterzienserinnenkloster Las Huelgas). Wichtige Liedformen des 14.–17. Jh. waren Canción, Romance und Villancico (gesammelt u. a. im ›Cancioneiro musical de Palacio‹). Nach dem großen Musiktheoretiker RAMOS DE PAREJA (*um 1440, †1491) traten um 1500 PEDRO DE ESCOBAR († um 1514) und J. DEL ENCINA als internat. bekannte Komponisten hervor. Die hohe Blüte der s. M. im 16. Jh. belegen die Namen von A. DE CABEZÓN, C. MORALES, BARTOLOMÉ ESCOBEDO (*um 1500, †1563), DIEGO ORTIZ (*um 1510, †um 1570), TOMÁS DE SANTA MARÍA (*1510/20, †1570), FRANCISCO DE SALINAS (*1513, †1590) und FRANCISCO GUERRERO (*1528, †1599), in der Lauten- und Gitarren-(Vihuela-)Musik die Tabulaturen von LUIS DE MILÁN (*um 1500, †1561), MIGUEL DE FUENLLANA († nach 1568) und JUAN BERMUDO (*um 1510, †1565). Während T. L. DE VICTORIA den Palestrina-Stil vertrat, bekämpfte sein Zeitgenosse FERNANDO DE LAS INFANTAS (*1534, †um 1610) die von PALESTRINA eingeleitete Reform des liturg. Choralgesangs. Wie überall wurde zu Beginn des 17. Jh. auch in der s. M. ein starker ital. Einfluss wirksam, der sich in mehrchöriger Kirchenmusik (z. B. von JUAN PABLO (JOAN PAU) PUJOL, *1573, †1626) ebenso niederschlug wie im raschen Vordringen der instrumentalbegleiteten Monodie. In der →Zarzuela mit ihren Musikeinlagen brachte Spanien einen eigenen Beitrag zu den Bühnenwerken des 17.–18. Jh. Die Stärke der span. Orgelmusik dokumentierte sich u. a. in den Kompositionen von FRANCISCO CORREA DE ARAUXO (*1576/77, †1654) und JUAN CABANILLES (*1644, †1712). Im 18. Jh. verstärkten die Italiener ihren Einfluss als Opernkomponisten, Sänger, Cembalisten und Kammermusiker. In Zarzuela und →Tonadilla, die jetzt an Singspiel und Opera buffa anknüpften, blieben Elemente weiter lebendig. Als hervortretende Komponisten dieser Zeit sind zu nennen: DAVID PÉREZ (*1711, †1778), DOMINGO (DOMÈNEC) TERRADELLAS (*1713, †1751), ANTONIO (ANTONI) SOLER (*1729, †1783) und V. MARTÍN Y SOLER. Einerseits zeigte sich der große Einfluss der Wiener Schule, u. a. in der starken Ausprägung des klass. Stils beim früh vollendeten JUAN CRISÓSTOMO DE ARRIAGA Y BALZOLA (*1806, †1826). Andererseits drang das Kolorit span. Formen (nach Folia, Sarabande, Passacaglia seit dem 16.–17. Jh. nun Bolero, Fandango, Flamenco, Malagueña, Seguidilla, Zapateado) in die europ. Musik ein. Mit FRANCISCO ASENJO BARBIERI (* 1823, † 1894), ENRIQUE FERNÁNDEZ ARBÓS (* 1863, † 1939), v. a. aber mit dem Wirken von F. PEDRELL verbanden sich im 19. Jh. nationalspan. Tendenzen, die bis in die Gegenwart lebendig blieben. Neben den auch hier spürbaren Einfluss R. WAGNERS trat um und nach 1900 der der frz. Musik, wie er etwa in Kompositionen von I. ALBÉNIZ, E. GRANADOS Y CAMPIÑA, M. DE FALLA, J. TURINA und O. ESPLÁ Y TRIARY deutlich wird. Zunächst noch der span. Tradition verpflichtet waren RODOLFO (* 1900, † 1987) und ERNESTO (* 1905, † 1989) HALFFTER, zu deren Generation auch J. RODRIGO gehört, während ihr Neffe C. HALFFTER JIMÉNEZ, der wie auch JOSÉ LUIS DE DELÁS (* 1928) am elektron. Studio der Univ. Utrecht arbeitete, den Anschluss an die europ. Avantgarde herstellte. Ein weiterer Exponent der neuen Musik ist RAMÓN BARCE (* 1928), der 1958 die Gruppe ›Nueva Música‹ gründete. Über die Grenzen des Landes hinaus wurden ferner bekannt XAVIER BENGUEREL (* 1931), JOSÉ (JOSEP) SOLER (* 1935) und T. MARCO, ferner JOSÉ (JOSEP) MARÍA MESTRES QUADRENY (* 1929), LUIS DE PABLO COSTALES (* 1930) und ENRIQUE (ENRIC) RAXACH (* 1932); erwarb die niederländ. Staatsangehörigkeit) sowie aus jüngster Zeit FRANCISCO GUERRERO (* 1951, † 1997) und JOSÉ RAMÓN ENCINAR (* 1954).

Die span. *Volksmusik* hat regional sehr unterschiedl. Ausprägungen erfahren. Ein breites, mündlich überliefertes Volksliedrepertoire reicht mit Romances bis in das MA. zurück. Aus Andalusien stammt der Flamenco, der in der Kunstmusik allg. zur Charakterisierung s. M. verwendet wird. Aragonien ist durch die Jota, das Baskenland durch Aurresku und Zortziko bekannt. In Katalonien wird die von der Cobla-Kapelle begleitete Sardana getanzt. – Für Nordspanien ist die Sackpfeife (Gaita) ein typ. Instrument. Über Nord- und Zentralspanien sind Einhandflöte und Trommel (Flabiol und Tambor) sowie versch. Schalmeien (Chirimía und Dulzaina), über ganz Spanien Gitarre (Vihuela) und Kastagnetten, ferner das Tamburin verbreitet.

H. ANGLÈS: La música a Catalunya fins al segle XIII (Barcelona 1935); DERS.: La música en la corte de Carlos V (ebd. ²1965); DERS.: Historia de la música medieval en Navarra (Pamplona 1970); S. KASTNER: Música hispánica (Lissabon 1936); R. M. STEVENSON: Spanish music in the age of Columbus (Den Haag 1960); DERS.: Spanish cathedral music in the Golden Age (Berkeley, Calif., 1961); T. MARCO: Música española de vanguardia (Madrid 1970); R. A. PELINSKI: Die weltl. Vokalmusik Spaniens am Anfang des 17. Jh. (1971); A. LIVERMORE: A short history of Spanish music (London 1972); A. FERNÁNDEZ-CID: La música española en el siglo XX (Madrid 1973); A. SALAZAR: La música contemporánea en España (Neuausg. Orviedo 1982); Historia de la música española, hg. v. P. LÓPEZ DE OSABA, auf mehrere Bde. ber. (Madrid 1983ff.); M. QUEROL GAVALDI: Antología polifónica práctica de la época de los reyes católicos (Granada 1992); K. PAHLEN: Manuel de Falla u. die Musik in Spanien (Neuausg. 1994).

Spanische Niederlande, die 1556–1701 unter span. Herrschaft stehenden südl. Niederlande, ab 1713/14 die →Österreichischen Niederlande.

spanische Philosophie, die in Spanien entwickelten philosoph. Denkansätze, Systeme und Richtungen sowie deren Vertreter. Als Beginn der s. P. wird häufig das Werk von R. LULLUS (13. Jh.) angesehen, der erstmals in einer Volkssprache (Katalanisch) schrieb. Kastilisch wurde erst von PÉREZ DE OLIVA (* 1495, † 1532) als Medium der Philosophie verwendet. Nach anderer Auffassung gilt bereits der aus dem heutigen Córdoba stammende Stoiker SENECA D. J. (1. Jh.) als Vertreter der s. P. – Nach der Antike wirkte ISIDOR VON SEVILLA durch die enzykloäpd. Vermittlung patristisch-philosoph. Wissens in Spanien und darüber hinaus. Mit dem Eindringen der Araber entfaltete sich die →islamische Philosophie mit IBN BADJDJA (AVEMPACE) und v. a. IBN RUSCHD (AVERROES), später entwickelte sich die →jüdische Philosophie mit S. B. J. IBN GABIROL (AVICEBRON) und M. MAIMONIDES. Durch arabisch-jüd. Philosophen sowie durch DOMINICUS GUNDISSALINUS wurde – v. a. mithilfe der Übersetzerschulen in Toledo und Salamanca – das griechischantike und arabisch-jüd. Gedankengut an das christl. Abendland vermittelt. Die christl. Philosophie wurde im 12. Jh. bestimmt von der Logik (›Summulae logicales‹) des PETRUS HISPANUS, des späteren Papstes JOHANNES XXI. LULLUS strebte eine Universalwissenschaft auf der Grundlage einer log. Kombinatorik an (Ars magna, Ars combinatoria). Die Eroberung Amerikas führte zu kontroversen theologisch-jurist. Diskussionen. Der Aristoteliker J. G. DE SEPÚLVEDA rechtfertigte sie; der Missionar B. DE LAS CASAS und der Thomist F. DE VITORIA verurteilten die Plünderungen an den Indianern als Verstöße gegen das Völkerrecht. Mit VITORIA, dem Begründer des modernen Völkerrechts, begann eine Epoche großer geistiger Regsamkeit unter scholast. Einfluss (Barockscholastik, →Barock), v. a. an der Univ. Salamanca und bes. vertreten durch G. VÁZQUEZ und F. SUÁREZ; dieser führte die Entwicklung des internat. Rechts auf der Basis des Naturrechtsgedankens fort und wirkte auch auf die Aufklärung, die sich in Spanien aber kaum durchsetzte. Seine philosoph., von der Theologie unabhängige Methodologie beeinflusste die europ. Univ. des 17. und 18. Jh. Der Epoche des Barock gehörten auch DOMINGO DE SOTO (* 1494, † 1560), D. BÁÑEZ, L. DE MOLINA, JUAN DE MARIANA (* 1536, † 1623) und JUAN DE SANTO TOMÁS (* 1598, † 1644) an. In der span. Mystik des 16. Jh. ragen die hl. THERESIA VON ÁVILA und der hl. JOHANNES VOM KREUZ (JUAN DE LA CRUZ) mit ihrem Symbolismus hervor. – Das kath. Spanien des 19. Jh. fand Ausdruck in dem Thomismus von J. L. BALMES, dem Traditionalismus des J. DONOSO CORTÉS und in der Ideengeschichte des M. MENÉNDEZ Y PELAYO. Seit Mitte des 19. Jh. erschien der →Krausismus im Werk von JUAN SANZ DEL RÍO (* 1814, † 1869). – Die kollektive Neubesinnung Spaniens nach dem Verlust der überseeischen Kolonien schlug sich in der Literatur und Philosophie der →Generation von 98 nieder. So setzte M. DE UNAMUNO Y JUGO einem rationalistisch und abstrakt gefassten Menschenbild den konkreten, von lebendigem Gefühl und tiefem Glauben getragenen Menschen entgegen, während die Lebensphilosophie J. ORTEGA Y GASSETS die Geschichtlichkeit des Menschen betonte und einen Ratiovitalismus vertrat. Wie dieser gingen viele Repräsentanten des span. Geisteslebens infolge des Bürgerkriegs ins Exil, überwiegend nach Lateinamerika. Zu den Schülern ORTEGA Y GASSETS zählen JOSÉ GAOS (* 1902, † 1969), der den Gedanken der Geschichtlichkeit fortführte, MARÍA ZAMBRANO mit ihrem Konzept einer poet. Vernunft und JULIÁN MARÍAS (* 1914) als Interpret und Systematiker der Philosophie von ORTEGA Y GASSET. Die neuere Philosophie wurde auch geprägt durch den Katalanen E. D'ORS I ROVIRA, der philosoph. wie auch literar., kunstgeschichtl., wiss. und polit. Themen behandelte. X. ZUBIRI entwickelte eine realist. Metaphysik. JUAN DAVID GARCÍA BACCA (* 1901, † 1992) setzte sich mit Logik und Wiss. vor marxist. Hintergrund auseinander; bekannt wurde er auch als Übersetzer der Werke PLATONS. Für den Integralismus von JOSÉ FERRATER MORA (* 1912, † 1991) stehen alle Realitäten in einem Kontinuum zw. zwei Extremen, die Grenzbegriffe bilden (z. B. Realismus–Idealismus). Spanien ist im 20. Jh. durch eine Vielfalt philosoph. Strömungen gekennzeichnet, in denen sich Einflüsse und Entwicklungen westl. Philosophie niederschlagen: Neuscho-

Span Spanischer Bürgerkrieg

lastik und neuer Katholizismus (ÁNGEL AMOR RUIBAL, *1869, †1930; ANTONIO MILLÁN PUELLES, *1921; J. L. ARANGUREN; JOSÉ GÓMEZ CAFFARENA, *1925); Marxismus (MANUEL SACRISTÁN, *1925, †1985; GUSTAVO BUENO, *1924); Hermeneutik und Sprachphilosophie (EMILIO LLEDÓ, *1927); analyt. Philosophie seit den 1970er-Jahren (JAVIER MUGUERZA, *1939). Eine von I. KANT, M. HEIDEGGER und L. WITTGENSTEIN bestimmte Metaphysik der Grenze entwickelte EUGENIO TRÍAS (*1942).

I. HÖLLHUBER: Gesch. der Philosophie im span. Kulturbereich (1967); J. L. ABELLÁN: Panorama de la filosofía española actual (Madrid 1978); DERS.: Historia crítica del pensamiento español, 7 Tle. (ebd. [1-2]1979-91); A. GUY: Histoire de la philosophie espagnole (Toulouse 1983); G. FERNÁNDEZ DE LA MORA: Filósofos españoles del siglo XX (Barcelona 1987); J. MUGUERZA: Ethik der Ungewißheit (a. d. Span., 1990); Ethik aus Unbehagen. 25 Jahre eth. Diskussion in Spanien, hg. v. DEMS. (1991); Beitr. zur Philosophie aus Spanien, hg. v. V. RÜHLE (a. d. Span., 1992).

Spanischer Bürgerkrieg 1936-39; Übersichtskarte

Spanischer Bürgerkrieg, 1936-39 krieger. Auseinandersetzung als Folge des Aufstands nationalist., autoritärer und konservativ-traditionalist. Kräfte unter Führung span. Militärs gegen die Zweite Republik. Im S. B. entluden sich die Spannungen zw. autonomist. und zentralist. Staatsdenken, zw. traditionellkath. und liberal-sozialist. Auffassungen. Hinzu kamen die Gegensätze zw. Großgrundbesitzern und Unternehmern auf der einen Seite sowie Bauern und Arbeitern auf der anderen Seite. Streiks, politisch motivierte Morde sowie Angriffe auf Kirchen und Klöster verschärften die gesellschaftl. Gegensätze. Unmittelbar ausgelöst wurde der S. B. durch die Ermordung des konservativen Cortes-Abg. J. CALVO SOTELO am 13. 7. 1936.

Der militärische Verlauf

Die erste Phase (Juli 1936 bis Januar 1937): Gestützt auf die span. Fremdenlegion und die maur. (marokkan.) ›Regulares‹, die mithilfe dt. Flugzeuge von Spanisch-Marokko nach Spanien eingeflogen wurden, leitete General F. FRANCO BAHAMONDE am 17. 7. 1936 den Aufstand gegen die Zweite Republik ein. Seit dem 18. 7. versuchten aufständ. Truppenführer, meist unterstützt von bewaffneten Falangisten (→Falange) und →Karlisten, die örtl. und regionalen Verwaltungsorgane unter ihre Kontrolle zu bringen. Begünstigt durch die militär. Schlagkraft und den Überraschungseffekt des Aufstandes, gelang es den Rebellen, bis September 1936 große Teile Spaniens unter ihre Kontrolle zu bringen. Unter General GONZALO QUEIPO DE LLANO (*1875, †1951), zu dem später FRANCO mit seinen Truppen stieß, konnten die Aufständischen das westl. Andalusien erobern und unter General EMILIO MOLA VIDAL (*1887, †1937) große Gebiete des westl. und nördl. Spanien unter ihre Herrschaft bringen. Außerdem errichteten sie einen Korridor zw. ihrem andalus. und westspan. Machtbereich. Mit der Besetzung von San Sebastián und Irún im September 1936 wurde ein wichtiger Verbindungsweg des republikan. Spanien nach Frankreich blockiert. Nach Beginn des Bürgerkrieges richteten die Aufständischen seit dem 24. 7. 1936 in Burgos eine Aufstandsregierung (Militärjunta) ein, an deren Spitze am 1. 10. 1936 General FRANCO trat. – Im republikan. Teil Spaniens ließ die von der Volksfront getragene Regierung unter Min.-Präs. J. GIRAL Y PEREIRA Waffen an republikanisch gesinnte Zivilisten, bes. Gewerkschafter der anarchist. CNT (Confederación Nacional del Trabajo, dt. ›Nat. Bund der Arbeit‹) und der sozialist. UGT (Unión General de Trabajadores, dt. ›Allgemeine Union der Arbeiter‹) verteilen, da der größte Teil der regulären Armee zu den Aufständischen übergegangen war. Es bildeten sich Verteidigungskomitees und Milizen, die in der ersten Phase des S. B. in der Hauptsache die Verteidigung der Republik trugen. Mit Fortschreiten des Aufstandes gelang es der Regierung, nunmehr unter der Führung des Sozialisten F. LARGO CABALLERO, eine republikan. Armee aufzubauen (Oberbefehlshaber General JOSÉ MIAJA MENANT, *1878, †1958).

Mit Beginn des Bürgerkrieges wandten sich beide Parteien um Hilfe an das Ausland. Während das natsoz. Dtl. und das faschist. Italien die Aufständischen mit Truppen (Dtl. mit der →Legion Condor) und schwerem Kriegsgerät (z. B. mit Kampfflugzeugen) von Anfang an unterstützten, suchten sich die mit der Republik sympathisierenden Staaten (bes. Frankreich, Großbritannien und die UdSSR) mit Ausnahme der UdSSR aus dem Konflikt herauszuhalten; Letztere begann nach einigem Zögern mit umfangreichen Waffenlieferungen (bes. Panzer). Auf freiwilliger Basis bildeten sich aufseiten der Republik die →Internationalen Brigaden. – Mit der Belagerung von Madrid (November 1936 bis Januar 1937) erreichte die erste Phase des Bürgerkriegs ihren Höhepunkt. Am 7. 11. 1936 begannen die Aufständischen unter dem Kommando General MOLAS den Angriff auf Madrid. MOLA hoffte dabei auf die Unterstützung der Anhänger des Aufstandes in der Hauptstadt selbst (→fünfte Kolonne). Die Eroberung Madrids scheiterte jedoch am entschlossenen Widerstand der Belagerten und deren Unterstützung durch die Internat. Brigaden.

Die zweite Phase (Januar 1937 bis März 1938): Nachdem es den Nationalisten nicht gelungen war, Madrid zu gewinnen, suchten sie, das von ihnen kontrollierte Gebiet im SO und N Spaniens zu erweitern. Im Februar 1937 eroberten sie Málaga. In der Schlacht um Guadalajara (18. 3. 1937) erlitten jedoch ital. Freiwilligenverbände eine schwere Niederlage. Der Angriff auf das Baskenland im N stieß auf den entschlossenen Widerstand der um ihre Autonomie kämpfenden Bevölkerung. Am 26. 4. 1937 zerstörten Flugzeuge der Legion Condor die Stadt →Guernica y Luno und lösten damit weltweite Empörung aus. Am 18. 6. 1937 nahmen die Aufständischen Bilbao ein. Im August folgte die Einnahme von Santander, im Herbst 1937 die Eroberung Asturiens.

In der *dritten Phase* (März bis Dezember 1938) gelang es den Aufständischen mit der Eroberung der Prov. Castellón, bis zum Mittelmeer vorzustoßen und damit das Herrschaftsgebiet der Republik zu teilen. In der Schlacht am Ebro errangen die republikan. Kräfte im Juli 1938 zwar noch einmal einen Sieg, mussten aber im November ihre Stellungen aufgeben und erlitten in der *vierten Phase* (Dezember 1938 bis März 1939) eine endgültige Niederlage. Überraschend schnell nahmen die Truppen Francos Katalonien ein, das als eine der Hauptstützen der Republik galt. Am 26. 1. 1939 fiel Barcelona. Am 10. 2 besetzten aufständ. Truppen die Pyrenäengrenze, am 28. 3. 1939 kampflos Madrid. Am 1. 4. 1939 verkündete Franco das Ende des Bürgerkriegs. Von beiden Seiten mit äußerster Härte geführt, forderte er (nach Schätzungen) 600 000–800 000 Tote, etwa die Hälfte von ihnen waren Zivilisten. Franco ließ nach seinem Sieg noch Tausende Anhänger der republikan. Seite ermorden.

Innenpolitische Aspekte

Gleichzeitig mit der Bewaffnung der Gewerkschaften bildeten sich dort, wo der Aufstand zunächst niedergeschlagen worden war, neben den verfassungsmäßigen Gesetzgebungs- und Regierungsorganen Ausschüsse, die meist mit den Verteidigungskomitees identisch waren. Diese Ausschüsse, geführt entweder von der sozialist. UGT (z. B. in Madrid) oder der anarchist. CNT (z. B. in Barcelona), setzten v. a. mit der Abschaffung des Privateigentums an den Produktionsmitteln und der Enteignung des Großgrundbesitzes (v. a. der kath. Kirche) eine soziale Revolution in Gang; unterschiedl. Auffassung über ihre Durchführung führten zu Spannungen zw. den polit. Gruppen und leisteten damit der allmähl. Desintegration der Republik Vorschub (anarchist. Aufstand in Barcelona am 4. 5. 1937). Staatstragende Partei war im Rahmen der Volksfront der Partido Socialista Obrero Español (PSOE), er stellte zwar die Min.-Präs. (Largo Caballero, später J. Negrín), war aber oft in Fragen der Kriegführung zerstritten. Im Zuge der Verteidigung von Madrid gewannen die Kommunisten, bes. Funktionäre der Komintern (u. a. P. Togliatti, E. Gerö), erhebl. Einfluss in der polit. Führung der Republik. Vor dem Hintergrund der polit. Säuberungen Stalins in der UdSSR (1934–39) initiierten die Kommunisten eine Verfolgungswelle gegen den Partido Obrero de Unificación Marxista (POUM, dt. ›Arbeiterpartei der marxist. Vereinigung‹), der bes. von ausländ. Parteigängern der Republik getragen und des Trotzkismus verdächtigt wurde. Anfang März 1939 ergriff im republikan. Madrid eine Junta die Macht, die mit den Aufständischen verhandeln wollte. – Im Aufstandsgebiet waren nur die Falange und die Karlisten als polit. Organisationen zugelassen. Die Aufständischen vertraten einen Traditionalismus, der sich an der überkommenen Gesellschaftsordnung sowie der staatstragenden Funktion von Militär und kath. Kirche orientierte.

Außenpolitische Aspekte

Von Anfang an erregte der S. B. in der internat. Öffentlichkeit starke Anteilnahme, die von literarischer publizist. Parteinahme bis zu persönl. Kriegsdienst, v. a. aufseiten der Republik, reichte: E. Hemingway, E. E. Kisch, A. Koestler, A. Malraux, G. Orwell, G. Regler, L. Renn, E. Weinert. Bestimmt von der Furcht, die europ. Großmächte könnten in den S. B. hineingezogen werden, schlugen die brit. und die frz. Regierung die Einrichtung eines ›Nichteinmischungskomitees‹ vor, das am 9. 9. 1936 zum ersten Male zusammentrat und dem 25 Staaten (u. a. Frankreich, Großbritannien, die UdSSR, Dtl. und Italien) angehörten. Während sich Frankreich und Großbritannien an das Prinzip der ›Nichtintervention‹ hielten, unterstützten Dtl. und Italien von Anfang an die Aufständischen, die UdSSR nach einigem Zögern die republikan. Seite. B. Mussolini verfolgte in Spanien langfristig seine imperialist. Interessen im westl. Mittelmeerraum. Gleichermaßen führte die dt.-ital. Zusammenarbeit im S. B. zur Begründung der Achse Berlin–Rom. Bei der Diskussion der dt. Intervention sind bis heute Motive und Ziele des Eingreifens umstritten. Zu den wichtigsten zählen: die Lösung Italiens vom brit. Einfluss, strateg. Bündnisüberlegungen, Grundeinstellung, antikommunist. Grundeinstellung, die Chance zur Erprobung neuer Waffensysteme (z. B. Flugzeuge), ökonom. Interessen (z. B. Erweiterung der Rohstoffbasis u. a. im Hinblick auf Eisenerz). Das ursprüngl. Interesse Stalins an Spanien war nicht offensiv-strateg. Art, sondern stand in Zusammenhang mit der von ihm in den 30er-Jahren verfolgten Politik der kollektiven Sicherheit. Im Oktober 1936 wechselte er den Kurs seiner Spanienpolitik zugunsten der Intervention, im November 1938 zugunsten eines polit. Rückzuges aus Spanien. Die USA verfolgten eine strenge Neutralitätslinie.

H. G. Dahms: Der S. B. 1936–1939 (1962); H. Thomas: Der s. B. (a.d.Engl., ²1964); Der s. B. in der internat. Politik. 1936–1939, hg. v. W. Schieder u. a. (1976); R. Carr: The Spanish tragedy (London 1977); P. von zur Mühlen: Spanien war ihre Hoffnung. Die dt. Linke im S. B. 1936–1939 (Neuausg. 1985); Der S. B. in Augenzeugenberichten, hg. v. H.-C. Kirsch (Neuausg. 1986); P. Broué u. É. Témime: Revolution u. Krieg in Spanien, 2 Bde. (a.d.Frz., Neuausg. ⁵1987); Der S. B., Beitrr. v. M. Tuñón de Lara u. a. (a.d.Span., 1987); P. Vilar: Kurze Gesch. zweier Spanien. Der Bürgerkrieg 1936–1939 (a.d.Frz., 1987); S. Kogelfranz u. E. Platz: Sterben für die Freiheit. Die Tragödie des S. B. (1989); W. L. Bernecker: Krieg in Spanien 1936–1939 (Neuausg. 1997).

Spanische Reitschule, bis 1919 und 1930–45 **Spanische Hofreitschule** (nach der Abstammung der Lipizzaner von span. Zuchtpferden), Reitschule in Wien, 1572 als ›Span. Reitsaal‹ gegr., Pflegestätte der →hohen Schule mit Lipizzanerhengsten.

Triumph der Lipizzaner, hg. v. A. Podhajsky (1985).

Spanischer Erbfolgekrieg, der 1701–1713/14 um das Erbe des letzten span. Habsburgers Karl II. geführte europ. Krieg.

Vorgeschichte: Aufgrund ihrer Ehen mit Schwestern Karls II. vermochten sowohl König Ludwig XIV. von Frankreich für das Haus Bourbon als auch Kaiser Leopold I. (bis 1705) für das Haus Habsburg Erbansprüche geltend zu machen. Bemühungen, die span. Erbfolge einvernehmlich durch Erbverträge zu regeln, scheiterten. Um eine von den Großmächten vorgesehene Teilung des span. Besitzes zu verhindern, setzte Karl II. den bayer. Kurprinzen Joseph Ferdinand zum Erben ein. Als dieser am 6. 2. 1699 im Alter von sieben Jahren verstarb, bestimmte Karl im Oktober 1700 Philipp von Anjou, den Enkel Ludwigs XIV., zum Alleinerben. Nach dem Tod Karls II. (1. 11. 1700) ließ Ludwig XIV. Philipp als Philipp V. zum span. König ausrufen und bestätigte zugleich entgegen dem Testament Karls die Ansprüche Philipps auf den frz. Thron. Daraufhin wandten sich England, die Generalstaaten und für Österreich der Kaiser in der **(Haager) Großen Allianz** vom 7. 9. 1701 gegen das frz. Übergewicht; ihr schlossen sich die wichtigsten Territorien des Heiligen Röm. Reiches (u. a. Brandenburg-Preußen; alle 30. 12.) sowie Portugal (16. 5. 1703) an. Auf frz. Seite standen nur die wittelsbach. Kurfürsten von Köln (Joseph Clemens) und Bayern (Maximilian II. Emanuel) sowie Savoyen (bis 1703). Die Kriegserklärung der Haager Allianz an Frankreich erfolgte am 5. 5. 1702; am 20. 9. 1702 wurde der Reichskrieg gegen Frankreich erklärt. – Kriegsschauplätze waren v. a. Oberitalien, die Span. Niederlande, Süd-Dtl. und Spanien. Da Kastilien auf der Seite Philipps V., Katalonien auf der Seite Erzherzog Karls stand, dessen Thronanspruch 1700 Österreich reklamiert hatte und dieser am 5. 9. 1703 mit engl.

niederländ. Unterstützung vom Kaiser als KARL III. zum span. König proklamiert worden war, wurde der S. E. auch zu einem span. Bürgerkrieg.

Verlauf: Zw. März und September 1703 waren zunächst die frz. und bayr. Truppen in Süd-Dtl. erfolgreich (Kehl, Altbreisach, Höchstädt a. d. Donau, Landau; Besetzung der Donaulinie bis Passau). Markgraf LUDWIG WILHELM I. von Baden-Baden und J. C. Herzog VON MARLBOROUGH besiegten die bayer. Truppen unter Kurfürst MAXIMILIAN II. EMANUEL am Schellenberg bei Donauwörth (2. 7. 1704), Prinz EUGEN VON SAVOYEN-CARIGNAN und MARLBOROUGH siegten bei Höchstädt a. d. Donau (13. 8.), die engl. Flotte eroberte Gibraltar und ermöglichte Erzherzog KARL die Landung in Barcelona. MARLBOROUGH eroberte durch den Sieg bei Ramillies nahe Tienen (23. 5. 1706) fast die ganzen Span. Niederlande, Prinz EUGEN verdrängte mit dem Sieg bei Turin (7. 9. 1706) die Franzosen aus Oberitalien. Weitere frz. Niederlagen (Oudenaarde 11. 7. 1708, →Malplaquet 11. 9. 1709) führten zu einem Friedenskongress, der trotz der Konzessionsbereitschaft LUDWIGS XIV. an überzogenen Forderungen der Verbündeten scheiterte (Juli 1710). Als Kaiser JOSEPH I. (1705-11) starb und sein Bruder KARL, der span. Gegenkönig, als KARL VI. sein Nachfolger wurde, stellte Großbritannien aus Furcht vor einer Vereinigung der span. und dt. Länder Habsburgs den Kampf ein; die Große Allianz löste sich auf. – Nach langwierigen Verhandlungen wurde am 11. 4. 1713 der Frieden von Utrecht geschlossen, dem der Kaiser im Frieden von Rastatt (7. 3. 1714), das Heilige Röm. Reich im Vertrag von Baden (Schweiz) am 7. 9. 1714 beitraten. – PHILIPP V. wurde als span. König anerkannt. Österreich erhielt die Span. Niederlande, Mailand, Mantua, Neapel, Sardinien; Sizilien fiel an Savoyen, Großbritannien erhielt von Frankreich umfangreichen Kolonialbesitz in Nordamerika, von Spanien Gibraltar und Menorca und war damit eigentl. Gewinner des S. E.; Preußen erhielt einen Teil Obergelderns.

spanischer Pfeffer, →Paprika.

spanischer Reiter, erstmals vermutlich von Spaniern im niederländ. Freiheitskampf im 16. Jh. eingeführte Art der Schutzwehr zur Sicherung des Fußvolks vor Reiterattacken; bestehend aus langen Querbalken, in die sich kreuzende Spieße oder spitze Pfähle hineingesteckt wurden. Im 20. Jh. übertrug man die Bez. auf bewegl., zum Schließen von Sperrlücken verwendete Drahthindernisse: 2-3 m breite und etwa 1 m hohe Holzgestelle mit Bespannung aus Stacheldraht.

Spanischer Spinat, die Gartenmelde (→Melde).

Spanisches Moos, Art der Ananasgewächsgattung →Tillandsie.

spanisches Pferd, Spanier, iberisches Pferd, Herkunfts-Bez. für aus Spanien eingeführte Pferde (meist Hengste), die zur Zucht vieler Pferderassen (bes. in Europa und Südamerika) mittelbar oder unmittelbar beigetragen haben, z. B. Lipizzaner, Frederiksborger und Criollos.

spanische Sprache, kastilische Sprache, eine der →romanischen Sprachen. Sie bildet mit dem Portugiesischen (→portugiesische Sprache), dem Galicischen (→galicische Sprache und Literatur) und dem Katalanischen (→katalanische Sprache und Literatur) das Iberoromanische. Das Spanische wird als Mutter- und Zweitsprache im gesamten span. Staatsgebiet und im Bereich des ehemaligen span. Kolonialreichs, insbesondere in Südamerika (außer Brasilien und Guayana), Mittelamerika mit Mexiko und in den angrenzenden Teilen der USA (→Chicanos) sowie teilweise noch auf den Philippinen und als Judenspanisch (›sefardí‹) in Israel, der Türkei, Frankreich und Amerika gesprochen. Mit insgesamt rd. 300 Mio. Sprechern ist das Spanische nach dem Chinesischen und dem Englischen die dritthäufigste Sprache der Welt. Nach der span. Verf. von 1978 ist das Kastilische (rd. 30 Mio. Muttersprachler) die offizielle Sprache (Amtssprache) in ganz Spanien.

Geschichtliche Entwicklung, Dialekte: Die span. Schriftsprache ist aus dem Dialekt Kastiliens hervorgegangen, daher die in Lateinamerika, neuerdings auch in Spanien selbst bevorzugte, politisch neutrale Bez. des Spanischen als Kastilisch (›castellano‹). Vom Kastilischen leitet westlich das Asturisch-Leonesische zum Galicisch-Portugiesischen, östlich das Aragonesische zum Katalanischen über. Seine Sonderstellung gegenüber den anderen, gleichfalls im Zuge der Romanisierung (seit 218 v. Chr.) entstandenen span. (Primär-)Dialekten erlangte das Kastilische im Verlauf der Reconquista. Mit der rasch zunehmenden Vormachtstellung des Königreichs Kastilien gelangte dessen Sprache, sich fächerförmig ausweitend, nach S und drängte die anderen Dialekte sowie das Katalanische in die peripheren Gebiete der Halbinsel. Im gesamten rückeroberten Spanien trat das Kastilische an die Stelle der mozarab. Dialekte (→Mozarabisch), die von den span. Christen in den arabisch besetzten Gebieten gesprochen worden waren und von denen nur wenige sprachl. Zeugnisse erhalten sind. Das in dem S getragene Kastilische bildete dort Sekundärdialekte aus (Riojanisch, Murcianisch, Andalusisch, Estremenisch und Kanarisch). Im Ggs. zu den anderen roman. Ländern ist damit die dialektale Gliederung zumindest des südl. Spanischen weniger durch die Romanisierung als durch die Reconquista geprägt. Vorroman. Substrate (Iberisch, Keltisch) und Adstrate (Baskisch) sowie das german. Superstrat (Westgotisch) spielen nur eine geringe Rolle gegenüber dem Arabischen, das das Spanische v.a. im Bereich der Lexik entschieden geprägt hat. Arab. Ursprungs sind im Gegenwartsspanischen noch 800-1000 Wörter, häufig mit dem anlautenden al- (z. B. azúcar ›Zucker‹, almacén ›Magazin‹, ›Lager‹), sowie 3000 Orts- und Gewässernamen (z. B. Medina, Alcántara, Guadalquivir, Guadiana).

Erste Zeugnisse des Spanischen sind Glossen aus dem 10. und 11. Jh., früheste literar. Denkmäler die →Jarchas. Als Literatursprache errang das Kastilische gegenüber dem Leonesischen und Galicischen, das zunächst auch in Kastilien als Sprache der Lyrik verwendet wurde, rasch eine Vorrangstellung. Unter ALFONS X., DEM WEISEN, der umfangreiche histor., jurist. und naturwiss. Texte (zum großen Teil Übersetzungen arab. Vorlagen) anfertigen ließ, erlangte das Spanische in der Prosa bereits vielfach eine Gleichstellung mit dem Lateinischen. Mit der Vereinigung der Königreiche Kastilien und Aragón (1479) wurde das Kastilische endgültig zur Schriftsprache des Königreichs Spanien. 1492 veröffentlichte der Humanist E. A. DE NEBRIJA mit seiner ›Gramatica ... sobre la lengua castellana‹ die erste systemat. Grammatik einer roman. Volkssprache. Mit dem Abschluss eines Wandels im System der Sibilanten (Reduktion auf drei Phoneme [θ], [s] und [x]) erlangte das Spanische um 1550 seine heutige lautl. Form. Zum Zweck der Sprachpflege und der Normierung des Spanischen wurde 1713 die ›Real Academia Española‹ (RAE) gegr., die 1726-39 ein erstes Wörterbuch (›Diccionario de la lengua castellana...‹, 6 Bde., mit 40000 Einträgen) und 1771 eine Grammatik (›Gramática de la lengua castellana‹) herausgab. Die span. Orthographie wurde 1815 in ihren wesentl., noch heute gültigen Charakteristika fixiert.

Im Zuge der Entdeckung Amerikas (1492), seiner Eroberung und Missionierung gelangte durch die Spanier das Kastilische in die Neue Welt. Das *Hispanoamerikanische* stellt eine eigene, trotz der Größe des

Verbreitungsgebietes relativ homogene Varietät des Spanischen dar; es ist vom südl. Spanisch, bes. dem Andalusischen, geprägt und zeigt v. a. lexikal. Einflüsse der jeweiligen indian. Sprachen.

Innerhalb der grundsätzl. Einheit des Spanischen als Weltsprache zeichnen sich deutlich zwei Normen – eine kastil. und eine lateinamerikan. – ab, wobei die europ. Norm das höhere Prestige besitzt. Im Bereich der Sprachpflege arbeiten die lateinamerikan. Akademien mit der ›Real Academia Española‹ eng zusammen.

Eine archaische Elemente bewahrende Varietät des Spanischen ist das Judenspanisch (→Ladino), das die Juden seit ihrer Vertreibung aus Spanien (1492), v. a. in Oberitalien und auf dem Balkan, weiterhin gebraucht haben. Als Folge der weitgehenden Vernichtung der balkan. Juden im Zweiten Weltkrieg ist die Sprecherzahl auch in den früheren Zentren stark zurückgegangen.

Das *heutige Spanisch* hat im Vergleich zum Französischen oder Deutschen ein recht reduziertes Lautsystem von 19 konsonant. und nur fünf vokal. Phonemen, die je nach lautl. Umgebung eine geöffnetere oder geschlossenere Variante zeigen. Vokallängen und -kürzen kennt das Spanische nicht. Das Schriftbild kommt der phonolog. Realität sehr nahe. Charakteristisch im Lautsystem sind für das Spanische die Diphthongierung von lat. betontem offenem e und o (z. B. septem wird zu siete, porta wird zu puerta), der Wandel von anlautendem f- zu h- (filio wird zu hijo) und von anlautendem cl-, fl- und pl- zu ll [ʎ] (clamare wird zu llamar, flamma wird zu llama, plorare wird zu llorar); ferner die Phoneme [θ] (im Andalusischen und Lateinamerikanischen realisiert als [s], ›seseo‹) und die Palatale [ʎ] (in weiten Gebieten Spaniens und fast überall in Lateinamerika [j], ›yeismo‹), ñ [ɲ] sowie die Aussprache des anlautenden v- als b- (vino [bino]). Besondere morphosyntakt. Kennzeichen sind die Bildung des persönl. Akkusativs mit der Präposition a (veo a la muchacha ›ich sehe das Mädchen‹) und die Unterscheidung zw. ›ser‹ und ›estar‹ in der Bedeutung von ›sein‹, ›sich befinden‹.

Allgemeines: W. DIETRICH u. H. GECKELER: Einf. in die span. Sprachwiss. (²1993); H. BERSCHIN u. a.: Die s. S. (²1995). **Wörterbücher:** M. MOLINER: Diccionario de uso del español, 2 Bde. (Madrid 1966–67, Nachdr. ebd. 1994); Diccionario de la lengua española, hg. v. der Real Academia Española, 2 Bde. (ebd. ²⁰1984); J. COROMINAS u. a.: Diccionario crítico etimológico castellano e hispánico, 6 Bde. (ebd. ²⁻³1986–89); R. J. SLABÝ u. R. GROSSMANN: Wb. der span. u. dt. Sprache, 2 Bde. (⁵⁻⁸1989–90); Langenscheidts Hwb. Span., bearb. v. HEINZ MÜLLER u. a., 2 Tle. (⁹⁻¹¹1996). **Wissenschaftliche Grammatiken:** Esbozo de una nueva gramática de la lengua española, hg. v. der Real Academia Española, Comisión de Gramática (Madrid 1973); N. CARTAGENA u. H.-M. GAUGER: Vergleichende Gramm. Spanisch-Dt., 2 Bde. (1989); J. DE BRUYNE: Span. Grammatik (a. d. Fläm., 1993). **Sprachgeschichte und Dialektologie:** K. BALDINGER: Die Herausbildung der Sprachräume auf der Pyrenäenhalbinsel (Berlin-Ost 1958); Die sprach- u. literarhist. Entwicklung des Span., hg. v. A. GÓMEZ-MORIANA (1973); A. ZAMORA VICENTE: Dialectología española (Neuausg. Madrid 1979); R. LAPESA: Historia de la lengua española (ebd. ⁹1988); A. TOVAR: Einf. in die Sprachgesch. der Iber. Halbinsel (a. d. Span., ³1989); J. BRUMME: S. S. im 19. Jh. (1997). **Phonetik und Phonologie:** A. QUILIS u. J. A. FERNÁNDEZ: Curso de fonética y fonología españolas para estudiantes angloamericanos (Madrid ¹⁰1982); T. NAVARRO TOMÁS: Manual de pronunciación española (ebd. ²⁵1991). **Lateinamerikanisches Spanisch:** H. D. PAUFLER: Lateinamerikan. Spanisch. Phonetisch-phonolog. u. morphologischsyntakt. Fragen (Leipzig 1977); H. KUBARTH: Das lateinamerikan. Spanisch. Ein Panorama (1987).

spanisches Rohr, das →Peddigrohr.

Spanische Tanne, Abies pinsapo, in S-Spanien heim., bis 25 m hohe Art der Tanne; Krone breit-kegelförmig, Äste regelmäßig quirlständig; Nadeln radial, nach allen Seiten abstehend, starr, dick, 8–15 mm lang, Zapfen aufrecht sitzend, zylindrisch, 10–15 cm lang, hellbraun; Zierbaum für geschützte Lagen.

spanische Thronkandidatur, andere Bez. für die →hohenzollernsche Thronkandidatur.

spanische Wand, andere Bez. für Wandschirm.

spanische Weine, Spanien besitzt mit etwa 1,3 Mio. ha die größte Rebfläche aller Länder der Erde. In der Weinproduktion nimmt es mit jährlich durchschnittlich 35 Mio. hl (zu 62% Weißweine) jedoch nur die dritte Stelle ein (hinter Italien und Frankreich), was v. a. in der geringen Pflanzdichte der Reben und ihrem klimatisch bedingten (zu geringes Wasserangebot) rigorosen jährl. Rückschnitt (z. T. auf nur zwei Augen), bes. in den ausgedehnten Weinbaugebieten im Zentrum und S des Landes, begründet liegt. Seit 1972 wurden nach frz. Vorbild genau umgrenzte Anbaugebiete geschaffen (Denominaciones de Origen, Abk. D. O.), die sich selbst kontrollieren; heute gibt es 51 solcher D.-O.-Gebiete (mit zus. über 600 000 ha Rebland) von allerdings sehr unterschiedl. Größe (das größte ist La Mancha mit 155 000 ha, das kleinste Alelle mit 400 ha) und Qualität der Weine. Daher wurde 1991 auch die Möglichkeit einer unabhängigen Qualitätskontrolle eingeführt; die diesbezüglich erweiterte Bez. Denominación de Origen Califada (Abk. D. O. C.) trägt als erste (und bisher einzige) die Region →Rioja am mittleren Ebro, das führende span. Rotweingebiet. Wichtigstes Weißweingebiet ist →Penedès in Katalonien; zwei Drittel aller Weine werden hier jedoch nach der klass. Flaschengärmethode zu Schaumwein (Cava) verarbeitet (3 Mio. l jährlich). Die z. T. aufgespriteten süßen Weine (z. B. Málaga, Tarragona), durch die s. W. urspr. bekannt geworden sind, haben heute nur weniger Bedeutung. Einzig der →Sherry, Spaniens bekannteste Weinart, konnte seine Stellung als führender Aperitifwein behaupten. Weitere wichtige Weinbaugebiete sind Ribera del Duero (woher der renommierteste span. Rotwein, der Vega Sicilia, stammt), Navarra (liefert u. a. gesuchte Roséweine) und Toro sowie für Weißweine Rueda.

Zahlreiche heim. Rebsorten werden auf dem Rebland angebaut, 80% der etwa 100 Rebsorten im Anbau sind rot. Daneben werden auch frz. Rebsorten gepflanzt. Am weitesten verbreitet sind bei den roten Rebsorten die rote Grenache (span. Granacha tinta und Granacho tinto) auf 15% der Rebfläche (v. a. im N), Monastrell (7%; führende – weil widerstandsfähige – Rebsorte in Alicante), Bobal (6%; liefert säurereiche, meist leichtere Weine) und Tempranillo (2,5%; die führende Rebe der Rioja) sowie bei den weißen Rebsorten Airén (mit einem Anteil von 30% die verbreiteteste Rebsorte überhaupt; die Rebe der Mancha, die einfache, schwere Weine liefert), Macabeo (span. Viura, 3,2%; die Weißweinrebe der Rioja), Xarel·lo (2%; in Katalonien, v. a. für Cavas), Granacha blanca (1,5%; im NO) und Palomino (die führende Rebsorte von Jerez).

Die weitaus meisten Weine werden als Tafel- und Landweine (Produktionsanteil rd. 70%), auch als Mixgetränk Sangría, im Lande getrunken (Pro-Kopf-Verbrauch 39 l jährlich), ein erhebl. Teil wird zu Weinbrand destilliert. Exportiert wurden 1996 rd. 4 Mio. hl; etwa 10% davon nach Dtl.

Spanisch-Guinea [-gi-], eigtl. **Spanische Territorien am Golf von Guinea** [-gi-], ehemalige span. Kolonie, 1959–68 die Überseeprovinzen Fernando Póo und Río Muni, ist seit 1968 als →Äquatorialguinea unabhängig.

Spanisch-Marokko, 1912–56 span. Protektorat in N-Marokko, umfasste das Gebiet des Rif, jedoch nicht Tanger. Hauptstadt war Tetuán (→Tétouan).

Spanisch-Sahara [-ˈzaːhara, auch -zaˈhaːra], frühere span. Besitzung an der NW-Küste Afrikas, →Westsahara.

Othmar Spann

Span Spanish Town – Spannung

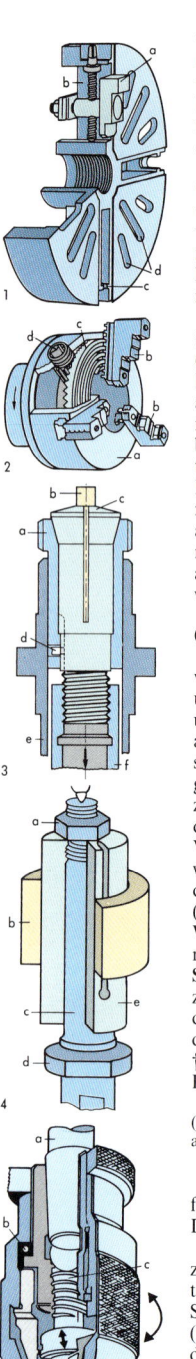

Spanish Town ['spænɪʃ 'taʊn], zweitgrößte Stadt von Jamaika, 20 km westlich von Kingston, 110 400 Ew.; Nationalarchiv, Museen; Handels- und Verarbeitungszentrum für das landwirtschaftl. Umland. – Anglikan. Kathedrale (1714 umgebaut). – 1534 von Spaniern unter dem Namen **Santiago de la Vega** gegründet.

spanlose Formung, früher Sammel-Bez. für Fertigungsverfahren, bei denen das Werkstück ohne Abtrennen von Spänen in die gewünschte Form gebracht wird, wie beim Urformen (z. B. Gießen, Sintern), Umformen (z. B. Walzen, Schmieden, Biegen) und spanlosen Trennen (z. B. Schneiden). – Ggs. spanende Formung (→Spanen).

Spann, Othmar, Volkswirtschaftler, Philosoph und Soziologe, *Wien 1. 10. 1878, †Neustift an der Lafnitz (heute zu Grafenschachen, Burgenland) 8. 7. 1950; Prof. in Brünn (seit 1909) und Wien (seit 1919); 1938 amtsenthoben. S. gilt als Begründer des Universalismus (Ganzheitslehre), einer gegen Rationalismus, Liberalismus, Materialismus und Marxismus gerichteten Gesellschafts- und Volkswirtschaftslehre, die im Ideal eines hierarchisch gegliederten Ständestaates mündete. S.s Gesellschaftstheorie übte v. a. Einfluss auf den österr. Konservatismus aus und lieferte zentrale Programmpunkte für den von ihm entworfenen austrofaschist. ›Korneuburger Eid‹ der österr. Heimwehren. (BILD S. 537)

Ausgabe: Gesamtausg., hg. v. W. HEINRICH, 21 Bde. (1963–79).

Spannbeton [-betɔŋ, auch -betɔ̃], Beton, der durch vorgespannte Bewehrung (Spannstahl, →Betonstahl) unter Druckspannung gesetzt wird. Durch Verkehrs- u. a. Lasten wird die Druckspannung ganz oder z. T. abgebaut (S. mit voller Vorspannung). Bei S. mit beschränkter Vorspannung sind begrenzte Zugspannungen, bei S. mit teilweiser Vorspannung auch Haarrisse zulässig. Die Spannstähle (Spannglieder) können bei der Herstellung einbetoniert sein (S. mit sofortigem Verbund) oder in Kanälen oder Hüllrohren verlegt werden, die nachher mit Zementmörtel verpresst werden (S. mit nachträglichem Verbund) oder frei bleiben (S. ohne Verbund). Der Beton kann auch zw. festen Widerlagern mit hydraul. Pressen unter Druckspannung gesetzt werden. Vorgespannter Leichtbeton heißt **Spannleichtbeton.** Als Spannstahl werden Drähte, Litzen und Stäbe verwendet. – Der S. wurde 1888 von dem Deutschen W. DOEHRING erfunden. Entscheidende Versuche führte EUGÈNE FREYSSINET (*1879, †1962) 1928–30 aus. Die Erfindung des S. hat v. a. den Brücken- und Hochbau nachhaltig beeinflusst.

S. mit teilweiser Vorspannung, bearb. v. PETER SCHMIDT (²1993); S. – Vorspannung mit Faserverbundwerkstoffen, bearb. v. T. LÖFFLER (Neuausg. 1996).

Spanndienste, →Fron.

Spanne, alte dt. Längeneinheit, definiert als Entfernung der Spitzen von Daumen und kleinem Finger. Die S. differierte zw. etwa 22 und 28 cm.

Spannen, Sichern von Werkstücken oder Werkzeugen in bestimmten Lagen zur Bearbeitung. Wichtige Spanneinrichtungen sind z. B. Schraubstock, Schraubzwinge und Spanneisen mit T-Nutensteinen (fest stehende Werkstückträger) oder das Bohrfutter der Bohrmaschine, die Planscheibe und das Dreibackenfutter der Drehmaschine (umlaufende Werkzeug- bzw. Werkstückträger). Sehr genaue, schnelle Einspannung zylindr. Teile ist durch Spannzangen (für Außenzylinder) und Spannbuchsen (für Innenzylinder) möglich, bei denen das geschlitzte Spannelement durch seine Kegelform bzw. durch einen kon. Spreizdorn zusammen- bzw. auseinander gedrückt werden kann. – Bei automat. Spannvorrichtungen werden die Kräfte meist hydraulisch oder pneumatisch erzeugt und mit Hebeln auf das Werkstück übertragen. Unterdruck-Spannvorrichtungen saugen das auf einer gelochten oder geschlitzten Auflage befindl. Werkstück an und halten es innerhalb der tolerierter Anschläge in seiner Lage fest. Ein elektr. Spannzeug ist z. B. die Magnetspannplatte, auf der kleinere Werkstücke magnetisch fest gehalten werden.

Spanner, Geometridae, Familie der Schmetterlinge mit 15 000 Arten (in Mitteleuropa 400), oft langbeinig, Flügelspannweite 13–60 mm, Flügel in Ruhelage meist seitlich abgestreckt, dabei leicht schräg nach hinten gehalten und den Untergrund aufliegend; Weibchen einiger Arten sind kurzflügelig; oft nachtaktive Raupen, die außer den drei Paaren von Brustfüßen nur zwei Paare von Bauchfüßen besitzen; Fortbewegung durch ›Spannen‹: Das Hinterleibsende wird mit dem Nachschieber unmittelbar hinter die Brustbeine gesetzt, wobei sich der Körper schlingenartig hoch aufbiegt, dann streckt sich der Vorderkörper weiter vor. Viele Raupen ähneln Pflanzenteilen, z. B. kleinen Ästen. Manche S. schädigen Pflanzenkulturen (→Kiefernspanner, →Frostspanner).

Spannschloss, Vorrichtung zum Spannen von Drähten, Seilen, Zugstangen; besteht aus einer Gewindehülse mit zwei gegensinnigen Gewinden und zwei Schraubbolzen, die an den zu verspannenden Teilen befestigt und gegen Drehen gesichert sind. Sie verschieben sich beim Drehen der Hülse gegeneinander. Über die dadurch bewirkte Längenänderung des S. wird die Zugspannung eingestellt.

Spannung, 1) *Elektrodynamik* und *Elektrotechnik:* 1) **elektrische S.,** Formelzeichen U oder V; definiert durch die Arbeit $W = Q \int E \cdot ds$, die ein elektr. Feld der Feldstärke E an einem Körper mit der festen elektr. Ladung Q bei der Verschiebung von einem Anfangspunkt P_1 zu einem Endpunkt P_2 längs eines (skalaren) Weges s leistet; der von der Größe der Ladung Q unabhängige Quotient $U_{12} = W_{12}/Q$, das Linienintegral der elektr. Feldstärke von P_1 nach P_2, ist die elektr. S.

$$U_{12} = \int_{P_1}^{P_2} E \cdot ds.$$

Aus dieser Definition folgt $U_{21} = -U_{12}$. Ist der Weg s geschlossen, d. h., fallen die Punkte P_1 und P_2 zus., so wird die S. als **elektrische Umlauf-S.** oder **elektrische Rand-S.** $\hat{U}$ bezeichnet. In einem wirbelfreien elektr. Feld (bei dem $\hat{U}$ für jeden beliebigen geschlossenen Weg verschwindet) ist U_{12} die **elektrische Potenzialdifferenz** zw. zwei Punkten mit den elektr. Potenzialen φ_1 und φ_2, es gilt $U_{12} = \varphi_1 - \varphi_2$; die S. von 1 nach 2 ist positiv, wenn das Potenzial in P_1 größer ist als in P_2. SI-Einheit der elektr. S. ist das →Volt. – In der *Elekrizitätslehre* werden i. d. R. die Zeichen u oder $\hat{u}$ für den Augenblickswert und der Großbuchstabe U für den Effektivwert der e. S. verwendet; Unterstreichung verdeutlicht, dass es sich um eine komplexe Größe handelt. Die e. S. ist die Voraussetzung für das Fließen eines elektr. Stromes (→Elektrizität). Grundsätzlich unterscheidet man zw. →Gleichspannung und →Wechselspannung, nach der Höhe zw. →Niederspannung und →Hochspannung, →Berührungsspannung, →Überspannung. Die Messung der e. S. erfolgt mit →Spannungsmessern. 2) →magnetische Spannung.

2) *Mechanik:* 1) **elastische S.,** bei Beanspruchung eines elast. Körpers durch äußere Kräfte oder Momente auftretende innere (Reaktions-)Kräfte je Flächenelement, die die ursprüngl. Form des unbelaste-

---

Spannen: 1 Planscheibe: a Spannbacken, b Stellspindel, c Spannbackenführung, d Spannschlitze; 2 Dreibackenfutter: a Gehäuse, b Spannbacken (nach innen gestuft), c Kronenrad mit Plangewinde, d Ritzel mit Vierkantloch für den Backenfutterschlüssel; 3 Spannzange: a Kegelhülse, b Werkstück, c Spannzange, d Sicherungsstift, e Arbeitsspindel, f Zugstange; 4 Spannbuchse: a Spannmutter, b Werkstück, c Dorn, d Abdrückmutter, e Spannbuchse; 5 Bohrfutter: a Arbeitsspindel, b Kugellager, c Gewinde zum Verschieben der Spannbacken, d Gehäuse, e Spannbacken

Spannungsabfall – Spannungskoeffizient **Span**

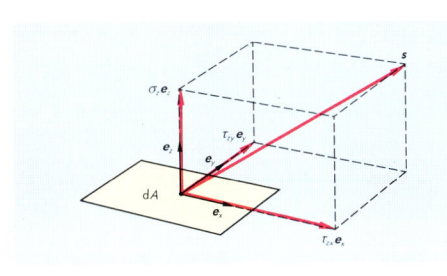

Spannung 2): Zerlegung eines in einem Flächenelement dA angreifenden Spannungsvektors **s** in die Normalspannung σ_z und die beiden Komponenten τ_{zx} und τ_{zy} der Schubspannung; die Bezeichnungen entsprechen der Wahl des Koordinatensystems, bei der die Flächennormale in z-Richtung weist; e_x, e_y, e_z sind Einheitsvektoren in den Richtungen der Koordinatenachsen

ten Körpers wiederherzustellen suchen. SI-Einheit ist das →Pascal. – Nach der Art der Beanspruchung werden Biege-, Druck-, Knick-, Schub-, Torsions- und Zug-S. unterschieden. Eine auf ein Flächenelement dA wirkende elast. S. lässt sich in eine →Normalspannung σ in Richtung der Flächennormale und in eine tangential auf das Flächenelement wirkende →Schubspannung τ zerlegen. Eine positive Normal-S. bedeutet Zug (**Zug-S.**), eine negative Druck (**Druck-S.**). Bei Einführung kartes. Koordinaten mit der z-Achse in Richtung der Flächennormale (x- und y-Achse folglich in der Ebene von dA) ergeben sich zwei Komponenten, τ_{zx} und τ_{zy}, der Schub-S.; die Normal-S. wird dann als σ_z bezeichnet. Die vollständige Beschreibung des S.-Zustands in einem Punkt erfordert drei senkrecht aufeinander stehende Flächenelemente bzw. ein quaderförmiges Element und die darauf bezogenen S.-Komponenten (→Spannungstensor). Bei Einwirkung der Normal-S. auf einen würfelförmigen Körper ergibt sich eine Volumenänderung, bei Schub-S. eine →Scherung. Die S., bei der ein Körper zu →Bruch geht, wenn er durch die genannten Kräfte beansprucht wird, heißt **Bruchspannung.** 2) →Oberflächenspannung.

3) Politik und *Soziologie:* Bez. für einen meist länger anhaltenden Zustand eines mehr oder weniger verdeckten sozialen →Konflikts zw. Individuen oder (Interessen-)Gruppen.

4) Psychologie: Zustand allg. psychophys. Erregung und Konzentration, auch der Ruhelosigkeit und Angst

Spannungs-Dehnungs-Diagramm eines Werkstoffs mit ausgeprägter Streckgrenze (weichgeglühter, unlegierter Vergütungsstahl; rot) und ohne ausgeprägte Streckgrenze (Gusseisen mit Kugelgraphit; blau); R_{eH} obere Streckgrenze, R_{eL} untere Streckgrenze, R_m maximale Zugfestigkeit, $R_{p0,2}$ Dehnungsgrenze, bei der eine bleibende Dehnung von 0,2 % auftritt, A Bruchdehnung

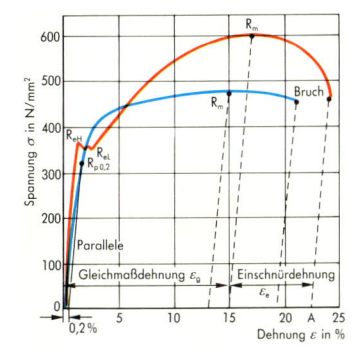

z. B. im Hinblick auf zu vollbringende Leistungen oder akute Konflikte.

Spannungs|abfall, der bei einer stromdurchflossenen Reihenschaltung mehrerer Widerstände (z. B. Leitung und Verbraucher) auf den betrachteten Teil des Stromkreises entfallende Anteil der angelegten Spannung.

spannungs|abhängiger Widerstand, *Elektrotechnik:* der →Varistor.

Spannungs|akustik, Lehre von den Eigenschaften eines Stoffes bei Schalleinwirkung; in der *Werkstoffprüfung* Verfahren zum Sichtbarmachen von Spannungen in Bauteilen unter Ultraschallwellen. Die Geschwindigkeit von Ultraschall-Transversalwellen hängt von deren Schwingungsrichtung bei gegebenem Spannungszustand ab.

Spannungs-Dehnungs-Diagramm, *Mechanik:* graf. Darstellung des Zusammenhangs zw. Spannung und Dehnung; berechnet aus den im →Zugversuch ermittelten Werten der Verlängerung eines Probestabes in Abhängigkeit von der Zunahme der Kraft. Die Spannung wird als Kraft, bezogen auf den Ausgangsquerschnitt des Probestabes, definiert. Die Dehnung ist das Verhältnis der Längendifferenz (Verlängerung) des unter Zug stehenden Stabes zur Ausgangslänge vor dem Versuch. Der Verlauf der Kurven ist gekennzeichnet durch den meist linearen elast. Bereich und den plast. Bereich. Der Anstieg im elast. Bereich ergibt sich aus der Proportionalität zw. Spannung σ und Dehnung ε (hookesches Gesetz), woraus mit bestimmten Einschränkungen (Hysterese) der Elastizitätsmodul ermittelt werden kann. Die weitere Belastung des Werkstoffs hat eine plast. Verformung zur Folge, zuerst wird die Fließgrenze (Streckgrenze) erreicht. Bei Werkstoffen ohne ausgeprägte Fließgrenze wird meist statt dieser die Spannung $\sigma_{0,2}$ (Dehngrenze) angegeben, bei der eine bleibende Dehnung von 0,2 % eintritt. Bei Werkstoffen mit ausgeprägter Fließgrenze steigt zunächst die Spannung, und der Werkstoff beginnt bis zur Verfestigung bei gleich bleibender Spannung zu fließen. Danach steigt die Spannung auf den Maximalwert (Zugfestigkeit), während der Probestab gleichmäßig gedehnt wird (Gleichmaßdehnung). Nach Überschreitung des Maximalwerts findet nur noch örtl. Verformung statt, und der Stab schnürt sich ein (Einschnürdehnung) bis zum Bruch. In Abhängigkeit vom Verhalten des Werkstoffe gibt es unterschiedl. S.-D.-D. Mithilfe der Kennlinien können die Festigkeits- und Verformungskenngrößen quantitativ ermittelt werden.

Spannungsfall, durch äußere Bedrohung eines Staates hervorgerufene gefährl. Situation, die sich zum Verteidigungsfall verschärfen kann. In der Bundesrepublik Dtl. kommen nach dem durch Gesetz vom 24. 6. 1968 (→Notstandsverfassung) ins GG eingefügten Art. 80a besondere Regelungen zur Anwendung (Zivildienstverpflichtung, Einschränkung der Berufsfreiheit, Schutz ziviler Objekte durch die Streitkräfte). Ein Teil der einfachen Notstandsgesetze wird erst im S. wirksam. Das Eintreten des S. muss vom Bundestag durch einen mit Zweidrittelmehrheit gefassten Beschluss festgestellt werden.

Spannungs-Frequenz-Umformer, elektron. Schaltung, bei der die Frequenz der Ausgangsspannung ein analoges Abbild der Eingangsspannung ist. Dies wird erreicht, indem die integrierte Eingangsspannung und eine Referenzspannung periodisch über einen elektron. Schalter einem Komparator zugeführt werden. Die Frequenz der Ausgangsspannung des Komparators ist dann der Eingangsspannung proportional.

Spannungsgegenkopplung, *Elektrotechnik:* →Stromgegenkopplung.

Spannungsko|effizi|ent, Druck|ko|effizi|ent, Formelzeichen β, α_p, Koeffizient, der die relative Än-

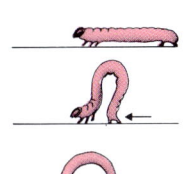

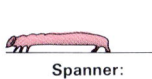

Spanner: Fortbewegung einer Spannerraupe

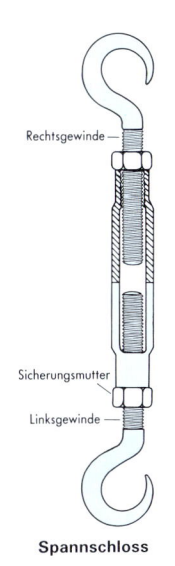

Spannschloss

Span Spannungsmesser – Spannungsreihe

derung des Drucks p in Abhängigkeit von der Temperatur T bei konstantem Volumen V, z. B. bei Gasen und Flüssigkeiten, angibt:

$$\beta = \frac{1}{p}\left(\frac{\partial p}{\partial T}\right)_V.$$

Der S. ergibt sich aus der jeweiligen Zustandsgleichung und wird für ein Gas i. d. R. auf seinen Druck p_0 bei $T = 273{,}15\,\text{K} = 0\,°\text{C}$ bezogen. Für ideale →Gase ist er gleich dem Volumenausdehnungskoeffizienten (→Wärmeausdehnung) $\gamma = 1/T = 0{,}003\,661\,\text{K}^{-1}$. Der S. von realen Gasen ist größer, wird aber i. Allg. näherungsweise durch diesen Wert beschrieben (Kompressibilität).

Spannungsmesser, 1) *Elektrotechnik:* **Voltmeter**, Gerät zum Messen der elektr. Spannung zw. zwei Punkten einer Schaltung. Da S. nur einen möglichst geringen Strom aufnehmen sollen, müssen sie einen hohen Innenwiderstand haben. Verwendet werden v. a. →Drehspulinstrumente, die eigentlich Strommesser sind, sich aber (mit vorgeschalteten Widerständen) als S. eignen. Durch Abstufung der Vorwiderstände erhält man versch. Messbereiche. Da Drehspulmesswerke nur Gleichspannungen messen können, müssen zur Wechselspannungsmessung →Gleichrichter vorgesehen werden, bei nichtsinusförmiger Kurvenform und bei höheren Frequenzen →Thermoumformer. Für Gleich- und Wechselspannungsmessungen direkt geeignet sind →Dreheiseninstrumente, deren Innenwiderstand aber geringer ist. Seltener verwendet werden Drehmagnetinstrumente, elektrodynam. und elektrostat. Messinstrumente. Zur Messung höherer Spannungen werden Spannungsteiler (bis 15 kV) oder →Messwandler vor das Messgerät geschaltet. Praktisch stromlose Messungen sind wegen ihres hohen Eingangswiderstandes (mehrere MΩ) mit elektron. S. möglich, die auch meistens für einen größeren Frequenzbereich geeignet sind, wie **Röhrenvoltmeter** (Differenzverstärkerschaltung mit zwei Trioden) und **Digitalvoltmeter (DVM)**. Letztere enthalten außer einer hochohmigen Eingangsschaltung mit Verstärkung im Wesentlichen einen Analog-digital-Umsetzer, eine Zähleinheit und eine Digitalanzeige. Durch Erweiterung der Eingangsschaltung können DVM auch als **Digitalmultimeter (DMM)** zur Messung von Strom und Widerstand eingesetzt werden (→elektrische Messgeräte). Wegen ihrer guten Eigenschaften, wie hoher Eingangswiderstand, hohe Empfindlichkeit, hohe Genauigkeit, einfache Handhabung (z. B. gute Ablesbarkeit), haben die DVM (bzw. DMM) in Zukunft die weitaus größte Bedeutung.
2) *Mechanik:* Gerät zum Messen mechan. Spannungen, z. B. in Bauteilen und Werkstoffen. Als S. dienen u. a. →Dehnungsmesser, →Dehnungsmessstreifen und Verfahren der →Spannungsoptik.

Spannungsnormal, *Elektrochemie:* →galvanische Elemente.

Spannungsnulllini|e, *Mechanik:* die gedachte Begrenzungslinie zw. Druck- und Zugspannung eines auf Biegung beanspruchten Trägerquerschnitts.

Spannungs|optik, Elasto|optik, Lehre von der prakt. Anwendung der Spannungsdoppelbrechung zur Ermittlung und Veranschaulichung ebener Spannungszustände (→Spannungstensor), meist anhand von Modellen aus durchsichtigem, randspannungsfreiem Material (Kunststoff), die einer wirklichkeitsgetreuen Belastungsart ausgesetzt werden (z. B. Schraubenschlüssel beim Festziehen einer Mutter). Die S. beruht darauf, dass optisch isotrope Körper durch mechan. Beanspruchung anisotrop werden und opt. →Doppelbrechung zeigen, deren Stärke ein Maß für die lokale mechan. Spannung ist (Spannungsdoppelbrechung). Der zu untersuchende Gegenstand (Modell) wird mit linear polarisiertem Licht durch-

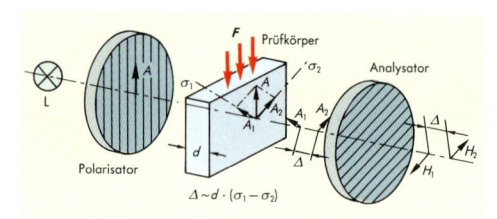

Spannungsoptik: Schematische Darstellung der optischen Vorgänge bei der spannungsoptischen Untersuchung eines Prüfkörpers; L Lichtquelle, **F** auf den Prüfkörper wirkende Kraft, A Amplitude des polarisierten Lichts, A_1, A_2 Amplituden in Richtung der Hauptspannungen σ_1 und σ_2, Δ Gangunterschied, d Dicke des Prüfkörpers, H_1, H_2 vom Analysator durchgelassene Komponenten von A_1 und A_2, die entsprechenden elektromagnetischen Wellen interferieren miteinander

strahlt, das durch die Doppelbrechung in zwei Komponenten mit senkrecht aufeinander stehenden Schwingungsrichtungen, jeweils parallel zu den Richtungen der beiden Hauptspannungen, und mit unterschiedlichen Lichtgeschwindigkeiten aufgeteilt wird. Durch die versch. Geschwindigkeiten ergeben sich Laufzeitdifferenzen und dadurch Phasenwinkeldifferenzen zw. den beiden Komponenten, die ausgewertet werden können. In der Praxis wird der Gegenstand zw. einen Polarisator und einen Analysator gebracht. Hinter dem Analysator entstehen Interferenzfiguren, die in der S. als Isochromaten bzw. Isoklinen bezeichnet werden. Die Isoklinen sind Linien gleicher Richtung einer Hauptspannung im Prüfkörper, die der jeweils durch den Polarisator festgelegten Schwingungsrichtung gleich ist. Im Ggs. hierzu sind die Isochromaten, die bei Verwendung weißen Lichts farbig erscheinen, von einer gleichsinnigen und gleich großen Drehung des Polarisators und des Analysators unabhängig; sie sind Linien gleicher Differenzen der Werte der beiden Hauptspannungen. Die an einem Modell gewonnenen Daten werden nach den Ähnlichkeitsgesetzen der Mechanik auf den zu untersuchenden Gegenstand übertragen.

Spannungs|prüfer, Spannungs|sucher, Polsucher, ein elektr. Nachweisgerät in Form eines Stiftes oder Schraubendrehers mit metall. Tastspitze, isoliertem Griffteil, hochohmigem Widerstand und eingebauter Glimmlampe mit Berührkontakt. Bei Anlegen der Spitze an ein gegen Erde spannungsführendes Teil (zw. 100 V und 500 V) und Berühren des Kontaktes leuchtet die Glimmlampe auf. Für kleinere Spannungen ist Polreagenzpapier geeignet.

Spannungsquelle, allg. eine Einrichtung zur Erzeugung einer elektr. Spannung, wobei zw. S. zur Bereitstellung von Versorgungsspannungen und S., die als Signalquellen Gleich-, Wechsel- oder Impulsspannungen an Klemmen eines Netzwerks legen, unterschieden wird. I. e. S. wird unter S. der Idealfall einer Urspannungsquelle im Ggs. zur idealen Urstromquelle verstanden (→Stromquelle).

Spannungsregler, Schaltung zur Bereitstellung einer Ausgangsspannung, die innerhalb gewisser Grenzen, unabhängig von Größen wie Eingangsspannung, Temperatur und Laststromänderung, weitgehend konstant bleibt. (→Stabilisierungsschaltung).

Spannungsreihe, prinzipiell die Reihenfolge der chem. Elemente, insbesondere der Metalle, nach zunehmender Größe der Potenzialdifferenz an der Phasengrenze zw. dem jeweiligen Element und einer aktiven Lösung seiner Ionen. Da diese Potenzialdifferenz einer direkten Messung nicht zugänglich ist, misst man das Potenzial gegen eine →Bezugselektrode.

Man erhält eine **elektrochemische S.,** wenn man in einer Elektrolysezelle bei einer bestimmten Tempera-

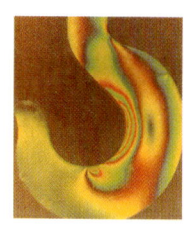

Spannungsoptik: In weißem Licht farbig sichtbare Isochromaten eines flachen Kranhakenmodells

Spannungsrichtung – Spannungsverdopplerschaltung **Span**

tur das →Normalpotenzial des jeweiligen Elements z. B. gegen die Normalwasserstoffelektrode misst (**Normal-S.**); dabei taucht das Element in eine Lösung mit für das Element normaler Aktivität. Ein Element wird als *unedler* als ein anderes bezeichnet, wenn sein Normalpotenzial kleiner ist als das des anderen; in Verbindungen ist das *edlere* Element elektronegativer als das unedlere (→unedle Metalle). Aus der elektrochem. S. der Metalle kann man entnehmen, welche Ursprungsspannung aus versch. Metallelektroden zusammengesetzte →galvanische Elemente besitzen. Beispiel: Das Daniell-Element mit Kupferanode ($-0{,}34$ V) und Zinkkathode ($+0{,}76$ V) hat eine Urspannung von $-1{,}10$ V. In der S. für die Nichtmetalle stellen die Ionen die reduzierte Stufe dar.

Bei der **elektrischen S. (voltasche S.)** werden die Metalle nach der Größe ihrer Kontaktpotenziale relativ zu einem Bezugsmetall eingeordnet, wobei Metalle mit positiver Kontaktspannung (→Berührungsspannung) vor solche mit negativer gestellt werden; es ergibt sich folgende S.: (+) Rb – K – Na – Al – Zn – Pb – Sn – Sb – Bi – Fe – Cu – Ag – Au – Pt (–).

Elektrochemische Spannungsreihe von Metallen

Metall	positives Metallion	Normalpotenzial in V bei 25 °C
Li	Li^+	$-2{,}96$
K	K^+	$-2{,}92$
Ca	Ca^{2+}	$-2{,}76$
Na	Na^+	$-2{,}71$
Mg	Mg^{2+}	$-2{,}34$
Al	Al^{3+}	$-1{,}33$
Mn	Mn^{2+}	$-1{,}10$
Zn	Zn^{2+}	$-0{,}76$
Cr	Cr^{3+}	$-0{,}51$
Fe	Fe^{2+}	$-0{,}44$
Cd	Cd^{2+}	$-0{,}40$
Co	Co^{2+}	$-0{,}28$
Ni	Ni^{2+}	$-0{,}23$
Sn	Sn^{2+}	$-0{,}16$
Pb	Pb^{2+}	$-0{,}12$
H_2	$2H^+$	$+0{,}00$
Cu	Cu^{2+}	$+0{,}35$
Ag	Ag^+	$+0{,}79$
Hg	Hg^{2+}	$+0{,}85$
Au	Au^{3+}	$+1{,}36$
Pt	Pt^{2+}	$+1{,}60$

Die **thermoelektrische S.** ist die Anordnung von Metallen u. a. Thermoelektrika nach der Größe ihrer Thermokraft bzw. Thermospannung (→thermoelektrische Effekte, →Seebeck-Effekt) gegen ein Bezugsmetall (i. Allg. Kupfer), wobei die Temperatur der einen Lötstelle konstant auf 273 K gehalten wird. In der S. geben die in Klammern gesetzten Zahlen die Thermospannung in mV an, wenn die Lötstelle eine um 1 K höhere Temperatur besitzt: Sb(4,0) – Fe(1,0) – Mo (0,45) – Cu(0,0) – Ag(−0,05) – Sn(−0,3) – Pb(−0,35) – Al(−0,35) – Hg(−0,75) – Pd(−1,0) – Ni(−2,2) – Bi(−8). Geringe Verunreinigungen können die Thermospannung erheblich verändern; auch die Kristallorientierung hat Einfluss. Bes. hohe Thermokräfte werden mit Halbleitern erzielt. Bildet man aus zwei

Elektrochemische Spannungsreihe von Nichtmetallen

negatives Nichtmetallion	Nichtmetall	Normalpotenzial in V bei 25 °C
S^{2-}	S (fest)	$-0{,}51$
$4 OH^-$	$2 H_2O + O_2$ (1 bar)	$+0{,}40$
$2 J^-$	J_2 (fest)	$+0{,}54$
$2 Br^-$	Br_2 (flüssig)	$+1{,}07$
$2 Cl^-$	Cl_2 (gasförmig, 1 bar)	$+1{,}36$
$2 F^-$	F_2 (gasförmig, 1 bar)	$+2{,}85$

Metallen der thermoelektr. S. ein →Thermoelement, so erhält bei Erwärmung das in der S. vorangehende Metall eine positive, das nachfolgende eine negative Spannung.

Spannungsrichtung, Richtung der in Schaltplänen oder -bildern als Pfeile dargestellten Spannungen. Allg. festgelegt (DIN 5489) ist der positive konventionelle Richtungssinn der Spannung (physikal. Richtungssinn). Die Spannung wird entlang eines Weges von Punkt 1 nach Punkt 2 als positiv angenommen, wenn das Potenzial in Punkt 1 größer ist als in Punkt 2. In einem Stromkreis kann die Richtung des Spannungspfeils (Bezugspfeils) willkürlich gewählt werden. Stimmt sie mit dem physikal. überein. Richtungssinn, so ist die zugehörige Spannung positiv.

Spannungs|sucher, der →Spannungsprüfer.

Spannungs|teiler, *Elektrotechnik:* allg. eine Reihenschaltung elektr. Widerstände Z_i (auch Wechselstromwiderstände) mit festem oder bewegl. Abgriff zur Entnahme von Teilspannungen U_i aus einem Stromkreis mit der Gesamtspannung U und dem Gesamtwiderstand Z. Die Größen stehen dabei in der Beziehung $U_i / U = Z_i / Z$ (**S.-Regel**; $Z = \sum Z_i$). I. e. S. versteht man unter S. eine solche Reihenschaltung mit nur zwei Widerständen. (→Potenziometer)

Spannungs|tensor, 1) *Elastomechanik:* symmetr. dreidimensionaler kartes. Tensor 2. Stufe (σ_{ik}), durch den der Spannungszustand (→Spannung) in einem Punkt eines Körpers vollständig beschrieben werden kann. Der erste Index seiner Komponenten σ_{ik}, mit $i, k \in (x, y, z)$, charakterisiert die Fläche, der zweite die Kraftrichtung. Die Diagonalelemente $\sigma_{ii} \equiv \sigma_i$ sind die Normalspannungen auf drei orthogonalen Flächenelementen (z. B. eines Quaders um den betrachteten Punkt), die übrigen Elemente die an diesen Elementen angreifenden Schubspannungen $\sigma_{ik} \equiv \tau_{ik}$; z. B. ist $\sigma_{xx} \equiv \sigma_x$ die Normalspannung in Richtung der x-Achse auf ein Flächenelement, dessen Normale in x-Richtung weist, und τ_{xy} die an demselben Flächenelement in y-Richtung angreifende Schubspannung. Die Symmetrie des S., $\tau_{ik} = \tau_{ki}$, ergibt sich aus Gleichgewichtsgründen; seine Zeilen (Spalten) sind die Komponenten dreier orthogonaler **Spannungsvektoren.** Durch Drehung des Koordinatensystems können die Nebenglieder ($i \neq k$) des S. zu null gemacht werden (Hauptachsentransformation). Die so definierten Richtungen heißen **Hauptrichtungen** 1, 2, 3, die zugehörigen Spannungen σ_1, σ_2, σ_3 **Hauptspannungen.** Es ist üblich, diese so anzugeben, dass $\sigma_1 \geq \sigma_2 \geq \sigma_3$. – Ein einachsiger Spannungszustand liegt vor, wenn nur eine der drei Hauptspannungen ungleich null ist; verschwindet nur eine von ihnen, handelt es sich um ein zweiachsiges oder ebenes Spannungsproblem, in allen anderen Fällen um ein dreiachsiges.

2) *Elektrodynamik:* **maxwellscher S.** ['mækswəl-], symmetr. Tensor 2. Stufe zur Berechnung der von elektr. und magnet. Feldern auf Ladungen und Ströme ausgeübten Kräfte. Seine als **Maxwell-Spannungen** bezeichneten kartes. Komponenten

$$T_{ik} = E_i D_k + H_i B_k - \delta_{ik} W,$$

mit $i, k \in (x, y, z)$, werden aus den Komponenten der elektr. Feldstärke (E) und Flussdichte (D) sowie der magnet. Feldstärke (H) und Induktion (B) gebildet; $w = 1/2 (ED + HB)$ ist die Energiedichte des elektromagnet. Feldes, δ_{ik} das →Kronecker-Symbol. Die an einem Volumen angreifenden Kräfte können als Integral des maxwellschen S. über die Oberfläche des Volumens dargestellt werden, wenn die elektromagnet. Felder nicht schnell veränderlich sind. Das Integral verschwindet, wenn sich im Volumen keine elektr. Ladungen befinden.

Spannungsverdopplerschaltung, *Elektrotechnik:* elektr. Schaltung mit im Leerlauf am Ausgang doppelt so großem Scheitelwert der Wechselspannung (abzüglich der Schleusenspannung der beiden Dioden) wie am Eingang; Beispiel: →Greinacher-Schaltung. Eine elektr. Schaltung, die man aus der Hintereinanderschaltung mehrerer S. erhält, bezeichnet man als **Spannungsvervielfacherschaltung.** Ein Beispiel dafür ist der →Kaskadengenerator.

Spannweite, 1) *Flugzeugbau:* die Entfernung zw. den äußersten Enden der Tragflügel parallel zur Flugzeugquerachse.

2) *Statik:* **Stützweite,** bei Brücken, Trägern u. Ä. der Abstand benachbarter Auflager voneinander.

3) *Statistik:* **Variationsbreite,** die Differenz zw. dem kleinsten und größten Wert einer Stichprobe; ein →Streuungsmaß. Die mittlere S. wiederholter kleiner Stichproben, versehen mit einem geeigneten Faktor, kann als Schätzwert für die Standardabweichung der Grundgesamtheit dienen.

4) *Zoologie:* die Entfernung zw. den Spitzen der ausgebreiteten Flügel (z. B. bei Insekten).

Spanplatten, plattenförmige Werkstoffe, überwiegend aus Holzspänen, deshalb auch als **Holzspanplatten** bezeichnet, seltener aus anderen lignozellulosehaltigen Rohstoffen wie Flachsschäben, Bagasse, Stroh, unter Zusatz von meist synthet. Bindemitteln im Trockenverfahren hergestellt. S. werden mit Dicken zw. 3 bis rd. 40 mm im mittleren Rohdichtebereich von 450 bis 800 (meistens 650 bis 750) kg/m^3 gefertigt, sie sind damit schwerer als das verwendete Holz. Nach Aufbereiten und Trocknen der Späne folgen die Zugabe der Bindemittel, z. B. Harnstoff-Formaldehyd-(UF-), Phenol-Formaldehyd-Harze oder Diphenylmethan-Diisocyanate (PMDI) sowie das Formen der Spanvliese nach dem Heißpressverfahren. Dabei entstehen überwiegend flach gepresste S. (Späne parallel zur Plattenebene angeordnet) in Etagen- oder kontinuierl. Rollenpressen, auch kalandergepresste sowie stranggepresste S. (→Strangpressplatten). S. werden zu 90% mit UF-Harzen verleimt, das Formaldehydpotenzial (Perforatorwert) wurde stetig gesenkt und liegt heute (1998) zw. 2 bis ≤ 8 mg Formaldehyd/100 g Platte. Die S. werden geschliffen und in großem Umfang (je nach Einsatzgebiet) beschichtet, vorwiegend mit Melaminharzfilmen, Furnieren oder Folien. Es wird zw. S. für allg. Zwecke, Möbel sowie für tragende Zwecke im Trocken- und Feuchtbereich unterschieden, mit differenzierten Forderungen an Biege- und Querzugfestigkeit, Elastizitätsmodul sowie Feuchtebeständigkeit. S. sind in Dtl. der mit Abstand wichtigste Holzwerkstoff des Möbel- und Innenausbaus.

Spanschachtel, Schachtel aus dünnem, furnierartigem Holz; bemalte S. dienten im 18./19. Jh. u. a. als Schmuckkästchen, Haubenschachteln und Brautschatzbehälter.

K. Dröge u. L. Pretzell: Bemalte S. Gesch., Herstellung, Bedeutung (1986); M. Wiswe: S. Gesch., Herstellung, Bemalung (1986).

Spant [niederdt.] *das, -(e)s/-en,* **1)** auch *der, Flugzeugbau:* ring- oder bandförmiges formgebendes Bauteil eines Flugzeugrumpfs zur Versteifung der Rumpfschale und zur Aufnahme und Weiterleitung von Einzelkräften.

2) *Schiffbau:* gebogenes Holz- oder Metallprofilbauteil zur Formgebung und -erhaltung des Schiffsrumpfs. S. können als Quer- oder Längs-S. (→Längsspantensystem, →Rahmenspanten) angeordnet sein. Der Kunststoff-Bootsbau kommt weitgehend ohne S. aus. Eine Sonderform sind →Knickspanten.

Spantenriss, *Schiffbau:* →Linienriss.

SPAR, Name von Handelsketten in 27 Ländern, die durch freiwilligen Zusammenschluss von Groß- und Einzelhändlern zur Rationalisierung von Einkauf, Verkauf, Werbung und Verkaufsförderung zuerst 1932 in den Niederlanden (1952 in der BRD) entstanden sind. Dachorganisation ist die Internat. SPAR Centrale B. V., Amsterdam, die von den nat. SPAR-Organisationen getragen wird. Bedeutendste Gesellschaft in Dtl. ist seit 1985 die SPAR Handels-AG mit Sitz in Hamburg. Sie beliefert als Großhändler rd. 4 500 SPAR-Einzelhändler, rd. 1 100 konzerneigene Regiebetriebe (darunter Verbrauchermärkte, SB-Warenhäuser, Lebensmittel- und Non-Food-Discountmärkte, Cash-and-Carry-Märkte) sowie Tankstellenshops und Lebensmittelabteilungen verschiedener Kaufhausketten. Umsatz der SPAR-Gruppe (1996): 21,6 Mrd. DM, Beschäftigte: rd. 23 800.

Sparagmit [zu griech. sparagma ›abgerissenes oder abgebrochenes Stück‹] *der, -s/-e,* aus 3 000 m mächtige Serie klast. Sedimente des jüngsten Präkambriums (Riphäikum, Eokambrium) aus den Randsenken der kaledon. Geosynklinale Norwegens; nur schwach metamorphe, feldspatreiche Sandsteine mit eingelagerten Kalken, Tonschiefern und Konglomeraten glazialer Entstehung; aus Molasseablagerungen hervorgegangen.

Sparbriefe, mittelfristige Wertpapiere (zumeist 4–7 Jahre Laufzeit) mit festem, jährlich steigendem oder variablem Zinssatz, die Banken und Sparkassen seit Mitte der 1960er-Jahre ihren Kunden unter verschiedenen Bez. (**Sparkassenbrief, Sparkassenzertifikat, Renten-S.**) i. d. R. als Namensschuldverschreibung (Rektapapier) zur Geldanlage anbieten. Der Nennbetrag ist meist gering (ab 100 DM). Die Zinsen werden entweder vorab durch einen unter dem Nennbetrag liegenden Kaufpreis berücksichtigt (Abzinsungspapier) oder regelmäßig bzw. am Ende der Laufzeit einschließlich Zinseszinsen (Aufzinsungspapier) ausgezahlt. Die Verzinsung ist meist höher als bei den vergleichbaren Spareinlagen, da S. vor der vereinbarten Laufzeit nicht oder (im Regelfall) nur unter erschwerten Bedingungen zurückgezahlt und nicht an der Börse gehandelt werden. Im Vergleich zu festverzinsl. Wertpapieren ist die Verzinsung eher gering, dafür fallen jedoch i. d. R. keine Transaktions- und/oder Depotgebühren an. Eine Sonderform ist der **Gewinn-S.,** der als vermögenswirksame Anlage (6 Jahre Laufzeit und ein Ruhejahr) neben der Grund- eine gewinnabhängige Zusatzverzinsung beinhaltet.

Sparbuch, dem Inhaber eines Sparkontos ausgehändigte und auf seinen Namen ausgestellte Urkunde, in Buch- oder (zunehmend) Loseblattform, in der alle Kontobewegungen (Einzahlungen, Abhebungen, Zinsgutschriften) und der jeweilige Kontostand eingetragen werden (→Spareinlagen). Das S. ist wertpapierrechtlich ein qualifiziertes Legitimationspapier (auch ›hinkendes Inhaberpapier‹ genannt), in dem ein Sparguthaben bei einer Bank oder Sparkasse (**Sparkassenbuch**) verbrieft ist. Die Kreditinstitute sind berechtigt, aber nicht verpflichtet, an jeden Inhaber, der das S. vorlegt, mit befreiender Wirkung zu leisten, auch wenn es sich nicht um die in dem S. bezeichnete Person handelt (§ 808 BGB). Das Eigentum an dem S. wird nicht nach sachenrechtl. Grundsätzen übertragen, sondern geht mit der Abtretung der Forderung (also des Guthabens) auf den neuen Gläubiger kraft Gesetzes über (§ 952 BGB).

Sparda-Banken, urspr. Spar- und Darlehnskassen für Eisenbahner (1897 erste Gründungen), heute universell tätige und an keine bestimmte Bev.-Gruppe gebundene Genossenschaftsbanken (→Kreditgenossenschaften). Sie sind im Verband der S.-B. e. V., Frankfurt am Main, zusammengeschlossen, der dem Bundesverband der Dt. Volksbanken und Raiffeisenbanken e. V., Bonn, angehört. Die Gesamtbilanzsumme der 17 S.-B. beträgt (1997) 52,5 Mrd. DM, die Mitarbeiterzahl rd. 5 400.

Spar|eckzins, Eckzins, der Zinssatz für Spareinlagen mit ›normaler‹ Kündigungsfrist (drei Monate), an dem sich die Zinssätze für Spareinlagen mit bes. vereinbarter Kündigungsfrist orientieren (Leitzins).

Spar|einlagen, die auf ein Sparkonto bei Kreditinstituten eingezahlten Beträge, über die eine Urkunde (Sparbuch) ausgestellt wird. In Dtl. dürfen gemäß § 21 Abs. 4 VO über die Rechnungslegung der Kreditinstitute nur solche Einlagen als S. angenommen werden, die bestimmten Einlegerkreisen (v. a. natürl. Personen) als Vermögensanlage dienen. Sie dürfen (im Ggs. zu Sichteinlagen) nicht für den Zahlungsverkehr bestimmt sein, sodass über sie nicht per Überweisung oder Scheck verfügt werden kann, und sie dürfen (im Ggs. zu Termineinlagen) von vornherein keine Befristung (wohl aber eine Kündigungsfrist) aufweisen. Neben S. mit vereinbarter (bis zur Änderung des Kreditwesen-Ges. vom 1. 7. 1993 ›gesetzlicher‹) Kündigungsfrist von (mindestens) drei Monaten gibt es S. mit speziell vereinbarten (längeren) Kündigungsfristen. Einzelvertraglich können zusätzlich beliebig lange Kündigungssperrfristen vereinbart werden, zwingend vorgeschrieben ist dies nicht. Die Verzinsung von S. richtet sich nach der gewählten Festlegungsdauer. Bei S. mit vereinbarter Kündigungsfrist von drei Monaten sind Rückzahlungen ohne Kündigung nur bis 3 000 DM innerhalb eines Kalendermonats (30 Zinstage) möglich, für darüber hinausgehende vorzeitige Auszahlungen können Vorschusszinsen berechnet werden. S. sind mindestreservepflichtig (→Mindestreserve) und werden grundsätzlich nur gegen Vorlage des Sparbuchs zurückgezahlt.

Sparen, Verzicht auf die Verwendung von Einkommen für gegenwärtigen Konsum zugunsten zukünftigen Konsums oder langfristiger Vermögensbildung. Zum S. gehören auch die Nichtausschüttung (Einbehaltung) von Unternehmensgewinnen zur Selbstfinanzierung sowie das S. des Staates, das sich bei einem Überschuss der öffentl. Einnahmen gegenüber den nichtinvestiven Ausgaben ergibt. Im Zentrum der Analyse steht das S. privater Haushalte. S. ist wie das verfügbare Einkommen selbst auf eine bestimmte Periode bezogen und trägt zur Änderung des Geld- und des Sachvermögens (z. B. Wohnungseigentum) bei. Hinsichtlich der Sparformen ist zu unterscheiden zw. freiwilligem S. (z. B. Konten-S., Bau-S. und Wertpapier-S.) und →Zwangssparen. Beim freiwilligen S. richtet sich die gewählte Sparform i. d. R. nach der Sicherheit des angelegten Geldes, nach Rendite und Liquidität.

Motive der Sparneigung bei den privaten Haushalten sind v. a. das Bedürfnis, für Notfälle (Alter, Krankheit u. a.) vorzusorgen, Beträge für Anschaffungen zurückzulegen (Zweck-S.), Zinserträge zu erzielen und Erbschaften zu hinterlassen. Bei polit. und wirtschaftl. Unsicherheit (Kriegserwartung, Währungsverfall, Konjunkturkrise) geht die Sparneigung i. d. R. zurück. Die Sparfähigkeit eines Haushalts ergibt sich v. a. aus der Höhe des Einkommens, wobei der Anteil des S. am Einkommen, die durchschnittl. **Sparquote,** mit steigender Höhe des Einkommens zunimmt. Die volkswirtschaftl. Sparquote wird errechnet als Anteil der Ersparnis am Volkseinkommen. In der volkswirtschaftl. Gesamtrechnung ergibt sich die Sparquote aller privaten Haushalte als der Anteil der Ersparnis am verfügbaren Einkommen, wobei die Beiträge zur gesetzl. Sozialversicherung und die nicht entnommenen Gewinne der Unternehmen unberücksichtigt bleiben. Die gesamtwirtschaftl. Sparquote stieg mit konjunkturellen Schwankungen von (1950) 3,0 % auf (1975) 15,1 % als bisherigem Höchststand; 1996 lag sie bei 12,4 %.

Von den in Dtl. übl. Formen des freiwilligen S. hat das Konten-S. seine Bedeutung verloren. Dies lässt sich durch die vergleichsweise niedrige Verzinsung des traditionellen Sparbuchs einerseits sowie durch attraktive, innovative Anlageformen und einen Bewusstseinswandel bei den Anlegern andererseits erklären.

Für den Einzelnen wie für die gesamte Volkswirtschaft bedeutet S. immer zweierlei. Zum einen werden Teile des Einkommens nicht ausgegeben und damit nicht nachfragewirksam, zum anderen entsteht zusätzl. Geldvermögen, das mittel- oder unmittelbar zur Finanzierung von Aktivitäten anderer Wirtschaftseinheiten verwendet werden kann. S. ist damit ein zentrales Element des Wirtschaftsablaufs: Die Erwerbstätigen erwirtschaften Einkommen; von den Beziehern des Einkommens wird jedoch nur ein Teil verbraucht, der Rest gespart. Diese Ersparnis wird nun (z. B. über Banken) an die Unternehmen zurückgeleitet, die sie als Finanzierungsmittel zum Aufbau des Produktivvermögens benutzen (→Investition) und damit die Produktionskapazität der Volkswirtschaft erhöhen. S. bedeutet also nicht nur Vermögensbildung und damit wirtschaftl. Unabhängigkeit für den Einzelnen, es ist auch Voraussetzung für wirtschaftl. Wachstum.

Darüber hinaus hat die Spartätigkeit privater Haushalte auch direkten Einfluss auf den Konjunkturverlauf: Steigende Ersparnis bedeutet zugleich sinkende Konsumgüternachfrage. Wenn etwa im Zuge eines allgemeinen Nachfragerückgangs das Wirtschaftswachstum zurückgeht, die Zahl der Arbeitslosen steigt und die Haushalte daraufhin vermehrt sparen, um sich für die Zukunft abzusichern, so verschärfen sie durch ihren Konsumverzicht gleichzeitig die schwierige Wirtschaftslage, vor der sie sich schützen wollten. Da durch S. zusätzl. Geldvermögen entsteht, entscheiden Sparneigung und -fähigkeit einzelner sozialer Gruppen auch über die Verteilung des gesamtwirtschaftl. Vermögenszuwachses. Diese sozialpolit. Bedeutung des S. hat zu versch. Formen staatl. Sparförderung geführt.

Als Instrument der Vermögenspolitik zielt die staatl. Sparförderung privater Haushalte darauf ab, durch Steuervergünstigungen (→Sparerfreibetrag) oder direkte Transfers (z. B. Arbeitnehmersparzulage, Wohnungsbauprämie) die Vermögens- und Kapitalbildung v. a. einkommensschwacher Bev.-Schichten zu fördern (→Vermögensbildung). Neben den staatlich geförderten Sparformen bieten Kreditinstitute verschiedenste Sparpläne an, die aufgrund eines Sparvertrags das planmäßige, systemat. S. ermöglichen. Zu diesen Sondersparformen zählen z. B. das Zuwachs-, Prämien-, Bonus- oder Zuschlags-S., bei dem der Sparer steigende Zinsen oder einen Zinsbonus bzw. eine Prämie auf die gesamte Sparsumme am Ende der Laufzeit erhält, oder das Versicherungs-S. als Kombination von Ratensparvertrag und Risikolebensversicherung.

⇨ *Geldanlage · Kapitalanlage · Konsum · Vermögen · Volkseinkommen · Zins*

Sparer-Freibetrag, *Einkommensteuerrecht:* ein Freibetrag bei der Ermittlung der Einkünfte aus Kapitalvermögen (§ 20 Abs. 4 EStG). Der S.-F. beträgt seit dem 1. 1. 1993 6 000 DM (12 000 DM für Verheiratete).

Sparfunktion, *Wirtschaftstheorie:* die in mikro- und makroökonom. Modellen angenommene funktionale Beziehung zw. der Höhe der von den privaten Haushalten geplanten Ersparnis und den Bestimmungsgrößen der Spartätigkeit wie Einkommen, Preise, Zinsniveau, Sparneigung. Da gesamtwirtschaftlich das Volkseinkommen nur zum Konsum oder als Ersparnis verwendet werden kann, gelten Aussagen über Konsumfunktionen im Sinne der Einkommenshypothesen indirekt auch für die Sparfunktionen.

Sparganium [griech.], die Pflanzengattung →Igelkolben.

Spargel [spätmhd. sparger, über das Roman. von lat. asparagus, griech. asp(h)áragos], **Asparagus,**

Spargel: Gemüsespargel; **oben** Spargelstangen; **unten** Kraut mit Früchten

Spar Spargelbohne – Spark

Spargelerbse:
Gelbe Spargelerbse
(Höhe bis 40 cm)

Muriel Spark

Gattung der Liliengewächse mit etwa 60 Arten in den gemäßigten und subtrop. Gebieten der Alten Welt; Kräuter oder Halbsträucher mit kurzem oder kriechendem Rhizom und meist stark verzweigten, häufig kletternden Achsen; Blätter sehr klein, schuppenförmig; Stängel außerdem mit zahlr. blatt- oder nadelförmigen Flachsprossen (Phyllokladien); Blüten klein, grünlich, am Grunde der Phyllokladien, einzeln, gebüschelt, doldig oder traubig; die Frucht ist eine kleine, kugelige, breiige Beere. Einige Arten, z. B. die südafrikan. Arten Asparagus setaceus (Asparagus plumosus) und Asparagus densiflorus (Asparagus sprengeri), werden feldmäßig kultiviert und liefern Schnittgrün. – Wichtigste, in Mittel- und S-Europa, N-Afrika, Vorderasien und W-Sibirien heim., heute überall in den gemäßigten Gebieten kultivierte Art ist der **Gemüse-S. (Echter S.,** Asparagus officinalis), eine 0,30–1,50 m hohe, reich verzweigte Staude mit 6–25 mm langen, nadelartigen, zu dreien bis sechsen zusammenstehenden Flachsprossen, grünl., maiglöckchenähnl. Blüten und 6–9 mm dicken, scharlachroten, giftigen Früchten. Das horizontal am Boden wachsende Rhizom entwickelt nach Art eines Sympodiums jedes Frühjahr bis zu sechs aufrecht wachsende, oberird. Hauptsprosse, die durch Aufschütten von Erde in der Länge von etwa 20 cm bleich und zart bleiben (S.-Stangen). Sobald die Knospen dieser Sprosse die Erdoberfläche erreicht haben, werden die Sprosse gestochen. Die Ernte kann im 3. oder 4. Jahr nach der Pflanzung beginnen und kann bei Ruhepausen 15 bis 20 Jahre lang fortgeführt werden. ›Gestochen‹ wird S. je nach Witterung und Anbaugebiet zw. Mitte/Ende April und dem Johannistag (24. 6.). Die nährstoffarmen S.-Stangen enthalten etwa 2 % Eiweiß, viel Vitamin C und Vitamine der B-Gruppe. Ihr Aroma wird durch den hohen Gehalt an freier Asparaginsäure bewirkt. In einigen Ländern werden durch Lichteinfluss ergrünte S.-Stangen als Grün-S. gegessen.
Krankheiten und *Schädlinge:* Hohle oder verholzte Stangen sind Folge tief reichenden Bodenfrostes, rostfarbene Stangen Folge zu nasser Böden; blaue oder grüne Köpfe bilden sich unter Tageslicht, wenn zu spät gestochen wird. Mykosen sind S.-Rost und Grauschimmel. S.-Käfer und S.-Hähnchen sowie deren Larven befressen Kraut und Samen, die Made der S.-Fliege zerfrisst die Triebe.
Kulturgeschichte: S. war schon in der Antike bei Ägyptern, Griechen und Römern eine beliebte Gemüsepflanze. Abbildungen von S. finden sich in Pompeji. PLINIUS D. Ä., COLUMELLA und CATO D. Ä. beschreiben den S.-Anbau und versch. S.-Sorten. – Als Arznei wurde wild wachsender S. bevorzugt, der nach DIOSKURIDES abführend, harntreibend und bei Gelbsucht wirken sollte. Durch die Römer wurde der S. nördlich der Alpen bekannt, ohne dass der Anbau aber zunächst Erfolg gehabt hätte. Erst in der Neuzeit scheint S. wieder bekannt geworden zu sein (H. BOCK beschreibt ihn 1539 als teure Delikatesse für die ›Leckermäuler‹). Kurz darauf verbreitete sich die S.-Kultur in Dtl. vom Oberrhein. Tiefland aus. – Als Heilmittel wurden Wurzeln, Samen und S.-Wasser mit den Indikationen nach DIOSKURIDES bis ins 19. Jh. verwendet.

Spargelbohne, Langbohne, Spargelfisole, Vigna unguiculata var. sesquipedalis [ˈviɲa-], in den Tropen und Subtropen als Gemüsepflanze und zur Gründüngung angebauter, nur als Kulturpflanze bekannter Schmetterlingsblütler; gegessen werden die bis 9 cm langen, unreifen Hülsen und die reifen Samen.

Spargel|erbse, Flügel|erbse, Tetragonolobus, Gattung der Schmetterlingsblütler mit nur zwei Arten in Süd- und Mitteleuropa. In Dtl. kommt auf feuchten Wiesen und Sümpfen die **Gelbe S.** (Tetragonolobus maritimus) mit der Unterart Tetragonolobus maritimus ssp. siliquosus vor, eine Rasen bildende Staude mit großen, lang gestielten, hellgelben Blüten; Früchte mit vier glatten Flügeln. In Südeuropa, England, selten auch in Mitteleuropa wird die **Rote S.** (Tetragonolobus purpureus) angebaut; Früchte mit vier welligen Flügeln; die jungen Hülsen werden als Gemüse gegessen; auch als Zierpflanze kultiviert.

Spargelfliege, Platyparea poeciloptera, 5–6,6 mm lange, braune Art der →Fruchtfliegen, deren Flügel braune Zickzackquerbinden haben. Das Weibchen legt im Frühjahr seine Eier meist einzeln unter die Schuppen der Spargelköpfe, jeweils mehrere Eier pro Trieb, bevorzugt in zweijährige Spargelpflanzen. Die bis 10 mm langen Maden fressen im Mark einen Gang bis zum Wurzelstock, wo sie sich verpuppen. Befallene Triebe sind gekrümmt und sterben oft vorzeitig ab; sie sollten verbrannt werden.

Spargelhähnchen, Crioceris asparagi, 5–6,5 mm lange Art der →Blattkäfer mit rotem Halsschild und blauschwarzen, hellgelb gefleckten Flügeldecken; lebt auf Spargelpflanzen.

Spargelkohl, →Broccoli.

Spargelminierfliege, Melanagromyza simplex, Ophiomyia simplex, etwa 2,5 mm lange, glänzend schwarze Art der Minierfliegen, deren Larve (Made) in Teilen des Spargelstängels Fraßgänge anlegt.

Spargelpilz, der Schopftintling (→Tintlinge).

Spargelsalat, →Kopfsalat.

Spargelstein, *Mineralogie:* eine Varietät des →Apatits.

Sparidae [griech.], die →Meerbrassen.

Spark [niederdt.], **Spergula,** Gattung der Nelkengewächse mit fünf Arten in den gemäßigten Gebieten vornehmlich der Alten Welt; Kräuter mit linealisch-pfriemenförmigen Blättern in Scheinquirlen und kleinen weißen Blüten. Neben dem v. a. in Sand- und Heidegebieten häufigen, nur 5–30 cm hohen **Frühlings-S.** (Spergula morisonii) ist in Dtl. der 10–100 cm hohe **Feld-S. (Spörgel,** Spergula arvensis) als Unkraut auf kalkarmen, sandigen Böden verbreitet.

Spark [spɑːk], Muriel Sarah, geb. **Camberg** [ˈkæmbəːg], engl. Schriftstellerin, *Edinburgh 1. 2. 1918; arbeitete nach mehrjährigem Afrikaaufenthalt (1937–44) im Außenministerium; 1947–49 Gen.-Sekr. der ›Poetry Society‹ und Herausgeberin der Zeitschrift ›Poetry Review‹. Ihre Konversion zum Katholizismus (1954) prägte entscheidend ihr literar. Werk (neben Lyrik und Kurzgeschichten v. a. Kurzromane), in dem sie mit den Mitteln der Satire, der Groteske und des Tragikomischen, oft auch des Fantastischen, menschl. Fehlern und Eigenheiten in eingegrenzten, gesellschaftl. Bereichen nachgeht. Dabei werden Fragen von Gut und Böse sowie nach menschl. Willensfreiheit und göttl. Allmacht gestellt, häufig durch Zentralfiguren, die sich die Macht anmaßen, das eigene Leben und das der Umwelt zu bestimmen, und dabei an die Grenzen exzentr. Selbstentfaltung stoßen. S. schrieb auch literaturkrit. Arbeiten, so ›Child of light. A reassessment of Mary Wollstonecraft Shelley‹ (1951; dt. ›Mary Shelley‹) und ›Emily Brontë, her life and work‹ (1953, mit D. STANFORD).

Weitere Werke: *Lyrik:* Going up to Sotheby's (1982). – *Romane:* The comforters (1957; dt. Die Tröster); Memento mori (1959; dt.); The ballad of Peckham Rye (1960; dt. Die Ballade von Peckham Rye); The prime of Miss Jean Brodie (1961; dt. Die Lehrerin, auch u. d. T. Die Blütezeit der Miss Jean Brodie); The girls of slender means (1963; dt. Mädchen mit beschränkten Möglichkeiten); The Mandelbaum gate (1965; dt. Das Mandelbaumtor); The driver's seat (1970; dt. Töte mich); The abbess of Crewe (1977; dt. Die Äbtissin von Crewe); Loitering with intent (1981; dt. Vorsätzlich herumlungern); The only problem (1984; dt. Das einzige Problem); A far cry from Kensington (1988; dt. Ich bin Mrs. Hawkins); Symposium (1990; dt. Symposion). – *Kurzgeschichten:* Bang-bang you're dead

(1982; dt. Päng päng, du bist tot); The stories of M. S. (1985). – *Autobiographie:* Curriculum vitae (1992; dt.). – Portobello Road u. a. Erz. (1982, dt. Ausw.).

A. BOLD: M. S. (London 1986); R. S. EDGECOMBE: Vocation and identity in the fiction of M. S. (Columbia, Mo., 1990); N. PAGE: M. S. (New York 1990).

Sparkasse, Sparbank, engl. **Savings-Bank** ['seɪvɪŋz bæŋk], frz. **Caisse d'Épargne** [kɛs de'parɲ], Kreditinstitut, dessen Hauptaufgabe (ursprünglich) die Annahme und Verwaltung von Spareinlagen ist. Die dt. S. haben sich, unterstützt von den regionalen Landesbanken/Girozentralen, heute zu Universalbanken entwickelt.

In Dtl. ist die Bez. ›S.‹ den öffentl. S. (kommunalen oder freien öffentl. S.) vorbehalten. Die bei weitem überwiegenden kommunalen S. sind nicht auf Gewinnmaximierung, sondern auf angemessene Rücklagenbildung ausgerichtete gemeinnützige Anstalten des öffentl. Rechts in der Form von Stadt-, Kreis- oder Bezirks-S. Die kommunale Körperschaft (Gemeinde, Stadt, Kreis, Zweckverband) haftet als Gewährträger für die Verbindlichkeiten sowie für die Existenz der S. (Anstaltslast). Die wenigen freien öffentl. S. werden in der Rechtsform von Stiftungen des bürgerl. Rechts oder als wirtschaftl. Vereine geführt; sie erfüllen wie die kommunalen S. gemeinnützige Aufgaben. Die S. unterliegen neben der allgemeinen Bankenaufsicht nach dem Kreditwesen-Ges. der Anstaltsaufsicht durch das jeweilige Bundesland. Für die Geschäftstätigkeit der S. gelten gegenüber anderen Gruppen der Kreditwirtschaft gesetzl. und satzungsrechtl. Beschränkungen; sie dürfen z. B. nur in einem bestimmten Gebiet tätig sein. Die Verwaltung der meisten S. liegt bei zwei Organen, dem Verwaltungsrat mit Aufsichts- und Kontrollfunktionen und dem Vorstand, der die S.-Geschäfte führt.

Geschäftstätigkeit: Entsprechend dem öffentl. Auftrag (nach Landessparkassen-Ges. und kommunalen Satzungen) müssen die S. ausreichende kreditwirtschaftl. Leistungen für alle Bev.-Kreise eines bestimmten Gebietes und die dort tätigen Wirtschaftsunternehmen sowie für die öffentl. Hand bieten und dabei Einlagen, v. a. Spareinlagen, von jedermann und in jeder Höhe annehmen (Gewährleistungsfunktion; Kontrahierungszwang). Die S. pflegen das Kleinsparen, bieten für die Geldanlage verschiedene Sparformen (Sparbuch, Spar- und S.-Briefe, S.-Obligation, Investmentzertifikate, Wertpapiere) an und entwickelten neue Sparformen und Spartechniken, z. B. Prämiensparen mit Gewinnausschüttungen und Plussparen. Wesentl. Bestandteil des öffentl. Auftrags ist die Kreditvergabe an die wirtschaftlich Schwächeren, den Mittelstand, die privaten sowie die kommunalen Haushalte. Im Kreditgeschäft der S. dominieren langfristige Darlehen, bes. für den Wohnungsbau und zur Finanzierung kommunaler Investitionen. Der Gewerbe- und Industriekredit sowie der Konsumkredit an private Haushalte haben an Bedeutung gewonnen. Hinzu kommt die finanzielle Betreuung der Kunden bei Auslandsgeschäften.

Als S.-Zentralbanken fungieren die 12 regionalen Girozentralen und die Dt. Girozentrale – Dt. Kommunalbank als Spitzeninstitut. Die S. gehören den regionalen S.- und Giroverbänden an, deren Spitzenorganisation der Dt. S.- und Giroverband e. V., Bonn, ist. In Dtl. bestanden (Ende 1997) 598 S. mit 19 100 Zweigstellen. 62 der S. besaßen ein Geschäftsvolumen von mehr als 5 Mrd. DM. Der Marktanteil der S. (einschließlich S.-Zentralbanken) in Dtl. betrug (1997), gemessen am Geschäftsvolumen (3 359 Mrd. DM), 37 %, am Privatkundengeschäft sogar rd. 56 %. Die S.-Gruppe hatte 288 000 Mitarbeiter.

Geschichte: Die S. wurden durch private Initiativen gegründet, um den unteren Bev.-Schichten die Möglichkeit zu geben, langfristig einen sicheren und verzinsl. Notgroschen für Krankheit, Alter u. a. anzusparen. Die ersten S. entstanden 1778 in Hamburg, 1786 in Oldenburg (Oldenburg) und 1796 in Kiel. 1836 gab es in Dtl. bereits etwa 300 S., 1860 etwa 1 200 und 1913 über 3 100; seitdem nahm ihre Anzahl, bedingt durch Fusionen, ständig ab.

Die größten Sparkassen in Deutschland (Ende 1997)				
Institut	Bilanzsumme in Mio. DM	Spareinlagen in Mio. DM	Beschäftigte	Zweigstellen
Hamburger Sparkasse	51 296	12 889	5 042	207
Landesgirokasse Stuttgart	45 001	10 964	4 197	233
Stadtsparkasse Köln	30 256	8 349	3 042	116
Frankfurter Sparkasse, Frankfurt am Main	26 174	7 601	2 517	85
Nassauische Sparkasse, Wiesbaden	22 872	7 002	2 234	329
Kreissparkasse Köln	20 694	7 178	2 287	133
Stadtsparkasse München	20 258	9 127	2 539	120
Die Sparkasse Bremen	16 062	5 061	1 939	85
Sparkasse Aachen	14 261	4 314	1 990	112
Stadt-Sparkasse Düsseldorf	14 205	4 638	1 886	83

In *Österreich* wurde die erste S. 1819 in Wien gegründet. Zahlreiche weitere Gründungen folgten. Ähnlich wie in Dtl. stehen die inzwischen universell tätigen S. in Österreich in Konkurrenz zu privaten Banken und Kreditgenossenschaften.

In der *Schweiz* gilt als älteste S. die 1786 gegründete Dienstzinskasse der Stadt Bern; 1794 folgte die S. in Genf. Die S. werden in der Schweiz aufgrund ihrer inzwischen vielseitigen Geschäftstätigkeit in der Bankenstatistik nicht mehr gesondert erfasst, sondern rechnen zur Gruppe der ›Regionalbanken und Sparkassen‹.

Spärkling, die Gattung →Schuppenmiere.

Sparmannia [nach dem schwed. Naturforscher und Reisenden ANDREAS SPARMANN, * 1748, † 1820], die Pflanzengattung →Zimmerlinde.

Sparnąc [nach Sparnacum, dem röm. Namen der frz. Stadt Épernay] *das, -(s),* **Sparnacien** [-'sjɛ̃], **Sparnacium,** *Geologie:* eine Stufe des Paläozäns, →Tertiär.

Sparprämi|e, 1) aufgrund des S.-Ges. von 1959 vom Staat bis November 1980 gewährte Prämie, die unbeschränkt einkommensteuerpflichtige Personen für auf sechs Jahre festgelegte Sparbeiträge (Beiträge im Rahmen von allgemeinen Sparverträgen, Sparverträge mit festgelegten Sparraten, Sparverträge über vermögenswirksame Leistungen und Wertpapiersparverträge) erhielten. Das siebente Jahr war ein Ruhejahr, nach dessen Ablauf über die angesparte Summe frei verfügt werden konnte. Voraussetzung für die Gewährung von S. war, dass festgelegte Einkommensgrenzen nicht überschritten und die Sparbeiträge weder nach dem Wohnungsbauprämien-Ges. begünstigt waren noch vermögenswirksame Leistungen darstellten, für die nach wie vor eine Arbeitnehmersparzulage gewährt wird.

2) die →Wohnungsbauprämie.

Sparquote, →Sparen.

Sparren, 1) *Bautechnik:* beim Dach in den Falllinien liegende Hölzer, die die Dachlatten und die Dachhaut tragen.

2) *Heraldik:* **Chevron** [frz. ʃəˈvrɔ̃, engl. ˈʃevrən], varantenreiches Heroldsbild, das entsteht, wenn die eine Spitze bildenden Linien durch parallel laufende Linien ergänzt werden. Die Breite der beiden sich in der Mitte des oberen Schildrandes treffenden Schenkel des S. soll zwei Siebentel der Schildbreite betragen.

Sparren 2)

Sparschuh, Jens, Schriftsteller, * Karl-Marx-Stadt (heute Chemnitz) 14. 5. 1955; wurde bekannt als Hörspielautor (Hörspielpreis der Kriegsblinden 1990 für ›Ein nebulo bist du‹). Mit ›Der große Coup‹ (1987), einem fiktiven Tagebuch des J. P. ECKERMANN, erschien sein erster Roman, in dem er vielschichtig die Freiheit der Persönlichkeit diskutiert. Um Individualität und ihre Bedrohung kreisen auch die folgenden Romane ›KopfSprung‹ (1989) und ›Der Schneemensch‹ (1993). Die menschl. Probleme nach der Wiedervereinigung Deutschlands gestaltete er mit viel Ironie in dem Roman ›Der Zimmerspringbrunnen‹ (1995).

Weitere Werke: Lyrik: Waldwärts. Ein Reiseroman (1985). – *Hörspiel:* Inwendig (1990). – *Roman:* Die schöne Belinda u. ihre Erfinder (1997). – *Prosa:* Ich dachte, sie finden uns nicht (1997).

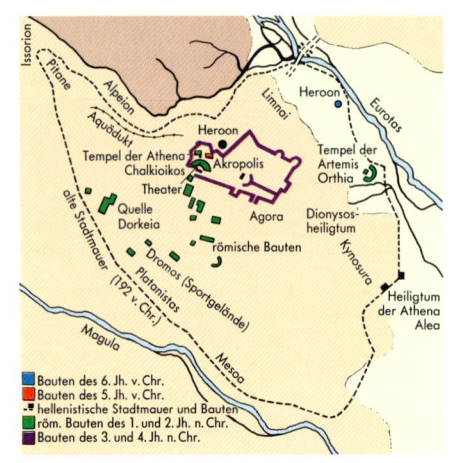

Sparta: Lageplan nachgewiesener Bauten des 6. Jh. v. Chr. bis zum 4. Jh. n. Chr.

Sparta, neugriech. **Spárti,** Hauptstadt des Verw.-Bez. (Nomos) Lakoniens, Griechenland, im S der Peloponnes, in der fruchtbaren Eurotasebene am Fuß des Taygetos, 13 000 Ew.; orth. Bischofssitz; archäolog. Museum. – Von der antiken Siedlung im N und NO der heutigen Stadt, am rechten Ufer des Eurotas, wo sie sich über sechs Hügel hinzog, sind nur geringe Reste, v. a. aus röm. und byzantin. Zeit, erhalten; die Akropolismauern entstanden 267–386 (im 8. Jh. erneuert); das Theater im 1. oder 2. Jh. n. Chr. Oberhalb des Theaters Spuren des Tempels der Athena Chalkioikos (6. Jh. v. Chr., ein mit Bronze verkleideter Lehmziegelbau). Die Reste eines weiteren Theaters nahe dem Eurotas (3. Jh. n. Chr.) gehören zum alten Heiligtum der Artemis Orthia, bekannt für die Geißelung spartan. Knaben an ihrem Altar (Reste erhalten). Die Kirchenruinen stammen aus dem 11. Jh. Das archäolog. Museum von S. enthält griech. Skulpturen, Reliefs und Kleinfunde von der Peloponnes. – Im Altertum war S. (dorisch; attisch Sparte), v. a. als Staat offiziell **Lakedaimon** (Lakedämon) gen., zunächst eine offene Siedlung aus vier, seit 800 v. Chr. fünf Dörfern mit gemeinsamem Marktplatz und gemeinsamen Heiligtümern. 192 v. Chr. erhielt S. eine Ringbefestigung. Im MA. stand es als **Lakedaimonia** anfänglich unter byzantin. Herrschaft und war Basis der Christianisierung und Gräzisierung der Slawen des Taygetos. Ab dem 13. Jh. trat es hinter Mistra zurück und verfiel. 1834 wurde S. nach einem regelmäßigen Plan in der Nähe der antiken Stadt neu gegründet.

Den spartan. Staat gründeten die am Ende des 2. Jt. v. Chr. in die Eurotasebene einwandernden Dorer. S. unterwarf schon in der 1. Hälfte des 8. Jh. v. Chr. S-Lakonien und brachte in den folgenden beiden Jahrhunderten auch N-Lakonien, Teile S-Arkadiens und das Grenzgebiet zur Argolis in seine Abhängigkeit. Schon im 8. Jh. griff S. auch auf Messenien über (1. Messen. Krieg) und eroberte es im 7. Jh. (2. Messen. Krieg). Der Boden wurde in Landlose (Kleroi, dorisch Klaroi) aufgeteilt und an die →Spartiaten vergeben, die die Schicht der Vollbürger bildeten. Die Bewohner Messeniens wurden ebenso wie die achaische Bevölkerung Lakoniens zu Leibeigenen (→Heloten) der Eroberer. In den Grenzgebieten Lakoniens und später auch in Messenien entstanden außerdem von S. abhängige Städte (mit lokaler Selbstverwaltung) der →Periöken, die wie die Spartiaten als →Hopliten im spartan. Heer kämpften und als Bürger minderen Rechts auch zu den Lakedämoniern gehörten.

An der Spitze des Staates standen zwei Könige aus den Geschlechtern der Agiaden und der Eurypontiden. Ihre Macht wurde durch die seit dem 8. Jh. jährlich gewählten fünf Ephoren immer mehr eingeschränkt. Mit 28 auf Lebenszeit gewählten adligen Geronten bildeten die Könige den Ältestenrat (Gerusia). Vom 30. Lebensjahr an hatten alle Spartiaten Zutritt zur Volksversammlung (Apella). Die hohe Blüte der spartan. Adelskultur mit dem Wirken der Dichter ALKMAN, TERPANDROS sowie dem Export lakon. Bronze-, Elfenbein- und Töpferwaren fand schon im 6. Jh. ihr Ende. Der Adel verlor seine Vorrechte zugunsten einer Gesellschaft der ›Gleichen‹ (Homoioi), d. h. aller Spartiaten, die den Geld- und Naturalbeitrag zu den gemeinsamen Mahlzeiten (→Syssitien) leisten konnten. Der Zwang, sich gegenüber der zahlenmäßig weit größeren Schicht der Heloten zu behaupten, führte zu einer allgemeinen Militarisierung des Lebens, die schon in der Jugend begann (vormilitär. Ausbildung ab dem 7. Lebensjahr), sodass S. die ›Verfassung eines Heerlagers‹ (PLATON) erhielt. Durch die Gründung des Peloponnes. Bundes konnte S. im 6. Jh. weiter ausdehnen. Als allg. anerkanntem ›Prostates‹ (Vorsteher) der Griechen fiel ihm im Perserkrieg 480/479 die Führung zu. Mit der Gründung des 1. Att. Seebundes (477 v. Chr.) durch Athen begann der Dualismus zw. diesem und S. Den Sieg im Peloponnes. Krieg konnte S. nur mit pers. Hilfe und durch Aufgabe seiner bisherigen vornehmlich defensiven Politik erringen. Der rücksichtslose Imperialismus, den S. seitdem betrieb, ging einher mit einer zunehmenden inneren Zersetzung seiner Staats- und Lebensordnung. Mit der Niederlage bei Leuktra (371 v. Chr.) und der Errichtung eines selbstständigen messen. Staates (369) endete auch außenpolitisch S.s große Zeit. Die Reformen der Könige AGIS IV. und KLEOMENES III. im 3. Jh. sowie des Tyrannen NABIS (207–192 v. Chr.) blieben Episode. Nach der Unterwerfung durch die Römer (146 v. Chr.) blieb S. formell ein Freistaat mit sehr beschränktem Gebiet innerhalb der späteren Prov. Achaea.

J. T. HOOKER: S. Gesch. u. Kultur (a.d. Engl., 1982); M. CLAUSS: S. Eine Einf. in seine Gesch. u. Zivilisation (1983); J. F. LAZENBY: The Spartan army (Warminster 1985); S., hg. v. K. CHRIST (1986); P. CARTLEDGE u. A. SPAWFORTH: Hellenistic and Roman S. (London 1989); J. DUCAT: Les Hilotes (Paris 1990); M. LAVRENCIC: Spartan. Küche. Das Gemeinschaftsmahl der Männer in S. (Wien 1993); E. BALTRUSCH: S. Gesch., Gesellschaft, Kultur (1998).

Spartacus, Spartakus, Führer im 3. röm. Sklavenkrieg, † (gefallen) in Lukanien 71 v. Chr.; Thraker, entfloh 73 v. Chr. mit 70 Thrakern und Kelten aus einer Gladiatorenschule in Capua. Durch Zulauf von Sklaven und entrechteten Freien brachte er ein Heer von zeitweilig 40 000 Mann zusammen und kontrollierte einen Teil S-Italiens. Auf dem Vormarsch nach Oberitalien besiegte er mehrfach röm. Truppen (u. a. die beiden Konsuln des Jahres 72 v. Chr.). Erst MARCUS LICINIUS CRASSUS konnte S. nach S-Italien zurückdrängen. In der Entscheidungsschlacht in Lukanien fand S. mit dem größten Teil seiner Gefolgsleute den Tod; etwa 6000 von ihnen wurden gefangen genommen und entlang der Via Appia hingerichtet.

A. GUARINO: S. Analyse eines Mythos (a.d.Ital., 1980); S. Symposium rebus Spartaci gestis dedicatum 2050 A. (Sofia 1981); W. Z. RUBINSOHN: Der Spartakus-Aufstand u. die sowjet. Geschichtsschreibung (1983); K. R. BRADLEY: Slavery and rebellion in the Roman world 140 B. C.–70 B. C. (London 1989).

Spartakiade [nach SPARTACUS] *die, -/-n,* Bez. für große Sportveranstaltungen in den früheren kommunist. bzw. sozialist. Ländern (z. B. die S. der Völker der UdSSR oder die Kinder- und Jugend-S. der DDR), die zur Talentesichtung dienten und auch zur polit. Selbstdarstellung genutzt wurden. Die erste S. fand 1921 in Prag statt.

Spartakusbund, um 1915/16 aus den radikalen Gegnern der Burgfriedenspolitik innerhalb der SPD entstandene Gruppe um ROSA LUXEMBURG, K. LIEBKNECHT und F. MEHRING, nach ihrem Organ zunächst **Gruppe Internationale,** ab 1916 nach den ›Spartakusbriefen‹ **Spartakusgruppe** genannt; schloss sich im April 1917 der USPD an, vertrat aber weiter eigene Vorstellungen einer radikalen sozialist. Demokratie. In der Novemberrevolution am 11. 11. 1918 zum S. formiert, forderten die radikalen Linken das Rätesystem und beteiligten sich maßgeblich an den Aufständen im Dezember 1918 und Januar 1919 (›Spartakusaufstand‹). Nach dem Bruch mit der USPD (Dezember 1918) gründeten die **Spartakisten** am 30. 12. 1918/1. 1. 1919 die KPD.

Spartaner, Sammel-Bez. für die Angehörigen des Stadtstaates →Sparta, die →Spartiaten und →Periöken. Die antike Bez. lautet Lakedämonier (griech. Lakedaimonioi).

spartanisch, 1) das alte Sparta betreffend; 2) streng, hart; anspruchslos, einfach, sparsam.

Spartein [nach Spartium] *das, -s,* **Lupinidin,** in Schmetterlingsblütlern, bes. im Besen- und Binsenginster sowie in Lupinen vorkommendes giftiges, bitter schmeckendes Alkaloid mit z. T. ähnl. Wirkungen wie →Nikotin. Die früher bei Herzrhythmusstörungen eingesetzte Substanz wird kaum noch therapeutisch verwendet.

Spartel, Kap S., arab. **Berzekh S.** [-z-], span. **Cabo Espartel** [ˈkaβo-], das antike **Cap Ampelusium,** die NW-Spitze des afrikan. Festlands (35° 48′ n. Br., 5° 56′ w. L.) an der marokkan. Atlantikküste und am W-Ende der Straße von Gibraltar; Leuchtturm, Aussichtsterrasse. 4 km nördlich die **Herkulesgrotten:** natürl., z. T. ständig geflutete Kalksteinhöhlen, die in prähistor. Zeit bewohnt waren; 5 km südöstlich die antike Ruinenstätte **Cotta,** eine phönik. Gründung mit röm. Ruinen aus dem 2.–3. Jh. (Tempel, Thermen).

Sparten|organisation, die →divisionale Organisation.

Spartenprogramm, das →Zielgruppenprogramm.

Sparterie [frz., zu lat. spartum ›Esparto‹] *die, -,* Stroh- oder Holzgewebe für Decken, Matten, Dekoration, Sommerhüte, Verpackung.

Spartiaten, griech. **Spartiatai,** die vollberechtigten Bürger von Sparta, im Ggs. zu den minderberechtigten →Periöken. Voraussetzung für die Zugehörigkeit zu den S. waren der Besitz eines Landloses (Kleros), das von →Heloten bewirtschaftet wurde und aus dessen Ertrag der Beitrag zu den →Syssitien zu leisten war, sowie das Durchlaufen der ›Agoge‹, der staatlich geregelten Erziehung ab dem 7. Lebensjahr (Aufwachsen in staatl. Wohngemeinschaften, Übung in strengster militär. Disziplin). Gab es urspr. einige Tausend S., so war ihre Zahl in hellenist. Zeit durch Kriegsverluste und Rückgang der Wirtschaft auf einige Hundert zurückgegangen; daher erhielten zeitweise auch Periöken das volle Bürgerrecht.

spartieren [von ital. spartire, eigtl. ›(ein)teilen‹], in der *Musik* seit dem 16. Jh. das Schreiben oder Übertragen von Einzelstimmen in die Partitur; urspr. das Einteilen der Notenlinien durch senkrechte Striche in gleichmäßige Zeitabschnitte.

Spartina [griech., zu spárton ›Tau‹, ›Seil‹], die Pflanzengattung →Schlickgras.

Spartium [griech. spárton ›kleines Tau‹], Gattung der Schmetterlingsblütler mit der einzigen Art **Binsenginster** (S. junceum) an trockenen Stellen im Mittelmeergebiet; bis 2 m hoher Strauch mit wohlriechenden, großen, gelben Blüten und langen, grünen, binsenähnl., früh blattlosen Rutenzweigen; enthält Spartein; wird für Flechtwerk verwendet.

Spar|transformator, früher **Autotransformator,** ein Transformator, der die Leistung teils induktiv und teils elektrisch überträgt. Der S. besteht aus einer einzigen Primärwicklung, die zur Gewinnung der Sekundärspannung an einer Stelle angezapft ist. Primär- und Sekundärseite sind somit nicht galvanisch voneinander getrennt; daher ist der Platzbedarf geringer als beim herkömml. Transformator. Der S. kann sowohl zur Erhöhung als auch zur Herabsetzung der Spannung verwendet werden.

Spar- und Darlehnskassen, →Kreditgenossenschaften, →Sparda-Banken.

spasmisch [zu Spasmus], **spasmodisch,** *Medizin:* krampfhaft, verkrampft (vom Spannungszustand der Muskulatur gesagt).

spasmogen [zu Spasmus und griech. -genés ›bewirkend‹], *Medizin:* krampferzeugend.

Spasmolytika [zu Spasmus und griech. lýein ›lösen‹], *Sg.* **Spasmolytikum** *das, -s,* die →krampflösenden Mittel.

Spasmophilie [zu Spasmus und griech. phileīn ›lieben‹] *die, -/...ˈlien,* rachitogene →Tetanie.

Spasmus [griech.] *der, -/...men,* der →Krampf.

Spastik [zu Spasmus] *die, -,* erhöhter Muskeltonus bei Schädigung kortikospinaler motor. Systeme, v. a. der →Pyramidenbahn, insbesondere in Verbindung mit extrapyramidal-motor. Anteilen. S. ist oft verbunden mit patholog. Reflexen und Klonus.

spastisch [griech. spastikós ›mit Krämpfen behaftet‹, zu Spasmus], krampfartig, mit Erhöhung des Muskeltonus verbunden; Krämpfe betreffend.

spastischer Gang, bei spast. Lähmung auftretende, langsame, kurzschrittige Gangart, bei der infolge eines am Boden haftenden Fußes das Bein oft im Halbkreis herumgeführt wird.

spastische Spinalparalyse, die →Spinalparalyse.

Spat, 1) *Mathematik:* das →Parallelepiped.
2) *Mineralogie:* Bez. für vollkommen spaltende Minerale, z. B. Kalk-, Feld-, Flussspat.
3) *Tiermedizin:* ein- oder beiderseitig auftretende chron. nichtinfektiöse Erkrankung an der Innenfläche des Sprunggelenks bei Pferd und Rind; S. führt zur typ. S.-Lahmheit.

Spät|antike, der Kunstgeschichte (A. RIEGL, 1889) entlehnter Epochenbegriff für die ausgehende Antike, die mit dem Regierungsantritt DIOKLETIANS (284 n. Chr.), gelegentlich auch früher, beginnt und bis zum Tod JUSTINIANS (565), gelegentlich auch darüber hinaus (Beginn der arab. Invasion im 7. Jh.), reicht. In der S. bildete sich auf der Grundlage der antiken Kultur der christl. Staat heraus. Der Absolutismus des röm. Kaisertums erfuhr seine Vollendung, die Verw. wurde bürokratisiert, das röm. Recht kodifiziert; eine geschlossene Gesellschaft mit einer komplizierten Rang- und Standesordnung entstand. Während im W german. Stämme ins Röm. Reich eindrangen, konsolidierte sich im O das byzantin. Griechentum. Obwohl die polit. Einheit des Imperium Romanum verloren ging, blieb der Reichsgedanke erhalten. (→römische Geschichte, →Römisches Reich)

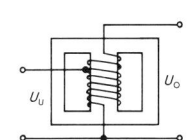

Spartransformator:
Einphasiger Spartransformator; U_U, Unterspannung als Primärspannung, U_O Oberspannung als Sekundärspannung

Spät Spätaussiedler – Späth

Die S. ist Forschungsgebiet der Geschichtswissenschaft, bes. auch der Wirtschafts- und Religionsgeschichte, der klass. und der frühchristl. Archäologie und der Byzantinistik. Die wirtschaftl. und polit. Krise des röm. Weltreichs im 3. Jh. ist als Hintergrund der in der Wandmalerei und Bildhauerkunst (z. B. an mit großen Augen gestalteten Porträtköpfen) ablesbaren Angst und Irrationalität der Zeit anzusehen, einer Epoche, in der sich Mysterienkulte, das frühe Christentum und den auf der Gesellschaft lastenden Druck weitergebende Formen der Gewalt (Gladiatorenspiele) ausbreiteten. In einigen städt. Zentren entstanden monumentale Prachtbauten, allgemein setzte aber ein Niedergang des Städtewesens ein. Während klass. künstler. Traditionen vielfach verfielen, zeigten sich Neuerungen und Veränderungen: So wird die menschl. Figur in allen Gattungen, in der Bildhauerkunst (Bauplastik, Sarkophagreliefs, Beamtenporträt), aber auch im Mosaik, flach und körperlos aufgefasst. Insofern ist die S. eine Epoche des Übergangs, die den Grund für neue Traditionen legte.

R. Bianchi Bandinelli: Rom. Das Ende der Antike (a. d. Italien., 1971); P. R. Brown: The world of late antiquity (London 1971, Nachdr. ebd. 1989); A. Demandt: Die S. Röm. Gesch. von Diocletian bis Justinian (1989); Tradition and innovation in late antiquity, hg. v. F. M. Clover u. a. (Madison, Wis., 1989); A. Heuss: Antike u. S., in: Spätzeit. Studien zu den Problemen eines histor. Epochenbegriffs, hg. v. J. Kunisch (1990); J. Martin: S. u. Völkerwanderung (²1990); M. Fuhrmann: Rom in der S. Porträt einer Epoche (²1995); Comitatus. Beitrr. zur Erforschung des spätantiken Kaiserhofes, hg. v. A. Winterling (1998).

Spät|aus|siedler, urspr. nichtoffizielle Bez. für diejenigen Aussiedler, die ab etwa 1980 bis 31. 12. 1992 in die Bundesrepublik Dtl. gekommen sind. Nach § 4 Bundesvertriebenen-Ges. (in Kraft seit 1. 1. 1993) ein dt. Volkszugehöriger, der die Republiken der ehem. Sowjetunion, Estland, Lettland oder Litauen nach dem 31. 12. 1992 im Wege des Aufnahmeverfahrens verlassen hat und bestimmte Stichtagsvoraussetzungen erfüllt. S. aus anderen Aussiedlungsgebieten kann nur sein, wer glaubhaft macht, dass er am 31. 12. 1992 oder danach Benachteiligungen oder Nachwirkungen früherer Benachteiligungen aufgrund der dt. Volkszugehörigkeit unterlag. Der Aufnahme in Dtl. ist grundsätzlich ein schriftl. Aufnahmeverfahren vorgelagert, das vom Bundesverwaltungsamt durchgeführt wird. S. sind keine →Vertriebenen im Rechtssinn. 1993 haben 218 888, 1996 177 751 S. (davon 172 181 aus der ehem. Sowjetunion) Aufnahme in Dtl. gefunden.

Spätburgunder, Blauer Burgunder, Blauburgunder, Pinot noir [pinoˈnwar, frz.], heute weltweit verbreitete, sehr geschätzte Rotweinrebe mit schwarzblauen Beeren in kompakten Trauben; da eine sehr alte Rebsorte, mutiert und degeneriert sie leicht (es bestehen unzählige Klone; daher Klonselektion heute sehr wichtig); ist krankheitsanfällig und ertragsschwach (durchschnittlich 50 hl/ha, maximal 80 hl/ha, bei Spitzenqualitäten etwa 25 hl/ha); bevorzugt durchlässige, tiefgründige (bes. gut: kalkhaltige) Böden in nicht zu warmen Gebieten; liefert helle bis dunkle, fruchtig-samtige Weine (typ. Burgunderton) mit vielseitigem Aromaspiel (je nach Anbaubedingungen und Ausbau; bei voller, gesunder Reife mit außergewöhnl. Bukett), die oft auch im Barrique (neuen Eichenfass) ausgebaut werden; lange lagerfähig.

Hauptanbaugebiet ist Frankreich (17 000 ha, zu 50 % im NO), und zwar v. a. Burgund (Rebflächenanteil an der Côte d'Or 70 %), Champagne (weiß gekeltert Bestandteil der meisten Champagnergrundweine) und das Elsass (600 ha). In Dtl. ist der S. die wichtigste Rotweinrebe (unter allen Rebsorten an 5. Stelle), vertreten v. a. in Baden (4 338 ha, Anteil hier 26,5 %) mit den Zentren Ortenau und Kaiserstuhl, daneben v. a. in Württemberg (Anteil 3 %), an der Ahr (mit einem Anteil von 52,2 % hier die absolut wichtigste Rebsorte) und im Rheingau (Anteil 8,6 %; Zentrum Assmannshausen) sowie um Ingelheim in Rheinhessen. Die feinsüßen S.-Beerenauslesen kommen, da farbstoffarm (als Folge des Botrytisbefalls), als Weißherbst auf den Markt. In Österreich nimmt der S. nur 350 ha ein (zwei Drittel in Niederösterreich, ein Drittel im Burgenland). In der Schweiz ist er v. a. in der Ostschweiz (im Zürichseegebiet **Clevner** gen.), daneben im Wallis (Bestandteil des Dôle) und im Kt. Neuenburg (als Rosé Œil de perdrix) vertreten. Bes. gute S.-Weine kommen auch aus Südtirol u. a. Gebieten NO-Italiens sowie aus Chile und z. T. aus Kalifornien.

Spat|eisenstein, das Mineral →Siderit.
Spatel [ital. spatola], →Spachtel.
Spatel|ente, Bucephala islandica, über 50 cm lange Meerente v. a. an den Westküsten Nordamerikas; sie unterscheidet sich von der Schellente v. a. durch einen halbmondförmigen (bei der Schellente runden) Wangenfleck; Teilzieher.

Spatelinge, Spatelpilze, Spathularia, Gattung der Schlauchpilze mit ockerfarbenen bis sattgelben, spatelförmigen Fruchtkörpern; u. a. der 5–10 cm hohe **Dottergelbe S.** (Spathularia flavida) mit weißlich gelbem Stiel; Fleisch mit angenehmem Geschmack und Geruch; von August bis Oktober gruppenweise in südd. Bergnadelwäldern.

Spatelwelse, zur Familie Pimelodidae (Antennenwelse; →Welse) gehörende Gattungen **Sorubim** und **Platystoma** aus Mittel- und Südamerika; S. werden bis 1 m lang und leben räuberisch; für die Haltung in Aquarien sind sie wenig geeignet, die im Handel befindl. Tiere sind Freilandfänge.

Spaten, Grabscheit, Handgerät zum Abstechen, Ausheben und Umgraben von Erdboden, bestehend aus dem stählernen Blatt mit Tülle und dem hölzernen Stiel. Je nach Verwendungszweck wird die Form des Blattes variiert, z. B. dient der Hohl-S. mit stark gewölbtem Blatt in der Forstwirtschaft zum Ausheben von Pflanzlöchern.

Spatenfische, Ephippidae, Familie der Barschartigen Fische mit 14 Arten in den Küstengewässern des Atlantik und Indopazifik; Länge bis 90 cm. Die eigentl. S. (Unterfamilie Ephippinae) besitzen einen hohen und schmalen (spatenförmigen) Körper; eine weitere Unterfamilie sind die →Fledermausfische.

Spät|entwicklung, *Medizin* und *Psychologie:* die →Retardation. (→Entwicklungsphasen)
Spätgeburt, Überschreitung des Geburtstermins in Form der absoluten oder echten →Übertragung.
Spätgestosen, →Gestosen.
Spätglazial, letzter Zeitabschnitt der letzten Eiszeit, →Holozän (Übersicht).
Späth, 1) Gerold, schweizer. Schriftsteller, *Rapperswil 16. 10. 1930; fantasievoller, fabulierfreudiger Erzähler, der in seinen sprachlich brillanten Schelmenromanen ›Unschlecht‹ (1970), ›Balzapf oder Als ich auftauchte‹ (1977), ›Barbarswila‹ (1988) und in seinen Erzählungen – mit Neigung zum Grotesken und Traumhaften – satirisch den Kosmos einer Kleinstadt darstellt, für die unter dem Namen Spießbünzen, Molchgüllen und Barbarswila sein Geburtsort Rapperswil Modell steht, wo er als Sohn eines Orgelbauers aufwuchs. In ›Die heile Hölle‹ (1974) verlässt er das pikar. Erzählmuster und findet mit ›Commedia‹ (1980) und ›Sindbadland‹ (1984) zu neuen Erzählformen, ohne seinen Hang zu fantast. Weltfülle aufzugeben. S. schreibt auch Theaterstücke, Hörspiele und Filmdrehbücher.

Weitere Werke: Romane: Stimmgänge (1972); Stilles Gelände am See (1991). – *Erzählungen:* Zwölf Geschichten (1973); Phönix, die Reise in den Tag (1978); Sacramento. Neun Geschichten (1983). – *Prosa:* Das Spiel des Sommers neunundneunzig (1993).

Spatelinge:
Dottergelber Spateling
(Höhe 5–10 cm)

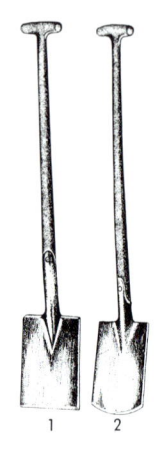

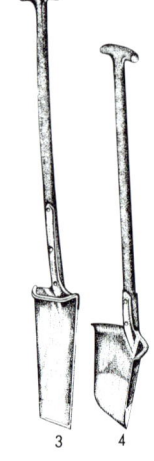

Spaten:
1 Umgrabespaten;
2 Verpflanzspaten;
3 Dränspaten;
4 Hohlspaten

2) Lothar, Politiker, *Sigmaringen 16. 11. 1937; Wirtschaftsmanager; ab 1967 Mitgl. der CDU; war in Bad.-Württ. 1968–91 MdL (1972–78 CDU-Fraktions-Vors.), 1978 Innen-Min. sowie 1978–91 Min.-Präs. und 1979–91 auch Landes-Vors. der CDU. Auf technologie- und kulturpolit. Initiativen. Wegen des Vorwurfs der Vorteilsnahme im Amt sah er sich am 13. 1. 1991 zum Rücktritt als Min.-Präs. gezwungen; im Juni 1991 wurde er Vors. der Geschäftsführung der Jenoptik GmbH (ab 1996 AG), Jena.

Spatha [griech. spáthē ›längliches, flaches (Weber)holz‹, ›Schwert‹] *die, -/...then,* **1)** *Biologie:* **Blütenscheide,** großes, häufig auffallend gefärbtes, den Blütenstand (Spadix, →Kolben) in Ein- oder Mehrzahl scheidig überragendes Hochblatt bei Palmen und Aronstabgewächsen.
2) *Waffenkunde:* zweischneidiges Langschwert mit gerundeter Spitze, nach TACITUS von der röm. Reiterei verwendet; später von den Germanen übernommen, wurde die S. zu einer für die Völkerwanderungszeit charakterist. Waffe. (→Sax, →Schwert 2)

Spathiphyllum [zu griech. spáthē, vgl. Spatha, und phýllon ›Blatt‹], die Pflanzengattung →Scheidenblatt.

Spät|holz, *Botanik:* →Jahrringe.

Spatium [lat. ›Raum‹, ›Strecke‹] *das, -s/...ti|en,* Zwischenraum (z. B. zw. den Linien des Notensystems). Im Schriftsatz ein Ausschlussstück von ein bis zwei →typographischen Punkten Dicke zum Vergrößern der Wortzwischenräume, zum Spationieren, d. h. Sperren einzelner Wörter im Satz zur Hervorhebung, sowie zum Ausgleich von Versalien. Bei Zeilensetz- und Zeilengießmaschinen werden Spatienkeile als Wortzwischenräume eingefügt.

Spätlähme, *Tiermedizin:* →Fohlenlähme.

Spätlese, *Weinbereitung:* nach dt. und österr. Weingesetz Qualitätsstufe des Weines, zw. Kabinett und Auslese. S.-Weine werden aus Trauben gewonnen, die erst nach Beendigung der Hauptlese geerntet werden (anmeldepflichtig; Termin wird festgesetzt), die aber außerdem bestimmte Mindestmostgewichte (nach Rebsorte und Gebiet unterschiedlich) aufweisen müssen, die meist zw. 85 und 95° Öchsle (in Österreich generell bei 19° KMW = 94° Öchsle) liegen. In Frankreich, v. a. im Elsass, entspricht der S. die gelegentlich praktizierte ›vendage tardive‹, in Kalifornien der ›late harvest‹.

Spatprodukt, in der *Vektorrechnung* ein Produkt, das aus einem →Skalarprodukt (·) und einem →Vektorprodukt (×) zusammengesetzt ist. Sind a, b und c Vektoren aus $\mathbb{R}^3$, so bezeichnet $(a \times b) \cdot c$ deren S.; in Komponentenschreibweise gilt:

$$(a \times b) \cdot c = (abc) = \begin{vmatrix} a_1 & a_2 & a_3 \\ b_1 & b_2 & b_3 \\ c_1 & c_2 & c_3 \end{vmatrix}.$$

Das S. lässt sich geometrisch als Volumen des von den Vektoren a, b, c aufgespannten →Parallelepipeds (Spates) deuten. Es ist genau dann gleich null, wenn diese drei Vektoren linear abhängig sind (→Vektorraum).

Spät|reife, *Tierzucht:* bei Haustieren im Ggs. zur →Frühreife 3) erblich bedingter später Abschluss der Körperentwicklung bis zur vollen Zucht- und Nutztauglichkeit; mäßige S. ist bei Milchvieh erwünscht.

Spatz, volkstüml. Bez. für den Haus- und Feldsperling.

Spatz, Hugo, Neurologe, *München 2. 9. 1888, †ebd. 27. 1. 1969; 1927 Prof. in München, leitete 1937–45 das Kaiser-Wilhelm-Inst. für Hirnforschung in Berlin-Buch, danach war er Prof. in Frankfurt am Main. S. lieferte wesentl. Beiträge zur Erforschung von Gehirnkrankheiten.

Spatzenstrauch, Sperlingskopf, Passerina, Gattung der Spatzenzungengewächse mit 18 Arten im südl. Afrika; kleine, immergrüne, heidekrautähnl. Sträucher mit meist nadelartigen, kreuzgegenständigen Blättern; weißl. Blüten in endständigen Ähren in der Achsel hochblattartiger Blätter, unscheinbar, klein, vierzählig, ohne Kronblätter. Einige Arten werden als Kalthauspflanzen kultiviert.

Spatzenzunge, Thymelaea, Gattung der Spatzenzungengewächse mit etwa 30 Arten in den nördl. temperierten Gebieten der Alten Welt (bes. im Mittelmeerraum); Sträucher oder Kräuter mit kleinen, schmalen Blättern und unscheinbaren, grünl. oder gelben Blüten ohne Kronblätter. Die einzige heim. Art ist die giftige **Gemeine S.** (Thymelaea passerina), eine einjährige, aufrecht wachsende, 15–40 cm hohe Pflanze mit lineal. Blättern, blattachselständigen Blüten und einer geschnäbelten, entfernt an einen Vogelkopf erinnernden Nussfrucht; selten in Spargel- und Getreidefeldern und auf Ödland.

Spatzenzungengewächse, Thymelaeaceae, weltweit verbreitete Familie der Zweikeimblättrigen (etwas unklarer systemat. Stellung) mit etwa 720 Arten in 50 Gattungen mit einem besonderen Schwerpunkt in Australien und im trop. Afrika; Bäume und Sträucher, seltener Lianen oder Kräuter mit ungeteilten, ganzrandigen Blättern, vielfach giftig. Blüten meist mit winzigen Kronblättern; die Schauwirkung wird durch die auffälligen Kelchblätter erreicht; Bast der Rinde netzartig, sehr fest, seidenartig. Eine bekannte Gattung ist →Seidelbast.

Spaventa, Bertrando, ital. Philosoph, *Bomba (Prov. Chieti) 27. 6. 1817, †Neapel 20. 2. 1882; war Prof. in Modena, Bologna und seit 1861 in Neapel. Gegen die einflussreiche, an V. GIOBERTI orientierte zeitgenöss. Richtung nationalkath. Philosophie, die gegen die (ausländ.) Philosophien der Aufklärung polemisierte, behauptete S., die ital. Philosophie sei vor der Gegenreformation entstanden, von dieser aber unterdrückt worden. Sie habe aber in anderen Ländern überlebt.

Ausgaben: La filosofia italiana nelle sue relazioni con la filosofia europea, hg. v. A. MARCHESI (Bergamo 1972); Lezioni di antropologia, hg. v. D. D'ORSI (1976); Rivoluzione, partiti politici e stato nazionale, hg. v. P. DI ATTILIO (1983).

E. GARIN: Filosofia e politica in B. S. (Neapel 1983); Filosofia e coscienza nazionale in B. S., hg. v. G. OLDRINI (Urbino 1988); V. VITIELLO: B. S. e il problema del cominciamento (Neapel 1990).

Spazialismo [ital., zu spazio ›Raum‹] *der, -,* von L. FONTANA entwickelte Auffassung, die die neuen Raumerfahrungen in Technik und Wiss. als Grundlage der zeitgenöss. Kunst betrachtet.

SPD, Abk. für →Sozialdemokratische Partei Deutschlands (→Sozialdemokratie).

SPE, Abk. für →Sozialdemokratische Partei Europas.

Speaker [ˈspiːkə; engl. ›Sprecher‹] *der, -s/-,* der vom brit. Unterhaus gewählte Präs., der im Ggs. zum S. des Oberhauses (meist der Lord Chancellor) parteipolit. Neutralität wahren muss. In den USA Bez. für den Präs. des Repräsentantenhauses, in einzelnen Bundesstaaten der Präs. einer oder beider Parlamentskammern. Ähnliches gilt auch für Länder mit angelsächs. Parlamentstradition.

Spearman [ˈspɪəmən], Charles Edward, brit. Psychologe, *London 10. 9. 1863, †ebd. 17. 9. 1945; studierte Psychologie in Dtl. bei W. WUNDT, G. E. MÜLLER und O. KÜLPE. S. lehrte 1907–31 am University College in London. Seine Hauptverdienste liegen auf dem Gebiet der Statistik (u. a. Mitbegründung der Faktorenanalyse) und der Intelligenzforschung (Zweifaktorentheorie der →Intelligenz).

Werke: The nature of ›intelligence‹ and the principles of cognition (1923); The abilities of man (1927).

spec. [Abk. für lat. species ›Art‹], in der *biolog. Systematik* Zusatz hinter Gattungsnamen von Tieren und

Gerold Späth

Lothar Späth

Spechte:
Grünspecht
(Größe 32 cm)

Speckkäfer:
oben Pelzkäfer
(Größe etwa 6 mm);
unten Speckkäfer
(Größe etwa 8 mm)

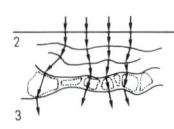

Speckle-Interferometrie 1): Schematische Darstellung der Entstehung eines Speckle-Bilds; das Licht von einem praktisch punktförmigen Stern (1) erreicht die Erde durch den interstellaren Raum nahezu ungestört und trifft als ebene Wellenfront (2) auf die oberen Schichten der Erdatmosphäre; in den dichteren Atmosphärenschichten (3) wird die Wellenfront deformiert und trifft so auf das Teleskop (4); verschiedene Bereiche der deformierten Wellenfront erzeugen im Teleskop mehrere Beugungsbilder (Speckles), deren Intensität eingezeichnet ist (5)

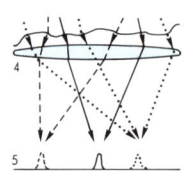

Pflanzen, wenn deren genaue Artzugehörigkeit nicht angegeben werden kann oder soll.

Spechte, Picidae, Familie der →Spechtvögel mit rd. 200 Arten, die 10–55 cm lang werden. Kennzeichnend ist die lange, vorstreckbare Zunge, deren Spitze oft mit Häkchen versehen ist; die Zungenbeinhörner sind bei manchen Arten um den ganzen Schädel herum bis in den Oberschnabel hinein oder um eine Augenhöhle geschlungen. Mit der Zunge werden Insekten aus ihren Verstecken geholt. Die meisten Arten haben einen kräftigen Schnabel, mit dem sie Holz bearbeiten können, so bei der Nahrungssuche oder beim Bau der Bruthöhle. Von den Stützschwanz-S. wird der aus bes. starken Federn bestehende Schwanz beim Klettern als Stütze eingesetzt. Bei den meisten S. haben laute ›Trommelwirbel‹ die Funktion des Gesanges übernommen. Sie entstehen durch rasche Schnabelschläge auf einen resonanzfähigen Untergrund. Als Nahrung dienen vorwiegend Insekten, aber auch versch. Samen und Früchte. Schwer zu bearbeitende Stücke, wie Tannenzapfen oder Nüsse, werden in geeigneten Spalten eingeklemmt, bevor sie geöffnet werden; an den sich in größerer Menge herumliegenden Resten sind solche ›S.-Schmieden‹ leicht zu erkennen. Manche Arten finden ihre Nahrung v. a. im oder auf dem Boden, so der Grün-S., der bes. Ameisen frisst. Man unterscheidet drei Unterfamilien: Wendehälse (Jynginae), Weichschwanz-S. (Picumninae) und Stützschwanz-S. (Picinae). S. leben in Amerika, Afrika (ohne Madagaskar) und Eurasien ostwärts bis Celebes und auf den Philippinen. In Dtl. brüten Schwarz-S. (Dryocopus martius), Grau-S. (Picus canus), Grün-S. (Picus viridis), Bunt-S. (Dendrocopos major), Mittel-S. (Dendrocopos medius), Weißrücken-S. (Dendrocopos leucotos; selten), Klein-S. (Dendrocopos minor), Dreizehen-S. (Picoides tridactylus) und Wendehals (Jynx torquilla).

Spechtfink, Art der →Darwin-Finken.

Spechtvögel, Piciformes, Ordnung der Vögel mit etwa 385 Arten. Die S. fehlen in Madagaskar und im indopazif. Raum östlich von Celebes und den Philippinen. Zu den anatom. Kennzeichen gehört u. a. die zygodactyle Zehenordnung (erste und vierte Zehe nach hinten, zweite und dritte Zehe nach vorn gerichtet). S. brüten in Höhlen und legen weiße Eier; die Honiganzeiger sind Brutparasiten. Man unterscheidet folgende Familien: →Glanzvögel, →Faulvögel, →Bartvögel, →Honiganzeiger, →Tukane und →Spechte. Die systemat. Abgrenzung der S., v. a. gegenüber den Rackenvögeln, ist teilweise umstritten.

Speciality-Goods [speʃɪˈælətiɡʊdz, engl.], Güter des nicht alltägl. Spezialbedarfs, z. B. spezielle Sportausrüstungen, Anlagen der Unterhaltungselektronik.

Speci|es [vgl. Spezies] die, -/-, 1) biolog. Systematik: **Spezies,** die →Art.

2) Münzkunde: →Speziestaler.

3) Pharmazie: Abk. **Spec.,** Teegemische, Tee; z. B. Spec. laxantes (Abführtee).

Speck, zw. Haut und Muskelfleisch liegendes Fettgewebe v. a. des Schweins (**Schweine-S.**). In den Handel kommt S. frisch (**grüner S.**), gepökelt und geräuchert (**Räucher-S.**) bzw. luftgetrocknet (**Luft-S.**). **Rücken-S.** ist fast reines Fettgewebe, gepökelt und geräuchert. **Bauch-S.** ist im Unterschied dazu mehr oder minder von Muskelfleisch durchzogen (magerer S.); **Frühstücks-S.** ist Rücken-S. mit angrenzendem Mus-

kelfleisch. – Der S. der großen Meeressäugetiere (Wale, Robben) liefert den Tran.

Speck, Paul, schweizer. Bildhauer und Keramiker, * Hombrechtikon (Kt. Zürich) 10. 6. 1896, † Zürich 31. 7. 1966; gestaltete Figurenkompositionen in einer reduzierten, abstrahierenden Formauffassung (v. a. für Kirchen), auch Brunnenanlagen und Gärten.

P. S. Plast. Arbeiten u. Zeichnungen, Briefe u. Aufzeichnungen des Bildhauers (Zürich 1974); P. S. u. die Karlsruher Majolika, Ausst.-Kat. Bad. Landesmuseum Karlsruhe (1997).

Speckbacher, Joseph, Tiroler Freiheitskämpfer, * Gnadenwald (bei Hall in Tirol) 13. 7. 1767, † Hall in Tirol 28. 3. 1820; gehörte beim Tiroler Aufstand 1809 zum Führungskreis um A. HOFER; erwies sich als guter Taktiker im Gebirgskrieg, der sich die Vorteile des Geländes und eine unkonventionelle Kampfführung zunutze zu machen wusste (u. a. 4./5. 8., ›Sachsenklemme‹). Nach der Niederlage bei Melleck am Steinpass (17. 10. 1809) entkam S. den ihn suchenden frz. Truppen und floh nach Wien (dort bis 1814).

Speckberg, Kuppe eines flachen Höhenrückens bei Nassenfels im Landkreis Eichstätt, Bayern; Fundplatz von Steinartefakten aus der mittleren und jüngeren Altsteinzeit, der Mittel- sowie der Jungsteinzeit.

Speck|käfer, Dermestidae, Familie der Käfer mit knapp 900 Arten (in Mitteleuropa 48), 2–10 mm lang, meist braun oder schwarz, bisweilen hell gefleckt, oft bunt beschuppt. Die oft flinken Larven sind dicht und lang oder struppig behaart, manche tragen am Hinterleibsende aufrichtbare Büschel von Pfeilhaaren. Mehrere Arten sind weltweit verbreitete Vorratsschädlinge, so z. B. Arten der Gattung →Kabinettkäfer. Die längl. **Pelzkäfer** (Gattung Attagenus) ernähren sich meist von Pollen, während die Larven teils an tier. Produkten (Filzwaren, Pelzen, Teppichen, Wolle), teils an pflanzl. Stoffen (Getreideprodukten, Sämereien) leben. Die eigtl. **Speckkäfer** (Gattung Dermestes) fressen wie ihre Larven an Fellen, Häuten, getrockneten Därmen und Fleischwaren, einige Arten auch an Kakaobohnen und Kopra; die Larven bohren sich zur Verpuppung in weiches Holz, Kork oder Schaumstoffstücke ein.

Speck|kalb, das →Mondkalb.

Speckle-Interferometrie [ˈspekl-; engl. speckle ›Fleck‹], 1) Astronomie: Methode zum Erreichen einer beugungsbegrenzten Bildauflösung bei erdgebundenen (terrestr.) Großteleskopen. Während das beugungsbegrenzte →Auflösungsvermögen allein durch die Wellenlänge des Lichts und die Größe der beugenden Öffnung des abbildenden →optischen Systems gegeben ist, wird bei terrestr. Beobachtung die tatsächlich erreichbare Auflösung durch atmosphär. Bedingungen, insbesondere die →Luftunruhe, bestimmt: Der bei Beobachtungen im sichtbaren Spektralbereich theoretisch mögl. beugungsbegrenzten Auflösung von etwa 0,04″ bis 0,02″ bei Teleskopen mit Spiegeln von 3 bis 5 m Durchmesser steht eine durch die atmosphär. Bedingungen begrenzte tatsächlich erreichbare Auflösung von etwa 1″ gegenüber. Bei der S.-I. geht man vom **Speckle-Bild** des jeweiligen kosm. Objekts aus, das mit einer Belichtungszeit von 0,01 bis 0,05 s aufgenommen wird. Es besteht aus einem irregulären Muster von Flecken (**Speckles**), dessen Gesamtgröße etwa der einer lange belichteten Aufnahme entspricht, während die einzelnen Flecken etwa die Größe des Beugungsscheibchens haben. Die Größe des Gesamtflecks beruht auf der Luftunruhe, jeder Einzelfleck entspricht der Abbildung des Objekts mit einer etwas anderen Luftunruhe. Der eigentl. Bildinhalt wird durch Autokorrelation des Fleckenmusters gewonnen. Wegen der kurzen Belichtungszeit der Speckle-Bilder und weil diese in einem sehr engen Wellenlängenintervall aufgenommen werden, können nur ausreichend helle Objekte mithilfe der S.-I. untersucht werden. Das Verfahren wird u. a. zur opt. Auflösung von Doppelsternen genutzt.

2) *Optik:* Verfahren zur Messung geringer Verschiebungen und Oberflächenverformungen durch Überlagerung der Speckle-Muster zweier Objektzustände. **Speckles** treten dabei als zufällige (›fleckenartige‹) Intensitätsverteilung bei Beleuchtung einer diffus reflektierenden Fläche mit kohärentem Licht (z. B. eines Lasers) auf; Ursache ist die Interferenzfähigkeit der reflektierten Strahlung aufgrund ihrer hohen Kohärenz.

Speckstein, Steatit, dichte, weiße oder hellfarbige, sich fettig anfühlende (daher der Name) Aggregate des Minerals →Talk; vielseitige techn. und kunstgewerbl. Verwendung, z. T. für Modeschmuck, auch zur Herstellung von Schneiderkreide. – S., in der Archäologie meist als Steatit bezeichnet, fand seit alters für z. T. kostbare →Steingefäße sowie →Siegel, in Mesopotamien bes. für Rollsiegel, Verwendung (→Steinschneidekunst). In China wurde während der Mingdynastie S. häufig als Ersatz für die kostspielige, nur begrenzt verfügbare Jade verwendet. In Afrika fanden sich alte Skulpturen aus S. in Sierra Leone (→Nomoli); in Simbabwe sowie in Sierra Leone werden sie heute wieder für Touristen gefertigt. Seit Ende des 19. Jh. stellen auch Eskimo Kleinskulpturen aus S. her.

Speckter, 1) Erwin, Maler, * Hamburg 18. 7. 1806, † ebd. 23. 12. 1835, Bruder von 2); ging 1825 zu P. VON CORNELIUS nach München und gehörte 1830–34 zur jüngeren Gruppe der Nazarener in Rom. S. malte religiöse und mytholog. Darstellungen, Porträts und Landschaften.

2) *Otto,* Zeichner und Maler, * Hamburg 9. 11. 1807, † ebd. 29. 4. 1871, Bruder von 1); zeichnete für die lithograph. Anstalt seines Vaters, deren Leitung er 1834 übernahm, Porträts, Ansichten und Kopien nach F. OVERBECK. Bedeutend sind v. a. seine Buchillustrationen.

Werke: *Buchillustrationen:* W. HEY: Fünfzig Fabeln für Kinder (1833); DERS.: Noch fünfzig Fabeln für Kinder (1837); Das Märchen vom gestiefelten Kater, bearb. v. G. F. STRAPAROLA (1843); K. GROTH: Quickborn (1856); F. REUTER: Hanne Nüte un de lüdde Pudel (1865).

SPECT, Abk. für **S**ingle-**P**hoton-**E**missions**c**omputertomographie (→Emissionscomputertomographie).

Spectator [spek'teɪtə; engl. ›Zuschauer‹], 1828 von dem schott. Journalisten ROBERT STEPHEN RINTOUL (* 1787, † 1858) gegründete brit. Wochenschrift der Liberalradikalen, die u. a. von JOHN ST. LEO STRACHEY (* 1860, † 1927) herausgegeben wurde (1898–1925); stand in den 1930er- und 40er-Jahren der anglikan. Kirche nahe und vertritt heute einen gemäßigt konservativen Standpunkt. Zählt zu den einflussreichsten brit. Kulturzeitschriften; Autoren waren u. a. G. L. STRACHEY, G. GREENE, E. WAUGH, K. AMIS.

Spectator, The [ðə spek'teɪtə; engl. ›der Zuschauer‹], englische moral. Zeitschrift (→moralische Wochenschriften), herausgegeben von J. ADDISON und R. STEELE, die, an ›The Tatler‹ anschließend, von März 1711 bis Dezember 1712 erschien (nochmals kurzfristig 1714) und große Beliebtheit erlangte. Zu den Mitarbeitern gehörten neben den Herausgebern A. POPE und Lady MARY WORTLEY MONTAGU. Die Artikel des S. beeinflussten die Entwicklung der Essayistik und des Romans in England; sie beschäftigten sich mit Fragen von Sitten und Moral sowie mit Literatur und hatten die Verbreitung von Wissen für die wachsende mittelständ. Leserschaft zum Ziel.

F. RAU: Zur Verbreitung u. Nachahmung des ›Tatler‹ u. ›Spectator‹ (1980); V. STÜRZER: Journalismus u. Lit. im frühen 18. Jh. (1984).

Specularit [lat.] *der, -s/-e,* Mineral, →Hämatit.

Spediteur [-'tø:r; frz., zu ital. spedire ›versenden‹] *der, -s/-e,* im Rechtssinne der Kaufmann, der sich seinem Auftraggeber (Versender) gegenüber verpflichtet, für dessen Rechnung, aber in eigenem Namen mit Transportunternehmen Verträge über die Beförderung von Gütern abzuschließen **(Speditionsvertrag).** Den S. trifft keine Beförderungspflicht; er kann jedoch den Transport selbst übernehmen (→Selbsteintritt) und wird dann zugleich Frachtführer. Der S. muss die Interessen des Versenders wahrnehmen, nach dessen Weisungen die geeignetsten, schnellsten und kostengünstigsten Transportmittel und -wege sowie zuverlässige Frachtführer auswählen und dem Versender Auskunft und Rechenschaft geben. Für schuldhafte Verletzungen dieser Pflichten haftet er. Dafür hat er den gesetzl. Pfandrecht am beförderten Gut gesicherten Anspruch auf Ersatz der Frachtkosten sowie auf Provision. In der Praxis werden die Regeln des HGB durch Vereinbarung der Allgemeinen Dt. Spediteurbedingungen (ADSp) weitgehend zugunsten des S. abgeändert. An die Stelle der Haftung des S. tritt hier eine zugunsten und auf Kosten des Versenders genommene Speditionsversicherung. S. ist auch der Zwischen-S., der im Auftrag des Haupt-S. die Versendung des Gutes auf einer bestimmten Teilstrecke besorgt; ebenso der Unter-S., der die Tätigkeit des S. als dessen Gehilfe erledigt. Der Sammelladungs-S. versendet das Gut mit den Gütern anderer Versender auf eigene Rechnung; er hat die Rechtsstellung eines Frachtführers. Entsprechendes gilt, wenn der S. mit dem Versender ein festes Entgelt vereinbart (§ 413 HGB). Soweit der S. als Frachtführer tätig wird, haftet er nach den meist zwingenden Bestimmungen des Frachtrechts und kann sich nicht auf die Haftungsbeschränkungen der ADSp berufen. Umgangssprachlich wird auch der Frachtführer als S. bezeichnet.

In *Österreich* gelten die §§ 407 ff. HGB, die dem dt. Recht entsprechen, mit den Allgemeinen Österr. S.-Bedingungen. – Das *Schweizer* OR regelt den Speditionsvertrag nur rudimentär (Art. 439, 456, 457 OR); in der Praxis werden daher i. d. R. die Allgemeinen Bedingungen des Schweizer S.-Verbandes (SSV) vertraglich einbezogen.

Spedition [ital. spedizione ›Absendung‹, ›Beförderung‹] *die, -/-en,* 1) gewerbsmäßige Versendung von Gütern; 2) Betrieb, der die gewerbsmäßige Versendung von Gütern durchführt, Transportunternehmen.

Spee, Maximilian Reichsgraf von, Vizeadmiral, * Kopenhagen 22. 6. 1861, † in der Schlacht bei den Falklandinseln 8. 12. 1914; wurde 1912 Chef des dt. Kreuzergeschwaders in O-Asien; siegte am 1. 11. 1914 vor der chilen. Küste bei Coronel über einen brit. Kreuzerverband.

Speed [spi:d; engl. ›Geschwindigkeit‹] *der, -s/-s, Sport:* Geschwindigkeit, Geschwindigkeitssteigerung eines Läufers oder Rennpferdes, Spurt.

Speed [spi:d], John, engl. Historiker und Kartograph, * London 1552, † ebd. 28. 7. 1629; veröffentlichte u. a. (1608–10) Grafschaftskarten, die 1611 gesammelt in ›The theatre of the Empire of Great Britaine‹, dem ältesten gedruckten Atlas über Großbritannien, erschienen, einen Weltatlas (1626) sowie 1627 einen Atlas von England und Wales.

Speedskating [spi:d'skeɪtɪŋ; engl. ›Geschwindigkeitsgleiten‹], *Sport:* Schnelligkeits- und Ausdauerwettbewerb auf Inlineskates, ausgetragen als Bahn- und Straßenrennen von Frauen (zw. 300 m und 21 km) und Männern (zw. 300 m und 42,195 km). – Wurde urspr. als **Rollschnelllauf** mit klass. Rollschuhen

Speckstein: Specksteinfigur (Pomdo) der Kissi aus Guinea (Privatbesitz)

Speckle-Interferometrie 1): Ein Speckle-Bild (oben; Belichtungszeit $^{1}/_{60}$ s) und das aus 150 solcher Bilder gewonnene Interferogramm (unten) des Doppelsterns ψ Sgr (Sternbild Schütze); der Durchmesser des Speckle-Musters im oberen Bild entspricht etwa einem Winkel von 1 Bogensekunde, der Abstand der beiden Sterne im unteren Bild etwa einem Winkel von 0,2 Bogensekunden

durchgeführt, 1992–94 erfolgte die Umstellung zum S. – *Organisationen:* →Rollsport.

Speedtests [ˈspiːd-, engl.], **Schnelligkeitstests,** im Ggs. zu →Powertests psycholog. Testverfahren, bei denen es im Wesentlichen auf die Schnelligkeit der Bearbeitung ankommt. Sie enthalten leichte oder mittelschwere Aufgaben in einer solchen Anzahl, dass diese nicht alle in der vorgegebenen Zeit bearbeitet werden können. Sie dienen vorwiegend zur Prüfung von Konzentration, Ausdauer, motor. Fähigkeiten (z. B. in Form von Additions- oder Sortieraufgaben).

Speedwayrennen [ˈspiːdweɪ-; engl. speedway, eigtl. ›Schnellstraße‹], Motorradrennen auf Aschenbahnen (400 m Rundbahn), ähnlich den Sand- und Grasbahnrennen, die aber auf längeren Kursen gefahren werden. Die Speedwaymaschinen mit hoch verdichtendem Einzylinder-Viertaktmotor, der mit reinem Methanol betrieben wird, haben keine Bremsanlage und kein Getriebe. Die Motorkraft wird direkt auf das Hinterrad übertragen. Die Fahrer tragen am linken Fuß einen Stahlschuh, den sie zum Bremsen auf den Boden pressen. Die erreichten Geschwindigkeiten liegen um die 100 km/h. In jedem Wettbewerb werden 20–40 Läufe mit jeweils vier Konkurrenten ausgetragen. Jeder Fahrer bestreitet mindestens fünf Läufe gegen andere Konkurrenten. Der Sieger jedes Laufs erhält drei Punkte, der Zweitplatzierte zwei und der Dritte einen Punkt. Bei Paar- und Mannschaftswettbewerben gilt die gleiche Wertung. – Die S. kamen in Australien auf; erste Rennen in Europa fanden 1928 statt; 1936 wurde die erste Weltmeisterschaft, 1959 die erste Europameisterschaft und 1961 die erste Mannschaftsweltmeisterschaft durchgeführt. Eine Abart der S. ist das auf Eisbahnen ausgetragene →Eisspeedway. – *Organisationen:* →Motorradsport.

Speer, 1) *Sport:* Wurfgerät beim →Speerwerfen.
2) *Waffenwesen:* die v. a. zum Wurf verwendete (›Wurf-S.‹) kürzere Form der →Lanze.

Speer, 1) Albert, Architekt, * Dortmund 6. 5. 1863, † Heidelberg 31. 3. 1947, Vater von 2); Studium in Berlin und München, eigenes Büro 1900–23 in Mannheim; seine klassizist., dem Jugendstil nahe stehenden, heute z. T. denkmalgeschützten Wohn- und Fabrikbauten stehen v. a. in Mannheim.
2) Albert, Architekt und Politiker, * Mannheim 19. 3. 1905, † London 1. 9. 1981, Sohn von 1), Vater von 3); ab Januar 1931 Mitgl. der NSDAP, erhielt bes. ab 1933 von J. GOEBBELS, HITLER und anderen NS-Parteiführern zahlr. Aufträge für monumentale Repräsentationsbauten v. a. in Berlin, München und Nürnberg und die Gestaltung von Massenkundgebungen (bes. ›Lichtdom‹), bis er als ›Architekt des Führers‹ am 30. 1. 1937 zum ›Generalbauinspektor für die Reichshauptstadt Berlin‹ ernannt wurde; ab 1937 leitete er auch das Amt ›Schönheit der Arbeit‹ bei der Dt. Arbeitsfront. Als Nachfolger F. TODTS wurde er am 8. 2. 1942 ›Reichs-Min. für Bewaffnung und Munition‹ sowie Generalinspektor für Straßenwesen und Festungsbau und für Wasser und Energie. Im Zuge der Mobilisierung für den totalen Krieg mit ständig erweiterten Vollmachten ausgestattet, bewirkte S., ab 2. 9. 1943 ›Reichs-Min. für Rüstung und Kriegsproduktion‹, durch Konzentration und Rationalisierung der Produktion sowie Einsatz von Zwangsarbeitern und KZ-Häftlingen eine erhebl. Rüstungssteigerung, die Mitte 1944 ihren Höhepunkt erreichte. Seine Machtfülle rief im polykrat. Machtsystem des Führerstaates bald Gegenkräfte hervor. Im März 1945 widersetzte er sich HITLERS Politik der ›verbrannten Erde‹ (›Nero-Befehl‹). Im Nürnberger Prozess bekannte sich S. 1946 zu seiner Mitverantwortung und wurde zu 20 Jahren Haft verurteilt, die er in Spandau verbüßte. Mit versch. Publikationen, in denen er über seine Aktivitäten für das NS-Regime reflektierte, prägte er unter Vernachlässigung seiner aktiven Beteiligung am Terror- und Vernichtungssystem wesentlich das Bild eines unpolit. Technokraten.

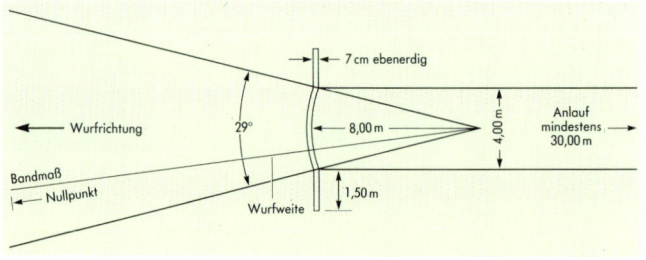

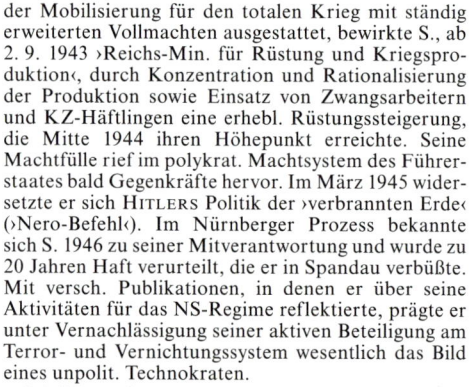

Schriften: Erinnerungen (1969); Spandauer Tagebücher (1975); Architektur. Arbeiten 1933–1942 (1978); Technik u. Macht (1979); Der Sklavenstaat. Meine Auseinandersetzungen mit der SS (1981).

G. JANSSEN: Das Ministerium S. Dtl.s Rüstung im Krieg (1968); MATTHIAS SCHMIDT: A. S. Das Ende eines Mythos. S.s wahre Rolle im Dritten Reich (1982); J. J. WHITE MORRIS: A. S. The Hitler years. Views of a Reich Minister (Diss. Muncie, Ind., 1987); J. DÜLFFER: A. S. – Management für Kultur u. Wirtschaft, in: Die braune Elite, hg. v. R. M. SMELSER u. a. (^{2}1990); G. SERENY: A. S. Das Ringen mit der Wahrheit u. das dt. Trauma (a. d. Engl., Neuausg. 1997).

3) Albert, Architekt und Stadtplaner, * Berlin 29. 7. 1934, Sohn von 2); studierte an der TH München, unterhält seit 1964 ein eigenes Planungsbüro in Frankfurt am Main; seit 1972 auch Prof. für Stadt- und Regionalplanung an der Univ. Kaiserslautern.

Werke: Diplomatenstadt in Riad (1977–81); Conference Center in Abuja, Nigeria (1991); versch. Stadtentwicklungsprojekte in Frankfurt am Main (seit 1978).

4) Julius, Forstwissenschaftler, * Talheim (heute zu Mössingen) 3. 12. 1905, † Miesbach/Obb. 8. 6. 1984; 1942–52 Prof. für Forstpolitik und forstl. Betriebswirtschaftslehre in Freiburg im Breisgau, 1952–64 in München; 1962–64 Präs. der Westdt. Rektorenkonferenz, 1964–74 der Dt. Forschungsgemeinschaft.

Speerblume, Speerlilie, Doryanthes, Gattung der Amaryllisgewächse mit zwei Arten in O-Australien; dickstämmig und schopfig mit bandförmigen, schwertartigen Blättern und einem bis 5 m hohen kopfigen bis rispigen Blütenstand aus einzelnen Ähren mit roten, jeweils von den Tragblättern der Ähren fast völlig eingeschlossenen Blüten; gelegentlich in großen Kalthäusern kultiviert.

Speerkies, Mineral, →Markasit.
Speerlilie, die →Speerblume.
Speerschleuder, Wurfbrett, starre, stab- oder brettförmige Hebelschleuder mit flexiblem oder festem Widerlager am Hinterende. Das Geschoss (Speer, Pfeil, Stein) wird mit kräftigem Armschwung fortkatapultiert. Reichweite und Durchschlagskraft erhöhen sich dank des verlängerten Hebels beträchtlich. S. wurden in Europa seit dem Jungpaläolithikum, in Altamerika (→Atlatl) sowie in Teilen Westafrikas und Ozeaniens bis in histor. Zeit verwendet.

Speerseite, älteres Recht: →Schwertseite, →Agnaten.

Speerwerfen, leichtathlet. Wurfwettbewerb für Männer und Frauen. Das Wurfgerät **(Speer)** aus Metall oder glattem Holz mit einem Metallkopf wird aus dem geraden Anlauf (bis zu 36,50 m) ohne Drehung geworfen. Der Speer muss am Mittelteil, der mit einer Schnur umwickelt ist, gefasst werden. Die Weite wird vom Abwurfbogen bis zur Einstichstelle der Speerspitze am Boden gemessen. Das Gerät für Männer ist 2,60–2,70 m lang und mindestens 800 g schwer, Frauen benutzen einen 2,20–2,30 m langen und 600 g

Albert Speer
(1905–1981)

Speerwerfen: Wurfanlage

schweren Speer. S. ist auch Teil der Mehrkämpfe (Zehnkampf: zweiter Tag, vierte Disziplin; Siebenkampf: zweiter Tag, zweite Disziplin). Olympisch seit 1908 (Männer) bzw. 1932 (Frauen); Europameisterschaften gibt es seit 1934 (Männer) bzw. 1938 (Frauen) und Weltmeisterschaften seit 1983.

Peter Speeth: Wachthaus am Zeller Tor in Würzburg; 1810–14

Speeth, Peter, Architekt, * Mannheim 29. 11. 1772, † Odessa 1831; war Baumeister des Fürsten von Leiningen in Amorbach, 1807–15 großherzogl. Baudirektor in Würzburg; 1826 wurde er als Provinzialarchitekt von Zar NIKOLAUS I. nach Bessarabien berufen. – Sein künstler. Weg führte vom spätbarocken Klassizismus des N. DE PIGAGE zu den Werken der frz. Revolutionsarchitektur. S. war auch ein hervorragender Zeichner.
Werke: Ehem. Frauenzuchthaus in Würzburg (1809–10); Wachthaus am Zeller Tor, ebd. (1810–14).

Spee von Langenfeld, Friedrich, kath. Theologe und Dichter, * Kaiserswerth (heute zu Düsseldorf) 25. 2. 1591, † Trier 7. 8. 1635; trat 1610 in den Jesuitenorden ein; war 1623–26 Prof. für Philosophie und Domprediger in Paderborn, danach Seelsorger in Wesel und Lehrer in Köln; 1629–31 Prof. für Moraltheologie in Paderborn, danach in Köln und Trier, wo er als Beichtvater viele Hexenprozesse miterlebte. Die tiefe Erschütterung aus diesen Erfahrungen veranlasste ihn zu der 1631 anonym erschienenen Schrift ›Cautio criminalis, seu De processibus contra sagas liber‹, in der er die Grausamkeit der Prozessverfahren anklagte. Hierdurch wurde ein wesentl. Anstoß zu der allmähl. Abschaffung der Hexenprozesse in Dtl. gegeben. Als Verfasser ermittelt, sah sich S. massiver Kritik und Anfeindung, auch innerhalb seines Ordens, ausgesetzt. Er starb bei der Pflege Pestkranker in Trier. – S. gilt mit seinen mystisch-geistl. Liedern, die von innerer Frömmigkeit getragen sind, als bedeutendster kath. religiöser Lyriker des Frühbarock. Bekannt wurde die 1649 postum erschienene, auch poetologisch bedeutsame Sammlung ›Trutz-Nachtigal. Oder, Geistliches poëtisch Lustwaeldlein‹; weite Verbreitung fand auch S.s Andachts- und Erbauungsbuch ›Güldenes Tugend-Buch‹ (hg. 1649). Im 18. Jh. in Vergessenheit geraten, wurden S.s geistl. Dichtungen von F. A. SCHLEGEL wieder entdeckt; sie übten v. a. auf die dt. Romantik einen nachhaltigen Einfluss aus und sind noch heute bekannte Bestandteile christl. Kirchenliedgutes (so z. B. ›Freu dich, du Himmelskönigin‹, ›O Heiland reiß die Himmel auf‹, ›Zu Bethlehem geboren‹).
Ausgaben: Sämtl. Schrr. Historisch-krit. Ausg. in 3 Bden., hg. v. T. G. M. VAN OORSCHOT (1968 ff.); Die anonymen geistl. Lieder vor 1623, hg. v. M. HÄRTLING (1979).
K. SCHWARZ: F. S. Ein dt. Dichter u. Seelsorger (1948); H. ZWETSLOOT: F. von S. u. die Hexenprozesse (1954); E. ROSENFELD: F. S. v. L. Eine Stimme in der Wüste (1958); DIES.: Neue Studien zur Lyrik von F. von S. (Mailand 1963); F. von S. Priester, Poet, Prophet, hg. v. M. SIEVERNICH (1986); W. RUPP: F. von S. Dichter u. Kämpfer gegen den Hexenwahn (1986); K.-J. MIESEN: F. S. Pater, Dichter, Hexen-Anwalt (1987); F. von S. Dichter, Theologe u. Bekämpfer der Hexenprozesse, hg. v. I. M. BATTAFARANO (Trient 1988); M. EICHELDINGER: F. S. Seelsorger u. poeta doctus (1991); C. FELDMANN: F. S. Hexenanwalt u. Prophet (1993); F. S. (1591–1635), hg. v. T. G. M. VAN OORSCHOT (1993); F. S. als Theologe, hg. v. G. FRANZ u. H.-G. WIRTZ (1997).

Speiche, 1) *Anatomie:* **Radius,** auf der Daumenseite liegender langer Röhrenknochen des Unterarms (→Arm).
2) *Fahrzeugtechnik:* radial angeordnetes Verbindungsglied zw. Nabe und Felge eines S.-Rades (→Rad).

Speichel, Saliva, bei vielen Metazoen (z. B. Weichtieren, Bärtierchen, Insekten, Wirbeltieren außer Fischen) vorkommende, von speziellen Drüsen (→Speicheldrüsen) in die Mundhöhle abgesonderte wässrige (seröse) oder schleimige (muköse) Flüssigkeit. Beim S. der Säugetiere (einschließlich des Menschen) handelt es sich um einen Misch-S., dessen chem. Zusammensetzung und Menge (beim Menschen i. d. R. 1–1,5 Liter je Tag; beim Rind bis zu 60 Liter je Tag), abhängig von der Nahrung sowie von psych. und nervösen Einflüssen, erheblich variieren kann (trockene Speisen, aber auch Milch, führen zur Abgabe eines mukösen **Gleit-S.;** Säuren und Laugen bewirken einen wässrigen Verdünnungs- bzw. **Spül-S.**). Der S. des *Menschen* ist schwach sauer bis leicht basisch (pH-Wert 5,5–7,8), wasserklar, geruch- und geschmacklos und viskos; er enthält über 99 % Wasser sowie Schleimstoffe (Muzine), Verdauungsenzyme (v. a. das Stärke spaltende Ptyalin, eine Amylase), Lysozym, Eiweiße und Salze. Der S. dient zur Gleitbarmachung, Durchfeuchtung und Vorverdauung der Nahrung. Er bewirkt auch eine mechan. Reinigung der Mundhöhle und schützt Mundschleimhaut und Zahnschmelz. Die S.-Sekretion kann bei Störungen vermindert (Oligosialie) oder gesteigert (Ptyalismus) sein.

Speicheldrüsen, Glandulae salivales, in die Mundhöhle mündende, den →Speichel absondernde seröse, muköse oder gemischte Drüsen v. a. bei Landwirbeltieren; kleine und verstreut in der Mundschleimhaut (Lippeninnenfläche, Wangen-, Gaumen-, Zungenschleimhaut) liegende Drüsen und größere, schleimhautfern lokalisierte Drüsenkörper; bei den Säugetieren (einschließlich des Menschen) in Dreizahl als paarige →**Ohrspeicheldrüse** (größte S. des Menschen), als unter der Zunge seitlich neben dem Zungenbändchen ausmündende paarige **Unterkieferdrüse** (Glandula submandibularis; als gemischte, serös-mu-

Friedrich Spee von Langenfeld
(Ausschnitt aus einem anonymen zeitgenössischen Gemälde)

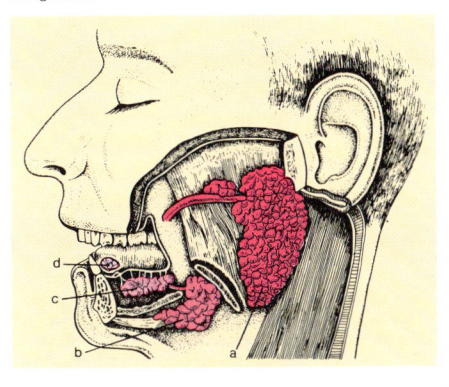

Speicheldrüsen des Menschen; a Ohrspeicheldrüse, b Unterkieferdrüse, c Unterzungendrüse, d vordere Zungendrüse

köse Drüse sowohl verdauungsenzymhaltigen Speichel als auch Schleim absondernd) und, danebenliegend, als mit mehreren Gängen in der Rinne zw. Zunge und Mundboden ausmündende paarige **Unterzungendrüse** (Glandula sublingualis; liefert vornehmlich Schleim); Unterkiefer- und Unterzungendrüse liegen unter dem Mundboden. – Von den zahlr. kleineren, vornehmlich Gleitspeichel liefernden menschl. Schleimhaut-S. der Zunge ist am größten die paarige, Mischspeichel liefernde **vordere Zungendrüse** (Nuhn-Drüse, Glandula lingualis anterior) unterseits der Zungenspitze, die mit mehreren Ausführgängen neben dem Zungenbändchen mündet.

In Analogie zu den S. bei den Wirbeltieren werden auch bei den **Wirbellosen** alle in den Mund oder in die Speiseröhre mündenden, häufig Verdauungsenzyme produzierenden Drüsen als S. bezeichnet, z.B. die paarige, meist mündende Labialdrüse der Insekten, die auch als Spinn- oder Giftdrüse ausgebildet sein kann. Bei Blutsaugern (Blutegel, Stechmücken u.a.) produzieren die S. oft auch Enzyme zur Verhinderung der Blutgerinnung.

Speicheldrüsen|entzündung, Sialo|adenitis, durch Infektionskrankheiten, Speichelsteine oder Tumoren hervorgerufene Entzündung der Speicheldrüsen, von der am häufigsten die Ohrspeicheldrüse betroffen ist (→Parotitis).

Speicheldrüsentumoren, Zunahme des Gewebevolumens der Speicheldrüsen (v. a. Ohrspeicheldrüse). Am häufigsten sind gutartige Tumoren, überwiegend in Form der pleomorphen Adenome (Mischtumoren); bei diesen Mischtumoren ist jedoch die Entwicklung eines Karzinoms möglich. Unter den bösartigen S. überwiegen die (v. a. adenoidzyst.) Karzinome, die auf dem Blut- und Lymphweg in Lunge und Skelett metastasieren.

Speichelstein, Sialolith, durch Ablagerung von Salzen des Speichels (v. a. Calciumphosphat oder -carbonat) bes. in der Unterkieferspeicheldrüse gebildetes Konkrement. Kennzeichen sind schmerzhafte Stauungen in den befallenen Drüsen während der Nahrungsaufnahme. Bei Verschluss der Ausführungsgänge kommt es zu Sekretstau, Drüsenschwellung und chron. Entzündung. Die *Behandlung* erfolgt durch sekretionsfördernde Arzneimittel oder operativ (Inzision des Speichelganges oder Drüsenentfernung).

Speichenbruch, *Medizin:* →Radiusfraktur.

Speicher [ahd. spīhhāri, von gleichbedeutend spätlat. spicarium, zu lat. spica ›Ähre‹], **1)** *allg.:* Lagergebäude, z. B. für landwirtschaftl. Produkte; regional auch Bez. für Dachboden.

2) *Datenverarbeitung:* engl. **Memory** ['meməri], **Storage** [stɔːrɪdʒ], allg. eine Funktionseinheit, die an einer oder jeweils mehreren (bis zu vielen Milliarden) Stellen mindestens zwei unterschiedl. erlaubte Strukturen oder Zustände annehmen und dadurch kurzfristig bis nahezu beliebig lange zur Aufbewahrung von Information dienen kann. In diesem Sinn sind z. B. auch Bücher und Bilder Speicher. S. i. e. S. sind in der Datenverarbeitung Geräte und Funktionseinheiten, die einerseits wesentl. Bestandteile eines →Computers darstellen, andererseits mit diesem als separate Einheiten zusammenarbeiten, wobei die gespeicherten Informationen in binär kodierter Form vorliegen (→Datenspeicher).

Die vielen nach Art und Größe sehr unterschiedl. **digitalen S.** lassen sich nach versch. Gesichtspunkten klassifizieren. Die hardwarenächste Einteilung der S. ist die nach dem →Speichermedium, die hardwarefernste die nach der Enge der Zusammenarbeit mit der Zentraleinheit, d.h. nach der →Speicherhierarchie. Weitere Unterscheidungsmerkmale sind Zugriffsart (→Zugriff), →Zugriffszeit, →Speicherkapazität und ob zur Erhaltung der gespeicherten Information Energie aufgewendet werden muss oder nicht (→Flüchtigkeit).

Wird vom S. schlechthin gesprochen, ist meist der zur Zentraleinheit gehörende **Haupt-** oder **Arbeits-S.** gemeint, in dem die Programme und die zu verarbeitenden Daten bereitgestellt werden. Der Haupt-S. ist jeweils aus mehreren gleichen **S.-Bausteinen** (S.-Chips) aufgebaut, deren Kapazität seit den frühen 1970er-Jahren (vom Kilobit-Bereich) etwa alle drei bis vier Jahre vervierfacht wurde (Megabit-Bereich, 1998). Der S.-Aufbau aus einzelnen Bausteinen hat vornehmlich techn. Gründe. Für den Anwender hat er aber den Vorteil, die S.-Kapazität stufenweise vergrößern zu können. Hinsichtlich der S.-Organisation bietet er die Möglichkeit der **S.-Verschränkung,** d. h. der Unterbringung von S.-Zellen mit aufeinander folgenden Adressen in versch. Blöcken. Dadurch kann die Geschwindigkeit erhöht werden, weil bei den häufig vorkommenden Lese- (auch Schreib-)Operationen an aufeinander folgenden Plätzen mit der zweiten Operation schon begonnen werden kann, bevor die erste abgeschlossen ist. – Von den physikal. Haupt-S. ist der →virtuelle Speicher zu unterscheiden.

3) *Energietechnik:* →Energiespeicherung.

Speicher|auszug, *Informatik:* →Dump.

Speicherblätter, fleischige (parenchymreiche) pflanzl. Blätter, die der Speicherung von Wasser (bei Sukkulenten) oder Reservestoffen (→Niederblätter bei Zwiebeln, →Speicherembryo) dienen.

Speicherdichte, *Informatik:* die Anzahl digitaler Informationseinheiten (angegeben z. B. in Bit oder in Byte), die je Einheit der Länge (z. B. beim Magnetband), der Fläche (z. B. bei der Magnetplatte oder beim Speicherbaustein) oder des Volumens (z. B. beim holograph. Speicher) einer Bau- oder Funktionseinheit eines Speichers untergebracht werden kann.

Speicherdiode, Speicherschaltdiode, Speichervaraktor, Kapazitätsdiode, bei der der →p-n-Übergang kurzzeitig in den Vorwärtsbereich gesteuert und dann wieder in Rückwärtsrichtung vorgespannt wird. Dadurch rekombinieren nur wenige der in den p-n-Übergang injizierten Minoritätsträger, die meisten fließen beim Umschalten in den Sperrbereich zurück. S. werden u. a. zur Impulsformung verwendet.

Speicher|effekte, *Halbleiterelektronik:* auf der Speicherung von Minoritätsladungsträgern in der Basiszone von Bipolartransistoren beruhende Effekte, bes. bei gesättigten Logikschaltungen.

Speicher|element, *Informatik:* →Speicherzelle.

Speicher|embryo, pflanzl. Embryo, der Nährstoffe in eigenen, verdickten Organen, z. B. in der Keimachse (Speicherhypokotyl, u. a. bei der Paranuss) oder in den Keimblättern (Speicherkotyledonen bei vielen Hülsenfrüchtlern, Stein- und Kernobstarten), speichert. Die Speicherkotyledonen bleiben bei der Keimung unter der Erdoberfläche. S. kommen bei Pflanzen ohne Endosperm vor (→Samen 2).

Speichergesteine, Gesteine, die wegen ihres großen Porenvolumens, ihrer Klüftigkeit und Durchlässigkeit zur Aufnahme und Migration von Wasser, Erdöl und Erdgas geeignet sind; z. B. Sande, Sand- und Kalksteine, Dolomite, Tuffe.

Speichergewebe, Speicherparenchym, pflanzl. Grundgewebe, in dem Zucker, Stärke, Eiweiß, Fett oder Hemicellulose als Reservestoffe eingelagert werden, z. B. in Samen, Früchten, Blättern, Rüben, Knollen und Wurzelstöcken (→Speicherorgane, →Speicherblätter). Meist werden die Stoffe als Stärke- bzw. Eiweißkörner oder Öltropfen im Zytoplasma oder in Organellen der Zellen, selten in der Zellwand (Hemicellulose in Palmensamen, z. B. Dattel) gespeichert. S. bestehen auch in Holz und Rinde der Sprossachse und der Wurzel (Markstrahl-, Holz- und Rindenparenchym).

Speicherglied, *Digitaltechnik:* Bestandteil eines Schaltwerks, das Schaltvariablen aufnimmt, aufbewahrt und abgibt. Die Änderung oder auch das Gleichbleiben des Werts einer Schaltvariablen an einem Ausgang eines S. hängt nicht nur – wie bei einem Verknüpfungsglied – von der Änderung der Schaltvariablen an seinen Eingängen ab, sondern auch vom bisherigen inneren Zustand des S. selbst, d.h. vom bisherigen Wert der Schaltvariablen an seinen Ausgängen; darauf beruht seine Speicherfunktion. S. für binäre Schaltvariablen sind versch. bistabile →Multivibratoren (z.B. Flipflops, bes. →Master-Slave-Flipflops. Sie sind Funktionseinheiten in Schaltungen für Speicher, Register (Schieberegister) und Zähler.

Speicherhierarchie, *Datenverarbeitung:* Einteilung der Speicher (Datenspeicher) eines Computers in versch. Ebenen nach ihrer Nähe zur Zentraleinheit (bzw. nach der Enge der Zusammenarbeit mit der Zentraleinheit): 1. Ebene, **Primärspeicher:** →Arbeitsspeicher, sehr schneller Halbleiterspeicher mit direktem Zugriff (RAM); 2. Ebene, **Sekundärspeicher:** →Magnetplattenspeicher (v.a. Festplattenspeicher), Zugriff direkt bzw. zyklisch, mittlere Zugriffszeit; 3. Ebene, **Tertiärspeicher:** langsamer Speicher mit sequenziellem Zugriff, v.a. →Magnetbandspeicher. Gelegentlich werden die →Register und die →Pufferspeicher (wie →Cachespeicher) der Zentraleinheit als Speicher der 0. Ebene bezeichnet. I.d.R. werden Daten nur zw. Speichern benachbarter Ebenen übertragen. Die S. beruht auf den unterschiedl. Herstellungsbzw. Erstehungskosten für die versch. Speicher; ist sie eine Reihenfolge abnehmender Kosten je Speicherelement (Bit) sowie zunehmender Zugriffszeit und Speicherkapazität. Im Hinblick auf ihre Zugehörigkeit zur Zentraleinheit werden die Speicher der 0. und 1. Ebene als **interne (innere) Speicher** bezeichnet, im Ggs. zu den Speichern der 2. und 3. Ebene, die über besondere Ein-/Ausgabeprozessoren und/oder -kanäle oder nur indirekt mit der Zentraleinheit zusammenarbeiten und deswegen als **externe (äußere) Speicher** bezeichnet werden; wenn sie über eine große Speicherkapazität verfügen, bezeichnet man sie auch als →Massenspeicher.

Speicherkapazität, *Datenverarbeitung:* das Fassungsvermögen eines Datenspeichers für Information, d.h. die Zahl seiner Speicherelemente (für je ein Bit) oder Speicherzellen (für je ein Byte oder Speicherwort). Die S. hängt sowohl von der räuml. Größe eines Speichers als auch von seiner Speicherdichte ab.

Speicherkraftwerke, Wasserkraftwerke, die das zufließende Wasser in einem Ausgleichsspeicher (Staubecken oder -see) auffangen und bei Bedarf als Triebwasser entnehmen (Sonderbauform: →Pumpspeicherwerk); auch Bez. für Dampfkraftwerke mit einem Dampfspeicher (→Ruths-Speicher) und →Luftspeicher-Gasturbinenkraftwerke.

Speicherkrankheiten, Thesaurismosen, seltene, angeborene Stoffwechselstörungen, bei denen es, häufig aufgrund von Enzymdefekten, zu einer Anhäufung von Stoffwechselprodukten und deren Einlagerung in Gewebe und Organe kommt, wodurch diese krankhaft verändert werden. Zu den S. gehören z.B.: →Amyloidose, →Glykogenspeicherkrankheiten, →Lipoidspeicherkrankheiten, →Hämochromatose und →Wilson-Krankheit.

Speichermedium, allg. der eigentliche physikal. Träger einer Information in einem Speicher (z.B. ein Blatt Papier); in der *Datenverarbeitung* z.B. bei Magnetschichtspeichern die magnetisierbare Schicht, bei →Halbleiterspeichern die im jeweiligen Substrat integrierten Schaltungen, bei →optischen Speichern die Emulsion (holograph. Speicher, fotograf. Speicher) oder eine Licht reflektierende Schicht (→optische Speicherplatte).

Speichermotte, die →Kakaomotte.

Speichernieren, bestimmte Zellen, Gewebe oder Organe, die bei manchen Tieren Exkretstoffe speichern; z.B. die →Nephrozyten bei Weich- und Gliedertieren.

Speicher|ofen, ein Ofen für die Raumheizung, in dem die Wärme schnell erzeugt, in einer großen Speichermasse (meist Keramik, auch Speckstein) gespeichert und über einen längeren Zeitraum abgegeben wird. S. sind z.B. der →Kachelofen und der Nachtstrom-S. als Variante der →Elektrospeicherheizung.

Speicher|organe, Organe mit Speichergewebe bei überwinternden Pflanzen, z.B. Wurzelstöcke (Ingwer), Wurzelknollen (Dahlie, Batate), Rüben (Möhre), Sprossknollen (Kartoffel), Zwiebelschuppen (Tulpe).

Speicher|organisation, die Ausstattung eines Computers mit Speichern sowie deren Zusammenwirken, um die verarbeitungsgerechte Speicherung von Programmen und Daten zu ermöglichen. Die Speicher eines Rechners sind hierarchisch organisiert (→Speicherhierarchie). Die S. der einzelnen Speicher richtet sich dabei vornehmlich nach dem jeweiligen Zugriffsverfahren (wahlfrei oder sequenziell), die S. der gesamten Rechenanlage darüber hinaus u.a. nach deren Größe und Struktur (z.B. Personalcomputer, Mainframe, Internet, lokales Netz), nach dem jeweiligen Arbeitsverfahren (Realzeit-, Stapel- oder Mehrprogrammbetrieb) sowie nach den verfügbaren Betriebsmitteln (z.B. Art und Größe der verfügbaren Speicher, Betriebssystem, Ein-/Ausgabesystem).

Speicherparenchym, *Botanik:* das →Speichergewebe.

Speicherplatz, *Informatik:* die →Speicherzelle.

Beschreibung	SLP	KOP	FUP	AWL	
				Adresse	Anweisung
Reihenschaltung von Schließern, UND-Funktion $a \triangleq E00, b \triangleq E01, k \triangleq A00$		E00 E01 A00	&	0000 0001 0002 0003	U E00 U E01 = A00 PE
Parallelschaltung von Schließern, ODER-Funktion $a \triangleq E00, b \triangleq E01, k \triangleq A00$		E00 A00 E01	≥1	0000 0001 0002 0003	O E00 O E01 = A00 PE

speicherprogrammierbare Steuerung: UND-Funktion ($a \wedge b = k$) und ODER-Funktion ($a \vee b = k$), grafisch als Stromlaufplan (SLP) mit Schließern und dem jeweils beschalteten Bauelement, als Kontaktplan (KOP) und als Funktionsplan (FUP) mit UND- bzw. ODER-Glied dargestellt, alphanumerisch als Anweisungsliste (AWL) mit U und O als Symbolen für die UND- bzw. ODER-Funktion; PE bedeutet Programmende; mit E und A sind die jeweiligen Ein- und Ausgänge der Steuerung bezeichnet, die den Schaltvariablen a und b bzw. k entsprechen

speicherprogrammierbare Steuerung, Abk. **SPS,** Automatisierungsgerät, dessen jeweilige konkrete Funktion von einem in einem Speicher abgelegten →Programm (Software) abhängt, im Ggs. zu einer **verbindungsprogrammierten Steuerung (VPS),** deren Funktion durch Art und Verdrahtung der einzelnen Bauelemente, Komponenten und Geräte festgelegt ist (Hardware). Da Speicherinhalte i. Allg. mehr oder weniger leicht geändert werden können, gehören vielseitige Verwendbarkeit und große Flexibilität zu den besonderen Merkmalen der SPS, bei größeren Geräten meist noch vermehrt durch deren Aufbau aus steckbaren →Moduln. Während einfache SPS ihrer Bez. entsprechend nur für Steuerungsaufgaben verwendet werden können (z.B. bei Werkzeugmaschinen, Förder-, Wasch- und Trockenanlagen), können große, modular aufgebaute Automatisierungssysteme je nach

ren) Fernrohrs abgebildet wird. Im parallelen Strahlengang zw. Kollimator und Objektiv steht ein Prisma oder ein Beugungsgitter. In das Gesichtsfeld kann eine Wellenlängenskala eingespiegelt werden. Bei der einfachsten Ausführung, dem Taschenspektroskop, wird das von einem Geradsichtprisma erzeugte Spektrum ohne Fernrohr beobachtet. – Im **Spektrographen** wird das Spektrum objektiv erfasst, z. B. auf einer Fotoplatte oder mit einem anderen, für die zu analysierende Strahlung geeigneten photoelektr. Detektor (z. B. →optischer Vielkanalanalysator), die jeweils in der Brennebene des Objektivs stehen. Zur Ausblendung einer Linie oder eines schmalen Spektralbereiches aus einem Spektrum dient ein **Monochromator.** Er besitzt in der Brennebene des Objektivs einen Austrittsspalt, an dem das Spektrum bei einer Drehung des Prismas oder Gitters vorbeiwandert. Häufig werden zwei Monochromatoren in Serie verwendet (Doppelmonochromator). – Beim **Spektralphotometer,** einer Kombination aus S. und →Photometer, wird das durch den Austrittsspalt des Monochromators tretende Licht auf eine Probe geschickt, deren opt. Eigenschaften (Transmission, Absorption, Reflexion) bestimmt werden sollen (→Spektralphotometrie). Die von der Probe transmittierte oder reflektierte Lichtintensität wird mit einem Photodetektor (Photozelle, Photomultiplier, Photo- bzw. Thermoelement oder Bolometer) in Abhängigkeit von der Wellenlänge registriert. – Das klassische opt. **Spektrometer** zur genauen quantitativen Bestimmung der Wellenlänge von Spektrallinien hat einen dreh- und justierbaren Prismen- oder Gittertisch sowie geeichte Skalen zur genauen Messung der Winkelablenkung der Strahlung unterschiedl. Wellenlänge. Moderne opt. S. ermöglichen neben der Messung der Wellenlänge auch die quantitative Bestimmung der zugehörigen Intensität und sind damit zugleich Spektralphotometer.

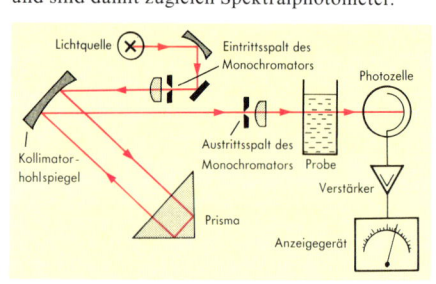

Spektralapparate: Schematische Darstellung des Strahlengangs in einem Spektralphotometer für Absorptionsmessungen

Die wichtigsten Kriterien für die Leistungsfähigkeit eines opt. S. sind der Transmissionsgrad oder die Lichtstärke sowie das →Auflösungsvermögen $\lambda/\Delta\lambda$ ($\Delta\lambda$ ist die kleinste gerade noch unterscheidbare Wellenlängendifferenz bei der Wellenlänge λ). Die Auflösung von Gitter- und Prismen-S. wird durch die Anzahl der Linien des Gitters bzw. durch die Winkeldispersion und Basisbreite des Prismas begrenzt. Gitter, die mit bis etwa 6000 Linien/mm und Größen von 150×150 mm hergestellt werden können, erreichen eine sehr viel größere Auflösung (10^5 bis 10^6) als Prismen-S. Zur Untersuchung sehr kleiner Spektralbereiche werden Interferenz-S. (Fabry-Pérot-Interferometer, →Lummer-Gehrcke-Platte) eingesetzt, die bei großem Gangunterschied der interferierenden Teilbündel (10 cm bis 1 m) ein Auflösungsvermögen von 10^8 bis 10^9 erreichen können.

Spektroskop. Untersuchungen im Infrarotbereich werden häufig mit **Fourier-Spektrometern** (→Fourier-Spektroskopie) durchgeführt. Mit **photoakustischen Spektrometern** lassen sich Absorptionsspektren unter Ausnutzung des →photoakustischen Effekts auf indirekte Weise messen, wobei derjenige Anteil der bei der Bestrahlung in der Probe absorbierten Energie als Nachweissignal dient, der durch strahlungslose Übergänge in Wärme umgewandelt wird (→photoakustische Spektrometrie).

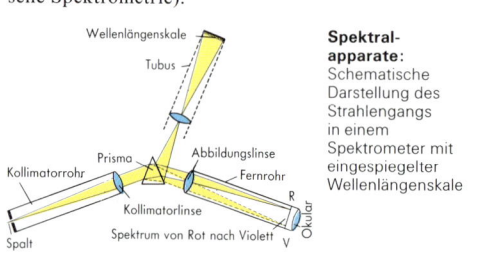

Spektralapparate: Schematische Darstellung des Strahlengangs in einem Spektrometer mit eingespiegelter Wellenlängenskala

Heute werden in der →Spektroskopie in zunehmendem Maße abstimmbare →Laser verwendet, die bei hoher Intensität und Monochromasie ihrer Strahlung gleichzeitig die Funktion der Strahlungsquelle und die des wellenlängenselektiven Elements in einem S. übernehmen **(Laserspektrometer).** Im sichtbaren Spektralbereich werden dazu v. a. Farbstofflaser verwendet, im ultravioletten Bereich Excimerlaser, im Infraroten Halbleiter- und Moleküllaser.

Literatur →Spektroskopie.

spektrale Dichte, *Physik:* auf die Wellenlänge λ oder die Frequenz ν (oder auch die →Wellenzahl) bezogene Verteilung einer strahlungsphysikal. Größe. Die s. D. ergibt sich bei einer →Strahlungsgröße X, die von der Wellenlänge bzw. der Frequenz abhängt, als Ableitung dieser Größe nach der Wellenlänge $(dX/d\lambda)$ bzw. der Frequenz $(dX/d\nu)$; näherungsweise wird der Differenzialquotient durch einen Differenzenquotienten ersetzt (z. B. $\Delta X/\Delta\lambda$). Die Kennzeichnung der s. D. einer Größe erfolgt durch Anfügen der Bezugsgröße als Index, z. B. $X_\lambda = dX/d\lambda$.

Spektralempfindlichkeit, *Fotografie:* andere Bez. für →Farbempfindlichkeit.

Spektralfarbe, →Spektrum.

Spektralfunktion, beim Übergang von der Zeitdarstellung $f(t)$ eines Signals zu dessen komplexwertiger Frequenzdarstellung $\underline{F}(\omega)$ durch Fourier-Transformation,

$$\underline{F}(\omega) = \frac{1}{\sqrt{2\pi}} \int_{-\infty}^{+\infty} e^{i\omega t} f(t) \, dt$$

($\omega = 2\pi\nu$ Kreisfrequenz, ν Frequenz), wobei sich die Fourier-Transformierte $\underline{F}(\omega) = R(\omega) + iX(\omega)$ aus dem Realteil $R(\omega)$ und dem Imaginärteil $X(\omega)$ zusammensetzt. Der Absolutbetrag

$$|\underline{F}(\omega)| = \sqrt{R^2(\omega) + X^2(\omega)} = A(\omega)$$

heißt Amplitudenfunktion;

$$\Phi(\omega) = \arctan[X(\omega)/R(\omega)]$$

heißt Phasenfunktion. $R(\omega)$, $X(\omega)$ sowie $A(\omega)$ geben die Frequenzverteilung, d. h. das Frequenzspektrum eines Signals an.

Spektralklassen, Spektraltypen, Klassen, die sich aus den Eigenschaften der Sternspektren ergeben. Ein Sternspektrum besteht aus einem Kontinuum, dem mehr oder weniger viele Spektrallinien (Absorptions- und Emissionslinien) überlagert sind. Während die Energieverteilung im kontinuierl. Spektrum (Spektralverteilung) v. a. von der Effektivtemperatur des Sterns abhängt, ist die Stärke der Linien bedingt sowohl durch die Zahl der vorhandenen Atome als auch durch deren Anregungszustände. Diese hängen nicht nur von der Temperatur ab, sondern auch vom Druck, d. h. von der Schwerkraft an der Oberfläche (genauer in der Photosphäre) der Sterne. Da die weitaus meisten Sterne etwa die gleiche chem. Zusammensetzung der Atmosphäre besitzen, kann man aus dem Spektrum eines Sterns weitgehende Schlüsse auf die in seiner Photosphäre herrschenden physikal. Bedingungen ziehen. Zur Einteilung in S. werden empir. Kriterien und einheitl. Beobachtungsmaterial von Standardsternen zu Vergleichszwecken verwendet, wobei der relativen Stärke benachbarter Linien besondere Bedeutung zukommt.

Eine sehr gebräuchl. Spektralklassifikation ist die auf E. C. PICKERING und ANNY J. CANNON zurückgehende, am Harvard-Observatorium ausgearbeitete **Harvard-Klassifikation**, deren Klassen mit Großbuchstaben bezeichnet werden; ihre wichtigsten Merkmale sind:

O: sehr heiße, blaue Sterne, Absorptionslinien des ionisierten Heliums (He II);

B: heiße, blaue Sterne, Absorptionslinien des neutralen (atomaren) Heliums (He I), bei den späteren (Unter-)Typen der Klasse Zunahme der Balmer-Serie des Wasserstoffs (H I);

A: weiße Sterne, sehr starke Absorptionslinien des H I, später abnehmend und Zunahme der Linien H und K des ionisierten Calciums (Ca II);

F: weiße Sterne, Ca II-Linien weiter zunehmend, H I-Linien weiter abnehmend, Auftreten des G-Bandes verursacht durch das CH-Radikal;

G: gelbe Sterne, Ca II-Linien vorherrschend, G-Band verstärkt, Eisen- u. a. Metalllinien stark;

K: orangerote Sterne, starke Linien neutraler Metalle, Erscheinen der Banden von Titanoxid;

M: sehr kühle, rote Sterne, Titanoxidbanden stärker, viele Metalllinien.

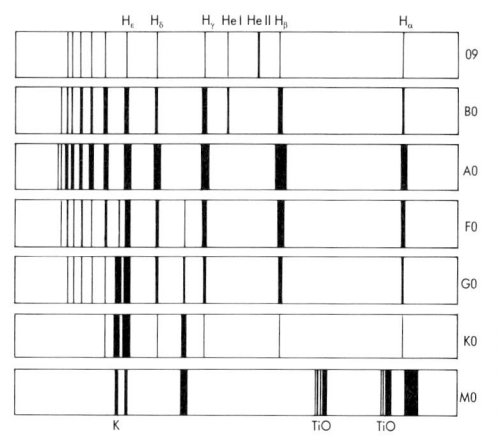

Spektralklassen: Schematische Darstellung der Harvard-Spektralklassifikation nach der relativen Intensität und der Breite der auftretenden Spektrallinien; H_α bis H_ϵ sind Wasserstofflinien der Balmer-Serie, He I und He II sind Linien des neutralen bzw. ionisierten Heliums, H und K des Kaliums und TiO des Titanoxids; G bezeichnet das G-Band

Die Mehrzahl der Sterne fällt in diese Hauptsequenz (Merkspruch: **oh be a fine girl kiss me**), in der Sterne einer S. jeweils geringere Temperatur haben als die der vorangehenden. Aus histor. Gründen werden Sterne der S. O, B, A auch als ›frühe‹ Sterne bezeichnet, die der S. G, K, M als ›späte‹; damit wird aber keine Aussage über das wirkl. Alter der Sterne gemacht. Die nichtalphabet. Reihenfolge der S. ist ebenfalls historisch bedingt. Über die Hauptsequenz hinaus gibt es noch die S. S und C, die die Harvard-Nebensequenz bilden; in der S. C sind die früheren S. R und N vereinigt.

S: ähnlich M, starke Banden des Zirkoniumoxids und von Molekülen der Seltenerdmetalle;

C: Banden der Cyangruppe (CN), des Kohlenmonoxids (CO) vorherrschend (Kohlenstoffsterne).

Die S. der Hauptsequenz sind in 10 mit den Ziffern 0 bis 9 gekennzeichnete Unterklassen unterteilt: G5 liegt in der Mitte zw. F0 und K0. Besonderheiten werden mit nachgestellten Zusätzen (Suffixe) bezeichnet: e bedeutet, dass Emissionslinien vorhanden sind; m in Verbindung mit der S. A., dass Metalllinien bes. stark sind; p weist auf besondere, durch die Spektralklassifikation nicht erfasste Merkmale hin.

Sterne des gleichen Spektraltyps können sich in weiten Grenzen durch ihre Leuchtkraft unterscheiden. Zur eindeutigen Klassifizierung werden die Sterne daher außer in S. auch in →Leuchtkraftklassen eingeteilt. Das gebräuchlichste hierfür verwendete Schema ist das der MK-Klassifikation, nach der die Sterne in Leuchtkraftklassen mit Bez. von 0 über Ia und b bis VI im Sinne abnehmender Leuchtkraft eingeteilt werden. Darüber hinaus können erforderlichenfalls die dezimalen Unterklassen weiter unterteilt und bei kleineren Spektralanomalien den Typbezeichnungen Indikatoren für die Stärke der Besonderheit hinzugefügt werden. So kennzeichnet O9,5V einen Haupttreihenstern, dessen Spektraltyp zw. dem eines O9- und dem eines B0-Sterns liegt.

Spektrallampe, eine →Entladungslampe kleiner Leistung; dient zur Erzeugung des Linienspektrums des eingeschlossenen Gases oder Metalldampfes; durch Herausfiltern der Linien hoher Intensität mit Lichtfiltern auch zur Erzeugung monochromat. Lichts. Für die Eichung von Spektralgeräten ist eine S. mit Quecksilber-Cadmium-Füllung bes. geeignet.

Spektrallinie, die von atomaren Systemen emittierte (**Emissionslinie**) oder absorbierte (**Absorptionslinie**) nahezu monochromat. Strahlung, die im →Spektrum als voneinander scharf getrennte, helle oder dunkle schmale Linie hervortritt. S. werden mithilfe von →Spektralapparaten getrennt, die bei Einstrahlung monochromat. Wellen ein schmales, linienförmiges Bild des Eintrittsspalts (Spaltbild) erzeugen. Eine S. entspricht jeweils einem Übergang zw. Energiezuständen der Elektronenhülle oder des Kerns (→Term). Die Intensität der S. wächst mit der Zahl der pro Zeiteinheit stattfindenden Absorptions- oder Emissionsprozesse.

Die Emission oder Absorption erfolgt nie ganz monochromatisch, sondern stets über ein endl. Frequenzintervall, die **Linienbreite** der S., die i. Allg. durch die →Halbwertsbreite der zugehörigen Frequenz- bzw. Wellenlängenverteilung charakterisiert wird. Die **natürliche Linienbreite** wird durch die energet. Unschärfe der beteiligten Energieniveaus verursacht, die wiederum aus deren endl. →Lebensdauer rührt. Für einen Übergang in den stabilen (energiescharfen) Grundzustand aus einem angeregten Niveau mit der Lebensdauer τ ist die natürl. Linienbreite $\Delta \nu = 1/\tau$. Die S. der Elektronenübergänge im sichtbaren Bereich besitzen z. B. eine natürl. Linienbreite von etwa 10^7 bis 10^8 Hz bei typ. Lebensdauern von 10^{-8} s. Eine zusätzl. **Linienverbreiterung** tritt insbesondere durch die →Doppler-Verbreiterung und die →Stoßverbreiterung ein. Die gemessene Linienbreite wird außerdem durch das spektrale Auflösungsvermögen des Spektralapparats bestimmt. Zur Erzielung schmaler S. arbeitet die opt. Atomspektroskopie bei niedrigem Druck und tiefer Temperatur. Die Messung der frequenzabhängigen Lage von S. in Linien- und Bandenspektren sowie ihrer Form und Breite liefert eine Vielzahl von Aussagen über die Eigenschaften von Atomen und Molekülen (→Spektroskopie).

Bei hinreichendem Auflösungsvermögen des Spektralapparats lässt sich in S. eine →Aufspaltung be-

Spek Spektralphotometrie – Spektroskopie

obachten (→Multipletts), die auf die magnet. und elektr. Wechselwirkung der Hüllenelektronen untereinander sowie mit dem magnet. Dipol- und dem elektr. Quadrupolmoment des Kerns zurückzuführen ist (→Feinstruktur, →Hyperfeinstruktur).

Spektralphotometrie, die photometr. Messung von Strahlungsintensitäten in Abhängigkeit von der Wellenlänge der Strahlung, vorzugsweise im sichtbaren, ultravioletten und infraroten Spektralbereich; dient zur Bestimmung der opt. Eigenschaften (z. B. Absorption, Transmission, Reflexion) von im Strahlengang befindl. Proben oder auch für analyt. Zwecke. Die Messung wird mit einem automatisch registrierenden Spektrometer (**Spektralphotometer;** →Spektralapparate) durchgeführt. Da die Emission der Lichtquelle, die Transmission des Monochromators und die Empfindlichkeit des Empfängers wellenlängenabhängig sind, muss das mit der Probe registrierte Signal auf eine Vergleichsmessung normiert werden, bei der sich keine Probe oder eine Standardprobe mit bekannten opt. Eigenschaften im Strahlengang befindet, um die unbekannte spektrale Charakteristik des Spektralphotometers aus den Messungen zu eliminieren. Bei **Einstrahlphotometern** müssen die beiden Spektren nacheinander aufgenommen werden, in **Zweistrahlphotometern** wird die von der Lichtquelle kommende Strahlung in zwei Bündel zerlegt, von denen das eine über die Probe (Messstrahlengang), das andere um die Probe herum (Vergleichsstrahlengang) zum Detektor geführt wird, der direkt den Intensitätsunterschied misst.

Für die S. an sehr kleinen Proben oder für Untersuchungen mit hoher Ortsauflösung benutzt die Mikro-S. eine Kombination von Spektralphotometer und →Mikroskop. Die Ultraviolettmikro-S. gestattet die Bestimmung der Nukleinsäuren und Eiweißverteilung in der Zellstruktur unter Ausnutzung der Absorption dieser Substanzen im mittleren Ultraviolett.

Spektralserie, Atomphysik: →Serienspektrum.
Spektralterm, →Term.
Spektraltypen, die →Spektralklassen.
Spektrogramm das, -s/-e, ein aufgezeichnetes Spektrum.
Spektrograph der, -en/-en, →Spektralapparate.
Spektroheliograph [zu Spektrum, griech. hélios ›Sonne‹ und griech. gráphein ›schreiben‹] der, -en/-en, Instrument zur fotograf. Aufnahme (**Spektroheliogramm**) der Sonne in einem engen Wellenlängenbereich (etwa 0,01 nm Breite). Der S. besteht im Wesentlichen aus einem Fernrohr, in dessen Brennebene ein Sonnenbild entsteht, und einem Monochromator hoher Dispersion. Der Monochromator besitzt einen Eintrittsspalt, der aus dem Sonnenbild einen kleinen Streifen ausblendet, und einen Austrittsspalt. Zw. Eintritts- und Austrittsspalt wird das Lichtbündel mithilfe von Prismen oder Gittern spektral zerlegt und um 180° umgelenkt. Durch seitl. Verschieben mit konstanter Geschwindigkeit überstreicht der Eintrittsspalt das Bild der Sonne und der Austrittsspalt (mit derselben Geschwindigkeit) eine fotograf. Platte, wodurch auf dieser ein Bild der Sonne mit Licht des ausgewählten engen Wellenlängenbereichs entsteht. Der Durchlassbereich des Monochromators wird i. d. R. in den Spektralbereich einer intensiven →fraunhoferschen Linie gelegt, die Sonne also in dem in dieser Linie noch vorhandenen restl. Licht fotografiert. Dieses Licht stammt v. a. aus der Chromosphäre, weil die Sonnenatmosphäre im Bereich einer fraunhoferschen Linie für aus der Photosphäre stammendes Licht nur wenig durchlässig ist. Die Spektroheliogramme sind daher Chromosphärenbilder, und zwar aus umso höheren Schichten, je näher der zur Aufnahme benutzte Spektralbereich am Zentrum der fraunhoferschen Linie liegt. – Der erste S. wurde 1892 von G. E. HALE entwickelt, H. A. DESLANDRES baute etwa zeitgleich unabhängig davon ein ähnl. Gerät.

Spektrohelioskop [zu Spektrum, griech. hélios ›Sonne‹ und griech. skopeĩn ›betrachten‹] das, -s/-e, dem Spektroheliographen ähnl. Instrument zur unmittelbaren visuellen Beobachtung der Sonne in einem engen Spektralbereich. Der wesentl. Unterschied besteht darin, dass der Austrittsspalt mit einem Okular abgetastet wird und das Bild der Sonne in so schneller Folge abgetastet wird, dass das Auge ein zusammenhängendes Bild der gesamten Sonnenscheibe wahrnimmt.

Spektrometer das, -s/-, →Spektralapparate.
Spektrometrie die, -, →Spektroskopie.
Spektroskop das, -s/-e, →Spektralapparate.
Spektroskopie [zu Spektrum und griech. skopeĩn ›betrachten‹] die, -, Teilgebiet der Physik, das sich mit der Erzeugung, Analyse, Interpretation und Anwendung von Spektren (→Spektrum) elektromagnet. Strahlung beschäftigt. Wird die Intensität einer Strahlung in Abhängigkeit von der Wellenlänge, Teilchenmasse oder anderer charakterist. Größen quantitativ gemessen, spricht man von **Spektrometrie** (allgemeinsprachlich häufig auch synonym zu S. verwendet). Die wichtigsten spektralen Daten sind die Wellenlängen (Frequenzen), Intensitäten und Halbwertsbreiten der →Spektrallinien in den für die versch. Stoffe charakterist. Absorptions-, Emissions-, Fluoreszenz- oder Streulichtspektren. Die mit →Spektralapparaten, insbesondere mit Laserspektrometern, durchgeführten spektroskop. Untersuchungen liefern Informationen über die in der Lichtquelle oder in der durchstrahlten bzw. zur Fluoreszenz angeregten Probe vorhandenen chem. Elemente oder Verbindungen, sodass die S. insbesondere für die Analyse chem. Stoffe große Bedeutung besitzt (→Spektralanalyse). Man erhält weiterhin Aussagen über die physikal. Eigenschaften von Substanzen wie etwa den strukturellen Aufbau von Atomen, Molekülen und Festkörpern, die Wechselwirkung zw. elektromagnet. Strahlung und Materie, die Dynamik der Elementaranregungen von Festkörpern sowie Angaben über Bewegungszustände (Translationen, Schwingungen, Rotationen) oder Zustandsgrößen wie Druck, Temperatur, Ionisationsgrad.

Die S. wird nach versch. Gesichtspunkten eingeteilt, z. B.:
a) nach dem Spektralbereich in →Gammaspektroskopie, →Röntgenspektroskopie, →Ultraviolettspektroskopie (mit der S. im sichtbaren [engl. **vis**ible] Bereich als UV-VIS-S. zusammengefasst), →Infrarotspektroskopie, Mikrowellen-S. (→Hochfrequenzspektroskopie);
b) nach dem Ursprung der analysierten Strahlung in →Kernspektroskopie, Atom-S. (z. B. →Atomabsorptionsspektroskopie), →Molekülspektroskopie, Festkörper-S. (z. B. →Auger-Elektronenspektroskopie);
c) nach der Art der Wechselwirkung in →Absorptionsspektroskopie (beim Durchtritt einer elektromagnet. Strahlung werden durch die Analysenprobe charakterist., zur Anregung geeignete Wellenlängenbereiche in ihrer Intensität geschwächt), Emissions-S. (dabei sendet die Analysenprobe von selbst, z. B. bei der Gamma-S. zur Bestimmung radioaktiver Elemente, oder nach energet. Anregung, Strahlung aus), in →Fluoreszenzspektroskopie, Reflexions-S., Streu-S. (Raman-S., →Raman-Effekt) oder nichtlineare Laser-S.;
d) nach dem Auflösungsvermögen in z. B. hochauflösende S., dopplerfreie S. und zeitaufgelöste S.;
e) nach dem ausgenutzten physikal. Prinzip z. B. in →NMR-Spektroskopie und →NQR-Spektroskopie (Zeemann-Effekt), Mikrowellen-S. (Stark-Effekt), Gammastrahlenresonanz-S. (Mößbauer-Effekt);
f) nach den Messprinzipien, d. h. den verwendeten Spektralapparaten, z. B. in Gitter-S., →Interferenz-

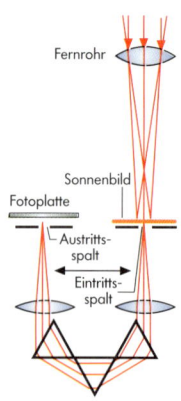

Spektroheliograph: Aufbau und Strahlengang eines Prismenspektroheliographen; mit unzerlegt einfallendem Licht wird ein Sonnenbild erzeugt und das durch den Eintrittsspalt gelangende Licht mithilfe der Prismen spektral zerlegt

spektroskopie, →Fourier-Spektroskopie, →photoakustische Spektrometrie oder Lasers-S.

Durch Einführung des →Lasers als Lichtquelle in die S. **(Laser-S.)** wurde eine Erhöhung der Empfindlichkeit konventioneller spektroskop. Verfahren wie der Fluoreszenz- und der Raman-S. bis hin zum Nachweis einzelner Atome oder Moleküle möglich sowie in der Absorptions-S. mit durchstimmbaren Lasern die Verbesserung des Auflösungsvermögens bis zu der Linienbreite, die durch den zu untersuchenden Stoff gegeben ist. Laser gestatten ferner die Ausdehnung der zeitauflösenden S. bis in den Bereich von Piko- und Femtosekunden, womit die Untersuchung von Relaxationsvorgängen in Festkörpern, von Bewegungsvorgängen in Flüssigkeiten und die berührungslose Messung schneller chem. Reaktionen möglich wird. – Spezif. Verfahren der Laser-S. nutzen die Kohärenz der Laserstrahlung sowie das Auftreten nichtlinear-opt. Effekte (→nichtlineare Optik). Beispielsweise äußert sich die gleichzeitige kohärente Anregung von mehreren energetisch eng benachbarten Energiezuständen im Auftreten von Quantenschwebungen (engl. quantum beats), die die Messung kleinster Energiedifferenzen ermöglichen. Zwei- und Mehrphotonenabsorption gestattet in Gasen eine spektrale Auflösung innerhalb der bewegungsbedingten →Doppler-Verbreitung von Spektrallinien. ›Pump-and-probe-Techniken‹ (ein intensiver Laserstrahl regt ein atomares System in einen energetisch höheren Zustand an, ein zweiter schwächerer Strahl gleicher oder anderer Frequenz trifft gleichzeitig oder verzögert auf das angeregte System) erlauben die Messung opt. Eigenschaften angeregter Zustände und ihrer zeitl. Veränderung.

Die Verknüpfung von Spektrometern mit leistungsfähigen Computern ermöglicht die schnelle mathemat. Verarbeitung von Signalen, z. B. durch Fourier-Transformation (FT-S.) oder durch Differenziation der Extinktion nach der Wellenlänge (Derivativ-S.), was zu kürzeren Registrierzeiten, einfacheren Gerätekonstruktionen und besserer Auflösung der Spektren führen kann. Mit Computern lassen sich außerdem in Datenbanken gespeicherte Spektrensammlungen schnell abfragen und für die Identifizierung von Stoffen nutzbar machen.

Neben der Analyse elektromagnet. Strahlung wird mit S. ebenso die Untersuchung materieller Teilchenstrahlung bezeichnet, v. a. zur Bestimmung von Energie- und Häufigkeitsverteilungen, z. B. bei der →Elektronenspektroskopie und der Neutronen-S. (→Neutronenspektrometer) sowie zur Messung von Massenspektren (→Massenspektrometrie).

H. KUZMANY: Festkörper-S. (Neuausg. 1990); H. FRIEBOLIN: Ein- u. zweidimensionale NMR-S. (^{2}1992); W. DEMTRÖDER: Laser-S. (^{3}1993); F. KOHLRAUSCH: Prakt. Physik, 3 Bde. (^{24}1996).

Spektrum [lat. spectrum ›Erscheinung‹, zu specere ›sehen‹] *das, -s/...ren* und (älter) *...ra*, **1)** *bildungssprachlich* für: reiche, vielfältige Auswahl, Buntheit, Vielfalt.

2) *Mathematik:* Ist A ein linearer Operator des Hilbert-Raumes H über dem Körper K, so heißt ein $\zeta \in K$ **regulär** bezüglich A, falls $A - \zeta \mathrm{Id}$ (Id bedeutet die Identität von H) bijektiv ist. Die nichtregulären Elemente von K heißen **singulär**; die Menge aller singulären Elemente ist das S. von A. Dieses liefert wichtige Aufschlüsse über den zugehörigen Operator.

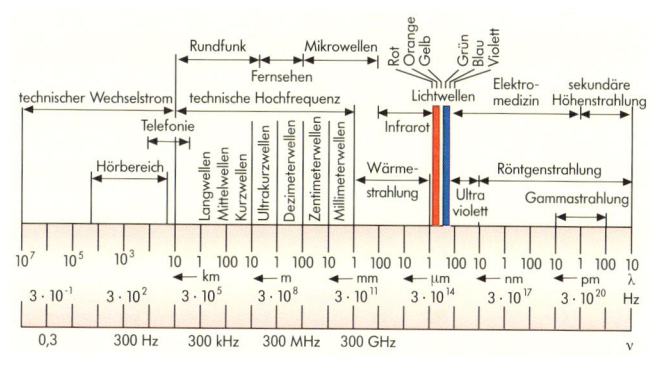

Spektrum 3): Grafische Darstellung des gesamten elektromagnetischen Spektrums; λ Wellenlänge im logarithmischen Maßstab, ν die Frequenz

3) *Physik:* 1) i. e. S. die Verteilung strahlungsphysikal. Größen (v. a. der Intensität) einer elektromagnet. Strahlung über der Wellenlänge oder Frequenz (bzw. Photonenenergie); urspr. Bez. für das Farbband, das entsteht, wenn man einen mit weißem Licht (z. B. Sonnenlicht) beleuchteten Spalt auf einen Schirm abbildet und in den Strahlengang bringt, die das Licht entsprechend seinen unterschiedl. Wellenlängen versch. stark ablenkt. S. können z. B. mit einem Prisma (→Dispersion; **Dispersions-S.**) oder einem Gitter (→Beugung; **Beugungs-S.**) erzeugt werden. Abhängig von der Zusammensetzung des zur Spaltbeleuchtung verwendeten Lichts entstehen einzelne, diskrete Spaltbilder (→Spektrallinien) als →Linienspektrum (**diskretes S.**) oder eine kontinuierl. Verteilung, die alle Wellenlängen enthält (**kontinuierliches S.**, →Kontinuum). Jedem Spaltbild in einem opt. S. entspricht eine Wellenlänge, der im sichtbaren Teil des S. eine charakterist. Farbe (**Spektralfarbe**) zugeordnet ist.

Spektrum 3): Kontinuierliche Spektren; die Zahlenwerte der Skale entsprechen den Wellenlängen in Nanometer

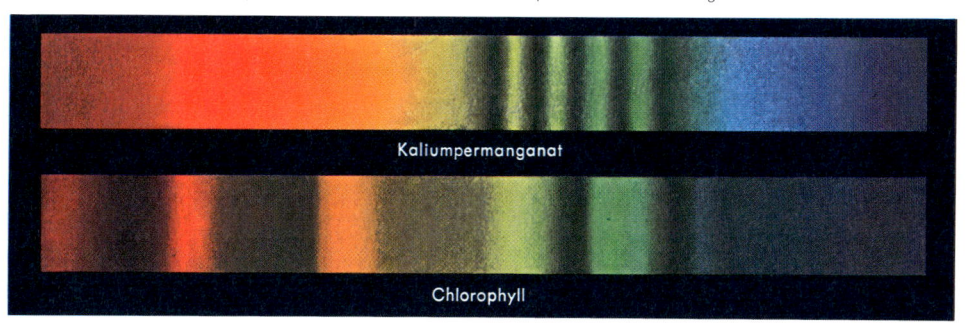

Beim kontinuierl. S. gehen die Farben stetig ineinander über, beginnend beim kurzwelligen Ende von Violett über Blau, Grün, Gelb, Orange bis zu Rot am langwelligen Ende. – Der sichtbare spektrale Bereich ist eingebettet in das gesamte **elektromagnetische S.** von der kurzwelligsten kosm. Höhenstrahlung bis zu den langwelligsten Radiowellen (→elektromagnetische Wellen). Entsteht ein S. durch Abstrahlung aus einem Stoff, der durch Energiezufuhr dazu angeregt wird, spricht man von einem **Emissions-S.** Ein kontinuierl. S. wird dabei von Festkörpern emittiert, die infolge hoher Temperatur leuchten (→Temperaturstrahler), wie z. B. glühendes Metall oder (idealisiert) ein →schwarzer Strahler. Ein diskontinuierl. Linien-S. zeigen v. a. geeignet angeregte Gase und Dämpfe, die dieses als charakterist. Strahlung der elektron. Übergänge in ihrer Atomhülle emittieren (→Atomspektrum). Moleküle weisen ein →Bandenspektrum auf, bei dem die Linien eng benachbart in Gruppen angeordnet sind. Für einen derart strahlenden Stoff sind seine Spektrallinien kennzeichnend und eine Möglichkeit zu seiner chem. Identifizierung (→Spektralanalyse). Je nach Anregungsbedingungen (man unterscheidet z. B. Bogen-, Funken- oder Flammen-S.) können sich jedoch versch. Linien zeigen. – Neben den Emissions-S. werden ein **Absorptions-S.** von Stoffen betrachtet. Zur Beobachtung dient ein Lichtbündel mit kontinuierl. S., in dessen Strahlengang der zu untersuchende Stoff (Gas, Flüssigkeit, nichtmetall. Festkörper) gebracht wird. Das durchgelassene Licht weist dann Lücken in seinem S. (→Absorptionslinien oder -banden) bei denjenigen Wellenlängen auf, die von der durchstrahlten Substanz absorbiert werden; die →fraunhoferschen Linien im Sonnen-S. sind derartige Absorptionslinien. – Geräte zur Beobachtung, Ausmessung und Aufzeichnung von S. werden als →Spektralapparate bezeichnet. Die Untersuchung von S. ist Aufgabe der →Spektroskopie.

2) i. w. S. jede Häufigkeits- oder Intensitätsverteilung über physikal. Größen wie Frequenz, Energie, Geschwindigkeit, Masse, Impuls u. Ä.; man spricht dann z. B. von einem →Energiespektrum (z. B. das Beta-S. beim Betazerfall), einem →Geschwindigkeits-S., einem →Massenspektrum. Das dem elektromagnet. S. entsprechende Frequenz-S. akust. Wellen ist das →Schallspektrum. Insbesondere bei der →harmonischen Analyse bezeichnet man die Amplitudenverteilung der Oberschwingungen als S. oder spektrale Zerlegung des untersuchten period. Vorgangs, z. B. das Klang-S. eines Grundtons und seiner Obertöne.

Spekulation [lat. speculatio ›Betrachtung‹] *die, -/-en,* **1)** *allg.:* auf bloßen Annahmen, Mutmaßungen beruhende Erwartung, Behauptung.
2) in *Philosophie* und *Religion* das über die Erfahrung hinausgreifende, metaphys. Denken.
3) *Wirtschaft:* in Erwartung bestimmter Preisveränderungen begründetes wirtschaftl. Verhalten, bei dem der Erfolg (Gewinn oder Verlust) vom Eintreten eben dieser Preiserwartung abhängt. Insoweit ist S. bei jedem Produzenten, Händler und Konsumenten anzutreffen, sofern diese aufgrund ihrer Preiserwartungen Käufe oder Verkäufe vorverlegen oder hinausschieben. Im engen und eigentl. Sinne werden unter S. **(Agiotage)** Geschäftsabschlüsse verstanden, die vorrangig oder ausschließlich der Ausnutzung von im Zeitablauf unterschiedlich hohen Preisen dienen, z. B. der Kauf von Wertpapieren ausschließlich in der Erwartung, sie später zu einem höheren Preis (Kurs) wieder verkaufen zu können, um einen möglichst hohen S.-Gewinn zu erzielen. Da dabei der Kurs statt zu steigen auch sinken kann, schließt S. immer ein Verlustrisiko ein. Insofern unterscheidet sich ein S.-Geschäft von einem →Hedgegeschäft. Zu unterscheiden ist die S. auch von der Arbitrage, die sich auf die risikolose Ausnutzung von Preisunterschieden an unterschiedl. (geograph.) Märkten bezieht.

Als Merkmale für S.-Objekte (z. B. Wertpapiere, Devisen, Welthandelswaren, Kunstgegenstände, Immobilien) werden v. a. ausreichende Preis- bzw. Kursschwankungen (→Volatilität) sowie eine gewisse Marktbreite und oftmals auch eine gewisse Standardisierung (als Voraussetzung für die Fungibilität) genannt. Deshalb sind traditionell Börsen Orte der S. Die Börsen-S. ist meist kurzfristig, erfordert deshalb schnelles Handeln, spezielle Analysetechniken und Entscheidungsmodelle (z. B. Portfolio-Selection). In den vergangenen Jahren wurden zudem im Rahmen von Options- und Termingeschäften besondere S.-Möglichkeiten geschaffen (z. B. Futures).

Da Spekulanten nichts produzieren und die gekauften Güter weder behalten noch den Bedarf anderer damit decken wollen, gilt ihre Tätigkeit vielfach als unproduktiv. Die S. erfüllt jedoch wichtige volkswirtschaftl. Aufgaben. Bes. am Wertpapiermarkt steigern Spekulanten die Umsätze und tragen dadurch erheblich zu Breite und Elastizität des Marktes bei, was Geldanlegern praktisch jederzeit Käufe und Verkäufe von Wertpapieren ermöglicht. Ein in diesem Sinne funktionsfähiger Sekundärmarkt ist die wesentl. Voraussetzung dafür, dass in größerem Umfang anlagesuchende Mittel auch für langfristige oder sogar unbefristete Finanzierungen bereitgestellt werden. Die S. trägt grundsätzlich dazu bei, Preisausschläge zu glätten, da Spekulanten bei niedrigen Preisen kaufen und ihre Nachfrage zum Preisanstieg führt bzw. bei hohen Preisen verkaufen und mit ihrem Angebot auf sinkende Preise hinwirken. Nach klass. Annahme wird durch die S. nur die aufgrund veränderter Rahmendaten wahrscheinl. Preisveränderung vorverlegt. Spekulanten können aber auch versuchen, durch eigene Käufe Preissteigerungen in Gang zu bringen und andere durch entsprechende Informationspolitik ebenfalls zu Käufen anzuregen, allein um bei dadurch übersteigerten Preisen wieder zu verkaufen. Dies kann dazu führen, dass sich Häufigkeit und Ausmaß von Kursschwankungen erhöhen und die S. destabilisierend auf die Börsenmärkte und sogar auf die Gesamtwirtschaft wirkt. Deshalb wird die S. zumindest als Mitverursacher von schwerwiegenden allg. Wirtschaftskrisen angesehen (z. B. Weltwirtschaftskrise). S. kann auch dazu beitragen, dass wirtschafts- und währungspolit. Maßnahmen nicht greifen (z. B. kann eine Politik der Exporterlösstabilisierung durch S. auf fallende Rohstoffpreise unterlaufen werden), oder solche Maßnahmen erzwingen (z. B. durch Währungs-S. in einem System fester Wechselkurse).

Bei Privatpersonen gelten nach § 23 EStG Verkäufe von Grundstücken u. a. Wirtschaftsgütern unabhängig von den Motiven des Verkäufers als steuerpflichtige **S.-Geschäfte**, wenn zw. Anschaffung und Veräußerung bei Grundstücken und grundstücksgleichen Rechten weniger als zwei Jahre, bei anderen Wirtschaftsgütern weniger als sechs Monate liegen (S.-Frist). Als S.-Gewinn oder S.-Verlust aus solchen S.-Geschäften gilt die Differenz zw. dem Verkaufserlös einerseits und den Anschaffungs- bzw. Herstellungskosten sowie den Veräußerungs- u. a. Werbungskosten andererseits. S.-Gewinne bleiben steuerfrei, wenn sie insgesamt weniger als 1 000 DM im Kalenderjahr betragen. S.-Verluste dürfen nur mit den S.-Gewinnen eines Jahres verrechnet werden.

P. N. MARTIN: Die großen S.en der Gesch. Der Kampf ums schnelle Geld (³1993); J. GAULKE: Kursbuch S. (1994); G. WIDDEL: Theorie u. Praxis der Aktien-S. (1996); W.-D. NARR u. A. SCHUBERT: Weltökonomie. Die Misere der Politik (³1997);

Spekulatius [Herkunft unsicher, vielleicht aus dem Niederländ.] *der, -/-,* flaches Weihnachtsgebäck (mit Gewürzen wie Nelken, Kardamom, Muskatblüte und Zimt) mit figürl. Oberflächenzeichnung; auch verfeinert mit Mandeln (Mandel-S.) oder Butter.

Spekulum [lat. ›Spiegel‹] *das, -s/...la,* trichter- oder röhrenförmiges diagnost. Instrument aus Metall, Kunststoff oder Glas; wird in die natürl. Öffnungen des Körpers, z. B. Nase, Ohren oder Mastdarm, zur Untersuchung eingeführt.

Speläologie [zu lat. spelaeum, von gleichbedeutend griech. spélaion ›Höhle‹] *die, -,* **Höhlenkunde,** die Erforschung von Höhlen.

Spelz, Spelt, die Weizenart →Dinkel.

Spelzen, trockenhäutige, zweizeilig angeordnete Hochblätter im Blütenstand der Gräser; auf die an der Basis des Ährchens (Teilblütenstand) angeordneten **Hüll-S.** folgen oft die begrannten **Deck-S.** (beide häufig paarig), in deren Achsel die mit einer **Vor-S.** beginnenden Einzelblüten stehen (BILD →Gräser).

Spelzenbräune, Braunspelzigkeit, Braunfleckigkeit, von Halmen und Blattspreiten auf die Ähren übergehende, v. a. bei Infektion zur Zeit des Ährenschiebens gefürchtete Erkrankung des Weizens u. a. Getreidearten durch den Pilz Septoria nodorum (Nebenfruchtform von Leptosphaeria nodorum). Auf den Spelzen bilden sich kleine, braunviolette Punkte, zuerst vereinzelt, später die ganze Spelzenoberfläche bedeckend; Ertragseinbußen durch Schmachtkorn sowie durch partiell taube Ähren sind die Folge.

Spelzgetreide, Sammel-Bez. für die Süßgrasgattungen Hafer, Gerste und Reis, bei denen Vorspelze und Deckspelze (→Spelzen) mit der Frucht verwachsen sind. Die Körner müssen nach dem Dreschen entspelzt werden, d. h., Spelzen sowie Frucht- und Samenschale müssen vor der Weiterverarbeitung entfernt werden. Beim **Nacktgetreide** (Roggen, Weizen) besteht dagegen zw. Spelzen und Korn keine feste Verbindung; die Körner können nach dem Dreschen gemahlen werden.

Spemann, 1) Hans, Zoologe, * Stuttgart 27. 6. 1869, † Freiburg im Breisgau 12. 9. 1941, Sohn von 3), Vater von 2); 1914–19 Direktor am Kaiser-Wilhelm-Inst. für Biologie in Berlin, 1919–37 Prof. in Freiburg im Breisgau. S. gewann durch Schnürungs- und Transplantationsversuche an Lurchkeimen wesentl. Erkenntnisse über die Entwicklung tier. Organanlagen. Er erhielt 1935 den Nobelpreis für Physiologie oder Medizin.

2) Rudo, Schriftkünstler, * Würzburg 22. 4. 1905, † in sowjet. Kriegsgefangenschaft 11. 6. 1947, Sohn von 1); war Meisterschüler von F. H. EHMCKE, E. PREETORIUS und F. H. E. SCHNEIDLER; seit 1937 Leiter der Meisterklasse für Schriftkunst und Schriftgestaltung an der Staatl. Akad. der Graph. Künste in Leipzig. S. gestaltete handschriftlich Buchtitel, Schriftblätter und vollständige Bücher.

G. K. SCHAUER: Dt. Buchkunst 1890 bis 1960, Bd. 1 (1963).

3) Wilhelm, Verleger, * Unna 24. 12. 1844, † Stuttgart 29. 6. 1910, Vater von 1); gründete 1873 den Verlag W. S. in Stuttgart, der zunächst durch den großen Erfolg von J. SCHERRS ›Germania‹ einen Namen gewann und weiter durch die Monatsschrift ›Vom Fels zum Meer‹, das Jahrbuch ›Das Neue Universum‹, die Jugendzeitschriften ›Der gute Kamerad‹ und ›Das Kränzchen‹ sowie das Werk ›Die dt. Nationalliteratur‹ (J. KÜRSCHNER) bekannt wurde. Diese Unternehmungen gingen 1890 in die Union Deutsche Verlagsgesellschaft auf. S. setzte seine Verlagstätigkeit auf dem Gebiet der Kunst und Kunstwiss. fort. Der Verlag W. S. wurde 1937 von der Franckh'schen Verlagshandlung W. Keller & Co., Stuttgart, übernommen.

Spenborough [ˈspenbərə], Stadt in der Metrop. Cty. West Yorkshire, N-England, im Spental, 16 100 Ew.; Textil-, Maschinenbau- und Metallindustrie.

Spence [spens], 1) Sir (seit 1960) Basil Urwin, brit. Architekt, * Bombay 13. 8. 1907, † Coventry 19. 11. 1976; errichtete funktionalist., zugleich traditionsverbundene Schul- und Univ.-Gebäude (u. a. University of Sussex in Brighton, 1962 ff.), Theater, Fabriken, Wohnhäuser und Kirchen (u. a. Neubau der Kathedrale von Coventry, 1956–62; BILD →Coventry).

2) Catherine Helen, austral. Schriftstellerin schott. Herkunft, * Melrose (Borders Region) 31. 10. 1825, † Adelaide 3. 4. 1910; lebte ab 1839 in Australien als Gouvernante und Lehrerin; engagierte sich in der Sozialreformerin und in der Suffragettenbewegung. Als erste Romanautorin Australiens befasste sie sich v. a. mit den Schicksalen von Immigrantinnen, so in ihrem zunächst anonym veröffentlichten Roman ›Clara Morison‹ (1854). Ihr Roman ›Gathered in‹ (entstanden 1881/82, hg. 1977) greift neben der realist. Schilderung des Koloniallebens eth. und religiöse Fragen auf.

J. F. YOUNG: C. H. S. (Melbourne 1937).

Spencer [ˈspensə], engl. Familie, erhielt 1603 die Würde eines Lord S., 1643 die eines Earl of Sunderland; 1733 erbte sie von der Familie Churchill auch die Würde eines Herzogs von Marlborough. Der herzogl. Zweig nahm 1807 den Familiennamen Spencer Churchill an. Ein anderer Zweig führt die Titel eines Viscount Althorp und Earl S. (seit 1765); aus ihm stammte die Princess of Wales →DIANA.

Spencer [ˈspensə], 1) Herbert, engl. Philosoph, * Derby 27. 4. 1820, † Brighton 8. 12. 1903; arbeitete als Hilfslehrer, Eisenbahningenieur, Mitherausgeber des ›Economist‹ und freier Schriftsteller; in der Chartistenbewegung engagierte er sich für das allgemeine Wahlrecht. S. insistierte in seinen Schriften auf der Anwendung (natur)wiss. Methodik und Erkenntnis für philosoph. Untersuchungen. Neun Jahre vor C. DARWIN entwickelte er unter dem Einfluss J.-B. LAMARCKS eine organizist. Evolutionstheorie (›Social statics‹, 1851). Als begeisterter Anhänger des Darwinismus glaubte er, das Evolutionsprinzip in allen Wissenschaften anwenden und diese dadurch zu einem ›System synthet. Philosophie‹ vereinigen zu können. Wie J. S. MILL bekannte sich S. zum strikten Empirismus; mit I. KANT trennte er zwar kategorisch zw. Phänomenen und Wirklichkeit, jedoch schrieb er den Gegenständen der Erfahrung eine inhärente Kraft zu, die er als Manifestation des ›Unergründlichen‹ sah. Wiss. Erkenntnis unterscheidet sich daher von alltägl. nur durch bes. präzise Beschreibung der Erfahrungswelt und durch die Entdeckung universaler Gesetze innerhalb der Wissenschaftsdisziplinen. Erst die Evolutionsgesetze erlauben nach S. die Strukturierung und Eingliederung der empir. Daten aus allen physikal., sozialen und psycholog. Wissenschaftsbereichen unter ein Prinzip; deshalb stellt der Evolutionismus die erste wiss. fundierte Weltsicht dar. In allen Bereichen lassen sich – wenngleich, wie S. immer betonte, nicht zielgerichtet fixierbare – zeitlich verfolgbare Entwicklungs- und Transformationsverfolgen: Einfachen Elementarstufen folgen differenzierte Mittelphasen (Equilibrium) und hochkomplexe Endphasen, im biolog. wie im sozialen Bereich. Nach S.s Auffassung folgt dabei die Entwicklung dem Grundsatz von unzusammenhängender Gleichartigkeit zu zusammenhängender Verschiedenartigkeit‹; er entwickelte damit eine Betrachtungsweise, die Aspekte des sozialen Wandels mit Modernisierungs- und Differenzierungserscheinungen verbindet und so versucht, die Komplexität und die erhöhte Funktionalität moderner Gesellschaften zu erfassen. Wie Organismen wachsen, erstarken und vergehen Gesellschaften in einem langen Prozess von Anpassung (Kindheit), Integration und Differenzierung (Reife) und Auflösung (Tod), wobei S. in sozialen Systemen den Fortschritt in Anpassung an funktionale Veränderung und Eliminierung des nicht Angepassten sah. Diese natürl. Entwicklung sollte der

Hans Spemann

Herbert Spencer (Gemälde von Hubert Herkomer)

Staat nicht stören. S.s organizist. Gesellschaftstheorie hatte großen Einfluss auf die Entwicklung des Sozialdarwinismus und wirkte nicht zuletzt auf eine Reihe unterschiedl. Theoriemodelle (L. F. WARD, F. H. GIDDINGS, bes. T. PARSONS).

Weitere Werke: Essays, scientific, political, and speculatives, 3 Bde. (1858–74); The study of sociology (1873; dt. Einleitung in das Studium der Soziologie); From freedom to bondage (1891; dt. Von der Freiheit zur Gebundenheit).

Ausgabe: Works, 21 Bde. (1880–1907, Nachdr. 1966–67).

J. RUMNEY: H. S.'s sociology (London 1934, Nachdr. New York 1966); G. GURVITCH: Une source oubliée des concepts de ›structure sociale‹, ›fonction sociale‹ et ›institution‹: H. S., in: Cahiers Internationaux de Sociologie, Jg. 23 (Paris 1957); L. VON WIESE: H. S.s Einf. in die Soziologie (1960); J. D. Y. PEEL: H. S. (London 1971); K.-D. CURTH: Zum Verhältnis von Soziologie u. Ökonomie in der Evolutionstheorie H. S.s (1972); MICHAEL SCHMID u. M. WEIHRICH: Bibliogr. der Werke von H. S. (1991); DIES.: H. S.: Der Klassiker ohne Gemeinde (1996); D. WEINSTEIN: H. S.'s liberal utilitarianism (Cambridge 1998).

Sir Stanley Spencer: Ankunft eines Verwundetentransports in einer Sanitätsstation in Smol, Makedonien; 1919 (London, Imperial War Museum)

2) Sir (seit 1959) **Stanley,** brit. Maler, *Cookham (Cty. Berkshire) 30. 6. 1891, †Taplow (Cty. Buckinghamshire) 14. 12. 1959; malte v. a. realist. Landschaften und (Wand-)Bilder mit religiösen Themen, deren Handlung auf die Gegenwart bezogen ist, z. T. mit surrealist. Anklängen (›Auferstehung‹, 1923–27; London, Tate Gallery), daneben Porträts und humorvollsatir. Genrebilder sowie erot. Szenen (u. a. die Serie ›Beatitudes of Love‹, 1937–38).

S. S. RA, hg. v. der Royal Academy of Arts u. a., Ausst.-Kat. (London 1980); D. ROBINSON: S. S. (Neuausg. ebd. 1990); K. POPLE: S. S. (ebd. 1991).

Spencergolf [ˈspensə-], dreieckförmige Nebenbucht der Großen Austral. Bucht zw. Eyrehalbinsel (im W) und Yorke Peninsula (im O), South Australia, 320 km lang, bis 150 km breit; am Eingang liegen Thistle Island, die Neptune Islands und die Gambier Islands, weiter nördlich die Sir Joseph Banks Group und Wardang Island.

Spenden, freiwillige und unentgelt. Leistungen, die Geld- oder Sachzuwendungen sein können und i. d. R. mit einer gewissen Zweckbestimmung (Unterstützung einer Sache oder einer Person u. Ä.) gegeben werden. Im *Steuerrecht* sind S. für mildtätige, kirchl., religiöse, wiss. und als bes. förderungswürdig anerkannte gemeinnützige Zwecke im Rahmen der Einkommensbesteuerung nach §10b EStG als →Sonderausgaben abzugsfähig, und zwar bis zu einer Höhe von 5% des Gesamtbetrages der Einkünfte (bei wiss., mildtätigen und als bes. förderungswürdig anerkannten kulturellen Zwecken 10%). Für Körperschaften gelten dieselben Höchstgrenzen (alternativ 2‰ des Gesamtumsatzes, §9 Körperschaftsteuer-Ges., KStG). Bei höheren Einzel-S. ist eine Aufteilung auf mehrere Jahre möglich.

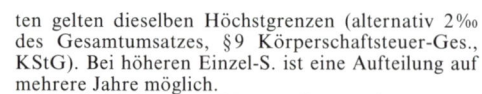

Mitgliedsbeiträge und S. an polit. Parteien konnten bis 1993 bis zur Höhe von 60000 DM (Ehegatten 120000 DM) bei der Ermittlung der Steuerbemessungsgrundlage der Einkommen- und der Körperschaftsteuer abgezogen werden. Nach dem Urteil des Bundesverfassungsgerichts vom 9. 4. 1992 überschritten diese Höchstbeträge die verfassungsrechtlich zulässige Grenze, die dort liege, wo die steuerl. Begünstigung ›ein Ausmaß erreicht, das geeignet ist, die vorgegebene Wettbewerbslage der Parteien in einer ins Gewicht fallenden Weise zu verändern‹. Außerdem folge aus dem Recht der Parteien auf Chancengleichheit und aus dem Recht des Bürgers auf gleiche Teilhabe an der polit. Willensbildung, dass S., die Körperschaften im Sinne des KStG polit. Parteien zuwenden, steuerlich nicht begünstigt werden dürfen. Seit dem 1. 1. 1994 sind daher nur noch S. natürl. Personen an polit. Parteien bis zum Betrag von 3000 DM (Verheiratete 6000 DM) abziehbar. Außerdem können natürl. Personen gemäß §34g EStG 50% der Partei-S. (soweit sie nicht als Sonderausgaben abgezogen werden) bis zum Betrag von 1500 DM (Verheiratete 3000 DM) von der Einkommensteuerschuld abziehen.

In *Österreich* sind S. als Sonderausgaben bis zu einer Höhe von 10% der Einkünfte abzugsfähig, soweit diese an bestimmte Einrichtungen, wie Univ., Forschungsförderungsfonds, andere Einrichtungen, die mit Forschungs- oder Lehraufgaben befasst sind, an Museen oder an Körperschaften des öffentl. Rechts, erfolgen (§§4, 18 Einkommensteuer-Ges.).

In der *Schweiz* sind Zuwendungen an polit. Parteien oder an gemeinnützige Institutionen in einigen Kantonen in geringem Umfange steuerlich abzugsfähig.

Spender [ˈspendə], Sir (seit 1983) **Stephen Harold,** engl. Schriftsteller, *London 28. 2. 1909, †ebd. 16. 7. 1995; schloss sich während des Studiums in London und Oxford der linksorientierten Dichtergruppe um W. H. AUDEN an und veröffentlichte zunächst politisch engagierte, von W. B. YEATS, T. S. ELIOT und R. M. RILKE beeinflusste Gedichte, in deren Bildlichkeit auch die Welt der Technik Eingang fand. Nach Aufenthalten in Dtl. (1930–33), über die er in seinem autobiograph. Roman ›The temple‹ (1988; dt. ›Der Tempel‹) berichtete, nahm er als Korrespondent am Span. Bürgerkrieg teil. Er war kurzzeitig Mitgl. der KP, wandte sich jedoch später desillusioniert vom Kommunismus ab (›The god that failed‹, 1949; dt. ›Ein Gott, der keiner war‹; zus. mit A. KOESTLER, I. SILONE, A. GIDE). In seinen späteren, humanitäridealistisch geprägten Gedichten beschäftigte er sich zunehmend mit subjektiven Erfahrungen. S. war als Mitherausgeber der Zeitschriften ›Horizon‹ (1939 bis 1941) und ›Encounter‹ (1953–67) sowie als Literaturdozent in Großbritannien und den USA literarisch einflussreich und veröffentlichte neben Literaturkritik, einem Drama und erzählender Prosa Autobiographien (›World within world‹, 1951; dt. ›Welt zw. Welten‹; ›The thirties and after‹, 1978) und übersetzte Werke von GOETHE, SCHILLER, R. M. RILKE, F. WEDEKIND, E. TOLLER und F. GARCÍA LORCA.

Weitere Werke: *Lyrik:* Poems (1933); The still centre (1939); Ruins and visions (1941); Poems of dedication (1947); The generous days (1969); Dolphins (1994). – *Romane:* The backward son (1940); The temple (1988; dt. Der Tempel). – *Bericht:* European witness (1946; dt. Dtl. in Ruinen). – *Reisebeschreibung:* China diary (1982, mit D. HOCKNEY). – *Literaturkritik:* The destructive element (1935); The creative element (1953).

Ausgaben: Collected poems, 1928–1985 (1985); Journals, 1939–1983 (1985).

H. B. KULKARNI: S. S. Works and criticism. An annotated bibliography (New York 1976); S. N. PANDEY: S. S. A study in

Sir Stephen Spender

poetic growth (Salzburg 1982); S. STERNLICHT: S. S. (New York 1992).

Spener, Philipp Jacob, ev. Theologe, * Rappoltsweiler 13. 1. 1635, † Berlin 5. 2. 1705; studierte ab 1651 Theologie in Straßburg, wo er auch seine wegweisenden herald. Arbeiten begann. 1663 wurde er Freiprediger am Straßburger Münster, 1666 Pfarrer und Senior in Frankfurt am Main, 1686 Oberhofprediger in Dresden und 1691 Propst an St. Nicolai in Berlin. S. gilt als Begründer des luther. →Pietismus. Seit 1670 hatte er in Frankfurt Privatversammlungen zur Predigtbesprechung und Seelsorge veranstaltet, die ›Collegia pietatis‹. 1675 erschienen seine ›Pia desideria. Oder, Hertzliches Verlangen nach gottgefälliger Besserung der wahren Ev. Kirchen‹, die – in Zusammenfassung der Reformforderungen des dt. Luthertums – das Programm des luther. Pietismus entfalteten. Dabei ging es um die vermehrte und vertiefte Beschäftigung mit der Bibel, die Übung des allgemeinen Priestertums, die tätige Verwirklichung des Christentums, das Verhalten in Religionsstreitigkeiten, die Ausbildung und Amtsführung des Pfarrers sowie die Vertiefung der Predigt. Als S.s Forderungen im Ansatz verwirklicht wurden, kam es zur offenen Feindschaft der luther. Orthodoxie. Es entwickelte sich eine umfangreiche antipietist. Polemik. Angriffspunkte waren u. a. S.s Lehre von der Wiedergeburt und der ›Hoffnung besserer Zeiten‹, die ihm als Chiliasmus ausgelegt wurde.

Zur inneren Erneuerung der Kirche förderte S. Hausandachten, Bibelstunden und die Unterweisung der Jugend (Katechismusunterricht, Durchsetzung der Konfirmation). Sein umfangreicher Briefwechsel sowie seine Predigten, erbaul. Schriften und Vorreden zu Werken anderer Autoren festigten seine weit reichende Wirkung. Außerordentl. Einfluss übte S. auch durch die große Zahl seiner Anhänger aus. Die 1694 gegründete Univ. Halle, v. a. die von A. H. FRANCKE geführte Theolog. Fakultät, haben den Einfluss der Gedanken S.s in der Folge vertieft und verbreitet.

S. verfasste 1668 eine Beschreibung des sächs. Wappens, in der er von der bis dahin übl. lediglich symbol. Erklärung abwich und die histor. Wurzeln darlegte. In der Folgezeit schuf S. das grundsätzlich noch heute geltende System der Wappenbeschreibungen, bei dem Schild und Helm die Hauptbestandteile des Wappens sind. Für die herald. Farben und Figuren entwickelte er ein festes Einteilungsschema. S.s Hauptwerk ›Opus heraldicus‹, 2 Bde. (1680–90), war die Grundlage aller in der Folge erscheinenden herald. Fachbücher.

Ausgaben: Hauptschr., hg. v. P. GRÜNBERG (1889); Schr., hg. v. E. BEYREUTHER, auf mehrere Bde. ber. (1979 ff.); Briefe aus der Frankfurter Zeit, hg. v. J. WALLMANN, auf mehrere Bde. ber. (1992 ff.); Die Werke, hg. v. K. ALAND u. B. KÖSTER, auf 4 Bde. ber. (1996 ff.).

P. GRÜNBERG: P. J. S., 3 Bde. (1893–1906, Nachdr. 1988); K. ALAND: S.-Studien (1943); J. WALLMANN: P. J. S. u. die Anfänge des Pietismus (²1986); A. HAIZMANN: Erbauung als Aufgabe der Seelsorge bei P. J. S. (1996); HYEONG-ENN CHI: P. J. S. u. seine Pia desideria. Die Weiterführung der Reformvorschläge der Pia desideria in seinem späteren Schrifttum (1997).

Spenge, Stadt im Kr. Herford, NRW, 90 m ü. M., zw. Teutoburger Wald und Wiehengebirge, 16 100 Ew.; Textil- und Möbelfabrikation sowie Papierverarbeitung. – Ev. Pfarrkirche (13. Jh.; 1877 erweitert), Reste der ehem. Wasserburgen Haus Mühlenburg und Haus Werburg (v. a. 16. und 17. Jh.). – Die heutige S. entstand 1969 durch Zusammenschluss von S. mit vier weiteren Gemeinden.

Spengelin, Friedrich, Architekt und Stadtplaner, * Kempten (Allgäu) 29. 3. 1925; 1961–63 Prof. am Inst. für Städtebau, Wohnungswesen und Landesplanung der Univ. Hannover. S. (mit Architekturbüro) baute zahlr. Wohnquartiere und entwickelte dafür die Stadtplanung (u. a. in Hamburg und Hannover); war beteiligt am Wiederaufbau von Helgoland; schuf die Neue Stadt Merl (Gem. Meckenheim) sowie mehrere Verw.- (Landeszentralbank Hannover) und Hochschulbauten (Osnabrück, Eckernförde).

Weitere Werke: Fernsehstudio des Norddt. Rundfunks, Hamburg (1964–67, mit INGEBORG SPENGELIN u. a.); Verw.-Gebäude der Hamburg-Mannheimer Versicherung, ebd. (1975; mit anderen); Kunsthalle Emden (1986).

Spengler, Oswald, Geschichtsphilosoph, * Blankenburg (Harz) 29. 5. 1880, † München 8. 5. 1936; war 1908–11 Gymnasiallehrer in Hamburg, lebte dann als freier Schriftsteller in München. 1918–22 erschien sein Hauptwerk ›Der Untergang des Abendlandes‹ (2 Bde.), das das moderne Geschichtsbild nachhaltig geprägt hat. Im Sinne der Kulturzyklentheorie entwickelte S. eine allgemeine ›Morphologie der Weltgeschichte‹, in der er den Formenwandel der als Großorganismen verstandenen Kulturen und ihrer ›Lebensstile‹ beschreibt. Ihr Verlauf ist durch das organolog. Entwicklungsschema von Blüte, Reife und Verfall bestimmt, dem sie mit determinist. Notwendigkeit unterliegen. Die Homologie dieser Entwicklung lässt die Gegenüberstellung strukturell ›gleichzeitiger‹ Phasen in der Geschichte versch. Kulturen zu. So beschreibt S. die abendländ. Gegenwart analog bes. zur spätröm. Epoche als ein Verfallsstadium (Stadium der Zivilisation), das nicht als katastrophenartiger ›Untergang‹, sondern v. a. als Erlöschen der kulturellen Schöpferkraft zu verstehen ist, dem jedoch große Potenziale polit. Machtentfaltung (Imperialismus) innewohnen. Unabhängig von dieser strukturellen Analogie der Kulturen behauptet S. mit deren morpholog. Isolierung voneinander einen extremen Pluralismus, der die Möglichkeit einer interkulturellen Beziehung, v. a. die Tradierung von Kulturgütern leugnet und mit einem skept. Relativismus hinsichtlich jegl. allgemeinen Normativität verbunden ist. Darin widerspricht S. der linearen Geschichtstheorie. S. unterschied acht Kulturen: die ägypt. (einschließlich der kretisch-minoischen), die babylon., die ind., die chin., die antike, die arab. (mit der frühchristl.), die abendländ. (seit 900) und die mexikanische. S. knüpft in seiner Geschichts- und Kulturphilosophie an die anthropolog. Voraussetzungen der biologist. Strömungen der zeitgenöss. Lebensphilosophie an und bezieht sich auf GOETHE und F. NIETZSCHE. Eine zentrale Rolle spielt dabei der Kampf ums Dasein, zu dessen Bewältigung der Mensch die Technik entwickelt. Dem Geist kommt eine dem Leben untergeordnete und dem kosm. Gesetz von Wachstum und Verfall unterliegende Rolle zu. S. hat seine Geschichtsphilosophie in einer Reihe kleinerer Schriften konkretisiert, wobei er eine Gesellschaftsordnung nach dem Beispiel des Preußentums idealisierte (›Preußentum und Sozialismus‹, 1920). – Von S.s geschichtsphilosoph. und kulturgeschichtl. Ideen wurde bes. der Gedanke von der vergleichbaren Eigengesetzlichkeit der Kulturwesenheiten wirksam, der auch der weltgeschichtl. Konzeption von A. TOYNBEE zugrunde liegt. In krit. Auseinandersetzung knüpfte auch P. A. SOROKIN an S. an.

Weitere Werke: Neubau des Dt. Reiches (1924); Der Mensch u. die Technik (1931); Jahre der Entscheidung (1933).

Ausgaben: Reden u. Aufsätze, hg. v. H. KORNHARDT (³1951); Urfragen. Fragmente aus dem Nachlaß, hg. v. A. M. KOKTANEK u. a. (1965); Frühzeit der Weltgesch. Fragmente aus dem Nachlaß, hg. v. DEMS. u. a. (1966).

M. SCHRÖTER: Metaphysik des Untergangs. Eine kulturkrit. Studie über O. S. (1949); S.-Studien, hg. v. A. M. KOKTANEK (1965); DERS.: O. S. in seiner Zeit (1968); W. STRUVE: Elites against democracy. Leadership ideals in bourgeois political thought in Germany 1830–1933 (Princeton, N. J., 1973); D. FELKEN: O. S. (1988); Der Fall S., hg. v. A. DEMANDT u. J. FARRENKOPF (1994).

Philipp Jacob Spener

Oswald Spengler

Edmund Spenser

Manès Sperber

Spenser ['spensə], Edmund, engl. Dichter, * London 1552 (?), † ebd. 16. 1. 1599; war nach humanist. Schulausbildung und Studium in Cambridge zunächst im Dienst von R. DUDLEY Earl of LEICESTER, dessen Neffe P. SIDNEY sein Freund wurde, und dann ab 1590 Sekr. von Lord ARTHUR GREY of WILTON (* 1536, † 1593), des Lord Deputy von Irland. Dort brachte es S. zu Wohlstand und erwarb den Besitz Kilcolman Castle (Cty. Cork), der jedoch bei einem Aufstand 1598 niedergebrannt wurde. – S. gilt neben SHAKESPEARE als bedeutendster Sprachgestalter der engl. Renaissance. Sein P. SIDNEY gewidmeter Eklogenzyklus ›The shepheardes calender‹ (1579) verhalf mit seiner auf antike Vorbilder und G. CHAUCER zurückgreifenden poet. Sprache der Pastoraldichtung in England zum Durchbruch. Sein unvollendet gebliebenes Hauptwerk, das allegor. Epos ›The faerie queene‹ (1.–3. Buch 1590; 4.–6. Buch 1596; mit Fragment eines 7. Buches hg. 1609; dt. Teilübers. u. d. T. ›Fünf Gesänge der Feenkönigin‹), harmonisiert epische Traditionen der Antike (VERGIL) und der ital. Renaissance (L. ARIOSTO); es gestaltet die Abenteuerfahrten der den einzelnen Büchern zugeordneten Ritterhelden sowie die des Haupthelden Arthur im Feenland zum Sinnbild eines reich gegliederten zusammenhängenden Weltbildes und Tugendsystems; zugleich wird in vielfacher Verschlüsselung, bes. in Gestalt der Feenkönigin Gloriana, der engl. Herrscherin ELISABETH I. gehuldigt. Das einflussstarke Werk, mit dem S. ein engl. Nationalepos zu schaffen hoffte, einschließlich der dafür entwickelten ›S.-Strophe‹, einer Sonderform der Stanze, war noch für die Romantik wegweisend. In S.s neuplatonisch inspirierter Lyrik ist Schönheitspreis Teil religiös-moral. Erfahrung, so in dem petrarkist. Sonettzyklus ›Amoretti‹ (1595; dt. ›Sonette‹), im ›Epithalamion‹ (1595), das seine eigene Hochzeit mit ELIZABETH BOYLE feiert, und in den ›Foure hymnes‹ (1596). S. schrieb auch eine hofkrit. Dichtung sowie den polit. Dialog ›A view of the present state of Ireland‹ (hg. 1633).
Ausgaben: The works, hg. v. E. GREENLAW u. a., 10 Tle. u. Index-Bd. (1932–49, Nachdr. 1963–66); The faerie queene, hg. v. T. P. ROCHE u. a. (1984); The shorter poems, hg. v. W. A. ORAM (1989); Selected writings, hg. v. P. E. WATSON (1992).
F. I. CARPENTER: A reference guide to E. S. (Chicago, Ill., 1923, Nachdr. New York 1969); A. C. JUDSON: The life of E. S. (Baltimore, Md., 1945); W. ISER: S.s Arkadien (1970); I. SCHABERT: Die Lyrik der Spenserianer (1977); E. HEALE: The faerie queene. A reader's guide (Cambridge 1987); The S. encyclopedia, hg. v. A. C. HAMILTON (Toronto 1990); G. WALLER: E. S. A literary life (Basingstoke 1994); W. A. ORAM: E. S. (New York 1997).

Spenta Mainyu [altiran. ›Heiliger Geist‹], in der Lehre ZARATHUSTRAS eine der beiden Erstschaffungen Ahura Masdas, mit dem S. M. seit Ewigkeiten eins und dessen Sohn er ist, in äußerstem Gegensatz zu seinem Zwillingsbruder Aka Mainyu (→Ahriman), den schon die Antike mit Luzifer gleichgesetzt hat.

Spenzer [engl. spencer, nach dem brit. Politiker GEORGE JOHN, Earl of SPENCER, * 1758, † 1834] der, -s/-, oft kurzärmelige taillenlange Überjacke der mod. Männerkleidung um 1800, mit Kragenschnitt wie Redingote und Frack, auch über diesem getragen. – Volkstrachten und Trachtenmoden übernahmen den S. für Männer und Frauen.

Speranskij, Michail Michajlowitsch Graf (seit 1839), russ. Politiker, * Tscherkutino (Gebiet Wladimir) 12. 1. 1772, † Sankt Petersburg 23. 2. 1839; 1803–07 Direktor eines Departments im Innenministerium. Als Staats-Sekr. (seit 1807) und engster Vertrauter Kaiser ALEXANDERS I. schuf er 1809 den ersten auf strikter Gewaltentrennung basierenden Verfassungsentwurf und nahm 1810 eine Neuordnung des Reichsrats vor; 1812 durch Hofintrigen gestürzt. 1816 wurde er zum Gouv. von Pensa ernannt und leitete als General-Gouv. von Sibirien (1819–21) eine umfassende Verwaltungsreform ein. Als Leiter (seit 1826) der II. (Kodifikations-)Abteilung der Eigenen Kanzlei des Kaisers führte er eine Kodifikation und Edition der russ. Reichsgesetze durch.
Ausgabe: Proekty i zapiski, hg. v. S. N. VALK (1961).
M. RAEFF: M. S., statesman of Imperial Russia (Den Haag ²1969); S. A. ČIBIRJAEV: Velikij russkij reformator. Žizn', dejatel'nost', političeskie vzgljady M. M. Speranskogo (Moskau 1989).

Speratus, Paul, eigtl. **P. Offer von Spretten,** Reformator, * Rötlen, heute zu Ellwangen (Jagst) 13. 12. 1484, † Marienwerder 12. 8. 1551; bekannte sich 1520 als Domprediger in Würzburg zur Reformation; nach Jahren der Verfolgung berief ihn 1524 Herzog ALBRECHT DER ÄLTERE auf Empfehlung M. LUTHERS als Schlossprediger nach Königsberg (Pr). 1529 wurde er Bischof von Pomesanien und hatte maßgebl. Anteil an der Durchführung der Reformation in Ostpreußen. Verfasser zahlr. Kirchenlieder.
R. STUPPERICH: Die Reformation im Ordensland Preußen (1966); DERS.: Dr. P. S., der streitbare Bischof von Marienwerder, in: Beitr. zur Gesch. Ost- u. Westpreußens, Jg. 8 (1983).

Sperber, Art der →Habichte.

Sperber [frz. spɛrˈbɛːr], Manès, frz. Schriftsteller österr. Herkunft, * Zabłotów (heute Sabolotow, Ukraine) 12. 12. 1905, † Paris 5. 2. 1984; Sohn eines Rabbiners, aufgewachsen in Galizien, ab 1916 in Wien. Dort studierte er Psychologie und war Schüler und Mitarbeiter von A. ADLER. 1927 wurde er Dozent für Psychologie und Soziologie in Berlin; es folgten der Bruch mit ADLER (1932) und der Eintritt in die KPD, deren Mitgl. er bis 1937 blieb. 1933 emigrierte S. über Österreich und Jugoslawien nach Frankreich. 1939 diente er als Kriegsfreiwilliger in der frz. Armee, nach deren Niederlage floh er in die Schweiz. Nach Kriegsende kehrte er nach Paris zurück, wo er im Verlagswesen und zeitweise auch als Hochschullehrer tätig war. S. verknüpft in seinem nachhaltig vom eigenen Erleben geprägten Werk narrativen Aufbau und Elemente der Spannung mit geistreich-iron. Analysen. Wissen, Bewusstsein, Gewissen waren ihm als geistige Einheit oberstes Gebot in Leben und Werk; als skept. Humanist wandte er sich gegen jede Art von Totalitarismus. Sein wohl bekanntestes Werk ist die (auto)biographisch-polit. Romantrilogie ›Wie eine Träne im Ozean‹ (1961). Des Weiteren veröffentlichte er eine Reihe von Essaybänden, in denen er sich u. a. mit jüd. Identität, dem Problem der Gewalt und literar. Themen auseinandersetzte, sowie psycholog. Abhandlungen. Seine Erinnerungen, unter dem gemeinsamer Titel ›All das Vergangene‹ lautet, umfassen die Bände ›Die Wasserträger Gottes‹ (1974), ›Die vergebl. Warnung‹ (1975) und ›Bis man mir Scherben auf die Augen legt‹ (1977). S. schrieb auch in frz. Sprache. 1975 erhielt er den Georg-Büchner-Preis, 1983 den Friedenspreis des Börsenvereins des Dt. Buchhandels.
Weitere Werke: *Essays:* Alfred Adler (1926); Zur Analyse der Tyrannis (1939); Zur tägl.Weltgesch. (1967); Alfred Adler oder Das Elend der Psychologie (1970); Leben in dieser Zeit (1972); Individuum u. Gemeinschaft (1978); Churban oder Die unfaßbare Gewißheit (1979); Nur eine Brücke zw. gestern u. morgen (1980). – Die Wirklichkeit in der Lit. des 20. Jh. (1983); Ein polit. Leben. Gespräche mit Leonhard Reinisch (1984); Geteilte Einsamkeit. Der Autor u. sein Leser (1985). – Der schwarze Zaun (hg. 1986, Romanfragment). – Schreiben in dieser Zeit. Für M. S., hg. v. W. KRAUS (Wien 1976); M. S., hg. v. LUNZER-TALOS, Ausst.-Kat. (ebd. 1987); Die Herausforderung M. S., hg. v. W. LICHARZ u. a. (1988); THOMAS SCHMIDT: Die Macht der Bilder u. Strukturen. M. S.s literar. System (1994); M. S. als Europäer, hg. v. S. MOSÈS u. a. (1996).

Sperberung, nach dem Sperber benannte Gefiederzeichnung **(gesperbert),** bei der in geringem Abstand weiße und melaninhaltige (schwarze bis braune) Streifen senkrecht zur Federlängsachse aufeinander folgen; u.a. beim Kuckuck, bei Haustauben und -hühnern.

Spergula [lat.], die Pflanzengattung →Spark.

Spergularia [lat.], die Pflanzengattung →Schuppenmiere.

Sperl, Johann, Maler, * Buch (heute zu Nürnberg) 3. 11. 1840, † Bad Aibling 29. 7. 1914; anfangs Lithograph, studierte 1865–75 Malerei an der Akad. in München. 1881–1900 lebte er mit W. LEIBL in Oberbayern (neun gemeinsam signierte Werke). S. schuf nach 1869 unter dem Eindruck der Werke G. COURBETS und der Meister von Barbizon Landschafts- und Gartenbilder, später auch bäuerl. Interieurs.

J. S. 1840–1914, bearb. v. W. MORITZ, Ausst.-Kat. Städtische Galerie Rosenheim (1990).

Sperlinge, Passeridae, Familie der →Singvögel, urspr. auf Eurasien und Afrika beschränkt, heute durch den Menschen nahezu weltweit verbreitet. S. wurden früher als Unterfamilie zu den Webern gestellt, von denen sie sich aber durch anatom. Besonderheiten und dadurch, dass sie überwiegend in Höhlen brüten oder unförmige Kugelnester bauen, unterscheiden. Die Jungen werden mit Insekten aufgezogen, die sonstige Nahrung besteht zum großen Teil aus pflanzl. Stoffen. Man unterscheidet drei Gattungen: Echte S. (Passer) mit 15 Arten, von denen sich mehrere den Menschen angeschlossen haben, Stein-S. (Petronia) mit fünf Arten und Schneefinken (Montifringilla) mit sieben Arten. In Dtl. brüten drei Arten: Der →Schneefink in den Alpen oberhalb der Baumgrenze, der →Haussperling, in dessen Beständen vielerorts ein Rückgang zu verzeichnen ist, und der **Feldsperling** (Passer montanus), leicht zu erkennen am kastanienbraunen Oberkopf und dem schwarzen Ohrfleck, beide Geschlechter gleich gefärbt. Letzterer, der auch weitab von menschl. Siedlungen vorkommt, ist in den letzten Jahren sehr selten geworden und vielerorts verschwunden; sein Rückgang gilt als Indikator für die negative ökol. Entwicklung.

Sperlingskauz, Glaucidium passerinum, mit 16 cm Größe die kleinste europ. Eule; v. a. in lichten Wäldern großer Teile Europas und der gemäßigten Regionen Asiens verbreitet; tagaktiv, ernährt sich v. a. von Kleinsäugern und Kleinvögeln; brütet hauptsächlich in Baum- und Erdhöhlen; Standvogel.

Sperlingskopf, die Pflanzengattung →Spatzenstrauch.

Sperlingsvögel, Passeriformes, größte Ordnung der Vögel mit etwa 5350 Arten, die gekennzeichnet sind u. a. durch starke Ausbildung der ersten (nach hinten gerichteten) Zehe, starke Reduktion der Zehenstreckmuskeln und korkenzieherartig gedrehte Spermatozoen; urspr. und auch jetzt noch hauptsächlich Baumbewohner und Insektenfresser, sonst aber sehr vielgestaltig und in allen Lebensräumen, außer im Meer, vertreten; 7,5–130 cm lang. Die Nestlinge zeigen Bettelverhalten mit →Sperren. Die systemat. Gliederung ist umstritten; meistens unterscheidet man folgende Unterordnungen: Breitrachen (Eurylaimi), Tyrannenschreivögel (Tyranni), Leierschwanzvögel (Menurae, mit der Familie →Leierschwänze) und die →Singvögel (Oscines) mit über 50 Familien, u. a. den →Sperlingen und den →Finken.

Sperlonga, Badeort am Tyrrhen. Meer, im südl. Latium, Prov. Latina, Italien, 3500 Ew. – Bei S. wurde 1957 eine in der Reg.-Zeit des Kaisers TIBERIUS (14–37 n. Chr.) erbaute Villa freigelegt, mit künstl. Grotte, die mit überlebensgroßen Marmorgruppen ausgeschmückt war (BILD →Odysseus). Dargestellt waren anscheinend vier Episoden aus der Odyssee, darunter drei Abenteuer des Odysseus (die Durchfahrt durch Skylla und Charybdis, die Blendung des Polyphem, der Raub des Palladions) sowie vielleicht die Bergung des Leichnams des Achill durch Mene-

Johann Sperl und **Wilhelm Leibl:** Obstgarten in Kutterling; 1888 (Köln, Wallraf-Richartz-Museum)

laos (›Pasquinogruppe‹). Eine Inschrift bezeichnet eine der Gruppen als Werk der Bildhauer ATHENADOROS, HAGESANDROS und POLYDOROS, den von PLINIUS D. Ä. genannten Meistern der Marmorgruppe des Laokoon. Da überliefert ist, dass eine rhod. Kopistenwerkstatt in S. tätig war, ist nicht auszuschließen, dass die Skulpturen von S. Kopien nach älteren hellenist. Werken sind, wobei sie vermutlich aus urspr. nicht zusammengehörenden Vorbildern eklektisch zu neuen Gruppen zusammengestellt wurden. Die Datierung schwankt deshalb zw. dem 2. Jh. v. Chr. und der 1. Hälfte des 1. Jh. n. Chr. Die Funde befinden sich im Nationalmuseum von S., eine Rekonstruktion in der Univ. Bochum. Die vorgenommene Anordnung der Skulpturen und Fragmente zu Gruppen sowie deren Interpretation sind umstritten.

B. ANDREAE u. B. CONTICELLO: Skylla u. Charybdis. Zur Skylla-Gruppe von S. (1987); B. ANDREAE: Praetorium speluncae (Stuttgart, 1994).

Sperma [griech. spérma, spérmatos ›Same‹, ›Keim‹] *das, -s/...men* und *-ta,* **Samen, Semen,** bei Mensch und Tieren die Samenflüssigkeit mit →Spermien, eine weißl., schleimig-klebrige Absonderung der männl. Geschlechtsdrüsen, die beim Menschen und bei den Wirbeltieren in den Nebenhoden, der Bläschendrüse und der Prostata gebildet wird. Während der →Ejakulation werden beim Mann etwa 3–5 ml S. mit etwa 200–300 Mio. Spermien durch die Muskelkontraktionen des in die Harnröhre (Harn-Samen-Röhre) einmündenden Samenleiters ausgestoßen. Das S. enthält ferner Zellen aus den Drüsen und den Samenwegen sowie Fett- und Eiweißgranula, Spermin und Spermidin, zwei biogene Amine, die dem S. den charakterist. Geruch verleihen; weiterhin Fructose als Energiequelle für die Bewegung der Spermien sowie Inosit und Zitronensäure. Es ist schwach alkalisch (pH 7–7,8) und bildet damit einen Schutz gegen das saure Vaginalmilieu (pH 4), in dem sonst die Spermien bewegungsunfähig werden würden.

Spermatangilen [zu griech. angeîon ›Gefäß‹], *Sg.* **Spermatangium** *das, -s, Botanik:* 1) die urnenförmigen Bildungsorgane bestimmter Sporenformen bei versch. Pilzen, z. B. Pyknidien bei Rostpilzen; 2) die Antheridien versch. Rotalgen, in denen unbewegl. männl. Gameten (**Spermatien**) gebildet werden.

Spermatogenese, Spermiogenese, Samenbildung, Samenreifung, Gesamtvorgang der Samen-

Sperlinge: Feldsperling (Männchen; Größe 14 cm)

Sper Spermatogonien – Speroni

zellenbildung, die Bildung der Spermien, der männl. Geschlechtszellen. Durch Zellteilungen gehen aus den Urgeschlechtszellen zahlr. **Spermatogonien** (Ursamenzellen), aus diesen nach einer Wachstumsphase bei vielen Tieren unmittelbar die Spermatozyten 1. Ordnung hervor. Bei Säugern (einschließlich Mensch) beginnt mit Einsetzen der Geschlechtsreife eine zweite Vermehrungsphase (Spermiozytogenese, Spermiogenese i. e. S.), die zur Bildung der **Spermatozyten 1. Ordnung** (primäre Spermatozyten) führt, die dann die Reifeteilungen durchlaufen. Das Produkt der 1. Reifeteilung wird **Spermatozyte 2. Ordnung** genannt. Aus der 2. Reifeteilung gehen die haploiden Spermatiden hervor, die in einem Reifungsprozess **(Spermiohistogenese)** zu reifen →Spermien umgebildet werden. Beim Menschen dauert die S. von der Spermatogonienteilung bis zur Fertigstellung der Spermien etwa 64 Tage. Es laufen etwa sechs Zyklen zeitversetzt nebeneinander ab, wodurch die kontinuierl. Produktion der Spermien sichergestellt ist.

Spermatogoni|en [zu griech. gonē ›Erzeugung‹], Sg. **Spermatogonium** das, -s, die Ursamenzellen, →Spermatogenese.

Spermatophore [zu griech. phoreĩn ›tragen‹] die, -, -n, **Samenpaket, Samenträger,** durch Kittsubstanz bzw. Hüllen (die ein Produkt der Anhangdrüsen der männl. Geschlechtsorgane sind) zusammengehaltene Ausscheidung der männl. Geschlechtsorgane, die die Samen enthält; wird bei der Begattung in den weibl. Körper eingeführt oder an diesen geheftet. S. können recht kompliziert gebaut sein und kommen z. B. bei Molchen, vielen Würmern, Gliederfüßern und Weichtieren vor.

Spermatophyta, Spermatophyten [zu griech. phytón ›Pflanze‹], Sg. **Spermatophyt** der, -en, die →Samenpflanzen.

Spermator|rhö [zu griech. rheĩn ›fließen‹] die, -/-ōen, **Samenfluss,** Ausfluss von Samenflüssigkeit aus der Harnröhre ohne geschlechtl. Erregung, v. a. bei Blasen- und Darmentleerung (auch als **Spermaturie, Ausscheidung mit dem Harn**). Ursache ist eine funktionelle, psychisch bedingte oder durch chron. Entzündungen hervorgerufene Insuffizienz des Samenleiters.

Spermatozoen [zu griech. zōon ›Lebewesen‹], Sg. **Spermatozoon** das, -s, Zoologie: die →Spermien.

Spermatozoiden [zu griech. zōon ›Lebewesen‹ und ...eĩdēs ›ähnlich‹] Pl., die meist in Antheridien gebildeten, durch Geißeln aktiv bewegl. haploiden männl. Geschlechtszellen vieler Algen, der Moose und Farne und einiger Nacktsamer (Palmfarne, Ginkgogewächse), die von der unbewegl. weibl. Eizelle durch spezif. Reizstoffe angelockt werden.

Spermatozyten [zu griech. kýtos ›Höhlung‹, ›Wölbung‹], Sg. **Spermatozyt** der, -en, Zoologie: →Spermatogenese.

Spermidi|en, Sg. **Spermidium** das, -s, Zoologie: die →Spermien.

Spermidin, →Spermin.

Spermi|en [zu griech. spérmeios ›zum Samen gehörend‹], Sg. **Spermium** das, -s, **Spermidi|en, Spermatozoen, Samenfäden,** reife männl. Geschlechtszellen mit haploidem Chromosomensatz. Die Gestalt ist für die jeweilige Tierart charakteristisch; meist sind es fadenförmige Zellen mit einem Kopfstück (mit Kern und Akrosom) und einem langen Schwanz (Flagellum; bei Hohltieren, Stachelhäutern, Ringelwürmern, Insekten und Wirbeltieren einschließlich des Menschen, der sich in Hals (mit dem Zentriol der Geißel), Mittelstück (mit zahlr. um die Geißel spiralig gewundenen Mitochondrien), Hauptstück und Endstück gegliedert. Durch die Aktivität der Geißel können die Spermien gegen den Flüssigkeitsstrom in Vagina und Uterus anschwimmen. Die Länge der Spermien variiert: z. B. beim Wal 40 μm, beim Menschen etwa 60 μm lang und im Kopfbereich 2–3 μm dick, beim Hamster 240 μm lang, bei Muschelkrebsen 7 μm; die kleinsten S. sind die von Termiten (1,5 μm, unbegeißelt und unbeweglich). Bei der Verschmelzung des Spermiums mit einer Eizelle bildet das Akrosom explosionsartig einen Fortsatz aus, der die Eihülle durchdringt, die Plasmamembranen von Ei- und Samenzelle verschmelzen miteinander. Unbegeißelte, amöboid bewegl. S. besitzen Niedere Krebse, Milben und Rundwürmer. (→Spermatogenese)

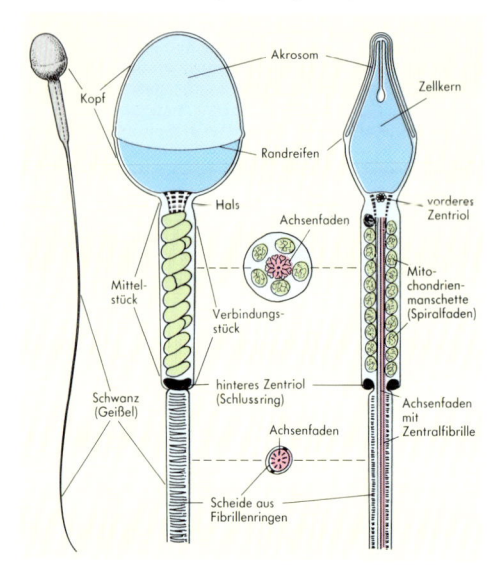

NH₂
|
(CH₂)₃
|
NH
|
(CH₂)₄
|
NH
|
(CH₂)₃
|
NH₂

Spermin

NH₂
|
(CH₂)₃
|
NH
|
(CH₂)₄
|
NH₂

Spermidin

Spermin

Spermien: Geißelspermium des Menschen (Schemazeichnung); rechts Längsschnitt bei Seitenansicht

Spermin das, -s, biogenes aliphat. Tetramin mit charakterist. Amingeruch, das zus. mit dem sehr ähnl. **Spermidin,** einem aliphat. Triamin, in Mikroorganismen, Pflanzen und Tieren weit verbreitet vorkommt (u. a. im Sperma gebunden an die Phosphatgruppen der Nukleinsäuren); beide Verbindungen wirken wachstumsfördernd.

Spermiogenese, die →Spermatogenese.

Spermium, →Spermien.

Spermizide [zu lat. -cidere ›töten‹], Sg. **Spermizid** das, -(e)s, chem. Mittel zur →Empfängnisverhütung.

Sperm|öl, Spermazet|öl, aus Walrat durch Abpressen gewonnenes, hellgelbes Öl, das niedrig schmelzende Wachsester und Fettsäureglyceride enthält; es dient u. a. als Spezialschmiermittel sowie als Rohstoff für die Gewinnung von Fettsäuren und Wachsalkoholen.

Spero ['spɪərəʊ], Nancy, amerikan. Malerin, *Cleveland (Oh.) 1926; lebt (seit 1964) in New York. Seit den 70er-Jahren ist ihr ausschließl. Motiv Rolle und Schicksal der Frau, wobei sie von Krieg (Vietnam) und Folter (Chile) ausging und zunehmend auf archetyp. Prägungen zurückgreift, vorgeschichtl. (Fruchtbarkeitsgöttin), ägypt. (Nut) und griech. Göttinnen (Artemis, Aphrodite), die Mänade, die tanzende Hetäre, aber auch auf die moderne Frauenfigur. Daneben treten Köpfe mit phall. Zunge, Schlangen u. a. Elemente. Die so gewonnenen Prototypen schneidet sie in Handstempel und bedruckt mit ihnen in starker Rhythmisierung Papierbahnen oder Wände.

Speroni, Sperone, ital. Schriftsteller und Humanist, *Padua 12. 4. 1500, †ebd. 2. 6. 1588; lehrte in Padua Philosophie; verfasste neben moralphilosoph.

Schriften v. a. dichtungs- und stiltheoret. Untersuchungen, darunter den Positionen innerhalb der →Questione della Lingua resümierenden ›Dialogo delle lingue‹ (1542), der ihn über die Grenzen Italiens hinaus bekannt machte. Mit seiner Tragödie ›Canace‹ (1546) hat S. einen wichtigen Beitrag zur Wiederbelebung des antiken Dramas in der Neuzeit geleistet.

Ausgaben: Opere, 5 Bde. (1740, Nachdr. 1989); Dialogo delle lingue, hg. v. H. HARTH (1975); Canace e scritti in sua difesa, hg. v. C. ROAF (1982).

Sperontes, eigtl. **Johann Sigismund Scholze,** Dichter, * Lobendau (bei Liegnitz) 20. 3. 1705, † Leipzig 12. 2. 1750; trat mit zahlr. Schäferspielen und Liedbearbeitungen hervor. Am bekanntesten wurde er durch die Lyrikanthologie ›Singende Muse an der Pleisse ...‹ (4 Tle., 1736–45), wobei die Gedichte bekannten Melodien (v. a. Tänzen) unterlegt bzw. angepasst sind.

Ausgabe: Singende Muse an der Pleisse, hg. v. E. BÜHLE u. a. (1958).

Sperr, Martin, Schauspieler und Schriftsteller, * Steinberg (heute zu Marklkofen, Landkreis Dingolfing-Landau) 14. 9. 1944; war erfolgreich mit Dramen, die in einem unsentimentalen, derb-realist. Stil mit scharfer Sozialkritik an das bayer. Volksschauspiel anknüpfen. Als Schauspieler (seit 1962) wirkte er v. a. in München, u. a. auch in Bremen und Freiburg im Breisgau. Er trat im Film (›Jagdszenen aus Niederbayern‹, 1968, nach seinem gleichnamigen Bühnenstück, 1965; ›Die Chinesen kommen‹, 1987) und Fernsehen (z. B. ›Rudolfo‹, 1990) auf; schrieb auch Drehbücher für Fernsehfilme und Neubearbeitungen von Theaterstücken.

Weitere Werke: Landshuter Erz. (1968); Der Räuber Mathias Kneißl. Textb. zum Fernsehfilm (1970); Münchner Freiheit (1971).

Sperrbereich, *Elektronik* und *Übertragungstechnik:* 1) bei Halbleitern der Bereich derjenigen Ströme oder Spannungen, die einen Sperrzustand ergeben; 2) bei der Halbleiterdiode der Bereich zw. 0 Volt und Durchbruchspannung; 3) derjenige Frequenzbereich der Übertragungsfunktion eines →Filters, in dem ein Signal möglichst vollständig gedämpft wird.

Sperrbrecher, zum Durchbrechen feindl. Sperren ausgerüstete Handelsschiffe, die durch Holzladung oder in die Laderäume eingeschweißte Fässer unsinkbar waren; sie fuhren vor Handels- oder Kriegsschiffen geleitet, um Seeminen zur Detonation zu bringen.

Sperre, 1) *Militärwesen:* künstl. Hindernis, das dem Gegner den Zugang zu bestimmten Gebieten oder die Benutzung von Verkehrswegen verwehrt, seine Bewegung in eine für die eigene Truppe günstige Richtung zwingt oder ihm Verluste zufügen soll. S. sind der Panzergraben, die Barrikade, die Draht-S., die Baum-S., die Wasser-S. (künstlich verursachte Überflutungen oder Versumpfungen des Geländes), die Minen-S. (zu Land und zur See), die Netz-S. gegen U-Boote sowie die Ballon-S. gegen Luftfahrzeuge.

2) *Sport:* eine gegen einen Sportler oder eine Mannschaft vom zuständigen Sportverband verhängte Strafe, die durch den Ausschluss des Betroffenen für eine bestimmte Zeit von allen Wettkämpfen ausschließt. Die S. kann aus disziplinar. Gründen (z. B. wegen Unsportlichkeit, Dopingvergehen) ausgesprochen werden oder nach den Satzungen eines Sportverbandes notwendig werden (z. B. bei den Statuten zuwiderlaufenden Vereinswechseln).

Sperr|effekt, 1) *Botanik:* Differenzierungsprozess in pflanzl. Geweben bes. teilungsaktive Meristemoide, die die Ausbildung weiterer Teilungszentren in unmittelbarer Nachbarschaft durch ein Hemmfeld verhindern. So entstehen Spaltöffnungen, Haare und sekundäre Markstrahlen in bestimmten Abständen voneinander.

2) *Elektronik:* der →Gleichrichtereffekt.

Sperren, 1) *Bank-* und *Börsenwesen:* Maßnahme, die verhindert, dass unbefugt über Wertpapiere, Sparbücher, Schecks, Kreditkarten u. Ä. verfügt wird; geschieht i. d. R. durch Verlustanzeige beim zuständigen Kreditinstitut. Das S. abhanden gekommener Wertpapiere erfolgt durch Bekanntmachung im Bundesanzeiger.

2) *Schriftsatz:* →Spatium.

3) *Zoologie:* Bettelverhalten von Jungvögeln, das im Aufreißen des Schnabels besteht; es wird häufig durch intensive, auch bunte Färbung des Mundinneren (Sperrrachen) und der Schnabelwülste sowie besondere Bettellaute unterstützt. S. erfolgt auf taktile, opt. und akust. Reize, es löst bei den Altvögeln Fütterungsverhalten aus. Tritt v. a. bei Sperlingsvögeln, Wiedehopfen, Spechten und Kuckucken auf.

Sperrfeuer, *Militärwesen:* in der Verteidigung an bes. gefährdeten Stellen vor der eigenen Truppe durch Einschießen vorbereitetes Artilleriefeuer, das bei gegner. Angriff von der Kampftruppe durch Übermittlung eines Stichwortes ausgelöst wird, wenn ›beobachtetes Feuer‹ nicht möglich ist.

Sperrfrist, 1) *Publizistik:* vom Urheber oder der verbreitenden Agentur gesetzte Frist, bis zu der die Veröffentlichung eines vor dem eigentl. Ereignis (z. B. Presseerklärung) zur Verfügung gestellten Textes nicht erfolgen darf. Die Vorabinformation der Journalisten hat einzig den Zweck, die Vorbereitungen für die Übermittlung zu beschleunigen. Eine Verletzung der S. wird in Dtl. vom Dt. Presserat verfolgt.

2) *Recht:* Zeitraum, in dem bestimmte Betätigungen nicht vorgenommen werden dürfen; z. B. die S., binnen derer eine entzogene Fahrerlaubnis nicht wieder erteilt werden darf (§ 69 a StGB: sechs Monate bis fünf Jahre); im Insolvenzrecht die letzten 30 Tage vor Eröffnung des Vergleichsverfahrens. Im Handels- und Wirtschaftsrecht gibt es zahlreiche S., z. B. bei der Liquidation einer AG, GmbH und Genossenschaft das

Sperrjahr vor der Verteilung des verbleibenden Vermögens an die Aktionäre, Gesellschafter oder Genossen; entsprechende S. gelten auch im Fall der Kapitalherabsetzung (außer im Sonderfall der ›vereinfachten‹ Kapitalabsetzung nach § 229 Aktien-Ges.). Sperrwirkung hat auch die Karenzzeit beim Wettbewerbsverbot.

Von erhebl. prakt. Bedeutung ist die **Sperrzeit** nach § 144 SGB III, während der Sperrzeit, die bis zu 12 Wochen betragen kann, der Anspruch auf Arbeitslosengeld ruht, wenn der Arbeitslose ohne wichtigen Grund 1) von sich aus das Beschäftigungsverhältnis vorsätzl. oder grob fahrlässiges arbeitsvertragswidriges Verhalten Anlass für seine Lösung gegeben hat, 2) er trotz Rechtsfolgenbelehrung eine Arbeit nicht angenommen/angetreten hat, die ihm das Arbeitsamt vermittelt hat, 3) er trotz Rechtsfolgenbelehrung nicht bereit ist, an einer zumutbaren Fortbildung, Trainings- oder Eingliederungsmaßnahme teilzunehmen oder er eine solche Maßnahme abbricht bzw. den Anlass für den Abbruch gibt.

Auch das *österr.* und *schweizer.* Recht kennen versch. S. So regelt z. B. das schweizer. Bundes-Ges. über das bäuerl. Bodenrecht vom 4. 10. 1991 S. für die Veräußerung landwirtschaftl. Grundstücke (Art. 23, 38, 54).

Sperrgebiet, 1) *allg.:* Geländeteile oder Gebäude, die nicht allgemein zugänglich sind.

2) *Recht:* im Seekriegsrecht ein Seegebiet, in dem ein Krieg Führender aufgrund einseitiger Erklärung besondere Rechte beansprucht, v. a. das Recht, die neutrale Schifffahrt zu beeinträchtigen. Soweit die Erklärung nur erfolgt, um neutrale Schiffe von einem beschränkten Seegebiet fernzuhalten, in dem Kampfhandlungen beabsichtigt sind, wird dies als völker-

rechtlich zulässig erachtet, weil ausschließlich dem Schutz der Neutralen dienend. Die in beiden Weltkriegen als Repressalie ausgegebene Deklaration von Seegebieten (v. a. von Mittelmeer und Nordsee) zu **Sperrzonen** war dagegen völkerrechtswidrig, da sie in Wahrheit eine schrankenlose Kriegführung ermöglichen sollte. – In der DDR wurden der 500 m breite Schutzstreifen und die 5 km breite Sperrzone entlang der →innerdeutschen Grenze als S., später als ›Grenzgebiet‹ bezeichnet.

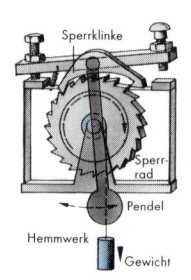

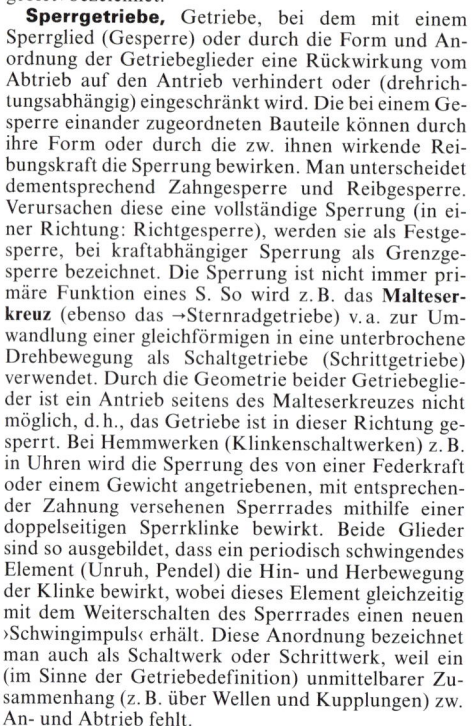

Sperrgetriebe, Getriebe, bei dem mit einem Sperrglied (Gesperre) oder durch die Form und Anordnung der Getriebeglieder die Rückwirkung vom Abtrieb auf den Antrieb verhindert oder (drehrichtungsabhängig) eingeschränkt wird. Die bei einem Gesperre einander zugeordneten Bauteile können durch ihre Form oder durch die zw. ihnen wirkende Reibungskraft die Sperrung bewirken. Man unterscheidet dementsprechend Zahngesperre und Reibgesperre. Verursachen diese eine vollständige Sperrung (in einer Richtung: Richtgesperre), werden sie als Festgesperre, bei kraftabhängiger Sperrung als Grenzgesperre bezeichnet. Die Sperrung ist nicht immer primäre Funktion eines S. So wird z. B. das **Malteserkreuz** (ebenso das →Sternradgetriebe) v. a. zur Umwandlung einer gleichförmigen in eine unterbrochene Drehbewegung als Schaltgetriebe (Schrittgetriebe) verwendet. Durch die Geometrie beider Getriebeglieder ist ein Antrieb seitens des Malteserkreuzes nicht möglich, d. h., das Getriebe ist in dieser Richtung gesperrt. Bei Hemmwerken (Klinkenschaltwerken) z. B. in Uhren wird die Sperrung des von einer Federkraft oder einem Gewicht angetriebenen, mit entsprechender Zahnung versehenen Sperrrades mithilfe einer doppelseitigen Sperrklinke bewirkt. Beide Glieder sind so ausgebildet, dass ein periodisch schwingendes Element (Unruh, Pendel) die Hin- und Herbewegung der Klinke bewirkt, wobei dieses Element gleichzeitig mit dem Weiterschalten des Sperrrades einen neuen ›Schwingimpuls‹ erhält. Diese Anordnung bezeichnet man auch als Schaltwerk oder Schrittwerk, weil ein (im Sinne der Getriebedefinition) unmittelbarer Zusammenhang (z. B. über Wellen und Kupplungen) zw. An- und Abtrieb fehlt.

Sperrholz, Oberbegriff für →Holzwerkstoffe, die aus mindestens drei aufeinander geleimten Holzlagen bestehen, wobei die Faserrichtung der Lagen i. Allg. um 90° versetzt sind. S. ist symmetrisch aufgebaut (ungerade Lagenzahl). Nach der Art der Lagen werden unterschieden: →Furniersperrholz, aus Furnieren aufgebaut; **Stäbchen-S.,** dessen Mittellage zu höchstens 8 mm dicken, hochkant zur Plattenebene stehenden Stäbchen besteht, die meist aus Schälfurnieren hergestellt sind; **Stab-S.,** dessen Mittellage aus bis 30 mm breiten Holzstäben zusammengesetzt ist. Die Dicke der Decklagen der Furniere von Stäbchen- und Stab-S. liegt etwa bei 2 bis 3 mm. Holzarten für Furnier-S. sind z. B. Birke, Buche, Fichte, Kiefer, Pappel (Europa), Douglasie, Kiefer (Nordamerika), Limba (Afrika), Meranti (SO-Asien). Die Mittellagen des Stäbchen- und Stab-S. bestehen meist aus Nadelholz. Stäbchen- und auch Stab-S., früher als **Tischlerplatten** bezeichnet, waren bis zum Aufkommen der →Spanplatte wichtige Werkstoffe des Möbelbaus, sie werden weiterhin für hoch belastete Bauteile verwendet. Spezial-S. sind z. B. Bootsbau-S., Flugzeug-S. oder S. für Betonschalungen. **S.-Formteile** werden für Sitzmöbel verwendet; eine besondere Art ist aus kunstharzimprägnierten Furnieren mit hohem Druck erzeugtes Press-S. für Sitze, z. B. im Fahrzeugbau.

Sperrklausel, im Wahlrecht eine andere Bez. für die →Fünfprozentklausel oder eine andere, ähnl. Zwecksetzungen dienende Bestimmung (z. B. bei der Wahlkampfkostenerstattung).

Sperrkraut, Polemonium, Gattung der S.-Gewächse mit über 20 Arten auf der Nordhalbkugel und im südl. Südamerika (→Himmelsleiter).

Sperrkrautgewächse, Polemoniaceae, Pflanzenfamilie aus dem Verwandtschaftskreis um die Windengewächse mit etwa 275 Arten in 20 Gattungen in Eurasien und v. a. auch in Amerika; Kräuter, Sträucher oder selten auch Lianen oder kleine Bäume mit ungeteilten bis gefiederten Blättern und überwiegend fünfzähligen Blüten (Kronblätter miteinander verwachsen) in besonderen Blütenständen (→Thyrsus), selten einzeln. Wichtige Gattungen (v. a. als Zierpflanzen) sind →Phlox und →Himmelsleiter sowie als Kletterpflanze die →Glockenrebe.

Sperrkreis, Elektrotechnik: →Schwingkreis.

Sperrminorität, in der Aktiengesellschaft die Anzahl an Stimmen, die erforderlich ist, um eine Satzungsänderung zu verhindern; das sind, da Satzungsänderungen regelmäßig mit Dreiviertel des bei der Beschlussfassung vertretenen Kapitals zu beschließen sind, mindestens eine Aktie mehr als ein Viertel der Aktien. Aktien, die kein Stimmrecht gewähren (Vorzugsaktien), sind für die S. bedeutungslos. Bei Publikumsaktiengesellschaften, deren Grundkapital regelmäßig nicht in voller Höhe in der Hauptversammlung vertreten ist, genügt faktisch auch ein hinter einem Viertel des Grundkapitals zurückbleibendes Aktienpaket. Sofern die Satzung für Satzungsänderungen eine höhere Kapitalmehrheit erfordert, genügt schon eine entsprechend geringere Aktienbeteiligung zur Erreichung der S. Da der Inhaber der S. Kapitalerhöhungen und sonstige grundlegende Strukturmaßnahmen verhindern kann, verleiht ihm die S. eine bedeutende wirtschaftl. Machtposition. – In der GmbH verfügt regelmäßig derjenige über die S., der mehr als ein Viertel der Stimmen in der Gesellschafterversammlung auf sich vereinigt.

Sperrschicht, 1) Elektronik: in einem Halbleiter ein Gebiet, in dem die Ladungsdichte der bewegl. Ladungsträger kleiner ist als die resultierende Ladungsdichte von Akzeptoren und Donatoren und das deswegen elektrisch nicht neutral ist. Meist handelt es sich bei der S. um ein Übergangsgebiet zw. Halbleiter und Metall (→Schottky-Kontakt) oder um einen →p-n-Übergang.

2) Meteorologie: etwa horizontale Schicht in der Atmosphäre, die aufgrund ihrer vertikalen Stabilität nahezu alle vertikalen Bewegungs-, Austausch- und Durchmischungsvorgänge verhindert (→Inversion).

Sperrschicht|effekt, der →Gleichrichtereffekt.

Sperrschicht|isolation, Halbleitertechnik: in der integrierten Schaltungstechnik die elektr. Isolation einzelner Bauelemente voneinander durch in Rückwärtsrichtung vorgespannte p-n-Übergänge; die einzelnen Bauelemente befinden sich dabei als ›Inseln‹ in wannenartigen Vertiefungen im Substrat (›Isolierwannen‹). Die S. ist eng mit der →Bipolartechnik verbunden. Nachteilig sind die Einengung des Schaltungsentwurfs durch die erforderl. Vorspannung der Inseln, die Beeinflussung des Frequenzverhaltens durch die parasitäre Sperrschichtkapazität, die Möglichkeit der Bildung parasitärer Transistoren (›Latch-up-Effekt‹ bei CMOS-Schaltungen), die Temperaturerhöhung durch Leckströme und der relativ große Flächenbedarf. Einige dieser Nachteile werden durch die →MOS-Technik vermieden. Bei integrierten Schaltungen, die hochenerget. Strahlung (z. B. Höhenstrahlung) ausgesetzt werden, ist die S. nicht anwendbar.

Sperrschichtkapazität, Halbleiterelektronik: die elektr. Kapazität, die mit einer Sperrschicht und den Raumladungen an deren Rändern verbunden ist. Die S. ist stark spannungsabhängig und lässt sich daher nur als **differenzielle Kapazität**, $C = dQ/dU$, angeben (Q Ladung, U Spannung). Sie tritt an allen Halbleiterübergängen auf (p-n- und MIS-Übergang, Schottky-Kontakt) und ist für die Hochfrequenzeigenschaften von Halbleiterbauelementen von großer Bedeutung. Die kapazitiven Eigenschaften von Sperrschichten werden bei gewissen Bauelementen genutzt (z. B. beim Sperrschichtkondensator, einem bestimmten Keramikkondensator, und bei der Kapazitätsdiode), bei anderen wirken sie sich parasitär aus (z. B. bei der Sperrschichtisolation).

Sperrschicht|temperatur, *Halbleiterelektronik:* die Temperatur in oder an Sperrschichten von Halbleiterbauelementen, d. h. deren thermisch am stärksten belasteten Zonen. Sie ist gleich der Summe der Umgebungstemperatur und des Produkts aus Verlustleistung und Wärmewiderstand des Übergangs Sperrschicht/Umgebung und darf gewisse Werte nicht übersteigen: bei Germanium etwa 90°C, bei Silicium etwa 200°C, bei Galliumarsenid etwa 400°C. Im Interesse der Zuverlässigkeit ist es zweckmäßig, die elektr. Belastung der Bauelemente gering zu halten und für eine gute Wärmeabfuhr zu sorgen: Bei Dioden verdoppelt sich die Ausfallrate etwa durch eine Temperaturerhöhung um 10°C. – Die Bez. S. wird mit einer entsprechenden Bedeutungsänderung auch auf Halbleiterbauelemente ohne stromdurchflossene Übergänge (z. B. Feldeffekttransistor) angewendet.

Sperrschichtvaraktor, andere Bez. für →Kapazitätsdiode.

Sperrspannung, bei einem Bauelement mit →p-n-Übergang die in Rückwärtsrichtung (Sperrfall) anliegende Spannung.

Sperrstoffe, Baustoffe, die wegen ihres hohen Diffusionswiderstandes oder ihrer Wasserdichtigkeit einen Schutz gegen chem. Angriffe, Witterungseinflüsse oder Feuchtigkeit bieten. Sie können als Anstrich aufgebracht (Bitumen, Teer, Silicofluoride, Paraffin, Kunstharz u. a.), dem Beton oder Mörtel zugesetzt (**Sperrzusätze**, z. B. Trass, hydraul. Zusätze) oder als **Sperrbahnen** (Teerpappen, Kunststoffolien, Metallfolien) in die Mauer eingefügt werden.

Sperrstrom, der Strom, der durch einen in Rückwärtsrichtung (Sperrfall) betriebenen →p-n-Übergang fließt; bei der Halbleiterdiode als **Rückwärtsstrom** bezeichnet (Ggs.: **Vorwärtsstrom**).

Sperrstunde, die →Polizeistunde.

Sperrvermerk, die Eintragung einer Verfügungsbeschränkung oder eines Auskunftshindernisses in ein Register (z. B. ins Schiffsregister, hier als **Schutzvermerk** bezeichnet) oder eine Urkunde. Durch den S. wird die Verfügungsbefugnis von einem Berechtigungsnachweis, meist von der Genehmigung eines Dritten, abhängig gemacht. S. gibt es im Grundbuch (dort als Vormerkung, Widerspruch oder Verfügungsbeschränkung), z. B. bei einer Konkurseröffnung; ferner im Sparbuch, im Vormundschaftsrecht bei der Anlage von Mündelvermögen (§§ 1809, 1816 ff. BGB); in den Personenstandsbüchern hinsichtlich des Adoptionsverhältnisses (§ 61 Personenstands-Ges.), u. a.

Sperrverzögerungszeit, auch **Sperr|erhol|zeit, Sperrverzugszeit,** Kurz-Bez. **Sperrzeit,** *Halbleiterelektronik:* bei der Halbleiterdiode und beim Thyristor die Zeitdauer, die nach dem Umpolen der angelegten Spannung von der Vorwärts- in die Rückwärtsrichtung vergeht, bis der stationäre Reststrom erreicht ist; sie wird benötigt, um die überschüssigen Ladungen auszuräumen und die Sperrschicht aufzubauen. Die Schalteigenschaften des entsprechenden Bauelementes sind umso besser, je kleiner die S. ist.

Sperrwerk, *Wasserbau:* Querbauwerk in einem Tideflusss mit Verschlussvorrichtungen, die bei Ebbe offen gehalten werden und sich bei Flut (**Tide-S.**) oder nur bei Sturmfluten (**Sturmflut-S.**) schließen und das Binnenland vor Überflutungen schützen. (BILD →Eider)

Sperry ['speri], **1) Elmer Ambrose,** amerikan. Ingenieur und Erfinder, * Cortland County (N. Y.) 21. 10. 1860, † New York 16. 6. 1930; gründete 1882 eine Fabrik für Dynamomaschinen und Bogenlampen zur Vermarktung eigener Erfindungen, aus der er sich 1888 zurückzog, um unabhängig arbeiten zu können. S.s Hauptinteresse galt der automat. Kontrolle von Prozessen. Seine bedeutendsten Leistungen liegen in der Anwendung des Kreisels als Navigationsinstrument (1910), als Stabilisator für Schiffe (1910) und Flugzeuge (1914) sowie in der Entwicklung der automat. Steuerung für Schiffe (1923). Insgesamt erhielt S. 350 Patente.

2) Roger Wolcott, amerikan. Neurologe und Psychobiologe, * Hartford (Conn.) 20. 8. 1913, † Pasadena (Calif.) 17. 4. 1994; wurde 1952 Prof. für Psychologie in Chicago (Ill.), 1952/53 Leiter der neurolog. Abteilung des amerikan. Nationalinstituts für Gesundheit und war 1954–84 Prof. für Psychobiologie am California Institute of Technology in Pasadena. Bereits Anfang der 1950er-Jahre begann S., zunächst anhand von Tierexperimenten, die funktionelle Bedeutung der Verbindung der Gehirnhälften zu erforschen. In den 60er-Jahren konnte er dann die Unabhängigkeit der Gehirnhälften bezüglich Lernfähigkeit, Erinnerungsvermögen u. a. und damit die Funktionsspezialisierung der Gehirnhälften nachweisen. Für diese Entdeckungen erhielt S. mit D. H. HUBEL und T. N. WIESEL 1981 den Nobelpreis für Physiologie oder Medizin.

Werke: Problems outstanding in the evolution of brain function (1964); Science and moral priority (1983; dt. Naturwiss. u. Wertentscheidung).

Sperrylith [nach dem kanad. Chemiker FRANCIS L. SPERRY, 19. Jh.] *der, -s* und *-en/-e(n),* zinnweißes, stark metallisch glänzendes, kub. Mineral der chem. Zusammensetzung PtAs$_2$; Härte nach MOHS 6–7, Dichte 10,6 g/cm^3; meist kleine Kristalle; wichtiges Platinmineral in den Nickelmagnetkiesvorkommen.

Sperrzeit, 1) *Halbleiterelektronik:* Kurz-Bez. für →Sperrverzögerungszeit.
2) *Recht:* →Sperrfrist.

Sperrzone, *Recht:* →Sperrgebiet.

Spervogel, Name, unter dem in der Kleinen und der Großen Heidelberger sowie in der Jenaer Liederhandschrift Spruchstrophen überliefert sind, die wahrscheinlich nicht von einem einzigen Dichter stammen. 28 Strophen, die älteste bekannte mittelhochdt. Spruchdichtung, werden dem Dichter →HERGER zugeschrieben. 23 Strophen in einer anderen Form, mit fortgeschrittener Vers- und Reimtechnik, werden dem etwas jüngeren Dichter S. zugewiesen. Lebensweisheit steht im Zentrum seiner Sprüche, religiöse Thematik fehlt. Weitere fünf Strophen scheinen von einem Dichter des 13. Jh. zu stammen, den man nach einer Angabe in der Kleinen Heidelberger Liederhandschrift den ›Jungen S.‹ nennt.

Ausgabe: Des Minnesangs Frühling, hg. v. H. MOSER u. a., Bd. 1 (^{38}1988).

Spescha [-ska], **1) Hendri,** bündnerroman. Schriftsteller, * Trun (Kt. Graubünden) 24. 11. 1928, † Schänis (Kt. St. Gallen) 28. 10. 1982; Erneuerer der sursilv. Lyrik; seine Gedichtsammlungen ›Alla notg‹ (1963) und ›Sendas‹ (1975) zeigen eine Abwendung von traditionellen Klischees ländl. Idylle hin zu Identitätsproblemen eines religiös geprägten Menschen in einer sich wandelnden Umwelt, die ihren rein bäuerl. Charakter verliert und weltoffener wird.

2) Placidus a, bündnerroman. Universalgelehrter, * Trun (Kt. Graubünden) 9. 12. 1752, † ebd. 14. 8. 1833; legte als Benediktinerpater im Kloster Disentis die ersten Grundlagen für die Erforschung des Rätoromanischen und seiner Literatur; im Geist der Aufklärung war er u. a. ein Förderer der Volksbildung. S.s Interesse für Mineralogie ließ ihn zu einem der ersten

Elmer A. Sperry

Roger W. Sperry

Olga Alexandrowna Spessiwtzewa

Speyer 1) Stadtwappen

Stadt in Rheinl.-Pf.

102 m ü. M.

am Oberrhein

50 000 Ew.

Schul- und Hochschulstadt

Historisches Museum der Pfalz

Technikmuseum

romanischer Dom (11. Jahrhundert) mit Gräbern von acht deutschen Kaisern und Königen

um 10 v. Chr. römisches Kastell

343 erster Bischof

1294 freie Reichsstadt

1529 Protestation der evangelischen Reichsstände

Alpinisten werden (Erstbesteigungen der meisten Berge um Disentis 1782–93, 1811–23 im Wallis).

Pater P. a S. Sein Leben, seine Schr., hg. v. F. Pieth u. a. (Bern 1913); Iso Müller: Pater P. S. Ein Forscherleben im Rahmen der Zeitgesch. (Disentis 1974).

Spesen [aus ital. spese, Pl. von spesa ›Ausgabe‹, ›Aufwand‹, von gleichbedeutend lat. expensa (pecunia)] *Pl.,* 1) *allg.:* die Auslagen oder Kosten, die in Verbindung mit der Erledigung eines Geschäfts (z. B. einer Geschäftsreise) entstehen. Soweit nicht bereits im Arbeitsentgelt erfasst, sind sie vom Arbeitgeber zu ersetzen, wenn sie nicht, wie z. B. beim Handelsvertreter, durch die Provision mit abgegolten werden. Zu den S. zählen z. B. Reisekosten, Bewirtungskosten für Geschäftspartner und Repräsentationsaufwendungen. Für das Unternehmen sind S. steuerlich Betriebsausgaben.

2) *Bankwesen:* die im Zusammenhang mit dem Abschluss eines Bank- oder Börsengeschäfts dem Bankkunden in Rechnung gestellten Kosten für Auslagen, Gebühren, Provisionen.

Spessart *der,* Mittelgebirge im Mainviereck südlich der Kinzig, bildet die Naturparke Hess. S. (730 km²) und Bayer. S. (1 710 km²). Der S. erstreckt sich östlich des Ballungsraums Rhein-Main zw. Vogelsberg (im N) und Odenwald (im S). Durch die Erosionstätigkeit der Zuflüsse des unteren Mains (Kahl und Aschaff) ist im NW, im niedrigeren **Vor-S.,** der kristalline Kern freigelegt, reich zertalt, mit abwechslungsreichen Bergformen, nur lokaler Waldbedeckung und dichter, heute stark gewerblich orientierter Besiedlung. Der sich zw. Aschaffenburg und Freigericht am W-Rand des Vor-S. erstreckende Hahnenkamm (bis 436 m ü. M., bewaldet) bricht mit stellenweise über 300 m hoher Bruchstufe (Quarzitschiefer) zur Mainebene ab. Der von Buntsandsteinschichten bedeckte **Hohe S.** dagegen zeigt massige, ausgeprägte Hochflächen bildende Bergformen (Geiersberg 585 m ü. M.); die geschlossene Walddecke (urspr. Eichen und Buchen, heute im hess. Teil v. a. Kiefern und Fichten) ist nur von vereinzelten spätmittelalterl. Rodungssiedlungen in den wenigen Tälern unterbrochen. Im Hess. S. liegt Bad Orb. – Der S. ist der **Spehtshart** (Spechtswald) des Nibelungenliedes.

Spessartin [nach dem Vorkommen im Vorspessart] *der, -s/-e,* **Mangan|ton|granat,** zu den →Granaten gehörendes, orangefarbenes bis braunrotes Mineral der chem. Zusammensetzung Mn$_3$Al$_2$[SiO$_4$]$_3$; Härte nach Mohs 6,5–7,5, Dichte 4,2 g/cm³; eingewachsene Kristalle oder derbe Massen.

Spessartit [nach dem Spessart] *der, -s/-e,* ein Ganggestein aus der Gruppe der →Lamprophyre, im Wesentlichen aus Plagioklas und Hornblende, daneben u. a. aus Kalifeldspat und Augit bestehend; Vorkommen u. a. im Vorspessart, Odenwald, Erzgebirge und in der Lausitz.

Spessiwtzewa, Olga Alexandrowna, frz. Tänzerin russ. Herkunft, * Rostow 18. 7. 1895, † Nyack (N. Y.) 16. 9. 1991; Ballerina des Marientheaters in Petersburg, tanzte mehrere Spielzeiten (1917; 1921; 1927 und 1929) bei S. Diaghilews ›Ballets Russes‹, zu deren herausragenden Tänzerinnen sie zählte. S. zog sich 1939 von der Bühne zurück.

Spethmann, Hans, Geograph, * Lübeck 11. 12. 1885, † ebd. 19. 3. 1957; Privatdozent in Berlin (ab 1913) und Köln (ab 1922), Syndikus eines Unternehmens im Ruhrgebiet; bemühte sich um die Reform der Länderkunde mit stärkerer Betonung von Mensch, Wirtschaft und dynam. Entwicklung.

Werke: Dynam. Länderkunde (1928); Zwölf Jahre Ruhrbergbau. Aus seiner Gesch. von Kriegsanfang bis zum Französenabmarsch, 1914–25, 5 Bde. (1928–31); Das länderkundl. Schema in der dt. Geographie (1931); Das Ruhrgebiet im Wechselspiel von Land u. Leuten, Wirtschaft, Technik u. Politik, 3 Bde. (1933–38).

Speusippos, griech. **Speusippos,** griech. Philosoph, * um 408 v. Chr., † Athen 339 v. Chr.; Neffe Platons und dessen Nachfolger in der Leitung der (älteren) Akademie (→Platonismus). Trotz der Absicht, Platons Philosophie nicht zu verändern, finden sich Unterschiede, z. B. durch Umbildung der Ideenlehre in eine Zahlentheorie. In seinem Werk ›Ähnlichkeiten‹ versucht er, die Tier- und Pflanzenwelt vollständig nach Arten und Gattungen einzuteilen und die Klassifikationstypen jeweils durch ›Ähnlichkeiten‹ zu verbinden. Seine Schriften sind nur fragmentarisch erhalten.

Ausgabe: Academici scriptis, accedunt fragmenta, hg. v. P. Lang (1911, Nachdr. 1965).

H. J. Krämer: Platonismus u. hellenist. Philosophie (1972).

Speyer, 1) kreisfreie Stadt im Reg.-Bez. Rheinhessen-Pfalz, Rheinl.-Pf., 102 m ü. M., an der Mündung des Speyerbaches in den Oberrhein, 50 000 Ew.; kath. Bischofssitz, Sitz der Ev. Kirche der Pfalz (Prot. Landeskirche); Rechnungshof des Landes Rheinl.-Pf., Landesversicherungsanstalt, Landessozialgericht, Chem. Untersuchungsamt; Hochschule für Verwaltungswiss.en, Forschungsinstitut für öffentl. Verw., Landwirtschaftl. Untersuchungs- und Forschungsanstalt; Histor. Museum der Pfalz (mit Weinmuseum), Landesbibliothek, -archiv, Dom- und Diözesanmuseum, Technikmuseum. Die schon länger bestehende Metall verarbeitende und die traditionelle Druckindustrie wurden im Zusammenhang mit der 1956 vollendeten Rheinbrücke durch Flugzeugbau und elektrotechn. Industrie ergänzt; Rheinhafen seit 1853.

Stadtbild: Der am Hochufer des Rheins gelegene Dom (um 1030 unter Kaiser Konrad II. begonnen, 1061 geweiht, kurz vor 1082 bis 1106 unter Kaiser Heinrich IV. umgebaut und erweitert) ist das größte roman. Bauwerk Dtl.s und wurde 1981 von der UNESCO zum Weltkulturerbe erklärt. Die sechstürmige, dreischiffige, ungewöhnlich hohe Basilika ist mit überwältigendem Raumeindruck (fast 134 m lang), charakteristisch ist die Gliederung der Mittelschiffwände durch Blendarkaden. Apsis mit Zwerggalerie; Bauplastik von lombard. Steinmetzen. Die Krypta (1041 geweiht) ist die Grablege der Salier. An der N-Seite befindet sich die 1106 vollendete Afrakapelle, an der S-Seite die Doppelkapelle St. Emmeram (Taufkapelle um 1080 mit prächtigen Kompositkapitellen) und St. Katharinen. Der W-Bau wurde 1854–58 von H. Hübsch rekonstruiert. Die Ausmalung (1846–53 von Johann Schraudolph) wurde bei der Restaurierung (1957–66) bis auf die Bilder im Mittelschiff des Doms wieder entfernt. – Das Judenbad (Mikwe, 12. Jh.) ist in der Bauornamentik dem Dom verwandt. Die Dreifaltigkeitskirche (1701–17) zählt zu den bedeutendsten prot. Barockkirchen. Barockes Rathaus (1712–24). Die Protestationskirche (1893 begonnen) ist ein neugot. Bau, während die St. Josephskirche (1912–14) Elemente der Gotik und Renaissance aufgreift. Von der Stadtbefestigung ist der Tortum ›Altpörtel‹ (13. Jh., im 16. Jh. erneuert) erhalten. Das Histor. Museum der Pfalz, 1907–09 von G. von Seidl in Formen der dt. Renaissance errichtet, erhielt 1989 einen modernen Erweiterungsbau.

Geschichte: S., seit dem 1. Jh. v. Chr. als kelt. Siedlung (Oppidum) **Noviomagus** bekannt, wurde erstmals um 150 n. Chr. erwähnt. Um 10 v. Chr. sicherte hier ein röm. Kastell den Rheinübergang; seit um 200 röm. Name **Civitas Nemetum.** In nachröm. Zeit wuchsen die auf dem heutigen Stadtgebiet entstandenen Siedlungen **Alt-S.** und **Winternheim** mit einer bischöfl. (erste Erwähnung eines Bischofs 343) und einer Kaufmannssiedlung zu einer Ortschaft zusammen, die im 6. Jh. erstmals als **Spira** bezeugt wurde; 946 erhielt S. Markt- und Münzrecht, 969 wurde der Bischof Stadtherr. Mit dem Freiheitsbrief Kaiser Heinrichs V. begann 1111 die Stadtfreiheit, die 1294, als S. Freie Reichsstadt wurde, voll durchgesetzt werden konnte (Stadtrecht seit 1230 belegt). In der Folge war S. Schauplatz zahlr. Hof- und Reichstage; bekanntester Reichstag war der von 1529 mit der Protestation der ev. Reichsstände. 1527–1689 hatte das Reichskammergericht seinen Sitz in S. 1540 wurde die Reformation eingeführt. Die im Pfälz. Erbfolgekrieg 1689 fast völlig zerstörte Stadt (Wiederaufbau ab 1698) gehörte 1797–1813 zu Frankreich (Département Donnersberg; frz. Behörden-Verf.); 1816 wurde S. Kreishauptstadt der bayer. Pfalz, 1946 kreisfreie Stadt.

Gesch. der Stadt S., bearb. v. W. EGER, 3 Bde. ($^{1-2}$1983–89); Denkmaltopographie der Bundesrep. Dtl. Kulturdenkmäler in Rheinl.-Pf., Bd. 1: Stadt S. (^{2}1990); D. VON WINTERFELD: Die Kaiserdome S., Mainz, Worms u. ihr roman. Umland (1993).

2) kath. Bistum; wohl im 4. Jh. entstanden (erste Erwähnung eines Bischofs 346); bis 1801 Suffraganbistum von Mainz; 1801 wurde der linksrhein. Teil des Bistums frz. Staatsgebiet und auf die Bistümer Trier, Straßburg, v. a. aber Mainz aufgeteilt; das Bistum S. beschränkte sich nun auf die rechtsrhein. Gebiete. 1817 (durchgeführt 1821) wurde für die nun zu Bayern gehörene Pfalz ein neues Bistum S. als Suffraganbistum von Bamberg errichtet. 1827 wurde dann das rechtsrhein. Gebiet den Diözesen Rottenburg und Freiburg im Breisgau eingegliedert. – Bischof ist seit 1983 ANTON SCHLEMBACH (*1932). →katholische Kirche, ÜBERSICHT.

Lebensbilder der Bischöfe von S. seit der Wiedererrichtung des Bistums S. 1817/21, hg. v. H. AMMERICH (1992).

Speyer, Wilhelm, Schriftsteller, * Berlin 21. 2. 1887, †Basel 1. 12. 1952; emigrierte 1933 in die USA; schrieb u. a. die Jugendbücher ›Der Kampf der Tertia‹ (1927) und ›Die goldene Horde‹ (1931). Daneben entstanden Dramen und Erzählungen sowie im Exil der Roman ›Das Glück der Andernachs‹ (1947).

Speyerer Lini|e, Bez. für die sprachgeograph. Grenze zw. dem Westmitteldeutschen und dem Oberdeutschen (appel/apfel-Linie); bildet u. a. mit der Uerdinger Linie und der Benrather Linie den →rheinischen Fächer der hochdt. Lautverschiebung.

Spezia, La S., ital. Stadt, →La Spezia.

Spezialbanken, im Ggs. zu den Universalbanken auf bestimmte Geschäftsbereiche spezialisierte Kredit-Inst., u. a. Realkredit- und Teilzahlungskredit-Inst., Kredit-Inst. mit Sonderaufgaben, Bausparkassen, Kapitalanlagegesellschaften, Bürgschaftsbanken.

Spezialgrößen, Sondergrößen, *Konfektion:* von den Standardgrößen **L** (Abk. für engl. large ›groß‹) für große Personen, **M** (Abk. für engl. middle ›mittel‹) für mittelgroße Personen und **S** (Abk. für engl. small ›klein‹) für kleine Personen abweichende Größenmaße, z. B. **XL** (Abk. für engl. extra large ›extra groß‹), **XXL** (Abk. für engl. extra extra large ›extrem groß‹), **XS** (Abk. für engl. extra small ›extra klein‹) und **XXS** (Abk. für engl. extra extra small ›extrem klein‹). – Zu den S. zählen auch die **Übergrößen,** z. B. in der Herrenkonfektion die Konfektionsgrößen ab Größe 56 aufwärts.

Spezialhandel, →Außenhandelsstatistik.

Spezialisation [frz., zu lat. specialis ›eigentümlich‹, zu Spezies] *die, -/-en, Biologie:* Bez. für die Umformung von Organismen in Richtung einer zunehmenden Eignung für besondere, enger gefasste Lebensbedingungen. Beispiel einer S. ist der Übergang zur Höhlen bewohnenden Lebensweise beim Höhlenbären der Eiszeit. S. kann zur Einengung der weiteren Entwicklungsmöglichkeiten und damit zur Gefährdung der betroffenen Arten, bes. im Verlauf von Umweltveränderungen, führen.

Spezialität [frz. zu lat. specialitas ›besondere Beschaffenheit‹] *die, -/-en,* **1)** *allg.:* Besonderheit; Fachgebiet, Liebhaberei.

Speyer 1): links Dom von Osten (1061 geweiht); rechts Altpörtel (13. Jh., im 16. Jh. erneuert)

2) *Finanzwissenschaft:* ein Haushaltsgrundsatz (→Haushaltsplan).

3) *Pharmazie:* Abk. **Spez.,** Handelspräparat (Fertigarzneimittel), das von der pharmazeut. Industrie in den Verkehr gebracht wird. (→Arzneimittel)

4) *Recht:* im Strafrecht Form der →Gesetzeskonkurrenz, bei der eine speziellere Norm eine allgemeinere verdrängt, z. B. die Tötung auf Verlangen (§ 216 StGB) den Totschlag (§ 212 StGB). – Im Völkerrecht der Grundsatz, wonach die Strafverfolgung eines ausgelieferten Straftäters nur wegen der Tat erfolgen darf, derentwegen die Auslieferung bewilligt wurde.

Spezial|lager, Sonderlager, in der SBZ 1945–50 vom NKWD eingerichtete Internierungslager für – nach amtl. Sprachregelung – ›Verhaftete ..., die verbrecher. Handlungen ... begangen haben‹. Sie dienten der ›völligen Isolierung‹ der (ohne Haftbefehl und Ermittlungsverfahren) Inhaftierten. Weit über den amtl. Zweckbestimmung hinaus wurden neben Aktivisten der NSDAP und ihrer Sonderorganisationen Minderbelastete und Mitläufer, denunzierte missliebige Personen, die den sowjet. Zielen im Wege standen (Großbauern, Selbstständige, Lehrer, Verleger, Schriftsteller, Wissenschaftler u. a.) oder jugendl. ›Werwolfverdächtige‹ in diesen S. festgesetzt. Von den 10 bzw. 11 S. bestanden diejenigen in den ehem. natsoz. KZ Buchenwald und Sachsenhausen (1945–50), in den ehem. Kriegsgefangenenlagern Mühlberg/Elbe und Fünfeichen (beide 1945–48), im ehem. SS-Straflager Jamlitz bei Lieberose (1945–47) sowie in Torgau (S. ›Nr. 10‹; 1946–48) am längsten; bis 1947 wieder aufgelöst wurden die S. Berlin-Hohenschönhausen, Frankfurt (Oder), Ketschendorf und Torgau (S. ›Nr. 8‹).

Bis 1950 waren in den S. (nach sowjet. Angaben) über 157 000 Personen, davon über 120 000 Deutsche, inhaftiert, von denen über 42 000 starben (u. a. an Mangelerkrankungen) und auf undefinierten Grabfeldern beerdigt wurden, 756 wurden von sowjet. Militärgerichten zum Tode verurteilt. Andere Angaben, unterlegt durch Grabungsfunde 1992, gehen von einer weit höheren Anzahl von Inhaftierten und Toten aus. Über 45 000 Personen wurden aus den S. entlassen, 3 432 Internierte 1950 den DDR-Behörden übergeben und abgeurteilt (u. a. Waldheimer Prozesse).

A. KILIAN: Einzuweisen zur völligen Isolierung. NKWD-S. Mühlberg/Elbe 1945–1948 (1992); B. PRIESS: Unschuldig in

Speziallager: Interner Briefkopfstempel des NKWD ›NKWD UdSSR Spez. Lager Nr. 1 der Besatzungstruppen‹

Speziestaler
(Braunschweig-Wolfenbüttel, 1795;
Durchmesser 38 mm)

Vorderseite

Rückseite

den Todeslagern des NKWD 1946-1954 (⁴1995); Sowj. S. in Dtl. 1945 bis 1950, hg. v. S. MIRONENKO u. a., auf mehrere Bde. ber. (1998 ff.).

Spezialslalom, *alpiner Skisport:* andere Bez. für den →Slalom, insofern dieser als Einzelkonkurrenz und nicht als Kombinationsslalom ausgetragen wird.

Spezialspringen, *nord. Skisport:* →Skispringen.

Speziallundation, *Geologie:* die →Diktyogenese.

Spezialwerte, *Börsenwesen:* Aktien meist kleinerer Unternehmen, die z. T. nur an den Regionalbörsen gehandelt werden, im Ggs. zu den Standardwerten.

Speziation [zu Spezies] *die, -/-en, Biologie:* die Artbildung (→Art).

spezielle Relativitätstheorie, →Relativitätstheorie.

spezielle Soziologie, die Gesamtheit der soziolog. Teildisziplinen, in denen soziolog. Theorien, Methoden und Modelle im Hinblick auf gesellschaftl. Teilbereiche und bestimmte umgrenzte Themenstellungen angewendet werden. Aus dem jeweiligen Gegenstandsbereich ergibt sich eine spezielle Beziehung zur allgemeinen Soziologie, sei es, dass bestimmte Methoden und Modelle bes. zum Zuge kommen, sei es, dass sich bestimmte Annahmen der allgemeinen Soziologie im Hinblick auf die jeweiligen Teilbereiche spezifizieren lassen müssen. Zu den s. S. gehören z. B. Wirtschafts-, Rechts-, Familien-, Medizin- und Bildungssoziologie, wobei sich einzelne s. S. wieder in Untergebiete gliedern lassen; so die Soziologie des Lebenslaufs in Jugend-, Erwachsenen- und Alterssoziologie. (→allgemeine Soziologie)

Spezies [lat. species ›äußere Erscheinung‹, ›Art‹, zu specere ›sehen‹] *die, -/-, 1) allg.:* besondere, bestimmte Art oder Sorte von etwas.

2) *Biologie:* **Species,** die →Art.

Spezieskauf, Stückkauf, Kauf einer individuell festgelegten, nicht lediglich der Gattung nach bestimmten Sache, z. B. Kauf eines vom Käufer besichtigten Pferdes; Ggs.: →Gattungskauf.

Speziesschuld, die Verpflichtung zur Leistung einer bestimmten Sache; im Unterschied zur Gattungsschuld (→Gattungskauf).

Speziestaler, Speciestaler, Species, konkret als Münze vorhandener Taler im Unterschied zum Rechnungstaler (→Rechnungsmünze). Bis Mitte des 18. Jh. wurden die im 9-Taler-Fuß nach der Reichsmünzordnung ausgebrachten Taler als S. bezeichnet, danach auch die Konventionstaler (→Konventionsfuß). Die S. wurden offiziell mit 32 Groschen bewertet, während der Rechnungstaler eine Wertgröße von 24 Groschen darstellte. Bis 1873 galt in Norwegen 1 Rigsdaler Species = 120 Skilling; in Schweden war 1 Riksdaler Species urspr. 48 Skilling, zw. 1855 und 1873 galt 1 Riksdaler Species = 100 Öre.

Spezifikation [mlat. specificatio ›Auflistung‹, ›Verzeichnis‹] *die, -/-en, 1) allg.:* Einzelaufzählung, Einzelbezeichnung, Gruppierung; Unterteilung der Gattung (Genus) in Arten (Species).

2) *Informatik:* →Softwaretechnik.

3) *Zivilrecht:* **Verarbeitung,** die Herstellung einer neuen bewegl. Sache durch Verarbeiten oder Umbilden eines oder mehrerer Stoffe. U. U. wird der Hersteller Eigentümer der Sache, muss dann aber Geldersatz leisten (§ 950 f. BGB). Nach der Rechtsprechung kann vereinbart werden, wer als Hersteller anzusehen ist. – Ähnl. gesetzl. Regelungen enthalten für *Österreich* §§ 414 ff. ABGB und die *Schweiz* Art. 726 ZGB. – **S.-Kauf** ist der Handelskauf einer bewegl. Sache, bei dem dem Käufer die nähere Bestimmung über Form, Maß oder ähnl. Verhältnisse vorbehalten ist. Kommt der Käufer mit dieser Verpflichtung in Verzug, so kann an seiner Stelle der Verkäufer die Bestimmung vornehmen, Schadensersatz wegen Nichterfüllung fordern oder vom Vertrag zurücktreten (§ 375 HGB).

Spezifikum [lat.] *das, -s/...ka, 1) allg.:* Besonderheit, Eigentümlichkeit, spezif. Merkmal.

2) *Pharmakologie:* Arzneimittel, das gegen eine bestimmte Krankheit oder einen bestimmten Erreger wirksam ist.

spezifisch [frz. spécifique, von spätlat. specificus ›von besonderer Art‹], **1)** *allg.:* charakteristisch, typisch, eigentümlich.

2) *Medizin:* Bez. für charakterist. Symptome einer Krankheit oder eine ursächlich wirkende Krankheitsbehandlung, auch für selektiv reagierende Antikörper oder Immunzellen.

3) *Physik* und *Technik:* auf eine bestimmte Größe (z. B. Masse, Volumen, Fläche, Stoffmenge) bezogene Stoffeigenschaften; nach DIN 5485 soll der Begriff nur bei Verwendung der Masse als Bezugsgröße benutzt werden (z. B. spezif. Ladung, spezif. Volumen).

spezifisch-dynamische Wirkung, Abk. **SDW,** *Physiologie:* nach M. RUBNER die nach einer Nahrungsaufnahme auftretende Stoffwechselsteigerung. Bezieht man diese Umsatzsteigerung (in Joule) auf den Joule-Wert der aufgenommenen Nahrung, so erhält man eine Verhältniszahl (in Prozenten ausgedrückt); sie beträgt im Mittel bei Eiweiß 11–18 %, bei Kohlenhydraten 4–9 % und bei Fetten 2–4 %. Als Gesamtdurchschnitt der SDW für die in unseren Breiten übl. Ernährung bringt man 10 % in Ansatz.

spezifische Ausstrahlung, Formelzeichen M, M_e, eine Strahlungsgröße, definiert als Ableitung der Strahlungsleistung Φ_e nach der Fläche A, von der diese ausgeht, $M_e = \mathrm{d}\Phi_e/\mathrm{d}A$, d. h. als Quotient aus der von einer Fläche ausgehenden Strahlungsleistung und dieser Fläche. SI-Einheit ist W/m². Die **spektrale s. A.** ist die →spektrale Dichte der s. A. – Die der s. A. entsprechende photometr. Größe bzw. Photonengröße ist die spezif. →Lichtausstrahlung M_v bzw. die spezif. Photonenausstrahlung M_p mit dem Photonenstrom anstelle der Strahlungsleistung. (→photometrische Größen, ÜBERSICHT)

spezifische Drehzahl, Kennzahl für die zweckmäßige Auslegung einer Strömungsmaschine, die, abhängig von Drehzahl, Volumenstrom und Strömungsarbeit bzw. Druckgefälle, charakteristisch für die Form des Laufrads ist; unterschiedl. Definitionen, meist dimensionsbehaftet (Einheit min⁻¹). Die s. D. für eine gewählte Radform kann an einem geometrisch ähnl. Modellrad ermittelt werden.

spezifische Ionisation, die Anzahl der Ionenpaare oder Ion-Elektron-Paare, die in einem Medium von einem ionisierenden Teilchen je Wegstreckeneinheit gebildet werden. Die s. I. ist eine Funktion der Ladung und der Geschwindigkeit der ionisierenden Teilchen und kann mit geeigneten Vorrichtungen (z. B. Zählerteleskopen) zu deren Identifizierung und zur Bestimmung ihrer Geschwindigkeit benutzt werden.

spezifische Ladung, der Quotient aus elektr. Ladung Q und Masse m; wichtig insbesondere bei Elementarteilchen, da die s. L. einer direkten Messung zugänglich ist.

spezifische Reaktion, chem. oder biochem. Reaktion, die bei festgelegten Reaktionsbedingungen nur von einem bestimmten Ion bzw. einer Verbindung oder einer Atomgruppierung eingegangen wird, nicht aber von anderen, gleichzeitig anwesenden Stoffen. S. R. dienen häufig als analyt. Nachweisreaktionen, z. B. die Reaktion von Nickelionen mit Dimethylglyoxim (Biacetyldioxim) zu himbeerrotem, schwer lösl. Nickeldimethylglyoxim. Von **regiospezifischer Reaktion** spricht man, wenn von mehreren gleichartigen Atomgruppierungen nur diejenige eine Reaktion eingeht, die sich in einer ganz bestimmten Position des Moleküls befindet.

spezifischer Impuls, auf die Durchsatzmasse bezogener Schub als Kenngröße zur Charakterisierung von Raketentriebwerken und Treibstoffen.

spezifischer Widerstand, Kurz-Bez. für **spezifischer elektrischer Widerstand, Resistivität,** Materialkonstante ϱ, die mit dem elektr. →Widerstand R über die Beziehung $\varrho = R \cdot A / l$ verknüpft ist (A Querschnitt, l Länge des Leiters); SI-Einheit ist $\Omega \cdot$ m. Der Kehrwert des s. W. ist die elektr. →Leitfähigkeit.

spezifischer Widerstand einiger chemischer Elemente (in Einheiten von $10^{-8} \Omega \cdot$ m, bei 273 K)	
Aluminium 2,417	Silber 1,467
Eisen 8,57	Wolfram 4,8
Gold 2,051	Halbleiter,
Kohlenstoff 1357	je nach Art und Grad
Kupfer 1,534	der Verunreinigung
Phosphor (weiß) . . $1 \cdot 10^{17}$	typischer-
Platin 10,6	weise . . . . 10^4 bis 10^{13}

spezifische Sinnesenergi|en, Bez. für die erstmals von J. P. MÜLLER beschriebene Tatsache, dass die Sinne in Bezug auf Reizungen nur spezifisch reagieren können, z. B. reagiert das Auge auf Stoß nur mit Lichtempfindung.

spezifische Steuer, die →Mengensteuer.

spezifisches Volumen, Formelzeichen v, der Quotient aus dem Volumen V und der Masse m einer Stoffportion: $v = V/m$. Der Kehrwert des s. V. ist die Massendichte (→Dichte).

spezifische Wärmekapazität, früher **spezifische Wärme,** Formelzeichen c, diejenige Wärmemenge, die erforderlich ist, um 1 kg eines bestimmten Stoffs um 1 K zu erwärmen; SI-Einheit J/(kg · K). Die s. W. ist eine Stoffeigenschaft und berechnet sich als die auf die Masse m des betreffenden Stoffs bezogene →Wärmekapazität C, d. h. $c = \Delta Q/(m \cdot \Delta T) = C/m$ (ΔQ zugeführte Wärme, ΔT Temperaturänderung). Bezeichnet c_V die s. W. bei konstantem Volumen V, c_p die s. W. bei konstantem Druck p, so gilt stets $c_p > c_V$, weil bei konstant gehaltenem Druck ein Teil der zugeführten Wärme in Volumenarbeit umgewandelt wird. – I. Allg. bevorzugt man die →molare Wärmekapazität. Man erhält diese (analog zur Atomwärme als molare Wärmekapazität eines Elements) durch Multiplikation der s. W. mit der molaren Masse.

Sphaeriidae [griech.], die →Kugelmuscheln.

Sphaerotilus natans [griech. und lat.], als ›Abwasserpilz‹ bezeichnetes Bakterium, das sich in verschmutzten Fließgewässern massenhaft vermehren und Rohre und Gräben völlig verstopfen kann. Die Bakterien bilden lange, aus Ketten von Einzelzellen (polar begeißelt, gramnegativ) bestehende Fäden, die in einer röhrenförmigen Scheide eingeschlossen sind. Die Hüllsubstanz ist ein Heteropolysaccharid; Vermehrung erfolgt innerhalb der Scheide durch Querteilung; bewegl. Einzelzellen können die Hülle verlassen und die Bildung eines neuen Fadens einleiten.

Sphagnum [griech.], die Laubmoosgattung →Torfmoos.

Sphalerit [zu griech. sphalerós ›trügerisch‹] der, -s/-e, das Mineral →Zinkblende.

Sphäre [lat. sphaera, von griech. sphaîra ›(Himmels)kugel‹] die, -/-n, **1)** allg.: Bereich, Gesichts-, Wirkungskreis.

2) *Astronomie:* die →Himmelskugel.

Sphärenharmonie, Übertragung der Gesetze musikal. Harmonie auf die Bewegungen der Himmelskörper (Mond, Sonne, Planeten, Sterne); geht auf die von älteren Pythagoreern (u. a. ARCHYTAS VON TARENT) herrührende Vorstellung zurück, dass die Gestirnsphären (im geozentr. System) in ihren Abständen und Rotationsgeschwindigkeiten zueinander harmonisch angeordnet sind, wobei die bei ihrer Bewegung entstehenden Töne (Sphärenmusik) den harmon. Tönen der diaton. Skala entsprechen. PLATON und bes. J. KEPLER nahmen an, dass diese Harmonien nur dem ›geistigen‹ Ohr erkennbar seien.

sphärisch, die [Himmels]kugel betreffend; auf eine Kugel oder die Oberfläche einer Kugel bezogen.

sphärische Aberration, *Optik:* →Abbildungsfehler.

sphärische Geometrie, der Teilbereich der nichteuklid. Geometrie, der sich mit der Kugeloberfläche (Sphäre), insbesondere mit dem sphär. Dreieck beschäftigt.

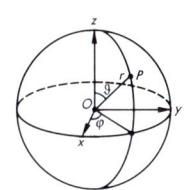

sphärische Ko|ordinaten, Kugelko|ordinaten, räumliche Polar|koordinaten, der Geometrie von Kugeloberflächen angepasste →Koordinaten des dreidimensionalen Raumes. Das Bezugssystem für s. K. bilden eine auch als Äquator- oder Polarebene bezeichnete Ebene E, in der ein Nullpunkt oder Pol O als Bezugspunkt des Koordinatensystems ausgezeichnet ist, eine in dieser Ebene liegende, durch O verlaufende und die Nullrichtung auszeichnende Bezugsgerade (Polarachse) sowie eine senkrecht zur Ebene durch O verlaufende und die Nordrichtung kennzeichnende Achse. Die s. K. eines Punktes P sind, bezogen auf die Verbindungsstrecke $\overline{OP}$, dessen Länge r, der im mathematisch positiven Drehsinn angegebene Winkel φ zw. Polarachse und der Projektion von $\overline{OP}$ auf E sowie der Winkel ϑ zw. $\overline{OP}$ und E. Bezogen auf ein kartes. Koordinatensystem x, y, z mit Ursprung im Pol, xy-Ebene in der Polarebene und positiver x- und z-Achse in Null- bzw. Nordrichtung lauten die Transformationsgleichungen für die s. K. (r, φ, ϑ):

$$x = r \cos \varphi \sin \vartheta, \ y = r \sin \varphi \sin \vartheta, \ z = r \cos \vartheta$$

(mit $r \geq 0$, $0 \leq \varphi < 2\pi$, $0 \leq \vartheta < \pi$) sowie

$$r = \sqrt{x^2 + y^2 + z^2}, \ \vartheta = \arccos \frac{z}{r}, \ \varphi = \arctan \frac{y}{z}.$$

sphärische Korrektion, bei abbildenden opt. Systemen die →Korrektion des Öffnungsfehlers (Abbildungsfehler).

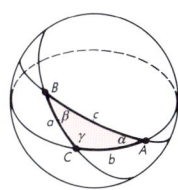

sphärisches Dreieck, Kugeldreieck, ein Dreieck auf der Kugeloberfläche, dessen Seiten Großkreisbögen sind. Die Winkelsumme δ ist (im Unterschied zum ebenen Dreieck) stets größer als π (= 180°), die Differenz $\varepsilon = \delta - \pi$ heißt **sphärischer Exzess;** der Flächeninhalt errechnet sich aus $\varepsilon \cdot r^2$, wobei r der Kugelradius ist. Die Geometrie des s. D. wird in der →sphärischen Trigonometrie behandelt.

sphärische Trigonometrie, eine ellipt. Geometrie (→nichteuklidische Geometrie), die sich mit der Geometrie auf der Kugel, insbesondere der Berechnung →sphärischer Dreiecke mithilfe von Winkelfunktionen befasst und z. B. Anwendung in der Astronomie (astronom. Koordinaten), Navigation und Geodäsie findet. In der s. T. stellen Großkreise die Geraden dar. Die bei der Berechnung eines sphär. Dreiecks in Abhängigkeit der gegebenen Seiten und Winkel auftretenden sechs Grundaufgaben lassen sich mit dem **Sinussatz der s. T.**

$$\frac{\sin a}{\sin \alpha} = \frac{\sin b}{\sin \beta} = \frac{\sin c}{\sin \gamma},$$

dem **Seitenkosinussatz der s. T.**

$$\cos a = \cos b \cos c + \sin b \sin c \cos \alpha$$

und dem **Winkelkosinussatz der s. T.**

$$\cos \alpha = -\cos \beta \cos \gamma + \sin \beta \sin \gamma \cos a$$

lösen, wobei sich die entsprechenden Gleichungen für $\cos b$, $\cos c$, $\cos \beta$ und $\cos \gamma$ durch zykl. Vertauschen der Variablen ergeben. Sind die Seiten eines sphär. Dreiecks so klein, dass $\sin a$ gegen a und $\cos a$ gegen

sphärische Koordinaten: r, φ, ϑ eines Raumpunkts P

sphärisches Dreieck

$1-a^2/2$ tendiert, so gehen der Sinussatz und der Seitenkosinussatz der s. T. in den Sinussatz bzw. Kosinussatz der Ebene über. Dem Halbwinkelsatz in der ebenen Trigonometrie entsprechen in der s. T. der **Halbseitensatz** und der **Halbwinkelsatz der s. T.** Die Aussagen über das rechtwinklige sphär. Dreieck sind einfacher aus der →neperschen Regel ableitbar.

Sphäroid [zu griech. sphairoeidés ›kugelförmig‹] *das, -(e)s/-e*, i. w. S. ein kugelähnl. Körper oder eine von einer Kugel wenig abweichende Fläche; i. e. S. Bez. für ein Rotationsellipsoid (→Ellipsoid); in der *Geodäsie* die mathematisch behandelbare Normalfigur des Erdkörpers, i. Allg. ein →Niveausphäroid oder ein an den Polen abgeplattetes Rotationsellipsoid (→Referenzellipsoid).

sphärolithisch [zu Sphäre und griech. lithos ›Stein‹], Gefüge-Bez. von magmat. Gesteinen, bei dem die mineral. Gemengteile rundlich-kugelige Aggregate und schalige oder radialstrahlige Anordnung (Sphärolithe, Sphärite) aufweisen; es bildet sich häufig bei der Entglasung von vulkan. Gesteinen.

Sphärometer *das, -s/-*, Messgerät zur Bestimmung des Krümmungsradius von sphär. (kugelförmigen) Flächen bei Werkstücken, insbesondere bei Linsen.

Sphärosiderit, Mineral, →Siderit.

Sphärozyten [zu Sphäre und griech. kýtos ›Höhlung‹, ›Wölbung‹], *Sg.* **Sphärozyt** *der, -en*, **Kugelzellen**, abnorm geformte rote Blutkörperchen, die anstelle der bikonkaven Scheibenform eine Kugelgestalt aufweisen; typ. Veränderung bei Beginn einer Hämolyse und kennzeichnend für die →Kugelzellenanämie.

Sphen [griech. ›Keil‹] *der, -s/-e*, aufgewachsene Kristalle des Minerals →Titanit.

Sphenoide [zu griech. sphēnoeidés ›keilförmig‹], *Sg.* **Sphenoid** *das, -(e)s*, allgemeine und spezielle Kristallformen der monoklin-sphenoid. Kristallklasse; **Bi-S.** bilden als geschlossene Formen u. a. die allgemeinen Kristallformen der rhombisch-disphenoid. und der tetragonal-disphenoid. Klassen sowie versch. spezielle Formen. (→Kristall, ÜBERSICHT)

Sphenophyllales [griech.], die ausgestorbene Pflanzengruppe →Keilblattgewächse.

Spherics [ˈsferɪks, engl.], kurz für englisch At**mospherics** [ætməˈsferɪks, engl.], **Sferics**, elektromagnet. Störungen in der Atmosphäre, verursacht durch Blitze u. a. Entladungsvorgänge in Gewitterwolken, über große Entfernungen hörbar als knackende und brodelnde Geräusche in Rundfunkempfängern.

Sphingidae [griech.], die →Schwärmer.

Sphingo|lipidosen [zu griech. sphíngein ›zusammenbinden‹], größte Gruppe der Fettspeicherkrankheiten mit Ansammlung von Sphingolipiden infolge versch. Enzymstörungen. Zu den S. gehört z. B. die Niemann-Pick-Krankheit (→Lipoidspeicherkrankheiten).

Sphingo|myeline [zu griech. sphíngein ›zusammenbinden‹ und myelós ›Mark‹], *Sg.* **Sphingo|myelin** *das, -s*, strukturell den →Phosphatiden ähnl. Verbindungen (Lipide), die aus Cholin, Phosphorsäure, Sphingosin und einer (amidartig an die Aminogruppe des Sphingosins gebundenen) Fettsäure bestehen. S. sind v. a. in der Hirnsubstanz und im Myelin des Zentralnervensystems enthalten.

Sphingosin [zu griech. sphíngein ›zusammenbinden‹], ein ungesättigter, zweiwertiger Aminoalkohol (chemisch das 2-Amino-4-trans-octadecen-1,3-diol), der als Baustein der Sphingomyeline sowie anderer Lipide (Cerebroside, Ganglioside, Sulfatide) in der Natur vorkommt.

Sphinkter [griech., zu sphíngein ›zusammenbinden‹] *der, -s/...'tere*, ringförmig um eine Öffnung liegender Muskel zum Verkleinern oder Schließen (Schließmuskel). S. aus quer gestreifter Muskulatur sind dem Willen unterworfen, z. B. der S. des Mundes, der Harnblase, des Mastdarms; S. aus glatter Muskulatur öffnen sich reflektorisch auf Nervenreize, z. B. der S. des Pförtners am Magen.

Sphinkterotomie [zu griech. tomḗ ›das Schneiden‹] *die, -/...'miǀen*, die →Papillotomie.

Sphinkter|sklerose, Sphinkterstarre, Blasenschließmuskelstarre, v. a. bei Männern auftretende, durch Entzündungsvorgänge der umgebenden Organe (v. a. Prostata, Samenblase) oder angeborene Hypertrophie hervorgerufene sklerot. Umwandlung und Starre des Blasenschließmuskels, die zu →Harnabflussstörungen führt. Die *Behandlung* erfolgt durch Elektroresektion des Blasenhalses.

Sphinx: Fragment einer geflügelten Sphinx eines Athener Bildhauers; 560 v. Chr. (Athen, Archäologisches Nationalmuseum)

Sphinx [griech., vielleicht zu sphíngein, in der Bedeutung ›(durch Zauber) festbinden‹] *die, -/-e* und ([archäologisch] fachsprachlich) *der, -/-e* und '*Sphingen*, im *griech. Mythos* ein Ungeheuer mit Frauenkopf und dem Leib eines geflügelten Löwen, Tochter des Typhon und der Schlange Echidna. Die S. hauste auf einem Berg in der Nähe von Theben oder auf einer Säule auf dem Marktplatz von Theben und tötete jeden, der ihr Rätsel nicht lösen konnte. Dieses Rätsel lautete: Es gibt auf der Erde ein Zweifüßiges, ein Vierfüßiges und ein Dreifüßiges, das als einziges Lebewesen seine Gestalt ändert; wenn es sich mit den meisten Füßen fortbewegt, ist seine Schnelligkeit am geringsten. Ödipus erriet, dass der Mensch gemeint sei, der als Kind auf Händen und Füßen kriecht, als Erwachsener auf zwei Beinen geht und als Greis den Stock zu Hilfe nimmt. Daraufhin stürzte sich die S. in die Tiefe, Theben war befreit, aber das trag. Schicksal des Ödipus nahm seinen Lauf.

Im *Alten Orient* ist der S. eine männl. Mischgestalt mit dem Körper eines Löwen und dem Kopf eines Menschen, (als ungeflügelter S.) eine Schöpfung des alten Ägypten. Er war dort eine Wächterfigur an Tempeleingängen und in den Dreifüßigen; teilweise verkörperte er mit königl. Porträt auch die Königsmacht und Horus oder auch andere Götter. S. kommen auch mit Falken- oder Widderkopf vor. 20 m hoch und 57 m lang ist der S. von Giseh (BILD →ägyptische Kultur). Im 2. Jt. v. Chr. wurde der S. von Vorderasien übernommen, z. B. in Mari (Wandmalerei), häufig in der Glyptik (auch geflügelt), als Großplastik v. a. bei den Hethitern, z. B. in Alaca Hüyük (Sphingentor). Daneben gibt es eine Variante mit Löwen- und Menschenkopf (Orthostatenrelief aus Karkemisch). S. trugen auch Säulen oder Standbilder (z. B. in Sakçagözü; Tell Halaf). In Mykene ist eine (weibl.) S. belegt (kleiner weibl. Stuckkopf). Die Phöniker stellten S. mit menschl. oder Falkenkopf (auf Elfenbein, Bronzeschalen, Siegeln) schreitend mit Schwingen dar, phönikisch sind ggf. der Schurz oder die Frisur, ägyptisierend sind Sonnenscheibe, Pektorale, Uräusschlange oder Doppelkrone. Die Griechen übernahmen das (geflügelte) und von ihnen weiblich aufgefasste oriental. Fabeltier Ende des 8. Jh. v. Chr. in der Kleinkunst (korinth. Vasen) rein dekorativ und seit dem späten 7. Jh. auch in der monumentalen Plastik als Wächter von Grab und Tempel; anscheinend hatte die S. bei ihnen den Charakter eines Todesdämons. Sie war auch im Hellenismus und in der röm. Kultur häufig anzutreffen. S. kamen auch in der Kunst des MA. (roman. Kapitellschmuck) vor, später bes. im 18. (Gartenskulpturen) und 19. Jh.; in der Malerei des Symbolismus wurden sie durchweg als weiblich, auch als androgyn aufgefasst. (Weitere BILDER →Arslan-Tasch, →Hermonax, →Khnopff, Fernand, →Ödipus)

H. DEMISCH: Die S. Gesch. ihrer Darst. von den Anfängen bis zur Gegenwart (1977); H. REMMLER: Das Geheimnis der S. (²1995); R. BAUVAL u. G. HANCOCK: Der Schlüssel zur S. (a. d. Engl., 1996).

Sphinxhaube, altägypt. königl. Kopftracht, ein über der Stirn von einem Band zusammengehaltenes Tuch, das zu beiden Seiten des Gesichts und am Hinterkopf lose herabhing; benannt nach der Haube des Sphinx von Giseh.

Sphragistik [zu griech. sphragistikós ›zum Siegeln gehörig‹, zu sphragis ›Siegel‹] *die, -*, **Siegelkunde**, Lehre von den Siegeln, eine histor. Hilfswiss., die sich mit dem Vorkommen, der Echtheit, der rechtl. Bedeutung und den Formen der Siegel beschäftigt und die Verbindung zu den Nachbarwissenschaften, v. a. der Numismatik, der Heraldik und der Kunstgesch. (Siegel als Kleinkunstwerk), herstellt. Die Anfänge der S. reichen zurück bis in die Zeit des sich ausbreitenden Gebrauchs des Siegels als Beglaubigungs- und Verschlussmittel im 12. Jh., als die päpstl. Kanzlei mit dem ›Decretale de crimine falsi‹ INNOZENZ' III. das Erkennen von Siegelbetrug behandelte und die Kirchenrechtsglossatoren (BERNHARD VON PAVIA, † 1213) begannen, sich mit der rechtl. Bedeutung des Siegels auseinander zu setzen. Die moderne S. wurde im 17. Jh. von J. MABILLON (›De re diplomatica libri VI‹, 2 Bde., 1681) als Nebendisziplin der Urkundenlehre begründet und fand in den im 19. Jh. begonnenen großen Siegelsammlungen (bes. des Nationalarchivs in Paris seit 1830) und in zahlr., meist ›Corpus‹ genannten Veröffentlichungen ihren Niederschlag.

W. EWALD: Siegelkunde (1914, Nachdr. 1978); A. DE BOÜARD: Manuel de diplomatique française et pontificale, 4 Tle. (Paris 1929–48); M. PASTOUREAU: Les sceaux (Turnhout 1981); E. HENNING u. G. JOCHUMS: Bibliogr. zur S. (1995).

Sphygmographie [zu griech. sphygmós ›Puls‹] *die, -/... phien,* zu diagnost. Zwecken vorgenommene Aufzeichnung der arteriellen Blutdruckschwankungen (Pulskurve) mit einem **Sphygmographen,** der eine graf. Darstellung der über einen Messfühler aufgenommenen Werte durch pneumatisch-mechan. oder elektr. Übertragung ermöglicht.

Sphygmo|manometer [zu griech. sphygmós ›Puls‹], das von S. RIVA-ROCCI eingeführte Gerät zur unblutigen Messung des Blutdrucks mithilfe einer Druckmanschette.

Sphyraenidae [griech.], die →Barrakudas.

Sphyrnidae [griech.], die →Hammerhaie.

Spica, der Stern →Spika.

spiccato [ital. spiccare ›(klar) hervortreten‹], Abk. **spicc.,** bei Streichinstrumenten eine Strichart, bei der die Töne deutlich abgesetzt mit wechselndem, geworfenem Strich gespielt werden, zw. staccato und sautillé.

spicken [zu Speck], *Kochkunst:* magere Fleischstücke oder Fisch mit der **Spicknadel** mit Speckstreifen durchziehen, um den Braten saftig zu erhalten.

Spiegel [ahd. spiagal, über das Roman. von gleichbedeutend lat. speculum], 1) *Geologie:* 1) der Faltenspiegel (→Falte); 2) der Spiegelharnisch (→Harnisch).

2) *graf. Technik:* 1) Kurz-Bez. für →Satzspiegel; 2) der Teil des →Vorsatzes, der sich auf der Innenseite des Buchdeckels befindet.

3) *Holzwirtschaft:* →Spiegelschnitt.

4) *Jägersprache:* Bez. für 1) den (auch **Scheibe** genannten) weißen bzw. heller gefärbten Fleck um den After von Reh-, Rot- und Damwild, 2) den (auch **Achselfleck** genannten) weißen Fleck am Vorderrand der Flügel vor dem Flügelbug beim Auer- und Birkhahn, 3) die Zone mit den schwarzblauweiß gebänderten Federn am Flügelbug des Eichelhähers, 4) die auffällige, artspezifisch gefärbte, metallisch schimmernde Zone am Hinterrand der Armschwingen bei versch. Entenarten (z. B. dunkelblau bei der Stockente).

5) *Literaturgeschichte:* im MA. Buchtitel für belehrende, moralisch-religiöse, jurist. und satir. Werke, meist in Prosa; zunächst für lat. Werke verwendet **(Speculum);** erste dt. S. sind Rechtsbücher, z. B. ›Deutschen-S.‹, ›Sachsen-S.‹, ›Schwaben-S.‹. (→Fürstenspiegel)

H. GRABES: Speculum, Mirror u. Looking-Glass. Kontinuität u. Originalität der S.-Metapher (1973).

6) *Militärwesen:* Kurz-Bez. für →Kragenspiegel.

7) *Mode:* Reversbesatz aus Seide oder Samt an Frack und Smoking.

Spiegel 8): links ägyptischer Bronzespiegel; um 1500 v. Chr. (Berlin, Ägyptisches Museum); **rechts** Bronzespiegel aus Korinth; vermutlich Ende des 6. Jh. v. Chr. (Athen, Archäologisches Nationalmuseum)

8) *Optik:* ein Körper, dessen glatte, regelmäßige Fläche das Licht möglichst vollständig und regelmäßig reflektiert (→Reflexion). Nach der Form der reflektierenden Fläche unterscheidet man zw. ebenen und gewölbten S., nach der Lage der reflektierenden Fläche zw. Oberflächen- und Rückflächenspiegeln. **Ebene S. (Plan-S.)** liefern ein virtuelles Bild, bei dem hinten und vorn vertauscht sind und das daher seitenverkehrt erscheint; sie werden in opt. Instrumenten zur Strahlumlenkung verwendet. Um ein seitenrichtiges Bild zu erhalten, muss zweimal gespiegelt werden, was z. B. bei einem →Winkelspiegel geschieht. Bei den gewölbten S. unterscheidet man zw. **Konkav-S. (Hohl-S.),** bei denen die hohle Fläche, und **Konvex-S. (Wölb-S., Zerstreuungs-S.),** bei denen die vorgewölbte Fläche dem Licht zugewandt ist. Gewölbte S. werden wie →Linsen zur opt. Abbildung verwendet, wobei Konvex-S. wie Zerstreuungslinsen parallele Lichtbündel zerstreuen und

Spie Spiegel

Spiegel 8): Spiegelkabinett in der ehemaligen Residenz in Ansbach (›Ansbacher Rokoko‹)

verkleinerte virtuelle seitenverkehrte Bilder (z. B. beim Rück-S. im Auto), Konkav-S. wie Sammellinsen je nach Lage des Gegenstands in Richtung der einfallenden Strahlen hinter oder vor dem Brennpunkt vergrößerte virtuelle (seitenverkehrte; z. B. beim Rasier-S.) oder reelle, bezüglich des Gegenstands um 180° um die opt. Achse gedrehte Bilder erzeugen. Hohl-S. werden vor allem als →Reflektoren und als Primär-S. in →Spiegelteleskopen verwendet (Letztere werden in Wortzusammensetzungen einfach als S. bezeichnet, z. B. der Schmidt-S.). Die Form der abbildenden Fläche kann sphärisch (kugelförmig) oder, zur Reduzierung oder Vermeidung bestimmter Abbildungsfehler, asphärisch sein, z. B. ellipsoidisch, paraboloidisch (→Parabolspiegel) oder hyperboloidisch. Bei sphär. S. ist die vom Scheitel der S.-Fläche aus gemessene Brennweite f halb so groß wie deren Krümmungsradius r. Zur Bildkonstruktion verwendet man wie bei den Linsen bestimmte ausgezeichnete Strahlen (Hauptstrahlen). Für die Gegenstandsweite g, die Bildweite b (jeweils vom Scheitel aus gemessen) und die Brennweite gilt bei Hohl-S. die Abbildungsgleichung $1/g + 1/b = 1/f$. Aus ihr folgt, dass für $g < f$ die Bildweite negativ wird und ein virtuelles Bild entsteht. Bei Wölb-S. ist die Brennweite negativ zu rechnen.

Einfache Glas-S. können durch chem. Niederschlag einer Silberschicht auf einer Glasfläche hergestellt werden. Die Schicht kann galvanisch verstärkt und z. B. durch Verkupfern bräunlich getönt werden. Heute werden spiegelnde Schichten v. a. durch Kathodenzerstäubung von Aluminium oder Silber im Hochvakuum aufgebracht. Bei **Rückflächen-S.** wird die Rückseite der Metallschicht meist durch einen Lacküberzug gegen mechan. Beschädigung und Feuchtigkeit geschützt. S. für opt. Instrumente werden vorderseitig metallisiert (**Oberflächen-S.**). Hochwertige absorptionsfreie S., z. B. für Laser und Interferometer, werden durch Aufdampfen von Schichtsystemen aus dielektr. Materialien hergestellt (→Vergüten). Bei hinreichend dünnen spiegelnden Schichten wird nur ein Teil der auftreffenden Strahlung reflektiert und der Rest hindurchgelassen. Solche **teildurchlässigen S.** werden als Strahlteiler in opt. Geräten verwendet.

Kulturgeschichte: Aus ägypt. Gräbern sind S. aus Kupfer, Bronze, auch Silber, mit runden Scheiben und reich verzierten Griffen aus Holz, Elfenbein oder Fayence erhalten. Runde Metall-S. mit Elfenbeingriffen wurden in Kreta (minoische und myken. Kultur) gefunden. Metallene Griff- und Stand-S. mit runden Scheiben und vollplast. Frauenfiguren gab es in Griechenland seit dem 7. Jh. v. Chr. Um 400 v. Chr. wurden sie durch Klapp-S. abgelöst, die auf der Außenseite häufig Figurenreliefs, auf einer inneren Klappe Gravierungen trugen. Die Etrusker kannten runde Griff-S. aus Bronze, die Rückseite verzierten sie mit gravierten Darstellungen aus der Mythologie (BILD →etruskische Kultur). In der röm. Kaiserzeit gab es auch kleine Glas-S. mit Zinnunterlage und Metalleinfassung, die PLINIUS D. Ä. als Erfindung der Phöniker bezeichnete. In Mitteleuropa ist der S. seit der La-Tène-Zeit sicher belegt. In O-Europa kommen S. seit dem 6. Jh. v. Chr. in skyth. Gräbern häufig vor. Bei den skyth. S. kann man eine urspr. griech. Form mit Stielgriff und eine chin. Form (Rund-S. mit Öse) unterscheiden. Letztere sind durch die Vermittlung der Hunnen auch zu den Germanen der Völkerwanderungszeit gekommen.

Im MA. wurden S. erst seit dem 13. Jh. wieder häufig, neben Metall-S. (lange im Gebrauch) bereits Glas-S. Herstellungsort war Nürnberg. Als Bestandteil der Raumausstattung ist der S. durch Gemälde (J. VAN EYCK, ›Giovanni Arnolfini und seine Frau Giovanna Cenami‹, 1434; London, National Gallery) bezeugt. Die Rahmen wurden mit religiösen oder moralisierenden Darstellungen (Tugenden) geschmückt. Der S. war mit symbol. Bedeutungen beladen und MARIA, der Prudentia (Selbsterkenntnis), Aphrodite, der Vanitas bzw. dem Tod zugeordnet und erscheint in diesen Bezügen oft in der Kunst. Seit Anfang des 16. Jh. wurden flache S. aller Art v. a. in Venedig hergestellt. Der S. als tragendes Element der Innendekoration kam im 17. Jh. in Frankreich in den Schlössern LUDWIGS XIV. auf (Spiegelgalerie von Versailles). Das kleine S.-Kabinett war bes. im Rokoko beliebt. Im 18. Jh. wurden die Hintergründe von Hinterglasmalerei gerne nachträglich verspiegelt (›S.-Bilder‹).

M. MÜLLER-WILLE: Der S. im Spiegel archäolog. Quellen, in: Das Handwerk in vor- u. frühgeschichtl. Zeit, hg. v. H. JANKUHN u. a., Bd. 2 (1983); R. HAUBL: ›Unter lauter Spiegelbildern...‹. Zur Kulturgesch. des S., 2 Bde. (1991).

9) *Schiffbau:* der Abschluss des Hecks von Segelbooten oder Schiffen. Ist der S. einwärts geneigt, so heißt er einfallender, umgekehrt ausfallender Spiegel.

Spiegel [ˈspiγəl], **Spieghel,** Hendrik Laurensz., niederländ. Dichter, *Amsterdam 11. 3. 1549, †Alkmaar 4. 1. 1612; gehörte zu den ersten niederländ. Renaissanceschriftstellern. Verfasser einer gereimten Sittenlehre im katholisch-humanist. Sinn in sieben Gesängen (›Hart-Spieghel‹, hg. 1614) und eines humanistisch-stoischen Dramas (›Numa ofte Ambtsweygheringe‹, um 1580–90). Als Leiter der Amsterdamer Rederijkerskamer ›De Eglantier‹ verfasste er größtenteils ein dreiteiliges Werk, das eine dem Zeitgeist angepasste Theorie des Triviums (→Artes liberales) enthält: ›Twe-spraack vande Nederduitsche letterkunst‹ (1584, die erste niederländ. Grammatik), ›Ruygh-bewerp vande redenkaveling‹ (1585, Dialektik), ›Rederijck-kunst in rijm ogt kortst vervat‹ (1587, Rhetorik).

Ausgabe: Twe-spraack vande Nederduitsche letterkunst, hg. v. G. R. W. DIBBETS (1985).

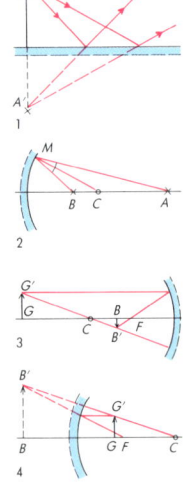

Spiegel 8): 1 Spiegelbild A' eines leuchtenden Punktes A durch Reflexion am ebenen Spiegel; 2 Bild B eines leuchtenden Punktes A durch Reflexion am Hohlspiegel; MC Flächenlot; 3 Konstruktion des Bildes BB' eines außerhalb der Brennweite gelegenen Gegenstandes GG' am sphärischen Hohlspiegel; C Krümmungsmittelpunkt, F Brennpunkt; 4 Konstruktion des Bildes BB' eines innerhalb der Brennweite gelegenen Gegenstandes GG' am sphärischen Hohlspiegel; 5 Konstruktion des Bildes BB' eines Gegenstandes GG' am sphärischen Konvexspiegel

Spiegel, Der, polit. →Nachrichtenmagazin, am 16. 11. 1946 als ›Diese Woche‹ von Offizieren der brit. Informationskontrolle in Hannover mit dt. Redakteuren, u. a. R. AUGSTEIN, gegründet und ab 4. 1. 1947 von diesem als Lizenzträger und Herausgeber als ›Der S.‹ weitergeführt, seit 1952 mit Sitz in Hamburg. Chefredakteure waren u. a. CLAUS JACOBI (*1927) und G. GAUS. Der S. entwickelte einen eigenen, dem investigativen Journalismus verpflichteten Stil und deckte zahlr. Affären auf (Neue-Heimat-Skandal, Korruptionsaffäre bei der ›co op‹-Gruppe, Barschel-Affäre). Die durchschnittlich verkaufte Auflage beträgt 1 Mio. Exemplare. Seit 1994 erscheint die Monatszeitschrift ›S. special‹, seit 1995 die monatl. Kulturbeilage ›S. extra‹. - Am Spiegel-Verlag beteiligt sind die Kommanditgesellschaft für Spiegelmitarbeiter mbH & Co. (49,5 %), Gruner + Jahr AG & Co. (24,75 %), R. AUGSTEIN (24,75 %) sowie die R. Augstein GmbH als Komplementärin (1 %). Eine 100 %ige Tochter des Spiegel-Verlags ist die Spiegel-TV GmbH, die seit 1988 für die Privatsender RTL, SAT 1 und VOX TV-Magazine u. a. Sendungen produziert.

D. JUST: Der S. Arbeitsweise, Inhalt, Wirkung (1967); B. CARSTENSEN: S.-Wörter, S.-Worte. Zur Sprache eines dt. Nachrichtenmagazins (1971); H.-J. JAKOBS u. UWE MÜLLER: Rudolf Augstein. Im Spiegel der Macht, in: DIES.: Augstein, Springer & Co. Dt. Mediendynastien (Zürich 1990); W. YANG: Anglizismen im Deutschen. Am Beispiel des Nachrichtenmagazins ›Der S.‹ (1990); L. BRAWAND: Die S.-Story (Neuausg. 1995).

Spiegel|affäre, üblich gewordene Bez. für einen schweren innenpolit. Konflikt, bes. für eine zeitweilig tiefe Vertrauenskrise zw. der Reg. Adenauer und der Öffentlichkeit, ausgelöst durch eine Aktion der Polizei und Staatsanwaltschaft gegen das Nachrichtenmagazin ›Der Spiegel‹: die Festnahme des Herausgebers R. AUGSTEIN und mehrerer Redakteure (u. a. des stellv. Chefredakteurs C. AHLERS) in Verbindung mit der Besetzung und Durchsuchung der Verlagsräume am 27. 10. 1962 unter dem Vorwurf des publizist. Landesverrats und der Beamtenbestechung. Das Blatt hatte in seiner Ausgabe vom 10. 10. 1962 unter dem Titel ›Bedingt abwehrbereit‹ einen Beitrag von AHLERS über die Herbstübung der NATO (›Fallex 62‹) veröffentlicht, was eine rechtspolit. Diskussion über die gegenseitige Abwägung der Verfassungsgrundsätze der Staatssicherheit und der Meinungsfreiheit auslöste. Im Zuge dieser Krise mussten der damalige Bundesverteidigungs-Min. F. J. STRAUSS und zwei Staats-Sekr. zurücktreten. Am 13. 5. 1965 lehnte der 3. Strafsenat des Bundesgerichtshofs die Eröffnung des Hauptverfahrens gegen AHLERS und AUGSTEIN ab. Die Verfassungsbeschwerde des Spiegel-Verlags Rudolf Augstein wurde durch Beschluss des Bundesverfassungsgerichts vom 5. 8. 1966 zurückgewiesen; allein die Hauptanträge der Beschwerde, den Durchsuchungsbefehl und die Beschlagnahmebeschlüsse betreffend, wurden als zulässig erkannt.

Die Spiegel-Affäre des Franz Josef Strauß, hg. v. J. SCHOEPS (1983); J. SEIFERT: Die S., in: Die Skandale der Republik, hg. v. G. M. HAFNER u. a. (Neuausg. 1994).

Spiegel|ebene, Spiegelungs|ebene, zur Spiegelung gehörendes →Symmetrieelement.

Spiegelfernrohr, das →Spiegelteleskop.

Spiegelfetisch, aus Holz geschnitzte Darstellung von Mensch und Tier mit einem meist in der Nabelgegend angebrachten Behälter, der eine Zaubermedizin enthält und durch Spiegelglas abgeschlossen ist; bes. am unteren Kongo verbreitet. Eine Beziehung zu christl. Reliquiaren wird vermutet.

H. PALME: S. im Kongoraum u. ihre Beziehung zu christl. Reliquiaren (Wien 1977).

Spiegelfuge, eine →Fuge, bei der gesamte kontrapunkt. Satz spiegelbildlich umkehrbar ist. Dabei werden alle Aufwärts- zu Abwärtsbewegungen, die tiefste Stimme zur höchsten usw. (z. B. in J. S. BACHS ›Kunst der Fuge‹, Contrapunctus 16, 17, 18).

Spiegelglanz, eine Herstellungsvariante von Sammlermünzen, bei der lediglich die Prägestempel, nicht jedoch die Ronden poliert werden. S. ähnelt der ›polierten Platte‹, bei der zusätzlich vor dem Prägen noch die Ronden poliert werden. S.-Münzen werden einzeln geprägt und verpackt.

Spiegelglas, hochwertiges Flachglas, wegen seiner verzerrungsfreien Transparenz bes. für die Herstellung von Spiegeln geeignet. S. wird bei der Herstellung im Hafen erschmolzen, auf eine vorgewärmte Stahlplatte gegossen und flachgewalzt. Nach der Kühlung werden die Rohglastafeln beidseitig geschliffen und poliert. Durch die Einführung des →Floatglases und die damit entfallende Nachbearbeitung wird S. nur noch in Spezialglaswerken hergestellt.

Spiegelkarpfen, Zuchtform des →Karpfens.

Spiegelkerne, isobare Kerne oder Nuklide (→Isobare), die durch die Vertauschung von Protonen- und Neutronenzahl ineinander übergehen. S. sind nur bei leichteren Kernen anzutreffen.

Spiegel|ladung, *Elektrodynamik:* →Bildkraft.

Spiegel|linse, abbildendes opt. System aus einem transparenten Werkstoff, mit einer brechenden und einer reflektierenden Fläche. An S. treten i. Allg. Farbfehler und Nebenreflexe auf. S. werden v. a. zu Beleuchtungszwecken (Scheinwerfer) verwendet.

Spiegel|objektiv, Objektiv, das außer Linsen zwei kugelförmig gewölbte Spiegel besitzt, wodurch der Strahlengang gefaltet und eine kurze Baulänge erreicht wird; v. a. als Teleobjektiv (→fotografische Objektive) verwendet.

Spiegelpolygon, auf einem Kreiszylinder zu einem regelmäßigen Polygon (achsenparallel) angeordnete ebene Spiegel. Mit rotierenden S. können z. B. period. Vorgänge sichtbar gemacht und durch Bildnachführung schnelle Bewegungen mit Zeitdehnern aufgenommen werden.

Spiegelprismen, andere Bez. für →Reflexionsprismen.

Spiegelreflexkamera, →fotografische Kameras.

Spiegelschnitt, *Holzwirtschaft:* radialer Längsschnitt (Radialschnitt) völlig gerade gewachsenen Holzes versch. Arten (u. a. Eiche, Rotbuche, Ahorn, Ulme, Platane). Auf der Schnittfläche **(Spiegel)** des so genannten **Spiegelholzes** treten die Markstrahlen als glänzende (spiegelnde) Streifen hervor. Durch den Wechsel von stumpfen und glänzenden Zonen entsteht eine lebhafte, leicht irisierende Zeichnung.

Spiegelsextant, →Sextant.

Spiegelsymmetrie, *Geometrie:* durch →Spiegelung an einer Geraden oder an einer Ebene erzeugte Symmetrie.

Spiegelteleskop, Reflektor, Spiegelfernrohr, ein →Fernrohr mit einem Hohlspiegel als Objektiv. Ein S. besitzt ein abbildendes →optisches System, mit dessen Hilfe das von dem beobachteten Objekt stammende Licht gesammelt und so fokussiert wird, dass wie bei jedem Fernrohr der Sehwinkel, unter dem das Objekt erscheint, vergrößert wird. Linsenfernrohre (Refraktoren) haben im Ggs. zu S. eine oder mehrere Linsen als Objektiv.

Neben dem Licht sammelnden Haupt- oder Primärspiegel besitzen die meisten S. einen oder auch mehrere weitere Spiegel zum Auffangen und Umlenken des vom Hauptspiegel reflektierten Lichts (Spiegelsysteme). Die versch. S.-Typen werden u. a. nach der Art dieser Sekundärspiegel und dem Ort ihrer Anbringung unterschieden. Ein weiteres Unterscheidungskriterium ist die Form der spiegelnden Fläche des Hauptspiegels, die bei den meisten älteren S. die eines Rotationsparaboloids mit der opt. Achse als Symmetrieachse ist; ein solcher Spiegel wird als →Pa-

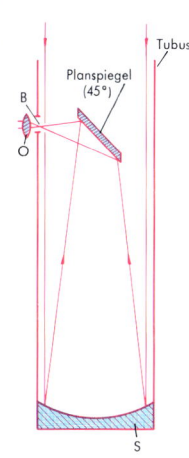

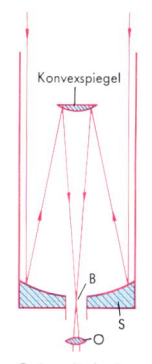

Spiegelteleskop
nach Isaac Newton (oben) und nach N. Cassegrain (unten);
B Brennpunkt,
O Okular,
S Hauptspiegel

Spie Spiegelung

rabolspiegel bezeichnet. Parabolspiegel sind frei von sphär. Aberration (→Abbildungsfehler), nicht dagegen von Koma; das Gegenteil dieser Eigenschaften zeigen sphär. (kugelförmige) Spiegel. Um S. für den jeweiligen Verwendungszweck zu optimieren, werden auch Spiegel mit von diesen beiden Grundformen abweichenden Oberflächenformen hergestellt (in Verbindung mit entsprechend geformten Sekundärspiegeln). Spiegel besitzen gegenüber Linsen den Vorteil, dass sie frei von chromat. Aberration sind, außerdem sind Linsen nur bis zu einem Durchmesser von etwa 1 m verwendbar, da sie nur am Rand gefasst werden können und sich bei noch größeren Durchmessern durch ihr Eigengewicht in nicht akzeptabler Weise elastisch und auch plastisch verformen würden. Darüber hinaus nehmen mit der Größe einer Linse auch die Lichtverluste durch Absorption im Linsenkörper zu. Da astronom. Spiegel ein sehr hohes Reflexionsvermögen haben und sie nicht nur am Rand gefasst, sondern auch auf ihrer gesamten Fläche rückseitig unterstützt werden können, werden bei ihrer Verwendung die genannten beiden Quellen der Beeinträchtigung der opt. Qualität weitestgehend vermieden.

Spiegelteleskop: Das computergesteuerte 3,6-m-Spiegelteleskop der Südsternwarte auf dem Berg La Silla in Chile

Die Halterung des Hauptspiegels befindet sich am unteren Teil des Tubus, des mechan. Trägers aller opt. Komponenten des S. sowie ggf. von Zusatzgeräten, der bei älteren und bei kleineren S. als seitlich geschlossenes Rohr, bei modernen Großteleskopen als rundum offene Gitterkonstruktion ausgeführt ist. Der Tubus ist in einer →Fernrohrmontierung gelagert, die je nach ihrem Typ die Ausrichtung des Tubus und mit diesem des opt. Systems auf jeden oder nahezu jeden Punkt des Himmels gestattet. Größere S. sind in einem besonderen Schutzgebäude untergebracht, meist unter einem halbkugelförmigen Dach, einer charakterist., drehbaren Kuppel mit dem durch einen Spaltschieber verschließbaren Spalt.

Die Herstellung großer S. ist wegen der erforderl. großen Genauigkeit technologisch außerordentlich anspruchsvoll. Das reicht von der Herstellung des Spiegelrohlings, dessen Feinschliff, Politur und Verspiegelung über die mechan. Stabilität von Tubus und Fernrohrmontierung (Schwingungsfreiheit bzw. definiertes Schwingungsverhalten) bis zur Präzision des Positionierantriebs. Ein Spiegel, dessen optisch wirksames Element eine etwa 100–200 nm dünne, auf die Spiegelscheibe aufgedampfte Schicht (i. Allg. Alumi-

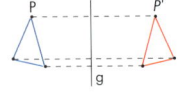

Spiegelung 1):
oben Spiegelung an einer Geraden *g*; unten Punktspiegelung an S

nium) ist, muss auf etwa $1/20$ der Wellenlänge der Strahlung, in der beobachtet werden soll, genau sein. Um dies auch bei wechselnden Temperaturverhältnissen zu garantieren, wird der Hauptspiegel großer S. meist aus einem Glaskeramikmaterial hergestellt, dessen therm. Ausdehnungskoeffizient praktisch vernachlässigbar klein ist. Kenngrößen für S. sind neben dem Durchmesser des Hauptspiegels dessen Brennweite, der als Öffnungsverhältnis bezeichnete Quotient aus wirksamem Spiegeldurchmesser (Eintrittspupille) und Brennweite und insbesondere das Auflösungsvermögen, das bei guten Instrumenten beugungsbegrenzt ist (abgesehen von Beeinträchtigungen durch Luftunruhe).

Der Brennpunkt (Fokus) des Hauptspiegels wird als Primärfokus bezeichnet. In seiner Nähe ist bei den versch. Spiegelsystemen ein Fang- oder Umlenkspiegel angebracht. Beim **Newton-Teleskop**, mit dem von I. NEWTON mit dem Bau des ersten S. überhaupt eingeführten Spiegelsystem, befindet sich kurz vor dem Fokus eines Parabolspiegels ein schräg gestellter Planspiegel, durch den das Licht seitlich aus dem Tubus herausgeführt wird. Das in der Brennebene des S. abgebildete Objekt kann dann z. B. mit einem Okular betrachtet werden. Andere häufig verwendete Spiegelsysteme bzw. S. sind das →Cassegrain-Teleskop und das →Coudé-System, beide ebenfalls mit parabol. Hauptspiegel. Das **Gregory-System** (nach J. GREGORY) ist dem Cassegrain-System ähnlich, verwendet aber einen ellipsoidisch geformten Hohlspiegel, der jenseits des Primärfokus angeordnet ist. Viele S. vereinigen in sich zwei oder mehr Spiegelsysteme, die wahlweise benutzt werden können. Wenn größere Himmelsfelder fotografisch aufgenommen werden sollen, werden Systeme wie das →Schmidt-Spiegelteleskop und das →Maksutow-Teleskop verwendet, die einen sphärisch geschliffenen Hauptspiegel haben; ein weiteres katadioptr. S. ist das →Medial. Eine Sonderstellung nimmt das **Ritchey-Chrétien-System** ein (nach G. W. RITCHEY und H. J. CHRÉTIEN), ein modifiziertes Cassegrain-System, bei dem sowohl der Haupt- als auch der Fangspiegel so deformiert sind, dass die Bildfehler für achsferne Punkte vermieden werden; es ist i. Allg. nicht für Beobachtungen im Primärfokus geeignet. I. d. R. können an S. auch Zusatzgeräte wie Photometer oder Spektralapparate eingesetzt werden.

Die derzeit größten in Betrieb befindl. S. mit einem monolith. Hauptspiegel befinden sich am →Mount-Palomar-Observatorium (Spiegeldurchmesser 5,08 m), am →Selentschuk-Observatorium (6 m) sowie auf dem Cerro Paranal (8,2 m; das erste der vier Teleskope des →Very Large Telescope der ESO). Bei anderen Großteleskopen besteht der Hauptspiegel aus mehreren einzelnen Spiegelsegmenten, z. B. bei den Keck-Teleskopen auf dem →Mauna Kea oder dem Hobby-Eberly-Teleskop des McDonald-Observatoriums auf den Davis Mountains (Texas; Durchmesser des Primärspiegels 11 m), oder es werden mehrere kleine S. auf eine gemeinsame Montierung gestellt (→Multi Mirror Telescope). – Andere Entwicklungen von Großteleskopen ermöglichen die opt. Kopplung mehrerer Hauptspiegel zu einer Spiegelanordnung (Array) für interferometr. Aufgabenstellungen. – Zu den neueren Technologien, die beim Bau moderner Großteleskope (z. B. →New Technology Telescope) angewendet werden, gehören Verfahren der →aktiven Optik.

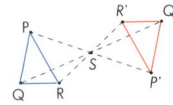

Spiegelung, 1) *Geometrie:* eine spezielle Kongruenzabbildung (→Bewegung). – In einem euklid. Raum *R* ist eine S. eine umkehrbar eindeutige lineare Abbildung von *R* auf sich selbst, die zweifach hintereinander ausgeführt die ident. Abbildung ergibt und die Abstände nicht verändert, d. h. ein involutorischer isometr. →Automorphismus. Zu jeder S. S auf R gehört genau ein Unterraum F von R, der →Fixelement von S ist, d.h. es gilt $S(x) = x$ für alle x aus F; umgekehrt existiert zu jedem Unterraum F von R genau eine S. auf R, die F als Fixelement besitzt. Die S. bilden immer eine Untergruppe der Automorphismengruppe.

Eine S. wird als **Punkt-, Geraden-** oder **Ebenen-**S. bezeichnet, falls ihr Fixelement ein Punkt, eine Gerade bzw. eine Ebene ist. Ist P' das Bild des Punktes P, so ist der Punkt S (Symmetriepunkt) bei einer Punkt-S. an S (dem Fixpunkt) Mittelpunkt der Strecke $\overline{PP'}$; die dabei auf sich abgebildete Figur heißt punktsymmetrisch (→Symmetrie). Bei einer Geraden-S. (Achsen-S.) an der Geraden g (Symmetrieachse) ist $\overline{PP'}$ zu g (der Fixpunktgeraden) senkrecht; die dabei auf sich abgebildete Figur heißt achsen- oder spiegelsymmetrisch. – Verkettungen von S. mit anderen Abbildungen sind die →Gleitspiegelung, die →Drehspiegelung und die →Schrägspiegelung.

2) *Kristallographie:* eine →Symmetrieoperation.

3) *Medizin:* die endoskop. Untersuchung von Körperhöhlen (→Endoskopie).

4) *Optik:* die regelmäßige oder gerichtete →Reflexion.

Spiegelung am Kreis, *Mathematik:* die Inversion am Kreis (→Inversion).

Spiegelversuch, →fresnelscher Spiegelversuch.

Spiegler, Franz Joseph, Maler, *Wangen im Allgäu 5. 4. 1691, †Konstanz 15. 4. 1757; schuf Altarbilder und Fresken von kühner Raumwirkung (Übergang vom Spätbarock zum Rokoko) für Kirchen im oberschwäb. Raum. Sein Hauptwerk ist das Deckenfresko der Klosterkirche in Zwiefalten (1747–51).

F. J. S. Kostbarkeiten barocker Malerei. Historien- u. Freskenmaler 1691–1757, Beitr. v. N. u. R. KOLB (1991).

Spieker|oog, eine der sieben Ostfries. Inseln, im Landkreis Wittmund, Ndsachs., 17,7 km². Auf der Insel (bis 24,5 m ü. M.) gibt es Wäldchen, der O-Teil mit Dünen und Salzwiesen ist Vogelschutzgebiet. Das Nordseeheilbad S. hat 700 Ew.; S.-Museum, Seewasseraquarium, Muschelmuseum; Fremdenverkehr; tideabhängiger Fährverkehr von Neuharlingersiel; Inselkirche (1696), Altar und Kanzelteile wohl von einem 1588 gestrandeten Schiff der Armada. – 1398 erste urkundl. Erwähnung.

Spiel, Verhaltensbereich bei Mensch und Tier, in dem die spieler. Aktivität eigenen, von allem anderen Verhalten abgegrenzten Regeln folgt, sich frei von äußerer Zwecksetzung oder Zwang vollzieht und damit für den Menschen einen Bereich der Freiheit und Offenheit individuellen Handelns erschließt. In neueren Forschungen wird das S. darüber hinaus als ein schöpfer. Organisationsprinzip der Natur und der gesamten Evolution gesehen. Um die Bedeutung des S. für Mensch und Tier zu erfassen, können eine funktionsorientierte sowie eine strukturdynam. Zugangsweise unterschieden werden. Beide sind durch lange Forschungstraditionen abgesichert und ergänzen sich gegenseitig.

Funktionsorientierte Spielbetrachtung

Um die Jahrhundertwende schrieb KARL GROOS (*1861, †1946) dem S. des Kindes und des Jungtieres eine Art flexible Vorbereitungsfunktion für das Erwachsenendasein zu. In der Folge entwickelte sich eine empirisch orientierte S.-Forschung, die v. a. die Funktionen des S. innerhalb der tier. und menschl. Entwicklung untersucht.

S. als Übung: Nach GROOS hilft das S. dem heranwachsenden höheren Lebewesen, seine ›Instinkte‹ zu ›üben‹, mit seinen Fähigkeiten zu experimentieren und Artgenossen nachzuahmen. Die neuere Verhaltensforschung hat reiches Detailwissen über das S.-Verhalten versch. Tierarten zusammengetragen. In Bezug auf die Deutung des S.-Phänomens selbst ergaben sich jedoch nur graduelle Verschiebungen. Der Biologe BERNHARD HASSENSTEIN (*1922) schließt, dass S. im Bereich der höheren Tierwelt im Wesentlichen ein ›Aktionsprogramm zum Gewinnen von Erfahrung‹, ein ›naturgegebenes Aktionsprogramm zum Kennenlernen der Umwelt, zum Entwickeln und Erhalten motor. Geschicklichkeit und zum Aneignen von Fähigkeiten älterer Artgenossen‹ sei. Neugier, Übung und Nachahmung motivieren zum S. Dabei werden weniger spezif. Erfahrungen gewonnen, bestimmte Funktionen eingeübt oder einzelne lebenswichtige Fähigkeiten vorbereitet als vielmehr das Spektrum aller mögl. Verhaltensweisen und Strategien explorativ ausgeschöpft. A. PORTMANN setzt der funktionsorientierten Deutung des S. die These vom S. als gestalteter Zeit entgegen. Auch HASSENSTEIN erkennt Momente der Erfindung im tier. S. Neuere Untersuchungen bei Primaten machen darauf aufmerksam, dass es bei Affenherden ›kulturelle Traditionen‹ geben kann, in denen Erfindungen einzelner Tiere durch Nachahmung über mehrere Generationen weitergegeben werden.

Funktionen des Kinder-S. – Denken, soziales Lernen, emotionale Verarbeitung: Im Bereich des kindl. S. sind es vornehmlich die kognitiven, emotionalen und sozialen Funktionen, die hervorzutreten scheinen, wie sich schon an einem einfachen Beispiel belegen lässt: Ein kleines Mädchen schiebt ein Kinderstühlchen durch den Raum. Das ist wegen der Fugen des Plattenbodens für das Kind nicht ganz einfach. Immer wieder bleibt das Stühlchen hängen und muss mit Kraft und Geschicklichkeit wieder in Bewegung gebracht werden. Die Bewegung im Raum ist auch nicht ziellos. Schließlich ist der Beobachter ›Szene und Vater des Kindes im Raum anwesend. Weg von ihm und wieder hin zu ihm, das charakterisiert den Rhythmus der Bewegung. Zuweilen versteckt es sich und lugt wieder hervor, ob es auch dabei gesehen wird. Die Bewegung im Raum steht schließlich nicht nur für sich. Die Kleine stößt Geräusche aus: Sie ›ist‹ ein Auto. Vor wenigen Augenblicken hatte sie Jacke und Hose verlangt, sie wollte nach draußen gehen, was ihr verwehrt worden war. Also macht sie sich selbstständig, packt ihre Kleider auf das Stühlchen und fährt nun damit im Zimmer spazieren.

Wenigstens drei Funktionsbereiche gehen in dieses S. ein: 1) der *sensomotorische* der Bewegungsfreude und der Bewegungsübung (›Funktionslust‹, K. BÜHLER); 2) der *kognitive:* Zum einen hat das Verstecken und Hervorlugen etwas mit der Frage zu tun, ob denn die Dinge/Menschen erhalten bleiben, wenn sie das Kind verschwinden macht; zum anderen tritt das Stühlchen an die Stelle eines Autos und wird mit inneren und äußeren Vorstellungen ›beladen‹. Das S. bekommt eine symbol. Dimension; 3) der *emotionale:* Das S. hat etwas mit der Verarbeitung der väterl. Entscheidung zu tun, man könne jetzt nicht spazieren gehen. Es scheint das passive Erleiden dieser Einschränkung in ein selbstständiges Tun umzuwandeln. Das Beispiel deckt nicht alle wesentl. S.-Funktionen ab. Zu ergänzen ist 4) die *soziale* Funktion: Im Kontakt mit anderen Kindern, v. a. im Kindergarten, begegnet das Kind ersten Formen von sozialen Regel-S. (z. B. Kreis-S.). Wenig später wird es mit anderen Kindern auf der Straße bekannte S. den eigenen Vorstellungen anpassen oder eigene S.-Regeln erfinden, zunehmend aber auch tradierte S. samt ihren Regeln in seine S.-Tätigkeit einfügen. Noch später fordern differen-

Schlüsselbegriff

Spie Spiel

ziertere Brett- und Feld-S. (z. B. Schach oder Sport-S.) die individuelle Geschicklichkeit heraus, klar definierten Grenzen einen Spielraum abzugewinnen. Teilweise scheint es – v. a. in der beginnenden Adoleszenz – auch notwendig zu sein, über die Stränge sozialer Regeln und Konventionen zu schlagen, die Erwachsenenwelt mit gewagten S. am Rande der Legalität zu provozieren, um soziale Grenzen oder Spielräume hinsichtlich der individuell gestaltbaren Lebensräume auszutesten (z. B. ›Action machen‹). In unterschiedl. Ausmaß gehen kognitive Aspekte wie Neugier, Erfindung oder Exploration in versch. S.-Formen ein. Sie bilden dann einen wesentl. Teil der notwendigen S.-Spannung (z. B. in Konstruktions-S.), die aber nicht überzogen werden darf.

Die unterschiedl. Funktionen des S. lassen sich nicht einfach zu einer allgemeinen Bestimmung des S. zusammenfassen. Deshalb geht man heute von der Annahme aus, dass das S. im Laufe der kindl. Entwicklung verschiedene Aufgaben erfüllt. So stellt WOLFGANG EINSIEDLER (* 1945) biolog. und kulturelle Funktionen einander als Pole gegenüber. Unter die biolog. Funktionen fallen dabei die Übung der Körpergeschicklichkeit im Objekt-S., die Entwicklung kognitiver Fähigkeiten im Symbol-S. (z. B. Doktor-S.) oder die Entfaltung von Beziehungen im Rollen- oder Sozial-S. (z. B. Vater-Mutter-Kind). Die emotionale Bedeutung des S. (z. B. zur Verarbeitung von Angst) muss den kognitiven Aspekten noch hinzugefügt werden. Künstler. S. sind (nach EINSIEDLER) dem zweiten Pol zuzuordnen: ›Die Funktion dieses Spielens ist das Vergnügen, die Freude am Ausführen; solche S. sind verselbstständigt, haben einen kulturellen Eigenwert und sind mit Aktivitäten wie Musizieren, Musik hören, Tanzen oder bildnerisch tätig sein vergleichbar. Zwischen beiden Polen sind das Phantasie-S. ohne (gegenwärtiges) Objekt und mit Objekten, das dramat. Phantasie-S., das Konstruktions-S. und die einfachen kindlichen Regel-S. angesiedelt. Sie haben z. T. Funktionen für die sozialkognitive Entwicklung, ... Z. T. führen sie sozusagen ein kulturelles Eigenleben ...‹. Das Gewicht zw. diesen beiden Polen verschiebt sich im Verlauf der Entwicklung vom biologisch und entwicklungspsychologisch bedeutsamen Ende der Skala zum kulturell dominierten.

Strukturdynamische Spielbetrachtung

Diese Fragestellung betrifft die Merkmale des S., unabhängig von den Funktionen und Situationen, in denen es stattfindet. Erforscht wird, nach welchen strukturellen Gesetzen (›Grammatik‹) die Elemente eines Geschehens oder einer Handlung so zusammengefügt werden, dass daraus ein Vorgang entsteht, der als S. identifiziert werden kann. Diese Struktur/Grammatik muss auch die strukturellen Wandlungen in der Zeit (die dynam. Struktur) mitberücksichtigen (z. B. Rhythmen).

S. als Zentrum der kulturellen Tätigkeit: SCHILLER (›Über die ästhet. Erziehung des Menschen ...‹, 1795) unterscheidet zw. einem sinnl. Trieb, mit dem der Mensch in der Wirklichkeit verankert ist, und einem Formtrieb, der ihn mit den Prinzipien der Ordnung verbindet. Über die Gesetze des Sollens hat er dabei Anteil an der Unveränderlichkeit. Diese Gegensätze sind nicht ineinander auflösbar, können jedoch nach SCHILLER durch ein Drittes überbrückt werden, das S. Es orientiert sich in seinem Vollzug an der Idee der Schönheit und lässt dabei den Menschen in seinem eigentl. Sein hervortreten. S. gewinnt so ästhet. und moral. Qualität zugleich.

Auch F. NIETZSCHE (›Die Geburt der Tragödie aus dem Geiste der Musik‹, 1872) geht von einer das S. bestimmenden polaren Spannung aus, dem Gegensatz zw. dem Dionysischen, der rauschvollen Hingabe an die Wirklichkeit (bis zum Selbstverlust), und dem Apollinischen, dem die geistige Ordnung der Imagination und des träumer. Denkens entspricht. Aus diesem Gegensatz leitet NIETZSCHE zwei Künstlertypen ab, den dionys. Rauschkünstler und den apollin. Traumkünstler. Die Gegensätze können jedoch auch in einer Person zusammenwirken und dabei das eigentl. Kunstwerk, die Tragödie, erzeugen. Für NIETZSCHE ist der wirklichkeitsimmanente Bezugspunkt des S. die vom wesentl. Leiden durchsetzte Tragödie und nicht – wie bei SCHILLER – ein letztlich unerreichbares Schönheitsideal.

Die bislang umfassendste Darstellung des S. als eines Phänomens zw. Kunst und Kultur bietet J. HUIZINGA (›Homo ludens‹, 1938). Er hat anhand reichen Materials spieler. Handeln als die Grundlage kultureller Tätigkeit herausgestellt. Gerade der Vergleich von S.-Elementen in verschiedensten Lebensbereichen (im Fest, Kultus, Wettkampf, in Recht, Wiss., Kunst und Dichtung) und in verschiedenen histor. Epochen führt ihn dazu, eine verbindende S.-Struktur anzunehmen. Für HUIZINGA wird S. im Wesentlichen durch drei Merkmale charakterisiert: 1) ›Alles S. ist zunächst und v. a. ein freies Handeln‹. 2) S. gehört in den Bereich des ›Als-ob‹. 3) S. bildet einen eigenen, zeitlich und räumlich abgrenzbaren Bereich, in dem es seine eigene innere Ordnung entfalten kann.

Diesen strukturellen S.-Begriff hat H. SCHEUERL aus dem Bereich der Kultur wieder näher an die Alltagsphänomene des spieler. S. herangerückt. Nach ihm lassen sich die ›Ablaufgestalten‹ spieler. Geschehens durch sechs Merkmale charakterisieren: 1) S. ist frei von Ziel- und Zwecksetzungen, die von außen an es herangetragen werden könnten. 2) Das S. hat sein Ziel in sich selbst (›innere Unendlichkeit‹). Deshalb ist es auf ständige Selbstwiederholung angelegt. 3) S. findet in einem Bereich der Fiktion und des ›Als-ob‹ statt (›Scheinhaftigkeit‹). 4) S. hält Ambivalenzen und damit seine innere Spannung selbst aufrecht. 5) Um seinen Freiraum der inneren Offenheit erhalten zu können, muss S. nach außen abgegrenzt sein (›Geschlossenheit‹). 6) S.-Prozesse sind Prozesse in der Zeit; sie haben i. d. R. keine über die Gegenwart hinausreichende zeitl. Perspektive (›Gegenwärtigkeit‹). Diese sechs Momente lassen sich auch als Strukturmerkmale des S. verstehen, die einen S.-Rahmen bilden, in dem sich die Dynamik des S.-Geschehens ereignen kann. Auf diese Weise entstehen gleichermaßen das Kinder-S. und ebenso jener Raum der Freiheit, in dem sich kulturelles Geschehen entwickeln kann.

S. als dynam. Kommunikationsprozess zw. Subjekt und Wirklichkeit: Psychoanalyt. Untersuchungen des S. haben zunächst auf seine Funktionen im Verlauf der (Kinder-)Psychotherapie abgehoben. Unbewusste Anteile des Denkens und der innerpsych. Verarbeitung sollen im S. an die Oberfläche gelangen und damit psychotherapeut. Behandlung zugänglich werden. Diese funktionalist. Sichtweise des S. erweiterte sich mit den Arbeiten von D. W. WINNICOTT, der auch das S. im Rahmen des alltägl., gesunden Lebens zu begreifen suchte. Mit seiner Theorie vom intermediären Bereich nimmt er einen Zwischenbereich zw. der inneren, subjektiven Denk- und Gefühlswelt und den Strukturen der äußeren Wirklichkeit an, der es ermöglicht, subjektive und objektive Momente flexibel miteinander zu verbinden. Das kindl. S. bildet den Ausgangspunkt für die individuelle Entwicklung dieses Bereichs. Es fördert gleichzeitig seine Differenzierung wie auch seine allmähl. Umwandlung in das breitere Feld des kulturellen Erlebens. Drei Merkmale kennzeichnen den intermediären Bereich: 1) Er bildet eine lebenslange psych. Struktur, die vom Subjekt immer wieder verwendet werden kann, sei es zur Erholung, sei es als kulturelles Erleben, sei es als Teilaspekt kreativen Handelns. Diese Struktur ist demnach Kindern und Erwachsenen gemeinsam. 2) Er geht aus der gelingenden Trennung von Mutter und Kind hervor. 3) Innere, subjektive Wirklichkeit verbindet sich zu einem Beziehungsfeld mit Momenten nichtsubjektiver, äußerer Wirklichkeiten. Wie sich diese Überlagerung von Prozessen der subjektiven Innenwelt und der äußeren Welt im intermediären Bereich vollzieht, lässt sich mit Elementen einer Kommunikationstheorie (in Anlehnung an G. BATESON) näher beschreiben. Eine solche Überlagerung wird nämlich möglich, wenn man sich die Prozesse der inneren und der äußeren Welt als komplexe dynam. Muster organisiert vorstellt: Muster von Beziehungsgeflechten heben sich von nicht oder kaum geordneten Strukturen ab. Innere und äußere Muster von Kontextbeziehungen überlagern sich und bilden Metamuster: das S. und die S.-Fantasien (GERD E. SCHÄFER, * 1942). Aufgrund ihrer komplexen Organisation lassen sich S.-Prozesse nicht kausal determinieren, sondern beinhalten einen mehr oder minder großen Freiheitsspielraum. In der neueren Naturwiss. wird zw. stabilen und instabilen Organisationsformen von Ordnungen unterschieden. Stabile Ordnungen können durch lineare ›Wenn-dann‹-Aussagen charakterisiert werden. Die newtonsche Physik besteht aus solchen stabilen Ordnungen. Die instabilen Ordnungen (›dissipative Strukturen‹ bei I. PRIGOGINE) stellen sich v.a. in vieldimensionalen Beziehungsgeflechten ein. Solche hochkomplexen Muster bilden sich durch Selbstorganisation in Systemen, die sich in einem Zustand des Ungleichgewichts oder des labilen Gleichgewichts befinden. Neueren Forschungen zufolge scheinen Prozesse des Lebens vorwiegend auf dissipativen Strukturen zu beruhen. S.-Strukturen, welche Regelhaftigkeit und Zufall in lockerer Weise miteinander verbinden, lassen sich als derartige Muster in einem labilen Gleichgewicht betrachten, durch die innerpsych. Netzwerke mit außerpsych. Netzwerken verknüpft werden (SCHÄFER). Prozesse in einem instabilen Gleichgewicht können schon durch minimale (auch zufällige) Einwirkungen völlig verändert werden und sind daher nicht vorhersagbar.

S. in der Natur: Eines der zentralen Bestimmungsstücke des S. – seine Freiheit, die zu nicht vorhersehbaren Resultaten führt – wird unter solcher strukturdynam. Betrachtung zu einem Moment, das nicht nur menschl. Verhalten innewohnt. Sie scheint auch in weiten Bereichen der organ. und Teilen der anorgan. Natur, sofern diese komplexe Organisationsmuster bildet, als ein zentrales Entwicklungsmoment mitenthalten zu sein. S. eignet sich dann nicht mehr als Unterscheidungskriterium zw. kreativen Prozessen der Kultur (HUIZINGA) und Evolutionsprozessen der Natur. Vielmehr gibt es einen Bereich spieler. Freiheit, der sich offenbar von Prozessen in der anorgan. Natur über den Evolutionsbereich organ. Lebens bis zum tier. und menschl. Verhalten verfolgen lässt. Die Evolution selbst wird daher als eine Art S.-Prozess gedeutet (M. EIGEN, RUTHILD WINKLER).

Spielbedingungen der Industriekultur

Die Bedingungen für die Entfaltung von Spielräumen wechseln von Kultur zu Kultur. Sie verändern sich auch im selben Kulturzusammenhang. So werden innerhalb der Industrieländer die Möglichkeiten des ›intermediären Bereichs‹ sowohl von äußeren als auch von inneren Bedingungen zunehmend eingeengt. Je dichter die Besiedlung, desto mehr wird S. auf bestimmte Orte und Situationen beschränkt. Naturnahe S.-Räume und Räume für bewegungsintensives S. finden sich nicht mehr vor der Haustür. Sie zu erreichen bedarf der Planung und meistens auch eines Zubringerdienstes. Die Spielwarenindustrie scheint ihre Spielwaren (→Spielzeug) in erster Linie im Hinblick auf gewinnträchtigen Absatz zu entwickeln. Sie knüpft zwar an kindl. Bedürfnisse an, kanalisiert die S.-Fantasien aber eher in Richtung vorgegebener Geschichten, die mitverkauft werden können, als dass sie deren individuelle Entfaltung unterstützt. Die innerpsych. Möglichkeiten, ›Spielräume‹ zu erfahren und zu nutzen, verringern sich mit der Zunahme des Konsums an vorfabrizierten Fantasieräumen durch die verschiedensten Medien, ebenso durch einseitige Leistungs- und Rationalitätsorientierung der Industriegesellschaft. Gleichzeitig bilden sich dabei auch neue S.-Felder heraus: So finden sich in den dicht besiedelten Räumen der Großstädte neue – allerdings z.T. gefährl. – ›S.-Plätze‹ (Kaufhäuser, Rolltreppen, U-Bahnen); die Grenzen zw. der spieler. Exploration neuer Räume und einem eher zerstörer. Aufbegehren gegen die Unwirtlichkeit der Städte sind dabei nicht immer klar zu ziehen. Computer sind für viele Heranwachsende und Erwachsene zu spannenden Spielzeugen geworden. Der wachsende Medienmarkt hat die Räume der Fiktion andererseits erweitert und bietet S.-Fantasien neue Anregung (z. B. durch Sciencefiction, Comics u. a.). Dies gilt, solange das S. durch die veränderten Rahmenbedingungen moderner Industrie- und Hightech-Kultur nicht überhaupt bis zur Verhinderung eingeschränkt wird. Im Sinne einer Kompensation und Gegenwelt zu der durch Planung, Leistungsernst und sowohl Vereinzelung wie auch Nivellierung bestimmten Arbeitswelt wird dem S. bei Erwachsenen (Gesellschafts-S., Sport, Glücks-S.) heute zunehmend wieder Beachtung geschenkt. Das S. des Erwachsenen wird nun nicht mehr durchgängig als ›sinnloser Zeitvertreib‹ gewertet. Einerseits erschließt sich im S. ein vom Erwerbsleben unterschiedener Rahmen, in dem vielfäige Motive menschl. Handelns und Strebens Erfüllung finden können. Andererseits verbindet sich damit die Hoffnung, Defizite etwa hinsichtlich mitmenschl. Zuwendung und einer harmon. Entfaltung der eigenen Kräfte durch S. kompensieren zu können (in patholog. Form als →Spielsucht). Darüber hinaus wird das S. in seiner Funktion zur Freilegung individueller Motive und Vorstellungen und zur Entfaltung der Kreativität pädagogisch und therapeutisch nutzbar gemacht (→Spieltherapie).

Das Spiel – Modell des Lebens?

Unter der funktionalen Perspektive erscheint S. als ein Bereich der unspezif., flexiblen Vorbereitung auf die zu erwartende Wirklichkeit eines menschl. oder tier. Individuums. Die strukturdynam. Betrachtung entdeckt im S. darüber hinaus die Merkmale eines eigenen Entwicklungs- und Lebensbereiches, der eine nichtdeterminist. Vermittlung zw. subjektiver und objektiver Wirklichkeit ermöglicht. Dabei geht es um die Suche nach Spielräumen, nicht um das S. durch fremde Zwecke zu funktionalisieren, sondern um es im Hinblick auf die Ermöglichung individueller und zwischenmenschl. Freiheit zu erschließen. Als Strukturenkomplex, in dem sich Fantasie und Kreativität der realen Wirklichkeit einprägen können, erscheint das S. in diesem Kontext als ein Modell für alle Formen des Lebens, insoweit darin nichtdeterminierbare Räume der Freiheit verwirklicht werden. Andere, weniger flexible Modelle sind denkbar. Unter den Prämissen offener, demokrat. Sozialformen mit der Perspektive einer Wertschätzung für weitgehende Individualisierung, für Gleichberechtigung, Offenheit und Humanität kann dem S. als Modell menschl. Lebens nach heutigen Einsichten jedoch eine besondere Bedeutung zuerkannt werden. Ob es zum Modell menschl. Lebens in einer kreativen Gesellschaft werden kann, hängt von den Rahmenbedingungen ab, die ihm zu seiner Entfaltung eingeräumt werden.

⇨ *Fantasie · Freizeit · Kreativität*

K. Groos: Die S. der Menschen (1899, Nachdr. 1973); ders.: Das S. (²1922); ders.: Die S. der Tiere (³1930); K. Bühler: Die geistige Entwicklung des Kindes (⁶1930); S.-Gruppen als soziale Lernfelder, bearb. v. G. Bittner u.a. (1973); H. Scheuerl: Zur Begriffsbestimmung von ›S.‹ u. ›spielen‹, in: Ztschr. für Pädagogik, Jg. 21 (1975); A. Portmann: Das S. als gestaltete Zeit, in: Der Mensch u. das S. in der verplanten Welt, Beitrr. v. A. Flitner u.a. (1976); H. Benesch: S. als therapeut. Alternative (²1980); B. Hassenstein: Instinkt, Lernen, Spielen, Einsicht (1980); S. Preiser: Freizeit u. S., Arbeit u. Arbeitslosigkeit aus pädagogisch-psycholog. Sicht (1984); G. E. Schäfer: S., Spielraum u. Verständigung (1986); ders.: S.-Phantasie u. S.-Umwelt (1989); H. Zeiher: Die ›Spielträume‹ der Kinder, in: Spielraum für Spielräume. Zur Ökologie des S., hg. v. W. Zacharias (1987); J. Piaget: Das moral. Urteil beim Kinde (a.d. Frz., Neuausg. ²1990); ders.: Nachahmung, S. u. Traum (a.d. Frz., Neuausg. ³1993); W. Einsiedler: Das S. der Kinder. Zur Pädagogik u. Psychologie des Kinder-S. (1991); I. Prigogine u. I. Stengers: Dialog mit der Natur (a.d. Engl. u. Frz., ⁷1993); Das S., hg. v. H. Scheuerl, 2 Bde. (¹²1994-97); D. W. Winnicott: Vom S. zur Kreativität (a.d. Engl., ⁸1995); G. Bateson: Ökologie des Geistes (a.d. Engl., Neuausg. ⁶1996); M. Eigen u. R. Winkler: Das S. Naturgesetze steuern den Zufall (Neuausg. ⁴1996).

Spiel, 1) *Jägersprache:* →Stoß.
2) *Technik:* der Maßunterschied zw. zwei zueinander gehörenden Maschinenteilen, wenn das umschlossene kleiner ist als das umfassende, z.B. bei der S.-Passung. (→Passung).
3) *Tennis:* **Game** [geɪm], Abschnitt eines Satzes, der gewonnen wird, wenn ein Spieler zuerst vier Punkte oder nach dem →Einstand zwei Punkte hintereinander erzielt hat. Ein Satz besteht aus mindestens sechs Spielen.
4) *Zivilrecht:* **S.-Vertrag,** Vertrag, durch den sich zwei Parteien zur Unterhaltung oder des Gewinns wegen eine Leistung unter entgegengesetzten Bedingungen versprechen. Durch S. und Wette werden keine Verbindlichkeiten begründet, jedoch kann das einmal Geleistete nicht zurückgefordert werden (§ 762 BGB, ›unvollkommene‹ Verbindlichkeit oder Naturalobligation). (→Glücksspiel, →Lotterievertrag)
Ähnlich geregelt ist das S. in *Österreich* (§§ 1270, 1432 AGBG) und in der *Schweiz* (Art. 513 ff. OR).

Spiel, Hilde Maria Eva, österr. Schriftstellerin, *Wien 19.10.1911, †ebd. 30.11.1990; studierte Philosophie in Wien, siedelte 1936 mit ihrem Mann P. de Mendelssohn nach London über, wo sie als Journalistin tätig war; lebte seit 1963 wieder in Wien; war ab 1971 ∞ mit H. Flesch-Brunningen. Ihre vielfältigen Veröffentlichungen bewegen sich im Bereich der Literaturkritik und des Essays (auch mit gesellschaftspolit. Thematik, zw. der österr. Literatur und der ihres Exillandes Großbritannien (sie wirkte auch als Übersetzerin) und berühren nicht zuletzt die zwiespältige Situation der jüd. Emigrantin zw. verlorener Heimat und der Suche nach neuem Daseinsgrund. Daraus ergibt sich auch der Stoff für ihre Romane, die überdies durchwirkt sind von der Trauer um die untergegangene Welt des österr. Fin de Siècle.

Werke: *Romane:* Kati auf der Brücke (1933); Verwirrung am Wolfgangsee (1935, 1961 u.d.T. Sommer am Wolfgangsee); Flöte u. Trommeln (1947; engl. Ausg. 1939 u.d.T. Flute and drums); Lisas Zimmer (1965; engl. Ausg. u.d.T. The darkened room); Die Früchte des Wohlstands (1981, entstanden um 1940). – *Essays:* Der Park u. die Wildnis (1953); Welt im Widerschein (1960); In meinem Garten schlendernd (1981). – *Erzählungen:* Mirko u. Franca (1980); Der Mann mit der Pelerine (1985). – *Biographie:* Fanny von Arnstein oder Die Emanzipation (1962). – *Schauspiel:* Anna & Anna (1989). – *Autobiographisches:* Rückkehr nach Wien (1968); Die hellen u. die finsteren Zeiten. Erinnerungen 1911–1946 (1989); Welche Welt ist meine Welt? Erinnerungen 1946–1989 (1990). – *Berichte:* Kleine Schritte. Berichte u. Geschichten (1976); Engl. Ansichten. Berichte aus Kultur, Gesch. u. Politik (1984); Vienna's golden autumn (1987; dt. Glanz u. Untergang. Wien 1866–1938). – *Hg.:* Die zeitgenöss. Lit. Österreichs (1976).

Spiel|automat, Spielgerät, Spieleinrichtung, die als Geschicklichkeits-S. der Unterhaltung dient oder als Geld-S. die Möglichkeit eines Gewinns eröffnet. Die gewerbsmäßige öffentl. Aufstellung von S. ist nur gestattet, wenn die Bauart des S. von der Physikalisch-Techn. Bundesanstalt zugelassen und die Inbetriebnahme von der Aufsichtsbehörde genehmigt ist (§§ 33c ff. Gewerbeordnung, GewO). Zur Eindämmung der Betätigung des Spieltriebs, zum Schutz der Allgemeinheit und der Spieler sowie im Interesse des Jugendschutzes ist zur Durchführung der Bestimmungen der GewO die Spiel-VO i.d. F. v. 11.12.1985 erlassen worden.
Einer besonderen Erlaubnispflicht unterliegen gewerbsmäßig betriebene **Spielhallen** und ähnl. Unternehmen (§ 33i GewO); die Erlaubnis kann mit Befristungen und Auflagen erteilt werden, u.U. ist sie ganz zu versagen. Kindern und Jugendlichen ist grundsätzlich die Benutzung von S. mit mechan. Vorrichtungen, die die Möglichkeit eines Gewinns geben, in der Öffentlichkeit nicht gestattet. (→Glücksspiel)

Spielball, *Sport:* 1) allg.: der im Wettkampf verwendete Ball (im Ggs. zum Trainingsball); 2) Billard: der durch das Queue direkt bewegte Ball; 3) Tennis: der zum Gewinn eines Spiels führende Ballwechsel; 4) Volleyball: Ballaufgabe der führenden Mannschaft, die zum Spielgewinn führt.

Spielbank, Spielcasino, Spielkasino, Unternehmen, das gewerbsmäßig Gelegenheit zum öffentl. Glücksspiel gibt. Zulassung und Betrieb der S. ist durch Landes-Ges. geregelt, z.T. gelten das Ges. über die Zulassung öffentl. S. vom 14.7.1933 und die VO über öffentl. S. vom 27.7.1938 fort. Im Ggs. zur Spielhalle (→Spielautomat) sind auf S. die spielrechtl. Bestimmungen der Gewerbeordnung nicht anzuwenden.
In Dtl. bestehen (1998) 41 S., u.a. in Baden-Baden, Bad Dürkheim, Bad Homburg v.d. Höhe, Bad Kissingen, Bad Neuenahr-Ahrweiler, Bad Reichenhall, Bad Wiessee, Garmisch-Partenkirchen, Konstanz, Lindau (Bodensee), Westerland, Wiesbaden, Hannover, Berlin. Personen unter 18 Jahren ist der Zutritt untersagt, in einigen S. beträgt das Mindestalter 21 Jahre. Die Mindesteinsätze betragen meist zw. 5 und 20 DM, die Höchsteinsätze zw. 7000 und 21000 DM. Einige S. bieten außer Roulette auch Baccarat, Black Jack, Poker u.a. an. – Für *Österreich* besteht ein Glücksspielmonopol zugunsten des Bundes aufgrund des Glücksspiel-Ges. von 1989. Demnach kann der Bundes-Min. für Finanzen Konzessionen für den Betrieb von S. bis zu einer gesetzlich geregelten Höchstzahl erteilen. Inhaberin solcher Konzessionen ist derzeit ausschließlich die Casinos Austria AG. Das Ges. enthält eingehende Bestimmungen über Ausspielungen, Spielbedingungen und Betrieb sowie die von den Konzessionären zu leistenden Abgaben. – In der *Schweiz* wurde 1993 durch Volksabstimmung das S.-Verbot aufgehoben. S. bedürfen einer Bundeskonzession.

Hilde Spiel

Spielbank|abgabe, eine nach der Spielbank-VO vom 27. 7. 1938 vom Betreiber einer öffentl. Spielbank anstelle der sonst zu zahlenden Einkommen-, Umsatz- und Lotteriesteuer zu entrichtende Abgabe. Die S. beträgt i. d. R. 80% der Bruttospielerträge (tägl. Saldo aus Einsätzen und Gewinnen der Spieler). Neben der S. erheben alle Bundesländer eine Abgabe auf den Tronc, d. h. auf die Trinkgelder, die die Spieler den Bediensteten der Spielbank geben; die Höhe des Abgabensatzes bestimmen die Länder (z. B. Hessen: 4%). Außerdem werden in einigen Ländern noch von der S. unabhängige Sonderabgaben erhoben. Das Aufkommen der S. (1996: 1 129 Mio. DM) steht den Ländern zu. – Die in *Österreich* erhobene S. beträgt für Roulette und Baccarat je nach Höhe der Bruttospieleinnahmen des Spielbankbetriebes zw. 35 und 80% der Einnahmen, für andere Glücksspiele 48%. Das Aufkommen (1996: 1 124 Mio. S) steht (1997) Bund (69%), Ländern (14%) und Gemeinden (17%) zu. – In der *Schweiz* ist dem Bund eine S. von maximal 80% der Bruttospielerträge abzuliefern. Sie wird zur Deckung des Bundesbeitrages an die Alters-, Hinterlassenen- und Invalidenversicherung verwendet (Art. 35 Bundes-Verf.).

Spielberg [ˈspiːlbəːg], Steven, amerikan. Filmregisseur und -produzent, * Cincinnati (Oh.) 18. 12. 1946; gehört zu den erfolgreichsten Filmregisseuren und -produzenten; arbeitet auch für das Fernsehen. Seine Filme sind oft Märchen, die von Träumen, Ängsten und Abenteuern erzählen. Weltweite Anerkennung erlangte er mit ›Schindlers Liste‹ (1993), der Inszenierung des dokumentar. Romans von T. →KENEALLY. 1994 rief er die Produktionsfirma ›Dreamworks SKG‹ ins Leben (zus. mit JEFFREY KATZENBERG, *1950, und DAVID GEFFEN, *1943). S. gründete 1994 die ›Shoah-Foundation‹ (→Holocaust).

Filme: Duell (1971); Das Haus des Bösen (1972); Sugarland Expreß (1973); Der weiße Hai (1974); Unheiml. Begegnung der dritten Art (1977); 1941 – wo, bitte, geht's nach Hollywood? (1979); Jäger des verlorenen Schatzes (1980); ›E. T.‹ – Der Außerirdische (1982); Indiana Jones u. der Tempel des Todes (1983); Die Farbe Lila (1986); Das Reich der Sonne (1987); Indiana Jones u. der letzte Kreuzzug (1988); Hook (1991); Jurassic Park (1993); Vergessene Welt (1997); Amistad (1997); Saving private Ryan (1998).

Action u. Erzählkunst. Die Filme von S. S., hg. v. H. KORTE u. a. (1987); F. SANELLO: S. (Dallas, Tex., 1996); A. YULE: S. S. (a. d. Engl., 1997).

Spieldose, ein mechan. Musikwerk, bei dem die Töne durch Anreißen von Metallzungen mittels Stiften entstehen. Die Stifte sitzen auf einer rotierenden Metallscheibe und -walze (Stiftwalze), die durch ein Federwerk oder mit einer Handkurbel in Drehung versetzt wird. Die ersten S. wurden Ende des 18. Jh. in der Schweiz gebaut. Ist die S. mit einer Tisch- oder Taschenuhr verbunden, spricht man von **Spieluhr.**

Spiele der Olympiade, offizielle Bez. für die Olymp. Sommerspiele; neben den Olymp. Winterspielen Bestandteil der →Olympischen Spiele.

Spieler, Der, russ. ›Igrok‹, Roman von F. M. DOSTOJEWSKIJ (russ. 1867).

Spielfilm, i. d. R. abendfüllender →Film 3), der meist fiktive Vorgänge zw. Menschen darstellt.

Spielführer, umgangssprachlich **Mannschaftskapitän,** kurz **Kapitän,** von den Mitgl. gewählter oder vom Trainer bestimmter Sprecher einer Mannschaft in den Mannschaftssportarten; auf dem Spielfeld oft an einer Armbinde erkenntlich, vertritt er die Interessen der Mitspieler gegenüber Verein, Trainer und Schiedsrichter.

Spielhagen, Friedrich, Schriftsteller, *Magdeburg 24. 2. 1829, †Berlin 25. 2. 1911; studierte Jura und Philologie, ab 1854 Gymnasiallehrer in Leipzig; 1860–62 Feuilletonredakteur in Hannover, dann in Berlin; 1878–84 Herausgeber von ›Westermann's illustrierten dt. Monatsheften ...‹, danach freier Schriftsteller in Berlin. S. war einer der erfolgreichsten dt. Romanciers der 2. Hälfte des 19. Jh.; schrieb auch Novellen, Lyrik, Dramen sowie theoret. Schriften zu Roman und Drama. Seine auf die Darstellung der zeitgenössischen gesellschaftl. Realität zielenden Texte verarbeiten sowohl Eindrücke der Revolution von 1848/49 als auch die Probleme des industriellen Fortschritts. Seine besondere Sympathie galt der realist. Erfassung sozialer Interessen des liberalen Bürgertums. Heute wird S. v. a. als Theoretiker des Realismus und der Erzählstrategie rezipiert.

Werke: *Romane:* Problemat. Naturen, 4 Bde. (1861); Hammer u. Amboß, 5 Bde. (1869); Sturmflut, 3 Bde. (1877). – *Novelle:* Clara Vere (1857). – *Gedichte:* Neue Gedichte (1899). – *Theoret. Schriften:* Beitr. zur Theorie u. Technik des Romans (1883).

M. GELLER: F. S.s Theorie u. Praxis des Romans (1917, Nachdr. 1973); C. MÜLLER-DONGES: Das Novellenwerk F. S.s in seiner Entwicklung zw. 1851 u. 1899 (1970); H. LAMERS: Held oder Welt? Zum Romanwerk F. S.s (1991).

Spielhahn, *Jägersprache:* Bez. für den Birkhahn.
Spielhalle, →Spielautomat.

Steven Spielberg

Spielkarten: links Vogel-Ober, auf Pergament gemalt, um 1470; rechts Pik-Dame (Doppelbild) des ›Sezessionstarock‹ von Ditha Moser, Wien, um 1906 (Lithographie)

Spielkarten, meist rechteckige, kleine Karten (heute i. d. R. aus einem Spezialkarton oder Kunststoff), mit denen Kartenspiele (früher oft in Verbindung mit Wissensvermittlung: Lehrspiele) gespielt werden, die aber auch zum Kartenlegen benutzt werden können (speziell dafür hergestellt: Wahrsagekarten). I. w. S. sind S. das Medium aller Kartenspiele, also auch für Quartett, Schwarzer Peter u. Ä.; i. e. S. versteht man unter S. die Kartenblätter mit unterschiedlich umfangreichen gleichen Reihen von Zahlen- und Figurenkarten, die durch versch. Farbzeichen unterschieden werden; meist sind es vier Reihen (gelegentlich auch fünf; bei ind. Spielen bis zu 20); dazu kommen bei einigen Spielen noch Joker, die jede beliebige Karte vertreten können, beim →Tarock noch 21 Trumpfkarten. Die Zahlenkarten reichen von 1 bis 10, wobei die 1 als Ass eine Sonderstellung einnimmt; bei einigen Spielen entfallen die unteren Werte (z. B. 2–6 beim Skat). Die Figurenkarten (3 oder 4) sind sehr unterschiedlich gestaltet; im Lauf der Zeit haben sich

Friedrich Spielhagen

Spie Spielkartenmeister – Spielmann

Spielkarten: links Karo-Bube eines Kartenspiels aus Rouen, Anfang des 16. Jh. (kolorierter Holzstich); **rechts** Stäbe-Reiter eines Kartenspiels aus Barcelona, um 1800 (kolorierter Kupferstich)

Spielkarten: oben Rundkarte, indisch-bengalisch, um 1820 (handgemalter und lackierter Karton); **unten** chinesische Karte des Münzsystems, um 1840 (Holzschnitt)

jedoch in den versch. Gebieten typ. Bilder (Zeichnungen) herausgebildet (z. T. durch Verordnungen); heute gängig sind z. B. fränk., preuß., Berliner, frz., angloamerikan., span. Bild (in Italien hat fast jede Region ihr eigenes Bild). Außerdem gibt es von Künstlern gestaltete S. (z. B. S. DALÍ, K. KORAB, LORIOT) und eine große Zahl thematisch gestalteter S. (Herrscher, Länder, Theaterfiguren, Comics, Folklore usw.).

Bei den Farbzeichen (kurz Farben gen.) haben sich weltweit in Verbindung mit dem angloamerikan. Bild die frz. durchgesetzt, da sie grafisch stark vereinfacht sind und sich auf zwei Druckfarben, schwarz und rot, beschränken. Die **französischen Farben (Französische Karten)** zeigen Trèfle (eingedeutscht Treff, dt. Kreuz), Pique (Pik, Schippen), Cœur (Herz) und Carreau (Karo, Eckstein). Die Figurenkarten (der Anfangsbuchstabe des Kartennamens, = Kartenwertes, erscheint links oben) sind Valet (beim angloamerikan. Bild Jack, dt. **B**ube), **D**ame (**Q**ueen, Dame) und **R**oi (**K**ing, König). Gebräuchlich sind auch die **deutschen Farben (Deutsche Karten)**; sie zeigen Eichel, Grün (Blatt), Herz (Rot) und Schellen (BILD →Farbe); die Figuren sind Unter, Ober, König; das Ass erscheint meist als Daus (urspr. die 2). Den dt. Farben verwandt sind die **schweizer. Farben (Schweizer S.)** mit Eichel, Schilten (Wappenschilde), Rosen und Schellen; die Zehn erscheint (wie bei frühen dt. S.) als Banner. Die ital. und span. S. tragen meist die **italienisch/spanischen Farbzeichen** (sehr farben- und variationsreich gestaltet): Coppe (span. Copas; dt. Kelche, Becher), Spade (Espadas; Schwerter), Denari (Oros; Münzen) und Bastoni (Bastos; Keulen oder Stäbe); die Figuren sind Fante (Sota; Bube, Page), Cavallo (Caballo; Reiter) und Re (Rey; König), z. T. auch Regina (Reina; Königin). Für Kartenspiele mit spezieller Thematik werden die Farbzeichen manchmal abgewandelt, z. T. neue frei erfunden (Fantasiefarben), wie es früher durchaus üblich war, so zeigen die S. des J. AMMAN von 1588 Noppengläser, Zinnbecher, Druckerstempel und Bücher. Sind die Farbzeichen auf den Zahlenkarten in eine Zeichnung integriert, spricht man von **Transformationskarten**. Fast alle aufgeführten Kartenarten kommen sowohl als Einfachbild als auch als Doppelbild vor. Für internat. (Skat-)Turniere wird meist die **Kongresskarte** verwendet, ein Kartensatz mit Doppelbild, das je zur Hälfte die Standardbilder in frz. und dt. Farben zeigt. Die Rückseiten aller Karten eines Spiels müssen völlig identisch sein, damit nicht zu erraten ist, welche Karten der Gegner in der Hand hält; bei Spielen mit zwei Kartensätzen sind die Rückseiten des zweiten Spiels farblich oder bildinhaltlich variiert. Neben den gängigen unterschiedl. rechteckigen S. (größtenteils zw. 4,5 cm × 6,5 cm, Patiencekarten, und 7 cm × 12 cm, Tarockkarten) sind auch runde (v. a. in Indien), ovale, sehr lang gestreckt rechteckige (v. a. in China) S. und auch andere Formate überliefert. – S.-Museen befinden sich u. a. in Altenburg (Thür.), Leinfelden-Echterdingen, Turnhout (Belgien), Vitoria (Spanien), Issy-les-Moulineaux (Frankreich); bekannte S.-Sammlungen besitzen das Bayer. Nationalmuseum (München), das German. Nationalmuseum (Nürnberg), das Histor. Museum von Frankfurt am Main und das Brit. Museum (London).

Geschichte: Wann die ersten S. entstanden sind, ist nicht bezeugt. Erste literar. Zeugnisse über die Verwendung von S. finden sich im China der Tangzeit (7./8. Jh.). In Europa lassen sich S. in der 2. Hälfte des 14. Jh. durch Verbote von Kartenspielen belegen. Die ältesten Verbote in Dtl. wurden 1378 in Regensburg und Konstanz erlassen. Die ältesten erhaltenen Kartenspiele sind mit der Hand gemalt, z. B. das 1427–31 gefertigte ›Stuttgarter Kartenspiel‹. Die Erfindung des Druckens vom Holzstock und die Herstellung von Papier in Europa ermöglichten seit der Mitte des 15. Jh., S. in relativ hohen Auflagen herzustellen; oft wurden sie handkoloriert. Außer aus Papier wurden S. z. B. auch aus Elfenbein, Perlmutt, Leder, verstärktem Gewebe, Metall, Holz oder Stroh gefertigt.

Alle Karten auf den Tisch. Gesch. der standardisierten S. aller Welt, bearb. v. S. MANN, Ausst.-Kat., 2 Bde. (1990); D. HOFFMANN: Kultur- u. Kunstgesch. der Spielkarte (1995).

Spielkartenmeister: Vogel-Fünf aus dem Kartenspiel; Kupferstich, vor 1446 (München, Staatliche Graphische Sammlung)

Spielkartenmeister, Meister der Spielkarten, um die Mitte des 15. Jh. tätiger Goldschmied und Kupferstecher oberrhein. oder schweizer. Herkunft, benannt nach dem ältesten dt. gestochenen Kartenspiel mit Darstellungen von Menschen, Raubtieren, Hirschen und Vögeln (vor 1446; verstreut in versch. Sammlungen). Er benutzte ein Mainzer Musterbuch für Randzeichnungen und arbeitete daher vermutlich in Mainz (vielleicht Beziehungen zu J. GUTENBERG).

Spielmann, mhd. **Spilman, Spileman,** altfrz. **Jogleor** [ʒɔgləˈɔr], provenzal. **Menestrel,** frz. **Jongleur** [ʒɔ̃gløːr], engl. **Minstrel,** im MA. der nichtsesshafte, berufsmäßige Unterhaltungskünstler. Die Spielleute, die in den lat. Quellen als ›joculatores‹, ›mimi‹ oder ›histriones‹ erscheinen, betätigten sich u.a. als Possenreißer, Akrobaten, Fechter, Tänzer und bes. als Musikanten. Sie waren an sich recht- und ehrlos, jedoch an vielen weltl. und geistl. Höfen gern gesehene Gäste. Bei allen Unterschieden hinsichtlich ihres Ansehens wie ihres Könnens waren sie durch die gemeinsame, nicht sesshafte Lebensform am Rande der mittelalterl. Gesellschaft miteinander verbunden. Dass Spielleute Dichtungen vorgetragen haben, ist erwiesen. Dafür, dass sie über Kleindichtungen (Stegreifgedichte, einfache Tanzlieder usw.) hinaus auch anspruchsvollere Gattungen, wie die so genannten Spielmannsepen, verfasst haben, gibt es keinerlei Zeugnisse. Im Bereich der roman. Literaturen dürfte der Anteil von Spielleuten am gesellschaftl. und kulturellen Leben insgesamt größer gewesen sein als in Deutschland.

W. HARTUNG: Die Spielleute (1982); W. SALMEN: Der fahrende Musiker im europ. MA. (Neuausg. Innsbruck 1983).

Spielmannsdichtung, i.e.S. Bez. für die Spielmannsepik: eine Gruppe von anonym überlieferten mhd. Epen, die mit Sicherheit (›König Rother‹, ›Herzog Ernst‹) oder mit mehr oder weniger großer Wahrscheinlichkeit (›Oswald‹, ›Orendel‹, ›Salman und Morolf‹) der 2. Hälfte des 12. Jh. entstammen. Als charakteristisch für diese Dichtungen gelten v.a. das handlungskonstitutive Brautwerbungsschema (nicht im ›Herzog Ernst‹, der auch sonst nur mit Einschränkung dieser Gruppierung zugerechnet werden kann), weiter der Orient als Schauplatz (eines Teils) des Geschehens, sodann Merkmale wie lockere Komposition, Tendenz zur Wiederholung, Formelhaftigkeit der Sprache, burleske Komik, Neigung zur Hyperbolik. Doch sind solche stilistischen Eigenheiten auch in anderen Dichtungen des 12. Jh. verbreitet. Beziehungen der Spielmannsepik bestehen weniger zum höfischen Roman als zur Heldendichtung, z.B. zur ›Kudrun‹ und zum ›Ortnit‹. Dass der →Spielmann Autor oder zumindest Vermittler der im 19. Jh. nach ihm benannten Epen ist, ist unwahrscheinlich. Heute hält man überwiegend Geistliche für die Verfasser, was für den ›König Rother‹ und den ›Herzog Ernst‹ außer Frage steht.

Als S. i.w.S. gelten die Klein- und Gelegenheitsdichtungen, für die man Spielleute als Verfasser annehmen kann.

P. WAREMAN: S. Versuch einer Begriffsbestimmung (Diss. Amsterdam 1951); M. CURSCHMANN: Spielmannsepik (1968); Spielmannsepik, hg. v. W. J. SCHRÖDER (1977).

Spielmusik, eine im Zuge der →Jugendmusikbewegung aufgekommene Art leicht auszuführender Instrumentalkompositionen. Bestimmt für das Laienmusizieren, richtet sie sich gegen die ausdrucksbetonte spätromant. Musik und orientiert sich an ›musikant.‹ Typen der Barockmusik. S. schrieben u.a. A. KNAB, P. HINDEMITH, H. DISTLER, J. ROHWER.

Spiel|oper, Bez. für einen Typus der deutschsprachigen kom. Oper des 19. Jh. mit singspielhaften Sujets und gesprochenen Dialogen. Beispiele sind C. KREUTZERS ›Das Nachtlager von Granada‹ (1834), A. LORTZINGS ›Zar und Zimmermann‹ (1837) und ›Der Wildschütz…‹ (1842), F. VON FLOTOWS ›Martha‹ (1847) und O. NICOLAIS ›Die lustigen Weiber von Windsor‹ (1849).

Spielplan, das Verzeichnis des gesamten →Repertoires oder der für eine Spielzeit zur Aufführung vorgesehenen Stücke eines Theaters.

Spielstraße, →Verkehrsberuhigung.

Spielsucht, Verhaltensstörung, die zu den stoffungebundenen Süchten gezählt wird. Im Unterschied zum Spiel als freier Betätigung der körperlich-geistigen Kräfte ohne unmittelbare Zweckausrichtung ist die S. ein zwanghaftes (patholog.) Spielen um Einsätze (i.d.R. Geld), bestimmt von dem Drang, das Schicksal herauszufordern und zu beherrschen. Der Glücksspieler schädigt sich als so genannter Gewinnspieler meist selbst (aber auch sein soziales Nahfeld), da er u.a. fortwährende Verluste durch fortwährendes Spiel wettzumachen sucht (›chasing‹). Analog zu den stoffgebundenen Abhängigkeitserkrankungen tritt auch bei Spielsüchtigen eine Art ›Kontrollverlust‹ (unbezwingbares Verlangen) auf. I.d.R. braucht der Glücksspielsüchtige externe Hilfe, um mit dem patholog. Spielen auf Dauer aufhören zu können. Spielerselbsthilfegruppen wirken unterstützend. (→Glücksspiel)

Spielkarten: links Karo-Fünf mit satirischer Darstellung (Transformationsblatt), Deutschland, 1865 (kolorierte Federzeichnung); rechts Entwurf für eine Pik-Dame von Sonia Delaunay, 1958/59 (Gouache)

Spielsystem, Kurz-Bez. **System,** *Sport:* in Mannschaftsspielen (z.B. Fußball) die räumlich und zeitlich geprägte Grundform der Spielführung als wichtigstes Element der →Taktik. Man kann dabei unterscheiden 1) das S. als Formation der Spieler und Mannschaftsteile (Anordnung der Spieler auf dem Spielfeld) und 2) das S. als Bez. für die im Spiel charakterist. Angriffs- und Abwehrverfahren. Ein S. soll einfach, elastisch und variabel sein, die Abstimmung zw. Abwehr und Angriff gewährleisten, eine zweckmäßige Kräfteverteilung berücksichtigen sowie eine Schwerpunktbildung in den entscheidenden Angriffs- und Abwehrräumen ermöglichen.

Spieltheorie, den Wirtschafts- und Sozialwissenschaften, insbesondere dem →Operations-Research zugeordnete mathemat. Theorie zur Modellierung spezieller strateg. Entscheidungsprozesse (**strategische Spiele**). Basierend auf der Beobachtung des Entscheidungsverhaltens in strateg. Gesellschaftsspielen (Ggs.: Glücksspiele) wurde die S. von J. VON NEUMANN begründet und unter Mitwirkung von O. MORGENSTERN zw. 1930 und 1940 für die Analyse von unternehmerischen und gesamtwirtschaftl. Konflikt- und Konkurrenzsituationen vorgeschlagen.

Ein Spiel im Sinne der S. wird durch die Anzahl der Spieler bzw. Gegenspieler, durch die ihnen jeweils zur Verfügung stehenden **Strategien** sowie durch **Auszahlungen** (Gewinne bzw. Verluste) festgelegt. Jeder Spieler kennt die Menge der Strategien seines Gegenspielers sowie – gemäß Auszahlungstabelle – den (Geld-)Betrag, den er erhält bzw. zahlen muss, wenn Spieler und Gegenspieler, z.B. im Rahmen einer **Kon-**

frontation, jeweils eine ihrer Strategien anwenden. – Ein sehr einfaches Beispiel zeigt folgende Abbildung:

	Strategie	Spieler II		
		Stein	Papier	Schere
Spieler II	Stein	5	−3	−5
	Papier	3	6	2*
	Schere	4	−2	−1

Danach verfügt jeder der beiden Spieler I und II über drei Strategien, nämlich die Möglichkeit, durch Handzeichen die Gegenstände ›Stein‹, ›Papier‹ oder ›Schere‹ zu symbolisieren; in der Auszahlungstabelle ist festgelegt, welcher Betrag zw. den Spielern in Abhängigkeit von ihrer Strategienwahl ausgetauscht wird: Z. B. erhält Spieler I den Betrag 5 von Spieler II, wenn beide ›Stein‹ wählen, oder Spieler II erhält den Betrag 1 von Spieler I, wenn beide ›Schere‹ wählen (Vorzeichenwechsel in der Tabelle). Die Zahlungssumme beider Spieler ist immer null; es handelt sich daher um ein **Zweipersonen-Nullsummenspiel.** Unter der Annahme, dass sich beide Spieler rational und vorsichtig verhalten, bietet die S. hier folgende Lösung an: Spieler I wähle die Strategie ›Papier‹, Spieler II die Strategie ›Schere‹. Dann kann Spieler I nicht daran gehindert werden, mindestens den Betrag 2 zu erhalten, und Spieler II kann keinesfalls schlechter gestellt werden, als den Betrag 2 zu verlieren (Tabellenfeld mit *). Für Spieler II ist dies ein **unfaires Spiel,** und er wird es ablehnen, insofern das möglich ist.

Neben solchen Konfrontationsspielen **(nichtkooperative Spiele)** gibt es auch **kooperative Spiele.** Ferner ist nach der Anzahl der beteiligten Spieler zw. **Zwei-** und **Mehrpersonenspielen** zu unterscheiden, wobei Letztere durch Koalitionsbildung auf eine kombinator. Vielfalt von Zweipersonenspielen zurückgeführt werden. Schließlich gibt es neben den →Nullsummenspielen auch **Nichtnullsummenspiele.** Die Erweiterung der S. auf ungewisse Auszahlungen ist möglich.

Anwendung findet die S. u. a. bei der Analyse von Tarifverhandlungen, betriebl. Mitbestimmungsmodellen und von quantitativen Aspekten strateg. Unternehmensentscheidungen, in der Preistheorie, in zwischenstaatl. Konfliktsituationen (z. B. Währungspolitik, Embargoabwehr, militär. Konfrontationen) sowie in der experimentellen Konfliktforschung. 1994 ging der Nobelpreis für Wirtschaftswiss.en an J. C. HARSANYI, J. F. NASH und R. SELTEN für ihre Arbeiten im Bereich der nichtkooperativen Spiele.

J. VON NEUMANN u. O. MORGENSTERN: S. u. wirtschaftl. Verhalten (a. d. Amerikan., ³1973); DIES.: Theory of games and economic behavior (Neudr. Princeton, N. J., 1990); G. OWEN: Game theory (San Diego, Calif., ³1995); G. BAMBERG u. A. G. COENENBERG: Betriebswirtschaftl. Entscheidungslehre (⁹1996).

Spieltherapie, Einsatz und Nutzung von Spielen für psychotherapeut. und präventive Zwecke. Die S. wurde 1934 von dem amerikan. Psychologen SAMUEL RICHARD SLAVSON begründet, als er in psychoanalyt. Therapiegruppen Spiele zur ›Handlungskatharsis‹ (Entspannung durch Agieren im Spiel) einsetzte. MELANIE KLEIN und ANNA FREUD (1949) diskutierten die Frage, ob im kindl. Spiel symbol. Anteile enthalten sind, die für den therapeut. Prozess verwendet werden können. Ab 1947 nutzte VIRGINIA M. AXLINE Spiele für die von C. R. ROGERS begründete (klientenzentrierte) Gesprächspsychotherapie als sprachfreies ›In-Gang-Setzen einer inneren Wandlung‹, hauptsächlich für die Selbstdarstellung von Kindern und Jugendlichen. In der Verhaltenstherapie wurden schon frühzeitig Spielmaterialien (u. a. Puppen, Spielmarken) sowie Spiele als Nachahmung von Vorbildern in die Übungen eingefügt. In der Gruppentherapie stützt sich bes. das Psychodrama auf versch. Spielformen.

V. M. AXLINE: Kinder-S. in nicht-direktiven Verfahren (a. d. Engl., 1972); A. FREUD: Einf. in die Technik der Kinderanalyse (Neuausg. 1973); S. R. SLAVSON: Analyt. Gruppentherapie (a. d. Amerikan., 1977); S. SCHMIDTCHEN: Klientenzentrierte Spiel- u. Familientherapie (³1991); H. BENESCH: Automatenspiele. Psycholog. Unters. an mechan. u. elektron. Spielgeräten (1992).

Spiel|uhr, →Spieldose.

Spielverlängerung, in den Ballsportarten für Mannschaften übl. Verlängerung des Spiels bei Pokalwettbewerben, wenn nach Ablauf der regulären Spielzeit kein Sieger feststeht. Eine S. wird auch bei Endspielen, in denen ein Sieger ermittelt werden muss, vorgenommen. Beim Fußball (Männer, Frauen) wird die Spieldauer um 2 × 15 Minuten ohne Pause verlängert, an die sich bei unentschiedenem Spielstand ein Strafstoßschießen anschließt. (→Sudden Death)

Spielwaren, →Spielzeug.

Spielwarenindustrie, zum Verbrauchsgüter produzierenden Gewerbe gehörender Wirtschaftszweig, der in der amtl. Statistik ein Teilbereich der ›Herstellung von Musikinstrumenten, Spielwaren, Füllfederhaltern usw.‹ ist. Die S. ist v. a. durch steigende Einkommen und die vermehrte Freizeit begünstigt worden. Neue Impulse erhielt die S. durch die zunehmende Elektronisierung des Spielzeugs, wodurch das Spielalter ausgedehnt wurde. Andererseits wirkten sich der Rückgang der jüngeren Bev.-Schichten und starke Konkurrenz von anderen Freizeitprodukten (Kleidung, Kassetten, Reisen) negativ für die S. aus. Zentren der weltweiten S. sind neben den USA und dem Fernen Osten die EU-Länder, wobei diese v. a. bei traditionellen Spielwaren in den oberen und mittleren Preisbereichen eine führende Marktposition haben. Die S. ist regional stark konzentriert. Mehr als 95 % der Unternehmen, die 90 % der EU-Produktion erzeugen, befinden sich in Dtl. (Bad.-Württ., Bayern, Sa., Thür.), Italien (Lombardei), Frankreich (Jura, Rhône-Alpes), Spanien (Prov. Alicante sowie Barcelona) und Großbritannien. In Dtl. wird die S. durch den Dt. Verband der Spielwaren-Ind. e. V. vertreten (Sitz: Nürnberg). →Spielzeug

Spielzeit, 1) *Sport:* in den Ballsportarten die durch das Regelwerk festgelegte Dauer des Wettkampfs. Unter **effektiver S. (Netto-S.)** versteht man die reine S., d. h., bei jeder Spielunterbrechung wird die Uhr angehalten und erst mit dem Pfiff des Schiedsrichters wieder in Gang gesetzt (z. B. beim Eishockey). **Laufende S. (Brutto-S.)** ist die Gesamt-S. einschließlich Spielunterbrechungen und daraus resultierender Nachspielzeit (z. B. beim Fußball).
2) *Theater* und *Film:* der Zeitabschnitt innerhalb eines Jahres, während dessen in einem Theater Aufführungen stattfinden; die Zeit, während derer in einem Kino ein Film auf dem Programm steht.

Spielzeug, i. w. S. jeder Gegenstand und alle Materialien, die Kinder, Jugendliche oder auch Erwachsene zum Spielen veranlassen, i. e. S. ein speziell für Kinder oder Jugendliche (auch von ihnen selbst) hergestellter Gegenstand, der den eigentl. Zweck hat, Spielen auszulösen und Spielimpulse zu geben. S. für Kinder und Erwachsene ist bereits in den frühesten Kulturen nachweisbar, was auf die fundamentale Bedeutung von Spiel und S. weist. S. ist für das Kind ein Mittel, den Umgang mit Dingen und dem eigenen Körper zu üben, die Dinge zu begreifen, sich selbst und seine Beziehungen zu Mitmenschen zu verstehen, sich in seiner realen Umwelt zu orientieren und die ›Welt‹ zu ergreifen. S. fordert oft zu bestimmten Handlungen heraus. Es gibt S., das körperl. Bewegung anregt (z. B. Bälle), S., mit dem vom Kind beobachtete

Sachverhalte abgebildet, spezif. Beziehungen des Kindes zu anderen Personen nachvollzogen (z. B. Puppe), emotionale Wünsche erfüllt (z. B. Teddybär) oder Natur und Technik kennen gelernt werden. S. suggeriert immer auch ein Weltbild, weshalb Kriegs-S. oft umstritten ist, und spiegelt viele Phänomene der Gesellschaft. Heute muss es oft Erfahrungen mit wirkl. Dingen und einem breiten Umfeld und Natur ersetzen und nimmt vielfach auf die bereitgestellten Angebote der Medien Bezug. Ein großer Teil des S. ist heute Massen- und Konsumartikel (**Spielwaren**).

Nach F. J. BUYTENDIJK und J. PIAGET beginnen im 1. Lebensjahr motorische Erfahrungen vermittelnde ›Spiele mit etwas‹ (Übungsspiele). Das erste S. können die eigenen Zehen sein, ein pendelnder Ball, ein Tuch. Ab dem 3. Lebensjahr kommen sprachlich expressive ›Spiele als etwas‹ (Symbolspiele) hinzu. Beide werden vom 7. Lebensjahr an durch ›Spiele um etwas‹ (Regelspiele, z. B. Brettspiele) ergänzt, in denen Normen, Systeme und Strategien erfahren und erprobt werden. Das geschieht durch unterschiedl. Spielarten, mit und ohne S., allein oder in der Gruppe.

Nach Art und Verwendung kann das S. eingeteilt werden in Baby-S. (Rassel, Greif-S., Schwimmtiere u. a.), S. zum Bewegen im Raum (Ball, Nachzieh-S., Dreirad, Springseil u. a.), S. zum Liebhaben (Stofftiere, Puppen u. a.), S. für Rollenspiele (Puppenstube, Kasperle- und Marionettentheater, zum Verkleiden geeignete Kleidungsstücke u. a.), S. zum Gestalten, Konstruieren, Forschen und Werken (Sand und Wasser, Knetmaterial, Papier, Baukästen, Modelleisenbahn u. a. techn. S.). Wegweisend waren das im Rahmen der Kleinkindpädagogik von F. FRÖBEL entwickelte System von ›Spielgaben‹, das vom Ball (Kugel) und Würfel ausgeht und auf Weckung der Fantasie und Gestaltungskraft zielt, und das von MARIA MONTESSORI entwickelte differenzierte Arbeitsmaterial zur Sinnesschulung, das zur Strukturierung der Dingwelt hinführt.

Geschichte: S. ist bereits aus vorgeschichtl. Zeit bekannt, so z. B. für Kinder kleine Tontiere und Rasseln aus Bronze oder Ton. Im alten Ägypten und im antiken Griechenland kannte man Gliederpuppen aus Holz, Ton, Knochen und Gips, kleine Wagen, Reifen und Bälle. Im alten Rom gab es vollständige Puppenmöbelgarnituren. Aus dem MA. ist nur wenig Kinder-S. überliefert, v. a. aus glasiertem Ton. Grafik und Tafelbilder der Spätgotik zeigen Steckenpferde, Windräder, starre und bewegl. Puppen, Ritterspiele, Kreisel und Würfel. Holz- und Tontiere waren auf dem Lande bis in die Neuzeit das übliche S. für Kinder.

Die Ausbildung eines S.-Gewerbes mit ausgedehnter Fabrikation und weltweitem Handel seit dem 15. Jh. ließ die heutige Variationsbreite des S. entstehen. Der dt.-sprachige Raum nahm hierbei die führende Stellung in Europa ein. An Zahl und Bedeutung stand S. aus Holz an erster Stelle. Nach dem Dreißigjährigen Krieg entwickelten sich zwei getrennte Erzeugungsbereiche: Bauern und Bildschnitzer mit ihrer Hausindustrie in den ländl. Gebieten und die zünftigen Handwerker und städt. Künstler. Bis ins 19. Jh. scheinen **Nürnberger Spielwaren** (›Nürnberger Tand‹; Tonfigürchen seit dem 14. Jh., ›Dockenbauer‹, d. h. Puppenhersteller seit dem 15. Jh.) eine unbestrittene Führungsposition innegehabt zu haben; noch heute findet in Nürnberg die Internat. Spielwarenmesse statt. In den ländl. Gebieten wurde die S.-Herstellung in Anknüpfung an eine bereits vorhandene (Freizeit-)Schnitztradition – meist aus der Not geboren, entweder eine zusätzl. Einnahmequelle zu haben oder einen Ersatz für verlorene Tätigkeiten, z. B. im Bergbau, zu finden (z. B. Grödner Tal, Erzgebirge). Herstellungszentren waren auch am Main, Ulm und Augsburg (Bilderbogen, Puppenhäuser).

In den Genuss teuren, einzelgefertigten S. kamen nur Kinder reicher Familien: Puppenstuben und -häuser (→Puppe), z. T. auch Zinnfiguren und -soldaten u. a. (bes. im 18./19. Jh.). Die um jene Zeit aufgekommenen Automaten waren zunächst mehr S. für Erwachsene, also Kuriositäten für Kunst- und Wunderkammern, Schausteller u. a.; erst im 19. Jh. kam das eigentl. mechan. S. für Kinder auf, das durch Federwerk, Dampf oder Elektrizität angetrieben wird (Eisenbahnen, Dampfer, Kräne). – Für figürl. Massenware wurde der Ton als Werkstoff schon früh durch geeignetere Materialien, z. B. Papiermaché und Hartgussmassen versch. Art abgelöst. Seit dem 18. Jh. gewann das Papier (meist in der festeren Form der Pappe) größere Bedeutung: Bilderbögen zum Ausschneiden lieferten Modekleidung für zweidimensionale Figuren sowie Elemente für das im 19. Jh. in bürgerl. Kreisen sehr beliebte Papiertheater. Von etwa 1850 an, in größeren Serien etwa ab 1900, wurde bis in die 1960er-Jahre **Blech-S.** hergestellt. Zentren waren in Dtl. v. a. in Nürnberg, Brandenburg, Göppingen; es ist zu einem begehrten Sammlerobjekt geworden. Inzwischen stellt Kunststoff das am meisten verwendete Material dar. Die moderne internat. Spielwarenindustrie hat das klass. Angebot von Puppen, Teddys, Plüsch- und Kunststofffiguren, Maschinen, Autos und anderem mechan. S. u. a. durch Experimentierkästen, optisches S., Computer- und →Videospiele vergrößert. – S.-Museen bestehen u. a. in Michelstadt, Nürnberg, Seiffen/Erzgeb. und Sonneberg.

V. KUTSCHERA: S. Spiegelbild der Kulturgesch. (1983); H. HAHN: Vom Ernst des Spielens. Eine zeitgemäße Betrachtung über S. u. Spiel (⁴1988); E. KAZEMI-VEISARI: Zur gesellschaftl. u. pädagog. Funktion von Spielwaren in der Gegenwart (²1989); H. RETTER: S. Hb. zur Gesch. u. Pädagogik der Spielmittel (Neuausg. 1989); J. FRITZ: Spielzeugwelten. Eine Einf. in die Pädagogik der Spielmittel (²1992); Gutes S. von A bis Z, Beitrr. v. H. H. BLENCKE u. a. (Neuausg. ²⁴1995); I. WEBER-KELLERMANN: Die Kindheit. Eine Kulturgesch. (Neuausg. 1997).

Spiere [mnd. spīr ›kleine Spitze‹] *die, -/-n*, **Spier**, *seemännisch:* Stange, Rundholz oder schwächerer Baum (aber kein Mast).

Spierling, Bez. für zwei Fischarten, den Europ. Stint und die Elritze.

Spierstrauch, Spiraea, Gattung der Rosengewächse mit etwa 80 Arten in den temperierten Gebieten der Nordhalbkugel bis zum Himalaja und bis nach Mexiko; sommergrüne Sträucher mit einfachen, meist gesägten Blättern, ohne Nebenblätter; Blüten klein, mit vier bis fünf Blütenblättern, zahlr. Staubblättern und meist fünf freien Fruchtblättern, die sich zu mehrsamigen Balgfrüchten entwickeln; Blütenstände doldig oder traubig. Zahlreiche weiß, rosafarben oder rot blühende, v. a. aus O-Asien stammende Arten, mehrere Hybriden und Kultursorten werden als reich blühende Ziersträucher kultiviert.

Spiesen-Elversberg, Wohn-Gem. im Landkreis Neunkirchen, Saarland, 260 m ü. M., 15 100 Einwohner.

Spieß [ahd. spiʒ, eigtl. ›Spitze‹], **1)** *Jägersprache:* →Geweih.

2) *Militärwesen:* in der Soldatensprache traditionelle Bez. für den →Kompaniefeldwebel; geht vermutlich zurück auf den früher von den Soldaten ebenfalls als ›S.‹ bezeichneten, von Offizieren und Unteroffizieren als Rangabzeichen geführten →Sponton.

3) *Waffenwesen:* Bez. für die im Unterschied zum Speer v. a. zum Stoß geeignete, i. d. R. längere Form der →Lanze. (→Stangenwaffen)

Spieß, Christian Heinrich, Schriftsteller, *Helbigsdorf (bei Brand-Erbisdorf) 4. 4. 1755, †Schloss Bezděkov (bei Klattau) 17. 8. 1799; Wanderschauspieler, Gesellschafter und Gutsverwalter eines böhm. Grafen. S. begann mit Bühnenstücken, von denen das

Spie Spießböcke – Spiethoff

Spießente
(Männchen; Größe 66 cm)

Ritterstück ›Klara von Hoheneichen‹ (1790) am erfolgreichsten war und auf fast allen dt. Bühnen gegeben wurde. Später schrieb er zahlreiche, zu seiner Zeit viel gelesene Ritter- und Schauerromane.
Weitere Werke: Romane: Der Alte überall u. nirgends. Eine Geistergeschichte, 4 Tle. (1792–93); Das Petermännchen, 2 Tle. (1793); Die Löwenritter, 4 Bde. (1794–95); Die zwölf schlafenden Jungfrauen, 3 Bde. (1795–96). – *Biographien:* Biogr. der Selbstmörder, 4 Bde. (1786–89); Biogr. der Wahnsinnigen, 4 Tle. (1795–96).

Spießböcke, Oryx\antilopen, Oryx, Gattung der Pferdeböcke mit vier Arten, urspr. über ganz Afrika und die Arab. Halbinsel verbreitet; die S. werden von manchen Systematikern auch als Unterarten einer einzigen Art (Oryx gazella) angesehen. Alle S. haben eine (z. T. reduzierte) schwarzweiße Gesichtszeichnung und sehr lange, spießförmige Hörner. – In O- und NO-Afrika verbreitet ist der **Ostafrikanische Spießbock** (**Beisaantilope,** Oryx beisa; Schulterhöhe etwa 1,2 m); braungrau mit schwarzem Aalstrich; die Herden leben in Buschsteppen und Savannen. Die **Säbelantilope** (Oryx dammah; Schulterhöhe bis 1,3 m) hat bogig nach hinten geschwungene Hörner, einen gelblich weißen Körper mit rostfarbenem Hals und braune Gesichtsflecken; sie lebt in der südl. Sahara und vermag wochenlang ohne Wasser auszukommen; ihre Bestände sind bedroht. Die früher über fast die gesamte Arab. Halbinsel verbreitete **Weiße Oryxantilope** (**Arabischer Spießbock,** Oryx leucoryx; Schulterhöhe etwa 1 m) ist im Bestand stark gefährdet, wird aber in kleinen Gruppen wieder ausgewildert. Der Körper ist blass sandfarben, die Beine sind schwärzlich. Größte Art ist mit bis 1,4 m Schulterhöhe der **Südafrikanische Spießbock** (**Südafrikanische Oryxantilope,** Oryx gazella), dessen rötlich grauer Körper an Kopf, Kruppe, Vorderläufen und Hinterschenkeln lebhaft schwarz gezeichnet ist; er lebt v. a. in den Savannen Südafrikas und Namibias.

Spießböcke: links Weiße Oryxantilope (Arabischer Spießbock, Schulterhöhe etwa 1 m); **rechts** Säbelantilope (Schulterhöhe bis 1,3 m)

Spießbürger, engstirniger Mensch, der sich an überlebten Anschauungen und moral. Grundsätzen orientiert, Neuerungen und Fortschritten ablehnt und seinen sozialen Status verteidigt. – Die abschätzige Bez. geht darauf zurück, dass im MA. Stadtbürger im Falle der Verteidigung ihres Wohnortes i. d. R. nur mit einem Spieß bewaffnet waren und diesen auch dann noch trugen, als die Gewehre aufkamen.

Spieß|ente, Anas acuta, zu den Schwimmenten gehörende Art der Enten (Größe der Männchen 66 cm; Weibchen 56 cm), die in den gemäßigten Zonen Europas, Asiens und Nordamerikas brütet; gute Flieger, die im Winter weit südwärts ziehen, eine asiat. Unterart passiert dabei sogar den Himalaja. S. haben einen auffallend schlanken Hals, die Schwanzfedern der Männchen sind spießartig verlängert. Sie nisten in offenen Feuchtgebieten; zur Zugzeit sammeln sie sich v. a. in Flussmündungen, Lagunen und vor der Küste auf dem Meer.

Spießglanze, artenreiche Mineralgruppe von ›Komplex-Sulfiden‹, die sich aus versch. Einheiten eines Metallsulfids MS (M = z. B. Pb, Fe, Ag_2, Cu_2) und eines weiteren Sulfids $M^I_2 S_3$ (M^I = As, Sb, Bi) zusammensetzen. Kristallform und nadelförmiger Habitus der S. ähneln dem Antimonit. Die S. sind rhomb. oder monokline, hell- bis dunkelgraue, metallisch glänzende, hydrothermal gebildete Gangminerale; zu ihnen gehören u. a.: Boulangerit, Bournonit, Chalkostibit, Jamesonit, Livingstonit, Pearceit, Plagionit, Plumosit, Polybasit, Seligmannit, Skleroklas, Stephanit.

Spießhirsche: Großer Roter Spießhirsch (Schulterhöhe 69–71 cm)

Spießhirsche, Mazamahirsche, Mazama, zu den Neuwelthirschen gestellte Gattung mit vier über Süd- und Mittelamerika verbreiteten Arten. Bekannteste Art ist der **Große Rote Spießhirsch** (Mazama americana; Schulterhöhe 69–71 cm), der mit Ausnahme Chiles im gesamten Verbreitungsgebiet vorkommt. Die erwachsenen Tiere sind einheitlich hell- bis dunkelbraun gefärbt, die Männchen tragen ein meist aus einfachen Spießen bestehendes Geweih. S. sind tagaktiv und ernähren sich von Gräsern, Sprossen, Früchten; es gibt keine bestimmte Fortpflanzungszeit, die Jungtiere kommen jedoch bevorzugt in den Monaten der Wintertrockenzeit zur Welt.

Spießrutenlaufen, seit Mitte des 16. Jh. überlieferte Militärstrafe für Fahnenflucht, Trunkenheit und das Betreiben verbotener Glücksspiele. Der zum S. Verurteilte musste durch eine von etwa 100 bis 300 Soldaten gebildete Gasse laufen, wobei er von diesen durch Vorhalten der Langspieße getötet wurde. Ende des 16. Jh. traten anstelle der Spieße Ruten, mit denen man dem Delinquenten Hiebe auf den entblößten Rücken verabreichte, oft ebenfalls mit tödl. Ausgang. Das S. wurde endgültig in Preußen 1807, in Österreich in den 1850er-Jahren abgeschafft.

Spießtanne, Cunninghamia [kʊnɪŋ-], Gattung der Sumpfzypressengewächse mit zwei Arten im südl. China und auf Taiwan; bis 15 m hoch werdende Nadelbäume mit fast wirtelig angeordneten Ästen; Nadelblätter 3–7 cm lang, linealisch-lanzettlich, zugespitzt und stechend, spiralig angeordnet und an den Seitenzweigen gescheitelt; Zapfen eilänglich mit dachziegelartigen Schuppen, meist zu dreien an den Zweigspitzen; liefert ein in China geschätztes Bauholz; bevorzugt zur Wiederaufforstung angepflanzt.

Spiethoff, Arthur, Volkswirtschaftler, *Düsseldorf 13. 5. 1873, †Tübingen 4. 4. 1957; war 1908–17 Prof. in Prag, 1918–39 in Bonn. S. entwickelte als Schüler von G. SCHMOLLER die Lehre von den ›Wirtschaftsstilen‹ (→Wirtschaftsordnung) und zählt zu den Begründern der modernen Konjunkturforschung. Er betrachtete die ›wirtschaftl. Wechsellagen‹ als typisch für den Kapitalismus und führte konjunkturelle Krisen auf Überinvestitionen zurück.
Werk: Die wirtschaftl. Wechsellagen, 2 Bde. (1955).

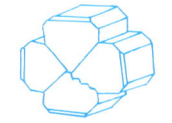

Spießglanze: Bournonit, Kristallform

Spiez, Stadt im Kt. Bern, Schweiz, an einer Bucht des Thuner Sees, 628 m ü. M., 11 500 Ew.; Lehrerseminar, Heimat- und Rebbaumuseum; Fremdenverkehr. – Schloss (älteste Teile 12. Jh., Palas und Nordbau sowie Hauptturm um 1600 ausgebaut, Neues Schloss im Kern 17. Jh., Umbauten 18. und 19. Jh.; heute Museum); in der Schlosskirche, einer roman. Dreiapsidenbasilika, die sich über einer Saalkrypta erhebt, Fresken des frühen 12. Jh. – Zw. der im 10. Jh. entstandenen Burg und dem Thuner See entwickelte sich die seit dem 13. Jh. bezeugte Ortschaft, die nach einem Stadtbrand (1601) wieder aufgebaut wurde.

Spijkenisse [spɛikəˈnisə], Gem. in der Prov. Südholland, Niederlande, an der Alten Maas, nahe dem Rotterdamer Hafen, 70 700 Ew.; Sitz zahlr. Überseespeditionen; Bau von Kompressoren, Elektromotoren, Pumpen und Straßenspezialfahrzeugen.

Spika [lat. spica ›Ähre‹], **Spica,** der hellste Stern im Sternbild Jungfrau (α Vir) mit einer scheinbaren visuellen Helligkeit von $0^m_.98$; die Entfernung von der Sonne beträgt etwa 44 pc. S. ist ein spektroskop. Doppelstern, dessen Hauptkomponente ein Stern der Spektralklasse B1 III ist, seine Leuchtkraft ist etwa 15 000-mal so groß wie die der Sonne. Um ihn bewegt sich mit einer Umlaufzeit von 4,015 Tagen ein Hauptreihenstern der Spektralklasse B2.

Spikes [spaɪks; engl. spike ›Dorn‹], *Sg.* **Spike** *der, -s,* 1) *Fahrzeugtechnik:* in die Lauffläche von Kraftfahrzeugreifen **(S.-Reifen)** einvulkanisierte Stahlstifte zur besseren Kraftübertragung auf vereiste Fahrbahnen; wegen der damit verbundenen Fahrbahnschädigung in der BRD seit 1975 nicht mehr im Straßenverkehr zugelassen. In *Österreich* dürfen S. etwa vom 15. Oktober eines Jahres bis eine Woche nach Ostern des folgenden Jahres verwendet werden, der genaue Zeitpunkt wird durch VO jährlich neu festgelegt. Für die *Schweiz* gilt zur Verwendung von S. ebenfalls eine bestimmte Zeitperiode, die vom 1. November eines Jahres bis zum 30. April des folgenden Jahres reicht. Außerdem muss der S.-Fahrer dort an einer speziellen Markierung an der Fahrzeugrückseite erkennbar sein, und seine Höchstgeschwindigkeit darf 80 km/h nicht übersteigen. Im Motorsport (z. B. Eisspeedway) sind S. in versch. Ausführungen üblich.

2) *Leichtathletik:* Laufschuhe mit (meist auswechselbaren) Dornen (›S.‹) in den Sohlen, die dem Läufer oder Springer beim Abdruck vom Boden größeren Halt und bessere Kraftübertragung verleihen. Die Länge der Dornen hängt von der Stärke des Bahnbelags ab; in der Halle werden nur sehr kurze Dornen benutzt.

Spik|öl [zu Speik], **Narden|öl,** grünlich gelbes, lavendelartig riechendes äther. Öl, das aus dem Großen Speik gewonnen wird. Hauptbestandteile sind u. a. Camphen, Eucalyptol, Linalool, Kampfer und Borneol. In der Parfümindustrie wird S. als Ersatz für Lavendelöl verwendet.

Spilit [zu griech. spîlos ›Fleck‹, ›Schmutz‹] *der, -s/-e,* dunkles, grünl. (durch Chloritgehalt), feinkörniges bis dichtes, einsprenglingsfreies oder porphyr., basalt- oder diabasähnliches vulkan. Gestein, dessen Plagioklas durch Metasomatose (Natriumzufuhr, wahrscheinlich durch Einwirkung des Meerwassers) in Albit umgewandelt ist. S. weisen oft eine dünnplattige oder kugelige Absonderung auf und sind z. T. als Mandelstein ausgebildet (Blasenhohlräume v. a. mit Calcit ausgefüllt). Sie sind typisch für den initialen Vulkanismus in Geosynklinalen, sind oft am Meeresboden entstanden, u. a. am Mittelozean. Rücken, verbunden mit der Bildung von Hyaloklastit, Kissenlava und Palagonit; Bestandteil von Ophiolithen und Grünsteinen.

Spill [ahd. spilla, Nebenform von Spindel] *das, -(e)s/-e* und *-s, Schiffbau:* Winde mit senkrechter (Gang-S.) oder horizontaler (Brat-S.) Welle zum Ankerlichten **(Anker-S.)** oder zur Leinenbedienung **(Verhol-S.);** heute meist elektrisch, seltener mit Dampf oder von Hand (mittels Spaken) angetrieben.

Spillane [spɪˈleɪn], Mickey, eigtl. **Frank Morrison** [ˈmɔrɪsn], amerikan. Schriftsteller, * New York 9. 3. 1918; in seinen spannenden Kriminalgeschichten um den Detektiv Mike Hammer kombiniert er publikumswirksam Verbrechenshandlung mit sadist. Schilderungen, Rachefantasien und Sexualität.

Werke: I, the jury (1947; dt. Ich, der Richter); My gun is quick (1950; dt. Mein Revolver sitzt locker, auch u. d. T. Die Töchter der Nacht, Das Wespennest); Vengeance is mine! (1950; dt. Die Rache ist mein, auch u. d. T. Späte Gäste); The big kill (1951; dt. Die schwarzen Nächte von Manhattan, auch u. d. T. Der große Schlag); The long wait (1951; Das lange Warten, auch u. d. T. Comeback eines Mörders); The day the sea rolled back (1979; dt. Der Tag, an dem das Meer verschwand); The killing man (1990).

M. A. COLLINS u. J. L. TRAYLOR: One lonely knight. M. S.'s Mike Hammer (Bowling Green, Oh., 1984).

Spillebeen [ˈspɪləbeːn], Willy, fläm. Schriftsteller, * Westrozebeke (bei Roeselare) 30. 12. 1932; seine pessimist. Gedichte und Romane konfrontieren das Individuum mit einer als absurd und verletzend erfahrenen Wirklichkeit.

Werke: *Lyrik:* De spiraal (1959); Naar dieper water (1962); Groei-pijn (1966). – *Romane:* De maanvis (1966); De krabben (1967); Aeneas of De levensreis van een man (1982); De varkensput (1985); Moeder is een rat (1986); Cortes de val (1987); De waarheid van Antonio Salgado (1988); De schreeuw van de bunzing (1991); De Seigneur van Peuplingues (1993).

Spiller, Gottfried, Glasschneider, * bei Hirschberg i. Rsgb. um 1663, begraben Berlin 9. 4. 1728; Schüler von M. WINTER, nach dessen Tod (1702) Königl. Glasschneider in Berlin. Er beherrschte sowohl den Hoch- wie den Tiefschnitt. S. dekorierte v. a. Pokale und Gläser mit mytholog. Szenen und Wappen.

Léon Spilliaert: Kleine Mädchen mit weißen Strümpfen; 1912 (Ostende, Museum voor Schone Kunsten)

Spilliaert [ˈspiljaːrt], Léon, belg. Maler, Zeichner und Lithograph, * Ostende 28. 7. 1881, † Brüssel 23. 11. 1946; beeinflusst von E. MUNCH, schuf er ein vielfältiges Werk mit vom Symbolismus zum Surrealismus

Spill: Verholspill

weisenden Tendenzen. Er zeichnete und malte v. a. Landschaften, Strände, Interieurs und Porträts; auch zahlr. Buchillustrationen (u. a. zu ›Serres chaudes‹ von M. MAETERLINCK).
F.-C. LEGRAND: L. S. et son époque (Antwerpen 1981); L. S., Beitrr. v. A. ADRIAENS-PANNIER u. N. HOSTYN, Ausst.-Kat. Museum voor Schone Kunsten, Ostende (Gent 1996).

Spilling, der Haferpflaumenbaum (→Pflaumenbaum).

Spill-over-Effekt [spɪlˈəʊvə-; engl. to spill over ›überlaufen‹; ›umschlagen‹], **Ausstrahlungs|effekt,** Bez. für die i. d. R. unbeabsichtigte positive oder negative Wirkung eines Instruments des Marketing, der Unternehmens- oder auch der Wirtschaftspolitik, z. B. Wirkung der Werbung für einen Markenartikel auf den Umsatz eines ähnl. Konkurrenzprodukts, Wirkungen von Maßnahmen des Produktmarketing auf andere Produkte im Sortiment, Kostenersparnisse eines Unternehmens, das die Innovation eines anderen Unternehmens imitiert, positive Wirkungen von Sponsoring auf den Umsatz der eigenen Produkte, der Nutzen städt. Infrastruktureinrichtung für die ländl. Bevölkerung. In der Wirtschaftstheorie werden S.-o.-E. auch als externe Effekte angesehen, in makroökonom. Modellen als Auswirkungen von Marktstörungen auf andere Märkte.

Spilosit [zu griech. spílos ›Fleck‹, ›Schmutz‹] der, -s/-e, metamorphes Gestein, das aus tonigen Gesteinen durch Kontakt an Diabas unter Zufuhr von Lösungen bei submariner Eruption entstanden ist; Neubildung von Cordierit, ist meist in Sericit und Chlorit umgewandelt ist. Der Chlorit ist fleckenartig verteilt; bei bänderartiger Anordnung wird das Gestein Desmosit genannt.

Spin [engl.; ›schnelle Drehung‹, zu to spin ›spinnen‹] der, -s/-s, **Eigendrehimpuls,** innere, nur quantenmechanisch beschreibbare Eigenschaft von Elementarteilchen, Atomen und deren Kernen (→Kernspin), die nicht – wie der quantenmechan. Bahndrehimpuls – auf eine Bahnbewegung zurückgeführt werden kann und daher kein klass. Analogon hat. Der S. ist eine vektorielle Größe, die sich unter räuml. Drehungen in gleicher Weise transformiert und denselben Vertauschungsrelationen genügt wie der Bahndrehimpuls; für ein zusammengesetztes System addieren sich die S. und Bahndrehimpulse seiner einzelnen Teile zum Gesamtdrehimpuls des Systems.
Als S. werden sowohl die dynamische Variable $s = (s_x, s_y, s_z)$, der ihr zugeordnete vektorielle **S.-Operator** $\hat{s}$ wie auch dessen Eigenwerte (S.-Quantenzahl) bezeichnet (bei zusammengesetzten Systemen meist für den Gesamt-S. i. Allg. Großbuchstaben verwendet). Das Quadrat des S.-Operators $\hat{s}^2$ und seine z-Komponente $\hat{s}_z$ sind miteinander vertauschbare Operatoren, die zugehörigen dynam. Variablen können daher gleichzeitig gemessen werden (→Vertauschungsrelationen). Die entsprechenden Eigenwerte werden in Einheiten von h bzw. $\hbar^2$ ($\hbar = 2\pi h$ plancksches Wirkungsquantum) angegeben: Für die gemeinsamen Eigenfunktionen (**S.-Wellenfunktionen, S.-Funktionen**) $\varphi(s, m_s)$, d. h. für wohldefinierte S.-Zustände des Systems, gelten die Beziehungen $\hat{s}^2\psi = s(s+1)\hbar^2\psi$ und $\hat{s}_z\psi = m_s\hbar\psi$, wobei s als **S.-Quantenzahl** des Systems und m_s als dessen **magnetische S.-Quantenzahl** bezeichnet wird. Dabei kann s ganz- (Bosonen) oder halbzahlig (Fermionen) sein; insbesondere haben das Elektron und die Nukleonen den $s = \frac{1}{2}$, das Photon und die Eichbosonen den $s = 1$. Die magnet. S.-Quantenzahl m_s kann dann in ganzen Schritten die $2s + 1$ versch. Werte zw. $-s$ und $+s$ annehmen, die ebenso vielen Eigenzuständen bzw. -funktionen des Operators $\hat{s}_z$ entsprechen. Die Eigenfunktionen für Teilchen oder Systeme mit halbzahligem S. sind →Spinoren, für Teilchen oder Systeme mit ganzzahligem S. →Tensoren. Der (Gesamt-)S. eines zusammengesetzten isolierten Systems bleibt nur dann für sich allein erhalten, wenn es keine Wechselwirkungen zw. den S. und den Bahndrehimpulsen (→Spin-Bahn-Kopplung) des Systems gibt. Ansonsten ist nur der aus S.- und Bahndrehimpulsanteilen zusammengesetzte Gesamtdrehimpuls des Systems eine Erhaltungsgröße.
Der S. des Elektrons wurde 1925 von G. UHLENBECK und S. A. GOUDSMIT zur Erklärung der Feinstruktur atomarer Spektrallinien und deren Veränderungen beim Einbringen der Atome in ein Magnetfeld (Zeeman-Effekt) noch auf der Grundlage der Bohr-Sommerfeld-Quantentheorie eingeführt. In der Dirac-Theorie des Wasserstoffatoms (→Dirac-Gleichung) ergibt sich der S. ohne spezielle Annahmen aus der Forderung der Drehimpulserhaltung: Ein Drehimpuls als Erhaltungsgröße ergibt sich nur dann, wenn man zum Bahndrehimpuls eine bestimmte Größe addiert, die sich als S. des Elektrons herausstellt.

Spina [lat.] die, -/...nae, Anatomie: Dorn, Stachel; z. B. **S. iliaca,** der Darmbeinstachel.

Spina, griechisch-etrusk. Stadt im südl. Mündungsgebiet des Po, eine urspr. griech. Gründung; Blütezeit vom 6. bis 4. Jh. v. Chr., Handelskontakte mit Griechenland (Attika) und anscheinend mit Felsina (heute Bologna); verlor seine Bedeutung infolge Versandung der Küste. In den Nekropolen an der Lagune von Comacchio (Prov. Ferrara) wurde eine Fülle kostbarer bemalter att. Vasen der Zeit von 510 bis 400 v. Chr. gefunden (Funde in Ferrara, Museo Archeologico Nazionale).

Spina bifida [lat. bifidus ›gespalten‹] die, - -, **Rachis|chisis,** angeborene Hemmungsfehlbildung, bei der die Wirbelbögen unvollständig geschlossen sind (Spaltwirbel, Wirbelspalt); tritt meist nach außen gerichtet (dorsal) und im Kreuzbein- oder Lendenteil der Wirbelsäule auf (→Neuralrohrdefekt). Bei der oft symptomlosen **S. b. occulta** sind keine oder nur geringfügige Veränderungen sichtbar (Überbehaarung, Hauteinziehung über dem Defekt), bei der **S. b. aperta** kommt es zu einer Vorwölbung der Rückenmarkhäute (Meningozele), teils auch zu Fehlbildungen des Rückenmarks. Sie ist mit neurolog. Defekten (Harnentleerungs-, Sensibilitätsstörungen) verbunden und tritt auch zus. mit anderen Fehlbildungen (Fußdeformitäten, Anenzephalie) auf. Die Diagnose wird durch Röntgenuntersuchung gestellt, die Behandlung erfolgt meist operativ.

Spinacen [griech.] das, -s, Chemie: das →Squalen.

spinal [zu Spina], die Wirbelsäule oder das Rückenmark betreffend, zu diesen gehörend.

spinale Kinderlähmung, die →Kinderlähmung.

Spinalganglion, Anatomie: →Rückenmark.

Spinaliom das, -s/-e, **Platten|epithelkarzinom, Stachelzellkrebs,** die von den Stachelzellen der Oberhaut (Epidermis) ausgehende bösartige Form des →Hautkrebses; das S. tritt häufig auf chronisch vorgeschädigter Haut (Licht- und Strahlenschäden, Narben, Entzündungen) auf; bes. gefährlich sind S. der Zunge, des Penis und der äußeren weibl. Geschlechtsteile (Vulva) mit relativ schnellem Wachstum und frühzeitiger Metastasierung.

Spinalnerven, Rückenmarknerven, Nervi spinales, paarige, meist in jedem Körpersegment vorhandene, dem Rückenmark über je eine ventrale und eine dorsale Wurzel entspringende Nerven der Wirbeltiere (einschließlich des Menschen, der 31 Paar S. besitzt). In den **ventralen Wurzeln** (Vorderwurzeln, Radices ventrales) verlaufen efferente Fasern, deren Zellkörper als graue Substanz im Rückenmark liegen. In den **dorsalen Wurzeln** (Hinterwurzeln, Radices dorsales) verlaufen nur afferente Fasern, deren Zellkörper im jeweiligen Spinalganglion dieser Wurzeln lokalisiert sind. Jeder Spinalnerv teilt sich am Ende des Zwischenwirbellochs in zwei Hauptäste, von denen der (schwächere) hintere Ast, die Streckmuskulatur des Rückens und die darüber liegenden Hautbezirke innerviert, während der (stärkere) vordere Ast die ventrale Rumpfmuskulatur, die Gliedmaßenmuskulatur und die entsprechenden Hautbezirke versorgt. Ein kleinerer weiterer Ast des Spinalnervs zieht als ›grauer Verbindungsstrang‹ (mit marklosen Fasern) zu den Grenzstrangganglien des Sympathikus, von denen wiederum ein ›weißer Verbindungsstrang‹ (mit markhaltigen Fasern) zu den Vorderwurzeln des Spinalnervs zurückläuft. – Während die S. für den Rumpfbereich meist selbstständige Einheiten darstellen, bilden sie für die Innervation der Gliedmaßen untereinander Verflechtungen (Plexus), die die Versorgung eines Gliedmaßenmuskels durch mehrere S. ermöglichen.

Spinalparalyse, spastische Spinalparalyse, im Kindesalter oder in der Pubertät beginnende, langsam fortschreitende Erkrankung des motor. Hirnrindenareals und der zugehörigen Pyramidenbahnfasern. Zunächst kommt es zu spast. Beinlähmungen, später zu spast. Kontrakturen.

Spinalpunktion, die →Lumbalpunktion.

Spinat [aus span. espinaca, von arab. isbānaḫ, dieses von pers. ispanāğ], **1) Spinacia,** Gattung der Gänsefußgewächse mit nur drei Arten, verbreitet vom Mittelmeergebiet bis Zentralasien. Die wichtigste Art ist der als Wildpflanze nicht bekannte, einjährige **Gemüse-S.** (**Echter S.,** Spinacia oleracea; weltweit verbreitet) mit 20–30 cm hohen Stängeln und lang gestielten, dreieckigen, kräftig grünen Blättern. Der Gemüse-S. ist eine in vielen Sorten als Winter- oder Sommer-S. kultivierte Gemüsepflanze. Durch den hohen Gehalt an Vitaminen (Provitamin A, Vitamine der B-Gruppe und Vitamin C) und Eiweißen wird der Gemüse-S. als Kochgemüse v.a. in der Kranken- und Säuglings- bzw. Kinderernährung verwendet. Der Eisengehalt ist wesentlich geringer, als man lange Zeit annahm. Wegen des hohen Gehalts an Nitrat in den Blättern, das sich bei zu langer Transport- oder Lagerdauer sowie bei zu langem Stehenlassen des zubereiteten Gerichts in der warmen Jahreszeit in giftiges Nitrit umwandelt, sollte S. nur frisch gegessen werden, zumal auch der Gehalt an Vitamin C rasch absinkt.

Kulturgeschichte: Eine dem Gemüse-S. nah verwandte Art (Spinacia turcestanica) ist im Kaukasus, in Turkestan und Iran heimisch. Dort wurde der Gemüse-S. wahrscheinlich zuerst in Kultur genommen. Die Araber brachten ihn nach Spanien, wo zuerst im 9. Jh. n. Chr. über ihn berichtet wurde. In Mitteleuropa wurde er von ALBERTUS MAGNUS erstmals im 13. Jh. erwähnt. L. FUCHS nannte ihn 1543 Spinachia oder Span. Kraut. Um diese Zeit gab es schon Sommer- und Winterspinat. Der Gemüse-S. war bereits im 16. Jh. sehr verbreitet und verdrängte das im MA. landläufige Blattgemüse, die Gartenmelde.

2) Englischer S., der Gartenampfer (→Ampfer).
3) Spanischer S., die Gartenmelde (→Melde).
4) Indischer S., der →Malabarspinat.
5) ein Eiskrautgewächs, →Neuseeländischer Spinat.

Spin-Bahn-Kopplung, Spin-Bahn-Wechselwirkung, allg. jeder Effekt, der eine Wechselwirkung zw. einem Spin und einem Bahndrehimpuls bewirkt; i. e. S. eine (relativ starke) Kopplung zw. dem Spin und dem Bahndrehimpuls eines Teilchens, z. B. eines Nukleons im →Schalenmodell des Kerns oder eines Elektrons bei der →jj-Kopplung. Die S.-B.-K. beruht auf der magnet. Wechselwirkung der mit dem jeweiligen Spin und Bahndrehimpuls verbundenen →magnetischen Momente. Wenn der Hamilton-Operator H eines Systems, wie z. B. bei der →Russell-Saunders-Kopplung für die S.-B.-K., nur einen zum Skalarprodukt $L \cdot S$ proportionalen Term $V_{ls} = \varphi L \cdot S$ enthält und sowohl dessen Koeffizient φ als auch die übrigen Terme von H nicht von Winkel- oder Spinkoordinaten abhängen, vertauschen L^2 und S^2 mit H, d. h., sie sind Erhaltungsgrößen und die zugehörigen Quantenzahlen l und s sind gute →Quantenzahlen. Dagegen sind die z-Komponenten l_z und s_z der Operatoren L und S keine Erhaltungsgrößen und die zugehörigen Eigenwerte m_l und m_s keine guten Quantenzahlen.

Spindel [ahd. spin(n)ala, zu spinnen], **1)** *Botanik:* **Blatt-S.,** die →Rhachis.
2) *Maschinenbau:* Welle, v. a. an Werkzeugmaschinen. Die mit einer Spanneinrichtung ausgerüsteten **Haupt-** oder **Arbeits-S.** nehmen bei Drehmaschinen das Werkstück auf, bei Fräs-, Schleif- und Bohrmaschinen das Werkzeug. **Zug-** und **Leit-S.** sind mit Gewinde versehene Wellen für die Bewegung der Hilfsantriebe (z. B. bei der Drehmaschine). Bei **S.-Pressen** (→Presse) heißt die Antriebswelle ebenfalls Spindel.
3) *Textiltechnik:* schnell rotierendes Konstruktionselement von Spinn-, Zwirn- und Texturiermaschinen, das dem Faden die Drehung erteilt.

Spindel, Ferdinand, Maler und Bildhauer, * Essen 31. 1. 1913, † Neuenkirchen 17. 8. 1980; fertigte ab 1963 weiß gefärbte Schaumstoffobjekte, die das künstl. Material durch Lichtmodulation und eine neue (haptische) Erfahrung ästhetisierten. Später gestaltete S. den rosa gefärbten oder unbemalten Schaumstoff zu höhlenartigen Environments.

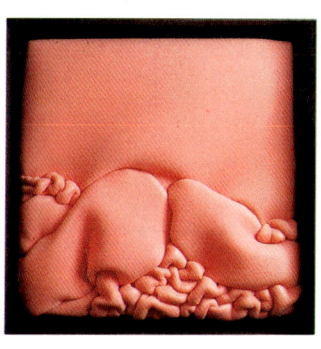

Spindelbaumgewächse, Baumwürgergewächse, Celastraceae, Familie der Zweikeimblättrigen mit etwa 1 300 Arten in 94 Gattungen in den gemäßigten Breiten, v. a. aber in den Tropen; sommer- oder immergrüne Bäume, Sträucher, Lianen und Wurzelkletterer mit ungeteilten Blättern; Blüten meist klein, in zymösen oder rispigen Blütenständen. Aus dem oberständigen Fruchtknoten entwickeln sich Kapseln, Steinfrüchte oder geflügelte Nüsse; Samen oft mit auffälligem Samenmantel; viele Arten sind stark giftig. Die wichtigsten Gattungen bzw. Arten sind →Baumwürger, →Kathstrauch, →Spindelstrauch.

Spindelmage, german. Recht: der →Kunkelmage.
Spindel|öle, →Schmieröle.
Spindelstrauch, Pfaffenbaum, Euonymus, Evonymus, Gattung der Spindelbaumgewächse mit etwa 180 Arten bes. im Himalaja und in O-Asien, aber auch in Australien, Nord- und Mittelamerika und Europa; sommer- oder immergrüne, oft auch niederliegende oder kletternde Sträucher mit meist vierkantigen Zweigen und überwiegend gegenständigen Blättern; Blüten vier- bis fünfzählig, zwittrig oder eingeschlechtig, meist unscheinbar; Frucht eine drei- bis fünffächerige, oft gerippte oder geflügelte Kapsel, je Fach mit einem bis zwei von einem fleischigen, roten oder gelben Samenmantel umhüllten Samen. Eine einheim. Art ist das 2–6 m hohe **Pfaffenhütchen (Gemeiner S.,** Euonymus europaeus) mit gelblich grünen Blü-

ten; Früchte vierkantige, rote Kapseln mit weißen, von einem orangefarbenen Samenmantel umhüllten Samen; in Wäldern und an Waldrändern. Alle Pflanzenteile sind giftig. Andere Arten und Sorten werden als Ziersträucher angepflanzt.

Spindler, Karl, Pseudonyme **C. Spinalba, Max Hufnagel,** Schriftsteller, * Breslau 16. 10. 1796, † Bad Freyersbach (heute zu Bad Peterstal-Griesbach) 12. 7. 1855; war zeitweilig Wanderschauspieler, führte ein unstetes Leben; verfaßte breit angelegte, fantasiereiche und sehr publikumswirksame Romane und Novellen v. a. mit histor. Themen im Stil W. Scotts (›Der Jude‹, 3 Bde., 1827; ›Der Jesuit‹, 3 Bde., 1829).

Spindlermühle, tschechisch **Špindlerův Mlýn** [ˈʃpindlɛruːv ˈmliːn], Stadt im Ostböhm. Gebiet, Tschech. Rep., 710–850 m ü. M., im Riesengebirge, am Oberlauf der Elbe, 1 400 Ew.; Wintersport- und Kurort; Sessellifte zu den Bergen Medvědin und Pláň; Ausgangspunkt für Kammwanderungen, u. a. zur Elbquelle und zur Schneekoppe.

Spin-Echo-Verfahren, →NMR-Spektroskopie.

Spinelle [wohl von ital. spinello, Verkleinerung von spina, von gleichbedeutend lat. spina ›Dorn‹, ›Stachel‹], Sg. **Spinell** der, -s, zusammenfassende Bez. für eine Gruppe isomorpher kub. Minerale der allgemeinen Zusammensetzung MM₂'O₄ oder MO · M₂'O₃, wobei M ein zweiwertiges Metall (meist Mg, Zn, Mn, Fe) und M' ein dreiwertiges Metall (meist Al, Fe, Cr) bedeutet. Die S. sind als feste Lösungen zweier Metalloxide anzusehen, die ein gemeinsames Kristallgitter bilden. Die S. werden meist nach dem dreiwertigen Metall in die Gruppen der Aluminat-, der Ferrit- und der Chromit-S. unterteilt; da sich die zwei- und die dreiwertigen Metalle untereinander ersetzen können, ergeben sich zahlr. Verbindungen, die sich häufig nicht scharf voneinander abgrenzen lassen.

Zu den **Aluminat-S.** zählt das als **Spinell** i. e. S. bezeichnete Mineral der chem. Zusammensetzung $MgAl_2O_4$, das in Form kleiner, gut ausgebildeter, glasig glänzender, farbloser oder je nach Beimengungen versch. gefärbter Kristalle auftritt (oft mit Zwillingsbildung), Härte nach Mohs 8; Dichte 3,5 bis 3,7 g/cm³. Bes. schön ausgebildete blaßrote, bläulich oder rosarote, durchsichtige Kristalle (**Edel-S.**) werden als Schmucksteine verwendet. Andere Varietäten sind der blaßrote **Rubinbalais,** der rosarote **Balas-Rubin,** der blutrote **Rubin-S.,** der orange- oder rosafarbene **Rubicell,** der bläulich rote bis violette **Almandin-S.,** der blaue **Saphir-S.,** der grüne **Chloro-S.,** der schwarze →Picotit und →Pleonast, der schwarze, im Dünnschliff tiefgrüne **Hercynit** sowie der dunkelgrüne →Gahnit. Die Aluminat-S. entstehen meist durch Kontaktmetamorphose in Kalken und Dolomiten, zus. mit Korund und Granat; daneben treten sie auch in magmat. Gesteinen und metamorphen Schiefern auf. Als typ. Schwerminerale werden sie in Seifen angereichert.

Die **Ferrit-S.** sind eisenreiche, dunkle, z. T. magnet. Minerale mit hoher Dichte, u. a. →Magnetit, **Magne**sioferrit ($MgFe_2O_4$; schwarz, Dichte 4,6–4,7 g/cm³; u. a. in Laven vorkommend), →Franklinit, →Jakobsit, **Trevorit** ($NiFe_2O_4$; schwarz, Dichte 5,16 g/cm³; u. a. in Eisenmeteoriten). Zu den **Chromit-S.** gehören der →Chromit, der **Magnesiochromit** ($MgCr_2O_4$; v. a. in Peridotiten). Selten sind der **Vanadium-S.** (Coulsonit), **Titan-S.** (Ulvit) und **Germaniumspinell.**

Als S. werden auch die sehr zahlreichen künstl. Kristallverbindungen vom ›S.-Typus‹ bezeichnet; von diesen sind einige technisch bedeutsam (z. B. Ferrit), weitere sind als Edelsteinimitationen im Handel (Mischkristalle von γ-Al_2O_3 mit einem S.).

Spinelli, Niccolò, gen. **N. Fiorentino,** ital. Medailleur, * Florenz 23. 4. 1430, † ebd. April 1514, Großneffe des Spinello Aretino; Hofmedailleur des Lorenzo de' Medici; erhalten sind fünf signierte Porträtmedaillen, weitere rd. 150 werden ihm zugeschrieben. (Bild →Medaille)

Spinello Aretino, eigtl. **Spinello di Luca Spinelli,** ital. Maler, * Arezzo um 1346 (?), † ebd. 14. 3. 1410, Großonkel von N. Spinelli; einer der späten Nachfolger Giottos, malte Tafelbilder und Fresken in Arezzo, Florenz, Pisa und Siena (Fresken aus dem Leben Papst Alexanders III., 1408–10; Siena, Palazzo Pubblico).

Spinett [ital., zu lat. spina ›Dorn‹, ›Stachel‹] das, -(e)s/-e, frz. **Épinette** [epiˈnɛt], eine vom 16. bis 18. Jh. verbreitete Kleinform der Kielinstrumente mit einchörigem Saitenbezug, gewöhnlich in 8-Fuß-Lage und mit vier Oktaven Tonumfang. Typisch für das ital. S. ist das trapezförmige vier- bis sechseckige Instrumentenkorpus mit an der Breitseite angebrachter, vorspringender Tastatur, das sich meist in einem separaten, rechteckigen Aufbewahrungskasten befand. S. haben, wie das rechtwinklige →Virginal, einen parallel zur Tastatur verlaufenden Saitenbezug mit rechtsständigen Wirbeln, wobei die Basssaiten unmittelbar hinter den Tasten liegen. Ihr Klang ist dunkel, weich und lautenähnlich.

Ab Mitte des 17. Jh. setzte sich das **Quer-S.** durch, mit schräg gestellter Flügelform, vorderständigen Wirbeln und im spitzen Winkel zur Klaviatur verlaufendem Saitenbezug. Mit seiner Anrissstelle gleich bleibend nahe am Steg ähnelt sein Klang dem eines kleinen Cembalos.

Spinfunktion, Spinwellenfunktion, die zu einem Spinoperator (→Spin) gehörende Eigenfunktion (Wellenfunktion); ihre Argumente sind die Spinkoordinaten.

Spin-Gitter-Relaxation, →Spinrelaxation.

Spinifex, Gattung der Süßgräser mit 5 Arten, in Australien und Polynesien beheimatet. S.-Gräser sind zweihäusig, die männl. Pflanzen bilden Ähren, die zu doldenartigen Blütenständen zusammentreten, die weibl. Ährchen bilden Köpfe, die von ihren stacheligen Tragblättern weit überragt werden.

Spinmatrizen, Pauli-Matrizen, von W. Pauli in die Quantenmechanik eingeführte Darstellung des Spinoperators (→Spin) für das Elektron (in Einheiten von $\hbar/2$; $\hbar = h/2\pi$, h plancksches Wirkungsquantum). Eine Darstellung des Spinoperators für das Elektron hat zu berücksichtigen, dass der Spin als Drehimpuls ein Vektor ist, und dass er beim Elektron bezüglich einer vorgegebenen Richtung nur zwei Einstellungsmöglichkeiten hat. Beides leistet der Vektoroperator σ mit den Komponenten

$$\sigma_x = \begin{pmatrix} 0 & 1 \\ 1 & 0 \end{pmatrix}, \sigma_y = \begin{pmatrix} 0 & -i \\ i & 0 \end{pmatrix}, \sigma_z = \begin{pmatrix} 1 & 0 \\ 0 & -1 \end{pmatrix}$$

($i = \sqrt{-1}$). Diese Matrizen werden als S. bezeichnet. In der gewählten Form ist (wie bei quantenmechan. Drehimpulsen üblich) nur die z-Komponente diagonal (mit den Eigenwerten ±1). Das Quadrat jeder der drei Komponenten ist die Einheitsmatrix. Die S. erfül-

Spinelle: Kristalle

Spinelle: kubisch-oktaedrische Kristallform

Spinelle (geschliffen)

Spinett von Domenico da Pesaro; Arbeit aus Venedig, Mitte des 16. Jh. (Berlin, Musikinstrumenten-Museum des Staatlichen Instituts für Musikforschung)

len die →Vertauschungsrelationen $[\sigma_x, \sigma_y] = \mathrm{i}\,\sigma_z$, mit zykl. Vertauschbarkeit der Indizes. Der Spinoperator des Elektrons lässt sich unter Verwendung der S. als $\sigma h/2$ schreiben. (→Pauli-Gleichung)

Spinnaker [engl.] *der, -s/-,* früher **Ballonsegel** [baˈlɔŋ-], leichtes, symmetr., bauchig geschnittenes und lose an Mast und S.-Baum gefahrenes Vorsegel für raumen und achterl. Wind.

Spinn|apparat, Arachnidium, dem Herstellen von →Gespinsten dienende Einrichtung am Hinterleib der Spinnen. Die Ausführungsgänge der über hundert (bis mehrere Tausend) Spinndrüsen, von denen es bis zu sechs versch., jeweils eine ganz spezielle Fadenqualität liefernde Arten geben kann (im Hinterleib von Radnetzspinnen), verlaufen zu mehrgliedrigen, sehr bewegl., unterschiedlich langen **Spinnwarzen** hin. Die Ausmündung der einzelnen Spinndrüsen auf den abgeschrägten Kuppen (**Spinnfelder**) der Spinnwarzen erfolgt über entsprechend zahlr. feine, bewegl., haarbis spulenartige Röhrchen (**Spinnröhren, Spinnspulen**); bei manchen Arten liegen die Spinnröhrenmündungen auch auf einer Porenplatte (**Spinnsieb, Cribellum**) zw. oder vor dem eigentl. Spinnapparat. Durch das Zusammenwirken von bis zu 200 Spinnspulen entstehen die bes. dicken Haltefäden (Sicherheitsfäden) der Kreuzspinnen. Hilfsorgane beim Spinnen sind die beiden Klauen am Endglied der Beine, die zu kammförmig gezähnten **Webklauen** umgebildet sind. Bei Vorhandensein eines Cribellums ist außerdem oben auf dem vorletzten Fußglied beider Hinterbeine noch eine als **Calamistrum (Kräuselkamm)** bezeichnete Doppelreihe kammförmig angeordneter, stark gebogener, starrer Borsten anzutreffen, die zur Bildung der ›Fadenwatte‹ dienen.

Spinndrüsen, tier. Drüsen, die ein an der Luft erhärtendes Sekret aus Proteinen in Form eines Spinnfadens ausscheiden. S. besitzen v.a. viele Insekten bzw. deren Larven, meist als Labialdrüsen, die i.d.R. an der Spitze eines Fortsatzes des Labiums (**Spinnfinger, Spindel**) ausmünden, oder in Form der →Malpighi-Gefäße; bei den Embien (Tarsenspinner) liegen die S. als Tarsaldrüsen in den Vorderbeinen. Viele Spinnen sind mit einem besonderen →Spinnapparat ausgestattet. Besondere S. sind die Byssusdrüsen (→Byssus) bestimmter Muscheln. (→Seide)

Spinndüse, bei der Herstellung von Chemiefasern zum Hindurchpressen der Spinnlösungen bzw. Spinnschmelzen verwendete, mit einer fein gelochten Scheibe versehene Vorrichtung (Durchmesser der Löcher 0,05–0,1 mm). S. müssen korrosionsbeständig sein und werden meist aus Edelstahl oder auch aus Edelmetalllegierungen hergestellt.

Spinnen, das Drehen von Fasern zu einem Garn, →Spinnerei.

Spinnen, Webspinnen, Araneae, mit etwa 35 000 Arten weltweit (etwa 1 100 in Mitteleuropa) in allen Lebensräumen an Land (eine Art im Süßwasser: →Wasserspinne) verbreitete →Spinnentiere mit Spinnvermögen; Körperlänge von etwa 1 bis 90 mm (meist 2–10 mm; Männchen fast immer kleiner als die Weibchen). Der Körper ist in zwei ungegliederte Abschnitte geteilt: Der Vorderkörper (Prosoma) ist durch einen engen Stiel mit dem sackartigen Hinterleib (Opisthosoma) verbunden. Der Vorderkörper trägt drei oder (meist) vier Paar Augen, an seinem Vorderende die zweigliedrigen Kieferklauen (Cheliceren) und dahinter die beinartigen Kiefertaster (Pedipalpen) und die vier Laufbeinpaare. Das Grundglied der Kieferklauen hat eine taschenmesserartig einschlagbare Klaue, an deren Spitze der Ausführungsgang einer Giftdrüse mündet. Beim Männchen sind die Endglieder der sechsgliedrigen Kiefertaster verdickt und zu Begattungsorganen umgebildet. Die Laufbeine bestehen aus sieben Gliedern, deren Letztes zwei oder drei kammförmig gezähnte Krallen (Afterkrallen) trägt. Mit der Mittelkralle (Webklaue) kann der Spinnfaden ergriffen werden. Viele Lauf-S. besitzen statt ihrer ein dichtes Büschel Hafthaare (Scopula), sie können damit an senkrechten, glatten Flächen klettern. Alle Haare und Borsten, die den Körper bedecken, sind Sinneshaare. Der Gesichtssinn ist meist gut ausgebildet. Die wichtigste Rolle spielt (bes. bei Netz-S.) der Tast- und Erschütterungssinn. An der Unterseite des Hinterleibs liegen die Öffnungen zu den meist als Fächerlungen ausgebildeten Atmungsorganen (zusätzlich sind oft Röhrentracheen vorhanden). Dazwischen liegt in einer Furche die Geschlechtsöffnung. Am Hinterleibsende liegt vor dem endständigen After der →Spinnapparat. Die Spinnseide dient u.a. zum Austapezieren des Schlupfwinkels, zum Bau des Eikokons, als Sicherheitsfaden und v.a. zum Beutefang. S. fangen ihre Beute im Sprung oder Lauf (so →Jagdspinnen, →Springspinnen, →Wolfsspinnen, →Vogelspinnen), oder sie weben ein Fangnetz (**S.-Netz**), das sie am Boden (z.B. →Trichterspinnen) oder frei in der Luft (z.B. →Baldachinspinnen, →Haubennetzspinnen; bes. kunstvolle Fangnetze weben die →Radnetzspinnen) aufspannen, um in oder bei ihm auf Beute zu lauern. Das Fangnetz dient nicht nur als ›Alarmanlage‹, sondern kann die Beute oft auch mit speziellen Fangfäden festhalten. Diese enthalten Klebstofftröpfchen oder bei S., deren Spinndrüsen auf einer Porenplatte (Spinnsieb, Cribellum) münden (z.B. →Finsterspinnen, →Kräuselradnetzspinnen, →Kräuselspinnen, →Röhrenspinnen), eine Fangwatte, die mit einer Borstenreihe (Kräuselkamm, Calamistrum) am vorletzten Glied des Hinterbeins auf die Fangfäden aufgebürstet (toupiert) wird. Eine weitere Fangmethode haben die →Speispinnen entwickelt.

Die Beutetiere (Insekten u.a. Kleintiere) werden durch einen Giftbiss mit den Kieferklauen gelähmt, oft zusätzlich mit Spinnseide gefesselt, durch Verdauungssaft vor dem Mund (extraintestinal) verflüssigt und ausgesaugt. Die aufgenommene Nahrung wird in den stark verästelten, fast den ganzen Hinterleib ausfüllenden Blindsäcken des Mitteldarms gespeichert, sodass S. lange Zeit (oft monatelang) hungern können. Die Giftwirkung des Bisses kann bei wenigen Arten auch für den Menschen gefährlich werden (→Spinnengifte).

Das S.-Männchen füllt vor einer Begattung die Endglieder seiner Kiefertaster mit Sperma, um es mit diesen in die Geschlechtsöffnung des Weibchens zu übertragen. Da S. kannibalisch sind, geht der Begattung oft eine lange Werbung (Balz) voraus, bei der das Männchen sich dem Weibchen durch spezif., opt. oder

Spinett: Querspinett von Louis Denis; Arbeit aus Paris, 1681 (Privatbesitz)

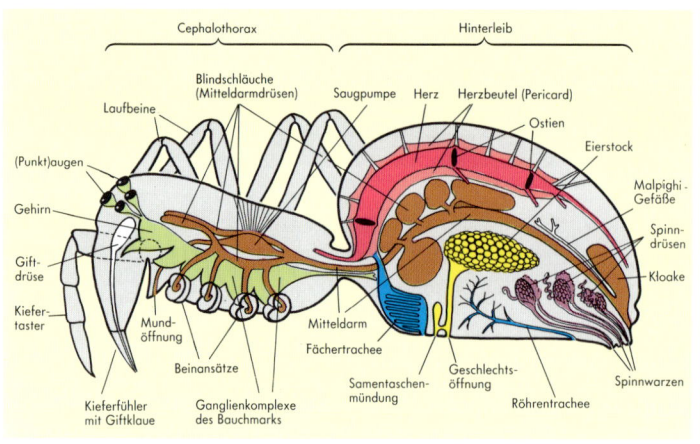

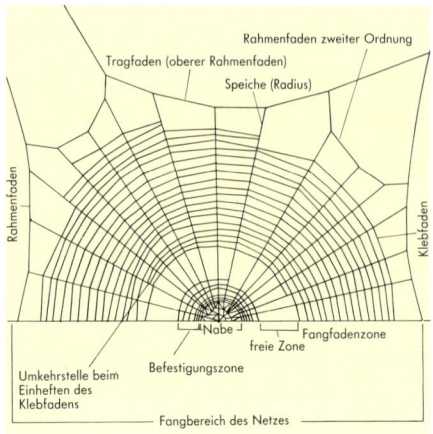

Spin Spinnenaffen – Spinnentiere

Spinnen: links Bauplan einer Spinne; rechts Netz einer Radnetzspinne

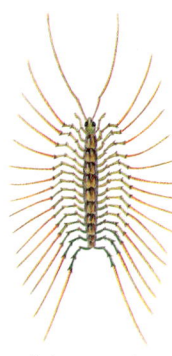

Spinnenasseln:
Scutigera coleoptrata
(Länge bis 2,6 cm)

Spinnenragwurz
(Höhe bis 30 cm)

akust. bzw. vibrator. Signale (z. B. durch Trommeln, Stridulation oder Zupfen am Netz) zu erkennen gibt. Trotzdem wird das Männchen gelegentlich nach der Paarung vom Weibchen gefressen. Raub-S. überreichen ein eingesponnenes Beutetier als ritualisiertes ›Brautgeschenk‹. Die Eier werden in Seidenkokons abgelegt, die in einem Gespinst aufgehängt oder zw. den Kieferklauen (z. B. bei →Kammspinnen, →Raubspinnen und →Zitterspinnen) oder an den Spinnwarzen befestigt (z. B. bei Wolfs-S.) umhergetragen werden. Auch die ausgeschlüpften Jung-S. können (bei Wolfs-S.) noch eine Zeit lang auf dem Rücken der Mutter verbleiben. Bei vielen Arten verbreiten sie sich durch ›Fliegen‹ an Spinnfäden (bes. während des →Altweibersommers). Die meisten einheim. Arten sind einjährig, manche Vogel-S. können jedoch über 20 Jahre alt werden. Männchen sind meist kurzlebiger als Weibchen.

Neben den genannten Gruppen gehören zu den S. die →Krabbenspinnen, →Plattbauchspinnen, →Sackspinnen, →Sechsaugenspinnen, →Spinnenfresser, →Streckerspinnen und →Tapezierspinnen. S. sind seit dem Unterdevon, seit rd. 400 Mio. Jahren, belegt.

Kulturgeschichte: Nach der griech. Mythologie wurde die Weberin →Arachne von der eifersüchtigen Göttin Athene in eine S. verwandelt. In der ind. Mythologie und im Buddhismus ist die S. mit ihrem Netz Symbol der täuschenden Sinnenwelt. In der Bibel steht sie wegen ihres leicht zerstörbaren Netzes für die Nichtigkeit der Welt. Im Christentum wurde die S. auch zum Symbol des Satans. Nur die Kreuz-S. galt wegen ihrer kreuzförmigen Rückenzeichnung als Glückstier, das Haus und Hof vor Blitzschlag bewahrt.

E. KULLMANN u. H. STERN: Leben am seidenen Faden (^{2}1981, Nachdr. 1996); R. F. FOELIX: Biologie der S. (^{2}1992); S. HEIMER: S. Faszinierende Wesen auf acht Beinen (1997).

Spinnen|affen, die →Murikis.

Spinnen|asseln, Spinnenläufer, Scutigeromorpha, *Zoologie:* 130 Arten sehr schneller, Insekten jagender Hundertfüßer mit 15 sehr langen Laufbeinpaaren und langen Geißelantennen; z. B. die bis 2,6 cm lange **Spinnenassel** (Scutigera coleoptrata), häufig im Mittelmeergebiet unter Steinen, seltener auch in wärmeren Gegenden Süd-Dtl.s (hier in Weinbergen und Häusern).

Spinnenfingrigkeit, →Marfan-Syndrom.

Spinnenfische, 1) Callionymoide|i, Unterordnung der Barschartigen Fische mit 45 Arten; u. a. die Arten der Familie →Leierfische.

2) Bathypteroidae, Familie der Leuchtsardinen mit acht Arten; Tiefseebewohner im Atlantik, Pazifik und Ind. Ozean; der 1. Strahl der Bauchflossen ist stark verlängert und dient als stelzenartiges Stützorgan.

Spinnenfresser, Mimetidae, 150 weltweit verbreitete Arten der Spinnen (davon vier Arten in Mitteleuropa), die keine Fangnetze weben, sondern in die Netze anderer Spinnen eindringen, durch Zupfen am Netz dessen Bewohner hervorlocken und durch Biss in ein Bein töten.

Spinnengifte, die Gifte der →Spinnen. Das bei den meisten Arten für den Menschen ungefährl. Sekret ist ölig, stark sauer und schmeckt bitter. Das Gift mancher Arten (z. B. der Tarantel) wirkt beim Menschen zersetzend auf die roten Blutkörperchen (hämolytisch) und ruft örtlich begrenzte Reizwirkungen hervor (Entzündung, Schmerzen), während das Gift bes. der Latrodectus-Arten (u. a. Schwarze Witwe) und einiger Kammspinnen (Ctenus-Arten) auf das Nervensystem und über dieses auf die Kreislauforgane wirkt (neurotoxisch), den Gesamtorganismus schwer schädigt (Herzklopfen, Fieber, kalter Schweiß, Atemnot, Gelenkschmerzen, Lähmungen, Krämpfe) und zum Tod führen kann. Die *Behandlung* erfolgt wie bei Schlangenbiss mit Nebennierenrindenhormonen und Serum, zu dessen Gewinnung Tiere mit S. aus südamerikan. Massenzuchten von Kammspinnen geimpft werden.

Spinnenläufer, die →Spinnenasseln.

Spinnenpflanze, Art der Pflanzengattung →Senfklapper.

Spinnenragwurz, Ophrys sphegodes, bis 30 cm hohe, geschützte Orchideenart in West-, Mittel- und Südeuropa, N-Afrika und Kleinasien; äußere drei Blütenhüllblätter grün; Lippe der Blüte oval, samtig behaart, dunkelbraun, am Grund mit zwei Ausstülpungen; mit kahler, sehr variabler, meist bläul., H-förmiger, an eine Kreuzspinne erinnernder Zeichnung; Blüten zu zwei bis acht in lockerer Ähre; auf Trockenrasen und in lichtem Gebüsch.

Spinnentiere, i. w. S. die →Fühlerlosen (Chelicerata); i. e. S. die **Arachnida,** eine Gruppe der Fühlerlosen (meist als Klasse angesehen) mit etwa 70000 überwiegend an Land lebenden, 0,08 mm bis 21 cm langen Arten. Als Atmungsorgane dienen Röhrentracheen oder Fächerlungen. Die S. leben meist als Räuber. Die Nahrung wird in einem von den Hüften der Gliedmaßen gebildeten Mundvorraum außerhalb des Körpers verflüssigt und aufgesogen. Die max. fünf Paar seitl. Einzelaugen gehen auf aufgelöste Komplexaugen zurück. Die paarigen Geschlechtsorgane münden in einer gemeinsamen Geschlechtsöffnung an der Unterseite des 2. Hinterleibssegments. Die Fortpflanzung

Spinner – Spinnerei **Spin**

erfolgt überwiegend durch Eier; die Jugendentwicklung erfolgt direkt. Zu den S. i. e. S. gehören Afterskorpione, Geißelskorpione, Geißelspinnen, Kapuzenspinnen, Milben, Skorpione, Spinnen, Tasterläufer, Walzenspinnen und Weberknechte.

Spinner, 1) *Sportfischen:* künstl. Köder in Fisch- oder Löffelform.

2) *Zoologie:* Sammel-Bez. für mehrere Familien der Schmetterlinge wie Augen-, Bären-, Seiden-, Träg- und Zahnspinner.

Spinnerei, Herstellung von →Garn aus Spinnfasern auf mechan. Weg; auch Bez. eines Betriebs, in dem Garn gesponnen wird. Als Rohstoff verwendet man natürl. Spinnfasern (→Fasern) und Chemiespinnfasern (→Chemiefasern). Auch die Herstellung der Monofile und Multifile für Chemiefaserendlosgarne wird als ›Spinnen‹ bezeichnet. Eine Ausnahme bilden die Seidengarne, die aus den Kokons des Maulbeerspinners als Endlosgarne gewonnen werden. Dagegen werden die Seidenabfälle als Spinnfasern weiterverarbeitet.

Beim Handspinnen werden die Fasern aus dem Spinnrocken gezogen, geordnet, mit der Hand und mithilfe einer Handspindel gedreht und aufgewickelt. Mit dem →Spinnrad wird der Faden durch eine Flügelspindel bereits mechanisch gedreht und aufgewunden; das Ordnen der Fasern geschieht noch von Hand.

Der älteste Zweig ist die **Baumwoll-S. (3- oder 4-Zylinder-S., Kurzfaser-S.)** mit im Wesentlichen folgenden Ablaufstufen: Öffnen, Reinigen und Mischen der Rohstoffe auf dem Batteur, Herstellung eines Spinnfaserbandes auf der Karde, Vergleichmäßigen des Produktes und Längsorientierung der Fasern durch Doppeln und Verziehen der Bänder auf der Strecke. Das weitere Verfeinern und Drehen des Faserbandes zu einem Vorgarn erfolgt auf dem Flyer. Das letzte Verziehen bis zur gewünschten Garnfeinheit und das Aufwinden wird auf der Ringspinnmaschine durchgeführt. Für bes. feine und saubere Ringspinngarne wird bei der Baumwollverarbeitung ein Kämmprozess eingeschaltet. Ein heute häufig angewandtes Spinnverfahren ist auch das Offenendspinnen (OE-Spinnen). Dazu zählen das Rotorspinnen und das Friktionsspinnen. Beim Rotorspinnen entfällt die Vorgarnherstellung, weil direkt Streckenbänder vorgelegt werden können. Die erreichbare Produktion pro Spinnstelle ist bis zum Siebenfachen höher als auf der Ringspinnmaschine. Die gefertigten Garne sind stärker strukturiert (kein paralleler Faserverlauf) und haben eine geringere Festigkeit als vergleichbare Ringspinngarne.

In der **Kammgarn-S. (Woll-S., Langfaser-S.)** wurde früher nur Wolle versponnen. Heute mischt man häufig mit Chemiespinnfasern, auch als Melange. Der Spinnprozess ist im Prinzip dem der Baumwoll-S. ähnlich, weil auch hier das Garn durch Doppeln und Verziehen von Spinnfaserbändern gebildet wird. Baumwoll- und Kammgarn-S. werden auch unter dem Oberbegriff ›Streckwerk-S.‹ eingeordnet. Die Aufbereitung der Wolle erfordert zunächst einen Waschprozess und das Auskämmen von Kurzfasern und Unreinigkeiten, im eigentl. Spinnprozess folgt häufig ein weiteres Waschen und Nachkämmen. Die Maschinen der Kammgarn-S. sind der größeren Faserlänge angepasst. Die Strecken haben besondere Faserführungssysteme (→Hechel), das Vorgarn kann statt auf dem Flyer auch ohne echte Drehung durch Nitscheln (→Nitschelwerk) auf einer Nitschelstrecke (Finisseur) hergestellt werden.

Beim **Streichgarnverfahren (2-Zylinder-S., Vigogne-S., Imitatgarn-S.)** kommen nahezu alle spinnfähigen Faserstoffe mittlerer und kurzer Stapellänge zur Verarbeitung (→Abfallspinnen), auch gefärbte oder melierte Garne aus Reißbaumwolle oder vorher gefärbte Faserabfälle (Bunt-S.). Man arbeitet nach einem eigenen Spinnprinzip: Anstelle eines Spinnfaserbandes wird auf einer Krempel der Flor in Streifen geteilt und durch Nitscheln direkt zum Vorgang geformt (deshalb auch als ›Teilungsspinnen‹ bezeichnet). Das Mischen und Öffnen der Faserstoffe erfolgt in der Wolferei auf dem Krempelwolf. Neben der Ringspinnmaschine ist hier auch noch vereinzelt der Selfaktor als Feinspinnmaschine anzutreffen.

Geschichtliches: Die primitivste Form der S. ohne Werkzeuge wurde durch Rollen der Fasern zw. den Händen oder auf den Schenkeln ausgeführt (drillen). Die ältesten Spindeln waren vermutlich aus Holz; als Schwunggewichte dienten meist aus Ton gefertigte Spinnwirtel. Die weitere Mechanisierung des Spinnens erfolgte in Europa im 13. Jh. durch das handbetriebene Spinnrad. Das Spinnen ging zunächst diskontinuierlich vor sich, d. h., Spinnen und Aufwickeln des gesponnenen Garns wechselten einander ab. Erst das

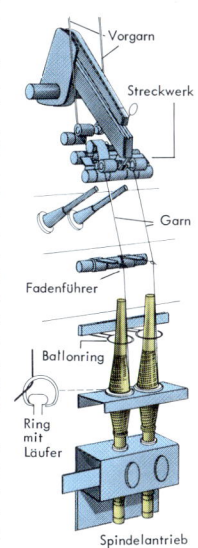

Spinnerei: Prinzip des Ringspinnens

Spinnerei: 1 Baumwollspinnerei (Dreizylinderspinnverfahren); 2 Kammgarnspinnerei; 3 Streichgarnspinnerei

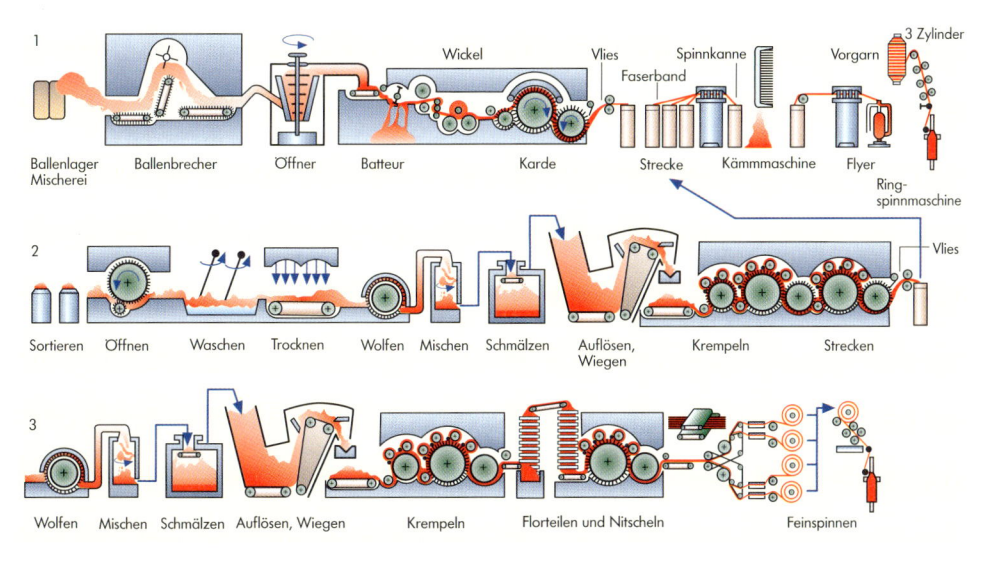

Spin Spinnfaserband – Spinola

Flügelspinnrad ermöglichte ein kontinuierl. Spinnen. Das Tretspinnrad kam zu Beginn des 16. Jh. auf. Die späteren wichtigen Erfindungen wurden in England gemacht. R. ARKWRIGHT schuf 1769 die erste brauchbare Flügelspinnmaschine, die er 1775 für Wasserkraft- und 1790 für Dampfkraftantrieb ausgestaltete. 1767 mechanisierte J. HARGRAVES das Handspinnrad und schuf die Wagenspinnmaschine (mit acht Spindeln). S. CROMPTON konstruierte die Mulemaschine. Daraus entstand 1825/30 durch R. ROBERTS der Selfaktor. Die Kämmmaschine konstruierte 1844 J. HEILMANN. Die Ringspinnmaschine wurde 1830 in den USA entwickelt. Für die Woll-S. waren die Erfindung des Wollschlägers (1733) durch JOHN KAY (* 1704, † 1764), des Klettenwolfs durch T. R. WILLIAMS (1826), der Wollwaschmaschine durch den Berliner Tuchmacher SEHLMACHER (1833) sowie die Verbesserung der Kämmmaschine durch SAM LISTER (* 1815, † 1906; 1850) und J. NOBLE (1853) von Bedeutung. – Die weitere Entwicklung in der S. ist u. a. durch die Verwendung von Rollenlagerspindeln und Regelmotoren zur Erhöhung der Spindeldrehzahlen, durch die Konstruktion von Streckwerken mit Höchstverzügen zur Einsparung von Vorspinnpassagen und durch die Offenend-S. gekennzeichnet.

A. BOHNSACK: Spinnen u. Weben (Neuausg. 17.–18. Tsd. 1989); A. SEILER-BALDINGER: Systematik der textilen Techniken (Neuausg. Basel 1991).

Spinnfaserband, Vorprodukt in der Spinnerei aus einer Vielzahl von Spinnfasern, das ohne Drehung durch die Faserreibung zusammenhält.

Spinnfasern, nach DIN 60 001 Fasern begrenzter Länge (Stapelfasern), die sich textil verarbeiten lassen, d. h. neben genügender Länge eine ausreichende Festigkeit und Biegsamkeit aufweisen; Ggs.: **Filamente.**

Spinnfüßer, die →Fersenspinner.

Spinngewebetheorem, Spinnwebtheorem, *Volkswirtschaftslehre:* das →Cobweb-Theorem.

Spinnmilben, Tetranychidae, an Pflanzen schmarotzende gelbl., grünl., orangefarbene oder rote →Milben mit birnenförmigem Körper von 0,25–0,8 mm Länge. S. produzieren mit umgewandelten Speicheldrüsen Spinnfäden, die dichte Decken an der Unterseite von Blättern bilden und unter denen die S. Blattzellen anstechen und aussaugen. Dadurch verursachen sie oft schwere Schäden wie Laubverfärbungen, Blattdürre, vorzeitigen Laub- und Fruchtabfall. Kulturpflanzenschädlinge sind u. a.: **Rote Stachelbeermilbe** (Bryobia praetiosa), bis 0,8 mm, bräunlich rot, an Stachelbeer- und Johannisbeersträuchern; die **Gemeine S. (Bohnen-S.,** Tetranychus urticae), 0,3–0,5 mm, schmutzig grün (im Herbst rot), an Gemüse (bes. Gurken, Bohnen, Kartoffeln) und Hopfen (›Kupferbrand‹); **Obstbaum-S.** (Metatetranychus ulmi), 0,25–0,4 mm, rot, an Obstbäumen. Die beiden letztgenannten Arten werden auch zusammenfassend als **Rote Spinne** bezeichnet. – Die Bekämpfung erfolgt meist chemisch mit Akariziden oder biologisch mit Raubmilben.

Spinnrad, einfaches Gerät zum Spinnen eines Garnes mit der Hand. Das zu verspinnende Fasergut, früher meist Wolle oder Flachs, befindet sich auf einem senkrechten Stab, dem **Spinnrocken.** Über ein Treibrad (meist Tretkurbel) wird eine horizontal gelagerte Spindel schnell gedreht und dabei das aus dem Rocken herausgezogene Fasermaterial verdrillt und zum Garn verfestigt. Sobald eine gewisse Länge gesponnen ist, wird der Faden senkrecht zur Spindelachse geführt und aufgewunden.

Spinnstube, früher in fast allen dt. Landschaften verbreitete Stube, in der sich während der Winterabende Dorfbewohner zum Spinnen zusammenfanden (Bez. auch: **Rocken-, Kunkelstube, Lichtgang,**

Lichtkarz, Vorsitz, Heimgarten). Als Zusammenkunftsort hauptsächlich junger Leute, die sich bei gemeinsamer Arbeit mit Erzählungen und Liedern, z. T. auch mit Tänzen und Spielen unterhielten, erfüllte sie eine wichtige soziale Funktion. In der Zeit der Aufklärung (18. Jh.) wurde sie als den Aberglauben fördernd verurteilt und später, da als unsittlich angesehen, häufig auch verboten.

Spinnvlies, engl. **Spundbond** [ˈspʌnbɔnd], textiles Flächengebilde, das aus den unmittelbar extrudierten oder düsengesponnenen Chemiefäden besteht, deren Filamente im gleichen Arbeitsgang verstreckt, geöffnet, verwirrt und mechanisch, thermisch oder chemisch zu einem Vlies verfestigt werden.

Spinnwebenhaut, *Anatomie:* die →Arachnoidea.

Spin-off [engl.] *der, -,* gelegentl. Bez. für den Technologietransfer aus bestimmten, technisch innovativen Forschungsgebieten, v. a. der Raumfahrt, in andere Technikbereiche sowie den damit verbundenen indirekten wirtschaftl. Nutzen.

Spinnrad: Flügelspinnrad mit Fußantrieb; 2. Hälfte des 18. Jh. (London, Science Museum)

Spinola, 1) [ʃˈpinula], António Sebastião **Ribeiro de** [rriˈβeiru-], port. General und Politiker, * Estremoz (Distr. Évora) 11. 4. 1910, † Lissabon 13. 8. 1996; 1968–73 Gouv. und Militärbefehlshaber von Portugiesisch-Guinea (heute Guinea-Bissau), 1974 (Januar–März) stellv. Generalstabschef; trug mit seinem Buch ›Portugal e o futuro‹ (1974), in dem er auf die Aussichtslosigkeit des port. Kolonialkriegs in Afrika hinwies, wesentlich zum Umsturz vom 25. 4. 1974 in Portugal bei. Zunächst Vors. einer Junta, wurde S. im Mai 1974 Staatspräs., sah sich jedoch im September 1974 angesichts der damals stark linksorientierten ›Bewegung der Streitkräfte‹ zum Rücktritt gezwungen. Nach einem gescheiterten Putschversuch (März 1975) ging S. ins Exil (bis 1976).

2) [esˈpinola], Cristóbal **de Rojas y S.** [- ˈrɔxas i -], kath. Theologe, * Roermond um 1625, † Wiener Neustadt 12. 3. 1695; Franziskaner, wurde 1666 Titularbischof von Knin (Dalmatien), 1686 Bischof von Wiener Neustadt. Als kath. Befürworter einer Union mit den Protestanten stand er in Verbindung mit G. W. LEIBNIZ und G. W. MOLANUS. S. verband seine diplomat. Tätigkeit für Kaiser LEOPOLD I. mit seinen Eini-

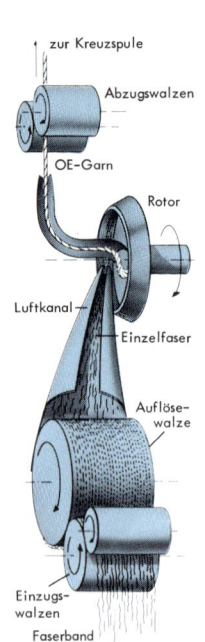

Spinnerei: Prinzip des Rotorspinnens

António Ribeiro de Spinola

gungsbestrebungen (Unionsverhandlungen 1691), scheiterte jedoch am strengen Konfessionalismus beider Kirchen.

SAMUEL J. MILLER u. J. P. SPIELMANN: C. R. y S., cameralist and irenicist, 1626–1695 (Philadelphia, Pa., 1962).

Spinor [engl.] *der, -s/...'noren,* mehrkomponentige mathemat. Größe mit komplexwertigen Komponenten, die sich unter einer Transformation der räuml. Drehung oder unter einer Lorentz-Transformation in bestimmter Weise ändern, ähnlich wie die (reellwertigen) Komponenten eines Vektors oder eines Tensors im dreidimensionalen Raum oder in der vierdimensionalen Raum-Zeit. S. spielen eine wichtige Rolle für die adäquate Behandlung des ›Spins‹, worauf auch ihr Name zurückzuführen ist. In diesem Zusammenhang wurden sie von P. A. M. DIRAC im Rahmen seiner Theorie des Elektrons (→Dirac-Gleichung) neu entdeckt, nachdem sie bereits früher von É. J. CARTAN in die Mathematik eingeführt worden waren. Ein S. ist ein geometr. Objekt in einem komplexen Funktionenraum, das bei Koordinatentransformationen einem speziellen, spinoriellen Transformationsgesetz unterliegt, das sich grundsätzlich vom tensoriellen Transformationsgesetz unterscheidet, weswegen er, trotz gewisser Ähnlichkeiten, eine grundsätzlich (auch physikalisch) andere Größe ist als ein Tensor. In der relativist. Dirac-Theorie ist der S. eine vierkomponentige Größe (**Bi-S.** oder **Dirac-S.**), während für deren nichtrelativist. Näherung (→Pauli-Gleichung) zwei Komponenten genügen. Ausgehend vom S. für das Elektron lassen sich die S. für Teilchen oder Systeme mit anderem Spin darstellen. – Von B. L. VAN DER WAERDEN wurde eine zur Tensoranalysis analoge S.-Analysis entwickelt.

Spinoza [-'no:tsa, niederländ. spi'no:za:], Baruch de, latinisiert **Benedictus de S.**, niederländ. Philosoph, *Amsterdam 24. 11. 1632, †Den Haag 21. 2. 1677; stammte aus einer von Portugal nach Holland eingewanderten marran. Judenfamilie; der Vater war Kaufmann. S. erhielt in Amsterdam die biblisch-talmud. Ausbildung der jüd. Gemeinde, betrieb daneben aber schon früh das Studium der Scholastik, der alten Sprachen, der zeitgenöss. Naturwiss. und Mathematik sowie der philosoph. Schriften von R. DESCARTES. 1656 wurde er wegen religiöser Dogmenkritik mit dem Bannfluch der jüd. Gemeinde belegt, hielt sich ab 1660 in Rijnsburg bei Leiden auf, übersiedelte 1663 nach Voorburg bei Den Haag und 1670 nach Den Haag. Das Angebot einer Professur für Philosophie an der Univ. Heidelberg lehnte er 1673 ab. In Den Haag stand er dem Kreis des leitenden Staatsmannes J. DE WITT nahe; außerdem hatte er Verbindung mit R. BOYLE, C. HUYGENS und G. W. LEIBNIZ. S. lebte, ehelos und zurückgezogen, von zwei Renten, die ihm Freunde vermacht hatten. Zu seinem Lebensunterhalt betrieb er u. a. das Schleifen von opt. Gläsern. Er starb an Lungentuberkulose. Zu seinen Lebzeiten erschien nur ein Buch über DESCARTES unter seinem Namen (›Renati Descartes principiorum philosophiae pars I et II...‹, 1663); den ›Tractatus theologico-politicus...‹ (1670; dt. ›Der theologisch-polit. Tractat...‹) gab er anonym heraus. 1927 wurde sein Wohnhaus in Den Haag als S.-Institut eingerichtet.

Sein philosoph. Hauptwerk ›Ethica, ordine geometrico demonstrata‹ (dt. ›Ethik. Nach geometr. Methode dargestellt‹) erschien postum 1677; entstanden ist es seit etwa 1662. S. entwickelte darin in einem deduktiven Verfahren aus Definitionen, Grundsätzen, Lehrsätzen, Beweisen und Erläuterungen die Konsequenz seines pantheist. Substanzmonismus, der schon in dem ›Tractatus de Deo et homine‹, einem von ihm nicht veröffentlichten Jugendwerk, angelegt war. Danach ist Gott die einzige, unteilbare, unendl. Substanz (→Monismus); ihr kommen unendlich viele Attribute zu, von denen aber nur Denken und Ausdehnung erkennbar sind. Gott und die Natur sind ein und dasselbe (›Deus sive natura‹), da alles, was ist, aus der einen Substanz notwendig folgt. Alle endl. Erscheinungen (Dinge und Ideen) sind Modi (Daseinsweisen) der einen Substanz. Als Ursache seiner selbst (causa sui) ist Gott zugleich die ›innebleibende‹ Ursache aller Dinge. Ein jenseitiger Gott lässt sich daher ebenso wenig denken wie ein der absoluten Substanz nicht integriertes Ding. Da sich alles nach kausal-mechanisch ablaufenden Gesetzen in der einen Substanz vollzieht, ist auch die aristotel. Lehre von den Zweckursachen für S. hinfällig.

S.s *Anthropologie* geht von der Parallelität der Attribute Denken und Ausdehnung in Gott aus. Alles Ausgedehnte ist unter sich kausal verknüpft, ebenso verhält es sich im Bereich der Ideen. Ein Übergang aus der einen kausal determinierten Reihe in die andere, also vom Denken in die Ausdehnung und umgekehrt, ist nicht möglich. Beide Reihen betreffen gleichwohl ein und dieselbe Sache, nämlich den Selbstvollzug der Substanz, gesehen unter dem Blickpunkt der beiden uns bekannten göttl. Attribute. ›Die Ordnung und Verknüpfung der Ideen ist dieselbe wie die Ordnung und Verknüpfung der Dinge.‹ Für die Modalität von Denken und Ausdehnung beim Menschen heißt dies: Alles, was am Körper geschieht, hat seine Entsprechung in der Seele, die nichts anderes ist als die Idee des wirkl. Körpers.

Im Rahmen dieser Anthropologie entwickelt S. seine *Erkenntnislehre:* Die Selbsterkenntnis des Geistes vollzieht sich dergestalt, dass der Geist die Affektionen seines ihm in der Form der Idee entsprechenden Körpers aufnimmt. Die körperl. Welt erkennt der Geist nur auf inadäquate Weise. Adäquate Erkenntnis liefert nur der Verstand, einmal vermittels Schließens (rationale Erkenntnis), zum anderen vermittels unmittelbarer Anschauung (intuitive Erkenntnis). Demgegenüber bringt die Einbildungskraft nur inadäquate Erkenntnis hervor, da sie, anders als der Verstand, der die Dinge in ihrem notwendigen und ewigen Hervorgehen aus der unendl. Substanz betrachtet, nur auf die einzelnen Dinge geht. Der menschl. Wille, der, wie der Verstand, zum Geist gehört, ist unfrei. Eine Bestimmung des Willens hängt kausal mit einer anderen, ihr vorhergehenden zusammen.

Mechanistisch wie S.s Lehre vom Ablauf der äußeren Geschehnisse ist auch seine *Affektenlehre,* die wesentlich von DESCARTES beeinflusst ist. S.s rationale Affektenpsychologie, die die menschl. Gefühle, Leidenschaften und Handlungen in der gleichen Weise behandeln will, wie die theoret. Philosophie geometr. Figuren erörtert, gründet sich auf die Idee der Selbsterhaltung: Die Seele strebt wie jedes Ding danach, im Sein zu verharren. Drei Gruppen passiver Affekte ergeben sich aus dem Selbsterhaltungsstreben: die Begierde (cupiditas, appetitus, voluntas), die Freude (laetitia) und die Trauer (tristitia). Hieraus leitet S. deduktiv alle weiteren passiven Affekte ab. Davon unterscheidet er die tätigen Affekte, die er unter ›Tapferkeit‹ (fortitudo) subsumiert.

Die Affektenlehre bildet die Basis von S.s *Ethik.* Das Fundament der Tugend ist das Streben nach Selbsterhaltung. Dieses ist nur dadurch möglich, dass sich der Mensch der Herrschaft der passiven Affekte entzieht. Hierzu muss er sie klar erkennen und der Herrschaft der tätigen Affekte unterstellen. Höchstes Gut und höchste Tugend ist ›die geistige Liebe zu Gott‹ (amor Dei intellectualis), zugleich für den Menschen die höchste Seligkeit. Sie genießt der Mensch durch den vom Tode nicht berührbaren Teil seiner selbst, durch seine Vernunft.

Der theologisch-polit. Traktat entstand aus dem Umgang mit DE WITT; er ist z. T. eine tendenziöse

Baruch de Spinoza
(Ausschnitt aus einem anonymen Gemälde; um 1665)

Spin Spinozismus – Spinwellen

Staatsschrift im Sinne von DE WITTS Politik und Kirchenpolitik; die Grundgedanken entstammen der Staatslehre von T. HOBBES. Indem S. ausdrücklich feststellte, dass ›die Methode der Schrifterklärung sich in nichts von der Methode der Naturerklärung unterscheidet‹, wurde er der Begründer der rationalen Schriftquellenforschung. – Der ›Tractatus politicus‹ (dt. ›Der polit. Traktat‹) entstand etwa 1675–77; er enthält im Wesentlichen ein Reformprogramm der Regentenpartei.

Der Einfluss S.s wurde v. a. in Dtl. wirksam. G. W. LEIBNIZ setzte sich schon in den ›Essais de theodicée ...‹ (1710) mit S. auseinander. Im 18. Jh. vermittelte G. E. LESSING Gedanken S.s; M. MENDELSSOHN machte auf LESSINGS spinozist. Spätphase aufmerksam. F. H. JACOBIS ›Über die Lehre des S. in Briefen an den Herrn Moses Mendelssohn‹ (1785) verschafften S.s Philosophie, die in gelehrten Kreisen schon bald bekannt war, Volkstümlichkeit. In seiner Frühphase stand auch GOETHE stark unter dem Einfluss von S. Der junge J. G. FICHTE, J. G. HERDER (›Gott. Einige Gespräche‹, 1787), F. SCHLEIERMACHER (›Über die Religion‹, 1799) und F. W. J. SCHELLING übernahmen spinozist. Gedankengut.

Ausgaben: Opera posthuma, 5 Bde. (1677); Opera, hg. v. G. GAWLICK u. a., 2 Bde. ($^{2-4}$1989). – Sämtl. Werke, hg. v. C. GEBHARDT, 7 Bde. u. Erg.-Bd. ($^{1-5}$1977–91).

M. GRUNWALD: S. in Dtl. (1897, Nachdr. 1986); K. FISCHER: Gesch. der neuen Philosophie, Bd. 2: S.s Leben, Werke u. Lehre (^{6}1946); W. CRAMER: Die absolute Reflexion, Bd. 1: S.s Philosophie des Absoluten (1966); M. GUEROULT: S., 2 Bde. (Hildesheim 1968–74); W. RÖHRICH: Staat der Freiheit. Zur polit. Philosophie S.s (1969); H. G. HUBBELING: S. (1978); F. WIEDMANN: B. de S. (1982); Studia Spinozana (1985 ff., Reihe); K. JASPERS: S. (^{2}1986); W. SCHRÖDER: S. in der dt. Frühaufklärung (1987); S. u. der dt. Idealismus, hg. v. M. WALTHER (Neuausg. 1992); T. DE VRIES: B. de S. (a. d. Niederländ., 35.–37. Tsd. 1994); Central theme: S.'s philosophy of religion, hg. v. H. DE DIJN u. a. (Würzburg 1996); H. SEIDEL: S. zur Einf. (1994); W. BARTUSCHAT: B. de S. (1996). – *Bibliographien:* A. S. OKO: The S. bibliography (Boston, Mass., 1964); J. KINGMA u. A. K. OFFENBERG: Bibliography of S.'s works up to 1800, in: Studia Rosenthaliana, Jg. 11 (Amsterdam 1977); Bulletin de bibliographie spinoziste (Paris 1979 ff.); T. VAN DER WERF u. a.: A S. bibliography 1971–1983 (Leiden 1984); M. WALTER: Das Lesen S.s. Eine Bibliogr. (1996). – *Zeitschrift:* Cahiers S. (Paris 1977 ff.).

Spinozismus *der, -,* die philosoph. Lehre von B. DE SPINOZA sowie ihre Weiterentwicklung und weltanschaul. Fassung, v. a. hinsichtlich der Gleichsetzung von Gott und Natur.

Spinquantenzahl, →Spin.

Spinrelaxation, der Relaxationsprozess eines Spinsystems (z. B. magnet. Festkörper) aus einem angeregten Zustand in seinen Gleichgewichtszustand. Hierzu trägt u. a. die Wechselwirkung der Spins mit benachbarten Spins **(Spin-Spin-Relaxation)** und mit den Phononen der thermisch angeregten Gitterschwingungen des Festkörpers **(Spin-Gitter-Relaxation)** bei. Die Wechselwirkung der Spins (bzw. der Spinwellen) untereinander ist stärker als die mit den Phononen, sodass sich für die Spin-Spin-Relaxation eine kürzere Relaxationszeit als für die Spin-Gitter-Relaxation ergibt. Die Bestimmung der Relaxationszeiten ist mithilfe des Spin-Echo-Verfahrens möglich (→NMR-Spektroskopie).

Spinresonanz, Oberbegriff für →Elektronenspinresonanz (paramagnet. Elektronenresonanz) und →Kernspinresonanz (magnet. Kernresonanz).

Spin-Spin-Wechselwirkung, der Anteil der Wechselwirkung der Hüllenelektronen eines Mehrelektronenatoms, der nur auf den Spins der Elektronen bzw. auf den mit den Spins verknüpften →magnetischen Momenten der Elektronen beruht. Die relative Stärke des entsprechenden Terms im Hamilton-Operator, im Vergleich zur Stärke der Spin-Bahn-Kopplung der Einzelelektronen, ist maßgeblich für das Kopplungsschema, nach dem die Einzelspins und -bahndrehimpulse der Elektronen zum Gesamtdrehimpuls des Atoms addiert werden. Das Überwiegen der S.-S.-W. führt zur →Russell-Saunders-Kopplung, das Gegenteil zur →jj-Kopplung. – Von besonderer Bedeutung ist die S.-S.-W. beim →Ferromagnetismus.

Spin-Statistik-Theorem, von W. PAULI 1940 im Rahmen der relativist. Quantenfeldtheorie abgeleiteter Zusammenhang zw. dem →Spin identischer, d. h. gleichartiger, nichtunterscheidbarer Teilchen (→Nichtunterscheidbarkeit) in quantenmechan. Systemen und der Symmetrie ihrer Wellenfunktionen: 1) Systeme aus ident. Teilchen mit halbzahligem Spin (→Fermionen) werden durch antisymmetr. Wellenfunktionen beschrieben und gehorchen der →Fermi-Dirac-Statistik; 2) Systeme aus ident. Teilchen mit ganzzahligem Spin (→Bosonen) werden durch symmetr. Wellenfunktionen beschrieben und gehorchen der →Bose-Einstein-Statistik.

Die Wellenfunktion eines solchen Systems heißt dabei antisymmetrisch, wenn sie bei Austausch aller ›Koordinaten‹ (z. B. Ort und magnet. Spinquantenzahl) zweier ident. Teilchen ihr Vorzeichen wechselt; bleibt das Vorzeichen unverändert, heißt sie symmetrisch. Formal besitzt dann der zugehörige Austauschoperator (Permutationsoperator) P den Eigenwert -1 (antisymmetrisch) bzw. $+1$ (symmetrisch). Antisymmetr. Wellenfunktionen nicht wechselwirkender Fermionen lassen sich als →Slater-Determinante darstellen. Ein Übergang zw. den beiden Klassen von Wellenfunktionen und damit eine Änderung des Teilchencharakters ist nicht möglich. Aus einer geraden Anzahl von Fermionen zusammengesetzte Teilchen (z. B. die Atomkerne mit gerader Nukleonenzahl) besitzen jedoch ganzzahligen Spin und verhalten sich wie Bosonen. Das S.-S.-T. ist grundlegend für das Verständnis von Vielteilchensystemen (z. B. Atome oder Elektronen und Phononen in Festkörpern) und deren Eigenschaften. Als Verallgemeinerung des bereits früher empirisch formulierten →Pauli-Prinzips liefert es dessen theoret. Begründung.

Spinstruktur, in Festkörpern der Ordnungszustand der Elektronenspins der Gitteratome in bestimmten magnet. Phasen. Man unterscheidet ferro-, antiferro- und ferrimagnet. S. In einem einfachen Ferromagneten (→Ferromagnetismus) sind alle Spins in jeweils einem →Weiss-Bezirk parallel ausgerichtet, und es tritt ein spontanes magnet. Moment auf. Bei antiferromagnet. Ordnung sind die Spins im Weiss-Bezirk paarweise antiparallel orientiert. Die so gebildeten, gegeneinander gerichteten ferromagnet. Untergitter kompensieren sich, und das resultierende magnet. Moment verschwindet (→Antiferromagnetismus). Ferrimagneten (→Ferrimagnetismus) besitzen zwar antiparallele Spinorientierung, die Kompensation ist aber nicht vollständig, und es gibt spontane Magnetisierung. Die Ausbildung einer S. ist auf die Austauschwechselwirkung benachbarter Spins zurückzuführen; deren Kopplungskonstante bestimmt den Ordnungstyp. Die S. liegt nur am absoluten Nullpunkt der Temperatur in reiner Ausprägung vor und geht bei der jeweiligen Übergangstemperatur (Curie-, Néel-Temperatur) in den paramagnet. Zustand über.

Spint, Spind, frühere dt. Volumeneinheit für Getreide, 1 S. = $^1/_{16}$ Scheffel = 6,8701 (Hamburg), 1 S. = $^1/_4$ Himten = 7,7881 (Hannover), 1 S. = $^1/_4$ Fass = 2,3931 (Wismar).

Spinte, Bienenfresser, Meropidae, Familie der Rackenvögel mit 24 Arten in Afrika und den wärmeren Gebieten Eurasiens, u. a. dem gelegentlich auch in Dtl. brütenden, sehr bunt gefärbten →Bienenfresser.

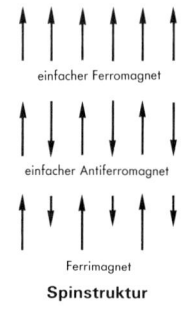

Spinwellen, kollektive →Elementaranregungen von gekoppelten Spinsystemen in Ferro-, Ferri- und Antiferromagneten. Die Orientierung der Spins relativ zum Kristallgitter ändert sich dabei periodisch (›Präzessionsbewegung‹); dieser Vorgang breitet sich als Störung des Grundzustands wellenförmig im Festkörper aus. Die Anregung einer S. ändert den Gesamtspin des Systems, und zwar in der Weise, dass im Mittel genau ein Spin umgeklappt ist. Die zum Umdrehen eines Spins aufgewendete Energie wird somit von der S. auf das ganze Spinsystem verteilt. Die durch Quantisierung der S. erhaltenen ›Quasiteilchen heißen **Magnonen**. S. können z. B. durch hochfrequente Magnetfelder (S.-Resonanz an ferromagnet. Filmen), durch Neutronenstreuung oder auch thermisch angeregt werden. Zum Nachweis kann ihre Wechselwirkung mit Phononen und Neutronen ausgenutzt werden.

SPIO, Abk. für →**Spit**zenorganisation der Filmwirtschaft e. V.

Spion [ital. spione, zu spiare ›(aus)spähen‹] *der, -s/-e,* 1) *allg.:* Person, die Spionage betreibt; im übertragenen Sinn auch Guckloch in der Tür.

2) *Maschinenbau:* die →Fühllehre.

Spionage [-ʒə] *die, -;* das Auskundschaften von militär., polit. oder wirtschaftl. Geheimnissen (bes. Staatsgeheimnissen), v. a. für einen anderen Staat. Unter den weiten Begriff der S. fallen v. a. der →Landesverrat (§ 94 StGB), die landesverräter. Ausspähung und Auskundschaftung von Staatsgeheimnissen (§ 96 StGB) sowie die landesverräter. und geheimdienstl. Agententätigkeit (§§ 98, 99 StGB). Die umstrittene Frage, ob die hauptamtl. Mitarbeiter des Ministeriums für Staatssicherheit der DDR und deren Agenten wegen ihrer vor dem Beitritt gegen die Bundesrepublik begangenen S.-Tätigkeit strafrechtlich verfolgbar sind, hat das Bundesverfassungsgericht durch Beschluss vom 15. 5. 1995 differenzierend entschieden. Wegen eines Verfahrenshindernisses nicht mehr verfolgbar seien danach Staatsbürger der DDR, die ausschließlich vom Boden der DDR oder eines ›sicheren‹ Drittstaates (d. h. eines Staates, in dem sie wegen dieser Taten sowohl vor Auslieferung als auch vor Bestrafung sicher waren) aus gegen die Bundesrepublik spioniert haben. Eingeschränkt strafbar und verfolgbar seien dagegen Staatsbürger der DDR, die im Gebiet der Bundesrepublik oder vom Boden eines ›unsicheren‹ Drittstaates aus gegen die Bundesrepublik spioniert haben; für sie käme im Rahmen einer Einzelfallabwägung eine Strafmilderung oder Einstellung nach §§ 153 ff. StPO infrage. Uneingeschränkt strafbar und verfolgbar seien dagegen Bundesbürger, die für die DDR gegen die Bundesrepublik spioniert haben.

Im Krieg darf nach Art. 29 der Haager Landkriegsordnung als Spion nur behandelt werden, wer heimlich oder unter falschem Vorwand in dem Operationsgebiet eines Krieg Führenden Nachrichten einzieht oder einzuziehen sucht in der Absicht, sie der Gegenpartei mitzuteilen, nicht dagegen, wer Mitteilungen an die eigene oder das feindl. Heer offen überbringt, und nicht eine Militärperson in Uniform, die zur Verschaffung von Nachrichten in das Operationsgebiet des feindl. Heeres eindringt. Der Staat, gegen den sich die S. richtet, kann den Spion nach Strafrecht oder Militärstrafrecht aburteilen. Auch im Kriegsfall darf der ertappte Spion nicht ohne Gerichtsverfahren verurteilt werden.

Spionageroman [-ʒə-], **Agentenroman,** eine Form des Kriminalromans (→Kriminalliteratur).

Spiraculum [lat. ›Luftloch‹] *das, -s/...la, Zoologie:* bei Fischen die →Spritzlöcher; bei Gliederfüßern andere Bez. für die Stigmenöffnungen der →Tracheen.

Spiraea [griech.], die Pflanzengattung →Spierstrauch.

Spiralbindung, *graf. Technik:* eine Bindetechnik, bei der einzelne gelochte Blätter durch eine Drahtoder Kunststoffwendel dauerhaft miteinander verbunden werden. Das fertige Produkt lässt sich flach aufschlagen oder nach hinten umklappen (Wand- und Tischkalender u. a.), ohne dass die Einzelblätter gekrümmt werden.

Spiralbohrer, *Fertigungstechnik:* →Bohren.

Spirale [nlat. (linea) spiralis ›schneckenförmig gewunden(e Linie)‹, zu lat. spira, griech. speĩra ›gewundene Linie‹, ›Windung‹] *die, -/-n,* 1) *Kultur- und Kunstgeschichte:* gewundene Form, die von der Natur (Schnecken, Muscheln) abgeleitet ist und im Prinzip der mathemat. S. entspricht; eng verwandt sind Mäander und Wirbel. Als Ornament sind S. und Spiralmuster bereits in vor- und frühgeschichtl. Kulturen in unterschiedl. Formen häufig anzutreffen: als Einzel- und Doppel-S., wenig oder stark eingerollt, als Band oder in mehrseitigem Rapport. In einfacher Art erschien die S. im Magdalénien (eingetieft in Stabobjekte), im 5. Jt. v. Chr. u. a. in der bandkeram. Kultur und in der Karanovokultur bzw. in Warna, wo in Spiralform auslaufende Schmuckbleche gefunden wurden. Häufig war die S. im östl. Mitteleuropa seit dem frühen 3. Jt. (BILD →Cucuteni-Tripolje-Kultur) und auch in der Diminikultur. In reichen Variationen (als Reihen- und Rapportmuster) dominieren Spiralformen in der kyklad. Kunst (auf Specksteingefäßen und Kykladenpfannen). In der minoischen Kultur auf Kreta im 2. Jt. gehörte die S. zu den Hauptornamenten (Kamaresvasen, Siegel); hier stellte sie auch ein Kompositionsprinzip dar. Die myken. Ornamentik verwendete bandartige oder mehrfache Spiralmotive bes. in der Zeit der Schachtgräber (BILDER →mykenische Kultur). Anscheinend von Mykene beeinflusster spiralförmiger Bronzeschmuck aus der Mitte des 2. Jt. wurde auf dem Balkan gefunden. Metallschmuck mit Spiralplatten (Fibeln, Armbandanhänger) oder aus Draht gewunden (Armschmuck) kannten viele bronzezeitl. Kulturen Mitteleuropas (BILD →Bronzezeit),

Spirale 1): Scheibe einer Prunkaxt mit Spiralverzierung in der Art des Nordischen Kreises, gefunden in Pitzerwitz (polnisch Pstrowice, Kreis Soldin); ältere Bronzezeit, um 1800–1600 v. Chr. (Berlin, Museum für Vor- und Frühgeschichte)

schon der Nord. Kreis, dann die Kulturen der Mittleren (Lochhamhorizont) und Jüngeren (z. B. Urnenfelderkultur) Bronzezeit. Die eisenzeitl. La-Tène-Kultur zeigte oft schwellende S.-Formen. Halsringe (Torques) wurden z. T. spiralig gedreht (BILD →Reinheim). Die S. ist ein wichtiges Motiv u. a. skyth. und griech. Kunst. In Vorderasien ist das Spiralband auf Keramik seit dem 4. Jt., seit dem 3. Jt. auch auf Rollsiegeln belegt. Als →laufender Hund oder ›Wellenband‹ war es der frühgriech. Vasenmalerei bekannt. In der röm. und v. a. islam. Kunst blühte die Rankenornamentik (Arabeske), die das Spiralband abwandelte. Die kelt. (irische) Buchmalerei kultivierte das S.-Ornament. Seit der Renaissance ist die S. als Volute ein gängiges, vom antiken ion. Kapitell abgeleitetes Motiv der Architekturdekoration. Als Figura serpentinata war die

Spir Spiralgalaxie – Spiritismus

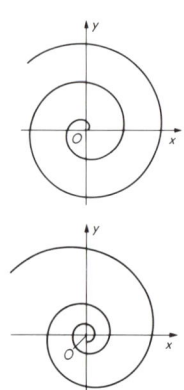

Spirale 2):
oben archimedische Spirale;
unten logarithmische Spirale

Spiralgalaxie
M 51 im Sternbild Jagdhunde

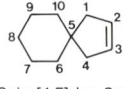

Spiro[4.5]dec-2-en

Spirane

S. ein symbol. Konstruktionsprinzip des ital. Manierismus (v. a. in der Plastik als aufsteigendes Prinzip angewandt).

In O-Asien ist die S. schon an der Keramik der chin. Yangshaokultur nachzuweisen. Die enge S. der Dongsonkultur SO-Asiens (1. Jt. v. Chr.) strahlte nach Indonesien und Neuguinea aus und beeinflusste auch die Kunst der Maori in Neuseeland. In Altamerika war die S. v. a. in der Keramik der Puebloindianer häufig.

Die S. im menschl. Leben u. in der Natur. Eine interdisziplinäre Schau, hg. v. H. HARTMANN u. a., Ausst.-Kat. (Basel 1985).

2) *Mathematik:* eine ebene Kurve, die sich um einen Punkt (Pol) O windet. Die bekanntesten S. sind neben der →archimedischen Spirale die **logarithmische S.** $r = a^{k\varphi}$ (mit $a > 0$ und $k \neq 0$, r, φ Polarkoordinaten), die den Ursprung als asymptot. Punkt besitzt (während die archimed. S. dort ihren Anfang hat) und die **hyperbolische S.** $r = a/\varphi$ (mit $a \neq 0$), die sich der Geraden $y = a$ und dem Ursprung asymptotisch nähert. Alle S. sind ebene transzendente Kurven mit unendlich vielen Windungen und als stetige Funktion in den ebenen Polarkoordinaten darstellbar.

3) *Medizin:* Form des Intrauterinpessars als Mittel der →Empfängnisverhütung.

Spiralgalaxie, Spiralsystem, historisch **Spiralnebel,** eine phys. und entwicklungsmäßige Einheit von einigen wenigen Mrd. bis einigen 100 Mrd. Sternen und großen Mengen interstellarer Materie, die durch zwei oder mehrere **Spiralarme** gekennzeichnet ist, die sich um eine abgeplattete rotationssymmetr. zentrale Sternanhäufung (Zentralkörper) winden. Die Spiralarme werden durch helle junge Sterne (O- und B-Sterne) sowie Gebiete ionisierten interstellaren Wasserstoffs markiert, die in eine diskusähnl. Sternverteilung eingebettet sind. Die Größe des Zentralkörpers und die Weite der Spiralarme bestimmt den Typ einer S. (→Sternsysteme). Der Durchmesser der S. liegt zw. etwa 10 und 30 kpc, die Masse zw. etwa 10^9 und einigen 10^{11} Sonnenmassen. Sie machen bei den scheinbar helleren Galaxien etwa 75 % aus, ihr Anteil an der Gesamtheit aller Galaxien wird aber auf nur etwa 30 % geschätzt. Das →Milchstraßensystem gehört seiner Struktur nach zu den Spiralgalaxien.

Spiralnebel, histor. Bez. für →Spiralgalaxie.

Spiralturbine, eine Wasserturbine der Francis-Bauart mit Wasserzuführung durch ein Spiralgehäuse um das Turbinenrad; für Leistungen über 200 kW verwendet.

Spiramycin [Kw.] *das, -s,* ein zu den Makroliden (Antibiotikagruppe von gleichartiger chem. Struktur mit großen ringförmigen Molekülen und ähnl. Wirkung) gehörendes Antibiotikum aus Streptomyces ambofaciens, das in drei chem. Variationen (S. I, S. II, S. III) vorkommt, gegen Kokkeninfektionen und einige gramnegative Erreger wirkt und ersatzweise bei Penicillin- oder Tetracyclinresistenz oder -allergie verwendet wird.

Spirane [zu lat. spira ›Windung‹, von gleichbedeutend griech. speîra], **Spiroverbindungen,** gesättigte oder ungesättigte organ. Verbindungen (Kohlenwasserstoffe oder deren Substitutionsprodukte), bei denen ein einzelnes Atom (so genanntes **Spiroatom;** meist ein C-Atom) zwei aufeinander senkrecht stehenden Ringsystemen gleichzeitig angehört. S. werden nach den Regeln der chem. Nomenklatur von den entsprechenden geradkettigen Verbindungen gleicher Kohlenstoffzahl durch den Vorsatz **Spiro-** unterschieden. Sie lassen sich wie die geradkettigen oder zyklischen organ. Verbindungen umsetzen; hergestellt werden sie v. a. in der präparativen Chemie.

Spirant [Partizip Präsens von lat. spirare ›(be)hauchen‹, ›atmen‹] *der, -en/-en,* **Spirans** *die, -/...'ranten, Phonetik:* Reibelaut, →Laut.

Spiranthes [zu griech. speîra ›Windung‹ und ánthos ›Blume‹], die Pflanzengattung →Wendelähre.

Spirdingsee, poln. **Jezioro Śniardwy** [jɛˈzjɔrɔ ˈɕnjardvi], größter Binnensee Polens, im ehem. Ostpreußen, Hauptsee der Masur. Seen, 116 m ü. M., 113,8 km², bis 23,4 m tief; über den Roschsee (Warschauer) Abfluss zum Pissek und somit zum Narew; durch Kanäle und Flussläufe mit anderen Seen, u. a. mit dem Löwentin- und Mauersee, verbunden; wichtiges Erholungsgebiet; Fischfang. Teil des Nationalparks Masur. Seen. (BILD →Ostpreußen)

Spiriferen [zu griech. speîra ›Windung‹ und phérein ›tragen‹], Sg. **Spirifere** *die, -,* **Spiriferida,** fossile Ordnung der →Armfüßer, vom Mittelordovizium bis zum Unteren Jura, mit der stärksten Artenentfaltung im Devon und Karbon. Die S. haben eine meist breit flügelförmige Gestalt, mit langem, gerade verlaufendem Schlossrand, radial gefalteten Schalen und einem spiralig aufgerollten Kalkgerüst für die fleischigen Arme der Tiere. Die S. stellen als ehemalige Bewohner der küstennahen Flachmeere viele Leitfossilien, bes. für das Unterdevon.

Spirillen [nlat. Verkleinerung von lat. spira ›Windung‹], Sg. **Spirille** *die, -,* 1) allg. Bez. für schraubig gewundene Bakterien (helikale Gestalt).
2) die Bakterien der Gattung **Spirillum** mit rd. 20 Arten. Die S. sind bipolar-polytrich, d. h., sie besitzen an beiden Zellenden eine Vielzahl von Einzelgeißeln. Ihre korkenzieherähnl. Bewegung in wässrigen Substraten beruht auf der Rotation der Geißeln. Die S. sind meist →Saprobionten.

Spiritaner, lat. **Congregatio Sancti Spiritus sub tutela Immaculati Cordis Beatissimae Virginis Mariae** [›Kongregation vom Hl. Geist unter dem Schutz des unbefleckten Herzens der seligsten Jungfrau Maria‹], Abk. **C. S. Sp.,** 1703 in Paris gegründete kath. Ordensgemeinschaft für Erziehung und Mission; vereinigte sich 1848 mit der 1841 gegründeten Kongregation vom Hl. Herzen Mariens. Tätigkeitsschwerpunkte sind Missions- und Sozialarbeit. Heute (1997) rd. 3 150 Mitgl. in über 50 Ländern. Sitz des Generaloberen ist Rom.

J. T. RATH: Gesch. der Kongregation vom Heiligen Geist, 4 Bde. (1972–82).

Spirit Cave [ˈspɪrɪt keɪv; engl. ›Geisterhöhle‹], zum Bereich der Kulturgruppe des Hoabinhien gehörende vorgeschichtl. Fundstelle bei Mae Sariang in NW-Thailand, nahe der Grenze zu Birma. Überreste kultivierter Nahrungspflanzen (Bohnen, Erbsen u. a.; datierbar spätestens ins 7. Jt. v. Chr.) lassen auf beginnenden Gartenbau schließen.

Spiritismus [zu lat. spiritus ›Hauch‹, ›Geist‹] *der, -, Parapsychologie* und *Religionswissenschaft:* eine Lehre, die auf zwei Annahmen beruht: 1) dass die menschl. Psyche (oder ein Teil von ihr) den körperl. Tod überdauert; 2) dass mithilfe bestimmter Personen (›Medien‹) oder Techniken eine direkte Verbindung mit Verstorbenen möglich ist, die sich experimentell beweisen lässt. S. hat es in Verbindung mit der Frage des Menschen nach Leben und Tod in allen Kulturen und Religionen gegeben. Einer der wichtigsten Vorläufer des S. ist der →Schamanismus. Der amerikan.-europ. S. als soziale Massenbewegung begann 1848, als im Haus des Farmers JOHN D. FOX in Hydesville (N. Y.) anscheinend unerklärl. Klopfgeräusche auftraten, die als ›Botschaften aus dem Jenseits‹ gedeutet wurden. Zu einer raschen Verbreitung des S. führten 1) die industrielle Revolution und die damit schnellen sozialen und ökonom. Wandel, 2) die Synthese von versch. Elementen aus der Kosmologie des ›Geistersehers‹ E. SWEDENBORG, aus dem Frühsozialismus C. FOURIERS und dem ›animal. Magnetismus‹ F. A. MESMERS. Diese Synthese zeigt sich bes. im Werk des Swedenborg-Anhängers ANDREW JACKSON

DAVIS (* 1826, † 1910), eines führenden Theoretikers des S., dessen Entwurf von einem paradies. Jenseits (›Sommerland‹) zum Vorbild für zahlr. Jenseitsschilderungen wurde. Durch den anderen wichtigen Theoretiker des S. im 19. Jh., A. KARDEC, wurde der S. mit dem Reinkarnationsgedanken verbunden (›Le livre des esprits‹, 1853; dt. ›Das Buch der Geister‹) und v. a. in Brasilien zu einer synkretist. Religion ausgebildet (romanischer S.). Im S. liegt das Paradigma einer okkulten Weltanschauung vor (→Okkultismus).

In den 70er-Jahren des 19. Jh. bildete sich die Rolle des ›professionellen Mediums‹ heraus. Die – zumeist weibl. – Medien hielten Sitzungen (›Séancen‹) ab und teilten durch Trancereden oder automat. Schreiben ›Botschaften‹ mit, die angeblich von Verstorbenen (den ›Kommunikatoren‹) stammten und durch die ›Kontrolle‹ (den jenseitigen ›Geistführer‹ des Mediums) vermittelt wurden. Abgesehen von dieser Form des **mentalen Mediumismus**, der heute noch weit verbreitet ist, war bis in die 1920er-Jahre der **physikalische Mediumismus** populär, der Ektoplasma (hypothet. ›feinstoffl.‹ Substanz, die aus dem Medium austreten soll) und Materialisationen, Apporte, Levitationen und telekinet. Phänomene umfasste. Häufig vorkommender Betrug hat diese Form des S. weitgehend diskreditiert. Geistige oder ›spirituelle‹ Heilung (Handauflegen, Fernheilung) wird von Einzelnen und in spiritist. Zirkeln, aber auch in religiösen Gemeinschaften (z. B. philippin. Logurgen, brasilian. Trance-Chirurgen, ›National Federation of Spiritual Healers‹ in Großbritannien) praktiziert.

Mit der Gründung der ›Society for Psychical Research‹ 1882 in London begann die krit. Erforschung des S. Sofern sich die im Rahmen des S. behaupteten Phänomene nicht pauschal auf bewussten Betrug oder glaubensbereite (Selbst-)Täuschungen zurückführen lassen, wird aus der Sicht der Parapsychologie argumentiert, dass sich ein persönl. Überleben des Todes (›Survival-Hypothese‹) weder verifizieren noch falsifizieren lässt und die Annahme paranormaler Fähigkeiten Lebender zur Erklärung der Phänomene ausreichend sein dürfte (›animist. Hypothese‹ im Unterschied zur ›spiritist.‹ oder ›Geisterhypothese‹). Dies gilt auch für die angebl. Tonband- und Videoeinspielungen aus dem Jenseits (›Transkommunikation‹), für ›Wiedergeburtserinnerungen‹, ›außerkörperl.‹ Erfahrungen oder Exkursionserlebnisse unter normalen wie patholog. Bedingungen (›Nahtod-‹ oder ›Sterbebetterlebnisse‹). All diesen ›Erfahrungsbeweisen‹ des S. ist gemeinsam, dass sich stets Alternativerklärungen, zumeist konventioneller tiefenpsycholog. oder physikal. Art, finden lassen, die ohne einen postmortalen Einfluss auskommen.

Aus religionswiss. und soziolog. Sicht spielen spiritist. Glaubensinhalte heute auch in Privatzirkeln und bei Einzelpersonen neue auch in den unterschiedlichsten weltanschaulich-religiösen Gruppen und Bewegungen eine wichtige Rolle, z. B. als ›Offenbarungs-S.‹ (u. a. Geistige Loge Zürich) oder im ›Channeling‹, der behaupteten Kontaktaufnahme durch Medien (als ›Kanälen‹ oder ›Channels‹) mit höheren Wesenheiten des Kosmos. Dass die Ausübung spiritist. Praktiken nicht ohne psych. Gefahren ist (mediumist. Psychosen), zeigt sich nicht zuletzt im so genannten Jugend-S. Schwerpunkte des S. sind die USA (›National Spiritualist Association‹), Großbritannien und Lateinamerika. Für den religiösen S. in den dt.-sprachigen Ländern haben das Werk von JOHANNES GREBER (* 1876, † 1944) ›Der Verkehr mit der Geisterwelt, …‹ (1932) und GREBERS Übersetzung des N. T. eine grundlegende Bedeutung. Darüber hinausgehend zeigt der S. sich auch als ein Bestandteil der Weltsicht des New Age und anderer synkretist. neuer Religionen (z. B. Caodaismus, Vereinigungskirche).

E. MATTHIESEN: Das persönl. Überleben des Todes, 3 Bde. (1936–39, Nachdr. 1987); Fortleben nach dem Tode, bearb. v. A. RESCH (Innsbruck ³1986); F.-W. HAACK: S. (⁵1988); W. G. ROLL: This world or that. An examination of parapsychological findings suggestive of the survival of human personality after death (Lund 1989); A. OWEN: The darkened room. Women, power and spiritualism in late Victorian England (Neuausg. Philadelphia, Mass., 1990); E. SENKOWSKI: Instrumentelle Kommunikation (²1990).

Spiritual [zu lat. spiritualis ›geistlich‹] der, -s und -en/-en, in Priesterseminaren und manchen Klöstern der für den inneren geistl. Bereich (›forum internum‹), d. h. die geistl. Bildung und Seelenführung der Priesteramtskandidaten, Novizen und Ordensleute (Religiosen), zuständige Priester.

Spiritual [ˈspɪrɪtjʊəl, engl.] *das,* auch *der,* -s/-s, *Musik:* →Negrospiritual.

Spiritualen, Richtung im Franziskanerorden, die Befolgung der Regel und des Testaments des Ordensgründers FRANZ VON ASSISI drang und damit verbunden den Alleinanspruch auf sein geistiges Erbe erhob. Im Zentrum der ordensinternen Auseinandersetzungen stand dabei bes. die Armutsverpflichtung des Ordens (→Armutsstreit). Zentren der S., die z. T. die apokalypt., chiliast. Gedanken JOACHIMS VON FIORE aufnahmen und an die ganze Kirche radikale Armutsforderungen stellten, waren Italien und S-Frankreich. Zu den führenden Persönlichkeiten der S. gehört PETRUS JOHANNIS OLIVI. Nach ihrer Verurteilung durch den Orden und die röm. Kurie 1318 wurden die S. den Fratizellen gleichgestellt, denen sich radikale Gruppierungen der S. angeschlossen hatten, und noch bis ins 15. Jh. von der Inquisition verfolgt.

Spiritualia [lat.] *Pl.,* **Spirituali|en,** Bez. für ›geistl. Sachen‹ in der kath. Kirche, z. B. Sakramente, geistl. Befugnisse, kirchl. Ämter. Im Investiturstreit bildete die Unterscheidung zw. S. und →Temporalia eine wesentl. Voraussetzung für die Lösung des Konfliktes. S. können nicht durch Geld erworben oder getauscht werden. (→Simonie)

Spiritualismus [zu lat. spiritus ›Hauch‹, ›Geist‹] *der,* -. **1)** *Philosophie:* v. a. im histor. Kontext verwendeter Begriff für eine bes. im Ggs. zu Materialismus und Positivismus stehende Lehre oder philosoph. Richtung: Darin wird alles Wirkliche als Geist bzw. Erscheinungsform des Geistes aufgefasst (**metaphysischer S.**), wobei mitunter zw. monist. und pluralist. S. unterschieden wird, je nachdem, ob ein absoluter Geist oder eine Vielheit von geistigen Wesenheiten als Urgrund (theist. S.) oder als Substanz der Wirklichkeit vorausgesetzt wird. Der **psychologische S.** lehrt die geistige Beschaffenheit der Seele. Ein solcher S. findet sich v. a. bei R. DESCARTES (Seele als reiner Geist auf der Basis eines extremen Geist-Materie-Dualismus), bei G. BERKELEY (als gnoseolog. S.; Welt als Setzung des Geistes) sowie bei MAINE DE BIRAN (gegen die materialist. Psychologie der Gruppe der ›Ideologen‹), wohingegen in der monist. Monadenlehre von G. W. LEIBNIZ und im dt. Idealismus ein metaphys. S. vertreten wird. In einem engeren Sinne wird die gegen den szientist. Positivismus gerichtete ›Philosophie des Geistes‹ von R. LE SENNE und L. LAVELLE als S. bezeichnet. Auch in Italien entwickelte sich im 19./20. Jh. (in Anlehnung an die christl. Überlieferung) eine spiritualist. Philosophie (M. F. SCIACCA).

L. STEFANINI: Idealismo cristiano (Padua 1931); L. LAVELLE: De l'acte (Paris 1946); F. BATTAGLIA: Morale e storia nella prospettiva spiritualistica (Bologna 1953); M. F. SCIACCA: Dall'attualismo allo spiritualismo critico (Mailand 1961); J. SPLETT: Der Mensch in seiner Freiheit (1967); E. ROSSI: Das menschl. Begreifen u. seine Grenzen. Materialismus u. S.; ihre Irrtümer, Schäden u. Überwindung (1968); A. SÉGUENNY: Spiritualist. Philosophie als Antwort auf die religiöse Frage des 16. Jh. (1978); M. BARBANELL: Was ist S.? (a. d. Engl., 1987).

2) *Theologie:* **religiöser S.**, von christl. Bewegungen vertretene Lehre, nach der (allein) die unmittelbare Ergriffenheit des Einzelnen durch den Geist Gottes die Voraussetzung für ein authent. Leben als Christ bilde, dagegen der konfessionell verfassten Kirche, ihrem Kultus und ihren Sakramenten nur geringe Bedeutung beizumessen sei bzw. diese gänzlich abgelehnt werden müssten. Ihnen setzen die spiritualist. Gemeinschaften, die sich als unmittelbar vom Hl. Geist geführt verstehen, ihre eigenen, ›dem Hl. Geist gemäßen‹ Gemeinschaftsformen und Lehrinhalte entgegen. Im Zeitalter der Reformation (→Schwärmer) und danach (etwa im radikalen Pietismus) gehörten die Vertreter des S. zum radikalen, kirchenkrit. Flügel, der eine innere und äußere Reform der Kirche anstrebte. Die Schwenckfelder und die Quäker repräsentieren heute noch Kirchengemeinschaften auf der Grundlage des S. Im starken Maße durch spiritualist. Frömmigkeitsformen geprägt sind die →Pfingstbewegung und die →charismatische Bewegung.

Spiritualität, heute weitgehend gleichbedeutend mit →Frömmigkeit; bezeichnet jedoch weniger die subjektive Haltung der Religiösität, sondern eine vom Glauben getragene und grundsätzlich die gesamte menschl. Existenz unter den konkreten Lebensbedingungen prägende ›geistige‹ Orientierung und Lebensform. Dieser unspezif. Definition entsprechen die zahlr., sehr unterschiedl. Formen von S.: abendländisch-christl., jüd., fernöstl., ind., afrikan., myst., orth., ökumen., liturg., monast. S. Dabei berufen sich die einzelnen religiösen oder weltanschaul. Bewegungen auf eine jeweils unterschiedlich geartete S., so z. B. die charismat. Bewegungen, versch. neue Religionen, die Esoterik, die New-Age-Bewegung und psychologisch orientierte Richtungen. Betont wird v. a. die Bedeutung der S. als Alternative oder Korrektiv zur vorherrschenden materialistisch-mechanist. Weltsicht.

Die aus dem Christentum stammende mittelalterl. Wortbildung ›spiritualitas‹ meint urspr. Geistigkeit, das innere geistige Wesen, im Ggs. zur Materialität, und zielt damit auf das christl. Leben im eigentl., geistl. (griech. ›pneumatikos‹, lat. ›spiritualis‹) Sinne, das als Leben aus und im Geist Gottes (Röm. 8,15; Joh. 3,8) verstanden wird. Diese Lebensform versuchte die Armutsbewegung der Bettelorden (→Spiritualen) zu konkretisieren; sie erhielt in der Scholastik eine begrifflich-theolog. Ausformung und gewann in der →Mystik als eine von theologisch-dogmat. Vorgaben unabhängige, unmittelbare Hinwendung des Menschen zu Gott prägende Züge. Schließlich mit der Amts-Bez. der Priester (die ›Geistlichen‹, ›Geistlichkeit‹) verknüpft und im kirchenrechtl. Sinn (→Spiritualia) verwendet, gab der Begriff S. wichtige Anstöße zur Reform einer verweltlichten Kirche (→Spiritualismus). Unter dem Einfluss der Aufklärung wich die Bedeutung von S. einem rationalen Reflexionsbewusstsein. Im 19. Jh. erlebte die kath. S. mit der Heiligen- und Marienverehrung einen neuen Aufschwung. In der ev. Kirche entwickelte sich mit dem aufkommenden →Pietismus und den Splittergruppen und Freikirchen eine v. a. von Bibelfrömmigkeit (→Biblizismus) bestimmte Spiritualität.

J. SUDBRACK: Probleme, Prognosen einer kommenden S. (1969); Gelebte S., hg. v. F. KAMPHAUS (1979); Ev. S. Überlegungen u. Anstöße zur Neuorientierung (²1980); Christian spirituality, 3 Bde. (New York 1985–88); A. ROTZETTER: Beseeltes Leben. Briefe zur S. (1986); Prakt. Lex. der S., hg. v. C. SCHÜTZ (1988); Gesch. der christl. S., hg. v. B. MCGINN u. a., 3 Bde. (a. d. Amerikan., 1993–97).

Spiritual Song [ˈspɪrɪtjʊəl sɔŋ, engl.], geistl. Volkslied der weißen Bevölkerung Amerikas aus der Zeit der Erweckungsbewegung. Der Begriff ist dem Titel einer Sammlung prot. Gesänge, ›The whole booke of psalmes. With the hymnes evangelicall and songs spirituall‹, von THOMAS RAVENSCROFT (* nach 1590, † um 1633; 1621) entnommen. S. S. wird oft fälschlich synonym gebraucht für →Negrospiritual.

spirituell [frz., von lat. spiritualis ›geistlich‹], *bildungssprachlich* für: geistig; geistlich.

Spirituosen [alchimistenlat. spirituosa, zu Spiritus ›destillierter Extrakt‹], *Sg.* **Spirituose** *die, -*, alkohol. Getränke, die durch Brennverfahren (→Branntwein) gewonnenen Äthylalkohol als wertbestimmende Komponente enthalten, also Wein- und Obstbrände, Korn- und Wacholderbranntweine, Wodka, Whisky, Rum, Liköre u. a. Trinkbranntweine.

Spiritus [lat., zu spirare ›(be)hauchen‹, ›atmen‹] *der, -/-,* **1)** *bildungssprachlich* für: Hauch, Atem, (Lebens-)Geist.

2) *griech. Grammatik:* Lesezeichen über Vokalen im Wortanlaut zur Bez. des behauchten (**S. asper,** Zeichen ‘) und des unbehauchten (**S. lenis,** Zeichen ’) Vokaleinsatzes, das von den alexandrin. Grammatikern im 3. Jh. v. Chr. in Zweifelsfällen eingeführt wurde. Ab 900 n. Chr. wurde es bei jedem anlautenden Vokal gesetzt.

3) [›destillierter Extrakt‹] *Pharmazie:* 1) **Weingeist,** offiziell nach dem Dt. Arzneibuch (DAB 10) ein Äthanol-Wasser-Gemisch mit 90 Vol.-% Äthanol (mit 70 Vol.-% Äthanol: **S. dilutus**); 2) Arzneimittelzubereitung, die Äthanol als wesentl. Bestandteil enthält, z. B. **S. camphoratus** (Kampfer-S.), **S. aethereus** (Hoffmannstropfen).

4) *umgangssprachlich* für: Brennspiritus.

Spiritus Rector [lat.] *der, --, bildungssprachlich* für: Kopf, treibende Kraft.

Spirke, die Bergkiefer (→Kiefer).

Spiro, Eugen, Maler und Grafiker, * Breslau 18. 4. 1874, † New York 26. 9. 1972; Schüler von F. VON STUCK, stand ab 1906 in Paris in Kontakt mit dem dt. Malerkreis des ›Café du Dôme‹, kehrte 1914 nach Dtl. (Berlin) zurück (1915–33 Präs. der Berliner Sezession). 1935 emigrierte er nach Paris, 1940 in die USA. In seinem zunächst vom Impressionismus und später vom Expressionismus beeinflussten Schaffen überwiegen Porträts und Landschaften.

Spirochäten [zu griech. speîra ›Windung‹ und chaítē ›langes Haar‹], *Sg.* **Spirochäte** *die, -,* Gruppe von Bakterien, die sich von allen anderen Bakterien durch ihre charakterist. Gestalt und eine besondere Art der Fortbewegung unterscheiden. Die helikoide (spiralig gewundene) Gestalt gleicht der von Spirillen; die Zellen sind aber nicht starr (wie bei Bakterien üblich), sondern außerordentlich flexibel. S. können in viskosen Flüssigkeiten schwimmen und auf festen Oberflächen gleiten. Ihre Bewegung erfolgt aber nicht durch Geißeln, sondern mithilfe eines kontraktilen Axialfilamentes, das die Zelloberfläche schraubenförmig umgibt und an beiden Zellpolen inseriert ist. Die versch. Arten der S. unterscheiden sich in ihrer Länge (5–500 μm), im Durchmesser (0,1–0,6 μm) und in der Anzahl der Fibrillen des Axialfilamentes (4 bis über 100). Frei lebende S. sind aquat. Standorten weit verbreitet. Andere gehören zur autochthonen Mikroflora vieler Tiere. Man unterscheidet fünf Gattungen: Spirochaeta, Cristispira, Treponema, Borrelia und Leptospira. Die meisten S. sind Saprobionten, nur wenige sind Krankheitserreger, z. B. Treponema pallidum (Syphilis), Borrelia recurrentis (Rückfallfieber), Leptospira ictohaemorrhagiae (Weil-Krankheit), Leptospira pomona (Schweinehüterkrankheit).

Spirochätose *die, -/-n,* Sammel-Bez. für durch Spirochäten hervorgerufene Infektionen (→Leptospirosen, →Treponematosen). Die **S. des Geflügels** (Zeckenfieber des Geflügels) tritt bei Hausgeflügel u. a. Vögeln v. a. in trop. und subtrop. Regionen auf. Sie ist gekennzeichnet durch starke Allgemeinstörungen,

Anämie, Krämpfe sowie Leber- und Milznekrosen. Die Bekämpfung erfolgt durch Insektenvernichtung und Impfung.

Spirodela [zu griech. speĩra ›Windung‹ und dẽlos ›offenbar‹], die Pflanzengattung →Teichlinse.

Spiro|ergometrie, Form der →Spirometrie.

Spirographie *die, -/...'phi|en,* →Spirometrie.

Spirogyra [zu griech. speĩra ›Windung‹ und gȳros ›Kreis‹], die Algengattung →Schraubenalge.

Spirometrie [zu lat. spirare ›(be)hauchen‹, ›atmen‹] *die, -/...'ri|en,* Verfahren der Lungenfunktionsprüfung zur Bestimmung ventilator. Größen (Atmungsgrößen) wie Vitalkapazität, Atemgrenzwert, Atemstoßwert, Atemminutenvolumen mithilfe eines Spirometers; dabei werden die Messgrößen fortlaufend grafisch registriert **(Spirographie).** Die →Bronchospirometrie ermöglicht die getrennte Überprüfung beider Lungenflügel. Die **Spiroergometrie (Ergospirometrie)** dient zur Messung der kardiopulmonal-metabol. Leistungsfähigkeit. Die Anzeige von Sauerstoffverbrauch und Kohlendioxidausscheidung erfolgt simultan. Durch gleichzeitige Erfassung von Blutdruck und Elektrokardiogramm (EKG) ist die S. eine der wichtigsten Untersuchungsmethoden zur Diagnostizierung von Schäden oder Funktionsstörungen am Herz-Kreislauf- und Atmungssystem. Sie erlaubt ferner die Beurteilung der organ. Leistungsfähigkeit und wird bes. in der Sportmedizin, Kardiologie, Arbeits- und Sozialmedizin sowie in der Chirurgie vor und nach größeren operativen Eingriffen eingesetzt.

Spirostomum [zu griech. speĩra ›Windung‹ und stóma ›Mund‹, zu den →Heterotricha gehörende Gattung der Wimpertierchen mit lang gestrecktem, zylindr. Körper; z. B. die bis 4,5 mm große, in mesosaproben (mäßig verschmutzten) Gewässern an faulenden Blättern lebende Art S. ambiguum.

Spirou [spi'ru], Name eines Comic-Helden der gleichnamigen Comic-Wochenzeitschrift (seit 1938) des belg. Texters und Zeichners ROB-VEL (eigtl. ROBERT VELTER, * 1909). Nach ihm übernahmen zunächst JIJE (eigtl. JOSEPH GILLAIN, * 1914, † 1980) und schließlich 1946 ANDRÉ FRANQUIN (* 1924, † 1997) die humorist. Abenteuerserie um den Hotelpagen S., das Eichhörnchen Snip (seit 1939), den Reporter Fantasio und das →Marsupilami. Seit 1969 wird die Serie von anderen Künstlern weitergeführt.

Spiroverbindungen [zu lat. spira, griech. speĩra ›Windung‹], die →Spirane.

Spirre [zu mnd. spīr ›kleine Spitze‹], ein vielachsiger →Blütenstand.

Spiš [spiʃ], slowak. Name der Landschaft →Zips.

Spital [mhd. spital, spittel, gekürzt aus mlat. hospitale, vgl. Hospital] *das, -s/...täler,* veraltet, noch *landschaftlich* (bes. österr. und schweizer.) für: Krankenhaus, seltener für: Altersheim, Armenhaus.

Spital, Hermann Josef, kath. Theologe, * Münster 31. 12. 1925; wurde 1952 zum Priester geweiht; war nach seiner Bischofsweihe (1980) Weihbischof in Münster und ist seit 1981 Bischof von Trier. Seit 1989 ist S. Präs. der dt. Sektion von →Pax Christi.

Spital am Pyhrn, Gem. im Bez. Kirchdorf an der Krems, Oberösterreich, 640 m ü. M., am W-Rand der Ennstaler Alpen, an der Pyhrnbahn, 2300 Ew.; Österr. Felsbildermuseum, Heimatmuseum; Herstellung von Türen, Metallwarenfabrik; Fremdenverkehr. – Barocke Stiftskirche (1714–36, von J. M. PRUNNER), deren zweitürmige Fassade mit der O-Front des Stiftsgebäudes (1642 bis um 1700) abschließt; B. ALTOMONTE schuf die Fresken im Chor (1737–40); Seitenaltargemälde von M. J. SCHMIDT und M. UNTERBERGER. Spätgot. doppelstöckige Felsenkirche St. Leonhard; Seitenaltargemälde (1774–80) von M. J. SCHMIDT. – Der Ort entstand neben einem 1190 hierher verlegten Pilgerhospiz der Bischöfe von Bamberg an der Straße über den Pyhrn (1418 Umwandlung zum Kollegiatstift, 1807 aufgehoben).

Spiti, Gebirgslandschaft (ehem. Fürstentum) und Fluss im Bundesstaat Himachal Pradesh, Indien, im Hohen Himalaja; auf schmalen Flussterrassen Gersteanbau.

Spitta, 1) Friedrich, ev. Theologe, * Wittingen 11. 1. 1852, † Göttingen 7. 6. 1924, Sohn von 4), Vater von 2); war ab 1887 Prof. für N. T. und prakt. Theologie in Straßburg, ab 1919 in Göttingen. Er war zus. mit JULIUS SMEND (* 1857, † 1930) ein bedeutender Förderer der liturg. Bewegung und der Liturgiewissenschaft.

Werke: Luther u. der ev. Gottesdienst (1884); Zur Reform des ev. Kultus (1891); Zur Gesch. u. Litteratur des Urchristentums, 4 Tle. (1893–1907).

2) Heinrich Arnold Theodor, Komponist, * Straßburg 19. 3. 1902, † Lüneburg 23. 6. 1972, Sohn von 1); Schüler u. a. von A. L. MENDELSSOHN; lehrte ab 1933 an der Akad. für Kirchen- und Schulmusik in Berlin, ab 1950 (1957 Prof.) an der Pädagog. Hochschule in Lüneburg. Komponierte v. a. Chorwerke (u. a. ›Heilig Vaterland‹, ›Die beste Zeit‹, ›Passionskantate‹), Orchester-, Kammer- und Orgelmusik.

3) Julius August Philipp, Musikhistoriker, * Wechold (heute zu Hilgermissen, Kr. Nienburg/Weser) 27. 12. 1841, † Berlin 13. 4. 1894, Sohn von 4); war nach dem Studium der klass. Philologie als Lehrer in Reval, Sondershausen und Leipzig tätig, ab 1875 Prof. für Musikgesch. an der Friedrich-Wilhelm-Univ. und administrativer Direktor der Musikhochschule in Berlin. S. gab Werke von D. BUXTEHUDE, H. SCHÜTZ und FRIEDRICH II. heraus und schrieb die grundlegende Biographie ›JOHANN SEBASTIAN BACH‹ (2 Bde., 1873–80). Ab 1885 war er Mitherausgeber der ›Vierteljahrsschrift für Musikwissenschaft‹.

4) Karl Johann Philipp, ev. Theologe und Kirchenlieddichter, * Hannover 1. 8. 1801, † Burgdorf 28. 9. 1859, Vater von 1) und 3); schuf ein v. a. durch sprachl. Klarheit und Schlichtheit ausgezeichnetes Liedwerk (›Psalter und Harfe‹, 2 Bde., 1833–43), das z. T. in ev. Gesangbücher übernommen wurde.

Weitere Werke: Sangbüchlein der Liebe für Handwerksburschen (1824); Nachgelassene geistl. Lieder (hg. 1861); Lieder aus der Jugendzeit (hg. 1898).

Spittal an der Drau, 1) Bezirkshauptstadt in Kärnten, Österreich, 560 m ü. M., an der Mündung

Spittal an der Drau 1): Schloss Porcia, Arkadenhof; 1533 ff.

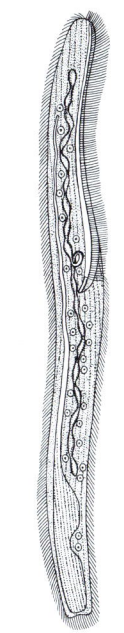

Spirostomum: Spirostomum ambiguum (Größe bis 4,5 mm)

der Lieser in die Drau, 16 400 Ew.; kulturelles und wirtschaftl. Zentrum Oberkärntens; Museum für Volkskunde; Sägewerk, Schuhfabrik, Molkerei, pharmazeut., Elektronik- und Baustoffindustrie; Verkehrsknotenpunkt; reger Fremdenverkehr, Seilbahn auf das 2 142 m ü. M. hohe Goldeck. – Schloss Porcia (1533 ff.), ein Renaissancebau mit dreigeschossigem Arkadenhof, reicher Bauornamentik und Glanzstuckaturen (etwa 1580); Rathaus (urspr. Khevenhüller-Palais, 1537) mit Laubengängen im Hof; ehem. Spitalsgebäude (›Spittl‹, 16. Jh.); Pfarrkirche Maria Verkündigung (1191 urkundlich erwähnt; Grablege der Ortenburger); am Hauptplatz (ehem. Marktplatz) Bürgerhäuser aus dem 16. Jh. mit Arkadenhöfen. – Die Grafen von Ortenburg gründeten an der Handelsstraße von Venedig nach Salzburg ein Hospital (1191 urkundlich erwähnt); der danach benannte Ort wurde 1242 erstmals als Markt bezeugt. Vom 15. bis zum 19. Jh. bestimmten Holzverarbeitung und Eisenindustrie das Wirtschaftsleben des Ortes, der Residenz der Ortenburger war, im 16. Jh. Hauptort Oberkärntens und 1930 Stadt wurde.

2) Bez. in Kärnten, Österreich, 2 764 km², 83 000 Ew.; umfasst den nördlich der Drau gelegenen Teil Oberkärntens.

Spitteler, Carl, Pseud. **Carl Felix Tandem,** schweizer. Schriftsteller, * Liestal 24. 4. 1845, † Luzern 29. 12. 1924; studierte Jura und prot. Theologie, fühlte sich jedoch früh von der Schriftstellerei angezogen und nahm 1871 eine Hauslehrerstelle in Sankt Petersburg an (bis 1879), war dann Lehrer in der Schweiz, Journalist, 1890–92 Feuilletonredakteur der ›Neuen Zürcher Zeitung‹, ab 1892 freier Schriftsteller in Luzern. Zu Beginn des Ersten Weltkriegs trat S. mit der Rede ›Unser Schweizer Standpunkt‹ (1914, gedruckt 1915) für die absolute Neutralität der Schweiz ein und wurde damit zur polit. Symbolfigur des Landes. Geprägt vom bürgerlich-akadem. Humanismus, suchte S. diesen durch ›Modernisierung‹ neu zu beleben. Die Verschmelzung überlieferten humanist. Gedankenguts und mythisch-kosm. Vorstellungen mit zeit- und kulturkrit. Ansichten (Einflüsse A. SCHOPENHAUERS, F. NIETZSCHES und J. BURCKHARDTS) sollte dem nach Schönheit strebenden Menschen auch im beginnenden 20. Jh. zu einer mögl. Daseinsform verhelfen. Pathos, aber auch Ironie, archaisierende Sprache und der Versuch der Wiederbelebung des Versepos dienten hierzu als literar. Mittel. Mittel. ist in seinen Hauptwerken, den Versepen ›Prometheus und Epimetheus‹ (2 Tle., 1881, Neufassung 1924 u. d. T. ›Prometheus der Dulder‹) und ›Olymp. Frühling‹ (4 Bde., 1900–05, Neufassung 2 Bde., 1910). Vielseitig begabt, schuf S. 20 Kompositionen zu Versen seines schweizer. Dichterkollegen H. LEUTHOLD, zeichnete und malte, skizzierte Porträts mit karikaturist. Einschlag. Die Skizzen dienten häufig als erster Entwurf zu später auf literar. Ebene Weitergeführtem. S. veröffentlichte ferner Novellen, Romane, Lustspiele, Balladen und Essays. Eindrucksvolles Zeugnis des eigenen Künstlerlebens ist der Roman ›Imago‹ (1906). – 1920 erhielt S. rückwirkend für 1919 den Nobelpreis für Literatur.

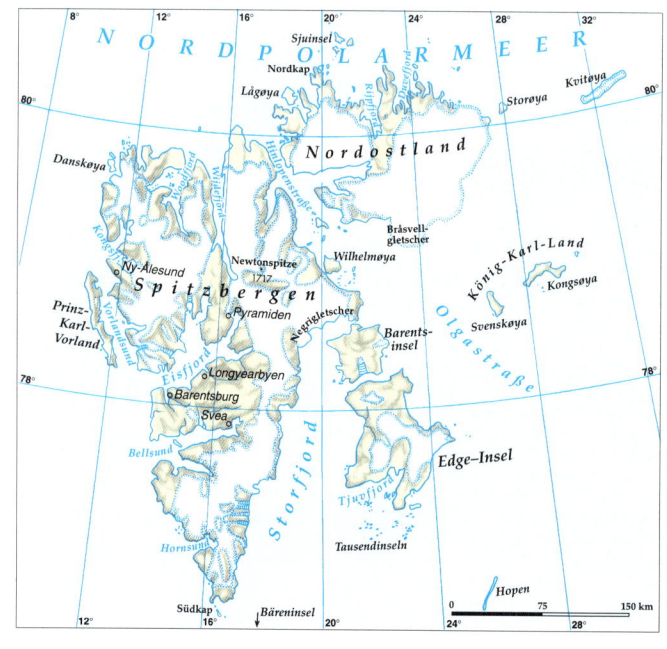

Weitere Werke: *Lyrik:* Schmetterlinge (1889); Balladen (1896); Glockenlieder (1906). – *Lustspiel:* Der Parlamentär (1889). – *Essays:* Lachende Wahrheiten (1898). – *Erzählungen:* Conrad der Leutenant (1898); Gerold u. Hansli, die Mädchenfeinde (1907). – *Autobiographie:* Meine frühesten Erlebnisse (1914). – *Sonstige Prosa:* Literar. Gleichnisse (1892); Der Gotthard (1897); Meine Beziehungen zu Nietzsche (1908); Warum ich meinen Prometheus umgearbeitet habe (1923).
Ausgaben: A. Frey u. C. S.: Briefe, hg. v. L. FREY (1933); Ges. Werke, hg. v. G. BOHNENBLUST u. a., 10 Bde. (1945–58); Krit. Schr., hg. v. W. STAUFFACHER (1965).
R. FAESI: S.s Weg u. Werk (Frauenfeld 1933); W. STAUFFACHER: C. S.s Lyrik (Zürich 1950); DERS.: C. S. Biogr. (1973); O. ROMMEL: S.s Olymp. Frühling u. seine ep. Form (Bern 1965); J. H. WETZEL: C. S. Ein Lebens- u. Schaffensbericht (1973); C. S. (1845–1924) in Luzern, hg. v. F. SCHAUB (Luzern 1995).

Spitz, Markt-Gem. im Bez. Krems, Niederösterreich, an der Donau, in der Wachau, 227 m ü. M., 2 000 Ew.; Schifffahrtsmuseum; Wein- und Obstbau; reger Ausflugsverkehr. – Spätgot. Pfarrkirche, barocker Erlahof, Bürgerhäuser des 16.–18. Jh., Burgruine Hinterhaus. (BILD →Österreich).

Spitz [spɪts], **1)** Mark, amerikan. Schwimmer, * Modesto (Calif.) 10. 2. 1950; neunfacher Olympiasieger: 1968 über 4 × 100 und 4 × 200 m (Freistilstaffeln), 1972 über 100 und 200 m Freistil, 100 und 200 m Schmetterling, 4 × 100 und 4 × 200 m (Freistilstaffeln), 4 × 100 m (Lagenstaffel); schwamm zw. 1967 und 1972 24 (Einzel-)Weltrekorde.

2) [auch ʃpɪts], René Arpad, österr.-ungar. Psychoanalytiker, * Wien 29. 1. 1887, † Denver (Colo.) 14. 9. 1974. Nach Abschluss des Medizinstudiums in Budapest unterzog sich S. 1910 einer Lehranalyse bei S. FREUD in Wien. S. emigrierte 1933 nach Frankreich, 1938 in die USA. Sein Hauptinteresse galt der frühen Mutter-Kind-Beziehung. Bekannt wurde S. durch seine Untersuchungen zu den Folgen einer Mutterentbehrung beim Säugling und Kleinkind (anaklit., d. h. durch eine Trennung von der Mutter verursachte Depression, Hospitalismus).
Werk: No and yes. On the beginning of human communication (1957; dt. Nein u. ja. Die Ursprünge der menschl. Kommunikation).
Ausgabe: Erziehung in früher Kindheit, hg. v. G. BITTNER u. a. (1968).

Spitzbergen, norweg. **Svalbard,** zu Norwegen gehörende Inselgruppe im Nordpolarmeer, 567 km vom norweg. Festland entfernt, die Hauptinseln sind **Spitzbergen** (bis 1969 Westspitzbergen, norweg. Spitsbergen, 39 368 km²), **Nordostland** (Nordaustland, 14 530 km²), **Edge-Insel** (Edgeøya, 5 030 km²), **Barentsinsel** (Barentsøya, 1 330 km²) und **Prinz-Karl-Vorland** (Prins Karls forland, 640 km²); nur die Insel Spitzbergen ist bewohnt.
S. bildet den Hauptteil des Verw.-Gebietes **Svalbard,** das alle Inseln und Felsen zw. 74° und 81° n. Br.

sowie 10° und 35° ö. L. umfasst, also auch die Inseln Hopen (46 km², mit ständig besetzter Wetterstation) und Kvitøya (250 km²), die Inselgruppe König-Karl-Land (Kong Karls land, 330 km²) und die Bäreninsel (Bjørnøya, 178 km², mit ständig besetzter Wetterstation); zus. rd. 63 000 km². Etwa 60% der Fläche sind vergletschert. Von den 2 900 Ew. sind 1 300 Norweger, 1 600 v. a. Russen u. a. Bürger der GUS. Sitz des Gouv. (›sysselmann‹) von Svalbard ist →Longyearbyen (1 100 Einwohner).

Geologisch bestehen die noch zum europ. Festlandsockel gehörenden Inseln hauptsächlich aus präkambr. bis tertiären Gesteinen; S. wurde von der kaledon. Gebirgsbildung erfasst und erneut im Tertiär gefaltet. Die Kohlenflöze von Pyramiden wurden im Karbon, die von Longyearbyen und Barentsburg in der Kreide und im Tertiär gebildet. Die Küsten sind vielfach durch Fjorde stark gegliedert. Alpine, stark vergletscherte Oberflächenformen herrschen im W-Teil der Insel Spitzbergen vor, im Inneren und auf den Inseln im O zumeist eisbedeckte Hochflächen; höchster Berg der Inselgruppe ist die Newtonspitze auf der Insel Spitzbergen (1 717 m ü. M.).

Durch den Westspitzbergenstrom im Europ. Nordmeer ist das Klima an der W-Küste der Insel Spitzbergen milder als nach der geograph. Lage zu erwarten wäre: Die Durchschnittstemperaturen betragen im Juli 5–6 °C, von Januar bis März −8 bis −16 °C. Andere Gebiete von Svalbard haben niedrigere Temperaturen. Die Jahresniederschlagsmengen sind gering (Longyearbyen 200 mm). Polarnacht herrscht in Longyearbyen vom 28. Oktober bis 14. Februar, Mitternachtssonne vom 21. April bis 21. August. Der Dauerfrostboden ist 100 m (im Küstenbereich) bis 500 m mächtig. Auf den Inseln gibt es über 175 Gefäßpflanzenarten (Tundrenvegetation); Bäume und Sträucher fehlen, weite Gebiete sind vegetationslos. Landsäugetiere sind Eisbär, Polarfuchs und das Svalbard-Ren. Der Bestand an Meeressäugetieren ist aufgrund der Jagd in früheren Zeiten stark reduziert. Auf den Inseln brüten regelmäßig über 30 der etwa 150 vorhandenen Vogelarten; nur das Schneehuhn überwintert.

Jagd und Fischerei sind heute streng reglementiert. Wichtigster Wirtschaftszweig ist der Steinkohlenbergbau: Russ. Grubensiedlungen sind Barentsburg (etwa 1 000 Ew.) und Pyramiden (etwa 700 Ew.); das norweg. Unternehmen Store Norske Spitsbergen Kulkompani A/S hat Bergwerke in Longyearbyen und in Svea (hier ist die Förderung zz. eingestellt). Das norweg. Bergwerk in Ny-Ålesund (78° 55′ n. Br.) wurde 1962 stillgelegt. Die Kohleförderung betrug 1994 auf norweg. Seite 301 000 t sowie auf russ. Seite 486 000 t. Seit 1968 befindet sich in Ny-Ålesund die ganzjährig besetzte Forschungsstation des norweg. Polarinstituts (v. a. Nordlichtbeobachtungen, auch Startplatz für Forschungsraketen) und seit 1991 die dt. Carl-Koldewey-Station des Alfred-Wegener-Inst. für Polar- und Meeresforschung (Erforschung der Lufthülle der Erde, bes. der Ozonschicht über der Arktis; ganzjährig von 14–20, im Sommer von bis zu 100 Wissenschaftlern besetzt). Eine poln. Forschungsstation liegt am Hornsund im SW der Insel Spitzbergen. In Longyearbyen, das seit 1975 einen Flughafen hat, wurden 1994 31 000 Übernachtungen von Touristen registriert. Jährlich wird Svalbard von etwa 30 Kreuzfahrtschiffen besucht; die Zahl der Tagestouristen liegt bei rd. 24 000. Die Kohle wird hauptsächlich von Juli bis September verschifft.

Geschichte: S. ist wahrscheinlich identisch mit dem 1194 in island. Annalen erwähnten Svalbard (›kalte Küste‹), das im 12. Jh. von Wikingern aufgesucht wurde. 1596 entdeckte der Niederländer W. BARENTS die Inselgruppe neu; bis ins 18. Jh. glaubte man aber noch, dass S. mit Grönland verbunden sei. 1611 be-

Spitzbergen: Billefjord, ein Arm des Eisfjords

gann der Wal- und Walrossfang, zunächst v. a. durch Engländer und Niederländer, die 1618 die Küste teilten, später auch unter Beteiligung von Dänen, Norwegern, Deutschen, Franzosen und Russen (Letztere seit 1715); die Niederländer legten als Sommersiedlung Smeerenburg an. Mit dem Rückgang des Wal- und Walrossfangs nach radikaler Reduzierung der Bestände ließ das Interesse an S. nach (weiterhin Pelztier- und Robbenjagd). S. war Ausgangspunkt zahlr. Nordpolarexpeditionen. Wichtige wiss. Expeditionen zur Erforschung von S. unternahmen im 19. Jh. die Schweden A. E. NORDENSKIÖLD, ALFRED NATHORST (*1850, †1921), G. DE GEER und der Deutsche C. KOLDEWEY auf seiner ersten dt. Nordpolarexpedition, im 20. Jh. die Norweger GUNNERIUS ISACHSEN (*1868, †1939) und ADOLF HOEL (*1879, †1964). In einem internat. Abkommen (Vertrag von Sèvres vom 9. 2. 1920, **S.-Vertrag**) wurden die zw. Norwegen und Sowjetrussland strittigen Inseln 1920 Norwegen zugesprochen, vorbehaltlich dem Recht aller Signatarmächte zum freien Zugang, zu Jagd, Fischerei und Bergbau, insbes. der Möglichkeit der Kohleförderung, von der neben Norwegen nur die UdSSR Gebrauch machte (in ihrer Nachfolge Russland). 1925 wurde S. Norwegen eingegliedert. Im Zweiten Weltkrieg evakuierten alliierte Truppen 1941 die Bev. und steckten die Bergwerke in Brand; 1943 zerstörte die dt. Kriegsmarine mehrere Siedlungen. 1949 wurde S. gegen den Widerspruch der UdSSR in die NATO einbezogen.

J. BÜDEL u. W. IMBER: S. (Bern 1968); V. HISDAL: Geography of Svalbard (Oslo 1976); A. UMBREIT: S.-Handbuch (1989); C. WÜTHRICH: Die Bodenfauna in der arkt. Umwelt der Kongsfjords (S.) (Basel 1989); Geowiss. S.-Expedition 1990 u. 1991 ›Stofftransporte Land-Meer in polaren Geosystemen‹. Zwischenbericht, hg. v. W. D. BLÜMEL (1992); Geowiss. S.-Expedition 1990 bis 1992 (SPE) ›Stofftransporte Land-Meer in polaren Geosystemen‹. Kurzfassungen publizierter Arbeiten, hg. v. DEMS. (1996).

Spitzbuckel, *Medizin:* →Kyphose.

Spitze [ahd. spizza ›spitzes Ende‹], **1)** *Börsenwesen:* **S.-Betrag,** Restbetrag, der bei der Schlussabrechnung eines Geschäfts zw. zwei Parteien übrig bleibt und auszugleichen ist; z. B. bei Termingeschäften, beim Umtausch von Wertpapieren, bei Kapitalzusammenlegungen sowie bei Bezugsrechten.

2) *Finanzwissenschaft:* →freie Spitze.

3) *Heraldik:* Heroldsbild, das durch zwei von der Mitte des Oberrandes des Schildes zu den beiden Unterecken laufende Linien gebildet wird. Die S. kann in versch. Varianten vorkommen, aber auch mit anderen Heroldsbildern oder gemeinen Figuren belegt sein.

Spitze, alte Rassengruppe des Haushundes; mittelgroße bis kleine, lebhafte, aufmerksame, sehr an-

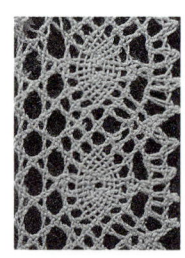

Spit Spitzen – Spitzenorganisation der Filmwirtschaft e. V.

hängl., gegenüber Fremden bes. misstrauische, wachsame, bellfreudige Hunde mit kleinen, dreieckig zugespitzten Stehohren und meist über dem Rücken kreisförmig eingebogener Rute.

Die *dt. Rassen* werden in die **Deutschen Groß-S.** und die **Deutschen Klein-S. (Zwerg-S.)** unterteilt. Die Dt. Groß-S. sind mittelgroß (Schulterhöhe meist um 40 cm), mit kurzem, völlig geradem Rücken und fuchsähnl. Kopf mit spitzer Schnauze; Schnauze, Lefzen und Augenränder sowie die kleine Nasenkuppe sind schwarz oder (beim Braunen Groß-S.) dunkelbraun, die Rute ist mittellang und buschig behaart; das Haarkleid ist üppig, locker und abstehend (nicht gewellt). Als Grundtyp der Dt. Groß-S. gilt der üppig wolfsgrau behaarte **Wolfs-S.**, der aus Westfalen und dem Berg. Land stammt (Schulterhöhe mindestens 45 cm). Der **Schwarze Groß-S.** (tief- bis blauschwarz, keine Abzeichen) stammt aus Württemberg, der **Weiße Groß-S.** (rein weiß) aus Pommern. – Die Dt. Klein-S. wurden um die Jahrhundertwende in der Gegend von Stuttgart und Mannheim gezüchtet. Sie entsprechen im Aussehen, abgesehen von der Größe (Schulterhöhe unter 28 cm), den Dt. Großspitzen.

Spitzen, durchbrochen gemusterte textile Erzeugnisse aus Leinen-, Baumwoll-, Woll-, Seiden- und Metallfäden, die in Hand- oder Maschinenarbeit zu freien Motiven genäht, geklöppelt, gewebt, geknotet, gestickt, gehäkelt oder gewirkt sind. Echte Hand-S. sind je nach Herstellungstechnik Nadel- oder Klöppel-S. Maschinen-S. können handgearbeitete S. täuschend nachahmen und sind nur an ihrer Regelmäßigkeit zu erkennen. **Stickerei-S.**, als ›Schweizer Stickerei‹ bekannt, ahmen die Klarwerk-S. in ihren Mustern nach und werden mit Schiffchenstickmaschinen gestickt oder mit dem Stickautomaten hergestellt, der sich aus einer Verbindung der Schiffchenstick- und der Jacquardmaschine entwickelt hat. Ein Zentrum der Fertigung war im 19. und frühen 20. Jh. St. Gallen, sodass sich die Bez. St.-Galler S. für dort hergestellte Maschinen-S. aller Art durchsetzte. Hierzu gehören auch maschinell gefertigte →Ätzspitzen, Guipure-S. (→Gipüre) und →Spachtelspitzen. St.-Galler S. sind auf mod. Spitzen weit verbreitet, ebenso wie die Raschel-S. Klöppel-S. werden auf Klöppelmaschinen (S.-Maschinen) hergestellt. – Bei den **Web-S.** wird auf den Bobinetmaschinen ein Grundgewebe hergestellt. Damit können fast alle handgearbeiteten Nadel-S. nachgebildet werden und ihre Musterungen eingewoben oder eingestickt werden.

Die voll ausgebildete **Nadel-S.** entwickelte sich im 16. Jh. aus der Durchbruchstickerei zu einer selbstständigen textilen Gattung, die anders als die Stickerei keinen gewebten Grund mehr besitzt. Ebenfalls im 16. Jh. entstanden neben →Filetarbeiten erste **Klöppel-S.** Barocke Klöppel-S. (→Klöppeln) sind die als Leinenschlag-S. mit Netzgrund ausgeführte ›Valenciennes-S.‹ sowie die in den Niederlanden hergestellte ›Flandr. S.‹. Mit Umrissfaden auf unterschiedl. Ziernetzen ist die ›Mechelner S.‹ (›Malines‹) gearbeitet; für Mecheln charakteristisch ist das ›Eisgrond‹ genannte Netz mit sechseckigen Maschen. S. aus kombinierten und spitzenartigen Techniken sind die ›Applikations-S.‹, bei der das geklöppelte oder genähte Muster auf Klöppel- oder Maschinentüll genäht, seltener geklebt wurde. Die S.-Produktion des 19. Jh. kennzeichnen eine Fülle historisierender, oft nur schwer von den Originalen vergangener Epochen zu unterscheidender S. sowie zunehmend Maschinen-S. Im 20. Jh. behielten handgearbeitete S. ihre Bedeutung in kunsthandwerkl. Produktionen.

G. GRAFF-HÖFGEN: Die S. Ein Lex. zur S.-Kunde (1983); A. KRAATZ: Die Kunst der S. (a.d. Frz., 1989); Stickerei-Zeit. Kultur u. Kunst in St. Gallen 1870–1930, Ausst.-Kat. (St. Gallen 1989).

Spitzen:
Von oben
Klöppelspitze;
Raschelspitze;
Stickereispitze;
Handspitze
(Nadelspitze)

Spitzenblume:
Krause Spitzenblume
(Höhe 0,6–1,2 m)

Spitze:
Wolfsspitz
(Schulterhöhe 45 cm)

Spitzenblume, Ardisia, Gattung der Myrsinengewächse mit rund 250 Arten, v. a. in den Tropen Asiens und Amerikas; immergrüne, niedrige Sträucher oder kleine Bäume. Die bekannteste Art ist die in SO-Asien heim., 0,6–1,2 m hohe, strauchige **Krause S.** (Ardisia crenata, Ardisia crenulata) mit 6–12 cm langen und 2–4 cm breiten, ledrigen Blättern, an deren welligem Rand Knötchen mit symbiont. Bakterien sitzen. Die kleinen Blüten sind weiß oder rosafarben und stehen in Thyrsen; die Früchte sind korallenrote Beeren. S. zeigen interessante botan. Eigenschaften, u. a. Viviparie.

Spitzenbrand, *Biologie:* →Frostschäden.

Spitzendiode, Punktkontaktdiode, Halbleiterdiode mit einem halbkugelförmigen →p-n-Übergang, der unter einem Spitzenkontakt aus Metall (z. B. Wolfram oder Molybdän) auf einem n-dotierten Halbleiterplättchen (urspr. meist Germanium) durch Formierstromstöße entsteht (etwa 1 A für 1 s). Wegen der Kleinheit der p-n-Übergangsfläche, auf der die guten Eigenschaften der S. als Detektor im Hochfrequenz- und Mikrowellenbereich beruhen, ist die Betriebsstromstärke auf etwa 10 mA beschränkt. Die S. ist heute weitgehend durch kleinflächige Siliciumdioden in Planartechnik abgelöst.

Spitzen|entladung, →Koronaentladung an der Spitze eines elektr. Leiters, d. h. an einer Stelle seiner Oberfläche mit genügend kleinem Radius. Die konkrete Ausprägung einer S. (z. B. als Glimmentladung oder als →Büschelentladung) hängt vom Verhältnis der anliegenden Spannung zum Krümmungsradius und damit von der Feldstärke an der Spitze, von der Polung der Spannung sowie von Art und Zustand des die Spitze umgebenden Gases ab. Da die Definition von Form und Oberflächenbeschaffenheit einer ›Spitze‹ nur sehr vage ist, kann die Anfangsspannung einer S. kaum angegeben werden.

Spitzengänger, *Zoologie:* →Zehengänger.

Spitzenkraftwerk, Spitzenlastkraftwerk, Spitzenleistungskraftwerk, *Energietechnik:* ein Kraftwerk hoher Einsatzbereitschaft, d. h. relativ kurzer Anfahrzeit, das nur zur Deckung kurzzeitiger Bedarfsspitzen in Betrieb genommen wird. Als S. werden v. a. →Gasturbinenkraftwerke und Speicherkraftwerke wie das →Pumpspeicherwerk eingesetzt.

Spitzenlast, *Energietechnik:* →Belastung.

Spitzen|organisation der Filmwirtschaft e. V. Abk. **SPIO,** Dachverband der filmwirtschaftl. Spartenverbände; Sitz: Wiesbaden; gegr. 1923 als Spitzenorganisation der dt. Filmindustrie e. V. in Berlin, 1933 aufgegangen in der Reichsfilmkammer. Aus der Arbeitsgemeinschaft der Filmwirtschaft ging 1949 die neue SPIO hervor. Eine Abteilung der SPIO ist die →Freiwillige Selbstkontrolle der Filmwirtschaft, mit der SPIO verbunden sind das ›Dt. Institut für Filmkunde e. V.‹, DIF (gegr. 1950), Frankfurt am Main, und die Friedrich-Wilhelm-Murnau-Stiftung (1966), Wiesbaden.

Spitzensport, Hochleistungssport, absolute Höchstleistung anstrebende Ausprägung des →Leistungssports. Hauptkriterien für die Einstufung als S. sind Rekorde und internat. Erfolge bei Olymp. Spielen, Welt- und Europameisterschaften. S. setzt intensives, periodisch abgestimmtes, wiss. geplantes und begleitetes, i. d. R. tägl. Training voraus, das den Lebenslauf des Athleten bestimmt. Der professionelle oder nahezu vollberufl. Einsatz verlangt medizin., pädagog. und psycholog. Betreuung und ausreichende materielle Absicherung. S. setzt hohe sportl. Normen mit der Gefahr, dass sie durch unlautere Mittel oder Manipulationen angestrebt werden (→Doping). Im gesellschaftl. und polit. Bereich bietet er Identifikationsmöglichkeiten für viele (Leitbildfunktion) und dient häufig nat. Repräsentation sowie ideolog. Zwecken. Aufgrund der Medienberichterstattung ist der S. auch Teil eines ökonom. Vermarktungssystems von hoher Werbekraft und großem Unterhaltungswert.

Spitzentanz, Tanz auf der Fußspitze im Spitzenschuh (ein Spezialschuh mit geleimter oder geblockter Spitze). Der S. wurde durch MARIA TAGLIONI in ›La Sylphide‹ (1832) als Ausdrucksmittel des klassischromant. Balletts kreiert.

Spitzentechnologie, andere Bez. für →Hochtechnologie.

Spitzentransistor, bipolarer Transistor mit n-dotiertem Germaniumplättchen als Basiszone, auf dem in kleinem Abstand zwei spitze p-dotierte Stäbchen aufsitzen; unter den Spitzen entstehen p-dotierte Zonen und damit eine pnp-Struktur. – Der S. war 1948 die erste Realisierung eines Transistors.

Spitzenwachstum, *Botanik:* 1) Längenwachstum von Spross-, Wurzel- und Blattspitzen durch Zellteilungen der Apikalmeristeme (Scheitelbildungsgewebe) zur Organverlängerung; Ggs.: →interkalares Wachstum; 2) Längenwachstum der einzelnen Zelle, die sich an ihrer Spitze durch Einlagerung von Cellulosemolekülen verlängert.

Spitzenwert, *Physik* und *Technik:* allg. Bez. für den größten Betrag des Augenblickswerts einer Größe, wenn dieser nur während einer im Vergleich mit einer Bezugsdauer (bei period. Größen z. B. die Periodendauer) kurzen Zeitspanne angenommen wird. Für die versch. Anwendungsfälle (z. B. Nutzsignale oder rauschartige Signale) sind der Begriff des S. und die entsprechenden Messvorschriften speziell definiert.

Spitzenwerte, *Börsenwesen:* die →Standardwerte.

Spitzenzähler, von H. GEIGER entwickelter Teilchendetektor, der ähnlich wie ein →Zählrohr arbeitet. Er besteht aus einem mit einem Eintrittsfenster für die Teilchen versehenen Metallgehäuse, in das isoliert ein auf einige Hundert Volt gegen das Gehäuse aufgeladener Draht mit einer feinen Spitze ragt. Im starken elektr. Feld in der Nähe der Spitze vermehren sich die durch ein energiereiches, geladenes Teilchen in der Luft gebildeten Ionen durch Stoßionisation so stark, dass ein messbarer elektr. Impuls ausgelöst wird.

Spitzenzelle, *Botanik:* die Scheitelzelle (→Scheitel).

Spitzer, 1) Daniel, österr. Schriftsteller, * Wien 3. 7. 1835, † Meran 11. 1. 1893; wurde berühmt mit seinen Feuilletons ›Wiener Spaziergänge‹, die er für versch. Zeitungen verfasste (ab 1873 für die ›Neue Freie Presse‹); sie stellen geistreich und witzig gesellschaftliche und individuelle Schwächen und Missstände bloß.

Ausgabe: Wiener Spaziergänge, hg. v. W. OBERMAIER, 3 Bde. (Neuausg. 1986–88).

2) Leo, österr. Romanist, * Wien 7. 2. 1887, † Forte dei Marmi 16. 9. 1960; wurde 1925 Prof. in Marburg, 1930 in Köln, 1933 in Istanbul, 1936 in Baltimore (Md.). In Abgrenzung zur idealist. Sprachwissenschaft (K. VOSSLER), der er unter Einbeziehung psychoanalytisch-philosoph. sowie linguist. Kategorien eine positivist. Ausrichtung verlieh, gelang ihm eine Neubegründung der Stilistik. Literaturkritik, Literaturtheorie und Textlinguistik verdanken seinem Sprach- und Literaturwissenschaft integrierenden Ansatz wichtige Impulse.

Werke: Die Wortbildung als stilist. Mittel, exemplifiziert an Rabelais (1910); Aufs. zur roman. Syntax u. Stilistik (1918); Stilstudien, 2 Bde. (1928); Romanische Stil- u. Lit.-Studien, 2 Bde. (1931); A method of interpreting literature (1949; dt. Eine Methode, Lit. zu interpretieren); Romanische Lit.-Studien, 1936–1956 (1959).

3) Rudolf Lothar, österr. Schriftsteller, →Lothar, Rudolf.

Spitzfuß, →Fußdeformitäten.

Spitzgraben, *Befestigungswesen:* →Sohlgraben.

Spitzharfe, Harfenett, aufrechte, auf beiden Seiten des Resonanzbodens mit Saiten bezogene Zither in Harfenform; im 17.–18. Jh. bes. in Dtl. beliebt, entweder als größeres, auf dem Boden stehendes oder (häufiger) als Tisch- oder Schoßinstrument.

Spitzhengst, andere Bez. für →Klopphengst.

Spitzhörnchen: Tupaia glis (Kopf-Rumpf-Länge bis 18,5 cm)

Spitzhörnchen, Scandentia, Ordnung der Säugetiere mit nur einer Familie, den **Spitzhörnchen (Tupajas,** Tupaiidae), mit etwa 18 Arten in sechs Gattungen. S. sind bis 18,5 cm lang (ohne Schwanz), eichhörnchenähnlich mit spitzer Schnauze, bräunl. Fell und mehr oder weniger buschigem langem Schwanz. Die v. a. im Malaiischen Archipel verbreiteten S. sind vorwiegend baumbewohnend und tagaktiv (einziger nachtaktiver Vertreter ist der Federschwanztupaja). Sie ernähren sich von Früchten, Gliedertieren und kleinen Wirbeltieren. Es gibt keine bestimmten Fortpflanzungszeiten; i. d. R. werden ein bis vier, meist zwei Junge geboren. S. können in menschl. Obhut bis zehn Jahre alt werden.

Spitzhornschnecke, die Große →Schlammschnecke.

Spitzkasten, *Aufbereitung:* ein Gerät zum Klassieren, unter Umständen auch zum Sortieren und Eindicken von in Flüssigkeiten verteilten feinen Feststoffen. Die Trüben werden unter Verlangsamung ihrer Geschwindigkeit über eine Folge von trichterförmigen Kästen geführt, in denen sich die Feststoffe entsprechend ihrer Sinkgeschwindigkeit absetzen; sie werden von hier durch Düsen oder Schwanenhälse (schwenkbare Rohrknie) ausgetragen.

Spitzkehre, *Eisenbahn:* einfache Gleisanlage zur Überwindung von Höhenunterschieden. In der S. wird die Fahrt nach Umstellen einer Weiche rückwärts fortgesetzt. Zwei in einiger Entfernung nacheinander angeordnete S. ermöglichen die Rückkehr in die ursprüngl. Fahrtrichtung.

Spitzkiel, Oxytropis, Gattung der Schmetterlingsblütler mit rd. 300 Arten in der nördl. gemäßigten Zone, v. a. in Vorder- und Zentralasien; Kräuter oder niedrige Sträucher mit einpaarig gefiederten Blättern; Blütenstände in den Blattachseln; Blüten mit stachelspitzigem Schiffchen. In Dtl. kommen mehrere Arten vor, u. a. der in den Alpen verbreitete, niederliegend wachsende, violett blühende **Berg-S.** (Oxytropis jacquinii).

Spitzklette, Xanthium, Gattung der Korbblütler mit etwa 20 Arten in Nordamerika und in Eurasien, weltweit verschleppt und bes. in subtrop. Ländern gefürchtete Unkräuter; Pflanzen mit mehrblütigen männl. und meist zweiblütigen weibl. Blütenköpfchen, die zu mehreren in endständigen Ähren stehen; Klettfrüchte wie die Blüten von hakig-dornigen, basal miteinander verwachsenen Hüllblättern umgeben; einjährig, windblütig. Auf Schuttplätzen und an Wegrändern wächst die **Dornige S.** (Xanthium spinosum) mit dreilappigen, unterseits weißfilzig behaarten Blättern und gelben Dornen an den Blattstielen.

Spitzkohl, Sorte des →Weißkohls.

Spitzkrokodil, Crocodylus acutus, von Florida bis zum nordwestl. Südamerika verbreitete, bis 7 m lange Art der Krokodile mit lang gestreckter, spitz zulaufender Schnauze.

Spitzmaulkärpfling, Poecilia sphenops, bis 12 cm großer →Lebendgebärender Zahnkarpfen in Mittel- und im nordwestl. Südamerika; Färbung variabel: Rücken meist braunoliv, Seiten blau schimmernd bis leuchtend grün; Rückenflosse häufig schwarz gefleckt, gelb gesäumt; Schwanzflosse mit schwarzem Saum; Warmwasseraquarienfisch, dessen bekannteste Zuchtform der völlig schwarze **Black Molly** ist.

Spitzmäuse, Soricidae, Familie der Insektenfresser mit 208 etwa 3–18 cm langen Arten, die mit Ausnahme von Arktis, Antarktis, N-Kanada, Grönland, Island, Australien und Neuseeland weltweit verbreitet sind. S. sehen mäuseähnlich aus, haben jedoch eine stark verlängerte, zugespitzte Schnauze; das Fell ist oberseits meist braun bis schwarz, unterseits heller; einige Arten können Ultraschalltöne erzeugen, die der Echoorientierung dienen. Man unterscheidet zwei Unterfamilien: die →Weißzahnspitzmäuse und die **Rotzahn-S.** (Soricinae), mit durch Eiseneinlagerung rötlich gefärbten Zahnspitzen; in Eurasien vorkommende Arten dieser Unterfamilie sind: **Wald-S.** (Sorex araneus; Kopf-Rumpf-Länge 6–9 cm; Schwanzlänge 1–5 cm), die häufigste einheim. S., und die zur selben Gattung (Sorex) gehörende **Zwerg-S.** (Sorex minutus), mit 3–6 g Gewicht das kleinste in Dtl. vorkommende Säugetier. Weiterhin die zur Gattung Wasser-S. (Neomys) gehörenden Arten **Wasser-S.** i. e. S. (Neomys fodiens), mit 18 cm Gesamtlänge die größte einheim. S., und die in Feuchtgebieten lebende **Sumpf-S.** (Neomys anomalus).

Spitzmäuse: links Wasserspitzmaus (Gesamtlänge 18 cm); rechts Sumpfspitzmaus (Gesamtlänge bis 14 cm)

Spitzmausrüssler, Spitzmäus|chen, Spitzrüssler, Apioninae, Unterfamilie der Rüsselkäfer mit 1 300, in Mitteleuropa 137 Arten, meist 2–5 mm lang, birnenförmig, oft dunkel, auch metallisch blau oder grün, selten gelbrot oder gefleckt, Rüssel schlank, Fühler nicht gekniet. S. leben v. a. auf Schmetterlingsblütlern; die Larven minieren in Knospen, Triebspitzen, Samenanlagen oder Stängeln.

Spitznamen, →Personennamen.

Spitznattern, Oxybelis, Gattung bis 1,3 m langer Trugnattern mit vier Arten in trop. Wäldern Nord-, Mittel- und Südamerikas. S. sind tagaktive Baumbewohner und ernähren sich von Froschlurchen und Eidechsen.

Spitzpocken, die →Windpocken.

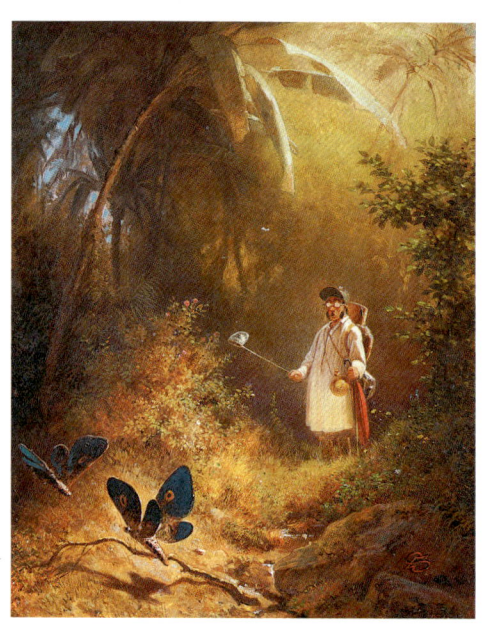

Carl Spitzweg: Der Schmetterlingsfänger (Wiesbaden, Museum)

Spitzweg, Franz Carl, Maler, *München 5. 2. 1808, †ebd. 23. 9. 1885; ausgebildet als Apotheker, als Maler Autodidakt. S. schilderte in kleinformatigen Bildern humorvoll gesehene Szenen aus dem Leben von Kleinbürgern und Sonderlingen in der Zeit von Biedermeier und Restauration. Seine zunächst zeichnerisch bestimmte Art wandelte sich nach einem Aufenthalt in Paris (1851; Anregungen von E. DELACROIX und N. DIAZ DE LA PEÑA) zu gelöst-pastoser, den kolorist. und atmosphär. Reiz wiedergebender Malweise. Zuletzt erreichte S. nahezu impressionist. Wirkungen. In seinen Genredarstellungen gewannen die Landschaften an Bedeutung. Als Zeichner arbeitete S. ab 1844 bes. für die ›Fliegenden Blätter‹.

Werke: Der arme Poet (1839, zwei Fassungen: Berlin, Nationalgalerie, 1989 geraubt, u. München, Neue Pinakothek); Der Liebesbrief (um 1845–46; Berlin, Nationalgalerie, 1989 geraubt); Der Schreiber (um 1850; München, Neue Pinakothek); Das Ständchen (um 1854; Hannover, Städt. Galerie im Niedersächs. Landesmuseum); Der Abschied (um 1855; München, Schack-Galerie); Span. Ständchen (1856; ebd.); Badende Frauen am Meer bei Dieppe (1857–60; Berlin, Nationalgalerie); Der Institutspazierang (um 1860; München, Neue Pinakothek); Der Alchimist (mehrere Fassungen, u. a. um 1860; Stuttgart, Staatsgalerie); Ein Hypochonder (um 1865; München, Schack-Galerie); Der Besuch des Landesvaters (nach 1870; München, Neue Pinakothek); Gähnende Schildwache (um 1870; ebd.); Wäscherinnen am Brunnen (mehrere Fassungen, u. a. um 1875; Darmstadt, Hess. Landesmuseum); Der Bettelmusikant (um 1884; München, Neue Pinakothek).

C. S. Beschreibendes Verz. seiner Gemälde, Ölstudien u. Aquarelle, bearb. v. G. RONNEFAHRT (1960); H. C. EBERTSHÄUSER: C. S. (1981); S. WICHMANN: C. S. u. die frz. Zeichner Daumier, Grandville, Gavarni, Doré, Ausst.-Kat. (1985); Das große S.-Album, bearb. v. S. WICHMANN u. a. (⁵1991); C. S., bearb. v. L. SCHIRMER (Neuausg. 1995); KRISTIANE MÜLLER u. E. URBAN: C. S. (Neuausg. 1995).

Spitzwegerich, Art der Pflanzengattung →Wegerich.

Spiwakow, Spivakov, Wladimir Teodorowitsch, russ. Violinist und Dirigent, * Ufa 12. 9. 1944; studierte in Leningrad und Moskau, wurde seit einer USA-Tournee 1975 weltbekannt. Neben seiner solist. Tätigkeit leitete er das von ihm 1979 gegründete Kammerorchester ›Moskauer Virtuosen‹. Er gilt als einer der führenden russ. Violinisten seiner Generation.

SPL [Abk. für engl. **s**ound **p**ressure **l**evel ›Schalldruckpegel‹], →Schalldruckpegel.

Splanchnologie [griech. splánchna ›Eingeweide‹] *die, -,* Teilgebiet der →Anatomie.

Splash-Erosion [ˈsplæʃ ɪˈrəʊʒən; engl. to splash ›spritzen‹], →Bodenerosion.

Spleißen, engl. **Splicing** [ˈsplaɪsɪŋ], *Genetik:* im Rahmen der →Prozessierung der RNA stattfindender Prozess, bei dem nicht codierende Sequenzen (Introns; →Mosaikgene) herausgeschnitten und die codierenden Sequenzen (Exons) zur reifen RNA verknüpft werden. (→Nukleinsäuren)

Spleißen, Splissen, *seemännisch:* das dauerhafte, feste Verbinden von Tauwerk, bes. zum Bilden eines ›Auges‹ (Schlingenöffnung) am Ende einer Leine oder zum Zusammenfügen einer gerissenen (›gebrochenen‹) Leine. Im Unterschied zum Knoten werden beim S. die einzelnen Kardeele (Einzelstränge des Tauwerks) miteinander zu einem **Spleiß** verflochten.

Spleißverbindung, *optische Übertragungstechnik:* feste, zerstörungsfrei nicht lösbare Verbindung zweier Lichtwellenleiter (→Lichtleiter) in Schweiß- oder Klebetechnik. Die Leiterenden werden vor dem Zusammenfügen mittels Mikromanipulatoren unter einem Betrachtungsmikroskop zentriert. Neben der S. gibt es auch lösbare mechan. Verbindungen von Lichtwellenleitern. Mit allen Verbindungsarten können an den Verbindungsstellen Dämpfungswerte um 0,1 dB erreicht werden, beim Schweißen auch geringere Werte.

Splen [griech.] *der, -s/-es,* die →Milz.

Splendid Isolation [ˈsplendɪd aɪsəˈleɪʃn; engl., eigtl. ›glanzvolles Alleinsein‹] *die, - -,* Schlagwort für die brit. Außenpolitik im 19. Jh., die Bündnisse vermied, um polit. Handlungsfreiheit zu wahren.

Splenektomie, die operative Entfernung der →Milz.

Splenitis *die, -/...ˈtiden,* die Milzentzündung.

Spleno|megalie *die, -/...ˈli|en,* die Milzschwellung (→Milz).

Splett, Karl Maria, kath. Bischof, * Zoppot 17. 1. 1898, † Düsseldorf 5. 3. 1964; wurde 1938 Bischof von Danzig, 1939 zugleich Administrator der Diözese Culm. Der gegen ihn erhobene Vorwurf antipoln. Politik führte 1946 zu einem Schauprozess, in dem S. zu acht Jahren Zuchthaus verurteilt wurde. Nach seiner Haftentlassung 1953 war er bis 1956 im Dominikanerkloster in Borek Dukla (Beskiden) interniert. Noch im Jahr 1956 wurde er in die BRD entlassen.
M. CLAUSS: K. M. S., in: Die Bischöfe der dt.-sprachigen Länder 1785/1803 bis 1945, hg. v. E. GATZ (1983).

Splicing [ˈsplaɪsɪŋ, engl.], *Genetik:* das →Spleißen.

Spline-Interpolation [splaɪn-; spline engl. ›Straklatte‹, ›Kurvenlineal‹], ein mathemat. Interpolationsverfahren, bei dem durch die *n* Punkte der Ebene $(x_1, y_1), (x_2, y_2), ..., (x_n, y_n)$ mit $x_i < x_j$ für $1 \leq i < j \leq n$ eine Kurve mithilfe einer **Spline-Funktion**

$$s: [x_1, x_n] \to \mathbb{R}$$

gelegt wird. Diese ist durch folgende Bedingungen festgelegt:
1) $s(x_i) = y_i$, d. h., die Ausgangspunkte liegen auf dem Graphen von *s*;
2) *s* ist in $[x_1, x_n]$ zweimal stetig differenzierbar;
3) die Gesamtkrümmung von *s* ist minimal, d. h., alle anderen Funktionen, die die beiden ersten Bedingungen erfüllen, besitzen eine größere Gesamtkrümmung.

Es stellt sich heraus, dass *s* in jedem Intervall $[x_i, x_{i+1}]$ höchstens ein Polynom dritten Grades ist. Die S.-I. erweist sich oft als günstiger als andere Interpolationsverfahren (z. B. das newtonsche Interpolationsverfahren), weil die verwendeten Kurven glatter und deren Ausschläge kleiner sind.

Splint [von mnd. splinte, eigtl. ›Abgespaltenes‹], 1) S.-Holz, →Holz.
2) *Maschinenbau:* aus halbrundem Draht gebogener, zweischenkliger Stift zur Sicherung eines Maschinenteils. Der S. wird z. B. bei Bolzen oder bei mit einer Kronenmutter gesicherten Schrauben durch eine radiale Bohrung gesteckt und gegen Herausrutschen auf der anderen Seite aufgebogen.

Splint|holzkäfer, Lyctidae, Familie der Käfer mit rd. 100 Arten (in Mitteleuropa fünf, davon drei eingeschleppt), 2–8 mm lang, schlank, meist braun. Die kleinen, engerlingsähnl. Larven bohren Gänge im Splintholz, wo sie von Stärke und Zucker leben. Schädlich an Eichenholz wird der 4 mm lange **Parkettkäfer** (Lyctus linearis), an Limba- und Abachiholz der **Braune S.** (Lyctus brunneus).

Splintkäfer, Scolytinae, Unterfamilie der Borkenkäfer u. a. mit dem Großen Ulmen-S., der den Erreger des →Ulmensterbens überträgt.

Split, ital. **Spalato,** zweitgrößte Stadt Kroatiens, an der Küste des Adriat. Meeres, auf einer vom Marjanberg (178 m ü. M.) überragten Halbinsel (bildet mit der Insel Čiovo die Bucht von S.), 189 400 Ew.; Kultur- und Wirtschaftszentrum Dalmatiens mit Sitz eines kath. Erzbischofs, Univ. (1974 gegr.), Inst. für Seehandel der Kroat. Akademie der Wiss.en, Ozeanograph. Inst. (mit Aquarium) und Forschungs-Inst. für die Erhaltung der dalmatin. Baudenkmäler, mehreren Museen (u. a. ethnograph., archäolog., naturhistor. Museum mit zoolog. Garten, Marine-, Meštrović-Museum), Stadtbibliothek und Theater. Wichtige Industriezweige sind Schiffbau, Zement-, chem., elektrotechn. und Nahrungsmittelindustrie (u. a. Fischverarbeitung). S. ist Eisenbahnendpunkt (von Zagreb) und hat den größten Hafen Kroatiens (auch Fährhafen zu den nahe gelegenen Inseln Brač, Šolta, Hvar, Korčula) sowie (nördlich der Stadt) einen internat. Flughafen.
Stadtbild: Der Palastkomplex (UNESCO-Weltkulturerbe; 216 m lang, 175–179 m breit) wurde 295–305 von dem röm. Kaiser DIOKLETIAN errichtet und nach seiner Abdankung (305) bis zu seinem Tod bewohnt. Der nach dem System eines befestigten Lagers angelegte Komplex mit Palast-, Kult-, Wirtschaftsbauten und Personalbereich ist an den drei Landseiten von einer 2 m dicken und 16–23 m hohen Palastmauer mit Ecktürmen und Doppelturmtoren umgeben; sie bildet heute die Stadtmauer der Altstadt (UNESCO-Weltkulturerbe), die im serbisch-kroat. Krieg 1991 ff. stark zerstört worden ist. Das oktogonale Mausoleum des Kaisers wurde seit dem frühen MA. als Kirche benutzt und im späten 13. Jh. zum Dom ausgebaut (mehrmals umgebaut, im 19. Jh. restauriert); geschnitzte Türflügel und Kanzel (beide frühes 13. Jh.), Chorgestühl (13. Jh.); 61 m hoher roman. Glockenturm (13.–14. Jh., im 16. Jh. vollendet). Der Domplatz nimmt den Peristylhof des Palastes ein. Ein zweiter Sakralkomplex umfasste drei Tempel; der Jupitertempel wurde im 8. Jh. zum Baptisterium umgestaltet (Taufbecken mit Flechtband, 11. Jh.). Im Obergeschoss des Goldenen Palasttores wurde im 11. Jh. die kleine Martinskirche eingerichtet, in dem des Eisernen Tores die Muttergotteskirche vom Glockenturm. – Außerhalb des Diokletianpalastes befinden sich u. a. das Rathaus (1443; im 19. Jh. neugot. Veränderungen) und der Milesi-Palast (17. Jh.). Die verlassene Dreifaltigkeitskirche

Spleißen:
Herstellung eines Kurzspleißes

Splintholzkäfer:
Parkettkäfer
(Länge 4 mm)

Split
Stadtwappen

Hafenstadt in Kroatien

an der mitteldalmatin. Küste

189 400 Ew.

Kultur- und Wirtschaftsbauten Dalmatiens

Univ. (1974 gegr.)

Altstadt innerhalb des ehem. Diokletianpalastes

im 8. Jh. bedeutende Hafen- und Handelsstadt

Spli Splitt – Spoerl

Split: Häuserzeilen am Hafen mit den Mauern des ehemaligen Diokletianpalasts (rechts) und dem Glockenturm des Doms

(11. Jh.) am N-Rand von S. ist ein auf antiken Fundamenten errichteter Zentralbau.
Geschichte: S., im 7. Jh. in der Ummauerung des in der Nähe des antiken →Salona errichteten Diokletianpalastes entstanden, war bereits im 8. Jh. eine bedeutende Hafen- und Handelsstadt. Es stand 812–1069 unter byzantin. Oberhoheit, war dann zw. Venedig und den kroat. Königen umstritten; gehörte 1105–1420 mit Unterbrechungen (1165–80 byzantinisch, 1327–57 venezianisch) zu Ungarn. 1420–1797 war die Stadt im Besitz Venedigs, kam 1797 zu Österreich (1808–13 frz.), 1918 zum späteren Jugoslawien.

Splitt [aus dem Niederdt., eigtl. ›Splitter‹], gebrochenes Gestein in Korngrößen von 2–25 mm zum Aufbau von bituminösen Fahrbahndecken, als **Roll-S.** mit Teer gemischt v. a. zur Straßenausbesserung. – **Beton-S.**, Zuschlagstoff für Beton in der Körnung von 7–30 mm.

Splitting [ˈsplɪtɪŋ; engl., eigtl. ›das Spalten‹] *das, -s/-s,* **1)** *Börsenwesen:* Verfahren zur Aufteilung von Aktien, deren Kurs sehr hoch gestiegen ist, in zwei oder mehrere Aktien (**Aktiensplit**). Dadurch soll die Aktie für den Anleger optisch attraktiver werden, da sich bei gleich bleibendem Grundkapital die Anzahl der ausgegebenen Aktien erhöht und der Kurswert entsprechend sinkt. Das S. unterscheidet sich deshalb von einer Kapitalerhöhung aus Gesellschaftsmitteln durch Ausgabe von Berichtigungsaktien.
2) *Steuerrecht:* ein Verfahren der →Ehegattenbesteuerung im Rahmen der Einkommensteuer, gegenwärtig außer in Dtl. in Europa auch in Frankreich, Luxemburg, Irland und Portugal angewendet. Beim S. werden die Einkommen der Ehepartner addiert (Zusammenveranlagung), die Summe wird durch 2 (S.-Faktor) geteilt (›gesplittet‹), und der für dieses Einkommen mithilfe des allgemeinen Steuertarifs errechnete Steuerbetrag wird wieder mit 2 multipliziert. Bei progressivem Steuertarif wird dadurch das S. das Einkommen eines Ehepaares meist geringer besteuert als bei Individualbesteuerung der Ehepartner (›S.-Vorteil‹). Im Vergleich zw. Ehepaaren ist bei gleichem Gesamteinkommen der S.-Vorteil umso größer, je weiter die Einkommen der Partner auseinander liegen: Er ist am größten bei einer Einverdienerehe, und er ist null, wenn beide Partner gleich hohe Einkommen beziehen. Der maximal mögl. S.-Vorteil beträgt (1998) 22 842 DM. Der S.-Vorteil ist eine Folge der Progression des Steuertarifs. Er verringert sich, wenn der maximale Grenzsteuersatz (›Spitzensatz‹) gesenkt wird oder wenn die Grenzsteuersätze für alle nicht dem ›Spitzensatz‹ unterliegenden Einkommensbezieher erhöht werden.
Das dt. S. knüpft allein an der Tatsache der Eheschließung an, setzt keine Kinder voraus und ist keine Maßnahme des →Kinderlastenausgleichs. Umgekehrt können allein erziehende Eltern das S.-Verfahren nicht geltend machen. In *Frankreich* dagegen gilt ein System des **Familien-S.**: Für jedes Kind erhält der Steuerpflichtige einen zusätzl. S.-Faktor von 0,5. In Dtl. wurde in der jüngsten Vergangenheit wiederholt die Einführung eines Familien-S. (bei gleichzeitiger Zusammenveranlagung von Eltern und Kindern) als Maßnahme der Familienförderung vorgeschlagen.
In *Österreich* wurde das S. 1973 abgeschafft und durch die Individualbesteuerung von Ehegatten ersetzt (mit speziellem ›Alleinverdienerabsetzbetrag‹ als zusätzl. Abzug von der Steuerschuld neben dem allgemeinen Steuerabsetzbetrag). Das Steuerrecht in der *Schweiz* kennt kein Splitting.
Das **Real-S.** ist ein in Dtl. 1979 eingeführtes Verfahren der einkommensteuerl. Berücksichtigung von Unterhaltsleistungen zw. geschiedenen Ehepartnern. Dabei werden die Unterhaltsleistungen bei dem Verpflichteten auf Antrag als Sonderausgaben abgezogen und bei dem Berechtigten der Besteuerung unterworfen. Die Anwendung des Verfahrens, das bei progressivem Steuertarif für die beiden Partner zusammen (per saldo) eine Steuerersparnis bewirken kann, bedarf der Zustimmung des Unterhaltsberechtigten.

Splügen *der,* **Splügenpass,** ital. **Passo dello Spluga,** Pass in den Graubündner Alpen, 2 113 m ü. M. Die 40 km lange, nur im Sommer offene Straße über den S. verbindet den Ort Splügen (1 450 m ü. M., 436 Ew., Rheinwald-Museum) im Rheinwald (Hinterrheintal), in der Schweiz, mit Chiavenna im Bergell, Italien. – Vor der Eröffnung der Gotthardbahn (1882) eine wichtige internat. Verbindung, hat der S. – bes. durch den Ausbau der Straße über den benachbarten San Bernardino – viel von seiner früheren Bedeutung verloren.

SPÖ, Abk. für →**S**ozialdemokratische **P**artei **Ö**sterreichs.

Spodosol [zu griech. spodós ›Asche‹ und lat. solum ›Boden‹] *der, -s, Bodenkunde:* Bodentyp der amerikan. Bodensystematik, mit Eisen-, Aluminium- und Humusanreicherungshorizont.

Spodumen [zu griech. spodoúmenon ›das zu Asche Gebrannte‹] *der, -s/-e,* zur Gruppe der monoklinen Pyroxene gehörendes, aschgraues, auch gelbl., grünl., violettes oder rötl., meist trübes Mineral der chem. Zusammensetzung $LiAl[Si_2O_6]$; Härte nach Mohs 6,5–7, Dichte 3,1–3,2 g/cm³. S. kommt fast ausschließlich in Granitpegmatiten vor, in bis mehrere Meter großen Kristallen, sonst auch in plattig stängeligen Aggregaten. S. ist ein wichtiger Rohstoff für die Gewinnung von Lithiumverbindungen. Die rosa- bis hellviolette Varietät Kunzit und der grüne oder gelbe Hiddenit sind wertvolle Schmucksteine.

Spoelstra [ˈspuːlstra], Cornelis, niederländischer Schriftsteller, →Doolaard, A. den.

Spoerl [spœrl], **1)** Alexander, Schriftsteller, * Düsseldorf 3. 1. 1917, † Rottach-Egern 16. 10. 1978, Sohn von 2); urspr. Ingenieur; verfasste humorist. Unterhaltungsromane und populäre techn. Ratgeber.
Werke: Romane: Memoiren eines mittelmäßigen Schülers (1950); Ein unbegabter Liebhaber (1952); Auf dem Busen der Natur (1956); Ein unbegabter Ehemann (1972). – *Ratgeber:* Mit dem Auto auf Du (1953); Mit der Kamera auf Du (1957); Kleiner Mann baut im Tessin (1963); Computerbuch (1971).
2) Heinrich, Schriftsteller, * Düsseldorf 8. 2. 1887, † Rottach-Egern 25. 8. 1955, Vater von 1); zunächst

Rechtsanwalt, ab 1937 freier Schriftsteller. Schrieb humorvolle, z. T. zeit- und gesellschaftskrit. Romane und Erzählungen; am bekanntesten wurde der Roman ›Die Feuerzangenbowle‹ (1933, mit H. RÜHMANN verfilmt), der allerdings im Wesentlichen von H. REIMANN verfasst, aus polit. Gründen aber nur unter dem Namen S.s veröffentlicht wurde.

Weitere Werke: *Romane:* Der Maulkorb (1936); Wenn wir alle Engel wären (1936); Der Gasmann (1940). – *Erzählungen:* Man kann ruhig darüber sprechen (1937); Die Hochzeitsreise (1946).

Ausgaben: Das Schönste von H. S., 4 Bde. (1981); Ges. Werke (Neuausg. 1990).

Spoerli [ˈspœrli], Heinz, schweizer. Tänzer und Choreograph, * Basel 8. 7. 1941; war ab 1973 Chefchoreograph, 1978–91 Direktor des Basler Balletts; 1991–96 in gleicher Position am Ballett der Dt. Oper am Rhein in Düsseldorf, seit 1996 am Opernhaus Zürich. Seine fantasievollen Choreographien (mit besonderem Gefühl für räuml. Gliederung und für Spannung) verbinden klass. Ballett und Moderndance.

Choreographien: Rendezvous (1973); Ein Sommernachtstraum (1976); Thundermove (1979); Le mal du pays (1980); La fille mal gardée (1981); La belle vie (1987); Orpheus (1988); Feuervogel (1993); Goldberg-Variationen (1993); Ippolito (1995); Nocturnes (1997).

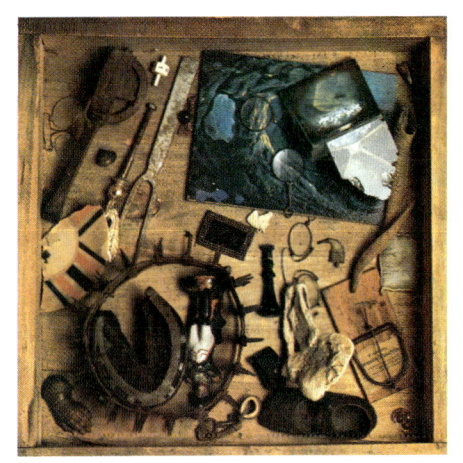

Daniel Spoerri: Napoléon; 1982 (Privatbesitz)

Spoerri [ˈspœri], Daniel, eigtl. **D. Spörri**, urspr. **D. Isaak Feinstein**, schweizer. Künstler rumän. Herkunft, * Galatz 27. 3. 1930; übersiedelte 1942 in die Schweiz, 1959 nach Paris und war 1960 Mitbegründer des Nouveau Réalisme. Gleichzeitig entstanden seine ersten ›Fallenbilder‹; typisch sind mit benutztem Geschirr, gefüllten Aschenbechern oder Essensresten versehene Tischplatten, die reliefartig fixiert und als Bild an die Wand gehängt sind: eine iron. Deklaration von alltägl. Gegenständen zum Kunstwerk, womit er einen wichtigen Beitrag zu der in den 1960er-Jahren aufkommenden Hinterfragung der Trennung zw. Kunst und Leben leistete. In späteren Assemblagen und Objekten verwendete S. die unterschiedlichsten Fundstücke, darunter solche aus anderen Kulturen; auch bizarre Ausstellungsinszenierungen (›Musée Sentimental de Cologne‹, 1979).

O. HAHN: D. S. (Paris 1990); Petit lexique sentimental auteur de S., bearb. v. A. KAMBER, Ausst.-Kat. (Solothurn 1990).

Spohr, Louis, eigtl. **Ludewig S.**, Komponist, Violinist und Dirigent, * Braunschweig 5. 4. 1784, † Kassel 22. 10. 1859; erhielt 1799 in Braunschweig eine Anstellung als herzogl. Kammermusiker, durfte den Violinvirtuosen FRANZ ECK (* 1774, † 1804) 1802/03 als Schüler nach Sankt Petersburg begleiten, trat 1804 mit sensationellem Erfolg erstmals öffentlich auf, war 1805–12 Konzertmeister der Hofkapelle in Gotha, 1813–15 Orchesterleiter des Theaters an der Wien, 1817–19 Leiter der Oper am Frankfurter Stadttheater und ab 1822 Hofkapellmeister in Kassel (1847 Generalmusikdirektor). S. unternahm ausgedehnte Reisen durch Dtl., die Schweiz, Italien (1815–17), nach Paris und nach England, wo er bes. mit seinen Oratorienaufführungen gefeiert wurde. Sein künstlerisch beherrschtes Spiel und seine edle, kantable Klanggebung wurden stets hervorgehoben. Seine ›Violinschule‹ (1832) gilt als Standardwerk dt. Geigenpädagogik im 19. Jahrhundert.

S.s Kompositionen stehen einerseits in der Tradition der Wiener Klassik, v. a. W. A. MOZARTS, andererseits gehören sie mit charakterist. Stilelementen der dt. Romantik an, so v. a. durch eine differenzierte, farbige Klanglichkeit und eine reiche, oft chromatisch durchsetzte Harmonik. Die Leitmotivik, der rezitativisch-ariose Sprechgesang und die freie Form seiner Bühnenwerke bilden eine wesentl. Entwicklungsstufe romant. Musikdramatik vor R. WAGNER. Bes. auf den Gebieten der Oper, des Oratoriums, der Sinfonie, des Solokonzerts und der Kammermusik hat er bedeutsame, satztechnisch anspruchsvolle Werke geschaffen. Sein umfangreiches Œuvre umfasst 10 Opern, darunter ›Faust‹ (1816), ›Jessonda‹ (1823), ›Der Berggeist‹ (1825); 4 Oratorien; 10 Sinfonien, darunter Nr. 4 ›Die Weihe der Töne‹ (1832); 15 Violinkonzerte, darunter Nr. 8 a-Moll ›in Form einer Gesangsszene‹ (1816); 4 Klarinettenkonzerte; Nonett für Bläser und Streicher (1813); Oktett für Bläser und Streicher (1814); 4 Doppelstreichquartette; Streichsextett (1850); 7 Streichquintette; 22 Streichquartette; 15 Streichduos; Klavierkammermusik; 6 Sonaten für Violine und Harfe; geistl. und weltl. Chormusik; Lieder. Schrieb auch eine ›Selbstbiographie‹ (2 Bde., hg. 1860–61).

Ausgaben: Ausgew. Werke, hg. v. F. U. LEINERT, auf zahlr. Bde. ber. (1949 ff.); Neue Ausw. der Werke, hg. v. F. GÖTHEL u. a., auf zahlr. Bde. ber. (1963 ff.).

L. S. Avantgardist des Musiklebens seiner Zeit (1979); Thematisch-bibliograph. Verz. der Werke von L. S., hg. v. F. GÖTHEL (1981); P. KATOW: L. S. (Luxemburg 1983); C. BROWN: L. S. A critical biography (Cambridge 1984); G. KILIAN: Studien zu L. S. (1986).

Spoiler [ˈspɔɪlə; engl., zu to spoil ›(Luftwiderstand) vermindern‹] *der, -s/-.* **1)** im *Flugzeug* ausfahrbare Klappen zur Verminderung des Auftriebs; können auch zur Unterstützung der Quersteuerung dienen. (→Störklappen)

2) im *Kraftfahrzeug* Luftleitblech (auch aus Kunststoff) zur Beeinflussung der Luftströmung um die Karosserie, v. a. bei Sport- und Rennwagen. **Front-S.** dienen hauptsächlich zur Verringerung des Luftwiderstands, **Heck-S.** leiten den Fahrtwind nach oben ab und vergrößern durch die erzeugte Abtriebskraft die Bodenhaftung. Speziell für Lkw mit hohen Aufbauten hinter dem Fahrerhaus und Pkw mit Anhänger (Wohnwagen) werden **Dach-S.** zur Verbesserung der Strömungsverhältnisse eingesetzt.

Spoils-System [ˈspɔɪlzsɪstm; engl. ›Beutesystem‹], Bez. für das in den USA seit dem 19. Jh. bestehende, bes. von Präs. A. JACKSON weiterentwickelte Gewohnheitsrecht, einträgl. Parteiämter oder staatl. Verwaltungspositionen mit Anhängern der in Wahlen siegreichen Partei zu besetzen oder Aufträge als Belohnung für polit. Dienste zu vergeben.

Spokane [spoʊˈkæn], Stadt im O des Bundesstaates Washington, USA, 188 800 Ew.; kath. Bischofssitz; Gonzaga University (gegr. 1887); Handelsmittelpunkt eines bedeutenden Agrargebietes und Bergbaureviers (Blei, Zink, Silber); Aluminiumproduktion und -verarbeitung, ferner Holz-, Metall- und Nahrungsmittelindustrie; Kraftwerk an den Wasserfällen des **Spokane River.** – 1872 als **S. Falls** gegr., wurde 1881 Stadt,

Louis Spohr

Spök Spöke – Spongin

Spoleto: Stadtansicht mit der Festung ›Rocca‹ (14. Jh.); rechts davon der Ponte delle Torri (14. Jh.)

Spoleto
Stadtwappen

ab 1890 unter dem Namen S. 1810–21 bestand auf dem Gebiet der heutigen Stadt ein Pelzhandelsposten der North West Fur Company.

Spöke [niederdt. spök ›Spuk(gestalt)‹], Art der →Seedrachen.

Spökenkieker [zu niederdt. spök ›Spuk(gestalt)‹ und kieken ›schauen‹], niederdt. Ausdruck für Menschen, die (angeblich) in der Zukunft liegende Ereignisse vorhersehen können (v. a. Todesfälle); heute meist verallgemeinert im Sinne von ›Hellseher‹.

Spoleto, Stadt in der Prov. Perugia, Umbrien, Italien, rd. 400 m ü. M., in Hanglage über dem Tessino, 37 900 Ew.; Erzbischofssitz; Museen; Fremdenverkehr; Sommerfestspiele (Theater, Oper, Ballett); Braunkohlenbergbau. – Baureste aus röm. Zeit (u. a. Mauerring, Triumphbogen, Theater und Amphitheater) und Festung (›Rocca‹) des 14. Jh. (mit Ehrenhof und Loggia; heute Museum). Roman. Dom Santa Maria Assunta (Neubau vom Ende des 12. Jh., im 17. Jh. verändert; Glockenturm um 1100, 1997 starke Schäden durch Erdbeben) mit reich dekorierter Fassade und Renaissanceportikus (1491 begonnen), Fresken von PINTURICCHIO und Fra FILIPPO LIPPI. Zahlr. Kirchen (San Gregorio Maggiore, 1146 vollendet, spätere Umbauten; Santa Eufemia, wohl frühes 12. Jh.) und Paläste (Palazzo del Comune mit Pinakothek; Palazzo Ancaiani mit Galleria d'Arte Moderna; Palazzo Arroni mit Sgraffitodekoration). Außerhalb der Stadtmauern San Salvatore (wohl im 8./9. Jh., vielleicht als Erneuerung einer frühchristl. Kirche errichtet, mehrfach verändert), San Pietro (urspr. 5. Jh., im 13. Jh. erweitert; Fassade mit roman. figürl. Reliefs) sowie der Ponte delle Torri (80 m hohe und 230 m lange Brücke des 14. Jh., zugleich Aquädukt). – Das antike S. wurde 241 v. Chr. röm. Kolonie latin. Rechts (**Spoletium**). Seit etwa 570 war S. Sitz eines langobard. Herzogtums, das wohl Teil der Pippinschen Schenkung an den Papst war (754/756). Es blieb jedoch auch unter fränk. Herrschaft bestehen; zwei Herzöge von S., GUIDO (WIDO) II. und LAMBERT, errangen die ital. Königskrone und die Kaiserwürde. 1198 fielen Stadt und Herzogtum endgültig an den Kirchenstaat.

Spoli|en [lat. spolia (Pl.) ›Erbeutetes‹, ›Geraubtes‹, eigtl. wohl ›Abgezogenes‹], Bauteile oder andere Artefakte aus einer älteren Kultur, die in einem neuen Zusammenhang wieder verwendet wurden, so antike Gemmen und Reliefs auf mittelalterl. Buchdeckeln, Kreuzen, Reliquiaren; antike Säulenschäfte, Kapitelle und Gesimse in der islam. und frühchristl. Baukunst.

Spoli|enrecht, lat. **Ius spoli|i,** im MA. von weltl. und geistl. Machthabern erhobener Anspruch auf den beweg. Nachlass von Klerikern (Spolien); bes. bedeutend der Anspruch des Königs auf den Nachlass eines Bischofs. Begründung war das Eigenkirchen-, das Regalien-, das kirchl. Reservationsrecht. Im Spät-MA. setzte sich die Testierfreiheit der Geistlichen durch.

Spondeus [griech.-lat., zu griech. spondé ›(Trank)opfer‹ (nach den hierbei übl. langsamen Gesängen)] *der, -/...'de|en, antike Metrik:* aus zwei langen Silben (– –) bestehender Versfuß. Die Nachbildung des S. in der akzentuierenden Dichtung ist problematisch; v. a. J. H. Voss und seine Schule versuchten, den S. durch Wörter mit zwei annähernd gleich schweren Silben (z. B. ›Sturmnacht‹, ›Weltschmerz‹) oder durch die Verbindung zweier Wörter mit annähernd gleicher Schwere nachzubilden, ähnlich A. W. SCHLEGEL, GOETHE, SCHILLER und A. VON PLATEN.

spondyl..., Wortbildungselement, →spondylo...

Spondyl|arthritis, die Entzündung der Wirbelgelenke; **S. ankylopoetica,** die →Bechterew-Krankheit.

Spondyl|arthrose, Spondyl|arthrosis, chronisch-degenerative Veränderung der Wirbelgelenke.

Spondylitis *die, -/...'tiden,* **Wirbel|entzündung,** meist durch hämatogene (auf dem Blutweg) Streuung von Bakterien hervorgerufene Entzündung der Wirbelkörper. Dabei handelt es sich meist um unspezif. (z. B. Staphylokokken, Colibakterien), seltener um spezif. (Tuberkulose, Syphilis) Erreger. Anzeichen der Erkrankung sind Schmerzen, Bewegungseinschränkung und Fieber, bei Ausbreitung in den Wirbelkanal kommt es auch zu neurolog. Symptomen. – Die *Behandlung* erfolgt medikamentös mit Antibiotika und wird durch Bettruhe, Gipsbett oder Korsett unterstützt. In schweren Fällen ist eine operative Abszessausräumung erforderlich. Bei Heilung kommt es oft zu einer Versteifung des betroffenen Wirbelabschnittes.

Spondylitis ankylosans, die →Bechterew-Krankheit.

spondylo... [griech. spóndylos, Nebenform von sphóndylos ›runder Wirbelknochen‹], vor Vokalen verkürzt zu **spondyl...,** Wortbildungselement mit der Bedeutung Wirbelkörper, Wirbelsäule, z. B. Spondylodese, Spondylitis.

Spondylodese [zu griech. désis ›Bindung‹, ›Fesselung‹] *die, -/-n,* operative Versteifung eines oder mehrerer Wirbelsäulensegmente durch Anlagerung von Knochenspänen oder Einsetzen von Knochenblöcken zw. die Wirbelkörper, meist in Kombination mit zusätzl. Stabilisierung durch Metallimplantate. Häufigste Gründe für eine S. sind fortschreitende Skoliosen, Wirbelgleiten, instabile Wirbelbrüche oder ausgedehnte Verschleißerscheinungen.

Spondyl|olisthesis [zu griech. olísthēsis ›Ausgleiten‹, ›Sturz‹] *die, -/...'thesen,* der →Gleitwirbel.

Spondylose *die, -/-n,* **Spondylosis deformans,** degenerative Veränderungen an den Wirbelkörpern mit knöchernen Ausziehungen bes. vorn oder seitlich.

Spondylus *der, -/...li, 1) Anatomie:* der →Wirbel. **2)** *Zoologie:* Gattungsname der →Stachelaustern.

Spongin [zu lat. spongia ›Schwamm‹] *das, -s,* hornartiges, elast. Gerüsteiweiß der Schwämme, das bis zu 1,5 % Jod (gebunden v. a. in Tyrosin) enthält. Bei Hornschwämmen ist S. die einzige Stützsubstanz, bei Kalk- und Kieselschwämmen verbindet es die Skelettnadeln miteinander.

Spongiolith [zu lat.] *der, -s/-e,* hauptsächlich aus den Nadeln von Kieselschwämmen entstandenes Kieselgestein.

Spongiosa [zu lat.] *die, -/...sen, Anatomie:* →Knochen.

Spongiose [zu lat.], schwammige Zersetzung des Gusseisens, tritt z. B. in Rohren auf und wird durch die durchgeleitete Flüssigkeit (bes. sauerstoffarme Wässer) bewirkt. Bei der S. werden der Ferrit und der Perlit aufgelöst, es bleibt ein poröses Gerüst aus Graphit, Karbiden, Nitriden und Phosphiden zurück.

Sponheim, 1) Gem. im Landkreis Bad Kreuznach, Rheinl.-Pf., am S-Abfall des Hunsrücks, 850 Ew. – Der Grundriss der ehem. Benediktinerklosterkirche (Grundsteinlegung 1044, Schlussweihe 1291) bildet ein gleicharmiges Kreuz, roman. Ausmalung um 1220, teilweise erhaltener Plattenmosaikfußboden (Mitte 13. Jh.). Reste der Burg Sponheim.
2) urspr. **Spanheim,** ehem. reichsunmittelbare Grafschaft im Hunsrück (benannt nach der Burg S.), fiel im 15. Jh. teils an Veldenz (ab 1444 Pfalz-Zweibrücken), teils an Baden; die reale Teilung erfolgte erst im 18. Jh. Von den Grafen von S. stammt auch das Haus Sayn und Wittgenstein ab. Die verwandten Grafen von **Spanheim** bzw. deren Seitenlinie, die Grafen von Ortenburg, stellten 1122–79 die Herzöge von Kärnten.

Sponsion [lat. sponsio ›feierl. Gelöbnis‹] *die, -/-en,* feierl. Verleihung des akadem. Grades eines Magisters oder eines Diplomingenieurs an den österr. Hochschulen.

Sponsor [engl. 'spɔnsə; engl.; eigtl. ›Bürge‹, zu lat. spondere ›geloben‹] *der, -s/-..'soren* und (bei engl. Aussprache) *-s,* **1)** Förderer, Geldgeber (z. B. im Sport); **2)** v. a. in den USA Person oder Gruppe, die die Rundfunk- oder Fernsehsendungen finanziert, um sie zu Reklamezwecken zu nutzen.

Sponsoring ['spɔnsərɪŋ; engl., vgl. Sponsor] *das, -s,* Zuwendung von Finanzmitteln, Sach- und/oder Dienstleistungen durch ein Unternehmen **(Sponsor)** an Einzelpersonen, Personengruppen, Organisationen oder Institutionen aus dem gesellschaftl. Umfeld des Unternehmens **(Gesponserte)** gegen Gewährung von wirtschaftl. Rechten zur Nutzung von Person bzw. Institution und/oder Aktivitäten des Gesponserten für Zwecke des Marketing (bes. der Kommunikationspolitik) auf der Basis einer vertragl. Vereinbarung **(Sponsorship).** Durch das Prinzip der Geschäfts auf Gegenseitigkeit grenzt sich das S. vom Mäzenatentum und vom Spendenwesen ab. Ausgaben für S. sind bis zu 20 % des Jahresumsatzes als Betriebsausgaben absetzbar, sofern die Gegenleistung des Unterstützten für werbl. Zwecke des Sponsors gewährleistet ist. Während beim Mäzenatentum und Spendenwesen Aspekte des Gemeinwohls dominieren, steht beim S. der Eigennutz für das Unternehmen an erster, das Fördermotiv an zweiter Stelle.

Bedeutung, Erscheinungsformen

Das kommerzielle S. ist ein relativ junges Phänomen; in seiner heutigen Form wird es erst seit Mitte der 1960er-Jahre praktiziert. Gründe für die wachsende Bedeutung des S. liegen u. a. in der Suche der Unternehmen nach neuen Möglichkeiten der Werbung, wobei sich wichtige Rahmenbedingungen geändert haben (z. B. Diskussion um Unternehmenskultur und Wirtschaftsethik, Konkurrenz zw. privaten und öffentlich-rechtl. Rundfunkanstalten, Trend zur Freizeitgesellschaft, Neubelebung von sozialem Engagement). Hinzu kommen Finanzprobleme der öffentl. Haushalte sowie steigender Finanzbedarf bei sportl., kulturellen und sozialen Institutionen.

Die Erscheinungsformen des S. sind vielfältig. Aus Sicht der Sponsoren lässt sich das S. v. a. nach folgenden Kriterien klassifizieren: 1) Art der S.-Leistung (Geld, Sachmittel, Dienstleistungen), 2) Anzahl der Sponsoren (exklusives S., gemeinsames S. durch mehrere Sponsoren), 3) Art der Sponsoren (Unternehmen, Stiftungen), 4) Initiator des Sponsorships (eigeninitiiert durch den Sponsor, fremdinitiiert durch den Gesponserten), 5) Ebene der S.-Aktivitäten (z. B. Förderung von Breitensport, Freizeitkünstlern oder Nachwuchswissenschaftlern bzw. von Hochleistungssportlern und Eliteuniversitäten). Aus Sicht der Gesponserten lassen sich S.-Aktivitäten v. a. nach Art der Gegenleistung klassifizieren (z. B. personenbezogene Trikotwerbung, Werbung an Sportgeräten, Aufdrucke auf Eintrittskarten, Einsatz des Gesponserten bei der Produktpräsentation oder in der Anzeigenwerbung, Nutzungsrechte für Prädikate und Embleme, Benennung des S.-Objekts nach dem Sponsor). Traditioneller Hauptbereich ist das seit den 80er-Jahren systematisch professionalisierte Sport-S.; seit Beginn der 90er-Jahre wurden auch die Bereiche Kultur-, Sozial-, Wissenschafts- und Umwelt-S. verstärkt. Zu den jüngsten Entwicklungen zählen das Programm-S., bei dem der Sponsor im Vor- oder Abspann einer Sendung genannt wird, und das Productplacement, bei dem Produkte und Markennamen gezielt im Rahmen von Fernsehserien, Spielfilmen usw. platziert werden.

Für 1987 wurden die weltweiten Ausgaben für S. auf 4,1 Mrd. US-$ geschätzt, wobei 45 % auf die USA, 32 % auf Westeuropa und 10 % auf Japan entfielen. Hochrechnungen für 1996 beziffern diese Größe bereits auf rd. 12 Mrd. US-$. Auch in Dtl. wird S. zunehmend zum Marketinginstrument; der Anteil des S. am gesamten Kommunikationsbudget weist eine steigende Tendenz auf. Insgesamt sind in Dtl. 1996 schätzungsweise 3,3 Mrd. DM für das S. aufgewendet worden. Allein rd. 2,2 Mrd. DM entfielen auf den Sport, auf Kultur-S. etwa 600 Mio. DM, auf Umwelt-, Sozial- und Wiss.-S. 300 Mio. DM sowie auf Programm-S. (einschließlich Productplacement) rd. 200 Mio. DM. Zwar befindet sich das S. noch in der Wachstumsphase, doch sind in bestimmten Bereichen Sättigungstendenzen erkennbar. Dies gilt bes. für die Förderung des Spitzensports, wo durch die Konkurrenz der öffentl. und privaten Rundfunkanstalten um Übertragungsrechte und der Städte um die Ausrichtung die Preise für Großveranstaltungen erheblich gestiegen sind.

Sponsoring aus Sicht der Sponsoren

Das S. soll als Kommunikationsinstrument die traditionellen Instrumente Werbung, Verkaufsförderung und Öffentlichkeitsarbeit unterstützen und ergänzen. Es wird meist als komplementäres Instrument der Kommunikationspolitik angesehen, da der unmittelbare Bezug zum Leistungsprogramm eines Unternehmens allein durch S., auch bei geschickter Wahl des S.-Bereiches, nicht immer hergestellt werden kann.

Bekanntheitsgrad und/oder positives Image eines Unternehmens bzw. seiner Markenartikel sind die wichtigsten Ziele, die man mit dem S. verfolgt: Die Bekanntheit z. B. einer Marke kann über den Aufmerksamkeitswert des S.-Objekts geschaffen, stabilisiert oder erhöht werden. Die Imagebeeinflussung wird zum einen aus dem S. per se (z. B. Wahrnehmung des Sponsors als Förderer von Umweltprojekten), zum anderen aus einem Imagetransfer vom S.-Feld (z. B. der Kunst) oder dem Gesponserten auf den Sponsor bzw. seine Marke gesucht (z. B. von Popstars auf Colagetränke), um Sympathie, Vertrauen und Akzeptanz für das Unternehmen und seine Produkte aufzubauen oder zu erhöhen. Darüber hinaus kann S. zur Kontaktpflege mit geladenen Gästen (z. B. Kunden, Händler) und zur Erhöhung der Mitarbeitermotivation verwendet werden.

Die meisten spezif. S.-Maßnahmen lassen nur die Übermittlung von Kommunikations- bzw. Werbebotschaften geringen Umfangs zu. S. wird daher weniger zur Übermittlung komplexer Botschaften eingesetzt, sondern zielt eher auf die assoziative Koppelung von Unternehmen bzw. Markenartikel mit Eigenschaften des S.-Objekts ab. Bei einer formalen, inhaltl. und zeitl. Vernetzung des S. mit den anderen Kommunikationsinstrumenten geht jedoch die Wirkung von Sponsorships weit über deren sponsoringspezif. Nutzung hinaus. Beispiele hierfür sind Testimonialwerbung mit Gesponserten, Preisausschreiben, Pressearbeit, Werbebriefe und andere Formen der Direktwerbung. Gegenüber traditionellen Kommunikationsinstrumenten weist das S. trotz erhebl. Probleme bei der Erfolgs- und Wirkungskontrolle einige charakterist. Vorteile auf. So lassen sich mit S. die Aufmerksamkeit und das Image in von gesellschaftlich bedeutsamen Feldern (z. B. Umweltschutz) für das Marketing nutzen. S. bietet auch die Möglichkeit, bestehende Kommunikationsbarrieren zu umgehen (z. B. Werbeverbot für Tabakwaren im Fernsehen). Weiterhin lassen sich mit dem S. Zielgruppen ansprechen, die mit anderen Kommunikationsinstrumenten nicht oder nur ineffizient erreichbar sind. Mit S. sind jedoch für den Sponsor auch spezif. Risiken und Nachteile verbunden. Zum einen ist die Wirkung von S.-Aktivitäten oftmals auf eine ausführl. Berichterstattung in den Massenmedien angewiesen. Der Umfang dieser Präsenz ist jedoch aufgrund der Unabhängigkeit der Medien nicht direkt steuerbar. Zum anderen ist auch ein negativer Imagetransfer möglich. So können z. B. tödl. Unfälle im Motorsport oder Dopingskandale dem Image eines Sponsors abträglich sein.

Sponsoring aus Sicht der Gesponserten

Für die Gesponserten stellt S. primär ein Instrument zur Beschaffung von Finanzmitteln, Sach- und Dienstleistungen dar. Indem Sponsorships oftmals thematisch in die Werbung, Verkaufsförderung oder Öffentlichkeitsarbeit der Sponsoren integriert werden, erhält der Gesponserte als Nebeneffekt zusätzl. Präsenz v. a. in den Medien. Insbesondere bei systemat. Einbindung dieser Aspekte in die Vertragsvereinbarungen können die Gesponserten zusätzl. Nutzen aus Sponsorships ziehen. Das S. beinhaltet für den Gesponserten jedoch die Gefahr, dass er sich in Abhängigkeit von privaten Geldgebern begibt. Dies bezieht sich sowohl auf mögl. finanzielle Abhängigkeit, indem Gesponserte bei ihren Planungen mit Sponsorengeldern rechnen oder darauf angewiesen sind, als auch auf inhaltl. Abhängigkeit, wenn z. B. Sponsoren versuchen, nur bestimmte, vom Publikum bereits breit akzeptierte Kunstformen oder Künstler zu unterstützen (wodurch künstler. Innovationen verhindert werden) oder Einfluss auf die Konzeption einer Veranstaltung oder Ausstellung zu nehmen. Die Kritik von Wohlfahrts- und Umweltschutzorganisationen am Sozial- und Umwelt-S. bezieht sich v. a. auf die Spannung zw. wirtschaftl. Interessen und dem freiwilligen ehrenamtl. Engagement in vielen solchen Organisationen, auf die Beschränkung der polit. Unabhängigkeit, auf einen möglichen negativen Imagetransfer vom Sponsor zum Gesponserten sowie auf die Annahme, dass das S. auf diesen Feldern eher eine Alibifunktion hat (z. B. Förderung von Umweltschutzprojekten durch die chem. Industrie).

Sponsoring aus gesellschaftlicher Sicht

Aus gesellschaftl. Sicht ist problematisch, dass durch S. i. d. R. nur solche Projekte und Aktivitäten gefördert werden, die eine möglichst große Medienwirkung erzielen. Die damit einhergehende Selektion zugunsten öffentlichkeitswirksamer Vorhaben erfährt eine zusätzl. Verstärkung, wenn staatl. Fördermittel mit Hinweis auf private Sponsorships gekürzt werden. Generell wird die fortschreitende Kommerzialisierung vieler Bereiche des öffentl. Lebens, zu der das S. einen wesentl. Beitrag leistet, meist negativ bewertet. Andererseits setzt sich aber auch die Erkenntnis durch, dass viele Projekte und Aktivitäten – insbesondere in den Bereichen Sport, Kultur, Soziales und Umwelt – überhaupt nicht oder nicht in gleichem Umfang realisiert werden könnten.

M. Bruhn: Sozio- u. Umwelt-S. (1990); ders. u. R. Mehlinger: Rechtl. Gestaltung des S., 2 Bde. ($^{1\text{-}2}$1994–95); N. Drees: Sport-S. (^{3}1992); F. Halcour: Marketing mit ökologisch orientierten Zielsetzungen für die Erhaltung von Ökosystemen durch Umwelt-S. (Diss. München 1992); Social sponsoring u. social marketing. Praxisberichte über das ›neue Produkt Mitgefühl‹, hg. v. T. Leif u. U. Galle (1993); N. G. Weiand: Kultur- u. Sport-S. im dt. Recht unter besonderer Berücksichtigung urheber-, medien- u. wettbewerbsrechtl. Aspekte (1993); B. M. Becker: Unternehmen zw. S. u. Mäzenatentum (1994); K. M. Degen: Werbung für übermorgen. Die leise Reform der Gesellschaft durch Werbung, S. u. Public Relations (Zürich 1995); K. Schiewe: Sozial-S. (^{2}1995); A. Hermanns u. C. Suckrow: Wiss.-S. Grundlagen, Verbreitung, Akzeptanz, Perspektiven u. Management aus Sicht der Hochschulen u. der Unternehmen (1995); A. Hermanns: S. Grundlagen, Wirkungen, Management, Perspektiven (^{2}1997); A. Westebbe u. a.: Hochschul-S. (1997); M. Bruhn: S. Systemat. Planung u. integrativer Einsatz (^{3}1998).

spontan [spätlat. spontaneus ›freiwillig‹, ›frei‹, zu lat. (sua) sponte ›freiwillig‹], 1) aus einem plötzl. Entschluss heraus, einem plötzl. Impuls folgend; 2) von selbst, ohne äußeren Anlass, Einfluss ausgelöst.

Spontaneität, Selbsttätigkeit, Unmittelbarkeit, Handeln ›aus eigenem Antrieb‹; im Unterschied zur Rezeptivität. – In der *Psychologie* bezeichnet S. die rasche Entscheidungsfähigkeit eines Individuums, v. a. in sozialen Situationen; führt zu (v. a. reaktiven) Handlungen (etwa Spontanentscheidungen), die ohne Denk- und Kontrollprozesse ablaufen. Die Neigung zu S. ist persönlichkeits- und altersabhängig.

Spontankeloid, →Keloid.

Spontanspaltung, spontane →Kernspaltung, d. h. der radioaktive Zerfall eines Atomkerns in zwei etwa gleich große Teile ohne Einwirkung von außen. Die S. folgt dem exponentiellen Zerfallsgesetz (→Radioaktivität) und wird meist von anderen Zerfallsarten überlagert. Maßgebend für die Spaltbarkeit eines Kerns ist die Größe Z^2/A, die proportional ist zum Quotienten der Coulomb- und der Oberflächenenergie der Kernbindungsenergie nach dem Tröpfchenmodell des Atomkerns (Z Kernladungs-, A Massenzahl). Die Wahrscheinlichkeit für S. ist bei den natürlich vorkommenden schweren Nukliden wesentlich kleiner als die ohnehin schon geringe Wahrscheinlichkeit für den Alphazerfall (z. B. U 238: Auf eine S. kommen 2 Mio. Alphazerfälle). Die S. wurde dementsprechend auch erst nach der induzierten Kernspaltung entdeckt (1940 durch G. N. Fljorow und K. A. Petrschak). Die künstlich erzeugten Transurane Californium 254 und Fermium 256 zerfallen dagegen fast nur durch Spontanspaltung.

Spontini, Gaspare Luigi Pacifico, ital. Komponist, * Maiolati (heute Maiolati Spontini, Prov. Ancona) 14. 11. 1774, † ebd. 24. 1. 1851; studierte 1793–95 am Konservatorium in Neapel, war vielleicht Schüler von D. Cimarosa, ging, nach ersten Opernerfolgen in Italien, 1803 nach Paris, wo er 1805 zum Kammerkomponisten der Kaiserin Joséphine ernannt wurde und mit seinen historisch-heroischen Opern ›La Vestale‹ (1807), ›Fernand Cortez‹ (1809; 2. Fassung 1817) und ›Olimpie‹ (nach Voltaire, 1819; 2. Fassung mit Text von E. T. A. Hoffmann, 1821) triumphale Erfolge feierte. 1810–12 war er Direktor des Théatre de l'Impératrice, daneben Leiter der Concerts spirituels und ab 1814 Hofkomponist. 1820 berief ihn Fried-

Gaspare Spontini

RICH WILHELM III. von Preußen als Generalmusikdirektor nach Berlin. Hier kamen die Opern ›Nurmahal oder Das Rosenfest von Kaschmir‹ (1822), ›Alcidor‹ (1825) und ›Agnes von Hohenstaufen‹ (1827; 2. Fassung 1829; 3. Fassung 1837) zur Aufführung. 1841 aus seiner Stellung entlassen, lebte er danach vorwiegend in Paris, ab 1850 in Iesi.

S., der in seinen ital. Frühwerken von CIMAROSA und W. A. MOZART ausging, gelang in Paris in der Nachfolge C. W. GLUCKS eine Aktualisierung der Tragédie lyrique. Große Szenenbildungen, wirkungsvolle Kontraste, Monumentalität und Pathos entsprachen dem Lebensgefühl der napoleon. Epoche. Seine besten Werke sind zugleich Vorläufer der frz. ›Großen Oper‹, auch wenn sie seit den 1820er-Jahren als veraltet empfunden wurden.

C. BOUVET: S. (Paris 1930); H. ENGEL: Wagner u. S., in: Archiv für Musik-Wiss., Bd. 12 (1955); P. FRAGAPANE: S. (Neuausg. Florenz 1983).

Sponton [spɔnˈtoːn, ʃpɔn-, spɔ̃ˈtɔ̃, lat.-ital.] *der, -s/-s*, im 18. Jh. als Rangabzeichen von den Offizieren und Unteroffizieren der Infanterie geführte Stangenwaffe; mit einer Gesamtlänge von 2–2,5 m und etwa 25 cm langer, flacher Spitze der Partisane und der Halbpike sowie dem noch älteren Langspieß ähnlich.

Spool-Betrieb [spuːl-; spool Abk. für engl. **s**imultaneous **p**eripheral **o**perations **o**n**l**ine ›simultane periphere Onlineoperationen‹], Verfahren der Ein- und Ausgabe von Daten mit deren Zwischenspeicherung, i. d. R. in schnellen Magnetplattenspeichern. Die Ein- und Ausgabe-(E/A-)Operationen eines laufenden Programms erfolgen dabei zw. Arbeitsspeicher (Zentraleinheit) und Magnetplattenspeicher, ohne Rücksicht auf die mit den E/A-Anweisungen tatsächlich angesprochenen Peripheriegeräte; der Datenverkehr mit diesen erfolgt vom oder zum Magnetplattenspeicher, unabhängig von dem gerade laufenden Programm und ohne direkte Mitwirkung der Zentraleinheit. Der S.-B. dient der Vermeidung von Wartezeiten und der Ausnutzung der vollen Geschwindigkeit der Systemkomponenten; er wird auch als **Spooling** bezeichnet, die erforderl. Programme als **Spooler.**

Sporaden [griech. ›die Zerstreuten‹] *Pl.,* zu Griechenland gehörende Inseln im Ägäischen Meer. Die **Nördlichen S.,** griech. **Vorii Sporades,** nördlich von Euböa gelegen, umfassen etwa 80 Inseln, u. a. Skiathos, Skopelos, Alonnisos im Verw.-Bez. (Nomos) Magnesia und Skyros im Verw.-Bez. Euböa. Die sich vor der SW-Küste der Türkei erstreckenden **Südlichen S.,** griech. **Notiä Sporades,** bilden den →Dodekanes. – Im Altertum zusammenfassend Bez. für alle Inseln im Ägäischen Meer außerhalb der Kykladen.

sporadisch [frz. sporadique, von griech. sporadikós ›verstreut‹], 1) vereinzelt (vorkommend), verstreut; 2) gelegentlich, nur selten.

Sporangi|en [zu Sporen und griech. angeîon ›Behälter‹], *Sg.* **Sporangium** *das, -s,* vielgestaltige, einzellige (bei vielen Algen und Pilzen) oder mehrzellige (bei Moosen und Farnen) Behälter, in denen die Sporen (**Sporangiosporen**) gebildet und aus denen sie bei der Reife freigesetzt werden. S. treten häufig gruppenweise (z. B. im Fruchtkörper der Pilze und im Sorus der Farne) auf und können auf bestimmte Organe der Pflanze (→Sporophylle der Bärlappe, Moosfarne, Schachtelhalme und einiger Farne) beschränkt sein. Bei Pflanzen mit Generationswechsel wird die Sporangien tragende Generation Sporophyt genannt (z. B. bei Braun- und Rotalgen, Moosen, Farnen). Bei Heterosporie bilden sich die Mikro- bzw. Makrosporen in z. T. gestaltverschiedenen Mikro- bzw. Makro-S. Bei den Samenpflanzen ist der Nucellus der Samenanlage einem Makro-, jeder Pollensack der Staubblätter dagegen einem Mikrosporangium homolog.

Sporen [zu griech. sporá ›das Säen‹, ›Saat‹, ›Same‹], *Sg.* **Spore** *die, -, Biologie:* 1) die in Sporangien entstehenden, meist dickwandigen, selten mehrkernigen Zellen, die bei vielen Pflanzen zu deren (ungeschlechtl.) Vermehrung und Verbreitung dienen; 2) derbwandige, einige Zeit in Ruhe verharrende Zellen (Ruhe-, Dauerzellen) versch., v. a. niederer Lebewesen, z. B. bestimmte Gameten bzw. Zygoten (**Zygo-S.;** z. B. bei Grünalgen der Gattung Chlamydomonas oder als **Oo-S.** bei Armleuchteralgen) oder →Zysten (z. B. bei Bakterien). – Man unterscheidet nach unterschiedl. Kriterien versch. S.-Typen: aus einer Mitose hervorgegangene **Mito-S.** (im Unterschied zu den **Meio-S.,** bei denen eine Meiose vorausging, innerhalb einer Zelle gebildete **Endo-S.** und von einer Zelle nach außen abgeschnürte **Exo-S.** – Geschlechtlich differenzierte S. kommen bei (heterosporen) Farnpflanzen vor: als nährstoffarme, stark rückgebildeten männl. Prothallien werdende **Mikro-S.,** denen das Pollenkorn der Samenpflanzen entspricht, und als nährstoffreiche, große **Makro-S. (Mega-S.),** die ein weniger stark rückgebildetes weibl. Prothallium entwickeln und denen die einkernige Embryosackzelle der Samenpflanzen entspricht.

Sporen, *Sg.* **Sporn** *der, -s, Reitsport:* am Reitstiefel über einen Metallbügel um den Absatz befestigte Metallstifte oder gezackte Rädchen als Verstärker der Schenkelhilfe beim Dirigieren des Pferdes; daher die Redewendung ›Gib ihm die S.‹.

Sporenbildner, Bakterien, die befähigt sind, thermoresistente →Endosporen zu bilden. Sporenbildung ist bei aeroben (Bacillus, Sporolactobacillus, Sporosarcina) und anaeroben Bakterien (Clostridium, Desulfotomaculum) bekannt.

Sporenblätter, die →Sporophylle.
Sporenkapsel, die →Mooskapsel.
Sporenmutterzellen, Sporozyten, Zellen bei niederen Pflanzen, aus denen durch Teilungen Sporen entstehen.

Sporenpflanzen, blütenlose Pflanzen, Kryptogamen, Bez. für niedere Pflanzen (z. B. Bakterien, Algen, Pilze, Moose, Farne), die keine Blüten bilden und deren Vermehrung meist durch einzellige Keime (v. a. Sporen) erfolgt. – Ggs.: Samenpflanzen.

Sporentierchen, Sporozoen, Sporozoa, parasitisch lebende Protozoen, die als Infektionsstadien fest umhüllte Sporen bilden. Zu den Telosporidien (Telosporidia) oder S. i. e. S. gehören die Gregarinen (Gregarinida) und Kokzidien (Coccidia, Coccidien). Sie leben als unbegeißelte Parasiten in Organen oder Geweben ihrer vielzelligen Wirte von Körpersäften oder Zellinhalten. Für die Fortpflanzung ist ein Generationswechsel von Gamogonie (Gametenbildung durch Zellvermehrung und anschließende Kopulation) und Agamogonie (wird durch die Meiose eingeleitet und führt durch eine weitere Zellvermehrung zur Bildung der von der Sporenhülle umgebenen Sporozoite). Aus ihnen gehen im neu infizierten Wirt die Parasiten hervor. Sowohl bei Gregarinen als auch bei Kokzidien kann der Gamogonie eine weitere Zellvermehrung vorgeschaltet sein, die →Schizogonie, die zur Bildung von Schizonten führt. Den Kokzidien werden u. a. die Toxoplasmida (Toxoplasma) mit dem Erreger der →Toxoplasmose, die Hämosporidia (Plasmodium) mit dem Erreger der →Malaria und die Sarcosporidia (Sarcocystis) zugeordnet, wobei die systemat. Stellung der Toxoplasmida und der Sarcosporidia sehr unsicher ist.

Umstritten ist auch die Zuordnung der Cnidosporidier (Cnidosporidia), die teils mit den Telosporidiern zu den S. i. w. S. zusammengefasst, überwiegend jedoch in eine eigene Klasse gestellt werden. Sie besitzen mehrzellige Infektionsstadien mit Haftfäden, ähnlich den Nesselkapseln der Nesseltiere (Cnidaria). Zu ihnen gehören die →Myxosporidia, die Actinomyxidia (Parasiten an Ringelwürmern), die →Microsporidia (z. B. Nosema) und die Haplosporidia, u. a. mit →Pneumocystis carinii, einem Erreger der Lungenentzündung.

Sporn -(e)s/-e, 1) *Botanik:* hohle, spitzkegelförmige Aussackung der Blumen- und Kelchblätter, z. B. bei Akelei, Rittersporn, Veilchen und einigen Orchideen; z. T. mit Nektar absondernden Drüsen.
2) *Flugzeugbau:* Bauteil eines Flugzeugfahrwerkes (**S.-Fahrwerk**); ausgeführt als S.-Rad oder Gleitkufe. (→Flugzeug)
3) *Geomorphologie:* vorspringende Geländeform, meist steilwandig, bes. im Schnittpunkt zweier sich spitzwinklig treffender, tief eingeschnittener Täler; wegen der strategisch günstigen Lage bevorzugter Standort für mittelalterl. Burg- und Stadtanlagen (**Spornlage**).
4) -(e)s/...ren, *Zoologie: Calcar,* 1) spitzer, langer, von einer dicken Hornschicht überzogener Fortsatz an der Hinterseite des Laufes bei männl. Hühnervögeln; 2) knorpeliger oder knöcherner Fortsatz der Fußwurzel vieler Fledermäuse, der die zw. Hinterbeinen und Schwanz ausgespannte Flughaut stützt.

Spornblume, Kentranthus, Centranthus, Gattung der Baldriangewächse mit neun Arten in Europa und im gesamten Mittelmeergebiet; Stauden, Halbsträucher oder einjährige, stark verzweigte Kräuter; Blüten rot oder weiß, mit dünner gesporter Kronröhre, fünfspaltigem Kronsaum und nur einem Staubblatt, in endständigen Trugdolden. Einige Arten (z. B. Centranthus ruber) und Sorten werden als Sommerblumen kultiviert.

Spornschildkröte, Geochelone sulcata, bis 70 cm lange afrikan. Landschildkröte mit Hornhöckern an Sohlen und Oberschenkeln; überdauert Trockenzeiten in selbst gegrabenen Höhlen.

Sporobiont [zu Sporen und griech. bíos ›Leben‹] *der, -en/-en, Botanik:* der →Sporophyt.

Sporogelit [zu Sporen und lat. gelatus ›erstarrt‹] *der, -s/-e,* das Mineral →Alumogel.

Sporogon [zu Sporen und griech. goné ›Erzeugung‹] *das, -s/-e,* die →Mooskapsel.

Sporogonie *die, -,* **Sporogenese, Sporie,** die ungeschlechtl. Phase im Verlauf des Generationswechsels bei versch. Protozoen, v. a. bei den Sporentierchen: In der Zygote bilden sich durch Vielfachteilung zahlr. **Sporozoiten,** die Zysten bilden, um dann im neuen Wirt auszukeimen. Eine oft zusätzl. weitere Phase stellt die →Schizogonie dar.

Sporophylle [zu Sporen und griech. phýllon ›Blatt‹], *Sg.* **Sporophyll** *das, -s,* **Sporenblätter,** Blattorgane der höheren Pflanzen, die die in Sporangien gebildeten Sporen tragen. Die S. dienen neben der Sporangienausbildung zugleich auch der Photosynthese (Tropho-S. der meisten Farne) oder sind gegenüber den assimilierenden Laubblättern (Trophophylle) bes. durch Reduktion der Blattspreite deutlich abgewandelt (z. B. Straußfarn, Rippenfarn) und dann meist am Spross zu end- oder seitenständigen Sporophyllständen (›Blüten‹) vereinigt (bei Bärlapp- und Schachtelhalmgewächsen sowie bei den Samenpflanzen). Bes. bei den Samenpflanzen treten durch Heterosporie männl. Mikro-S. mit Mikrosporen und weibl. Makro-S. mit Makrosporen auf.

Sporophyt [zu Sporen und griech. phytón ›Pflanze‹] *der, -en/-en,* **Sporobiont,** die die Sporen hervorbringende diploide, ungeschlechtl. aus der befruchteten Eizelle hervorgehende Generation im Fortpflanzungszyklus (→Generationswechsel) der Moose und Farnpflanzen sowie der Samenpflanzen; im Ggs. zur geschlechtl. Generation (→Gametophyt).

Sporopollenin [zu Sporen und lat. pollen ›Mehlstaub‹] *das, -s,* verwitterungsbeständiger Hauptbestandteil (Terpene) der Zellwand pflanzl. Sporen und Pollenkörner; ermöglicht die →Pollenanalyse.

Sporotrichose, Sporothrix-Mykose, durch Sporothrix schenckii hervorgerufene Pilzinfektion, die bei Mensch und Tier (Hund, Pferd, Ratte) auftritt; der Erreger gelangt durch Verletzungen in den Körper und führt zu Knoten- und Geschwürbildungen sowie einer aufsteigenden Lymphbahn- und Lymphknotenentzündung. Durch Streuung kann es zu einer Allgemeininfektion mit lebensbedrohl. Befall innerer Organe kommen. Der Krankheitsverlauf ist meist chronisch. Die *Behandlung* erfolgt medikamentös mit Amphotericin B (Antimykotikum).

Sporozoiten [zu Sporen und griech. zōon ›Lebewesen‹], *Sg.* **Sporozoit** *der, -en, Zoologie:* →Sporogonie.

Sporozyten [zu Sporen und griech. kýtos ›Höhlung‹, ›Wölbung‹], *Sg.* **Sporozyt** *der, -en, Botanik:* die →Sporenmutterzellen.

Sport [engl., urspr. ›Zeitvertreib‹, ›Spiel‹, Kurzform von disport ›Vergnügen‹, dies von gleichbedeutend altfrz. desport, zu (se) de(s)porter ›(sich) vergnügen‹], Sammel-Bez. für an spieler. Selbstentfaltung sowie am Leistungsstreben ausgerichteten vielgestaltigen Formen körperl. Betätigung, die sowohl der geistigen und körperl. Beweglichkeit als auch dem allgemeinen Wohlbefinden dienen sollen. Sportl. Aktivitäten werden zumeist um ihrer selbst willen und aus Interesse an der Überwindung von in erster Linie phys., aber auch psych. Herausforderungen unternommen, ihre Ausübung kann aber auch berufsartige Züge annehmen, ja zum Beruf werden. Eine wesentl. Rolle kommt der spielbetonten individuellen und nicht organisierten Freude an der Selbststeigerung ohne Wettkampfstreben zu; daneben steht der überwiegend regelgebundene, im Rahmen von eigens dazu bestimmten Organisationen durchgeführte freiwillige Leistungsvergleich auf unterschiedl. Ebenen.

Seit der Verringerung der Arbeitszeit hat die Bedeutung des S. als Freizeitgestaltung zugenommen. Seine gesellschaftl. Ausweitung und die damit einhergehende gestiegene soziale Bedeutung führten zu seiner Differenzierung, wobei sich die Bez. der einzelnen Sparten dem Sprachgebrauch folgend ändern sowie vielschichtig und mitunter widersprüchlich sein können. Spitzen-, Breiten-, Behinderten-, Frauen-, Schul-S. sind nur einige der in der Diskussion wiederkehrenden Begriffe. Sie stehen v. a. für Freizeiterfüllung und zweckfreies Leistungsstreben, aber auch für z. T. extreme Leistungssteigerung unter der Arbeitswelt ähnl. Bedingungen, für die Möglichkeit zu körperl. Bewegung, Fitness und ungezwungener Geselligkeit, aber auch für regelgerechten Wettkampf. Der S. verkörpert darüber hinaus einen wesentl. Bereich der individuellen sowie der gesellschaftl. Bildung; er ist ebenso Kunst und Aufgabe pol. Handelns (S.-Politik) wie ein Wirtschaftsfaktor und ein fester Bestandteil der Medienberichterstattung, aber auch ein Gegenstand wiss. Forschung mit Differenzierung in zahlr. Disziplinen (S.-Medizin, S.-Psychologie, S.-Soziologie u. a.).

Die heutige Gesellschaft betrachtet aktive S.-Ausübung vielfach als einen Lebensstil der nicht erzwungenen Notwendigkeit, der in der bewegungsarmen, technisierten Welt zur Gesunderhaltung des Menschen beitragen soll und in allen Lebensbereichen Zeichen der Fairness setzen, Menschen versch. Herkunft zusammenführen und Verständnis füreinander wecken soll. Daneben steht S. als Synonym für ein fest gefügtes System, das vorrangig auf Leistung und Erfolg ausgerichtet ist. Zw. diesen Polen entwickelte sich der Freizeit- und Breiten-S. als eigenständige Möglichkeit lebenslanger gesundheitsbetonter und leistungsfördernder Betätigung in ›S. für alle‹ neben dem Leistungs-S. einer schmalen Wettkämpferelite.

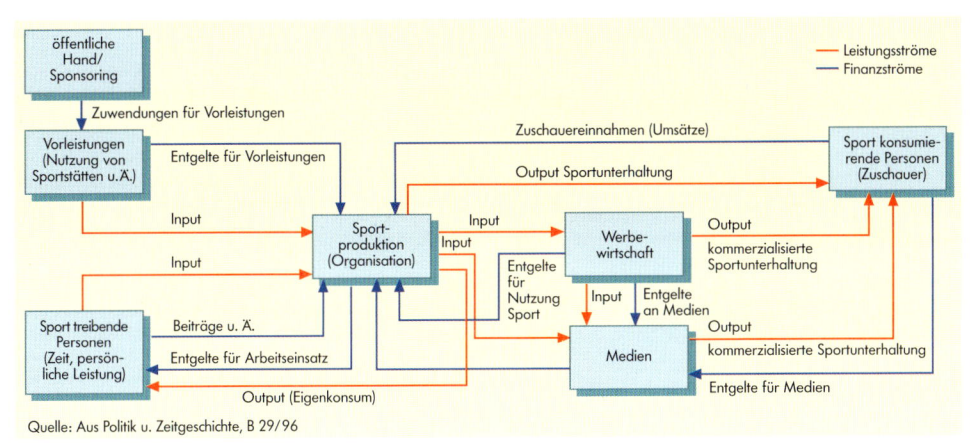

Sport: Leistungs- und Finanzströme

Spiel und S. gehören zur Persönlichkeitsbildung und psychophys. Gesunderhaltung von der Kindheit bis ins Alter. Entsprechende Aktivitäten des Erholungs-S. gelten als wichtiger Teil der Freizeiterfüllung, als unersetzl. rekreatives Lebenselement und werden daher über den in Vereinen organisierten S. hinaus durch breite öffentl. Kampagnen, wie Trimm-dich-Aktionen, Jogging u. a., aber auch durch kommerzielle Anbieter, die S.-Urlaube und die Ausübung von Trend- und Randsportarten ermöglichen, über die Vereinsebene hinaus gefördert. Die gesellschaftspolit. Aktivitäten des organisierten S. und der staatl. S.-Förderung erhalten als Teil einer im Sozialen angesiedelten Lebenshilfe über den Aspekt der vorbeugenden gesundheitl. Vorsorge eine neue Dimension.

Geschichtliche und gesellschaftliche Aspekte

In der griech. Antike stand die Teilnahme am Wettkampf der Besten in den klass. Disziplinen Laufen, Springen, Ringen und Boxen im Vordergrund (Olymp. Spiele). Im Lauf der Jahrhunderte wurden auch Bedeutungen wie Zerstreuung, Vergnügen, Erholung, Zeitvertreib in den Begriff des S. integriert (wie es in der engl. Bez. ›sport‹ angelegt ist). Im England des 18. Jh. erfuhr der moderne S. sowohl im Fairplay und im Amateurprinzip als auch in der Form des Professional S. eine erste Ausprägung.

Nach Einbindung versch. S.-Arten, wie z. B. Rudern, Leichtathletik, Fußball, in die Public Schools und in die Univ. wurde die Verbreitung dieser S.-Arten, die Entstehung ihrer Regelwerke und (ab 1831) die Gründung von S.-Vereinen gefördert. Die Vereinsgründung zog ihrerseits eine Standardisierung der Wettkampfregeln und auch der Verbände nach sich. Die Popularisierung des S. in Großbritannien wie später auch im übrigen Europa vollzog sich vor dem Hintergrund der sich in der letzten Hälfte des 19. Jh. langsam verbessernden Lebensbedingungen. Im beginnenden 20. Jh. ging die Entwicklung zum modernen S. einher mit der Verankerung industriegesellschaftl. Leitmotive, wobei neben Muße, Wohlbefinden und Fairplay verstärkt der Gedanke von Wettkampf, Rekord, Konkurrenz, Disziplin und Leistung zum Tragen kam. 1896 kündigten die ersten Olymp. Spiele der Neuzeit den universalen Siegeszug des S. an. Sein Anspruch auf Gleichheit ebnete nicht nur lokale und nat. Besonderheiten ein, sondern glich auch die Standesunterschiede aus. S. lebt auch heute noch von einem gleichberechtigten Miteinander in der Ausübung wie in den Wettkampfbedingungen. Als Teil des gesellschaftl. Lebens ist S. den zeitgebundenen Entwicklungen unterworfen; so wird die aus den Amateurzeiten herrührende ehrenamtl. Tätigkeit immer stärker durch Professionalisierung auch im Breiten-S. ergänzt. Der Spitzen-S. ist bei Athleten und in deren Umfeld nahezu ganz professionalisiert; dies ist eine der wichtigsten Voraussetzungen für Leistung auf höchster Ebene, zugleich aber auch Ausdruck der damit verbundenen persönl. und wirtschaftl. Abhängigkeiten.

Kommerzielle Abhängigkeiten

Die weltweite Verbreitung des S., seine werbewirksame Ausstrahlungskraft, bes. auch der international bedeutsame S.-Artikelmarkt eröffnen die Möglichkeit, die zunehmenden Kosten, verbunden mit der sich steigernden Erwartungshaltung, über die Wirtschaft (Werbung) zu kompensieren, was aber zu starken Abhängigkeiten und Verzahnungen von S. und Wirtschaft führt. Sportl. Großveranstaltungen werden in erster Linie finanziert durch Sponsoren und die Medien, unter denen das Fernsehen dominiert (hohe Aufwendungen für Übertragungsrechte) sowie durch eine konsequente Vermarktung von Symbolen (die Einnahmen des Internat. Olymp. Komitees aus seinen Rechten an den olymp. Symbolen stehen denen eines großen Wirtschaftsverbandes nicht nach). Telegene Schausportwettbewerbe mit hochrangigen Athleten sichern dem S. die Aufmerksamkeit der Medien und legitimieren somit die Entgelte der Sportler. Verwischt haben sich dabei die Grenzen zw. dem S. zum Selbstzweck treibenden Amateur und dem in Abhängigkeit vom Kommerz stehenden Berufssportler. Unter dem Motto ›Spiele für die Besten der Welt‹ passte die olymp. Bewegung ihre Regeln der Realität an und ermöglicht nun allen Spitzensportlern die Teilnahme an den Olymp. Spielen, seien diese nun reine Berufssportler oder von Staat und/oder Wirtschaft geförderte Spitzenathleten (mit ›Beruf auf Zeit‹). Die Vermarktung des sportl. Erfolges und des Prestiges einzelner Sportler ist ein wichtiger Faktor bei der Ausübung sportl. Aktivitäten geworden. Durch das →Sponsoring sowie durch die Rücksichtnahmen auf die Interessen der Sponsoren ist die Autonomie des S. in Bezug auf Zeitpläne bei Wettkämpfen etwa durch Reservierung entsprechend günstiger Übertragungszeiten, die Vergabe exklusiver Senderechte an finanzkräftige Sendeanstalten, aber auch in Bezug auf seine Regelautonomie gefährdet. Im Kampf um telegene Darstellung werden gezielt Regeln angepasst. S.-Verbände und Athleten versuchen daneben, durch zunehmende Veranstaltungen von Wettbewerben und Wettkampfserien das öffentl. Interesse auszunutzen und somit ihre Einnahmen zu steigern. Der Sportler sieht sich um seines sportl. Renommees (Platzierung in einer Rangliste) und um seines Marktwerts willen gezwungen, an dieser inflationären ›Wettbewerbsflut‹ teilzunehmen. Aufgrund der steigenden Belastungen neigen viele zur Inkaufnahme von Manipulationen, um ihre Leistungsfähigkeit zu erhalten bzw. zu steigern (→Doping), wenngleich die Sponsoren ausschließlich ›sauberen S.‹ propagieren und bei bewiesenen Manipulationen ihrer Sportler (Werbeträger) die Zusammenarbeit kündigen.

Sport und Politik

Nicht erst im 20. Jh. wurde der S. in den Dienst der Politik gestellt. So sollte z. B. die von F. L. JAHN Anfang des 19. Jh. ins Leben gerufene Turnbewegung über körperl. Ertüchtigung und geistige Festigung die Wehrhaftigkeit des dt. Volkes im Kampf gegen NAPOLEON I. stärken. Heute werden v. a. sportl. Großveranstaltungen wie die Olymp. Spiele in die propagandist. Interessen einzelner Staaten einbezogen. 1936 nutzte das natsoz. Dtl. die Spiele von Berlin zu einer seine Rassen- und Aufrüstungspolitik verschleiernden Selbstdarstellung. Nach dem Zweiten Weltkrieg suchten die UdSSR und die mit ihr verbündeten Staaten die angebl. Überlegenheit ihrer Ideologie auch auf sportl. Ebene zu beweisen. Unter dem Druck der Machtinteressen wurde der S. häufig für ideolog. Auseinandersetzungen benutzt, diente zur Ausgrenzung von Staaten, deren Politik von der internat. Staatengemeinschaft abgelehnt wurde, und als Instrument polit. Demonstration (→olympische Idee).

In der Gesellschaftspolitik nimmt der S. einen Platz ein, der weit über die vom Staat finanzierte ›nat. Repräsentanz‹ durch Spitzen-S. hinausgeht. Dabei ist es auch in demokratisch-parlamentar. Staaten schwierig, die Balance zw. staatl. Hilfe (etwa für Sportstättenbau, Schul-S., soziale Aufgaben im Behinderten-S. und bei der Resozialisierung, Förderung der S.-Wiss., S.-Entwicklungshilfe) und der Autonomie und Entscheidungsfreiheit der Verbände einzuhalten. In Dtl. bestimmt das Prinzip der Subsidiarität vorrangig das Verhältnis von öffentl. Hand und freiem Sport.

Negative Begleiterscheinungen

Die Kritik am (Leistungs-)S. zielt v. a. auf die zunehmende Fremdbestimmung, auf unzulässige Manipulationen bei der Leistungssteigerung (Doping), auf Gewalt im Umfeld des S. und auf den Kult um Athleten, Erfolg und Rekord. Der Spitzensportler ist in eine Rolle als ›Schausteller‹ hineingeraten, die es ihm nur schwer erlaubt, sein ›authent. Sein‹ (H. LENK) im S. zu finden.

Der hohe und kontinuierl. Einsatz um materieller und prestigeträchtiger Interessen und Vorteile willen, der wenig Zeit zur echten Regeneration lässt, leistet dem Missbrauch medizinisch-pharmakolog., biochem. und hormoneller Manipulationen, die von Wissenschaftlern, um eine Entdeckung auszuschließen, immer mehr differenziert werden, Vorschub. Die Verantwortlichen im S. haben sich gegen die Manipulationen ausgesprochen, die Chancengleichheit zerstören, die Würde des Athleten beeinträchtigen und ihn körperlich und seelisch schädigen können. Trotz dieser Beteuerungen, verbindl. Grundsätze und zunehmender Kontrollen beim Wettkampf und Training konnten die Manipulationen nicht entscheidend eingedämmt werden. Im Zwielicht steht auch der Leistungs-S. der Kinder und Jugendlichen; dessen Problematik zeigt sich bes. bei zu frühzeitiger Spezialisierung (z. B. im Kunstturnen und Eiskunstlaufen), trotz Altersbegrenzung für bestimmte Wettbewerbe. Ein weiterer negativer Aspekt sind die mögl. gewalttätigen Auseinandersetzungen, die bei S.-Veranstaltungen entstehen können. Solche Ausschreitungen stellen eine Herausforderung an die Veranstalter, die staatl. Sicherheitsorgane, aber auch an die Medien dar. Grenzen des S. zeigen einerseits die Methoden optisch nicht mehr nachvollziehbarer Leistungsmessung, die kostspielige techn. Aufrüstung mit entsprechenden Geräten, andererseits auch Berichte über Tierquälerei, z. B. das berüchtigte ›Barren‹ von Springpferden.

Ausblick

Die künftige Entwicklung des S. scheint durch eine zunehmende Differenzierung gekennzeichnet: Einerseits wirken gemeinschaftsbildende und den Organisationsgrad erhöhende, andererseits zentrifugale soziale Kräfte, die organisator. Verselbstständigungen nach sich ziehen. Dadurch wird das Spektrum sportl. Aktivitäten zw. privatem, spontanem S.-Treiben oder sich selbst vermarktendem S. immer breiter, und damit dürfte sich der nur leistungs- und erfolgsorientierte S. von S.-Aktivitäten als Ausdruck eines bestimmten Lebensgefühls weiter stärker absetzen. Die gewollte Kommerzialisierung und Professionalisierung des S. andererseits mit allen Konsequenzen kann zu einer so umfassenden Vergesellschaftung und Beeinflussung der Autonomie des S. führen, dass von einer ›Versportung der Gesellschaft‹ gesprochen werden müsste. Damit könnte eine Phase erreicht sein, in der sich die Frage nach den eth. und sinnhaften Grundlagen des S. neu stellt.

Gesch. der Leibesübungen, hg. v. H. UEBERHORST, 6 Bde. (1972–89); G. HORTLEDER: S. in der nachindustriellen Gesellschaft (1978); B. RIGAUER: S. u. Arbeit (Neuausg. 1980); Die Zukunft des S., bearb. v. K. HEINEMANN u. a. (1986); R. HOLT: S. and the British. A modern history (Neuausg. Oxford 1993; S. zw. Disziplinierung u. neuen sozialen Bewegungen, hg. v. H. C.

Sportart: Olympische Sommerspiele

Sportart (Auswahl)	olympisch seit*)
Badminton	1992 (F, M)
Baseball	1992 (M)
Basketball	1936 (M) bzw. 1988 (F)
Bogenschießen	1900 (M) bzw. 1904 (F)
Boxen	1904 (M)
Fechten	1896 (M) bzw. 1924 (F)
Fußball	1908 (M) bzw. 1996 (F)
Gewichtheben	1896 (M)
(Hallen-)Handball	1972 (M) bzw. 1976 (F)
Hockey	1908 (M) bzw. 1980 (F)
Judo	1964 (M) bzw. 1992 (F)
Kanusport	1936 (M) bzw. 1948 (F)
Kunstturnen	1896 (M) bzw. 1928 (F)
Leichtathletik	1896 (M) bzw. 1928 (F)
moderner Fünfkampf	1912 (M)
Radsport	
Bahnradsport	1896 (M) bzw. 1988 (F)
Mountainbike	1996 (F, M)
Straßenradsport	1896 (M) bzw. 1984 (F)
Reiten	
Dressurreiten	1912 (F, M)
Springreiten	1900 (F, M)
Vielseitigkeit	1912 (F, M)
Ringen	1896 (M)
Rudern	1900 (M) bzw. 1976 (F)
Schießsport	1896 (M) bzw. 1984 (F)
Schwimmsport	
Sportschwimmen	1896 (M) bzw. 1912 (F)
Synchronschwimmen	1984 (F)
Wasserball	1900 (M)
Wasserspringen	1904 (M) bzw. 1912 (F)
Segeln	1900 (M) bzw. 1988 (F)
Softball	1996 (F)
Tennis	1896 (M) bzw. 1900 (F)
Tischtennis	1988 (F, M)
Volleyball	1964 (F, M)
Beachvolleyball	1996 (F, M)

*) z. T. mit Unterbrechungen; F = Frauen, M = Männer

EHALT u. O. WEISS (Wien 1993); Sportpolitik. Sozialwiss. Analysen, hg. v. G. LÜSCHEN u. A. RÜTTEN (1996).

Sport|abzeichen, →Deutsches Sportabzeichen, →Österreichisches Sport- und Turnabzeichen.

Sport|akrobatik, Sportart, die sich aus dem →Kunstkraftsport (unter Einbeziehung von Elementen aus dem Bodenturnen) entwickelt hat. Sie enthält akrobat., tänzer., gymnast., kraft- und mutbetonte Übungsteile. Im Wettkampfsport werden Springen, Paar- und Gruppenübungen ausgetragen. Springen findet statt auf einer 40 m langen federnden Bahn mit vorgeschriebenen Elementen und Schwierigkeitsgraden. u. a. Salti mit bis zu vier Umdrehungen um die Körperachse. Die Paarübungen auf einer 12 m × 12 m großen Matte werden von Männer- und Frauen- sowie gemischten Paaren ausgetragen, Gruppenübungen von Frauen (Dreiergruppen) und Männern (Vierergruppen). Gewertet wird nach Punkten aufgrund unterschiedl. Schwierigkeitsgrade. – Weltmeisterschaften werden seit 1974, Europameisterschaften seit 1979 ausgetragen. – S. wird in Dtl. vom Dt. S.-Bund (DSAB; gegr. 1971, Sitz: Pfungstadt) organisiert. In Österreich besteht der Österr. S.-Verband (ÖSAV; gegr. 1981, Sitz: Leitzersdorf [NÖ]) und in der Schweiz der Schweizer. S.-Verband (SSAV; gegr. 1973, Sitz: Genf).

Sport|amt, Verwaltungsbehörde in Gemeinden und Kreisen, die sich mit der Förderung des Sports befasst; zusammengefasst in der Arbeitsgemeinschaft Dt. Sportämter (ADS, Sitz: Bergisch Gladbach).

Sport|art, durch bestimmte Regeln und Wettkampfbedingungen institutionalisierte und in Vereinen, v. a. aber in einem Sportfachverband organisierte Ausprägungsform des Sports. **Disziplin** ist Teil einer S. (z. B. ist Hochsprung eine Disziplin der Leichtathletik), die einen oder mehrere Wettbewerbe umfassen kann (S. und Disziplin werden im Sprachgebrauch oft gleichgesetzt). Als **Wettbewerb** wird ein Wettkampf in einer S. oder in einer ihrer Disziplinen bezeichnet (z. B. Hochsprung der Frauen). – Außerdem werden die S. eingeteilt in Einzel- und Mannschafts-S., Sommer- und Winter-S., olymp. und nicht olymp. S., Freiluft- (›Outdoor‹-) und Hallen- (›Indoor‹-)Sportarten.

Als **olymp. S.** bezeichnet man die vom Internat. Olymp. Komitee (IOK) anerkannten und für das Programm der →Olympischen Spiele zugelassenen S. Über die Zahl der auszutragenden Wettbewerbe in den olymp. S. entscheidet das IOK. Eine Zulassung als olymp. S. hat spätestens sieben Jahre vor den jeweiligen Olymp. Spielen zu erfolgen. Bei den Sommerspielen muss die betreffende Sportart bei den Männern in mindestens 75 Ländern und auf vier Kontinenten (Frauen: 40; 3), bei den Winterspielen in mindestens 25 Ländern und drei Kontinenten verbreitet sein.

Sport|arzt, Arzt mit besonderer sportmedizin. Ausbildung durch Erwerb der so genannten ›Zusatzbezeichnung Sportmedizin‹ oder Facharzt für Sportmedizin mit fünfjähriger Spezialausbildung (nur in den neuen Bundesländern). Zu den Aufgaben des S. zählen Untersuchung und Überwachung der Sport Treibenden, Beratung in der Trainingsgestaltung, Wettkampfdienst, Behandlung von Erkrankungen, Sportverletzungen und -schäden, Beratung von Sportvereinen und Fitnessstudios. In Dtl. besteht seit 1912 eine organisierte Sportmedizin (Dt. Sportärztebund, DSÄB) mit Sitz in Heidelberg; in Österreich gibt es seit 1950 den Verband Österr. S. (VÖSpÄ) mit Sitz in Wien. Die Schweizer. Gesellschaft für Sportmedizin (SGSM), gegr. 1949, hat ihren Sitz in Bern. Der Weltverband für Sportmedizin (FIMS; 1998 mit 108 Nationen), gegr. 1928, hat seinen Sitz im Land des jeweiligen Präsidenten.

Sporteln [von lat. *sportella*, eigtl. ›Körbchen (in dem man eine Speise als Geschenk bringt)‹, ›Gabe an Klienten‹, ›Geldgeschenk‹], *Sg.* **Sportel** *die, -,* Entgelt, das Gerichtspersonen für Amtshandlungen gezahlt wurde (15.–18. Jh.); durch das Reformwerk des preuß. Justizreformers S. VON COCCEJI bekamen die Richter feste Bezüge, wodurch dem Sportelunwesen die Grundlage entzogen wurde.

Sportexerzitien, ökumenisch angelegte Zeiträume der Besinnung (3–8 Tage), in deren Rahmen den Teilnehmern Vorträge mit religiöser, v. a. aber mit sozialeth. Thematik angeboten werden, die gleichrangig mit wettkampffreien und dadurch generationenintegrierenden Sportangeboten ohne Leistungsvergleich verbunden sind. S. werden von der kath. Kirche und z. T. gemeinsam mit den ev. Kirchen, versch. Landessportbünden und der Dt. Sportjugend durchgeführt. Die 1993 im Referat Kirche und Sport der Diözese Limburg aus ganzheitl. Sicht und mit eigenem Bildungsbegriff entwickelten S. haben in kurzer Zeit in Dtl. und z. T. auch im europ. Ausland Verbreitung gefunden. (→Kirche und Sport)

G. HRABĚ DE ANGELIS: S., 2 Tle. (1993/1998).

Sportfest, →Turnfest.

Sportfischerei, Angeln, sportl. Freizeitbetätigung im Einklang mit der Natur, ausgeübt mit **Angel** (meist Glasfaserrute; angebracht sind Haken, Fliege oder Gewicht) und **Rolle** (Gerät am Angelgriff zum Schnureinholen). S. verpflichtet zum fairen und schonenden Umgang mit der Kreatur Fisch und schließt einen Wettbewerb zw. Mensch und Tier aus. Die S. in Dtl. unterliegt verbindl. Rechtsvorschriften (→Fischereirecht). Sportl. Wettkämpfe werden lediglich in den Disziplinen **Casting** (international betriebener Leistungssport im Ziel- und Weitwurf sowie Meerescasting) und **Turnierwurfsport** (breitensportl. Disziplin

Sportart: Olympische Winterspiele	
Sportart (Auswahl)	olympisch seit*)
Biathlon	1960 (M) bzw. 1992 (F)
Bobsport	1924 (M)
Curling	1998 (F, M)
Eishockey	1924 (M) bzw. 1998 (F)
Eislauf	
Eiskunstlauf	1908 (F, M)
Eisschnelllauf	1924 (M) bzw. 1960 (F)
Shorttrack	1992 (F, M)
Freestyle	
Buckelpiste	1992 (F, M)
Kunstspringen	1994 (F, M)
Rennrodeln	1964 (F, M)
Skisport	
alpine Disziplinen:	
Abfahrtslauf	1948 (F, M)
alpine Kombination	1936 (F, M)
Riesenslalom	1952 (F, M)
Slalom	1948 (F, M)
Super-G	1988 (F, M)
nordische Disziplinen:	
5 km	1964 (F)
10 km	1992 (F)
10 km Jagdrennen	1992 (F)
15 km	1984 (F)
15 km Jagdrennen	1992 (M)
30 km	1992 (F)
30 km	1956 (M)
50 km	1924 (M)
4 × 5 km	1976 (F)
4 × 10 km	1936 (M)
Skispringen	
Normalschanze	1924 (M)
Großschanze	1964 (M)
nordische Kombination	
Einzel	1924 (M)
Mannschaft	1988 (M)
Snowboard	1998 (F, M)

*) z. T. mit Unterbrechungen; F = Frauen, M = Männer

wie Casting, jedoch mit Spinn- oder Flugangeln) ausgetragen. – Die S. wird in Dtl. vom Verband Dt. Sportfischer (VDSF; gegr. 1946, Sitz: Offenbach am Main) – Spitzenfachverband im Dt. Sportbund (DSB) – und vom Dt. Anglerverband (DAV; gegr. 1954, Sitz: Berlin) organisiert, dem zwei Spezialverbände angehören: Dt. Meeresangler-Verband (DMV, Sitz: Hamburg) und Handicap Anglerverband in Dtl. (HAD, Sitz: Berlin).

Sportgastein, Skizentrum in →Gastein, Österreich.

Sportgerichte, →Sportrecht.

Sport|herz, als natürliche Ausgleichsreaktion bei Leistungssportlern (v. a. Radrennfahrern, Ruderern, Schwimmern) entstehende, rückbildungsfähige →Herzhypertrophie; das S. kann ein Volumen von 900 bis 1700 ml aufweisen (normaler Durchschnitt 750–800 ml beim Mann) und ist in der Lage, eine bis zu doppelt so große Blutmenge pro Minute zu befördern wie das Durchschnittsherz; bei Ruhe ist die Schlagfrequenz auf etwa die Hälfte vermindert (Ruhebradykardie), die Schlagfolge teils unregelmäßig.

Sport|hilfe, →Stiftung Deutsche Sporthilfe.

Sport|hochschule, eine wiss. Hochschule für Lehre, Forschung und Praxis der Sportwiss., die qualifizierte Sportlehrer (Diplom-Sportlehrer), Sportpädagogen u. a. Fachleute, z. B. für Rehabilitation, Sportökonomie oder Sportpublizistik, ausbildet. Promotions- und Habilitationsrecht besitzt die 1947 gegründete →Deutsche Sporthochschule Köln; Träger ist das Land NRW. Die **Dt. Hochschule für Körperkultur (DHfK)** in Leipzig, gegr. 1950, die bis 1990 v. a. Trainer und Sportführungskräfte ausbildete, wurde nach einer Übergangszeit 1993 als Sportwiss. Fakultät der Univ. Leipzig angegliedert. Erstes Vorbild für eine wiss. S. war die 1920 gegründete Dt. Hochschule für Leibesübungen in Berlin.

Sportklettern, an Kunstwänden mit variablen, 12 m hohen und 18 m breiten Fiberglaselementen betriebene (vergleichende) Sportart für Männer und Frauen. Dabei wird im Ggs. zum alpinen →Bergsteigen auf Steighilfen verzichtet, nicht jedoch auf Sicherungsmittel (Haken, Gurt, Seil). Beim **Schwierigkeitsklettern** z. B. treten jeweils zwei Kletterer auf festgelegten Routen im K.-o.-System gegeneinander bis zum Finale an. Gewonnen hat stets, wer als Erster die Route durchstiegen hat. – Im S. werden Europa- und Weltmeisterschaften sowie Weltcupwettbewerbe ausgetragen. In Dtl. wird S. vom DAV organisiert, in Österreich vom VAVÖ und in der Schweiz vom SAC (→Alpenvereine). – Die ursprüngl. Idee des S. bestand darin, Felspassagen ohne künstl. Steighilfen aus eigener Kraft zu überwinden. (→Freeclimbing)

Sportmedizin, Teilgebiet der Medizin, das sich mit den Auswirkungen von körperl. Training und Sport auf den gesunden und kranken Menschen jeder Altersstufe befasst. Im Vordergrund stehen alle Fragen zur Gesundheitserhaltung und Leistungsförderung. Die Ergebnisse der S. werden im Rahmen der Präventivmedizin zur Vorbeugung von Herz-, Kreislauf- und Stoffwechselkrankheiten sowie in der Rehabilitation angewendet. Die orthopädisch-traumatolog. Seite der S. befasst sich mit Vorbeugung, Behandlung und Rehabilitation von Verletzungen und Schäden am Halte- und Bewegungssystem des Körpers.

Lb. der S., hg. v. G. BADTKE (^{3}1995); Lex. der S., hg. v. W. HOLLMANN (1995); G. FEUERSTAKE u. J. ZELL: Sportverletzungen (^{2}1997); Sportverletzungen u. Überlastungsschäden, hg. v. P. A. F. H. RENSTRÖM (a. d. Engl., 1997).

Sportpädagogik, veraltet **Körper|erziehung, Leibes|erziehung** [1893 von F. A. SCHMIDT so bezeichnet], Wiss. von den pädag. Prinzipien, Aufgaben und Möglichkeiten in Didaktik und Methodik des Sports in Erziehung und Bildung. Für die Praxis der schul. S. (**Schulsport**) sind variable Lehr- und Stoffpläne erforderlich, um allen, auch den weniger Begabten, alternative Möglichkeiten anzubieten und ihr Interesse an lebenslanger sportl. Betätigung zu wecken. Versch. Formen des Wettkampfes sowie die besondere Förderung in Leistungs- und Neigungsgruppen gehören zu den Hauptaufgaben der schul. S. Dazu kommen differenzierte Formen für behinderte, geschwächte oder geschädigte Kinder (**Sonderturnen**). – Die außerschul. S. bemüht sich um ein erzieherisch-wiss. Einwirken auf den Vereinssport, den Sport für alle und für Sondergruppen (z. B. ältere Menschen), auf bewegungstherapeut. Rehabilitationsmaßnahmen sowie auf den Spitzensport.

H. MEUSEL: Einf. in die S. (1976); E. MEINBERG: Hauptprobleme der S. (^{3}1996); S. GRÖSSING: Einf. in die Sportdidaktik (^{7}1997); O. GRUPE u. M. KRÜGER: Einf. in die S. (1997).

Sportpistole, automatische selbstladende Kleinkaliberpistole vom Kaliber 5,6 mm mit einem Höchstgewicht von 1400 g. 60 Schuss werden auf 25 m entfernte Scheiben (mindestens 550 mm × 550 mm) abgegeben, davon je 30 Schuss in den Genauigkeits- (sechs Serien zu je fünf Schuss in je sechs Minuten) und im Schnelligkeitsschießen (sechs Serien zu je fünf Schuss in je drei Sekunden). – S. ist seit 1984 olymp. und seit 1986 Weltmeisterschaftswettbewerb für Frauen.

Sportpsychologie, Diziplin im Spannungsfeld zw. Psychologie, Sportwiss. und Sportpraxis; sie beschäftigt sich mit den Fragen psych. Regulation sportbezogener Handlungen (aktive sportl. Betätigung, Verhalten von Trainern, Schiedsrichtern, Sportlern u. a.), mit den psych., psychosomat. und psychosozialen Auswirkungen sportl. Betätigung sowie mit dem Zuschauerverhalten und den sozialen Organisations- und Präsentationsformen von Sport. Schwerpunkte der S. sind die Leistungspsychologie, die psych. Bedingungen sportl. (Höchst-)Leistungen, Fragen der Sportmotivation, der Talenterkennung und -förderung erforscht, die Erstellung u. a. pädagogischpsychol. (Aufgaben und Ziele des Sportunterrichts) und gesundheitspsycholog. Konzepte (u. a. für Betriebs- und Freizeitsport und den rehabilitativen Sport) sowie die Motorikforschung. Zu den Anwendungsfeldern der S. gehören v. a. die Schulung der Sportpädagogen und die Aufklärung der Sport Treibenden, z. B. bezüglich der psychosozialen Risiken des Leistungssports.

Anwendungsfelder der S., hg. v. J. R. NITSCH (1986); Einf. in die S., bearb. v. H. GABLER u. a., 2 Bde. ($^{1-2}$1993-95).

Sportpublizistik, Berichterstattung in Hörfunk, Fernsehen, Tageszeitungen, Publikums- und Spezialzeitschriften über aktuelle Sportereignisse sowie über alle die gesellschaftl. Bedeutung des Sports betreffenden Fragen. Während das Basismaterial für überregionale Meldungen häufig von Spezialnachrichtenagenturen (z. B. ›Sport-Informationsdienst‹, Abk. sid) stammt, wird die regionale und lokale Sportberichterstattung vielfach durch eigene Mitarbeiter der Medien wahrgenommen. Der Sportjournalismus ist infolge der Kommerzialisierung des Sports durch eine zunehmende Unterhaltungsorientierung gekennzeichnet, bei der das eigentl. Ereignis zugunsten von Interviews, Reportagen, Vor-, Zwischen- und Nachberichten in den Hintergrund tritt. Die hohen Kosten für Übertragungs- und Zweitverwertungsrechte sowie langfristige Lizenzen zwingen die Fernsehsender zur bestmögl. Vermarktung des Sports, was zu einer erhebl. umfangmäßigen Zunahme des Sportprogramms und zur Einführung von Sport-Spartenkanälen (1989 Eurosport, 1993 Dt. Sportfernsehen) geführt hat. Bes. Pay-TV-Sender versuchen massenattraktive Sportarten wie Fußball, Tennis oder Boxen durch Erwerb von Übertragungsrechten bestimmter Sportereignisse als Mittel der Zuschauerbindung zu nutzen.

Sportmedien u. Mediensport, hg. v. J. HACKFORTH (1988); Sportberichterstattung: die neue Qualität des Mediensports, hg. v. H. ALLMER u. a. (1990); ABC des Sportjournalismus, hg. v. J. HACKFORTH u. C. FISCHER (1994).

Sport|recht, die den Sport betreffenden Rechtsverhältnisse. Das S. umfasst zunächst den Sport betreffende Normen des staatl. Rechts, die sich in fast allen Rechtsgebieten finden (z. B. im Vereinsrecht, zivil- und strafrechtl. Vorschriften über die Haftung für Schäden bei Körperverletzungen, Sportförderungsrecht). Des Weiteren besteht das S. aus Satzungen und Ordnungen der Sportverbände. In ihnen sind neben rechtlich bedeutsamen Verhaltensregeln die Durchführung sportl. Wettbewerbe und die Auswahl für internat. Veranstaltungen geregelt.

Für Schäden (Körperverletzungen und Sachschäden) bei Sportausübung gilt im Grundsatz Zivilrecht; sie können – v. a. bei Mitgl. von Verbänden – durch Unfallversicherungsschutz abgedeckt sein. Bei den einzelnen Sportarten gelten unterschiedl. Vorschriften und Sondergesetze. Bei Kampfspielen (z. B. Fußball und Handball, im Unterschied zu ›parallel‹ betriebenen Sportarten wie Skilaufen und Golfspielen) nimmt der Spieler eine Sportverletzung i. d. R. in Kauf, allerdings nur bei regelgerechtem Spiel; er kann daher solche Schäden nicht auf andere abwälzen. Ähnliches gilt für bes. gefährl. Sportarten (z. B. Automobilsport, Felsklettern). Beim Skisport beurteilt sich eine Verletzung nach dem Recht, das am Unfallort gilt; Ausnahme: Sind beide Beteiligte Deutsche, gilt dt. Recht. Über Verstöße gegen die von den Verbänden gesetzten Ordnungen, v. a. des Wettkampfbetriebes, entscheiden regelmäßig die **Sportgerichte.** Diese sind keine Gerichte im Sinne des Art. 92 GG und i. d. R. auch keine Schiedsgerichte im Sinne der §§ 1025 ff. ZPO, sondern Vereinsgerichte, deren Zuständigkeit in den Verbandssatzungen festgelegt ist. Ihre rechtsstaatl. Befugnis zur Verhängung von Sanktionen sowie die Frage der Überprüfbarkeit ihrer Entscheidungen durch staatl. Gerichte sind z. T. umstritten.

Die Rechtsverhältnisse organisierter Berufsspieler sind v. a. durch Verträge mit den Vereinen festgelegt, worin sich die Betreffenden i. d. R. den Verbandssatzungen unterwerfen.

J. SCHWARZ: Bibliogr. zum S. (1984); Einbindung des nat. S. in internat. Bezüge, hg. v. D. REUTER (1987); U. WEISEMANN u. U. SPIEKER: Sport, Spiel u. Recht (²1997); J. FRITZWEILER u. a.: Praxishb. S. (1998).

Sport|soziologie, spezielle Soziologie, die sich mit den sozialen Vorgängen innerhalb des Sportgeschehens, den gesellschaftl. Rahmenbedingungen des Sports sowie mit den Wechselbeziehungen zw. Sport und Gesellschaft beschäftigt; sie kann im Bereich der Soziologie oder im Bereich der Sportwissenschaften angesiedelt sein. Die S. befasst sich sowohl mit empirisch ausgerichteten Forschungen (Schichtenzugehörigkeit der Sportler, soziale Prozesse in Mannschaften, sportl. Sozialisation) als auch theoretisch orientierten Sportanalysen (Sport und Gesellschaftsstruktur, gesellschaftl. Entwicklung und Sportentwicklung, soziale Normen und Werte im Sport).

Die S. vergleicht Arbeit und Sport, fragt nach der Bedeutung des Sports in der Sozialisation, in der öffentl. Meinung, als Werbeträger und Wirtschaftsfaktor und nach seiner Rolle für die Ausbildung kollektiven Bewusstseins. Schließlich spielen die Geschichte des Sports unter kultursoziolog. Fragestellungen (z. B. der sozialen Bedeutung des →Arbeitersports) eine Rolle sowie Fragen der sozialen Bedeutung von Bewegungsformen, Körperkultur, Schönheits- und Gesundheitsvorstellungen. Die S. beschäftigt sich auch mit den problemat. Seiten des Sports (Überdehnung des Leistungsbegriffs, Hochleistungssport bei Kindern, →Doping) und den damit verbundenen gesellschaftl. Konfliktlagen (z. B. Krawalle von Fußballfans).

Sport u. Gesellschaft, hg. v. T. KUTSCH u. a. (1981); B. RIGAUER: S. (1982); K. HEINEMANN: Einf. in die Soziologie des Sports (³1990); O. WEISS: Sport u. Gesellschaft. Eine sozialpsycholog. Perspektive (Wien 1990); D. VOIGT: S., Soziologie des Sports (1992); Soziologie des Sports. Theorieansätze, Forschungsergebnisse u. Forschungsperspektiven, hg. v. J. WINKLER u. K. WEIS (1995).

Sportswear [ˈspɔːtsweə, engl.] *der oder das, -(s),* sportl. Tageskleidung; Freizeitkleidung.

Sport|tauben, die →Brieftauben.

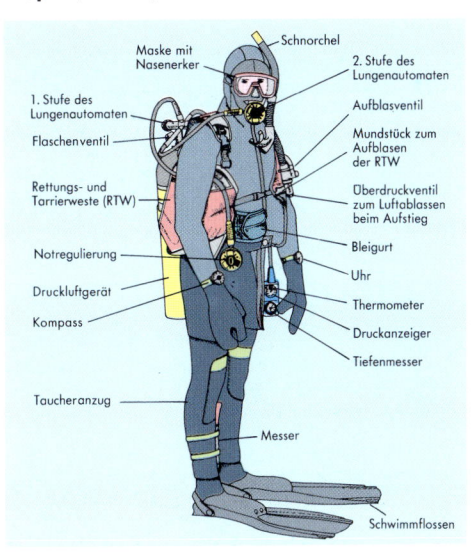

Sporttauchen: Taucherausrüstung eines Sporttauchers

Sport|tauchen, Tauchsport, Wassersport unter Verwendung von Flossen, Brille und Schnorchel bzw. leichten Tauchgeräten; auch zur Beobachtung von Meerestieren und -pflanzen. S. umfasst für Frauen und Männer wettkampfmäßig a) **Flossenschwimmen:** von 50 bis 1500 m (Staffeln: 4 × 100, 4 × 200 m) in Schwimmbecken sowie bis 8000 m (Frauen bis 6000 m) im Freigewässer (Einzel- und Mannschaftswettbewerbe); b) **Streckentauchen:** Einzelwettbewerbe von 50 m (ohne Tauchgerät), bis 800 m (mit Tauchgerät) in Schwimmbecken; c) **Orientierungstauchen:** von 600 bis 750 m mit oder ohne Orientierungspunkte (Einzel- und Mannschaftswettbewerbe), Lösen von Orientierungsaufgaben mit Kompass und Meterzähler, z. T. mit Kälteschutz (Einzel- und Mannschaftswettbewerbe); d) →Unterwasserrugby. Im Flossenschwimmen und Streckentauchen gibt es seit 1968 Europa- und seit 1976 Weltmeisterschaften, im Orientierungstauchen Europameisterschaften seit 1957. – In Dtl. wird S. vom Verband Dt. Sporttaucher (VDST; gegr. 1954, Sitz: Mörfelden-Walldorf) organisiert. In Österreich besteht der Tauchsportverband Österreichs (TSVÖ; gegr 1967, Sitz: Klagenfurt) und in der Schweiz der Schweizer Unterwassersport-Verband (SUSV; gegr. 1957, Sitz: Bern).

SPORTUNION, Kurz-Bez. für →Österreichische Turn- und Sportunion.

Sportwagen, allg. Bez. für einen sportl. Pkw, gekennzeichnet durch entsprechende äußere Gestaltung, hohe Motorleistung, spezielles Fahrwerk usw., meist zweisitzig (z. T. mit Notsitzen). – Im *Motorsport* zweisitzige Prototypen der Gruppe C, mit freigestellter Konstruktion von Fahrwerk und Motor, der einem F1-Motor ähnlich sein kann; max. Breite 200 cm,

Spötter:
Gelbspötter
(Größe 13 cm)

max. Länge 480 cm, mit oder ohne Dach, Mindestgewicht 850 kg. S. trugen bis 1991 die Endurance-Weltmeisterschaft aus.

Sportwettsteuer, *Steuerrecht:* →Rennwett- und Lotteriesteuer.

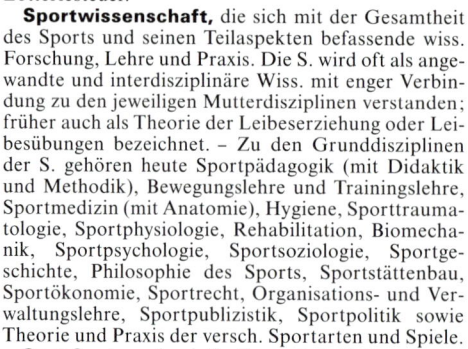

Sportwissenschaft, die sich mit der Gesamtheit des Sports und seinen Teilaspekten befassende wiss. Forschung, Lehre und Praxis. Die S. wird oft als angewandte und interdisziplinäre Wiss. mit enger Verbindung zu den jeweiligen Mutterdisziplinen verstanden; früher auch als Theorie der Leibeserziehung oder Leibesübungen bezeichnet. – Zu den Grunddisziplinen der S. gehören heute Sportpädagogik (mit Didaktik und Methodik), Bewegungslehre und Trainingslehre, Sportmedizin (mit Anatomie), Hygiene, Sporttraumatologie, Sportphysiologie, Rehabilitation, Biomechanik, Sportpsychologie, Sportsoziologie, Sportgeschichte, Philosophie des Sports, Sportstättenbau, Sportökonomie, Sportrecht, Organisations- und Verwaltungslehre, Sportpublizistik, Sportpolitik sowie Theorie und Praxis der versch. Sportarten und Spiele.

Spot [spɔt; engl., eigtl. ›(kurzer) Auftritt‹, zu spot ›Fleck‹, ›Platz‹] *der, -s/-s,* 1) *Handel:* Kurz-Bez. für →Spotgeschäft.

2) *Lichttechnik:* Kurz-Bez. für →Spotlight.

3) *Werbung:* kurze, abgeschlossene Werbeaussage im Hörfunk oder im Fernsehen, meist unmittelbar vor wichtigen Sendungen (z. B. Nachrichten) oder – v. a. im Privatfernsehen – vor spannenden Höhepunkten einer Sendung eingeblendet (Unterbrecherwerbung).

SPOT [Abk. für **S**atellite **p**our l'**O**bservation de la **T**erre], frz. Satelliten (mit belg. und schwed. Beteiligung) zur Erderkundung für vielfältige wirtschaftl. und wiss. Anwendungen; Masse 1,9 t. Zur kontinuierl. Erdbeobachtung wurden 1986 SPOT 1, 1990 SPOT 2, 1993 SPOT 3 und 1998 SPOT 4 in Kourou erfolgreich gestartet. Aus einer polnahen, sonnensynchronen kreisähnl. Erdumlaufbahn in rd. 822 km Höhe (Neigungswinkel gegenüber dem Äquator 98,7°, Umlaufzeit 101 min) senden sie Scanner-Aufnahmen von je 60 km × 60–80 km der Erdoberfläche an Empfangsstationen auf allen Kontinenten, und zwar panchromat. Schwarzweißbilder im sichtbaren Bereich mit 10 m geometr. Bodenauflösung und Multispektralaufnahmen mit 20 m Auflösung in drei, ab SPOT 4 in vier Spektralbereichen zum Kombinieren von Farbbildern sowie von stereoskop. Aufnahmen, z. B. für topograph. Karten.

Spotgeschäft [ˈspɔt-], an internat. Warenbörsen abschließbares Geschäft gegen sofortige Kasse und Lieferung; insofern gleichbedeutend mit Kassa- oder Effektivgeschäft. Die Handelsplätze für S. werden auch als **Spotmärkte** bezeichnet. Am bekanntesten ist der Spotmarkt, an dem Erdöl fördernde Länder Rohöl, das außerhalb der laufenden Abnahmeverträge mit den Mineralölgesellschaften angeliefert wird, meistbietend an Händler, die an keinen Mineralölkonzern gebunden sind oder deren Bedarf durch die Vertragsmengen nicht gedeckt werden kann, verkaufen (v. a. in New York, Mexiko, Rotterdam).

Spotlight [ˈspɔtlaɪt; engl. ›Scheinwerfer(licht)‹] *das, -s/-s,* Kurz-Bez. **Spot,** Linsenscheinwerfer oder Scheinwerfervorsatz mit verstellbarer Sammellinse zum Erzeugen eines engen Lichtbündels bzw. Lichtflecks. In den Strahlengang können Masken mit versch. Ausschnitten und Farbfilter gebracht werden; verwendet als Effektleuchte in der Film-, Foto- und Bühnentechnik.

Spotmessung [ˈspɔt-], *Fotografie:* →Belichtungsmesser.

Spottdrosseln, Mimidae, Familie bis 30 cm langer, häufig spottender (→Spotten), langschwänziger, meist unauffällig brauner oder grauer Singvögel mit rd. 30 Arten in Amerika (S-Kanada bis Feuerland).

Spotten, ornitholog. Bez. für die völlige oder teilweise Übernahme artfremder Gesangs- oder Lautmotive aus der Umwelt durch Vögel (u. a. Spötter, Spottdrosseln, Eichelhäher, Stare). S. kann im extremen Fall zum Nachsprechen von Sätzen des Menschen führen, z. B. bei Papageien.

Spötter, Hippolais, den →Grasmücken zugeordnete Gattung kleiner, spottender (→Spotten), meist grünlich gelber oder bräunlich grauer Singvögel in Eurasien und N-Afrika mit sechs Arten; in Europa u. a. vertreten durch: **Gelb-S.** (Gartensänger, Gartenlaubvogel, Garten-S., Hippolais icterina), etwa 13 cm groß, mit schwefelgelber Unterseite und olivfarbener Oberseite; v. a. in Parkanlagen, Gärten und Feldgehölzen; baut sein napfförmiges Nest in dicht belaubte Baumkronen oder in hohe Sträucher; Zugvogel, der im trop. Afrika überwintert. **Oliven-S.** (Hippolais olivetorum), etwa 15 cm lang, oberseits bräunlich grau, unterseits weißlich; in Olivenhainen und Eichenwäldern des südöstl. Mittelmeerraums; Zugvogel, der bis nach O- und S-Afrika zieht.

Spotting [zu engl. to spot ›beflecken‹, ›sprenkeln‹] *das, -s/-s,* die →Schmierblutung.

Spottlied, bei allen Völkern verbreiteter Typ des Liedes. S. nehmen abwertend auf körperl. Gebrechen und niedrige soziale Stellungen einzelner und kleinerer Gruppen Bezug (z. B. bestimmte Handwerker, Angehörige anderer religiöser Bekenntnisse), auch auf Nachbarorte (Ortsneckereien), fremde Stämme und Nationen. Sie dienen der sozialen Kontrolle und der Festigung der erstrebten Gemeinschaft (z. T. bis zur Ausbildung von Feindbildern). In vormodernen Kulturen wird dem gesungenen S. mag. Wirkung zugeschrieben, d. h., es kann den Verspotteten schädigen und sogar töten. – S. gehören zu den ältesten Bestandteilen der Liedüberlieferungen.

D. WARD: Scherz- u. S., in: Hb. des Volksliedes, hg. v. R. W. BREDNICH, Bd. 1 (1973).

Spottmedaille [-medaljə], Bez. für eine Schaumünze v. a. des 16.–18. Jh., die durch Aufschrift oder Bild den religiösen, später auch den polit. Gegner lächerlich machen sollte.

SPQR, S.P.Q.R., Abk. für lat. →**S**enatus **P**opulusque **R**omanus.

Sprach|akademi|en, meist staatl., aus Gelehrtengesellschaften entstandene Einrichtungen zur Pflege oder Normierung einer Sprache. Traditionsreiche S. sind v. a. die →Accademia della Crusca und die Académie française (→Institut de France), zu denen unmittelbare Entsprechungen im dt. Sprachraum fehlen. Ansätze gab es in den →Sprachgesellschaften. Eine →Deutsche Akademie bestand 1925–45 in München; ihre prakt. Arbeit wird vom →Goethe-Institut fortgesetzt. 1949 wurde die →Deutsche Akademie für Sprache und Dichtung in Darmstadt gegründet; sprachwiss. Zielen dienen das Forschungsinstitut für dt. Sprache (›Deutscher Sprachatlas‹), gegr. 1876 an der Philipps-Univ. Marburg, und das 1964 in Mannheim gegründete →Institut für deutsche Sprache.

Sprach|analyse, 1) *künstl. Intelligenz:* als Teil der →Spracherkennung die Umwandlung akust. Sprachsignale (v. a. menschl. Sprache) in für die Informationsverarbeitung geeignete elektr. Signale.

2) *Sprachwissenschaft:* Zerlegen sprachl. Einheiten in ihre Elemente (z. B. Phoneme, Morpheme), u. a. zur Ermittlung ihrer Struktur, ihres Sinnes oder ihrer Funktionalität. Entsprechende Analysemodelle dienen im Rahmen der linguist. Datenverarbeitung v. a. als Grundlage für sprachstatist. Untersuchungen und für die maschinenunterstützte Übersetzung.

Sprach|atlas, von Dialektologen erstelltes Kartenwerk, das die mundartl. Vielfalt von Einzelsprachen oder verwandten Nachbarsprachen darstellt. Auf der Grundlage von Isoglossen (Isoglossenbündeln) werden im S. phonetisch-phonolog., morphosyntakt. und v. a. lexikal. Gemeinsamkeiten und Unterschiede auf einzelnen Sprachkarten abgebildet. Die Tradition der Sprachatlanten geht auf die Schule der →Junggrammatiker zurück, die mit ihrer Hilfe die Ausnahmslosigkeit der Lautgesetze nachzuweisen suchten. Wurden urspr. Mundartkarten v. a. auf der Basis schematisierter Fragenkataloge erstellt, bezieht die moderne Dialektologie verstärkt verwandte Disziplinen wie Kulturanthropologie, Ethnographie und in jüngster Zeit die Computerlinguistik ein. Sprachatlanten liegen für alle größeren europ. Sprachen vor. Neben der Fortentwicklung und Aktualisierung gilt das Hauptinteresse heute der Kompilierung sprachl. Daten in den von Europäern kolonisierten Staaten, der Erfassung von Minderheitensprachen und der Dokumentation zahlreicher afrikan., asiat. und amerikan. Sprachen. (→deutsche Sprachatlanten)

J. GILLIÉRON u. E. EDMONT: Atlas linguistique de la France, 13 Tle. (Paris 1902–20, Nachdr. Bologna 1965–69); Dt. S., begründet v. G. WENKER, hg. v. F. WREDE u. a., Losebl. (1926 ff.); K. JABERG u. J. JUD: Sprach- u. Sachatlas Italiens u. der Südschweiz, 9 Bde. (1928–60, Bd. 1–8 Nachdr. Nendeln 1971–74); DIES.: Der S. als Forschungsinstrument (1928, Nachdr. Nendeln 1973); W. MITZKA: Hb. zum Dt. S. (1952); A. GRIERA: Atlas lingüistic de Catalunya, 10 Bde. (Barcelona $^{1-2}$1962–72); W. KÖNIG: dtv-Atlas zur dt. Sprache (^{11}1996).

Sprach|ausgabe, künstl. Intelligenz: die maschinelle akust. Ausgabe von Informationen in natürlich oder künstlich erzeugter menschl. Sprache über einen Computer (z. B. Ansagegeräte, Sprachsynthesizer); ein Prozess der →Sprachverarbeitung. Dabei können entweder analog oder digital gespeicherte Wörter von einem Computer entsprechend der auszugebenden Information ausgewählt, zu dem jeweils zweckdienl. Sprachkomplex (z. B. Auskunft oder Antwort) zusammengefasst und über einen elektroakust. Wandler (z. B. Lautsprecher) ausgegeben werden, oder der jeweils auszugebende Sprachkomplexe wird vollständig aus einzelnen Lautelementen (Phonemen) synthetisiert (→Sprachsynthese).

Sprachbarri|ere, soziolinguist. Terminus zur Bez. der Benachteiligung beim sozialen Aufstieg aufgrund sprachl. Defizite (z. B. wegen zu geringen Wortschatzes, dialektaler Aussprache und grammatikal. Schwäche). S. können auch bewusst aufgebaut werden (durch Fachsprachen und Soziolekte), um Gruppen gegen Außenstehende (deren Eindringen unerwünscht ist) abzugrenzen. Verstärkt Bedeutung erhält das Problem in Schulen, in denen Kinder mit fremder Muttersprache und daher mangelhafter Kenntnis der Unterrichtssprache zu integrieren sind (→Sprachunterricht). In jüngerer Zeit wird verstärkt darauf verwiesen, dass fehlende Fremdsprachenkenntnisse zunehmend eine S. in einem sich internationalisierenden Berufsumfeld sein können.

Sprachbau, für eine Sprache typ. Zuordnung der sprachl. Elemente zueinander. Sprachen mit der Tendenz, syntakt. Beziehungen durch morpholog. Charakteristika innerhalb eines Wortes (innere Flexion, Affigierung, Reduplikation) zum Ausdruck zu bringen, zeigen →synthetischen Sprachbau; Sprachen, die sich hierzu grammat. Hilfswörter oder der Wortstellung bedienen, weisen →analytischen Sprachbau auf.

Sprachbehinderte, Personen mit unterschiedlich starker Beeinträchtigung des Sprach- und Sprechvermögens aufgrund psych. oder organ. Ursachen (→Sprachstörungen). Behandlungen erfolgen im Rahmen der →Sprachtherapie.

Sprachbund, Gruppierung räumlich benachbarter, jedoch genetisch nicht oder nicht eng miteinander verwandter Sprachen, bei denen sich infolge gegenseitigen Austauschs Gemeinsamkeiten u. a. in Lautsystem, Formenlehre und Wortschatz herausgebildet haben, z. B. bei den →Balkansprachen.

Sprachdidaktik, Theorie der Lehr- und Lernprozesse, Unterrichtsinhalte und -ziele im →Sprachunterricht.

Sprache, i. e. S. Bez. für die →natürliche Sprache des Menschen, i. w. S. Bez. für Kommunikationssysteme unterschiedl. Art: außer der natürlichen menschl. S. die künstl. Sprachen wie →Welthilfssprachen (u. a. Esperanto), formale log. Sprachen (Kalkülsprachen) und →Programmiersprachen, aber auch Kommunikationssysteme von Tieren (→Tiersprache) sowie mit Symbolen arbeitende Zeichensprachen (u. a. Gebärden-S., Morsealphabet); teilweise auch im Zusammenhang mit nichtsymbol. Kommunikation oder in metaphor. Gebrauch (Körper-S., S. der Musik).

Eine allgemein gültige Definition gibt es weder für S. i. e. S. noch für S. i. w. S. Alle bisherigen Definitionen gehen jeweils nur von bestimmten Aspekten des komplexen Phänomens S. aus: So hat man S. u. a. als Mittel zum Ausdruck von Gedanken und Gefühlen, als wichtigstes und artspezif. Kommunikationsmittel des Menschen, als strukturiertes System von Zeichen, als internalisiertes System von Regeln, als Menge der Äußerungen in einer Sprachgemeinschaft oder als Werkzeug des Denkens definiert.

Sprache im engeren und weiteren Sinne

Charakteristisch für S. im engeren wie im weiteren Sinne ist, dass Inhalte durch den Gebrauch symbol. Zeichen übermittelt werden, dass mit symbol. Zeichen kommuniziert wird, d. h. mit Zeichen, deren Bedeutung arbiträr ist, d. h. auf einer Konvention, einer übl. Praxis beruht. Sprachl. Kommunikation unterscheidet sich insofern von solchen Fällen, in denen Informationen aufgrund einer kausalen Beziehung erschlossen werden können (Letzteres ist z. B. bei einem beschleunigten Pulsschlag als Anzeichen – die →Semiotik spricht von Index oder indexikal. Zeichen – für Fieber gegeben). Bei S. liegen aber auch andere Verhältnisse vor als bei solchen Zeichen, bei denen die Information durch eine Ähnlichkeitsbeziehung vermittelt wird, z. B. bei Verkehrs- und Hinweisschildern, Landkarten oder bestimmten Gesten (Ikon, ikon. Zeichen).

Während die Eigenschaft der natürl. S., sich symbol. Zeichen zu bedienen, auch für S. i. w. S. Gültigkeit hat, erfordern es andere Eigenschaften von natürlicher menschl. S., sie als S. i. e. S. von S. i. w. S. abzugrenzen. So unterscheidet sich menschl. S. von tier. Sprachen (Kommunikationssystemen) zumindest in folgenden Hinsichten: 1) Menschl. S. ist situationsungebunden, d. h. mit menschl. S. kann man sich (anders als bei tier. Kommunikation) nicht nur auf die Gegenwart, sondern auch auf Vergangenheit und Zukunft beziehen, ebenso auf Dinge, die von der Äußerungssituation weit entfernt sind, u. U. nicht einmal existieren; 2) in menschl. S. besteht im Unterschied zu Tier-S. die Möglichkeit, begriffl. Verallgemeinerungen durch Symbole auszudrücken, sowie 3) die Möglichkeit, die S. selbst zum Gegenstand des Sprechens zu machen, d. h. metasprachl. Urteile zu formulieren. Ob beide sich darüber hinaus – wie oft behauptet wird – auch dadurch voneinander unterscheiden, dass tier. Kommunikation nur instinktgeleitetes Reiz-Reaktions-Verhalten, aber nicht vom Willen gesteuert (intentional) ist und dass Tier-S. nicht erlernt werden müssen, sondern angeboren sind, ist umstritten. Über den wichtigsten Unterschied zwischen menschl. S. und Tier-S. gibt es jedoch keinen Dissens. Während in tier. Kommunikationssystemen jeweils ein Ausdruck mit einem bestimmten Inhalt verbunden ist und eine nicht weiter zerlegbare Einheit bildet, sind Ausdrücke menschl. S. auch intern strukturiert: Sätze bestehen aus kleineren Einheiten (Phrasen, Satzgliedern), diese wiederum aus Wörtern, Wörter aus kleinsten bedeutungstragenden Einheiten, den →Morphemen, und diese schließlich aus nicht bedeutungstragenden, sondern nur bedeutungsdifferenzierenden lautl. bzw. graph. Einheiten, den →Phonemen bzw. →Graphemen (zweifache Gliederung, doppelte Artikulation). Menschl. S. ist also im Unterschied zu tier. Kommunikationssystemen hierarchisch aufgebaut, d. h., aus einer endl. Anzahl von Einheiten lassen sich nach bestimmten Kombinationsregeln jeweils Einheiten einer höheren Ebene bis hin zur unendl. Anzahl komplexer sprachl. Ausdrücke bilden. Dieses spezif. Merkmal menschl. S. bezeichnet man als Kreativität. In dieser Hinsicht unterscheidet sich S. i. e. S. auch von anderen Zeichensprachen, bei denen sich die einzelnen Symbole nicht weiter in nicht bedeutungstragende Einheiten zerlegen lassen.

Die entscheidende Differenz natürl. S. zu künstl. S. liegt in ihrer Entstehung. Während natürl. Sprachen historisch gewachsen sind, verdanken künstl. Sprachen ihre Existenz einer willkürl., durch bestimmte Interessen motivierten Setzung: Welthilfssprachen (wie z. B. Esperanto) wurden und werden geschaffen, um einer besseren internat. Verständigung über alle Einzelsprachen hinweg zu dienen. Formale Sprachen ermöglichen durch ihre spezif. Eigenschaften (Eindeutigkeit, Explizitheit und leichte Überprüfbarkeit) die bessere Behandlung von Problemen in vielen Wissenschaften (Logik, Mathematik, Natur-, aber auch Geisteswissenschaften), sind aber auch als Programmier-S. zur Formulierung von Aufgaben und Problemlösungen in einem für Computer zugängl. Format unverzichtbar.

S. umfasst jedoch nicht nur insofern unterschiedl. Begriffe, als zwischen S. i. w. S. und S. i. e. S. als natürl. S. zu unterscheiden ist, sondern auch insofern, als auch mit S. i. e. S. Unterschiedliches gemeint sein kann: Wenn man z. B. sagt, jemand beherrsche vier Sprachen, so versteht man dabei unter S. ein bestimmtes Sprachsystem (von F. DE SAUSSURE als →Langue bezeichnet). Wenn man davon spricht, dass S. von grundlegender Bedeutung für jegliche menschl. Gesellschaft sei, bezieht man sich mit S. auf ›S. an sich‹, die ›Sprachfähigkeit‹ (→Langage). Und in einem Satz wie ›Ich brauche diesen Kassettenrecorder, um S. aufzuzeichnen‹ geht es um S. im Sinne von ›Sprechen‹, um sprachl. Äußerungen, um die konkrete Verwendung von S. (→Parole). Auf ähnl. Weise unterscheidet die →generative Grammatik zw. →Kompetenz als dem Verfügen über ein bestimmtes Sprachsystem und →Performanz als der Ebene der aktuellen Verwendung einer Sprache.

Sprache als System

Natürl. Sprachen sind hierarch. Systeme, d. h. Systeme aus Einheiten, die mit anderen Einheiten zu komplexeren Einheiten zusammengefügt werden können. Den versch. Ebenen entsprechend geht man von versch. Teilsystemen aus, die jeweils aus spezif. Einheiten sowie aus Regeln für die Kombination dieser Einheiten bestehen. Die kleinsten Einheiten sind die Laute bzw. (bezogen auf das System der jeweiligen S.) die Phoneme. Versch. Sprachen unterscheiden sich nicht nur hinsichtlich des Inventars von Lauten (im Deutschen gibt es z. B. anders als im Französischen keine nasalierten Vokale und anders als im Englischen keinen th-Laut), sondern auch hinsichtlich der systemat. Funktion von Lauten; auch die Art und Weise der Kombination der Phoneme zu →Silben und schließlich zu Wörtern ist einzelsprachspezifisch. Dem Lautsystem einer S., dessen Gegenstand der →Phonologie ist, steht (da S. nicht nur gesprochen, sondern auch geschrieben realisiert wird) das Schriftsystem gegenüber, mit dem sich die →Graphemik beschäftigt. Die kleinsten Einheiten dieses Teilsystems sind die Buchstaben (Graphe) bzw. →Grapheme, für die gleichfalls sprachspezifische Kombinationsregeln bestehen.

Die nächsthöheren Einheiten nach den Phonemen und den Graphemen sind die Morpheme, die nach bestimmten Regeln zu Wörtern bzw. Wortformen kombiniert werden können. Diese Regeln gehören zum morpholog. Teilsystem, dem häufig der Bereich der →Wortbildung zugerechnet wird. Aus Wörtern werden schließlich über Wortgruppen (Phrasen) bzw. →Satzglieder Sätze aufgebaut, deren Struktur das syntakt. System einer S. regelt. Die Regeln der →Syntax beziehen sich darauf, welche Wörter auf welche Weise mit anderen Wörtern oder Wortgruppen zu größeren Einheiten bis hin zu Sätzen kombiniert werden können; alle Wörter einer S. lassen sich hinsichtlich ihrer syntakt. Eigenschaften zu einer begrenzten Anzahl von Kategorien (→Wortarten) zusammenfassen. Ob Sätze die größten Einheiten des Sprachsystems ausmachen oder noch größere Einheiten anzusetzen sind, ist umstritten (Letztere untersucht die Textlinguistik). Alle Einheiten von den Morphemen aufwärts sind Einheiten, die nicht nur formale Eigenschaften haben, sondern auch eine Bedeutung aufweisen. Die Bedeutungen der sprachl. Ausdrücke einer S. bilden das semant. Teilsystem, wobei die →Semantik einerseits mit der Bedeutung von Wörtern einschließlich ihrer Beziehungen zueinander (lexikal. Semantik), andererseits Aufbau der Bedeutung von Wortgruppen und Sätzen aus den Bedeutungen der jeweiligen Teile (Satzsemantik) untersucht.

Gebräuchlich ist auch die Unterscheidung des Systems einer S. in →Grammatik und →Lexikon, wobei unter Grammatik das Regelsystem, unter Lexikon der Wortschatz einer S. verstanden wird. Allerdings gehen die Meinungen darüber auseinander, was der Grammatik und was dem Lexikon angehört.

Sprachfähigkeit

Das Verfügen über eine oder mehrere Sprachen ist in der allgemeinen Sprachfähigkeit des Menschen als einer genetisch verankerten, auf organ. und kognitiven Grundlagen beruhenden Fähigkeit begründet. Diese Grundlagen umfassen einerseits die physiolog. Voraussetzungen zum Sprechen und Hören sowie die entsprechenden Voraussetzungen zum Schreiben und Lesen, andererseits die neurolog., im Gehirn lokalisierte kognitive Ausstattung, die dem Menschen das Erlernen von S. sowie die Produktion und Rezeption sprachl. Äußerungen ermöglicht. Es bestehen sehr unterschiedl. Positionen hinsichtlich der Fragen, inwieweit diese kognitive Ausstattung sprachspezifisch ist, inwieweit die Fähigkeit zur S. auf allgemeine kognitive Fähigkeiten zurückgeführt werden kann und ob der Spracherwerb dementsprechend isoliert oder aber nur im Rahmen der allgemeinen kognitiven Entwicklung betrachtet werden muss. In der generativen Grammatik geht man davon aus, dass der Mensch über angeborene sprachspezif. Fähigkeiten und Erwerbsmechanismen verfügt, d. h. über eine latente Sprachstruktur (→Universalgrammatik), die im Spracherwerbsprozess als einzelsprachl. Kompetenz aktualisiert und realisiert wird, während man bes. im Rahmen funktionalist. Sprachauffassungen den Spracherwerb als einen Lernprozess innerhalb der allgemeinen kognitiven Entwicklung sieht, zu der auch der Prozess der →Sozialisation einen wichtigen Beitrag leistet.

Sprachgebrauch

Das Verfügen über eine einzelsprachl. Kompetenz ist jedoch noch nicht ausreichend, um sprachl. Äußerungen produzieren und verstehen zu können. Wenn man sprachl. Äußerungen als Handlungen in einem bestimmten kommunikativen Zusammenhang auffasst, so sind außer der Sprachkenntnis mindestens noch

Sprachen der Erde (Auswahl)[1]

afrikanische Sprachen (Afrika):
1) **hamitosemitische (afroasiatische) Sprachen:** Berbersprachen; Kuschitensprachen: Oromo (Galla), Somali u.a.; semitische Sprachen (vgl. rechte Spalte); tschadische oder Tschadsprachen: Hausa u.a.
2) **Khoisan-Sprachen:** Buschmannsprachen, Hottentottisch u.a.
3) **Kongo-kordofanische (nigritische) Sprachen:** Niger-Kongo-Sprachen (Adamaua-Ost-Sprachen; Benue-Kongo-Sprachen; Bantusprachen mit Suaheli, Xhosa, Zulu u.a.; Gur-Sprachen; Kwa-Sprachen: Akan, Ewe, Ibo, Yoruba u.a.; Mande-Sprachen: Bambara, Mende u.a.; Westatlantische Klassensprachen: Ful, Diola, Wolof u.a.); Kordofan-Sprachen.
4) **nilosaharanische Sprachen:** Fur, Kanuri, Songhai u.a.

altaische Sprachen (Asien, Europa):
1) **Japanisch**[2]
2) **Koreanisch**[2]
3) **mongolische Sprachen:** Burjatisch, Chalcha-(Khalkha-)Mongolisch, Kalmückisch, Oiratisch u.a.
4) **tungusische Sprachen:** Ewenisch, Ewenkisch, Mandschu, Nanaisch u.a.
5) **Turksprachen:** Baschkirisch, Karakalpakisch, Kasachisch, Kirgisisch, Kumückisch, Nogaisch, Tatarisch, Altaisch, Chakassisch, Jakutisch, Tuwinisch; Aserbaidschanisch, Gagausisch, Türkisch, Turkmenisch; Uigurisch, Usbekisch, Tschuwaschisch.

australische Sprachen (Australien).

austrische Sprachen:
1) **austroasiatische Sprachen** (Asien): Mon-Khmer-Sprachen (Khmer [Kambodschanisch], Mon u.a.); Mundasprachen (Mundari, Santali u.a.).
2) **austronesische Sprachen** (Asien, Madagaskar, Ozeanien):
 a) **malaiopolynesische Sprachen:** Bahasa, Indonesia, Balinesisch, Javanisch, Maduresisch, Malagasy, Malaiisch, Sundanesisch, Tagalog; Formosasprachen.
 b) **ozeanische Sprachen:** melanesische Sprachen, mikronesische Sprachen, polynesische Sprachen.

Dravidasprachen (Asien):
Kannada, Malayalam, Tamil, Telugu u.a.

Eskimoisch (Nordamerika, Grönland).

Indianersprachen:
Nordamerika: Algonkin, Cherokee, Ojibwa, Chocktaw, Cree, Creek, Dakota, Irokesisch, Navajo u.a.; Mittelamerika mit Mexiko: Maya, Mixtekisch, Nahuatl, Otomí, Zapotekisch u.a.; Südamerika: Aimara, Araukanisch, Aruak, Gê, Guaraní, Ketschua, Tupí u.a.

indogermanische Sprachen (alle Erdteile):
1) **Albanisch.**
2) **Armenisch.**
3) **baltische Sprachen:** Lettisch, Litauisch.
4) **germanische Sprachen:** Deutsch, Englisch, Friesisch, Luxemburgisch (Letzebuergesch), Niederländisch; Dänisch, Färöisch, Isländisch, Norwegisch, Schwedisch, Afrikaans; Jiddisch.
5) **Griechisch.**
6) **indoarische Sprachen:** Assami, Bengali, Gujarati, Hindi, Hindustani, Marathi, Nepali, Oriya, Panjabi, Rajasthani, Romani, Sindhi, Singhalesisch, Urdu u.a.
7) **iranische Sprachen:** Belutschi, Kurdisch, Neupersisch, Ossetisch, Paschto, Tadschikisch u.a.
8) **keltische Sprachen:** Bretonisch, Irisch, Kymrisch (Walisisch), Schottisch-Gälisch u.a.
9) **romanische Sprachen:** Französisch, Italienisch, Katalanisch, Portugiesisch, Bündnerromanisch, Rumänisch, Sardisch, Spanisch, Provenzalisch (Okzitanisch).
10) **slawische Sprachen:** Russisch, Ukrainisch, Weißrussisch; Kaschubisch, Polnisch, Slowakisch, Sorbisch, Tschechisch; Bulgarisch, Makedonisch, Serbisch, Kroatisch, Slowenisch.

kaukasische Sprachen (Asien, Europa):
1) **nordwestkaukasische Sprachen:** Abchasisch, Adygeisch (Tscherkessisch) u.a.
2) **ostkaukasische Sprachen:** Awarisch, Darginisch, Lakkisch, Lesgisch; Inguschisch, Tschetschenisch, Cesisch u.a.
3) **südkaukasische** oder **Kartwelsprachen:** Georgisch u.a.

paläosibirische Sprachen (NO-Asien):
Giljakisch, Jukagirisch, Ketisch, Tschuktschisch u.a.

Papuasprachen (Asien, Melanesien, Neuguinea).

semitische Sprachen (Asien, Afrika)[3]:
1) **Nord(west)semitisch:** Hebräisch, Syrisch.
2) **Süd(west)semitisch:** Nordarabisch, Südarabisch (einschließlich semit. Sprachen Äthiopiens: Amharisch, Geez, Tigre, Tigrinja u.a.).

sinotibetische Sprachen (O- und SO-Asien)[4]:
Sino-Tai-Sprachen: Chinesisch, Laotisch, Thai u.a.; tibetobirmanische Sprachen: Birmanisch, Lolo, Tibetisch u.a.

uralische Sprachen (Europa, Asien):
1) **finnougrische Sprachen:** Estnisch, Finnisch, Ingrisch, Karelisch, Lappisch, Livisch, Wepsisch, Wotisch, Mordwinisch, Tscheremissisch; Syrjänisch, Wotjakisch, Ostjakisch, Wogulisch, Ungarisch.
2) **Samojedisch.**

[1] berücksichtigt sind nur die wichtigsten lebenden Sprachen; isolierte Sprachen (darunter in Europa: Baskisch) sind in der Übersicht nicht eigens aufgeführt. – [2] mit austrischer Komponente. – [3] das Maltesische, ein arabischer Dialekt, in Europa. – [4] die Zugehörigkeit des Vietnamesischen zu einer der Sprachgruppen SO-Asiens ist noch nicht endgültig geklärt.

---

folgende Kenntnisse nötig: 1) unser Weltwissen, und zwar sowohl Wissen in Bezug auf die jeweilige Äußerungssituation (Situationswissen) als auch allgemeines, enzyklopäd., begriffl. Wissen (wo genau die Grenze zw. sprachl. und Weltwissen liegt, ist strittig); 2) kommunikative Kompetenz, d.h. Wissen über die versch. sprachl. Handlungen, über Regularitäten der Text- und Gesprächsorganisation, über bestimmte allgemeine Prinzipien, die Kommunikation zugrunde liegen (Konversationsmaximen), u.Ä.; 3) allgemeine kognitive Fähigkeiten, wie z.B. die Fähigkeit, Schlüsse ziehen zu können.

Während diese Kenntnisse und Fähigkeiten für das spezif. Verständnis einer sprachl. Äußerung notwendig sind, kommen noch weitere Faktoren hinzu, wenn man auch die allgemeinen Voraussetzungen bei jegl. Gebrauch von S., bei →Sprachproduktion und Sprachrezeption (→Sprachperzeption, Sprachverstehen) mit einbezieht und damit auch Fragen, die immer schon als Probleme des Verhältnisses von S. und Denken diskutiert wurden: Bei der Sprachproduktion die kognitiven Voraussetzungen für das Konzipieren von Vorstellungen, Ideen und Absichten (die Sprechplanung), für das Speichern und Abrufen sprachl. Kenntnisse sowie die Grundlagen für die neuromotor. Prozesse im Gehirn, die die Artikulations- bzw. Schreibvorgänge in Gang setzen und kontrollieren; bei der Sprachrezeption die neurophysiolog. und kognitive Basis für die Wahrnehmung und Dekodierung der jeweiligen sprachl. Äußerung sowie ihre Einbettung in den Gesamtkontext bzw. das konzeptuelle Wissen des Rezipienten. Es ist derzeit umstritten, ob die für die Sprachproduktion und -rezeption notwendigen Faktoren in Form von autonomen Systemen (Modulen, Modularität) miteinander interagieren oder ob sie in Form vernetzter Elemente bei parallel ablaufenden Verarbeitungsvorgängen (Konnektionismus) wirksam werden.

Funktionen von Sprache

Die zentrale Funktion von S. ist die kommunikative Funktion – die Vermittlung von Gedanken, der Austausch von Fakten, Ansichten und Wünschen. Beim Aufzeichnen von Fakten (u.a. in Grundbüchern, histor. Schriftstücken, Datenbanken) handelt es sich zwar um eine verwandte, letztlich aber doch nicht kommunikative Funktion; S. dient hier eher dem Aufbau eines Wissensspeichers als Grundlage einer Gesellschaft bzw. Kultur. Gänzlich unkommunikativ ist die Funktion von S. als Werkzeug des Denkens; welche Rolle die S. hier letztlich übernimmt, hängt allerdings von der jeweiligen Einschätzung des Verhältnisses von S. und Denken ab, d.h., ob S. und Denken identisch oder voneinander zu trennen sind, und, im zweiten Fall, ob S. vom Denken oder Denken von der S. abhängig ist oder (die heute am häufigsten vertretene Auffassung) beide wechselseitig voneinander abhängen. Aufgrund ihrer zentralen Rolle in der Kommunikation und sozialen Interaktion kommt S. eine entscheidende Funktion innerhalb jeder menschl. Gesellschaft zu, und insofern die persönl. Identität eines Individuums u. a. auch durch die Zugehörigkeit zu einer bestimmten sozialen Gruppe geprägt wird, hat S. auch eine identitätsstiftende Funktion.

Neben den bisher genannten Funktionen kann S. auch dem Ausdruck von Gefühlen dienen (eine emotive bzw. expressive Funktion haben), so u. a. bei Flüchen, bei Äußerungen des Erstaunens, der Freude, der Furcht oder wenn zusätzlich zur Vermittlung von Gedanken noch bestimmte Gefühle zum Ausdruck gebracht werden, etwa durch emotional besetzte Wörter, eine besondere Intonation oder Akzentuierung. In anderen Fällen wiederum hat S. nur die Funktion, eine bestimmte soziale Situation herzustellen oder zu erhalten; diese Funktion von S., die der Aufrechterhaltung des zwischenmenschl. Kontakts dient, wird oft als phat. Funktion bezeichnet. Von anderen Funktionen sei nur die mag. Funktion erwähnt, die S. von vielen Völkern zugeschrieben wird (etwa bei sprachl. Tabus oder beim mit bestimmten Namen verbundenen Aberglauben).

Sprache und Gesellschaft

So wie S. im Rahmen einer Gesellschaft kommunikative und identitätsstiftende Funktionen besitzt, so beeinflusst die Gesellschaft auch die S. Dies wird insbesondere daran deutlich, dass innerhalb einer Sprachgemeinschaft i. d. R. unterschiedlich motivierte Sprachformen (Varietäten) existieren. Durch die Bindung an eine soziale Gruppe bestimmt (Soziolekte) sind z. B. schichtspezif., fachspezif. (Fach- und Berufs-S.), geschlechtsspezif. (Frauen-S.), altersspezif. (Jugend-S.) oder an bestimmte ›Sondergemeinschaften‹ bzw. Randgruppen gebundene Varietäten (Rotwelsch). Räumlich gebundene, z.T. auch sozial bedingte Varietäten sind u. a. die Dialekte. Varietäten konstituierend sind außerdem spezif. Verwendungssituationen (z. B. Alltags-S., S. des öffentl. Verkehrs, Verwaltungs-S.). Ebenfalls in diesem Zusammenhang steht die Differenzierung zw. Standard-S. (Hoch-S.) als der überregionalen, als Verständigungsmittel im öffentl. Leben fungierenden Sprachform (Leitvarietät) und Umgangs-S. als der in informellen, privateren Situationen angemesseneren Sprachausprägung, die oft in regional unterschiedl. Formen auftritt. Zu nennen sind schließlich noch die medial begründeten Varietäten ›gesprochene S.‹ und ›geschriebene S.‹. Weitere Differenzierungen sind möglich, bis hin zu den an den Einzelsprecher gebundenen Varietäten, den Idiolekten. Vor diesem Hintergrund kann man mit der Bezeichnung einer Einzel-S. (z. B. ›Deutsch‹) sowohl die jeweilige Standard-S., die Leitvarietät, meinen (etwa wenn man von einer Grammatik des Deutschen spricht), als auch die Menge aller Varietäten.

Die Existenz unterschiedl. Varietäten, bes. aber die Tatsache, dass diese Varietäten in und aus ihrem jeweiligen Zusammenhang heraus motiviert und dadurch gerechtfertigt sind, ist im alltägl. Sprachverständnis wie im öffentl. Umgang mit S. nicht ausreichend präsent. Sehr häufig werden mit einzelnen rietäten (in der Regel negative) Bewertungen verbunden und die geschriebene Standard-S. wird als allgemeiner Maßstab für jegl. Sprachgebrauch angesehen. Im Hinblick auf die Notwendigkeit einer Leitvarietät für den überregionalen, öffentl. Sprachgebrauch sowie für internat. Beziehungen ist die normative Festsetzung einer Varietät als Standard-S. zweifellos begründet; jegl. Sprachgebrauch an dieser Norm ausrichten zu wollen, würde jedoch die wichtige Funktion der versch. Varietäten innerhalb einer komplexen, in vielfacher Hinsicht heterogenen Sprachgemeinschaft grundlegend verkennen.

Von der Existenz von Varietäten innerhalb einer Sprachgemeinschaft zu unterscheiden sind die Fälle, in denen in einer Gesellschaft zwei oder mehr versch. S. gesprochen werden (Zwei- bzw. Mehrsprachigkeit), wie z. B. in Belgien, der Schweiz, den USA, in vielen afrikan. Ländern, aber auch (wenn auch in eingeschränktem Maße) in Dtl. (Dänisch, Friesisch und Sorbisch als Minderheiten-S. sowie die Sprachen der in Dtl. lebenden Ausländer). Durch Mobilität, Migration und politisch-wirtschaftl. Integration werden Gesellschaften in zunehmendem Maße mehrsprachig werden.

Sprachwandel und Sprachevolution

Das vielfältige Verwobensein von S. mit den verschiedensten sozialen wie kulturellen Zusammenhängen ist ein wichtiger Grund für die spezif. Eigenschaft natürl. S., sich zu verändern, histor. Wandel zu unterliegen. So kann Sprachwandel u. a. in Kriegen, Vertreibungen, Aus- oder Einwanderungen (z. B. in polit., sozialen, wirtschaftl. und kulturellen Veränderungen), aber auch durch Einflüsse anderer Sprachen und Varietäten begründet sein. Diesen äußeren Faktoren stehen innersprachl. Ursachen für den Sprachwandel gegenüber, wobei je nach sprachtheoret. Ausrichtung mehr die äußeren oder inneren Ursachen gewichtet werden. Innersprachl. Faktoren sind die Sprachökonomie (die Tendenz zur Vereinfachung sprachl. Systeme) sowie die Neigung sprachl. Systeme zur Analogiebildung, d. h. zur Angleichung von Ausnahmen an die Regel.

Vom Sprachwandel sind alle Teilsysteme natürl. Sprachen betroffen. Beispiele im Deutschen sind u. a. für den Lautwandel die Lautverschiebungen, für den morphol. Wandel die Zunahme der schwachen Flexion bei Verben (z. B. ›fragte‹ gegenüber ›frug‹), für den syntakt. Wandel die Einschränkung der Wortstellungsfreiheit im mittelalterl. Deutsch im 16. Jh., die sich u. a. in der Endstellung des finiten Verbs im Nebensatz zeigt. Bedeutungswandel kann sich als Bedeutungsverengung, -erweiterung oder als (metaphor.) Bedeutungsübertragung äußern. Lexikal. Wandel (Veränderungen im Wortschatz) kann durch Wortbildung oder durch Übernahme aus anderen Sprachen bzw. durch Aussterben von Wörtern erfolgen.

Die Frage nach dem Sprachursprung hat die Menschen seit jeher beschäftigt. Während der Ursprung der S. in vielen Kulturen als göttl. Ursprungs bzw. im Zusammenhang mit Mythen gesehen wird, hat man sowohl in der griech. Antike als auch v. a. im 18. Jh. in der Philosophie versucht, den Sprachursprung zu ergründen (u. a. É. B. de Condillac, J. G. Herder). Seit dem 19. Jh., dem Beginn einer eigentl. Sprachwissenschaft, hat man die Frage nach dem Ursprung der S. fast durchweg als Problem betrachtet, das sich aufgrund der zur Verfügung stehenden Daten für immer einer wiss. Erforschung entzieht. Neuere Forschungen in Psychologie, Biologie, Genetik, Anthropologie und verwandten Wissenschaften haben mit neuen Analysemethoden jedoch neue, interessante Anstöße gegeben, der Frage nach dem Ursprung der S. wieder größere Aufmerksamkeit zu widmen.

Sprache und Sprachen

Die Anzahl der gegenwärtig auf der Erde gesprochenen Sprachen lässt sich nicht genau feststellen, die Angaben reichen von rd. 2 500 bis rd. 5 500 Einzelsprachen; dies hängt mit der Schwierigkeit zusammen, Sprachen exakt als gesonderte Einheiten zu definieren und z. B. von Dialekten abzugrenzen. Problematisch ist auch die Klassifikation von Sprachen. Sie orientiert sich entweder an genet. Kriterien, wobei versch. Sprachen (soweit möglich) auf eine gemeinsame

Sprache **Spra**

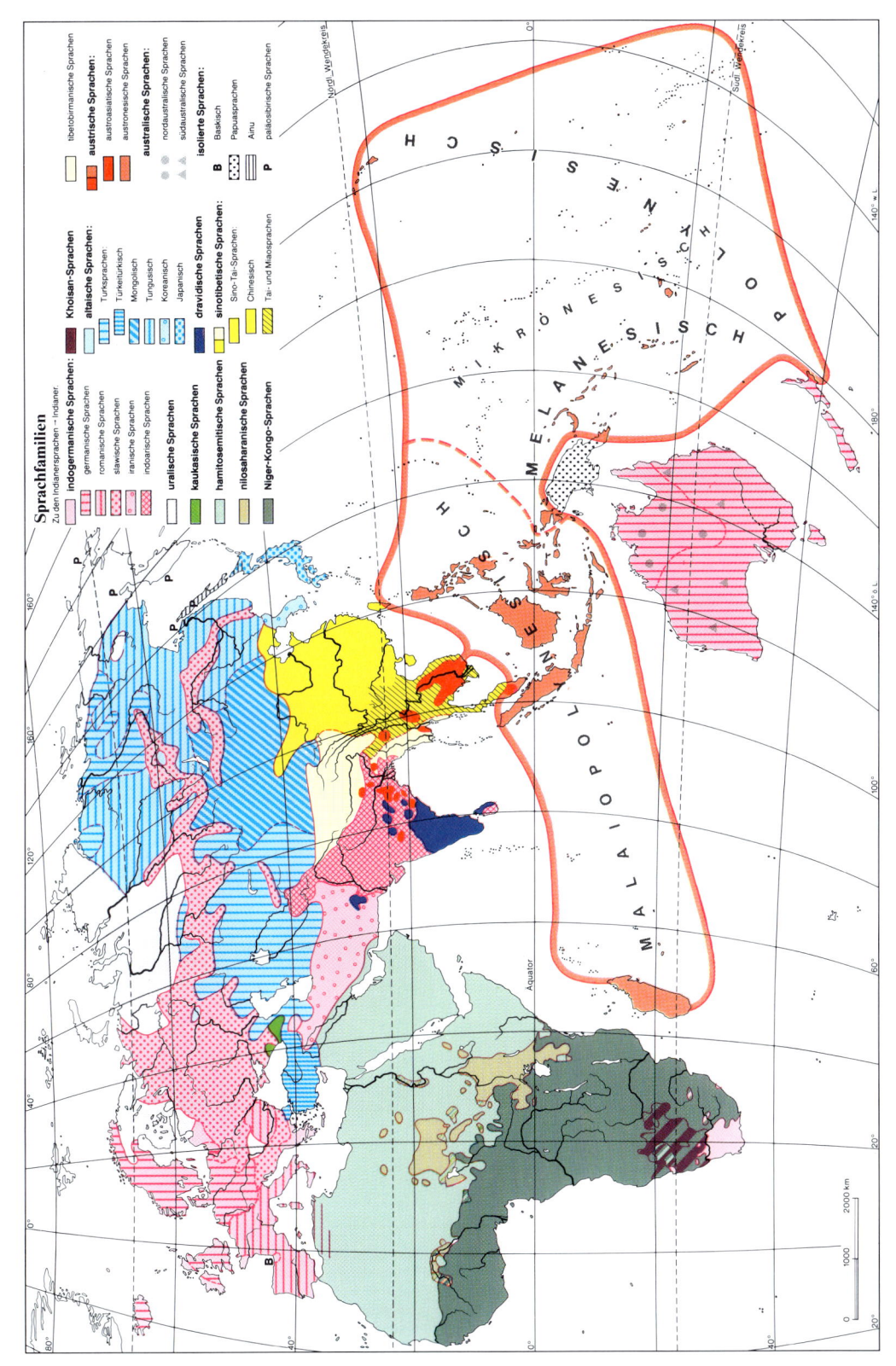

Sprachfamilien

Zu den Indianersprachen → Indianer.

indogermanische Sprachen:
- germanische Sprachen
- romanische Sprachen
- slawische Sprachen
- iranische Sprachen
- indoarische Sprachen

uralische Sprachen

kaukasische Sprachen

hamitosemitische Sprachen

nilosaharanische Sprachen

Niger-Kongo-Sprachen

Khoisan-Sprachen

altaische Sprachen:
- Turksprachen
- Türkeitürkisch
- Mongolisch
- Tungusisch
- Koreanisch
- Japanisch

dravidische Sprachen:

sinotibetische Sprachen:
- Sino-Tai-Sprachen
- Chinesisch
- Tai- und Miaosprachen

tibetobirmanische Sprachen:

austrische Sprachen:
- austroasiatische Sprachen
- austronesische Sprachen

australische Sprachen:
- nordaustralische Sprachen
- südaustralische Sprachen

isolierte Sprachen:
- B Baskisch
- Papuasprachen
- Ainu
- P paläosibirische Sprachen

Grund-S. zurückgeführt werden, oder an typolog. Merkmalen, wobei jedoch auch im Rahmen der jeweiligen Klassifikationsmodelle z. T. sehr unterschiedl. Schemata vorliegen. Einige Sprachen gelten in genet. Hinsicht als isoliert, d. h., eine Verwandtschaft mit anderen Sprachen ist bisher nicht nachgewiesen (in Europa z. B. für das Baskische), bei anderen ist die Herkunft bzw. Zuordnung noch nicht endgültig geklärt (z. B. beim Japanischen, Koreanischen und Vietnamesischen).

Die auf eine gemeinsame Grund-S. zurückgehenden Sprachen werden als Sprachfamilie bezeichnet. Darunter kann die größtmögl. Einheit genetisch zusammenhängender Sprachen (z. B. die indogerman. Sprachen) oder eine Menge von Sprachen verstanden werden, die in einem engeren Verwandtschaftsverhältnis zueinander stehen (in diesem Fall auch als Sprachzweig bezeichnet, z. B. die german. Sprachen im Rahmen der indogerman. Sprachen). Abgesehen von ihrer genet. und typolog. Verschiedenheit sowie ihrem unterschiedl. Kommunikationsradius unterscheiden sich Sprachen auch hinsichtlich des Grades ihrer Verschriftung (zahlr. außereurop. Sprachen verfügen nicht über ein verbindlich verschriftetes System), ihrer Standardisierung (Vereinheitlichung v. a. in Orthographie, Aussprache, Lexik und Grammatik) und ihrer Durchsetzung durch öffentl. Kommunikationsbereiche (z. B. staatl. Institutionen).

Wissenschaftliche Beschäftigung mit Sprache

Zwar bezeichnet man die →Sprachwissenschaft i. d. R. als die Wissenschaft, die sich mit S. und Sprachen beschäftigt, doch ist das Phänomen S. aufgrund seiner Komplexität auch für viele andere Wissenschaften Gegenstand der Erforschung. Da es sich bei S. um ein Zeichensystem handelt, fällt die Untersuchung von S. auch in den Bereich der Semiotik. S. als Medium ihrer Untersuchungsobjekte (Texte unterschiedl. Art) wird auch in der Philologie i. e. S., der Literaturwiss., den Kommunikations- und Medienwiss.en, der Theologie, der Rechtswiss. und ähnl. Fächern thematisiert, S. als Medium der Erkenntnis und des Denkens seit jeher schon in der Philosophie. Im 20. Jh. nimmt die →Sprachphilosophie, insbesondere in der analyt. Philosophie, eine zentrale Position innerhalb der Philosophie ein. Die S. im soziokulturellen Kontext wird untersucht von der Soziologie, der Ethnologie, der Sozialpsychologie, den Kulturwiss.en und den Geschichtswiss., die S. als psych. und biolog. Phänomen in der Psychologie, der Biologie, der Neurophysiologie, der Genetik und der Anthropologie. Unter dem Gesichtspunkt des Verhältnisses von natürl. und formalen Sprachen, insbesondere im Hinblick auf die Sprachverarbeitung, die Darstellung mentaler Wissensstrukturen und die Modellierung kognitiver Prozesse, ist die Beschäftigung mit S. auch für die Informatik, insbesondere die Künstliche-Intelligenz-Forschung (KI-Forschung) von zentraler Bedeutung. All diese Wiss.en unterscheiden sich jedoch insofern von der Sprachwiss., als bei ihnen S. nur unter bestimmten Aspekten thematisiert wird, während es in der Sprachwiss. um S. an sich geht, die S. bzw. die Sprachen im Zentrum stehen, mit dem Ziel, sie möglichst umfassend und vollständig zu erfassen, zu beschreiben und zu erklären.

I. BLOOMFIELD: Language (New York 1933, Nachdr. Chicago 1984); F. DE SAUSSURE: Grundfragen der allg. Sprachwiss. (a. d. Frz., ²1967); L. HJELMSLEV: Die S. (a. d. Dän., 1968); A. MARTINET: Le langage (Paris 1968); E. SAPIR: Die S. Eine Einf. in das Wesen der S. (a. d. Engl., ²1972); M. BLACK: S. (a. d. Engl., 1973); Über die Evolution der S., hg. v. I. SCHWIDETZKY (1973); F. VON KUTSCHERA: Sprachphilosophie (²1975, Nachdr. 1993); W. LABOV: S. im sozialen Kontext, hg. v. N. DITTMAR u. a., 2 Bde. (1976–78); D. HYMES: Soziolinguistik (a. d. Engl., 1979); J. AITCHISON: Der Mensch, das sprechende Wesen (a. d. Engl., 1982); K. BÜHLER: Sprachtheorie (Neuausg. 1982); E. VON SAVIGNY: Zum Begriff der S. (1983); A. D. FRIEDERICI: Neuropsychologie der S. (1984); DIES.: Kognitive Strukturen des Sprachverstehens (1987); HORST M. MÜLLER: Evolution, Kognition u. S. (1987); Theorien vom Ursprung der S., hg. v. J. GESSINGER u. a., 2 Bde. (1989); H. LEUNINGER: Neurolinguistik (1989); An encyclopedia of language, hg. v. N. E. COLLINGE (London 1990); Linguistics: the Cambridge survey, hg. v. F. J. NEWMEYER, 4 Bde. (Neudr. Cambridge 1990–96); The world's major languages, hg. v. B. COMRIE (Neudr. London 1991); International encyclopedia of linguistics, hg. v. W. BRIGHT, 4 Bde. (New York 1992); L. LYONS: Die S. (a. d. Engl., ⁴1992); Sprachphilosophie, hg. v. M. DASCAL u. a., 2 Bde. (1992–95); N. CHOMSKY: Reflexionen über S. (a. d. Amerikan., ³1993); DERS.: S. u. Geist (a. d. Amerikan., ⁶1996); GEORGE A. MILLER: Wörter. Streifzüge durch die Psycholinguistik (a. d. Engl., 1993); G. RICKHEIT u. H. STROHNER: Grundlagen der kognitiven Sprachverarbeitung (1993); H. WODE: Psycholinguistik (Neuausg. 1993); The encyclopedia of language and linguistics, hg. v. R. E. ASHER u. a., 10 Bde. (Oxford 1994); S. C. LEVINSON: Pragmatik (a. d. Engl., ²1994); H. LÖFFLER: Germanist. Soziolinguistik (²1994); R. WARDHAUGH: Investigating language (Neudr. Oxford 1994); A. AKMAJIAN u. a.: Linguistics (Cambridge, Mass., ⁴1995); D. CRYSTAL: Cambridge-Enzykl. der S. (a. d. Engl., Neuausg. 1995); W. J. M. LEVELT: Speaking (Neudr. Cambridge, Mass., 1995); H. PAUL: Prinzipien der Sprachgeschich. (¹⁰1995); G. GREWENDORF u. a.: Sprachl. Wissen (⁸1996); D. INGRAM: First language acquisition (Neudr. Cambridge 1996); A. LINKE u. a.: Studienbuch Linguistik (³1996); M. SCHWARZ: Einf. in die Kognitive Linguistik (²1996); H. VATER: Einf. in die Sprachwiss. (²1996).

Sprach|eingabe, künstl. Intelligenz: die Eingabe von akust. (gesprochener) Information in einen Computer; Voraussetzung ist ein System zur →Spracherkennung und zum →Sprachverstehen.

Sprachenfrage, Bez. für 1) Probleme, die aus dem Anspruch nat. Minderheiten oder versch. Volksgruppen innerhalb eines Staatsverbandes erwachsen, die eigene Sprache im öffentl. Leben (als Regional- oder Amtssprache) zu verwenden; sie erfordern Regelungen durch ein →Sprachenrecht; 2) Schwierigkeiten, die sich aus einem Sprachdualismus (zwei in einem Staat verwendeten Sprachformen) ergeben (z. B. →norwegische Sprache); 3) Probleme, die mit der Wahl einer heim. Amtssprache v. a. in Entwicklungsländern verbunden sind. (→Sprachpolitik)

Sprachenkarte, kartograph. Darstellung der geograph. Verbreitung sprachl. Erscheinungen. Die älteste S. im deutschsprachigen Raum ist die in Holz geschnittene Karte der Oberlausitz von BARTHOLOMÄUS SCULTETUS (*1540, †1614) von 1593. (→Sprachatlas)

Sprachenpolitik, →Sprachpolitik.

Sprachenrecht, das von einem Staat durch Ges. oder mehreren Staaten durch Vertrag geordnete Recht des Gebrauchs einer bestimmten Sprache durch die Angehörigen einer nat. Minderheit oder versch. Volksgruppen eines Staates. In einem Staat werden eine oder mehrere Sprachen als →Amtssprachen bestimmt (zum Verkehr mit und zw. Behörden). In Dtl. ist die Amtssprache und die Gerichtssprache Deutsch (§ 23 Abs. 1 Verwaltungsverfahrens-Ges., § 184 Gerichtsverfassungs-Ges.). Dänen, Friesen und Sorben genießen aufgrund landesrechtl. Gewährungen ein eigenes S. In der Schweiz sind Deutsch, Französisch und Italienisch Amtssprachen. Im Verkehr mit Personen rätoroman. Sprache ist das Bünderromanische seit 1996 Amtssprache des Bundes (Art. 116 Bundes-Verf.). In Italien besteht seit 1948 ein besonderes S. für Südtirol und das Aostatal. Belgien ist amtlich in drei einsprachige Gebiete gegliedert; Brüssel ist zweisprachig. In Spanien ist das Spanische Amtssprache, Katalanisch, Galicisch und Baskisch sind als ›Nationalsprachen‹ anerkannt. (→Verkehrssprachen)

Sprach|erhaltung, Sprachbewahrung, Bez. für die Erhaltung von Sprachen, die mit anderen in Kontakt stehen und durch diese Nachbarschaft in ihrem

Fortbestand bedroht sind: Dialekte, Sprachen indigener Völker, Minoritäten- und Kleinsprachen sowie u. a. von Arbeitsimmigranten und religiösen Kleingruppen gebildete Sprachgruppen (→Sprachinsel). Die S.-Forschung postuliert zur Förderung dieser Sprachformen die Einrichtung von Kulturinstituten, die Schaffung eines entsprechenden Sendeangebots in den Medien, die Erstellung von Regelwerken (Wörterbücher, Grammatiken u. a.) sowie ein tolerantes Sprachklima in Verwaltung, Kirche, öffentl. und privatem Leben und lehnt jegl. Zwangsassimilierung ab.

Sprach|erkennung, automatische S., maschinelle S., *Computerlinguistik* und *künstl. Intelligenz:* Sammel-Bez. für Verfahren zur automat. (maschinellen) →Klassifikation gesprochener Sprachkomplexe, von einzeln gesprochenen Wörtern über kurze Wortfolgen und Sätze bis zu längeren zusammenhängend gesprochenen Mitteilungen, wobei die zu bewältigenden Schwierigkeiten in dieser Reihenfolge zunehmen. Das Grundproblem der S. ist, zu ermitteln, welche Wörter aus einer dem S.-System bekannten Menge von Wörtern, seinem Lexikon, gesprochen wurden. Der Umfang solcher Lexika liegt in der heutigen prakt. Anwendung typischerweise bei etwa 60 bis 100 000 Wörtern. Die Erkennungsquote hängt außer von den Umfängen der gesprochenen Äußerungen und der Lexika u. a. von den zugelassenen Umständen der Sprachsignalerzeugung (z. B. Zahl der mögl. Sprecher, Artikulationsweise, Nebengeräusche) und der Signalaufnahme (z. B. Bandbreite des Mikrofons) sowie von etwaigen Beschränkungen (z. B. syntaktischen) der zugelassenen Äußerungen ab. Bei kleinen Lexika, einem oder nur wenigen Sprechern und isoliert gesprochenen Wörtern können Worterkennungsquoten zw. etwa 97% und 99,9% erreicht werden. (→Sprachverstehen).

Sprach|erwerb. S. bezeichnet heute nicht mehr nur das Erlernen der ersten Sprache (L 1; L = Abk. für lat. lingua oder engl. language) bzw. Sprachen durch ein- oder mehrsprachig aufwachsende Kinder, sondern jede Form des Erlernens menschl. Sprachen, also auch weiterer Sprachen (L 2, L 3 usw.) mit oder ohne Fremdsprachenunterricht oder den Wiedererwerb zuvor gelernter und dann vergessener Sprachen. Die Sprachlernfähigkeit konstituiert zugleich die menschl. Sprachfähigkeit.

Der S. (auch einer später gelernten L 2 oder L 3) ist Teil der Sozialisation des Individuums. Die ersten Grundlagen werden über den L-1-Erwerb in der Interaktion zw. dem Kleinkind und der Mutter oder anderen Bezugspersonen gelegt. Der S. setzt daher nicht erst mit dem ersten gesprochenen Wort ein. Schon mit 4-6 Monaten beginnen Kinder z. B. die perzeptuellen Kategorien ihrer L 1 zu bilden (→Sprachperzeption). Gesprochen wird das erste Wort i. d. R. mit Ablauf des ersten Lebensjahres, verstanden schon 1-2 Monate vorher (es muss nicht notwendigerweise ›Mama‹ oder ›Papa‹ sein). Mit 4-5 Jahren sind das Lautsystem und die grundlegenden syntakt. Strukturen weitgehend erworben, die Flexionen mit 6-7 Jahren. Begonnen wird mit der Einwortphase, d. h. mit maximal einem Wort pro kindl. Äußerung, danach folgen zwei und mehr Wörter pro kindl. Äußerung usw., wobei die interne syntakt. Struktur zunehmend komplexer wird. Abgeschlossen ist selbst der L-1-Erwerb nie. Komplexere syntakt. Strukturen oder bestimmte Bereiche des Wortschatzes, z. B. Verwandtschaftsbezeichnungen, werden erst mit 8-12 Jahren zielgerecht verwendet. Zentral für das Verständnis von S. ist die Frage nach der Lernbarkeit der sprachl. Strukturen, danach also, 1) welche Fähigkeiten nötig sind, damit Lernende sich die Zielsprache, z. B. auch im L-2-Erwerb, ohne Zuhilfenahme von Lehrverfahren oder Erklärungen erschließen können, und 2) wie es sich erklärt, dass Lerner, gleichgültig ob Kind oder Erwachsener, L-1- oder L-2-Lerner, sich zwar an der Sprache ihrer Umgebung ausrichten, dabei aber auch entwicklungsbedingt sprachl. Strukturen benutzen, die in dieser Form nicht aus der Sprache ihrer Umgebung kommen können (z. B. bei Negationen ›ich nicht ein Blödmann‹ für ›ich bin kein Blödmann‹). Die Fähigkeit zum S. ist gattungsspezifisch. Es gibt keine biolog. Gründe, die festlegen, wie viele Sprachen der Einzelne lernen kann.

Das Erlernen von Sprachen erfordert keine Erklärungen oder Korrekturen durch Eltern oder Lehrer. Lerner können sich die Zielsprache eigenständig erschließen. Sie filtern dabei systematisch bestimmte Elemente aus der Sprache ihrer Umgebung heraus und rekonstruieren auf diese Weise nach und nach die Zielsprache, wobei - unvermeidlich und entwicklungsbedingt - Fehler gemacht werden, die den Lernfortschritt widerspiegeln. Mit einem begrenzten Ausmaß an individueller Variation machen Lerner derselben Sprache die gleiche Art von Fehlern und durchlaufen die gleichen Entwicklungen. S. erfolgt intuitiv. Selbst für den Fremdsprachenunterricht ist ungeklärt, in welchem Ausmaß Erklärungen des Lehrers den Lernprozess im Gedächtnis tatsächlich beeinflussen.

Eine allseits akzeptierte Theorie des S. wenigstens für einzelne S.-Typen gibt es derzeit nicht, noch weniger eine universelle, die alle S.-Typen zusammenfasst. Zwei Arten von Ansätzen - funktionalist. und linguist. - lassen sich unterscheiden. Funktionalist. Ansätze erklären auch die Entstehung sprachl. Strukturen aus allg. kognitiven Fähigkeiten und können daher i. d. R. entwicklungsspezif. Fehler nicht begründen, denn diese Fehler können weder als Imitation oder Konditionieren nach behaviorist. Theorien noch als bedingt durch die allg. kognitive Entwicklung (z. B. des log. Denkvermögens oder der konzeptuellen Entwicklung) entstehen, da bei S. Kinder und Erwachsene trotz des unterschiedl. kognitiven Entwicklungsstandes z. T. die gleichen Fehler machen. In linguist. Ansätzen (die von speziell auf die sprachl. Strukturen ausgerichteten Fähigkeiten ausgehen) wird daher oft angenommen, dass einige Aspekte sprachl. Wissens angeboren sind und die Sprachentwicklung relativ und unabhängig von der Entwicklung anderer kognitiver Fähigkeiten ist. Nach A. N. CHOMSKY haben alle Sprachen bestimmte Prinzipien einer allgemeinen Grammatik gemeinsam. Dies und die morpholog. Anpassungen, die im Gaumen- und Zahnbereich bereits bei fossilen Schädeln nachweisbar sind, sowie die Ausbildung von für den S. wichtigen Regionen im Großhirn und die Schnelligkeit des S. beim Kind lassen erbl. Grundlagen für den S. wahrscheinlich erscheinen.

H. CLAHSEN: S. in der Kindheit (1982); DERS.: Normale u. gestörte Kindersprache (1988); The crosslinguistic study of language acquisition, hg. v. D. I. SLOBIN, auf mehrere Bde. ber. (Hillsdale, N. J., 1985 ff.); J. S. BRUNER: Wie das Kind sprechen lernt (a. d. Engl., Bern 1987, Nachdr. ebd. 1997); N. CHOMSKY: Aspekte der Syntax-Theorie (a. d. Amerikan., Neuausg. ⁴1987); R. TRACY: Sprachl. Strukturentwicklung. Linguist. u. kognitionspsycholog. Aspekte einer Theorie des Erst-S. (1991); H. WODE: Psycholinguistik (Neuausg. 1993); G. SZAGUN: Sprachentwicklung beim Kind (⁶1996).

Sprach|erziehung, informelle oder systemat. Sprachschulung, die ein Kind in seiner unmittelbaren Umgebung erfährt, die auch als Prägung durch die (v. a. audiovisuellen) Medien und in der Schule (→Sprachunterricht) erfolgt sowie als Selbstunterricht stattfinden kann.

Sprachfähigkeit, →Kompetenz.

Sprachfamil|ie, →Sprache (Sprache und Sprachen).

Sprachfehler, →Sprachstörungen.

sprachfreie Tests, nichtverbale Tests, psychodiagnost. Verfahren (vorwiegend zur Intelligenz- und Entwicklungsdiagnose), die keine sprachbezogenen

Aufgaben beinhalten, mit dem Ziel, eine weitgehende Unabhängigkeit der Intelligenzerfassung von Bildung und kultureller Herkunft zu gewährleisten (→Test).

Sprachfrequenzband, der Frequenzbereich von etwa 100 Hz bis etwa 4 kHz. Auf die Frequenzen oberhalb von 4 kHz entfallen zwar nur etwa 12% der Sprechenergie, jedoch sinkt die Verständlichkeit einer sprachl. Äußerung beim Abschneiden dieser Frequenzen auf etwa 65%. Beim Abschneiden aller Frequenzen unterhalb 500 Hz gehen etwa 60% der Sprechenergie verloren, die Verständlichkeit sinkt aber nur um etwa 2%.

Sprachgefühl, das intuitive, unreflektiert verfügbare Wissen eines Sprechers bezüglich der Korrektheit der Bildung sprachl. Formen sowie deren sinngemäß richtiger Anwendung; in der generativen Transformationsgrammatik ein Aspekt der →Kompetenz.

Sprachgemeinschaft, Gesamtheit der Sprecher einer gemeinsamen natürl. Sprache oder der Sprecher einer bestimmten Varietät dieser Sprache (z. B. von Dialekten, Soziolekten, Sondersprachen).

Sprachgeographie, Areal|linguistik, Geolinguistik, Teildisziplin der Dialektologie (→Mundartforschung), in der Gemeinsamkeiten und Unterschiede sprachl. Erscheinungen phonetisch-phonolog., morphologisch-syntakt. und lexikalisch-semant. Art im geograph. Raum analysiert und kartographisch fixiert werden (→Sprachatlas). Die S. bedient sich dazu schriftl. und mündl. Erhebungen sowie freier Interviews oder Textsammlungen. In sprachgeograph. Karten werden durch Isoglossen (Isoglossenbündel) klein- wie großräumige Dialekt- und Sprachgrenzen sichtbar. Ein Verdienst der S. des ausgehenden 19. Jh. war der Nachweis, dass soziale Faktoren und Sprachkontakt durchaus in der Lage sind, die Struktur von Sprachen zu beeinflussen. Große prakt. Bedeutung hat die S. durch ihre Materialsammlungen v. a. bei den Sprachen, die noch im Ausbau ihres Normensystems begriffen sind.

E. COSERIU: Die S. (a.d. Span., ²1979); J. GOOSSENS: Areallinguistik, in: Lex. der germanist. Linguistik, hg. v. H. P. ALTHAUS, Bd. 3 (²1980); Dialektologie, hg. v. W. BESCH u. a., 2 Bde. (1982–83).

Sprachgesellschaften, im 17. Jh. entstandene gelehrte Vereinigungen, die sich die Förderung der dt. Sprache zum Ziel gesetzt hatten. Die S. bemühten sich in Opposition zur Alamodeliteratur und zur grobian. Literatur um die Loslösung der dt. Sprache von Fremd- und Dialekteinflüssen sowie um die Vereinheitlichung der Orthographie. – Die S. besaßen eigene Satzungen und setzten sich aus Angehörigen des Adels sowie aus bürgerl. Gelehrten und Dichtern zusammen. Auf Empfehlungen und nach Verdiensten gewählt, erhielten ihre Mitgl., um Standesunterschiede auszuschalten, einen Gesellschaftsnamen, unter dem sie ihre Werke veröffentlichten; fast alle bedeutenden Dichter und Dichtungstheoretiker der Zeit waren Mitgl. einer, oft auch mehrerer S.; Kontakt, Austausch und Anregungen der Mitgl. erfolgten durch Briefe, seltener durch Tagungen.

S. bestanden in Italien bereits seit dem 15. und 16. Jh.; bes. nach dem Vorbild der →Accademia della Crusca in Florenz wurde 1617 bei Weimar die →Fruchtbringende Gesellschaft gegründet, die erste und bedeutendste der S. Die ›Deutschgesinnte Genossenschaft‹ wurde von P. VON ZESEN 1643 gegründet; sie war, wohl nach dem Vorbild der niederländ. →Rederijkers, in Zünfte eingeteilt und hatte insgesamt etwa 200 Mitgl.; sie bemühte sich v. a. um die Wiederherstellung der dt. ›Ursprache‹, zog sich aber durch einen übersteigerten Purismus den Spott der Zeitgenossen zu. Der ›Pegnes. Blumenorden‹ (→Nürnberger Dichterkreis), gegr. 1644, hatte in seiner Blütezeit, 1660–80, 58 Mitgl. und widmete sich neben gesell virtuoser Dichtung auch der Dichtungstheorie. Weitere S. waren der ›Aufrichtige Gesellschaft von der Tannen‹ in Straßburg, gegr. 1633 von J. ROMPLER VON LÖWENHALT; der ›Elbschwanenorden‹ in Lübeck, gegr. 1660 von J. RIST; die ›Neunständ. Hänseschaft‹ (1643), das ›Poet. Kleeblatt‹ (1671) u. a. Ende des 17. Jh. verloren die S. ihre Bedeutung, erloschen z. T. ganz oder änderten ihre Ziele; die im frühen 18. Jh. entstandene →Deutsche Gesellschaft und ähnl. Vereinigungen knüpften z. T. an die Tradition der S. an.

Bedeutung und Auswirkungen der S. werden unterschiedlich beurteilt; wichtig erscheinen neben den zahlr. theoret. Lehrbüchern die vielen Übersetzungen klass. Werke aus den europ. Volkssprachen, die neben Stoff- und Formvermittlung dazu beitrugen, die dt. Sprache zu einem geschmeidigeren und präziseren Ausdrucksmittel in Vers und Prosa zu machen.

K. F. OTTO: Die S. des 17. Jh. (1972); C. STOLL: S. im Dtl. des 17. Jh. (1973).

Sprachhandlung, jede Handlung mit dem Ziel gegenseitiger Verständigung durch Symbole oder sprachl. Zeichen (Laut- oder Schriftzeichen der gesprochenen bzw. geschriebenen Sprache).

Sprach|inhaltsforschung, inhaltbezogene Sprachbetrachtung, inhaltbezogene Sprachwissenschaft, in der Bonner Schule von L. WEISGERBER entwickelte Forschungsrichtung, die bes. die semant. Seite von S. (Wortbedeutung, Satzsinn) untersucht. Sie geht von in versch. Sprachen unterschiedlich konstituierten (die jeweilige ›Weltansicht‹ repräsentierenden) ›Zwischenwelten‹ aus, in denen die Wirklichkeit durch die sprachl. ›Zugriffe‹ des Menschen gegliedert wird. Die S. wendet sich gegen rein formalistisch orientierte Schulen und knüpft an W. VON HUMBOLDTS Auffassung von Sprache als →Energeia an, die das Denken des Menschen präge. Ähnl. Ansätze bezüglich der Funktion von Sprache im Erkenntnisprozess finden sich in der amerikan. Ethnolinguistik (→Sapir-Whorf-Hypothese).

Sprach|insel, Bez. für Dörfer, Städte oder kleinere Regionen, die sich von ihrer unmittelbaren Umgebung sprachlich unterscheiden. Sie sind i. d. R. durch Migration bestimmter Berufsstände (Bauern, Handwerker, Bergleute u. a.), religiöser (Mennoniten, Hugenotten, Täufer u. a.) oder ethn. (Armenier, ladino- und jiddischsprachige Juden u. a.) Gruppierungen oder durch Gruppen politisch Verfolgter (z. B. russ. Emigranten in Paris, Verfolgte des natsoz. Regimes v. a. in der Neuen Welt) entstanden. Viele Zwangsemigrierte bilden nur für kurze Zeit eine S.; ihr Ziel ist i. d. R. eine schnelle Assimilation. Eine Ausnahme bilden religiöse Gruppen, die auch z. B. heute noch die dt. (bisweilen niederdt.) Sprache in ihren jetzigen Heimatländern (Paraguay, Kanada, Australien u. a.) pflegen. Für die Sprachwissenschaft bes. interessant sind schon lange bestehende S., die einerseits z. T. archaische Sprachzustände erhalten, andererseits neue Ausgleichs- und Mischformen entwickelt haben (z. B. Pennsylvaniadeutsch). Am S-Rand der Alpen bieten v. a. die dt. Dialekte der S. der →Walser reichhaltiges Material zur Rekonstruktion ehem. Sprachzustände.

P. WIESINGER: Dt. S., in: Lex. der germanist. Linguistik, hg. v. H. P. ALTHAUS, Bd. 3 (²1980); M. u. H. HORNUNG: Dt. S.n aus Altösterreich (Wien ²1986).

Sprachkonflikt, Bez. für die Spannungen innerhalb mehrsprachiger Gemeinschaften, die ausgelöst werden können, wenn eine Sprachgemeinschaft sich der anderen gegenüber in einer untergeordneten Position befindet. Dabei können sowohl sozioökonom. als auch kulturelle, religiöse, polit. und sprachl. Benachteiligungen die Ursache sein. In Europa sind von S. größeren Ausmaßes v. a. Belgien (zw. Flamen und Wallonen), Spanien (zw. Kastiliern und Katalanen bzw. Basken), Italien (zw. der deutsch- und der italie-

nischsprachigen Bev. in Südtirol) sowie viele Staaten Mittel-, Ost- und Südosteuropas betroffen.
Sprachkontakt u. S., hg. v. P. H. NELDE (1980); Kulturkontakt u. S. in der Romania, hg. v. D. KATTENBUSCH (Wien 1997).

Sprachkontakt, unmittelbare Berührung von Sprachgemeinschaften (Sprachnachbarschaft) oder deren indirekte gegenseitige Beeinflussung (z. B. bei Hegemonie von Sprachen im internat. Kontext, bei militär. oder soziokultureller Vorherrschaft einer Sprachgemeinschaft). Viele von S. betroffene Individuen zeichnen sich durch Mehrsprachigkeit aus und neigen dazu, sich situations- und adressatenspezifisch in jeweils einer Sprache zu äußern. S. existiert in fast allen Ländern der Erde. I. d. R. sind Kontaktsprachen nicht gleichberechtigt; einige sind offizielle Amtssprachen, andere haben einen rechtlich unverbindlicheren Status, z. B. als regionale Varietäten (→Regionalsprachen), oder entbehren sogar jeder institutionellen Anerkennung, was häufig zum →Sprachkonflikt führt. Als Resultat von S. gelten die →Pidginsprachen und →kreolische Sprachen.
Deutsch im Kontakt mit anderen Sprachen, hg. v. C. MOLONY u. a. (1977); U. WEINREICH: Sprachen in Kontakt (a. d. Engl., 1977); Symposion über S. in Europa, hg. v. P. S. URELAND (1978 ff.); M. G. CLYNE: S., Mehrsprachigkeit, in: Lex. der germanist. Linguistik, hg. v. H. P. ALTHAUS, Bd. 4 (²1980); S. u. Sprachkonflikt, hg. v. P. H. NELDE (1980); Plurilingua (1983 ff.); S. G. THOMASON u. T. KAUFMAN: Language contact, creolization, and genetic linguistics (Neuausg. Berkeley, Calif., 1991).

Sprachkritik die, -, die Analyse des Sprachgebrauchs, insofern sie mit einer krit. Reflexion seiner Inhalte und ideolog. Bedingungen verbunden ist. Sie ist i. d. R. ein wesentl. Bestandteil von Kulturkritik und folgt dann der Annahme, dass sich der kulturelle Gesamtzustand an der Sprachkultur ablesen lässt (in diesem Sinne verstand etwa K. KRAUS S. als kämpferisch-krit. Auseinandersetzung mit dem Verfall von Kultur überhaupt). S. als Ideologiekritik (T. W. ADORNO u. a.) ist davon eine Variante. Die philosoph. S. geht demgegenüber aus von dem bereits in der griech. Antike (GORGIAS) geäußerten Zweifel daran, dass sich Menschen überhaupt und tatsächlich in der Sprache untereinander und über die Welt verständigen könnten. Radikale Kritik an der Erkenntnisfunktion der Sprache übten im 19. Jh. F. NIETZSCHE und, ihm folgend, F. MAUTHNER, während im 20. Jh. L. WITTGENSTEIN die Frage nach ›Sinn und Bedeutung‹ sprachl. Ausdrücke (G. FREGE) in den Mittelpunkt stellt. Im Sinne einer prinzipiellen Grenzziehung zw. Sinn und Unsinn/Sinnlosigkeit sowie zw. dem Sagbaren und dem, was nur durch Zeigen mitgeteilt werden kann, ist für WITTGENSTEIN alle Philosophie S.; so wurde er zum Anreger der sinnkrit. Bemühungen der modernen analyt. Philosophie.
F. NIETZSCHE: Über Wahrheit u. Lüge im außermoral. Sinne (Neuausg. 1929, Nachdr. Nendeln 1975); A. J. AYER: Sprache, Wahrheit u. Logik (a. d. Engl., 1970, Nachdr. 1987); K. LORENZ: Elemente der S. (4.–5. Tsd. 1971); F. MAUTHNER: Beitrr. zu einer Kritik der Sprache, (Neuausg. 1982); Sprachkultur, hg. v. R. WIMMER (1985); Holzfeuer im hölzernen Ofen. Aufsätze zur polit. S., hg. v. H. J. HERINGER (²1988); E. VON SAVIGNY: Die Philosophie der normalen Sprache (Neuausg. ²1993); L. WITTGENSTEIN: Log.-philosoph. Abhandlung (Neuausg. 1998).

Sprachlabor, mit audiovisuellen, selten auch nur auditiven Unterrichtsmitteln ausgestattete Einrichtung für Fremdsprachenunterricht, die bei entsprechender Ausstattung (Mediotheken) von Einzelnen (meist von →programmierten Unterricht), bes. aber von Gruppen für gemeinsame Unterrichtung unter Leitung einer Lehrkraft genutzt wird. Der einfachste Typ, das Hörlabor (**H-Labor**), beschränkt sich darauf, dass Schüler über Kopfhörer die Lehrerstimme oder ein anderes gemeinsames Programm vom Tonband abhören; das Hör-Sprech-Labor (**HS-Labor**) besteht aus Arbeitsplätzen (Hör-Sprech-Zellen), in denen ein vom Regiepult des Lehrers aus bedientes Tonband über Kopfhörer abgehört wird und der Schüler über ein Mikrofon seine eigene Stimme hört; das Gesprochene kann vom Lehrer abgehört oder aufgenommen werden, er kann mit jedem einzelnen Schüler sprechen. Bei Programmwahlzellen stehen vom Regiepult aus mehrere Tonbänder mit unterschiedl. Programmen zur Verfügung. Im Hör-Sprech-Aufnahme-Labor (**HSA-Labor**) ist jeder Arbeitsplatz (Zelle) mit einem Zweispurgerät ausgestattet, das dem Schüler mit der Aufnahme des Programms auch die seiner eigenen Sprechleistung erlaubt, beides kann er beliebig oft wieder abspielen. Das HSA-Labor mit Programmwahl ermöglicht es, dass Schüler mit unterschiedl. Standard auch mit unterschiedl. Programmen arbeiten können und dass weniger fortgeschrittene Schüler nach Beratung mit dem Lehrer auf grundlegende Programme zurückgreifen oder spezielle Hilfsprogramme abrufen können. HSA-Labors sind z. T. an öffentl. Schulen, an Privatschulen (bes. Sprachschulen), Volkshochschulen, Hochschulen, Kulturinstituten u. a. eingerichtet. Das S. hat heute, auch wenn die bei seiner Einführung geweckten überzogenen Erwartungen an die Lernerfolge sich nicht erfüllten, die Rolle eines Mediums unter anderen, kann aber im Sprachunterricht, bes. für Übung und Aussprache, wichtige Hilfe leisten.

Sprachlehre, andere Bez. für →Grammatik.

Sprachlenkung, 1) bewusste Einflussnahme auf den öffentl. Sprachgebrauch im Sinne von Sprachmanipulation; 2) Versuch, Sprachen (z. B. im Hinblick auf Lexik, Orthographie und Grammatik) zu standardisieren.

Sprachmanipulation, Manipulation mittels Sprache und die dadurch beabsichtigte Beeinflussung des (der) Adressaten im Sinne einer entsprechenden Meinungs- und Verhaltensänderung. Dabei können sowohl bestimmte Bewertungen nahe gelegt als auch tatsächlich bestehende Zusammenhänge verschleiert werden. (→Sprachpolitik, →Sprachregelung)

Sprachmelodie, Melos, Veränderung des Tones beim Sprechen nach Höhe und Stärke. (→Intonation 2)

Sprachnorm, i. w. S. das Regelsystem einer Sprache, über das alle Mitgl. einer Sprachgemeinschaft verfügen und mit dessen Hilfe sie Äußerungen formulieren, die allg. verständlich sind; i. e. S. ein theoret. Regelapparat, der den mündl. und schriftl. Sprachgebrauch durch Festlegung von Aussprache, Rechtschreibung und Grammatik sowie der zugelassenen lexikal., semant., pragmat., rhetor. und stilist. Ausdrucksformen normiert. I. d. R. sind S. verbindlicher für die geschriebene als für die gesprochene Sprache.
Seminar: Der Regelbegriff in der prakt. Semantik, hg. v. H. J. HERINGER (1974); S. en, hg. v. K. GLOY u. G. PRESCH, 3 Bde. (1975–76); E. COSERIU: Sprache, Strukturen u. Funktionen (³1979); R. BARTSCH: S. en. Theorie u. Praxis (Neuausg. 1987); Sociolinguistics, hg. v. U. AMMON u. a., Bd. 1 (Berlin 1987); S. en u. Sprachnormwandel in gegenwärtigen europ. Sprachen, hg. v. OSKAR MÜLLER u. a. (1995); Norm u. Variation, hg. v. K. J. MATTHEIER (1997).

Sprachnormierung, Prozess, in dessen Verlauf eine Sprache durch Kodifizierung und Standardisierung einen Regelapparat erhält, der sie auf allen Funktionsebenen zu einem allgemein verständl. Kommunikationsmedium werden lässt. I. d. R. wird im Rahmen der S. zunächst die Orthographie vereinheitlicht, sodann werden Wörterbücher, Lehrwerke und Grammatiken erstellt, die die Grundlage für die Verwendung der S. in Schulunterricht, Medien, Belletristik, Sachprosa u. a. bilden. S. ist v. a. in den Staaten der Dritten Welt zu einem wichtigen Anliegen geworden, in denen bis vor kurzem ausschließlich die Sprachen der ehem. Kolonialmächte als Verkehrssprachen dienten und die einheim. Sprachen nur als gesprochene Sprachen fungierten.

Sprachnormung, Verfahren der Festsetzung und Vereinheitlichung von Fachsprachenterminologien auf nat. und internat. Ebene (v. a. in den Naturwissenschaften und im Ingenieurwesen). Zuständig sind der Dt. Normenausschuß (DNA) und die International Organization for Standardization (ISO).

Sprach|ökonomie, Bez. für die Tendenz zur Minimierung des sprachl. Aufwands bei gleichzeitiger Wahrung eines maximalen kommunikativen Effekts; sie zeigt sich u. a. bei Abkürzungen, der Vereinfachung von Wortformen und bei Analogiebildungen.

Sprachperzeption, Sprachverstehen, Sprachwahrnehmung, die Art, wie Sprachschall (z. B. im Unterschied zu Geräuschen) wahrgenommen wird. Heute geht man davon aus, dass Sprache kategorial gehört wird, z. B. kann bei unterschiedl. Artikulationen von ›Bein‹ anlautend die Stimmhaftigkeit unterschiedlich stark ausgeprägt sein. Dennoch wird in allen Fällen der Laut [b] gehört. Die Art der Kategorisierung von Sprachlauten hängt bei Erwachsenen von der gelernten Sprache ab. In der eigenen Sprache nicht vorkommende Laute anderer Sprachen werden schwer oder nur unter besonderen Umständen wahrgenommen, was im Zweitsprachenerwerb zu Interferenzen führt. – Die Fähigkeit zur kategorialen Schallwahrnehmung ist angeboren und schon bei Neugeborenen nachweisbar. Mit diesen angeborenen Fähigkeiten beginnen Kinder schon im Alter von 4 bis 6 Monaten die perzeptuellen Kategorien der Sprache(n) ihrer Umgebung zu entwickeln. Im Alter von einem Jahr gleichen Kinder Erwachsenen bereits insofern, als sie die gleichen Schwierigkeiten mit ihnen nicht vertrauten Lauten fremder Sprachen haben. Der Grund hierfür liegt nicht in einem Verlust sensor. Fähigkeiten, sondern darin, dass der Zugriff auf die ursprüngl. Fähigkeiten erschwert wird, da die neu entstandenen Kategorien sie überlagern. (→Decodierung)

Sprachpflege, Maßnahmen zum Erhalt und Ausbau einer Sprache unter Berücksichtigung von Sprachstruktur, Sprachgebrauch und Bedingungen sprachl. Kommunikation mit dem Ziel einer optimalen Verständigung zw. den Kommunikationspartnern. Die S. kann staatlich institutionalisiert sein (z. B. durch die Académie française in Frankreich); Institutionen zur S. in Dtl. sind das →Institut für deutsche Sprache (Mannheim), die Dudenredaktion am Bibliograph. Institut & F. A. Brockhaus AG (Mannheim und Leipzig) und die →Gesellschaft für deutsche Sprache (Wiesbaden).

Sprachphilosophie, ein im 19. Jh. aufgekommener Begriff. Einmal bezeichnet er die philosoph. Beschäftigung mit →Sprache; die Grenzen zur →Sprachtheorie sind hier fließend. Andererseits erscheint ›S.‹ auch als gleichbedeutend mit ›Philosophie‹ überhaupt, und zwar überall dort, wo das Philosophieren nur im Medium von Sprachanalyse für möglich gehalten wird. J. R. SEARLE hat dafür die Unterscheidung zw. Philosophie der Sprache (philosophy of language) und S. (linguistic philosophy) vorgeschlagen, wobei die S. dann genauer als ›sprachanalyt. Philosophie‹ (oder →analytische Philosophie) zu bezeichnen ist. Die hier vollzogene Wendung der Sprache (linguistic turn) folgte urspr. L. WITTGENSTEINs Reduktion der Philosophie auf →Sprachkritik; heute wird sie allg. als method. Prinzip für notwendig gehalten, d. h. als Anweisung, jedes philosoph. Sachproblem zunächst von seiner sprachl. Struktur her aufzugreifen.

Seit ihren Anfängen in der Antike fragt die Philosophie auch nach dem Wesen der Sprache und ihrer Bedeutung für menschl. Denken, Erkennen und Handeln. Das griech. Leitwort ›logos‹ bedeutet zugleich Sprache und Vernunft und legt so Reflexionen über deren Verhältnis nahe, wobei die Einsicht in die fakt. Vielfalt der Sprachen auf das Problem der Einheit der Vernunftnatur des Menschen führt; als Frage nach der Möglichkeit vernünftiger Intersubjektivität im sprachl. Verstehen (Sprache und Denken) beschäftigt es die S. bis heute. Den ersten von den Sophisten geführten Streit über den natürl. oder konventionellen Charakter der Sprache gibt PLATON im Dialog ›Kratylos‹ wieder; geschlichtet wird er erst durch ARISTOTELES, der die natürl. Sprachen als Systeme konventioneller Zeichen für die nichtkonventionellen, allg. menschlichen sinnl. Eindrücke der äußeren Dinge in der Seele deutet. Dass im Verhältnis von Sprache und Welt auch nichtkonventionelle Elemente vorkommen, verbürgt allein Objektivität und Wahrheit der Rede über die Welt; wäre hier alles Konvention, gäbe es keine Erkenntnis, und ›was der Fall ist‹ (WITTGENSTEIN), wäre subjektive Interpretationssache. Wie es möglich ist, sich mit sprachl. Mitteln auf die sprachunabhängige →Wirklichkeit so zu beziehen, dass wir sie damit adäquat wiedergeben (Sprache und Welt), ist ein Grundproblem der S. geblieben.

Das Modell des ARISTOTELES, das die Sprache als bloßes Werkzeug (organon) zur Mitteilung von Bewusstseinsinhalten deutet, die bei allen Menschen unter gleichen Umständen prinzipiell gleich sind, blieb bis zum Ende des 18. Jh. verbindlich. J. G. HERDER stellte es infrage, indem er dem damals geführten Streit über den natürl. oder göttl. Ursprung jenes ›Werkzeugs‹ die Grundlage entzog: durch seine Lehre vom ›menschl.‹ Ursprung der Sprache, der zufolge der Mensch sie notwendig ›erfand‹ im Augenblick der ersten Betätigung seiner Vernunft. Für W. VON HUMBOLDT war dann die Sprache nicht nur Mittel der Kommunikation zur Mitteilung einer der menschl. Vernunft schon im Voraus zugängl. Welt, sondern die Welt ist nur vernünftig zugänglich, wenn sie sprachlich erschlossen ist. Darum fasste HUMBOLDT die Sprache auch als ›energeia‹, d. h. Tätigkeit der Bildung von Gedanken und Weltbildern, auf. E. CASSIRER deutet die Sprache in diesem Sinne als ›symbol. Form.‹ In der Humboldt-Tradition der S. bis zu L. WEISGERBER und K.-O. APEL gewann die Sprache selbst transzendentalen Status und rückte an die Stelle von I. KANTs ›reiner‹ Vernunft; Ähnliches gilt auch für die von E. HUSSERL und W. DILTHEY angeregte phänomenolog. und hermeneut. S. (M. HEIDEGGER, H.-G. GADAMER, M. MERLEAU-PONTY, P. RICŒUR). Das damit aufgeworfene Problem der Abhängigkeit menschl. Weltdeutung von den jeweiligen Grundstrukturen natürl. Sprachen führte auf das sprachl. Relativitätsprinzip (→Sapir-Whorf-Hypothese), das zu den Grundfragen der modernen nichtanalyt. S. gehört.

Im Mittelpunkt des Interesses der analyt. Philosophie steht seit G. FREGE und B. RUSSELL das Problem von ›Sinn und Bedeutung‹ (meaning and reference), das hier nicht empirisch wie in der Sprachwiss., sondern allein mit den Mitteln der syntakt. und semant. Analyse behandelt wird. Der damit verbundene Neuansatz in der S. will Sprache ausdrücklich in den Lebensformen menschl. Gemeinschaften verankern.

E. COSERIU: Die Gesch. der S. von der Antike bis zur Gegenwart, 2 Bde. ($^{1-2}$1972–75); F. VON KUTSCHERA: S. (^{2}1975, Nachdr. 1993); M. HARTIG: Einf. in die S. (1978); J. SIMON: S. (1981); J. HENNIGFELD: Die S. des 20. Jh. (1982); DERS.: Gesch. der S., auf mehrere Bde. ber. (1993ff.); A. KELLER: S. (^{2}1989); E. HEINTEL: Einf. in die S. (^{4}1991); Philosoph. Arbeitsb., hg. w. W. OELMÜLLER u.a., Bd. 8: Diskurs: Sprache (1991); W. KUHLMANN: S. – Hermeneutik – Ethik (1992); S. Ein internat. Hb. zeitgenöss. Forschung, hg. v. M. DASCAL u. a., 2 Tle. (1992–96); Sprache denken. Positionen aktueller S., hg. v. J. TRABANT (1995); Der Paradigmenwechsel in der S., hg. v. E. BRAUN (1996).

Sprachplanung, polit. Maßnahmen zur Entwicklung, Normierung und Fixierung der administrativen

Verbindlichkeit und des Ausbaus von Sprachen. Besondere Bedeutung kommt der S. im Hinblick auf die Standardisierung und Kodifizierung bisher schriftloser Sprachen zu.

Sprachpolitik, polit. Handlungsfeld, das in den letzten Jahrzehnten verstärkt ins Blickfeld einer interdisziplinären Sprachwiss. gerückt ist, in deren Rahmen komplexe Wechselbeziehungen zw. politisch, historisch, völkerrechtlich, administrativ-juristisch, soziologisch und pädagogisch relevanten Aspekten einerseits sowie anthropolog., ethn., nat., kulturellen und sprachl. Gegebenheiten andererseits untersucht und konkrete Maßnahmen zur Beeinflussung von sprachl. Entwicklung beschrieben werden. V.a. im Hinblick auf die zunehmende Internationalisierung des gesamten Lebens mit entsprechenden Kontakten in den unterschiedlichsten Bereichen (z. B. im Sport, in Handel, Wiss., Wirtschaft und Kultur sowie im Rahmen internat. Organisationen), den damit in Zusammenhang stehenden wachsenden Bedarf an Fremdsprachenunterricht sowie eine zunehmende gesellschaftl. Mobilität und nicht zuletzt auf das v.a. über private Anbieter internationalisierte Medienangebot haben Fragen der Planung sprachl. Koexistenz und ihres Funktionierens sowie die Auseinandersetzung mit Formen sprachl. Hegemonie und Unterdrückung zentrale Bedeutung erlangt. Sowohl in der sprachpolit. als auch in der öffentl. Diskussion wird zunehmend die Notwendigkeit einer Lösung sprachlich, ethnisch oder gesellschaftlich bedingter Konflikte erkannt.

Das Problemfeld wird i.d.R. mit dem zweigliedrigen (›dichotomischen‹) Begriffspaar ›Sprachpolitik‹ und ›Sprachenpolitik‹ beschrieben, bisweilen auch mit den Begriffsverbindungen ›Sprache und Politik‹, ›Politik und Sprache‹ oder ›Sprache (in) der Politik‹. Dabei werden (z.T. beliebig) unterschiedlichste Untersuchungsgegenstände wie Spracherhaltung, Sprachkonflikt, Sprachkontakt, Sprachkritik, Sprachlenkung, Sprachmanipulation, Sprachplanung, Sprachprestige, Sprachpropaganda, Sprachregelung und Sprachverbreitung unter diese Termini subsumiert. Da die begrifflich-definitor. Abgrenzung uneinheitlich ist, werden die jeweiligen Aspekte hier unter dem Stichwort S. zusammengefasst.

S. umfasst i.w.S. folgende Themenbereiche: 1) politisch motivierte Maßnahmen zur sprachl. Integration oder Assimilation einerseits und zur Unterdrückung andererseits, d.h. zur Reduzierung oder sogar Eliminierung sprachl. Varietäten, z.B. von regionalen Sprachformen im Hinblick auf die Standardsprache einerseits oder ihre besondere Förderung andererseits; 2) den Versuch vieler Staaten, eine gemeinsame nat. Identität mittels einer vereinenden Sprache zu begründen; 3) Bemühungen, mithilfe polit. Mittel einer Sprache die für sie erforderl. Ausbau, d.h. einen kodifizierten, standardisierten und schließlich normierten Regelapparat, zu verschaffen, der sie in die Lage versetzt, sich als Amts-, National-, Verhandlungs- oder Verkehrssprache ggf. in Konkurrenz, Kontakt oder Kooperation zu oder gegenüber anderen Sprachen als Ausdrucksform mündl. und schriftl. Kommunikation zu behaupten; 4) Bestrebungen, der jeweiligen Sprache die administrativen, finanziellen und apparativ-personellen Kapazitäten zur Verfügung zu stellen, die kulturell oder ökonomisch bedingten Spracherwerb von Nichtmuttersprachlern zum Zweck ihrer internat. Verankerung und Erlernung als Fremdsprache gewährleisten; 5) Maßnahmen, das sprachl. Miteinander in polyethn. und/oder -lingualen Staatsverbänden wie in inter- und supranat. Organisationen zu regeln; 6) Einfluss, den interessierte polit. Kreise, wiss. Akademien, Vereine oder sonstige Institutionen und Organisationen auszuüben versuchen, um auf die Sprache dergestalt einzuwirken, dass fremdsprachl. Einflüsse zugunsten purist. muttersprachl. Regelungen eliminiert werden (z. B. in Frankreich durch die Académie française); darüber hinaus wird S. i.e.S. als sprachwiss. Beschäftigung mit 7) der Darstellung der direkten Verflechtung polit. und sprachl. Ausdrucksformen im öffentl. Diskurs im Hinblick auf gesellschaftspolitisch relevante und/oder brisante Themen und mit 8) dem krit. Aufweis von Zusammenhängen, in denen Sprache als Diffamierungs-, Disziplinierungs- oder Repressionsinstrument gegen Mehr- oder Minderheiten, gegen politisch anders Denkende, gegen ethnisch, rassisch oder religiös Missliebige dient, verstanden.

Sprachpolitik als Nationalitäten- und Minderheitenpolitik

Derzeit existieren auf der Erde rd. 185 Staaten, in denen nach unterschiedl. Angaben zw. 2 500 und 5 500 Einzelsprachen gesprochen werden. Da somit fast alle Staaten sprachl. Minderheiten aufweisen, müssen polit. Maßnahmen das sprachl. Miteinander regeln. Neben der Lösung, die Sprache der mehrheits- oder staatstragenden Gruppe zur Amtssprache zu erheben (z.B. Englisch in den USA), existieren das Modell mehrerer gleichberechtigter Sprachen (Schweiz, Kanada) und die gesetzl. Regelung v.a. in ehem. Kolonialstaaten, in denen autochthone (›einheim.‹) Sprachen als Nationalsprachen gelten, die Sprache der ehem. Kolonialmacht jedoch als exochthone (›auswärtige‹) Verkehrs- und Amtssprache als gemeinsames Kommunikationsmittel zw. versch. Sprachgruppen hinzugezogen werden muss (Nigeria, Indien). Darüber hinaus verfügen Regionalsprachen in einer Vielzahl von Staaten über einen Amtssprachenstatus für die Regionen, in denen sie von einem beträchtl. Anteil der Bev. gesprochen werden (z. B. in Spanien Katalanisch, Baskisch, Galicisch).

Das weitgehende Desinteresse der Kolonialmächte an gezielter S. und Sprachplanung im Hinblick auf die Sprachen der unterworfenen Völker und die z.T. ausschließl. Propagierung der jeweils eigenen (oft als überlegen empfundenen) Sprache bei der Verfolgung polit. und wirtschaftl. Ziele hat v.a. in den heute mehrheitlich zur Dritten Welt gehörenden Ländern ein Konfliktpotenzial geschaffen. Die Tatsache, dass nach der Entlassung der Kolonialgebiete in die Unabhängigkeit zahlr. Grenzen mitten durch Stammesgebiete verlaufen (z.B. bei den Somal), verleiht den Konflikten auch eine sprachpolit. Dimension.

Bis auf Portugal, Island, Liechtenstein und San Marino kennt kein Europa keine sprachlich einheitl. Staaten, überall gibt es (territorial autochthone und nichtautochthone) Minderheiten. Nur selten sind es rein religiöse Faktoren oder rein kulturelle Aspekte, die die Minoritäten als identitätsstiftendes Merkmal ansehen, meist ist es die Sprache: Durch sie definiert man sich einer Gruppe zugehörig.

In Dtl. gibt es drei autochthone Minderheiten: Dänen, Sorben und Friesen, sie genießen einen relativ großzügigen Minoritätenschutz, der sich u.a. in der Förderung kultureller Aktivitäten und der Verankerung der Minoritätenidiome im Schulwesen (u.a. Dän. Gymnasium in Flensburg) äußert. Neben den autochthonen Minderheiten lebt in Dtl. eine große Zahl von Nichtdeutschsprachigen: Ar-

Sprachpolitik **Spra**

Schlüsselbegriff

beitsimmigranten, v. a. aus der Türkei (Türken und Kurden), Italien, Griechenland, dem ehem. Jugoslawien, Spanien, Portugal und den Maghrebstaaten (Ähnliches gilt für alle Industriestaaten des westl. Europa), in jüngster Zeit vermehrt Einwanderer v. a. aus Polen, den Staaten der ehem. UdSSR und Rumänien. Da alle diese Sprachgruppen territorial nicht autochthon sind, zielt die S. der Bundes-Reg. darauf, diese Minderheiten sprachlich zu integrieren. Bis heute fehlt ein schlüssiges Gesamtkonzept für die Ausbildung der nachwachsenden Generationen der in den 60er-Jahren und Anfang der 70er-Jahre eingewanderten ausländ. Arbeitnehmer. Auch weil in Dtl. von staatl. Seite davon ausgegangen wird, dass diese sich nicht auf Dauer niederlassen, schwanken die Bundesländer bisher zw. Zweitsprachenunterricht in der Muttersprache, muttersprachl. Ergänzungsunterricht und der Schaffung von Nationalitätenklassen.

Auch für Österreich gilt, dass neben den autochthonen Sprachminderheiten, den Ungarn, Kroaten und Slowenen im Burgenland und in Kärnten, denen gewisse Minderheitenrechte (Schulunterricht in der Muttersprache, z. T. zweisprachige Ortstafeln) zugestanden werden, eine Vielzahl von Arbeitsimmigranten der zweiten Generation (v. a. im Großraum Wien) in die österr. Gesellschaft zu integrieren ist.

Bedeutsam für die S. einiger Staaten ist, dass die jeweiligen Sprachgruppen vorwiegend in bestimmten Gebieten leben. So verfahren die Schweiz und Belgien nach dem Territorialprinzip. Zwar gibt es in der Schweiz zweisprachige Kantone, die Kommunen haben jedoch jeweils nur eine Amtssprache (Ausnahmen: Biel/BE und Freiburg im Üechtland), also entweder Deutsch, Französisch, Italienisch oder Bündnerromanisch; Belgien hat einen fläm. und einen wallon. Teil, Brüssel ist offiziell zweisprachig, der Osten des Landes, das Gebiet um Eupen und Sankt-Vith, ist deutschsprachig. Der Vorteil einer solchen sprachpolit. Regelung ist, dass die Gebiete klar abgegrenzt sind, der Nachteil, dass für die jeweiligen Minderheitengruppen nur wenig Schutzrechte bestehen. So hat das Territorialprinzip (z. B. in Belgien und nach Gründung des Kantons Jura in der Schweiz) auch nicht zu einer vollständigen Befriedung der rivalisierenden Sprachgruppen führen können. Eine sehr restriktive S. ist charakteristisch für das zentralist. Frankreich, wo erst in den 80er-Jahren langsam begonnen wurde, die Existenz sprachl. Minoritäten zur Kenntnis zu nehmen. Forderungen nach Regionalisierung, die sich auch in entsprechenden Forderungen nach Stützung der jeweiligen →Regionalsprachen artikulierten, haben u. a. im Elsass die rasch voranschreitende Französisierung der Bev. aufgehalten und Fortschritte hin zu einer Zweisprachigkeit ergeben.

Ein bes. weites Feld tat sich für die S. in der UdSSR nach der Oktoberrevolution 1917 auf. Damals wurde begonnen, mittels einer konsequenten S. den meist schriftlosen, insgesamt (je nach Schätzung oder Definition) zw. 130 und 190 Völkern des Riesenterritoriums jeweils einen eigenen Sprachapparat zukommen zu lassen: Kodifizierung und Standardisierung, Herausgabe von normgebenden Grammatiken und Wörterbüchern, Aufbau von Schulen, in denen ein entsprechender Unterricht eingeführt wurde. Die schon im Zarenreich gebietsweise begonnene, zwischenzeitlich mit geringerer Intensität betriebene, unter STALIN dann in aller Schärfe umgesetzte Russifizierungspolitik der nichtrussischsprachigen Nationalitäten der UdSSR war eine der Ursachen für die Konflikte, an denen das Sowjetreich zerbrach. Auch in den Nachfolgestaaten der UdSSR stellen sich im Hinblick auf die jeweiligen nat. Minderheiten sprachpolit. Probleme.

Als in den 60er-Jahren die meisten der heutigen so genannten ›Entwicklungsländer‹ von den Kolonialmächten ihre Unabhängigkeit erhalten hatten, kannten sie als Schul- und Ausbildungssprache i. d. R. nur die Sprache der jeweiligen Kolonialmacht, die auch als Verkehrssprache oder Lingua franca (z. B. Englisch in Indien) verwendet wurde. Da fast alle diese Länder mehrsprachig und polyethnisch waren und heute noch sind, mussten sprachpolit. Maßnahmen das Verhältnis der Sprachen zueinander klären. In einigen Staaten setzte sich die Kolonialsprache weitgehend durch (in Lateinamerika, das allerdings viel früher unabhängig geworden war, Spanisch bzw. Portugiesisch, wobei Letzteres auch in den ehemaligen port. Kolonien Afrikas, Angola und Moçambique, offizielle Sprache wurde, oder in den Karibikstaaten v. a. Englisch, Spanisch und Französisch). Aus der Vermischung europ. Sprachen mit einheim. und/oder z. T. aus afrikan. Sprachen übernommenen Elementen entstanden Pidgin- und daraus wiederum oftmals Kreolsprachen, die zu offiziellen Landessprachen erklärt wurden (z. B. Haiti, Seychellen). Wieder andere Staaten verschmolzen Elemente aus mehreren indigenen (einheim.) Sprachen (wie etwa im Falle der Bahasa Indonesia in Indonesien) zu einer verbindl. Landessprache.

Sprachpolitik als Mittel der Standardisierung

Nach dem Zerfall des Röm. Weltreichs behielt das Lateinische in Europa bis ins MA. seine Rolle als Bildungssprache und weithin eine Monopolstellung im Hinblick auf die schriftl. Kommunikation als Urkunden- und Kanzleisprache (→mittellateinische Sprache). Erst im frühen MA. entstanden die ersten Schriftstücke in den jeweiligen Volkssprachen, die aber im Ggs. zum standardisierten Lateinischen in dialektal und orthographisch sehr unterschiedl. Ausprägungen realisiert wurden. Während sich etwa die engl., frz. und tschech. Standardsprache aus den dialektalen Varietäten ihrer jeweiligen Zentren London, Paris und Prag entwickelten, womit sie auch sprachlich deren Vorherrschaft untermauerten, entstand die neuhochdt. Standardsprache v. a. unter dem Einfluss der lutherschen Bibelübersetzung auf der Grundlage der ›wettinischen Kanzleischreibe‹, einer schreibdialektalen Ausgleichssprache (→deutsche Sprache). Der Prozess der Herausbildung und Verbreitung der Standardvarietät wurde dann bis ins 19. Jh. v. a. im Bereich von Hochlautung und Rechtschreibung vorangetrieben, wobei bes. die Reichsgründung 1871 verstärkend gewirkt hat.

Während sich die ›großen‹ Sprachen aufgrund ihrer polit., wirtschaftl. und kulturellen Potenz automatisch durchsetzten, werden im Rahmen sprachpolit. Maßnahmen auch Grundlagen dafür geschaffen und Mittel bereitgestellt, bis heute nicht verschriftete Sprachen entsprechend auszubauen. Hier sind als positive Beispiele in der jüngeren Vergangenheit u. a. die Ausbaubemühungen für Ketschua (in Südamerika) und Hausa (in Afrika), in Europa für Kleinsprachen wie Ladinisch oder Aranesisch (eine Varietät der provenzal. Sprache) zu nennen. Wenn man von ca. 5 500 derzeit gesprochenen Sprachen ausgeht, kann man ermessen, wie viele Probleme auf die S. in den nächsten Jahren zukommen; verschriftet ist bis heute nur ein Bruchteil.

Bei der Verschriftung von Sprachen stellt sich den Sprachplanern auch die Frage nach dem Schriftsystem. Nicht jedes Schriftsystem ist für jede

Sprache geeignet, diakrit. oder Sonderzeichen oder gar Graphemkombinationen müssen die Defizite der jeweiligen Systeme aufheben. Oft liegen tradierte Systeme vor (so etwa bei islamisierten Völkern die arab., bei vielen slaw. Völkern die kyrill. Schrift). Gerade hier stellen sich für die Nachfolgestaaten der UdSSR viele Probleme, da z. B. die Turkvölker z. T. eine Ablösung vom kyrill. Schriftsystem anstreben. Auch hinsichtlich des Schriftsystems greifen oft ideologisch begründete Motive in die S. ein: im Großen, wenn z. B. in der UdSSR das Moldauische je nach außenpolit. Lage insgesamt fünfmal das Schriftsystem zw. Lateinisch und Kyrillisch wechseln musste, wie im Kleinen, wenn auf akadem. Basis darüber diskutiert wird, ob phonet., phonolog. oder eher historisch-etymologisierende Schreibweisen zugrunde zu legen seien. Ein Beispiel für eine ideologisch bedingte Schriftreform war auch die Umstellung der arab. auf die lat. Schrift in der Türkei (1928) durch M. KEMAL ATATÜRK vor dem Hintergrund eines angestrebten Modernismus nach europ. Muster. Probleme können sich aber nicht nur im Hinblick auf unterschiedl. Schriftsysteme, sondern auch im Hinblick auf die Orthographie ergeben, z. B. im Zusammenhang mit der seit Jahrzehnten kontrovers diskutierten Rechtschreibreform des Deutschen, deren polit. Realisierung auf Widerstände stößt.

Sprachverbreitungspolitik

Ein bedeutender Faktor der S. ist in der Förderung der jeweiligen Landessprache außerhalb des eigenen Territoriums zu sehen. Frankreich fördert gezielt die Frankophonie (sprachgesetzl. Maßnahmen zur offiziellen Sprachplanung und -pflege des Französischen), veranstaltet Kongresse frankophoner Staaten (neben dem Mutterland und Kanada in erster Linie ehem. Kolonien in Afrika und in der Karibik) und investiert hohe Summen in die Übersetzung wiss. Texte ins Französische. Weltweit trägt die 1883 gegründete Alliance Française zur Verbreitung des Französischen als Fremdsprache bei. Englisch als heute bedeutendste internat. Sprache ist Lingua franca in vielen polit. Organisationen, in Handel, Verkehr, Tourismus, Wiss. und Medien. Trotzdem werden hohe Beträge zur Untermauerung dieses Sprachprestiges ausgegeben, das British Council (1934 gegr.) propagiert weltweit das Erlernen des Englischen. Die traditionell fremdsprachenfeindl. Haltung von Franko- und Anglophonen (und das internat. Eingespieltsein auf das Englische) macht es für andere regional bedeutende Sprachen wie Deutsch und Italienisch, Chinesisch und Japanisch, Hindi, Urdu oder Arabisch, aber auch für die Weltsprache Spanisch schwer, durch sprachpolit. Maßnahmen ein ähnlich großes Interesse zu finden. Von der UdSSR wurde nicht nur gegenüber ihren eigenen territorialen Minderheiten, sondern im gesamten Bereich ihrer Einflusssphäre das Erlernen der russ. Sprache zur Pflicht gemacht. Vor dem Hintergrund der jüngsten Entwicklungen in Mittel- und Osteuropa ist gegenwärtig in dieser Region eine verstärkte Hinwendung zu den Sprachen Englisch, Deutsch und Französisch (und zwar meist in dieser Reihenfolge) zu beobachten.

Dtl. setzt im Sinne einer S. weltweit Mittel ein, um den Erwerb und Erhalt dt. Sprachkenntnisse zu fördern. Kultur- und Sprachvermittlungsträger sind in erster Linie die Goethe-Institute, die vom Dt. Akadem. Austauschdienst (DAAD) an die Univ. entsandten Lektoren und die von der Zentralstelle für das Auslandsschulwesen (ZfA) an dt. Schulen vermittelten Lehrer und Lehrerberater. Hinzu kommt eine Reihe von Stiftungen und Vereinen (Inter Nationes, Institut für Auslandsbeziehungen, Verein für das Deutschtum im Ausland, Alexander-von-Humboldt-Stiftung u. a.) sowie das internat. Programm der Dt. Welle, deren Aufgaben in unmittelbarem Zusammenhang mit der externen Verbreitung dt. Sprachkenntnisse stehen.

Im Unterschied zu Englisch, Spanisch und Französisch hat sich Deutsch nirgendwo als Kolonialsprache durchgesetzt, doch gibt es in allen Kontinenten Minderheiten, die aus den deutschsprachigen Gebieten ausgewandert sind und sich z. T. bis heute sprachlich und kulturell als Deutsche empfinden (und z. T. auch als ›deutsche‹, ›deutschsprachige‹ oder ›deutschstämmige‹ Minderheiten anerkannt werden), sodass neben Sprachverbreitungspolitik auch Spracherhaltungspolitik Aufgabe dt. S. ist (z. B. bei Minoritäten in Lateinamerika, v. a. in Brasilien, in den Nachfolgestaaten der UdSSR, in Ungarn, Rumänien, Namibia u. a.). Das bedeutet, dass Lehrkräfte in diese Gebiete entsandt, aktualisierte Lehrmaterialien dort zur Verfügung gestellt und kulturelle Aktivitäten wie Presse, Rundfunk, Theater u. a. unterstützt werden.

Bis zur Auflösung der DDR unterhielt das in Leipzig ansässige Herder-Institut Lektorate v. a. in verbündeten Staaten, die zu einem Teil von den Goethe-Instituten und vom DAAD weitergeführt werden. Auch Österreich betreibt in kleinerem Rahmen S., was sich in der Einrichtung von Kulturinstituten, Auslandsschulen und der Entsendung von Lehrern und Lektoren manifestiert, während die Schweiz explizit auf eine aktive S. zur Verbreitung der dt. Sprache verzichtet.

Angesichts der Tatsache, dass die westeurop. Staaten nach Errichtung des europ. Binnenmarktes auch die polit. Union anstreben, ist eine neue Sprach- und Bildungspolitik vonnöten, die stärker auf eine mehrsprachige Erziehung ausgerichtet ist und auch in der berufl. Aus- und Weiterbildung sowie in der Erwachsenenbildung die Förderung internat. Kommunikation ermöglicht. Da mehrsprachige Kommunikationssituationen zunehmen werden, sollten rechtzeitig Maßnahmen ergriffen werden, die die aktive wie passive fremdsprachl. Kompetenz verbessern. Ferner gewinnt vor dem Hintergrund des europ. Zusammenwachsens und der polit. Entwicklungen in Mittel- und Osteuropa die berufl. Fortbildung von Fremdsprachenlehrern und die Ausbildung von Studierenden und Lehrenden aller Disziplinen z. B. durch Austauschprogramme (die z. T. von der EU gefördert werden) und Angebote zur entsprechenden Umschulung an Dringlichkeit. Dabei soll gewährleistet werden, dass nicht nur Sprachkenntnisse oder theoret. Fortbildung Ausbildungsziele sind, sondern dass durch fächer- und institutionenübergreifende Zusammenarbeit und durch direkte Begegnung auch der Zugang zu Wert- und Normvorstellungen anderer europ. Nationen geebnet und so eine interkulturelle sprachl. und soziale Kompetenz ermöglicht wird. Ansätze dazu existieren in den →Europaschulen, in denen Unterricht in gemischtsprachigen Klassen erteilt und in versch. Sprachen unterrichtet wird. In einigen dt. Bundesländern (z. B. im Saarland) werden Versuche unternommen, mit Fremdsprachenunterricht bereits in den ersten Grundschulklassen zu beginnen. Auch die privaten Waldorfschulen lehren Fremdsprachen (v. a. Englisch) von der Einschulung an auf spieler. Basis.

Durch die Verflechtung der internat. Wirtschaft über die EU hinaus wird Sprache immer mehr auch als ökonom. Faktor erkannt in dem Sinne, dass durch entsprechende sprachl. Kompetenz auch Wirtschaftsräume definiert und erschlossen werden; z. B. verlaufen i. d. R. Verhandlungen mit Japan und den aufstrebenden ostasiat. Wirtschaftsmächten Süd-Korea, Taiwan und Singapur auf Englisch. Dagegen erwartet man von der Öffnung der mittel- und osteurop. Märkte stärkeres Interesse an der dt. Sprache, da diese Staaten traditionell eine starke Bindung zum deutschsprachigen Raum haben und die dt. Sprache dadurch auch eine Brückenfunktion im Hinblick auf Wirtschaftskontakte aufgrund entsprechender sprachl. Kompetenz übernehmen könnte.

Sprache in internationalen Organisationen

Bes. relevant ist S. in inter- und supranat. Organisationen: Die (1997) 185 Mitgliedsstaaten der UNO begnügen sich mit einer relativ geringen Anzahl von Arbeitssprachen (Arabisch, Chinesisch, Englisch, Französisch, Russisch, Spanisch); die NATO beschränkt sich auf Englisch und Französisch. Dagegen erklärt die Europ. Union ihre europ. Identität durch Multikulturalismus und Mehrsprachigkeit. Derzeit 15 Mitgliedsstaaten verfügen über elf nat. Amtssprachen (Dänisch, Deutsch, Englisch, Finnisch, Französisch, Griechisch, Italienisch, Niederländisch, Portugiesisch, Schwedisch, Spanisch). Nach den Röm. Verträgen sind sie offiziell Amtssprachen in Kommission, Parlament und Rat. Durch eine Reihe von Stützmaßnahmen seitens der EU, aber auch des Europarats soll auch regionalen Sprachen wie Katalanisch, Friesisch u. a., aber auch dem Irischen (das auf offiziellen EU-Status verzichtet hat), deren Belange durch das Bureau for Lesser Used Languages vertreten werden, die Möglichkeit geboten werden, sich in einem Europa der Regionen gegenüber den standardisierten und ausgebauten Amtssprachen zu behaupten.

Die Tatsache der offiziellen Gleichstellung von elf Amtssprachen bedeutet nicht, dass die einzelnen Staaten darauf verzichten würden, Einfluss zugunsten der eigenen Sprache zu nehmen. Zwar sind de jure alle Amtssprachen gleichwertig, und alle rechtsverbindl. Verordnungen und Richtlinien müssen in elf Sprachen vorliegen, de facto aber dominieren in der Arbeitspraxis Französisch und Englisch, was u. a. von dt. und span. Seite in jüngster Zeit verstärkt kritisiert wird (v. a. wegen der unterstellten ökonom. Benachteiligung anderssprachiger Wettbewerber, z. B. bei Ausschreibungen von Projekten und bei der Änderung von Rechtsnormen). Hier steht eine national begründete S. auffallend konträr zu einer organisationsinternen, an Effizienz und gegenseitiger Verständlichkeit orientierten sprachl. Praxis: Kommt die multikulturell und mehrsprachig propagierte und damit sprachlich heterogene Zukunft Europas eher den Bedürfnissen der jeweiligen Sprachgemeinschaften, deren Interessenvielfalt und allgemeinen Gerechtigkeitsvorstellungen entgegen, so erleichtert die sprachl. Homogenität die Kommunikation, beschleunigt gemeinsame Entscheidungsprozesse und stützt die gemeinsame Handlungsfähigkeit.

Die zu erwartende Erweiterung der EU durch ehem. RGW-Länder und andere Staaten wird nicht nur einen geopolit. Zuwachs bedeuten, vielmehr wird sich die sprachl. Vielfalt noch stärker bemerkbar machen. Schon heute (1998) gibt es bei in alle Sprachen gedolmetschten Sitzungen von EU-Institutionen 110 Kombinationsmöglichkeiten, und in Zukunft könnte sich die Zahl auf über 800 erhöhen. Hier werden schon aus apparativen und Kostengründen sprachpolit. Eingriffe unverzichtbar sein; es bietet sich entweder eine Beschränkung auf wenige Arbeitssprachen oder aber die Möglichkeit an, dass jeder seine Sprache sprechen kann, die Verdolmetschung aber nur in eine geringe Zahl von Sprachen realisiert wird. Unrealistisch erscheint die Idee, eine Nicht-EU-Sprache (Latein oder Esperanto) zur alleinigen Amtssprache zu erheben.

Sprache als Mittel der Politik

S. wurde seit jeher bes. von den jeweiligen Eroberern nach einer krieger. Inbesitznahme fremden Sprachgebiets betrieben. So wie die Römer zunächst die Oberschicht der eroberten Völker latinisierten, erschien es den christl. Rückeroberern Spaniens bei der Reconquista selbstverständlich, neben ihrer Religion und Kultur auch ihre Sprache bei den mittlerweile arabisierten Bewohnern durchzusetzen. Während etwa die S. des Habsburgerreiches generell als liberal zu kennzeichnen ist, hat der frz. Staat schon seit jeher versucht, seinen zentralist. Anspruch darauf zu gründen, dass die Sprache des Pariser Beckens (Île-de-France) zur alleinigen Landessprache wurde, deren Durchsetzung mit der Einführung der allgemeinen Schulpflicht nach der Frz. Revolution erfolgte. Die Sprachen von Angehörigen anderer lingualer Gruppen wurden demgegenüber als geringerwertig eingestuft, was z. B. zu einem nahezu völligen Zurückdrängen des Provenzalischen (Okzitanischen) geführt hat. Gleichzeitig wendet sich die Académie française konsequent gegen jedes Eindringen fremdsprachl., v. a. engl. Wörter (›Franglais‹). Das autoritäre Francoregime Spaniens verbannte die autochthonen Regionalsprachen Baskisch, Galicisch und Katalanisch aus dem öffentl. Leben und verbot auch deren Gebrauch im Alltag. Weitere Beispiele für eine äußerst restriktive S. sind die Italienisierung dt. Namen während der faschist. Ära in Südtirol, die Tabuisierung bzw. das Verbot der dt. Sprache in (Ober-)Schlesien nach dem Zweiten Weltkrieg, v. a. nach 1957, oder die bis vor kurzem praktizierte Bulgarisierung türk. Familiennamen in Bulgarien. Daneben gibt es auch Beispiele dafür, dass Gebietsansprüche dadurch verdeutlicht werden sollen, dass man Idiomen zur Sprachlichkeit verhalf: Nach dem Ersten Weltkrieg und insbesondere nach der Annexion Bessarabiens und der nördl. Bukowina 1940 wurde in der UdSSR das Moldauische (ein Dialekt des Rumänischen) zu einer eigenen Sprache erklärt und dementsprechend ausgebaut (um rumän.). Gebietsansprüchen zu begegnen, nach dem Zweiten Weltkrieg die Standardisierung des Makedonischen in Jugoslawien vorangetrieben (womit hegemonialen Ansprüchen seitens Bulgariens und Griechenlands entgegengewirkt werden sollte).

Im Dt. Reich wurde 1885 der Allgemeine Dt. Sprachverein gegründet, der sich der Eindeutschung zumeist frz. Wörter verschrieb; von diesen Eindeutschungen sind einige heute Allgemeingut: Einschreiben für (lettre) recommandée, Fahrkarte für billet(t), Bahnsteig für perron. Auch wenn diese Organisation im Sinne einer Beseitigung vermeintl. Bildungsbarrieren z. T. demokrat. Absichten verfolgte, sind diese Bestrebungen doch vor dem Hintergrund nationalistisch-völk. Intentionen zu sehen, die der Manipulation der Sprache durch die Nationalsozialisten dem Boden bereiteten. Im natsoz. Dtl. wurde seitens des Propagandaministeriums Sprache gezielt als Instrument zur weltanschaul. Ausrichtung der gesamten Bev. im Sinne der natsoz. Ideologie und ihres Herrschaftsanspruchs eingesetzt. Mit massenwirksamen, durch Stereotypie, hohen Affektgehalt und die Unterwanderung rationaler Diskurse geprägten Parolen wurden einerseits Solidarität und Kollektivbewusstsein des ›deutschen‹, ›arischen‹ ›Herrenvolks‹ durch Mythisierung beschworen, andererseits polit. Gegner, im

Sinne der natsoz. Rassenideologie v. a. Juden, durch Negativassoziationen und Diffamierung auch sprachlich ausgegrenzt; dabei konnten polit. Zielsetzungen durch vage Formulierungen auch bewusst verschleiert werden (z. B. ›Sonderbehandlung‹, ›Endlösung der Judenfrage‹).

Nach dem Zweiten Weltkrieg wurde in der BRD im Bewusstsein der faschist. Sprachmanipulation zunächst versucht, zu enge Zusammenhänge zw. Sprache und Politik herzustellen. Die Aufspaltung Europas in einen westlich-demokrat. und einen östlich-kommunist. Block ließ auch polit. Gegensätze wieder sprachlich manifest werden. So war auch der Ost-West-Konflikt von entsprechenden ideolog. Kampfbezeichnungen geprägt. Im Sprachgebrauch westl. Politiker wurden die kommunist. Herrschaftssysteme als Formen von ›Totalitarismus‹ und damit als Bedrohung für die westl., freiheitlich-demokrat. Gesellschaftsordnungen eingestuft. Umgekehrt wurden seitens der Ostblockländer den westl. Gesellschaftssystemen u. a. ›Imperialismus‹, ›Militarismus‹ und ›Revanchismus‹ vorgeworfen. Im Sprachgebrauch der DDR wurde das positiv wertende Schlagwort ›Antifaschismus‹ zur Markierung des histor. Bruchs mit dem natsoz. Staat und zur Legitimation der eigenen Gesellschaftsform mit dem Ziel einer Abgrenzung von ›imperialist.‹ und ›kapitalist.‹ Systemen ideologisch verfestigt. Durch das ›Presseamt beim Vorsitzenden des Ministerrats der DDR‹ wurde eine alle offiziellen Texte und damit v. a. die Bereiche von Ideologie und Politik betreffende zentrale Sprachregelung betrieben.

In demokratisch verfassten und pluralistisch gegliederten Gesellschaften wird – auf der Grundlage des Rechts auf freie Meinungsäußerung – Sprache als Mittel eingesetzt, um Prinzipien polit. Handelns zu formulieren, Interessengegensätze auszutragen sowie Interpretationen und Bewertungen im Hinblick auf die politisch-soziale Welt vorzunehmen und auf diese Weise politisch Einfluss zu nehmen. Dabei ist von einer grundsätzl. Doppelbödigkeit polit. Sprachhandelns auszugehen: Legitimierende und werbende Muster werden mehr oder weniger verdeckt als ›Information‹ oder ›Diskussion‹ inszeniert, polit. Kampagnen werden mit gezielter Spracharbeit unterlegt. Im Zuge einer ›Besetzung‹ bestimmter Themen und Diskurse werden dabei auch Begriffe und semant. Felder ›besetzt‹. Auch bei Bezeichnungsidentität politisch-gesellschaftl. Zielvorstellungen (z. B. der Grundwerte Freiheit, Gleichheit, Gerechtigkeit) können diese in der Auseinandersetzung um das authent. Begriffsverständnis unterschiedlich akzentuiert werden. Daneben werden in der polit. Programmatik, abhängig von polit. Entwicklungen und daraus resultierenden (wechselnden) Einstellungen, jeweils unterschiedl. Referenzbereiche versprachlicht (z. B. von der Regierung unter K. ADENAUER Themen wie ›Wirtschaftswachstum‹, ›europ. Integration‹, ›Wiedervereinigung‹, in der Innen-, Deutschland- und Ostpolitik der frühen sozialliberalen Koalition ›mehr Demokratie [wagen]‹, ›Chancengleichheit‹, ›Mitbestimmung‹, ›Wandel durch Annäherung‹). Ferner lassen sich polit. Positionen durch Bezeichnungskonkurrenz bei jeweils gleichen Bezugsobjekten verdeutlichen (z. B. in der 2. Hälfte der 60er-Jahre ›[Ost-]Zone‹, ›sowjetisch besetzte Zone‹, ›Deutsche Demokratische Republik‹, ›so genannte DDR‹, ›DDR‹ mit und ohne Anführungszeichen; nach der Vereinigung der beiden dt. Staaten ›Beitritt‹ oder ›Anschluss‹ der DDR an/an die Bundesrepublik Dtl.; in jüngster Zeit ›Wirtschaftsflüchtlinge‹, ›Asylanten‹, ›Asylbewerber‹. Im Extremfall werden zur Diskriminierung polit. Gegner auch Schlagwörter eingesetzt (z. B. bei einer undifferenzierten und aus einem referierenden histor. Kontext gelösten Verwendung von ›Faschist‹ oder ›faschistisch‹ bzw. ›Kommunist‹ oder ›kommunistisch‹).

Charakteristisch für eine demokratisch-pluralist. Gesellschaft ist ferner die Tatsache, dass sich auch über den Rahmen parlamentarisch-parteipolit. Institutionen hinaus zahlreiche gesellschaftl. Gruppen mittels bestimmter sprachl. Ausdrücke politisch artikulieren. Dazu gehörte u. a. Ende der 60er-Jahre die (linke) außerparlamentar. Opposition, deren Kritik am etablierten polit. System sich auch in entsprechenden Bezeichnungskategorien widerspiegelte (›Establishment‹, ›Repression‹, ›Konsumterror‹ versus ›Systemüberwindung‹, ›Basisdemokratie‹, ›antiautoritäre Erziehung‹). Mit ihrem Engagement für die Erhaltung der natürl. Lebensgrundlagen rückte die Ökologiebewegung die Umweltproblematik auch sprachlich ins öffentl. Bewusstsein. Zentraler Punkt der ökolog. Sprachkritik ist der Verharmlosungsvorwurf mit Blick auf die vermeintl. Wertneutralität fachsprachl. Termini (z. B. ›Sondermüll‹, ›Entsorgung‹), die als Sprachmanipulation in beschwichtigender Absicht und (entsprechenden Stimulationseffekten moderner Werbung vergleichbar) mit dem Ziel der Vermittlung eines positiven Image verbunden interpretiert werden. In jüngster Zeit wird auch die sprachl. Komponente weibl. Emanzipation dem Bereich sprachpolit. Diskussion zugeordnet; dabei fordert die feminist. Sprachkritik gegen patriarchal. Modelle mit zunehmendem Erfolg eine Sprache, die der rechtl. Gleichstellung von Mann und Frau durch entsprechende geschlechtsspezif. Unterschiedlichkeit in der Sprachverwendung (›man/frau‹, ›ArbeiterInnen‹, ›Mitbürgerinnen und Mitbürger‹) Rechnung trägt.

⇨ *ausländische Arbeitnehmer · Kultur · Regionalismus*

W. DIECKMANN: Sprache in der Politik (²1975); Holzfeuer im hölzernen Ofen. Aufsätze zur polit. Sprachkritik, hg. v. H. J. HERINGER (1982); F. COULMAS: Sprache u. Staat. Studien zur Sprachplanung u. S. (1985); D. STERNBERGER u. a.: Aus dem Wb. des Unmenschen (Neuausg. 1986); E. STRASSNER: Ideologie – Sprache – Politik (1987); J. BORN u. S. DICKGIESSER: Dt.-sprachige Minderheiten (1989); Histor. Sprachkonflikte, hg. v. P. H. NELDE (1989); Language conflict and minorities, hg. v. DEMS. (Bonn 1990); Polit. Semantik. Bedeutungsanalyt. u. sprachkrit. Beitr. zur polit. Sprachverwendung, hg. v. J. KLEIN (1989); Sprache im Faschismus, hg. v. K. EHLICH (1989); G. STRAUSS u. a.: Brisante Wörter von Agitation bis Zeitgeist (1989); G. BAUER: Sprache u. Sprachlosigkeit im Dritten Reich (²1990); W. HOLLY: Politikersprache (1990); Interkulturelle Kommunikation, hg. v. B. SPILLNER (1990); Sprache u. Politik, hg. v. DEMS. (1990); E. STÖLTING: Eine Weltmacht zerbricht. Nationalitäten u. Religionen der UdSSR (1990); U. AMMON: Die internat. Stellung der dt. Sprache (1991); Begriffe besetzen. Strategien des Sprachgebrauchs in der Politik, hg. v. F. LIEDTKE u. a. (1991); H. CHRIST: Fremdsprachenunterricht für das Jahr 2000. Sprachenpolit. Betrachtungen zum Lehren u. Lernen fremder Sprachen (1991); Ein Europa – viele Sprachen, hg. v. K. J. MATTHEIER (1991); A language policy for the European Community, hg. v. F. COULMAS (Berlin 1991); P. VON POLENZ: Dt. Sprachgesch. vom Spätmittelalter bis zur Gegenwart, 2 Bde. (1991–94); Sprache statt Politik? Politikwiss. Semantik- u. Rhetorikforschung, hg. v. M. OPP DE HIPT u. E. LATNIAK (1991); A. TRABOLD: S., Sprachkritik u. Öffentlichkeit. Anforderungen an die Sprachfähigkeit des Bürgers (1993); J. BORN u. W. SCHÜTTE: Eurotexte. Textarbeit in einer Institution der EG (1995); Kontroverse Begriffe. Gesch. des öffentl. Sprachgebrauchs in der Bundesrepublik Dtl., Beitr. v. G. STÖTZEL u. a. (1995); Sprache im Konflikt. Zur Rolle der Sprache in sozialen, polit. u. militär. Auseinandersetzungen, hg. v. R. REIHER (1995); Sprache des Parlaments u. Semiotik der Demokratie. Studien zur polit. Kommunikation in der Moderne, hg. v. A. DÖRNER u. L. VOGT (1995); Sprachstrategien u. Dialogblockaden. Linguist. u. politikwiss. Studien zur polit. Kommunikation, hg. v. J. KLEIN u. H. DIEKMANNSHENKE (1996); Wörter in der Politik. Analysen zur Lexemverwendung in der polit. Kommunikation, hg. v. DENS. (1996).

Sprachproduktion, Teilprozess der menschl. Sprachverarbeitung in Ergänzung zur →Sprachperzeption. Zur S. gehören die neurophysiolog. und neuropsycholog. Vorgänge im Gehirn, die für die Bildung und Verarbeitung von mentalen Konzepten verantwortlich sind, den Zugriff auf den Wortschatz regeln und das, was sprachlich geäußert werden soll, an die Artikulationsorgane weiterleiten. Zur S. zählen auch die Rückkopplungsvorgänge (Hören der eigenen Äußerung), die gleichzeitig eine Korrektur ermöglichen, sodass Versprecher verbessert oder Äußerungen semantisch präzisiert werden können.

H. HÖRMANN: Psychologie der Sprache (1967); P. H. LINDSAY u. D. A. NORMAN: Einf. in die Psychologie. Informationsaufnahme u. -verarbeitung beim Menschen (a. d. Amerikan., 1981); The production of speech, hg. v. P. F. MACNEILAGE (New York 1983); E. H. LENNEBERG: Biolog. Grundl. der Sprache (a. d. Engl., Neuausg. 1986); P. LIEBERMANN u. S. E. BLUMSTEIN: Speech physiology, speech perception, and acoustic phonetics (Cambridge 1988); M. F. GARRETT: Processes in language production, in: Linguistics, Bd. 3: Language (ebd. 1989, Nachdr. ebd. 1990); T. HERRMANN u. J. GRABOWSKI: Sprechen. Psychologie der S. (1994); R. RAMMER: Kognitive Beanspruchung beim Sprechen (1996); Speechproduction and language, hg. v. S. KIRITANI u. a. (Berlin 1997).

Sprachreform, behördl. Eingriff in den Bestand einer Sprache zur Lösung einer →Sprachenfrage oder zur Durchsetzung einer neuen Sprachnorm. So wurde z. B. 1928 in der Türkei unter M. KEMAL ATATÜRK eine S. durchgeführt; der bis dahin stark von arab. und pers. Wortgut geprägte Wortschatz der türk. Sprache wurde durch türk. Neubildungen (z. B. öğretmen ›Lehrer‹ statt muallim) oder durch Entlehnungen aus europ. Sprachen (z. B. gişe ›Schalter‹, aus frz. guichet) bereichert. (→Schriftreform)

Sprachregelung, die Weisung oder Empfehlung, einen bestimmten Sachverhalt (bes. im amtl. Sprachgebrauch) nur auf eine bestimmte Weise zu nennen oder zu formulieren; auch eine von interessierter Stelle vorgegebene oder erwünschte Norm zur einseitigen Darstellung von Sachverhalten und Entwicklungen; Mittel indirekter Zensur und Beeinflussung.

Sprachreinheit, →Purismus.

Sprachrohr, Schalltrichter, →Megaphon.

Sprachsoziologie, die →Soziolinguistik.

Sprachspiel, von L. WITTGENSTEIN eingeführter Begriff für die Kommunikationseinheit, die von sprachl. Zeichen und ihrem spezif. Verwendungszusammenhang gebildet wird. Dem Begriff liegt die Auffassung zugrunde, dass die Verwendung von Sprache selbst eine menschl. Aktivität darstellt und untrennbar mit anderen Tätigkeiten verflochten ist: Zum einen sind die Zeichen in den engeren Handlungskontext der Zeichenverwendungssituation regelhaft eingebettet, sie gehören also zu bestimmten S. (z. B. als Befehlen, Fragen, Lügen, Erzählen von Witzen), zum anderen sind die S. selbst wiederum Bestandteile der versch. Lebensformen einer Sprachgemeinschaft. Ein sprachl. Zeichen verstehen bedeutet nach WITTGENSTEIN die Kenntnis seiner Verwendungsweisen.

Sprachstatistik, Erforschung von Sprache, bei der sprachl. Regularitäten unter statist. Aspekt analysiert und Angaben zur Auftretenswahrscheinlichkeit sprachl. Phänomene gemacht werden. Sprachstatist. Untersuchungen werden u. a. zur Erstellung von Häufigkeitswörterbüchern (→Lexikostatistik), für sprachpädagog. Zwecke (im Hinblick auf einen im muttersprachl. und im fremdsprachl. Unterricht zu vermittelnden Grundwortschatz) und für die Optimierung stenograf. Systeme genutzt.

Sprachstörungen, Störung der Sprachbildung und i. w. S. auch der Aussprache (Sprachfehler); es besteht ein mehr oder weniger auffälliges Unvermögen, die normale Umgangssprache in einer sozial akzeptierten und der altersspezif. Sprachnorm entsprechenden Weise zu sprechen.

Bei den **Sprachentwicklungsstörungen (Störungen der Sprache)** wird die Muttersprache nicht altersentsprechend angewendet. Die verzögerte Sprachentwicklung ist häufig infolge organ. Vorschädigungen beobachtbar (z. B. bei Lippen-, Gaumen- und Kieferanomalien; oder bei Hördefekten, bei prä-, peri-, postnatal verursachten Schädigungen der zentralnervösen Sprachzentren sowie auch bei extrapyramidalen Erkrankungen des Gehirns). Eine sprachl. Rückständigkeit kann auch als Folge einer mangelhaften Spracherziehung oder bei geistiger Behinderung auftreten. – Als **Störungen der Aussprache** (Dyslalien) werden die Artikulationsstörungen bezeichnet: Beim →Stammeln können Laute und Lautverbindungen nicht gebildet werden, werden falsch ausgesprochen, entstellt – wie beim Lispeln (Sigmatismus) – oder durch andere Laute ersetzt. Unter Näseln (→Rhinolalie) versteht man ein auffälliges Über- bzw. Unterschreiten der normalen Nasalität. Als Stimmstörungen (→Dysphonie) bezeichnet man Abweichungen im normalen Klangbild der Sprache (Stimmhöhe; Stimmqualität). – Bei den **Störungen der Sprechflüssigkeit (Sprechstörungen, Redestörungen)** ist der dialog. Gebrauch der Sprache mit betroffen, da das Ausmaß dieser S. von zwischenmenschl. Anforderungen und Belastungen abhängt: →Stottern ist eine auffallend häufige Unterbrechung des Sprechablaufs und der Sprechflüssigkeit insbesondere durch Stockungen oder Verzögerungen vor oder innerhalb von Worten, Silben oder Phonemen. Poltern ist durch eine zu hastige Sprechweise mit Undeutlichkeit in der Aussprache gekennzeichnet (hastiges Überspringen oder ›Verschlucken‹ von Silben). Eine Unfähigkeit, artikulierte Laute zu bilden, besteht infolge organ. Störungen oder mangels Koordination der Sprechwerkzeuge bei der Alalie, wobei die idiopath. Alalie (Hörstummheit) mit intaktem Hörvermögen und richtigem Verständnis der Sprachlaute verbunden ist. – Als schwerwiegende Formen der nachträgl. Einbuße oder des Verlustes eines früher vorhandenen Sprachvermögens gelten die →Aphasien, die zumeist auf Schädigungen der Sprachregionen des Gehirns (→Sprachzentrum) beruhen. Mit →Mutismus bezeichnet man eine Verweigerung des Sprechens bei vorhandenem Sprachvermögen.

P. FIEDLER u. R. STANDOP: Stottern. Ätiologie, Diagnose, Behandlung ([4]1994); G. WIRTH: Stimmstörungen. Lb. für Ärzte, Logopäden... ([4]1995); Prävention von Kommunikationsstörungen, hg. v. U. FRANKE (1997); U. FRANKE: Logopäd. Handlex. ([5]1998).

Sprachsynthese, die künstl. Erzeugung von Sprach- oder Sprechsignalen mit elektron. Mitteln nach versch. Verfahren. Die **Formantsynthese** benutzt dabei zur Nachbildung der natürl. Stimmorgane drei →Formanten für jeden Laut. Als Generator für stimmhafte Laute dient eine Impulsquelle mit regelbarer Schwingamplitude. Für stimmlose Laute wird weißes Rauschen durch ein Filter mit variablem Pol geschickt. Die Formantsynthese arbeitet im Frequenzbereich, d. h., die Sprachlaute werden durch Überlagerung von Sinusschwingungen versch. Frequenz und Amplitude erzeugt. – Ein anderes Verfahren der S. beruht auf der Digitalisierung der Signale mit zeitdiskreter Tastung. Zur Reduzierung des notwendigen Speicherbedarfs werden dabei versch. Techniken der Datenkompression eingesetzt. Ein früher Ansatz zur Analyse und Synthese von Sprachlauten war der →Vocoder.

Sprachsystem, bes. im Strukturalismus vertretene Auffassung von Sprache als einer Gesamtheit sich wechselseitig bestimmender Einheiten. In einigen sprachl. Bereichen (z. B. auf phonolog. Ebene) lassen sich systemhafte Beziehungen nachweisen, in anderen (z. B. auf lexikal. Ebene) liegen vergleichbare Funktionszusammenhänge nicht vor.

Sprachtheorie, der theoret. Teil der allgemeinen Sprachwiss. im Sinne der empir. Erforschung natürl. Sprachen. Die S. ist in diesem Sinne allgemeine Theorie der Sprache, die anthropolog., psycholog. und linguist. Wissen in sich aufnimmt und systematisiert, zugleich aber auch Theorie der Sprachwiss., ihrer Grundlagen und Methoden; so gesehen steht sie zw. Sprachforschung und Sprachphilosophie. Ihr Ziel besteht in der Rekonstruktion linguist. →Universalien, die die Struktur und die Funktionen aller natürl. Sprachen zu erklären gestatten (Universalgrammatik).
    W. LANG: Probleme der allg. S. Eine Einf. (1969); J. J. KATZ: Philosophie der Sprache (a. d. Amerikan., 6.-8. Tsd. 1971); S., hg. v. B. SCHLIEBEN-LANGE (1975); K. BÜHLER: S. (Neuausg. 1982); R. BARTSCH u. T. VENNEMANN: Grundzüge der S. Eine linguist. Einf. (Neuausg. 1983); E. HOLENSTEIN: Sprachl. Universalien. Eine Unters. zur Natur des menschl. Geistes (1985); N. CHOMSKY: Aspekte der Syntaxtheorie (a. d. Amerikan., [4]1987); DERS.: Sprache u. Geist (a. d. Amerikan., [6]1996).

Sprachtherapie, therapeut. Verfahren, das auf die Behandlung von →Sprachstörungen zielt und in seinem Umfang von den Eigenarten und Ursachen der jeweiligen Störungsbilder abhängig ist. In den meisten Fällen ist eine Sprechübungsbehandlung ausreichend, die v. a. von Logopäden und speziell ausgebildeten Sprachheilpädagogen ausgeführt wird. In der Therapie von Sprachentwicklungsstörungen werden Maßnahmen der Sprachanbahnung und Sprachförderung unterschieden. Bei der Behandlung von Aussprache- und Artikulationsstörungen werden zusätzlich vielfältige opt. und akust. Hilfsmittel und Geräte eingesetzt (z. B. Schautafeln, Spiegel, Video- und Tonbandgeräte sowie Computer). Im Bereich der Störungen des Sprechflüssigkeit (z. B. Stottern) werden die logopäd. Therapieansätze meist mit psycholog. Behandlungsverfahren ergänzt (v. a. mit Methoden der Verhaltenstherapie, etwa zum Aufbau von Selbstvertrauen). Dauern die Sprachstörungen bereits sehr lange an und haben sich für die Betroffenen möglicherweise bereits erhebl. Komplikationen im zwischenmenschl. Zusammenleben oder im berufl. Bereich ergeben, kann über die Sprechübungsbehandlung hinaus zusätzlich eine psychotherapeut. Behandlung erwogen werden.

Sprachtypologie, Klassifikation von Sprachen auf der Grundlage übereinstimmender Charakteristika ohne Rücksicht auf historisch-genet. oder geograph. Zusammenhänge. Entsprechend der jeweiligen Darstellung der grammat. Beziehungen werden →isolierende Sprachen, →polysynthetische Sprachen, →agglutinierende Sprachen und →flektierende Sprachen unterschieden.
    G. ALTMANN u. W. LEHFELDT: Allg. S. (1973); H. HAARMANN: Grundzüge der S. Methodik, Empirie u. Systematik der Sprachen Europas (1976); B. COMRIE: Language universals and linguistic typology (Oxford 1981); P. RAMAT: Linguistic typology (a. d. Ital., Berlin 1987); T. ROELCKE: S. des Deutschen (1997).

Sprach|übersetzung, *Computerlinguistik* und *künstl. Intelligenz:* das Übersetzen eines größeren gesprochenen oder geschriebenen Sprachkomplexes aus einer natürl. Sprache (Quellsprache) in eine andere (Zielsprache) mithilfe eines Computers (Übersetzungscomputer). Nach dem Grad des Einsatzes der Technik unterscheidet man dabei grundsätzlich zw. maschineller (automat.) S. und maschinen- oder computerunterstützter S. Da die Probleme der akust. →Spracherkennung und der akust. →Sprachsynthese (z. B. durch Betonung, fehlende 1:1-Übersetzbarkeit u. a.) von prinzipiell anderer Art sind als die mit dem Übersetzen verbundenen, wird im Folgenden davon ausgegangen, dass der zu übersetzende Sprachkomplex als geschriebener Text (Quelltext) vorliegt und auch nach der S. schriftlich (Zieltext) vorliegen soll.
    Man unterteilt den Prozess der **maschinellen (automatischen) S.** meist in drei Phasen: 1) Analyse des Quelltextes (automat. →Sprachanalyse); 2) Abbildung der aus dem Quelltext extrahierten Information in eine entsprechende Basisinformation der Zielsprache (Transfer der Tiefenstrukturbeschreibung, lexikal. Angaben); 3) Generierung des Zieltextes (automat. Synthese des Textes in der Zielsprache). Nach der Anfangsphase der automat. S. in den 1960er-Jahren stellte sich heraus, dass die mit ihr verbundenen Probleme wesentlich größer sind, als man zunächst vermutet hatte; insbesondere erwies sich ein rein syntakt. Ansatz der Analyse als unzureichend. Neuere S.-Systeme sind semantisch fundiert und berücksichtigen Weltwissen (Diskurswissen) sowie formalisierbare pragmat. Informationen. Die automat. S. zählt zu den schwierigsten im Rahmen der →künstlichen Intelligenz behandelten Problemen. – Die wesentlich weniger problemat. **computerunterstützte S.** bedient sich der Möglichkeiten der Datenverarbeitung als S.-Hilfen. Dazu gehören Textanalyseprogramme und v. a. Terminologiedatenbanken (elektronische Wörterbücher). – Die maschinelle und die maschinenunterstützte S. finden bislang bes. bei Fachtexten mit eingeschränktem Sprachumfang Anwendung und erfordern i. d. R. eine Überarbeitung der Roh-S. (Posteditierung).
    Linguist. Datenverarbeitung, hg. v. I. BÁTORI u. a. (1982); Maschinelle Übersetzung – Methoden u. Werkzeuge, hg. v. W. WILSS u. K.-D. SCHMITZ (1987); W. WILSS: Kognition u. Übersetzen. Zur Theorie u. Praxis der menschl. u. der maschinellen Übersetzung (1988); Übersetzungswiss. im Umbruch, hg. v. A. LAUER u. a. (1996); Machine translation and translation theory, hg. v. C. HAUENSCHILD u. a. (Berlin 1997).

Sprach|übertragung, die Übertragung von Sprachschall in einem für die Verständlichkeit ausreichenden Frequenzband. Wenn bei einer Silbenverständlichkeit von 80% die Satzverständlichkeit aufgrund des Kombinationsvermögens des Hörers noch nahezu 100% beträgt, ist ein Frequenzbereich von 300 Hz bis 3400 Hz für die S. ausreichend. (→Sprachfrequenzband)

Sprach|unterricht, systemat. Spracherziehung im öffentl. und Privatschulwesen, an versch. Institutionen des tertiären Bildungswesens alle Privatunterricht. S. dient in der Schule, wo Deutsch und eine, in den meisten Schularten ab der Sekundarstufe I zwei Fremdsprachen zum festen Bestandteil des Fächerkanons gehören, der Sprachschulung in der Muttersprache sowie dem Erwerb von Fremdsprachen (→altsprachlicher Unterricht, →fremdsprachlicher Unterricht, →neusprachlicher Unterricht). Neben den meisten Fächern, in denen mit der genauen Beschreibung und Definition von Sachverhalten ebenfalls Sprache geschult wird, zielt insbesondere der Deutschunterricht auf die allgemeine Schulung der Sprachfähigkeit sowie den sach- und sprachgerechten, verständl. Gebrauch der dt. Sprache, auf eine allmähl. Erweiterung der Sprachkompetenz (→Kompetenz) und die Hinführung zu einem persönl. Sprachstil. Dabei werden Kenntnisse in Sprachstruktur, Sprachlehre (Zeichen- und Formsystem der Sprache, Grammatik), Sprachkunde, Stilistik, Instrumentalisierung und Manipulation von Sprache u. a. vermittelt.
    Seit den 1960er- und 70er-Jahren richtet sich die Aufmerksamkeit auf in der Schule von vornherein benachteiligte Kinder, die nicht das vorausgesetzte Ausdrucksvermögen (v. a. in der Schriftsprache) mitbrin-

gen, sondern von soziokulturellen Sprachbesonderheiten geprägt sind. Zur Überwindung dieser →Sprachbarrieren wurde die →kompensatorische Erziehung für diese Kinder in der Schule und möglichst schon im Kindergarten gefordert. Im Hinblick auf schulpflichtige ausländ. Kinder in dt. Schulen muss der Deutschunterricht in der Grundschule intensiviert werden, wobei oft zusätzl. Sprachförderung notwendig ist. Der Forderung nach muttersprachl. Unterricht für diese Kinder steht gegenüber, dass sie vorrangig die Sprache des Landes erlernen müssen, in dem sie leben. Oft können sie ohne gezielte Maßnahmen dem Unterricht in dt. Sprache nicht folgen und beherrschen andererseits nach einigen Schuljahren ihre Muttersprache oft nur noch sehr unvollständig. Weitere umfassende Bereiche sind der S. für Erwachsene, die als ausländ. Arbeitnehmer, als Aussiedler oder als Flüchtlinge in Dtl. Fuß fassen wollen, und der S. mit berufl. Zielsetzung (z. B. Fremdsprachenkorrespondent, Übersetzer, Dolmetscher, Philologe).

Als fruchtbarste Unterrichtsform, zumindest für lebende Fremdsprachen und die Muttersprache, wird heute i. Allg. die kommunikative Situation im Unterricht angesehen, wobei im freien fremdsprachigen Dialog zw. Lehrer und Lernendem das Formulieren in der anderen Sprache geübt wird. Hier schließen dann Wortschatzübungen und Sprachlehre an, ggf. auch mittels computergestützter Sprachprogramme (programmierter Unterricht) und im Sprachlabor. S. ist nicht losgelöst von der Vermittlung kultureller Eigenheiten des Landes denkbar, in dem die betreffende Sprache gesprochen wird, da Sprache eng mit der Alltagskultur, der Kunst und Wissenschaft des Landes verbunden ist. In Sprachdidaktik, Linguodidaktik und Psycholinguistik gab und gibt es differierende Konzepte und Forschungsansätze; dabei spielen Spracherwerbstheorien, Unterrichtstraditionen und didakt. Überlegungen (z. B. hinsichtlich der Art der Lerngruppe und des Alters der Lernenden) eine Rolle. Sondergebiete des S. sind heilpädagog. Sprachförderung und Sprachtherapie in der Vorschulzeit und im Sonderschulwesen.

Sprach|ursprung, die Entstehung von Sprache. Der S. ist mit wiss. Methoden nicht zu erklären, es sind daher nur Hypothesen möglich. Die Entstehung von Sprache wurde u. a. zurückgeführt 1) auf die Nachahmung von Tierlauten (onomatopoet. Theorie); 2) auf den Ausdruck von Emotionen (interjektionale Theorie; 3) auf die Notwendigkeit zur Koordination gemeinsamen Handelns (synergast. Theorie). Umstritten ist auch, ob von einer gemeinsamen Ursprache, aus der alle weiteren Sprachen entstanden, ausgegangen werden kann oder ob sich Sprachen an unterschiedl. Orten und zu unterschiedl. Zeiten unabhängig voneinander entwickelten.

Theorien vom Ursprung der Sprache, hg. v. J. GESSINGER u. a., 2 Bde. (1989).

Sprachverarbeitung, *künstl. Intelligenz:* Sammel-Bez. für Techniken und Verfahren der Erkennung, Aufnahme, Interpretation (→Spracherkennung, →Sprachverstehen), Verarbeitung und Synthese (→Sprachsynthese) natürl. Sprache durch den Computer. Zur digitalen S. gehören die Wandlung der analogen Sprachsignale (etwa der gesprochenen Sprache) in digitale mit Analog-digital-Umsetzern, die Speicherung, Verarbeitung und Übertragung der digitalen Sprachsignale und schließlich deren Wandlung in analoge Signale mit Digital-analog-Umsetzern. Von besonderer prakt. Bedeutung unter den Verfahren der S. ist die →Sprechererkennung.

Sprachverein, →Deutscher Sprachverein.

Sprachverfall, Sprachzerfall, Bez. für einen bes. raschen →Sprachwandel. Kennzeichnend für S. sind Vereinfachungen bis hin zu einer pidginisierten Sprachform, aber auch die freiwillige Aufgabe einer sprachl. Varietät durch die Sprecher selbst. Typ. Unterscheidungsmerkmale des S. gegenüber bloßem →Sprachkontakt sind verstärkt auftretende →Interferenzen 4), häufige Übernahme von phonetisch nicht integrierten Fremdwörtern sowie die Akzents der als überlegen empfundenen Kontaktsprache. Als S. wird (von Puristen) außerdem eine Verarmung der muttersprachl. Register (u. a. infolge zunehmender Anglisierung z. B. der dt. Sprache) bezeichnet.

Sprachverstehen, 1) *Computerlinguistik* und *künstl. Intelligenz:* allg. das Verstehen des konkreten Bedeutungs- oder Informationsgehalts natürl. Sprache durch einen Computer; im Sinn der →Sprachverarbeitung derjenige Prozess bzw. diejenigen Prozessschritte, die auf die →Spracherkennung folgen. Obwohl hiernach die Probleme des S. für gesprochene und geschriebene Sprache prinzipiell gleich sind, besteht in der Anwendung ein wichtiger Unterschied darin, dass durch die Verfahren der Spracherkennung Wortgrenzen i. d. R. nur mit einer gewissen Wahrscheinlichkeit erkannt werden können, während sie bei geschriebenen Texten i. d. R. zweifelsfrei markiert sind, z. B. durch Leerzeichen. Das S. ist ein wissensbasierter Prozess (→künstliche Intelligenz), der sich v. a. auf Syntax, Semantik und Pragmatik als Wissensquellen stützt.

2) *Sprachwissenschaft:* die →Sprachperzeption.

Sprachverwandtschaft, →Sprache (Sprache und Sprachen).

Sprachwahrnehmung, die →Sprachperzeption.

Sprachwandel, die von der histor. Sprachwiss. untersuchte Veränderung einer Sprache. Sie findet statt v. a. in Lexik und Semantik aufgrund der Wandlungen des gesellschaftl. Lebens und zahlreicher sprachl. Neuschöpfungen, die eine veränderte Umwelt mit sich bringt; daneben sind auch Phonetik/Phonologie (Lautwandel), Morphologie (Veränderung in den Flexionssystemen, neue Wortbildungsschemata) und Syntax (Veränderung der Wortstellung) vom S. betroffen. Die schriftl. Fixierung und Standardisierung der europ. Sprachen seit dem MA. hat den Prozess des S. (zumindest der geschriebenen Sprache) einerseits verlangsamt, ermöglicht andererseits aber auch, den S. anhand der sich verändernden Ausdrucksformen zu dokumentieren. Einem S. sind alle natürl. Sprachen unterworfen. Zu den äußeren Einflüssen, die ihn bewirken können, gehören u. a. polit., geograph., religiöse, kulturelle, wirtschaftl. und soziale Veränderungen inner- und außerhalb einer Sprachgemeinschaft.

J. AITCHISON: Language change. Progress or decay? (London 1981); A. DAUSES: Theorien des S. (1990); S. u. Sprachgeschn., hg. v. J. SCHMIDT-RADEFELDT u. A. HARDER (1993); R. KELLER: S. (²1994); Natürlichkeitstheorie u. S., hg. v. S. BORETZKY u. a. (1995).

Sprachwissenschaft, die Wiss., die auf eine möglichst umfassende und vollständige Erfassung, Beschreibung und Erklärung von →Sprache und Sprachen zielt. Daneben beschäftigen sich auch zahlr. andere Wiss.en mit Sprache (u. a. Literaturwiss., Philosophie, Kommunikations- und Medienwiss., Soziologie, Ethnologie, Psychologie, Biologie, Anthropologie oder Informatik), doch thematisieren sie Sprache immer nur unter bestimmten Aspekten von ihren jeweiligen fachl. Interessen her. In vielen Fällen kooperiert die S. mit diesen benachbarten Wiss.en in interdisziplinärer Weise (z. B. Psycholinguistik, Soziolinguistik). Anstelle von S. ist im im deutschsprachigen Raum seit den 1960er-Jahren auch die Bez. Linguistik gebräuchlich, die auf die Rezeption der modernen, auf dem →Strukturalismus basierenden S. zurückgeht.

Im Zentrum der heutigen S. steht die Beschäftigung mit dem ›System‹ Sprache und seinen versch. Teilsystemen. Gegenstand der →Phonologie ist das lautl.

System von Sprachen. Die Basis für die Phonologie liefert die →Phonetik, die die Sprachlaute an sich, d. h. die Gesamtheit der mögl. Laute aller Sprachen im Hinblick auf ihre artikulator., akust. und auditiven Eigenschaften untersucht. Der Phonologie entspricht in Bezug auf die schriftl. Realisierung von Sprache die →Graphemik als diejenige Teildisziplin, die sich mit den Schriftsystemen von Sprachen, den Graphemen und ihren Kombinationsregularitäten befasst; analog zur Phonetik dient hier die Graphetik als Wiss. von den Verschriftungssystemen als Grundlage. Von der Graphemik zu unterscheiden ist die →Rechtschreibung, deren Gegenstand normierte, in der Regel kodifizierte Schriftsysteme sind. Untersuchungsobjekt der →Morphologie ist der Aufbau, die innere Struktur von Wörtern sowohl im Hinblick auf die Bildung unterschiedl. Wortformen (Flexionsmorphologie) als auch im Hinblick auf die Bildung neuer Wörter (→Wortbildung). Aufgabe der →Syntax ist die Erfassung und Beschreibung der Regeln für die Kombination von Wörtern zu größeren Einheiten bis hin zu Sätzen als den größten syntakt. Einheiten. Die Wiss. von den Bedeutungen sprachl. Ausdrücke ist die →Semantik. Morphologie und Syntax, teilweise auch Phonologie, verschiedentlich auch die Graphemik werden oft unter dem Begriff →Grammatik zusammengefasst; der Grammatik in diesem Sinne wird dann die →Lexikologie als die Lehre vom Lexikon (Wortschatz) einer Sprache gegenübergestellt.

Bei der wiss. Beschäftigung mit sprachl. Erscheinungen lassen sich grundsätzlich die auf einen Sprachzustand bezogene (synchron.) und die auf eine Sprachentwicklung, die Veränderung von Sprache in der Zeit bezogene (diachron.) Vorgehensweise unterscheiden. Die Diachronie von Sprachen ist Gegenstand der histor. S., die darüber hinaus jedoch auch noch einzelne Sprachzustände der Vergangenheit (unter synchron. Perspektive) untersucht und beschreibt (z. B. Alt-, Mittel-, Frühneuhochdeutsch, das Deutsch des 18. Jh.) sowie sich den Bedingungen und Ursachen des →Sprachwandels widmet. Dabei werden oft auch außersprachl. Faktoren mit einbezogen – so auch in der →Etymologie als der Teildisziplin, die sich mit der Herkunft, Grundbedeutung und Entwicklung einzelner Wörter sowie ihrer Verwandtschaft mit Wörtern gleichen Ursprungs in anderen Sprachen beschäftigt.

Hinsichtlich des jeweiligen Untersuchungsgegenstands lässt sich die S. darüber hinaus einteilen in die auf einzelne Sprachen bzw. Sprachgruppen bezogene S. (z. B. germanist., anglist., romanist., slawist. S.), die vergleichende S. und die allgemeine S. In der vergleichenden S. werden die Beziehungen versch. Sprachen entweder im Hinblick auf ihre genet. Verwandtschaft (historisch-vergleichende S.) oder (unabhängig von historisch-genet. Zusammenhängen) im Hinblick auf Gemeinsamkeiten ihrer grammat. Eigenschaften untersucht und klassifiziert (→Sprachtypologie), während sich die allgemeine S. mit den generellen Eigenschaften von Sprache sowie den theoret. Grundlagen für die Beschreibung einzelner Sprachen bzw. Sprachgruppen (Sprachtheorie) befasst.

Bes. seit den 1960er-Jahren sind weitere Teildisziplinen der S. entstanden, die sich – interdisziplinär orientiert – mit dem Verhältnis und den Zusammenhängen von Sprache und den zahlr. außersprachl. Faktoren beschäftigen, mit denen Sprache in enger Beziehung steht. Die Modalitäten und Regularitäten des Gebrauchs von Sprache, die Verwendungsaspekte von Sprache werden in der →Pragmatik (Pragmalinguistik) thematisiert. Die Textlinguistik beschäftigt sich mit dem Aufbau sowie den Konstitutions- und Verwendungsbedingungen von Texten, die Soziolinguistik untersucht die vielfältigen Beziehungen zw. Sprache und Gesellschaft (u. a. Sprachvarietäten, Sprachkontakt, Mehrsprachigkeit, Sprachbarrieren, Sprachnormen, Sprachplanung, Sprachpolitik). Die Erforschung von Dialekten wird heute vielfach im Überschneidungsbereich von Soziolinguistik und Dialektologie (Dialektsoziologie) gesehen, während die Dialektologie als Mundartforschung früher ausschließlich am Verhältnis sprachl. Ausdrücke zu ihrer räuml. Verbreitung orientiert war (Dialektgeographie).

Sprache als psych. Phänomen ist Ausgangspunkt der →Psycholinguistik, für die die Erforschung der bei der Sprachproduktion und -rezeption ablaufenden Prozesse (Sprachverarbeitung), der Speicherung des sprachl. Wissens im Gehirn sowie des Spracherwerbs im Mittelpunkt steht. Enge Beziehungen bestehen zur →Neurolinguistik, die sich mit den neurophysiolog. Grundlagen der Sprache, mit der Repräsentation von Sprache im Gehirn und den für die Sprachverarbeitung sowie den Spracherwerb relevanten Gehirnfunktionen beschäftigt, sowie zur →Computerlinguistik, die u. a. die Simulation der bei der Sprachverarbeitung ablaufenden Prozesse zum Ziel hat.

Während die bisher genannten Teildisziplinen der S. (von Ausnahmen abgesehen) im Wesentlichen theoretisch, auf die Erfassung, Beschreibung und Erklärung von Sprache, Sprachen und sprachl. Kommunikation ausgerichtet sind, gibt es eine Reihe von Disziplinen, die sich – oft unter der globalen Bez. angewandte S. – mit spezif. Anwendungsbereichen von S. beschäftigen. Zu nennen sind hier u. a. die Sprachdidaktik, deren Gegenstand der Primär- bzw. Fremdsprachenunterricht ist (Letzteres auch Sprachlehrforschung gen.), die v. a. im Hinblick auf den Fremdsprachenunterricht betriebene →kontrastive Linguistik, bei der es v. a. um die Erfassung der Gemeinsamkeiten und Unterschiede zw. (i. d. R. zwei) Sprachen geht, die Übersetzungswiss., die →Lexikographie, die sich (im Unterschied zur Lexikologie) mit der Erstellung von Wörterbüchern beschäftigt, sowie die →Patholinguistik, die Sprach-, Sprech- und Sprachentwicklungsstörungen untersucht.

Einen etwas anderen Status hat die oft zur angewandten S. gerechnete →Computerlinguistik, da sie zum einen – etwa im Zusammenhang mit der Erforschung der bei der Sprachverarbeitung ablaufenden Prozesse – linguist. Grundlagenforschung leistet und zum anderen vielfach Beiträge zu Anwendungsbereichen anderer Teildisziplinen liefert, denen nur gemeinsam ist, dass bei ihnen der Computer eingesetzt wird. Wichtige Anwendungsbereiche der Computerlinguistik sind die maschinelle Übersetzung, die computergestützte Lexikographie, die automat. Generierung und Erkennung von Sprache sowie die Erstellung von Konkordanzen und Textdatenbanken. Enge Beziehungen zur Computerlinguistik hat die statist. Linguistik, die sprachl. Regularitäten unter quantitativen Aspekten untersucht und damit die Grundlagen u. a. für die Herstellung von Häufigkeitswörterbüchern oder für stilist. Textanalysen bereitstellt. Außer für die genannten Anwendungsbereiche sind Ergebnisse der S. auch für alle anderen mit Sprache befassten Wiss.en von Bedeutung, aber auch für Aufgaben der Sprachberatung und Sprachplanung und nicht zuletzt für die alltägl. Sprachpraxis.

Geschichte

Die S. als eigenständige wiss. Disziplin ist eine relativ junge Wiss., denn erst seit dem Beginn des 19. Jh. kann man von S. in dem eingangs erläuterten Sinne sprechen. Die wiss. Beschäftigung mit Sprache und Sprachen ist dagegen wesentlich älter – allerdings immer ›von außen‹ motiviert, d. h. durch andere Zusammenhänge, in denen Sprache, Sprachen und sprachl. Phänomene genauerer Untersuchungen bedurften. Diese Untersuchungen entfernten sich z. T. aber so weit vom eigentlichen Anlass, dass man in diesen Fällen durchaus schon von S. sprechen kann, wenn auch noch nicht von einer wiss. Disziplin im modernen Sinne.

Die wiss. Beschäftigung mit Sprache hat sich unabhängig voneinander in mehreren Kulturkreisen entwickelt, wobei die Anstöße jeweils v. a. von bestimmten Problemen im Umgang mit älteren Texten, teilweise aber auch von philosoph. Fragestellungen ausgingen. Die frühesten Bemühungen dieser Art sind aus Mesopotamien bekannt, wo das Sumerische, dessen erste Schriftdokumente aus dem 3. Jt. v. Chr. datieren, zwar nur bis um 2300 v. Chr. gesprochen und dann vom Akkadischen abgelöst wurde, aber noch weitere zwei Jahrtausende als Schriftsprache im Gebrauch blieb, was u. a. zu einer zweisprachigen Lexikographie führte. In Indien hatte die wiss. Beschäftigung mit Sprache religiöse Ursprünge: Die rituell motivierte Notwendigkeit, einerseits die mündlich überlieferten heiligen Texte des Hinduismus, die aus dem 2. Jt. v. Chr. stammenden Veden, bei den religiösen Zeremonien in ihrem ursprüngl. Wortlaut wiederzugeben, und andererseits der im Lauf der Jahrhunderte erfolgte Sprachwandel einschließlich der regionalen Differenzierung machten es erforderlich, das Verständnis der alten Texte zu sichern sowie die alte klass. Literatursprache, das Sanskrit, zu erhalten und entsprechende Normen – auch für die Ausbildung der Priester – festzulegen. Diesem Zweck diente auch das älteste erhaltene Dokument der Beschäftigung mit Sprache in Indien, die Sanskritgrammatik des PANINI (6./5. Jh. v. Chr.), die erkennen lässt, dass sie schon auf einer langen Tradition aufbauen konnte. Die zunehmend auch unabhängig von ihrem ursprüngl., religiösen Kontext betriebenen Studien zur Semantik, Grammatik, Phonologie und Phonetik lassen es gerechtfertigt erscheinen, hier schon von S. im eigentl. Sinne zu sprechen. Gleichfalls im Sprachwandel lag auch die intensivere Beschäftigung mit Sprache in China begründet; die Veränderungen im Wortschatz, die das Verständnis der alten Klassiker der chin. Literatur in zunehmendem Maße erschwerten, machten die Erarbeitung von Wörterbüchern (seit dem 2. Jh. n. Chr.) notwendig. Die S. in China nahm im 3. und 4. Jh. n. Chr. durch die Begegnung mit dem Buddhismus, die eine Auseinandersetzung mit fremden, phonetisch wiedergegebenen Termini und die Reflexion auf die eigene Sprache erzwang, einen raschen Aufschwung. Im arab. Kulturkreis war die Beschäftigung mit Sprache wesentlich religiös motiviert: zum einen durch das Verbot, den Koran zu übersetzen, sodass alle Nichtaraber, die zum Islam konvertierten, auch Arabisch lernen mussten, zum andern durch die Tradition der sprachl. Exegese und Kommentierung des Koran. Ihren Höhepunkt erreichte die arab. S., die sich v. a. mit Grammatik, aber auch mit Phonetik und Lexikographie beschäftigte, Ende des 8. Jh. n. Chr. in der Grammatik des SIBAWAIH.

Die abendländ. Tradition geht auf die griech. Antike zurück. Ausgangspunkt waren hier v. a. philosoph. Fragestellungen wie die, ob den Wörtern ihre Bedeutungen von Natur aus oder durch Konvention zukommen und ob Sprache eher etwas grundsätzlich Regelmäßiges oder eher von Unregelmäßigkeiten gekennzeichnet sei (Analogisten bzw. Anomalisten). Die Auseinandersetzung mit diesen Fragen, u. a. durch PLATON, ARISTOTELES und die Stoiker, führte zu weit reichenden und bis heute nachwirkenden Ergebnissen bes. in der Grammatik und der Etymologie. Dem Verständnis von älteren Texten dienende Funktion hatte die Beschäftigung mit sprachl. Phänomenen im Hellenismus in der alexandrin. Schule, der auch die erste erhaltene griech. Grammatik überhaupt, die des DIONYSIOS THRAX (2. Jh. v. Chr.), zu verdanken ist; ihre Begrifflichkeit wirkt ebenso wie die der Grammatik des ebenfalls in Alexandria wirkenden APOLLONIOS DYSKOLOS (2. Jh. n. Chr.) noch heute nach. In der röm. Antike traten die philosoph. Probleme eher in den Hintergrund, im Mittelpunkt stand die (normativ verstandene) Grammatik für Zwecke des Unterrichts und der Rhetorik. Die wichtigste Leistung dieser Epoche für die weitere Entwicklung der wiss. Beschäftigung mit Sprache besteht darin, dass sie mit der ganz der griech. Tradition verpflichteten lat. Grammatiken des DONATUS (4. Jh. n. Chr.) und des PRISCIANUS (5./6. Jh.) ein Modell bereitstellte, das den Sprachunterricht vom MA. bis heute sowie das Alltagsverständnis von Grammatik als ›traditionelle Grammatik‹ bzw. als ›lat. Schulgrammatik‹ entscheidend prägte.

Charakteristisch für das MA. sind zum einen die zahlr. grammat. Traktate für den Lateinunterricht, zum andern die scholast. spekulative Grammatik des 13. und 14. Jh., in der es um die Analyse der Struktur der Wirklichkeit mithilfe der Sprache ging. Die Renaissance ist im Hinblick auf die Beschäftigung mit Sprache v. a. durch die Ablösung des Lateinischen als der allein dominierenden Sprache geprägt; neben das Latein traten Griechisch und Hebräisch als weitere klass. Sprachen ins Blickfeld, ferner die europ. Volkssprachen sowie – im Zeitalter der Entdeckungen – auch außereurop. Sprachen. Dies führte zu zahlr. Grammatiken, Lehr- und Wörterbüchern sowie bei den europ. Volkssprachen in Zusammenhang mit dem Loslösungsprozess vom Latein zur Standardisierung, Normierung und Kodifizierung dieser Sprachen. Im Zeitalter der Aufklärung erlangten daneben philosoph. Fragestellungen bei der Beschäftigung mit Sprache wieder stärkere Bedeutung. Beispiele hierfür sind die rationalist. allgemeinen (log.) Grammatiken, insbesondere in Frankreich (→Grammatik von Port-Royal), die Idee einer Universalsprache bei G. W. LEIBNIZ, aber auch die Beschäftigung mit dem Problem des Sprachursprungs im 18. Jh. (É. B. DE CONDILLAC, J. G. HERDER).

Ausgangspunkt für die Entwicklung der S. als selbstständige wiss. Disziplin war die erstmals von W. JONES 1786 vorgetragene Hypothese, dass das Sanskrit, das Griechische, das Lateinische sowie das Gotische und Keltische eine gemeinsame Quelle haben, die man in der Folgezeit das Indoeuropäische oder Indogermanische nannte. Insbesondere R. RASK, J. GRIMM und F. BOPP gelang es, durch den Vergleich versch. indogerman. Sprachen (v. a. im Hinblick auf ihre lautl. und morpholog. Eigenschaften) den Nachweis der genet. Verwandtschaft zu erbringen (→Indogermanistik) und durch ihre historisch-vergleichende Methode die S. von der noch im 18. Jh. bestimmenden Sprachphilosophie und der Logik sowie von der normativen Ausrichtung früherer Grammatiken zu lösen und sie als eigenständige deskriptive Wiss. zu etablieren. Bedeutsam für den Beginn der S. ist auch W. VON HUMBOLDT, der Sprache nicht als Produkt (Ergon), sondern als Tätigkeit (Energeia) betrachtete und die menschl. Sprachfähigkeit (Kreativität) in den Mittelpunkt stellte.

War die histor. S. der 1. Hälfte des 19. Jh. noch stark geistesgeschichtlich ausgerichtet, da sie Sprache primär als Äußerung des menschl. Geistes betrachtete und mit der Erforschung einer Sprache auch das Wesen und die Kultur des jeweiligen Volkes in der jeweiligen Epoche erfassen wollte, so war die 2. Hälfte des 19. Jh. von einer naturwiss. Sicht auf den Gegenstand ›Sprache‹ geprägt. Bedeutsam sind hier zum einen A. SCHLEICHER, der (unter dem Einfluss der Evolutionstheorie C. DARWINS) Sprache als Organismus ansah, der wächst, blüht und verfällt, und dies in Form seiner →Stammbaumtheorie darstellte, sowie zum andern die →Junggrammatiker, die den Sprachwandel durch Gesetze im naturwiss. Sinn (Lautgesetze) erklären wollten, die S. allerdings nicht als Natur-, sondern als Kulturwiss. verstanden.

Im Ggs. zu der eindeutig historisch ausgerichteten S. des 19. Jh. ist die S. des 20. Jh. im Wesentlichen synchronisch orientiert, wobei nicht die Erforschung früherer Sprachzustände, sondern die Beschäftigung mit der Gegenwartssprache im Mittelpunkt steht. Entscheidend geprägt wurde diese Neuorientierung durch F. DE SAUSSURE, der mit seinen der junggrammat. Konzeption diametral entgegengesetzten Auffassungen, dass nicht die einzelnen sprachl. Äußerungen, sondern das den Äußerungen zugrunde liegende System der Gegenstand der S. sei und dass jegl. Untersuchung von Sprachwandel (Diachronie) die Untersuchung von Sprachzuständen (Synchronie) voraussetze, den linguist. →Strukturalismus begründete; dieser beeinflusste die S. des 20. Jh. bis in die Gegenwart hinein stark und wird oft verkürzt mit moderner S. gleichgesetzt. Wichtige Zentren des Strukturalismus waren Genf (→Genfer Schule), Prag (→Prager Schule) und Kopenhagen (→Glossematik). Der amerikan. Strukturalismus (L. BLOOMFIELD u. a.) stimmt zwar in vielen Punkten mit dem europ. Strukturalismus überein, ist jedoch weniger von DE SAUSSURE als vielmehr vom psycholog. Behaviorismus und der amerikan. Tradition der Erforschung der Indianersprachen beeinflusst. Die S. in Dtl. hat sich diesen Entwicklungen (von wenigen Ausnahmen abgesehen) erst in den 1960er-Jahren angeschlossen. Stattdessen hat die junggrammat. Tradition der histor. S. noch sehr lange nachgewirkt. Daneben haben andere Strömungen die dt. S. bestimmt, u. a. die geistesgeschichtlich orientierte neoidealist. S. (K. VOSSLER), die unterschiedlichen Ausprägungen der Mundartforschung (u. a. F. WREDE), die kulturmorpholog. Richtung (u. a. T. FRINGS) oder die inhaltbezogene Grammatik (L. WEISGERBER).

Einen Meilenstein in der Gesch. der S. des 20. Jh. bedeutete die von N. CHOMSKY Mitte der 50er-Jahre entwickelte ›generative Grammatik‹, deren Ziel es ist, durch ein System von expliziten, formalen Regeln das dem aktuellen Sprachgebrauch zugrunde liegende Wissen (Kompetenz) der Sprecher einer Sprache zu erfassen. Die generative Grammatik hat im Laufe der Jahrzehnte bedeutsame Veränderungen erfahren und bildet heute als Theorie von der Sprachfähigkeit des Menschen das Zentrum einer kognitiv orientierten Linguistik, d. h. einer Linguistik, die Sprache als mentales Phänomen untersucht, das nur im Rahmen einer Gesamttheorie des menschl. Geistes (der Kognition) zu verstehen ist und die außer der Sprachkenntnis auch den Spracherwerbsprozess sowie die bei der Sprachproduktion und der -rezeption ablaufenden Prozesse berücksichtigt (→kognitive Linguistik). Die starke Konzentration sowohl des Strukturalismus als auch der generativen Grammatik auf das Sprachsystem führte Anfang der 70er-Jahre zur ›pragmat. Wende‹ in der S., d. h. zur stärkeren Hinwendung zu Fragen der Sprachverwendung, des Sprachgebrauchs, die sich in der Herausbildung einer linguist. Pragmatik sowie zahlr. interdisziplinärer Teildisziplinen (Textlinguistik, Soziolinguistik u. a.) niederschlug.

Die heutige Situation ist gekennzeichnet durch eine Vielzahl konkurrierender Auffassungen, Theorien und Interessen, wobei neben der kognitiven Linguistik (einschließlich der generativen Grammatik) und den versch. pragmatisch-funktional orientierten Richtungen auch noch strukturalist. sowie eher traditionelle Positionen vertreten werden. Auch die Erforschung von Sprachwandel und Sprachgeschichte findet wieder stärkere Beachtung.

L. BLOOMFIELD: Language (New York 1933, Nachdr. Chicago, Ill., 1984); F. DE SAUSSURE: Grundfragen der allgemeinen S. (a. d. Frz., ²1967); O. SZEMERÉNYI: Richtungen der modernen S., 2 Bde. (1971–82); DERS.: Einf. in die vergleichende S. (⁴1990); R. H. ROBINS: Ideen- u. Problemgesch. der S. (a. d. Engl., 1973); DERS.: A short history of linguistics (London ⁴1997); H. ARENS: S. Der Gang ihrer Entwicklung von der Antike bis zur Gegenwart, 2 Bde. (Neuausg. 1974); G. C. LEPSCHY: Die strukturale S. (a. d. Ital., Neuausg. 1974); Lex. der germanist. Linguistik, hg. v. H. P. ALTHAUS u. a. (²1980); T. BYNON: Histor. Linguistik (a. d. Engl., 1981); P. RAMAT: Linguistic typology (Berlin 1987); B. COMRIE: Language universals and language typology (Oxford ²1989, Nachdr. ebd. 1993); G. HELBIG: Gesch. der neueren S. (⁸1989); DERS.: Entwicklung der S. seit 1970 (Neuausg. 1990); R. STERNEMANN u. K. GUTSCHMIDT: Einf. in die vergleichende S. (Berlin-Ost 1989); An encyclopaedia of language, hg. v. N. E. COLLINGE (London 1990); T. LEWANDOWSKI: Linguist. Wb., 3 Bde. (⁵1990); Lex. der S., bearb. v. H. BUSSMANN (1990); Linguistics: the Cambridge survey, hg. v. F. NEWMEYER, 4 Bde. (Neuausg. Cambridge 1990–91); NEIL SMITH u. D. WILSON: Modern linguistics (Neuausg. Harmondsworth 1990); G. INEICHEN: Allgemeine Sprachtypologie (²1991); The linguistics encyclopedia, hg. v. K. MALMKJÆR (London 1991); International encyclopedia of linguistics, hg. v. W. BRIGHT, 4 Bde. (Oxford 1992); N. CHOMSKY: Reflexionen über Sprache (a. d. Amerikan., ³1993); D. CRYSTAL: Die Cambridge-Enzykl. der Sprache (a. d. Engl., Neuausg. 1995); Metzler – Lex. Sprache, hg. v. H. GLÜCK (1993); Encyclopedia of language and linguistics, hg. v. R. E. ASHER u. a., 10 Bde. (Oxford 1994); A. LINKE u. a.: Studienbuch Linguistik (²1994); Linguistics, Beitrr. v. A. AKMAJIAN u. a. (Cambridge, Mass., ⁴1995); Concise history of the language sciences. From the Sumerians to the cognitivists, hg. v. E. F. K. KOERNER u. R. E. ASHER (Oxford 1995); J. LYONS: Einf. in die moderne Linguistik (a. d. Engl., ⁸1995); H. PAUL: Prinzipien der Sprachgesch. (¹⁰1995); H. VATER: Neuere S., in: Beitrr. zur Methodengesch. der neueren Philologien, hg. v. R. HARSCH-NIEMEYER (1995); B. BARTSCHAT: Methoden der S. (1996); G. GREWENDORF u. a.: Sprachl. Wissen (⁸1996); M. SCHWARZ: Einf. in die kognitive Linguistik (²1996); S.-Geschichte u. Sprachforschung, hg. v. E. COSERIU u. a. (1996); H. VATER: Einf. in die S. (²1996).

Sprachzentrum, Bez. für versch. zusammenwirkende Assoziationsfelder v. a. in der Großhirnrinde, die den Prozessen der Sprachproduktion und -perzeption (des Sprachverstehens) zugeordnet sind. Bei Rechtshändern liegen diese Felder vorwiegend in der linken, bei Linkshändern in der rechten Hirnhemisphäre und können (ohne dass es sich dabei um echte Zentren mit eigenständiger, eng zu umschreibender Funktion handelt) in ein **motorisches S.** (Broca-S., in der unteren Stirnhirnwindung) zur Steuerung und Kontrolle der beim Sprechen notwendigen Muskelbewegungen (Lippen, Zunge, Kehlkopf-, Atemmuskeln) und in ein **sensorisches S.** (Wernicke-Zentrum, Spracherinnerungszentrum, im Schläfenlappen) zur Aufnahme und zum Erkennen (akust. Sprachverständnis) gehörter Wörter und Wortklänge unterteilt werden.

Sprachzweig, →Sprache (Sprache und Sprachen).

Spranger, 1) Bartholomäus, niederländ. Maler, * Antwerpen 21. 3. 1546, † Prag vor 17. 9. 1611; Schüler von J. MANDYN, wurde von F. FLORIS sowie von den Manieristen in Parma und Rom (1566–75) beeinflusst, war ab 1575 Hofmaler Kaiser MAXIMILIANS II. in Wien, ab 1581 Kaiser RUDOLFS II. in Prag. S. schuf allegor. und mytholog. Bilder (v. a. erot. Szenen), die ihn zu einem bedeutenden Vertreter der rudolfin. Hofmalerei und des internat. Manierismus werden ließen. Seine Zeichnungen waren in Stichen (v. a. von H. GOLTZIUS) weit verbreitet. (BILD S. 648)

Werke: Marter Johannes des Evangelisten (1573; Rom, San Giovanni a Porta Latina); Herakles und Omphale (um 1575–80; Wien, Kunsthistor. Museum); Venus und Adonis (ebd.); Angelica und Medoro (um 1580; München, Alte Pinakothek); Allegorie auf Kaiser Rudolf II. (1592; Wien, Kunsthistor. Museum).

A. NIEDERSTEIN: Das graph. Werk B. S.s, in: Repertorium für Kunstwiss., Bd. 52 (1931); M. HENNING: Die Tafelbilder B. S.s. Höf. Malerei zw. ›Manierismus‹ u. ›Barock‹ (1987).

2) Carl Dieter, Politiker, * Leipzig 28. 3. 1939; Jurist, seit 1972 MdB (CSU), 1982–91 parlamentar. Staats-Sekr. im Bundesministerium des Innern, wurde 1991 Bundes-Min. für wirtschaftl. Zusammenarbeit

Carl Dieter Spranger

Bartholomäus Spranger: Herakles und Omphale; um 1575–80 (Wien, Kunsthistorisches Museum)

3) Eduard, Philosoph, Psychologe, Kulturpädagoge und Bildungspolitiker, * Berlin 27. 6. 1882, † Tübingen 17. 9. 1963; war ab 1911 Prof. in Leipzig, ab 1920 in Berlin, ab 1946 in Tübingen. Als Schüler W. DILTHEYS war S. Vertreter eines erneuerten Humanismus und Idealismus im Sinne einer geisteswiss. Psychologie (›Lebensformen‹, 1914). Im Mittelpunkt seiner kulturtheoret. Bemühungen steht die Arbeit an einer philosoph. Grundlegung der Geisteswissenschaften. Zentral ist hierbei die Methode des Verstehens. Als besondere Auffassungsweise richtet sie sich nach den Sinngehalten der idealtypisch reduzierten Erscheinungen des objektiven Geistes. Je nach Auffassung oder vermitteltem Wert- und Sinngehalt wurden von S. der vornehmlich theoret., der ökonom., der ästhet., der soziale, der religiöse und der Machtmensch unterschieden. Diese Grundtypen menschl. Verhaltens in Kulturbereichen wie Wiss., Wirtschaft, Religion, Politik arbeitete S. idealtypisch heraus und machte sie bes. auch in den Phasen der menschl. Entwicklung sichtbar (›Psychologie des Jugendalters‹, 1924).

Seine Kulturphilosophie beruht auf der Überzeugung, dass einerseits dem Humanitätsideal der klass. Zeit entsprochen werden muss, die kulturellen Gehalte aber konkret nur in der individuellen Persönlichkeit lebendig sind und nicht von den in der Person wurzelnden Wertvorstellungen oder religiösen Überzeugungen getrennt werden können. All das konkretisiert sich in den einzelnen Persönlichkeiten und ihren ›Denkformen‹ zur ›Weltanschauung‹, deren Untersuchung für S. eine immer aktuelle Kulturfrage darstellt. Im Bereich der Pädagogik wirkte S. weitgehend als Kultur- und Erziehungspolitiker, insofern für ihn Kultur der Bereich zwischenmenschl. Beziehungen und Auseinandersetzungen überhaupt war. Sein Erziehungsziel war die Verbindung von geistesgeschichtl. Tradition und schöpfer. Entfaltung der an den Kulturwerten gebildeten Persönlichkeit.

Weitere Werke: Die Grundl. der Geschichtswiss. (1905); Wilhelm von Humboldt u. die Reform des Bildungswesens (1910); Das dt. Bildungsideal der Gegenwart in geschichtsphilosoph. Beleuchtung (1928); Volk, Staat u. Erziehung (1932); Die Magie der Seele (1947); Pestalozzis Denkformen (1947); Pädagog. Perspektiven (1951); Kulturfragen der Gegenwart (1953); Der Eigengeist der Volksschule (1955); Der geborene Erzieher (1958); Menschenleben u. Menschheitsfragen (1963).

Eduard Spranger

Spratlyinseln ['sprætli-], chin. **Nansha Qundao** [-ʃa tʃʊn-], vietnames. **Dao Truong Sa,** Gruppe von zahllosen Koralleninseln und -riffen im Südchin. Meer, 800 km südlich der Paracelinseln; die zumeist unbewohnbaren S. werden von China und Vietnam sowie von Taiwan, den Philippinen, Malaysia und Brunei beansprucht. Z. T. unterhalten diese Staaten Militärstützpunkte, Flugzeuglandebahnen und Ankerplätze auf den S., u. a. Taiwan auf der größten (36 ha) Insel, **Itu Aba.** Im Bereich der S. werden Erdölvorkommen vermutet und liegen die Hauptschifffahrtswege Südostasiens. Wichtig sind daneben auch die Guanovorkommen der S. und die fischreichen Gewässer.

Spratzen, der plötzl. Ausbruch gelöster Gase beim Erstarren flüssiger Metalle, wobei feinste Metalltröpfchen verspritzen; der Guss ist dann porös. Bes. starke Neigung zum S. hat Silber. – Die gleiche Erscheinung tritt auch beim Erstarren gasreicher Lava auf (›Spratzlava‹).

Spray [spreɪ; engl., verwandt mit sprühen] *der* oder *das, -s/-s,* Anwendungsform für Kosmetika, Reinigungsmittel, Lacke, Lebensmittel, Schädlingsbekämpfungsmittel, Kampfstoffe u. a. Produkte, die in einem Behälter (S.-Dose, Sprühdose) unter dem Druck eines →Treibgases stehen und bei Betätigung eines Ventils als Nebel, Schaum oder Flüssigkeitsstrahl freigesetzt werden. Wegen der Umweltschädlichkeit der als Treibgase lange Zeit verwendeten →Fluorchlorkohlenwasserstoffe gewinnen mechanisch arbeitende Pumpzerstäuber immer mehr an Bedeutung.

Spread [spred; engl.] *der, -s/-s, Börsenwesen:* 1) die Differenz zw. zwei Preisen oder Zinssätzen, z. B. zw. An- und Verkaufskurs von Devisen; 2) der Aufschlag auf einen vereinbarten Referenzzinssatz.

Spreader ['spredə; engl.] *der, -s/-,* Tragrahmen an Hebezeugen als Aufnahmevorrichtung für Container.

Spreading ['spredɪŋ; engl.] *das, -(s),* gleichzeitiger Kauf und Verkauf einer gleichen Anzahl von nahezu ident. Optionen oder Terminkontrakten mit unterschiedl. Basispreisen und/oder Laufzeiten, um so z. B. auf einen fallenden (engl. bear spread) oder steigenden (engl. bull spread) Markt zu spekulieren und das Verlustrisiko zu begrenzen.

Sprech|akt, Bez. der ›grundlegenden oder kleinsten Einheiten der sprachl. Kommunikation‹ (J. R. SEARLE) im Rahmen der →Pragmatik. Mit einem S. vollzieht ein Sprecher nach J. L. AUSTIN gleichzeitig drei Teilakte: 1) den **lokutiven (lokutionären) Akt,** der a) den **phonetischen** (Äußerung von Lauten), b) den **phatischen** (Äußerung von Wörtern in grammat. Konstruktionen) und c) den **rhetischen Akt** (Verwendung von Wörtern und Konstruktionen in einer bestimmten Bedeutung) umfasst; 2) den **illokutiven (illokutionären) Akt,** der die Intention einer Äußerung in einer bestimmten Kommunikationssituation festlegt (z. B. Frage, Befehl, Warnung); 3) den **perlokutiven (perlokutionären) Akt,** der die Wirkung der Äußerung (auf den Hörer) bestimmt (z. B. Ausführung einer geforderten Handlung). Demgegenüber bezeichnet SEARLE den phonet. und den phat. Akt als **Äußerungsakt** und unterscheidet den **propositionalen Akt,** der aus dem Akt der Referenz (Bezugnahme auf Objekte und Sachverhalte) und dem der Prädikation (Zusprechen von Eigenschaften) besteht; daneben kennt er wie AUSTIN den illokutiven Akt, der mit dem propositionalen Akt eng verbunden ist, sowie den perlokutiven Akt. – Die **S.-Theorie** analysiert die Faktoren, Bedingungen und Regeln für das Verstehen und Gelingen von Sprechakten.

J. L. AUSTIN: Zur Theorie der Sprechakte (a. d. Engl., ²1979, Nachdr. 1994); E. WEIGAND: Sprache als Dialog. S.-Taxonomie u. kommunikative Gramm. (1989); M. ULKAN: Zur Klassifikation von Sprechakten (1992); J. R. SEARLE: Ausdruck u.

Bedeutung. Unterss. zur S.-Theorie (a. d. Engl., ³1993); G. HINDELANG: Einf. in die S.-Theorie (²1994).

Sprechchor, 1) gemeinsames, gleichzeitiges Sprechen, Vortragen oder Ausrufen der gleichen Worte (z. B. bei Demonstrationen); 2) (im Theater) eine gemeinsam etwas vortragende Gruppe von Menschen.

Sprecher|ausschuss, die Interessenvertretung der leitenden Angestellten, die nach dem S.-Ges. vom 20. 12. 1988 in Betrieben mit i. d. R. mindestens zehn leitenden Angestellten nach den Grundsätzen einer demokrat. Wahl gebildet werden kann. Er wird für vier Jahre gewählt. Die Grundzüge seiner Rechtsstellung (Gebot zur vertrauensvollen Zusammenarbeit, Beteiligtenfähigkeit im arbeitsgerichtl. Beschlussverfahren, Kostentragungspflicht und Behinderungsverbot des Arbeitgebers, Friedenspflicht) sind mit denen des Betriebsrats vergleichbar. Erzwingbare Mitbestimmungsrechte existieren aber nicht.

Sprecher|erkennung, *Computerlinguistik* und *künstl. Intelligenz:* allg. Bez. sowohl für das automat. Erkennen eines Sprechers anhand der akust. Merkmale seines Sprechens als auch für die dafür eingesetzten Verfahren; in diesem Sinn umfasst S. auch →Sprecheridentifizierung. I. e. S. ist der Begriff auf nur einen jeweils bestimmten Menschen und dabei auf die Problemstellung beschränkt, anhand stimml. (Sprach-)Äußerungen zu entscheiden, ob es sich bei dem Sprecher um diesen bewussten Menschen handelt oder nicht. Diese **Sprecherverifikation** (z. B. zur Überprüfung einer Zugangsberechtigung) ist vergleichsweise einfach, weil man dabei von der Kooperation des berechtigten Sprechers und von einem festen Wortlaut des gesprochenen Textes ausgehen kann.

Sprecher|identifizierung, *Computerlinguistik:* und *künstl. Intelligenz:* Bez. für das Problem der →Sprachverarbeitung (sowie für die Verfahren zu seiner Lösung), das darin besteht, nur anhand sprachl. Äußerungen (z. B. aufgezeichneter) eindeutig einen Sprecher zu identifizieren. Die S. unterscheidet sich darin von der Sprecherverifikation (→Sprechererkennung), dass der ›richtige‹ Sprecher nicht bekannt ist und dass mehrere bis sehr viele Menschen als solcher infrage kommen. Dabei muss man typischerweise davon ausgehen (z. B. in der Kriminalistik), dass einige oder alle der Sprecher nicht kooperativ sind und dass gesprochene Texte mit unterschiedl. Wortlauten miteinander verglichen werden müssen.

Sprech|erziehung, Ausbildung zu korrektem Sprechen, mit Übungen zu Atem- und Stimmtechnik, zur Lautbildung sowie zur künstler. Wiedergabe von (literar.) Texten.

Sprechfunk, drahtloses Fernsprechen mittels ortsfester, mobiler und tragbarer →Funksprechgeräte im Kurzwellen- oder Ultrakurzwellenbereich.

Sprechgesang, eine Art vokaler Deklamation, die sich zw. Sprechen und Singen bewegt und im Melodram (→Melodrama) verwendet wird. Der S. wurde zuerst von A. SCHÖNBERG in seinem ›Pierrot lunaire‹ (1912) so bezeichnet.

Sprechkopf, Magnettonkopf zur Umwandlung elektr. Tonsignale in ein magnet. Wechselfeld (→Magnettonverfahren), bestehend aus einem ringförmigen oder rechteckigen Kern aus magnetisch gut leitenden, geschichteten Blechen mit einer Wicklung zur Zuführung der aufzuzeichnenden Signale. Am mit nichtmagnet. Material gefüllten Arbeitsspalt (Spaltbreite z. B. 5 µm) an der Kernvorderseite wird das vorbeigezogene Magnetband im Signalrhythmus magnetisiert.

Sprechkunde, Wiss. von der Sprecherziehung und Rhetorik (sowie ein diese Wiss. betreffendes Lehrbuch). Wichtige Teilbereiche sind die Psychologie und Soziologie der Sprachhandlung, die Physiologie und Phonetik des Sprechakts (Atem-, Stimm-, Lautbildung) sowie die Theorie der rhetor. Kommunikation.

Sprechkunst, Vortragskunst, i. e. S. Bez. für die Kunst des (geschulten) Vortrags literar. Texte (Reden, Dramenrollen, Lyrik); i. w. S. Bez. für das auf besonderer Beherrschung von Atem-, Stimm- und Sprechtechnik beruhende Sprechen.

Sprechsituation, Gesamtheit der Voraussetzungen, die zu einer sprachl. Äußerung und dem Verstehen dieser Äußerung seitens des Kommunikationspartners führen. Hierzu gehören u. a. Verstehensmöglichkeiten, -dispositionen und Einstellungen der Gesprächspartner sowie deren soziale Rollen, Kommunikationsabsichten, Ort, Zeit und Öffentlichkeitsgrad der Äußerung, deren Formen und themat. Fixierung sowie Inhalt und Ergebnis der Kommunikation.

Sprechsprache, die →gesprochene Sprache im Unterschied zur geschriebenen Sprache.

Sprechstelle, an ein Fernsprechnetz angeschlossener Fernsprecher, →Hauptanschluss.

Sprechtakt, derjenige Teil einer Äußerung, der mit einem Atemstoß hervorgebracht, melodisch akzentuiert und durch Pausensetzung markiert wird.

Sprechzeug, Mikrofon/Kopfhörer-Garnitur für alle Formen des Fernsprechens, bes. für Vermittlungs- und Auskunftspersonal im öffentl. Fernsprechdienst **(Abfrageapparat).**

Spree die, linker, bedeutendster Nebenfluss der Havel, in Sa. (Oberlausitz), Bbg. (Niederlausitz) und Berlin, 382 km lang (davon die unteren 147 km schiffbar); entspringt im Lausitzer Bergland, durchfließt das Niederlausitzer Braunkohlengebiet, teilt sich unterhalb von Cottbus in den →Spreewald in zahlr. Arme, durchfließt mehrere Seen, u. a. den Schwieloch- und den Großen Müggelsee, und mündet im Berliner Verw.-Bez. Spandau. Im Niederlausitzer Braunkohlengebiet wurde im Lauf neuer Tagebaue streckenweise verlegt, zur Energiegewinnung und Wasserregulierung im Spreewald unterhalb von Bautzen (Speicherbecken Niedergurig/Burk, auch Oberlausitzer Meer gen.; 5,6 km²) und Spremberg (Speicherbecken S. oder Bräsinchen, 9,9 km²) durch Talsperren gestaut; am Zufluss Kleine S. wurden die Speicherbecken Lohsa I (3,4 km²) und Lohsa II (seit 1997 geflutet) bei Hoyerswerda errichtet. Ab dem Jahr 2000 sollen weitere 26 Tagebauseen mit einer Gesamtfläche von etwa 60 km² entstehen. Innerhalb Berlins wird die S. durch den Teltowkanal mit der Havel verbunden und ihr Wasserweg durch den Landwehrkanal verkürzt. Hauptnebenfluss ist die Dahme. Der Unterlauf der S. ist auf einer kurzen Strecke Teil des Oder-S.-Kanals.

Spree-Neiße, Landkreis in Bbg., umschließt die kreisfreie Stadt Cottbus, grenzt im S an Sa. und im O mit der Neiße an Polen, 1 662 km², 155 100 Ew. (darunter Sorben), Kreisstadt ist Forst (Lausitz). Der im SO des Landes Bbg. gelegene und von der Spree durchflossene Kreis umfasst große Teile der vom Lausitzer Grenzwall durchzogenen Niederlausitz. Der N wird von Teilen des Spreewaldes (Ausflugsort Burg/Spreewald), der Laßzinswiesen (Feuchtgebiet) und der Lieberoser Hochfläche eingenommen. Die sorb. Minderheit lebt überwiegend im mittleren und südl. Kreisgebiet. Forstwirtschaft, Feldfutteranbau und Grünlandwirtschaft prägen den N des Kreises; Gemüseanbau im Spreewald, Teichwirtschaft in Peitz. Die Landschaft im S wird seit 1957 durch den inzwischen stark zurückgegangenen Abbau von Braunkohle (Tagebaue Welzow-Süd westlich von Spremberg bei Welzow und Cottbus-Nord und Jänschwalde nordöstlich und östlich von Cottbus) und seine Nachfolgeindustrien (Zentrum ist die Gem. Schwarze Pumpe) stark verändert, die Verstromung erfolgt durch die Braunkohlen-Großkraftwerke im Spremberger Stadtteil Trattendorf und in Schwarze Pumpe bzw. in Jänschwalde nahe von Peitz. Südlich von Cottbus ist die Spree zur Talsperre Spremberg oder Bräsinchen aufgestaut. Die größten Städte sind Guben, Forst (Lausitz) und Spremberg, weitere Städte sind Döbern, Drebkau, Peitz und Welzow. Grenzübergänge befinden sich in Guben und in Forst (Lausitz). – Der Landkreis S.-N. wurde 1993 aus den Landkreisen Cottbus, Forst, Guben und Spremberg gebildet.

Spreewald, sorb. **Błota** ['bu̯ɔta], Landschaft in der Niederlausitz, Bbg., eine bis 16 km breite und etwa 55 km lange, von der mittleren Spree in vielen Flussarmen (Fließe) durchflossene Niederung in der Niederlausitz. Der S. entstand nach der letzten Eiszeit, als sich die Spree auf ihrem eigenen periglazialen Schwemmkegel im Glogau-Baruther Urstromtal in viele Flussarme aufspaltete und außerdem die Verengung des Tals nördlich von Lübben/Spreewald zur Erhöhung des Grundwasserspiegels und damit zu regelmäßigen, nur langsam abfließenden Hochwassern, heute durch Speicherbecken z.T. zurückgehalten (→Spree), führte. Das Gebiet vermoorte, und es entstand ein Erlenbruchwald; hochwasserfrei blieben die Talsandterrassen und die höheren Teile des Schwemmkegels (Kaupen). Seit dem 18. Jh. wurden Entwässerungsmaßnahmen durchgeführt. Der S. wird durch die Lübbener Schwelle in Ober- und Unter-S. gegliedert. Der heute weithin gerodete **Ober-S.** (etwa von Cottbus bis Lübben/Spreewald) wird überwiegend als Dauergrünland sowie für den Gemüse- (Gurken, Meerrettich, Zwiebeln, Kürbis, Rhabarber) und Obstbau genutzt. Der kleinere, waldreiche **Unter-S.** (etwa von Lübben/Spreewald bis zum Neuendorfer See) ist weniger bevölkert; seine Bruchwaldgebiete wurden bes. stark entwässert und tragen heute schon teilweise Hochwald; mosaikartig werden sie von Grünland- und Ackerflächen unterbrochen. Wichtiges Verkehrs- und Transportmittel auf dem insgesamt 970 km langen Gewässernetz (viele Kanäle) ist der Kahn, seine Bedeutung nahm aber durch den Bau schmaler Brücken und befestigter Wege (seit 1922) ab. Der S. ist ein bedeutender Anziehungspunkt im Fremdenverkehr (Kahnfahrten, Spreewaldmuseum und Freilichtmuseum in →Lübbenau/Spreewald). Von der UNESCO wurde er 1991 als Biosphärenreservat (485 km²; Bruch- und Auenwaldflora) anerkannt. – Im frühen MA. zum slaw. Siedlungsgebiet zählende S. geriet im 10. Jh. unter dt. Herrschaft, doch wurde er weitgehend von Kolonisten gemieden, sodass sich das Volkstum der →Sorben bis in die Gegenwart erhalten konnte. (BILD →Deutschland)

Spreite, Blattspreite, flächig verbreiteter Abschnitt des Blattes der höheren Pflanzen (→Blatt).

Spreizfuß, →Fußdeformitäten.

Spreizung, *Kraftfahrzeugtechnik:* Neigungswinkel der Schwenkachse bzw. des Achsschenkelbolzens eines Rads quer zur Fahrtrichtung; bewirkt zus. mit dem Nachlauf die selbsttätige Rückstellung der Räder in den Geradeauslauf. (→Lenkung)

Sprekelia [nach dem Hamburger Ratssekretär JOHANN HEINRICH VON SPREKELSEN, * 1691, † 1764], **Jacobslilie,** Gattung der Amaryllisgewächse mit der einzigen Art **S. formosissima** in Mexiko und Guatemala; Zwiebelpflanze mit bis 45 cm langen, schmallineal. Blättern; Blüten dunkelrot, bis 10 cm groß, auf einem bis 30 cm hohen Blütenschaft.

Spremberg, sorb. **Grodk,** Stadt im Landkreis Spree-Neiße, Bbg., 99–126 m ü. M., im Niederlausitzer Braunkohlengebiet, an der Spree, 23 400 Ew.; Kreismuseum, Gedenkstein ›Mittelpunkt des Dt. Reiches von 1871‹; Kunststoffverarbeitung, Textilindustrie, Gießerei, im Stadtteil **Trattendorf** Braunkohlen-Großkraftwerk (1600 MW). Westlich von S. bei Welzow Braunkohlentagebau Welzow-Süd, unterhalb von S. Speicherbecken S. oder Bräsinchen (9,9 km²). – Spätgot. Kreuzkirche (1. Hälfte 16. Jh.; Turm 13. Jh.); Schloss, 1731 unter Verwendung älterer Bauteile als dreigeschossiger Barockbau errichtet; Wend. Kirche, 1834/35 nach Plänen von K. F. SCHINKEL erbaut. – Neben einer um 1000 angelegten Burg entstand die 1301 als Stadt bezeugte Siedlung S. Mitte des 19. Jh. entwickelte sich die Tuchindustrie, nach 1957 wurde S. Wohnstadt für die Beschäftigten des südlich von S. gelegenen Energiewerks →Schwarze Pumpe. S. war 1815–1993 Kreisstadt.

Sprendlingen, 1) ehem. Stadt in Hessen, gehört seit 1977 zu →Dreieich.

2) Gem. im Landkreis Mainz-Bingen, Rheinl.-Pf., 110 m ü. M., zw. Bingen und Alzey, 3 600 Ew.; Heimatmuseum; Wein- und Sektkellereien. – Auf der Napoleonshöhe bei S. wurde 1978 ein Jagdlager der jüngeren Altsteinzeit ausgegraben.

Sprengel [mnd. ›Weihwasserwedel‹, zu ahd. sprengen ›Wasser springen lassen‹], der Amtsbezirk des (mit dem Weihwasserwedel segnenden) Geistlichen (Diözese, Pfarrei), schließlich auch Amtsbezirk einer weltl. Behörde (Gerichts-S.).

Sprengel, 1) Bernhard, Industrieller und Kunstsammler, * Hannover 17. 4. 1899, † ebd. 22. 1. 1985; schenkte eine Sammlung von Gemälden, Grafiken und Skulpturen des 20. Jh. (u. a. Werke von E. NOLDE, P. KLEE, E. L. KIRCHNER, OTTO MUELLER) 1969 seiner Vaterstadt, die 1979 einen Neubau (Architekten D. QUAST, P. und URSULA TRINT; Erweiterungsbau 1991–92) für das Kunstmuseum Hannover mit der Sammlung Sprengel eröffnete.

2) Carl (Karl), Agronom, * Schillerslage (heute zu Burgdorf, Landkreis Hannover) 1787, † Regenwalde 19. 4. 1859; ab 1831 Prof. in Braunschweig; Begründer und Leiter der höheren landwirtschaftl. Lehranstalt in Regenwalde. S. wandte die Chemie auf Bodenkunde und Düngelehre an. Er lehrte den Ersatz der verbrauchten Bodennährstoffe durch Mineraldüngung.

3) Christian Konrad, Botaniker, * Brandenburg/Havel 1750, † Berlin 7. 4. 1816; Begründer der Blütenökologie. 1793 erschien sein Werk ›Das entdeckte Geheimnis der Natur im Bau und in der Befruchtung der Blumen‹, worin er zahlr. Beweise für die Sexualität der Pflanzen lieferte und detaillierte Kenntnisse der Bestäubungsvorgänge zeigte.

Sprengen, früher **Schießen,** plötzl. Verändern des Gefüges bzw. der Lage eines natürl. (z. B. Gestein) oder künstl. (z. B. Bauwerk) Objekts mithilfe von Sprengstoffen (→Explosivstoffe). Durch die Sprengung erhält man eine im lade- und transportfähiges Haufwerk. Erforderlich sind sorgfältige Auswahl nach Sicherheitsgesichtspunkten (im Bergbau Schlagwetter, Sprengstoffschwaden) und betriebl. Anforderungen (Sprengkraft, Stückigkeit des Haufwerks). Zur Verbesserung der Sprengwirkung werden die Sprengladungen (insgesamt ›Schuss‹ gen.) in engem Raum eingezwängt und alle Öffnungen nach außen abgedichtet (verdämmt). Dies wird v. a. erreicht durch Versenken der Ladung in Bohrlöcher und Verdämmen der Öffnung durch Besatz aus plast. Material wie Lehm oder Letten, auch durch wasser- oder sandgefüllte Plastikschläuche. Im Ggs. dazu wird beim Aufleger-S. der Sprengstoff auf oder an ein zu zerkleinerndes Objekt gelegt und dort gezündet.

Das S. dient im Bergbau zur Gewinnung (Gewinnungssprengung) oder Verdichtung von Gefügen, in der Bauindustrie zur Beseitigung von Gebäuden, Schornsteinen und Fundamenten, unter Wasser u. a. zur Tieferlegung von Flussbetten, als Erkundungssprengungen in geolog. Bohrungen zur Erkundung mineral. Rohstoffe (→Sprengseismik). In der Fertigungstechnik wird die bei der Detonation oder Deflagration frei werdende Energie zur Herstellung von Werkstücken genutzt (→Sprengplattieren).

Sprenger, Jakob, Dominikaner, * Rheinfelden um 1436, † Straßburg 6. 12. 1495; war 1472–88 Prior sei-

Sprekelia:
Sprekelia formosissima
(Blütenschafthöhe
bis 30 cm)

nes Ordens in Köln, ab 1481 Inquisitor für die Erzbistümer Mainz, Köln und Trier. Er verfasste 1487 mit H. INSTITORIS den ›Malleus maleficarum‹ (dt. ›Hexenhammer‹; →Hexe).

Sprenggelatine [-ʒe-], energiereichster gewerbl. Sprengstoff aus 92–94% Nitroglycerin, das mit Kollodiumwolle gelatiniert ist.

Spreng|granate, →Geschoss.

Sprengkapsel, früher **Zündhütchen,** Hülse aus Kupfer oder Aluminium, die mit einem →Initialsprengstoff und einem energiereichen Sekundärsprengstoff (z. B. Nitropenta, Hexogen) gefüllt ist. S. dienen als Zündmittel zum Einleiten von Detonationen. Die Zündung kann durch Schwarzpulverzündschnur oder elektrisch (→Sprengzünder) erfolgen.

Sprenglaut, →Laut.

Sprengmittel, die zu einer Sprengung notwendigen, in Patronen, Pakete oder Säcke abgefüllten Sprengstoffe (→Explosivstoffe) sowie der zugehörigen Zündmittel (→Sprengkapsel, →Zündschnur).

Sprengplattieren, Verfahren zur Herstellung von metall. Schichtverbundwerkstoffen. Ausgangsmaterialien sind ein Grundblech verhältnismäßig großer Dicke und ein dünnes Blech, mit dem das Grundblech beschichtet werden soll. Die beiden Bleche werden aufeinander gelegt und auf der Oberseite mit Sprengstoff überzogen. Dieser wird so gezündet, dass sich eine über die Oberfläche fortschreitende Detonationsfront ausbildet, die das Auflageblech in Richtung Grundwerkstoff hoch beschleunigt. Es entsteht eine fortschreitende Kollisionsfront zw. den Blechen, an der Drücke von 10 bis 100 kbar herrschen, die an den Metallgrenzschichten zur stoffschlüssigen Bindung führen. Grundwerkstoff sind v.a. Stähle, die mit Titan, Tantal (Legierungen), Zirkonium, Molybdän oder Silber sprengplattiert werden können.

Sprengring, offener Sicherungsring, der, auf einer Wellennut sitzend, durch seine radial wirkende (›sprengende‹) Federkraft in die innere Nut eines auf die Welle geschobenen Lagers (o. ä. Maschinenteils) eingreift und so eine axiale Verschiebung dieser Teile zueinander verhindert.

Sprengschnur, mit hochbrisantem, d.h. schnell detonierendem Sprengstoff (z. B. Nitropenta) gefülltes schlauchartiges Gespinst, das mit verschiedenartigen Kunststoffumhüllungen versehen ist. 1 m normale S. ist mit 12 g Nitropenta gefüllt und detoniert mit 6000–7000 m/s. Schwere und überschwere S. enthalten bis zu 120 g Sprengstoff je Meter. S. werden verwendet, um große Sprengladungen oder mehrere Sprengladungen gleichzeitig zu zünden.

Sprengseismik, Teilbereich der angewandten Seismik und Prospektionsverfahren zur Untersuchung des geolog. Aufbaus der Erdkruste und des obersten Erdmantels, zur Lagerstätten- und Baugrundforschung, auch für wiss. Vorhaben. Aus dem Ausbreitungsverhalten von künstl., durch Sprengungen erzeugten Erdbebenwellen sucht man Aufschlüsse zu gewinnen. Dazu werden mithilfe fahrbarer Bohrgeräte Bohrungen niedergebracht und Sprengstoffladungen im Bohrloch gezündet. Die Erschütterungen des Untergrundes werden auch mithilfe von Fallgewichten oder Schwingermaschinen (Vibratoren) hervorgerufen, auf See durch Druckluftkanonen. Die dadurch erzeugten elast. Wellen (P-Wellen, →Erdbeben) breiten sich u. a. infolge der unterschiedl. Elastizität der Gesteine versch. schnell im Untergrund aus und werden an Schichtgrenzen (mit scharfer Änderung der Dichte und der Wellengeschwindigkeit) entweder gebrochen (refraktierte Wellen, auch als Kopf- oder Mintrop-Wellen bezeichnet) oder zurückgeworfen (reflektierte Wellen). Die dadurch z. T. an die Erdoberfläche zurückgelangenden Wellen werden mithilfe von Geophonen registriert, von denen beiderseits des Schusspunktes eine größere Anzahl in Linie aufgestellt werden. Die Wellen werden entweder über einen Oszillographen auf Fotopapier registriert oder digitalisiert auf einem Magnetband festgehalten. In der **Refraktionsseismik** werden die Laufzeiten und Intensitäten der gebrochenen Wellen ausgewertet, bei der am meisten angewandten **Reflexionsseismik** hingegen die entsprechenden Größen der direkt reflektierten Wellen. – Die S. hat v. a. in der Erdölprospektion zu großen Erfolgen geführt. Allerdings werden dadurch keine Erdölvorkommen nachgewiesen, sondern stratigraph. oder tekton. Tiefenstrukturen, die vermutlich Erdöl enthalten.

R. MEISSNER u. L. STEGENA: Praxis der seism. Feldmessung u. Auswertung (1977); Angewandte Geowiss.en, hg. v. F. BENDER, Bd. 2 (1985); Angewandte Geophysik, hg. v. H. MILITZER u.a., Bd. 3: Seismik (Wien 1987); E. S. ROBINSON u. C. CORUH: Basic exploration geophysics (New York 1988).

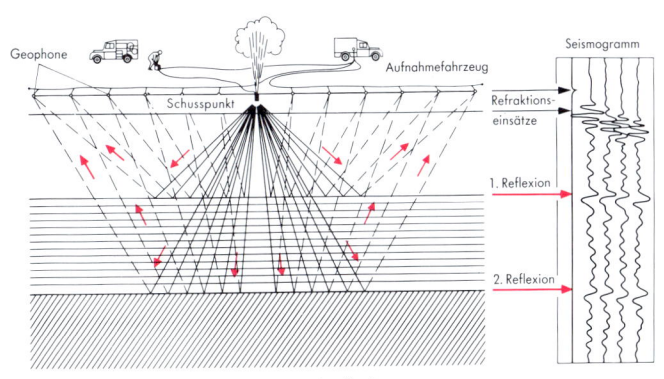

Sprengseismik: Prinzip der Reflexionsseismik; der Kurvenverlauf des Seismogramms (rechts) wird mithilfe bekannter Daten ausgewertet

Sprengstoffe, →Explosivstoffe, →Wettersprengstoffe.

Sprengstoff- und Strahlungsdelikte, zu den →gemeingefährlichen Straftaten zählende Delikte.

Sprengwerk, Tragwerk und Hilfskonstruktion aus Holz, Stahl oder Stahlbeton zur Aufnahme von Strecken- und Einzellasten und deren Abführung in seitl. Auflager; angewendet im Brückenbau; bei Dachkonstruktionen häufig als kombiniertes Hänge- und S. ausgeführt. (→Hängewerk)

Sprengzerkleinerung, *Aufbereitung:* Verfahren zur Zerkleinerung von Feststoffen; z. B. möglich durch Zersprengen von innen heraus, v. a. geeignet für poröse Gesteine wie Braunkohle und oolith. Eisenerze. Das Grundprinzip besteht darin, einen inneren Überdruck zu erzeugen und dann plötzlich zu entlasten. Wichtiger ist für die großtechn. Zerkleinerung die S. mit Explosivstoffen, z. B. für die Zerkleinerung großer Gesteinsbrocken in Tagebauen und Steinbrüchen oder von großstückigem Schrott.

Sprengzünder, meist elektr. Zündmittel, das in einer geschlossenen Zünderhülse eine Sprengkapsel und einen elektr. Zündteil enthält. Der Zündsatz wird durch eine Glühbrücke, d. h. durch die in einem Widerstandsdraht erzeugte Wärmeenergie, gezündet. Man unterscheidet **Momentzünder,** die unmittelbar und nach Anlegen des elektr. Stroms die Sprengladung zünden, und **Zeitzünder** mit Verzögerungssatz. Die Verzögerung beträgt beim **Millisekundenzünder** etwa 20–30 ms, beim **Schnellzeitzünder** 0,25–1 s. Bei

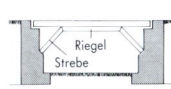

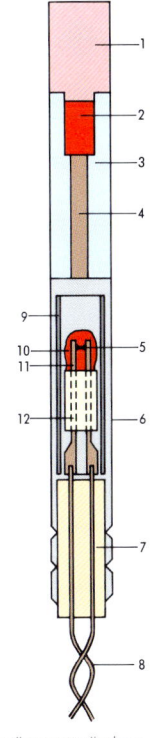

Sprengzünder: Schematischer Aufbau eines elektrischen Verzögerungszünders; 1 Unterladung, 2 Initialsatzaufladung, 3 Stahlhülse, 4 Verzögerungssatz, 5 Glühbrücke, 6 Zünderhülse, 7 Stopfen, 8 Zünderdrähte, 9 Isolierschlauch, 10 Zündpille, 11 Polträger, 12 Distanzhalter

der Ausführung einer Sprengung werden versch. S. verwendet, die gestaffelte Verzögerungszeiten (bis zu 25 Zeitstufen) haben.

Spreu, beim Dreschen von Getreide und Hülsenfrüchten anfallender Abfall (Samenschalen, Spelzen, Grannen, Stängelteilchen); dient gelegentlich (außer Gersten- und Roggen-S.) als Beifutter (Raufutter).

Spreublätter, Spreuschuppen, reduzierte, trockenhäutige Blättchen auf dem Blütenstandsboden einiger Korbblütler; das Deck- oder Tragblatt jeder Blüte des Blütenkörbchens bei der Sonnenblume.

Spreublume, die Pflanzengattung →Papierblume.

Spreustein, verworren-strahlige Aggregate des Minerals →Natrolith.

Sprichwort, volkstüml. Form der bildl. Rede, die durch Konstanz des Wortlauts, Anspruch auf Allgemeingültigkeit, geschlossene syntakt. Form, vielfach durch sprachl. Charakteristika (Bildlichkeit, rhythm. Prägnanz, Reim oder Assonanz, Parallelismus der Satzglieder u. a.) gekennzeichnet ist. Das S. gewinnt seine Allgemeingültigkeit (Regeln für den Lauf der Welt, Verhaltensvorschriften, Warnungen vor Fehlverhalten u. a.) aus der Formulierung einer Erfahrung, die den Anspruch erhebt, weder schichtspezifisch noch historisch gebunden zu sein.

Das S. unterscheidet sich durch die Formulierung einer kollektiven Erfahrung vom individuellen →Aphorismus, durch die syntaktisch abgeschlossene, oft eine Kausalbeziehung enthaltende Form vom →Phraseologismus, durch die Anonymität und den nicht mehr rekonstruierbaren Situationskontext seiner ersten Verwendung von der dichter. →Sentenz.

Das Sammeln von Sprichwörtern, die Untersuchung ihrer Herkunft, ihrer erkenntnis- und moralphilosoph. Bedeutung, ihrer rhetor. Formen und ihrer Anwendbarkeit begann schon in der griech. Antike (ARISTOTELES, CHRYSIPPOS aus Soloi). Die ersten deutschsprachigen S. verzeichnete NOTKER LABEO. Große, z. T. gelehrte Sammlungen entstanden im Humanismus: u. a. die ›Adagia‹ (1500) von ERASMUS VON ROTTERDAM, die ›Proverbia Germanica‹ (1508) von H. BEBEL, die dt. Sammlungen von J. AGRICOLA (›Drey hundert gemeyner Sprichwoerter, der wir Deutschen uns gebrauchen ...‹, erstmals 1528), S. FRANCK (›Sprichwoerter schoene weise herrliche cluegreden unnd hoffspruech ...‹, 1541). Wiss. S.-Kompendien sind die Sammlungen von J. M. SAILER (›Die Weisheit auf der Gasse, oder Sinn und Geist dt. Sprüchwörter‹, 1810), W. KÖRTE (1837) und J. EISELEIN (›Die S. und Sinnreden des dt. Volkes in alter und neuer Zeit‹, 1840). Eine der umfangreichsten Sammlungen stellt K. F. W. WANDERS ›Dt. Sprichwörter-Lexikon‹ (5 Bde., 1867–80) dar.

L. RÖHRICH u. W. MIEDER: S. (1977); H. BAUSINGER: Formen der ›Volkspoesie‹ (²1980); A. JOLLES: Einfache Formen (⁶1982); Twenty thousand proverbs = 20 000 S., bearb. v. J. A. STABELL BILGRAV (Kopenhagen 1985); S.-Lex., hg. v. H. u. A. BEYER (20.–34. Tsd. 1987); L. MACKENSEN: Zitate, Redensarten, S. (⁵1991); L. RÖHRICH: Das große Lex. der sprichwörtl. Redensarten, 3 Bde. (Neuausg. 1991–92).

Sprichwörter, Buch der S., Schrift des A. T., →Sprüche.

Sprickmann, Anton Matthias, Schriftsteller und Jurist, *Münster 7. 9. 1749, †ebd. 22. 11. 1833; war Prof. für Jura u. a. in Münster und Berlin; stand in seinen Gedichten, Erzählungen und v. a. in seinen Dramen dem ›Göttinger Hain‹ sowie dem Sturm und Drang nahe. S. verfasste auch eine groß angelegte deutsche Reichs- und Rechtsgeschichte. Er begleitete als Mentor in Münster die ersten literar. Arbeiten der jungen ANNETTE VON DROSTE-HÜLSHOFF.

Werke (Auswahl): Lustspiele: Die natürl. Tochter (1774); Der Schmuck (1780). – Trauerspiel: Eulalia (1777).

Spriet [niederdt.] *das, -(e)s/-e,* **Sprietbaum,** eine leichte Spiere für das viereckige **S.-Segel,** eine einfache Takelage, bei der das am Mastfuß befestigte S. diagonal über die Segelfläche deren obere hintere Ecke spreizt.

Spring *die, -/-e,* beim Festmachen von Schiffen an der Pier zusätzlich zur Vor- und Achterleine angeordnete Festmacheleine, die eine Bewegung des Fahrzeugs in Längsrichtung verhindert. Die **Vor-S.** läuft vom Vorschiff schräg nach hinten, die **Achter-S.** vom Achterschiff schräg nach vorn.

Spring [spriŋ], Howard, engl. Schriftsteller, *Cardiff 10. 2. 1889, †Falmouth 3. 5. 1965; Arbeiter, später Journalist beim ›Manchester Guardian‹; wurde bekannt mit dem Roman ›O Absalom‹ (1938, auch u. d. T. ›My son, my son!‹; dt. ›Geliebte Söhne‹). Seine in den wali. und nordengl. Industriegebieten, später in Cornwall spielenden Werke stehen in der Tradition des realistisch-sozialkrit. Familienromans und schildern oft einen in Armut begonnenen Lebensweg.

Weitere Werke: *Romane:* Fame is the spur (1940; dt. Liebe u. Ehre); A sunset touch (1953; dt. Tumult des Herzens).

Spring|affen, Callicebinae, Unterfamilie der Kapuzinerartigen Affen mit drei Arten und jeweils mehreren Unterarten in den Regenwäldern Südamerikas. S. sind 26–41 cm körperlang, mit langem, nicht greiffähigem Schwanz und langem, weichem Fell. Sie leben in kleinen Familiengruppen und ernähren sich v. a. von Früchten und Blättern, doch die Art frisst auch Insekten. Durch fortschreitende Biotopzerstörung verringert sich ihr Lebensraum ständig.

Spring|antilopen, →Gazellen.

Springbock (Körperlänge bis 1,5 m; Schulterhöhe bis 90 cm)

Springbock, Antidorca marsupialis, bis 1,5 m lange südafrikan., zu den Gazellen gehörende Antilopenart; früher riesige Herden bildende, heute vielerorts ausgerottete Tiere, deren brauner Rücken durch ein dunkles Längsband von der weißen Unterseite abgesetzt ist; längs der hinteren Rückenmitte eine weiß behaarte, ausfaltbare Hauttasche (dient als Signal bei der Flucht). S. führen charakterist., dem Bocken eines Pferdes ähnl. Sprünge durch (›Prunken‹).

Springbogen, Strichart bei Streichinstrumenten, →sautillé.

Springe, Stadt im Landkreis Hannover, Ndsachs., 105 m ü. M., am Deister und Osterwald, 29 900 Ew.; Museum, Galerie ›Kunst im Bahnhof‹, Jagdmuseum (im Jagdschloss, 1838–42) am Saupark (mit Wisentgehege); elektrotechn. Industrie, Maschinenbau. - Ev. Pfarrkirche (1454 vollendet, 1860–62 umgebaut); Fachwerkhäuser (Ratskeller, 1638, Posthalterei und Amtsgericht, 18. Jh.). – Die seit dem 10. Jh. bezeugte Ortschaft S. wurde 1342 erstmals als Stadt genannt.

Springen, *Biologie:* Form der Fortbewegung bei Tieren und beim Menschen, eine Variante des Laufens (→Gehen). I. Allg. werden beim S. die Hinterbeine aus einer Beugestellung heraus plötzlich gestreckt, wodurch der Körper hochschnellt. Tiere, die sich springend fortbewegen, weisen Besonderheiten im Bau des Bewegungssystems sowie bes. kräftige Oberschenkelmuskeln auf; so sind z. B. beim Känguru die Hintergliedmaßen stark verlängert und der Schwanz als Stütze ist bes. kräftig gebaut; ähnl. Anpassungen finden sich bei den Springmäusen. Auch bei den Froschlurchen ist das Skelett an das S. angepasst. Die Springschwänze besitzen eine Sprunggabel. Bes. kräftige Beine haben die Springspinnen und die Springschrecken. – Die Sprungweite ist abhängig vom Körpergewicht, kleinere Tiere springen relativ weiter als große; z. B. springt der Floh 200 Körperlängen weit, der Springfrosch 28 Körperlängen = 2 m, Springmäuse springen 15 Körperlängen = 2,5 m und Kängurus 5 Körperlängen = 6–10 m weit.

springende Bohnen, Springbohnen, mexikanische Springnüsse, die von der Larve eines Kleinschmetterlings parasitierten Samen versch. in Mexiko heim. Wolfsmilchgewächse. Abrupte Bewegungen der im Innern des Samens lebenden Raupen verursachen beim frei auf einer Unterlage liegenden Samen Kipp- oder Sprungbewegungen bis zu mehreren Millimetern.

Springer, 1) *Musik:* die →Docke.
2) *Schach:* Abk. **S,** eine Schachfigur, →Schachspiel.

Springer, 1) Anton Heinrich, Kunsthistoriker, * Prag 13. 7. 1825, † Leipzig 31. 5. 1891; zunächst politisch engagierter Journalist und Historiker, später Prof. für Kunstgesch. in Bonn, Straßburg und ab 1873 in Leipzig. Er verließ die ästhetisch-philosoph. Betrachtungsweise der Kunst zugunsten der kunsthistor. Sachforschung.
Werke: Kunsthistor. Briefe, 4 Tle. (1852–57); Die Baukunst des christl. MA. (1854); Hb. der Kunstgesch. (1855, später in vielen Aufl. fortgef.); Paris im 13. Jh. (1856); Bilder aus der neueren Kunstgesch., 2 Bde. (1867); Die mittelalterl. Kunst in Palermo (1869); Friedrich Christoph Dahlmann, 2 Tle. (1870–72); Raffael u. Michelangelo, 3 Tle. (1877–79); Die Psalter-Illustrationen im frühen MA. (1880); Die Genesisbilder in der Kunst des frühen MA. (1884); Der Bilderschmuck in den Sacramentarien des frühen MA. (1889); Albrecht Dürer (hg. 1892). – Aus meinem Leben (hg. 1892).

2) Axel Caesar, Verleger, * Altona (heute zu Hamburg) 2. 5. 1912, † Berlin (West) 22. 9. 1985; nach Setzer- und Druckerausbildung als Journalist und ab 1945 insbesondere als Verleger tätig. Einen ersten Erfolg erzielte S. mit der Programmzeitschrift ›Hörzu‹. Das durch zahlr. eigene und erworbene Zeitungen (v. a. →Bild) und Zeitschriften erweiterte Unternehmen baute S. zu einem Presse- und schließlich durch Engagement im privaten Rundfunk zum Medienkonzern aus (→Axel Springer Verlag AG).
A. S. Die Freunde dem Freund, hg. v. F. SPRINGER (²1986); G. NAEHER: A. S. Mensch, Macht, Mythos (1991).

Springer-Verlag, einer der weltweit größten wiss. Verlage mit Tochtergesellschaften in Wien (seit 1924), New York (1964), Neu-Delhi (1980), London (1983), Tokio (1983), Paris (1986), Hongkong (1986), Barcelona (1990), Budapest (1991), Mailand (1994) und Singapur (1995), gegr. 1842 von dem Berliner Buchhändler JULIUS SPRINGER (* 1817, † 1877), Sitz: Berlin und (seit 1946) Heidelberg. Der v. a. seit der Jahrhundertwende intensivierte Herausgabe von medizin. Handbüchern und Zeitschriften sowie Referateblättern wurde schließlich durch große Sammelwerke für Biologie, Physik und Chemie ergänzt. Mit der Übernahme der Verlage J. F. Bergmann (1918), August Hirschwald (1921; seit 1941 Lange & Springer) und F. C. W. Vogel (1931, gegr. 1730) wurde der Bereich Medizin erweitert. 1974 erwarb der S.-V. die medizin. und psycholog. Produktion des Verlags Johann Ambrosius Barth, 1977 den J. F. Lehmanns Verlag, 1980 den Dr. Dietrich Steinkopff Verlag, 1983 den Physica-Verlag, 1985 den Birkhäuser Verlag Basel, 1994 den Verlag Urban & Vogel. Die rd. 17 000 lieferbaren Bücher umfassende Produktion (davon rd. 60 % in Englisch) wird jährlich um rd. 2 000 Neuerscheinungen ergänzt, es werden mehr als 400 wiss. Zeitschriften verlegt. Außerdem bietet der S.-V. elektron. Zeitschriften und Nachschlagewerke, Datenbanken, CD-ROM, Videokassetten und Diaserien an. Konzernumsatz (1996): 561 Mio. DM, Beschäftigte: rd. 1 500.

Springfield [ˈsprɪŋfiːld], **1)** Hauptstadt des Bundesstaates Illinois, USA, am Sagamon River, 106 400 Ew.; Sitz eines Bischofs der prot. Episkopalkirche und eines kath. Bischofs; histor. Staatsbibliothek (mit Lincoln-Sammlung), Staatsmuseum; Handels- und Finanzzentrum eines der reichsten Agrargebiete der USA (Mais, Weizen, Sojabohnen, Vieh); Nahrungsmittel-, chem. Industrie; jährl. Landwirtschaftsmesse (›Illinois State Fair‹, seit 1893). – Die wichtigsten Sehenswürdigkeiten sind das Wohnhaus A. LINCOLNS, im N der Stadt sein Grabmal. – Seit 1837 Hauptstadt (bes. auf Betreiben von LINCOLN), seit 1840 City.

2) Stadt in Massachusetts, USA, am Connecticut River, 149 200 Ew.; die Metrop. Area hat 592 600 Ew.; kath. Bischofssitz; Museen, Planetarium; Waffen-, elektrotechn., Maschinenbau-, chem. u. a. Industrie. – 1636 erste Siedlung von Weißen am W-Ufer **(Agawam),** heutiger Name seit 1641.

3) Stadt in SW-Missouri, USA, am Rand der Ozark Mountains, 149 700 Ew.; kath. Bischofssitz; Southwest Missouri State University (gegr. 1905); Stahl-, Bekleidungs-, Holz verarbeitende u. a. Industrie. – Seit 1830 ständige Besiedelung, Gründung von S. 1831 (1838 Town, 1847 City).

4) Stadt in Ohio, USA, 70 400 Ew.; Wittenberg University (gegr. 1845) der luther. Kirche in den USA; Landmaschinenbau. – Seit 1850 City.

Springflut, Springtide (→Gezeiten).

Springfrosch, Rana dalmatina, bis 9 cm langer Frosch in S-Europa (außer Iber. Halbinsel), teilweise auch in Nordost-Dtl. und S-Schweden; oberseits meist hellbraun, mit großem, dunklem Fleck in der Schläfengegend und weiß. Bauchseite; kann mit den sehr langen Hinterbeinen bis 2 m weit springen.

Spring|inklee, Hans, Maler und Zeichner für den Holzschnitt, * Nürnberg (?) wohl zw. 1490 und 1495, † um 1540; in Nürnberg nachweisbar 1512–22, Schüler A. DÜRERS und an dessen Holzschnitten des Triumphzugs für Kaiser MAXIMILIAN I. beteiligt. Eigenständig sind seine Illustrationen zu Bibeln und Stundenbüchern (›Hortulus animae‹, 1516 und 1518).

Springkraut, Balsamine, Impati|ens, Gattung der Balsaminengewächse mit zahlr. Arten; meist im trop. Afrika und im trop. und subtrop. Asien, nur wenige Arten in den gemäßigten Bereichen der Nordhalbkugel, davon drei Arten in Dtl.; Kräuter oder Halbsträucher; Frucht eine bei Berührung elastisch mit fünf Klappen aufspringende, die Samen wegschleudernde Kapsel. In Laub- und Nadelwäldern wächst das **Rührmichnichtan (Großes S., Wald-S.,** Impatiens noli-tangere); einjährig; bis 1 m hoch; mit durchscheinenden Stängeln und Blättern; Blüten zitronengelb, innen rot punktiert. Bes. bekannt sind die aus Indien stammende **Gartenbalsamine** (Impatiens balsamina), eine einjährige, im 16. Jh. eingeführte und in mehreren Sorten verbreitete, 20–60 cm hohe Sommerblume mit meist gefüllten, verschiedenfarbigen Blüten, sowie als Garten- und Topfpflanze das **Fleißige Lieschen** (Impatiens walleriana), mit 30–60 cm hohen, dickfleischigen Stängeln und bis 4 cm breiten, meist roten, lang gespornten Blüten; viele Sorten in Kultur. – Große Bedeutung als Topf- und Rabattenpflanze haben die **Neuguineahybriden** (Formen und Sorten von Impatiens hawkeri × Impatiens linearifolia; beide aus Neuguinea) mit großen Blüten in weißen, roten und violetten Farbtönen erlangt.

Spring|lade, in der Orgel eine Form der →Windlade.

Axel Springer

Springfrosch
(Körperlänge bis 9 cm)

Springkraut:
Rührmichnichtan
(Höhe 0,5–1 m)

Springmäuse, Springnager, Dipodidae, Familie 4–15 cm körperlanger, zu den Mäuseverwandten gehörender Nagetiere in Trockengebieten und Wüsten Asiens und N-Afrikas; nachtaktive, im Boden grabende Tiere, die sich auf ihren stark verlängerten Hinterbeinen in großen Sprüngen rasch fortbewegen, wobei der weit über körperlange Schwanz (mit Endquaste) als eine Art Steuerorgan fungiert. – 27 Arten in zehn Gattungen, u. a. **Pferdespringer** (Allactage), mit zehn bis 15 cm körperlangen Arten; in Trockengebieten v. a. Asiens; oberseits bräunlich bis grau, unterseits weißlich; **Wüsten-S.** (Jaculus), mit vier Arten, v. a. in Wüsten und Halbwüsten N-Afrikas und W-Asiens; Körperlänge rd. 10–15 cm; sie graben Erdröhren (z. B. die Art **Dscherboa, Wüsten-S.** i. e. S., Jaculus jaculus; mit hellbrauner Ober- und weißl. Unterseite).

Springmäuse: Wüstenspringmaus (Körperlänge 10–15 cm)

Springprozession, Prozession mit vom übl. Gang abweichender Schrittfolge; nach rechts und links oder vor und zurück. Die S. hat ihren Ursprung wohl in Bittprozessionen gegen den sich im letzten Drittel des 14. Jh. ausbreitenden Veitstanz. Heute gibt es S. noch in →Echternach (**Echternacher S.**) und in S-Italien, wo sie wegen der mitgeführten Heiligenfiguren ›Ballo dei Santi‹ heißen.

Springreiten, früher **Jagdspringen,** *Reitsport:* Reitsportwettbewerb, bei dem Pferd und Reiter auf einem vorgeschriebenen Kurs (Parcours) eine bestimmte Anzahl versch. hoher und breiter, abwerfbarer Hindernisse innerhalb einer vorgegebenen Zeit zu überspringen haben. Die **Springprüfungen** werden eingeteilt in Standard- und Spezialspringprüfungen. Beurteilt wird die Leistung von Pferd und Reiter zw. Start- und Ziellinie, ausgedrückt in Strafpunkten (für Hindernisfehler, Verweigerung oder Zeitüberschreitung) und/oder Sekunden. Bei **Standardspringprüfungen** ist Sieger, wer den Normalparcours bzw. einen Stechparcours mit den wenigsten Fehlern in der kürzesten Zeit bewältigt. Bei den **Spezialspringprüfungen**

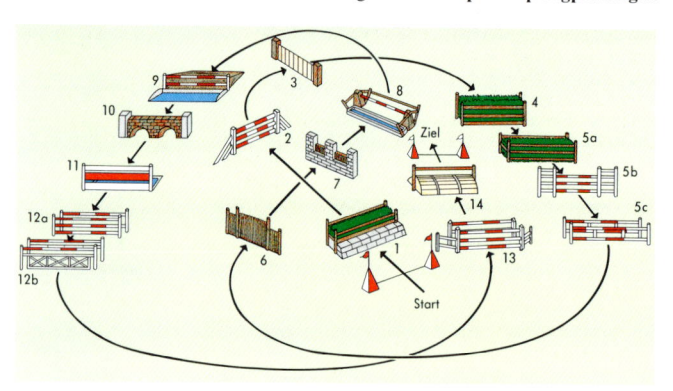

Springreiten: Beispiel für einen Parcours; 1 niedrige Mauer mit Doppelstangen, 2 Palisade, 3 Gutstor, 4 Hecke mit Barriere, 5a Oxer, 5b Tivolibarrieren, 5c offener Oxer, 6 Rivierazaun, 7 Parkmauer, 8 Wassertrog mit Stangen, 9 Wassergraben, 10 irländische Mauer, 11 Wassergraben mit Stationata, 12a Birkenstangen, 12b Birkengatter, 13 schwedischer Doppelzaun, 14 Hochweitsprung

(z. B. Stilspringprüfungen; Stafetten-, Glücks-, kombinierte und Mannschaftsspringprüfungen, Punktespringen) werden auch andere Richtverfahren angewendet. Bei **Stilspringprüfungen** benotet man Sitz und Einwirkung des Reiters mit einer Wertnote zw. 0 (nicht ausgeführt) und 10 (ausgezeichnet). Springprüfungen werden nach ihren unterschiedl. Anforderungen in folgende Klassen unterteilt: Klasse E = Eingangsstufe, Klasse A = Anfangsstufe, Klasse L = leichte Klasse, Klasse M = mittelschwere Klasse,

Klasse S = schwere Klasse. **Springpferdeprüfungen** dienen zur Beurteilung von Rittigkeit und Springmanier eines jungen Pferdes; vergeben werden Wertnoten zw. 0 und 10. Für junge Reiter und Anfänger gibt es einfache **Springreiterwettbewerbe** mit niedrigsten Anforderungen, bei denen Sitz und Einwirkung des Reiters beurteilt und ebenfalls Wertnoten zw. 0 und 10 vergeben werden.

Frauen und Männer starten in Wettkämpfen i. d. R. gemeinsam. S. ist seit 1900 olymp. Disziplin mit Einzel- und Mannschaftswettbewerb. Seit 1953 werden Welt- und seit 1957 Europameisterschaften ausgetragen. Darüber hinaus wird jährlich ein Weltcupsieger ermittelt und seit 1909 der ›Preis der Nationen‹ veranstaltet. *Organisationen:* →Pferdesport.

Springrüssler, Rhynchaeninae, Unterfamilie der Rüsselkäfer mit beachtl. Sprungvermögen; ihre Larven minieren in Blättern von Laubbäumen, so der 2,5 mm lange **Buchen-S.** (Rhynchaenus fagi).

Springs, Stadt in der Prov. Gauteng, Rep. Südafrika, im Wirtschaftsgebiet Witwatersrand, 1 627 m ü. M., 163 000 Ew.; wichtiger Industriestandort: v. a. Goldbergbau, Glas- und Papierindustrie, Herstellung von Konservendosen und Industriediamanten.

Springschrecken, Heuschrecken, Saltatoria, grillen- und heuschreckenartige Geradflügler, heute auf zwei Ordnungen verteilt: →Langfühlerschrecken wie z. B. Laubheuschrecken, Sattelschrecken, Grillen und →Kurzfühlerschrecken wie z. B. Dornschrecken, Feldheuschrecken, Knarrenschrecken. S. sind 2–250 mm lang, haben lange Hinterbeine, stark verdickte Hinterschenkel (Sprungbeine), meist zwei Paar Flügel, die in Ruhelage flach oder dachförmig über dem Hinterleib zurückgelegt sind. Die Entwicklung ist unvollkommen (Hemimetabolie). S. sind überwiegend Pflanzenfresser, einige Arten leben gelegentlich auch räuberisch.

Springschwänze, Collembolen, Collembola, Ordnung der primär ungeflügelten Urinsekten (Apterygota), in einer eigenen Unterklasse gleichen Namens (Gruppe der Sackkiefler, Entognatha) stehend; fast 4 000 Arten (in Mitteleuropa 300), 0,2–10, doch meist nur 1–2 mm lang, zart, schwach sklerotisiert; bereits seit dem Devon, seit über 350 Mio. Jahren bekannt. Namengebend für die dt. Bez. ist die **Sprunggabel,** die auf der Bauchseite des 4. Hinterleibssegments ansitzt, in Ruhelage nach vorn geklappt ist und dabei von einer Halterung (Retinaculum) am 3. Hinterleibssegment festgehalten wird; bei Beunruhigung kommt die Gabel durch plötzl. Muskelkontraktion und Lösung aus der Halterung frei, schnellt nach hinten und schnippt damit das Tier nach vorn. Bei manchen Arten fehlt die Sprunggabel. Viele S. sind blind, andere haben Punktaugen. Die meisten S. leben in oder auf dem Boden, bes. in der pflanzl. Bodenstreu, in Moospolstern, in der Krautschicht, unter Rinde, manche auch auf der Wasseroberfläche wie der Wasserkugelspringer (Sminthurides aquaticus), einige sogar auf Schnee wie der Schneefloh (Isotoma nivalis) oder auf Gletschereis wie der Gletscherfloh (Isotoma saltans); sie alle benötigen Lebensbereiche mit hoher Luftfeuchtigkeit. S. ernähren sich von pflanzl. oder tier. Abfall, Algen, Bakterien, Kleinpilzen, Kleinstlebewesen, aber auch von lebendem Pflanzengewebe. Als Detritusfresser tragen S. viel zur Humusbildung bei. Sie leben oft auf engem Raum in großen Individuenmengen, so etwa auf 1 Liter humösen Waldbodens bis zu 2 000 Tiere. Man kennt zwei Unterordnungen: **Arthropleona,** Körper gestreckt, deutlich gegliedert, u. a. mit der Familie Gleichringler (Isotomidae), und **Symphypleona,** Körper gedrungen, undeutlich gegliedert, u. a. mit der Familie →Kugelspringer.

Springspinnen, Hüpfspinnen, Salticidae, mit etwa 5 000 Arten (davon 86 in Mitteleuropa) weltweit verbreitete, 2–12 mm lange Spinnen; mit kurzen kräftigen Beinen und auffallend vergrößerten Augen (sehr gutes Sehvermögen) am breit abgestutzten Rand des Vorderkörpers. S. weben keine Fangnetze, sondern verfolgen katzenartig ihre Beute (Insekten) und packen sie im Sprung; z. B. die →Harlekinspinne.

Springsteen [ˈsprɪŋstiːn], Bruce, amerikan. Rocksänger und -gitarrist, *Freehold (N. J.) 23. 9. 1949; Themen seiner balladenhaften Rock-'n'-Roll-Songs sind u. a. Probleme, Hoffnungen und Träume Jugendlicher und auch Außenseiter und Ausgestoßene (›Born to run‹, ›Darkness at the edge of town‹, ›The river‹, ›The ghost of Tom Joad‹); schrieb den Titelsong für J. DEMMES Film ›Philadelphia‹.

Springtamarin (Körperlänge etwa 25 cm; Schwanzlänge 30 cm)

Springtamarin, Goeldi-Äffchen [ˈgœldi-], **Goeldi-Tamarin, Callimico goeldii,** den Krallenaffen nahe stehender, etwa 25 cm körperlanger, überwiegend schwarzer Affe in den Regenwäldern des oberen Amazonasbeckens; gut springender, langschwänziger, in seinen Beständen bedrohter Baumbewohner; mit Kopf- und Nackenmähne sowie (außer der benagelten Großzehe) mit bekrallten Fingern und Zehen.

Springtanz, *Musik:* →Nachtanz.

Springwanzen, Uferwanzen, Saldidae, Familie der Landwanzen mit 150 Arten (in Mitteleuropa 27), 2–8 mm lang; flinke Läufer und gute Springer, leben räuberisch an Ufern oder anderen feuchten Plätzen.

Springwurmwickler, Sparganothis pilleriana, kleiner Schmetterling mit knapp 20 mm Flügelspannweite, dessen Raupen bei Störung ruckartig zurückschnellen (›Springwurm‹). Als Futterpflanzen dienen ihm versch. Staudengewächse und Laubgehölze, darunter Brombeeren, Hopfen und Weinrebe. Aus den im späteren Sommer auf die Oberseite der Blätter abgelegten Eiern schlüpfen Raupen, die ohne Nahrungsaufnahme ihre Winterquartiere in Rindenritzen o. Ä. beziehen. Im Frühjahr befressen sie Knospen, Triebspitzen, später Blüten und zusammengesponnene Blätter; angefressene Pflanzenteile werden braun.

Sprinkler|anlagen [zu engl. to sprinkle ›sprengen‹], eine Art von →Feuerlöschanlagen.

Sprint [engl.] *der, -s/-s,* mit größtmögl. Geschwindigkeit bestrittenes Rennen über eine absolut oder relativ kurze Strecke. Zu den S.-Wettbewerben zählen u. a. im *Bahnradsport* das →Sprinterrennen, im *Eisschnelllauf* die 500 und 1 000 m, im *Kanusport* die 500 m (Kanurennsport) bzw. 500–1 000 m (Wildwasser-S.), in der *Leichtathletik* der →Kurzstreckenlauf, im *Motorsport* ein Rundstreckenrennen mit verkürzter (halbierter) Rundenzahl gegenüber dem Hauptlauf, im *Schwimmen* die 50 und 100 m, im *Skisport* die kurzen Laufstrecken beim Biathlon, Langlauf und in der nord. Kombination (Einzel-, Team-S.).

Sprint|abfahrt, *alpiner Skisport:* Abfahrtslauf mit verkürzter Streckenführung; kurzfristig angesetzt bei ungünstigen Witterungs- und/oder Schneebedingungen. Gefahren werden zwei Läufe, wobei die Zeiten wie beim Slalom und Riesenslalom addiert werden.

Sprinter|rennen, Sprint, *Bahnradsport:* Kurzstreckenrennen über 1 000 m zw. zwei Fahrern, wobei lediglich auf den letzten 200 m die Zeitnahme erfolgt. Von max. drei Läufen werden zwei Gewinnläufe benötigt. WM-Disziplin seit 1893 (Männer) bzw. 1958 (Frauen) und olymp. Disziplin seit 1896 (Männer) bzw. 1988 (Frauen).

Sprintvierkampf, *Eisschnelllauf:* →Vierkampf.

Sprit [volkstüml. Umbildung von Spiritus] *der, -(e)s, umgangssprachl.:* Branntwein, hochprozentiges →Äthanol; auch Bez. für Treibstoff, Benzin.

Spritblau, das →Anilinblau.

Spritzbeton [-betɔŋ, -betɔ̃], ein Beton, der in einer geschlossenen, überdruckfesten Schlauch- oder Rohrleitung zur Einbaustelle gefördert und dort durch Spritzen aufgetragen und dabei verdichtet wird. Beim Trockenspritzverfahren **(Trocken-S.)** werden der Ausgangsmischung im Ggs. zum Nassspritzverfahren **(Nass-S.)** Wasser und ggf. Betonzusatzmittel erst an der Spritzdüse zugegeben.

Spritzbewegungen, Bez. für das durch Schwellgewebe ausgelöste explosionsartige Öffnen von Früchten oder Sporenbehältern zur Samen- und Sporenverbreitung, so bei Spritzgurke, Springkraut, Pillenwerfer.

Spritzblasverfahren, Verfahren zur Herstellung von Hohlkörpern aus thermoplast. Kunststoffen. Durch Spritzgießen wird ein von der Gestalt und vom Volumen her geeigneter Vorformling hergestellt, der anschließend zum fertigen Hohlkörper geblasen wird.

Spritze, 1) *Medizin:* →Injektion.
2) *Technik:* Vorrichtung zum Ausbringen eines gerichteten Flüssigkeitsstrahls oder eines Strangs einer pastenartigen Substanz. Der hierzu erforderl. Druck wird bei Flüssigkeits-S. gewöhnlich mithilfe einer Pumpe erzeugt, die meist von einem (Verbrennungs-)Motor angetrieben wird **(Motor-S.).** Spezielle Spritzvorrichtungen arbeiten mit Druckluft oder -gas (z. B. die Spritzpistole). Spritzvorrichtungen für pastenartige Substanzen arbeiten vorwiegend mit direktem Kolbendruck oder mit einem Extruder.

Spritzen, *Technik:* 1) →Lackierverfahren; 2) →Metallspritzverfahren.

Spritz|erosion, →Bodenerosion.

Spritzflasche, in chem. Laboratorien verwendete Vorratsflasche für Waschflüssigkeiten (i. d. R. destilliertes Wasser). Durch Drucksteigerung (Einblasen von Luft) wird die Flüssigkeit in dünnem Strahl durch eine feine Öffnung gedrückt (Prinzip des Heronsballs). Bei S. aus Kunststoff wird die Drucksteigerung durch Drücken auf das biegsame Material erzielt.

Spritzgeräte, *Pflanzenschutz:* Vorrichtungen zum Ausbringen gelöster Pflanzenschutzmittel in Form feiner Tropfen (Durchmesser über 0,15 mm). Die Teilchenaufbereitung und die Applikation der Spritzbrühe erfolgen mittels Flüssigkeitsdrucks durch spezielle Spritzdüsen. Einfache S. sind die Handspritze und die Rückenspritze, bei denen der Flüssigkeitsdruck durch eine Membran- oder Kolbenpumpe erzeugt wird. Für große Flächen werden Motorspritzen, Traktorspritzen, selbstfahrende Spritzen sowie S. in Agrarflugzeugen verwendet.

Spritzgießen, Spritzguss, Verfahren zum Herstellen von Kunststoffformteilen aus →Formmassen. Die z. B. pulver- oder granulatförmige **Spritzgießmasse** wird durch eine Spritzgießmaschine mit hohem Druck (bis 2 000 bar) in die formgebende Höhlung des Spritzgießwerkzeugs gespritzt. Die meist vollautomat. Spritzgießmaschine besteht aus der Spritzeinheit (mit beheiztem Zylinder, Kolben oder Schneckenkolben, Vorratsbehälter und Antriebsaggregaten), die die Formmasse dosiert, plastifiziert und in das geschlossene Werkzeug einspritzt, und der Schließeinheit, einer Presse, die das Werkzeug schließt und öffnet. Bei

Bruce Springsteen

Spritzflasche

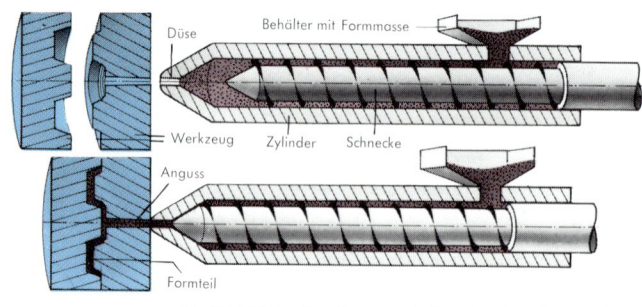

Spri Spritzgurke – Spross

Spritzgießen: oben Ausgangsstellung (nach Entformen der vorangegangenen Spritzung); unten Schließen des Werkzeugs und Einspritzung

Spritzgurke: Ecballium elaterium (Höhe bis 60 cm)

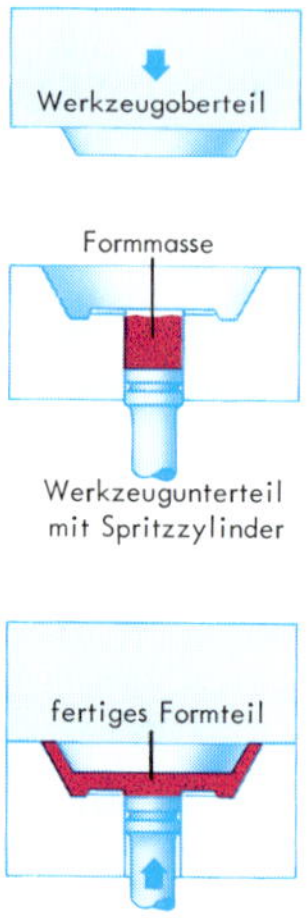

Spritzpressen: oben nach dem Beschicken; unten nach dem Spritzen

den meisten Bauarten von Spritzgießmaschinen liegen Schließ- und Spritzeinheit in einer horizontalen Achse. Bei **Kolbenspritzgießmaschinen** wird die Formmasse im Zylinder durch einen Kolben bewegt. Bei den leistungsfähigeren **Schneckenspritzgießmaschinen** tritt an die Stelle des massiven Kolbens ein Schneckenkolben, der rotierend die Formmasse aus dem Vorratsbehälter einzieht, in der Wärme plastifiziert und im Raum zw. Schnecke und Düse für die nächste Spritzung bereitstellt. Zum Einspritzen bewegt sich die Schnecke, i. Allg. ohne zu rotieren, wie ein Kolben vorwärts und spritzt die Formmasse durch die Düse ins Werkzeug. Nachdem der Spritzling durch Abkühlung bzw. bei Duroplasten durch Vernetzen erstarrt ist, öffnet sich die Schließeinheit, und der Spritzling wird ausgeworfen. – Für das S. von Metallen gibt es versch. Druckgießverfahren.

Spritzgurke, Eselsgurke, Ecballium, Gattung der Kürbisgewächse mit der einzigen, im Mittelmeerraum beheimateten Art Ecballium elaterium; auf Ödland verbreitetes, mehrjähriges rankenloses Kraut von etwa 60 cm Höhe; mit dicken, grob gezähnten, unterseits weiß behaarten Blättern und glockenförmigen, gelben, eingeschlechtigen, einhäusig verteilten Blüten. Die Frucht enthält den hautreizenden glykosid. Bitterstoff Elaterin. Das Fruchtinnere steht bei Reife unter Druck, weil die Fruchtwand stark gespannt ist; an der Ansatzstelle des Fruchtstieles bildet sich ein Trenngewebe aus. Bei seinem Reißen wird die Frucht wie ein Sektkorken abgeschossen, während sich die Fruchtwand zusammenzieht, wobei die Samen (bis 12 m weit) in der Gegenrichtung ausgeschleudert werden.

Spritzloch, *Zoologie:* 1) **Spiraculum,** bei Knorpelfischen die meist kleine, mehr oder weniger verkümmerte vorderste Kiemenspalte (Spirakularkieme) zw. dem Kiefer- und dem Zungenbeinbogen. Das S. ist bei Engelhaien und Rochen sehr groß und dient als Ausströmöffnung für das Atemwasser. Knochenfische besitzen kein S.; die Eustachi-Röhre der Tetrapoden leitet sich von der Verbindung zw. S. und Vorderdarm ab; 2) bei Walen eine paarige oder unpaare Nasenöffnung, die (mit Ausnahme des Pottwals) weit nach hinten auf die Kopfoberseite verschoben ist und beim Ausatmen der verbrauchten Luft eine (durch Kondensation) mehrere Meter hohe Wasserdampffontäne emporsteigen lässt.

Spritzpistole, pistolenförmiges Gerät zum Aufspritzen von flüssigen oder staubförmigen Stoffen auf Metall, Holz, Gewebe, Leder u. Ä. Es werden z. B. Farbstoffe, Lacke u. a. Anstrichstoffe, auch Metalle (→Metallspritzverfahren), Paraffin und Wollfasern verspritzt. (→Lackierverfahren)

Spritzpökelung, →Konservierung.

Spritzpressen, Transferpressen, Verfahren zum Herstellen von Kunststoffformteilen aus härtbaren →Formmassen, bei dem die Formmasse lose oder tablettiert, in dosierter Menge und meist vorgewärmt, einem Spritzzylinder zugeführt, erhitzt und mit einem Kolben unter hohem Druck in die formgebende Höhlung des auf Härtungstemperatur beheizten Spritzpresswerkzeugs gespritzt wird; dort härtet das Formteil und wird heiß entformt.

Spritzversteller, Vorrichtung an der Einspritzpumpe von Dieselmotoren, die dazu dient, den Zeitpunkt der Kraftstoffeinspritzung zu verändern. Bei höheren Drehzahlen muss z. B. die Einspritzung früher erfolgen, um optimale Verbrennung zu erreichen. Die Verstellung erfolgt oft durch ein Fliehgewichtssystem, heute zunehmend durch elektron. Regelung.

Spritzwürmer, Sipunculida, 320 Arten (davon 15 in Nord- und Ostsee) 1–66 cm langer Würmer im Sand- und Schlammgrund v. a. trop. Meere; z. T. auch in Schnecken- oder Muschelschalen oder in selbst gebohrten Gängen in Korallenriffen oder Kalkfelsen. Der unsegmentierte Körper besteht aus einem walzenförmigen Hinter- (Rumpf) und einem schlankeren Vorderkörper (Introvert), der in den Rumpf eingestülpt werden kann und an der Spitze die von Tentakeln umstellte Mundöffnung trägt. Die Äste des u-förmigen Darms umschlingen sich spiralig. Atmungs- und Kreislauforgane fehlen. Die Entwicklung der überwiegend getrenntgeschlechtigen Tiere erfolgt über Wimpernlarven (Trochophora und Pelagosphaera).

Sprock, Sprockwürmer, die Larven der →Köcherfliegen.

Sprockhövel [-fəl], Stadt im Ennepe-Ruhr-Kreis, NRW, 210 m ü. M., südlich von Bochum, 27 000 Ew.; gewerkschaftl. Bildungszentrum (IG Metall); Metallverarbeitung, Maschinenbau und elektrotechn. Industrie. - Von einem erloschenen Steinkohlenbergbau zeugt der Malakofturm von 1897. – Die Stadt S. entstand 1970 durch Zusammenschluss mehrerer Gemeinden mit den Siedlungszentren Niedersprockhövel und Haßlinghausen.

Die histor. Entwicklung des Ruhrgebietes u. seiner Städte ..., hg. v. E. BEIER (²1988).

Sprödbruch, *Werkstofftechnik:* makroskopisch verformungsloser oder -armer Bruch, der bereits von Lastspannungen beträchtlich unterhalb der Streckgrenze des Werkstoffes ausgelöst wird. Ursachen des S. sind äußere Kerben oder während der Beanspruchung gebildete Anrisse, die sich unter Last schnell ausbreiten. Mikroskopisch zeigt die Bruchoberfläche eine ebene, facettenartige Struktur.

Sprödigkeit, Eigenschaft von Festkörpern, nach geringer Verformung zu brechen, z. B. bei Glas und Gusseisen. Spröde sind i. d. R. Stoffe mit einer Härte nach Mohs (als Ritzhärte) über 6.

Sproll, Johannes Baptista, kath. Theologe, *Schweinhausen (heute zu Hochdorf, Kr. Biberach) 2. 10. 1870, †Rottenburg am Neckar 4. 3. 1949; wurde 1927 Bischof von Rottenburg. 1938 wurde S. aufgrund seiner krit. Haltung gegenüber dem natsoz. Regime als einziger dt. Bischof aus seiner Diözese ausgewiesen. Den Wunsch des Hl. Stuhls nach Resignation oder Annahme eines Koadjutors lehnte er ab. Bis 1945 lebte er in Bayern und kehrte dann nach Rottenburg am Neckar zurück.

Die Vertreibung von Bischof J. B. S. von Rottenburg, hg. v. P. KOPF u. a. (1971); Kirche im Nationalsozialismus, hg. vom Geschichtsverein der Diözese Rottenburg-Stuttgart (1984).

Spross, Trieb, der aus den Grundorganen S.-Achse (→Achse 4) und Blatt gebildete, aus der →Sprossknospe hervorgehende Teil des Vegetationskörpers der Sprosspflanzen. Er entwickelt sich meist oberirdisch (Luft-S.), bei Wasserpflanzen untergetaucht (Wasser-S.) oder ganz bzw. teilweise unterirdisch (Rhizom, S.-Knolle, Zwiebel). Je nach Art des Wachstums und der Funktion der Blätter werden Laub-S. (unbegrenztes Spitzenwachstum, Blätter als Assimilations- oder Speicherorgane) und Blüten (begrenztes Wachstum, Blätter als Schauapparate und Fortpflanzungsorgane) unterschieden. In Anpassung an verschiedenartige Standortbedingungen zeigt der S. zahlr. morpholog. Abwandlungen (→Sprossmetamorphosen).

Sprossen, *Technik:* 1) Querstäbe einer Leiter; 2) Teilungen eines Fensterflügels.

Sprossenkohl, anderer Name für →Rosenkohl und →Broccoli.

Sprossenschrift, *Tonfilmtechnik:* →Lichttonverfahren.

Sprosser, Polnische Nachtigall, Luscinia luscinia, der Nachtigall täuschend ähnl. Singvogel v. a. in feuchten Dickichten N- und O-Europas (etwa ostwärts der Elbe) bis W-Sibirien; der S. unterscheidet sich von der Nachtigall durch seine etwas dunklere Brust; Zugvogel, der bis ins südl. Afrika zieht.

Sprossknolle, ober- oder unterird., durch Hemmung der Internodienstreckung und Ausbildung von Speichergewebe knollig verdickter, der Reservestoffspeicherung oder vegetativen Vermehrung dienender Sprossabschnitt einiger Pflanzenarten, z. B. bei epiphyt. Orchideen, beim Kohlrabi, Alpenveilchen, Radieschen, bei der Kartoffel und der Topinambur (unterird. S. an Ausläufern). – Ggs.: Wurzelknolle.

Sprossknospe, Plumula, Teil der Keimpflanze im Samen; ein von Blattanlagen umgebener Sprossscheitel (Apikalmeristem) zw. den Keimblättern, der nach dem Keimen den →Spross bildet.

Sprossmetamorphosen, durch Veränderungen der Proportionen und Wachstumsrichtung – z. B. Streckung (→Ausläufer), Stauchung (→Rosette 1), Verdickung (→Sprossknolle) – von der Normalform abweichende Gestalt pflanzl. Sprosse; meist mit Funktionsänderung verknüpft: z. B. Flachspross (Assimilationsfunktion), Wurzelstock, Sprossknolle und Zwiebel (Speicherfunktion und Vermehrungsfunktion), Sprossranken (→Ranken; Befestigung an Stützen) und Sprossdornen (→Dorn; Schutz gegen Tierfraß).

Sprossmutationen, engl. **Sports** [spɔ:ts], Gen- und Genommutationen in einer Zelle des Vegetationskegels. Die S. haben v. a. Bedeutung in der Pflanzenzucht, da durch sie neue Kultursorten gewonnen werden können, deren Eigenschaften bei vegetativer Vermehrung erhalten bleiben. Bei geschlechtl. Vermehrung können die neuen Eigenschaften nur dann auf die Nachkommen übertragen werden, wenn durch die Mutation Zellschichten erfasst worden sind, aus denen Keimzellen hervorgehen.

Sprosspflanzen, die →Kormophyten.

Sprosspilze, die →Hefen.

Sprossrüben, pflanzl. Speicherorgane, bei denen außer Wurzel und Hypokotyl auch basale Sprossglieder verdickt sind, z. B. Kohlrübe, Selleriknolle.

Sprossung, *Biologie:* Form der vegetativen Vermehrung, bei der der neue Organismus durch gerichtetes Auswachsen (des neuen Organismus) gebildet wird; bei Pflanzen Bildung eines neuen Triebes von Vegetationspunkten aus; bei Tieren (meist →Knospung genannt) Bildung von bestimmten Körperregionen (z. B. bei Nesseltieren, Moostierchen). Zell-S. ist bei Pflanzen die Abgliederung einer durch Membranwachstum seitlich blasig ausstülpenden Tochterzelle **(Sprosszelle);** z. B. die typ. Vermehrungsart bei Hefepilzen. Je nach Richtung der S. wird zw. mono- und bipolarer oder multilateraler S. unterschieden.

Sprossvokal, Svarabhakti [Sanskrit ›Vokalteil‹], sekundär entwickelter, einem Konsonanten zur Erleichterung der Aussprache eingeschobener Vokal, z. B. ›e‹ in ›Vogel‹ (aus westgerman. ›fugl‹).

Sprottau, poln. **Szprotawa** [ʃprɔˈtava], Stadt in der Wwschaft Zielona Góra (Grünberg), Polen, 130 m ü. M., in Niederschlesien, an der Mündung der **Sprotte** (54 km lang) in den Bober, westlich des 60 km² großen Sprottebruchs; 13 700 Ew.; Eisengießerei, Gerberei. – Spätgot. Stadtpfarr- und Klosterkirche St. Marien (14. Jh., 1416–24 und 16. Jh. umgebaut), Renaissancerathaus (1583–86 und 1604–17). – S. wurde vor 1260 als dt. Stadt bei einer slaw. Straßensiedlung angelegt. Die Stadt kam 1945 unter poln. Verwaltung, die Zugehörigkeit zu Polen wurde durch den Dt.-Poln. Grenzvertrag vom 14. 11. 1990 anerkannt.

Sprotte [niederdt., vielleicht verwandt mit Spross], **Sprott, Brisling, Breitling, Sprattus sprattus,** 10–15 cm lange Art der Heringe, in Nord- und Ostsee häufig, mit gesägter Bauchkante und schlankem Pflugscharbein. Das fettreiche Fleisch ist wohlschmeckend. Die S. kommt gesalzen und geräuchert, bes. als **Kieler S.,** und mariniert als Anchovis auf den Markt.

s-Prozess [Abk. von engl. slow ›langsam‹], *Astronomie:* Prozess der →Nukleogenese, der beim Vorliegen nur geringer →Neutronenflussdichten stattfindet, im Ggs. zum →r-Prozess. Der s-P. besteht im Einfangen eines Neutrons durch einen Atomkern, wodurch meist ein instabiles Isotop entsteht, das einen Betazerfall erleidet, bevor wegen der geringen Neutronenflussdichte ein zweites Neutron eingefangen werden kann, was insgesamt zu einem stabilen Atomkern führt. Der s-P. findet v. a. in massereichen Sternen während des Roten-Riesen-Zustands statt (→Sternentwicklung), wenn in der Zone des Heliumbrennens auch instabile Atomkerne entstehen, die Neutronen aussenden. – Durch den s-P. werden v. a. Atomkerne gebildet, die schwerer sind als Eisen und etwa gleich viele Neutronen und Protonen enthalten.

Spruchband, Banderole, *Kunst:* bandartiger Streifen, oft in Form einer Schriftrolle, auf dem in bildl. Darstellungen des MA. die den Figuren zugedachten Worte (Legende) geschrieben sind.

Spruchdichtung, von K. SIMROCK in seiner Ausgabe der Werke WALTHERS VON DER VOGELWEIDE (›Gedichte‹, 1833) eingeführte Bez. für mittelhochdt. Lieder und Gedichte, die sich thematisch und z. T. auch formal vom Minnesang unterscheiden. Der **Sprechspruch** (zum Sprechvortrag bestimmt) ist meist in vierhebigen Reimpaaren ohne Stropheneinteilung verfasst und durch lehrhaft-moralisierende Tendenz geprägt, er vermittelt oft eine zugespitzte, sprichwörtl. Weisheit. Solche S. begegnet bereits im 12. Jh. Um 1230 schuf FREIDANK eine Sammlung von meist zwei- bis vierzeiligen Reimpaarsprüchen mit dem Titel ›Bescheidenheit‹ (d. h. Bescheidwissen, Einsicht), die große Popularität erlangte. V. a. im 14. und 15. Jh. fand der Sprechspruch in der →Priamel seine besondere Ausprägung. Seine bereits dem Meistersang zuzurechnenden Hauptvertreter waren im 14. Jh. HEINRICH DER TEICHNER, im 15. Jh. H. FOLZ und H. ROSENPLÜT. – Der gesungene **Sangspruch,** dem Lied verwandt und strophisch gegliedert, nahm seine Themen aus nahezu allen Bereichen. Ihren inhaltl. und künstler. Höhepunkt erreichte die S. mit WALTHER VON DER VOGELWEIDE. Unter seinen Nachfolgern sind u. a. REINMAR VON ZWETER, BRUDER WERNHER, der MARNER und FRAUENLOB zu nennen. – Zur S. rechnet man auch die in formelhafter Sprache verfasste stab- oder silbenreimende german. gnom. Dichtung (Gnomen), die dem Sprichwort verwandt, Lebensweisheiten, Rätsel- und Zaubersprüche überlieferte.

Mittelhochdt. S., hg. v. H. MOSER (1972); M. NIX: Unterss. zur Funktion der polit. S. Walthers von der Vogelweide (1993).

Sprüche, S. Salomos, Buch der Sprichwörter, in der Vulgata **Proverbia,** eine aus sechs bis neun (je nach Zählung) Teilsammlungen bestehende Schrift

Sprosser (Größe 16,5 cm)

Sprotte (Länge 10–15 cm)

Spru Spruchkammern – Sprungkosten

des A.T.; von der jüd. Tradition SALOMO als dem exemplarisch weisen König (1. Kön. 3; 5,9 ff.) zugeschrieben. Die das Wesen der Weisheit entfaltenden Lehrreden und Gedichte in Kap. 1–9 stellen einen Niederschlag der späten (nachexil.) jüd. →Weisheit dar; ab Kap. 10 finden sich überwiegend einzeilige, zweigliedrige Sprüche (→Parallelismus) oder kleinere Spruchgruppen, Dokumente der älteren (vorexil.) Weisheit. Der Weise, der die Welt nach Ordnungen und Zusammenhängen durchforscht, formuliert sein Erfahrungswissen, das der Lebensbewältigung im Alltag dient, in kurzen, prägnanten Sätzen und ermöglicht so Weitergabe und Aneignung. Analogieworte (25, 14), wertende Vergleichssprüche (15, 17) und Zahlensprüche sind typ. Gattungen der Spruchweisheit. Ihr ursprüngl. Kontext (›Sitz im Leben‹) ist möglicherweise der Bereich der Sippenweisheit (Volkssprichwörter) und/oder der Beamtenausbildung (Standesweisheit).

H. RINGGREN u. W. ZIMMERLI: S., Prediger (^{3}1980); H. D. PREUSS: Einf. in die alttestamentl. Weisheitslit. (1987); A. MEINHOLD: Die S., 2 Tle. (Zürich 1991); R. SCORALICK: Einzelspruch u. Slg. Komposition im Buch der Sprichwörter, Kap. 10–15 (1995); R. N. WHYBRAY: The book of Proverbs. A survey of modern study (Leiden 1995); G. BAUMANN: Die Weisheitsgestalt in Proverbien 1–9. Traditionsgeschichtl. u. theolog. Studien (1996).

Spruchkammern, mit Laien besetzte, in Form eines Gerichts verhandelnde Institutionen, die ab 1946 die Prüfungsverfahren im Rahmen der →Entnazifizierung durchführten.

Spruchkörper, allgemeine Bez. für das zur Entscheidung einer Sache berufene Gericht, dessen konkrete Besetzung vom Gerichtspräsidium bestimmt wird (§ 21e Gerichtsverfassungs-Ges.).

Sprudelstein, Krusten von →Aragonit in heißen Quellen.

Sprue [spru:; engl.] *die, -,* durch Resorptionsstörung fast aller Nahrungsbestandteile, einschließlich des Wassers, gekennzeichnete Erkrankung des Magen-Darm-Kanals.

Die **tropische S.** ist (dem Namen entsprechend) eine in trop. Gebieten (u. a. Karibik, Mittelamerika, Südostasien) auftretende epidem. chron. Erkrankung, die auf der Besiedlung des Darms mit darmschädigenden (darmpathogenen) Keimen beruht. Symptome sind hauptsächlich Durchfälle mit voluminösen Stühlen, in deren Folge es zu allgemeinen Mangelerscheinungen, insbesondere zu einer durch unzureichende Resorption von →Folsäure hervorgerufenen Blutarmut (Anämie), kommt. Die *Behandlung* besteht in der Gabe von Antibiotika (v. a. Tetracycline) sowie Folsäure.

Die **einheimische S.** (bei Auftreten im Kleinkindesalter als →Zöliakie bezeichnet) wird durch Unverträglichkeit der Darmschleimhaut gegen das Weizenkleberprotein Gluten hervorgerufen (Glutenenteropathie), die zu weitgehend ähnl. Symptomen wie bei tropischer S. führt. Die *Behandlung* erfolgt durch glutenfreie Ernährung.

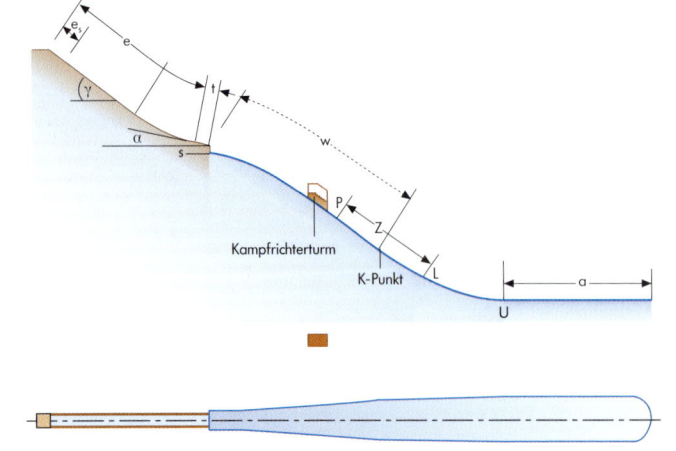

Sprühfleckenkrankheit, durch Pilze verursachte Erkrankung der →Kirsche.

Sprühregen, Nieseln, gleichförmiger Niederschlag, der aus feinen Wassertröpfchen mit einem Durchmesser von weniger als 0,5 mm besteht; fällt v. a. aus niedrigen Stratuswolken.

Sprühtrocknung, Verfahren zur Herstellung von Pulver; das flüssige Lebensmittelkonzentrat, Waschmittel oder Arzneimittel wird in einem heißen Luftstrom versprüht, wodurch das als Dispersionsmittel gebundene Wasser schnell verdampft. Das übrig bleibende Pulver wird am Boden des Sprühtrockners gesammelt. Die S. wird z. B. zur Herstellung von Trockenmilchpulver eingesetzt.

Sprung, 1) *Geologie:* die →Verwerfung.
2) *Schiff:* →Decksprung.
3) *Tierhaltung:* der vom Tierhalter gesteuerte Begattungsakt bei Haustieren.

Sprung|antwort, Ausgangssignal eines physikal. oder techn. Systems (z. B. eines Übertragungsglieds oder eines Regelkreises), falls das Eingangssignal eine Sprungfunktion ist. Die auf den Einheitssprung folgende S. heißt **Übergangsfunktion**; sie kennzeichnet das Zeitverhalten des betreffenden Systems.

Sprungbefehl, *Informatik:* Maschinenbefehl (→Befehl), mit dem in →Programmen Schleifen (engl. loops) und Verzweigungen (engl. branches) realisiert werden. Dazu enthalten S. im Adressteil die **S.-Adresse,** d. h. die Adresse des Befehls, mit dem das Programm fortzusetzen ist, falls der Sprung (engl. jump) ausgeführt wird. Bei einem **unbedingten S.** ist dies uneingeschränkt der Fall, bei einem **bedingten S.** nur dann, wenn die Sprungbedingung erfüllt wird. – In höheren Programmiersprachen spricht man dagegen von **Sprunganweisungen.** Damit sind i. d. R. Anweisungen gemeint, die ohne Bedingung zu einer Programmfortsetzung an anderer Stelle führen (unbedingter Sprung). Derartige Anweisungen erschweren die Verständlichkeit, Lesbarkeit und Strukturierung von Programmen und sollten möglichst vermieden werden.

Sprungbein, *Anatomie:* einer der Fußwurzelknochen (→Fuß).

Sprungbeine, bei Insekten, z. B. Heuschrecken, Zikaden, manchen Käfern, meist verstärkt ausgebildete Hinterbeine mit oft stark vergrößerten Gliedern und starker Muskulatur.

Sprungfunktion, eine elementare idealisierte Zeitfunktion zur Darstellung einer Größe, die zu einem definierten Zeitpunkt vom Wert null sprunghaft auf einen konstanten Wert A übergeht. Die S. ist eine Verallgemeinerung der →Heaviside-Funktion (Einheits-S., mit $A = 1$); ihr oberer Wert kann auch größer oder kleiner als eins sein. Die S. wird z. B. als →Testfunktion angewandt.

Sprunggabel, Sprungapparat am Körperende der →Springschwänze.

Sprunghöhe, *Geologie:* →Verwerfung.

Sprungkosten, intervallfixe Kosten, sprungfixe Kosten, Kosten, die sich bei einer bestimmten Ausprägung der Kosteneinflussgröße (z. B. Beschäftigung) sprungartig ändern, dann aber – im Ggs. zu den

Willy Spühler

Sprungschanze: Profil und Draufsicht einer Schanze (schematisch); e_a Startplätze, e Anlaufbahn, γ Anlaufbahnneigung, t Schanzentischlänge, s Schanzentischhöhe, α Schanzentischneigung, w K-Punkt-Weite, P Beginn und L Ende des Landebereichs z, U Ende des Übergangsbogens zum Auslauf a

variablen Kosten – über einen Ausprägungsbereich der Kosteneinflussgröße konstant bleiben. S. können z. B. durch die Einstellung eines neuen Mitarbeiters entstehen, wenn sein Entgelt unabhängig von der Anzahl der von ihm erstellten Produkteinheiten anfällt.

Sprunglauf, nord. Skisport: das →Skispringen.

Sprungregress, Geldwesen: →Wechsel.

Sprungrevision, Prozessrecht: →Revision 3).

Sprungschanze, Schanze, norweg. **Bakken,** nord. Skisport: Anlage für Skispringen und -fliegen; besteht aus der **Anlaufbahn** von 30–35° Neigung mit versch. Startbalken, dem **Schanzentisch** mit 10–11° Neigung, von dem der Absprung erfolgt, der **Aufsprungbahn** sowie dem **Auslauf.** Die Sprungweite wird bei Großveranstaltungen i. d. R. elektronisch angezeigt. Etwa 20–30 m (je nach Schanzengröße) nach Ende des Übergangsbogens in den Auslauf befindet sich eine markierte Sturzlinie. Die Bez. der S. richtet sich nach der K-Punkt-Weite (→Skispringen); dabei unterscheidet man **kleine Schanze** (20–45 m), **mittlere Schanze** (50–70 m), **Normalschanze** (75–95 m), **Großschanze** (100–120 m) und (beim →Skifliegen) **Flugschanze** (145–185 m). Neben der S. befindet sich der Sprungrichterturm. Werden an einem Ort eine Normal- und eine Großschanze erbaut, muss der Unterschied der K-Punkt-Weite mindestens 25 m betragen. Für die jährlich vom 15. 6. bis zum 15. 10. genutzten **Mattenschanzen** bestehen gesonderte Vorschriften über die erforderl. Flächen und den Einbau der (Kunststoff- oder Keramik-)Beläge sowie über die Anforderungen an die Unterkonstruktion für Anlauf, Aufsprungbahn und Auslauf. – Bekannte S. in Dtl. befinden sich u. a. in bzw. bei Brotterode, Garmisch-Partenkirchen, Hinterzarten, Klingenthal, Oberhof, Oberstdorf, Schonach und Winterberg.

Sprungschicht, 1) Meereskunde: Grenzschicht zw. zwei übereinander liegenden Wassermassen unterschiedl. Dichte, durch versch. Temperaturen (**thermische S.**), versch. Salzgehalt (**haline S.**) oder beide Faktoren (**thermohaline S.**) verursacht. – Bei Binnenseen heißt die S. →Metalimnion.

2) Meteorologie: Schicht der Atmosphäre, in der sich bestimmte Wetterelemente (v. a. Temperatur) sprunghaft ändern. (→Inversion)

Sprungstelle, Mathematik: eine Stelle x_0 im Definitionsbereich einer reellen Funktion f, für die der rechts- und der linksseitige Grenzwert der Funktionswerte nicht übereinstimmt. Folglich ist f an der Stelle x_0 unstetig. Beispiel: die Signumfunktion bei $x_0 = 0$.

Sprungtemperatur, Supraleitung: andere Bez. für →kritische Übergangstemperatur.

Sprungtuch, Rettungsgerät aus mit Gurtstreifen verstärktem Segeltuch, das der Feuerwehr zum Auffangen gefährdeter Personen dient, die bei einem Hausbrand aus den oberen Stockwerken abspringen müssen. Das S. ist $3{,}50 \times 3{,}50$ m groß und muss von mindestens 16 Personen gehalten werden.

Sprungwelle, die →Bore.

Sprungwerk, eine mechan. Vorrichtung (Werk), bei der die Auslösung der gespeicherten Energie selbsttätig nach Zurücklegen eines bestimmten Spannweges erfolgt. Dabei wird die Sperr- oder Kipplage der Getriebeglieder ausgenutzt; der Übergang von einem Zustand in den anderen erfolgt sprunghaft und wird durch Anschläge begrenzt. S. werden v. a. für den Mechanismus von Schaltern verwendet.

SPS, 1) Abk. für →**S**ozialdemokratische **P**artei der **S**chweiz.

2) Abk. für **S**uper**p**rotonen**s**ynchrotron, ein 1976 beim CERN für die Beschleunigung von Protonen und Atomkernen in Betrieb genommenes →Synchrotron. Das SPS hat einen Durchmesser von 2 200 m. Es kann alle 9,6 Sekunden etwa $2 \cdot 10^{13}$ Protonen auf eine Endenergie von 400 GeV beschleunigen. Außerdem werden im SPS Elektronen und Positronen für die Injektion in den →LEP beschleunigt.

3) Abk. für →**s**peicher**p**rogrammierbare **S**teuerung.

Spühler, Willy, schweizer. Politiker, * Zürich 31. 1. 1902, † ebd. 31. 5. 1990; Nationalökonom, Mitgl. der SPS, leitete als Bundesrat 1960–66 das Departement für Post und Eisenbahnen (ab 1963 für Verkehr und Energiewirtschaft), 1966–70 das Polit. Departement. Er bemühte sich, die Schweiz stärker an die internat. Organisationen, bes. an die UNO, heranzuführen; setzte sich auch für eine Verstärkung der Entwicklungshilfe ein; 1963 und 1968 Bundespräsident.

Spuk [niederdt.], eine rational nicht erklärbare und daher unheimliche Erscheinung. Im Volks- und Aberglauben werden als S. Erscheinungen von Gespenstern, Poltergeistern, übernatürl. Wesen (Wilde Jagd, Schimmelreiter), Verstorbenen (Wiedergängern) oder orts- oder weggebundenen unerlösten Seelen, die dadurch ihre Sünden abbüßen müssen, gesehen.

Spule, 1) Elektrotechnik: Bauelement mit mindestens einer Leiterwindung (z. B. Drahtwicklung) entweder zur Erzeugung eines **Magnetfelds** (z. B. Elektromagnet) oder, indirekt mittels Magnetfelderzeugung, zur Realisierung einer **Induktivität** in einer elektr. Schaltung (z. B. Drossel, Schwingkreis). Durch einen zeitlich veränderl., die S. durchfließenden elektr. Strom wird in dieser selbst eine Spannung induziert (Selbstinduktion), die ihrer Ursache, nämlich dem urspr. durch die S. fließenden Strom, entgegengerichtet ist (→lenzsche Regel). Die S. besitzt daher in einem Wechselstromkreis einen von ihrer Induktivität L und der Frequenz abhängigen induktiven Widerstand. – S. werden in allen Bereichen der Elektrotechnik verwendet, u. a. als Ablenk-S. (z. B. bei Bildröhren), in Schwingkreisen und Filtern, in Magnetsystemen bei Tonabnehmern, als Tauch-S. in Mikrofonen und Lautsprechern, in Relais und Messgeräten, zur Strombegrenzung, als Wicklungen in Transformatoren und elektr. Maschinen.

2) Textiltechnik: zylindr. oder kon. Garnträger (Hülsen) in der Spinnerei, die in versch. Formen und Größen bespult (bewickelt) werden. Der Garnkörper selbst wird →Kops genannt; Schlauchkopse sind S. ohne Hülsen. Zur Aufnahme großer Garnmengen und für die Garnreinigung werden Spinnkopse auf zylindr., kon. oder bikon. **Kreuz-S.** umgespult, von denen das Garn über Kopf abgezogen werden kann. **Sonnen-S.** dienen zum Zwirnen in Doppeldrahtzwirnmaschinen. **Scheiben-S.** werden für abzurollende Kreppgarne verwendet; übergroße **Raketen-S.** sind für den Schusseintrag in nicht konventionellen Webmaschinen, **Flaschen-S.** für die Wirkerei und Strickerei, **Schuss-S.** für Webschützen und **Klein-S.** mit Bildwicklung für Nähseide ausgelegt.

Spuler, Bertold, Orientalist, * Karlsruhe 5. 12. 1911, † Hamburg 6. 3. 1990; ab 1942 Prof. in München, ab 1945 in Göttingen und ab 1948 in Hamburg. Seine Forschung galt bes. der Geschichte des islam. Orients sowie der oriental. und osteurop. Kirchen; Herausgeber des ›Handbuchs der Orientalistik‹ (1952 ff.).

Werke: Die Mongolen in Iran (1939); Die Goldene Horde (1943); Die Gegenwartslage der Ostkirchen in ihrer völk. und staatl. Umwelt (1948); Iran in früh-islam. Zeit (1952); Die morgenländ. Kirchen (1964); Geschichte der Mongolen (1968); Die Kunst des Islam (1973, mit J. SOURDEL-THOMINE u. a.).

Spülgrad, Spülwirkungsgrad, bei Verbrennungsmotoren das Verhältnis von Frischladung zur Gesamtladung (Frischladung und Restgasanteil aus früheren Arbeitsspielen) als Kenngröße der Spülung.

Spülmittel, →Reinigungsmittel.

Spülpumpe, bei Zweitaktmotoren eine Pumpe zum Ausspülen der Verbrennungsgase und zum Einbringen von frischer Luft oder Kraftstoff-Luft-Gemisch. Als S. kann die Unterseite des Kolbens zus. mit

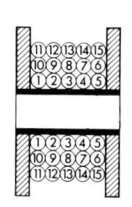

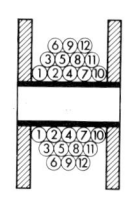

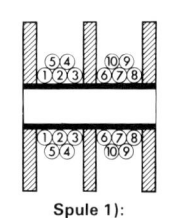

Spule 1): Wicklungsarten; von **oben** Lagenwicklung; Stufenwicklung; Kreuz- oder Honigwabenwicklung

Spule 2): oben Schussspule; unten Kreuzspule

Bertold Spuler

Spül Spülung – Spundwand

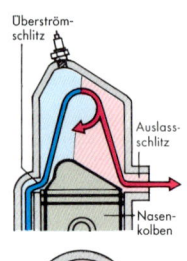

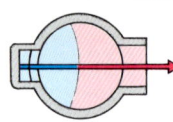

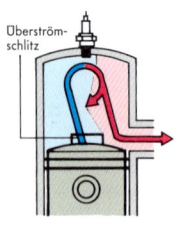

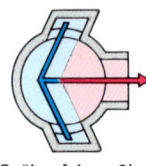

dem Kurbelgehäuse dienen, oft werden aber vom Motor angetriebene Verdichter verwendet, meist Rotationskolbenverdichter. Auch ein Abgasturbolader kann als S. benutzt werden. (→Spülverfahren)

Spülung, 1) *Medizin:* Füllung und Entleerung von Hohlorganen oder Wundhöhlen zu diagnost. oder therapeut. Zwecken (→Lavage, →Magenspülung).

2) *Verbrennungsmotoren:* das Entfernen der verbrannten Gase aus dem Zylinder. Bei Zweitaktmotoren wird frische Ladung von der Spülpumpe durch Spülschlitze oder Ventile in den Zylinder gefördert, wenn der Kolben nahe dem unteren Totpunkt steht. Die Abgase werden dabei durch Auslassschlitze oder Ventile aus dem Zylinder verdrängt (→Spülverfahren). Bei Viertaktmotoren werden die Abgase vom Kolben ausgeschoben. Bei Motoren mit Aufladung kann durch Öffnen des Einlassventils bei noch offenem Auslassventil die S. des Zylinders erfolgen.

Spülverfahren, 1) *Grundbau* und *Bergbau:* Verfahren, um das Einrammen von Pfählen oder Spundwänden zu erleichtern. Durch einen Wasserstrahl, der mit hohem Druck auf die Pfahlspitze oder auf den Spundwandfuß gerichtet ist, wird der Boden aufgespült und gelockert. Das zugeführte Wasser steigt während des Rammprozesses an den Pfählen oder der Spundwand wieder hoch. Im Bergbau kann das S. zur Abführung des Bohrkleins aus dem Bohrloch dienen. Spülmittel sind dort Gas, Luft, Wasser, Tontrübe u. a.

2) *Kraftfahrzeugtechnik:* bei Zweitaktmotoren Verfahren zur Spülung der Zylinder. Bei Kurbelkastenspülung wird die Ladung im Kurbelgehäuse angesaugt, wenn sich der Kolben im Verdichtungstakt des Zylinders nach oben bewegt. Bei der anschließenden Expansion verkleinert sich der Raum im Kurbelgehäuse, und die Ladung wird durch Spülschlitze in den Zylinder gefördert, wo sie die Abgase verdrängt; dabei ist aber der →Liefergrad niedrig. Bei Gebläsespülung übernimmt ein vom Motor angetriebenes Gebläse (→Aufladegebläse) oder ein Abgasturbolader (→Abgasturbine) das Fördern der Ladung, womit sich hohe Liefergrade erreichen lassen.

Die **Spülschlitze** sind in beiden Fällen am unteren Ende des Zylinders so angeordnet, dass sie vom Kolben im Bereich des unteren Totpunktes freigegeben werden, um frische Ladung eintreten zu lassen. Der Auslass kann durch Schlitze erfolgen, die etwas höher als die Spülschlitze sind und diesen gegenüber (**Querspülung**) oder seitlich versetzt angeordnet (**Umkehrspülung**). Bei der **Längsspülung** erfolgt der Auslass über Ventile im Zylinderkopf, womit die beste Spülwirkung erreicht wird; sie ist daher heute das bevorzugte S. bei Großdieselmotoren.

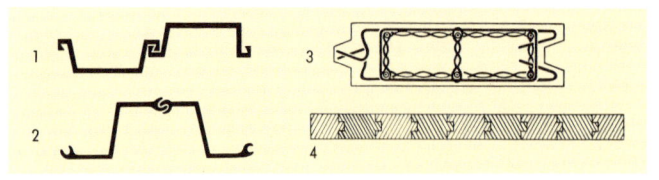

Spundwand: 1 und 2 Stahlspundbohlen; 3 Stahlbetonbohle (Querschnitt); 4 Holzbohlenspundwand

Spülversatz, *Bergbau:* Versatzverfahren, bei dem kleinstückiges Versatzgut hydraulisch über Rohrleitungen von über Tage aus in durch den Abbau der Lagerstätte entstandene Hohlräume zum Schutz des Grubengebäudes und der Tagesoberfläche verspült wird. Als Versatzgut werden v. a. Rückstände der Kohle-, Erz- und Kaliaufbereitung sowie Kiese und Sande verwendet, die mit Wasser oder im Salzbergbau zur Vermeidung von Lösevorgängen mit gesättigter Sole verspült werden.

Spulwürmer, Ascarididae, bis 40 cm lange →Fadenwürmer, die im Darm von Landsäugetieren (einschließlich Mensch), Vögeln, Reptilien und Amphibien schmarotzen. Die Entwicklung erfolgt oft ohne Zwischenwirt. Der weltweit verbreitete, 15–40 cm lange **Menschen-S.** (Ascaris lumbricoides) schmarotzt außer im Menschen, wo er die **Spulwurmkrankheit (Ascariasis)** verursacht, auch in Affen und Schweinen; die infektiösen Eier werden v. a. über rohes (mit menschl. Fäkalien gedüngtes) Gemüse oder über die Trinkwasser aufgenommen; mangelnde Hygiene begünstigt die Verbreitung. Das Weibchen legt täglich rd. 200 000 nur 0,06 mm große Eier. Die im oberen Dünndarm aus den Eiern schlüpfenden Larven dringen in die Darmwand ein und wandern über die Leber in die Lunge, wo sie zu entzündl. Reaktionen mit grippeähnl. Symptomen, Fieber, Atembeschwerden und Reizhusten führen. Die heranwachsenden Larven gelangen über Luftwege und Mundhöhle in den Verdauungstrakt, wo sie sich im Dünndarm zu geschlechtsreifen Würmern entwickeln. Bei Befall kann es zu Beschwerden, z. B. Übelkeit, Erbrechen und Durchfall, auch zu allerg. Reaktionen mit asthmat. Erscheinungen kommen; die Behandlung erfolgt mit Wurmmitteln.

Der in Hausschweinen schmarotzende, 15–30 cm lange **Schweine-S.** (Ascaris lumbricoides suum), der als Unterart des Menschen-S. angesehen wird, befällt auch den Menschen, ruft eine Lungenentzündung hervor, siedelt sich aber nur selten im Darm an. Auch der in Hund, Wolf und Fuchs schmarotzende, 10–19 cm lange **Hunde-S.** (Toxocara canis) kann den Menschen befallen.

Spumante [ital. ›schäumend‹] *der,* -s/-s, in Italien Bez. für →Schaumwein.

Spund [mhd. spunt, über das Roman. von (spät)lat. (ex)punctum ›in eine Röhre gebohrte Öffnung‹], **1)** *Brauerei, Küferei:* Holzstopfen, mit dem die S.-Löcher der Fässer verschlossen werden. Es gibt S.-Löcher zum Einfüllen, Entnehmen und Lüften des Inhalts.

2) *Holzverarbeitung:* an die schmale Seite eines Brettes oder einer Bohle angeschnittener Vorsprung (Feder) mit quadrat-, keil- oder trapezförmigem Querschnitt. Für die Herstellung einer S.-Verbindung (**Spundung**) wird die andere Schmalseite des Brettes mit einer passenden Nut versehen, die die Feder des nächsten Brettes aufnimmt. (→Holzverbindungen)

Spunda, Franz, österr. Schriftsteller, * Olmütz 1. 1. 1890, † Wien 1. 7. 1963; Gymnasiallehrer in Wien, ab 1945 freier Schriftsteller; unternahm Reisen in den Orient und nach Griechenland (gemeinsam mit T. DÄUBLER). Seine Beschäftigung mit oriental. Gedankengut, Alchimie, Okkultismus und Mystik schlug sich als magischer Idealismus in seinem Werk nieder; verfasste auch Reisebücher, Lyrik und Übersetzungen.

Werke: *Lyrik:* Hymnen (1919); Astralis (1920); Die Phädriaden (hg. 1970). – *Romane:* Devachan (1921); Der gelbe u. der weiße Papst (1923); Das aegypt. Totenbuch (1924); Der Herr vom Hradschin (1942); Baphomet (1930); Griech. Abenteuer (1932); Herakleitos (1957). – *Reisebericht:* Griech. Reise (1926).

Spundwand, *Erdbau:* senkrecht ins Erdreich eingerammtes Flächentragwerk aus einzelnen biegungs- und knickfesten Elementen, den **Spundbohlen.** Diese können aus Stahl, Stahlbeton oder Holz sein. Stahlspundbohlen sind an den Längskanten durch greiferartige Falze (›Schlösser‹) miteinander verbunden, hölzerne Spundbohlen haben Nut und Feder. Die S. dient z. B. als Stützwand, als Ufersicherung oder als Baugrubenumschließung sowie zur Herstellung einer Kaimauer oder einer Schleusenkammerwand. Sie kann aber auch zur Untergrundabdichtung oder zur Verminderung einer Sickerströmung (durch Verlängerung des Sickerweges) eingesetzt werden.

Spur, 1) *Audio-* und *Videotechnik:* die Fläche eines mit Bild- oder Tonsignalen bespielten Magnetbandes, z. B. die Schräg-S. bei der →magnetischen Bildaufzeichnung.

2) *Datenverarbeitung:* engl. **Track** [træk], derjenige Bereich eines flächenhaften Speichermediums (v. a. von Magnetschichtspeichern), auf dem die Information bitseriell gespeichert wird. Die S. werden mechanisch an den Schreib-Lese-Einrichtungen vorbeigeführt, ihre geometr. Gestalt ist nach Speichermedium verschieden. Bei →Magnetplattenspeichern bilden sie Kreis- bzw. Zylinderringe, bei →Magnetbandspeichern verlaufen die S. als gerade (schräge), parallele Streifen in Längsrichtung.

3) *Eisenbahn:* andere Bez. für →Gleis.

4) *Jägersprache:* Fußabdrücke des Haarwildes außer Schalenwild, Bär, Luchs, Wolf. (→Fährte, →Tritt)

5) *Kraftfahrzeug:* →Spurweite.

6) *Mathematik* und *Physik:* die Summe der Diagonalelemente einer quadrat. →Matrix. Die S.-Bildung ist mit der Summe von Matrizen und deren Multiplikation mit einem Skalar verträglich; sie liefert daher einen Homomorphismus zw. dem Vektorraum der quadrat. Matrizen und dem zugehörigen Grundkörper.

Die S. eines quantenmechan. Operators A berechnet sich entsprechend als Summe über die diagonalen Matrixelemente bezüglich eines vollständigen Orthonormalsystems von Zustandsvektoren (→Quantenmechanik):

$$\text{Sp}\,A = \sum_n \langle n|A|n\rangle.$$

Für zwei Operatoren A und B gilt $\text{Sp}(AB) = \text{Sp}(BA)$. In der →Quantenstatistik dient die S.-Bildung zur Berechnung von Erwartungswerten bezüglich eines Dichteoperators ϱ bzw. der zugehörigen Dichtematrix ϱ_{mn}

$$\langle A\rangle = \text{Sp}(\varrho A) = \sum_{m,n}\varrho_{mn}\langle n|A|m\rangle.$$

Die S. ist eine Invariante gegenüber Drehungen des Koordinatensystems bzw. in allgemeinen Räumen gegenüber unitären Transformationen und gibt daher insbesondere die Summe der Eigenwerte der Matrix (bzw. des Operators) an.

7) *Ortung:* die Kette von nachleuchtenden Punkten auf dem Bildschirm eines Rundsichtgeräts (→Radar), die sich aus den nacheinander entstandenen Echos eines sich bewegenden Radarziels ergibt.

8) *Psychologie:* **Gedächtnis-S.**, das →Engramm.

9) *Straßenverkehr:* **Fahr-S.**, Teil (abgegrenzter Streifen) einer Fahrbahn.

SPUR, Name einer 1958 in München gegründeten Künstlergruppe, der die Bildhauer L. FISCHER, die Maler HEIMRAD PREM (* 1934, † 1978), HELMUT STURM (* 1932) und HANS-PETER ZIMMER (* 1936, † 1992) angehörten (aufgelöst 1965). Sie strebten eine politisch engagierte figurative Kunst an, die die Freiheit der bildner. Mittel bewahrt. SPUR-Museum in Cham (eröffnet 1991).
Gruppe S., 1958–1965, hg. v. V. LOERS, Ausst.-Kat. (1986).

Spurbus, →Spurführung.

Spuren|analyse, Bestimmung von Stoffgehalten unter einem Promille (›Spuren‹) bei i. d. R. großen Probenportionen (im Unterschied zur →Mikroanalyse). Bei Gehalten im ppb-Bereich (parts per billion, d. h. 1 mg/t oder 1 µg/kg; →pp-Einheiten) und darunter spricht man von **Ultra-S.** Die **Nachweisgrenze** ist der kleinste aus einem Analysensignal (z. B. Anzeige eines Messinstruments) berechnete Gehalt, der sich vom Blindwert (ohne den nachzuweisenden Stoff, aber sonst unter Analysenbedingungen erhalten) noch unterscheiden lässt. Die **Bestimmungsgrenze** gibt den quantitativ bestimmbaren Minimalgehalt unter Vorgabe einer maximal zulässigen Ergebnisunsicherheit an. Sie muss immer größer als die Nachweisgrenze sein. – Die S. hat in der Umweltanalytik (z. B. Schwermetalle, Dioxine), bei Lebensmitteluntersuchungen (z. B. Rückstände von Pflanzenschutzmitteln) oder bei der Reinheitsprüfung (z. B. von Werkstoffen) große Bedeutung. Als analyt. Methoden sind u. a. Polarographie, Neutronenaktivierungsanalyse, Infrarot-Laser-Spektrometrie oder die Kopplung von Gaschromatographie und Massenspektrometrie bes. geeignet. Vor der eigentl. Analyse muss der zu bestimmende Stoff häufig erst durch Extraktion oder durch chromatograph. oder andere Verfahren aufkonzentriert werden. Die S. erfordert große Erfahrung und Sorgfalt. Mögl. Fehlerquellen liegen v. a. bei der Probenahme (bes. bei Boden- und Abfallproben, in denen Spurenstoffe sehr ungleichmäßig verteilt sein können), in der Verunreinigung der Probe aus der Laboratoriumsluft, aus Reagenzien oder aus dem Lösungsmittel Wasser oder in der Adsorption von Stoffen an Gefäßwänden (z. B. durch Ionenaustausch an Glas).

Spuren|elemente, Mikro|elemente, chemische Elemente, die in sehr geringer Konzentration (10^{-6}–10^{-12} g je g Feuchtgewicht) im Organismus vorkommen. Es lassen sich drei Gruppen unterscheiden: essenzielle S. (unentbehrl. S. mit physiolog. Funktion), entbehrl. S. (ohne Funktion) und tox. (giftige) S.

Zu den **essenziellen S.** gehören Eisen als Baustein des roten Blutfarbstoffs (Häm) und der Enzyme der Atmungskette (Cytochrome), Kobalt als Bestandteil von Vitamin B_{12}, Chrom, Kupfer, Mangan, Molybdän, als Zentralatome von Enzymen, Jod zur Biosynthese von Schilddrüsenhormonen und Fluor, das für den Aufbau des Zahnschmelzes und des Knochens bedeutsam ist.

Entbehrliche S. sind Aluminium, Brom, Gold und Silber, **toxische S.** Antimon, Arsen, Blei, Cadmium, Quecksilber und Thallium.
H. SCHOLZ: Mineralstoffe u. S. (Neuausg. 1996); Mineralstoffe u. S., hg. v. J. KÖHRLE (1998).

Spurenkammer, zusammenfassende Bez. für Geräte, die die Bahnen ionisierender Teilchen sichtbar und fotografierbar machen. Zu den S. gehören die →Nebelkammer, die →Blasenkammer und →Gasspurkammern wie die →Funkenkammer.

Spurensicherung 1): Nikolaus Lang, ›Schutzkreis‹, zusammengestellt aus der Hinterlassenschaft einer vereinsamten Frau (Lebensmittel und religiöse Traktate) für die Ausstellung ›Zeitgeist‹, Berlin, 1982

Spurensicherung, 1) eine Richtung der zeitgenöss. *Kunst:* Der Künstler sammelt oder fingiert Relikte einer histor. oder persönl. Vergangenheit, seltener seiner Gegenwart. Er dokumentiert sie in musea-

Spur Spurführung – Sputtern

Spurre:
Doldenspurre
(Höhe bis 25 cm)

ler Form in Schaukästen, Tafeln, Modellen oder durch Fotografien, Zeichnungen und Texte. Er registriert und ordnet sie nicht mit wiss. Distanz, sondern aus seiner subjektiven Erfahrung, wobei die eigene Kindheit als soziolog. Musterfall (C. BOLTANSKI), die akrib. Beobachtung der sozialen Umwelt (D. BAY), der aktive Nachvollzug vergangener Schicksale und Handlungen (J. LE GAC, N. LANG) oder die Rekonstruktion fiktiver archäolog. Ruinen (ANNE und P. POIRIER, C. SIMONDS) im Mittelpunkt stehen können. Die S. setzte Ende der 1960er-Jahre als Sensibilisierung der individuellen Erfahrung gegenüber den sekundären Bildwelten der Pop-Art ein und überschneidet sich teilweise mit der →individuellen Mythologie und der →Narrative Art.

S. Archäologie u. Erinnerung, hg. v. G. METKEN, Ausst.-Kat. (1974); G. METKEN: S. Kunst als Anthropologie u. Selbsterforschung (1977).

2) *Polizeiwesen:* im Rahmen kriminaltechn. Ermittlungen alle Maßnahmen zur Sicherstellung von Spuren, die Rückschlüsse auf den Tathergang oder den Täter zulassen.

Spurführung, Vorgabe der Bewegungsrichtung von Fahrzeugen durch den Fahrweg im Ggs. zur gesteuerten Bewegung lenkbarer Fahrzeuge. Bewirkt wird die S. durch die Form der Räder oder Rollen im Zusammenwirken mit dem Fahrweg: bei →Schienenbahnen durch Spurkranzräder im Gleis, bei Spurbussen und People-Movern durch Leitrollen und Leitschienen, bei →Hängebahnen durch Fahr- und Tragwerk und bei Schwebebahnen (→Seilbahn) durch die Seilrollen auf dem Tragseil. Bei →Magnetschwebebahnen ermöglicht das Feld der Trag- und Führmagnete berührungsfreie S. entlang der Fahrbahn.

Spurführung: Spurbus mit mechanischer Spurführung auf dem Mittelstreifen der Autobahn A 430 in Essen

Spurbusse, erstmals 1980 in Essen eingeführt, können sowohl gelenkt auf der Straße als auch spurgeführt fahren. Am Beginn des spurgeführten Abschnitts wechselt der Bus aus dem Straßenverkehr in einen Führungstrog aus Betonfertigteilen. Die Spurbustrasse kann in den Mittelstreifen einer mehrspurigen Straße integriert werden. Ein vollautomatisches People-Mover-System mit luftbereiften Kabinen ist seit 1995 am Flughafen Frankfurt in Betrieb; zur S. sind seitlich ebenfalls Luftreifen angeordnet.

Elektronische S. lenkt Fahrzeuge entlang einem in der Fahrbahn verlegten Leitkabel. Aus den von ihm gesendeten Signalen ermittelt ein Regelkreis im Fahrzeug Abweichungen vom Sollkurs. Zur Korrektur der Bewegungsrichtung wird über Stellantriebe die Lenkeinstellung verändert. Elektron. S. wird oft in Verbindung mit einer Programmsteuerung für automat. Flurfördermittel eingesetzt.

Spurgerade, *Mathematik:* der (nichtleere) Durchschnitt zweier nicht zusammenfallender →Ebenen; analog heißt der (nichtleere) Durchschnitt einer Geraden mit einer Ebene, in der die Gerade nicht liegt, **Spurpunkt.**

Spürhaare, Sinneshaare bei Raubtieren, →Sinushaare.

Spurkegel, *Physik:* →Kreisel.

Spurkranz, *Schienenfahrzeuge:* ringförmiger Wulst an der Innenkante der Lauffläche eines Rads; dient der Führung des Fahrzeugs im Gleis.

Spurr, Mount S. [maʊnt ˈspəː], Vulkan in S-Alaska, USA, in der Alaskakette, 130 km westlich von Anchorage, 3374 m ü. M.; vergletschert; letzte Ausbrüche 1953 und 1992.

Spurre, Holosteum, Gattung der Nelkengewächse mit sechs Arten im temperierten Eurasien; einjährige, aufrecht wachsende Kräuter mit im oberen Drittel drüsig behaarten Stängeln; Blüten mit gezähnten Kronblättern, weiß bis hellrosafarben, in wenigblütigen Scheindolden. In Dtl. kommt nur die **Dolden-S.** (Holosteum umbellatum), ein bis 25 cm hohes, Wärme liebendes Unkraut, auf sandigen Äckern und an Wegrainen vor.

Spurstange, *Kraftfahrzeugtechnik:* Teil des Lenkgestänges (→Lenkung), das die Lenkkraft und -bewegung auf die Räder überträgt.

Spurstein, →Kupfer (Gewinnung).

Spurt [engl., zu to spurt, Nebenform von to spirt ›aufspritzen‹] *der, -(e)s/-s* und (selten) *-e,* in den Lauf- und Rennwettbewerben (z. B. Leichtathletik, Kanusport, Rudern, Schwimmen, Radsport) die äußerste Steigerung der Geschwindigkeit eines Sportlers; während des Rennens **Zwischen-S.,** im Endkampf **End-S.,** bes. bei Pferderennen auch **Finish** genannt.

Spurweite, 1) *Kraftfahrzeug:* der Abstand der Reifenmitten an einer Achse, bei doppelter Bereifung der Abstand der Mitten der Zwillingsreifen. Die S. kann an Vorder- und Hinterrädern verschieden sein und sich bei der Belastung ändern, wobei das zulässige Gesamtgewicht für die Angabe der S. maßgeblich ist.
2) *Schienenfahrzeuge:* kleinster Abstand der Schienen eines Gleises, gemessen zw. den Innenflächen der Schienenköpfe; die Normalspur beträgt 1435 mm (→Eisenbahn).

Sputnik [russ., eigtl. ›Weggenosse‹, ›Reisegefährte‹] *der, -s/-s,* Name des ersten künstl. Erdsatelliten, der wie die S.-Trägerrakete unter Leitung von S. P. KOROLJOW entwickelt wurde. Mit dem Start von S. 1, einer Kugel mit vier Stabantennen, am 5. 10. 1957 um 0^{50} Uhr Ortszeit vom Kosmodrom Baikonur (4. 10. nach MEZ) begann die Ära der Weltraumflüge. Bereits vier Wochen danach diente der kegelförmige S. 2 mit der Polarhündin Laika, dem ersten Lebewesen in der Erdumlaufbahn, als erster Biosatellit für raumflugmedizin. Forschungen unter siebentägiger Schwerelosigkeit. Ihm folgte 1958 S. 3 mit der damaligen Rekordmasse von 1327 kg. S. 3 führte $12^{1/2}$ Monate lang geophysikal. Untersuchungen von der Umlaufbahn aus durch. Die 1960/61 vereinzelt S. 4–7, 9 und 10 genannten Satelliten waren unbemannte Wostok-Raumschiffe, S. 8 die Raketenendstufe der Venussonde Venera-1.

Sputtern [ˈspʌtərn; engl., eigtl. ›das Herausprudeln‹] *das, -s,* Methode zur Zerstäubung von Festkörpern im Hochvakuum, bei der durch Beschuss eines negativen Targets mit Ionen (vorwiegend Edelgasionen von einigen Kiloelektronvolt Energie) Atome vom Target abdampfen und dann auf der Oberfläche eines Substrats abgelagert werden (z. B. die →Kathodenzerzerstäubung). Praktisch angewendet wird das S. bes. zur Herstellung →dünner Schichten für die Optik (z. B. Spiegel), zur Herstellung →metallischer Gläser oder für Kontaktierungszwecke in der Elektronik.

Sputum [zu lat. spuere, sputum ›(aus)spucken‹] *das, -s/...ta, Medizin:* der →Auswurf.

Sputumzytologie, diagnost. Maßnahme bei Verdacht auf Lungenkrebs, bei dem das (z. B. durch Kathetersaugbiopsie während der Bronchoskopie gewonnene) Auswurfmaterial auf Zellentartungen untersucht wird.

Spy [spi], Ortsteil der Gem. Jemeppe-sur-Sambre, westl. von Namur, Belgien. In einer in der Nähe gelegenen Höhle wurden 1886 zus. mit Steingeräten und Tierknochen zwei Neandertalerbestattungen entdeckt; sie führten zur Anerkennung der Menschenform ›Neandertaler‹.

Spyri, Johanna, geb. **Heusser,** schweizer. Schriftstellerin, * Hirzel (bei Zürich) 12. 6. 1827, † Zürich 7. 7. 1901; stammte aus einer Landarztfamilie; ihre Mutter war die pietist. Lyrikerin META HEUSSER-SCHWEIZER (* 1797, † 1876). Nach ihren Erzählungen ›Ein Blatt auf Vrony's Grab‹ (1871) und ›Heimathlos‹ (1878) wurde sie v. a. durch ihre in schlichter, anrührender Sprache geschriebenen ›Heidi‹-Romane zu einer der weltweit bedeutendsten Kinderbuchautorinnen (›Heidis Lehr- und Wanderjahre‹, 1880; ›Heidi kann brauchen, was es gelernt hat‹, 1881). Mit dem naturverbundenen, einfach-frommen Mädchen in heiler Bergwelt hat S. eine Symbolfigur geschaffen, die bis heute ihre Faszination behalten hat (Verfilmungen, Comic-Adaptionen). – Seit 1968 beschäftigt sich die J.-S.-Stiftung in Zürich mit S.s Leben und Werk.
Weitere Werke: Verirrt u. gefunden (1873); Geschichten für Kinder u. auch für solche, welche die Kinder lieb haben, 16 Bde. (1879–95); Die Stauffer-Mühle (1901).
J. WINKLER: Aus dem Leben der ›Heidi‹-Autorin (1986); R. SCHINDLER: J. S. – Spurensuche (Zürich 1997); J. VILLAIN: Der erschriebene Himmel. J. S. u. ihre Zeit (ebd. 1997).

sq, Abk. für engl. →square.

SQL [Abk. für engl. **s**tructured **q**uery **l**anguage ›Sprache für strukturierte Abfragen‹], *Informatik:* Abfragesprache für relationale Datenbanken, d. h. für →Datenbanksysteme, bei denen Zugriffe mit beliebigen Verknüpfungen der in der Datenbasis vorhandenen Datensätze möglich sind. SQL ist eine selbstständige Abfragesprache, d. h. eine Sprache, die nicht auf einer anderen höheren Programmiersprache als Trägersprache basiert. Die Form ihrer Kommandos ist stark an das natürlich-sprachl. Englisch angelehnt. Sie ermöglicht die Durchführung aller für die Anwendung von Datenbanksystemen typ. Operationen (wie Abfragen, Ändern, Löschen) und darüber hinaus auch die Realisierung von Datensicherung, Datenschutz und Datenbankverwaltung. – Das urspr. von IBM entwickelte SQL ist heute genormt und weit verbreitet. Der heute übl. SQL 2-Standard wurde vom Dt. Inst. für Normung (DIN) in der englisch-sprachigen Originalfassung als Norm übernommen. Gegenwärtig wird an einer neuen, u. a. um objektorientierte Konzepte erweiterten Sprache mit der Bez. SQL 3 gearbeitet.

SQL kann auf praktisch allen Arten von Rechnern eingesetzt werden, auch in Verbindung mit anderen höheren Programmiersprachen, und ist sowohl für den Dialog- als auch den Stapelbetrieb geeignet.

Squalen [zu lat. squalus, ein Meeresfisch] *das, -s,* **Spinacen,** offenkettiges, aus sechs Isoprenresten bestehendes Triterpen (→Terpene), Summenformel $C_{30}H_{50}$; farblose, fast geruchlose, ölige Flüssigkeit, die an der Luft leicht polymerisiert. S. tritt als Zwischenprodukt der Cholesterin-Biosynthese auf; es wurde erstmals aus Fischleberölen extrahiert und später in vielen tier. und pflanzl. Ölen gefunden.

Squalidae [lat.], die →Dornhaie.

Squamae [lat.], die →Schuppen.
Squamata [zu lat. squama ›Schuppe‹], die →Schuppenkriechtiere.
Squamosum [lat. squamosus ›schuppig‹], das →Schuppenbein.

Squarcione [skuar'tʃo:ne], Francesco, ital. Maler, * Padua 1397, † ebd. 1468 oder wenig später; bes. als Lehrer von Bedeutung; führte im Sinne der Frührenaissance in das Antikenstudium ein (zu seinen Schülern gehörte u. a. A. MANTEGNA). S. sammelte u. a. Abgüsse nach Antiken. Sein Hauptwerk waren die Fresken für die Vorhalle von San Francesco in Padua (um 1460), von denen die Sinopie (die Vorzeichnung auf der Putzschicht in rotem Farbstoff) erhalten ist.
Weitere Werke: Altartafel (Polyptychon) mit dem hl. Hieronymus u. a. Heiligen (1449–52; Padua, Museo Civico); Madonna (um 1460; Berlin, Gemäldegalerie).

square ['skweə; engl. ›Quadrat‹], Abk. **sq,** im angloamerikan. Raum Vorsatz vor Längeneinheiten zur Bildung einer Flächeneinheit, z. B. sq in, sq ft, sq yd, sq mile (→Einheiten, ÜBERSICHT).

Square ['skweə; engl., eigtl. ›Quadrat‹] *der, -(s)/-s,* Bez. für einen Platz in engl. Städten. Zunächst bezog sich diese Bez. auf eine umzäunte Grünanlage, die nur den Anwohnern zur Verfügung stand. Dieser Platztyp ist im engl. Städtebau seit dem 18. Jh. bekannt.

Squaredance [skweəda:ns; engl., aus square ›Quadrat‹ und dance ›Tanz‹] *der, -/-s,* eine Hauptform des amerikan. Volkstanzes, in den u. a. Elemente der frz. Quadrille und verschiedener europ. Volkstänze eingingen, getanzt von vier Paaren nach Weisung eines Ansagers (engl. caller) im Viereck mit gewöhnlich vier Figuren. Begleitinstrumente sind i. d. R. Akkordeon, Banjo, Fidel und Gitarre.

Square Deal ['skweə di:l; engl. ›faires Geschäft‹], vom amerikan. Präs. T. ROOSEVELT 1904 geprägtes Schlagwort für sein Programm zur Verwirklichung sozialer Gerechtigkeit.

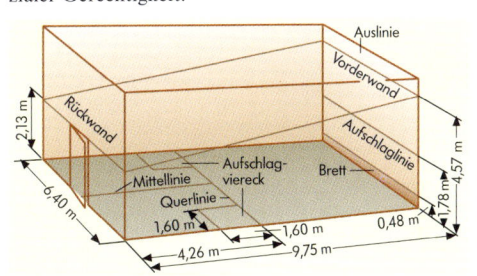

Squash: Spielfeld

Squash [skwɔʃ; engl. ›weiche Masse‹ (nach dem weichen Ball)] *das, -,* **S.-Rackets** [-'rækɪts], früher auch **Racquets** ['rækɪts], dem →Ricochet und →Racquetball ähnl., aber weiter verbreitetes Rückschlagspiel gegen eine Wand für zwei Aktive (Frauen oder Männer, auch als Doppel); der dabei verwendete Schläger gleicht dem beim Badminton (max. Länge 68,5 cm, Breite 18,4 cm). Ein schwarzer Weichgummiball (24 g Gewicht, 3,95 bis 4,15 cm Durchmesser) wird aus dem Aufschlagviereck des Platzes (**Court,** meist Halle) an die Vorderwand gespielt. Dort muss der Ball oberhalb der Aufschlaglinie aufkommen und ins gegenüberliegende, durch die Mittellinie getrennte Aufschlagfeld (Platzviertel) zurückfliegen. Bei fehlerhaftem Aufschlag erhält der Gegner Aufschlagrecht, ebenso bei verlorenem Ballwechsel. Nur der Aufschläger kann Spielpunkte erzielen. Beim Rückschlag darf der Ball direkt oder nach einmaliger Bodenberührung angenommen werden. Im Spiel kann der Ball alle Wände berühren, außer dem mit Blech zur akust. Fehleranzeige verkleideten Brett (›Tin‹ oder ›Playboard‹)

Fráňa Šrámek

der Vorderwand und der Auslinie. Der Ball darf nur einmal den Boden berühren. In bestimmten Situationen, wie Berührung des Körpers durch den Ball, Schlagverzicht, um den Gegner nicht zu verletzen, kann je nach Verschulden des Spielers die Wiederholung des Ballwechsels (›Let‹) gewährt oder dem Gegner der Punkt zugesprochen werden (›Letpunkt‹). Gewertet wird i. Allg. nach Sätzen zu 9 Punkten, internat. und bei großen Turnieren zu 15 Punkten. Gespielt wird auf zwei oder (meist) drei Gewinnsätze. – In den USA gibt es das dort bekanntere **Hard Rackets**, das auf größerem Court und mit schnellerem Ball und kleinerem Schläger ausgetragen wird.

Wettbewerbe, Organisationen: Europameisterschaften (Mannschaft) werden seit 1976 (Männer) bzw. 1977 (Frauen) ausgetragen, Weltmeisterschaften (Einzel) seit 1981 (Männer) bzw. 1983 (Frauen). – In Dtl. wird S. vom Dt. S. Verband (DSRV; gegr. 1973, Sitz: Duisburg) organisiert. In Österreich besteht der Österr. S. Rackets-Verband (ÖSRV; gegr. 1978, Sitz: Wien) und in der Schweiz der Schweizer. S. Rackets-Verband (SSRV; gegr. 1973, Sitz: Unterägeri, Kt. Zug). Weltdachverband ist die World S. Federation (WSF; gegr. 1967, Sitz: Hastings, Großbritannien), europ. Dachverband die European S. Federation (ESF; gegr. 1973, Sitz: Wilmington, Großbritannien). *Geschichte:* S. hat sich aus dem engl. ›fives‹ entwickelt, bei dem ein Ball mit der Hand gegen eine Kirchwand geschlagen wurde. In der berühmten Public School von Harrow wurde es neben Rackets auf kleinerem Court mit langsameren Bällen gespielt. 1850 erhielt S. in Harrow sein modernes Regelwerk. 1908 gehörte S., zusammengefasst mit Rackets unter dessen Namen, zu den olymp. Sportarten.

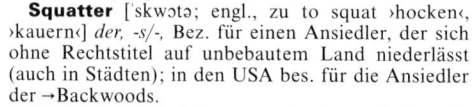

Squatter [ˈskwɔtə; engl., zu to squat ›hocken‹, ›kauern‹] *der, -s/-,* Bez. für einen Ansiedler, der sich ohne Rechtstitel auf unbebautem Land niederlässt (auch in Städten); in den USA bes. für die Ansiedler der →Backwoods.

Squattertowns [ˈskwɔtətaʊnz], im engl. Sprachraum z. T. verwendete Bez. für die armseligen Hüttensiedlungen (→Slums) am Rand großer Städte.

Squaw [skwɔː; von Algonkin squa ›Frau‹] *die, -/-s,* aus dem Englischen übernommene (hier stark abwertende) Bez. für Indianerfrau.

Squaw Valley [ˈskwɔː ˈvælɪ], Tal im N der Sierra Nevada, Kalifornien, USA, bekanntes Wintersportgebiet; war Austragungsort der Olymp. Winterspiele 1960. In 1889 m ü. M. liegt der Ort S. V. (2200 Ew.).

Squelch [skweltʃ, engl.], Baugruppe eines Sende-Empfangs-Geräts, die als Rauschsperre den Niederfrequenzkanal automatisch abschaltet, wenn der Niederfrequenz-Störabstand (Verhältnis von Nutz- und Rauschsignal) unter einen Schwellenwert absinkt.

Squicciarini [skwɪtʃiarˈini], Donato, ital. kath. Theologe und päpstl. Diplomat, * Altamura 24. 4. 1927; wurde 1952 zum Priester, 1978 zum Bischof geweiht; Titularerzbischof. Seit 1989 ist S. Apostol. Nuntius in Österreich.

SQUID [Abk. für engl. **s**uperconducting **qu**antum **i**nterference **d**evice ›supraleitendes Quanteninterferometer‹], hoch empfindl. Quanteninterferometer, ein auf den →Josephson-Effekten beruhendes Instrument zur Messung schwacher Magnetfelder (bis herab zu 10^{-14} Tesla). Ein SQUID besteht aus einem supraleitenden Stromkreis mit ein oder zwei Josephson-Kontakten (Filmbrücke, Doppelschicht- oder Punktkontakt). Ausgenutzt werden dabei die durch ein Magnetfeld beeinflussbaren Interferenzerscheinungen des Tunnelstroms in den Kontakten; die Stromstärke unterliegt, abhängig vom magnet. Fluss durch den Josephson-Kontakt, Veränderungen, deren Verlauf dem der Lichtintensität bei Beugung am Spalt gleicht und deren Periode durch die Größe des magnet. Fluss-

quants (→Flussquantisierung) bestimmt ist. Durch Doppelkontakte lässt sich der magnet. Fluss mittels der vom Tunnelstrom umflossenen Fläche vergrößern und die Empfindlichkeit des Instrumentes steigern. Zum Bau von SQUIDs werden auch Hochtemperatur-Supraleiter eingesetzt. Anwendungen ergeben sich für zahlr. Messzwecke in der Physik, aber ebenso bei biomagnet. Messungen, z. B. bei Herz- (Magnetkardiogramm) und Gehirnuntersuchungen (Magnetoenzephalogramm). Anordnungen mit mehreren SQUIDs erlauben es dabei, den Signalort genau zu bestimmen, sodass sich dadurch sehr gute nichtinvasive Diagnostikmöglichkeiten ergeben.

Squire [ˈskwaɪə; engl., gekürzt aus Esquire] *der, -(s)/-s,* in Großbritannien als Kurzform von →Gentry Bez. für den zur Gentry gehörenden Gutsherrn; in den USA gelegentlich auch Anrede für Friedensrichter, Richter und Rechtsanwälte.

sr, Einheitenzeichen für →Steradiant.

Sr, 1) chem. Symbol für das Element →Strontium. **2)** Formelzeichen für die →Strouhal-Zahl.

SR, Abk. für: **1)** →Saarländischer Rundfunk; **2)** engl. Synthetic Rubber (→Synthesekautschuk).

Sraffa [ˈzraffa], Piero (Pietro), ital.-brit. Volkswirtschaftler, * Turin 5. 8. 1898, † Cambridge 3. 9. 1983; 1926–38 Prof. in Cagliari, ab 1939 in Cambridge; einer der Begründer der modernen Marktformenlehre, Kritiker der subjektiven Wertlehre und der darauf beruhenden neoklass. Nationalökonomie. S. war eng befreundet mit J. M. Keynes und gab das Gesamtwerk D. Ricardos heraus (›The works and correspondence of David Ricardo‹, 11 Bde., 1952–73).

Werk: Production of commodities by means of commodities (1960; dt. Warenproduktion mittels Waren).

Šrámek [ˈʃraːmɛk], **1)** Fráňa, tschech. Schriftsteller, * Sobotka (bei Turnau) 19. 1. 1877, † Prag 1. 7. 1952; führender tschech. Impressionist, dessen Werk durch Auflehnung gegen Konventionen, ungestümen Vitalismus und polit. Anarchismus gekennzeichnet ist; schilderte v. a. in Erzählweise die Pseudomoral der bürgerl. Gesellschaft um 1914.

Weitere Werke: *Romane:* Stříbrný vítr (1910; dt. Der silberne Wind); Křižovatky (1913; dt. Erwachen); Tělo (1919). – *Erzählungen:* Sláva života (1903; dt. Triumph des Lebens, in: Tschech. Erzähler, hg. v. R. Ulbrich); Ejhle, člověk (1904). – *Dramen:* Léto (1915; dt. Sommer); Hagenbek (1920). – *Lyrik:* Splav (1916); Básně (1926); Nové básně (1928); Rány, růže (1945).

Ausgaben: Spisy, 10 Bde. (1951–60). – Wanderer in den Frühling, übers. v. O. Pick (1927).

F. Buriánek: Národní umělec F. Š. (Prag 1960).

2) Jan, tschechoslowak. Politiker, * Grygov (bei Olmütz) 11. 8. 1870, † Prag 22. 4. 1956; kath. Priester; seit 1919 Mitgl. des Präsidiums der Tschech. Volkspartei (ab 1919) deren Repräsentant in fast allen Kabinetten der ČSR; 1940–45 Premier-Min. der Exil-Reg. in London; stellv. Min.-Präs. bis zum Februarumsturz 1948, anschließend im Exil.

Sravana Belgola, Ort im Bundesstaat Karnataka, S-Indien, 5000 Ew. – Umfangreiche jainist. Tempelanlagen, die bis in das 10. Jh. zurückreichen; auf dem Indra-Hügel die 17 m hohe monolith. Statue des Asketen Gommata (983 n. Chr.); auf dem zweiten Hügel, wohin sich um 300 v. Chr. Candragupta als Mönch zurückgezogen haben soll, 15 Tempel der Digambara.

Srbi, Eigen-Bez. für →Serben.

Srbija, serb. Name für →Serbien.

Srbik [ˈzɪrbɪk], Heinrich Ritter von, österr. Historiker, * Wien 10. 11. 1878, † Ehrwald 16. 2. 1951; war 1912–22 Prof. in Graz, 1922–45 in Wien, 1929–30 Unterrichts-Min., 1938–45 MdR und Präs. der Akad. der Wiss.en in Wien; suchte durch seine ›gesamtdt.‹ Geschichtsauffassung den Ggs. zw. klein- und großdt. Geschichtsdarstellung zu überwinden. Ohne Nationalsozialist gewesen zu sein, glaubte S. nach 1938 zu-

Sri La

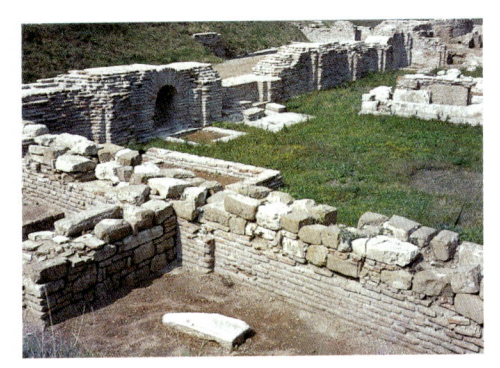

Sremska Mitrovica: Freigelegte Ruinen aus der Römerzeit

nächst, im ›Großdt. Reich‹ sein Ideal eines universalist. dt. Reiches verwirklicht zu sehen.
Werke: Wallensteins Ende (1920); Metternich. Der Staatsmann u. der Mensch, 3 Bde. (1925–54); Dt. Einheit, 4 Bde. (1935–42); Geist u. Gesch. vom dt. Humanismus bis zur Gegenwart, 2 Bde. (1950–51).
Ausgabe: Die wiss. Korrespondenz des Historikers 1912–1945, hg. v. J. KÄMMERER (1988).

Srebạrna, Srebỵrna, 8,5 km² großes Biosphärenreservat in Bulgarien, westlich von Silistra, nahe der Donau, um den **S.-See** (2 km², bis 2 m tief); Reservat für über 140 seltene Sumpf- und Wasservogelarten (im Herbst Sammelplatz der Pelikane vor ihrem Zug nach S); von der UNESCO zum Weltnaturerbe erklärt.

Srẹbrenica [-tsa], Stadt in O-Bosnien, Bosnien und Herzegowina (Serb. Rep.), 5 800 Ew., überwiegend Bosniaken. 1995 befanden sich einschließlich der Flüchtlinge rd. 40 000 Menschen in der Stadt. – Die im Segregationskrieg seit 1992 heftig umkämpfte bosniak. Enklave S., am 7. 5. 1993 zur UN-Schutzzone erklärt, wurde am 11. 7. 1995 von Einheiten der bosn. Serben unter General RATKO MLADIC eingenommen. Die Vorgänge um die danach einsetzende Flucht und Vertreibung der etwa 30 000 Bosniaken sind (1998) nicht restlos aufgeklärt; in Massengräbern wurden (bis 1998) etwa 1 000 Leichen geborgen, etwa 8 000 Bosniaken gelten seitdem als vermisst.

Srẹdna gorạ [bulgar. ›Mittelgebirge‹] *die,* **Antibalkan** *der,* Gebirge im mittleren Bulgarien, südlich des Balkangebirges (von ihm u. a. durch die obere Tundscha getrennt), im S von der Maritzaebene begrenzt, etwa 260 km lang und bis 50 km breit; gegliedert in **Westliche S. g.** (westlich der Topolnitza), **Mittlere S. g.** (mit der höchsten Erhebung, dem Bogdan, 1 604 m ü. M.) und **Östliche S. g.** (östlich der Strjama); vorwiegend aus Graniten und kristallinen Schiefern aufgebaut; stark bewaldet (Eichen-, Buchenwälder); Kupfererz-, Pyrit- und Manganerzabbau; dank Mineralquellen Kurorte (Chissarja, Pawel banja, Jagoda).

Srednogorịe, Stadt in der Region Sofia, Bulgarien, am S-Rand des Mittleren Balkan, etwa 25 000 Ew.; Kupferhütte und Edelmetallgewinnung; Holz- und Nahrungsmittelindustrie. – Entstand 1978 durch Zusammenlegung der Städte Slatiza und Pirdop.

Srem, Landschaft zw. Donau und Save, →Sirmien.

Śrem [sjrɛm], Stadt in Polen, →Schrimm.

Sremac [-ts], Stevan, serb. Schriftsteller, *Senta 11. 11. 1855, †Sokobanja (Serbien) 12. 8. 1906; Gymnasiallehrer; bedeutender Vertreter der serb. Realismus, schilderte in humoristischen bis satir. anekdotenhaften Erzählungen und Romanen das Leben der serb. Kleinbürger um die Jahrhundertwende.
Werke: *Romane:* Pop Ćira i pop Spira (1898; dt. Popen sind auch nur Menschen); Zona Zamfirovna (hg. 1907).
Ausgaben: Celokupna dela, 7 Bde. (1935); Sabrana dela, 6 Bde. (1977).

Sremska Mitrovica [-ˈmitrovitsa], dt. **Mịtrowitz,** ungar. **Mịtrovicza** [-vitsɔ], Stadt in der Wojwodina, Serbien, Jugoslawien, 81 m ü. M., am linken Ufer der Save, einer der zentralen Orte Sirmiens, 38 800 Ew.; Stadtmuseum (mit röm. Funden), Museum kirchl. Kunst (in der Stephanskirche; 17. Jh.); Werft, Zellulose-, Papier-, Textil-, Nahrungsmittel-, Kfz-Zulieferindustrie. – Reste der ausgedehnten römerzeitl. Stadt mit Hafen und kaiserl. Palast wurden (seit 1957) freigelegt und z. T. konservatorisch gesichert. – Das antike (urspr. kelt., ab 35 v. Chr. röm.) **Sịrmium,** röm. Kolonie seit dem 1. Jh. n. Chr., Hauptstadt der Prov. Pannonia secunda und Kaiserresidenz, im 4. Jh. Bischofssitz und Münzstätte, wurde 582 durch die Awaren zerstört.

Srẹmski Karlovci [-ˈkaːrlɔvtsi], dt. **Kạrlowitz,** ungar. **Kạrlócza** [ˈkɔrloːtsɔ], Stadt in der Wojwodina, Serbien, Jugoslawien, am rechten Ufer der Donau, südöstlich von Novi Sad, 7 300 Ew.; Sitz des serbisch-orth. Bischofs von Sirmien, Priesterseminar, Archiv der Wojwodina, Stadtmuseum (im Patriarchenpalais von 1892); Mittelpunkt eines Weinbaugebiets (Weinkellereien); Sliboitzherstellung. – Nach der Befreiung von der osman. Herrschaft fanden hier 1698/99 die zum Frieden von →Karlowitz führenden Verhandlungen statt. Im Rahmen der groß angelegten Wiederbesiedlung der Wojwodina mit Serben wurde 1713 in S. K. ein orth. Erzbistum errichtet.

SR 1 Europawelle, *Rundfunk:* Hörfunkprogramm des Saarländ. Rundfunks, ausgestrahlt über UKW auf 88,0 MHz, im digitalen Satellitenfunk (Kopernikus) auf Kanal 10 sowie über Kabel.

SRG, Abk. für →Schweizerische Radio- und Fernsehgesellschaft.

Sri Jayawardanapura [- dʒajavardanaˈpura], Stadt in Sri Lanka, im östl. Vorortbereich von Colombo. – 1982 wurde der Sitz des Parlaments von Colombo nach S. J. verlegt; Sitz des Staatspräs. ist nach wie vor Colombo.

Srijem, Landschaft zw. Donau und Save, →Sirmien.

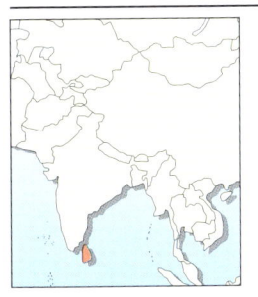

Sri Lanka

Fläche 65 610 km²
Einwohner (1996) 18,6 Mio.
Hauptstadt Colombo
Amtssprachen Singhalesisch und Tamil
Nationalfeiertag 4. 2.
Währung 1 Sri-Lanka-Rupie (S. L. Re.) = 100 Sri Lanka Cents (S. L. Cts.)
Uhrzeit 16³⁰ Colombo = 12⁰⁰ MEZ

Sri Lạnka [›glückliches Lanka‹], amtl. Namen: singhalesisch **Sri Lạnka Prajatantrika Samajavadi Janarajaya** [-pradʒa-, samadʒa-, dʒanaradʒa,] Tamil **Ilangai Jananayaka Socialisa Kudiarasu,** dt. **Demokratische Sozialịstische Republịk S. L.,** bis 1972 **Cẹylon,** Inselstaat in Südasien, umfasst die Insel Ceylon und 23 kleine Inseln im Ind. Ozean, der Halbinsel Vorderindien vorgelagert. S. L. hat eine Fläche von 65 610 km² und (1996) 18,6 Mio. Ew. Hauptstadt ist Colombo, Sitz des Parlaments (seit 1982) ist Sri Jayawardanapura. Amtssprachen sind Singhalesisch und (seit 1988) Tamil. Währung: 1 Sri-Lanka-Rupie (S. L. Re.) = 100 Sri Lanka Cents (S. L. Cts.). Uhrzeit: 16³⁰ Colombo = 12⁰⁰ MEZ.

STAAT · RECHT

Verfassung: Nach der am 7. 9. 1978 in Kraft getretenen Verf. (mit Änderungen) ist S. L. eine präsidiale Rep.

Sri Lanka

Staatswappen

Staatsflagge

CL
Internationales Kfz-Kennzeichen

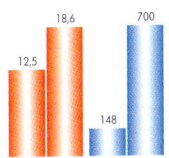

1970 1996 Bevölkerung (in Mio.) — 12,5 / 18,6
1970 1995 Bruttosozialprodukt je Ew. (in US-$) — 148 / 700

Bevölkerungsverteilung 1995
□ Stadt 22%
□ Land 78%

Bruttoinlandsprodukt 1995
■ Industrie 29%
□ Landwirtschaft 20%
□ Dienstleistung 51%

Sri Lanka

Größe und Bevölkerung (1994)

Distrikt[1]	Fläche in km²	Ew. in 1 000	Ew. je km²
Amparai	3 050	512	168
Anuradhapura	7 275	750	103
Badulla	2 822	735	261
Batticaloa	2 633	443	168
Colombo	695	2 062	2 967
Galle	1 690	983	582
Gampaha	1 399	1 586	1 134
Hambantota	2 623	537	205
Jaffna	1 025	896	874
Kalutara	1 616	969	600
Kandy	2 368	1 286	543
Kegalla	1 663	763	459
Kilinochchi	1 133	110	97
Kurunegala	4 776	1 481	310
Mannar	2 014	140	70
Matale	1 995	434	218
Matara	1 247	810	650
Monaragala	7 214	367	51
Mullaittivu	2 060	98	48
Nuwara Eliya	1 228	541	441
Polonnaruwa	3 449	336	97
Puttalam	3 036	626	206
Ratnapura	3 239	972	300
Trincomalee	2 715	327	120
Vavuniya	2 645	119	45
Sri Lanka[2]	65 610	17 883	273

[1] nach der Hauptstadt benannt. – [2] die Hauptstadt ist Colombo.

im Commonwealth. Staatsoberhaupt, Oberbefehlshaber der Streitkräfte und Inhaber der höchsten Exekutivgewalt ist der auf sechs Jahre direkt gewählte Präs. Er ernennt den Premier-Min. sowie die übrigen Mitgl. des Kabinetts und hat das Recht, das Parlament aufzulösen. Die Legislative liegt bei der Nationalversammlung, von den 225 Abg. werden 196 gewählt und 29 über eine ›Nat. Liste‹ (nach Parteienproporz) nominiert. Die Legislaturperiode beträgt sechs Jahre; aktives Wahlrecht gilt ab 18 Jahren.

Parteien: Einflussreichste polit. Gruppen innerhalb des Mehrparteiensystems sind die konservative United National Party (UNP, dt. Vereinigte Nationalpartei, gegr. 1946) und die People's Alliance (PA, dt. Volksallianz, gegr. 1993), ein u. a. aus der sozialist. Sri Lanka Freedom Party (SLFP, dt. Freiheitspartei S. L.s, gegr. 1951) und der trotzkist. Lanka Sama Samaja Party (LSSP, dt. Partei Lankas für eine egalitäre Gesellschaft, gegr. 1935) bestehendes Linksbündnis. Daneben spielen v. a. der Sri Lanka Muslim Congress (SLMC, dt. Muslim. Kongress S. L.s, gegr. 1980), die Tamil United Liberation Front (TULF, dt. Tamil. Vereinigte Befreiungsfront, gegr. 1949) und die tamil. Independent Group eine Rolle.

Wappen: Das Wappen (1972 angenommem) zeigt im Zentrum einen schwerttragenden Löwen, Symbol des alten Königreiches von Kandy, umgeben von einem Rand aus Lotosblütenblättern und einem aus einer Schüssel hervorquellenden Kranz aus Reisähren; neben der Schüssel Sonne und Mond, buddhist. Sinnbilder der Langlebigkeit; am oberen Ende der Gesamtdarstellung das Dharmacakra.

Nationalfeiertag: 4. 2., zur Erinnerung an die Erlangung der Unabhängigkeit 1948.

Verwaltung: S. L. ist gegliedert in 9 Prov. und 25 Distrikte.

Recht: Das Rechtssystem ist v. a. beeinflusst von römisch-holländ. Recht (Roman-Dutch Law), engl. Kolonialrecht, islam. Recht und Gewohnheitsrecht. Der mehrstufige Gerichtsaufbau besteht aus dem Obersten Gerichtshof, dem Appellationsgericht, dem Hochgericht, Distrikt-, Amts- und sonstigen erstinstanzl. Gerichten. Die Richter der unteren Gerichte sowie das Justizpersonal werden von der Justizdienstkommission (drei vom Präs. ernannte hohe Beamte und Richter) ernannt und kontrolliert.

Streitkräfte: Die Gesamtstärke der Freiwilligenarmee beträgt (einschließlich wieder im aktiven Dienst befindl. Reservisten) etwa 110 000 Mann. An paramilitär. Kräften stehen rd. 80 000 Polizeiangehörige, 15 000 Nationalgardisten sowie 15 000 Mann der Bürgerwehr (Home Guard) bereit. Das Heer (90 000 Mann) verfügt u. a. über 23 Infanteriebrigaden und drei Aufklärungsregimenter. Marine und Luftwaffe haben je etwa 10 000 Mann. Die Ausrüstung besteht im Wesentlichen aus etwa 25 Kampfpanzern, 50 Spähpanzern, 20 leichten Kampfflugzeugen sowie 10 Patrouillenbooten über 100 ts.

LANDESNATUR · BEVÖLKERUNG

Die Insel Ceylon ist vom ind. Festland durch die seichte Palkstraße und den Golf von Mannar getrennt. Dazwischen ist eine Inselkette (→Adamsbrücke) dem flachen Schelfsockel aufgesetzt. Der Großteil der Insel, außer dem SW, wird von Lagunen umsäumt. Es überwiegen weit gespannte Tief- und Küstenebenen. Im südl. Teil des Inneren erhebt sich ein Gebirge, das im Pidurutalagala 2 524 m ü. M., im →Adam's Peak 2 243 m ü. M. erreicht. Dem Gebirge sind an den Rändern mehrere Inselberge vorgelagert (u. a. Sigiriya). Das Tiefland ist im N, NO und NW ausgedehnt, im SO und O sowie bes. im W und S auf einen schmalen Streifen beschränkt. Fast die ganze Insel ist aus präkambr. Gesteinen des Grundgebirges aufgebaut. Nur der äußerste NW mit Einschluss der Halbinsel Jaffna besteht vorwiegend aus tertiären Kalken und ist teilweise verkarstet. Längster Fluss ist der Mahaweli. Im SO hat der Gal Oya besondere wirtschaftl. Bedeutung.

Klima: Die Lage in der Tropenzone und die Beeinflussung durch die südostasiat. Monsune prägen das Klima der Insel. Dabei ist das Gebirge für die Differenzierung des Klimas von Bedeutung, u. a. als Barriere für die Luftmassen der Monsune. S. L. lässt sich in einen kleineren Feuchtbereich und in eine ausgedehntere Trockenzone untergliedern. Die meisten Niederschläge im SW bringt der feuchte SW-Monsun, der von Mai bis September weht (Niederschlagsmaximum im Mai, ein zweites Maximum im Oktober; Niederschläge in den Küstenorten im Jahresmittel 2 300 bis 5 000 mm). Der im Regenschatten des Gebirges gelegene NO erhält den größten Teil der Niederschläge durch den weniger ausgeprägten, trockeneren NO-Monsun, v. a. in den Wintermonaten (Jaffna 1 300 mm, Trincomalee 1 600 mm). Die Temperaturen, im Jahresmittel in Colombo

Klimadaten von Trincomalee (5 m ü. M.)

Monat	Mittleres tägl. Temperaturmaximum in °C	Mittlere Niederschlagsmenge in mm	Mittlere Anzahl der Tage mit Niederschlag	Mittlere tägl. Sonnenscheindauer in Stunden	Relative Luftfeuchtigkeit nachmittags in %
I	26,9	211	13	6,5	78
II	28,1	67	5	9,2	70
III	29,6	58	6	9,0	70
IV	31,7	54	6	8,8	68
V	33,0	82	6	7,8	61
VI	33,3	24	3	7,2	54
VII	33,4	44	3	7,5	53
VIII	33,1	92	7	7,1	56
IX	33,1	87	8	7,8	61
X	31,0	243	16	6,1	69
XI	28,4	354	19	6,3	78
XII	27,1	330	18	5,9	79
I–XII	30,7	1 646	110	7,4	66

26,9 °C, Trincomalee 28 °C, Puttalam 27,2 °C, nehmen mit steigender Höhe ab: Kandy (477 m ü. M.) 24,4 °C, Nuwara Eliya (1 882 m ü. M.) 15,4 °C. Die Jahres- und Tagesschwankungen der Temperaturen sind gering, sie sind im trockenen NO höher als im feuchten SW.

Vegetation: Von der natürl. Vegetation der Feuchtzone, dem trop. Regen-, Berg- und Nebelwald, sind in der Stufe des Teeanbaus (1 000–2 300 m ü. M.) wie im darunter liegenden Bereich bäuerl. Wirtschaft nur noch Reste erhalten. Im SW der Insel ist im Bergland von Sabaragamuwa das Waldgebiet von Sinharaja (UNESCO-Weltnaturerbe) als der letzte ursprüngl. Regenwald (endem. Baumarten) von S. L. erhalten. Im N und O herrschen als Sekundärvegetation Savannen und Trockenwälder vor.

Bevölkerung: Der Hauptteil der Bev. sind →Singhalesen (74%), die etwa im 5. Jh. v. Chr. einwanderten. Im Gefolge z. T. krieger. Auseinandersetzungen drangen dravid. Tamilen ein (erstmals um 200 v. Chr.), deren Nachkommen an der O-Küste und im N ›Jaffna-Tamilen‹, rd. 13% der Bev.) leben. In der Zeit der brit. Kolonialherrschaft wurden Plantagenarbeiter aus S-Indien (Madras [heute Tamil Nadu]) im singhales. Gebirgsland angesiedelt, die ›ind. Tamilen‹ (heute rd. 5,5% der Bev.). Sie verloren nach der Unabhängigkeit Indiens und Ceylons ihre Staatsbürgerrechte und blieben staatenlos. Im Rahmen zweier Pakte mit Indien (1964, 1974) wurden sie zur Hälfte in dieses Land repatriiert; der Rest erhielt sukzessive sri-lank. Staatsbürgerschaft. Die Einführung von Singhalesisch als einziger Amtssprache (1956), die Erhebung des Buddhismus zur Staatsreligion und die Diskriminierung der Tamilen beim Hochschulzugang verstärkten die ethn. Spannungen und eskalierten ab Anfang der 80er-Jahre zu bürgerkriegsähnl. Auseinandersetzungen, auf die die Regierung spät mit der Wiedereinführung des Tamil als zweiter Amtssprache (seit 1988) und einem Plan provinzieller Autonomie reagierte.

Größte Städte (Ew. 1990)

Colombo	615 000	Kandy	104 000
Dehiwala-Mount Lavinia	196 000	Galle	84 000
		Negombo	76 000
Moratuwa	170 000	Matara	57 000*)
Jaffna	129 000	Trincomalee	51 000*)
Kotte	109 000	Ratnapura	51 000*)

*) 1985

Die vorsinghales. Urbevölkerung der Wedda ist praktisch nicht mehr existent. Weitere Gesellschaftsgruppen (›Communities‹) bilden die Moors (rd. 7% der Bev., Nachkommen und Mischlinge von Arabern), die stark dezimierten →Burghers und eine geringe Zahl von Malaien. Die Bev. ist von (1946) 6,66 Mio. über 12,69 Mio. (1971) auf 18,6 Mio. Ew. (1996) angewachsen. Die natürl. Wachstumsrate betrug 1990–95 nur noch rd. 1,4% pro Jahr (1965–70: 2,3%), bedingt durch weitgehende Alphabetisierung (sowie Berufstätigkeit) der Frauen und den starken Ausbau des staatl. Gesundheitswesens. Die Bev.-Verteilung ist sehr ungleichmäßig; am dichtesten besiedelt ist der regenreiche SW, wo sich 60% der Bev. auf 20% der Landesfläche konzentrieren, am dünnsten der O. In den Städten leben (1995) 22% der Bevölkerung.

Kunst: Die Kunst in S. L., auch als **ceylonesische Kunst** bezeichnet, gehört in ihren wesentl. Zeugnissen zur →buddhistischen Kunst, hebt sich aber durch gewisse insulare Eigenheiten von der buddhist. Kunst Indiens ab. Von den ältesten Gebäuden in der alten Hauptstadt Anuradhapura sind Reste von Tempeln, Stupas (Dagobas), Klöstern und Palästen vorhanden; zu den bedeutenden architekton. Zeugnissen ehem. Kultstätten gehört dort v. a. die Thuparama-Dagoba

Sri Lanka: Terrassenfelder im zentralen Bergland

(3. Jh. v. Chr.), eine der ältesten noch erhaltenen Dagobas. In Polonnaruwa, der späteren Hauptstadt, sind mehrere Ziegelbauten, bis zu sieben Stockwerke hoch (Satmahal Prassada), relativ gut erhalten. In Kandy, der Hauptstadt von 1592 bis 1815, findet man Tempel- und Palastbauten mit prächtigen Holzschnitzereien (Tempel der Zahnreliquie und der nahe gelegene Lankatilaka Vihare) und Malereien. – Die ältesten Zeugnisse der Malerei sind die Fresken von Sigiriya (Ende 5. Jh. n. Chr., BILD →indische Kunst), in Wolken schwebende Frauengestalten (Apsaras), und in Polonnaruwa (aus dem 11. Jh.). Später werden Decken- und Wandverzierungen mit kräftigen Farben an Tempel- und Palastbauten (17. Jh.) und Darstellungen aus dem Leben BUDDHAS und der ceylones. Könige typisch. – Die ältesten Plastiken sind die Buddhastatuen aus Anuradhapura (Colombo, Nationalmuseen) sowie die Kolossalfigur des beim See Kala Wala befindl. Aukana-Buddha (5./6. Jh.) und Reliefs auf Mondsteinen mit Tierdarstellungen um die Lotosblume. Im 12. Jh. entstanden in Polonnaruwa der Gal Vihare mit drei Buddhadarstellungen im Fels und die Kolossalstatue des Königs PARAKRAMABAHU I.

Religion: Die Verf. garantiert die Religionsfreiheit, wobei dem Buddhismus ein Sonderstatus eingeräumt wird. – Dominierende Religion ist der Hinayana-

Klimadaten von Colombo (10 m ü. M.)

Monat	Mittleres tägl. Temperaturmaximum in °C	Mittlere Niederschlagsmenge in mm	Mittlere Anzahl der Tage mit Niederschlag	Mittlere tägl. Sonnenscheindauer in Stunden	Relative Luftfeuchtigkeit nachmittags in %
I	30,1	101	10	7,9	67
II	30,5	66	6	9,0	67
III	31,0	118	11	8,1	68
IV	31,0	230	17	7,2	71
V	30,4	394	23	6,4	76
VI	29,5	220	22	5,4	78
VII	29,2	140	16	6,1	77
VIII	29,3	102	14	6,3	76
IX	29,6	174	17	6,2	75
X	29,3	348	22	6,5	76
XI	29,3	333	20	6,4	75
XII	29,7	142	12	7,8	69
I–XII	29,9	2 368	190	6,9	73

Buddhismus der Theravada-Schule (über 50 000 ordinierte Mönche), zu dem sich etwa 69% der Bev., der überwiegende Teil der Singhalesen, bekennen. In S. L. befindet sich mit →Kandy eine der bedeutendsten hl. Stätten des Buddhismus. Die größte religiöse Minderheit sind mit rd. 16% (etwa 90% der Tamilen) die Hindus. Muslime und Christen bilden mit jeweils etwa 7,5% Minderheiten. Die Muslime (Moors und Malaien) sind Sunniten, überwiegend der schafiit. Rechtsschule. Die kath. Kirche, der rd. 6,6% der Bev. angehören, umfasst das Erzbistum Colombo mit zehn Suffraganbistümern. Die übrigen Christen gehören prot. Kirchen (Methodisten, Reformierte, Pfingstler, Baptisten) und der anglikan. ›Church of Ceylon (S. L.)‹ an. Eine weitere Minderheit bilden die Bahais.

Bildungswesen: Das – im Vergleich zu anderen Ländern mit ähnl. Entwicklungsstand – ausgezeichnete Schulsystem ist nach brit. Vorbild ausgerichtet, der Unterricht an staatl. Schulen kostenlos. An die schulpflichtigen ›primary schools‹ (fünf Jahre) schließen sich die ›junior secondary schools‹ (Klassen sechs bis neun) und daran die ›senior secondary schools‹ an. Unterrichtssprachen sind Singhalesisch und Tamil; Englisch ist Pflichtfach. Die Analphabetenquote beträgt nur 10%. Der Aufnahme an einer Univ. geht eine Prüfung voran. Es gibt 10 Univ., darunter zwei in der Hauptstadt (gegr. 1921 bzw. 1982).

Publizistik: Es besteht eine Zensurbehörde. Führende Zeitungsgruppe ist die regierungseigene ›Associated Newspapers of Ceylon Ltd.‹ (Lake-House-Gruppe), die die Tageszeitungen ›Daily News‹ (Englisch, gegr. 1918; Auflage 65 000), ›Dinamina‹ (Singhalesisch, gegr. 1909; 140 000), ›Thinakaran‹ (Tamil, gegr. 1932) und ›Janatha‹ (Singhalesisch) sowie drei Sonntagszeitungen und versch. Zeitschriften herausgibt. Nachrichtenagenturen sind die staatl. ›Lankapuvath‹ (gegr. 1978), ›Press Trust of Ceylon‹, ›Cesmos Economic News Agency‹ und ›Sandesa News Agency‹. Der 1967 gegründeten staatl. Rundfunkbehörde ›S. L. Broadcasting Corporation‹ unterstehen alle Hörfunkstationen. Fernsehprogramme werden seit 1979 vom (seit 1996 privaten) ›Independent Television Network‹ (ITN) sowie der am 1982 verstaatlichten ›S. L. Rupavahini Corp.‹ (SLRC) übertragen.

WIRTSCHAFT · VERKEHR

Die ökonom. Grundlagen des Landes bilden der Reisanbau, die Plantagenwirtschaft, neuerdings auch die Textilausfuhren und der Tourismus. Gemessen am Bruttosozialprodukt (BSP) je Ew. von (1995) 700 US-$ gehört S. L. zu den ärmeren Staaten der Welt, seit den wirtschaftl. Reformen Ende der 70er- und bes. seit Ende der 80er-Jahre aber zu den ökonomisch rasch wachsenden Ländern.

Landwirtschaft: Etwa 33% der Erwerbstätigen arbeiten im Agrarsektor, sie erwirtschafteten (1995) 19,6% des Bruttoinlandsprodukts (BIP). Traditionelle Agrarexportprodukte sind Tee, Kautschuk und Kokosnüsse. Die 1972/75 verstaatlichten und ab 1992/95 wieder privatisierten Tee-, Kokos- und Kautschukplantagen stammen aus der brit. Kolonialzeit. Der Teeanbau im Tiefland und in den Höhenlagen (1 500–2 000 m ü. M.) umfasst 9,6% der landwirtschaftl. Nutzfläche von (1994) 2,0 Mio. ha. Die Kautschukplantagen nehmen 8,1% der Fläche ein, Kokospalmenpflanzungen 22%, der Reisanbau 46,4%. Mit einer Teeernte von (1994) 242 000 t ist S. L. drittgrößter Teeproduzent der Welt. Bei der Kautschukerzeugung (1994: 105 000 t) lag S. L. an siebter Stelle. Die ausgedehnten Kokospalmenpflanzungen in den Küstenräumen befinden sich überwiegend in kleinbäuerl. Besitz (Ernte 1994: 2,6 Mio. Kokosnüsse). Im Feuchtgebiet der Insel werden von kleinbäuerl. Betrieben neben Reis und Tabak v. a. Gewürze (Zimt, Pfeffer, Kardamom, Muskatnüsse, Ingwer, Gewürznelken) angebaut, häufig in Mischkultur mit Kakao, Kaffee, Bananen und Gemüse. In den Trockengebieten herrscht der auf der histor. Stauteichbewässerung basierende Reisanbau vor. Bei Reis (Anbaufläche 930 000 ha) hat S. L. seit wenigen Jahren praktisch die Selbstversorgung erreicht (Erntemenge 1994: 2,68 Mio. t). Die kultivierte Fläche in den Trockengebieten hat sich im Rahmen des groß angelegten Mahaweliprojekts stark ausgedehnt. Die Viehwirtschaft ist nur von untergeordneter Bedeutung; Rinder und Wasserbüffel dienen v. a. als Zugtiere.

Forstwirtschaft: Als Wald wurden (1994) 1,7 Mio. ha ausgewiesen. Der Holzeinschlag von (1994) 9,5 Mio. m³ dient zu über 90% als Brennholz.

Fischerei: Für einen Inselstaat ist die Fischwirtschaft nur wenig entwickelt (Fangmenge 1994: 224 000 t).

Bodenschätze: Wichtigste Bodenschätze im wirtschaftl. weniger bedeutsamen Bergbau sind neben Edel- und Schmucksteinen die schwermineralhaltigen Sande der NO-Küste (Gewinnung u. a. von Ilmenit, Rutil und Zirkon) sowie Graphit; ferner Meersalz.

Industrie: Im industriellen Sektor (einschließlich Bergbau, Energie und Bauwirtschaft) erwirtschafteten 20,5% der Erwerbstätigen (1995) 29,4% des BIP. Die industrielle Produktion ist stark im Raum Colombo konzentriert. Führende Produktionszweige, wie die Erdöl-, Metall- und chem. Industrie, standen bis Ende der 80er-Jahre ganz oder überwiegend unter staatl. Regie. Seit 1990 wird ein Privatisierungsprogramm umgesetzt, in dessen Rahmen bis Ende 1994 19 Staatsbetriebe entstaatlicht wurden. Wichtigste Produktionszweige sind die Textil-, die Agroindustrie, die Herstellung chem. und petrochem. Produkte und die Verarbeitung mineral. Produkte. Um v. a. ausländ. Direktinvestitionen anzuziehen, wurden 1978 die ›Greater Colombo Economic Commission‹ eingerichtet und mittlerweile vier freie Produktionszonen geschaffen (um Colombo und bei Kandy), in denen bislang rd. 500 Betriebsstätten errichtet wurden. Starke Verbreitung hat das traditionelle Handwerk (Edelsteinschleifereien, Elfenbein- und Holzschnitzereien, Töpfereien und Batikware).

Tourismus: Trotz innenpolit. Instabilitäten ist S. L. eines der wichtigsten Touristenzentren in Asien mit den histor. Stätten von Anuradhapura, Mihintale, Polonnaruwa und Kandy, versch. Nationalparks und Vogelreservaten sowie ausgedehnten Sandstränden. Die (1994: 407 500) ausländ. Gäste kamen v. a. aus Dtl., Frankreich, Großbritannien und asiat. Ländern.

Außenwirtschaft: Trotz stark steigender Exporte in den 90er-Jahren weist S. L. immer noch hohe Handelsbilanzdefizite auf, die durch Einnahmen aus dem Tourismus, wieder ansteigende Überweisungen der überwiegend in der Golfregion arbeitenden Arbeitsmigranten, Zuflüsse von privaten Direkt- und Portfolioinvestitionen und hohe, aber abnehmende staatl. Entwicklungszuschüsse ausgeglichen werden. Der Anteil der traditionellen Agrarexporte an den Ausfuhren (Tee [1994]: 13,2%, Kautschuk: 2,3%, Kokosprodukte: 2,4%) ist seit Jahren rückläufig; bis Ende der 80er-Jahre stieg v. a. der Anteil von Textilien und Bekleidung (48,3%), von Leder-, Holz- und Gummiwaren (10,8%), Diamanten und Schmuck (5,3%) sowie von Elektroartikeln (2,8%), bedingt v. a. durch die Exportproduktion ausländ. Investoren. Die Verschuldung des Landes (1994: 7,8 Mrd. US-$) ist undramatisch (Schuldendienstquote: 9,9%), die Devisenreserven sind zz. ausreichend. Haupthandelspartner für den Import ist Japan, für den Export die USA, weitere Handelspartner sind Dtl., Großbritannien und Indien.

Verkehr: S. L. liegt am Schnittpunkt wichtiger Schifffahrts- und Luftverkehrslinien und besitzt mit

Ausnahme der südöstl. Inselteile ein gut ausgebautes Verkehrsnetz. Sowohl die ersten Straßenverbindungen als auch die erste Eisenbahnstrecke Colombo–Kandy entstanden unter brit. Kolonialherrschaft. Das heutige Streckennetz der Eisenbahnen (Länge 1994: 1501 km) verbindet die Zentren im SW mit den landwirtschaftl. Produktionsgebieten im Hochland, ferner mit der O-Küste und dem äußersten N, der Halbinsel Jaffna. Eine Fährverbindung über die Adamsbrücke stellt den Anschluss an die südind. Eisenbahn her. Das öffentl. Straßennetz (1993: 26004 km) ist sehr dicht, jedoch stark überlastet. Der Ausbau vierspuriger Straßen steht erst am Anfang.

Sri Lanka: Wirtschaft

Haupthafen, in dem rd. 95% aller Import- und Exportgüter umgeschlagen werden, ist Colombo. Die Häfen Trincomalee (Tee-Export), Galle und Jaffna spielen eine untergeordnete Rolle. Der internat. Flughafen Katunayake liegt 40 km nördlich von Colombo. Die nat. Luftverkehrsgesellschaft ist die Air Lanka.

GESCHICHTE

Die frühe Besiedlung: Die älteste Bev.-Schicht der Insel (alter Name in Sanskrit und Pali: **Lanka**, antike griech. Bez.: **Taprobane**) wird durch die →Wedda repräsentiert. Über die Adamsbrücke wanderten in vorgeschichtl. Zeit Angehörige einer vermutlich vordravid. Ackerbau-Bev. aus S-Indien ein. Um die Mitte des 1. Jt. v. Chr. gelangten die Vorfahren der Singhalesen aus N-Indien nach S. L.; sie sprachen einen mittelindoar. Dialekt. Wenig später wurde im Norden S. L.s auch die von dravid. Völkern getragene südind. Megalithkultur heimisch.

Die Anuradhapura-Periode: Der erste mit Sicherheit als geschichtl. Persönlichkeit anzusehende König der Insel war DEVANAMPIYA TISSA; er herrschte von etwa 250 bis etwa 210 v. Chr. in Anuradhapura. König und Volk der Singhalesen wurden von MAHINDA, einem Sohn (?) des ind. Königs ASHOKA, zum Buddhismus bekehrt. Um 200 v. Chr. eroberten südind. Tamilen den größten Teil der Insel, wurden aber von dem späteren König DUTTHAGAMANI (161–137 v. Chr.) vertrieben. Ein erneuter Einfall dravid. Eroberer wurde von König VATTAGAMANI ABHAYA (103 und 89–77 v. Chr.) zurückgeschlagen, in dessen Reg.-Zeit die erste Niederschrift der hl. Schriften des Theravada-Buddhismus in →Pali (›Pali-Kanon‹) fällt. 67 n. Chr. kam die Dynastie Lambakanna auf den Thron. Unter König MANAMA (406–428) wirkte der Mönchsgelehrte →BUDDHAGHOSA auf der Insel. Die nächsten Jahrhunderte waren durch häufige Herrscherwechsel bestimmt. Fortgesetzte Auseinandersetzungen um den Thron zw. den Familien Lambakanna und Moriya sowie die damit verbundene Anwerbung tamil. Söldner verwickelten das Land zunehmend in die Auseinandersetzungen zw. den südind. (tamil.) Hindureichen der Pandya, Cera und Pallava, später auch der Cola. Gleichwohl war S. L. in dieser Periode durch den hohen Stand seiner Bewässerungskultur und durch die Lage an einem wichtigen Kreuzungspunkt des Welthandels sehr wohlhabend.

Die Zeit zw. der Anuradhapura-Periode und dem Beginn des Kolonialzeitalters: 993 eroberte RAJARAJA I. aus der südind. Coladynastie die Insel und machte sie zu einer Prov. des Colareiches; Verwaltungshauptstadt wurde Polonnaruwa. Erst König VIJAYABAHU I. (1055–1114) beendete 1070 die tamil. Herrschaft. Er nahm Verbindungen zum ebenfalls buddhist. Birma auf; seitdem entwickelten sich Beziehungen nach SO-Asien. Nach seinem Tod wurde das Reich geteilt und erst von PARAKRAMABAHU I. (1153–86) nach blutigen Kämpfen wieder vereinigt. Das singhales. Reich erlebte damals einen politisch-kulturellen Höhepunkt, verlor jedoch später infolge von Thronkämpfen und des Verfalls der Bewässerungskultur an Bedeutung. Es wurde zeitweise Beute südind. Abenteurer. Der Sitz der Reg. wurde ab dem 13. Jh. nach Dambadeniya (bei Kurunegala), Kurunegala, Gampola (bei Kandy) und Kotte in die regenreichen westl. Gebiete verlegt. Unter PARAKRAMABAHU II. von Dambadeniya (1236–70) und PARAKRAMABAHU IV. von Kurunegala (1302–26) erlebte das Reich noch einmal materielle und kulturelle Blütezeiten. Im 13./14. Jh. gründete eine südind. Dynastie einen von den singhales. Königen unabhängigen Tamilenstaat. Versuche von Muslimen, im 15. Jh. die Vorherrschaft auf der Insel zu übernehmen, scheiterten. Im Anschluss an eine chin. Expedition (1410) kam es zu kurzem chin. Einfluss. PARAKRAMABAHU VI. (1412–67) einigte noch einmal die ganze Insel unter seiner Herrschaft und förderte Religion, Kunst und Wissenschaft. Das Reich zerfiel danach erneut, und ab 1505 konnten sich Portugiesen an der Westküste festsetzen.

Das Kolonialzeitalter: Die Portugiesen nahmen im Lauf des 16. Jh. die westl. Küstengebiete und den N in Besitz. 1656/58 wurde Portugal als Kolonialmacht von den Niederlanden und 1796 diese von Großbritannien abgelöst. Im Frieden von Amiens (1802) erhielt Großbritannien die Insel zugesprochen, die im selben Jahr Kronkolonie wurde. Das Innere der Insel und Teile der Küste blieben unabhängig und wurden um 1600 als singhales. Reich mit der Hauptstadt Shrivardhanapura (Kandy) konsolidiert. 1815 setzten die singhales. Adligen König SHRIVIKRAMARASHASIMHA (seit 1798) ab und unterstellten sein Reich in der ›Konvention von Kandy‹ der brit. Krone. Dabei wurden den Singhalesen die Beibehaltung des bisherigen Verw.-Systems und der Schutz der buddhist. Religion zugesichert. Unpopuläre Verw.-Maßnahmen führten 1818 zu einem Aufstand, nach dessen Niederschlagung die Kolonial-Verw. einen Großteil der Bestimmungen der Konvention für ungültig erklärte. Durch

Reformen (1833) wurde eine Vereinheitlichung und Modernisierung des Verw.- und Rechtswesens (u. a. Schaffung eines Gesetzgebenden Rates) sowie die Ablösung des alten Systems der feudalen Verpflichtungen eingeleitet; es erfolgte auch ein Ausbau der Infrastruktur und des Bildungswesens. Für die Plantagenwirtschaft (v. a. Kaffee) wurden ab 1840 Arbeiter aus S-Indien angeworben. Nach der Depression von 1845 brachen 1848 im Hochland von Kandy Unruhen aus, die hart unterdrückt wurden. Die Umstellung der Pflanzungen auf Teeanbau begann um 1880.

Eine polit. Unabhängigkeitsbewegung entfaltete sich erst nach den Unruhen von 1915; 1919 entstand der ›Ceylon National Congress‹, in dem Tamilen und Singhalesen anfänglich zusammenarbeiteten (später Aufspaltung in eine tamil. und eine singhales. Organisation). Obwohl die Gegensätze zw. der singhales. (zumeist buddhist.) Bev.-Mehrheit und der tamil. (überwiegend hinduist.) Minderheit, die während der brit. Kolonialherrschaft v. a. die Verw.- und Bildungselite stellte, dem Unabhängigkeitsstreben im Wege standen, musste Großbritannien nach und nach Zugeständnisse machen.

Mit der Verf.-Reform von 1931 wurden die ersten Schritte im Hinblick auf die Selbstregierung der Insel unternommen. Die Einführung des Wahlrechts für alle stärkte politisch das Nationalbewusstsein v. a. der singhales. Mehrheits-Bev. Unter DON STEPHEN SENANAYAKE (* 1884, † 1952), seit 1931 Landwirtschafts-Min., wurde das Bewässerungssystem in der Trockenzone erneuert und dieses Gebiet wieder besiedelt. Nach dem Wahlsieg der United National Party (UNP) 1947 wählte die Nationalversammlung deren Vors. SENANAYAKE zum Premierminister.

Die Unabhängigkeit: Am 4. 2. 1948 trat der (1947 erlassene) ›Ceylon Independence Act‹ in Kraft; er gab der Insel den Status eines Dominions, d. h. innerhalb des Commonwealth of Nations. Die Reg. der UNP unter SENANAYAKE (1947–52), seinem Sohn DUDLEY SHELTON SENANAYAKE (1952–53; * 1911, † 1973) und Sir JOHN LIONEL KOTELAWALA (1953–56; * 1897, † 1980) versuchten die versch. Ethnien sowie die versch. Religionen unter Wahrung ihrer kulturellen Identität und der gesellschaftl. Pluralität zu einer polit. Einheit zu verbinden. Außenpolitisch neigten sie mehr dem Westen zu, eine Haltung, die KOTELAWALA bes. auf der Bandungkonferenz (1955) zum Ausdruck brachte.

Wirtschaftl. Schwierigkeiten (u. a. fallende Kautschuk- und Tee-, steigende Lebensmittelpreise) und ihre sozialen Folgen lösten Unzufriedenheit aus, die sich bes. bei der singhales. Mehrheits-Bev. mit einem steigenden Nationalismus verband. Diese Grundstimmung politisch aufnehmend, konnte der Vors. der sozialist. Sri Lanka Freedom Party (SLFP) SOLOMON BANDARANAIKE 1956 die von seiner Partei geführte ›Vereinigte Volksfront‹ zu einem hohen Wahlsieg führen. An der Spitze einer Volksfront-Reg. (SLFP, KP und LSSP) übernahm er das Amt des Premier-Min.; außenpolitisch leitete er eine Politik der Blockfreiheit (›Non-Alignment‹) ein. Im Innern verfolgte er einen Kurs, der sozialist. Konzeptionen mit buddhist. Vorstellungen verband und den singhales. Nationalismus begünstigte (u. a. 1956 Erhebung des Singhalesischen zur einzigen offiziellen Landessprache anstelle des Englischen). Daraufhin kam es 1958 zu blutigen Kämpfen zw. Singhalesen und Tamilen. Im September 1959 wurde SOLOMON BANDARANAIKE ermordet.

Nach einer Periode polit. Instabilität (1959–60) und einem Wahlsieg der SLFP (1960) wurde SIRIMAWO BANDARANAIKE, die Witwe BANDARANAIKES und seine Nachfolgerin an der Spitze der SLFP, Premier-Min.; sie erneuerte die Volksfront-Reg. und setzte die Innen- und Außenpolitik ihres Mannes fort, darüber hinaus verschärfte sie die Politik der Verstaatlichung ausländ. und inländ. Unternehmen (u. a. Tee- und Kautschukplantagen) sowie von Erdölgesellschaften und Banken. Die Wahlen 1965 brachten die UNP wieder an die Macht. Gestützt auf eine Reg.-Koalition von UNP und der als Sprachrohr der tamil. Minderheit auftretenden Federal Party (FP) förderte Premier-Min. SENANAYAKE (1965–70) privatwirtschaftl. Unternehmen und betrieb die Modernisierung der Landwirtschaft, konnte aber die steigende Arbeitslosigkeit und die Inflation nicht eindämmen.

Mit dem erneuten Wahlsieg der Volksfront (1970) trat SIRIMAWO BANDARANAIKE wieder an die Spitze der Reg., wurde jedoch bald mit starken sozialen Spannungen konfrontiert. Von März bis Juni 1971 kam es zu schweren Unruhen linksradikaler singhales., meist jugendl. Kräfte; der Aufstand ihrer ›Volksbefreiungsfront‹ (Janatha Vimukthi Peramuna, Abk. JVP) wurde mit ausländ. Waffenhilfe niedergeschlagen. Im Zuge einer Verf.-Reform wurde die Insel am 22. 5. 1972 unter dem Namen S. L. Republik. Außenpolitisch weiterhin in der Bewegung der blockfreien Staaten aktiv, setzte die Reg. Bandaranaike (1970–77) ihre innenpolit. Linie fort: Durchführung einer weit reichenden Landreform (1972), Nationalisierung der Plantagenwirtschaft (1975) sowie Ausdehnung der Staatskontrolle über Unternehmen des Handels und der Industrie, zugleich eine die Tamilen benachteiligende Bildungs- und Sozialpolitik. Die Vorwürfe des Nepotismus und der Korruption in der ausgedehnten Staatswirtschaft sowie der allmähl. Zerfall der Volksfront führten 1977 zur Wahlniederlage der Reg.-Parteien. Die neue Reg. unter Premier-Min. J. R. JAYAWARDENE (UNP) führte 1978 das Präsidialsystem ein; JAYAWARDENE wurde Staatspräs. (1982 wieder gewählt), RANASINGHE PREMADASA (* 1924, † 1993) Premier-Min. Mit Inkraftsetzung der neuen Verf. (7. 9. 1978) nahm der Staat den offiziellen Namen ›Demokrat. Sozialist. Rep. S. L.‹ an. Obwohl JAYAWARDENE zahlr., die Tamilen diskriminierende Gesetze aufhob (u. a. Rücknahme des Staatsbürgerschaftsgesetzes von 1972, das die Tamilen zu ›registrierten Bürgern‹ im Unterschied zu den singhales. ›Staatsbürgern von Geburt‹ erklärte), trat keine innenpolit. Entspannung ein. Nachdem es 1977, 1978, 1981 und 1982 zu gewaltsamen Auseinandersetzungen zw. Singhalesen und Tamilen gekommen war, spitzte sich der Gegensatz zw. diesen beiden Ethnien nach einem Pogrom an den Tamilen (Juli 1983) zu einem Bürgerkrieg zu; in immer größerer Zahl traten die Tamilen, politisch vertreten bes. durch die Tamil United Liberation Front (TULF), für einen unabhängigen Tamilenstaat (unter dem Namen ›Eelam‹) auf der Insel ein; dieser war am 14. 1. 1982 von Exiltamilen in London ausgerufen worden. Als bedeutendste der radikalen tamil. Guerillaorganisationen formierten sich unter Führung von VELLUPILLAI PRABHAKARAN die ›Liberation Tigers of Tamil Eelam‹ (LTTE; dt. ›Befreiungstiger von Tamil Eelam‹, seit 1976 Name der 1972 aus einer tamil. Studentenvereinigung entstandenen ›Tamil New Tigers‹); der tamil. Widerstand erhielt bes. durch die Bev. im südind. Tamil Nadu Unterstützung, wo er z. T. seine Ausgangsbasis fand. Im Rahmen eines Vertrages mit S. L. (1987) entsandte Indien Truppen (Indian Peace Keeping Forces) auf die Insel. Am 12. 11. 1987 beschloss die Reg. ein Autonomiestatut für die von den Tamilen bewohnten N und O. Aus den Präsidentschaftswahlen vom Dezember 1988 ging PREMADASA als Sieger hervor (Amtsantritt 1989). Die Parlamentswahlen im Februar 1989 gewann die UNP; Premier-Min. wurde DINGIRI WIJETUNGA (UNP; * 1922). Die ind. Truppen (zeitweise bis zu 100 000 Soldaten), die den Tamilenkonflikt auch durch massives militär. Eingreifen (Oktober 1987

Großoffensive gegen Jaffna) nicht einzudämmen vermochten, wurden auf Verlangen der Reg. S. L.s 1989–90 abgezogen (als Racheakt der LTTE für das ind. Militärengagement 1991 Ermordung des ind. Premier-Min. R. GANDHI durch ein Bombenattentat in Tamil Nadu). Der Bürgerkrieg, in dem die Reg. sich seit 1987 auch zunehmend mit singhales. Guerillaeinheiten (u. a. der JVP) konfrontiert sah, ging weiter. Nach der Ermordung von Staatspräs. RANASINGHE PREMADASA in Colombo am 1. 5. 1993 wählte das Parlament den bisherigen Premier-Min. WIJETUNGA am 7. 5. 1993 zum neuen Staatsoberhaupt. Reg.-Chef wurde RANIL WICKRAMASINGHE (* 1949). 1994 errang CHANDRIKA KUMARATUNGA (* 1945), Tochter von SOLOMON und SIRIMAWO BANDARANAIKE, das Amt des Premier-Min., nachdem ihre linksgerichtete ›People's Alliance‹ (PA) bei der Parlamentswahl am 16. 8. 1994 die UNP besiegt hatte. Während des Präsidentschaftswahlkampfes kamen am 24. 10. 1994 der Kandidat der UNP, GAMINI DISSANAYAKE, und mehr als 50 Menschen bei einem Bombenanschlag in Colombo ums Leben. Die Witwe SIRIMA DISSANAYAKE wurde daraufhin von der UNP zur Präsidentschaftskandidatin ernannt, unterlag jedoch bei den (von vielen Tamilen boykottierten) Wahlen am 9. 11. 1994 KUMARATUNGA. Die neue Präsidentin ernannte ihre Mutter SIRIMAWO BANDARANAIKE wieder zur Reg.-Chefin. Nachdem 1995 Friedensbemühungen gegenüber den tamil. Rebellen gescheitert waren (Bruch des am 8. 1. in Kraft getretenen Waffenstillstandes durch die LTTE am 19. 4.), legte KUMARATUNGA am 27. 7. 1995 einen Plan vor, nach dem S. L. zu einem föderalen Staat (›Union of regions‹) umgestaltet werden soll (Bildung von acht weitgehend autonomen Regionen, Zusammenlegung der tamil. Nord- und Ost-Prov.), den die LTTE aber ablehnte. Der Bürgerkrieg eskalierte erneut (1995–97 mehrere blutige Bombenanschläge in Colombo, wiederholte Massaker der zunehmend terrorist. LTTE in singhales. Dörfern, Angriffe auf Stützpunkte der sri-lank. Armee, zahlr. Selbstmordattentate tamil. Untergrundkämpfer); am 8. 4. 1996 wurde der Ausnahmezustand verhängt. Im Rahmen einer im Oktober 1995 eingeleiteten militär. Offensive eroberten Reg.-Truppen am 5. 12. 1995 die Tamilenhochburg Jaffna und brachten bis Mai 1996 fast die gesamte Halbinsel Jaffna unter ihre Kontrolle (Flucht der Bev. vor den Kämpfen). Ein von KUMARATUNGA im Januar 1996 dem Parlament vorgelegter (gegenüber dem vom Juli 1995 modifizierter) Autonomieplan stieß im Juli 1996 auf Ablehnung. Im Mai 1997 startete die Armee eine neue Großoffensive gegen die tamil. Rebellen; der Bürgerkrieg in S. L. forderte bis 1998 mehr als 50 000 Menschenleben. Anlässlich des 50. Jahrestages der Unabhängigkeit des Landes rief Staatspräsidentin KUMARATUNGA die Bev. im Februar 1998 dazu auf, den ›weisen Weg des Friedens‹ einzuschlagen.

G. C. MENDIS: The early history of Ceylon and its relations with India and other foreign countries (Kalkutta 1932, Nachdr. New York 1975); H. BECHERT: Buddhismus, Staat u. Gesellschaft in den Ländern des Theravada-Buddhismus, Bd. 1: Grundlagen Ceylon (S. L.) (1966, Nachdr. 1988); W. RAHULA: History of Buddhism in Ceylon (Colombo ²1966); H. A. GOONETILEKE: A bibliography of Ceylon, 2 Bde. (Zug 1970); M. DOMRÖS: S. L. Die Tropeninsel Ceylon (1976); H. G. W. NUSSER: Indien, Ceylon (1979); J. BOISSELIER: Ceylon = S. L. (a. d. Frz., Neuausg. 1980); K. M. DE SILVA: A history of S. L. (London 1981); DERS: Managing ethnic tensions in multi-ethnic societies. S. L., 1880–1985 (Lanham 1986); Forsch. auf Ceylon, Tl. 2 u. 3, Beitrr. v. U. SCHWEINFURTH u. a. (1981–89); B. L. JOHNSON: S. L. (London 1981); H.-J. AUBERT: S. L. (1984); B. ROWLAND: The art and architecture of India. Buddhist, Hindu, Jain (Neuausg. Harmondsworth 1984); W. L. WERNER: Die Höhen- u. Nebelwälder auf der Insel Ceylon (S. L. 1984); W. GEIGER: Culture of Ceylon in mediaeval times (Wiesbaden ²1986); R. GUNARATNA: War and peace in S. L. (Kandy 1987); C. WAGNER: Die Muslime S. L.s (1990); K. N. O. DHARMADASA: Language, religion, and ethnic asseritiveness. The growth of Sinhalese nationalism in S. L. (Ann Arbor, Mich., 1992); P. ATHUKORALA u. S. JAYASURIYA: Macroeconomic policies, crisis, and growth in S. L., 1969–90 (Washington, D. C., 1994); Devolution and development in S. L., hg. v. S. BASTIAN (Colombo 1994); D. HELLMANN-RAJANAYAGAM: The Tamil tigers. Armed struggle for identity (Stuttgart 1994); S. L., hg. v. B. BERKEMER u. T. FRASCH (1995); J. RÖSEL: Die Gestalt u. Entstehung des singhales. Nationalismus (1996).

Srinagar [engl. ˈsriːnəɡə], Sommerhauptstadt des von Indien verwalteten Teils Kaschmirs (Bundesstaat Jammu and Kashmir), 1 768 m ü. M., im Hochbecken von Kaschmir, am Jhelum, 935 700 Ew.; Univ. (gegr. 1969), Sri Pratap Singh Museum (gegr. 1898); Handelszentrum des fruchtbaren Hochbeckens, viele Handwerksbetriebe (Teppich-, Brokat-, Wollwebereien, Metall- und Holzverarbeitung), stark besuchtes Tourenziel. Da Fremden der Hausbesitz auf dem Land verboten ist, leben diese auf dem **Dalsee** (45 km Durchmesser) in teils luxuriösen Hausbooten; doch auch viele Einheimische leben in Hausbooten; ein weiteres Charakteristikum des Dalsees sind die schwimmenden Gärten (Gemüsebau auf Flößen; ähnlich den →Chinampas) mit den hier abgehaltenen Märkten; auf schmalen Wasserstraßen sind einfache Boote und überdachte Gondeln das Hauptverkehrsmittel. Durch die Straße über den →Banihal nach Jammu (erbaut 1955–60) ist S. an das ind. Straßennetz angeschlossen. Die Straße nach Leh in Ladakh (erbaut 1962–74) ist im Winter unpassierbar. – Aus der Zeit vor dem Eindringen des Islam (seit dem 14. Jh.) sind nur wenige Zeugnisse erhalten (Skulpturen des 8.–12. Jh. im Sri-Pratap-Singh-Museum). Hoch über der Stadt die Festung Hari Parbat (1592), die im 18. Jh. ausgebaut wurde. Das heutige Stadtbild wird beherrscht von Moscheen (Shah-Hamadan-Masjid, 1732; Jama-Masjid, 1404, erneuert 1674) und Wohnhäusern mit kunstvoll geschnitzten Galerien. In der Nähe des Dalsees erstrecken sich in Hanglage die Gärten der Mogulzeit (›Mogulgärten‹), u. a. der Shalimargarten. – S. wurde vielleicht im späten 6. Jh. n. Chr. gegründet (nach anderer Auffassung bereits unter ASHOKA im 3. Jh. v. Chr.).

SRINF, *Militärwesen:* eine Kategorie der nuklearen Mittelstreckenkräfte →INF.

Srirangam, Stadt im Bundesstaat Tamil Nadu, S-Indien, auf der Flussinsel S. zw. Cauvery und deren Deltaarm Coleroon, 62 200 Ew. – Der gewaltige hinduist. Tempelbezirk, gegr. z. Z. der Coladynastie, wurde im 13.–17. Jh. stetig erweitert. Das zentrale Heiligtum, der Ranganatha-Tempel, liegt inmitten von sieben konzentr. Höfen mit zahlr. Gopuras und Kulthallen, darunter das 1 000-Pfeiler-Mandapa, dessen frontale Säulen als Pferd-und-Reiter-Figuren skulptiert sind.

Srivijaya [sriviˈdʒaja], indones. Großreich, im 7. Jh. in O-Sumatra gegr., stand seit der 2. Hälfte des 9. Jh. unter der Herrschaft der Dynastie Shailendra und erlag 1377 dem aufsteigenden Reich Majapahit (→Indonesien, Geschichte).

Środa Śląska [ˈɕrɔda ˈɕlɔska], Stadt in Polen, →Neumarkt.

SRP, Abk. für →**S**ozialistische **R**eichs**p**artei.

S-R-Psychologie, Bez. für diejenigen Richtungen der Psychologie, die jedes Verhalten auf ein Zusammenwirken von Reiz (engl. **s**timulus) und Reaktion (engl. **r**esponse) zurückführen, das einem angeborenen oder durch Konditionierung erworbenen Schema folgt (v. a. behaviorist. Verhaltens- und Lerntheorie; →Behaviorismus, →Reflexologie).

Sruoga, Balys, litauischer Schriftsteller, * Baibokai (bei Panevėžys) 2. 2. 1896, † Wilna 16. 10. 1947; Prof. für russ. Literatur und Theaterwiss. in Kaunas (1924–40) und Wilna (1940–43 und ab 1945); 1943–45 im KZ Stutthof. S., dessen Lyrik bahnbrechend für den Symbolismus in der litauischen Literatur wirkte, schrieb später auch Versdramen aus der litauischen Vergangenheit sowie eine Geschichte der russ. Literatur (›Rusų literaturos istorija‹, 2 Bde., 1931–38) und literar. Essays. In ›Dievų miškas‹ (1945) schildert er seine Erlebnisse im KZ; Übersetzungen aus dem Deutschen (NOVALIS, H. HEINE), Russischen, Französischen und Norwegischen (H. IBSEN).

Weitere Werke: *Lyrik:* Saulė ir smiltys (1920); Dievų taikais (1923). – *Dramen:* Milžino paunksmė (1932); Radvila Perkūnas (1935); Baisioji naktis (1936); Kazimieras Sapiega (1947); Pajūro kurortas (1947).

Ausgabe: Raštai, 6 Bde. (1957).

A. SAMULIONIS: B. S. raštų bibliografija (Wilna 1970); B. S. mūsų atsiminimuose, hg. v. S. V. SRUOGIENĖ (ebd. ²1996).

SS, Abk. für **Schutzstaffel,** Sonderformation der NSDAP mit v. a. Sicherungs- und Überwachungsaufgaben, 1925 hervorgegangen aus der ›Stabswache‹ zum persönl. Schutz HITLERS. Obwohl dem Stabschef der SA unterstellt (ab 1926), entwickelte sich die SS mit der Ernennung von H. HIMMLER zum ›Reichsführer SS‹ (RFSS) 1929 zu einer Sonderformation mit eigener Zielsetzung. Nach der Beteiligung der SS an den Mordaktionen im Zusammenhang mit dem →Röhm-Putsch 1934 wurde die SS völlig von der SA gelöst und als selbständige Gliederung innerhalb der NSDAP HITLER unmittelbar unterstellt.

Nach HIMMLERS Idee bildete die SS auf der Grundlage der biolog. Auslese einen ›Orden‹ mit Führungsanspruch (›Ariernachweis‹, Mindestgröße, eigene Symbolik wie schwarze Uniform, Sig-Rune, eigener Ehrenkodex). Ihr Anspruch, als reinste Verkörperung der natsoz. Weltanschauung die natsoz. Elite zu bilden, machte die SS für die Verwirklichung sozialer Aufstiegswünsche attraktiv (1929: 280 Mitgl., 1932: rd. 52 000, 1933: rd. 209 000). Die SS vertrat eine extreme Rasseideologie auf der Basis eines Germanenkultes mit scharfer antichristl. Ausrichtung und verfocht den Gedanken der Rassenauslese bzw. Züchtung zur Festigung des Anspruchs der ›german. Herrenrasse‹ (→Lebensborn e. V.). Orientiert an HIMMLERS Leitbild eines ›polit. Soldatentums‹ verstand sich die SS als Instrument des ›Führerwillens‹ und erstrebte eine permanente Ausdehnung ihrer Funktionsbereiche und Einflusssphären.

Bis Ende 1930 gelang es HIMMLER, die SS über ihre ursprüngl. Funktion als Leibwache und Versammlungsschutz zu einer ›Parteipolizei‹ der NSDAP zu machen. Ab 1933 bestand der Führungsapparat aus dem SS-Amt (ab 1935 SS-Hauptamt) für die allgemeine Führung und Verw., ab 1934 u. a. zuständig für die KZ, aus dem Amt des →Sicherheitsdienstes (SD), das, zunächst als parteiinternes Überwachungsorgan eingerichtet, zunehmend die polit. Kontrolle des öffentl. Lebens beanspruchte, und dem Rasse- und Siedlungsamt (ab 1935 Rasse- und Siedlungshauptamt), zuständig für die ›rassemäßige Ausrichtung‹ und die ›Planung und Förderung des Siedlungswesens‹ der SS, sowie der Adjutantur des RFSS (ab 1934 Persönl. Stab RFSS, ab 1935/36 Hauptamt). Als Unterorganisationen entstanden ab 1933 auch bewaffnete und militärisch ausgebildete Verbände: die aus den Sonderkommandos der ›Polit. Bereitschaften‹ und der ›Leibstandarte Adolf Hitler‹ gebildete SS-Verfügungstruppe (1938: rd. 14 200 Mann) und die aus den SS-Wachmannschaften der KZ hervorgegangenen SS-Totenkopfverbände (1938: rd. 9 200 Mann). Mit der Erhebung des SD, der Verfügungstruppe und der Totenkopfverbände zu quasistaatl. Funktionsträgern begann das Ausgreifen der SS über den Rahmen der Partei hinaus und die Penetration des Staatsapparates mit dem Ziel, ein umfassendes ›Staatsschutzkorps‹ zu schaffen. Nach Eroberung und Durchdringung der Polizei der Länder (→Gestapo) wurden mit der Ernennung des RFSS zum ›Chef der Dt. Polizei‹ (1936) Partei- und Staatsamt verbunden; die staatl. Sicherheits- und Ordnungspolizei unterstand damit der SS. Unter Beibehaltung ihrer staatl. Verwaltungsorganisation wurde die Polizei aus der Staatsaufsicht herausgelöst und insbesondere durch den Zusammenschluss von Sicherheitspolizei und SD im →Reichssicherheitshauptamt (RSHA) zu einem Instrument der Führergewalt umgeformt. Zur Verklammerung der versch. Funktionen der SS für den Mobilmachungsfall wurden 1937 Höhere SS- und Polizeiführer eingesetzt, die auf mittlerer Ebene HIMMLERS Kompetenzen spiegelten, im Krieg in den besetzten Gebieten unter Einschränkung der Befugnisse der Militärbefehlshaber. Zur Ausweitung ihres Anspruchs suchte die SS Einfluss auf die Wissenschaft (→Ahnenerbe e. V.), die neuen Eliteschulen (Nationalpolit. Erziehungsanstalten, Adolf-Hitler-Schulen, →Ordensburgen) und auf die staatl. Bürokratie bis hin zum Auswärtigen Amt zu gewinnen. Durch ›Fördererkreise‹ stellte HIMMLER die Verbindung zur Wirtschaft her. Mit Kriegsbeginn entwickelte sich neben der Allgemeinen SS (1938: rd. 215 000 Mitgl.) die →Waffen-SS, in der die SS-Verfügungstruppe und die SS-Totenkopfverbände aufgingen. Sie verkörperte den weitestgehenden Anspruch der SS: auf Ausbau und Sicherung des Reiches nach außen. Ab 1939/40 wurden, entsprechend der Vermehrung der Aufgaben, die drei ursprüngl. Hauptämter auf zwölf erweitert. Nach der Ernennung HIMMLERS zum ›Reichskommissar für die Festigung des Volkstums‹ (7. 10. 1939) war die SS mit entsprechendem Stabshauptamt und dem Hauptamt Volksdt. Mittelstelle (ab Juni 1941) maßgeblich an der Umsiedlung und ›Germanisierung‹ in den eroberten Ostgebieten (→Generalplan Ost) beteiligt. Dem 1942 gebildeten Wirtschafts- und Verwaltungshauptamt (WVHA) unterstanden neben den zahlr. Wirtschaftsbetrieben der SS, die u. a. durch Kredite dt. Banken und durch das Vermögen enteigneter Juden finanziert wurden, die Verw. der KZ und die wirtschaftl. Ausbeutung der Häftlinge. Während des Krieges wurde die SS, die v. a. den O Europas als ihre Einflusssphäre betrachtete, zudem zum Instrument der natsoz. Vernichtungspolitik. Seit dem Polenfeldzug und mit dem Angriff auf die Sowjetunion – in noch größerem Umfang und straffer organisiert – nahmen →Einsatzgruppen von Sicherheitspolizei und SD Massenexekutionen vor. Schließlich führte das RSHA vom Spätherbst 1941 bis zum Oktober 1944 in den Vernichtungslagern in Polen den technisch-bürokrat. Massenmord v. a. an den europ. Juden durch. Ihren Höhepunkt erreichte die Machtstellung der SS im natsoz. Staat mit der Ernennung HIMMLERS zum Reichsinnenminister (25. 8. 1943) und zum Oberbefehlshaber des Ersatzheeres (20. 7. 1944, →Volkssturm).

Durch ihre personelle und organisator. Verflechtung mit der Gestapo, die Verw. der KZ, durch die Massenexekutionen der Einsatzgruppen und die systemat. Ermordung der Juden war die SS Hauptträgerin von Terror und Vernichtungspolitik im natsoz. Herrschaftssystem. Vom Internat. Militärgerichtshof in Nürnberg 1946 wurde die SS mit allen Untergliederungen (außer Reiter-SS) zur verbrecher. Organisation erklärt.

S. ARONSON: Reinhard Heydrich u. die Frühgesch. von Gestapo u. SD (1971); R. B. BIRN: Die Höheren SS- u. Polizeiführer. Himmlers Vertreter im Reich u. in den besetzten Gebieten (1986); H. J. DÖSCHER: Das Auswärtige Amt im Dritten Reich. Diplomatie im Schatten der ›Endlösung‹ (1987); R. M. KEMPNER: SS im Kreuzverhör (Neuausg. ²1991); H. HÖHNE: Der Orden unter dem Totenkopf. Die Gesch. der SS (Neuausg. 1992); E. KOGON: Der SS-Staat (²⁵1993); Anatomie des SS-Staates. Gutachten des Inst. für Zeitgesch. (⁶1994); M. H. KATER: Das ›Ahnenerbe‹ der SS 1935–1945 (²1997); SS-Wirtschaft u. SS-Verw., hg. v. W. NAASNER (1998).

SSB [eses'bi:, engl.; Abk. für **s**ingle **s**ide **b**and ›Einseitenband‹], *Nachrichtentechnik:* das beim Einseitenbandverfahren zur Übertragung genutzte Seitenband. (→Restseitenbandverfahren)

SSCC, Abk. für Congregatio Sacrorum Cordium Iesu et Mariae necnon Adorationis Perpetuae Sanctissimi Sacramenti Altaris (→Picpus-Gesellschaft).

SSD, Abk. für →**S**taats**s**icherheits**d**ienst.

SSI, *Elektronik:* →**I**ntegrationsgrad.

ssp., Abk. für **S**ub**sp**ecies, die →Unterart.

SSPE, Abk. für **s**ubakute **s**klerosierende **P**an**e**nzephalitis, langsame, durch ein Masern- oder masernähnl. Paramyxovirus hervorgerufene Infektion; betroffen sind bevorzugt Kinder im Schulalter. Zu den Symptomen gehören am Anfang Reizbarkeit, Ermüdbarkeit, Leistungsabfall mit anschließend rasch fortschreitender Demenz sowie mit unwillkürl. überschießenden Bewegungen und epileptischen Anfällen. Die Krankheit ist therapeutisch noch nicht beeinflussbar und führt zum Tod.

SSR, Abk. für russ. **S**owjetskaja **S**ozialistitscheskaja **R**espublika, dt. Sozialistische Sowjetrepublik. (ÜBERSICHT →Sowjetunion)

SS-Raketenwaffen, Bez. verschiedener Typen sowjet. bzw. russ. Boden-Boden- (engl. surface-to-surface) und seegestützter Flugkörper (Letztere mit dem Zusatz ›N‹ für Navy) mit konventionellen oder nuklearen Gefechtsköpfen und mit fortlaufender Zählung entsprechend ihrer Entwicklung. Bes. bekannt wurden im Zusammenhang mit den Verhandlungen über den vollständigen Abbau von landgestützten nuklearen Mittelstreckenwaffen (→INF) die Flugkörper mit kürzerer Reichweite SS-12 ›Scaleboard‹ (Reichweite 900 km, Stationierungsbeginn 1969) und SS-23 ›Spider‹ (500 km, 1979/80) sowie die Flugkörper mit größerer Reichweite SS-4 ›Sandal‹ (2 000 km, 1959), SS-5 ›Skean‹ (4 100 km, 1961) und die hochmobile, treffgenaue (Abweichung rd. 300 m) und mit drei Sprengköpfen ausgestattete SS-20 ›Saber‹ (5 000 km, 1977). Die Stationierung der SS-20 führte 1983 zur Nachrüstung der NATO mit Pershing-Raketen und Cruisemissiles (→NATO-Doppelbeschluss). Durch den INF-Vertrag (in Kraft getreten 1988) wurden bis Mai 1991 alle Pershing-Raketen sowie die landgestützten nuklearen SS-R. und Cruisemissiles mit Reichweiten zw. 500 und 5 500 km vollständig abgebaut.

SSSR, Abk. für russ. **S**ojus **S**owjetskich **S**ozialistitscheskich **R**espublik, amtl. Name der →Sowjetunion.

S-Sterne, Sterne der →Spektralklasse S.

Ssu-ma Ch'ien [- tʃ-], chin. Historiograph, →Sima Qian.

Ssu-ma Kuang, chin. Staatsmann, →Sima Guang.

SSW, Abk. für →**S**üd**s**chleswigscher **W**ählerverband.

st, Einheitenzeichen für **St**er (→Raummeter).

St, Einheitenzeichen für →**St**okes.

s. t., Abk. für lat. **s**ine **t**empore, →akademisches Viertel.

Staabs-Test, *Psychologie:* gelegentlich verwendete Bez. für →Scenotest.

Staaken, Ortsteil im Verw.-Bez. Spandau von Berlin, 10,8 km², 39 850 Ew.; Gartenstadt (1914–17 angelegt), in SW Industriegebiet (Kunststoffverarbeitung, Glaserzeugung, Druckmaschinenbau). – Der W-Teil von S. gehörte nach 1949 als eigene Gem. (1989: 3 900 Ew.) bis 1990 zum Kr. Nauen (seit 1952 im DDR-Bez. Potsdam).

Staar, Star, Stär, alte Volumeneinheit für Getreide und Früchte in Tirol. In Bozen galt der **Korn-S.** (29,806 l) und der **Futter-S.** (42,716 l), in Innsbruck der **neue S.** (30,743 l). In Bayern war der S. eine Masseneinheit für Erze; 1 S. = 61,60 kg.

Staat [spätmhd. sta(a)t ›Stand‹, ›Zustand‹, ›Würde‹, ›Lebensweise‹ von lat. status ›das Stehen‹, ›Stand‹, ›Stellung‹, ›Verfassung‹, zu stare ›stehen‹], Herrschaftsordnung, durch die ein Personenverband (Volk) auf abgegrenztem Gebiet durch hoheitl. Gewalt zur Wahrung gemeinsamer Güter verbunden ist. S. wird eine solche Ordnung etwa seit Beginn der Neuzeit (zuerst bei N. MACHIAVELLI im 16. Jh.) genannt. Die Gemeinwesen der Antike (griech. ›politeia‹, lat. ›civitas‹ und ›res publica‹) können in einem weiten Sinn als S. verstanden werden. Der moderne S. unterscheidet sich aber in spezif. Weise hiervon. Er entwickelte seine charakterist. Konturen im Zuge des Zerfalls universaler und transzendenter Reichs- und Herrschaftsideen am Ausgang des MA. Nach Ablösung feudalrechtl. Herrschaftsverhältnisse entstanden räumlich gegeneinander abgegrenzte Herrschaftsbereiche, die Souveränität nach innen und außen beanspruchten, über feste Ämter und Bürokratien verfügten und damit S. im heutigen Sinne wurden.

Völkerrecht

In spezif. Weise ist das Völkerrecht darauf angewiesen, den S., der ihr wichtigste Adressat der Völkerrechtsnormen ist, zu definieren. Nach der Dreielementelehre (G. JELLINEK) wird ein S. durch das S.-Gebiet, das S.-Volk und die S.-Gewalt konstituiert. Die völkerrechtl. Definition des S. verzichtet auf weitere Merkmale, um möglichst alle tatsächl. Herrschaftsordnungen als S. zu erfassen.

Wichtige völkerrechtl. Aspekte betreffen Entstehen und Untergang eines S. sowie die **Staatennachfolge (Staatensukzession)**. S. entstehen völkerrechtlich durch Neugründungen auf staatenlosem Gebiet, durch Sezession (Abspaltung) von einem schon bestehenden S., durch Entlassung aus dem früheren S.-Verband, durch Zusammenschluss bestehender Staaten.

Ein S. geht als Völkerrechtssubjekt unter, wenn eines der ihn konstituierenden Elemente wegfällt. Dies kann durch Zusammenschluss zu einem neuen S., durch Aufteilung eines S.-Gebiets zw. anderen S. und durch völlige Zerrüttung der inneren Ordnung geschehen. Allerdings führt die krieger. Annexion eines fremden S. nicht zum Erlöschen des annektierten S. S.-Nachfolge ist die Übernahme der Rechte und Pflichten eines S. durch einen anderen S. Der Tatbestand der S.-Nachfolge ist gegeben, wenn ein S. durch Aufteilung in mehrere S. oder durch Aufnahme in einen anderen S. oder in einen neu entstehenden S. (Fusion) untergeht oder seine rechtl. Selbstständigkeit verliert oder wenn ein Teil eines fortbestehenden S. als Gebietserwerb an einen anderen S. übergeht oder nach Abtrennung (z. B. durch Sezession) einen neuen S. bildet. Änderungen in der Verf. oder der Regierung eines S. unterbrechen die →Kontinuität nicht.

Ob und in welchem Umfang der Nachfolge-S. die völkerrechtl. Pflichten und Rechte des Gebietsvorgängers gegenüber Dritten übernimmt, ergibt sich meist nur aus einer etwaigen vertragl. Regelung (ausdrückl. oder konkludente Vereinbarung). Den S.-Angehörigen des Gebietsvorgängers muss der Nachfolge-S. den Erwerb seiner S.-Angehörigkeit ermöglichen. Der Gebietsvorgänger bleibt beim Gebietswechsel Vertragspartei von S.-Verträgen für sein verkleinertes Gebiet, während beim Untergang eines S. dessen Rechte und Pflichten aus einem S.-Vertrag erlöschen. S. haben eine grundsätzlich umfassende völkerrechtl. Rechts- und Handlungsfähigkeit. Sie sind parteifähig vor dem Internationalen Gerichtshof.

Allgemeine Staatslehre

Begriff des S.: Als Gegenstand der allgemeinen Staatslehre ist das Phänomen des S. zu komplex für eine einfache Definition. Geschichtl. Prägung und Entwicklung des S. erfordern einen Vergleich der menschl. Verbände, die in Vergangenheit und Gegenwart als S.

bezeichnet werden. Die sich dabei abzeichnenden typusbestimmenden Merkmale des S. liegen nicht ein für allemal fest. Zudem ist der S. Gegenstand mehrerer wiss. Disziplinen, die jeweils andere Merkmale in den Vordergrund rücken (S.-Wissenschaften, v. a. Geschichte, Politikwissenschaft, Soziologie, S.-Soziologie, Rechtswissenschaft).

S.-Volk, S.-Gebiet, S.-Gewalt: Die Staatlichkeit im heutigen Sinn ist an ein Territorium (S.-Gebiet), ein S.-Volk und eine prinzipiell umfassende öffentl. Gewalt (S.-Gewalt) untrennbar gebunden. Deshalb kann der S. auch definiert werden als dauerhaft organisierter Herrschaftsverband auf einem begrenzten Territorium, der die Verbandsexistenz sichern sowie die Gemeinschaftsinteressen der Verbandsangehörigen wahrnehmen soll und insoweit grundsätzlich das Primat gegenüber anderen Verbänden beansprucht.

Jeder S. ist eine Herrschaftsordnung, d. h. ein Verband, der auf Über- und Unterordnung beruht. Während im Obrigkeits-S. die S.-Gewalt einem Einzelnen oder einer abgegrenzten Führungsschicht vorbehalten ist, geht sie im Volks-S. von der Gesamtheit der gleichberechtigten S.-Bürger aus (→Demokratie). Als Herrschaftsordnung hat der S. die Befugnis und die Fähigkeit, den Herrschaftsunterworfenen mit verbindl. Befehlen (Gesetzen und Einzelakten) gegenüberzutreten und diese – wenn nötig – mit Zwang durchzusetzen; S.-Gewalt ist hoheitl. Befehls- und Zwangsgewalt. Sie ist nach innen entweder unbeschränkt (→Absolutismus) oder durch Teilung (→Gewaltenteilung) und andere verfassungsmäßige Bindungen beschränkt. Nach außen ist die S.-Gewalt bisher durch den Anspruch auf volle Unabhängigkeit gekennzeichnet (→Souveränität); doch gibt es schon nach klass. Völkerrecht abhängige Staaten.

S. können durch Übertragung von Hoheitsgewalt auf internat. Organisationen auf die Ausübung von Teilen innerstaatl. Souveränität verzichten. Dieses geschieht vermehrt seit 1945 (z. B. bei den EG).

S.-Organe sind alle Personen, Körperschaften und Behörden, die im Namen und in Vollmacht des S. kraft eigener Zuständigkeit an der Ausübung der S.-Gewalt teilnehmen. Oberste S.-Organe sind solche, die keiner Weisungs- oder Aufsichtsgewalt unterworfen sind (S.-Oberhaupt, Regierung, Parlament, Rechnungshof, Oberste Gerichte). Nachgeordnete S.-Organe sind die den Zentralbehörden angegliederten Oberbehörden sowie die mittleren und unteren Dienststellen. Unterschieden werden ferner: Kreationsorgane, die andere Organe schaffen (z. B. das Volk, das die Volksvertretung wählt); Willensorgane, die durch ihre Beschlüsse den S.-Willen formen (z. B. die Volksvertretung); Vollzugsorgane, die den S.-Willen ausführen (Regierung, Verwaltungsbehörden, Gerichte).

Das S.-Volk ist die Gesamtheit der durch die Herrschaftsordnung vereinigten Menschen. Eine Gliederung des S.-Volkes in Gruppen ungleicher Rechtsstellung findet sich in älterer Zeit (Adel, Freie, Halbfreie, Unfreie); außerdem lassen sich Epochen mit lehnsrechtl. Gliederung (Lehns- oder Feudal-S.), mit ständ. Schichtung (Stände-S.) und mit klassenmäßiger Spaltung (Bildung und Besitz neben Nichtbesitz: Klassen-S.) feststellen. In Europa ist der durch die Ungleichheit seiner Glieder gekennzeichnete Privilegien-S. fortschreitend dem durch die Rechtsgleichheit der S.-Bürger bestimmten S. gewichen. Häufig ist das S.-Volk eine Nation (National-S.), nicht selten umfasst ein S. aber auch mehrere Nationen (Nationalitäten-S.) oder neben der führenden S.-Nation Teile anderer Nationen als Minderheiten. Seit der Frz. Revolution wird die Forderung erhoben, dass jede Nation nach freiem Entschluss einen eigenen S. zu bilden berechtigt sei (Nationalstaatsprinzip). Das S.-Gebiet ist ein abgegrenzter, nicht notwendig zusammenhängender Teil der Erdoberfläche, auf den sich die S.-Gewalt als Gebietshoheit erstreckt.

S.-Formen sind die versch. Systeme, in denen die staatl. Herrschaft organisiert und die S.-Gewalt ausgeübt wird. Zu unterscheiden sind demgemäß Herrschafts- und Regierungsformen. Bei den *Herrschaftsformen* ist seit der griech. Antike die Einteilung in Monarchie, Aristokratie und Demokratie üblich; *Regierungsformen* sind die durch S.-Praxis oder Verf. festgelegten Methoden, in denen die S.-Gewalt durch ihre Organe ausgeübt wird. Diese kann sich in der Hand des S.-Oberhaupts völlig konzentrieren (Absolutismus). Im Feudal-S. ist die Regierungsgewalt des S.-Oberhaupts durch die Einfluss- und Mitwirkungsrechte des lehnsrechtlich aufgebauten Grundadels beschränkt. Im Stände-S. ist die Regierungsgewalt begrenzt durch die Mitentscheidungsrechte der Stände, im konstitutionellen S. der Vorrang des S.-Oberhaupts eingeschränkt durch die Rechte einer aristokrat. (oder berufsständ.) ersten Kammer und einer gewählten Volksvertretung. Im Parlamentarismus liegt die Regierungsgewalt in der Hand einer Reg. (Kabinett), die vom Vertrauen der Volksvertretung abhängig ist und von ihr gewählt und abberufen wird. Im Präsidialsystem wird die Regierungsgewalt von einem durch das Volk gewählten Staatspräsidenten ausgeübt. Alle diese Regierungsformen kommen in vielfältigen Verbindungen und Abwandlungen vor.

Nicht weniger wichtig als die Einteilung der S. nach Herrschafts- und Regierungsformen ist die soziolog. Unterscheidung nach den Führungsgruppen (›Eliten‹), die tatsächlich im Besitz der staatl. Macht sind: eine Priester-, Militär- oder Beamtenkaste; der Grund besitzende Adel; die Inhaber des Finanz- oder Industriekapitals (›Plutokratie‹); (in Diktaturen) die Funktionäre des Apparates. Im modernen Parteien-S. haben sich anstelle der älteren Führungsgruppen die polit. Parteien als staatstragende Organisationen durchgesetzt, in den Einparteien-S. die Führungsoligarchie einer Einheitspartei.

Eine gewaltsame Änderung der S.-Form (S.-Umwälzung) geschieht entweder durch ein an der Herrschaft beteiligtes Organ, z. B. durch das S.-Oberhaupt, das sich von verfassungsmäßigen Beschränkungen befreit (S.-Streich), durch eine militär. Gruppe, die einen neuen Herrscher oder sich selbst in den Besitz der S.-Gewalt setzt (Putsch), oder durch Auflehnung einer bisher von der Herrschaft ausgeschlossenen Schicht (Revolution). I. d. R. bleibt dabei der S. als solcher bestehen (Kontinuität).

Idee, Zweck und Rechtfertigung des S.: Die Frage nach der Rechtfertigung (Legitimation) S. steht im Zentrum der S.-Lehre und ist eng mit der Lehre von den Aufgaben des S., der Theorie seiner Entstehung und der jeweils vorherrschenden S.-Idee verbunden.

Was die Entstehung des S. anbelangt, bemühen sich mehrere Theorien um eine Deutung. Die Bildung des S. kann danach konstruktiv zurückgeführt werden auf Vertrag im Sinne eines staatsbegründenden Aktes in Gestalt eines ›Gesellschaftsvertrages‹ (Vertragstheorie), auf einen Herrschaftsakt auf der Grundlage individueller oder kollektiver Macht (Herrschaftstheorie) oder aber (nach der organ. Theorie) das Ergebnis organ. Wachstums sein.

Die religiöse S.-Idee führt den S. auf göttl. Einsetzung zurück; der S. wird als Teil der Schöpfungsordnung betrachtet. Das Heilige Röm. Reich des MA. galt, beeinflusst von der Lehre AUGUSTINUS', als ein geistlich-weltl. Universalverband (Reichsidee), neben dem im Hoch-MA. die von der Kirche geförderten und ebenso geistlich-weltlich geformten National-S. bestanden haben. Um den Vorrang der geistl. (›sacerdotium‹) und der weltl. Gewalt (›imperium‹ oder ›regnum‹) in diesen S. wurde mit wechselndem Ausgang gerungen (Zweigewaltenlehre). Gegen den im 13. Jh. gefestigten Vorrang der geistl. Gewalt erhob sich seit dem 14. Jh. die weltl. S.-Idee, die nicht nur die Unabhängigkeit des S. von der Kirche, sondern auch die Eigenständigkeit der Idee des S. gegenüber seiner Verknüpfung mit der Kirche in der Idee des Reiches Gottes verfocht. Die Reformation (M. LUTHER wie J. CALVIN) verfolgte jedoch noch die religiöse S.-Idee, ebenso die Gegenreformation, die der Kirche eine direkte wie indirekte Gewalt gegenüber dem S. zusprach (F. SUÁREZ). In der Aufklärung dagegen gewann die rationale, säkularisierte S.-Idee entscheidend an Gewicht; sowohl der aufgeklärte Absolutismus als auch die demokratisch-liberale S.-Anschauung des bürgerl. Zeitalters begriffen den S. als gegenüber dem religiösen Bereich unabhängig. Die religiöse S.-Idee wirkte bis in das 19. Jh. fort; die polit. Romantik, die Restauration und der preuß. Hochkonservativismus traten für die Idee des christl. S. ein, die dann jedoch durch die fortschreitende Trennung von S. und Kirche zurückgedrängt wurde.

In der jurist. S.-Lehre des Kaiserreichs und der Weimarer Zeit stand das Verhältnis der juristisch-normativen zur empir. Betrachtung des S. im Zentrum der Diskussion. G. JELLINEKS S.-Lehre trennte zw. zwei Gegenständen der Erkenntnis, dem Sein (das empir. Forschung zugänglich ist) und dem Sollen (dem der Jurisprudenz und Politik zugeordnet). Der S. kann dementsprechend einerseits empirisch, andererseits als Normenordnung untersucht werden. Diese Unterscheidung wurde von H. KELSEN radikalisiert, der die jurist. Betrachtung des S. von allen empir. Aspekten befreien wollte; für den Juristen ist der S. danach nur Normenordnung. Hiergegen betonte eine sog. geisteswiss. Richtung die Einheit des soziolog. und jurist. S.-Begriffs und die untrennbare Verbindung empir. und normativ wertender Betrachtungsweise (z. B. R. SMEND, H. HELLER).

S. und Gesellschaft: Die Unterscheidung zw. S. und Gesellschaft ist für das Verständnis des modernen S. wesentlich. Als gesellschaftl. Gebilde ist der S. Bestandteil der Gesellschaftsordnung, bestimmt und gestaltet sie jedoch im Ganzen dar.

Während in der älteren Aufklärung der S. noch als ›gesellige Veranstaltung‹ verstanden wurde, begriff I. KANT die Einordnung der Gesellschaft in die Herrschaft des S. als sittl. Postulat. Gleichzeitig bildete sich in der Frz. Revolution die bürgerl. Gesellschaft als politisch handlungsfähig und eigenständig gegenüber dem S. heraus. Das Verhältnis von S. und (bürgerl.) Gesellschaft drückte W. VON HUMBOLDT in Ggs. ›S. – Nation‹ aus, wobei der Nation die beherrschende Rolle, dem S. nur der Schutz des gesellschaftl. Wirkens zukam. Hiervon ging die S.-Lehre des Liberalismus (z. B. R. VON MOHL) aus, gegen die sich G. W. F. HEGEL wandte. Er begriff das Verhältnis von S. und Gesellschaft dialektisch: Die bürgerl. Gesellschaft entsteht aus der Familie, indem die Einzelnen sich zusammenschließen, um gemeinsam ihre Bedürfnisse zu verfolgen; indem an die Stelle dieser begrenzten, besonderen Zwecke der Zweck der sittl. Notwendigkeit der Gemeinschaft tritt, wird die Gesellschaft zum S. Der S., den HEGEL als die Wirklichkeit der sittl. Idee begreift, ist als allgemeiner Zweck der Gesellschaft also auch der Grund der Gesellschaft und dieser vorgeordnet.

Während K. MARX umgekehrt die Gesellschaft als den Grund des S. ansieht, setzt L. VON STEIN an die Stelle der Dialektik die Polarität von S. und Gesellschaft. Das Prinzip des S. ist für ihn die Freiheit, das der Gesellschaft das Interesse; beide stehen im Widerspruch, doch ruhen sie auf der Grundlage des Prinzips der Persönlichkeit und bilden so das Leben der menschl. Gemeinschaft überhaupt.

Seit Beginn des 19. Jh. hat sich die Einflussnahme des S. auf das gesellschaftl. Leben wie auch die Durchdringung des S. durch freie gesellschaftl. Kräfte immer mehr verstärkt. Dennoch ist die Unterscheidung zw. der Gesellschaft als der Gesamtheit aller nicht staatsbezogenen Beziehungen der Bevölkerung vom S. als der Herrschaftsorganisation weiterhin bedeutsam. Sie stellt eine Form der Kompetenzverteilung zw. dem seine Freiheit gebrauchenden Individuum einerseits und dem Bereich der legitimen staatl. Entscheidung andererseits dar. Die für eine bestimmte Theorie des Liberalismus charakterist. Vorstellung einer strikten Trennung von S. und Gesellschaft weicht in demokrat. S. der sinnvollen Zuordnung. So stützt das Sozialstaatsprinzip des GG staatl. Maßnahmen, die erst die Freiheitsausübung des Einzelnen ermöglichen und ihn gegen gesellschaftl. Übermacht schützen.

⇨ *Freiheit · Gesellschaft · Gewalt · Herrschaft · Macht · Nation · Politik · Recht · Rechtsstaat · Sozialstaat · Staatsphilosophie · Staat und Kirche · Verfassung*

G. JELLINEK: Allg. S.-Lehre (³1928, Nachdr. 1976); Der S. Dokumente des S.-Denkens von der Antike bis zur Gegenwart, hg. v. R. WEBER-FAS, 2 Bde. (1977); U. SCHEUNER: S.-Theorie u. S.-Recht (1978); H. HELLER: S.-Lehre (⁶1983); F. BERBER: Das S.-Ideal im Wandel der Gesch. (²1978); M. KRIELE: Einf. in die S.-Lehre (⁵1994); R. ZIPPELIUS: Allg. S.-Lehre (¹²1994); DERS.: Gesch. der S.-Ideen (⁹1994).

Staaten|ausschuss, im Februar 1919 gebildete Übergangsinstitution zw. dem Bundesrat der bismarckschen Reichs-Verf. und dem Reichsrat der Weimarer Reichsverfassung.

Staatenbund, →Bundesstaat.

Staaten-Flandern, niederländ. **Staats-Vlaanderen** [staːtsˈvlaːndərə], →Seeland.

Staatenlose, Personen, die keine Staatsangehörigkeit besitzen. Da die →Staatsangehörigkeit Grundlage für ein gesichertes Aufenthaltsrecht in dem jeweiligen Staat, für den staatl. Schutz im Ausland und für zahlr. Berechtigungen im nat. Recht ist (z. B. Wahlrecht, Zugang zum öffentl. Dienst), sind S. überall in ungesicherter und benachteiligter Stellung. Deswegen bestehen seit jeher Bestrebungen, durch völkerrechtl. Vereinbarungen (Übereinkommen vom 28. 9. 1954 über die Rechtsstellung der S., Übereinkommen vom 30. 8. 1961 zur Verminderung der Staatenlosigkeit, Übereinkommen vom 13. 9. 1973 zur Verminderung der Fälle von Staatenlosigkeit) und Gestaltung des nat. Rechts die Entwicklung der Staatenlosigkeit zu verhindern und die Rechtsstellung der S. zu verbessern. Zur Verwirklichung der Übereinkommen vom 30. 8. 1961 und vom 13. 9. 1973 erging in der BRD das Ausführungs-Ges. vom 29. 6. 1977, das zus. mit der Neufassung des §10 Reichs- und Staatsangehörigkeits-Ges. Einbürgerungsansprüche von S. festschreibt. – Die Staatenlosigkeit kann u. a. durch Ausbürgerung oder bei Gebietswechsel (z. B. bei Flucht) entstehen. (→Nansenpass)

Staatenstaat, die Verbindung eines souveränen ›Oberstaates‹ (Suzerän) mit halbsouveränen ›Unterstaaten‹ (Vasallenstaaten). Der ›Oberstaat‹ vertritt den ›Unterstaat‹ völkerrechtlich und hat ihn zu schützen; der ›Unterstaat‹ ist dem ›Oberstaat‹ zu bestimmten Leistungen verpflichtet, in der Wahrnehmung seiner inneren Angelegenheiten aber ganz oder weitgehend selbstständig. Bis 1878 bestand ein Suzeränitätsverhältnis zw. dem Osman. Reich und Rumänien, bis 1912 zw. China und Tibet.

Staatensukzession, **Staaten|nachfolge,** →Staat (Völkerrecht).

Staatensystem, Staatengruppe, auf Gleichheit der polit. Interessen, geopolit. Zusammengehörigkeit oder ideolog. Gemeinsamkeit beruhende, nicht rechtlich geordnete Verbindung von Staaten.

Staatenverbindung, Bez. für rechtlich geordnete, auf Dauer angelegte Vereinigungen und Zusammenschlüsse von Staaten, bei denen die Eigenständigkeit der Mitglieder als Staaten erhalten bleibt.

Auf einer völkerrechtl. Vereinbarung beruhende S. sind die universalen, regionalen oder auf einen besonderen Zweck gerichteten internat. Organisationen (z. B. UNO, NATO, Weltpostverein), die einen engeren Zusammenschluss bildenden Staatenbünde (z. B. Dt. Bund) und die eine i. d. R. koloniale Abhängigkeit ausdrückenden Protektorate. Staatsrechtlich durch eine Verfassungsregelung entstehende S. werden z. B. von Bundesstaaten gebildet. Die neuere Entwicklung der Staatenwelt hat die am souveränen Nationalstaat orientierten Einteilungen der S. in vielem überholt; bes. die EU stellt eine neuartige Form der S. dar.

Staatliche Bildstelle, 1921 als Nachfolgeeinrichtung der seit 1885 bestehenden **Königlich Preußischen Meßbildanstalt für Denkmäler** in Berlin gegründete staatl. Einrichtung, die bis 1945 bestand und im Dienste der Denkmalpflege v. a. wichtige Baudenkmäler fotografisch erfasste. Für die Verbreitung der Aufnahmen und ihre verleger. Nutzung wurde 1921 der →Deutsche Kunstverlag GmbH gegründet. 1945 gelangten über 80 000 Negative auf großformatigen Glasplatten in die UdSSR, die sie ohne größere Verluste 1958 der DDR übergab. In Berlin wurde damit die **Kunstgeschichtliche Bildstelle,** seit 1968 **Meßbildarchiv,** ein wertvolles Fotoarchiv (speziell für Denkmalpflege, Bau- und Kunstgeschichte) aufgebaut, das seit 1991 eine Abteilung des Brandenburg. Landesamtes für Denkmalpflege ist.

Staatliche Museen zu Berlin – Preußischer Kulturbesitz, seit dem 1. 1. 1992 offizielle Bez. der von der →Stiftung Preußischer Kulturbesitz verwalteten Museen in Berlin. Die Bestände der wieder zusammengeführten Museen befinden sich gegenwärtig infolge von Sanierungs- und Erweiterungsmaßnahmen der Gebäude z. T. noch im Prozess der Neuordnung (bis etwa 2010).

Staatliche Museen zu Berlin – Preußischer Kulturbesitz:
Museumsinsel in Berlin-Mitte

In Berlin-Mitte sind die Museumsabteilungen größtenteils in den traditionellen Gebäuden auf der von F. A. STÜLER konzipierten →Museumsinsel untergebracht: **Altes Museum, Bodemuseum** (ehem. →Kaiser-Friedrich-Museum), **Pergamonmuseum, Alte Nationalgalerie;** wieder aufgebaut und erneuert (nach Plänen des Londoner Architekten DAVID CHIPPERFIELD) wird ab dem Jahr 2000 das 1843–46 von STÜLER erbaute und im Zweiten Weltkrieg zerstörte **Neue Museum.** Die Bestände der Nationalgalerie sind auf sechs Häuser verteilt: **Alte Nationalgalerie** (Kunst des 19. Jh.), **Friedrichswerdersche Kirche** (1824–30 von K. F. SCHINKEL erbaut; seit 1987 Schinkelmuseum), **Neue Nationalgalerie** (klass. Moderne bis 1960) in Berlin-Tiergarten (1962–67, von L. MIES VAN DER ROHE), **Galerie der Romantik** im Schloss Charlottenburg, seit 1996 auch **Hamburger Bahnhof – Museum für Gegenwart** (von J. P. KLEIHUES) und, im westl. Bau der Gardekasernen von STÜLER (vor dem Charlottenburger Schloss), **Picasso und seine Zeit – die Sammlung Berggruen.** Die **Gemäldegalerie,** ehem. z. T. im Bodemuseum und z. T. im Museumskomplex in Dahlem, befindet sich seit 1998 in dem Neubau (von HEINZ HILMER und CHRISTOPH SATTLER) am Kulturforum in Berlin-Tiergarten. Das **Ägyptische Museum und Papyrussammlung** kann derzeit nur im östl. Bau der 1851–59 von STÜLER errichteten ehem. Gardekasernen besichtigt werden, ein Umzug ins Neue Museum ist nach dessen Fertigstellung geplant; Schwerpunkt der Sammlung ist die Kunst der Amarnazeit mit der Büste der Nofretete. Die Bestände der **Antikensammlung** (u. a. →Hildesheimer Silberfund), die sich aus dem Pergamonmuseum und den westl. Bau der Gardekasernen, werden ab 1998 schrittweise in das Alte Museum überführt (ausgenommen die Architektursäle u. a. mit dem →Pergamonaltar, die im Pergamonmuseum verbleiben). Im Theaterbau des Charlottenburger Schlosses ist seit 1960 das **Museum für Vor- und Frühgeschichte** (seit 1992 mit der bis dahin auf der Museumsinsel befindl. Sammlung) untergebracht. Die Bestände des **Museums für Islamische Kunst,** vermehrt um die Sammlung aus Berlin-Dahlem, sollen auch künftig im Pergamonmuseum ausgestellt sein, ebenso das Vorderasiat. Museum (babylon. Prozessionsstraße, Ischtar-Tor). Die **Skulpturensammlung** und das **Museum für Spätantike und Byzantinische Kunst** (ehem. z. T. in Berlin-Dahlem) sind ab 1998 im Bodemuseum vereint, hier ist auch das Münzkabinett beheimatet. In Berlin-Dahlem sind die Bestände des **Museums für Indische Kunst,** des **Museums für Ostasiatische Kunst** und des **Museums für Völkerkunde** in dem von B. PAUL 1914–21 auf Betreiben des damaligen Generaldirektors W. VON BODE errichteten Dahlemer Museumskomplex zugeordnet, der bis 1970 für die nach kriegsbedingter Auslagerung zurückkehrenden Bestände und Neuerwerbungen erheblich erweitert wurde. Ebenfalls in Berlin-Dahlem, in einem renovierten Trakt des Geheimen Staatsarchivs, befindet sich das **Museum für Volkskunde** (ehem. z. T. im Pergamonmuseum). Die Sammlungen des **Kunstgewerbemuseums** befinden sich im Schloss Köpenick (seit 1963) und in einem Neubau von R. GUTBROD (1978–84) am Kulturforum in Berlin-Tiergarten. Hier entstand ein großer Museumskomplex, der seit 1993 auch das **Kupferstichkabinett – Sammlung der Zeichnungen und Druckgraphik** und die **Kunstbibliothek** beherbergt.

Staatliche Plankommission, Abk. **SPK,** im Rahmen der zentralen Planwirtschaft der DDR dem Ministerrat direkt unterstelltes oberstes weisungsberechtigtes Organ für die Planung, Leitung und Kontrolle der gesamten Volkswirtschaft. Die SPK ging aus dem 1950 aufgelösten Planungsministerium hervor und bestand bis 1990. Zwischenzeitlich (1961–65) wurden die mit der Leitung und Kontrolle der Industrie befassten

Hauptabteilungen ausgegliedert und dem Volkswirtschaftsrat unterstellt. Ihr Vors. gehörte dem Politbüro des ZK der SED an und war diesem rechenschaftspflichtig.

Staats|akt, *Staatsrecht:* 1) Bez. aller hoheitl. Entscheidungen oberster Staatsorgane (Gesetzgebungs-, Regierungsakte; auch völkerrechtl. Akte wie Vertragsschluss oder -kündigung, Kriegserklärung u. a.), Akte nachgeordneter Behörden (Verwaltungsakte) oder der Gerichte (Justizakte); 2) eine vom Staatsoberhaupt angeordnete feierl. Veranstaltung, an der die Vertreter der höchsten Staatsorgane und des diplomat. Korps sowie andere Persönlichkeiten des öffentl. Lebens teilnehmen. Ein S. kann bei einem Staatsbesuch der Begrüßung eines ausländ. Staatsgastes **(Staatsempfang),** dem Gedenken an ein besonderes Ereignis von nat. Rang **(Nationalfeiertag)** oder der Ehrung einer verstorbenen Persönlichkeit aus Politik, Wirtschaft und Kultur **(Staatsbegräbnis)** dienen.

Staats|angehörigkeit, rechtl. Stellung einer Person als Mitgl. eines Staates, kraft deren sie an dessen staatsbürgerl. Rechten und Pflichten teilhat. Während i. d. R. alle sich in einem Staat aufhaltenden Personen ohne Rücksicht auf die S. den allgemeinen Gesetzen unterworfen sind, sind die staatsbürgerl. Rechte i. e. S. (Wahlrecht, Teilnahme an Volksabstimmung), der diplomat. Schutz und der Anspruch, sich im Staatsgebiet aufhalten zu können, ebenso wie die Wehrpflicht auf Staatsangehörige beschränkt.

Für den Erwerb der S. gilt entweder das Abstammungsprinzip (›ius sanguinis‹): Maßgebend ist die S. der Eltern; bei unterschiedl. S. der Eltern wird das Kind Doppelstaater oder erhält die S. eines Elternteils; bei nichtehel. Kindern ist die S. der Mutter ausschlaggebend. Oder es gilt das Gebietsprinzip (›ius soli‹): Danach ist maßgebend, auf welchem Staatsgebiet die Geburt erfolgt (die Prinzipien können auch ›gemischt‹ sein). Welches von ihnen gilt, richtet sich nach den S.-Gesetzen der einzelnen Staaten. Da diese sich widersprechende Regelungen des Einzelfalls enthalten können, ergeben sich viele Kollisions- und Konfliktmöglichkeiten (z. B. mit Folgen bei der Wehrpflicht), bes. die Möglichkeit der Doppel- oder Mehr-S. (Doppelbürgerrecht, ›sujet mixte‹).

In Dtl. gilt (mit gewissen Änderungen) das Reichs- und Staatsangehörigkeits-Ges. vom 22. 7. 1913. Bestrebungen, in Dtl. geborenen Kindern von Ausländern den Erwerb der S. zu erleichtern, wurden vom Bundestag zuletzt Ende März 1998 zurückgewiesen. Auch in der DDR war das Ges. von 1913 in Kraft, bis es durch das Staatsbürgerschafts-Ges. der DDR vom 20. 2. 1967 aufgehoben wurde. Dieses Ges. ging von einer eigenen Staatsbürgerschaft der DDR aus, während die BRD an einer einheitl. dt. S. in beiden dt. Staaten festhielt. Seit der Vereinigung am 3. 10. 1990 gilt nur die dt. S. Sie wird erworben: 1) durch Geburt bei ehel. Kindern, wenn ein Elternteil (Vater oder Mutter) Deutscher ist, bei nichtehel. Kindern, wenn die Mutter Deutsche ist; 2) durch Annahme als Kind oder Legitimation eines nichtehel. Kindes durch einen Deutschen; 3) durch Einbürgerung, vorgenommen von den zuständigen Landesbehörden (i. d. R. der Reg.-Präs.) als Ermessensentscheidung (die Länder verleihen somit die dt. S.). Voraussetzungen sind: Niederlassung im Inland, unbeschränkte Geschäftsfähigkeit, Nichtvorliegen von Ausweisungsgründen nach §§ 46 Nr. 1–4, 47 Abs. 1 und 2 Ausländer-Ges., Erwerbsfähigkeit. Während früher eine Ausländerin durch Eheschließung mit einem Deutschen unmittelbar die dt. S. erwarb, ist heute dafür eine Einbürgerung erforderlich; doch sollen Ehegatten dt. Staatsangehöriger unter den für die Naturalisation bestehenden Voraussetzungen eingebürgert werden, wenn sie ihre bisherige S. aufgeben oder durch die Eheschlie-

Staatliche Museen zu Berlin – Preußischer Kulturbesitz:
Neubau der Gemäldegalerie (unter Einbeziehung eines Altbaus) in Berlin-Tiergarten von Heinz Hilmer und Christoph Sattler; 1992–1998

ßung verlieren und gewährleistet ist, dass sie sich in die dt. Lebensverhältnisse einordnen, und keine besonderen Gründe der Einbürgerung entgegenstehen.

Der Verlust der S. tritt ein: 1) bei Adoption eines Kindes durch einen Ausländer, wenn es dessen S. erwirbt, es sei denn, es bleibt mit einem dt. Elternteil verwandt; 2) bei Erwerb einer ausländ. S. auf Antrag, ohne dass eine schriftl. Genehmigung zur Beibehaltung der dt. S. erwirkt worden ist; 3) bei Entlassung aus der dt. S. auf Antrag an die zuständige Landeszentralbehörde; 4) durch Verzicht eines Doppel- oder Mehrstaaters auf die dt. S. Nach Art. 16 Abs. 1 GG ist eine Ausbürgerung verboten; ein Verlust der dt. S. darf nur eintreten, wenn der Betroffene dadurch nicht staatenlos wird.

Gemäß Art. 116 Abs. 1 GG ist Deutscher auch, wer, ohne die dt. S. zu besitzen, als Flüchtling oder Vertriebener dt. Volkszugehörigkeit oder als dessen Ehegatte oder Abkömmling im Gebiet des Dt. Reiches nach dem Stand vom 31. 12. 1937 Aufnahme fand. Diese ›Statusdeutschen‹ werden im völkerrechtl. Verkehr wie die dt. Staatsangehörigen behandelt und sind auch innerstaatlich den Staatsangehörigen gleichgestellt. – Bis 1935 bestand neben der Reichsangehörigkeit eine Landes(staats)angehörigkeit, die jener gegenüber als das primäre Rechtsverhältnis galt (→Indigenat).

In *Österreich* ist das Staatsbürgerschaftsrecht Bundessache in der Gesetzgebung und Landessache in der Vollziehung (Art. 11 Abs. 1 Ziffer 1 Bundes-Verfassungs-Ges.). Es besteht eine einheitl. Staatsbürgerschaft; darüber hinaus sind die Staatsbürger, die in einem Land einen Hauptwohnsitz haben, dessen Landesbürger (Art. 6 Bundes-Verfassungs-Ges.). Zurzeit gilt das Staatsbürgerschafts-Ges. 1985. Danach wird die S. v. a. durch Abstammung, Verleihung und durch Diensttritt als ordentl. Universitäts-Prof. oder als ordentl. Hochschul-Prof. erworben. Die S. wird verloren durch Erwerb einer fremden S., durch Eintritt in den Militärdienst eines fremden Staates, durch Entziehung und Verzicht. – In der *Schweiz* sind für die S. die Bundesverfassung und das Bundes-Ges. über Erwerb und Verlust des Schweizerbürgerrechts vom 29. 9. 1952 maßgebend. Jeder Schweizer besitzt drei Bürgerrechte: Die eidgenöss. S. impliziert auch den Besitz eines Kantons- und eines Gemeindebürgerrechts. Bei Erwerb einer anderen S. können Schweizer ihre schweizer. S. beibehalten. Mit der seit 1. 1. 1992 in

Kraft gesetzten umfassenden Revision des Bürgerrechts-Ges. erhält eine Ausländerin, die einen Schweizer heiratet, nicht mehr automatisch die schweizer. S. Unter bestimmten Voraussetzungen besteht für ausländ. Staatsangehörige nach wie vor die Möglichkeit der erleichterten Einbürgerung; für Kinder gelten Sonderbestimmungen.

Die Integration in der EU hat auf die S. in den Mitgliedstaaten keinen unmittelbaren Einfluss; diese bleiben frei, den Kreis ihrer Staatsangehörigen zu bestimmen. Mittelbar verliert die S. in der EU aber an Bedeutung, weil Art. 12 des EG-Vertrages (EGV) i.d.F. des Vertrages von Amsterdam (früher Art. 6 EGV alter Fassung) und zahlr. weitere Bestimmungen jede Diskriminierung der Staatsangehörigen anderer Mitgliedstaaten aus Gründen der S. verbieten. Die Mitgliedstaaten der EU dürfen die Gewährung von Freizügigkeit, Niederlassungs-, Dienstleistungs- und Kapitalverkehrsfreiheit sowie von Sozialleistungen, ferner die Zulassung zu den versch. Berufen (mit Ausnahme hoheitl. Funktionen im öffentl. Dienst) nicht vom Besitz ihrer S. abhängig machen. Durch den Vertrag von Maastricht vom 7.2. 1992 wurde eine Unionsbürgerschaft eingeführt (Art. 8 EGV alter Fassung, Art. 17 EGV neuer Fassung). Unionsbürger ist, wer die S. eines Mitgliedstaates besitzt. Die Unionsbürgerschaft ergänzt die nat. Staatsbürgerschaft, ersetzt sie aber nicht. Ihre wichtigsten Auswirkungen bestehen im aktiven und passiven Wahlrecht bei Kommunalwahlen und Wahlen zum Europ. Parlament (Art. 19 EGV neuer Fassung) und dem Recht des Unionsbürgers auf konsular. und diplomat. Schutz eines jeden Mitgliedstaates (Art. 20 EGV neuer Fassung).

Dt. S.-Recht, begr. v. A. N. MAKAROV, bearb. v. H. VON MANGOLDT, Losebl. (³1981 ff.); K. RINGHOFER: Staatsbürgerschafts-Ges. (Wien 1984); K. HAILBRONNER u. G. RENNER: S.-Recht (1991); Dt. S.-Recht, bearb. v. H. WEIDELENER u. F. HEMBERGER (⁴1993); C. SAUERWALD: Die Unionsbürgerschaft u. das S.-Recht in den Mitgliedstaaten der Europ. Union (1996); R. MARX: Komm. zum S.-Recht (1997).

Staats|anleihen, von Bund, Ländern oder deren Sondervermögen ausgegebene öffentl. →Anleihen.

Staats|anteil, →staatswirtschaftliche Quoten.

Staats|anwalt, nichtrichterl. Beamter der Staatsanwaltschaft, dessen Ausbildung der des Richters (→Justizausbildung) entspricht. Als Personalvertretungen der S. werden entsprechend dem Richterrat der Richter nach landesgesetzl. Regeln **S.-Räte** gewählt. – In *Österreich* ist der S. ständiger nichtrichterl. Verwaltungsbeamter. In der *Schweiz* gibt es S. sowohl beim Bund (Bundesanwalt) als auch in den Kantonen.

Staats|anwaltschaft, die im 19. Jh. nach frz. Vorbild (›ministère public‹, ›procureur‹) entstandene staatl. Untersuchungs- und Anklagebehörde im Strafverfahren.

In *Dtl.* (§§ 141 ff. Gerichtsverfassungs-Ges.) wird das Amt der S. beim BGH und bei den OLG im Rahmen ihrer erstinstanzl. Zuständigkeit durch den →Generalbundesanwalt ausgeübt, der der Aufsicht und Leitung des Bundesjustizministers untersteht und seinerseits gegenüber den Bundesanwälten weisungsberechtigt ist. Im Übrigen ist die Organisation der S. Ländersache. Leiter der S. bei den Oberlandesgerichten ist der **Generalstaatsanwalt;** er untersteht dem jeweiligen Justiz-Min. (-Senator) des Landes und ist seinerseits Vorgesetzter der Leitenden Oberstaatsanwälte bei den Landgerichten seines Bezirks. Diesen unterstehen wiederum die Staats- und Amtsanwälte des Landgerichts und der diesem zugeordneten Amtsgerichte. Die Staatsanwälte genießen nicht das Privileg sachl. und persönl. Unabhängigkeit wie die Richter; sie haben den Anweisungen ihrer Vorgesetzten Folge zu leisten. Allerdings findet dieses Weisungsrecht seine Grenzen außer im →Legalitätsprinzip auch im Verbot der vorsätzl. Verfolgung Unschuldiger und der Strafvereitelung Schuldiger (§§ 344, 258 a StGB). Der einzelne Staatsanwalt handelt stets als Vertreter des ersten Beamten der S., der die Sache jederzeit an sich ziehen (Devolutionsrecht) und einen anderen Staatsanwalt mit ihrer Wahrnehmung betrauen kann (Substitutionsrecht).

Die S. hat beim Verdacht von Straftaten i. d. R. von Amts wegen nach dem Legalitätsprinzip einzuschreiten; sie hat Anzeigen von Straftaten entgegenzunehmen und mit Hilfe der Polizei, die Hilfsorgan der S. ist, oder den Gerichten (Ermittlungsrichter) den Sachverhalt zu untersuchen. Die S. hat nicht nur die belastenden, sondern auch die entlastenden Umstände zu ermitteln und hervorzuheben (§ 160 Abs. 2 StPO). Der S. steht das Recht zu, bestimmte Zwangsmaßnahmen (z.B. vorläufige Festnahme, Beschlagnahme, Durchsuchung, Untersuchungshaft) entweder (bei Gefahr im Verzug) selbst anzuordnen oder bei dem zuständigen Richter zu beantragen. Der S. obliegt die Entscheidung darüber, ob das Verfahren einzustellen oder bei hinreichendem Tatverdacht Anklage zu erheben ist (→Opportunitätsprinzip). In der Hauptverhandlung vertritt sie die Anklage; sie kann – auch zugunsten des Angeklagten – Rechtsmittel einlegen. Die S. ist außerdem Vollstreckungsbehörde (Strafvollstreckung).

Für Verfahren, die zur Zuständigkeit der Jugendgerichte gehören, werden ›Jugendstaatsanwälte‹ bestellt, die erzieherisch befähigt und erfahren sein sollen. In Zivilsachen besitzt die S. eine begrenzte Mitwirkungsbefugnis, so in Verschollenheitssachen und bei Klagen auf Nichtigkeit einer Ehe.

In *Österreich* (§§ 29 ff. StPO, S.-Gesetz vom 5. 3. 1986) besteht bei jedem Gericht eine S. oder ein staatsanwaltschaftl. Organ. Bei jedem Gerichtshof erster Instanz (Landesgericht) ist ein Staatsanwalt, bei jedem Oberlandesgericht ein Oberstaatsanwalt, beim Obersten Gerichtshof ein Generalprokurator mit der erforderl. Anzahl von stellvertretungsbefugten Beamten bestellt. Zum Staatsanwalt kann nur ernannt werden, wer 1) Richter im Sinne des Richterdienst-Ges. ist oder war und wieder zum Richter ernannt werden könnte und 2) nach den für Richter geltenden besoldungsrechtl. Bestimmungen zumindest in die Gehaltsstufe 2 einzureihen wäre. – In der *Schweiz* sind Aufgaben und Befugnisse der S. kantonal verschieden umschrieben. Die Bundesanwaltschaft führt die Ermittlungen bei Delikten, die von Bundes wegen verfolgt werden, vertritt die Anklage vor dem Bundesstrafgericht und führt das Eidgenöss. Zentralstrafregister.

Staats|anzeiger, in vielen Ländern Dtl.s das amtl. Mitteilungs- und Verkündungsblatt; auf Bundesebene entspricht dem S. der →Bundesanzeiger.

Staats|apparat, die Gesamtheit der Behörden eines Staates.

Staats|aufsicht, die Aufsicht des Staates (des Bundes oder des Landes) über rechtsfähige Körperschaften, Anstalten und Stiftungen des öffentl. Rechts, die als Träger der Selbstverwaltung öffentl. Aufgaben wahrnehmen. Hierzu gehört v. a. die S. über Gemeinden und Gemeindeverbände **(Kommunalaufsicht),** wahrgenommen vom Landrat bzw. Oberkreisdirektor, Reg.-Präs. bzw. von der Bez.-Reg. und dem Landesinnenminister. In Angelegenheiten der Selbstverwaltung ist sie auf Überwachung der Gesetzmäßigkeit der Verwaltungstätigkeit beschränkt **(Rechtsaufsicht).** Neben dieser allgemeinen S. können ausnahmsweise gesetzlich bestimmte Sachverhalte auch einer Zweckmäßigkeitskontrolle unterworfen sein (besondere S., **Sonderaufsicht).** Soweit die Selbstverwaltungsträger Auftragsangelegenheiten (›im übertragenen Wirkungskreis‹) wahrnimmt, bezieht sich die S. stets auch auf die Zweckmäßigkeit und umfasst die Befugnis, Weisungen zu erteilen **(Fachaufsicht).** Mittel der S. sind: Informations-, Beanstandungs-, Anordnungsrecht, Ersatzvornahme, Bestellung eines Beauftragten (Staatskommissars); hinzu kommen als besondere Aufsichtsmittel Genehmigungsvorbehalte, Vorlage- und Anzeigepflichten (präventive Aufsichtsmittel) und die Rechnungsprüfung. – Der Begriff S. findet heute auch auf die staatl. Überwachung von privaten Wirtschaftsunternehmen Anwendung, die wegen ihrer Bedeutung oder ihrer Risiken besonderen Anforderungen unterliegen (Banken, Versicherungen, Energieversorgungsunternehmen u. a.).

In *Österreich* sind die Selbstverwaltungsträger der S. unterworfen. Die S. ist für Gemeinden im Bundes-Gemeindeaufsichts-Ges. und in den Gemeindeordnungen bzw. Stadtstatuten geregelt. Die S. über berufl. Selbstverwaltungskörperschaften (Kammern) ist in den einzelnen Kammer-Ges. verankert.

In der *Schweiz* üben der Bundesrat und die Bundesversammlung die S. gegenüber den Kantonen aus. Die S. beschränkt sich i. d. R. auf eine Rechtmäßigkeitskontrolle. Wichtigstes Aufsichtsmittel ist die Genehmigung bestimmter kantonaler Erlasse durch den Bund, so namentlich der Kantonsverfassungen. Daneben üben die Kantone eine allgemeine S. gegenüber den Gemeinden aus.

Staats|ausgaben, *Finanzwissenschaft:* →öffentliche Ausgaben.

Staatsbank der Deutschen Demokratischen Republik, die Zentralbank der DDR mit Münz- und Notenmonopol; unterstand dem Min.-Rat, Sitz war Berlin; gegr. 1967 als Nachfolgerin der →Deutschen Notenbank. Nach der Eingliederung der Industrie- und Handelsbank 1974 war sie auch Geschäftsbank für das produzierende Gewerbe, für Handel, Verkehr und Nachrichtenwesen.

Nachdem bereits am 1. 4. 1990 das Kundengeschäft in die Dt. Kreditbank AG ausgegliedert worden war, wurde sie per Ges. vom 29. 6. 1990 als **Staatsbank Berlin** in eine Körperschaft des öffentl. Rechts überführt. Gemäß Einigungsvertrag bestand die Staatsbank Berlin zunächst mit folgenden Aufgaben weiter: Verw. und Abwicklung der bis zur Währungsunion eingegangenen und auf DM umgestellten Refinanzierungs- und Anlagebeziehungen der S. d. D. D. R. mit Kreditinstituten sowie der Forderungen und Verbindlichkeiten gegenüber dem Ausland, treuhänder. Regulierung von Ansprüchen aus Anteilrechten an der Altguthaben-Ablösungsanleihe in Inhabern außerhalb des Gebietes der DDR (Altschulden), treuhänder. Verw. von aufgrund besatzungsrechtl. Festlegungen vor dem 28. 6. 1948 entstandenen Forderungen geschlossener und enteigneter Banken (Altforderungen), Verw. des →Ausgleichsfonds Währungsumstellung, Entsorgung der Münzen und Noten der DDR. Mit Wirkung vom 1. 10. 1994 wurden Vermögen und Verbindlichkeiten der Staatsbank Berlin durch Rechts-VO des Bundesministers der Finanzen auf die Kreditanstalt für Wiederaufbau übertragen.

Staatsbanken, aus Staatsmitteln gegründete, meist öffentlich-rechtl. Kreditinstitute, die unter der Garantie und Aufsicht eines Staates einen nach allgemein wirtschaftl. Grundsätzen aufgestellten Aufgabenkreis in dessen Gebiet erfüllen. Die Notenbanken sind vielfach S. Unter diesen Begriff fallen auch die in den ehem. Ostblockstaaten vom Staat unterhaltenen Kreditinstitute (→Staatsbank der Deutschen Demokratischen Republik, →Gosbank SSSR). – In Dtl. sind S. im übl. Sinne Bankinstitute, die sich ausschließlich im Besitz eines oder mehrerer Länder befinden und neben der eigentl. S.-Funktion (Hausbank des jeweiligen Landes) auch alle privaten Bankgeschäfte ausüben. Im eigtl. Sinn gibt es in Dtl. keine S. mehr; die Aufgaben einer Hausbank der Bundesländer nehmen i. d. R. die Landesbanken/Girozentralen wahr. – Bedeutende S. waren bis 1945 u. a. die ›Preuß. Staatsbank‹ (Seehandlung) und die ›Sächs. Staatsbank‹.

Staatsbankrott, die Einstellung der Zahlungen aus staatlichen Verbindlichkeiten (öffentl. Schulden). Durch diese Weigerung, die Zins- und/oder Tilgungszahlungen zu leisten, erklärt der Staat seine Zahlungsunfähigkeit **(direkter S., offener S., Repudiation).** Der direkte S. steht i. d. R. am Ende der Versuche eines hoch verschuldeten Staates, durch veränderte Kreditbedingungen (Umschuldung) die Zahlungsverpflichtungen zu reduzieren und zumindest vorübergehend nicht erfüllen zu müssen oder durch exzessive Geldschöpfung die Zahlungsfähigkeit wiederherzustellen **(verschleierter S.).** Letzterer führt zum Verfall des Binnen- und Außenwerts der Währung und schließlich zu deren völliger Zerrüttung, die nur durch eine Währungsreform zu überwinden ist. (→Schuldenkrise)

Staatsbibliothek, Bez. einiger wiss. Bibliotheken, die für die Literaturversorgung einer bestimmten Region zuständig sind, i. d. R. Landes- bzw. Nationalbibliotheken. In der Bundesrepublik Dtl. wurde der Begriff zunächst für die frühere Hofbibliothek in München (→Bayerische Staatsbibliothek) und die ehem. Königl. Bibliothek in Berlin (→Staatsbibliothek zu Berlin – Preußischer Kulturbesitz) verwendet und später auch auf andere Bibliotheken mit weiter reichenden Funktionen ausgedehnt (Niedersächs. Staats- und Univ.-Bibliothek Göttingen, Staats- und Univ.-Bibliothek Bremen, Staats- und Univ.-Bibliothek Hamburg).

Staatsbibliothek zu Berlin – Preußischer Kulturbesitz, seit 1992 Name der wieder vereinigten beiden Nachfolgeinstitutionen der 1945 aufgelösten Preuß. Staatsbibliothek, der Dt. Staatsbibliothek (Berlin-Ost) und der Staatsbibliothek Preuß. Kulturbesitz (Berlin-West).

1661 als Churfürstl. Bibliothek gegründet, 1701 bis 1918 **Königliche Bibliothek,** 1918–45 **Preußische Staatsbibliothek.** Die zunächst im Berliner Schloss untergebrachte Bibliothek bezog 1780–84 ein eigenes Gebäude. Der Plan, sie nach dem Reichsgründung zur dt. Nationalbibliothek auszubauen, scheiterte u. a. am Widerstand BISMARCKS. 1914 erfolgte die Einweihung des Neubaus Unter den Linden. Die Bibliothek besaß herausragende Spezialsammlungen und war zentrale Instanz für mehrere bibliothekar. Gemeinschaftsunternehmen. Während des Zweiten Weltkriegs wurden die Bestände auf etwa 30 im Reichsgebiet verstreute Stellen ausgelagert. – Der 1945 in Berlin (Ost) verbliebene Teil der Preuß. Staatsbibliothek mit den in Mittel- und Ost-Dtl. ausgelagerten Beständen wurde 1946 in ›Öffentliche wiss. Bibliothek‹ umbenannt und hieß seit 1954 **Deutsche Staatsbibliothek.** – Der in den Westen verbrachte Teil wurde 1962 von der Stiftung Preuß. Kulturbesitz übernommen (1963 **Staatsbibliothek der Stiftung Preußischer Kulturbesitz,** 1968 **Staatsbibliothek Preußischer Kulturbesitz).** Die Rückführung der Bestände nach Berlin erfolgte nur allmählich. 1978 wurde das von H. SCHAROUN entworfene Bibliotheksgebäude bezogen. Gesamtbestand beider Standorte 1997: rd. 9,2 Mio. Medieneinheiten, darunter 37 000 laufende Zeitschriften, 137 000 Handschriften, 570 000 Notendrucke, 820 000 Landkarten, 1,4 Mio. Mikroformen, 9 Mio. Bilder, 26 900 Tonträger, 80 000 Autographen und 1 000 Testamente.

Dt. Staatsbibliothek 1661–1961, bearb. v. H. KUNZE u. a., 2 Bde. (Leipzig 1961); E. PAUNEL: Die Staatsbibliothek zu Berlin (1965); Die Dt. Staatsbibliothek u. ihre Kostbarkeiten, bearb. v. W. LÖSCHBURG u. a. (Weimar 1966); Staatsbibliothek Preuß. Kulturbesitz. Festgabe zur Eröffnung des Neubaus in Berlin, hg. v. E. VESPER (1978); P. KITTEL: Dt. Staatsbibliothek, Bibliogr. 1961–1984 (Leipzig 1986); W. SCHOCHOW: Die Preuß. Staatsbibliothek 1918–1945 (1989); Jetzt wächst zusammen ... Eine Bibliothek überwindet die Teilung, bearb. v. E. FISCHBACH, Ausst.-Kat. Staatsbibliothek zu Berlin (1992; Verlagert, verschollen, vernichtet ... Das Schicksal der im

2. Weltkrieg ausgelagerten Bestände der Preuß. Staatsbibliothek, bearb. v. R. BRESLAU u. a. (1995); Berichte zur Gesch. der Dt. Staatsbibliothek in Berlin, bearb. v. DEMS. u. a. (1996); M. P. OLSON: The Odyssey of a German National Library (Wiesbaden 1996); H. LESKIEN u. a.: Die Zukunft der Staatsbibliothek zu Berlin (1997).

Staatsbürger, i. w. S. der Staatsangehörige (→Staatsangehörigkeit), i. e. S. nur der Staatsangehörige mit vollen polit. Rechten, wie sie in der Demokratie mit dem Wahlalter erreicht und nur unter bestimmten Voraussetzungen verwirkt werden (→Aberkennung). Zu den staatsbürgerl. Rechten und Pflichten des Einzelnen gehören solche, die die Teilnahme an der Bildung des Staatswillens oder an der Ausübung der Staatsfunktionen betreffen (Wahlrecht, Recht zur Bekleidung öffentl. Ämter als Ehrenbeamter, Zugang zum öffentl. Dienst, Wehrpflicht u. a.). Nach Art. 33 Abs. 1 GG hat jeder Deutsche in jedem Land Dtl.s die gleichen staatsbürgerl. Rechte und Pflichten. Wer sich im Staatsgebiet aufhält, ohne S. i. w. S. (Staatsangehöriger) zu sein, ist →Ausländer; seine Rechtsstellung im Aufenthaltsstaat bemisst sich nach dem Fremdenrecht. Besondere Regelungen gelten für Bürger der EU innerhalb der Mitgliedsstaaten.

Staatsbürger in Uniform, in Dtl. Bez. für das in den 1950er-Jahren entwickelte und im Soldaten-Ges. (SG) für verbindlich erklärte Leitbild des Soldaten der Bundeswehr. Sein Kerngedanke ist, dass der Soldat die gleichen staatsbürgerl. Rechte wie jeder andere Staatsbürger hat und diese Rechte nur im Rahmen der Erfordernisse des militär. Dienstes durch gesetzlich begründete Pflichten beschränkt werden (§ 6 SG). Vom Soldaten wird verlangt, der Bundesrepublik Dtl. zu dienen, Recht und Freiheit zu verteidigen (§ 7 SG) sowie die freiheitliche demokrat. Grundordnung im Sinne des GG anzuerkennen und für ihre Erhaltung einzutreten (§ 8 SG).

Staatsbürgerkunde, Bez. eines Schulfachs. In *Österreich* ist S. in Verbindung mit Rechtslehre/Rechtskunde Pflichtfach an versch. mittleren und höheren Lehranstalten (z. B. Handelsschulen), an Berufsschulen gibt es ein Pflichtfach mit der Bez. polit. Bildung; in der Oberstufe der allgemein bildenden höheren Schulen kann polit. Bildung als Zusatzfach gewählt werden. – In der *Schweiz* wird S. (auch **Staatskunde** gen.) auf der Sekundarstufe I und II unterrichtet, in den Berufsschulen als eigenständiges Fach, sonst zumeist im Rahmen des Geschichtsunterrichts. In der aktuellen pädagog. Diskussion bes. in der Schweiz wird die Problematik der Vermittlung demokrat. Bildung in der Schule im Rahmen der gesamtgesellschaftl. Situation deutlich.

In der DDR vermittelte das Fach S. ab der 7. Klasse (zuvor: ›Gegenwartskunde‹) doktrinär – offiziell: ›in lebensnaher Weise‹ – die sozialist. Gesellschaftslehre. Seit 1990/91 wurden auch in den neuen Ländern die Fächer zur polit. Bildung eingeführt. In West-Dtl. wurde seinerzeit die in der Weimarer Zeit übl. Bez. S. nicht wieder aufgegriffen. (→politische Bildung)

Staatsbürgschaft, Staatsgarantie, Form der Unterstützung (Subventionierung) von Privatunternehmen, bei der der Staat entweder Dritten gegenüber eine Bürgschaft oder Garantie für die Einhaltung von Verpflichtungen der geförderten Unternehmen übernimmt oder dafür einsteht, dass die Vertragspartner des Unternehmens ihre Verpflichtungen erfüllen. (→Bundesbürgschaften, Bundesgarantien und sonstige Gewährleistungen, →Exportkreditversicherung)

Staatsdienst, der berufs- oder pflichtmäßig dem Staat oder öffentl. Körperschaften geleistete Dienst; Beschäftigung im Beamtenverhältnis oder im Anstellungs- oder Arbeitsverhältnis des →öffentlichen Dienstes, Militärdienst (Wehrdienst) aufgrund freiwilligen Eintritts oder allgemeiner Wehrpflicht.

Staatsdruckerei, staatseigene Druckerei, in der neben Banknoten, Postwertzeichen und staatl. Erlassen auch repräsentative Druckwerke hergestellt werden (→Bundesdruckerei GmbH, →Reichsdruckerei).

Staats|einnahmen, *Finanzwissenschaft:* →öffentliche Einnahmen.

Staats|erbrecht, die Berufung des Staates (Landesfiskus) zum gesetzl. Erben, wenn weder ein eingesetzter Erbe noch ein Verwandter oder Ehegatte des Erblassers als gesetzl. Erben vorhanden sind (§ 1936 BGB). Der Staat ist Zwangserbe, d. h., er kann die gesetzl. Erbschaft nicht ausschlagen (§ 1942 Abs. 2 BGB).

Staats|examen, umgangssprachl. Bez. für die →Staatsprüfung, in der DDR die staatl. Abschlussprüfung an Univ., Hoch- und Fachschulen.

staatsfeindlich, in der DDR Merkmal der Straftatbestände des staatsfeindl. Menschenhandels (§ 105 StGB), Hetze (§ 106), die zus. mit den Tatbeständen der landesverräter. Agententätigkeit (§ 100) und des verfassungsfeindl. Zusammenschlusses (§ 107) als Verbrechen gegen die DDR galten und als Grundlage der Willkürjustiz dienten mit dem Ziel der Disziplinierung der Bevölkerung und der Abgrenzung gegenüber dem Ausland. – Nach *österr.* Strafrecht ist zu bestrafen, wer eine staatsfeindl. Verbindung gründet, deren auch nur ausschließl. Zweck es ist, auf gesetzwidrige Weise die österr. Unabhängigkeit, die verfassungsmäßige Staatsform oder verfassungsmäßige Einrichtungen der Rep. oder ihrer Bundesländer zu erschüttern (§ 246 StGB).

staatsfeindliche Hetze, in der DDR als Staatsverbrechen eingestuftes Delikt (§ 106 StGB, urspr. ›Boykotthetze‹), das in weit gefassten Rechtsbegriffen u. a. den Angriff oder die Aufwiegelung gegen die Gesellschaftsordnung der DDR durch ›diskriminierende‹ Schriften u. Ä. unter Strafe stellte (Freiheitsstrafe zw. einem und acht Jahren, in schweren Fällen bis zu zehn Jahren).

Staatsflagge, in einigen Ländern Bez. für die Nationalflagge, häufiger eine von dieser leicht (i. d. R. durch Hinzufügung des Staatswappens) abweichende und dem Gebrauch staatl. Dienststellen sowie Schiffen im Staatsdienst vorbehaltene Flagge; dementsprechend mitunter als ›Staats- und Marineflagge‹ oder ›Staats- und Handelsflagge‹ bezeichnet. In Dtl. entspricht die S. dem Sinn nach die ›Dienstflagge‹. Um ihren eigenständigen Charakter zu betonen, bezeichnen manche Gebietskörperschaften ihre jeweiligen Flaggen als Staatsflaggen.

Staatsgebiet, Territorium, der geograph. Raum, der rechtlich eines Hoheitsrechte eines Staates unterliegt. Zum S. gehören das Landgebiet einschließlich des beherrschbaren unterird. Bereichs, die Binnengewässer, die maritimen Eigengewässer (vom S. umschlossene Meere oder Meeresteile, Seehäfen), die Territorialgewässer (Küstenmeer), der Luftraum über dem Land- und Wassergebiet (→Lufthoheit) und von einem fremden Staat umschlossene Gebietsteile (Exklaven). Die Staatsgewalt erfasst alle auf dem S. befindl. Personen, Sachen und Rechtsverhältnisse, soweit nicht kraft Völkerrechts Ausnahmen bestehen, z. B. aufgrund von Exterritorialität.

Staatsgefährdung, Sammel-Bez. für die versch. Straftatbestände der →Rechtsstaatsgefährdung.

Staatsgeheimnisse, in Dtl. nach der Legaldefinition des § 93 Abs. 1 StGB Tatsachen, Gegenstände oder Erkenntnisse, die nur einem begrenzten Personenkreis zugänglich sind und vor Ausspähung durch eine fremde Macht geheimgehalten werden müssen, um die Gefahr eines schweren Nachteils für die äußere Sicherheit abzuwenden. Keine geschützten S. sind ›illegale S.‹ (§ 93 Abs. 2), die gegen die freiheitliche demokrat. Grundordnung oder, unter Geheimhaltung gegenüber den Vertragspartnern Dtl.s, gegen zwischenstaatlich vereinbarte Rüstungsbeschränkungen verstoßen. Der Begriff des S. ist für die Strafbestimmungen gegen →Landesverrat und gegen die Gefährdung der äußeren Sicherheit von zentraler Bedeutung. Durch die grundsätzl. Herausnahme der illegalen S. vom Geheimnisschutz soll versucht werden, dem rechtsstaatl. Interesse an der Aufdeckung illegaler Vorgänge im staatl. Bereich gerecht zu werden. So ist die einfache Offenbarung illegaler S. straflos; doch macht sich u. U. strafbar, wer illegale S. einer fremden Macht mitteilt (§ 97 a StGB). – Ähnl. Regelungen enthalten § 255 *österr.* StGB und Art. 267 *schweizer.* StGB.

Staatsgerichtshof, in einigen Ländern (z. B. in Bremen, Hessen und Bad.-Württ.) Bez. für das Landesverfassungsgericht (→Verfassungsgerichtsbarkeit).

Staatsgewalt, Herrschaftsmacht des Staates über sein Gebiet und die auf ihm befindl. Personen (Gebietshoheit) sowie über die eigenen Staatsangehörigen (Personalhoheit). Die S. ist wesentl. Merkmal des →Staates. Mit der Ausübung der S. verbindet sich das staatl. →Gewaltmonopol. Nach außen ist die S. durch das Völkerrecht oder internat. Verträge, nach innen durch die Grundrechte der Staatsbürger begrenzt. Durch die Gewaltentrennung wird die S. auf versch. Organe (Gesetzgebung, Verwaltung, Rechtsprechung) verteilt. (→Souveränität).

Staatsgut, *Wirtschaft:* →Domäne.

Staatshaftung, Amtshaftung, die Verantwortlichkeit des Staates für Schäden, die Amtswalter (Beamte, Angestellte oder Arbeiter im öffentl. Dienst) in Ausübung ihres Amtes bei einem Dritten verursachen. Das geltende S.-Recht ist wenig übersichtlich; die gesetzl. Regelungen werden durch richterrechtlich entwickelte Institute ergänzt. Der Versuch einer Kodifikation der S. im S.-Gesetz vom 26. 6. 1981 ist wegen fehlender Gesetzgebungskompetenz des Bundes gescheitert.

Die S. i. e. S. knüpft an die schuldhafte Verletzung einer den Schutz auch des geschädigten Dritten bezweckenden Amtspflicht durch einen Amtswalter gemäß § 839 BGB an. Handelt der Amtswalter hierbei hoheitlich (öffentlich-rechtlich), trifft die Verantwortlichkeit (d. h. die Schadensersatzpflicht) gemäß Art. 34 GG grundsätzlich den Staat, und zwar i. d. R. die jurist. Person des öffentl. Rechts, die den Amtswalter angestellt bzw. die ihm das Amt anvertraut hat. Die an sich in der Person des Amtswalters begründete Haftung wird also auf den Staat übergeleitet; gegen den Amtswalter selbst hat der geschädigte Dritte keinen Ersatzanspruch. Die Haftungsüberleitung auf den Staat ist spezialgesetzlich für einige Fälle ausgeschlossen, z. B. nach § 19 Bundesnotarordnung für die Notare; in diesen Fällen haftet der Amtswalter selbst. Bei bloß fahrlässiger Amtspflichtverletzung haftet der Staat nur, wenn der Geschädigte nicht von einem anderen Ersatz erlangen kann (§ 839 Abs. 1 Satz 2 BGB). Die Ersatzpflicht entfällt sogar, wenn der Geschädigte es schuldhaft unterlassen hat, den Schaden durch Gebrauch eines Rechtsmittels – z. B. Einlegung eines Widerspruchs, Erhebung einer Klage – abzuwenden (§ 839 Abs. 3 BGB). Bei Amtspflichtverletzungen durch Richter greift die S. nur ein, wenn die Pflichtverletzung eine Straftat (bes. Rechtsbeugung) darstellt (›Spruchrichterprivileg‹). Die S. greift nach vorherrschender Auffassung nicht bei Amtspflichtverletzungen durch die Gesetzgebung ein; wohl aber kann z. B. eine Gemeinde wegen bestimmter Pflichtverletzungen bei der Aufstellung eines in Satzungsform ergehenden Bebauungsplans haften.

Der Europ. Gerichtshof (EuGH) hat 1991 entschieden, dass ein EU-Mitgliedstaat, der eine bürgerschützende Richtlinie der EG nicht fristgerecht umsetzt, dem Bürger zum Ersatz des dadurch entstehenden Schadens verpflichtet ist. Damit ist eine S. für Pflichtverletzungen des Gesetzgebers geschaffen worden. Zweifel über die Reichweite dieser Haftung hat der EuGH durch eine Entscheidung 1996 behoben, die die Haftungsvoraussetzungen für die versch. Konstellationen der Verletzung von Europarecht durch die Mitgliedstaaten präzisiert.

Für Amtspflichtverletzungen, die ein Amtswalter bei nichthoheitl. (privatrechtl.) Amtstätigkeit begeht, gilt die Haftungsüberleitung auf den Staat durch Art. 34 GG nach vorherrschender Auffassung nicht. In diesen Fällen haftet der Beamte persönlich nach § 839 BGB, der Angestellte oder Arbeiter im öffentl. Dienst nach den allgemeinen Vorschriften über unerlaubte Handlungen (§§ 823 ff. BGB). Den Staat trifft daneben die Haftung nach den allgemeinen Vorschriften des BGB über Erfüllungs- bzw. Verrichtungsgehilfen (§§ 89, 31 BGB für die leitenden Beamten, § 831 BGB in den sonstigen Fällen und § 278 BGB bei Vertragsverletzungen).

Zu diesem S.-Recht i. e. S. treten versch., überwiegend durch die Rechtsprechung entwickelte Institute der S. i. w. S. Für Sonderopfer des Einzelnen, d. h. bes. für rechtswidrige Eingriffe in das Eigentum oder sonstige eigentumsrechtlich geschützte vermögenswerte Positionen stehen dem Geschädigten Ansprüche auf Entschädigung zu (→Enteignung). Ferner sind Ansprüche des Einzelnen unter dem Gesichtspunkt der →Aufopferung denkbar, d. h. für Fälle, in denen der Staat in nicht vermögenswerte Güter (z. B. Gesundheit) im Allgemeininteresse eingreift. Die meisten Fälle sind inzwischen spezialgesetzlich geregelt; zu nennen ist die Entschädigung für Impfschäden oder für unschuldig erlittene Untersuchungshaft. All diese Entschädigungsansprüche richten sich unmittelbar gegen den Staat, nicht gegen den handelnden Amtswalter. Eine S. i. w. S. kann sich aus öffentlich-rechtl. Verträgen zw. Staat und Bürger, aber auch aus gesetzlich begründeten verwaltungsrechtl. Schuldverhältnissen (z. B. bei Anschluss an die gemeindl. Wasserversorgung und Kanalisation) ergeben. Der ebenfalls durch die Rechtsprechung entwickelte Folgenbeseitigungsanspruch ist darauf gerichtet, dass noch andauernde rechtswidrige Folgen staatl. Handelns beseitigt werden; z. B. hat der Betroffene, dessen Wohnung rechtswidrig zum Zwecke der Einweisung eines Obdachlosen beschlagnahmt wurde, nach Aufhebung der Einweisungsverfügung einen Anspruch darauf, dass die Behörde die Räumung der Wohnung veranlasst.

In *Österreich* ist die Amtshaftung im Amtshaftungs-Ges. 1948 geregelt. Dieses sieht in Ausführung des Art. 23 Bundes-Verfassungs-Ges. (B-VG) vor, dass Bund, Länder und Gemeinden für den Schaden haften, den die als ihre Organe im Bereich der Hoheitsverwaltung handelnden Personen wem immer rechtswidrig schuldhaft zufügen. Umstritten ist, ob auch die Haftung als Mitgliedstaat der EU für Schäden, die ein Bürger durch Verletzung von Gemeinschaftsrecht (auch durch gesetzgeber. Unterlassen) erlitten hat, innerstaatlich nach dem Amtshaftungs-Ges. vor den ordentl. Gerichten oder dem Verfassungsgerichtshof nach Art. 137 B-VG durchzusetzen ist.

In der *Schweiz* statuiert das Bundes-Ges. über die Verantwortlichkeit des Bundes und seiner Behördenmitglieder und Beamten vom 14. 3. 1958 eine ausschließl., verschuldensunabhängige S. des Bundes für Schäden, die ein Beamter in Ausübung seiner amtl. Tätigkeit Dritten widerrechtlich zufügt. Die Kantone kennen analoge Regelungen.

L. M. BÜCHNER u. J. REINERT: Einf. in das System der S. (1988); A. TESCHNER: Die Amtshaftung der Gemeinden nach rechtswidrigen Beschlüssen ihrer Kollegialorgane (1990); F. OSSENBÜHL: S.-Recht ([4]1991); A. WEHLAU: Die Rechtsprechung des Gerichtshofes der Europ. Gemeinschaft zur S. der

Mitgliedstaaten nach Gemeinschaftsrecht (1996); S. PFAB: S. in Dtl. (1997).

Staatshandbuch, in vielen Staaten meist jährlich veröffentlichtes Handbuch über den Staatsaufbau und die Behördenzuständigkeit mit einem Verzeichnis der höchsten Beamten, diplomat. Vertretungen u. a. Die S. gingen aus den genealog. Staatsadressbüchern (Staatskalendern) der fürstl. Häuser hervor. Im Dt. Reich erschien von 1874 bis 1936 das ›Handbuch für das Dt. Reich‹; an dessen Stelle trat ab 1953 das ›Handbuch für die Bundesrepublik Dtl.‹, ab 1981 ›Die Bundesrepublik Dtl. S.‹ mit Teilausgabe Bund, Verbände und die einzelnen Bundesländer. − In *Österreich* besteht der ›Österr. Amtskalender‹ (1922 ff.) als Lexikon der Behörden und Institutionen. In der *Schweiz* gibt die Bundeskanzlei jährlich ein S. (›Eidgenöss. Staatskalender‹) heraus; von 1849 bis 1983 erschien der ›Staatskalender der Schweizer. Eidgenossenschaft‹. Ähnliches publizieren auch die Kantone.

Staatshandelsländer, Länder, in denen der Außenhandel ausschließlich über staatl. Außenhandelsmonopole abgewickelt wird. Bei den S. handelt es i. d. R. um Länder mit zentraler Planwirtschaft und Valutamonopol. Zu dieser Ländergruppe wurden bis zum Beginn der polit. und wirtschaftl. Reformen in Mittel- und Osteuropa (Ende der 80er-/Anfang der 90er-Jahre) alle Länder des Rates für gegenseitige Wirtschaftshilfe sowie China und Nord-Korea gezählt. In der dt. amtl. Statistik werden die ehem. europäischen S. seit 1992 als mittel- und osteurop. Reformländer bezeichnet. (→Ost-West-Handel)

Staatshaushalt, *Finanzwissenschaft:* →Haushalt.

Staats|interventionismus, i. e. S. eine histor. Zeitspanne der Wirtschaftspolitik in Dtl. (zw. 1870 und dem Ersten Weltkrieg), die durch punktuelle Eingriffe des Staates in den Wirtschaftsprozess gekennzeichnet ist. I. w. S. umschreibt der Begriff S. die grundsätzl. Bereitschaft des Staates, durch direkte Eingriffe in den Wirtschaftsablauf unternehmer. Entscheidungen zu beeinflussen und/oder zu korrigieren (→Interventionismus).

Staatskanzlei, in den meisten Bundesländern Bez. für das Büro des Min.-Präs.; in der *Schweiz* die der Bundeskanzlei entsprechende Kantonsbehörde.

Staatskanzler, 1) in *Österreich* 1742–1849 Amts-Bez. des Leiters der Haus-, Hof- und Staatskanzlei, faktisch der Außen-Min. (auch **Hof- und S.** gen; u. a. von KAUNITZ, STADION und METTERNICH geführter Titel). − Vom 30. 10. 1918 bis 11. 6. 1920 sowie vom 27. 4. bis 20. 10. 1945 Titel der österr. Reg.-Chefs.
2) in *Preußen* 1810–22 der Amts-Bez. K. A. VON HARDENBERGS als Reg.-Chef; seine Nachfolger hießen Kabinetts-Min., ab 1848 Ministerpräsident.

Staatskapelle Berlin, 1735 gegründetes Orchester; Chefdirigent (seit 1992): D. BARENBOIM. Bedeutende Dirigenten waren u. a. F. VON WEINGARTNER, C. MUCK, R. STRAUSS, M. VON SCHILLINGS, W. FURTWÄNGLER, H. ABENDROTH, E. KLEIBER, O. KLEMPERER, R. HEGER, C. KRAUSS, H. VON KARAJAN, J. KEILBERTH und O. SUITNER.

Staatskapelle Dresden, →Sächsische Staatskapelle Dresden.

Staatskapitalismus, eine Wirtschaftsform, die Elemente des Sozialismus (bes. das Staatseigentum an Produktionsmitteln) mit Prinzipien der Marktwirtschaft (u. a. Wettbewerb der Produzenten, Preisbildung am Markt) verbindet. Bei der Neuformulierung polit. Programme lehnten u. a. die christlich-demokrat. Parteien jede Form des S. ab (z. B. das ›Ahlener Programm‹ der CDU oder das Programm des frz. Mouvement Républicain Populaire). Kritiker der in den kommunist. Staaten angewandten Zentralverwaltungswirtschaft bezeichnen diese Wirtschaftsform oft abwertend als ›Staatskapitalismus‹.

Staatskassen, die Gesamtheit der im Staatssektor bestehenden Kassen: Während das Kassensystem des Bundes zwei Stufen umfasst (eine →Bundeshauptkasse als zentrale Abrechnungsstelle für die einzelnen Bundeskassen bei den Oberfinanzdirektionen), ist bei den meisten Bundesländern die Kassenorganisation dreizügig (allgemeine Kassen, Finanzkassen, Gerichts- und Justizkassen) und dreistufig: eine Landeshauptkasse (in Bayern und Hessen: Staatshauptkasse) als Zentralkasse, Oberkassen (in Bayern: Staatsoberkassen) als Mittelbehörden und Amtskassen (in Hessen: Staatskassen) als untere Landesbehörden. Die Gemeinden haben lediglich eine nicht weiter gegliederte Stadt- oder Gemeindekasse sowie Sonderkassen, z. B. bei Eigenbetrieben.

Staatskirche, die innerhalb der Grenzen eines Staates einzige oder vorherrschend als Kirche anerkannte, vom Staat direkt (z. B. über Parlament, Kirchenministerium und Staatsgesetze) beeinflusste bzw. geleitete Religionsgemeinschaft. (→Staatsreligion, →Staat und Kirche)

Staatskirchenrecht, ein spezielles Rechtsgebiet, dessen Einzelnormen als Teil der staatl. Rechtsordnung die besonderen Beziehungen zw. dem Staat und den →Religionsgesellschaften auf der Basis des öffentl. Rechts regeln (in der kath. Kirche in Konkordaten, in den ev. Kirchen in Kirchenverträgen). Innere Angelegenheiten der Religionsgesellschaften werden von diesen staatl. Normen nicht berührt.

Staatskirchentum, Bez. für ein kirchenpolit. System, wie es sich nach antiken und (spät)mittelalterl. Vorformen in Europa vom 16. bis 18. Jh. im Zusammenhang mit Reformation, Gegenreformation und Absolutismus herausbildete. Im S. bilden die einzige oder jedenfalls die vorrangig zugelassene Kirche und der Staat eine Gesamtkörperschaft. Die ›Staatskirche ist Staatsanstalt mit dem Staatsoberhaupt als i. d. R. höchstem kirchl. Würdenträger (→Summepiskopat); der Staat übt die Gesetzgebung für die Kirche aus, greift administrativ in Kirchensachen ein, besetzt die höheren Kirchenämter, v. a. die Bischofsstühle, bestimmt alle öffentl. Institutionen als konfessionell und zieht u. U. alle Einwohner ohne Rücksicht auf ihre Konfessionszugehörigkeit zu Abgaben an die Staatskirche heran. Die Säkularisierung und die Durchsetzung der Neutralität des Staates haben bes. seit der Frz. Revolution das S. überwunden. In Dtl. als dem klass. Land der Staats- und Landeskirchentums (→Landeskirche) sah § 147 der Frankfurter Reichs-Verf. von 1849 die Abschaffung des S. vor. Die Weimarer Reichs-Verf. von 1919 (Art. 137 Abs. 1) und entsprechend Art. 140 GG stellt fest, dass eine Staatskirche nicht besteht, ohne jedoch jede institutionelle Verbindung zw. Staat und Kirche auszuschließen.

Staatskommissar, im Kommunalverfassungsrecht als Mittel der Kommunalaufsicht bestellte Beauftragte, →Kommissar.

Staatskrise, die Erschütterung der polit. und gesellschaftl. Ordnung eines Staates. Sie führt oft − durch Revolution oder Staatsstreich − zum Umsturz der verfassungsmäßigen Ordnung. Häufig wird sie jedoch durch grundlegende Reformen auf polit. und gesellschaftl. Gebiet im Rahmen der bestehenden Staats- und Gesellschafts-Verf. abgewendet. Die 1929 ausbrechende Weltwirtschaftskrise löste in zahlr. Staaten Europas tief greifende Erschütterungen aus und trug in Dtl. wesentlich zur Errichtung der natsoz. Diktatur bei. Der Algerienkrieg (1954–62) stürzte den frz. Staat 1958 in eine Krise und führte zur Errichtung der Fünften Republik. Die sozioökonom. Entwicklung der von den Industriestaaten abhängigen Staaten der Dritten Welt löste dort ebenso S. aus wie das starke Anwachsen des religiösen Fundamentalismus in islamisch geprägten Staaten (z. B. Iran,

1978/79; Algerien, 1992ff.). Die Krise der kommunist. Herrschaftssysteme in Europa führte 1989/90 zum Zusammenbruch eines ganzen Staatensystems.

Staatslehre, allgemeine S., der Wissenschaftszweig, der das Wesen des →Staates erforscht. Die S. beschäftigt sich 1) mit Begriff, Idee, Wesen, Rechtfertigung und Krise des Staates sowie mit dem Verhältnis von Staat und Recht (→Staatsphilosophie); 2) mit den Erscheinungsformen des Staates in Geschichte und Gegenwart, den Typen und Methoden der Machtausübung, den staatstragenden und -bestimmenden Ständen, Parteien, Klassen, Verbänden und Gruppen (→Staatssoziologie); 3) mit Entstehung, Änderung und Untergang des Staates und der Staats-Verf., den Staats- und Verf.-Formen, den Staatsaufgaben, Staatsorganen und Staatsakten, den Grenzen der Staatsgewalt (Verf.-Lehre); 4) mit den →Staatenverbindungen; 5) mit den polit. Ideenkreisen; 6) mit der Geschichte von Staatstheorien, Staatsphilosophie und Staatswissenschaft.

Staatsleistungen, i.w.S. →Staatsverbrauch und staatl. Transferzahlungen an Haushalte (Sozialleistungen) und Unternehmen (Subventionen); i.e.S. finanzielle Zuwendungen (Dotationen) des Staates für allgemeine oder besondere Bedürfnisse der Kirchen (Personal- und Sachkosten der kirchl. Verw., Besoldung, Priesterausbildung, Instandhaltung kirchl. Gebäude). Als **negative S.** wirken sich Steuer- und Gebührenbefreiungen aus. Sie bilden zus. mit der Kirchensteuer die Haupteinnahmequelle der Kirchen. Ansprüche der kath. Kirche auf S. wurzeln i.d.R. in der Säkularisation (→Reichsdeputationshauptschluss). Im Bereich der ev. Kirchen gehen Rechte auf S. meist auf die Einziehung von Kirchengut durch die in der Reformation evangelisch gewordenen Landesherren zurück.

In Dtl. enthält Art. 138 Weimarer Reichs-Verf., der nach Art. 140 GG fortgilt, den Auftrag, die alten S. abzulösen, d.h. gegen Entschädigung aufzuheben. Ziel dieser Regelung ist es, die finanziellen Verbindungen von Kirche und Staat zu lösen. Dieser Verf.-Auftrag wurde bislang nicht erfüllt. – In *Österreich* erfolgen S. an die kath. Kirche v.a. aufgrund des Vermögensvertrags (1960) mit dem Hl. Stuhl.

Staatsminister, Bez. der Min. in einigen Ländern (z.B. Bayern, Sa.); beim Bund (seit 1973) Bez. für einzelne parlamentar. Staatssekretäre.

Staatsmonopol, i.w.S. vom Staat kraft Hoheitsrecht für sich unter Ausschluss privater Unternehmen beanspruchtes ausschließl. Recht (Monopol) des Angebots (Erzeugung bzw. Vertrieb) bestimmter Güter. Nach dem Zweck unterscheidet man →Finanzmonopole, die der Erzielung von Einnahmen dienen, und **Verwaltungsmonopole** (S. i.e.S.), die der Erfüllung öffentl. Aufgaben dienen sollen, z.B. der Überwachung und Regulierung von Märkten oder der Sicherung einer bestimmten Infrastruktur.

staatsmonopolistischer Kapitalismus, →Stamokap.

Staatsnotrecht, früher lat. **Ius eminens,** das Recht des Staates, bes. seiner obersten Vollzugsorgane, in äußersten Notfällen, in denen das Bestehen oder die Sicherheit des Staates in dringender Gefahr sind **(Staatsnotstand),** zur Bekämpfung der Notlage auch ohne gesetzl. Ermächtigung (u.U. entgegen der Rechtsordnung) die notwendigen Maßnahmen zu treffen und hierzu bes. in Freiheit und Eigentum, aber auch in sonstige Grundrechte des Einzelnen einzugreifen. Das S. darf nicht zum Umsturz des Staates oder der Verf. angewandt werden. Wo die Verf. für solche Notfälle einen Ausnahmezustand (Belagerungs-, Kriegszustand) vorsieht wie in Dtl. (→Notstandsverfassung), ist für das S. kein Raum mehr.

Teilweise ist das S. ungeschrieben (USA, Schweiz) oder nur in Generalklauseln (so früher in Art. 48 Weimarer Reichs-Verf.) geregelt. Auch im Völkerrecht existiert ein gewohnheitsrechtlich anerkanntes S. (›state of necessity‹) für außerordentliche Notlagen. Problematisch und umstritten ist, ob in Fällen der **Staatsnotwehr,** also bei einem unmittelbar bevorstehenden Angriff auf die Rechtsgüter des Staates in seiner Eigenschaft als Hoheitsträger (also nicht bei fiskal. Interessen), die allgemeinen Notwehrregeln (bes. § 32 StGB) gelten, also jedermann befähigt wäre, Abwehrmaßnahmen zu ergreifen. Dies wird im Ergebnis jedenfalls dann bejaht, wenn staatl. Lebensinteressen auf dem Spiel stehen und der Staat nicht imstande ist, sich durch seine Organe selbst zu schützen.

Staats|oberhaupt, ein Staatsorgan, das machtpolitisch oder der Form nach an der Spitze eines Staates steht, diesen nach außen repräsentiert und nach innen integrierend wirken soll. I.d.R. ist das S. eine Einzelperson (z.B. in Dtl. und in Österreich der Bundespräs.), seltener ein kollektives Organ (z.B. in der Schweiz der Bundesrat). Die Bestimmung zum S. erfolgt entweder durch Wahl auf bestimmte Zeit (so in parlamentar. Systemen) oder, vornehmlich in diktator. Regimen, auf Lebenszeit. In der Monarchie erlangt das S. sein Amt durch Erbfolge auf Lebenszeit. Eine Sonderstellung nimmt der Papst ein, dessen Stellung als S. des Vatikanstaates mit seiner Eigenschaft als Oberhaupt der kath. Kirche zusammenfällt und der eine Art ›Wahlmonarch‹ auf Lebenszeit ist. Die verfassungsrechtl. Stellung des S. weist sehr unterschiedl. Konturen auf. Gemeinsam ist den versch. Systemen, dass das S. den Staat völkerrechtlich vertritt (Vertragsschließung, Akkreditierung von Diplomaten) und staatsrechtlich die Gesetze verkündet sowie die Inhaber der Staatsämter ernennt oder entlässt. Ob Befugnisse von greifbarem machtpolit. Kompetenzen beruhen (so bei Präsidialsystemen, z.B. in Frankreich und den USA) oder lediglich formalen Charakter haben, ist Frage der jeweiligen Verfassung. – Problematisch ist die Kennzeichnung des S. als ›neutrale Gewalt‹ (frz. pouvoir neutre), die über den Parteien steht. Diese Vorstellung ist der Staatstheorie der konstitutionellen Monarchie entlehnt und auf heutige Verhältnisse schwerlich zu übertragen.

Staatspapiere, Staatstitel, Sammel-Bez. für alle von Bund, Bundesländern und deren Sondervermögen ausgegebenen Wertpapiere wie Schatzanweisungen, Schatzwechsel, Kassenobligationen oder Anleihen (Staatspapiere i.e.S.).

Staatspartei, in diktator. oder totalitären Staaten die allein zugelassene Partei mit monopolartiger Stellung in Staat und Gesellschaft, übt v.a. die alleinige Verfügungsgewalt über alle Staatsorgane aus. Bei Unterdrückung von Meinungs- und Organisationsfreiheit sowie jegl. Opposition erhebt sie den Anspruch, die Interessen aller Bürger zu vertreten. (→Einheitspartei; →Einparteiensystem)

Staatsphilosophie, politische Philosophie, die philosoph. Lehre vom →Staat, Teil der allgemeinen →Staatslehre; gegenüber den staatsbezogenen Theorien moderner Einzelwiss.en wie Politik-, Rechts- und Wirtschaftswiss. durch ihre auf das Allgemeine, Grundlegende und Normative gerichtete Betrachtungsweise abgrenzbar; eng verbunden mit der →Rechtsphilosophie. S. fragt nach Begriff, Wesen und Idee, Sinn, Zweck und Ziel des Staates, seiner Entstehung, Rechtfertigung und Krise, seinen Formen, Voraussetzungen, Aufgaben, Prinzipien und Grenzen. Allg. gilt der Staat als rechtlich organisiertes, mit unabhängiger Regelungsmacht und oberster Herrschaftsgewalt ausgestattetes Ordnungsgefüge, das Menschen eines bestimmten Gebietes auf Dauer verbindet. Grundprobleme der Philosophie des Staates betreffen seine Beziehung zu Individuum und Gesellschaft, Wirtschaft, Kultur und Religion sowie das Verhältnis von Macht und Recht. Nach dem jeweiligen Staatsverständnis lassen sich u. a. liberale, totalitäre, konservative, sozialist., naturrechtl., rechtspositivist., vertragstheoret., historisch-organ. S. unterscheiden.

Geschichte

Von der ›geselligen‹ Natur des Menschen überzeugt, suchte die *antike S.* (PLATON, ARISTOTELES, CICERO) nach dem besten Staat und der gerechten Herrschaft zw. Utopie und jeweiliger Wirklichkeit. Dabei galt der Staat als jene Ordnung, in der sich das Wesen des Menschen verwirklichen kann und soll. Grundlegend wurden die Unterscheidung von Monarchie, Aristokratie, Demokratie (Verfallsformen: Tyrannis, Oligarchie, Ochlokratie) und die Theorie der gemischten Verfassung (POLYBIOS). Mit dem Gedanken eines in der vernünftigen Weltordnung wurzelnden Naturrechts entwickelte die Stoa kosmopolit. Vorstellungen einer Verbundenheit aller Menschen. Während es im *frühen Christentum* mit AUGUSTINUS' Gegenüberstellung des göttl. und des ird. Reiches (der ›Civitas Dei‹ und der ›Civitas terrena‹) zunächst zur Abwertung des weltl. Staates kam, deutete THOMAS VON AQUINO ihn im *MA.* unter Bezug auf die →Zweigewaltenlehre als Teil der vernünftigen Weltordnung Gottes. Vor dem Hintergrund des Kampfes zw. Kaiser und Papst begründete MARSILIUS VON PADUA den Gedanken der (vom Volk ausgehenden) Souveränität des weltl. Staates. Auch die *reformator. S.* schrieb mit M. LUTHERS Zweireichelehre (das Reich Gottes und das des Kaisers) den Herrschaftsanspruch der weltl. Obrigkeit fest, begrenzte ihn jedoch zugleich und hielt an deren religiöser Bindung fest. Zu Beginn der *Neuzeit* vollzog sich mit N. MACHIAVELLIS Eintreten für die ›Staatsräson‹, J. BODINS Souveränitätslehre und T. HOBBES' ›Leviathan‹ die Säkularisierung der Staatsidee. Zugleich wurde die Leitvorstellung vom ›geselligen‹ Menschen aus der Antike und dem MA. durch die eines schon vor aller Vergesellschaftung mit natürl. Rechten ausgestatteten, gleichwohl auf Gemeinschaft angewiesenen Einzelwesens abgelöst. Anthropologie und S. entsprachen einander: Der von Natur aus unersättlich hab- und machtgierige, ›böse‹ und furchtsame Mensch, wie ihn MACHIAVELLI und HOBBES in der Kritik an den optimistischer urteilenden ›Utopisten‹ (T. MORUS u. a.) beschreiben, kann nur durch die absolute Herrschaftsgewalt des Staates vor dem Rückfall in den barbar. Naturzustand des Kampfes aller gegen alle bewahrt werden. In der neuzeitl. S. erschien staatl. Herrschaft insoweit nur noch als Ergebnis freiwilliger vertragl. Übereinkunft von Individuen legitimierbar, die sich davon Frieden, Rechtssicherheit sowie Schutz von Leben und Eigentum erhoffen und bei Versagen des Staates ihr Widerstandsrecht geltend machen können. Diese Umbildung der mittelalterl. Lehre vom Gesellschafts- und Herrschaftsvertrag prägte die S. des 17. Jh. und *der Aufklärung;* vertreten wurde sie v. a. von J. ALTHUSIUS, H. GROTIUS, S. VON PUFENDORF sowie von J. LOCKE und MONTESQUIEU, dessen Gedanke der →Gewaltenteilung (Legislative, Exekutive, Judikative) seither zum Kernbestand der S. gehört. I. KANT, der den Staat als rechtlich verfasste Gemeinschaft definierte, sah darin das Grundprinzip ›republikan.‹ Reg.-Form, der einzigen Staatsform, die Freiheit, Gesetz und Gewalt vereine. Ihren polit. Niederschlag fand die S. der Aufklärung in der amerikan. Unabhängigkeitserklärung (1776) und der Verf. von 1787 sowie in der radikaldemokrat. Version von J.-J. ROUSSEAUS ›Du contrat social‹ (1762) gemäß – in der Frz. Revolution (1789), deren Forderung nach Freiheit, Gleichheit und Brüderlichkeit auf die weitere Entwicklung der S. zurückwirkte.

Während die Naturrechtstheorie in Dtl. von der ›Volksgeist‹-Lehre (J. G. HERDER) und der histor. Rechtsschule (F. C. VON SAVIGNY) verdrängt wurde, rückte Anfang des 19. Jh. das Verhältnis von Staat, Recht und Gesellschaft in den Blick: Den Gegensatz bildeten fortan die liberale Vorstellung vom ›Rechtsstaat‹, der in den engen Grenzen seiner Wirksamkeit nur die Rahmenbedingungen für die sonst freie Entfaltung gesellschaftl. Lebens zu sichern habe (W. VON HUMBOLDT), und die Auffassung, der Staat besitze – anders als der ›Nachtwächterstaat‹ der ›bürgerl. Gesellschaft‹ – als *Wirklichkeit der sittl. Idee* eigene Substanz und realisiere als Sachwalter der allgemeinen Vernunft erst die Freiheit des Menschen (G. W. F. HEGEL, L. VON STEIN). Im dt. *Idealismus* erwartete indes J. G. FICHTE schon das spätere Absterben des (zunächst planwirtschaftlich zu organisierenden) Staates. Während die Wende zum Nationalstaat weltbürgerl. Gedanken eines KANT auf lange Zeit vergessen ließ, gewannen mit der *Romantik* konservative Vorstellungen an Boden. Ihre Vertreter betrachteten den Staat als historisch gewachsenen Organismus und hielten den Ideen der Frz. Revolution die ständisch gegliederte Gesellschaft des MA. als Ideal gottgewollter Ordnung entgegen (C. L. VON HALLER, A. H. MÜLLER, F. J. STAHL u. a.). Demgegenüber suchte der *histor. Materialismus* (K. MARX, F. ENGELS) den bürgerl. Staat als Produkt und Instrument kapitalist. Klassenherrschaft zu entlarven und forderte seine Ablösung durch die ›klassenlose Gesellschaft‹ zur Befreiung des Menschen, wohingegen F. NIETZSCHE den Herrschaftscharakter des Staates, nicht aber seine demokrat. Verfassung als Zeichen kultureller Gesundheit wertete. Im späteren Marxismus trat neben die Auffassung vom notwendigen Absterben des Staates die These von seiner zumindest zeitweiligen Unentbehrlichkeit (LENIN); der Sozialdemokrat F. LASSALLE hingegen bekannte sich zur ›sittl. Natur des Staates‹. Mit der Betonung der ›Realpolitik‹ gewann in der 2. Hälfte des 19. Jh. der Aspekt der Macht an Bedeutung (H. VON TREITSCHKE u. a.). So definierte Anfang des 20. Jh. auch M. WEBER den Staat allein über sein ›Monopol legitimen phys. Zwanges‹. Ebenso ging der Rechtspositivismus von der Macht als einzig rechtsetzender Instanz aus und verstand den Staat im Sinne ›reiner Staatslehre‹ lediglich als Rechtsordnung (H. KELSEN). Seine Übersteigerung – mit fatalen Folgen im Nationalsozialismus – erfuhr das konservative Staatsdenken in C. SCHMITTS Idee des ›totalen Staates‹ als der Verschmelzung von Staat und Gesellschaft. Wenngleich der liberale Staatsgedanke weiter Anhänger fand (E. FORSTHOFF), dominierte die konservative Vorstellung vom Staat als dem alle gesellschaftl. Bereiche integrierenden Herrschaftssystem (R. SMEND). Auch der Faschismuskritiker H. HELLER hob am Staat das einheitstiftende Moment und seinen letztinstanzl. Charakter hervor.

Nach dem Zweiten Weltkrieg gewannen neben der (bald an Bedeutung verlierenden) existenzphilosoph. Legitimierung des neuen westdt. Rechtsstaates (K. JASPERS) der Neo- und Ordoliberalismus an Einfluss (F. A. VON HAYEK, W. EUCKEN u. a.). Während auf prot. Seite der Staat weiterhin als machtbestimmte, für den sündigen Menschen notwendige ›Erhaltungsordnung Gottes‹ galt (H. THIELICKE), bekannte sich die Soziallehre der kath. Kirche zum ›Subsidiaritätsprinzip‹ (O. VON NELL-BREUNING, PIUS XI.) und begriff den Staat als gemeinwohlorientierte Ordnungsmacht mit göttl. Auftrag. Demgegenüber akzentuierte H. SCHELSKYS ›techn. Staat‹ die Ablösung traditioneller Normen durch die ›Sachgesetzlichkeiten‹ der wiss.-techn. Zivilisation und damit den Verlust an demokrat. Substanz. Für die krit. Theorie T. W. ADORNOS und M. HORKHEIMERS zeigt sich eben hier die Herrschaftsstruktur des bürgerl. Staates, der für E. BLOCH, H. MARCUSE u. a. zugunsten des die Gegebenheiten umbildenden und überholenden ›neuen Menschen‹ überwunden werden muss. Im Vergleich dazu will der krit. Rationalismus (K. R. POPPER, H. ALBERT) die Mängel des Staates nur schrittweise auf eine freiheitsichernde, demokratisch-pluralist. Ordnung (›offene Gesellschaft‹) hin korrigieren. Mit J. RAWLS, ROBERT NOZICK (* 1938) und J. M. BUCHANAN kam es zur Renaissance der klass. Vertragstheorie. Für NOZICKS ›Minimalstaat‹ liegen dabei kulturelle und sozialstaatliche Aufgaben außerhalb staatl. Kompetenz. Wenn die ›Staatsformenlehre‹ sich heute fragen lassen muss, ob ihre traditionellen Klassifikationen überhaupt noch greifen (WALTER EUCHNER, * 1933), und in der soziolog. Systemtheorie (N. LUHMANN) auch der Begriff ›Staat‹ selbst überholt scheint, bleibt das Grundproblem der S., individuelle Freiheit und öffentl. Ordnung in der rechten Weise zusammenzudenken, nach wie vor aktuell.

⇨ *Freiheit · Frieden · Gerechtigkeit · Gesellschaft · Gewalt · Gleichheit · Grundwerte · Herrschaft · Macht · Menschenrechte · Naturrecht · Rechtsstaat · Sozialstaat · Staat und Kirche · Verantwortung · Vertragslehre*
H. SANER: Widerstreit u. Einheit. Wege zu Kants polit. Denken (1967); H.-P. WALDRICH: Der Staat. Das dt. Staatsdenken seit dem 18. Jh. (²1973); H. LÜBBE: Polit. Philosophie in Dtl. (Neuausg. 1974); S. AVINERI: Hegels Theorie des modernen Staates (a. d. Engl., 1976); P. WEBER-SCHÄFER: Einf. in die antike polit. Theorie, 2 Bde. (1976); K. HARTMANN: Polit. Philosophie (1981); Pipers Hb. der polit. Ideen, hg. v. I. FETSCHER u. H. MÜNKLER, 5 Bde. (1985-93); Klassiker des polit. Denkens, hg. v. HANS MAIER u.a., 2 Bde. (⁵⁻⁶1986-87); E. VOLLRATH: Grundlegung einer philosoph. Theorie des Politischen (1987); Polit. Philosophie des 20. Jh., hg. v. K. Graf BALLESTREM u.a. (1990); K. ADOMEIT: Rechts- u. S., 2 Bde. (¹⁻²1992-95); A. BARUZZI: Einf. in die polit. Philosophie der Neuzeit (³1993); O. HÖFFE: Polit. Gerechtigkeit. Grundlegung einer krit. Philosophie von Recht u. Staat (Neuausg. ²1994); R. ZIPPELIUS: Gesch. der Staatsideen (⁹1994); Gesch. der polit. Ideen. Von der Antike bis zur Gegenwart, bearb. v. H. FENSKE u.a. (Neuausg. 9.-11. Tsd. 1997); Klass. Texte der S., hg. v. N. HOERSTER (⁹1997); H. WILLKE: Supervision des Staates (1997); R. HERZOG: Staaten der Frühzeit. Ursprünge u. Herrschaftsformen (²1998).

Staatspolizei, →Gestapo.

Staatspräsident, das gewählte →Staatsoberhaupt einer Republik. In Dtl. ist dies der auf fünf Jahre gewählte Bundes-Präs. Der S. kann direkt vom Volk (plebiszitäre Präsidentschaft, z. B. Reichs-Präs. nach der Weimarer Reichs-Verf., der österr. Bundes-Präs., der frz. Präs.), vom Parlament oder von einer sonstigen Wahlkörperschaft (in Dtl. die Bundesversammlung) gewählt werden. In parlamentar. Reg.-Systemen sind dem S. häufig die repräsentativen Aufgaben zugewiesen, während die polit. Leitung in den Händen des Reg.-Chefs liegt. Es bestehen aber auch Verfassungen, so in den USA, nach denen die polit. Führung voll beim S. liegt.

Staatspreis, →österreichische Staatspreise.

Staatsprüfung, umgangssprachlich **Staats|examen,** von staatl. Prüfungsausschüssen abgenommene Prüfung als Voraussetzung für den Eintritt in die Beamtenlaufbahn oder einen staatlich überwachten Beruf mit staatlich geordneter Berufsausbildung; auf Hochschulebene z. B. Apotheker, Ärzte, Juristen und Lehrer, auf der Ebene staatlich geprüfter Berufe (›staatl. Prüfung‹) z. B. Krankenschwestern, medizinisch-techn. Assistentinnen, Technikerinnen. Bei Hochschulstudium schließt die **Erste** S. das Studium ab; häufig wird eine **Zweite** S. nach weiterer zwei- bis dreijähriger prakt. Ausbildung abgelegt (→Referendar); bei Ärzten und Apothekern steht an ihrer Stelle die →Approbation. Hochschulprüfungen können als S. anerkannt werden.

Staatsquallen, Siphonophora, etwa 150 Arten v. a. in trop. und subtrop. Meeren verbreiteter Hydrozoen, die wenige Zentimeter bis 3 m lange, frei schwimmende Stöcke aus meist zahlreichen, vielgestaltigen Individuen bilden. Diese sind arbeitsteilig so stark spezialisiert, dass sie als ›Organe‹ eines Organismus höherer Ordnung aufgefasst werden können. Am vertikalen Stamm sitzen dem Auftrieb dienende Gasbehälter (Pneumatophoren), medusenähnl. Schwimmglocken (Nectophoren), Wehrpolypen (Fangpolypen, Dactylozoide) mit Fangtentakeln, schützende Deckstücke (Phyllozoide), Nährpolypen (Gasterozoide) und Geschlechtspolypen (Gonozoide); BILD →Arbeitsteilung. Im westl. Mittelmeer und an der europ. Atlantikküste wird gelegentlich die →Portugiesische Galeere angetrieben.

Staatsquote, →staatswirtschaftliche Quoten.

Staatsräson [-rɛzɔ̃], der Grundsatz, dass die Verwirklichung des ›Wohls des Staates‹, d. h. die Sicherung seiner Existenzbedingungen sowie die Erhaltung und Erweiterung seiner Macht, die Aufgabe der polit. Führung und der sie tragenden Kräfte sei. Die Idee der S. erfuhr, seit sie zum ersten Mal von N. MACHIAVELLI in seinem Werk ›Il principe‹ (1532) formuliert wurde, versch. Interpretationen; sie wurde seitdem in ihrem zwiespältigen Verhältnis zur →politischen Ethik als polit. Handlungsmotiv oft entschieden abgelehnt. MACHIAVELLI legte seinem Fürsten nahe, im Vollzug seines polit. Handelns über geltende moral. Werte hinwegzugehen und selbst gesetzte rechtl. Normen außer Acht zu lassen. Im Zeitalter des Absolutismus (16.-18. Jh.) prägendes außenpolit. Prinzip, tritt sie seitdem in abgeschwächter Form als Interessen- oder Realpolitik hervor.

Staatsrat, 1) Kollegialorgan auf der obersten Ebene eines Staates mit unterschiedl. Aufgaben und Kompetenzen, 2) Bez. für ein einzelnes Mitgl. dieses Kollegiums und 3) der Titel dieser Mitglieder. – Im 16./17. Jh. entwickelte sich aus der im MA in versch. europ. Ländern ausgebildeten Institution des Consilium status der Geheime Rat, auch S. gen., als oberste Reg.-Behörde. Er bestand ab dem 19. Jh. nur noch in einzelnen Ländern mit vorwiegend beratender Funktion fort, z. B. in Österreich bis 1848, in Großbritannien bis heute (Privy Council).

Der 1817 in Preußen aus hohen Amtsträgern und anderen Personen königl. Vertrauens eingerichtete S. wirkte bei der Gesetzgebung mit und besaß ein Vetorecht gegen Landtagsbeschlüsse. Nach 1848 hatte er nur noch Beratungs- und Begutachtungsfunktion, ähnlich wie der S. in Sachsen, Bayern und Württemberg. Alle diese Organe waren als etatist. Gegengewicht gegen parlamentar. Interessenpluralismus gedacht. 1920-33 hatte der preuß. S. als Vertretung der Prov. das Recht zur Gesetzesinitiative und -begutachtung sowie zu einem beschränkten aufschiebenden Veto in der Gesetzgebung.

In der Schweiz führen die Reg. mehrerer Kantone die Bez. S. In den skandinav. Ländern, aber auch in China heißt das Min.-Kollegium Staatsrat. In Frankreich ist der S. (Conseil d'État) Beratungsorgan der Reg. und oberstes Verwaltungsgericht. Einen S. als kollektives Staatsoberhaupt besaß die DDR ab 1960.

Staatsrecht, ein Teil des öffentl. Rechts, der mit den obersten Staatsorganen und ihrem Funktionieren, mit dem Verhältnis von Bund und Ländern, mit den Grundrechten der Bürger und mit sonstigen grundlegenden Aspekten des staatl. Lebens wie dem Wahlrecht und dem Staatsangehörigkeitsrecht befasst ist. Das S. ist in wesentl. Teilen von der geschriebenen Verf. normiert, doch zählen auch Regeln des einfachgesetzl. Regelungen (Geschäftsordnungen der Parlamente u. a.) zum S. Insofern ist der Begriff des S. weiter als der des Verfassungsrechts.

In einem anderen Sinn wird unter S. das vom Staat geschaffene Recht im Unterschied zum Völker- und Kirchenrecht verstanden.

Staatsreligion, die von einem Staat in seinem Territorium ausschließlich anerkannte oder zumindest bevorzugte Religion bzw. Konfession. Im Unterschied zu einer förml. →Staatskirche ist die S. jedoch vom Staat nicht direkt beeinflusst oder mit ihm identisch.

Staatsroman, ein Romantyp, dessen Gegenstand das Gesellschafts- und Staatsleben ist, meist in didaktisch-moral. Absicht geschildert als ideales Gegenbild zu den zeitgenöss. religiösen, sozialen oder polit. Zuständen. Der Begriff S. wurde zunächst synonym mit Utopie verwendet, später aber eingegrenzt. Er bezieht sich vorwiegend auf jene Werke, die in der Tradition der Fürstenspiegel und v.a. der großen philosoph. neulat. Staats- und Gesellschaftsentwürfe T. MORES, T. CAMPANELLAS und F. BACONS stehen. Der weit ausgreifende S. des Barock bejaht historisch-polit. Gegebenheiten unter gewissen moral. Bedingungen (Herzog ANTON ULRICH VON BRAUNSCHWEIG-WOLFENBÜTTEL, H. A. VON ZIGLER UND KLIPHAUSEN, D. C. VON LOHENSTEIN), zum wichtigen Gestaltungsmuster der europ. Aufklärung wird er dann u.a. bei J. G. SCHNABEL (›Wunderl. Fata einiger See-Fahrer...‹, 1731–43, später u. d. T. ›Die Insel Felsenburg‹), A. VON HALLER (›Usong. Eine morgenländ. Geschichte...‹, 1771; ›Alfred, König der Angel-Sachsen‹, 1773; ›Fabius und Cato‹, 1774), C. M. WIELAND (›Der Goldne Spiegel, oder Die Könige von Scheschian‹, 2 Tle., 1772). Mit dem wachsenden bürgerl. Selbstbewusstsein verstärkte sich der Charakter des S. als polit. Dichtung. In vielen satir. Werken, in der Reiseliteratur, der exot. Literatur und zahlr. Robinsonaden finden sich Gesellschaftsentwürfe; der S. leistete auch einen Beitrag zur Genese des histor. Romans. Im 19. Jh. traten die sozialen Probleme der entstehenden Industriegesellschaft in den Vordergrund (ÉTIENNE CABET, * 1788, † 1856; E. BELLAMY). Seit der Vermischung von utop. Literatur und Sciencefiction in der 2. Hälfte des 19. Jh. gehört der S. in der traditionellen Form nicht mehr zu den produktiven Gattungen.

Staats|schatz, Geld- und/oder Edelmetallvorrat, der bis zu Beginn des 20. Jh. von Staaten für Fälle außergewöhnl. Mittelbedarfs (z.B. Kriege) gehortet wurde (z.B. der dt. Reichskriegsschatz im →Juliusturm).

Staats|schuldbuch, Verzeichnis zur Beurkundung derjenigen öffentl. Schulden, die nicht in Schuldverschreibungen verbrieft sind. In Dtl. wird das S. als **Bundesschuldbuch** von der →Bundesschuldenverwaltung geführt.

Staats|schulden, *Finanzwissenschaft:* →öffentliche Schulden.

Staats|schuldenquote, →öffentliche Schulden.

Staats|schutz, gegenüber dem Verfassungsschutz umfassenderer, gesetzlich aber nicht fixierter Begriff, der alle diejenigen staatl. Einrichtungen, Vorkehrungen und Maßnahmen umfasst, die dazu bestimmt sind, den rechtl. wie tatsächl. Bestand eines bestimmten Staates gegen Angriffe von innen und von außen zu schützen. S.-Behörden sind die Nachrichtendienste (Bundesnachrichtendienst, Militär. Abschirmdienst, Verfassungsschutzämter) sowie die Polizeibehörden (→politische Polizei), Staatsanwaltschaften und Gerichte (S.-Kammern bei den Landgerichten, S.-Senate bei den OLG, in deren Bezirk der Sitz einer Landes-Reg. befindet), soweit sie mit der Verhinderung oder Verfolgung von S.-Delikten befasst sind.

Staats|schutzdelikte, die →politischen Straftaten im eigentl. Sinne (§§ 80 ff. StGB). Hoch- und Landesverrat sowie Rechtsstaatsgefährdungsdelikte.

Staats|sekretär, im Bund und in den Ländern der dem Min. nachgeordnete höchste Beamte im Ministerium. Der **beamtete** S. ist Fachbeamter, der seinen Min. in allen internen Angelegenheiten des Ministeriums und bei allen Verwaltungsmaßnahmen vertreten kann. Je ein S. steht auch an der Spitze des Bundespräsidialamtes und des Bundespresseamtes. Der beamtete S. ist →politischer Beamter. In Bayern sind die S. keine Beamten, sondern stehen wie die Min. in einem besonderen öffentlich-rechtl. Amtsverhältnis und sind Mitgl. der Staats-Reg. Neben dem beamteten S. gibt es das Amt des **parlamentarischen** S. (Ges. über die Rechtsverhältnisse der parlamentar. S. vom 24. 7. 1974). Er muss Mitgl. des Bundestages sein und wird vom Bundes-Präs. auf Vorschlag des Bundeskanzlers im Einvernehmen mit dem Bundes-Min., für den er tätig werden soll, ernannt und entlassen. Ihm kann die Bez. ›Staats-Min.‹ verliehen werden. Bei Erklärungen vor dem Bundestag, das bundestag. u. in Sitzungen der Bundes-Reg. kann der parlamentar. S. den Bundes-Min. vertreten. Er ist kein Beamter. – Entsprechende Begriffe (frz. Secrétaire d'État, engl. Secretary of State) in anderen Staaten haben teilweise eine andere Bedeutung; in Großbritannien tragen manche Min. die Bez. ›Secretary of State‹, in den USA wird der Außen-Min. so genannt.

Auf Bundesebene können in *Österreich* ähnlich wie in Dtl. S. zur Unterstützung oder Vertretung der Bundes-Min. ernannt werden; sie sind polit. Funktionäre und nicht beamtet. – In der *Schweiz* bezeichnet der Bundesrat die Ämter, deren Vorsteher den Titel eines S. tragen, wenn der Verkehr mit dem Ausland es erfordert. Der Bundesrat kann den Titel auch vorübergehend zuerkennen.

Staats|sekretariat, lat. **Secretaria Status,** ital. **Segreteria di Stato,** auch **Sekretarie,** *röm. Kurie:* die dem Papst unmittelbar zur Unterstützung bei der Leitung der Gesamtkirche zugeordnete Kurienbehörde; zuständig für die Koordination der Gesamttätigkeit der Kurie und der außenpolit. Beziehungen des Hl. Stuhls. Das S. ist in zwei Abteilungen gegliedert, die beide vom Kardinalstaatssekretär (seit 1991 A. SODANO) geleitet werden. Für die erste Abteilung (›päpstl. Innenministerium‹) steht ihm dabei ein Substitut, für die zweite Abteilung (›päpstl. Außenministerium‹) ein Sekr. zur Seite. Dieser zweiten Abteilung ist ein Kardinalsrat zugeordnet, der bis zur Kurienreform 1988 formell den ›Rat für die öffentl. Angelegenheiten der Kirche‹ bildete.

Das S. bearbeitet die ihm vom Papst übertragenen Einzelaufgaben sowie jene, die keiner anderen Kurienbehörde zugewiesen sind; außerdem vermittelt es den amtl. Verkehr des Papstes mit den Bischöfen, päpstl. Legaten, Staatsregierungen und deren Beauftragten, internat. Organisationen und Privatpersonen. Der Kardinalstaatssekretär beruft und leitet die gemeinsamen Sitzungen mit den übrigen Kurialbehörden vorstehenden Kardinälen. Dem S. sind mehrere Kommissionen sowie das Presseamt und das Kirchl. Statist. Zentralamt zugeordnet.

Geschichte: Im 15. Jh. wurde neben der Apostol. Kanzlei ein Päpstl. Sekretariat als persönl. Sekretariat des Papstes eingerichtet, aus dem sich im 16. Jh. das S. entwickelte. Seit 1644 wird das Amt des Staatssekretärs von einem Kardinal ausgeübt (Kardinalstaatssekretär). Bei den Neuordnungen der röm. Kurie 1967 und 1988 wurde das S. in seiner jetzigen Form organisiert. Wichtigstes Merkmal ist die formelle Ausgestaltung des S. zur leitenden Behörde der röm. Kurie und zur alleinigen Vermittlerin zw. dem Papst einerseits und der Gesamtkirche und allen (nichtkath.) kirchl. und weltl. Gemeinschaften (und Einzelpersonen) andererseits.

Bedeutende Kardinalstaatssekretäre waren G. ANTONELLI, M. RAMPOLLA, P. GASPARRI, E. PACELLI, J. VILLOT, A. CASAROLI.

Staats|sicherheitsdienst, Abk. **SSD,** früher häufige Bez. für das **Ministerium für Staats|sicherheit der DDR** (1950–89), Abk. **MfS,** meist unter dem Kw.

Stasi die (für ›Staatssicherheit‹), auch der bekannt. Der S. war eines der wichtigsten Herrschaftsinstrumente der SED in der DDR; er verband die Sicherung der Parteiherrschaft nach innen mit der Spionage nach außen. In ihm bündelten sich Aufgaben einer polit. Geheimpolizei, einer mit exekutiven Befugnissen ausgestatteten Untersuchungsbehörde für polit. Strafsachen und eines geheimen Nachrichtendienstes. Der S. erwies sich als ein weit verzweigtes, personalstarkes Instrument des Staatsterrors zur umfassenden Beaufsichtigung der Bevölkerung und ihrer Ausrichtung auf die Ziele von Partei und Staat.

Der S. war formal als MfS Teil der Reg. der DDR, jedoch nicht ihren Weisungen unterworfen (ihren geregelt; das zuletzt gültige geheime Statut wurde am 30. 7. 1969 vom Nat. Verteidigungsrat der DDR bestätigt). Für die polit. Anleitung und Kontrolle war die Abteilung für Sicherheitsfragen im ZK der SED und der für den Bereich Sicherheit verantwortl. Sekr. des ZK der SED zuständig (zuletzt seit 1983 E. KRENZ). Horizontal gliederte sich der Apparat des MfS, geleitet vom Min. und vier Stellv., mit seiner Zentrale in Berlin-Lichtenberg (Normannenstraße) in die versch. Hauptabteilungen (und Abteilungen) des nach innen gerichteten ›Abwehrsektors‹ sowie in die Hauptabteilungen Aufklärung (HVA; gebildet 1951 als ›Außenpolit. Nachrichtendienst‹, 1953 dem MfS als Hauptabteilung XV eingegliedert, seit 1956 als HVA; 1958-86 geleitet von M. WOLF) und Bewirtschaftung. Zuletzt war u. a. die Hauptabteilung VIII zuständig für ›Ermittlungen, Observierungen, Festnahmen‹ sowie die Hauptabteilung XX für die ›Bekämpfung polit. Untergrundtätigkeit und politisch-ideolog. Diversion‹. Bes. bekannt wurde nach 1989 der Bereich ›Kommerzielle Koordinierung‹ (KoKo) unter A. SCHALCK-GOLODKOWSKI. Vertikal bestand das MfS aus der Verwaltung in Berlin sowie aus 14 Bez.-Verw. (BV) und der Objekt-Verw. Wismut. Den BV nachgeordnet waren (zuletzt 211) Kreis- und (sieben) Objektdienststellen. Das MfS besaß ein eigenes Wachregiment in Berlin in (zuletzt) Divisionsstärke (13 000 Mann). Der Dienst im MfS und in seinen Organen war dem Wehrdienst gleichgestellt.

Im Sinne ihrer Aufgabenstellung unterhielt die Stasi ein weit verzweigtes Informations- und Spitzelsystem, das sich bes. auf ›Inoffizielle Mitarbeiter‹ (IM) und ›Gesellschaftl. Mitarbeiter Sicherheit‹ (GMS) in großer Zahl stützte, die in allen Bereichen des staatl. und gesellschaftl. Lebens bis hin in die private Sphäre eingesetzt wurden. Neben polit. Überzeugung bildeten materielle Anreize und/oder persönl. Erpressung die Basis für die Anwerbung der IM und GMS. Darüber hinaus überwachte das MfS den Post- und Fernmeldeverkehr. Seine Untersuchungsorgane, die über ein gut organisiertes Gefängnissystem verfügten, waren – im offiziellen Sprachgebrauch – mit ›Staatsverbrechen‹ befasst (wobei diese Delikte nach polit. Maßstäben gewertet wurden); die Untersuchungsorgane unterlagen formal der Kontrolle der Staatsanwaltschaft und den Bestimmungen der Strafprozessordnung, waren jedoch real in Methode und Urteilsbildung unumschränkt. – Nach 1995 bekannt gemachten Unterlagen plante der S. seit dem 17. 6. 1953 (detailliert 1967-89) im ›Spannungsfall‹, also bei inneren Unruhen und im Kriegszustand, die sofortige Internierung von mehr als 10 000 Regimegegnern u. a. politisch missliebiger Personen in etwa 30 Isolierungslagern (mit Bewachung, Arbeitslast, Hungerrationen).

Geschichte: In der SBZ begannen die sowjet. Sicherheitsorgane 1948 mit dem geheimen Aufbau einer polit. Polizei (**K 5**; Kommissariate 5 der Volkspolizei). Nach Gründung der DDR (1949) wurde im Innenministerium (MdI) – unter Übernahme der Kader von K 5 – die ›Hauptverwaltung zum Schutz des Volkseigentums‹ gebildet, die am 8. 2. 1950 als MfS unter W. ZAISSER (SED) organisatorisch verselbstständigt wurde (etwa 1 000 hauptamtl. Mitarbeiter). Unter der Leitung eines Staats-Sekr. gab es nach dem Aufstand vom 17. 6. 1953 erneut im Innenministerium ein ›Staatssekretariat für Staatssicherheit‹ (SfS); 1955-89 bestand unter den Min. E. WOLLWEBER (SED; 1955-57) und E. MIELKE (SED; 1957-89) wieder das MfS (1954: 11 700, 1957: 17 500 hauptamtl. Mitarbeiter). Von Beginn an war der S. am KGB orientiert. Während der Amtszeit von E. HONECKER (1971-89) erfolgte ein extensiver Ausbau des S. (1973: 52 700 hauptamtl. Mitarbeiter, 1989: 85 600 hauptamtl. und 173 000 [?] IM in der DDR, vermutlich über 20 000 IM in der BRD). Geheime Offiziere im besonderen Einsatz (OibE) waren u. a. in den Ministerien, Außenhandelseinrichtungen und Abteilungen ›Inneres‹ der Räte der Bezirke und Kreise eingesetzt. Während der gewaltfreien Revolution 1989 war der S. neben der SED und ihren Funktionären einer der Hauptadressaten der Demonstrationen; ab 4. 12. 1989 erfolgten Besetzungen von Dienststellen, zuerst in Erfurt und Leipzig, am 15. 1. 1990 der Zentrale in Berlin. Der im November 1989 in **Amt für Nationale Sicherheit** umbenannte S. (Leiter: W. SCHWANITZ; SED/PDS) wurde ab Ende 1989 bis Mitte 1990 unter Kontrolle von Bürgerkomitees und (seit Juni 1990) eines Sonderausschusses der Volkskammer (Leiter: J. GAUCK) aufgelöst. Gleichzeitig konnte die von der Reg. unter H. MODROW (SED/PDS) ab November 1989 beabsichtigte Gründung eines Verfassungsschutzes v. a. durch Bürgerrechtler verhindert werden. Ab Spätherbst 1989 vernichteten Mitarbeiter des S. unter dem Vorwand der ›Reduzierung des Bestandes registrierter Vorgänge und Akten sowie weiterer operativer Materialien und Informationen‹ systematisch Dokumente (›Aktion Reißwolf‹). – Am 3. 10. 1990 übernahmen der Bundesbeauftragte für die Unterlagen des S. der DDR (GAUCK) und seine Behörde die Verantwortung für die Aufbewahrung und Sicherung der hinterlassenen Unterlagen und Dateien des S. (darunter etwa 6 Mio. personenbezogene Akten). Das Stasi-Unterlagen-Ges. vom 20. 12. 1991 (mehrfach geändert) gewährt jedermann seit dem 1. 1. 1992 (nach erfolgter Antragstellung) bes. das Recht auf Auskunft, Einsichtnahme in seine personenbezogenen Unterlagen sowie auf Herausgabe von Duplikaten dieser Unterlagen. Des Weiteren regelt es die Verwendung der Unterlagen für öffentl. Zwecke (z. B. Rehabilitierung, Aufklärung des Schicksals Vermisster, Überprüfung von bestimmten Personen). Aufgrund Gesetzesänderung (§ 19) ist ab 1. 8. 1998 die Erteilung von Auskünften bei Personenüberprüfungen eingeschränkt worden.

K. W. FRICKE: Die DDR-Staatssicherheit. Entwicklungen, Strukturen, Aktionsfelder (³1989); DERS.: MfS intern. Macht, Strukturen, Auflösung der DDR-Staatssicherheit (1991); L. WAWRZYN: Der Blaue. Das Spitzelsystem der DDR (1990); Abgesang der Stasi. Das Jahr 1989 in Presseartikeln u. Stasi-Dokumenten, hg. v. R. PECHMANN u. a. (1991); D. GILL u. U. SCHRÖTER: Das Ministerium für Staatssicherheit. Anatomie des Mielke-Imperiums (1991); R. SÉLITRENNY u. T. WEICHERT: Das unheiml. Erbe. Die Spionageabteilung der Stasi (1991); Stasi intern. Macht u. Banalität, hg. vom Bürgerkomitee Leipzig (²1991); Der Einfluß der Stasi auf die Kirchen, bearb. v. H. MATTHIES (1992); M. SCHELL u. W. KALINKA: Stasi u. kein Ende. Die Personen u. Fakten (³1992); K.-D. SCHLECHTE: Das Ende des S. der DDR, auf mehrere Tle. (1992 ff.); Wann bricht schon mal ein Staat zusammen! Die Debatte über die Stasi-Akten u. die DDR-Gesch. auf dem 39. Historikertag 1992, hg. v. K.-D. HENKE (1993); A. ENGEL: Die rechtl. Aufarbeitung der Stasi-Unterlagen auf der Grundlage des StUG (1995); J. GAUCK: Die Stasi-Akten. Das unheiml. Erbe der DDR (28.–29. Tsd. 1995); J. WALTHER: Sicherungsbereich Literatur (1996).

Staats|sozialismus, eine sozialist. Theorie, die soziale Missstände und Gegensätze durch staatl. Reformpolitik, durch einen ›Sozialismus von oben‹ (u. a. durch Verstaatlichung der Produktionsmittel, Eingriffe in den Wirtschaftsablauf) beseitigen und eine sozialist. Gesellschaftsordnung herstellen will. Dem S. verwandt ist der →Kathedersozialismus im späten 19. Jh. Staatssozialist. Vorstellungen entwickelten J. K. Rodbertus, L. von Stein und F. Lassalle. Die Sozialpolitik O. von Bismarcks ging von ähnl. Grundsätzen aus. Im Rahmen marktwirtschaftl. Grundprinzipien entwickelte sich im 20. Jh. v. a. der staatl. →Interventionismus.

Staats|soziologie, Teilgebiet der polit. Soziologie, das sich mit den gesellschaftl. Voraussetzungen bestehender Staatsformen und staatsähnl. Gebilde sowie mit Verfassungen und staatl. Handlungen befasst; ebenso mit den Wechselbeziehungen zw. Staat und Gesellschaft und mit den Funktionen staatl. Organisation für die Gesellschaft. Während die ältere, im Wesentlichen durch Rechtswiss. und polit. Philosophie geprägte Staatslehre, aus der sich die S. im Laufe des 20. Jh. entwickelt hat, den Staat als abstrakte Idee, als religiös oder sonstwie prinzipiell begründbare Leitvorstellung oder als rechtlich-polit. Konstruktion verstand (und demzufolge versch. Staatsmodelle ableiten konnte), fasst die heutige S. den Staat als historisch, sozial, ökonomisch, politisch und rechtlich konkretes Gebilde (als ›menschlich-gesellschaftl. Lebensform‹) auf, dessen tatsächl. Gestalt (mit Funktionen und Fehlern) als Ergebnis (meist Kompromiss) unterschiedl. sozialer Entwicklungen, Interessenauseinandersetzungen, polit. Kräftekonstellationen und weiterer histor. Ereignisse verstanden wird. Neben Gedanken von A. de Tocqueville, G. W. F. Hegel und L. von Stein haben bes. die Arbeiten M. Webers, der den Staat als eine Einheit auffasste, die durch ideelle, rechtl. und empirisch-fakt. Elemente bestimmt ist, die Entwicklung der S. zu einer eigenständigen Disziplin ab 1920 bestimmt (H. Kelsen; Otto Stammer, *1900, †1978; E. Forsthoff). Zu den zentralen Arbeitsfeldern der S. gehört die vergleichende Untersuchung der in staatl. Organisationsprogrammen (v. a. Verfassungen) festgelegten Vorschriften und Normen mit ihren konkreten sozialen Erscheinungen einschließlich ihrer histor. Voraussetzungen. Diskrepanzen zw. Wirklichkeit und Norm werden danach nicht als Abweichungen von bestimmten Idealen verworfen, sondern im Zusammenhang sozialer Prozesse untersucht. So spielt bes. die Betrachtung des Staates unter der Perspektive einer bestimmten Aufgabenstellung oder Funktion eine wichtige Rolle (z. B. Sozial-, Rechts-, Wohlfahrts-, Parteien-, Verbände-, Verwaltungsstaat). Schließlich fallen in das Gebiet der S. auch Fragen nach dem Zusammenspiel von wirtschaftl., gesellschaftl. und polit. Strukturen, also nach der Bedeutung von Eigentumsverteilung, Marktorganisation und Produktionsformen für die staatl. Organisation und nach der Beziehung dieser Faktoren zu internat. Entwicklungen.

T. Eschenburg: Staat u. Gesellschaft in Dtl. (³1965); M. Weber: S. (²1966); O. Kirchheimer: Funktionen des Staats u. der Verf. (1972); R. Dahrendorf: Gesellschaft u. Demokratie in Dtl. (⁵1977); Die Eigenart der Institutionen. Zum Profil polit. Institutionentheorie, hg. v. G. Göhler (1994).

Staats|straßen, →Landstraßen.

Staats|streich, frz. **Coup d'État** [kudeˈta], der gewalttätige Umsturz der Verf.-Ordnung eines Staates durch ein einzelnes Verf.-Organ (Staatspräs., Reg.). Im Ggs. zur Revolution (dem Umsturz ›von unten‹) ist der S. ein Umsturz ›von oben‹. Histor. Beispiele eines S. sind in Frankreich der Sturz des Direktoriums durch Napoléon Bonaparte am 18./19. Brumaire VIII (9./10. 11. 1799) und die Auflösung der Nationalversammlung durch Charles Louis Napoléon Bo-naparte am 2. 12. 1851, in Dtl. die Absetzung der preuß. Landes-Reg. durch die Reichs-Reg. unter F. von Papen am 20. 7. 1932 (›Preußenschlag‹). Nach dem Zweiten Weltkrieg kam es zu S. v. a. in Staaten der Dritten Welt. – Vom S. zu unterscheiden ist der →Putsch.

Staats|symbolik, zusammenfassende Bez. für Zeichen und Symbole der Staatsmacht. Der Respekt vor dem Herrschaftszeichen und dem Zeremoniell ist durch die Aufklärung und die Verbürgerlichung, bes. in der Phase der konstitutionellen Monarchie, stark zurückgedrängt worden. Jedoch legen auch die modernen Staaten Wert auf die Respektierung ihrer Hoheitszeichen (Flaggen, Staatswappen, Reichssymbole u. a.), die strafrechtlich geschützt sind. Bei neu entstehenden Staaten spielt die Herausbildung einer eigenen S. eine herausragende Rolle.

Urspr. galten als Staatssymbole die Herrscherinsignien (→Insignien), z. B. Diadem, Krone, Zepter, Reichsapfel, besondere Tracht und bes. der Thron, die den Herrscher von anderen Menschen abheben sollten und deren Besitz oder Benutzung häufig Voraussetzung legitimer Herrschaft war. Die Aushändigung der Herrschaftzeichen wurde i. d. R. feierlich ausgerichtet, bes. als →Krönung. Als prägend im Bereich der S. erwiesen sich der Orient sowie der von ihm angeregte Hellenismus und das röm. Kaisertum, dessen Tradition von den Byzantinern noch weiter verfeinert und auch vom abendländ. Kaisertum gepflegt wurde (→Reichsinsignien, →Reichskleinodien). Der Abstand zw. Herrscher und Hof kam in bestimmten Gesten und Demutsbezeigungen zum Ausdruck, deren Ursprung das Niederwerfen (→Proskynese) vor dem oriental. Herrscher war. Das Hofzeremoniell gestalteten die Spanier am Anfang der Neuzeit nach burgund. Vorbild so aus, dass es für die anderen europ. Höfe maßgebend wurde. Im 17. Jh. hatte das Zeremoniell der Franzosen eine Vorbildrolle. Ein abwesender Herrscher konnte durch sein Bild, seine Kopfbedeckung, seinen Handschuh oder sein Wappen vertreten werden, weshalb in einzelnen Ländern deren Verletzung wie die des Fürsten selbst geahndet wurde.

P. E. Schramm u. a.: Herrschaftszeichen u. S., 4 Bde. (1954–78); A. Friedel: Dt. Staatssymbole (1968).

Staatstheater, Institution für theatral. Aufführungen (meist aller Sparten) in einer größeren Stadt, deren Trägerschaft (Finanzierung) vorrangig beim jeweiligen Bundesland liegt.

Staatstheorie, Untersuchungsbereich der →Politikwissenschaft, befasst sich mit der Struktur und Dynamik polit. Systeme. (→Staat)

Staats|unternehmen, *Finanzwissenschaft:* →öffentliche Unternehmen.

Staatsverbrauch, Staatskonsum, Bez. für die der Allgemeinheit ohne spezielles Entgelt zur Verfügung gestellten nicht marktbestimmten Dienstleistungen der Gebietskörperschaften und der Sozialversicherung (z. B. öffentl. Schulwesen, allgemeine Verw.-Leistungen) als Teil des Inlandsproduktes. Die Bez. S. ist irreführend, da der Staat diese Leistungen nicht selbst verbraucht bzw. für eigene Zwecke erbringt und da sich bei diesen staatl. Leistungen (v. a. bei ›öffentlichen Gütern‹) meist nicht sagen lässt, wem sie zugute kommen (privaten Haushalten oder Unternehmen). Zus. mit dem privaten Verbrauch bildet der S. den ›letzten Verbrauch‹. Die Summe aus letztem Verbrauch, Bruttoinvestitionen und Außenbeitrag definiert das Bruttoinlandsprodukt von der Verwendungsseite. Die Höhe des S. wird nach Abzug der Verkäufe (v. a. Benutzungsgebühren) sowie der selbst erstellten Anlagen vom Produktionswert des Staates ermittelt. Da die Leistungen des Staates unentgeltlich bzw. nicht zu Marktpreisen abgegeben werden, kann der Produktionswert des Staates auch nicht, wie sonst in der volkswirtschaftl. Gesamtrechnung üblich, zu Marktpreisen, sondern nur anhand der laufenden Aufwendungen (v. a. Einkommen der beim Staat Beschäftigten) bewertet werden. Diese Abweichung vom Konzept der Marktpreisbewertung schränkt die Aussagekraft der Statistiken zum S. ein. Eine weitere Einschränkung ergibt sich daraus, dass die im S. erfassten Dienstleistungen auch vom Unternehmenssektor in Anspruch genommen werden und in entsprechendem Umfang der Ermittlung der Wertschöpfung dieses Sektors als Vorleistung abgezogen werden müssten.

Staatsvermögen, *Finanzwissenschaft:* →öffentliches Vermögen.

Staatsversagen, Begriff der Wirtschaftswiss. für den Sachverhalt, dass Maßnahmen des Staates das Ziel der Maximierung der gesellschaftl. Wohlfahrt (optimale Allokation der Ressourcen) verfehlen und zu Ressourcenverschwendung (›öffentl. Verschwendung‹) und Wohlfahrtsverlusten führen, obwohl die Träger der Wirtschaftspolitik über die erforderlichen wirtschaftspolit. Instrumente verfügen und ihre Handhabungs- und Wirkungsweise kennen. Die Überlegungen zum S. entwickelten sich v. a. in der Auseinandersetzung mit der Theorie des Marktversagens, derzufolge dem Staat in der Marktwirtschaft die Aufgabe zukommt, in bestimmten Fällen das Marktergebnis gezielt zu ›verbessern‹. (→Finanzpolitik)

Staatsvertrag, 1) *Staatsrecht:* **innerstaatlicher S.,** Abkommen zw. Gliedstaaten eines Bundesstaats. In Dtl. können die Länder untereinander – und in gewissem Umfang auch mit dem Bund – S. im Rahmen ihrer Kompetenzen abschließen. Die S. bedürfen i. d. R. der Zustimmung der Landesparlamente. Gegenstand eines S. kann etwa die Ausübung von Hoheitsgewalt auf dem Gebiet eines anderen Gliedstaats (z. B. durch die Polizei bei der Nacheile), die gegenseitige Anerkennung des Abiturs oder die Errichtung einer für mehrere oder alle Länder tätigen Einrichtung (Zentralstelle für die Vergabe von Studienplätzen, ARD und ZDF usw.) sein. Verträge mit auswärtigen Staaten können die Länder Dtl.s im Rahmen ihrer Gesetzgebungskompetenz nur mit Zustimmung der Bundes-Reg. schließen (Art. 32 Abs. 3 GG). Obwohl die Praxis uneinheitlich ist, werden i. Allg. von den S. die **Verwaltungsabkommen** unterschieden, die keiner gesetzl. Umsetzung durch die Landesparlamente bedürfen.

2) *Völkerrecht:* **internationaler Vertrag,** Vereinbarung zw. Staaten über völkerrechtl. Rechte und Pflichten und zur Regelung der internat. Beziehungen und Zusammenarbeit. Parteien von S. können auch internat. Organisationen sein. S. zw. zwei Staaten heißen bilateral, solche zw. mehreren Staaten multilateral. Durch ihre auf Willensübereinstimmung beruhende rechtl. Verbindlichkeit unterscheiden sich S. als völkerrechtl. Rechtsgeschäfte von gemeinsamen Erklärungen über eine zukünftige Politik.

S. sind ein Mittel zur Entwicklung der friedl. Zusammenarbeit der Nationen und die wichtigste Rechtsquelle des Völkerrechts. Durch sie werden Bündnisse geschlossen und internat. Organisationen gegründet. Sie legen die rechtl. Bedingungen des internat. Verkehrs (Eisenbahnrecht, Weltpostverein, Luftrecht, Seerecht) und des Außenhandels (Handelsverträge) fest, setzen die Rechtsstellung des Ausländers und des Staatenlosen sowie des gebietsfremden Eigentums, begünstigen die internat. Wirtschaftsverflechtung (z. B. im Rahmen der EU) und fördern den Rechtsverkehr mit Auslandsberührung (so die Haager Abkommen). Rechtsetzende S. dienen der Wahrung der Menschenrechte und der Kodifikation von Teilbereichen des Völkerrechts (z. B. im Seerecht). Gegenstand von S. sind auch die Sicherung und die Wiederherstellung des Friedens und das Kriegsrecht (Haager Landkriegsordnung, Genfer Vereinbarungen).

Rechtl. Grundlage der S. sind die Prinzipien der freien Übereinkunft und von Treu und Glauben sowie der Grundsatz ›Pacta sunt servanda‹. Die völkerrechtl. bindende Erklärung des Vertragsabschlusses ist die →Ratifikation; ihr gehen Verhandlungen bevollmächtigter Vertreter und die Unterzeichnung des ausgehandelten (von den Bevollmächtigten paraphierten) Vertragstextes voraus. Alle S., die ein UN-Mitgl. schließt, sind dessen Sekretariat zur Registrierung mitzuteilen. Die registrierten Verträge werden in der United Nations Treaty Series (UNTS, seit 1946) gesammelt und veröffentlicht.

Die Nichteinhaltung eines S. ist eine Völkerrechtsverletzung, die zu Schadensersatz und Genugtuung, bei einer wesentl. Vertragspflicht auch zur Kündigung oder Suspendierung des Vertrages berechtigt. Die Geltung von S. endet bei Befristung durch Fristablauf (Verlängerung bleibt vorbehalten), durch einverständl. Aufhebung, durch Kündigung (falls vorgesehen), bei Vertragsbruch oder bei wesentl. Änderung der Vertragsgrundlage durch außerordentl. Kündigung. Durch Kriegsausbruch werden multilaterale S. zw. den Krieg Führenden suspendiert, bilaterale S. insoweit, als sie die polit. Beziehungen regeln, beendet; unberührt bleibt die Geltung von S. des Kriegsrechts.

Die völkerrechtl. Regeln über S. sind aufgrund von Vorarbeiten der International Law Commission der UN durch die Wiener Konferenz von 1968/69 in dem Entwurf einer Konvention über das völkerrechtl. Vertragsrecht vom 23. 5. 1969 kodifiziert worden.

Die Konvention trat am 27. 1. 1980 in Kraft. Sie wird auch für die Interpretation älterer, vor ihrem In-Kraft-Treten geschlossener Verträge herangezogen, obwohl sie nach Art. 4 an sich nur auf nach In-Kraft-Treten geschlossene Verträge anzuwenden ist.

Verträge der Bundesrep. Dtl., Serie A: Multilaterale Verträge, hg. vom Auswärtigen Amt, 74 Bde. (1955–96); T. O. ELIAS: The modern law of treaties (Dobbs Ferry, N. Y., 1974); A. VERDROSS u. B. SIMMA: Universelles Völkerrecht (³1984); C. VEDDER: Intraföderale Staatsverträge (1996).

3) Vertrag (1955) zur Wiederherstellung der Souveränität Österreichs (→Österreichischer Staatsvertrag).

Staatswald, Wald im Eigentum des Bundes oder eines Landes sowie Wald im Miteigentum eines Landes, soweit er nach landesrechtl. Vorschriften als S. angesehen wird (§ 3 Bundeswald-Ges.). Der Anteil des S. an der Gesamtwaldfläche von 10,7 Mio. ha beträgt rd. 34%. In den neuen Bundesländern waren bis zum 2. 10. 1990 rd. 67% volkseigener Wald, rd. 32% Genossenschafts- und Privatwald und 1% Kirchenwald. Der volkseigene Wald umfasste den früheren Staats- und Körperschaftswald sowie im Zuge der Bodenreform enteigneten Privatwald. Die nach der Wiedervereinigung einsetzenden Bemühungen, die ursprüngl. Eigentumsformen wiederherzustellen, sind bisher (1998) noch nicht zum Abschluss gekommen.

Staatswappen, herald. Hoheitszeichen eines Staates, dessen Nutzung den staatl. Einrichtungen und Dienststellen vorbehalten ist und das z. B. auf Schildern offizieller staatl. Institutionen, auf Dokumenten und Siegeln angebracht ist.

Staatswirtschaft, ältere Bez. für das wirtschaftl. Handeln von Gebietskörperschaften (heute: öffentl. Finanzwirtschaft), das von der **Staatswirtschaftslehre** (heute: Finanzwissenschaft) untersucht wird.

staatswirtschaftliche Quoten, Verhältniszahlen zur Kennzeichnung des Umfanges der staatl. Aktivität **(Staatsanteil)** im Rahmen der Gesamtwirtschaft. Die **Staatsausgabenquote (allgemeine Staatsquote)** ist das Verhältnis der gesamten öffentl. Ausgaben (Gebietskörperschaften und Sozialversicherung) zu einer Sozialproduktgröße (meist das Bruttoinlandsprodukt, BIP). Bei ihrer Beurteilung und u. a. bei internat. Vergleichen sind eine Reihe von Einschränkungen der

Staa Staatswissenschaften – Staatszielbestimmungen

Aussagekraft zu berücksichtigen: Erstens misst die Staatsquote lediglich die ausgabenwirksame Staatstätigkeit, nicht aber die staatl. Maßnahmen durch Setzung von Normen, Auflagen, Geboten und Verboten (z. B. Umweltpolitik). Zweitens können für bestimmte Ziele der staatl. Wirtschaftspolitik als Instrumente alternativ Ausgaben oder der Verzicht auf Steuereinnahmen (Steuervergünstigungen) eingesetzt werden (z. B. Wohnungsbauförderung, Kindergeld und einkommensteuerl. Kinderfreibeträge). Die Verfolgung eines bestimmten Zieles kann sich damit je nach der Art des gewählten Instruments erhöhend oder verringernd auf die Staatsquote auswirken. Weiterhin umfasst die allgemeine Staatsquote bei den öffentl. Ausgaben (im Zähler) auch die Umverteilung von entstandenen Einkommen durch Transferzahlungen (Sozialleistungen und Subventionen), die nicht als solche in die Berechnung des Sozialprodukts (Nenner) eingehen. Die Staatsquote ist also eine unechte Quote, da der Zähler nicht eine Teilmenge des Nenners ist. Eine Staatsquote von 50 % besagt daher nicht, dass der Staat die Hälfte des Sozialprodukts ›für sich in Anspruch genommen‹ hat. Will man diesen beanspruchten Teil der volkswirtschaftl. Leistung messen, so müssten im Zähler die öffentl. Ausgaben für den Kauf von Gütern und Faktorleistungen (→Staatsverbrauch und →öffentliche Investitionen) angesetzt werden. Letztlich wird die zeitl. Entwicklung der Staatsquote maßgeblich geprägt von der Entwicklung des Preisniveaus. Da angenommen werden muss, dass sich Preise und Produktivitäten im öffentl. Sektor anders entwickeln als im privaten Sektor, müssten preisbereinigte Quoten berechnet werden. Als **spezielle Staatsquoten** werden die Verhältnisse bestimmter Ausgabenbereiche (z. B. Sozial-, Gesundheits-, Bildungs-, Verteidigungsausgaben) zum Sozialprodukt bezeichnet. So beschreibt die Sozialleistungsquote das Verhältnis der →Sozialleistungen zum Bruttosozialprodukt.

Mögl. Erklärungen für eine langfristig steigende Staatsquote (z. B. Bürokratie) werden in der Finanzwiss. im Zusammenhang mit dem wagnerschen Gesetz (nach A. WAGNER) erörtert. In Dtl. ist die Staatsquote in den 1980er-Jahren im Zuge der Politik des Abbaus des Staatsanteils (Deregulierung, Privatisierung, Steuersenkungen) zurückgegangen. Die mit der dt. Vereinigung hinzugekommenen staatl. Aufgaben haben dann die Staatsquote von (1990) 45,1 % ansteigen lassen auf (1996) 48,8 %.

Eine oft benutzte weitere s. Q. ist die →Steuerquote. Da manche Länder keine speziellen Sozialversicherungsbeiträge kennen und die Sozialversicherung aus (entsprechend höheren) Steuern finanzieren, ist es gerade für internat. Vergleiche sinnvoller, Steuern und Sozialversicherungsabgaben zusammenzufassen und die volkswirtschaftl. Abgabenquote zu betrachten (→Abgaben). Eine weitere, auf die Einnahmen des öffentl. Sektors abzielende s. Q. ist die Staatsschuldenquote (Verschuldungsquote), das Verhältnis des Schuldenstandes zum Bruttoinlandsprodukt (→öffentliche Schulden).

Staatswissenschaften, Gesamte S., ab Mitte des 18. Jh. gebräuchl. Bez. für diejenigen Wissenschaftszweige, die sich direkt oder indirekt mit Struktur, Organisation und Integration des Staates befassen. Die einzelnen Disziplinen verselbstständigten sich nach und nach zu den Gebieten der Bev.-Wissenschaft, des öffentl. Rechts, der allgemeinen Staatslehre, der Volkswirtschaftslehre und schließlich der Soziologie und Politikwissenschaft. Die Bez. S. wurde Mitte des 20. Jh. in der umfassenden Bedeutung aufgegeben, i. e. S. zusammenfassend ist sie aber heute noch für die allgemeine Staatslehre und die allgemeine Verwaltungslehre (Verwaltungswiss.en) gebräuchlich.

Staatszielbestimmungen, Verfassungsnormen, die dem Staat die Erfüllung bestimmter Aufgaben oder die Verfolgung bestimmter Ziele vorschreiben oder charakterist. Merkmale eines Gemeinwesens zum Ausdruck bringen. Verbindlichkeit und Bestimmtheit der S. können sehr unterschiedlich sein; S. geringeren Verbindlichkeitsgrades werden oft als Programmsätze bezeichnet. Eine S. wendet sich in erster Linie an den Gesetzgeber, der bei der Erfüllung des Auftrags weiten Spielraum hat; häufig wirken S. aber auch auf die Auslegung und Anwendung der Gesetze durch Behörden und Gerichte ein. Im Ggs. zu den Grundrechten sind die S. i. d. R. aber nicht unmittelbar einklagbar. Prototyp einer S. im GG ist die Sozialstaatsklausel (Art. 20 Abs. 1 GG); als S. des GG werden ebenfalls der Umweltschutz (Art. 20a GG), die Pflicht zur Förderung des gesamtwirtschaftl. Gleichgewichts (Art. 109 Abs. 2 GG) und z. T. auch die supranat. Öffnung (Art. 24 Abs. 1 GG) angesehen. Zahlr. S. enthalten die einzelnen Landesverfassungen.

staatswirtschaftliche Quoten: Staatsquote im internationalen Vergleich[1]

Staat	1980	1985	1990	1995	1996
Belgien	57,8	60,9	53,6	53,8	53,0
Dänemark	–[2]	–[2]	54,5	57,0	56,7
Deutschland[3]	49,0	47,0	45,1	49,5	48,8
Finnland	38,1	43,8	45,3	57,9	57,4
Frankreich	46,1	52,2	49,8	54,3	54,8
Griechenland	30,4	42,9	48,2	47,0	44,6
Großbritannien	43,0	44,0	39,9	43,0	41,8
Irland	48,2	51,1	39,0	38,0	36,6
Italien	42,1	51,2	53,6	52,1	52,7
Japan	32,0	31,6	31,3	35,7	36,2
Kanada	38,8	45,3	46,0	46,5	44,7
Niederlande	55,8	57,1	54,1	51,4	49,6
Norwegen	43,8	41,5	49,7	47,6	44,6
Österreich	48,1	50,3	48,6	52,4	51,9
Portugal	23,6	40,9	41,9	46,0	45,0
Schweden	60,1	63,3	59,1	65,4	64,3
Spanien	32,2	41,2	42,0	44,8	43,6
USA	31,4	32,9	32,8	32,9	32,7

[1] öffentliche Ausgaben in Prozent des Bruttoinlandsproduktes. – [2] keine Angaben verfügbar. – [3] bis 1990 früheres Bundesgebiet.

staatswirtschaftliche Quoten: Abgabenquote im internationalen Vergleich[1]

Staat	1980	1985	1990	1995	1996[2]
Belgien	44,4	47,3	44,4	46,5	46,6
Dänemark	45,5	49,0	48,7	51,3	51,9
Deutschland[3]	38,2	38,1	36,7	39,2	38,2
Finnland	36,9	40,8	45,4	46,5	48,8
Frankreich	41,7	44,5	43,7	44,5	45,7
Griechenland	29,4	34,5	36,5	41,4	–[4]
Großbritannien	35,3	37,9	36,4	35,3	–[4]
Irland	33,8	36,4	33,8	32,5	33,6
Italien	30,4	34,5	39,2	41,3	43,5
Japan	25,4	27,6	31,3	28,5	–[4]
Kanada	31,6	33,1	36,5	37,2	–[4]
Luxemburg	42,0	46,7	43,4	44,0	44,0
Niederlande	45,2	44,1	44,6	44,0	43,9
Norwegen	42,7	43,3	41,8	41,5	41,4
Österreich	40,3	42,4	41,0	42,4	44,1
Portugal	25,2	27,8	31,0	33,8	33,4
Schweden	48,8	50,0	55,6	49,7	51,9
Schweiz	30,8	32,0	31,5	33,9	35,1
Spanien	24,1	28,8	34,4	34,0	33,7
USA	26,9	26,0	26,7	27,9	–[4]

[1] Steuern und Sozialabgaben in Prozent des Bruttoinlandsproduktes. – [2] vorläufige Angaben. – [3] bis 1990 früheres Bundesgebiet. – [4] keine Angaben verfügbar.

Staat und Kirche, Kurzformel zur Bez. des Verhältnisses von Staat und Kirche; als in der Theologie, der Geschichts- und der Rechtswiss. eingebürgerter Begriff für dessen versch. Ebenen stehend: *theologisch* für das Verhältnis der Träger zweier unterschiedlicher, von Gott gegebener ›Gewalten‹, *historisch* für das Verhältnis von S. u. K. als geschichtlich gewachsenen und vielfältig aufeinander bezogenen Größen; *juristisch* für die im Rahmen der gegenseitigen Interessenwahrnehmung zw. beiden bestehenden Rechtsbeziehungen.

Geschichtliche Entwicklung

Das N. T. kennt keine Lehre über das Verhältnis von S. u. K., wohl aber finden sich Aussagen über das angemessene Verhalten des Christen gegenüber den ›obrigkeitl. Gewalten‹ (Röm. 13,1 ff.) und den Grenzen obrigkeitl. Anspruchs auf den Menschen (Mk. 12,17). Demnach endet die Loyalitätspflicht des Christen der weltl. Obrigkeit gegenüber, wenn diese von ihm fordert, was gegen Gottes Willen ist, denn im Konfliktfall muss er ›Gott mehr gehorchen als den Menschen‹ (Apg. 5,29). Da aber auch die Obrigkeit als ird. Ordnungsmacht von Gott ist, gehört es zu den Aufgaben des Christen, an dieser vorläufigen Ordnung wie an der Weltgestaltung insgesamt verantwortlich mitzuwirken. Während PAULUS und die Evangelien eine dominante Tradition der Loyalität dem (röm.) Staat gegenüber begründeten, enthält die Apokalypse des Johannes Unheilsankündigungen in Bezug auf die weltl. Herrschaft: Im Gericht Gottes wird Rom, ›die große Stadt, die die Herrschaft hat über die Könige der Erde‹ (Apk. 17,18), untergehen.

Vor dem Hintergrund der eschatolog. Naherwartung (→Parusie) verhielten sich die frühchristl. Gemeinden gegenüber dem Röm. Reich zunächst distanziert. Zwar respektierten sie die von Gott verordnete Obrigkeit, bekleideten aber keine polit. Ämter und lehnten die heidn. Staatsreligion ab.

Seitens des röm. Staates erfolgte die Verurteilung des Christentums im Kontext der Zurückweisung all jener Religionen auf dem Territorium des Röm. Reiches, die in der Sicht des röm. Staates antiröm. Züge aufwiesen und damit (potenziell) als im Widerspruch zur röm. Herrschaft stehend verstanden werden konnten. Ihren schärfsten Ausdruck fand diese Haltung in den →Christenverfolgungen. Zu einer Neuorientierung der röm. Politik gegenüber der christl. Kirche kam es unter Kaiser KONSTANTIN I., der das Christentum 313 mit den anderen anerkannten Religionen rechtlich gleichstellte und damit die von der Kirchengeschichtsschreibung später als →konstantinische Wende bezeichnete Entwicklung einleitete, in der sich das Christentum zur Mehrheitsreligion im Röm. Reich entwickelte und von Kaiser THEODOSIUS D. GR. zu dessen alleiniger Staatsreligion erklärt wurde (380/381).

Die damit geschaffene enge Verbindung von Staatsgewalt und Christentum hat das Verhältnis von S. u. K. in Europa bis in die Neuzeit geprägt. Dessen unterschiedl. Ausformung im Westen und im Osten ist wesentlich in den unterschiedl. Auffassungen begründet, die im Ergebnis der seit dem 5. Jh. einsetzenden Bemühungen entstanden waren, das Staat-Kirche-Verhältnis theologisch zu bestimmen. Im Westen bildete sich im engen Zusammenhang mit dem von den röm. Päpsten vertretenen geistl. und polit. Autoritätsanspruch die →Zweigewaltenlehre heraus, deren Grundzüge Papst GELASIUS I. formulierte und die in der Folge richtungsweisende Bedeutung im Abendland erlangte. Im Oström. Reich kam es zur gleichen Zeit zur Herausbildung des Systems des →Cäsaropapismus, das die höchste weltl. und geistl. Macht in der Hand des christl. Kaisers vereint sah und als Theorie der ›Symphonie‹ von S. u. K. die Grundlage der theolog. Staatslehre im Byzantin. und im Russ. Reich bildete.

Charakteristisch für das Abendland war bis in die Zeit des Hoch-MA. die durch das Institut der →Eigenkirche und das ottonisch-salische →Reichskirchensystem konstituierte enge Verbindung und Verflechtung von S. u. K.; Könige und Fürsten nahmen auch geistl., der Klerus auch weltl. Aufgaben wahr. Das damit auch angelegte Spannungsverhältnis zw. weltl. und geistl. (Macht-)Ansprüchen trat in der Folge in den Auseinandersetzungen zw. dem röm. (dt.) Königtum und dem Papsttum immer stärker hervor, erfuhr seine Höhepunkte im →Investiturstreit und den Auseinandersetzungen zw. den stauf. Kaisern (bes. FRIEDRICH II.) und dem Papsttum, endete jedoch mit der dauerhaften Schwächung beider Seiten.

Der damit seit dem 14. Jh. verbundene zunehmende Einfluss und Machtgewinn der nat. Monarchien außerhalb des Hl. Röm. Reiches wurde zur wichtigen Voraussetzung für die Entwicklung unabhängiger, weltl. Staatswesen, deren theoret. Begründung (z. B. bei MARSILIUS VON PADUA und WILHELM VON OCKHAM) bald erfolgreich in Konkurrenz zum universalen Herrschaftsanspruch der Päpste trat, wie er am nachdrücklichsten von Papst BONIFATIUS VIII. in der Bulle →Unam sanctam (1302) formuliert worden war. Bes. in England und Frankreich gelang es den Monarchen, ihre ›verstaatlichten‹ Kirchen unter königl. Einfluss zu halten. In den Fürstenkonkordaten des 15. Jh. musste die Kurie den Landesherren schließlich beträchtl. Zugeständnisse machen.

Im 16. Jh. gab die Reformation diesem Prozess weitere wichtige Impulse. In den evangelisch gewordenen Gebieten Dtl.s bildete sich ein territoriales Kirchenwesen heraus; das neu entstandene →landesherrliche Kirchenregiment räumte dem ev. Territorialherrn die Stellung des ›obersten Bischofs‹ (→Summepiskopat) seiner →Landeskirche ein. Allerdings hob M. LUTHER in diesem Zusammenhang hervor, dass Kirche und Welt insofern voneinander zu unterscheiden seien, als beide unterschiedl. Dimensionen (›Reiche‹) des Heilsplans Gottes verkörperten und Gott in ihnen in unterschiedl. Weise regiere (→Zweireichelehre). Demgegenüber war der reformierte Zweig der Reformation stärker von theokrat. Vorstellungen geprägt und sah in der Vereinigung von Kirche und Welt in der christl. Gemeinde (der christl. ›Polis‹) die Heilsordnung Gottes abgebildet.

Die Konfessionalisierung Dtl.s, die Säkularisierung von Kirchengut, die Territorialisierung der staatl. Macht und die Profanisierung des polit. Denkens führten in den Territorialstaaten zu einer erhebl. Eigendynamik. Der Westfäl. Frieden (1648) förderte mit dem Verrechtlichungsprozess des Verhältnisses von S. u. K. die Tendenzen zum →Staatskirchentum in Europa. Durch kirchenregimentl. Zugeständnisse an die kath. gebliebenen Fürsten v. a. in West- und Südeuropa beteiligte sich auch die Kurie an dieser Entwicklung. In England entstand im 16. Jh. unter HEINRICH VIII. mit der →Kirche von England eine von Rom losgelöste, episkopal verfasste Staatskirche mit einer stark kath. geprägten Liturgie und Lehrbildung, im luther. Schweden ebenfalls eine Episkopalkirche unter Staatsaufsicht. Auch der staatskirchl. Charakter der gallikan. Kirche in Frankreich begünstigte den fürstl. Absolutismus (→Gallikanismus). Den Höhepunkt der staats-

Schlüsselbegriff

kirchl. Entwicklung in den kath. Ländern bildete der →Josephinismus in den österr. Stammlanden, der für andere kath. Staaten wie Bayern zum Vorbild wurde.

In Frankreich erlangte der von der Aufklärung vertretene Gedanke der religiösen →Toleranz im Gefolge der Frz. Revolution Verfassungsrang, bewirkte allerdings keine Abkehr von den gallikan. Traditionen der Staatskirche. Die Niederlage NAPOLEONS I. und der Wiener Kongress (1814/15) verhinderten jedoch ein Übergreifen der staatskirchl. Politik von den rheinbünd. Staaten auf den mitteleurop. Raum. Durch eine Reihe von Konkordaten gelang der Kurie eine Neuregelung des Verhältnisses von S. u. K., die einen Teil ihrer Macht restituierte und so die Folgen der →Säkularisation von 1803 (→Reichsdeputationshauptschluss) überwinden half.

Im 19. und 20. Jh. erfolgte schließlich im Zusammenhang mit der Entstehung des ›modernen‹ Staates und korrespondierend mit dem Prozess allgemeiner gesellschaftl. →Säkularisierung die weitgehende gegenseitige Emanzipation von S. u. K. Die dabei (mehr oder weniger radikal) vertretenen Auffassungen von der **Trennung von S. u. K.** basierten auf aufklärerisch-liberalen Staatstheorien, die die christl. Religion nicht mehr als ihre Grundlage begriffen (→Kulturkampf).

Während die ev. Kirchen in Dtl. in diesem Prozess bis weit ins 20. Jh. hinein trotz der Einrichtung von →Synoden als selbstständigen kirchl. Gesetzgebungs- und Entscheidungsorganen und der allmähl. Umgestaltung der →Konsistorien zu rein kirchl. Verwaltungsbehörden grundsätzlich am Fortbestand staatskirchl. Verhältnisse interessiert blieben und sich häufig mit den staatstragenden Eliten politisch identifizierten, suchte die kath. Kirche durch Konkordate, kirchl. Diplomatie, eine eigene Presse sowie durch die Bildung polit. Parteien und →katholischer Verbände und Organisationen die Mittel des modernen Staates zu nutzen, um unabhängig von diesem ihren gesellschaftl. (polit.) Einfluss geltend zu machen. Anders als die ev. Kirchen entwickelte die kath. Kirche dabei eine weitgehende Flexibilität gegenüber unterschiedl. Staatsformen. Während die ev. Landeskirchen in Dtl. in enger Verbindung zur Monarchie standen (Bündnis von ›Thron und Altar‹) und daher der Weimarer Republik (1919–33) nicht ohne Vorbehalte gegenüberstanden, entwickelte sich das kath. →Zentrum zu einer der die Republik tragenden Parteien. Nach dem Machtantritt der Nationalsozialisten in Dtl. (1933) schlossen der Hl. Stuhl und das Dt. Reich das →Reichskonkordat ab, dessen Vereinbarungen allerdings schon bald seitens des natsoz. Staates gebrochen wurden. Für den dt. Protestantismus, der in den 1920er-Jahren die Rechtsbeziehungen zum Staat durch günstige Verträge regeln konnte, ergab sich eine prinzipielle Auseinandersetzung mit diesem erstmals während der natsoz. Diktatur, ausgelöst durch das Bestreben der natsoz. Kirchenpolitik, die dt. ev. Kirchen über die Bildung einer ev. ›Reichskirche‹ und die Einsetzung eines →Reichsbischofs gleichzuschalten (→Kirchenkampf). Eine anders geartete und bis 1989 äußerst vielschichtige Konfliktlage ergab sich seit Anfang der 1950er-Jahre für die ev. →Kirchen in der DDR.

Kirchen und moderner Staat (Trennungsmodelle)

Eine enge Verbindung zw. dem Staat und der jeweiligen Mehrheitskirche besteht in Europa nach wie vor in Skandinavien, Griechenland, Großbritannien, Liechtenstein und Monaco. Staatskirchen sind die luther. Kirchen in Dänemark, Island, Norwegen und Schweden, die orth. Kirche Griechenlands, die Kirche von England und die →Schottische Kirche. In Liechtenstein besitzt die kath. Kirche den verfassungsmäßigen Status der traditionellen, unter dem ›vollen Schutz des Staates‹ stehenden Landeskirche. Ihr gehört, wie auch in Monaco, das regierende Fürstenhaus an.

Geschichtlich hat sich jedoch, beginnend in den USA, heute weltweit die deutl. Trennung zwischen S. u. K. durchgesetzt. Die im First Amendment zur amerikan. Verfassung von 1791 zusammen mit der Religionsfreiheit festgelegte Trennung von S. u. K. besaß keinen kirchenfeindl. Ursprung, sondern sollte im Gegenteil den Erfahrungen der in die USA emigrierten Glaubensverfolgten Rechnung tragen, dass ein bestimmtes ›establishment of religion‹ die Religionsfreiheit andersgläubiger Bürger einschränken kann und war mit einer positiven Grundeinstellung des amerikan. Staates gegenüber den Kirchen und Religionsgemeinschaften verbunden. In Frankreich dagegen führte die seit der Frz. Revolution anhaltende antiklerikale liberale Polemik und die z. T. gewaltsam erfolgende ›Entkonfessionalisierung‹ des öffentl. Lebens 1905 zu einem Trennungsgesetz im Sinne eines strikten →Laizismus.

Ein ausgesprochen kirchenfeindl. Trennungsmodell von S. u. K., verbunden mit der Förderung eines antikirchl. ›Staatsatheismus‹, wurde in der Sowjetunion und nach 1945 in den kommunist. Staaten ihres Einflussbereiches durchgesetzt. Ungeachtet der auch in den kommunist. Verfassungen verankerten Religionsfreiheit wurde die Tätigkeit der Kirchen in der Sowjetunion und in den kommunist. Ländern mit orth. Bevölkerungsmehrheit (Bulgarien, Rumänien), aber auch in der ČSSR ausschließlich oder weitgehend auf den Vollzug von religiösen Kulthandlungen reduziert. Die strikteste Form nahm diese Religionspolitik in Albanien an, das sich 1967 zum ersten atheist. Staat der Welt erklärte. Größere Freiräume für die kirchl. Tätigkeit bestanden dagegen (trotz deren permanenter Überwachung durch die staatl. Geheimdienste) seit den 1960er-Jahren in der DDR und in Ungarn; vergleichsweise sehr große Spielräume kirchl. Handelns besaß die kath. Kirche in Polen, bes. nach der Wahl des Erzbischofs von Krakau, Kardinal K. WOJTYŁA, zum Papst (1978; JOHANNES PAUL II.).

Nach dem Zerfall der kommunist. Staatsordnungen (1989–92) wurden in den Nachfolgestaaten der Sowjetunion und in den anderen ehem. kommunist. Staaten Europas neue gesetzl. Grundlagen für die staatl. Religionspolitik geschaffen. Die wesentl. Grundsätze des neuen Staatskirchenrechts bilden dabei in allen Staaten die Garantie der Glaubens-, Gewissens- und Bekenntnisfreiheit, das Prinzip der Trennung von S. u. K. und die Verpflichtung des Staates zu religiöser Neutralität und Parität.

In der Sowjetunion wurde im Zuge der Umorientierung der Religionspolitik unter M. S. GORBATSCHOW am 1. 10. 1990 ein neues Religions-Ges. verabschiedet. Die 1990 (Lettland) und 1991 (Ukraine, Usbekistan) von einzelnen Unionsrepubliken verabschiedeten neuen Religionsgesetze gingen nach dem Zerfall der Sowjetunion (Ende 1991) in das Staatskirchenrecht der entsprechenden unabhängigen Nachfolgestaaten ein.

Die rechtl. Grundlage, den Status der Kirchen innerhalb der Europäischen Union betreffend, bildet die ›Erklärung zum Status der Kirchen und weltanschaulichen Gemeinschaften‹ des →Vertrages von Amsterdam (1997). Nach ihr achtet die EU den Status, den die Kirchen in den Mitgliedstaaten nach deren Rechtsvorschriften genießen und beeinträchtigt diesen nicht; sie erkennt damit die Kirchen als

Rechtssubjekte mit eigenem Status und als eigenständige Partner im europäischen Einigungsprozess an.

Die Ausgestaltung des Staatskirchenrechts in Deutschland

Die Verfassung der *Bundesrepublik Dtl.* folgte dem Konzept der Weimarer Reichsverfassung (Art. 136 ff. wurden über Art. 140 unverändert ins GG übernommen; →Religionsgesellschaften). Dieses Konzept verbindet Momente der Trennung von S. u. K. (Gründungsfreiheit für Religionsgesellschaften und religiöse Vereine; Garantie kirchl. Selbstbestimmung) mit solchen öffentlich-rechtl. Privilegierung und staatl. Anbindung (z. B. Besteuerungsrecht, aber auch Aufsichts- und Mitwirkungsbefugnisse des Staates). Es verpflichtet den Staat zu religiöser und weltanschaul. Neutralität, garantiert die →Glaubens-, Gewissens- und Bekenntnisfreiheit und schließt eine Staatskirche aus. Insgesamt umfasst die staatskirchenrechtl. Ordnung in Dtl. das GG, die Verfassungen der Länder, das Vertragsrecht (ev. →Kirchenverträge und kath. →Konkordate) und deren Interpretation durch die Rechtsprechung der Verfassungsgerichtsbarkeit.

Die kath. Kirche und die Gliedkirchen der EKD besitzen den Rechtsstatus von Körperschaften des öffentl. Rechts. Diese Sonderform soll die rechtl. Eigenständigkeit und Unabhängigkeit der Institutionen S. u. K. voneinander gewährleisten und dabei sowohl der gewachsenen Rechtsstellung der Kirchen in der Gesellschaft Rechnung tragen als auch eine Identifikation des Staates mit einer bestimmten Religionsgesellschaft ausschließen. Durch die Zuordnung zum Bereich des öffentl. Rechts erhielten die Kirchen die öffentlich-rechtl. Dienstherrenfähigkeit, die autonome Organisationsgewalt mit Wirkung für den weltl. Bereich und das verfassungsrechtlich garantierte kirchl. Besteuerungsrecht.

Das kirchl. Selbstbestimmungsrecht findet seine Schranken in den für alle geltenden Gesetzen. Von dem Ordnen und Verwalten innerkirchl. Angelegenheiten sind solche Bereiche zu unterscheiden, in denen kirchl. Maßnahmen unmittelbar in den staatlich-rechtl. Verantwortungsbereich hineingreifen, und Bereiche gemeinsamer Angelegenheiten wie Anstalts- und Militärseelsorge. Im Konfliktfall ist zw. Kirchenfreiheit und Schrankenklausel jeweils eine Güterabwägung vorzunehmen.

Wichtige Schnittstellen zw. S. u. K. in Dtl. sind der →Religionsunterricht und die →theologischen Fakultäten an den staatl. Universitäten. Konkordate und Kirchenverträge sichern den Bestand der Fakultäten unter Einschluss ihrer konfessionellen Bindung auf Bundes- und Länderebene ab. Vor der Berufung eines Hochschullehrers an eine theolog. Fakultät gibt die ev. Kirchenleitung ein konsultatives bzw. der kath. Bischof ein dezisives Votum ab. Der Staat verfügt über das Ernennungsrecht und führt die Dienstaufsicht.

Zur staatskirchenrechtl. Ordnung in *Österreich* und in der *Schweiz*: →Österreich, Abschnitt Religion; →Schweiz, Abschnitt Religion.

Die Problematik des Verhältnisses zwischen Staat und Kirche angesichts der allgemeinen gesellschaftlichen Säkularisierung

In freiheitl. demokrat. Rechtsstaaten herrscht weitgehend Einigkeit darüber, dass zwar eine prinzipielle Verschiedenheit zw. S. u. K. besteht, dass sich beide jedoch in ihren Gliedern treffen und daher ihr Verhältnis einer Ordnung bedarf, die unter Berücksichtigung der geschichtl. Entwicklung das in Bezug auf die gegenwärtigen gesellschaftl. Rahmenbedingungen Notwendige regelt.

Im Sinne der Religionsfreiheit erscheint der säkularisierte Staat dabei als verpflichtet, seinen Bürgern ›die Möglichkeit zu erhalten, ihren religiösweltanschaul. Überzeugungen auch im öffentl. Leben soweit wie möglich Geltung zu verschaffen‹ (A. VON CAMPENHAUSEN). Andererseits sind jedoch in modernen pluralist. Gesellschaften der geringer werdende Einfluss der Kirchen im öffentl. Bewusstsein und eine ›Entkirchlichung‹ von (großen) Teilen der Bev. unübersehbar und stellen die staatl. Privilegierung der Kirchen zunehmend infrage. Ungeachtet des von den großen Kirchen auch in den säkularisierten Gesellschaften Europas in aller Regel aufrechterhaltenen Anspruchs, nach wie vor →Volkskirchen zu sein, ist wohl mit großer Wahrscheinlichkeit davon auszugehen, dass in vielen Fällen schon begonnene tendenzielle Entwicklung hin zu Minderheitskirchen weiter fortschreiten werde. Zunehmend problematisch erscheinen vor diesem Hintergrund Einrichtungen wie das dt. Kirchensteuersystem, die Militärseelsorge oder der konfessionsgebundene Religionsunterricht. Ein Beharren der Kirchen auf überkommenen Privilegien und Anspruchspositionen der traditionellen Volkskirche könnte in Zukunft nicht allein zum Konfliktfall mit dem weltanschaulich neutralen Staat führen, sondern aus theolog. Sicht auch als eine indirekte Selbstdistanzierung der christl. Kirchen von ihrem eigentl. geistl. Auftrag der Evangeliumsverkündigung gewertet werden, der grundsätzlich von ihrer äußeren korporativen Gestalt unabhängig ist.

Eine wichtige Rolle bei der ›Suche nach neuen Legitimationsgründen‹ (P. MIKAT) zur Aufrechterhaltung der kirchl. Privilegierung durch den Staat spielt die Auffassung, dass das zunehmende Ausgreifen staatl. Ordnungsfunktionen auf immer mehr Lebensbereiche der Bürger es erstrebenswert erscheinen lässt, zur Vermeidung eines völlig verstaatlichten Systems der Daseinsvorsorge jene gesellschaftl. Kräfte zu stützen, die sich an der Wahrnehmung öffentl. Aufgaben (z. B. Kindergärten, Schulen, Krankenhäuser in freier Trägerschaft) beteiligen. So übernehmen in Dtl. neben Parteien und Verbänden auch die Kirchen eine wichtige Funktion im Rahmen der Sicherung der gesamtgesellschaftl. Freiheit, indem sie staatl. Ordnungsaufgaben mit wahrnehmen und durch ihre religiöse wie sozialdiakon. Tätigkeit die öffentl. Meinung und das gesellschaftl. Leben mitgestalten. Die kirchl. Mitwirkung bei der Wahrnehmung öffentl. Aufgaben, bes. in den Bereichen des Schulwesens und der Kultur sowie im Bereich der Massenmedien (Mitwirkung in den Rundfunkräten der öffentl. Anstalten), verdeutlicht den Einfluss, den die Kirchen – ungeachtet ihrer abnehmenden Bedeutung im öffentl. Bewusstsein – nach wie vor in der dt. Gesellschaft ausüben.

Das Verhältnis zw. S. u. K. bleibt jedoch potenziell konfliktträchtig, da Umfang und Reichweite positiver Berücksichtigung religiöser Institutionen und die staatl. Kooperation mit ihnen vor dem Hintergrund einer sich ständig verändernden gesellschaftl. Akzeptanz dieses Verhältnisses immer wieder neu ausbalanciert werden müssen. In diesem Prozess kann sich der Staat leicht dem Vorwurf einseitiger Privilegierung oder Marginalisierung gesellschaftlich relevanter Gruppen ausgesetzt sehen. Ferner kann die Situation eintreten, dass die Kirchen ihre gesellschaftl. Relevanz und ethisch-moral. Integrationskraft selbst höher einschätzen, als diese gesamtgesellschaftlich wahrgenommen werden, und Rechte einklagen, die der Staat ihnen in anderer Einschätzung der Lage eigentlich verweigern könnte. So gründet z. B. der staatl. Schutz von Sonn- und Feiertagen in Dtl. in der Rücksichtnahme auf die religiösen Sitten und Gebote einer mehrheitlich christl. Bevölkerung (→Sonntagsruhe). Angesichts veränderter Verhaltensweisen und Einstellungen (erkennbar nicht zuletzt an der kleiner werdenden Zahl der Gottesdienstbesucher) gewinnen jedoch volkswirtschaftl. Überlegungen zugunsten einer flexibleren Arbeits- und Freizeitregelung (Sonntagsarbeit; Erweiterung der Ladenöffnungszeiten auf den Sonntag zunehmend an Gewicht. Ein anderes Beispiel für die Diskrepanz zw. dem Anspruch der Kirchen, über die sittl. Grundlagen von Staat und Gesellschaft maßgeblich mitzuentscheiden, und der abnehmenden Akzeptanz ihrer Positionen in der Bevölkerung ist die öffentl. Diskussion über den →Schwangerschaftsabbruch.

Konfliktfelder im Verhältnis von S. u. K. in der jüngsten Zeit bildeten die von verschiedenen (v. a. ev.) Kirchengemeinden geübte Praxis des →Kirchenasyls, die Abschaffung des Buß- und Bettages als bezahlter Feiertag im Zusammenhang mit der Einführung der →Pflegeversicherung (1995), das seitens des Bundesverfassungsgerichts am 10. 8. 1995 ergangene so genannte ›Kruzifix-Urteil‹, das in der Anbringung von Kreuzen oder Kruzifixen in den Unterrichtsräumen staatl. Pflichtschulen eine Verletzung der Glaubens-, Gewissens- und Bekenntnisfreiheit von Nichtchristen und einen Verstoß gegen die religiöse und weltanschaul. Neutralitätspflicht des Staates gegeben sah und die eine solche Anbringung in den Volksschulen vorschreibende Vorschrift der Bayer. Schulordnung für nichtig erklärte, die Einführung des Pflichtfaches →Lebensgestaltung – Ethik – Religionskunde 1996 in Brandenburg, der im selben Jahr gestellte Antrag zweier Duisburger Moscheevereine, die öffentl. Verbreitung des islam. Gebetsrufes über Lautsprecher zuzulassen, sowie die Frage, inwieweit die satir. Verwendung von religiösen Symbolen in den Medien durch das Grundrecht der Meinungsfreiheit abgedeckt ist oder den Straftatbestand eines Religionsdelikts erfüllt, aber auch die öffentl. Diskussion um den rechtl. Status von →Scientology.

Die in der gesamten Kirchengeschichte festzustellende Ambivalenz des Verhältnisses der Kirche zum Staat (oder allgemeiner: zur ›Welt‹) wird auch heute bes. dort deutlich, wo die Kirche gesellschaftl. (Erwartungs-)Druck und/oder äußeren (z. B. polit.) Zwängen ausgesetzt ist: Sie steht dann immer in der Gefahr, sich einerseits ideolog. oder weltanschaul. Strömungen anzupassen, die ihrer spezifisch christl. Verkündigung entgegenstehen, oder sich andererseits auf den innerkirchl. Bereich zurückzuziehen und sich damit ihrer (auch in der modernen pluralist. Gesellschaft) von ihrem Verkündigungsauftrag her gebotenen gesellschaftl. Verantwortung zu entziehen.

⇨ Christentum · Kirche · Kirchenaustritt · Kirchenmitgliedschaft · Kirchensteuer · Militärseelsorge · Papsttum · Reformation · Religionsdelikte · Religionsgesellschaften

Kirche u. Staat, hg. v. E. EICHMANN, 2 Bde. ($^{1-2}$1914–25, Nachdr. 1968); Z. GIACOMETTI: Quellen zur Gesch. der Trennung von S. u. K. (1926); Kirchen u. Staat, hg. v. H. LIERMANN, 2 Bde. (1954–55); Kirche u. Staat. Von der Mitte des 15. Jh. bis zur Gegenwart, hg. v. H. RAAB (1966); S. u. K. im 19. u. 20. Jh. Dokumente zur Gesch. des dt. Staatskirchenrechts, hg. v. E. R. HUBER u. a., 4 Bde. ($^{1-2}$1976–90); K. HESSE u. H. E. J. KALINNA: Kirche u. Staat, in: Ev. Staatslex., begr. v. H. KUNST u. a., hg. v. R. HERZOG u. a., Bd. 1 (^{3}1987); Die Konkordate u. Kirchenverträge in der Bundesrep. Dtl., hg. v. J. LISTL, 2 Bde. (1987); P. MIKAT u. a.: Kirche u. Staat, in: Staatslex., hg. v. der Görres-Gesellschaft, Bd. 3 (^{7}1987); E.-W. BÖCKENFÖRDE: Schr. zu Staat, Gesellschaft, Kirche, 3 Bde. (1988–90); Ecclesia et regnum. Beitrr. zur Gesch. von Kirche, Recht u. Staat im MA., hg. v. D. BERG u. a. (^{2}1989); Die Finanzen der Kirche. Studien zu Struktur, Gesch. u. Legitimation kirchl. Ökonomie, hg. v. W. LIENEMANN (1989); R. M. GRANT u. a.: Kirche u. Staat, in: TRE, Bd. 18 (1989); M. HECKEL: Ges. Schr. Staat, Kirche, Recht, Gesch., hg. v. K. SCHLAICH, 2 Bde. (1989); Die Kirchen u. die Politik. Beitrr. zu einem ungeklärten Verhältnis, hg. v. H. ABROMEIT u. a. (1989); H. MARRÉ: Die Kirchenfinanzierung in Kirche u. Staat der Gegenwart. Die Kirchensteuer im internat. Umfeld kirchl. Abgabesysteme u. im heutigen Sozial- u. Kulturstaat Bundesrep. Dtl. (^{3}1991); Christentum u. Demokratie im 20. Jh., hg. v. M. GRESCHAT (1992); Die Einigung Dtl.s u. das dt. Staat-Kirche-System, Beitrr. v. R. SCHOLZ u. a. (1992); D. KRAUS: Schweizer. Staatskirchenrecht (1993); Hb. des Staatskirchenrechts der Bundesrep. Dtl., hg. v. J. LISTL u. D. PIRSON, 2 Bde. (^{2}1994–95); Die Neuordnung des Verhältnisses von S. u. K. in Mittel- u. Osteuropa, Beitrr. v. O. LUCHTERHANDT u. A. ORSZULIK (1995); A. VON CAMPENHAUSEN: Staatskirchenrecht (^{3}1996); S.-R. KIM: Die Vorgesch. der Trennung von Kirche u. Staat in der Weimarer Verf. von 1919 (1996); J. LISTL: Kirche im freiheitl. Staat, 2 Bde. (1996); Christl. Botschaft u. Politik. Texte des Zentralkomitees der Dt. Katholiken zu Politik, Staat, Verfassung u. Recht, hg. v. H. BUCHHEIM u. F. RAABE (^{3}1997); R. ZIPPELIUS: S. u. K. Eine Gesch. von der Antike bis zur Gegenwart (1997).

Stab, 1) *allg.:* runder, längl., also stockähnl. Gegenstand; oft Abzeichen der Macht und Würde, auch der Zauberkraft, in besonderer Ausführung Amtsabzeichen, bes. der Herrscher (Zepter), der Bischöfe (→Bischofsstab) und Marschälle (→Marschallstab).

2) *Baukunst, Möbelbau:* längl. Profilglied, oft als ornamentierte Zierleiste, z. B. Rund-, Viertel-, Perl-, Eier-, Birnstab.

3) *Festigkeitslehre:* gerader oder gekrümmter langer Körper von annähernd gleich bleibendem Querschnitt und hinreichender Steifigkeit, um Kräfte aufnehmen oder übertragen zu können. Je nach Beanspruchung unterscheidet man Zug-, Druck-, Knick- und Torsions-S. In der konstruktiven Anwendung sind Stäbe meist Glieder eines →Fachwerks. Druckstäbe bestehen i. Allg. aus mehreren Einzelstäben, die in regelmäßigen Abständen durch Querverbindungen zusammengefasst sind, im Stahl- und Leichtmetallbau z. B. durch angenietete oder angeschweißte Bindebleche (Rahmen-S.). →Knickung.

4) *Heraldik:* ein verschmälerter →Pfahl.

5) alte dt. *Längeneinheit,* die meist 2 Ellen galt (in Preußen aber $1^3/_4$ Ellen = 1,17 m). 1868–84 war S. im Norddt. Bund und im Dt. Reich die Bez. für Meter.

6) *Militärwesen:* Bez. für die Gesamtheit der Offiziere, Unteroffiziere und Mannschaften, die jeweils einem Kommandeur oder Befehlshaber eines Truppenkörpers (ab Bataillon aufwärts) oder einem Dienststellenleiter zur Unterstützung beigegeben sind. Zur rationellen Abwicklung der Führungsarbeit ist ein S. in sachlich zusammenhängende, abgegrenzte Aufgabenbereiche gegliedert.

7) *Organisation:* **Stabs|stelle,** organisator. Einheit, die als Leitungshilfsstelle zur Unterstützung einer oder mehrerer Instanzen eingerichtet wird. Die Aufgaben der S. umfassen die Vorbereitung von Entscheidungen (Informationsbeschaffung, -bearbeitung und -weiterleitung), Beratungstätigkeiten sowie die Unterstützung von Instanzen bei Planungs- und Kontrollaufgaben. Bei umfängl. Aufgaben werden **S.-Abteilungen** eingerichtet. Generalisierte S. tragen zur Entlastung bei, indem sie Teilaufgaben versch. Tätigkeitsbereiche der vorgesetzten Instanz übernehmen (z. B. Vorstandsassistenz); spezialisierte S. werden zur fachspezif. Unterstützung einer oder mehrerer Instanzen eingerichtet. Definitionsgemäß verfügen S. außer gegenüber den unmittelbar unterstellten Mitarbeitern über keine Weisungsrechte; in der Praxis wird aber v. a. spezialisierten S. die Befugnis zum Erlass fachbezogener Weisungen (abgeleitete Weisungsbefugnis) eingeräumt.

8) *Sport:* 1) in der Leichtathletik a) Staffel-S., beim Staffellauf weitergegeben wird; b) Stange für den S.-Hochsprung; 2) beim Turnen und in der Gymnastik ein Handgerät für Frei- und Gruppenübungen.

Stabat Mater *das, -/- -,* **S. M. dolorosa** [lat. ›(es) stand die schmerzensreiche Mutter‹], nach den Anfangsworten benannte Sequenz über das Mitleiden MARIAS beim Kreuzestod JESU; vermutlich zw. dem 12. und 14. Jh. entstanden; seit Einführung des Festes der Sieben Schmerzen Mariä (1727) in das Missale als Sequenz, in das röm. Brevier als Hymnus aufgenommen. Mehrstimmige Vertonungen gibt es seit dem 15. Jh.; zu nennen sind u. a. die von J. DESPREZ, G. P. DA PALESTRINA, O. DI LASSO, G. B. PERGOLESI, J. HAYDN, F. SCHUBERT, G. ROSSINI, G. VERDI, A. DVOŘÁK, K. PENDERECKI.

Stab|bau, v. a. bei den →Stabkirchen verwendete Holzbauweise mit inneren, das Dach stützenden Pfosten (Masten) und wandbildenden, senkrecht in den Boden oder einen Schwellenrahmen eingelassenen (Stab-)Planken. Pfosten und Planken werden durch einen oberen Schwellenrahmen, durch rechtwinklig aufsitzende Strebebalken (im Dachbereich als Kreuz gebildet, in den Seitenschiffen gegen die Pfosten gestemmt) und durch scheibenförmige Bogenstreben (an dem oberen Schwellenrahmen und den Strebebalken anliegend) versteift.

Stab|bogen, bogenförmig gekrümmter Stab, der als Gurt über einen Fachwerkträger gespannt wird und mit diesem durch Hängestangen verbunden ist.

Stäbchen, 1) *Anatomie:* Sinneszellen in der Netzhaut des →Auges.
2) *Mikrobiologie:* Grundform vieler Bakterienzellen, z. B. der der Gattungen Pseudomonas und Bacillus. BILD →Bakterien

Stäbchensaum, *Histologie:* andere Bez. für Mikrovillisaum (→Mikrovilli).

Stabdolch, *Vorgeschichtsforschung:* der →Dolchstab.

Stabelle [aus gleichbedeutend lat. stabellum] *die, -/-n,* schweizer. für: Schemel.

Staberl, eigtl. **Chrysostomus S.,** zentrale Figur des Wiener Volkstheaters: tollpatschig-pfiffiger kleinbürgerl. Wiener Parapluiemacher, geschaffen 1813 von A. BÄUERLE und gestaltet vom Schauspieler K. CARL; bis etwa 1850 Mittelpunkt zahlreicher Lokalpossen (**Staberliaden**).

Stabex, Kw. für **Stabilisierung der Exporterlöse, S.-System,** System zur Exporterlösstabilisierung der →AKP-Staaten bei der Ausfuhr landwirtschaftl. Erzeugnisse in die EU. S. ist ein Stabilisierungsfonds, der 1975 durch das 1. Lomé-Abkommen (Lomé I) eingeführt wurde und im Rahmen des Europ. Entwicklungsfonds (EEF) finanziert wird. Die Leistungen des S.-Fonds können in Anspruch genommen werden, wenn bei einem landwirtschaftl. Produkt in einem Jahr z. B. durch Produktionsausfälle oder Rückgänge des Weltmarktpreises Einbußen bei der Exporterlösen entstehen und zwei Bedingungen erfüllt werden: 1) Das Produkt muss mit einem Mindestanteil zum Gesamtexport des Landes beitragen (Abhängigkeitsschwelle). 2) Die Einbußen müssen einen bestimmten Anteil der durchschnittl. Exporterlöse für das Produkt im Vergleich zu den vier vorhergehenden Jahren überschreiten (Auslöseschwelle). Unter diesen Voraussetzungen wird der Differenzbetrag zw. dem Referenzniveau der letzten vier Jahre und den niedrigeren Erlösen des laufenden Jahres aus den Fondsmitteln erstattet. S. greift damit nicht in den Marktmechanismus ein.

Das S.-System wurde in den Lomé-Abkommen I–IV kontinuierlich erweitert. Die Zahl der landwirtschaftl. Produkte wurde von 29 auf 49 erhöht, die Abhängigkeits- und Auslöseschwellen, die anfänglich bei 7,5 % (2,5 % für die ärmsten Entwicklungsländer, Binnen- und Inselstaaten) lagen, wurden auf 6,5 % (2 %) in Lomé II, 6 % (1,5 %) in Lomé III und schließlich auf 5 % (1 %) in Lomé IV gesenkt. Das Finanzvolumen wurde von 925 Mio. ECU für den Zeitraum 1985–90 auf 1,8 Mrd. ECU für den Zeitraum von 1995–2000 erhöht. Die S.-Mittel, die anfangs bei Besserung der Einnahmensituation zurückgezahlt werden mussten, sofern das Empfängerland nicht zu den ärmsten Entwicklungsländern gehörte, werden seit In-Kraft-Treten von Lomé IV (1990) allen AKP-Ländern als Zuschüsse gewährt. Im Ggs. zum →SYSMIN sind die Zuschüsse nicht projektgebunden und die Verwendung der Mittel wird vorab nicht kontrolliert. Die Empfängerländer sind seit Lomé III allerdings verpflichtet, die Verwendungsabsichten bekannt zu geben, und sie müssen innerhalb eines Jahres nach Auszahlung einen Bericht vorlegen (die Mittel sollen v. a. zur Diversifizierung der Exportstrukturen eingesetzt werden). Kritisch wird zu S. eingewandt, dass bisher der Großteil der S.-Mittel nur wenigen Ländern zugute kam und sich die Zahlungen v. a. auf Kakao, Kaffee und Erdnüsse beschränkten. Zudem reichten in den Jahren 1980/81 und 1987/88 aufgrund des Preisverfalls für viele landwirtschaftl. Produkte auf den Weltmärkten die S.-Mittel nicht aus, um alle Ausgleichsansprüche abzudecken.

Stabfeder, *Kraftfahrzeugtechnik:* →Federung.

Stabfigur: Böhmische Stabfiguren aus Königgrätz

Stabfigur, Stabpuppe, aus dem javan. Wayang golek entwickelte Theaterpuppe, deren Kopf und Körper, an einem Stab befestigt, von unten von einer Spielerhand bewegt wird, während die andere die an Stäben befestigten Puppenhände führt. S. wurden zu Beginn des 20. Jh. in Moskau (S. W. OBRASZOW) und Wien (R. TESCHNER) in ihren künstler. Ausdrucksmitteln weiterentwickelt und besaßen Vorbildcharakter für die Entwicklung des Puppenspiels in den Ländern Osteuropas. (→Puppentheater)

Stabheuschrecken, Stabschrecken, Bez. für mehrere Gattungen der →Gespenstschrecken, deren Vertreter dünnen Zweigen ähneln; sie sind stabförmig, meist bräunlich, oft flügellos. Im Mittelmeerraum verbreitet ist die **Mittelmeerstabschrecke** (Bacillus rossii; Länge bis 10 cm), grün bis braun gefärbt, flügellos. Die in Indien beheimatete **Stabschrecke** (Carausius morosus) wird bei uns häufig als Labortier gezüchtet. Sie ist nachtaktiv und zu physiolog. Farbwechsel befähigt. Ihre Nahrung besteht aus Flieder- und Efeublättern. Sie pflanzt sich ausschließlich parthenogenetisch fort.

Stab Stabhochsprung – Stabilisierungsflossen

Stabhochsprung: Bewegungsablauf

Stabhochsprung, leichtathlet. Disziplin für Männer und (zunehmend) Frauen, bei der nach einem Anlauf eine Sprunglatte mithilfe einer S.-Stange **(Stab)** in möglichst großer Höhe zu überqueren ist. Die Sprunganlage besteht aus der Anlaufbahn (sie muss einen Anlauf von mindestens 45 m ermöglichen), den höhenverstellbaren Sprungständern mit Auslegern, auf denen die 4,48–4,52 m lange Sprunglatte ruht, dem zw. den Sprungständern in den Boden eingelassenen Einstichkasten (für den Stab) sowie dem 5 m × 5 m messenden Sprungkissen (Mindesthöhe 80 cm). Im Wettkampf hat der Stabhochspringer für jede Höhe drei Versuche. Er kann nach einem Fehlversuch auf weitere Versuche über die nicht erreichte Höhe verzichten und bei einer größeren Höhe den Wettkampf fortsetzen. Nach drei Fehlversuchen hintereinander scheidet er jedoch endgültig aus. Haben zwei Springer die gleiche Höhe überquert, werden nach der ›Fehlversuchsregel‹ zunächst die Fehlversuche bei der letzten Höhe, dann diejenigen des gesamten Wettbewerbs gezählt.

S. – auch Teil des Zehnkampfes (zweiter Tag, dritte Disziplin) – ist olymp. Disziplin seit 1896 (Männer), EM- seit 1934 (Frauen) bzw. 1998 (Frauen) und WM-Disziplin seit 1983 (Männer) bzw. ab 1999 (Frauen).

Stabiae, antike Küstenstadt in Kampanien, an deren Stelle heute →Castellammare di Stabia liegt. Der von Oskern gegründete Ort wurde 89 v. Chr. von SULLA zerstört; es entstand ein röm. Villen- und Badeort, der beim Vesuvausbruch 79 n. Chr. verschüttet wurde. 1749–62 und 1775–82 wurden u. a. Fresken ausgegraben. Ab 1950 legte man am Hang liegende Villenanlagen frei; die Villa di San Marco ist ein reich gegliederter Baukomplex, der v. a. um einen weitläufigen Thermalbereich mit zwei Peristylhöfen, einer Reihe von Becken, Ruheräumen u. a. erweitert wurde, im Tepidarium Wandmalereien im 4. pompejan. Stil; in der Villa di Arianna Malereien im 2. und 3. pompejan. Stil, eines der Motive ist die verlassene Ariadne (Triclinum).

stabil [lat. stabilis ›standhaft‹, zu stare ›stehen‹], **1)** *allg.:* beständig, widerstandsfähig, dauerhaft.
2) *Naturwissenschaften:* gleichbedeutend mit zeitlich konstant oder stationär innerhalb vorgegebener Grenzen (→Stabilität).

Stabile das, -s/-s, Bez. für die stat. Plastiken von A. CALDER.

stabiles Gleichgewicht, *Physik:* →Gleichgewicht.

Stabilisator der, -s/...'toren, *Elektronik* und *Elektrotechnik:* die →Stabilisierungsschaltung.

Stabilisatoren, 1) *Chemie:* allg. Bez. für Stoffe, die chem. Produkten, Kosmetika, Lebensmitteln u. a. in geringen Anteilen zugesetzt werden, um durch Einwirkung von Wärme, Licht (UV-Strahlung) oder Sauerstoff (→Antioxidantien) bedingte bzw. infolge Phasentrennung auftretende unerwünschte Veränderungen (Alterung) zu unterdrücken. Die Wirkung kann z. B. darauf beruhen, dass die Zersetzung instabiler Verbindungen verhindert wird (z. B. bei Nitrocellulose oder Nitroglycerin durch Diphenylamin oder Harnstoffderivate) oder dass der Phasenaufbau von Emulsionen stabilisiert wird (z. B. durch Stärkeprodukte, Pektine, Polyvinylalkohol). Besondere techn. Bedeutung haben PVC-Stabilisatoren (→Polyvinylchlorid).
2) *Kraftfahrzeugtechnik:* Bauteile zur Verringerung der Kurvenneigung der Karosserie und zur Beeinflussung des Eigenlenkverhaltens (z. B. zur Verminderung des Übersteuerns); sie versteifen bei einseitiger Belastung die Federung (z. B. beim Überfahren einseitiger Hindernisse). S. sind meist als Torsionsstäbe ausgeführt, die im Fahrzeughauptteil quer zur Fahrtrichtung gelagert sind und über u-förmig angebrachte Schenkel an den Radaufhängungen angreifen (BILD →Achsanordnung).
3) *Schiffbau:* aktiv wirkende Anlagen zur Verringerung der Schlingerbewegung, v. a. Schlingerflossen (→Schlingerdämpfung).

Stabilisierung, *Wirtschaft:* i. e. S. als **S. der Währung** die Herstellung geordneter Währungsverhältnisse im Inland (i. d. R. durch Bekämpfung einer Inflation) mit dem Ziel eines konstanten Preisniveaus **(innere Stabilität, Geldwertstabilität)**, gegenüber dem Ausland die S. der Wechselkurse **(äußere Stabilität)**; i. w. S. als **S.-Politik** alle wirtschaftspolit. Maßnahmen zur Erreichung wirtschaftl. Stabilität einzelner Märkte (z. B. internat. Rohstoffmärkte, Agrarmärkte) oder der Gesamtwirtschaft. Die **gesamtwirtschaftliche S.** umfasst alle finanz- und konjunkturpolit. Maßnahmen zur Realisierung des gesamtwirtschaftl. Gleichgewichts (→Stabilitätspolitik).

Stabilisierungsflossen, *Flugzeubau:* feste, zur Flugrichtung parallele Flächen zur Dämpfung von

Stabiae: Fresko der so genannten Primavera aus Stabiae, wohl 3. Viertel des 1. Jh. n. Chr. (Neapel, Museo Archeologico Nazionale)

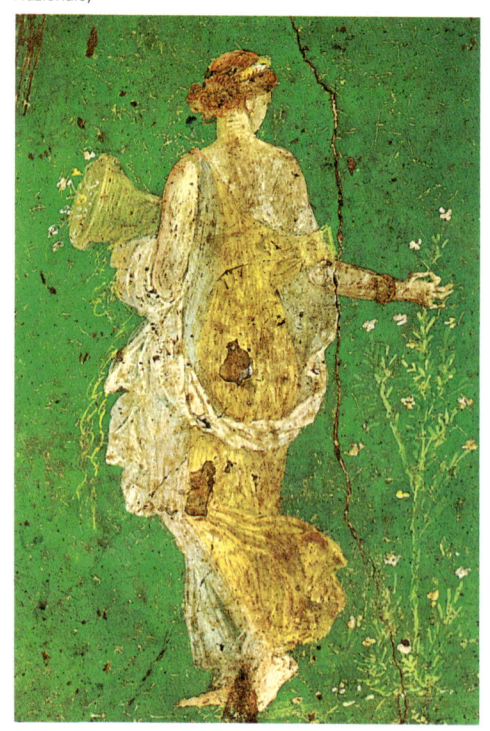

Drehbewegungen um die zugeordneten Achsen (i. d. R. Teile des Leitwerks).

Stabilisierungs|schaltung, Stabilisator, *Elektronik* und *Elektrotechnik:* Bez. für passive oder aktive Schaltungen oder Bauelemente mit einer Strom-Spannungs-Kennlinie, die in einem angegebenen Bereich näherungsweise parallel zur Koordinatenachse der Spannung (Stromstabilisierung) oder des Stroms (Spannungsstabilisierung) verläuft, d. h. in einem vorgegebenen Bereich unabhängig von Last- oder Temperaturänderungen sowie von Schwankungen der Netzspannung ist. Je nachdem, ob das stabilisierende Element parallel oder in Serie zum Verbraucher geschaltet ist, spricht man von Parallel- oder Serienstabilisierung. Die Abweichungen vom Sollwert betragen meist 0,01 bis 0,1, können aber auch geringer sein. Die einfachste Form einer **Spannungs-S.** besteht aus der Reihenschaltung eines Widerstands mit einer →Z-Diode, wobei die Ausgangsspannung gleich der Zener-Spannung ist (Z-Dioden-Grundschaltung). Bessere Stabilisierung lässt sich mit Brückenschaltungen erreichen, höhere Ausgangsleistungen werden mit nachgeschalteten Transistorverstärkerstufen erzielt. Die **Stromstabilisierung** kann grundsätzlich auf die Spannungsstabilisierung zurückgeführt werden und lässt sich ebenfalls als Serien- oder als Parallel-S. aufbauen. S. werden u. a. als Teil von Spannungs- oder Stromreglern in Netzgeräten und Schaltnetzteilen eingesetzt.

Stabilisierungstruppe, die internat. Friedenstruppe →SFOR.

Stabilitas Loci [lat. ›Bleiben an einem Ort‹], **Stabilität,** die Bindung des Ordensangehörigen an das Kloster seines Eintritts; geht auf BENEDIKT VON NURSIA zurück.

Stabilität [lat. stabilitas ›das Feststehen‹, ›die Standhaftigkeit‹], **1)** *allg.:* Haltbarkeit, Festigkeit, Beständigkeit, Konstanz.

2) *Flugzeug:* Fähigkeit eines Luftfahrzeugs, einen durch äußere Einflüsse vorübergehend gestörten Gleichgewichtszustand der Fluglage **(statische S.)** oder der Flugbewegung **(dynamische S.)** wieder zu erlangen. **Natürliche S.** oder **Eigen-S.** liegt vor, wenn infolge geeigneter Formgebung und Schwerpunktlage des Luftfahrzeugs durch dessen Auslenkung Kräfte und Momente erzeugt werden, die es ohne Zuhilfenahme von Steuerrudern wieder in die Ausgangslage zurückführen. Man unterscheidet **Längs-S.** gegenüber Drehungen um die Querachse (Nickbewegungen), **Kurs-** oder **Richtungs-S.** gegenüber Drehungen um die Hochachse (Gierbewegungen) und **Quer-S.** gegenüber Drehungen um die Längsachse (Rollbewegungen). – Verzichtet man auf die natürl. S., was z. B. bei modernen Kampfflugzeugen Verbesserungen von Flugleistungen und -eigenschaften ermöglicht, so kann das indifferente oder instabile Gerät mithilfe einer bes. leistungsfähigen Flugregel- und -steuerungsanlage durch dauernde korrigierende Bewegungen von Steuerrudern ebenfalls in einem Gleichgewichtszustand gehalten werden **(künstliche S.).** – Auch aeroelast. Verformungen des Luftfahrzeugs können dessen S.-Verhalten beeinflussen.

3) *kath. Ordensrecht:* die →Stabilitas Loci.

4) *Meteorologie:* Bez. für einen Zustand der Atmosphäre, bei dem die vertikale Temperaturabnahme in nicht feuchtigkeitsgesättigter Luft kleiner ist, als es der Trockenadiabate entspricht, also geringer als 1 °C pro 100 m Höhendifferenz. Wird eine Luftmenge, die die Temperatur ihrer Umgebung besitzt, bei diesem Zustand der Atmosphäre verschoben, so ist sie beim Aufsteigen immer kälter, beim Absteigen dagegen ständig wärmer als ihre Umgebung und hat das Bestreben, in ihre Ausgangslage zurückzukehren. Stabile Schichtung der Atmosphäre herrscht v. a. bei gleich

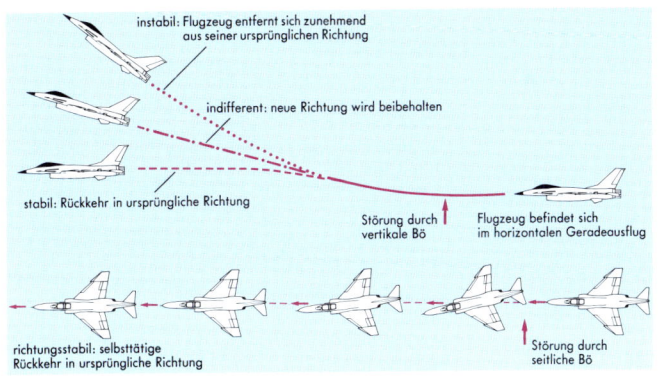

Stabilität 2): oben Längsstabilität; unten Richtungsstabilität

bleibender (Isothermie) oder zunehmender Temperatur mit der Höhe (→Inversion).

5) *Physik, Chemie* und *Technik:* 1) die Beständigkeit eines zusammengesetzten und durch innere Kräfte zusammengehaltenen Systems auch bei äußeren Einwirkungen, sofern diese eine bestimmte Stärke nicht überschreiten. Beispiele sind die S. von Bauten, die S. der Materie und ihrer Atome, Moleküle und Atomkerne, allg. die S. gebundener Zustände von Teilchen, die darin besteht, dass sie nicht in Teile zerfallen. Insbesondere die Atomkerne (→Kern) nur dann stabil, wenn das Verhältnis der Zahl ihrer Neutronen zur Zahl ihrer Protonen nicht von einem Wert abweicht, der bei kleiner Ordnungszahl Z nur wenig größer als 1 ist, bei schweren Kernen infolge der Coulomb-Abstoßung der Protonen bei 1,6 liegt (Neutronenüberschuss). Andernfalls sind sie instabil und suchen durch radioaktive Umwandlung (→Radioaktivität) ein derartiges Verhältnis zu erreichen. (→Instabilität)

2) Eigenschaft eines physikal., techn. oder chem. Systems, Zustands oder Vorgangs, bei einer aus einem Gleichgewicht herausführenden äußeren Störung dieser entgegenzuwirken und nach Aussetzen der äußeren Einwirkung bzw. infolge auftretender Rückstellkräfte in den Ausgangszustand zurückzukehren. Beispiele: die stat. Standsicherheit von Gebäuden, die Schwimm- und Flug-S. von Schiffen und Flugzeugen, das stabile →Gleichgewicht in der Mechanik, das →chemische Gleichgewicht in der Thermodynamik oder Relaxationsvorgänge (→Relaxation).

6) *Schiff:* Eigenschaft eines Schiffes, einer störenden Kraft oder einem Moment entgegenzuwirken und nach Aussetzen dieses Moments wieder die normale Schwimmlage einzunehmen. Dementsprechend unterscheidet man **Quer-S.** gegen krängende Momente (um die Längsachse des Schiffes) und **Längs-S.** gegen trimmende Momente (um die Querachse). Die Abmessungsverhältnisse eines Schiffes verdeutlichen, dass bei Überwasserschiffen die Quer-S. am wichtigsten ist. Bei U-Booten hat die Längs-S. bei der Tauchfahrt erhebliche Bedeutung. Krängende oder trimmende Momente können statisch (Gewichtsverschiebungen innerhalb des Schiffs, konstanter Winddruck) oder dynamisch (Schlingern im Seegang) auftreten. Dementsprechend unterscheidet man zw. **statischer S.** und **dynamischer Stabilität.**

Die S. eines Schiffes wird bestimmt durch die Höhenlage des schiffsformabhängigen Metazentrums M und des von der Massenverteilung im Schiff abhängigen Gewichtsschwerpunkts G. Das Metazentrum ist der Schnittpunkt der durch den Formschwerpunkt (Verdrängungsschwerpunkt) F gehenden Auftriebsrichtung zweier benachbarter Neigungswinkel, der nur bei kleinen Neigungen in der Mittschiffsebene liegt. Es bewegt sich bei größeren Neigungen auf der so genannten metazentr. Evolute, d. h., die Strecke $\overline{MF}$ ist der jeweilige Krümmungsradius der Formschwerpunktskurve. Man unterscheidet je nach Neigungsrichtung Breiten- und Längenmetazentrum. Die metazentr. Höhe ist der Abstand des Metazentrums für die aufrechte Lage von dem Gewichtsschwerpunkt G des Schiffs. Je größer die Strecke $\overline{GM}$ ist, desto mehr Widerstand setzt das Schiff der Krängung entgegen. Für den Bereich der Anfangs-S. (Neigungen bis etwa 5°) ist

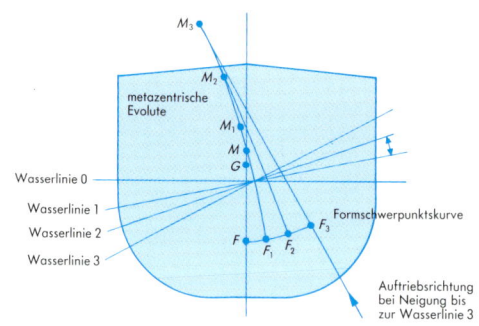

Stabilität 6): Schematische Darstellung des Metazentrums; M Anfangsmetazentrum, M_1, M_2, M_3 wahres Metazentrum, F_1, F_2, F_3 Formschwerpunkt für die jeweilige Neigung, G Gewichtsschwerpunkt

das aufrichtende **S.-Moment** proportional zur metazentr. Höhe, sodass ein tiefer liegender Gewichtsschwerpunkt die S. vermehrt. Das Verhalten des Schiffs wird instabil, wenn die metazentr. Höhe null wird; das Schiff kentert, wenn M unter G rutscht. Bei größeren Neigungswinkeln ist das Auswandern von F aus der Mittschiffsebene aufgrund der veränderten Form des Unterwasserschiffs zu berücksichtigen. Die Auftriebslinie geht dann nicht mehr durch M, sondern durch einen anderen Schnittpunkt N der Mittschiffsebene. Das S.-Moment und damit das Aufrichtevermögen hängen dabei von der Form des Unterwasserschiffs ab. Eine stabile Schwimmlage liegt vor, wenn N oberhalb von G liegt. Diese **Form-S.** ist umso höher, je breiter der Schiffskörper ist. Mit Ausnahme spezieller Schiffe, die gewichtsstabil sind (G liegt unter F), sind alle sonstigen Schiffe in dieser Weise formstabil (G liegt über F).

7) *Wirtschaft:* →Stabilitätspolitik.

Stabilitäts|anleihe, schuldenpolit. Instrument zur zeitlich befristeten Abschöpfung privater Nachfrage in einer Phase der Hochkonjunktur. Die aufgenommenen Mittel werden bei der Dt. Bundesbank stillgelegt. Der Bund legte bisher einmal im Rahmen des Stabilitätsprogramms vom 9. 5. 1973 eine S. in Höhe von 2,5 Mrd. DM auf. Sie wurde 1975 im Zusammenhang mit kreditfinanzierten Maßnahmen zur Konjunkturstützung aufgelöst.

Stabilitätsgesetz, Stabilitäts- und Wachstumsgesetz, Abk. **StWG,** Kurz-Bez. für **Gesetz zur Förderung der Stabilität und des Wachstums der Wirtschaft,** die gesetzl. Grundlage einer am Konzept des Keynesianismus orientierten antizykl. Konjunkturpolitik. Das S. vom 8. 6. 1967 verpflichtet in §1 Bund und Länder, bei ihren wirtschafts- und finanzpolit. Maßnahmen die Erfordernisse des gesamtwirtschaftl. Gleichgewichts zu beachten; die Maßnahmen müssen im Rahmen der marktwirtschaftl. Ordnung gleichzeitig zur Stabilität des Preisniveaus, zu einem hohen Beschäftigungsstand und zum außenwirtschaftl. Gleichgewicht bei stetigem und angemessenem Wirtschaftswachstum beitragen. Zur Erreichung dieser Ziele stehen einerseits Informations- und Koordinationsinstrumente, andererseits Steuerungsinstrumente im Sinne der Globalsteuerung zur Verfügung.

Informations- und Koordinationsinstrumente: Die Bundes-Reg. muss jeweils im Januar einen →Jahreswirtschaftsbericht vorlegen (§2 StWG), Orientierungsdaten für die →konzertierte Aktion bereitstellen (§3 StWG), eine →mittelfristige Finanzplanung durchführen (§9 StWG), mehrjährige Investitionsprogramme aufstellen (§10 StWG), alle zwei Jahre einen Subventionsbericht vorlegen (§12 StWG) und den →Konjunkturrat für die öffentliche Hand bilden (§18 StWG). Auch die Haushaltswirtschaft der Gemeinden und Gemeindeverbände soll den konjunkturpolit. Erfordernissen entsprechen (§16 StWG).

Steuerungsinstrumente: Die Bundes-Reg. hat das Recht, mit Zustimmung des Bundesrats durch VO Maßnahmen zu treffen, um eine Rezession zu überwinden oder einen Boom zu dämpfen. Hierzu zählen Änderungen der Einkommen- und Körperschaftssteuersätze um 10% nach oben oder nach unten, die Bildung einer →Konjunkturausgleichsrücklage bei Bund und Ländern und deren spätere Auflösung im Rahmen der Defizitfinanzierung sowie die Begrenzung der Neuverschuldung von Bund, Ländern und Gemeinden (›Schuldendeckel-VO‹). Diese Rechte sollen eine raschere wirtschaftspolit. Reaktion ermöglichen, da die Verabschiedung spezieller Gesetze nicht nötig ist. Auch Maßnahmen zur Begrenzung oder Ausweitung öffentl. Ausgaben (z. T. über zusätzl. Kreditaufnahme) und zur Beschleunigung öffentl. Investitionen sowie weitere steuerpolit. Maßnahmen (z. B. Festsetzung von Steuervorauszahlungen, Aussetzung von Sonderabschreibungen) sind vorgesehen.

Gegen das S. wird vorgebracht, dass es die Erwartungen nicht erfüllt habe und oft Stabilitätspolitik mit anderen Instrumenten betrieben worden sei. Zuweilen wird auch eine Überarbeitung und Ergänzung des S. im Sinne neuer wirtschaftswiss. Erkenntnisse gefordert, da die Steuerungsinstrumente des S. seit Mitte der 1970er-Jahre kaum noch benutzt wurden.

⇒ *Finanzpolitik · Fiskalpolitik · Konjunktur · Stabilitätspolitik · Wachstum*

H. H. HOLLMANN: Rechtsstaatl. Kontrolle der Globalsteuerung (1980).

Stabilitätsmoment, →Stabilität.

Stabilitätspakt, Vereinbarung der Staats- und Reg.-Chefs der Mitgl.-Länder der EU auf ihrem Treffen in Amsterdam (Juni 1997) zur Sicherstellung einer dauerhaften Stabilitätsorientierung der – im Ggs. zur Geldpolitik – auch nach Beginn der Europ. Wirtschafts- und Währungsunion (EWWU) in nat. Verantwortung verbleibenden Finanzpolitik. Der S. stellt eine Präzisierung der bereits im Maastricht Vertrag (Art. 103 und 104c EG-Vertrag) angelegten Überwachungs- und Sanktionsmechanismen bei Vorliegen übermäßiger Haushaltsdefizite dar. Ein übermäßiges Defizit liegt danach vor, wenn das geplante oder tatsächliche öffentl. Defizit eines Mitgl.-Staates den Referenzwert von 3% des Bruttoinlandsproduktes (BIP) überschreitet. In diesem Fall löst die Europ. Kommission ein ›Haushaltsüberwachungsverfahren‹ aus und erstattet dem Rat der EU Bericht. Der Rat der EU kann eine Überschreitung des Referenzwertes allerdings auch als vertretbare Ausnahme einstufen, wenn nicht beeinflussbare, außergewöhnl. Ereignisse (z. B. Naturkatastrophen) ursächlich für das Defizit sind oder wenn eine schwere Rezession, verbunden mit einem Rückgang des realen BIP um mindestens 2%, vorliegt. Auch bei einem Rückgang des realen BIP um 0,75% bis 2% kann der Rat auf die Feststellung eines übermäßigen Defizits verzichten, sofern das betreffende Mitgl.-Land eine sehr plötzliche konjunkturelle Verschlechterung oder ›kumulierte Produktionseinbußen im Vergleich zu früheren Trends‹ als Ausnahmetatbestände geltend machen kann. Wird jedoch ein übermäßiges Defizit festgestellt, hat der betroffene Staat innerhalb von vier Monaten geeignete Maßnahmen zu dessen Abbau zu ergreifen. Kommt ein Teilnehmer am Euro-Währungsraum dem nicht nach, kann er, nach Veröffentlichung der Empfehlungen des Rates, zunächst in Verzug gesetzt und dann – vor Ablauf einer Frist von zehn Monaten – mit Sanktionen belegt werden, und zwar in Form einer unverzinsl. Einlage bei der Europ. Zentralbank in Höhe von maximal 0,5 % des jährl. BIP. Die Einlage wird automatisch in eine Geldbuße umgewandelt, wenn das übermäßige Defizit nach zwei Jahren noch besteht.

Für einen föderalen Staat wie z.B. Dtl. stellen v. a. die Fixierung der Verschuldungsgrenzen der einzelnen Gebietskörperschaften, aber auch die Regelungen über die Verteilung etwaiger Strafzahlungen ein Problem dar. (→öffentliche Schulden).

Stabilitätspolitik, Stabilisierungspolitik, i. w. S. die Gesamtheit aller wirtschaftspolit. Maßnahmen zur Erreichung des Ziels, den Wirtschaftsablauf zu stabilisieren und die Volkswirtschaft möglichst im Zustand des gesamtwirtschaftl. Gleichgewichts zu halten (→Stabilitätsgesetz). I. e. S. wird unter S. eine Politik der Stabilisierung des Preisniveaus verstanden. I. d. R. werden die Begriffe S. und Stabilisierungspolitik synonym gebraucht. Zuweilen wird der Begriff S. jedoch für die Bewahrung einer bereits vorhandenen wirtschaftl. Stabilität verwendet, während mit Stabilisierungspolitik die aktive Bekämpfung eines gesamtwirtschaftl. Ungleichgewichts bezeichnet wird.

Die S. i. w. S. basiert auf drei Säulen: Geld-, Fiskal- und Einkommenspolitik. Träger der Geldpolitik (→Geld) ist in den meisten Industrieländern eine von der Reg. unabhängige Zentralbank. Nach Vollendung der Europäischen Wirtschafts- und Währungsunion (EWWU) wird diese Funktion von der Europ. Zentralbank (EZB) bzw. dem Europ. System der Zentralbanken (ESZB) wahrgenommen. Mithilfe der geldpolit. Instrumente (z. B. Offenmarkt-, Zins- oder Mindestreservepolitik) kann die EZB die Geldversorgung der Wirtschaft und die Geldmarktzinssätze steuern. Durch Liquiditätsverknappung und Zinserhöhung kommt es tendenziell zu einem Rückgang der gesamtwirtschaftl. Nachfrage und damit zu einer Dämpfung des Preisauftriebs sowie einem Rückgang der Beschäftigung. Der öffentl. Haushalte können mit dem Instrumenten der →Fiskalpolitik ebenfalls stabilisierend wirken. Es bestehen dafür zwei Möglichkeiten: Zum einen kann durch Verringerung der öffentl. Ausgaben oder durch Erhöhung der öffentl. Einnahmen die öffentl. bzw. die private Nachfrage gedämpft werden. Zum anderen kann versucht werden, durch steuerl. Entlastungen das Kostenniveau für die Unternehmen zu senken und damit preisdämpfend zu wirken. Wie bei der steuerl. Entlastung der Unternehmen geht es bei der →Einkommenspolitik, der dritten Säule der S., darum, die Entwicklung von Kosten und Preisen direkt und nicht auf dem Umweg über die Nachfragedämpfung zu beeinflussen. Ihr Ansatzpunkt liegt bei der Entstehung der Einkommen, v. a. der Löhne und Gewinne, und nicht erst bei ihrer Verwendung (für Ausgaben oder Ersparnisbildung). Mit der Einkommenspolitik soll erreicht werden, dass die Anbieter von Arbeit (die Arbeiter, Angestellten und Beamten) und von Gütern (die Unternehmen) im gesamtwirtschaftl. Interesse nicht alle Möglichkeiten der Lohn- bzw. Preissteigerung ausschöpfen. Diese Politik steht daher in einem Konflikt mit der Tarifautonomie und der Preissetzungsautonomie der Unternehmen.

Umstritten ist, inwieweit sich die S. auf die Preisstabilität beschränken und inwieweit diese Aufgabe nur einem Träger der Wirtschaftspolitik, der Notenbank, zugeordnet werden soll. Die Stellungnahme zu diesen Fragen hängt von der wirtschaftstheoret. Grundposition ab: Wer die Auffassung des Monetarismus teilt, dass die Geldpolitik zumindest mittelfristig nur die Inflationsrate beeinflusst, nicht aber die Beschäftigung, wird der Inflationsbekämpfung ein hohes Gewicht einräumen und diesen Teil der S. dem Zentralbanksystem zuordnen. Dieses sollte eine allein an der Preisstabilität ausgerichtete Geldpolitik verfolgen. Die übrigen Träger staatl. Wirtschaftspolitik sollten sich darauf beschränken, verlässl. Rahmenbedingungen für den privaten Sektor zu setzen. Eine aktive Stabilisierungspolitik wird abgelehnt. Anhänger des Keynesianismus vertreten die Ansicht, dass die Geldpolitik auch mittelfristig Einfluss auf die Beschäftigung hat, und sie neigen dazu, dem Beschäftigungsziel und damit der Bekämpfung der Arbeitslosigkeit einen höheren Rang einzuräumen. Sie betonen daher das Zusammenspiel der versch. Instrumente der Fiskal- (antizykl. Finanzpolitik) und Einkommenspolitik im Sinne einer Globalsteuerung der konjunkturellen Entwicklung und des wirtschaftl. Wachstums. Gefordert wird außerdem ein abgestimmtes Verhalten der einzelnen Träger der Wirtschaftspolitik, da alle Instrumente auf alle gesamtwirtschaftl. Ziele einwirken. In der EWWU wirft dies besondere Probleme auf, da die Geldpolitik in den Händen der EZB liegt und ganz auf das Ziel der Preisniveaustabilisierung abstellt, während die Fiskalpolitik im Wesentlichen weiterhin von den einzelnen Mitgl.-Staaten betrieben wird, wobei erhebl. Auffassungsunterschiede über Möglichkeiten und Grenzen der fiskalpolit. Steuerung von Produktion und Beschäftigung bestehen.

RICHARD MÜLLER u. W. RÖCK: Konjunktur-, Stabilisierungs- u. Wachstumspolitik. Theoret. Grundlagen u. wirtschaftspolit. Konzepte (⁴1993); J. PÄTZOLD: Stabilisierungspolitik. Grundlagen der nachfrage- u. angebotsorientierten Wirtschaftspolitik (Bern ⁵1993); H. KAMPHAUSEN: Makroökonom. Wirkungsanalyse der S. (1995); H.-P. SPAHN: Makroökonomie. Theoret. Grundlagen u. stabilitätspolit. Strategien (1996); R. BECK: S. in der Europ. Wirtschafts- u. Währungsunion (1997); H. TOMANN: S. (1997); H. WAGNER: S. (⁴1997).

Stabilitätsregeln, *Kernphysik:* andere Bez. für die Isobarenregeln (→Isobare).

Stabio, Kurort im südl. Mendrisiotto, Kt. Tessin, Schweiz, 347 m ü. M., 3 300 Ew.; Heimatmuseum. Die radioaktiven Schwefel- sowie die jod- und fluorhaltigen Quellen werden bei rheumat. Erkrankungen und Hautkrankheiten angewendet. – Die jetzige Pfarrkirche St. Jakobus und Christophorus (1104 erwähnt) wurde im 16. bis 18. Jh. erbaut; barocke Ausstattung.

Stabkarten, von den Mikronesiern, bes. den Bewohnern der Marshallinseln, bis Anfang des 20. Jh. verwendete Navigationshilfen. Auf ihnen verdeutlichen Blattrippen der Kokospalme, die durch Kokosfasern zu einem unregelmäßigen Gitter verbunden sind, die Meeresströmungen, Dünungen und Kabbelungen; eingearbeitete Muscheln und Schnecken markieren die Lage der Inseln. S. unterlagen der Geheimhaltung; wegen ihrer notizenartigen Darstellung konnten sie nur mit Erläuterungen benutzt werden.

Stabkerndrossel, *Elektrotechnik:* eine Spule mit stabförmigem weichmagnet. Kern.

Stabkirche, Mastenkirche, ein- oder dreischiffige Holzkirche, mit steilem, mehrstöckig gestuftem Dach, deren auffälligstes Merkmal die senkrecht gestellten Pfosten sind (→Stabbau). Ihre Bauweise ist keine Übertragung der kontinentalen Steinbauweise in Holz, sondern eine selbstständige Entwicklung, sie wurde zuerst bei Profanbauten des 9. Jh. in Haithabu nachgewiesen und erreichte ihren Höhepunkt in den norweg. S. des 12. und 13. Jh. Die S. gingen vielleicht aus der altnorweg. Königshalle hervor, bei jüngeren S. sind roman. Einflüsse spürbar. Die Verzierungen, geschnitzte Drachen- und Rankenornamente, sind bis in die Gotik nicht vom Christentum bestimmt. In Nor-

Stab Stablack – Stachanow

Stabkirche im Freilichtmuseum Bygdøy, ursprünglich in Gol; 12. Jh.

wegen sind etwa 30 S. erhalten; zu den ältesten gehören die von →Borgund, Gol (seit 1885 im Freilichtmuseum Bygdøy), →Heddal und Urnes. Vereinzelte Beispiele gibt es auch in England und Schweden.

E. BURGER: Norweg. S.n (1978); D. LINDHOLM: S.n in Norwegen (²1979); G. BUGGE: Stave churches in Norway (Oslo 1983); Norweg. S. Architektur, Gesch. u. Traditionen, bearb. v. E. VALEBROKK u. T. THIIS-EVENSEN (a. d. Norweg., 1993).

Stablack, polnisch **Wzniesienia Górowskie** [vznjeˈsjenja guˈrɔvskje], Endmoränenzug überwiegend in Polen, N-Teil im Gebiet Kaliningrad, Russland, südöstlich vom Frischen Haff; erreicht im Schloßberg (poln. Góra Zamkowa) 216 m ü. M.; größtenteils bewaldet.

Adolf Stäbli: Sturm; 1878 (München, Neue Pinakothek)

Stäbli, Johann Adolf, schweizer. Maler, *Winterthur 31. 5. 1842, † München 21. 9. 1901; Schüler von R. KOLLER in Zürich (1859–62) und J. W. SCHIRMER in Karlsruhe (1862–63), eng befreundet mit H. THOMA. S. malte v. a. stimmungsvolle Landschaftsbilder mit Motiven des oberbayer. Voralpenlandes und des Harzes.

Stab-Lini|en-System, System der Leitung, bei dem jeder Untergebene nur von einem Vorgesetzten Weisungen erhält (Einliniensystem) und bei dem eine oder mehrere Instanzen durch Stabsstellen (→Stab) unterstützt werden. Detaillierte Entscheidungsvorbereitung durch den Stab und klare Kompetenzabgrenzungen ermöglichen Entlastungen und verbesserte Entscheidungen der Instanzen. Nachteile sind mögliche Stab-Linien-Konflikte, z. B. bei Demotivation des Stabes durch fehlende Entscheidungskompetenzen.

Stablo, Stadt in Belgien, →Stavelot.
Stabmühle, Form der Trommelmühle (→Mühle).
Stabplatte, *Holzverarbeitung:* eine Form der →Verbundplatten.
Stabpuppe, *Puppentheater:* die →Stabfigur.
Stabreim, *Metrik:* →Alliteration.
Stabreimvers, german. Versform, die durch den Stabreim gekennzeichnet ist (→Alliteration).
Stabroek [-bruːk], Gem. in der Prov. Antwerpen, Belgien, 16 600 Ew.; Konservenindustrie; das Antwerpener Hafengebiet am rechten Scheldeufer reicht nach S. hinein.
Stabs|arzt, dem Hauptmann entsprechender Sanitätsoffiziersdienstgrad. Dem S. im Rang gleichgestellt sind der **Stabsapotheker** und der **Stabsveterinär.**
Stabsfeldwebel, →Feldwebel, →Dienstgrad (ÜBERSICHT).
Stabsgefreiter, →Gefreiter, →Dienstgrad (ÜBERSICHT).
Stab|sichtigkeit, der →Astigmatismus.
Stabs|offiziere, Dienstgradgruppe, die die Ränge Major, Oberstleutnant und Oberst umfasst. (→Dienstgrad, ÜBERSICHT)
Stabs|spiele, Bez. für Idiophone mit abgestimmten Stäben oder Platten aus Holz (Xylophon, Marimbaphon) oder Metall (Celesta, Vibraphon, Stahlspiel).
Stabs|stelle, *Organisation:* →Stab.
Stabs|stahl, Sammel-Bez. für eine Gruppe von Walzwerkserzeugnissen, nämlich I- und U-Stahl mit Steghöhen unter 80 mm (darüber: Formstahl), Winkel-, T- und Z-Stahl, Vierkant-, Sechskant-, Flach-, Halbrund-, Rundstahl über einem bestimmten Mindestquerschnitt (darunter: Draht).
Stabs|unteroffizier, →Unteroffizier, →Dienstgrad (ÜBERSICHT).
Stabwerk, 1) *Baukunst:* Bez. der schmalen, senkrechten Stäbe aus Stein, die der Gliederung des unteren Teils got. Fenster dienen; im Perpendicular Style auch den Wänden vorgeblendet. (→Maßwerk)
2) *Bautechnik:* freies Tragwerk mit Stäben, die (im Ggs. zum Fachwerk) mit gelenkigen Verbindungen biegesteif miteinander verbunden sind und dessen äußere Kräfte im Gleichgewicht stehen (z. B. ein Binder), auch eine Scheibe, ein Körper oder eine Kette von räuml. oder ebenen, relativ zueinander bewegl. Gebilden, die sich starr gegen den Untergrund abstützen.
staccato [zu ital. staccare ›trennen‹], Abk. **stacc.,** musikal. Vortrags-Bez.: abgestoßen, d. h. die aufeinander folgenden Töne deutlich voneinander getrennt; angezeigt durch einen Punkt (oder Keil) über oder unter den Noten; Ggs.: legato.
Stacco-Verfahren [zu ital. staccare ›trennen‹], andere Bez. für Distacco-Verfahren (→Restaurierung).
Stachanow, Stachanov, bis 1937 und 1940–78 **Kadijewka, Kadiivka,** 1937–40 **Sergo,** Stadt im Gebiet Lugansk, Ukraine, im Donez-Steinkohlenbecken, 112 000 Ew.; Stadtmuseum; Steinkohlenbergbau; Eisenhütten, chem. Industrie, Maschinen- und Waggonbau. – S. entstand in den 1840er-Jahren mit dem Beginn des Steinkohlebergbaus und ist seit 1932 Stadt.

Stachanow-Bewegung, nach dem sowjet. Bergarbeiter ALEKSEJ GRIGORJEWITSCH STACHANOW (* 1906, † 1977) benannte Initiative zur Erreichung höchster Arbeitsleistungen, zur Steigerung der Arbeitsproduktivität durch rationale Arbeitsmethoden und zur Kostensenkung in der Wirtschaft der UdSSR. Ausgelöst wurde die S.-B. durch den in einer Zeche des Donez-Steinkohlenbeckens nach entsprechender Arbeitsvorbereitung während einer Schicht in der Nacht vom 30. zum 31. 8. 1935 erbrachten Förderrekord STACHANOWS von 102 t Kohle (rd. das 14fache der Norm). Von der KPdSU und den Gewerkschaften während des zweiten Fünfjahresplanes (1933–37) als vorbildl. Leistung propagiert, kam es bald darauf im →sozialistischen Wettbewerb zu einer regelrechten Rekordbewegung der Arbeiter und Kollektivbauern. Die S.-B. als organisierte Massenbewegung fand später in anderen kommunist. Staaten Nachahmung, z. B. in der von ADOLF HENNECKE begründeten Aktivistenbewegung in der DDR (→Aktivist).

Stachel, 1) *Botanik:* aus Rindengewebe gebildetes, leicht ablösbares Anhangsorgan der Sproßachse höherer Pflanzen (z. B. Rosen-S.). S. dienen zur Verankerung und als Schutz gegen Tierfraß. (→Dorn)
2) *Musik:* bei Violoncello, Kontrabaß und Kontrafagott u. a. ein ausziehbarer oder abmontierbarer Stab mit Metallspitze, auf den das Instrument während des Spiels gestützt wird.
3) *Zoologie:* mit einer Giftdrüse in Verbindung stehender Stechapparat (Wehr-S.) mancher Insekten, bei der Biene mit Widerhaken; der Gift-S. der Skorpione ist das umgewandelte letzte Hinterleibssegment; ferner dem Hautskelett aufsitzende und in einem Kugelgelenk bewegl. Kalkbildung bei S.-Häutern (z. B. beim Seeigel), harter Strahl der Fischflosse (z. B. beim Stichling) oder starkes, nicht biegsames, meist spitzes Haar bei manchen Säugetieren (z. B. beim Igel).

Stachel|aale, die →Pfeilaale.
Stachel|ähre, Acanthostachys, Gattung der Ananasgewächse mit zwei Arten im südl. Brasilien, in Argentinien und Paraguay; krautige Ausläufer bildende Pflanzen mit am Rand bestachelten Blättern mit langen Blattscheiden. Die **Stachelähre** (Acanthostachys strobilacea) hat Blüten in einer dichten, etwa 5 cm langen Ähre, gelb, in den Achseln orangerötlich, mit stechender Spitze versehener Tragblätter; als Zierpflanze kultiviert.
Stachel|alge, Stacheltang, Desmarestia aculeata, meist unterhalb des niedrigsten Wasserstandes in der Gezeitenzone von Küsten kälterer Meere vorkommende Braunalge; Thallus bis über 1 m lang, wechselständig verzweigt und im Frühjahr bis Frühsommer mit goldbraunen, haarbüschelähnl. Ausgliederungen bedeckt, die während des Sommers abfallen; die Alge erhält danach ein stachelartig gezacktes Aussehen.
Stachel|annone, Sauersack, Annona muricata, im trop. Amerika heim. Baum der Gattung Annone mit bis 2 kg schweren, zapfenförmigen Sammelfrüchten mit Reihen von Stachelspitzen (Griffelreste); im trop. Amerika, auf den Westind. Inseln, in W-Afrika und auf Java als Obstbaum kultiviert; das Fruchtfleisch wird gekühlt gegessen.
Stachel|apfel, der →Stechapfel.
Stachel|auster, Lazarusklapper, Spondylus gaederopus, 10 cm lange, eßbare Muschelart mit zahlr. Augen am Mantelrand; festgewachsen auf großen Steinen und Felsen bis in 40 m Tiefe im Mittelmeer und angrenzenden Atlantik. Die ungleichen, rötl. Schalenklappen mit langen stacheligen Fortsätzen sind meist ganz von dichtem Bewuchs bedeckt. Aufgrund ihres kräftigen, gut bewegl. Scharniers wurden die Schalen der S. im MA. von den Leprösen häufig als (vorgeschriebene) Lepraklapper (durch die sie ihre Umgebung vor ihrer ansteckenden Krankheit warnen mußten) verwendet.

Stachelbart, Hericium, Gattung der Stachelpilze mit mehr oder weniger stark verzweigten, schmutzig weißen bis gelbl. Fruchtkörpern; die Enden der Verästelungen sind dicht mit Büscheln von nach unten gekehrten, freien, spitzen, oft langen (korallen- oder eiszapfenähnl.) Stacheln besetzt; seltene, meist an alten Laubbaumstämmen vom Spätsommer bis zu den ersten Frösten wachsende, nach Abkochen eßbare Pilze, wie z. B. der 30 cm breite, weiße **Korallen-S.** (**Eiskoralle,** Hericium coralloides).
Stachelbeerblattwespe, Gelbe S., Pteronidea ribesii, 6–8 mm lange, gelbrote Art der Pflanzenwespen in Europa und Nordamerika. Die grünlich blauen, gelb gezeichneten raupenähnl. Larven fressen gesellig an den Blättern von Stachel- und Johannisbeersträuchern, oft bis zum Kahlfraß.

Stachelbeerblattwespe
(Länge 6–8 mm)

Stachelbeere, 1) die Pflanzengattung →Ribes.
2) Stachelbeere, Ribes uva-crispa, in Eurasien bis zur Mandschurei heim., niedriger Strauch in Gebüschen und Bergwäldern oder an Felsen; als Obstpflanze in versch. Sorten kultiviert; Langtriebe mit wechselständigen, dreilappigen, gekerbten, meist behaarten Blättern und unter den Blättern stehenden, einfachen oder dreiteiligen Stacheln; grünl. Blüten zu eins bis drei in beblätterten, stark gestauchten Kurztrieben; Beerenfrüchte derbschalig, borstig behaart oder glatt, mit zahlr. Samen. S. enthalten neben Kohlenhydraten v. a. Vitamin C und Vitamine der B-Gruppe. Sie werden roh gegessen sowie (unreif) zum Einmachen und Einfrieren oder für Saft und Konfitüre verwendet.
Kulturgeschichte: Die S. ist erstmals abgebildet im niederländ. ›Breviarium Grimani‹ (Anfang 16. Jh.). Von L. FUCHS wurde sie (als ›Krüselbeer‹) 1534 als Wildpflanze beschrieben und abgebildet, 1536 war die S. (oder ›Grossula‹) als Gartenpflanze bekannt. C. GESNER kannte eine großfrüchtige Kulturform. Erst als es gelang, bessere und großfruchtige Sorten zu züchten, fand die S. größere Verbreitung.
3) Chinesische Stachelbeere, die →Kiwi.
Stachelbeergewächse, Grossulariaceae, Pflanzenfamilie der Rosenähnlichen mit der wichtigsten Gattung →Ribes.
Stachelbeerqualle, die →Seestachelbeere.

Stachelbeere 2)
(Höhe bis 1 m)

Stachelbeerspanner
(Spannweite 35–40 mm)

Stachelbeerspanner, Harlekin, Abraxas grossulariata, einheim. weißer Falter mit schwarzgelber Fleckung, Flügelspannweite 35–40 mm. Die Raupe befrißt Blätter von Stachel- und Johannisbeere, auch von Haselnuß, Pflaume, Pfirsich, Schlehe und Weide.
Stachelbeertäubling, Russula queletii, nur bei Fichten von August bis Oktober wachsender Pilz; Hut lilafarben bis weinrot, oft fleckig ausblassend, 4–8 cm breit, anfangs glockig gewölbt, später tellerartig aufgebogen; Oberhaut klebrig und abziehbar; Lamellen weiß, später grau, brüchig; Stiel weinrot bis purpurfarben, schlank; Geruch nach Stachelbeerkompott; ungenießbar.
Stachelbilche, Platacanthomyinae, zu den Wühlern gestellte Unterfamilie mit zwei Gattungen in SO-China und N-Vietnam sowie SW-Indien. Die Vertreter der Gattung der **südindischen S.** (Platacanthomys) besitzen einen stacheligen Rückenpelz; sie ernähren sich von Früchten, Samen und Wurzeln und

Stac Stacheldinosaurier – Stachelpanax

können bei Massenauftreten v. a. an Pfefferpflanzen schädlich werden. Über die Lebensweise der Gattung **Typhlomys** ist fast nichts bekannt.

Stacheldinosauri|er, dt. Bez. für die Stegosaurier (→Stegosaurus).

Stacheldolde, Echinophora, Gattung der Doldengewächse mit nur wenigen Arten, verbreitet vom Mittelmeergebiet bis Iran. Die wichtigste Art ist die an den Küsten W-Europas und des Mittelmeerraumes vorkommende, mehrjährige, bis 50 cm hohe **Starre S.** (Echinophora spinosa) mit starren, fleischigen, fiederschnittigen, an den Spitzen der Blattabschnitte dornigen Blättern; Blüten weiß, in zusammengesetzten Dolden. Die pastinakähnl. Wurzel wird als Gemüse gegessen.

Stacheldraht, Bez. für einen Draht, um den in kürzeren Abständen aus Draht oder Blech gedreht sind; dient v. a. zur (abwehrenden) Umzäunung und zum Bau von Hindernissen.

Stachelflosser, Acanthopterygi|i, Überordnung der Knochenfische mit zweiteiliger Rückenflosse und brust- oder kehlständiger Bauchflosse, die mit dem Schultergürtel verbunden ist. Die Schuppen sind kammförmig oder fehlen (z. B. bei den Groppen). Die bodenbewohnenden Formen haben keine Schwimmblase. Die S. umfassen 14 Ordnungen mit 245 Familien, u. a. Barschartige Fische, Panzerwangen, Plattfische.

Stachelgurke, Sechium, Gattung der Kürbisgewächse mit sechs Arten im trop. Amerika; bekannt ist die in Brasilien heim., heute weltweit lokal angebaute Art →Chayote.

Stachelhaie, 1) Squaloide|i, Unterordnung der Haie ohne Afterflosse, z. B. mit der Familie →Dornhaie.
2) dt. Bez. für →Acanthodii.

Stachelhäuter, Echinodermata, zu den Deuterostomiern gehörende, wirbellose Tiere, mit rd. 6000 ausschließlich meeresbewohnenden Arten von wenigen Millimetern bis 1 m Länge; meist bodenbewohnende Tiere mit fünfstrahliger Radiärsymmetrie; Mundöffnung meist dem Boden zugekehrt, After gegenüberliegend. Im Unterhautbindegewebe wird ein Kalkskelett aus einzelnen Plättchen oder (meist) einen Panzer bildenden großen Platten (Ambulakralplatten) gebildet. Die Hautskelettplatten sind mit oft gelenkigen, durch Muskeln bewegl. Stacheln besetzt, die zu mehrteiligen Greifzangen (Pedicellarien) ausgebildet sein können.

Aus den drei miteinander verbundenen Teilen der Leibeshöhle (Coelom) geht ein kompliziertes Gefäßsystem hervor. Das charakterist. Wasser- oder Ambulakralgefäßsystem (Hydrocoel) besteht aus einem den Schlund umfassenden Ringkanal mit Sammelblasen (Poli-Blasen), von dem ein oft stark verkalkter Steinkanal entspringt, der meist über eine siebartig durchbrochene Madreporenplatte (Siebplatte) auf der Körperoberfläche mit dem Meerwasser in Verbindung steht. Vom Ringkanal zweigen fünf Radiärkanäle (Ambulakren) ab. Diese tragen schlauchförmige Anhänge, die durch Poren des Hautpanzers hindurchtreten und die Epidermis zu Ambulakraltentakeln oder -füßchen (mit Saugscheiben) vorwölben, die hydraulisch gestreckt und durch Muskeln zurückgezogen werden können. Sie dienen der Fortbewegung und dem Nahrungserwerb.

Das Blutgefäßsystem besteht aus Lakunen entlang des Darmes und der Kanäle des Wassergefäßsystems. Die Atmung erfolgt überwiegend über die Haut und das Wassergefäßsystem. Exkretionsorgane fehlen. Das Nervensystem besteht aus drei den Körper durchziehenden Nervennetzen; ein Gehirn fehlt. Die meisten S. sind getrenntgeschlechtig. Die Eier werden meist außerhalb des Körpers befruchtet, aus ihnen

Stachelmohn:
Argemone mexicana
(Höhe bis 1 m)

entwickeln sich zunächst zweiseitig symmetr. Schwimmlarven. Die fünfstrahlige Radiärsymmetrie entsteht erst im Verlauf der tief greifenden Metamorphose. Die versch. Larventypen der S. lassen sich von der **Dipleurulalarve** ableiten.

Die S. sind seit dem Unterkambrium, seit 590 Mio. Jahren, nachweisbar und waren in früheren Erdzeitaltern mit über 30000 Arten formenreicher als heute. Zu den rezenten Arten gehören die dauernd oder vorübergehend fest sitzenden →Haarsterne und Seelilien sowie die frei bewegl. Eleutherozoa mit den →Schlangensternen, →Seeigeln, →Seesternen und →Seewalzen. In den 1980er-Jahren wurde eine neue Gattung der S., Xyloplar (Seegänseblümchen), mit etwa 2–9 mm großen Individuen entdeckt.

Stachelhummer, die Europ. Languste (→Langusten).

Stachelkraftwurz, die →Stachelpanax.

Stachel|leguane, Sceloporus, Gattung 10–30 cm langer Leguane mit etwa 100 Arten in Nord- und Mittelamerika, überwiegend in trockenen Gebieten. Die gekielten Rückenschuppen sind geschindelt und nach hinten zugespitzt. Zu den S. gehören auch die beiden Arten der →Zaunleguane.

Stachel|lose Bienen, Meliponinae, Unterfamilie der sozialen Bienen mit 350 Arten; 1,5–16 mm lang, bes. in Südamerika verbreitet, aber auch in den altweltl. Tropen vorkommend. Da der Wehrstachel stark zurückgebildet ist, verteidigen sich S. B. durch Beißen und Ausspucken ätzender oder klebriger Sekrete. Die Nester werden teils verborgen in Hohlräumen, teils offen an Ästen oder Felsen angelegt, dabei werden außer Wachs auch Harz, Lehm und Mulm verwendet. Manche Arten bilden volkreiche Staaten mit bis zu 100000 Individuen (z. B. der Gattungen Melipona und Trigona), wobei ein Volk oft mehrere Königinnen hat. Im Nest werden ›Honigtöpfe‹ angelegt.

Stachelmakrelen:
Bastardmakrele
(Länge bis 50 cm)

Stachelmakrelen, Pferdemakrelen, Stöcker, Carangidae, Familie der Barschartigen Fische mit etwa 200 Arten in allen trop. und gemäßigten Meeren. Ihr Körper ist spindelförmig, hochrückig oder seitlich zusammengedrückt und vielfach schuppenlos; die Schwanzflosse ist tief gegabelt. S. sind geschätzte Speisefische. Die bis 50 cm lange Art **Bastardmakrele (Stöcker,** Trachurus trachurus) bewohnt den O-Atlantik einschließlich Mittelmeer. Die Jungfische leben meist in kleinen Schwärmen unter dem Schirm von Nessel- und Staatsquallen (z. B. der Port. Galeere) und sind dadurch gut geschützt. Zu den S. gehört auch der →Lotsenfisch.

Stachelmohn, Argemone, Gattung der Mohngewächse mit etwa 30 Arten in Amerika, auf Karib. Inseln und auf Hawaii; meist einjährige, bis 1 m hohe Kräuter mit gelbem Milchsaft und graugrünen, fiederteiligen, stachelig gezähnten Blättern; Blüten weiß oder gelb; Kapselfrüchte länglich, borstig behaart. Die Art **Argemone mexicana** ist ein heute weltweit verbreitetes Unkraut der Tropen; andere Arten werden als Gartenzierpflanzen kultiviert.

Stachelnuss, Burzeldorn, Tribulus, Gattung der Jochblattgewächse mit 25 Arten in den trop. und warmen Gebieten (bes. im trockenen Afrika); Kräuter mit liegenden Zweigen und gelben oder weißl. Blüten. Die Art Tribulus terrestris kann mit den Fruchtdornen (›Trampelkletten‹) Fußwunden verursachen.

Stachelpanax, Stachelkraftwurz, Eleuterococcus, Acanthopanax, Gattung der Araliengewächse mit rd. 30 Arten in O-Asien und im Himalaja;

sommergrüne, meist stachelbewehrte Sträucher oder Bäume mit gestielten, drei- bis siebenzähligen, wechselständigen Blättern; Blüten klein, grünlich, in endständigen Dolden, die einzeln stehen oder zu mehreren in großen, endständigen Rispen vereinigt sind. Mehrere Arten werden als Parkpflanzen kultiviert.

Stachelpilze, Gruppe von Ständerpilzen, bei denen zur Oberflächenvergrößerung der Sporen bildenden Schicht keine Lamellen oder Röhren, sondern Stacheln gebildet werden. Bekannte Vertreter sind der →Habichtspilz und der auch Igelschwamm genannte →Semmelstoppelpilz. Die Bildung von Stacheln ist in der Evolution vermutlich mehrfach unabhängig entstanden, sodass die S. keine natürl. Verwandtschaftsgruppe darstellen.

Stachelratten, Echimyidae, Familie der Trugrattenartigen (Überfamilie Octodontoidea) mit zahlr. Gattungen und Arten in den Wald- und Sumpfgebieten des trop. Mittel- und Südamerika; meist Waldbewohner, die sich v. a. von Früchten und Wurzeln ernähren; etwa rattengroß. Das Fell der **Eigentlichen S.** (Unterfamilie Echimyinae) trägt lanzenförmige, stachelige Haare; der Schwanz kann an einer bestimmten Stelle leicht abbrechen. Zur Gattung **Igelratten** (Proechimys) gehört die sehr häufig vorkommende, nachtaktive **Cayenneratte** (Proechimys guyannensis), die in Erdlöchern, Felsspalten und hohlen Baumstämmen lebt und sich von Früchten ernährt.

Stachelrochen, Stechrochen, Dasyatidae, Familie der Rochen mit peitschenartigem Schwanz und starkem, mit Giftdrüsen verbundenem Stachel auf der Schwanzoberseite; 65 Arten in allen Meeren, zeitweise auch im Brack- und Süßwasser. Der **Europäische Stechrochen** (**Stachelrochen,** Dasyatis pastinaca), auch Gift- oder Feuerflunder genannt, kommt von den Brit. Inseln bis zum südl. Afrika vor.

Stachelrücken, Stichaeidae, Familie der Schleimfischartigen mit 57 Arten, bes. in arkt. Küstengewässern.

Stachelschnecken, die →Purpurschnecken.

Stachelschweine, Altwelt-S., Hystricidae, zur Unterordnung Stachelschweinverwandte (Hystricognathi) gehörende Familie der Nagetiere, in den wärmeren Gebieten Asiens, Afrikas und Europas beheimatet. S. sind Bodenbewohner mit zu Stacheln und Borsten umgebildeten Haaren. Sie sind streng nachtaktiv und sehr scheu. Die Nahrung ist pflanzlich, gelegentlich wurden S. jedoch auch an Aas beobachtet. Charakteristisch für das Sozialleben der S. ist die Paarbindung und eine lange, intensive Jungenbetreuung. Die Jungen kommen nach einer Tragzeit von 93–110 Tagen als Nestflüchter zur Welt.

Stachelschweine: Nordafrikanisches Stachelschwein

Man unterscheidet vier Gattungen mit insgesamt elf, 35–100 cm langen Arten: Kurze Stacheln und einen nur am Ende beborsteten Schwanz tragen die **Pinselstachler** (Gattung Trichys). Die **Quastenstachler** (**Stachelratten,** Gattung Atherurus) haben am Schwanzende ein Büschel durchsichtiger starrer Borsten, die kurzschwänzigen **Insel-S.** (Gattung Thecurus) am Schwanzende gestielte hohle Hornbecher (›Rasselbecher‹). Die **Eigentlichen S.** (Gattung Hystrix) richten in Pflanzungen teilweise schwere Schäden an, so die etwa dachsgroße Art **Nordafrikanisches S.** (Hystrix cristata), das im südl. Italien, auf Sizilien und in Afrika nördlich und südlich der Sahara bis zum Äquator vorkommt; das **Weißschwanz-S.** (Hystrix leucura) hat bes. lange Schnurrbartborsten.

Stachelschweine, Die, politisch-satir. Kabarett, das 1949 in Berlin (West) aus einer Schauspielergruppe um ROLF ULRICH (* 1921) hervorging und seit 1964 im Europa-Center eine feste Spielstätte hat. Zum Ensemble gehörten u. a. DIETER THIERRY (* 1921), GÜNTER PFITZMANN (* 1924), ACHIM STRIETZEL (* 1926, † 1989) und W. GRUNER. W. NEUSS inszenierte mehrere Programme.

Stachel|skinke, Egernia, Gattung 15–55 cm langer Skinke mit etwa 20 Arten in Australien; zumeist in trockenen, felsigen Gebieten. Einige Arten haben stachelige Schuppen.

Stacheltang, die →Stachelalge.

Stachelträubchen, Loris, Gattung der Primelgewächse mit der einzigen, formenreichen Art **Stachelträubchen** (Loris monspeliensis) im westl. und mittleren Mittelmeergebiet (ostwärts bis Albanien und Ägypten vertreten); 20–30 cm hoher Halbstrauch mit wechselständigen, ledrigen Blättern; Blüten rosa- bis purpurfarben, in dichten, endständigen Trauben; Kelchabschnitte mit nach außen gekrümmten, dornigen Zähnen; in Mitteleuropa als nicht winterharte Steingartenpflanze kultiviert.

Stachelwelse, Bagridae, afrikan. und asiat. Familie 8–60 cm langer Welse mit zwei meist nach oben gerichteten Barteln vor den Nasenlöchern, sechs Barteln um den Mund und einer großen lappigen Fettflosse. Ein nachtaktiver, räuber. Warmwasser-Aquarienfisch ist z. B. der bis 20 cm lange **Hummelwels** (Leiocassis micropogon).

Stachelwurzelpalme, Stechwurzelpalme, Cryosophila, Gattung der Palmen mit etwa zehn Arten vom westl. Mexiko bis nach N-Kolumbien; Stamm bis etwa 10 m hoch, im unteren Teil durch verdornte, abstehende Luftwurzeln bewehrt; Blätter fächerartig, durch einen tiefen Einschnitt in zwei Halbfächer geteilt; für Warmhäuser gut geeignet.

Stachelzellkrebs, das →Spinaliom.

Stachys [griech. ›Ähre‹], die Pflanzengattung →Ziest.

Stachyurusgewächse [zu Stachys und griech. ourá ›Schwanz‹], **Stachyuraceae,** in der Nähe der Veilchengewächse stehende Pflanzenfamilie der Zweikeimblättrigen mit der einzigen Gattung **Schweifähre** (Stachyurus) und nur wenigen Arten vom Himalaja bis O-Asien; sommergrüne Sträucher oder kleine Bäume mit gesägten Blättern und häutigen, lang zugespitzten Nebenblättern; Blüten klein, weiß oder gelb, in Trauben oder Ähren; Früchte beerenartig. Einige Arten, v. a. Stachyurus praecox aus Japan, sind empfindl. Ziersträucher.

Stack [stæk; engl. ›Stapel‹, ›Haufen‹] der, -s/-s, Informatik: →Keller.

Stäckel, Paul Gustav, Mathematiker, * Berlin 20. 8. 1862, † Heidelberg 12. 12. 1919; nach Lehrtätigkeit am Gymnasium Prof. in Königsberg (ab 1895), Kiel (1897), Hannover (1905), Karlsruhe (1908) und Heidelberg (1913). S. leistete wichtige Beiträge zur Analysis und zur Geometrie, bes. zur Geschichte der Mathematik (u. a. der nichteuklid. Geometrie) und zu Fragen des mathemat. Unterrichts.

Stackelberg, 1) Heinrich Freiherr von, Volkswirtschaftler, * Kudinow (bei Moskau) 30. 10. 1905, † Madrid 12. 10. 1946; ab 1935 Prof. in Berlin, ab 1941 in Bonn und ab 1943 in Madrid. S., einer der Begründer der modernen Marktformenlehre (Systematisierung der tatsächl. Marktformen), vertrat eine mathematisch orientierte Wirtschaftstheorie und lieferte be-

Heinrich Freiherr von Stackelberg

Stad Stade–Staden

Städelsches Kunstinstitut: Moderner Erweiterungsbau von Gustav Peichl; 1987–90

deutende Beiträge zur Preistheorie, indem er z. B. Formen der Preisbildung im Monopol und Oligopol in die Theorie der freien Konkurrenz integrierte.

Werke: Grundl. einer reinen Kostentheorie (1932); Marktform u. Gleichgewicht (1934); Grundzüge der theoret. Volkswirtschaftslehre (1943, ²1948 u.d.T. Grundl. der theoret. Volkswirtschaftslehre).

2) Otto Magnus Freiherr von, Archäologe, Reiseschriftsteller und Maler, *Reval 25. 8. 1786, †ebd. 27. 3. 1837; bereiste 1810–14 Griechenland (1811 die Türkei), besuchte u. a. die Tempel von Ägina und Bassai; die in Bassai angefertigten Zeichnungen veröffentlichte er 1826. 1816–28 lebte er in Rom, wo er den Kreis der ›Röm. Hyperboreer‹ mitbegründete. 1827 nahm er die neu entdeckten etrusk. Gräber von Tarquinia auf. In seinen Reisebüchern beschrieb er Land und Leute.

G. RODENWALDT: O. M. v. S. Der Entdecker der griech. Landschaft (1957).

Stade 1) Stadtwappen

Stade, 1) Kreisstadt in Ndsachs., an der Schwinge, vor deren Mündung in die Unterelbe, 5–14 m ü. M., 45 100 Ew.; Fernhochschule Lüneburg, Regionalmuseum (im 1692–1705 errichteten Schwedenspeicher), Kunsthaus (Worpsweder Maler), Freilichtmuseum, Staats- und Stadtarchiv; Flugzeugbau, chem. und Aluminiumindustrie, Saline, Kernkraftwerk (672 MW), Wärmekraftwerk auf Erdgasbasis (Industriekraftwerk, 148 MW); Häfen Stadersand und Bützfleth am seeschifftiefen Fahrwasser der Unterelbe; Kultur- und Tagungszentrum ›Stadeum‹ (eröffnet 1989). – Die mittelalterl. Stadt wurde 1659 durch einen Brand weitgehend zerstört. Die beiden urspr. got. Kirchen St. Wilhadi (Backsteinhalle des 13.–14. Jh.) und St. Cosmae et Damiani (13./15. Jh.), im 17. Jh. erneuert) besitzen großartige Barockorgeln; der Barockhelm des Vierungsturms von Letzterer (1682) ist das Wahrzeichen der Stadt. Rathaus (1667); Zeughaus (1697–99); Stadtwaage, ein Fachwerkbau von 1753; Bürgermeister-Hintze-Haus mit manierist. Fassadenstuck (1621); am Alten Hafen z.T. stattl. Bürgerhäuser. – Bereits in vor- und frühgeschichtl. Zeit waren S. und Umgebung besiedelt. Keimzelle der heutigen Stadt wurde ein wohl um 800 angelegter Hafenort sowie ein Stapelplatz für den Warenumschlag vom Land- auf den Wasserweg, der bei S. mit dem Elbfährbetrieb begann. Eine seit 994 bekannte Burg sollte S., dessen Name erstmals in einem Bericht THIETMARS VON MERSEBURG aufgeführt wird, schützen. 1209 verlieh Kaiser OTTO IV. S. Stadtrecht, 1272 erhielt die Stadt Münzrecht. 1254 schloss sich S. dem Rhein.

Städtebund an, seit dem 13. Jh. gehörte es zur Hanse. 1648 nahm die schwed. Regierung der 1645 eroberten Stifte Bremen und Verden ihren Sitz in S., das zur Festung ausgebaut wurde. Mit Übernahme durch Hannover (1715) wurde S. Provinzialhauptstadt und 1883 Sitz eines preuß. Regierungspräsidenten.

S. Von den Siedlungsanfängen bis zur Gegenwart, Beitrr. v. G. AUST u. a. (1994).

2) Landkreis im Reg.-Bez. Lüneburg, Ndsachs., an der Unterelbe zw. Hamburg-Harburg und der Ostemündung, 1 266 km², 185 600 Ew. Das Kreisgebiet umfasst in der Elbniederung das Alte Land und das Land Kehdingen, außerdem hat es Anteil an der sandigen, von moorigen Wiesentälern durchzogenen Stader Geestplatte. Zur gut entwickelten Industrie gehören zwei Großkraftwerke und Großbetriebe bes. der chem. und Aluminiumindustrie in günstiger Lage auf angespülten Flächen (Bützflether und Stader Sand) am seeschifftiefen Fahrwasser der Unterelbe. Hauptstandorte der gewerbl. Wirtschaft sind Stade und Buxtehude. Landwirtschaftlich bedeutend ist der Obstbau im Alten Land, das ebenso wie der Geestbereich für die Hamburger Bev. Naherholungsgebiet ist. Der Kreis ist Wohngebiet für Pendler nach Hamburg.

Stade, 1) Frederica von, amerikan. Sängerin (Mezzosopran), *Somerville (N. J.) 1. 6. 1945; debütierte 1970 an der Metropolitan Opera in New York und trat u. a. an der Mailänder Scala sowie bei Festspielen (Salzburg, Glyndebourne) auf; wurde bes. als Mozart- und Rossini-Interpretin bekannt; auch bedeutende Lied- und Konzertsängerin.

2) Martin, Schriftsteller, *Haarhausen (bei Arnstadt) 1. 9. 1931; arbeitete in versch. Berufen, seit 1969 freischaffender Schriftsteller. S., der sich nicht an den offiziellen Kulturbetrieb der DDR anpasste (1979 aus dem Schriftstellerverband ausgeschlossen), findet seine Stoffe im ländl. Raum, v.a. aber in der dt. Geschichte. Die histor. Romane ›Der König und sein Narr‹ (1975) und ›Der närr. Krieg‹ (1981) kreisen um Macht, ihren Missbrauch und die Rolle des Intellektuellen dabei.

Weitere Werke: *Roman:* Der junge Bach (1985). – *Erzählungen:* Der himmelblaue Zeppelin (1970); Der Windsucher u. a. Dorfgeschichten (1984); Die scharf beobachteten Stare (1992).

Städelsches Kunst|institut, Kurz-Bez. **Städel,** von dem Bankier JOHANN FRIEDRICH STÄDEL (*1728, †1816) mit einer Kunstschule 1815 gestiftete Gemäldegalerie in Frankfurt am Main. Das S. K. wurde 1817 in STÄDELS Privathaus eingerichtet, 1877 wurde ein eigenes Museumsgebäude nach Plänen von OSKAR SOMMER (*1840, †1894) fertig gestellt (Erweiterungsbau 1987–90 von G. PEICHL). Die durch weitere Stiftungen und Neuerwerbungen vermehrte Sammlung bietet v. a. europ. Malerei und Grafik: dt., niederländ., ital. Malerei des 14.–18. Jh., aus dem 19. Jh. bes. Malerei der Romantik und des Impressionismus, aus dem 20. Jh. Malerei und Plastik. – Aus der Kunstschule ging die **Städelschule** (Staatl. Hochschule für Bildende Künste) hervor.

Städel-Jb. (1921–36, 1967ff.); S. K. Verz. der ausgestellten Gemälde (1966); Städel. Der Museums-Erweiterungsbau von Gustav Peichl, hg. v. H. J. ABS (Salzburg 1990); Städels Sammlungen im Städel, hg. v. H. J. GALLWITZ, Ausst.-Kat. S. K., Frankfurt am Main (1991); Die Städelschule Frankfurt am Main von 1817 bis 1995, hg. v. H. SALDEN, Ausst.-Kat. S. K., Frankfurt am Main (1995).

Staden, 1) Hans, *Homberg (Efze) um 1525, †Wolfhagen 1579; unternahm 1547/48 und 1549–55 als Landsknecht in port. und span. Diensten zwei Fahrten nach Brasilien, wo er während der zweiten in indian. Gefangenschaft geriet und bei den Tupinambá festgehalten wurde. Sein Reisebericht ist eine wichtige Quelle zur frühen Geschichte Brasiliens.

Ausgabe: Zwei Reisen nach Brasilien 1548–1555, hg. v. K. FOUQUET (⁵1995).

2) Johann, Organist und Komponist, getauft Nürnberg 2. 7. 1581, begraben ebd. 15. 11. 1634, Vater von 3); war ab 1604 Hoforganist in Bayreuth und Kulmbach, kehrte etwa 1610 nach Nürnberg zurück, wurde 1616 Organist an St. Lorenz und 1618 an St. Sebaldus. S. komponierte Motetten älterer Art ohne Generalbass und neuerer Art mit Generalbass und Instrumentalbegleitung, chor. und solist. Konzerte, Tanzsätze sowie weltl. und geistl. mehrstimmige und solist. Lieder. Gedruckt erschienen u. a. ›Harmoniae sacrae ...‹ (1616) und ›Kirchen Music‹ (2 Tle., 1625–26).

3) Sigmund Theophil, Organist und Komponist, getauft Kulmbach 6. 11. 1607, begraben Nürnberg 30. 7. 1655, Sohn von 2); war ab 1627 Stadtpfeifer und 1634 Organist an St. Lorenz in Nürnberg. Er komponierte die erste erhaltene dt. Oper ›Seelewig‹ (Text von G. P. HARSDÖRFFER, veröffentlicht im 4. Teil der ›Frauenzimmer-Gesprechspiele‹, 1644), ferner u. a. geistl. und weltl. Lieder und das Gesangslehrbuch ›Rudimentum musicum‹ (1636).

Stader, Maria, eigtl. **M. Molnár** [-na:r], schweizer. Konzertsängerin (Sopran), *Budapest 5. 11. 1911; wurde bes. als Mozart-Interpretin bekannt; trat 1969 zum letzten Mal öffentlich auf und lehrte u. a. am Konservatorium in Zürich. Ihre Memoiren erschienen u. d. T. ›Nehmt meinen Dank‹ (1979).

stadial [zu Stadium], *bildungssprachlich* für: stufen-, abschnittsweise.

Stadial *das, -s/-e, Geologie* und *Geomorphologie:* Zeit besonderer Kälte innerhalb einer Eis- oder Kaltzeit. Die räuml. Erscheinungen der in dieser Zeit stationären oder vorrückenden Gletschereisrandlage (Endmoränen; Kames u. a. Ablagerungsformen; Urstromtäler u. a. Schmelzwasserrinnen) werden insgesamt als **Stadium** (untergliedert in Phase und Staffel) bezeichnet. Die entsprechenden Erscheinungen der letzten Eiszeit bilden v. a. im Norddt. Tiefland markante Landschaftsformen wie Pommersches, Frankfurter und Brandenburger Stadium (→Mecklenburgische Seenplatte).

Stadion [griech.] *das, -s/...di\en,* **1)** antike griech. *Längeneinheit,* 1 S. = 600 Fuß = 177,55 m (Delphi), 184,96 m (Athen), 192,28 m (olymp. S.). Das neugriech. S. = 1 000 m.

2) *Sport:* Mehrzweckwettkampfanlage von unterschiedl. Größe mit teilweise oder völlig überdachten Zuschauertribünen und oft direkter Verbindung zu weiteren Sportstätten (Übungslaufbahn, Ballspielplätze, Sporthallen). Das S. verfügt meist über eine um ein Fußballfeld gelegte 400-m-Laufbahn. An ihren Längsseiten und in den frei bleibenden Kurvenabschnitten liegen Sprung- und Wurfanlagen (BILD →Leichtathletik). Daneben gibt es S. zur Ausübung nur einzelner Sportarten, z. B. Baseball, Football, Fußball, Schwimmen.

In der Antike war das S. (lat. **Stadium**) die Anlage mit der Laufbahn für die Wettkämpfe bei den Festspielen, benannt nach dem gleichnamigen Längenmaß, das die Maßeinheit für die Laufwettbewerbe bildete. Die Länge des S. war von Ort zu Ort je nach zugrunde liegender Fußnorm verschieden. Der Lauf über eine S.-Länge war der erste überlieferte Wettbewerb der antiken Spiele in Olympia. Die lang gestreckte Anlage mit rechteckigem, später meist mit halbkreisförmigem Abschluss hatte oft seitl. Zuschauerwälle, seit dem späten 4. Jh. erhielten einige S. auch steinerne Sitzreihen, z. B. in Priene (N-Seite) oder Aphrodisias (umlaufend, das besterhaltene S.). Im S. von Olympia sind an einem Bahnende die steinerne Startschwelle und am anderen Bahnende die Zielschwelle erhalten.

Stadion, erloschenes schwäb. Uradelsgeschlecht, das 1197 erstmals urkundlich erwähnt wurde. Es stand seit dem Spät-MA. in habsburg. Diensten, stieg 1686 in den Reichsfreiherrenstand und 1705 in den Reichsgrafenstand auf. – Bekannt v. a.:

Johann Philipp Graf von S., österr. Politiker, *Mainz 18. 6. 1763, †Baden (bei Wien) 15. 5. 1824; ab 1787 im diplomat. Dienst, wurde 1805 österr. Außen-Min. Er plante eine neue Erhebung Österreichs gegen NAPOLEON I., die auch ganz Dtl. mitreißen sollte. Als eine der Grundvoraussetzungen hierfür sah er die Verbindung von Volk und Staat, die er durch innere Reformen erreichen wollte. Seine Forderung nach Schaffung eines Volksheeres (Juni 1808 kaiserl. Patent zur Errichtung einer Landwehr) fand begeisterte Zustimmung. Nach der militär. Niederlage von 1809 löste K. W. VON METTERNICH S. ab, der als Finanz-Min. (ab 1816) die Nationalbank gründete und einer Steuerreform den Weg bereitete.

Stadium [griech.-lat.] *das, -s/...di\en,* **1)** *allg.:* Entwicklungsstufe, -abschnitt.

2) *Geologie* und *Geomorphologie:* →Stadial.

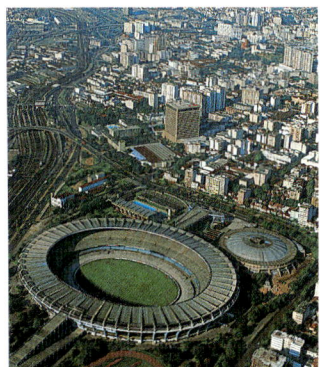

Stadion 2): links Das Stadion von Delphi, eine der am besten erhaltenen antiken griechischen Anlagen; 5. Jh. v. Chr.; rechts Maracanã-Stadion in Rio de Janeiro, eines der größten Stadien der Erde

Stadler, 1) Anton von, gen. **Toni S.,** österr. Maler, *Göllersdorf (NÖ) 9. 7. 1850, †München 17. 9. 1917, Vater von 5); malte Landschaften des oberbayer. Voralpengebiets. Sein Stil zeigt den Einfluss der Schule von Barbizon und von H. THOMA. Anfangs dunkeltonig, hellte sich sein Stil allmählich immer mehr auf. In seinem Spätwerk verbinden sich Elemente des Impressionismus und des Jugendstils. – S. war Mitbegründer der Münchner Sezession. (BILD S. 706)

2) Arnold, Schriftsteller, *Meßkirch 9. 4. 1954; studierte Theologie und Germanistik, lebt in seiner bad. Heimat. Begann mit Lyrik, wurde mit der autobiographisch geprägten Romantrilogie ›Ich war einmal‹ (1989), ›Feuerland‹ (1992) und ›Mein Hund, meine Sau, mein Leben‹ (1994) einem größeren Publikum bekannt (v. a. durch einen Essay M. WALSERS). Seine präzise, lakon. Prosa, die Verlust und Vergänglichkeit thematisiert, erhält durch den Blick des Autors für das Groteske, durch überraschende Sprachspiele und Einbeziehung des Dialekts ihren Reiz.

Weitere Werke: Lyrik: Kein Herz und keine Seele. Man muß es singen können (1986). – *Roman:* Der Tod und ich, wir zwei (1996). – *Erzählung:* Ausflug nach Afrika (1997).

3) Ernst Maria Richard, Schriftsteller, *Colmar 11. 8. 1883, gefallen bei Ypern 30. 10. 1914; studierte u. a. Germanistik und Romanistik in Straßburg, arbeitete wissenschaftlich in Oxford, 1912–14 Prof. für dt. Philologie in Brüssel. Begann seine schriftsteller. Arbeit bereits 1902 als Mitglied des Kreises ›Jüngstes Elsaß‹; zusammen mit R. SCHICKELE und O. FLAKE gab er die elsässisch-regionalist., neuromant. Literatur-

Anton von Stadler: Landschaft mit der Zugspitze; 1902 (Dresden, Staatliche Kunstsammlungen)

zeitschrift ›Der Stürmer‹ (1902; 1903 u. d. T. ›Der Merker‹) heraus; 1911–13 Mitarbeit bei F. Pfemferts Zeitschrift ›Die Aktion‹; Reserveoffizier im Ersten Weltkrieg. S.s erste Gedichte stehen im Zeichen von Neuromantik und Symbolismus. Zum Wegbereiter expressionist. Lyrik wurde er mit der Sammlung ›Der Aufbruch‹ (1914). Die gereimten hymn. Langzeilen verleihen einem völlig neuen Lebensgefühl Ausdruck, besingen die Technik und die moderne Welt mit allen abstoßenden Seiten. S. war auch bed. Vermittler der frz. Literatur (Übersetzungen u. a. von F. Jammes, P. Claudel, R. Rolland).

Weiteres Werk: Gedichte: Präludien (1905). – *Abhandlungen:* Wielands Shakespeare (1910).

E. S. u. seine Freundeskreise, bearb. v. N. Schneider, Ausst.-Kat. Staats- u. Universitätsbibliothek Carl von Ossietzky, Hamburg (1993); R. Sheppard: E. S. 1883–1914. A German expressionist poet at Oxford (Oxford 1994).

4) Maximilian, eigtl. **Johann Carl Dominik S.,** österr. Organist und Komponist, *Melk 4. 8. 1748, †Wien 8. 11. 1833; war Benediktiner im Stift Melk, 1786 Abt in Lilienfeld, 1789 in Kremsmünster, lebte mit Unterbrechungen ab 1796 in Wien u. a. als Leiter des kaiserl. Musikarchivs. S. war mit vielen Musikern seiner Zeit befreundet, bes. mit W. A. Mozart, dessen Nachlass er sichten half (er überwachte den Erstdruck von Mozarts ›Requiem‹) und von dessen Kompositionen er einige ergänzte und vollendete. Sein bekanntestes Werk ist das Oratorium ›Die Befreyung von Jerusalem‹ (1813). Ferner komponierte er Messen und zahlr. andere Kirchenwerke, Kantaten und Lieder.

5) **Toni,** Bildhauer, *München 5. 9. 1888, †ebd. 5. 4. 1982, Sohn von 1); Schüler von A. Gaul in Berlin, war 1925–27 in Paris (Einfluss von A. Maillol), 1946–58 Prof. an der Akad. München. S. schuf in stark vereinfachter Formgebung Köpfe, Menschen- und Tierfiguren.

T. S. Das plast. Werk, bearb. v. T. Weczerek, Ausst.-Kat. (1988).

Stadlmair, Hans, österr. Dirigent, *Neuhofen an der Krems (OÖ) 3. 5. 1929; studierte u. a. bei C. Krauss, war 1956–95 Leiter des Münchner Kammerorchesters; mit Orchesterwerken, Kammer- und Vokalmusik ist er auch als Komponist hervorgetreten.

Stadskanaal [ˈstatskaːnaːl], Gem. in der Prov. Groningen, Niederlande, am gleichnamigen Hauptentwässerungs- und Schifffahrtskanal durch das Oostermoer, 32 900 Ew.; Maschinenbau, Elektronikindustrie.

Stadt [ahd. stat ›Ort‹, ›Stelle‹, ›Wohnstätte‹, ›Siedlung‹], eine Siedlung, die im Ggs. zu ländl. Siedlungen durch ihre meist nicht landwirtschaftl. Funktionen (Ausnahme: Ackerbürger-S.) sowie durch eine größere Zahl weiterer Einzelmerkmale mit allerdings je nach Raum und Zeit unterschiedl. Ausmaßen charakterisiert ist; dazu zählen ihre Größe (v. a. größere Einwohnerzahl), die Geschlossenheit der Ortsform (kompakter Siedlungskörper), höhere Bebauungsdichte, überwiegende Mehrstöckigkeit der Häuser (zumindest im S.-Kern), in der neuzeitl. S. eine deutl. funktionale innere Gliederung (z. B. in City, Wohnviertel, Industrie-, Gewerbe-, Naherholungsgebiete), eine besondere Bevölkerungs- und Sozialstruktur (z. B. überdurchschnittlich hoher Anteil an Einpersonenhaushalten), differenzierte sozialräuml. Gliederung (z. B. Wohnviertelbildung nach Einkommen oder Ethnien), hohe Wohn- und Arbeitsstättendichte, vorherrschende sekundär- und tertiärwirtschaftl. Tätigkeiten bei gleichzeitig hoher Arbeitsteilung, i. Allg. ein Einpendlerüberschuss, das Vorherrschen städt. Lebensformen (z. B. durch spezielle kulturelle Einrichtungen), ein Mindestmaß an Bedeutung für das Umland (zentralörtl. Funktionen, z. B. aufgrund von Versorgungs-, Verwaltungs- und Bildungseinrichtungen), eine relativ hohe Verkehrswertigkeit (z. B. Bündelung wichtiger Verkehrswege, hohe Verkehrsdichte) und eine weitgehend künstl. Umweltgestaltung mit z. T. hoher Umweltbelastung. S. lässt sich heute deshalb nur schwer eindeutig definieren, weil (insbesondere in hoch verstädterten Industriestaaten) die Übergänge zw. städt. und ländl. Siedlungen fließend sind (S.-Land-Kontinuum; in Agrargesellschaften besteht dagegen meist ein starker S.-Land-Gegensatz).

Die statist. Definition der S. geht in vielen Staaten von einer bestimmten Einwohnerzahl aus, diese schwankt jedoch außerordentlich stark; derartige Schwellenwerte sind v. a. wegen des z. T. sehr unterschied. Standes der kommunalen (Neu-)Gliederung sehr fragwürdig. Für internat. Vergleiche der S.-Entwicklung und Verstädterung (Verstädterungsgrad) ist eine Mindesteinwohnerzahl von 20 000 Ew. sinnvoll. Häufig wird nach bestimmten statist. Werten unterschieden zw. Land-S., Klein-S., Mittel-S., Groß-S. (meist über 100 000 Ew.) und Millionen-S.; neuerdings werden S. mit mehr als 5–10 Mio. Ew. oft als Mega-S. bezeichnet.

Viele S. verfügen über spezielle Funktionen, z. B. über besondere polit. Aufgaben (in der histor. S.-Entwicklung), etwa als Burg-S., Festungs-S. oder territoriale Zentren, als Haupt-S. von Staaten oder Ländern oder als andere Verwaltungsmittelpunkte, über spezielle kulturelle Funktionen (z. B. als Wallfahrts-,

Toni Stadler: ›Hund‹; 1957 (Mannheim, Städtische Kunsthalle)

Kloster-, Bischofs- oder Universitäts-S.), über besondere Wirtschafts- und Verkehrsfunktionen, z. B. als Ackerbürger-S., Agro-S. im Mittelmeerraum, Fernhandels-S. (u. a. ehem. Hanse-S., Karawanen-S.), Industrie-S., Hafen-S. oder auch als zentrale Orte. Eine S. mit bedeutenden internat. Funktionen und Verflechtungen in den Bereichen Wirtschaft, Kultur und Politik bezeichnet man als Welt-S. (Global City). S. lassen sich weiterhin nach ihrer topograph. Lage unterscheiden, z. B. Küsten-S., nach ihren regionalen Besonderheiten wie z. B. nach ihrem Baustil (nach eigenständigen städtebaul. Formenkreisen wie fränk. S., Inn-Salzach-S., Zähringer-S.), nach kulturraumspezif. Merkmalen (z. B. islamisch-oriental. S.) sowie als histor. oder genet. S.-Typen (z. B. nach ihren Entstehungsphasen: u. a. röm., mittelalterl., frühneuzeitl. S.). Oft haben oder hatten S. eine bestimmte rechtl. Stellung (Titel ›Stadt‹, S.-Recht).

Stadtentstehung und historische Stadtentwicklungsphasen

Altertum: S. gibt es seit Jahrtausenden, ihre Entstehung ist eng verknüpft mit der Entwicklung und Verbreitung stärker entwickelter Zivilisationsformen (Hochkulturen). Allgemeine Voraussetzungen waren günstigere Lebensbedingungen (seit der Jungsteinzeit), so die verbesserte Nahrungsgewinnung nach der Erfindung des Pfluges und durch die Domestizierung

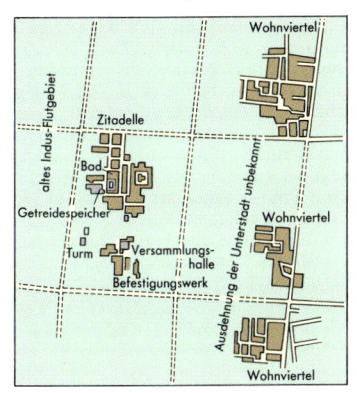

Stadt: Grundriss des Zentrums von Mohenjo-Daro, einer Stadtgründung der Harappakultur (3. Jt. v. Chr.)

von Tieren, die damit verbundene Freisetzung von Arbeitskräften aus der bäuerl. Gemeinschaft, die Entwicklung einer Arbeitsteilung und berufl. Differenzierung, die gezielte Organisation größerer Gemeinschaften (das Entstehen von neuen Gruppen oder Klassen wie Handwerker, Händler, Priester, Herrscher), häufig verbunden mit hierarch. gesellschaftl. Gliederung und speziellen baul. Formen (z. B. Tempelanlagen, Paläste), ein erhebl. Bevölkerungswachstum, Bedürfnis nach geistiger Orientierung (z. B. im Zusammenhang mit der Entstehung von Kulten und der Schaffung einer Schrift). Hinzu kam die Notwendigkeit, Vorräte aufzubewahren sowie zu verteilen (u. a. Speicher, Märkte als Handelszentren). Das Bedürfnis nach Sicherheit in der S. führte in der histor. Entwicklung zu vielfältigen Schutzmaßnahmen (Wälle, Ummauerungen und S.-Tore, Zitadellen und Burganlagen).

Das vielfach als älteste (bekannte) S. der Menschheit bezeichnete jungsteinzeitl., präkeram. Jericho (8000–6000 v. Chr.) war jedoch – ähnlich anderen Siedlungen Vorderasiens wie Çatal Hüyük und Jarmo (7./6. Jt.) – nur eine protourbane Großsiedlung ohne die typ. Merkmale städt. Strukturen. Der Übergang von dörfl. zu differenzierten städt. Gemeinwesen erfolgte erst etwa um 3000 v. Chr. (im Übergang von der Jungsteinzeit zur Bronzezeit 3000–1500 v. Chr.). Etwa zeitgleich setzte die Entstehung städt. Zentren am Nil (Ägypten, z. B. Theben, Memphis), an Euphrat und Tigris (Mesopotamien, z. B. Uruk als frühe sumer. Kult- und Priester-S.), am Indus (Induskultur, 3. Jt., v. a. Harappa, Mohenjo-Daro) und im Hwanghobecken (ab Anfang des 2. Jt.) ein. Die ältesten S. Japans wurden dagegen erst im 8. Jh. n. Chr. gegründet (Nara 708/710, Kyōto 794). Auch in Schwarzafrika sind – von Äthiopien (Aksum) abgesehen – Anfänge städt. (Handels-)Zentren in W-Afrika (Gao) und an der O-Küste erst aus dem 1. Jt. n. Chr. nachgewiesen. In Altamerika entstanden städt. Siedlungen zunächst als Zeremonialzentren, z. B. in Mexiko San Lorenzo ab 1200 bis um 900 v. Chr., La Venta 1000–300 v. Chr., Monte Albán zw. 500 v. Chr. und 1000 n. Chr. sowie insbesondere die monumentale, v. a. im 6. und 7. Jh. n. Chr. blühende Tempel-S. und ›Metropole‹ Teotihuacán, mit mehr als 20 km² Fläche und zw. 50 000 und 100 000 Ew. vermutlich eine der größten S. der damaligen Welt.

Die alten S.-Kulturen waren (häufig befestigte) Zentren großer Gebietsherrschaften mit straffer Verwaltungs- und Militärorganisation, Hof-, Tempel-, Handels- und Gewerbezentralen, Geld- und Planwirtschaft. Während von den ersten städt. Hochkulturen zumeist nur noch archäolog. Reste sowie bruchstückhaft die damaligen S.- und Gesellschaftsstrukturen nachweisbar sind, besitzen wir genauere Kenntnis von S. der griech. und röm. Antike (Mittelmeerraum), mit der die eigentl. S.-Entwicklung in Europa, beginnend im östl. Mittelmeerraum, einsetzte.

In der ägäischen Kultur, die jedoch um 1000 v. Chr. wieder erlosch, gab es Palast- und Burg-S. (z. B. Knossos auf Kreta). Danach begründeten die Dorer ab 700 v. Chr. die griech. S.-Kultur. Bevorzugte Standorte der S. der archaischen Zeit (800–500 v. Chr.) waren Hügellagen mit Zugang und/oder Sicht zum Meer (z. B. Athen und Korinth), die die Ausgangspunkte der sich konsolidierenden S.-Staaten (griech. Polis) wurden. Akropolis und Agora bildeten die beiden Zentren der griech. S. Die S. der ›neueren Kolonisation‹ der klass. Epoche (500–336 v. Chr.) entstanden zumeist an der kleinasiat. Küste als Hafenstädte.

Während die archaischen und klass. S. unregelmäßig, der Topographie angepasst und ohne geometr. Konzeption errichtet wurden, erfolgte die Anlage von S. (Kolonial-S.) im Mittelmeerraum etwa ab 450 v. Chr. in Anlehnung an das von Hippodamos beim Wiederaufbau von Milet in Kleinasien entwickelte geometr. Straßenraster (Gitternetzplan des Straßennetzes, Freilassen von 26 Blöcken für öffentl. Plätze und Gebäude wie Theater, Bäder, Stadion, Tempel).

Die röm. S., die sich ab Ende des 4. Jh. v. Chr. durch planmäßige Kolonisation über das westl. Europa (bis nach Britannien) sowie über Teile Mitteleuropas (auf der westl. Rheinseite und entlang dem rechten Donauufer, bis zum Limes) ausbreitete, zeigte städtebaulich den Einfluss sowohl griech. als auch etrusk. S. (burgartige Festungen), die streng geometrisch orientiert waren: Das Hauptstraßenkreuz mit Cardo (Hauptverkehrsachse) und Decumanus (zweite Hauptstraße) war nach den Himmelsrichtungen ausgerichtet. Die in Ebenen (an Flussläufen und Hauptverkehrsstraßen) angelegten röm. S. folgten diesem Vorbildern mit dem zentralen, axialen Gliederungsprinzip (Heerstraße = Via principalis, Decumanus), der rechteckigen oder quadrat. Grundrissgestaltung der Baublöcke (Insulae), dem in der Mitte gelegenen Forum sowie der Ansammlung größerer öffentl. Gebäude in dessen Nähe. Anders als die griech. S. mit ihrer demokratisch verfassten Bürgerschaft bezog die röm. hierarch. Gesellschaftsordnung (Patrizier, Bürger, Sklaven) alle Einzelheiten der S. ein. Die röm. S. hatten sich z. T. an Militärsiedlungen (Kastelle, Lager; Lager-S.) ange-

Stad Stadt

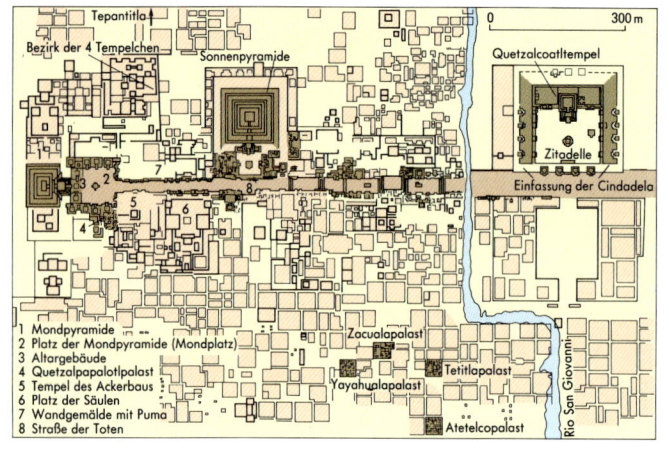

Stadt: Grundriss des nördlichen Teils der Tempelstadt Teotihuacán (Blütezeit im 6. und 7. Jh.); entlang einer Längsachse (Straße der Toten) sind Wohngebäude (rosa), Plätze und Sakralanlagen (braun) nach Art eines Rasters angeordnet

1 Mondpyramide
2 Platz der Mondpyramide (Mondplatz)
3 Altargebäude
4 Quetzalpapalotlpalast
5 Tempel des Ackerbaus
6 Platz der Säulen
7 Wandgemälde mit Puma
8 Straße der Toten

lehnt, teilweise waren sie – wie Köln und Trier (293–295 Residenz des röm. Kaisers und Sitz der obersten Behörde des röm. Westreiches) – aus bürgerl. Motiven erwachsen (bürgerl. S.). Einen speziellen S.-Typ bildeten die an Heilquellen entstandenen Bäder-S. (u. a. Aachen und Wiesbaden).

Das Ende des Röm. Reiches bedeutete auch den Niedergang der antiken S.-Kultur, im Westen bedingt durch die Völkerwanderung, früher und stärker als im Osten, wo Konstantinopel mit über 500 000 Ew. im 6. Jh. zur größten europ. S. aufstieg.

Die europ. Stadt im MA.: Für zahlr. S. ist eine siedlungsgeschichtl. Kontinuität in nachröm. Zeit nachweisbar (z. B. Trier mit allerdings abweichender Grundrissstruktur); häufig entstanden im frühen MA. auch S. in unmittelbarer Nähe zerstörter röm. S. oder Kastelle (z. B. Bonn). Wichtigste Keimzellen oder Gründungskerne der frühmittelalterl. S.-Entwicklung in Mitteleuropa waren die entlang den Heer- und Handelsstraßen angelegten Burgen oder Pfalzen (z. B. Dortmund, Querfurt) sowie Domburgen der Bischofssitze (z. B. Bremen, Naumburg) oder Klosteranlagen und Stifte (z. B. Hameln, Quedlinburg). Hinzu kam meist in Anlehnung an Burg oder Kloster die Kaufmannssiedlung (Wik). Der Typ der vielgliedrigen und -gestaltigen frühmittelalterl. ›Mutter-S.‹ hat sich bis um 1150, ausgehend vom Maas-Schelde-Raum (Gent, Brügge u. a.), über das Rheinland bis in die Ostmarken an Elbe und Saale, Main und Donau ausgebildet. Eine frühe Entfaltung erlebte auch das norditalStädtewesen (Mailand, Bologna, Florenz). In SW-Frankreich entstand ab etwa 1140 als besonderer Typ der befestigten S. die Bastide.

Die Individualität der mittelalterl. S. fand ihren Ausdruck u. a. im typ. räuml. Aufbau (mit der durch Stifts- und Pfarrkirchen, Burg, Rathaus, Bürgerhäuser, Mauern bestimmten Silhouette und deutl. Betonung der ›S.-Krone‹), in zentralen Markt- und Platzanlagen sowie in der von innen nach außen abnehmenden Höhe und Dichte der Bebauung.

Die S. veränderten im MA. häufig ihre ursprüngl. Form durch S.-Erweiterungen (z. B. wuchs Köln 1106 von 120 auf 236 ha, mit Errichtung der großen S.-Mauer 1180 sogar auf 400 ha Größe); sie gliederten sich in einzelne S.-Teile (Kirchspiele, Nachbarschaften) und entwickelten sich meist auch als ›Doppel-S.‹ (oft auch als Alt-S. bzw. Neu-S. bezeichnet, z. B. Hamburg, Brandenburg an der Havel) oder als ›Gruppen-S.‹ (räumlich und funktional eng verbundener Einzelsiedlungen, z. B. Hildesheim, Bremen, Braunschweig, Rostock).

Zu den Rechten der mittelalterl. S. zählten neben dem Stadtrecht auch das Marktrecht, Recht auf Selbstverwaltung (Ratsverfassung), die niedere Gerichtsbarkeit, das Zunftwesen, Recht auf Selbstverteidigung (Bürgerwehr und Mauern). Die Einwohnerschaft bestand aus Vollbürgern, Eingesessenen und unterbürgerl. Schichten. Die Oberschicht (Patriziat, Honoratiorenschicht) entwickelte sich häufig aus Kaufmanns- und stadtherrl. Ministerialfamilien, in kleineren S. ergänzt durch Handwerker. Die Mittelschicht wurde meist vom Zunftbürgertum gebildet, zur Unterschicht zählten Gesellen, Tagelöhner, Angehörige verachteter Gewerbe, Arme, Bettler.

Neben die gewachsenen alten S. Mitteleuropas mit z. T. röm. Wurzeln traten etwa seit 1120 planmäßig durchgeführte S.-Anlagen, zunächst Gründungs-S. älteren Typs als Instrumente kaiserl. und fürstl. Machtpolitik (z. B. 1120 Freiburg im Breisgau als Gründung der Zähringer, 1159 Neugründung der Kaufmannssiedlung Lübeck durch HEINRICH DEN LÖWEN mit zentralem Markt sowie Längs- und Querstraßen um ihn herum), später (etwa zw. 1200 und 1300, v. a. nach 1250) eine Vielzahl von kleineren landesherrl. Gründungen zur Stärkung der jeweiligen Territorialmacht. Die mit einer großen Dichte über das gesamte Reichsgebiet sowie auch im Raum der dt. Ostsiedlung verteilten kleinen S.-Gründungen (meist kleiner als 20 ha, vielfach sogar kleiner als 10 ha Größe), die in erster Linie das Maximum der S.-Titelverleihungen im Hoch-MA. betrafen, entstanden häufig in den Grenzzonen rivalisierender Territorien (oft Schutz- oder Höhenlage) in zumeist schlechter Verkehrslage. Zu den spätmittelalterl. S.-Gründungen, bes. in kleinen, territorial zersplitterten Gebieten, zählten in Mitteleuropa vereinzelt auch Städte. Siedlungen minderen Rechts (›Freiheiten‹, ›Minderstädte‹) ohne Befestigungen und mit nur lokaler Marktfunktion).

Die besondere Leistung der mittelalterl. S. bestand im Aufbau einer umfassenden Markt- und Verkehrswirtschaft mit Austausch von Luxus- und Massengütern über weite Entfernungen, in der Konzentration von Handel und Gewerbe, in einer planmäßigen Wirtschaftspolitik, in der wirtschaftl. Beherrschung des Umlandes und der Erschließung neuer Absatzräume. Neben den ital. S.-Republiken (Florenz) haben auch Reichs-S. (u. a. Nürnberg, Metz, Bern, Lübeck, Mühlhausen/Thür.) eigene Territorien aufgebaut. Die mittelalterl. S. entwickelte eine blühende bürgerl. Laienkultur mit kirchl. und profanen Bauten, städt. Schulen

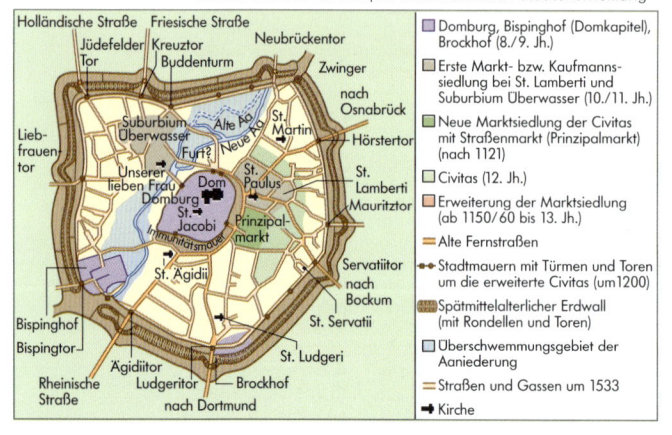

Stadt: Münster als Beispiel mittelalterlicher Stadtentwicklung

und Hochschulen; Grundbuch- und Bankwesen spielten eine wichtige Rolle. Die polit. Bedeutung der mittelalterl. S. lag bes. in ihrer Befestigung und in ihrer überlegenen Finanzkraft. Polit. und wirtschaftliche Zusammenschlüsse (Lombardenbund, Rhein. Bund, Schwäb. Städtebund sowie die Hanse) sicherten einen Einfluss auf die Reichs- und Territorialpolitik.

Die freien Reichs-S. (1521 insgesamt 84), darunter viele ehem. Bischofs-S., nahmen ab 1489 als geschlossene Kurie an den Reichstagen teil. Wichtige europ. Städtelandschaften des MA. waren Oberitalien, der Raum zw. Seine und Rhein, mit Sonderentwicklung auf vielen Gebieten England, später der Hanseraum, Obersachsen und Ober-Dtl. Als erfolgreichster S.-Typ des MA. ist die Exportgewerbe- und Fernhandels-S. anzusehen (Florenz, Gent, Köln, Nürnberg, Braunschweig, Ravensburg, Breslau, Nowgorod u. a.).

Frühe Neuzeit: Die S.-Entwicklung hatte in Mitteleuropa um 1450 einen gewissen ersten Abschluss gefunden. Die Zahl der S.-Gründungen war v. a. im Verhältnis zum Hoch-MA. sehr stark zurückgegangen und nahm bis um 1800 insgesamt noch weiter ab. Kennzeichnend für die S. der frühen Neuzeit war das sich verändernde Verhältnis zum Staat. Der entstehende moderne Staat, auf die Steuerleistung der S. immer stärker angewiesen, drängte seit dem 15./16. Jh. deren Selbstverwaltung zurück, indem er ihre Autonomie beschnitt und sie stärker in den Staatsverband einband. Die S. wurde Amts- und Verwaltungs-S. im institutionellen Flächenstaat. Die Idee der kommunalen Selbstverwaltung blieb aber lebendig.

Die S. der frühen Neuzeit bewahrte viele Strukturelemente der mittelalterl. S.; es gab aber bedeutende neue Einflüsse auf die S.-Entwicklung und den Städtebau. Dazu zählte v. a. die aufgrund der Erfindung des Schießpulvers veränderte Waffentechnik, weshalb die mittelalterl. Ummauerungen mehr und mehr durch neue komplizierte, große Flächen beanspruchende Befestigungssysteme (mit Außenwerken, Vorsprüngen, Bastionen) ersetzt werden mussten. Weit gestaffelte Anlagen von Befestigungsgürteln, ab 1521 zuerst in Italien (z. B. Mailand) entwickelt und nachfolgend im 17. Jh. von VAUBAN), wurden von vielen S. übernommen; sie bedingten eine starke horizontale Betonung im Städtebau der frühen Neuzeit.

Einen wichtigen Einfluss auf den Städtebau in der Renaissance hatten die in Italien wieder aufgegriffenen antiken Konzepte für Ideal-S. (Entwürfe von FILARETE u. a. auf der Grundlage von VITRUV); unter ital. Einfluss entstanden die Entwürfe für Ideal-S. von A. DÜRER. Zu den realisierten Planungen gehörten u. a. in Italien Palmanova, Sabbioneta und Pienza, in Dtl. Marienberg und Freudenstadt. Idealtyp der Renaissance-S. war in Dtl. das 1606/07 nach dem Zitadellenkopfschema angelegte Mannheim (1622 und 1689 zerstört, später zur Barock-S. umgebaut), das in zwei selbstständige Baukörper (Zitadelle und Bürgerstadt) gegliedert war: Das kreisförmig angelegte Innenfeld der sternförmigen Zitadelle wurde um einen großen freien (Alarm-)Platz in ein System rautenförmiger Baublöcke aufgeteilt; demgegenüber wurde die ebenfalls befestigte Bürger-S. in rechteckige Baublöcke gegliedert. Zu den Merkmalen der Renaissance-S. zählten auch die durchlaufenden waagerechten Dachlinien (entlang den geraden Straßen) und die Wiederholung einheitl. Elemente in den Fassadenstrukturen. Die Idee der Ideal-S. wurde im 18. Jh. u. a. in Nancy wieder aufgenommen und blieb bis in die Gegenwart lebendig (LE CORBUSIER, Ville Radieuse, 1922; L. COSTA, Brasília, 1956).

In der Barock-S. trat zu der symmetr. Ordnung der S.-Fläche nach geometr. Figuren die Ausrichtung der Grundrissstruktur auf die Schlossanlage des absolutist. Fürsten. Herausragendstes Beispiel einer barocken Konzeption in Dtl. ist Karlsruhe, dessen Zentralpunkt der ab 1715 errichtete fürstl. Barockbau bildet und dessen Wege- und Straßennetz strahlenförmig auf diesen ausgerichtet ist.

Während in der frühen Neuzeit häufig selbst ehem. bedeutende mittelalterliche S. stagnierten (z. B. Köln) oder gar schrumpften, entwickelten sich in dieser Phase neue S.-Typen. Dazu zählten als landesherrl. Gründungen die Bergbau-S. (v. a. des 15. und 16. Jh.), die an Erzfunde gebunden waren (u. a. im Harz Zellerfeld und Clausthal, im Erzgebirge Schneeberg und Sankt Joachimsthal, in den Sudeten Reichenstein und Schmiedeberg im Riesengebirge, in den Alpen Schwaz und Rattenberg).

Durch die zw. dem 16. und 18. Jh. nach Dtl. in landesfürstliche Gebiete mit prot. Glaubensbekenntnis flüchtenden Menschen kam es auch zu S.-Gründungen (Exulanten-S., auch ›Hugenotten-S.‹), es entstanden u. a. Friedrichstadt (1621), Karlshafen (1699/1700) und ›Christian Erlang‹, die Neustadt von Erlangen (1686). Ein weiterer frühneuzeitl. S.-Typ waren Fürsten-S., die entweder als rein administrative Zentren (Residenz-S., z. B. Karlsruhe, Ludwigslust,

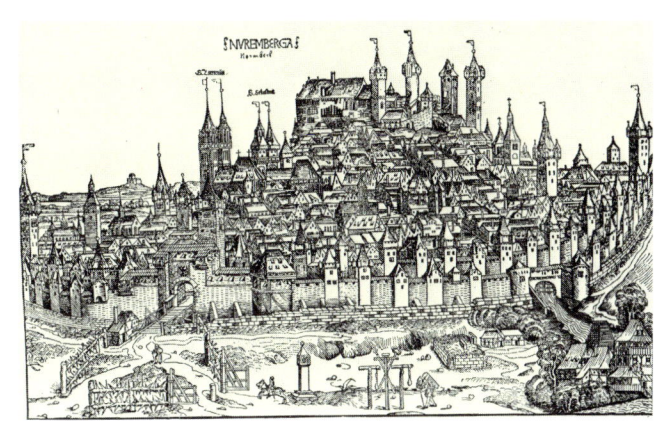

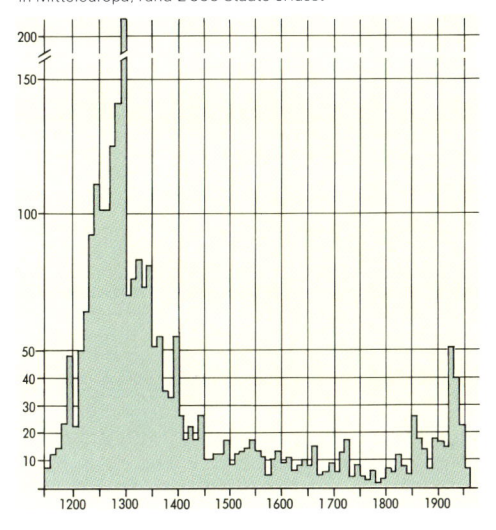

Stadt: Darstellung der ›Burgstadt‹ Nürnberg auf einem Holzschnitt von 1493

Stadt: Anzahl der Stadterhebungen in ihrer zeitlichen Abfolge in Mitteleuropa; rund 2 000 Städte erfasst

Stad Stadt

Stadt: Grundriss der planmäßig angelegten Residenzstadt Karlsruhe

- Schloss (1715 begonnen)
- Verwaltung, öffentliche Gebäude
- Adels- und Beamtenwohnungen, zweigeschossig
- Wohnungen der Bürger, am südöstlichen Stadtrand auch der Dienstleute, eingeschossig
- Dorf Kleinkarlsruhe
- Park- und Gartenanlage
- Wald

1 kath. Stadtpfarrkirche St. Stephan
2 Rathaus
3 ev. Stadtkirche
4 Schloss
5 Orangerie
6 Marstallgebäude

Bad Pyrmont) oder als militär. Gründungen (u. a. Rendsburg) entstanden. Von Bedeutung für das Leben in den dt. Residenz-S. waren neben den kulturellen Funktionen (Akademien, Theater, Museen u. a.) auch ihre gartenkünstler. Anlagen, die z. T. nach dem Vorbild von Versailles entstanden. Eine Reihe von Haupt-S., bes. Paris und London, entwickelten sich in der frühen Neuzeit (v. a. im 18. Jh.) zu Weltstädten.

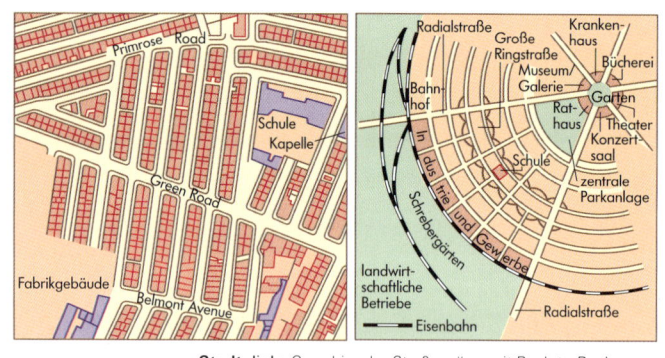

Stadt: links Grundriss der Straßenzüge mit Back-to-Back-Reihenhäusern in Leeds (um 1890); rechts Nachbarschaftssegment und Zentrum einer Gartenstadt, idealtypischer Grundriss nach Ebenezer Howard

Stadtentwicklungsprozesse im industriellen Zeitalter

Das heutige Städtewesen in den Industriestaaten basiert zum erhebl. Teil auf den im 19. Jh. entstandenen Industrie-S., mit deren Entwicklung auch der allgemeine Verstädterungsgrad zunahm. Voraussetzungen für den S.-Entwicklungsprozess im industriellen Zeitalter waren die Neuordnung der Gesellschaft in den bürgerl. Revolutionen, liberale Agrarreformen, Gewerbefreiheit, Industrialisierung und die Revolutionierung der Verkehrsverhältnisse. Verstädterung und S.-Wachstum im industriellen Zeitalter wurden zunächst und am nachhaltigsten in Großbritannien durch den frühen Beginn der industriellen Revolution (ab etwa 1760–80) beeinflusst. Die zunehmenden Land-Industrie- oder Land-S.-Wanderungen führten in den ersten Jahrzehnten des 19. Jh. in den brit. Bergbau- und Industrierevieren (Mittelschottland, NO-England, Industriegebiete beiderseits des Pennin. Gebirges, Raum Birmingham mit dem Black Country, S-Wales) zu weit verbreiteten heterogenen Nutzungsstrukturen (starke Vermischung von Wohn- und Gewerbefunktionen) und hohen Wohndichten (bes. in den Altstadtbereichen histor. S., u. a. in Glasgow).

Vorherrschende Bauformen der engl. Industrie-S. oder -Gemeinden wurden mit dem Außenwachstum der S. (ab etwa 1835) die ›Back-to-Back‹-Häuser (an der Firstlinie zusammengebaute, somit ›Rücken an Rücken‹ stehende Doppelhäuser in Reihenhausbauweise). Diese Wohnbauform war durch außerordentlich schlechte hygien. und sanitäre Bedingungen, fehlende Durchgrünung und hohe Wohndichte gekennzeichnet; sie wurde zu Beginn der 1870er-Jahre (beeinflusst durch frühe gesetzl. sanitäre Bestimmungen) von einer neuen Einfamilien-Reihenhausbauweise mit geringerer Wohndichte abgelöst. In schott. Industrie-S. (v. a. in Glasgow) herrschte bis zum Ersten Weltkrieg eine ›Mietskasernenbauweise‹ mit hoher Belegungsdichte vor.

In Dtl. begann eine durch Industrialisierung und Verkehrsentwicklung beeinflusste bedeutende Flächenexpansion der S. im Vergleich zu Großbritannien erst 40–50 Jahre später, in verstärktem Maße erst in den Gründerjahren. Die S.-Entwicklung war in den sich rasch entwickelnden dt. Industrie-S. sowie auch in den S., die als Verkehrsknotenpunkte im neuen Eisenbahnnetz eine bes. starke Wirtschaftsentfaltung erfuhren (u. a. Berlin, Hamburg, München, Leipzig, Frankfurt am Main), zum erhebl. Teil von einer stark verdichteten Mehrfamilien-Mietshausbauweise (›Mietskasernen‹) geprägt, die u. a. durch Bau- und Bodenspekulation, große Terraingesellschaften, die Entwicklung des Bankwesens, die revolutionäre Entwicklung der städtebaul. Technik beeinflusst wurde (z. B. städt. Tiefbau für Druckwasser- und Gasversorgung, Abwasserbeseitigung, Straßenplanung); die Mietskasernenbebauung erreichte in Dtl. ihr größtes Ausmaß in der Reichshauptstadt Berlin (wilhelmin. Wohn- und Gewerbegürtel). Von besonderem Einfluss auf den mitteleurop. Städtebau wurden die von G. E. HAUSSMANN in Paris (1853–70) durchgeführten Straßenbaumaßnahmen: Anlage breiter Boulevards, von Diagonalstraßenverbindungen sowie sternförmigen Straßenkreuzungen. Gesetzl. Grundlagen für die S.-Entwicklung in Dtl. waren z. B. in Preußen das Fluchtlinien-Ges. von 1875 und Bauordnungen, in Berlin die Bauordnungen von 1853 und 1887, die sich als Baupolizeiverordnungen jedoch im Wesentlichen auf die Feuerschutzbestimmungen beschränkten (z. B. war die Mindestgröße der umbauten Innenhöfe nach der Größe eines aufgespannten Sprungtuches der Feuerwehr berechnet).

Der Wohnungsbau im Ruhrgebiet war in der Industrialisierungsphase des 19. Jh. bis in die 1920er-Jahre bes. durch Errichtung von Werkskolonien im Zusammenhang mit dem Bergbau (Zechenkolonien) u. a. Industriezweigen (z. B. Stahlarbeiterkolonien) gekennzeichnet. Die ab 1905 von Krupp errichteten Bergarbeiterkolonien waren stark von der Gartenstadtbewegung beeinflusst, die im 20. Jh. den Städtebau und die S.-Entwicklung v. a. in West- und Mitteleuropa erheblich mitgeprägt hat. Die Garten-S. basiert auf dem 1898 von dem Briten Sir EBENEZER HOWARD (*1850, †1928) entworfenen Modell, das eines der ersten funktionalen Gesamtkonzepte im Städtebau bildet. Zu den Gestaltungsmerkmalen sollten nicht nur die Anlage von Gärten und Parks sowie die geringe Wohndichte, sondern v. a. eine planmäßige, durch Radial- und Ringstraßen gekennzeichnete Gliederung, eine Aufteilung in Nachbarschaften (Nachbarschaftssegmente), die Versorgung mit Arbeitsplätzen (eigene Industrie) und zentralen Einrichtungen (v. a. der Kultur und Bildung), ein tangentialer Anschluss an die Eisenbahn sowie das öffentl. oder gesellschaftl. Eigentum von Grund und Boden gehören. Die Gartenstadtidee von HOWARD degenerierte allerdings in der Zwischenkriegszeit in Großbritannien in Gestalt eines weitgehend ungegliederten Flächenwachstums der (Groß-)S. (Urban Sprawl) zu reinen Wohnsiedlungen mit gartenstadtähnlicher Bebauung (Garden-Suburbs), jedoch ohne Gartenstadtkonzeption. Die Gartenstadtidee hat aber in Großbritannien die Errichtung und Planung von Neuen Städten (New Towns) nach dem Zweiten Weltkrieg (u. a. im Umland von Groß-London) stark beeinflusst. Die Gartenstadtbewegung fand auch in Dtl. ihren Niederschlag (bereits 1902 Gründung einer Dt. Gartenstadtgesellschaft, deren beratender Architekt B. TAUT war). Der Bebauungsplan von Hellerau (heute zu Dresden) geht auf die Jahre 1907/08 zurück. In der Zeit zw. den beiden Weltkriegen kam es zur Errichtung gartenstadtähnlicher randstädt. Wohnsiedlungen (z. B. ›Onkel Toms Hütte‹, 1931, in Berlin von B. TAUT). Gleichzeitig ging man in Dtl. auch zur Entwicklung detaillierter Bebauungspläne für die S.-Planung über.

Die S.-Entwicklung in der Nachkriegszeit war in den beiden dt. Staaten bis zu deren Vereinigung durch die Zugehörigkeit zu zwei unterschiedl. Wirtschafts- und Gesellschaftssystemen beeinflusst. Rechtl. Basis von gemeindl. Planung und Städtebau in der BRD bildet seit 1. 7. 1987 das Baugesetzbuch (Neufassung vom 27. 8. 1997), das die Regelungen des Bundesbau-Ges. und des Städtebauförderungs-Ges. zusammenfasste. Zu den Kennzeichen der S.-Entwicklung in der BRD gehören das starke Ansteigen der Bodenpreise (seit 1960), die zunehmende ökonom. Konkurrenz zw. S.-Zentren (Citygebieten) und Standorten randstädt. Bereiche (neue Einkaufszentren, Verbraucher- und Fachmärkte, Gewerbegebiete, dezentrale Bürostandorte), spezielle Planungen zur funktionalen Aufwertung der S.-Kerne (Fußgängerzonen, städtebaulich integrierte Einkaufszentren, Passagen), versch. Phasen der Wohnungsbauförderung (u. a. Mitte der 1960er- bis Ende der 1970er-Jahre Errichtung von Großwohnsiedlungen, z. T. als ›Schlaf-S.‹; Märkisches Viertel in Berlin [West], Hamburg-Steilshoop), Bemühungen um baul. und soziale Aufwertung der Innen-S. (Gentrification), ausgeprägte Bev.-Verlagerungen aus der Kern-S. an den S.-Rand und ins Umland (Suburbanisierung), stark angewachsene allgemeine (Verkehrs-)Mobilität.

Dem sozialist. Gesellschaftssystem entsprechend war in der DDR die private Bautätigkeit eingeschränkt. Beim Wiederaufbau der Groß-S. spielten Gesichtspunkte der Repräsentation und Manifestation eine wesentl. Rolle (1950 Beschluss des Aufbaugesetzes und der ›Sechzehn Grundsätze des Städtebaus‹); es entstanden Magistralen und zentrale Plätze für Aufmärsche, Volksfeste u. a. Veranstaltungen; Partei-, Verw.- und Kulturhäuser. Nach Mitte der 1950er-Jahre war der Städtebau durch Industrialisierung und Standardisierung bestimmt (Trabanten-S. mit großen Mietwohnungskomplexen in Plattenbauweise; u. a. Halle-Neustadt, Leipzig-Grünau, Berlin-Marzahn). Die überwiegende Konzentration der Neubautätigkeit in den Ballungskernen verhinderte weitgehend die für die BRD typ. Suburbanisierung. Dagegen verfiel infolge Mietpreisbindung und Baumaterialmangel zunehmend die Altbausubstanz. Seit der dt. Einheit vollzieht sich eine Angleichung an die S.-Strukturen der alten Bundesländer (beginnende Suburbanisierung, dezentrale Einkaufs- und Gewerbestandorte), wobei v. a. ungeklärte Eigentumsverhältnisse und (zunächst) fehlende planer. Vorgaben die Entwicklung an der Peripherie zulasten der Innen-S. gefördert haben, sodass schon von einer ›Amerikanisierung der S.‹ gesprochen wird. Der Zusammenbruch großer Teile der Produktion hat eine weitgehende Entindustrialisierung der S. zur Folge.

Die Teilung Dtl.s und die föderative Struktur der BRD haben zu einem – im Verhältnis zu zentralistisch verwalteten westl. Industriestaaten wie etwa Großbritannien oder Frankreich – ausgewogeneren Städtesystem geführt (bezogen auf die räuml. S.-Größenverteilung und funktionale Arbeitsteilung zw. den Groß-S. und S.-Regionen).

Allgemeine Kennzeichen der modernen Groß-S. in Industriestaaten sind hoher Zentralitätsgrad, Multifunktionalität, hohe Bebauungsdichte bei gleichzeitig weiter horizontaler Ausdehnung, Trennung von Wohn- und Arbeitsstätten, Massenverkehr, Versorgungs- und Entsorgungsprobleme, Zunahme des innerstädt. Verkehrs und damit verbundene Belastungen (u. a. Lärm, Luftverschmutzung), sozialräuml. Segregation und soziale Probleme (Getto- und Slumbildung, wachsende Kriminalität z. B. in nordamerikan. S.). Trotzdem hält die Anziehungs- und Expansionskraft der urbanen Lebensform weiter an. Im Rahmen einer nachhaltigen S.-Entwicklung wird es darauf ankommen, die S. als Lebensraum auch für künftige Generationen zu sichern.

Verstädterung und S.-Entwicklung verlaufen – bedingt durch starke Zuwanderungen und hohes natürl. Wachstum – in Entwicklungsländern wesentlich rascher als in den Industriestaaten während ihres stärksten Wachstums in der 2. Hälfte des 19. Jh. Anders als

Stadt: links Luftaufnahme von Leeds mit den um 1890 angelegten Back-to-Back-Reihenhäusern; rechts Die 1920 ff. als Gartenstadt angelegte Welwyn Garden City, nördlich von London

in den Industrieländern eilen diese Prozesse in vielen Entwicklungsländern der Industrialisierung oder allgemeinen wirtschaftl. Entwicklung voraus (›Überverstädterung‹); zudem konzentriert sich das S.-Wachstum viel stärker auf die Groß-S. oder nur auf eine Groß- oder Haupt-S. (Primate City); die Überkonzentration der Bev. in den Millionen-S. (Metropolen) der Dritten Welt wird auch als Metropolisierung bezeichnet. Sie hat in den vergangenen Jahrzehnten die S. in Entwicklungsländern bereits bedrohl. Formen angenommen und entzieht sich zunehmend der Steuerung durch Raumordnung und S.-Planung. Daraus resultieren u. a. Wohnungsnot, anhaltende starke Konzentration unterer Sozialschichten in Marginal- oder Elendssiedlungen (mit starkem Wachstum randstädt. Hüttensiedlungen). Räumlich getrennt von diesen konzentrieren sich Bev.-Gruppen mit höchstem Einkommen, Bildungsniveau und Sozialstatus sowie Kapital, öffentl. und private Investitionen, hochrangige Kultur-, Verwaltungs- und Entscheidungsfunktionen, Verkehr, aber auch Umweltschäden. Metropolisierung ist daher ein komplexes Entwicklungsproblem; v. a. wird durch anhaltendes Wachstum und zunehmende Ausstrahlung der Metropolen das regionale Entwicklungsgefälle zw. den Groß-S. und ländl. Räumen der Dritten Welt weiter verstärkt.

S.-Entwicklung und S.-Strukturen zeigen in den größeren Kulturräumen der Erde (Kulturerdteilen) charakterist. Merkmale, wobei die histor., sozialen (z. B. religiösen, ethn.), polit. (auch rechtl.) sowie ökonom. Grundlagen zum Ausdruck kommen. Auf dieser Betrachtungsweise basieren zahlr. (stadtgeograph. und kulturgenet.) S.-Struktur- oder auch S.-Entwicklungsmodelle, z. B. Modelle der nordamerikan., austral., südafrikan., lateinamerikan. oder islamisch-oriental. Stadt.

⇨ *Altstadt · Burg · Bürgerhaus · Bürgertum · City · Denkmalpflege · Gartenstadt · Gemeinde · Getto · Hanse · Hochhaus · Idealstadt · Mobilität · Slum · Städtebau · Stadtklima · Stadtrecht · Stadtsoziologie · Verstädterung · Villes nouvelles · Wohnhaus · zentrale Orte*

C. SITTE: Der Städtebau nach seinen künstler. Grundsätzen (⁴1909, Nachdr. 1983); A. E. BRINCKMANN: Stadtbaukunst vom MA. bis zur Neuzeit (²1925); P. LAVEDAN: Histoire de l'urbanisme, 3 Bde. (¹⁻²1952-66); E. EGLI: Gesch. des Städtebaues, 3 Bde. (Erlenbach ¹⁻²1962-76); E. A. GUTKIND: International history of city development, 8 Bde. (New York 1964-72); E. HERZOG: Die otton. S. (1964); H. P. BAHRDT: Die moderne Groß-S. (Neuausg. 1974); DERS.: Humaner Städtebau (⁷1977); J. C. TESDORPF: Systemat. Bibliogr. zum Städtebau (1975); Städteforschung, 3 Reihen, hg. v. H. STOOB (1976 ff.); Die S. Gestalt u. Wandel bis zum industriellen Zeitalter, hg. v. DEMS. (²1985); Die S. des MA., hg. v. C. HAASE, 3 Bde. (³1978-87); J. FRIEDRICHS: S.-Analyse. Soziale u. räuml. Organisation der Gesellschaft (³1983); K. GRUBER: Die Gestalt der dt. S. (⁴1983); S.-Erweiterungen 1800-1875, hg. v. G. FEHL u. a. (1983); R. STEWIG: Die S. in Industrie- u. Entwicklungsländern (1983); Urbanisierung im 19. u. 20. Jh. Histor. u. geograph. Aspekte, hg. v. H. J. TEUTEBERG (1983); F. KOLB: Die S. im Altertum (1984); L. MUMFORD: Die S. Gesch. u. Ausblick, 2 Bde. (a. d. Amerikan., Neuausg. ³1984); Städtewachstum u. innerstädt. Strukturveränderungen. Probleme des Urbanisierungsprozesses im 19. u. 20. Jh., hg. v. H. MATZERATH (1984); J. REULECKE: Gesch. der Urbanisierung in Dtl. (1985); S. im Wandel, hg. v. C. MECKSEPER, Ausst.-Kat., 4 Bde. (1985); K. GERTEIS: Die dt. Städte in der frühen Neuzeit (1986); T. HALL: History europ. Hauptstädte (Stockholm 1986); E. ENNEN: Die europ. S. des MA. (⁴1987); W. GAEBE: Verdichtungsräume. Strukturen u. Prozesse in weltweitem Vergleichen (1987); Innerstädt. Differenzierung u. Prozesse im 19. u. 20. Jh. Geograph. u. histor. Aspekte, hg. v. H. HEINEBERG (1987); S.-Geographie, bearb. v. DEMS. (²1989, Nachdr. 1992); S.-Kernforschung, hg. v. H. JÄGER (1987); W. BRAUNFELS: Mittelalterl. Stadtbaukunst in der Toskana (⁶1988); DERS.: Abendländ. S.-Baukunst (⁶1991); D. J. OLSEN: Die S. als Kunstwerk (a. d. Engl., 1988); E. SCHIRMACHER: S.-Vorstellungen. Die Gestalt der mittelalterl. Städte (Zürich 1988); T. TOPFSTEDT: Städtebau in der DDR 1955-1971 (Leipzig 1988); H. W. KRUFT: Städte in Utopia (1989); G. SCHWARZ: Allg. Siedlungsgeographie, Tl. 2 (⁴1989); Planstädte der Neuzeit, bearb. v. M. MAASS u. a., Ausst.-Kat., 2 Tle. (1990); T. SCHABERT: S.-Architektur. Spiegel der Welt (Zürich 1990); W. STUBENVOLL: Die dt. Hugenottenstädte (1990); Die Gesch. der S., bearb. v. L. BENEVOLO (a. d. Ital., Neuausg. ⁶1991); U. HOHN: Die Zerstörung dt. Städte im Zweiten Weltkrieg (1991); E. LICHTENBERGER: S.-Geographie, Bd. 1 (²1991); C. MECKSEPER: Kleine Kunstgesch. der dt. S. im MA. (²1991); E. PITZ: Europ. Städtewesen u. Bürgertum. Von der Spätantike bis zum hohen MA. (1991); R. SENNETT: Die Groß-S. u. die Kultur des Unterschieds (a. d. Engl., 1991); Die Welt der S., hg. v. T. SCHABERT (1991); Hb. des Geographieunterrichts, hg. v. H. KÖCK, Bd. 4: Städte u. Stadtsysteme (1992); W. KIESS: Urbanismus im Industriezeitalter. Vom klassizist. S. zur Garden City (1992); Neue Städte aus Ruinen, hg. v. K. VON BEYME u. a. (1992); Die S., Beitrr. v. M. GIROUARD (Neuausg. 1992); L. BENEVOLO: Die Gesch. der S. (a. d. Ital., ⁷1993); DERS.: Die S. in der europ. Gesch. (a. d. Ital., Neuausg. 1996); S. KOSTOF: Die Anatomie der S. Gesch. städt. Strukturen (a. d. Engl., 1993), Nachdr. ebd. 1996); B. HOFMEISTER: Die S.-Struktur (³1996); Frühe S.-Kulturen, hg. v. W. HOEPFNER (1997); Migration – S. im Wandel, hg. v. J. BRECH u. L. VANHUÉ (1997); Die oriental. S., hg. v. G. WILHELM (1997); Die Städte in den 90er Jahren, hg. v. J. FRIEDRICHS (1997); H. PLANITZ: Die dt. S. im MA. (Neuausg. 1997); W. DURTH u. a.: Architektur u. Städtebau der DDR, 2 Bde. (1998).

Stadt|allendorf, früher **Stadt Allendorf,** Stadt im Landkreis Marburg-Biedenkopf, Hessen, 250 m ü. M., zw. Amöneburger Becken und Schwalm, 21 600 Ew.; Metallverarbeitung (Eisengießerei, Werkzeugfabrikation), Süßwarenfabrik, Textil-, Papier-, Holz- und Kunststoffverarbeitung – Das 782 erstmals erwähnte **Allendorf** stand vom 13. bis 19. Jh. wechselnd im Besitz des Erzbistums Mainz und Hessens, bis es 1803 endgültig an Hessen-Kassel fiel. Die bis zur Ansiedlung von Sprengstofffabriken Ende der 1930er-Jahre kleinbäuerl. Siedlung nahm danach einen raschen Aufschwung. 1960 wurde der Ort Stadt. Zw. 1972 und 1974 wuchs S. durch Eingemeindungen.

Stadt|anleihen, von größeren Städten ausgegebene langfristige Schuldverschreibungen, meist zur Finanzierung von Infrastrukturmaßnahmen. Die Einführung zum Börsenhandel setzt die Veröffentlichung eines Prospektes voraus, sofern die Landes-Reg. keine Befreiung anordnet.

Stadtbahn, Schienenbahn für den öffentl. Personennahverkehr (ÖPNV) in Großstadtregionen. Zwischenstufe zw. →Straßenbahn und →S-Bahn. In Karlsruhe werden seit 1979 Straßenbahn- und Eisenbahnnetz zu regionalen S. verknüpft, wobei die S.-Züge für zwei Stromsysteme (750 Volt Gleichspannung in der Stadt, 15 000 Volt/16 ²/₃ Hertz Wechselspannung im Netz der Dt. Bahn AG) durchgehend zw. dem Stadtzentrum und Nachbarorten wie Baden-Baden, Bruchsal und Pforzheim verkehren. Nach diesem Vorbild entstehen S. u. a. in Saarbrücken und Chemnitz. In Nord- und Südamerika finden elektr. S. als ›light rail‹ erneut Verbreitung.

Stadtbaukunst, Aufgabenbereich der Architektur, der die gestaltende Ordnung räuml. und baul. Entwicklungen größerer Ansiedlungen zum Gegenstand hat. Bis zur Entwicklung des Städtebaus als Planungsdisziplin und Lehrfach (seit dem späten 19. Jh.) sprach man in der Kunstwiss. von S. Seit der Antike (griech. und röm. Kolonistenstädte nach hippodam. System) ist das Schachbrettraster aufgrund seiner Funktionalität eines der Grundmuster der S. Dt. Stadtgründungen des 12./13. Jh., bes. im NO, benutzten ein ähnl. Schema, allerdings mit abgerundeten und befestigten Rändern; Markt und Kirche bildeten das Zentrum. Die S. der Renaissance ist von der Theorie der →Idealstadt geprägt und betont die Festungsbaukunst. Im Barock sind die Beziehungen zw. Schloss und Stadt durch die Axialität des Straßensystems ausschlaggebend. Es entstanden dabei radiale (Karlsruhe) und rasterförmige (Mannheim) Grundmuster. Bezeichnend für die S. des 19. Jh. sind die Schleifung der mittelalterl. Befestigungen (Wien, Frankfurt am Main, Leipzig) und die darauf folgenden Stadterweiterungen. Dabei wurde neben den radialen und rasterförmigen Straßensystemen als Neuheit die Ring- und die Diagonalstraße eingeführt. Als Reaktion auf diese als starr empfundenen Schemata nutzte man in der Gartenstadt um die Wende zum 20. Jh. gewundene und geschwungene Straßen, wie man sie aus mittelalterl. Städten kannte. In der S. des 20. Jh. wurden gestalter. und ästhet. Ansprüche durch verkehrstechn. und wohnungspolit. Probleme überlagert, deren Lösung Aufgabe des modernen →Städtebaus ist.

Literatur →Stadt.

Stadtbergen, Markt-Gem. im Landkreis Augsburg, Bayern, am westl. Stadtrand von Augsburg, 14 000 Ew.; Inst. für empir. Sozialökonomie, Landwirtschaftsschule. – 1985 Markterhebung.

Stadtbibliothek, Stadtbücherei, →öffentliche Bibliothek.

Stadtbücher, im Hoch-MA. Aufzeichnungen städt. Behörden in Buchform, zunächst Mischbücher mit Notizen, Listen und rechtserhebl. Aufzeichnungen, seit dem 14. Jh. meist nur noch spezielle S., die Satzungen und Privilegien, Gerichts- und Verwaltungsakten enthalten.

Stadtdirektor, →Gemeinde.

Städtebau, ein Teilgebiet der →Urbanistik; umfasst die räuml. und baul. Gestaltung der Lebensbereiche einer städt. Gemeinschaft als wichtigen Beitrag zur Erfüllung menschl. Bedürfnisse wie Wohnen, Arbeiten, Kommunikation, Kultur, Bildung und Erholung. Der Begriff bezieht sich entweder auf den Bau oder die Rekonstruktion einer Stadt, eines Stadtteils oder eines städtebaul. Ensembles. Der S. wird als Instrument zur Umsetzung polit. Wertvorstellungen einer Gesellschaft in eine angemessene Umwelt verstanden. Der Begriff S. entstand im Zusammenhang mit den Stadtentwicklungsprozessen im industriellen Zeitalter; er wurde erstmals u. a. von C. SITTE gebraucht; häufig gleichbedeutend mit **Stadt(entwicklungs)planung,** i. e. S. den konkreten kommunalen Planungsvorgang und sein Ergebnis beinhaltend.

Nach dt. Verfassungs- und Baurecht ist S. eine Selbstverwaltungsaufgabe der Gemeinde in Erfüllung ihres Auftrages zur örtl. Daseinsvorsorge. Er umfasst sowohl die städtebaul. Planung als auch ihre Realisierung. Dazu gehören die Durchsetzung einer zweckmäßigen Bodenpolitik, die Bereitstellung der städtebaul. Infrastruktur und Standortzuweisungen für privatwirtschaftl. Versorgungseinrichtungen.

Das geschichtlich überkommene und neu geschaffene räuml. Beziehungsgeflecht baul. und freiräuml. Bereiche für unterschiedl. menschl. Tätigkeiten und Bedürfnisse unterliegt dem Wandel der Zeit. Abnutzung und Überalterung baul. Substanz, Anpassung an sich ändernde wirtschaftl. Verhältnisse, soziokulturelle Veränderungen in Lebensgewohnheiten und Ansprüchen sowie Veränderungen in der Bevölkerungsstruktur bewirken einen ständigen Erneuerungsbedarf. Die planer. Vorsorge der Gemeinde muss solchen Entwicklungen Rechnung tragen, indem sie je nach örtl. Befund Innen- oder Außenentwicklung betreibt. Dazu gehören Ortserweiterungen und -erneuerungen, wobei hier die Spannweite von erhaltender, substanzschonender Erneuerung bis zur Flächensanierung mit Totalabbruch und Neubau reicht.

Städtebaul. Planung ist vom sachl. Inhalt her das Ergebnis von Strukturdispositionen und Gestaltungsanweisungen. Bei der grundlegenden, auf Funktionszuweisungen gerichteten Strukturplanung geht es um die Ordnung der Nutzungsansprüche an Fläche und Raum, wobei die Flächen für die unterschiedl. baulichen und sonstigen Nutzungen durch Fließsysteme (Erschließungsnetze) miteinander verbunden sind. Die Strukturplanung beeinflusst bereits durch die Platzierung und Zuordnung der Bauflächen sowie mit der diesen zugewiesenen Nutzungsintensität und mit den Beziehungen zw. Bauflächen und Freiflächen die Gestaltung, da sich hieraus Vorgaben bezüglich Art, Dichte, Höhe und Verteilung der Baumassen ableiten. Daraus ergibt sich eine Fülle von Gestaltungsmöglichkeiten, mit denen auch das Erschließungsnetz (Straßen, Parkmöglichkeiten, Grünanlagen, ggf. Immissionsschutz-, Entwässerungsanlagen) abzustimmen ist.

Für den Aufbau der baul. Anlagen kommt es in gestalter. Hinsicht auf Form, Maßstab, Werkstoff, Farbe und auf das Verhältnis der Baumassen und Bauteile zueinander an. Auch Nebenanlagen, Vorgärten, Einfriedungen, Baumpflanzungen, Werbeanlagen sind für das Erscheinungsbild von Bedeutung. Strukturplanung und ›außenräuml.‹ Fassung von Baukörpern nebst Zubehör im Einzelnen und im nachbarl. Zueinander bestimmen Gestaltung, Räume und Raumfolgen im baul. Bereich. Städtebaul. Gestaltung löst im Betrachter visuelle Wahrnehmungen und ästhet. Erlebnisse aus, kann ein Orientierungsgefüge erkennbar machen oder auch Überraschungseffekte bewirken, vermag schließlich durch Hervorhebung gewisser Bauten Bedeutungsaussagen zu vermitteln.

Rechtliche Grundlagen

Für das Zustandekommen rechtswirksamer und damit durchsetzbarer städtebaul. Planungen ist das Baurecht zuständig. In Dtl. ist aufgrund des durch das GG vorgegebenen föderativen Staatsaufbaus das Baurecht geteilt. Für das städtebaul. Planungs- und Bodenrecht gilt das Baugesetzbuch (BauGB) in der Neufassung vom 27. 8. 1997, die die Änderungen durch das Bau- und Raumordnungs-Ges. vom 18. 8. 1997 berücksichtigt. Die im BauGB enthaltenen Regelungen zur Bauleitplanung werden bundesrechtlich ergänzt durch die Baunutzungs-VO (BauNVO) i. d. F. v. 23. 1. 1990 und die Planzeichen-VO vom 18. 12. 1990. Für die Ausführung baul. Anlagen auf den Grundstücken ist dagegen das →Bauordnungsrecht der Länder zuständig.

Das wichtigste rechtl. Instrument zur Gestaltung der gebauten Umwelt auf örtl. Ebene ist die im BauGB geregelte kommunale →Bauleitplanung. Sie erfolgt mittels des vorbereitenden Flächennutzungsplans (für die ganze Gemeinde) und über rechtsverbindl. Bebauungspläne (für einzelne Grundstücke bis hin zum Quartier). Daneben bietet das BauGB zur Gewährleistung einer geordneten städtebaul. Entwicklung eine Reihe von Handhaben. Sie reichen von der Veränderungssperre (während der Aufstellung eines Bebauungsplans) über Vorkaufsrechte, Instrumente der Bodenordnung (Umlegung und Grenzregelung), Enteignungsermächtigungen bis zur Regelung der Erschließung. Das seit 1987 im BauGB integrierte (vorher im Städtebauförderungs-Ges. enthaltene) besondere Städtebaurecht regelt die Stadtsanierung und -erneuerung, die so genannte Entwicklungsmaßnahme, die Erhaltungssatzung und die städtebaul. Gebote (Baugebot, Modernisierungs- und Instandsetzungsgebot, Pflanzgebot, Rückbau- und Entsiegelungsgebot).

Besondere bodenrechtliche Maßnahmen

Für städtebaul. Entwicklungs- und Sanierungsmaßnahmen stehen den Gemeinden bei Vorliegen der rechtl. Voraussetzungen mit dem BauGB auch besondere bodenrechtl. Instrumente zur Verfügung. Durch städtebauliche Entwicklungsmaßnahmen (§§ 165 ff. BauGB) werden Ortsteile entsprechend ihrer besonderen Bedeutung für die städtebaul. Entwicklung

Städ Städtebau

Ordnung der Gemeinde erstmals entwickelt oder im Rahmen einer städtebaul. Neuordnung einer neuen Entwicklung zugeführt, z. B. zur Deckung eines erhöhten Bedarfs an Wohn- und Arbeitsstätten oder zur Wiedernutzung brachliegender Flächen. Verfahrensmäßige Besonderheiten sind: Einleitung durch Gemeindesatzung, die der Genehmigung der höheren Verwaltungsbehörde bedarf, grundsätzl. Erwerb der Grundstücke durch die Gemeinde mit Veräußerungspflicht für Zwecke der Entwicklungsmaßnahme, Ausgleichspflicht der Grundeigentümer für entwicklungsbedingte Werterhöhungen. Die Gemeinde kann so die Bodenwertsteigerung zur Finanzierung der Maßnahme (Schaffung der Infrastruktur) einsetzen. Überschüsse sind an die Grundeigentümer auszuzahlen.

Städtebaul. Sanierungsmaßnahmen sind auf die Lösung komplexer städtebaul. Probleme im Rahmen einer Gesamtmaßnahme ausgerichtet, deren einheitl. Vorbereitung und zügige Durchführung im öffentl. Interesse liegt. Sie dienen der Behebung städtebaul. Missstände, ggf. auch von Funktionsstörungen (§§ 136 ff. BauGB; →Sanierung). Während die planungsrechtl. Handlungsfelder der Gemeinde in BauGB umrissen werden, gibt das Bauordnungsrecht (Landesbauordnung) den Gemeinden die Ermächtigung, für bestimmte oder unbebaute Teile ihres Gemeindegebiets örtl. Bauvorschriften (Gestaltungssatzungen) zu erlassen (→Baugestaltung). Diese örtl. Vorschriften können selbstständig bestehen oder auch in einem Bebauungsplan inkorporiert sein (§ 9 Abs. 4 BauGB), der auf diese Weise mit bauordnungsrechtl. Regelungen ›angereichert‹ ist. Auch das Naturschutzrecht eröffnet den Gemeinden einschlägige Satzungsbefugnis, so z. B. zum Erlass von Baumschutzsatzungen. Auch hier ist Landesrecht maßgebend.

Ziele der Bauleitplanung

Die Bauleitplanung ist Pflichtaufgabe der Gemeinden. Bauleitpläne sind aufzustellen, sobald und soweit es für die städtebaul. Entwicklung und Ordnung erforderlich ist. Von entscheidender Bedeutung ist das eigenverantwortl. planer. Konzept der Gemeinde. Unter Beachtung des Anpassungszwanges an die Ziele der →Raumordnung (§ 1 Abs. 4) sollen die Bauleitpläne eine nachhaltige städtebaul. Entwicklung und eine dem Wohl der Allgemeinheit entsprechende sozial gerechte Bodenordnung gewährleisten und dazu beitragen, eine menschenwürdige Umwelt zu sichern und die natürl. Lebensgrundlagen zu schützen und zu entwickeln (§ 1 Abs. 5). Jede konkrete Bauleitplanung führt zu miteinander konkurrierenden Zielen im Planungsprozess, für die je nach der örtl. Problemlage Prioritäten zu setzen sind. Mithin bedingt der Planungsvorgang auch einen Abwägungsvorgang, in den Wertentscheidungen eingehen. Auch die Abstimmung städtebaul. Entwicklungsvorstellungen der Gemeinde mit den Raum beanspruchenden Maßnahmen der Fachplanungsträger, z. B. mit dem Verkehrsstraßenbau, der Wasserwirtschaft, der Landschaftsplanung, der Flurbereinigung, für die eigene Gesetze gelten, ist ein wichtiges Planungsziel. Die Planungsleitsätze des BauGB messen dem Umweltschutz, dem baukulturellen Bestand, der Ökologie und der Landschaftspflege große Bedeutung zu. Dies schlägt sich in entsprechenden Darstellungs- und Festsetzungsmöglichkeiten im Flächennutzungsplan (§ 5) und den Bebauungsplänen (§ 9) nieder.

Zentrale materiell-rechtl. Verpflichtung ist das im § 1 Abs. 6 BauGB verankerte Abwägungsgebot, wonach ›bei der Aufstellung der Bauleitpläne die öffentl. und privaten Belange gegeneinander und untereinander gerecht abzuwägen‹ sind. Die Rechtsprechung hat hierfür Grundsätze entwickelt, die die Gemeinde bei ihrem Entscheidungsprozess zu berücksichtigen hat.

Abwägungsvorgang und -ergebnis müssen für die Aufsichtsbehörde nachvollziehbar sein. Bei der Abwägung sind auch die Umweltbelange und die Forderungen aus dem Naturschutzrecht zu berücksichtigen, und es stellt sich die Frage, wie bei Eingriffen in Natur und Landschaft der Ausgleich geschaffen werden kann. Seit dem Bau- und Raumordnungs-Ges. vom 18. 8. 1997 sind die Einzelheiten des naturschutzrechtl. Ausgleichs nicht mehr im Bundesnaturschutz-Ges., sondern direkt im BauGB (§§ 1 a, 5, 9, 135 a–c) verankert. Der Ausgleich ist durch Bauleitplanung oder durch Vertrag zu regeln. Den Grundstücken, auf denen Eingriffe zu erwarten sind, können Flächen zum Ausgleich an anderer Stelle des Gemeindegebiets zugeordnet werden. Die Gemeinde kann sich die Kosten der Herstellung der Ausgleichsmaßnahmen von den Eigentümern der Baugrundstücke erstatten lassen.

Stadterneuerungsmaßnahmen in der Praxis

Stadterneuerung umfasst als Oberbegriff den Prozess des Stadtumbaus und der Stadterhaltung mit den Teilmaßnahmen Stadterweiterung (Entwicklungsmaßnahmen), Modernisierung (ggf. in Schwerpunkten) und Wohnumfeldverbesserung, Sanierung in unterschiedl. Stufen, Ergänzungsmaßnahmen zur Strukturverbesserung (z. B. Ausbau der Infrastruktur im Erschließungsbereich, Bildungs- und Kulturbereich, Schaffung von Stadtteilzentren, Schaffung wohngebietsnaher Grünflächen). Entsprechendes gilt für die →Dorferneuerung.

Im Zusammenhang mit den großen Stadterweiterungen in den 1950er- und 1960er-Jahren, mit der Übernahme des Hochhaustyps und der sprunghaften Zunahme des Kfz-Verkehrs fand eine Weiterentwicklung des Siedlungsbaus der 1920er-Jahre statt (→Stadt). Gleichzeitig bewirkte die Beschleunigung der Industrialisierung weltweit eine Veränderung des Stadtbilds, sie förderte die Verstädterung und verschärfte die Beeinträchtigung der Umweltbedingungen. Hinsichtlich der Gestaltung größerer Ortserweiterungen wird heute die städtebaul. Lösung für Wohnbaugebiete in einer Kombination von Mittelhoch- und Flachbau gesucht, um unterschiedl. Wohnbedürfnissen Rechnung zu tragen, zumal eine Vielzahl von Wohnhausformen zur Verfügung steht. In der Komposition dieser Baukörper sollen angemessene Dichten erreicht werden, zum einen zur Eindämmung des Flächenverbrauchs, zum anderen im Hinblick auf die Ökonomie des öffentl. Nahverkehrs, der bei der Standortwahl neuer Baugebiete und deren Erschließungskonzeption bes. zu berücksichtigen ist.

Andererseits soll auch die Intimität der Privatsphäre gesichert und der Kontakt zu den zentralen Einrichtungen und zur Landschaft sinnfällig gemacht werden. Ein differenziertes, umweltfreundlich gestaltetes Netz von Erschließungsstraßen, -wegen und Kommunikationsbereichen dient dieser Konzeption. Es ist heute üblich, zum Entwurf von Bebauungsplänen zugleich auch einen örtl. Landschaftsplan (Grünordnungsplan) zu konzipieren, um Vorstellungen über notwendige und wünschenswerte ökolog. und grünplaner. Maßnahmen (u.a. Schutz und Verknüpfung von Restfreiflächen, Grünstreifen) zu gewinnen.

In Stadterneuerungsbereichen kommt es je nach dem Ergebnis der Bestandsaufnahme (Sanierungsbedürftigkeit, Feststellung städtebaul. Missstände im Sinne des BauGB, soziale Morphologie, Stadtbildanalyse und -bewertung) sowie der wirtschaftlich-finanziellen Aspekte und der Erneuerungsziele (Bausubstanz-, Funktionsschwächesanierung, Nutzungsverteilung, Umweltverbesserung) häufig eine Kombination der Erneuerungskategorien (Flächen- oder Totalsanierung, partielle Sanierung, Objektsanierung und

Wohnumfeldverbesserungen) in Betracht. Dabei ist maßgebend, ob die Anpassung der vorhandenen Substanz und Struktur an Funktionsvorstellungen im Vordergrund steht oder die Suche nach substanzschonenden Nutzungen (›erhaltende Erneuerung‹). Soweit es sich um städtebaulich oder kulturhistorisch wertvolle Gebiete handelt, ist die Mitwirkung der →Denkmalpflege unabdingbar und das Prinzip der erhaltenden Erneuerung vom Grundsatz her zu verfolgen.

Für die Erneuerungsstrategie im Rahmen des S. kommen als Kategorien der Neuordnung in Betracht: Bereiche, in denen durch Wohnumfeldverbesserung auch private Modernisierungsaktivitäten angeregt werden; Gebiete, in denen kleinräumige Neuordnung notwendig ist (Modernisierung, stellenweise Entkernung, Austausch von Bausubstanz); Gebiete, in denen eine großräumige Neuordnung nicht umgangen werden kann. Solche Ordnungskonzepte müssen auch sozialen Entwicklungsprozessen, die durch stadtinterne Wanderungen oder durch Stadtflucht (Randwanderung) entstehen können und zu unerwünschten Nutzungsverschiebungen führen, entgegenwirken. Bei der Realisierung kommt es auf ein produktives Wechselspiel zw. öffentl. und privater Initiative an. Planungsrechtl. und bauordnungsrechtl. Mittel schaffen Klarheit und Rechtssicherheit für Investitionswillige, Maßnahmen der Bodenpolitik und ggf. planakzessor. Instrumente erleichtern oder ermöglichen die plangemäße Nutzung des Bodens.

G. ALBERS: Stadtplanung. Eine praxisorientierte Einf. (²1992); Stadtökologie in Bebauungsplänen, bearb. v. R. STICH u. a. (1992); G. SCHMIDT-EICHSTAEDT: Städtebaurecht (²1993); Die Städte in den 90er Jahren. Demograph., ökonom. u. soziale Entwicklungen, hg. v. J. FRIEDRICHS (1997). – Weitere Literatur →Stadt.

Städtebaurecht, ein Teil des öffentl. Baurechts, dessen wichtigste Rechtsquelle seit dem 1. 7. 1987 das Baugesetzbuch (BauGB) bildet, das das bis dahin geltende Bundesbau-Ges. sowie das Städtebauförderungs-Ges. ersetzte. Zum S. des Bundes zählen weiterhin die Baunutzungs-, die Wertermittlungs- und die Planzeichen-VO. Die Gesetzgebungszuständigkeit des Bundes für das S. und damit das BauGB ergibt aus Art. 74 Nr. 18 GG. Danach hat der Bund unter den Voraussetzungen des Art. 72 Abs. 2 GG (›konkurrierende Gesetzgebung‹) das Gesetzgebungsrecht für das Bodenrecht. Im Einzelnen ergeben sich hieraus Gesetzgebungszuständigkeiten für das Recht der städtebaul. Planung, der Grundstücksumlegung und -zusammenlegung, der Bodenbewertung, das Erschließungsrecht (seit 1994 ohne das Recht der Erschließungsbeiträge) sowie das Bodenverkehrsrecht. Durch das Bau- und Raumordnungs-Ges. 1998 vom 18. 8. 1997 wurde eine Vielzahl von Sonderregelungen, die im Gefolge der Wiedervereinigung durch das Maßnahmen-Ges. zum BauGB 1990 und 1993 neben das BauGB getreten waren, in das BauGB integriert. Auf diese Weise wurden der Vorhaben- und Erschließungsplan und die zunächst in §6 Maßnahmen-Ges. enthaltene Regelung der städtebaul. Verträge in das Dauerrecht übernommen. Alle Sonderregelungen für die neuen Länder, die in §246a BauGB i. d. F. v. 1990 aufgelistet waren, wurden aufgehoben. Neu geregelt und ebenfalls in das BauGB integriert wurde der naturschutzrechtl. Ausgleich für Eingriffe, die aufgrund von Bauleitplänen zu erwarten sind. Die Teilungsgenehmigung wurde bundesrechtlich abgeschafft. Bebauungspläne müssen nur noch dann von der höheren Verw.-Behörde genehmigt werden, wenn sie nicht aus dem Flächennutzungsplan entwickelt worden sind.

Städtebünde, im späten MA. häufige Zusammenschlüsse von Städten, meist gegen Fürsten und Ritterbünde, z. B. →Hanse, Sechsstädtebund (→Lausitz), →Rheinischer Bund, →Schwäbischer Städtebund.

Städtepartnerschaft, engl. **Town-Partnership** [taʊn ˈpɑːtnəʃɪp], frz. **Jumelage** [ʒymˈlaːʒ], Dauerverbindung zw. oftmals ähnlich strukturierten Städten unterschiedl. Nationalität mit dem Ziel, durch gegenseitiges Kennenlernen das Verständnis füreinander zu fördern. Die vertragl. Vereinbarungen im Rahmen der S. erstrecken sich z. B. auf Kontakte zw. Jugendgruppen, kulturelle und sportl. Veranstaltungen. – Die Idee der S. nahm bereits nach dem Ersten Weltkrieg Gestalt an (z. B. 1925 zw. Kiel und Sonderborg); sie verbreitete sich nach 1945 rasch, bes. durch die 1948 gegründete Internat. Bürgermeister Union, die v. a. zw. Dtl. und Frankreich zahlr. S. herbeiführte. Ende 1997 gab es S. zu rd. 5 750 Kommunen in versch. Staaten.

Stadt|erneuerung, Oberbegriff für eine Verbesserungs- und Sanierungstätigkeit, die auf die Erhaltung der Nutzung des jeweiligen Stadtgebietes (S. i. e. S.) oder auf eine Veränderung im Stadtgefüge, die zugleich auch auf Ersatz der ursprüngl. Nutzung durch eine neue zielt **(Stadtumbau),** gerichtet sein kann. – Nach der Intensität des Eingriffs können folgende Erneuerungskategorien unterschieden werden: Flächen- oder Totalsanierung (Totalabriss und anschließender Neuaufbau), partielle Sanierung (Teilabbruch und Neuaufbau, Innenhofentkernung usw.), Objektsanierung (Instandsetzung und Modernisierung von Einzelgebäuden) und Wohnumfeldverbesserungen (z. B. Verkehrsberuhigung, Umgestaltung der Verkehrs- und Grundstücksflächen, Fassadenpflege und Farbgebung, Bepflanzung). →Städtebau.

Städtesystem, die Gesamtheit der Städte eines Raumes (z. B. eines Staates).

Stadtfahrzeug, Kraftfahrzeug für den innerörtl. (Personen-)Verkehr, das Umweltschutzanforderungen und Verkehrsraumknappheit berücksichtigt. Die Entwicklung von S. führte zu neuen techn. Ansätzen (→Elektrofahrzeug, →Gyroantrieb, →Hybridantrieb).

Stadtfarben, die herald. Farben einer Stadt. Die Stadtflaggen geben meist die Hauptfarben des Stadtwappens in zwei, selten mehr parallel laufenden Streifen wieder. Daneben setzen sich in Anlehnung an das örtl. Wappen ausgestaltete Flaggen durch.

Stadtflucht, Abwanderung größerer Bev.-Gruppen aus den innerstädt. Bereichen in das Umland (→Suburbanisation) bzw. aus den (groß)städt. Ballungsgebieten in ländl. Wohnräume. Wie Landflucht als Komplementärerscheinung verweist auch S. auf zugrunde liegende ökonom., infrastrukturelle, soziale und kulturelle Probleme. Anders als die Landflucht, in der zumeist ärmere Teile der Land-Bev. eine Hoffnung zur Verbesserung ihrer Lebenschancen sehen, wird die S. v. a. von mittleren und z. T. oberen sozialen Schichten, bes. in der Familiengründungsphase, getragen, die entweder den in den modernen Großstädten ausgebildeten Verkehrs-, Wohn- und Kommunikationsstrukturen (Isolation, Lärmbelästigung) ausweichen oder aber im Zuge der durch die Ansiedlung von Geschäften, Banken, Büros und anderen Einrichtungen des tertiären Sektors im innerstädt. Bereich gestiegenen Wohnkosten zur S. gedrängt werden. – In kulturgeschichtl. Hinsicht stellt die S. ebenfalls ein Pendant zur Landflucht dar; neben der Bukolik in der antiken Lit. (VERGIL) kennt auch die neuzeitl. Kulturkritik das Lob des Landlebens als Gegenmodell zur negativ, oft auch als moralisch verwerflich eingeschätzten Stadt (etwa bei A. DE GUEVARA). S. hat neben stadtreformer. Ansätzen seit der Jahrhundertwende (z. B. Gartenstadtbewegung) auch die zeitgenöss. Stadtplanung und -soziologie dazu motiviert, den Lebensraum Stadt daraufhin zu untersuchen, wie er attraktiver gestaltet werden könnte, zumal S. erhebl. Folgeprobleme (erhöhte Pendlerzahlen, Zersiedlung des Umlandes, Veröden der Innenstädte, Umschichtung der Sozialstruktur) mit sich bringt.

Stad Stadtgas – Stadtlandschaft

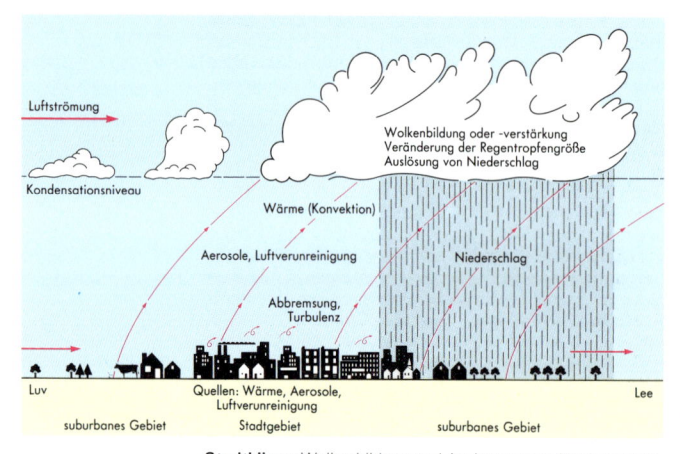

Stadtklima: Wolkenbildung und Auslösung von Niederschlag im Stadtbereich

Stadtgeld:
4 Stadtpfennige
(Hildesheim, 1717;
Durchmesser 15 mm)

Vorderseite

Rückseite

Stadtgas, früher **Leuchtgas,** →Brenngas der öffentl. Gasversorgung, das überwiegend aus Wasserstoff, Methan und (giftigem) Kohlenmonoxid besteht. In älteren Gaswerken wurde S. vorzugsweise durch Entgasung von Steinkohle (Gaskohle, Gasflammkohle) hergestellt, wobei gleichzeitig Koks anfiel (Koksofengas). Ab etwa 1955 wurden zusätzlich Mineralölprodukte (z. B. Flüssiggas, Benzin, Gasöl) mit Wasserdampf und Luft in Röhrenspaltanlagen bei 700–800 °C zu S. umgesetzt. Heute ist S. weitgehend durch Erdgas ersetzt.

Stadtgeld, den →Landmünzen entsprechende Scheidemünzen, die von Städten mit Münzrecht ausgegeben wurden.

Stadtgeographie, Teilgebiet der Siedlungsgeographie, erforscht in Zusammenarbeit mit anderen Wissenschaften (Geschichte, Soziologie u. a.) die Stadt und ihr Umland. Besondere Aufgaben sind u. a. die Untersuchung der topograph. und geograph. (Verkehrs-)Lage, der Physiognomie (Grund- und Aufriss) unter Einschluss des räuml. Wachstums, der Funktionen (Industrie, Dienstleistungen), der Sozialverhältnisse, der Stadt-Land-Beziehungen, der Ver- und Entsorgung sowie des Verkehrs.

G. SCHWARZ: Allg. Siedlungsgeographie, Tl. 2: Die Städte (⁴1988); Grundr. allg. Geographie, Bd. 10: S., bearb. v. H. HEINEBERG (²1989); E. LICHTENBERGER: S., auf 2 Bde. ber. (²1991 ff.); H. CARTER: The study of urban geography (London ⁴1995); B. HOFMEISTER: S. (⁷1997).

Stadtgericht, in den Städten des MA. und der frühen Neuzeit der Stadtrat in seiner richterl. Funktion (Schöffengericht). Dabei kann es sich um ein stadtherrl. oder ein städt. Gericht handeln. Weiterhin sind Gerichte der Reichsstädte und der territorialen Städte zu unterscheiden. Stadtrichter waren Reichsvögte, Burggrafen, Bürgermeister oder Schultheißen. Die Zuständigkeit variiert je nach Stadtart und Entwicklungsstand: Zivilgerichtsbarkeit, niedere und hohe Strafgerichtsbarkeit.

Stadthagen, Kreisstadt des Landkreises Schaumburg, Ndsachs., 72 m ü. M., nördlich der Bückeberge, 23 800 Ew.; Museum ›Amtspforte‹; Metallverarbeitung, Stahl- und Maschinenbau, Herstellung von Rolltreppen, Holzverarbeitung. – Innerhalb der Wallanlagen zahlr. Fachwerkbauten und Gebäude im Stil der →Weserrenaissance: großes vierflügeliges Schloss von JÖRG UNKAIR (1534 bis 1545), ›Amtspforte‹ (Gericht; 1553) in Fachwerk mit Schnitzdekoration; Lateinschule (1565–68); Rathaus (1595–1613); luther. Stadtpfarrkirche St. Martini (13.–14. Jh.) mit Ausstattung des 16. Jh.; dem Chorscheitel wurde 1608–25 das Mausoleum des Fürsten ERNST von Schaumburg (* 1569, † 1622) angefügt, ein frühbarocker Zentralbau mit Bronzegrabmal von A. DE VRIES (1618–20). – S., 1225 unter dem Namen **Grevenalveshagen** gegründet, wurde 1344 Stadt.

Stadt hinter dem Strom, Die, Roman von H. KASACK, 1947.

Stadt|ilm, Stadt im Ilmkreis, Thür., 360 m ü. M., an der Ilm, am S-Rand des Thüringer Beckens, 5 200 Ew.; Heimatmuseum; Herstellung von Gelenkwellen, Wasch- und Reinigungsmitteln; im Stadtteil Oberilm Salzsiederei und Saline. – Stadtkirche (1235 erstmals, nach Stadtbrand um 1780 erneut 1789 geweiht mit barocker Innenausstattung); das Zisterzienser-Nonnenkloster (1287) wurde im 17. Jh. zum Schloss umgebaut und dient seit 1920 als Rathaus; Reste der Stadtbefestigung mit Wehrtürmen und Stadtmauer. – S., als Dorf seit Mitte des 12. Jh. bezeugt, wurde 1268 erstmals erwähnt und erhielt Ende des 13. Jh. Stadtrecht.

Stadtkarte, der →Stadtplan.

Stadtklima, das gegenüber dem Umland stark veränderte Klima (Mesoklima) von Städten und Industrieballungsräumen. Es umfasst die bodennahe Luftschicht oberhalb und in unmittelbarer Umgebung der Stadt. Verursacht wird es durch die Art und Dichte der Bebauung, das Wärmespeichervermögen der Baustoffe, die Versiegelung des natürl. Erdbodens, das weitgehende Fehlen von Vegetation, den veränderten Wasserhaushalt und die vermehrte Emission von Abgasen, Aerosolen und Abwärme. Kennzeichnend sind v. a. höhere Temperaturen (in Mitteleuropa im Jahresmittel um 0,5–1,5 °C; im Winter um 1–2 °C; Entstehung einer **Wärmeinsel**), bes. als Folge der Wärme, die bei künstl. Energienutzung (v. a. durch Beheizung der Gebäude und Kfz-Verkehr) abgegeben oder durch das rasche Abfließen von Wasser in die Kanalisation nicht zur Verdunstung benötigt wird. Die relative Luftfeuchte ist dadurch jedoch nur leicht vermindert, da Verbrennungs- und Trocknungsprozesse wiederum Wasserdampf freisetzen. Bei austauscharmen Wetterlagen (Inversion) kommt es, verstärkt durch einen hohen Aerosolgehalt der Luft, rasch zu Dunst- oder Nebelbildung (→Smog). Die direkte Einstrahlung wird geschwächt, v. a. im Ultraviolettbereich (im Winter 30 %, im Sommer 5 % weniger als in nicht bebauten Gebieten), die diffuse Strahlung nimmt zu, und der Treibhauseffekt wird verstärkt. Die Wärmeabgabe begünstigt die →Konvektion und damit die Wolkenbildung. Die dadurch gelegentlich beobachtete Zunahme der Starkregen trifft aber vielfach erst das leewärts gelegene Umland. Die mittlere Windstärke ist im Stadtbereich stets vermindert. In einzelnen Straßenzügen aber können abhängig von der Windrichtung Düsenströmungen auftreten, deren Geschwindigkeiten die Freilandwerte deutlich übertreffen.

Insgesamt erzeugt die Stadt ein den Menschen belastendes Bioklima, das sich, neben Belastungen durch die →Luftverschmutzung, v. a. nach heißen Sommertagen durch die fehlende nächtl. Abkühlung unangenehm bemerkbar macht. Für Städte sind daher die Planung und Erhaltung von Frischluftschneisen und Ventilationsbahnen sehr wichtig.

W. ERIKSEN: Probleme der Stadt- u. Geländeklimatologie (1975); S., hg. v. E. FRANKE (1977); S. u. Luftreinhaltung, hg. v. der VDI-Kommission Reinhaltung der Luft (1988); Bebauung u. S., bearb. v. W. KAISER (⁴1995); S. u. Großstädte, bearb. v. DEMS. (⁴1995); Freiflächen u. S., bearb. v. B. KOENGETER (Neuausg. 1995).

Stadtkreis, in Bad.-Württ. Bez. für kreisfreie Stadt (→Kreis).

Stadtlandschaft, städtebaul. Konzept für den Wiederaufbau Berlins, 1946 von Baustadtrat H. SCHAROUN und Mitarbeitern (u. a. REINHOLD LINGNER,

* 1902, † 1968, Grünplanung) vorgelegt. Der komplexe Plan sah eine völlige Neustrukturierung Berlins (ohne Rücksicht auf noch vorhandene Bausubstanz) als ›Bandstadt‹ im Urstromtal vor, rastermäßig erschlossen bei Trennung von Wohn- und Arbeitsstandort; großzügige Grün- und Erholungszonen. Verwirklicht wurden nur wenige Teilziele (z. B. Standorte der Trümmerberge).

Stadtlengsfeld, Stadt im Wartburgkreis, Thür., etwa 300 m ü. M., in der Vorderen Rhön, an der Felda (linker Nebenfluss der Werra), 2 300 Ew.; Erholungsort, Reha-Klinik (in einer ehem. Wasserburg vom Anfang des 19. Jh.); Porzellanwerk.

Stadtlohn, Stadt im Kr. Borken, NRW, 50 m ü. M., im westl. Münsterland, an der Berkel, 20 000 Ew.; Fachschule für Sozialpädagogik; Möbel- und Textilindustrie, Eisenverarbeitung, Maschinenbau; Töpfereigewerbe; Flugplatz. – Bei der um 1150 gegründeten Burg Lo(h)n erwuchs die Siedlung S., die 1388/89 Stadtrecht erhielt. 1611 zerstörte ein Brand weite Teile der Stadt. – Am 6. 8. 1623 besiegte J. T. Graf VON TILLY im Lohner Brook CHRISTIAN D. J. von Halberstadt, Herzog von Braunschweig(-Lüneburg-Wolfenbüttel).

Stadtmission, ein Fachverband des Diakon. Werkes. Die in ihm zusammengeschlossenen ›Ev. Stadtmissionen‹ widmen sich in Großstädten der sozialdiakon. und geistl. Betreuung (Telefonseelsorge, Beratungsdienste u. a.) von Menschen in besonderen Problemlagen (Alleinerziehende, alte Menschen, so genannte gesellschaftl. →Randgruppen), die im Rahmen der traditionellen kirchl. Strukturen (Pfarrämter, Kirchengemeinden) meist nicht (mehr) erreicht werden.

Stadt|mund|art, Kommunikationsform, die auf der für Großstädte typ. Mischung unterschiedl. sozialer, dialektaler und generationsbedingter Zugehörigkeit beruht. Neben den bodenständigen lokalen Sprachvarietäten haben sich (u. a. infolge des Zuzugs von Arbeitsmigranten) daneben neue Formen städt. Umgangssprache herausgebildet.

Stadt|ökologie, ein Zweig der →Ökologie.

Stadt|oldendorf, Stadt im Landkreis Holzminden, Ndsachs., 221 m ü. M., im Weserbergland am Naturpark Solling-Vogler, 6 500 Ew.; Stadtmuseum; Gipsindustrie (Gipsgewinnung und -verarbeitung). – Die ev. Pfarrkirche ist ein Neubau von 1793–1800; innerhalb der mittelalterl. Stadtbefestigung (mit Försterbergturm) zahlr. Ackerbürgerhäuser (17.–19. Jh.). Oberhalb der Stadt die Ruine Homburg (12. Jh.), nahebei die Zisterzienserabtei →Amelungsborn. – S., im 12. Jh. als **Aldenthorpe** oder **Oldendorp** erwähnt, wurde 1281 als Stadt bezeugt.

W. RAULS: S. unter der Homburg u. das Kloster Amelungsborn (1974).

Stadtpfeifer, Bez. für den in städt. Diensten stehenden Berufsmusiker des 14.–18. Jh. Der S. trat im Spät-MA. das Erbe des fahrenden Spielmanns an; er teilte dessen Vielseitigkeit im Instrumentenspiel, unterschied sich aber von ihm durch Sesshaftigkeit, Besitz bürgerl. Rechte, festen Sold, Bindung an Zünfte und geregelte, langjährige Ausbildung. Zur Dauereinrichtung dt. Städte wurde die **Stadtpfeiferei** im 16. Jh. Der S. bildete mit mehreren Musikern die Stadt- oder Ratsmusik größerer Städte oder besorgte in kleineren Kommunen, im Range eines Meisters stehend, mit zwei Gesellen und einem Lehrling die offizielle Musik bei Festen der Stadt und der Kirche, Veranstaltungen des Rats, Feiern der Universität und Besuchen hoher Persönlichkeiten sowie dem Wachdienst und dem →Abblasen auf dem Rathaus- oder Kirchturm (→Turmmusik). In Residenzstädten wurden die S. auch zur Unterstützung der Hofkapelle herangezogen. Daneben genossen sie das Privileg, bei privaten Anlässen in Bürgerhäusern aufspielen zu dürfen.

Der S. spielte v. a. Blasinstrumente wie Zink, Schalmei, Pommer, Horn, Dulzian, Krummhorn und Pfeife, bei Genehmigung (erforderlich wegen der →Trompeterprivilegien) auch Trompete, Posaune und Pauke, daneben Fiedel, Violen und Laute. Untersagt waren ihm die ›unehrlichen‹, den Fahrenden zugewiesenen Instrumente wie Sackpfeife, Drehleier, Tamburin. Das Repertoire bestand aus einfacher, handschriftlich weitergegebener Gebrauchsmusik (Signale, Spiel- und Tanzstücke, Choräle, Sonaten), doch gab es auch kompositorisch und spieltechnisch anspruchsvollere S.-Musik. Mit dem Verlust der Privilegierung durch die Gewerbefreiheit und dem Aufkommen des Konzertwesens und Liebhabermusizierens verlor das Amt des S. seit dem 18. Jh. seine Funktion.

Der Sozialstatus des Berufsmusikers vom 17. bis 19. Jh., hg. v. W. SALMEN (1971); H. J. MOSER: Die Musikergenossenschaft im dt. MA. (1910, Nachdr. 1972); S. ŻAK: Musik als ›Ehr u. Zier‹ im mittelalterl. Reich (1979); M. WOLSCHKE: Von der Stadtpfeiferei zu Lehrlingskapelle u. Sinfonieorchester (1981).

Stadtplan, Stadtkarte, großmaßstäbige Karte einer Stadt oder eines Stadtgebietes mit detaillierter Beschriftung der Straßen, öffentl. Gebäude, Sehenswürdigkeiten; oft sind auch die öffentl. Verkehrslinien, Parks und Grünflächen angegeben. Die Straßen sind meist stark verbreitert und die bebauten Flächen mehr oder weniger vereinfacht wiedergegeben. Dem S. ist ein alphabet. Straßenverzeichnis mit Angaben eines Orientierungsnetzes (Suchgitter, →Gitter) zum Auffinden der Straßen beigefügt. S. werden in Maßstäben zw. 1 : 10 000 und 1 : 25 000 herausgegeben, für Planungs- und Verwaltungszwecke gibt es auch S. in größeren Maßstäben (bis 1 : 5000), die mehr und mehr auch als digitale Karte (→digitale Kartographie) vorliegen und Verwendung finden.

Stadtplanung, **Stadt|entwicklungsplanung,** →Städtebau.

Stadtpräsident, im System der gemeindl. Magistratsverfassung (→Gemeinde) der Vors. der Stadtverordnetenversammlung. In den größeren Gemeinden (Städten) der Schweiz der Vors. des Stadtrats (auch **Stadtammann**).

Stadtprozelten, Stadt im Landkreis Miltenberg, Bayern, 134 m ü. M., am Main, 1 700 Ew. – Die am Fuß der Burg Prozelten (12. Jh.) erwachsene Siedlung erhielt 1355 Stadtrecht.

Stadtrat, 1) in einzelnen dt. Bundesländern die Gemeindevertretung in den Städten bzw. deren einzelnes Mitgl. (→Gemeinde); 2) in Hessen die Mitgl. der städt. Magistrate; 3) in der Schweiz z. T. Exekutive (z. B. in Zürich), z. T. Legislative (z. B. in Bern) der Städte.

Stadtrecht, das in den Städten des MA. seit dem 12. Jh. entstandene Recht, das sich vom benachbarten Landrecht unterschied. Dabei handelt es sich sowohl um das Verfassungsrecht der Stadt als auch um das in der Stadt geltende Privat-, Prozess- und Strafrecht. In seinen Ursprüngen beruhte es auf Privilegien (›Handfesten‹) des Königs oder Stadtherrn (Marktrecht), später v. a. auf Rechtssatzungen. Das S. hieß ›Weichbild‹. Seit Ende des MA. kam es zu Neuaufzeichnungen (Reformationen) des S., wobei dieses z. T., bes. in Süd-Dtl., dem römisch-gemeinen Recht angepasst wurde. – Durch Bewidmung jüngerer Städte mit dem Recht einer älteren Stadt bildeten sich S.-Familien (so z. B. beim →lübischen Recht, beim →Magdeburger Recht).

Stadtregion, in Dtl. vonseiten der Raumforschung aufgrund bestimmter statist. Merkmale (Bev.-Dichte, Einwohner-Arbeitsplatz-Dichte, Anteil der in der Landwirtschaft Beschäftigten an den Gesamterwerbspersonen der S., Anteil der Pendler aus der Umlandzone in das Kerngebiet der S.) definierter Begriff zur sinnvollen Abgrenzung und inneren Gliederung städt.

Räume. Von der amtl. Raumordnung werden stattdessen seit 1968 Verdichtungsräume (→Ballungsgebiet) ausgegliedert.

Stadtroda, Stadt im Saale-Holzland-Kreis, Thür., 240 m ü. M., am rechten Saalezufluss Roda, 6 500 Ew.; Fachschule für Agrar- und Hauswirtschaft; Möbelbau, Forstwirtschaft. – In der Heiligkreuzkirche (begonnen 2. Hälfte 12. Jh.) mit got. Chor und barockem Langhaus (1681) spätgot. Skulpturen; Stadtkirche St. Salvator, ein Zentralbau der Renaissance; schlichtes Barockschloss (1663–68); Ruine der ehem. Klosterkirche (13. Jh.). – Neben einem 1247 gegründeten Zisterzienserinnenkloster (aufgehoben um 1530) entwickelte sich in der 1. Hälfte des 13. Jh. der 1310 mit Marktrecht ausgestattete Ort **Roda.** Im Spät-MA. entstand die Unterstadt, die im 15./16. Jh. Mittelpunkt des städt. Lebens wurde. Heutiger Name seit 1925. S. war 1831–1994 mit Unterbrechungen Kreisstadt.

Stadtsanierung, die →Sanierung.

Stadtschaften, öffentlich-rechtl. Kreditanstalten genossenschaftl. Charakters, gebildet durch Vereinigung von Eigentümern bebauter oder in Bebauung befindlicher städt. Grundstücke, um – entsprechend den →Landschaften – den Mitgl. durch Hypotheken oder Grundschulden gesicherte Tilgungsdarlehen zu gewähren. Die Mittel werden durch Ausgabe von Pfandbriefen beschafft. Die Kreditnehmer übernehmen eine Haftung in Höhe eines Prozentsatzes ihrer nicht getilgten Darlehensschuld.

Stadtschlaining, Stadt im Bez. Oberwart, im südl. Burgenland, Österreich, 409 m ü. M., 2 200 Ew.; Sitz des Österr. Studienzentrums für Frieden und Konfliktlösung, Europ. Univ.-Zentrum für Friedensstudien. – Kath. Pfarrkirche St. Joseph (15. Jh.) mit barocker Ausstattung; ev. Pfarrkirche, ein klassizist. Saalbau von 1783–87; Synagoge (19. Jh.); die mächtige mittelalterl. Stadtmauer steht in Verbindung mit der auf der anderen Seite des Tauchenbachs auf einer Felsnase gelegenen Burg (12.–13. Jh.). – Offizielle Stadterhebung 1991.

Stadtschnellbahn, die →S-Bahn.

Stadtschreiber, 1) *Geschichte:* in dt. Städten seit dem 13. Jh. der Protokollführer bei Rats- und Gerichtssitzungen, Leiter der städt. Kanzlei, auch städt. Gesandter. Bei jurist. Streitigkeiten wirkte er als Rechtsberater des Stadtrats und setzte wichtige Schreiben und Verträge auf. Urspr. war der S. meist Geistlicher, später Jurist; häufig der Verfasser der Stadtrechte. – In einigen größeren Gemeinden der *Schweiz* ist S. der Sekretär des Gemeinderats und Vorsteher der Gemeindekanzlei.

2) *Literaturwesen:* heute Schriftsteller, der – als Auszeichnung für seine literar. Verdienste – von einer Stadt dazu eingeladen wird, für eine befristete Zeit in der Stadt zu leben, dort Literatur zu vermitteln und z. T. (als Chronist) über sie zu schreiben.

Stadtsenat, in Österreich Bez. für den Gemeindevorstand von Städten mit eigenem Statut; in Wien zugleich Landesregierung.

Stadtsoziologie, um 1900 aus der sozialwiss. Beschäftigung mit den Problemen der modernen Großstadt entstandene spezielle Soziologie. Als Teilgebiet der →Gemeindesoziologie untersucht die S. die gesellschaftl. Grundlagen, Strukturen, Funktionen, Folgen und (Fehl-)Entwicklungen des Lebens in städt. Wohn- und Siedlungsformen. Ging es der S. in ihren Anfängen im Rahmen der in den USA begründeten →Sozialökologie zunächst v. a. darum, die räuml. Verteilung unterschiedlicher Bevölkerungsgruppen und sozialer Schichten sowie die versch. Intensitätsgrade der Bodennutzung und nicht zuletzt die Lebenszusammenhänge in sozialen Konfliktbereichen (Kriminalität, Obdachlosigkeit, Randständigkeit) von ihrer räuml. Dimension her zu erfassen, so zielt die moderne S. darüber hinaus auf die Erforschung der allgemeinen Lebensverhältnisse in den Städten, z. B. der Verkehrs- und Wanderungsbewegungen (Pendler, Stadt-Umland-Verhältnisse, Suburbanisierung, Segregation), der Ausbildung, Verlagerung und möglicherweise Vervielfältigung von Stadtzentren (›Mehrkernstadt‹) sowie der Erlebnisformen, Motivationen und Verhaltensweisen der Stadtbewohner. Nicht zuletzt werden auch die Macht-, Einfluss- und Verwertungsinteressen der unterschiedl. in der Stadt lebenden Gruppen (z. B. durch Bodenspekulation) und die Fragen der polit. und kulturellen Organisationen des städt. Lebens in Betracht gezogen.

H. P. BAHRDT: Die moderne Großstadt (Neuausg. 1974); Soziologie der Stadt, hg. v. H. KORTE u. a. (²1974); L. MUMFORD: Die Stadt (a. d. Amerikan., ²1979); J. FRIEDRICHS: Stadtanalyse (³1983); Soziolog. Stadtforschung, hg. v. DEMS. (1988); DERS.: S. (1995); R. LINDNER: Die Entdeckung der Stadtkultur (1990).

Stadtstaat, im Ggs. zum Flächenstaat ein Staat, dessen Gebiet mit dem einer Stadt identisch ist; Gemeinde- und Staatsgebiet decken sich. In Dtl. bilden Berlin, Hamburg und – mit Besonderheiten hinsichtlich Bremerhavens – Bremen S. Die Verf. der S. vereinigen Elemente der Landes- und der Kommunalverfassung. – Internat. auch Bez. für Staaten, deren Staatsgebiet im Wesentlichen aus einer städt. Zusammenballung besteht, z. B. Singapur. – Im Altertum bildeten häufig Städte als S. Herrschaftszentren (z. B. S. des Alten Orients, die griech. Polis), die sich z. T. durch Eroberungen zu größeren Reichen entwickelten.

Stadtsteinach, Stadt im Landkreis Kulmbach, Bayern, 351 m ü. M., vor dem W-Abfall des Frankenwaldes, am Austritt des engen Steinachtales in das Obermainische Hügelland, 3 600 Ew.; Heimatmuseum; Baugewerbe, Holzindustrie, Steinbruch, Landwirtschaftsbetriebe; Erholungsort. – Der 1151 erstmals urkundlich genannte Ort erhielt im 14. Jh. Stadtrecht. 1802 fiel S. an Bayern. 1972 vergrößerte sich die Stadt durch Eingemeindungen.

Stadtstreicher, umgangssprachl. Bez. für v. a. in Großstädten anzutreffende →Nichtsesshafte.

Stadtteilkultur, Begriff der Stadt- und Kultursoziologie; beschreibt i. e. S. die kulturellen Angebote im Rahmen eines städt. Teilgebietes, das verwaltungsmäßig, baulich, historisch oder sozial bzw. demographisch als Einheit angesehen wird. Träger der S. sind kommunale und freie Kultureinrichtungen, Vereine, im Stadtteil ansässige Unternehmen, die Bewohner und kulturellen Aktivitäten sowie die darauf aufbauenden ›Mischformen‹ (zum Beispiel kommunal geförderte freie Kinos, Stadtteilfeste). – I. w. S. wird als S. der Lebenszusammenhang in einem Stadtteil insgesamt bezeichnet (geprägt durch die Besonderheiten des Ortes, des Zusammenlebens und der Umwelt), der sich etwa in Bräuchen, Gestaltungen des öffentl. Raums oder auch in spezif. politischen, sozialen oder kulturellen Orientierungen und Verhaltensweisen äußern kann.

Der Begriff S. ist bes. mit dem seit Mitte der 1970er-Jahre in den westl. Industrieländern (wieder) erwachten Interesse an einer ›Wiederbewohnbarmachung‹ der Städte verbunden, nachdem ein vorrangig an der industriellen Nutzung städt. Räume und einseitig an quantitativer Ausweitung orientiertes Städtewachstum bestimmte Grenzen erreicht hatte. Das Interesse zielte dabei darauf, die Attraktivität der Innenstädte zu steigern, die ihre Bewohner und sozialen Infrastrukturen teilweise verloren hatten und zu ›Bürostädten‹ geworden waren. Seit den 1980er-Jahren geht der Neuorientierung mit einer entsprechenden Aufwertung von Alltagskulturen und einer Umwidmung von Funktions- zu Lebensräumen (Einkaufspas-

Stadtteilzeitung – Staël **Staë**

Stadtsteinach

sagen, Straßenrestaurants, Straßenveranstaltungen) einer, worin sich neben kommerziellen Zielsetzungen angesichts der wachsenden Anonymität und Dezentrierung des Lebens in den (Groß-)Städten das Bedürfnis nach angeeigneten und vertrauten Nahräumen in Ballungsgebieten widerspiegelt.

Hauptsache Kultur. Dokumentation. Bundesweiter Ratschlag zur Sozio- u. S., bearb. v. W. FROMMING u. M. SCHWARK (1991); Kultur komplex. S. in Hamburg, hg. v. S. HENTZ u. B. STRANTZEN (1992); Festivalisierung der Stadtpolitik, hg. v. H. HÄUSSERMANN u. W. SIEBEL (1993); Die Städte in den 90er Jahren, hg. v. J. FRIEDRICHS (1997).

Stadtteilzeitung, der Alternativpublizistik zuzurechnender, Bürgernähe anstrebender Pressetyp, zumeist unregelmäßig erscheinend. Von Teilöffentlichkeiten (Vereine, Bürgerinitiativen, Frauen-, Umwelt- und polit. Gruppen) herausgegeben für einen Gleichgesinntenkreis, unterscheidet er sich von der →Stadtzeitung außerdem durch eine weniger professionelle Aufmachung und Amateurjournalismus. Verwandt mit der S., doch von größerer Reichweite und weitaus höherer Auflage ist das →Anzeigenblatt.

H. RÖSCH-SONDERMANN: Bibliogr. der lokalen Alternativpresse (1988); H. WILLKE: Von der Alternativztschr. zum Kulturmagazin (Diss. München 1994).

Stadt|theater, Aufführungsort für Theaterveranstaltungen in einer Stadt des Bundesgebietes. Früher überwiegend nur von der jeweiligen Gemeinde subventioniert; heute meist finanziell in Form einer GmbH geführt, wobei die Stadt zumeist der erste Gesellschafter bleibt und weitere Zuschüsse von Bund und Land gewährt werden. Die Gesellschaftsform der GmbH ermöglicht dem Intendanten größere Freiheiten im Umgang mit den finanziellen Mitteln.

Stadt|umbau, →Stadterneuerung.

Stadtverordneter, gewählter Abg. der Bürgerschaft einer Stadt in der Stadtverordnetenversammlung. (→Gemeinde)

Stadtwappen, →Heraldik, →Stadtfarben.

Stadt Wehlen, Stadt im Landkreis Sächs. Schweiz, Sa., 110–250 m ü. M., im Elbsandsteingebirge, an der Elbe, 1 700 Ew.; Heimatmuseum, Pflanzengarten (5 400 m², 600 versch., z. T. alpine Pflanzenarten); Erholungsort; elbaufwärts liegen die Bastei und der Kurort **Rathen** (510 Ew.) mit Felsenbühne; S-Bahn-Verbindung nach Dresden. – Burgruine. – 1269 erstmals urkundlich erwähnt, Stadtrecht 1446.

Stadtzeitung, in den 1970er-Jahren entwickelter alternativer Lokalzeitungstyp, der Lücken in den publizist. Leistungen der ›etablierten‹ Presse (Ansprache und Behandlung bestimmter Randgruppen und Themen) schließt. Einen großen Stellenwert haben regionale Veranstaltungskalender und die damit meist im Zusammenhang stehende Behandlung regionaler Kulturereignisse. Die Auflage der insgesamt rd. 2 000–2 500 Organe bewegt sich etwa zw. 500 und 3 000 Exemplaren. Eine Auflage zw. 10 000 und 50 000 Exemplaren erreichen die Blätter in großen Ballungszentren, wie z. B. ›Zitty‹ (Berlin), ›Journal Frankfurt‹, ›Szene Hamburg‹ und die zumeist kostenlos verteilten Stadtmagazine und Stadtillustrierten, deren redaktioneller Teil im Unterschied zu den S. nur in geringem Umfang aus polit. Themen besteht. Beide Typen verfügen über einen großen Kleinanzeigenteil.

Staeck, Klaus, Grafiker, Jurist und Verleger, * Pulsnitz 28. 2. 1938; übersiedelte 1956 in die Bundesrepublik Dtl., 1986–88 Gastprof. an der Kunstakademie Düsseldorf. S. gestaltet in der Nachfolge J. HEARTFIELDS und der russ. Konstruktivisten v. a. polit. Plakate, Postkarten, Aufkleber u. a., die durch ihre bissige Satire provozieren. Weiteres BILD →Plakat.

Werke: Plakate (1988); S. in der Produktion. Hardheim (1996).

Der Fall S. oder wie politisch darf die Kunst sein?, hg. v. I. KARST (1975); K. S., Rückblick in Sachen Kunst u. Politik, Ausst.-Kat. (²1980); K. S., Sand fürs Getriebe, Beitr. v. H. ALBERTZ u. a. (1989).

Klaus Staeck: Plakat; 1972

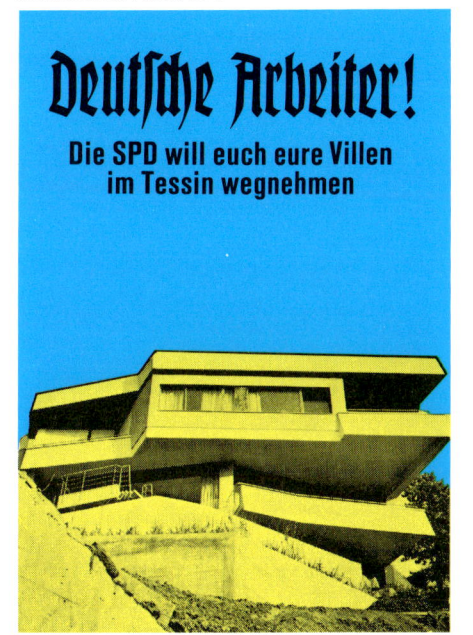

Staël [stal], **1)** Anne Louise Germaine Baronin **von S.-Holstein,** geb. **Necker** [ˈnɛkər, frz. nɛˈkɛr], gen. **Madame de S.** [maˈdam də -], frz. Schriftstellerin schweizer. Herkunft, * Paris 22. 4. 1766, † ebd. 14. 7. 1817; Tochter von J. NECKER und der schweizer. Schriftstellerin SUZANNE, geb. CURCHOD DE NASSE (* 1739, † 1794). In ihrer Jugend wurde sie stark von J.-J. ROUSSEAU beeinflusst und erhielt eine Fülle von Anregungen im Salon ihrer Mutter; die harmon. Verbindung von Intellekt und Gefühlsleben wurde früh zur Leitidee ihrer Auseinandersetzung mit der Zeit und der Kern der gesellschaftl. und polit. Utopien, die sie ebenso den traditionellen Monarchien wie dem revolutionären Despotentum NAPOLEONS I. entgegensetzte. 1786 heiratete sie den schwed. Diplomaten ERIK MAGNUS Baron VON S.-HOLSTEIN (* 1749,

Madame de Staël

Stäf Stäfa – Staff

Nicolas de Staël: Abstrakte Komposition; 1949
(Paris, Musée d'Art Moderne)

† 1802) und unterhielt in Paris einen bedeutenden Salon, in dem einflussreiche Persönlichkeiten der polit. und intellektuellen Welt verkehrten. Vor der jakobin. Radikalisierung der Frz. Revolution floh sie 1792 ins Exil nach Schloss Coppet am Genfer See. Dorthin zog sie sich in der Folge mehrmals vor polit. Verfolgungen zurück. 1800 erschien ihr erstes bedeutendes Werk, ›De la littérature considérée dans ses rapports avec les institutions sociales‹ (1800; dt. ›Über Literatur, in ihren Verhältnissen mit den gesellschaftl. Einrichtungen und dem Geiste der Zeit‹, 2 Tle.), in dem sie eine analyt. und histor. Betrachtung literar. Werke forderte und damit Tendenzen der modernen Literaturkritik vorwegnahm. Ihre beiden Romane ›Delphine‹ (4 Bde., 1802; dt., 5 Tle.) und ›Corinne, ou l'Italie‹ (2 Bde., 1807; dt. ›Corinna, oder Italien‹) sind frühe Zeugnisse sowohl romant. Lebens- und Literaturauffassung als auch weibl. Selbstständigkeits- und Glücksanspruchs. 1803 wurde sie als aktive Gegenerin NAPOLEONS aus Paris verbannt, bereiste Dtl. und Italien und trat u. a. mit GOETHE, SCHILLER, C. M. WIELAND sowie mit A. W. und F. SCHLEGEL und mit dem ital. Dichter V. MONTI in Verbindung. Aus diesen Kontakten heraus entstanden ihre bedeutendsten Arbeiten, v. a. die Schrift ›De l'Allemagne‹ (3 Bde.), die, 1810 auf Befehl NAPOLEONS konfisziert, 1813 in London erschien (dt. ›Deutschland‹) und den frz. Lesern die weitgehend unbekannte dt. Kultur und Geschichte erschloss; das Werk ermöglichte die entscheidende Wirkung der dt. Romantik auf die frz. Literatur und prägte bis zum Ende des 19. Jh. das Deutschlandbild der Franzosen. Von 1805 an wurde Schloss Coppet zu einem kosmopolit. Zentrum der europ. liberalen Intelligenz, wo man gemeinsam versuchte, die geistigen und polit. Grundlagen des 19. Jh. zu legen. Dort versammelten sich u. a. neben B. CONSTANT DE REBECQUE, mit dem Madame de S. (1794–1811) eine wechselvolle Beziehung unterhielt, A. W. SCHLEGEL, G. DE BARANTE und J. C. L. SIMONDE DE SISMONDI auch zahlr. Gelegenheitsgäste wie F. SCHLEGEL, G. BYRON, F. R. DE CHATEAUBRIAND, Z. WERNER u. a.

Madame de S. war eine der bedeutendsten Figuren des frz. Geisteslebens in der Übergangszeit von der Aufklärung zur Romantik, deren europ. Charakter wesentlich von ihr und dem Kreis von Coppet geprägt wurde.

Weitere Werke: Lettres sur les ouvrages et le caractère de J.-J. Rousseau (1788; dt. Über Rousseaus Charakter u. Schriften); De l'influence des passions sur le bonheur des individus et des nations (1796; dt. Über den Einfluß der Leidenschaften auf das Glück ganzer Nationen u. einzelner Menschen); Considérations sur les principaux événements de la Révolution française ..., 3 Bde. (hg. 1818; dt. Betrachtungen über die vornehmsten Begebenheiten der frz. Revolution); Dix années d'exil (hg. 1821; dt. Zehn Jahre der Verbannung).

Ausgaben: Œuvres complètes, 17 Bde. (1820–21); Correspondance générale, hg. v. B. W. JASINSKI, auf mehrere Bde. ber. (Paris 1960 ff.).

R. DE LUPPÉ: Les idées littéraires de Madame de S. et l'héritage des lumières. 1795–1800 (Paris 1969); E. SOURIAN: Madame de S. et Henri Heine (Paris 1974); C. PELLEGRINI: Madame de S. et il gruppo di Coppet (Bologna ²1974); C. HEROLD: Madame de S. Herrin eines Jh. (a. d. Amerikan., Neuausg. 1980); Benjamin Constant, Madame de S. et le groupe de Coppet, hg. v. E. HOFMANN (Oxford 1982); G. DE DIESBACH: Madame de S. (Paris 1983, Nachdr. ebd. 1997); E. FIORIOLI: Madame de S. e A. W. Schlegel (Verona 1983); R. WINEGARTEN: Mme. de S. (Leamington Spa 1985); E. BEHLER: Frau von S. in Weimar (1992); S. BALAYÉ: Madame de S. Écrire, lutter, vivre (Genf 1994); B. MAEDER-METCALF: G. de S. romancière. Ein Beitr. zur Gesch. des frühromant. Romans (1995); G. BARUDIO: Madame de S. u. Benjamin Constant (1996). – *Zeitschrift:* Cahiers staëliens (Paris 1962 ff.).

2) Nicolas de, frz. Maler russ. Herkunft, *Sankt Petersburg 5. 1. 1914, †(Selbstmord) Antibes 16. 3. 1955; lebte ab 1938 in Frankreich. S. malte ab 1942 Landschaftsbilder und Stillleben mit klar gebauten, starkfarbigen Flächenformen (Spachtelschichten) vor meist monochromen Hintergründen. Ab 1952 suchte er Abstraktes und Gegenständliches zu einer Synthese zu verbinden, z. B. in der Serie der Fußballspieler oder in fein nuancierten Grisaillen.

J. P. JOUFFROY: La mesure de N. de S. (Neuenburg 1981); N. de S., bearb. v. I. MONOD-FONTAINE, Ausst.-Kat. (Paris 1981); N. de S. Rétrospective de l'œuvre peint, bearb. v. J.-L. PRAT, Ausst.-Kat. (Saint Paul 1991); A. CHÁVEZ: N. de S. Die späten Werke (1996).

Stäfa, Stadt im Kt. Zürich, Schweiz, 414 m ü. M., am O-Ufer des Zürichsees, 10 900 Ew.; Ortsmuseum; u. a. Apparatebau und Elektronikindustrie; Weinbau. – Die ref. Kirche, 1688/89 über einem Vorgängerbau errichtet, besitzt frühklassizist. Stuckaturen.

Stafel [mhd. stavel, wohl über das Roman. von lat. stabulum ›Stall‹] *der, -s,* eine Höhenstufe in der Alpwirtschaft.

Stafette [ital., zu staffa ›Steigbügel‹] *die, -/-n,* allg.: 1) veraltete Bez. für reitender Eilbote, Meldereiter; 2) Gruppe aus mehreren Personen, Kurieren, die, miteinander wechselnd, etwas schnell übermitteln; 3) sich in bestimmter Anordnung, Aufstellung fortbewegende Gruppe von Fahrzeugen, Reitern als Begleitung von jemandem oder von etwas.

Staff, Leopold, poln. Schriftsteller, *Lemberg 14. 11. 1878, †Skarżysko-Kamienna 31. 5. 1957; gehörte zur literar. Bewegung ›Junges Polen‹; begann mit symbolist. Gedichten (›Sny o potędze‹, 1901) und entwickelte dann über Verse nach klass. Muster immer einfachere und klarere Formen. Im Mittelpunkt seiner Gedankenlyrik steht, trotz aller Skepsis, der ›Lobpreis des Lebens‹. Der Gedichtband ›Wiklina‹ (1954) galt als künstler. Kampfansage an den sozialist. Realismus der Stalinzeit; schrieb auch Dramen (›Skarb‹, 1904; ›Południca‹, 1920); bedeutender Übersetzer, v. a. aus dem Italienischen (G. D'ANNUNZIO) und Deutschen (GOETHE, F. NIETZSCHE, T. MANN).

Weitere Werke: *Lyrik:* Ucho igielne (1927); Barwa miodu (1936); Martwa pogoda (1946).
Ausgaben: Pisma, 20 Bde. (1931–34); Wiersze zebrane, 5 Bde. (1955).

M. WYKA: L. S. (Warschau 1985).

Staffa ['stæfə; altnord. ›Säule‹, ›Pfeiler‹], unbewohnte Insel der Inneren Hebriden, Schottland, westlich der Insel Mull, 1,2 km lang und 0,5 km breit; mit Basaltsäulen und Höhlen, u. a. der →Fingalshöhle.

Staffage [-ʒə; mit französisierender Endung zu staffieren (veraltet für ›ausrüsten‹) gebildet] *die*, -/-n, 1) *allg.*: Beiwerk, Ausstattung, die dem schöneren Schein dient.
2) *bildende Kunst*: Menschen- und Tierfiguren zur Belebung von Landschafts- und Architekturbildern, auch zur Verdeutlichung von Raumtiefe und Größenverhältnissen, für das eigentl. Bildmotiv jedoch nebensächlich. Im Barock wurde die S. häufig von Spezialisten in die Bilder hineingemalt.

Staffel, 1) *Militärwesen*: Bez. für die den Kompanien entsprechenden Einheiten fliegender Verbände bei Heer, Marine und Luftwaffe, dort auch für die Einheiten von Flugabwehrverbänden. Mit Luftfahrzeugen ausgestattete S. **(Flieger-S.)** verfügen i. d. R. über 9–18 Maschinen. Mehrere S. bilden meist eine dem Bataillon entsprechende Gruppe, seltener sind sie direkt zu einem Geschwader zusammengefasst. – **Kunstflug-S.** →Kunstflug.
2) *Sport*: 1) Bez. für eine kleinere, eine Mannschaft bildende Gruppe von Wettkämpfern, die sich auf einer zurückzulegenden Gesamtstrecke nacheinander ablösen und deren Leistungen (über i. d. R. jeweils gleiche Teilstrecken) in einem Gesamtresultat gewertet werden; in einigen Sportarten Bez. für eine Wettkampfmannschaft (u. a. im Boxen: ›Box-S.‹) oder für die – meist regionale – Teilgruppe einer umfassenderen Spielklasse; 2) Kurz-Bez. für die von den S.-Teams durchgeführten Wettbewerbe, die u. a. in der Leichtathletik (→Staffellauf), im nord. Skisport (→Biathlon, →Langlauf, →nordische Kombination), →Orientierungslauf, →Schwimmen sowie →Sporttauchen (Flossenschwimmen) ausgetragen werden.

Staffel|anleihen, Anleihen mit veränderl. Zinsfuß **(Staffelzins),** der sich nach einem in den Emissionsbedingungen festgelegten Plan zu bestimmten Terminen erhöht oder ermäßigt im Unterschied zu festverzinsl. Anleihen.

Staffelbasilika, *Baukunst*: mindestens fünfschiffige Basilika, deren Seitenschiffe nach außen stufenweise niedriger werden.

Staffelbruch, Treppenverwerfung, Schollentreppe, *Geologie*: Gruppe annähernd paralleler Verwerfungen, an denen die einzelnen Gesteinsschollen treppenartig abgesenkt sind. (→Verwerfung)

Staffelchor, *Baukunst*: Chorform, bei der Nebenchöre zum Hauptchor hin stufenweise erniedrigt.

Staffelei [zu Staffel], verstellbares Holzgestell, das zum Aufstellen des Bildes beim Malen dient. Als **S.-Bild** bezeichnet man ein im Ggs. zum Wandbild auf der S. gefertigtes Bild.

Staffelflussausbau, Reihung von Staustufen, bei der der Stau einer Staustufe jeweils mindestens bis zum Kraftwerksauslass der nächsthöheren reicht.

Staffelhalle, die →Stufenhallenkirche.

Staffel|lauf, Staffel, leichtathlet. Laufwettbewerb für Mannschaften auf einer 400-m-Bahn. Die Läufer übergeben nach Absolvierung ihrer jeweiligen Teilstrecke dem nachfolgenden Läufer einen **(Staffel-)Stab** (28–30 cm lang, Umfang mindestens 12 cm, Gewicht mindestens 50 g). Der Stabwechsel muss innerhalb eines **Wechselraums** erfolgen, der 10 m vor dem Ende der Teilstrecke beginnt und 10 m dahinter endet. Der Stabverlust führt zur Disqualifikation. Die bekanntesten Staffelwettbewerbe sind die 4 × 100 m (in Bahnen; die Läufer dürfen bereits 10 m vor dem Wechselraum loslaufen) und die 4 × 400 m (der zweite Läufer darf nach der ersten Kurve seine Bahn verlassen). Männer (beide Staffeln): olymp. seit 1912, EM- seit 1934 und WM-Disziplin seit 1983; Frauen (4 × 100 m zuerst): olymp. seit 1928 (1972), EM- seit 1938 (1969) und WM-Disziplin seit 1983.

Staffelmiete, schriftl. Vereinbarung zw. Vermieter und Mieter, bei der die Höhe der Miete sowie deren Steigerung für einen bestimmten Zeitraum festgelegt werden. Keine Beschränkungen gelten für die Vermietung von Geschäftsräumen. Für die Anwendung der S. bei der Vermietung von Wohnraum enthält § 10 Abs. 2 Miethöhe-Ges. bestimmte Anforderungen. Eine S. kann hier rechtsverbindlich nur vereinbart werden, wenn zw. jeder Erhöhung mindestens ein Jahr liegt, die jeweils fällige Miete genau beziffert ist und die S.-Vereinbarung höchstens einen Zeitraum von zehn Jahren erfasst. Ist die Vereinbarung der S. Teil eines längerfristigen Mietvertrags, ist der Mieter nicht gehindert, das Mietverhältnis bereits nach vier Jahren zu kündigen. Die S. steht weiteren Mieterhöhungen entgegen, ausgenommen einer erhöhten Umlage der Betriebskosten.

Staffelpreise, nach bestimmten produkt- oder preispolit. Merkmalen (z. B. Qualität, Ausstattung, Größe, Absatzzeit, Abnehmergruppe, Verwendungsort) unterschiedlich hoch festgesetzte Preise für Waren mit gleicher Zweckbestimmung, die oft in **Preisstaffeln** zusammengefasst werden. In der Praxis kommen häufig nach der Absatzmenge gestufte Preisstaffeln vor (Mengenstaffeln, Mengenrabatte). S. sind eine Form der Preisdifferenzierung.

Staffelrückgriff, *Wechselrecht*: →Wechsel.

Staffelsee, See im Alpenvorland, Bayern, bei Murnau, 649 m ü. M., 7,7 km², bis 39 m tief; in einem Zungenbecken des würmeiszeitl. Loisachgletschers; entwässert durch die Ach zur Ammer; mit Inseln, u. a. Wörth.

Staffelstein, Stadt im Landkreis Lichtenfels, Bayern, 274 m ü. M., am Fuß der vom Main angeschnittenen Jurakalkschichtstufe der Fränk. Alb, 10 590 Ew.; im ehem. Benediktinerkloster Banz Bildungszentrum der Hanns-Seidel-Stiftung e. V. und Petrefaktensammlung; Museum der Stadt S.; Herstellung von Porzellan, Maschinen und Akkumulatoren, Möbelindustrie; Fremdenverkehrszentrum (zu S. gehören →Banz und →Vierzehnheiligen, seit 1991 auch Kur- und Badestadt (Obermaintherme: eisen- und kohlensäurehaltige Sole, 51 °C). – Spätgot. kath. Pfarrkirche St. Kilian und Georg (14.–15. Jh.; barocke Emporen, 1724–31); am Marktplatz Fachwerkhäuser (17./18. Jh.), das Rathaus wurde nach dem Brand von 1684 mit Fachwerkobergeschoss über dem spätmittelalterl. Erdgeschoss neu errichtet. – Auf dem **Staffelberg** (Teil der Jurakalkschichtstufe, 539 m ü. M.) befindet sich eine rd. 50 ha große Befestigung der frühen La-Tène-Zeit

Staffelstein: Rathaus; über dem spätmittelalterlichen Erdgeschoss wurde nach einem Brand 1684 das Fachwerkobergeschoss neu errichtet

Staffelchor: H Hauptchor, N Nebenchor

(6.–5. Jh. v. Chr.), die im 1. Jh. v. Chr. zu einem kelt. Oppidum (vermutlich das antike **Menosgada**) ausgebaut wurde. – Das seit dem 9. Jh. belegte S. erhielt 1130 Marktrecht. Der Markt, Anfang des 12. Jh. vom Hochstift Bamberg erworben, gehörte später zum Domkapitel und wurde 1418 als Stadt bezeichnet. 1803 fiel S. an Bayern. Bis 1972 war es Kreisstadt des (damals aufgelösten) gleichnamigen Landkreises. – In S. wurde 1492 A. RIES geboren.

Stafford [ˈstæfəd], Hauptstadt der Cty. Staffordshire, Mittelengland, am Sow, unweit des Trent, 61 900 Ew.; Regional-, Kunstmuseum; Maschinenbau, chem. Industrie, Porzellanherstellung. – Im 9. Jh. gegr., erhielt 1206 Stadtrecht.

Stafford [ˈstæfəd], **1)** Jean, amerikan. Schriftstellerin, * Covina (Calif.) 1. 7. 1915, † White Plains (N. Y.) 26. 3. 1979; schildert in ihren Romanen und Erzählungen Probleme der Adoleszenz.

Werke: *Romane:* The mountain lion (1947; dt. Die Geschwister); The Catherine wheel (1952; dt. Das Katharinenrad). – *Kurzgeschichten:* The collected stories of J. S. (1969). – Klapperschlangenzeit (1965, Ausw.).

M. RYAN: Innocence and estrangement in the fiction of J. S. (Baton Rouge, La., 1987); A. HULBERT: The interior castle. The art and life of J. S. (New York 1992).

2) William Edgar, amerikan. Lyriker, * Hutchinson (Kans.) 17. 1. 1914, † Lake Oswego (Oreg.) 28. 8. 1993; Themen seiner zahlr., in klarer, unkomplizierter Sprache abgefassten Gedichte sind die weiten Landschaften des amerikan. Westens, die einfachen Dinge des Lebens sowie die Notwendigkeit des Pazifismus; in seinen Reflexionen stellt S. oft myth. Zusammenhänge her.

Werke: *Lyrik:* Down in my heart (1947); West of your city (1960); Allegiances (1970); Stories that could be true (1977); The quiet of the land (1979); Things that happen where there aren't any people (1980); Wyoming circuit (1980); An Oregon message (1987); My name is William Tell (1992). – *Autobiographie:* You must revise your life (1986).

J. HOLDEN: The mark to turn. A reading of W. S.'s poetry (Lawrence, Kans., 1976); On W. S., hg. v. T. ANDREWS (Ann Arbor, Mich., 1993).

Staffordshire [ˈstæfədʃɪə], County in Mittelengland, 2 716 km², 1,056 Mio. Ew.; Hauptstadt ist Stafford. Vom Tief- und Hügelland erstreckt sich S. nordwärts bis in den Peak District des Pennin. Gebirges (in S. bis 489 m ü. M.). S. gehört zur Wirtschaftsplanungsregion West →Midlands. Ausgedehnte Gebiete dienen der Milchwirtschaft. Der Industriesektor umfasst neben der Steingut- und Porzellanherstellung der Potteries um Stoke-on-Trent u. a. Maschinenbau-, Elektro-, Textil- und Nahrungsmittelindustrie; bekannt durch seine Brauereien ist Burton upon Trent.

Staffpromotion [stɑːfprəˈməʊʃn; engl. staff ›Personal‹], Maßnahmen der →Verkaufsförderung, die sich vor allem an den eigenen Außendienst wenden.

Stag [niederdt.] *das, -(e)s/-e(n),* Teil der Takelage eines Schiffs; festes Draht- oder Hanftau, das Masten, Maststangen u. Ä. nach vorn und achtern abspannt. Die S., an denen Segel (**S.-Segel**) gesetzt werden, tragen ihre Bez. nach den betreffenden Segeln (Fock-S., Klüver-S.), bei Großseglern auch nach dem Mast.

Stagflation [Kw. aus **Stag**nation und In**flation**] *die, -/-en,* Bez. für den Zustand einer Volkswirtschaft, bei dem die Wachstumsrate des realen Sozialprodukts gleich null oder negativ ist, gleichzeitig jedoch das Preisniveau steigt. Als Hauptursache für S. wird die Unvereinbarkeit von Verteilungsansprüchen und Inlandsprodukt angesehen. Steigen z. B. die Rohölpreise auf dem Weltmarkt, schränkt dies die inländ. Verteilungsspielräume ein. Beharren die gesellschaftl. Gruppen (Unternehmer, Gewerkschaften) trotzdem auf ihren Verteilungsansprüchen und sind sie in der Lage, entsprechende Lohn- bzw. Preisforderungen durchzuset-

zen, kommt es zu einem Anstieg des inländ. Preisniveaus sowie Rückgang von Produktion und Beschäftigung. Neben Importpreiserhöhungen können z. B. auch zunehmende Unternehmenskonzentration, Gewerkschaftsmacht oder Steuererhöhungen S.-Prozesse auslösen. Die Überwindung der S. durch makroökonom. Wirtschaftspolitik ist schwierig, da eine auf Preisniveaustabilität zielende restriktive Geldpolitik i. Allg. das Beschäftigungsproblem vergrößert, während eine auf Bekämpfung der Arbeitslosigkeit zielende expansive Fiskalpolitik die Inflation verschärft. Versuche, die S. mithilfe der Einkommenspolitik zu bekämpfen, haben sich in der Praxis nicht bewährt.

Stagione [-ˈdʒoːnə; ital., von lat. statio, vgl. Station] *die, -/-n,* ital. Bez. für: Spielzeit eines (Opern-)Theaters; Saison.

Stagnation [nlat., zu stagnieren] *die, -/-en,* **1)** *bildungssprachlich* für: Stillstand, Stockung.

2) *Volkswirtschaftslehre:* vorübergehender oder dauerhafter Stillstand beim Wachstum des Sozialprodukts, der bei zunehmender Arbeitsproduktivität mit steigender Arbeitslosigkeit verbunden ist. Vorübergehende S. ist häufig in der Rezessionsphase des Konjunkturzyklus anzutreffen. Eine dauerhafte S. erwartet die klass. Nationalökonomie (z. B. D. RICARDO, J. S. MILL) als Endzustand der wirtschaftl. Entwicklung (→stationäre Wirtschaft).

S.-Theorien beschäftigen sich mit den Ursachen langfristig anhaltender S. Die Gefahr einer **säkularen** S. wurde von J. M. KEYNES und A. H. HANSEN gesehen. Nach ihnen bleibt in ›reifen und reichen‹ Volkswirtschaften das Volkseinkommen bei dauerhafter Arbeitslosigkeit konstant; in solchen Volkswirtschaften ist die Konsumquote relativ gering, die Sparquote demnach relativ hoch. Das entstehende Nachfragedefizit muss durch Investitionen kompensiert werden, die private Investitionsneigung ist jedoch niedrig, weil sich das Bevölkerungswachstum verlangsamt, Kapital sparende Erfindungen zunehmen und die Expansion der kapitalist. Volkswirtschaften in nicht industrialisierte Räume zu Ende geht. Andere S.-Theorien in der Tradition des Malthusianismus beziehen weitere Bereiche (z. B. Grenzen der Nahrungsmittelproduktion und damit auch der Bevölkerungszahl, Endlichkeit der Rohstoffvorräte, Umweltbelastungen) in die Analyse ein und gelangen so zur Forderung nach Nullwachstum. (→Wachstum)

Stagnationsphase, Stagnationsperiode, *Limnologie:* die Zeit, in der die Wassermassen eines Sees thermisch stabil geschichtet sind (im Ggs. zur →Zirkulationsphase).

Stagnelius [staŋˈneːliʊs], Erik Johan, schwed. Schriftsteller, * Gärdslösa (Verw.-Bez. Kalmar) 14. 10. 1793, † Stockholm 3. 4. 1823; wurde erst nach seinem Tod beachtet und als einer der originellsten Vertreter der Romantik und einer der bedeutendsten Lyriker der schwed. Literatur anerkannt. Vom dt. Idealismus und der dt. Romantik beeinflusst, verband er Begeisterung für die nord. Vorzeit mit einer verehrenden Liebe für die Antike; er begann mit Liebeslyrik und wandte sich später unter dem Einfluss neuplaton. und gnost. Ideen sowie eines dualist. Weltbildes religiösen Themen zu. S. zeigte sich als meisterhafter Beherrscher metr. Formen; seine rhetor. Sprache ist mit ekstatisch-myst. Bildern angereichert.

Werke: *Dramen:* Wisbur (1818); Martyrerna (1821; dt. Märtyrer); Bacchanterna eller fanatismen (1822); Albert och Julia, eller kärleken efter döden (hg. 1824). – *Epos:* Wladimir den store (1817; dt. Wladimir der Große). – *Gedichte:* Liljor i Saron (1821; dt. Die Lilien in Saron).

Ausgaben: Samlade skrifter, hg. v. F. BÖÖK, 5 Bde. (1911–19). – Ges. Werke, übers. v. K. L. KANNEGIESSER, 6 Bde. (1851).

Erik Johan Stagnelius
(Ausschnitt aus einer anonymen Zeichnung; um 1818)

stagnikol [zu lat. stagnum ›stehendes Gewässer‹ und colere ›bewohnen‹], bezeichnet Lebewesen, die in ruhigen Gewässern leben (Stillwasserformen); Ggs.: →torrentikol.

Stagno|gley [zu lat. stagnum ›stehendes Gewässer‹], **Missenboden, Molkenboden, Molkenpodsol**, *Bodenkunde:* Stauwasserboden mit lange anhaltender nasser Phase, mit stark gebleichtem Oberboden und marmoriertem Unterboden; die nasse Phase des S. ist länger als beim Pseudogley, bei vollständiger Vernässung entsteht ein Gley. S. kommen vorwiegend in ebenen und flachmuldigen Lagen der Mittelgebirge vor, die durch hohe Niederschläge und verringerte Verdunstung geprägt sind; sie sind stark versauert, nährstoffarm, schlecht durchlüftet und für landwirtschaftl. Nutzung ungeeignet.

Stagreiter, als Haken (klapp- oder verschraubbar) ausgeführter Segelbeschlag zum Verbinden eines Stagsegels mit dem zugehörigen Stag.

Stagsegel, *Schiff:* →Stag.

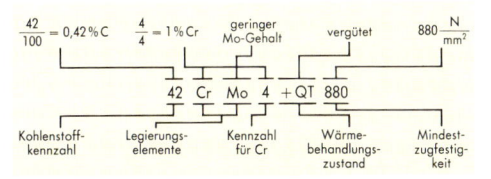

Stahl: Bezeichnungsbeispiel für einen auf eine Zugfestigkeit von 880 N/mm² vergüteten legierten Stahl (Vergütungsstahl) mit 0,42 % Kohlenstoff, 1 % Chrom und einem geringen Molybdänanteil

Stahl, allg. Bez. für metall. Werkstoffe, die zum größten Teil aus Eisen bestehen und nicht mehr als 2 % Kohlenstoff enthalten. S. ist der wichtigste Konstruktionswerkstoff in nahezu allen Bereichen der Technik. Die Eigenschaften von S. sind bei der Erschmelzung durch eine Änderung der Legierungszusammensetzung, d. h. durch Zusatz von Legierungselementen (v. a. Metalle), in großen Bereichen variierbar. Nach der Herstellung können die Eigenschaften durch eine Wärmebehandlung (z. B. Härten, Glühen, Anlassen), durch die Art der Kaltverformung sowie durch thermomechan. Behandlung oder durch Beschichten verändert und dem jeweiligen Verwendungszweck angepasst werden. S. ist im warmen und kalten Zustand durch Walzen, Pressen, Schmieden, Schneiden u. a. Verfahren umformbar. Bei einem Kohlenstoffgehalt über 2 % wird der S. spröde und verliert seine Umformbarkeit. Eisen mit einem höheren Kohlenstoffgehalt bezeichnet man als →Gusseisen oder →Roheisen. Als Grundlage für die Einstellung der Gefüge und der damit verbundenen Eigenschaften dient das Verhalten reiner Eisen-Kohlenstoff-Legierungen, ersichtlich im Eisen-Kohlenstoff-Diagramm. Je nach eingestellter Gefügeart unterscheidet man →austenitischen Stahl, martensit. S. (→martensitaushärtende Stähle), ferrit. S. mit ferromagnet. Eigenschaften, perlit. S. mit hoher Härtbarkeit und Vergütbarkeit (Vergütungs-S.), ledeburit. S., die Eisencarbid oder harte Carbide von Wolfram, Titan u. a. enthalten, und bainit. S. (→Bainit). Wird der S. außer mit Kohlenstoff noch mit anderen Elementen zu bestimmten Prozentanteilen legiert, spricht man von **legiertem S.,** z. B. →Chromstahl, →Manganstähle, Nickel-S. (→Nickellegierungen). Diese Legierungselemente lassen sich solche, die das Gebiet des γ-Eisens (im →Eisen-Kohlenstoff-Diagramm) erweitern (neben Kohlenstoff u. a. Mangan, Nickel, Kobalt, Stickstoff), und solche, die es verengen (u. a. Silicium, Phosphor, Vanadium, Chrom, Molybdän, Wolfram). Bei den S. mit erweitertem γ-Gebiet bleibt beim Abkühlen vom Schmelzpunkt bis zur Raumtemperatur das kubisch-flächenzentrierte Gitter des Austenits (beim austenit. S.), bei den in der Zusammensetzung außerhalb des verengten γ-Gebietes liegenden S. das kubisch-raumzentrierte Gitter des α-Eisens erhalten (beim ferrit. S.). S. mit einem niedrigeren Gehalt an Legierungselementen als in der DIN EN 10020-89 festgelegt (z. B. Mangan 1,65 %, Nickel 0,3 %, Kobalt 0,1 %, Silicium 0,5 %, Vanadium 0,1 %, Chrom 0,3 %, Molybdän 0,08 %, Wolfram 0,1 %) werden als **unlegierte S.** bezeichnet.

Stahl: Schema der Stahlerzeugung mit dem Konverter (Sauerstoffblasverfahren) und dem Elektrolichtbogenofen

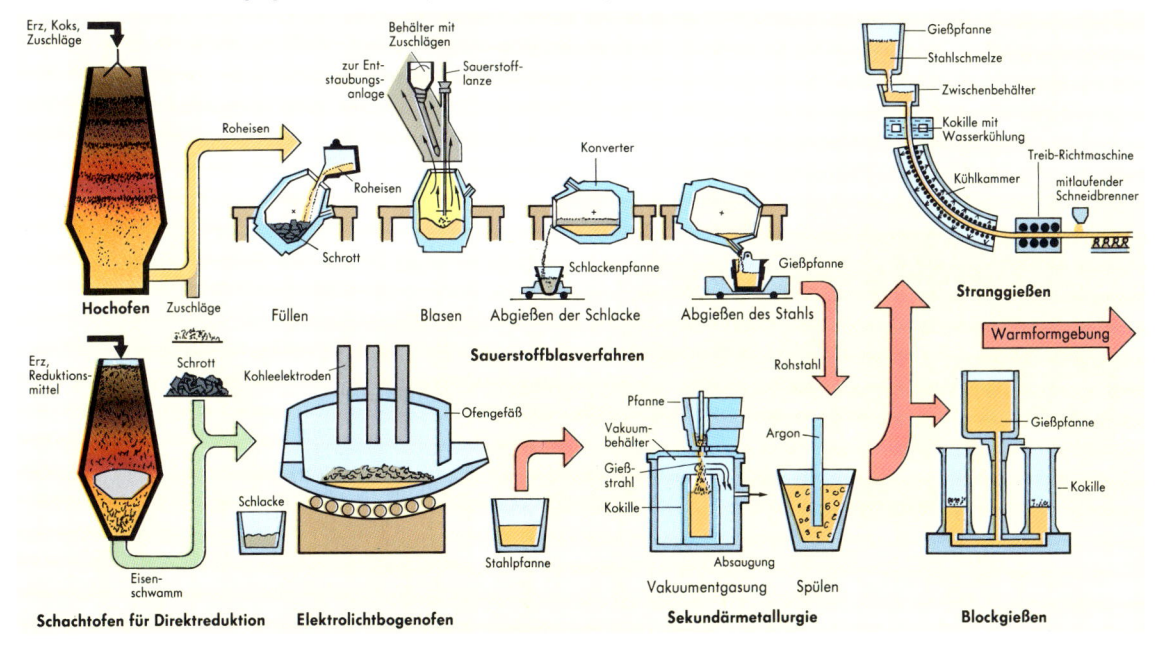

Stahl

In der DIN EN 10020-89 werden innerhalb der Hauptgruppen der legierten bzw. unlegierten S. Grund-S., Qualitäts-S. und Edel-S. unterschieden. **Grund-S.** sind unlegierte S. mit Güteanforderungen, deren Erfüllung keine besonderen Maßnahmen bei der Herstellung erfordern. Als **Qualitäts-S.** bezeichnet man bestimmte legierte und unlegierte Sorten, für die i. Allg. kein gleichmäßiges Ansprechen auf eine Wärmebehandlung verlangt wird. Bei der Herstellung ist besondere Sorgfalt nötig, um bestimmte Oberflächenbeschaffenheit, Gefüge und Zähigkeit zu erreichen (z. B. Bau-S., Schienen-S.). Zu den **Edel-S.** gehören legierte und unlegierte Sorten, die für eine besondere Wärmebehandlung bestimmt sind und durch spezielle Herstellungsbedingungen eine höhere Reinheit als Qualitäts-S. haben (z. B. Werkzeug-S., nicht rostender S., warmfester S.).

Stahl: Konverterbühne eines Oxygenstahlwerks beim Einfüllen von rund 300 t Roheisen in den Konverter

Neben der S.-Sorte ist auch die Erzeugnisform für eine Unterscheidung wichtig (DIN EN 10 079-92). Es gibt aus dem Roh-S. hergestellte Halbzeuge und Walzstahlfertigerzeugnisse, z. B. Band-, Breitflach-, Stab-S., S.-Blech (→Blech) sowie Form-S., Profil-S. und Walzdraht (→Profil). Andere Einteilungen, z. B. die nach der Herstellungsart, haben an Bedeutung verloren, da die klass. S.-Erzeugungsverfahren (Blasverfahren – Blas-S.) wie das Thomas-Verfahren (**Thomas-S.**), das Bessemer-Verfahren (**Bessemer-S.**) und das Siemens-Martin-Verfahren (**Martin-S.**) weitgehend durch moderne Sauerstoffblasverfahren (**Oxygen-S.**) oder, v. a. in der Schrottverwertung, durch Elektrostahlverfahren (**Elektro-S.**) abgelöst wurden. Im allgemeinen Gebrauch sind weiterhin Bez., die sich am Verwendungszweck bzw. an der Eignung für besondere Fertigungsverfahren orientieren, z. B. Automaten-S. (→Automatenlegierungen), →Baustahl, →Betonstahl, →Federstahl, →Schnellarbeitsstahl und →Werkzeugstahl. Aufgrund zahlr. Neuentwicklungen auf dem S.-Sektor ist diese Einteilung jedoch z. T. überholt. Weitere Kriterien sind die Art der Wärmebehandlung (gehärteter S., angelassener S., vergüteter S., getemperter S.), der Nachbehandlung (Einsatz-S., Nitrier-S.) oder der Oberflächenbeschichtung (verzinkter S., verchromter S.). Man spricht von **beruhigtem S.**, wenn vor dem Vergießen des flüssigen S. der gelöste Sauerstoff durch Elemente mit hoher Bindungsenthalpie (z. B. Silicium, Mangan, Aluminium, Calcium) abgebunden wird. Im Ggs. zum **unberuhigten S.** verläuft die Erstarrung ohne Gasentwicklung, bei geringerer Seigerung, aber mit Lunkerbildung. S. mit besonderen technolog. Eigenschaften (**Sonder-S.**) sind **kaltzähe S.** (austenit. S. mit Nickel und Chrom-Nickel-Legierungen mit ausreichender Zähigkeit im Bereich von $-50\,°C$ bis $-270\,°C$), **warmfeste S.** (ferritisch-perlit. Chrom-S. bis $800\,°C$), **korrosionsbeständige S.** (ferrit. oder perlitisch-martensit. Chrom-S. mit mehr als 12 % Chrom, austenit. Chrom-Nickel-S.) und **altersbeständige Stähle**.

Zur systemat. Benennung von S. gibt es einheitl. Kennzeichnungssysteme (DIN EN 10 027, Teile 1 und 2-92), bei denen die S.-Sorte durch eine Folge von Zahlen und Buchstaben beschrieben werden kann. Allgemeine Bau-S. werden nach der Streckgrenze eingeteilt. Dabei ist der Abkürzung S eine Zahl zugeordnet, die die Streckgrenze in N/mm^2 benennt. Die chem. Zusammensetzung wird bei S. angegeben, die durch Kohlenstoffgehalt und Legierungselemente besondere Eigenschaften erhalten, z. B. C 45 für Qualitäts-S. mit 0,45 % Kohlenstoff. Bei legierten S. werden neben der Kohlenstoffkonzentration die Legierungselemente (chem. Symbol) und bei höherem Gehalt ihr prozentualer Anteil aufgeführt (z. B. 10 CrMo 9-10). Zusätzl. Buchstaben kennzeichnen ggf. den Behandlungszustand (z. B. A – angelassen, H – gehärtet, NT – nitriert) oder bestimmte Eigenschaften (z. B. C – für Kaltumformung geeignet).

Stahlerzeugung

Die Herstellung von S. aus dem im Hochofen gewonnenen Roheisen, Schrott sowie in geringen Mengen auch →Eisenschwamm beruht im Wesentlichen darauf, dass die im Roheisen gelösten Begleitelemente des Eisens, bes. der Kohlenstoff (3,5–4,5 %), daneben auch Mangan (0,3–0,5 %), Silicium (0,2–0,4 %), Phosphor (unter 0,1 %) und Schwefel (unter 0,03 %) durch →Frischen in Form von Schlacke oder gasförmigen Verbindungen ganz oder teilweise entfernt werden.

Für das Frischen des Roheisens wurden mehrere techn. Verfahren entwickelt, die sich allg. in die Blasverfahren und die Herdfrischverfahren unterteilen lassen. Bei den **Blasverfahren** sind als ältere Verfahren v. a. das →Bessemer-Verfahren und das →Thomas-Verfahren zu nennen, die inzwischen durch die **Sauerstoffblasverfahren** verdrängt wurden. Von diesen Verfahren gibt es mehrere Varianten, die sich v. a. durch die Art des Blasens mit reinem Sauerstoff voneinander unterscheiden. Am bekanntesten ist das →LD-Verfahren, mit dem heute weltweit der meiste S. hergestellt wird. Ein wichtiges Konkurrenzverfahren zur Sauerstoffblas-Metallurgie ist das →OBM-Verfahren. Dieses Verfahren zeichnet sich gegenüber dem LD-Verfahren u. a. durch eine intensivere Durchmischung der Schmelze und eine kürzere Blasdauer aus. Das OBM-Verfahren gab wichtige Impulse für weitere Entwicklungen. Es entstanden die **kombinierten Blasverfahren**, bei denen der Sauerstoff sowohl über eine Blaslanze als auch über Düsen im Konverterboden zugeführt wird. Die kombinierten Verfahren erlauben den hohen Schrottsatz der reinen Aufblasverfahren, weisen aber gleichzeitig die Vorteile der Bodenblasverfahren auf. Außerdem ist die Treffsicherheit beim Einstellen der chem. Zusammensetzung der Schmelze höher, der Reinheitsgrad wird verbessert und die Schlackenmenge und Auswurfneigung verringern sich. Weitere Vorteile sind geringere Kosten und gute Bedingungen für den Einsatz eines Prozessmesssystems. Bei den kombinierten Blasverfahren gibt es zahlr. Varianten. Da mit ihnen unterschiedl. S.-Sorten optimal und wirtschaftlich hergestellt werden können, sind sie heute bei der S.-Erzeugung allg. üblich.

Bei den **Herdfrischverfahren** sind das →Elektrostahlverfahren und das →Siemens-Martin-Verfahren zu nennen. In Elektrostahlwerken werden etwa zwei Drittel des zur Verfügung stehenden Schrotts verbraucht. Eingeschmolzen wird Edelstahlschrott für die Erzeugung von hochlegierten Edel-S. und verunreinigter Sammelschrott, der sich aus qualitativen Gründen nicht ohne weiteres für die Produkte eignet, die mit der Sauerstoffblas-Metallurgie erzeugt werden. Zur Herstellung von Stählen mit niedrigen Anteilen an Spurenelementen kann ein Teil des Schrotts durch →Eisenschwamm ersetzt werden. Das Siemens-Martin-Verfahren wurde in Westeuropa und Japan durch die Sauerstoffblasverfahren weitgehend verdrängt, stellt aber v. a. in den osteurop. Ländern sowie in China, Brasilien und Indien noch ein wichtiges S.-Erzeugungsverfahren dar. – Von Bedeutung ist, neben der Aufarbeitung von Roheisen zu S., auch die S.-Erzeugung durch Eisenschwamm. Nach dem Frischen wird der gewonnene Roh-S. i. Allg. einer Nachbehandlung unterzogen, um die Qualität des S. zu verbessern. Diese Verfahren sind heute unter dem Begriff **Sekundärmetallurgie** zusammengefasst. Dazu gehören die weitere Reduzierung unerwünschter Elemente und nichtmetall. Verunreinigungen, das Legieren und Homogenisieren der Schmelze sowie das Einformen nichtmetall. Einschlüsse zur Erzielung spezif. S.-Eigenschaften. Übl. Behandlungen sind z. B. die Desoxidation (Entfernung des Sauerstoffs für beruhigte S.) durch Zusatz von Ferrosilicium oder Aluminium, die Spülgasbehandlung (Argon durchperlt die Schmelze und schwemmt Verunreinigungen an die Oberfläche) und die Vakuumbehandlung (der Druck über der Schmelze wird vermindert, damit gelöste Gase besser entweichen), die Behandlung mit synthet. Schlacken oder Pulvergemischen und das Aufheizen der Schmelze im Pfannenofen. Durch die Sekundärmetallurgie können die Zusammensetzung des S. mit hoher Genauigkeit eingestellt, eine gleich bleibende Qualität gewährleistet und vielfältig modifizierte S.-Sorten (heute über 2 000) hergestellt werden. Die durchgeführten Maßnahmen sind vom Primärprozess (Frischen) losgelöst und werden in Pfannen aus hochwertigem Feuerfestmaterial vorgenommen, weshalb man auch von Pfannenmetallurgie spricht.

Der fertig behandelte S. wird schließlich mithilfe versch. Abgießtechniken in eine für die nachfolgende Weiterverarbeitung im Walzwerk oder in der Schmiede geeignete Form gebracht. Dabei hat sich das **Stranggießen** (→Gießerei) durchgesetzt. Im Ggs. zu dem früher v. a. angewandten →Blockgießen entfällt das Vorwalzen auf einer besonderen Walzstraße (Blockbrammenstraße). Die weitere Entwicklung in der Abgießtechnik ist auf die Erzielung noch geringerer Ausgangsquerschnitte gerichtet (endabmessungsnahes Gießen). Aussichtsreiche Technologien sind das Bandgießen und Dünnbandgießen, bei denen gegossenes Vorband in der Stranggießanlage durch Walz-Reduzieren auf Dicken von 20 bzw. 10 mm gebracht wird.

Wirtschaftliches →Stahlindustrie.

Geschichte

Schmiedbares Eisen (S.) wurde etwa seit der Mitte des 2. Jt. v. Chr. durch Reduktion von Eisenerzen mit Holzkohle im Rennfeuer, später Rennofen in Form fester Luppen direkt erzeugt. Mit Einführung der Wasserkraft begann im 12. Jh. n. Chr. die zweistufige, indirekte S.-Erzeugung durch Erschmelzen von flüssigem Roheisen im Floßofen (Hochofen) und anschließendes Entfernen der unerwünschten chem. Begleitelemente im Frischherd. Die hierbei entstehenden Luppen wurden von anhaftenden Schlacken gereinigt und dann unter dem Hammer zusammengeschweißt (Schweißeisen bzw. Schweiß-S.). Ab Mitte des 18. Jh. begann die Substitution der Holzkohle durch Steinkohle und Koks: 1735 nahm ABRAHAM DARBY II (*1711, †1763) den ersten Kokshochofen in Betrieb; 1742 gelang es BENJAMIN HUNTSMAN (*1704, †1776), durch Einschmelzen von Luppen und Schrott erstmals flüssigen S. herzustellen. Dieses Verfahren wurde in der 1. Hälfte des 19. Jh. durch F. KRUPP in großtechn. Maßstab eingesetzt. 1783/84 entwickelte H. CORT das Puddelverfahren, bei dem das Roheisen im Flammofen durch den Gasstrom der Kohle- bzw. Koksfeuerung geschmolzen und gefrischt und die entstehende Luppe zu Schweiß-S. weiterverarbeitet wurde. Das Zeitalter der Flussstahlerzeugung begann 1856 mit der Erfindung des sauren Windfrischverfahrens durch H. BESSEMER, bei dem das in einem sauer zugestellten Konverter befindliche flüssige, siliziumreiche Roheisen mittels von unten durchgepresster Luft gefrischt wurde (Bessemer-Verfahren). 1878 entwickelten S. G. THOMAS und PERCY CARLYLE GILCHRIST (*1851, †1935) das bas. Windfrischverfahren, das es ermöglichte, unter Kalkzugabe phosphorreiches Roheisen zu S. zu frischen (Thomas-Verfahren). 1864 gelang es P. E. MARTIN in Zusammenarbeit mit WILHELM und FRIEDRICH SIEMENS, einen Flammofen (Herdfrischen) mit Regenerativfeuerung zu bauen, in dem flüssiger S. erschmolzen werden konnte (Siemens-Martin-Verfahren). 1904 ging der erste Elektroofen zur S.-Erzeugung, entwickelt von P. L. T. HÉROULT, in Betrieb.

S.-Fibel, bearb. v. A.-K. BOLBRINKER (1989); H. P. HOUGARDY: Umwandlung u. Gefüge unlegierter Stähle (^{2}1990); Eigenschaften u. Anwendungen von Stählen, Beitrr. v. W. DAHL u.a., 2 Bde. (1993); F. HERBST: Wärmebehandlung des S. (^{7}1993); S.-Eisen-Liste, hg. v. Verein Dt. Eisenhüttenleute (^{9}1994); S.-Schlüssel (^{17}1995); K. GARBRACHT u.a.: S.-Lex. (^{25}1996); Hb. der Kennwerte von metall. Werkstoffen zur FEZEN-Werkstoff-Datenbank, hg. v. DVO-Datenverarbeitungs-Service Oberhausen, Losebl. (^{6}1997 ff.).

Stahl, 1) Friedrich Julius, eigtl. **F. J. Jolson-Uhlfelder,** Rechtsphilosoph und Staatsrechtler, *Würzburg 16. 1. 1802, †Bad Brückenau 10. 8. 1861; jüd. Herkunft, ließ sich 1819 evangelisch taufen; 1832 Prof. in Würzburg, 1834 in Erlangen, 1840 in Berlin, wo er als Staatsrechtler und Theoretiker des preuß. Konservativismus rasch großen Einfluss auf die Politik von König FRIEDRICH WILHELM IV. gewann; 1849 Mitgl. der ersten Kammer, 1850 des Erfurter Unionsparlaments. Seine Schrift ›Das monarch. Prinzip‹ (1845) gilt als Grundlage der preuß. konservativen Partei; lehnte die Unionspolitik J. M. VON RADOWITZ' ab, wirkte im Oberkirchenrat (1852–58) im Sinne luther. Orthodoxie. In seiner Staatsphilosophie stellte er dem liberalen Vernunftstaat und dem organ. Staat der Romantik den auf göttl. Recht gegründeten christl. Staat (›sittl. Reich‹) entgegen und vertrat die institutionelle Legitimität der Stände wie des monarch. Prinzips gegen den liberalen Konstitutionalismus, dessen Lehre er als revolutionär ablehnte.

Weitere Werke: Die Philosophie des Rechts nach geschichtl. Ansicht, 3 Tle. (1830–37); Der christl. Staat u. sein Verhältniß zu Deismus u. Judenthum (1847); Die Revolution u. die constitutionelle Monarchie (1848).

D. GROSSER: Grundl. u. Struktur der Staatslehre F. J. S.s (1963); H. HEINRICHS: Die Rechtslehre F. J. S.s (Diss. Köln 1967).

2) Georg Ernst, Arzt und Chemiker, *Ansbach 21. 10. 1660, †Berlin 14. 5. 1734; Prof. in Halle (Saale), 1716 Leibarzt des preuß. Königs in Berlin. S. vertrat den →Animismus und entwickelte, ausgehend von den Vorstellungen J. J. BECHERS, die →Phlogistontheorie.

3) Hermann Wilhelm, Maler, Bühnenbildner und Schriftsteller, *Dillenburg 14. 4. 1908; urspr. Maler

Friedrich Julius Stahl (Ausschnitt aus einer anonymen Lithographie; um 1850)

Stah Stahlbau – Stahlbeton

Stahlbeton: Opernhaus in Sydney nach Plänen von Jörn Utzon; 1957 begonnen, 1973 eröffnet

(1933 für ›entartet‹ erklärt), dann freier Schriftsteller; lebt in Dießen a. Ammersee. Schrieb formal strenge, sprachlich präzise und klangvolle Lyrik, Romane um Verstrickung und Bewährung junger Menschen, später Zeitromane mit Darstellung von Hetze und Daseinsangst der Nachkriegsgeneration; auch Hörspielautor, Kritiker und Feuilletonist.

Werke: *Lyrik:* Gras u. Mohn (1942); Wolkenspur (1954). – *Romane:* Traum der Erde (1936); Die Orgel der Wälder (1939); Die Heimkehr des Odysseus (1940); Die Spiegeltüren (1951); Wildtaubenruf (1958); Jenseits der Jahre (1959); Tage der Schlehen (1960); Strand (1963); Das Pfauenrad (1979).

Stahlbau, i.e.S. ein Bauwerk, bei dem die Tragkonstruktion aus Stahl (v.a. Baustahl) besteht. I. w. S. werden hauptsächlich der Bereich der Stahl verarbeitenden Bauindustrie bzw. die ingenieurwiss. Disziplin als S. bezeichnet, die sich mit der Projektierung, Berechnung, Vorfertigung und Montage von Stahlkonstruktionen und Stahlbauten beschäftigt. Gebiete des S. sind Stahlskelettbau, Industrie- und Hallenbau (Stahlhochbau), Stahlwasserbau, -brückenbau sowie der Bau von Freileitungen, Kränen, Behältern (Silos, Tanks), Gerüsten und Dächern (Stahlleichtbau).

Hauptteile eines Stahltragwerks sind vollwandige Bauelemente (z. B. balkenförmige Träger, d. h. Walzträger, genietete oder geschweißte Träger in I-Form), Fachwerkträger (aus Zug- und Druckstäben zusammengebaut), Zug- und Druckstäbe (einfache Walzprofile) und Stahlbleche. Die einzelnen Teile werden u. a. durch Schweißen, Nieten oder Schrauben verbunden, wobei Schweißverbindungen gegenüber Nietverbindungen bis zu 20% Masseersparnis erbringen. Die Vorteile des S. bestehen in der hohen Arbeitsproduktivität, der Maßhaltigkeit und in den guten Elastizitätseigenschaften. Von Nachteil sind der aufwendige Korrosionsschutz und die Verformung bei Hitzeeinwirkung (z. B. Brand).

Stahlhochbau, bearb. v. A. THIELE, 2 Bde. ([17-21]1985–86); S. Organisationen, Formeln, Vorschriften, Profile, hg. v. L. RESOW (1991); C. PETERSEN: S. Grundlagen der Berechnung u. baul. Ausbildung von Stahlbauten ([3]1993, Nachdr. 1997); S. Ingenieurbau. Normen, Richtlinien, hg. vom Dt. Inst. für Normung e. V. ([5]1994); Stahlhochbau. Normen, Richtlinien, hg. vom Dt. Institut für Normung e. V. ([8]1997).

Ståhlberg [ˈstoːlbærj], K a a r l o Juho, finn. Jurist und Politiker, *Suomussalmi (Prov. Oulu) 28. 1. 1865, †Helsinki 22. 9. 1952; 1908–18 Prof. für Verwaltungsrecht in Helsinki, führend an der Ausarbeitung der republikan. Verf. von 1919 beteiligt. Als Staatspräs.

(1919–25) bemühte er sich um einen Ausgleich der aus dem Bürgerkrieg herrührenden Gegensätze; wurde 1930 im Zuge der von der nationalist. Lappo-Bewegung inszenierten Gewaltaktionen entführt. 1931 und 1937 kandidierte er erneut für das Präsidentenamt.

Stahlbeton [-betɔŋ, -betɔ̃], **bewehrter Beton,** mit Stahleinlagen (i.d.R. Rundstahl) versehener Beton. Tragfähigkeit und Beständigkeit des S. beruhen auf dem Zusammenwirken von Beton und Stahl: Beton ist druckfest, aber nur wenig zugfest, sodass er schon bei geringer Dehnung reißt; er ist deshalb als Baustoff allein ungeeignet, wenn im Baukörper Zugdehnungen auftreten. Erst im Verbund mit Stahleinlagen (Bewehrung), die die Zugkräfte aufnehmen, wird Beton für Bauteile aller Art verwendbar. Das Zusammenwirken zw. Beton und Stahl wird bei annähernd gleicher Wärmedehnzahl beider Stoffe v. a. durch Endhaken (**glatter Betonstahl**), Rippen (**Betonrippenstahl**) und aufgeschweißte Querstäbe (**geschweißte Betonstahlmatten**) bewirkt. Die Bewehrung wird entweder auf der Baustelle gefertigt oder als Bewehrungskorb vorgefertigt in die Schalung eingebaut.

Beim **S.-Bau** sind die Grundformen für Bauteile Platten, Balken, Plattenbalken, Stützen, Rahmen, Fachwerke, Schalen, Scheiben und Faltwerke.

Als Erfinder des S. gilt J. MONIER, auf den auch die früher übl. Bez. Moniereisen für die Stahleinlagen zurückgeht. In den Hoch- und Brückenbau fand der S. bes. durch die Arbeiten von FRANÇOIS HENNEBIQUE (*1842, †1921) Eingang. Der schweizer. Ingenieur ROBERT MAILLART (*1872, †1940) konstruierte ab 1901 Deckenplatten mit inneren Hohlräumen zur Verminderung des Eigengewichts und entwickelte 1910 die unterzugslose →Pilzdecke. Im Hallenbau erweiterte S. die zuvor dem Massivbau gesteckten Grenzen beträchtlich, z. B. 1911–13 die S.-Rippenkuppel der Jahrhunderthalle in Breslau mit 65 m Durchmesser von M. BERG und 1916–24 die Luftschiffhallen in Orly von EUGÈNE FREYSSINET (*1879, †1962). Ein völlig neuer Abschnitt des S. wurde 1922/23 durch die von W. BAUERSFELD und F. DISCHINGER entwickelten S.-Schalen eingeleitet. Die vielseitigen Möglichkeiten, der der S. – auch in Form des →Spannbetons – der architekton. Gestaltung bot, wurde von führenden Architekten des 20. Jh. in vielfältiger Weise genutzt. Herausragende Namen sind u. a. M. L. BREUER,

Stahlbeton: Bewehrungen

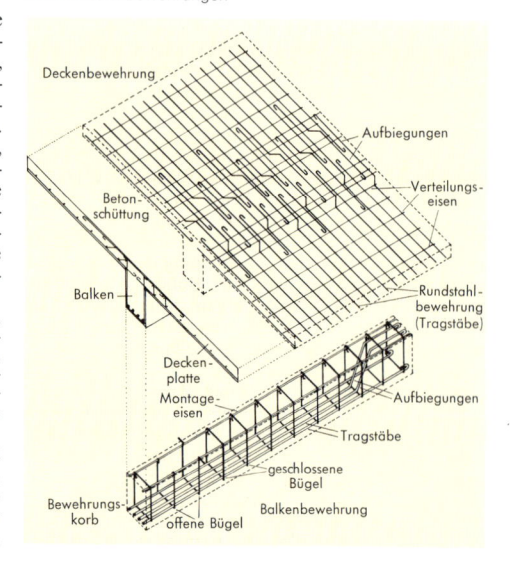

S. Calatrava, F. Candela, Le Corbusier, L. Costa, W. Gropius, L. Mies van der Rohe, P. L. Nervi, O. Niemeyer, A. Perret, G. Ponti, A. E. Reidy, E. Torroja, F. L. Wright und B. L. Zehrfuss. (→moderne Architektur, →Brücke)

R. Goldau: Bewhrung der S.-Konstruktionen, 3 Bde. (^{4}1981-86); O. Homann: S. Einf. in die Berechnung nach DIN 1045, 2 Bde. (^{3}1982/83); H. Weber u. G. Wenderoth: S. (^{2}1987); G. C. O. Lohmeyer: S.-Bau. Bemessung, Konstruktion, Ausführung (^{5}1994).

Stahlcord, als Verstärkungseinlage von Stahlgürtelreifen dienende Gewebekonstruktion aus Feindrähten, die (zur besseren Gummihaftung mit einer Messingschicht versehen) zu einer Herzlitze vereinigt und mit mehreren Außenlitzen verseilt werden.

Stahleck, Burg über →Bacharach.

Stahlfasern, superfeine Spinnfasern aus Stahl (Durchmesser 4-12 μm) als antistat. Beimischungskomponente (unter 1%) für Garn von Teppichen, Filtergeweben, Geweben von Abschirmschutzanzügen.

Stahlflachstraße, auskragende Stahlplattenkonstruktion, die im Bereich von Baustellen der Autobahnen und Bundesstraßen einen zusätzl. Fahrraum schafft, sodass der Verkehr ohne größere Verzögerung vorbeigeführt werden kann. (→Stahlhochstraße)

Stahlflasche, nahtlos geschlossener Hohlkörper aus Stahl zur Aufbewahrung, Beförderung und Entnahme von Druckluft und hoch verdichteten Gasen (z. B. Sauerstoff, Wasserstoff, Acetylen). Zur Kennzeichnung des Inhalts dienen die gleichen Farben wie bei →Rohrleitungen.

Stahlguss, gegossene Erzeugnisse aus Stahl, die nach dem Feingießverfahren (kleinere leichte Teile) oder nach dem Handformverfahren (große schwere Teile) hergestellt werden. Man unterscheidet **unlegierten** S. mit einem Kohlenstoffgehalt bis 0,5% (bei 0,2–0,6% Si und 0,4–1,0% Mn), **niedriglegierten** S. oder **Vergütungs-**S. mit hoher Zugfestigkeit und Dehnung (z. B. Mangan-Chrom-legierter S., Chrom-Nickel-Molybdän-legierter S.) sowie **hochlegierten** S. mit hohen Gehalten an Chrom, Nickel, Molybdän.

S. für allgemeine Anwendungszwecke sind z. B. der warmfeste ferrit. S., der nicht rostende S. und der hitzebeständige S. Die Anwendungen reichen vom Bergbau über den Maschinen- und Kraftfahrzeugbau bis zur Kernkraftwerkstechnik.

Stahlhelm, metallene Kopfbedeckung der Soldaten zum Schutz gegen Schlag, Splitter sowie Handwaffengeschosse; aufgrund der Erfahrungen der Grabenkämpfe im Ersten Weltkrieg (hoher Anteil an Kopfverletzungen) eingeführt ab 1915, zuerst im frz. und brit. Heer. Dt. Truppen wurden erstmals Ende Januar 1916 vor Verdun mit dem S. (Modell 16) ausgestattet. Der Typ M 16 wurde ebenso wie dessen modifizierte Form M 18 mit Ohrenausschnitt (für Kavallerie und techn. Truppen) nach 1918 von der Reichswehr weiterverwendet. Die Soldaten der Wehrmacht trugen das Modell 35 (heute u. a. noch beim dt. Bundesgrenzschutz in Gebrauch), ab 1943 in leicht veränderter Form (M 42). Die Nationale Volksarmee der ehem. DDR hatte das auf eine Entwicklung der Wehrmacht zurückgehende Modell 56, die Bundeswehrsoldaten tragen von Beginn an einen Helm amerikan. Musters. In jüngster Zeit wird in versch. Streitkräften (u. a. auch in der Bundeswehr) der metallene S. durch leichtere Helme aus Kunststoff ersetzt.

Stahlhelm, eigtl. S., **Bund der Frontsoldaten,** Wehrverband, gegr. im Dezember 1918 von F. Seldte als Vereinigung von Soldaten des Ersten Weltkriegs; neben der SA größte paramilitär. Organisation während der Weimarer Rep. Nominell überparteilich, war der S., dem ab 1924 auch Nichtkriegsteilnehmer angehörten, deutschnational ausgerichtet; er neigte zunehmend der antidemokrat. Rechten zu und beteiligte sich ab 1931 an der ›Harzburger Front‹. Bei der Reichstagswahl im März 1933 errangen S. und die mit ihm in der ›Kampffront Schwarz-Weiß-Rot‹ verbündete Deutschnat. Volkspartei 8% der Stimmen. Im Juli 1933 wurden die 35 Jahre alten Mitgl. des S. als **Wehr-**S. in die SA eingegliedert, der übrige S. wurde 1934 in **Nationalsozialistischer Deutscher Frontkämpferbund** umbenannt, 1935 aufgelöst. – 1951 in der Bundesrepublik Dtl. neu gegr., blieb der S. ohne Bedeutung.

Stahlhochstraße, typisierte Stahlbrücke, durch schnelle, einfache Montage vorübergehend zur Aufrechterhaltung der Verkehrsführung bei Baustellen und in Ballungsgebieten zur Entflechtung von Verkehrsströmen eingesetzt. (→Stahlflachstraße)

Stahlhof, fälschlich für →Stalhof.

Stählin, Wilhelm, ev. Theologe, *Gunzenhausen 24. 9. 1883, †Prien a. Chiemsee 16. 12. 1975; 1926-58 Prof. für prakt. Theologie in Münster, 1944-52 Bischof der Ev.-luther. Kirche in Oldenburg; Mitbegründer der →Berneuchener Bewegung, der →Evangelischen Michaelsbruderschaft und (1946; zus. mit L. Jaeger, dem kath. Erzbischof von Paderborn) eines ökum. Arbeitskreises.

Werke: Der neue Lebensstil. Idole dt. Jugend (1918); Das Angebot der Freiheit. Predigten aus 40 Jahren, 2 Bde. (1970). – *Autobiographie:* Via vitae. Lebenserinnerungen (1968).

Ausgabe: Symbolon, hg. v. A. Köberle, 4 Bde. (1958-80).

Stahlindustrie, im produzierenden Gewerbe zur Hauptgruppe der Vorleistungsproduzenten zählender Bereich; erfasst in der Abteilung Metallerzeugung und -bearbeitung. Zur S. i. e. S. zählen die Hochofen-, Stahl- und Warmwalzwerke sowie die örtlich verbundenen Kaltwalzwerke einschließlich der Oberflächenveredelung (Verpackungsbleche, metallisch bzw. organisch beschichtete Bleche). Die oft verwendete Bez. **Eisen schaffende Industrie** umfasst darüber hinaus die Herstellung von Stahlrohren (nahtlos bzw. geschweißt) und Schmiedestücken (Rohgewicht über 125 kg). Zu den wichtigsten Abnehmern der S. gehören neben den ›ersten Stahlverarbeitern‹ (Ziehereien und Kaltwalzwerke, →Stahlumformung) der Straßenfahrzeugbau, die Bauwirtschaft, der Maschinenbau und die Hersteller von Eisen-, Blech- und Metallwaren sowie von Elektrohaushaltsgeräten. – Die dt. S. erzielte 1997 mit ihren rd. 100 000 Beschäftigten einen Umsatz von rd. 43 Mrd. DM, von dem 40% im Ausland erwirtschaftet wurden. Sie belegt weltweit - gemessen an der Rohstahlerzeugung - nach China, Japan, den USA und den GUS-Staaten den fünften Rang.

Die S. benötigt im Wesentlichen drei Rohstoffe zur Eisen- bzw. Stahlerzeugung: Erz, Kohle oder Koks und Schrott. Das Vorhandensein der Rohstoffe determiniert zus. mit der Nachfrage nach Endprodukten und den jeweiligen Transportkosten den optimalen Standort. Dabei ist selten ein Standortfaktor allein ausschlaggebend. In der Vergangenheit haben sich in der Weltwirtschaft drei Standorttypen herausgebildet: Urspr. befanden sich Eisen schaffende Betriebe i. d. R. in der Nähe großer Lagerstätten verkokbarer Kohle bei gleichzeitiger Konzentration weiterverarbeitender Industrie in diesem Gebiet (z. B. Oberschlesien, Pittsburgh, S-Wales, Rhein-Ruhr-Gebiet). Die Eisenerze werden dann oft aus weit entfernten Fördergebieten bezogen. Dabei ist weniger die räuml. Entfernung zu den Gruben entscheidend als vielmehr die Art der Transportwege (der Schiffstransport ist billiger als der auf dem Landweg) wie auch das Verhältnis zw. Preis und Qualität der Erze. Häufig wurden auch Standorte in der Nähe von Eisenerzlagern gewählt, meist aber nur dann, wenn die Absatzgebiete für die Fertigprodukte genügend nahe waren (z. B. Peine und Salzgitter, Grängesberg in Schweden). Eine dritte Möglichkeit, die seit den 1970er-Jahren an Bedeutung gewann, ist die Wahl von Standorten an der Küste (z. B. Bremen, IJmuiden, Dünkirchen, Gent, Genua, Tarent), was vorteilhaft ist, wenn Fertigprodukte nach Übersee exportiert werden und ein hoher Anteil der Rohstoffe aus Übersee bezogen wird. Die Produktion der S. erfolgte zunehmend in integrierten Werken unter Einschluss der Walzstahlfertigerzeugnisse. Die Kapazitäten der Hochöfen und der Walzstraßen wurden im 20. Jh. immer größer, um die Skalenerträge besser zu nutzen. Das bewirkte eine starke horizontale Konzentration der Stahlunternehmen. Die nach dem Zweiten Weltkrieg in West-Dtl. durch die Alliierten vorgenommene Entflechtung der dt. S. wurde dadurch rückgängig gemacht. Die durch stärkeren Wettbewerbsdruck, Produktivitätsfortschritte (u. a. Strangguss, Direktreduktion, Dünnbandgießen) und Überkapazitäten weitergetriebene Konzentration findet ihren Niederschlag in zunehmend internat. ausgerichteten Unternehmensstrategien und -zusammenschlüssen sowie Kooperationen. Andererseits konnten sich auch mittelständ. Unternehmen mit ›Mini-mills‹ (Kleinstahlwerken) behaupten.

Die S. hat ihre frühere volkswirtschaftl. Bedeutung verloren, da Stahl v. a. in den 70er- und 80er-Jahren in starkem Maße durch Kunststoffe und andere Werkstoffe ersetzt wurde und heute wesentlich rationeller (u. a. durch verbessertes Recycling) eingesetzt wird. Wegen des drast. Kapazitätsabbaus während der →Stahlkrise ist der Anteil der S. an der industriellen Erzeugung, wie auch die Zahl der Arbeitsplätze, gesunken.

K. ECKART u. B. KORTUS: Die Eisen- u. S. in Europa im strukturellen u. regionalen Wandel (1995).

Stahlkrise, die mit der weltweiten Rezession 1974 beginnende und bis in die erste Hälfte der 1980er-Jahre anhaltende Strukturkrise der Stahlindustrie der EG-Staaten. Ursachen waren starke Überkapazitäten in den nat. Stahlindustrien und die von den einzelnen Regierungen in unterschiedl. Ausmaß betriebene Subventionspolitik, die zum Aufbau bzw. Erhalt von Anlagen wesentlich beigetragen hat. Die Überkapazitäten waren auch entstanden, weil vor dem Hintergrund zu optimist. Prognosen unvermindert investiert wurde. Außerdem war es den Entwicklungsländern und Staaatshandelsländern gelungen, wachsende Marktanteile zu erringen. Die S. bewirkte den Rückgang von Produktion und Beschäftigung und den Abbau von Kapazitäten v. a. durch Stilllegung ganzer Werke und z. T. traditionsreicher Stahlstandorte, wofür beträchtl. Subventionen erbracht werden mussten. Da die einvernehmlich mit der EG-Kommission angestrebten freiwilligen Lieferbeschränkungen der Stahlunternehmen (Eurofer) wegen der Subventionspolitik vieler EG-Regierungen scheiterten, wurde von der Kommission 1980 ein Zwangskartell mit überwachten Produktions- und Absatzquoten sowie Mindestpreisen geschaffen (bis 1988 in Kraft).

R. STOTZ: Die EG-Stahlkrise im Lichte der Wirtschafts-Verf. des EGKS-Vertrages (1983).

Stahlpakt, ital. **Patto d'acciaio** [-atˈtʃajo], am 22. 5. 1939 in Berlin unterzeichneter Freundschafts- und Bündnisvertrag zw. dem natsoz. Dtl. und dem faschist. Italien. Im v. a. propagandistisch hoch bewerteten S. sicherten sich beide Mächte bei krieger. Verwicklungen gegenseitig vollen militär. Beistand sowie Zusammenarbeit auf militär. und kriegswirtschaftl. Gebiet zu. Der S., der die ab 1936 bestehende Achse Berlin–Rom bekräftigte, ging in seiner Zielsetzung weit über ein Defensivbündnis hinaus und richtete sich bes. gegen die westl. Demokratien. Trotz konkurrierender Interessen und Vorbehalten gegenüber Dtl. war der S. für B. MUSSOLINI ein Mittel, gegen den Widerstand v. a. Großbritanniens die Machtstellung Italiens im Mittelmeerraum zu stärken und einer Annäherung zw. Großbritannien und Dtl. entgegenzuwirken. HITLER diente der S. nach dem Scheitern seiner Bemühungen um ein Bündnis mit Großbritannien als Pressionsinstrument gegenüber den Westmächten. Dementsprechend ließ er bei Vertragsabschluss seinen ital. Partner, der erklärte, nicht vor 1942 kriegsbereit zu sein, über den bevorstehenden Angriff auf Polen im Unklaren.

Stahlplastik, künstler. Konstruktion aus Stahl, kommt erst im 20. Jh. vor. Sie wird meist der Eisenplastik zugeordnet, mit der sie die besondere Eignung für räuml. Konstruktionen anstelle plast. Massen teilt. Darüber hinaus machen die Härte, die federnde Biegsamkeit und glänzende Oberfläche Stahl zum idealen Material raumgreifender Gestängeplastik (H. UHLMANN, N. KRICKE, G. RICKEY) und maschinell bearbeiteter Skulpturen mit stark verformter Außenhaut (E. HAUSER, A. NIERHOFF). Seit den 70er-Jahren wird im Außenbereich oft Corten-Stahl verwendet, der nur an der Oberfläche rostet und dadurch ein braunsamtenes Aussehen behält (E. REUSCH, R. SERRA,

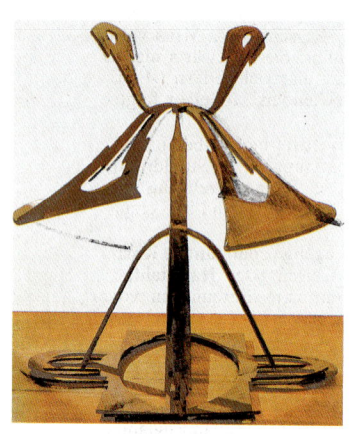

Stahlplastik: Mark Di Suvero, Marsmenschen-Ohren; 1975 (Köln, Museum Ludwig)

F. BERNHARD). Oft werden S. auch bemalt (A. CALDER, A. CARO, C. OLDENBURG). Zu den größten S. der Welt gehört der 200 t schwere ›Engel des Nordens‹, 1998 in Gateshead enthüllt, von dem brit. Bildhauer ANTONY GORMLEY (* 1950).

Stahlquellen, andere Bez. für →Eisenquellen.

Stahlrohrmöbel, Möbel, deren tragende Teile aus verchromten oder lackierten Stahlrohren bestehen: Tische, Betten, Regale, Schränke, bes. Sitzmöbel. Vereinzelt benutzte man schon zu Beginn der 1920er-Jahre Stahlrohr für Möbelfüße. 1925 entwarf der da-

Stahlrohrmöbel: Marcel Lajos Breuer, Stahlrohrcouch; 1930/31 (New York, Museum of Modern Art)

Otto Staiger: ›Universität und Museum‹; Glasfenster in der Eingangshalle des Kunstmuseums in Basel, 1932–36

mals am Bauhaus tätige M. L. BREUER den ersten Sessel mit einem Gerüst aus Stahlrohr (Bespannung mit Eisengarn). Der Sessel von L. MIES VAN DER ROHE (1927) hatte Kufen; die rückwärts nicht abgestützte Sitzfläche konnte elastisch federn (›Freischwinger‹). Diesen bahnbrechenden Modellen folgten viele andere Designer.

Stahlsaitenbeton [-betɔŋ, -betɔ̃], Spannbeton, bei dem eine Vorspannung durch Stahldrähte im Spannbett erfolgt. Die Spannbewehrung durch dünne Drähte verbessert den Verbund und erspart Verankerungen.

Stahlsand, kugelige oder kantige Körner aus abgeschrecktem Gusseisen oder Hartstahl, zum Putzen von Gussstücken, zum Entzundern von Walzstahl oder als Schleifmittel für harte Gesteine.

Stahlspiele, Bez. für Metallophone mit klaviaturmäßig in einem Rahmen angeordneten stählernen Klangstäben oder -platten, die mit Schlägeln gespielt werden, wie z. B. die Militärlyra (→Lyra).

Stahlstichdruck, um 1820 in England erfundenes, dem Kupferstich verwandtes Tiefdruckverfahren, bei dem mit der Farbübertragung (meist hoch glänzende Lackfarben) gleichzeitig eine Verformung des Bedruckstoffs erreicht wird. In eine durch Ausglühen enthärtete Stahlplatte wird die Darstellung mit dem Stichel eingraviert (oder auch wie bei der Radierung eingeätzt). Die anschließend wieder gehärtete Stahlplatte erlaubt den Druck hoher Auflagen. Der S. diente v. a. im 19. Jh. der Reproduktion von Gemälden und Zeichnungen, der Buchillustration, dem Druck von Landkarten und Wertpapieren. Seine Bedeutung wurde durch die Entwicklung der Galvanoplastik zur Verstählung von Kupferplatten und Herstellung von Galvanos erheblich verringert. Der S. wird z. B. noch für repräsentative Papiere (Briefköpfe), Wertpapiere und Briefmarken eingesetzt.

Stahlumformung, im produzierenden Gewerbe zur Hauptgruppe der Vorleistungsprodukzenten zählender Bereich; erfasst in der Abteilung Metallerzeugung und -verarbeitung. Die S. ist vorwiegend Zulieferer für die Kfz.-, Maschinenbau- und elektrotechn. Industrie. Dachverband in Dtl. ist der Wirtschaftsverband S. e. V. (WVSU) mit Sitz in Hagen, dem 16 Verbände bzw. Vereinigungen angehören. Die S. in Dtl. erzielte 1997 mit 150 000 Beschäftigten in 1 500 Unternehmen einen Umsatz von 37 Mrd. DM.

Stahly, François, frz. Bildhauer dt. Herkunft, * Konstanz 8. 3. 1911; übersiedelte 1931 nach Paris. S. gestaltete Plastiken aus Holz, Stein und Metall in vegetativ-organ. Formen.

F. S., Skulpturen, Ausst.-Kat. (1980).

Stahnsdorf, Gem. im Landkreis Potsdam-Mittelmark, Bbg., am Teltowkanal, nahe dem S-Rand Berlins, 7 700 Ew.; Herstellung elektron. Bauelemente, Bau von Elektrospezial- und Blitzschutzanlagen, Metallbau, Bauindustrie.

Stahr, 1) Adolf Wilhelm Theodor, Schriftsteller und Literarhistoriker, * Prenzlau 22. 10. 1805, † Wiesbaden 3. 10. 1876; ab 1836 Konrektor und Prof. am Gymnasium in Oldenburg (Oldenburg). In zweiter Ehe ⚭ mit der Schriftstellerin FANNY LEWALD, mit der er zahlr. Italienreisen unternahm. Verfasser von Reisebüchern, literarhist. Studien (erfolgreich v. a. ›G. E. Lessing. Sein Leben und seine Werke‹, 2 Bde., 1859), histor. Romanen und Lebensbildern, auch einflussreicher Kritiker.

Weitere Werke: Ein Jahr in Italien, 3 Bde. (1847–50); Goethe's Frauengestalten, 2 Tle. (1865–68).

2) Fanny, Schriftstellerin, →Lewald, Fanny.

Staiger, 1) Emil, schweizer. Literaturwissenschaftler, * Kreuzlingen 8. 2. 1908, † Horgen 28. 4. 1987; war ab 1943 Prof. in Zürich; beeinflusste die Literaturwiss. der 2. Hälfte des 20. Jh. durch seine richtungweisenden Poetikforschungen (›Grundbegriffe der Poetik‹, 1946) und v. a. durch seine zwar historisch begründeten, aber immer auf das Kunstwerk ausgerichteten Interpretationen (›Die Kunst der Interpretation. Studien zur dt. Literaturgeschichte‹, 1955). Daneben zahlr. literarhistor. Arbeiten und Übersetzungen. Bedeutend war auch seine Rolle in der Diskussion um Aufgabe und Charakter der neueren schweizerischen Literatur in den 60er-Jahren.

Weitere Werke: Die Zeit als Einbildungskraft des Dichters (1939); Meisterwerke dt. Sprache aus dem 19. Jh. (1943); Musik u. Dichtung (1947); Goethe, 3 Bde. (1952–59); Stilwandel. Studien zur Vorgesch. der Goethezeit (1963); Friedrich Schiller (1967); Spätzeit. Studien zur dt. Lit. (1973); Gipfel der Zeit. Studien zur Weltlit. (1979).

Ausgabe: Meinrad Inglin. Die Briefwechsel mit Traugott Vogel u. E. S., hg. v. F. R. HANGARTNER (1992).

P. SALM: Drei Richtungen der Literaturwiss. Scherer, Walzel, S. (a. d. Engl., 1970); M. JURGENSEN: Dt. Lit.-Theorie der Gegenwart: Georg Lukács, Hans Mayer, E. S., Fritz Strich (1973).

2) Otto, schweizer. Glasmaler und Maler, * Basel 3. 9. 1894, † ebd. 5. 9. 1967; einer der Erneuerer der Glasmalerei in der Schweiz. Angeregt vom dt. Expressionismus gelangte S. zu einer stark farbigen, flächenhaften, streng stilisierten Glasmalerei (Fenster der Antoniuskirche in Basel, 1926–29).

Stainer, Jakob, Tiroler Geigenbauer, * Absam vor 1617, † ebd. 1683; ab etwa 1638 oder 1645 in Absam tätig; baute v. a. Violinen, Violen, Gamben, Kontrabässe, die zeitweise den Instrumenten der bedeutendsten ital. Geigenbauer vorgezogen wurden; charakteristisch ist die hohe Boden- und Deckenwölbung und der weiche, silbrige Ton. S. gilt als Gründer der ›Tiroler Schule‹ und hatte besondere Bedeutung für den dt. Geigenbau.

Staines [steɪnz], Stadt in der Cty. Surrey, England, am linken Themseufer, 51 200 Ew.; Wohnort am W-Rand von London.

Stainless Steel [ˈsteɪnləs ˈstiːl, engl.] der, - -, nicht rostender Stahl, Qualitäts-Bez. auf Gebrauchsgütern.

Stainz, Markt-Gem. im Bez. Deutschlandsberg, Steiermark, Österreich, 337 m ü. M., im Weststeir. Hügelland, 2 400 Ew.; Volkskundl. Sammlung des Steiermärk. Landesmuseums; Nahrungsmittel- und Textilindustrie; Dampfschmalspurbahn nach Wohlsdorf. In der Umgebung Obst- und Weinbau (Stainzer Schilcher). – Die Dekanatskirche, ehem. Stiftskirche, ist eine barocke Wandpfeilerkirche (Chor 1605–29, Langhaus um 1680), die W-Türme des frühgot. Vorgängerbaus wurden beim Umbau beibehalten. Die ehem. Stiftsgebäude wurden im 17./18. Jh. schlossartig ausgestaltet. – Die Siedlung S. entstand im Anschluss

Emil Staiger

an ein 1229–1785 bestehendes Augustinerchorherrenstift.

Staked Plain [steɪkt 'pleɪn], Landschaft in den USA, →Llano Estacado.

Stalagmit [nlat., zu griech. stálagma ›Tropfen‹] *der, -s* und *-en/-e(n)*, vom Höhlenboden nach oben gewachsener →Tropfstein.

Stalaktit [nlat., zu griech. stalaktós ›tröpfelnd‹] *der, -s* und *-en/-e(n)*, von der Höhlendecke abwärts gewachsener →Tropfstein. – In der Kunstgeschichte ist S. die in Europa übl. Bez. für das arab. Mukarnas.

Stalaktitwerk, dekoratives Füllwerk in der persisch-islam. Baukunst, gebildet aus als Stalaktiten (Mukarnasat) bezeichneten trompenartigen Formen. Ein mit S. verkleidetes Gewölbe wird als Stalaktitengewölbe bezeichnet.

Stalaktitwerk: Stalaktitengewölbe im Eingangsportal der Lotfollahmoschee in Isfahan; 1602–16

Stalbemt, Adriaen van, fläm. Maler, *Antwerpen 12. 6. 1580, †ebd. 21. 9. 1662; malte in der Art von J. BRUEGEL D. Ä. kleinformatige Landschaften mit bibl. und mytholog. Staffage sowie Dorfansichten; auch Zeichnungen und Radierungen.

Stalder, Heinz, schweizer. Schriftsteller, *Allenlüften (Gem. Mühleberg) 1. 7. 1939; wurde bekannt durch seine z. T. in schweizerdt. Mundart geschriebenen Theaterstücke, in denen er sich oft auch formal über alle Regeln der Dramatik hinwegsetzt. In seinen Gedichten verwendet er das Prinzip der Reihung, das als Gestaltungsprinzip auch seinen Roman (›Marschieren‹, 1984) bestimmt.

Weitere Werke: *Dramen:* Ein Pestalozzi (1979); Wi Unghüur us Amerika (UA. 1981); Der Todesfahrer (UA. 1986); Theaterfieber. Eine lustige Abhaltung (UA. 1991). – *Roman:* Die Hintermänner (1986). – *Erzählung:* Das schweigende Gewicht (1981). – *Gedichte:* Ching hei si gnue (1970). – Europa – ein Hemingwaygefühl? Abenteuernischen für Individualisten (1994).

Stalhof [niederdt. stal ›(zum Verkauf ausgelegtes) Muster‹], fälschlich **Stahlhof,** seit dem 15. Jh. die Niederlassung (Kontor) der hans. Kaufleute in England; in London in der Thames Street. Mit dem Verlust der hans. Privilegien ging die Bedeutung des S. verloren. Nach Schließung (1598) und Wiedereröffnung als Handelsplatz wurde er 1853 von den Städten Lübeck, Bremen und Hamburg verkauft.

Stalin, 1949–56 Name der bulgar. Stadt →Warna.

Stalin [der ›Stählerne‹], Jossif Wissarionowitsch, eigtl. **J. W. Dschugaschwili,** sowjet. Revolutionär und Politiker georg. Herkunft, *Gori 21. 12. 1879 (nach neueren Erkenntnissen 18. 12. 1878), †Kunzewo (heute zu Moskau) 5. 3. 1953; Sohn eines Schuhmachers; trat 1894 in das orth. Priesterseminar in Tiflis ein. Er befasste sich in dieser Zeit mit revolutionärer Literatur, u. a. mit den Schriften von K. MARX, und trat 1898 der Sozialdemokrat. Arbeiterpartei Russlands bei. Wegen Beteiligung an revolutionären Aktivitäten (Organisation von Demonstrationen und Streiks unter dem Decknamen ›Koba‹) schloss ihn 1899 das Priesterseminar aus seinen Reihen aus. Nach Spaltung der russ. Sozialdemokratie (1903) schloss sich S. den Bolschewiki an. 1903 nach Sibirien verbannt, entwickelte er nach seiner Flucht (Januar 1904) im Kaukasus neue revolutionäre Aktivitäten. Auf dem Parteitag der Bolschewiki im finn. Tammerfors (heute Tampere) lernte er 1905 als Delegierter LENIN kennen. In der folgenden Zeit wurde er mehrfach verhaftet und nach Sibirien in die Verbannung geschickt (zuletzt 1914–16).

Von LENIN als Organisator geschätzt, wurde S. 1912 in das ZK der Bolschewiki aufgenommen und arbeitete maßgeblich an der Parteizeitung ›Prawda‹ mit (ab 1917 Mitgl. der Redaktionsleitung). In seiner Schrift ›Nationalitätenfrage und Sozialdemokratie‹ (1913) postulierte er die Lösung der Nationalitätenfrage im Gebiet des Russ. Reiches auf der Grundlage des revolutionären Konzepts der Bolschewiki.

Im März 1917 wurde S. in der Petrograder Parteiorganisation der Bolschewiki aktiv. Mit L. B. KAMENEW und G. J. SINOWJEW nahm er gegenüber der provisor. Reg. unter A. F. KERENSKIJ zunächst eine abwartende Haltung ein, schloss sich aber nach der Ankunft LENINS in Petrograd dessen radikaler Bekämpfung der provisor. Reg. an. Im Zuge der organisator. Vorbereitung des Aufstands wurde er am 10. (23.) 10. 1917 Mitgl. des Büros für die polit. Leitung des Aufstands. Nach dem Sieg der Bolschewiki in der Oktoberrevolution gehörte er als Volkskommissar für Nationalitätenfragen (1917–23), später auch als Volkskommissar für die Arbeiter- und Bauerninspektion (1919–22) der Reg. unter LENIN an. Mit der Umbenennung der Partei in Kommunist. Partei Russlands (Bolschewiki), Abk. KPR(B), und ihrer Neuorganisation (1919) wurde er Mitgl. des Politbüros und des Organisationsbüros. Im Bürgerkrieg war S. polit. Kommissar der Roten Armee an versch. Frontabschnitten. In dieser Funktion war er 1918 mit K. J. WOROSCHILOW an der erfolgreichen Verteidigung von Zarizyn (1925–61 Stalingrad, heute Wolgograd) beteiligt. Bes. in seiner Eigenschaft als Volkskommissar für das Nationalitätenwesen setzte er mit Gewalt (d. h. auch unter Einsatz der Roten Armee) die Wiedereingliederung der vom russ. Gesamtstaat abgefallenen Nationalitäten im Kaukasus durch. Als Einziger in der Führungskreis der KPR(B) sowohl Mitgl. des Polit- als auch des Organisationsbüros war er zugleich an den sachlich-inhaltl. wie an den personell-organisator. Entscheidungen der Partei wesentlich beteiligt. Als Volkskommissar für Arbeiter- und Bauerninspektion, der von Regierungsseite die Durchführung der Parteibeschlüsse überwachen sollte, bestimmte er auch maßgeblich die personelle Zusammensetzung des Staatsapparates. Das machtpolit. Gewicht S.s steigerte sich noch um ein Vielfaches, als er 1922 das neu geschaffene Amt des Gen.-Sekr. der Partei übernahm. S. baute dieses Amt, das urspr. nur organisatorisch vorbereitende Aufgaben wahrnehmen sollte, zu einer Schlüsselstellung im Parteiapparat und zu einem persönl. Kampfinstrument in der Auseinandersetzung mit seinen innerparteil. Gegnern aus. Obwohl LENIN in seinem ›Testament‹ empfohlen hatte, S. als Gen.-Sekr. der Partei abzulösen, konnte dieser nach dem Tod LENINS (Januar 1924) seine Stellung behaupten.

Zw. 1924 und 1929 gelang es S., seine Konkurrenten um die Nachfolge in der Partei- und Staatsführung

Jossif Wissarionowitsch Stalin

nacheinander auszuschalten, zunächst L. D. TROTZKIJ, dann SINOWJEW und KAMENEW, zuletzt N. J. BUCHARIN und A. J. RYKOW, und die mit diesen Personen verbundenen Strömungen in der Partei, ab 1925 KPdSU(B), zugunsten seiner eigenen Machtstellung zu unterdrücken (→Sowjetunion, Geschichte). Seit etwa 1928/29 war er der unangefochtene Führer (›Woschd‹) von Partei und Staat. Nach der Ermordung des Partei-Sekr. von Leningrad, S. M. KIROW, im Dezember 1934 löste S. eine blutige Säuberung, die Große →Tschistka, aus, in deren Verlauf er alle vermeintl. oder tatsächl. Gegner seiner Herrschaft in Partei, Staatsapparat und Armee verfolgte und vernichtete (u. a. →Schauprozesse). Unter der ideolog. Prämisse des ›Aufbaus des Sozialismus in einem Lande‹ (d. h. ohne den Erfolg einer weltrevolutionären Entwicklung abzuwarten) leitete S. im Zuge einer ›Revolution von oben‹ einen tief greifenden Wandel in der Sowjetunion ein. Er forcierte mit schärfster Gewalt die Zwangskollektivierung der Landwirtschaft (1928–37) und die Industrialisierung (bes. im Bereich von Bergbau, Schwer- und Rüstungsindustrie).

Unter dem Eindruck des Scheiterns revolutionärer Bestrebungen z. B. in Dtl. und China betrieb S. eine Außenpolitik, die v. a. die Sicherung der revolutionären Entwicklung in der Sowjetunion zum Ziel hatte. Gestützt auch auf die allmählich ganz von der Sowjetunion beherrschte →Kommunistische Internationale (Komintern), ging er um 1930 zu einer defensiven Gleichgewichtspolitik auf der Grundlage einer kollektiven Sicherheit über. Angesichts des Münchener Abkommens (1938) sah sich S. jedoch in seiner Ansicht bestätigt, dass die ›imperialist.‹ Mächte die aggressive Politik der ›faschist.‹ Staaten auf die Sowjetunion ablenken wollten. Unter dem Primat der Sicherheit verhandelte S. 1939 sowohl mit den Westmächten als auch mit dem natsoz. Dtl. In diesem Sinne schloss er den →Hitler-Stalin-Pakt (1939) und das Neutralitätsabkommen mit Japan (1941). Mit dem geheimen Zusatzprotokoll zum Hitler-Stalin-Pakt zeigten sich auch die expansiven Tendenzen seiner Außenpolitik, denen in der Folgezeit v. a. die balt. Staaten zum Opfer fielen. Im Mai 1941 wurde S. Vors. des Rates der Volkskommissare (seit 1945 Ministerrat). Nach dem dt. Angriff auf die UdSSR (Juni 1941) übernahm er zugleich die Führung des Staatskomitees für Verteidigung (bis 1945), wenig später auch das Volkskommissariat (seit 1945 Ministerium) für Verteidigung (bis 1947). 1943 erhielt er den Titel eines Marschalls der Sowjetunion. Im Bündnis und mithilfe der westl. Gegner Dtl.s (v. a. USA und Großbritannien) konnte er im Rahmen der ›Anti-Hitler-Koalition‹ den dt. Angriff abwehren und erhielt 1945 zusätzlich den Titel eines ›Generalissimus‹. Auf den Konferenzen von Teheran (1943), Jalta und Potsdam (beide 1945) erweiterte er durch zielbewusste Verhandlungsstrategien die sowjet. Macht- und Einflusssphäre in Europa und Asien. Die von ihm mithilfe der Roten Armee in den Ländern Ostmittel- und Südosteuropas erzwungene Herrschaft kommunist. Kaderparteien trug mit der Rückkehr zu einer prinzipiellen Gegensätzlichkeit von Kapitalismus und Sozialismus wesentlich zur Entstehung des Kalten Krieges bei.

Innenpolitisch setzte S. nach 1945 seine Politik verschärfter Repressionen fort. Eine bereits vorbereitete weitere große Säuberungswelle wurde nach seinem Tod nicht mehr ausgeführt. Bestimmt von wachsendem Misstrauen und Ehrgeiz, opferte S. Millionen von Menschen seinen Zielen. Mit seinem Herrschaftssystem (→Stalinismus) prägte er die UdSSR sehr stark. Im Zuge der →Entstalinisierung verstärkte N. S. CHRUSCHTSCHOW 1956 den nach S.s Tod eingeleiteten Versuch, die von S. praktizierte Alleinherrschaft wieder zugunsten einer kollektiven Führung abzubauen. 1961 wurde die Leiche S.s aus dem Mausoleum am Roten Platz in Moskau entfernt und dort an der Kremlmauer beigesetzt.

S., der sich selbst in einer Reihe mit den Klassikern des Marxismus-Leninismus sah, verfasste zahlr. den Marxismus vulgarisierende Schriften, die von großem Einfluss waren. In Politik, Wissenschaft und Erziehungswesen war zur Zeit seiner Herrschaft das Zitieren seiner Schriften nahezu obligatorisch.

S. ALLARD: S. u. Hitler (a. d. Schwed., Bern 1974); M. MOROZOW: Der Georgier. S.s Weg u. Herrschaft (²1980); B. SOUVARINE: S. Anmerkungen zur Gesch. des Bolschewismus (a. d. Frz., 1980); I. GREY: S. (Neuausg. Falmouth 1982); A. ANTONOW-OWSSEJENKO: S. Portrait einer Tyrannei (a. d. Russ., Neuausg. 1986); I. DEUTSCHER: S., eine polit. Biogr., 2 Bde. (a. d. Engl., Neuausg. 1990); W. LAQUEUR: S. (a. d. Engl., 1990); A. BULLOCK: Hitler u. S. Parallele Leben (a. d. Engl., 1991); R. NISBET: Roosevelt u. S. (a. d. Engl., 1991); D. WOLKOGONOW: S. Triumph u. Tragödie (a. d. Russ., Neuausg. 1993); R. EDMONDS: Die großen Drei. Churchill, Roosevelt, S. in Frieden u. Krieg (a. d. Engl., Neuausg. 1994); M. RUBEL: J. W. S. Mit Selbstzeugnissen u. Bilddokumenten (34.–36. Tsd. 1994).

Stalinabad, 1929–61 Name der tadschik. Stadt →Duschanbe.

Stalingrad, 1925–61 Name der russ. Stadt →Wolgograd. – Die **Schlacht um S.** (Ende August 1942 bis Anfang Februar 1943) war eine der bedeutendsten Schlachten des Zweiten Weltkriegs; sie entwickelte sich aus dem dt. Vorstoß ins Kaukasusgebiet im Sommer 1942 durch Besetzung der Landbrücke zw. Don und Wolga bei S. abzusichern und S. selbst als Rüstungs- und Verkehrszent-

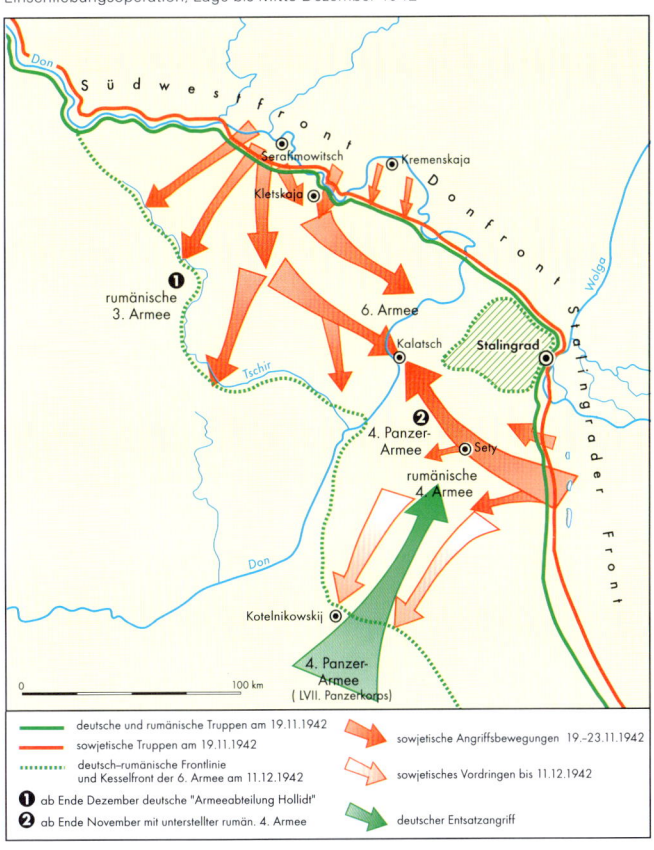

Stalingrad: Schlacht um Stalingrad; sowjetische Einschließungsoperation, Lage bis Mitte Dezember 1942

rum auszuschalten, sowie aus der Entschlossenheit STALINS, keine weiteren Gebietsverluste hinzunehmen. Je länger die Schlacht dauerte, desto mehr wurde sie für HITLER und STALIN zu einer Prestigefrage.

Nachdem am 23. 8. 1942 erste Teile der von General F. PAULUS geführten 6. Armee in den N-Teil von S. eingedrungen waren, konnten die dt. Truppen bis Mitte November fast neun Zehntel der Stadt erobern; ein kleiner Teil an der Wolga wurde weiterhin von der 62. sowjet. Armee (General W. I. TSCHUJKOW) gehalten. Am 19. 11. 1942 begann nordwestlich von S., einen Tag später südlich davon eine sowjet. Großoffensive, in deren Verlauf die 6. Armee am 22. 11. eingeschlossen wurde (Zusammentreffen zweier sowjet. Stoßkeile bei Kalatsch am Don). HITLER befahl der Armee, sich ›einzuigeln‹ und Entsatz von außen abzuwarten; nachdem der Vorstoß der dt. 4. Panzerarmee (12.–23. 12.) gescheitert war, begann am 10. 1. 1943 die sowjet. Offensive zur Zerschlagung des Kessels; am 25. 1. wurde er in zwei Teile gespalten. Am 31. 1. kapitulierte der Großteil der Truppen im S-Kessel (nachdem sich PAULUS mit seinem Stab ergeben hatte), zwei Tage später General KARL STRECKER (*1884, †1973) im N-Kessel. Sowohl über die Zahl der eingeschlossenen Truppen als auch über die der Verluste und der Gefangenen gibt es sehr unterschiedl. Angaben. Meist wird davon ausgegangen, dass sich zu Anfang mindestens 250 000 Mann im Kessel befanden (20 dt. und zwei rumän. Divisionen). Bis Ende Januar 1943 konnten knapp 34 000 Verwundete und Spezialisten ausgeflogen werden. Nach sowjet. Angaben gerieten insgesamt rd. 110 000 Soldaten in Gefangenschaft (davon 91 000 am 31. 1./2. 2.) und fand man rd. 140 000 tote Gegner (Deutsche und deren Verbündete sowie russ. Hilfswillige) auf dem Schlachtfeld. Da die Zahl der auf dt. Seite gefallenen bzw. gestorbenen Soldaten nach realist. Schätzungen etwa 60 000 beträgt, dürfte die Gefangenenzahl erheblich höher gewesen sein. Über die sowjet. Verluste sind keine genauen Angaben gemacht worden. Von den dt. Kriegsgefangenen kehrten nur etwa 6 000 zurück.

W. GÖRLITZ: Paulus: ›Ich stehe hier auf Befehl!‹. Lebensweg des Generalfeldmarschalls Friedrich Paulus (1960); W. BERG: Verdun, S. Ein nachdenkl. Vergleich (1977); J. PIEKALKIEWICZ: S. Anatomie einer Schlacht (1977); M. KEHRIG: S. Analyse u. Dokumentation (³1979); P. CARELL: S. Sieg u. Untergang der 6. Armee (³1993); S. Ereignis, Wirkung, Symbol, hg. v. J. FÖRSTER (²1993); S. Mythos u. Wirklichkeit einer Schlacht, hg. v. W. WETTE u. G. R. UEBERSCHÄR (9.–11. Tsd. 1993).

Staliniri, Stadt in Georgien, 1934–61 Name von →Zchinwali.

Stalinismus, i. w. S. das von STALIN in der Sowjetunion entwickelte, auch über seinen Tod hinaus in den kommunist. Staaten wirksame bürokratisch-diktator. Herrschaftssystem, das seit 1956 im Rahmen der →Entstalinisierung erstmals infrage gestellt wurde und nach 1985 im Zuge der von Gen.-Sekr. M. S. GORBATSCHOW durch einen ›Umbau‹ von Staat und Gesellschaft (›Perestroika‹) – allerdings auf dem Boden des Marxismus-Leninismus – in eine demokrat. Richtung verändert werden sollte; i. e. S. die von STALIN entwickelte Deutung marxistisch-leninist. Theoreme, die die Dialektik des Geschichtsprozesses im Sinne einer starren Gegensätzlichkeit vereinfachte.

Im Ggs. zu L. D. TROTZKIJ, der davon sprach, dass sich die proletar. Revolution nur im internat. Rahmen zu Ende führen lasse (→Trotzkismus), ging STALIN von der Notwendigkeit eines ›Aufbaus des Sozialismus in einem Lande‹ aus, da die proletar. Revolution nur in Russland gesiegt habe. Die im Aufbau befindl. sozialist. Gesellschaft sollte durch eine ›Revolution von oben‹ weiterentwickelt werden, v. a. durch einen verschärften Klassenkampf gegen Relikte feudalist. und kapitalist. Gesellschaftsstrukturen und ihre Repräsentanten (bes. auf dem Land: ›Kampf dem Kulakentum‹). Darüber hinaus sollte der durch ›kapitalist. Einkreisung‹ bedrohte sozialist. Staat gestärkt und die Industrialisierung der Gesellschaft bei ständiger Steigerung des Wirtschaftspotenzials vorangetrieben werden; dabei wurde der Förderung der Grundstoff- und Schwerindustrie Vorrang vor der Konsumgüterindustrie eingeräumt. Zur Realisierung dieses Konzepts wurden alle Bereiche der Gesellschaft durch Terror (Straflager [→GULAG], Ermordung wirkl. oder vermeintl. politischer Gegner), bes. jedoch durch ständige →Säuberungen, einer rigorosen Kontrolle unterworfen. Dabei entwickelte sich die vom Marxismus zur Durchsetzung einer sozialist. Gesellschaftsordnung geforderte Diktatur des Proletariats zur Diktatur der Partei und der vom Marxismus-Leninismus aufgestellte Primat der ›Partei neuen Typs‹ in der sozialist. Gesellschaft zur Herrschaft der Parteisekretäre, bes. des Generalsekretärs, über Partei und Staat. Vor diesem Hintergrund war das gesellschaftl. und polit. Leben in der Sowjetunion seit Ende der 1920er-Jahre zunehmend durch einen auf STALIN ausgerichteten ›Personenkult‹ mit z. T. quasireligiösen Zügen geprägt, der als systemstabilisierendes Moment von diesem gezielt instrumentalisiert wurde.

Außenpolitisch stellte der S. die These auf, dass die Stärkung der UdSSR die notwendige Voraussetzung der Weltrevolution sei. Er forderte daher die Unterordnung der kommunist. Weltbewegung unter die Interessen der UdSSR. So gelang es ihm, die →Kommunistische Internationale (Komintern) der sowjet. Außenpolitik dienstbar zu machen. Gleichzeitig verband er den Bolschewismus mit nationalist. Vorstellungen, die in einem großruss. Nationalismus ihren Niederschlag fanden, der während des Zweiten Weltkriegs im Kampf gegen das natsoz. Dtl. zur Hebung der Kampfmoral und danach zur Dominierung der ›slaw. Brudernation‹ diente. Ideologisch rechtfertigte STALIN dies in den ›Linguistikbriefen‹ (1950), in denen das Volk an die Stelle der Klasse tritt. Diese Entwicklung führte 1948 zum Bruch STALINS mit dem von J. TITO geführten Jugoslawien (→Kommunistisches Informationsbüro). Innerhalb des →Ostblocks wurden Partei- und Staatsfunktionäre, die sich der stalinschen Außenpolitik widersetzten oder zu widersetzen schienen, in Schauprozessen verurteilt (z. B. R. SLÁNSKÝ, L. RAJK, W. GOMUŁKA, J. KÁDÁR). Die von der ›begrenzten Souveränität‹ der sozialist. Staaten‹ ausgehende →Breschnew-Doktrin (1968) wurzelt in den Denkmustern des S. Mit der Aufgabe dieser Doktrin durch GORBATSCHOW (1989/90) setzte die Verselbstständigung der Staaten des Ostblocks ein.

I. ELLEINSTEIN: Gesch. des S. (a. d. Frz., ²1977); Probleme der Sowjetgesellschaft zw. Kollektivierung u. Weltkrieg, hg. v. G. ERLER u. a. (1982); W. SUESS: Die Arbeiterklasse als Maschine. Ein industriesoziolog. Beitr. zur Sozialgesch. des aufkommenden S. (1985); I. FETSCHER: Von Marx zur Sowjetideologie (²²1987); H. NIEMANN: Vorlesungen zur Gesch. des S. (1991); W. RUGE: S. – eine Sackgasse im Labyrinth der Gesch. (1991); Stalins DDR. Berichte politisch Verfolgter, hg. v. R. KNECHTEL u. a. (1991); R. STETTNER: ›Archipel GULAG‹: Stalins Zwangslager – Terrorinstrument u. Wirtschaftsgigant (1996); Das Schwarzbuch des Kommunismus. Unterdrückung, Verbrechen u. Terror, Beitrr. v. S. COURTOIS u. a. (a. d. Frz., 1998); Terror. Stalinist. Parteisäuberungen 1936–1953, hg. v. H. WEBER u. a. (1998).

Stalinkanal, 1933–61 Name des →Weißmeer-Ostsee-Kanals.

Stalin|note, häufige Bez. für den Vorschlag der UdSSR vom 10. 3. 1952 über einen Friedensvertrag mit Dtl. Die S. richtete sich mit der Aufforderung an die westl. Siegermächte des Zweiten Weltkriegs, gemeinsam mit der UdSSR über die Bedingungen eines Friedens mit Dtl. zu beraten; eine gesamtdeutsche

Reg. sollte an den Friedensverhandlungen der vier Mächte unmittelbar teilnehmen. Die S. enthielt u. a. folgende Gesichtspunkte: 1) Wiederherstellung eines einheitl., souveränen dt. Staates als demokrat. und friedliebendes Gemeinwesen; 2) Abzug aller Streitkräfte der Besatzungsmächte ein Jahr nach In-Kraft-Treten des Friedensvertrags; 3) Gewährung der Grundrechte; 4) Verpflichtung Dtl.s, keinerlei Koalition oder Bündnis beizutreten, das sich gegen irgendeinen Staat richtet; 5) Grenzziehung innerhalb der Bestimmungen des Potsdamer Abkommens; 6) Zulassung eigener dt. Streitkräfte.

Die S. wurde – vor dem Hintergrund des Ost-West-Konflikts – abgesandt zu einem Zeitpunkt, in dem die Verhandlungen über die Bildung einer Europ. Verteidigungsgemeinschaft (EVG) vor dem Abschluss standen. In dem der S. folgenden Notenwechsel (bis September 1952) hoben die westl. Besatzungsmächte in Dtl. die Notwendigkeit freier Wahlen in ganz Dtl. als ersten Schritt zur Lösung der dt. Frage hervor. Während die Reg. Adenauer in der S. den Versuch sah, den europ. Integrationsprozess zu stören und ein souveränes Dtl. politisch zu neutralisieren, drängten die Opposition und Teile der öffentl. Meinung in der Bundesrepublik Dtl. auf weitere Sondierungen der sowjet. Absichten in der Deutschlandfrage.

Die Legende von der verpassten Gelegenheit. Die Stalin-Note v. 10. März 1952, hg. v. H.-P. Schwarz (1982); N. Meyer-Landrut: Frankreich u. die dt. Einheit. Die Haltung der frz. Reg. u. Öffentlichkeit zu den Stalin-Noten 1952 (1988); Die Rep. der fünfziger Jahre. Adenauers Dtl.-Politik auf dem Prüfstand, hg. v. J. Weber (1989); R. Steininger: Eine vertane Chance. Die S. vom 10. März 1952 u. die Wiedervereinigung (³1990).

Stalino, 1924–61 Name der ukrain. Stadt →Donezk.

Stalinogorsk, 1934–61 Name der russ. Stadt →Nowomoskowsk.

Stalinogród [stali'nɔgrut], 1953–56 Name der poln. Stadt →Kattowitz.

Stalin|orgel, *Militärwesen:* von dt. Soldaten geprägte Bez. für die von der Roten Armee im Zweiten Weltkrieg verwendeten Mehrfachraketenwerfer. Bes. kennzeichnend für die von den sowjet. Soldaten ›Katjuscha‹ genannten Waffensysteme war das beim salvenartigen Abfeuern der bis zu 48 Geschosse entstehende laute, jaulende Geräusch. Die erstmals am 15. 7. 1941 im Raum Smolensk eingesetzte S. übte auf die dt. Truppen v. a. große demoralisierende Wirkung aus.

Stalinsk, 1932–61 Name der russ. Stadt →Nowokusnezk.

Stalinstadt, 1951 gegründete und 1953 S. genannte Wohnstadt in der DDR, 1961 nach Eingemeindung der Stadt Fürstenberg (Oder) und des Dorfes Schönfließ in →Eisenhüttenstadt umbenannt.

Stall, 1) *Landwirtschaft:* Gebäude oder Gebäudeteil zur Unterbringung und Haltung von Nutztieren. Ein S. soll sowohl die Gesundheit der Tiere als auch deren Leistungsfähigkeit gewährleisten (z. B. durch Be- und Entlüftungsanlagen, Beleuchtung, für die Aufzucht von Jungtieren durch eine besondere Heizung). Weiterhin soll er ein rationelles Füttern ermöglichen (dazu dienen u. a. →Selbsttränken und →Futterautomaten). Bei Milchvieh erleichtert der S. das Melken und ein ausreichendes Entmisten (oft durch vollautomat. Entmistungsanlagen).

Milchvieh wird meist im **Anbinde-S.** gehalten, bei dem die Tiere in Längsrichtung des S. nebeneinander stehend vor dem muldenförmigen Futtertrog angebunden sind. Zunehmende Verbreitung findet der **Lauf-S.,** in dem sich die Tiere frei bewegen können. In milderen Klimagebieten bietet der ganzjährig nach Süden offene Lauf-S. (**Offen-S., Freiluft-S.**) eine fast naturgemäße Viehhaltung. Beim **(Liege-)Boxenlauf-S.** sind Futterplatz und Melkstand getrennt von dem in einzelne Boxen unterteilten Liegeplatz angelegt. Die Tiere sind nicht angebunden, die Einzelstände sind durch Holz- oder Stahlrohrgitter abgegrenzt. Pferde-S. für Zucht- und meist auch für Reitpferde sind in einzelne Boxen unterteilt; für Arbeitspferde sind die einzelnen Anbindestände meist durch pendelnd aufgehängte Flankierbäume abgegrenzt. – Für Mastschweine findet sich in bäuerl. Kleinbetrieben die **dänische Aufstallung** mit leicht nach hinten abfallender Liege- und Kotfläche. – Bei Hühnern ist die Haltung auf Freiland und abends und nachts im S. weitgehend durch die Haltung in Käfigbatterien ersetzt worden (in der Schweiz seit 1992 verboten). In neuerer Zeit werden in einigen Betrieben verstärkt die Bodenhaltung im Stall und die Volierenhaltung mit Sitzstangen in mehreren Etagen praktiziert, die die Tiere nicht so stark einschränken wie die Käfighaltung.

Be- und Entlüftungsanlagen halten den S. trocken und kühl, bei einer relativen Luftfeuchtigkeit zw. 60 und 85%, und sorgen für den Luftaustausch; Zugluft muss vermieden werden. Die beim Stoffwechsel der Tiere entstehende Wärme und auch Wasserdampf müssen zusammen mit Kohlendioxid und Ammoniak abgeleitet werden. Bei größeren S.-Anlagen sind zur Vermeidung von Umweltbelastungen besondere Vorschriften einzuhalten. Durch ausreichende Fensterflächen (5% der Bodenfläche) und S.-Beleuchtung wird für die erforderl. Lichtmenge gesorgt. Eine S.-Heizung wird bei der Ferkel- und Geflügelaufzucht sowie bei der Kälbermast gebraucht. Die dazu benutzten techn. Kontrolleinrichtungen arbeiten zunehmend rechnerunterstützt.

Auch in den Großbetrieben übl. S.-Fütterungsformen arbeiten heute computergestützt, wobei (bei Rindern und Kühen) jedes Einzeltier u. a. über Transponder und Responder identifiziert wird und die entsprechende Kraftfütterung bekommt.

2) *Pferdesport:* **Renn-S.,** Bez. für alle Pferde eines Besitzers, die an Rennen teilnehmen.

Stall [stɔ:l; engl., eigtl. ›Stand‹] *das,* -(s), engl. Bez. für den ›überzogenen‹ Flugzustand eines Flugzeugs (→Überziehen).

Stallen, →Chorgestühl.

Stallone [stə'ləʊn], Sylvester, amerikan. Filmschauspieler, -regisseur und Drehbuchautor, * New York 6. 7. 1946; Star des amerikan. Actionfilms.

Filme: Rocky (5 Tle., 1976–90; auch Regisseur der Tle. 2–4); Rambo (3 Tle., 1982–87); Cliffhanger (1992); Demolition Man (1993); Judge Dredd (1995); Assassins – Die Killer (1995); Cop Land (1997).

Stallrot, Vergiftung mit →Adlerfarn.

Stallupönen, seit 1946 russ. **Nesterow,** 1938–45 **Ebenrode,** Stadt im Gebiet Kaliningrad (Königsberg), Russland, nahe der Grenze zu Litauen, Kreisstadt in Ostpreußen, 4900 Ew.; Milchverarbeitung. – Das im 16. Jh. als Kirchdorf bezeugte S. wurde 1772 Stadt. 1914 und 1944 wurde S. stark zerstört. Mit dem nördl. Teil Ostpreußens kam S. 1945 an die Sowjetunion und gehört heute zu Russland.

Stalowa Wola, Stadt in der Wwschaft Tarnobrzeg, Polen, 160 m ü. M., am San, am NO-Rand der Sandomierzer Heide, 72 000 Ew.; Eisenhütten- und Stahlwerk, Drahtzieherei, Maschinenbau; Wärmekraftwerk (435 MW). – S. W. wurde 1937 mit dem Bau des Stahlwerkes gegründet und ist seit 1945 Stadt.

Stalpart van der Wiele ['stɑlpɑrt fɑn dər 'wi:lə], Joannes, niederländ. Dichter, * Den Haag 22. 11. 1579, † Delft 29. 12. 1630; studierte zunächst Jura und wurde dann Priester. Seine Poesie zeigt als (z. T. polem.) Werk der Gegenreformation Züge des literar. Barock. Bekannt sind v. a. seine Liederzyklen ›Guldejaer ons Heeren Iesu Christi‹ (1628) und ›Gulde-Jaers feest-dagen‹ (1634–35).

Hinweise für den Benutzer

Ausführliche Hinweise für den Benutzer finden sich am Ende des ersten Bandes.

Reihenfolge der Stichwörter

Die Stichwörter sind in alphabetischer Reihenfolge angeordnet, sie stehen am Anfang eines Artikels. Alphabetisiert werden alle fett gedruckten Buchstaben des Hauptstichworts, auch wenn es aus mehreren Wörtern besteht. Umlaute (ä, ö, ü) werden wie einfache Vokale eingeordnet, z. B. folgen aufeinander: **Bruck, Brück, Bruck an der Leitha, Brücke;** ß steht vor ss, also **Reuß, Reuss.** Buchstaben mit diakritischen Zeichen (z. B. mit einem Akzent) werden behandelt wie die Buchstaben ohne dieses Zeichen, z. B. folgen aufeinander: **Acinetobacter, Ačinsk, Acinus.** Unterscheiden sich mehrere Stichwörter nur durch ein diakritisches Zeichen oder durch einen Umlaut, so wird das Stichwort mit Zusatzzeichen nachgestellt; so folgen z. B. aufeinander: **Abbe, Abbé.** Unterscheiden sich mehrere Stichwörter nur durch Groß- und Kleinschreibung, so steht das kleingeschriebene Stichwort voran.

Gleich lautende Hauptstichwörter werden in der Reihenfolge: Sachstichwörter, geographische Namen, Personennamen angeordnet.

Gleich lautende geographische Namen mit und ohne Namenszusatz werden zu einem Artikel ›Name von geographischen Objekten‹ zusammengefasst.

Gleich lautende **Personennamen** erscheinen in dieser Reihenfolge: biblische Personen, Herrscher, Päpste, Vornamen (mit Zusatz), Nachnamen.

Herrschernamen werden alphabetisch nach Territorien angeordnet, das Heilige Römische Reich und das Deutsche Reich werden vorangestellt. Innerhalb der Territorien erscheinen die Herrscherbiographien in chronologischer Reihenfolge. Vornamen mit Zusatz (z. B. Adam von Bremen) werden unter dem Vornamen eingeordnet, der abgekürzte Vorname wird zusammen mit dem Zusatz nachgestellt, z. B.: **Adam, A. von Bremen.** Vornamen mit Zusatz werden nach den Zusätzen alphabetisch angeordnet, so folgen z. B. aufeinander: **Adam, A. de la Halle; Adam, A. von Bremen; Adam, A. von Fulda.**

Angaben zur Betonung und Aussprache

Fremdwörtliche und fremdsprachliche Stichwörter erhalten als Betonungshilfe einen Punkt (Kürze) oder einen Strich (Länge) unter dem betonten Laut. Weiterhin wird bei Personennamen sowie bei geographischen Namen die Betonung angegeben.

Die getrennte Aussprache von üblicherweise zusammen gesprochenen Lauten wird durch einen senkrechten Strich angezeigt, z. B. **Ais|chylos, Lili|e.**

Weicht die Aussprache eines Stichwortes von der deutschen ab, so wird in der dem Stichwort folgenden eckigen Klammer die korrekte Aussprache in phonetischer Umschrift angegeben. Diese folgt dem Internationalen Lautschriftsystem der Association Phonétique Internationale. Die verwendeten Zeichen bedeuten:

a = helles a,
   dt. Blatt, frz. patte
ɑ = dunkles a,
   dt. war, engl. rather
ã = nasales a,
   frz. grand
ʌ = dumpfes a,
   engl. but
β = halboffener Reibelaut b,
   span. Habanera
ç = Ich-Laut, dt. mich
ć = sj-Laut (stimmlos),
   poln. Sienkiewicz
ð = stimmhaftes engl. th,
   engl. the
æ = breites ä, dt. Äther
ɛ = offenes e, dt. fett
e = geschlossenes e,
   engl. egg, dt. Beet
ɔ = dumpfes e, dt. alle
ɛ̃ = nasales e, frz. fin
ɣ = geriebenes g,
   span. Tarragona,
   niederländ. Gogh
i = geschlossenes i,
   dt. Wiese
ɪ = offenes i, dt. bitte
ĩ = nasales i,
   port. Infante
ʎ = lj, span. Sevilla
ŋ = ng-Laut, dt. Hang
ɲ = nj-Laut,
   Champagner
ɔ = offenes o, dt. Kopf
o = geschlossenes o,
   dt. Tor
õ = nasales o, frz. bon
ø = geschlossenes ö,
   dt. Höhle
œ = offenes ö,
   dt. Hölle
œ̃ = nasales ö,
   frz. parfum
s = stimmloses s,
   dt. was
z = stimmhaftes s,
   dt. singen
ź = zj-Laut (stimmhaft),
   poln. Zielona Gora
ʃ = stimmloses sch,
   dt. Schuh
ʒ = stimmhaftes sch,
   Garage
θ = stimmloses th,
   engl. thing
u = geschlossenes u,
   dt. Kuh
ʊ = offenes u, dt. bunt
ũ = nasales u,
   port. Atum
v = stimmhaftes w,
   dt. Wald
w = halbvokalisches w,
   engl. well
x = Ach-Laut, dt. Krach
y = geschlossenes ü,
   dt. Mütze
ɏ = konsonantisches y,
   frz. Suisse
: = bezeichnet Länge des vorhergehenden Vokals
ˈ = bezeichnet Betonung und steht vor der betonten Silbe, z. B. ˈætlɪ = Attlee
ˆ = unter Vokalen, gibt an, dass der Vokal unsilbisch ist

b d f g h j k l m n p r t geben in den meisten Sprachen etwa den Lautwert wieder, den sie im Deutschen haben. Im Englischen wird ›r‹ weder wie ein deutsches Zäpfchen-r noch wie ein gerolltes Zungenspitzen-r gesprochen, sondern mit der Zungenspitze an den oberen Vorderzähnen oder am Gaumen gebildet.

Abkürzungen

Außer den im Abkürzungsverzeichnis aufgeführten Abkürzungen werden die Adjektivendungen ...lich und ...isch abgekürzt sowie allgemein gebräuchliche Einheiten mit bekannten Einheitenzeichen (wie km für Kilometer, s für Sekunde).

Das Hauptstichwort wird im Text des jeweiligen Artikels mit seinem Anfangsbuchstaben wiedergegeben. Bei Stichwörtern, die aus mehreren Wörtern bestehen, wird jedes Wort mit dem jeweils ersten Buchstaben abgekürzt. Dies gilt auch für Stichwörter, die mit Bindestrich gekoppelt sind.

Alle Abkürzungen und Anfangsbuchstaben der Hauptstichwörter gelten auch für flektierte Formen (z. B. auch für Pluralformen) des abgekürzten Wortes. Bei abgekürzten Hauptstichwörtern, die aus Personennamen oder Namen von geographischen Objekten bestehen, wird die Genitivendung nach dem Abkürzungspunkt wiedergegeben.

Benennung und Abkürzung der biblischen Bücher können der Übersicht ›Bücher der Bibel‹ beim Stichwort ›Bibel‹ entnommen werden.

Abg.	Abgeordnete(r)
ABGB	Allgemeines Bürgerliches Gesetzbuch (Österreich)
Abh(h).	Abhandlung(en)
Abk.	Abkürzung
Abs.	Absatz
Abt(t).	Abteilung(en)
a. d.	aus dem
AG	Aktiengesellschaft
ags.	angelsächsisch
ahd.	althochdeutsch
Akad.	Akademie
Ala.	Alabama
Alas.	Alaska
allg.	allgemein
Anh.	Anhang
Anm(m).	Anmerkung(en)
Anth.	Anthologie
AO	Abgabenordnung
Ariz.	Arizona
Ark.	Arkansas
Art.	Artikel
ASSR	Autonome Sozialistische Sowjetrepublik
A. T.	Altes Testament
Aufl(l).	Auflage(n)
ausgew.	ausgewählt
Ausg(g).	Ausgabe(n)
Ausst.	Ausstellung
Ausw.	Auswahl
autobiogr.	autobiographisch
...b.	...buch
Bad.-Württ.	Baden-Württemberg
Bbg.	Brandenburg
Bd., Bde.	Band, Bände
bearb.	bearbeitet
begr.	begründet
Beitr(r).	Beitrag/Beiträge
ber.	berechnet
bes.	besonders
Bev.	Bevölkerung
Bez.	Bezeichnung; Bezirk
BGB	Bürgerliches Gesetzbuch
BGH	Bundesgerichtshof
bibliogr.	bibliographisch
Bibliogr(r).	Bibliographie(n)
Biogr.	Biographie
BRD	Bundesrepublik Deutschland
Bull.	Bulletin
BWV	Bach-Werke-Verzeichnis
bzw.	beziehungsweise
Calif.	Kalifornien
chin.	chinesisch
Colo.	Colorado
Conn.	Connecticut
ČR	Tschechische Republik
ČSFR	Tschechoslowakei (1990–1992)
ČSSR	Tschechoslowakei (bis 1990)
Cty.	County
D	Deutsch-Verzeichnis
d. Ä.	der (die) Ältere
dargest.	dargestellt
Darst.	Darstellung
D. C.	District of Columbia
DDR	Deutsche Demokratische Republik
Del.	Delaware
Dep.	Departamento
Dép.	Département
ders.	derselbe
dgl.	dergleichen, desgleichen
d. Gr.	der (die) Große
d. h.	das heißt
d. i.	das ist
dies.	dieselbe(n)
Diss.	Dissertation
Distr.	Distrikt
d. J.	der (die) Jüngere
DM	Deutsche Mark
Dr(n).	Drama/Dramen
dt.	deutsch
Dtl.	Deutschland
EA	Erstausgabe
ebd.	ebenda
EG	Europäische Gemeinschaft
ehem.	ehemalig; ehemals
eigtl.	eigentlich
Einf.	Einführung
Einl.	Einleitung
entst.	entstanden
Enzykl.	Enzyklopädie
Erg(g).	Ergänzung(en)
Erl(l).	Erläuterung(en)
ersch.	erschienen
erw.	erweitert
Erz(n).	Erzählung(en)
Es(s).	Essay(s)
EStG	Einkommensteuergesetz
EU	Europäische Union
europ.	europäisch
ev.	evangelisch
e. V.	eingetragener Verein
Ew.	Einwohner
f., ff.	folgende..., folgende
Fasz.	Faszikel
Festschr.	Festschrift
FH	Fachhochschule
Fla.	Florida
fortgef.	fortgeführt
fortges.	fortgesetzt
Forts.	Fortsetzung
frz.	französisch
Ga.	Georgia
geb.	geborene(r)
Ged(e).	Gedicht(e)
gedr.	gedruckt
gegr.	gegründet
Gem.	Gemeinde
gen.	genannt
Gen.-Gouv.	Generalgouverneur; Generalgouvernement
Gen.-Sekr.	Generalsekretär
ges.	gesammelt
Ges.	Gesetz
...gesch.	...geschichte
Gesch.	Geschichte
Gew.-%	Gewichtsprozent
GG	Grundgesetz
ggf.	gegebenenfalls
Ggs.	Gegensatz
gleichbed.	gleichbedeutend
GmbH	Gesellschaft mit beschränkter Haftung
Gouv.	Gouverneur; Gouvernement
Gramm.	Grammatik
Grundl.	Grundlage
Grundr.	Grundriß (bei Buchtitel)
...h.	...heft
H.	Heft
Ha.	Hawaii
Habil.	Habilitationsschrift
Hb.	Handbuch
hebr.	hebräisch
Hg.	Herausgeber(in)
HGB	Handelsgesetzbuch
hg. v.	herausgegeben von
hl., Hl.	heilig; Heilige(r)
Hob.	Hoboken-Verzeichnis
Hörsp(e).	Hörspiel(e)
Hs(s).	Handschrift(en)
Hwb.	Handwörterbuch
Ia.	Iowa
i. Allg.	im Allgemeinen
Id.	Idaho
i. d. F. v.	in der Fassung von
idg.	indogermanisch
i. d. R.	in der Regel
i. e. S.	im engeren Sinn
Ill.	Illinois
Ind.	Indiana; Industrie
Inst.	Institut
internat.	international
ital.	italienisch
i. w. S.	im weiteren Sinn
jap.	japanisch
Jb.	Jahrbuch
Jg.	Jahrgang
Jh.	Jahrhundert
jr.	junior
Jt.	Jahrtausend
Kans.	Kansas
Kap.	Kapitel
Kat.	Katalog
kath.	katholisch
Kfz	Kraftfahrzeug
KG	Kommanditgesellschaft
Kl.	Klasse
Komm.	Kommentar
Kom(n).	Komödie(n)
Kr.	Kreis
Krst.	Kreisstadt
Kt.	Kanton
KV	Köchelverzeichnis
Kw.	Kunstwort; Kurzwort
Ky.	Kentucky
La.	Louisiana
lat.	lateinisch
Lb.	Lehrbuch
Leitf.	Leitfaden
Lex.	Lexikon
Lfg(g).	Lieferung(en)
LG	Landgericht
Lit.	Literatur
Losebl.	Loseblattausgabe, -sammlung
Lw.	Lehnwort
MA.	Mittelalter
magy.	magyarisch
Masch.	Maschinenschrift
Mass.	Massachusetts
max.	maximal
Md.	Maryland
MdB	Mitglied des Bundestags
MdEP	Mitglied des Europäischen Parlaments
MdL	Mitglied des Landtags
MdR	Mitglied des Reichstags
Me.	Maine
Meckl.-Vorp.	Mecklenburg-Vorpommern
Metrop. Area	Metropolitan Area
Metrop. Cty.	Metropolitan County
MGG	Die Musik in Geschichte und Gegenwart, hg. v. F. Blume
mhd.	mittelhochdeutsch
Mich.	Michigan
min.	minimal
Min.	Minister
Minn.	Minnesota
Min.-Präs.	Ministerpräsident
Mio.	Million(en)
Miss.	Mississippi
Mitarb.	Mitarbeit
Mitgl.	Mitglied
Mitt.	Mitteilung
mlat.	mittellateinisch
mnd.	mittelniederdeutsch
m. n. e.	mehr nicht erschienen
Mo.	Missouri
Mont.	Montana
Mrd.	Milliarde(n)
Mschr.	Monatsschrift
Ms(s).	Manuskript(e)
N	Nord(en)

Abk.	Bedeutung	Abk.	Bedeutung	Abk.	Bedeutung
Nachdr.	Nachdruck	Pseud.	Pseudonym	u. d. T.	unter dem Titel
Nachr(r).	Nachricht(en)	R.	Reihe	u. M.	unter dem Meeresspiegel
nat.	national	R(e).	Roman(e)		
natsoz.	nationalsozialistisch	rd.	rund	ü. M.	über dem Meeresspiegel
n. Br.	nördliche Breite	ref.	reformiert		
N. C.	North Carolina	Reg.	Regierung	Univ.	Universität
n. Chr.	nach Christi Geburt	Reg.-Bez.	Regierungsbezirk	Unters(s).	Untersuchung(en)
N. D.	North Dakota	Reg.-Präs.	Regierungspräsident	urspr.	ursprünglich
NDB	Neue Deutsche Biographie, hg. v. der Histor. Kommission bei der Bayer. Akademie der Wissenschaften, Berlin	Rep.	Republik	USA	United States of America (Vereinigte Staaten von Amerika)
		rev.	revidiert		
		Rheinl.-Pf.	Rheinland-Pfalz		
		R. I.	Rhode Island		
		RSFSR	Russische Sozialistische Föderative Sowjetrepublik	usw.	und so weiter
Ndsachs.	Niedersachsen			Ut.	Utah
Nebr.	Nebraska			u. U.	unter Umständen
Neuaufl.	Neuauflage	S	Süd(en)	u. v. a.	und viele(s) andere
Neuausg.	Neuausgabe	S.	Seite; Spalte	v.	von
Nev.	Nevada	Sa.	Sachsen	Va.	Virginia
N. F.	Neue Folge	Sa.-Anh.	Sachsen-Anhalt	v. a.	vor allem
N. H.	New Hampshire	Sb.	Sitzungsberichte	v. Chr.	vor Christi Geburt
s. Br.	südliche Breite	verb.	verbessert		
nhd.	neuhochdeutsch	S. C.	South Carolina	Verf.	Verfasser; Verfassung
niederdt.	niederdeutsch	Schlesw.-Holst.	Schleswig-Holstein	verh.	verheiratete(r)
N. J.	New Jersey	Schr(r).	Schrift(en)	Verh(h).	Verhandlung(en)
nlat.	neulateinisch	Schsp(e).	Schauspiel(e)	Veröff.	Veröffentlichung
N. Mex.	New Mexico	S. D.	South Dakota	versch.	verschieden
NO	Nordost(en)	Sekr.	Sekretär	Verw.	Verwaltung
NÖ	Niederösterreich	Sg.	Singular	Verz.	Verzeichnis
Nov(n).	Novelle(n)	Slg(g).	Sammlung(en)	vgl.	vergleiche
Nr.	Nummer	SO	Südost(en)	Vjbll.	Vierteljahresblätter
N. R.	Neue Reihe	SSR	Sozialistische Sowjetrepublik	Vjh.	Vierteljahresheft
NRW	Nordrhein-Westfalen			Vjschr.	Vierteljahresschrift
N. S.	Neue Serie	St.	Sankt	VO	Verordnung
N. T.	Neues Testament	Staatspräs.	Staatspräsident	Vol.-%	Volumenprozent
NW	Nordwest(en)	stellv.	stellvertretende(r)	Vors.	Vorsitzende(r)
N. Y.	New York	Stellv.	Stellvertreter(in)	VR	Volksrepublik
O	Ost(en)	StGB	Strafgesetzbuch	Vt.	Vermont
o. Ä.	oder Ähnliches	StPO	Strafprozessordnung	W	West(en)
oberdt.	oberdeutsch	Suppl.	Supplement	Wash.	Washington
Oh.	Ohio	svw.	so viel wie	Wb.	Wörterbuch
OHG	Offene Handelsgesellschaft	SW	Südwest(en)	Wis.	Wisconsin
		Tab(b).	Tabelle(n)	wiss.	wissenschaftlich
o. J.	ohne Jahr	Tb(b).	Taschenbuch/Taschenbücher	...wiss.(en)	...wissenschaft(en)
Okla.	Oklahoma			Wiss.(en)	Wissenschaft(en)
ö. L.	östliche Länge	Tenn.	Tennessee	w. L.	westliche Länge
OLG	Oberlandesgericht	Tex.	Texas	W. Va.	West Virginia
OÖ	Oberösterreich	TH	Technische Hochschule	Wwschaft	Woiwodschaft
o. O.	ohne Ort			Wyo.	Wyoming
op.	Opus	Thür.	Thüringen	zahlr.	zahlreich
OR	Obligationenrecht (Schweiz)	Tl., Tle.	Teil, Teile	z. B.	zum Beispiel
		tlw.	teilweise	Zbl.	Zentralblatt
Ordn.	Ordnung	Trag(n).	Tragödie(n)	ZGB	Zivilgesetzbuch
Oreg.	Oregon	TRE	Theologische Realenzyklopädie, hg. v. G. Krause u. a.	ZK	Zentralkomitee
orth.	orthodox			ZPO	Zivilprozessordnung
österr.	österreichisch			z. T.	zum Teil
Pa.	Pennsylvania	Tsd.	Tausend	Ztschr.	Zeitschrift
Pauly-Wissowa	Pauly Realencyclopädie der classischen Altertumswissenschaft, neu bearb. v. G. Wissowa u. a.	TU	Technische Universität	zus.	zusammen
		UA	Uraufführung	zw.	zwischen
		u. a.	und andere, unter anderem	zz.	zurzeit
				z. Z.	zur Zeit
		u. Ä.	und Ähnliches		
PH	Pädagogische Hochschule	u. a. T.	unter anderem Titel/ unter anderen Titeln	*	geboren
				†	gestorben
Pl.	Plural	übers.	übersetzt	∞	verheiratet
port.	portugiesisch	Übers.	Übersetzung	→	siehe
Präs.	Präsident	UdSSR	Union der Sozialistischen Sowjetrepubliken (Sowjetunion)	⇨	siehe
Prof.	Professor			®	Marke (steht bei fett und halbfett gesetzten Wörtern. – Siehe auch Impressum)
prot.	protestantisch				
Prov.	Provinz				

Das Bildquellenverzeichnis für alle Bände befindet sich am Ende des letzten Bandes.